专利复审和无效审查决定汇编丛书

# 专利复审和无效审查决定汇编

## （2007）

## 医　药（第二卷）

国家知识产权局专利复审委员会　编

知识产权出版社
全国百佳图书出版单位

**内容提要**

本书汇集了专利复审委员会2007年作出的148个医药专利复审审查决定和54个医药专利无效审查决定及相关审查决定和司法判决（根据法律规定需要保密的除外），比较全面地反映了专利复审委员会的审查工作和人民法院专利行政案件审理工作取得的进展，对专利工作者具有一定的借鉴和指导作用，也有利于当事人及广大公众对专利复审委员会的审查工作进行监督。

**责任编辑**：刘　畅　　　**责任校对**：董志英
**责任出版**：卢运霞　　　**封面设计**：开元图文

**图书在版编目（CIP）数据**

专利复审和无效审查决定汇编.2007. 医药/国家知识产权局专利复审委员会编.—北京：知识产权出版社，2012.10
ISBN 978-7-5130-1619-3

Ⅰ.①专…　Ⅱ.①国…　Ⅲ.①专利权法—案例—中国　Ⅳ.①D923.425

中国版本图书馆CIP数据核字（2012）第246945号

专利复审和无效审查决定汇编丛书
**专利复审和无效审查决定汇编（2007）**
医　药（第二卷）
国家知识产权局专利复审委员会　编

---

出版发行：知识产权出版社
社　　址：北京市海淀区马甸南村1号　　　邮　　编：100088
网　　址：http://www.ipph.cn　　　邮　　箱：bjb@cnipr.com
发行电话：010-82000860转8101/8102　　　传　　真：010-82005070/82000893
责编电话：010-82000887　82000860转8116　　　责编邮箱：liuchang@cnipr.com
印　　刷：北京科信印刷有限公司　　　经　　销：各大网络书店、新华书店及相关销售网点
开　　本：880mm×1230mm　1/16　　　总 印 张：94.75
版　　次：2013年12月第1版　　　印　　次：2013年12月第1次印刷
字　　数：2660千字　　　定　　价：469.00元（全二卷）
**ISBN 978-7-5130-1619-3**

---

# 前　言

适逢《国家知识产权战略纲要》施行五周年之际，《专利复审和无效审查决定汇编（2007）》出版了。

随着经济全球化和我国国民经济的飞速发展，专利制度在经济活动中的作用和地位越来越突出，国民的专利意识也在不断增强。目前，我国专利申请总量超过1170万件，每年专利复审与无效宣告请求案件已超过2万件，2012年达到20261件。作为专利复审和无效宣告请求案件审查的专属机构，专利复审委员会每年都要作出数以千计的审查决定。与之相应，人民法院每年要作出数百篇司法判决。每一篇审查决定和判决书都凝聚着审查员和审判人员的心血和智慧。通过审查员和审判人员结合具体案情的创作型劳动，生硬的法律条文变得鲜活和丰满，形成一笔宝贵的精神财富和公共资源，并不断有专利代理机构、专利代理人以及审查员希望专利复审委员会能够出版专利复审和无效审查决定，作为学习和工作时的重要参考资料。

除根据法律规定需要保密的外，本汇编汇集了专利复审委员会2007年作出的审查决定，包括针对相应审查决定的司法判决，以便读者了解审查决定的法律状态并对照阅读和分析。本汇编按照技术专业领域将分为8大册，共19分卷：机械（2卷）、电学（3卷）、通信（2卷）、医药（2卷）、化学（2卷）、材料（3卷）、光电（2卷）、外观设计（3卷）。因此，本汇编比较全面地反映了专利复审委员会的审查工作和人民法院专利行政案件审理工作取得的进展。

我们相信，本汇编对专利工作者具有一定的借鉴和指导作用，也有利于当事人及广大公众对专利复审委员会的审查工作进行监督。本汇编也将为推动专利复审委员会的发展，促进专利代理业务水平的提高，为《国家知识产权战略纲要》进一步实施尽微薄之力。

本书编委会

2013年8月

# 前言

# 目　录

## 无效宣告请求审查决定

136

# 治疗 COPD 的药物化合物

## 复审请求审查决定（第 11959 号）

决　定　号　第 11959 号
决　定　日　2007 年 11 月 23 日
发明创造名称　治疗 COPD 的药物化合物
国 际 分 类 号　A61K 31/00，A61K 31/136，A61K 31/4706，A61P 11/00
复 审 请 求 人　阿斯特拉曾尼卡有限公司
申　请　号　01809152.0
申　请　日　2001 年 5 月 8 日
优 先 权 日　2000 年 5 月 12 日
公　开　日　2003 年 7 月 2 日
合 议 组 组 长　程　强
主　审　员　刘　妍
参　审　员　任　怡

法 律 依 据　专利法第 26 条第 3 款
决 定 要 点

对于已知化合物的新的用途发明，通常情况下，需要在说明书中给出试验证据来证实其所述用途以及效果，否则将无法达到能够实现的要求。

### 一、案由

本复审请求涉及申请日为 2001 年 5 月 8 日，公开日为 2003 年 7 月 2 日，优先权日为 2000 年 5 月 12 日，名称为“治疗 COPD 的药物化合物”的 01809152.0 号发明专利申请（下称本申请），申请人为阿斯特拉曾尼卡有限公司。

国家知识产权局于 2004 年 11 月 5 日以本申请说明书不符合专利法第 26 条第 3 款的规定为由驳回了本申请。

驳回决定认为：本申请涉及 MPO 抑制剂用于治疗或预防 COPD，说明书仅介绍了几种测试 MPO 抑制剂的 COPD 动物模型，但并未提供任何可信的、具有说明意义的、能够通过所述试验模型直接证明所述治疗或预防效果的试验数据，而本申请又必须依赖试验结果才能证明上述治疗或预防效果，因此，本申请的说明书没有充分公开所要求保护的技术方案，不符合专利法第 26 条第 3 款的规定。

本申请的权利要求书为：

“1. MPO 抑制剂在治疗 COPD 中的应用。

2. 权利要求 1 的应用，其中具有 MPO 抑制剂活性的化合物为伯氨喹、达普宋、氨基比林、piceatannol、甲芬那酸、磺胺吡啶、磺胺、丙基硫尿嘧啶、磺胺嘧啶、磺胺异噁唑、磺胺胍、磺胺硝苯、磺胺、N-1（2-噻唑基）磺胺、双氯芬酸、吡罗昔康、香草醛、对氨基苯甲酸乙酯、3-氨基酸乙酯、对氨基苯甲酰胺、褪黑激素、6-甲氧基吲哚、吲哚、3-甲基吲哚、5-甲氧基吲哚、5-甲氧基色醇、5-甲氧基色胺及其可药用盐。

3. 治疗或预防哺乳动物 COPD 的方法，该方法包括给予具有 MPO 抑制活性的化合物或其可药用盐。

4. 权利要求 3 的方法，其中所述 MPO 抑制剂选自伯氨喹、达普宋、氨基比林、piceatannol、甲芬那酸、磺胺吡啶、磺胺、丙基硫尿嘧啶、磺胺嘧啶、磺胺异噁唑、磺胺胍、磺胺硝苯、磺胺、N-1（2-噻唑基）磺胺、双氯芬酸、吡罗昔康、香草醛、对氨基苯甲酸乙酯、3-氨基酸乙酯、对氨基苯甲酰胺、褪黑激素、6-甲氧基吲哚、吲哚、3-甲基吲哚、5-甲氧基吲哚、5-甲氧基色醇、5-甲氧基色胺及其可药用盐。

5. MPO 抑制剂在生产用于预防或治疗 COPD 药物中的应用。

6. 权利要求 7 的应用，其中所述 MPO 抑制剂选自伯氨喹、达普宋、氨基比林、piceatannol、甲芬那酸、磺胺吡啶、磺胺、丙基硫尿嘧啶、磺胺嘧啶、磺胺异噁唑、磺胺胍、磺胺硝苯、磺胺、N-1（2-噻唑基）磺胺、双氯芬酸、吡罗昔康、香草醛、对氨基苯甲酸乙酯、3-氨基酸乙酯、对氨基苯甲酰胺、褪黑激素、6-甲氧基吲哚、吲哚、3-甲基吲哚、5-甲氧基吲哚、5-甲氧基色醇、5-甲氧基色胺及其可药用盐。”

申请人阿斯特拉曾尼卡有限公司（下称复审请求人）对上述驳回决定不服，于 2005 年 2 月 21 日向专利复审委员会提出复审请求，并在提出复审请求的同时提交了修改的权利要求书全文替换页（共 6 项）。

修改后的权利要求书如下：

“1. MPO 抑制剂在生产用于治疗 COPD 的药物组合物中的应用。

2. 权利要求 1 的应用，其中具有 MPO 抑制剂活性的化合物为伯氨喹、达普宋、氨基比林、piceatannol、甲芬那酸、磺胺吡啶、磺胺、丙基硫尿嘧啶、磺胺嘧啶、磺胺异噁唑、磺胺胍、磺胺硝苯、磺胺、N-1（2-噻唑基）磺胺、双氯芬酸、吡罗昔康、香草醛、对氨基苯甲酸乙酯、3-氨基酸乙酯、对氨基苯甲酰胺、褪黑激素、6-甲氧基吲哚、吲哚、3-甲基吲哚、5-甲氧基吲哚、5-甲氧基色醇、5-甲氧基色胺及其可药用盐。

3. 用于治疗或预防哺乳动物 COPD 的药物组合物，该药物组合物包含具有 MPO 抑制活性的化合物或其可药用盐。

4. 权利要求 3 的药物组合物，其中所述的 MPO 抑制剂选自伯氨喹、达普宋、氨基比林、piceatannol、甲芬那酸、磺胺吡啶、磺胺、丙基硫尿嘧啶、磺胺嘧啶、磺胺异噁唑、磺胺胍、磺胺硝苯、磺胺、N-1（2-噻唑基）磺胺、双氯芬酸、吡罗昔康、香草醛、对氨基苯甲酸乙酯、3-氨基酸乙酯、对氨基苯甲酰胺、褪黑激素、6-甲氧基吲哚、吲哚、3-甲基吲哚、5-甲氧基吲哚、5-甲氧基色醇、5-甲氧基色胺及其可药用盐。

5. MPO 抑制剂在生产用于预防或治疗 COPD 的药物中的应用。

6. 权利要求 5 的应用，其中所述的 MPO 抑制剂选自伯氨喹、达普宋、氨基比林、piceatannol、甲芬那酸、磺胺吡啶、磺胺、丙基硫尿嘧啶、磺胺嘧啶、磺胺异噁唑、磺胺胍、磺胺硝苯、磺胺、N-1（2-噻唑基）磺胺、双氯芬酸、吡罗昔康、香草醛、对氨基苯甲酸乙酯、3-氨基酸乙酯、对氨基苯甲酰胺、褪黑激素、6-甲氧基吲哚、吲哚、3-甲基吲哚、5-甲氧基吲哚、5-甲氧基色醇、5-甲氧基色胺及其可药用盐。”

复审请求人认为：实施例 1 充分详细地公开了试验方案，给出了大量的试验化合物的 pIC50 数据，在实施例 2 中给出了进一步的数据，这些试验数据证明 COPD 和 MPO/HOCL 之间存在密切联系，实施例 3 中给出了测试 MPO 抑制剂的 COPD 动物模型和详细的试验方案，本领域技术人员根据本发明公开的试验数据、已经建立起来的联系以及详细的试验方案和用于测试的动物模型，能够实施本申请要求保护的主题而不用付出创造性的工作或劳动，本申请的说明书已经公开到了本领域技术人员能够实施的地步，符合专利法第 26 条第 3 款的规定。

形式审查合格后，专利复审委员会受理了该复审请求，并于 2005 年 3 月 14 日向复审请求人发出《复审请求受理通知书》，同时将本申请案卷移交原审查部门进行前置审查。

原审查部门对本复审请求进行了前置审查，前置审查意见认为：（1）实施例 1 和 2 的 pIC50 的数据只是抑制 MPO 作用的数据，并非测试 MPO 抑制剂治疗 COPD 的效果的数据；（2）COPD 与 MPO 有相关性并不能证明 MPO 抑制剂可用于治疗 COPD，所属领域技术人员根据现有技术也无法推导出 MPO 抑制剂能够用于治疗 COPD。故坚持原驳回决定。

复审请求人于 2005 年 5 月 25 日提交了说明书第 1 页的修改替换页。

专利复审委员会组成合议组，对本案的复审请求进行了审理。于 2007 年 1 月 24 日向复审请求人发出《复审通知书》。《复审通知书》指出：（1）复审请求人在提出复审请求时对本专利申请文件进行的修改以及在 2005 年 5 月 25 日提交的对发明名称的补正不是针对驳回决定指出的缺陷，不符合专利法实施细则第 60 条第 1 款的规定。（2）本发明说明书中虽然介绍了几种测试 MPO 抑制剂的 COPD 动物模型，但它仅仅是一种试验方法，并未给出具体的试验数据，不能证实其所述用途以及效果；本领域技术人员也无法根据现有技术推导出 MPO 抑制剂能够应用于制备治疗 COPD 的药物组合物。因此，本发明的说明书公开不充分，不符合专利法第 26 条第 3 款的规定。

针对《复审通知书》指出的问题，复审请求人于 2007 年 3 月 8 日提交了意见陈述书。复审请求人认为：（1）慢性阻塞性肺病（COPD）中髓过氧化物酶（MPO）水平的增高已经很好地记载在文献中，并且在这些试验对象中的 MPO 水平显示了与疾病的严重程度良好的相关性；（2）在 COPD 中，3CL-Tyr 的水平与痰的 MPO 活性很好地相关，在 COPD 和支气管扩张症患者的痰中存在 3CL-Tyr 提示 MPO 在肺病的病理生理学中具有活性作用。因此，在 COPD 和 MPO/HOCl 之间存在密切的联系；（3）实施例 1 充分详细地公开了试验方案，给出了大量的试验化合物的 pIC50 数据，在实施例 2 中给出了进一步的数据，而且，在 COPD 和 MPO/HOCL 之间的联系已经被建立起来，实施例 3 将 MPO 与 COPD 联系起来，本申请的说明书已经公开到了本领域技术人员能够实施的地步，符合专利法第 26 条第 3 款的规定。本申请相应的欧洲专利申请已经被授权。复审请求人同时提供了一系列文献的出处用以证明本申请符合专利法第 26 条第 3 款的规定。

至此，合议组认为本案事实清楚，可以作出审查决定。

**二、决定的理由**

专利法第 26 条第 3 款规定：说明书应当对发明或者实用新型作出清楚、完整的说明，以所属技术领域的技术人员能够实现为准。

说明书中给出了具体的技术方案，但未给出试验证据，而该方案又必须依赖试验结果加以证实才能成立。例如，对于已知化合物的新的用途发明，通常情况下，需要在说明书中给出试验证据来证实其所述用途以及效果，否则将无法达到能够实现的要求。

本发明涉及 MPO 抑制剂在生产治疗 COPD 的药物组合物中的应用。根据说明书的记载，具有作为 MPO 抑制剂活性的化合物是本领域已知的，将它们应用于治疗 COPD 的药物组合物属于已知化合物的新用途发明。根据审查指南的有关规定，对于已知化合物的新的用途发明，通常情况下，需要在说明书中给出试验证据来证实其所述用途以及效果，否则将无法达到能够实现的要求。本申请说明书中虽然介绍了几种测试 MPO 抑制剂的 COPD 动物模型，但它仅仅是一种试验方法，并未给出具体的试验数据，不能证实其所述用途以及效果；本领域技术人员也无法根据现有技术推导出 MPO 抑制剂能够应用于制备治疗 COPD 的药物组合物。

对于复审请求人在答复《复审通知书》时的主张，合议组认为：（1）生物机体是复杂的生理系统，一种病因往往导致机体多种不同的生理参数发生变化，但能否通过改变这些生理参数的变化来治疗疾病是未知的，因此需要依赖试验结果加以证实才能成立。“在 COPD 中，3CL-Tyr 的水平与痰的 MPO 活性很好的相关，因此，在 COPD 和支气管扩张患者的痰中存在 3CL-Tyr 提示 MPO 在肺病的病理生理学中具有活性作用”，“MPO 产生次氯酸（HOCL），因而产生 HOCL 的氧化物”，“MPO 的抑制剂在治疗上可用于消除炎症和减少 COPD 恶化的严重程度，还可能有其他的来源于减少的脉管炎和肺重塑、针对心血管共发病的效果和防止发生肺癌的益处”，但这些联系仅能说明 COPD 和 MPO/HOCl 之间是相互关联的，COPD 可能会引起机体 MPO 水平的变化，但是同样不能必然得出 MPO 抑制剂可以治疗 COPD 的结论。（2）本申请实施例 1 和 2 仅验证了 MPO 抑制剂对 MPO 的抑制效果以及对人类噬中性白细胞产生 HOCL 的抑制作用，但是，虽然 COPD 可能会引起机体 MPO 水平的变化，但是本申请说明书和现有技术中没有给出任何证据证明通过抑制 MPO 必然能够治疗 CPOD，即实施例 1 和 2 并不能证明 MPO 抑制剂可以治疗 COPD 的结论。并且复审请求人论述的上述内容并未记载在本申请原始公开的说明书中。而本申请实施例 3 仅仅给出了实施该实验所使用的动物模型和试验设计，即“优选 LPS-和/或吸烟-诱导肺损伤啮齿动物模型”，“可在 LPS-和/或吸烟激发前给予小鼠或大鼠 MPO 抑制剂”，“测定肺灌洗液（BAL）、肺组织、嗜中性白细胞和全血的 MPO 活性”，“可分析血样的炎性细胞和细胞因子”，“可评价肺细胞损伤的组织化学生物化学指标”，“测定 MPO 抑制剂抵抗 MPO 减少/预防肺损伤能力的功效”（参见说明书第 7 页第 11 ~25 行）。对于化学用途发明来说，一个完整的实验应当给出实验方法、试验条件、实验材料、实验结果数据等内容，进而才能证实其所述用途以及效果。而实施例 3 没有给出该实验具体验证了哪些 MPO 抑制剂、这些 MPO 抑制剂的实验测定结果如何，MPO 抑制剂对于治疗 COPD 达到何种治疗效果等；并且通过本申请说明书“预期，在这些模型中，这些 MPO 抑制剂将是治疗学或预防学上有效的”（参见说明书第 7 页第 24 行），也可以看出实施例 3 所要验证的结论仅仅是复审请求人的一种推测，并非通过现实试验获得的测验结果，而所属领域技术人员不经过实验验证就难以确定该推测的内容，也无法证实 MPO 抑制剂用于治疗 COPD 能达到所述的效果，因此，本申请说明书无法达到专利法第 26 条第 3 款规定的使发明能够实现的要求。（3）复审请求人提供了 12 篇文献的出处用以证明本申请充分公开，但复审请求人并未提供这些文件，并且上述文献 1 ~11 是本申请申请日之后公开的，文献 12 不能被清楚地确定其公开日在本申请的优先权日之前。因此，上述文献不能作为现有技术证明本申请充分公开。合议组对复审请求人的主张不予支持。

因此，本发明的说明书公开不充分，不符合专利法第 26 条第 3 款的规定。

根据以上事实和理由，本案合议组作出如下审查决定。

**三、决定**

维持国家知识产权局于 2004 年 11 月 5 日对 01809152.0 号发明专利申请作出的驳回决定。

复审请求人对本决定不服的，可以根据专利法第 41 条第 2 款的规定，自收到本决定之日起三个月内向北京市第一中级人民法院起诉。

137

# 生产疏水多肽、蛋白质或肽的方法

## 复审请求审查决定（第12013号）

**决　定　号**　第12013号
**决　定　日**　2007年12月12日
**发明创造名称**　生产疏水多肽、蛋白质或肽的方法
**国际分类号**　C07K 1/36，C07K 17/00
**复审请求人**　霍夫曼-拉罗奇有限公司
**申　请　号**　99101393. X
**优先权日**　1993年7月6日
**申　请　日**　1994年7月4日
**公　开　日**　1999年9月8日
**合议组组长**　叶　娟
**主　审　员**　魏春宝
**参　审　员**　唐　莉

**法律依据**　专利法第26条第4款
**决定要点**

对于与一类产品有关的权利要求，如果该权利要求技术方案利用的只是该类产品共有特性，而且说明书中已给出了具体应用该共性实现发明目的的实施例，并且也没有合理理由或证据怀疑发明不可以在整类产品范围内实施，则不能仅仅因为实施例的数目而认定权利要求得不到说明书的支持。

### 一、案由

本复审请求涉及名称为“生产疏水多肽、蛋白质或肽的方法”的第99101393. X号发明专利申请（下称本申请），申请人为霍夫曼-拉罗奇有限公司，申请日为1994年7月4日，优先权日为1993年7月6日，公开日为1999年9月8日。

2005年4月8日，针对申请人于1999年1月27日提交的说明书第1～31页、说明书附图第1～7页、说明书摘要及摘要附图，2004年8月10日提交的权利要求第1～13项，国家知识产权局以本申请权利要求1不符合专利法第26条第4款之规定为由驳回了本申请，驳回决定所针对的权利要求1为：

“一种制备和纯化需要的疏水多肽、蛋白质或肽的方法，该方法包括下列步骤：

（a）使含有下列通式的融合蛋白质的水溶液通过疏水基质柱，

A-B-C

其中 A 是大体积亲水肽，其中所说的大体积亲水肽具有下列通式的肽序列

（NANP）x

其中 x 是 10～40，

B 是选择性裂解位点，

C 是所需的疏水多肽、蛋白质或肽

（b）用含有裂解试剂或酶的溶液冲洗柱，并

（c）用水混溶性溶剂除去所得到的所需疏水多肽、蛋白质或肽。”

驳回决定认为：权利要求 1 得不到说明书的支持，不符合专利法第 26 条第 4 款的规定，（1）说明书实施例中都是用 x 为 19 的大体积亲水肽构建的融合蛋白质实现所述纯化，并未提供证据证明采用 x 为 10～18 或 20～40 时的亲水肽所构建的融合蛋白质也能实现纯化所述疏水多肽、蛋白质或肽的目的，（NANP）X 结构的亲水肽当 x 值不同时其性质必然会有差别（如体积大小等），其对于所构建的融合蛋白质在实现纯化目的疏水多肽蛋白质或肽的过程中存在不可忽视的影响，因此本领域普通技术人员根据说明书的记载无法预先确定和评价使用 x 为 10～18、20～40 所构建的融合蛋白质是否一样能够实现纯化目的疏水多肽、蛋白质或肽；（2）说明书只涉及制备和纯化 b-淀粉状蛋白肽和 1-35HIV-1 肽的技术方案，不同的疏水多肽、蛋白质或肽之间在体积、结构等方面存在差别，导致所构建的融合蛋白质的性质产生差异，这种差异使得其纯化效果不可知，申请人没有提供证据证明所述方法能够纯化 b-淀粉状蛋白肽和 1-35HIV-1 肽之外的其他所有疏水多肽、蛋白质或肽，因此本领域普通技术人员根据说明书的记载对于此方法是否也适于纯化除这二者之外的其他所有疏水多肽、蛋白质或肽仍然是无法预先确定和评价的，本领域普通技术人员根据说明书的记载需要付出大量创造性劳动才能加以一一确认。

申请人霍夫曼-拉罗奇有限公司（下称复审请求人）对上述驳回决定不服，于 2005 年 7 月 25 日向专利复审委员会提出复审请求。具体的复审请求理由为：（1）判断权利要求是否得到说明书支持，应当考虑整份说明书的内容，而审查员的意见仅限于实施例，本申请说明书阐述了其中 x 为 10～40 的（NANP）x 结构的大体积亲水肽具有相同的融合蛋白质的性质，因此可以用于本发明。审查员的驳回意见基于一种推断，即认为“（NANP）X 结构的亲水肽当 x 值不同时其性质必然会有差别，（而且这种差别会对本发明的纯化有不可忽视的影响）”。本领域中并未教导 x 为 10～18 或 20～40 时的大体积亲水肽会具有完全不同于 x 为 19 时的性质，从而导致本发明的技术方案无法实施。因此，“x 为 10～40”是合理概括得到的。（2）所要制备和纯化的疏水多肽、蛋白质或肽通过选择性裂解位点 B 与大体积亲水肽 A 相连，具体而言，大体积亲水肽和选择性裂解位点连接到疏水多肽、蛋白质或肽的氨基末端或羧基末端（说明书第 3 页第 9 行），这种连接对于本领域技术人员来说是可以预料的，无须付出额外的创造性劳动。

形式审查合格后，专利复审委员会受理了该复审请求，并于 2005 年 8 月 29 日向复审请求人发出《复审请求受理通知书》，随后将本申请案卷移交原审查部门进行前置审查。

原审查部门对本复审请求进行了前置审查，坚持原驳回决定。前置意见中认为：本申请纯化方法的关键在于构建的融合蛋白质具有下述特点：疏水多肽、蛋白质或肽结合于疏水基质上，大体积亲水肽使裂解位点暴露于疏水基质柱上的流动相。虽不能断言 x 为 10～18、20～40 与 x 为 19 时所构建的大体积亲水肽的性质会完全不同，但是显然其体积一定不同，根据说明书的记载的纯化原理，大体积亲水肽的体积差异势必影响与疏水基质柱的结合以及裂解位点的暴露，从而影响纯化效果。融合蛋白质的构建并不是问题的关键。不同的疏水多肽、蛋白质或肽之间体积、结构等方面的差别，使得所构建的融合蛋白质的性质产生差异，从而势必影响与疏水基质柱的结合以及裂解位点的暴露，从而影响

纯化的效果，说明书只涉及制备和纯化b-淀粉状蛋白肽和1-35HIV-1肽的技术方案，本领域技术人员难以预见由其他疏水多肽、蛋白质或肽构成的融合蛋白质一样能实现纯化的目的。因此权利要求1不符合专利法第26条第4款的规定。

专利复审委员会组成合议组，对本复审请求案进行了审理。于2007年7月2日向复审请求人发出《复审通知书》。《复审通知书》指出，根据说明书的描述，本发明的大体积亲水肽的"体积大小"应当既不影响所纯化的疏水多肽、蛋白质或肽向疏水基质柱的固相中扩散，又能将选择性裂解位点暴露于含水流动相。本申请说明书实施例提供的实验仅仅能够证明：x为19时的大体积亲水肽能够满足上述要求，实现所需疏水多肽、蛋白质或肽的制备和纯化。并不能证明x为10～18和20～40时的大体积亲水肽也能实现纯化所需疏水多肽、蛋白质或肽的目的。而且从本申请说明书公开的内容也不能合理预测到，当x为10～18和20～40时，所述大体积亲水肽也能满足上述要求达到相同的技术效果。因此，权利要求1得不到说明书的支持，不符合专利法第26条第4款的规定。另外针对复审请求中的意见陈述，合议组指出，"考虑整份说明书的内容"应当理解为，考虑说明书的其他部分是否也记载了有关具体实施方式或实施例的内容以及这些内容是否足以支持权利要求概括的技术方案，而非看其他部分是否有对应的简单文字描述。虽不能断言x为10～18或20～40与x为19的大体积亲水肽性质是否完全不同，但是可以肯定的是当x值不同时，结构为（NANP）x的大体积亲水肽的体积大小一定不同。而本发明的完成要求所述大体积亲水肽具有适宜的"大小"和"产生良好结构域之亲水氨基酸含量"特征。本领域普通技术人员并不能预见x为10～18或20～40的大体积亲水肽能满足这两个要求从而实现发明目的。

针对《复审通知书》指出的问题，复审请求人于2007年7月17日提交了意见陈述书及经修改的权利要求书（共2页12项），其中修改后的权利要求1为。

"一种制备和纯化需要的疏水多肽、蛋白质或肽的方法，该方法包括下列步骤：

（a）使含有下列通式的融合蛋白质的水溶液通过疏水基质柱，

A-B-C

其中A是大体积亲水肽，其中所说的大体积亲水肽具有下列通式的肽序列

（NANP）x

其中x是19，

B是选择性裂解位点，

C是所需的疏水多肽、蛋白质或肽，

（b）用含有裂解试剂或酶的溶液冲洗柱，并

（c）用水混溶性溶剂除去所得到的所需疏水多肽、蛋白质或肽。"

至此，合议组认为本案事实清楚，可以作出审查决定。

**二、决定的理由**

1．决定所针对的文本

本复审请求审查决定所依据的文本为复审请求人于2007年7月17日提交的权利要求第1～12项以及驳回决定所针对的说明书、说明书附图和摘要及摘要附图。

2．关于专利法第26条第4款

专利法第26条第4款规定：权利要求应当以说明书为依据，说明要求保护的范围。

根据该款规定，权利要求应当得到说明书的支持。权利要求所要求保护的技术方案应当是所属技术领域的技术人员能够从说明书充分公开的内容中得到或概括得出的技术方案，并且不得超出说明书公开的范围。

对于与一类产品有关的权利要求，如果该权利要求技术方案利用的只是该类产品共有特性，而且说明书中已给出了具体应用该共性实现发明目的的实施例，并且也没有合理理由或证据怀疑发明不可以在整类产品范围内实施，则不能仅仅因为实施例的数目而认定权利要求得不到说明书的支持。

导致本申请被以不符合专利法第26条第4款为由驳回的原因是：复审请求人于2004年8月10日提交的权利要求1中以下两处概括得不到说明书的支持，（1）大体积亲水肽的肽序列通式中的“x是10~40”，说明书实施例只能证明x为19时的亲水多肽能够实现所述纯化，本领域技术人员无法预见x为10~18、20~40的亲水肽也能实现发明目的；（2）说明书只提供了b-淀粉状蛋白肽和1-35HIV-1肽的制备和纯化，该权利要求的方法是否也适用于纯化除此以外的所有其他疏水多肽、蛋白质或肽无法预先确定和评价，本领域技术人员根据说明书的记载需要付出大量劳动才能加以一一确认。

对于概括（1），复审请求人针对《复审通知书》于2007年7月17日提交了权利要求书替换页，其中将权利要求1中的“x是10~40”具体限定为“x是19”，驳回决定中认为得不到说明书支持的x为10~18和20~40的技术方案已不存在。因此，相应缺陷已被克服。

对于概括（2），合议组认为，权利要求1请求保护一种制备和纯化疏水多肽、蛋白质和肽（以下简称疏水肽）的方法，结合说明书（说明书第3页倒数第13~14行、第4页倒数第4行至第5页第9行）的描述可以将该权利要求的技术方案作如下理解：将大体积亲水肽（A）和选择性裂解位点（B）连接到所需的疏水肽（C）的氨基或羧基末端得到融合蛋白质A-B-C，纯化过程中，含所述融合蛋白质的水溶液通过疏水基质柱，疏水肽扩散隐藏到疏水基质柱的固相中，大体积亲水肽带动选择性裂解位点暴露于含水流动相中，然后冲洗柱体的溶液所含的裂解试剂或酶在B处选择性裂解，切除大体积亲水肽，而只留下隐藏到疏水基质柱固相中的疏水肽，最后用有机溶剂洗脱回收经纯化后的疏水肽。从上述分析可知，向所要纯化的疏水肽连接选择性裂解位点和大体积亲水肽，特别是大体积亲水肽是解决技术问题的关键手段，此处利用的是大体积亲水肽的体积特性，因而亲水肽的“体积大小”必须满足要求（既不影响所需的疏水肽向疏水基质柱固相中扩散，又能带动选择性裂解位点暴露于含水流动相），作为被纯化对象的肽需要扩散隐藏到疏水基质柱固相中，而不进入含水流动相，由此可知利用的只是被纯化肽的疏水性，而疏水肽这类物质都具备这一性质。驳回决定中怀疑权利要求1的技术方案能否纯化除实施例之外的其他疏水肽的依据是“疏水肽体积、结构等方面存在差别”导致“纯化效果不可知”。对此合议组认为，不同疏水肽的体积、结构很可能会有所差异，但是其只要归类为“疏水肽”就说明其具备疏水性，因而也就应该不会影响妨碍利用该方法纯化，而且，本说明书提供了两种疏水肽（b-淀粉状蛋白肽和1-35HIV-1肽）的实施例，证明这两种疏水肽都可以用该方法纯化，因此在没有确凿相反证据的情况下，本领域技术人员应当能够合理预测到，上述方法可用于纯化其他疏水肽。

综上，合议组认为驳回决定中认为概括（2）得不到说明书支持的理由不成立。

根据以上事实和理由，本案合议组作出如下审查决定。

**三、决定**

撤销国家知识产权局于2005年4月8日对99101393.X号发明专利申请作出的驳回决定。由原审查部门在本决定所针对文本的基础上继续进行审查。

复审请求人对本决定不服的，可以根据专利法第41条第2款的规定，自收到本决定之日起三个月内向北京市第一中级人民法院起诉。

138

# 含阴离子聚合物的头发定型组合物

## 复审请求审查决定（第12038号）

**决　　定　　号**　第12038号
**决　　定　　日**　2007年12月13日
**发明创造名称**　含阴离子聚合物的头发定型组合物
**国 际 分 类 号**　A61K7/11
**复 审 请 求 人**　翁德奥纳尔科公司
**申　　请　　号**　02811529.5
**申　　请　　日**　2002年3月21日
**优 先 权 日**　2001年4月12日
**公　　开　　日**　2004年7月21日
**合 议 组 组 长**　程　强
**主　　审　　员**　郭鹏鹏
**参　　审　　员**　刘　妍

**法 律 依 据**　专利法第26条第4款、第33条，专利法实施细则第20条第1款
**决 定 要 点**

权利要求书应当以说明书为依据，是指权利要求应当得到说明书的支持。权利要求书中的每一项权利要求所要求保护的技术方案应当是所属技术领域的技术人员能够从说明书充分公开的内容中得到或概括得出的技术方案，并且不得超出说明书公开的范围。

申请人可以对其专利申请文件进行修改，但是，对发明和实用新型专利申请文件的修改不得超出原说明书和权利要求书记载的范围。

权利要求书应当说明发明或者实用新型的技术特征，清楚、简要地表述请求保护的范围。

### 一、案由

本复审请求涉及申请日为2002年3月21日，公开日为2004年7月21日，发明名称为“含阴离子聚合物的头发定型组合物”的02811529.5号发明专利申请（下称本申请），其优先权日为2001年4月12日，申请人为翁德奥纳尔科公司。

2005年6月3日，针对申请人于2003年12月8日提交的权利要求第1～11项和进入中国国家阶段时提交的国际申请中文译文的说明书第1～16页以及2003年12月8日提交的说明书摘要，国家知识产权局原审查部门以权利要求1不符合专利法第26条第4款的规定为由驳回了本申请。驳回决定针对的权利要求书如下：

“1. 一种化妆品可接受的头发定型组合物，其特征在于基于聚合物固体，其含有0.1～10wt%的阴离子聚合物，其中该阴离子聚合物由10～80mol%的2-丙烯酰胺-2-甲基-1-丙烷磺酸或其碱加成盐和90～20mol%的一种或多种阴离子或非离子单体构成。

2. 如权利要求1所述的头发定型组合物，其特征在于阴离子或非离子单体选自丙烯酸、甲基丙烯酸、丙烯酰胺、甲基丙烯酰胺和苯乙烯磺酸。

3. 如权利要求1所述的头发定型组合物，其特征在于阴离子聚合物的分子量20000～5000000。

4. 如权利要求1所述的头发定型组合物，其特征在于阴离子聚合物是甲基丙烯酸/2-丙烯酰胺-2-甲基-1-丙烷磺酸钠盐共聚物或丙烯酰胺/2-丙烯酰胺-2-甲基-1-丙烷磺酸钠盐共聚物。

5. 如权利要求1所述的头发定型组合物，其特征在于头发定型组合物选自喷发剂定型发胶、定型发釉、喷雾泡沫、定型发乳、定型发蜡、定型液、液体泡沫和摩丝。

6. 如权利要求5所述的头发定型组合物，其特征在于，基于聚合物固体，其含有0.5～5wt%的阴离子聚合物。

7. 如权利要求6所述的头发定型组合物，其特征在于阴离子聚合物是甲基丙烯酸/2-丙烯酰胺-2-甲基-1-丙烷磺酸钠盐共聚物或丙烯酰胺/2-丙烯酰胺-2-甲基-1-丙烷磺酸钠盐共聚物。

8. 如权利要求7所述的头发定型组合物，其选自发胶、发釉和发乳。

9. 如权利要求1所述的头发定型组合物，其还含有一种或多种另外的头发定型聚合物。

10. 一种使头发定型的方法，它包括：

(a) 在头发上使用有效定型量的如权利要求1所述的头发定型组合物；和

(b) 将头发造型成想要的外形。

11. 如权利要求9所述的方法，其中头发是湿的或微湿的。”

驳回决定认为：本申请权利要求1的技术方案概括了一个非常宽的保护范围。在未对所述阴离子聚合物的形成机理、单体选择依据做出明确教导的情况下，极为有限数量的实施例不能证明除实例以外的上述物质均能使所述产品达到所述效果。说明书表1和2虽然罗列了“代表性共聚物的特性”，但究竟具有何种性能/参数的共聚聚合物才是符合本发明要求的聚合物，说明书中并没有明确启示。在所述阴离子共聚聚合物尚得不到说明书支持的情况下，本领域技术人员难以相信两种或两种以上的“化妆品适宜的任何”阴离子或非离子单体均能特定组合用于制备具有所述功能的共聚聚合物。所以，本申请权利要求1不符合专利法第26条第4款的规定。

翁德奥纳尔科公司（下称复审请求人）对上述驳回决定不服，于2005年9月19日向专利复审委员会提出复审请求，复审请求人在提出复审请求时修改了权利要求书，将原权利要求1、3～4、6～7中的术语“聚合物”改为“共聚物”，删除原权利要求1和2中的“非离子”一词。

复审请求人认为：（1）本申请说明书中明确限定了“阴离子单体”和“单体”的范围，由此可以明确得出本申请权利要求中阴离子单体的范围，本领域技术人员根据说明书公开的内容结合本领域的公知常识，能够很容易地从公知的烯丙基、乙烯基或丙烯酸类化合物中选择出适用于本发明的阴离子单体；（2）对于所述阴离子聚合物的形成机理，虽然本申请说明书文字上没有明确说明，但在说明书中提到“溶液聚合物”是指通过溶液聚合制得的水溶性阴离子聚合物，并且在实施例1～2和3中通过溶液聚合的方法制备了本发明代表性的共聚物，本领域技术人员根据以上内容能够容易得出本发明所述的阴离子聚合物是通过溶液聚合的方法制备的。因此，复审请求人认为本申请权利要求书已经得到了说明书的支持。

形式审查合格后，专利复审委员会受理了该复审请求，并于2005年11月3日向复审请求人发出《复审请求受理通知书》，随后将本申请案卷移交原审查部门进行前置审查。

国家知识产权局原审查部门对本复审请求进行了前置审查，认为：(1) 本申请说明书表1 和2 虽然罗列了代表性共聚物的特性，但是说明书并没有明确启示根据何种性能/参数选择符合本发明要求的聚合物，(2) 根据说明书的记载“烯丙基、乙烯基或丙烯酸类化合物”仅是本发明的优选方案，本发明中的“阴离子单体”并非穷举性定义，所以不能将“阴离子单体”等同于“烯丙基、乙烯基或丙烯酸类化合物”，所以权利要求 1 的技术方案无法说明哪些阴离子单体可以用于制备所述阴离子共聚物。基于上述理由，原审查部门坚持驳回决定。

专利复审委员会组成合议组，对本案的复审请求进行了审理。于 2007 年 6 月 15 日向复审请求人发出《复审通知书》。《复审通知书》指出：(1) 复审请求人 2005 年 9 月 19 日提交的权利要求书中，权利要求 1 中出现了下述限定“……其中该阴离子共聚物由 10 ~ 80wt％的 2-丙烯酰胺-2-甲基-1-丙烷磺酸或其碱加成盐单体……”，本申请说明书中仅记载了由 10 ~ 80mol％的 2-丙烯酰胺-2-甲基-1-丙烷磺酸或其碱加成盐单体和其他阴离子单体共聚的技术方案，对于本领域技术人员来说，摩尔分数与重量分数不仅不是一一对应的关系，而且由于各组分分子量的不同，两者会有较大的差别，本领域技术人员无法从本申请原始公开的内容毫无疑义地得出上述权利要求中重量百分比的技术方案，所以复审请求人的上述修改不符合专利法第 33 条的规定。(2) 本申请权利要求 1 要求保护一种用于头发定型的组合物，该组合物含有 0. 1 ~ 10wt％的阴离子共聚物，该阴离子共聚物是由 10 ~ 80wt％的 2-丙烯酰胺-2-甲基-1-丙烷磺酸或其碱加成盐和 90 ~ 20mol％的一种或多种阴离子单体构成。在本申请说明书中，将阴离子单体限定为“高于某一 pH 值时带有一个净负电荷的单体”，并列举了代表性的单体如丙烯酸、甲基丙烯酸、衣康酸……苯乙烯磺酸、乙烯基磺酸钠，及其类似物；同时，说明书中还指出，优选的阴离子单体是丙烯酸和 2-丙烯酰胺-2-甲基-1-丙烷磺酸。此外，本申请说明书还记载了丙烯酸、甲基丙烯酸、丙稀酰胺三种阴离子单体与 2-丙烯酰胺-2-甲基-1-丙烷磺酸钠盐的制备试验例，以及由特定摩尔比的甲基丙烯酸单体与 2-丙烯酰胺-2-甲基-1-丙烷磺酸钠盐得到的共聚物的卷曲保持等性质的效果实验数据。然而，对于用于头发定型的共聚物来说，共聚物中单体的数目、各单体的性质和性能以及各单体在共聚物中的比例，都影响共聚物的性能，如耐湿性、黏附性、对头发的亲和性、成膜硬度、抗静电性等。本申请权利要求 1 要求保护的技术方案中的阴离子共聚物，涵盖了所有由 2-丙烯酰胺-2-甲基-1-丙烷磺酸或其碱加成盐单体和另一种或多种任意阴离子单体共聚形成的二元或三元甚至多元共聚物；这些共聚物的构成单体、各单体的配比范围、结构参数、单体数目、单体排列次序、链长、共聚比、分子量、分子量分布等都不相同，其化学性质和性能（如玻璃态转变温度、水溶解性、黏性等）必然有差别。由于本申请说明书中并没有明确记载，所述所有共聚物具有何种相似的性质或性能使得这些共聚物具有本发明所宣称的效果，而且，就本申请说明书中制备出的几种具体共聚物而言，说明书中记载的它们的 RSV、IV、VISC 等性质参数也有差异；所以，本领域技术人员只能依靠具体的实验数据来确定特定共聚物，用于头发定型时是否具有在高湿度中良好的卷曲保持并容易被清洗的效果。根据说明书记载的实施例 8 ~ 13，本领域技术人员仅能得出本申请中的特定单体按照特定配比制备得到的聚合物 9，具有上述性质，无法得出权利要求 1 中的大量的与聚合物 9 不同的阴离子共聚物都能达到同样的效果并能实现本发明的目的。因此，本申请权利要求 1 得不到说明书的支持，不符合专利法第 26 条第 4 款的规定。(3) 复审请求人 2005 年 9 月 19 日提交的文本中，权利要求 5 中出现以下限定“……其中头发定型剂中文选自喷发剂……”，该表述本身不通顺，不符合汉语言文字的表述规范，造成本领域技术人员无法理解该权利要求，无法确定该权利要求的保护范围。所以权利要求 5 不符合专利法实施细则第 20 条第 1 款的规定。

针对《复审通知书》指出的问题，复审请求人于 2007 年 9 月 28 日提交了意见陈述书及经修改的权利要求书。修改后的权利要求书如下：

“1. 一种化妆品可接受的头发定型组合物，基于聚合物固体，其含有0.1～10wt%的阴离子共聚物，其中该阴离子共聚物是30mol%的2-丙烯酰胺-2-甲基-1-丙烷磺酸钠盐和70mol%的甲基丙烯酸的共聚物。

2. 如权利要求1所述的头发定型组合物，其中阴离子共聚物的分子量为20000～5000000。

3. 如权利要求1所述的头发定型组合物，其中头发定型组合物选自喷发剂、定型发胶、定型发釉、喷雾泡沫、定型发乳、定型发蜡、定型液、液体泡沫和摩丝。

4. 如权利要求1所述的头发定型组合物，基于共聚物固体，其含有0.5～5wt%的阴离子共聚物。

5. 如权利要求4所述的头发定型组合物，其选自发胶、发釉和发乳。

6. 如权利要求1所述的头发定型组合物，其还含有一种或多种另外的头发定型聚合物。

7. 一种使头发定型的方法，它包括：

(a) 在头发上使用有效定型量的如权利要求1所述的头发定型组合物；和

(b) 将头发造型成想要的外形。

8. 如权利要求7所述的方法，其中头发是湿的或微湿的。”

复审请求人认为，修改后的权利要求1已经克服了复审通知书指出的问题。

至此，合议组认为本案事实清楚，可以作出审查决定。

**二、决定的理由**

1. 关于专利法第33条

专利法第33条规定：申请人可以对其专利申请文件进行修改，但是，对发明和实用新型专利申请文件的修改不得超出原说明书和权利要求书记载的范围。

如果申请的内容通过增加、改变和/或删除其中的一部分，致使所属技术领域的技术人员看到的信息与原申请记载的信息不同，而且又不能从原申请记载的信息中直接地、毫无疑义地确定，那么，这种修改就因为超出了原始记载的范围而不符合专利法第33条的规定。

复审请求人于2007年9月28日提交的权利要求书中，将《复审通知书》针对的权利要求1中的限定“……其中该阴离子共聚物由10～80wt%的2-丙烯酰胺-2-甲基-1-丙烷磺酸或其碱加成盐单体……”，改为“……其中该阴离子共聚物是30mol%的的2-丙烯酰胺-2-甲基-1-丙烷磺酸钠盐和70mol%的甲基丙烯酸的共聚物”，修改后的技术特征记载于说明书第8页实施例2中，所以复审请求人这一修改可以由说明书的记载直接得出，克服了《复审通知书》中指出的不符合专利法第33条的缺陷。

2. 关于专利法实施细则第20条第1款

专利法实施细则第20条第1款规定：权利要求书应当有独立权利要求，也可以有从属权利要求。复审请求人于2007年9月28日提交的权利要求书中，将《复审通知书》针对的权利要求5中的限定“……其中头发定型剂中文选自喷发剂……”改为“……其中头发定型组合物选自……”，修改后的技术方案可由说明书第4页的记载得出，并且消除了《复审通知书》中指出的文字上的歧义，这一修改使得该权利要求克服了《复审通知书》指出的缺陷，符合专利法实施细则第20条第1款的规定。

3. 关于专利法第26条第4款

专利法第26条第4款规定：权利要求书应当以说明书为依据，说明要求专利保护的范围。

权利要求书应当以说明书为依据，是指权利要求应当得到说明书的支持。权利要求书中的每一项权利要求所要求保护的技术方案应当是所属技术领域的技术人员能够从说明书充分公开的内容中得到或概括得出的技术方案，并且不得超出说明书公开的范围。如果权利要求的概括包含申请人推测的内容，而其效果又难于预先确定和评价，应当认为这种概括超出了说明书公开的范围。

根据本申请说明书的记载，本发明要解决的是现有技术中阴离子头发定型聚合物在潮湿环境下定型性能差的技术问题；本发明的目的在于提供一种含有特定阴离子聚合物的头发定型组合物以及一种使头发定型的方法，该头发定型组合物既能在高湿度下有良好的卷曲保持性，又具有较好的易清洗性，与现有的阴离子头发定型聚合物相比，能在水惰性和水敏性之间达到更好的平衡。

复审请求人于2007年9月28日提交的修改后的权利要求书中，删除了原权利要求1中得不到说明书支持的由10~80wt%的2-丙烯酰胺-2-甲基-1-丙烷磺酸或其碱加成盐和90~20mol%的任意一种或多种阴离子单体共聚的阴离子聚合物的技术方案；修改后的权利要求1技术方案为“一种化妆品可接受的头发定型组合物，基于聚合物固体，其含有0.1~10wt%的阴离子共聚物，其中该阴离子共聚物是30mol%的2-丙烯酰胺-2-甲基-1-丙烷磺酸钠盐和70mol%的甲基丙烯酸的共聚物。”权利要求1的技术方案实质上是包含0.1~10wt%的30mol%的2-丙烯酰胺-2-甲基-1-丙烷磺酸钠盐和70mol%的甲基丙烯酸共聚物的组合物。本申请说明书中实施例2记载了权利要求1中的阴离子聚合物的制备，实施例4~6记载了含有该阴离子聚合物的头发定型组合物的代表性定型发釉、发胶、发乳的配制剂，并且实施例8~12还记载了含有该阴离子共聚物的头发定型组合物制剂的头发卷曲保持性、卷曲弹性、冲洗实验、光滑性、易梳理性的试验结果。这些数据表明了该含有权利要求1所述的阴离子共聚物的头发定型组合物具有的更好的头发定型保持性、卷曲弹性和水敏性。同时，本申请说明书实施例13还表明了权利要求1中所述的阴离子共聚物与其他常规头发定型剂的相容性。根据说明书记载上述内容，本领域技术人员可以确定权利要求1所限定的组合物技术方案能够实现本发明的目的、具备预期的技术效果；因此，权利要求1是能从说明书充分公开的内容中概括得出的技术方案。

综上，权利要求1已经克服了驳回决定和《复审通知书》指出的不符合专利法第26条第4款规定的缺陷。

根据以上事实和理由，本案合议组作出如下审查决定。

**三、决定**

撤销国家知识产权局于2005年6月3日对02811529.5号发明专利申请作出的驳回决定。由原审查部门以申请人于2007年9月28日提交的权利要求第1~8项和进入中国国家阶段时提交的国际申请中文译文的说明书第1~16页以及2003年12月8日提交的说明书摘要为基础继续审查。

复审请求人对本决定不服的，可以根据专利法第41条第2款的规定，自收到本决定之日起三个月内向北京市第一中级人民法院起诉。

139

# 酶促 DNA 分子

## 复审请求审查决定（第 12046 号）

**决　定　号**　第 12046 号
**决　定　日**　2007 年 12 月 12 日
**发明创造名称**　酶促 DNA 分子
**国际分类号**　C12Q 1/68，C12N 9/22，C07H 21/04
**复审请求人**　斯克里普斯研究学院
**申　请　号**　98806724.2
**优先权日**　1997 年 4 月 29 日
**申　请　日**　1998 年 4 月 29 日
**公　开　日**　2000 年 8 月 2 日
**合议组组长**　李金光
**主　审　员**　张晓飞
**参　审　员**　许　磊

**法律依据**　专利法第 26 条第 3 款
**决定要点**

对于化学产品的发明，说明书中应当记载化学产品的确认、化学产品的制备以及化学产品的用途，如果所属技术领域的技术人员无法根据现有技术预测发明能够实现所述用途和/或使用效果，则说明书中还应当记载对于本领域技术人员来说，足以证明发明的技术方案可以实现所述用途和/或达到预期效果的定性或者定量实验数据。

**一、案由**

本复审请求涉及申请日为 1998 年 4 月 29 日、公开日为 2000 年 8 月 2 日、名称为"酶促 DNA 分子"的 98806724.2 号发明专利申请（下称本申请），本申请的优先权日为 1997 年 4 月 29 日，申请人为斯克里普斯研究学院。

针对申请人于 2004 年 7 月 27 日提交的说明书第 1～100 页、权利要求第 1～27 项、进入中国国家阶段时提交的说明书附图第 1～12 页以及说明书摘要构成的申请文本，国家知识产权局于 2004 年 10 月 15 日以权利要求 1 不符合专利法第 26 条第 4 款的规定为由驳回了本申请，驳回决定针对的权利要求 1 为：

"1. 一种具有位点特异性内切核酸酶活性的催化活性 DNA 分子，这种活性针对预先选定的底物核酸序列中被定义为切割位点的核苷酸序列具有特异性，

所述分子具有位于核心区域旁侧的第一和第二两个底物结合区域，

其中所述的第一底物结合区域有一段序列与所述预先选定的底物核酸序列中的第一部分互补，

所述的第二底物结合区域有一段序列与所述预先选定的底物核酸序列中的第二部分互补，

所述核心区域有一段根据下列通式的序列：

（I.）T（茎）'AGC（茎）" Z，

其中（茎）'和（茎）"都是具有以下特征的一种三联核苷酸：即当（茎）'：（茎）"杂交配对时形成的3个碱基对中至少包括2个G：C对，其中所述的Z=WCGR或WCGAA，W=A或T且R=A或G；或

（II）RGGCTAGCHACAACGA（SEQ ID NO 122），

其中所述的H=T、C或A，R=A或G

前提是所述通式I不定义SEQ ID NO：120（8~17），且所述通式II不定义SEQ ID NO：121（10~23）。"

驳回决定认为：包括实施例6在内的说明书都没有公开权利要求1的通式中的序列催化活性数据，只是在说明书第54页第28行表明对许多序列做了活性测定，在没有试验数据的情况下，序列的催化活性是不能预测的。虽然说明书中提供的SEQ ID NO：120和SEQ ID NO：121具有相关催化活性的数据与SEQ ID NO：120和SEQ ID NO：121的结构有直接的关系，但据此本领域技术人员不能概括和总结出权利要求1要求保护的通式序列也具有相应的活性，对于具有催化活性的DNA核心区来说，每个碱基的变化直接关系到酶促DNA的活性，其变化不能是任意的，所以权利要求1中的通式没有足够的试验数据支持，权利要求1不符合专利法第26条第4款的规定。

申请人斯克里普斯研究学院（下称复审请求人）对上述驳回决定不服，于2005年1月27日向专利复审委员会提出复审请求，复审请求人在提出复审请求时没有提交新的专利申请文本。

复审请求人认为：（1）本申请实施例6中不仅提供了理论性的内容，还提供了发明人进行实验以生产通式I和II的方式，清楚完整地解释了本领域技术人员如何获得其他属于该通式的催化活性分子，包括变体的多种组合，这些通式实际上分别概括了8~17和10~23基序的催化活性的序列要求的共有序列。（2）本发明要求保护的是催化性的DNA分子，说明书中给出底物结合区域长度为5~13个核苷酸为本发明的核酸分子起作用的多数目标的少数例子，对于底物结合区域长度小于5个核苷酸或大于13个核苷酸时也具有特别好的活性，而影响长度选择的因素和长度的相关例子可分别参见附件1（"Mechanism and Utility of an RNA-Cleaving DNA Enzyme"，Stephen W. Santoro等，Biochemistry，1998年，第37卷，第13330~13342页，复印件共13页）和附件2（"Factors That Influence Deoxyribozyme Cleavage during Polymerase Chain Reaction"，Helen L.等，Analytical Biochemistry，2000年，第286卷，第300~303页，复印件共4页）（均为复审请求人于2004年7月27日答复实质审查的《第二次审查意见通知书》时提交），对权利要求1的催化活性DNA分子无须通过其底物结合区域的长度来限定，另外，根据说明书，本领域技术人员可以毫无困难地制备权利要求1中请求保护的分子，而不管其各自的底物结合区域长度是否小于5或大于13个核苷酸。

形式审查合格后，专利复审委员会受理了该复审请求，并于2005年2月28日向复审请求人发出《复审请求受理通知书》，随后将本申请案卷移交原审查部门进行前置审查。

原审查部门对本复审请求进行了前置审查，认为复审请求人的意见陈述没有克服驳回决定中指出的缺陷，坚持原驳回决定。

专利复审委员会组成合议组，对本案的复审请求进行了审理。于2007年7月3日向复审请求人发出《复审通知书》。该通知书指出：权利要求1请求保护一种具有催化活性的DNA分子，该分子具有第一底物结合区域、核心区域、第二底物结合区域，其中核心区域为除SEQ ID NO：120外的通式

I 或除 SEQ ID NO：121 外的通式 II 序列。说明书在实施例 6 中提供了核心区域为 SEQ ID NO：120 和 SEQ ID NO：121 的催化活性 DNA 分子具有相应切割活性的实验数据，对于核心区域为除上述两条具体序列外的通式 I 和 II 的催化活性 DNA 分子，提供了其制备方法和测定活性的方法，并没有给出证明其具有活性的实验数据，本领域技术人员无法预测核心区域中核苷酸的变化对 DNA 分子的催化活性会产生怎样的影响，因此无法推断出核心区域为除上述两条序列外的通式序列 I 和 II 的 DNA 分子也具有同样的催化活性，说明书对于涉及权利要求 1 的技术方案没有充分公开，不符合专利法第 26 条第 3 款的规定。如果复审请求人不能提出本申请符合专利法第 26 条第 3 款规定的充分理由，合议组将作出维持驳回决定的复审决定。

针对《复审通知书》指出的问题，复审请求人于 2007 年 8 月 17 日提交了意见陈述书，并提交了两份附件：

附件 3："A general purpose RNA－cleaving DNA enzyme"，STEPHEN W. STNRORO 等，Proc. Natl. Acad. Sci. USA，1997 年 4 月，第 94 卷，第 4262～4266 页，复印件共 5 页；

附件 4：附件 3 的第 4262 页最后一段和第 4264 页倒数第二段的中文译文，共 2 页。

复审请求人认为：要求保护的催化活性 DNA 分子不是通过随机结构筛选获得的，其是以 SEQ ID NO. 120 或 SEQ ID NO. 121 的突变体文库为起始原料，通过对结构和切割活性的筛选获得的（见说明书第 55 页第 27 行至第 56 页第 2 行），说明书中具体描述了筛选和选择方法（说明书第 56 页第 3～9 行），在以上述突变文库为原料进行筛选时，每轮筛选后的分子比前一轮分子活性总体上提高，并且上述要求保护的催化活性 DNA 分子得到说明书中真实实验数据的支持，说明书第 54 页最后一段至第 57 页第一段记载了原型酶即 SEQ ID NO. 120 或 SEQ ID NO. 121 为催化核心的具体酶活性，并教导了符合某种标准即式 I 和 II 的该原型酶的突变体能够具有催化活性，还教导了进行筛选的方法和过程，因此，只需要说明书描述出 DNA 酶的序列（尤其是催化核心序列），就能获得和使用说明书所描述的、要求保护的 DNA 分子，也就不需要提前知道要求保护的 DNA 分子的催化活性方面的细节信息，并且附件 3 提供了进一步的证据证明本发明人在选择和设计具有催化活性的酶 8～17 和 10～23 突变体（即以 SEQ ID NO. 120 或 SEQ ID NO. 121 为催化核心的 DNA 酶）方面所做的工作和其他数据，因此，说明书是公开充分的。

至此，合议组认为本案事实清楚，可以作出审查决定。

**二、决定的理由**

1. 文本认定

本申请在进入复审阶段时未提交新的申请文本。本决定针对的文本为驳回决定所针对的文本。

2. 专利法第 26 条第 3 款

专利法第 26 条第 3 款规定：说明书应当对发明或者实用新型作出清楚、完整的说明，以所属技术领域的技术人员能够实现为准。

对于化学产品的发明，说明书中应当记载化学产品的确认、化学产品的制备以及化学产品的用途，如果所属技术领域的技术人员无法根据现有技术预测发明能够实现所述用途和/或使用效果，则说明书中还应当记载对于本领域技术人员来说，足以证明发明的技术方案可以实现所述用途和/或达到预期效果的定性或者定量实验数据。

本案中，权利要求 1 请求保护一种具有催化活性的 DNA 分子，该分子具有第一底物结合区域、核心区域、第二底物结合区域，其中核心区域为除 SEQ ID NO：120 外的通式 I 或除 SEQ ID NO：121 外的通式 II 序列。说明书在实施例 5 和 6 中提供了核心区域为 SEQ ID NO：120 和 SEQ ID NO：121 的催化活性 DNA 分子具有相应切割活性的实验数据，对于核心区域为除上述两条具体序列外的通式 I 和 II 的催化活性 DNA 分子，提供了其制备方法和测定活性的方法（第 54 页最后一段至第 56 页第一段和第 56 最后一段至第 57 页第一段），并没有给出证明其具有活性的实验数据。根据说明书的记载，核心区域为除上述两条具体序列外的通式 I 和 II 的催化活性 DNA 分子是以 SEQ ID NO. 120 或 SEQ ID NO. 121 的突变体文库为起始原料筛选得到的（第 54 页最后一段），由于该文库理论上存在的不同的分子数分别为 413 和 415 个，数量巨大，而筛选本身就具有很大的随机性和不确定性，筛选得到的 DNA 分子的活性与结构组成直接相关，本领域技术人员无法预测核心区域中核苷酸的变化对 DNA 分子的催化活性会产生怎样的影响，很可能核心区域的每个核苷酸都与 DNA 分子的催化活性相关，造成根据核心区域为 SEQ ID NO：120 和 SEQ ID NO：121 的催化活性 DNA 分子的实验数据无法推断出核心区域为除上述两条序列外的通式序列 I 和 II 的 DNA 分子也具有同样的催化活性，因此，说明书中并未记载证实权利要求 1 中所述 DNA 分子具有催化活性的数据，本领域技术人员也无法根据说明书的记载或现有技术直接推断得出，使得说明书中对于涉及权利要求 1 的技术方案没有充分公开，不符合专利法第 26 条第 3 款的规定。

对于复审请求人在答复复审通知书时的意见陈述，合议组认为：要求保护的催化活性 DNA 分子虽然是以 SEQ ID NO. 120 或 SEQ ID NO. 121 的突变体文库为起始原料筛选的，但由于上述两个具体序列的每个位点都存在 4 种突变，因此，仍然是对长度一定的随机序列的筛选；对于说明书中记载的筛选方法和过程，其筛选的结果即具体的实验数据才能证实核心区域为除上述两条序列外的通式序列 I 和 II 的 DNA 分子具有酶活性，而说明书中并未提供这样的数据，例如，根据说明书中表 2～3 和第 51 页第一段的内容，具有切割活性的序列如 8～17 和 10～14、10～23、10～27，其核心序列即分别为 SEQ ID NO. 120 或 SEQ ID NO. 121，而另外具有切割活性的序列 8～5 和 10～3、10～19，其核心序列也不符合通式序列 I 和 II；对于说明书第 56 页第二、三段教导了符合某种标准即式 I 和 II 的原型酶的突变体能够具有催化活性，只是申请人对核心序列结构的一种人为归纳和概括，并无具体的实验数据支持上述通式序列 I 和 II 的概括，说明书第 56 页最后一段只是记载了测定突变体催化活性的方法和过程，并不能直接用于证实核心区域为除上述两条具体序列外的通式 I 和 II 的 DNA 分子具有催化活性，例如说明书第 57 页至第 58 页记载的内容都只是证实了 10～23 序列（即核心序列为 SEQ ID NO. 121）具有酶活性。

对于复审请求人提交的附件而言，复审请求人在答复实质审查的《第二次审查意见通知书》提交的附件 1 和附件 2 的公开日均在本申请的优先权日后，复审请求人在答复《复审通知书》时提交的附件 3，其公开日为 1997 年 4 月，根据《审查指南》第 145 页 2. 1. 3. 1 出版物公开中的最后一段内容"出版物的印刷日视为公开日，有其他证据证明其公开日的除外。印刷日只写明年月或者年份的，以所写月份的最后一日或者所写年份的 12 月 31 日为公开日"，所以推定附件 3 的公开日为 1997 年 4 月 30 日，在本申请的优先权日后，因此附件 1～3 不属于现有技术，其公开的内容不能用于证明本申请说明书的充分公开。附件 4 为附件 3 的部分中文译文，同样不能证明本申请在申请日时已充分公开。

因此，本申请的说明书中只是记载了核心区域为 SEQ ID NO：120 和 SEQ ID NO：121 的催化活性 DNA 分子具有相应切割活性的实验数据，没有证据表明权利要求 1 中核心区域为除上述两条具体序列外的通式 I 和 II 的 DNA 分子中的任何一种也具有酶活性，因此，复审请求人的陈述意见和提交的证据也不能表明本申请的说明书符合专利法第 26 条第 3 款的规定。

根据以上事实和理由，本案合议组作出如下审查决定。

**三、决定**

维持国家知识产权局于 2004 年 10 月 15 日对 98806724. 2 号发明专利申请作出的驳回决定。

复审请求人对本决定不服的，可以根据专利法第 41 条第 2 款的规定，自收到本决定之日起三个月内向北京市第一中级人民法院起诉。

# 一种用于浇铸固体洗涤剂组合物的方法

## 复审请求审查决定（第12052号）

**决　定　号**　第12052号
**决　定　日**　2007年12月5日
**发明创造名称**　一种用于浇铸固体洗涤剂组合物的方法
**国际分类号**　C11D 17/00，C11D 13/16，B29C 47/06，B29C 69/00，A23P 1/12，A23G 3/20
**复审请求人**　荷兰联合利华有限公司
**申　请　号**　02818280.4
**优先权日**　2001年9月18日
**申　请　日**　2002年8月23日
**公　开　日**　2004年12月15日
**合议组组长**　李人久
**主　审　员**　王　冬
**参　审　员**　李梦楠

**法律依据**　专利法第33条，专利法第38条
**决定要点**

如果修改后的申请文件的技术方案已经清楚地记载在原说明书和权利要求书中，则所做修改是允许的。

若审查员在驳回决定及之前的通知书中，均未对驳回决定所依据的事实和理由进行详细评述，只是援引法律条款或者只作断言，则该驳回决定的作出违反听证原则。

### 一、案由

本复审请求涉及2002年8月23日申请、2004年12月15日公开、名称为“一种用于浇铸固体洗涤剂组合物的方法”的02818280.4号发明专利申请（下称本申请），其申请人为荷兰联合利华有限公司。

2005年3月4日，国家知识产权局向申请人发出第一次审查意见通知书，指出：权利要求1~3请求保护一种连续浇铸的方法，上述权利要求中的步骤描述过于笼统和抽象，当审查员仔细阅读说明书时，还不能理解该发明，一直到研究实施例时才可以理解本发明。由此可知，其所表达的保护范围不清楚，不符合专利法实施细则第20条第1款的规定。

针对第一次审查意见通知书，申请人于2005年7月15日提交了意见陈述书、权利要求书替换页（共4项）以及说明书第1页的替换页，其中将说明书第1页的发明名称修改为“用于连续浇铸固体

洗涤剂组合物的方法”，权利要求书具体内容如下：

“1. 一种用于连续浇铸皂、洗涤剂、除臭剂或糖果的方法，包括以下步骤：

i. 向一条连续的柔性物质管道中充入可浇铸组合物的熔融物，所述管道对于组合物来说相当于套管，由此得到独立于其周长的充实套管所需要的横截面积

ii. 通过将充实套管放置于适宜的模具之上或其中冷却以使所述熔融物固化并同时成形，和

其中，所需要横截面积通过引导装置在充入时限制套管充入量小于管道内部容量的100％得到。

2. 一种连续浇铸的方法，包括以下步骤：

i. 向一条连续的柔性物质管道中充入可浇铸组合物的熔融物，所述管道任选在线形成，其对于组合物来说相当于套管，同时通过一个截面限制引导装置传送，以得到独立于其周长的充实套管所需要的横截面积

ii. 通过将充实套管放置于适宜的模具之上或其中冷却以使所述熔融物固化并同时成形

iii. 将上述经连续成形和固化的浇铸组合物切成原材、坯或片。

3. 一种连续浇铸的方法，包括以下步骤：

i. 向一条连续的柔性物质在线形成的管道中充入可浇铸组合物的熔融物，所述管道底部被密封，其中所述管道对于组合物来说相当于套管，同时通过一种截面限制引导装置传送，以获得独立于套管周长的充实套管所需要的横截面积

ii. 在没有滞留空气的状态下密封所述套管的填充端以获得套管浇铸熔融物

iii. 通过将所述充实套管放置于一个适宜的模具上冷却使所述熔融物固化同时成形以获得套管浇铸原材

iv. 将上述经成形和固化的浇铸组合物切成坯或片。

4. 根据权利要求1的方法，其中的洗涤剂包括以下组分：

i. 10％～60％饱和脂肪酸皂

ii. 0～40％非皂类洗涤剂活性物质

iii. 20％～80％的水。”

申请人认为：第一次意见通知书中所指出的缺陷，可能是由本发明的跨领域的性质导致的，本发明可以看做将原本被认为适用于诸如钢铁和玻璃之类快速凝固的连续浇铸方法用于非快速凝固的物质（例如洗涤剂组合物等）。权利要求1～3中所记载的步骤都是所属领域技术人员所公知的步骤，并且在实施时并不存在困难。而使用引导装置来限制该管道的特征也记载在说明书第5页第20行至第6页第1行中，特别是在说明书第5页第31行～第6页第1行中。因此，权利要求1～3中的描述是本领域技术人员能够理解的，符合专利法实施细则第20条第1款的规定。

国家知识产权局于2005年9月9日以申请人在2005年7月15日提交的权利要求1～4项不符合专利法实施细则第20条第1款的规定为由驳回了本申请。

驳回决定指出：本发明为方法权利要求，应用工艺过程、操作条件、步骤或者流程等技术特征来描述，而本发明权利要求1～4的撰写和描述过于笼统和抽象。申请人在意见陈述中仅提及“本发明可以看做将原本被认为适用于诸如钢铁和玻璃之类快速凝固的连续浇铸方法用于非快速凝固的物质（例如洗涤剂组合物等）”，而对申请文件的修改仅限于发明名称和权利要求1中的个别词语，对其所要求保护的技术方案缺少清楚而且简明的描述，因此，权利要求1～4不符合专利法实施细则第20条第1款的规定。

申请人荷兰联合利华有限公司（下称复审请求人）对上述驳回决定不服，于2005年12月26日向专利复审委员会提出复审请求，并同时提交了权利要求书替换页（共4项），其中将权利要求1～3

中的“可浇铸组合物的熔融物”具体限定为“40～120℃温度下的可浇铸组合物的熔融物”，权利要求书具体内容如下：

“1. 一种用于连续浇铸皂、洗涤剂、除臭剂或糖果的方法，包括以下步骤：

i. 向一条连续的柔性物质管道中充入40～120℃温度下的可浇铸组合物的熔融物，所述管道对于组合物来说相当于套管，由此得到独立于其周长的充实套管所需要的横截面积

ii. 通过将充实套管放置于适宜的模具之上或其中冷却以使所述熔融物固化并同时成形，和

其中，所需要横截面积通过引导装置在充入时限制套管充入量小于管道内部容量的100％得到。

2. 一种连续浇铸的方法，包括以下步骤：

i. 向一条连续的柔性物质管道中充入40～120℃温度下的可浇铸组合物的熔融物，所述管道任选在线形成，其对于组合物来说相当于套管，同时通过一个截面限制引导装置传送，以得到独立于其周长的充实套管所需要的横截面积

ii. 通过将充实套管放置于适宜的模具之上或其中冷却以使所述熔融物固化并同时成形

iii. 将上述经连续成形和固化的浇铸组合物切成原材、坯或片。

3. 一种连续浇铸的方法，包括以下步骤：

i. 向一条连续的柔性物质在线形成的管道中充入40～120℃温度下的可浇铸组合物的熔融物，所述管道底部被密封，其中所述管道对于组合物来说相当于套管，同时通过一种截面限制引导装置传送，以获得独立于套管周长的充实套管所需要的横截面积

ii. 在没有滞留空气的状态下密封所述套管的填充端以获得套管浇铸熔融物

iii. 通过将所述充实套管放置于一个适宜的模具上冷却使所述熔融物固化同时成形以获得套管浇铸原材

iv. 将上述经成形和固化的浇铸组合物切成坯或片。

4. 根据权利要求1的方法，其中的洗涤剂包括以下组分：

i. 10％～60％饱和脂肪酸皂

ii. 0～40％非皂类洗涤剂活性物质

iii. 20％～80％的水。”。

复审请求人认为：本发明的发明点是拓展了一种已知方法的应用范围。可以看做将原本被认为适用于诸如钢铁和玻璃之类快速凝固的连续浇铸方法用于非快速凝固的物质（如洗涤剂组合物等）。本发明方法中用到的工艺过程、操作条件等通过说明书中对技术方案的描述和具体实施例的说明，本领域的技术人员完全能够实施。并且，复审请求人进一步限定了在权利要求1～3的方法的步骤（i）中所用的可浇铸组合物的熔融物的温度。修改后的权利要求1～3清楚、具体地限定了本发明的技术方案，从而符合专利法实施细则第20条第1款的规定。

形式审查合格后，专利复审委员会受理了此复审请求，并于2006年1月19日向复审请求人发出《复审请求受理通知书》，同时将本申请案卷移交原审查部门进行前置审查。

原审查部门对本复审请求进行了前置审查，认为：复审请求人将权利要求1～3中的“可浇铸组合物的熔融物”具体限定为“40～120℃温度下的可浇铸组合物的熔融物”，并没有克服审查员在驳回决定正文中所指出的权利要求书应当清楚的问题。并且“本发明可以看做将原本被认为适用于诸如钢铁和玻璃之类快速凝固的连续浇铸方法用于非快速凝固的物质”，很明显属于跨领域的应用，其用到的工艺过程、操作条件等对于洗涤剂领域的技术人员而言恰恰不是已知的。因此，坚持原驳回决定。

专利复审委员会组成合议组，对本案的复审请求进行了审理，并于2007年8月15日向复审请求

人发出《复审通知书》。

《复审通知书》指出：在新提交的权利要求修改文本中，复审请求人将原权利要求1~3中的“可浇铸组合物的熔融物”具体限定为“40~120℃温度下的可浇铸组合物的熔融物”。但是在原申请文件中并没有关于温度技术特征“40~120℃”的记载，并且说明书中只是记载了“所述熔融物可具有任何适宜的温度，如达到120℃，最优选40~90℃”，根据上述记载并不能直接、毫无疑义地得到所述熔融物所具有的温度范围就是40~120℃。因此，上述修改超出了原申请文件记载的范围，不符合专利法第33条的规定。

针对《复审通知书》，复审请求人于2007年8月30日提交了意见陈述书以及说明书第7页的替换页，复审请求人认为：

复审通知书中所指出的问题完全是由于中文中对“达到”一词有不同解释造成的，即可以表示“向上达到”和“向下达到”，但英文中分别用“up to ”和“down to”表示，本申请的PCT公开文本中使用的就是前者。因此，根据本申请的PCT公开文本第12页第24~25行，将本申请说明书第7页第29~30行修改为“所述熔融物可具有任何适宜的温度，如最高达120℃，最优选40~90℃”，所述修改克服了《复审通知书》所指出的缺陷，未超出原始说明书和权利要求书的公开范围。

此后，复审请求人又于2007年10月16日提交了说明书第7页的替换页，其中根据相应于本申请说明书第7页的PCT公开文本的内容，将第7页中的“最高达”改为“高达”。

至此，合议组认为本案事实清楚，可以作出审查决定。

**二、决定的理由**

1. 关于决定文本

本决定是以复审请求人在2005年12月26日提交的权利要求书（共4项），2005年7月15日提交的说明书第1页、进入国家阶段时提交的说明书的2~6、8~10页、2007年10月16日提交的说明书第7页，进入国家阶段时提交的说明书附图第1页以及摘要为基础作出的。

2. 关于专利法第33条

申请人可以对其专利申请文件进行修改，但是，对发明和实用新型专利申请文件的修改不得超出原说明书和权利要求书记载的范围。

根据该款规定，如果修改后的申请文件的技术方案已经清楚地记载在原说明书和权利要求书中，则所做修改是允许的。

复审请求人于2007年10月16日提交的说明书第7页的替换页中，根据本申请的PCT公开文本第12页第24~25行，将说明书第7页第29~30行修改为“所述熔融物可具有任何适宜的温度，如高达120℃，最优选40~90℃”，所述修改并未超出原始提交的国际申请的说明书和权利要求书记载的范围，符合专利法第33条的规定。

在复审请求人于2005年12月26日提出复审请求时提交的权利要求书中，将原权利要求1~3中的“可浇铸组合物的熔融物”具体限定为“40~120℃温度下的可浇铸组合物的熔融物”，在原始提交的国际申请的说明书第7页中记载了熔融物所具有温度的上限值120℃，并且还记载了熔融物优选温度范围的下限值40℃，因此，构成权利要求1~3所述温度范围的端值已经记载在原始提交的国际申请的说明书中，并且所述温度范围可以由原始提交的国际申请的说明书中直接地、毫无疑义地导出，因此，上述修改没有超出原始提交的国际申请的说明书和权利要求书记载的范围，符合专利法第33条的规定。

3. 关于专利法第38条

专利法第38条规定：发明专利申请经申请人陈述意见或者进行修改后，国务院专利行政部门仍然认为不符合本法规定的，应当予以驳回。

根据该款规定，若审查员在驳回决定及之前的通知书中，均未对驳回决定所依据的事实和理由进行详细评述，只是援引法律条款或者只作断言，则该驳回决定的作出违反听证原则。

本案中，原审查部门在第一次审查意见通知书中仅仅指出本发明权利要求 1 ~ 3 的步骤描述过于笼统和抽象，审查员仔细阅读说明书一直到研究实施例时才可以理解本发明，从而导致权利要求 1 ~ 3 不符合专利法实施细则第 20 条第 1 款的规定，但是并未指出所述权利要求本身为什么不清楚的具体事实，也未指出因为哪些技术特征的不清楚而导致权利要求 1 ~ 3 不符合专利法实施细则第 20 条第 1 款的规定，没有通过具体事实进行分析和推理来支持其观点，由此可以看出，该审查意见没有将被认为不符合专利法实施细则第 20 条第 1 款规定的具体事实和理由告知复审请求人。原审查部门在驳回决定中，仍然与在第一次审查意见通知书中的评述一样，仅指出驳回决定所针对的权利要求 1 ~ 4 的撰写和描述过于笼统和抽象，对其所要求保护的技术方案缺少清楚而且简明的描述而导致权利要求 1 ~ 4 不符合专利法实施细则第 20 条第 1 款的规定，而没有通过具体事实进行分析和推理来支持其观点。因此，原审查部门不仅在作出驳回决定前，而且在驳回决定时都没有将所涉及的驳回情形的具体事实、理由告知复审请求人，原审查部门的审查意见没有以具体事实为基础说明具体理由，导致审查程序没有满足听证原则，因此不符合专利法第 38 条的规定。

基于上述理由，合议组作出如下决定。

**三、决定**

撤销国家知识产权局于 2005 年 9 月 9 日对 02818280.4 号发明专利申请作出的驳回决定。由原审查部门在本决定所依据的文本的基础上进行审查。

复审请求人对本决定不服的，可以根据专利法第 41 条第 2 款的规定，自收到本决定之日起三个月内向北京市第一中级人民法院起诉。

141

# 生产L-谷氨酸的细菌和生产L-谷氨酸的方法

## 复审请求审查决定（第12080号）

**决　定　号**　第12080号
**决　定　日**　2007年11月28日
**发明创造名称**　生产L-谷氨酸的细菌和生产L-谷氨酸的方法
**国际分类号**　C12P13/14
**复审请求人**　味之素株式会社
**申　请　号**　99105549.7
**最早优先权日**　1998年3月18日
**申　请　日**　1999年3月18日
**公　开　日**　1999年11月3日
**合议组组长**　任晓兰
**主　审　员**　吴红权
**参　审　员**　娄　宁

**法律依据**　专利法第26条第4款
**决定要点**

权利要求书中的每一项权利要求所要求保护的技术方案应当是所属技术领域的技术人员能够从说明书中公开的内容直接得到或者概括得出的技术方案。权利要求的概括应当适当，使其保护范围正好适应说明书所公开的内容。如果权利要求的概括包含了申请人推测的内容，而其效果又难于预先确定和评价，则这种概括超出了申请原始公开的范围。

### 一、案由

本复审请求案涉及发明名称为“生产L-谷氨酸的细菌和生产L-谷氨酸的方法”的99105549.7号发明专利申请（下称本申请），申请人为味之素株式会社（下称复审请求人），申请日为1999年3月18日，最早优先权日为1998年3月18日，公开日为1999年11月3日。

2004年4月2日，针对申请人于2003年6月25日提交的权利要求书、申请日提交的说明书、说明书附图及其摘要，国家知识产权局以权利要求1～2不符合专利法第26条第4款的规定为由驳回了本申请。

驳回决定认为：由于在本申请之前公开的文献中，没有关于肠杆菌属微生物生产L-谷氨酸的报道，而本申请说明书的实施例中只使用了肠杆菌属的成团肠杆菌菌株AJ13355实现本发明的目的，并且由于糖代谢途径相同的不同菌种的菌株并不一定具有完全相同的微生物特性，在质粒导入、表达和产量方面很难预料都能产生本发明所述的效果，因此在说明书仅有菌株 AJ13355 的实施方式的情况下，权利要求 1 和 2 得不到说明书的支持，不符合专利法第 26 条第 4 款的规定。

驳回决定针对的权利要求书如下：

“1. 生产 L-谷氨酸的方法，包括在液体培养基中培养一种微生物，以便在培养基中产生和积累 L-谷氨酸，并从培养基中收集 L-谷氨酸，其中该微生物属于肠杆菌属并且具有至少一个以下特征：

（a）该微生物中选自柠檬酸合成酶，碳酸烯醇丙酮酸羧化酶，和谷氨酸脱氢酶的一种酶的活性增加；和

（b）该微生物中 α 酮戊二酸脱氢酶的活性降低或缺乏。

2. 权利要求 1 的方法，其中该微生物属于肠杆菌属并且具有至少一个以下特征：

（a）该微生物中柠檬酸合成酶，碳酸烯醇丙酮酸羧化酶，和谷氨酸脱氢酶三者的活性均增加；和

（b）该微生物中 α 酮戊二酸脱氢酶的活性降低或缺乏。

3. 权利要求 1 或 2 的方法，其中该微生物为成团肠杆菌。”

2004 年 7 月 7 日，复审请求人对上述驳回决定不服，向专利复审委员会提出复审请求，复审请求人在提出复审请求时没有对申请文件进行修改。同时，复审请求人提交了如下附件 1：

附件 1：“Bergey's Manual of Determinative Bacteriology，第 9 版（1994）”，第 178 页，复印件，共 1 页。

复审请求人认为：（1）附件 1 说明了属于肠杆菌属的微生物的生物特性：所有或大多数属于肠杆菌属的微生物具有从各种糖产生酸的能力。这说明属于肠杆菌属的微生物具有相同的糖代谢途径，即相同的 Embden-Meyerhof 途径；（2）属于肠杆菌属的微生物被认为具有相同的三羧酸循环，因为该循环在几乎所有的生物中都是保守的；（3）如说明书第 6 页中指出，糖通过 Embden-Meyerhof 途径代谢为丙酮酸，并且丙酮酸在三羧酸循环中代谢，转化成 α-酮戊二酸，由此产生 L-谷氨酸；因此属于肠杆菌属的微生物具有相同的 L-谷氨酸生物合成途径。由于属于肠杆菌属的微生物中 L-谷氨酸生物合成的保守性，可以合理地认为本领域技术人员可以通过与修饰成团肠杆菌相同的途径修饰除成团肠杆菌之外的其他属于肠杆菌属的细菌而获得具有增强的 L-谷氨酸生产能力的微生物，本领域技术人员采用所获得的微生物也容易生产 L-谷氨酸，因此权利要求 1 ~ 2 得到了说明书的支持，符合专利法第 26 条第 4 款的规定。

经形式审查合格后，专利复审委员会受理了该请求，并于 2004 年 7 月 29 日向复审请求人发出了《复审请求受理通知书》，同时将本申请转送至国家知识产权局原审查部门进行前置审查。

在《前置审查意见书》中，国家知识产权局原审查部门坚持驳回决定。

专利复审委员会组成合议组，对本复审请求案进行了审理。

合议组于 2007 年 9 月 4 日向复审请求人发出《复审通知书》，指出：本领域技术人员根据本申请的描述尚不能预见所有属于肠杆菌属的微生物菌株都具有在培养基中产生和积累 L-谷氨酸的能力，权利要求 1 的概括包含了复审请求人推测的、效果又难于预先确定和评价的内容，故从现有技术和本申请内容中尚不能概括得出所有的肠杆菌属微生物都能实现本申请的目的，从附件 1 也不能推知所有或大多数肠杆菌属是经过相同的 Embden-Meyerhof 途径完成糖代谢，因此权利要求 1 ~ 2 得不到说明书支持，不符合专利法第 26 条第 4 款的规定。

针对上述《复审通知书》，复审请求人于 2007 年 10 月 15 日提交了意见陈述书，将权利要求 1 中的微生物限定为“成团肠杆菌”，删除权利要求 3，并删除权利要求 2 中的表述“该微生物属于肠杆菌属”。复审请求人认为：修改后的权利要求 1 ~ 2 得到了说明书的支持。修改后的权利要求书如下：

针对上述《复审通知书》，复审请求人于2007年10月15日提交了意见陈述书，将权利要求1中的微生物限定为“成团肠杆菌”，删除权利要求3，并删除权利要求2中的表述“该微生物属于肠杆菌属”。

复审请求人在意见陈述书中认为：修改后的权利要求1~2得到了说明书的支持。修改后的权利要求书如下：

“1. 生产L-谷氨酸的方法，包括在液体培养基中培养一种微生物，以便在培养基中产生和积累L-谷氨酸，并从培养基中收集L-谷氨酸，其中该微生物为成团肠杆菌并且具有至少一个以下特征：

(a) 该微生物中选自柠檬酸合成酶，碳酸烯醇丙酮酸羧化酶，和谷氨酸脱氢酶的一种酶的活性增加；和

(b) 该微生物中α酮戊二酸脱氢酶的活性降低或缺乏。

2. 权利要求1的方法，其中该微生物具有至少一个以下特征：

(a) 该微生物中柠檬酸合成酶，碳酸烯醇丙酮酸羧化酶，和谷氨酸脱氢酶三者的活性均增加；和

(b) 该微生物中α酮戊二酸脱氢酶的活性降低或缺乏。”

至此，合议组认为本案事实已经清楚，可以作出审查决定。

**二、决定的理由**

1. 关于决定的文本

本复审决定是针对复审请求人于2007年10月15日提交的权利要求书，申请日提交的说明书、说明书附图及其摘要作出的。

2. 关于专利法第26条第4款

专利法第26条第4款规定：权利要求应当以说明书为依据，说明要求专利保护的范围。

权利要求书中的每一项权利要求所要求保护的技术方案应当是所属技术领域的技术人员能够从说明书中公开的内容直接得到或者概括得出的技术方案。权利要求的概括应当适当，使其保护范围正好适应说明书所公开的内容。如果权利要求的概括包含了申请人推测的内容，而其效果又难于预先确定和评价，则这种概括超出了申请原始公开的范围。

就本案而言，驳回决定指出：权利要求1~2得不到说明书的支持，不符合专利法第26条第4款的规定。

针对驳回决定所针对的文本，合议组在《复审通知书》中指出：(1) 说明书第1页第24~25行提到：某些起源于属于肠杆菌或沙雷伯氏菌属的微生物的菌株具有高的生产L-谷氨酸的能力；(2) 说明书第3页列举了12种可以用作亲本菌株的肠杆菌属的微生物的实例，包括，例如，成团肠杆菌、产气肠杆菌、河生肠杆菌……以及生癌肠杆菌；(3) 说明书第6页第4行~第9行中记载了如下内容：通过属于肠杆菌的任何细菌经Embden-Meyerhof途径完成糖代谢……并且属于肠杆菌的微生物包含在本发明的一个构思中；(4) 说明书实施例部分记载了成团肠杆菌AJ13355通过基因修饰，获得成团肠杆菌AJ13355的αKGDH缺陷菌株并进一步评价了缺乏αKGDH的成团肠杆菌菌株的L-谷氨酸生产率。

权利要求1将其概括到整个肠杆菌属。这一概括能否得到说明书支持，焦点在于判断上述概括是否包括了申请人推测的，而其效果又难以预先确定的内容。

对此，合议组认为，第一，以上(3)中记载的内容仅是复审请求人在申请文件中描述的推测性结论，并没有证据表明其经过科学实验加以证实；第二，从以上内容(2)可知，肠杆菌属包括诸如成团肠杆菌等多种不同的菌种，现有技术中没有关于所有或大多数属于肠杆菌属的微生物能够生产L

-谷氨酸的记载，也没有关于所有或大多数属于肠杆菌属的微生物都具有相同的糖代谢途径（Embden-Meyerhof 途径）并具有相同的三羧酸循环的报道，而且，本领域中公知的是，属于肠杆菌属的不同菌种具有不同的特性，包括产酸特性，因此，在本申请说明书实施例中仅使用了经保藏的肠杆菌属的成团肠杆菌株 AJ13355 进行了试验，验证了其具有生产 L-谷氨酸的能力的情况下，本领域技术人员根据本申请的描述尚不能预见所有属于肠杆菌属的微生物菌株都具有在培养基中产生和积累 L-谷氨酸的能力，换言之，仅由一个菌株 AJ13355 具有产生 L-谷氨酸的能力概括到整个肠杆菌属都具有这一特性包含了申请人推测的、其效果又难于预先确定和评价的内容，因此，从现有技术中以及本申请公开的内容中尚不能概括得出所有的肠杆菌属微生物都能实现本发明的目的。

复审请求人在权利要求 1 中对属于肠杆菌属的微生物进行了限定，即（a）该微生物中选自柠檬酸合成酶，磷酸烯醇丙酮酸羧化酶，和谷氨酸脱氢酶的一种酶的活性增加；和（b）该微生物中 α 酮戊二酸脱氢酶的活性降低或缺乏。对此，合议组认为，首先，（a）和（b）是通过生物学修饰作用得到的，并不是微生物亲本菌株所具有的性质；其次，并没有确切的证据表明柠檬酸合成酶，磷酸烯醇丙酮酸羧化酶，和谷氨酸脱氢酶的一种酶的活性增加以及 α 酮戊二酸脱氢酶的活性降低或缺乏与生产 L-谷氨酸之间存在必然的关系，因此尚不能认为进行（a）和（b）两项限定的所有肠杆菌属微生物都必然具有生产 L-谷氨酸的能力。

在提交复审请求时，复审请求人提交了附件 1 以期证明除成团肠杆菌之外的其他属于肠杆菌属的细菌都可以用于本发明。复审请求人认为，附件 1 第 178 页左栏第 37～38 行和左栏最后一行至右栏第 3 行的描述强烈表明属于肠杆菌属的微生物具有相同的 L-谷氨酸生物合成途径。对此，合议组认为，尽管本领域普通技术人员从附件 1 描述的上述内容可知，所有或大多数属于肠杆菌属的微生物具有从各种糖，包括 D-葡萄糖，L-阿拉伯糖，纤维二糖，麦芽糖，D-甘露醇，D-甘露糖，水杨苷和海藻糖产生酸的能力，但是并不能就此推知所有或大多数肠杆菌属是经相同的 Embden-Meyerhof 途径完成糖代谢，也不能推出所得到的最后的酸就一定是 L-谷氨酸，因此，复审请求人的上述观点不能成立。

复审请求人在复审请求时还提到：基于肠杆菌属微生物中 L-谷氨酸生物合成途径的保守性，可以合理地认为本领域技术人员可以与修饰成团肠杆菌相同的途径修饰除成团肠杆菌之外的其他属于肠杆菌属的细菌而获得具有增强的 L-谷氨酸生产能力的微生物。对此，合议组认为，复审请求人并没有提供任何证据表明属于肠杆菌属的微生物中 L-谷氨酸生物合成途径的保守性。

基于以上理由，合议组认为，现有的证据仅显示了成团肠杆菌的糖代谢状况，未显示肠杆菌属的糖代谢能力和糖代谢途径，不足以证明肠杆菌属的各个菌种都具有相同的糖代谢途径，故驳回决定所针对的权利要求 1 的概括包括了申请人推测的、其效果又难以根据本申请的内容及现有技术预先确定和评价的内容，因此，不符合专利法第 26 条第 4 款的规定。

驳回决定所针对的权利要求 2 从微生物酶活性方面对权利要求 1 作了进一步限定，其中所述的微生物仍然是肠杆菌属的微生物，基于与以上针对权利要求 1 所述相同的理由，权利要求 2 也得不到说明书的支持，不符合专利法第 26 条第 4 款的规定。

针对《复审通知书》所指出的缺陷，复审请求人于 2007 年 10 月 15 日提交了意见陈述书，将权利要求 1 中的微生物限定为“成团肠杆菌”，删除权利要求 3，并删除权利要求 2 中的表述“该微生物属于肠杆菌属”。这一修改实质上是删除了驳回决定所针对的权利要求 1～2，因此，修改后的权利要求书已经克服了驳回决定及《复审通知书》所指出的驳回文本的权利要求 1～2 不符合专利法第 26 条第 4 款的缺陷。

根据上述事实和理由，合议组作出如下审查决定。

## 三、决定

撤销国家知识产权局于2004年4月2日针对99105549.7号发明专利申请作出的驳回决定，由国家知识产权局原审查部门以复审请求人于2007年10月15日提交的权利要求书，申请日提交的说明书、说明书附图及其摘要为基础继续审批程序。

复审请求人对本决定不服的，可以根据专利法第41条第2款的规定，自收到本决定之日起三个月内向北京市第一中级人民法院起诉。

142

# 化妆品组合物

## 复审请求审查决定（第12099号）

**决　定　号**　第12099号
**决　定　日**　2007年12月12日
**发明创造名称**　化妆品组合物
**国际分类号**　A61K 7/48
**复审请求人**　荷兰联合利华有限公司
**申　请　号**　99809638.5
**优先权日**　1998年8月14日
**申　请　日**　1999年7月14日
**公　开　日**　2001年9月12日
**合议组组长**　何　炜
**主　审　员**　王　冬
**参　审　员**　刘玉玲

**法律依据**　专利法第22条第3款
**决定要点**

当要求保护的权利要求的技术方案中某一技术特征在现有技术中没有记载，现有技术也没有给出任何技术启示时，该权利要求的技术方案相对于现有技术是非显而易见的，具有突出的实质性特点。

**一、案由**

本复审请求涉及1999年7月14日申请、2001年9月12日公开、名称为“化妆品组合物”的99809638.5号发明专利申请（下称本申请），本申请优先权日为1998年8月14日，申请人为荷兰联合利华有限公司。

国家知识产权局于2005年1月14日以权利要求1～12不符合专利法第22条第3款的规定为由驳回了本申请。

驳回决定所针对的权利要求为：

“1. 一种人皮肤上外用的液体无水泡沫清洗组合物，包含

a. 5%～50%重量的钾皂或$C_{8-22}$烷基未取代的羟乙磺酸盐，

b. 5%～25%重量的甘油，

c. 20%～70%重量的聚乙二醇，和

d. 最多20％重量的水不溶性有益试剂。

2. 根据权利要求1的清洗组合物，其中阴离子表面活性剂是$C_{8-22}$烷基未取代的羟乙磺酸盐。

3. 根据权利要求2的清洗组合物，含有至少5％的椰油基羟乙磺酸钠。

4. 根据权利要求3的清洗组合物，其中所述组合物含有至少10％重量的表面活性剂。

5. 根据权利要求1的清洗组合物，其中阴离子表面活性剂占组合物中表面活性剂重量的40％～100％。

6. 根据权利要求1的清洗组合物，其中组合物中聚乙二醇的至少50％重量其分子量为200～600。

7. 根据权利要求1的清洗组合物，其中组合物中聚乙二醇的分子量小于5000。

8. 根据权利要求1～7任一项的清洗组合物，其中所述组合物含少于1％重量的水。

9. 根据权利要求1～7任一项的清洗组合物，其中所述组合物还含有0.2％～15％重量的丙二醇。

10. 根据权利要求1～7任一项的清洗组合物，其中所述组合物还含有两性表面活性剂。

11. 根据权利要求10的清洗组合物，其中所述两性表面活性剂占组合物重量的至少5％。

12. 根据权利要求1～7任一项的清洗组合物，其中有益试剂选自皮肤抚慰剂、恢复剂、愈合剂、冷却剂、调色剂、促血液流动剂、消炎剂、润湿剂、抗老化剂及防晒剂。”

驳回决定指出：

（1）权利要求1的组合物与对比文件1（GB2192404A，1988年1月13日公开）的组合物的区别仅在于还包含5％～50％重量的钾皂或$C_{8-22}$烷基未取代的羟乙磺酸盐，但其已被对比文件2（WO9806800A1，1998年2月19日公开）所公开（见说明书第5页第2行至第22行、第17页第24行至第26行和实施例1以及权利要求1～3），其在对比文件2中所起的作用是作为一种对人皮肤很温和的非皂类阴离子表面活性剂，即其对人皮肤的刺激很小，这与其在本发明中所述改进感觉性能的作用相同，因此，对于所属领域技术人员而言将对比文件1和2结合得到权利要求1的技术方案是显而易见的，权利要求1不具备专利法第22条第3款规定的创造性。

（2）权利要求2～8、10～12在权利要求1的基础上做了进一步限定，但其所限定的技术特征已经被对比文件1和2所公开，因此当权利要求1不具备创造性时，权利要求2～8、10～12不具备突出的实质性特点和显著的进步，不具备专利法第22条第3款规定的创造性。

（3）权利要求9在权利要求1的基础上作了进一步限定：“其中所述组合物还含有0.2％～15％重量的丙二醇”。对比文件3（EP0027730A2，1981年4月29日公开）已经公开了（见说明书第3页第19行至第9页第24行和实施例1、3、5～7）化妆品组合物中的丙二醇与水接触时产生热，这与其在本发明中的作用相同。因此对于所属领域技术人员而言，对比文件3给出了将其所公开的丙二醇用于对比文件1～2所公开的清洗组合物中以解决制备与水接触时产生热的清洗组合物的技术问题的启示。因此，将对比文件1～3相结合得到权利要求9请求保护的技术方案是显而易见的，权利要求9不具备专利法第22条第3款规定的创造性。

申请人荷兰联合利华有限公司（下称复审请求人）不服上述驳回决定，于2005年4月29日向专利复审委员会提出复审请求，复审请求人提出复审请求时提交了经修改的权利要求书全文替换页（共12项），修改后的权利要求书如下：

“1. 一种人皮肤上外用的无水泡沫清洗组合物，包含

a. 5％～50％重量的钾皂或酰基羟乙磺酸盐，

b. 10％～20％重量的甘油，

c. 20％～70％重量的聚乙二醇，和

d. 最多20％重量的水不溶性有益试剂。

2. 根据权利要求1的清洗组合物，其中阴离子表面活性剂是$C_{8-22}$烷基未取代的羟乙磺酸盐。

3. 根据权利要求2的清洗组合物，含有至少5%的椰油基羟乙磺酸钠。

4. 根据权利要求3的清洗组合物，其中所述组合物含有至少10%重量的表面活性剂。

5. 根据权利要求1的清洗组合物，其中阴离子表面活性剂占组合物中表面活性剂重量的40%~100%。

6. 根据权利要求1的清洗组合物，其中组合物中聚乙二醇的至少50%重量其分子量为200~600。

7. 根据权利要求1的清洗组合物，其中组合物中聚乙二醇的分子量小于5000。

8. 根据权利要求1~7任一项的清洗组合物，其中所述组合物含少于1%重量的水。

9. 根据权利要求1~7任一项的清洗组合物，其中所述组合物还含有0.2%~1 5%重量的丙二醇。

10. 根据权利要求1~7任一项的清洗组合物，其中所述组合物还含有两性表面活性剂。

11. 根据权利要求10的清洗组合物，其中所述两性表面活性剂占组合物重量的至少5%。

12. 根据权利要求1~7任一项的清洗组合物，其中有益试剂选自皮肤抚慰剂、恢复剂、愈合剂、冷却剂、调色剂、促血液流动剂、消炎剂、润湿剂、抗老化剂及防晒剂。"

复审请求人认为：（1）本发明提供了自热组合物，其提供不溶性有益试剂到皮肤的良好输送，具有这一性质的组合物并没有被对比文件1~3公开。（2）对比文件1涉及适用于泡沫浴液组合物的包封的表面活性剂产品，没有教导其公开的组合物可以是自热的，或者存在与有益试剂从对比文件1的组合物中沉淀有关的任何问题，对比文件1解决了与本发明所要解决的完全不同的问题。对比文件1也没有公开其组合物包含表面活性剂钾皂或者酰基羟乙基磺酸盐以及10%~20%重量的甘油的组合。（3）对比文件2仅仅涉及单一清洁组合物（其中引入了酰基羟乙基磺酸盐）和其制造方法，这不同于本申请或者对比文件1所解决的问题，同时对比文件2没有教导包含10~20%重量甘油的组合物，因此，对比文件1和2的组合没有提供生产本发明修改的权利要求1的清洁组合物的教导。（4）对比文件3也没有公开使用10%~20%重量的甘油，对比文件1~3的结合仍然不能破坏修改的权利要求1的创造性。因此，本发明相对于对比文件1~3具备创造性。

形式审查合格后，专利复审委员会受理了该复审请求，并于2005年5月26日向复审请求人发出《复审请求受理通知书》，同时将本申请案卷移交原审查部门进行前置审查。

原审查部门对本复审请求进行了前置审查，认为：（1）权利要求1中将所述组分a限定为"钾皂或者酰基羟乙基磺酸盐"，而对比文件2已经公开了酰基羟乙磺酸盐，如椰油基羟乙磺酸钠（Sodium cocoyl isethionate），这与本发明实施例2中的椰子酰羟乙磺酸钠（Sodium cocoyl isethionate）为同一物质。（2）所限定的组分b甘油的含量与对比文件1所公开的组合物中甘油的含量数值范围很接近，而该用量也处在所属领域制备皮肤用组合物时的常用用量范围内。本申请说明书并未将具有上述含量的甘油的所述组合物和现有技术进行比较，也没有取得任何预料不到的技术效果。因此，坚持原驳回决定。

专利复审委员会组成合议组，对本案的复审请求进行了审理，于2007年6月20日向复审请求人发出《复审通知书》。《复审通知书》指出：

（1）权利要求1请求保护的组合物与对比文件1公开的组合物的区别在于：①权利要求1的组合物包括5%~50%重量的钾皂或酰基羟乙磺酸盐，但是在对比文件2中公开了其所公开的表面活性剂组合物包括20%~63%重量的酰基羟乙磺酸盐，酰基羟乙磺酸盐优选为椰油基羟乙磺酸钠，同时还公开了酰基羟乙磺酸盐是对人皮肤高度温和的非皂类阴离子表面活性剂，能够赋予该表面活性剂组合物高度的温和性，酰基羟乙磺酸盐在对比文件2中的作用与在本发明组合物中的作用是相同的，均是给组合物赋予温和性。因此，对比文件2给出了将酰基羟乙磺酸盐用于与对比文件1的洗浴组合物组合得到本发明的化妆品组合物以给该组合物赋予温和性的技术启示。②二者所包括的甘油含量不同，本发明的说明书中记载了甘油的含量为5％~25％，更优选为10％~20％，由于对比文件1的甘油含量范围2.5％~7.5％与5％~25％有交叉，因此对比文件1的甘油含量范围部分地也是适合的，而且对比文件1的甘油含量范围与权利要求1的甘油含量范围也比较接近，由此对比文件1给出了将其甘油含量范围用于化妆品组合物的技术启示。本领域技术人员在对比文件1的教导下能够根据制备实践的需要通过常规手段对甘油含量范围进行选择，能够显而易见地得到权利要求1的甘油含量范围。③对于复审请求人在复审请求中的意见，合议组认为虽然对比文件1所要解决的技术问题与本发明的不同，但是根据所述分析可知，本发明所要解决的化妆品组合物自热的问题在客观上已经被对比文件1解决了，并没有产生预料不到的技术效果，而且也没有相反证据能够证明有益试剂会从对比文件1的组合物中沉淀。因此，权利要求1请求保护的技术方案相对于对比文件1~2的结合是显而易见的，不具备突出的实质性特点和显著进步，不符合专利法第22条第3款的规定。

（2）权利要求2~8、10~12在权利要求1的基础上做了进一步限定，但所限定的技术特征已经分别被对比文件1和2所公开或是本领域的公知常识，因此当权利要求1不具备创造性时，权利要求2~8、10~12不具备突出的实质性特点和显著的进步，不具备专利法第22条第3款规定的创造性。

（3）权利要求9限定了组合物中还含有0.2％~15％重量的丙二醇。对比文件3公开了一种包括与水接触时能够产热的化合物的化妆品组合物，所述化合物可以为具有2~9个碳原子的烷撑二醇，例如丙二醇，在该组合物中丙二醇的用量例如可为5％（该含量范围也在本发明权利要求9的丙二醇的用量范围内）；并且还公开了如果将聚（环氧乙烷）、聚（环氧丙烷）或其衍生物（其中包括聚乙二醇200、300、400和600）与2~9个碳原子的烷撑二醇，例如丙二醇组合则可溶解油溶性成分将其递送至皮肤。由此可见，对比文件3给出了将丙二醇用于化妆品组合物以使组合物与水接触时产热的技术启示，并且解决了难于输送不溶于水的组分的问题，可以预见本领域技术人员在对比文件1~3的教导下，根据制备实践向化妆品组合物中加入适宜用量的丙二醇，从而得到权利要求9请求保护的技术方案完全不用付出任何创造性劳动，权利要求9请求保护的技术方案不符合专利法第22条第3款有关创造性的规定。

针对《复审通知书》指出的问题，复审请求人于2007年8月6日提交了意见陈述书以及权利要求书全文替换页（共12项）。修改后的权利要求书如下：

“1. 一种人皮肤上外用的无水泡沫清洗组合物，包含

a. 5％~50％重量的钾皂，

b. 10％~20％重量的甘油，

c. 20％~70％重量的聚乙二醇，和

d. 最多20％重量的水不溶性有益试剂。

2. 根据权利要求1的清洗组合物，其中阴离子表面活性剂是$C_{8-22}$烷基未取代的羟乙磺酸盐。

3. 根据权利要求2的清洗组合物，含有至少5％的椰油基羟乙磺酸钠。

4. 根据权利要求3的清洗组合物，其中所述组合物含有至少10％重量的表面活性剂。

5. 根据权利要求1的清洗组合物，其中阴离子表面活性剂占组合物中表面活性剂重量的40％~100％。

6. 根据权利要求1的清洗组合物，其中组合物中聚乙二醇的至少50％重量其分子量为200~600。

7. 根据权利要求1的清洗组合物，其中组合物中聚乙二醇的分子量小于5000。

8. 根据权利要求1~7任一项的清洗组合物，其中所述组合物含少于1％重量的水。

9. 根据权利要求 1 ~7 任一项的清洗组合物，其中所述组合物还含有 0.2% ~15%重量的丙二醇。

10. 根据权利要求 1 ~7 任一项的清洗组合物，其中所述组合物还含有两性表面活性剂。

11. 根据权利要求 10 的清洗组合物，其中所述两性表面活性剂占组合物重量的至少 5%。

12. 根据权利要求 1 ~7 任一项的清洗组合物，其中有益试剂选自皮肤抚慰剂、恢复剂、愈合剂、冷却剂、调色剂、促血液流动剂、消炎剂、润湿剂、抗老化剂及防晒剂。"

复审请求人认为：将"或酰基羟乙磺酸盐"从权利要求 1 的 a 项中删除，这样使得修改的权利要求 1 的组合物与对比文件 1 和 2 的组合物之间存在实质性区别，且不能由对比文件 1 和 2 的组合物显而易见地得到，因此具备创造性。同理，权利要求 2 ~12 也具备创造性。

此后，复审请求人又于 2007 年 12 月 7 日提交了经修改的权利要求书的替换页（共 12 项），修改后的权利要求书为：

"1. 一种人皮肤上外用的无水泡沫清洗组合物，包含

a. 5% ~50%重量的钾皂，

b. 10% ~20%重量的甘油，

c. 20% ~70%重量的聚乙二醇，和

d. 最多 20%重量的水不溶性有益试剂。

2. 根据权利要求 1 的清洗组合物，其中还包含 $C_{8-22}$烷基未取代的羟乙磺酸盐。

3. 根据权利要求 2 的清洗组合物，含有至少 5%的椰油基羟乙磺酸钠。

4. 根据权利要求 3 的清洗组合物，其中所述组合物含有至少 10%重量的表面活性剂。

5. 根据权利要求 1 的清洗组合物，其中还包含阴离子表面活性剂，该阴离子表面活性剂占组合物中表面活性剂重量的 40% ~100%。

6. 根据权利要求 1 的清洗组合物，其中组合物中聚乙二醇的至少 50%重量其分子量为200 ~600。

7. 根据权利要求 1 的清洗组合物，其中组合物中聚乙二醇的分子量小于 5000。

8. 根据权利要求 1 ~7 任一项的清洗组合物，其中所述组合物含少于 1%重量的水。

9. 根据权利要求 1 ~7 任一项的清洗组合物，其中所述组合物还含有 0.2% ~15%重量的丙二醇。

10. 根据权利要求 1 ~7 任一项的清洗组合物，其中所述组合物还含有两性表面活性剂。

11. 根据权利要求 10 的清洗组合物，其中所述两性表面活性剂占组合物重量的至少 5%。

12. 根据权利要求 1–7 任一项的清洗组合物，其中有益试剂选自皮肤抚慰剂、恢复剂、愈合剂、冷却剂、调色剂、促血液流动剂、消炎剂、润湿剂、抗老化剂及防晒剂。"

至此，合议组认为本案事实清楚，可以作出审查决定。

**二、决定的理由**

1. 关于审查文本

复审请求人在 2007 年 12 月 7 日提交了权利要求书全文替换页。经审查，权利要求书的修改符合专利法第 33 条的规定。因此，本决定是在复审请求人于 2007 年 12 月 7 日提交的权利要求书第 1 ~12 项、进入中国国家阶段时提交的说明书第 1 ~10 页以及说明书摘要的基础上作出的。

2. 关于专利法第 22 条第 3 款

专利法第 22 条第 3 款规定：创造性，是指同申请日以前已有的技术相比，该发明具有突出的实质性特点和显著的进步。

根据该款规定，当要求保护的权利要求的技术方案中某一技术特征在现有技术中没有记载，现有技术也没有给出任何技术启示时，该权利要求的技术方案相对于现有技术是非显而易见的，具有突出的实质性特点。

本案中，权利要求1请求保护一种人皮肤上外用的无水泡沫清洗组合物，其包含：（1）5%～50%重量的钾皂，（2）10%～20%重量的甘油，（3）20%～70%重量的聚乙二醇，和（4）最多20%重量的水不溶性有益试剂。

对比文件1（GB2192404A，1988年1月13日公开）公开了一种由软弹性凝胶胶囊包封的无水泡沫洗浴组合物（说明书第1页第13～46行），其含有40%～60%重量的长链烷基（优选$C_8$～$C_20$）醚硫酸胺盐，25%～35%重量的聚乙二醇（PEG400或PEG600），2.5%～7.5%重量的甘油，还可含香料、泡沫助剂（包括长链烷基链烷醇酰胺和两性表面活性剂如酰氨基甜菜碱），泡沫助剂的适宜重量百分比为5%～15%，该组合物基本无水。具体公开了含有2000毫克的Akyposal 100 LFS（长链烷基醚硫酸胺盐，阴离子表面活性剂），400毫克的Rewomid DL 240240（椰油基二乙醇胺，非离子表面活性剂），1200毫克的聚乙二醇400 BP，200毫克的甘油，200毫克的香料（E 1011）。

将权利要求1请求保护的组合物与对比文件1公开的组合物相比，二者的区别技术特征之一的"5%～50%重量的钾皂"在对比文件1中并未公开或暗示。对比文件2（WO9806800A1，1998年2月19日公开）公开了一种含有酰基羟乙磺酸盐（优选为椰油基羟乙磺酸钠）的表面活性剂组合物（见说明书第5页第2～22行、第17页第24～26行和实施例1以及权利要求1～3），根据对比文件2教导的酰基羟乙磺酸盐是对人皮肤高度温和的非皂类阴离子表面活性剂可知，酰基羟乙磺酸盐能够赋予该表面活性剂组合物高度的温和性，但是其并未教导钾皂能够给化妆品组合物赋予泡沫和温和性。因此，本领域技术人员从对比文件2中无法得到钾皂能够给化妆品组合物赋予泡沫和温和性的技术启示。因此，合议组认为经修改的权利要求1已经克服了《驳回决定》以及《复审通知书》所指出的权利要求1相对于对比文件1～2的结合不具备专利法第22条第3款规定的创造性的理由，权利要求1相对于对比文件1～2的结合具备突出的实质性特点，对比文件1～2的结合尚不能否定经修改的权利要求1的创造性。

权利要求2～8、10～12直接或间接从属于权利要求1，在对文件1和2结合不能否定权利要求1创造性的情况下，同样也不能否定权利要求2～8、10～12的创造性。

权利要求9限定了权利要求1～7任一项的组合物中还含有0.2%～15%重量的丙二醇，虽然对比文件3公开了权利要求9的附加技术特征，但对比文件3也没有公开组合物含"5%～50%重量的钾皂"的技术特征，基于评述权利要求1相同的理由，在对文件1和2结合不能否定权利要求1创造性的情况下，结合对比文件1～3也不能否定权利要求9的创造性。

根据以上事实和理由，本案合议组作出如下审查决定。

**三、决定**

撤销国家知识产权局于2005年1月14日对99809638.5号发明专利申请作出的驳回决定。由原审查部门在本决定所依据的文本的基础上继续进行审查。

复审请求人对本决定不服的，可以根据专利法第41条第2款的规定，自收到本决定之日起三个月内向北京市第一中级人民法院起诉。

143

# 在无RNA酶和有机溶剂的条件下应用切向流过滤来纯化质粒DNA的方法

## 复审请求审查决定（第12106号）

**决　定　号**　第12106号
**决　定　日**　2007年9月14日
**发明创造名称**　在无RNA酶和有机溶剂的条件下应用切向流过滤来纯化质粒DNA的方法
**国际分类号**　C12N 15/10
**复审请求人**　杰南技术公司
**申　请　号**　00813109.0
**优先权日**　1999年7月23日，1999年11月12日
**申　请　日**　2000年7月21日
**公　开　日**　2002年11月6日
**合议组组长**　许　磊
**主　审　员**　郝建欣
**参　审　员**　卢　阳

**法律依据**　专利法实施细则第21条第2款、第20条第1款
**决定要点**

必要技术特征是指发明或者实用新型为了解决其技术问题所不可缺少的技术特征，其总和足以构成发明或者实用新型的技术方案，使之区别于背景技术中所述的其他技术方案；判断某一技术特征是否为必要技术特征，应当从所要解决的技术问题出发并考虑说明书描述的整体内容，不应简单地将实施例中的技术特征直接认定为必要技术特征。

### 一、案由

本复审请求涉及2000年7月21日申请、2002年11月6日公开、名称为“在无RNA酶和有机溶剂的条件下应用切向流过滤来纯化质粒DNA的方法”的00813109.0号发明专利申请（下称本申请），本申请的优先权日为1999年7月23日和1999年11月12日，本申请的申请人为杰南技术公司。

国家知识产权局于2004年9月10日以权利要求1不符合专利法实施细则第21条第2款和权利要求2~15不符合专利法实施细则第20条第1款的规定为由驳回了本申请。驳回决定所针对的权利要求书为：

“1. 一种从含有质粒DNA的原核细胞中纯化该质粒DNA的方法，其包括下述步骤：

（a）消化所述细胞；

（b）在碱性条件和洗涤剂存在下，将这些细胞培养约4～24小时，以便实施裂解和溶解；

（c）除去细胞裂解物的杂质，以获得一种质粒DNA溶液；

（d）使所述溶液流经切向流过滤装置而过滤，获得含有质粒DNA的回流液；

（e）收集这种回流液，

而在上述任一步骤中都没有使用酶消化RNA。

2. 权利要求1所述方法，其中所述细胞是细菌细胞。

3. 权利要求1所述方法，其中所述细胞是大肠杆菌的细胞。

4. 权利要求1所述方法，其中所述质粒DNA的大小为大约2～50kb。

5. 权利要求1所述方法，其中步骤（a）采用溶菌酶进行。

6. 权利要求1所述方法，其中步骤（b）进行约10～24小时。

7. 权利要求1所述方法，其中步骤（b）进行约20～24小时。

8. 权利要求1所述方法，其中所述洗涤剂是离子型的。

9. 权利要求8所述方法，其中所述洗涤剂是阴离子型的。

10. 权利要求9所述方法，其中所述洗涤剂是十二烷基磺酸钠、胆酸、去氧胆酸。

11. 权利要求1所述方法，其中步骤（c）通过离心使裂解物的杂质与质粒DNA分离，得到作为上清液的质粒DNA溶液。

12. 权利要求1所述方法，其中所述过滤装置带有截留分子量大于约500kD的膜。

13. 权利要求1所述方法，其还包括从回流液中回收质粒DNA。

14. 权利要求1所述方法，还包括用一种缓冲液对所述回流液进行透析。

15. 权利要求1所述方法，还包括对所述回流液进行离子交换层析。"

驳回决定认为：本申请说明书第4页第18～19行记载"本文提供了一种简单、可放大、基于过滤的纯化质粒DNA的方法，它可以非常高的产率产生高纯度质粒"，因此，本发明的方法必须保证质粒的高产率，在本申请说明书的实施例中仅提供了阴离子洗涤剂的质粒产率，表明阴离子洗涤剂是最有效的，并没有证明其他所有类型的洗涤剂都可有效产生质粒，此外，根据本领域技术人员的公知常识，过高或过低的酸碱度都会影响发明的实施，权利要求1中"碱性条件"的粗略限定不能达到纯化质粒的目的，因此，"使用阴离子洗涤剂"和对"碱性条件"的具体限定是实现发明目的的必要技术特征，权利要求1缺少必要技术特征，不符合专利法实施细则第21条第2款的规定，权利要求2～15是权利要求1的从属权利要求，即使加上各自的附加技术特征也仍然是不完整的技术方案，不符合专利法实施细则第20条第1款的规定。

申请人杰南技术公司（下称复审请求人）对上述驳回决定不服，于2004年12月27日向专利复审委员会提出复审请求，复审请求人在提出复审请求时没有提交修改的专利申请文本。复审请求人认为，国家知识产权局驳回的理由不成立，具体理由为：本发明解决的技术问题是要提供一种不使用大量可燃性有机溶剂（如乙醇和异丙醇）、有毒化学试剂（例如溴乙锭、酚和氯仿），在质粒制剂中不加酶的质粒DNA的纯化方法，高产率不是其必要技术特征，仅是其中的一些方案达到的效果，权利要求1中的"碱性条件"对本领域技术人员而言是清楚的，本领域技术人员可以据此实施本发明，权利要求不需要记载实施方式中的所有的特征，因此，权利要求1符合专利法实施细则第21条第2款的规定，同理，权利要求2～15也符合专利法实施细则第20条第1款的规定。

形式审查合格后，专利复审委员会受理了该复审请求，并于2005年1月18日向复审请求人发出《复审请求受理通知书》，随后将本申请移交原实审部门进行前置审查。

原实审部门对本复审请求进行了前置审查，坚持原驳回决定。

专利复审委员会组成合议组，对本案的复审请求进行了审理。

经审查，合议组认为本案事实清楚，可以作出复审决定。

**二、决定的理由**

1．决定所依据的文本

鉴于复审请求人在提出复审请求时未对申请文件进行修改，因此本复审决定是在驳回决定所针对的文本的基础上作出的。

2．关于专利法实施细则第21条第2款

专利法实施细则第21条第2款规定：独立权利要求应当从整体上反映发明或者实用新型的技术方案，记载解决技术问题的必要技术特征。

必要技术特征是指发明或者实用新型为了解决其技术问题所不可缺少的技术特征，其总和足以构成发明或者实用新型的技术方案，使之区别于背景技术中所述的其他技术方案；判断某一技术特征是否为必要技术特征，应当从所要解决的技术问题出发并考虑说明书描述的整体内容，不应简单地将实施例中的技术特征直接认定为必要技术特征。

本案中，根据本申请说明书的记载，本发明所要解决的技术问题是要提供一种不涉及有机溶剂、RNA酶、蛋白酶K、高速离心或柱层析步骤的从原核细胞中纯化质粒DNA的方法，该方法的步骤包括消化细胞，在碱性条件和洗涤剂存在下对细胞进行裂解和溶解，除去细胞裂解杂质，用切向流过滤装置对质粒DNA溶液进行过滤，回收回流液（见本申请说明书第4页）。在说明书中对影响质粒分离纯化的因素进行了分析（见本申请实施例1），表明在实施发明方案时，阴离子洗涤剂的方案最好，同时，延长暴露于碱性条件的时间可以充分降解杂质RNA，因此，在碱性条件下降解和不使用酶消化RNA使得本发明方案可以区别背景技术中的其他方案，权利要求1不缺少必要技术特征，符合专利法实施细则第21条第2款的规定。

审查员认为“碱性条件”不具体，对此，合议组认为：碱裂解法是细菌裂解的常用方法，采用碱性pH值和清洁剂引起细菌膜溶解从而释放质粒DNA在现有技术中是已知的（参见本申请说明书第1页第18～21行），本发明的目的并不是要对碱性条件进行优化选择，虽然在说明书实施例中给出了一种具体浓度的碱，但NaOH是本领域常用的碱，其目的仅是提供一种碱性条件，本领域技术人员根据现有技术显然可以选择适宜的碱性条件来达到使细胞裂解的目的，即合适的碱性条件是本领域技术人员易于确定的，因此，具体碱性pH值范围的选择不是本发明的关键，即不是使本发明区别于背景技术的必不可少的技术特征。

审查员还认为，阴离子洗涤剂的效率最高，本发明是要提供一种高效方法，因此，阴离子洗涤剂也是本发明的必要技术特征。对此，合议组认为：虽然在说明书第11页最后一段表明“阴离子洗涤剂，作为一类，对于质粒的释放是最有效的”，但是，其是在对不同类洗涤剂（阴离子、阳离子、非离子）进行分析后给出的优选方案，在没有证据证明阳离子和非离子型洗涤剂不能实现发明目的的情况下，不应当将优选的实施方式视为解决技术问题的必要技术特征。如上所述，本发明的目的是要提供一种新方法，不是以提高产率为目的，阴离子洗涤剂是优选的，但不表明其他洗涤剂不能实施。

因此，合议组认为驳回决定关于权利要求1不符合专利法实施细则第21条第2款的理由不成立。

3．关于专利法实施细则第20条第1款

专利法实施细则第20条第1款规定：“权利要求书应当说明发明或者实用新型的技术特征，清楚、简要地表述请求保护的范围。”

驳回决定认为因为权利要求1不符合专利法实施细则第21条第2款，因此权利要求2～15不是完整的方案，不符合专利法实施细则第20条第1款。如上所述，驳回决定关于权利要求1不符合专利法实施细则第 21 条第 2 款的理由不成立，因此合议组对审查员提出的权利要求 2 ~ 15 不符合专利法实施细则第 20 条第 1 款的理由不予支持。

根据以上事实和理由，本案合议组作出如下审查决定。

**三、决定**

撤销国家知识产权局于 2004 年 9 月 10 日对 00813109.0 号发明专利申请作出的驳回决定。由原审查部门在本决定所针对文本的基础上继续进行审查。

复审请求人对本决定不服的，可以根据专利法第 41 条第 2 款的规定，自收到本决定之日起三个月内向北京市第一中级人民法院起诉。

144

# 治疗原发性失眠的方法

## 复审请求审查决定（第12136号）

**决　定　号**　第12136号
**决　定　日**　2007年12月11日
**发明创造名称**　治疗原发性失眠的方法
**国际分类号**　A61K 9/20
**复审请求人**　纽里姆药物（1991）有限公司
**申　请　号**　02815832.6
**优先权日**　2001年8月14日
**申　请　日**　2002年8月12日
**公　开　日**　2004年10月27日
**合议组组长**　周英姿
**主　审　员**　王　冬
**参　审　员**　李梦楠

**法律依据**　专利法第22条第3款
**决定要点**
如果发明所要求保护的技术方案相对于最接近的对比文件而言是非显而易见的，并且取得了预料不到的技术效果，则该技术方案具备创造性。

### 一、案由

本复审请求涉及2002年8月12日申请、2004年10月27日公开、名称为“治疗原发性失眠的方法”的02815832.6号发明专利申请（下称本申请），其申请人为纽里姆药物（1991）有限公司，本申请的优先权日为2001年8月14日。

针对申请人于2004年7月15日提交的权利要求第1～6项、2004年2月13日进入中国国家阶段时提交的国际申请文件中文译文的说明书第1～11页以及说明书摘要，国家知识产权局于2005年9月9日以本申请权利要求1～6不符合专利法第22条第3款为由驳回了本申请。驳回所针对的权利要求为：

“1. 一种用于治疗和改善原发性失眠患者的睡眠恢复质量的药物，其包含0.0025～50mg有效量的选自褪黑激素和褪黑激素激动剂的至少一种化合物以及至少一种可药用稀释剂、防腐剂、抗氧化剂、增溶剂、乳化剂、助剂或载体。

2. 权利要求1所述的药物，其还有至少一个下列特征：

（i）其适合口服、直肠、胃肠外、舌下、肺内（例如吸入）或经皮方式给药；

（ii）其为单位剂型，各个单位剂量含有0.025～10mg的所述至少一种化合物：

（iii）其为延长释放的制剂；

（iv）其为在预先选择的时间段缓慢在体内释放褪黑激素的缓释形式：

（v）其还含有至少一种另外的治疗试剂，所述治疗试剂选自抗焦虑剂、抗抑郁剂、安眠药、镇静药、抗高血压药、镇痛药、多巴胺能激动剂、抗精神病药、抗焦虑药、减食欲剂和抗炎药。

3. 权利要求2所述的药物，其中所述延长释放制剂含有丙烯酸类树脂。

4. 权利要求1所述的药物，其还含有至少一种选自下列物质的另外的治疗试剂：抗焦虑剂、抗抑郁剂、安眠药、镇静药、抗高血压药、镇痛药、多巴胺能激动剂、抗精神病药、抗焦虑药、减食欲药和抗炎药。

5. 权利要求4所述的药物，其还包括至少下列一种特征：

（i）其适合口服、直肠、胃肠外、舌下、肺内（例如吸入）或经皮方式给药：

（ii）其为单位剂型，各个单位剂量含有0.025～10mg的所述至少一种化合物：

（iii）其为延长释放的制剂；

（iv）其为在预先选择的时间段缓慢在体内释放褪黑激素的缓释形式：

（v）其还包含治疗有效量的至少一种另外的治疗试剂，该治疗试剂选自抗抑郁剂、安眠药、抗高血压药、镇痛药和抗炎药。

6. 权利要求5的药物，其中所述延长释放制剂含有丙烯酸类树脂。"

驳回的具体理由为：(1) 权利要求1涉及一种药物，对比文件1（US5498423A，公开日为1996年3月12日）公开了一种药物控释制剂，其基本上由褪黑激素与至少一种药物载体、稀释剂或聚合物包衣构成，其中每个剂量单位含1ng～80mg褪黑激素（参见对比文件1的权利要求1）。将权利要求1与对比文件1相比较，其区别在于权利要求1中褪黑激素的剂量范围更窄。但根据说明书的记载不能看出褪黑激素在该剂量范围内能产生意想不到的效果。因此，权利要求1不符合专利法第22条第3款有关创造性的规定。(2) 权利要求2对权利要求1作了进一步的限定。但对比文件1还公开了所述制剂可配制成口服、胃肠外、直肠、和经皮给药的剂型（参见对比文件1的权利要求2），将权利要求2与对比文件1相比较，其区别仍在于权利要求2中褪黑激素的剂量范围更窄。但根据说明书的记载不能看出褪黑激素在该剂量范围内能产生意想不到的效果。因此，权利要求2也不符合专利法第22条第3款有关创造性的规定。(3) 权利要求3对权利要求2作了进一步的限定，但丙烯酸树脂为缓控释制剂的常规辅料，而根据说明书的记载又不能看出该制剂中含丙烯酸树脂时能产生意想不到的效果。因此，权利要求3不符合专利法第22条第3款有关创造性的规定。(4) 权利要求4～5和6是权利要求1的直接或间接从属权利要求，其中限定根据治疗的需要再加入一种另外的试剂为本领域的常规技术手段，而根据说明书的记载又不能看出该制剂中加入一种另外的试剂能产生意想不到的效果，因此，当其引用的权利要求没有创造性时，权利要求4～6也不符合专利法第22条第3款有关创造性的规定。(5) 虽然申请人认为：对比文件1没有暗示也没有证实褪黑激素或褪黑激素激动剂对恢复原发性失眠患者的睡眠质量的任何作用，但是权利要求1～6为产品的权利要求，而产品的作用或用途并非产品本身的技术特征，因而"用于治疗和改善原发性失眠患者的睡眠质量"不能构成本发明与对比文件1的区别特征。

2005年12月26日，申请人纽里姆药物（1991）有限公司（下称复审请求人）不服上述驳回决定，向专利复审委员会提出复审请求并提交了权利要求书修改替换页（共6项），修改后的权利要求如下：

"1. 至少一种选自褪黑激素和褪黑激素激动剂的化合物在制备用于治疗睡眠障碍的药物中的用途，其中所述的药物还包括至少一种可药用稀释剂、防腐剂、抗氧化剂、增溶剂、乳化剂、助剂或载体，特征在于所述的药物包含0.0025～50mg有效量的至少一种化合物用于治疗和改善原发性失眠患者的睡眠恢复质量，包括改善白天觉醒。

2. 权利要求1所述的用途，其还有至少一个下列特征：

(i) 其适合口服、直肠、胃肠外、舌下、肺内（例如吸入）或经皮方式给药；

(ii) 其为单位剂型，各个单位剂量含有0.025～10mg的所述至少一种化合物；

(iii) 其为延长释放的制剂；

(iv) 其为在预先选择的时间段缓慢在体内释放褪黑激素的缓释形式；

(v) 其还含有至少一种另外的治疗试剂，所述治疗试剂选自抗焦虑剂、抗抑郁剂、安眠药、镇静药、抗高血压药、镇痛药、多巴胺能激动剂、抗精神病药、抗焦虑药、减食欲剂和抗炎药。

3. 权利要求2所述的用途，其中所述延长释放制剂含有丙烯酸类树脂。

4. 一种用于治疗睡眠障碍的药物，除至少一种可药用稀释剂、防腐剂、抗氧化剂、增溶剂、乳化剂、辅助剂或载体外，其包括选自褪黑激素和褪黑激素激动剂的至少一种化合物，特征在于所述药物用于治疗和改善原发性失眠患者的睡眠恢复质量，包括改善白天觉醒，并且包含0.0025～50mg有效量的用于此目的的所述至少一种化合物。

5. 权利要求4所述的药物，其还包括至少下列一种特征：

(i) 其适合口服、直肠、胃肠外、舌下、肺内（例如吸入）或经皮方式给药；

(ii) 其为单位剂型，各个单位剂量含有0.025～10mg的所述至少一种化合物；

(iii) 其为延长释放的制剂；

(iv) 其为在预先选择的时间段缓慢在体内释放褪黑激素的缓释形式；

(v) 其还包含治疗有效量的至少一种另外的治疗试剂，该治疗试剂选自抗焦虑剂、镇静药、多巴胺能激动剂、抗精神病药、抗焦虑药、减食欲药、抗抑郁剂、安眠药、抗高血压药、镇痛药和抗炎药。

6. 权利要求5的药物，其中所述延长释放制剂含有丙烯酸类树脂。”

复审请求人认为：本申请权利要求涉及用于治疗和改善患有原发性失眠患者的睡眠恢复质量的药物。原发性失眠的特征在于难以入睡及/或难以保持睡眠及/或不可恢复性睡眠。目前没有可用的药物用于治疗不可恢复睡眠，后者与疲劳、交通事故和日间烦人的活动有关。褪黑激素对睡眠质量和白天灵敏性的积极作用是非显而易见的。因此，褪黑激素用于治疗和改善患有原发性失眠的患者的睡眠恢复质量（包括改善白天灵敏性）具有新颖性和有创造性。对比文件1以及现有技术，既没有涉及原发性失眠本身，甚至也没有涉及失眠症的任何分类。此外，补充提供的试验数据进一步证实了褪黑激素和褪黑激素激动剂改善睡眠质量和白天功能的新用途，这种新用途在本申请以前不为人所知，并且该用途也不能显而易见地得出或预见到。因此，相对于对比文件1及现有技术，修改后的本发明权利要求1以及权利要求4具有创造性。

经形式审查合格后，专利复审委员会受理了此复审请求，并于2006年2月7日向复审请求人发出《复审请求受理通知书》，同时将本申请案卷移交原审查部门进行前置审查。

原审查部门对本复审请求进行了前置审查。在前置审查意见通知书中，国家知识产权局原审查部门坚持原驳回决定，理由为：对比文件1公开了一种药物控释制剂，该制剂基本上由褪黑激素与至少一种药物载体、稀释剂或聚合物包衣构成，每个剂量单位含1ng～80mg褪黑激素。将权利要求4分别与对比文件1相比较，其区别在于权利要求4中褪黑激素的剂量范围更窄，但根据说明书的记载不能看出褪黑激素在该剂量范围内能产生意想不到的效果。因此，权利要求4不符合专利法第22条第3款有关创造性的规定。根据驳回决定的驳回理由4，权利要求5～6不具有创造性。由于产品的作用和用途非产品本身的技术特征，因而复审请求人没有针对所要求保护的产品本身是否有创造性提出任何具有说明力的理由。

专利复审委员会组成合议组，对本案的复审请求进行了审理。2007 年 10 月 8 日，专利复审委员会向复审请求人发出《复审通知书》。该《复审通知书》指出：（1）本案中，权利要求 4 请求保护一种用于治疗睡眠障碍的药物，对比文件 1 公开了一种药物控释制剂，该制剂含有褪黑激素和至少一种药物载体、稀释剂或聚合物包衣，每个剂量单位含有 1ng ~ 80mg 褪黑激素，该制剂的施用途径包括口服、肠胃外、直肠和经皮给药。所述聚合物包衣可选自天然和合成的聚合物包衣材料。两者的区别仅在于，权利要求 4 的褪黑激素的含量与对比文件 1 的不同，权利要求 4 的褪黑激素的含量为 0.0025 ~ 50mg，对比文件 1 的褪黑激素的含量为 1ng ~ 80mg，但药物组分含量是本领域技术人员根据现有技术或简单实验能够确定的，而且根据本申请说明书例如背景技术部分中的记载可知，褪黑激素在治疗失眠时所使用的剂量如 0.5、1 和 5mg 早已为本领域所公知，在此情况下，本领域技术人员完全可以根据实际需要在上述褪黑激素含量范围内进行选择得到权利要求 4 的褪黑激素含量范围而不用付出创造性劳动，这对于本领域技术人员来说是显而易见的，并且权利要求 4 技术方案本身没有产生预料不到的技术效果，因而权利要求 4 不符合专利法第 22 条第 3 款有关创造性的规定。（2）权利要求 5 进一步限定了所述药物的施用途径、剂型、释放形式以及还包含另外的治疗剂，但权利要求 5 的附加技术特征已经被对比文件 1 公开了，并且在其所引用的权利要求 4 不具备创造性的情况下，权利要求 5 相对于对比文件 1 不具备专利法第 22 条第 3 款规定的创造性。（3）权利要求 6 进一步限定了权利要求 5 所述延长释放制剂含有丙烯酸树脂，但是对比文件 1 公开了该制剂含有聚合物包衣，聚合物包衣可选自天然和合成的聚合物包衣材料，丙烯酸树脂为本领域常用的制备缓控释制剂的聚合物材料。因此，在对比文件 1 的教导下选择丙烯酸树脂作为聚合物包衣制备含有褪黑激素的延长释放制剂对于本领域技术人员来说是显而易见的，该技术方案也不具有预料不到的效果。因此，在其所引用的权利要求 5 不具有创造性的情况下，权利要求 6 相对于对比文件 1 而言并不具备突出的实质性特点和显著进步，权利要求 6 不具备专利法第 22 条第 3 款规定的创造性。（4）在本申请修改后的权利要求 1 和权利要求 4 中出现了术语“白天觉醒”，但是说明书中只是记载了术语“白天警惕性”、“白天机敏性”和“白天灵敏性”，而并未记载术语“白天觉醒”。由此可见，权利要求 1 和 4 所记载的术语与说明书所记载技术术语不一致。

针对《复审通知书》指出的问题，复审请求人于 2007 年 11 月 6 日提交了意见陈述书以及权利要求书全文替换页（共 3 项）和说明书第 8 页的替换页，其中删除了权利要求 4 ~ 6，将权利要求 1 中的“白天觉醒”、权利要求 2 中的“白天灵敏性”以及说明书第 8 页实施例 2 结果中的“白天灵敏性”均修改为“白天机敏性”。修改后的权利要求书如下：

“1. 至少一种选自褪黑激素和褪黑激素激动剂的化合物在制备用于治疗睡眠障碍的药物中的用途，其中所述的药物还包括至少一种可药用稀释剂、防腐剂、抗氧化剂、增溶剂、乳化剂、助剂或载体，特征在于所述的药物包含 0.0025 ~ 50mg 有效量的至少一种化合物用于治疗和改善原发性失眠患者的睡眠恢复质量，包括改善白天机敏性。

2. 权利要求 1 所述的用途，其还有至少一个下列特征：

（i）其适合口服、直肠、胃肠外、舌下、肺内（例如吸入）或经皮方式给药；

（ii）其为单位剂型，各个单位剂量含有 0.025 ~ 10mg 的所述至少一种化合物；

（iii）其为延长释放的制剂；

（iv）其为在预先选择的时间段缓慢在体内释放褪黑激素的缓释形式；

（v）其还含有至少一种另外的治疗试剂，所述治疗试剂选自抗焦虑剂、抗抑郁剂、安眠药、镇静药、抗高血压药、镇痛药、多巴胺能激动剂、抗精神病药、抗焦虑药、减食欲剂和抗炎药。

3. 权利要求2所述的用途，其中所述延长释放制剂含有丙烯酸类树脂。”

至此，合议组认为本案事实清楚，可以作出审查决定。

**二、决定的理由**

1. 决定所依据的文本

复审请求人在2007年11月6日提交的修改后的权利要求书中，将权利要求1中的“白天觉醒”、权利要求2中的“白天灵敏性”以及说明书第8页实施例2结果中的“白天灵敏性”均修改为“白天机敏性”，上述修改可以由原说明书实施例3的内容得出，因此所述修改并未超出原始说明书和权利要求书记载的范围，符合专利法第33条的规定。

本复审决定依据的文本是复审请求人于2007年11月6日提交的权利要求第1~3项、说明书第8页，进入中国国家阶段时提交的国际申请文件中文译文的说明书第1~7页、9~11页和说明书摘要。

2. 关于专利法第22条第3款

专利法第22条第3款规定：创造性，是指同申请日以前已有的技术相比，该发明具有突出的实质性特点和显著的进步。

如果发明所要求保护的技术方案相对于最接近的对比文件而言是非显而易见的，并且取得了预料不到的技术效果，则该技术方案具备创造性。

《复审通知书》中曾指出，复审请求人在复审请求时提交的权利要求书中，权利要求4请求保护的用于治疗睡眠障碍的药物与对比文件1公开的药物控释制剂相比，所含有的褪黑激素的不同含量的区别特征是本领域技术人员根据现有技术或有限实验能够确定的，而且根据本申请说明书例如背景技术部分中的记载可知，褪黑激素在治疗失眠时所使用的剂量如0.5、1和5mg早已为本领域所公知，因此，本领域技术人员完全可以根据实际需要在对比文件1所述褪黑激素含量范围内进行选择得到权利要求4的技术方案而不用付出创造性劳动，并且该技术方案本身没有产生预料不到的技术效果，权利要求4不具备专利法第22条第3款规定的创造性；权利要求5附加技术特征已经被对比文件1公开了，在其所引用的权利要求4不具备创造性的情况下，权利要求5相对于对比文件1不具备专利法第22条第3款规定的创造性；根据对比文件1所公开的药物控释制剂含有天然和合成的聚合物包衣，而选择本领域制备缓控释制剂的常用聚合物材料丙烯酸树脂作为聚合物包衣制备含有褪黑激素的延长释放制剂对于本领域技术人员来说是显而易见的，该技术方案也不具有预料不到的效果，权利要求6不具备专利法第22条第3款规定的创造性。

复审请求人在2007年11月6日提交的权利要求书中删除了权利要求4~6，即已经删除了与对比文件1而言不具备创造性的技术方案，从而克服了《驳回决定》和《复审通知书》所指出的权利要求4~6不具备专利法第22条第3款规定的创造性的缺陷。

复审请求人在复审阶段修改的权利要求1~3要求保护褪黑激素和褪黑激素激动剂的制药用途，权利要求的类型发生了实质性变化，权利要求1~3已不再要求保护产品，而是请求保护产品的应用，在原审查部门尚未对修改后的权利要求1~3进行审查的情况下，合议组在此不予评述。

根据以上事实和理由，本案合议组作出如下审查决定。

**三、决定**

撤销国家知识产权局于2005年9月9日对02815832.6号发明专利申请作出的驳回决定。由原审查部门在复审请求人于2007年11月6日提交的权利要求第1~3项、说明书第8页，进入中国国家阶段时提交的国际申请文件中文译文的说明书第1~7页、9~11页和说明书摘要的基础上继续进行审查。

复审请求人对本决定不服的，可以根据专利法第41条第2款的规定，自收到本决定之日起三个月内向北京市第一中级人民法院起诉。

145

# 聚乙二醇化干扰素 α 在黑素瘤治疗中的应用

## 复审请求审查决定（第 12137 号）

**决　定　号**　第 12137 号
**决　定　日**　2007 年 12 月 17 日
**发明创造名称**　聚乙二醇化干扰素 α 在黑素瘤治疗中的应用
**国 际 分 类 号**　A61K 38/21，A61K 47/48，A61P 35/00
**复 审 请 求 人**　先灵公司
**申　请　号**　00808452.1
**优 先 权 日**　1999 年 4 月 8 日
**申　请　日**　2000 年 4 月 6 日
**公　开　日**　2003 年 1 月 8 日
**合 议 组 组 长**　周英姿
**主　审　员**　李　娟
**参　审　员**　葛永奇

**法 律 依 据**　专利法第 26 条第 3 款
**决 定 要 点**

所属技术领域的技术人员能够实现，是指所属技术领域的技术人员按照说明书记载的内容，就能够实现该发明的技术方案、解决其技术问题，并且产生预期的技术效果。对于化学产品用途发明，如果本领域的技术人员无法根据现有技术预测该用途，则应当记载对于本领域技术人员来说，足以证明该物质可以用于所述用途并能解决所要解决的技术问题或者达到所述效果的实验数据。

### 一、案由

本复审请求案涉及发明名称为“聚乙二醇化干扰素 α 在黑素瘤治疗中的应用”的 00808452.1 号发明专利申请（下称本申请），申请人为先灵公司，申请日为 2000 年 4 月 6 日，优先权日为 1999 年 4 月 8 日，公开日为 2003 年 1 月 8 日。

国家知识产权局于 2004 年 9 月 24 日，针对申请人于 2004 年 8 月 5 日提交的权利要求书、2002 年 4 月 4 日提交的说明书第 2 页、进入中国国家阶段时提交的国际申请文件中文译文的说明书第 1、3～12 页及其摘要，以说明书不符合专利法第 26 条第 3 款为由驳回了本申请。

驳回决定认为：说明书中只描述了聚乙二醇化干扰素 α 用于治疗已手术切除黑素瘤患者的临床研究设计，提出用 INTRONA®（A 组）和 PEG Intron（B 组）进行分组治疗的方案，但没有提供相应的试验数据以证明本发明的技术效果，该技术效果是本领域技术人员通过说明书的描述无法推断出的，因此说明书公开不充分，不符合专利法第26条第3款的规定。

驳回决定针对的权利要求1~8如下：

“1．聚乙二醇化干扰素α在制备用于治疗已手术切除黑素瘤的患者的药物中的用途。

2．权利要求1的用途，其中所述聚乙二醇化干扰素α是聚乙二醇化干扰素α-2a或聚乙二醇化干扰素α-2b。

3．权利要求2的用途，其中所述聚乙二醇化干扰素α是聚乙二醇化干扰素α-2b，所述聚乙二醇化干扰素α-2b含有平均分子量为12000的聚乙二醇部分。

4．权利要求3的用途，其中所述聚乙二醇部分通过氨基甲酸乙酯键与干扰素α-2b缀合。

5．权利要求1~4中任何一项的用途，其中所述聚乙二醇化干扰素α配制为适于注射用的冻干粉。

6．权利要求1或2的用途，其中所述患者具有Breslow厚度>4mm和/或原发性或复发性累及淋巴结的黑素瘤病变。

7．权利要求1或2的用途，其中所述黑素瘤是皮肤黑素瘤。

8．权利要求1或2的用途，其中所述患者在56天内已手术切除了原发性黑素瘤。”

申请人先灵公司（下称复审请求人）对上述驳回决定不服，于2005年1月10日向专利复审委员会提出复审请求，并提交了附件1（“Pegylated Interferon Alfa-2b Treatment for Patients With Solid Tumors：A phase I/II Study”，Ronald Bukowski等，Journal of Clinical Oncology，vol. 20，No. 18，2002年9月15日）和本申请的相应申请在部分国家被授权的权利要求书复印件。

复审请求人认为：附件1提供了临床试验得到的数据，其研究显示，本发明的聚乙二醇化干扰素α-2b安全，且在一些病人中治疗有效，降低了副作用。其中的研究利用了如本申请说明书中的剂量表以及范围，其结果清楚显示本发明的技术效果，满足了本发明所述的目标，因此，本申请的说明书符合专利法第26条第3款的规定。

经形式审查合格后，专利复审委员会受理了该请求，并于2005年2月22日向复审请求人发出了《复审请求受理通知书》，同时将本申请移交国家知识产权局原审查部门进行前置审查。

在《前置审查意见书》中，原审查部门认为附件1的公开日在本申请的申请日之后，申请日后补充的试验数据不能用于克服说明书公开不充分的缺陷，因此坚持驳回决定。

专利复审委员会组成合议组，对本复审请求案进行了审理，于2007年6月7日向复审请求人发出《复审通知书》，指出：本申请请求保护“聚乙二醇化干扰素α在制备用于治疗已手术切除黑素瘤的患者的药物中的用途”，所要解决的技术问题及预期的技术效果是用聚乙二醇化干扰素α制备药物，提供更安全、更有效及更易耐受的治疗黑素瘤的改进方法，用于治疗已手术切除黑素瘤的患者，意图使患者的预期病情稳定生存时间延长约1.0~1.5年以上，但说明书中并未给出上述给药对象具体使用所述药物后在治疗效果方面或者主要和次要指标方面的实验数据，更没有有关这些研究的数据分析，而且说明书中也没有提及任何现有技术的理论可以证实聚乙二醇化干扰素α具有“更安全、更有效及更易耐受”的治疗效果和制药用途，因此，本申请的说明书公开不充分，不符合专利法第26条第3款的规定。同时指出，复审请求人所提交的附件1的出版日期是2002年9月15日，在本申请的申请日之后，其并非现有技术，该证据不能证明本发明在申请日之前已确实完成。而且判断说明书是否公开充分，应以原说明书和权利要求书记载的内容为准，补充申请日后形成的实验数据不予考虑。

针对上述《复审通知书》，复审请求人于2007年9月3日提交了意见陈述书及修改后的权利要求书，其中删除了权利要求1和2，并对序号进行了相应调整，同时提交了以下附件（编号续前）：

附件2：“Interferon Alfa-2b Adjuvant Therapy of High-Risk Resected Cutaneous Melanoma：The Eastern

Cooperative Oncology Group Trial EST 1684”，John M. Kirkwood 等，Journal of Clinical Oncology，Vol 14，No 1，第 7～17 页，1996 年 1 月，英文复印件共 11 页，摘要的中文译文 1 页；

附件 3：Mary Ellen Rybak 和 Ester Helen Rose 的声明及其中的证据 A，英文复印件共 8 页，中文译文共 6 页；

附件 4：Journal of Clinical Oncology，2007 年 ASCO 年度会议 Part I. Vol. 25，No. 18S，A. M. Eggermont 等，英文复印件 1 页，中文译文 2 页；

附件 5：先灵葆雅新闻发布，英文复印件共 3 页，中文译文共 4 页；

附件 6：出具附件 3 的 Rybak 和 Rose 博士的个人资料，英文复印件共 28 页。

修改后的权利要求书如下：

“1. 聚乙二醇化干扰素 α-2b 在制备用于治疗已手术切除黑素瘤的患者的药物中的用途，所述聚乙二醇化干扰素 α-2b 含有平均分子量为 12000 的聚乙二醇部分。

2. 权利要求 1 的用途，其中所述聚乙二醇部分通过氨基甲酸乙酯键与干扰素 α-2b 缀合。

3. 权利要求 1 或 2 的用途，其中所述聚乙二醇化干扰素 α-2b 配制为适于注射用的冻干粉。

4. 权利要求 1 的用途，其中所述患者具有 Breslow 厚度>4mm 和/或原发性或复发性累及淋巴结的黑素瘤病变。

5. 权利要求 1 的用途，其中所述黑素瘤是皮肤黑素瘤。

6. 权利要求 1 的用途，其中所述患者在 56 天内已手术切除了原发性黑素瘤。”

复审请求人认为：（1）本领域技术人员从附件 2 能够认识到所述聚乙二醇化干扰素 α-2b 应该具有治疗黑素瘤的活性，而在本发明完成前不知道的是防止疾病恶化的聚乙二醇干扰素 α-2b 的剂量以及黑素瘤患者的合理耐受剂量；（2）本发明中对有关这些问题研究的临床结果在提交的附件 3 的声明书中有描述，该声明书及其中的证据 A 表明本申请的优先权日之前已经完成了对有实体瘤的受试者的临床研究的剂量范围阶段，这个研究的结果显示了最大耐受剂量和使受试者达到病情稳定的剂量范围，并有部分报告在附件 1 中。（3）另外，基于临床结果，本申请的发明人已导出用聚乙二醇化干扰素 α-2b 治疗的给药方案，附件 4 描述了临床试验的结果，附件 5 中也记载了相关结论。由此，申请人认为本发明是从提交申请时已知晓的真实的临床结果得到的推论，由于确定目前本发明得到说明书中所描述的预期技术效果需要长的时间，因此，要求本申请提交“令人信服的试验数据”是完全不可行的。在本申请的情况下，发明人在本申请提交时已完成了本发明，且本申请中所教导的本发明的有效性已经得到了确定，因此，本申请符合专利法第 26 条第 3 款的规定。

至此，合议组认为本案事实清楚，可以作出审查决定。

**二、决定的理由**

1. 关于审查文本

本复审请求审查决定是以申请人于 2007 年 9 月 3 日提交的权利要求第 1～6 项，2002 年 4 月 4 日提交的说明书第 2 页，进入中国国家阶段时提交的国际申请文件中文译文的说明书第 1、3～12 页及其摘要为基础作出的。

2. 关于说明书的充分公开

专利法第 26 条第 3 款规定：说明书应当对发明或者实用新型作出清楚、完整的说明，以所属技术领域的技术人员能够实现为准。

所属技术领域的技术人员能够实现，是指所属技术领域的技术人员按照说明书记载的内容，就能够实现该发明的技术方案、解决其技术问题，并且产生预期的技术效果。对于化学产品用途发明，如果本领域的技术人员无法根据现有技术预测该用途，则应当记载对于本领域技术人员来说，足以证明该物质可以用于所述用途并能解决所要解决的技术问题或者达到所述效果的实验数据。

修改后的权利要求请求保护“聚乙二醇化干扰素 α-2b 在制备用于治疗已手术切除黑素瘤的患者的药物中的用途”。根据说明书的记载，本申请所要解决的技术问题及预期的技术效果是用聚乙二醇化干扰素制备药物，提供更安全、更有效及更易耐受的治疗黑素瘤的改进方法，用于治疗已手术切除黑素瘤的患者，意图使患者的预期病情稳定生存时间延长（说明书第 1 页第 27 ~ 29 行、第 2 页第 19 ~ 20 行、第 6 页第 18 ~ 19 行），但说明书中只给出了包括 AINTRON® A 组（干扰素 α-2b）和 B 组 PEG Intron（PEG12000-IFN α-2b）方案在内的临床研究设计以及研究计划、患者筛选条件、指标分析等内容，并未记载按所述剂量条件使用所述药物后在治疗效果方面或者主要和次要指标方面的实验数据，更没有有关这些研究的数据分析，而且说明书中也没有提及任何现有技术来证实聚乙二醇化干扰素 α-2b 具有“更安全、更有效及更易耐受”、“使患者的预期病情稳定生存时间延长约 1.0 ~ 1.5 年以上”的治疗效果和制药用途，也就是说，对于聚乙二醇化干扰素 α-2b 是否确实能够解决本发明的技术问题、是否能够达到预期的治疗效果在说明书中找不到具有说服力的实验数据。根据说明书的记载和现有技术，本领域技术人员并不能合理预测到聚乙二醇化干扰素 α-2b 具有治疗已手术切除黑素瘤患者的用途，并使患者的预期病情稳定生存时间延长的技术效果，因此，本申请的说明书未对发明做出清楚、完整的说明，不符合专利法第 26 条第 3 款的规定。

对于复审请求人历次陈述的意见以及随同意见陈述书提交的附件 1 ~ 6，合议组认为：（1）附件 1 的出版日期是 2002 年 9 月 15 日，在本申请的申请日之后，其并非现有技术，该证据不能证明本发明在申请日之前已确实能够实现。（2）复审请求人所提供的附件 2 是对高风险切除皮肤黑素瘤的干扰素 α-2b 辅助治疗的概括性描述，其中结果部分记载了“治疗中观察到无复发存活时间的明显延长和总体存活时间延长”，总结部分记载了“IFNα-2b 延长了高风险切除皮肤黑素瘤的无复发的时间间隔，以及患者的总体存活时间”，但并没有记载、也没有任何相关的实验数据表明聚乙二醇化干扰素 α-2b 具有本申请说明书中所述的“使黑素瘤患者的预期病情稳定生存时间延长约 1.0 ~ 1.5 年以上”的技术效果，因此，本领域的技术人员根据附件 2 的现有技术内容并不能够预测到本申请所述的上述技术问题是否能够解决、上述技术效果是否能够实现。（3）附件 3 及其中的证据 A 并未记载在本申请说明书中，也不属于现有技术，因此，该证据无法证明在申请日之前本发明能达到所述预期效果。（4）附件 4 的公开日在本申请的申请日之后，附件 5 没有明确的公开时间，二者均无法构成本申请申请日之前的现有技术，因此，附件 4 和 5 的内容不能证实本申请的说明书公开充分；附件 6 是出具附件 3 的人员的个人资料，与本申请是否符合专利法第 26 条第 3 款的规定无关。（5）说明书的充分公开要求发明在提出申请时已是一个完整、公开充分的发明，正如申请人所述，“确定目前本发明得到说明书中所描述的预期技术效果需要长的时间”，本申请的技术方案需要长时间的研究才能证实其成立，而本申请的说明书未给出实验数据证实所述的用途及效果，说明书记载的技术效果仅是基于发明人的推论或推导，而缺乏有力的、令人信服的实验数据的支持，故不符合专利法第 26 条第 3 款对说明书充分公开的要求；同时，虽然申请人强调本申请是基于临床结果导出的，是从提交申请时已知晓的临床结果得到的推论，但申请人所述的临床结果以及提交的分析数据均未记载在本申请的说明书中，也没有提供证明可从现有技术中预见的证据，因此，上述证据和理由不足以证明本申请的说明书公开充分。

根据上述事实和理由，合议组作出如下审查决定。

**三、决定**

维持国家知识产权局于 2004 年 9 月 24 日针对 00808452.1 号发明专利申请作出的驳回决定。

复审请求人对本决定不服的，可以根据专利法第 41 条第 2 款的规定，自收到本决定之日起三个月内向北京市第一中级人民法院起诉。

146

# 在活性位点环区中具有额外氨基酸残基的 I-S1 和 I-S2 亚组枯草杆菌酶

## 复审请求审查决定（第 12263 号）

**决　定　号**　第 12263 号
**决　定　日**　2007 年 12 月 20 日
**发明创造名称**　在活性位点环区中具有额外氨基酸残基的 I-S1 和 I-S2 亚组枯草杆菌酶
**国 际 分 类 号**　C12N 9/54//C11D 3/386
**复 审 请 求 人**　诺沃奇梅兹有限公司
**申　请　号**　99815883.6
**申　请　日**　1999 年 12 月 20 日
**优 先 权 日**　1998 年 12 月 18 日
**公　开　日**　2002 年 2 月 6 日
**合 议 组 组 长**　叶　娟
**主　审　员**　刘　铭
**参　审　员**　葛永奇

**法 律 依 据**　专利法第 26 条第 4 款
**决 定 要 点**

如果本领域技术人员根据说明书中公开的内容和现有技术无法预期一项权利要求中所概括的全部技术方案都能达到该发明的技术效果，则该权利要求没有得到说明书的支持。

### 一、案由

本复审请求涉及申请号为 99815883.6，名称为“在活性位点环区中具有额外氨基酸残基的 I-S1 和 I-S2 亚组枯草杆菌酶”的发明专利申请。申请人为诺沃奇梅兹有限公司。本申请的申请日为 1999 年 12 月 20 日，优先权日为 1998 年 12 月 18 日，公开日为 2002 年 2 月 6 日。

经实质审查，国家知识产权局原审查部门于 2005 年 5 月 13 日驳回了申请，其理由是：权利要求 1～26 没有得到说明书的支持，具体理由为：在说明书的实施例中仅给出了 I-S2 亚组的枯草杆菌酶 309 的变体 S103SA 和 S103ST 在洗涤性能测试中具有优于枯草杆菌酶 309 的具体实验数据，而没有落入本权利要求的保护范围内的其他变体的实验数据，所属领域的技术人员难于预见其他变体均能实现发明目的；权利要求 12 中的“高于 90％同一性”的技术特征包含了数量极大的氨基酸序列，说明书中没有提供在该同源性范围下限的枯草杆菌酶变体的实施例，本领域技术人员从中筛选出实现本发明目的的变体仍需付出创造性劳动，该权利要求概括了过宽的保护范围。基于相同的理由，权利要求

2~11、13~26 也得不到说明书的支持。驳回决定所依据的文本为：2001 年 7 月 26 日本申请进入中国阶段时提交的 PCT 申请的中文译文的说明书第 1~37 页、氨基酸序列表第 1~3 页、说明书附图第 2~5 页、说明书摘要；2004 年 3 月 31 日提交的说明书附图第 1 页；2004 年 11 月 8 日提交的权利要求第1~26项。驳回决定所针对的权利要求书如下：

“1. 一种 I-S2 亚组的枯草杆菌酶，其在从 95~103 位的活性位点环（b）区中的 103 位具有至少一个额外的氨基酸残基，由此所述额外氨基酸残基相应于在 103~104 位之间至少一个氨基酸残基的插入片段，其中所述至少一个额外氨基酸残基选自 A、T、G、S、D、E、H、V、C、N、Q、F、I、L、M、P、W 和 Y。

2. 根据权利要求 1 的枯草杆菌酶，其包含在活性位点环（b）中的一个以上的额外或插入的氨基酸残基。

3. 根据权利要求 1 的枯草杆菌酶，其中所述的 103 与 104 位之间的插入与进一步在任一其他位置的一种或多种修饰相结合。

4. 根据权利要求 3 的枯草杆菌酶，其中进一步的修饰是在一个或多个如下位置：27、36、57、76、87、97、101、104、120、123、167、170、206、218、222、224、235 和 274。

5. 根据权利要求 3 的枯草杆菌酶，其中所述的一种或多种修饰与位置 129、131、133 和 194 的一个或多个修饰结合。

6. 根据权利要求 1 的枯草杆菌酶，其中亲本枯草杆菌酶选自 BLS147、BLS309、BAALKP 和 BYSYAB。

7. 根据权利要求 1 的枯草杆菌酶，其选自：

S103SA，S103ST，S103SG，S103SS，S103SD，S103SE，S103SK，S103SR，S103SH，S103SV，S103SC，S103SN，S103SQ，S103SF，S103SI，S103SL，S103SM，S103SP，S103SW，和 S103SY。

8. 根据权利要求 3 的枯草杆菌酶，其中所述进一步修饰选自 K27R、*36D、S57P、N76D、S87N、G97N、S101G、V104A、V104N、V104Y、H120D、N123S、Y167X、R170X、Q206E、N218S、M222S、M222A、T224S、K235L 和 T274A。

9. 根据权利要求 3 的枯草杆菌酶，所述进一步修饰选自 S101G+V104N、S87N+S101G+V104N、K27R+V104Y+N123S+T274A、N76D+S103A+V104I 或 N76D+V104A 与权利要求 4~8 中任一项提及的任何一个或多个替换、删除和/或插入的组合。

10. 权利要求 3 的枯草杆菌酶，其中所述进一步的一个或多个修饰选自 P129K、P131H、A133P、A133D 和 A194P。

11. 根据权利要求 1 的枯草杆菌酶，其包含修饰 S103ST+Y167A。

12. 一种属于 I-S2 亚组的枯草杆菌酶变体，具有如下氨基酸序列：

1 10 20 30

A-Q-S-V-P-W-G-I-S-R-V-Q-A-P-A-A-H-N-R-G-L-T-G-S-G-V-K-V-A-V-

40 50 60

L-D-T-G-I-*-S-T-H-P-D-L-N-I-R-G-G-A-S-F-V-P-G-E-P-*-S-T-Q-D-

70 80 90

G-N-G-H-G-T-H-V-A-G-T-I-A-A-L-N-N-S-I-G-V-L-G-V-A-P-S-A-E-L-

103a 110 120

Y-A-V-K-V-L-G-A-S-G-S-G-S-X-V-S-S-I-A-Q-G-L-E-W-A-G-N-N-G-M-H-

130 140 150

V–A–N–L–S–L–G–S–P–S–P–S–A–T–L–E–Q–A–V–N–S–A–T–S–R–G–V–L–V–V–

160 170 180

A–A–S–G–N–S–G–A–*–G–S–I–S–*–*–*–Y–P–A–R–Y–A–N–A–M–A–V–G–A–T–

190 200 210

D–Q–N–N–N–R–A–S–F–S–Q–Y–G–A–G–L–D–I–V–A–P–G–V–N–V–Q–S–T–Y–P–

220 230 240

G–S–T–Y–A–S–L–N–G–T–S–M–A–T–P–H–V–A–G–A–A–A–L–V–K–Q–K–N–P–S–

250 260 270

W–S–N–V–Q–I–R–N–H–L–K–N–T–A–T–S–L–G–S–T–N–L–Y–G–S–G–L–V–N–A–

275

E–A–A–T–R

或具有包含带有103a位氨基酸残基且显示与其有高于90％同一性的氨基酸序列之同源枯草杆菌酶。

13. 权利要求12的枯草杆菌酶变体，其中103a位的X选自T、A、G、S和P。

14. 编码前述权利要求1的枯草杆菌酶分离的DNA序列。

15. 一种含有权利要求14的分离的DNA序列的表达载体。

16. 一种转化了权利要求15的表达载体的微生物宿主细胞。

17. 根据权利要求16的微生物宿主，其是细菌。

18. 根据权利要求17的微生物宿主，其是芽孢杆菌属。

19. 根据权利要求18的微生物宿主，其是迟缓芽孢杆菌。

20. 根据权利要求16的微生物宿主，其是真菌或酵母。

21. 根据权利要求20的微生物宿主，其是丝状真菌。

22. 根据权利要求21的微生物宿主，其是曲霉属。

23. 生产权利要求1的枯草杆菌酶的方法，其中将权利要求16～22中任一项的宿主在有利于表达和分泌所述枯草杆菌酶的条件下培养，并回收枯草杆菌酶。

24. 一种含有权利要求1的枯草杆菌酶的洗涤剂组合物。

25. 根据权利要求24的洗涤剂组合物，其中还含有纤维素酶、酯酶、角质酶、氧化还原酶、其他蛋白酶或淀粉酶。

26. 权利要求1的枯草杆菌酶或者权利要求24的洗涤剂组合物用于制备洗衣和/或洗碟洗涤剂中的用途。”

申请人诺沃奇梅兹有限公司（下称复审请求人）对上述驳回决定不服，于2005年8月29日向专利复审委员会提出了复审请求。复审请求人认为：关于权利要求1，驳回理由并没有针对本发明所要求保护的蛋白酶，只是基于简单的推测得出插入突变造成酶空间构象的变化会对酶的活性造成不确定的变化；相反，本发明在说明书中给出了大量示范性枯草杆菌酶变体，其在所述位于环区的位点插入的不同氨基酸之间性质相似，不会对该酶的空间结构造成实质性变化，根据本发明所公开的大量事实可知，其在具体的插入位点用具体插入氨基酸所修饰的枯草杆菌酶变体的性质相似，其活性变化是可以预见的，复审请求人还分别说明了插入带电氨基酸、亲水氨基酸、小的疏水氨基酸和大的疏水氨基酸不影响其性质的理由，并针对原审查部门在驳回理由中指出的针对复审请求人以前的意见陈述的评述进行了争辩；复审请求人强调，本发明的所述酶的三级结构基本上不因在环区的插入而改变，其唯一的不同在于修饰的分子表面有小“泡”，而且插入的氨基酸的化学性质比空间排布重要得多。关于权利要求12，复审请求人认为：一方面本发明的实施例中给出了与所述序列的同一性高于90%的变体，结合本发明所做的贡献不应当将其要求保护的范围限定在具体给出的示范性实施例上；另一方面，对于蛋白质而言，一般对其活性起决定作用的活性部位或功能域中的氨基酸占很小的比例，其他区域的修改不会对蛋白质活性造成实质性改变，对于同源性高达90%或更高的同源物而言，除非有相反的证据，本领域技术人员应当预见所述修饰不会对蛋白质的活性产生实质性影响；复审请求人还提供了第4099号复审请求审查决定的复印件来证明该权利要求符合专利法第26条第4款的规定。

经形式审查合格，专利复审委员会依法受理了该复审请求，并于2005年10月10日向复审请求人发出《复审请求受理通知书》，同时将本复审请求案转送至原审查部门进行前置审查。

原审查部门在前置审查意见书中认为：本申请缺乏实际实验数据来证明其所声称的效果；"至少一个氨基酸"概括的范围过宽，当插入多个氨基酸残基时会影响其活性；对于同一性90%的问题，没有排除对蛋白质活性部位或功能域的突变；因而坚持原驳回决定。

随后，专利复审委员会成立合议组对本案进行审理。

合议组于2007年8月3日向复审请求人发出《复审通知书》，指出：（1）权利要求1请求保护的技术方案中的I-S2亚组枯草杆菌酶突变后是否能带来优于亲本酶的洗涤效果需要具体的试验数据来证实，而说明书中仅记载了由特定亲本酶Savinase衍生的变体S103SA、S103ST的试验数据，没有提供其他变体的实验数据，本领域技术人员不能确定除这两种变体之外，其他变体都具有优于其亲本酶的洗涤性能，权利要求1中没有排除在别的位点上具有任意氨基酸变化的情况，根据说明书提供的试验数据，本领域技术人员无法合理预期权利要求1所限定的枯草杆菌酶都具有优于亲本酶的洗涤性能，因此该权利要求没有得到说明书的支持；其从属权利要求2～11都没有克服上述得不到说明书的支持的问题，通过引用撰写的权利要求14～26也没有克服该问题，这些权利要求都不符合专利法第26条第4款的规定；（2）权利要求12中所要求保护的与给定序列具有大于90%同一性并包含103a位氨基酸的氨基酸序列是否都具有本发明所声称的洗涤性能，说明书中并没有提供实验证据，本领域技术人员也无法从现有技术中合理地推导出来，该权利要求没有得到说明书的支持；其从属权利要求13也存在相同的问题；（3）对于复审请求人的复审请求意见，合议组认为，实施例2中只列出了10种变体，而没有给出"初步分析"的方法和试验数据，实施例3只证明了Savinase衍生的变体S103SA、S103ST具有更优的洗涤性能，而这两种氨基酸与其他组的氨基酸的化学性质不相似，不能由其推知其他组的氨基酸也能获得更优的洗涤性能；当在环区中插入多个氨基酸残基时，并不能确定其三级结构是否发生改变，也没有排除其他位点是否存在插入等变化，进而是否会影响酶的功能都没有试验数据来说明；复审请求人提供的第4099号复审决定并不能作为本案的审查依据。

针对上述审查意见，复审请求人于2007年11月6日提交了意见陈述书，并提交了权利要求书的全文修改替换页（共3页23项）。复审请求人在意见陈述中强调：将权利要求1仅仅限定为实施例中的枯草杆菌酶309变体，克服了没有得到说明书的支持的问题，相应的，权利要求2～11、14～26也得到了说明书的支持；将权利要求12中的"高于90%同一性的氨基酸序列的同源枯草杆菌酶"修改为"具有包含带有选自A、T、G、S、V、C、N、Q的103a位氨基酸残基的氨基酸序列的同源枯草杆菌酶"克服了权利要求12～13的没有得到说明书支持的问题。修改后的权利要求书共23项权利要求，如下：

"1. 一种BLS309枯草杆菌酶，其在从95～103位的活性位点环（b）区中的103位具有至少一个额外的氨基酸残基，由此所述额外氨基酸残基相应于在103～104位之间有至少一个氨基酸残基的插入片段，其中所述额外氨基酸残基选自A、T、G、S、V、C、N、和Q。

2. 根据权利要求 1 的枯草杆菌酶，其中所述的 103 与 104 位之间的插入与进一步在任一其他位置的一种或多种修饰相结合。

3. 根据权利要求 2 的枯草杆菌酶，其中进一步的修饰是在一个或多个如下位置：27、36、57、76、87、97、101、104、120、123、167、170、206、218、222、224、235 和 274。

4. 根据权利要求 2 的枯草杆菌酶，其中所述的一种或多种修饰与位置 129、131、133 和 194 的一个或多个修饰结合。

5. 根据权利要求 1 的枯草杆菌酶，其选自：

S103SA，S103ST，S103SG，S103SS，S103SV，S103SC，S103SN，和 S103SQ。

6. 根据权利要求 5 的枯草杆菌酶，其中所述进一步修饰选自 K27R、*36D、S57P、N76D、S87N、G97N、S101G、V104A、V104N、V104Y、H120D、N123S、Y167X、R170X、Q206E、N218S、M222S、M222A、T224S、K235L 和 T274A。

7. 根据权利要求 5 的枯草杆菌酶，所述进一步修饰选自 S101G+V104N、S87N+S101G+V104N、K27R+V104Y+N123S+T274A、N76D+S103A+V104I 或 N76D+V104A 与权利要求 3 ~6 中任一项提及的任何一个或多个替换、删除和/或插入的组合。

8. 权利要求 2 的枯草杆菌酶，其中所述进一步的一个或多个修饰选自 P129K、P131H、A133P、A133D 和 A194P。

9. 根据权利要求 1 的枯草杆菌酶，其包含修饰 S103T+Y167A。

10. 一种属于 I-S2 亚组的枯草杆菌酶变体，具有如下氨基酸序列：

```
1              10                20               30
A-Q-S-V-P-W-G-I-S-R-V-Q-A-P-A-A-H-N-R-G-L-T-G-S-G-V-K-V-A-V-
               40                50               60
L-D-T-G-I-*-S-T-H-P-D-L-N-I-R-G-G-A-S-F-V-P-G-E-P-*-S-T-Q-D-
               70                80               90
G-N-G-H-G-T-H-V-A-G-T-I-A-A-L-N-N-S-I-G-V-L-G-V-A-P-S-A-E-L-
               103a              110              120
Y-A-V-K-V-L-G-A-S-G-S-G-S-X-V-S-S-I-A-Q-G-L-E-W-A-G-N-N-G-M-H-
               130               140              150
V-A-N-L-S-L-G-S-P-S-P-S-A-T-L-E-Q-A-V-N-S-A-T-S-R-G-V-L-V-V-
               160               170              180
A-A-S-G-N-S-G-A-*-G-S-I-S-*-*-*-Y-P-A-R-Y-A-N-A-M-A-V-G-A-T-
               190               200              210
D-Q-N-N-N-R-A-S-F-S-Q-Y-G-A-G-L-D-I-V-A-P-G-V-N-V-Q-S-T-Y-P-
               220               230              240
G-S-T-Y-A-S-L-N-G-T-S-M-A-T-P-H-V-A-G-A-A-A-L-V-K-Q-K-N-P-S-
               250               260              270
W-S-N-V-Q-I-R-N-H-L-K-N-T-A-T-S-L-G-S-T-N-L-Y-G-S-G-L-V-N-A-
      275
E-A-A-T-R
```

或具有包含带有选自 A、T、G、S、V、C、N 或 Q 的 103a 位氨基酸残基的氨基酸序列之同源枯草杆菌酶。

11. 编码前述权利要求1的枯草杆菌酶分离的DNA序列。

12. 一种含有权利要求11的分离的DNA序列的表达载体。

13. 一种转化了权利要求12的表达载体的微生物宿主细胞。

14. 根据权利要求13的微生物宿主，其是细菌。

15. 根据权利要求14的微生物宿主，其是芽孢杆菌属。

16. 根据权利要求15的微生物宿主，其是迟缓芽孢杆菌。

17. 根据权利要求13的微生物宿主，其是真菌或酵母。

18. 根据权利要求17的微生物宿主，其是丝状真菌。

19. 根据权利要求18的微生物宿主，其是曲霉属。

20. 生产权利要求1的枯草杆菌酶的方法，其中将权利要求13～19中任一项的宿主在有利于表达和分泌所述枯草杆菌酶的条件下培养，并回收枯草杆菌酶。

21. 一种含有权利要求1的枯草杆菌酶的洗涤剂组合物。

22. 根据权利要求21的洗涤剂组合物，其中还含有纤维素酶、脂酶、角质酶、氧化还原酶、其他蛋白酶或淀粉酶。

23. 权利要求1的枯草杆菌酶或者权利要求21的洗涤剂组合物用于制备洗衣和/或洗碟洗涤剂中的用途。”

在上述程序的基础上，合议组认为本案事实已经清楚，可以作出审查决定。

**二、决定的理由**

1. 审查文本

由于复审请求人在复审审查过程中提交了修改文本，且该修改文本符合专利法第33条和专利法实施细则第60条第1款的规定，因此本复审决定所针对的文本是：驳回决定所针对的说明书、说明书附图、说明书摘要、序列表以及复审请求人于2007年11月6日提交的权利要求第1～26项。

2. 关于专利法第26条第4款

专利法第26条第4款规定：权利要求书应当以说明书为依据，说明要求专利保护的范围。

如果本领域技术人员根据说明书中公开的内容和现有技术无法预期一项权利要求中所概括的全部技术方案都能达到该发明的技术效果，则该权利要求没有得到说明书的支持。

本案中，（1）权利要求1要求保护“一种BLS309枯草杆菌酶，其在从95～103位的活性位点环（b）区中的103位具有至少一个额外的氨基酸残基，由此所述额外氨基酸残基相应于在103～104位之间至少一个氨基酸残基的插入片段，其中所述额外氨基酸残基选自A、T、G、S、V、C、N、和Q”。根据说明书的记载，本发明的目的在于提供与亲本酶相比表现出改进的洗涤性能的枯草杆菌蛋白酶变体（说明书第2页12～21行）。

根据本领域的公知常识，作为蛋白质一级结构的氨基酸序列是其空间结构的基础，而蛋白质的空间结构又是其功能的基础，酶的功能是由氨基酸残基的性质和氨基酸序列的空间排布决定的，当氨基酸残基发生变化的时候，不仅会带来其性质的改变，而且也会影响氨基酸序列的空间排布，由此可能会带来酶功能的变化，尤其是一些关键部位（如结构域、酶活性部位等）氨基酸的改变会大大改变酶的生物学功能及活性，而氨基酸残基的变化会如何影响氨基酸序列的空间排布，进而如何导致酶功能的变化，是本领域技术人员根据现有技术难以预料的，只有通过试验数据的证实才能确定。

具体到本发明中，所述的BLS309枯草杆菌酶经过突变以后是否能带来优于亲本酶的洗涤效果是需要具体的试验数据来证实的，而在本申请说明书中仅记载了由特定亲本酶Savinase（即枯草杆菌酶309）衍生的变体S103SA、S103ST具有优于其亲本酶的洗涤性能的具体实验数据（即P值大于1）

(说明书第37页表格)，没有提供其他变体的试验数据。

首先，仅由说明书提供的上述试验数据，本领域技术人员不能确定除枯草杆菌酶309变体S103SA、S103ST之外，在BLS309枯草杆菌酶的第103和104位之间插入选自A、T、G、S、V、C、N和Q中的任意一个或多个氨基酸得到的变体是否都具有优于其亲本酶的洗涤性能；其次，根据权利要求1的描述，其要求保护的技术方案并没有排除在除第103位以外的其他位点具有氨基酸变化的情况，也即在权利要求1的技术方案中，在第103和104位有至少一个氨基酸残基的插入的同时，还可以在别的位点上具有任意氨基酸变化，但根据说明书提供的上述试验数据，本领域技术人员不能确定除了上述试验证实具有更优洗涤效果的单个特定位点特定氨基酸插入变化之外，同时还包括其他位点的氨基酸变化的变体是否会同样具有优于其亲本酶的洗涤性能。

因此，权利要求1得不到说明书的支持，不符合专利法第26条第4款的规定。基于此，由于权利要求2~9的进一步限定均未克服权利要求1中存在的上述得不到说明书支持的缺陷，因此也都得不到说明书的支持。权利要求11要求保护编码权利要求1的枯草杆菌酶的DNA序列、权利要求12要求保护含有权利要求11的分离的DNA序列的表达载体、权利要求13~19要求保护转化了权利要求12的表达载体的微生物宿主，权利要求20要求保护生产权利要求1的枯草杆菌酶的方法，权利要求21和22要求保护含有权利要求1的枯草杆菌酶的洗涤剂组合物，权利要求23要求保护权利要求1的枯草杆菌酶或者权利要求21的洗涤剂组合物用于制备洗衣和/或洗碟洗涤剂中的用途。基于相同的理由，这些权利要求都得不到说明书的支持，因此，权利要求2~9、11~23不符合专利法第26条第4款的规定。

(2) 权利要求10要求保护属于I-S2亚组的具有给定氨基酸序列的枯草杆菌酶变体，或具有包含带有选自A、T、G、S、V、C、N或Q的103a位氨基酸残基的氨基酸序列之同源枯草杆菌酶。说明书中只给出了在103a为具有A、T氨基酸的氨基酸序列的突变体具有优于亲本酶的洗涤性能，而没有给出具有其他几种氨基酸的氨基酸序列的突变体也具有优于亲本酶的洗涤性能的试验证据，根据说明书公开的内容和现有技术，本领域技术人员无法合理地推导出权利要求10所述的这些突变体都具有所需要的洗涤性能，即权利要求10中包含了申请人推测的内容，而其效果又难于预先确定和评价，因此，权利要求10所要求保护的技术方案未得到说明书的支持，不符合专利法第26条第4款的规定。

(3) 关于复审请求人针对复审通知书的意见陈述，合议组经审理认为：虽然复审请求人将权利要求1中I-S2亚组的枯草杆菌酶突变体限定为BLS309枯草杆菌酶，但其中仍然包含了大量的插入突变体，而说明书中并没有实验证据证明这些突变体都具有优于其亲本酶的洗涤活性，本领域技术人员根据说明书公开的内容和现有技术知识也无法预测这些突变体都具有优于亲本酶的洗涤活性；虽复审请求人将权利要求10中的"90%同一性的氨基酸序列的枯草杆菌酶"修改成"具有包含选自A、T、G、S、V、C、N、Q的103a位氨基酸的氨基酸序列的枯草杆菌酶"，但说明书中只公开了103a为具有A、T氨基酸的氨基酸序列的突变体具有优于亲本酶的洗涤性能，本领域技术人员同样无法预测其他突变体也具有相应的洗涤性能，因此复审请求人的上述理由不足以说明本申请的权利要求1~23符合专利法第26条第4款的规定。

**三、决定**

维持国家知识产权局于2005年5月13日对99815883.6号发明专利申请作出的驳回决定。

如对本复审请求审查决定不服，根据专利法第41条第2款的规定，复审请求人可以自收到本决定之日起三个月内向北京市第一中级人民法院起诉。

147

# 含有转化生长因子 α 的疫苗组合物

## 复审请求审查决定（第 12269 号）

**决　定　号**　第 12269 号
**决　定　日**　2007 年 12 月 11 日
**发明创造名称**　含有转化生长因子 α 的疫苗组合物
**国际分类号**　A61K 38/18，A61K 39/00，A61K 39/385，A61K 47/48，C07K 14/495
**复审请求人**　分子免疫中心
**申　请　号**　01821434.7
**优先权日**　2000 年 12 月 6 日
**申　请　日**　2001 年 12 月 6 日
**公　开　日**　2004 年 3 月 17 日
**合议组组长**　周英姿
**主　审　员**　李　娟
**参　审　员**　葛永奇

**法律依据**　专利法第 26 条第 3 款
**决定要点**

对于化学产品发明，说明书应当记载产品的确认、产品的制备和产品的用途。如果所属技术领域的技术人员无法根据现有技术预测发明能够实现所述用途和/或使用效果，则说明书中还应当记载对于本领域技术人员来说，足以证明发明的技术方案可以实现所述用途并达到预期效果的定性或者定量实验数据。

### 一、案由

本复审请求案涉及发明名称为“含有转化生长因子 α 的疫苗组合物”的 01821434.7 号发明专利申请（下称本申请），申请人为分子免疫中心，申请日为 2001 年 12 月 6 日，优先权日为 2000 年 12 月 6 日，公开日为 2004 年 3 月 17 日。

国家知识产权局对本申请进行实质审查，于 2004 年 8 月 20 日发出《第一次审查意见通知书》，指出：根据说明书的描述，本发明的疫苗组合物用于治疗依赖 TGFα 或 TGFα/EGF 的上皮性肿瘤，或与 TGFα 相关的任何其他疾病（如银屑病），但说明书没有给出本发明疫苗组合物用于肿瘤或其他疾病治疗的试验数据，本案的实施例不能证明本发明的技术方案可以达到预期的目的和效果，因此说明书公开不充分，不符合专利法第 26 条第 3 款的规定。

针对《第一次审查意见通知书》，申请人于 2005 年 1 月 4 日提交了意见陈述书，申请人认为：权利要求1涉及的是能够诱导TGFα的免疫应答并因此具有免疫去势作用的疫苗组合物，说明书中例证了该作用，因此已充分公开；申请人同时提交了一份以有关所述疫苗组合物对癌症细胞系生长的作用的外文附件以证明其抗肿瘤作用；申请人认为根据本发明的教导结合现有技术常识可以理解能引起针对TGFα的免疫应答的疫苗可以用于治疗依赖TGFα或TGFα/EGF的上皮肿瘤或与TGFα相关的其他疾病。

2005年2月25日，国家知识产权局针对本申请国际初步审查报告附件的权利要求书、进入中国国家阶段时提交的国际申请文本的说明书、说明书附图及摘要，以说明书不符合专利法第26条第3款为由驳回了本申请。

驳回决定指出：说明书没有给出本发明的疫苗组合物用于肿瘤或其他疾病治疗的试验数据，因此说明书公开不充分，不符合专利法第26条第3款的规定。说明书中涉及疫苗组合物免疫原性、免疫应答的实施例只能证明疫苗组合物具有免疫原性、可以引起免疫应答，不能作为可以治疗肿瘤的试验数据；用TGFα-P64K蛋白/不完全弗氏佐剂免疫而获得的多克隆抗血清抗hTGFα在体外对人类肿瘤的识别的实施例只能证明获得的多克隆抗血清抗hTGFα可以用于检测肿瘤活检组织中的TGFα的表达，同样不能作为本发明疫苗组合物可以治疗肿瘤或其他相关疾病的试验数据；TGFα在乳腺癌活检组织中的高度表达，只能证明TGFα与肿瘤生长有关，但不能证明含TGFα的疫苗组合物能够治疗肿瘤，因此本发明的实施例不能作为证明本发明的技术方案可以达到预期目的或效果（即治疗肿瘤或其他疾病）的实验室试验（包括动物试验）或者临床试验的定性或定量数据。申请日提交的附件没有具体的发表时间，无法判断该文件是否能够克服本申请在申请日时所存在的缺陷。

驳回决定针对的权利要求1~6如下：

“1. 用于引发针对自身TGFα的免疫应答的疫苗组合物，其包含载体蛋白与人TGFα或其任何肽衍生物的融合蛋白单独或与任何EGF-R配体相组合作为活性成分，另外还包含佐剂，其中所述融合蛋白能引发所述针对TGFα的免疫应答。

2. 权利要求1的疫苗组合物，其中所述载体蛋白是来自脑膜炎奈瑟氏球菌外膜蛋白复合体的P64K蛋白。

3. 权利要求2的疫苗组合物，其中所述载体蛋白在N末端包含6个组氨酸的尾。

4. 权利要求1的疫苗组合物，其中所述EGF-R配体是EGF。

5. 权利要求1的疫苗组合物，其中所述佐剂是不完全弗氏佐剂。

6. 权利要求1的疫苗组合物，其中所述佐剂是Al $(OH)_3$。”

申请人分子免疫中心（下称复审请求人）对上述驳回决定不服，于2005年6月8日向专利复审委员会提出复审请求。

复审请求人认为：一方面，本申请权利要求1要求保护引发针对TGFα的免疫应答的疫苗组合物和相应的免疫去势效应，而不是要求保护该疫苗组合物对肿瘤的直接作用，诱导针对TGFα的免疫应答的疫苗组合物应该得到保护并在原始说明书中得到了充分的描述和例证。在针对第一次审查意见的陈述中所附的证据是用于强化所述疫苗组合物的用途，而不是强化说明书充分公开要求的重复性，国际实践中允许该类申请日之后公开的结果用于强化所述发明，本发明的疫苗组合物已被完整和充分地公开，本领域的技术人员可以重复它而不需另外的实验；另一方面，如果其公开日在本申请的申请日之前，则将破坏本发明的新颖性。

经形式审查合格后，专利复审委员会受理了该请求，并于2005年6月29日向复审请求人发出了《复审请求受理通知书》，同时将本申请移交给国家知识产权局原审查部门进行前置审查。

在《前置审查意见书》中，国家知识产权局原审查部门认为复审请求人的陈述仍不能克服说明书公开不充分的缺陷，因此坚持驳回决定。

专利复审委员会组成合议组，对本复审请求案进行了审理。

合议组于2007年6月8日向复审请求人发出《复审通知书》，指出：本申请请求保护的主题为一种疫苗组合物，但对于该组合物的用途和/或使用效果，说明书中没有给出相应的治疗效果数据，而且所有的实施例也均不能够证明含有 TGFα 能引发对 TGFα 免疫应答的疫苗组合物必然能够治疗肿瘤，所以本申请说明书的内容不能证明所要求保护的疫苗组合物具有治疗肿瘤或其他相关疾病的用途或效果，因此，本申请的说明书公开不充分，不符合专利法第26条第3款的规定。对于复审请求人所提供的证明疫苗组合物的抗肿瘤作用的附件，由于无法获知其是否为公开于本申请的申请日（优先权日）之前的公开出版物，故其内容不能作为现有技术以佐证所述疫苗组合物确实具有抗肿瘤的作用。

针对上述《复审通知书》，复审请求人于2007年9月24日提交了意见陈述书，认为本申请所要求保护的疫苗组合物不是药物，因此不能按照审查指南中关于药物组合物中的特殊规定要求申请人在说明书中提供符合作为药物组合物的充分公开要求的相关数据，更不能以缺乏相关数据为由认定所述技术方案公开不充分。本说明书已充分公开与主题相对应的内容，参见实施例14～17。

至此，合议组认为本案事实清楚，可以作出审查决定。

**二、决定的理由**

1. 关于文本

本复审请求审查决定是以驳回决定所针对的申请文本为基础作出的。

2. 关于说明书的充分公开

专利法第26条第3款规定：说明书应当对发明或实用新型作出清楚、完整的说明，以所属技术领域的技术人员能够实现为准。

对于化学产品发明，说明书应当记载产品的确认、产品的制备和产品的用途。如果所属技术领域的技术人员无法根据现有技术预测发明能够实现所述用途和/或使用效果，则说明书中还应当记载对于本领域技术人员来说，足以证明发明的技术方案可以实现所述用途并达到预期效果的定性或者定量实验数据。

本申请请求保护的主题为一种疫苗组合物。根据说明书的记载，该疫苗组合物“能够抑制上皮性肿瘤的生长而无不良副作用，这一作用是通过生长因子免疫去势机制实现的”。该疫苗可用于治疗依赖 TGFα 或 TGFα/EGF 的上皮性肿瘤，或与 TGFα 相关的其他任何疾病，如银屑病（参见说明书第7页发明内容部分）。但对于所述疫苗组合物“能够抑制上皮性肿瘤的生长”、“用于治疗依赖 TGFα 或 TGFα/EGF 的上皮性肿瘤，或与 TGFα 相关的其他任何疾病，如银屑病”的效果和用途，说明书中没有给出相应的定性或定量实验数据。本申请说明书中涉及疫苗组合物免疫原性、免疫应答的实施例如实施例13～17只能证明疫苗组合物具有免疫原性、可以引起免疫应答，但这只反映其在体内的作用机制，不能视为是影响肿瘤的试验数据。用 TGFα-P64K 蛋白/不完全弗氏佐剂免疫而获得的多克隆抗血清抗 hTGFα 在体外对人类肿瘤的识别的实施例如实施例18是将获得的多克隆抗血清抗 hTGFα 用于检测肿瘤活检组织中的 TGFα 的表达，同样不能作为本申请的疫苗组合物可以治疗肿瘤或其他相关疾病的试验数据。实施例19中记载了 EGF-R 和 TGFα 在乳腺癌活检组织中的高度表达，但这只能证明 TGFα 和 EGF-R 在这类肿瘤生长中的重要性，不能证明含有人 TGFα 或其多肽衍生物的融合蛋白且能引发对 TGFα 免疫应答的疫苗组合物必然能够治疗或预防肿瘤。由于本领域技术人员无法根据现有技术预测所述疫苗是否能够达到通过免疫应答作用于肿瘤等疾病的效果，而且本申请说明书的内容不能证明所要求保护的疫苗组合物具有治疗肿瘤或其他相关疾病的用途或效果。因此，本申请的说明书公开不充分，不符合专利法第 26 条第 3 款的规定。

对于复审请求人在答复复审通知书时所指出的本申请的疫苗组合物由于不是药物故不能按照对药物组合物的特殊规定来要求提供相关数据的观点，合议组认为，审查指南中对化学产品发明充分公开的要求对所有的化学产品发明具有普遍适用性，本申请请求保护的主题是一种疫苗组合物，属于化学产品发明，故应当适用对化学产品发明充分公开的要求；申请人所提到的药物组合物发明要求充分公开相关数据只是一种情况，但不能据此误解为只有药物化合物或药物组合物才需要充分公开相关数据，对于化学产品发明来说，是否一定需要相关的实验数据，应根据现有技术作出判断，如果所属技术领域的技术人员无法根据现有技术预测发明能够实现说明书中所述的用途和/或使用效果，则说明书中就应当记载足以证明发明的技术方案可以实现所述用途并达到预期效果的定性或者定量实验数据。就本案而言，现有技术只反映出 TGFα 表达与肿瘤有关，但复审请求人始终没有证据证明 TGFα 是所述肿瘤的病因且对 TGFα 产生免疫应答必然对肿瘤有治疗或预防作用，因此，并不能确定对 TGFα 在乳腺癌活检组织中的高表达产生影响必然对相应肿瘤具有有益作用，因此，所属技术领域的技术人员无法预测本申请说明书中所述的“能够抑制上皮性肿瘤的生长”、“用于治疗依赖 TGFα 或 TGFα/EGF 的上皮性肿瘤，或与 TGFα 相关的其他任何疾病，如银屑病”的用途和/或使用效果是否能够实现，说明书应记载相关的数据以对上述用途和/或预期效果进行证明，基于此，合议组认为本申请说明书的公开是不充分的。

根据上述事实和理由，合议组作出如下审查决定。

**三、决定**

维持国家知识产权局于 2005 年 2 月 25 日针对 01821434.7 号发明专利申请作出的驳回决定。

复审请求人对本决定不服的，可以根据专利法第 41 条第 2 款的规定，自收到本决定之日起三个月内向北京市第一中级人民法院起诉。

148

# 包括碱性鞘磷脂酶的用作饮食制剂、食品添加剂或药物制剂的组合物

## 复审请求审查决定（第12287号）

**决　定　号**　第12287号
**决　定　日**　2007年12月12日
**发明创造名称**　包括碱性鞘磷脂酶的用作饮食制剂、食品添加剂或药物制剂的组合物
**国 际 分 类 号**　A61K 38/46，A61K 35/74，A23L 1/29，A61P 1/00，A61P 17/00，A61P 25/00，A61P 35/00
**复 审 请 求 人**　艾蒂尔药物有限公司
**申　请　号**　00808645.1
**优 先 权 日**　1999年6月9日
**申　请　日**　2000年6月7日
**公　开　日**　2002年6月19日
**合 议 组 组 长**　叶　娟
**主　审　员**　许　磊
**参　审　员**　吴通义

**法 律 依 据**　专利法第26条第3款
**决 定 要 点**

所属技术领域的技术人员能够实现，是指所属技术领域的技术人员按照说明书记载的内容，就能实现该发明或者实用新型的技术方案，解决其技术问题，并且产生预期的技术效果。如果所属技术领域的技术人员无法根据现有技术预测发明能够实现所述用途和/或使用效果，则说明书中还应当记载对于本领域技术人员来说，足以证明发明的技术方案可以实现所述用途和/或达到预期效果的定性或者定量实验数据。

### 一、案由

本复审请求涉及申请日为2000年6月7日，公开日为2002年6月19日，名称为“包括碱性鞘磷脂酶的用作饮食制剂、食品添加剂或药物制剂的组合物”的00808645.1号发明专利申请（下称本申请），其优先权日为1999年6月9日，2005年5月13日，其申请人由VSL制药有限公司变更为艾蒂尔药物有限公司。

国家知识产权局实质审查部门于2003年9月12日发出第一次审查意见通知书，认为本申请说明书不符合专利法第26条第3款的规定，权利要求1、10、12不符合专利法第22条第2款的规定，权

利要求2～9、13、14不符合专利法实施细则第20条第1款的规定。

申请人于2004年3月23日提交了意见陈述书、经修改的权利要求书全文替换页（共19项权利要求）以及为了说明碱性鞘磷脂酶的作用在申请日前的现有技术中是已知的而提供的一份摘要复印件及其中文译文各1页，即附件1："Purified intestinal alkaline Sphingomyelinase inhibits proliferation without inducing apoptosis in HT－29 colon carcinoma cells."，Hertervig E等人，J Cancer Res. Clin. Oncol.，129（10），2003年10月。

针对本申请进入国家阶段时提交的国际申请文件中文译文说明书第1～8页、说明书附图第1～3页、说明书摘要以及申请人于2004年3月23日提交的权利要求书第1～19项，国家知识产权局于2004年11月12日以本申请说明书不符合专利法第26条第3款的规定为由驳回了本申请，具体理由为：本申请请求保护一种包含碱性鞘磷脂酶的可用于预防和/治疗某些疾病的组合物以及碱性鞘磷脂酶用于制备预防和/或治疗多种疾病的药物的用途，但是在说明书中并没有提供对于本领域技术人员来说足以证明含有所说酶的组合物可以发挥预防和/或治疗效应的实验数据，而含有所说酶的组合物用于治疗疾病的方案又必需依赖确凿可信的实验结果加以证实才能成立；另外，附件1的公开日在本申请的申请日之后，该文件公开的内容不是现有技术，不能作为证明含有碱性鞘磷脂的组合物可用于预防和/或治疗所述的多种疾病的文件，因此，所属领域技术人员不能按照说明书记载的内容不花费创造性劳动地实现本发明的技术方案、解决其技术问题并产生预期的技术效果，所以说明书不符合专利法第26条第3款的规定。

驳回决定所针对的权利要求书中的独立权利要求如下：

"1. 一种呈口服或胃肠外施用形式的饮食、营养或药物组合物，其特征在于它包括足以在需要它的个体中发挥饮食、营养或治疗性效应的量的碱性鞘磷脂酶。"

"10. 碱性鞘磷脂酶用于制备适合于预防和/或治疗与肠发育有关的病症、癌性过程、免疫应答的病症、肠及其相关结构的炎性和凋亡过程、与胆固醇合成有关的病症、由胃肠道表面的疏水特性引起的病症、胃肠道的变应性病症、涉及消化过程病症、炎性肠疾病、息肉病、特别是家族性息肉病、高胆固醇血症、幽门螺杆菌感染、新生儿生长的病症、与肠内稳态有关的疾病以及中枢和外周神经系统的病症的饮食、营养或药物组合物的用途。"

申请人（下称复审请求人）对上述驳回决定不服，于2005年2月28日向专利复审委员会提出复审请求，同时提交了权利要求书全文替换页（共20项权利要求），修改后权利要求书中的独立权利要求如下：

"1. 一种饮食、营养或药物组合物，其特征在于它包括足以在需要它的个体中发挥饮食、营养或治疗性效应的量的碱性鞘磷脂酶，此碱性鞘磷脂酶是细菌来源的，并且含有此碱性鞘磷脂酶的细菌从革兰氏阳性细菌、革兰氏阴性细菌和乳酸细菌或从其混合物中选择。"

"11. 碱性鞘磷脂酶用于制备适合于预防和/或治疗与肠发育有关的病症、癌性过程、免疫应答的病症、肠及其相关结构的炎性和凋亡过程、与胆固醇合成有关的病症、由胃肠道表面的疏水特性引起的病症、胃肠道的变应性病症、涉及消化过程病症、炎性肠疾病、息肉病、高胆固醇血症、幽门螺杆菌感染、新生儿生长的病症、与肠内稳态有关的疾病以及中枢和外周神经系统的病症的饮食、营养或药物组合物的用途，其中碱性鞘磷脂酶是细菌来源的，并且含有它的细菌从革兰氏阳性细菌、革兰氏阴性细菌和乳酸细菌或从其混合物中选择。"

复审请求人在提出复审请求时还提交了以下附件（编号续前）：

附件2："Alkaline Sphingomyelinase Activity Is Decreased in Human Colorectal Carcinoma"，Erik Hertenvig，M. D. 等人，CANCER，第79卷，第3期，1997年2月1日，第448～453页，复印件共

4页；

附件3："Distribution of Alkaline Sphingomyelinase Activity in Human Beings and Animals Tissue and Species Differences"，R. D. DUAN等人，Digestive Diseases and Sciences，第41卷，第9期，1996年9月，第1801~1806页，复印件共4页；

附件4："Familial adenomatous polyposis is associated with a marked decrease in alkaline Sphingomyelinase activity：a key factor to the unrestrained cell proliferation?"，E Hertervig等人，British Journal of Cancer，81（2），1999年，第232~236页，复印件共3页；

附件5："Purification of a Newly Identified Alkaline Sphingomyelinase in Human Bile and Effects of Bile Salts and phosphatidylcholine on Enzyme Activity"，RUI-DONG DUAN等人，HEPATOLOGY，第26卷，第4期，1997年10月，第823~830页，复印件共8页；

附件6：Alkaline Sphingomyelinase A Potential Inhibitor in Colorectal Carcinogenesis，Erik Hertervig主编，2000年，封面、内封页、第4~67页，复印件共34页；

附件7："Identification of Human Intestinal Alkaline Sphingomyelinase as a Novel Ecto-enzyme Related to the Nucleotide Phosphodiesterase Family"，Rui-Dong Duan等人，THE JOUNARL OF BIOLOGICAL CHEMISTRY，第278卷，第40期，2003年10月3日，第38528~38536页，复印件共9页。

复审请求人认为，在本申请的优先权日之前就已知来源于人类的碱性鞘磷脂酶可用于治疗多种疾病，附件2~7可以证明，在本申请的优先权日之前已经知道人类来源的碱性鞘磷脂可用于治疗多种疾病，本发明的关键在于破除了现有技术中的"碱性鞘磷脂酶不能由肠的细菌产生"的偏见，而使用来源于细菌的碱性鞘磷脂酶治疗一些疾病，所治疗的疾病与来源于人类的碱性鞘磷脂酶所治疗的疾病类似，本领域技术人员显然会理解本发明的组合物是可用于治疗所述疾病的，另外，本申请说明书中给出了本发明组合物的各种适应征，所以具有一般常识的本领域技术人员通过所提供这些文献的支持，经由简单地制备胃中被保护的组合物就可以制备用于施用酶类的口服组合物。因此，国家知识产权局的驳回理由不成立。

形式审查合格后，专利复审委员会受理了该复审请求，并于2005年3月30日向复审请求人发出《复审请求受理通知书》，并将本申请案卷移交原审查部门进行前置审查。

原审查部门对本复审请求进行了前置审查，认为附件2、4、5均只提出碱性磷酸酶在某些肿瘤细胞中表达量降低，由此推测该酶可能与癌症有关或者可能是抗癌的关键分子，但是均没有确凿的实验数据来证明碱性磷酸酶确实可治疗癌症，一种蛋白或基因在癌细胞中表达量的变化可能是多种原因造成的，并不一定该蛋白或基因可以引起或治疗癌症，因此，附件2、4、5不能证明含有该酶的组合物可以预防和/或治疗所述多种疾病；附件3仅说明了人和动物中该酶在胃肠道和几种体液中的分布和活性差异，无法证明含有该酶的组合物可以预防和/或治疗所述疾病；附件6和7中也没有提及现有技术中已经证实该酶确实可以预防和/或治疗所述疾病，因此，根据现有技术和本申请公开的内容，不能认为碱性磷酸酶可以预防或治疗所述疾病，故坚持原驳回决定。

专利复审委员会组成合议组，对本复审请求案进行了审理。于2007年1月17日向复审请求人发出《复审通知书》，其中指出：（1）本申请请求保护包含细菌来源的碱性鞘磷脂酶的组合物（权利要求1~10）以及碱性鞘磷脂酶用于制备适合于预防和/或治疗一些病症的饮食、营养或药物组合物的用途（权利要求11~20）。虽然在说明书的"方法"部分记载了对乳酸菌和肠活性组织检查材料中酸性、中性和碱性鞘磷脂酶进行分析的内容，但说明书未记载从任何细菌中分离获得碱性鞘磷脂酶的内容，即实际上没有完成产品的制备。此外，虽然在说明书中对碱性鞘磷脂酶的活性进行了检查，但是其仅证明在所检查的材料中存在一定的酶活性，除此之外，没有提供任何证明碱性鞘磷脂酶可用于制备药物的用途的实验证据，本领域技术人员根据现有技术以及说明书的描述无法预测到所述酶可用于治疗所述大量病症。综上所述，本领域技术人员根据说明书的描述不能实现本发明的技术方案、解决本发明的技术问题并产生预期的技术效果，所以说明书公开不充分，不符合专利法第 26 条第 3 款的规定。(2) 复审请求人在答复第一次审查意见通知书时提交的附件 1 的内容并未记载在原说明书和权利要求书中，而且由于其公开日在本申请的申请日之后，本领域普通技术人员于本申请日时并不能获知其中的内容，因此合议组对该附件不予考虑。(3) 复审请求人在提出复审请求时提交了用于证明本申请公开充分的附件 2 ~ 7，但是，首先，根据专利法实施细则第 4 条的规定，依照专利法和实施细则提交的各种文件应当使用中文，而复审请求人没有提交参附件 2 ~ 7 的中文译文，也没有结合这些文件具体陈述理由，因此，合议组对附件 2 ~ 7 均不予考虑；其次，即使复审请求人坚持使用附件 2 ~ 7 并提交其中文译文，但由于附件 6 的公开日在本申请的优先权日之后，附件 7 的公开日在本申请的申请日之后，根据附件 4 上记载的内容，合议组无法确定其公开日在本申请的优先权日之前，合议组对这些附件也将不予考虑；第三，即使复审请求人提交了附件 2 ~ 3、5 的中文译文并能够证明人类来源的碱性鞘磷脂酶在本申请优先权日之前是公知的，也并不意味着其能证明本发明要保护的得自细菌来源的碱性鞘磷脂酶及其功能和用途在现有技术中是公知的或者能够根据现有技术推导得出以及该细菌来源的碱性鞘磷脂酶可用于预防或治疗所述机理和表现千差万别的大量疾病。因此，本申请的说明书不符合专利法第 26 条第 3 款的规定。

针对《复审通知书》指出的问题，复审请求人于 2007 年 5 月 8 日提交了意见陈述书并再次提交了附件 2、3、5 和以附件形式提交的从互联网下载的如下述文件摘要（编号续前）：

附件 8："Dietary Sphingomyelin inhibits 1, 2-dimethylhydrazine-induced colon cancer in CF1 mice", Dillehay DL 等人, J Nutr., 1994 年 5 月, 124 (5), 摘要, 复印件共 1 页；

附件 9："Role of dietary Sphingolipids and inhibitors of Sphingolipid metabolism in cancer and other diseases", Merrill AH Jr 等人, J Nutr., 1995 年 6 月, 125 (6 Suppl), 摘要, 复印件共 1 页；

附件 10A："Decreased membrane fluidity in erythrocytes from patients with Crohn's disease", Aozaki S, Gastroenterol Jpn., 1989 年 6 月, 24 (3), 摘要, 复印件共 1 页；

附件 10B："Enhancement of interferon-beta production with Sphingomyelin from fermented milk", Osada K 等人, Biotherapy, 1993 ~ 1994, 7 (2), 摘要, 复印件共 1 页；

附件 10C："Shark fin enriched diet prevents mucosal lipid abnormalities in experimental acute colitis", Marotta F 等人, Digestion, 1995 年, 56 (1), 摘要, 复印件共 1 页；

附件 10D："Sphingomyelin consumption suppresses aberrant colonic crypt foci and increases the proportion of adenomas versus adenocarcinomas in CF1 mice treated with 1, 2 - dimethylhydrazine: implications for dietary Sphingolipids and colon carcinogenesis", Schmelz EM 等人, Cancer Res., 1996 年 11 月 1 日, 56 (21), 摘要, 复印件共 1 页；

附件 10E："Influence of Sphingolipids on T lymphocyte activation", Martinova EA, Biochemistry (Mosc), 1998 年 1 月, 63 (1), 摘要, 复印件共 1 页；

附件 10F："Icreased Sphingomyelin content of plasma a lipoproteins in apolipoprotein E knockout mince reflects combined production and catabolic defects and enhances reactivity with mammalian Sphingomyelinase", Jeong Ts 等人, J Clin Invest., 1998 年 2 月 15 日, 101 (4), 摘要, 复印件共 1 页；

附件 10G："In vitro factors affecting the concentration of gamma-LpE (gamma-LpE) in human plasma", Krimbou L 等人, J Lipid Res., 1998 年 4 月, 39 (4), 摘要, 复印件共 1 页；

附件 10H：“Fatty acid composition of human brain phospholipids during normal development”，Martinez M 等人，J Neurochem.，1998 年 12 月，71（6），摘要，复印件共 1 页；

附件 11：从 Oxoid Ltd. 的网站上下载的“lactobacilli”搜索结果，复印件共 3 页；

附件 12：显示日期为 2007 年 2 月 6 日的从 www. oxoid. com 网站上下载的“Dehydrated Culture Media”资料，复印件共 6 页。

复审请求人认为：

（1）如本申请说明书第 1 页第 1 段所述，本发明涉及碱性鞘磷脂酶（SMase）制备用于营养、饮食、严格医疗用途的组合物的用途，在说明书第 2 页倒数第 3 段描述了一些细菌拥有高水平的碱性鞘磷脂酶并且其摄取可能对宿主有益，在说明书第 4 页第 3 段和第 6 页第 2 段描述了本发明一个乳酸细菌作为活的、冻干的或超声处理过的细菌用于所述组合物的优选实施方案，并且在第 6 页的“方法”中也对其进行了具体描述，并且在说明书中还多次描写到本发明的组合物优选包含细菌来源的碱性鞘磷脂酶（如说明书第 7 页倒数第 3 ~ 6 行及图 1），一般的以及本发明所用的乳酸杆菌的生长和选择的实验室和工业方法都属于本发明提交日时本领域技术人员的基础知识范畴，从 Oxoid Ltd. 的网站上下载的附件 11 和 12 表明在本发明提交日之前关于乳酸细菌和乳酸杆菌的选择、生长技术和特征方面的信息是本领域技术人员可以获得的，在“Lactic acid bacteria：microbiological and functional aspects”第三版，New York：Marcel Dekker，Inc.”中补充了关于这些细菌的一些内容，其也是容易获得的，因此，在本申请提交日时，关于细菌培养的实验室和工业规模方法是可以常规进行的，不需要任何创造性劳动，因此，在阅读本说明书后，本领域技术人员会很容易地理解并实施本发明权利要求 1 ~ 10 的技术方案。

（2）在本申请说明书第 6 页“方法”中“为了分析……将细菌和（匀浆的）肠的活组织检查材料悬浮在……”的描述要表达的不是将细菌和肠混合在一起悬浮，而是将其分别悬浮。说明书第 7 页第 1 和 2 段分别描述了分析中性和酸性 SMase 的方法，本领域技术人员显然可以看到，这里是通过将溶液的 pH 值分别调节到中性、酸性和碱性来控制各种 SMase，其还可以从附图 1 ~ 3 进一步得到证明，因此，本领域技术人员显然可以看出这里是将细菌来源的和肠道来源的 SMase 分开进行提取和分析的，这些描述足以使本领域技术人员不花费创造性劳动地进行提取和分析以及应用。

（3）关于《复审通知书》中指出的碱性 SMase 治疗本发明权利要求中所述疾病的证据的问题，如本申请背景技术部分所述，本领域技术人员公知碱性 SMase 在生理过程中的用途，例如附件 8 表明鞘磷脂存在于所有真核细胞中并能调节细胞生长、细胞分化和细胞转化，并且得出了诸如鞘磷脂类的鞘脂是结肠癌发生的营养调节中的重要一类，附件 9 是关于诸如鞘磷脂类的鞘脂的调节功能的综述，其指出鞘磷脂是影响细胞调节路径的生物活性化合物、在缺少鞘磷脂的标准膳食中加入鞘磷脂降低了在结肠癌中的异常组织学外观的发现以及可能的在小鼠试验室模型中的肿瘤数、鞘脂代谢的酶是毒素和癌发生真菌毒素的目标，附件 2 报道了鞘磷脂的代谢产生对细胞增生和凋亡的调节的重要信号，作者发现小肠中碱性鞘磷脂酶在结肠直肠癌患者中比正常组织中有所减少，并建议这种酶具有调节结肠黏膜细胞增生的作用，附件 3 描述了碱性鞘磷脂酶在人类和动物中的分布，作者得出了碱性鞘磷脂酶的活性量与其种类和所观察小肠的特定部位有关的结论，附件 5 报告了鞘磷脂的水解是在细胞增生和凋亡调解中产生重要信号的事件，附件 10A 至 10H 涉及的是鞘磷脂、鞘磷脂酶和不同人类病理学之间的关系。这些文献表明：在本申请优先权日之前，鞘磷脂是一种重要的磷脂，其产生关于细胞生长、癌症发生的调节的信号，和其他实验室动物和人类的显著调节功能；所述显著的功能涉及不同病理学如结肠直肠癌、免疫反应紊乱、炎性肠病和新生儿生长和神经系统的紊乱；显示人类肠道中其在碱性 pH 值下具有特定的优选的酶活性；鞘磷脂的异常代谢和结肠直肠癌的发生之间有关联；需要在肠道中维持恒定的碱性鞘磷脂酶活性以避免结肠癌和相关疾病。此外，本申请实施例部分也提供了相应的证据，图 1 表明在本发明的乳酸菌中有明显水平的碱性鞘磷脂酶，以及存在依赖于因中性鞘磷脂酶的反应环境中的 MGCl 的活性，图 2 表明在患有克隆氏病（一种炎性肠病）的患者的肠道中胆盐依赖性碱性鞘磷脂酶的存在比对照肠道组织中减少，图 3 表明在相同的测定条件下，人类肠道鞘磷脂酶和细菌来源的鞘磷脂酶对鞘磷脂的水解具有加和性的作用。因此，本领域技术人员根据本申请公开的内容，会理解并利用本发明的细菌来制备营养品或药物，以治疗本发明所列的疾病。因此，本发明的技术方案得到了充分公开。

2007 年 6 月 7 日，复审请求人再次提交了意见陈述书，补充说明了如下意见：本说明书第 7 页第 3 段和第 4 段描述了实施碱性鞘磷脂酶的酶促的分析条件，图 1 表明了这些细菌中的中性 SMase 的活性以更好地研究和区别在这些相同类型的乳酸菌中这两种酶的活性。本发明还从患有克隆氏病的患者的小肠活检标本中进行了碱性 SMase 活性的分析，对取自炎症受累区域的活检标本与未受影响部位的活检标本的碱性 SMase 活性进行了比较（结果如图 2 所示）。此外，还分析了本发明的在从克隆氏病受累区域和非受累区域结肠活检标本上添加乳酸菌的分析（结果见表 3 及伴随的表中）。这些结果表明了本发明乳酸菌在不存在胆汁盐的分析缓冲液中测试时的 SMase 活性，表明细菌的 SMase 活性不受分析缓冲液中是否存在这些盐的影响（见图 1）、当缓冲液中存在胆汁盐时酶的活性较高（见图 2）和本发明乳酸菌 SMase 在健康结肠组织样本的活性以及胆汁盐对其酶活性的增强（见图 3）。说明书第 6 页最后一段中“将细菌和小肠的活组织检查材料……”的描述应当理解为根据上面描述的实验方法，其中在包含本发明的乳酸菌和小肠组织、以及小肠组织单独的标本中进行的 Smase 活性的测试，以显示如乳酸菌的附加活性以及小肠和细菌 Smase 对存在胆汁盐的不同的依赖性，因此，本说明书以及附图充分公开了本发明。

至此，合议组认为本案事实清楚，可以作出审查决定。

**二、决定的理由**

1. 决定所依据的文本

本决定是在复审请求人于 2005 年 2 月 28 日提交的权利要求第 1 ~ 20 项和驳回决定所针对的说明书、说明书附图以及说明书摘要的基础上作出的。

2. 关于专利法第 26 条第 3 款

专利法第 26 条第 3 款规定：说明书应当对发明或者实用新型作出清楚、完整的说明，以所属技术领域的技术人员能够实现为准。

根据该款规定，所属技术领域的技术人员能够实现，是指所属技术领域的技术人员按照说明书记载的内容，就能实现该发明或者实用新型的技术方案，解决其技术问题，并且产生预期的技术效果。如果所属技术领域的技术人员无法根据现有技术预测发明能够实现所述用途和/或使用效果，则说明书中还应当记载对于本领域技术人员来说，足以证明发明的技术方案可以实现所述用途和/或达到预期效果的定性或者定量实验数据。

本申请请求保护包含碱性鞘磷脂酶的饮食、营养或药物组合物（权利要求 1 ~ 10）和碱性鞘磷脂酶用于制备预防和/或治疗一些疾病的药物的用途（权利要求 11 ~ 20）。如说明书中所述的那样，本发明是在令人惊讶地发现一些细菌拥有高水平的碱性鞘磷脂酶并且其摄取可以有益于宿主的基础上完成的，在本申请的背景技术中指出在现有技术中已经鉴定了三种鞘磷脂酶，即酸性、中性和碱性鞘磷脂酶，但是“除存在于肠和胆汁中的碱性鞘磷脂酶外，已知没有其他碱性鞘磷脂酶可以用来生产旨在营养、饮食或严格地治疗性用途的组合物，而且，酸性和中性鞘磷脂酶由于它们的不同特征而不能被使用”（见本申请说明书第 1 页倒数第 2 行至第 2 页第 1 行），因此，本发明的目的是要提供一些可用于饮食、营养和药用的细菌来源的碱性鞘磷脂酶，即本发明显然认为现有技术中不知道可用于所述目的的细菌来源的碱性鞘磷脂酶。在本申请的说明书中虽然对嗜热链球菌和肠活组织检查材料中的酸性、中性和碱性鞘磷脂酶进行了分析，并表明嗜热链球菌中存在碱性鞘磷脂酶活性，但是，说明书中没有提供任何细菌来源的碱性鞘磷脂酶可用于治疗和/或预防所述疾病如息肉病、高胆固醇血症、由胃肠道表面的疏水特性引起的疾病等的实验数据。在这种情况下，本领域技术人员既无法根据现有技术预测本发明从任意细菌均可获得碱性 SMase 且所获得的碱性鞘磷脂酶能够治疗和/或预防权利要求书中所列的所有疾病，也即实现所述用途和/或效果，而说明书中又没有记载足以证明本发明的技术方案可以实现所述用途和/或达到预期效果的实验数据，因此，根据审查指南第 2 部分第 10 章第 3.1 和 3.3 节的规定，本申请说明书不符合专利法第 26 条第 3 款的规定。

复审请求人认为说明书和附图已经清楚地解释了实验的含义及详细方法，附图中表明了细菌来源的碱性鞘磷脂酶活性，因此说明书的公开足以使本领域技术人员理解并实施本发明。

对此，合议组认为：虽然说明书提供了一种实验和表明碱性鞘磷脂酶有活性的附图 1～3，但是，说明书提供的实验仅仅是确认嗜热链球菌碱性鞘磷脂酶存在的实验，并不能证明所有细菌种类均可产生碱性鞘磷脂酶，也不能证明嗜热链球菌碱性鞘磷脂酶可用于治疗或预防所述所有疾病，图 1 和 3 仅仅表明在嗜热链球菌中存在碱性鞘磷脂酶活性，图 2 是对肠活组织检查材料中酶活性的分析，虽然提及在患局限性回肠炎的患者的组织中碱性鞘磷脂酶的水平低于对照样品，但是，无法证明碱性鞘磷脂酶水平低是局限性回肠炎的诱因还是结果，未能证明细菌来源的该酶可用于治疗息肉病、高胆固醇血症等本发明所述的与回肠炎在机理和表现形式上都有根本区别的大量疾病，因此，说明书中没有记载任何证明细菌来源的碱性鞘磷脂酶可用于治疗或预防所述疾病的实验证据，复审请求人陈述的理由也不能证明本申请说明书符合专利法第 26 条第 3 款的规定。

虽然复审请求人提供了附件 1～10 来证明本领域技术人员可以从现有技术中预期到所述产品具有治疗和/或预防本发明所述疾病的用途，但是，合议组认为：（1）对于附件 1、4、6～7 而言，如复审通知书中所指出的那样，复审请求人不仅从未提交这些附件的中文译文或结合这些附件说明理由，而且附件 1、6、7 的公开日在本申请的申请日或优先权日之后，根据附件 4 上记载的内容，合议组无法确定其公开日在本申请的优先权日之前，因此，基于此，合议组对这些附件不予考虑。（2）对于附件 2、3、5、8、9、10A～10H 而言，复审请求人也未提交其中文译文，而从复审请求人在意见陈述书中对其内容所作的简单介绍及相关意见陈述来看，附件 5、8～9、10A～10H 涉及的均为鞘磷脂，并未涉及碱性鞘磷脂酶对疾病治疗作用的内容，本发明的目的是要提供具有治疗和/或预防疾病功效的碱性鞘磷脂酶，因此这些附件不能证明细菌来源的碱性鞘磷脂酶具有本发明所述功效；附件 3 仅表明碱性鞘磷脂酶存在于人类和啮齿动物的消化系统，并且其活性量与动物种类和其在小肠中的特定部位有关，并未提及碱性鞘磷脂酶对疾病的治疗和/或预防作用，更没有提及碱性鞘磷脂酶可用于本发明所述疾病；附件 2 虽然报道了鞘磷脂对细胞增生和凋亡的调节的重要信号，并且作者发现碱性鞘磷脂酶在结肠直肠癌患者比正常组织中有所减少并建议这种酶具有调节结肠黏膜细胞增生的作用，但是，作者在发现直肠癌患者小肠中碱性鞘磷脂酶有所减少的情况下仅建议该酶具有调节结肠黏膜细胞增生的作用，既没有表明其可以治疗或预防结肠癌，更没有提及免疫应答、息肉病等本申请所述的大量疾病，因此，本领域技术人员根据附件 2 也不能得出本发明要保护的碱性鞘磷脂酶的功能和用途在现有技术中是公知的或者能够根据现有技术推导得出碱性鞘磷脂酶可用于预防或治疗机理和表现千差万别的所述大量疾病的结论。因此，复审请求人提供的附件 1～10 不能证明本申请的说明书符合专利法第 26 条第 3 款的规定。

根据以上事实和理由，本案合议组作出如下审查决定。

### 三、决定

维持国家知识产权局于2004年11月12日对00808645.1号发明专利申请作出的驳回决定。

复审请求人对本决定不服的，可以根据专利法第41条第2款的规定，自收到本决定之日起三个月内向北京市第一中级人民法院起诉。

# 北京市第一中级人民法院
# 行政裁定书

（2009）一中行初字第450号

原告艾蒂尔药物有限公司，住所地葡萄牙丰绍尔市多斯费雷罗斯街260号。

法定代表人佩德罗·莫雷拉·达克鲁斯·金塔斯，总监。

委托代理人罗菊华，男，中国国际贸易促进委员会专利商标事务所专利代理人。

委托代理人李华英，女，中国国际贸易促进委员会专利商标事务所专利代理人。

被告中华人民共和国国家知识产权局专利复审委员会，住所地中华人民共和国北京市海淀区北四环西路9号银谷大厦10～12层。

法定代表人廖涛，副主任。

委托代理人程强，男，中华人民共和国国家知识产权局专利复审委员会审查员。

委托代理人吴通义，男，中华人民共和国国家知识产权局专利复审委员会审查员。

原告艾蒂尔药物有限公司不服被告中华人民共和国国家知识产权局专利复审委员会于2007年12月12日作出的第12287号复审请求审查决定（以下简称被诉决定），向本院提起行政诉讼。本院受理后，依法组成合议庭，于2009年2月25日公开开庭审理了本案。原告的委托代理人罗菊华、李华英，被告的委托代理人程强、吴通义到庭参加了诉讼。

本院认为，公民、法人或者其他组织向人民法院起诉，应当依法提供符合起诉条件的相应证据材料。本案中，被诉决定的作出时间是2007年12月12日，其发文时间是2007年12月26日。原告收到被诉决定后，罗菊华于2008年3月26日至本院提交了罗菊华、李华英签署的以艾蒂尔药物有限公司为原告的起诉状，同时还提交了未经公证、认证的授权委托书。但迟至2008年12月23日，罗菊华才向本院提交了上述授权委托书的公证、认证材料，其理由为“文件需要签署、公证、认证及翻译。另一原因是中方代理人身体健康及人事变动”，但经查，上述授权委托书的公证、认证手续于2008年2月22日已经办理完毕，本案原告的受委托机构及代理人均未发生变动，其亦无证据证明其迟至2008年12月23日提交上述文件的原因是其代理人“身体健康”之因素所致。因此，原告的理由缺乏事实依据，本院不予采信。原告于法定起诉期限内没有提交原告签署的起诉状，亦没有提交罗菊华、李华英两人符合法律规定的授权委托书，此后在合理期限内，原告亦没有提交前述材料。因此，原告的起诉不具备相应法定起诉条件。

综上，依照中华人民共和国最高人民法院《关于执行<中华人民共和国行政诉讼法>若干问题的解释》第四十四条第一款第（五）项、第（十一）项，第六十三条第一款第（二）项之规定，裁定如下：

驳回原告艾蒂尔药物有限公司的起诉。

如不服本裁定，原告艾蒂尔药物有限公司可在裁定书送达之日起30日内，被告中华人民共和国国家知识产权局专利复审委员会可在裁定书送达之日起10日内，向本院递交上诉状，并按对方当事人的人数提出副本，上诉于中华人民共和国北京市高级人民法院。

审 判 长　强刚华

代理审判员　司品华

代理审判员　石　磊

二〇〇九年三月九日

书 记 员　赵　锋

# 北京市高级人民法院
# 行政裁定书

（2009）高行终字第625号

上诉人（一审原告）艾蒂尔药物有限公司，住所地葡萄牙丰绍尔市多斯费雷罗斯街260号。

法定代表人佩德罗·莫雷拉·达克鲁斯·金塔斯，总监。

委托代理人罗菊华，男，中国国际贸易促进委员会专利商标事务所专利代理人。

委托代理人李华英，女，中国国际贸易促进委员会专利商标事务所专利代理人。

被上诉人（一审被告）中华人民共和国国家知识产权局专利复审委员会，住所地中华人民共和国北京市海淀区北四环西路9号银谷大厦10~12层。

法定代表人廖涛，副主任。

委托代理人程强，男，中华人民共和国国家知识产权局专利复审委员会审查员。

委托代理人吴通义，男，中华人民共和国国家知识产权局专利复审委员会审查员。

上诉人艾蒂尔药物有限公司（以下简称艾蒂尔公司）因专利复审请求审查决定一案，不服中华人民共和国北京市第一中级人民法院（2009）一中行初字第450号行政裁定，向本院提起上诉。本院受理后依法组成合议庭进行了审理，本案现已审理终结。

2007年12月12日，中华人民共和国国家知识产权局专利复审委员会（以下简称专利复审委）作出第12287号复审请求审查决定（以下简称第12287号决定）。艾蒂尔公司不服专利复审委作出的第12287号决定，向中华人民共和国北京市第一中级人民法院（以下简称一审法院）提起行政诉讼。

一审法院认定，艾蒂尔公司的起诉不具备法定的起诉条件，依照中华人民共和国最高人民法院《关于执行<中华人民共和国行政诉讼法>若干问题的解释》第四十四条第一款第（五）项、第（十一）项、第六十三条第一款第（二）项的规定，裁定驳回了艾蒂尔公司的起诉。

艾蒂尔公司不服一审裁定，提起上诉。诉称，一审法院裁定仅仅因为上诉人的授权委托书略有依法可以补正的瑕疵而驳回起诉是不恰当的，既不符合法律规定，也不符合政策精神。因此，上诉人认为，一审法院裁定认定事实不清，适用法律错误，违反法定程序，请求二审法院撤销一审裁定，指令一审法院继续审理。

专利复审委辩称，一审法院裁定认定事实清楚，适用法律正确，审理程序合法，上诉人的上诉主张不能成立，请求二审法院驳回上诉，维持一审裁定。

本院认为，公民、法人或者其他组织向人民法院提起行政诉讼，应当符合法定的起诉条件。本案中，专利复审委作出的第12287号决定的时间是2007年12月12日，发文时间是2007年12月26日。艾蒂尔公司在收到第12287号决定后，罗菊华于2008年3月26日至一审法院提交了罗菊华、李华英签署的以艾蒂尔公司为原告的起诉状，同时提交了未经公证、认证的授权委托书。至2008年12月23日，罗菊华才向一审法院提交了上述授权委托书的公证、认证材料，其理由为“文件需要签署、公证、认证及翻译，另一原因是中方代理人身体健康及人事变动”。但经查证，艾蒂尔公司的上述授权委托书的公证、认证手续已在2008年2月22日办理完毕，艾蒂尔公司的受委托机构及代理人均未发生变动，且无证据证明其迟至2008年12月23日提交上述文件的原因是其代理人“身体健康”的原因所致。据此，艾蒂尔公司在法定起诉期限内没有提交其签署的起诉状，亦没有提交罗菊华、李华英两人符合法律规定的授权委托书。因此，艾蒂尔公司的起诉不具备法定起诉条件，一审法院裁定驳回艾蒂尔公司的起诉正确，本院应予维持。依据《中华人民共和国行政诉讼法》第六十一条第（一）项的规定，裁定如下：

驳回上诉，维持一审裁定。

本裁定为终审裁定。

审 判 长　朱世宽
审 判 员　赵宇晖
代理审判员　司品华
二〇〇九年九月十五日
书 记 员　张 怡

# 无效宣告请求审查决定

001

# 香菇多糖冻干粉针剂及其制备方法

## 无效宣告请求审查决定（第9436号）

**决　　定　　号**　第9436号
**决　　定　　日**　2006年12月27日
**发明创造名称**　香菇多糖冻干粉针剂及其制备方法
**国 际 分 类 号**　A61K 31/715，A61K 9/19，A61P 35/00
**无效宣告请求人**　南京易亨制药有限公司
**专　利　权　人**　南京康海药业有限公司
**专　　利　　号**　00112407.2
**申　　请　　日**　2000年7月19日
**授 权 公 告 日**　2003年11月5日
**合 议 组 组 长**　王晓云
**主　　审　　员**　何　炜
**参　　审　　员**　许　磊

**法　律　依　据**　专利法第33条，第26条第3款、第4款
**决　定　要　点**

如果申请的内容通过增加、改变和/或删除其中的一部分，致使所属技术领域的技术人员看到的信息与原申请记载的信息不同，而且又不能从原申请记载的信息中直接地、毫无疑义地确定，那么，这种修改就是不允许的，反之，则是允许的。

发明要解决的技术问题是指发明要解决的现有技术中存在的技术问题，发明的有益效果是与现有技术相比所具有的有益效果，其是由构成发明的技术特征直接带来的，或者是由所述技术特征必然产生的，二者都需要根据说明书的整体内容来判断，通过分析发明的背景技术和请求保护的技术方案而得出。

### 一、案由

本无效宣告请求案涉及国家知识产权局于2003年11月5日授权公告的、名称为“香菇多糖冻干粉针剂及其制备方法”的00112407.2号发明专利权（下称本专利），其申请日为2000年7月19日。2004年7月5日，专利权人由南京振中生物工程有限公司变更为南京康海药业有限公司。本专利授权公告的权利要求如下：

“1. 一种抗肿瘤的香菇多糖冻干粉针剂，其特征在于以下述重量配比药物为原料制备：香菇多糖

0.50~1.40 份，冻干赋形剂甘露醇、葡萄糖、蔗糖或乳糖 50~140 份。

2. 根据权利要求 1 所述抗肿瘤的香菇多糖冻干粉针剂，其特征在于以下述重量配比药物为原料：香菇多糖 0.95~1.20 份，冻干赋形剂甘露醇、葡萄糖、蔗糖或乳糖 100 份。

3. 根据权利要求 1 所述抗肿瘤的香菇多糖冻干粉针剂，其特征在于冻干赋形剂是甘露醇或乳糖。

4. 根据权利要求 1 所述抗肿瘤的香菇多糖冻干粉针剂，其特征在于冻干赋形剂是甘露醇。

5. 一种抗肿瘤的香菇多糖冻干粉针剂的制备方法，其特征在于：

取香菇多糖 0.50~1.40 份，用碱液溶解，加酸液中和，再与冻干赋形剂甘露醇、葡萄糖、蔗糖或乳糖 50~140 份混合，分装入瓶，冻干后，封口。

6. 根据权利要求 5 所述抗肿瘤的香菇多糖冻干粉针剂的制备方法，其特征在于取香菇多糖 0.95~1.20 份，用碱液溶解，加酸液中和，再与冻干赋形剂甘露醇、葡萄糖、蔗糖或乳糖 100 份混合，分装入瓶，冻干后，封口。

7. 根据权利要求 5 所述抗肿瘤的香菇多糖冻干粉针剂的制备方法，其特征在于冻干赋形剂是甘露醇或乳糖。

8. 根据权利要求 5 所述抗肿瘤的香菇多糖冻干粉针剂的制备方法，其特征在于冻干赋形剂是甘露醇。

9. 根据权利要求 5 的要求所述香菇多糖冻干粉针剂的制备方法，其特征在于碱液为 0.5~1.0 摩尔浓度的氢氧化钠，酸液为 0.5~1.0 摩尔浓度的盐酸。

10. 根据权利要求 5 所述香菇多糖冻干粉针剂的制备方法，其特征在于用酸液中和至 pH 为 6.0~8.0。”

针对上述专利权，南京易亨制药有限公司（下称请求人）于 2006 年 4 月 12 日向专利复审委员会提出无效宣告请求，认为本专利不符合专利法第 22 条第2 款、第3 款专利法第 26 条第 3、4 款、专利法第 33 条以及专利法实施细则第 20 条第 1 款的规定，并提交了下述附件：

附件 1：第 00112407.2 号中国发明专利的公开文本，公开日为 2001 年 3 月 28 日，共 7 页；

附件 2：第 00112407.2 号中国发明专利的授权公告文本（即本专利），授权公告日为 2003 年 11 月 5 日，共 6 页；

附件 3：2000 年 2 月修订的《抗恶性肿瘤剂香菇多糖药品推介表》，日文，复印件共 34 页。

请求人认为，(1) 权利要求 1~10 不符合专利法实施细则第 20 条第 1 款的规定，具体为：a1. 独立权利要求 1 和 5 以及从属权利要求 2 中“冻干赋形剂甘露醇、葡萄糖、蔗糖或乳糖 50~140 份”的描述有歧义，既可以理解为“甘露醇、葡萄糖、蔗糖、乳糖其中的一种 50~140 份”，也可以理解为“甘露醇、葡萄糖、蔗糖为 50~140 份或乳糖 50~140 份”；a2. 权利要求 3 和 4 的描述与权利要求 1 的描述存在矛盾之处；b. 权利要求 5 及其从属权利要求 6~10 没有说明用什么碱来溶解、用什么酸来中和以及中和的程度，酸和碱的概念也不清楚。(2) 权利要求 1~10 不符合专利法第 26 条第 4 款的规定，具体为：c. 说明书只有两个实施例，其香菇多糖与甘露醇的比例均没有落入权利要求 1 所限定的比例范围内；d. 实施例 1 和 2 中的赋形剂都是甘露醇，其不支持葡萄糖、蔗糖和乳糖的描述。(3) 说明书不符合专利法第 26 条第 3 款的规定，具体为：e1. 说明书第 3 页的描述为“香菇多糖 0.50~1.40 重量份，一种冻干赋形剂 50~140 份”，与说明书第 3 页倒数 1~2 行的“冻干赋形剂可以是甘露醇、葡萄糖、蔗糖或乳糖”所含的赋形剂可以是三种混合赋形剂的意思相互矛盾；e2. 说明书第 3 页的描述“香菇多糖 0.50~1.40 重量份，一种冻干赋形剂 50~140 份”与实施例 1~2 的量相矛盾；f. 说明书的“临床试验”部分是以联合化疗加安慰剂作为对照组，而不是以日本香菇多糖作为对照组进行对照实验，与其发明目的不相适应，结果没有说服力。(4) 说明书的修改不符合专利法第33条的规定，具体为：g. 附件1说明书第4页的穿孔为“00.”，而不是其他页的00.7.24日，不知其何时递交，第5页与第4页无关联性；（5）h. 本专利权利要求1～10相对于附件3不具备专利法第22条第2款、第3款规定的新颖性、创造性。

经形式审查合格后，专利复审委员会受理了上述请求，于2006年4月12日向双方当事人发出《无效宣告请求受理通知书》，并将《专利权无效宣告请求书》及其附件清单中所列附件的副本转送给专利权人，要求其在指定的期限内答复，同时成立合议组对本无效请求案进行审理。

请求人于2006年5月9日补充提交了附件4～5：

附件4：附件3的中文译文，共12页；

附件5：《药剂辅料大全》（第一版），罗明生、高天惠主编，四川科学技术出版社，1993年3月第一次印刷，封面页、出版信息页、702～703页，复印件共4页。

专利复审委员会于2006年5月31日收到专利权人提交的意见陈述书和反证1：

反证1：《药用辅料应用技术》（第二版），中国医药科技出版社，2002年7月印刷，封面页、出版信息页、24～29页、46～52页，复印件共16页。

专利权人认为：（1）本专利权利要求中关于冻干粉赋形剂的描述没有歧义，权利要求3和4的描述与权利要求1并不矛盾，权利要求1～10符合专利法实施细则第20条第1款的规定；（2）实施例1～2中香菇多糖和甘露醇的比例均在权利要求1的范围内，且甘露醇与葡萄糖、蔗糖、乳糖都是冻干粉针剂最常用的辅料，权利要求1～10符合专利法第26条第4款的规定；（3）临床试验的目的是评价药物的安全性和有效性，不良反应正是药物安全性评价的内容，并非必须以日本香菇多糖作为对照组进行对照试验，本专利说明书符合专利法第26条第3款的规定；（4）说明书穿孔日期问题不属于无效宣告的理由；（5）权利要求1～10具备新颖性、创造性，符合专利法第22条第2款、第3款的规定。因此请求驳回本无效宣告请求。

2006年7月27日，本案合议组将上述请求人和专利权人提交的意见陈述书及其附件清单中所列附件分别转交对方，并要求其各自在指定的期限内答复。

2006年8月17日，专利复审委员会收到请求人提交的意见陈述书，其重复了先前提出的无效理由，并认为说明书实施例1中“加市售20%甘露醇”没有给出是什么百分数，无法支持专利权人主张的实施例公开的成分比例与说明书其他地方公开的范围不矛盾的观点，所以说明书不符合专利法第26条第3款的规定。

2006年9月4日，本案合议组向双方当事人发出口头审理通知书，拟定于2006年11月28日对本专利权的无效宣告请求进行口头审理，并将请求人提交的上述意见陈述书转交专利权人。

2006年9月9日，专利权人提交了意见陈述书，陈述了本专利相对于附件4～5具备新颖性、创造性的理由，合议组于2006年9月18日将其转交给请求人。

2006年11月28日口头审理如期进行。双方当事人的代理人出席了口头审理，合议组逐一调查了无效宣告请求的理由和证据，双方当事人充分陈述了意见。庭审过程中，（1）请求人放弃附件5作为证据使用；（2）请求人未能提交附件3的原件或其取得途径的证明材料，仅出示了附件3的打印件，声明其由互联网上下载打印，但没有公证书能证明其真实，专利权人对附件3及其中文译文附件4的真实性均表示异议；（3）专利权人当庭出示了反证1的原件，请求人对其真实性、合法性、公开性均无异议；（4）请求人当庭增加以下无效理由，即i. 授权文本的说明书第5页倒数第2～3行的内容不符合专利法第33条的规定；j. 权利要求1～10中用“份”作单位而非说明其具体含量不清楚，不符合专利法实施细则第20条第1款的规定；k. 说明书第6页“不良反应”部分进行的试验所用样本数（1121例）与日本产品对照组（469例）不同，对比结果没有说服力，并且说明书第3页倒数

4～5行中没有清楚说明香菇多糖产品如何溶解、混合、入瓶和冻干，因此说明书不符合专利法第26条第3款的规定。专利权人根据专利法实施细则第66条对请求人增加的上述无效理由表示异议；（5）请求人放弃其提出无效宣告请求时指出的本专利不符合专利法实施细则第20条第1款的理由a1、a2、b，放弃本专利不符合专利法第26条第4款的理由d，放弃本专利不符合专利法第26条第3款的理由e1；（6）合议组当庭宣布，对于请求人当庭增加的上述无效理由，由于未在提出无效宣告请求日起一个月内提及和提交，属于新增加的无效理由，因此根据专利法实施细则第66条的规定，合议组对其不予接受；鉴于请求人未提交附件3的原件及证明其合法来源的公证认证材料，因此合议组对附件3的真实性不予认可，并对请求人依据附件3及其中文译文附件4认为本专利权利要求1～10不具备新颖性、创造性的无效理由不予审理。

经过上述审查程序，合议组认为本案事实已经清楚，可以依法作出审查决定。

**二、决定的理由**

1．本决定依据的审查文本

本无效宣告请求案的审理过程中专利权人未提交过修改的申请文件，因此本无效宣告请求审查决定所依据的审查文本是本专利的授权公告文本。

2．关于证据

请求人提交的附件1和2分别为本专利的公开文本和授权公告文本，合议组依职权进行了核实，确认了附件1和2的真实性。附件3为日本《抗恶性肿瘤剂香菇多糖药品推介表》，请求人在本案的审理过程中没有出示过其原件，仅在口头审理中出示了其网络下载打印件，也没有提供公证认证材料，专利权人对其真实性提出质疑。由于无法核实附件3的真实性，因此合议组对附件3不予采信。附件4是附件3的中文译文，鉴于附件3的真实性得不到确认，因此合议组对附件4也不予考虑。请求人声明放弃附件5，所以合议组不再对其进行审查和评价。

3．关于无效宣告请求的理由

请求人在口头审理中提出了本专利不符合专利法第33条的理由i、不符合专利法实施细则第20条第1款的理由j、不符合专利法第26条第3款的理由k，上述新增加的无效理由所依据的事实与提出无效宣告请求时提出的事实不同，也没有在提出无效宣告请求之日起一个月内提及和提交，因此根据专利法实施细则第66条的规定，合议组对其不予接受。

请求人提出的本专利权利要求1～10不符合专利法第22条第2款和第3款规定的无效理由（理由h）所依据的证据仅为附件3～4，在上述附件不被采信的情况下，合议组对该无效理由不予考虑。

请求人在口头审理中声明放弃无效理由a1、a2、b，即放弃了所有不符合专利法实施细则第20条第1款的无效理由。请求人在口头审理中还声明放弃无效理由d、e1，因此合议组对这些无效理由不再进行审查和评述。本决定对于下述无效理由进行审理：

（1）理由g，即附件1说明书第4页的穿孔为“00.”，而不是其他页的00.7.24日，不知其何时递交，第5页与第4页无关联性，认为说明书的修改不符合专利法第33条的规定；

（2）理由c、e2，即由于实施例1中甘露醇注射液的“％”没有说明是何种百分数，因此权利要求1～10所限定的香菇多糖与赋形剂的配比以及说明书第3页倒数第10行描述的香菇多糖与赋形剂的配比与说明书实施例1～2中香菇多糖与赋形剂甘露醇的配比相互矛盾，说明书不符合专利法第26条第3款的规定，并造成实施例1～2的配比范围没有落在权利要求请求保护的范围之内，从而权利要求1～10不符合专利法第26条第4款的规定；

（3）理由f，即本发明的目的是提供一种不会产生不良反应的成分的冻干制剂，而临床试验是以联合化疗加安慰剂作为对照组，而不是以日本香菇多糖作为对照组进行对照实验，与其发明目的不相适应，结果没有说服力，并且香菇多糖本身也具有一定毒性，因此说明书不符合专利法第 26 条第 3 款的规定。

4. 关于专利法第 33 条

专利法第 33 条规定：申请人可以对其专利申请文件进行修改，但是，对发明和实用新型专利申请文件的修改不得超出原说明书和权利要求书记载的范围，对外观设计专利申请文件的修改不得超出原图片或者照片表示的范围。

如果申请的内容通过增加、改变和/或删除其中的一部分，致使所属技术领域的技术人员看到的信息与原申请记载的信息不同，而且又不能从原申请记载的信息中直接地、毫无疑义地确定，那么，这种修改就是不允许的，反之，则是允许的。

请求人认为附件 1（即本专利的公开文本）说明书第 4 页的穿孔为“00.”，而不是其他页的 00.7.24 日，不知其何时递交，因此不符合专利法第 33 条的规定。合议组认为，专利法第 33 条所说的申请文件是指权利要求书、说明书、说明书附图、摘要以及摘要附图，所说的修改是针对申请文件记载内容（包括文字和附图）的修改，至于申请文件的穿孔日，不属于专利法第 33 条所述的申请文件记载的范围，因此，请求人以穿孔日不同为由认为本专利不符合专利法第 33 条的无效理由不能成立。

请求人还认为附件 1 的第 4 页与第 5 页无关联，第 4 页最后是“……贴标签即得。”而第 5 页的开头为“液，补充注射水 2000 毫升……”与附件 2（即本专利的授权公告文本）记载的内容不同。

经核查，附件 1 与本专利的原始申请文件内容一致。附件 1 说明书第 4 页倒数第 3 行至说明书第 5 页的全部内容如下：

“热 15 分钟，冷却至 60℃时用 3 号砂芯滤棒过滤，滤液中加入香菇多糖溶液，补充注射用水至 20000 毫升，然后用滤膜进行除菌过滤，测含量，灌封于安瓿中，每瓶 2 毫升至冻干箱中进行冻干，出箱后封口，检漏，贴标签即得。

液，补充注射用水至 20000 毫升，然后用滤膜进行除菌过滤，测含量，灌封于安瓿中，每瓶 2 毫升至冻干箱中进行冻干，出箱后封口，检漏，贴标签即得。

含量测定采用经典的蒽酮硫酸法。”

在附件 2 中，相应位置的内容变为：

“热 15 分钟，冷却至 60℃时用 3 号砂芯滤棒过滤，滤液中加入香菇多糖溶液，补充注射用水至 20000 毫升，然后用滤膜进行除菌过滤，测含量，灌封于安瓿中，每瓶 2 毫升至冻干箱中进行冻干，出箱后封口，检漏，贴标签即得。含量测定采用经典的蒽酮硫酸法。”

从上述文本相应位置记载的内容可以看出，附件 2 中删除了附件 1 说明书第 5 页第 1 ~ 2 行记载的“液，补充……贴标签即得”。一段内容。合议组认为，该删除的内容与附件 1 说明书第 4 页最后一段中的内容重复，本领域技术人员能够看出其属于明显的排版和打印错误，对其进行的修改是从原始申请文件整体及上下文看出的唯一正确解释，其可以从原始申请文件记载的信息中直接地、毫无疑义地确定，因此本专利授权公告文本中对上述内容的修改并没有超出原始申请文件公开的范围，符合专利法第 33 条的规定。

5. 关于专利法第 26 条第 3 款

专利法第 26 条第 3 款规定：说明书应当充分公开发明或者实用新型的技术内容，以使所属技术领域的技术人员按照说明书记载的内容，就能够再现该发明或者实用新型的技术方案，解决其技术问题，并且产生预期的技术效果。

发明要解决的技术问题是指发明要解决的现有技术中存在的技术问题，发明的有益效果是与现有技术相比所具有的有益效果，其是由构成发明的技术特征直接带来的，或者是由所述技术特征必然产生的，二者都需要根据说明书的整体内容来判断，通过分析发明的背景技术和请求保护的技术方案而得出。

本专利涉及一种香菇多糖冻干粉剂及其制备方法，说明书背景技术部分描述现有技术中有一种日本产的香菇多糖冻干剂，配方为香菇多糖、右旋糖酐和甘露醇，因右旋糖酐为发酵产物，作为药用临床上已发现其有多起过敏性休克导致死亡的案例。本发明的目的是提供一种不含会产生不良反应的成分的冻干制剂，该制剂成本低，疗效与日本进口的一样。说明书第3页倒数第10行描述了其原料为“香菇多糖0.50～1.40份，一种冻干赋形剂50～140份，优选的药物配比是：香菇多糖0.95～1.20份，一种冻干赋形剂100份；所述冻干赋形剂可以是甘露醇、葡萄糖、蔗糖或乳糖，优选的冻干赋形剂是甘露醇。”

（1）本专利说明书的实施例1中取用香菇多糖原料1.15克、20％甘露醇注射液600毫升。由于甘露醇为固体粉末，本领域技术人员公知固体溶质加液体溶剂溶解后形成的溶液所标注的浓度通常都为质量/体积百分比，因此20％甘露醇注射液中的“％”应为质量/体积百分比，即100毫升溶液中有甘露醇20克，600毫升溶液应该含120克甘露醇，而1.15克香菇多糖和120克甘露醇的配比，落在了“香菇多糖0.50～1.40份，冻干赋形剂50～140份”的范围之内。实施例2中5.5克香菇多糖与500克甘露醇的比例为1.1∶100，也落入上述范围之内。因此请求人认为本专利说明书第3页倒数第10行描述的香菇多糖与赋形剂的配比，与说明书实施例1～2中香菇多糖与赋形剂甘露醇的配比矛盾的说法不成立。

（2）请求人还认为本专利要达到的发明目的是提供一种不含会产生不良反应的成分的香菇多糖冻干制剂，因此应以日本香菇多糖产品作为对照组进行对照实验，本发明的临床试验数据没有说服力，并且香菇多糖本身也具有一定毒性，因此本专利产品并不能作到完全不含会产生不良反应的成分。

对此，合议组认为，本发明“背景技术”部分记载了日本已有的香菇多糖产品由于含有右旋糖酐会导致人产生过敏等不良反应，本发明提供的技术方案是剔除了其中的右旋糖酐，仅由香菇多糖和甘露醇等赋形剂组成，并公开了其配比和制备工艺以及临床试验结果。说明书中记载了应用本发明产品的1121例病人中有3人出现不良反应，占0.27％，大大低于日本香菇多糖产品6.8％的比例（469例病人中32例出现不良反应）（参见说明书第6页第10～12行）。由此可见，本发明提供了一种不含右旋糖酐的香菇多糖制剂，客观上解决了现有技术中存在的因含有右旋糖酐会导致人不良反应的技术问题。说明书中记载了所述香菇多糖制剂的原料配比、制备工艺以及临床试验结果，根据说明书的内容可以得出其具备所需的药用功效和毒副作用较小的结论。本发明目的的实现并不依赖于和日本同类产品的疗效对比试验的结果，本发明要达到的技术效果也并非绝对不含有会引起人不良反应的成分，即本发明的关注点在于提供比日本同类产品毒副作用小，并同样具有药用价值的香菇多糖制剂，而非疗效对比的胜出。

综上所述，合议组认为，根据说明书记载的内容，本领域技术人员可以实现本发明的技术方案，解决其技术问题并产生预期的技术效果，本专利符合专利法第26条第3款的规定。

6. 关于专利法第26条第4款

专利法第26条第4款规定：权利要求书应当以说明书为依据，说明要求专利保护的范围。

请求人认为本专利权利要求所限定的香菇多糖与赋形剂的配比，与说明书实施例1～2中香菇多糖与赋形剂甘露醇的配比相互矛盾，因此权利要求1～10得不到说明书的支持。

合议组认为，根据前面第（5）部分（1）中已经论述的结论，权利要求请求保护的技术方案中香菇多糖与赋形剂的配比与实施例1～2中二者的配比并无矛盾之处，因此请求人提出的该无效理由不成立。

基于以上事实和理由，本案合议组对于请求人提出的无效宣告请求均不支持，故作出如下审查决定。

**三、决定**

维持 00112407.2 号发明专利权有效。

当事人对本决定不服的，可以根据专利法第 46 条第 2 款的规定，自收到本决定之日起三个月内向北京市第一中级人民法院起诉。根据该款的规定，一方当事人起诉后，另一方当事人应当作为第三人参加诉讼。

002

# 用 5-α 还原酶抑制剂治疗雄激素引起的脱发的方法

## 无效宣告请求审查决定（第 9508 号）

决　　定　　号　第 9508 号
决　　定　　日　2007 年 2 月 6 日
发明创造名称　用 5-α 还原酶抑制剂治疗雄激素引起的脱发的方法
国 际 分 类 号　A61K 31/58，A61P 17/14
无效宣告请求人　河南天方药业股份有限公司
专　利　权　人　默克公司
专　　利　　号　94194471.9
申　　请　　日　1994 年 10 月 11 日
授 权 公 告 日　2002 年 12 月 25 日
合 议 组 组 长　李广峰
主　　审　　员　李彦涛
参　　审　　员　朱　芳

法　律　依　据　专利法第 33 条，第 26 条第 3 款、第 4 款，第 22 条第 2 款、第 3 款以及专利法实施细则第 20 条第 1 款

决　定　要　点

根据专利合作条约的规定，国际申请在指定国内自国际申请日起具有正规的国家申请的效力。对于申请文件的修改，应当不超出该文本公开的范围。

药物的使用剂量是用药的特征，其对制药方法的技术方案没有限定作用。

### 一、案由

本无效宣告请求案涉及国家知识产权局于 2002 年 12 月 25 日公告授予的、名称为“用 5-α 还原酶抑制剂治疗雄激素引起的脱发的方法”的 94194471.9 号发明专利权（下称本专利），其申请日为 1994 年 10 月 11 日，最早优先权日为 1993 年 10 月 15 日，专利权人为默克公司。该专利授权公告的权利要求如下：

“1. 17β-（N-叔丁基氨基甲酰基）-4-氮杂-5α-雄甾-1-烯-3-酮在制备适于口服给药用以治疗人的雄激素引起的脱发的药剂中的应用，其中所述的药剂包含剂量为约 0.05～3.0mg 的 17β-（N-叔丁基氨基甲酰基）-4-氮杂-5α-雄甾-1-烯-3-酮。

2. 权利要求 1 的应用，其中该剂量为约 0.05～1.0mg。

3. 权利要求 1 的应用，其中该剂量为约 1.0mg。

4. 权利要求3的应用，其中雄激素引起的脱发是男性型秃头。

5. 权利要求1的应用，其中雄激素引起的脱发是男性型秃头。

6. 一种用于治疗雄性激素引起的脱发并促进头发生长的药物组合物，它含有0.05～3.0mg单位剂量的17β-（N-叔丁基氨基甲酰基）-4-氮杂-5α-雄甾-1-烯-3-酮和可药用载体。

7. 权利要求6的药物组合物，其中雄激素引起的脱发是男性型秃头。

8. 权利要求6的药物组合物，其中所述组合物经口服给药。

9. 权利要求6～8之任一项的药物组合物，其中单位剂量为约0.05～1.0mg。

10. 权利要求6～8之任一项的药物组合物，其中单位剂量为约1.0mg。

11. 权利要求6～8之任一项的药物组合物，其中组合物为片剂。

12. 权利要求10的药物组合物，其中组合物为片剂。

13. 权利要求6～8之任一项的药物组合物，其中药用载体选自磷酸钙、乳糖、玉米淀粉和硬脂酸镁。

14. 权利要求13的药物组合物，其中药用载体选自乳糖和硬脂酸镁。

15. 权利要求13的药物组合物，其中的片剂还含有下列的一种或多种：粘结剂、润滑剂、崩解剂和着色剂。

16. 权利要求15的药物组合物，其中的粘结剂选自：淀粉、明胶、天然糖、玉米甜味剂、树胶、羧甲基纤维素、聚乙二醇和蜡。

17. 权利要求16的药物组合物，其中的粘结剂选自淀粉和明胶。

18. 权利要求15的药物组合物，其中的润滑剂选自油酸钠、硬脂酸钠、硬脂酸镁、苯甲酸钠、乙酸钠及氯化钠。

19. 权利要求18的药物组合物，其中的润滑剂为硬脂酸镁。

20. 权利要求15的药物组合物，其中的崩解剂选自淀粉、甲基纤维素、琼脂、膨润土和合成生物聚合胶。

21. 权利要求20的药物组合物，其中的崩解剂为淀粉。”针对上述专利权，河南天方药业股份有限公司（下称请求人）于2004年6月18日向专利复审委员会提出无效宣告请求，其理由是：根据附件9，本专利权利要求1～21不符合专利法第26条第3款的规定，根据附件1和9，权利要求1～21不符合专利法第26条第4款的规定，根据附件2和9，权利要求1～21不符合专利法第33条的规定，根据附件1，权利要求1～21不符合专利法实施细则第20条第1款的规定，根据附件6，权利要求1～21不符合专利法第22条第2款的规定，根据附件3～9，权利要求1～21不符合专利法第22条第3款的规定，并且提交如下附件：

附件1：现代汉语词典，商务印书馆，封面、封底和第599页，复印件，共2页；

附件2：第94194471.9号中国发明专利申请公开说明书（即本专利相应的公开文本），公开日1996年12月4日，复印件，共17页；

附件3：欧洲专利说明书EP0285382A2，公开日1988年10月5日，复印件11页；

附件4：欧洲专利说明书EP0285383A2，公开日1988年10月5日，复印件10页；

附件5：《药理学》第三版，竺心影主编，第32～34页，复印件，共3页；

附件6：JournalofClinicalEndocrinologyandMetabolism，74（2），1992年，第345～350页，复印件，共6页；

附件7：《医用实验动物学》，施新猷编著，陕西科学技术出版社，1989年5月第1次印刷，封面、封一、出版信息页，第417～422页，复印件，共9页，附件7：2004年6月16日和2004年6月17日从大众医药网上下载的"实验动物用药量的确定及计算方法"，共6页；

附件8：《药理学实验》（第2版），章元沛主编，人民卫生出版社，1985年9月第1版，1996年1月第2版第2次印刷，封面、封一、出版信息页、编写单位与人员信息页、目录第1～6页、第238～242页，复印件，共15页；

附件9：第ZL94194471.9号中国发明专利说明书（即本专利的授权公告文本），授权公告日：2002年12月25日，复印件，共17页。

请求人认为：

（1）说明书没有对发明作出清楚、完整的说明，不符合专利法第26条第3款的规定。该专利的发明内容为目标化合物在制备治疗脱发的药中的应用。但其说明书中通篇描述了一种治疗脱发的方法。因此，本领域的技术人员无法实现目标化合物在治疗该病的药物中的应用，无法由治疗脱发时目标化合物的剂量定义出目标化合物在治疗脱发的药中的含量，更无法知晓治疗脱发时所用药物的配方，本领域的技术人员根据说明书公开的内容无法实现其要求保护的发明内容，不符合专利法第26条第3款的规定。

（2）权利要求书没有得到说明书的支持，不符合专利法第26条第4款的规定。本专利的权利要求1～5要求保护的是一种5-α还原酶抑制剂在制备治疗脱发的药剂中的的应用，该技术主题在说明书中没有任何记载，并且权利要求中的技术特征在于药剂中含剂量为0.05～3.0mg的目标化合物，而说明书中所记载的是治疗脱发过程中目标化合物的使用剂量。因此，权利要求1～5没有以说明书为依据，没有得到说明书的支持。权利要求6～21要求保护的一种药物组合物但在说明书中没有任何记载，说明书中仅提供了一种治疗脱发的方法，并同时给出目标化合物的剂量。对于本领域的技术人员来说，并不能由疾病的治疗方法而直接得到或概括得出一种药物组合物，而且，根据治疗方法中目标化合物的剂量并不能当然得出药物组合物中目标化合物的含量，两者之间没有任何关联，权利要求6～21同样得不到说明书的支持。另外，根据附件1，剂量在医学上是指药品的使用分量，对于本领域的技术人员来说，并不能根据剂量而直接得出其中有效成分在药品中的含量。因此，说明书中关于药物用法及其剂量的公开，并不能唯一地推出药物的组成，因此全部权利要求得不到说明书支持。

（3）对权利要求书的修改超出了原始公开的范围，不符合专利法第33条的规定。权利要求1～3要求保护的是一种目标化合物在制药中的应用，并给出了该目标化合物在该药物中的组成，但这由原始公开文本中并不能找到，也不能合理推知。权利要求4～5引用权利要求1～3，同样修改超范围。权利要求6～21请求保护的药物组合物含有0.05～3.0mg单位剂量的目标化合物和可药用载体，该药物组合物在原始公开的权利要求书和说明书中均无相应记载，超出了原始公开的范围。此外，以下具体细节也超出了原始公开的范围：

| 授权后权利要求 | 原始公开 | 修改后 |
| --- | --- | --- |
| 1～3、6、9～10 | 按Xmg/天的剂量施用Y | 包含剂量为Xmg的Y剂量范围也于原始公开不同 |
| 权利要求16 | 合成胶如阿拉伯树胶，黄车蓍胶或藻酸钠，第7页 | 树胶 |
| 权利要求20 | 黄原胶，第8页 | 合成生物聚合胶 |

（4）权利要求没有清楚地表述请求保护的范围，不符合专利法实施细则第20条第1款的规定。权利要求1～3、6、9～10均采用"剂量"这一用语来定义目标化合物所应用的药剂或药物组合物，

如附件1所述，剂量在医学上是指药品的使用分量，用药品的使用分量定义药品造成其表述不清楚，其他权利要求分别引用了这些权利要求，同样均不符合专利法实施细则第20条第1款的规定。

（5）权利要求没有新颖性和创造性，不符合专利法第22条第2款、第3款的规定。

本专利说明书（参见附件9）第2页第13~18行公开了目标化合物是公开销售的药物，其治疗雄性脱发的功能也在具体文献中被公开，并在第2页第18~24行公开了目标化合物治疗人的雄激素引发的脱发的基础上，给出了具体的应用剂量，即低日剂量，现有技术所用的剂量为每患者每天5~2000mg，而本专利选用的范围为0.05~3.0mg。

附件3（参见第2页第5~7行，第6页第3~5行，第11页权利要求5和6）和附件4公开了目标化合物在治疗雄激素引起的脱发，特别是治疗男性型秃头中的应用。因此，该目标化合物及其在治疗雄激素引起的脱发是已经公知的，本专利的发明点仅在于不同剂量的选择，提供一种低剂量的应用方法。

根据附件5的第2.4.2节可知，要想确定药物的用量，只需根据教科书的教导找出引起药理效应的最小剂量以及出现中毒的最小剂量即可，将附件3与附件5公开的常识相结合，得到该权利要求的技术方案是显而易见的，并且没有预料不到的技术效果，因此，不具备创造性。

附件6公开了目标化合物单独或联合口服给药用于促进雄性动物头发再生和逆转脱发进程的技术方案，并同时公开了该药物0.5mg/天和2.0mg/天的口服剂量均能降低血清DHT逆转脱发的内容，其中给药对象是猴子。

根据附件7（第419~420页）或附件8（第239~240页），人与动物之间药物剂量的换算，可得出10kg猴子0.5~2.0mg/天的用药量相当于60kg人身上1.0mg/天和4.1mg/天的用量。因此，目标化合物的剂量范围实际上已经在附件6中公开。将附件6和7或附件8的内容结合起来，不需要创造性劳动即可得到目标专利的内容。综上所述，权利要求1~21不具备新颖性、创造性。

经形式审查合格后，专利复审委员会受理了上述请求，于2004年7月7日向双方当事人发出《无效宣告请求受理通知书》，并同时向请求人发出《外文证据处理通知书》，要求其在指定期限内提交外文证据即附件3~4、6所使用部分的中文译文。同时将《无效宣告宣告请求书》及其附件清单中所列附件副本转送给专利权人，要求其在指定的期限内答复，同时成立合议组对本无效宣告请求案进行审理。

2004年7月16日，请求人提交了附件3和6所使用部分的中文译文，其中附件3的中文译文4页，附件6的中文译文3页。

针对上述无效宣告请求，专利权人于2004年8月23日提交了答复意见，同时提交了下述反证：

反证1：USP XXII THE UNITED STATES PHARMACOPEIA，封面及General Notices 9部分章节，公开日1990年1月1日，复印件，共2页，及其所使用部分的中文译文，2页；

反证2：Keith D. Kaufman向美国专利商标局所作的的两份证言及其演示及中文译文，共28页，其中包括：

证言2-1及其演示a~d，复印件，共10页，其中文译文6页；

证言2-2及其演示e，复印件，共7页，其中文译文5页；

反证3：国际专利申请WO92/02225A1，公开日1992年2月20日，复印件，共6页，其所使用部分的中文译文，共4页；

反证4：J. Clin. Endocrinol. Metab. 79（4）（1994）：第991和第996页，复印件2页，其所使用部分的中文译文2页；

反证5：《英汉科学技术词典》，国防工业出版社，1991年9月第1版，封面和第782页复印件，共2页；

反证6：《英汉科技词天》（下），中国环境科学出版社，1988年8月第一次印刷，封面、出版信息页和第4249页，复印件，共3页；和

反证a：不同技术词典对“xanthum gum”的不同中文翻译，复印件，共1页。

专利权人认为：

（1）关于专利法第26条第3款。

说明书中已经充分公开了用每天剂量为0.01～3.0mg的非那甾胺（一种5-α还原酶抑制剂）治疗雄激素引起的脱发的方法和所述方法出人意料的效果，例如，本专利说明书第3页第1段公开了以0.01～3.0mg/天的剂量给药，第6页第2段公开了可以使用含有0.01、0.05、0.1、0.2、1.0、2.0和3.0mg的活性化合物的口服制剂治疗人雄激素引起的脱发。本专利的实施例页清楚地公开了通过实施例中描述的检测方法可知，以低于每位患者5mg/天的剂量，例如1mg/天或0.2mg/天施用5-α还原酶2抑制剂，包括非那甾胺，对于治疗雄激素引起的脱发和促进患此病的患者头发生长是有效的（公开文本第13页倒数第3～6行）。因此，本领域的技术人员根据说明书公开的内容完全可以实施本发明权利要求1～5的技术方案。

关于权利要求6～21的药物组合物，本专利说明书公开了包含活性化合物与适于口服给药的药用载体的药用组合物。本领域技术人员根据授权文本第7页最后一段到第8页第1段的描述完全能够实施权利要求1～21的技术方案，从而实现本发明目的并达到治疗人雄激素引起的脱发的有益效果。

关于术语“剂量”，可毫无疑义地理解为一天内给予病人的活性成分的量，本专利说明书多处公开了剂量范围（例如，第5页倒数第1段，第7页第1～2行，第6页第17～19行）。“单位剂量”是以一个单位例如片剂或胶囊，在一天内给予病人的活性成分的总量。例如，专利权人提交的反证1“每剂量单位的成分的量”一节中，所述术语“单位”是指胶囊、片剂或“或其他单位剂量形式”并且明白“单位剂量”是指在一个单位例如片剂或胶囊中活性成分的量。因此，所述剂量能以单剂量的形式给药，本领域技术人员根据说明书的教导，由说明书中公开的剂量范围完全可以直接得知在本发明的药剂或药物组合物中活性成分的剂量范围和单位剂量范围。因此，本专利说明书符合专利法第26条第3款的规定。

（2）关于专利法第26条第4款。

本专利说明书已经充分公开了活性成分在药剂中的剂量范围和剂量调节方式，本领域的技术人员根据说明书的教导，由说明书中公开的剂量范围和对含有0.01、0.05、0.1、0.2、1.0、2.0和3.0mg的活性成分的刻痕或未刻痕的片剂形式的组合物的描述完全可以直接得知在药剂或药物组合物中活性成分的剂量范围，因此权利要求1～5能得到说明书的支持。

说明书第7页第16行至第8页第7行中所述药物或药物组合物的制备进行了详细描述，本领域的技术人员根据说明书的教导，完全可以制备本专利权利要求1～21所述的药剂或药物组合物。

权利要求6和8～9中的“单位剂量”是指在一个单位例如片剂或胶囊中活性成分的量，其含义对本领域的技术人员来说是清楚的，其范围可由本发明的说明书原始公开的内容直接推出，因此，说明书充分公开了权利要求6～21的药物组合物，而权利要求6～21能够得到说明书的支持。

（3）关于专利法第33条。

权利要求1～21均能在原说明书中找到依据，而且将使用化合物的治疗方法修改为化合物的制药用途权利要求是中国专利实践允许的修改，所述修改是本领域的技术人员可以毫无疑义地直接从原权利要求中得出的，没有超出原说明书和权利要求书记载的范围，符合专利法第33条的规定。

关于权利要求16“树胶”超范围问题，根据该专利的PCT原始公开文本第8页第6行中的

"gum"和反证5的解释，胶与树胶在本技术领域同义，因此，权利要求16的修改没有增加新的内容，没有超出原始说明书的公开范围，符合专利法第33条的规定。

关于权利要求20"合成生物聚合胶"超范围问题，根据该专利的PCT原始公开文本第8页第11行中的"xanthan gum"以及反证6和反证a的解释，术语"合成生物聚合胶"与"黄原胶"同义，因此，权利要求20的修改没有增加新的内容，没有超出原始说明书的公开范围，符合专利法第33条的规定。

（4）关于专利法实施细则第20条第1款。

如前所述，"剂量"，可毫无疑义地理解为一天内给予病人的活性成分的量，本专利说明书多处公开了剂量范围（例如，第5页倒数第1段，第7页第1~2行，第6页第17~19行）。"单位剂量"是以一个单位例如片剂或胶囊，在一天内给予病人的活性成分的总量。因此，"剂量"和"单位剂量"清楚地表达了活性成分的含量，这些术语的使用不会导致保护范围不清楚。

（5）关于新颖性和创造性。

附件3的第6页第12~13行公开了5~2000mg或优选5~200mg的非那甾胺是合适的作为活性组分的日剂量，但没有公开低剂量的非那甾胺（0.05~3mg，特别是1mg）可用于治疗雄激素脱发。在本专利优先权日之时，已知非那甾胺在头皮组织中的有效性比在前列腺组织中低100倍，剂量为每日5毫克的非那甾胺在治疗良性前列腺增生方面比1毫克的非那甾胺更有效。因此，为了理想地治疗包括男性秃头在内的雄激素脱发，本领域的普通技术人员会预期，应当使用5毫克或更高的剂量（参见反证2）。因此，1毫克剂量的非那甾胺在治疗男性型秃头方面显示出与5毫克剂量相同的效果，这点是预料不到的（参见反证2）。

附件4和5同样没有公开或教导本专利权利要求1~21的技术方案，因此即使结合附件3、4和5，也具有创造性。

请求人结合附件6和7或结合附件6和8反对权利要求1~21的新颖性和创造性。首先，附件6没有教导或提示本发明使用1mg剂量的非那甾胺治疗人雄激素脱发和男性型秃头。附件7的第418页涉及动物实验用药量的确定和计算方法，其目的是根据人的用药量估计动物用药量，只述及最高耐受剂量之间的换算，没有指出所述的换算对药物有效量的准确换算有用，第419~420页也没有教导其中的换算公式是用于将实验动物的药物有效量准确换算为适合人的药物有效量。附件8与附件7的内容基本相同。因此，附件6~8没有一篇公开了本发明权利要求1的技术方案。而且，本领域的技术人员没有理由和动机将附件7和8与附件6相结合，从猴子的给药量根据附件6和7中所述公式推知非那甾胺在制备适合于口服给药用以治疗人的雄激素引起的脱发的药剂中的有效量，也不可能由体重2~4kg的猴子的转换因子根据附件6中公开的给体重9.5~15.4kg的猴子的给药量按照附件7或8中公式，推导出非那甾胺在制备适于口服给药用以治疗人的雄激素引起的脱发的药剂中的有效量。另外，附件6中非那甾胺单独与使用媒介物相比，没有显示出统计学的显著性，在药物和/或药物组合物的教导方面，附件6是将非那甾胺加在一片苹果上，以及将苹果片给予猴子食用，对于本领域的技术人员来说，苹果片不会被视为药用载体。数年后发表的反证4认为：附件6中研究所使用的剂量不足以造成显著的效果，其结果的显著性令人怀疑，因此，附件6中所用剂量不被认为在猴子中产生功效，没有促使本领域技术人员将其所用的剂量用于人类。另外，反证3与附件6是相同的撰写人，在反证3的第9~11页的表中可看出，TBCAA（即非那甾胺）组从来没有显示出统计学上的显著性差别，也没有提及处理数据以排除得自一只猴子的数据从而使TBCAA组能够显示出显著性。因此，附件6和反证3均没有教导或暗示非那甾胺能够以任何剂量用于治疗雄激素脱发/男性型秃头的口服药物组合物/药物，也没有理由或动机参考不成功的猴子研究来预测用于人类的有效剂量。因此，权利要求1~21相对于附件6~8具有创造性。

2004年12月3日，合议组将专利权人于2004年8月23日提交的意见陈述书及其附件清单中所列的附件的副本转送给请求人，将请求人于2004年7月16日提交的外文证据附件3和6所使用部分的中文译文转送给专利权人。

2004年11月24日，专利权人补充提交了下述反证：

反证1的公证认证证明文件A，(2004) 组领认字第0041303号，原件1份，共7页；

反证2-1的公证认证证明文件，(2004) 组领认字第0041302号，原件1份，共13页；

反证2-2的公证认证证明文件，(2004) 组领认字第0041304号，原件1份，共10页；

反证4的公证认证证明文件A，(2004) 组领认字第0041305号，原件1份，共10页；

2004年12月22日，专利权人进一步提交了上述公证认证证明文件的复印件各1份。

2004年12月9日，专利权人进一步提交了补充意见陈述书，同时提交了下述反证（编号续前)：

反证7：CLINICAL TRIALS, Design, Conduct, and Analysis, OXFORD UNIVERSITY PRESS, 1986，封面、出版信息页以及第202~203页，复印件，共4页，及其中文译文，共6页。

专利权人提供反证7进一步说明附件6中应用4只猴子的数据得到的效果对本领域的技术人员来说是不可信的。反证7的第19.10节中的关于数据完整性的第49问题与回答中指出如果随机化过程涉及认为干预因素大，则必须放弃整个实验结果。附件6从5只试验猴子的数据中排除一只猴子的数据以显示治疗效果，是不能被本领域的技术人员接受的，所述排除行为是严重的人为干预因素，其得到的实验结果不能反映非那甾胺与单独使用媒介物显示使头发增加的效果。因此，本领域技术人员即使在预期非那甾胺有可能治疗雄激素引起的脱发作用的基础上，也不能由附件6推导出非那甾胺治疗雄激素引起的脱发的有效剂量，因为本领域的技术人员不能由附件6公开的内容得出其中的试验剂量对于治疗猴子的雄激素引起的脱发是有效的结论，更不可能促使本领域技术人员将所述剂量用于治疗人的雄激素引起的脱发。

2005年1月18日，请求人进一步提交了补充意见陈述书，同时声明放弃使用附件4，并提交了下述附件（编号续前)：

附件10：《化工辞典》，化学工业出版社，第四版，封面、修订人员信息页、第460~463页、第852~853页、第396~397页，复印件，共5页；

附件11：《英汉科技大辞典》，上海交通大学出版社，1998年10月第1次印刷，封面、出版信息页、第18页，复印件，共3页；

附件12：《化学领域发明专利申请的文件撰写与审查》（第2版)，知识产权出版社，2004年4月第1版，封面、出版信息页和第292~293页，复印件，共3页。

请求人认为：(1) 关于专利法第26条第3款，本专利要求保护的是一种目标化合物的制药用途的方法发明，其特征在于药剂包含剂量为0.05~3.0mg的目标化合物。由于剂量本身就不是产品特征，而是一种治病方法特征，对于制药这样一个发明目的来说，根本就是一个不可操作的步骤，这样的公开使得本领域技术人员可以实现治病目的，对于制药这样的目的，却无从操作。(2) 关于专利法第26条第4款，权利要求1~5是目标化合物在制药中的应用，但其说明书中没有一处提及制药过程。权利要求6~21要求保护一种新的药物组合物，但实施例却没有公开任何制备方法，专利权人认为可在说明书中找到出处，但实际上，这仅仅是一种形式上的支持，并未构成真正意义上的支持。因此，全部权利要求不符合专利法第26条第4款的规定。(3) 关于专利法第33条，有些英文单词会有多个对应的中文解释，但这并不代表每个中文解释就是同义的。例如，附件11中“accumulator”包括蓄电池和受液器多种解释，其含义是不相同的。根据附件10的解释，“胶”液是胶粘剂，而“树胶”是生长于热带、亚热带的几种树木的分泌物得到的黏性物质，其成分是多糖类。同样，专利权人也没有证明“合成生物聚合物”与“黄原胶”等同，其修改实际上超出了原始公开的范围。(4)关于专利法实施细则第20条第1款，虽然“剂量”本身含义清楚，而是用剂量来限定药品不清楚。剂量所定义的实际上是药品的使用。“单位剂量”也是一种给药方法，不是产品本身的技术特征，不能对产品作出清楚的限定，同时提交附件12作为佐证。因此，权利要求1实际上只限定了活性成分的用量，至于活性成分的含量，可以是任意的，因此，该专利没有将含量范围公开清楚，权利要求1~21不符合专利法实施细则第20条第1款的规定。(5)关于新颖性，如(4)中所述，该药剂中目标化合物的含量可以是任意的，而附件3和6中分别提到了目标化合物可用于制备逆转脱发的药物，并给出了口服给药的方式，可见，该权利要求实际上保护的是现有技术，而低剂量的发明点，也就是每天的服用量低也是无法转换成制药用途的特征的，因此，权利要求1~21没有新颖性；(6)关于创造性，Kaufman的声明中所述的“本领域技术人员会预期，为了理想地治疗包括男性型秃头在内的雄激素脱发，应当使用5毫克或更高的量”，但这种情况仅存在于附件6公开之前，实际上，附件6中已经明确给出了低于5毫克的用量用于治疗包括男性型秃头在内的雄激素脱发，已经消除了本领域技术人员的这种可能存在的偏见。专利权人以反证3的内容否定附件6所公开的事实没有法律依据，附件6已经公开了口服给药0.5mg/天和2.0mg/天均可引起毛发数量显著增加，通过5-α还原酶抑制剂非那雄胺抑制T向DHT的转化可以逆转脱发过程。附件7和8明确指出了该换算方法为“人与动物及各类动物间药物剂量的换算方法”，因此，并不表明不可以由动物的用药量来换算成人的用药量。根据附件6的起始，结合本领域技术人员的常识（附件7和8）会给出一个1.0mg/天用药量的启示。至于1.0mg/天是否准确，则普通技术人员可通过临床试验来验证，是不需要创造性工作的。如上所述，这种换算方法是一种估算，在找不到相应体重的转换因子的情况下，普通技术人员容易想到用其他的转换因子来代替，不需要创造性劳动。当然，也可采用直接计算法，以扣除体重的影响，根据附件7的第419页或附件8的第239页，得到猴子0.5mg/天的用药量相当于1.48mg/天的人的用药量。因此，结合附件6和7或8，不需要创造性劳动就可得到本专利的内容，没有创造性。

2005年1月19日，合议组将请求人于2005年1月18日提交的意见陈述书和附件10~12转送给专利权人，将专利权人于2004年12月9日提交的意见陈述书和反证7转送给请求人。

2005年1月25日，专利权人进一步提交了补充意见陈述书，同时针对请求人提交的外文证据附件3和6所使用部分的中文译文进行了校对，提交了附件3使用部分的中文译文4页，附件6的中文译文11页以及修改手稿。

专利权人认为：附件6的结果不能反映出非那甾胺与单独使用媒介物相比，显示具有统计学意义上的使头发增加的效果，因此，本领域的技术人员不可能从附件6中的试验结果得到启示，并且得到动力将所述试验中的剂量0.5mg或相应于对体重9.5~15.4kg的猴子给药0.5mg剂量的非那甾胺应用于治疗人的雄激素脱发。

2005年3月3日，请求人进一步提交了补充意见陈述书，同时提交了下述附件（编号续前）：

附件13：《中国脱发网》，雄性激素源性脱发的机理，网址：http：//www/toufa.com /htm/research/rs01/05-28-10068.htm，共2页。

请求人认为，对于专利权人认为附件6采用4只猴子的数据所得到的效果不可信的观点不能同意。(1)附件6中指出，产生毛发重量负增长的那只猴子与接受非那甾胺和赋形剂联合治疗的其他4只猴子相比，也表现为相似的DHT减少，而DHT是男性型脱发的真正元凶，可使毛囊萎缩，因此，尽管1只猴子的数据没有表现出毛发的增重，但这并不影响可抑制脱发这一结论的得出，本领域技术人员必然由可以抑制脱发而想到促进头发生长的作用。附件6已经给出了目标化合物0.5mg/天和2.0

mg/天可以逆转脱发过程，促进毛发再生的启示，其他文章的内容可能会引起人们对附件6所持观点的争议，但却不能否认附件6所公开的事实。（2）专利权人提供的专家声明中所谓的专家是专利权人所在单位的职工，其声明并不能够代表本领域普通技术人员的观点。综上所述，附件6给出了目标化合物治疗脱发的足够的启示，不具备创造性。

2005年3月3日，专利权人进一步提交了补充意见陈述书，同时提交了下述反证：

反证8：Proc. Natl. Acad. Sci. Vol. 89，第10787～10791页，1992年11月，复印件，共5页；

反证9：PHYSICIAN`S DESK PEFERENCE，1993年，第47版，出版信息页以及第1597～1599页，复印件，共4页

专利权人认为：专利法保护的医药用途发明中的药品制备方法，包括药品的配料、计量、成型等过程，其中也包括在包装盒上标贴单位药剂中活性成分量、使用说明以及适用范围，而药品的用途发明作为药品的制备方法，有时区别仅在于在这种单位药剂中活性成分量、使用说明或适用范围上，并重申了其关于本专利符合专利法相关规定的理由。另外，还提交了反证8和9，借此说明为了理想地治疗包括男性型秃头在内的雄激素脱发，非那甾胺的剂量至少应该是用于治疗良性前列腺增生的有效剂量（5mg/天）。本领域的技术人员没有理由或动机参考不成功的猴子研究来预测用于人类的有效剂量，也没有理由认为治疗脱发的剂量会低于治疗良性前列腺再生所需的剂量。

2005年3月23日，专利权人进一步提交了补充意见陈述书，同时重复提交了反证8的复印件5页和反证9的复印件4页，并提交了反证8的中文译文11页，反证9所使用部分的中文译文1页。专利权人重申了前次意见陈述书中的观点，同时指出反证8支持Kaufman的证言2-2的第8和10段，反证9支持Kaufman的证言2-2的第9段。因此，本领域的技术人员根据现有技术的教导，完全可以得到和Kaufman的证言2-2的第11段相同的结论，即采用0.05～3.0mg剂量也能够有效治疗人雄激素引起的脱发，是出人意料的。

2005年3月24日，专利权人进一步提交了下述反证：

反证7的公证认证证明文件A，（2005）纽领认字第0002579号，原件和复印件各1份，每份9页；

2005年4月12日，专利权人进一步提交了下述反证：

反证8的公证认证证明文件A，（2005）纽领认字第0010521号，原件和复印件各1份，每份9页；

反证9的公证认证证明文件A，（2005）纽领认字第0010522号，原件和复印件各1份，每份8页。

2005年5月18日，专利权人进一步提交了下述反证：

反证1的公证认证证明文件B，（2005）纽领认字第0017863号，原件和复印件各1份，每份7页；

反证4的公证认证证明文件B，（2005）纽领认字第0017862号，原件和复印件各1份，每份10页；

反证7的公证认证证明文件B，（2005）纽领认字第0017858号，原件和复印件各1份，每份9页；

反证8的公证认证证明文件B，（2005）纽领认字第0017861号，原件和复印件各1份，每份9页；

反证9的公证认证证明文件B，（2005）纽领认字第0017860号，原件和复印件各1份，每份8页。

2005年5月20日，专利权人进一步提交了补充意见陈述书，同时补充了下述反证：

反证10：第47版《美国医生药物手册1993》预售优惠的小册子的复印件及其公证认证件（(2005) 纽领认字第0017859号)，共10页，以及反证10所使用部分的中文译文，共3页。

专利权人认为：所提交的反证10是用以证明在本专利的优先权日（1993年10月15日）之前反证9是可以获得的。

2005年6月15日，专利权人进一步提交了补充意见陈述书，请求出具过证言的专家证人Kaufman博士出庭接受质证。

2005年8月12日，专利权人进一步提交了补充意见陈述书，同时补充了下述反证：

反证1的公证认证证明文件B的中文译文a，共6页；

反证4的公证认证证明文件B的中文译文a，共6页；

反证7的公证认证证明文件B的中文译文a，共6页；

反证8的公证认证证明文件B的中文译文a，共6页；

反证9的公证认证证明文件B的中文译文a，共6页；

反证10的公证认证证明文件的中文译文a，共6页；

反证2～1的公证认证证明文件的中文译文a，共6页；

反证2～2的公证认证证明文件的中文译文a，共6页。

2005年9月7日，专利权人进一步提交了补充意见陈述书，同时补充了Keith D. Kaufman向中华人民共和国所作的两份证言2`-1以及与证言2-1中相同的演示a～d，复印件，共9页，其中文译文9页；和证言2`-2以及与证言2-2中相同的演示e，复印件，共5页，其中文译文6页；

演示a：内分泌学会·1995摘要表格，复印件，共1页，及其中文译文，1页。

专利权人进一步重申了其观点：非那甾胺在头皮组织中的有效性比在前列腺组织中的效力低100倍，低于5毫克的剂量，特别是1毫克的剂量的非那甾胺在治疗男性型秃头方面显示出与5毫克剂量相同的效果，是出人意料的，这进一步证明了本专利技术方案的创造性。

2005年9月19日，专利权人进一步提交了补充意见陈述书，再次重申请求出具过证言的专家证人Kaufman博士出庭接受质证。

2005年10月17日，专利权人进一步提交了补充意见陈述书，同时补充提交了下述反证：

反证2`-1的公证认证证明文件，(2005) 纽领认字第0039674号，原件和复印件各1份，每份12页；

反证2`-2的公证认证证明文件，(2005) 纽领认字第0039675号，原件和复印件各1份，每份8页；

反证2`-1的公证认证证明文件的中文译文，共6页；

反证2`-2的公证认证证明文件的中文译文，共6页；

反证1的公证认证证明文件B的中文译文a`，共4页；

反证4的公证认证证明文件B的中文译文a`，共4页；

反证7的公证认证证明文件B的中文译文a`，共4页；

反证8的公证认证证明文件B的中文译文a`，共4页；

反证9的公证认证证明文件B的中文译文a`，共4页；

反证10的公证认证证明文件的中文译文a`，共4页；

反证2-1的公证认证证明文件的中文译文a`，共4页；

反证2-2的公证认证证明文件的中文译文a`，共4页。

2005年11月14日，本案合议组向双方当事人发出《无效宣告请求口头审理通知书》，拟定于2006年1月17日对该专利权的无效宣告请求进行口头审理。同时将专利权人所提交的证据详细列成清单，将专利权人于2005年1月25日、3月3日、3月23日、3月24日、4月12日、5月18日、5月20日、6月15日、9月7日、9月19日、10月17日提交的意见陈述书及所附证据的副本转送给请求人，将请求人于2005年3月3日提交的意见陈述书及所附证据的副本转送给专利权人。

2006年1月10日，本案合议组向双方当事人再次发出《无效宣告请求口头审理通知书》，拟定于2006年2月16日对该专利权的无效宣告请求进行口头审理，原定于2005年1月17日的口头审理因故取消。

2006年1月17日，专利权人进一步提交了补充意见陈述书和下述反证，用以证明施用1毫克或0.2毫克低剂量的非那甾胺在治疗人类雄激素脱发方面有效是可信的：

反证11："内分泌学会第77届年会，项目和摘要"1995年6月，第326页，复印件，共1页以及反证11的中译文1页。

2006年2月10日，请求人面取了专利权人于2006年1月17日提交的意见陈述书和反证11及其中文译文的副本。

2006年2月10日，专利权人提交了反证12：

反证12：请求人提交的附件3的说明书第6页及其使用部分的中译文，共2页；

反证12`：本专利的欧洲同族专利EP0724444B1的首页和第5页及所使用部分的中译文，共4页；

专利权人认为，反证12（附件3）的说明书第6页公开了非那甾胺作为治疗良性前列腺增生的活性成分的组合物，日剂量为5～2000mg，优选为5～200mg。反证12`为本专利的外国同族专利，其授权的权利要求对特征在于低剂量的制药用途进行了保护。

2006年2月13日，专利权人提交了反证13，认为欧洲专利局对特征在于剂量或给药方式的第2用途权利要求给予了专利保护，合议组于2006年2月24日收到。

反证13：欧洲专利局上诉委员会的决定T1020/03第1、62～63页及其使用部分的中译文，共4页。

2006年2月16日，口头审理如期进行，双方当事人的代理人均出席了口头审理。口头审理中记录并认定了下述事实：

（1）请求人请求无效的理由是：权利要求1～3、6、9、10、16、20不符合专利法第33条的规定，其余权利要求引用这些权利要求，导致权利要求1～21不符合专利法第33条的规定；依据附件9，说明书公开不充分，不符合专利法第26条第3款的规定；依据附件1和9，权利要求1～21不符合专利法第26条第4款的规定；权利要求1～5中"剂量"的使用导致保护范围不清楚，不符合专利法实施细则第20条第1款的规定；根据附件3，权利要求1～21不符合专利法第22条第2款规定的新颖性；权利要求1～5相对于附件6没有新颖性，不符合专利法第22条第2款规定；权利要求1～21相对于附件3、附件6、附件6与7结合、附件6与8结合、附件3、6与7结合不符合专利法第22条第3款规定的创造性；

（2）请求人放弃权利要求6～21不符合专利法实施细则第20条第1款的无效理由；放弃权利要求6～21相对于附件6没有新颖性的无效理由；

（3）请求人放弃附件4～5、7`，附件12不作为证据使用，仅供参考；

（4）请求人对专利权人校对后的附件3和6的译文准确性没有异议；

（5）专利权人放弃反证1、4、7～9的公证认证文件A，反证1、4、7～9的公证文件B的中文译文a、反证10、2-1和2-2的公证认证证明文件的中文译文a除了公证员的证明及其中文译文之外的

4 页内容，这 4 页内容用 2005 年 10 月 17 日提交的反证 1、4、7 ~ 9 的公证证明文件 B 的中文译文 a'、反证 10、2-1 和 2-2 的公证认证证明文件的中文译文 a' 替代，放弃 2005 年 3 月 3 日提交的反证 8、反证 9，认为重复的译文以后提交的版本为准，重复的公证件以先提交的为准。

（6）请求人对专利权人提交的反证真实性及反证的译文准确性没有异议；

（7）专利权人当庭重复提交了反证 12、12`和 13，并进一步提交了反证 14，合议组当庭将反证 12、12`、13 和 14 转交给请求人，其中：

反证 14：欧洲专利局上诉委员会的决定 T0230/01，共 32 页。

（8）请求人当庭提交了附件 14，合议组当庭将其转交给专利权人：

附件 14：欧洲专利局上诉委员会的决定 T56/97。

（9）口头审理之后双方当事人再提交的任何新证据，合议组均不予考虑。

2006 年 2 月 24 日，专利权人进一步提交了反证 15 和 16：

反证 15：《PRACTICAL STATISTICS SIMPLY EXPLAINED》，作者：RUSSELL LANGLEY，多佛出版公司，1971 年首次印刷，封面、版权页、第 16 页复印件，所使用部分的中译文，共 7 页；

反证 16：《ANNUAL REVIEW OF BIOCHEMISTRY》，STEROID 5α-REDUCTASE：TWO GENES/TWO ENZYMES，1994，Vol 63，封面、封一、第 25 ~ 61 页复印件，所使用部分的中译文，共 44 页；

专利权人认为，反证 15 说明了仅仅因为该数字看起来是非常不可能的就丢掉这个数字的做法是不对的。因此，附件 6 中删除一只猴子的数据，而只应用 4 只猴子的数据以显示治疗效果，得到的结论对本领域的技术人员来说是不可信的。反证 16 说明，本领域的技术人员不会想到或尝试开发低日剂量的非那甾胺的药剂治疗雄性脱发，本发明对本领域的技术人员来说是出人意料的。

2006 年 2 月 28 日，双方当事人前来参加质证，其中：

（1）请求人当庭提交了：

附件 1 的出版信息页，1978 年 12 月第 1 版，1998 年 10 月第 221 次印刷，复印件 1 页；

附件 6`，即加盖有北京大学第一临床医学院图书馆红章的附件 6 及其首页的复印件，共 8 页；

附件 8`，即原附件 8 的第一版，1985 年 9 月第 1 版第 1 次印刷，首页、封一、封二、出版信息页、第 240 ~ 243 页及封底，共 9 页；

附件 10 的出版信息页，1969 年第 1 版，2002 年 2 月第 19 次印刷，复印件 1 页；

附件 14 使用部分的中译文，共 2 页；

（2）专利权人当庭提交了：

反证 13（即欧洲专利局第 T1020/03 号决定）的公证认证文件，（2006）京海民证字第 0484 号，共 84 页；

反证 14（即欧洲专利局第 T0230/01 号决定）的公证认证文件，（2006）京海民证字第 0483 号，共 46 页；

重复提交了反证 13 ~ 14 的复印件，并提交了反证 13 ~ 14 使用部分的中译文，分别为 73 和 35 页。

（3）对于请求人提交的证据，请求人出示了附件 1、10 ~ 12 的原件，专利权人对附件 1、10 ~ 12 的真实性没有异议，但对其公开性有异议；专利权人对附件 2、3、13、14 的真实性没有异议，请求人提交了附件 6`，但专利权人认为其加盖的是北京大学第一临床医学院的印章，对于该图书馆是否对公众开放不能确认，因此对附件 6`的真实性无法确认；请求人没有提交附件 7 的原件，专利权人对附件的真实性不予认可；请求人提交了附件 8`的原件，附件 8`是附件 8 所述的《药理学实验》的第一版内容，其使用部分为“（二）不同种类动物质检药物剂量的换算法中的解 1、2 及表 3”，专利权人对附件8'的真实性没有异议，并且认为附件8和附件8'中所使用部分是相同的，但认为附件8'是新证据；

（4）请求人对反证12、12'、13和14的真实性没有异议，对反证12的译文准确性没有异议。

2006年3月1日，专利权人进一步提交了意见陈述书，重申了其在口头审理中提出的意见。

2006年3月10日，专利权人进一步提交了意见陈述书，认为欧洲专利局对在于剂量方案的第2用途权利要求给予专利保护，并针对请求人的附件14，提交了T56/97决定译文的校对稿2页和校对手稿2页，以及反证16的公证认证文件和公证认证文件的中译文，共48页。

至此，合议组认为本案的事实清楚，可以作出审查决定。

**二、决定的理由**

1. 关于本决定书中所使用的证据

（1）关于请求人提交的证据。

请求人一共提交了附件1～14和附件6'、附件7'和附件8'，其中请求人具体地放弃了附件4～5、7'，并且附件12不作为证据使用。

在请求人提供的有效证据中，附件2、附件9～11用于证明权利要求1～21不符合专利法第33条的规定，附件2和附件9分别是本专利的公开文本和授权文本，合议组依职权对其进行核实并确认了其真实性，请求人出示了附件10和附件11的原件，专利权人对附件10和附件11的真实性无异议，故合议组对附件10和11的真实性予以认可。

附件1用于证明本专利不符合专利法第26条第4款，请求人出示了附件1的原件，专利权人对其真实性无异议，故合议组也认可其真实性。

附件3用于证明本专利不符合专利法第22条第2款、第3款的规定，附件6用于证明本专利不符合专利法第22条第2款的规定。

附件3是欧洲专利，专利权人对其真实性无异议，故合议组也认可其真实性。

附件6是外文科技期刊复印件，请求人未出示其原件，但是出示了内容相同的加盖有北京大学第一临床医学院图书馆流通阅览的红印章的附件6'，专利权人认为该图书馆是否对外开放不能确认，因而对其真实性不能确认。合议组认为，北京大学第一临床医学院图书馆是否对外开放与证据6'的真实性无关，其仅影响到该图书馆的馆藏资料在本专利的申请日之前能否为公众所得到，即影响证据6'的公开性，即使该图书馆不对社会公众开放，只要附件6'的内容与该图书馆馆藏的原件内容一致，就不能否认附件6'的真实性，专利权人以此为理由否认附件6'的真实性理由不成立；另外，考虑到附件6'加盖有北京大学第一临床医学院图书馆流通阅览的红章，即该图书馆已经确认了附件6'与其馆藏原件的一致性，在无有力反证情况下，合议组认可附件6'的真实性，又由于附件6与附件6'内容一致，因此，对附件6的真实性也予以认可。另外，由于附件6的内容为科技期刊，故认可其已经公开。

（2）关于专利权人提交的证据。

专利权人提交了反证1，请求人对其真实性无异议，故合议组也认可其真实性。

2. 关于专利法第33条

专利法第33条规定：申请人可以对其专利申请文件进行修改，但是，对发明和实用新型专利申请文件的修改不得超出原说明书和权利要求书记载的范围。

一般来讲，如果申请的内容通过增加、改变和/或删除其中的一部分，致使所属技术领域的技术人员看到的信息与原申请记载的信息不同，而且又不能从原申请记载的信息中直接地、毫无疑义地确定，这种修改是不被允许的。

根据专利合作条约的规定，国际申请在指定国内自国际申请日起具有正规的国家申请的效力。对于申请文件的修改，应当不超出该文本公开的范围。

首先必须指出，请求人以公开文本与授权文本进行对照指出本专利的修改不符合专利法第33条的规定是不正确的，判断授权文本修改超出与否的依据应当是国际申请的文本，而进入中国国家阶段的中文文本是国际申请的中文翻译件，故以进入中国国家阶段的中文文本视为原始文本。但合议组为了将事实调查清楚，将公开文本与进入中国国家阶段的申请文本进行了对照，经过核对，认定本专利的公开文本与进入中国国家阶段的申请文本一致（为表述方便本节中对说明书的引用均指公开文本）。

（1）请求人认为：原申请文件中请求保护一种疾病的治疗方法，并给出了治疗疾病的17β-（N-叔丁基氨基甲酰基）-4-氮杂-5α-雄甾-1-烯-3-酮（即非那甾胺）的剂量，而授权文本中权利要求1～3请求保护非那甾胺在制药中的应用，并给出了非那甾胺在药物中的含量，因此权利要求1～3超范围，权利要求4～5引用权利要求1～3因此也超范围。

合议组认为：①授权文本中对非那甾胺的限定为剂量，其含义为单位时间内施用目标化合物的量，这在说明书中有明确的记载（如说明书第5页第15～16行），而非请求人所述的含量（可参见现代汉语词典解释，剂量指药物的使用分量）；②权利要求1涉及的是非那甾胺的制药用途，作为方法权利要求，说明书公开了非那甾胺的获得方式，即能够以从市售买到（见说明书第2页第2段），指出药物制剂的制备方法与常规药物实践一致（见第7页第3段），另外，说明书通篇都记载了含有非那甾胺的药物可以通过口服用于治疗雄激素引起的脱发，从以上分析可以看出，权利要求1所述的非那甾胺用于制备能够治疗雄激素引起的脱发的口服药物的应用的各技术特征均在说明书中有记载，本领域技术人员可以根据说明书的记载，直接地、毫无疑义地得出权利要求1的技术方案。

（2）请求人认为：权利要求16中限定药物组合物中粘结剂可以为树胶，而公开文本中为合成胶，这一修改不符合专利法第33条规定。

合议组认为：本专利为PCT国际申请，本申请的国际申请原文中，相应的术语为gum，进入中国国家阶段的申请文本的翻译应当与其原文含义一致。诚如请求人所言，一个英文单词可以有多种中文含义，不能简单地认为同一英文单词下的不同意项均认为是同义词，但是，对于词义的含义，应当采用所属领域的常用工具书进行解释，比如，《英汉医学词汇》（人民卫生出版社，1991年1月第1版，第623页）将gum解释为：1. 树胶，2. 龈；又如《英汉生物化学词典》（科学出版社1983年第1版，第334页）将gum仅解释为树胶，显然“龈”这一译法不适用于本专利，可见，将gum译为树胶符合本技术领域通常的理解；又如，请求人所提供的附件10中第461页和第852页分别对“胶”及“树胶”进行了解释，其中记载树胶主要用于医药制剂、化妆品、食品加工等，综上所述，授权文本中的“树胶”一词与国际申请中的“gum”一词是完全对应的，它是比“合成胶”更确切的译法，这一修改不违反专利法第33条的规定。

（3）请求人认为：权利要求20中限定崩解剂可以为合成生物聚合胶，而公开文本为黄原胶，这一修改不符合专利法第33条的规定。

合议组认为：授权文本中“合成生物聚合胶”的国际申请的原文为xanthan gum，关于其中文含义，如《英汉科技词天》（中国环境化学出版社，1988年8月第1版，第4249页）对其解释仅为：合成生物聚合胶（能耐热、耐强酸和强碱的合成胶质），《英汉化学化工词汇》对其解释仅为：黄原胶，即可以认定在本领域黄原胶与合成生物聚合胶同义，故xanthan gum译为“合成生物聚合胶”的这一修改符合专利法第33条的规定。

3. 专利法第26条第3款规定：说明书应当对发明或者实用新型作出清楚、完整的说明，以所属技术领域的技术人员能够实现为准

请求人认为：（1）本专利权利要求1～5中请求保护的技术方案是“非那甾胺在制备治疗脱发

的药物中的应用”，而说明书中描述的是“非那甾胺化合物用于治疗脱发”，二者不对应；(2) 并且权利要求 1 ~5 中以剂量为特征对药物进行限定，而以剂量为特征来限定药品中的活性成分在药品制备过程中是无法实现的；(3) 权利要求 6 ~21 请求保护组合物，但说明书中未给出组合物的制备过程。

合议组认为：

(1) 本专利说明书公开了权利要求 1 ~5 所述的非那甾胺的获得方式，即可以从市售购得（见说明书第 2 页第 2 段），或者如实施例 1 ~2 的方法制得；公开了药物制剂的制备方法，即采用常规的药物制备方法（见第 7 页第 3 段）；还公开了含有非那甾胺的药物可以通过口服用于治疗雄激素引起的脱发的效果，因此，基于说明书中的记载，本领域技术人员能够实现权利要求 1 ~5 所述的制药用途的技术方案，并且可以预期其技术效果，达到发明目的。

(2) 剂量是用药的技术特征，权利要求 1 ~5 请求保护的是制药用途，因此“剂量”对权利要求 1 ~5 不起限定作用（具体理由详见关于新颖性的论述），因此请求人关于以剂量为特征限定药品的活性成分在制药中无法实现的理由的基础已不存在。

(3) 权利要求 6 ~21 请求保护的是药物组合物，虽然说明书中没有具体实施方式详细记载所述组合物的制备方法，但是说明书中指出上述组合物可以用现有技术常规的方法来制备，制成多种剂型，并且大量列举了组合物中所使用的各种辅料，比如崩解剂、润滑剂、黏合剂等，在此基础上，本领域技术人员能够制备得到权利要求 6 ~21 的药物组合物。

4. 关于专利法第 26 条第 4 款

专利法第 26 条第 4 款规定：权利要求书应当以说明书为依据，说明要求专利保护的范围。

请求人认为：(1) 权利要求 1 ~5 请求保护一种非那甾胺在制备用于治疗脱发的药物中的应用，其中限定了非那甾胺的剂量，但是说明书中公开的给药剂量不能支持药物中活性成分的含量；(2) 权利要求 6 ~21 请求保护一种含有非那甾胺的组合物，但是本领域技术人员不能由说明书中公开的治疗脱发的方法概括得出一种药物组合物。

合议组认为：(1) 权利要求 1 ~5 的制药方法中限定的是用药的剂量，而非药物中有效成分的含量，请求人所指出的“剂量”与“含量”的不对应问题并不存在，而剂量对于制药用途的权利要求不起限定作用（详细论述见后文），请求人所提出的这一理由并不成立；(2) 关于根据说明书中的记载能否概括出权利要求 6 ~21 的药物组合物权利要求，前文在评述专利法第 26 条第 3 款时已经详细阐述了理由，在此不再赘述。

5. 关于专利法实施细则第 20 条第 1 款

专利法实施细则第 20 条第 1 款规定：权利要求应当说明发明或者实用新型的技术特征，清楚、简要地表述请求保护的范围。

请求人认为：权利要求 1 ~5 由于使用了“剂量”来限定制药用途的技术方案，导致权利要求的保护范围不清楚。

合议组认为：剂量对于制药用途的保护范围不起限定作用（详见后文论述），所以，权利要求 1 ~5 不会因为其中的“剂量”这一术语而不清楚，故请求人的这一理由不成立。

6. 关于专利法第 22 条第 2 款

专利法第 22 条第 2 款规定：新颖性，是指在申请日以前没有同样的发明或者实用新型在国内外出版物上公开发表过、在国内公开使用过或者以其他方式为公众所知，也没有同样的发明或者实用新型由他人向国务院专利行政部门提出过申请并且记载在申请日以后公布的专利申请文件中。

本专利权利要求 1 请求保护一种化合物在制备治疗疾病的药物中的应用，其中所使用的原料化合物为非那甾胺，所制备的药物的适应症为人的雄激素引起的脱发，该药的用药方式为口服，并且该药的使用剂量为约0.05～3.0mg非那甾胺。

附件3公开了一种化合物在制备治疗疾病的药物中的用途，其中所使用的原料化合为非那甾胺，所制备药物的适应症为雄激素引起的脱发（参见附件3的权利要求5）。

本专利权利要求1与附件3相比，可以看出如下区别：（1）本专利限定该药物的使用剂量为约0.05～3.0mg；（2）本专利限定了给药方式为口服给药，而附件3未限定给药方式。

但是，需要注意的是，上述两个区别特征均为用药的特征，作为一个一般的原则，用药特征其本身对于制药方法的技术方案不起限定作用，因为物质的制药用途实际上等同于药品的制备方法，作为药品的制备方法，应从方法权利要求的角度来分析其技术特征，即能直接对其起到限定作用的特征只能是原料、制备步骤和条件、药物产品形态或成分等特征，用药是药物制备完成之后的下一步骤，制药与用药是不同的两个步骤，其时间域并无重合。不过，如果特定的用药过程客观上对制药提出了一定要求，如对制药方法的原料选择、制备步骤以及产品成分等特征产生了影响，即用药特征能够在一定程度上暗含了制药特征，则可以认为其间接地对制药过程起到限定作用，可以视同为制药的技术特征。因此，对于明显的用药特征，应分析其对制药过程是否产生影响，从而确定其对于制药方法的权利要求是否起到限定作用。

上述的区别（1）为本专利的药物能以约0.05～3.0mg的剂量使用，其含义为在单位时间即一天之内，给患者服用0.05～3.0mg的有效成分。为满足上述服用剂量，患者可以多次服用较低含量的药物，也可以较少次地服用较高含量的药物，这是一般的生活常识，并且，只需简单推理即可以明确本专利的说明书中其实也持这种观点，如说明书第6页第2段记载，“对于口服给药，例如，可以提供含有0.01、0.05、0.1、0.2、1.0、2.0和3.0mg的活性成分的刻痕或未刻痕的片剂形式的组合物作为对被治疗患者的症状的剂量调节”，从中可以看出，例如为了达到权利要求1所述的剂量的最小值0.05mg，活性成分含量为0.01mg的片剂组合物需要服用5次，而活性成分含量0.05mg的片剂组合物只需要服用1次即可，所以，剂量与活性成分含量并无必然联系，另外，更为显然的是，药物的服用剂量更不会对制药的原料、制造方法以及适应症等产生限定性的影响，所以，该特征对权利要求1不具备限定作用，在新颖性、创造性的评价中视为不存在。

对于上述区别（2），合议组认为，其虽然涉及的也是药物产品的使用方法，但是一般其隐含一定的产品技术特征，如口服给药要求其辅料必须适于口服，这就对辅料的选择起到了限定作用，即上述区别（2）在一定程度上对药物产品起限定作用，因此，本专利权利要求1与附件3权利要求5的区别技术特征仅在于本专利限定了给药方式为口服，附件3没有限定给药方式。

从上述分析可以看出，本专利权利要求1与附件3存在区别技术特征，所以本专利相对于附件3具有新颖性；权利要求2～5作为权利要求1的从属权利要求，其也相对于附件3具备新颖性。

权利要求6请求保护含有非那甾胺的药物组合物，其中非那甾胺的含量为0.05～3.0mg单位剂量，附件3中没有公开该含量的药物组合物，权利要求6与附件3存在区别技术特征，所以，权利要求6相对于附件3具备新颖性。

权利要求7～21均直接或间接引用了权利要求6，其自然也相对于附件3具备新颖性。

7. 专利法第22条第3款规定：创造性，是指同申请日以前已有的技术相比，该发明有突出的实质性特点和显著的进步，该实用新型有实质性特点和进步

前文已经分析了本专利权利要求1与附件3的区别特征仅在于本专利权利要求1还限定了给药方式为口服，而口服给药是一种本领域技术人员熟知的给药形式，其对辅料的选择等的限定作用也是公知的，因此，若认定权利要求1具有创造性，就要求其具有基于给药方式改变而非其他原因产生的出

人意料的技术效果。本专利说明书通篇都记载了权利要求 1 的方法所制备的药物能够以较低剂量使用这一技术效果，那么，这一技术效果是否是由口服这一特定的用药方式带来的呢？亦即本专利以低剂量用药是否与口服用药具有关联性。如果有证据表明，非那甾胺在制成其他剂型时只能以较高剂量使用，而制成口服剂型后却可以以较低剂量服用并达到高剂量使用其他剂型相同的效果，则上述的关联性将得以确认，权利要求 1 也就具有了基于剂型改变所产生的出人意料的技术效果。

但是，说明书的记载给出了相反的教导，如说明书第 2 页第 3 段记载“申请人惊奇且意外地发现低日剂量的5α-还原酶 2 抑制剂对于治疗雄性脱发特别有效”，第 3 页第 3 ~5 行记载“在此实施方案的一组中，5α-还原酶 2 抑制剂以 0. 05 ~1. 0mg/天的剂量给药，而在此实施方案的一个亚组中，5α-还原酶 2 抑制剂以约 0. 05 ~0. 2mg/天的剂量给药”，上述记载均未限定只有用药方式为口服给药时才能够以上述较低剂量用药；更需要注意的是，说明书第 5 页最后一段记载“本发明的目的是提供通过按低于 5mg/天、特别是约 0. 01 ~3. 0mg/天、更特别地 0. 05 ~1mg/天的剂量系统，口服、肠胃外或局部施用 5α-还原酶 2 抑制剂治疗过量雄性激素病，如雄激素引起的脱发”，第 6 页第 2 段记载“化合物可以……形式给药。同样地，它们也可静脉内（快速浓注（bolus）和输注）、腹膜内、皮下、局部伴随或没有吸留（occlusion），或肌内形式，所有普通药学专业人员熟知的形式给药”，根据上述记载可以确认，非那甾胺不论采用何种剂型，均能以 0. 05 ~3. 0mg/天的剂量使用，其与口服剂型完全没有任何关联性。

因此，从本专利的说明书中可以看到，权利要求 1 的方法所制得的产品除具有口服剂型通常所具有的特点外，不存在其他相对于附件 3 权利要求 5 的方法所制得的产品而言出人意料的技术效果。因此，权利要求 1 相对于附件 3 不具备创造性。

一种可能的疑惑是，本专利确实为现有的科学技术作出了贡献，即发现了非那甾胺能够以较低剂量使用，为何不能作为本专利具备创造性的依据？这是因为本专利的贡献仅在于发现了低剂量使用非那甾胺的方法，是一种用药方法，其属于专利法第 25 条所述的疾病的诊断和治疗方法，属于不授予专利权的客体，而本专利中又不存在其他具有专利法意义的技术贡献，所以本专利不具备创造性。

权利要求 2 ~3 对权利要求 1 进一步限定的特征均涉及“剂量”，前文已述，剂量对于制药用途的权利要求不具有限定作用，不是其技术特征，因此，基于同样的理由，权利要求 2 ~3 也相对于附件 3 不具备创造性。

权利要求 4 ~5 分别引用权利要求 3、1，限定其中雄激素引起的脱发是男性型秃头，附件 3 的权利要求 6 引用了权利要求 5，其也限定雄激素性脱发为男性型秃头，因此，权利要求 4 ~5 也不具备创造性。

权利要求 6 请求保护一种药物组合物，其中含有 0. 05 ~3. 0mg 单位剂量的活性成分非那甾胺，关于“单位剂量”的含义，根据专利权人提供的反证 1 以及专利权人的意见陈述，单位剂量是指包含在一个药物单位如胶囊或片剂等中的活性成分的量。

附件 3 的权利要求 7 涉及一种非那甾胺用于制备阻止和逆转雄激素性脱发的药物的用途，其中含有 0. 10% ~1. 5%活性化合物，显然，附件 3 公开了一种含有 0. 10% ~1. 5%非那甾胺的药物组合物，其用于治疗雄激素引起的脱发。

两者相比，区别在于，权利要求 6 请求保护的药物组合物中含有 0. 05 ~3. 0mg 单位剂量的非那甾胺，而附件 3 中相应含量为 0. 10% ~1. 5%。

实际上，用单位剂量和重量百分数是限定药物中有效成分含量的两种方式，无法单从数值上比较二者有效成分含量的多少，由于对药物中有效成分的含量进行选择是本领域的常规技术，而从说明书中又不能看出将有效成分限定为 0. 05 ~3. 0mg 有何出人意料的技术效果，因此，权利要求 6 的技术方案不具备创造性。

权利要求7引用权利要求6，附加技术特征为将适应症限定为男性型秃头，附件3的权利要求6也相应的将雄激素引起的脱发限定为男性型脱发，因此，权利要求7相对于附件3也不具备创造性。

权利要求8引用权利要求6，附加技术特征为所述组合物经口服给药，前文已经论述了口服给药这一技术特征不能为权利要求1带来创造性的原因，类似地，权利要求8也不具备创造性。

权利要求9~10进一步限定了单位剂量的范围，其也不具备创造性。

权利要求11~12限定了药物组合物的剂型为片剂，权利要求13~21分别对药物的辅料进行了限定，但是，这些均是本领域的公知常识，未能使得本专利具备创造性。

因此，本专利所有权利要求相对于附件3不具备创造性，不符合专利法第22条第3款的规定。

由于使用附件3以及专利法第22条第3款已经足以导致本专利无效，合议组对于其他证据和理由不再作出评述。

基于以上事实和理由，本案合议组作出如下审查决定。

**三、决定**

宣告94194471.9号发明专利权无效。

当事人对本决定不服的，可以根据专利法第46条第2款的规定，自收到本决定之日起三个月内向北京市第一中级人民法院起诉。根据该款的规定，一方当事人起诉后，另一方当事人应当作为第三人参加诉讼。

# 北京市第一中级人民法院
# 行政判决书

（2007）一中行初字第854号

原告默克公司，住所地美利坚合众国新泽西州默瑟区西顿市贝尔泰文路820号。

法定代表人唐娜·L. 玛吉奥托，经理。

委托代理人吴玉和，中国专利代理（香港）有限公司专利代理人。

委托代理人庞立志，中国专利代理（香港）有限公司专利代理人。

被告中华人民共和国国家知识产权局专利复审委员会，住所地中华人民共和国北京市海淀区北四环西路9号银谷大厦。

法定代表人廖涛，副主任。

委托代理人李彦涛，中华人民共和国国家知识产权局专利复审委员会审查员。

委托代理人程强，中华人民共和国国家知识产权局专利复审委员会审查员。

第三人河南天方药业股份有限公司，住所地中华人民共和国河南省驻马店市光明路2号。

法定代表人崔晓峰，董事长。

委托代理人彭晓玲，北京中誉威圣知识产权代理有限公司专利代理人。

原告默克公司不服被告中华人民共和国国家知识产权局专利复审委员会（简称专利复审委员会）于2007年2月6日作出的第9508号无效宣告请求审查决定（简称第9508号决定），于法定期限内向本院提起行政诉讼。本院于2007年6月21日受理后，依法组成合议庭，并通知河南天方药业股份有限公司（简称天方药业公司）作为第三人参加诉讼，于2007年11月15日对本案公开开庭进行了审理。原告默克公司的委托代理人吴玉和、庞立志，被告专利复审委员会的委托代理人李彦涛、程强，第三人天方药业公司的委托代理人彭晓玲到庭参加了诉讼。本案现已审理终结。

第9508号决定系专利复审委员会针对天方药业公司就默克公司拥有的名称为“用5-α还原酶抑制剂治疗雄激素引起的脱发的方法”的第94194471.9号发明专利（简称本专利）提出的无效宣告请求作出的。专利复审委员会在该决定中认为：（1）关于《中华人民共和国专利法》（以下简称《专利法》）第三十三条。默克公司对于本专利授权文本的修改符合《专利法》第三十三条的规定，天方药业公司的相关无效理由不能成立。（2）关于《专利法》第二十六条第三款的问题。基于说明书中的记载，本领域技术人员能够实现权利要求1~5所述的制药用途的技术方案，并且可以预期其技术效果，达到发明目的。剂量是用药的技术特征，权利要求1~5请求保护的是制药用途，因此“剂量”对权利要求1~5不起限定作用，天方药业公司关于以剂量为特征限定药品的活性成分在制药中无法实现的理由的基础已不存在。权利要求6~21请求保护的是药物组合物，虽然说明书中没有具体实施方式详细记载所述组合物的制备方法，但是说明书中指出上述组合物可以用现有技术常规的方法来制备且大量列举了组合物中所使用的各种辅料，本领域技术人员在此基础上能够制备得到权利要求6~21的药物组合物。（3）关于《专利法》第二十六条第四款的规定。权利要求1~5的制药方法中限定的是用药的剂量，而非药物中有效成分的含量，剂量对于制药用途权利要求不起限定作用，而根据说明书中的记载可以概括出权利要求6~21的药物组合物权利要求。（4）关于《专利法》实施细则第二十条第一款的规定。剂量对于制药用途的保护范围不起限定作用，所以权利要求1~5不会因为其中的“剂量”这一术语而不清楚，故天方药业公司的该无效理由不能成立。（5）关于《专利法》第二十二条第二款。本专利权利要求1与附件3相比区别在于①本专利限定该药物的使用剂量为约0.05～3.0mg和②口服给药方式。但上述两个区别均为用药的特征，对于制药方法的技术方案不起限定作用，因为物质的制药用途实际上等同于药品的制备方法，作为药品的制备方法，能直接对其起到限定作用的特征只能是原料、制备步骤和条件、药物产品形态或成分等特征，用药是药物制备完成之后的下一步骤，制药与用药是不同的两个步骤，其时间域并无重合。但如果特定的用药过程客观上对制药提出了一定要求，如对制药方法的原料选择、制备步骤以及产品成分等特征产生了影响，则可以视同为制药的技术特征。上述的区别①为本专利的药物能以约0.05～3.0mg的剂量使用，为满足上述服用剂量，患者可以多次服用较低含量的药物或者较少次地服用较高含量的药物，这是一般的生活常识。从本专利的说明书也可以看出剂量与活性成分含量并无必然联系，药物的服用剂量更不会对制药的原料、制造方法以及适应症等产生限定性的影响。所以，该区别特征对权利要求1不具备限定作用，在新颖性、创造性的评价中视为不存在。对于区别②，其虽然涉及的也是药物产品的使用方法，但是一般其隐含一定的产品技术特征，如口服给药要求其辅料必须适于口服，这就对辅料的选择起到了限定作用，即上述区别②在一定程度上对药物产品起限定作用。因此，本专利权利要求1与附件3中权利要求5的区别技术特征仅在于本专利限定了给药方式为口服，附件3没有限定给药方式。综上，本专利权利要求1因与附件3存在区别技术特征而具有新颖性，权利要求2～5作为权利要求1的从属权利要求，其也相对于附件3具备新颖性。权利要求6请求保护含有非那甾胺的药物组合物，其中非那甾胺的含量为0.05～3.0mg单位剂量，附件3中没有公开该含量的药物组合物，权利要求6与附件3相比存在区别技术特征，所以，权利要求6相对于附件3具备新颖性。权利要求7～21均直接或间接引用了权利要求6，其相对于附件3具备新颖性。(6) 关于《专利法》第二十二条第三款的规定。本专利权利要求1与附件3的区别特征仅在于本专利权利要求1还限定了给药方式为口服，而口服给药是一种本领域技术人员熟知的给药形式，其对辅料的选择也是公知的，若认定权利要求1具有创造性，就要求其具有基于给药方式改变而非其他原因产生的出人意料的技术效果，即如果有证据表明，非那甾胺在制成其他剂型时只能以较高剂量使用，而制成口服剂型后却可以以较低剂量服用并达到高剂量使用其他剂型相同的效果，则权利要求1也就具有了基于剂型改变所产生的出人意料的技术效果。但从本专利的说明书中可以看到，权利要求1的方法所制得的产品除具有口服剂型通常所具有的特点外，不存在其他相对于附件3中权利要求5的方法所制得的产品而言出人意料的技术效果。因此，权利要求1相对于附件3不具备创造性。权利要求2～3对权利要求1进一步限定的特征均涉及“剂量”，由于剂量对于制药用途的权利要求不具有限定作用，故权利要求2～3相对于附件3也不具备创造性。权利要求4～5分别引用权利要求3、1，限定其中雄激素引起的脱发是男性型秃头，附件3的权利要求6同样也限定雄激素性脱发为男性型秃头，故权利要求4～5也不具备创造性。权利要求6请求保护一种药物组合物，权利要求6与附件3相比请求保护的药物组合物中含有0.05～3.0mg单位剂量的非那甾胺，而附件3中相应含量为0.10%～1.5%。由于对药物中有效成分的含量进行选择是本领域的常规技术，而从说明书中又不能看出将有效成分限定为0.05～3.0mg有何出人意料的技术效果，因此，权利要求6的技术方案不具备创造性。权利要求7引用权利要求6，附加技术特征为将适应症限定为男性型秃头，附件3的权利要求6也相应的将雄激素引起的脱发限定为男性型脱发，因此权利要求7相对于附件3也不具备创造性。权利要求8引用权利要求6，附加技术特征为所述组合物经口服给药，基于口服给药这一技术特征不能为权利要求1带来创造性的原因，权利要求8也不具备创造性。权利要求9～10进一步限定了单位剂量的范围，其也不具备创造性。权利要求11～12限定了药物组合物的剂型为片剂，权利要求13～21分别对药物的辅料进行了限定，但这些均是本领域的公知常识，未能使得本专利具备创造性。因此，本专利所有权利要求相对于附件3不具备创造性，不符合《专利法》第二十二条第三款的规定。综上所述，专利复审委员会作出第9508号决定宣告本专利权无效。

默克公司不服第9508号决定，在法定期限内向本院提起行政诉讼，其诉称：（1）关于程序问题。根据《审查指南》的相关规定，被告应当将其审查决定所依据的理由、证据和认定的事实告知专利权人，但被告在第9508号决定中所认定的用途权利要求等同于方法权利要求、药物的服用剂量不会对适应症等产生限定性影响及对药物中有效成分和含量进行选择是本领域的常规技术等理由和事实认定均未告知专利权人，被告的该行为违反了《审查指南》的相关程序性规定；（2）关于实体问题。被告忽视了《审查指南》对于“用途权利要求”的规定有别于“化学方法权利要求”的规定，在判断创造性时没有按照“三步法”和“已知产品用途发明的创造性”的规定来评价本专利权利要求1的创造性。而且，被告还错误地将权利要求1的有关药剂含有更低剂量的非那甾胺这一技术特征认定为技术效果，由此进一步认定“低剂量”与“口服”之间有关联性才能确立创造性。事实上，剂量大小由药物的药效决定，而是否口服则由药物的物化性质决定，“剂量”与“口服”两者在性质上没有必然的关联性。原告认为，药剂的给药方式和使用剂量均是技术手段，其技术效果是治疗疾病。相对于附件3，本专利使用的药剂适用于口服给药和含有更低剂量的非那甾胺，能够达到治疗雄性脱发的治疗效果，而潜在的毒副作用得以降低。本专利的上述技术手段和技术效果使得其相对于现有技术具有突出的实质性特点和显著的进步，具有创造性。综上所述，被告认定事实不清，适用法律错误，程序违法，原告据此请求人民法院撤销第9508号决定，并判令被告重新作出无效宣告请求审查决定。

被告专利复审委员会辩称：（1）关于程序问题。关于剂量特征能否对于制药用途的权利要求起到限定作用是一个法律问题而不是事实问题，双方当事人也在无效程序当中对此进行了充分的意见陈述，不存在违反程序性规定的问题。（2）关于医药用途权利要求与制药方法权利要求的关系以及剂量特征能否对于制药用途权利要求产生限定作用的问题。权利要求只有产品权利要求和方法权利要求两类，物质的医药用途权利要求属于方法权利要求的一种，其涉及的是制备这一时间过程，并不涉及制备完毕之后用药的过程，故物质医药用途的权利要求实质上就是制药方法权利要求，而《审查指南》中已经明确规定了使用剂量不能对制药用途权利要求产生限定作用。（3）关于对药物有效成分含量进行选择是否是常规技术。正如第9508号决定已经指出的，为了达到一定的使用剂量，可以多次服用低剂量的药物，也可以较少次地服用高剂量的药物，药物的有效成分含量与使用剂量无关，使用剂量的改进不会导致有效成分含量的选择具备创造性。（4）关于法律适用问题。原告认为被告将权利要求内容与说明书内容进行比较的方法存在法律适用的错误，根据审查指南的规定，发明相对于现有技术实际解决的技术问题是根据区别特征所能达到的技术效果来确定的，并且发明的技术效果都可以作为重新确定技术问题的基础，只要本领域技术人员从该说明书中所记载的内容能够得知该技术效果即可，即对技术效果的发现在本专利的说明书中寻找。降低口服剂量这一现象虽然不构成区别技术特征，但可以作为一个待选技术效果，而根据本专利说明书的记载，降低剂量与口服给药并无任何关系。综上所述，请求人民法院维持第9508号决定。

第三人天方药业公司述称：（1）原告认为“物质的医药用途不同于药品的制备方法”，但原告混淆了“医药用途”与“制药用途”两个概念，本专利属于“制药用途”专利而非笼统的“医药用途”专利，被告将其认定为药品的制备方法类权利要求并无不妥。（2）剂量特征不能构成对制药类权利要求的限定，如果将剂量特征作为化合物制药应用的技术特征，则会导致保护范围不合理扩展，影响公众的合法权利。（3）被告对于权利要求6中药物组合物中活性成分含量的限定并无创造性的认定是正确的。（4）关于程序问题。第三人在提出无效请求时已经明确就“剂量”能否构成对制药方法类权利要求的限定问题陈述了意见，原告也对此进行过答复，被告并不存在违反程序性规定的问题。（5）关于法律适用问题。在考虑区别技术特征是否带来预料不到的效果时，当然要考虑本专利说明书的内容，因为说明书是用来解释和说明权利要求的，被告在考察发明效果时借助于说明书的内容并不存在法律适用错误的问题。综上所述，第三人认为被告作出第9508号决定程序合法，认定事实清楚，适用法律正确，请求人民法院驳回原告的诉讼请求，维持第9508号决定。

本院经审理查明：

名称为“用5-α还原酶抑制剂治疗雄激素引起的脱发的方法”的发明专利（即本专利）由默克公司于1994年10月11日向原中国专利局提出申请，于2002年12月25日被授权公告，专利号为94194471.9。本专利的授权权利要求为：

“1. 17β-（N-叔丁基氨基甲酰基-4-氮杂-5α-雄甾-1-烯-3-酮在制备适于口服给药用以治疗人的雄激素引起的脱发的药剂中的应用，其中所述的药剂包含剂量为约0.05～3.0mg的17β-（N-叔丁基氨基甲酰基-4-氮杂-5α-雄甾-1-烯-3-酮。

2. 权利要求1的应用，其中该剂量为约0.05～1.0mg。

3. 权利要求2的应用，其中该剂量为约1.0mg。

4. 权利要求3的应用，其中雄激素引起的脱发是男性型秃头。

5. 权利要求1的应用，其中雄激素引起的脱发是男性型秃头。

6. 一种用于治疗雄性激素引起的脱发并促进头发生长的药物组合物，它含有0.05～3.0mg单位剂量的17β-（N-叔丁基氨基甲酰基-4-氮杂-5α-雄甾-1-烯-3-酮和可药用载体。

7. 权利要求6的药物组合物，其中雄激素引起的脱发是男性型秃头。

8. 权利要求6的药物组合物，其中所述组合物经口服给药。

9. 权利要求6～8之任一项的药物组合物，其中单位剂量为约0.05～1.0mg。

10. 权利要求6～8之任一项的药物组合物，其中单位剂量为约1.0mg。

11. 权利要求6～8之任一项的药物组合物，其中组合物为片剂。

12. 权利要求10的药物组合物，其中组合物为片剂。

13. 权利要求6～8之任一项的药物组合物，其中药用载体选自磷酸钙、乳糖、玉米淀粉和硬脂酸镁。

14. 权利要求13的药物组合物，其中药用载体选自乳糖和硬脂酸镁。

15. 权利要求13的药物组合物，其中的片剂还含有下列的一种或多种：粘结剂、润滑剂、崩解剂和着色剂。

16. 权利要求15的药物组合物，其中的粘结剂选自：淀粉、明胶、天然糖、玉米甜味剂、树胶、羧甲基纤维素、聚乙二醇和蜡。

17. 权利要求16的药物组合物，其中的粘结剂选自淀粉和明胶。

18. 权利要求15的药物组合物，其中的润滑剂选自油酸钠、硬脂酸钠、硬脂酸镁、苯甲酸钠、乙酸钠及氯化钠。

19. 权利要求18的药物组合物，其中的润滑剂为硬脂酸镁。

20. 权利要求15的药物组合物，其中的崩解剂选自淀粉、甲基纤维素、琼脂、膨润土和合成生物聚合胶。

21. 权利要求20的药物组合物，其中的崩解剂为淀粉。”

在本专利说明书中有如下记载：非那甾胺（17β-（N-叔丁基氨基甲酰基）-4-氮杂-5α-雄甾-1

-烯-3-酮）……也具有提供用于本发明新的治疗方法的合适的系统，口服、肠胃外和局部药物制剂的目的，含有5-α还原酶2抑制剂化合物作为活性成分，用于治疗上述过量雄性激素病的组合物可以广泛的治疗剂量形式以普通载体系统给药……同样地，它们也可静脉内（快速浓注 bolus 和输注）、腹膜内、皮下、局部伴随或没有吸留（occlusion）或肌内形式，所有普通药学专业人员熟知形式给药。对于口服给药，例如，可以提供含有0.01、0.05、0.1、0.2、1.0、2.0和3.0mg的活性成分的刻痕或未刻痕的片剂形式的组合物作为对被治疗患者的症状的剂量调节。

2004年6月18日，天方药业公司以本专利不符合《专利法》第二十六条第三、四款，第三十三条，第二十二条第二、三款及《中华人民共和国专利法实施细则》（以下简称《专利法实施细则》）第二十条第一款的规定为由，向专利复审委员会提出无效宣告请求并提交了相应的证据，其中：

附件3为专利号EP0285382A2的欧洲专利说明书复印件及其中文译文共计11页，该专利的公开日为1988年10月5日。附件3的名称为用17β-N-单取代-氨甲酰基-4-氮-5α-雄烷-1-烯-3-酮治疗雄性脱发，该专利包括8项权利要求。权利要求5的内容为：17β-（N-叔丁基甲酰胺基-4-氮-5α-雄烷-1-烯-3-酮的用途是供生产用于使雄性脱发停止和逆转的药物。权利要求6内容为：上述任何权利要求所述的用途，其中雄性脱发是指男性型脱发。权利要求7内容为：上述任何权利要求所述的用途，其中生产的药物含有0.10%~1 5%化合物和一种可以药用的载体。

2006年2月16日，专利复审委员会对本案进行了口头审理。在口头审理过程中，天方药业公司将无效理由明确为：权利要求1~3、6、9、10、16、20不符合《专利法》第三十三条的规定，其余权利要求引用这些权利要求，导致权利要求1~21不符合《专利法》第三十三条的规定；依据附件9，说明书公开不充分，不符合《专利法》第二十六条第三款的规定；依据附件1和9，权利要求1~21不符合《专利法》第二十六条第四款的规定；权利要求1~5中“剂量”的使用导致保护范围不清楚，不符合《专利法实施细则》第二十条第一款的规定；根据附件3，权利要求1~21不符合《专利法》第二十二条第二款规定的新颖性；权利要求1~5相对于附件6没有新颖性，不符合《专利法》第二十二条第二款规定；权利要求1~21相对于附件3、附件6、附件6与7结合、附件6与8结合、附件3、6与7结合不符合《专利法》第二十二条第三款规定的创造性。天方药业公司放弃了权利要求6~21不符合《专利法实施细则》第二十条第一款的无效理由和权利要求6~21相对于附件6没有新颖性的无效理由。

本院另查明，默克公司在庭审过程中对于专利复审委员会所认定的本专利权利要求1与附件3相比存在的两点区别即本专利限定该药物的使用剂量为0.05~3.0mg及本专利限定了给药方式为口服给药而附件3未限定给药方式并无异议。同时，默克公司认为，权利要求1和权利要求6为独立权利要求，对于其他从属权利要求的创造性评价问题，依赖于权利要求1和权利要求6这两项独立权利要求创造性的存在与否，即如果权利要求1和权利要求6具备创造性，其他从属权利要求亦具有创造性，在权利要求1和权利要求6不具备创造性的前提下，其他从属权利要求亦不具备创造性。

此外，对于在本专利授权公告文本中所标明的专利权人“麦克公司”，各方当事人在庭审当中均认可即为本案的原告默克公司。

上述事实，有本专利授权公告文本、第9508号决定、附件3及当事人陈述等证据在案佐证。

本院认为：

（1）关于被告所作出的第9508号决定是否存在程序违法的问题。

原告认为被告在作出第9508号决定之前并没有将决定中所涉及的诸如对于用途权利要求的理解、

药物的服用剂量是否会对适应症等产生限定性的影响等问题告知原告并给予其陈述意见的机会从而违反了《审查指南》中所规定的请求原则和听证原则，对此本院认为，作为无效请求人的第三人在提出本案的无效宣告请求时已经明确将本专利不符合《专利法》第二十二条第二、三款的规定即新颖性和创造性问题作为了无效理由，双方当事人在转文及口头审理过程中都对上述问题充分陈述了意见。原告所提未告知其的相应问题，均只是在新颖性和创造性评判的过程中所进一步论述的一些具体法律理解的问题，在原告已经对于本专利的新颖性和创造性问题充分陈述了意见的情况下，第9508号决定并不存在违反请求原则和听证原则的程序性错误，原告与此相关的诉讼理由本院不予支持。

(2) 关于本专利的新颖性评价问题。

我国专利法所称的新颖性是指在申请日以前没有同样的发明或者实用新型在国内外出版物上公开发表过、在国内公开使用过或者以其他方式为公众所知，也没有同样的发明或者实用新型由他人向国务院专利行政部门提出过申请并且记载在申请日以后公布的专利申请文件中。附件3的公开日早于本专利的申请日，构成了本专利的现有技术，可以用于评价本专利的新颖性。

①关于权利要求1及其从属权利要求相对于附件3的新颖性问题。

根据本院已经查明的事实，本专利权利要求1与附件3存在的两点区别是：一方面，本专利限定了药物的使用剂量为约0.05～3.0mg；另一方面，本专利限定了给药方式为口服给药，而附件3未限定给药方式。上述两项区别均属于用药特征，对于反映在制药用途权利要求当中的用药特征，应当判断其是否能够对制药用途本身产生影响，即要考虑是否有证据证明上述区别的限定给制药用途本身带来任何功能、性质上的改变。

对于区别1即对于给药剂量的限定，本院认为，在作为方法类型权利要求之一的物质的医药用途权利要求中，给药剂量是治病过程中活性成分的使用量，即药物的使用方法，与所制备的药物产品中活性成分的含量之间没有直接的关系，它是医生针对个体病人，选择服用特定药物的药物剂量以符合病人的特定需要并在个体病人中获得所需的治疗效果。给药剂量的确定不仅依赖于制药过程中对药物单位剂量的选择而且更依赖于医生在治疗过程中根据个体病人的特定需要而进行的选择。由此可见，给药剂量的限定并不能在制药过程中予以完全体现，其还涵盖了医生的治病行为，而制药用途权利要求的保护范围并不包括医生以何种剂量给予患者该药物对其进行治疗的行为，否则会限制医生在诊断和治疗过程中选择各种方法和条件的自由，从而损害公众利益，也有违我国专利法的立法宗旨。由此可见，给药剂量这一特征不能体现在制药过程中而只是治病的技术特征，被告关于其对于权利要求1不具备限定作用进而在新颖性、创造性评价中视为不存在的观点正确，本院予以支持。

鉴于权利要求1与附件3相比仍然存在口服给药方式这一区别，如果口服给药的形式能够为本专利带来意料不到的技术效果，这一区别特征在一定程度上即能够对于制药用途权利要求起到限定作用。基于这一区别技术特征的存在，权利要求1相对于附件3具有新颖性。在此基础上，权利要求1的从属权利要求2～5相对于附件3也具备新颖性。

②关于权利要求6及其从属权利要求的新颖性问题。

权利要求6请求保护的是含有0.05～3.0mg单位剂量的非那甾胺药物组合物，附件3并未公开含有上述单位剂量的药物组合物，故权利要求6相对于附件3具有新颖性。在此基础上，直接或者间接引用权利要求6的权利要求7～21相对于附件3也具有新颖性。

③关于本专利的创造性评价问题。

根据我国《专利法》第二十二条第三款的规定，创造性是指同申请日以前已有的技术相比，该发明有突出的实质性特点和显著的进步。

①关于权利要求 1 及其从属权利要求的创造性。

根据本院在关于本专利的新颖性部分所评述的内容可知，权利要求 1 与附件 3 相比所存在的区别技术特征为权利要求 1 中还限定了给药方式为口服给药。作为一种辅料的选择已为公知的常规给药方式，只有在口服给药这一给药形式而非其他因素为本专利带来了意料不到的技术效果的情况下，才能够认为权利要求 1 相对于附件 3 具备创造性。也就是说，专利权人必须证明是基于选用口服给药这一方式，本专利才得以实现以较低剂量使用非那甾胺并能够实现与使用高剂量相同的治疗效果这一技术效果。但是，通过阅读本专利的说明书可以发现，非那甾胺在本专利中可以以所有普通药学专业人员熟知的形式给药，并均可以以权利要求 1 中所称的 0.05 ~ 3.0mg/天的低剂量使用。由此可见，口服给药这一区别技术特征并没有给本专利带来任何意料不到的技术效果，或者说，本专利所称的任何意料不到的技术效果并非是口服给药这一方式所带来的，故权利要求 1 相对于附件 3 不具备创造性。

权利要求 2 和权利要求 3 是在权利要求 1 的基础上对于使用剂量的进一步限定，基于本院已经认定使用剂量对于本专利不具有限定作用，在权利要求 1 相对于附件 3 不具备创造性的基础上，权利要求 2 和权利要求 3 同样不具备创造性。

权利要求 4 和权利要求 5 进一步限定了雄激素引起的脱发是男性型秃头，附件 3 同样限定雄激素性脱发为男性型秃头，在权利要求 1 相对于附件 3 不具备创造性的基础上，权利要求 4 和权利要求 5 同样不具备创造性。

②关于权利要求 6 及其从属权利要求的创造性。

权利要求 6 所要保护的是一种含有 0.05 ~3.0mg 单位剂量活性成分非那甾胺的药物组合物，附件 3 公开了一种含有 0.10% ~1.5%非那甾胺的药物组合物，二者均是用于治疗雄激素引起的脱发。也就是说，二者的区别在于权利要求 6 公开的是单位剂量而附件 3 所公开的是重量百分数。虽然药物的单位剂量是制药过程中的一个技术特征，但本领域技术人员根据实际需要以及常规的制药工艺可以选择不同单位剂量的药物，而且由一种单位剂量的药物组合物制成另外一种单位剂量的药物组合物并不需要克服任何的技术难题，也就是说，对于药物中有效成分含量的选择是所属技术领域技术人员的常用技术手段。更为重要的是，从本专利的说明书中亦不能看出将药物的有效成分限定为 0.05 ~3.0mg 赋予了本专利何种有益效果。因此，权利要求 6 相对于附件 3 不具备创造性。

权利要求 7 进一步将权利要求 6 中的适应症限定为男性型秃头，由于附件 3 作出了相同的限定，在权利要求 6 不具备创造性的基础上，权利要求 7 亦不具备创造性。

权利要求 8 在权利要求 6 基础上限定的附加技术特征为给药方式为口服给药，由于本院已经确定口服给药的方式未能够给本专利带来意料不到的技术效果，权利要求 8 在权利要求 6 不具备创造性的基础上亦不具备创造性。

权利要求 9 和权利要求 10 是对于单位剂量的具体限定，在权利要求 6 不具备创造性的基础上，这种对于单位剂量的具体限定亦不具备创造性。

权利要求 11 和权利要求 12 是对于药物组合物剂型的限定，权利要求 13 ~21 是对于药物辅料的进一步限定，被告认定上述附加技术特征均属于公知常识，原告亦未对此提出异议，本院对于被告的认定予以支持，即在权利要求 6 不具备创造性的基础上，权利要求 11 和权利要求 12 以及权利要求 13 ~21 均不具备创造性。

综上所述，第 9508 号决定认定事实清楚，适用法律、法规正确，审查程序合法，本院应当予以维持。依照《中华人民共和国行政诉讼法》第五十四条第（一）项之规定，本院判决如下：

维持被告中华人民共和国国家知识产权局专利复审委员会作出的第9508号无效宣告请求审查决定。案件受理费100元，由原告默克公司负担（已交纳）。如不服本判决，原告默克公司可于本判决书送达之日起30日内，被告中华人民共和国国家知识产权局专利复审委员会及第三人河南天方药业股份有限公司可于本判决书送达之日起15日内，向本院提交上诉状，并按对方当事人人数提交副本，交纳上诉案件受理费100元，上诉于中华人民共和国北京市高级人民法院。

审　判　长　刘海旗
代理审判员　佟　姝
代理审判员　乔　平
二〇〇八年八月十八日
书　记　员　高　颖

# 北京市高级人民法院
# 行政判决书

（2008）高行终字第378号

上诉人（原审原告）默克公司，住所地美利坚合众国新泽西州默瑟区西顿市贝尔泰文路820号。

法定代表人唐娜·L. 玛吉奥托，高级行政经理。

委托代理人吴玉和，男，汉族，1966年3月12日出生，中国专利代理（香港）有限公司专利代理人，住中华人民共和国北京市海淀区万泉河路68号院4号楼306号。

委托代理人庞立志，女，汉族，1967年11月25日出生，中国专利代理（香港）有限公司专利代理人，住中华人民共和国北京市海淀区万柳蜂鸟家园1楼1门1102号。

被上诉人（原审被告）中华人民共和国国家知识产权局专利复审委员会，住所地中华人民共和国北京市海淀区北四环西路9号银谷大厦10～12层。

法定代表人廖涛，副主任。

委托代理人李亚林，该委员会审查员。

委托代理人程强，该委员会审查员。

原审第三人河南天方药业股份有限公司，住所地中华人民共和国河南省驻马店市光明路2号。

法定代表人崔晓峰，董事长。

委托代理人彭晓玲，女，汉族，1974年12月12日出生，北京中誉威圣知识产权代理有限公司专利代理人，住中华人民共和国辽宁省抚顺市望花区辽中街16号楼1单元101号。

委托代理人石磊，男，汉族，1981年2月21日出生，北京中誉威圣知识产权代理有限公司专利代理人，住中华人民共和国北京市海淀区学院路37号北京航空航天大学。

上诉人默克公司因发明专利权无效行政纠纷一案，不服中华人民共和国北京市第一中级人民法院（以下简称北京市第一中级人民法院）（2007）一中行初字第854号行政判决，向本院提起上诉。本院2008年5月28日受理本案后，依法组成合议庭，于2008年6月24日公开开庭进行了审理。上诉人默克公司的委托代理人吴玉和、庞立志，被上诉人中华人民共和国国家知识产权局专利复审委员会（以下简称专利复审委员会）的委托代理人李亚林、程强，原审第三人河南天方药业股份有限公司

（以下简称天方药业公司）的委托代理人彭晓玲、石磊到庭参加了诉讼。本案现已审理终结。

北京市第一中级人民法院认定，涉案专利系名称为“用5-α还原酶抑制剂治疗雄激素引起的脱发的方法”的第94194471.9号发明专利（以下简称本专利），专利权人为默克公司。2004年6月18日，天方药业公司以本专利不符合《中华人民共和国专利法》（以下简称《专利法》）第二十六条第三、四款，第三十三条，第二十二条第二、三款及《中华人民共和国专利法实施细则》（以下简称《专利法实施细则》）第二十条第一款的规定为由，向专利复审委员会提出无效宣告请求。2007年2月6日，专利复审委员会作出第9508号无效宣告请求审查决定（以下简称第9508号决定），宣告本专利权全部无效。

北京市第一中级人民法院认为，天方药业公司在提出本案的无效宣告请求时已经明确将本专利不符合《专利法》第二十二条第二、三款的规定作为了无效理由，双方当事人在转文及口头审理过程中都对上述问题充分陈述了意见。默克公司提出的所谓专利复审委员会未告知的相应问题，均只是在新颖性和创造性评判的过程中所进一步论述的一些具体法律理解的问题。在默克公司已经对于本专利的新颖性和创造性问题充分陈述了意见的情况下，第9508号决定并不存在违反请求原则和听证原则的程序性错误。

关于新颖性，本专利权利要求1与天方药业公司提交的附件3存在的两点区别是：（1）本专利限定了药物的使用剂量为约0.05~3.0mg；（2）本专利限定了给药方式为口服给药，而附件3未限定给药方式。区别1即对于给药剂量的限定，给药剂量的限定并不能在制药过程中予以完全体现，其还涵盖了医生的治病行为，而制药用途权利要求的保护范围并不包括医生以何种剂量给予患者该药物对其进行治疗的行为。由此可见，给药剂量这一特征不能体现在制药过程中而只是治病的技术特征，专利复审委员会关于其对于权利要求1不具备限定作用进而在新颖性、创造性评价中视为不存在的观点正确。鉴于权利要求1与附件3相比仍然存在口服给药方式这一区别。基于这一区别技术特征的存在，权利要求1相对于附件3具有新颖性。在此基础上，权利要求1的从属权利要求2~5相对于附件3也具备新颖性。

关于创造性，非那甾胺在本专利中可以以所有普通药学专业人员熟知的形式给药，并均可以以权利要求1中所称的0.05~3.0mg/天的低剂量使用。由此可见，口服给药这一区别技术特征并没有给本专利带来任何意料不到的技术效果，故权利要求1相对于附件3不具备创造性，权利要求2~5同样不具备创造性。权利要求6与附件3的区别在于权利要求6公开的是单位剂量而附件3所公开的是重量百分数，对于药物中有效成分含量的选择是所属技术领域技术人员的常用技术手段，从本专利的说明书中亦不能看出将药物的有效成分限定为0.05~3.0mg赋予了本专利何种有益效果。因此，权利要求6相对于附件3不具备创造性。权利要求7~21均不具备创造性。

北京市第一中级人民法院依照《中华人民共和国行政诉讼法》第五十四条第（一）项之规定，判决：维持第9508号决定。

默克公司不服原审判决，向本院提起上诉，请求撤销原审判决及第9508号决定。其理由主要为：（1）专利复审委员会在第9508号决定中所认定的用途权利要求等同于方法权利要求、药物的服用剂量不会对适应症等产生限定性影响及对药物中有效成分和含量进行选择是本领域的常规技术等理由和事实认定均未告知专利权人，违反了《审查指南》的相关程序性规定。（2）给药剂量可以用以限定医药用途权利要求，而且医药用途权利要求的保护范围由其全部必要技术特征界定，对医生的治疗行为没有法律约束力，原审判决关于“给药剂量不能体现在制药过程中而只是制药的技术特征”这一认定的推理过程是错误的。（3）原审判决在创造性判断中不考虑剂量方面的区别技术特征是错误的。相对于附件3，本专利使用的药剂适用于口服给药和含有更低剂量的非那甾胺，能够达到治疗雄性脱发的治疗效果，而潜在的毒副作用得以降低。本专利的上述技术手段和技术效果使得其相对于现有技术具有突出的实质性特点和显著的进步，具有创造性。专利复审委员会、天方药业公司服从原审判决。

本院经审理查明，名称为“用5-α还原酶抑制剂治疗雄激素引起的脱发的方法”的发明专利（即本专利）由默克公司于1994年10月11日向原中国专利局提出申请，于2002年12月25日被授权公告，专利号为94194471.9。本专利的授权权利要求为：

“1. 17β-（N-叔丁基氨基甲酰基）-4-氮杂-5α-雄甾-1-烯-3-酮在制备适于口服给药用以治疗人的雄激素引起的脱发的药剂中的应用，其中所述的药剂包含剂量为约0.05~3.0mg的17β-（N-叔丁基氨基甲酰基）-4-氮杂-5α-雄甾-1-烯-3-酮。

2. 权利要求1的应用，其中该剂量为约0.05~1.0mg。

3. 权利要求2的应用，其中该剂量为约1.0mmg。

4. 权利要求3的应用，其中雄激素引起的脱发是男性型秃头。

5. 权利要求1的应用，其中雄激素引起的脱发是男性型秃头。

6. 一种用于治疗雄性激素引起的脱发并促进头发生长的药物组合物，它含有0.05~3.0mg单位剂量的17β-（N-叔丁基氨基甲酰基）-4-氮杂-5α-雄甾-1-烯-3-酮和可药用载体。

7. 权利要求6的药物组合物，其中雄激素引起的脱发是男性型秃头。

8. 权利要求6的药物组合物，其中所述组合物经口服给药。

9. 权利要求6~8之任一项的药物组合物，其中单位剂量为约0.05~1.0mg。

10. 权利要求6~8之任一项的药物组合物，其中单位剂量为约1.0mg。

11. 权利要求6~8之任一项的药物组合物，其中组合物为片剂。

12. 权利要求10的药物组合物，其中组合物为片剂。

13. 权利要求6~8之任一项的药物组合物，其中药用载体选自磷酸钙、乳糖、玉米淀粉和硬脂酸镁。

14. 权利要求13的药物组合物，其中药用载体选自乳糖和硬脂酸镁。

15. 权利要求13的药物组合物，其中的片剂还含有下列的一种或多种：粘结剂、润滑剂、崩解剂和着色剂。

16. 权利要求15的药物组合物，其中的粘结剂选自：淀粉、明胶、天然糖、玉米甜味剂、树胶、羧甲基纤维素、聚乙二醇和蜡。

17. 权利要求16的药物组合物，其中的粘结剂选自淀粉和明胶。

18. 权利要求15的药物组合物，其中的润滑剂选自油酸钠、硬脂酸钠、硬脂酸镁、苯甲酸钠、乙酸钠及氯化钠。

19. 权利要求18的药物组合物，其中的润滑剂为硬脂酸镁。

20. 权利要求15的药物组合物，其中的崩解剂选自淀粉、甲基纤维素、琼脂、膨润土和合成生物聚合胶。

21. 权利要求20的药物组合物，其中的崩解剂为淀粉。

在本专利说明书中有如下记载：非那甾胺（17β-（N-叔丁基氨基甲酰基）-4-氮杂-5α-雄甾-1-烯-3-酮）……也具有提供用于本发明新的治疗方法的合适的系统，口服、肠胃外和局部药物制剂的目的，含有5-α还原酶2抑制剂化合物作为活性成分，用于治疗上述过量雄性激素病的组合物可以广泛的治疗剂量形式以普通载体系统给药……同样地，它们也可静脉内（快速浓注bolus和输注）、腹膜内、皮下、局部伴随或没有吸留（occlusion）或肌内形式，所有普通药学专业人员熟知形式给药。对于口服给药，例如，可以提供含有0.01、0.05、0.1、0.2、1.0、2.0和3.0mg的活性成分的刻痕或未刻痕的片剂形式的组合物作为对被治疗患者的症状的剂量调节。

2004年6月18日，天方药业公司以本专利不符合《专利法》第二十六条第三、四款，第三十三条，第二十二条第二、三款及《专利法实施细则》第二十条第一款的规定为由，向专利复审委员会提出无效宣告请求并提交了相应的证据，其中：

附件3为专利号EP0285382A2的欧洲专利说明书复印件及其中文译文共计11页，该专利的公开日为1988年10月5日。附件3的名称为用17β-N-单取代-氨甲酰基-4-氮-5α-雄烷-1-烯-3-酮治疗雄性脱发，该专利包括8项权利要求。权利要求5的内容为：17β-（N-叔丁基甲酰胺基）-4-氮-5α-雄烷-1-烯-3-酮的用途是供生产用于使雄性脱发停止和逆转的药物。权利要求6内容为：上述任何权利要求所述的用途，其中雄性脱发是指男性型脱发。权利要求7内容为：上述任何权利要求所述的用途，其中生产的药物含有0.10%~15%化合物和一种可以药用的载体。

2007年2月6日，专利复审委员会作出第9508号决定，认为：（1）关于《专利法》第三十三条。默克公司对于本专利授权文本的修改符合《专利法》第三十三条的规定，天方药业公司的相关无效理由不能成立。（2）关于《专利法》第二十六条第三款的问题。基于说明书中的记载，本领域技术人员能够实现权利要求1~5所述的制药用途的技术方案，并且可以预期其技术效果，达到发明目的。剂量是用药的技术特征，权利要求1~5请求保护的是制药用途，因此“剂量”对权利要求1~5不起限定作用，天方药业公司关于以剂量为特征限定药品的活性成分在制药中无法实现的理由的基础已不存在。权利要求6~21请求保护的是药物组合物，虽然说明书中没有具体实施方式详细记载所述组合物的制备方法，但是说明书中指出上述组合物可以用现有技术常规的方法来制备且大量列举了组合物中所使用的各种辅料，本领域技术人员在此基础上能够制备得到权利要求6~21的药物组合物。（3）关于《专利法》第二十六条第四款的规定。权利要求1~5的制药方法中限定的是用药的剂量，而非药物中有效成分的含量，剂量对于制药用途权利要求不起限定作用，而根据说明书中的记载可以概括出权利要求6~21的药物组合物权利要求。（4）关于《专利法实施细则》第二十条第一款的规定。剂量对于制药用途的保护范围不起限定作用，所以权利要求1~5不会因为其中的“剂量”这一术语而不清楚，故天方药业公司的该无效理由不能成立。（5）关于《专利法》第二十二条第二款。本专利权利要求1与附件3相比区别在于①本专利限定该药物的使用剂量为约0.05~3.0mg和（2）口服给药方式。但上述两个区别均为用药的特征，对于制药方法的技术方案不起限定作用，因为物质的制药用途实际上等同于药品的制备方法，作为药品的制备方法，能直接对其起到限定作用的特征只能是原料、制备步骤和条件、药物产品形态或成分等特征，用药是药物制备完成之后的下一步骤，制药与用药是不同的两个步骤，其时间域并无重合。但如果特定的用药过程客观上对制药提出了一定要求，如对制药方法的原料选择、制备步骤以及产品成分等特征产生了影响，则可以视同为制药的技术特征。上述的区别①为本专利的药物能以约0.05~3.0mg的剂量使用，为满足上述服用剂量，患者可以多次服用较低含量的药物或者较少次地服用较高含量的药物，这是一般的生活常识。从本专利的说明书也可以看出剂量与活性成分含量并无必然联系，药物的服用剂量更不会对制药的原料、制造方法以及适应症等产生限定性的影响。所以，该区别特征对权利要求1不具备限定作用，在新颖性、创造性的评价中视为不存在。对于区别②，其虽然涉及的也是药物产品的使用方法，但是一般其隐含一定的产品技术特征，如口服给药要求其辅料必须适于口服，这就对辅料的选择起到了限定作用，即上述区别②在一定程度上对药物产品起限定作用。因此，本专利权利要求1与附件3中权利要求5的区别技术特征仅在于本专利限定了给药方式为口服，附件3没有限定给药方式。综上，本专利权利要求1因与附件3存在区别技术特征而具有新颖性，权利要求2~5作为权利要求1的从属权利要求，其也相对于附件3具备新颖性。权利要求6请求保护含有非那甾胺的药物组合物，其中非那甾胺的含量为0.05~3.0mg单位剂量，附件3中没有公开该含量的药物组合物，权利要求6与附件3相比存在区别技术特征，所以，权利要求6相对于附件3具备新颖性。权利要求7~21均直接或间接引用了权利要求6，其相对于附件3具备新颖性。（6）关于《专利法》第二十二条第三款的规定。本专利权利要求1与附件3的区别特征仅在于本专利权利要求1还限定了给药方式为口服，而口服给药是一种本领域技术人员熟知的给药形式，其对辅料的选择也是公知的，若认定权利要求1具有创造性，就要求其具有基于给药方式改变而非其他原因产生的出人意料的技术效果，即如果有证据表明，非那甾胺在制成其他剂型时只能以较高剂量使用，而制成口服剂型后却可以以较低剂量服用并达到高剂量使用其他剂型相同的效果，则权利要求1也就具有了基于剂型改变所产生的出人意料的技术效果。但从本专利的说明书中可以看到，权利要求1的方法所制得的产品除具有口服剂型通常所具有的特点外，不存在其他相对于附件3中权利要求5的方法所制得的产品而言出人意料的技术效果。因此，权利要求1相对于附件3不具备创造性。权利要求2~3对权利要求1进一步限定的特征均涉及“剂量”，由于剂量对于制药用途的权利要求不具有限定作用，故权利要求2~3相对于附件3也不具备创造性。权利要求4~5分别引用权利要求3、1，限定其中雄激素引起的脱发是男性型秃头，附件3的权利要求6同样也限定雄激素性脱发为男性型秃头，故权利要求4~5也不具备创造性。权利要求6请求保护一种药物组合物，权利要求6与附件3相比请求保护的药物组合物中含有0.05~3.0mg单位剂量的非那甾胺，而附件3中相应含量为0.10%~1.5%。由于对药物中有效成分的含量进行选择是本领域的常规技术，而从说明书中又不能看出将有效成分限定为0.05~3.0mg有何出人意料的技术效果，因此，权利要求6的技术方案不具备创造性。权利要求7引用权利要求6，附加技术特征为将适应症限定为男性型秃头，附件3的权利要求6也相应的将雄激素引起的脱发限定为男性型脱发，因此权利要求7相对于附件3也不具备创造性。权利要求8引用权利要求6，附加技术特征为所述组合物经口服给药，基于口服给药这一技术特征不能为权利要求1带来创造性的原因，权利要求8也不具备创造性。权利要求9~10进一步限定了单位剂量的范围，其也不具备创造性。权利要求11~12限定了药物组合物的剂型为片剂，权利要求13~21分别对药物的辅料进行了限定，但这些均是本领域的公知常识，未能使得本专利具备创造性。因此，本专利所有权利要求相对于附件3不具备创造性，不符合《专利法》第二十二条第三款的规定。

综上所述，专利复审委员会宣告本专利权无效。

上述事实，有本专利授权公告文本、第9508号决定、附件3及当事人陈述等证据在案佐证。

本院认为：

（1）关于专利复审委员会所做出的第9508号决定是否存在程序违法的问题。

专利复审委员会做出无效决定时应当给予当事人就这些具体的事实和理由进行解释和申述理由的适当机会，特别是作为做出审查决定所依据的事实和理由，必须要给予当事人进行解释和申诉理由的机会。天方药业公司在提出本案的无效宣告请求时已经明确将本专利不符合《专利法》第二十二条第二、三款的规定即新颖性和创造性问题作为了无效理由，双方当事人在转文及口头审理过程中都对上述问题充分陈述了意见。故在默克公司已经对于本专利的新颖性和创造性问题充分陈述了意见的情况下，专利复审委员会并不存在违反听证原则的程序性错误。默克公司认为专利复审委员会违反听证原则的上诉主张不能成立，本院不予支持。

（2）关于本专利的新颖性问题。

专利法所称的新颖性是指在申请日以前没有同样的发明或者实用新型在国内外出版物上公开发表过、在国内公开使用过或者以其他方式为公众所知，也没有同样的发明或者实用新型由他人向国务院专利行政部门提出过申请并且记载在申请日以后公布的专利申请文件中。附件3的公开日早于本专利的申请日，构成了本专利的现有技术，可以用于评价本专利的新颖性。

本专利权利要求1与附件3存在两个区别技术特征：①本专利限定了药物的使用剂量为约0.05～3.0mg；②本专利限定了给药方式为口服给药，而附件3未限定给药方式。鉴于本专利权利要求1与附件3相比存在上述两个区别技术特征，权利要求1相对于附件3具有新颖性。在此基础上，权利要求1的从属权利要求2～5相对于附件3也具备新颖性。由以上分析也可以得出本专利权利要求6相对于附件3具有新颖性。在此基础上，直接或者间接引用权利要求6的权利要求7～21相对于附件3也具有新颖性。

专利复审委员会认为，上述两项区别技术特征均属于用药特征，而作为一个一般的原则，用药特征本身对于制药方法的技术方案不起限定作用。而默克公司则主张物质的制药用途与药品的制备方法不同。本院均不同意上述两个观点。

本专利是化合物的医药用途发明，其采用的权利要求撰写方式为“化合物X作为制备治疗Y病药物的应用”这种典型的医药用途权利要求。这种方式是为了解决“化合物X用于治疗Y病”为疾病治疗方法不能授予专利权这一专利法的困境，其真正保护的是化合物X的医药用途。如果化合物X的医药用途落实到药品的制备上，则可以视为药品的制备方法，效果与“治疗Y病的药物的制备方法，其特征在于应用化合物X,，等同。因此，默克公司的上述主张是不能成立的。

医药用途发明本质上是药物的使用方法发明，如何使用药物的技术特征，即使用剂型和剂量等所谓的“给药特征”，应当属于化合物的使用方法的技术特征而纳入其权利要求之中。实践中还有在使用剂型和剂量等所谓“给药特征”方面进行改进以获得意想不到的技术效果的需要。此外，药品的制备并非活性成分或原料药的制备，应当包括药品出厂包装前的所有工序，当然也包括所谓使用剂型和剂量等“给药特征”。本专利即属于对剂量所做的改进而申请的医药用途发明专利。当专利权人在所使用的剂型和剂量等方面做出改进的情况下，不考虑这些所谓“给药特征”是不利于医药工业的发展及人民群众的健康需要的，也不符合专利法的宗旨。所以，专利复审委员会的上述观点也是难以令人信服的。

原审法院认为，制药用途权利要求的保护范围并不包括医生以何种剂量给予患者该药物对其进行治疗的行为，否则会限制医生在诊断和治疗过程中选择各种方法和条件的自由，从而损害公众利益，也有违我国专利法的立法宗旨。本院认为这种担心是不必要的。第一，医生的治疗行为并非以经营为目的，其行为不会构成侵犯专利权；第二，医药用途发明权利要求通常包括药品物质特征、药品制备特征及疾病适应症特征，而医生的治疗行为仅仅涉及如何使用药物的技术特征，不涉及药品制备特征，不会侵犯专利权。因此，将剂型、使用剂量等技术特征纳入医药用途发明权利要求不会限制医生治疗行为自由的。

（3）关于本专利的创造性评价问题。

根据《专利法》第二十二条第三款的规定，创造性是指同申请日以前已有的技术相比，该发明有突出的实质性特点和显著的进步。

关于本专利权利要求1及其从属权利要求的创造性一节。

根据本院在关于本专利的新颖性部分所评述的内容可知，权利要求1与附件3相比存在两个区别技术特征。

针对区别技术特征1，本专利说明书中公开了现有技术的剂量为5～2000mg，而本专利选用的范围为0.05～3mg，由此可见，现有技术最小使用剂量为5mg，而本专利最大使用剂量为3mg。作为一个公知常识，本领域普通技术人员均知晓要想确定药物的用量，只需根据教科书的教导找出引起药理效应的最小剂量以及出现不良反应的最小剂量即可，因此，本领域普通技术人员在现有技术的基础上得到低剂量的技术方案是无须创造性劳动的，而且专利权人提交的证据尚不足以证明本专利取得了预料不到的技术效果。

针对区别技术特征2，本专利权利要求1中限定了给药方式为口服给药。在药物发明专利中，每种剂型都具有该剂型本身所赋予的特征、优点或性能，同时也具有该剂型本身所产生的不足或缺陷，选取何种剂型是本领域技术人员根据药物的特点及适应症等因素来确定。除非该剂型的选择非其他因素为本专利带来了意料不到的技术效果，通常常规剂型的选择是没有创造性的。本案中，通过阅读本专利的说明书可以发现，非那甾胺在本专利中可以以所有本领域普通技术人员熟知的形式给药，口服剂型的选择是常规的，也没有任何证据证明该口服剂型的选择为本专利带来何种意想不到的技术效果，因此，本专利权利要求1相对于附件3不具备创造性。由此可见，口服给药这一区别技术特征并没有给本专利带来任何意料不到的技术效果。由上述分析可知，本专利权利要求1相对于附件3不具备创造性。

权利要求2和权利要求3是在权利要求1的基础上对于使用剂量的进一步限定，基于本院已经认定使用剂量对于本专利而言没有产生意想不到的效果，在权利要求1相对于附件3不具备创造性的基础上，权利要求2和权利要求3同样不具备创造性。

权利要求4和权利要求5进一步限定了雄激素引起的脱发是男性型秃头，附件3同样限定雄激素性脱发为男性型秃头，在权利要求1相对于附件3不具备创造性的基础上，权利要求4和权利要求5同样不具备创造性。

关于权利要求6及其从属权利要求的创造性一节。

权利要求6所要保护的是一种含有0.05～3.0mg单位剂量活性成分非那甾胺的药物组合物，附件3公开了一种含有0.10％～1.5％非那甾胺的药物组合物，二者均用于治疗雄激素引起的脱发。也就是说，二者的区别在于权利要求6公开的是单位剂量而附件3所公开的是重量百分数。对于药物中有效成分含量的选择是所属技术领域技术人员的常用技术手段，而且，从本专利的说明书中亦不能看出将药物的有效成分限定为0.05～3.0mg赋予了本专利何种有益效果。因此，权利要求6相对于附件3不具备创造性。

权利要求7进一步将权利要求6中的适应症限定为男性型秃头，由于附件3作出了相同的限定，在权利要求6不具备创造性的基础上，权利要求7亦不具备创造性。

权利要求8在权利要求6基础上限定的附加技术特征的给药方式为口服给药，由于本院已经确定口服给药的方式未能够给本专利带来意料不到的技术效果，权利要求8在权利要求6不具备创造性的基础上亦不具备创造性。

权利要求9和权利要求10是对于单位剂量的具体限定，在权利要求6不具备创造性的基础上，这种对于单位剂量的具体限定亦不具备创造性。

权利要求11和权利要求12是对于药物组合物剂型的限定，权利要求13～21是对于药物辅料的进一步限定，上述附加技术特征均属于公知常识，在权利要求6不具备创造性的基础上，权利要求11和权利要求12以及权利要求13～21均不具备创造性。

综上所述，原审判决认定事实基本清楚，适用法律正确。默克公司的上诉主张不能成立，本院予以驳回。依照《中华人民共和国行政诉讼法》第六十一条第一款第（一）项之规定，判决如下：

驳回上诉，维持原判。

一审案件受理费100元，由默克公司负担（已交纳）；二审案件受理费100元，由默克公司负担（已交纳）。

本判决为终审判决。

审　判　长　刘　辉
代理审判员　岑宏宇
代理审判员　焦　彦
二〇〇八年九月十二日
书　记　员　陈　明

003

# 活磁能量按摩文胸

## 无效宣告请求审查决定（第9529号）

**决　定　号**　第9529号
**决　定　日**　2007年2月26日
**发明创造名称**　活磁能量按摩文胸
**国际分类号**　A41C 3/00，A61H 39/04，A61N 2/08
**无效宣告请求人**上海启梦企业发展有限公司
**专利权人**　萧俊贤
**专　利　号**　200420021103.8
**申　请　日**　2004年3月19日
**授权公告日**　2005年3月30日
**合议组组长**　张　沧
**主　审　员**　许　磊
**参　审　员**　吴通义

**法律依据**　专利法第26条第3款
**决定要点**
说明书应当使用所属技术领域的技术术语来准确地表达发明或者实用新型的技术内容，不得含糊不清或者模棱两可，以致所属技术领域的技术人员不能清楚、正确地理解该发明或者实用新型。

### 一、案由

本无效宣告请求案涉及国家知识产权局于2005年3月30日公告授予的、名称为“活磁能量按摩文胸”的200420021103.8号实用新型专利权（下称本专利），其申请日为2004年3月19日，专利权人是萧俊贤。

本专利授权公告的权利要求书如下：

“1. 一种活磁能量按摩文胸，由罩杯、连接带、背带组成，其特征在于所述的罩杯内置有按摩垫和活磁片。”

2. 根据权利要求1所述的活磁能量按摩文胸，其特征在于所述的罩杯的内衬为透气性材料。

3. 根据权利要求1所述的活磁能量按摩文胸，其特征在于所述的按摩垫均匀分布着数个柔软圆形凸点，凸点内置有能量因子。

4. 根据权利要求3所述的活磁能量按摩文胸，其特征在于所述的柔软圆形凸点一边固定。

5．根据权利要求3所述的活磁能量按摩文胸，其特征在于所述的能量因子为中空透明微小元素。

6．根据权利要求1所述的活磁能量按摩文胸，其特征在于所述的活磁片为纳米片。”

针对上述专利权，上海启梦企业发展有限公司（下称请求人）于2006年3月23日向专利复审委员会提出无效宣告请求，认为本专利不符合专利法第5条、专利法第22条第3款、专利法第26条第3款以及专利法实施细则第2条第2款的规定，请求人同时提交了下列附件作为证据：

附件1：1999年7月28日公告的98200509.1号中国实用新型专利说明书，复印件共10页；

附件2：1997年5月11日公告的编号为305130的台湾新型专利公报，复印件共4页；

附件3：“黛丽儿奈米活磁按摩胸罩”宣传彩页1张（双面）、“依艾蒂活磁能量按摩文胸”宣传彩页1张（双面）；

附件4：民事起诉状复印件2页及姜新兰的证词1页，共3页。

请求人提出的具体无效理由是：附件1和2公开了与本专利权利要求1~5所述形状结构基本相同的同类产品，所以权利要求1~5不符合专利法第22条规定的创造性；权利要求2、6纯粹保护材料，不符合专利法实施细则第2条第2款的规定；权利要求1、3~6不符合专利法第5条的规定；本专利中的“活磁片”、“能量因子”、“中空透明微小元素”以及“纳米片”不清楚，导致说明书不符合专利法第26条第3款的规定。

请求人于2006年4月20日提交了《意见陈述书》并随《意见陈述书》提交了附件5~9，请求人认为附件5~9表明本专利权利要求2、6不具备创造性且不符合专利法实施细则第2条第2款的规定。请求人提交的附件5~9如下：

附件5：1999年7月21日公告的98224173.9号中国实用新型专利说明书首页、权利要求书、说明书和说明书附图，复印件共5页；

附件6：1997年5月21日公开的95113337.3号中国发明专利申请公开说明书首页、权利要求书及说明书附图4，复印件共2页；

附件7：1999年1月27日公开的97108996.5号中国发明专利申请公开说明书首页及说明书附图，复印件共2页；

附件8：1995年6月14日公告的94220208.2号中国实用新型专利说明书首页、权利要求书，复印件共2页；

附件9：1996年3月13日公告的94211617.8号中国实用新型专利说明书首页、权利要求书，复印件共2页。

经形式审查合格后，专利复审委员会受理了上述请求，于2006年7月17日向双方当事人发出《无效宣告请求受理通知书》，并将请求人提交的《专利权无效宣告请求书》及其附件清单中所列附件和无效宣告请求人于2006年4月20日提交的《意见陈述书》及其附件清单中所列附件转送给专利权人，要求其在指定期限内答复。

2006年9月1日，专利权人针对上述无效宣告请求提交了《意见陈述书》和修改的权利要求书替换页，修改后的权利要求书如下：

“1．一种活磁能量按摩文胸，由罩杯、连接带、背带组成，所述的罩杯内置有按摩垫，所述的按摩垫均匀分布着数个柔软圆形凸点，其特征在于，所述的罩杯还内置有活磁片，所述的凸点内置有能量因子。

2．根据权利要求1所述的活磁能量按摩文胸，其特征在于所述的罩杯的内衬为透气性材料。

3．根据权利要求1所述的活磁能量按摩文胸，其特征在于所述的柔软圆形凸点一边固定。

4．根据权利要求1所述的活磁能量按摩文胸，其特征在于所述的能量因子为中空透明微小元素。

5. 根据权利要求1所述的活磁能量按摩文胸，其特征在于所述的活磁片为纳米片。”

专利权人同时提交了下述证据作为反证：

反证1：“促进药物透皮吸收的方法”，黄际薇等，《中国医院药学杂志》2000年第20卷第11期，第680～682页，复印件共3页；

反证2：“目前我国透皮给药系统研究的基本思路”，杨晓春等，《中国新药杂志》2001年第10卷第5期，第321～324页，复印件共4页；

反证3：“透皮吸收制剂研究进展”，刘文等，《贵阳中医学院学报》2001年6月第23卷第2期，第45～47页，复印件共3页；

反证4：“磁性纳米材料”，王明华，BIOMAGNETISM，复印件共1页；

反证5：“纳米技术蕴酿制造业一场革命”，庚晋等，WMEM第6期，2001年12月，第35～36页，复印件共2页；

反证6：“纳米磁体开辟数据存储新天地”，Mathew A. Dirjish/王正华译，《今日电子》1999年第8期，第6～7页，复印件共2页；

反证7：《金属功能材料》1999年，第184页，复印件共1页；

反证8：“纳米复合永磁体的成分、晶粒尺寸与各向异性”，冯维存等，《功能材料与器件学报》2003年12月，第9卷第4期，第405～408页，复印件共4页。

专利权人认为：

根据反证1～8记载的现有技术，可知：（1）磁片有两类，一种是天然带有磁性的矿石，其磁性会随着长时间的使用而减弱（消磁）；另一种是注入式磁片（永磁体），其磁性永久保持，不会消磁，因而也称为“活磁片”，本专利所称的“活磁片”即是注入式磁片，永不消磁；（2）能量因子采自化妆品类和高科技产品，是一种植物萃取物，纯植物精华；（3）所说的中空透明微小元素为TDS－Liposomes透释磷脂球，其可将植物的萃取物吸附及包围在球体中，因为其球体微小，所以不会被细胞排斥，不仅能在按摩垫的凸起中形成对流，而且能够通过按摩垫的极微细的毛细孔被释放出来并作用于乳房肌肤（见反证1～3）；（4）所说的纳米片是指采用纳米材料制成的纳米磁片，其通常在医学上被广泛应用（见反证4～8）。所以，本专利中的“活磁片”、“能量因子”、“中空透明微小元素”和“纳米片”均为本专利的申请日前的公知技术，并为本领域技术人员所熟知，本领域技术人员根据说明书的记载结合现有技术和自身的技术常识，完全可以再现本专利的技术方案，所以本专利的说明书符合专利法第26条第3款的规定。同时，修改后的权利要求1～5相对于请求人提交的附件1～9具备新颖性和创造性。

2006年10月31日，专利复审委员会本案合议组向双方当事人发出《无效宣告请求口头审理通知书》，通知将于2006年12月14日在专利复审委员会对本无效宣告请求进行口头审理，并将专利权人于2006年9月1日提交的《意见陈述书》以及其附件清单所列文件转交请求人，要求其在口头审理时一并答复。

请求人于2006年11月10日提交了《无效宣告请求口头审理通知书回执》，表示不参加口头审理。同时，请求人针对专利权人于2006年9月1日提交的《意见陈述书》及所附的修改后的权利要求书和反证1～8陈述了意见。请求人认为：（1）专利权人在答辩陈述中提到的反证1～8均非本案争议专利产品的制造业界的行业内技术刊物，文章中划示的有关内容属于与本案无关的材料；（2）专利权人在答辩中对其权利要求及专利说明书中一些不清楚的词语进行了解释，但未清楚说明其解释与其证据的关联性，也未说清楚为何以纳米材料制成的纳米磁片能相对一般磁片更具有理疗效果，而且也未提出“活磁”就是“永磁”的根据，其无济于解决其说明书违反专利法第26条第3款的问题；

(3) 专利权人将权利要求 1 与权利要求 3 合并，并未影响对比文件公开的结构对其新权利要求的覆盖，因此其新权利要求同样应被宣告无效。

专利权人没有提交《无效宣告请求口头审理通知书回执》。

2006 年 12 月 14 日，口头审理如期举行，请求人和专利权人均未出席口头审理。

至此，合议组认为本案事实清楚，可以作出审查决定。

**二、决定的理由**

1. 审查文本的认定

专利权人于 2006 年 9 月 1 日提交了权利要求书的修改文本，删除了权利要求 1，将从属于原权利要求 1 的原权利要求 3 修改为新权利要求 1 并对其他权利要求的引用关系作了相应修改。经审查，该修改文本符合专利法以及专利法实施细则的相关规定，可以作为审查的基础。因此，本决定所依据的文本为专利权人于 2006 年 9 月 1 日提交的权利要求第 1 ~ 5 项以及本专利授权公告的说明书第 1 ~ 2 页、说明书附图第 1 页、说明书摘要和摘要附图。

2. 专利法第 26 条第 3 款

专利法第 26 条第 3 款规定：说明书应当对发明或者实用新型作出清楚、完整的说明，以所属技术领域的技术人员能够实现为准。

根据该款规定，说明书应当使用所属技术领域的技术术语来准确地表达发明或者实用新型的技术内容，不得含糊不清或者模棱两可，以致所属技术领域的技术人员不能清楚、正确地理解该发明或者实用新型。

本案中，权利要求 1 请求保护“一种活磁能量按摩文胸，由罩杯、连接带、背带组成，所述的罩杯内置有按摩垫，所述的按摩垫均匀分布着数个柔软圆形凸点，其特征在于，所述的罩杯还内置有活磁片，所述的凸点内置有能量因子。”

其中的能量因子在权利要求 4 中被进一步定义为“中空透明微小元素”，在说明书中对其仅有“一种透明中空颗粒”和“一种透明中空颗粒，纯植物靖华，会随体温而产生冷缩热胀变化，形成对流”的描述（见说明书第 1 页倒数第 7 ~ 8 行和第 2 页第 9 ~ 10 行）；其中的活磁片在权利要求 5 中被进一步定义为一种纳米片，在说明书中被描述为“纳米片，下加宽设计”（见说明书第 1 页倒数第 3 行）。

合议组认为，从权利要求 1 所要保护的产品来看，所说按摩文胸中的“活磁片”和内置于按摩垫凸点内的“能量因子”是获得本发明产品不可或缺的重要组成部分，但是，“活磁片”、“能量因子”是不清楚的用语，本领域技术人员不能正确地理解其技术含义。

(1) 关于“活磁片”，其不是本领域常用的技术术语，无清楚的确定含义，说明书中也没有对其结构和组成以及制备方法进行清楚的描述，本领域技术人员根据说明书的描述无法知晓何为“活磁片”以及如何获得，而且，根据说明书的记载以及本领域的常识，无法认定“活磁片”就是本领域已知的“注入式磁片”或“永磁体”。此外，虽然在本专利说明书中对“活磁片”进行了“为纳米片，下加宽设计”的限定，但是并没有对如何获得纳米片以及“下加宽设计”的纳米片进行说明，而且，根据本领域技术人员的公知常识，纳米物质意味着该产品的尺寸大小为纳米级，根据字面理解，纳米片为纳米级的小片，但是从本专利说明书的描述和附图来看，所说纳米片形式的活磁片是一片体积远远大于纳米级的物质，所以本领域技术人员根据说明书的记载，并不知晓“纳米片”为何种物质。专利权人认为“纳米片”就是用纳米材料制成的纳米磁片，但是，首先，本领域不存在“纳米片”即为“纳米磁片”的说法，其次，“纳米磁片”本身与“纳米片”一样，也是不清楚的，所以，不能证明“纳米片”是本领域具有清楚含义的确定物质。因此，“纳米片”也是本领域技术人员根据说明书的记载无法获得的物质。

（2）关于“能量因子”，在说明书中将其描述为“一种透明中空颗粒”、“纯植物精华，会随体温而产生冷缩热胀变化，形成对流”、“只有一边的固定点”，然而，根据说明书的描述，本领域技术人员并不明白所述的“能量因子”为何物、如何制得。此外，对于本专利中描述能量因子时所用的“中空透明微小元素”而言，其也不是本领域中具有清楚定义的已知用语，说明书中也未记载其组成、结构和制备方法，现有技术中也未教导其组成、结构和制备方法，因此，说明书中描述“能量因子”时采用的“中空透明微小元素”的用语仍然不具有清楚的含义。

合议组注意到，专利权人在无效程序中提交了反证 1 ~ 8 用以证明“活磁片”、“能量因子”、“中空透明微小元素”和“纳米片”为现有技术。但是，上述反证 1 ~ 8 均为复印件，专利权人未参加口头审理出示原件，合议组对反证 1 ~ 8 的真实性不予认定，其不能作为本案的有效证据使用。

综上所述，组成本专利产品所必需的“活磁片”和“能量因子”以及其所采用的“纳米片”和“中空透明微小元素”的进一步限定都不是所属技术领域已知具有确切含义的术语，说明书中也没有对其来源或制备进行描述，所属技术领域的技术人员根据说明书的描述和公知常识无法获得，从而不能根据说明书的描述实现本发明，所以说明书不符合专利法第 26 条第 3 款的规定。

鉴于依据上述事实已得出本专利不符合专利法第 26 条第 3 款的规定应予以宣告无效的结论，本决定对请求人提出的其他理由和证据不作评述。

故此，本案合议组作出如下审查决定。

**三、决定**

宣告 200420021103. 8 号实用新型专利权全部无效。

当事人对本决定不服的，可以根据专利法第 46 条第 2 款的规定，自收到本决定之日起三个月内向北京市第一中级人民法院起诉。根据该款的规定，一方当事人起诉后，另一方当事人应当作为第三人参加诉讼。

004

# 一种棉籽的处理方法

## 无效宣告请求审查决定（第9541号）

**决　定　号**　第9541号
**决　定　日**　2007年3月2日
**发明创造名称**　一种棉籽的处理方法
**国际分类号**　C11B 1/00，C08B 37/00
**无效宣告请求人**　柴京凯
**专利权人**　北京中棉紫光生物科技有限公司
**专　利　号**　00134520.6
**申　请　日**　2000年12月11日
**授权公告日**　2003年1月29日
**合议组组长**　张　沧
**主　审　员**　吴通义
**参　审　员**　许　磊

**法律依据**　专利法第22条第3款
**决定要点**

如果要求保护的技术方案相对于最接近的现有技术存在区别技术特征，同时现有技术中没有给出将上述区别技术特征应用到该最接近现有技术以解决其存在的技术问题的启示，并且要求保护的技术方案能够产生有益的技术效果，则认为该技术方案具备突出的实质性特点和显著的进步，符合专利法第22条第3款的规定。

### 一、案由

本无效宣告请求案涉及国家知识产权局于2003年1月29日公告授予的、名称为“一种棉籽的处理方法”的00134520.6号发明专利权（下称本专利），其申请日为2000年12月11日，专利权人为北京中棉紫光生物科技有限公司。该专利授权公告的权利要求如下：

“1. 一种棉籽的处理方法，其特征在于它是由以下步骤组成的：

①棉籽经剥壳机组剥壳并进行壳仁分离后，得到棉仁和棉壳，棉仁在下述条件下进行预处理：60～80℃软化，压胚，60～80℃烘干；其中：压胚厚度为0.3～0.5mm，水分在5%～9%，壳中含仁小于1%，仁中含壳小于15%，棉籽仁的粉末度小于8%；

②烘干后的棉仁直接进入浸出器，采用6#溶剂油一次浸出油脂，操作温度50～55℃，溶剂比为1.1～1.8：1，浸出时间为100～180分钟，混合油经一蒸、二蒸、汽提脱除溶剂后得到毛油，毛油经精炼得到食用油，蒸出的溶剂经冷凝器冷却后分水循环使用；

③含溶湿粕进入脱酚萃取器，采用甲醇萃取棉酚，萃取温度40～55℃，溶剂比为1～1.5：1，甲醇浓度80%～98%、浸出时间为30～60分钟；

④沥干后的湿粕经机械挤压脱溶后，使甲醇含量降低至30%～40%，然后进行烘干，烘干温度小于80℃，即可得到蛋白质含量大于50%、残油小于2%、游离棉酚含量小于0.04%、残溶小于0.05%的棉籽蛋白；

⑤将萃取棉酚后的甲醇液蒸发，采用分离方法将脂溶性物质及不溶于水的固体杂质去除，将水液干燥后即得到粗品低聚糖。”

针对上述专利权，柴京凯（下称请求人）于2006年4月12日向专利复审委员会提出无效宣告请求，认为本专利不符合专利法第22条第2款、第3款的规定。为支持其主张，请求人提交了下述证据：

证据1：《油脂浸出工艺学》，1997年10月第1版第1次印刷，中国商业出版社，封面，出版信息页，前言，目录，第1～37、65～66、104、105、107～112页，复印件共52页；

证据2：《油脂工业企业员工必读》，新疆科技卫生出版社，2000年7月第2次印刷，封面，出版信息页，序言，第27、28、31～33、56～60、67、68、70～71页，复印件共17页；

证据3：《油脂制取及加工技术》，湖北科学技术出版社，1998年8月第1版，2000年7月第2次印刷，封面，出版信息页，前言，第48、62～65、75～77、79～81、144～155、166～175、184～189页，复印件共24页；

证据4：《油脂科技》，商业部西安油脂科学研究所等，1985年第5期，封面，第15～21页，复印件共8页；

证据5：《油脂科技》，商业部西安油脂科学研究所等，1984年第1期，封面，第32～39页，复印件共9页；

证据6：《中国油脂》，中国粮油学会油脂专业学会，1988年第1期，封面，第23～29页，复印件共8页；

证据7：第94105913.8号中国发明专利申请公开说明书，公开日为1995年2月22日，复印件共7页。

依据上述证据，请求人主张：一次浸出工艺是一项成熟的技术，对棉籽采用一次浸出工艺是公知常识。具体来说，本专利权利要求1的特征①的内容为证据1～6所公开，完全是公开的常识；特征②的内容被讧据1～3、5～6公开，也完全是公知常识的内容；特征③已被证据1、7全部公开；特征④是公知常识或者是证据1、7公开的内容；特征⑤实质是现有技术，亦可称为公知常识。因此，证据1～7完全公开了本专利权利要求1的棉籽处理方法，本专利不具有新颖性和创造性，不符合专利法第22条第2～3款的规定。

经形式审查合格后，专利复审委员会受理了上述请求，于2006年4月12日向双方当事人发出《无效宣告请求受理通知书》，并将《专利权无效宣告请求书》及其所附文件的副本转送给专利权人，要求其在指定的期限内答复。

2006年5月30日，专利权人提交了《意见陈述书》。专利权人认为：（1）请求人提出的无效宣告理由和证据2、3、7与已作出的第7631号无效宣告请求审查决定书中的理由和证据相同，不符合专利法实施细则第65条第2款的规定；（2）证据1～7不属于公知常识；（3）本专利权利要求1分为

5 个步骤，共计 24 个技术特征，将证据 1 ~7 分别与权利要求 1 单独对比时，证据 1 有 18 个技术特征没涉及，证据 2 有 18 个技术特征没涉及，证据 3 有 20 个技术特征没涉及，证据 4 有 22 个技术特征没涉及，证据 5 有 20 个技术特征没涉及，证据 6 有 20 个技术特征没涉及，证据 7 有 14 个技术特征没涉及，即使将证据 1 ~7 合并与本专利比较，仍有 6 个技术特征没有涉及，证据 1 ~7 不能影响本专利的新颖性；(4) 除了证据 7 外，请求人提供的证据中的技术方案均是以制取棉籽油为主的工艺，而本专利是以制取棉籽蛋白为主的工艺，这两种技术方案的目的、方法步骤和技术效果不相同，不经过创造性劳动，不能得出本专利的技术方案，请求人提供的证据中给出的技术特征绝大部分与本专利相应的技术特征不同，请求人未提出根据其所提供的证据能够引导出本专利技术特征的启示，无任何证据说明本专利的组合不具有创造性。

2006 年 9 月 26 日，专利复审委员会本案合议组向双方当事人发出《无效宣告请求口头审理通知书》，拟定于 2006 年 11 月 21 日对该无效宣告请求进行口头审理，并随《无效宣告请求口头审理通知书》将专利权人于 2006 年 5 月 30 日提交的《意见陈述书》转送给请求人。

2006 年 10 月 19 日，专利权人再次提交《意见陈述书》，并补交了专利复审委员会第 7631 号无效宣告审查决定书（下称反证 1）。

2006 年 10 月 31 日，专利复审委员会本案合议组将专利权人于 2006 年 10 月 19 日提交的《意见陈述书》及其所附反证 1 转送给请求人。

2006 年 11 月 10 日，请求人提交了意见陈述，认为：(1) 证据 2 ~3、7 与新证据结合使用，符合专利法实施细则第 65 条的规定；(2) 证据 1 ~6 分别是教科书与公开发行的专业期刊，其内容应是公知常识；(3) 制取蛋白工艺只是对制取棉籽油工艺产生的棉籽粕再增加一个棉籽粕脱酚的步骤而已，在证据 1 ~7 公开内容的启示下，本专利不具有创造性。

2006 年 11 月 21 日，口头审理如期进行，双方当事人均出席了口头审理。在口头审理过程中，合议组就本案的无效理由及证据逐一进行了调查，双方当事人充分陈述了各自的意见。口头审理中记录的主要事实如下：(1) 请求人放弃权利要求 1 不具有新颖性的无效理由，仅主张权利要求 1 相对于证据 1 ~7 不具有创造性；(2) 请求人出示了证据 1 ~6 的原件，专利权人对证据 1 ~7 的真实性和公开性没有异议。

至此，合议组认为本案的事实清楚，可以作出审查决定。

**二、决定的理由**

1. 关于证据

证据 1 ~6 是本专利申请日前公开的出版物，请求人在口头审理中出示了证据 1 ~6 的原件；证据 7 是本专利申请日前公开的中国专利文献。专利权人认可证据 1 ~7 的真实性和公开性，故此，合议组对证据 1 ~7 的真实性和公开性予以确认。

反证 1 是专利复审委员会针对本专利权于 2005 年 9 月 14 日作出的第 7631 号无效宣告请求审查决定书，经核实，其内容真实，故合议组对反证 1 的真实性予以确认。

2. 关于专利法实施细则第 65 条第 2 款

专利法实施细则第 65 条第 2 款规定："在专利复审委员会就无效宣告请求作出决定之后，又以同样的理由和证据请求无效宣告的，专利复审委员会不予受理。"

在本无效宣告请求中，专利权人认为请求人所提交的证据 2 ~3 和 7 在针对本专利权的前一次无效宣告请求中已经使用过，本无效请求案的受理不符合专利法实施细则第 65 条第 2 款的规定。请求人认为，本无效宣告请求以证据 1 为主并结合其他证据来证明权利要求 1 不具有创造性，这种组合并未存在于前一次无效宣告请求中。

合议组认为，专利权人提交的反证1表明，在专利复审委员会针对本专利权于2005年9月14日作出的无效宣告请求审查决定中，其涉及创造性的具体理由和证据是本专利权利要求1相对于作为最接近的现有技术的附件1（相应于本案的证据7）、附件2（第91108214.X号中国发明专利说明书，授权公告日为1998年10月28日）、附件1和2的结合或者相对于附件1或2与附件3（相应于本案的证据3）或附件4（相应于本案的证据2）的结合不符合专利法第22条第3款的规定，而本无效宣告请求的理由和证据是本专利权利要求1相对于证据1～7的结合不具有创造性，其中最接近的现有技术是证据1，由于本案中将证据2、3和7与新的证据1等其他证据相结合用来评价本专利的创造性，因此，本无效请求案的受理没有违反专利法实施细则第65条第2款的规定。

3. 关于专利法第22条第3款

专利法第22条第3款规定：创造性，是指同申请日以前已有的技术相比，该发明有突出的实质性特点和显著的进步，该实用新型有实质性特点和进步。

如果要求保护的技术方案相对于最接近的现有技术存在区别技术特征，同时现有技术中没有给出将上述区别技术特征应用到该最接近现有技术以解决其存在的技术问题的启示，并且要求保护的技术方案能够产生有益的技术效果，则认为该技术方案具备突出的实质性特点和显著的进步，符合专利法第22条第3款的规定。

证据1涉及油脂浸出工艺，其第2页图1～1以大豆为例给出了浸出生产的一般过程；第5～21页介绍浸出用的溶剂，第20页倒数第10行指出目前浸出使用的溶剂主要是6号溶剂油；第22～37页介绍油脂浸出理论和机理，对于影响浸出速度的因素，第33页第30～32行指出，对于一次浸出，棉仁轧胚厚度以0.3毫米为宜，第34页第10行指出浸出温度一般低于溶剂沸点10℃左右，为50～55℃，第34页倒数第12～11指出棉籽仁料胚的水分控制在5%～7%；第109～112页介绍湿粕的脱溶烘干，第110页第6行指出，如果从浸出湿粕中提取蛋白质，则必须在低温下脱除溶剂（不超过80℃），第112页第1～5行给出湿粕脱溶的工艺，包括埋刮板输送机、料封绞龙、蒸烘机、冷却和成品粕入库。

将本专利权利要求1与证据1公开的内容相比，存在如下区别：（1）权利要求1包含棉籽剥壳后棉仁预处理、一次浸出油脂、从棉粕中制备棉籽蛋白和从萃取棉酚的甲醇液中提取低聚糖四个步骤，而证据1虽然在介绍油脂浸出工艺时提及油料棉籽处理的部分参数（如轧胚厚度和料胚的水分），但是证据1以大豆为例，没有公开完整的棉籽预处理、油脂提取、从棉粕中制备棉籽蛋白或从萃取棉酚的甲醇液中提取低聚糖的工艺步骤，更未记载包括上述四个步骤的棉籽处理技术方案；（2）在棉仁预处理步骤中，权利要求1限定棉籽仁在60～80℃软化，压胚后60～80℃烘干，壳中含仁小于1%，仁中含壳小于15%，棉籽仁的粉末度小于8%，证据1没有公开用于处理棉仁的这些具体参数；（3）在一次浸出油脂步骤中，权利要求1限定采用6#溶剂油一次浸出油脂时的溶剂比为1.1～1.8：1，浸出时间为100～180分钟，混合油经一蒸、二蒸、汽提脱除溶剂后得到毛油，毛油经精炼得到食用油，这些内容在证据1中没有记载；（4）在从棉粕中制备棉籽蛋白的步骤中，权利要求1用甲醇在脱酚萃取器中萃取棉酚，萃取温度为40～55℃，溶剂比为1～1.5：1，甲醇浓度为80%～98%、浸出时间为30～60分钟，对沥干后的湿粕进行机械挤压脱溶，使甲醇含量降低至30%～40%，然后进行烘干，烘干温度小于80℃，证据1中没有记载这些内容；（5）权利要求1包括从萃取棉酚的甲醇液中提取粗品低聚糖的步骤，证据1中未公开这一步骤；（6）权利要求1包括先用6#溶剂油浸出油脂后用甲醇萃取棉粕中的棉酚的组合，证据1中未记载这种组合。

根据上述区别技术特征以及本专利说明书的记载，本发明要解决的技术问题是提供一种棉籽的处理方法，该方法通过工艺步骤的设计以及具体工艺参数的确定，实现了棉籽仁直接浸提制油、棉粕脱酚制取符合食用要求的棉籽蛋白以及从所产生的废水的治理过程中得到粗品低聚糖的工业化连续生产，所述方法出油率高、脱酚彻底、有效蛋白不损失。

在请求人提交的证据 2 ~ 7 中：

证据 2 涉及油脂工业知识的介绍，其第 27 页倒数第 1 行至第 28 页第 2 行介绍油料剥壳后棉仁中含壳率不超过 10%，壳中含仁率不超过 0.5%，第 31 页表 5 介绍 YBFZ 系列齿辊剥壳机的指标达到棉仁中含壳率小于 15%，壳中含仁率小于 1%；第 32 页倒数第 9 行说明软化的目的是使油料达到适宜的可塑性，防止轧坯时粉末度过大，利于轧坯；第 56 页第 16 行在介绍以棉籽为例的压榨制油时，指出棉籽软化的温度为 60℃左右，水分 11% ~12%；同时，第 57 页倒数第 8-1 行指出，一次浸出法制油工艺只适用于低含油油料加工，预榨浸出法适合于含油量较高的油料，如棉籽等；第 59 页第 8 行指出 6 号抽提溶剂油是目前国内油脂浸出生产中普遍通用的溶剂，俗称浸出轻汽油；第 67 页倒数第 5、7 ~8 行在介绍平转浸出器的工艺技术要求时，指出入浸料为 50 ~55℃、浸出器温度为 50℃，溶剂温度为 50 ~55℃，浸出周期为 90 ~120 分钟。

证据 3 介绍油脂制取及加工技术，其第 48 页在叙述油料剥壳要求时，指出仁中含壳率，棉子仁不超过 10%，壳中含仁率，棉子壳不超过 0.5%；第 62 ~65 页介绍棉子剥壳的工艺过程；第 76 页的表 2 ~14 中给出在以螺旋榨油机和水压机为压榨设备时，棉子的软化温度为 60℃左右，第 79 页倒数第 3 行至第 80 页第一段描述棉子的软化时间控制在 40min 左右，软化温度控制在 80 ~90℃，软化水分控制在 8% ~9%；第 150 页第 13 行在介绍影响浸出效果的因素时指出 6 号溶剂油的浸出温度以 50 ~55℃为宜，一般而言，浸出温度以低于溶剂沸点 8 ~10℃为好，第 151 页倒数第 1 行至第 152 页第 12 行介绍浸出时间的长短因浸出器类型不同而定，太长太短均不合适，欲保证粕中残油率为 0.8% ~1.0%，浸泡或浸时采用的溶剂比为 1 : 1.6 ~2，喷淋式浸出所采用的溶剂比为 1 : 0.5 ~1；而第 154 页倒数第 3 ~1 行指出棉籽仁属于高含油原料，应采用预榨浸出工艺。

证据 4 涉及棉仁直接浸出工艺的研究报告，其第 18 页的图 2 给出了软化水分对棉胚粉末度的影响，图 2 显示水分为 6% ~9%时，棉胚的粉末度小于 4%。

证据 5 涉及直接浸出棉籽的工艺条件探讨，其第 33 页倒数第 5 至 2 行给出直接浸出棉仁的预处理工序，先润水到含量达到 13% ~14%，再送入五层蒸锅中进行热处理，温度维持在 60 ~65℃，然后经辊式轧胚机制成厚度为 0.22 ~0.3mm 的胚片，最后将胚片送入干燥器中进行干燥，使水分含量为5.5% ~7.0%，经过这样处理的干燥胚片才投入多级喷淋浸出器进行浸出；证据 5 第 39 页结论部分描述，用于直接浸出不进行水热处理的棉籽处理为厚度为 0.2 ~0.3mm，水份为 3.0% ~5.0%的胚片，才易于浸出，但浸出的时间偏长，工业条件下经水热处理的料胚宜将水份润湿到 13% ~14%，再蒸胚到 60 ~65℃后轧成厚 0.25 ~0.3mm，最后将胚片水份干燥到 5.5% ~7%，投入浸出的温度为 55 ~56℃，经过热处理后获得的最佳结构被浸物料最大限度地破坏了棉酚的结构形态，得到的粕游离棉酚含量极低，且可溶性蛋白质成分含量比通常高。

证据 6 涉及低酚棉籽利用和加工的几个技术问题，其第 26 页描述了低酚棉籽一次浸出的工艺过程，包括清理、剥壳、软化、轧坯、直接浸出和粉碎分级，第 26 页左栏第 23 ~27 给出了坯厚控制在 0.2 ~0.3mm，轧坯前水分 8%，轧坯后根据入浸水分低于 5.5% ~7%的要求决定是否进行后续低温烘干处理，入浸水分不得高于 9% ~10%；第 26 ~27 页给出计算浸出周期的公式，第 27 页表 3 和表 4 记载棉仁坯一次浸出的料/溶剂比、浸出级数、浸出时间、棉仁坯的水分、出油率。

证据 7 涉及一种棉籽仁处理工艺，其说明书第 2 页第 7 ~12 行介绍脱脂后的棉粕的脱酚处理，在浸出器中用 60% ~95%极性溶剂水溶液浸出酚，极性溶剂为甲醇、乙醇、异丙醇、丙酮或者它们的混合物，在极性溶液中加入 5% ~30%，最好 8% ~20%（体积比）的水，浸出器可以是环形浸出器或刮板式浸出器，极性溶剂与脱脂棉粕的重量比为0.6～2：1，最好为0.8～1.2：1，浸出温度为20～50℃，最好为35～45℃，浸出时间为10～60分钟，最好为15～30分钟；说明书第2页第12～15行描述脱酚后的棉粕进行脱溶烘干，用离心机、螺旋压榨脱水机、板框压滤机、真空过滤机中任一种脱液机进行脱液，脱液后的棉粕再用烘干机烘干；说明书第2页倒数第6～5行描述，棉粕用小型三足式离心机脱除溶剂后，在烘箱中于65℃下干燥；证据7的实施例1和2给出的棉粕分析结果分别为残油率0.22%，游离棉酚含量288ppm，含水率10%，蛋白含量48.7%和残油率为0.92%，游离棉酚含量126ppm，含水率10%，蛋白含量46.2%。

由上述证据2～7公开的内容可知，证据2～7均没有公开或教导可同时获得棉籽油、可食用棉籽蛋白和粗品低聚糖的棉籽处理方法（即上述区别特征（1））；也没有公开在棉仁预处理步骤中，通过控制壳中含仁小于1%、仁中含壳小于15%、压胚后60～80℃烘干而保持棉籽仁的粉末度小于8%来满足油脂一次萃取的要求，并使得后续棉籽蛋白产品的蛋白含量大于50%（参见本专利说明书第6页第6～8行）；同时，证据2～7未记载将含溶湿粕在另一设备——脱酚萃取器中用甲醇脱酚以保证经脱酚处理的棉籽蛋白中游离棉酚小于0.04%，并且在将沥干后的湿粕经机械挤压脱溶后，使甲醇的含量降低至30%～40%，从而达到缩短烘干时间、降低甲醇蒸发量、减少能耗和保证棉籽蛋白产品质量的技术内容（参见本专利说明书第10页第2～6行）。

合议组认为，如本专利说明书所述，本专利权利要求1要求保护的是一个适用于工业化处理棉籽的方法，每一个工艺条件的改变都可能对整个处理过程和结果带来较大的影响。权利要求1通过棉仁预处理、一次浸出油脂、从棉粕中制备棉籽蛋白和从萃取棉酚的甲醇液中提取低聚糖四个步骤同时获得三种产品，并结合控制各个步骤中的特定工艺参数，解决了本发明所述的技术问题，产生了有益的技术效果，而请求人提供的证据2～7并未给出解决本发明技术问题的技术启示。故此，本专利权利要求1相对于证据1与证据2～7的组合具有突出的实质性特点和显著进步，符合专利法第22条第3款的规定。

因此，本案合议组作出如下审查决定。

**三、决定**

维持00134520.6号发明专利权有效。

当事人对本决定不服的，可以根据专利法第46条第2款的规定，自收到本决定之日起三个月内向北京市第一中级人民法院起诉。根据该款的规定，一方当事人起诉后，另一方当事人应当作为第三人参加诉讼。

005

# 酒类增香高产剂

## 无效宣告请求审查决定（第9600号）

**决　定　号**　第9600号
**决　定　日**　2007年3月11日
**发明创造名称**　酒类增香高产剂
**国际分类号**　C12G 3/02
**无效宣告请求人**安琪酵母股份有限公司
**专　利　权　人**　绵竹市远德微生物研究所
**专　利　号**　96117491.9
**申　请　日**　1996年3月21日
**授权公告日**　2000年8月2日
**合议组组长**　李人久
**主　审　员**　叶　娟
**参　审　员**　吴通义

**法律依据**　专利法第33条
**决定要点**

组合物权利要求分开放式和封闭式两种表达方式。开放式表示组合物中并不排除权利要求中未指出的组分；封闭式则表示组合物中仅包括所指出的组分而排除所有其他的组分。如果将封闭式的组合物权利要求更改为开放式，致使修改后的权利要求可能包括了未记载在原说明书和权利要求书中的不确定组分，则该修改不符合专利法第33条的规定。

### 一、案由

本无效宣告请求案涉及国家知识产权局于2000年8月2日授权公告的、名称为“酒类增香高产剂”的96117491.9号发明专利（下称本专利），本专利的申请日为1996年3月21日，专利权人是绵竹市远德微生物研究所（2004年8月23日由原专利权人“绵竹县远德微生物研究所”变更而来）。

本专利授权公告的权利要求如下：

“1. 一种用作酿酒工艺的酒类增香高产剂，其特征在于：其含有酒精活性干酵母、生香（酯）活性干酵母与固体糖化酶，每克产品内含固体糖化酶酶活力1.5万单位以上、含两种酵母细胞8亿以上。

2. 一种用作酿酒工艺的酒类增香高产剂，其特征在于：其含有酒精活性干酵母、生香（酯）活性干酵母与固体糖化酶，每克产品内含固体糖化酶酶活力 2.5 万单位以上、含两种酵母细胞 15 亿以上。

3. 一种用作酿酒工艺的酒类增香高产剂，其特征在于：其含有酒精活性干酵母、生香（酯）活性干酵母与固体糖化酶，每克产品内含固体糖化酶酶活力 4 万单位以上、含两种酵母细胞 20 亿以上。"

针对上述专利权，安琪酵母股份有限公司（下称请求人）于 2006 年 4 月 11 日以本专利权利要求 1～3 不符合专利法第 22 条第 2 款、第 3 款的规定为由向专利复审委员会提出无效宣告请求，请求宣告该专利权全部无效，为支持其主张，请求人提交了以下证据：

附件 1："生香活性干酵母在清香型石花大曲酒中的应用"，胡道静　李志军，《酿酒科技》，1996 年第 1 期（总第 73 期），第 78 页，复印件共 1 页。

依据上述附件 1，请求人认为：由附件 1 的摘要可知，生香活性干酵母、酒精活性干酵母和糖化酶混合使用，可以提高出酒率、改善酒质，同时给出了试验方案；试验方案中使用了 1kg 生香活性干酵母、1.2kg 酒精活性干酵母和 0.8kg 糖化酶，其比例为 1：1.2：0.8，经过计算，每克产品中含有生香活性干酵母 0.4g（细胞数 0.4×100 亿＝40 亿个）、酒精活性干酵母 0.5g（细胞数 0.5×250 亿＝125 亿个）和糖化酶 0.6g（糖化酶活力 0.6×5 万单位＝3 万单位），上述方案落入本专利权利要求 1～3 的保护范围内，足以使本专利丧失新颖性和创造性。

经形式审查合格后，专利复审委员会受理了该无效宣告请求案，并于 2006 年 4 月 11 日向双方当事人发出《无效宣告请求受理通知书》，同时将《专利权无效宣告请求书》及其所附证据的副本转送给专利权人，要求其在指定期限内答复，同时成立合议组对本无效请求案进行审理。

2006 年 5 月 11 日，专利权人提交了意见陈述，认为请求人的无效理由不成立，其具体理由是：（1）附件 1 所表述的全部内容均属三种单体成分在大曲酒中的分别应用试验，它与一种成熟的产品配方无关；（2）本发明的特征之一是制曲，而附件 1 的特征是酿酒，两者属于不同的行业范畴；（3）本发明的特征之二在于将固体糖化酶、酒精活性干酵母和生香活性干酵母三种独立型单体成分按一定比例科学组合成一种在酿酒工艺中可直接使用的、便捷的、高效能的组合制品，是一种完整的技术配方，而附件 1 无该特征；（4）本发明的特征之三在于本发明中的糖化酶为固体，糖化酶有固体和液体之分，液体糖化酶在本发明中不能使用，附件 1 未表明这一点；（5）本发明的特征之四在于以每克糖化酶活力多少万单位为特征，即有糖化酶酶活力表述（酶活力），又有可供计算的计量依据（克），而附件 1 无该特征，附件 1 中仅有（5 万单位）的表述，该（5 万单位）所指不明；（6）本发明的特征五在于，以制品内含酒精活性干酵母和生香活性干酵母两种酵母细胞的多少亿为特征，有可供计算的计量依据（克）和方便配制的含量依据（亿）的明确表述，而附件 1 所表述的仅仅是两种单体成分，既无（克）又无（亿）的表述；（7）本发明的特征六在于，本专利权利要求中表示三种组分的数据只有两组，也即三合一，表示两种酵母细胞的数据只有一组，也即二合一，而附件 1 中所列的三种成分的数据为三组，两种酵母细胞的数据为两组，也即数据未合并，因此，附件 1 的数据与本专利保护范围不相符；（8）请求人所列的细胞数计算式和酶活力计算式中的乘数 250 亿、乘数 100 亿、得数 125 亿个、得数 40 亿个、"每克酶活力"、等数 3 万单位糖化酶活力、计算依据均出处不明，上述数据不能作为公知技术；综上，请求人的主张缺乏法律依据。

2006 年 5 月 11 日，请求人提交了意见陈述，补充了新无效理由，并提交了以下证据（连续编号）：

附件 1 的补充资料：附件 1 所来源期刊的封面页 1 页、目录页 3 页、正文第 78 页、封底页 1 页，复印件共 6 页；

附件2：本专利公开文本，公开号CN 1137062A，复印件共12页；

附件3：本专利授权公告文本，公告号CN 1055115C，复印件共12页；

依据上述附件，请求人补充的无效理由是：

（1）权利要求1～3中的用语“……每克产品内……含两种酵母细胞8亿以上”不清楚，本领域技术人员无法确认它是指每克产品中含酒精活性干酵母和生香（酯）活性干酵母二者的总量在8亿以上还是指这二者分别的含量在8亿以上，因此权利要求1～3的保护范围不清楚，不符合专利法实施细则第20条第1款的规定；

（2）①根据说明书第2页第1～12行对Ⅰ、Ⅱ、Ⅲ型产品的记载进行计算，这三型产品中酒精干酵母、生香（酯）干酵母以及二者的总量分别为“2～3.88亿、2～3.88亿、4～7.76亿”和“3～6.75亿、3～6.75亿、6～13.5亿”和“3～8.7亿、3～8.7亿、6～17.4亿”，而本专利权利要求1～3中记载的是每克产品中分别含有两种酵母细胞8、15、20亿以上，因此权利要求1～3得不到说明书的支持，不符合专利法第26条第4款的规定，同时说明书中的上述记载也使得权利要求1～3的保护范围不清楚；② 本申请说明书中并没有记载所述酒类增香高产剂（以下简称高产剂）含有除两种酵母、固体糖化酶之外的其他组分，因此权利要求1～3采用“……高产剂……含有……”的开放式表述，得不到说明书的支持；

（3）本专利公开文本中的原始权利要求1～4记载的“……高产剂……由……组合而成……”是封闭式组合物权利要求，且本专利原始公开的说明书和权利要求书中都没有记载所述高产剂“含有”两种酵母和固体糖化酶，而只是记载其由两种酵母和固体糖化酶组合而成，因此授权公告文本中权利要求1～3记载的“……高产剂……含有……”的开放式组合物权利要求扩大了保护范围，不符合专利法第33条的规定。

2006年7月24日，专利复审委员会本案合议组将请求人于2006年5月11日提交的意见陈述及其附件副本转送给专利权人。

2006年8月28日，专利权人提交了意见陈述书，专利权人认为：（1）权利要求中的“……每克产品内……含两种酵母细胞8亿以上”的含义是清楚的，其指“两种酵母细胞总数8亿以上”；（2）本专利说明书对Ⅰ型产品的描述没有规定酵母细胞克含量只有8亿、两种酵母细胞的克含量必须是平均值、两种酵母细胞克含量和用量必须相等，请求人的计算取值方法不合适，与权利要求的范围不相干；（3）众所周知，酵母、糖化酶是由培养基中的淀粉等营养物质转化而来的，任何酵母、糖化酶产品都不可能是100％的纯品，不可避免地含有尚未转化的淀粉和其他载体物质，这是本领域的公知常识，也即本专利说明书已经按照专利法第26条第4款的规定“实际上”描述了权利要求中没有记载的其他组分。

2006年9月15日，本案合议组将专利权人分别于2006年5月11日、2006年8月28日提交的意见陈述书副本转送给请求人。

2006年10月30日，专利复审委员会本案合议组分别向双方当事人发出《无效宣告请求口头审理通知书》，告知双方当事人专利复审委员会拟定于2006年12月28日对本无效宣告请求案进行口头审理。

2006年12月28日，口头审理如期举行，双方当事人均委托代理人参加了口头审理。口头审理过程中认定的事实如下：（1）双方确认收到专利复审委员会转送的所有文件；（2）请求人确认其无效宣告请求理由为：本专利权利要求1～3不符合专利法第33条、专利法第26条第4款、专利法第22条第2款、第3款、专利法实施细则第20条第1款、专利法实施细则第21条第2款的规定；（3）专利权人对附件1记载的技术内容的真实性和公开性无异议，确认其能作为本专利的现有技术；（4）

请求人对其主张的本专利不符合专利法实施细则第20条第1款、专利法第26条第4款这两条无效宣告理由均增加了新的具体理由，专利权人对此表示由于这些新增理由超出了举证期限，应不予接受。

至此，合议组认为本案的事实清楚，可以作出审查决定。

**二、决定的理由**

1. 关于无效宣告请求理由

根据请求人和专利权人的书面意见以及口头审理时的陈述，本案审理的无效宣告请求理由如下：本专利权利要求1～3不符合专利法第33条、专利法第26条第4款、专利法第22条第2款、第3款、专利法实施细则第20条第1款、专利法实施细则第21条第2款的规定。

2. 关于专利法第33条

专利法第33条规定：申请人可以对其专利申请文件进行修改，但是，对发明和实用新型专利申请文件的修改不得超出原说明书和权利要求书记载的范围，对外观设计专利申请文件的修改不得超出原图片或者照片表示的范围。

组合物权利要求分开放式和封闭式两种表达方式。开放式表示组合物中并不排除权利要求中未指出的组分；封闭式则表示组合物中仅包括所指出的组分而排除所有其他的组分。如果将封闭式的组合物权利要求更改为开放式，致使修改后的权利要求可能包括了未记载在原说明书和权利要求书中的不确定组分，则该修改不符合专利法第33条的规定。

附件2是记载本专利原说明书和权利要求书的公开文本，附件3是本专利授权公告文本，专利权人对其真实性无异议，合议组对其真实性予以确认，可以作为本案的定案依据。

依据附件2的记载可知："（本发明）酒类增香高产剂的成分是由酒精活性干酵母、生香活性干酵母与固体糖化酶组合而成"（参见附件2权利要求1、说明书第1页第2段）；本发明中三种类型的酒类增香剂产品均由酒精活性干酵母、生香活性干酵母与固体糖化酶组合而成（参见附件2说明书第2页，第3页实施例1）；且根据说明书实施例2～7记载的制备方法可知，上述三种类型的酒类增香剂产品均由酒精活性干酵母、生香活性干酵母与固体糖化酶组合制得（参见附件2说明书第4～5页）；本发明中所使用的酒精活性干酵母是经一种或多种酒用酵母菌、采用麦麸皮（也可适量添加鲜酒糟等苏松物）做主要培养基经工艺培养后制成的，本发明所使用的生香（酯）活性干酵母是经一种或多种酒用生酯、生酸、生香酵母菌和细菌采用麦麸皮（也可适量添加鲜酒糟等苏松物）做主要培养基经工艺培养后制成的，本发明中所使用的糖化酶为固体糖化酶，有多种规格可使用（参见说明书第1页）。各种用于酒类酿造工艺做发酵的酒精干酵母和生香（酯）干酵母菌均可用于本发明（参见说明书第2页）。本发明的固体糖化酶完全可在商业上购得，其商品名为工业级或食品级固体糖化酶。说明书第3页实施例1中给出了本发明组合物中三种成分的制备方法示例，麸皮酒精活性干酵母和生香（酯）干酵母的制备方法都是将菌种接种到经过加工的培养基（麦麸皮、鲜酒糟、玉米粉）中培养24～30小时后烘干而成，固体糖化酶可购自国内外任何酶制剂厂。

分析上述原权利要求书及说明书可知，本专利原始记载的酒类增香高产剂技术方案是典型的封闭式表达方式，其中仅含的三种组分为"酒精干酵母、生香干酵母和固体糖化酶"，这三种组分本身分别为三种制剂，这些制剂中除包含活性物质外还包含其制备过程中的其他物质，如培养基原料，并且还可能包含此类制剂商品中通常所含的其他物质，也即这三种组分并非酵母细胞或糖化酶纯物质，此外，高产剂中的这三种组分含量以单位重量制剂中所含活性细胞数或酶活力计。

本专利授权公告的权利要求1～3是以开放式表达方式撰写，也即该高产剂中除包含"酒精干酵母、生香干酵母和固体糖化酶"这三种组分外，还可以包含其他制剂组分，可以是含有其他活性细胞或酶的任何制剂，而由此构成的技术方案在原权利要求书和说明书中并未记载，也不能从原权利要求书和说明书记载的信息中直接地、毫无疑义地确定，因此这种修改是不允许的，不符合专利法第33条的规定。

专利权人辩称，由于本发明的高产剂中不可避免地包含尚未转化的淀粉和其他载体物质，因而，修改后的权利要求更符合本专利技术方案的实际情况。对此，合议组认为：首先，由于“酒精干酵母、生香干酵母和固体糖化酶”这三种组分本身为酵母制剂或酶制剂，其中已经包含了未转化淀粉和其他载体物质，因此以封闭式表述的原权利要求中已经包含上述成分从而能够与实际一致，而并不需要通过改变权利要求的撰写方式来表达这一含义；其次，依据本专利原权利要求书和说明书的记载，本发明的酒类增香高产剂是由酒精干酵母、生香干酵母和固体糖化酶三种组分混合而成，其不含这三种组分之外的其他组分，也未经其他加工步骤，而修改后的权利要求的表达方式为开放式，其中可额外包含的物质并不限于未转化淀粉和其他载体物质，而是可以为其他任何活性物质，这些信息在原权利要求书和说明书中未曾记载，也不能从原权利要求书和说明书中直接地、毫无疑义地确定，因此，专利权人的上述主张并不能成立。

综上所述，本专利权利要求1~3不符合专利法第33条的规定，应予无效。

3. 关于其他理由和证据

鉴于以上论述已经得出本专利权利要求1~3不符合专利法第33的规定应予无效的结论，合议组对于请求人提出的其他无效宣告理由及证据不再评述。

根据上述事实和理由，本案合议组作出如下决定。

**三、决定**

宣告96117491.9号发明专利权全部无效。

当事人对本决定不服的，可以根据专利法第46条第2款的规定，自收到本决定之日起三个月内向北京市第一中级人民法院起诉。根据该款规定，一方当事人起诉后，另一方当事人应当作为第三人参加诉讼。

# 北京市第一中级人民法院
# 行政判决书

（2007）一中行初字第1425号

原告绵竹市远德微生物研究所，住所地四川省绵竹市西南镇红民村三组。

法定代表人陈远德，所长。

委托代理人浦清华，男，绵竹市远德微生物研究所职员。

委托代理人何云光，四川中川大众律师事务所律师。

被告国家知识产权局专利复审委员会，住所地北京市海淀区北四环西路9号银谷大厦。

法定代表人廖涛，副主任。

委托代理人叶娟，女，国家知识产权局专利复审委员会审查员。

委托代理人郭鹏鹏，男，国家知识产权局专利复审委员会审查员。

第三人安琪酵母股份有限公司，住所地湖北省宜昌市中南路24号。

法定代表人俞学锋，董事。

委托代理人刘忠诚，男，安琪酵母股份有限公司职员。

委托代理人廖斌，男，安琪酵母股份有限公司职员。

原告绵竹市远德微生物研究所不服被告国家知识产权局专利复审委员会作出的第9600号无效宣告请求审查决定（以下简称第9600号决定），于2007年6月21日向本院提起行政诉讼。本院受理后，依法组成合议庭，向被告送达了起诉状副本及应诉通知书 并依照《中华人民共和国行政诉讼法》第二十七条之规定，通知安琪酵母股份有限公司作为本案第三人参加诉讼。本院于2007年11月30日公开开庭审理了本案。原告的委托代理人浦清华、何云光，被告的委托代理人叶娟、郭鹏鹏，第三人的委托代理人刘忠诚、廖斌到庭参加了诉讼。本案现已审理终结。

2007年3月11日，被告作出第9600号决定，依照《中华人民共和国专利法》（以下简称《专利法》）第三十三条的规定，宣告原告名称为“酒类增香高产剂”，专利号为96117491.9的发明专利权（以下简称本专利）全部无效。

被告为证明第9600号决定的合法性，在法定举证期限内向本院提供了作出该决定的证据：（1）本专利的公开说明书（被诉决定中的附件2）；（2）本专利授权公告说明书；（3）第三人于2006年4月11日针对本专利权提出的无效宣告请求书以及其于2006年5月11日提交的补充意见陈述书；（4）第三人于2003年9月8日针对本专利提出的无效宣告请求书；（5）被告于2005年5月19日作出的第7180号无效宣告请求审查决定。

原告诉称，第三人于2003年9月8日针对本专利曾提出过无效宣告请求，被告于2005年5月19日针对该请求作出了第7180号无效宣告请求审查决定。第三人于2006年4月11日又以相同的理由，即原告的酒类增香高产剂不具备新颖性和创造性，并随意增添已发表的文章为新的证据向被告提出无效请求。被告受理后，经原告对其提供的证据对比，向被告提出第三人第二次提起无效宣告请求的理由、证据与第一次相同，依法不应再次受理第三人的无效宣告请求后，第三人在超出规定的时间后又提交了补充证据。在口头审理中，被告没有依法给予原告进行解释和申述理由的适当机会；而被告将作出不利于原告的决定时，未依法给予原告就具体的事实和理由进行解释和申述理由的机会，草率作出了决定。第9600号决定仅就本专利不符合《专利法》第三十三条规定错误地进行了具体分析，阐明了理由，而没有对原告的全部理由、证据和主要观点进行具体分析，阐明其理由不成立、观点不被采纳的原因，违反了审查程序和原则。曾在本专利进入实质审查时，中华人民共和国国家知识产权局（以下简称国知局）依照《专利法》第二十六条第四款的规定和《中华人民共和国专利法实施细则》（以下简称《专利法实施细则》）第二十条至第二十三条的规定，要求原告对专利公开文件进行修改，以符合《专利法》和《专利法实施细则》的规定，原告按审查意见通知书的原则要求，对本专利原文件进行修改，在审查通过后，国知局才公开了本专利的授权文件。很显然，本专利权利要求符合《专利法》第三十三条的规定。而第9600号决定却以封闭式表述和开放式表述来否定本专利权利要求，以偏废全地宣告本专利全部无效。该决定是极其错误和不负责任的。根据《专利法》第五十六条的规定，保护发明或者实用新型专利的实质条件是权利要求的内容，而不是说明书及附图的内容，发明或者实用新型专利权不可能因为修改文件的撰写方法不同而被否定新颖性和创造性，进而被宣告无效。

综上所述，被告的第9600号决定有悖法律，违反客观事实，因此，请求撤销该决定，由被告承担本案诉讼及其他费用。

原告为支持其诉讼主张，向本院提交了下列证据：（1）本专利授权证书；（2）被告于2005年5月19日作出的第7180号无效宣告请求审查决定书；（3）被告于2006年4月11日向原告发出的无效宣告请求受理通知书；（4）第三人的专利权无效宣告请求书；（5）第9600号决定中的附件1（“生香活性干酵母在清香型石花大曲酒中的应用”，胡道静李志军，《酿酒科技》，1996年第1期（总第73期）第78页复印件）。

此外，原告在本院庭审过程中为证明第9600号决定中的附件1不真实，还提交了“生香活性干酵母在清香型石花大曲酒中的应用，胡道静《酿酒科技》，1996年第1期（总第73期）第78页的原件。

被告辩称，被诉决定的作出未违反审查程序。第三人于2003年9月8日针对本专利提出的无效宣告请求理由为：本专利不符合《专利法》第二十二条第二、三款之规定（所依据的证据为：“生香活性干酵母和酒精活性干酵母混合应用于大曲酒中的试验”《酿酒科技》，1996年第2期，封面、目录及73、74页；《酿酒活性干酵母的生产与应用技术》1994年12月出版，封面、封底各一页，第216～219页，第224～225页；中国发明专利说明书ZL93110850.0，授权公告日为1996年5月29日）。第三人针对本专利于2006年4月11日提出无效宣告请求的理由为：本专利不符合《专利法》第二十二条第二款和第三款（所依据的证据为：“生香活性干酵母在清香型石花大曲酒中的应用”《酿酒科技》，1996年第1期，第78页）、《专利法》第二十六条第四款、《专利法》第三十三条、《专利法实施细则》第二十条第一款、《专利法实施细则》第二十一条第二款之规定。两次无效宣告请求所依据的理由和证据均不相同，因此，被告对第三人于2006年4月11日提出的无效宣告请求予以受理和审理并不违反《专利法实施细则》第六十五条的规定。本案审理过程中给予了双方当事人充分的意见陈述机会。本专利授权公告文本中的所有权利要求与原始权利要求书相比均存在修改超范围之处，应予全部无效，具体理由参见被诉决定。由于本专利权利要求1～3不符合《专利法》第三十三条的规定，故应予无效。被告对第三人提出的其他无效宣告理由及证据不再评述。

综上所述，第9600号决定认定事实清楚、适用法律正确、审理程序合法，因此，请求予以维持，驳回原告的诉讼请求。

第三人同意被告的诉讼意见，并持与被告相同的诉讼请求。

经庭审质证，本院审查认为，被告证据1～5及原告证据1～4与本案被诉第9600号决定的合法性审查有关且真实、合法，本院予以采用。由于被告并未根据第9600号决定中的附件1作出该决定，因此，原告证据5及其在本院庭审过程中提交的“生香活性干酵母在清香型石花大曲酒中的应用”，胡道静，《酿酒科技》，1996年第1期（总第73期）第78页的原件与被诉第9600号决定的合法性审查无关，本院不予采纳。

根据以上有效证据及各方当事人在庭审中无争议的陈述，本院对本案事实作出如下认定：

国知局于2000年8月2日授权公告了本专利。该专利的申请日为1996年3月21日，专利权人是绵竹县远德微生物研究所（2004年8月23日绵竹县远德微生物研究所更名为绵竹市远德微生物研究所），即原告。本专利授权公告的权利要求如下：

“1. 一种用作酿酒工艺的酒类增香高产剂，其特征在于：其含有酒精活性干酵母、生香（酯）活性干酵母与固体糖化酶，每克产品内含固体糖化酶酶活力1.5万单位以上、含两种酵母细胞8亿以上。

2. 一种用作酿酒工艺的酒类增香高产剂，其特征在于：其含有酒精活性干酵母、生香（酯）活性干酵母与固体糖化酶，每克产品内含固体糖化酶酶活力2.5万单位以上、含两种酵母细胞15亿以上。

3. 一种用作酿酒工艺的酒类增香高产剂，其特征在于：其含有酒精活性干酵母、生香（酯）活性干酵母与固体糖化酶，每克产品内含固体糖化酶酶活力4万单位以上、含两种酵母细胞20亿以上。”

针对本专利，第三人于2006年4月11日以本专利权利要求1～3不符合《专利法》第二十二条第二、三款的规定为由向被告提出无效宣告请求，请求宣告本专利全部无效，第三人提交了以下证据：

附件1：“生香活性干酵母在清香型石花大曲酒中的应用”，胡道静李志军，《酿酒科技》，1996年第1期（总第73期）第78页复印件。

第三人认为，由附件1的摘要可知，生香活性干酵母、酒精活性干酵母和糖化酶混合使用，可以提高出酒率、改善酒质，同时给出了试验方案；试验方案中使用了1kg生香活性干酵母、1.2 kg酒精活性干酵母和0.8kg糖化酶，其比例为1∶1.2∶0.8，经过计算，每克产品中含有生香活性干酵母0.4 g（细胞数0.4×100亿=40亿个）、酒精活性干酵母0.5 g（细胞数0.5×250亿=125亿个）和糖化酶0.6g（糖化酶活力0.6×5万单位=3万单位），上述方案落入本专利权利要求1～3的保护范围内，足以使本专利丧失新颖性和创造性。

被告经形式审查后予以受理，将《专利权无效宣告请求书》及其所附证据的副本转送给原告，要求其在指定期限内答复。

后原告提交了意见陈述，认为第三人的无效理由不成立。（1）附件1所表述的全部内容均属三种单体成分在大曲酒中的分别应用试验，它与一种成熟的产品配方无关；（2）本发明的特征之一是制曲，而附件1的特征是酿酒，两者属于不同的行业范畴；（3）本发明的特征之二在于将固体糖化酶、酒精活性干酵母和生香活性干酵母三种独立型单体成分按一定比例科学组合成一种在酿酒工艺中可直接使用的、便捷的、高效能的组合制品，是一种完整的技术配方，而附件1无该特征；（4）本发明的特征之三在于本发明中的糖化酶为固体，糖化酶有固体和液体之分，液体糖化酶在本发明中不能使用，附件1未表明这一点；（5）本发明的特征之四在于以每克糖化酶活力多少万单位为特征，即有糖化酶酶活力表述（酶活力），又有可供计算的计量依据（克），而附件1无该特征，附件1中仅有（5万单位）的表述，该（5万单位）所指不明；（6）本发明的特征五在于，以制品内含酒精活性干酵母和生香活性干酵母两种酵母细胞的多少亿为特征，有可供计算的计量依据（克）和方便配制的含量依据（亿）的明确表述，而附件1所表述的仅仅是两种单体成分，既无（克）又无（亿）

的表述；(7) 本发明的特征六在于，本专利权利要求中表示三种组分的数据只有两组，也即三合一，表示两种酵母细胞的数据只有一组，也即二合一，而附件1中所列的三种成分的数据为三组，两种酵母细胞的数据为两组，也即数据未合并，因此，附件1的数据与本专利保护范围不相符；(8) 第三人所列的细胞数计算式和酶活力计算式中的乘数250亿、乘数100亿、得数125亿个、得数40亿个、“每克酶活力”、等数3万单位糖化酶活力、计算依据均出处不明，上述数据不能作为公知技术；综上，第三人的主张缺乏法律依据。

2006年5月11日，第三人提交了意见陈述，补充了新无效理由，并提交了以下证据（连续编号）：

附件1的补充资料：附件1所来源期刊的封面页1页、目录页3页、正文第7 8页、封底页1页，复印件共6页；

附件2：本专利公开文本，公开号CN1137062A，复印件共12页，依据该附件2的记载：本发明——酒类增香高产剂的成分是由酒精活性干酵母、生香活性干酵母与固体糖化酶组合而成”；本发明中三种类型的酒类增香剂产品均由酒精活性干酵母、生香活性干酵母与固体糖化酶组合而成；且根据说明书实施例2~7记载的制备方法可知，上述三种类型的酒类增香剂产品均由酒精活性干酵母、生香活性干酵母与固体糖化酶组合制得；本发明中所使用的酒精活性干酵母是经一种或多种酒用酵母菌、采用麦麸皮（也可适量添加鲜酒糟等苏松物）做主要培养基经工艺培养后制成的，本发明所使用的生香（酯）活性干酵母是经一种或多种酒用生酯、生酸、生香酵母菌和细菌采用麦麸皮（也可适量添加鲜酒糟等苏松物）做主要培养基经工艺培养后制成的，本发明中所使用的糖化酶为固体糖化酶，有多种规格可使用。各和用于酒类酿造工艺做发酵的酒精干酵母和生香（酯）干酵母菌均可用于本发明。本发明的固体糖化酶完全可在商业上购得，其商品名为工业级或食品级固体糖化酶。说明书第3页实施例1中给出了本发明组合物中三种成分的制备方法示例，麸皮酒精活性干酵母和生香（酯）干酵母的制备方法都是将菌种接种到经过加工的培养基（麦麸皮、鲜酒糟、玉米粉）中培养24~30小时后烘干而成，固体糖化酶可购自国内外任何酶制剂厂；

附件3：本专利授权公告文本，公告号CN1055115C，复印件共12页。

依据上述附件，第三人补充的无效理由是：

(1) 权利要求1~3中的用语“……每克产品内……含两种酵母细胞8亿以上”不清楚，本领域技术人员无法确认它是指每克产品中含酒精活性干酵母和生香（酯）活性干酵母二者的总量在8亿以上还是指这二者分别的含量在8亿以上，因此权利要求1~3的保护范围不清楚，不符合《专利法实施细则》第20条第1款的规定；

(2) ①根据说明书第2页第1~12行对I、II、III型产品的记载进行计算，这三型产品中酒精干酵母、生香（酯）干酵母以及二者的总量分别为“2亿~3.88亿、2亿~3.88亿、4亿~7.76亿”和“3亿~6.75亿、3亿~6.75亿、6亿~13.5亿”和“3亿~8.7亿、3亿~8.7亿、6亿~17.4亿”，而本专利权利要求1~3中记载的是每克产品中分别含有两种酵母细胞8、15、20亿以上，因此权利要求1~3得不到说明书的支持，不符合《专利法》第26条第4款的规定，同时说明书中的上述记载也使得权利要求1~3的保护范围不清楚；②本申请说明书中并没有记载所述酒类增香高产剂（以下简称高产剂）含有除两种酵母、固体糖化酶之外的其他组分，因此权利要求1~3采用“……高产剂……含有……”的开放式表述，得不到说明书的支持；

(3) 本专利公开文本中的原始权利要求1~4记载的“……高产剂…… 由……组合而成……”是封闭式组合物权利要求，且本专利原始公开的说明书和权利要求书中都没有记载所述高产剂“含有”两种酵母和固体糖化酶，而只是记载其由两种酵母和固体糖化酶组合而成，因此授权公告文本中权利要求1～3记载的“……高产剂……含有……”的开放式组合物权利要求扩大了保护范围，不符合《专利法》第三十三条的规定。

被告将第三人于2006年5月11日提交的意见陈述及其附件副本转送给原告。

后原告提交了意见陈述书，原告认为：（1）权利要求中的“……每克产品内……含两种酵母细胞8亿以上”的含义是清楚的，其指“两种酵母细胞总数8亿以上”；（2）本专利说明书对I型产品的描述没有规定酵母细胞克含量只有8亿、两种酵母细胞的克含量必须是平均值、两种酵母细胞克含量和用量必须相等，第三人的计算取值方法不合适，与权利要求的范围不相干；（3）众所周知，酵母、糖化酶是由培养基中的淀粉等营养物质转化而来的，任何酵母、糖化酶产品都不可能是100％的纯品，不可避免地含有尚未转化的淀粉和其他载体物质，这是本领域的公知常识，也即本专利说明书已经按照《专利法》第二十六条第四款的规定“实际上”描述了权利要求中没有记载的其他组分。

被告将原告先后提交的意见陈述书副本转送给第三人。

后被告向双方当事人发出《无效宣告请求口头审理通知书》，告知双方当事人于2006年12月28日对本无效宣告请求案进行口头审理。

口头审理如期举行，双方当事人均委托代理人参加了口头审理。在口头审理中双方当事人确认收到了被告转送的所有文件；第三人确认其无效宣告请求理由为：本专利权利要求1～3不符合《专利法》第三十三条、《专利法》第二十六条第四款、《专利法》第二十二条第二、三款、《专利法实施细则》第二十条第一款、《专利法实施细则》第二十一条第二款的规定；原告对附件1记载的技术内容的真实性和公开性无异议，确认其能作为本专利的现有技术；第三人对其主张的本专利不符合《专利法实施细则》第二十条第一款、《专利法》第二十六条第四款这两条无效宣告理由均增加了新的具体理由，原告认为这些新增理由超出了举证期限，应不予接受。

基于此被告认为，组合物权利要求分开放式和封闭式两种表达方式。开放式表示组合物中并不排除权利要求中未指出的组分；封闭式则表示组合物中仅包括所指出的组分而排除所有其他的组分。如果将封闭式的组合物权利要求更改为开放式，致使修改后的权利要求可能包括了未记载在原说明书和权利要求书中的不确定组分，则该修改不符合《专利法》第三十三条的规定。

附件2是记载本专利原说明书和权利要求书的公开文本，附件3是本专利授权公告文本，原告对其真实性无异议，被告对其真实性予以确认，可以作为本案的定案依据。

分析本专利原权利要求书及说明书可知，本专利原始记载的酒类增香高产剂技术方案是典型的封闭式表达方式，其中仅含的三种组分为“酒精干酵母、生香干酵母和固体糖化酶”，这三种组分本身分别为三种制剂，这些制剂中除包含活性物质外还包含其制备过程中的其他物质，如培养基原料，并且还可能包含此类制剂商品中通常所含的其他物质，也即这三种组分并非酵母细胞或糖化酶纯物质，此外，高产剂中的这三种组分含量以单位重量制剂中所含活性细胞数或酶活力计。

本专利授权公告的权利要求1～3是以开放式表达方式撰写，也即该高产剂中除包含“酒精干酵母、生香干酵母和固体糖化酶”这三种组分外，还可以包含其他制剂组分，可以是含有其他活性细胞或酶的任何制剂，而由此构成的技术方案在原权利要求书和说明书中并未记载，也不能从原权利要求书和说明书记载的信息中直接地、毫无疑义地确定，因此这种修改是不允许的，不符合《专利法》第三十三条的规定。

原告称，由于本发明的高产剂中不可避免地包含尚未转化的淀粉和其他载体物质，因而，修改后的权利要求更符合本专利技术方案的实际情况。对此，被告认为：首先，由于“酒精干酵母、生香干酵母和固体糖化酶”这三种组分本身为酵母制剂或酶制剂，其中已经包含了未转化淀粉和其他载体物质，因此以封闭式表述的原权利要求中已经包含上述成分从而能够与实际一致，而并不需要通过改变权利要求的撰写方式来表达这一含义；其次，依据本专利原权利要求书和说明书的记载，本发明的酒类增香高产剂是由酒精干酵母、生香干酵母和固体糖化酶三种组分混合而成，其不含这三种组分之外的其他组分，也未经其他加工步骤，而修改后的权利要求的表达方式为开放式，其中可额外包含的物质并不限于未转化淀粉和其他载体物质，而是可以为其他任何活性物质，这些信息在原权利要求书和说明书中未曾记载，也不能从原权利要求书和说明书中直接地、毫无疑义地确定，因此，原告的上述主张并不能成立。

综上 本专利权利要求 1 ~3 不符合《专利法》第三十三条的规定，应予无效。

鉴于以上论述已经得出本专利权利要求 1 ~3 不符合《专利法》第三十三条的规定，应予无效的结论，故对于第三人提出的其他无效宣告理由及证据不再评述。

因此，被告作出了宣告本专利全部无效的第 9600 号决定。

本院认为，第三人于 2003 年 9 月 8 日以本专利不符合《专利法》第二十二条第二、三款之规定为由，对本专利提出过无效宣告请求，被告针对该请求作出了审查决定。第 9600 号决定是针对第三人于 2006 年 4 月 11 日提出的无效宣告请求、理由、证据及第三人于规定期限内（2006 年 5 月 11 日）补充的无效理由、证据作出的。第三人本次提出的无效宣告请求、理由和证据虽然部分与前次无效宣告请求、理由和证据相同，但亦增加了新的无效宣告请求、理由和证据。被告予以受理并针对新的无效宣告请求、理由和证据作出审查决定并未违反法律、法规及规章的规定。

《专利法》第三十三条规定：申请人可以对其专利申请文件进行修改，但是，对发明和实用新型专利申请文件的修改不得超出原说明书和权利要求书记载的范围。《审查指南》第二部分第十章第 4. 2. 1 节中指出：组合物权利要求分开放式和封闭式两种表达方式。开放式表示组合物中并不排除权利要求中未指出的组分；封闭式则表示组合物中仅包括所指出的组分而排除所有其他的组分。开放式的措辞如“含有”、“包括”、“包含”、“基本含有”“本质上含有”、“主要由……组成”、“主要组成为”、“基本上由……组成”、“基本组成为”等，这些都表示该组合物中还可以含有权利要求中所未指出的某些组分，即使其在含量上占较大的比例。封闭式的措辞如“由……组成”、“组成为”、“余量为”等，这些都表示要求保护的组合物由所指出的组分组成，没有别的组分，但可以带有杂质，该杂质只允许以通常的含量存在。本专利原说明书和权利要求书的公开文本中均记载：本发明——酒类增香高产剂的成分是由酒精活性干酵母、生香活性干酵母与固体糖化酶组合而成；本发明中三种类型的酒类增香剂产品均由酒精活性干酵母、生香活性干酵母与固体糖化酶组合而成；根据说明书实施例 2 ~7 记载的制备方法亦可知，上述三种类型的酒类增香剂产品均由酒精活性干酵母、生香活性干酵母与固体糖化酶组合制得。上述记载，应属对酒类增香高产剂成分的封闭式表达方式，表示要求保护的酒类增香高产剂由酒精活性干酵母、生香活性干酵母与固体糖化酶组合而成，没有别的组分。而本专利授权公告的权利要求1 ~3 则是以开放式表达方式撰写的，即该酒类增香高产剂含有酒精活性干酵母、生香（酯）活性干酵母与固体糖化酶，……。这表示该酒类增香高产剂中除包含酒精活性干酵母、生香（酯）活性干酵母和固体糖化酶这三种组分外，还可以包含其他制剂组分，可以是含有其他活性细胞或酶的任何制剂、而由此构成的技术方案在原权利要求书和说明书中并未记载，也不能从原权利要求书和说明书记载的信息中直接地、毫无疑义地确定，因此这种修改不符合《专利法》第三十三条的规定。此外，本院亦认同被告在第 9600 号决定中的其他意见。

综上，第 9600 号决定认定事实清楚，适用法律正确，审查程序合法，本院应予维持。原告的诉讼主张不能成立，其请求本院不予支持。据此，依照《中华人民共和国行政诉讼法》第五十四条第（一）项的规定，判决如下：

维持被告国家知识产权局专利复审委员会作出的第 9600 号复审请求审查决定。

本案案件受理费100元，由原告绵竹市远德微生物研究所负担（已交纳）。

如不服本判决，可在本判决书送达之日起15日内向本院递交上诉状，并按对方当事人的人数提出副本，上诉于北京市高级人民法院。

审　判　长　吴　月
审　判　员　刘景文
代理审判员　胡华峰
二〇〇八年　二　月　一　日
书　记　员　汪　明

# 北京市高级人民法院
# 行政判决书

（2008）高行终字第308号

上诉人（一审原告）绵竹市远德微生物研究所，住所地四川省绵竹市西南镇红民村三组。

法定代表人陈远德，所长。

委托代理人浦清华，男，绵竹市远德微生物研究所职员。

委托代理人何云光，四川中川大众律师事务所律师。

被上诉人（一审被告）国家知识产权局专利复审委员会，住所地北京市海淀区北四环西路9号银谷大厦。

法定代表人廖涛，副主任。

委托代理人叶娟，女，国家知识产权局专利复审委员会审查员。

委托代理人郭鹏鹏，男，国家知识产权局专利复审委员会审查员。

被上诉人（一审第三人）安琪酵母股份有限公司，住所地湖北省宜昌市中南路24号。

法定代表人俞学锋，董事长。

委托代理人刘忠诚，男，安琪酵母股份有限公司职员。

委托代理人廖斌，男，安琪酵母股份有限公司职员。

上诉人绵竹市远德微生物研究所（以下简称远德研究所）因专利无效宣告请求审查决定一案，不服北京市第一中级人民法院（2007）一中行初字第1425号行政判决，向本院提起上诉。本院依法组成合议庭进行了审理，现已审理终结。

2007年3月11日，专利复审委作出第9600号无效宣告请求审查决定（以下简称第9600号决定），依照《中华人民共和国专利法》（以下简称《专利法》）第三十三条的规定，宣告专利权人为远德研究所名称为酒类增香高产剂，专利号为96117491.9的发明专利权（以下简称本专利）全部无效。远德研究所不服专利复审委作出的第9600号决定，向北京市第一中级人民法院提起行政诉讼。

一审法院判决认定，安琪酵母股份有限公司（以下简称安琪公司）在本次提出的无效宣告请求、理由和证据方面，部分与前次无效宣告请求、理由和证据相同，但亦增加了新的无效宣告请求、理由和证据。专利复审委予以受理并针对新的无效宣告请求、理由和证据作出审查决定并未违反法律、法规及规章的规定

本专利原说明书和权利要求书的公开文本中均记载：本发明——酒类增香高产剂的成分是由酒精

活性干酵母、生香活性干酵母与固体糖化酶组合而成；本发明中三种类型的酒类增香剂产品均由酒精活性干酵母、生香活性干酵母与固体糖化酶组合而成；根据说明书实施例2～7记载的制备方法亦可知，上述三种类型的酒类增香剂产品均由酒精活性干酵母、生香活性干酵母与固体糖化酶组合制得。上述记载，应属对酒类增香高产剂成分的封闭式表达方式，表示要求保护的酒类增香高产剂由酒精活性干酵母、生香活性干酵母与固体糖化酶组合而成，没有别的组分。而本专利授权公告的权利要求1～3则是以开放式表达方式撰写的，即该酒类增香高产剂含有酒精活性干酵母、生香（酯）活性干酵母与固体糖化酶，……。这表示该酒类增香高产剂中除包含酒精活性干酵母、生香（酯）活性干酵母和固体糖化酶这三种组分外，还可以包含其他制剂组分，可以是含有其他活性细胞或酶的任何制剂，而由此构成的技术方案在原权利要求书和说明书中并未记载，也不能从原权利要求书和说明书记载的信息中直接地、毫无疑义地确定。因此，这种修改不符合《专利法》第三十三条的规定。此外，本院亦认同专利复审委在第9600号决定中的其他意见。

综上，专利复审委作出的第9600号决定，认定事实清楚，适用法律正确，审查程序合法。依照《中华人民共和国行政诉讼法》第五十四条第（一）项的规定，判决予以维持。

远德研究所不服一审判决，于2008年2月26日提出上诉。诉称，安琪公司于2003年9月8日针对本专利曾提出过无效宣告请求，专利复审委于2005年5月19日针对该请求作出了第7180号无效宣告请求审查决定。安琪公司于2006年4月11日又以相同的理由，即远德研究所的酒类增香高产剂不具备新颖性和创造性，并随意增添已发表的文章为新的证据向专利复审委提出无效请求。专利复审委受理后，经远德研究所对其提供的证据对比，向专利复审委提出安琪公司第二次提起无效宣告请求的理由、证据与第一次相同，依法不应再次受理安琪公司的无效宣告请求后，安琪公司在超出规定的时间后又提交了补充证据。在口头审理中，专利复审委没有依法给予远德研究所进行解释和申述理由的适当机会，而专利复审委在作出不利于远德研究所的决定时，未依法给予远德研究所就具体的事实和理由进行解释和申述的机会，草率作出了决定。第9600号决定仅就本专利不符合《专利法》第三十三条规定错误地进行了具体分析，阐明了理由，而没有对远德研究所的全部理由、证据和主要观点进行具体分析，阐明其理由不成立、观点不被采纳的原因，违反了审查程序和原则。曾在本专利进入实质审查时，国家知识产权局（以下简称国知局）依照《专利法》第二十六条第四款规定和《中华人民共和国专利法实施细则》（以下简称《专利法实施细则》）第二十条至第二十三条的规定，要求远德研究所对专利公开文件进行修改，远德研究所按审查意见通知书的原则要求，对本专利原文件进行修改，在审查通过后，国知局才公开了本专利的授权文件。很显然，本专利权利要求符合《专利法》第三十三条的规定。而第9600号决定却以封闭式表述和开放式表述来否定本专利权利要求，以偏废全地宣告本专利全部无效。该决定是极其错误和不负责任的。根据《专利法》第五十六条的规定，保护发明或者实用新型专利的实质条件是权利要求的内容，而不是说明书及附图的内容。发明或者实用新型专利权不可能因为修改文件的撰写方法不同而被否定新颖性和创造性，进而被宣告无效。

综上，专利复审委所作的第9600号决定有悖法律，违反客观事实，一审法院判决认定事实不清，适用法律错误，请求二审法院撤销一审判决，同时撤销专利复审委作出的第9600号决定。

专利复审委辩称，所作的第9600号决定未违反审查程序。安琪公司于2003年9月8日针对本专利提出的无效宣告请求理由为：本专利不符合《专利法》第二十二条第二、三款之规定（所依据的证据为："生香活性干酵母和酒精活性干酵母混合应用于大曲酒中的试验"《酿酒科技》，1996年第2期，封面、目录及73～74页；《酿酒活性干酵母的生产与应用技术》1994年12月出版，封面、封底各一页，第216～219页，第224～225页；中国发明专利说明书ZL93110850.0，授权公告日为1996年5月29日）。安琪公司针对本专利于2006年4月11日提出无效宣告请求的理由为：本专利不符合

《专利法》第二十二条第二和三款（所依据的证据为："生香活性干酵母在清香型石花大曲酒中的应用"《酿酒科技》，1996 年第 1 期，第 78 页）、《专利法》第二十六条第四款、《专利法》第三十三条、《专利法实施细则》第二十条第一款、第二十一条第二款之规定。两次无效宣告请求所依据的理由和证据均不相同，因此，专利复审委对安琪公司于 2006 年 4 月 11 日提出的无效宣告请求予以受理和审理并不违反《专利法实施细则》第六十五条的规定。本案审理过程中给予了双方当事人充分的意见陈述机会。本专利授权公告文本中的所有权利要求与原始权利要求书相比均存在修改超范围之处，应予全部无效，具体理由参见被诉决定。由于本专利权利要求 1 ~ 3 不符合《专利法》第三十三条的规定，故应予无效。专利复审委对安琪公司提出的其他无效宣告理由及证据不再评述。

综上，一审法院判决认定事实清楚，适用法律正确，请求二审法院驳回上诉，维持一审判决。被上诉人安琪公司同意专利复审委的意见。

本案一审审理期间，专利复审委在法定期限内向一审法院提交了以下主要证据：（1）本专利的公开说明书（被诉决定中的附件 2），（2）本专利授权公告说明书；（3）安琪公司于 2006 年 4 月 11 日针对本专利权提出的无效宣告请求书以及其于 2006 年 5 月 11 日提交的补充意见陈述书；（4）安琪公司于 2003 年 9 月 8 日针对本专利提出的无效宣告请求书；（5）专利复审委于 2005 年 5 月 19 日作出的第 7180 号无效宣告请求审查决定。

远德研究所向一审法院提交了以下主要证据：（1）本专利授权证书；（2）专利复审委于 2005 年 5 月 19 日作出的第 7180 号无效宣告请求审查决定书；（3）专利复审委于 2006 年 4 月 11 日向远德研究所发出的无效宣告请求受理通知书；（4）安琪公司的专利权无效宣告请求书；（5）第 9600 号决定中的附件 1（"生香活性干酵母在清香型石花大曲酒中的应用"，胡道静李志军，《酿酒科技》，1996 年第 1 期（总第 73 期）第 78 页复印件）。

此外，远德研究所在一审庭审过程中为证明第 9600 号决定中的附件 1 不真实，还提交了"生香活性干酵母在清香型石花大曲酒中的应用"，胡道静，《酿酒科技》，1996 年第 1 期（总第 73 期）第 78 页的原件。

安琪公司未向一审法院提交证据。

一审法院经审查认为，专利复审委证据 1 ~ 5 及远德研究所证据 1 ~ 4 与本案被诉的第 9600 号决定的合法性审查有关且真实、合法，予以采用。由于专利复审委并未根据第 9600 号决定中的附件 1 作出该决定，因此，远德研究所证据 5 及其在庭审过程中提交的"生香活性干酵母在清香型石花大曲酒中的应用"，胡道静，《酿酒科技》，1996 年第 1 期（总第 73 期）第 78 页的原件与被诉的第 9600 号决定的合法性审查无关，不予采纳。

上述证据均已随案移送本院。二审期间，各方当事人没有提交新的证据。经审查核实，本院确认一审法院认证意见正确，并据此确认本案如下事实：

本专利的申请日为 1996 年 3 月 21 日，2000 年 8 月 2 日，本专利被授权公告。专利权人是绵竹县远德微生物研究所（2004 年 8 月 23 日绵竹县远德微生物研究所更名为绵竹市远德微生物研究所），即远德研究所。本专利授权公告的权利要求是：

"1. 一种用作酿酒工艺的酒类增香高产剂，其特征在于：其含有酒精活性干酵母、生香（酯）活性干酵母与固体糖化酶，每克产品内含固体糖化酶酶活力 1.5 万单位以上、含两种酵母细胞 8 亿以上。

2. 一种用作酿酒工艺的酒类增香高产剂，其特征在于：其含有酒精活性干酵母、生香（酯）活性干酵母与固体糖化酶，每克产品内含固体糖化酶酶活力 2.5 万单位以上、含两种酵母细胞 15 亿以上。

3. 一种用作酿酒工艺的酒类增香高产剂，其特征在于：其含有酒精活性干酵母、生香（酯）活性干酵母与固体糖化酶，每克产品内含固体糖化酶酶活力 4 万单位以上、含两种酵母细胞 20 亿以上。”

2006 年 4 月 11 日，安琪公司以本专利权利要求 1～3 不符合《专利法》第二十二条第二、三款的规定为由，向专利复审委提出无效宣告请求，请求宣告本专利全部无效。安琪公司提交了以下证据：

附件 1：“生香活性干酵母在清香型石花大曲酒中的应用”，胡道静李志军，《酿酒科技》，1996 年第 1 期（总第 73 期）第 78 页复印件。

安琪公司认为，由附件 1 的摘要可知，生香活性干酵母、酒精活性干酵母和糖化酶混合使用，可以提高出酒率、改善酒质，同时给出了试验方案。试验方案中使用了 1kg 生香活性干酵母、1.2kg 酒精活性干酵母和 0.8kg 糖化酶，其比例为 1：1.2：0.8，经过计算，每克产品中含有生香活性干酵母 0.4g（细胞数 0.4×100 亿=40 亿个）、酒精活性干酵母 0.5g（细胞数 0.5×250 亿=125 亿个）和糖化酶 0.6g（糖化酶活力 0.6×5 万单位=3 万单位）。上述方案落入本专利权利要求 1～3 的保护范围内，足以使本专利丧失新颖性和创造性。

专利复审委经形式审查后予以受理，将《专利权无效宣告请求书》及其所附证据的副本转送给远德研究所，要求其在指定期限内答复。

远德研究所提交了意见陈述，认为安琪公司的无效理由不成立。（1）附件 1 所表述的全部内容均属三种单体成分在大曲酒中的分别应用试验，它与一种成熟的产品配方无关。（2）本发明的特征之一是制曲，而附件 1 的特征是酿酒，两者属于不同的行业范畴。（3）本发明的特征之二在于将固体糖化酶、酒精活性干酵母和生香活性干酵母三种独立型单体成分按一定比例科学组合成一种在酿酒工艺中可直接使用的、便捷的、高效能的组合制品，是一种完整的技术配方，而附件 1 无该特征。（4）本发明的特征之三在于本发明中的糖化酶为固体，糖化酶有固体和液体之分，液体糖化酶在本发明中不能使用，附件 1 未表明这一点。（5）本发明的特征之四在于以每克糖化酶活力多少万单位为特征，即有糖化酶酶活力表述（酶活力），又有可供计算的计量依据（克），而附件 1 无该特征，附件 1 中仅有（5 万单位）的表述，该（5 万单位）所指不明。（6）本发明的特征五在于，以制品内含酒精活性干酵母和生香活性干酵母两种酵母细胞的多少亿为特征，有可供计算的计量依据（克）和方便配制的含量依据（亿）的明确表述，而附件 1 所表述的仅仅是两种单体成分，既无（克）又无（亿）的表述。（7）本发明的特征六在于，本专利权利要求中表示三种组分的数据只有两组，也即三合一，表示两种酵母细胞的数据只有一组，也即二合一，而附件 1 中所列的三种成分的数据为三组，两种酵母细胞的数据为两组，也即数据未合并，因此，附件 1 的数据与本专利保护范围不相符。（8）安琪公司所列的细胞数计算式和酶活力计算式中的乘数 250 亿、乘数 1 00 亿、得数 125 亿个、得数 40 亿个、“每克酶活力”、等数 3 万单位糖化酶活力、计算依据均出处不明，上述数据不能作为公知技术。综上，安琪公司的主张缺乏法律依据。

2006 年 5 月 11 日，安琪公司提交了意见陈述，补充了新无效理由，并提交了以下证据（连续编号）：

附件 1 的补充资料：附件 1 所来源期刊的封面页 1 页、目录页 3 页、正文第 78 页、封底页 1 页，复印件共 6 页；

附件 2：本专利公开文本，公开号 CN1137062A，复印件共 12 页，依据该附件 2 的记载：本发明——酒类增香高产剂的成分是由酒精活性干酵母、生香活性干酵母与固体糖化酶组合而成”；本发明中三种类型的酒类增香剂产品均由酒精活性干酵母、生香活性干酵母与固体糖化酶组合而成；且根据说明书实施例2～7记载的制备方法可知，上述三种类型的酒类增香剂产品均由酒精活性干酵母、生香活性干酵母与固体糖化酶组合制得；本发明中所使用的酒精活性干酵母是经一种或多种酒用酵母菌、采用麦麸皮（也可适量添加鲜酒糟等苏松物）做主要培养基经工艺培养后制成的，本发明所使用的生香（酯）活性干酵母是经一种或多种酒用生酯、生酸、生香酵母菌和细菌采用麦麸皮（也可适量添加鲜酒糟等苏松物）做主要培养基经工艺培养后制成的，本发明中所使用的糖化酶为固体糖化酶，有多种规格可使用。各种用于酒类酿造工艺做发酵的酒精干酵母和生香（酯）干酵母菌均可用于本发明。本发明的固体糖化酶完全可在商业上购得，其商品名为工业级或食品级固体糖化酶。说明书第3页实施例1中给出了本发明组合物中三种成分的制备方法示例，麸皮酒精活性干酵母和生香（酯）干酵母的制备方法都是将菌种接种到经过加工的培养基（麦麸皮、鲜酒糟、玉米粉）中培养24～30小时后烘干而成，固体糖化酶可购自国内外任何酶制剂厂；

附件3：本专利授权公告文本，公告号CN1055115C，复印件共12页。

依据上述附件，安琪公司补充的无效理由是：

（1）权利要求1～3中的用语"……每克产品内……含两种酵母细胞8亿以上"不清楚，本领域技术人员无法确认它是指每克产品中含酒精活性干酵母和生香（酯）活性干酵母二者的总量在8亿以上还是指这二者分别的含量在8亿以上。因此，权利要求1～3的保护范围不清楚，不符合《专利法实施细则》第二十条第一款的规定；

（2）①根据说明书第2页第1～12行对I、II、III型产品的记载进行计算，这三型产品中酒精干酵母、生香（酯）干酵母以及二者的总量分别为"2亿～3.88亿、2亿～3.88亿、4亿～7.76亿"和"3亿～6.75亿、3亿～6.75亿、6亿～13.5亿"和"3亿～8.7亿、3亿～8.7亿、6亿～17.4亿"，而本专利权利要求1～3中记载的是每克产品中分别含有两种酵母细胞8亿、15亿、20亿以上，因此权利要求1～3得不到说明书的支持，不符合《专利法》第26条第4款的规定，同时说明书中的上述记载也使得权利要求1～3的保护范围不清楚。②本申请说明书中并没有记载所述酒类增香高产剂（以下简称高产剂）含有除两种酵母、固体糖化酶之外的其他组分，因此权利要求1～3采用"……高产剂……含有……"的开放式表述，得不到说明书的支持；

（3）本专利公开文本中的原始权利要求1～4记载的"……高产剂……由……组合而成……"是封闭式组合物权利要求，且本专利原始公开的说明书和权利要求书中都没有记载所述高产剂"含有"两种酵母和固体糖化酶，而只是记载其由两种酵母和固体糖化酶组合而成，因此授权公告文本中权利要求1～3记载的"……高产剂……含有……"的开放式组合物权利要求扩大了保护范围，不符合《专利法》第三十三条的规定。

2006年5月11日，专利复审委将安琪公司提交的意见陈述及其附件副本转送给远德研究所。

远德研究所提交了意见陈述书，认为：（1）权利要求中的"……每克产品内……含两种酵母细胞8亿以上"的含义是清楚的，其指"两种酵母细胞总数8亿以上"；（2）本专利说明书对I型产品的描述没有规定酵母细胞克含量只有8亿、两种酵母细胞的克含量必须是平均值、两种酵母细胞克含量和用量必须相等，安琪公司的计算取值方法不合适，与权利要求的范围不相干；（3）众所周知，酵母、糖化酶是由培养基中的淀粉等营养物质转化而来的，任何酵母、糖化酶产品都不可能是100％的纯品，不可避免地含有尚未转化的淀粉和其他载体物质，这是本领域的公知常识，也即本专利说明书已经按照《专利法》第二十六条第四款的规定"实际上"描述了权利要求中没有记载的其他组分。

专利复审委将远德研究所先后提交的意见陈述书副本转送给安琪公司。

专利复审委向双方当事人发出《无效宣告请求口头审理通知书》，告知双方当事人于2006年12月28日对本无效宣告请求案进行口头审理。

2006年12月28日，口头审理如期举行，双方当事人均委托代理人参加了口头审理。在口头审理中双方当事人确认收到了专利复审委转送的所有文件。安琪公司确认其无效宣告请求理由为，本专利权利要求1~3不符合《专利法》第三十三条、《专利法》第二十六条第四款、《专利法》第二十二条第二、三款、《专利法实施细则》第二十条第一款、第二十一条第二款的规定。远德研究所对附件1记载的技术内容的真实性和公开性无异议，确认其能作为本专利的现有技术。安琪公司对其主张的本专利不符合《专利法实施细则》第二十条第一款、《专利法》第二十六条第四款这两条无效宣告理由均增加了新的具体理由，远德研究所认为这些新增理由超出了举证期限，应不予接受。

2007年3月11日，专利复审委作出第9600号决定，宣告本专利全部无效。主要理由是：

组合物权利要求分开放式和封闭式两种表达方式。开放式表示组合物中并不排除权利要求中未指出的组分，封闭式则表示组合物中仅包括所指出的组分而排除所有其他的组分。如果将封闭式的组合物权利要求更改为开放式，致使修改后的权利要求可能包括了未记载在原说明书和权利要求书中的不确定组分，则该修改不符合《专利法》第三十三条的规定。

附件z是记载本专利原说明书和权利要求书的公开文本，附件3是本专利授权公告文本，远德研究所对其真实性无异议，专利复审委对其真实性予以确认，可以作为本案的定案依据。

分析本专利原权利要求书及说明书可知，本专利原始记载的酒类增香高产剂技术方案是典型的封闭式表达方式，其中仅含的三种组分为“酒精干酵母、生香干酵母和固体糖化酶”，这三种组分本身分别为三种制剂，这些制剂中除包含活性物质外还包含其制备过程中的其他物质，如培养基原料，并且还可能包含此类制剂商品中通常所含的其他物质，也即这三种组分并非酵母细胞或糖化酶纯物质，此外，高产剂中的这三种组分含量以单位重量制剂中所含活性细胞数或酶活力计。

本专利授权公告的权利要求1~3是以开放式表达方式撰写，也即该高产剂中除包含“酒精干酵母、生香干酵母和固体糖化酶”这三种组分外，还可以包含其他制剂组分，可以是含有其他活性细胞或酶的任何制剂，而由此构成的技术方案在原权利要求书和说明书中并未记载，也不能从原权利要求书和说明书记载的信息中直接地、毫无疑义地确定，因此，这种修改是不允许的，不符合《专利法》第三十三条的规定。远德研究所称，由于本发明的高产剂中不可避免地包含尚未转化的淀粉和其他载体物质，因而，修改后的权利要求更符合本专利技术方案的实际情况。对此，专利复审委认为：(1) 由于“酒精干酵母、生香干酵母和固体糖化酶”这三种组分本身为酵母制剂或酶制剂，其中已经包含了未转化淀粉和其他载体物质，因此以封闭式表述的原权利要求中已经包含上述成分从而能够与实际一致，而并不需要通过改变权利要求的撰写方式来表达这一含义；(2) 依据本专利原权利要求书和说明书的记载，本发明的酒类增香高产剂是由酒精干酵母、生香干酵母和固体糖化酶三种组分混合而成，其不含这三种组分之外的其他组分，也未经其他加工步骤，而修改后的权利要求的表达方式为开放式，其中可额外包含的物质并不限于未转化淀粉和其他载体物质，而是可以为其他任何活性物质，这些信息在原权利要求书和说明书中未曾记载，也不能从原权利要求书和说明书中直接地、毫无疑义地确定。因此，远德研究所的上述主张并不能成立。

综上，本专利权利要求1~3不符合《专利法》第三十三条的规定，应予无效。

鉴于以上论述已经得出本专利权利要求1~3不符合《专利法》第三十三条的规定，应予无效的结论，故对于安琪公司提出的其他无效宣告理由及证据不再评述。

远德研究所不服上述决定，向北京市第一中级人民法院提起行政诉讼。

本院认为，本案争议的焦点问题是：第一，专利复审委能否受理安琪公司的无效宣告请求并作出相应的审查决定；第二，本专利文本的修改是否符合《专利法》第三十三条的规定。

关于专利复审委能否受理安琪公司的无效宣告请求并作出相应的审查决定的问题。2003年9月8

日，安琪公司以本专利不符合《专利法》第二十二条第二、三款之规定为由，曾对本专利提出过无效宣告请求，专利复审委针对该请求作出了审查决定。专利复审委作出的本案第9600号决定，是针对安琪公司2006年4月11日提出的无效宣告请求、理由、证据及在规定期限内（2006年5月11日）补充的无效理由、证据作出的。尽管安琪公司本次提出的无效宣告请求、理由和证据，部分与前次无效宣告请求、理由和证据相同，但增加了新的无效宣告请求、理由和证据。在此情况下，专利复审委予以受理并针对新的无效宣告请求、理由和证据作出审查决定并不违反相关法律、法规及规章的规定。

关于本专利文本的修改是否符合《专利法》第三十三条规定的问题。《专利法》第三十三条规定，申请人可以对其专利申请文件进行修改，但是，对发明和实用新型专利申请文件的修改不得超出原说明书和权利要求书记载的范围。《审查指南》第二部分第十章第4.2.1节中指出：组合物权利要求分开放式和封闭式两种表达方式。开放式表示组合物中并不排除权利要求中未指出的组分；封闭式则表示组合物中仅包括所指出的组分而排除所有其他的组分。开放式的措辞如“含有”、“包括”、“包含”、“基本含有”“本质上含有”、“主要由……组成”、“主要组成为”、“基本上由……组成”、“基本组成为”等，这些都表示该组合物中还可以含有权利要求中所未指出的某些组分，即使其在含量上占较大的比例。封闭式的措辞如“由……组成”、“组成为”、“余量为”等，这些都表示要求保护的组合物由所指出的组分组成，没有别的组分，但可以带有杂质，该杂质只允许以通常的含量存在。本专利原说明书和权利要求书的公开文本中均记载：本发明——酒类增香高产剂的成分是由酒精活性干酵母、生香活性干酵母与固体糖化酶组合而成；本发明中三种类型的酒类增香剂产品均由酒精活性干酵母、生香活性干酵母与固体糖化酶组合而成；根据说明书实施例2～7记载的制备方法亦可知，上述三种类型的酒类增香剂产品均由酒精活性干酵母、生香活性干酵母与固体糖化酶组合制得。上述记载，应属对酒类增香高产剂成分的封闭式表达方式，表示要求保护的酒类增香高产剂由酒精活性干酵母、生香活性干酵母与固体糖化酶组合而成，没有别的组分。而本专利授权公告的权利要求1～3则是以开放式表达方式撰写的，即该酒类增香高产剂含有酒精活性干酵母、生香（酯）活性干酵母与固体糖化酶，……。这表示该酒类增香高产剂中除包含酒精活性干酵母、生香（酯）活性干酵母和固体糖化酶这三种组分外，还可以包含其他制剂组分，可以是含有其他活性细胞或酶的任何制剂，而由此构成的技术方案在原权利要求书和说明书中并未记载，也不能从原权利要求书和说明书记载的信息中直接地、毫无疑义地确定。据此，专利复审委认定本专利文本的修改不符合《专利法》第三十三条的规定是正确的。

综上，专利复审委作出的第9600号决定宣告96117491.9号发明专利权无效合法，一审法院判决维持正确。依据《中华人民共和国行政诉讼法》第六十一条第（一）项的规定，判决如下：驳回上诉，维持一审判决。二审案件受理费人民币100元，由上诉人绵竹市远德微生物研究所负担（已交纳）。

本判决为终审判决。

审 判 长 朱世宽
审 判 员 张学磊
代理审判员 赵宇晖
二〇〇八年八月十九日
书 记 员 张 怡

# 最高人民法院
# 驳回再审申请通知书

（2010）知行字第18号

绵竹市远德微生物研究所：

你所因与被申请人国家知识产权局专利复审委员会（简称专利复审委）、原审第三人安琪酵母股份有限公司（简称安琪公司）专利无效行政纠纷一案，不服北京市高级人民法院（2008）高行终字第308号行政判决及北京市高级人民法院（2009）高行监字第00178号驳回再审申请通知，向本院申请再审。本院依法组成合议庭对本案进行了审查，现已审查终结。

你所申请再审称，（1）公开文本的权利要求1仅给出了酒类增香高产剂的组成部分，但未给出含量这一必要技术特征，其保护范围无限大。如被控侵权物（产品和方法）全面覆盖了酒类增香高产剂的组成部分，便落入了专利权的保护范围。修改后的权利要求增加了必要技术特征，明确了每克产品中必要的具体含量，这种修改符合《专利法》第三十三条的规定。（2）说明书未作一字修改，说明书对必要技术特征的表达方式撰写都是每克产品内“含”而不是“由”。（3）本发明无论是封闭式还是开放式写法，都是酒类增香高产剂，是由酒精活性干酵母、生香（酯）活性干酵母和固体糖化酶组合而成，至于包含或不包含其他组分，都不在权利要求书记载范围内。被申请人专利复审委将不在权利要求书记载保护范围的其他组分作为权利要求书修改不符合《专利法》第三十三条规定的事实依据，严重违反客观事实。本专利权利要求书经修改后超出原范围的仅仅是不受保护的其他组分，不能以此否定本发明，而应该在超出范围内审查新颖性、创造性、实用性。综上，请求撤销北京市高级人民法院（2008）高行终字第308号行政判决。

本院审查查明，1996年3月21日，绵竹市远德微生物研究所向国家知识产权局提出名称为“酒类增香高产剂”的发明专利申请，2000年8月2日被授予专利权，专利号为96117491.9。授权公告的权利要求书为：“1. 一种用作酿酒工艺的酒类增香高产剂，其 特征在于：其含有酒精活性干酵母、生香（酯）活性干酵母与固体糖化酶，每克产品内含固体糖化酶酶活力1.5万单位以上、含两种酵母细胞8亿以上。2. 一种用作酿酒工艺的酒类增香高产剂，其特征在于：其含有酒精活性干酵母、生香（酯）活性干酵母与固体糖化酶，每克产品内含固体糖化酶酶活力2.5万单位以上、含两种酵母细胞15亿以上。3. 一种用作酿酒工艺的酒类增香高产剂，其特征在于：其含有酒精活性干酵母、生香（酯）活性干酵母与固体糖化酶，每克产品内含固体糖化酶酶活力4万单位以上、含两种酵母细胞20亿以上。”

2006年4月11日，安琪公司就本案专利向专利复审委提出无效宣告请求，并提交了有关证据。2006年5月11日，安琪公司补充了新无效理由，并提交了附件2：本专利公开文本，公开号CN1137062A，复印件共12页；以及附件3：本专利授权公告文本，公告号CN1055115 C，复印件共12页。安琪公司认为本案专利不符合《专利法》第三十三条的规定。

2007年3月11日，专利复审委作出第9600号决定，宣告本专利全部无效。理由是：附件2是记载本专利原权利要求书和说明书的公开文本，附件3是本专利授权公告文本，专利权人对其真实性无异议，合议组对其真实性予以确认。依据附件2的记载可知，本专利原权利要求书和说明书记载的酒类增香高产剂技术方案是典型的封闭式表达方式，其中仅含的三种组分为“酒精干酵母、生香干酵母和固体糖化酶”，这三种组分本身分别为三种制剂，这些制剂中除包含活性物质外还包含其制备过程中的其他物质，如培养基原料，并且还可能包含此类制剂商品中通常所含的其他物质，也即这三种组分并非酵母细胞或糖化酶纯物质，此外，高产剂中的这三种组分含量以单位重量制剂中所含活性细胞数或酶活力计。本专利授权公告的权利要求 1 ~ 3 是以开放式表达方式撰写，也即该高产剂中除包含“酒精干酵母、生香干酵母和固体糖化酶”这三种组分外，还可以包含其他制剂组分，可以是含有其他活性细胞或酶的任何制剂，而由此构成的技术方案在原权利要求书和说明书中并未记载，也不能从原权利要求书和说明书记载的信息中直接地、毫无疑义地确定，因此这种修改是不允许的，不符合《专利法》第三十三条的规定。故此，专利复审委宣告本案专利权无效。

本院认为，本案的焦点在于：本案专利权利要求 1 ~ 3 是否符合专利法第三十三条的规定。

根据附件 2，本专利原申请文件记载权利要求 1 为：“1. 一种用于酿酒工艺的糖化发酵剂——酒类增香高产剂，其特征在于：成分是由酒精活性干酵母、生香活性干酵母与固体糖化酶组合而成。”本专利原申请文件的权利要求书和说明书记载的技术方案和实施例涉及的酒类增香高产剂产品均由酒精活性干酵母、生香活性干酵母与固体糖化酶组合制得。本专利原权利要求书和说明书记载的酒类增香高产剂技术方案是典型的封闭式表达方式，其中仅含的三种组分为“酒精干酵母、生香干酵母和固体糖化酶”，这三种组分本身分别为三种制剂，这些制剂中除包含活性物质外还包含其制备过程中的其他物质，如培养基原料，并且还可能包含此类制剂商品中通常所含的其他物质，也即这三种组分并非酵母细胞或糖化酶纯物质。虽然原说明书第 2 页记载的技术方案用了“每 1000 克产品内由每克含活性细胞……以上的……酒精干酵母、生香（脂）干酵母各……克与……千万单位固体糖化酶组合而成”以及“每克产品内所含酶活力……单位、含两种活性酵母细胞……亿以上”的表述，但是上述用语“含”均指酒精活性干酵母、生香活性干酵母与固体糖化酶三种组分中的活性细胞数量和酶活力单位，并非指酒类增香高产剂可含有除上述三种组分外的其他组分或制剂。

本专利授权公告的权利要求 1 是以开放式表达方式撰写，该高产剂中除包含“酒精干酵母、生香干酵母和固体糖化酶”这三种组分外，还可以包含其他制剂组分，可以是含有其他活性细胞或酶的任何制剂，即修改后的权利要求包括了未记载在原说明书和权利要求书中的多种不确定组分，而由此构成的技术方案在原权利要求书和说明书中并未记载，也不能从原权利要求书和说明书记载的信息中直接地、毫无疑义地确定，因此这种修改不符合《专利法》第三十三条的规定。基于同样的原因，权利要求 2 ~ 3 也不符合《专利法》第三十三条的规定。

综上所述，一、二审法院的判决认定事实清楚，适用法律正确。你所的再审申请不符合《中华人民共和国行政诉讼法》第六十三条第二款、《最高人民法院关于执行<中华人民共和国行政诉讼 法>若干问题的解释》第七十二条规定的再审条件，依据《最高人民法院关于执行〈中华人民共和国行政诉讼法〉若干问题的解释》第七十四条的规定，予以驳回。

特此通知。

二〇一〇年六月十三日

006

# 一种提高视力的冲剂及其制备方法

## 无效宣告请求审查决定（第9762号）

**决　定　号**　第9762号
**决　定　日**　2007年4月29日
**发明创造名称**　一种提高视力的冲剂及其制备方法
**国际分类号**　A61K 35/78；A61P 27/10
**无效宣告请求人**　哈尔滨恒信药业有限公司
**专利权人**　逄锦洲
**专　利　号**　96115380.6
**申　请　日**　1996年6月17日
**授权公告日**　2000年9月13日
**合议组组长**　马文霞
**主　审　员**　叶　娟
**参　审　员**　吴通义

**法律依据**　专利法第22条第2款、第3款
**决定要点**

对于药物产品来说，社会公众能够得到药品本身并不意味着他们也能够得知其原料及制法，也即药品投放市场并不必然导致该药品的原料组成和制法被公开。

### 一、案由

本无效宣告请求案涉及国家知识产权局于2000年9月13日授权公告的、名称为“一种提高视力的冲剂及其制备方法”的96115380.6号发明专利（下称本专利），其申请日为1996年6月17日，专利权人是逄锦洲。

该专利授权公告文本共2项权利要求：

“1. 一种提高视力的冲剂，其特征在于：它是以下重量比的原料制成的：生地、熟地、枸杞子、菊花、茯苓、菟丝子、远志、知母，党参、黄柏、五味子、茺蔚子、车前子、石菖蒲，其重量比为：400∶400∶400∶400∶300∶300∶200∶200∶167∶133∶300∶300∶300∶200。

2. 一种如权利要求1所述的冲剂的制备方法，其特征在于：将上述重量配比的生地、熟地、枸杞子、茯苓、菟丝子、远志、知母，党参、黄柏、五味子、茺蔚子、车前子，石菖蒲加8倍量水煎煮两小时，将药液倒出过滤，再将菊花加入药渣中加7倍量水煎煮2小时，过滤倒出与前述过滤液合

并，将滤液静置24小时，再经过滤，浓缩至相对密度1.12~1.13，喷雾干燥，再取干燥粉1份，蔗糖粉1.2份，糊精1份，混匀，制成颗粒。”

针对上述专利权，哈尔滨恒信药业有限公司（下称请求人）于2006年1月20日以本专利不具有新颖性和创造性为由向专利复审委员会提出无效宣告请求，请求宣告该专利权无效，为支持其主张，请求人同时提交了以下证据：

附件1：哈尔滨新世界保健药业有限公司的新保健药申报资料“制备工艺及其研究资料”，复印件共7页；

附件2：黑龙江省药品检验所文件“黑药检业（1996）8号”及其附件，复印件共8页；

附件3：哈尔滨视力佳保健药业有限公司的第“哈视药字（1997）003号”文件，复印件共1页；

附件4：黑龙江省卫生厅新保健药品证书（96）黑卫药证字05号及生产批件黑卫药批（1996）26号，复印件共2页；

附件5：黑龙江省哈尔滨市中级人民法院民事判决书（2000）哈知初字第60号，复印件共7页；

附件6：黑龙江省高级人民法院民事判决书（2001）黑民三终字第4号，复印件共6页。

依据上述附件，请求人认为：（1）本专利的技术方案在申请日之前已经被附件1~2公开，且根据附件4~6可知，本专利的产品在申请日前已经在市场上广泛销售，因此，本专利不具备新颖性、创造性；（2）附件3用于证明专利权人为请求人公司的聘用人员，本专利是由请求人研制的，专利权人未经请求人许可擅自申请专利。

专利复审委员会受理了该无效宣告请求案，并于2006年1月20日向双方当事人发出《无效宣告请求受理通知书》，同时将《专利权无效宣告请求书》及其附件副本转送给专利权人，要求其在指定期限内答复，同时成立合议组对本无效请求案进行审理。

2006年2月14日，请求人提交了补充证据，但未作出任何意见陈述，所提交的补充证据如下（编号续前）：

附件7：逄锦洲与丁玉波的协议书一份，复印件共6页；

附件8：哈尔滨市视力佳保健药业有限责任公司的注册营业文件，复印件共22页；

附件9：“视力佳冲剂”生产批件等文件，复印件共7页；

附件10：临床实验合同，复印件共4页；

专利权人于2006年4月4日作出答复，认为：（1）附件1~2不属于专利法意义上的公开出版物，不能用于证明本专利在申请日前已经公开和证明本专利不具备创造性；（2）对于申请日前公开上市的产品，当时的本领域技术人员无法分析、研究其生产技术，因此，本专利产品未被使用公开；（3）附件3~6与本专利的新颖性和创造性无关。同时提交口头审理请求书。

2006年10月24日，专利复审委员会本案合议组将请求人于2006年2月14日补充提交的证据副本转送给专利权人，要求其在指定期限内答复，期满未答复的，视为当事人已经得知转送文件中所涉及的事实、理由和证据，并且未提出反对意见。

2006年11月23日，专利权人针对上述转送文件提交了意见陈述，认为：（1）附件7上没有签名，不具备法律效力，不能作为事实、理由和证据使用，故不能证明任何事实，即使附件7是真实的，它也与本案无关，不能证明本专利不具有新颖性和创造性；（2）附件8~10与本案无关。专利权人同时提交了以下反证：

反证1：哈尔滨市中级人民法院民事判决书（2005）哈民五初字第83号，复印件共8页；

反证2：黑龙江省高级人民法院民事判决书（2006）黑知终字第14号，复印件共6页。

专利权人以上述反证证明哈尔滨世一堂制药厂、黑龙江省正邦医药经销公司侵犯本专利权。

2006年12月26日，专利复审委员会本案合议组分别向双方当事人发出《无效宣告请求口头审理通知书》，告知双方当事人专利复审委员会拟定于2007年1月25日对本无效宣告请求案进行口头审理。同时，专利复审委员会本案合议组将专利权人于2006年11月23日提交的意见陈述及其附件副本转送给请求人。

2006年1月16日，专利复审委员会本案合议组将专利权人于2006年4月4日提交的意见陈述书面交给请求人。

2007年1月25日，口头审理如期举行，请求人委托的代理人参加了口头审理，专利权人缺席口头审理。口审过程中确认的事实如下：（1）请求人放弃其所主张本专利是由请求人研制的，而专利权人未经请求人许可擅自申请专利的关于本专利权属纠纷的无效理由，并放弃与该理由相关的附件3、7～10；（2）请求人明确其无效理由为本专利的技术方案在本专利申请日前已经被使用公开，因而不符合第22条第2款、第3款的规定，所依据的证据为附件1～2、4～6，其中附件1～2、4用于证明本专利药品在本专利申请日之前已经完成了新药申报和审批过程，附件5～6不仅证明上述新药申报和审批过程已经完成，还用于证明在本专利申请日前本专利药品已经被公开销售；（3）请求人当庭提交了一套从哈尔滨中级人民法院复印的案号为“哈知初字第60号”的复印资料（下称附件11）用于证明附件1～2、4～6的真实性，该复印件上盖有“哈尔滨市中级人民法院查档专用章”红章。

至此，合议组认为本案的事实清楚，可以作出审查决定。

**二、决定的理由**

1. 关于请求无效的理由

请求人无效宣告请求的理由为：本专利技术方案在本专利申请日前已经被使用公开，因而不符合专利法第22条第2款、第3款的规定。

2. 关于证据

本案中，请求人共提交了10份附件用于支持其主张。口头审理时请求人明确放弃附件3、7～10，因此合议组对这5份附件不再考虑。

附件1是哈尔滨新世界保健药业有限公司的“新保健药申报资料项目4 制备工艺及其研究资料”，所申报药品为“新视界近视冲剂”；附件2是黑龙江省药品检验所于1996年2月4日出具的“黑药检业（1996）8号”文件，其中包括“关于新药（保健药）‘新视界冲剂’申报生产有关资料的审核意见”、“新视界冲剂”质量标准、“新视界冲剂”三批样品的检验报告书；附件4是黑龙江省卫生厅的第黑卫药批（1996）26号文件；附件5是黑龙江省哈尔滨市中级人民法院民事判决书（2000）哈知初字第60号；附件6黑龙江省高级人民法院民事判决书（2001）黑民三终字第4号。附件1～2、4～6均为复印件，请求人在口头审理时当庭提交了附件11，也即一套从哈尔滨中级人民法院复印的案号为“哈知初字第60号”的复印资料，用于证明这5份附件的真实性、合法性。

合议组认为，附件11首页上盖有“哈尔滨市中级人民法院查档专用章”的红章，且侧边加盖有骑缝章原章，因此合议组对其真实性予以确认；经比对后，合议组确认附件11中包含与附件4～6完全相同的文件，其中附件4的真实性已在附件5和6中得到确认，因此，合议组对附件4～6的真实性予以确认；但附件11中并不包含附件2，而且将附件11中与附件1相对应的文件“新保健药申报资料项目4 制备工艺及其研究资料”（下称附件1’）相比发现，二者存在较大区别，附件1共有7页，而附件1’只有4页，二者中记载的药品原料、制法、生产工艺流程均有不同，且附件1最后3页所载内容为“三、制备工艺研究资料”，而附件1’最后1页所载为“制备工艺说明”，二者相去甚远，因此，附件 11 并不能证明附件 1 ~ 2 的真实性，合议组对附件 1 ~ 2 的真实性不予确认。

3. 关于使用公开

请求人主张，根据附件 5 第 6 页的记载“本院认为，原、被告生产的视力佳冲剂及其制备方法与原告的专利技术相同和被告生产的视力佳冲剂自 1996 年 6 月 1 日起进行销售无异议”、“原告的第 96115380. 6 号发明专利的申请日为 1996 年 6 月 17 日，被告的证据 A、B、C、F、G、H、J 等证明被告在该申请日前就已经完成了视力佳冲剂的研制并取得药品证书和生产批件，被告租赁厂房生产视力佳冲剂并正式投放市场均在该申请日之前，原告对这些事实确认无异，故本院足以认定在原告专利申请日之前被告已经制造了与原告专利相同的产品视力佳冲剂”，以及附件 6 第 4 页中的记载“本院认为：原审对逢锦洲专利申请日之前恒信药业公司已经制造了与逄锦洲专利相同的产品的认定，认定事实准确，证据充分。本案的证据证明在专利申请日之前专利产品就已经投入市场，这实质上已对专利是否具有新颖性造成影响，进而动摇专利效力”可知：在本专利申请日之前，请求人已经就本专利的技术方案取得了药品证书和生产批件，并在本专利申请日之前已经生产了本专利的产品以及将其投放市场公开销售，附件 4 也可以证明本专利所保护的药品在本专利申请日前已经获得了生产批件，因此本专利的技术方案已经在申请日前被使用公开，不具备专利法第 22 条第 2 款、第 3 款规定的新颖性和创造性。

对此，合议组认为：虽然根据附件 5 ~ 6 能够认定，在本专利申请日之前请求人已经就本专利的技术方案取得了药品证书和生产批件，并在本专利申请日之前已经生产了本专利的产品以及将其投放市场公开销售这一事实，但是，首先，企业申报新药属于企业内部行为，新药审批过程中审批单位对于送审的资料也负有保密义务，因此新药申报成功以及新药证书和生产批件的获得并不意味着该药品的技术方案及制备方法的必然公开，虽然请求人认为药品申报和审批资料是公众可以随意查阅的，但是请求人并不能提交证据对此加以证明，因此合议组对该主张不予采信；其次，对于药物产品来说，社会公众能够得到药品本身并不意味着他们也能够得知其原料及制法，特别是对于中成药产品，其成分复杂，分析检测成分十分困难，也即药品投放市场并不必然导致该药品的原料组成和制法被公开，虽然请求人争辩药品在销售的同时伴随有产品说明书，但是请求人未能提供证据来证明在其于申请日前销售的产品中携带有完全公开本专利的冲剂及其制备方法的说明书，因此合议组对于该争辩不予认可。

综上所述，合议组认为，请求人提交的证据尚不足以证明本专利产品已经在申请日之前被使用公开。

4. 关于专利法第 22 条第 2 款、第 3 款

请求人对其主张的事实负有举证责任，如果所举证据不足以证明其主张的事实，请求人将承担对其不利的后果。本案中，由于请求人未能提供足够的证据证明本专利的技术方案在本专利申请日前已经公开，因此其所提出的本专利不符合专利法第 22 条第 2 款、第 3 款的规定的主张由于缺少必要的证据支持而不能成立，合议组对于请求人提出的无效宣告请求不予支持。

根据上述事实和理由，本案合议组作出如下决定。

**三、决定**

维持 96115380. 6 号发明专利权有效。

当事人对本决定不服的，可以根据专利法第 46 条第 2 款的规定，自收到本决定之日起三个月内向北京市第一中级人民法院起诉。根据该款规定，一方当事人起诉后，另一方当事人应当作为第三人参加诉讼。

007

# 易收边高尔夫球杆握把

## 无效宣告请求审查决定（第9772号）

**决　　定　　号**　第9772号
**决　　定　　日**　2007年3月26日
**发明创造名称**　易收边高尔夫球杆握把
**国 际 分 类 号**　A63B 53/14
**无效宣告请求人**　东莞威赢高尔夫用品有限公司
**专 利 权 人**　朱宏松
**专　　利　　号**　02254451.8
**申　　请　　日**　2002年9月25日
**授 权 公 告 日**　2003年10月1日
**合 议 组 组 长**　李人久
**主　　审　　员**　吴通义
**参　　审　　员**　许　磊

**法 律 依 据**　专利法第22条第3款
**决 定 要 点**

当实用新型专利要求保护的技术方案相对于最接近的现有技术存在区别技术特征时，应判断现有技术是否给出将上述区别技术特征应用到该最接近现有技术以解决其存在的技术问题的启示，如果存在这种技术启示，则要求保护的技术方案不具有创造性，反之，如果不存在这种技术启示，且所述技术方案获得了有益的技术效果，则该技术方案具备创造性。

### 一、案由

本无效宣告请求案涉及国家知识产权局于2003年10月1日授权公告的、名称为“易收边高尔夫球杆握把”的02254451.8号实用新型专利（下称本专利），其申请日为2002年9月25日，专利权人为朱宏松。本专利授权公告的权利要求如下：

“1. 一种易收边高尔夫球杆握把，它包括为中空管的内衬管及防滑表层；内衬管具有本体及分别成型于本体上、下端的盖头及护环；防滑表层为包覆于内衬管本体外表面的片状体；其特征在于所述的盖头以本体为中心环设第一凹槽；包覆于内衬套本体外表面的防滑表层上、下端分别容纳于盖头的第一凹槽内及抵接于护环。

2. 根据权利要求1所述的易收边高尔夫球杆握把，其特征在于所述的护环以内衬管本体为中心环设第二凹槽，使得防滑表层抵接于护环的下端容纳于护环的第二凹槽内。

3．根据权利要求1或2所述的易收边高尔夫球杆握把，其特征在于所述的内衬管本体轴向设有与盖头及护环一体成型的用以收纳防滑表层两侧边的侧边收纳单元。

4．根据权利要求3所述的易收边高尔夫球杆握把，其特征在于所述的防滑表层具有与侧边收纳单元数量相对应的防滑表层单元。

5．根据权利要求4所述的易收边高尔夫球杆握把，其特征在于所述的侧边收纳单元具有一端垂直连接于本体外表面的连接部，连接部的另一端分别向两侧凸出延设侧收边唇，并使侧收边唇与本体的外表面形成得以收纳防滑表层单元两侧边的收纳空间。

6．根据权利要求1所述的易收边高尔夫球杆握把，其特征在于所述的内衬管与防滑表层两者之间设有借以凝集贴合的接合层。

7．根据权利要求1所述的易收边高尔夫球杆握把，其特征在于所述的内衬管为模造成型的管体。

8．根据权利要求1所述的易收边高尔夫球杆握把，其特征在于所述的防滑表层为裁切而成的片状体。

9．根据权利要求1所述的易收边高尔夫球杆握把，其特征在于所述的内衬管系以橡胶、橡胶复合物、热可塑弹性体、热可塑橡胶、塑胶层、密闭孔式塑胶等泡棉材质模造成型。

10．根据权利要求1所述的易收边高尔夫球杆握把，其特征在于所述的防滑表层系选用天然皮、合成皮、聚氨酯涂覆人造皮、布或纤维等材质裁切成的片状体。”

针对上述专利权，东莞威赢高尔夫用品有限公司（下称请求人）于2006年4月29日向专利复审委员会提出无效宣告请求，以本专利权利要求1～2不符合专利法第22条第2款的规定和权利要求1～10不符合专利法第22条第3款的规定为由请求宣告本专利的权利要求全部无效，为支持其主张，请求人同时提交了以下证据：

证据1：美国专利US3，366，384，1968年1月30日公开，复印件共6页；

证据2：美国专利US6，449，803，2002年9月17日公开，复印件共4页；

证据3：美国专利US3，311，375，1967年3月28日公开，复印件共3页；

证据4：美国专利US5，730，662，1998年3月24日公开，复印件共11页；

证据5：第00109823.3号中国发明专利申请公开说明书，2002年1月23日公开，复印件共13页；

证据6：本专利说明书，2003年10月1日公告，复印件共16页；

请求人认为：

（1）权利要求1～2相对于证据1不具备新颖性：证据1的图2～4中显示，内衬管为中空，具有一盖头（18）和一护环（32），盖头（18）下方凿出一空缺区域用以与内衬管的本体上端的斜切区域（20）配合形成收边装置，将片状的表层材料上部边缘收纳于盖头（18）下方与内衬管本体上缘结合后所形成的环状空隙中（参见证据1第3栏第66～73行），图2和图5中的组件（32）具有一环状收边结构（14），其作用为包覆防滑表层的底端，虽然图2和图3中显示盖头（18）与内衬管本体分离，但是“分离设计”和“一体设计”是本领域技术人员所熟知的惯用手段的直接置换。因此，权利要求1、2不符合专利法第22条第2款的规定。

（2）权利要求1～2相对于证据1和2的组合不具备创造性：证据2揭示了一种高尔夫球杆握把，具有一个中空内衬管（10），由弹性材质做成，该中空内衬管具有成型于其上的一个盖头（11）与一护环（18），盖头也环设一凹槽，形成一裙状周沿（12）；一条状材料裹住该内衬管外表面（10），其下端抵接于该护环（18），其上端为盖头的裙状周沿（12）所覆盖（图1以及第2栏第33～40行、第49～50和60～64行)。在本专利申请时，塑橡胶成型技术早已成熟，将证据1揭示的盖头与护环改成一体成型，或者将证据1揭示的片式防滑表层简单结合证据2揭示的一体成型于内衬管上的盖头与护环，是本领域技术人员无须花费创造性劳动就能轻易完成的；另外，证据2第3栏第46～53行说明该裙状周沿(12)的应用可扩大到该内衬管上下两端，也就是该护环(18)可以具有凹槽形状以容纳该条状表层材料的另一端，公开了权利要求2的附加技术特征，因此，权利要求1～2相对于证据1和2之简单组合不符合专利法第22条第3款的规定。

(3)权利要求1～2相对于证据2和3的组合不具备创造性：证据3揭示一片式的球杆握把表层(12)，其为皮革等材质做成，包覆于组件(11)的外侧，组件(11)相对于本专利的内衬管，以橡胶或人造热塑性材质做成并卷绕或预成型至球杆上(第2栏第12～19、26～31行)；外覆一片式表层的目的在于提供舒适持感(第1栏第50行)，这与本专利所要解决的问题相同。将证据3的握把表层贴合到证据2的中空内衬管上，使盖头和护环上的裙状周沿覆盖在贴合表层的两端是容易的事，因此，权利要求1～2相对于证据2和3之直接结合不符合专利法第22条第3款的规定。

(4)权利要求1～2相对于证据2和4的组合不具备创造性：证据4揭示一种握把：一中空内衬管(20)，一管状表层(50)套于内衬管外部，盖头(90)，但不需要具备其他实施例中具有鳍状突起与相配的凹槽(第3栏第38～41行)，图10揭示一体成型于内衬管上端的盖头形状，具有裙状周沿，将证据4的管状表层展开即成为片状表层，且证据4教导用黏着剂将表层与内衬管黏合为一体式握把的技术，结合运用证据2的一体成型于内衬管上的盖头与护环，将证据4的管状表层改为片状方式黏附于证据2的内衬管上，或者将管状表层以弹性材质做成，将证据2的盖头和护环上的裙状周沿(12)先向外翻开，套入该管状表层，再将裙状周沿回复原位以覆盖管状表层之上下两端部，即完成权利要求1和2的实施，因此，权利要求1和2相对于证据2和4之结合不符合专利法第22条第3款的规定。

(5)权利要求3～10不具有创造性：上述证据中都揭示了带有凹槽的径向边缘收纳单元，由径向设立收纳单元的启发，本领域技术人员可以不花费创造性劳动就能联想到轴向的侧边收纳单元，权利要求3不具有创造性。权利要求4的附加技术特征为侧边收纳单元的数量对应于防滑表层的数量，这种数量的变化没有带来新的技术效果，数量的增减是惯常手段的替换，在权利要求3无创造性的前提下，权利要求4也不具有创造性。权利要求5的附加技术特征为所述侧边收纳单元具有一端垂直连接于本体外表面的连接部，连接部的另一端分别向两侧凸出延设侧收边唇，并使侧收边唇与本体的外表面形成得以收纳防滑表层单元两侧边的收纳空间，从证据中公开的“凹槽”联想到两侧边的收纳空间，本领域技术人员不需要付出创造性劳动，在权利要求4不具有创造性的前提下，权利要求5也不具有创造性。权利要求6和权利要求7的附加技术特征都是现有技术，在所引用的权利要求1不具有创造性的前提下，权利要求6和7也不具有创造性。权利要求8的附加技术特征为现有技术，并且权利要求8～9和10的附加技术特征在证据5说明书第1页最后一行到第2页第4行中公开，在所引用的权利要求1不具有创造性的前提下，权利要求8～10也不具有创造性。

2006年5月25日，请求人提交了证据1～4的中文译文，共40页。

经形式审查合格后，专利复审委员会受理了上述请求，于2006年6月22日向双方当事人发出《无效宣告请求受理通知书》，并将《专利权无效宣告请求书》及其附件清单中所列附件的副本和请求人于2006年5月25日补交文件的副本转送给专利权人，要求其在指定的期限内答复，同时成立合议组对本无效请求案进行审理。

专利权人于2006年8月3日针对请求人的无效宣告请求提交了意见陈述书，专利权人认为：

(1)证据1公开的握把盖头及“护环”与内衬管不是一体结构，权利要求1的盖头和第一凹槽以及护环的功能和效果完全不同于证据1，它们之间不是惯用手段的直接置换，权利要求1相对于证据1具备新颖性。在权利要求1具备新颖性的基础上，权利要求2也具备新颖性，而且由于证据1没有公开第二凹槽这一技术特征以及护环与第二凹槽的功能和效果，因此，权利要求2的技术方案相对于对比文件1公开的内容具有新颖性。

（2）权利要求1与证据1和2公开的技术相比，区别在于与内衬管本体一体成型的盖头与第一凹槽，该技术特征解决了盖头处产生间隙的技术问题，而且结构简单，不同于证据1和2利用盖头固定压制表层或条带的复杂结构，权利要求1具备创造性。

（3）证据2和3没有公开权利要求1中与本体一体成型设置于盖头处的第一凹槽和权利要求2中形成于护环处的第二凹槽，证据2和3与本专利权利要求1～2的设计构思、要达到的功能和要解决的技术问题不同，权利要求1～2相对于证据2和3具备创造性。

（4）证据4没有揭示权利要求1中与本体一体成型的盖头和第一凹槽的技术特征，证据4的沟槽或翅片是指位于管状部件上的结构，而非盖头上的构造，证据2和4都没有公开权利要求2中的第二凹槽这一技术特征，权利要求1和2相对于证据2和4具备创造性。

（5）在权利要求1或2具备创造性的前提下，权利要求3～10也具备创造性。另外，请求人未详尽说明证据中设有径向收纳单元的出处以及何种部件上设有径向收纳单元，未提供轴向侧边收纳单元技术为公知技术的证据；请求人提供的证据不能证明轴向侧边收纳单元技术是已知技术，不能证明数量上的变化是惯常手段的替换；请求人提供但证据中没公开本专利的第一凹槽和第二凹槽，没有揭示权利要求5的技术特征，这些事实表明权利要求3～10具有创造性。

（6）请求人采用多达5篇对比文件来评价本实用新型专利的创造性，不符合审查指南的规定。

（7）请求人的美国母公司在美国提出与本专利权利要求1和2完全相同的专利申请，而且本专利产品在商业上取得了成功，这都间接佐证了本专利技术具备创造性。

2006年9月26日，本案合议组向双方当事人发出《无效宣告请求口头审理通知书》，拟定于2006年11月23日对该专利权的无效请求进行口头审理，并随《无效宣告请求口头审理通知书》将专利权人于2006年8月3日提交的意见陈述书转送给请求人。

2006年9月23日，口头审理如期进行，双方当事人及其委托的代理人均出席了口头审理。在口头审理过程中，合议组就本案的无效理由及证据逐一进行了调查，双方当事人充分陈述了各自的意见。口头审理过程中记录的主要事实如下：（1）双方当事人对对方出庭人员的身份和资格没有异议，对合议组成员没有回避请求；（2）专利权人对证据1～6的真实性、公开性以及证据1～4的译文准确性没有异议；（3）请求人放弃了本专利权利要求1～2不符合专利法第22条第2款的规定的无效理由，请求人确认其主张的无效理由为：①以证据2为最接近对比文件，权利要求1和2相对于证据2和证据1的组合、证据2和证据3的组合或者证据2和证据4的组合无创造性；②以证据1为最接近对比文件，权利要求1和2相对于证据1和证据2的组合不具有创造性；③在权利要求1和2无创造性的基础上，结合证据5，权利要求3～5不具备创造性，在权利要求1和2无创造性的基础上，权利要求6～10也无创造性。

至此，合议组认为本案的事实清楚，可以作出审查决定。

**二、决定的理由**

1. 无效理由和证据的认定

（1）请求人放弃了本专利权利要求1～2不符合专利法第22条第2款的规定的无效理由，确认其主张的无效理由为权利要求1～10不具备创造性，并明确了其创造性评价的组合方式，因此，合议组审理的关于本专利权的无效宣告理由和范围是：权利要求1和2相对于证据2和证据1的组合、证据

2 和证据 3 的组合或者证据 2 和证据 4 的组合不具备创造性；在权利要求 1 和 2 无创造性的基础上，结合证据 5，权利要求 3 ~5 不具备创造性，在权利要求 1 和 2 无创造性的基础上，权利要求 6 ~10 也无创造性。

（2）专利权人对证据 1 ~6 的真实性、公开性以及证据 1 ~4 的译文准确性没有异议。合议组对证据 1 ~6 的真实性、公开性以及证据 1 ~4 的译文准确性予以确认。

2. 关于专利法第 22 条第 3 款

专利法第 22 条第 3 款规定："创造性，是指同申请日以前已有的技术相比，该发明有突出的实质性特点和显著的进步，该实用新型有实质性特点和进步。"

当实用新型专利要求保护的技术方案相对于最接近的现有技术存在区别技术特征时，应判断现有技术是否给出将上述区别技术特征应用到该最接近现有技术以解决其存在的技术问题的启示，如果存在这种技术启示，则要求保护的技术方案不具有创造性，反之，如果不存在这种技术启示，且所述技术方案获得了有益的技术效果，则该技术方案具备创造性。

（1）权利要求 1 ~2、6 ~10 的创造性。

证据 2 公开一种高尔夫球杆握把，其具有空心的核心（10），核心（10）具有一主体（14）、第一端（16）和第二端（11），末端（11）处具有形成为裙状周沿（12）的凸缘，第一端（16）具备扩大的护环（18），条带材料（22）的外表面与护环（18）在其邻接处齐平，裙状周沿（12）折回主体的位置，在条带材料（22）的上方，以便将条带材料（22）固定在紧靠主体部分（14）的适当位置（参见证据 2 中文译文说明书第 2 页倒数第 1 ~4 行，第 3 页第 3、8 ~9、12 ~14 行，图 1、图 2、图 3）。

将权利要求 1 与证据 2 公开的内容相比，证据 2 中的核心（10）相当于权利要求 1 中的内衬管；证据 2 中核心的主体（14）、第一端（16）和第二端（11）分别相当于权利要求 1 中的本体、下端和上端，折回主体的裙状周沿（12）相当于权利要求 1 的盖头；证据 2 中的护环（18）相当于权利要求 1 的护环，条带材料（22）相当于权利要求 1 的防滑表层；当证据 2 的裙状周沿（12）折回主体的位置时，该裙状周沿与主体（14）之间实际上形成了环绕该主体的周隙，其具有容纳并固定条状材料的作用（参见证据 2 中文译文图 1 和说明书第 3 页第 12 ~14 行），该周隙相当于权利要求 1 的凹槽，并且证据 2 中的"裙状周沿折回主体的位置，在条状材料（22）的上方，以将条带材料（22）固定在紧靠主体部分（14）的适当位置处"相当于权利要求 1 中的防滑表层容纳于第一凹槽的结构特征；证据 2 的条带材料（22）的外表面与护环（18）在其邻接处齐平（参见证据 2 中文译文图 1 和说明书第 3 页第 8 行），表明该条带材料抵达护环（18）并与之相接触，即公开了权利要求 1 中的防滑表层抵接于护环的结构特征。因此，证据 2 所公开的内容与权利要求 1 的区别仅在于权利要求 1 的防滑表层是片状的，而证据 2 的条带材料为条状的。

然而在高尔夫球杆握把的现有技术中，既有用条状材料作为防滑表层的方案，又有用片状材料作为防滑表层的方案，即这两种方案都是制备高尔夫球杆握把时通常会采用的手段，在证据 1 中就公开了使用单一片皮革来制备高尔夫球杆皮革握把的技术方案（参见证据 1 中文译文说明书第 2 页第 23 行），采用条状材料还是片状材料作为防滑表层对于本领域技术人员是可以根据具体情况进行选择的，因此，在证据 1 和 2 公开内容的基础上，将证据 2 中的条状材料更换成片状材料从而获得权利要求 1 的技术方案是显而易见的。专利权人提出证据 1 中公开的片状皮革最后形成筒状，而筒状形式不适合本专利的这种一体成型的内衬管。对此，合议组认为，证据 1 中公开的通过缝合成筒状以应用于球杆握把是处理片状材料的一种方式，本领域技术人员知晓可以采用其他已知的固定防滑表层方式来将片状材料应用于内衬管上，如将片状材料黏合于内衬管上。因此，权利要求 1 相对于证据 2 和 1 的组合不具有专利法第 22 条第 3 款规定的创造性。

权利要求 2 进一步限定权利要求 1 的高尔夫球杆握把的护环以内衬管本体为中心环设第二凹槽，使得防滑表层抵接于护环的下端容纳于护环的第二凹槽内。而证据 2 公开了一种高尔夫球杆握把，其在如图 1～3 所述的核心构建的两端提供一外围裙状周沿，所述外围周沿坐两端均可弯折朝向远离核心的主体部分（参见证据 2 中文译文说明书第 4 页第 6～7 行），即证据 2 公开了权利要求 2 的附加技术特征，在权利要求 1 不具有创造性的基础上，权利要求 2 也不具有专利法第 22 条第 3 款规定的创造性。

证据 2 记载了“将粘接剂施加于主体 14 的外表面上”（参见证据 2 中文译文说明书第 4 页第 2 段），而内衬管可经模造成型以及防滑表层片状体可经裁切而成是本领域技术人员公知的技术，证据 2 的握把核心构件即由弹性材料制成（参见证据 2 中文译文说明书第 3 页第 1 行），证据 1 的防滑表层为皮革（参见证据 1 中文译文说明书第 2 页第 23 行），因此，在权利要求 1 相对于证据 2 和 1 的组合不具有创造性的基础上，权利要求 6～10 相对于证据 2 和 1 的组合也不具备专利法第 22 条第 3 款规定的创造性。

鉴于以上论述已经得出权利要求 1～2、6～10 相对于以证据 2 和 1 的组合不具有创造性的结论，本合议组对请求人提出的权利要求 1～2、6～10 相对于其他证据及其组合不具有创造性的主张不作进一步评述。

（2）权利要求 3～5 的创造性。

请求人主张，证据 5 说明书第 3 页 14～18 行和图 2 公开了一种高尔夫球杆握把，其在球杆套管的外部，依需要形成有一个或多个任意形状的凹陷区域，并在该区域粘贴有相对于该凹陷区域形状的护皮。因此，证据 5 公开了权利要求 3 的附加技术特征，而且权利要求 3 只是将权利要求 1、2 的带有凹槽的径向边缘收纳单元改为轴向收纳单元，本领域技术人员不需要花费创造性劳动；此外，权利要求 4 的附加部分限定侧边收纳单元的数量对应于防滑表层的数量，这种数量的变化没有带来新的技术效果，数量的增减是惯常手段的替换，而且本领域技术人员从证据中公开的“凹槽”联想到权利要求 5 的两侧边的收纳空间不需要花费创造性劳动，因此，在权利要求 1 和 2 不具有创造性的基础上，权利要求 3～5 也不具备创造性。

合议组认为：证据 5 仅公开了在高尔夫球杆握把套管外部形成凹陷区域以固定护皮，其并没有公开权利要求 3 所述用以收纳防滑表层两侧边的侧边收纳单元。请求人提供的其他证据也都没有公开容纳和固定防滑表层的两个轴向侧边的侧边收纳单元，基于请求人提供的证据所公开的内容，本领域技术人员不可能显然地想到自高尔夫球杆握把的内衬管本体轴向上设定如本专利所述侧边收纳单元来收纳防滑表层两侧边，而该侧边收纳单元使得本专利高尔夫球杆握把具有防滑表层易于收边并且不会发生防滑表层的轴向结合处被撑大而裂开的有益技术效果。因此，权利要求 3 相对于请求人提供的所有证据或其组合都是非显而易见的，并具有进步性，符合专利法第 22 条第 3 款的规定。在权利要求 3 具备创造性的基础上，直接或间接引用权利要求 3 的权利要求 4 和 5 也都具备创造性。

基于以上事实和理由，本案合议组作出如下审查决定。

**三、决定**

宣告 02254451.8 号实用新型专利权利要求 1～2、6～10 无效，维持权利要求 3～5 有效。

当事人对本决定不服的，可以根据专利法第 46 条第 2 款的规定，自收到本决定之日起三个月内向北京市第一中级人民法院起诉。根据该款的规定，一方当事人起诉后，另一方当事人应当作为第三人参加诉讼。

# 北京市第一中级人民法院
# 行政判决书

（2007）一中行初字第1126号

原告朱宏松，男，1955年2月10日出生，住美国加利福尼亚州91801亚罕不拉市。

委托代理人宁光，男，1966年9月13日出生，北京三友知识产权代理有限公司职员，住北京市朝阳区北苑3号院医3楼506号。

委托代理人穆魁良，男，1952年10月10日出生，北京三友知识产权代理有限公司职员，住北京市东城区和平里六区16楼30号。

被告中华人民共和国国家知识产权局专利复审委员会，住所地北京市海淀区北四环西路9号银谷大厦10～12层。

法定代表人廖涛，副主任。

委托代理人吴通义，中华人民共和国国家知识产权局专利复审委员会审查员。

委托代理人刘妍，中华人民共和国国家知识产权局专利复审委员会审查员。

第三人东莞威赢高尔夫用品有限公司，住所地广东省东莞市长安镇厦边社区银城工业区银城三路。

法定代表人黄大本，董事长。

委托代理人段立红，北京市洪范广住律师事务所律师。

委托代理人刘国伟，北京律盟知识产权代理有限责任公司专利代理人。

原告朱宏松不服被告中华人民共和国国家知识产权局专利复审委员会（简称专利复审委员会）于2007年3月26日作出的第9772号无效宣告请求审查决定（简称第9772号决定），于法定期限内向本院提起行政诉讼。本院于2007年8月21日受理本案后，依法组成合议庭，并通知第9772号决定的请求人东莞威赢高尔夫用品有限公司（简称威赢公司）作为第三人参加本案诉讼。本院于2007年10月11日公开开庭进行了审理。原告朱宏松的委托代理人宁光、穆魁良，被告专利复审委员会的委托代理人吴通义、刘妍，第三人威赢公司的委托代理人段立红、刘国伟到庭参加诉讼。本案现已审理终结。被告专利复审委员会针对第三人威赢公司就原告朱宏松的名称为“易收边高尔夫球杆握把”的实用新型专利（专利号为02254451.8，简称本专利）所提出的无效宣告请求作出第9772号决定，该决定认定：（1）无效理由和证据的认定。①威赢公司放弃了本专利权利要求1～2不符合《专利法》第二十二条第二款的规定的无效理由，确认其主张的无效理由为权利要求1～10不具备创造性，并明确了其创造性评价的组合方式，因此，专利复审委员会审理的关于本专利权的无效宣告理由和范围是：权利要求1和2相对于证据2和证据1的组合、证据2和证据3的组合或者证据2和证据4的组合不具备创造性；在权利要求1和2无创造性的基础上，结合证据5，权利要求3～5不具备创造性，在权利要求1和2无创造性的基础上，权利要求6～10也无创造性。②朱宏松对证据1、证据2、证据3、证据4、证据5、证据6的真实性、公开性以及证据1、证据2、证据3、证据4的译文准确性没有异议。专利复审委员会对证据1、证据2、证据3、证据4、证据5、证据6的真实性、公开性以及证据1、证据2、证据3、证据4的译文准确性予以确认。（2）关于《专利法》第二十二条第三款。专利法第22条第3款规定：“创造性，是指同申请日以前已有的技术相比，该发明有突出的实质性特点和显著的进步，该实用新型有实质性特点和进步。”当实用新型专利要求保护的技术方案相对于最接近的现有技术存在区别技术特征时，应判断现有技术是否给出将上述区别技术特征应用到该最接近现有技术以解决其存在的技术问题的启示，如果存在这种技术启示，则要求保护的技术方案不具有创造性，反之，如果不存在这种技术启示，且所述技术方案获得了有益的技术效果，则该技术方案具备创造性。①权利要求 1 ~ 2、6 ~ 10 的创造性。将权利要求 1 与证据 2 公开的内容相比，证据 2 中的核心（10）相当于权利要求 1 中的内衬管；证据 2 中核心的主体（14）、第一端（16）和第二端（11）分别相当于权利要求 1 中的本体、下端和上端，折回主体的裙状周沿（12）相当于权利要求 1 的盖头；证据 2 中的护环（18）相当于权利要求 1 的护环，条带材料（22）相当于权利要求 1 的防滑表层；当证据 2 的裙状周沿（12）折回主体的位置时，该裙状周沿与主体（14）之间实际上形成了环绕该主体的周隙，其具有容纳并固定条状材料的作用（参见证据 2 中文译文图 1 和说明书第 3 页第 12 ~ 14 行），该周隙相当于权利要求 1 的凹槽，并且证据 2 中的“裙状周沿折回主体的位置，在条状材料（22）的上方，以将条带材料（22）固定在紧靠主体部分（14）的适当位置处”相当于权利要求 1 中的防滑表层容纳于第一凹槽的结构特征；证据 2 的条带材料（22）的外表面与护环（18）在其邻接处齐平（参见证据 2 中文译文图 1 和说明书第 3 页第 8 行），表明该条带材料抵达护环（18）并与之相接触，即公开了权利要求 1 中的防滑表层抵接于护环的结构特征。因此，证据 2 所公开的内容与权利要求 1 的区别仅在于权利要求 1 的防滑表层是片状的，而证据 2 的条带材料为条状的。然而在高尔夫球杆握把的现有技术中，既有用条状材料作为防滑表层的方案，又有用片状材料作为防滑表层的方案，即这两种方案都是制备高尔夫球杆握把时通常会采用的手段，在证据 1 中就公开了使用单一片皮革来制备高尔夫球杆皮革握把的技术方案（参见证据 1 中文译文说明书第 2 页第 23 行），采用条状材料还是片状材料作为防滑表层对于本领域技术人员是可以根据具体情况进行选择的，因此，在证据 1 和证据 2 公开内容的基础上，将证据 2 中的条状材料更换成片状材料从而获得权利要求 1 的技术方案是显而易见的。朱宏松提出证据 1 中公开的片状皮革最后形成筒状，而筒状形式不适合本专利的这种一体成型的内衬管。对此，专利复审委员会认为，证据 1 中公开的通过缝合成筒状以应用于球杆握把是处理片状材料的一种方式，本领域技术人员知晓可以采用其他已知的固定防滑表层方式来将片状材料应用于内衬管上，如将片状材料黏合于内衬管上。因此，权利要求 1 相对于证据 2 和证据 1 的组合不具有《专利法》第二十二条第三款规定的创造性。权利要求 2 进一步限定权利要求 1 的高尔夫球杆握把的护环以内衬管本体为中心环设第二凹槽，使得防滑表层抵接于护环的下端容纳于护环的第二凹槽内。而证据 2 公开了一种高尔夫球杆握把，其在如图 1 ~ 3 所述的核心构件的两端提供一外围裙状周沿，所述外围周沿的两端均可弯折朝向远离核心的主体部分（参见证据 2 中文译文说明书第 4 页第 6 ~ 7 行），即证据 2 公开了权利要求 2 的附加技术特征，在权利要求 1 不具有创造性的基础上，权利要求 2 也不具有专利法第 22 条第 3 款规定的创造性。证据 2 记载了“将粘接剂施加于主体 14 的外表面上”（参见证据 2 中文译文说明书第 4 页第 2 段），而内衬管可经模造成型以及防滑表层片状体可经裁切而成是本领域技术人员公知的技术，证据 2 的握把核心构件即由弹性材料制成（参见证据 2 中文译文说明书第 3 页第 1 行），证据 1 的防滑表层为皮革（参见证据 1 中文译文说明书第 2 页第 23 行），因此，在权利要求 1 相对于证据 2 和证据 1 的组合不具有创造性的基础上，权利要求 6 ~ 10 相对于证据 2 和证据 1 的组合也不具备《专利法》第二十二条第三款规定的创造性。鉴于以上论述已经得出权利要求 1 ~ 2、6 ~ 10 相对于以证据 2 和证据 1 的组合不具有创造性的结论，专利复审委员会对威赢公司提出的权利要求 1 ~ 2、6 ~ 10 相对于其他证据及其组合不具有创造性的主张不作进一步评述。②权利要求 3 ~ 5 的创造性威赢公司主张，证据 5 说明书第 3 页 14 ~ 18 行和图 2 公开了一种高尔夫球杆握把，其在球杆套管的外部，依需要形成有一个或多个任意形状的凹陷区域，并在该区域粘贴有相对于该凹陷区域形状的护皮。因此，证据 5 公开了权利要求 3 的附加技术特征，而且权利要求 3

只是将权利要求1～2的带有凹槽的径向边缘收纳单元改为轴向收纳单元，本领域技术人员不需要花费创造性劳动；此外，权利要求4的附加部分限定侧边收纳单元的数量对应于防滑表层的数量，这种数量的变化没有带来新的技术效果，数量的增减是惯常手段的替换，而且本领域技术人员从证据中公开的“凹槽”联想到权利要求5的两侧边的收纳空间不需要花费创造性劳动，因此，在权利要求1和2不具有创造性的基础上，权利要求3～5也不具备创造性。专利复审委员会认为：证据5仅公开了在高尔夫球杆握把套管外部形成凹陷区域以固定护皮，其并没有公开权利要求3所述用以收纳防滑表层两侧边的侧边收纳单元。威赢公司提供的其他证据也都没有公开容纳和固定防滑表层的两个轴向侧边的侧边收纳单元，基于威赢公司提供的证据所公开的内容，本领域技术人员不可能显然地想到自高尔夫球杆握把的内衬管本体轴向上设定如本专利所述侧边收纳单元来收纳防滑表层两侧边，而该侧边收纳单元使得本专利高尔夫球杆握把具有防滑表层易于收边并且不会发生防滑表层的轴向结合处被撑大而裂开的有益技术效果。因此，权利要求3相对于威赢公司提供的所有证据或其组合都是非显而易见的，并具有进步性，符合《专利法》第二十二条第三款的规定。在权利要求3具备创造性的基础上，直接或间接引用权利要求3的权利要求4和5也都具备创造性。被告专利复审委员会第9772号决定宣告02254451.8号实用新型专利权利要求1～2、6～10无效，维持权利要求3～5有效。原告朱宏松不服该决定，于法定期限内向本院提起诉讼，诉称：第一，第9772号决定认定事实存在错误。第9772号决定第6页“将权利要求1与证据2公开的内容相比……”一段，其中总结出的几个“相当于”属于其主观认定，证据2与权利要求1存在结构差异。将二者进行对比，其区别技术特征不仅仅体现在权利要求1的防滑表层是片状的，而证据2为条状的。第二，本专利的发明目的是要解决高尔夫球杆收边结构中内衬管成型公差所造成的内衬管与片状防滑表层间产生间隙瑕疵的问题。而证据2公开的牢套结构主要起固定条状防滑缠绕带的作用，无本专利所要解决的间隙瑕疵的问题。二者发明目的不同，故证据2无法给出本专利要解决的问题的技术启示。将证据1和证据2结合，无法破坏本专利权利要求1～2的创造性。因此原告请求法院依法撤销专利复审委员会第9772号决定，判令专利复审委员会重新作出具体行政行为。被告专利复审委员会辩称：第9772号决定认定事实清楚，本专利权利要求1～2不符合《专利法》第二十二条第三款的规定。当证据2的裙状周沿折回主体的位置时，该裙状周沿与主体之间实际形成了环绕该主体的周隙，该裙状周沿在固定条状材料的同时，也具有容纳条状材料的作用，即可以达到本专利权利要求1～2所要达到的效果。证据2所公开的内容与权利要求1的区别仅在于权利要求1的防滑表层是片状的，而证据2为条状的。在现有技术中，既有用条状材料作为防滑表层的方案，又有用片状材料作为防滑表层的方案（参见证据1），而且本专利说明书在背景技术部分也描述现有技术存在用片状防滑表层替代条状材料的方案。因此本专利权利要求1相对于证据2和证据1的组合不具有创造性。证据2在高尔夫球杆握把的核心构件的两端有外围裙装周沿，公开了权利要求2的附加技术特征。综上所述，专利复审委员会第9772号决定认定事实清楚、适用法律法规正确、审理程序合法，审查结论正确，请求法院维持第9772号决定。第三人威赢公司述称：原告起诉书提到的发明目的问题，发明目的是客观存在的，不是原告主观臆断的。本案的焦点问题不是发明目的问题，而是证据1和证据2的结合是否可以否定本专利的创造性，在这个问题上我们同意被告专利复审委员会的意见。请求法院维持第9772号决定。

本院经审理查明：

朱宏松于2002年9月25日向中华人民共和国国家知识产权局专利局申请了名称为“易收边高尔夫球杆握把”的实用新型专利（即本专利）。本专利于2003年10月1日被授权公告，专利号为第02254451.8号。本专利授权公告的权利要求书的内容为：

“1. 一种易收边高尔夫球杆握把，它包括为中空管的内衬管及防滑表层；内衬管具有本体及分别成型于本体上、下端的盖头及护环；防滑表层为包覆于内衬管本体外表面的片状体；其特征在于所述的盖头以本体为中心环设第一凹槽；包覆于内衬套本体外表面的防滑表层上、下端分别容纳于盖头的第一凹槽内及抵接于护环。

2. 根据权利要求1所述的易收边高尔夫球杆握把，其特征在于所述的护环以内衬管本体为中心环设第二凹槽，使得防滑表层抵接于护环的下端容纳于护环的第二凹槽内。

3. 根据权利要求1或2所述的易收边高尔夫球杆握把，其特征在于所述的内衬管本体轴向设有与盖头及护环一体成型的用以收纳防滑表层两侧边的侧边收纳单元。

4. 根据权利要求3所述的易收边高尔夫球杆握把，其特征在于所述的防滑表层具有与侧边收纳单元数量相对应的防滑表层单元。

5. 根据权利要求4所述的易收边高尔夫球杆握把，其特征在于所述的侧边收纳单元具有一端垂直连接于本体外表面的连接部，连接部的另一端分别向两侧凸出延设侧收边唇，并使侧收边唇与本体的外表面形成得以收纳防滑表层单元两侧边的收纳空间。

6. 根据权利要求1所述的易收边高尔夫球杆握把，其特征在于所述的内衬管与防滑表层两者之间设有借以凝集贴合的接合层。

7. 根据权利要求1所述的易收边高尔夫球杆握把，其特征在于所述的内衬管为模造成型的管体。

8. 根据权利要求1所述的易收边高尔夫球杆握把，其特征在于所述的防滑表层为裁切而成的片状体。

9. 根据权利要求1所述的易收边高尔夫球杆握把，其特征在于所述的内衬管系以橡胶、橡胶复合物、热可塑弹性体、热可塑橡胶、塑胶层、密闭孔式塑胶等泡棉材质模造成型。

10. 根据权利要求1所述的易收边高尔夫球杆握把，其特征在于所述的防滑表层系选用天然皮、合成皮、聚氨酯涂覆人造皮、布或纤维等材质裁切成的片状体。”

威赢公司于2006年4月29日向专利复审委员会提出无效宣告请求，以本专利权利要求1～2不符合《专利法》第二十二条第三款的规定和权利要求1～10不符合《专利法》第二十二条第三款的规定为由请求宣告本专利的权利要求全部无效，为支持其主张，威赢公司同时提交了以下证据：

证据1：美国专利US3，366，384，1968年1月30日公开，复印件共6页。证据1公开了使用单一片皮革来制备高尔夫球杆皮革握把的技术方案；

证据2：美国专利US6，449，803，2002年9月17日公开，复印件共4页。证据2公开一种高尔夫球杆握把，其具有空心的核心（10），核心（10）具有一主体（14）、第一端（16）和第二端（11），末端（11）处具有形成为裙状周沿（12）的凸缘，第一端（16）具备扩大的护环（18），条带材料（22）的外表面与护环（18）在其邻接处齐平，裙状周沿（12）折回主体的位置，在条带材料（22）的上方，以便将条带材料（22）固定在紧靠主体部分（14）的适当位置（参见证据2中文译文说明书第2页倒数第1～4行，第3页第3、8～9、12～14行，图1、图2、图3）；

证据3：美国专利US3，311，375，1967年3月28日公开，复印件共3页；

证据4：美国专利US5，730，662，1998年3月24日公开，复印件共11页；

证据5：第00109823.3号中国发明专利申请公开说明书，2002年1月23日公开，复印件共13页；

证据6：本专利说明书，2003年10月1日公告，复印件共16页；

2006年5月25日，威赢公司提交了证据1、证据2、证据3、证据4的中文译文，共40页。

朱宏松于2006年8月3日针对威赢公司的无效宣告请求提交了意见陈述书。

2006年9月23日，口头审理如期进行，双方当事人及其委托的代理人均出席了口头审理。在口头审理过程中，专利复审委员会就本案的无效理由及证据逐一进行了调查，双方当事人充分陈述了各自的意见。口头审理过程中记录的主要事实如下：（1）双方当事人对对方出庭人员的身份和资格没有异议，对合议组成员没有回避请求；（2）朱宏松对证据1、证据2、证据3、证据4、证据5、证据6的真实性、公开性以及证据1、证据2、证据3、证据4的译文准确性没有异议；（3）威赢公司放弃了本专利权利要求1~2不符合《专利法》第二十二条第三款的规定的无效理由，威赢公司确认其主张的无效理由为：①以证据2为最接近对比文件，权利要求1和2相对于证据2和证据1的组合、证据2和证据3的组合或者证据2和证据4的组合无创造性；②以证据1为最接近对比文件，权利要求1和2相对于证据1和证据2的组合不具有创造性；③在权利要求1和2无创造性的基础上，结合证据5，权利要求3~5不具备创造性，在权利要求1和2无创造性的基础上，权利要求6~10也无创造性。

上述事实，有第9772号决定、第02254451.8号实用新型专利说明书、美国专利US3，366，384号专利文献、美国专利US6，449，803号专利文献以及当事人陈述等证据在案佐证。

本院认为：

根据各方当事人的诉辩主张，本案争议的焦点是：本专利权利要求1~2相对于证据1和证据2结合是否具有创造性。

将权利要求1与证据2相比，证据2中的核心、主体、第一端、第二端、裙状周沿、护环、条带材料与权利要求1中的内衬管、本体、下端、上端、盖头、护环、防滑表层分别对应，无论在结构特征上还是功能上均分别相同或相似。证据2的裙状周沿在弯折朝向远离核心的主体部分时，可以将条带材料环绕在核心上，接着再将裙状周沿折回主体的位置时，该裙状周沿即可将条带材料的末端固持紧靠在核心上，可见，该裙状周沿的作用是容纳、固持条带材料并遮挡条带材料的末端。权利要求1是在盖头上以本体为中心环设凹槽，其作用为将防滑表层末端容纳于凹槽内，以遮挡因内衬管与防滑表层尺寸不同产生的公差。将证据2的裙状周沿与权利要求1的凹槽相比，尽管该裙状周沿并不是为了解决因内衬管与防滑表层尺寸不同产生的公差问题，但已经给出了解决该问题的技术启示。对本领域普通技术人员而言，在证据2设置的裙状周沿具有容纳、固持和遮挡作用的基础上，容易想到如本专利权利要求1在盖头上环设凹槽，以遮挡防滑表层末端的技术方案。因此，证据2与权利要求1的区别仅在于权利要求1的防滑表层是片状的，而证据2为条状材料。在制造高尔夫球杆握把的现有技术中，在防滑表层的材料的选用上如证据2的条带材料与如证据1、本专利的片状材料均属于常用手段。本领域普通技术人员在证据1、证据2公开的技术方案基础上，将证据2的条带材料更换为片状材料，从而获得权利要求1的技术方案不需付出创造性劳动。综上，证据1和证据2的组合已经给出了本专利权利要求1所述技术方案的技术启示，本专利权利要求1不具有创造性。

本专利权利要求2进一步限定权利要求1的高尔夫球杆握把的护环以内衬管本体为中心环设第二凹槽，使得防滑表层抵接于护环的下端容纳于护环的第二凹槽内。而证据2公开的高尔夫球杆握把，在其核心构件的两端均有外围裙状周沿，所述外围周沿的两端均可弯折朝向远离核心的主体部分，公开了权利要求2的附加技术特征。在权利要求1不具有创造性的基础上，权利要求2也不具有创造性。

综上，原告朱宏松的诉讼请求缺乏事实和法律依据，本院不予支持。被告专利复审委员会作出的第9772号决定认定事实清楚，程序合法，应予维持。依照《中华人民共和国行政诉讼法》第五十四条第（一）项之规定，本院判决如下：

维持被告中华人民共和国国家知识产权局专利复审委员会作出的第9772号无效宣告请求审查决定。

案件受理费100元，由原告朱宏松负担（已交纳）。

如不服本判决，原告朱宏松可在本判决书送达之日起30日内，被告中华人民共和国国家知识产权局专利复审委员会、第三人东莞威赢高尔夫用品有限公司可在本判决书送达之日起15日内，向本院递交上诉状，并按对方当事人人数提交副本，交纳上诉案件受理费100元，上诉于中华人民共和国北京市高级人民法院。

审　判　长　任　进
审　判　员　邢　军
审　判　员　董晓敏
二〇〇七年　十月　二十三日
书　记　员　朱　平

008

# 含噻托品鎓的新颖可吸入粉末

## 无效宣告请求审查决定（第9817号）

**决　　定　　号**　第9817号
**决　　定　　日**　2007年4月29日
**发明创造名称**　含噻托品鎓的新颖可吸入粉末
**国 际 分 类 号**　A61K 9/00，A61K 31/46，A61P 11/00，A61P 11/06
**无效宣告请求人**　江苏正大天晴药业股份有限公司
**专　利　权　人**　贝林格尔英格海姆法玛两合公司
**专　　利　　号**　01803098. X
**优　先　权　日**　2000年10月12日
**申　　请　　日**　2001年9月28日
**授 权 公 告 日**　2005年7月13日
**合 议 组 组 长**　李人久
**主　　审　　员**　许　磊
**参　　审　　员**　何　炜

**法　律　依　据**　专利法第22条第3款、第26条第3款、第4款，专利法实施细则第20条第1款和第21条第2款
**决　定　要　点**

如果发明是所属技术领域的技术人员在现有技术的基础上仅仅通过合乎逻辑的分析、推理或者有限的实验就可以得到的，则该发明是显而易见的，不具备突出的实质性特点。

### 一、案由

本无效宣告请求案涉及国家知识产权局于2005年7月13日公告授予的、名称为“含噻托品鎓的新颖可吸入粉末”的01803098. X号发明专利权（下称本专利），其申请日为2001年9月28日，优先权日为2000年10月12日，专利权人为贝林格尔英格海姆法玛两合公司。该专利授权公告的权利要求如下：

“1. 一种含0. 04%～0. 8%噻托品鎓与生理可接受的赋形剂混合的可吸入粉末，其特征在于：赋形剂由平均颗粒度15～80微米的赋形剂和平均颗粒度1～9微米的赋形剂的混合物所构成，平均颗粒度1～9微米的赋形剂量占赋形剂总量的1%～20%，所用噻托品鎓盐的平均颗粒度是0. 5～10微米。

2. 如权利要求1的可吸入粉末，其特征在于，噻托品鎓以其氯化物、溴化物、碘化物、甲磺酸盐、对-甲苯磺酸盐或甲基硫酸盐形式存在。

3. 如权利要求1或2的可吸入粉末，其特征在于，其含有0.048%和0.96%之间的噻托品鎓溴。

4. 如权利要求1或2的可吸入粉末，其特征在于，其含有0.05%和1%之间的噻托品鎓溴一水合物。

5. 如权利要求3的可吸入粉末，其特征在于，其含有0.05%和1%之间的噻托品鎓溴一水合物。

6. 如权利要求1或2的可吸入粉末，其特征在于，赋形剂由平均颗粒度17~50微米的赋形剂和平均颗粒度2~8微米的赋形剂的混合物所构成。

7. 如权利要求3的可吸入粉末，其特征在于，赋形剂由平均颗粒度17~50微米的赋形剂和平均颗粒度2~8微米的赋形剂的混合物所构成。

8. 如权利要求4的可吸入粉末，其特征在于，赋形剂由平均颗粒度17~50微米的赋形剂和平均颗粒度2~8微米的赋形剂的混合物所构成。

9. 如权利要求5的可吸入粉末，其特征在于，赋形剂由平均颗粒度17~50微米的赋形剂和平均颗粒度2~8微米的赋形剂的混合物所构成。

10. 如权利要求1或2的可吸入粉末，其特征在于，平均颗粒度1~9微米的赋形剂的含量占赋形剂总量的3%~15%。

11. 如权利要求3的可吸入粉末，其特征在于，平均颗粒度1~9微米的赋形剂的含量占赋形剂总量的3%~15%。

12. 如权利要求4的可吸入粉末，其特征在于，平均颗粒度1~9微米的赋形剂的含量占赋形剂总量的3%~15%。

13. 如权利要求5的可吸入粉末，其特征在于，平均颗粒度1~9微米的赋形剂的含量占赋形剂总量的3%~15%。

14. 如权利要求6的可吸入粉末，其特征在于，平均颗粒度2~8微米的赋形剂的含量占赋形剂总量的3%~15%。

15. 如权利要求1或2的可吸入粉末，其特征在于，作为赋形剂使用单糖、双糖、寡糖和多糖、多元醇、盐或这些赋形剂彼此的混合物。

16. 如权利要求15的可吸入粉末，其特征在于，作为赋形剂，使用葡萄糖、阿拉伯糖、乳糖、蔗糖、麦芽糖、葡聚糖、山梨糖醇、甘露糖醇、木糖醇、氯化钠、碳酸钙或这些赋形剂彼此的混合物。

17. 如权利要求16的可吸入粉末，其特征在于，作为赋形剂使用葡萄糖或乳糖或这些赋形剂彼此的混合物。

18. 如权利要求1或2的可吸入粉末在制备用于治疗气喘或COPD的药物组合物中的用途。

19. 如权利要求1或2的可吸入粉末的用途，它用于制造胶囊。

20. 一种胶囊，其特征在于，其含有3~10毫克权利要求1或2的用于吸入的粉末。

21. 如权利要求19的胶囊，其特征在于，其含有1.2和80微克之间的噻托品鎓。”

针对上述专利权，江苏正大天晴药业股份有限公司（下称请求人）于2006年8月31日向专利复审委员会提出无效宣告请求，认为本专利权利要求3~5、15~17和21不符合专利法实施细则第20条第1款的规定，权利要求1~21不符合专利法第22条第3款、第26条第4款以及专利法实施细则第21条第2款的规定，说明书不符合专利法第26条第3款的规定，并提交了下述附件：

附件1：美国专利文献US 5，478，578A，公开日为1995年12月26日，复印件共3页；

附件2："Tiotropium bromide, a new long-acting antimuscarinic bronchodilator: a pharmacodynamic study in patients with chronic obstructive pulmonary disease (COPD)", F. P. V. Maesen 等人, Eur Respir J, 1995年8月, 第1506~1513页, 复印件共8页；

请求人在无效宣告请求书中认为：

(1) 权利要求3~5和21中使用措辞"其含有……和……之间的噻托品鎓（溴一水合物）"使保护范围不清楚；权利要求15~17中"作为赋形剂使用……或这些赋形剂彼此的混合物"的表述由于指代不清而使其保护范围不清楚；权利要求21中"如权利要求19的胶囊"的引用关系错误从而导致保护范围不清楚，所以权利要求3~5、15~17和21不符合专利法实施细则第20条第1款的规定。

(2) 本发明的目的是要提供可以准确称量并具有良好倒空性的噻托品鎓粉末制剂，但不是将权利要求1中所定义的任意两种不同平均颗粒度的赋形剂任意混合即可以达到粉末高度均匀的要求，因此，权利要求1缺乏必要技术特征；权利要求18、19和21分别未能进一步限定如何将权利要求1或2的可吸入粉末制成可以达到本专利目的的药物组合物和胶囊；权利要求20未进一步限定如何处理所述粉末使其高度均匀；权利要求2~17直接或间接引用了权利要求1，所以权利要求1~21不符合专利法实施细则第21条第2款的规定。

(3) 权利要求1中未对适用于本发明的赋形剂进行定义，权利要求1中包含诸多变量，且每一变量又可在较大范围内变化，所以权利要求1不符合专利法第26条第4款的规定，权利要求2~21仍未将权利要求1限定到本领域技术人员合理推测可以实施的范围，所以权利要求2~21也不符合专利法第26条第4款的规定。

(4) 要解决的技术问题与本发明相同的附件1与权利要求1的区别仅在于未指明具体的活性成分，其他特征如组分、颗粒度和使用量（见附件1说明书第1栏第44~61行，第2栏第31行，表1和2，权利要求1）都与权利要求1相互交叠，特别是附件1的实施例2除活性成分之外，其他特征如组分、粒度和使用量完全在权利要求1涵盖的范围之内，附件2公开了噻托品鎓溴作为活性成分可以制成可吸入粉末用于治疗COPD且单次使用量为10~80μg（10、20、40和80μg），并且还公开了噻托品鎓溴与异丙托溴铵在结构上具有相关性（见附件2第1506页，末段），本领域技术人员根据附件1公开的内容结合附件2公开的内容可以直接导出权利要求1的技术方案，所以权利要求1基于附件1和2的组合不符合专利法第22条第3款的规定。附件2公开了权利要求2的附加技术特征、附件1的实施例2公开了权利要求3~14、21的附加技术特征、附件1的说明书第2栏第24~29行公开了权利要求15~17的附加技术特征、所以权利要求2~17和21的方案相对于附件1和2也不具备创造性。由于权利要求1或2的可吸入粉末对于附件1和2而言是显而易见的，所以权利要求18~20也不具备创造性。

(5) 说明书中没有指明实施例中活性成分的具体颗粒度，也没有描述所获得的产品具有怎样的准确称量性以及混合物的量和噻托品鎓溴一水合物的量在各批次之间如何变化极微，也没有公开其如何具有良好的倒空性以及如何使得活性物质可以按高吸入比例施用，本领域技术人员无法了解所制得的产品是否具有本专利预期的效果；其次，本专利权利要求中包含多个变量，而每一个变量又可在较大的范围内变化，但是说明书没有具体描述除实施例所用的乳糖一水合物以外的其他赋形剂的实施例，也没有描述使用除实施例所述两种粒度之外的其他颗粒度的赋形剂的情况下，本领域技术人员不能判断在权利要求所限定的范围内都可以实现本发明并取得所述的效果，因此，说明书不符合专利法第26条第3款的规定。

请求人于2006年9月27日补充提交了附件1~2全文的中文译文以及对附件2进行公证的公证书原件。

经形式审查合格后，专利复审委员会受理了上述请求，于2006年11月1日向双方当事人发出《无效宣告请求受理通知书》，并将《专利权无效宣告请求书》及其附件清单中所列文件的副本以及请求人于2006年9月27日提交文件的副本转送给专利权人，要求其在指定的期限内答复，同时成立合议组对本无效请求案进行审理。

专利权人于2006年12月18日提交了意见陈述书，认为：

（1）权利要求3~5和21中"……和……之间"的措辞限定的是"噻托品鎓"等物质的含量范围，权利要求15~17中"作为赋形剂使用……或这些赋形剂彼此的混合物"限定的是所使用的赋形剂，权利要求21是一种产品独立权利要求，引用权利要求19不会造成不清楚。所以权利要求3~5、15~17和21都符合专利法实施细则第20条第1款的规定。

（2）本专利不是发明了新的赋形剂，因此不需要将赋形剂的种类作为必要技术特征限定在独立权利要求1中，权利要求1~21也不缺少必要技术特征。

（3）在说明书中记载了本专利可吸入粉末的组成、所说粉末的制备方法，对如何得到赋形剂混合物、最终的可吸入粉末以及用其制备胶囊进行了说明，并且记载了活性物质的颗粒度以及如何确定具有所述粒度范围的噻托品鎓，在"噻托品鎓溴一水合物的制备"中公开了制备具有所需颗粒度的噻托品鎓溴一水合物的方法并在说明书中列出了可用于本专利的大量赋形剂，所以权利要求1~21很好地得到了说明书的支持，符合专利法第26条第4款的规定。

（4）附件2是一篇综述，没有涉及制剂技术，没有任何关于噻托品鎓溴制剂改进的内容，与本专利完全无关。附件1的可吸入粉末的活性成分的可吸入部分的量依赖于较细赋形剂的量，根据附件1，特别是其实施例1和2，活性成分的可吸入部分随较细赋形剂的量的增加而增加，但是在本专利中，如附图1~3所示，虽然可吸入部分随较细的赋形剂加入而增加，但是加入5%较细赋形剂时，可吸入部分偏差非常低，加入10%较细赋形剂时，其可吸入部分偏差却高于含有5%较细赋形剂的粉末的偏差，本领域技术人员并不能根据附件1预见到只有限定较细赋形剂的量，其可吸入部分的偏差才能处于可接受范围内。而且，附件1没有任何地方提及本专利的活性物质噻托品鎓。所以根据附件1和2，本领域技术人员不能预计较细赋形剂的量不仅决定噻托品鎓的可吸入部分，而且对于批次之间可吸入部分的偏差起重要作用。所以权利要求1~21具有创造性。

（5）噻托品鎓用于治疗呼吸道疾病的用途是本领域已知的，在本专利说明书已经对可吸入粉末的组成、制备方法、活性物质处理、所用赋形剂、所述可吸入粉末以及胶囊的使用方法进行了详细描述，并给出了具体实施例来说明如何得到赋形剂混合物、最终的可吸入粉末以及用可吸入粉末制作胶囊的情况下，本领域技术人员根据说明书的描述能够再现本专利的可吸入粉末，所以本专利说明书符合专利法第26条第3款的规定。

专利权人同时提交了反证1：

反证1：专利权人于2003年7月25日向欧专局提交的答复意见的相关内容及译文，共10页。

2007年2月6日，本案合议组向双方当事人发出《无效宣告请求口头审理通知书》，定于2007年3月21日对本专利权的无效请求进行口头审理，并随该《无效宣告请求口头审理通知书》分别将专利权人提交的上述意见陈述以及反证1转送请求人和将请求人于2006年9月27日提交的用于对附件2进行公证的公证书复印件转送专利权人。

2007年3月21日，口头审理如期进行，双方当事人及其代理人均出席了口头审理。在口头审理中，双方当事人对对方出庭人员的身份和资格无异议，对合议组成员没有回避请求。请求人和专利权人都表示收到了经合议组转送的有关文件。专利权人对请求人提交的所有附件的真实性和公开性没有异议，但认为附件1的中文译文第4页实施例1表格中第2栏最后一行中间的"6"应为"16"，附件

2 的中文译文第 8 页表 4 下方第 2 行“相比试验日 1”应为“与安慰剂对照”，对其余译文无异议；请求人承认上述两处译文有误，并认可专利权人对这两处译文的翻译。请求人对专利权人提交的反证 1 的真实性未表示异议。合议组就本案的无效理由及证据逐一进行了调查，双方当事人充分陈述了各自的意见。

除在《专利权无效宣告请求书》中陈述的意见外，请求人还主张权利要求 1 ~ 21 因缺少对赋形剂流动性的描述而缺少必要技术特征，从而不符合专利法实施细则第 21 条第 2 款；说明书由于使用了不清楚的概念“平均颗粒度”而使得说明书无法实施从而不符合专利法第 26 条第 3 款。

专利权人认为请求人当庭提出的上述关于专利法第 26 条第 3 款以及专利法实施细则第 21 条第 2 款的新主张属于提出无效宣告请求 1 个月后提出的新理由，应不予考虑，对其他意见的陈述与其意见陈述书中的意见相同。合议组当庭告知双方，请求人当庭提出的关于专利法第 26 条第 3 款以及专利法实施细则第 21 条第 2 款的新主张超出了举证期限，不符合专利法实施细则第 66 条的规定，因此不予考虑。

专利权人在口审结束后提交了证明反证 1 内容真实性的公证书原件共 18 页。

专利权人和请求人于 2007 年 3 月 26 日分别提交了对口审中的意见进行总结陈述的意见陈述书。

至此，合议组认为本案的事实清楚，可以作出审查决定。

**二、决定的理由**

1. 关于无效的理由和证据

根据双方在书面意见和口头审理中的陈述，合议组审理的无效宣告理由为：权利要求 3 ~ 5、15 ~ 17 和 21 不符合专利法实施细则第 20 条第 1 款的规定，权利要求 1 ~ 21 不符合专利法第 22 条第 3 款、第 26 条第 4 款以及专利法实施细则第 21 条第 2 款的规定，说明书不符合专利法第 26 条第 3 款的规定。

附件 1 和 2 公开于本专利申请日之前，请求人对其真实性和公开性无异议，可用作评价本专利创造性的现有技术，专利权人和请求人对附件 1 的译文和 2 的译文的准确性达成了一致，除当庭修改之处外，其余译文以请求人提交的译文为准。

2. 关于专利法实施细则第 20 条第 1 款

专利法实施细则第 20 条第 1 款规定：权利要求书应当说明发明或者实用新型的技术特征，清楚、简要地表述请求保护的范围。

权利要求中的用词通常应当理解为相关技术领域通常具有的含义。

本案中，请求人认为权利要求 3 ~ 5 中“……和……之间”的措辞以及权利要求 15 ~ 17 中“作为赋形剂使用……或这些赋形剂彼此的混合物”的措辞使得这些权利要求不清楚，权利要求 21 为产品权利要求，权利要求 19 的主题名称为用途，因此权利要求 21 引用权利要求 19 使得引用关系不清楚。

对此，合议组认为，权利要求 3 ~ 5 在对活性成分的含量进行限定时采用的“含有……和……之间”的表述显然具有本领域技术人员通常所理解的含义，如“含有 1.2 和 80 微克之间的噻托品鎓”应理解为“含有 1.2 到 80 克之间的噻托品鎓”，即“含有……和……之间”与“含有……至(到)……之间”的表述显然是等同的，不会发生其他有歧义的理解；权利要求 15 ~ 17 引用的权利要求中虽然提及了粗颗粒度和细颗粒度两种赋形剂，但是，在本专利的说明书第 3 页第 18 行已经明确指出，“较粗粒和较细粒赋形剂可由化学上相同或化学上不同的物质构成”，因此“作为赋形剂使用……或这些赋形剂彼此的混合物”中的表述中的第一个“赋形剂”显然既可以是粗颗粒也可以是细颗粒，不会使得权利要求不清楚，在第一个“赋形剂”的表述后列出了可以选择的赋形剂种类，其中的第二个“赋形剂”显然指的是前面所列这些类型的赋形剂，也不会产生歧义，因此，根据相关技术领域通常具有的含义可以清楚地理解权利要求3~5和15~17，这些权利要求的保护范围是清楚的。

权利要求21前序部分的表述为“如权利要求19的胶囊”，从该表述来看，权利要求21清楚地表明其所保护的主题是产品，该产品是权利要求19中所述的产品，权利要求19的表述为“如权利要求1或2的可吸入粉末的用途，它用于制造胶囊”，虽然权利要求19的主题是用途，但是根据权利要求19所述的用途显然制得了一种胶囊，即权利要求19中涉及了胶囊，因此权利要求21的所述的胶囊显然是根据权利要求19的用途制得的胶囊，因此权利要求21也是清楚的。

综上所述，权利要求3~5、15~17以及21的表述都是清楚的，符合专利法实施细则第20条第1款的规定。

3. 关于专利法第22条第3款

专利法第22条第3款规定：创造性，是指同申请日以前已有的技术相比，该发明有突出的实质性特点和显著的进步，该实用新型有实质性特点和进步。

根据该款规定，如果发明是所属技术领域的技术人员在现有技术的基础上仅仅通过合乎逻辑的分析、推理或者有限的实验就可以得到的，则该发明是显而易见的，不具备突出的实质性特点。

本案中，权利要求1请求保护一种包含噻托品鎓的可吸入粉末，附件1公开了一种用于高活性药物的具有特定比例的细颗粒和粗颗粒载体的可吸入粉末，其要解决的技术问题与本专利相同，也是要提升可吸入粉末的性能、用所述粉末对可吸入活性物质含量进行优化和控制以获得高精确度的计量（见附件1译文第2页第1~6段）。附件1在解决所述技术问题时所采用的技术手段也是使用由较细颗粒赋形剂和较粗颗粒赋形剂组成的混合粉末，在附件1的实施例1中公开了使用粒度为35μm的较粗颗粒和粒度为5μm的较细颗粒的葡萄糖的细粒度高活性药物非诺特罗（0.1mg/胶囊，平均颗粒度小于6μm）的吸入用胶囊，其中给出了细颗粒含量为4%和16%的方案，在其实施例2中公开了使用粒度为35μm的较粗颗粒和粒度为8μm的较细颗粒的葡萄糖的细粒度高活性药物异丙托溴铵（0.04mg/胶囊，平均颗粒度小于6μm）的吸入用胶囊，其中给出了细颗粒含量为5%和10%的方案，附件1中还指出对于吸入给药的活性成分而言，通常0.01到0.1mg的活性物质对应约5mg的赋形剂（即活性成分含量为0.2%~2%）（见附件1译文第3页第2~4行），其两个实施例中的活性物质含量分别相当于2%和0.8%重量。由此可见，附件1已经公开了权利要求1方案的绝大多数技术特征，其与权利要求1的区别仅在于附件1的方案中所用活性成分与权利要求1不同，即附件1未提及活性成分为噻托品鎓溴，但附件1给出了所述粉末用于高活性药物吸入给药的教导，并且给出了异丙托溴铵的具体实施例。本专利的现有技术——附件2表明噻托品鎓溴与异丙托溴铵具有结构上的关联，对噻托品鎓溴的剂量，以及药理学活性进行了说明，并指出其与异丙托溴铵的作用具有可比性（见附件2译文摘要，第2页第3~4行，第10页第2~3行）。因此，在附件1给出了采用较细颗粒赋形剂和较粗颗粒赋形剂可以获得可精确计量的粉末的启示并且具体给出了采用异丙托溴铵作为活性成分的可吸入粉末的具体技术方案且该方案中除活性成分外其他特征均落在本专利保护范围中的具体技术方案的情况下，本领域技术人员结合现有技术——附件2给出的噻托品鎓溴与异丙托溴铵具有结构上的关联并且是可用于吸入的高活性药物的教导，通过合乎逻辑的分析、推理或者有限的实验即可得到权利要求1请求保护的技术方案，不需要花费创造性劳动的，并且在附件1公开了细颗粒赋形剂含量为4%、5%、16%、10%都可以获得具有良好计量性的可吸入粉末的情况下，本专利的方案也没有产生任何意想不到的效果，因此，权利要求1不具备突出的实质性特点，不具备专利法第22条第3款规定的创造性。

专利权人认为附件1教导了可吸入粉末可吸入部分的量随着较细赋形剂数量的增加而增加，而如反证1所表明的那样，本发明发现较细颗粒赋形剂的增加并不总是有利的，因此，附件1没有给出将较细颗粒赋形剂数量限制在一定范围内的教导，并且附件1也没有提及本专利的活性物质，附件2不涉及制剂技术，因此，附件1和2结合不能破坏权利要求的创造性。

对此，合议组认为：首先，附件1的目的与本发明相同，都是要提供可以对可吸入活性成分含量进行优化或控制的具有优良的流动性、分散性和排空性的可吸入粉末，本领域技术人员公知细颗粒过多时会产生粉尘、流动性等诸多问题，而且在附件1中明确指出，“相对高比例的赋形剂基本上决定了粉体的性质”、“通常来说，粉体越细流动性也越差”、“当将预设的剂量填充入各容器中时，好的流动性是高精确计量的先决条件”，所以，“使用的赋形剂一定不能太细”（见附件1译文第2页第12~15行），因此，本领域技术人员综合考虑各种因素时根据附件1显然不会得出如专利权人所述的“较细赋形剂的增加总会有利于粉末”的结论；此外，从附件1的实施例1和2来看，在细颗粒赋形剂的数量从0增加至例如10%或25%时，可吸入活性成分的比例增加较为明显，从15.1%分别增加至23.0%和33.4%，而细颗粒含量从25%增加至50%时，可吸入成分的比例仅从33.4%增加至38.8%，即增加明显放缓，也得不出附件1给出了细颗粒赋形剂的增加总是有利的教导；另外，根据附件1的教导，细颗粒赋形剂和粗颗粒赋形剂重量比为1∶99~95∶5，优选5∶95~70∶30，更优选10∶90~50∶50，从优选层次来看也并非如专利权人主张的“活性成分的可吸入部分随较细赋形剂的量的增加而增加”，因此，综上所述，专利权人认为附件1教导了“较细赋形剂的增加总会有利于粉末”和“活性成分的可吸入部分随较细赋形剂的量的增加而增加”的主张不成立。其次，从本专利说明书的描述来看，可以实现本发明目的的可吸入粉末中较细赋形剂颗粒的含量为可以为1%~20%，优选地为3%~15%，5%~10%最佳（见本专利权利要求1、11~14，说明书第2页第25~27行，第3页第12~13行），并没有指明较细赋形剂含量为5%时优于10%，而且也并没有指出在1%~20%范围内除5%之外的其他数值不能实现本发明的目的，在本专利实施例3的方案中，较细赋形剂颗粒的含量就为10%，因此，即使专利权人认为细颗粒赋形剂含量高于5%时批次间可吸入活性成分的含量偏差变大，也得不出细颗粒赋形剂数量高于5%时获得的粉末不能实现本发明目的的结论。第三，在附件1中给出了细颗粒赋形剂与粗颗粒赋形剂的含量比优选地为5∶95~70∶30，更优选地为10∶90~50∶50（即细颗粒含量占赋形剂总量的5%~70%，优选10%~50%），其与本专利权利要求1要求保护的1%~20%的数值范围交叉，而且附件1的实施例1和2中还给出了细颗粒赋形剂含量为5%、10%等多个落入本专利权利要求1要求保护的范围中的具体技术方案，专利权人也未能证明本专利的方案与附件1的方案相比具有意想不到的效果。综上所述，附件1除活性成分不同外，要解决的技术问题、采用的技术手段都与本专利相同，没有证据表明本专利的方案与附件1的方案相比获得了意想不到的效果，专利权人陈述的理由和提交的反证1也不能证明权利要求1相对于附件1和2的结合具有突出的实质性特点，因此，权利要求1不具备专利法第22条第3款规定的创造性。

权利要求2~5分别对权利要求1中的活性成分——噻托品鎓溴的化合物形式和含量进行了进一步限定，如上所述，虽然附件1没有提及噻托品鎓溴，但是其给出了所述粉末可用于高活性成分的教导，并且其中记载的活性成分的含量为大约0.2%~2%，本领域技术人员可以预见活性成分的不同化合物存在形式不会使本专利的技术方案产生意想不到的效果，即在权利要求1不具备创造性的情况下，选择噻托品鎓的不同化合物存在形式是所属技术领域技术人员的常规选择，因此，本领域技术人员结合附件1和附件2得到权利要求2~5的方案显然不需要花费创造性的劳动，这些权利要求也不符合专利法第22条第3款的规定。

权利要求6～17分别对所述赋形剂的粒度、含量、种类进行了限定，这些附加技术特征都被附件1所公开（见附件1译文第2页第6～7段，第3页第1～2段、第5段，实施例1和2），在其所引用的权利要求不具备创造性的情况下，如上所述原因，这些权利要求也不具备创造性。

权利要求18请求保护权利要求1或2的粉末用于制备治疗气喘或COPD的药物组合物的用途，由于附件2公开了噻托品鎓可用于治疗哮喘和COPD，因此，在其引用的权利要求不具有创造性的情况下，权利要求18也不具备创造性。

权利要求19请求保护权利要求1或2所述的粉末用于制备胶囊的用途，附件1中给出了用粉末制备胶囊的实施方案，因此，在其所引用的权利要求1或2不具备创造性的情况下，权利要求19也不具备创造性。

权利要求20请求保护一种含有3至10毫克权利要求1或2的吸入粉末的胶囊，附件1译文第3页倒数第3段记载了胶囊中的混合物为5mg，因此，在权利要求1和2不具备创造性的情况下，权利要求20也不具备创造性。

权利要求21请求保护包含1.2至80微克噻托品鎓的如权利要求19所述的胶囊，如上所述，附件1中记载药物制剂的单剂量含0.01～0.1mg活性物质，本领域技术人员可以根据实际需要确定每枚胶囊中所含活性成分的数量，而且附件1中与噻托品鎓溴具结构和性质都具有相关性的异丙托溴铵的含量为0.04mg（相当于40微克），本领域技术人员根据附件1的教导和实际需要确定噻托品鎓的用量不需要花费创造性劳动，因此，权利要求21也不具备创造性。

综上所述，本专利的权利要求1～21均不具备专利法第22条第3款规定的创造性。

鉴于本专利的全部权利要求不具备创造性而应被宣告无效，因此对其他无效理由不再进行评述。

基于以上事实和理由，本案合议组作出如下审查决定。

**三、决定**

宣告第01803098.X号发明专利权无效。

当事人对本决定不服的，可以根据专利法第46条第2款的规定，自收到本决定之日起三个月内向北京市第一中级人民法院起诉。根据该款的规定，一方当事人起诉后，另一方当事人应当作为第三人参加诉讼。

# 北京市第一中级人民法院
# 行政判决书

（2007）一中行初字第1209号

原告贝林格尔英格海姆法玛两合公司（BoehringerIngelheimPharmaGmbH & CoKG），住所地德意志联邦共和国英格海姆宾格大街173号。

委托代理人张平元，北京市柳沈律师事务所律师。

委托代理人李静冰，北京市正见永申律师事务所律师。

被告中华人民共和国国家知识产权局专利复审委员会，住所地中华人民共和国北京市海淀区北四环西路9号银谷大厦10～12层。

法定代表人廖涛，副主任。

委托代理人许磊，中华人民共和国国家知识产权局专利复审委员会审查员。

委托代理人刘妍，中华人民共和国国家知识产权局专利复审委员会审查员。

第三人江苏正大天晴药业股份有限公司，住所地中华人民共和国江苏省连云港市新浦区巨龙北路8号。

法定代表人谢炳，董事长。

委托代理人王达佐，北京英赛嘉华知识产权代理有限责任公司专利代理人。

委托代理人耿文军，北京英赛嘉华知识产权代理有限责任公司专利代理人。

原告贝林格尔英格海姆法玛两合公司（简称两合公司）不服被告中华人民共和国国家知识产权局专利复审委员会（简称专利复审委员会）作出的第9817号无效宣告请求审查决定（简称第9817号决定），在法定期限内向本院提起行政诉讼。本院于2007年9月5日受理后，依法组成合议庭，并通知江苏正大天晴药业股份有限公司（简称正大天晴公司）作为本案的第三人参加诉讼，于2007年11月16日公开开庭进行了审理。原告的法定代表人马克斯威曼及委托代理人张平元、李静冰，被告专利复审委员会的委托代理人许磊、刘妍，第三人正大天晴公司的委托代理人王佐达、耿文军到庭参加了诉讼。本案现已审理终结。就正大天晴公司针对两合公司拥有的名称为“含噻托品鎓的新颖可吸入粉末”的发明专利（简称本专利）提出的无效宣告请求，专利复审委员会作出第9817号决定，其认为：（1）本专利权利要求3～5、15～17以及21的表述是清楚的，符合《中华人民共和国专利法实施细则》（简称《专利法实施细则》）第二十条第一款的规定。（2）附件1与权利要求1的区别仅在于活性成分的不同，即附件1未提及活性成分为噻托品鎓溴，但附件1给出了所述粉末用于高活性药物吸入给药的教导，并且给出了异丙托溴铵的具体实施例。本领域技术人员结合附件2给出的噻托品鎓溴与异丙托溴铵具有结构上的关联并且是可用于吸入的高活性药物的教导，得到权利要求1请求保护的技术方案不需要花费创造性劳动。因此权利要求1不具备《中华人民共和国专利法》（简称《专利法》）第二十二条第三款规定的创造性。就两合公司关于附件1没有给出将较细颗粒赋形剂数量限制在一定范围内的教导，也没有提及本专利的活性物质，附件2不涉及制剂技术，故附件1和附件2结合不能破坏本专利权利要求的创造性的主张，专利复审委员会认为：首先，附件1的目的与本发明相同，都是要提供可以对可吸入活性成分含量进行优化或控制的具有优良的流动性、分散性和排空性的可吸入粉末，本领域技术人员根据附件1也不会得出“较细赋形剂的增加总会有利于粉末”的结论。其次，本专利说明书并没有指明较细赋形剂含量为5%时优于10%，也并没有指出在1%～

20%范围内除5%之外的其他数值不能实现本发明的目的。最后，在附件1中给出的细颗粒赋形剂与粗颗粒赋形剂的含量比与本专利权利要求1要求保护的1%~20%的数值范围交叉，而且附件1的实施例1和2中还给出了细颗粒赋形剂含量为5%、10%等多个落入本专利权利要求1要求保护的范围中的具体技术方案。综上，附件1除活性成分不同外，要解决的技术问题、采用的技术手段都与本专利相同，没有证据表明本专利的方案与附件1的方案相比获得了意想不到的效果，故权利要求1不具备专利法第二十二条第三款规定的创造性。权利要求2~5分别对权利要求1中的活性成分——噻托品鎓溴的化合物形式和含量进行了进一步限定，如上所述，虽然附件1没有提及噻托品鎓溴，但是其给出了所述粉末可用于高活性成分的教导，并且其中记载的活性成分的含量为大约0.2%~2%，本领域技术人员可以预见活性成分的不同化合物存在形式不会使本专利的技术方案产生意想不到的效果，即在权利要求1不具备创造性的情况下，选择噻托品鎓的不同化合物存在形式是所属技术领域技术人员的常规选择，因此，权利要求2~5也不具备创造性。权利要求6~17的附加技术特征都被附件1所公开，这些权利要求不具备创造性。权利要求18请求保护权利要求1或2的粉末用于制备治疗气喘或COPD的药物组合物的用途，由于附件2公开了噻托品鎓可用于治疗哮喘和COPD，因此权利要求18也不具备创造性。权利要求19请求保护权利要求1或2所述的粉末用于制备胶囊的用途，附件1中给出了用粉末制备胶囊的实施方案，因此权利要求19也不具备创造性。权利要求20请求保护一种含有3~10毫克权利要求1或2的吸入粉末的胶囊，附件1译文记载了胶囊中的混合物为5mg，因此权利要求20也不具备创造性。权利要求21请求保护包含1.2~80微克噻托品鎓的如权利要求19所述的胶囊，如上所述，附件1中记载药物制剂的单剂量含0.01~0.1mg活性物质，本领域技术人员可以根据实际需要确定每枚胶囊中所含活性成分的数量，而且附件1中与噻托品鎓溴结构和性质都具有相关性的异丙托溴铵的含量为0.04mg（相当于40微克），本领域技术人员根据附件1的教导和实际需要确定噻托品鎓的用量不需要花费创造性劳动，因此，权利要求21也不具备创造性。由于本专利的权利要求1~21均不具备创造性，应被宣告无效，故对其他无效理由则不再进行评述。专利复审委员会据此作出第9817号决定，宣告本专利权无效。两合公司不服第9817号决定，在法定期限内向本院提起诉讼，其诉称：（1）第9817号决定认定事实错误。①附件1要解决的技术问题为“对可吸入粉末的可吸入活性物质的含量进行优化”，附件1活性成分的可吸入部分随细赋形剂的量的增加而增加，而本专利的目的在于制备包含噻托品鎓的可吸入粉末，不仅可以精确地称量，并且在各批次之间变化极微。②附件1活性成分的可吸入部分随细赋形剂的量的增加而增加，本领域的技术人员会认识到细赋形剂的增加总会有利于粉末的可吸入量而不会想到限定细赋形剂的量，从而将可吸入部分的偏差限定到可接受的范围。需要指出的是，专利复审委员会将“增加放缓”不理解为增加是错误的。③本专利可以实现噻托品鎓可吸入部分批次间的变化在可接受的范围之内，证据5进一步证实了上述结果。同时证据5还表明，可吸入部分随较细的赋性剂的加入而增加，这与附件1的教导一致。因此本专利具有出人意料的效果。（2）专利复审委员会适用法律错误。附件1的教导是活性物质可以大比例地吸入，活性成分的可吸入部分随细赋形剂的量的增加而增加。本领域的技术人员基于附件1不能想到，对于含有噻托品鎓的可吸入制剂，还需要限定细赋形剂的量，从而将可吸入部分的偏差限定到可接受的范围。附件2公开了噻托品鎓溴的临床药效学性质，但根本没有涉及制剂技术，没有任何内容关于噻托品鎓溴制剂的改进，更没有提出噻托品鎓溴制剂需要改进的技术问题。附件1、附件2没有发现可吸入部分批次之间的变化的问题，也没有尝试解决这一问题。本专利基于附件1和附件2具有创造性。原告认为专利复审委员会的分析是“事后诸葛亮”。基于前述法律、事实以及证据，专利复审委员会作出第9817号无效宣告请求审查决定认定事实和适用法律均存在错误。综上，请求人民法院撤销该决定。被告专利复审委员会在提交的书面答辩中除坚持其在第9817号决定中阐述的理由外，针对两合公司的起诉辩称：(1) 附件1与本专利要解决的技术问题相同，附件1在解决可吸入粉末的均匀性、分散性、流动性等问题的同时也能解决可吸入活性物质批次之间变化的问题。(2) 本领域技术人员基于附件1得不出细颗粒赋形剂的增加总是有利的教导。(3) 本专利可吸入粉末中较细赋形剂颗粒的含量与对比文件1给出的数值范围有交叉，附件1实施例也给出了多个落入本专利权利要求1要求保护的范围中的具体技术方案，本专利相对于附件1没有产生意想不到的技术效果。(4) 权利要求2～21均不符合《专利法》第二十二条第三款的规定。因此，专利复审委员会认定事实清楚、适用法律正确，请求人民法院维持该决定。第三人正大天晴公司述称：(1) 附件1要解决的技术问题是在保持精确计量的同时，对可吸入粉末中的高活性药物的可吸入部分进行优化和控制。“准确称量”涵盖了“各批次之间变化极微”，这一技术问题已经被附件1解决。(2) 附件1并未给出细颗粒赋形剂的增加总是有利于粉末的精确计量的教导。(3) 批次之间的差异极其细微是技术方案带来的固有属性，证据1是将含5％和10％细颗粒赋形剂与不含细颗粒赋形剂比较的结果，不能说明附件1达不到这样的效果。综上，专利复审委员会在无效宣告请求审查过程中，认定事实清楚，适用法律正确，程序合法，请求人民法院维持第9817号决定。

本院经审理查明：

名称为“含噻托品鎓的新颖可吸入粉末”发明专利权（下称本专利），其申请日为2001年9月28日，优先权日为2000年10月12日，授权公告日为2005年7月13日，专利权人为贝林格尔英格海姆法玛两合公司，专利号为01803098.X。该专利授权公告的权利要求如下：

1. 一种含0.04％～0.8％噻托品鎓与生理可接受的赋形剂混合的可吸入粉末，其特征在于：赋形剂由平均颗粒度15～80微米的赋形剂和平均颗粒度1～9微米的赋形剂的混合物所构成，平均颗粒度1～9微米的赋形剂量占赋形剂总量的1％～20％，所用噻托品鎓盐的平均颗粒度是0.5～10微米。

2. 如权利要求1的可吸入粉末，其特征在于，噻托品鎓以其氯化物、溴化物、碘化物、甲磺酸盐、对-甲苯磺酸盐或甲基硫酸盐形式存在。

3. 如权利要求1或2的可吸入粉末，其特征在于，其含有0.048％～0.96％之间的噻托品鎓溴。

4. 如权利要求1或2的可吸入粉末，其特征在于，其含有0.05％～1％之间的噻托品鎓溴一水合物。

5. 如权利要求3的可吸入粉末，其特征在于，其含有0.05％～1％之间的噻托品鎓溴一水合物。

6. 如权利要求1或2的可吸入粉末，其特征在于，赋形剂由平均颗粒度17～50微米的赋形剂和平均颗粒度2～8微米的赋形剂的混合物所构成。

7. 如权利要求3的可吸入粉末，其特征在于，赋形剂由平均颗粒度17～50微米的赋形剂和平均颗粒度2～8微米的赋形剂的混合物所构成。

8. 如权利要求4的可吸入粉末，其特征在于，赋形剂由平均颗粒度17～50微米的赋形剂和平均颗粒度2～8微米的赋形剂的混合物所构成。

9. 如权利要求5的可吸入粉末，其特征在于，赋形剂由平均颗粒度17～50微米的赋形剂和平均颗粒度2～8微米的赋形剂的混合物所构成。

10. 如权利要求1或2的可吸入粉末，其特征在于，平均颗粒度1～9微米的赋形剂的含量占赋形剂总量的3％～15％。

11. 如权利要求3的可吸入粉末，其特征在于，平均颗粒度1～9微米的赋形剂的含量占赋形剂总量的3％～15％。

12. 如权利要求4的可吸入粉末，其特征在于，平均颗粒度1～9微米的赋形剂的含量占赋形剂总量的3％～15％。

13．如权利要求5的可吸入粉末，其特征在于，平均颗粒度1～9微米的赋形剂的含量占赋形剂总量的3％～15％。

14．如权利要求6的可吸入粉末，其特征在于，平均颗粒度2～8微米的赋形剂的含量占赋形剂总量的3％～15％。

15．如权利要求1或2的可吸入粉末，其特征在于，作为赋形剂使用单糖、双糖、寡糖和多糖、多元醇、盐或这些赋形剂彼此的混合物。

16．如权利要求15的可吸入粉末，其特征在于，作为赋形剂，使用葡萄糖、阿拉伯糖、乳糖、蔗糖、麦芽糖、葡聚糖、山梨糖醇、甘露糖醇、木糖醇、氯化钠、碳酸钙或这些赋形剂彼此的混合物。

17．如权利要求16的可吸入粉末，其特征在于，作为赋形剂使用葡萄糖或乳糖或这些赋形剂彼此的混合物。

18．如权利要求1或2的可吸入粉末在制备用于治疗气喘或COPD的药物组合物中的用途。

19．如权利要求1或2的可吸入粉末的用途，它用于制造胶囊。

20．一种胶囊，其特征在于，其含有3～10毫克权利要求1或2的用于吸入的粉末。

21．如权利要求19的胶囊，其特征在于，其含有1.2～80微克之间的噻托品鎓。”

本案专利说明书记载，“本发明的目的是要制备含噻托品鎓的可吸入粉末，其可被准确地称量（制造商包封入各胶囊的活性物质和粉末混合物量及通过吸入程序自各胶囊释出和输送至肺的活性物质量），各批次之间变化极微，使得活性物质可以按高吸入比例施用。本发明的另一目的是要制备含噻托品鎓的可吸入粉末，其确保胶囊的良好倒空性能”、“本发明的另一目的是要制备含噻托品鎓的可吸入粉末，其特征在于：高度均匀和分散度高。本发明也提出可吸入粉末，其使得所施用的可吸入的活性物质部分的变化性最小”、“就本发明的目的，本发明的可吸入粉末的特征在于单次剂量准确度的一致性高。是在<8％范围内，以<6％为佳，<4％最佳”。

针对上述专利权，正大天晴公司于2006年8月31日向专利复审委员会提出无效宣告请求，认为本专利权利要求3～5、15～17和21不符合《专利法实施细则》第二十条第一款的规定，权利要求1～21不符合《专利法》第二十二条第三款、第二十六条第四款以及《专利法实施细则》第二十一条第二款的规定，说明书不符合《专利法》第二十六条第三款的规定，并提交了证据，其中：

附件1为美国专利文献US5，478，578A，公开日为1995年12月26日，复印件共3页；

附件2为“Tiotropium bromide，a new long-acting antimuscarinic bronchodilator：a pharmacodynamic study in patients with chronic obstructive pulmonarydisease（COPD）”，F. P. V. Maesen等人，Eur Respir J，1995年8月，第1506～1513页，复印件共8页；

正大天晴公司于2006年9月27日补充提交了附件1、附件2全文的中文译文以及对附件2进行公证的公证书原件。附件1公开了一种用于高活性药物的具有特定比例的细颗粒和粗颗粒载体的可吸入粉末，其要解决的技术问题是提升可吸入粉末的性能、用所述粉末对可吸入活性物质含量进行优化和控制以获得高精确度的计量（见附件1译文第2页第1～6段）。附件1在解决所述技术问题时所采用的技术手段是使用由较细颗粒赋形剂和较粗颗粒赋形剂组成的混合粉末，在附件1的实施例1中公开了使用粒度为35μm的较粗颗粒和粒度为5μm的较细颗粒的葡萄糖的细粒度高活性药物非诺特罗（0.1mg/胶囊，平均颗粒度小于6μm）的吸入用胶囊，其中给出了细颗粒含量为4％和16％的方案，在其实施例2中公开了使用粒度为35μm的较粗颗粒和粒度为8μm的较细颗粒的葡萄糖的细粒度高活性药物异丙托溴铵（0.04mg/胶囊，平均颗粒度小于6μm）的吸入用胶囊，其给出了细颗粒含量从0～50％，经吸入输送的活性物质占混合物所含活性物质量百分比从15.1％增加到38.3％，所给出的数据中包括细颗粒含量为5%和10%的方案。

"相对高比例的赋形剂基本上决定了粉体的性质"、"通常来说，粉体越细流动性也越差"、"当将预设的剂量填充入各容器中时，好的流动性是高精确计量的先决条件"，所以，"使用的赋形剂一定不能太细"（见附件1译文第2页第12~15行），"药剂师可以通过改变赋形剂的量和颗粒度的范围来控制通过吸入输送的活性物质的量"（见附件1译文第3页第10~11行）。

附件2表明噻托品鎓溴与异丙托溴铵具有结构上的关联，对噻托品鎓溴的剂量，以及药理学活性进行了说明，并指出其与异丙托溴铵的作用具有可比性。

2007年3月21日，专利复审委员会进行了口头审理。2007年4月29日，专利复审委员会作出第9817号无效宣告请求审查决定。

两合公司于本案诉讼过程中提交证据5：（2006）京海民证字第4965号公证书以及原告于2003年7月25日向欧洲专利局提交的答复意见的相关内容及译文。用以印证本专利说明书描述的本发明可以达到可吸入量变化小的效果。在本案庭审过程中，两合公司表示如果权利要求1没有创造性，则放弃在本案中主张除权利要求4~5之外的权利要求的创造性。

以上事实，有本专利说明书、第9817号决定、附件1、附件2、证据5、当事人陈述等证据在案佐证。

本院认为：

1. 关于附件1解决的技术问题与本专利是否相同

首先，本专利说明书记载"可被准确地称量（制造商包封入各胶囊的活性物质和粉末混合物量及通过吸入程序自各胶囊释出和输送至肺的活性物质量），各批次之间变化极微，使得活性物质可以按高吸入比例施用"以及"单次剂量准确度的一致性高"，由所述记载可知，批次应当包括装入胶囊的包封批次和吸入肺部的吸入批次，而不能唯一解释为吸入过程中可吸入的活性物质量的偏差，也不能得出附件1中的"对可吸入粉末的可吸入活性物质含量的优化和控制"、"控制通过吸入输送的活性物质的量"仅限于装入胶囊中活性物质的量（即包封批次）而不包括吸入过程对可吸入活性成分的量的优化控制（即吸入批次）。因此本专利中"批次之间变化极微"并不能与附件1中的"对可吸入粉末的可吸入活性物质含量的优化和控制"相区别。两合公司对于附件1仅提及而没有实际解决所述问题的主张仅为其主观论述，没有证据支持，本院不予采信。

其次，附件1实施例1~2中细赋形剂的量最高50%，并没有给出更高的细赋形剂含量的数据，即采用更高的细赋形剂可吸入部分是否仍旧增加是未知的，并且附件1明确记载"粉体越细其流动性也越差"、"使用的赋形剂一定不能太细"，并在此基础上采用了和本专利相同的将粗细赋形剂按一定比例搭配得到合适性能的赋形剂，因此基于附件1不能得出细赋形剂的增加总会有利于粉末的可吸入部分的结论。

再次，附件1公开了包括5%、10%的细赋形剂的量，本专利权利要求1限定的细赋形剂的含量为1%~20%，因此附件1与本专利权利要求1使用的赋形剂相同，而胶囊内粉体由赋形剂和活性物质组成，其性质基本由相对高比例的赋形剂决定，在赋形剂相同的情况下，无法排除附件1中细赋形剂含量5%、10%时也能够在吸入批次变化方面达到同样的效果。

最后，两合公司提交的证据5用以证明本专利解决了批次变化的问题。首先，专利复审委员会和正大天晴公司并没有对本专利能解决批次变化持有异议。其次，附件1已经公开了与本专利相同的5%、10%的比例，而证据5对比的基础是不含有较细赋形剂的粉末，证据5并不能证明附件1达不到相同效果。最后，证据5证明批次变化小的同时还表明，可吸入部分随较细的赋形剂的加入而增加，这与附件1的教导一致，可见，"可吸入部分随较细的赋形剂的加入而增加"与"批次变化小"

并不矛盾，附件1可吸入部分随较细的赋形剂的加入而增加并不能说明其公开的5％、10％等细赋形剂比例不能达到批次变化小的效果。因此证据5不能证明附件1的技术方案不能达到同样的效果，即不能证明附件1解决的技术问题与本专利不同。

因此，本院对于两合公司关于附件1解决的技术问题与本专利是否不同的主张不予支持。

2. 关于本专利的创造性

在附件1与本专利解决的技术问题相同的基础上，附件1公开的细赋形剂含量5％、10％的实例属于本专利权利要求1限定的细赋形剂含量1％～20％的范围，因此附件1与本专利权利要求1的区别仅在于活性物质的不同，在附件2给出的噻托品鎓溴与异丙托溴铵具有结构上的关联并且是可用于吸入的高活性药物的教导下，本领域技术人员结合附件1、附件2得到本专利权利要求1含有噻托品鎓的可吸入粉末不需要创造性劳动，因此第9817号决定认定本专利权利要求1相对于附件1、附件2不具备创造性并无不当。

在本案庭审过程中，两合公司表示如果权利要求1没有创造性，则放弃在本案中主张除权利要求4～5之外的权利要求的创造性。故本院在本专利权利要求1不具有创造性的前提下，只需要对本专利权利要求4～5进行评价。对于权利要求4～5限定的噻托品鎓溴一水合物是否使权利要求具备创造性，本院认为，两合公司没有提交任何反证证明噻托品鎓溴一水合物的选择不是常规选择，说明书也没有证明这一选择比其他形式具有预料不到的技术效果，因此在权利要求1不具备创造性的情况下，本院对于原告关于权利要求4～5具备创造性的主张不予支持。

综上，专利复审委员会作出的第9817号决定认定事实清楚，适用法律正确，程序合法，应予维持。两合公司请求撤销该决定的理由不能成立，本院不予支持。依照《中华人民共和国行政诉讼法》第五十四条第（一）项之规定，本院判决如下：

维持被告中华人民共和国国家知识产权局专利复审委员会作出的第9817号无效宣告请求审查决定。

案件受理费人民币100元，由原告贝林格尔英格海姆法码两合公司负担（已交纳）。

如不服本判决，原告贝林格尔英格海姆法玛两合公司可在本判决书送达之日起30日内，被告中华人民共和国国家知识产权局专利复审委员会和第三人江苏正大天晴药业股份有限公司可在本判决书送达之日起15日内，向本院提交上诉状并交纳上诉案件受理费人民币100元，上诉于中华人民共和国北京市高级人民法院。

审　判　长　仪　军
代理审判员　侯占恒
代理审判员　郝建欣
二〇〇六年十二月二十日
书　记　员　王　溪

## 北京市高级人民法院
## 行政判决书

（2009）高行终字第486号

上诉人（原审原告）贝林格尔英格海姆法玛两合公司（Boehringer Ingelheim Pharma GmbH&Co

KG)，住所地德意志联邦共和国英格海姆宾格大街173号。

法定代表人马克斯·威曼（Markus Weymann），专利律师。

委托代理人张平元，北京市柳沈律师事务所律师。

委托代理人李静冰，北京市正见永申律师事务所律师。

被上诉人（原审被告）中华人民共和国国家知识产权局专利复审委员会，住所地中华人民共和国北京市海淀区北四环西路9号银谷大厦10~12层。

法定代表人廖涛，副主任。

委托代理人何炜，该委员会审查员。

委托代理人郭鹏鹏，该委员会审查员。

原审第三人江苏正大天晴药业股份有限公司，住所地中华人民共和国江苏省连云港市新浦区巨龙北路8号。

法定代表人谢炳，董事长。

委托代理人王达佐，男，汉族，1965年1月30日出生，北京英赛嘉华知识产权代理有限责任公司专利代理人，住中华人民共和国北京市海淀区西土城路6号国家知识产权局。

委托代理人耿文军，女，汉族，1971年5月10日出生，北京英赛嘉华知识产权代理有限责任公司专利代理人，住中华人民共和国北京市海淀区中关村16楼420号。

上诉人贝林格尔英格海姆法玛两合公司（简称贝林格尔两合公司）因发明专利权无效行政纠纷一案，不服中华人民共和国北京市第一中级人民法院（简称北京市第一中级人民法院）（2007）一中行初字第1209号行政判决，向本院提起上诉。本院2009年3月31日受理后，依法组成合议庭，于2009年6月9日公开开庭进行了审理。上诉人贝林格尔两合公司的法定代表人马克斯·威曼及委托代理人张平元、李静冰，被上诉人中华人民共和国国家知识产权局专利复审委员会（简称专利复审委员会）的委托代理人何炜、郭鹏鹏，原审第三人江苏正大天晴药业股份有限公司（简称正大天晴公司）的委托代理人王佐达、耿文军到庭参加了诉讼。本案现已审理终结。

北京市第一中级人民法院认定，贝林格尔两合公司拥有名称为“含噻托品鎓的新颖可吸入粉末”的发明专利（简称本专利权）。针对本专利，正大天晴公司于2006年8月31日向专利复审委员会提出无效宣告请求。2007年4月29日，专利复审委员会作出第9817号无效宣告请求审查决定（简称第9817号决定），宣告本专利权无效。

北京市第一中级人民法院认为，本专利中“批次之间变化极微”并不能与附件1中的“对可吸入粉末的可吸入活性物质含量的优化和控制”相区别，基于附件1也不能得出细赋形剂的增加总会有利于粉末的可吸入部分的结论。此外，附件1与本专利权利要求1使用的赋形剂相同，无法排除附件1中细赋形剂含量5%、10%时也能够在吸入批次变化方面达到同样的效果。贝林格尔两合公司提交的证据5也不能证明附件1的技术方案不能达到同样的效果，即不能证明附件1解决的技术问题与本专利不同。附件1与本专利权利要求1的区别仅在于活性物质的不同，在附件2给出的噻托品鎓溴与异丙托溴铵具有结构上的关联并且是可用于吸入的高活性药物的教导下，本领域技术人员结合附件1~2得到本专利权利要求1含有噻托品鎓的可吸入粉末不需要创造性劳动，故本专利权利要求1相对于附件1~2不具备创造性。

北京市第一中级人民法院依照《中华人民共和国行政诉讼法》第五十四条第（一）项之规定，判决：维持专利复审委员会作出的第9817号决定。

贝林格尔两合公司不服原审判决，向本院提起上诉，请求撤销原审判决，撤销第9817号决定，维持本专利权全部有效。其理由为：（1）原审判决认定事实错误。附件1要解决的技术问题为“对可吸入粉末的可吸入活性物质的含量进行优化”，活性成分的可吸入部分随细赋形剂的量的增加而增加，而本专利的目的在于制备包含噻托品鎓的可吸入粉末，不仅可以精确地称量，并且在各批次之间变化极微。因此本专利具有出人意料的效果。（2）原审判决适用法律错误。附件1的教导是活性物质可以大比例地吸入，活性成分的可吸入部分随细赋形剂的量的增加而增加。本领域的技术人员基于附件1不能想到，对于含有噻托品鎓的可吸入制剂，还需要限定细赋形剂的量，从而将可吸入部分的偏差限定到可接受的范围。附件2公开了噻托品鎓溴的临床药效学性质，但根本没有涉及制剂技术，没有任何内容关于噻托品鎓溴制剂的改进，更没有提出噻托品鎓溴制剂需要改进的技术问题。附件1~2没有发现可吸入部分批次之间的变化的问题，也没有尝试解决这一问题。本专利基于附件1和附件2的结合具有创造性。专利复审委员会、正大天晴公司服从原审判决。

本院经审理查明，名称为“含噻托品鎓的新颖可吸入粉末”发明专利权（即本专利）的申请日为2001年9月28日，优先权日为2000年10月12日，公告授权日为2005年7月13日，专利权人为贝林格尔两合公司，专利号为01803098.X。该专利公告授权的权利要求如下：

“1. 一种含0.04%~0.8%噻托品鎓与生理可接受的赋形剂混合的可吸入粉末，其特征在于：赋形剂由平均颗粒度15~80微米的赋形剂和平均颗粒度1~9微米的赋形剂的混合物所构成，平均颗粒度1~9微米的赋形剂量占赋形剂总量的1%~20%，所用噻托品鎓盐的平均颗粒度是0.5~10微米。

2. 如权利要求1的可吸入粉末，其特征在于，噻托品鎓以其氯化物、溴化物、碘化物、甲磺酸盐、对-甲苯磺酸盐或甲基硫酸盐形式存在。

3. 如权利要求1或2的可吸入粉末，其特征在于，其含有0.048%~0.96%之间的噻托品鎓溴。

4. 如权利要求1或2的可吸入粉末，其特征在于，其含有0.05%~1%之间的噻托品鎓溴一水合物。

5. 如权利要求3的可吸入粉末，其特征在于，其含有0.05%~1%之间的噻托品鎓溴一水合物。

6. 如权利要求1或2的可吸入粉末，其特征在于，赋形剂由平均颗粒度17~50微米的赋形剂和平均颗粒度2~8微米的赋形剂的混合物所构成。

7. 如权利要求3的可吸入粉末，其特征在于，赋形剂由平均颗粒度17~50微米的赋形剂和平均颗粒度2~8微米的赋形剂的混合物所构成。

8. 如权利要求4的可吸入粉末，其特征在于，赋形剂由平均颗粒度17~50微米的赋形剂和平均颗粒度2~8微米的赋形剂的混合物所构成。

9. 如权利要求5的可吸入粉末，其特征在于，赋形剂由平均颗粒度17~50微米的赋形剂和平均颗粒度2~8微米的赋形剂的混合物所构成。

10. 如权利要求1或2的可吸入粉末，其特征在于，平均颗粒度1~9微米的赋形剂的含量占赋形剂总量的3%~15%。

11. 如权利要求3的可吸入粉末，其特征在于，平均颗粒度1~9微米的赋形剂的含量占赋形剂总量的3%~15%。

12. 如权利要求4的可吸入粉末，其特征在于，平均颗粒度1~9微米的赋形剂的含量占赋形剂总量的3%~15%。

13. 如权利要求5的可吸入粉末，其特征在于，平均颗粒度1~9微米的赋形剂的含量占赋形剂总量的3%~15%。

14. 如权利要求6的可吸入粉末，其特征在于，平均颗粒度2~8微米的赋形剂的含量占赋形剂总量的3%~15%。

15. 如权利要求1或2的可吸入粉末，其特征在于，作为赋形剂使用单糖、双糖、寡糖和多糖、多元醇、盐或这些赋形剂彼此的混合物。

16. 如权利要求15的可吸入粉末，其特征在于，作为赋形剂，使用葡萄糖、阿拉伯糖、乳糖、蔗糖、麦芽糖、葡聚糖、山梨糖醇、甘露糖醇、木糖醇、氯化钠、碳酸钙或这些赋形剂彼此的混合物。

17. 如权利要求16的可吸入粉末，其特征在于，作为赋形剂使用葡萄糖或乳糖或这些赋形剂彼此的混合物。

18. 如权利要求1或2的可吸入粉末在制备用于治疗气喘或COPD的药物组合物中的用途。

19. 如权利要求1或2的可吸入粉末的用途，它用于制造胶囊。

20. 一种胶囊，其特征在于，其含有3～10毫克权利要求1或2的用于吸入的粉末。

21. 如权利要求19的胶囊，其特征在于，其含有1.2和80微克之间的噻托品鎓。”

本案专利说明书记载，“本发明的目的是要制备含噻托品鎓的可吸入粉末，其可被准确地称量(制造商包封入各胶囊的活性物质和粉末混合物量及通过吸入程序自各胶囊释出和输送至肺的活性物质量)，各批次之间变化极微，使得活性物质可以按高吸入比例施用。本发明的另一目的是要制备含噻托品鎓的可吸入粉末，其确保胶囊的良好倒空性能”、“本发明的另一目的是要制备含噻托品鎓的可吸入粉末，其特征在于：高度均匀和分散度高。本发明也提出可吸入粉末，其使得所施用的可吸入的活性物质部分的变化性最小”、“就本发明的目的，本发明的可吸入粉末的特征在于单次剂量准确度的一致性高。是在<8％范围内，以<6％为佳，<4％最佳”。

针对本专利权，正大天晴公司于2006年8月31日向专利复审委员会提出无效宣告请求，认为本专利权利要求3～5、15～17和21不符合《中华人民共和国专利法实施细则》（简称《专利法实施细则》）第二十条第一款的规定，本专利权利要求1～21不符合《中华人民共和国专利法》（简称《专利法》）第二十二条第三款、第二十六条第四款以及《专利法实施细则》第二十一条第二款的规定，说明书不符合《专利法》第二十六条第三款的规定，并提交了证据，其中：

附件1为美国专利文献US 5，478，578A，公开日为1995年12月26日，复印件共3页；

附件2为“Tiotropium bromide，a new long-acting antimuscarinic bronchodilator：a pharmacodynamic studyin patients with chronic obstruc tive pulmonary disease（COPD）”，F. P. V.，Maesen等人，Eur Respir J，1995年8月，第1506～1513页，复印件共8页；

正大天晴公司于2006年9月27日补充提交了附件1～2全文的中文译文以及对附件2进行公证的公证书原件。附件1公开了一种用于高活性药物的具有特定比例的细颗粒和粗颗粒载体的可吸入粉末，其要解决的技术问题是提升可吸入粉末的性能、用所述粉末对可吸入活性物质含量进行优化和控制以获得高精确度的计量（见附件1译文第2页第1～6段）。附件1在解决所述技术问题时所采用的技术手段是使用由较细颗粒赋形剂和较粗颗粒赋形剂组成的混合粉末，在附件1的实施例1中公开了使用粒度为35μm的较粗颗粒和粒度为5μm的较细颗粒的葡萄糖的细粒度高活性药物非诺特罗（0.1mg/胶囊，平均颗粒度小于6μm）的吸入用胶囊，其中给出了细颗粒含量为4％和1 6％的方案，在其实施例2中公开了使用粒度为35μm的较粗颗粒和粒度为8μm的较细颗粒的葡萄糖的细粒度高活性药物异丙托溴铵（0.04mg/胶囊，平均颗粒度小于6μm）的吸入用胶囊，其给出了细颗粒含量从0～50％，经吸入输送的活性物质占混合物所含活性物质量百分比从15.1％增加到38.3％，所给出的数据中包括细颗粒含量为5％和10％的方案。

“相对高比例的赋形剂基本上决定了粉体的性质”、“通常来说，粉体越细流动性也越差”、“当将预设的剂量填充入各容器中时，好的流动性是高精确计量的先决条件”，所以，“使用的赋形剂一定不能太细”（见附件1译文第2页第12～15行），“药剂师可以通过改变赋形剂的量和颗粒度的范围来控制通过吸入输送的活性物质的量”（见附件1译文第3页第10～11行）。

附件2表明噻托品鎓溴与异丙托溴铵具有结构上的关联，对噻托品鎓溴的剂量，以及药理学活性进行了说明，并指出其与异丙托溴铵的作用具有可比性。

2007年4月29日，专利复审委员会做出第9817号决定。专利复审委员会在该决定中认为：

（1）本专利权利要求3～5、15～17以及21的表述是清楚的，符合《专利法实施细则》第二十条第一款的规定。

（2）附件1与权利要求1的区别仅在于活性成分的不同，即附件1未提及活性成分为噻托品鎓溴，但附件1给出了所述粉末用于高活性药物吸入给药的教导，并且给出了异丙托溴铵的具体实施例。本领域技术人员结合附件2给出的噻托品鎓溴与异丙托溴铵具有结构上的关联并且是可用于吸入的高活性药物的教导，得到本专利权利要求1请求保护的技术方案不需要花费创造性劳动。因此本专利权利要求1不具备《专利法》第二十二条第三款规定的创造性。

贝林格尔两合公司主张附件1没有给出将较细颗粒赋形剂数量限制在一定范围内的教导，也没有提及本专利的活性物质，附件2不涉及制剂技术，故附件1和2结合不能破坏本专利权利要求的创造性。对此，首先，附件1的目的与本发明相同，都是要提供可以对可吸入活性成分含量进行优化或控制的具有优良的流动性、分散性和排空性的可吸入粉末，本领域技术人员根据附件1也不会得出“较细赋形剂的增加总会有利于粉末”的结论。其次，本专利说明书并没有指明较细赋形剂含量为5%时优于10%，也并没有指出在1%～20%范围内除5%之外的其他数值不能实现本发明的目的。最后，在附件1中给出的细颗粒赋形剂与粗颗粒赋形剂的含量比与本专利权利要求1要求保护的1%～20%的数值范围交叉，而且附件1的实施例1和2中还给出了细颗粒赋形剂含量为5%、10%等多个落入本专利权利要求1要求保护的范围中的具体技术方案。综上，附件1除活性成分不同外，要解决的技术问题、采用的技术手段都与本专利相同，没有证据表明本专利的方案与附件1的方案相比获得了意想不到的效果，故本专利权利要求1不具备《专利法》第二十二条第三款规定的创造性。

本专利权利要求2～5分别对权利要求1中的活性成分——噻托品鎓溴的化合物形式和含量进行了进一步限定，如上所述，虽然附件1没有提及噻托品鎓溴，但是其给出了所述粉末可用于高活性成分的教导，并且其中记载的活性成分的含量为大约0.2%～2%，本领域技术人员可以预见活性成分的不同化合物存在形式不会使本专利的技术方案产生意想不到的效果，即在权利要求1不具备创造性的情况下，选择噻托品鎓的不同化合物存在形式是所属技术领域技术人员的常规选择，因此，本专利权利要求2～5也不具备创造性。

本专利权利要求6～17的附加技术特征都被附件1所公开，这些权利要求不具备创造性。

本专利权利要求18请求保护权利要求1或2的粉末用于制备治疗气喘或COPD的药物组合物的用途，由于附件2公开了噻托品鎓可用于治疗哮喘和COPD，因此本专利权利要求18也不具备创造性。

本专利权利要求19请求保护权利要求1或2所述的粉末用于制备胶囊的用途，附件1中给出了用粉末制备胶囊的实施方案，因此本专利权利要求19也不具备创造性。

本专利权利要求20请求保护一种含有3～10毫克权利要求1或2的吸入粉末的胶囊，附件1译文记载了胶囊中的混合物为5mg，因此本专利权利要求20也不具备创造性。

本专利权利要求21请求保护包含1.2～80微克噻托品鎓的如权利要求19所述的胶囊，如上所述，附件1中记载药物制剂的单剂量含0.01～0.1mg活性物质，本领域技术人员可以根据实际需要确定每枚胶囊中所含活性成分的数量，而且附件1中与噻托品鎓溴结构和性质都具有相关性的异丙托溴铵的含量为0.04mg（相当于40微克），本领域技术人员根据附件1的教导和实际需要确定噻托品鎓的用量不需要花费创造性劳动，因此，本专利权利要求21也不具备创造性。

专利复审委员会据此作出第9817号决定，宣告本专利权全部无效。

在本案原审法院庭审过程中，贝林格尔两合公司表示如果本专利权利要求1没有创造性，则放弃在本案中主张除本专利权利要求4~5之外的权利要求的创造性。

以上事实，有本专利说明书、第9817号决定、附件1~2、证据5、当事人陈述等证据在案佐证。

本院认为，本案的核心问题在于附件1与附件2的结合是否能够破坏本专利权利要求1的创造性。根据《专利法》第二十二条第三款的规定，发明专利的创造性是指同申请日以前已有的技术相比，该发明有突出的实质性特点和显著的进步。

附件1公开了一种用于高活性药物的具有特定比例的细颗粒和粗颗粒载体的可吸入粉末，还涉及对可吸入粉末的可吸入活性物质含量的优化和控制。附件1指出："如果所用药物活性非常高，则赋形剂在可吸入粉末中是非常必要的，因此在每一单剂量中仅需少量的药物。在这种情况下，明智的做法是稀释活性物质以获得高精度的计量"。因此，附件1解决的技术问题之一，是提升用于高活性药物的可吸入粉末的性能，控制可吸入粉末的可吸入活性物质含量。附件1提到的"高精确度的计量"显然是指每次给药时计量的剂量。而本专利的发明目的是要制备可被准确称量的噻托品鎓，各批次之间变化极微，使得活性物质可以按高吸入比例施用。也就是说，本专利解决的问题也是准确称量活性成分噻托品鎓，保证用药各批次之间变化极微。本专利与附件1的区别仅仅在于活性成分的不同。为解决上述技术问题，附件1采用了和本专利相同的将粗细赋形剂按一定比例搭配得到合适性能的赋形剂，其中附件1公开了包括5%、10%的细赋形剂的量，本专利权利要求1限定的细赋形剂的含量为1%~20%，因此附件1与本专利权利要求1使用的赋形剂相同，而胶囊内粉体由赋形剂和活性物质组成。因此，贝林格尔两合公司关于本专利与附件1解决的技术问题不同的上诉主张没有事实依据，本院不予支持。

在附件1与本专利解决的技术问题相同的基础上，附件1公开的细赋形剂含量5%、10%的实例属于本专利权利要求1限定的细赋形剂含量1至20%的范围。在附件1与本专利权利要求1的区别仅在于活性物质的不同的基础上，在附件2给出的噻托品鎓溴与异丙托溴铵具有结构上的关联并且是可用于吸入的高活性药物的教导下，本领域技术人员结合附件1~2得到本专利权利要求1含有噻托品鎓的可吸入粉末不需要创造性劳动，因此本专利权利要求1相对于附件1~2的结合不具备创造性。贝林格尔两合公司关于本专利权利要求1相对于附件1~2的结合具备创造性的上诉主张于法无据，本院不予支持。

在本案原审法院庭审过程中，贝林格尔两合公司表示如果本专利权利要求1没有创造性，则放弃在本案中主张除本专利权利要求4~5之外的权利要求的创造性。故本院在本专利权利要求1不具有创造性的前提下，只需要对本专利权利要求4~5进行评价。本专利权利要求4~5对噻托品鎓溴一水合物的含量进行了进一步限定。虽然附件1没有提及噻托品鎓溴，但是其给出了所述粉末可用于高活性成分的教导，并且其中记载的活性成分的含量为大约0.2%~2%。本领域技术人员会想到根据需要确定活性成分含量，而且本专利权利要求4~5没有使本专利的技术方案产生意想不到的效果，即在权利要求1不具备创造性的情况下，本专利权利要求4~5也不具备创造性。

综上，原审判决认定事实清楚，适用法律正确。贝林格尔两合公司的上诉请求不能成立，本院不予支持。依照《中华人民共和国行政诉讼法》第六十一条第（一）项之规定，本院判决如下：

驳回上诉，维持原判。

一审案件受理费人民币100元，由贝林格尔英格海姆法玛两合公司负担（已交纳）；二审案件受理费100元，由贝林格尔英格海姆法玛两合公司负担（已交纳）。

本判决为终审判决。

审 判 长 刘 辉
代理审判员 岑宏宇
代理审判员 焦 彦
二〇〇九年六月十五日
书 记 员 陈 明
书 记 员 刘 悠

009

# 对治疗青光眼无副作用的前列腺素衍生物

## 无效宣告请求审查决定（第9825号）

决　定　号　第9825号
决　定　日　2007年5月31日
发明创造名称　对治疗青光眼无副作用的前列腺素衍生物
国际分类号　A61K 31/557，A61P 27/06
无效宣告请求人　大连美罗大药厂
专利权人　法玛西雅和厄普约翰公司
专　利　号　98807045.6
申　请　日　1998年7月10日
授权公告日　2004年10月6日
合议组组长　马文霞
主　审　员　何　炜
参　审　员　叶　娟

法律依据　专利法第26条第3款
决定要点

说明书应当对发明或者实用新型作出清楚、完整的说明，以所属技术领域的技术人员能够实现为准，如果说明书中给出了具体的技术方案，但未提供实验证据，而该方案又必须依赖实验结果加以证实才能成立，则该发明将由于缺乏解决技术问题的技术手段而被认为无法实现。

### 一、案由

本无效宣告请求案涉及国家知识产权局于2004年10月6日公告授予的、名称为“对治疗青光眼无副作用的前列腺素衍生物”的98807045.6号发明专利权（下称本专利），其申请日为1998年7月10日，优先权日为1997年7月11日，专利权人为法玛西雅和厄普约翰公司。该专利授权公告的权利要求如下：

“1. 一种作为EP1前列腺素类受体的选择性兴奋剂的前列腺素类似物在制备用于治疗青光眼和眼压力过高的药剂中的应用，所述药剂没有增加作为副作用的色素产生，或者显著减少作为副作用的色素产生，其中所述前列腺素类似物是如下通式的化合物：

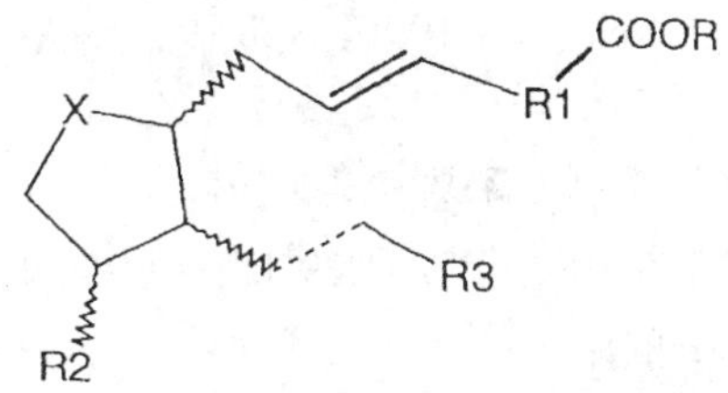

其中：

波纹键表示 α 或 β 构型，虚键表示单键或顺式或反式构型中的双键；

R 是氢或 $C_{1\sim10}$烷基；

R1 是 $C_{2-5}$烷基；

X 是 C-OH 或 C=O；

R2 是羟基；

R3 是具有 3～8 个碳原子的烷基，其中前列腺素结构的碳 15 被羟基取代，并且所述烷基任选含有 $C_{3-8}$环烷基、苯基或被卤素取代的苯基；或者其药物上可接受的盐或酯；

但下列化合物排除在外：

17-苯基-18，19，20-三去甲-PGE2-异丙酯。

2. 权利要求 1 的应用，其中 R3 是具有 3～5 个碳原子的烷基。

3. 权利要求 1 的应用，其中所述被卤素取代的苯基是 3-氟苯基。

4. 权利要求 1 的应用，其中所述前列腺素类似物是 15（R，S）-16，16-亚丙基-PGE2 或其烷基酯。

5. 权利要求 1 的应用，其中所述前列腺素类似物是 13，14-二氢-17-（3-氟苯基）-18，19，20-三去甲-PGE2 或其烷基酯。

6. 权利要求 1～5 任一项的应用，其中所述药剂被每天 1～3 次局部施用于眼上。”

针对上述专利权，大连美罗大药厂（下称请求人）于 2005 年 9 月 16 日向专利复审委员会提出无效宣告请求，认为本专利不符合专利法第 22 条第 2 款、第 3 款、第 4 款、专利法第 26 条第 3 款、第 4 款、专利法第 25 条第 3 款，以及专利法实施细则第 2 条第 1 款、第 20 条第 1 款、第 21 条第 2 款的规定，并提交了下述附件：

附件 1：EP0364417B1，公开日为 1990 年 4 月 18 日，共 40 页（下称对比文件 1）；

附件 2：对比文件 1 所使用部分的中文译文，共 5 页；

附件 3：Drugs of the Future，1992，17（8）：691～704，复印件共 14 页（下称对比文件 2）；

附件 4：对比文件 2 所使用部分的中文译文，共 4 页；

附件 5：Survey of Ophthalmology，1997. Vol. 41，supplement 2，S61～S68，复印件共 8 页（下称对比文件 3）；

附件 6：对比文件 3 所使用部分的中午译文，共 2 页；

附件 7：Survey of Ophthalmology，1997. Vol. 41，supplement 2，S47～S52，复印件共 6 页（下称对比文件 4）；

附件 8：对比文件 4 所使用部分的中午译文，共 3 页；

附件 9：Ophthalmology，1993，100（9），1297～1304，复印件共 8 页（下称对比文件 5）；

附件 10：对比文件 5 所使用部分的中午译文，共 1 页；

附件 11：Arch Ophthalmol，1993，vol. 111，1351～1358，复印件共 8 页（下称对比文件 6）；

附件 12：对比文件 6 所使用部分的中午译文，共 1 页；

附件13：British Journal of Ophthalmology，1995，vol. 79，3～4，复印件共2页（下称对比文件7）；

附件14：对比文件7所使用部分的中午译文，共1页；

附件15：EP0603800A1，公开日为1994年6月29日，共10页（下称对比文件8）；

附件16：对比文件8所使用部分的中午译文，共4页；

附件17：Journal of Lipid Mediator，1993（6），545～553，复印件共9页（下称参考文献1）；

附件18：参考文献1所使用部分的中午译文，共1页；

附件19：本专利实质审查过程中的审查意见通知书，复印件共42页；

附件20：欧洲专利局的审查意见，复印件共47页；

附件21：第98807045.6号中国发明专利授权文本（即本专利），共31页。

请求人认为，（1）权利要求1～2的技术方案已在本专利优先权日之前公开的对比文件1～8的任意一篇中被公开，权利要求1～2不具备新颖性；（2）权利要求1～2所要求保护的化合物相对对比文件1～8公开的化合物不具有创造性；（3）权利要求3相对于对比文件4不具备新颖性和创造性；（4）权利要求4相对于对比文件1不具备创造性；（5）权利要求5相对于对比文件1或4不具备创造性；（6）权利要求1～6要达到的技术效果缺乏实验数据支持，说明书也没有提供其他构型和含有其他卤素的化合物的制备方法和治疗效果的实验数据，因此权利要求1～6得不到说明书的支持，不符合专利法第26条第4款的规定；（7）权利要求1～3并不是对产品、方法或者其改进所提出的新的技术方案，不符合专利法实施细则第2条第1款的规定；（8）作为EP1前列腺素类受体的选择性兴奋剂的前列腺素类似物最多只能部分地减少色素的产生，而这对于从美容角度考虑解决患者的虹膜色素沉着并无实际意义，此外，由于亚洲人的虹膜均较深，即使在治疗过程中会产生一定量的色素沉着，也很难观察到虹膜颜色的改变，也就不会产生明显的不美观的现象，因此权利要求1不具备专利法第22条第4款规定的实用性；（9）权利要求1～3所要求保护的化合物，并不都能实现该发明目的，因而缺少必要技术特征，不符合专利法实施细则第21条第2款的规定；（10）权利要求1～6中记载了"所述药剂没有增加作为副作用的色素产生，或者显著减少作为副作用的色素产生"，其中"或者显著减少作为副作用的色素产生"这一表述是不清楚的，不符合专利法实施细则第20条第1款的规定；（11）权利要求6附加技术特征属于疾病的治疗方法，因此，不符合专利法第25条第3款的规定；（12）本专利说明书缺乏证明权利要求技术方案能达到所述效果的实验数据，本领域普通技术人员根据说明书和权利要求书记载的内容无法预期权利要求1的技术方案能够实现发明目的，因此说明书没有对发明作出清楚、完整的说明，不符合专利法第26条第3款的规定。因此，请求宣告本专利权利要求1～6全部无效。

经形式审查合格后，专利复审委员会受理了上述请求，于2005年11月17日向双方当事人发出《无效宣告请求受理通知书》，并将《专利权无效宣告请求书》及其他有关文件的副本转送给专利权人，要求其在指定的期限内答复，同时成立合议组对本无效请求案进行审理。

专利复审委员会于2006年7月27日向请求人发出《外文证据处理通知书》，要求其提交附件20的中文译文。

请求人于2006年8月28日提交了意见陈述书和如下附件（连续编号）：

附件22：译文说明，共1页；

附件23：附件20所使用部分的中文译文，共13页；

附件24：附件18的替换页。

2006年9月4日，本案合议组向双方当事人发出口头审理通知书，告知本案合议组拟定于2006

年11月15日对本无效请求案进行口头审理。

2006年11月15日，口头审理如期进行，专利权人没有参加口头审理。在口头审理过程中，请求人当庭出示了对比文件2～7和参考文献1的公证认证文件的原件，并明确表示放弃本专利不符合专利法第22条第4款、专利法实施细则第2条第1款、第21条第2款的无效理由，重申了《专利权无效宣告请求书》中的其他无效理由，请求宣告本专利无效。

2006年11月22日，请求人提交了意见陈述书，对其口头审理中陈述的意见进行了书面总结。2006年12月5日，本案合议组将其转送给专利权人，要求其在收到之日起7日内答复，并告知期满未答复的，视为已得知转送文件中所涉及的事实、理由和证据，并且未提出反对意见。

专利权人未提交意见陈述书。

至此，合议组认为本案的事实清楚，可以作出审查决定。

**二、决定的理由**

1. 无效宣告请求的理由和范围

本无效宣告请求案中，由于请求人在口头审理中明确表示放弃本专利不符合专利法第22条第4款、专利法实施细则第2条第1款、第21条第2款的无效理由，因此请求人的无效宣告理由和范围是：以权利要求6属于疾病的治疗和诊断方法，从而不符合专利法第25条的规定为由宣告其无效；以本专利不符合专利法第26条第3款为由，要求宣告权利要求1～6无效；以不符合专利法实施细则第20条第1款为由，要求宣告权利要求1～6无效；以不符合专利法第26条第4款为由，要求宣告权利要求1～6无效；以不符合专利法第22条第2款为由，请求宣告权利要求1～3无效；以不符合专利法第22条第3款为由，要求宣告权利要求1～5无效。

2. 关于专利法第26条第3款

专利法第26条第3款规定：说明书应当对发明或者实用新型作出清楚、完整的说明，以所属技术领域的技术人员能够实现为准。

所属技术领域的技术人员能够实现，是指所属技术领域的技术人员按照说明书记载的内容，就能够实现该发明或者实用新型的技术方案，解决其技术问题，并且产生预期的技术效果。如果说明书中给出了具体的技术方案，但未提供实验证据，而该方案又必须依赖实验结果加以证实才能成立，则该发明将由于缺乏解决技术问题的技术手段而被认为无法实现。

本发明专利涉及应用前列腺素类似物或衍生物治疗青光眼和眼压力过高的方法，本发明所要解决的技术问题是寻找一类前列腺素类似物，它们既能有效地治疗青光眼和眼压力过高，又能显著减少色素产生。说明书中给出的技术方案是应用权利要求1～6中所述的前列腺素类似物，用于治疗青光眼和眼压力过高。

要达到本发明欲达到的技术效果，解决其欲解决的技术问题，说明书中需要表明，权利要求1～6中所述的前列腺素类似物同时具备了以下性能：（1）不增加色素产生或显著减少色素产生（即安全性）；（2）降低眼内压力（即活性）。

（1）说明书中就安全性问题公开了以下内容：

说明书第11～13页：人虹膜黑素细胞中前列腺素受体的离体鉴定，结果见表III，从中仅能得出结论：在其实验的RT-PCR人虹膜黑素细胞中，不能证实（人虹膜黑素细胞中前列腺素）EP1和TP受体的存在。但是上述结论并不能必然推导出其实验所用前列腺素类似物不会在人的虹膜引发色素沉着，因为并没有现有技术证实只要人虹膜黑素细胞中不表达EP1和TP受体，施用EP1选择性兴奋剂就不会增加色素产生或显著减少色素产生，本专利说明书中也没有证明这一点。说明书中虽然给出了“从相关的体外研究中总结出，这种色素沉着的增多不会在黑素细胞的细胞膜中不存在特异性信号发放受体的情况下出现”（参见说明书第5页第3行）的结论，但是缺少实验证据加以证实，而且体外实验的结论也未必在人体内一定适用。说明书中也承认“目前没有临床证据表明这些选择性EP1兴奋剂不会引起虹膜色素沉着的增多”（参见说明书第7页最后一行）。

因此，即便人虹膜黑素细胞不表达EP1和TP受体，也不能证实本专利的前列腺素类似物在人体的使用不会引发眼部色素产生或显著减少色素产生，这需要进一步的实验进行验证。

因此本专利说明书并没有给出充分的实验证据证明权利要求1~6中所述的前列腺素类似物不增加色素产生或显著减少色素产生，说明书仅给出了一种模型或者推论，并没有给出直接实验证据。

（2）说明书中就活性问题公开了以下内容：

①说明书第7页倒数6~8行：研究了数种相对选择性的EP1兴奋剂的降眼压效果，观察到有效降低猫和猴的眼内压力。但此处并没有说明所述“相对选择性的EP1兴奋剂”究竟是哪些物质（结构、分子式等），说明书也未提供任何实验证据以证明，所采用的实验化合物（2）、（4）、（6）、（7）是EP1受体的相对选择性兴奋剂，因此，上述“研究了数种相对选择性的EP1兴奋剂的降眼压效果”的说法没有具体实验证据（实施例）支持，从而无法验证。

②说明书第24~26页：降压活性实验，表Ⅳ记载了化合物（2）、（4）、（6）、（7）对猫的眼内压力降低效果，表Ⅴ记载了化合物（2）（4）（6）对猴的眼内压力降低效果。

说明书欲通过证明化合物（1）、（3）、（5）、（7）为EP1受体的选择性兴奋剂，化合物（2）、（4）、（6）、（7）具有降眼压活性，来证明权利要求1~6中所述通式化合物具有治疗青光眼和眼压力过高而不引发色素沉着的作用，但是说明书中给出的上述两组化合物的实验明显不匹配，既没有证明化合物（1）、（3）、（5）、（7）具有降眼压活性，也没有证明化合物（2）、（4）、（6）、（7）为EP1受体的选择性兴奋剂。因此，本发明并没有证明权利要求1~6中所述通式化合物既是EP1受体的选择性兴奋剂，又能降低眼压。

因此，所属领域的技术人员根据说明书的记载和现有技术知识，无法合理地得出本发明的前列腺素类似物或衍生物具有“既能有效地治疗青光眼和眼压力过高，又能显著减少色素产生”的作用的结论，也无法确定本发明在申请日前已经确定地完成而不仅仅是一种主观臆测。合议组认为，一项已经完成的发明不仅要有确定的技术方案，而且还要有确定的或者所属领域技术人员能够合理预期的有益技术效果；而对于有益技术效果的说明，既可以通过对发明技术方案的理论分析加以阐明，说明其产生有益技术效果的机理、原理，也可以通过列出实验证据的方式予以说明，但不得只断言发明具有某种有益技术效果。当发明的技术效果根据其性质无法由现有技术的理论合理预测时，实验证据的证明对于确定技术效果从而证明发明已经在申请日前完成变得必不可少。如果说明书没有公开任何实验效果数据，那么本领域技术人员有理由怀疑本申请的技术效果并非建立在真实的科学实验基础上，而仅仅是一种推测或虚构。因此，本发明属于审查指南第二部分第二章第2.1.3节规定的说明书不符合专利法第26条第3款之规定的第5种情况：说明书中给出了具体的技术方案，但未提供实验证据，而该方案又必须依赖实验结果加以证实才能成立。即本专利说明书缺乏支持技术方案达到所述技术效果的实验数据证明，本专利不符合专利法第26条第3款的规定。

由于本专利说明书不符合专利法第26条第3款，其未充分公开的内容涉及权利要求1~6要求保护的技术方案，权利要求1~6应被宣告无效，所以合议组对请求人提出的其他无效理由不再进行评述。

基于以上理由，合议组作出如下决定。

## 三、决定

宣告98807045.6号发明专利权全部无效。

当事人对本决定不服的，可以根据专利法第46条第2款的规定，自收到本决定之日起三个月内向北京市第一中级人民法院起诉。根据该款规定，一方当事人起诉后，另一方当事人应当作为第三人参加诉讼。

010

# 一种用于治疗鼻渊的中成药

## 无效宣告请求审查决定（第9833号）

**决　定　号**　第9833号
**决　定　日**　2007年5月28日
**发明创造名称**　一种用于治疗鼻渊的中成药
**国 际 分 类 号**　A61K 36/575，A61K 133/00，A61K 36/536，A61K 131/00，A61K 36/52，A61K 36/484，A61K 125/00，A61K 36/481，A61K 36/28，A61K 36/238，A61K 36/236，A61K 36/232，A61P 11/02
**无效宣告请求人**　陕西香菊制药有限责任公司
**专　利　权　人**　咸阳步长医药科技发展有限公司
**专　利　号**　02114696.9
**申　请　日**　2002年7月25日
**授权公告日**　2006年5月3日
**合议组组长**　程　强
**主　审　员**　任　怡
**参　审　员**　许　磊

**法 律 依 据**　专利法第22条第2款
**决 定 要 点**

当事人对自己提出的无效宣告请求所依据的事实或者反驳对方无效宣告请求所依据的事实有责任提供证据加以证明。没有证据或者证据不足以证明当事人的事实主张的，由负有举证责任的当事人承担不利后果。

### 一、案由

本无效宣告请求案涉及国家知识产权局于2006年5月3日公告授予的、名称为“一种用于治疗鼻渊的中成药”的02114696.9号发明专利权（下称本专利），其申请日为2002年7月25日，专利权人为咸阳步长医药科技发展有限公司。本专利授权公告的权利要求如下：

“1. 一种用于治疗鼻渊的中成药，其特征在于制得药物有效成分的原料药材的组成按重量比例为：化香树果序25～2000个重量单位、夏枯草100～2000个重量单位、野菊花25～1000个重量单位、黄芪50～1500个重量单位、辛荑50～2000个重量单位、防风80～900个重量单位、白芷100～1000个重量单位、甘草30～1000个重量单位、川芎60～1000个重量单位。”

针对上述专利权，陕西香菊制药有限责任公司（下称请求人）于2006年6月7日向专利复审委员会提出无效宣告请求，认为本专利不符合专利法第22条第1款、第2款的规定。请求人同时提交了下列证据：

证据1：国家药品监督管理局颁布的第 $WS_3$-15（X-06）-98（Z）号“香菊片”的国家标准，复印件共3页；

证据2：陕西省卫生厅（86）陕卫药函46号文件，复印件共1页；

证据3：中国人民共和国卫生部颁发的第（88）Z-12号新药生产申请批件，其中含附件中国人民共和国卫生部颁布的第 WS3-15（X-06）-88号“香菊片”的部标准（试行），复印件共3页；

证据4：国家药品监督管理局颁布的第（1998）国药标字Z-58号“香菊片”的国家标准（新药试行标准转正式标准）颁布件，复印件共1页；

证据5：国家药品监督管理局颁布的（99）国药中保字第320号“香菊片”的国家中药保护品种审批件和国家药品监督管理局颁布的（99）国药中保证字第228号中药保护品种证书，复印件共2页；

证据6：国家食品药品监督管理局颁发的第0174248号药品注册证，复印件共1页；

证据7：陕西省卫生厅的陕卫药政函字（1999）第075号文件，复印件共1页；

证据8：国家药品监督管理局颁发的D1278号药品 GMP 证书，复印件共1页；

证据9：陕西省药学会和中国西部首届药品临床应用评价暨展示会颁发的“推荐使用药品证书”，复印件共1页；

证据10：陕西省人民政府颁发的第610020032号陕西省名牌产品证书，复印件共1页。

依据上述证据，请求人认为：证据1是国家药品监督管理局颁布的第 $WS_3$-15（X-06）-98（Z）号名称为“香菊片”的国家标准，其中公开了与权利要求1组成完全相同的处方，权利要求1相对于证据1不具备新颖性。

经形式审查合格后，专利复审委员会受理了上述请求，于2006年8月1日向双方当事人发出《无效宣告请求受理通知书》，并将《专利权无效宣告请求书》及其附件清单中所列文件的副本转送给专利权人，要求其在指定的期限内答复，同时成立合议组对本无效宣告请求案进行审理。

专利权人于2006年9月5日提交了意见陈述和以下反证：

反证1：因特网查询的卫生部药政管理局于1993年3月31日发布的“卫生部药政管理局关于中药新药质量标准发布事由（卫药政发（93）第137号）”的下载网页，共1页；

反证2：《药品标准》，新药转正标准第16～26册，国家药典委员会编，封面页、前言页和第416～418页，复印件共5页；

反证3：北京市高级人民法院行政判决书（2006）高行终字第262号和北京市高级人民法院行政裁定书（2006）高行终字第262号，复印件共13页。

依据上述反证，专利权人认为：在请求人所提交的证据中，证据2、4～7未记载任何与本案有关的技术内容，仅证据1和3记载了技术内容，但根据相关行政规定，国际药品监督管理局颁布的“香菊片”国家标准有两种格式，其中记载了产品处方和制法的标准仅针对特定人群，不对公众公开，并非处于专利法意义上的公开状态。处于专利法意义上公开状态的国家药品监督管理局第 WS3-15（X-06）-98（Z）号国家标准记载于国家食品药品监督管理局国家药品标准新药转正标准第20册第416～418页（反证2）中，该药品标准中并未记载全部药品处方内容。反证2表明证据1在申请日前尚未处于专利法意义上公开的状态。反证3也表明与证据1性质相同的国家标准未处于公开状态。因此，证据1不能用于评价本专利的新颖性。

2007年3月1日，本案合议组向双方当事人发出《无效宣告请求口头审理通知书》，定于2007年4月13日对该专利权的无效请求进行口头审理。同时，专利复审委员会本案合议组将专利权人于2006年9月5日提交的意见陈述书及其附件清单所列文件的副本转送给请求人，要求其在口头审理时一并答复。

2007年4月13日，口头审理如期进行，双方当事人均出席了口头审理。在口头审理中，双方对对方人员的身份和资格无异议，对合议组成员无回避请求；请求人放弃本专利不符合专利法第22条第1款的无效理由；请求人当庭未能提供证据1~10的原件，专利权人对证据1~10的真实性表示质疑，认为其真实性无法核实，不能作为无效的证据。

至此，合议组认为本案的事实清楚，可以作出审查决定。

**二、决定的理由**

1. 关于无效的理由和证据

鉴于无效宣告请求人放弃权利要求1不符合专利法第22条第1款的无效理由，因此，本案合议组确认本无效宣告请求的无效理由是专利法第22条第2款。

证据1~10是国家药品标准、证书或批文等，请求人未能提供这些文件的原件，专利权人对其真实性有异议，因此合议组对证据1~10的真实性不予认定。

2. 关于专利法第22条第2款

专利法第22条第2款规定：新颖性，是指在申请日以前没有同样的发明或者实用新型在国内外出版物上公开发表过、在国内公开使用过或者以其他方式为公众所知，也没有同样的发明或者实用新型由他人向专利局提出过申请并且记载在申请日以后（含申请日）公布的专利申请文件中。

当事人对自己提出的无效宣告请求所依据的事实或者反驳对方无效宣告请求所依据的事实有责任提供证据加以证明。没有证据或者证据不足以证明当事人的事实主张的，由负有举证责任的当事人承担不利后果。

本案中，鉴于证据1~10的真实性得不到确认而不予考虑，由于请求人没有提供有效的证据来证明申请日以前有同样的发明或者实用新型在国内外出版物上公开发表过、在国内公开使用过或者以其他方式为公众所知，或有同样的发明或者实用新型由他人向专利局提出过申请并且记载在申请日以后（含申请日）公布的专利申请文件中。因此，请求人认为本专利不具有新颖性的理由不能成立。

基于以上事实和理由，本案合议组作出如下审查决定。

**三、决定**

维持02114696.9号发明专利权有效。

当事人对本决定不服的，可以根据专利法第46条第2款的规定，自收到本决定之日起三个月内向北京市第一中级人民法院起诉。根据该款的规定，一方当事人起诉后，另一方当事人应当作为第三人参加诉讼。

011

# 检测细菌的方法

## 无效宣告请求审查决定（第9840号）

决　　定　　号　第9840号
决　　定　　日　2007年4月30日
发明创造名称　检测细菌的方法
国 际 分 类 号　C12Q 1/04，C12Q 1/06，C12Q 1/10，C12N 15/03
无效宣告请求人　上海市肺科医院
专　利　权　人　生物技术实验室有限公司
专　　利　　号　96199949.7
优　先　权　日　1995年12月15日
申　　请　　日　1996年12月16日
授 权 公 告 日　2003年5月28日
合 议 组 组 长　李人久
主　　审　　员　郭　婷
参　　审　　员　李金光

法　律　依　据　专利法第22条第3款
决　定　要　点

在判断要求保护的发明相对于现有技术是否显而易见时，首先确定最接近的现有技术，然后确定发明与最接近现有技术的区别特征和发明实际解决的技术问题，若包含该最接近现有技术的对比文件中的其他部分和其他对比文件均未给出将该区别特征应用于最接近的现有技术以解决本发明所要解决的技术问题的启示，该区别特征也不是公知常识，则该要求保护的发明是非显而易见的，具备突出的实质性特点。

### 一、案由

本无效宣告请求案涉及国家知识产权局于2003年5月28日授权公告的、名称为“检测细菌的方法”的96199949.7号发明专利（下称本专利），其优先权日为1995年12月15日，申请日为1996年12月16日，专利权人为生物技术实验室有限公司。本专利授权公告的权利要求书内容如下：

“1. 一种缩短第一细菌分析的反应时间的方法，其特征在于：

a. 用第一细菌允许的噬菌体颗粒感染所述第一细菌；

b. 处理该感染的第一细菌以灭活外源噬菌体颗粒；

c. 在一种第二细菌存在下培养该处理的细菌，第二细菌对所述噬菌体或其复制体是允许的，并且它的倍增速率大于第一细菌的有效倍增速率；以及

d. 评价噬菌斑形成的程度和/或在培养的第二细菌细胞中的第二细菌生长的程度。

2. 权利要求1中要求保护的方法，其特征在于，它提供一种在一个样品中检测第一细菌存在的方法，该方法包括下列步骤：

a. 用一种对第一细菌特异性的噬菌体感染第一细菌细胞的活样品，从而至少某些细菌细胞每个吸收一个或多个噬菌体颗粒；

b. 灭活或除去尚未被细菌细胞吸收的噬菌体颗粒；

c. 在含至少一种其他第二细菌的培养基中培养被感染的第一细菌细胞，第二细菌的倍增速率大于所述第一细菌的有效倍增速率，从而至少某些所述第二细菌细胞被由所述感染的第一细菌细胞的裂解而释放的噬菌体颗粒感染，每个所述被感染的细菌细胞作为感染循环后代的进一步的感染源；以及

d. 或者监测噬菌体颗粒的群体和/或者监测在步骤c中所述第二细菌减缓的生长，以确定在该测试样品中所述第一细菌细胞的存在。

3. 权利要求1中要求保护的方法，其特征在于，它提供一种方法，该方法通过评价噬菌体在细菌细胞中的复制能力等，评估病毒调节剂组合物或杀病毒组合物对噬菌体颗粒的效力，该方法包含用该组合物处理噬菌体颗粒的步骤和以下步骤：

a. 用这些处理的噬菌体颗粒感染允许该活噬菌体的第一细菌；

b. 灭活对被感染的第一细菌细胞为外源的噬菌体颗粒；

c. 在一种第二细菌存在下培养该灭活的细胞，第二细菌的倍增速率大于第一细菌的有效倍增速率；以及

d. 评价噬菌斑形成的程度和/或在培养的第二细菌细胞中的第二细菌生长的程度。

4. 权利要求1中要求保护的方法，其特征在于它提供评价处理细菌的效果的方法，该方法包含：

i. 将细菌暴露于该处理；然后

ii. 通过以下步骤评价保留在该细菌样品中的活细菌细胞数：

a. 用该细菌允许的噬菌体感染该处理的细菌样品；

b. 灭活该感染的样品中的外源噬菌体颗粒；

c. 在一种第二细菌存在下培养该灭活的样品，其中第二细菌的倍增速率大于第一细菌的有效倍增速率；以及

d. 评价噬菌斑形成的程度和/或第二细菌生长的程度。

5. 权利要求1~4的任何一项中要求保护的方法，其特征在于第一细菌在37℃含90%v/v称为7H9的培养基和10%v/v称为OADC的营养物的培养基中的有效倍增速率大于10小时。

6. 权利要求1~4的任何一项中要求保护的方法，其特征在于第二细菌的倍增速率至少为第一细菌的有效倍增速率2倍。

7. 权利要求1~4的任何一项中要求保护的方法，其特征在于第二细菌的倍增速率比第一细菌的有效倍增速率大4~10倍。

8. 权利要求7中要求保护的方法，其特征在于第一细菌是分支杆菌或军团杆菌。

9. 权利要求8中要求保护的方法，其特征在于第一细菌是结核分支杆菌或鸟型结核分支杆菌。

10. 权利要求8中要求保护的方法，其特征在于第二细菌是包皮垢分支杆菌或金分支杆菌。

11. 权利要求1~4的任何一项中要求保护的方法，其特征在于第一细菌的有效倍增速率为2~10小时。

12. 权利要求 1～4 的任何一项中要求保护的方法，其特征在于用这些噬菌体颗粒感染第一细菌是在至多 55℃的温度进行 10 分钟至 4 小时。

13. 权利要求 1～4 的任何一项中要求保护的方法，其特征在于噬菌体是 AG1、B1、BG1、BK1、C3、D29、D34、D56A、GS4E、HP1、L1、I3 或 TM4。

14. 权利要求 1～4 的任何一项中要求保护的方法，其特征在于第一细菌是结核分支杆菌或鸟型结核分支杆菌，第二细菌是包皮垢分支杆菌，噬菌体是 D29 或 TM4。

15. 权利要求 1～4 的任何一项中要求保护的方法，其特征在于步骤 b 中通过以下方法灭活外源噬菌体颗粒：

i. 洗涤和过滤该感染的细菌材料，以从该感染的第一细菌细胞中分离外源噬菌体颗粒；或

ii. 用杀病毒剂、酸或表面活性剂处理该感染的第一细菌材料，以杀死外源噬菌体颗粒或使外源噬菌体颗粒灭活；和/或

iii. 将外源噬菌体颗粒从第一细菌材料优先吸收到一个从细菌细胞分离的基质上。

16. 权利要求 1～4 的任何一项中要求保护的方法，其特征在于在步骤 c 中提供最初量的第二细菌，以便在待培养的感染的第一细菌和第二细菌的混合物中提供的第二细菌为第一细菌细胞数目的 2～50 倍。

17. 权利要求 1～4 的任何一项中要求保护的方法，其特征在于将该方法的培养步骤 c 大致进行至稳定状态，该状态下进一步的细菌细胞生长和裂解基本停止。

18. 用于权利要求 1～5 的方法中的诊断试剂盒，其用于检测样品中第一细菌的存在或不存在，其特征在于该试剂盒包含：

i. 用于第一细菌的已知噬菌体感染源；

ii. 一种活的第二细菌源，第二细菌的倍增速率大于第一细菌的倍增速率，并且它对将从被所述噬菌体感染的第一细菌中释放的噬菌体颗粒是允许的。

19. 权利要求 18 中要求保护的诊断试剂盒，其特征在于它也包含用于灭活和/或除去被所述噬菌体感染源感染的第一细菌中的外源噬菌体颗粒的工具。”

针对上述专利权，上海市肺科医院（下称请求人）于 2006 年 2 月 10 日向专利复审委员会提出无效宣告请求，认为本专利权利要求 1～5 不符合专利法第 22 条第 1 款、第 2 款、第 3 款的规定，权利要求 6～19 不符合专利法第 22 条第 1 款、第 3 款的规定，并提交了下述附件作为证据：

附件 1：“Bacteriophage active against virulent mycobacterium tuberculosis. I. Isolation and activity”, Seymour Froman et al., Am. J. Public Health, 1954, 44：1326～1333. 外文复印件共 4 页；

附件 2：“Quantitative studies on some mycobacterial phage-host systems”, B. U. BOWMAN, J. Bacteriol., 1958, Vol. 76：52～62. 外文复印件共 11 页；

附件 3：“Mycobacteriophage”, MARGRET I. SELLERS 和 H. RICHARD RUNNALS, J Bacteriol. 1961, 81（3）：442～447. 外文复印件共 6 页；

附件 4：“Infection of mycobacterium smegmatis with D29 phage DNA”, TOHRU TOKUNAGA et al., J Exp. Med., 1964, 119：139～149. 外文复印件共 11 页；

附件 5：“World health organization studies on bacteriophage typing of mycobacteria”, T. A. RADO et al., American review of respiratory disease, 1975, 111：459～468. 外文复印件共 10 页；

附件 6：“Adsorption and growth of the bacteriophage D29 in selected mycobacteria”, H. L. David et al., Ann. Virol. (Inst. Pasteur), 1980, 131E, 167～184. 外文复印件共 17 页；

附件 7：“Near on-line detection of enteric bacteria using lux recombinant bacteriophage”, Kodikara CP et al.，FEMS Microbiol Letts. 1991，67（3）：261～265 外文摘要复印件共1页；

附件8："Rapid assessment of drug susceptibilities of mycobacterium tuberculosis by means of luciferase reporter phages"，William R. Jacobs et al.，Science，1993，260：819～822. 外文复印件共4页；

附件9：卫生部文件-卫药发（91）第22号关于批复生物制品国家标准品的函，复印件共3页；

附件10："结核分支杆菌噬菌体分型在北京地区的应用"，潘欣等，中国防痨杂志1991，13（4）：171～173. 复印件共3页；

附件11：WO 92/02633 A1，公开日：1992年2月20日，原文及中文译文。

请求人认为用噬菌体感染细菌的检测方法报道在国外由来已久（见附件1～8），在国内也同样早有报道（见附件9～10），而且用噬菌体感染细菌的检测方法已有国际专利申请在前（附件11）。综上所述，本专利不具备专利法所规定的新颖性；且在已知技术的教导下，结合本领域公知常识，得到本专利的技术方案及其技术效果，对本领域技术人员来说是显而易见的，故本专利不具备专利法所规定的创造性。

应专利复审委员会于2006年3月30日发出的《外文证据处理通知书》的要求，请求人于2006年5月10日提交了附件1～8所使用部分的中文译文共38页。

经形式审查合格后，专利复审委员会受理了上述请求，于2006年6月9日向双方当事人发出《无效宣告请求受理通知书》，并将《专利权无效宣告请求书》及其所附附件的副本转送给专利权人，要求其在指定的期限内答复，同时成立合议组对本无效宣告请求案进行审理。

专利权人于2006年7月24日作出答复，其在意见陈述书中指出：（1）请求人给出的附件1～10只代表本专利的技术背景，它们与本专利的具体区别在于：①在本发明专利的方法中，第一种细菌并不用于噬菌体的最后检测，因此它不需要以形成融合生长区所需的高密度存在；②本发明专利的方法中包含一个在释出后代噬菌体前，先使体系中的噬菌体失活或除去体系中的噬菌体的步骤；③本发明专利使用了第二种细菌来繁殖第一种细菌释出的后代噬菌体，其中所述第二种细菌的生长速率高于第一种细菌。综上所述，由于请求人引用的附件1～10都没有公开对受噬菌体感染的细菌进行处理使外源性噬菌体颗粒失活，以及在有效倍增速率高于第一种细菌的第二种细菌的存在下培养受感染细菌，因此，本专利权利要求1～19都具备专利法第22条第2款规定的新颖性。此外，不论单独或组合考虑请求人引用的附件1～10，它们都没有教导或暗示如本发明这样改进现有技术中已知的噬菌斑检测方法，以缩短检测杆菌中的反应时间，因此本专利权利要求1～19也都具备专利法第22条第3款规定的创造性。（2）附件11已经在本专利说明书中被引用，本发明专利方法与附件11记载的方法的不同之处在于本发明的方法使用了倍增速率远高于要检测的第一种细菌的第二种细菌。附件11没有公开或暗示要求第二种细菌的倍增速率高于第一种细菌，这一点对本领域的普通技术人员来说不是显而易见的。噬菌体的宿主细菌通常仅限于特殊和狭小的范围，正常情况下仅限于彼此关系非常密切的菌株，例如同属于一个种的菌株，因此，对于本领域的普通技术人员来说，使用生长快速的菌株来繁殖慢速生长的菌株释出的噬菌体并不是显而易见的。由此可见，本专利和附件11相比是具备新颖性和创造性的。

2007年1月18日，本案合议组向双方当事人发出《无效宣告请求口头审理通知书》，拟定于2007年3月22日对本专利权的无效宣告请求进行口头审理，同时将专利权人于2006年7月24日提交的意见陈述书副本转给请求人，要求其在口头审理时对该意见一并答复。

2007年3月22日，口头审理如期进行，双方当事人均委托代理人参加了口头审理。双方对合议组成员均无回避请求，对对方出庭人员的身份也均无异议。庭审过程中，请求人放弃本专利不符合专利法第22条第1款和第2款的无效理由，放弃附件1～5、7～9，提交了附件6、10～11的盖有"中国科学院上海生命科学研究院上海图书馆生命科学图书馆”红章的复印件。专利权人对附件 6、10 ~ 11 的真实性、公开性无异议，对附件 6 的译文准确性无异议。对附件 11 的译文，双方一致确认该译文第 3 页第 7 段开头所述的“在以基因改造为基础的系统中用噬菌体来检测细菌。进行基因改造的是噬菌体”应该修改为“在以基因改造为基础的系统中用噬菌体来检测细菌，一直以来进行基因改造的是噬菌体”。专利权人对附件 11 其他部分的译文无异议。请求人明确其无效宣告理由为权利要求 1 ~ 4、6 ~ 15、17 ~ 19 相对于附件 11 和附件 6 的结合或附件 11、附件 6 与公知常识的结合，权利要求 5 相对于附件 11、附件 6 和附件 10 的结合，权利要求 16 相对于附件 11、附件 6 和本专利说明书第 9 页第 2 段记载内容的结合不具备专利法第 22 条第 3 款规定的创造性。请求人认定附件 11 公开了最接近的现有技术。请求人未提交公知常识性证据。专利权人认为无效宣告请求书中没有提及对比文件的结合，因此对于附件 11 和附件 6 以及附件 11、附件 6 和附件 10 的这些新的证据组合方式超出了专利法实施细则第 66 条规定的期限，合议组应当不予接受。

2007 年 3 月 28 日，专利权人提交了补充意见陈述，其中指出：(1) 请求人在无效宣告请求书中完全没有提及附件的结合，应当视为所提交的附件都是单独使用，因此，在口头审理阶段提出附件 11 和附件 6 的结合属于提出了新的无效理由，应当不予受理。(2) 由于附件 11 要解决的技术问题与本发明不同，附件 11 教导的观察结果的方法令本领域技术人员完全偏离本发明，本领域技术人员在试图找到解决本发明要解决的技术问题的时候完全没有动机结合附件 11 和附件 6，若无结合动机而将附件 11 和 6 中公开的技术特征硬性拼凑是典型的“事后诸葛亮”。此外，即使本领域技术人员将附件 11 和 6 结合考虑也不能得到本发明的技术方案，因为附件 11 和 6 都没有公开使用倍增速率高于要检测的第一种细菌的第二种细菌这一技术特征。附件 6 只代表本专利的技术背景，它反映的是噬菌体与细菌的公知关系，其中提到的两种细菌都是检测细菌。然而，本专利中的两种细菌一种是倍增速率低的目标细菌，另一种是用于检测目标细菌的倍增速率高的检测细菌。附件 11 中的指示细菌与其要检测的目标细菌是同样的菌种，其中只是对其进行了基因改造以获得发出荧光的特性，与本专利方法中要求使用不同菌种不同。附件 11 也没有提及指示细菌的生长速度问题。

至此，合议组认为本案的事实清楚，可以作出审查决定。

**二、决定的理由**

1. 关于证据

(1) 专利权人认可附件 6、10 ~ 11 的真实性、公开性，因此，附件 6、10 ~ 11 可作为本案的现有技术，用于评价本专利的创造性。专利权人认可附件 6 的译文准确性，合议组对附件 6 的译文也予以确认。双方当事人在口头审理过程中确定了附件 11 的双方共同认可的中文译文，本决定对附件 11 的译文以双方一致认可的内容为准。

(2) 由于请求人放弃了附件 1 ~ 5、7 ~ 9，因此本决定对这些证据不再予以评述。

(3) 关于附件 11 和附件 6 结合使用以及附件 11、附件 6 和附件 10 结合使用的问题

本案中，请求人在口头审理时提出将附件 11 和附件 6 结合使用以及将附件 11、附件 6 和附件 10 结合使用来评价本专利的创造性，专利权人对此提出了异议。对此，合议组认为：本无效宣告请求的提出日为 2006 年 2 月 10 日，根据国家知识产权局令第三十八号，修订后的审查指南自 2006 年 7 月 1 日起施行，2001 年 10 月 18 日公布施行的审查指南同时废止，但根据《施行修订后审查指南的过渡办法》，对于在 2006 年 7 月 1 日之前提出的无效宣告请求，对其自无效宣告请求之日起一个月后提出的新理由、新证据的审查适用 2001 年 10 月 18 日公布的审查指南第四部分第三章第 3.1 节的规定。而 2001 年 10 月 18 日公布的审查指南规定，“对请求人在提出无效宣告请求之日起一个月后提出的需要新的证据支持的新的无效宣告理由和提交的用于证明在提出无效宣告请求之日起一个月内未举证主

张的具体事实的新证据，合议组不予考虑。”请求人在口头审理中提出的证据使用方式并不属于该规定中指明的合议组不予考虑的两种情况，此外，请求人在无效宣告请求书中的原话是“在已知技术的教导下，结合本领域公知常识，得到所述‘检测细菌的方法’其技术方案及其技术效果，对本领域技术人员来说是显而易见的，故，不具专利法所规定的创造性”，这其中也并未明示本无效宣告请求中所列的11份附件在评价创造性时都是单独使用的。因此，合议组对将附件11和附件6结合使用以及将附件11、附件6和附件10结合使用予以考虑。

2. 关于专利法第22条第3款

专利法第22条第3款规定：创造性，是指同申请日以前已有的技术相比，该发明有突出的实质性特点和显著的进步，该实用新型有实质性特点和进步。

根据该款规定，在判断要求保护的发明相对于现有技术是否显而易见时，首先确定最接近的现有技术，然后确定发明与最接近现有技术的区别特征和发明实际解决的技术问题，若包含该最接近现有技术的对比文件中的其他部分和其他对比文件均未给出将该区别特征应用于最接近的现有技术以解决本发明所要解决的技术问题的启示，该区别特征也不是公知常识，则该要求保护的发明是非显而易见的，具备突出的实质性特点。

(1) 本专利权利要求1要求保护一种缩短第一细菌分析的反应时间的方法。请求人在口头审理中明确附件11是与本专利最接近的现有技术文件。附件11公开了一种检测靶细菌的方法，其特征在于：将噬菌体加入到一个样本中，使其感染样本中的细菌；处理样本灭活细胞外的噬菌体，同时不影响已被噬菌体感染的细菌；扩增样本中保留的噬菌体；使噬菌体感染指示细菌，产生一种可观察的信号，以检测样本中目标细菌是否存在。指示细菌是经过基因改造插入了一种指示基因，该基因表达产生一种可检测的信号，当该细菌受到噬菌体感染后，可以启动该指示基因的表达（参见附件11的摘要及权利要求3~5）。

本专利权利要求1与附件11公开的技术方案相比，区别在于本专利权利要求1的方法中使用的第二细菌的倍增速率大于第一细菌。本专利权利要求1实际解决的技术问题是利用第二细菌（检测细菌）比第一细菌（目标细菌）的倍增速率快的特性来缩短分析第一细菌的反应时间。但附件11所要解决的技术问题与本专利不同，其所要解决的技术问题是对细菌进行基因改造，使其成为指示细菌，该指示细菌在受到噬菌体感染后会启动指示基因的表达，产生一种可检测的信号，从而可加快检测靶细菌是否存在。附件11的其他部分未公开指示细菌与目标细菌的倍增速率之间的关系，也未教导或暗示利用倍增速率差异的特性，即利用另一种倍增速率高于目标细菌的细菌来缩短分析目标细菌的时间。

附件6公开了D29噬菌体既可侵染耻垢分枝杆菌也可侵染结核分枝杆菌，这两种细菌都可作为常规指示菌，耻垢分支杆菌形成噬菌斑的时间比结核分支杆菌形成噬菌斑的时间短（参见附件6译文摘要部分及第3页第3段）。然而，附件6的全部内容并未公开或教导或暗示利用生长速度快的耻垢分支杆菌来检测结核分支杆菌。

由此可见，附件11中的其他部分和附件6均未给出将上述区别特征应用于最接近的现有技术以解决本发明所要解决的技术问题的启示，该区别特征也不是本领域公知常识，因此，本专利权利要求1相对于附件11与6的结合或附件11、6与公知常识的结合是非显而易见的，具备突出的实质性特点。此外，本发明方法与现有技术相比，不但缩短了分析第一细菌的反应时间，而且简单易行，因此，本发明也具有显著的进步。综上，本专利权利要求1具备突出的实质性特点和显著的进步，具备专利法第22条第3款规定的创造性。

(2) 在独立权利要求1的方法相对于附件11和附件6的结合或附件11、附件6和公知常识的结合具备创造性的情况下，其从属权利要求2～4、6～15、17以及包含了第一细菌以及倍增速率大于第一细菌的第二细菌的用于该方法的诊断试剂盒权利要求18～19相对于附件11和附件6的结合或附件11、附件6和公知常识的结合也具备专利法第22条第3款规定的创造性。

（3）权利要求5要求保护权利要求1～4的任何一项中要求保护的方法，其特征在于第一细菌在37℃含90％v/v称为7H9的培养基和10％v/v称为OADC的营养物的培养基中的有效倍增速率大于10小时。请求人认为权利要求5相对于附件11、附件6和附件10的结合不具备专利法第22条第3款规定的创造性。权利要求5与附件11公开的最接近的现有技术相比，区别特征除了权利要求5的附加技术特征以外，主要仍旧在于上述第（1）点所述的本专利方法中使用的第二细菌的倍增速率大于第一细菌。然而附件10只公开了7H9培养基和OAA培养基，而仍未公开指示细菌与目标细菌的倍增速率之间的关系，也未教导或暗示通过利用倍增速率差异的特性，即利用另一种倍增速率高于目标细菌的细菌来缩短分析目标细菌的时间。因此，同上述第（1）点的理由，权利要求5相对于附件11、附件6和附件10的结合也具备专利法第22条第3款规定的创造性。

（4）权利要求16要求保护权利要求1～4的任何一项中要求保护的方法，其特征在于在步骤c中提供最初量的第二细菌，以便在待培养的感染的第一细菌和第二细菌的混合物中提供的第二细菌为第一细菌细胞数目的2～50倍。请求人认为权利要求16相对于附件11、附件6和本专利说明书第9页第2段的记载的结合不具备专利法第22条第3款规定的创造性。权利要求16与附件11公开的最接近的现有技术相比，区别特征除了权利要求16的附加技术特征以外，主要仍旧在于上述第（1）点所述的本专利方法中使用的第二细菌的倍增速率大于第一细菌。然而本专利说明书第9页第2段仅记载了“通过简单实验和误差试验可容易地确定第一细菌细胞与第二细菌细胞的最佳比例”，该内容与“第二细菌的倍增速率大于第一细菌”这一区别特征无关。因此，同上述第（1）点的理由，权利要求16相对于附件11、附件6和本专利说明书第9页第2段的记载的结合也具备专利法第22条第3款规定的创造性。

基于以上事实和理由，本案合议组作出如下审查决定。

## 三、决定

维持96199949.7号发明专利权有效。

当事人对本决定不服的，可以根据专利法第46条第2款的规定，自收到本决定之日起三个月内向北京市第一中级人民法院起诉。根据该款的规定，一方当事人起诉后，另一方当事人应当作为第三人参加诉讼。

012

# 一种旋转接头

## 无效宣告请求审查决定（第9841号）

决　　定　　号　第9841号
决　　定　　日　2007年5月24日
发明创造名称　一种旋转接头
国 际 分 类 号　F16L 27/00
无效宣告请求人　上海金旋旋转接头制造有限公司
专　利　权　人　凯登约翰逊（无锡）技术有限公司
专　　利　　号　02264368.0
申　　请　　日　2002年9月12日
授 权 公 告 日　2003年10月8日
合 议 组 组 长　李人久
主　　审　　员　许　磊
参　　审　　员　吴通义

法　律　依　据　专利法第5条、第26条第3款、第22条第2款、第3款，专利法实施细则第2条第2款

决　定　要　点

如果权利要求所要保护的技术方案与现有技术的差别是所属领域技术人员基于常规知识容易想到的，并且所要保护的技术方案的效果是本领域普通技术人员可以预期的，则该权利要求不具有创造性。

### 一、案由

本无效宣告请求案涉及国家知识产权局于2003年10月8日公告授权公告的、名称为“一种旋转接头”的02264368.0号实用新型专利权（下称本专利），其申请日为2002年9月12日。2006年6月22日，专利权人由约翰逊（无锡）技术有限公司变更为凯登约翰逊（无锡）技术有限公司。本专利授权公告的权利要求如下：

“1. 一种旋转接头，包括壳体（15），分别位于壳体（15），两侧的端盖（17）、底盖（2）和经螺栓（3）与底盖（2）连接的过渡法兰（1），其特征为壳体（15）和底盖（2）之间设有活塞机构和密封环（5），所说的活塞机构由外管（6）套装在外管（6）一端，并可沿外管（6）轴向滑动的外管导套（7），与壳体（15）右端面连接的外管导套固定法兰（8），与壳体（15）径向外伸法兰边

上的螺纹孔连接的弹簧导管（9），一端固定于外管导套固定法兰（8）上，另一端位于弹簧导管（9）内的轴肩螺钉（10），和套装在弹簧导管（9）外壁的弹簧（11）组成，外管（6）外壁与外管导套（7）内壁间设有O型圈（12），底盖（2）上有一与过渡法兰（1）中心孔同心的凹球面，该凹球面与密封环（5）的球面外壁相配合，壳体（15）的内腔依次与外管（6）、密封环（5）、底盖（2）及过渡法兰（1）的内孔相连通。

2. 按权利要求1所述的一种旋转接头，其特征为外管（6）的外伸法兰面上设有密封环磨损指示器（21）。

3. 按权利要求1所述的一种旋转接头，其特征为所述的密封环（5）为球面石墨密封环。”

针对上述专利权，上海金旋旋转接头制造有限公司（下称请求人）于2005年4月13日以权利要求1～3不符合专利法第5条、第22条第3款，权利要求1不符合专利法第22条第2款、权利要求2不符合专利法第26条第3款、权利要求3不符合专利法实施细则第2条第2款为由向专利复审委员会提出无效宣告请求，并提交了下述附件：

附件1：第91103998.8号中国发明专利申请公开说明书（公开日为1992年7月1日，复印件共10页）以及关于该专利的检索报告（原件共3页）；

附件2：约翰逊（无锡）技术有限公司关于旋转接头等产品的产品宣传资料，封面、封底、第1～32页，原件共36页以及相关页复印件共4页；

附件3：约翰逊（无锡）技术有限公司关于“约翰逊公司PTX型蒸汽接头和虹吸器系统”的产品宣传资料，原件共2页；

附件4：约翰逊（无锡）技术有限公司关于“PTX型旋转接头/悬臂式固定虹吸器的安装说明”的产品宣传资料，原件共2页；

附件5：约翰逊（无锡）技术有限公司孙卓杰致山东海天造纸机械有限公司的传真信函，复印件共5页；

附件6：《中国纸业大全》，中国轻工业出版社2001年9月第2版第1次印刷，原件以及相关页复印件6页；

附件6a：中国制浆造纸研究院出具的第201204020705372237号发票的原件及其复印件，共1页。

请求人认为：（1）专利权人在已知自己的申请属于社会公知技术的情况下仍然申请专利违反社会诚信公德，取得专利权后妨害公共利益，所以权利要求1～3不符合专利法第5条的规定；（2）附件1与本专利的区别仅在于附件1的方案中无明显对应本专利所述的弹簧导管9，但是其方案中的接管肩部94的轴向光孔96同样起着可容纳销子在其内滑动的作用，所以权利要求1～3不符合专利法第22条第3款的规定；（3）附件2～6构成的证据链证明在本专利申请日前已有与本专利主权项所述形状结构基本相同或者同样的形状结构在境内出版物以及该专利权人产品宣传材料上公开发表，因此权利要求1不符合专利法第22条第2款和第3款的规定；（4）说明书未对权利要求2中所述的密封环磨损指示器作出清楚完整的说明，不符合专利法第26条第3款的规定，如果指示器是本领域公知的，则权利要求2没有创造性；（5）权利要求3的密封环为球面石墨密封环，不符合实用新型的定义。

经形式审查合格后，专利复审委员会受理了上述请求，于2005年6月2日向双方当事人发出《无效宣告请求受理通知书》，并将《专利权无效宣告请求书》及其附件清单中所列文件的副本转送给专利权人，要求其在指定的期限内答复，同时成立合议组对本无效请求案进行审理。

专利权人于2005年7月14日提交了意见陈述书，认为：（1）本专利符合专利法第5条的规定；（2）说明书第4页第4段已经对密封环磨损指示器作出了清楚和完整的说明，图3和该段中的说明示出和描述了该密封环磨损指示器的形状及其安装方式和安装位置，并说明了其使用方法和作用，足以使本领域技术人员按照说明书及图3所示的指导在不花费创造性劳动的情况下将其再现于本专利的方案中，所以说明书符合专利法第26条第3款的规定；（3）权利要求3中的附加技术特征“密封环（5）为球面石墨密封环”中也具有形状为“球面”和“环”的描述，因此权利要求3符合专利法实施细则第2条第2款的规定；（4）请求人提交的附件2~6的真实性、合法性和关联性未得到证实，例如附件5的签署日期为2002年10月10日，而当时孙卓杰尚不是该单位的职工，附件5是不真实的，又如附件3中“PTX Player-04/01”是指约翰逊公司在2003年1月4日设计的由精美印刷有限公司于2003年1月印刷的广告版本，并不是在2001年4月印刷的；（5）附件1中公开的接头属于单通接头，而本专利接头属于双通接头，二者在结构方面具有明显差异，本专利的接头由于独特的结构而具有许多意想不到的有益效果，因此，本专利相对于附件1而言也具备创造性。

2007年1月10日，本案合议组向双方当事人发出《无效宣告请求口头审理通知书》，定于2007年3月6日对本专利权的无效请求进行口头审理，并将专利权人于2005年7月14日提交的意见陈述书送给请求人，要求其在口头审理时一并答复。

2007年3月6日，口头审理如期进行，双方当事人均出席了口头审理。在口头审理中，双方当事人对对方出庭人员的身份和资格无异议；对合议组成员没有回避请求。请求人和专利权人都表示收到了经合议组转送的有关文件。合议组就本案的无效理由及证据逐一进行了调查，双方当事人充分陈述了各自的意见。

请求人当庭提交了：a. 附件5的原件共4页；b. 附件7：“中华人民共和国机械行业标准JB/T 8725-1998”，中华人民共和国机械工业部，1998年6月第1次印刷，原件共11页；和c. 附件8：“机械工程手册”，机械工业出版社，1996年9月第2版第3次印刷，出版信息页、题词页、第11-66、11-67、11-76页，复印件共5页。

请求人确认其主张的无效范围和理由如下：（1）权利要求1~3不符合专利法第5条的规定；（2）说明书没有对“密封环磨损指示器”进行清楚的说明，权利要求2的方案在说明书中没有充分公开，说明书不符合专利法第26条第3款的规定；（3）附件2~6已经公开了权利要求1的方案，附件2、3~4、6既是出版物公开，又是使用公开，这些附件中所示图片显示的都是同一种产品结构，表明权利要求1不具备新颖性，附件5作为使用公开的证据使用，破坏了权利要求1的新颖性；权利要求1相对于上述证据链也不具备创造性；（4）附件1与附件7、8的结合破坏了权利要求1~3的创造性。

专利权人对于请求人提交附件1、3、6、6a、7的真实性没有异议，对附件2、4、5、8的真实性不认可；对附件1、6~7的公开性没有异议，对附件2~5、8的公开性不认可。

同时，专利权人出示反证1~4用以证明附件5是不真实的和出示反证5用以证明附件3的印刷日并非2001年4月，反证1~5如下：

反证1：企业职工《劳动合同书》，枣庄市劳动局监制，复印件共7页；

反证2：无锡市特聘工作证申请表，复印件共2页；

反证3：《外地来锡特聘人员聘用合同书》及孙卓杰缴费记录，复印件共3页；

反证4：孙卓杰的无锡市外来专业人才特聘工作证，复印件共3页；

反证5：无锡沪光精美印刷有限公司关于第03999108号江苏增值税专用发票单页内容的证明，复印件共5页。

专利权人认为：（1）本发明具有社会效益，符合国家法律，符合专利法第5条的规定；（2）本专利说明书第4页第2段、第6页最后一行、图3中对密封环磨损指示器进行了说明，说明书对密封环磨损指示器进行了清楚的说明，符合专利法第26条第3款的规定；（3）权利要求3引用权利要求1，权利要求3中包含结构和形状，符合专利法实施细则第2条第2款的规定；（4）因为附件2~6的真实性或公开性得不到确认，所以附件2~6不能破坏权利要求1的新颖性和创造性，对附件2~6不进行答辩；（5）对于机械发明而言，零件之间的连接关系十分重要，附件1没有表明这种关系，权利要求1与附件1的另一个重要区别在于权利要求1的方案中设置有活塞机构，本专利的活塞机构由6~12组成，本专利方案的改进之处在于形成了一个独立的活塞机构，并且为了获得这种独立的活塞机构，添加了附件1中没有的外管导套7和弹簧导管9，并且O型圈的设置位置也不同，所以权利要求1以及权利要求2~3都符合专利法第22条第3款的规定。

专利权人于2007年3月9日提交了对口头审理中的意见进行总结的意见陈述书以及反证1~5的复印件。

请求人于2007年3月9日也提交了意见陈述书，指出用附件1证明本专利权利要求1~3不符合专利法第22条第3款的规定，用附件2~4、6证明本专利权利要求1不符合专利法第22条第3款的规定；同时指出以附件1结合附件2~4、6中任何一项都可以影响本专利权利要求1的创造性。

至此，合议组认为本案的事实清楚，可以作出审查决定。

## 二、决定的理由

1. 关于无效的证据

在请求人所提交的附件1~8中，专利权人认可请求人提交的附件1、6和7的真实性及公开性。因此，合议组对附件1、6和7的真实性和公开性均予以认可。其中，附件7虽然是当庭提交的，但是其属于公知常识性证据，因此，合议组认为其可以接受。

专利权人对附件2、4、5、8的真实性和公开性不予认可。对此，合议组认为：附件2、4为宣传材料，容易制作，在专利权人对其真实性提出异议且请求人未进一步提供证明其真实性的证据的情况下，合议组对附件2、4的真实性不予确认，进而对其公开性也不予确认。附件5及请求人当庭提交的附件5的原件也都容易制作，即使依据请求人提交的原件也无法确定附件5的真实性，合议组对附件5的真实性和公开性亦不予确认。请求人未提交附件8的原件，因此合议组对附件8的真实性和公开性不予确认。

专利权人认可附件3的真实性，但对附件3的公开性不予认可。附件3为产品宣传彩页，鉴于专利权人认可了附件3的真实性，因此，合议组对附件3的真实性予以认可。专利权人对附件3的公开性有异议，合议组认为，由于其上仅有“PTX Flyer-04/01 中国”字样，从该字样不能得出其公开日为请求人所认定的2001年4月，在请求人没有提供进一步证据的情况下，不能确定附件3是于2001年4月公开的，因此，合议组对请求人提出的附件3公开于本专利申请日前的主张不予支持。

综上所述，合议组对附件1、6~7的真实性和公开性以及附件3的真实性予以认可，对附件2、4、5、8的真实性和公开性以及附件3的公开性均不予确认。

专利权人在口头审理过程中及口头审理后提交了反证1~4用以证明附件5是不真实的，并提交反证5用以证明附件3的印刷日并非2001年4月。由于合议组已经对附件5的真实性不予确认，并且未认定附件3印刷于2001年4月，因此，合议组对专利权人提交的反证1~5不再予以评述。

2. 关于无效的理由和范围

请求人在《无效宣告请求书》和口头审理中都明确了本无效宣告请求的理由为权利要求1~3相对于附件1或附件1与附件7的结合不符合专利法第22条第3款的规定和权利要求1相对于附件2~6不符合专利法第22条第2款和第3款的规定，并且在《无效宣告请求书》和口头审理中都没有提及用附件1与附件2~4、6中任意一项的组合来评价权利要求1的创造性，所以对于请求人在口头审理后于2007年3月9日提交的意见陈述书中提出的用附件1与附件2~4、6中任意一项的组合来评价权利要求1的创造性是新增加的无效理由，合议组不予考虑。

综上所述，合议组审理的关于本专利的无效理由和范围为：权利要求1~3不符合专利法第5条的规定、权利要求3不符合专利法实施细则第2条第2款的规定、权利要求2要求保护的技术方案在说明书中未充分公开而导致说明书不符合专利法第26条第3款的规定、权利要求1~3相对于附件1或附件1与7的结合不符合专利法第22条第3款的规定，以及权利要求1相对于附件3和6不符合专利法第22条第2款、第3款的规定。

3. 关于专利法第5条

专利法第5条规定：对违反国家法律、社会公德或者妨害公共利益的发明创造，不授予专利权。

根据该款规定，如果发明创造的公开、使用、制造违反了国家法律、社会公德或者妨害了公共利益，则不能被授予专利权。其中所述的“违反国家法律的发明创造”是指发明创造的目的是我国法律明文禁止的或与我国的国家法律相违背的发明创造；其中所述的“违反社会公德的发明创造”是指违反公众普遍认为是正当的并被接受的伦理道德观念和行为准则的发明创造；其中所述的“妨害公共利益的发明创造”是指其实施或者使用会给社会或公众造成危害，或者会使国家和社会的正常秩序收到影响的发明创造。

本案中，请求人认为在本专利的申请日前，现有技术中已有与本专利主权项所述形状结构基本相同的实用新型，所以专利权人违背社会诚信公德申请本专利，并且在本专利授权后妨害公共利益，因此不符合专利法第5条的规定。

合议组认为，本专利请求保护一种旋转接头，其目的是要提供一种可用于造纸、纺织、化纤等行业烘缸的导热管路连接装置，该旋转接头通过采用特定的内部构造来实现所述目的，旋转接头的制造、销售和使用不是国家法律所禁止的，而且也没有违反公认的伦理道德和行为准则，并且其实施或使用显然也不会给社会或公众造成危害或影响国家和社会的正常秩序。无论现有技术中是否存在本专利所要保护的旋转接头，其都不会导致发明创造违反专利法第5条所述的国家法律、社会公德或妨碍公共利益。因此，本专利权利要求1~3符合专利法第5条的规定。

4. 关于专利法实施细则第2条第2款

专利法实施细则第2条第2款规定：专利法所称实用新型，是指对产品的形状、构造或者其结合所提出的适于实用的新的技术方案。

根据该款规定，如果权利要求中既包含形状、构造特征，又包含对材料本身提出的技术方案，则不属于实用新型专利保护的客体，但是，将现有技术中已知的材料应用于具有形状、构造的产品上，则不属于对材料本身提出的技术方案。

本案中，权利要求3引用了权利要求1，其附加技术特征为“其特征为所述的密封环（5）为球面石墨密封环”，即权利要求1中的密封环进一步被限定为用石墨制成的球面环，石墨是本领域已知的材料，所以将其应用于具球面和环状构造的产品上不是对材料本身提出的技术方案，因此，请求人提出的权利要求3不符合专利法实施细则第2条第2款规定的主张不成立。

5. 关于专利法第26条第3款

专利法第26条第3款规定：说明书应当对发明或者实用新型作出清楚、完整的说明，以所属技术领域的技术人员能够实现为准。

根据该款规定，所属技术领域的技术人员能够实现是指所属技术领域的技术人员按照说明书记载的内容，能够实现发明或者实用新型的技术方案，解决其技术问题并产生预期的技术效果。

本案中，请求人认为权利要求2中的“密封环磨损指示器”在说明书中没有作出清楚、完整的说明。

合议组认为，对于所述的“密封环磨损指示器”而言，在本专利说明书第 2 页 12 行中指出“外管 6 的外伸法兰面上可增设密封环磨损指示器 21”，在其第 4 页倒数第 1 和第 2 行中指出“如图 3 所示，密封环磨损指示器 21 呈“L”形，用螺栓安装于外管的外伸法兰面上，用以观察密封环的磨损情况，以便及时更换密封环”和在图 3 中示出了呈“L”型的密封环磨损指示器 21。根据说明书的描述并结合图 3 可以看出，所述“密封环磨损指示器”的作用是指示密封环的磨损情况，其形状为“L”型，安装于外管 6 的外伸面上，即说明书中已经表明了所述密封环指示器的形状、功能和安装位置，根据说明书的描述，本领域技术人员显然能够知道如何安装和使用该密封环磨损指示器。因此，本领域技术人员照说明书记载的内容能够实现权利要求 2 的技术方案，说明书符合专利法第 26 条第 3 款的规定。

6. 关于专利法第 22 条第 2 款

专利法第 22 条第 2 款规定：新颖性，是指在申请日以前没有同样的发明或者实用新型在国内外出版物上公开发表过、在国内公开使用过或者以其他方式为公众所知，也没有同样的发明或者实用新型由他人向国务院专利行政部门提出过申请并且记载在申请日以后公布的专利申请文件中。

根据该款规定，如果专利申请所要保护的技术方案与现有技术的技术方案不同，则所要保护的方案相对于该现有技术具备新颖性。

本案中，请求人认为附件 2 ~ 6 组成的证据链证明本专利所要保护的旋转接头在申请日前已经被公开使用，而且在宣传材料上公开发表，所以本专利权利要求 1 不符合专利法第 22 条第 2 款的规定。

由于附件 2、4 ~ 5 的真实性不能确认，所以合议组对其不予考虑。

附件 6 是于 2001 年 9 月出版的《中国纸业大全》，附件 6 中载有的“约翰逊（无锡）技术有限公司”宣传彩页表明在 2001 年 9 月时约翰逊（无锡）技术有限公司已经开始公开销售该彩页中所列的产品。彩页右侧第 2 行的第一副图片为“PTX 型旋转接头/悬臂式固定虹吸器”，这表明在申请日前，“PTX 型旋转接头”已经公开销售。附件 3 中记载了约翰逊（无锡）技术有限公司的“PTX 型旋转接头”，并且其中给出了与附件 6 中所示图片相同的连接有固定式虹吸管器系统的图片以及该图片中旋转接头的放大图。由于附件 3 和 6 记载的是约翰逊（无锡）技术有限公司型号相同的产品，而且附件 3 彩页第 2 页中的图片与附件 6 中的图片相同，可以认定附件 3 和 6 中的接头是同一种接头，即附件 3 和 6 表明在本专利的申请日之前“PTX 型旋转接头”已经在公开销售，该旋转接头的结构如附件 3 中的“PTX 型旋转接头”所示。

本专利的权利要求 1 请求保护一种旋转接头，附件 3 和 6 表明：在申请日前也已经有一种 PTX 型旋转接头被公开使用，该 PTX 型旋转接头具有壳体（图片中的红色部分）；位于壳体两侧的端盖（图片中的灰蓝色部分）；底盖（图片中的紫色部分（C））；经螺栓（图片最右侧底部的灰色 T 型部分）与底盖连接的过渡法兰（图片中的棕色部分（D））；其壳体和底盖之间设有活塞机构（图片中的（A））和密封环（图片中的砖红色部分（B））（参见附件 3 第 1 页右侧第 2 端的说明）；其活塞机构的组成如下：外管（图片中的深蓝色部分）、套在该外管一端的外管导套（图片中的橘黄色部分）并且由弹簧的位置可知外管导套与外管之间可以相互滑动、与壳体右端面相连的外管导套固定法兰（黄色部分）和与壳体径向外伸法兰边相连接弹簧导管（图片中活塞结构中于蓝色结构相接的深灰细长部分）、一端固定于外管导套固定法兰上并且另一端位于弹簧导管内的轴肩螺钉（图片中活塞结构中灰色的 T 型部分）、和位于弹簧导管外壁的弹簧（图片中螺旋状的棕色部分）；并且在其底盖上有与过渡法兰中心同孔的凹面，该凹面与所说密封环的凸面配合（见附件 3 第 1 页“PTX 旋转接头”图片下第 1 段），从该图片可以看出壳体的内腔依次与外管、密封环、底盖以及过渡法兰的内孔相连通。

但是，在附件3和6的图片以及文字叙述中，均不能看出在外管和外管导套内壁之间设有O型圈。

综上所述，附件3和6虽然证明在本专利的申请日之前已经有一种旋转接头被公开使用，但是这些证据并不能证明该接头与本专利的接头相同，因此，附件3和6不能证明本专利权利要求1所要保护的接头在本专利申请日之前已经被公开，所以请求人关于权利要求1的技术方案不符合专利法第22条第2款规定的主张不成立。

7. 关于专利法第22条第3款

专利法第22条第3款规定：创造性，是指同申请日前已有的技术相比，该发明有突出的实质性特点和显著的进步，该实用新型有实质性特点和进步。

如果权利要求所要保护的技术方案与现有技术的差别是所属领域技术人员基于常规知识容易想到的，并且所要保护的技术方案的效果是本领域普通技术人员可以预期的，则该权利要求不具有创造性。

(1) 权利要求1~3相对于附件1或附件1与7的结合的创造性。

附件1公开了一种带轴向补偿的旋转接头，其包括接头套52（相当于权利要求1中的壳体15）、接头管件108（相当于权利要求1中的端盖17）、耐磨板36（相当于权利要求1中的底盖2）、经螺栓44（相当于权利要求1中的螺栓3）与耐磨板相连的法兰18（相当于权利要求1中的过渡法兰1）、接管86（相当于权利要求1中的外管6）、环形端盖74（相当于权利要求1中的外管导套7及导套固定法兰8）、压缩弹簧98（相当于权利要求1中的弹簧11）、可滑动地被容纳于光孔96中的销子84（相当于权利要求1的弹簧导管9和轴肩螺钉10）、O型环80（相当于权利要求1中的O型圈12）并且在耐磨板36左侧有一密封环100（相当于权利要求1中的密封环5）（见附件1说明书第6页第7行至第9页第2行，图1和图2）。

附件1与本专利权利要求1旋转接头的区别在于：①权利要求1外管导套7与固定法兰8是独立的两个部件，而附件1中相应结构为环形端盖一个部件；②权利要求1弹簧导向机构由弹簧导管9与轴肩螺钉10共同组成，而附件1中由可滑动的销子84组成；③在本专利的权利要求1中，固定法兰8被固定于壳体的右端面上，外管导套7、弹簧11、轴肩螺钉10都与其相连（见本专利权利要求1，附图1和2），外管6并不与固定法兰8直接相连或相接触，固定法兰8、外管导套7、弹簧11、弹簧导管9和轴肩螺钉10实际上形成了一种独立于壳体15的独立结构，使得外管6在滑动时仅在该独立结构中滑动，而不会在壳体15所形成的腔中滑动，即固定法兰8、外管导套7、弹簧11、弹簧导管9、轴肩螺钉10以及外管6实际上形成了一种独立于壳体15之外的独立结构。然而，在附件1所公开的方案中，相当于本专利固定法兰8的环形端盖74的凸缘中的环形端盖74被安装在相当于本专利壳体15的接头套52的内端上，其通过位于其上所形成的孔82中的柱销84与请求人认为相当于本专利外管6的圆柱形接管86相连，所述接管86容纳在接头套52中并且可以滑动（见附件1说明书第7页第2~第7段，附图1和2），因此，附件1中的外管实际上与固定法兰相连，并且附件1中可滑动的外管部分被容纳在接头套（本专利所述壳体）中进行滑动，不存在独立于壳体之外的活塞机构。

在附件7中也没有公开将这些技术特征应用到附件1中从而得到权利要求1的技术方案的启示。

由于本专利权利要求1与附件1的上述区别技术特征，权利要求1旋转接头的结构使得在对接头进行维护时可以直接将该活塞机构拆卸下来进行维修或更换，而附件1中具有相应功能的部分不能被容易地拆卸下来，从而不易于进行维修更换。另外，权利要求1的弹簧也能够可靠定位。所以权利要求1的旋转接头结构无论相对于附件1还是相对于附件1和7的结合均具有实质性特点和进步，具备创造性。

权利要求 2 和 3 用附加技术特征对权利要求 1 进一步进行了限定，在权利要求 1 相对于附件 1 以及附件 1 和 7 的结合具备创造性的情况下，权利要求 2 和 3 相对于附件 1 以及附件 1 和 7 的结合也具有创造性。

综上所述，附件 1 以及附件 1 和 7 的结合均不能破坏权利要求 1～3 的创造性。

（2）权利要求 1 相对于附件 3 和 6 的创造性。

如上所述，附件 3 和附件 6 共同表明，在申请日前现有技术中已经有一种 PTX 型旋转接头被公开使用，其与权利要求 1 的区别仅在于该 PTX 型旋转接头在外管和外管导套内壁之间无 O 型圈。

对于作为导热管路的连接装置而言，显然需要具有很好的密封性，所以提高外管和外管导套之间的密封性是本领域技术人员显然会想到的，用 O 型圈进行密封是本领域的公知常识（例如参见附件 7 第 1 页“引用标准”项下的内容），所以上述区别没有给权利要求 1 的方案带来实质性特点和进步。

综上所述，现有技术的证据链所公开的方案与本专利权利要求 1 所要保护方案之间的区别属于所属领域技术人员从常规知识角度易于想到的，其效果对于本领域普通技术人员而言是可以预期的，所以权利要求 1 不具备实质性特点和进步，不符合专利法第 22 条第 3 款的规定。

基于以上事实和理由，本案合议组作出如下审查决定。

**三、决定**

宣告 02264368.0 号实用新型专利的权利要求 1 无效，维持权利要求 2 和 3 有效。

当事人对本决定不服的，可以根据专利法第 46 条第 2 款的规定，自收到本决定之日起三个月内向北京市第一中级人民法院起诉。根据该款的规定，一方当事人起诉后，另一方当事人应当作为第三人参加诉讼。

# 北京市第一中级人民法院
# 行政判决书

（2008）一中行初字第1000号

原告上海金旋旋转接头制造有限公司，住所地上海市曹安公路4188号。

法定代表人王建新，总经理。

委托代理人汪瑜，上海市一平律师事务所律师。委托代理人颜向明，男，上海金旋旋转接头制造有限公司职员。

被告国家知识产权局专利复审委员会，住所地北京市海淀区北四环西路9号银谷大厦10层至12层。

法定代表人廖涛，副主任。

委托代理人许磊，女，国家知识产权局专利复审委员会审查员。

委托代理人齐宏涛，男，国家知识产权局专利复审委员会审查员。

第三人凯登约翰逊（无锡）技术制品有限公司，住江苏省无锡市高新技术产业开发区闽江路1号。

法定代表人Edward Joho Sindoni。

原告上海金旋旋转接头制造有限公司不服被告国家知识产权局专利复审委员会作出的第9841号专利无效宣告审查决定（以下简称第9841号决定），向本院提起诉讼。本院受理后，依法组成合议庭并通知被诉具体行政行为的利害关系人凯登约翰逊（无锡）技术制品有限公司作为第三人参加诉讼。2008年9月18日，本院依法公开开庭审理了本案，原告的委托代理人汪瑜，被告的委托代理人许磊、齐宏涛到庭参加了诉讼。第三人凯登约翰逊（无锡）技术制品有限公司经本院合法传唤未到庭，本案现已审理终结。

2007年5月24日，被告依据《中华人民共和国专利法》（以下简称《专利法》）第五条、第二十六条第三款、第二十二条第二、三款,《中华人民共和国专利法实施细则》（以下简称《专利法实施细则》）第二条第二款作出第9841号决定，宣告第02264368.0号实用新型专利（以下简称本专利）的权利要求1无效，维持权利要求2和3有效。被告在法定举证期限内向本院提交的证据有：口头审理记录表，用于证明第9841号决定认定事实清楚、适用法律正确程序合法。

原告诉称：(1）被告随意附和第三人诬蔑原告制作伪证，否定原告证据原件的真实性，极不公平。我方在请求无效中提供的、在本案专利申请日前公开散发的附件2～4，均为原件，均非《最高人民法院关于行政诉讼证据若干问题的规定》第五十七条规定不能作为定案依据的证据材料，本案第三人（专利权人）深知我方无效证据附件1～6能有力证明权利要求1无新颖性和创造性（见书证2：原告的专利权无效宣告请求书），在其答辩意见陈述书中肆意全盘否定原告所有证据的真实性、合法性和关联性，诬蔑我方“有伪造证据之嫌”（见书证3：第三人的意见陈述书（见第3页最后段和第4页第1段)），其唯一用来否定我方附件5的说法是2003年7月1日后孙卓杰才被第三人聘用，但第三人未在答辩期内提出过证据。而被告在毫无证据的情况下，以所谓“附件2、4为宣传材料容易制作，在专利权人对其真实性提出异议且请求人未进一步提供证明其真实性的证据的情况下，合议组对附件2、4的真实性不予确认，进而对其公开性也不予确认。”（见书证1第5页）附和第三人诬蔑原告制作伪证，否定原告证据原件的真实性，是极不公平的，为什么被告不让否定附件2、4原件真实性的第三人提供证明我方作伪证的证据呢?!而且，我方的证据不是孤证，所有证据能形成相关证据链，其他证据也能印证我方证据的真实可靠性。被告随意否定原告原件证据的真实性，主要目的在于帮第三人否定我方最有力的无效证据附件4（见书证5：无效证据附件4及书证2的附页下半页)。

(2）原告在无效宣告请求书中都已提及附件1至6中都用来证明评价权利要求1的创造性，由本案专利的权利要求书，可知本案专利权利要求1中描述的密封环5，不仅限定为“环状”而且是与底盖2上的凹球面相配合的“球面”[参见书证2中的对照表的倒数第二段]，而由上述附件[特别是附件1及附件4（请注意该证据有关第5步的描述)]可清楚了解这种旋转接头上的球面、环状密封环在本案专利申请日前已为公知的，由于被审查决定宣告无效的权利要求1本身包括球面、环状密封环，因此被9841号无效宣告请求审查决定所维持的权利要求3的现有技术部分已包括球面、环状密封环5，而技术特征实质上仅仅是保护石墨材料而已，因此，我方坚持认为权利要求3不符合专利法细则第2条第2款关于实用新型的定义，应该也被宣告无效。再者我方出示的书证（附件）7又足以证明同行中公知石墨材料可用于密封环，故权利要求3本身也不具有创造性，依法应被宣告无效。

(3）本着实事求是，查明真相并对社会负责，我方在开庭审理前依据《中华人民共和国行政诉讼法》第三十四条提交了请求法院调查或签发调查令的请求，敬请贵院准予我方请求。

综上所述，原告不服第9841号决定中维持权利要求3的决定，请求法院撤销第9841号决定中关于维持本专利权利要求3的内容，即请求判令被告在维持无效权利要求1的基础上，重新审查权利要求3是否也应被宣告无效。

在开庭审理前，原告向本院提交并经庭审质证的证据如下：（1）原告的无效宣告请求书；(2）第三人的意见陈述书；(3）原告的意见陈述书；(4）无效程序中原告提交的附件4；(5）第三人第二次意见陈述书；(6）无效程序中原告提交的附件7。以上证据用以支持原告的起诉主张。被告辩称，第9841号决定对证据的认定正确，且依据证据作出了正确的审查结论。本案中，被告已经依据原告提供的证据2~6中的证据3和6作出了宣告权利要求1无效的审查决定，故原告起诉的前两点理由没有任何实际意义；第9841号决定对《专利法实施细则》第二条第二款的评述正确，原告的起诉理由不成立。权利要求3将石墨材料应用于具球面和环状结构的产品上并不是对材料本身提出的技术方案，原告对《专利法实施细则》第二条第二款的理解不正确，其起诉理由不成立。综上所述，第9841号决定认定事实清楚，说理充分，审理程序合法，适用法律正确，不存在原告提出的问题，请求人民法院在查明事实的基础上，依法驳回原告的诉讼请求、维持第9841号决定。

第三人向本院提供的书面陈述称：本专利权利要求3将现有技术中已知的材料应用于具有形状构造的产品上，不属于对材料本身提出的新的技术方案，具备授予专利权的条件。请求法院驳回原告的诉讼请求，维持第9841号决定。

在本院审理过程中，第三人未到庭亦未提交证据。

在开庭审理中，原告对被告提交的证据没有异议。被告对原告提交的证据的真实性、合法性没有异议，但认为与审查第9841号决定的合法性不具有关联性。

经庭审质证，被告及原告提交的证据与被诉决定具有关联性，且合法、真实，能够证明本案的相关事实，本院予以采纳。

原告当庭提请法庭向无效程序中原告提交的附件5中提到的苏州紫兴纸业有限公司调查2001年至2002年9月11日是否购买过第三人[当时的名称为约翰逊（无锡）技术有限公司]PTX旋转接头，并复印相关资料，也可让原告的委托代理人持法院签发的调查令前往调查。

对此，本院当庭告知原告，原告申请调查的事项涉及新的无效请求的事实和证据，不属于本案对被诉行政行为合法性审查的审理范围，对上述证据法院不能代为调查，其调取证据的请求不予支持。

且原告所要证明的PTX旋转接头在先公开的事实，被告表示在第9841号决定已通过其他证据确认，故亦无调取该证据的必要性。庭审后，原告在书面代理意见中，坚持以“本着实事求是，查明真相并对社会负责”为由，请求法院调查或签发调查令。

根据上述有效证据及各方当事人在庭审中无争议的陈述，本院确认如下事实：

本专利系申请日为2002年9月12日，授权公告日为2003年10月8日，授权公告的专利号为02264368.0，名称为“一种旋转接头”的实用新型专利权，2006年6月22日，专利权人由约翰逊(无锡)技术有限公司变更为第三人。

本专利授权公告的权利要求如下：

“1. 一种旋转接头，包括壳体（15），分别位于壳体（15），两侧的端盖（17）、底盖（2）和经螺栓（3）与底盖（2）连接的过渡法兰（1），其特征为壳体（15）和底盖（2）之间设有活塞机构和密封环（5），所说的活塞机构由外管（6）套装在外管（6）一端，并可沿外管（6）轴向滑动的外管导套（7），与壳体（15）右端面连接的外管导套固定法兰（8），与壳体（15）径向外伸法兰边上的螺纹孔连接的弹簧导管（9），一端固定于外管导套固定法兰（8）上，另一端位于弹簧导管（9）内的轴肩螺钉（10），和套装在弹簧导管（9）外壁的弹簧（11）组成，外管（6）外壁与外管导套（7）内壁间设有O型圈（12），底盖（2）上有一与过渡法兰（1）中心孔同心的凹球面，该凹球面与密封环（5）的球面外壁相配合，壳体（15）的内腔依次与外管（6）、密封环（5）、底盖（2）及过渡法兰（1）的内孔相连通。

2. 按权利要求1所述的一种旋转接头，其特征为外管（6）的外伸法兰面上设有密封环磨损指示器（21）。

3. 按权利要求1所述的一种旋转接头，其特征为所述的密封环（5）为球面石墨密封环。”

针对上述专利权，原告于2005年4月13日以权利要求1~3不符合《专利法》第五条、第二十二条第三款，权利要求1不符合《专利法》第二十二条第二款、权利要求2不符合《专利法》第二十六条第三款、权利要求3不符合《专利法实施细则》第二条第二款为由向被告提出无效宣告请求，并提交了下述附件：

附件1：第9110399 8.8号中国发明专利申请公开说明书复印件（公开日为1992年7月1日）以及关于该专利的检索报告原件；

附件2：约翰逊（无锡）技术有限公司关于旋转接头等产品的产品宣传资料（封面、封底、第1~32页）原件以及相关页复印件；

附件3：约翰逊（无锡）技术有限公司关于“约翰逊公司PTX型蒸汽接头和虹吸器系统”的产品宣传资料原件；

附件4：约翰逊（无锡）技术有限公司关于“PTX型旋转接头/悬臂式固定虹吸器的安装说明”的产品宣传资料原件；

附件5：约翰逊（无锡）技术有限公司孙卓杰致山东海天造纸机械有限公司的传真信函复印件；附件6《中国纸业大全》（中国轻工业出版社2001年9月第2版第1次印刷）原件以及相关贝复印件；

附件6a：中国制浆造纸研究院出具的第201204020705372237号发票的原件及其复印件。

原告认为：（1）第三人在已知自己的申请属于社会公知技术的情况下仍然申请专利违反社会诚信公德，取得专利权后妨害公共利益，所以权利要求1~3不符合《专利法》第五条的规定；（2）附件1与本专利的区别仅在于附件1的方案中无明显对应本专利所述的弹簧导管9，但是其方案中的接管肩部94的轴向光孔96同样起着可容纳销子在其内滑动的作用，所以权利要求1~3不符合《专利法》第二十二条第三款的规定；（3）附件2~6构成的证据链证明在本专利申请日前已有与本专利主权项所述形状结构基本相同或者同样的形状结构在境内出版物以及该第三人产品宣传材料上公开发表，因此权利要求1不符合《专利法》第二十二条第二款及第三款的规定；（4）说明书未对权利要求2中所述的密封环磨损指示器作出清楚完整的说明，不符合《专利法》第二十六条第三款的规定，如果指示器是本领域公知的，则权利要求2没有创造性；（5）权利要求3的密封环为球面石墨密封环，不符合实用新型的定义。

经形式审查合格后，被告受理了上述请求，于2005年6月2日向双方当事人发出《无效宣告请求受理通知书》，并将《专利权无效宣告请求书》及其附件清单中所列文件的副本转送给第三人，要求其在指定的期限内答复。

第三人于2005年7月14日提交了意见陈述书，认为：（1）本专利符合《专利法》第五条的规定；（2）说明书符合《专利法)》第二十六条第三款的规定；（3）权利要求3符合《专利法实施细则》第一条第二款的规定，（4）原告提交的附件2~6的真实性、合法性和关联性未得到证实；（5）本专利相对于附件1而言也具备创造性。

被告决定于2007年3月6日对本专利权的无效请求进行口头审理，并向双方当事人发出《无效宣告请求口头审理通知书》，同时将第三人于2005年7月14日提交的意见陈述书送给原告，要求其在口头审理时一并答复。

口头审理如期进行，双方当事人均出席了口头审理。在口头审理中，原告和第三人都表示收到了经被告转送的有关文件。被告就本案的无效理由及证据逐一进行了调查，双方当事人充分陈述了各自的意见。

口审时，原告当庭提交了以下证据：a. 附件5的原件；b. 附件7：“中华人民共和国机械行业标准JB/T 8725-1998”（中华人民共和国机械工业部，1998年6月第1次印刷）原件；c. 附件8：“机械工程手册”（机械工业出版社，1996年9月第2版第3次印刷，出版信息页、题词页、第11-66、11-67、11-76页）复印件。

原告确认其主张的无效范围和理由如下：（1）权利要求1~3不符合《专利法》第五条的规定；（2）说明书没有对“密封环磨损指示器”进行清楚的说明，权利要求2的方案在说明书中没有充分公开，说明书不符合《专利法》第二十六条第三款的规定；（3）附件2~6已经公开了权利要求1的方案，附件2~4、6既是出版物公开，又是使用公开，这些附件中所示图片显示的都是同一种产品结构，表明权利要求1不具备新颖性，附件5作为使用公开的证据使用，破坏了权利要求1的新颖性；权利要求1相对于上述证据链也不具备创造性；（4）附件1与附件7~8的结合破坏了权利要求1~3的创造性。

第三人对于原告提交附件1、3、6、6a、7的真实性没有异议，对附件2、4~5、8的真实性不认可；对附件1、6~7的公开性没有异议，对附件2~5、8的公开性不认可。

同时，第三人出示反证1~4用以证明附件5是不真实的和出示反证5用以证明附件3的印刷日并非2001年4月，反证1~5如下：

反证1：企业职工《劳动合同书》（枣庄市劳动局监制）复印件；反证2：无锡市特聘工作证申请表复印件；反证3：外地来锡特聘人员聘用合同书》及孙卓杰缴费记录复印件；反证4：孙卓杰的无锡市外来专业人才特聘工作证复印件；反证5：无锡沪光精美印刷有限公司关于第03999108号江苏增值税专用发票单页内容的证明复印件。

第三人认为：（1）本发明具有社会效益，符合国家法律，符合《专利法》第五条的规定；（2）本专利说明书第4页第2段、第6页最后一行、图3中对密封环磨损指示器进行了说明，说明书对密封环磨损指示器进行了清楚的说明，符合《专利法》第二十六条第三款的规定；（3）权利要求3引用权利要求1，权利要求3中包含结构和形状，符合《专利法实施细则》第二条第二款的规定；（4）因为附件2~6的真实性或公开性得不到确认，所以附件2~6不能破坏权利要求1的新颖性和创造性，对附件2~6不进行答辩；（5）相对于附件1，权利要求1以及权利要求2~3都符合《专利法》第二十二条第三款的规定。

第三人于2007年3月9日提交了对口头审理中的意见进行总结的意见陈述书以及反证1~5的复印件。

原告于2007年3月9日也提交了意见陈述书，指出用附件1证明本专利权利要求1~3不符合《专利法》第二十二条第二款的规定，用附件2~4、6证明本专利权要利要求1不符合《专利法》第二十二条第二款的规定；同时指出以附件1结合附件2~4、6中任何一项都可以影响本专利权利要求1的创造性。

被告经审查，作出以下判断：

（1）关于无效请求所使用的证据。在原告所提交的附件1~8中，第三人认可原告提交的附件1、6和7的真实性及公开性。因此，对附件1、6和7的真实性和公开性均予以认可。其中，附件7虽然是当庭提交的，但是其属于公知常识性证据，因此可以接受。

第三人对附件2、4~5、8的真实性和公开性不予认可。对此，被告认为：附件2、4为宣传材料，容易制作，在第三人对其真实性提出异议且原告未进一步提供证明其真实性的证据的情况下，对附件2、4的真实性不予确认，进而对其公开性也不予确认。附件5及原告当庭提交的附件5的原件也都容易制作，即使依据原告提交的原件也无法确定附件5的真实性，故对附件5的真实性和公开性亦不予确认。原告未提交附件8的原件，因此对附件8的真实性和公开性不予确认。

第三人认可附件3的真实性，但对附件3的公开性不予认可。附件3为产品宣传彩页，鉴于第三人认可了附件3的真实性，因此，对附件3的真实性予以认可。第三人对附件3的公开性有异议，被告认为，由于其上仅有“PTX F1yer-04/01 中国”字样，从该字样不能得出其公开日为原告所认定的2001年4月，在原告没有提供进一步证据的情况下，不能确定附件3是于2001年4月公开的，因此，对原告提出的附件3公开于本专利申请日前的主张不予支持。

综上所述，被告对附件1、6~7的真实性和公开性以及附件3的真实性予以认可，对附件2、4~5、8的真实性和公开性以及附件3的公开性均不予确认。

第三人在口头审理过程中及口头审理后提交了反证1~4用以证明附件5是不真实的，并提交反证5用以证明附件3的印刷日并非2001年4月。由于已经对附件5的真实性不予确认，并且未认定附件3印刷于2001年4月，因此，对第三人提交的反证1~5不再评述。

（2）关于无效的理由和范围。原告在《无效宣告请求书》和口头审理中都明确了本无效宣告请求的理由为权利要求1~3相对于附件1或附件1与附件7的结合不符合《专利法》第二十二条第三款的规定和权利要求1相对于附件2~6不符合《专利法》第二十二条第二款和第三款的规定，并且在《无效宣告请求书》和口头审理中都没有提及用附件1与附件2~4、6中任意一项的组合来评价权利要求1的创造性，所以对于原告在口头审理后于2007年3月9日提交的意见陈述书中提出的用附件1与附件2~4、6中任意一项的组合来评价权利要求1的创造性是新增加的无效理由，不予考虑。

综上所述，被告确认审理本专利的无效理由和范围为：权利要求1~3不符合《专利法》第五条的规定、权利要求3不符合《专利法实施细则》第二条第二款的规定、权利要求2要求保护的技术方案在说明书中未充分公开而导致说明书不符合《专利法》第二十六条第三款的规定、权利要求1~3相对于附件1或附件1与7的结合不符合《专利法》第二十二条第三款的规定以及权利要求1相对于附件3和6不符合《专利法》第二十二条第二、三款的规定。

(3) 关于《专利法》第五条。本案中，原告认为在本专利的申请日前，现有技术中已有与本专利主权项所述形状结构基本相同的实用新型，所以第三人违背社会诚信公德申请本专利，并且在本专利授权后妨害公共利益，因此不符合《专利法》第五条的规定。

本专利请求保护一种旋转接头，其目的是要提供一种可用于造纸、纺织、化纤等行业烘缸的导热管路连接装置，该旋转接头通过采用特定的内部构造来实现所述目的，旋转接头的制造、销售和使用不是国家法律所禁止的，而且也没有违反公认的伦理道德和行为准则，并且其实施或使用显然也不会给社会或公众造成危害或影响国家和社会的正常秩序。无论现有技术中是否存在本专利所要保护的旋转接头，其都不会导致发明创造违反《专利法》第二十三条所述的国家法律、社会公德或妨碍公共利益。因此，本专利权利要求1~3符合《专利法》第二十三条的规定。

(4) 关于《专利法实施细则》第二条第二款。本案中，权利要求3引用了权利要求1，其附加技术特征为“其特征为所述的密封环（5）为球面石墨密封环”，即权利要求1中的密封环进一步被限定为用石墨制成的球面环，石墨是本领域已知的材料，所以将其应用于具球面和环状构造的产品上不是对材料本身提出的技术方案，因此，原告提出的权利要求3不符合《专利法实施细则》第二条第二款规定的主张不成立。

(5) 关于《专利法》第二十六条第三款。本案中，原告认为权利要求2中的“密封环磨损指示器”在说明书中没有作出清楚、完整的说明。

被告认为，对于所述的“密封环磨损指示器”而言，在本专利说明书第2页12行中指出“外管6的外伸法兰面上可增设密封环磨损指示器21”，在其第4页倒数第1和第2行中指出如图8所示；密封环磨损指示器21呈“L”形，用螺栓安装于外管的外伸法兰面上，用以观察密封环的磨损情况，以便及时更换密封环”和在图3中示出了呈“L”型的密封环磨损指示器21。根据说明书的描述并结合图3可以看出，所述“密封环磨损指示器”的作用是指示密封环的磨损情况，其形状为“L”型，安装于外管6的外伸面上，即说明书中已经表明了所述密封环指示器的形状、功能和安装位置，根据说明书的描述，本领域技术人员显然能够知道如何安装和使用该密封环磨损指示器。因此，本领域技术人员照说明书记载的内容能够实现权利要求2的技术方案，说明书符合《专利法》第二十六条第三款的规定。

(6) 关于《专利法》第二十二条第二款。本案中，原告认为附件2~6组成的证据链证明本专利所要保护的旋转接头在申请日前已经被公开使用，而且在宣传材料上公开发表，所以本专利权利要求1不符合《专利法)》第二十二条第二款的规定。

由于附件2、4~5的真实性不能确认，所以对其不予考虑。

附件6是于2001年9月出版的《中国纸业大全》，附件6中载有的“约翰逊（无锡）技术有限公司”宣传彩页表明在2001年9月时约翰逊（无锡）技术有限公司已经开始公开销售该彩页中所列的产品。彩页右侧第2行的第一副图片为“PTX型旋转接头/悬臂式固定虹吸器”，这表明在申请日前，“PTX型旋转接头”已经公开销售。附件3中记载了约翰逊（无锡）技术有限公司的“PTX型旋转接头”，并且其中给出了与附件6中所示图片相同的连接有固定式虹吸管器系统的图片以及该图片中旋转接头的放大图。由于附件3和6记载的是约翰逊（无锡）技术有限公司型号相同的产品，而且附件3彩页第2。页中的图片与附件6中的图片相同，可以认定附件3和6中的接头是同一种接头，即附件3和6表明在本专利的申请日之前“PTX型旋转接头”已经在公开销售，该旋转接头的结构如附件3中的“PTX型旋转接头”所示。

本专利的权利要求1请求保护一种旋转接头，附件3和6表明：在申请日前也已经有一种PTX型旋转接头被公开使用，该 PTX 型旋转接头具有壳体（图片中的红色部分）；位于壳体两侧的端盖（图片中的灰蓝色部分）；底盖（图片中的紫色部分（C））；经螺栓（图片最右侧底部的灰色 T 型部分）与底盖连接的过渡法兰（图片中的棕色部分（D））；其壳体和底盖之间设有活塞机构（图片中的(A)）和密封环（图片中的砖红色部分（B））（参见附件 3 第 1 页右侧第 2 端的说明）；其活塞机构的组成如下：外管（图片中的深蓝色部分）、套在该外管一端的外管导套（图片中的橘黄色部分）并且由弹簧的位置可知外管导套与外管之间可以相互滑动、与壳体右端面相连的外管导套固定法兰（黄色部分）和与壳体径向外伸法兰边相连接弹簧导管（图片中活塞结构中于蓝色结构相接的深灰细长部分）、一端固定于外管导套固定法兰上并且另一端位于弹簧导管内的轴肩螺钉（图片中活塞结构中灰色的 T 型部分）、和位于弹簧导管外壁的弹簧（图片中螺旋状的棕色部分）；并且在其底盖上有与过渡法兰中心同孔的凹面，该凹面与所说密封环的凸面配合（见附件 3 第 1 页“PTX 旋转接头”图片下第 1 段），从该图片可以看出壳体的内腔依次与外管、密封环、底盖以及过渡法兰的内孔相连通。但是，在附件 3 和 6 的图片以及文字叙述中，均不能看出在外管和外管导套内壁之间设有 O 型圈。

综上所述，附件 3 和 6 虽然证明在本专利的申请日之前已经有一种旋转接头被公开使用，但是些证据并不能证明该接头与本专利的接头相同，因此，附件 3 和 6 不能证明本专利权利要求 1 所要保护的接头在本专利申请日之前已经被公开，所以原告关于权利要求 1 的技术方案不符合《专利法》第二十二条第二款规定的主张不成立。

（7）关于《专利法》第二十二条第三款。

①权利要求 1 ~3 相对于附件 1 或附件 1 与 7 的结合的创造性。

附件 1 公开了一种带轴向补偿的旋转接头，其包括接头套 52（相当于权利要求 1 中的壳体 15）、接头管件 108（相当于权利要求 1 中的端盖 17）、耐磨板 36（相当于权利要求 1 中的底盖 2）、经螺栓 44（相当于权利要求 1 中的螺栓 3）与耐磨板相连的法兰 18（相当予权利要求 1 中的过渡法兰 1）、接管 86（相当于权利要求 1 中的外管 6）、环形端盖 74（相当于权利要求 1 中的外管导套 7 及导套固定法兰 8）、压缩弹簧 98（相当于权利要求 1 中的弹簧 11）、可滑动地被容纳于光孔 96 中的销子 84（相当于权利要求 1 的弹簧导管 9 和轴肩螺钉 10）、O 型环 80（相当于权利要求 1 中的 O 型圈 12）并且在耐磨板 36 左侧有一密封环 100（相当于权利要求 1 中的密封环 5）（见附件 1 说明书第 6 页第 7 行至第 9 页第 2 行，图 1 和图 2）。

附件 1 与本专利权利要求 1 旋转接头的区别在于：首先，权利要求 1 外管导套 7 与固定法兰 8 是独立的两个部件，而附件 1 中相应结构为环形端盖一个部件；其次，权利要求 1 弹簧导向机构由弹簧导管 9 与轴肩螺钉 10 共同组成，而附件 1 中由可滑动的销子 84 组成；最后，在本专利的权利要求 1 中，固定法兰 8 被固定于壳体的右端面上，外管导套 7、弹簧 11、轴肩螺钉 10 都与其相连（见本专利权利要求 1，附图 1 和 2），外管 6 并不与固定法兰 8 直接相连或相接触，固定法兰 8、外管导套 7、弹簧 11、弹簧导管 9 和轴肩螺钉 10 实际上形成了一种独立于壳体 15 的独立结构，使得外管 6 在滑动时仅在该独立结构中滑动，而不会在壳体 15 所形成的腔中滑动，即固定法兰 8、外管导套 7、弹簧 11、弹簧导管 9、轴肩螺钉 10 以及外管 6 实际上形成了一种独立于壳体 15 之外的独立结构。然而，在附件 1 所公开的方案中，相当于本专利固定法兰 8 的环形端盖 74 的凸缘中的环形端盖 74 被安装在相当于本专利壳体 15 的接头套 52 的内端上，其通过位于其上所形成的孔 82 中的柱销 84 与原告认为相当于本专利外管 6 的圆柱形接管 86 相连，所述接管 86 容纳在接头套 52 中并且可以滑动（见附件 1 说明书第 7 页第 2 ~7 段，附图 1 和 2），因此，附件 1 中的外管实际上与固定法兰相连，并且附件 1 中可滑动的外管部分被容纳在接头套（本专利所述壳体）中进行滑动，不存在独立于壳体之外的活塞机构。

在附件 7 中也没有公开将这些技术特征应用到附件 1 中从而得到权利要求 1 的技术方案的启示。

由于本专利权利要求 1 与附件 1 的上述区别技术特征，权利要求 1 旋转接头的结构使得在对接头进行维护时可以直接将该活塞机构拆卸下来进行维修或更换，而附件 1 中具有相应功能的部分不能被容易地拆卸下来，从而不易于进行维修更换。另外，权利要求 1 的弹簧也能够可靠定位。所以权利要求 1 的旋转接头结构无论相对于附件 1 还是相对于附件 1 和 7 的结合均具有实质性特点和进步，具备创造性。

权利要求 2 和 3 用附加技术特征对权利要求 1 进一步进行了限定，在权利要求 1 相对于附件 1 以及附件 1 和 7 的结合具备创造性的情况下，权利要求 2 和 3 相对于附件 1 以及附件 1 和 7 的结合也具有创造性。综上所述，附件 1 以及附件 1 和 7 的结合均不能破坏权利要求 1 ~3 的创造性。

②权利要求 1 相对于附件 3 和 6 的创造性。

如上所述，附件 3 和附件 6 共同表明，在申请日前现有技术中已经有一种 PTX 型旋转接头被公开使用，其与权利要求 1 的区别仅在于该 PTX 型旋转接头在外管和外管导套内壁之间无 O 型圈。

对于作为导热管路的连接装置而言，显然需要具有很好的密封性，所以提高外管和外管导套之间的密封性是本领域技术人员显然会想到的，用 O 型圈进行密封是本领域的公知常识（例如参见附件 7 第 1 页“引用标准”项下的内容)，所以上述区别没有给权利要求 1 的方案带来实质性特点和进步。

综上所述，现有技术的证据链所公开的方案与本专利权利要求 1 所要保护方案之间的区别属于所属领域技术人员从常规知识角度易于想到的，其效果对于本领域普通技术人员而言是可以预期的，所以权利要求 1 不具备实质性特点和进步，不符合《专利法》第二十二条第三款的规定。

基于以上事实和理由，被告作出第 9841 号决定。原告不服，向本院提起行政诉讼。

在庭审中，原告对被告的行政职权依据、审查程序及第 9841 号决定案由部分记载的事实均无异议，本院将进行书面审查。

本院认为：根据《专利法》第五条规定，对违反国家法律、社会公德或者妨害公共利益的发明创造，不授予专利权。第 9841 号决定中确认本专利不存在该法所禁止授权的情形，本院予以支持。《专利法》第二十二条第三款规定，创造性，是指同申请日前已有的技术相比，该发明有突出的实质性特点和显著的进步，该实用新型有实质性特点和进步。

由于被告根据原告提供的有关证据已经以“如果权利要求所要保护的技术方案与现有技术的差别是所属领域技术人员基于常规知识容易想到的，并且所要保护的技术方案的效果是本领域普通技术人员可以预期的，则该权利要求不具有创造性。”为由宣告本专利权利要求 1 无效，原告对此结果并无异议，本院亦同意被告的意见。针对本专利权利要求 1 是否具有新颖性问题，本院亦不再对被告第 9841 号决定中的相关论述进一步评述。

关于本专利权利要求 2 ~3 的创造性问题，本院认为，权利要求 2 和 3 的附加技术特征是对权利要求 1 进行了进一步限定，在权利要求 1 相对于原告提交的附件 1 以及附件 1 和 7 的结合具备创造性的情况下，权利要求 2 和 3 相对于附件 1 以及附件 1 和 7 的结合也具有创造性。

《专利法》第二十六条第三款规定，说明书应当对发明或者实用新型作出清楚、完整的说明，以所属技术领域的技术人员能够实现为准。关于原告适用此条款针对本专利权利要求 2 提出的无效请求，因原告在诉讼中未再坚持其主张，本院不作进一步审查。

《专利法实施细则》第二条第二款规定，专利法所称实用新型，是指对产品的形状、构造或者其结合所提出的适于实用的新的技术方案。根据该款规定，如果权利要求中既包含形状、构造特征，又包含对材料本身提出的技术方案，则不属于实用新型专利保护的客体，但是，将现有技术中已知的材料应用于具有形状、构造的产品上，则不属于对材料本身提出的技术方案。

本案中，权利要求3附加技术特征为“所述的密封环（5）为球面石墨密封环”，即权利要求1中的密封环进一步被限定为用石墨制成的球面环，由于石墨是本领域已知的材料，所以将其应用于具球面和环状构造的产品上不是对材料本身提出的技术方案，而是对应用石墨制成的材料的结构与形状提出的技术方案，故原告提出的权利要求3不符合《专利法实施细则》第二条第二款规定的主张不成立。

被告在第9841号决定中对原告在行政程序中提交的附件以及第三人提交的反证的证据形式及证据的真实性等方面进行了客观分析和判断，经本院审查，并不存在原告所述被告偏听偏信的情形，在评述过程中，亦未使用“伪证”等带有褒贬倾向性的用语。同时，由于第9841号决定已经宣告本专利权利要求1无效，原告针对被告对原告证据的评述的异议已无实际意义。故本院同意被告对双方证据的结论意见。而原告对被告没有使用或认可的原告针对本专利权利要求1提出的其他无效理由及证据，所坚持的诉讼意见已无实际意义，本院不作进一步评述。同理，原告要求调查取证的证据仅限于附件5，而原告在无效程序中，明确表示附件5作为使用公开的证据，是针对本专利权利要求1提出的，故亦无再行调取的必要。

《审查指南》第四部分第三章第3.3节关于无效宣告请求范围以及理由和证据中的第（5）点规定，在请求书中提交多篇对比文件时，应当指明与请求宣告无效的专利最接近的对比文件，并且应当指明是单独对比还是结合对比的对比方式，如果是结合对比，存在两种或者两种以上结合方式的，应当指明具体结合方式，对于不同的独立权利要求，可以分别指明最接近的对比文件。参照《审查指南》的规定，无效请求人应当在提出无效请求时或之后一个月内，结合无效请求的理由，提交证据并明确指明多篇证据的具体结合方式，此后再提交的证据及指明的结合方式不再属于该次无效请求审查的范围。超出该范围的无效理由及证据结合方式可通过新的无效请求案件来主张，故针对原告超出原范围的部分，被告不予审查并无不当，本院对此亦不作进一步评述；同理，原告在起诉中提出的新的无效理由和证据结合方式属于应首先通过无效程序提出的，本院亦不予评述。

综上所述，被告作出的第9841号决定认定事实清楚，证据充分，适用法律正确，程序合法，本院应予维持。原告的诉讼理由缺乏事实和法律依据，其诉讼请求本院不予支持。依照《中华人民共和国行政诉讼法》第五十四条第（一）项之规定，判决如下：

维持被告国家知识产权局专利复审委员会于2007年5月24日作出的第9841号无效宣告请求审查决定。

案件受理费100元，由原告上海金旋旋转接头制造有限公司负担（已交纳）。

如不服本判决，可在判决书送达之日起15日内，向本院递交上诉状，并按对方当事人的人数提出副本，预交上诉案件受理费100元，上诉于北京市高级人民法院。

审　判　长　饶亚东
审　判　员　刘景文
人民陪审员　史新章
二〇〇八年十二月四日
书　记　员　盛　阳

013

# 一种治疗骨折的胶囊及其生产工艺

## 无效宣告请求审查决定（第9902号）

决　　定　　号　第9902号
决　　定　　日　2007年6月7日
发明创造名称　一种治疗骨折的胶囊及其生产工艺
国 际 分 类 号　A61K 35/78，A61K 35/32，A61K 9/48，A61P 19/00
无效宣告请求人　岳顺疆
专　利　权　人　贵州维康药业有限公司
专　　利　　号　03101236.1
申　　请　　日　2003年1月16日
授 权 公 告 日　2005年8月24日
合 议 组 组 长　李金光
主　　审　　员　郭　婷
参　　审　　员　唐　莉

法 律 依 据　专利法第22条第3款
决 定 要 点

在判断一项权利要求是否具有创造性时，通常先确定与该权利要求最接近的现有技术；再将该权利要求的技术方案和现有技术的技术方案进行特征分析，确定二者之间的区别技术特征，然后，考察由引入这些区别技术特征而得到的权利要求的技术方案对于本领域技术人员来说是否显而易见，同时考察上述区别技术特征的引入是否给该权利要求技术方案带来了有益的技术效果。

### 一、案由

本无效宣告请求案涉及国家知识产权局于2005年8月24日授予公告的、名称为“一种治疗骨折的胶囊及其生产工艺”的03101236.1号发明专利权（下称本专利），其申请日为2003年1月16日，专利权人为贵州维康药业有限公司。本专利授权公告的权利要求书如下：

“1. 一种治疗骨折的胶囊，其特征在于：以制取1000粒计，它是以下列用量的原料制成的：芭蕉根600g，酢浆草400g，补骨脂600g，续断300g，三七150g，鹿茸50g。

2. 一种如权利要求1所述胶囊的生产工艺，其特征在于：先将三七、鹿茸分别粉碎后过100目筛，分别装好密封待用，再将芭蕉根，酢浆草，补骨脂，续断加水煎煮3次，第1次2小时，第2次1.5小时，第3次1小时，合并3次煎煮液，浓缩至稠膏，相对密度为1.31～1.35，烘干稠膏，粉碎过100目筛，膏粉与三七、鹿茸粉混合均匀，然后装胶囊即得。”

针对上述专利权，岳顺疆（下称请求人）于2006年2月5日向专利复审委员会提出无效宣告请求，认为本专利权利要求1~2不符合专利法第22条第2款、第3款和专利法第26条第3款的规定，权利要求2不符合专利法第21条第2款和专利法第26条第4款的规定，并提交了下述附件作为证据：

附件1：“骨康灵胶囊促进骨折愈合作用的实验研究”，蔺兴遥 隋艳华，中药药理与临床，第18卷第1期，第39~41页，2002年，复印件，共3页；

附件2：中华人民共和国国家药品监督管理局标准（试行）-骨康胶囊，复印件，共2页；

附件3：盖有“国家药品监督管理局”和“贵州维康药业有限公司”章的国家药品监督管理局国家药品标准（试行）颁布件-骨康胶囊，复印件，共1页；

附件4：《中药大辞典》，江苏新医学院编，上海科学技术出版社，1977年10月第1版，2002年7月第11次印刷，封面页，第2232~2236页，出版信息页，复印件，共7页；

附件5：中国药典2000年版一部—264鹿茸，网络打印件，共1页。

请求人认为：

（1）本专利说明书没有充分公开各组分特别是“鹿茸”在本发明技术方案中的特定的功能作用，而且说明书没有给出任何可以实施本发明并达到其技术效果的实验数据，因此，本专利不符合专利法第26条第3款的规定。（2）附件1的公开日在本专利申请日之前，其中公开了骨康灵胶囊及其组分组成，本专利权利要求1相对于附件1不具备专利法第22条第2款规定的新颖性。附件2的试行日期为2002年12月1日，因此其公开日期最晚是在2002年12月1日，附件2公开了骨康胶囊及其组分、含量和制备方法，附件3表明专利权人在申请日以前已经公开销售过骨康灵胶囊，因此本专利权利要求1~2相对于附件2或3不具备专利法第22条第2款规定的新颖性。（3）本专利权利要求1与附件2相比，仅仅是增加了“鹿茸50g”，但是通过附件5知道“鹿茸”在作为治疗骨折药物中的作用是强筋骨，而本专利没有记载或提供实验来证明鹿茸在本专利药品中所具有的独特功能作用。本专利权利要求2与附件2相比，增加了对“鹿茸50g”的处理方法，然而这样的区别是不具备创造性的，而另一个区别特征——粉碎后的细粉的目数——是一般公知常识性知识。因此，权利要求1相对于附件2与附件3、附件5的结合，或者相对于附件2与附件1、附件5的结合不具备专利法第22条第3款规定的创造性。（4）本专利权利要求2中提出“相对密度为1.31~1.35”，但是没有记载有相对密度所在的其他如温度等条件，虽然在说明书中记载有70℃，但作为整体技术方案，权利要求2没有以说明书为依据，说明要求保护的范围，缺少了相对密度所应有的温度，其数据是不正确的，也是本领域技术人员无法实现的，权利要求2没有记载解决技术问题的全部必要技术特征。权利要求2不符合专利法第26条第3款、第4款和专利法实施细则第21条第2款的规定。（5）本专利不符合专利法第22条第4款有关实用性的规定。

经形式审查合格后，专利复审委员会受理了上述请求，于2006年2月5日向双方当事人发出《无效宣告请求受理通知书》，并将《专利权无效宣告请求书》及其所附附件的副本转送给专利权人，要求其在指定的期限内答复，同时成立合议组对本无效请求案进行审理。

请求人于2006年2月10日提交了补充意见陈述，同时提交了附件6，以及补充附件2和5，具体是：

附件2：《国家药品监督管理局国家中成药标准汇编-中成药地方标准上升国家标准部分-骨伤科分册》，封面、封2、前言页、第311~313页，复印件，共6页；

附件5：《中华人民共和国药典》（2000年版一部），封面、封2、封3、前言页、第264~265页，复印件，共6页；

附件6：贵州维康药业有限公司致四川志远嘉宝药业有限责任公司的律师函，复印件，共2页。

专利权人于2006年3月15日针对《无效宣告请求受理通知书》提交了意见陈述书，认为：(1）附件1公开的内容属于一般（上位）概念的公开，不可用来判断一项专利权的新颖性和创造性。(2）附件2不是一份正规出版物，没有可以体现公开日期的印刷时间的记载，不具备否定本专利新颖性和创造性的条件。(3）附件3是国家药品管理部门颁布的内部文件，不公开，而且其中只记载了药品的名称，也不可作为对比文件来否定本专利的新颖性和创造性。(4）附件4和5记载了鹿茸的功效，正好说明了本发明的公开内容是充分的，每个组分的含义都是明确的，也是公众可以根据现有知识获得的。(5）审查指南并没有规定中药组合物的申请文件中必须记载各组分在技术方案中特定的功能作用。

2007年1月22日，本案合议组向双方当事人发出《无效宣告请求口头审理通知书》，定于2007年3月29日对本专利的无效宣告请求进行口头审理，同时将请求人于2006年2月10日提交的补充意见陈述书和证据副本转给专利权人，将专利权人于2006年3月15日提交的意见陈述书副本转给请求人，要求他们在口头审理时一并答复。

2007年3月29日，口头审理如期进行，请求人委托代理人参加了口头审理，专利权人没有到庭，合议组在请求人一方出庭的情况下就本无效宣告请求案进行了庭审调查。庭审过程中，(1）关于证据：请求人放弃附件4，提交了用于证明附件1的复印件与原件相符的公证书，出示了附件2和附件5的原件，并指明提出无效请求时提交的附件2就是复印自这本当庭出示的《国家药品监督管理局国家中成药标准汇编——中成药地方标准上升国家标准部分——骨伤科分册》原件，此外，请求人还指明附件6仅仅是作为佐证使用，用于证明专利权人已自认本专利权利要求1与附件2所规定的配方组分相一致；(2）关于无效理由：请求人放弃本专利不符合专利法第22条第4款的规定的无效理由，放弃权利要求1~2相对于附件3不具备专利法第22条第2款规定的新颖性的无效理由；请求人最终明确的无效理由为：说明书不符合专利法第26条第3款的规定；权利要求2不符合专利法第26条第4款和专利法实施细则第21条第2款的规定；权利要求1相对于附件1不符合专利法第22条第2款有关新颖性的规定，主张使用公开及以其他方式公开；权利要求1~2相对于附件2不符合专利法第22条第2款有关新颖性的规定，主张出版物公开；权利要求1~2相对于附件2~3、5的组合以及附件2、1、5的组合不具备专利法第22条第3款有关创造性的规定，请求人指出最接近的现有技术为附件2。

至此，合议组认为本案的事实已经清楚，可以作出审查决定。

**二、决定的理由**

1. 关于证据

请求人在口头审理时当庭出示了附件2的原件，即《国家药品监督管理局国家中成药标准汇编-中成药地方标准上升国家标准部分-骨伤科分册》一书，经核对，附件2的复印件与原件相符，在专利权人提交的意见陈述书中也未对附件2的真实性提出过异议，故合议组对附件2的真实性予以认可。请求人与专利权人对附件2的争议焦点在于附件2是否在本专利申请日前公开，对此合议组认为：(1）附件2是《国家药品监督管理局国家中成药标准汇编-中成药地方标准上升国家标准部分-骨伤科分册》，该书是由负责国家药品监督管理的行政部门编纂发行的药品标准汇编，目的是为了在全国范围内统一药品的生产工艺和质量标准，因此这种药品标准的汇编本是任何人没有约束都可获得的，处于公众想得知就能够得知的状态；附件2的封2上盖有“成都力思特制药股份有限公司 资料专用章”，而该公司并不是此药品标准的提出单位，这也佐证了附件2是公开发行的，是公众可获得的。（2）从 i）附件 2 封面上的“国家药品监督管理局 编 二 OO 二年”字样；ii）附件 2 前言页表明“从 2001 年初开始，我局对尚未纳入国家药品标准管理的中成药地方标准进行了清理整顿工作。在广大中医、药学专家的帮助下，此项工作已全面完成”和落款日期“2002 年 11 月 20 日”；以及 iii）附件 2 中骨康胶囊试行标准的试行日期为自 2002 年 12 月 1 日起和该汇编本中所有试行标准的试行日期均为自 2002 年 12 月 1 日起可知，附件 2 在 2002 年 11 月 20 日已汇编完成，出于在全国范围内统一药品的生产工艺和质量标准的目的，附件 2 应当在试行起始日 2002 年 12 月 1 日前公开发行，但由于附件 2 上未明确记载“二 OO 二年”是印刷日期，并且考虑到从汇编完成到印刷完成的合理时间，故依据附件 2 封面记载的“二 OO 二年”字样推定附件 2 的最迟公开日应为 2002 年度的最后一日，即 2002 年 12 月 31 日。专利权人虽在意见陈述中对附件 2 的公开性提出了质疑，但是并未提供反证予以证明。综上所述，附件 2 是专利法意义上的公开出版物，并且在本专利申请日前公开，构成本专利的现有技术。

请求人在口头审理时当庭出示了与附件 5 复印件相对应的原件，经核对附件 5 的复印件与原件相符，在专利权人提交的意见陈述书中也未对附件 5 的真实性提出异议，故合议组对附件 5 的真实性予以确认。附件 5 的公开日为 2000 年 1 月，在本专利申请日之前，构成本专利的现有技术。

2. 关于专利法第 22 条第 3 款

专利法第 22 条第 3 款规定：创造性，是指同申请日以前已有的技术相比，该发明有突出的实质性特点和显著的进步。

在判断一项权利要求是否具有创造性时，通常先确定与该权利要求最接近的现有技术；再将该权利要求的技术方案和现有技术的技术方案进行特征分析，确定二者之间的区别技术特征，然后，考察由引入这些区别技术特征而得到的权利要求的技术方案对于本领域技术人员来说是否显而易见，同时考察上述区别技术特征的引入是否给该权利要求技术方案带来了有益的技术效果。

本专利权利要求 1 要求保护一种治疗骨折的胶囊，权利要求 2 要求保护该胶囊的生产工艺，本专利说明书中记载的本发明有益效果为“本发明与现有技术相比，具有疗效好，无毒副作用，服用方便，价格便宜等优点，并具有消肿止痛、舒筋通络、补肾壮骨等功效，特别适合中老年人服用”。附件 2 公开了一种骨康胶囊，其功能主治为消肿止痛，舒筋通络，补肾壮骨，用于骨折，其处方为芭蕉根 600g、酢浆草 400g、补骨脂 600g、续断 300g、三七 150g，制成 1000 粒，其制法为以上五味，取芭蕉根 30g 和三七分别粉碎成细粉，剩余芭蕉根与其余补骨脂等三味加水煎煮三次，每次 1 小时，合并煎液，滤过，滤液浓缩至相对密度为 1.31～1.35（60℃）的稠膏，加入上述细粉，混匀，干燥，粉碎成细粉，混匀，装入胶囊，即得。

本专利权利要求 1 与附件 2 相比，区别仅在于本专利权利要求 1 的组方中增加了鹿茸 50g。该区别特征所能达到的效果是补肾壮骨，适合中老年人服用。因此，本发明实际解决的技术问题是通过加入一味补肾壮骨药来改进附件 2 的组方以达到特别适合中老年人服用的效果。然而，众所周知鹿茸是常用的滋补佳品，特别适合中老年人服用，附件 5 在鹿茸的［功能与主治］部分也公开了鹿茸具有强筋骨的作用，因此，在用于壮骨的中药组方中加入与该组方原料之间没有使用禁忌并具有滋补效果的鹿茸，对于本领域技术人员来说是易于想到并做到的，而 50g 的用量也是常规剂量。因此，在附件 2 的基础上结合附件 5 得到权利要求 1 的技术方案对于本领域技术人员来说是显而易见的。而且，本专利说明书中提及的有益效果是所属领域技术人员根据附件 2、5 记载的功能可以预见到的。综上，权利要求 1 相对于附件 2 和附件 5 的结合不具备突出的实质性特点和显著的进步，不具备专利法第 22 条第 3 款规定的创造性。

本专利权利要求 2 与附件 2 相比，除上文所述的组方区别外，方法区别在于加入了对鹿茸的处理以及对制备步骤进行了细化和微调，例如规定了粉碎后过100目筛和煎煮时间的微调等。然而由附件5可知鹿茸常被研成细粉作为鹿茸粉使用；本领域也公知（例如见《中华人民共和国药典》2000年版）附件2中公开的“细粉”就是指能全部通过五号筛（80目）但混有能通过六号筛（100目）不少于95%的粉末，且对于制备步骤的调整都是在本领域的可能、有限的范围内进行的细微调整，对于本领域技术人员来说是易于选择的。因此，在附件2的基础上结合附件5得到权利要求2的技术方案对于本领域技术人员来说是显而易见的，并且本专利说明书中也未指出对方法的微调产生了哪些意想不到的效果。综上，权利要求2相对于附件2和附件5的结合也不具备突出的实质性特点和显著的进步，不具备专利法第22条第3款规定的创造性。

3. 关于其他证据和无效理由

由于附件2和附件5已足以否定本专利权利要求1和2的创造性，因此，对于请求人在口头审理中坚持的其他证据和无效理由，合议组不再评述。

基于以上事实和理由，本案合议组作出如下审查决定。

**三、决定**

宣告03101236.1号发明专利权无效。

当事人对本决定不服的，可以根据专利法第46条第2款的规定，自收到本决定之日起三个月内向北京市第一中级人民法院起诉。根据该款的规定，一方当事人起诉后，另一方当事人应当作为第三人参加诉讼。

# 北京市第一中级人民法院
# 行政判决书

（2007）一中行初字第1448号

原告贵州维康药业有限公司，住所地贵州省贵阳市中华南路45号华坤发展大厦9楼E座。

法定代表人贺适鸣，董事长。

委托代理人李治宗，北京市汉和律师事务所律师。

委托代理人赵辉，男，1968年10月25日出生，住北京市东城区缎库胡同15号1楼3门2号。

被告国家知识产权局专利复审委员会，住所地北京市海淀区北四环西路9号银谷大厦。

法定代表人廖涛，副主任。

委托代理人郭婷，国家知识产权局专利复审委员会审查员。

委托代理人郭鹏鹏，国家知识产权局专利复审委员会审查员。

第三人岳顺疆，男，1973年1月4日出生，汉族，住址四川省成都市青白江区华严镇团结中路148号。

委托代理人方强，男，1974年10月27日出生，汉族，成都天嘉专利事物所专利代理人，住址四川省成都市洗面桥街13号。

原告贵州维康药业有限公司不服被告国家知识产权局专利复审委员会于2007年6月7日作出，于同年6月20日邮寄送达的第9902号无效宣告请求审查决定（以下简称第9902号决定），于2007年10月8日向本院提起行政诉讼。本院受理后，依法组成合议庭，向被告送达了起诉状副本和应诉通知书，并依法通知岳顺疆作为本案第三人参加诉讼，于2007年12月5日公开开庭审理了本案。原告的委托代理人李治宗，被告的委托代理人郭婷、郭鹏鹏，第三人的委托代理人方强到庭参加了诉讼。本案现已审理终结。

2007年6月7日，被告作出第9902号决定，根据《中华人民共和国专利法》（以下简称《专利法》）第二十二条第三款的规定，宣告第03101236.1号“一种治疗骨折的胶囊及其生产工艺”发明专利权（以下简称本专利）无效。

被告在法定期限内向本院提交了下列证据，用以证明第9902号决定认定事实清楚、适用法律正确、审查程序合法：(1)《国家药品监督管理局国家中成药标准汇编-中成药地方标准上升国家标准部分-骨伤科分册》(2002年)，封面、封2、前言页、第311～313页复印件共6页；(2)《中华人民共和国药典》(2000年版)，封面、封2～3、前言页、第264～265页复印件共6页。

原告诉称，中药的疗效是由组成该药的各组分及其剂量之搭配组合而实现其独有的治疗效果。众所周知，一剂药方中增或添某一组分，或者不变组分、仅改变其中某一组分或某几组分的剂量，就改变了治疗效果。所以中医看病时，即使对同一病人同一种病，在各帖药方中均有组分或剂量的改变或调整，使疗效不同。疗效不同即存在创造性。同时被告并未能举证证明增加鹿茸50g，或增加不同剂量的鹿茸与不增加鹿茸的疗效是等同的，而仅以公知的鹿茸的强筋骨的功能，就作出本专利权利要求1不具备创造性的结论。中药中各组分的功能均是公知的，按被告的这种理由，岂不是中药均无专利可申请了。中药是多种有机成分或有机成分与无机成分对人体的复杂的综合作用而达到治疗效果，不能用传统工业中无机材料组分的组合是否相同的判别方法来判断其与已有技术方案相比是否具有创造性。综上，请求撤销第9902号决定。

在本院指定的举证期限内原告向本院提交了下列证据：(1)“骨康灵胶囊促进骨折愈合作用的实验研究”一文，登载于《中药药理与临床》(2002；18（1))；(2)《国家药品监督管理局标准：骨康胶囊》(2002年试行)；(3)《国家药品监督管理局国家药品标准试行颁布件：骨康胶囊》(2002年11月30日)。以上证据用以证明本专利具有创造性。

被告辩称，对第9902号决定认定本专利权利要求1与附件2《国家药品监督管理局标准：骨康胶囊》(2002年试行）的区别技术特征（权利要求1的组方中增加了鹿茸50g)，原告予以了认可；对第9902号决定中认定的发明实际解决的技术问题（通过加入一味补肾壮骨药来改进附件2的组方以达到特别适合中老年人服用的效果)，原告也没有提出异议。因此本案的主要争议焦点在于：从最接近的现有技术和发明实际解决的技术问题出发，本专利权利要求1要求保护的技术方案对于本领域技术人员来说是否是显而易见的。首先，原告在起诉状中所称的“一剂药方中增或添某一组分，或者不变组分仅改变其中某一组分的剂量，就改变了治疗效果……疗效不同即存在创造性……”这种一概而论的观点是明显不合理的。如果这种观点成立，则中药专利申请只要符合新颖性的要求即可授权，不必再审查创造性，这种做法明显不符合《专利法》、《专利法实施细则》及《审查指南》的精神和要求。其次，第9902号决定宣告本专利权利要求1无效是依据附件1和附件5的结合提出的，然而，原告在起诉状中仅提及了附件2，并没有提及附件5。此外，原告没有向法院提交附件5，提交的附件2也页数不全。再次，原告在起诉状中称“被告并未能举证证明增加鹿茸50g，或增加不同利量的鹿茸与不增加鹿茸的疗效是等同的”，然而第9902号决定中并未认定增加了鹿茸50g的组方与不增加鹿茸的组方的疗效是等同的。第9902号决定中认定的是在确定了区别特征和发明实际解决的技术问题之后，在附件2的基础上结合附件5得到本专利权利要求1的技术方案是显而易见的。而且本专利说明书中提及的有益效果也是所属领域技术人员根据附件2和附件5记载的功能可以预见到的，因此，本专利权利要求1相对于附件2与附件5的结合不具备突出的实质性特点和显著的进步，不具备《专利法》第二十二条第三款规定的创造性。综上所述，第9902号决定证据认定正确、事实认定清楚，原告的诉讼理由不能成立，请求法院依法驳回原告诉讼请求，维持第9902号决定。

第三人没有向本院提交书面意见及证据，其在庭审中表示同意被告答辩意见，请求法院维持第9902号决定。

经庭审质证，原告和第三人对被告的证据的关联性、真实性、合法性没有异议，本院经审查对被告的证据予以确认。关于原告的证据，被告认为原告的证据1和证据3不是第9902号决定依据的文件，与本案没有关联性，原告的证据2是被告提交的证据1中的一部分；第三人亦同意被告对原告证据的质证意见。本院经审查认为，原告的证据1和3虽然未被第9902号决定采用，但确属在行政程序中已提交的证据，与本案具有关联性，可以作为本案证据；原告的证据真实、合法，与本案具有关联性，但不具有原告所主张的证明作用。在本案庭审过程中，本院要求被告提交了本专利说明书，原告和第三人对该证据没有异议，本院予以采纳。在本案庭审过程中，被告出示了《中药大辞典》第2232页~2235页（江苏新医学院编，上海科学技术出版社出版发行，1977年10月第1版，2002年7月第11次印刷)，用以说明“50g”是鹿茸的常规利量，原告和第三人对此证据的真实性没有异议，本院予以采纳。

根据上述有效证据及当事人陈述，本院确认如下事实：

本专利是第03101236.1号发明专利，名称为“一种治疗骨折的胶囊及其生产工艺”，专利权人为原告，申请日为2003年1月16日，授权公告日为2005年8月24日。本专利授权公告的权利要求书如下：

“1. 一种治疗骨折的胶囊，其特征在于：以制取1000粒计，它是以下列用量的原料制成的：芭蕉根600g，酢浆草400g，补 骨脂600g，续断300g，三七150g，鹿茸50g。

2. 一种如权利要求1所述胶囊的生产工艺，其特征在于：先将三七、鹿茸分别粉碎后过100目筛，分别装好密封待用，再将芭蕉根，酢浆草，补骨脂，续断加水煎煮3次，第1次2小时，第2次1.5小时，第3次1小时，合并3次煎煮液，浓缩至稠膏，相对密度为1.31～1.3 5，烘干稠膏，粉碎过100目筛，膏粉与三七、鹿茸粉混合均匀，然后装胶囊即得。”

针对本专利权，第三人于2006年2月5日向被告提出无效宣告请求，认为本专利权利要求1、2不符合《专利法》第二十二条第二款、第三款和《专利法》第二十六条第三款的规定，权利要求2不符合《专利法实施细则》第二十一条第二款和《专利法》第二十六条第四款的规定。第三人在行政程序中提交了下列证据：

附件1.“骨康灵胶囊促进骨折愈合作用的实验研究”，作者：蔺兴遥、隋艳华，《中药药理与临床》(2002年第18卷第1期）第39～41页复印件；

附件2.《国家药品监督管理局国家中成药标准汇编-中成药地方标准上升国家标准部分-骨伤科分册》(2002年)，封面、封二、前言页、第311～313页复印件；

附件3. 盖有“国家药品监督管理局”和“贵州维康药业有限公司”章的《国家药品监督管理局国家药品标准（试行）颁布件-骨康胶囊》复印件；

附件4.《中药大辞典》，江苏新医学院编，上海科学技术出版社出版发行，1977年10月第1版，2002年7月第11次印刷，封面页、第2232～2236页、出版信息页复印件；

附件5.《中华人民共和国药典》(2000年版一部)，封面、封二、封三、前言页、第264～265页复印件。

附件6. 原告致四川志远嘉宝药业有限责任公司的律师函复印件，

第三人认为：(1）本专利说明书没有充分公开各组分特别是“鹿茸”在本发明技术方案中的特定的功能作用，而且说明书没有给出任何可以实施本发明并达到其技术效果的实验数据，因此，本专利不符合《专利法》第二十六条第三款的规定。(2）附件1的公开日在本专利申请日之前，其中公开了骨康灵胶囊及其组分组成，本专利权利要求1相对于附件1不具备《专利法》第二十二条第二款规定的新颖性。附件2的试行日期为2002年12月1日，因此其公开日期最晚是在2002年12月1日，附件2公开了骨康胶囊及其组分、含量和制备方法，附件3表明专利权人在申请日以前已经公开销售过骨康灵胶囊，因此本专利权利要求1～2相对于附件2或3不具备《专利法》第二十二条第二款规定的新颖性。(3）本专利权利要求1与附件2相比，仅仅是增加了“鹿茸50g”，但是通过附件5知道“鹿茸”在作为治疗骨折药物中的作用是强筋骨，而本专利没有记载或提供实验来证明鹿茸在本专利药品中所具有的独特功能作用。本专利权利要求2与附件2相比，增加了对“鹿茸50g”的处理方法，然而这样的区别是不具备创造性的，而另一个区别特征——粉碎后的细粉的目数——是一般公知常识性知识。因此，权利要求1相对于附件2与附件3、附件5的结合，或者相对于附件2与附件1、附件5的结合不具备《专利法》第二十二条第三款规定的创造性。(4）本专利权利要求2中提出“相对密度为1.31～1.35”，但是没有记载有相对密度所在的其他如温度等条件，虽然在说明书中记载有70℃，但作为整体技术方案，权利要求2没有以说明书为依据，说明要求保护的范围，缺少了相对密度所应有的温度，其数据是不正确的，也是本领域技术人员无法实现的，权利要求2没有记载解决技术问题的全部必要技术特征。权利要求 2 不符合《专利法》第二十六条第三款、第四款和《专利法实施细则》第二十一条第二款的规定。(5) 本专利不符合《专利法》第二十二条第四款有关实用性的规定。

被告对该请求予以受理并按照有关规定进行了转文。原告于 2006 年 3 月 15 日提交了意见陈述书，认为：(1) 附件 1 公开的内容属于一般（上位）概念的公开，不可用来判断一项专利权的新颖性和创造性。(2) 附件 2 不是一份正规出版物，没有可以体现公开日期的印刷时间的记载，不具备否定本专利新颖性和创造性的条件。(3) 附件 3 是国家药品管理部门颁布的内部文件，不公开，而且其中只记载了药品的名称，也不可作为对比文件来否定本专利的新颖性和创造性。(4) 附件 4 和 5 记载了鹿茸的功效，正好说明了本发明的公开内容是充分的，每个组分的含义都是明确的，也是公众可以根据现有知识获得的。(5)《审查指南》并没有规定中药组合物的申请文件中必须记载各组分在技术方案中特定的功能作用。

被告在向原告和第三人发出《无效宣告请求口头审理通知书》后，于 2007 年 3 月 29 日进行了口头审理，第三人的委托代理人参加了口头审理，原告未参加口头审理。口审主要内容如下：(1) 关于证据：第三人放弃附件 4，提交了用于证明附件 1 的复印件与原件相符的公证书，出示了附件 2 和附件 5 的原件；第三人指明附件 6 仅仅是作为佐证使用，用于证明原告已自认本专利权利要求 1 与附件 2 所规定的配方组分相一致；(2) 关于无效理由：第三人放弃本专利不符合《专利法》第二十二条第四款的规定的无效理由，放弃权利要求 1 ~ 2 相对于附件 3 不具备《专利法》第二十二条第二款规定的新颖性的无效理由；第三人最终明确的无效理由为：说明书不符合《专利法》第二十六条第三款的规定；权利要求 2 不符合《专利法》第二十六条第四款和《专利法实施细则》第二十一条第二款的规定；权利要求 1 相对于附件 1 不符合《专利法》第二十二条第二款有关新颖性的规定，主张使用公开及以其他方式公开；权利要求 1 ~ 2 相对于附件 2 不符合《专利法》第二十二条第二款有关新颖性的规定，主张出版物公开；权利要求 1 ~ 2 相对于附件 2 ~ 3、5 的组合以及附件 2、1、5 的组合不具备《专利法》第二十二条第三款有关创造性的规定，第三人指出最接近的现有技术为附件 2。

经审查，被告于 2007 年 6 月 7 日作出第 9902 号决定，认定如下：

1. 关于证据

第三人在口头审理时当庭出示了附件 2 的原件，即《国家药品监督管理局国家中成药标准汇编-中成药地方标准上升国家标准部分-骨伤科分册》一书，经核对，附件 2 的复印件与原件相符，在原告提交的意见陈述书中也未对附件 2 的真实性提出过异议，故被告对附件 2 的真实性予以认可。第三人与原告对附件 2 的争议焦点在于附件 2 是否在本专利申请日前公开，对此被告认为：(1) 附件 2 是《国家药品监督管理局国家中成药标准汇编一中成药地方标准上升国家标准部分-骨伤科分册》，该书是由负责国家药品监督管理的行政部门编纂发行的药品标准汇编，目的是为了在全国范围内统一药品的生产工艺和质量标准，因此这种药品标准的汇编本是任何人没有约束都可获得的，处于公众想得知就能够得知的状态；附件 2 的封 2 上盖有“成都力思特制药股份有限公司资料专用章”，而该公司并不是此药品标准的提出单位，这也佐证了附件 2 是公开发行的，是公众可获得的。(2) 附件 2 封面上的“国家药品监督管理局编二〇〇二年”字样、附件 2 前言页表明“从 2001 年初开始，我局对尚未纳入国家药品标准管理的中成药地方标准进行了清理整顿工作。在广大中医、药学专家的帮助下，此项工作已全面完成”和落款日期“2002 年 11 月 20 日”，以及附件 2 中骨康胶囊试行标准的试行日期为自 2002 年 12 月 1 日起和该汇编本中所有试行标准的试行日期均为自 2002 年 12 月 1 日起可知，附件2在2002年11月20日已汇编完成，出于在全国范围内统一药品的生产工艺和质量标准的目的，附件2应当在试行起始日2002年12月1日前公开发行，但由于附件2上未明确记载“二〇〇二年”是印刷日期，并且考虑到从汇编完成到印刷完成的合理时间，故依据附件2封面记载的“二〇〇二年”字样推定附件2的最迟公开日应为2002年度的最后一日，即2002年12月31日。原告虽在意见陈述中对附件2的公开性提出了质疑，但是并未提供反证予以证明。综上所述，附件2是专利法意义上的公开出版物，并且在本专利申请日前公开，构成本专利的现有技术。

第三人在口头审理时当庭出示了与附件5复印件相对应的原件，经核对附件5的复印件与原件相符，在原告提交的意见陈述书中也未对附件5的真实性提出异议，故被告对附件5的真实性予以确认。附件5的公开日为2000年1月，在本专利申请日之前，构成本专利的现有技术。

2. 关于《专利法》第二十二条第三款

在判断一项权利要求是否具有创造性时，通常先确定与该权利要求最接近的现有技术；再将该权利要求的技术方案和现有技术的技术方案进行特征分析，确定二者之间的区别技术特征，然后，考察由引入这些区别技术特征而得到的权利要求的技术方案对于本领域技术人员来说是否显而易见，同时考察上述区别技术特征的引入是否给该权利要求技术方案带来了有益的技术效果。

本专利权利要求1要求保护一种治疗骨折的胶囊，权利要求2要求保护该胶囊的生产工艺，本专利说明书中记载的本发明有益效果为“本发明与现有技术相比，具有疗效好，无毒副作用，服用方便，价格便宜等优点，并具有消肿止痛、舒筋通络、补肾壮骨等功效，特别适合中老年人服用”。附件2公开了一种骨康胶囊，其功能主治为消肿止痛，舒筋通络，补肾壮骨，用于骨折，其处方为芭蕉根600g、酢浆草400g、补骨脂600g、续断300g、三七150g，制成1000粒，其制法为以上五味，取芭蕉根30g和三七分别粉碎成细粉，剩余芭蕉根与其余补骨脂等三味加水煎煮三次，每次1小时，合并煎液，滤过，滤液浓缩至相对密度为1.31～1.35（60℃）的稠膏，加入上述细粉，混匀，干燥，粉碎成细粉，混匀，装入胶囊，即得。

本专利权利要求1与附件2相比，区别仅在于本专利权利要求1的组方中增加了鹿茸50g。该区别特征所能达到的效果是补肾壮骨，适合中老年人服用。因此，本发明实际解决的技术问题是通过加入一味补肾壮骨药来改进附件2的组方以达到特别适合中老年人服用的效果。然而，众所周知鹿茸是常用的滋补佳品，特别适合中老年人服用，附件5在鹿茸的［功能与主治］部分也公开了鹿茸具有强筋骨的作用，因此，在用于壮骨的中药组方中加入与该组方原料之间没有使用禁忌并具有滋补效果的鹿茸，对于本领域技术人员来说是易于想到并做到的，而50g的用量也是常规剂量。因此，在附件2的基础上结合附件5得到权利要求1的技术方案对于本领域技术人员来说是显而易见的。而且，本专利说明书中提及的有益效果是所属领域技术人员根据附件2、5记载的功能可以预见到的。综上，权利要求1相对于附件2和附件5的结合不具备突出的实质性特点和显著的进步，不具备《专利法》第二十二条第三款规定的创造性。

本专利权利要求2与附件2相比，除上文所述的组方区别外，方法区别在于加入了对鹿茸的处理以及对制备步骤进行了细化和微调，例如规定了粉碎后过100目筛和煎煮时间的微调等。然而由附件5可知鹿茸常被研成细粉作为鹿茸粉使用；本领域也公知（例如见《中华人民共和国药典》2000年版）附件2中公开的“细粉”就是指能全部通过五号筛（80目）但混有能通过六号筛（100目）不少于95%的粉末，且对于制备步骤的调整都是在本领域的可能、有限的范围内进行的细微调整，对于本领域技术人员来说是易于选择的。因此，在附件2的基础上结合附件5得到权利要求2的技术方案对于本领域技术人员来说是显而易见的，并且本专利说明书中也未指出对方法的微调产生了哪些意想不到的效果。综上，权利要求2相对于附件2和附件5的结合也不具备突出的实质性特点和显著的进步，不具备《专利法》第二十二条第三款规定的创造性。

3. 关于其他证据和无效理由

由于附件 2 和附件 5 已足以否定本专利权利要求 1 和 2 的创造性，因此，对于第三人在口头审理中坚持的其他证据和无效理由，被告不再评述。

基于以上事实和理由，被告宣告第 03101236. 1 号发明专利权无效。

另查，在本专利的说明书中，对本专利的有益效果描述为："本发明与现有技术相比，具有疗效好，无毒副作用，服用方便，价格便宜等优点。并具有消肿止痛、舒筋通络、补肾壮骨等功效，特别适合中老年人服用"。在附件 2 中，骨康胶囊处方为："芭蕉根 600g，酢浆草 400g，补骨脂 600g，续断 300g，三七 150g"。对其功能主治的描述为："中医：消肿止痛、舒筋通络、补肾壮骨。用于骨折"。在附件 5 中，对鹿茸的功能与主治描述为："壮肾阳，益精血，强筋骨，等等"。

本院认为，本案争议的焦点问题为：本专利权利要求 1 "鹿茸 50g" 这一技术特征与已有技术相比是否具有创造性。《专利法》第二十二条第三款规定："创造性，是指同申请日以前已有的技术相比，该发明有突出的实质性特点和显著的进步，该实用新型有实质性特点和进步"。本案中，第三人在行政程序中提交的证据附件 2 和附件 5 的公开日在本专利申请日之前，构成本专利的已有技术。本专利权利要求 1 与附件 2 相比，其区别在于本专利权利要求 1 增加了原料"鹿茸 50g"。与附件 2 公开的骨康胶囊的功能主治相比较，本专利说明书对其有益效果的描述并无突出的实质性特点和显著的进步。并且，结合附件 2 中对鹿茸的功能和主治的揭示，在附件 1 处方的基础上加入"鹿茸 50g"，对于本领域技术人员来说也是显而易见的。综上，被告认为本专利权利要求 1 相对于附件 2 和附件 5 的结合不具备突出的实质性特点和显著的进步，不具备《专利法》第二十二条第三款规定的创造性，具有事实和法律根据，本院予以支持。原告对第 9902 号决定的程序和其他实体问题没有提出争议，本院经审查对其合法性亦予以确认。

综上，第 9902 号决定认定事实清楚，适用法律正确，程序合法，本院应予维持。原告的诉讼请求，缺乏事实和法律依据，本院不予支持。依照《中华人民共和国行政诉讼法》第五十四条第（一）项，判决如下：

维持被告国家知识产权局专利复审委员会作出的 9902 号无效宣告请求审查决定。

案件受理费 100 元，由原告贵州维康药业有限公司负担（已交纳）。

如不服本判决，可在判决书送达之日起 15 日内向本院提交上诉状，并按对方当事人的人数提交副本，预交上诉案件受理费 100 元，上诉于北京市高级人民法院。

审 判 长 吴 月
代理审判员 胡华峰
人民陪审员 付勇军
二〇〇八年一月十日
书 记 员 郎莉萍

014

# 方便快餐粉丝的加工方法

## 无效宣告请求审查决定（第9924号）

**决　定　号**　第9924号
**决　定　日**　2007年6月7日
**发明创造名称**　方便快餐粉丝的加工方法
**国际分类号**　A23L 1/217
**无效宣告请求人**　四川白家食品有限公司
**专　利　权　人**　四川光友实业集团有限公司
**专　利　号**　00112963.5
**申　请　日**　2000年5月23日
**授权公告日**　2003年9月3日
**合议组组长**　徐洁玲
**主　审　员**　唐　莉
**参　审　员**　许　磊

**法律依据**　专利法实施细则第20条第1款，专利法第26条第3款，专利法第22条第3款
**决定要点**

在判断一项权利要求是否具有创造性时，应当将权利要求的技术方案与最接近的现有技术进行比较，找出二者的区别技术特征，并判断现有技术整体上是否给出将这些区别特征应用到该最接近现有技术以解决其存在的技术问题的启示。如果现有技术存在这种启示，则该方案是显而易见的。

### 一、案由

本无效宣告请求案涉及国家知识产权局于2003年9月3日公告授予的、名称为“方便快餐粉丝的加工方法”的第00112963.5号发明专利权（下称本专利），其申请日为2000年5月23日，授权公告时的专利权人为邹光友，2004年9月8日专利权人变更为四川光友实业集团有限公司。该专利授权公告的权利要求如下：

“1. 一种方便快餐粉丝的加工方法，加工步骤包括：

a. 合粉：取淀粉，与适量添加剂和水混合搅拌均匀；

b. 熟化成型：将混匀后的混合物经粉丝机或手工加工成型为粉丝或粉片；

其特征是还包括下列加工步骤：

c. 切割：将熟化成型的粉丝或粉片切断成30～1000毫米长度；

d. 称量分装：切割后的粉丝或粉片按每份50~300克称量，再分别装入成型干燥碗或盒中；

e. 干燥：将装入成型干燥碗或盒中的粉丝或粉片干燥至重量百分含水率≤30%；

f. 包装：将成型干燥碗或盒中的粉丝或粉片转移至方便碗或盒、袋中，再将密封的调味料小袋、密封的调味油小袋，叉子或筷子装入方便碗或盒、袋中，封口即得产品。

2. 按权利要求1所述的方便快餐粉丝的加工方法，其特征是：所述成型干燥碗或盒的底部及周壁分布有通气孔。

3. 按权利要求1或2所述的方便快餐粉丝的加工方法，其特征是：所述步骤e的干燥方式为自然晾干、烘干或/和热空气干燥。

4. 按权利要求1所述的方便快餐粉丝的加工方法，其特征是：所述熟化成型或切割后的粉丝或粉片经连续运动的输送机带转移并冷却。

5. 按权利要求4所述的方便快餐粉丝的加工方法，其特征是：所述粉丝或粉片经冷却后再经挤压。

6. 按权利要求1所述的方便快餐粉丝的加工方法，其特征是：所述淀粉是红薯、马铃薯、木薯、玉米、碗豆、绿豆、蚕豆、葛根、蕨根、莲藕、荸荠、荞麦、莜麦、芭蕉淀粉中的一种或两种或两种以上的混合物。”

针对上述专利权，四川白家食品有限公司（下称请求人）于2006年11月14日向专利复审委员会提出无效宣告请求，并提交了下述证据：

证据1：申请号为97107724.X的发明专利申请公开说明书，公开日为1998年4月1日，复印件共10页；

证据2：ZL专利号为98218556.1的实用新型专利说明书，授权公告日为1999年9月15日，复印件共8页；

证据3：申请号为92113305.7的发明专利申请公开说明书，公开日为1994年5月25日，复印件共8页；

证据4：申请号为98112157.8的发明专利申请公开说明书，公开日为1999年3月3日，复印件共4页；

请求人认为：(1) 由于没有清楚地表述淀粉取量、添加剂和水分的含量、添加剂是何物质，因此权利要求1~6的保护范围不清楚，不符合专利法实施细则第20条第1款的规定；(2) 说明书中对于淀粉、添加剂、水的含量都没有明确的表述，“搅拌均匀”也是不清楚的表述用语，因此权利要求1~6的技术方案无法实现，不符合专利法第26条第3款的规定；(3) 权利要求1与证据1的区别在于，将熟化成型后的工序由证据1中的冷却、干燥、搓散、切割、称量改为切割、称量分装进成型干燥碗或盒、干燥，其实际解决的技术问题是使粉丝产品易包装且整齐有序，证据2给出了在干燥、包装前先用成型容器对粉丝进行称量、成型的技术启示，因此权利要求1相对于证据1和2的结合不具备创造性；由于证据2给出了在制作粉丝的定型用的成型干燥碗、盒上开设通气孔的技术启示，证据1公开了具体的干燥方式和具体的淀粉成分，因此权利要求2~3、6相对于证据1和2的结合不具备创造性；证据3中公开了利用牵引机这样的机械输送机方式进行连续作业的方法，证据1中公开了在冷却后搓散的工序，因此权利要求4~5相对于证据1~2和3的结合不具备创造性；(4) 对于权利要求1与证据1的区别，由于证据4给出了在粉丝完全干燥前，通过具有成型作用的成型碗、盒进行定型的技术启示，因此权利要求1相对于证据1和4的结合不具备创造性；如前所述，证据2公开了用于粉丝成型的成型模具具有透气或通气孔的技术特征，因此权利要求2相对于证据1~2和4的结合不具备创造性。

经形式审查合格后，专利复审委员会受理了上述请求，于2006年11月14日向双方当事人发出《无效宣告请求受理通知书》，并将《专利权无效宣告请求书》及其附件清单中所列附件的副本转送给专利权人，要求其在指定的期限内答复。

专利权人于2006年12月18日作出答复，并提交了以下附件：

附件1：由四川永衡会计师事务所有限责任公司出具的四川光友薯业有限公司自1999年1月1日至2003年12月31日的销售收入审计报告以及四川永衡会计师事务所的企业法人营业执照和执业证书，复印件共7页；

附件2：四川光友薯业有限公司和四川光友实业集团有限公司的相关荣誉证书，复印件共9页；

附件3：由四川光友实业集团有限公司和四川光友薯业有限公司共同出具的证明书，用于证明四川光友薯业有限公司是本专利的专利实施单位，复印件共1页。

专利权人认为：(1)“取淀粉，与适量的添加剂和水混合搅拌均匀”是本领域普通技术人员能够理解和掌握的常规加工中的技术特征，因此权利要求1～6的保护范围清楚，符合专利法实施细则第20条第1款的规定；(2)“取淀粉，与适量的添加剂和水混合搅拌均匀”是现有方便粉丝加工中的常规技术特征，“搅拌均匀”也是食品加工中的基本常识，其含义清楚，因此说明书符合专利法第26条第3款的规定；(3) 对比文件2中公开的模具并非用于干燥，其中并没有先切割，再利用容器干燥熟化粉丝，以防止粉丝在包装中断裂的技术启示，对比文件4中也没有先切割，再利用容器干燥熟化粉丝的技术启示，本领域普通技术人员不可能有合理的动机将证据1与证据2或4相结合，另外，附件1的财务报表数据证明本专利技术的使用大幅提升了专利权人产品的销售份额，在商业上取得了显著的成功，附件2的荣誉证书证明专利权人的努力还取得了很好的社会效益，因此权利要求1～6具备创造性。

请求人于2006年12月11日提交了补充的意见陈述和证据1～11，其中证据1～4与请求人提出无效请求时提交的证据1～4相同，新增的证据5～11如下：

证据5：申请号为97106822.4的发明专利申请公开说明书，公开日为1998年2月11日，复印件共6页；

证据6：申请号为91106780.9的发明专利申请公开说明书，公开日为1993年3月10日，复印件共14页；

证据7：“方便米粉一步成型新工艺研究报告”，《食品科技》，1999年第1期，第16～18页，复印件共3页；

证据8：“薯类及玉米淀粉即食粉丝的开发研究”，《食品科技》，2000年第3期，第20～21页，复印件共2页；

证据9：“韩国方便面条生产工艺”，《四川粮油科技》，1996年第4期，第34～37页，复印件共5页；

证据10：“油炸方便面模盒工艺技术性能的探讨”，《食品工业》，1996年第5期，第8～9页，复印件共2页；

证据11：右上角有“维普资讯 http://www.cqvip.com”，页码为“14”，标题为“碗装方便米粉生产可行性分析”的复印件共1页。

请求人还补充了以下无效宣告理由：(1) 权利要求1与证据4或6的技术领域、技术方案、欲解决的技术问题实质上相同，并能达到相同的预期效果，证据8公开的工序步骤全部包括了权利要求1中的步骤，权利要求1相对于证据9或11没有实质性区别，因此权利要求1相对于证据4、6、8～9或11不具备新颖性；(2) 权利要求1相对于证据4少了预干燥的工序，但也少了其有利效果，而证据4未公开的切割工序的长度参数和称量工序的重量参数是通用参数，包装工序中加入调味品和叉子或筷子是简单组合，也没有带来新的功能，因此权利要求1相对于证据4不具备创造性；权利要求1相对于证据6少了原料处理和磨粉、风冷和时效工序，但原料处理和磨粉是本领域的必备工序，熟化成型后冷却是本领域的通用工序，时效的作用在证据6中已经说明，而证据6未公开的切割工序的长度参数和称量工序的重量参数是通用参数，包装工序中加入调味品和叉子或筷子是简单组合，也没有带来新的功能，因此权利要求1相对于证据6不具备创造性；由于权利要求1相对于证据4少了预干燥的工序，但也少了其有利效果，而证据4中未公开的切割工序的长度参数和称量工序的重量参数，以及包装工序中加入调味品和叉子或筷子的特征都已在证据1中公开，因此权利要求1相对于证据4和1的结合不具备创造性；如前所述，权利要求1与证据6没有实质上的区别，但在称量分装中提到以成型干燥碗或盒作为干燥模具，而证据7给出了模盒形状可以是碗状或盒状的技术启示，因此权利要求1相对于证据6和7的结合不具备创造性；(3) 由于证据2、5或10均给出了在用于定型的盒体上开通气孔的技术启示，因此权利要求2相对于证据4和2的结合、或证据4和5的结合、或证据4和10的结合不具备创造性；(4) 由于权利要求3所述的干燥方式为通用干燥方式，因此权利要求3相对于证据4、或相对于证据4和2的结合不具备创造性；(5) 在以上权利要求被无效的基础上，以证据4作为最接近的现有技术，由于证据3中公开了利用牵引机这样的机械输送机方式进行连续作业的方法，证据1也公开了用熟化成型后的粉丝进行冷却的工序，因此权利要求4相对于证据4、1和3的结合不具备创造性；(6) 在其引用的权利要求4被无效的基础上，由于证据1中明确表述了在冷却后进行搓散的工序，因此权利要求5相对于证据4、1和2的结合不具备创造性；(7) 在其引用的权利要求1被无效的基础上，由于证据1已经公开了权利要求6中所限定的淀粉成分，因此权利要求6相对于证据4和1的结合不具备创造性。

2007年1月26日，本案合议组向双方当事人发出《无效宣告请求口头审理通知书》，拟定于2007年4月18日对该专利权的无效请求进行口头审理。同时分别将请求人于2006年12月11日提交的意见陈述书及其附件清单所列附件的副本和专利权人于2006年12月18日提交的意见陈述书及其附件清单所列附件的副本转交专利权人和请求人，要求其在口头审理时一并答复。

2007年3月9日，本案合议组再次向专利权人发出《无效宣告请求口头审理通知书》，告知其定于2007年4月18日对该专利权的无效请求进行口头审理，并将请求人于2006年12月11日提交的意见陈述书及其附件清单所列附件的副本转交专利权人，要求其在口头审理时一并答复。

2007年4月18日，口头审理如期进行，双方当事人均委托代理人出席了口头审理。双方当事人对对方出庭人员的资格和身份无异议，对合议组成员无回避请求。口头审理过程中认定的事实如下：(1) 请求人放弃证据11，并出示了证据7~10的查询复印件，其中仅在证据7的首页盖有“四川省内江市科学技术情报研究所”的章；专利权人对证据1~6、证据7的第1页的真实性予以认可，对证据7的其余页以及证据8~11的真实性不予认可；专利权人对证据8的公开性不予认可，请求人提交了无日期的下载网页打印件，用以佐证证据8为单月刊，合议组当庭告知请求人对该下载网页打印件不予接受。(2) 专利权人出示了附件1和3的原件，请求人对附件1和3的真实性没有异议。(3) 请求人明确其请求无效的理由为：权利要求1~6不符合专利法实施细则第20条的1款的规定；权利要求1~6的技术方案在说明书中公开不充分，不符合专利法第26条第3款的规定；权利要求1相对丁证据4、6、8或9不具备新颖性，不符合专利法第22条第2款的规定；权利要求1相对于证据4、证据6、证据1和4的结合、或证据6和7的结合不具备创造性，权利要求2相对于证据1和2的结合、证据1~2和4的结合、证据4和5的结合、证据4和2的结合、或证据4和10的结合不具备创造性，权利要求3相对于证据4、或证据4和2的结合不具备创造性，权利要求4和5均相对于证据1、3和4的结合、或证据1~2和3的结合不具备创造性，权利要求6相对于证据1和4的结合不具备创造性，因此权利要求1~6不符合专利法第22条第3款的规定。庭审过程中，合议组就本案的无效理由及证据逐一进行了调查，双方当事人充分陈述了各自的意见。

口头审理后，请求人于2007年4月30日提交了以下证据：

证据12：由中华人民共和国四川省成都市蜀都公证处出具的公证书一份，原件共26页，其中包括证据7~11的期刊封面、出版日期页、文章全文复印件，用以证明证据7~11的复印件与四川省科技情报研究所6楼图书馆留存的原件相符。

至此，合议组认为本案的事实清楚，可以作出审查决定。

**二、决定的理由**

1. 无效的理由和范围

根据请求人在口头审理中的确认，其请求宣告本专利无效的理由及其范围是：权利要求1~6不符合专利法实施细则第20条第1款的规定，说明书不符合专利法第26条第3款的规定，权利要求1相对于证据4、6、8或9不具备新颖性，不符合专利法第22条第2款的规定，权利要求1相对于证据4、证据6、证据1和4的结合、或证据6和7的结合不具备创造性，不符合专利法第22条第3款的规定，权利要求2相对于证据1和2的结合、证据1、2和4的结合、证据4和5的结合、证据4和2的结合、或证据4和10的结合不具备创造性，不符合专利法第22条第3款的规定，权利要求3相对于证据4、或证据4和2的结合不具备创造性，不符合专利法第22条第3款的规定，权利要求4和5均相对于证据1、3和4的结合、或证据1、2和3的结合不具备创造性，不符合专利法第22条第3款的规定，权利要求6相对于证据1和4的结合不具备创造性，不符合专利法第22条第3款的规定。因此，合议组仅针对上述无效理由进行审查。

2. 证据的认定

专利法实施细则第66条规定：对于无效请求人在提出无效宣告请求之日起一个月后增加的理由或者补充证据，专利复审委员会可以不予考虑。审查指南第四部分第三章第4.3.1节规定：请求人在提出无效宣告请求之日起一个月后补充证据的，专利复审委员会一般不予考虑。

证据12是请求人于2007年4月30日提交的，其举证时间超出了提出无效宣告请求日起一个月内的举证期限，虽然证据12是为了证明证据7~11与原件相符的公证书，但其不是在口头审理辩论终结前提交的，不属于审查指南第四部分第三章第4.3.1节规定的可以考虑的例外情形，因此，合议组对证据12不予接受。

请求人提交的证据1~6是专利文献，专利权人对其真实性予以认可，且其公开日均早于本专利的申请日，因此证据1~6属于本专利的现有技术，可用于评价本专利的新颖性和创造性。

请求人提交的证据7~10是中国期刊文献，专利权人在口头审理过程中出示了证据7~10的复印件，其中仅在证据7的首页盖有“四川省内江市科学技术情报研究所”的章，专利权人对证据7的第1页的真实性予以认可，对证据7的其他页和证据8~10的真实性不予认可。合议组对证据7的第1页的真实性予以确认，证据7的第1页上印有“1999年第一期”，其公开日期是在1999年，早于本专利的申请日，因此证据7的第1页所公开的内容属于本专利的现有技术，可用于评价本专利的新颖性和创造性。对于证据7的其他页和证据8~10，由于无法与原件进行核对，真实性无法确认，合议组不予采信。

请求人在口头审理过程中明确声明放弃证据11，因此合议组在本案中对证据11不予考虑。

因此，以下仅以证据1~6以及证据7的第1页作为对比文件评价本专利的新颖性和创造性。

专利权人在口头审理过程中对其所提交的附件1和3出示了原件，专利权人对其真实性没有异议，合议组予以采信。

专利权人所提交的附件 2 是四川光友薯业有限公司和四川光友实业集团有限公司的相关荣誉证书的复印件，请求人对其真实性不予认可，由于专利权人未提交原件，附件 2 的真实性无法核实，因此合议组对附件 2 不予采信。

3. 关于专利法实施细则第 20 条第 1 款

专利法实施细则第 20 条第 1 款规定：权利要求书应当说明发明或者实用新型的技术特征，清楚、简要地表述请求保护的范围。如果所属技术领域的技术人员根据其知晓的所属技术领域的普通技术知识，能够清楚地理解权利要求的技术方案，则应当认为该权利要求的保护范围是清楚的。

请求人认为本专利的权利要求 1 中所述“取淀粉，与适量的添加剂和水混合搅拌均匀”中淀粉、添加剂、水的用量，添加剂的种类均不清楚，由此导致权利要求 1 ~6 的保护范围不清楚。

合议组认为，淀粉、添加剂和水是制备粉丝的原料，对所属领域的技术人员来说，已知有多种添加剂可用于粉丝的制备中，而选择不同量的淀粉、添加剂和水以及选择不同的添加剂会获得怎样的质量和口感是所属领域的技术人员所掌握的普通技术知识，因此对所属领域的技术人员来说，可以清楚地理解“取淀粉，与适量的添加剂和水混合搅拌均匀”这一步骤，而且根据说明书的描述，本专利对现有技术的改进并不在于淀粉、添加剂和水的用量以及添加剂的种类上，在权利要求 1 的技术方案中，选择所属领域的技术人员所知晓的或者通过常规手段可获得的原料用量和种类即可，因此请求人关于本专利权利要求 1 ~6 的保护范围不清楚的主张不能成立，本专利权利要求 1 ~6 符合专利法实施细则第 20 条第 1 款的规定。

4. 关于专利法第 26 条第 3 款

专利法第 26 条第 3 款规定：说明书应当对发明或者实用新型作出清楚、完整的说明，以所属技术领域的技术人员能够实现为准。如果所属技术领域的技术人员根据其知晓的所属技术领域的普通技术知识，结合说明书记载的内容，就能够实现发明的技术方案，解决其技术问题，并且产生预期的技术效果，则说明书充分公开了权利要求的技术方案。

请求人认为说明书对于合粉步骤中所述的“取淀粉，与适量的添加剂和水混合搅拌均匀”中淀粉、添加剂、水的用量没有清楚说明，“搅拌均匀”的含义也不清楚，由此导致权利要求 1 ~6 的技术方案在说明书中公开不充分。

合议组认为，淀粉、添加剂和水是制备粉丝的原料，选择不同量的淀粉、添加剂和水会获得怎样的质量和口感是所属领域的技术人员所掌握的普通技术知识，所属领域的技术人员只需通过常规手段就可以根据需要确定淀粉、添加剂和水的用量；而“均匀”的含义是物质在各部分的分布是相同的，对于淀粉、水、添加剂组成的混合物而言则是指各个原料在混合物各部分的分布是相同的，无论在该混合物中淀粉和水的含量为多少，是稀还是干，只要分布相同，就可称之为“均匀”，这是所属领域的普通技术人员所知晓的，因此对所属领域的技术人员来说，只需通过常规手段就可实现“取淀粉，与适量的添加剂和水混合搅拌均匀”这一步骤，而且根据说明书的描述，本专利对现有技术的改进并不在于淀粉、添加剂和水的用量以及添加剂的种类上，在本专利中，选择所属领域的技术人员所知晓的或者通过常规手段可获得的原料用量和种类就可以实现本发明的技术方案，因此请求人关于本专利说明书公开不充分，不符合专利法第 26 条第 3 款的主张不能成立。权利要求 1 ~6 的技术方案在说明书中得到了清楚、完整的说明，符合专利法第 26 条第 3 款的规定。

5. 关于专利法第 22 条第 3 款

创造性，是指同申请日以前已有的技术相比，该发明有突出的实质性特点和显著的进步，该实用新型有实质性特点和进步。

在判断一项权利要求是否具有创造性时，应当将权利要求的技术方案与最接近的现有技术进行比较，找出二者的区别技术特征，并判断现有技术整体上是否给出将这些区别特征应用到该最接近现有技术以解决其存在的技术问题的启示。如果现有技术存在这种启示，则该方案是显而易见的。

（1）权利要求1相对于证据4不具有创造性。

权利要求1要求保护一种方便快餐粉丝的加工方法，加工步骤包括合粉、熟化成型，特征在于还包括切割、称量分装、干燥和包装的步骤。证据4公开了一种速食方便粉丝的生产方法（参见证据4说明书第1页倒数第12~21行），其方法为：（A）淀粉加水搅匀后用自熟粉丝机挤压成丝；（B）对丝体进行高温气流强制干燥，使粉丝表面迅速干燥而形成胶膜；（C）继续进行中温逆风干燥，使粉丝含水量进一步减小后将粉丝卷折放入成型模中；（D）在成型模中继续干燥；（E）将模盒作远红外加热及真空处理，使粉丝干燥膨化至含水量为3%左右，开模取出，即为产品。权利要求1要求保护的技术方案与证据4公开的生产方法相比，其区别在于：①权利要求1相对于证据4少了在粉丝加工成型后放入成型模前的高温干燥和中温逆风干燥步骤；②证据4的该方法没有将粉丝放入成型模前的切割和称量步骤以及切割的具体长度和计量的具体重量；③证据4的该方法没有在粉丝中加入添加剂，也没有在包装袋中加入调味料、调味油小袋，叉子或筷子，并封口；④权利要求1中干燥后即包装，而证据4中在干燥后包装前还要进行干燥膨化。对于上述区别特征①，合议组认为，本专利与证据4中粉丝都要在成型模中进行干燥，即要使粉丝在未定型之前置于成型模中，以使其在成形模中干燥成型，证据4的方法中熟化成型的粉丝在装模前须进行干燥以防止粉丝黏连（说明书第1页倒数第1行），但权利要求1省略了装模前干燥的步骤，而本领域普通技术人员都知道，熟化成型后的粉丝由于温度高表面黏性大，如果直接切断会造成粘连，因此权利要求1的技术方案虽然省略了装模前干燥的步骤，但也丧失了不会产生粘连的效果，在这种情形下，对于本领域技术人员而言，该步骤省略的技术方案是显而易见的，尽管专利权人强调本专利的成型效果更好，而且通过控制产品成分也不会粘连，但合议组认为，根据本专利说明书的记载，以及证据4的说明书的记载，专利权人的上述主张没有事实依据，显然不成立；其次，对于区别特征②而言，在证据4的实施例部分提及将粉丝计量切断，再置于成型模中进行干燥（参见证据4说明书第2页第2行），其中计量切断的作用与在权利要求1的技术方案中的作用相同，都是为了使粉丝在放入成型模干燥之前先进行定量，可见证据4给出了在粉丝置入成型模干燥前进行切割和称量的启示，而切割的具体长度、计量的具体重量均是为了使粉丝以适当的量进行分装而选择的，是所属领域的技术人员根据具体包装的需要通过常规技术即可获得的，而且从本专利的说明书中看不出选择权利要求1中所述切割的具体长度、计量的具体重量能够获得预料不到的技术效果；第三，对于区别特征③而言，在粉丝食品中加入添加剂是所属领域的技术人员所知晓的普通技术知识，调味料、调味油小袋，叉子或筷子，由于方便快餐粉丝的食用方法是开水浸泡即可，与方便面类似，为方便食用，所属领域的技术人员根据生活常识即可想到可在包装袋中放入调味料、调味油小袋，叉子或筷子；而出于卫生和方便保存的目的对产品进行密封也是所属领域的技术人员所知晓的常规技术；而且从本专利的说明书中看不出在包装袋中加入调味料、调味油小袋，叉子或筷子，并且进行密封能够获得预料不到的技术效果，因此上述区别特征不能为权利要求1的技术方案带来突出的实质性特点和显著的进步；第四，对于区别特征④而言，权利要求1相对于证据4少了包装前的干燥膨化步骤，同时也少了这一步骤带来的效果，因此该区别特征④也不能为权利要求1的技术方案带来突出的实质性特点和显著的进步。综上所述，在证据4的基础上获得权利要求1的技术方案，对所属领域的技术人员来说是显而易见的，权利要求1相对于证据4不具备突出的实质性特点和显著的进步，不符合专利法第22条第3款有关创造性的规定。

（2）权利要求1相对于证据1和4不具有创造性。

请求人提出的无效宣告理由还包括权利要求1相对于证据1和4的结合不具备创造性。

如上所述，权利要求1相对于证据4已不具备创造性，权利要求1的技术方案与证据4公开的技术方案之间的区别特征中，添加剂的加入，切割的具体长度、计量的具体重量，在包装袋中加入调味料、调味油小袋，叉子或筷子，并封口的特征不仅是本领域技术人员根据实际需要按照所知晓的普通技术知识可以进行选择的，而且都已在证据1中公开，且其在证据1中所起的作用与其在本专利中所起的作用相同，因此权利要求1相对于证据1和4也不具备突出的实质性特点和显著的进步，不符合专利法第22条第3款有关创造性的规定。

（3）权利要求2相对于证据4和2不具有创造性。

权利要求2的附加技术特征是"所述成型干燥碗或盒的底部及周壁分布有通气孔"，其作用是便于其中粉丝的水分排出即干燥，该附加技术特征已在证据2中公开。证据2中公开（参见证据2说明书第2页倒数第1段）了一种高温膨化类方便面成型模具，该模具的6个面中，两侧面和上、下表面开有透气孔，根据证据2说明书第1页倒数第4段所述"提供一种使如玉米面条这样的高温膨化类面条经外力压缩后而使之成型的一种特别模具"，以及证据2说明书第2页第1~2行所述"使之可达到含水量在11%以下的面块"，可见证据2的模具的作用是对面条进行外力压缩成型，并降低其含水量，模具上分布的透气孔的作用是使水分蒸发，与权利要求2中底部和周壁分布的通气孔的作用相同，因此证据2给出了将上述特征应用于证据4，以解决其技术问题的启示，因此在证据4的基础上结合证据2获得权利要求2的技术方案是显而易见的，在其引用的权利要求1相对于证据4不具备创造性的基础上，权利要求2相对于证据4和2也不具备创造性，不符合专利法第22条第3款的规定。

（4）权利要求3相对于证据4，或相对于证据4和2不具有创造性。

权利要求3引用权利要求1或权利要求2，并进一步限定干燥方式为自然晾干、烘干和/或热空气干燥，由于这几种干燥方式均是所属领域的技术人员公知并常用的干燥方式，而说明书中也没有证明利用这几种干燥方式取得了预料不到的技术效果，因此在其所引用的权利要求1相对于证据4不具备创造性的基础上，权利要求3相对于证据4也不具备创造性，不符合专利法第22条第3款的规定。在其所引用的权利要求2相对于证据4和2不具备创造性的基础上，权利要求3相对于证据4和2也不具备创造性，不符合专利法第22条第3款的规定。

（5）权利要求4和5相对于证据1、3和4不具有创造性。

权利要求4引用权利要求1，其附加技术特征是："所述熟化成型或切割后的粉丝或粉片经连续运动的输送机带转移并冷却"，其作用是使经粉丝机熟化成型的粉丝或粉片老化，即进一步固化成型并降低黏性，并提高产品生产的机械自动化程度。证据3公开的技术方案（参见证据3说明书第2页第1段）是将经挤出机成型后的粉丝在牵引的作用下立刻进入凝胶甬道固化凝胶，固化后的粉丝经牵引机送入切割机切割成一定的长度后由收集装置收集，其凝固甬道可以是通高温或低温风方式或者冷冻式，并指出最好为冷冻式（参见证据3说明书第2页第2~3段），其中的通低温风或冷冻都是一种冷却方式。这些特征在证据3中所起的作用也是使粉丝老化，并使粉丝的生产实现连续化，同时可使粉丝黏性降低，防止粘连，与其在权利要求4的技术方案中所起的作用相同，因此在权利要求1相对于证据1和4不具备创造性的前提下，权利要求4相对于证据1、3和4的结合不具备创造性，不符合专利法第22条第3款有关创造性的规定。

权利要求5引用权利要求4，其附加技术特征是：所述粉丝或粉片经冷却后再挤压。根据说明书的记载，"再挤压"的作用是使粉丝或粉片松散，防止其粘连。由于粉丝是由淀粉制成，淀粉糊化后具有一定的黏性，有时会粘连在一起，对于所属领域的技术人员来说，将粘连的粉丝搓散是公知并常用的技术，搓散可以在任何粉丝发生粘连的时候进行，“再挤压”则是本领域中用于将粉丝搓散的常规技术，而说明书中也并没有证明在熟化成型并冷却后搓散，并且利用“再挤压”这种方式达到搓散的目的具有何种预料不到的技术效果，因此在其引用的权利要求4相对于证据1、3~4不具备创造性的基础上，权利要求5相对于证据1、3~4也不具备创造性，不符合专利法第22条第3款的规定。

（6）权利要求6相对于证据1和4不具有创造性。

权利要求6引用权利要求1，如上所述，权利要求1相对于证据4不具备创造性，而权利要求6的附加技术特征，即制备粉丝所用淀粉的具体种类已在证据1中公开（参见证据1说明书第2页倒数第3段），因此在其引用的权利要求1相对于证据4不具备创造性的基础上，权利要求6相对于证据1、4也不具备创造性，不符合专利法第22条第3款的规定。

（7）尽管专利权人认为附件1和3可以证明本专利技术的使用大幅提升了专利权人产品的销售份额，在商业上取得了显著的成功，但是附件1仅仅是四川光友薯业有限公司对本专利产品的销售数据，附件3仅能表明四川光友薯业有限公司是本专利的实施单位，其不能表明所述的商业上的成功是由于发明的技术特征直接导致的，因此，附件1和3不能证明本专利具备创造性。

基于以上事实和理由，本案合议组作出如下审查决定。

**三、决定**

宣告00112963.5号发明专利权无效。

当事人对本决定不服的，可以根据专利法第46条第2款的规定，自收到本决定之日起三个月内向北京市第一中级人民法院起诉。根据该款的规定，一方当事人起诉后，另一方当事人应当作为第三人参加诉讼。

# 北京市第一中级人民法院
# 行政判决书

（2007）一中行初字第 1286 号

原告四川光友实业集团有限公司，住所地四川省绵阳市高新区虹阳街 18 号。

法定代表人邹光友，董事长。

委托代理人张文，北京市金开律师事务所四川分所律师。

委托代理人梁勇，北京市集佳律师事务所律师。

被告国家知识产权局专利复审委员会，住所地北京市海淀区北四环西路 9 号银谷大厦 10～12 层。

法定代表人廖涛，副主任。

委托代理人许磊，国家知识产权局专利复审委员会审查员。

委托代理人徐洁玲，国家知识产权局专利复审委员会审查员。

第三人四川白家食品有限公司，住所地四川省成都市经济技术开发区（龙泉驿区）白家路 9 号。

法定代表人陈朝晖，总经理。

委托代理人王芸，四川君士达律师事务所律师。

委托代理人詹永斌，男，1971 年 11 月 7 日出生，住河南省南阳市宛城区官庄镇油田水电厂家属院。

原告四川光友实业集团有限公司（简称光友公司）不服被告国家知识产权局专利复审委员会（简称专利复审委员会）于 2007 年 6 月 7 日作出的第 9924 号无效宣告请求审查决定（简称第 9924 号决定），于法定期限内向本院提起行政诉讼。本院于 2007 年 9 月 21 日受理本案后，依法组成合议庭，并通知第 9924 号决定的请求人四川白家食品有限公司（简称白家公司）作为第三人参加本案诉讼。本院于 2007 年 11 月 5 日公开开庭进行了审理。原告光友公司的委托代理人张文、梁勇，被告专利复审委员会的委托代理人许磊、徐洁玲，第三人白家公司的委托代理人王芸、詹永斌到庭参加诉讼。本案现已审理终结。

被告专利复审委员会针对第三人白家公司就专利权人为原告光友公司的名称为“方便快餐粉丝的加工方法”的发明专利（专利号为 00112963.5，简称本专利）所提出的无效宣告请求作出第 9924 号决定，该决定认定：

1. 无效的理由和范围

根据白家公司在口头审理中的确认，其请求宣告本专利无效的理由及其范围是：权利要求 1～6 不符合《专利法实施细则》第二十条第一款的规定，说明书不符合《专利法》第二十六条第三款的规定，权利要求 1 相对于证据 4、6、8 或 9 不具备新颖性，不符合《专利法》第二十二条第二款的规定，权利要求 1 相对于证据 4、证据 6、证据 1 和 4 的结合、或证据 6 和 7 的结合不具备创造性，不符合《专利法》第二十二条第三款的规定，权利要求 2 相对于证据 1 和 2 的结合、证据 1～2 和 4 的结合、证据 4 和 5 的结合、证据 4 和 2 的结合、或证据 4 和 10 的结合不具备创造性，不符合《专利法》第二十二条第三款的规定，权利要求 3 相对于证据 4、或证据 4 和 2 的结合不具备创造性，不符合《专利法》第二十二条第三款的规定，权利要求 4 和 5 均相对于证据 1、3 和 4 的结合、或证据 1～2 和 3 的结合不具备创造性，不符合《专利法》第二十二条第三款的规定，权利要求 6 相对于证据 1 和 4 的结合不具备创造性，不符合《专利法》第二十二条第三款的规定。因此，专利复审委员会仅针对上述无效理由进行审查。

2. 证据的认定

证据 12 是白家公司于 2007 年 4 月 30 日提交的，其举证时间超出了提出无效宣告请求日起一个月内的举证期限，虽然证据 12 是为了证明证据 7 ~ 11 与原件相符的公证书，但其不是在口头审理辩论终结前提交的，不属于《审查指南》第四部分第三章第 4.3.1 节规定的可以考虑的例外情形，因此，专利复审委员会对证据 12 不予接受。

白家公司提交的证据 1 ~ 6 是专利文献，光友公司对其真实性予以认可，且其公开日均早于本专利的申请日，因此证据 1 ~ 6 属于本专利的现有技术，可用于评价本专利的新颖性和创造性。

白家公司提交的证据 7 ~ 10 是中国期刊文献，光友公司在口头审理过程中出示了证据 7 ~ 10 的复印件，其中仅在证据 7 的首页盖有“四川省内江市科学技术情报研究所”的章，光友公司对证据 7 的第 1 页的真实性予以认可，对证据 7 的其他页和证据 8 ~ 10 的真实性不予认可。专利复审委员会对证据 7 的第 1 页的真实性予以确认，证据 7 的第 1 页上印有“1999 年第一期”，其公开日期是在 1999 年，早于本专利的申请日，因此证据 7 的第 1 页所公开的内容属于本专利的现有技术，可用于评价本专利的新颖性和创造性。对于证据 7 的其他页和证据 8 ~ 10，由于无法与原件进行核对，真实性无法确认，专利复审委员会不予采信。

白家公司在口头审理过程中明确声明放弃证据 11，因此专利复审委员会在本案中对证据 11 不予考虑。

因此，以下仅以证据 1 ~ 6 以及证据 7 的第 1 页作为对比文件评价本专利的新颖性和创造性。

光友公司在口头审理过程中对其所提交的附件 1 和 3 出示了原件，白家公司对其真实性没有异议，专利复审委员会予以采信。

光友公司所提交的附件 2 是四川光友薯业有限公司和四川光友实业集团有限公司的相关荣誉证书的复印件，白家公司对其真实性不予认可，由于光友公司未提交原件，附件 2 的真实性无法核实，因此专利复审委员会对附件 2 不予采信。

3. 关于《专利法实施细则》第二十条第一款

白家公司认为本专利的权利要求 1 中所述“取淀粉，与适量的添加剂和水混合搅拌均匀”中淀粉、添加剂、水的用量，添加剂的种类均不清楚，由此导致权利要求 1 ~ 6 的保护范围不清楚。

专利复审委员会认为，淀粉、添加剂和水是制备粉丝的原料，对所属领域的技术人员来说，已知有多种添加剂可用于粉丝的制备中，而选择不同量的淀粉、添加剂和水以及选择不同的添加剂会获得怎样的质量和口感是所属领域的技术人员所掌握的普通技术知识，因此对所属领域的技术人员来说，可以清楚地理解“取淀粉，与适量的添加剂和水混合搅拌均匀”这一步骤，而且根据说明书的描述，本专利对现有技术的改进并不在于淀粉、添加剂和水的用量以及添加剂的种类上，在权利要求 1 的技术方案中，选择所属领域的技术人员所知晓的或者通过常规手段可获得的原料用量和种类即可，因此白家公司关于本专利权利要求 1 ~ 6 的保护范围不清楚的主张不能成立，本专利权利要求 1 ~ 6 符合《专利法实施细则》第二十条第一款的规定。

4. 关于《专利法》第二十六条第三款

白家公司认为说明书对于合粉步骤中所述的“取淀粉，与适量的添加剂和水混合搅拌均匀”中淀粉、添加剂、水的用量没有清楚说明，“搅拌均匀”的含义也不清楚，由此导致权利要求 1 ~ 6 的技术方案在说明书中公开不充分。

专利复审委员会认为，淀粉、添加剂和水是制备粉丝的原料，选择不同量的淀粉、添加剂和水会获得怎样的质量和口感是所属领域的技术人员所掌握的普通技术知识，所属领域的技术人员只需通过常规手段就可以根据需要确定淀粉、添加剂和水的用量；而“均匀”的含义是物质在各部分的分布是相同的，对于淀粉、水、添加剂组成的混合物而言则是指各个原料在混合物各部分的分布是相同的，无论在该混合物中淀粉和水的含量为多少，是稀还是干，只要分布相同，就可称之为“均匀”，这是所属领域的普通技术人员所知晓的，因此对所属领域的技术人员来说，只需通过常规手段就可实现“取淀粉，与适量的添加剂和水混合搅拌均匀”这一步骤，而且根据说明书的描述，本专利对现有技术的改进并不在于淀粉、添加剂和水的用量以及添加剂的种类上，在本专利中，选择所属领域的技术人员所知晓的或者通过常规手段可获得的原料用量和种类就可以实现本发明的技术方案，因此白家公司关于本专利说明书公开不充分，不符合《专利法》第二十六条第三款的主张不能成立。权利要求1~6的技术方案在说明书中得到了清楚、完整地说明，符合《专利法》第二十六条第三款的规定。

5. 关于《专利法》第二十二条第三款

(1) 权利要求1相对于证据4不具有创造性。

权利要求1要求保护一种方便快餐粉丝的加工方法，加工步骤包括合粉、熟化成型，特征在于还包括切割、称量分装、干燥和包装的步骤。权利要求1要求保护的技术方案与证据4公开的生产方法相比，其区别在于：①权利要求1相对于证据4少了在粉丝加工成型后放入成型模前的高温干燥和中温逆风干燥步骤；②证据4的该方法没有将粉丝放入成型模前的切割和称量步骤以及切割的具体长度和计量的具体重量；③证据4的该方法没有在粉丝中加入添加剂，也没有在包装袋中加入调味料、调味油小袋，叉子或筷子，并封口；④权利要求1中干燥后即包装，而证据4中在干燥后包装前还要进行干燥膨化。对于上述区别特征①，专利复审委员会认为，本专利与证据4中粉丝都要在成型模中进行干燥，即要使粉丝在未定型之前置于成型模中，以使其在成型模中干燥成型，证据4的方法中熟化成型的粉丝在装模前须进行干燥以防止粉丝粘连（说明书第1页倒数第1行），但权利要求1省略了装模前干燥的步骤，而本领域普通技术人员都知道，熟化成型后的粉丝由于温度高表面黏性大，如果直接切断会造成粘连，因此权利要求1的技术方案虽然省略了装模前干燥的步骤，但也丧失了不会产生粘连的效果，在这种情形下，对于本领域技术人员而言，该步骤省略的技术方案是显而易见的，尽管光友公司强调本专利的成型效果更好，而且通过控制产品成分也不会粘连，但专利复审委员会认为，根据本专利说明书的记载，以及证据4的说明书的记载，光友公司的上述主张没有事实依据，显然不成立；其次，对于区别特征②而言，在证据4的实施例部分提及将粉丝计量切断，再置于成型模中进行干燥（参见证据4说明书第2页第2行），其中计量切断的作用与在权利要求1的技术方案中的作用相同，都是为了使粉丝在放入成型模干燥之前先进行定量，可见证据4给出了在粉丝置入成型模干燥前进行切割和称量的启示，而切割的具体长度、计量的具体重量均是为了使粉丝以适当的量进行分装而选择的，是所属领域的技术人员根据具体包装的需要通过常规技术即可获得的，而且从本专利的说明书中看不出选择权利要求1中所述切割的具体长度、计量的具体重量能够获得预料不到的技术效果；第三，对于区别特征③而言，在粉丝食品中加入添加剂是所属领域的技术人员所知晓的普通技术知识，调味料、调味油小袋，叉子或筷子，由于方便快餐粉丝的食用方法是开水浸泡即可，与方便面类似，为方便食用，所属领域的技术人员根据生活常识即可想到可在包装袋中放入调味料、调味油小袋，叉子或筷子；而出于卫生和方便保存的目的对产品进行密封也是所属领域的技术人员所知晓的常规技术；而且从本专利的说明书中看不出在包装袋中加入调味料、调味油小袋，叉子或筷子，并且进行密封能够获得预料不到的技术效果，因此上述区别特征不能为权利要求1的技术方案带来突出的实质性特点和显著的进步；第四，对于区别特征④而言，权利要求1相对于证据4少了包装前的干燥膨化步骤，同时也少了这一步骤带来的效果，因此该区别特征④也不能为权利要求1的技术方案带来突出的实质性特点和显著的进步。综上所述，在证据4的基础上获得权利要求1的技术方案，对所属领域的技术人员来说是显而易见的，权利要求1相对于证据4不具备突出的实质性特点和显著的进步，不符合《专利法》第二十二条第三款有关创造性的规定。

（2）权利要求1相对于证据1和4不具有创造性。

白家公司提出的无效宣告理由还包括权利要求1相对于证据1和4的结合不具备创造性。

如上所述，权利要求1相对于证据4已不具备创造性，权利要求1的技术方案与证据4公开的技术方案之间的区别特征中，添加剂的加入，切割的具体长度、计量的具体重量，在包装袋中加入调味料、调味油小袋，叉子或筷子，并封口的特征不仅是本领域技术人员根据实际需要按照所知晓的普通技术知识可以进行选择的，而且都已在证据1中公开，且其在证据1中所起的作用与其在本专利中所起的作用相同，因此权利要求1相对于证据1和4也不具备突出的实质性特点和显著的进步，不符合《专利法》第二十二条第三款有关创造性的规定。

（3）权利要求2相对于证据4和2不具有创造性。

权利要求2的附加技术特征是“所述成型干燥碗或盒的底部及周壁分布有通气孔”，其作用是便于其中粉丝的水分排出即干燥，该附加技术特征已在证据2中公开。证据2中公开（参见证据2说明书第2页倒数第1段）了一种高温膨化类方便面成型模具，该模具的六个面中，两侧面和上、下表面开有透气孔，根据证据2说明书第1页倒数第4段所述“提供一种使如玉米面条这样的高温膨化类面条经外力压缩后而使之成型的一种特别模具”，以及证据2说明书第2页第1~2行所述“使之可达到含水量在11%以下的面块”，可见证据2的模具的作用是对面条进行外力压缩成型，并降低其含水量，模具上分布的透气孔的作用是使水分蒸发，与权利要求2中底部和周壁分布的通气孔的作用相同，因此证据2给出了将上述特征应用于证据4，以解决其技术问题的启示，因此在证据4的基础上结合证据2获得权利要求2的技术方案是显而易见的，在其引用的权利要求1相对于证据4不具备创造性的基础上，权利要求2相对于证据4和2也不具备创造性，不符合《专利法》第二十二条第三款的规定。

（4）权利要求3相对于证据4，或相对于证据4和2不具有创造性。

权利要求3引用权利要求1或权利要求2，并进一步限定干燥方式为自然晾干、烘干和/或热空气干燥，由于这几种干燥方式均是所属领域的技术人员公知并常用的干燥方式，而说明书中也没有证明利用这几种干燥方式取得了预料不到的技术效果，因此在其所引用的权利要求1相对于证据4不具备创造性的基础上，权利要求3相对于证据4也不具备创造性，不符合《专利法》第二十二条第三款的规定。在其所引用的权利要求2相对于证据4和2不具备创造性的基础上，权利要求3相对于证据4和2也不具备创造性，不符合《专利法》第二十二条第三款的规定。

（5）权利要求4和5相对于证据1、3和4不具有创造性。

权利要求4引用权利要求1，其附加技术特征是：“所述熟化成型或切割后的粉丝或粉片经连续运动的输送机带转移并冷却”，其作用是使经粉丝机熟化成型的粉丝或粉片老化，即进一步固化成型并降低黏性，并提高产品生产的机械自动化程度。证据3公开的技术方案（参见证据3说明书第2页第1段）是将经挤出机成型后的粉丝在牵引的作用下立刻进入凝胶甬道固化凝胶，固化后的粉丝经牵引机送入切割机切割成一定的长度后由收集装置收集，其凝固甬道可以是通高温或低温风方式或者冷冻式，并指出最好为冷冻式（参见证据3说明书第2页第2~3段），其中的通低温风或冷冻都是一种冷却方式。这些特征在证据3中所起的作用也是使粉丝老化，并使粉丝的生产实现连续化，同时可使粉丝黏性降低，防止粘连，与其在权利要求4的技术方案中所起的作用相同，因此在权利要求1相对于证据 1 和 4 不具备创造性的前提下，权利要求 4 相对于证据 1、3 和 4 的结合不具备创造性，不符合《专利法》第二十二条第三款有关创造性的规定。

权利要求 5 引用权利要求 4，其附加技术特征是：所述粉丝或粉片经冷却后再挤压。根据说明书的记载，“再挤压”的作用是使粉丝或粉片松散，防止其粘连。由于粉丝是由淀粉制成，淀粉糊化后具有一定的黏性，有时会粘连在一起，对于所属领域的技术人员来说，将粘连的粉丝搓散是公知并常用的技术，搓散可以在任何粉丝发生粘连的时候进行，“再挤压”则是本领域中用于将粉丝搓散的常规技术，而说明书中也并没有证明在熟化成型并冷却后搓散，并且利用“再挤压”这种方式达到搓散的目的具有何种预料不到的技术效果，因此在其引用的权利要求 4 相对于证据 1、3 ~ 4 不具备创造性的基础上，权利要求 5 相对于证据 1、3 ~ 4 也不具备创造性，不符合《专利法》第二十二条第三款的规定。

(6) 权利要求 6 相对于证据 1 和 4 不具有创造性。

权利要求 6 引用权利要求 1，如上所述，权利要求 1 相对于证据 4 不具备创造性，而权利要求 6 的附加技术特征，即制备粉丝所用淀粉的具体种类已在证据 1 中公开（参见证据 1 说明书第 2 页倒数第 3 段），因此在其引用的权利要求 1 相对于证据 4 不具备创造性的基础上，权利要求 6 相对于证据 1、4 也不具备创造性，不符合《专利法》第二十二条第三款的规定。

(7) 尽管光友公司认为附件 1 和 3 可以证明本专利技术的使用大幅提升了光友公司产品的销售份额，在商业上取得了显著的成功，但是附件 1 仅仅是四川光友薯业有限公司对本专利产品的销售数据，附件 3 仅能表明四川光友薯业有限公司是本专利的实施单位，其不能表明所述的商业上的成功是由于发明的技术特征直接导致的，因此，附件 1 和 3 不能证明本专利具备创造性。

被告专利复审委员会第 9924 号决定宣告第 00112963. 5 号发明专利权无效。

原告光友公司不服该决定，于法定期限内向本院提起诉讼称：(1) 本专利无须“装模前干燥”，“装模前干燥”反而不利于本专利解决技术问题和达到相应技术效果。第 9924 号决定认定“本专利权利要求 1 省略了装模前干燥的步骤”是错误的。(2) 第 9924 号决定认为本专利熟化成型后的粉丝在切割时会发生粘连，缺乏事实根据，忽略了本领域公知常识、常规技术。①本专利权利要求 1，在粉丝熟化成型—切割—称量分装步骤之间，在室温下待粉丝老化至表面不粘连时再切割，则切割的粉丝自然不会粘连。②本领域中以冷却方式促进粉丝的老化，粉丝冷却后搓散的方法，采用可促进淀粉老化、防止粉丝粘连的配料，是公开的常规技术。本专利权利要求 1 完全可以利用前述公开的常规技术及配料方法，有效防止切割熟化成型后粉丝在切割时粘连。③第 9924 号决定将证据 4 作为与本专利最接近的现有技术，明显有误。本专利与证据 4 的发明目的、技术思路完全不同，不具可比性。④本专利与证据 4 相比具有创造性。证据 4 采用了“三次干燥、一次高温真空膨化”的工艺流程，与本专利权利要求 1 采取的“粉丝湿态下切割称量、一次干燥成型、无膨化”的工艺流程之间存在显著区别。与证据 4 相比，本专利具有切割容易、整齐、不易断裂、成型产品形状规范、能耗更低、容易包装封口、粉饼整齐、美观等优点。而且，由于证据 4 反复干燥的处理方式，人为阻止了粉丝老化过程，故其产品与本专利产品在品质上也存在重要区别。专利复审委员会认为本专利熟化成型后的粉丝在切割时会发生粘连，缺乏事实根据，忽略了本领域的公知常识、常规技术。5. 本专利产品获得了商业的巨大成功，由此说明本专利具有创造性。综上，请求法院依法撤销专利复审委员会第 9924 号决定，判令维持本专利权全部有效。

被告专利复审委员会辩称：第 9924 号决定认定事实清楚、适用法律正确。(1) 第 9924 号决定对本专利和公知常识都进行了正确理解。原告声称本专利产品在装模前不需要进行任何干燥，并且本专利因为采取了适量添加剂而防止了熟化成型后切割时发生粘连。但是根据本专利说明书的描述，本专利要求解决的技术问题是要克服现有技术中干燥后成直条状的粉丝分装入直径较小的容器中较不方便且装入时容易断裂从而影响产品质量的问题。在该说明书中明确记载：在熟化成型后，粉丝或者粉片经冷却后可以再经挤压或机械震荡，以防止粘连，也可以经手工搓散；并且在实施例9~12中，在熟化成型后，都采取了冷却或冷却后震荡搓散的步骤。而且，本专利权利要求1中所述的添加剂在说明书中被明确描述为现有技术中采用的常规添加剂，因此本专利的粉丝在熟化成型后显然需要经过冷却或者冷却和搓散以防止粘连，即经历干燥过程。因此，本专利要解决的技术问题实际上是在粉丝柔软的情况下进行切割和装入容器，而不是避免干燥步骤和选择添加剂。证据4采用的方案虽然在挤压出粉丝后进行高温中温干燥，但其目的是使粉丝表面形成胶膜以防止粘连，并且在装入成形模中时，粉丝中的水分含量为30％。根据常识，水分含量为30％时的粉丝显然仍然是湿润状态，切割和装容器显然也不会发生容易断裂问题，这一点与本专利相同，本专利不进行防粘连操作，其粘连可能显然高于证据4。因此专利复审委员会对专利和公知常识的理解是正确的。(2) 专利复审委员会对最接近现有技术的认定正确。证据4所述的干燥膨化是因为真空情况下粉丝自然膨胀产生的，而非特殊的制备膨化食品的工艺。(3) 本专利产品的商业成功不能表明本专利具有创造性。(4) 本专利与证据4相比，不具备突出的实质性特点和显著的进步，不符合《专利法》第二十二条第三款的规定。综上，请求法院维持第9924号决定。

第三人白家公司述称：(1) 证据4的装模前干燥步骤的技术效果是，将水分减少至30％左右，使粉丝的韧性良好、脆性不大，可以经过多次反复弯折而不断，甚至可以波纹成型，而且具有足够的支撑力保持形状不变，以利于粉丝成型。可见，证据4的装模前干燥步骤具有明显的技术效果，即达到最利于成型的含水率水平，避免了熟化成型后粉丝之间的粘连，又使粉丝的韧性、硬度达到成型的要求。而本专利缺少装模前干燥步骤，则失去了相应的技术效果。(2) 由原告口审记录可知，本专利不存在所谓的自然时间延续过程。起诉书所述的冷却后搓散解决粘连的问题，作为本领域公知常识，缓慢的冷却一般伴随着脱水缩合现象的发生，显然也是一种干燥的方式。起诉书所述的粉丝配料问题，证据1的相关说明表明，即使使用该配料，在熟化成型后依然需要采取相应的技术步骤以避免粘连。(3) 证据4与本专利属于相同的技术领域，二者加工方法基本相同，技术方案实质上相同。因此，证据4作为本专利最接近现有技术是适宜的。(4) 证据4以及其与其他证据的结合，提供了本专利技术方案的启示，表明本专利不具备突出的实质性特点和显著的进步，不具有创造性。(5) 本专利产品的商业成功与本专利技术特征之间没有关联性。综上，请求法院维持第9924号决定。

本院经审理查明：邹光友于2000年5月23日向国家知识产权局专利局申请了名称为“方便快餐粉丝的加工方法”的发明专利（即本专利）。本专利于2003年9月3日被授权公告，专利号为第00112963.5号。2004年9月8日专利权人变更为光友公司。本专利授权公告的权利要求书如下：

“1. 一种方便快餐粉丝的加工方法，加工步骤包括：

a. 合粉：取淀粉，与适量添加剂和水混合搅拌均匀；

b. 熟化成型：将混匀后的混合物经粉丝机或手工加工成型为粉丝或粉片；

其特征是还包括下列加工步骤：

c. 切割：将熟化成型的粉丝或粉片切断成30~1000毫米长度；

d. 称量分装：切割后的粉丝或粉片按每份50~300克称量，再分别装入成型干燥碗或盒中；

e. 干燥：将装入成型干燥碗或盒中的粉丝或粉片干燥至重量百分含水率≤30％；

f. 包装：将成型干燥碗或盒中的粉丝或粉片转移至方便碗或盒、袋中，再将密封的调味料小袋、密封的调味油小袋，叉子或筷子装入方便碗或盒、袋中，封口即得产品。

2. 按权利要求1所述的方便快餐粉丝的加工方法，其特征是：所述成型干燥碗或盒的底部及周壁分布有通气孔。

3. 按权利要求1或2所述的方便快餐粉丝的加工方法，其特征是：所述步骤e的干燥方式为自然晾干、烘干或/和热空气干燥。

4. 按权利要求1所述的方便快餐粉丝的加工方法，其特征是：所述熟化成型或切割后的粉丝或粉片经连续运动的输送机带转移并冷却。

5. 按权利要求4所述的方便快餐粉丝的加工方法，其特征是：所述粉丝或粉片经冷却后再经挤压。

6. 按权利要求1所述的方便快餐粉丝的加工方法，其特征是：所述淀粉是红薯、马铃薯、木薯、玉米、豌豆、绿豆、蚕豆、葛根、蕨根、莲藕、荸荠、荞麦、莜麦、芭蕉淀粉中的一种或两种或两种以上的混合物。”

针对上述专利权，白家公司于2006年11月14日向专利复审委员会提出无效宣告请求，并提交了下述证据：

证据1：申请号为97107724.X的发明专利申请公开说明书，公开日为1998年4月1日，复印件共10页；

证据2：ZL专利号为98218556.1的实用新型专利说明书，授权公告日为1999年9月15日，复印件共8页；

证据3：申请号为92113305.7的发明专利申请公开说明书，公开日为1994年5月25日，复印件共8页；

证据4：申请号为98112157.8的发明专利申请公开说明书，公开日为1999年3月3日，复印件共4页。证据4公开了一种速食方便粉丝的生产方法，其方法为：（A）淀粉加水搅匀后用自熟粉丝机挤压成丝；（B）对丝体进行高温气流强制干燥，使粉丝表面迅速干燥而形成胶膜；（C）继续进行中温逆风干燥，使粉丝含水量进一步减小后将粉丝卷折放入成形模中；（D）在成形模中继续干燥；（E）将模盒作远红外加热及真空处理，使粉丝干燥膨化至含水量为3%左右，开模取出，即为产品。

光友公司于2006年12月18日提交了以下附件：

附件1：由四川永衡会计师事务所有限责任公司出具的四川光友薯业有限公司自1999年1月1日至2003年12月31日的销售收入审计报告以及四川永衡会计师事务所的企业法人营业执照和执业证书，复印件共7页；

附件2：四川光友薯业有限公司和四川光友实业集团有限公司的相关荣誉证书，复印件共9页；

附件3：由四川光友实业集团有限公司和四川光友薯业有限公司共同出具的证明书，用于证明四川光友薯业有限公司是本专利的专利实施单位，复印件共1页。

白家公司于2006年12月11日提交了补充的意见陈述和证据1~11，其中证据1~4与白家公司提出无效请求时提交的证据1~4相同，新增的证据5~11如下：

证据5：申请号为97106822.4的发明专利申请公开说明书，公开日为1998年2月11日，复印件共6页；

证据6：申请号为91106780.9的发明专利申请公开说明书，公开日为1993年3月10日，复印件共14页；

证据7：“方便米粉一步成型新工艺研究报告”，《食品科技》，1999年第一期，第16~18页，复印件共3页；

2007年4月18日，口头审理如期进行，双方当事人均委托代理人出席了口头审理。

上述事实，有第 9924 号决定、本专利说明书、98112157.8 号发明专利申请公开说明书及当事人陈述等证据为证。

本院认为，根据各方当事人的诉辩主张，本案争议的焦点是：（1）第 9924 号决定对本专利的理解是否正确；（2）本专利权利要求 1 相对于证据 4 是否具有创造性。

（1）第 9924 号决定对本专利的理解是否正确。

原告认为本专利产品在装模前不需要进行任何干燥，并且本专利采用了适量添加剂而防止了熟化成型后切割时发生粘连。对此本院认为，在本专利说明书中明确记载：在熟化成型后，粉丝或者粉片经冷却后可以再经挤压或机械震荡，以防止粘连，也可以经手工搓散。可见，本专利的粉丝在熟化成型后显然需要经过冷却后经机械震荡或搓散以防止粘连的步骤，此过程中粉丝或者粉片显然经过了干燥。而且，本专利权利要求 1 中所述的添加剂在说明书中被明确描述为“可以是申请号为 97107724.X 的发明专利申请权利要求 1 步骤 a 合粉中除淀粉和水以外的组分，也可以是现有技术中采用的添加剂”，而本案中光友公司未能举证证明现有技术中采用的常规添加剂具有防止粉丝或粉片熟化成型后切割时发生粘连的功能。在本案庭审中原告亦表示本专利要解决的技术问题不是避免干燥步骤和选择添加剂，而是在粉丝柔软的情况下进行切割和装入容器。故原告关于第 9924 号决定对本专利理解错误的主张不能成立，本院不予支持。

（2）本专利权利要求 1 相对于证据 4 是否具有创造性。

根据本专利说明书的记载，本专利要解决的技术问题是在粉丝或粉片柔软的情况下进行切割和装入容器并进行干燥成粉饼。证据 4 采用的方案是在装入成型模中时，粉丝或粉片中的水分含量为 30%。根据常识，水分含量为 30%时的粉丝或粉片仍处于柔软状态，将之切割和装入容器显然也不会发生容易断裂的问题。可见，证据 4 已经给出了解决本专利技术问题的启示。

权利要求 1 与证据 4 的区别技术特征是：①权利要求 1 相对于证据 4 少了在粉丝加工成型后放入成型模前的高温干燥和中温逆风干燥步骤；②证据 4 的该方法没有将粉丝放入成型模前的切割和称量步骤以及切割的具体长度和计量的具体重量；③证据 4 的该方法没有在粉丝中加入添加剂，也没有在包装袋中加入调味料、调味油小袋，叉子或筷子，并封口；④权利要求 1 中干燥后即包装，而证据 4 中在干燥后包装前还要进行干燥膨化。对于上述区别特征①，证据 4 采用的方案在挤压出粉丝后进行高温中温干燥，其目的是使粉丝表面形成胶膜以防止粘连。而本专利未进行高温中温干燥，而是采用冷却后经机械震荡或搓散以防止粘连的步骤，虽然二者的目的相同，但本专利显然不能达到证据 4 形成胶膜以防止粘连等技术效果。对于本领域技术人员而言，该步骤省略的技术方案是显而易见的。光友公司起诉称证据 4 反复干燥的处理方式人为阻止了粉丝老化过程，故其产品与本专利产品在品质上存在重要区别，但本专利及证据 4 说明书并未记载上述区别，光友公司亦无其他证据予以证明，故其上述主张没有事实依据，本院不予采信。对于区别特征②，光友公司在起诉书中对此并未提出异议，本院对此不予涉及。对于区别特征③，光友公司所争议的问题是“在粉丝食品中加入添加剂是所属领域的技术人员所知晓的普通技术知识”，光友公司认为本专利正是采用了申请号为 97107724.X 的发明专利申请权利要求 1 中记载的添加剂，有效防止了熟化成型后的粉丝再切割时粘连。对此本院认为，如前所述，本专利权利要求 1 中所述的添加剂并未限于申请号为 97107724.X 的发明专利申请权利要求 1 中记载的添加剂，也可以是常规添加剂。光友公司未能举证证明现有技术中采用的常规添加剂具有防止粉丝或粉片熟化成型后切割时发生粘连的功能。因此对光友公司该理由，本院不予支持。对于区别特征③中所列的其他区别，光友公司并未提出争议，本院不予涉及。对于区别特征④，光友公司起诉称证据 4 多了包装前膨化步骤，因此属于膨化食品。本院认为，证据 4 的粉丝在装模后进行高温和膨化处理，其目的是使粉丝进一步干燥膨化，以符合成品要求，而并非生产膨化食品的加工步骤。故证据 4 的粉丝并不属于膨化食品。同时该步骤的减少并不能为权利要求 1 的技术方案带来进步。综上所述，对本领域技术人员而言，在证据 4 的基础上获得权利要求 1 的技术方案是显而易见的，本专利权利要求 1 不符合《专利法》第二十二条第三款的规定。

关于第 9924 号决定对于本专利其他权利要求的评述，光友公司并未提出异议，本院对此不予涉及。

综上，原告光友公司的诉讼请求缺乏事实和法律依据，本院不予支持。被告专利复审委员会作出的第 9924 号决定认定事实清楚，程序合法，应予维持。依照《中华人民共和国行政诉讼法》第五十四条第（一）项之规定，本院判决如下：

维持被告国家知识产权局专利复审委员会作出的第 9924 号无效宣告请求审查决定。

案件受理费 100 元，由原告四川光友实业集团有限公司负担（已交纳）。

如不服本判决，可在本判决书送达之日起 15 日内，向本院递交上诉状，并按对方当事人人数提交副本，交纳上诉案件受理费 100 元，上诉于北京市高级人民法院。

审 判 长　任　进
代理审判员　邢　军
代理审判员　董晓敏
二〇〇七年十一月二十六日
书 记 员　朱　平

# 北京市高级人民法院
# 行政判决书

（2008）高行终字第 46 号

上诉人（原审原告）四川光友实业集团有限公司，住所地四川省绵阳市高新区虹阳街 18 号。

法定代表人邹光友，董事长。

委托代理人张文，北京市金开律师事务所四川分所律师。

委托代理人郑天力，男，汉族，1975 年 6 月 11 日出生，该公司职员，住四川省绵阳市涪城区南河路 26 号。

被上诉人（原审被告）国家知识产权局专利复审委员会，住所地北京市海淀区北四环西路 9 号银谷大厦 10 ~ 12 层。

法定代表人廖涛，副主任。

委托代理人许磊，该委员会审查员。

委托代理人郭鹏鹏，该委员会审查员。

原审第三人四川白家食品有限公司，住所地四川省成都市经济技术开发区（龙泉驿区）白家路 9 号。

法定代表人陈朝晖，董事长。

委托代理人詹永斌，男，汉族，1971 年 11 月 7 日出生，成都九鼎天元知识产权代理有限公司专利代理人，住河南省南阳市宛城区官庄镇油田水电厂家属院。

委托代理人徐宏，男，汉族，1968年6月7日出生，成都九鼎天元知识产权代理有限公司专利代理人，住四川省成都市武侯区碧云路1号3栋1单元3号。

上诉人四川光友实业集团有限公司（简称光友公司）因专利权无效行政纠纷一案，不服北京市第一中级人民法院（2007）一中行初字第1286号行政判决，向本院提起上诉。本院2008年1月17日受理本案后，依法组成合议庭，于2008年2月21日公开开庭进行了审理。上诉人光友公司的委托代理人张文、郑天力，被上诉人国家知识产权局专利复审委员会（简称专利复审委员会）的委托代理人许磊、郭鹏鹏，原审第三人四川白家食品有限公司（简称白家公司）的委托代理人徐宏、詹永斌到庭参加诉讼。本案现已审理终结。

本案涉及邹光友于2000年5月23日向国家知识产权局专利局申请的名称为"方便快餐粉丝的加工方法"的发明专利（简称本专利），于2003年9月3日被授权公告，专利号为第00112963.5号。2004年9月8日，专利权人变更为光友公司。针对本专利，白家公司于2006年11月14日向专利复审委员会提出无效宣告请求，理由是本专利权利要求1~6不符合《专利法实施细则》第二十条第一款的规定，说明书不符合《专利法》第二十六条第三款的规定，权利要求1不具备新颖性，权利要求1~6不具备创造性。2007年6月7日，专利复审委员会作出第9924号无效宣告请求审查决定（简称第9924号决定），宣告本专利权无效。光友公司不服该决定，向北京市第一中级人民法院提起诉讼。

北京市第一中级人民法院认为，根据本专利说明书的记载，本专利要解决的技术问题是在粉丝或粉片柔软的情况下进行切割和装入容器并进行干燥成粉饼。证据4采用的方案是在装入成型模中时，粉丝或粉片中的水分含量为30％。根据常识，水分含量为30％时的粉丝或粉片仍处于柔软状态，将之切割和装入容器显然也不会发生容易断裂的问题。可见，证据4已经给出了解决本专利技术问题的启示。本专利权利要求1与证据4的区别技术特征是：（1）权利要求1相对于证据4少了在粉丝加工成型后放入成型模前的高温干燥和中温逆风干燥步骤；（2）证据4的该方法没有将粉丝放入成型模前的切割和称量步骤以及切割的具体长度和计量的具体重量；（3）证据4的该方法没有在粉丝中加入添加剂，也没有在包装袋中加入调味料、调味油小袋，叉子或筷子，并封口；（4）权利要求1中干燥后即包装，而证据4中在干燥后包装前还要进行干燥膨化。对于上述区别特征（1），证据4采用的方案在挤压出粉丝后进行高温中温干燥，其目的是使粉丝表面形成胶膜以防止粘连。而本专利未进行高温中温干燥，而是采用冷却后经机械震荡或搓散以防止粘连的步骤，本专利显然不能达到证据4形成胶膜以防止粘连等技术效果。对于本领域技术人员而言，该步骤省略的技术方案是显而易见的。对于区别特征（2），光友公司在起诉书中并未提出异议。对于区别特征（3），本专利权利要求1中所述的添加剂并未限于申请号为97107724.X的发明专利申请权利要求1中记载的添加剂，也可以是常规添加剂。光友公司未能举证证明现有技术中采用的常规添加剂具有防止粉丝或粉片熟化成型后切割时发生粘连的功能。对于区别特征④，证据4的粉丝在装模后进行高温和膨化处理，其目的是使粉丝进一步干燥膨化，以符合成品要求，而并非生产膨化食品的加工步骤，故证据4的粉丝并不属于膨化食品，同时，该步骤的减少并不能为权利要求1的技术方案带来进步。综上所述，对本领域技术人员而言，在证据4的基础上获得本专利权利要求1的技术方案是显而易见的，故权利要求1不符合《专利法》第二十二条第三款的规定。

综上，依照《中华人民共和国行政诉讼法》第五十四条第（一）项之规定，北京市第一中级人民法院判决：维持专利复审委员会作出的第9924号决定。

光友公司不服原审判决，向本院提起上诉，请求撤销原审判决及无效决定，维持本专利权有效。其理由主要为：（1）"在粉丝柔软的情况下进行切割和装入容器"是本专利解决技术问题的手段，并非本专利所要解决的技术问题，原审判决对本专利理解有误。(2) 证据4粉丝经高温、中温二次干燥水分含量为30%时，已经不具有本专利解决技术问题所要求的柔软状态，不能给出解决本专利技术问题的启示，原审判决认定事实错误。(3) 本专利说明书关于粉丝经连续运动的输送机带转移并冷却、再经挤压的记载内容，是针对权利要求4~5附加技术方案的说明，原审判决认定事实不清。(4) 防止粉丝之间发生粘连，是本领域公知常识和公开的常规技术可以解决的技术问题，不是本专利所解决技术问题的必要技术特征，本专利权利要求1未记载有关解决粉丝粘连的技术特征，并无不妥。(5) 原审判决适用证据不当。原审判决以上诉人“未能举证证明现有技术中采用的常规添加剂具有防止粉丝或粉片熟化成型后切割时发生粘连的功能”为由，认为上诉人一审中举证不能，明显适用证据不当。此外，证据4获得的是膨化食品，与本专利不具可比性，原审判决认为证据4中干燥膨化并非生产膨化食品的加工步骤，适用证据不当。(6) 本专利权利要求1相对于证据4具有专利法所要求的创造性，不是省略的技术方案，原审判决适用法律错误。专利复审委员会、白家公司服从原审判决。

本院经审理查明：邹光友于2000年5月23日向国家知识产权局专利局申请了名称为“方便快餐粉丝的加工方法”的发明专利（即本专利），于2003年9月3日被授权公告，专利号为第00112963.5号。2004年9月8日，专利权人变更为光友公司。本专利授权公告的权利要求书如下：

“1. 一种方便快餐粉丝的加工方法，加工步骤包括：

a. 合粉：取淀粉，与适量添加剂和水混合搅拌均匀；

b. 熟化成型：将混匀后的混合物经粉丝机或手工加工成型为粉丝或粉片；

其特征还包括下列加工步骤：

c. 切割：将熟化成型的粉丝或粉片切断成30~1000毫米长度；

d. 称量分装：切割后的粉丝或粉片按每份50~300克称量，再分别装入成型干燥碗或盒中；

e. 干燥：将装入成型干燥碗或盒中的粉丝或粉片干燥至重量百分含水率≤30%；

f. 包装：将成型干燥碗或盒中的粉丝或粉片转移至方便碗或盒、袋中，再将密封的调味料小袋、密封的调味油小袋，叉子或筷子装入方便碗或盒、袋中，封口即得产品。

2. 按权利要求1所述的方便快餐粉丝的加工方法，其特征是：所述成型干燥碗或盒的底部及周壁分布有通气孔。

3. 按权利要求1或2所述的方便快餐粉丝的加工方法，其特征是：所述步骤e的干燥方式为自然晾干、烘干或/和热空气干燥。

4. 按权利要求1所述的方便快餐粉丝的加工方法，其特征是：所述熟化成型或切割后的粉丝或粉片经连续运动的输送机带转移并冷却。

5. 按权利要求4所述的方便快餐粉丝的加工方法，其特征是：所述粉丝或粉片经冷却后再经挤压。

6. 按权利要求1所述的方便快餐粉丝的加工方法，其特征是：所述淀粉是红薯、马铃薯、木薯、玉米、豌豆、绿豆、蚕豆、葛根、蕨根、莲藕、荸荠、荞麦、莜麦、芭蕉淀粉中的一种或两种或两种以上的混合物。”

针对本专利，白家公司于2006年11月14日向专利复审委员会提出无效宣告请求，并提交了下述证据：

证据1：申请号为97107724.X的发明专利申请公开说明书，公开日为1998年4月1日，复印件共10页；

证据2：专利号为98218556.1的实用新型专利说明书，授权公告日为1999年9月15日，复印件共8页；

证据3：申请号为92113305.7的发明专利申请公开说明书，公开日为1994年5月25日，复印件共8页；

证据4：申请号为98112157.8的发明专利申请公开说明书，公开日为1999年3月3日，复印件共4页，其公开了一种速食方便粉丝的生产方法，其方法为：（A）淀粉加水搅匀后用自熟粉丝机挤压成丝；（B）对丝体进行高温气流强制干燥，使粉丝表面迅速干燥而形成胶膜；（C）继续进行中温逆风干燥，使粉丝含水量进一步减小后将粉丝卷折放入成型模中；（D）在成型模中继续干燥；（E）将模盒作远红外加热及真空处理，使粉丝干燥膨化至含水量为3%左右，开模取出，即为产品。

光友公司于2006年12月18日提交了以下附件：

附件1：由四川永衡会计师事务所有限责任公司出具的四川光友薯业有限公司自1999年1月1日至2003年12月31日的销售收入审计报告以及四川永衡会计师事务所的企业法人营业执照和执业证书，复印件共7页；

附件2：四川光友薯业有限公司和四川光友实业集团有限公司的相关荣誉证书，复印件共9页；

附件3：由四川光友实业集团有限公司和四川光友薯业有限公司共同出具的证明书，用于证明四川光友薯业有限公司是本专利的实施单位，复印件共1页。

白家公司于2006年12月11日向专利复审委员会提交了补充的意见陈述和证据1~11，其中证据1~4与白家公司提出无效请求时提交的证据1~4相同，新增的证据5~11如下：

证据5：申请号为97106822.4的发明专利申请公开说明书，公开日为1998年2月11日，复印件共6页；

证据6：申请号为91106780.9的发明专利申请公开说明书，公开日为199 3年3月10日，复印件共14页；

证据7："方便米粉一步成型新工艺研究报告"，《食品科技》，1999年第一期，第16~18页，复印件共3页；

2007年6月7日，专利复审委员会作出第9924号决定，认定：

1. 无效的理由和范围

根据白家公司在口头审理中的确认，其请求宣告本专利权无效的理由及其范围是：本专利权利要求1~6不符合《专利法实施细则》第二十条第一款的规定，说明书不符合《专利法》第二十六条第三款的规定，权利要求1相对于证据4、6、8或9不具备新颖性，不符合《专利法》第二十二条第二款的规定，权利要求1相对于证据4、证据6、证据1和4的结合、或证据6和7的结合不具备创造性，不符合《专利法》第二十二条第三款的规定，权利要求2相对于证据1和2的结合、证据1~2和4的结合、证据4和5的结合、证据4和2的结合、或证据4和10的结合不具备创造性，不符合《专利法》第二十二条第三款的规定，权利要求3相对于证据4、或证据4和2的结合不具备创造性，不符合《专利法》第二十二条第三款的规定，权利要求4和5均相对于证据1、3和4的结合、或证据1~2和3的结合不具备创造性，不符合《专利法》第二十二条第三款的规定，权利要求6相对于证据1和4的结合不具备创造性，不符合《专利法》第二十二条第三款的规定。因此，专利复审委员会仅针对上述无效理由进行审查。

2. 证据的认定

证据1 2是白家公司于2007年4月30日提交的，其举证时间超出了提出无效宣告请求日起一个月内的举证期限，虽然证据1 2是为了证明证据7~11与原件相符的公证书，但其不是在口头审理辩论终结前提交的，不属于《审查指南》第四部分第三章第4.3.1节规定的可以考虑的例外情形，因此，专利复审委员会对证据12不予接受。

白家公司提交的证据1~6是专利文献，光友公司对其真实性予以认可，且其公开日均早于本专利的申请日，因此证据1~6属于本专利的现有技术，可用于评价本专利的新颖性和创造性。

白家公司提交的证据7~10是中国期刊文献，光友公司在口头审理过程中出示了证据7~10的复印件，其中仅在证据7的首页盖有“四川省内江市科学技术情报研究所”的公章，光友公司对证据7第1页的真实性予以认可，对证据7的其他页和证据8~10的真实性不予认可。专利复审委员会对证据7第1页的真实性予以确认，证据7第1页上印有“1999年第一期”，公开日期是在1999年，早于本专利的申请日，因此，证据7第1页所公开的内容属于本专利的现有技术，可用于评价本专利的新颖性和创造性。对于证据7其他页和证据8~10，由于无法与原件进行核对，真实性无法确认，专利复审委员会不予采信。

白家公司在口头审理过程中明确声明放弃证据11，故对证据11不予考虑。

因此，专利复审委员会仅以证据1~6以及证据7第1页作为对比文件评价本专利的新颖性和创造性。

光友公司在口头审理过程中对其所提交的附件1和3出示了原件，白家公司对其真实性没有异议，专利复审委员会予以采信。

光友公司所提交的附件2是四川光友薯业有限公司和四川光友实业集团有限公司的相关荣誉证书的复印件，白家公司对其真实性不予认可，由于光友公司未提交原件，附件2的真实性无法核实，因此，专利复审委员会对附件2不予采信。

3. 关于《专利法实施细则》第二十条第一款

白家公司认为本专利权利要求1中所述的“取淀粉，与适量的添加剂和水混合搅拌均匀”中淀粉、添加剂、水的用量，添加剂的种类均不清楚，由此导致权利要求1~6的保护范围不清楚。

专利复审委员会认为，淀粉、添加剂和水是制备粉丝的原料，对所属领域的技术人员来说，已知有多种添加剂可用于粉丝的制备中，而选择不同量的淀粉、添加剂和水以及选择不同的添加剂会获得怎样的质量和口感是所属领域的技术人员所掌握的普通技术知识，因此对所属领域的技术人员来说，可以清楚地理解“取淀粉，与适量的添加剂和水混合搅拌均匀”这一步骤，而且根据说明书的描述，本专利对现有技术的改进并不在于淀粉、添加剂和水的用量以及添加剂的种类上，在本专利权利要求1的技术方案中，选择所属领域的技术人员所知晓的或者通过常规手段可获得的原料用量和种类即可，因此，白家公司关于本专利权利要求1~6的保护范围不清楚的主张不能成立，本专利权利要求1~6符合《专利法实施细则》第二十条第一款的规定。

4. 关于《专利法》第二十六条第三款

白家公司认为说明书对于合粉步骤中所述的“取淀粉，与适量的添加剂和水混合搅拌均匀”中淀粉、添加剂、水的用量没有清楚说明，“搅拌均匀”的含义也不清楚，由此导致权利要求1~6的技术方案在说明书中公开不充分。专利复审委员会认为，淀粉、添加剂和水是制备粉丝的原料，选择不同量的淀粉、添加剂和水会获得怎样的质量和口感是所属领域的技术人员所掌握的普通技术知识，所属领域的技术人员只需通过常规手段就可以根据需要确定淀粉、添加剂和水的用量；而“均匀”的含义是物质在各部分的分布是相同的，对于淀粉、水、添加剂组成的混合物而言，则是指各个原料在混合物各部分的分布是相同的，无论在该混合物中淀粉和水的含量为多少，是稀还是干，只要分布相同，就可称之为“均匀”，这是所属领域的普通技术人员所知晓的，因此所属领域的技术人员只需通过常规手段就可实现“取淀粉，与适量的添加剂和水混合搅拌均匀”这一步骤，而且根据说明书的描述，本专利对现有技术的改进并不在于淀粉、添加剂和水的用量以及添加剂的种类上，在本专利中，选择所属领域的技术人员所知晓的或者通过常规手段可获得的原料用量和种类就可以实现本发明的技术方案，因此白家公司关于本专利说明书公开不充分，不符合《专利法》第二十六条第三款的主张不能成立。权利要求1~6的技术方案在说明书中得到了清楚、完整地说明，符合《专利法》第二十六条第三款的规定。

5. 关于《专利法》第二十二条第三款

(1) 权利要求1相对于证据4不具有创造性。

本专利权利要求1要求保护的是一种方便快餐粉丝的加工方法，加工步骤包括合粉、熟化成型，特征在于还包括切割、称量分装、干燥和包装的步骤。权利要求1要求保护的技术方案与证据4公开的生产方法相比，其区别在于：①权利要求1相对于证据4少了在粉丝加工成型后放入成型模前的高温干燥和中温逆风干燥步骤；②证据4的该方法没有将粉丝放入成型模前的切割和称量步骤以及切割的具体长度和计量的具体重量；③证据4的该方法没有在粉丝中加入添加剂，也没有在包装袋中加入调味料、调味油小袋，叉子或筷子，并封口；④权利要求1中干燥后即包装，而证据4中在干燥后包装前还要进行干燥膨化。首先，对于上述区别特征①，专利复审委员会认为，本专利与证据4中粉丝都要在成型模中进行干燥，即要使粉丝在未定型之前置于成型模中，以使其在成型模中干燥成型，证据4的方法中熟化成型的粉丝在装模前须进行干燥以防止粉丝粘连（说明书第1页倒数第1行），但权利要求1省略了装模前干燥的步骤，而本领域普通技术人员都知道，熟化成型后的粉丝由于温度高表面黏性大，如果直接切断会造成粘连，权利要求1的技术方案虽然省略了装模前干燥的步骤，但也丧失了不会产生粘连的效果，在这种情形下，对于本领域技术人员而言，该步骤省略的技术方案是显而易见的，尽管光友公司强调本专利的成型效果更好，而且通过控制产品成分也不会粘连，但根据本专利说明书的记载以及证据4的说明书的记载，光友公司的上述主张没有事实依据，显然不成立；其次，对于区别特征②而言，在证据4的实施例部分提及将粉丝计量切断，再置于成型模中进行干燥（证据4说明书第2页第2行），其中计量切断的作用与在权利要求1的技术方案中的作用相同，都是为了使粉丝在放入成型模干燥之前先进行定量，可见证据4给出了在粉丝置入成型模干燥前进行切割和称量的启示，而切割的具体长度、计量的具体重量均是为了使粉丝以适当的量进行分装而选择的，是所属领域的技术人员根据具体包装的需要通过常规技术即可获得的，而且从本专利的说明书中看不出选择权利要求1中所述切割的具体长度、计量的具体重量能够获得预料不到的技术效果；再次，对于区别特征③而言，在粉丝食品中加入添加剂是所属领域的技术人员所知晓的普通技术知识，由于方便快餐粉丝的食用方法是开水浸泡即可，与方便面类似，为方便食用，所属领域的技术人员根据生活常识即可想到可在包装袋中放入调味料、调味油小袋，叉子或筷子；而出于卫生和方便保存的目的对产品进行密封也是所属领域的技术人员所知晓的常规技术；而且从本专利的说明书中看不出在包装袋中加入调味料、调味油小袋，叉子或筷子，并且进行密封能够获得预料不到的技术效果，因此上述区别特征不能为权利要求1的技术方案带来突出的实质性特点和显著的进步；最后，对于区别特征④而言，权利要求1相对于证据4少了包装前的干燥膨化步骤，同时也少了这一步骤带来的效果，因此，该区别特征也不能为权利要求1的技术方案带来突出的实质性特点和显著的进步。综上所述，在证据4的基础上获得权利要求1的技术方案对所属领域的技术人员来说是显而易见的，权利要求1相对于证据4不具备突出的实质性特点和显著的进步，不符合《专利法》第二十二条第三款有关创造性的规定。

(2) 权利要求1相对于证据1和4不具有创造性。

白家公司提出的无效宣告理由还包括本专利权利要求1相对于证据1和4的结合不具备创造性。

如上所述，权利要求1相对于证据4已不具备创造性，权利要求1的技术方案与证据4公开的技术方案之间的区别特征中，添加剂的加入，切割的具体长度、计量的具体重量，在包装袋中加入调味料、调味油小袋，叉子或筷子，并封口的特征不仅是本领域技术人员根据实际需要按照所知晓的普通技术知识可以进行选择的，而且都已在证据1中公开，且其在证据1中所起的作用与其在本专利中所起的作用相同，因此，权利要求1相对于证据1和4也不具备突出的实质性特点和显著的进步，不符合《专利法》第二十二条第三款有关创造性的规定。

(3) 权利要求2相对于证据4和2不具有创造性。

本专利权利要求2的附加技术特征是“所述成型干燥碗或盒的底部及周壁分布有通气孔”，其作用是便于其中粉丝的水分排出即干燥，该附加技术特征已在证据2中公开。证据2（证据2说明书第2页倒数第1段）中公开了一种高温膨化类方便面成型模具，该模具的六个面中，两侧面和上、下表面开有透气孔。根据证据2说明书第1页倒数第4段所述“提供一种使如玉米面条这样的高温膨化类面条经外力压缩后而使之成型的一种特别模具”以及证据2说明书第2页第1~2行所述“使之可达到含水量在11%以下的面块”，可见证据2的模具的作用是对面条进行外力压缩成型，并降低其含水量，模具上分布的透气孔的作用是使水分蒸发，与权利要求2中底部和周壁分布的通气孔的作用相同，因此证据2给出了将上述特征应用于证据4以解决其技术问题的启示，因此，在证据4的基础上结合证据2获得权利要求2的技术方案是显而易见的，在其引用的权利要求1相对于证据4不具备创造性的基础上，权利要求2相对于证据4和2也不具备创造性，不符合《专利法》第二十二条第三款的规定。

(4) 权利要求3相对于证据4，或相对于证据4和2不具有创造性。

本专利权利要求3引用权利要求1或权利要求2，并进一步限定干燥方式为自然晾干、烘干和/或热空气干燥，由于这几种干燥方式均是所属领域技术人员公知并常用的干燥方式，而说明书中也没有证明利用这几种干燥方式取得了预料不到的技术效果，因此，在其所引用的权利要求1相对于证据4不具备创造性的基础上，权利要求3相对于证据4也不具备创造性，不符合《专利法》第二十二条第三款的规定。在其所引用的权利要求2相对于证据4和2不具备创造性的基础上，权利要求3相对于证据4和2也不具备创造性，不符合《专利法》第二十二条第三款的规定。

(5) 权利要求4和5相对于证据1、3和4不具有创造性。

本专利权利要求4引用权利要求1，其附加技术特征是：“所述熟化成型或切割后的粉丝或粉片经连续运动的输送机带转移并冷却”，其作用是使经粉丝机熟化成型的粉丝或粉片老化，即进一步固化成型并降低黏性，并提高产品生产的机械自动化程度。证据3公开的技术方案（证据3说明书第2页第1段）是将经挤出机成型后的粉丝在牵引的作用下立刻进入凝固甬道固化凝胶，固化后的粉丝经牵引机送入切割机切割成一定的长度后由收集装置收集，其凝固甬道可以是通高温或低温风方式或者冷冻式，并指出最好为冷冻式（证据3说明书第2页第2~3段），其中的通低温风或冷冻都是一种冷却方式。这些特征在证据3中所起的作用也是使粉丝老化，并使粉丝的生产实现连续化，同时可使粉丝黏性降低，防止粘连，与其在权利要求4的技术方案中所起的作用相同，因此，在权利要求1相对于证据1和4不具备创造性的前提下，权利要求4相对于证据1、3和4的结合不具备创造性，不符合《专利法》第二十二条第三款有关创造性的规定。

本专利权利要求5引用权利要求4，其附加技术特征是：所述粉丝或粉片经冷却后再挤压。根据说明书的记载，“再挤压”的作用是使粉丝或粉片松散，防止其粘连。由于粉丝是由淀粉制成，淀粉糊化后具有一定的黏性，有时会粘连在一起，对于所属领域技术人员来说，将粘连的粉丝搓散是公知并常用的技术，搓散可以在任何粉丝发生粘连的时候进行，“再挤压”则是本领域中用于将粉丝搓散的常规技术，而说明书中也并没有证明在熟化成型并冷却后搓散，并且利用“再挤压”这种方式达到搓散的目的具有何种预料不到的技术效果，因此，在其引用的权利要求4相对于证据1、3~4不具备创造性的基础上，权利要求5相对于证据1、3~4也不具备创造性，不符合《专利法》第二十二条第三款的规定。

(6) 权利要求6相对于证据1和4不具有创造性。

本专利权利要求6引用权利要求1，如上所述，权利要求1相对于证据4不具备创造性，而权利要求6的附加技术特征，即制备粉丝所用淀粉的具体种类已在证据1中公开（证据1说明书第2页倒数第3段），因此，在其引用的权利要求1相对于证据4不具备创造性的基础上，权利要求6相对于证据1、4也不具备创造性，不符合《专利法》第二十二条第三款的规定。

(7) 尽管光友公司认为附件1和3可以证明本专利技术的使用大幅提升了光友公司产品的销售份额，在商业上取得了显著的成功，但是附件1仅仅是四川光友薯业有限公司对本专利产品的销售数据，附件3仅能表明四川光友薯业有限公司是本专利的实施单位，不能表明所述的商业上的成功是由于发明的技术特征直接导致的，因此，附件1和3不能证明本专利具备创造性。

据此，专利复审委员会宣告第00112963.5号发明专利权无效。

上述事实，有第9924号决定、本专利说明书、98112157.8号发明专利申请公开说明书及当事人陈述等证据为证。

本院认为，本案争议的焦点是本专利权利要求1相对于证据4是否具有创造性。创造性，是指同申请日以前已有的技术相比，该发明有突出的实质性特点和显著的进步。判断一项权利要求是否具有创造性时，应当将权利要求的技术方案与最接近的现有技术进行比较，找出二者的区别技术特征，并判断现有技术整体上是否给出了将这些区别技术特征应用到该最接近现有技术以解决其存在的技术问题的启示。如果现有技术存在这种启示，则该方案是显而易见的。

证据4涉及一种速食方便粉丝的生产方法，虽然其披露的技术方案中最后一项技术特征为膨化工艺，但就其技术方案整体而言仍然是速食方便粉丝的生产方法，并非膨化食品的生产方法，因此，证据4可以作为本专利最接近的现有技术。上诉人光友公司关于证据4并非本专利最接近的现有技术的上诉主张于法无据，本院不予支持。

本专利解决的技术问题是“将干燥后的呈直条状的粉丝或粉片分装入直径较小的碗中较不方便”等，采取的技术手段是“在粉丝柔软的情况下进行切割和装入容器”。证据4采用的方案披露了在装入成型模中时，粉丝或粉片中的水分含量为30%。根据常识，水分含量为30%时的粉丝或粉片仍处于柔软状态，将之切割和装入容器显然也不会发生容易断裂的问题。可见，证据4已经给出了解决本专利技术问题的启示。上诉人光友公司没有提交任何证据证明粉丝水分含量为30%时已经不具有本专利解决的技术问题所要求的柔软状态，因此，光友公司关于原审判决对本专利理解有误的上诉主张没有事实依据，本院不予支持。

本专利权利要求1要求保护一种方便快餐粉丝的加工方法，加工步骤包括合粉、熟化成型，特征在于还包括切割、称量分装、干燥和包装的步骤。权利要求1要求保护的技术方案与证据4公开的生产方法相比，其区别在于：(1) 权利要求1相对于证据4少了在粉丝加工成型后放入成型模前的高温干燥和中温逆风干燥步骤；(2) 证据4的该方法没有将粉丝放入成型模前的切割和称量步骤以及切割的具体长度和计量的具体重量；(3) 证据4的该方法没有在粉丝中加入添加剂，也没有在包装袋中加入调味料、调味油小袋，叉子或筷子，并封口；(4) 权利要求1中干燥后即包装，而证据4中在干燥后包装前还要进行干燥膨化。

对于上述区别特征 (1)，证据4采用的方案为在挤压出粉丝后进行高温中温干燥，其目的是使粉丝表面形成胶膜以防止粘连。而本专利权利要求1的技术方案没有记载进行干燥或冷却的技术特征，但是在说明书中明确记载了采用冷却后经机械震荡或搓散以防止粘连的步骤。虽然二者的目的相同，但采用冷却或高温、中温干燥是本领域惯常技术手段的替换，而且，本专利显然不能达到证据4形成胶膜以防止粘连的技术效果。对于本领域技术人员而言，该步骤省略的技术方案是显而易见的。对于区别特征（2），光友公司在上诉中对此并未提出异议，本院对此不予涉及。对于区别特征（3），光友公司已经承认“在粉丝食品中加入添加剂是所属领域技术人员所知晓的普通技术知识”，认为本专利正是采用了申请号为97107724.X的发明专利权利要求1中记载的添加剂，有效防止了熟化成型后的粉丝再切割时粘连。对此本院认为，既然本专利权利要求1中所述的添加剂为公知常识，故增加添加剂也不能认定本专利具有突出的实质性的特点。对于区别特征（3）中所列的其他区别，光友公司并未提出争议，本院不予涉及。对于区别特征（4），光友公司称证据4多了包装前的膨化步骤，因此属于膨化食品。但是，证据4的粉丝在装模后进行高温和膨化处理，目的是使粉丝进一步干燥膨化，以符合成品要求，而并非生产膨化食品的加工步骤。同时，该步骤的减少并不能为权利要求1的技术方案带来突出的实质性特点和显著的进步。综上所述，对本领域技术人员而言，在证据4的基础上获得权利要求1的技术方案是显而易见的，本专利权利要求1不符合《专利法》第二十二条第三款的规定。原审判决对此认定正确，应予维持。上诉人光友公司关于本专利权利要求1具有创造性的上诉主张没有事实和法律依据，本院不予支持。

综上，原审判决认定事实清楚，适用法律正确，应当予以维持。上诉人光友公司的上诉主张于法无据，本院不予支持。依照《中华人民共和国行政诉讼法》第六十一条第一款第（一）项之规定，判决如下：

驳回上诉，维持原判。

一审案件受理费100元，由四川光友实业集团有限公司负担（已交纳）；二审案件受理费100元，由四川光友实业集团有限公司负担（已交纳）。

本判决为终审判决。

审　判　长　刘继祥
审　判　员　莎日娜
代理审判员　焦　彦
二〇〇八年一月二十日
书　记　员　毕　怡

015

# 一种海棉体

## 无效宣告请求审查决定（第9952号）

决　　定　　号　第9952号
决　　定　　日　2007年4月28日
发明创造名称　一种海棉体
国 际 分 类 号　B09B 3/00，B09B 17/00
无效宣告请求人　莫胜才
专　利　权　人　叶远鸿
专　　利　　号　02143855.2
优　先　权　日　2002年6月14日
申　　请　　日　2002年10月1日
授 权 公 告 日　2005年9月7日
合 议 组 组 长　李人久
主　　审　　员　李金光
参　　审　　员　许　磊

法　律　依　据　专利法实施细则第20条第1款和第21条第2款；专利法第26条第3款、第4款以及第22条第3款

决　定　要　点

如果所属领域技术人员可以理解权利要求中记载的技术特征含义且明确权利要求的技术方案所限定的保护范围，则该权利要求请求保护的范围是清楚的。

判断某一技术特征是否为必要技术特征，应当从发明所要解决的技术问题出发并考虑说明书描述的整体内容。如果某一技术特征是解决发明技术问题必不可少的技术特征，则该技术特征是必要技术特征。

如果所属领域的技术人员按照发明专利说明书记载的内容能够实现该发明的技术方案，解决其技术问题，并且产生预期的技术效果，则认为说明书对发明作出了清楚、完整的说明。

如果权利要求记载的技术方案是本领域技术人员能够从说明书充分公开内容中得到或概括得出的技术方案，且未超出说明书记载的范围，则该权利要求是以说明书为依据的。

如果发明请求保护的技术方案相对于现有技术具有有益效果和非显而易见性，则该发明请求保护的技术方案具备创造性。

## 一、案由

本无效宣告请求涉及申请日为2002年10月1日、优先权日为2002年6月14日、授权公告日为2005年9月7日、名称为“一种海棉体”的02143855.2号发明专利（下称本专利），专利权人为叶远鸿。该专利授权公告的权利要求书为：

“1. 一种海棉体，其特征在于由形状、大小不一的泡沫塑料、泡沫橡胶的碎料和粘接剂按质量百分比为：泡沫塑料5％~90％、泡沫橡胶5％~80％、粘接剂5％~15％经搅拌混合、黏合、挤压而成。

2. 根据权利要求1所述海棉体，其特征在于上述质量百分比材料成分为：泡沫塑料28％~70％、泡沫橡胶20％~60％、粘接剂8％~12％。

3. 根据权利要求2所述海棉体，其特征在于上述质量百分比材料成分为：

泡沫塑料28％、泡沫橡胶60％、粘接剂12％。

4. 根据权利要求1或2或3所述海棉体，其特征在于上述泡沫塑料为聚氨脂泡沫塑料或聚乙烯泡沫塑料或聚苯乙烯泡沫塑料或醋酸乙烯共聚物。

5. 根据权利要求1或2或3所述海棉体，其特征在于上述泡沫橡胶为泡沫天然橡胶或泡沫合成橡胶。

6. 根据权利要求1所述海棉体，其特征在于上述泡沫塑料或泡沫橡胶的碎料为各种不规则多边形体，其平均直径为3~40毫米。

7. 根据权利要求6所述海棉体，其特征在于上述各种不规则多边形体的平均直径为5~20毫米。

8. 根据权利要求7所述海棉体，其特征在于上述各种不规则多边形体的平均直径为7~15毫米。”

针对本专利，莫胜才（下称请求人）于2006年4月13日向专利复审委员会提出专利权无效宣告请求，理由是本专利说明书不符合专利法第26条第3款的规定，权利要求1~8不符合专利法实施细则第20条第1款、专利法第26条第4款以及专利法第22条第3款的规定，权利要求1不符合专利法实施细则第21条第2款的规定。请求人提供了以下证据：

证据1：国家知识产权局专利检索咨询中心编号为G060169号的《检索报告》，复印件共4页；

证据2：美国专利文献US5948827A，公开日1999年9月7日，复印件共4页；

证据3：德国专利文献DE4314240A1，公开日1993年11月25日，复印件共8页；

证据4：本专利授权公告文本，复印件共7页。

证据5：证据2的中文译文，共9页；

证据6：证据3的中文译文，共15页；

请求人认为：（1）权利要求1中的特征“形状、大小不一的泡沫塑料、泡沫橡胶的碎料”以及权利要求6~8中的术语“各种不规则多边形体”的含义不清楚，权利要求4中的术语“聚氨脂泡沫塑料”、“醋酸乙烯共聚物”不正确、不清楚，从而权利要求1~8不符合专利法实施细则第20条第1款的规定。（2）说明书中的“海棉体”以及记载的泡沫塑料举例“聚氨脂泡沫塑料”、“醋酸乙烯共聚物”的含义不清楚，也不正确，另外，授权文本第3页中记载的“利各种”及第4页中记载的“性均能达到”也不清楚，而且说明书中没有记载本专利产品具有弹性良好、软硬适中、均匀度高、质感好、不易变形、经久耐用、各项性能均达到正常海棉体使用标准等性能可用作衬垫等的效果实验数据以及具体选用泡沫塑料、泡沫橡胶的标准和选择粘接剂的种类、来源以及本专利产品的制备工艺条件和专用设备，导致说明书公开不充分，不符合专利法第26条第3款的规定。（3）权利要求1中采用了范围十分上位的术语“泡沫塑料”、“泡沫橡胶”、“黏合剂”来概括其发明的三个必要组分，但说明书中没有记载这些物质合理分布和印证的实施例，本领域技术人员不能预见所有不同种类的这些物质都能实现本发明；说明书中没有一个实施例采用权利要求4所限定的泡沫塑料，权利要求5对泡沫橡胶的说明没有实际限定作用；实施例1记载的直径范围“5±3毫米”代表“2~8毫米”，超出该专利指出的“3~40毫米”的范围；所以权利要求1~8得不到说明书的支持，不符合专利法第26条第4款。(4) 本专利第5页第5~11行指出，加工出来的海棉体追求的各项性能与泡沫塑料和泡沫橡胶碎料的直径直接相关，太高或太低均无法获得一些必需的性能，本领域技术人员可以理解为不是任何直径的碎料相混都有足够的均匀性和质感，所以权利要求1缺乏必要技术特征，不符合专利法实施细则第21条第2款的规定，即使权利要求2~5上升为独立权利要求也不能满足该规定。(5) 证据1表明本专利权利要求1~8相对于证据2或者证据2与3的组合不具备创造性：本专利权利要求1与证据2解决技术问题都是为了合理利用废旧橡胶和塑料，采用的技术方案相似，其中证据2公开一种通过再循环废轮胎和塑料材料生产的橡胶组合物，该组合物粉末含有约66~77WT%的轮胎颗粒、约15~22WT%的塑料颗粒和约8~12WT%的由酸与甲苯和甲基异丁基酮之一组成溶液（参见证据2第3栏第55~65行、第4栏第35~48行、权利要求10以及摘要，相应于证据5第4页倒数第1段、第5页倒数第2段、权利要求10和摘要），本专利的海棉体和证据2的橡胶组合物各组分含量范围有所交叉，二者的区别在于本专利权利要求1的海棉体使用泡沫塑料碎料、泡沫橡胶碎料和黏合剂经搅拌混合黏合、挤压制成，而证据2的组合物是使用轮胎颗粒、塑料颗粒以及由酸与甲苯和甲基异丁基酮之一组成溶液混合而成；证据2中使用的溶液与本专利黏合剂作用相同，本专利权利要求1采取的挤压操作步骤是本领域制造共混材料和成形时采用的常规技术手段，且证据2也提及所得的组合物原材料可通过挤出、注塑和压制等常规塑料成型加工手段制造各种所需产品（参见证据2的第3栏第26~43行，相应于证据5的第4页第1~13行）；用证据2结合本领域常识可得出本专利权利要求1的技术方案，所以权利要求1相对证据2不具备创造性。此外，证据3公开的道路表面用标记物所包含的黏合剂自身包含橡胶和/或塑料颗粒，优选通过将橡胶和/或塑料废料粉碎、混合、成型和凝固而制备，所以本专利权利要求1相对于证据2~3结合也不具备创造性。权利要求2~3记载的材料用量范围可以在证据2所用材料用量范围基础上根据不同具体材料的选择以及对产品软硬程度的要求，通过常规试验调整确定；权利要求4~5选择的泡沫塑料、泡沫橡胶是本领域公知常识；权利要求6~8限定的直径可以根据常规试验确定，所以在权利要求1不具备创造性的基础上，权利要求2~8也不具备创造性。

经形式审查合格后，专利复审委员会受理了上述请求，于2006年4月14日向双方当事人发出《无效宣告请求受理通知书》，并将《专利权无效宣告请求书》及其附件清单中所列附件的副本转送给专利权人，要求其在指定的期限内答复，同时成立合议组对本无效请求案进行审理。

2006年5月11日，请求人再次提交了意见陈述和证据5~6（证据2~3的中文译文）的全文替换页，并提交了证据7~8：

证据7：日本专利文献特开平5-17629，公开日为1993年1月26日，复印件共4页；

证据8：证据7的中文译文，共8页。

请求人认为：证据7公开了一种成型用组合物，其主要包括硫化橡胶100重量份、热塑性树脂10~100重量份以及热塑性弹性体10~100重量份，其中使用的热塑性树脂为使用过的发泡聚苯乙烯纸（参见证据7的第2栏第［0010］、［0012］段，相应于证据8的第2页第2、4段），热塑性弹性体起相容剂的作用，与本专利中使用黏合剂作用相似，粘接、压缩成型是本领域常用技术手段，将证据7与证据2以及本领域的常识相结合，获得本专利权利要求1的技术方案不需要创造性劳动，因此，本专利相对于证据2、7的结合不具备创造性。

2006年8月15日，专利复审委员会将请求人于2006年5月11日再次提交的意见陈述书及其附件的副本转送给专利权人。

2006年8月30日，本案合议组向双方当事人发出《无效宣告请求口头审理通知书》，拟定于2006年12月15日对本专利权的无效宣告请求进行口头审理。

2006年12月15日，口头审理如期举行，双方当事人均委托代理人参加了口头审理。双方代理人对合议组成员无回避请求。请求人的代理人认为专利权人的代理人提交的《专利权无效宣告程序授权委托书》是当庭填写的，不认可专利权人的代理人出庭资格。庭审过程中，合议组就本案的无效理由及证据逐一进行了调查，双方当事人的代理人充分陈述了意见。专利权人的代理人对请求人提交所有证据的真实性、合法性、关联性、公开性以及译文的准确性均无异议。请求人的代理人确定其提出专利权无效宣告请求的理由是本专利说明书不符合专利法第26条第3款的规定，权利要求1~8不符合专利法实施细则第20条第1款和第21条第2款以及专利法第26条第4款的规定且不具备专利法第22条第3款规定的创造性，并主张在评价创造性时证据2是与本专利最接近的对比文件，且本专利权利要求1~8相对于证据2与公知常识的组合、证据2与3的组合或证据2与7的组合不具备创造性。在陈述上述无效理由时，请求人的代理人除陈述了已提交过的书面意见内容外，还增加了以下内容：(1) 说明书中的实施例数据设置不合常理，如实施例2中配制黏合剂所用溶剂有效成分会挥发，但黏合剂干燥前后各组分的含量和总重量不变，不符合常理，所以本专利不符合专利法第26条第3款；(2)“海棉体”的组成和制备工艺都是必要技术特征，但权利要求1~8中均未记载制备工艺，所以权利要求1~8不符合专利法实施细则第21条第2款的规定。针对请求人的主张，专利权人的代理人认为：(1)“形状大小不一”是指随机切出；“聚氨脂”、“醋酸乙烯共聚物”、“海棉体”属笔误，应分别为“聚氨酯”、“醋酸乙烯酯共聚物”、“海绵体”，权利要求1~8符合专利法实施细则第20条第1款；(2) 本发明所用设备、材料、工艺都是一般性描述，将各料搅拌均匀挤压在一起即可，黏合剂在物质表面连接，其干燥前后重量差异不大，不影响发明的实现，说明书符合专利法第26条第3款；(3) 权利要求中所用原料主要使用其物理性，具体选择哪一种效果是一样的，此外，权利要求中记载的±3是误差范围，所以权利要求1~8符合专利法第26条第4款；(4) 本专利产品中原料是碎料即可，具体直径和工艺不是必要技术特征，本专利符合专利法实施细则第21条第2款；(5) 证据2~3、7中的产品与本专利产品完全不同，组分及其重量比也不同，本专利符合专利法第22条第3款。

2006年12月29日，请求人的代理人提交了口头审理代理词，其中重述了其上述观点。

至此，合议组认为，本案事实已经清楚，可以做出审查决定。

**二、决定的理由**

1. 关于专利权人的代理人刘卉的出庭资格问题

本案中，请求人的代理人以专利权人本人不在现场的情况下专利权人的代理人刘卉当庭填写委托书为由，认为刘卉没有出庭资格。但根据专利法第19条第2款的规定，中国单位或个人在国内申请专利或办理其他专利事务的，应当委托专利代理机构办理。根据该款的规定，当事人不能在指定日期参加口头审理的，可以委托其专利代理人或者其他人代表出庭；当事人依照该规定委托代理机构的，该机构应当指派代理人参加口头审理。由此可见，专利权人是否在填写委托书的现场与其是否授权代理机构办理相关事项没有直接关系。本案中，专利权人提交的《专利权无效宣告程序授权委托书》使用了专利局制定的标准表格，该委托书中写明委托权限、发明创造名称、专利号、专利代理机构、代理人姓名，有专利权人作为委托人的签字和受委托人代理机构广州世纪专利事务所的签章，明确该代理机构指派的代理人为刘卉，且专利权人提交的参加口头审理回执中的代理人名称、身份以及代理机构的签章与该委托书中代理人名称、身份以及代理机构的签章一致。尽管专利权人的代理人当庭填写的该委托书，但该委托书中已有专利权人的签名，即专利权人已经认可该代理机构所确定的代理权限，而代理人刘卉又是该代理机构合法指派参加口头审理的代理人。另外，在本专利申请时，专利权人（当时为申请人）叶远鸿已提交了专利代理委托书，其委托的专利代理机构即为广州世纪专利事务所，该事务所指定的代理人也是刘卉，委托权限为“代理专利权有效期内的全部专利事宜”。基于以上事实，合议组对请求人的代理人提出专利权人的代理人刘卉无出庭资格的主张不予支持。

2. 关于证据

本案中，请求人提交了证据 1 ~ 8，其中证据 1 是国家知识产权局专利检索咨询中心作出的检索报告的复印件，证据 2 ~ 3、7 是外国专利文献，证据 4 是本专利授权公告文本，证据 5 ~ 6、8 分别是证据 2 ~ 3、7 的中文译文。请求人将证据 1 ~ 3、7 用于说明本专利权利要求 1 ~ 8 不具备专利法第 22 条第 3 款规定的创造性，证据 4 用于说明本专利的说明书不符合专利法第 26 条第 3 款的规定、权利要求 1 ~ 8 不符合专利法实施细则第 20 条第 1 款和第 21 条第 2 款以及专利法第 26 条第 4 款的规定。专利权人对证据 1 ~ 4 和 7 的真实性、关联性、合法性无异议，对证据 2 ~ 3、7 的译文证据 5 ~ 6、8 的准确性无异议，所以，证据 2 ~ 3、7 可以作为本专利证据使用，且证据 5 ~ 6、8 可以作为本案中证据 2 ~ 3、7 的中文译文使用。证据 2、3、7 的公开日在本专利申请日之前，可以用作评价本专利创造性的对比文件。证据 1 是一份由检索机构作出的无法律效力的检索报告，其结论对本专利创造性的评述不具有法律效力。

3. 关于专利法实施细则第 20 条第 1 款

专利法实施细则第 20 条第 1 款规定：权利要求书应当说明发明或实用新型的技术特征，清楚、简要地表述请求保护的范围。

根据该条款的规定，如果所属领域技术人员可以理解权利要求中记载的技术特征含义且明确权利要求的技术方案所限定的保护范围，则该权利要求请求保护的范围是清楚的。

本案中，请求人认为权利要求 1 中的特征“形状、大小不一的泡沫塑料、泡沫橡胶的碎料”以及权利要求 6 ~ 8 中的术语“各种不规则多边形体”含义不清楚，权利要求 4 中的术语“聚氨脂泡沫塑料”、“醋酸乙烯共聚物”不正确也不清楚，从而权利要求 1 ~ 8 不符合专利法实施细则第 20 条第 1 款的规定。

但是，事实上，首先，根据一般的常识，人们会将“形状、大小不一的泡沫塑料、泡沫橡胶的碎料”理解成不同形状大小的泡沫塑料、泡沫橡胶的碎料，将“各种不规则多边形体”理解成形状不规则的多边形体，而不会理解成其他含义，尽管权利要求 1 中没有明确碎料的具体大小且权利要求 1、6 ~ 8 中没有明确碎料的具体形状，但这并不影响本领域技术人员清楚理解这些权利要求的保护范围。其次，从权利要求 4 记载的“泡沫塑料为聚氨脂泡沫塑料或聚乙烯泡沫塑料或聚苯乙烯泡沫塑料或醋酸乙烯共聚物”可知，本专利所述“聚氨脂”和“醋酸乙烯共聚物”均是指泡沫塑料类，而在高分子材料领域中“聚氨酯”和“醋酸乙烯酯共聚物”是常用的塑料，所属领域的技术人员根据专业常识和本专利权利要求记载的整体内容可以推导出权利要求记载的“聚氨脂”和“醋酸乙烯共聚物”实质上分别指“聚氨酯”和“醋酸乙烯酯共聚物”，不会理解成其他含义，所以，权利要求 4 请求保护的范围也是清楚的。最后，除上述特征或术语外，请求人未提出从属权利要求 2 ~ 3、5 存在其他含义不清楚的措辞，基于上述同样的理由，上述特征或术语也不会导致从属权利要求 2 ~ 3、5 的保护范围不清楚。因此，合议组对请求人提出本专利权利要求 1 ~ 8 不符合专利法实施细则第 20 条第 1 款规定的无效理由不予支持。

4. 关于专利法实施细则第21条第2款

专利法实施细则第21条第2款规定：独立权利要求应当从整体上反映发明或者实用新型的技术方案，记载解决技术问题的必要技术特征。

判断某一技术特征是否为必要技术特征，应当从发明所要解决的技术问题出发并考虑说明书描述的整体内容。如果某一技术特征是解决发明技术问题必不可少的技术特征，则该技术特征是必要技术特征。

本案中，请求人认为：（1）泡沫碎料的直径是独立权利要求的必要技术特征，独立权利要求中未记载泡沫碎料的直径，不符合专利法实施细则第21条第2款的规定；权利要求2~5中也未记载泡沫碎料的直径，即使权利要求2~5上升为独立权利要求也不满足该规定。（2）制备工艺是必要技术特征，权利要求1~8中均未记载制备工艺，所以权利要求1~8不符合专利法实施细则第21条第2款的规定。

合议组认为：关于请求人主张权利要求1~8中缺少制备工艺而不符合专利法实施细则第21条第2款规定的无效理由是在其提出本专利权无效宣告请求后的6个月后的口头审理时才提出的，根据专利法实施细则第66条的规定，在专利复审委员受理无效宣告请求后，请求人可以在提出无效宣告请求之日起一个月内增加理由或者补充证据；逾期增加理由或者补充证据的专利复审委员会可以不予考虑。因此，本案合议组对请求人主张权利要求1~8中缺少制备工艺而不符合专利法实施细则第21条第2款规定的无效理由不予考虑。在涉及专利法实施细则第21条第2款方面的无效理由中，本案合议组仅针对请求人主张权利要求1~5中未记载必要技术特征泡沫碎料的直径而不符合专利法实施细则第21条第2款规定的无效理由进行评述。

根据本专利说明书的记载可知，本专利所要解决的技术问题在于“提供一种能充分利用各种海绵制品或橡胶制品在加工制造及使用过程中产生的边角碎料，合理利用原材料、避免资源浪费、减少污染、保护环境，且软硬适中、弹性较好、生产成本低、实用性强的海棉体”（参见证据4说明书第1页中记载的发明内容部分第1段）。本专利解决该技术问题所采用的措施为：“由形状、大小不一的泡沫塑料、泡沫橡胶的碎料和黏合剂按质量百分比为：泡沫塑料5％~90％、泡沫橡胶5％~80％、粘接剂5％~15％经搅拌混合、黏合、挤压而成”（参见证据4说明书第3页中记载的发明内容部分第2段以及第2页记载的具体实施方式部分中的第1~3行）。同时，根据说明书的记载可知：“加工出来的海棉体的使用寿命、耐用性、弹性及其均匀度、质感还与上述碎料的大小有关，所述碎料为各种不规则的多边形，其平均直径（指个体的平均匀直径）为3~40毫米，其平均直径越大，加工取得海棉体其均匀度、质感越差，各碎料之间粘接不牢固、容易脱落，其使用寿命就越短；反之，其平均直径越小，加工取得海棉体其弹性、耐用性、均匀度、质感就越好，各碎料之间粘接牢固、不易脱落，其使用寿命就越长。但其直径过于小，所制得碎料就会失去弹性，加工制得海棉体弹性差”（参见证据4说明书第3页第5~12行）。由此可见，在本专利中，制备“海棉体”产品的原料碎料直径大小直接影响着“海棉体”的弹性、耐用性、均匀度、质感，而“海棉体”的弹性、耐用性、均匀度、质感均涉及本专利能否解决软硬适中、弹性较好、实用性强的问题，所以，直径过大或过小的边角碎料会影响到所制备“海棉体”能否解决本专利所要解决的技术问题，即原料碎料直径大小是解决本专利所要解决问题必不可少的技术特征。但本专利独立权利要求1中未记载原料碎料直径大小，没有从整体上反映本专利的技术方案，所以，独立权利要求1不符合专利法实施细则第21条第2款的规定。含有权利要求1特征的权利要求2~5中也均未记载必要技术特征原料碎料直径大小，因此，权利要求2~5也不能满足该条款的规定。

基于上述理由，本案合议组认为：权利要求1~5均不符合专利法实施细则第21条第2款的规定。

5. 关于专利法第26条第3款

专利法第26条第3款规定：说明书应当对发明作出清楚、完整的说明，以所属领域的技术人员实现为准。

如果所属领域的技术人员按照发明专利说明书记载的内容能够实现该发明的技术方案，解决其技术问题，并且产生预期的技术效果，则认为说明书对发明作出了清楚、完整的说明。

本案中，请求人认为本专利不符合专利法第26条第3款规定的事实如下：说明书中记载的“海棉体”、“聚氨脂泡沫塑料”、“醋酸乙烯共聚物”不清楚，且没有记载本专利产品具有弹性良好、软硬适中、均匀度高、质感好、不易变形、经久耐用、各项性能均达到正常海棉体使用标准等性能且可用作衬垫等的效果实验数据、具体选用泡沫塑料和泡沫橡胶的标准、选择粘接剂的种类和来源、本专利产品的制备工艺条件以及专用设备；并且，说明书中还存在“利各种”（证据4第3页第10行）、“性均能达到”（证据4第4页第13行）等打字错误；另外，本专利实施例中所用溶剂有效成分会挥发，但记载的黏合剂干燥前后各组分的重量和总含量不变，不符合常理。

对此，合议组认为：

第一，从上述术语是否清楚的角度来看，本专利说明书第1页发明内容部分记载的本发明目的在于利用各种海绵制品或橡胶制品在加工制造及使用过程中的边角料生产本专利的“海棉体”，由此可见本专利的“海棉体”，实质是指具有海绵体性能的产品。在说明书第1页发明内容部分的第2段对该“海棉体”的组成和制备过程进行了限定，即该产品“由形状、大小不一的泡沫塑料、泡沫橡胶的碎料和粘接剂按质量百分比为：泡沫塑料5％~90％、泡沫橡胶5％~80％、粘接剂5％~15％经搅拌混合、黏合、挤压而成”，所属领域的技术人员从该限定可以明确“海棉体”的结构组成和成型方式。从以上分析可以看出，无论“海棉体”的“棉”字是否有误，均不影响所属领域技术人员对本专利“海棉体”的理解。所以，合议组对请求人认为“海棉体”不清楚的主张不予支持。而且，基于与上述关于权利要求保护范围的清楚问题中对“聚氨脂泡沫塑料”、“醋酸乙烯共聚物”的评述同样的事实和理由，合议组对请求人认为“聚氨脂泡沫塑料”、“醋酸乙烯共聚物”不清楚的主张也不予支持。

第二，从本专利产品是否具有弹性良好、软硬适中、均匀度高、质感好、不易变形、经久耐用、各项性能均达到正常“海棉体”使用标准等性能且可用作衬垫等效果方面来看，本专利产品本身是将具有发泡性质的碎块材料混合并用黏合剂结合挤压而成，没有改变原来发泡材料的物理性质，对于这种制品必然保持了原有发泡材料的物理性质，而一定比例混合均匀一定大小的发泡材料本身的物理性质决定了其具有弹性良好、软硬适中、均匀度高、质感好、不易变形、经久耐用、各项性能均达到本专利“海棉体”使用标准等性能且可用作衬垫等的效果，对于本领域的技术人员来说，基于这种认识，完全可以推知这种制品具有弹性良好、软硬适中、均匀度高、质感好、不易变形、经久耐用、各项性能均达到正常海绵体使用标准等性能且可用作衬垫等的效果，不必用试验数据来证实。

第三，从本专利产品的原料选择、工艺条件和所用设备方面来看，本专利产品是将一定配比的泡沫材料碎块混合并用黏合剂结合挤压形成，只要原料碎块具有泡沫性质、黏合剂具有黏合剂性质，将原料混合、黏合、挤压即可，这些均在说明书实施例中有记载，且混合、黏合、挤压可以采用常规技术措施，根据实施例的记载，这些常规操作步骤中对所用设备并没有特殊要求。因此，本专利说明书中是否记载具体选用泡沫塑料和泡沫橡胶的标准、选择粘接剂的种类和来源、本专利产品的制备工艺条件以及专用设备，并不影响本专利技术方案的实现以及达到预期的技术效果。

第四，请求人认为说明书中记载的“利各种”和“性均能达到”均属打字错误，分别应当为

"利用各种"和"性能均达到"，专利权人也认可请求人对此打字错误的解释。合议组认为：基于双方当事人均认可"利各种"和"性均能达到"属打字错误，且这种打字错误不至于导致所属技术领域技术人员有其他误解，从而不会导致本申请说明书公开不充分。

第五，对于请求人在口头审理时提出的实施例中黏合剂干燥前后各组分重量和总含量不变而导致本专利不符合专利法第26条第3款规定的无效理由而言，由于这一无效理由是在本专利权无效宣告请求后的6个月后提出的，属于专利法实施细则第66条规定的逾期提出的无效宣告理由，所以，本案合议组对请求人提出的这一主张不予考虑。

基于以上事实，合议组对请求人主张本专利不符合专利法第26条第3款规定的无效理由不予支持。

6. 关于专利法第26条第4款

专利法第26条第4款规定：权利要求书应当以说明书为依据，说明要求专利保护的范围。

如果权利要求记载的技术方案是本领域技术人员能够从说明书充分公开内容中得到或概括得出的技术方案，且未超出说明书记载的范围，则该权利要求是以说明书为依据的。

本案中，由于合议组已支持了请求人主张本专利权利要求1～5不符合专利法实施细则第21条第2款规定的无效理由，所以，在涉及专利法第26条第4款方面，本案合议组针对请求人主张权利要求1～5不符合专利法第26条第4款规定的无效理由不再予以评述，仅针对请求人提出权利要求6～8不符合该款规定的具体无效理由进行评述。

在涉及专利法第26条第4款时，请求人具体主张的事实是本专利说明书实施例中没有记载权利要求中所记载"泡沫塑料"、"泡沫橡胶"、"黏合剂"的合理分布和印证，且实施例1记载的原料碎料的直径范围超出了说明书中所列举的直径范围，所以本领域技术人员不能预见所有不同种类的这些物质以及权利要求中限定的直径范围都能实现本发明。

权利要求6～8分别引用了权利要求1、6～7，所以权利要求6～8请求保护的技术方案中分别包含了权利要求1、6～7中记载的所有技术特征。

就本专利而言，产品的性能取决取于是否由一定量和大小的"泡沫塑料"、"泡沫橡胶"碎料与"黏合剂"混合、黏合、挤压成型，只要原料中具有一定量的这三类组分性质的材料，且碎料大小适宜，并采用混合、黏合、挤压成型步骤，就可以实现本发明的目的，与具体采用什么种类的"泡沫塑料"、"泡沫橡胶"和"黏合剂"无关。虽然实施例中没有记载各组分所用具体种类，但说明书中对具有这三种类组分性质的原料、各组分含量比例多少以及各原料碎料直径大小对产品的性质的影响均有相应说明，并具体限定了平均直径为"3～40毫米"，较佳直径为"5～20毫米"，最好直径为"7～15毫米"（参见证据4第2～3页记载的具体实施方式部分中的第1段）。此外，尽管说明书实施例1中将碎料直径范围控制为"5±3毫米"，但实施例2～5分别将碎料直径范围控制为"10±3毫米"、"20±3毫米"、"30±3毫米"、"40±3毫米"。由此可见，本专利权利要求6～8记载的技术内容均在说明书中有记载，且权利要求6～8的技术方案均可由说明书所公开的技术内容概括得出，且未超出说明书公开的范围。因此，请求人关于权利要求6～8中组分种类分布和直径范围得不到说明书支持的主张不成立。

基于上述理由，合议组对请求人认为权利要求6～8不符合专利法第26条第4款规定的无效理由不予支持。

7. 关于专利法第22条第3款

专利法第22条第3款规定：创造性，是指同申请日以前已有的技术相比，该发明有突出的实质性特点和显著进步，该实用新型有实质性特点和进步。

根据该条款的规定，如果发明请求保护的技术方案相对于现有技术具有有益效果和非显而易见性，则该发明请求保护的技术方案具备创造性。

本案中，由于本案合议组已支持了请求人主张本专利权利要求1～5不符合专利法实施细则第21条第2款规定的无效理由，所以，在涉及专利法第22条第3款时，本案合议组对请求人主张权利要求1～5不符合专利法第22条第3款规定的无效理由不再予以评述，仅针对请求人提出权利要求6～8不符合该款规定的具体无效理由进行评述。

在涉及专利法第22条第3款规定的无效理由中，请求人具体主张证据2是与本专利最接近的对比文件，且权利要求6～8相对于证据2与本领域的常识组合或者证据2～3组合或者证据2、7组合不具备创造性。

从请求人提供的证据来看，证据2公开一种通过再循环废轮胎和塑料材料生产的橡胶组合物，该组合物粉末含有约66～77WT％的轮胎颗粒、约15～22WT％的塑料颗粒和约8～12WT％的由酸与甲苯和甲基异丁基酮之一组成溶液（参见证据2的译文证据5中第4页倒数第1段、第5页倒数第2段、权利要求10和摘要），本专利的海棉体和证据2的橡胶组合物的区别之一在于：本专利权利要求6的海棉体使用泡沫塑料碎料、泡沫橡胶碎料和黏合剂经搅拌混合黏合、挤压制成，而证据2的组合物是使用轮胎颗粒、塑料颗粒以及由酸与甲苯和甲基异丁基酮之一组成溶液混合而成。证据2中使用的溶液目的在于将原料颗粒混匀且使产品外观具有增湿粉末外观（参见证据2的译文证据5中第3页第16～21行），而本专利中使用的黏合剂作用是将原料碎料粘接，二者所起的作用不同。权利要求6中的这种区别特征正好针对本专利所要解决的技术问题，即“提供一种能充分利用各种海绵制品或橡胶制品在加工制造及使用过程中产生的边角碎料，合理利用原材料、避免资源浪费、减少污染、保护环境，且软硬适中、弹性较好、生产成本低、实用性强的海棉体”。而证据2所要解决的技术问题是如何再循环利用废旧轮胎和塑料获得橡胶组合物及其制品（参见证据2的译文证据5中记载的发明领域和发明目的部分），与本专利所要解决的技术问题不同。本专利产品软硬适中、弹性较好、生产成本低、实用性强，而证据2的产品不具备本专利产品的这些有益特点，所以，本专利产品比证据2公开的产品具有显著的有益效果。从突出的实质性特点来看，请求人认为本领域制造共混材料和成形时所属领域技术人员采取挤压操作步骤是常规技术手段，且证据2也提及所得的组合物原材料可通过挤出、注塑和压制等常规塑料成型加工手段制造各种所需产品（参见证据2的译文证据5中第4页第1～13行），但请求人没有提供任何公知常识证据来表明证据2公开的溶液有黏合剂的作用，也没有提供证据来表明直接将泡沫碎料和黏合剂混合黏合挤压是公知常识；并且证据2本身没有教导该溶液具有黏合剂的作用，也没有教导直接将泡沫碎料和黏合剂混合黏合挤压能解决本专利所要解决的技术问题；另外，证据2中的橡胶组合物也并非海绵制品（参见证据2的译文证据5中第4页记载的制造产品）。因此，请求人认为本专利权利要求6相对于证据2组合公知常识不具备创造性的理由不成立。

证据3公开了一种用于标记道路表面的标记物，该道路表面用标记物中的黏合剂包含橡胶和/或塑料颗粒，且通过将橡胶和/或塑料废料粉碎颗粒与着色颜料混合后用模具成型、凝固制备成该标记物的（参见证据3的译文证据6的中的权利要求1～4），但证据3公开的产品是道路表面用标记物，目的是提供道路表面用标记物及其制备方法和如何将该标记物用于道路，其中橡胶和/或塑料废料作为黏合剂组分而起作用。证据3没有教导直接将泡沫碎料和黏合剂混合、黏合、挤压成型，也未教导制备成具有弹性的海绵体，其要解决的技术问题也与本专利不同。所以，本专利权利要求6保护的技术方案相对于证据2～3的组合并非显而易见，具有突出的实质性特点。因此，请求人认为本专利权利要求6相对于证据2～3组合不具备创造性的理由不成立。

证据7公开了一种成型用组合物，其主要包括硫化橡胶100重量份、热塑性树脂10～100重量份以及热塑性弹性体 10～100 重量份，其是通过将硫化橡胶粉末和热塑性树脂混合并加热到热塑性树脂的熔点，使硫化橡胶分散在热塑性树脂中来获得的，不是经过直接压缩成型和黏合剂固化而获得的；其中使用的热塑性树脂起分散剂的作用，热塑性弹性体赋予该成型用组合物的成型制品在常温附近有橡胶弹性效果（参见证据 7 的译文证据 8 中第 2 页第 1、3、6 段以及第 3 页第 2 段）。因此，证据 7 与本专利产品所用的原料和制备方法均不同，二者解决的技术问题不同；证据 7 同样没有教导直接将泡沫碎料和黏合剂混合、黏合、挤压成型，也没有教导使用黏合剂将泡沫碎料黏合，所以，本专利权利要求 6 保护的技术方案相对于证据 2、7 的组合并非显而易见，具有突出的实质性特点。因此，请求人认为本专利权利要求 6 相对于证据 2、7 组合不具备创造性的理由不成立。

在权利要求 6 具备创造性的情况下，直接或间接引用权利要求 6 的权利要求 7～8 同样也具备创造性。

因此，合议组对请求人主张本专利权利要求 6～8 不具备专利法第 22 条第 3 款规定的创造性的无效理由不予支持。

基于上述理由和事实，本案合议组作出如下决定。

**三、决定**

宣告 02143855.2 号发明专利权利要求 1～5 无效，在权利要求 6～8 的基础上维持该专利权有效。

当事人对本决定不服的，可以根据专利法第 46 条第 2 款的规定，自收到本决定之日起三个月内向北京市第一中级人民法院起诉。根据该规定，一方当事人起诉后，另一方当事人应当作为第三人参加诉讼。

016

# 一种健脑补肾丸的制作方法

## 无效宣告请求审查决定（第10205号）

**决　　定　　号**　第10205号
**决　　定　　日**　2007年6月10日
**发明创造名称**　一种健脑补肾丸的制作方法
**国 际 分 类 号**　A61K 35/78//（A61K 35/78，35∶12，35∶56，33∶26）
**无效宣告请求人**　山东鲁泰环中制药有限公司
**专　利　权　人**　山东临清华威药业有限公司
**申　　请　　号**　94110752.3
**申　　请　　日**　1994年8月25日
**授 权 公 告 日**　1999年12月1日
**合 议 组 组 长**　崔国振
**主　　审　　员**　李金光
**参　　审　　员**　许　磊

**法 律 依 据**　专利法第26条第4款、第22条第3款
**决 定 要 点**

如果所属领域技术人员能从发明专利申请的说明书公开内容中得到或概括得出权利要求请求保护的技术方案，则该权利要求得到了说明书的支持。

在发明专利申请的权利要求请求保护的技术方案与最接近的现有技术存在区别技术特征的情况下，如果现有技术整体上存在将该区别技术特征应用到该最接近的现有技术中以解决该发明实际要解决技术问题的启示，则该技术方案限定的发明不具备突出的实质性特点，反之，则该技术方案限定的发明具备突出的实质性特点。

### 一、案由

本无效宣告请求涉及国家知识产权局于1999年12月1日授权公告的、名称为“一种健脑补肾丸的制作方法”的发明专利（下称本专利），其专利号为94110752.3、申请日为1994年8月25日，专利权人为山东临清华威药业有限公司（下称专利权人）（2002年11月15日专利权人由山东临清中药厂变更为东阿阿胶集团临清华威药业有限责任公司，2007年1月5日专利权人又变更为山东临清华威药业有限公司），该专利授权文本的权利要求书如下：

“1. 一种健脑补肾丸的制作方法，包括中药配料、清洗、粉碎、过筛、混匀、泛丸、干燥、包衣

工序，其特征在于：

a. 所说的中药配料各成分在复方总剂量中的重量百分比为：人参2％～5％、鹿茸0.5％～1％、狗肾1％～3％、肉桂2％～5％、金牛草1％～3％、炒牛蒡子1％～3％、金樱子1％～3％、杜中炭3％～5％、川牛膝3％～5.5％、金银花2％～5％、连翘1.5％～3.5％、蝉蜕1.5％～3.5％、山药4％～6％、制远志4.5％～6.5％、酸枣仁4.5％～6.5％、砂仁4.5％～6.5％、当归3％～6％、煅龙骨3％～6％、煅牡蛎4％～5.5％、茯苓9％～11％、炒白术4.5％～6.5％、桂枝3％～6％、甘草2％～5％、炒白芍3％～6％、豆蔻3％～6％。

b. 所说的包衣工序是以三氧化二铁或赭石为原料。”

针对本专利，山东鲁泰环中制药有限公司（下称请求人）以本专利不符合专利法第26条第4款、第22条第2款和第3款的规定为由，于2005年8月8日向专利复审委员会提出无效宣告请求，并提交了如下证据：

证据1：《山东省药品标准》，山东省卫生厅编，封面、前言页、第164页，1986年版，复印件共3页；

证据2：中草药，第21卷第5期，封面、目录页、第21～24页，1990年，复印件共6页；

证据4：《药剂辅料大全》，罗明生、高天惠主编，四川科学技术出版社，封面、著录项目页、第19、582、583页，1993年3月第1版第1次印刷，复印件共5页；

证据5：《中华人民共和国卫生部药品标准》，中药成方制剂第1册，中华人民共和国卫生部药典委员会编，封面、目录第2页、养血安神丸说明页，1989年，复印件共3页。

虽在《专利权无效宣告请求书》的附件清单中记载有证据3：《中华人民共和国药典》，但请求人提交的具体证据中没有相应的证据3。

请求人认为：（1）本专利权利要求1记载的包衣工序以三氧化二铁或赭石为原料，而说明书记载的是“……用滑石粉与适量黏合剂对其丸剂包衣后，再以三氧化二铁或赭石为原料对其包衣”即不同原料实施二次包衣，所以，权利要求1请求保护的技术方案得不到说明书的支持；（2）证据2公开的“健脑补肾丸”不含朱砂的配方与本专利相同且各组分的重量百分比均在本专利的范围之内，证据3、4证明三氧化二铁用作着色剂在药剂制造中是惯用手段，所以，本专利不具备新颖性；（3）证据1给出健脑补肾丸配方和制备工艺，除包衣组分与本专利不同外，所记载的内容与本专利相同，在证据1公开内容的基础上，结合证据2的启示，以及证据3或4给出的惯用手段，可以直接得出本专利的技术方案，因此本专利不具备创造性；（4）证据5给出以赭石粉作包衣剂的技术方案，在证据1公开内容的基础上，结合证据2的启示，以及证据5给出的包衣惯用手段，可以直接得出本专利技术方案中以以赭石作包衣剂的技术方案，所以本专利不具备创造性。

经形式审查合格后，专利复审委员会受理了上述无效宣告请求，并于2005年8月8日向双方当事人发出了《无效宣告请求受理通知书》，向专利权人转送了《专利权无效宣告请求书》及其所附证据副本。

2005年8月19日，专利权人提交了“关于取消山东鲁泰环中制药有限公司无效宣告请求人资格的说明”以及下述反证：

反证1：复审请求人山东环中制药有限公司针对本专利曾提出过的《复审请求书》以及相应《复审请求受理通知书》，复印件各1页；

反证2：专利复审委员发出的与反证1相关的《口头审理通知书》，复印件共1页；

反证3：专利复审委员会针对本专利作出的第4380号《复审决定书》，复印件共13页；

反证4：（2004）一中行初字第543号《北京市第一中级人民法院行政判决书》，复印件共16页；

反证5：（2004）高行终字第466号《北京市高级人民法院行政判决书》，复印件共14页；

反证6：本案的《无效宣告请求受理通知书》和《专利权无效宣告请求书》，复印件共4页；

专利权人认为：反证1~6证明在专利复审委员会已作出的生效决定第4380号中，继续维持本专利有效，所以，请求人没有资格再次提出本专利权无效宣告请求。

2005年9月7日，请求人再次提交意见陈述书和证据6（编号顺延）：《无机化学》，巫璧辉主编，上海科学技术出版社出版，封面、著录项目页、第219页，1985年6月第1版，1991年4月第4次印刷，复印件共3页。请求人认为以三氧化二铁或赭石作药片（丸）为包衣剂是医药行业的基本常识。

2006年8月18日，请求人提交了证据3：《中华人民共和国药典》，中华人民共和国卫生部药典委员会编，封面、出版印刷信息页、目录第vii页、第191~192页，1977版第二部，1979年4月第1版第1次印刷，复印件共5页。

2006年9月27日，专利复审委员会向双方当事人发出了《无效宣告请求口头审理通知书》，拟定于2006年11月15日在专利复审委员会对本案进行口头审理，同时将请求人于2005年9月7日提交的意见陈述书及其证据副本以及请求人于2006年8月18日提交文件的副本转给专利权人，并告知专利权人可以在口头审理时答复。

2006年10月25日，复审委员会将专利权人于2005年8月19日提交的意见陈述及其反证的副本转给请求人，告知其可以在该转文收到之日起一个月内答复。

2006年11月1日，专利权人提交了表示参加上述口头审理的回执。

2006年11月15日，口头审理如期进行，双方当事人均参加了口头审理。双方当事人对合议组成员无回避请求，对对方出庭人员的身份和出庭资格无异议。请求人明确其无效宣告请求理由（下称无效理由）是本专利不符合专利法第26条第4款、第22条第3款的规定，放弃本专利不符合专利法第22条第2款规定的无效理由。专利权人对证据1~6的真实性、合法性、关联性、公开性均无异议，但对请求人的法律资格和本案受理有异议。请求人对反证1~6的真实性未表示异议，但认为：（1）本案中请求人提交的证据3~4、6是新证据，这些证据与第4380号复审决定（参见反证3）中曾经提交过的证据即本案中的证据1~2结合以证明不同的事实，不属于一事不再理的范围。（2）说明书中未记载赭石的药理作用，不符合专利法第26条第4款的规定。（3）证据2中有无朱砂的配方效果相同，且无朱砂的配方与本专利权利要求1中记载的25味药配方相同，解决了朱砂毒性问题，在证据2的基础上去掉朱砂依然是健脑补肾丸，要保持朱砂原有的颜色，人们会直接想到三氧化二铁，证据2和3或6结合，证明了这点。专利权人认为：（1）本案所用证据与专利复审委员针对本专利已作出的生效决定第4380号所依据的证据相同，根据专利审查中的一事不再理原则，本案不应当受理。（2）在涉及专利法第26条第4款的无效理由中，赭石药理问题是请求人当庭才提出的，但在专利权无效宣告请求书中没有提到这点，不应被接受。（3）第4380号复审决定已明确替换健脑补肾丸配方中的朱砂具有创造性，证据3~4、6均用于证明三氧化二铁是着色剂，没有实质差别。在口头审理中，双方当事人均认为本专利权利要求1前序部分记载的内容属于公知常识，赭石是药物衣。合议组当庭指出，请求人以本专利说明书未记载赭石药理作用而不符合专利法第26条第4款规定的无效理由是当庭才提出的，根据审查指南第四部分第三章第4.1节关于审查范围的规定，提出该项无效理由的时间所基于的事实超出了上述规定的期限，所以，本案中合议组对基于该事实的此项无效理由不予考虑。请求人没有对此提出异议。

2006年11月24日，请求人提交了意见陈述书，重申了口头审理中其主张的观点。

2007年4月24日，请求人再次提交了意见陈述书，并补充了下以下证据：

证据7-1：《中华人民共和国药典》，1977年版一部，中华人民共和国卫生部药典委员会编，封面、出版印刷信息页、前言页、目录第vi~xx页，人民卫生出版社，1978年12月第1版第1次印刷，复印件共17页。

证据7-2：《中华人民共和国药典》，1977年版二部，中华人民共和国卫生部药典委员会编，封面、出版印刷信息页、前言页、凡例第i、ii页、目录第v~xv页、第191~192页，人民卫生出版社，1979年4月第1版第1次印刷，复印件共18页。

证据8-1：《中华人民共和国药典》，2005年版一部，国家药典委员会编，封面、出版印刷信息页、品名目次第XV~XIII页，化学工业出版社，2005年1月第1版第1次印刷，复印件共11页。

证据8-2：《中华人民共和国药典》，2005年版二部，国家药典委员会编，封面、出版印刷信息页、前言页、凡例第XIII页、品名目次第XIX~XXXII页、第900页，化学工业出版社，2005年1月第1版第1次印刷，复印件共18页。

证据8-3：《中华人民共和国药典》，2005年版三部，国家药典委员会编，封面、出版印刷信息页、前言第1~2页，化学工业出版社，2005年1月第1版第1次印刷，复印件共4页。

请求人认为：证据7-1、7-2、8~1、8~2、8~3均证明三氧化二铁除作为着色剂外，不具有药理作用，本案中以三氧化二铁作为着色剂的技术方案不具有新颖性和创造性。

2007年5月12日，专利权人提交了意见陈述书以及以下反证（编号顺延）：

反证7：《国家食品药品监督管理令》第17号，第1、312、317~318页，复印件共4页；

反证8：山东医科大学附属医院和山东省立医院出具的“《健脑补肾丸》的临床试验研究总结——附加218例分析”，复印件共15页；

反证9：山东医科大学药理室出具的“健脑补肾丸药效学研究”，复印件共22页；

反证10：编号（鲁药）科研鉴字9155号的《科学技术成果鉴定书》，复印件共10页；

反证11：《中华人民共和国卫生部药品标准》，中药成方制剂（保护第一册），中华人民共和国卫生部药典委员会编，封面、第140~141页，1996年，复印件共3页；

反证12：本专利的专利证书复印件共1页；

反证13：同证据1；

反证14：同证据2。

专利权人认为：这些反证说明本专利具备新颖性和创造性。

至此，合议组认为本案事实已经清楚，可以依法作出决定。

**二、决定的理由**

1. 关于请求人资格与案件受理问题

根据审查指南第四部分第三章第3.2节关于无效宣告请求人资格的规定：请求人属于下列情形之一的，其无效宣告请求不予受理：（1）请求人不具备民事诉讼主体资格的；（2）专利权人针对其专利权提出无效宣告请求且请求宣告专利权全部无效、所提交的证据不是公开出版物或者请求人不是共有专利权的所有专利权人的。

本案中，专利权人认为请求人没有资格再次提出专利权无效宣告请求的理由是：反证1~6证明专利复审委员会作出的第4380号复审决定生效，继续维持本专利有效。但该理由不属于上述审查指南所规定的请求人资格审查范围，所以，合议组对专利权人这一主张不予支持。

根据审查指南第四部分第三章第2.1节关于审查原则中一事不再理原则的规定，对于已作出审查决定的无效宣告案件涉及的专利权，以同样的理由和证据再次提出无效宣告请求的不予受理和审理；如果再次提出的无效宣告请求的理由或者证据因时限等原因未被在先无效宣告请求审查决定所考虑，则该请求不属于上述不予受理和审理的情形。

从本案的具体情况来看，反证3即第4380号复审决定中涉及本案所用证据的内容包括：（1）证据1不能破坏权利要求1的新颖性（参见反证3第8页关于新颖性部分中的第5段）。（2）权利要求1与证据1的区别在于本专利权利要求1的技术方案中去除了朱砂，用三氧化二铁或赭石作为包衣材料，而证据1中是以朱砂为包衣材料（参见反证3第9页关于创造性部分中的第3段）；证据2虽然公开将健脑补肾丸分为含朱砂和无朱砂两种，但并没有进一步具体教导“无朱砂”就是指用三氧化二铁作为包衣的健脑补肾丸（参见反证3第11页最后1段）。（3）证据5证明赭石包衣的“养血安神丸”是棕红色（参见证据5记载的“养血安神丸”的制法和性状部分）。而本案请求人提出专利权无效宣告请求时提出的无效理由包括：（1）本专利存在不符合专利法第26条第4款规定的缺陷。（2）以证据1和2结合证据3或4或6证明本专利不具备专利法第22条第3款规定的创造性。由此可见，首先，在第4380号复审决定中未涉及本专利是否符合专利法第26条第4款规定的无效理由，也未涉及证据3~4、6；其次，在第4380号审查决定中未涉及将证据1和2与证据3或4或6结合来评价本专利的创造性问题。因此，第4380号审查决定所涉及的撤销本专利的理由与证据和本案中请求专利权宣告无效的理由与证据不同。所以，合议组对专利权人以一事不再理审查原则为由认为本专利权无效宣告请求不应受理和审理的主张不予支持。

2. 关于无效宣告请求的理由和证据

口头审理中，请求人明确其无效宣告理由是本专利不符合专利法第26条第4款和第22条第3款的规定：放弃本专利不符合专利法第22条第2款规定的无效理由，所以本案合议组仅针对本专利是否符合专利法第26条第4款、第22条第3款的无效宣告请求的理由进行审查。由于请求人在提出无效宣告请求及此后一个月内针对本专利是否符合专利法第26条第4款规定的具体说明只涉及包衣次数问题，因此，针对本案涉及专利法第26条第4款无效理由，本案合议组只审理涉及包衣次数的该项无效理由。

专利权人对请求人提交的证据1~6的真实性和公开日期未提出异议，请求人对专利权人提交反证1~6的真实性未提出反对意见，所以本案合议组对证据1~6的真实性和公开日期以及反证1~6的真实性予以认可。证据1~6的公开日均在本专利的申请日之前，所以证据1~6可以作为本案的现有技术证据使用。

请求人于2007年4月27日提交的证据7-1、7-2、8-1、8-2、8-3以及专利权人于2007年5月12日提交的反证7~14均是当事人在口头审理结束后提交的，均超出了合议组给予相应当事人的举证期限，所以本案合议组对于当事人口头审理后提交的上述证据不予考虑。

3. 关于专利法第26条第4款

专利法第26条第4款规定，权利要求书应当以说明书为依据，说明要求专利保护的范围。

如果所属领域技术人员能从发明专利申请的说明书公开内容中得到或概括得出权利要求请求保护的技术方案，则该权利要求得到了说明书的支持。

本案中，权利要求1请求保护的技术方案中记载的技术特征“包衣工序是以三氧化二铁或赭石为原料”可以直接从说明书中记载的“用滑石粉与适量黏合剂对其丸剂包衣后再以三氧化二铁或赭石为原料对其包衣”得出。虽然说明书中记载的实施例中包衣工序实施了两次，但说明书中的上述记载公开了包衣工序可以以三氧化二铁或赭石为原料这一技术特征，在此基础上，所属技术领域的技术人员根据说明书公开的配方中各组分的重量百分比以及制作方法（参见本专利说明书第2页第2~19行）得出记载这一技术特征的权利要求1所要求保护的技术方案。因此，合议组对请求人以本专利说明书记载二次包衣而权利要求1请求保护技术方案中仅记载一次包衣为由认为本专利不符合专利法第

26 条第 4 款规定的无效理由不予支持。

4．关于专利法第 22 条第 3 款

专利法第 22 条第 3 款规定：创造性是指同申请日以前已有的技术相比，该发明有突出的实质性特点和显著的进步。

在发明专利申请的权利要求请求保护的技术方案与最接近的现有技术存在区别技术特征的情况下，如果现有技术整体上存在将该区别技术特征应用到该最接近的现有技术中以解决该发明实际要解决技术问题的启示，则该技术方案限定的发明不具备突出的实质性特点，反之，则该技术方案限定的发明具备突出的实质性特点。

本案中，从技术领域、解决的技术问题及相应技术效果和技术特征方面对本专利权利要求 1 限定的发明分别与证据 1 ~6 公开的技术内容相比较可以看出，证据 1 是与本专利权利要求 1 限定的发明最接近的现有技术。证据 1 公开了健脑补肾丸的具体配方，且明确指出朱砂在健脑补肾丸中作包衣剂使用（参见证据 1 第 164 页记载的处方和制法部分）。本专利权利要求 1 与该最接近的现有技术的区别特征在于本专利权利要求 1 请求保护的健脑补肾丸采用三氧化二铁或赭石包衣，证据 1 中的健脑补肾丸采用朱砂包衣。所以，本专利权利要求 1 限定的发明实际解决的技术问题在于用三氧化二铁或赭石包衣能否克服用朱砂作包衣的健脑补肾丸的缺陷，并保持原有健脑补肾丸用朱砂作包衣时的药用效果和色泽。

证据 2 记载了用动物实验观察含朱砂的健脑补肾丸和无朱砂的健脑补肾丸在动物强壮及抗衰老作用效果方面的比较结果，表明在延长果蝇寿命及小鼠游泳时间、增强小鼠记忆力、镇静作用和降低大鼠肾脏中过氧化脂的含量方面健脑补肾丸中有、无朱砂对健脑补肾丸原有的疗效影响不大（参见证据 2 的全文）。一般在进行药效方面对比实验时，除相对比项不同外要保证其他条件一致。证据 2 对有、无朱砂的健脑补肾丸药效进行了对比研究，必然是在健脑补肾丸除有、无朱砂的区别外其他条件都相同的情况下进行的，因此证据 2 中无朱砂的健脑补肾丸应当是无朱砂包衣的，而无朱砂健脑补肾丸必然克服了健脑补肾丸中因朱砂带来的对人体有毒性的缺陷。由此可见，证据 2 教导在制备健脑补肾丸时不用朱砂包衣就可以克服健脑补肾丸中因朱砂带来的对人体有毒性的缺陷，且可以保持健脑补肾丸原有的药用效果。在这种情况下，本领域的普通技术人员有动机在药物辅料中寻找与朱砂色泽类似且不影响健脑补肾丸药用效果的包衣材料。因此，所属领域的普通技术人员会显而易见地想到采用仅起着色包衣作用的包衣剂。

从本专利的权利要求 1 可以看出，权利要求 1 记载有两个并列的技术方案，即用三氧化二铁包衣的技术方案和用赭石包衣的技术方案。从涉及着色包衣方面的证据来看，证据 3 来源于《中华人民共和国药典》（1977 年版），其中对红氧化铁的记载中，分子式记载为三氧化二铁，其作用与用途记载仅为“着色剂。用于糖衣片及胶囊等的着色”（参见证据 3 第 191 页记载的分子式和第 192 页倒数第 2 行）。证据 4 来源于《药剂辅料大全》，其中对药用氧化铁红的记载中，分子式记载为三氧化二铁，其作用与用途记载为“本品着色力强，在药剂制造中主要用作着色剂，用于制备包衣片剂和胶囊。在食品工业中用作食用色素。氧化铁红也用于化妆品的着色”（参见证据 4 第 582 页记载的分子式和作用与用途部分）；配伍变化记载为“除与强酸、还原物反应外，性质稳定”（参见证据 4 第 583 页记载的配伍变化部分）。证据 5 来源于《中华人民共和国卫生部药品标准》的“中药成方制剂第一册”（1989 年版），其中记载“养血安神丸”用生赭石粉包衣（参见证据 5 的“养血安神丸”部分）。证据 6 来源于高等医药院校中药专业用教材《无机化学》，其中对氧化铁记载为“颜色可由红棕至鲜红，制药生产中可用其粉末作片剂包衣颜色”（参见证据 6 第 219 页倒数第 2 ~3 行）。由此可见，证据 3 ~4、6 涉及三氧化二铁作着色包衣剂，证据 5 只涉及赭石作包衣剂。

对于本专利权利要求1中记载的用赭石包衣的技术方案来说，证据3~4、6未涉及赭石包衣，只有证据5涉及赭石包衣。但证据5只证明赭石可以作为“养血安神丸”的包衣剂，并未教导赭石作包衣不影响所包衣药物的药效。而反证3中提供的公知常识证据表明赭石具有降气、止逆、平肝止血的作用（参见反证3第10页第1~2行），将有药理作用的包衣剂用于一种中药包衣必然会影响到该中药的药效，所以，所属领域的普通技术人员不会想到将赭石用于证据2中无朱砂健脑补肾丸的包衣，即不会想到用赭石包衣代替对比文件1中的朱砂包衣。从本专利说明书可以看出，本专利方法制作的健脑补肾丸具有健脑补肾、益气健脾、安神定志功能，对神经衰弱、健忘失眠、头晕目眩等病症有显著疗效，并对人体无任何副作用（参见本专利说明书第2页最后1句至第3页第1~3行）。本专利制备的用赭石包衣的健脑补肾丸具有现有技术中健脑补肾丸的药效，且同时克服了现有技术中有朱砂健脑补肾丸存在的缺陷。所以，相对于现有技术中对比文件1的健脑补肾丸，本专利用赭石包衣的健脑补肾丸具有更好的技术效果。因此，本专利的权利要求1中用赭石包衣的技术方案具有突出的实质性特点和显著的进步。

对于本专利权利要求1中记载的用三氧化二铁包衣的技术方案来说，证据3、4、6表明三氧化二铁是制药行业中经常采用的与朱砂色泽相近的包衣剂（参见证据3第192页记载的作用与用途部分，证据4第582页右栏记载的作用与用途部分，证据6第219页倒数第2、3行）。同时，专利权人也未能提供证据证明三氧化二铁具有药理作用。由此可见，三氧化二铁一般在药物中仅起着色包衣的作用。所以，在本领域的技术人员想要解决本发明实际要解决的技术问题时，很容易想到用三氧化二铁作为药剂的红色包衣剂。因此，本专利权利要求1中用三氧化二铁作包衣剂的技术方案是显而易见的，不具备突出的实质性特点。

综上所述，本专利权利要求1记载的用赭石包衣的技术方案具有突出的实质性特点和显著进步，具备专利法第22条第3款规定的创造性；用三氧化二铁包衣的技术方案不具备突出的实质性特点，不具备专利法第22条第3款规定的创造性。

虽然专利权人认为第4380号复审决定已明确替换健脑补肾丸配方中的朱砂具有创造性。但本决定用于评价创造性的证据1和2与证据3或4或6的组合方式不同于第4380号复审决定中评价创造性的证据组合方式。因此，本案合议组对专利权人以第4380号复审决定的结论为由主张本专利权利要求1具备创造性的理由不予支持。

基于上述理由，合议组作出下述决定。

**三、决定**

宣告94110752.3号权利要求1中用三氧化二铁包衣的技术方案无效，维持第94110752.3号权利要求1中用赭石包衣的技术方案有效。

当事人对本决定不服的，可以根据专利法第43条第2款的规定，自收到本决定之日起三个月内向北京市第一中级人民法院起诉。

# 北京市第一中级人民法院
# 行政判决书

（2007）一中行初字第1340号

原告山东临清华威药业有限公司，住所地山东省临清市北关街19号。

法定代表人石庆瑞，董事长。

委托代理人李莹，北京市齐致律师事务所济南分所律师。

委托代理人王玲，北京市齐致律师事务所济南分所律师。

被告国家知识产权局专利复审委员会，住所地北京市海淀区北四环西路9号银谷大厦10～12层。

法定代表人廖涛，副主任。

委托代理人刘妍，女，国家知识产权局专利复审委员会行政诉讼处审查员。

委托代理人李金光，男，国家知识产权局专利复审委员会行政诉讼处审查员。

第三人山东鲁泰环中制药有限公司，住所地山东省淄博开发区兰雁大道17号。

法定代表人刘石祯，董事长。

委托代理人张建成，男，济南舜源专利事务所有限公司专利代理人。

原告山东临清华威药业有限公司（以下简称华威药业）不服国家知识产权局专利复审委员会作出的第10205号无效宣告审查决定（以下简称被诉决定）一案，向本院起诉。本院受理后，根据法律的规定，依法通知与被诉决定有法律利害关系的山东鲁泰环中制药有限公司（以下简称环中制药）作为本案的第三人参加诉讼，并于2007年11月15日公开开庭进行了审理。原告的委托代理人李莹、王玲，被告的委托代理人刘妍、李金光，第三人的委托代理人张建成到庭参加了诉讼。现本案已审理终结。

2007年6月29日，被告根据第三人的申请，对原告的第94110752.3号“一种健脑补肾丸的制作方法”发明专利（以下简称本专利）进行审查，依据《中华人民共和国专利法》（以下简称《专利法》）第二十二条第二款、第三款的规定作出被诉决定，宣告本专利权利要求1中用三氧化二铁包衣的技术方案无效，维持本专利权利要求1中用赭石包衣的技术方案有效。具体理由如下：

（1）第4380号复审请求审查决定（以下简称第4380号决定）未涉及本专利是否符合《专利法》第二十六条第四款规定的无效理由，也未涉及证据3（即：《中华人民共和国药典》，中华人民共和国卫生部药典委员会编，封面、出版印刷信息页、目录第vii页、第191～192页，1977版第二部，1979年4月第1版第1次印刷，复印件共5页）、证据4（即：《药剂辅料大全》，罗明生、高天惠主编，四川科学技术出版社，封面、著录项目页、第19、582、583页，1993年3月第1版第1次印刷，复印件共5页）、证据6（即：《无机化学》，巫璧辉主编，上海科学技术出版社出版，封面、著录项目页、第219页，1985年6月第1版，1991年4月第4次印刷，复印件共3页）。而且4380号决定也未涉及将证据1（即：《山东省药品标准》，山东省卫生厅编，封面、前言页、第164页，1986年版，复印件共3页）和证据2（即：中草药，第21卷第5期，封面、目录页、第21～24页，1990年，复印件共6页）与证据3或4或6结合来评价本专利的创造性问题。因此，第4380号决定所涉及的撤销理由及证据和本案无效请求的理由与证据不同。所以，对原告主张以一事不再理审查原则为由认为本专利无效请求不应受理和审理的主张不予支持。

（2）根据第三人的请求，本案仅针对本专利是否符合《专利法》第二十六条第四款、第二十二条第三款的无效宣告请求的理由进行审查。由于第三人在提出无效宣告请求及此后一个月内针对本专利是否符合《专利法》第二十六条第四款规定的具体说明只涉及包衣次数问题。因此，针对本案涉及《专利法》第二十六条第四款无效理由，只审理涉及包衣次数的该项无效理由。第三人提交的证据1~6的公开日均在本专利的申请日之前，可以作为本案的现有技术证据使用；第三人提交的附件7、8以及原告的反证7~14超出了举证期限，不予考虑。

(3) 对第三人以本专利说明书记载二次包衣而权利要求1请求保护技术的方案中仅记载一次包衣为由认为本专利不符合《专利法》第二十六条第四款规定的无效理由不予支持。

(4) 关于创造性的问题。本专利权利要求1记载的用赭石包衣的技术方案具有突出的实质性特点和显著进步，具备《专利法》第二十二条第三款规定的创造性；用三氧化二铁包衣的技术方案不具备突出的实质性特点，不具备《专利法》第二十二条第三款规定的创造性。

在法定期限内，被告向本院提交了如下证据，用以证明被诉决定合法：(1) 第4380号决定书；(2) 本院（2004）一中行初字第543号行政判决书（以下简称第543号判决）；(3) 北京市高级人民法院（2004）高行终字第466号行政判决书（以下简称第466号判决）；(4) 本专利的授权公告文本；(5) 第三人于2005年8月8日提交的无效宣告请求书；(6) 证据1；(7) 证据2；(8) 证据3；(9) 证据4；(10) 证据5；(11) 证据6。

原告诉称：(1) 被告不应再次受理和审查第三人以本专利不具有新颖性和创造性为理由的无效宣告请求。第三人提出无效宣告请求的理由有本专利不符合《专利法》第二十六条第四款的规定，权利要求书得不到说明书的支持；本专利不符合《专利法》第二十二条第二款、第三款规定，不具有新颖性和创造性。根据《审查指南》第四部分第三章第3.1节、第4.1节第(7)项规定，第三人依据《专利法》及《中华人民共和国专利法实施细则》（以下简称《专利法实施细则》）中有关的条、款、项提出的多个独立无效请求，被告应分别进行形式审查。第三人早在2000年3月就曾以本专利不具有新颖性和创造性为理由向被告提出过撤销申请，后经被告初审、复审和两审法院，最终驳回了第三人的申请，认定本专利具有新颖性和创造性。现第三人在没有任何实质性新证据的情况下又以本专利不具有新颖性和创造性为独立理由提出无效宣告请求，根据《专利法实施细则》第六十五条第二款、《审查指南》第四部分第三章第4.2节第(7)项规定，被告不应当受理第三人针对新颖性和独立性为理由再次提出的无效宣告请求，被告的审查行为违反了"一事不再审"的原则。

(2) 被诉决定认定本专利权利要求1中用三氧化二铁做包衣的技术方案不具有创造性，与事实和法律不符。中药的药理作用和草药间相互作用是复杂多变的，不能以现代一般常识加以解释，包衣的使用也不能想当然的直接替代。原告通过反复的药理实验和临床实验最终确定以三氧化二铁替换朱砂作健脑补肾丸的包衣，既能消除朱砂的毒性又不影响药物药效。本专利权利要求1中用三氧化二铁做包衣的技术方案并非是显而易见的，它凝结了无数技术人员长期的创造性劳动，具有实质性特点，这一点已经经过两审法院的审理及确认。而被告单纯从物理层面考虑、以简单叠加的方式认定原告以三氧化二铁代替朱砂作包衣是显而易见的，不符合中药特性和中医理论。本专利权利要求1中用三氧化二铁包衣的技术方案，既克服了原健脑补肾丸包衣技术可能造成蓄积性汞中毒的严重缺陷，又寻找到对原药性无实质影响且有利于增加药品疗效的新包衣材料。这一发明有助于去除原健脑补肾丸处方的毒副作用、极大增强药物的安全性，有助于降低生产成本、增加疗效和满足健脑补肾丸对外出口、扩大销售市场的要求，为我国中药行业长期健康发展做出突出贡献，具有显著的进步性，符合《专利法》第二十二条第三款规定，被诉决定认定专利部分无效显然与事实和法律不符。

综上所述，原告认为被诉决定认定事实和适用法律错误，故请求法院在查清事实后依法撤销该决定。

在法定期限内，原告向本院提交了如下证据，用以支持其诉讼主张：（1）第4380号决定书；（2）第543号判决；（3）第466号判决；（4）《面对文化碰撞，中药如何生存》；（5）《张锡纯运用代赭石临床经验探析》；（6）《中国药品标准》1996年版。证据4～6证明三氧化二铁有药理作用，在无效程序中没有提出该证据，但在口审时提出了该主张。

被告辩称：本次决定是我委根据《专利法》和《审查指南》的相关规定，在第三人提出专利权无效宣告请求及其提交的证据的基础上受理并审查了本专利后作出的，因此被诉决定认定事实清楚，适用法律正确。具体本案而言，本次决定所针对第三人提出的专利权无效宣告请求受理和审查所基于的无效宣告请求理由及其依据的事实基础，与前次决定的理由及其依据的事实基础不同，药理作用以及药物组分间相互作用的复杂性并不能否定三氧化二铁是通用药物红色包衣材料这一公知常识，也不能否认所属领域的技术人员在面临解决如何克服红色包衣毒性问题时尝试使用公知红色包衣材料的显而易见性。综上，被诉决定认定事实清楚，适用法律正确，审查结论正确，原告的诉讼理由不成立，请求法院判决驳回原告的诉讼请求，维持被诉决定。

第三人述称：被告受理本案于法有据。本案中，我公司提交了11份证据，除去原来的附件1～2、5外，其他证据均未使用过。因此，仅就形式而言，本案的证据组合是新的，故该案的无效宣告请求不属于《专利法实施细则》第六十五条规定的重复申请。就实体内容而言，本案的证据修正了撤销程序中存在的缺陷，与第4380号决定中使用的证据相比较，具有实质性的内容。涉及三氧化二铁作为着色剂不具有创造性的问题，三氧化二铁作为着色剂被纳入中药辅料或食品添加剂，本身不具有药性。而且原告至今也没有举出三氧化二铁具有药性的证据。所以，该领域技术人员在掌握了不含朱砂的健脑补肾丸组方后，面对如何使改方后的健脑补肾丸保留朱砂红的外观这样一个技术问题，通过工具书即可方便地查到并选择三氧化二铁作为着色剂。依据《审查指南》第二部分第四章第3.2.1.1节的规定，本案中使用的三氧化二铁作为包衣着色剂的技术方案具有显而易见性。综上，被告的审查程序合法，被诉决定认定事实正确，请求法院判决驳回原告的诉讼请求，维持被诉决定。

在庭审质证中，上述证据均在开庭审理中进行了举证和质证。

针对被告提交的证据，原告对上述证据的真实性无争议，但是认为证据8～11并非无效程序中的新证据；第三人对被告提交的上述证据没有异议，但认为被告遗漏了其在无效程序中提供的附件7-1、7-2、8-1、8-2、8-3，都是药典，是公知常识。

针对原告提交的证据，被告对证据1～3没有争议，认为证据4～6在无效程序中没有提出，与本案没有关联。第三人同意被告的质证意见，同时其认为原告的证据6不能作为本案证据使用，其内容只是证明两种组方药理不一样，但不能证明是因为加入三氧化二铁带来不同的药理。

第三人在开庭审理中提交了附件7-1、7-2、8-1、8-2、8-3，并明确该证据是公知常识。为此，被告指出第三人提到的附件7-1、7-2、8-1、8-2、8-3是在口审之后提供的，在被诉决定中没有采纳，但认可上述附件与其在行政程序中收到的内容一致。原告亦认为第三人在口审中没有提交上述附件7和8，不同意第三人提供的上述附件。

本院为查明事实，当庭调取了被告于2006年11月15日的口头审理记录表，原告和第三人均无异议。

经审查，被告的证据和原告的证据均是在行政程序中的有效证据，且与本案有关联，能够作为本案的证据，本院予以确认。第三人的证据不是在行政程序中的有效期限内提交的，本院不予确认。

根据上述有效证据，本院认定事实如下：

本专利的申请日为1994年8月25日，授权公告日为1999年12月1日，专利权人为山东临清中药厂，2002年11月15日变更为东阿阿胶集团临清华威药业有限责任公司，2007年1月5日又变更为本案原告。该专利授权文本的权利要求书如下：

“1. 一种健脑补肾丸的制作方法，包括中药配料、清洗、粉碎、过筛、混匀、泛丸、干燥、包衣工序，其特征在于：

a. 所说的中药配料各成分在复方总剂量中的重量百分比为：人参2％～5％、鹿茸0.5％～1％、狗肾1％～3％、肉桂2％～5％、金牛草1％～3％、炒牛蒡子1％～3％、金樱子1％～3％、杜中炭3％～5％、川牛膝3％～5.5％、金银花2％～5％、连翘1.5％～3.5％、蝉蜕1.5％～3.5％、山药4％～6％、制远志4.5％～6.5％、酸枣仁4.5％～6.5％、砂仁4.5％～6.5％、当归3％～6％、煅龙骨3％～6％、煅牡蛎4％～5.5％、茯苓9％～11％、炒白术4.5％～6.5％、桂枝3％～6％、甘草2％～5％、炒白芍3％～6％、豆蔻3％～6％。

b. 所说的包衣工序是以三氧化二铁或赭石为原料。”

2000年3月29日，山东环中制药股份有限公司（以下简称复审请求人）针对本专利向国家知识产权局提出了撤销请求，其理由是：该专利不具备《专利法》第二十二条规定的新颖性和创造性，请求撤销全部专利权。同时提交了19份附件。国家知识产权局予以受理，并将请求书和附件的副本向原告转送。原告收到后，于2000年9月26日作出答复，不同意复审请求人的主张，同时提交了附件1′～18′作为证据。2001年11月2日，复审请求人针对原告的答复，提交了书面答复，同时补充了附件20～21。

2002年1月4日，国家知识产权局向专利权人发出“撤销专利权请求审查意见通知书”，告知在附件20中公开了“含朱砂的健脑补肾丸和不含朱砂对健脑补肾丸的原有疗效影响不大”，要求其提供证据证明选择三氧化二铁或赭石作包衣是非显而易见的。为此，专利权人于2002年10月16日提交答复意见及附件19′～20′，认为最终选择了去除处方中的朱砂，用三氧化二铁或赭石作为包衣，保持了健脑补肾丸的原有外观，同时赭石或三氧化二铁具有平肝潜阳等功能，与健脑补肾丸的功效一致，并对已有的产品带来新的安全性。

2002年11月15日，国家知识产权局作出维持本发明专利权的决定，认为本专利与撤销请求人提交的、公开日在本专利申请日之前的所有证据中的任何一个证据单独相比，都是有区别的，因此，权利要求1符合《专利法》第二十二条第二款有关新颖性的规定。权利要求1与现有技术的最大区别在于包衣的选择上，现有技术中使用的是朱砂包衣，权利要求1所述的制备方法使用的是三氧化二铁或赭石。由于原有包衣朱砂既起包衣的作用，而且还具有镇静安神的作用，所以包衣的替换并不是简单的一种选择，它必须经过实验证实不用朱砂包衣对药品疗效的影响，还必须证实使用其他包衣对原有药物疗效的影响。虽然在附件20和21中公开了不用朱砂包衣的健脑补肾丸与朱砂包衣的健脑补肾丸在疗效上没有显著性差异，但是仅仅由此是不足以断言选用常用包衣的任何一种都可以，因为包衣对药物的疗效是有影响的，必须通过试验证实所选的包衣与原有药物的疗效没有显著性差异，这是需要付出创造性劳动的，而不是本领域普通技术人员可以简单推理出来的。因此，权利要求1符合《专利法》第二十二条第三款规定的创造性。在此基础上，撤销请求审查组作出维持本发明专利权的决定。

2003年2月13日，复审请求人不服，向被告申请复审，同时又提交了附件22～25。被告受理后，向专利权人转文。2003年4月9日专利权人向被告提交了答复意见，再次重申了本专利具有新颖性和创造性的理由，并再次提交了附件7′～9′、12′、15′及新的附件21′～25′。

2004年1月8日，被告进行口头审理，专利权人和复审请求人均出席了口头审理。在口头审理中，复审请求人明确指定附件4为与本专利最接近的现有技术，并主张附件20和21、附件3′～4′中所述的“无朱砂”药丸就是指“用氧化铁包衣的药丸”。被告经过审理，认定本专利具有新颖性和创造性，符合《专利法》第二十二条第二款、第三款的规定为由，于2004年3月17日作出第4380号决定，维持国家知识产权局作出的维持本发明专利权的决定。理由如下：

第一，关于新颖性问题，将权利要求1所述的技术方案与附件4所公开的技术内容相比，可以看出二者的区别在于：附件4所公开的“健脑补肾丸”的处方中含有朱砂，而本专利权利要求1的“健脑补肾丸”不含朱砂；附件4中所用的包衣材料为朱砂，而权利要求1中所用的包衣材料为三氧化二铁或赭石。由于权利要求1与附件4相比存在上述区别技术特征，因此，附件4不能破坏权利要求1的新颖性。第三人提供的包括药典、药品标准、药剂学等在内的其他现有技术证据同样没有公开权利要求1的所有技术特征，它们均不能破坏权利要求1的新颖性。

第二，关于创造性的问题，根据上述事实及其证据，被告合议组认定朱砂、三氧化二铁、赭石均是中药丸剂中常用的包衣材料，应用也较为广泛。朱砂主含硫化汞（HgS），朱红色，具有清心镇惊、安神解毒的功能；赭石以三氧化二铁（$Fe_2O_3$）为主要成分，棕红色，具有平肝潜阳，降逆，止血的功能；三氧化二铁可作着色剂之用。朱砂、赭石和三氧化二铁不仅能着色，可作包衣材料之用，在各自的中药丸剂中也具有一定的医疗作用。朱砂因其主要成分为硫化汞，汞在体内排泄缓慢，过量服用可导致严重的汞中毒、产生不良副作用，即使长期服用常规量，亦可出现蓄积性汞中毒。附件25的附表中罗列的28种毒性中药材品种是属于中药材专业市场严禁进场交易的药品，而朱砂并不属于这类严禁进场交易的药品，当然在附件25的附表中未予以列出，但并不能因此而证明朱砂就没有毒性，可以不加控制地使用。作为现有技术使用，附件20和21虽然公开了将健脑补肾丸分为含朱砂和无朱砂两种，但是并没有进一步具体教导“无朱砂”就是指用三氧化二铁包衣的健脑补肾丸，公众从中所能得到的启示仅是含朱砂和无朱砂健脑补肾丸，两组间相比并无显著性的差异。但是，具体用何种包衣材料来替代朱砂公众就不能得知了。尽管复审请求人主张附件20和21、附件3′和4′中所述的“无朱砂”药丸就是指“用氧化铁包衣的药丸”，原告对此也予以认可，但这是原告在本专利申请日之后的一种认可，而这种认可对于公众来说在本专利申请日之前并不能得知。附件18、20、21及附件3′和4′均是对含朱砂的健脑补肾丸和去朱砂的健脑补肾丸在疗效或者临床试验方面的研究，可见对于这种含有多种中草药成分的复方健脑补肾丸制剂而言，其中各种中草药的药理作用，以及药物间的相互作用均较复杂，去除其中的一味药材，并选用另一味药材作为包衣材料，这种方式是否可行且不影响原有的疗效是需要进行许多的科学试验以及临床上的研究的。而上述附件正是表明了去除朱砂后，并用三氧化二铁包衣替代朱砂，健脑补肾丸质量稳定，同时对临床疗效、药理活性亦无影响，也符合医疗安全上的需要，消除了口服含朱砂的健脑补肾丸会造成汞在人体内蓄积可能带来的潜在的不安全隐患。

综合前述认定的事实，结合本专利所要解决的技术问题，即克服原有的健脑补肾丸由于其成分中含有朱砂，长期服用该药，朱砂中的主要成分硫化汞将会在人体中蓄积，产生一定的副作用的缺陷，而提供一种具有显著疗效又不会对人体产生副作用的新的健脑补肾丸。相对于现有技术而言，本专利是对传统的健脑补肾丸复方制剂的改进，其改进之处在于去除健脑补肾丸中的朱砂，并用三氧化二铁或赭石代替朱砂作为包衣材料。复审请求人提交的所有在本专利申请日之前公开的证据，其上均无朱砂和三氧化二铁或赭石之间能够相互替代的教导，更无在含有多种中草药成分的复方健脑补肾丸制剂中用三氧化二铁或赭石代替朱砂的教导。而且经过这种改进后的健脑补肾丸由于去除了朱砂，用三氧化二铁或赭石包衣，健脑补肾丸不仅在临床疗效、药理活性上没有影响，而且还消除了口服含朱砂的健脑补肾丸会造成汞在人体内蓄积可能带来的潜在的不安全的隐患，符合医疗安全上的需要。虽然朱砂、三氧化二铁、赭石均是中药丸剂中常用的包衣材料，应用也较为广泛，但是从原有的健脑补肾丸中去除一味药材朱砂，并用三氧化二铁或赭石替代朱砂作为包衣材料，是需要进行许多的科学试验以及临床上的研究的，对于中药领域而言并非是显而易见的，本领域技术人员需要付出创造性的劳动，可从申请日后公开的附件18得到印证。

2004年6月10日，复审请求人不服第4380号决定，向本院提起行政诉讼。本院经过审理，于2004年9月20日作出第453号判决，维持第4380号决定。针对本专利的创造性问题，本院在第453号判决中指出了以下内容：

"虽然，三方当事人均认可，朱砂、三氧化二铁、赭石是用在中药丸剂中的包衣。但是，由于中药制剂中含有多种中草药成分，各种中草药的药理作用，以及药物间的相互作用均较复杂。朱砂是健脑补肾丸中的一味药，去除朱砂，用三氧化二铁或赭石作包衣，还要不影响原有药品的疗效，这种方式是否可行，是中药领域所要解决的技术问题，也是本专利是否具有创造性的关键"。

"相对于现有技术而言，本专利是通过解决含朱砂的健脑补肾丸长期服用的缺陷，提供一种不会给人体产生副作用的新的健脑补肾丸制剂的改进方法。被告通过上述的对比，认定附件20和21虽然公开了将健脑补肾丸分为含朱砂和无朱砂两种，但是并没有进一步具体教导'无朱砂'就是指用三氧化二铁包衣的健脑补肾丸，公众从中所能得到的启示仅是含朱砂和无朱砂健脑补肾丸。所以，被告在复审决定中对本专利具有实质性特点的认定符合《审查指南》第二部分第四章第3.2.1节中有关发明应具有突出的实质性特点的审查基准。而原告提出无朱砂的健脑补肾丸即是三氧化二铁作包衣的健脑补肾丸，对本领域技术人员而言无须通过创造性劳动的诉讼主张缺乏事实根据。

"在临床疗效方面，被告以（复审请求人的）附件18、20、21及（专利权人的）附件3′、4′认定在去除朱砂后，用三氧化二铁包衣替代朱砂，健脑补肾丸的质量稳定，同时对临床疗效、药理活性亦无影响，符合医疗安全上的需要，解决了口服含朱砂的健脑补肾丸会造成汞在人体内蓄积可能带来的潜在的不安全隐患的技术缺陷。因此，从该证据看，本专利与现有技术相比具有进步。这种进步克服了现有技术中存在的缺陷，有一定的有益效果，符合《审查指南》第二部分第四章第3.2.2节中关于发明应具有显著性进步的审查基准。原告虽然对此有异议，但其没有提供反驳证据，其提出的'用三氧化二铁或赭石替代朱砂对所属技术领域的技术人员来说是显而易见的，是通过在现有技术的基础上通过分析、推理或试验可以得到的，而且包衣材料的改变在疗效上未见提高反而降低了'的主张缺乏事实依据"。

复审请求人不服，提起上诉。北京市高级人民法院于2005年6月3日作出第466号判决，认定了以下内容：

"复审请求人提交的证据并没有公开本专利权利要求的所有特征，均不能破坏本专利的新颖性，主张'无包衣'的'健脑补肾丸'就是'三氧化二铁或者赭石'包衣的'健脑补肾丸'无事实根据。根据现有技术，朱砂是健脑补肾丸中的一味药。去除朱砂，并用三氧化二铁或赭石作包衣，是评价本专利是否具有创造性的关键问题"。

"本专利是通过解决以朱砂为包衣的健脑补肾丸长期服用的缺陷，提供一种不会给人体产生副作用的新的健脑补肾丸制剂的改进方法。虽然环中制药提供的证据公开了健脑补肾丸分为含朱砂和无朱砂两种，但是并没有进一步具体教导'无朱砂'就是指用三氧化二铁或者赭石包衣的健脑补肾丸。在临床疗效方面，用三氧化二铁或者赭石包衣替代朱砂，健脑补肾丸的质量稳定，同时对临床疗效、药理活性亦无影响，符合医疗安全上的需要，解决了口服含朱砂的健脑补肾丸会造成汞在人体内蓄积可能带来的潜在的不安全隐患的技术缺陷。因此，本专利与现有技术相比具有进步。这种进步克服了现有技术中存在的缺陷，有一定的有益效果，符合《审查指南》第二部分第四章第3.2.2节中关于发明应具有显著性进步的审查基准"。

第466号判决认为第4380号复审决定认定事实清楚，证据确凿，程序合法，适用法律正确，一审判决予以维持是正确的。依照《中华人民共和国行政诉讼法》第六十一条第（一）项的规定，判决驳回上诉，维持一审判决。

2005 年 8 月 8 日，第三人以本专利不符合《专利法》第二十六条第四款、第二十二条第二款和第三款的规定为由，向被告提出无效宣告请求，并提交了证据 1 ~ 5 作为证据。其具体理由如下：

（1）本专利权利要求 1 记载的包衣工序以三氧化二铁或赭石为原料，而说明书记载的是"……用滑石粉与适量黏合剂对其丸剂包衣后，再以三氧化二铁或赭石为原料对其包衣"即不同原料实施二次包衣，所以，权利要求 1 请求保护的技术方案得不到说明书的支持；

（2）附件 2 公开的"健脑补肾丸"不含朱砂的配方与本专利相同且各组分的重量百分比均在本专利的范围之内，附件 3 ~ 4 证明三氧化二铁用作着色剂在药剂制造中是惯用手段，所以，本专利不具备新颖性；

（3）附件 1 给出健脑补肾丸配方和制备工艺，除包衣组分与本专利不同外，所记载的内容与本专利相同，在附件 1 公开内容的基础上，结合附件 2 的启示，以及附件 3 或 4 给出的惯用手段，可以直接得出本专利的技术方案，因此本专利不具备创造性；

4. 附件 5 给出以赭石粉作包衣剂的技术方案，在附件 1 公开内容的基础上，结合附件 2 的启示，以及附件 5 给出的包衣惯用手段，可以直接得出本专利技术方案中以赭石作包衣剂的技术方案，所以本专利不具备创造性。

经形式审查合格后，被告受理并将上述材料副本向原告转送。

2005 年 8 月 19 日，原告提交了反证 1 ~ 6 及"关于取消山东鲁泰环中制药有限公司无效宣告请求人资格的说明"，主张第三人没有资格再次提出本专利权无效宣告请求。其反证如下：

反证 1：环中制药针对本专利曾提出过的《复审请求书》以及相应《复审请求受理通知书》，复印件各 1 页；

反证 2：与反证 1 相关的《口头审理通知书》；

反证 3：第 4380 号决定书；

反证 4：第 543 号判决；

反证 5：第 466 号判决；

反证 6：本案的《无效宣告请求受理通知书》和《专利权无效宣告请求书》；

2005 年 9 月 7 日，第三人再次向被告提交意见陈述书和证据 6，其认为以三氧化二铁或赭石作药片（丸）包衣剂是医药行业的基本常识。

2006 年 8 月 18 日，第三人提交了证据 3 的内容。被告将第三人的上述材料向原告转送，并告知了口头审理的时间。

2006 年 11 月 15 日，被告进行口头审理，原告和第三人均参加了口头审理。第三人明确其无效宣告请求理由是本专利不符合《专利法》第二十六条第四款、第二十二条第三款的规定，放弃本专利不符合《专利法》第二十二条第二款规定的无效理由。原告对证据 1 ~ 6 的真实性、合法性、关联性、公开性均无异议，但对第三人的法律资格和本案受理有异议。第三人对证据 1 ~ 6 的真实性未表示异议，但认为：（1）本案的证据 3 ~ 4、6 是新证据，这些证据与第 4380 号决定中曾经提交过的证据即本案中的证据 1、2 结合以证明不同的事实，不属于一事不再理的范围。（2）说明书中未记载赭石的药理作用，不符合《专利法》第二十六条第四款的规定。（3）证据 2 中有无朱砂的配方效果相同，且无朱砂的配方与本专利权利要求 1 中记载的 25 味药配方相同，解决了朱砂毒性问题，在证据 2 的基础上去掉朱砂依然是健脑补肾丸，要保持朱砂原有的颜色，人们会直接想到三氧化二铁，证据 2 和 3 或 6 结合，证明了这点。原告认为：（1）本案所用证据与第 4380 号决定所依据的证据相同。根据《审查指南》中的一事不再理原则，本案不应当受理。（2）在涉及《专利法》第二十六条第四款的无效理由中，赭石药理问题是第三人当庭才提出的，不应被接受。（3）第4380号决定已明确替换健脑补肾丸配方中的朱砂具有创造性，证据3、4、6均用于证明三氧化二铁是着色剂，没有实质差别。

在口头审理中，原告和第三人均认为本专利权利要求1前序部分记载的内容属于公知常识，赭石是药物衣。合议组当庭指出，第三人以本专利说明书未记载赭石药理作用而不符合《专利法》第二十六条第四款规定的无效理由是当庭才提出的，根据《审查指南》第四部分第三章第4.1节关于审查范围的规定，提出该项无效理由的时间所基于的事实超出了上述规定的期限，所以，本案中合议组对基于该事实的此项无效理由不予考虑。第三人无异议。

2006年11月24日，第三人提交了意见陈述书，重申了口头审理中其主张的观点。

2007年4月24日，第三人再次提交了意见陈述书，并补充了附件7-1、7-2、8-1、8-2、8-3，认为该证据均证明三氧化二铁除作为着色剂外，不具有药理作用，本案中以三氧化二铁作为着色剂的技术方案不具有新颖性和创造性。

2007年5月12日，原告提交了意见陈述书以及反证7~14，说明本专利具备新颖性和创造性。

据此，被告经过审查，关于创造性的问题，被告认为：

本案中，从技术领域、解决的技术问题及相应技术效果和技术特征方面对本专利权利要求1限定的发明分别与证据1~6公开的技术内容相比较可以看出，证据1是与本专利权利要求1限定的发明最接近的现有技术。证据1公开了健脑补肾丸的具体配方，且明确指出朱砂在健脑补肾丸中作包衣剂使用（参见证据1第164页记载的处方和制法部分）。本专利权利要求1与该最接近的现有技术的区别特征在于本专利权利要求1请求保护的健脑补肾丸采用三氧化二铁或赭石包衣，证据1中的健脑补肾丸采用朱砂包衣。所以，本专利权利要求1限定的发明实际解决的技术问题在于用三氧化二铁或赭石包衣能否克服用朱砂作包衣的健脑补肾丸的缺陷，并保持原有健脑补肾丸用朱砂作包衣时的药用效果和色泽。

证据2记载了用动物实验观察含朱砂的健脑补肾丸和无朱砂的健脑补肾丸在动物强壮及抗衰老作用效果方面的比较结果，表明在延长果蝇寿命及小鼠游泳时间、增强小鼠记忆力、镇静作用和降低大鼠肾脏中过氧化脂的含量方面健脑补肾丸中有、无朱砂对健脑补肾丸原有的疗效影响不大（参见证据2的全文）。一般在进行药效方面对比实验时，除相对比项不同外要保证其他条件一致。证据2对有、无朱砂的健脑补肾丸药效进行了对比研究，必然是在健脑补肾丸除有、无朱砂的区别外其他条件都相同的情况下进行的，因此证据2中无朱砂的健脑补肾丸应当是无朱砂包衣的，而无朱砂健脑补肾丸必然克服了健脑补肾丸中因朱砂带来的对人体有毒性的缺陷。由此可见，证据2教导在制备健脑补肾丸时不用朱砂包衣就可以克服健脑补肾丸中因朱砂带来的对人体有毒性的缺陷，且可以保持健脑补肾丸原有的药用效果。在这种情况下，本领域的普通技术人员有动机在药物辅料中寻找与朱砂色泽类似且不影响健脑补肾丸药用效果的包衣材料。因此，所属领域的普通技术人员会显而易见地想到采用仅起着色包衣作用的包衣剂。

从本专利的权利要求1可以看出，权利要求1记载有两个并列的技术方案，即用三氧化二铁包衣的技术方案和用赭石包衣的技术方案。从涉及着色包衣方面的证据来看，证据3来源于《中华人民共和国药典》（1977年版），其中对红氧化铁的记载中，分子式记载为三氧化二铁，其作用与用途记载仅为“着色剂。用于糖衣片及胶囊等的着色”。证据4来源于《药剂辅料大全》，其中对药用氧化铁红的记载中，分子式记载为三氧化二铁，其作用与用途记载为“本品着色力强，在药剂制造中主要用作着色剂，用于制备包衣片剂和胶囊。在食品工业中用作食用色素。氧化铁红也用于化妆品的着色”；配伍变化记载为“除与强酸、还原物反应外，性质稳定”。证据5来源于《中华人民共和国卫生部药品标准》的“中药成方制剂第一册”（1989 年版），其中记载“养血安神丸”用生赭石粉包衣。证据6 来源于高等医药院校中药专业用教材《无机化学》，其中对氧化铁记载为“颜色可由红棕至鲜红，制药生产中可用其粉末作片剂包衣颜色”。由此可见，证据 3 ~4、6 涉及三氧化二铁作着色包衣剂，证据 5 只涉及赭石作包衣剂。

对于本专利权利要求 1 中记载的用赭石包衣的技术方案来说，证据 3 ~4、6 未涉及赭石包衣，只有证据5 涉及赭石包衣。但证据5 只证明赭石可以作为“养血安神丸”的包衣剂，并未教导赭石作包衣不影响所包衣药物的药效。而反证 3 中提供的公知常识证据表明赭石具有降气、止逆、平肝止血的作用，将有药理作用的包衣剂用于一种中药包衣必然会影响到该中药的药效，所以，所属领域的普通技术人员不会想到将赭石用于证据 2 中无朱砂健脑补肾丸的包衣，即不会想到用赭石包衣代替对比文件 1 中的朱砂包衣。从本专利说明书可以看出，本专利方法制作的健脑补肾丸具有健脑补肾、益气健脾、安神定志功能，对神经衰弱、健忘失眠、头晕目眩等病症有显著疗效，并对人体无任何副作用。本专利制备的用赭石包衣的健脑补肾丸具有现有技术中健脑补肾丸的药效，且同时克服了现有技术中有朱砂健脑补肾丸存在的缺陷。所以，相对于现有技术中对比文件 1 的健脑补肾丸，本专利用赭石包衣的健脑补肾丸具有更好的技术效果。因此，本专利的权利要求 1 中用赭石包衣的技术方案具有突出的实质性特点和显著的进步。

对于本专利权利要求 1 中记载的用三氧化二铁包衣的技术方案来说，证据 3 ~4、6 表明三氧化二铁是制药行业中经常采用的与朱砂色泽相近的包衣剂。同时，专利权人也未能提供证据证明三氧化二铁具有药理作用。由此可见，三氧化二铁一般在药物中仅起着色包衣的作用。所以，在本领域的技术人员想要解决本发明实际要解决的技术问题时，很容易想到用三氧化二铁作为药剂的红色包衣剂。因此，本专利权利要求 1 中用三氧化二铁作包衣剂的技术方案是显而易见的，不具备突出的实质性特点。

综上所述，本专利权利要求 1 记载的用赭石包衣的技术方案具有突出的实质性特点和显著进步，具备《专利法》第二十二条第三款规定的创造性；用三氧化二铁包衣的技术方案不具备突出的实质性特点，不具备《专利法》第二十二条第三款规定的创造性。

虽然原告认为第 4380 号决定已明确替换健脑补肾丸配方中的朱砂具有创造性。但本决定用于评价创造性的证据1 和2 与证据3 或4 或6 的组合方式不同于第4380 号决定中评价创造性的证据组合方式。因此，本案合议组对原告以第 4380 号决定的结论为由主张本专利权利要求 1 具备创造性的理由不予支持。

基于上述理由，被告依据《专利法》第二十六条第四款、第二十二条第三款的规定，于 2007 年6 月 10 日作出被诉决定，并于同年 6 月 29 日向原告和第三人邮寄送达。原告不服，在法定期限内，向本院起诉。

在开庭审理中，原告和第三人对以下内容没有异议：（1）被告的审查职责；（2）被诉决定中“案由”部分记载的内容；（3）被诉决定认定本专利符合《专利法》第二十六条第四款规定的内容；（4）被诉决定维持本专利的赭石部分有创造性的内容。

将本案的证据与第 453 号判决案中的证据进行比较和分析，有以下内容需要明确：

（1）本案证据 1 为《山东省药品标准》（山东省卫生厅编，封页、前言页、第 164 页，1986 年版，复印件共 3 页）与第 4380 号决定中附件 4（《山东省药品标准》，山东省卫生厅编，1986 年，封页、目录，第 164 页复印件 3 页）为相同的证据。

（2）本案证据 2 为《中草药》（第 21 卷第 5 期，封面、目录页、第 21 ~24 页，1990 年复印件共6 页）与第 4380 号决定中的附件 20（中草药，1990 第 21 卷第 5 期，封面、目录、第 21 ~24 页复印件6页）为相同的证据。

(3）本案证据3《中华人民共和国药典》(1977年版第二部）公开的内容是“红氧化铁的作用与用途是着色剂。用于糖衣片及胶囊等的着色”；第4380号决定的附件17′为《中华人民共和国药典》(1995年，二部)，公开的内容是红氧化铁的类别是着色剂。

(4）本案证据4为《药剂辅料大全》（罗明生、高天惠主编，四川科学技术出版社）与第4380号决定附件16（《药剂辅料大全》，罗明生、高天惠主编，四川科学技术出版社）为相同的证据。

(5）本案证据5为《中华人民共和国卫生部药品标准》（中药成方制剂第一册，养血安神丸说明页）与第4380号决定的附件14（《中华人民共和国卫生部药品标准》中药成方制剂第一册，养血安神丸说明页）为相同的证据。

(6）本案证据6为《无机化学》，巫璧辉主编，上海科学技术出版社出版，1985年6月1版，其中记载了以下内容：“红棕色氧化铁由于制备条件不同，颜色可由红棕至鲜红，制药生产中可用其粉末作片剂包衣颜料。矿物药中的赭石……主要成分也是三氧化二铁。

本院认为：根据当事人无争议的陈述，本院经书面审查，对上述无争议的内容予以确认。在此基础上，本院围绕原告争议的内容，对被诉决定的合法性进行审查。

第一，关于被告是否违反“一事不再理”原则的问题。

根据《专利法实施细则》第六十五条第二款的规定，“在专利复审委员会就无效宣告请求作出决定之后，又以同样的理由和证据请求无效宣告的，专利复审委员会不予受理”。由于第4380号决定是复审决定，且其中的证据与本案第三人提出的无效宣告请求的证据名称不完全相同，被告在立案程序中不能当然的确认第三人提出的请求和证据与其复审请求的理由和证据相同。因此，原告主张被告违反“一事不再理”原则的主张缺乏事实和法律依据，本院不予支持。

第二，关于被诉决定认定“宣告本专利权利要求1中用三氧化二铁包衣的技术方案无效”的合法性问题。

根据《专利法》第二十二条第三款的规定，具备创造性的发明同现有技术相比，应当具有突出的实质性特点和显著的进步。其中，对于具有突出的实质性特点方面，应当以对所属技术领域的技术人员来说，是否是显而易见为标准；对于显著性进步的判断方面，则是发明与最接近的现有技术相比能够产生有益的技术效果。

本院在对第4380号决定审理中，已经确定了以下内容“虽然，三方当事人均认可，朱砂、三氧化二铁、赭石是用在中药丸剂中的包衣。但是，由于中药制剂中含有多种中草药成分，各种中草药的药理作用，以及药物间的相互作用均较复杂。朱砂是健脑补肾丸中的一味药，去除朱砂，用三氧化二铁或赭石作包衣，还要不影响原有药品的疗效，这种方式是否可行，是中药领域所要解决的技术问题，也是本专利是否具有创造性的关键”。北京市高级人民法院在二审判决中认定“本专利是通过解决以朱砂为包衣的健脑补肾丸长期服用的缺陷，提供一种不会给人体产生副作用的新的健脑补肾丸制剂的改进方法。虽然环中制药提供的证据公开了健脑补肾丸分为含朱砂和无朱砂两种，但是并没有进一步具体教导‘无朱砂’就是指用三氧化二铁或者赭石包衣的健脑补肾丸。在临床疗效方面，用三氧化二铁或者赭石包衣替代朱砂，健脑补肾丸的质量稳定，同时对临床疗效、药理活性亦无影响，符合医疗安全上的需要，解决了口服含朱砂的健脑补肾丸会造成汞在人体内蓄积可能带来的潜在的不安全隐患的技术缺陷。因此，本专利与现有技术相比具有进步。这种进步克服了现有技术中存在的缺陷，有一定的有益效果，符合《审查指南》第二部分第四章第3.2.2节中关于发明应具有显著性进步的审查基准”。因此，相对于第4380号决定中的所有证据而言，被告认定本专利具备创造性地结论是正确的。

所以，根据生效的司法判决，能够确定本专利是为了解决去除健脑补肾丸中的一味药朱砂，用三氧化二铁或赭石作包衣，还要不影响原有药品疗效的一种制作方法。在第4380号决定中，没有证据能够证明在本专利申请日之前没有朱砂和三氧化二铁或赭石之间能够相互替代的教导，更无在含有多种中草药成分的复方健脑补肾丸制剂中用三氧化二铁或赭石代替朱砂的教导。对于药品的疗效问题，被告在第4380号决定中认定改进后的健脑补肾丸由于去除了朱砂，用三氧化二铁或赭石包衣，健脑补肾丸不仅在临床疗效、药理活性上没有影响，而且还消除了口服含朱砂的健脑补肾丸会造成汞在人体内蓄积可能带来的潜在的不安全的隐患，符合医疗安全上的需要。因此，被告认定从原有的健脑补肾丸中去除一味药材朱砂，并用三氧化二铁或赭石替代朱砂作为包衣材料，是需要进行许多的科学试验以及临床上的研究的，对于中药领域而言并非是显而易见的，本领域技术人员需要付出创造性的劳动。

被告受理第三人的无效宣告请求，将第三人提供的证据3~4、6结合评价本专利的创造性，但是其中的证据4与第4380号决定中的附件16相同，证据3与第4380号决定中的附件17′证明的内容相同，所以证据3、4的内容相对于第4380号决定不是新证据。而证据6记载的内容是从化学角度给出的教导，即“三氧化二铁及赭石是着色剂”，第4380号决定中的附件10、12、16~17、17′已经给出了三氧化二铁作为包衣、着色剂的教导，因此相对于第4380号决定中的附件16~17、10、12、17′所公开的内容，本案的证据6并没有给出新的证明内容。

而且，针对本专利的药理作用的问题，被告在第4380号决定中已经认定“从原有的健脑补肾丸中去除一味药材朱砂，并用三氧化二铁或赭石替代朱砂作为包衣材料，是需要进行许多的科学试验以及临床上的研究的，对于中药领域而言并非是显而易见的，本领域技术人员需要付出创造性的劳动，可从申请日后公开的附件18得到印证”。但是被告却在本案中认定原告“未能提供证据证明三氧化二铁具有药理作用”缺乏事实依据。因此，在没有新的证明内容情况下，被告受理第三人的请求，以证据3~4、6的结合认定本专利的三氧化二铁的技术方案不具备创造性的结论缺乏事实和法律依据，与司法判决确认的内容不符，也与其在第4380号决定中认定的内容不符。因此，被告宣告本专利权利要求1中用三氧化二铁包衣的技术方案无效的主要证据不足，本院不予支持。

综上，依照《中华人民共和国行政诉讼法》第五十四条第（二）项第1目的规定，判决如下：

1. 维持被告国家知识产权局专利复审委员会于二〇〇七年六月二十九日作出的“维持第94110752.3号权利要求1中用赭石包衣的技术方案有效”的内容；

2. 撤销被告国家知识产权局专利复审委员会于二〇〇七年六月二十九日作出的“宣告第94110752.3号权利要求1中用三氧化二铁包衣的技术方案无效”的内容。

案件受理费100元，由被告国家知识产权局专利复审委员会负担（于本判决生效后7日内交纳）。

如不服本判决，可在判决书送达之日起15日内，向本院递交上诉状，并按对方当事人的人数提出副本，及预交上诉案件受理费100元，上诉于北京市高级人民法院。上诉人在接到人民法院预交诉讼费用的通知后7日内未预交，又不提出缓交申请的，按自动撤回上诉处理。

审　判　长　饶亚东
审　判　员　刘景文
人民陪审员　杨一平
二〇〇八年三月二十日
书　记　员　蒋利玮

# 北京市高级人民法院
# 行政判决书

（2008）高行终字第396号

上诉人（一审被告）国家知识产权局专利复审委员会，住所地北京市海淀区北四环西路9号银谷大厦10～12层。

法定代表人廖涛，副主任。

委托代理人刘妍，女，国家知识产权局专利复审委员会审查员。

委托代理人李金光，男，国家知识产权局专利复审委员会审查员。

上诉人（一审第三人）山东鲁泰环中制药有限公司，住所地山东省淄博开发区兰雁大道17号。

法定代表人刘石祯，董事长。

委托代理人张建成，男，济南舜源专利事务所有限公司专利代理人

委托代理人李钦刚，男，山东鲁泰环中制药有限公司职员，住山东省淄博开发区兰雁大道17号。

被上诉人（一审原告）山东临清华威药业有限公司，住所地山东省临清市北关街19号。

法定代表人石庆瑞，董事长。

委托代理人李莹，北京市齐致律师事务所济南分所律师。

委托代理人王玲，北京市齐致律师事务所济南分所律师。

上诉人国家知识产权局专利复审委员会（以下简称专利复审委）、山东鲁泰环中制药有限公司（以下简称鲁泰环中公司）因专利无效宣告请求审查决定一案，不服北京市第一中级人民法院（2007）一中行初字第1340号行政判决，向本院提起上诉，本院依法组成合议庭公开开庭审理了本案。上诉人专利复审委的委托代理人刘妍、李金光，上诉人鲁泰环中公司的委托代理人张建成，被上诉人山东临清华威药业有限公司（以下简称临清华威公司）的委托代理人李莹、王玲等到庭参加了诉讼。本案现已审理终结。

2007年6月10日，专利复审委根据鲁泰环中公司的申请，对临清华威公司的第94110752.3号“一种健脑补肾丸的制作方法”的发明专利（以下简称本专利）进行审查，并依据《中华人民共和国专利法》（以下简称《专利法》）第二十二条第二款、第三款的规定作出第10205号无效宣告请求审查决定（以下简称第10205号决定），宣告本专利权利要求1中用三氧化二铁包衣的技术方案无效，维持本专利权利要求1中用赭石包衣的技术方案有效。临清华威公司不服专利复审委作出的第10205号决定，向北京市第一中级人民法院提起行政诉讼。

一审法院判决认定，专利复审委作出的第4380号决定中的证据与本案鲁泰环中公司提出的无效宣告请求的证据名称不完全相同，专利复审委在立案程序中不能当然的确认鲁泰环中公司提出的请求和证据与其复审请求的理由和证据相同。因此，临清华威公司主张专利复审委违反“一事不再理”原则的主张缺乏事实和法律依据，本院不予支持。

本院在对第4380号决定审理中，已经确定了以下内容，“虽然，三方当事人均认可，朱砂、三氧化二铁、赭石是用在中药丸剂中的包衣。但是，由于中药制剂中含有多种中草药成分，各种中草药的药理作用，以及药物间的相互作用均较复杂。朱砂是健脑补肾丸中的一味药，去除朱砂，用三氧化二铁或赭石作包衣，还要不影响原有药品的疗效，这种方式是否可行，是中药领域所要解决的技术问题，也是本专利是否具有创造性的关键”。北京市高级人民法院在二审判决中认定“本专利是通过解决以朱砂为包衣的健脑补肾丸长期服用的缺陷，提供一种不会给人体产生副作用的新的健脑补肾丸制

剂的改进方法。虽然环中制药提供的证据公开了健脑补肾丸分为含朱砂和无朱砂两种，但是并没有进一步具体教导‘无朱砂’就是指用三氧化二铁或者赭石包衣的健脑补肾丸。在临床疗效方面，用三氧化二铁或者赭石包衣替代朱砂，健脑补肾丸的质量稳定，同时对临床疗效、药理活性亦无影响，符合医疗安全上的需要，解决了口服含朱砂的健脑补肾丸会造成汞在人体内蓄积可能带来的潜在的不安全隐患的技术缺陷。因此，本专利与现有技术相比具有进步。这种进步克服了现有技术中存在的缺陷，有一定的有益效果，符合《审查指南》第二部分第四章第3.2.2节中关于发明应具有显著性进步的审查基准”。因此，相对于第4380号决定中的所有证据而言，专利复审委认定本专利具备创造性的结论是正确的。

所以，根据生效的司法判决，能够确定本专利是为了解决去除健脑补肾丸中的一味药朱砂，用三氧化二铁或赭石作包衣，还要不影响原有药品的疗效。在第4380号决定中，没有证据能够证明在本专利申请日之前没有朱砂和三氧化二铁或赭石之间能够相互替代的教导，更无在含有多种中草药成分的复方健脑补肾丸制剂中用三氧化二铁或赭石代替朱砂的教导。对于药品的疗效问题，专利复审委在第4380号决定中认定改进后的健脑补肾丸由于去除了朱砂，用三氧化二铁或赭石包衣，健脑补肾丸不仅在临床疗效、药理活性上没有影响，而且还消除了口服含朱砂的健脑补肾丸会造成汞在人体内蓄积可能带来的潜在的不安全的隐患，符合医疗安全上的需要。因此，专利复审委认定从原有的健脑补肾丸中去除一味药材朱砂，并用三氧化二铁或赭石替代朱砂作为包衣材料，是需要进行许多的科学试验以及临床上的研究的，对于中药领域而言并非是显而易见的，本领域技术人员需要付出创造性的劳动。

专利复审委受理鲁泰环中公司的无效宣告请求，将鲁泰环中公司提供的证据3～4、6结合评价本专利的创造性，但是其中的证据4与第4380号决定中的附件16相同，证据3与第4380号决定中的附件17′证明的内容相同，所以证据3～4的内容相对于第4380号决定不是新证据。而证据6记载的内容是从化学角度给出的教导，即“三氧化二铁及赭石是着色剂”，第4380号决定中的附件10、12、16～17、17′已经给出了三氧化二铁作为包衣、着色剂的教导，因此相对于第4380号决定中的附件16～17、10、12、17′所公开的内容，本案的证据6并没有给出新的证明内容。

而且，针对本专利的药理作用的问题，专利复审委在第4380号决定中已经认定“从原有的健脑补肾丸中去除一味药材朱砂，并用三氧化二铁或赭石替代朱砂作为包衣材料，是需要进行许多的科学试验以及临床上的研究的，对于中药领域而言并非是显而易见的，本领域技术人员需要付出创造性的劳动，可从申请日后公开的附件18得到印证”。但是专利复审委却在本案中认定临清华威公司“未能提供证据证明三氧化二铁具有药理作用”缺乏事实依据。因此，在没有新的证明内容情况下，专利复审委受理鲁泰环中公司的请求，以证据3～4、6的结合认定本专利的三氧化二铁的技术方案不具备创造性的结论缺乏事实和法律依据，与司法判决确认的内容不符，也与其在第4380号决定中认定的内容不符。因此，专利复审委宣告本专利权利要求1中用三氧化二铁包衣的技术方案无效的主要证据不足，本院不予支持。

综上，依照《中华人民共和国行政诉讼法》第五十四条第（二）项第1目的规定，判决：(1) 维持专利复审委作出的“宣告第94110752.3号权利要求1中‘维持第94110752.3号权利要求1中用赭石包衣的技术方案有效’”的内容；(2) 撤销专利复审委作出的“宣告第94110752.3号权利要求1中用三氧化二铁包衣的技术方案无效”的内容。

专利复审委、鲁泰环中公司不服一审判决，于2008年4月7日、8日分别提出上诉。

专利复审委诉称，一审法院判决认定事实不清。首先，本案中的证据4与4380号决定中的附件16不是相同的证据。证据4的内容来源于《药剂辅料大全》第582～583页记载的“药用氧化铁红”

的部分，其内容在于说明药用氧化铁红的分子式、来源、性状、配伍变化等，而附件 16 的内容来源于《药剂辅料大全》第 44～45 页记载的“着色剂的分类与品种”的部分，其内容在于说明赭石是一种天然的着色剂，不仅能着色，且具有一定医疗作用。因此，一审判决认为证据 4 与第 4380 号决定中的附件 16 相同是错误的。其次，第 4380 号决定认定创造性的证据中没有第 10205 号决定中所用的证据 4，因此，两个决定所用证据基础不同，第 10205 号决定中有新的证据证明内容。最后，一方面，涉案当事人在本案中未提交过证明三氧化二铁有药理作用的证据，包括未提交第 4380 号决定中涉及的附件 18，且该附件 18 是在涉案专利申请日后公开的，不属于涉案专利的现有技术；另一方面，该附件 18 仅仅证明涉案专利的专利权人生产的用朱砂包衣的健脑补肾丸与用三氧化二铁包衣的健脑补肾丸在治疗肾虚见症为主的神经衰弱和性功能障碍方面无显著差异，这就说明在治疗方面是除包衣外的药丸本身在起作用，并没有显示用三氧化二铁包衣的健脑补肾丸比朱砂包衣的健脑补肾丸有显著疗效。因此，第 10205 号决定中认定临清华威公司“未能提供证据证明三氧化二铁具有药理作用”是有事实根据的。

综上，一审法院判决在针对本专利权利要求 1 中用三氧化二铁包衣的技术方案涉及创造性的问题认定事实不清，请求二审法院撤销一审判决，维持专利复审委作出的第 10205 号决定。

鲁泰环中公司诉称，(1) 一审法院判决适用法律错误。对于上诉人提交的证据 7-1、7-2、8-1、8-2、8-3，一审判决认为上述证据不是在行政程序中的有效期限内提交的，不予确认。上诉人认为，上述证据在行政程序中已经提交，虽然是在专利复审委组织口头审理结束后提出的，但是证据内容均为《中华人民共和国药典》，即该领域的工具书——属于公知常识。虽然专利复审委在行政程序中没有使用该组证据，但该证据的待证内容可以由上诉人提交的其他证据加以证明，因此无须引用。(2) 一审法院判决认定事实错误。①对临清华威公司一审提交的证据 4～6 的认定错误。一审判决对上述证据 4～6 的认定自相矛盾。临清华威公司提交的证据 4～6 在行政程序中并未提交，而且在一审庭审中，也未能提供原件予以质证。此外，该证据的内容也是针对“赭石”的描述，与本案争议的焦点——三氧化二铁并无关联性。②对上诉人一审提交的证据 4 认定错误。上诉人提交的证据 4 为《药剂辅料大全》1993 年版封面、目录第 19 页、582～583 页，而第 4380 号决定中的附件 16 为《药剂辅料大全》封面、版权页、目录、第 44～45 页。虽然两者为同一本书，但具体引证内容并不相同，因此两者为不同的证据。③对于临清华威公司一审提交的证据 1～3 的适用错误。一审法院判决大量引用了临清华威公司提交的证据 1～3，即以生效决定和法院判决作为证据，论述涉案专利具有创造性。上诉人认为，第一，根据《最高人民法院关于行政诉讼证据若干问题的规定》第六十八条的规定，对于“已经依法证明的事实”，法院在认定中依然要结合其他证据加以综合考虑，或者说“已经依法证明的事实”对于其他证据不具有排斥性和替代性。第二，上述生效决定（判决）的要点是“合议组认定朱砂、三氧化二铁、赭石均是中药丸剂中常用的包衣材料……朱砂、赭石和三氧化二铁不仅能着色，可作包衣材料之用，在各自的中药丸剂中也具有一定的医疗作用。本次无效中上诉人提交的证据则着重证明：①虽然赭石的主要成分是三氧化二铁，但是确与三氧化二铁有不同的性质，赭石具有一定的医疗作用（因此在药典中是作为中药材被收载），而三氧化二铁则不具有药理作用，仅仅用作食品、药品的着色剂（因此在药典中是作为辅料被收载）；②不含朱砂的健脑补肾丸已经是本专利申请日前的公知技术，因此本发明的贡献不在于首次提出了可以将原有健脑补肾丸中的朱砂去掉，而不降低其功效，也不在于提出以公知的着色剂——三氧化二铁作为健脑补肾丸的着色剂不会产生药理变化，而在于提出了以赭石这种具有平肝潜阳功效，兼有着色作用的物质作为健脑补肾丸的着色剂不出现药理变化的技术方案。显然，在新的证据组合下，不能简单套用第 4380 号决定的结论。(3) 本专利不具有创造性。①上诉人提交的证据 2《中草药》1990 年第 21 卷第 5 期给出了由 25 味中草药制成的健脑补肾丸药方（在26味中草药制成的健脑补肾丸药方中剔除朱砂一味），其中25味药的选择（包括品种与用量）均与本专利技术方案完全一致，唯一的差异仅在于没有公开着色剂的名称。由于传统的健脑补肾丸是由朱砂作着色剂——色泽为朱砂红，因此，作为一般常识，该领域技术人员选择替代品必然要从具有相同或者相近色彩的着色剂中选择。②上诉人提交的证据3《中华人民共和国药典》1977年版，证据4《药品附料大全》第582～583页，证据6《无机化学》分别从不同的角度阐述了三氧化二铁的性质，三者相互印证，从而证明三氧化二铁可以作食品、药品的着色剂是公知常识。三氧化二铁因其不具有药理作用，在药品、食品领域仅仅用作着色剂同样为公知常识。至于上诉人提交的证据7-1、7-2、8-1、8-2、8-3则说明三氧化二铁的上述性质不仅记载于本专利申请日前的工具书中，而且在2005年改版工具书中的记载依然不变。根据《审查指南》第二部分第四章关于专利创造性的审查标准的规定，作为中医药领域的技术人员，在获知证据2所述技术方案的基础上，为了使健脑补肾丸保持原有的色泽，选择三氧化二铁作为着色剂是显而易见的——因而不具有突出的实质性特点；在证据2技术方案的基础上，选择三氧化二铁作为着色剂没有带来有益的技术效果——因而不具有显著的进步。这样的技术方案不具有创造性。给予这样的技术方案以垄断权，是对他人公知技术自由使用权的侵犯。

综上，一审法院判决认定事实不清，适用法律错误，请求二审法院撤销一审判决，维持专利复审委作出的第10205号决定。

被上诉人临清华威公司认为一审法院判决认定事实清楚，适用法律正确，请求二审法院驳回上诉，维持一审判决。

本案一审审理期间，专利复审委在法定期限内向一审法院提交了以下主要证据：（1）第4380号决定书；（2）北京市第一中级人民法院（2004）一中行初字第543号行政判决书（以下简称第543号判决）；（3）北京市高级人民法院（2004）高行终字第466号行政判决书（以下简称第466号判决）；（4）本专利的授权公告文本；（5）鲁泰环中公司于2005年8月8日提交的无效宣告请求书；（6）《山东省药品标准》，山东省卫生厅编，封面、前言页、第164页，1986年版，复印件共3页（即证据1）；（7）《中草药》第21卷第5期，封面、目录页、第21～24页，1990年，复印件共6页（即证据2）；（8）《中华人民共和国药典》，中华人民共和国卫生部药典委员会编，封面、出版印刷信息页、目录第vii页、第191～192页，1977年版第二部，1979年4月第1版第1次印刷，复印件共5页（即证据3）；（9）《药剂辅料大全》，罗明生、高天惠主编，四川科学技术出版社，封面、著录项目页、第19、582、583页，1993年3月第1版第1次印刷，复印件共5页（即证据4）；（10）1989年版《中华人民共和国卫生部药品标准》的“中药成方制剂第一册，’（即证据5）；（11）《无机化学》，巫壁辉主编，上海科学技术出版社出版，封面、著录项目页、第219页，1985年6月第1版，1991年4月第4次印刷，复印件共3页（即证据6）。

临清华威公司向一审法院提交了以下主要证据：（1）第4380号决定书；（2）第543号判决；（3）第466号判决；（4）《面对文化碰撞，中药如何生存》；（5）《张锡纯运用代赭石临床经验探析》；（6）《中国药品标准》1996年版。

鲁泰环中公司在一审开庭审理中提交了附件7-1、7-2、8-1、8-2、8-3，并明确该证据是公知常识。

一审法院经审查认为，专利复审委的证据和临清华威公司的证据均是在行政程序中的有效证据，且与本案有关联，能够作为本案的证据，予以确认。鲁泰环中公司的证据不是在行政程序中的有效期限内提交的，不予确认。

上述证据均已随案移送本院。二审期间，各方当事人没有提交新的证据。经庭审质证及审查核实，本院作出如下认证：

专利复审委提交的证据1～2、5与第4380号决定证据相同，证据3～4、6与第4380号决定证据不同，属于新证据。

（1）证据3是1977年版的《中华人民共和国药典》，早于本专利申请日，而第4380号决定的附件17′为1995年版的《中华人民共和国药典》，晚于本专利申请日。尽管二者证明的内容均为“红氧化铁的作用与用途是着色剂。用于糖衣片及胶囊等的着色”，但由于二者的出版时间不同，因此对本案待证事实的证据力是不同的，即1977年版的《中华人民共和国药典》对本案是有证明资格的，因为它公开于本专利申请日之前，而1995年版的《由华人民共和国药典》对本案是没有证明资格的，因为它公开于本专利申请日之后。从上述意义讲，证据3应属于新证据。

（2）证据4与4380号决定中的附件16不是相同的证据。本案证据4的内容来源于《药剂辅料大全》第582～583页记载的“药用氧化铁红”的部分，其内容在于说明药用氧化铁红的分子式、来源、性状、配伍变化等，而4380号决定中的附件16的内容来源于《药剂辅料大全》第44～45页记载的“着色剂的分类与品种”的部分，其内容在于说明赭石是一种天然的着色剂，不仅能着色，且具有一定医疗作用。第4380号决定中没有第10205号决定中所用的证据4。因此，证据4属于新证据。

（3）证据6没有在第4380号决定中出现，因此是新证据。

此外，被上诉人临清华威公司的证据4～6没有在行政程序中提交，而是在一审诉讼中提交的，且由于证据4～5是网络下载的材料，没有任何其真实性的佐证，而证据6没有与原件进行核对，一审法院对上述证据认证有误，应予纠正。因此，临清华威公司的上述证据本院不予采纳。

以上其他证据本院确认一审法院认证意见正确，并根据上述有效证据认定本案如下事实：

1994年8月25日，山东临清中药厂向国家知识产权局提出了名称为“一种健脑补肾丸的制作方法”的发明专利申请（即本专利），1999年12月1日，本专利被授权公告，专利号为94110752.3，专利权人为山东临清中药厂，2002年11月15日变更为东阿阿胶集团临清华威药业有限责任公司，2007年1月5日又变更为山东临清华威药业有限公司。本专利授权文本的权利要求书记载的权利要求如下：

“1. 一种健脑补肾丸的制作方法，包括中药配料、清洗、粉碎、过筛、混匀、泛丸、干燥、包衣工序，其特征在于：

a. 所说的中药配料各成分在复方总剂量中的重量百分比为：人参2％～5％、鹿茸0.5％～1％、狗肾1％～3％、肉桂2％～5％、金牛草1％～3％、炒牛蒡子1％～3％、金樱子1％～3％、杜中炭3％～5％、川牛膝3％～5.5％、金银花2％～5％、连翘1.5％～3.5％、蝉蜕1.5％～3.5％、山药4％～6％、制远志4.5％～6.5％、酸枣仁4.5％～6.5％、砂仁4.5％～6.5％、当归3％～6％、煅龙骨3％～6％、煅牡蛎4％～5.5％、茯苓9％～11％、炒白术4.5％～6.5％、桂枝3％～6％、甘草2％～5％、炒白芍3％～6％、豆蔻3％～6％。

b. 所说的包衣工序是以三氧化二铁或赭石为原料。”

2000年3月29日，山东环中制药股份有限公司（以下简称环中公司）针对本专利向国家知识产权局提出了撤销请求，其理由是：本专利不具备《专利法》第二十二条规定的新颖性和创造性，请求撤销全部专利权。同时提交了19份附件。国家知识产权局予以受理，并将请求书和附件的副本向临清华威公司转送。临清华威公司收到后，于2000年9月26日作出答复，不同意环中公司的主张，同时提交了附件1′～18′作为证据。2001年11月2日，环中公司针对临清华威公司的答复，提交了书面答复，同时补充了附件20～21。

2002年1月4日，国家知识产权局向临清华威公司发出“撤销专利权请求审查意见通知书”，告知在附件20中公开了“含朱砂的健脑补肾丸和不含朱砂对健脑补肾丸的原有疗效影不大”，要求临清华威公司提供证据证明选择三氧化二铁或赭石作包衣是非显而易见的。为此，临清华威公司于2002年10月16日提交答复意见及附件19′~20′，认为最终选择了去除处方中的朱砂，用三氧化二铁或赭石作为包衣，保持了健脑补肾丸的原有外观，同时赭石或三氧化二铁具有平肝潜阳等功能，与健脑补肾丸的功效一致，并对已有的产品带来新的安全性。

2002年11月15日，国家知识产权局作出维持本发明专利权的决定。认为本专利与撤销请求人提交的、公开日在本专利申请日之前的所有证据中的任何一个证据单独相比，都是有区别的，因此，权利要求1符合《专利法》第二十二条第二款有关新颖性的规定。权利要求1与现有技术的最大区别在于包衣的选择上，现有技术中使用的是朱砂包衣，权利要求1所述的制备方法使用的是三氧化二铁或赭石。由于原有包衣朱砂既起包衣的作用，而且还具有镇静安神的作用，所以包衣的替换并不是简单的一种选择，它必须经过实验证实不用朱砂包衣对药品疗效的影响，还必须证实使用其他包衣对原有药物疗效的影响。虽然在附件20和21中公开了不用朱砂包衣的健脑补肾丸与朱砂包衣的健脑补肾丸在疗效上没有显著性差异，但是仅仅由此是不足以断言选用常用包衣的任何一种都可以，因为包衣对药物的疗效是有影响的，必须通过试验证实所选的包衣与原有药物的疗效没有显著性差异，这是需要付出创造性劳动的，而不是本领域普通技术人员可以简单推理出来的。因此，权利要求1符合《专利法》第二十二条第三款规定的创造性。

2003年2月13日，环中公司不服，向专利复审委申请复审，同时又提交了附件22~25。专利复审委受理后，向临清华威公司转文。临清华威公司于2003年4月9日向专利复审委提交了答复意见，再次重申了本专利具有新颖性和创造性的理由，并再次提交了附件7′~9′、12′、15′及新的附件21′~25′。

2004年1月8日，专利复审委进行口头审理，临清华威公司和环中公司均出席了口头审理。在口头审理中，环中公司明确指定附件4为与本专利最接近的现有技术，并主张附件20和21、附件3′和4′中所述的“无朱砂”药丸就是指“用氧化铁包衣的药丸”。专利复审委经过审理，认定本专利具有新颖性和创造性，符合《专利法》第二十二条第二款、第三款的规定为由，于2004年3月17日作出第4380号决定，维持国家知识产权局作出的维持本发明专利权的决定。

2004年6月10日，环中公司不服第4380号决定，向北京市第一中级人民法院提起行政诉讼，2004年9月20日，北京市第一中级人民法院作出第453号判决，维持第4380号决定。

环中公司不服一审判决，提起上诉。2005年6月3日，北京市高级人民法院作出第466号判决，驳回上诉，维持一审判决。

2005年8月8日，鲁泰环中公司以本专利不符合《专利法》第二十六条第四款、第二十二条第二款和第三款的规定为由，向专利复审委提出无效宣告请求，并提交了证据1~5。具体理由如下：

（1）本专利权利要求1记载的包衣工序以三氧化二铁或赭石为原料，而说明书记载的是“……用滑石粉与适量黏合剂对其丸剂包衣后，再以三氧化二铁或赭石为原料对其包衣”即不同原料实施二次包衣，所以，权利要求1请求保护的技术方案得不到说明书的支持；

（2）附件2公开的“健脑补肾丸”不含朱砂的配方与本专利相同且各组分的重量百分比均在本专利的范围之内，附件3、4证明三氧化二铁用作着色剂在药剂制造中是惯用手段，所以，本专利不具备新颖性；

（3）附件1给出健脑补肾丸配方和制备工艺，除包衣组分与本专利不同外，所记载的内容与本专利相同，在附件1公开内容的基础上，结合附件2的启示，以及附件3或4给出的惯用手段，可以直接得出本专利的技术方案，因此本专利不具备创造性；

（4）附件5给出以赭石粉作包衣剂的技术方案，在附件1公开内容的基础上，结合附件2的启示，以及附件5给出的包衣惯用手段，可以直接得出本专利技术方案中以赭石作包衣剂的技术方案，所以本专利不具备创造性。

经形式审查合格后，专利复审委受理并将上述材料副本向临清华威公司转送。

2005年8月19日，临清华威公司提交了反证1～6及“关于取消山东鲁泰环中制药有限公司无效宣告请求人资格的说明”，主张鲁泰环中公司没有资格再次提出本专利权无效宣告请求。其反证如下：

反证1：环中制药针对本专利曾提出过的《复审请求书》以及相应《复审请求受理通知书》，复印件各1页；

反证2：与反证1相关的《口头审理通知书》；

反证3：第4380号决定书；

反证4：第543号判决；

反证5：第466号判决；

反证6：本案的《无效宣告请求受理通知书》和《专利权无效宣告请求书》。

2005年9月7日，鲁泰环中公司再次向专利复审委提交意见陈述书和证据6，其认为以三氧化二铁或赭石作药片（丸）为包衣剂是医药行业的基本常识。

2006年8月18日，鲁泰环中公司提交了证据3的内容。专利复审委将鲁泰环中公司的上述材料向临清华威公司转送，并告知了口头审理通的时间。

2006年11月15日，专利复审委进行口头审理，临清华威公司和鲁泰环申公司均参加了口头审理。鲁泰环中公司明确其无效宣告请求理由是本专利不符合《专利法》第二十六条第四款、第二十二条第三款的规定，放弃本专利不符合《专利法》第二十二条第二款规定的无效理由。临清华威公司对证据1～6的真实性、合法性、关联性、公开性均无异议，但对鲁泰环中公司的法律资格和本案受理有异议。鲁泰环中公司对证据1～6的真实性未表示异议，但认为：（1）本案的证据3～4、6是新证据，这些证据与第4380号决定中曾经提交过的证据即本案中的证据1～2结合以证明不同的事实，不属于一事不再理的范围。（2）说明书中未记载赭石的药理作用，不符合《专利法》第二十六条第四款的规定。（3）证据2中有无朱砂的配方效果相同，且无朱砂的配方与本专利权利要求1中记载的25味药配方相同，解决了朱砂毒性问题，在证据2的基础上去掉朱砂依然是健脑补肾丸，要保持朱砂原有的颜色，人们会直接想到三氧化二铁，证据2和3或6结合，证明了这点。临清华威公司认为：（1）本案所用证据与第4380号决定所依据的证据相同，根据《审查指南》中的一事不再理原则，本案不应当受理。（2）在涉及《专利法》第二十六条第四款的无效理由中，赭石药理问题是鲁泰环中公司当庭才提出的，不应被接受。（3）第4380号决定已明确替换健脑补肾丸配方中的朱砂具有创造性，证据3～4、6均用于证明三氧化二铁是着色剂，没有实质差别。

在口头审理中，临清华威公司和鲁泰环中公司均认为本专利权利要求1前序部分记载的内容属于公知常识，赭石是药物衣。合议组当庭指出，鲁泰环中公司以本专利说明书未记载赭石药理作用而不符合《专利法》第二十六条第四款规定的无效理由是当庭才提出的，根据《审查指南》第四分部第三章第4.1节关于审查范围的规定，提出该项无效理由的时间所基于的事实超出了上述规定的期限，所以，本案中合议组对基于该事实的此项无效理由不予考虑。鲁泰环中公司无异议。

2006年11月24日，鲁泰环中公司提交了意见陈述书，重申了口头审理中其主张的观点。

2007年4月24日，鲁泰环中公司再次提交了意见陈述书，并补充了证据7-1、7-2、8-1、8-2、

8-3，认为该证据均证明三氧化二铁除作为着色剂外，不具有药理作用，本案中以三氧化二铁作为着色剂的技术方案不具有新颖性和创造性。

2007 年 5 月 12 日，临清华威公司提交了意见陈述书以及以下反证 7 ~ 14，说明本专利具备新颖性和创造性。

2007 年 6 月 10 日，专利复审委作出第 10205 号决定，维持本专利权利要求 1 中用赭石包衣的技术方案有效，宣告本专利权利要求 1 中用三氧化二铁包衣的技术方案无效。主要理由是：

本案从技术领域、解决的技术问题及相应技术效果和技术特征方面，对本专利权利要求 1 限定的发明分别与证据 1 ~ 6 公开的技术内容相比较可以看出，证据 1 是与本专利权利要求 1 限定的发明最接近的现有技术。证据 1 公开了健脑补肾丸的具体配方，且明确指出朱砂在健脑补肾丸中作包衣剂使用（参见证据 1 第 164 页记载的处方和制法部分）。本专利权利要求 1 与该最接近的现有技术的区别特征在于本专利权利要求 1 请求保护的健脑补肾丸采用三氧化二铁或赭石包衣，证据 1 中的健脑补肾丸采用朱砂包衣。所以，本专利权利要求 1 限定的发明实际解决的技术问题在于用三氧化二铁或赭石包衣能否克服用朱砂作包衣的健脑补肾丸的缺陷，并保持原有健脑补肾丸用朱砂作包衣时的药用效果和色泽。

证据 2 记载了用动物实验观察含朱砂的健脑补肾丸和无朱砂的健脑补肾丸在动物强壮及抗衰老作用效果方面的比较结果，表明在延长果蝇寿命及小鼠游泳时间、增强小鼠记忆力、镇静作用和降低大鼠肾脏中过氧化脂的含量方面健脑补肾丸中有、无朱砂对健脑补肾丸原有的疗效影响不大（参见证据 2 的全文）。一般在进行药效方面对比实验时，除相对比项不同外要保证其他条件一致。证据 2 对有、无朱砂的健脑补肾丸药效进行了对比研究，必然是在健脑补肾丸除有、无朱砂的区别外其他条件都相同的情况下进行的，因此证据 2 中无朱砂的健脑补肾丸应当是无朱砂包衣的，而无朱砂健脑补肾丸必然克服了健脑补肾丸中因朱砂带来的对人体有毒性的缺陷。由此可见，证据 2 教导在制备健脑补肾丸时不用朱砂包衣就可以克服健脑补肾丸中因朱砂带来的对人体有毒性的缺陷，且可以保持健脑补肾丸原有的药用效果。在这种情况下，本领域的普通技术人员有动机在药物辅料中寻找与朱砂色泽类似且不影响健脑补肾丸药用效果的包衣材料。因此，所属领域的普通技术人员会显而易见地想到采用仅起着色包衣作用的包衣剂。

从本专利的权利要求 1 可以看出，权利要求 1 记载有两个并列的技术方案，即用三氧化二铁包衣的技术方案和用赭石包衣的技术方案。从涉及着色包衣方面的证据来看，证据 3 来源于《中华人民共和国药典》（1977 年版），其中对红氧化铁的记载中，分子式记载为三氧化二铁，其作用与用途记载仅为“着色剂。用于糖衣片及胶囊等的着色”。证据 4 来源于《药剂辅料大全》，其中对药用氧化铁红的记载中，分子式记载为三氧化二铁，其作用与用途记载为“本品着色力强，在药剂制造中主要用作着色剂，用于制备包衣片剂和胶囊。在食品工业中用作食用色素。氧化铁红也用于化妆品的着色”；配伍变化记载为“除与强酸、还原物反应外，性质稳定”。证据 5 来源于《中华人民共和国卫生部药品标准》的“中药成方制剂第一册”（1989 年版），其中记载“养血安神丸”用生赭石粉包衣。证据 6 来源于高等医药院校中药专业用教材《无机化学》，其中对氧化铁记载为“颜色可由红棕至鲜红，制药生产中可用其粉末作片剂包衣颜色”。由此可见，证据 3 ~ 4、6 涉及三氧化二铁作着色包衣剂，证据 5 只涉及赭石作包衣剂。

对于本专利权利要求 1 中记载的用赭石包衣的技术方案来说，证据 3 ~ 4、6 未涉及赭石包衣，只有证据 5 涉及赭石包衣。但证据 5 只证明赭石可以作为“养血安神丸”的包衣剂，并未教导赭石作包衣不影响所包衣药物的药效。而反证 3 中提供的公知常识证据表明赭石具有降气、止逆、平肝止血的作用，将有药理作用的包衣剂用于一种中药包衣必然会影响到该中药的药效，所以，所属领域的普通技术人员不会想到将赭石用于证据2中无朱砂健脑补肾丸的包衣，即不会想到用赭石包衣代替对比文件1中的朱砂包衣。从本专利说明书可以看出，本专利方法制作的健脑补肾丸具有健脑补肾、益气健脾、安神定志功能，对神经衰弱、健忘失眠、头晕目眩等病症有显著疗效，并对人体无任何副作用。本专利制备的用赭石包衣的健脑补肾丸具有现有技术中健脑补肾丸的药效，且同时克服了现有技术中有朱砂健脑补肾丸存在的缺陷。所以，相对于现有技术中对比文件1的健脑肾丸，本专利用赭石包衣的健脑补肾丸具有更好的技术效果。因此，本专利的权利要求1中用赭石包衣的技术方案具有突出的实质性特点和显著的进步。

对于本专利权利要求1中记载的用三氧化二铁包衣的技术方案来说，证据3～4、6表明三氧化二铁是制药行业中经常采用的与朱砂色泽相近的包衣剂。同时，专利权人也未能提供证据证明三氧化二铁具有药理作用。由此可见，三氧化二铁一般在药物中仅起着色包衣的作用。所以，在本领域的技术人员想要解决本发明实际要解决的技术问题时，很容易想到用三氧化二铁作为药剂的红色包衣剂。因此，本专利权利要求1中用三氧化二铁作包衣剂的技术方案是显而易见的，不具备突出的实质性特点。

综上所述，本专利权利要求1记载的用赭石包衣的技术方案具有突出的实质性特点和显著进步，具备《专利法》第二十二条第三款规定的创造性；用三氧化二铁包衣的技术方案不具备突出的实质性特点，不具备《专利法》第二十二条第三款规定的创造性。

虽然临清华威公司认为第4380号决定已明确替换健脑补肾丸配方中的朱砂具有创造性。但本决定用于评价创造性的证据1和2与证据3或4或6的组合方式不同于第4380号决定中评价创造性的证据组合方式。因此，本案合议组对临清华威公司以第4380号决定的结论为由主张本专利权利要求1具备创造性的理由不予支持。

临清华威公司不服上述审查决定，向北京市第一中级人民法院提起行政诉讼。

本院认为，鲁泰环中公司及临清华威公司对本案以下内容没有异议：（1）专利复审委的审查职责；（2）第10205号决定中“案由”部分记载的内容；（3）第10205号决定认定本专利符合《专利法》第二十六条第四款规定的内容；（4）第10205号决定维持本专利赭石包衣技术方案创造性的内容。经审查，本院对上述无争议内容的合法性予以确认。

本案各方当事人争议的焦点问题是，第一，专利复审委是否违反“一事不再理”的原则。第二，第10205号决定“宣告本专利权利要求1中用三氧化二铁包衣的技术方案无效”是否合法。

关于专利复审委是否违反“一事不再理”原则的问题。根据《中华人民共和国专利法实施细则》第六十五条第二款的规定，“在专利复审委员会就无效宣告请求作出决定之后，又以同样的理由和证据请求无效宣告的，专利复审委员会不予受理”。由于第4380号决定是复审决定，且其中的证据与本案鲁泰环中公司提出的无效宣告请求的证据不完全相同。专利复审委作出的第10205号决定，针对的是鲁泰环中公司提出的专利权无效宣告请求，其受理和审查所基于的无效宣告请求理由及其依据的事实基础和证据，与前次决定的理由及其依据的事实及证据基础不同。因此，专利复审委对本案予以立案审查并作出决定，没有违反上述法律规定。临清华威公司主张专利复审委违反“一事不再理”原则的主张缺乏事实和法律依据，本院不予支持。

关于第10205号决定“宣告本专利权利要求1中用三氧化二铁包衣的技术方案无效”是否合法的问题。对于本专利权利要求1中记载的用三氧化二铁包衣的技术方案来说，本案证据2给出了第一个教导，即有无朱砂对健脑补肾丸的疗效没有影响，证据3～4、6给出了第二个教导，即证明三氧化二铁是一种着色剂，是制药行业中经常采用的与朱砂色泽相近的包衣剂，除了和强酸、还原物进行反应外，性质比较稳定。上述证据的结合，印证了使用三氧化二铁作为健脑补肾丸的包衣是显而易见的。

同时，临清华威公司也未能提供证据证明三氧化二铁具有药理作用。由此可见，三氧化二铁一般在药物中仅起着色包衣的作用，所以，在本领域技术人员想要解决本发明实际要解决的技术问题时，很容易想到用三氧化二铁作为药剂的红色包衣剂。药理作用以及药物组分间相互作用的复杂性并不能否定三氧化二铁是通用药物红色包衣材料这一公知常识，也不能否认所属领域的技术人员在面临解决如何克服红色包衣毒性问题时尝试使用公知红色包衣材料的显而易见性。因此，专利复审委作出本专利权利要求1中用三氧化二铁作包衣剂的技术方案是显而易见的、不具备突出的实质性特点的认定是正确合法的。

尽管本专利有前次司法判决的存在，但专利复审委所作的本案第10205号决定，是在新的事实和证据的基础上作出的，因此，不存在与司法判决认定事实不一致的情形。

综上，专利复审委作出的第10205号决定合法，一审法院判决部分撤销属于认定事实不清，认证有误，应予纠正。本院依据《中华人民共和国行政诉讼法》第六十一条第（三）项的规定，判决如下：

1. 维持北京市第一中级人民法院（2007）一中行初字第1340号行政判决书关于维持国家知识产权局专利复审委员会二○○七年六月十日作出的第10205号决定中“维持第94110752.3号发明专利权利要求1中用赭石包衣的技术方案有效”的内容；

2. 撤销北京市第一中级人民法院（2007）一中行初字第1340号行政判决书关于撤销国家知识产权局专利复审委员会二○○七年六月十日作出的第10205号决定中“宣告第94110752.3号发明专利权利要求1中用三氧化二铁包衣的技术方案无效”的内容。一、二审案件受理费人民币各100元，由被上诉人山东临清华威药业有限公司负担（自收到本判决之日起7日内交纳）。

本判决为终审判决。

审　判　长　朱世宽
代理审判员　朱宇晖
代理审判员　高京雯
二○○八年九月十九日
书　记　员　张　怡

017

# 丹酚酸 B 镁盐在制备治疗慢性肝病药剂中的应用

## 无效宣告请求审查决定（第 10239 号）

决　定　号　第 10239 号
决　定　日　2007 年 6 月 15 日
发明创造名称　丹酚酸 B 镁盐在制备治疗慢性肝病药剂中的应用
国际分类号　A61K 31/343，A61P 1/16
无效宣告请求人　许　婷
专利权人　上海中医药大学，中国科学院上海药物研究所
专　利　号　99113644.6
申　请　日　1999 年 4 月 19 日
授权公告日　2004 年 8 月 25 日
合议组组长　李金光
主　审　员　尹　昕
参　审　员　何　炜

法律依据　专利法第 22 条第 2 款、第 3 款
决定要点

如果一项发明专利申请与现有技术的相关内容相比，其技术领域、所要解决的技术问题和技术方案、预期效果实质上相同，则认为两者为同样的发明。

在判断一项权利要求是否具备创造性时，一般先将该权利要求所述的技术方案与现有技术中最接近的技术方案进行对比分析，确定二者之间的区别技术特征；随后根据该区别特征所能达到的技术效果确定发明实际解决的技术问题；再判断该区别特征应用到该最接近的现有技术以解决其存在的技术问题对于本领域技术人员而言是否显而易见。如果本领域技术人员根据现有技术教导或启示能够容易引入上述区别特征，而且没有产生预料不到的技术效果，则应当认为该权利要求的技术方案是显而易见的，即相应的权利要求不符合专利法第 22 条第 3 款关于创造性的规定。

### 一、案由

本专利权无效宣告请求案涉及国家知识产权局于 2004 年 8 月 25 日公告授予的、名称为“丹酚酸 B 镁盐在制备治疗慢性肝病药剂中的应用”的 99113644.6 号发明专利权（下称本专利），其申请日为 1999 年 4 月 19 日，专利权人为上海中医药大学、中国科学院上海药物研究所。本专利授权公告的权利要求书如下：

“1. 丹酚酸 B 镁盐在制备治疗肝纤维化药中的应用。

2. 权利要求 1 所述的应用，其中所述的肝纤维化是肝硬化。”

针对上述专利权，许婷（下称请求人）于 2007 年 1 月 9 日向专利复审委员会提出专利无效宣告请求，认为本专利不符合专利法第 22 条第 2 款、第 3 款，专利法第 26 条第 3 款，专利法第 26 条第 4 款的规定。请求人同时提交了本专利授权公告文本及以下证据：

证据 1：“丹参酚性酸 B 对大鼠传代肝贮脂细胞增殖、形态和合成细胞外基质的影响”，徐列明等人，中华肝脏病杂志，第 4 卷第 2 期，第 86 ~ 89 页，1996 年 6 月，复印件共 4 页；

证据 2：“现代肝脏病理学”，梁英锐等主编，天津科学技术出版社，1998 年 10 月第 1 版，1998 年 10 月第 1 次印刷，第 295、298、299、306 页、出版信息页和封面页，复印件共 6 页。

依据上述证据，请求人认为：（1）本专利权利要求 1 的全部技术特征均已经被证据 1 公开，因此不符合专利法第 22 条第 2 款的规定；（2）本专利权利要求 2 的技术方案与证据 1 和证据 2 的结合相比不具备创造性，不符合专利法第 22 条第 3 款的规定；（3）本专利说明书中没有清楚完整地说明丹酚酸镁盐的用量和使用方法，也没有说明试验结果的测定方法，同时表 1 和表 3 的实验结果中的 Hyp 采用了非标准计量单位 ug/g，根据说明书的记载本领域普通技术人员无法实施该发明，也不清楚其效果，因此本专利的说明书不符合专利法第 26 条第 3 款的规定；（4）由于以上第（3）点所述原因，本专利权利要求 1 得不到说明书的支持，同时由于本专利说明书中没有给出丹酚酸 B 镁盐能够改善肝脏再生结节和血管结构紊乱状况的药理作用，因此不能表明丹酚酸 B 镁盐具有治疗肝硬化的作用，故权利要求 2 也得不到说明书的支持，因此，本专利不符合专利法第 26 条第 4 款的规定。

请求人 2007 年 2 月 2 日再次提交了意见陈述书及以下证据：

证据 3：“病理学”，王建中主编，1996 年 7 月第 1 版，第 116 ~ 117 页、全国中等医学教材编审委员会名单、前言和目录页，复印件共 5 页；

证据 4：“镁—丹参酚性酸 B 抗大鼠实验肝纤维化的作用”，刘平等人，中国医药学报，第 8 卷增刊，第 65 ~ 67 页，1993 年，复印件共 3 页。

在补充意见陈述中，请求人认为：（1）证据 4 中公开了镁-丹参酚性酸 B 可以用于治疗模型大鼠的肝硬化，因此权利要求 2 相对与证据 4 而言不具备新颖性。（2）说明书第 2 页第 13 行所述的“SDF”级大鼠是本领域技术人员无法获得的；另外说明书第 2 页第 21 ~ 22 行的“最大致死量 LD50”导致本领域技术人员不能清楚、正确地理解该发明的技术方案，因此本专利的说明书公开不充分。

经形式审查合格后，专利复审委员会受理了上述请求，于 2007 年 2 月 14 日向双方当事人发出《无效宣告请求受理通知书》，并将《专利权无效宣告请求书》及其附件副本转送给专利权人，要求其在指定的期限内答复，同时成立合议组对本无效宣告请求案进行审理。

2007 年 4 月 11 日，本案合议组向双方当事人发出口头审理通知书，定于 2007 年 6 月 12 日对本案进行口头审理。

专利权人于 2007 年 4 月 13 日提交了意见陈述书，专利权人认为：（1）请求人给出的证据 1 的试验结果只能提示丹参酚性酸 B 可能对肝功能、肝损伤有改善作用和预防作用，与本专利治疗肝纤维化的作用存在实质性的不同，因此本专利的权利要求 1 相对于证据 1 具有新颖性。（2）证据 4 中的实验结果仅仅提示镁-丹参酚性酸 B 在形成肝纤维化的过程中有抑制肝脏纤维结缔组织增生的作用，对大鼠 $CCl_4$ 慢性肝损伤具有良好的防治效果，无法得出镁-丹参酚性酸 B 可以用于治疗大鼠肝硬化的结论，而本专利证明了丹酚酸 B 镁盐可以减轻肝纤维化的程度，促进肝纤维化以及肝硬化逆转，这与证据 4 的技术方案具有实质性不同，因此本专利的权利要求 1 相对于证据 4 而言具有新颖性和创造性。同理，从属权利要求 2 也具备创造性。（3）本专利说明书第 7 页最后一段已经给出了丹酚酸 B 镁盐的提取分离和制备方法，本领域技术人员根据现有技术和该段描述可以获得丹酚酸B镁盐；本实验所用的丹酚酸B镁盐的剂量和使用方法是本领域采用的常规计量和方法，而且本专利说明书第5页第7节中已经给出了临床治疗的剂量和方法，本领域技术人员可以容易地推算出试验动物的剂量和方法；本专利说明书的实验结果的检测方法同样是本领域技术人员的公知常识；表1和表3中Hyp的计量单位ug/g中的“u”以及“SDF”均为明显的打印错误，分别应为“μ”和“SPF”，这是本领域技术人员可以理解的；为了表达最大耐受量的概念，说明书中“借用”了“最大致死量”或“半数致死量LD50”的概念，本领域技术人员结合公知常识可以理解。综上所述本领域技术人员可以实施本专利，因此本专利的说明书符合专利法第26条第3款的规定。（4）根据以上第（3）点意见，本专利的权利要求1可以得到说明书的支持，同时，根据本专利说明书的描述，丹酚酸B镁盐具有治疗肝硬化的作用，权利要求2也符合专利法第26条第4款的规定。

2007年6月12日，口头审理如期进行。双方当事人均委托代理人参加了口头审理。在口头审理中，双方当事人对对方出庭人员的身份和资格无异议；对合议组成员没有回避请求。专利权人对请求人提交的证据1~4的真实性、合法性和公开性均无异议；庭审中，合议组对请求人提出的无效理由和事实进行了充分调查，双方当事人充分陈述了各自的意见。专利权人认为本发明的药物用于治疗肝纤维化，证据1的药物用于预防肝纤维化，二者有本质不同。请求人则认为证据1中已经公开了丹酚酸B镁盐可以减轻由四氯化碳引起的大鼠肝细胞周围纤维化的程度，减少了肝羟脯氨酸的含量，说明丹酚酸B镁盐对肝纤维化具有治疗作用。

至此，合议组认为本案事实已经清楚，可以依法作出审查决定。

**二、决定的理由**

1. 关于无效宣告请求的理由和范围

本案中，请求人提出无效宣告请求的理由和范围是：本专利的说明书不符合专利法第26条第3款的规定；权利要求1、2不符合专利法第26条第4款和专利法第22条第2款的规定；权利要求2不符合专利法第22条第3款的规定。

2. 关于证据

专利权人对证据1~4的真实性、合法性和公开日期均无异议，本案合议组认可其真实性、合法性和公开日期。证据1~4的公开日期均在本专利的申请日之前，可以作为现有技术文件使用。

3. 关于专利法第22条第2款

专利法第22条第2款规定：新颖性，是指在申请日以前没有同样的发明或者实用新型在国内外出版物上公开发表过，在国内公开使用过或者以其他方式为公众所知，也没有同样的发明或者实用新型由他人向国务院专利行政部门提出过申请并且记载在申请日以后公布的专利申请文件中。

具体而言，如果一项发明专利申请与现有技术的相关内容相比，其技术领域、所解决的技术问题和技术方案、预期效果实质上相同，则认为两者为同样的发明。

本专利权利要求1要求保护“丹酚酸B镁盐在制备治疗肝纤维化药中的应用”。证据1中公开了丹参酚性酸B（简称丹酚酸B）是丹参抗肝纤维化的有效水溶性成分（参见第86页，摘要，第1行），其镁盐在体内能减轻D-半乳糖胺和四氯化碳所致的大鼠肝细胞坏死，显著降低ALT和AST活性和提高肝非实质细胞前列腺素的生成量，减轻四氯化碳引起的大鼠肝细胞周围纤维化的程度，明显减少了肝羟脯氨酸的含量（参见第88页，讨论，第1~7行）。可见，证据1已经公开了丹酚酸B镁盐在制备治疗肝纤维化药中的用途，因此，本专利权利要求1所请求保护的技术方案已经被证据1公开，两者技术领域、所要解决的技术问题和技术方案实质上相同、预期效果相同，所以权利要求1不具备专利法第22条第2款所规定的新颖性。

专利权人认为：证据 1 中通过对大鼠传代肝贮脂细胞（FSC）的体外细胞实验，公开了丹酚酸 B 镁盐具有抑制肝纤维化形成的作用，是在现有技术的基础上对丹酚酸 B 镁盐预防肝纤维化作用的探讨；而本专利中说明书记载了对大鼠的体内试验过程及研究结果，表明丹酚酸 B 镁盐可以促进肝脏组织中已经形成的纤维化的分解，即使肝纤维化逆转，因此本专利的研究结果证明，丹酚酸 B 镁盐对肝纤维化具有治疗作用，这与证据 1 中的预防作用具有本质的区别。

对此，合议组认为：第一，证据 1 的讨论部分明确公开了丹酚酸 B 镁盐的抗肝纤维化作用，其在体内能减轻 D-半乳糖胺和四氯化碳所致的大鼠肝细胞坏死，明显减少了肝羟脯氨酸的含量，减轻四氯化碳引起的大鼠肝细胞周围纤维化的程度。而本专利说明书中记载的实验也是通过四氯化碳和 D-半乳糖胺损伤大鼠模型证实丹酚酸 B 镁盐可显著抑制大鼠肝羟脯氨酸的含量，减轻肝组织纤维化的程度和肝细胞损伤变性的程度。可见，二者并无实质上的区别。第二，虽然证据 1 采用大鼠肝贮脂细胞（FSC）作为研究对象进行体外试验，其实验模型、用药过程与本专利说明书中记载的大鼠体内实验均有所不同，但是肝贮脂细胞在肝纤维化过程扮演了重要角色，证据 1 的研究结果表明丹酚酸 B 镁盐可以抑制活化的 FSC 增殖、明显地抑制 FSC 合成 I 型和 III 型胶原蛋白，并通过上述作用减轻了肝小叶内的纤维化，因此通过这些内容揭示了丹酚酸 B 镁盐抗肝纤维化的部分药理机制（参见证据 1 第 89 页，讨论部分第 2 ~4、6 自然段）。可见，证据 1 中的实验内容和结论均证明了丹酚酸 B 镁盐的抗肝纤维化作用，这与其讨论部分所公开的上述内容是一致的。所以，合议组对专利权人认为证据 1 与本专利具有本质区别的主张不予支持。

4. 关于专利法第 22 条第 3 款

专利法第 22 条第 3 款规定：创造性，是指同申请日以前已有的技术相比，该发明有突出的实质性特点和显著的进步。

在判断一项权利要求是否具备创造性时，一般先将该权利要求所述的技术方案与现有技术中最接近的技术方案进行对比分析，确定二者之间的区别技术特征；随后根据该区别特征所能达到的技术效果确定发明实际解决的技术问题；再判断该区别特征应用到该最接近的现有技术以解决其存在的技术问题对于本领域技术人员而言是否显而易见。如果本领域技术人员根据现有技术教导或启示能够容易引入上述区别特征，而且没有产生预料不到的技术效果，则应当认为该权利要求的技术方案是显而易见的，即相应的权利要求不符合专利法第 22 条第 3 款关于创造性的规定。

本专利的权利要求 2 要求保护权利要求 1 所述的应用，其中所述的肝纤维化是肝硬化。证据 1 是现有技术中与本专利最接近的技术方案，如上所述，证据 1 中公开了丹酚酸 B 镁盐在制备治疗肝纤维化药中的应用，本专利权利要求 2 要求保护的技术方案与证据 1 中公开的内容相比，其区别在于，权利要求 2 将丹酚酸 B 镁盐用于制备治疗肝硬化的药物。由此可见，权利要求 2 的技术方案实际解决的技术问题在于丹酚酸 B 镁盐是否能用于制备治疗肝硬化的药物。根据证据 2 中公开的肝硬化的病理表现和发生机制可知，肝硬化的主要病理表现为纤维结缔组织弥漫沉积、再生结节形成和血管结构异常（参见第 295 页，第一节，第 1 自然段第 1 ~4 行），其中肝纤维化是肝硬变发生的关键过程，由于结缔组织增生纤维化而导致肝脏假小叶形成，结构破坏（参见第 306 页，第五节，第 2 自然段第 1 ~2 行）。可见肝硬化是肝纤维化达一定程度后的结果，肝纤维化是肝硬化的主要病理表现之一，对肝纤维化具有治疗作用的药物也必定会对肝硬化起到治疗作用。因此本领域技术人员在证据 1 公开的将丹酚酸 B 镁盐用于制备治疗肝纤维化的药物的技术方案的基础上，可以由证据 2 中公开的上述内容得到启示，将丹酚酸 B 镁盐用于制备治疗肝硬化的药物，所以，本专利权利要求 2 的技术方案相对于证据 1 和 2 的结合而言是显而易见的，权利要求 2 不具备突出的实质性特点和显著的进步，不具有专利法第 22 条第 3 款所规定的创造性。

专利权人认为：本专利中丹酚酸B镁盐可以促进肝脏组织中已经形成的纤维化分解，即使肝纤维化逆转，从而可以治疗肝硬化，这与证据1所公开的内容相比具有意想不到的效果。

对此，合议组认为，如上所述，就本专利要求保护的将丹酚酸B镁盐用于制备治疗肝纤维化的药物而言，证据1中已经公开了同样的技术方案，其预期的技术效果必定相同。由于本专利中将丹酚酸B镁盐用于治疗肝硬化的技术方案是基于丹酚酸B镁盐的抗纤维化作用而产生的，因此相对于证据1和证据2的结合而言，本专利权利要求2的技术方案不具备突出的实质性特点，也没有证据显示其取得了意料不到的技术效果，综上所述，权利要求2不具备创造性。

鉴于根据上述事实已经得出了本专利权应被全部无效的结论，因此合议组对其他无效理由和证据不再进行评述。

**三、决定**

宣告99113644.6号发明专利权全部无效。

当事人对本决定不服的，可以根据专利法第46条第2款的规定，自收到本决定之日起三个月内向北京市第一中级人民法院起诉。根据该款的规定，一方当事人起诉后，另一方当事人应当作为第三人参加诉讼。

# 北京市第一中级人民法院
# 行政判决书

（2007）一中行初字第1499号

原告上海中医药大学，住所地上海市蔡伦路1200号。

法定代表人谢建群，常务副校长。

委托代理人曹津燕，北京泛华伟业知识产权代理有限公司专利代理人。

委托代理人吴桂琴，上海正旦专利代理有限公司专利代理人。

原告中国科学院上海药物研究所，住所地上海市浦东张江祖冲之路555号。

法定代表人丁健，所长。

委托代理人刘平，上海中医药大学副校长。

委托代理人李渤，北京泛华伟业知识产权代理有限公司职员。

被告国家知识产权局专利复审委员会，住所地北京市海淀区北四环西路9号。

法定代表人廖涛，副主任。

委托代理人尹昕，国家知识产权局专利复审委员会审查员。

委托代理人郭鹏鹏，国家知识产权局专利复审委员会审查员。

第三人许婷，女，1983年12月4日出生，汉族，住址江苏省南京市鼓楼区裴家桥4号608室。

委托代理人徐冬涛，南京天华专利代理有限责任公司专利代理人。

原告上海中医药大学、原告中国科学院上海药物研究所不服被告国家知识产权局专利复审委员会于2007年6月15日作出，于同年7月11日邮寄送达的第10239号无效宣告请求审查决定（以下简称第10239号决定），于2007年10月26日向本院提起行政诉讼。本院受理后，依法组成合议庭，向被告送达了起诉状副本和应诉通知书，并依法通知许婷作为本案第三人参加诉讼，于2007年12月6日公开开庭审理了本案。原告上海中医药大学的委托代理人曹津燕、吴桂琴，原告中国科学院上海药物研究所的委托代理人刘平、李渤，被告的委托代理人尹昕、郭鹏鹏，第三人的委托代理人徐冬涛到庭参加了诉讼。本案现已审理终结。

2007年6月15日，被告作出第10239号决定，根据《中华人民共和国专利法》（以下简称《专利法》）第二十二条第二款、第三款的规定，宣告两原告的第99113644.6号“丹酚酸B镁盐在制备治疗慢性肝病药剂中的应用”发明专利权（以下简称本专利）无效。

为证明第10239号决定的合法性，被告在法定期限内向本院提交了下列证据：（1）第10239号决定中引用的证据1，即“丹参酚性酸B对大鼠传代肝贮脂细胞增殖、形态和合成细胞外基质的影响”一文，作者徐列明等，载《中华肝脏病杂志》1996年6月第4卷第2期，第86~89页复印件共4页；（2）第10239号决定中引用的证据2，即梁英锐等主编《现代肝脏病理学》，天津科学技术出版社，1998年10月第1版，1998年10月第1次印刷，第295、298、299、306页、出版信息页和封面页复印件共6页；（3）第10239号决定中引用的证据3，即王建中主编《病理学》，1996年7月第1版，第116~117页、全国中等医学教材编审委员会名单、前言和目录页复印件共5页；（4）第10239号决定中引用的证据4，即“镁—丹参酚性酸B抗大鼠实验肝纤维化的作用”一文，作者刘平等人，载《中国医药学报》1993年第8卷增刊，第65~67页复印件共3页；（5）本专利授权公告文本。

原告诉称，（1）第10239号决定对本专利权利要求1相对于证据1不具备新颖性的认定有误。

①第10239 号决定中关于“证据1已经公开了丹酚酸B镁盐在制备治疗肝纤维化药中的用途”的事实认定是错误的。正如第10239号决定所指出的，证据1在其“讨论”部分公开了“其（即丹酚酸B）镁盐在体内能减轻D-半乳糖胺和四氯化碳所致的大鼠肝细胞坏死，显著降低ALT和AST活性和提高肝非实质细胞前列腺素的生成量[1,5]，减轻四氯化碳引起的大鼠肝细胞周围纤维化的程度，明显减少了肝羟脯氨酸的含量[1]”，而上述内容是基于证据1所引用的参考文献1（即证据4）以及参考文献2（即“丹酚酸B-镁盐抗大鼠D-半乳糖胺肝损伤的作用”一文，作者刘平等人，载《中国中西医结合杂志》1993年第13卷第6期，第352～353页，以下称证据5）中所记载的药理实验内容而得出的结论。证据4所记载的药理学实验方法所涉及的动物模型中，引起肝纤维化的$CCl_4$和待测药物丹酚酸B镁盐是同时给药的，这就意味着在大鼠体内尚未形成肝纤维化时就接受了丹酚酸B镁盐，而后的一系列实验数据和结果表明相对于对照组而言，丹酚酸B镁盐具有在体内减轻了四氯化碳所致的大鼠肝细胞坏死，显著降低ALT和AST活性和提高肝非实质细胞的前列腺素的生成量，减轻四氯化碳引起的大鼠肝细胞周围纤维化的程度，明显减少肝羟脯氨酸含量的药理活性。由于丹酚酸B镁盐是与$CCl_4$同步给药，因此其上述药理作用应当理解为针对从未发生肝纤维化的健康大鼠而言，丹酚酸B镁盐能够阻碍、延缓$CCl_4$导致的肝纤维化的形成，即防病于未然，这属于预防疾病性质的药理作用。对此，证据1（第87页第3～7行）也同时引用参考文献1（即证据4）并予以说明，即“丹参酚性酸B（lithospermateB；简称丹酚酸B）是丹参抗肝纤维化的有效成分，其镁盐能够预防四氯化碳所致的大鼠肝纤维化的形成[1]。拟研究丹酚酸B在体外抗肝纤维化的作用，从细胞水平探究其作用机理”，这就指明了参考文献1（即证据4）所指出的丹酚酸B抗肝纤维化作用是指其能够预防肝纤维化的发生。另外，上述内容也同时表明证据1中采用大鼠传代肝贮脂细胞（FSC）的进行体外实验也仅是对丹酚酸B镁盐预防肝纤维化作用机理的进一步探讨而已。与证据4公开的内容相似，证据5所记载的D-Glan（D-半乳糖胺）肝损伤大鼠模型的制备方法表明，引起肝纤维化的D-半乳糖胺给药后，待测药物丹酚酸B镁盐随后给药，这就意味着在大鼠体内没有充分时间形成肝纤维化时就接受了丹酚酸B镁盐，而后的一系列实验数据和结果表明相对于对照组而言，丹酚酸B镁盐具有在体内减轻了D-半乳糖胺所致的大鼠肝细胞坏死，显著降低ALT和AST活性和提高肝非实质细胞的前列腺素的生成量的药理活性。由于丹酚酸B镁盐与D-半乳糖胺给药时间间隔较短，因此其上述药理作用也应理解为针对从未发生肝纤维化的健康大鼠而言，丹酚酸B镁盐能够阻碍、延缓D-半乳糖胺导致的肝纤维化的发生，即防病于未然，这属于预防疾病性质的药理作用。证据1基于上述预防肝纤维化药理活性的动物模型的实验结果，得出的“丹参酚性酸B（简称丹酚酸B）是丹参抗纤维化的有效水溶性成分”结论中所述“抗纤维化”的含义就是指“预防肝纤维化”，其与本专利权利要求1中所述“治疗肝纤维化”的意义截然不同，两者有着实质上的区别。同时，基于医学领域的一般常识，即药物针对某种疾病具有预防作用并不必然说明其还具有治疗该种疾病活性，因此所属领域技术人员也无法根据上述关于丹酚酸B镁盐具有预防肝纤维化的作用推知其还具有治疗肝纤维化的作用。因此，证据1并没有公开权利要求1保护的技术方案，两者的技术领域、所要解决的技术问题和技术方案存在实质上的差别，预期效果不同，权利要求1相对于证据1符合《专利法》第二十二条第二款有关新颖性的规定。②权利要求1相对于证据1～4及其结合符合《专利法》第二十二条第三款有关创造性的规定。基于上述内容可知，权利要求1与现有技术中与本专利接近的技术方案证据1相比，其区别在于“治疗”与“预防”的不同，即作用机理和方式不同。基于医学领域的一般常识，即药物针对某种疾病具有预防活性并不必然还具有治疗该种疾病活性，例如乙肝疫苗可以预防乙型肝炎却并不能治疗肝炎一样；而且在本专利申请日之前，肝病治疗领域中一直存在的“肝纤维化是不可逆转的”认识，因此对于所属技术领域的技术人员而言，证据1中所公开的丹酚酸B镁盐能够预防肝纤维化的技术内容

并不能给出丹酚酸B镁盐能够治疗肝纤维化的技术启示，证据2~4亦是如此。而本专利通过不同于证据1的药理实验模型和方法（参见本专利说明书第5页第2和8段以及第6页表3）研究得出了丹酚酸B镁盐能够治疗肝纤维化，特别是逆转肝纤维化的科研成果，克服了现有技术中存在的技术偏见，并取得了预料不到的技术效果，因此，权利要求1相对于对比文件1~4中的任何一篇及其组合都是非显而易见的，具备《专利法》第二十二条第三款所规定的创造性。(2）第10239号决定对本专到权利要求2相对于证据1和2的结合不具备创造性的评价有误。基于上述内容可知，权利要求2相对于证据1的区别在于：①“治疗”与“预防”的不同，即作用机理和方式不同；②“肝纤维化”和“肝硬化”的不同，即“适应症”不同。如前所述对于所属技术领域的技术人员而言，证据1中所公开的丹酚酸B镁盐能够预防肝纤维化的技术内容并不能给出丹酚酸B镁盐能够治疗肝纤维化的技术启示，更不能给出丹酚酸B镁盐能够治疗肝硬化的技术启示。而本专利通过不同于证据1的药理实验模型和方法（参见本专利说明书第5页第2和8段以及第6页表3）研究得出了丹酚酸B镁盐能够治疗肝纤维化，特别是逆转肝纤维化的科研成果，并进一步将其应用到肝硬化的治疗中，克服了现有技术中存在的关于肝硬化也是不可逆的技术偏见，并取得了预料不到的技术效果。因此权利要求2相对于对比文件1~4中的任何一篇及其组合都是非显而易见的，具备《专利法》第二十二条第三款所规定的创造性。(3）第10239号决定关于对比文件公开的技术内容的认定不符合《专利法》、《专利法实施细则》以及《审查指南》的规定。①根据《审查指南》第二部分第三章第2.3节关于“对比文件”的规定，“对比文件是客观存在的技术资料。引用对比文件判断发明或者实用新型的新颖性和创造性等时，应当以对比文件公开的技术内容为准。该技术内容不仅包括明确记载在对比文件中的内容，而且包括对于所属技术领域的技术人员来说，隐含的且可直接地、毫无疑义地确定的技术内容”。众所周知，参考文献是科技杂志，载的专业论文的重要组成部分。因此，当一篇登载于科技杂志的专业论文成为专利法意义上的对比文件时，其包含参考文献无论是作为明确记载在对比文件中的内容，还是作为对比文件隐含的，且所属技术领域的技术人员从中可直接地、毫无疑义地确定的技术内容，都不应该在判断发明或者实用新型的新颖性和创造性时被排除在外或者被忽略。②根据《审查指南》第二部分第三章第3.1节关于“新颖性审查原则”的规定，判断新颖性时，应当将权利要求分别与每一项现有技术的技术方案单独对比。而对比文件中关于一项技术方案的技术信息并不一定总是在相同部分出现，很可能在多个不连续部分对同一技术方案的技术内容分别进行描述，因此在判断这样的技术方案公开的技术内容之时，应该全面考虑对比文件中涉及该技术方案的全部技术内容，而不能断章取义，以偏概全。基于上述规定，第10239号决定在认定作为对比文件的证据1所公开的技术内容时，仅仅引用了证据1的正文“讨论”部分记载的文字内容，忽视了这部分文字内容引用的参考文献以及证据1正文第一段记载的内容，这些参考文献和文字内容是对证据1中上述被引用的内容的详细说明和阐述，两者是有机结合的整体。第10239号决定把证据1与其引用的参考文献和相关说明内容割裂开来，必然导致对证据1所公开的内容的片面的，甚至是错误的认识。因此，基于上述错误认识，第10239号决定的决定理由部分所得出的本专利不具备新颖性或创造性的结论必然是完全错误的。综上所述，被告作出的第10239号决定对事实认定错误，适用法律法规不当，请求法院依法判决撤销第10239号决定，同时判决被告重新作出无效宣告请求审查决定以及承担本案的诉讼费用。

原告未向本院提交证据，其在起诉状中引用的证据1~4同被告提交的证据1~4，其在起诉状中引用的证据5亦未向本院提交。

被告辩称，(1）证据1已经公开了丹酚酸B镁盐在制备治疗肝纤维化药中的用途，本专利权利要求1不符合《专利法》第二十二条第二款的规定。本专利权利要求1要求保护“丹酚酸B镁盐在制备治疗肝纤维化药中的应用”。证据1中公开了丹参酚性酸B（简称丹酚酸B）是丹参抗肝纤维化的有效水溶性成分，其镁盐在体内能减轻D-半乳糖胺和四氯化碳所致的大鼠肝细胞坏死，显著降低ALT和AST活性和提高肝非实质细胞前列腺素的生成量，减轻四氯化碳引起的大鼠肝细胞周围纤维化的程度，明显减少了肝羟脯氨酸的含量。综观证据1的全文可见，证据1采用在肝纤维化过程中扮演重要角色的肝贮脂细胞（FSC）作为研究对象进行体外试验，研究结果表明丹酚酸B镁盐可以抑制活化的FSC增殖、明显地抑制FSC合成Ⅰ型和Ⅲ型胶原蛋白，并通过上述作用减轻了肝小叶内的纤维化，最终通过这些内容揭示了丹酚酸B镁盐抗肝纤维化的部分药理机制。可见，证据1中的实验模型、用药过程虽然与本专利说明书中记载的大鼠体内实验均有所不同，两者所揭示的丹酚酸B抗肝纤维化作用的机理也存在差异，但是证据1已经公开了丹酚酸B镁盐在制备治疗肝纤维化药中的用途，本领域技术人员通过证据1的上述内容可以毫无疑义地认定其公开的“丹酚酸B镁盐抗肝纤维化”的作用即为“丹酚酸B镁盐治疗肝纤维化”的作用。至于证据1引用了参考文献1（证据4）以及参考文献2（原告所提交的证据5）中的内容，其目的在于进一步探讨、支持其研究结果，而且本领域技术人员通过上述引用内容并无法得出丹酚酸的抗肝纤维化作用仅在于预防的结论。参考文献1（证据4）第67页的小结部分明确指出，丹酚酸的镁盐对四氯化碳慢性肝损伤大鼠具有良好的防治效果，该研究的结果表明丹酚酸镁盐可能是丹参治疗肝纤维化的主要成分。基于以上分析，本专利权利要求1所请求保护的技术方案已经被证据1公开，两者技求领域、所要解决的技术问题和技术方案实质上相同、预期效果相同，所以权利要求1不具备《专利法》第二十二条第二款所规定的新颖性。（2）第10239号决定认定事实清楚，适用法律正确，本专利权利要求2不符合《专利法》第二十二条第三款的规定。本专利的权利要求2要求保护权利要求1所述的应用，其中所述的肝纤维化是肝硬化。证据1是现有技术中与本专利最接近的技术方案，如上所述，证据1中公开了丹酚酸B镁盐在制备治疗肝纤维化药中的应用，本专利权利要求2要求保护的技术方案与证据1中公开的内容相比，其区别在于，权利要求2将丹酚酸B镁盐用于制备治疗肝硬化的药物。由此可见，权利要求2的技术方案实际解决的技术问题在于丹酚酸B镁盐是否能用于制备治疗肝硬化的药物。根据证据2中公开的肝硬化的病理表现和发生机制可知，肝硬化的主要病理表现为纤维结缔组织弥漫沉积、再生结节形成和血管结构导常（参见第295页，第一节，第1自然段第1~4行），其中肝纤维化是肝硬变发生的关键过程，由于结缔组织增生纤维化而导致肝脏假小叶形成，结构破坏（参见第306页，第五节，第2自然段第1~2行）。可见肝硬化是肝纤维化达一定程度后的结果，肝纤维化是肝硬化的主要病理表现之一，对肝纤维化具有治疗作用的药物也必定会对肝硬化起到治疗作用。因此本领域技术人员在证据1公开的将丹酚酸B镁盐用于制备治疗肝纤维化的药物的技术方案的基础上，可以由证据2中公开的上述内容得到启示，将丹酚酸B镁盐用于制备治疗肝硬化的药物，所以，本专利权利要求2的技术方案相对于证据1和2的结合而言是显而易见的，权利要求2不具备突出的实质性特点和显著的进步，不具有《专利法》第二十二条第三款所规定的创造性。（3）10239号决定对对比文件公开技术内容的认定符合《专利法》、《专利法实施细则》和《审查指南》的相关规定。第10239号决定对证据1中公开的技术内容的认定是综观证据1的全文得出的客观、唯一的结论。证据1正文第1自然段通过引用参考文献1（证据4）说明丹酚酸B镁盐可以预防四氯化碳所致的大鼠肝纤维化的形成，是对该领域以往研究的回顾或总结，并不能说明其本身的研究结果证明丹酚酸B镁盐仅仅具有预防肝纤维化的作用。相反，本领域技术人员通过10239号决定所引用部分的内容可以毫无疑义地确定其研究揭示的丹酚酸B镁盐的抗纤维化作用对肝纤维化具有治疗作用。综上所述，第10239号无效宣告请求审查决定认定事实清楚，说明理由充分，审理程序合法，适用法律正确，请求人民法院依法驳回原告的诉讼请求，维持第10239号决定。

第三人没有向本院提交书面意见及证据，其在庭审中陈述意见称同意被告答辩意见，请求法院维持第10239号决定。

经庭审质证，原告和第三人对被告的证据的关联性、真实性、合法性没有异议，本院经审查对被告的证据予以确认。

根据上述有效证据及当事人陈述，本院确认如下事实：

本专利是第99113644.6号发明专利，名称为“丹酚酸B镁盐在制备治疗慢性肝病药剂中的应用”，专利权人为二原告，申请日为1999年4月19日，授权公告日为2004年8月25日。本专利授权公告的权利要求书如下：

“1. 丹酚酸B镁盐在制备治疗肝纤维化药中的应用。

2. 权利要求1所述的应用，其中所述的肝纤维化是肝硬化。”

针对本专利，第三人于2007年1月9日向被告提出专利无效宣告请求，认为本专利不符合《专利法》第二十二条第二款、第三款，第二十六条第三款、第四款的规定。第三人同时向被告提交了本专利授权公告文本及以下证据：

证据1：“丹参酚性酸B对大鼠传代肝贮脂细胞增殖、形态和合成细胞外基质的影响”，徐列明等人，中华肝脏病杂志.，第4卷第2期，第86~89页，1996年6月，复印件共4页；

证据2：“现代肝脏病理学”，梁英锐等主编，天津科学技术出版社，1998年10月第1版，1998年10月第1次印刷，第295、298~299、306页、出版信息页和封面页，复印件共6页。

第三人认为：（1）本专利权利要求1的全部技术特征均已经被证据1公开，因此不符合《专利法》第二十二条第二款的规定；（2）本专利权利要求2的技术方案与证据1和证据2的结合相比不具备创造性，不符合《专利法》第二十二条第三款的规定；（3）本专利说明书中没有清楚完整地说明丹酚酸镁盐的用量和使用方法，也没有说明试验结果的测定方法，同时酸1和表3的实验结果中的Hyp采用了非标准计量单立μg/g，根据说明书的记载本领域普通技术人员无法实施该发明，也不清楚其效果，因此本专利的说明书不符合《专利法》第二十六条第三款的规定；（4）由于以上第（3）点所述原因，本专利权利要求1得不到说明书的支持，同时由于本专利说明书中没有给出丹酚酸B镁盐能够改善肝脏再生结节和血管结构紊乱状况的药理作用，因此不能表明丹酚酸B镁盐具有治疗肝硬化的作用，故权利要求2也得不到说明书的支持，因此，本专利不符合《专利法》第二十六条第四款的规定。

第三人于2007年2月2日再次提交了意见陈述书及以下证据：

证据3：“病理学”，王建中主编，1996年7月第1版，第116~117页、全国中等医学教材编审委员会名单、前言和目录页，复印件共5页；

证据4：“镁—丹参酚性酸B抗大鼠实验肝纤维化的作用”，刘平等人，中国医药学报，第8卷增刊，第65~67页，1993年，复印件共3页。

在补充意见陈述中，第三人认为：（1）证据4中公开了镁-丹参酚性酸B可以用于治疗模型大鼠的肝硬化，因此权利要求2相对与证据4而言不具备新颖性。（2）说明书第2页第13行所述的“SDF”级大鼠是本领域技术人员无法获得的；另外说明书第2页第21~22行的“最大致死量$LD_{10}$导致本领域技术人员不能清楚、正确的理解该发明的技术方案，因此本专利的说明书公开不充分。

被告对该请求予以受理，并进行了相关转文。原告于2007年4月13日提交了意见陈述书，原告认为：（1）第三人给出的证据1的试验结果只能提示丹参酚性酸B可能对肝功能、肝损伤有改善作用和预防作用，与本专利治疗肝纤维化的作用存在实质性的不同，因此本专利的权利要求1相对于证据1具有新颖性。（2）证据4中的实验结果仅仅提示镁-丹参酚性酸B在形成肝纤维化的过程中有抑制肝脏纤维结缔组织增生的作用，对大鼠 $CCl_4$ 慢性肝损伤具有良好的防治效果，无法得出镁-丹参酚性酸 B 可以用于治疗大鼠肝硬化的结论，而本专利证明了丹酚酸 B 镁盐可以减轻肝纤维化的程度，促进肝纤维化以及肝硬化逆转，这与证据 4 的技术方案具有实质性不同，因此本专利的权利要求 1 相对于证据 4 而言具有新颖性和创造性。同理，从属权利要求 2 也具备创造性。(3) 本专利说明书第 7 页最后一段已经给出了丹酚酸 B 镁盐的提取分离和制备方法，本领域技术人员根据现有技术和该段描述可以获得丹酚酸 B 镁盐；本实验所用的丹酚酸 B 镁盐的剂量和使用方法是本领域采用的常规计量和方法，而且本专利说明书第 5 页第 7 节中已经给出了临床治疗的剂量和方法，本领域技术人员可以容易地推算出试验动物的剂量和方法；本专利说明书的实验结果的检测方法同样是本领域技术人员的公知常识；表 1 和表 3 中 Hyp 的计量单位 ug/g 中的"u"以及"SDF"均为明显的打印错误，分别应为"μ"和"SPF"，这是本领域技术人员可以理解的；为了表达最大耐受量的概念，说明书中"借用"了"最大致死量"或"半数致死量 $LD_{10}$ 的概念，本领域技术人员结合公知常识可以理解。综上所述本领域技术人员可以实施本专利，因此本专利的说明书符合《专利法》第二十六条第三款的规定。(4) 根据以上第 (3) 点意见，本专利的权利要求 1 可以得到说明书的支持，同时，根据本专利说明书的描述，丹酚酸 B 镁盐具有治疗肝硬化的作用，权利要求 2 也符合《专利法》第二十六条第四款的规定。

被告于 2007 年 6 月 12 日进行了口头审理，第三人和原告的委托代理人均参加了口头审理。在口头审理中，双方当事人对对方出庭人员的身份和资格无异议；对被告合议组成员没有回避请求。原告对第三人提交的证据 1～4 的真实性、合法性和公开性均无异议。原告认为本发明的药物用于治疗肝纤维化，证据 1 的药物用于预防肝纤维化，二者有本质不同。第三人则认为证据 1 中已经公开了丹酚酸 B 镁盐可以减轻由四氯化碳引起的大鼠肝细胞周围纤维化的程度，减少了肝羟脯氨酸的含量，说明丹酚酸 B 镁盐对肝纤维化具有治疗作用。

据此，被告作出如下审查决定：

1. 关于无效宣告请求的理由和范围

本案中，第三人提出无效宣告请求的理由和范围是：本专利的说明书不符合《专利法》第二十六条第三款的规定；仅利要求 1～2 不符合《专利法》第二十六条第四款和第二十二条第二款的规定；权利要求 2 不符合《专利法》第二十二条第三款的规定。

2. 关于证据

原告对证据 1～4 的真实性、合法性和公开日期均无异议，被告认可其真实性、合法性和公开日期。证据 1～4 的公开日期均在本专利的申请日之前，可以作为现有技术文件使用。

3. 关于《专利法》第二十二条第二款

《专利法》第二十二条第二款规定，新颖性，是指在申请日以前没有同样的发明或者实用新型在国内外出版物上公开发表过，在国内公开使用过或者以其他方式为公众所知，也没有同样的发明或者实用新型由他人向国务院专利行政部门提出过申请并且记载在申请日以后公布的专利申请文件中。

具体而言，如果一项发明专利申请与现有技术的相关内容相比，其技术领域、所解决的技术问题和技术方案、预期效果实质上相同，则认为两者为同样的发明。

本专利权利要求 1 要求保护"丹酚酸 B 镁盐在制备治疗肝纤维化药中的应用"。证据 1 中公开了丹参酚性酸 B（简称丹酚酸 B）是丹参抗肝纤维化的有效水溶性成分，其镁盐在体内能减轻 D-半乳糖胺和四氯化碳所致的大鼠肝细胞坏死，显著降低 ALT 和 AST 活性和提高肝非实质细胞前列腺素的生成量，减轻四氯化碳引起的大鼠肝细胞周围纤维化的程度，明显减少了肝羟脯氨酸的含量。可见，证据 1 已经公开了丹酚酸 B 镁盐在制备治疗肝纤维化药中的用途，因此，本专利权利要求 1 所请求保护的技术方案已经被证据 1 公开，两者技术领域、所要解决的技术问题和技术方案实质上相同、预期效果相同，所以权利要求 1 不具备《专利法》第二十二条第二款所规定的新颖性。

原告认为：证据 1 中通过对大鼠传代肝贮脂细胞（FSC）的体细胞实验，公开了丹酚酸 B 镁盐具有抑制肝纤维化形成的作用，是在现有技术的基础上对丹酚酸 B 镁盐预防肝纤维化作用的探讨；而本专利中说明书记载了对大鼠的体内试验过程及研究结果，表明丹酚酸 B 镁盐可以促进肝脏组织中已经形成的纤维化的分解，即使肝纤维化逆转，因此本专利的研究结果证明，丹酚酸 B 镁盐对肝纤维化具有治疗作用，这与证据 1 中的预防作用具有本质的区别。

对此，被告认为：首先，证据 1 的讨论部分明确公开了丹酚酸 B 镁盐的抗肝纤维化作用，其在体内能减轻 D-半乳糖胺和四氯化碳所致的大鼠肝细胞坏死，明显减少了肝羟脯氨酸的含量，减轻四氯化碳引起的大鼠肝细胞周围纤维化的程度。而本专利说明书中记载的实验也是通过四氯化碳和 D-半乳糖胺损伤大鼠模型证实丹酚酸 B 镁盐可显著抑制大鼠肝羟脯氨酸的含量，减轻肝组织纤维化的程度和肝细胞损伤变性的程度。可见，二者并无实质上的区别。其次，虽然证据 1 采用大鼠肝贮脂细胞（FSC）作为研究对象进行体外试验，其实验模型、用药过程与本专利说明书中记载的大鼠体内实验均有所不同，但是肝贮脂细胞在肝纤维化过程扮演了重要角色，证据 1 的研究结果表明丹酚酸 B 镁盐可以抑制活化的 FSC 增殖、明显地抑制 FSC 合成Ⅰ型和Ⅲ型胶原蛋白，并通过上述作用减轻了肝小叶内的纤维化，因此通过这些内容揭示了丹酚酸 B 镁盐抗肝纤维化的部分药理机制。可见，证据 1 中的实验内容和结论均证明了丹酚酸 B 镁盐的抗肝纤维化作用，这与其讨论部分所公开的上述内容是一致的。所以，被告对原告认为证据 1 与本专利具有本质区别的主张不予支持。

4. 关于《专利法》第二十二条第三款

《专利法》第二十二条第三款规定：创造性，是指同申请日以前已有的技术相比，该发明有突出的实质性特点和显著的进步。

在判断一项权利要求是否具备创造性时，一般先将该权利要求所述的技术方案与现有技术中最接近的技术方案进行对比分析，确定二者之间的区别技术特征；随后根据该区别持征所能达到的技术效果确定发明实际解决的技术问题；再判断该区别特征应用到该最接近的现有技术以解决其存在的技术问题对于本领域技术人员而言是否显而易见。如果本领域技术人员根据现有技术教导或启示能够容易引入上述区别特征，而且没有产生预料不到的技术效果，则应当认为该权利要求的技术方案是显而易见的，即相应的权利要求不符合《专利法》第二十二条第三款关于创造性的规定。

本专利的权利要求 2 要求保护权利要求 1 所述的应用，其中所述的肝纤维化是肝硬化。证据 1 是现有技术中与本专利最接近的技术方案，如上所述，证据 1 中公开了丹酚酸 B 镁盐在制备治疗肝纤维化药中的应用，本专利权利要求 2 要求保护的技术方案与证据 1 中公开的内容相比，其区别在于，权利要求 2 将丹酚酸 B 镁盐用于制备治疗肝硬化的药物。由此可见，权利要求 2 的技术方案实际解决的技术问题在于丹酚酸 B 镁盐是否能用于制备治疗肝硬化的药物。根据证据 2 中公开的肝硬化的病理表现和发生机制可知，肝硬化的主要病理表现为纤维结缔组织弥漫沉积、再生结节形成和血管结构异常，其中肝纤维化是肝硬变发生的关键过程，由于结缔组织增生纤维化而导致肝脏假小叶形成，结构破坏。可见肝硬化是肝纤维化达一定程度后的结果，肝纤维化是肝硬化的主要病理表现之一，对肝纤维化具有治疗作用的药物也必定会对肝硬化起到治疗作用。因此本领域技术人员在证据 1 公开的将丹酚酸 B 镁盐用于制备治疗肝纤维化的药物的技术方案的基础上，可以由证据 2 中公开的上述内容得到启示，将丹酚酸 B 镁盐用于制备治疗肝硬化的药物，所以，本专利权利要求 2 的技术方案相对于证据 1 和 2 的结合而言是显而易见的，权利要求 2 不具备突出的实质性特点和显著的进步，不具有《专利法》第二十二条第三款所规定的创造性。

原告认为：本专利中丹酚酸 B 镁盐可以促进肝脏组织中已经形成的纤维化分解，即使肝纤维化逆转，从而可以治疗肝硬化，这与证据1所公开的内容相比具有意想不到的效果。

对此，被告认为，如上所述，就本专利要求保护的将丹酚酸B镁盐用于制备治疗肝纤维化的药物而言，证据1中已经公开了同样的技术方案，其预期的技术效果必定相同。由于本专利中将丹酚酸B镁盐用于治疗肝硬化的技术方案是基于丹酚酸B镁盐的抗纤维化作用而产生的，因此相对于证据1和证据2的结合而言，本专利权利要求2的技术方案不具备突出的实质性特点，也没有证据显示其取得了意料不到的技术效果，综上所述，权利要求2不具备创造性。

鉴于根据上述事实已经得出了本专利权应被全部无效的结论，因此被告对其他无效理由和证据不再进行评述。

综上，被告决定宣告本专利全部无效。

本院认为，本案争议的焦点问题一为：本专利权利要求1相对于证据1是否具有新颖性。根据《专利法》第二十二条第二款的现定，发明专利的新颖性，是指在申请日以前没有同样的发明在国内外出版物上公开发表过，在国内公开使用过或者以其他方式为公众所知，也没有同样的发明由他人向国务院专利行政部门提出过申请并且记载在申请日以后公布的专利申请文件中。本案证据1的公开日期在本专利申请日之前，技术领域相同，可以作为评价本专利权利要求1新颖性的对比文件。本专利权利要求1为“丹酚酸B镁盐在制备治疗肝纤维化药中的应用”。证据1公开了丹参酚性酸B（简称丹酚酸B）是丹参抗肝纤维化的有效水容性成分，其镁盐在体内能减轻D-半乳糖胺和四氯化碳所致的大鼠肝细胞坏死，显著降低ALT和AST活性和提高肝非实质细胞前列腺素的生成量，减轻四氯化碳引起的大鼠肝细胞周围纤维化的程度，明显减少了肝羟脯氨酸的含量。据此，被告认定证据1已经公开了丹酚酸B镁盐在制备治疗肝纤维化药中的用途，与本专利权利要求1所请求保护的技术方案技术领域、所要解决的技术问题和技术方案实质上相同、预期效果相同，本专利权利要求1不具备《专利法》第二十二条第二款所规定的新颖性，该认定具有事实和法律根据，本院予以支持。原告主张证据1仅公开了丹酚酸B镁盐具有预防肝纤维化形成的作用，与本专利权利要求1揭示的治疗作用有本质的区别。但是，证据1已经揭示丹酚酸B镁盐对在肝纤维化过程中扮演重要角色的肝贮脂细胞（FSC）具有“抑制活化的FSC增殖的作用”，“既减轻了肝小叶内的纤维化，又抑制了FSC的进一步活化”，因此原告将证据1中的“抗”肝纤维化解释为仅是“预防”肝纤维化，缺乏事实根据，本院不予支持。

本案争议的焦点问题二为：本专利权利要求2相对于证据1和证据2的结合是否具有创造性。根据《专利法》第二十二条第三款的规定，发明专利的创造性是指同申请日以前已有的技术相比，该发明有突出的实质性特点和显著的进步。本专利权利要求2为“权利要求1所述的应用，其中所述的肝纤维化是肝硬化”。如上所述，证据1已公开了丹酚酸B镁盐在制备治疗肝纤维化药中的应用。证据2公开了“肝纤维化是肝硬变发生的关键过程”。据此，被告认定本领域技术人员在证据1公开的技术方案的基础上，根据证据2的启示，将丹酚酸B镁盐用于制备治疗肝硬化的药物，是显而易见的，权利要求2不具备突出的实质性特点和显著的进步，该认定具有事实和法律根据，本院予以支持。

原告对第10239号决定中的其他实体和程序问题无异议，本院经审查对其合法性亦予以确认。

综上，第10239号决定认定事实清楚，适用法律正确，程序合法，本院应予维持。原告的诉讼请求，缺乏事实和法律依据，本院不予支持。依照《中华人民共和国行政诉讼法》第五十四条第（一）项的规定，判决如下：

维持被告国家知识产权局专利复审委员会作出的第10239号无效宣告请求审查决定。

案件受理费100元，由原告上海中医药大学、原告中国科学院上海药物研究所共同负担（已交纳）。

如不服本判决，可在判决书送达之日起15日内向本院提交上诉状，并按对方当事人的人数提交副本，预交上诉案件受理费100元，上诉于北京市高级人民法院。

审 判 长 吴 月
审 判 员 李纪红
代理审判员 胡华峰
二〇〇八年一月三十日
书 记 员 郎莉萍

# 北京市高级人民法院
# 行政判决书

（2008）高行终字第294号

上诉人（一审原告）上海中医药大学，住所地上海市蔡伦路1200号。

法定代表人谢建群，常务副校长。

委托代理人曹津燕，北京泛华伟业知识产权代理有限公司专利代理人。

委托代理人吴桂琴，上海正旦专利代理有限公司专利代理人。

上诉人（一审原告）中国科学院上海药物研究所，住所地上海市浦东张江祖冲之路555号。

法定代表人丁健，所长。

委托代理人刘平，男，汉族，上海中医药大学副校长，身份证号码31011519530828291X。

委托代理人李渤，男，汉族，北京泛华伟业知识产权代理有限公司职员，身份证号码21020419761126533X。

被上诉人（一审被告）国家知识产权局专利复审委员会，住所地北京市海淀区北四环西路9号。

法定代表人廖涛，副主任。

委托代理人尹昕，国家知识产权局专利复审委员会审查员。

委托代理人郭鹏鹏，国家知识产权局专利复审委员会审查员。

被上诉人（一审第三人）许婷，女，汉族，住址江苏省南京市鼓楼区裴家桥4-13-608，身份证号码320106198312041640。

委托代理人徐冬涛，男，汉族，南京天华专利代理有限责任公司职员，身份证号码320102196301030837。

上诉人上海中医药大学、中国科学院上海药物研究所（以下简称上海药物研究所）因专利无效宣告请求审查决定一案，不服北京市第一中级人民法院（2007）一中行初字第1499号行政判决，向本院提起上诉。本院依法组成合议庭，公开开庭审理了本案。上诉人上海中医药大学的委托代理人曹津燕、吴桂琴，上海药物研究所的委托代理人刘平、李渤，被上诉人国家知识产权局专利复审委员会（以下简称专利复审委员会）的委托代理人尹昕、郭鹏鹏，被上诉人许婷的委托代理人徐冬涛出庭参加了诉讼。本案现已审理终结。

2007年6月15日，专利复审委员会作出第10239号无效宣告请求审查决定（以下简称第10239号决定）认为，上海中医药大学、上海药物研究所的名称为“丹酚酸B镁盐在制备治疗慢性肝病药剂中的应用”的第99113644.6号发明专利权（以下简称本专利）相对于许婷提交的证据1至4而言，其权利要求1相对于许婷提交的证据1不具有新颖性，权利要求2相对于证据1与证据2的结合不具有创造性，故根据《中华人民共和国专利法》（以下简称《专利法》）第二十二条第二款、第三款的规定，宣告本专利权无效。上海中医药大学、上海药物研究所不服该决定，向北京市第一中级人民法院提起行政诉讼。

北京市第一中级人民法院判决认为，第10239号决定认定事实清楚，适用法律正确，程序合法，依照《中华人民共和国行政诉讼法》第五十四条第（一）项，判决予以维持。

上海中医药大学、上海药物研究所不服一审法院判决，向本院提起上诉，坚持其在一审主张的诉讼理由，认为，（1）本专利权利要求1相对于证据1具有新颖性。证据1与本专利权利要求1相比，一是发明目的不同，证据1是预防$CCl_4$引起的大鼠肝纤维化形成，而本专利在于逆转从而治疗已经形成的肝纤维化、甚至肝硬化；二是研究对象不同，证据1的研究对象是未患病的对象，而本专利是已经形成病灶的对象；三是给药方案不同，证据1是在给予大鼠能够引起大鼠肝纤维化形成的$CCl_4$的同时，给予丹酚酸B镁盐，而本专利是在已形成肝纤维化和肝硬化的患病大鼠上单独给予丹酚酸B镁盐；四是证明作用不同，证据1的试验方案证明丹酚酸B镁盐具有预防肝纤维化形成的作用，而本专利的试验方案证明丹酚酸B镁盐具有逆转从而治疗肝纤维化形成的作用。因此，证据1并没有公开权利要求1保护的技术方案，两者的技术领域、所要解决的技术问题和技术方案存在实质上的差别，预期效果不同，权利要求1相对于证据1具有新颖性。（2）本专利权利要求1相对于证据1至4具有创造性。本专利权利要求1与证据1相比，其区别在于“治疗”与“预防”的不同，基于医学领域的一般常识，以及在本专利申请日之前，肝病治疗领域中一直存在的“肝纤维化是不可逆转的”认识，因此对于所属技术领域的技术人员而言，证据1中所公开的丹酚酸B镁盐能够预防肝纤维化的技术内容并不能给出丹酚酸B镁盐能够治疗肝纤维化的技术启示，证据2～4亦是如此。因此，权利要求1相对于证据1～4中的任何一篇及其组合都是非显而易见的，具备创造性。（3）本专利权利要求2相对于证据1和2的结合具备创造性。本专利权利要求2相对于证据1的区别在于：“治疗”与“预防”的不同，即作用机理和方式不同；“肝纤维化”和“肝硬化”的不同，即“适应症”不同。如前所述，对于所属技术领域的技术人员而言，证据1中所公开的丹酚酸B镁盐能够预防肝纤维化的技术内容并不能给出丹酚酸B镁盐能够治疗肝纤维化的技术启示，更不能给出丹酚酸B镁盐能够治疗肝硬化的技术启示。本专利研究得出了丹酚酸B镁盐能够治疗肝纤维化，特别是逆转肝纤维化的科研成果，并进一步将其应用到肝硬化的治疗中，克服了现有技术中存在的关于肝硬化也是不可逆的技术偏见，并取得了预料不到的技术效果。因此权利要求2相对于证据1和2以及证据1至4的任意组合都具备创造性。（4）第10239号决定及一审判决关于对比文件公开的技术内容的认定不符合《专利法》、《专利法实施细则》以及《审查指南》的规定。第10239号决定及一审判决在认定作为对比文件的证据1所公开的技术内容时，仅仅引用了证据1的正文“讨论”部分记载的文字内容，忽视了这部分文字内容引用的参考文献以及证据1正文第一段记载的内容，这些参考文献和文字内容是对证据1中上述被引用的内容的详细说明和阐述，两者是有机结合的整体，这必然导致对证据1所公开的内容的片面的、甚至是错误的认识。综上所述，第10239号决定对事实认定错误，适用法律法规不当，请求法院依法判决撤销一审判决和第10239号决定，同时判决被告重新作出无效宣告请求审查决定以及承担本案一、二审诉讼费用。

被上诉人专利复审委员会答辩认为，（1）本专利权利要求1不具有新颖生。本专利权利要求1要求保护“丹酚酸B镁盐在制备治疗肝纤维化药中的应用”，该技术方案已经被证据1公开，两者技术领域、所要解决的技术问题和技术方案实质上相同、预期效果相同，所以权利要求1不具备《专利法》第二十二条第二款所规定的新颖性。（2）本专利权利要求2不具有创造性。本专利权利要求2要求保护权利要求1所述的应用，其中所述的肝纤维化是肝硬化，该技术方案与证据1相比，其区别在于，权利要求2将丹酚酸B镁盐用于制备治疗肝硬化的药物。根据证据2中公开的肝硬化的病理表现和发生机制可知，肝纤维化是肝硬变发生的关键过程，肝硬化是肝纤维化达一定程度后的结果。肝纤维化是肝硬化的主要病理表现之一，对肝纤维化具有治疗作用的药物也必定会对肝硬化起到治疗作用。因此本领域技术人员在证据1公开的将丹酚酸B镁盐用于制备治疗肝纤维化的药物的技术方案的基础上，可以由证据2中公开的上述内容得到启示，将丹酚酸B镁盐用于制备治疗肝硬化的药物，所以，本专利权利要求2的技术方案相对于证据1和2的结合而言是显而易见的，权利要求2不具备突出的实质性特点和显著的进步，不具有创造性。（3）10239号决定对对比文件公开技术内容的认定符合《专利法》、《专利法实施细则》和《审查指南》的相关规定。第10239号决定对证据1中公开的技术内容的认定是综观证据1的全文得出的客观、唯一的结论。证据1正文第1自然段通过引用参考文献1（即证据4）说明丹酚酸B镁盐可以预防四氯化碳所致的大鼠肝纤维化的形成，是对该领域以往研究的回顾或总结，并不能说明其本身的研究结果证明丹酚酸B镁盐仅仅具有预防肝纤维化的作用。相反，本领域技术人员通过10239号决定所引用部分的内容可以毫无疑义地确定其研究揭示的丹酚酸B镁盐的抗纤维化作用对肝纤维化具有治疗作用。综上，第10239号决定认定事实清楚，适用法律正确，程序合法，请求二审法院维持第10239号决定。

被上诉人许婷同意专利复审委员会意见。

一审法院审理期间，专利复审委员会为证明其决定的合法性提交了许婷在行政程序中提交的4份证据以及本专利授权公告文本作为证据。

上海中医药大学、上海药物研究所和许婷未提交证据。

上述证据均随案移送本院，经本院审查核实，专利复审委员会提交的证据真实、合法，能证明本案的相关事实，本院予以采纳。

根据上述有效证据及当事人陈述，本院确认如下事实：

本专利是名称为“丹酚酸B镁盐在制备治疗慢性肝病药剂中的应用”的第99113644.6号发明专利，其申请日为1999年4月19日，授权公告日为2004年8月25日，专利权人为上海中医药大学、上海药物研究所。本专利授权公告的权利要求书如下：

“1. 丹酚酸B镁盐在制备治疗肝纤维化药中的应用。

2. 权利要求1所述的应用，其中所述的肝纤维化是肝硬化。”

2007年1月9日，许婷针对本专利向专利复审委员会提出专利无效宣告请求，理由是本专利不符合《专利法》第二十二条第二款、第三款，第二十六条第三款、第四款的规定并结合证据进行了具体说明。许婷向专利复审委员会提交了本专利授权公告文本及以下证据：

证据1：《丹参酚性酸B对大鼠传代肝贮脂细胞增殖、形态和合成细胞外基质的影响》一文，作者徐列明等，载《中华肝脏病杂志》1996年6月第4卷第2期，第86～89页复印件共4页。该证据公开了丹参酚性酸B（简称丹酚酸B）是丹参抗肝纤维化的有效水溶性成分，其镁盐在体内能减轻D-半乳糖胺和四氯化碳所致的大鼠肝细胞坏死，显著降低ALT和AST活性和提高肝非实质细胞前列腺素的生成量，减轻四氯化碳引起的大鼠肝细胞周围纤维化的程度，明显减少了肝羟脯氨酸的含量。该证据讨论部分标注的参考文献包括证据4等。

证据2：《现代肝脏病理学》，梁英锐等主编，天津科学技术出版社，1998年10月第1版，1998年10月第1次印刷，第295、298～299、306页、出版信息页和封面页复印件共6页。该证据公开的内容表明：肝硬化的主要病理表现为纤维结缔组织弥漫沉积、再生结节形成和血管结构异常，其中肝纤维化是肝硬变发生的关键过程，由于结缔组织增生纤维化而导致肝脏假小叶形成，结构破坏。可见肝硬化是肝纤维化达一定程度后的结果，肝纤维化是肝硬化的主要病理表现之一，对肝纤维化具有治疗作用的药物也必定会对肝硬化起到治疗作用。

2007 年 2 月 2 日，许婷再次提交了意见陈述书及以下证据：

证据 3：《病理学》，王建中主编，1996 年 7 月第 1 版，第 116 ~ 117 页、全国中等医学教材编审委员会名单、前言和目录页复印件共 5 页；

证据 4：《镁—丹参酚性酸 B 抗大鼠实验肝纤维化的作用》一文，作者刘平等人，载《中国医药学报》1993 年第 8 卷增刊，第 65 ~ 67 页复印件共 3 页。该证据小结部分记载，镁—丹参酚性酸 B 对 $CCl_4$ 慢性肝损伤大鼠具有良好的防治效果，表明其可能是丹参治疗肝病的主要成分。

专利复审委员会受理后进行了相关转文。上海中医药大学、上海药物研究所于 2007 年 4 月 13 日提交了意见陈述书。

2007 年 6 月 12 日，专利复审委员会进行了口头审理，并确认许婷提出无效宣告请求的理由和范围是：本专利的说明书不符合《专利法》第二十六条第三款的规定；权利要求 1 ~ 2 不符合《专利法》第二十六条第四款和第二十二条第二款的规定；权利要求 2 不符合《专利法》第二十二条第三款的规定；认定许婷提交的证据 1 至 4 真实、合法，且公开日期均在本专利的申请日之前，可以作为现有技术文件使用。

关于本专利是否符合《专利法》第二十二条第二款的规定，专利复审委员会认为，本专利权利要求 1 要求保护“丹酚酸 B 镁盐在制备治疗肝纤维化药中的应用”。证据 1 中公开了丹参酚性酸 B（简称丹酚酸 B）是丹参抗肝纤维化的有效水溶性成分，其镁盐在体内能减轻 D-半乳糖胺和四氯化碳所致的大鼠肝细胞坏死，显著降低 ALT 和 AST 活性和提高肝非实质细胞前列腺素的生成量，减轻四氯化碳引起的大鼠肝细胞周围纤维化的程度，明显减少了肝羟脯氨酸的含量。可见，证据 1 已经公开了丹酚酸 B 镁盐在制备治疗肝纤维化药中的用途，因此，本专利权利要求 1 所请求保护的技术方案已经被证据 1 公开，两者技术领域、所要解决的技术问题和技术方案实质上相同、预期效果相同，所以权利要求 1 不具备《专利法》第二十二条第二款所规定的新颖性。

上海中医药大学、上海药物研究所在针对无效请求所作的陈述中认为，证据 1 中通过对大鼠传代肝贮脂细胞（FSC）的体外细胞实验，公开了丹酚酸 B 镁盐具有抑制肝纤维化形成的作用，是在现有技术的基础上对丹酚酸 B 镁盐预防肝纤维化作用的探讨；而本专利中说明书记载了对大鼠的体内试验过程及研究结果，表明丹酚酸 B 镁盐可以促进肝脏组织中已经形成的纤维化的分解，即使肝纤维化逆转，因此本专利的研究结果证明，丹酚酸 B 镁盐对肝纤维化具有治疗作用，这与证据 1 中的预防作用具有本质的区别。针对上述陈述，专利复审委员会经审查认为：首先，证据 1 的讨论部分明确公开了丹酚酸 B 镁盐的抗肝纤维化作用，其在体内能减轻 D-半乳糖胺和四氯化碳所致的大鼠肝细胞坏死，明显减少了肝羟脯氨酸的含量，减轻四氯化碳引起的大鼠肝细胞周围纤维化的程度。而本专利说明书中记载的实验也是通过四氯化碳和 D-半乳糖胺损伤大鼠模型证实丹酚酸 B 镁盐可显著抑制大鼠肝羟脯氨酸的含量，减轻肝组织纤维化的程度和肝细胞损伤变性的程度。可见，二者并无实质上的区别。其次，虽然证据 1 采用大鼠肝贮脂细胞（FSC）作为研究对象进行体外试验，其实验模型、用药过程与本专利说明书中记载的大鼠体内实验均有所不同，但是肝贮脂细胞在肝纤维化过程扮演了重要角色，证据 1 的研究结果表明丹酚酸 B 镁盐可以抑制活化的 FSC 增殖、明显地抑制 FSC 合成Ⅰ型和Ⅲ型胶原蛋白，并通过上述作用减轻了肝小叶内的纤维化，因此通过这些内容揭示了丹酚酸 B 镁盐抗肝纤维化的部分药理机制。可见，证据 1 中的实验内容和结论均证明了丹酚酸 B 镁盐的抗肝纤维化作用，这与其讨论部分所公开的上述内容是一致的。所以，专利复审委员会对上海中医药大学、上海药物研究所认为证据 1 与本专利具有本质区别的主张不予支持。

关于本专利权利要求 2 是否符合《专利法》第二十二条第三款的规定，专利复审委员会认为，本专利的权利要求 2 要求保护权利要求 1 所述的应用，其中所述的肝纤维化是肝硬化。证据 1 是现有技术中与本专利最接近的技术方案，其公开了丹酚酸 B 镁盐在制备治疗肝纤维化药中的应用，本专利权利要求 2 要求保护的技术方案与证据 1 中公开的内容相比，其区别在于，权利要求 2 将丹酚酸 B 镁盐用于制备治疗肝硬化的药物。由此可见，权利要求 2 的技术方案实际解决的技术问题在于丹酚酸 B 镁盐是否能用于制备治疗肝硬化的药物。根据证据 2 中公开的肝硬化的病理表现和发生机制可知，肝硬化的主要病理表现为纤维结缔组织弥漫沉积、再生结节形成和血管结构异常，其中肝纤维化是肝硬变发生的关键过程，由于结缔组织增生纤维化而导致肝脏假小叶形成，结构破坏。可见肝硬化是肝纤维化达一定程度后的结果，肝纤维化是肝硬化的主要病理表现之一，对肝纤维化具有治疗作用的药物也必定会对肝硬化起到治疗作用。因此本领域技术人员在证据 1 公开的将丹酚酸 B 镁盐用于制备治疗肝纤维化的药物的技术方案的基础上，可以由证据 2 中公开的上述内容得到启示，将丹酚酸 B 镁盐用于制备治疗肝硬化的药物，所以，本专利权利要求 2 的技术方案相对于证据 1 和 2 的结合而言是显而易见的，权利要求 2 不具备突出的实质性特点和显著的进步，不具有《专利法》第二十二条第三款所规定的创造性。

上海中医药大学、上海药物研究所在针对无效请求所作的陈述中认为，本专利中丹酚酸 B 镁盐可以促进肝脏组织中已经形成的纤维化分解，即使肝纤维化逆转，从而可以治疗肝硬化，这与证据 1 所公开的内容相比具有意想不到的效果。针对上述陈述，专利复审委员会经审查认为，如上所述，就本专利要求保护的将丹酚酸 B 镁盐用于制备治疗肝纤维化的药物而言，证据 1 中已经公开了同样的技术方案，其预期的技术效果必定相同。由于本专利中将丹酚酸 B 镁盐用于治疗肝硬化的技术方案是基于丹酚酸 B 镁盐的抗纤维化作用而产生的，因此相对于证据 1 和证据 2 的结合而言，本专利权利要求 2 的技术方案不具备突出的实质性特点，也没有证据显示，取得了意料不到的技术效果，综上所述，权利要求 2 不具备创造性。

专利复审委员会鉴于根据上述事实已经得出了本专利权应被全部无效的结论，因此，对其他无效理由和证据未再进行评述。2007 年 6 月 15 日，专利复审委员会作出第 10239 号决定，宣告本专利全部无效。

上海中医药大学、上海药物研究所不服，向北京市第一中级人民法院提起行政诉讼。

本院认为，《专利法》第二十二条第二款规定，新颖性，是指在申请日以前没有同样的发明或者实用新型在国内外出版物上公开发表过，在国内公开使用过或者以其他方式为公众所知，也没有同样的发明或者实用新型由他人向国务院专利行政部门提出过申请并且记载在申请日以后公布的专利申请文件中。即如果一项发明专利申请与现有技术的相关内容相比，其技术领域、所解决的技术问题和技术方案、预期效果实质上相同，则认为两者为同样的发明。本案中，本专利权利要求 1 要求保护“丹酚酸 B 镁盐在制备治疗肝纤维化药中的应用”。证据 1 中公开了丹参酚性酸 B（简称丹酚酸 B）是丹参抗肝纤维化的有效水溶性成分，其镁盐在体内能减轻 D-半乳糖胺和四氯化碳所致的大鼠肝细胞坏死，显著降低 ALT 和 AST 活性和提高肝非实质细胞前列腺素的生成量，减轻四氯化碳引起的大鼠肝细胞周围纤维化的程度，明显减少了肝羟脯氨酸的含量。综观证据 1 的全文可见，证据 1 采用在肝纤维化过程中扮演重要角色的肝贮脂细胞（FSC）作为研究对象进行体外试验，研究结果表明丹酚酸 B 镁盐可以抑制活化的 FSC 增殖、明显地抑制 FSC 合成Ⅰ型和Ⅲ型胶原蛋白，并通过上述作用减轻了肝小叶内的纤维化，最终通过这些内容揭示了丹酚酸 B 镁盐抗肝纤维化的部分药理机制。可见，证据 1 中的实验模型、用药过程虽然与本专利说明书中记载的大鼠体内实验均有所不同，两者所揭示的丹酚酸B抗肝纤维化作用的机理也存在差异，但是证据1已经公开了丹酚酸B镁盐在制备治疗肝纤维化药中的用途，本领域技术人员通过证据1的上述内容可以毫无疑义地认定其公开的“丹酚酸B镁盐抗肝纤维化”的作用即为“丹酚酸B镁盐治疗肝纤维化”的作用。至于证据1引用参考文献的目的在于进一步探讨、支持其研究结果，而且本领域技术人员通过其引用内容并无法得出丹酚酸的抗肝纤维化作用仅在于预防的结论。因此，专利复审委员会据此认定本专利权利要求1不具备新颖性正确。

《专利法》第二十二条第三款规定，创造性，是指同申请日以前已有的技术相比，该发明有突出的实质性特点和显著的进步。在判断一项权利要求是否具备创造性时，一般先将该权利要求所述的技术方案与现有技术中最接近的技术方案进行对比分析，确定二者之间的区别技术特征；随后根据该区别特征所能达到的技术效果确定发明实际解决的技术问题；再判断该区别特征应用到该最接近的现有技术以解决其存在的技术问题对于本领域技术人员而言是否显而易见。如果本领域技术人员根据现有技术教导或启示能够容易引入上述区别特征，而且没有产生预料不到的技术效果，则应当认为该权利要求的技术方案是显而易见的，不具有创造性。本案中，本专利权利要求2要求保护的技术方案与证据1中公开的内容相比，其区别在于，权利要求2将丹酚酸B镁盐用于制备治疗肝硬化的药物，即其实际解决的技术问题在于丹酚酸B镁盐是否能用于制备治疗肝硬化的药物。根据证据2中公开的肝硬化的病理表现和发生机制可知，肝硬化是肝纤维化达一定程度后的结果，肝纤维化是肝硬化的主要病理表现之一，对肝纤维化具有治疗作用的药物也必定会对肝硬化起到治疗作用。因此本领域技术人员在证据1公开的将丹酚酸B镁盐用于制备治疗肝纤维化的药物的技术方案的基础上，可以由证据2中公开的内容得到将丹酚酸B镁盐用于制备治疗肝硬化药物的启示。专利复审委员会据此认定本专利权利要求2不具备创造性正确。

经本院审查，上海中医药大学、上海药物研究所在上诉时所持理由与其在行政程序中的陈述、起诉理由基本一致。第10239号决定在查明事实的基础上，结合上海中医药大学、上海药物研究所的陈述，作出的关于本专利权利要求1相对于证据1不具有新颖性、权利要求2相对于证据1和证据2的结合不具有创造性的认定事实清楚，理由充分，符合法律规定，本院予以认可，不再赘述。一审判决正确，应予维持。上海中医药大学、上海药物研究所的上诉理由均不能成立，对其上诉请求本院不予支持。根据《中华人民共和国行政诉讼法》第六十一条第（一）项的规定，判决如下：

驳回上诉，维持一审判决。

二审案件受理费人民币100元，由上诉人上海中医药大学、中国科学院上海药物研究所共同负担（已交纳）。

本判决为终审判决。

审 判 长 任全胜
代理审判员 景 滔
代理审判员 朱海宏
二〇〇八年九月十九日
书 记 员 王 芳

018

# 微孔膜空心板滤芯

## 无效宣告请求审查决定（第10241号）

**决　定　号**　第10241号
**决　定　日**　2007年6月8日
**发明创造名称**　微孔膜空心板滤芯
**国际分类号**　C12H 1/07
**无效宣告请求人**　北京世纪华德科技开发有限公司
**专　利　权　人**　计连成
**专　利　号**　00205767.0
**申　请　日**　2000年2月22日
**授权公告日**　2000年11月29日
**合议组组长**　程　强
**主　审　员**　唐　莉
**参　审　员**　郭　婷

**法　律　依　据**　专利法第22条第3款
**决　定　要　点**

当实用新型要求保护的技术方案与最接近的现有技术相比具有区别特征，若现有技术整体上不存在使本领域的技术人员将该区别特征应用到最接近的现有技术获得要求保护的技术方案的技术启示，而且该实用新型的技术方案具有有益的技术效果，则该实用新型具备实质性特点和进步，具有创造性。

### 一、案由

本专利权无效宣告请求案涉及国家知识产权局于2000年11月29日公告授予的、名称为“微孔膜空心板滤芯”的00205767.0号实用新型专利权（下称本专利），其申请日为2000年2月22日，专利权人为计连成。本专利授权公告的权利要求如下：

“1. 一种微孔模空心板滤芯，由滤板、骨架、净液腔构成，滤板与骨架为一体，其特征在于：滤板的中部是一空心结构，空心结构为净液腔，它的外缘的端部与滤板塑焊缝连接。

2. 根据权利要求1所述的微孔模空心板滤芯，其特征在于：滤板与净液腔为一体。”

针对上述专利权，北京世纪华德科技开发有限公司（下称请求人）于2006年5月18日向专利复审委员会提出无效宣告请求，认为本专利不符合专利法第22条的规定，同时提交了下述附件作为证据：

附件1：中国实用新型专利说明书，专利号为ZL96215536.5，申请日为1996年7月15日，授权公告日为1997年12月10日，扉页及权利要求书，复印件共2页；

附件2：中国发明专利申请公开说明书，申请号为98802537.X，申请日为1998年2月9日，公开日为2000年3月15日，扉页及说明书第6页，复印件共2页。

请求人认为：附件1权利要求1中公开了“微孔模空心板滤芯由滤板，骨架，滤板与骨架为一体；净液腔为空心结构，即滤板的中部是空心结构”的技术特征，附件2说明书第6页倒数第3~4行公开了“它的外缘的端部与滤板塑焊缝连接”的技术特征，本领域的技术人员通过附件1~2的启示构思出本专利的技术方案是显而易见的；此外，本专利的背景技术也介绍了现有技术为“然后用粘接的方法将两个分体成型的实片黏合在一块儿”，用塑焊代替黏合是本领域中技术人员的惯用手段，也是显而易见的；因此本专利不具备创造性。

经形式审查合格后，专利复审委员会受理了上述请求，于2006年5月26日向双方当事人发出《无效宣告请求受理通知书》，并将《专利权无效宣告请求书》及其所附附件的副本转送给专利权人，要求其在指定的期限内答复，同时成立合议组对本无效请求案进行审理。

专利权人于2006年7月3日作出答复，认为（1）附件1中的具有内腔的整体腔式过滤片没有位于两上、下滤板之间并与该上、下滤板成一体的骨架，而本专利采用骨架结构和塑焊连接结构能够增加强度，增强过滤元件整体稳定性，改进加工工艺；（2）附件2中公开的是将过滤元件之间通过焊接方式固定，与本专利中组成过滤元件的上、下两滤板外缘之间通过塑焊连接是不同的；（3）“塑焊”与本专利背景技术中涉及的“黏合”作用不同；因此，本专利具备创造性。专利权人没有对权利要求进行修改。

2007年1月18日，本案合议组向双方当事人发出《无效宣告请求口头审理通知书》，定于2007年3月21日对该专利权的无效宣告请求进行口头审理，同时将专利权人于2006年7月3日提交的意见陈述书转送给请求人。

2007年3月21日，口头审理如期进行，请求人委托代理人参加了口头审理，专利权人与其委托的代理人一起参加了口头审理。口头审理过程中认定的事实如下：（1）专利权人对附件1和附件2的真实性没有异议；（2）请求人当庭提交了附件1的全文复印件，要求以其全文作为证据使用，专利权人对其真实性没有异议；（3）合议组当庭告知请求人，附件2的公开日期是2000年3月15日，在本专利的申请日2000年2月22日之后，附件2不能作为评价本专利的创造性的证据使用，请求人表示放弃附件2；（4）请求人明确其无效宣告的理由是，权利要求1和2相对于附件1不符合专利法第22条第3款的规定；（5）在对附件1说明书第1页第2行所述过滤片的理解上，请求人和专利权人一致同意，本领域中的上或下过滤片上均带有筋（即骨架），上或下过滤片分别与其上的筋是成一体的。庭审过程中，合议组就本案的无效理由及证据逐一进行了调查，双方当事人充分陈述了各自的意见。

至此，合议组认为本案的事实已经清楚，可以作出审查决定。

**二、决定的理由**

1. 证据的认定

请求人提交的附件1是专利文献，专利权人对其真实性没有异议，附件1的公开日期是1997年12月10日，在本专利的申请日2000年2月22日之前，因此附件1可以作为本专利的现有技术，用以评价本专利的创造性。

鉴于请求人在口头审理过程中明确表示放弃附件2，本案中合议组对附件2不再予以评述。

2．关于专利法第22条第3款

专利法第22条第3款规定：创造性，是指同申请日以前已有的技术相比，该发明有突出的实质性特点和显著的进步，该实用新型有实质性特点和进步。

当实用新型要求保护的技术方案与最接近的现有技术相比具有区别特征，若现有技术整体上不存在使本领域的技术人员将该区别特征应用到最接近的现有技术获得要求保护的技术方案的技术启示，而且该实用新型的技术方案具有有益的技术效果，则该实用新型具备实质性特点和进步，具有创造性。

本案中，权利要求1要求保护的是“一种微孔模空心板滤芯，由滤板、骨架、净液腔构成，滤板与骨架为一体，其特征在于：滤板的中部是一空心结构，空心结构为净液腔，它的外缘的端部与滤板塑焊缝连接。”附件1公开了一种液体过滤片（参见附件1说明书第1页倒数第13～15行），该液体过滤片具有上下腔壁（相应于本专利的滤板），内腔（其为空心结构，相应于本专利的净液腔），其内腔可以充满用多孔性材料制成的或网架结构的内胆（该内胆则相应于本专利的骨架）。权利要求1的技术方案与附件1公开的技术方案的区别在于：（1）本专利中滤板和骨架为一体，而附件1中上下腔壁和内胆不为一体；（2）本专利中净液腔外缘处滤板之间是塑焊缝连接，而附件1中内腔的外缘处上下腔壁连成一体。

对于上述区别特征（1），请求人认为其已在附件1说明书第1页第2～4行、第1页倒数第1～3行，第2页倒数第7行公开。

对此，合议组认为，第一，需要明确权利要求1中“滤板与骨架为一体”在本专利中的含义，在本专利中，根据说明书的描述“加工是一次成型，空心滤板的整体性好”和“……使滤板6的主体一次成型，然后抽出钢模芯，使滤板6的中部成为一空腔”（参见说明书第1页倒数第8行，第2页第6～12行），并参照附图1和2可知，本实用新型的滤芯的加工工艺是一次成型，滤芯的上、下过滤片连成一体，滤板的中部有空腔，“滤板”是对滤芯的上、下过滤片的合称，权利要求1中“滤板与骨架为一体”是指滤芯的上、下两层过滤片和其间的骨架三者为一体。第二，再考虑请求人指出的附件1的上述段落是否公开了上述区别特征（1）。附件1说明书第1页第2～4行所描述的是作为附件1的现有技术的液体过滤片，该液体过滤片是由一些零件用机械方式组合而成，所用零件包括上下两片过滤片，以及它们之间的骨架，其中并没有明确表示上下两片过滤片与它们之间的骨架是成一体的，反而明确指出这些是“零件”，是用机械方式组合而成的。根据口头审理过程中请求人和专利权人一致确认的事实，附件1所述的机械方式组合具体是指，上、下过滤片分别与其上的筋（即骨架）成一体，但上、下过滤片是分开的，二者再通过机械方式组合，由此可见，附件1说明书第1页第2～4行并没有公开区别特征（1）；由附件1说明书第1页倒数第1～3行所述“用模具将高密度聚乙烯复合材料及渗银活性炭制成坯子，然后经高温烧结就制成了本实用新型的具有内胆的整体式过滤片”以及第2页倒数第7行所述“内胆可以是可通过液体的其他多孔性材料，或金属网架、塑料网架等”可知，在附件1中内胆的材料与过滤片的材料不同，二者不是一体的，因此附件1说明书第1页倒数第1～3行和第2页倒数第7行也没有公开上述区别特征（1）。由上述分析可知，附件1中并未公开区别特征（1），也没有给出将滤芯的上、下两层过滤片和其间的骨架三者制为一体的技术启示。

对于上述区别特征（2），请求人在口头审理过程中认为附件1中过滤片是整体腔式过滤片，即其外缘处是通过烧接连成一体，而塑焊缝连接、烧接都是本领域公知的用于连接的手段，而且塑焊缝连接与烧接都能起到整体稳定的效果，因此本领域技术人员在附件1的基础上容易想到用塑焊缝连接代替烧接，从而获得权利要求1的技术方案。对此，合议组认为，附件1的目的就是要提供一种结构简单、密封可靠的整体式液体过滤片（参见附件1说明书第1页倒数第16～17行），由于焊接无法达到密封可靠的要求，因而才将液体过滤片外缘处连成一体制成一个整体，因此本领域技术人员根据附件1公开的内容，不会想到同时也没有必要将液体过滤片的外缘处由一体结构改为塑焊缝连接，因此，附件1也没有给出可将内腔外缘处滤板之间通过塑焊缝连接的启示。

此外，请求人在提出专利权无效宣告请求时提交的意见陈述中认为在本专利的背景技术中介绍了现有技术为“然后用粘接的方法将两个分体成型的实片黏合在一块”，而用塑焊代替黏合，是本领域中惯用手段的置换，是显而易见的。对此，合议组认为，上述黏合在一起的实片是分体成型的，成型后需要进行连接，而附件1中的液体过滤片是整体的，成型后上下两过滤片无须进行连接，因而对本领域技术人员来说，没有动机要将“黏合”这一特征应用于附件1的技术方案，获得权利要求1的技术方案。

综上，附件1并未公开上述两个区别技术特征，也未给出将上述两个区别特征应用于附件1公开的技术方案从而获得权利要求1的技术方案的启示，并且上述两个区别特征也不是本领域公知常识，同时，上述区别特征的引入使得本专利的技术方案具有坚固耐用、内腔质量好等有益的技术效果。因此，权利要求1与附件1相比，具备实质性特点和进步，符合专利法第22条第3款有关创造性的规定。

权利要求2是权利要求1的从属权利要求，在权利要求1相对于附件1具备创造性的情况下，权利要求2要求保护的技术方案相对于附件1也具备创造性，符合专利法第22条第3款的规定。

基于以上事实和理由，本案合议组作出如下审查决定。

**三、决定**

维持00205767.0号实用新型专利权有效。

当事人对本决定不服的，可以根据专利法第46条第2款的规定，自收到本决定之日起三个月内向北京市第一中级人民法院起诉。根据该款的规定，一方当事人起诉后，另一方当事人应当作为第三人参加诉讼。

019

# 折叠椅

## 无效宣告请求审查决定（第10269号）

决　　定　　号　第10269号
决　　定　　日　2007年7月12日
发明创造名称　折叠椅
国 际 分 类 号　A47C 4/00
无效宣告请求人　宁波福音露营用品有限公司
专 利 权 人　勤筑企业股份有限公司
专　　利　　号　00238162.1
申　　请　　日　2000年6月28日
授 权 公 告 日　2001年5月30日
合议组组长　程　强
主　　审　　员　唐　莉
参　　审　　员　许　磊

法 律 依 据　专利法第22条第3款
决 定 要 点

当实用新型要求保护的技术方案与最接近的现有技术相比具有区别特征时，若现有技术整体上不存在使本领域的技术人员将该区别特征应用到最接近的现有技术获得要求保护的技术方案的技术启示，而且该区别特征的引入使得该实用新型的技术方案具有有益的技术效果，则该实用新型具备实质性特点和进步，具有创造性。

### 一、案由

本无效宣告请求案涉及国家知识产权局于2001年5月30日授权公告的、名称为"折叠椅"的00238162.1号实用新型专利权（下称本专利），其申请日为2000年6月28日，专利权人为勤筑企业股份有限公司。该专利授权公告的权利要求如下：

"1. 一种折叠椅，包括一前脚架和一后脚架，该前脚架具有两彼此平行且顶端向后斜伸的前脚杆，该后脚架上具有两左右对应且同时向前方斜伸的后脚杆，同侧的前、后脚杆间分别以一支轴枢设；其特征在于：

该前脚架上每一前脚杆的杆壁间具有一开口朝上的插道，于杆壁上开设至少一调整定位孔，在两插道上分别组装一延撑机构，该延撑机构包含一插设在插道内的延撑杆和一组装在延撑杆的一轴道内的调整弹片，每一延撑杆上分别开设一和调整定位孔横向对应的主开孔，而该调整弹片具有一穿出该主开孔并定位在调整定位孔内的调整弹扣；在两延撑杆和两后脚杆顶端架设一组装有一坐垫的坐框。

2. 如权利要求 1 所述的折叠椅，其特征在于：该坐框是在一环框部底部突出四个连接座，每一连接座上都具有两片对应并供枢轴穿设的翼片。

3. 如权利要求 1 所述的折叠椅，其特征在于：该前脚杆靠上方开设有一辅助定位孔，而该延撑杆的轴道内组装一辅助弹片，该辅助弹片的一辅助弹扣是由延撑杆上设置的一辅助开孔突出，并定位在前脚杆的辅助定位孔上。”

针对上述专利权，宁波福音露营用品有限公司（下称请求人）于 2006 年 11 月 27 日向专利复审委员会提出无效宣告请求，认为本专利权利要求 1 ~3 不符合专利法第 22 条第 3 款的规定，并提交了下述附件：

附件 1：申请号为 89208924.5，公告号为 CN2054281U 的实用新型专利申请说明书，公告日为 1990 年 3 月 14 日，全文复印件共 8 页；

附件 2：ZL 专利号为 96249838.6，授权公告号为 CN2286571Y 的实用新型专利说明书，授权公告日为 1998 年 7 月 29 日，全文复印件共 9 页；

附件 3：申请号为 91232689.1，公告号为 CN2111040U 的实用新型专利申请说明书，公告日为 1992 年 7 月 29 日，全文复印件共 13 页；

附件 4：本专利授权公告文本。

请求人认为：（1）权利要求 1 与附件 1 的区别在于权利要求 1 还包括套管式延撑机构，该延撑机构包括延撑杆及特定结构的调整弹片，延撑杆通过调整弹片在前脚杆上的定位孔中定位，附件 2 公开了折叠椅的一种套管定位结构，该套管式定位机构可设定伸缩长度并采用弹性元件定位，与上述延撑机构的结构完全相同，本领域的普通技术人员在附件 1 的基础上，要将前后等高的折叠凳杆件骨架设计成前低后高形态的折叠椅杆件骨架，自然会想到提高椅背处的杆件长度，附件 2 披露了的套管式定位机构正是可调节杆件高度的具体构件，将附件 2 的套管式定位机构用于附件 1 的对应斜杆上，使其上端能伸缩调节并用弹性元件定位，便可得到权利要求 1 的技术方案；附件 3 披露了环状坐垫架广泛用于座椅产品上，附件 2 中连接管与坐靠管连接后的结构也构成坐框，证明折叠椅的相关构件及功能是公知常识；因此权利要求 1 不具备创造性；（2）附件 2 中的连接座充分公开了权利要求 2 中“翼片”的结构和功能，因此权利要求 2 也不具备创造性；（3）权利要求 3 限定的技术特征是工程技术人员为了增加定位效果所作的常规选择，并未产生意想不到的效果，因此权利要求 3 也不具备创造性。

经形式审查合格后，专利复审委员会受理了上述请求，于 2006 年 12 月 8 日向双方当事人发出《无效宣告请求受理通知书》，并将《专利权无效宣告请求书》及其附件清单中所列文件的副本转送给专利权人，要求其在指定的期限内答复，同时成立合议组对本无效请求案进行审理。

专利权人于 2007 年 1 月 19 日作出答复，认为：（1）权利要求 1 的技术方案整体上与附件 1 ~2 或 3 公开的技术方案均有很大差别，即使将附件 1 ~3 组合，以附件 1 作为最接近的对比文件，对于权利要求 1 与附件 1 之间的区别特征，附件 2 并没有显示其弹性组件可以运用在折叠椅上，并用来调整杆体长度，以解决折叠椅收合上的问题，附件 1 和附件 2 都没有公开“坐框”这一特征，附件 3 的休闲椅与权利要求 1 的折叠椅收合的方式完全不同，可见现有技术没有给出将上述区别特征应用于最接近的现有技术，以解决其存在问题的启示，因此权利要求 1 具备创造性；（2）当独立权利要求具备创造性的时候，其从属权利要求 2 和 3 也具备创造性，而且权利要求 2 限定的坐框具有一个环框部，以及 4 个连接座的技术方案，权利要求 3 限定的辅助弹片和辅助开孔均未在各附件中公开，因此，权利要求 2 和 3 也具备创造性。

2007 年 3 月 15 日，本案合议组向双方当事人发出《无效宣告请求口头审理通知书》，定于 2007 年 5 月 29 日对该专利权的无效请求进行口头审理，并同时将专利权人于 2007 年 1 月 19 日作出的意见陈述转给请求人，要求其在口头审理时一并答复。

2000 年 5 月 29 日，口头审理如期进行，双方当事人均委托代理人出席了口头审理。口头审理过程中认定的事实如下：（1）专利权人对附件 1 ~3 的真实性没有异议；（2）请求人明确其无效宣告理由为权利要求 1 ~3 相对于附件 1 和 2 的结合或者附件 1 ~3 的结合不具备创造性，不符合专利法第 22 条第 3 款的规定。庭审过程中，合议组对请求人提出的无效理由和事实进行了充分调查，并听取了各方当事人的陈述。

至此，合议组认为本案的事实清楚，可以作出审查决定。

**二、决定的理由**

1. 无效宣告请求的理由和范围

根据请求人在口头审理中的确认，合议组审查的本专利无效的理由及其范围是：权利要求 1 ~3 相对于附件 1 和 2 的结合或附件 1 ~3 的结合不具备专利法第 22 条第 3 款规定的创造性。

2. 关于证据

请求人提交的附件 1 ~3 均为专利文献，专利权人对其真实性没有异议，附件 1 的公开日期是 1990 年 3 月 14 日，附件 2 的公开日期是 1998 年 7 月 29 日，附件 3 的公开日期是 1992 年 7 月 29 日，均在本专利的申请日 2000 年 6 月 28 日之前，因此附件 1 ~3 可以作为本专利的现有技术，用以评价本专利的创造性。

3. 关于专利法第 22 条第 3 款

专利法第 22 条第 3 款规定，创造性，是指同申请日以前已有的技术相比，该发明有突出的实质性特点和显著的进步，该实用新型有实质性特点和进步。

当实用新型要求保护的技术方案与最接近的现有技术相比具有区别特征时，若现有技术整体上不存在使本领域的技术人员将该区别特征应用到最接近的现有技术获得要求保护的技术方案的技术启示，而且该区别特征的引入使得该实用新型的技术方案具有有益的技术效果，则该实用新型具备实质性特点和进步，具有创造性。

本案中，权利要求 1 要求保护一种折叠椅，附件 1 公开了一种便携式折叠凳（参见附件 1 的权利要求 1），该折叠凳有由杆件组成的支撑架和坐面，支撑架有两根横杆可将坐面撑紧，有四根斜杆分别组成两个三角架与横杆连接，在斜杆的交叉点具有铰接副，另有两根加强横杆与斜杆连接，起加强与定位作用。

附件 1 中的四根斜杆相应于本专利权利要求 1 中的前脚架和后脚架，铰接副相应于本专利权利要求 1 中的同侧前后脚杆间的轴，因此附件 1 公开了如下特征："包括一前脚架和一后脚架，该前脚架具有两彼此平行且顶端向后斜伸的前脚杆，该后脚架上具有两左右对应且同时向前方斜伸的后脚杆，同侧的前、后脚杆间分别以一支轴枢设"。

权利要求 1 的技术方案与附件 1 的区别在于：附件 1 中公开的折叠凳没有延撑机构（包括延撑杆和延撑杆中的定位机构），前脚杆内没有插道，在前脚杆上也没有用以定位延撑机构的调整定位孔，其坐框与权利要求 1 的坐框也不同，并非是在后脚杆和延撑杆顶端架设的。该区别特征的作用是通过延撑机构延伸出一个靠背，形成前低后高，并且便于折叠收合的折叠椅，当收合时，延撑杆可以收入前脚杆的插道内，当打开时，由于延撑杆而使坐框前低后高，可坐可靠。

附件 2 公开了一种可拆组的折合椅，其包含靠背管和连接管，靠背管端部具有贯穿表面的穿孔，连接管端部具有与背靠管端部穿孔相对应的穿孔，连接管端部中装设一个固定弹性原件，该弹性元件是一个 U 形弹片，弹片一侧有一卡制元件，该卡制元件是可穿出连接管端部穿孔的卡抵块，在对该折合椅进行组装时，靠背管一端插入连接管端部中，卡制元件穿伸连接管端部穿孔和背靠管端部穿孔（参见附件 2 说明书第 2 页倒数第 1 段至第 3 页第 1 段）。但附件 2 中的连接管及其与靠背管之间的套管定位机构是为了在已有的作为靠背的靠背管之上添加一个横杆以装设套体（参见附件 2 说明书第 1 页倒数第 6 段，第 2 页倒数第 1 段），其不是为了在折合椅的支脚上延伸成靠背，也不是为了使椅子形成前低后高的形态，其所起的作用与本专利中的延撑机构不同，而且附加 2 公开的折合椅是将靠背管通过连接座与座靠管枢接形成靠背（参见附件 2 说明书第 2 页倒数第 1 段），并非是通过在前脚杆上装设延撑杆形成靠背，因此附件 2 不能给出在折叠凳的前脚杆上装设延撑机构从而形成带靠背的折叠椅的技术启示。

附件 3 公开了一种休闲椅，其中由主骨架构成整张椅子的前脚部及靠背部，主骨架与后脚架枢接，座垫架连接装设在主骨架和后脚架上（参见附件 3 说明书第 6 页第 3 ~ 5 段，附图 2）。虽然附件 3 的休闲椅从外形上看靠背部是前脚部的延伸，但前脚部和靠背部是一个整体，靠背部相对于前脚部不能收合；而且该休闲椅的结构中不仅包括前脚部和后脚架，还具有一个座垫架，即坐框不是安放在后脚架顶端和前脚部的延伸上，其骨架结构与本专利的折叠椅和附件 1 的折叠凳的骨架结构均不同，折叠方式也不同，因此附件 3 不能给出在附件 1 公开的折叠凳的基础上，可以在其前脚部上装设可以收合到到前脚部内的延撑杆，从而形成折叠椅的技术启示。

综上，附件 2 和 3 均未给出在附件 1 公开的技术方案的基础上，在折叠凳的前脚部上装设可以收合到到前脚部内的延撑杆，从而形成带靠背的折叠椅的技术启示，该区别特征也不是公知常识，同时，该区别特征的引入使得权利要求 1 的技术方案提供了一种与现有技术具有不同折叠方式的折叠椅，具有有益的技术效果。因此权利要求 1 相对于附件 1 和 2 的结合或附件 1 ~ 3 的结合具备实质性特点和进步，符合专利法第 22 条第 3 款有关创造性的规定。

请求人在《专利权无效宣告请求书》和口头审理过程中均认为，本领域普通技术人员在附件 1 的基础上，要将前后等高的折叠凳杆件骨架设计成前低后高形态的折叠椅杆件骨架，自然会想到提高椅背处的杆件长度，接一延撑杆。对此，合议组认为，附件 2 和 3 均未给出将折叠凳改造为折叠椅的启示，同时考虑到折叠椅的形态和折叠方式，可以用多种方式添加靠背，并没有证据表明本领域技术人员容易想到通过升高前脚杆来形成靠背，即通过在折叠凳的前脚杆上装设可以收合至前脚杆插道内的延撑杆形成带有靠背的折叠椅不是本领域的公知常识，如上所述，附件 2 和附件 3 中也没有给出在折叠凳的前脚杆上装设可以收合至前脚杆插道内的延撑杆形成带有靠背的折叠椅的技术启示，因此，本领域技术人员在附件 1 的基础上结合附件 2 或结合附件 2 和 3，也不能显而易见地得出本专利的技术方案。

权利要求 2 和 3 均是权利要求 1 的从属权利要求，在权利要求 1 相对于附件 1 和 2 的结合或附件 1 ~ 3 的结合具备创造性的情况下，权利要求 2 和 3 要求保护的技术方案相对于附件 1 和 2 的结合或附件 1 ~ 3 的结合也具备创造性，符合专利法第 22 条第 3 款的规定。

基于以上事实和理由，本案合议组作出如下审查决定。

**三、决定**

维持 00238162.1 号实用新型专利权有效。

当事人对本决定不服的，可以根据专利法第 46 条第 2 款的规定，自收到本决定之日起三个月内向北京市第一中级人民法院起诉。根据该款的规定，一方当事人起诉后，另一方当事人应当作为第三人参加诉讼。

# 北京市第一中级人民法院
# 行政判决书

（2007）一中行初字第1461号

原告宁波福音露营用品有限公司，住所地中华人民共和国浙江省宁海县西店镇西店南路134号。

法定代表人胡本和，总经理。

委托代理人戴晓翔，浙江翔隆专利事务所专利代理人。

被告中华人民共和国国家知识产权局专利复审委员会，住所地北京市海淀区北四环西路9号银谷大厦10～12层。

法定代表人廖涛，副主任。

委托代理人许磊，中华人民共和国国家知识产权局专利复审委员审查员。

委托代理人郭鹏鹏，中华人民共和国国家知识产权局专利复审委员审查员。

第三人勤筑企业股份有限公司，住所地中华人民共和国台湾省嘉义县竹崎乡鹿满村顶溪心3号。

法定代表人曾春贤，董事长。

委托代理人符伟杰，国信联合律师事务所律师。

委托代理人王鹏，国信联合律师事务所律师。

原告宁波福音露营用品有限公司（简称福音公司）不服被告中华人民共和国国家知识产权局专利复审委员会（简称专利复审委员会）于2007年7月12日作出的第10269号无效宣告请求审查决定（简称第10269号决定），于法定期限内向本院提起行政诉讼。本院于2007年10月25日受理后，依法组成合议庭，并通知勤筑企业股份有限公司（简称勤筑公司）作为本案第三人参加诉讼，于2008年6月5日对本案公开开庭进行了审理。原告福音公司的委托代理人戴晓翔，被告专利复审委员会的委托代理人许磊、郭鹏鹏，第三人勤筑公司的委托代理人王鹏到庭参加了诉讼。本案现已审理终结。

第10269号决定系专利复审委员会针对福音公司就勤筑公司拥有的名称为“折叠椅”的实用新型专利（简称本专利）提出的无效宣告请求做出的。

专利复审委员会在该决定中认为：

权利要求1的技术方案与附件1的区别在于：附件1中公开的折叠凳没有延撑机构（包括延撑杆和延撑杆中的定位机构），前脚杆内没有插道，在前脚杆上也没有用以定位延撑机构的调整定位孔，其坐框与权利要求1的坐框也不同，并非是在后脚杆和延撑杆顶端架设的。该区别特征的作用是通过延撑机构延伸出一个靠背，形成前低后高，并且便于折叠收合的折叠椅，当收合时，延撑杆可以收入前脚杆的插道内，当打开时，由于延撑杆而使坐框前低后高，可坐可靠。

附件2中的连接管及其与靠背管之间的套管定位机构是为了在已有的作为靠背的靠背管之上添加一个横杆以装设套体（参见附件2说明书第1页倒数第6段，第2页倒数第1段），其不是为了在折合椅的支脚上延伸成靠背，也不是为了使椅子形成前低后高的形态，其所起的作用与本专利中的延撑机构不同，而且附加2公开的折合椅是将靠背管通过连接座与座靠管枢接形成靠背（参见附件2说明书第2页倒数第1段），并非是通过在前脚杆上装设延撑杆形成靠背，因此附件2不能给出在折叠凳的前脚杆上装设延撑机构从而形成带靠背的折叠椅的技术启示。

附件3的休闲椅从外形上看靠背部是前脚部的延伸，但前脚部和靠背部是一个整体，靠背部相对于前脚部不能收合；而且该休闲椅的结构中不仅包括前脚部和后脚架，还具有一个座垫架，即坐框不是安放在后脚架顶端和前脚部的延伸上，其骨架结构与本专利的折叠椅和附件 1 的折叠凳的骨架结构均不同，折叠方式也不同，因此附件 3 不能给出在附件 1 公开的折叠凳的基础上，可以在其前脚部上装设可以收合到前脚部内的延撑杆，从而形成折叠椅的技术启示。

附件 2 和 3 均未给出将折叠凳改造为折叠椅的启示，同时考虑到折叠椅的形态和折叠方式，可以用多种方式添加靠背，并没有证据表明本领域技术人员容易想到通过升高前脚杆来形成靠背，即通过在折叠凳的前脚杆上装设可以收合至前脚杆插道内的延撑杆形成带有靠背的折叠椅不是本领域的公知常识，如上所述，附件 2 和附件 3 中也没有给出在折叠凳的前脚杆上装设可以收合至前脚杆插道内的延撑杆形成带有靠背的折叠椅的技术启示，因此，本领域技术人员在附件 1 的基础上结合附件 2 或结合附件 2 和 3，也不能显而易见地得出本专利的技术方案。

综上，附件 2 和 3 均未给出在附件 1 公开的技术方案的基础上，在折叠凳的前脚部上装设可以收合到前脚部内的延撑杆，从而形成带靠背的折叠椅的技术启示，该区别特征也不是公知常识，同时，该区别特征的引入使得权利要求 1 的技术方案提供了一种与现有技术具有不同折叠方式的折叠椅，具有有益的技术效果。因此权利要求 1 相对于附件 1 和 2 的结合或附件 1 ~ 3 的结合具备实质性特点和进步，符合《中华人民共和国专利法》（简称《专利法》）第二十二条第三款有关创造性的规定。

权利要求 2 和 3 均是权利要求 1 的从属权利要求，在权利要求 1 相对于附件 1 和 2 的结合或附件 1 ~ 3 的结合具备创造性的情况下，权利要求 2 和 3 要求保护的技术方案相对于附件 1 和 2 的结合或附件 1 ~ 3 的结合也具备创造性，符合《专利法》第二十二条第三款的规定。

综上，专利复审委员会做出第 10269 号决定，维持本专利权有效。

福音公司不服第 10269 号决定，在法定期限内向本院提起行政诉讼，其诉称：（1）本专利是由附件 1 ~ 3 简单叠加而成，不具有创造性。本专利的组成部件及结构相同，均为枢接折合的坐具产品，其功能、效果和作用都相同，给出了相互结合的技术启示。将对比文件的对应组件简单叠加、替换后即可得到本专利的技术方案；（2）专利复审委员会将本专利与三篇对比文件进行整体对比，违反了《审查指南》的有关规定，正确的做法是首先找出与本专利最接近的对比文件，之后找出区别技术特征，然后看这些区别技术特征是否被其他对比文件公开。就本案而言，在附件 1 的基础上叠加或结合附件 2 的套管插接定位结构和/或附件 3 的延长前脚杆、坐框结构，就可以得到本专利权利要求 1 的方案。综上，专利复审委员会做出的行政行为不当，原告据此请求人民法院撤销第 10269 号决定。

专利复审委员会辩称：附件 2 中的“连接管插入背靠管并用 U 型弹片定位的结构”是为了在已有的作为靠背的靠背管之上添加一个横杆以装设套体，其所起的作用与本专利中的延撑机构不同，而且附加 2 公开的折合椅是将靠背管通过连接座与座靠管枢接形成靠背，并不是要通过“连接管插入背靠管并用 U 型弹片定位的结构”在前脚杆上装设延撑杆形成靠背，因此附件 2 不能给出在折叠凳的前脚杆上装设延撑机构从而形成带靠背的折叠椅的技术启示。并且，附件 3 的休闲椅的主骨架是一个整体，主骨架上的靠背部分相对于前脚部部分不能收合，其骨架结构和折叠方式与本专利的折叠椅和附件 1 的折叠凳均不同。因此附件 3 不能给出在附件 1 的折叠凳的前脚部上装设可以收合到前脚部内的延撑杆，从而形成折叠椅的技术启示。综上，专利复审委员会认为第 10269 号决定认定事实清楚，适用法律法规正确，审理程序合法，原告的诉讼理由不能成立，请求人民法院维持第 10269 号决定。

勤筑公司述称同意专利复审委员会的意见，福音公司的起诉理由均不能成立，10269 号决定认定事实清楚，适用法律正确，请求人民法院维持第 10269 号决定。

本院经审理查明：

名称为“折叠椅”的实用新型专利（即本专利）于 2000 年 6 月 28 日向国家知识产权局专利局提出申请，于 2001 年 5 月 30 日被授权公告，专利号为 00238162.1，专利权人为勤筑公司。本专利授权公告的权利要求如下：

“1. 一种折叠椅，包括一前脚架和一后脚架，该前脚架具有两彼此平行且顶端向后斜伸的前脚杆，该后脚架上具有两左右对应且同时向前方斜伸的后脚杆，同侧的前、后脚杆间分别以一支轴枢设；其特征在于：

该前脚架上每一前脚杆的杆壁间具有一开口朝上的插道，于杆壁上开设至少一调整定位孔，在两插道上分别组装一延撑机构，该延撑机构包含一插设在插道内的延撑杆和一组装在延撑杆的一轴道内的调整弹片，每一延撑杆上分别开设一和调整定位孔横向对应的主开孔，而该调整弹片具有一穿出该主开孔并定位在调整定位孔内的调整弹扣；在两延撑杆和两后脚杆顶端架设一组装有一坐垫的坐框。

2. 如权利要求1所述的折叠椅，其特征在于：该坐框是在一环框部底部突出四个连接座，每一连接座上都具有两片对应并供枢轴穿设的翼片。

3. 如权利要求1所述的折叠椅，其特征在于：该前脚杆靠上方开设有一辅助定位孔，而该延撑杆的轴道内组装一辅助弹片，该辅助弹片的一辅助弹扣是由延撑杆上设置的一辅助开孔突出，并定位在前脚杆的辅助定位孔上。”

本专利说明书的背景技术部分载有：“中国专利申请案（88207660），给出的折叠坐具技术提高了一步，将两加强横杆通过活动铰接副与斜杆连接，两根支撑柔性作面的横杆通过双自由度、双铰接轴的连接件与斜杆连接，将折叠凳完全折叠成一捆状，大大方便了人们的携带。”

针对上述专利权，福音公司于2006年11月27日向专利复审委员会提出了宣告本专利权无效的请求，并提交了证据，其中：

附件1：申请号为89208924.5，公告号为CN2054281U的实用新型专利申请说明书，公告日为1990年3月14日。附件1中的四根斜杆相应于本专利权利要求1中的前脚架和后脚架，铰接副相应于本专利权利要求1中的同侧前后脚杆间的轴，因此附件1公开了如下特征：“包括一前脚架和一后脚架，该前脚架具有两彼此平行且顶端向后斜伸的前脚杆，该后脚架上具有两左右对应且同时向前方斜伸的后脚杆，同侧的前、后脚杆间分别以一支轴枢设”；

附件2：专利号为ZL96249838.6，授权公告号为CN2286571Y的实用新型专利说明书，授权公告日为1998年7月29日。附件2公开了一种可拆组的折合椅，其包含靠背管和连接管，靠背管端部具有贯穿表面的穿孔，连接管端部具有与背靠管端部穿孔相对应的穿孔，连接管端部中装设一个固定弹性原件，该弹性元件是一个U形弹片，弹片一侧有一卡制元件，该卡制元件是可穿出连接管端部穿孔的卡抵块，在对该折合椅进行组装时，靠背管一端插入连接管端部中，卡制元件穿伸连接管端部穿孔和背靠管端部穿孔。附件2中的附图2公开了套管式的插接结构，系在背靠管中插接一个连接管，两管之间通过U字型的卡纸元件定位，两者之间是可以有行程的收合插接关系。

附件3：申请号为91232689.1，公告号为CN2111040U的实用新型专利申请说明书，公告日为1992年7月29日。附件3公开了一种休闲椅，其中由主骨架构成整张椅子的前脚部及靠背部，主骨架与后脚架枢接，座垫架连接装设在主骨架和后脚架上。其中前脚部与靠背部是一个整体，靠背部不是从前脚部中延伸出来的，两者不能收合。

在2007年5月29日举行的口头审理中，福音公司明确其无效理由为本专利权利要求1～3相对于附件1和2的结合或者附件1～3的结合不具备创造性，不符合《专利法》第二十二条第三款的规定。

2007年7月12日，专利复审委员会作出第10269号决定。

福音公司在本案中补充提交了一份证据，即申请号为88207660.4、名称为“便携式折叠凳”的实用新型专利申请说明书。

在庭审过程中，各方当事人均认可附件 1 为与本专利最接近的对比文件。福音公司认为补充证据公开了支撑脚杆可以为管状，因此附件 1 与本专利不存在“前脚杆内没有插道”这一区别技术特征，并且“坐框”的形状以及“延撑机构本身延伸出一个靠背”在本专利中都没有记载，专利复审委员会在评价本专利与附件 1 的区别技术特征中存在错误。

上述事实有第 10269 号决定、本专利权利要求书及说明书、口头审理记录表、福音公司提交的附件 1～3、补充证据及当事人陈述等证据在案佐证。

本院认为，综合各方当事人的诉辩主张，本案涉及如下焦点问题：

1. 关于本案的审理范围

福音公司称附件 1 的说明书中公开了该补充证据的申请号，因此应当作为附件 1 所公开的技术方案来评价本专利的创造性。对此本院认为，福音公司没有证据证明其在无效审查阶段曾经提出用该份补充证据评价本专利创造性，并且福音公司也承认该份证据是在专利复审委员会规定的一个月举证期限之后的口头审理过程中提交的，因此该份证据不能作为评价第 10269 号决定合法性的依据，不属于本案的审理范围。

2. 专利复审委员会用附件 1～3 评价本专利的创造性的方法是否正确

福音公司认为专利复审委员会没有按照《审查指南》规定的创造性评价的步骤进行评价，即首先找到最接近的现有技术，在找出区别技术特征及其要实际解决的技术问题，最后判断将该区别技术特征应用到最接近的现有技术对于本领域技术人员来说是否显而易见。对此本院认为，第 10269 号决定首先依次分析了本专利与附件 1～3 存在的区别技术特征，并且在评价本专利与附件 2～3 的区别技术特征的时候论述了附件 2～3 都无法给出将本专利与附件 1 的区别技术特征运用到附件 1 以得到本专利保护的技术方案的技术启示。并且，第 10269 号决定在最后总结部分载有“附件 2 和 3 均未给出在附件 1 公开的技术方案的基础上，在折叠凳的前脚部上装设可以收合到前脚部内的延撑杆，从而形成带靠背的折叠椅的技术启示，该区别特征也不是公知常识……”。由此可见，专利复审委员会也是在认定附件 1 是最接近的现有技术的基础上，按照《审查指南》有关创造性评价的步骤进行评述的，福音公司的该项起诉理由缺乏事实依据，本院不予支持。

3. 本专利相对于附件 1～2 的结合或者附件 1～3 的结合是否具有创造性

专利法第二十二条第三款规定：实用新型的创造性，是指同申请日以前已有的技术相比，该实用新型有实质性特点和进步。判断实用新型专利是否具有实质性特点，就是要判断对本领域的技术人员来说，要求保护的实用新型专利相对于现有技术是否显而易见，对此通常按照以下三个步骤进行：（1）确定最接近的现有技术；（2）确定区别特征和实际解决的技术问题；（3）判断要求保护的实用新型对本领域的技术人员来说是否显而易见。

鉴于各方当事人均认可附件 1 为最接近的现有技术，因此本院对此也不持异议。

福音公司认为第 10269 号决定在评价本专利与附件 1 的区别技术特征时存在如下错误：（1）申请号为 88207660.4、名称为“便携式折叠凳”的实用新型专利是附件 1 的背景技术，该专利说明书公开了支撑脚杆可以为管状，因此附件 1 与本专利不存在“前脚杆内没有插道”这一区别技术特征。对此本院认为，由于申请号为 88207660.4、名称为“便携式折叠凳”的实用新型专利不属于本案的审理范围，因此该专利所公开的技术特征不能用来评价本专利的创造性；（2）本专利中对“坐框”没有任何描述，因此“坐框”的形状无从知晓。对此本院认为，本专利的坐框与附件 1 的坐框在安装位置上存在不同，本专利的“坐框”是在后脚杆和延撑杆顶端架设的，而附件 1 的“坐框”是由支撑架的两根横杆架设的。因此本专利与附件 1 的“坐框”的区别不在于形状上，而在于安装位置上；（3）“延撑机构本身延伸出一个靠背”在本专利中没有记载，无法分清靠背的位置。对此本院认为，该点是由本专利相对于附件 1 而具有的“延撑机构”这一区别技术特征所带来的作用和解决的技术问题。综上，福音公司提出的第 10269 号决定中有关本专利与附件 1 存在的区别技术特征的错误均不成立，专利复审委员会对本专利与附件 1 存在的区别技术特征的判断并无不当。

上述区别技术特征能够解决的技术问题是使得折叠椅在收合的时候延撑杆可以收入前脚杆的插道内，在打开的时候可以通过延长前脚杆插道上的延撑杆，使折叠椅的坐框呈现前低后高的形态。

附件 2 公开了一种连接管、靠背管和坐靠管之间可拆组的折叠椅。对于本专利与附件 1 之间延撑机构的区别技术特征，首先，附件 2 中连接管与靠背管、坐靠管是通过卡接定位的方式实现连接的，连接管对应装设在靠背管于坐靠管分别具有穿孔的端部而形成固接。在组装时，连接管的穿孔与靠背管及坐靠管的穿孔相对应，而使卡制元件对应穿伸定位，形成卡接定位。但该套管定位机构是为了在已有的作为靠背的靠背管之上添加一个横杆以装设套体，不是为了在折叠椅的支脚上延伸成靠背，其所起的作用与本专利不同。并且，附件 2 是将靠背管通过连接座与坐靠管枢接形成靠背，并非通过在前脚杆上装设延撑杆形成靠背。福音公司称附件 2 的附图 2 公开了套管式的插接结构，系在背靠管中插接一个连接管，两管之间通过 U 字型的卡纸元件定位，两者之间是可以有行程的收合插接关系，而本专利的延撑杆也是用两节杆插接后用 U 型弹片定位，因此将附件 2 前述的插接机构应用的附件的一个脚杆上就能够形成与本专利一样的延撑机构。对此本院认为，附件 2 中连接管与靠背管、坐靠管之间是固接关系，其并没有给出延伸延撑杆从而形成靠背的技术启示。

附件 3 公开的折叠椅中前脚部与靠背部是一个整体，靠背部不是从前脚部中延伸出来的，两者不能收合。附件 3 也没有给出在折叠凳的前脚部上装设可以收合到前脚部内的延撑杆，并且通过延伸该延撑杆而形成靠背的技术启示。

综上，附件 2 和附件 3 都没有给出在附件 1 公开的技术方案的基础之上，在折叠凳的前脚部上装设可以收合到前脚部内的延撑杆，并且通过延伸该延撑杆而形成靠背的技术启示，在附件 1 的基础上结合附件 2 或者结合附件 2 ~3 得到本专利所保护的技术方案并非是显而易见的，因此本专利相对于附件 1 ~2 的结合或者附件 1 ~3 的结合具有创造性。

综上，第 10269 号决定认定事实清楚，适用法律正确，程序合法，应予维持。福音公司的诉讼理由不能成立，其诉讼请求本院不予支持。依照《中华人民共和国行政诉讼法》第五十四条第（一）项之规定，本院判决如下：

维持被告中华人民共和国国家知识产权局专利复审委员会作出的第 10269 号无效宣告请求审查决定。

案件受理费人民币 100 元，由原告宁波福音露营用品有限公司负担（已交纳）。

如不服本判决，原告宁波福音露营用品有限公司和被告中华人民共和国国家知识产权局专利复审委员会可在本判决书送达之日起 15 日内，第三人勤筑企业股份有限公司可在本判决书送达之日起 30 日内向本院提交上诉状，并按对方当事人人数提交副本，交纳上诉案件受理费人民币 100 元，上诉于北京市高级人民法院。

审 判 长 仪 军
代理审判员 王 晫
人民陪审员 高 伟
二〇〇八年六月二十日
书 记 员 王 溪

020

# 把鸡蛋烤制加工成袋装方便食品的方法

## 无效宣告请求审查决定（第10270号）

**决　定　号**　第10270号
**决　定　日**　2007年7月12日
**发明创造名称**　把鸡蛋烤制加工成袋装方便食品的方法
**国际分类号**　A23L 1/32
**无效宣告请求人**　高晶洁
**专　利　权　人**　吴胜营
**专　利　号**　200310115079.4
**申　请　日**　2003年11月27日
**授权公告日**　2005年7月27日
**合议组组长**　程　强
**主　审　员**　吴通义
**参　审　员**　叶　娟

**法律依据**　专利法第26条第3款、第22条第3款
**决定要点**

如果说明书已经清楚地记载了发明的技术方案，详细地描述了实现发明的具体实施方式，完整地公开了对于理解和实现发明必不可少的技术内容，达到了所属技术领域的技术人员能够实现该发明的程度，则说明书符合专利法第26条第3款的规定。

如果要求保护的技术方案相对于最接近的现有技术存在区别技术特征，同时现有技术中没有给出将上述区别技术特征应用到该最接近现有技术以解决其存在的技术问题的启示，并且要求保护的技术方案能够产生有益的技术效果，则认为该技术方案具备突出的实质性特点和显著的进步，符合专利法第22条第3款的规定。

### 一、案由

本无效宣告请求案涉及国家知识产权局于2005年7月27日公告授予的、名称为“把鸡蛋烤制加工成袋装方便食品的方法”的200310115079.4号发明专利权（下称本专利），其申请日为2003年11月27日，专利权人为吴胜营。本专利授权公告的权利要求如下：

“1. 把鸡蛋烤制加工成袋装方便食品的方法，其特征是包括下列步骤：

水煮，将鸡蛋在水中加热，至水开后3~5分钟；

剥皮，将经过水煮的鸡蛋剥皮；

腌制，剥皮后的鸡蛋加入调味料进行腌制，所述配料为盐、味精、花椒皮、大料，鸡蛋与配料按重量份比例为：每500克剥皮鸡蛋加入盐8~25克、味精1~2克、花椒皮1~2克、大料0.5~1克；

烤制，将经过腌制的鸡蛋放入陶瓷、搪瓷或不锈钢烤盘内，放入电烤箱中，一次升温到200~260℃，烤4~5分钟，然后自然降温，温度降到100℃后，再升温到150~220℃，烤45~60分钟；

包装，烤制后的蛋完全冷却后，放入到耐高温蒸煮塑料包装袋内，用真空包装机进行密封包装；

消毒，将包装好的鸡蛋，利用消毒柜消毒，设定温度116~120℃，蒸汽消毒15~20分钟，即成为成品。

2. 根据权利要求1所述的把鸡蛋烤制加工成袋装方便食品的方法，其特征是在腌制过程中，鸡蛋与配料按重量份比例为：每500克剥皮鸡蛋加入盐10~20克、味精1~2克、花椒皮1~1.5克、大料0.5~1克。

3. 根据权利要求1或2所述的把鸡蛋烤制加工成袋装方便食品的方法，其特征是在腌制过程中，鸡蛋与配料按重量份比例为：每500克剥皮鸡蛋加入盐15~18克、味精1~1.5克、花椒皮1.2~1.5克、大料0.5~0.7克。”

针对上述专利权，高晶洁（下称请求人）于2006年5月9日向专利复审委员会提出无效宣告请求，认为本专利不符合专利法第22条第2款、第3款，第26条第3款、第4款，第33条和专利法实施细则第20条第1款、第21条第2款的规定，请求宣告本专利无效。为支持其主张，请求人提交了下述附件：

附件1：本专利授权公告文本，复印件共5页；

附件2：申请号为01127949.4的中国发明专利申请公开说明书，2003年2月19日公开，公开号为CN1397204A，复印件共9页。

请求人认为：（1）本专利说明书没有给出腌制的方法和时间，没有给出密封包装的真空度，没有给出消毒时通入蒸汽的压力数据，由于包装袋中有残余的空气、水分，加热时包装内部的压力大于外部压力而使包装破裂，用消毒柜无法达到完全灭菌的目的，本领域技术人员无法实现权利要求1的技术方案，本专利不符合专利法第26条第3款的规定；（2）腌制方法、腌制时间、包装的真空度、消毒时通入的压力都是必要技术特征，权利要求1缺少这些技术特征，不符合专利法实施细则第21条第2款的规定；（3）附件2中的技术方案公开了本专利权利要求1~3的所有技术特征，权利要求1~3不具有新颖性和创造性。

经形式审查合格后，专利复审委员会受理了上述请求，于2006年5月10日向双方当事人发出《无效宣告请求受理通知书》，并将《专利权无效宣告请求书》及其所附文件的副本转送给专利权人，要求其在指定的期限内答复，同时成立合议组对本无效宣告请求案进行审理。

专利权人于2006年5月24日作出答复，认为：（1）本专利说明书清楚记载了烤制鸡蛋的工艺条件、鸡蛋腌制的配料等必要技术特征，按照本专利说明书记载的内容，所属技术领域的技术人员不需要创造性劳动，就能够再现该发明的技术方案，解决其技术问题，并且产生预期的技术效果，本专利说明书满足专利法第26条第3款的规定；（2）权利要求1清楚记载了鸡蛋腌制的配料、烤制鸡蛋的工艺条件等，并记载烤鸡蛋的制作步骤包括水煮、剥皮、腌制、烤制、包装和消毒步骤，权利要求1满足专利法实施细则第21条第2款的规定；（3）对比文件没有公开本专利的腌制配料和鸡蛋的烤制步骤，权利要求1具备新颖性，权利要求2和3进一步限定配料比，也没有被对比文件公开，权利要求2和3具备新颖性；（4）对比文件没有公开权利要求1的腌制配料和鸡蛋的烤制步骤，这些区别技术特征是实质性的并给发明带来有益的技术效果，请求人没有提供如何将上述区别技术特征导入最接近的已知技术方案而构成权利要求1的启示，权利要求1具备创造性，权利要求2和3进一步限定了配料比，也没有被对比文件公开，权利要求2和3具备创造性。因此，本专利说明书符合专利法第26条第3款的规定，权利要求1符合专利法实施细则第21条第2款的规定，权利要求1~3符合专利法第22条第2款、第3款的规定。

请求人于2006年6月9日补充提交了如下证据和无效理由：

附件3：申请号为99112693.9号中国发明专利申请公开说明书，1999年9月29日公开，公开号为CN1229614A，复印件共7页；

附件4："中华人民共和国国家标准——耐蒸煮复合膜、袋（GB/T 10004-1998）"，复印件共7页；

附件5："家常烤箱食谱"，程尔曼、姜润泉编，江西科学技术出版社，1991年9月第2版，1992年9月第3次印刷，封面页、扉页、第10~13、62~65、182、出版信息页，复印件共7页。

请求人认为：（1）权利要求1没有给出腌制方法，而腌制方法是多种多样的，使得权利要求1产生了歧义，形成几种技术方案，而腌制方法的不同会影响口感，因此权利要求1不清楚，引用权利要求1的权利要求2和3也不清楚，权利要求1~3不符合专利法实施细则第20条第1款的规定；（2）附件2公开了煮熟鸡蛋、剥皮、腌制、包装、杀菌等工艺过程，附件3公开了烤制的工艺过程，附件2和3占先了权利要求1的所有技术特征，不同之处都是本领域技术人员具有的常识，而且所存在的不同之处没有带来预料不到的技术效果，权利要求1不具有创造性，权利要求2和3仅对权利要求1中的配料成分及含量与鸡蛋比例关系进一步限定，也没有带来意想不到的技术效果，权利要求2和3也不具有创造性。

2007年1月19日，专利复审委员会本案合议组将请求人于2006年6月9日提交的意见陈述书及其所附附件副本转送给专利权人，要求其在一个月内答复。

2007年4月3日，专利复审委员会本案合议组向双方当事人发出《无效宣告请求口头审理通知书》，拟定于2007年5月22日对本无效宣告请求案进行口头审理。

2007年5月22日，口头审理如期进行，双方当事人均参加了口头审理。口头审理过程中，合议组就本案的无效理由及证据逐一进行了调查，双方当事人充分陈述了各自的意见。口头审理过程中记录如下事实：（1）请求人放弃了权利要求1~3不符合专利法实施细则第21条第2款和第20条第1款的规定、权利要求1~3不符合专利法第33条的规定、权利要求1~3相对于附件2不具有新颖性的规定、权利要求1~3相对于附件2或者附件2和3的组合不具有创造性的规定、权利要求1~3不符合专利法第26条第4款的规定的无效理由；（2）请求人主张权利要求1~3不符合专利法第26条第3款的规定，权利要求1~3相对于附件5不符合专利法第22条第3款的规定；（3）专利权人对附件1~5的真实性、合法性和公开性均无异议。

至此，合议组认为本案的事实清楚，可以作出审查决定。

**二、决定的理由**

1. 无效宣告请求的理由和范围

请求人在口头审理时放弃了权利要求1~3不符合专利法实施细则第21条第2款和第20条第1款的规定，权利要求1~3不符合专利法第33条的规定，权利要求1~3相对于附件2不具有新颖性的规定，权利要求1~3相对于附件2或者附件2和3的组合不具有创造性的规定，权利要求1~3不符合专利法第26条第4款的规定的无效理由，同时提出权利要求1~3相对于附件5不符合专利法第22条第3款的规定的无效理由。

因此，合议组审理本无效请求案的无效理由和范围为：权利要求1~3未在说明书中充分公开，本专利说明书不符合专利法第 26 条第 3 款的规定；权利要求 1 ~ 3 相对于附件 5 不符合专利法第 22 条第 3 款的规定

2. 关于证据

专利权人对请求人提交的附件 1 ~ 5 的真实性、合法性没有异议，对附件 2 ~ 5 的公开性没有异议。附件 1 ~ 5 可以用作本无效宣告请求的定案依据。

3. 关于专利法第 26 条第 3 款

专利法第 26 条第 3 款规定：说明书应当对发明或者实用新型作出清楚、完整的说明，以所属技术领域的技术人员能够实现为准。

根据该规定，如果说明书已经清楚地记载了发明的技术方案，详细地描述了实现发明的具体实施方式，完整地公开了对于理解和实现发明必不可少的技术内容，达到了所属技术领域的技术人员能够实现该发明的程度，则说明书符合专利法第 26 条第 3 款的规定。

本专利涉及一种把鸡蛋烤制加工成袋装方便食品的方法，其包括水煮、剥皮、腌制、烤制、包装和消毒等步骤，请求人认为本专利说明书没有给出腌制的方法和时间，没有给出密封包装的真空度，没有给出消毒时通入蒸汽的压力数据，由于包装袋中有残余的空气、水分，加热时包装内部的压力大于外部压力而使包装破裂，用消毒柜无法达到完全灭菌的目的，本领域技术人员无法实现本发明的技术方案，本专利说明书不符合专利法第 26 条第 3 款的规定。

对此合议组认为：本发明的目的在于提供一种能够批量化生产、更适合人们口味的把鸡蛋烤制加工成袋装方便食品的方法，解决用烤制工艺制作鸡蛋食品中的烤制时间和温度的矛盾。本专利权利要求书和说明书记载了鸡蛋烤制工艺步骤中所用的设备、烘烤温度和烤制时间（参见附件 1 的权利要求 1 ~ 3 和说明书第 1 ~ 3 页）。对于本专利方法中涉及的腌制、包装和消毒等步骤而言，本专利权利要求书和说明书（参见附件 1 的权利要求 1 ~ 3 和说明书第 1 ~ 3 页）中记载了腌制中的鸡蛋与配料的重量比例关系，包装时所用的包装袋和设备，消毒时使用的设备、消毒温度和消毒时间，而且在食品制造行业中，食品的腌制、真空包装和消毒灭菌是本领域技术人员知晓的常规技术操作，本领域技术人员按照本专利记载的工艺条件并结合其常规技术知识能够实施本发明的鸡蛋烤制方法中的腌制、包装和消毒的工艺步骤。

此外，请求人提出的由于包装袋中有残余的空气、水分，加热时包装袋会破裂的主张及其在口头审理时提出这可以从附件 4 的 5. 5. 8 中看出包装袋中有残余水分时加热到 100℃就可以破裂的观点并不成立。附件 4 的 5. 5. 8 描述的是对包装袋的耐热、耐介质性的检测方法，并未给出有残余水分的包装袋加热到 100℃会破裂的教导，请求人提出的由于包装袋中有残余的空气、水分，加热时包装袋会破裂的主张缺乏依据。请求人提出的消毒柜无法达到完全灭菌的目的的主张同样缺乏依据。本专利的鸡蛋烤制加工方法中采用 116 ~ 120℃的蒸汽消毒，是一种可行的高压灭菌方法。

因此，本领域技术人员按照说明书的记载可以实现本发明的将鸡蛋烤制加工成袋装方便食品的方法，请求人提出的本专利说明书不符合专利法第 26 条第 3 款的规定的主张不成立。

4. 关于专利法第 22 条第 3 款

专利法第 22 条第 3 款规定：创造性，是指同申请日以前已有的技术相比，该发明有突出的实质性特点和显著的进步，该实用新型有实质性特点和进步。

根据该规定，如果要求保护的技术方案相对于最接近的现有技术存在区别技术特征，同时现有技术中没有给出将上述区别技术特征应用到该最接近现有技术以解决其存在的技术问题的启示，并且要求保护的技术方案能够产生有益的技术效果，则认为该技术方案具备突出的实质性特点和显著的进步，符合专利法第 22 条第 3 款的规定。

附件5公开了一种五香烘蛋的制备方法，包括：（1）鸡蛋水煮、去壳；（2）加500克清水、红茶、茴香、桂皮共同沸煮，投入鸡蛋，加入调料（精盐6克、酱油25克、味精），焖煮30分钟，捞起沥干；（3）烤盘刷上熟植物油，排放上五香蛋，入焗炉用150～180℃烘制5分钟，刷上麻油，将蛋翻身，再烘5分钟左右，中间需不断翻身、刷油。将附件5的五香烘蛋制备方法与本专利权利要求1相比存在如下区别技术特征：（1）权利要求1的鸡蛋在水中加热，至水开后3～5分钟，附件5的鸡蛋用文火煮15～20分钟；（2）权利要求1中腌制鸡蛋的配料与附件5不同；（3）权利要求1中鸡蛋的烤制工艺与附件5中鸡蛋的烘制工艺不同；（4）附件5中不包括包装和消毒的工艺步骤，而权利要求1还包括包装和消毒的工艺步骤。

对于上述区别技术特征（3）来说，附件5采用先后两次150～180℃的温度烘烤5分钟来烘制鸡蛋，附件5没有教导权利要求1的先用一次升温到200～260℃，烤4～5分钟，然后自然降温到100℃后，再升温到150～220℃，烤45～60分钟的烤制方式；而权利要求1的烤制过程中不包括不断地对鸡蛋进行翻身、刷油的操作程序。因此，权利要求1的烤制步骤与附件5的烘制步骤的区别足以使得权利要求1相对于附件5公开的五香烘蛋的制备方法是非显而易见的，而且由本专利方法制备的产品具有色泽鲜艳、口感劲道，适于批量生产的有益技术效果，因此，权利要求1相对于附件5公开的内容具有创造性，符合专利法第22条第3款的规定。

权利要求2和3对权利要求1所述的将鸡蛋烤制加工成袋装方便食品的方法的腌制过程中的鸡蛋与配料重量比例进行进一步的限定，在权利要求1相对于附件5具备创造性的基础上，权利要求2和3相对于附件5也具备创造性，符合专利法第22条第3款的规定。

基于以上事实和理由，本案合议组作出如下审查决定。

**三、决定**

维持200310115079.4号发明专利权有效。

当事人对本决定不服的，可以根据专利法第46条第2款的规定，自收到本决定之日起三个月内向北京市第一中级人民法院起诉。根据该款的规定，一方当事人起诉后，另一方当事人应当作为第三人参加诉讼。

021

# 糖裱花的填充式棉花糖

## 无效宣告请求审查决定（第10273号）

**决　　定　　号**　第10273号
**决　　定　　日**　2007年7月12日
**发明创造名称**　糖裱花的填充式棉花糖
**国 际 分 类 号**　A23G 3/00
**无效宣告请求人**　广州市卡力思食品有限公司
**专 利 权 人**　周　舟
**专　　利　　号**　200520053459.4
**申　　请　　日**　2005年1月10日
**授 权 公 告 日**　2006年8月2日
**合 议 组 组 长**　程　强
**主　　审　　员**　郭　婷
**参　　审　　员**　许　磊

**法 律 依 据**　专利法第22条第2款、第3款
**决 定 要 点**

如果无效宣告请求人认为一项专利产品已在先公开销售，该专利权的新颖性已经丧失时，必须同时证实下述两个事实的存在：第一，必须提供证据证明一项在先公开销售行为的存在；第二，必须证明该公开销售行为确实公开了与该专利权利要求相同的技术方案。如果上述两个事实中的任何一项不能得到证据的证实，则关于该专利权利要求因在先公开销售而丧失新颖性的主张不能被接受。

如果要求保护的权利要求所限定的技术方案与对比文件公开的技术方案实质上不同，则该权利要求具备新颖性。

在判断一项权利要求的创造性时，首先应当将权利要求的技术方案与最接近的现有技术相比较，找出它们之间的区别技术特征，然后再考察现有技术中是否给出了将上述区别技术特征应用到该最接近的现有技术以解决本实用新型实际解决的技术问题的启示，若不存在这种启示，而且要求保护的技术方案具有有益的技术效果，则可以认定该权利要求具备实质性特点和进步，具有创造性。

### 一、案由

本专利权无效宣告请求案涉及国家知识产权局于2006年8月2日公告授予的、名称为“糖裱花的填充式棉花糖”的200520053459.4号实用新型专利权（下称本专利），其申请日为2005年1月10

日，专利权人为周舟。本专利授权公告的权利要求书如下：

“1. 一种糖裱花的填充式棉花糖，由棉花糖（1）和糖霜（2）组成，其特征在于：棉花糖（1）是主体（3）和辅体（4）构成，在该主体（3）上设有凹槽（11），辅体（4）裱填在该凹槽（11）上，糖霜（2）裱在棉花糖（1）上。”

针对上述专利权，广州市卡力思食品有限公司（下称请求人）于2006年9月30日向专利复审委员会提出专利无效宣告请求，认为本专利权利要求1不符合专利法第22条第2款、第3款的规定。请求人提交了下列附件作为证据：

附件1：申请号为200410026958.4的中国发明专利申请公开说明书，申请日：2004年4月23日，公开日：2005年1月26日，申请人：汤镜海，共5页；

附件2：《食品生产工艺与配方精选》，邓舜扬等编，中国轻工业出版社，1998年1月第1版，2000年1月第2次印刷，封面页、出版信息页和第287页，复印件共3页；

附件3：进出口食品标签审核证书，标签审核证书号：C44240410888，发证日期：2005年1月4日，复印件共2页；

附件4：进出口食品标签审核证书，标签审核证书号：C44240421615，发证日期：2004年11月8日，扫描件共2页；

附件5：原盒包装棉花棒棒软糖照片，扫描件共2页；

附件6：中华人民共和国出入境检验检疫出境货物通关单，装箱单，广东省出口商品发票，出口收汇核销单，中华人民共和国海关出口货物报关单，复印件共7页；

附件7：进出口食品标签审核证书，标签审核证书号：C44010417172，发证日期：2004年9月2日，扫描件共2页；

附件8：专利号为ZL02236501.X的中国实用新型专利说明书，授权公告日：2003年6月4日，共9页；

附件9：专利号为ZL200320120423.4的中国实用新型专利说明书,，授权公告日：2004年12月15日，共8页。

请求人认为：（1）关于新颖性：①除“糖霜裱在棉花糖上”应视为本专利背景技术的一部分，不是必要技术特征之外（可参见附件2），附件1在先公开的内容已完全覆盖了本专利权利要求1的全部技术特征，因此，本专利权利要求1不具备新颖性；②附件3在先公开的内容，已完全覆盖了本专利权利要求1的全部技术特征，因此，权利要求1不具备新颖性；③附件4～6形成证据链证明本专利产品在申请日前就已经在中国有生产和销售，权利要求1不具备新颖性；④附件7在先公开的内容，已完全覆盖了本专利权利要求1的全部技术特征，同时也证明了在本专利申请日以前，在中国就已经有相同、相类似的产品在生产和销售，因此，权利要求1不具备新颖性。（2）关于创造性：①附件8与权利要求1的区别在于附件8没有提及棉花糖分为主体和辅体，辅体裱在凹槽上，但把附件1和附件8的特征相加，完全可覆盖权利要求1的所有技术特征，而且这也是本领域技术人员不需要付出创造性劳动就可以实现的，是显而易见的，因此，权利要求1不具备创造性；②附件1、附件2和附件9的结合完全覆盖了权利要求1的所有技术特征，权利要求1不具备创造性。

经形式审查合格后，专利复审委员会受理了上述请求，于2006年11月13日向双方当事人发出《无效宣告请求受理通知书》，并将《专利权无效宣告请求书》及其附件副本转送给专利权人，要求其在指定的期限内答复，同时成立合议组对本无效宣告请求案进行审理。

2006年10月30日，请求人提交了补充意见陈述及以下附件：

附件10：由国家知识产权局专利检索咨询中心出具的编号为G062011的检索报告，复印件共

4 页；

附件 11：WO 2004028264 A1，公开日：2004 年 4 月 8 日，原文共 22 页，及作为其译文的其同族专利 CN1700860A 共 17 页；

附件 12：充气糖果-棉花糖是一种美味食品，践之，《食品工业科技》1985 年第 3 期，复印件共 2 页；

附件 13：申请号为 03825401. 8 的中国发明专利申请公开说明书，公开日：2005 年 11 月 23 日，共 17 页。

请求人认为：权利要求 1 不具备专利法第 22 条第 3 款规定的创造性，详见附件 10。

2007 年 1 月 18 日，本案合议组将请求人于 2006 年 10 月 30 日提交的意见陈述书及其所附附件的副本转送给专利权人，并告知其在自收到之日起一个月内答复。

2007 年 3 月 15 日，本案合议组向双方当事人发出口头审理通知书，定于 2007 年 5 月 31 日对本案进行口头审理。

2007 年 3 月 20 日，专利权人针对《无效宣告请求受理通知书》作出答复，认为：（1）请求人同时引用附件 1 和 2 来评价权利要求 1 的新颖性，不符合审查指南中关于单独对比的规定。而且，本专利相对于附件 1 或附件 2 均具备新颖性。（2）请求人引用的三份《进出口食品标签审核证书》都看不出与本案的关联性。（3）附件 1 既未公开本专利权利要求 1 与附件 8 的区别，也未给出技术启示，因此，权利要求 1 相对于附件 1 和 8 具有创造性。（4）本专利权利要求 1 与附件 1 ~ 2 相比，存在多处区别技术特征，这些区别技术特征在附件 9 中没有公开或揭示，也未给出任何技术启示，因此，权利要求 1 相对于附件 1 ~ 2、9 具备创造性。

2007 年 3 月 29 日，本案合议组将专利权人于 2007 年 3 月 20 日提交的意见陈述书转送给请求人，并告知其在口头审理时一并答复。

2007 年 5 月 31 日，口头审理如期进行。双方当事人均委托代理人参加了口头审理，口头审理过程中认定的事实如下：（1）请求人当庭出示了附件 2 ~ 4、6、7 的原件。专利权人对附件 1 ~ 2、8 ~ 9、11、13 的真实性无异议，对附件 3 ~ 7、10、12 的真实性有异议。专利权人认为中国同族专利 CN1700860A 不能用作附件 11 的中文译文，但是如果合议组对此予以采纳，则专利权人对译文的准确性无异议。（2）请求人放弃将附件 10 作为证据使用，仅将其内容作为意见陈述；放弃使用附件 2 和附件 8 的结合评价创造性；放弃使用附件 1、附件 2 和附件 9 的结合评价创造性；放弃使用附件 13 评价新颖性。（3）请求人明确其无效理由为：附件 3、7 单独使用，附件 4 ~ 6 结合使用，作为使用公开的证据，证明权利要求 1 不具备专利法第 22 条第 2 款规定的新颖性；附件 1、11 ~ 12 作为出版物公开证据，附件 1 证明权利要求 1 不具备专利法第 22 条第 2 款规定的新颖性；附件 11 和 12 结合证明权利要求 1 不具备专利法第 22 条第 3 款规定的创造性。庭审中，合议组对请求人提出的无效理由和事实进行了充分调查，并听取了各方当事人的陈述。

至此，合议组认为本案事实已经清楚，可以依法作出审查决定。

**二、决定的理由**

1. 关于专利法第 22 条第 2 款

专利法第 22 条第 2 款规定：新颖性，是指在申请日以前没有同样的发明或者实用新型在国内外出版物上公开发表过、在国内公开使用过或者以其他方式为公众所知，也没有同样的发明或者实用新型由他人向国务院专利行政部门提出过申请并且记载在申请日以后公布的专利申请文件中。

（1）关于使用公开。

如果无效宣告请求人认为一项专利产品已在先公开销售，该专利权的新颖性已经丧失时，必须同时证实下述两个事实的存在：第一，必须提供证据证明一项在先公开销售行为的存在；第二，必须证明该公开销售行为确实公开了与该专利权利要求相同的技术方案。如果上述两个事实中的任何一项不能得到证据的证实，则关于该专利权利要求因在先公开销售而丧失新颖性的主张不能被接受。

附件3、7均为进出口食品标签审核证书，请求人提出分别单独使用附件3和7证明本专利产品在申请日前已公开销售，本专利权利要求1不具备新颖性。对此，合议组认为：附件3、7上仅记载有品名“裱花软糖”、“棒棒糖/软糖”和平面图，从品名和平面图给出的信息中无法看出产品的具体组成和结构特征。由于附件3、7并未公开与本专利权利要求1同样的产品，因此，附件3、7不能证明本专利产品在申请日前已经公开销售，不能破坏本专利权利要求1的新颖性。

附件4为进出口食品标签审核证书，附件5为原盒包装棉花棒棒软糖照片，附件6为中华人民共和国出入境检验检疫出境货物通关单、装箱单、广东省出口商品发票、出口收汇核销单、中华人民共和国海关出口货物报关单，请求人提出将附件4~6结合使用证明本专利产品在申请日前已公开销售，本专利权利要求1不具备新颖性。对此，合议组认为：首先，请求人未出示附件5的原件，专利权人不认可附件5的真实性，在无法核实附件5的原件的情况下，合议组对附件5的真实性也不予认可，而且从附件5的照片中也无法看出本专利的组成和结构特征，如糖霜、主体、辅体和凹槽，同时，附件4、6中也均未公开本产品的组成、结构特征，因此，附件4~6无法形成完整的证据链证明在本专利申请日之前已有同样的产品公开销售。其次，使用公开仅指在国内公开使用，即使附件4~6能够证明有这样一批货物出口，也不能表明其在国内被公开销售或使用。因此，附件4~6不能破坏本专利权利要求1的新颖性。

(2) 关于出版物公开。

如果要求保护的权利要求所限定的技术方案与对比文件公开的技术方案实质上不同，则该权利要求具备新颖性。

附件1为中国发明专利申请，专利权人认可附件1的真实性，合议组对附件1的真实性也予以认可。附件1的申请日为2004年4月23日，在本专利申请日之前，其公开日为2005年1月26日，在本专利申请日之后，其申请人为汤镜海，与本专利的申请人不同，因此，附件1可以作为评价本专利新颖性的证据使用。

本专利权利要求1要求保护一种糖裱花的填充式棉花糖，由棉花糖（1）和糖霜（2）组成，其特征在于：棉花糖（1）是主体（3）和辅体（4）构成，在该主体（3）上设有凹槽（11），辅体（4）裱填在该凹槽（11）上，糖霜（2）裱在棉花糖（1）上。

附件1公开了一种卡通棉花糖，其是将棉花糖板通过制作好的成型模具加工成各种卡通造型，再将可塑造多种造型的糖浆挤注在卡通造型的棉花糖上得到的（附件1权利要求1）。

与本专利权利要求1相比，附件1未公开“棉花糖上裱有糖霜”、“棉花糖由主体和辅体构成”，以及与“凹槽”有关的技术特征。由此可见，本专利权利要求1与附件1公开的技术方案不同，权利要求1相对于附件1具备专利法第22条第2款规定的新颖性。

2. 关于专利法第22条第3款

专利法第22条第3款规定：创造性，是指同申请日以前已有的技术相比，该发明有突出的实质性特点和显著的进步，该实用新型有实质性特点和进步。

根据该款规定，在判断一项权利要求的创造性时，首先应当将权利要求的技术方案与最接近的现有技术相比较，找出它们之间的区别技术特征，然后再考察现有技术中是否给出了将上述区别技术特征应用到该最接近的现有技术以解决本实用新型实际解决的技术问题的启示，若不存在这种启示，而且要求保护的技术方案具有有益的技术效果，则可以认定该权利要求具备实质性特点和进步，具有创造性。

附件 11 为 WO 2004028264 A1，其公开日为 2004 年 4 月 8 日，在本专利申请日之前。专利权人认可其真实性，合议组对其真实性也予以认可。请求人主张使用其在中国的专利同族 CN1700860A 作为中文译文，专利权人认为中国专利同族文本不能作为附件 11 的中文译文，但是表示若合议组采纳该译文，则专利权人对译文的准确性无异议。对此，合议组认为：译文的形式并不影响其内容的准确性，在专利权人对该译文准确性无异议的基础上，合议组对该译文也予以接受和认可。因此，附件 11 的中国同族专利可以作为其中文译文来评价本专利的创造性。

请求人未出示附件 12 的原件，专利权人不认可其真实性，合议组对其真实性不予确认。

鉴于附件 12 的真实性不能被认可，因此合议组仅对附件 11 能否破坏本专利权利要求 1 的创造性进行评述。

本专利权利要求 1 要求保护一种糖裱花的填充式棉花糖，由棉花糖（1）和糖霜（2）组成，其特征在于：棉花糖（1）是主体（3）和辅体（4）构成，在该主体（3）上设有凹槽（11），辅体（4）裱填在该凹槽（11）上，糖霜（2）裱在棉花糖（1）上。

附件 11 公开了一种符合解剖学结构的糖果，它包括表现符合解剖学结构的人体部分的皮肤和肌肉的棉花糖外层，和表现符合解剖学结构的人体部分的骨骼的硬性糖果材料内层，所述外层覆盖所述整个人体部分的内层（参见附件 11 权利要求 20 及附图）。

本专利权利要求 1 与附件 11 公开的方案相比，区别之一在于附件 11 中糖果的内层为硬性糖果，而本专利权利要求 1 中的主体和辅体均为棉花糖。众所周知，棉花糖为软糖，因此，本发明解决的技术问题是提供一种具有不同组成结构的棉花糖，而附件 11 解决的技术问题是提供由硬糖和软糖组成的新奇糖果，即本专利解决的技术问题与附件 1 不同。附件 11 既未给出将内层的硬性糖果替换成棉花糖的技术启示，也未提及将同一种质地的糖做成两种不同结构的技术方案。本领域技术人员根据附件 11 公开的内容不能得到本专利权利要求 1 的技术方案，因此，本专利权利要求 1 相对于附件 11 是非显而易见的。此外，采用这种结构的本专利产品也可达到制作出各种不同形状、形象逼真的可食用糖果的有益效果。因此，本专利权利要求 1 具备实质性特点和进步，符合专利法第 22 条第 3 款的规定。

基于以上事实和理由，本案合议组作出如下审查决定。

**三、决定**

维持 200520053459.4 号实用新型专利权有效。

当事人对本决定不服的，可以根据专利法第 46 条第 2 款的规定，自收到本决定之日起三个月内向北京市第一中级人民法院起诉。根据该款的规定，一方当事人起诉后，另一方当事人应当作为第三人参加诉讼。

# 北京市第一中级人民法院
# 行政判决书

（2007）一中行初字第1334号

原告广州市卡力思食品有限公司，住所地广东省广州市番禺区化龙镇莘汀村东南村兴业大道旁。

法定代表人何奇伟，董事长。

委托代理人石泽智，广州广信知识产权代理有限公司专利代理人。

委托代理人马丽丽，广州广信知识产权代理有限公司专利代理人。

被告国家知识产权局专利复审委员会，住所地北京市海淀区北四环西路9号银谷大厦10~12层。

法定代表人廖涛，副主任。

委托代理人郭婷，国家知识产权局专利复审委员会审查员。

委托代理人程强，国家知识产权局专利复审委员会审查员。

第三人周舟，女，1962年3月24日出生，汉族，广州金伯莉食品制造有限公司总经理，住广州市天河区龙口西路538号1805房。

委托代理人郝传鑫，广州三环专利代理有限公司专利代理人。

委托代理人闵磊，男，1974年5月9日出生，广州三环专利代理有限公司职员，住湖北省武汉市武昌区高家湾新一村10-4-501号。

原告广州市卡力思食品有限公司（简称卡力思公司）不服被告国家知识产权局专利复审委员会（简称专利复审委员会）于2007年7月25日作出的第10273号无效宣告请求审查决定（简称第10273号决定），在法定期限内向本院提起行政诉讼。本院于2007年9月27日受理本案后，依法组成合议庭，并通知周舟作为本案第三人参加诉讼，于2007年11月8日公开开庭进行了审理。原告卡力思公司的委托代理人石泽智、马丽丽，被告专利复审委员会的委托代理人郭婷、程强，第三人周舟的委托代理人闵磊到庭参加诉讼。本案现已审理终结。

第10273号决定系专利复审委员会就请求人卡力思公司针对专利权人周舟拥有的名称为“糖裱花的填充式棉花糖”的实用新型专利（简称本专利）所提出的无效宣告请求作出的。专利复审委员会在该决定中认定：

1. 关于本专利是否符合《中华人民共和国专利法》（以下简称《专利法》）第二十二条第二款规定的新颖性

（1）关于使用公开。

附件3、7均为进出口食品标签审核证书，其上仅记载有品名“裱花软糖”、“棒棒糖/软糖”和平面图，从品名和平面图给出的信息中无法看出产品的具体组成和结构特征。因此，附件3、7并未公开与本专利权利要求1同样的产品，附件3、7不能证明本专利产品在申请日前已经公开销售，不能破坏本专利权利要求1的新颖性。

附件4为进出口食品标签审核证书，附件5为原盒包装棉花棒棒软糖照片，附件6为中华人民共和国出入境检验检疫出境货物通关单、装箱单、广东省出口商品发票、出口收汇核销单、中华人民共和国海关出口货物报关单。由于请求人未出示附件5的原件，专利权人不认可附件5的真实性，故专利复审委员会对附件5的真实性也不予认可。附件4、6中均未公开本产品的组成、结构特征，因此，附件4~6无法形成完整的证据链证明在本专利申请日之前已有同样的产品公开销售。附件4~6不能破坏本专利权利要求1的新颖性。

(2) 关于出版物公开。

附件1为中国发明专利申请，专利权人认可附件1的真实性，附件1可以作为评价本专利新颖性的证据使用。

与本专利权利要求1相比，附件1未公开“棉花糖上裱有糖霜”、“棉花糖由主体和辅体构成”，以及与“凹槽”有关的技术特征。由此可见，本专利权利要求1与附件1公开的技术方案不同，权利要求1相对于附件1具备《专利法》第二十二条第二款规定的新颖性。

2. 关于本专利是否符合《专利法》第二十二条第三款规定的创造性

附件11为WO 2004028264 A1，其公开日为2004年4月8日，在本专利申请日之前。专利权人认可其真实性，且对其中文译文的准确性无异议。因此，附件11可以用来评价本专利的创造性。

请求人未出示附件12的原件，专利权人不认可其真实性，专利复审委员会对其真实性不予确认。

鉴于附件12的真实性不能被认可，因此专利复审委员会仅对附件11能否破坏本专利权利要求1的创造性进行评述。

将本专利权利要求1与附件11公开的方案相比，区别之一在于附件11中糖果的内层为硬性糖果，而本专利权利要求1中的主体和辅体均为棉花糖。众所周知，棉花糖为软糖，因此，本发明解决的技术问题是提供一种具有不同组成结构的棉花糖，而附件11解决的技术问题是提供由硬糖和软糖组成的新奇糖果，即本专利解决的技术问题与附件1不同。附件11既未给出将内层的硬性糖果替换成棉花糖的技术启示，也未提及将同一种质地的糖做成两种不同结构的技术方案。本领域技术人员根据附件11公开的内容不能得到本专利权利要求1的技术方案，因此，本专利权利要求1相对于附件11是非显而易见的。此外，采用这种结构的本专利产品也可达到制作出各种不同形状、形象逼真的可食用糖果的有益效果。因此，本专利权利要求1具备实质性特点和进步，符合《专利法》第二十二条第三款的创造性规定。

综上，专利复审委员会作出第10273号决定，维持本专利权有效。

原告卡力思公司不服第10273号决定，在法定期限内向本院提起行政诉讼称：

(1) 本专利的权利要求1相对于原告提供的附件1不具备新颖性

众所周知，将棉花糖板用模具加工成各种卡通造型，带卡通造型的棉花糖板必然具有凹凸起伏的曲线，否则是不能形成各种卡通造型的，因此加工后的卡通造型棉花糖上具有凹槽是不言而喻的。这等同于本专利中的“棉花糖主体上设有凹槽”这一技术特征。

将可塑造多种造型的糖浆挤注在卡通造型棉花糖上的目的是使棉花糖上带有各种与卡通造型相配合的图案、图型（例如小动物的眼睛、鼻子、嘴巴、头发、胡子、服饰等），以使棉花糖的造型更为逼真。那么这种糖浆只要是能塑造造型的糖浆就行了，而不管这种糖浆是软糖糖浆还是硬糖糖浆，它可以是棉花糖糖浆，也可以是巧克力糖浆等，这是本领域普通技术人员的常识。因此将糖浆挤注在卡通造型棉花糖上等同于本专利中的“糖霜裱在棉花糖上”。

如果一定要将挤注在棉花糖主体凹槽上的棉花糖糖浆称之为棉花糖辅体，那么附件1的将可塑造多种造型的糖浆挤注在卡通造型的棉花糖上很容易让人联想到在卡通造型棉花糖的凹槽上当然也是可以挤注上糖浆的，而这种糖浆当然也可以是棉花糖糖浆的，这种棉花糖糖浆当然是可以称为棉花糖辅体的，而这里的卡通造型棉花糖则当然是可以称为棉花糖主体的。因此附件1当然也就披露了本专利中“棉花糖是主体和辅体构成”这一技术特征，同时当然也披露了本专利中“棉花糖辅体裱填在棉花糖主体的凹槽上”这一技术特征。这是本领域普通技术人员通过简单的逻辑推理就可得出的结论。被告把自己完全当作一个无任何常识的普通人，简单地不假思索地从本专利权利要求1与附件1中文字使用是否相同来判断附件 1 公开的技术方案与本专利权利要求 1 不同，将新颖性的判断等同于判断用词造句是否完全一致是极其错误的。

基于上述理由，附件 1 已经完整地公开了本专利权利要求 1 所有的技术特征，因此本专利权利要求 1 相对于附件 1 来说不具有新颖性，不符合《专利法》第二十二条第二款关于新颖性的要求，应该被宣告无效。

（2）本专利权利要求 1 相对于附件 11 来说不具备创造性。

从附件 11 的权利要求 20 及附图可以看出，此糖果的主体是硬糖材料内层，辅体是软糖外层，主体骨骼上明显具有凹槽或沟壑，辅体软糖覆盖在主体骨骼上，其显然填充了内层形成的凹槽或沟壑，并在权利要求 20 中明确说明外层的糖果原料是棉花糖，因此附件 11 已经公开了本专利权利要求 1 中的大部分技术特征，本权利要求 1 与附件 11 相比仅在于糖霜裱在棉花糖上，以及内层是硬糖。尽管如此，本领域技术人员还是可以在附件 11 的基础上得到糖霜裱在棉花糖上以及内层是软糖的技术启示。由于本专利中没有对糖霜进行明确定义，那么则可认为任何覆盖于内层上的糖都可视为糖霜，因此覆盖在主体骨骼上的软糖显然也是一种糖霜，本领域技术人员根据软糖糖霜技术启示可简单替换成任何一种糖霜。附件 11 所要解决的技术问题是提供一种符合解剖学结构的新奇糖果，虽然附件 11 的权利要求及实施例中只提及硬糖作为内层，软糖作为外层，但由于其说明了本糖果是符合解剖学结构的，那就不难想象一些软体动物或软骨动物的解剖学结构也是可以被制作成符合解剖学结构的糖果，只要将内层硬糖替换成软糖就完全可以实现，这是不需要作任何结构上的改变就可以实现的。因此不能因为附件 11 没有提及软糖与软糖的结合，就否定它事实上存在的软糖与软糖结合的技术启示。本专利所要解决的技术问题是提供一种具有复杂形状、较逼真的卡通状的棉花糖，而附件 11 要解决的技术问题是提供一种更为复杂、更为逼真的符合解剖学结构的糖果。二者所要解决的技术问题基本上是一致的，被告抛开本专利描述的事实，任意改变本专利解决的技术问题，显然是不正确的。本领域普通技术人员结合附件 11 以及附件 11 中的技术启示，就可以得到本专利权利要求 1 中的棉花糖。因此，本专利权利要求 1 不具备创造性，不符合《专利法》第二十二条第三款的规定，应该被宣告无效。

（3）本专利权利要求 1 相对于本专利权利要求前叙部分的现有技术和附件 11 结合不具备实质性特点和进步，不符合《专利法》第二十二条第三款的规定，不具备创造性，应当被宣告无效。

（4）本专利权利要求 1 相对于附件 11 和附件 12 结合不具备创造性。

本领域技术人员在附件 11 的基础上结合附件 12 中关于挂糖衣的启示就可以得到本专利权利要求 1 中的棉花糖，即使认为干可可粉不是糖霜，则本领域技术人员在附件 11 的基础上结合附件 12 中关于挂干可可粉糖衣的启示以及根据需要将可可粉简单替换成糖颗粒就可以得到本权利要求 1 中的棉花糖，因此本专利权利要求 1 不具有创造性，不符合《专利法》第二十二条第三款的规定，应该被宣告无效。

综上，原告请求人民法院判令：（1）依法撤销被告专利复审委员会作出的第 10273 号决定；（2）依法宣告本专利权无效。

被告专利复审委员会辩称：

（1）本专利的权利要求 1 相对于附件 1 具备新颖性。与本专利权利要求 1 相比，附件 1 未公开如下三个特征：①“棉花糖上裱有糖霜”。原告认为该特征等同于附件 1 中的“将糖浆挤注在棉花糖上”，然而，从“糖霜”和“糖浆”两者的字面含义来看，二者的物理形态是不同的。②“棉花糖由主体和辅体构成”，附件 1 中的棉花糖是整体成型的，并未分成主体和辅体两部分，将“糖浆”等同于“棉花糖辅体”是不合理的，本专利权利要求 1 中的辅体也是棉花糖，并不是糖浆，将“糖浆”

同时等同于“糖霜”和“棉花糖辅体”是不合理的，本专利权利要求 1 中“糖霜”和“棉花糖辅体”指代两种不同的组分。③与“凹槽”有关的技术特征，即使整体成型的卡通造型棉花糖板侧面有曲线起伏，其也与本专利权利要求 1 中的连接主体和辅体的凹槽不同。由此可见，本专利权利要求 1 与附件 1 公开的技术方案不同，本专利权利要求 1 相对于附件 1 具备《专利法》第二十二条第二款规定的新颖性。

（2）本专利权利要求 1 相对于附件 11 来说具备创造性。本专利权利要求 1 与附件 11 公开的方案相比，区别之一在于附件 11 中糖果的内层为硬性糖果，而本专利权利要求 1 中的主体和辅体均为棉花糖。众所周知，棉花糖为软糖，因此，本发明解决的技术问题是提供一种仅由软糖组成，而不是由软糖和硬糖组成的，即具有不同组成结构的棉花糖。附件 11 中的骨骼是硬的，只能由硬性糖果来体现，由附件 11 公开的人体骨骼难以联想到用软糖来做软体动物，因此，附件 11 既未给出将内层的硬性糖果替换成棉花糖的技术启示，也未提及将同一种质地的糖做成两种不同结构的技术方案。本领域技术人员根据附件 11 公开的内容不能得到本专利权利要求 1 的技术方案，因此，本专利权利要求 1 相对于附件 11 是非显而易见的。此外，采用这种结构的本专利产品也可达到制作出各种不同形状、形象逼真的可食用糖果的有益效果。因此，本专利权利要求 1 具备实质性特点和进步，符合《专利法》第二十二条第三款的规定。

（3）关于原告诉称的“本专利的权利要求 1 相对于本专利权利要求 1 的前序部分和原告提供的附件 11 没有创造性”的问题。首先，原告在本无效宣告请求案的审查过程中没有提出过该无效理由。其次，在判断创造性时，对一项权利要求的“前序部分”是否确实为现有技术是需要证据予以佐证的。

（4）关于原告诉称的“本专利权利要求 1 相对于附件 11 和附件 12 结合不具备创造性”的问题。原告未出示附件 12 的原件，第三人不认可其真实性，专利复审委员会对其真实性不予确认。鉴于附件 12 的真实性不能被认可，因此专利复审委员会在第 10273 号决定中仅对附件 11 能否破坏本专利权利要求 1 的创造性进行了评述，而未对附件 11 和附件 12 的结合进行评述。

综上，被告坚持其在第 10273 号决定中的意见，认为第 10273 号决定认定事实清楚，适用法律正确，审理程序合法，原告的诉讼理由不能成立，请求人民法院驳回原告的诉讼请求，维持第 10273 号决定。

第三人周舟陈述意见认为专利复审委员会作出的第 10273 号决定审理程序合法，认定事实清楚，适用法律正确，应予以维持，原告的起诉理由不能成立，请求人民法院驳回原告的全部诉讼请求，维持第 10273 号决定。

本院经审理查明：

本专利申请日为 2005 年 1 月 10 日、授权公告日为 2006 年 8 月 2 日、名称为“糖裱花的填充式棉花糖”、专利号为 200520053459. 4、专利权人为周舟。本专利授权公告的权利要求书如下：

“1. 一种糖裱花的填充式棉花糖，由棉花糖（1）和糖霜（2）组成，其特征在于：棉花糖（1）是主体（3）和辅体（4）构成，在该主体（3）上设有凹槽（11），辅体（4）裱填在该凹槽（11）上，糖霜（2）裱在棉花糖（1）上。”

针对上述专利权，卡力思公司于 2006 年 9 月 30 日向专利复审委员会提出专利无效宣告请求，认为本专利权利要求 1 不符合专利法第二十二条第二款和第三款的规定。为证明其无效主张，卡力思公司提交了下列附件作为证据：

附件 1：申请号为 200410026958. 4，名称为“卡通棉花糖”的中国发明专利申请公开说明书，申请日：2004 年 4 月 23 日，公开日：2005 年 1 月 26 日，申请人：汤镜海，共 5 页；

附件2:《食品生产工艺与配方精选》，邓舜扬等编，中国轻工业出版社，1998年1月第1版，2000年1月第2次印刷，封面页、出版信息页和第287页，复印件共3页；

附件3：进出口食品标签审核证书，标签审核证书号：C44240410888，发证日期：2005年1月4日，复印件共2页；

附件4：进出口食品标签审核证书，标签审核证书号：C44240421615，发证日期：2004年11月8日，扫描件共2页；

附件5：原盒包装棉花棒棒软糖照片，扫描件共2页；

附件6：中华人民共和国出入境检验检疫出境货物通关单，装箱单，广东省出口商品发票，出口收汇核销单，中华人民共和国海关出口货物报关单，复印件共7页；

附件7：进出口食品标签审核证书，标签审核证书号：C44010417172，发证日期：2004年9月2日，扫描件共2页；

附件8：专利号为ZL02236501.X的中国实用新型专利说明书，授权公告日：2003年6月4日，共9页；

附件9：专利号为ZL200320120423.4的中国实用新型专利说明书，授权公告日：2004年12月15日，共8页。

经形式审查合格后，专利复审委员会受理了上述请求。

2006年10月30日，卡力思公司补充提交了以下附件：

附件10：由国家知识产权局专利检索咨询中心出具的编号为G062011的检索报告的复印件，共4页；

附件11：WO 2004028264 A1，专利名称为“符合解剖学结构的新奇糖果”，其公开日为2004年4月8日的专利文件原文共22页，及作为其中文译文的同族专利CN1700860A文件共17页；

附件12：充气糖果-棉花糖是一种美味食品，践之，《食品工业科技》1985年第3期，复印件共2页；

附件13：申请号为03825401.8的中国发明专利申请公开说明书，公开日：2005年11月23日，共17页。

专利复审委员会于2007年5月31日对本案进行口头审理。双方当事人均委托代理人参加了口头审理，口头审理过程中认定的事实如下：(1) 卡力思公司当庭出示了附件2~4、6~7的原件，未出示附件12的原件。周舟对附件1~2、8~9、11、13的真实性无异议，对附件3~7、10、12的真实性有异议，对附件11的中文译文的准确性无异议。(2) 卡力思公司放弃将附件10作为证据使用，仅将其内容作为意见陈述；放弃使用附件2和附件8的结合评价创造性；放弃使用附件1、附件2和附件9的结合评价创造性；放弃使用附件13评价新颖性。(3) 卡力思公司明确其无效理由为：附件3、7单独使用，附件4~6结合使用，作为使用公开的证据，证明权利要求1不具备《专利法》第二十二条第二款规定的新颖性；附件1、11~12作为出版物公开证据，附件1证明权利要求1不具备《专利法》第二十二条第二款规定的新颖性；附件11和12结合证明权利要求1不具备《专利法》第二十二条第三款规定的创造性。卡力思公司在无效宣告请求中，没有提出关于本专利的权利要求1相对于本专利权利要求1的前叙部分和附件11的结合不具有创造性的无效理由。

经查，附件1的发明专利权利要求1的内容为：一种卡通棉花糖，其是将棉花糖板通过制作好的成型模具加工成各种卡通造型，再将可塑造多种造型的糖浆挤注在卡通造型的棉花糖上得到的。

附件11的专利权利要求20及附图公开了一种符合解剖学结构的糖果，它包括：表现符合解剖学结构的人体部分的皮肤和肌肉的棉花糖外层；表现符合解剖学结构的人体部分的骨骼的硬性糖果材料内层，所述外层覆盖所述整个人体部分的内层。

基于上述事实，专利复审委员会于 2007 年 7 月 12 日作出第 10273 号决定，宣告维持本专利权有效。

上述事实，有本专利授权公告文本、附件 1、10～12、第 10273 号决定、当事人陈述等在案佐证。

本院认为：

（1）关于本专利权利要求 1 相对于附件 1 是否具备新颖性的问题。

《专利法》第二十二条第二款规定，新颖性是指在申请日以前没有同样的发明或者实用新型在国内外出版物上公开发表过、在国内公开使用过或者以其他方式为公众所知，也没有同样的发明或者实用新型由他人向国务院专利行政部门提出过申请并且记载在申请日以后公布的专利申请文件中。

本专利权利要求 1 要求保护一种糖裱花的填充式棉花糖，由棉花糖和糖霜组成，其特征在于：棉花糖是主体和辅体构成，在该主体上设有凹槽，辅体裱填在该凹槽上，糖霜裱在棉花糖上。

由查明事实可知，附件 1 公开了一种卡通棉花糖，其是将棉花糖板通过制作好的成型模具加工成各种卡通造型，再将可塑造多种造型的糖浆挤注在卡通造型的棉花糖上、风干得到的。

将本专利权利要求 1 与附件 1 相比可知：①附件 1 中糖浆是“挤注”在棉花糖板上的，本专利权利要求 1 中糖霜是“裱”在棉花糖上的，附件 1 中的糖浆经风干后呈相对大的块状或条状，而裱在棉花糖上的糖霜为相对小的粒状，两者在形态上是不同的，因此，附件 1 没有公开本专利权利要求 1 中“糖霜裱在棉花糖上”的技术特征。②附件 1 中将棉花糖板通过制作好的成型模具加工成各种卡通造型，该卡通造型的棉花糖没有分成主体和辅体两部分，是成一体的。因此，附件 1 没有公开本专利权利要求 1 中“棉花糖由主体和辅体构成”的技术特征。③附件 1 中的卡通造型的棉花糖侧面具有与卡通造型相对应的曲线起伏，在卡通造型的棉花糖上挤注糖浆，风干。其上存在的槽是为了表现卡通式的造型，该槽用于裱装棉花糖辅体以形成填充式棉花糖，而本专利权利要求 1 中的棉花糖辅体裱填在棉花糖主体的凹槽上，可见，附件 1 中的槽与本专利权利要求 1 中的凹槽的作用不同，本专利权利要求中的与凹槽有关的技术特征没有被附件 1 所公开。综上，本专利权利要求 1 与附件 1 公开的技术方案不同，本专利权利要求 1 相对于附件 1 具备《专利法》第二十二条第二款规定的新颖性。原告的该诉讼主张不能成立，本院不予支持。

（2）关于本专利权利要求 1 相对于附件 11 来说是否具备创造性的问题。

附件 11 公开了一种符合解剖学结构的糖果，它包括表现符合解剖学结构的人体部分的皮肤和肌肉的棉花糖外层和表现符合解剖学结构的人体部分的骨骼的硬性糖果材料内层，其所述外层覆盖所述整个人体部分的内层。

将本专利权利要求 1 与附件 11 公开的方案相比，其最明显的区别特征在于附件 11 中糖果的内层为硬性糖果，而本专利权利要求 1 中的主体和辅体均为棉花糖。众所周知，棉花糖为软糖。本发明所要解决的技术问题是提供一种仅由软糖组成，而不是由硬糖和软糖组成的，即具有不同组成结构的棉花糖。附件 11 提供的是一种新奇糖果，其中糖果内层的符合解剖学结构的骨骼是硬的，只能由硬性糖果来体现，而采用软性糖果制作内层正是附件 11 中的技术方案所排斥的，因此，附件 11 没有给出将内层硬性糖果替换成软性糖果的任何技术启示。原告诉称附件 11 给出了“软糖与软糖结合的技术启示”的主张，缺乏事实根据，不能成立。

正如原告起诉所称，本专利权利要求 1 与附件 11 相比，其区别除内层为硬性糖果外，还存在“糖霜裱在棉花糖上”的区别。然而，原告并无证据证明本专利权利要求 1 中由棉花糖主体和辅体构成的具有特定结构的棉花糖属于本领域的公知常识。因此，本专利权利要求 1 相对于附件 11 是非显而易见的。由于采用这种结构的本专利产品也可达到制作出各种不同形状、形象逼真的可食用糖果的有益效果，故本专利权利要求1具备实质性特点和进步，符合《专利法》第二十二条第三款的规定。原告的该诉讼主张不能成立，本院不予支持。

（3）关于本专利的权利要求1相对于本专利权利要求1的前叙部分和附件11是否具有创造性的问题。

由于原告在无效宣告请求中并没有提出过该无效理由，故不属本案审理范围，对此，本院不在本案中予以审理评述。

（4）关于本专利权利要求1相对于附件11和附件12结合是否具备创造性的问题。

由于原告在无效宣告请求案的审查过程中未出示附件12的原件，在第三人不认可其真实性的情况下，专利复审委员会对其真实性不予认可并无不当。附件12作为在无效审查程序中未被采信的证据，被告亦未对该证据作任何评述，并非被告作出第10273号决定的审查基础，因此，附件12不能在本案中作为评判本专利权利要求1是否具有创造性的合法有效证据，故原告的该诉讼主张与“被告行为合法性”审查无关联性，不属本诉讼案审理的范围。

综上所述，本专利权利要求1具有《专利法》第二十二条第二款所规定的新颖性及《专利法》第二十二条第三款所规定的创造性。被告作出的第10273号决定认定事实清楚，适用法律正确，审理程序合法。原告的诉讼理由不能成立，对其诉讼请求，本院不予支持。依照《中华人民共和国行政诉讼法》第五十四条第（一）项之规定，本院判决如下：

维持被告国家知识产权局专利复审委员会作出的第10273号无效宣告请求审查决定。

案件受理费100元，由原告广州市卡力思食品有限公司负担（已交纳）。

如不服本判决，各方当事人可在本判决书送达之日起15日内，向本院提交上诉状及其副本，并交纳上诉案件受理费100元，上诉于北京市高级人民法院。上诉期满后7日内未交纳上诉案件受理费的，按自动撤回上诉处理。

审 判 长 赵 静
代理审判员 佟 姝
人民陪审员 高 伟
二〇〇七年十二月十日
书 记 员 周 波

# 北京市高级人民法院
# 行政判决书

（2008）高行终字第108号

上诉人（原审原告）广州市卡力思食品有限公司，住所地广东省广州市番禺区化龙镇莘汀村东南村兴业大道旁。

法定代表人何奇伟，董事长。

委托代理人段立红，北京市洪范广住律师事务所律师。

委托代理人刘国伟，男，汉族，1957年5月5日出生，北京律盟知识产权代理有限责任公司专利代理人，住广东省深圳市福田区莲花北27～312。

被上诉人（原审被告）国家知识产权局专利复审委员会，住所地北京市海淀区北四环西路9号银谷大厦10～12层。

法定代表人廖涛，副主任。

委托代理人郭婷，该委员会审查员。

委托代理人程强，该委员会审查员。

原审第三人周舟，女，汉族，1962年3月24日出生，广州金伯莉食品制造有限公司总经理，住广东省广州市天河区龙口西路538号1805房。

委托代理人周春梅，女，汉族，1977年6月10日出生，广州三环专利代理有限公司专利代理人，住广东省广州市天河区天河路104号。

上诉人广州市卡力思食品有限公司（简称卡力思公司）因实用新型专利权无效行政纠纷一案，不服北京市第一中级人民法院（2007）一中行初字第1334号行政判决，向本院提起上诉。本院2008年3月3日受理本案后，依法组成合议庭，于2008年4月2日公开开庭进行了审理。上诉人卡力思公司的法定代表人何奇伟及其委托代理人段立红、刘国伟，被上诉人国家知识产权局专利复审委员会（简称专利复审委员会）的委托代理人郭婷、程强，原审第三人周舟的委托代理人周春梅到庭参加诉讼。本案现已审理终结。

北京市第一中级人民法院认定，本案涉及名称为“糖裱花的填充式棉花糖”、专利号为200520053459.4的实用新型专利（简称本专利），专利权人为周舟。针对本专利，卡力思公司于2006年9月30日向专利复审委员会提出专利无效宣告请求，理由为本专利权利要求1不符合《专利法》第二十二条第二款和第三款的规定。2007年7月12日，专利复审委员会作出第10273号无效宣告请求审查决定（简称第10273号决定），维持本专利有效。

北京市第一中级人民法院认为，将本专利权利要求1与附件1相比可知：（1）附件1中糖浆是“挤注”在棉花糖板上的，本专利权利要求1中糖霜是“裱”在棉花糖上的，两者在形态上是不同的，因此，附件1没有公开本专利权利要求1中“糖霜裱在棉花糖上”的技术特征。（2）附件1中将棉花糖板通过制作好的成型模具加工成各种卡通造型，该卡通造型的棉花糖没有分成主体和辅体两部分，是成一体的。因此，附件1没有公开本专利权利要求1中“棉花糖由主体和辅体构成”的技术特征。（3）附件1中的卡通造型的棉花糖侧面具有与卡通造型相对应的曲线起伏，在卡通造型的棉花糖上挤注糖浆，风干。其上存在的槽是为了表现卡通式的造型，该槽用于裱装棉花糖辅体以形成填充式棉花糖，而本专利权利要求1中的棉花糖辅体裱填在棉花糖主体的凹槽上，可见，附件1中的槽与本专利权利要求1中的凹槽的作用不同，本专利权利要求中的与凹槽有关的技术特征没有被附件1所公开。综上，本专利权利要求1与附件1公开的技术方案不同，本专利权利要求1相对于附件1具备《专利法》第二十二条第二款规定的新颖性。将本专利权利要求1与附件11公开的方案相比，其最明显的区别特征在于附件11中糖果的内层为硬性糖果，而本专利权利要求1中的主体和辅体均为棉花糖。众所周知，棉花糖为软糖。本发明所要解决的技术问题是提供一种仅由软糖组成，而不是由硬糖和软糖组成的，即具有不同组成结构的棉花糖 附件11提供的是一种新奇糖果，其中糖果内层的符合解剖学结构的骨骼是硬的，只能由硬性糖果来体现，而采用软性糖果制作内层正是附件11中的技术方案所排斥的，因此，附件11没有给出将内层硬性糖果替换成软性糖果的任何技术启示。

北京市第一中级人民法院依照《中华人民共和国行政诉讼法》第五十四条第（一）项之规定，判决：维持专利复审委员会做出的第10273号决定。

卡力思公司不服原审判决，向本院提起上诉，请求撤销原审判决及第10273号决定，依法宣告本专利权无效。其理由主要为：（1）原审判决就本专利相对于附件1是否具有新颖性认定事实有误，本专利相对于附件1不具有新颖性。第10273号决定认定附件1未公开的特征有三个：一是“棉花糖上裱有糖霜”；二是“棉花糖由主体与辅体构成”；三是“与凹槽有关的特征”。上诉人认为这种归纳是错误的。①关于“棉花糖上裱有糖霜”。附件1对应的特征是“将糖浆挤注在棉花糖上”，不同点仅在于“糖霜”与“糖浆”的物理性质不同，实质上指的是一个事物，而且“裱”与“挤注”都是同一个意思。②关于“棉花糖由主体与辅体构成”。本专利关于主体与辅体的说法是不规范的。其实，附件1的棉花糖并非整体一次成型，也形成了本专利所说的“辅体”。而且附件1所说的糖浆就是棉花糖糖浆。③关于“与凹槽有关的特征”。被上诉人只是断言附件1中的凹槽与本专利不同，但没有分析为什么不同。棉花糖采取模具成型，可以做成各种卡通形状，而卡通形状可以有各种造型，也具有“凹槽”。因此，本专利不具有新颖性。（2）本专利相对于附件11不具有创造性。从棉花糖不是硬糖的前提，不能推出棉花糖就是软糖，棉花糖应当属于半软糖。附件11指出糖果可以是三维空间的，也可以是二维的。在二维造型中，本领域技术人员可以不花费创造性劳动，来选择较软的或较硬的糖浆支撑棉花糖主体，因此，附件11给出了技术启示。综上，本专利不具有新颖性及创造性。专利复审委员会、周舟服从原审判决。

本院经审理查明：

本专利申请日为2005年1月10日、授权公告日为2006年8月2日、名称为“糖裱花的填充式棉花糖”、专利号为200520053459.4、专利权人为周舟。本专利授权公告的权利要求书如下：

“1. 一种糖裱花的填充式棉花糖，由棉花糖（1）和糖霜（2）组成，其特征在于：棉花糖（1）是主体（3）和辅体（4）构成，在该主体（3）上设有凹槽（11），辅体（4）裱填在该凹槽（11）上，糖霜（2）裱在棉花糖（1）上。”

针对上述专利权，卡力思公司于2006年9月30日向专利复审委员会提出专利无效宣告请求，认为本专利权利要求1不符合《专利法》第二十二条第二款和第三款的规定。为证明其无效主张，卡力思公司提交了下列附件作为证据：

附件1：申请号为200410026958.4，名称为“卡通棉花糖”的中国发明专利申请公开说明书，申请日：2004年4月23日，公开日：2005年1月26日，申请人：汤镜海，共5页；

附件2：《食品生产工艺与配方精选》，邓舜扬等编，中国轻工业出版社，1998年1月第1版，2000年1月第2次印刷，封面页、出版信息页和第287页，复印件共3页；

附件3：进出口食品标签审核证书，标签审核证书号：C44240410888，发证日期：2005年1月4日，复印件共2页；

附件4：进出口食品标签审核证书，标签审核证书号：C44240421615，发证日期：2004年11月8日，扫描件共2页；

附件5：原盒包装棉花棒棒软糖照片，扫描件共2页；

附件6：中华人民共和国出入境检验检疫出境货物通关单，装箱单，广东省出口商品发票，出口收汇核销单，中华人民共和国海关出口货物报关单，复印件共7页；

附件7：进出口食品标签审核证书，标签审核证书号：C44010417172，发证日期：2004年9月2日，扫描件共2页；

附件8：专利号为ZL02236501.X的中国实用新型专利说明书，授权公告日：2003年6月4日，共9页；

附件9：专利号为ZL200320120423.4的中国实用新型专利说明书，授权公告日：2004年12月15日，共8页。

经形式审查合格后，专利复审委员会受理了上述请求。

2006年10月30日，卡力思公司补充提交了以下附件：

附件10：由国家知识产权局专利检索咨询中心出具的编号为G062011的检索报告，复印件共4页；

附件11：WO 2004028264 A1，专利名称为"符合解剖学结构的新奇糖果"，其公开日为2004年4月8日的专利文件原文共22页，及作为其中文译文的同族专利CN1700860A文件共17页；

附件12：充气糖果-棉花糖是一种美味食品，践之，《食品工业科技》1985年第3期，复印件共2页；

附件13：申请号为03825401.8的中国发明专利申请公开说明书，公开日：2005年11月23日，共17页。

专利复审委员会于2007年5月31日对本案进行口头审理。双方当事人均委托代理人参加了口头审理，口头审理过程中认定的事实如下：(1) 卡力思公司当庭出示了附件2~4、6~7的原件，未出示附件12的原件。周舟对附件1~2、8~9、11、13的真实性无异议，对附件3~7、10、12的真实性有异议，对附件11的中文译文的准确性无异议。(2) 卡力思公司放弃将附件10作为证据使用，仅将其内容作为意见陈述；放弃使用附件2和附件8的结合评价创造性；放弃使用附件1、附件2和附件9的结合评价创造性；放弃使用附件13评价新颖性。(3) 卡力思公司明确其无效理由为：附件3、7单独使用，附件4~6结合使用，作为使用公开的证据，证明权利要求1不具备《专利法》第二十二条第二款规定的新颖性；附件1、11~12作为出版物公开证据，附件1证明权利要求1不具备《专利法》第二十二条第二款规定的新颖性；附件11和12结合证明权利要求1不具备《专利法》第二十二条第三款规定的创造性。卡力思公司在无效宣告请求中，没有提出关于本专利的权利要求1相对于本专利权利要求1的前叙部分和附件11的结合不具有创造性的无效理由。

经查，附件1的发明专利权利要求1的内容为：一种卡通棉花糖，其是将棉花糖板通过制作好的成型模具加工成各种卡通造型，再将可塑造多种造型的糖浆挤注在卡通造型的棉花糖上得到的。

附件11的专利权利要求20及附图公开了一种符合解剖学结构的糖果，它包括：表现符合解剖学结构的人体部分的皮肤和肌肉的棉花糖外层；表现符合解剖学结构的人体部分的骨骼的硬性糖果材料内层，所述外层覆盖所述整个人体部分的内层。

2007年7月12日，专利复审委员会作出第10273号决定。专利复审委员会在该决定中认定：

1. 关于本专利是否符合《中华人民共和国专利法》(以下简称《专利法》) 第二十二条第二款规定的新颖性

(1) 关于使用公开。

附件3、7均为进出口食品标签审核证书，其上仅记载有品名"裱花软糖"、"棒棒糖/软糖"和平面图，从品名和平面图给出的信息中无法看出产品的具体组成和结构特征。因此，附件3、7并未公开与本专利权利要求1同样的产品，附件3、7不能证明本专利产品在申请日前已经公开销售，不能破坏本专利权利要求1的新颖性。

附件4为进出口食品标签审核证书，附件5为原盒包装棉花棒棒软糖照片，附件6为中华人民共和国出入境检验检疫出境货物通关单、装箱单、广东省出口商品发票、出口收汇核销单、中华人民共和国海关出口货物报关单。由于请求人未出示附件5的原件，专利权人不认可附件5的真实性，故专利复审委员会对附件5的真实性也不予认可。附件4、6中均未公开本产品的组成，结构特征，因此，附件4~6无法形成完整的证据链证明在本专利申请日之前已有同样的产品公开销售。附件4~6不能破坏本专利权利要求1的新颖性。

(2) 关于出版物公开。

附件1为中国发明专利申请，专利权人认可附件1的真实性，附件1可以作为评价本专利新颖性的证据使用。

与本专利权利要求1相比，附件1未公开“棉花糖上裱有糖霜”、“棉花糖由主体和辅体构成”，以及与“凹槽”有关的技术特征。由此可见，本专利权利要求1与附件1公开的技术方案不同，权利要求1相对于附件1具备《专利法》第二十二条第二款规定的新颖性。

2. 关于本专利是否符合《专利法》第二十二条第三款规定的创造性

附件11为WO2004028264 A1，其公开日为2004年4月8日，在本专利申请日之前。专利权人认可其真实性，且对其中文译文的准确性无异议。因此，附件11可以用来评价本专利的创造性。

请求人未出示附件12的原件，专利权人不认可其真实性，专利复审委员会对其真实性不予确认。

鉴于附件12的真实性不能被认可，因此专利复审委员会仅对附件11能否破坏本专利权利要求1的创造性进行评述。

将本专利权利要求1与附件11公开的方案相比，区别之一在于附件11中糖果的内层为硬性糖果，而本专利权利要求1中的主体和辅体均为棉花糖。众所周知，棉花糖为软糖，因此，本发明解决的技术问题是提供一种具有不同组成结构的棉花糖，而附件11解决的技术问题是提供由硬糖和软糖组成的新奇糖果，即本专利解决的技术问题与附件1不同。附件11既未给出将内层的硬性糖果替换成棉花糖的技术启示，也未提及将同一种质地的糖做成两种不同结构的技术方案。本领域技术人员根据附件11公开的内容不能得到本专利权利要求1的技术方案，因此，本专利权利要求1相对于附件11是非显而易见的。此外，采用这种结构的本专利产品也可达到制作出各种不同形状、形象逼真的可食用糖果的有益效果。因此，本专利权利要求1具备实质性特点和进步，符合《专利法》第二十二条第三款的创造性规定。

综上，专利复审委员会决定维持本专利权有效。

上述事实，有本专利授权公告文本、附件1、10～12、第10273号决定、当事人陈述等在案佐证。

本院认为，本案的核心问题在于本专利相对于附件1是否具有新颖性以及相对于附件11是否具有创造性。

（1）关于本专利权利要求1相对于附件1是否具备新颖性的问题。

《专利法》第二十二条第二款规定，新颖性是指在申请日以前没有同样的发明或者实用新型在国内外出版物上公开发表过、在国内公开使用过或者以其他方式为公众所知，也没有同样的发明或者实用新型由他人向国务院专利行政部门提出过申请并且记载在申请日以后公布的专利申请文件中。

本专利权利要求1要求保护一种糖裱花的填充式棉花糖，由棉花糖和糖霜组成，其特征在于：棉花糖是主体和辅体构成，在该主体上设有凹槽，辅体裱填在该凹槽上，糖霜裱在棉花糖上。附件1公开了一种卡通棉花糖，其是将棉花糖板通过制作好的成型模具加工成各种卡通造型，再将可塑造多种造型的糖浆挤注在卡通造型的棉花糖上、风干得到的。

将本专利权利要求1与附件1相比可知：①附件1中糖浆是“挤注”在棉花糖板上的，本专利权利要求1中糖霜是“裱”在棉花糖上的。附件1中的“挤注”及本专利权利要求1中的“裱”均为方法特征，两者存在明显区别。从结构上看，附件1中的糖浆经风干后呈相对大的块状或条状，而裱在棉花糖上的糖霜为相对小的粒状，两者在形态上是不同的，因此，附件1没有公开本专利权利要求1中“糖霜裱在棉花糖上”的技术特征。②附件1中将棉花糖板通过制作好的成型模具加工成各种卡通造型，该卡通造型的棉花糖没有分成主体和辅体两部分，是成一体的。因此，附件1没有公开本专利权利要求1中“棉花糖由主体和辅体构成”的技术特征。③附件1中的卡通造型的棉花糖侧面具有与卡通造型相对应的曲线起伏，在卡通造型的棉花糖上挤注糖浆，风干，其上存在的槽是为了表现卡通式的造型，而本专利权利要求1中的棉花糖辅体裱填在棉花糖主体的凹槽上，可见，附件1中的槽与本专利权利要求1中的凹槽的作用不同，本专利权利要求中的与凹槽有关的技术特征没有被附件1所公开。综上，本专利权利要求1与附件1公开的技术方案不同，本专利权利要求1相对于附件1具备《专利法》第二十二条第二款规定的新颖性。上诉人卡力思公司关于本专利权利要求1不具有新颖性的上诉主张不能成立，本院不予支持。

（2）关于本专利权利要求1相对于附件11来说是否具备创造性的问题。

创造性，是指同申请日以前已有的技术相比，该实用新型有实质性特点和进步。

附件11公开了一种符合解剖学结构的糖果，它包括表现符合解剖学结构的人体部分的皮肤和肌肉的棉花糖外层和表现符合解剖学结构的人体部分的骨骼的硬性糖果材料内层，其所述外层覆盖所述整个人体部分的内层。

将本专利权利要求1与附件11公开的方案相比，其最明显的区别特征在于附件11中糖果的内层为硬性糖果，而本专利权利要求1中的主体和辅体均为棉花糖。一般而言，棉花糖为软糖，即便如上诉人卡力思公司所主张的棉花糖为半软糖，那么，本发明所要解决的技术问题是提供一种仅由软糖或半软糖组成，而不是由硬糖和软糖或半软糖组成的，即具有不同组成结构的棉花糖。附件11提供的是一种新奇糖果，其中糖果内层的符合解剖学结构的骨骼是硬的，只能由硬性糖果来体现，而采用软性或半软性的糖果制作内层正是附件11中的技术方案所排斥的，因此，附件11没有给出将内层硬性糖果替换成软性糖果的任何技术启示。因此，本专利权利要求1相对于附件11是非显而易见的，本专利权利要求1具备实质性特点和进步，符合《专利法》第二十二条第三款的规定。上诉人关于本专利权利要求1不具有创造性的上诉主张缺乏事实根据，不能成立。

综上所述，原审判决认定事实清楚，适用法律正确，应予维持。上诉人卡力思公司的上诉主张于法无据，本院不予支持。依照《中华人民共和国行政诉讼法》第六十一条第一款第（一）项之规定，本院判决如下：

驳回上诉，维持原判。

一审案件受理费100元，由广州市卡力思食品有限公司负担（已交纳）；二审案件受理费100元，由广州市卡力思食品有限公司负担（已交纳）。

本判决为终审判决。

审 判 长　刘　辉
代理审判员　岑宏宇
代理审判员　焦　彦
二〇〇八年四月十八日
书 记 员　孙　娜
书 记 员　耿巍巍

022

# 一种棉花组合糖

## 无效宣告请求审查决定（第10274号）

**决　　定　　号**　第10274号
**决　　定　　日**　2007年7月12日
**发明创造名称**　一种棉花组合糖
**国 际 分 类 号**　A23G 3/00
**无效宣告请求人**　广州市卡力思食品有限公司
**专　利　权　人**　周　舟
**专　　利　　号**　200520053964.9
**申　　请　　日**　2005年1月26日
**授 权 公 告 日**　2006年4月19日
**合 议 组 组 长**　程　强
**主　　审　　员**　郭　婷
**参　　审　　员**　许　磊

**法　律　依　据**　专利法第22条第2款、第3款
**决　定　要　点**

如果要求保护的权利要求所限定的技术方案与对比文件公开的技术方案实质上不同，则该权利要求具备新颖性。

在判断一项权利要求的创造性时，首先应当将权利要求的技术方案与最接近的现有技术相比较，找出它们之间的区别技术特征，然后再考察现有技术中是否给出了将上述区别技术特征应用到该最接近的现有技术以解决本实用新型实际解决的技术问题的启示，若不存在这种启示，而且要求保护的技术方案具有有益的技术效果，则可以认定该权利要求具备实质性特点和进步，具有创造性。

### 一、案由

本专利权无效宣告请求案涉及国家知识产权局于2006年4月19日公告授予的、名称为“一种棉花组合糖”的200520053964.9号实用新型专利权（下称本专利），其申请日为2005年1月26日，专利权人为周舟。本专利授权公告的权利要求书如下：

“1. 一种棉花组合糖，其特征在于它是由棉花糖（1），软糖（2）和公仔糖（3）组成，该棉花糖（1）由多种不同颜色的棉花条交叉绕在一起，形成圆环形，软糖（2）设在棉花糖（1）的中间，并通过棒条串接在一起；公仔糖（3）固接在软糖（2）的其中一面上。”

针对上述专利权，广州市卡力思食品有限公司（下称请求人）于2007年2月6日向专利复审委员会提出专利无效宣告请求，认为本专利权利要求1不符合专利法第22条第2款、第3款的规定。请求人同时提交了本专利授权公告文本及以下附件：

附件1：专利号为ZL02365357.4的中国外观设计专利授权公告文本，授权公告日：2003年7月23日，黑白复印件，共1页。

请求人认为，从附件1公开的棉花啫喱棒糖的主视图、后视图、左视图、右视图、俯视图、仰视图、使用状态参考图中可以看出，附件1的产品与本专利产品属于同一类产品，附件1在先公开的内容已覆盖了本专利权利要求1的全部技术特征，本专利权利要求1不具备新颖性。基于这一事实，本专利权利要求1也没有实质性特点和技术进步，不具备创造性。

经形式审查合格后，专利复审委员会受理了上述请求，于2007年3月12日向双方当事人发出《无效宣告请求受理通知书》，并将《专利权无效宣告请求书》及其附件清单所列附件副本转送给专利权人，要求其在指定的期限内答复，同时成立合议组对本无效宣告请求案进行审理。

专利权人于2007年4月19日提交了意见陈述书，专利权人认为：（1）本专利为实用新型，而附件1为外观设计，附件1不能用于评价本专利的新颖性和创造性。（2）即使使用附件1作为对比文件，其仍然不能否定本专利的新颖性和创造性，具体理由是：附件1是外观设计，其公开和保护的只是产品外观的六面视图，仅涉及产品的形状、图案及色彩，而未公开该产品构造上的结构特征，即附件1未公开本专利“由棉花糖、软糖和公仔糖组成”、“棉花糖由多种不同颜色的棉花条交叉绕在一起”、“软糖设在棉花糖的中间，并通过棒条串接在一起”，“公仔糖固接在软糖的其中一面上”这些属于产品组成、结构、连接关系上的技术特征；本专利的技术方案具有实质性特点和进步，解决了棉花糖外形单一、味道单调、口感不佳的缺点，达到了有益效果。

2007年5月21日，本案合议组向双方当事人发出口头审理通知书，定于2007年5月31日对本案进行口头审理。

2007年5月31日口头审理如期进行。双方当事人均委托代理人参加了口头审理。合议组当庭将专利权人于2007年4月19日提交的意见陈述书转给请求人。口头审理过程中认定的事实如下：（1）请求人当庭提交了附件1的彩色网络打印件，共4页，专利权人认为该证据的提交超过了举证期限，且对其真实性不予认可。但专利权人认可提出无效请求时提交的附件1的黑白复印件的真实性。（2）请求人明确其无效宣告请求的理由为权利要求1相对于附件1不符合专利法第22条第2款规定的新颖性和专利法第22条第3款规定的创造性。（3）专利权人认为附件1为外观设计专利，其不能用于评价实用新型专利的新颖性和创造性。庭审中，合议组对请求人提出的无效理由和事实进行了充分调查，并听取了各方当事人的陈述。

至此，合议组认为本案事实已经清楚，可以依法作出审查决定。

**二、决定的理由**

1. 关于证据

请求人于口头审理时当庭提交了附件1的彩色网络打印件，共4页，专利权人认为该彩色网络打印件的提交超过了一个月的举证期限，且对其真实性不予认可，但专利权人对请求人于提出无效宣告请求时提交的附件1的黑白复印件的真实性予以认可。对此，合议组认为：口头审理时当庭提交的附件1的彩色网络打印件与提出无效宣告请求时提交的附件1的黑白复印件上的专利号（02365357.4）、各著录项目与各视图均相同，专利权人对提出无效宣告请求时提交的附件1的真实性予以认可，且经合议组核实，该彩色网络打印件与02365357.4号专利授权公告的文本相一致，因此，合议组认为口头审理时当庭提交的附件1的彩色网络打印件属于用于完善证据法定形式的证据，符合举证期限的要求，且对其真实性予以认可。

专利权人认为附件1是外观设计专利，而本专利为实用新型专利，附件1不能用于评价本专利的新颖性和创造性。对此，合议组认为：并非仅有实用新型专利文献才能够作为现有技术评价实用新型专利的新颖性和创造性，现有技术具有多种类型，附件1虽然是外观设计专利，但其也记载了一定的技术信息，属于专利法意义上的公开出版物，其公开日为2003年7月23日，在本专利的申请日2005年1月26日之前，构成本专利的现有技术，可以用来评价本专利的新颖性和创造性。

2. 关于专利法第22条第2款

专利法第22条第2款规定：新颖性，是指在申请日以前没有同样的发明或者实用新型在国内外出版物上公开发表过、在国内公开使用过或者以其他方式为公众所知，也没有同样的发明或者实用新型由他人向国务院专利行政部门提出过申请并且记载在申请日以后公布的专利申请文件中。

根据该款规定，如果要求保护的权利要求所限定的技术方案与对比文件公开的技术方案实质上不同，则该权利要求具备新颖性。

本专利权利要求1要求保护一种棉花组合糖，其特征在于它是由棉花糖（1），软糖（2）和公仔糖（3）组成，该棉花糖（1）由多种不同颜色的棉花条交叉绕在一起，形成圆环形，软糖（2）设在棉花糖（1）的中间，并通过棒条串接在一起；公仔糖（3）固接在软糖（2）的其中一面上。

附件1的名称为棉花啫喱棒糖，从视图中可以看出其外围由多种不同颜色的彩条交叉排列在一起形成圆环形，棒条将圆环及圆环中心的物质串接在一起，圆环中心上有一个鸭子状的突起图案。

本专利权利要求1与附件1相比，区别在于：(I) 本专利权利要求1中的棉花糖形成圆环形，软糖设在棉花糖的中间。附件1的名称虽然为棉花啫喱棒糖，但是从附件1的视图中无法看出哪部分为棉花糖，哪部分为啫喱糖。(II) 本专利权利要求1的多种不同颜色的棉花条是交叉绕在一起的。从附件1的图中无法看出其中的不同颜色的彩条是交叉绕在一起还是依次排列在一起。(III) 本专利权利要求1中的公仔糖固接在软糖的其中一面上。从附件1的图中无法看出鸭子状的突起图案与圆环中心物质是固接的，还是形成一个整体。

由于本专利权利要求1的技术方案未被附件1公开，因此，权利要求1相对于附件1具备专利法第22条第2款规定的新颖性。

3. 关于专利法第22条第3款

专利法第22条第3款规定：创造性，是指同申请日以前已有的技术相比，该发明有突出的实质性特点和显著的进步，该实用新型有实质性特点和进步。

根据该款规定，在判断一项权利要求的创造性时，首先应当将权利要求的技术方案与最接近的现有技术相比较，找出它们之间的区别技术特征，然后再考察现有技术中是否给出了将上述区别技术特征应用到该最接近的现有技术以解决本实用新型实际解决的技术问题的启示，若不存在这种启示，而且要求保护的技术方案具有有益的技术效果，则可以认定该权利要求具备实质性特点和进步，具有创造性。

如决定理由2中所述，本专利权利要求1要求保护的技术方案未被附件1公开，同时本发明实际解决的技术问题是提供了一种由棉花糖、软糖、公仔糖组成并且具有特定结构的棉花组合糖，然而附件1的外观设计并未给出得到本专利权利要求1特定结构技术方案的启示，因此，本专利权利要求1的技术方案不是显而易见的，而且本专利要求保护的产品具有外形美观、味道多样化、口感好等有益的技术效果，因此，本专利权利要求1具备实质性特点和进步，具备专利法第22条第3款规定的创造性。

基于以上事实和理由，本案合议组作出如下审查决定。

**三、决定**

维持200520053964.9号实用新型专利权有效。

当事人对本决定不服的，可以根据专利法第46条第2款的规定，自收到本决定之日起三个月内向北京市第一中级人民法院起诉。根据该款的规定，一方当事人起诉后，另一方当事人应当作为第三人参加诉讼。

# 北京市第一中级人民法院
# 行政判决书

（2007）一中行初字第1333号

原告广州市卡力思食品有限公司，住所地广东省广州市番禺区化龙镇莘汀村东南村兴业大道旁。

法定代表人何奇伟，董事长。

委托代理人石泽智，广州广信知识产权代理有限公司专利代理人。

委托代理人马丽丽，广州广信知识产权代理有限公司专利代理人。

被告国家知识产权局专利复审委员会，住所地北京市海淀区北四环西路9号银谷大厦10～12层。

法定代表人廖涛，副主任。

委托代理人郭婷，国家知识产权局专利复审委员会审查员。

委托代理人程强，国家知识产权局专利复审委员会审查员。

第三人周舟，女，1962年3月24日出生，汉族，广州金伯莉食品制造有限公司总经理，住广州市天河区龙口西路5 38号1805房。

委托代理人郝传鑫，广州三环专利代理有限公司专利代理人。

委托代理人闵磊，男，1974年5月9日出生，广州三环专利代理有限公司职员，住湖北省武汉市武昌区高家湾新一村10-4-501号。

原告广州市卡力思食品有限公司（简称卡力思公司）不服被告国家知识产权局专利复审委员会（简称专利复审委员会）于2007年7月25日作出的第10274号无效宣告请求审查决定（简称第10274号决定），在法定期限内向本院提起行政诉讼。本院于2007年9月27日受理本案后，依法组成合议庭，并通知周舟作为本案第三人参加诉讼，于2007年11月8日公开开庭进行了审理。原告卡力思公司的委托代理人石泽智、马丽丽，被告专利复审委员会的委托代理人郭婷、程强，第三人周舟的委托代理人闵磊到庭参加诉讼。本案现已审理终结。

第10274号决定系专利复审委员会就请求人卡力思公司针对专利权人周舟拥有的名称为“一种棉花组合糖”的实用新型专利（简称本专利）所提出的无效宣告请求作出的。专利复审委员会在该决定中认定：

（1）关于证据。

专利权人对请求人提出无效宣告请求时提交的附件1的真实性予以认可。经核实，请求人于口头审理时当庭提交的附件1的彩色网络打印件与附件1专利授权公告的文本相一致，因此，该彩色网络打印件属于用于完善证据法定形式的证据，符合举证期限的要求，故对附件1的真实性予以认可。

专利权人认为附件1是外观设计专利，而本专利为实用新型专利，附件1不能用于评价本专利的新颖性和创造性。对此，专利复审委员会认为：并非仅有实用新型专利文献才能够作为现有技术评价实用新型专利的新颖性和创造性，现有技术具有多种类型，附件1虽然是外观设计专利，但其也记载了一定的技术信息，属于专利法意义上的公开出版物，其公开日为2003年7月23日，在本专利的申请日2005年1月26日之前，构成本专利的现有技术，可以用来评价本专利的新颖性和创造性。

（2）关于本专利是否符合《中华人民共和国专利法》（简称《专利法》）第二十二条第二款规定的新颖性。

本专利权利要求1与附件1相比，区别在于：①本专利权利要求1中的棉花糖形成圆环形，软糖设在棉花糖的中间。附件1的名称虽然为棉花啫喱棒糖，但是从附件1的视图中无法看出哪部分为棉花糖，哪部分为啫喱糖。②本专利权利要求1的多种不同颜色的棉花条是交叉绕在一起的。从附件1的图中无法看出其中的不同颜色的彩条是交叉绕在一起还是依次排列在一起。③本专利权利要求1中的公仔糖固接在软糖的其中一面上。从附件1的图中无法看出鸭子状的突起图案与圆环中心物质是固接的，还是形成一个整体。

由于本专利权利要求1的技术方案未被附件1公开，因此，权利要求1相对于附件1具备《专利法》第二十二条第二款规定的新颖性。

(3) 关于本专利是否符合《专利法》第二十二条第三款规定的创造性。

在判断一项权利要求的创造性时，首先应当将权利要求的技术方案与最接近的现有技术相比较，找出它们之间的区别技术特征，然后再考察现有技术中是否给出了将上述区别技术特征应用到该最接近的现有技术以解决本专利实际解决的技术问题的启示，若不存在这种启示，而且要求保护的技术方案具有有益的技术效果，则可以认定该权利要求具备实质性特点和进步，具有创造性。

如前所述，本专利权利要求1要求保护的技术方案未被附件1公开，同时本专利实际解决的技术问题是提供了一种由棉花糖、软糖、公仔糖组成并且具有特定结构的棉花组合糖，然而附件1的外观设计并未给出得到本专利权利要求1特定结构技术方案的启示，因此，本专利权利要求1的技术方案不是显而易见的，而且本专利要求保护的产品具有外形美观、味道多样化、口感好等有益的技术效果，因此，本专利权利要求1具备实质性特点和进步，具备《专利法》第二十二条第三款规定的创造性。

综上，专利复审委员会作出第10274号决定，维持本专利权有效。

原告卡力思公司不服第10274号决定，在法定期限内向本院提起行政诉讼称：附件1公开了以下技术特征：(1) 从附件1的名称可以推断出附件1的糖主要由棉花糖、啫喱糖和棒条构成，而且以棉花糖和啫喱糖两种原料为主，而棉花糖与啫喱糖都是属于软糖。(2) 从附件1各个视图中可以清楚看出该糖其外围由多种不同颜色的彩条交叉绕在一起形成圆环形，棒条将圆环及圆环中心的物质串接在一起，圆环中心上有一个鸭子状公仔型立体糖块。(3) 从附件1各个视图均可以看出，此糖外围由多种不同颜色的彩条交叉绕在一起形成圆环形，视觉效果较为膨松，该圆环中心的物质较为致密，而棉花糖由于在其制作过程中需要充入气体，因此质地比一般的糖果膨松，本领域普通技术人员在观看附件1中的糖时判断该由多种不同颜色的彩条交叉绕在一起形成较为膨松的圆环形为棉花糖是容易的。判断该圆环中心的较为致密的物质为啫喱糖也是容易的。(4) 从附件1各个视图均可以看出，此糖外围由多种不同颜色的棉花糖彩条交叉绕在一起形成圆环形中的棉花糖彩条每条大小均匀，过渡连贯，彩条与彩条之间边缘清晰干净，没有发生互相渗透、粘连的情况，特别是结合主视图、后视图、俯视图和仰视图来看，要制作出这样细致美观干净利索的绳索状效果，如果仅通过人工在啫喱糖外围一根根挤出排列出来，对工人的技术要求一定非常高，做一颗糖就像绣一朵花一样，不仅生产效率低，而且重现性也很差，这对于需要大批量高质量生产的工业企业来说，是不可能的。因此该糖最有可能的是用机器先将绳索状交叉绕在一起的棉花糖彩条批量制作好，再根据此糖的尺寸要求裁出一定长度，然后直接绕在中间的啫喱糖外围。通过看附件1的图，再结合简单的常识和简单的逻辑推理，本领域技术人员得出此糖外围由多种不同颜色的棉花糖彩条交叉绕在一起形成圆环形也是容易的。(5) 啫喱糖中心上有一个鸭子状公仔型立体糖块，从图中不能直接判断出此公仔型立体糖块与啫喱糖是一体成型的还是单独作出公仔型立体糖块后固定在啫喱糖上的，但从图中棉花糖彩条两端部交接位置上的蝴蝶结可以看出此蝴蝶结也应是可食用的糖块，而该蝴蝶结糖块是固接在棉花糖彩条两端部交接位置上的，用以遮挡住交接处的缝隙，使糖型更为美观，而绝对不是与棉花糖彩条一体成型的，本领域技术人员通过蝴蝶结糖块固接在棉花糖彩条上这一技术启示，得出公仔型立体糖块与啫喱糖固接是容易的。基于上述理由，本领域技术人员基于附件1披露的技术信息并结合其中的技术启示和一般常识，制作出本专利权利要求1的产品是容易的。因此本专利权利要求1相对于附件1来说不具有创造性，应该被宣告无效。综上，原告请求人民法院判令：（1）依法撤销被告专利复审委员会作出的第10274号决定；（2）依法宣告本专利权无效。

被告专利复审委员会辩称：（1）附件1视图中能看出有棉花糖和啫喱糖，但看不出哪一部分是啫喱糖，哪一部分是棉花糖。（2）附件1的视图彩条的启示，不同颜色彩条更像是一次排列在一起的，交叉的结论是原告先入为主得出的结论。（3）附件1视图中看不出是一体成形还是固接上的，蝴蝶结与圆环中心图案的连接方式无关不能得出启示。（4）附件1是一份外观设计专利，其提供的信息非常有限，从图中读到的关于产品的组合、结构等信息绝大部分都是猜测，而且存在诸多可能性，并未给出得到本专利权利要求1特定结构技术方案的明确启示。专利法对实用新型创造性的要求明显低于发明专利，若认为将多种可能性或不明显的启示进行组合能够容易地得到权利要求1要求保护的技术方案是明显不合理的。综上，专利复审委员会坚持其在第10274号决定中的意见，认为第10274号决定认定事实清楚，适用法律正确，审理程序合法，原告的诉讼理由不能成立，请求人民法院驳回原告的诉讼请求，维持第10274号决定。

第三人周舟陈述意见认为专利复审委员会作出的第10274号决定审理程序合法，认定事实清楚，适用法律正确，应予以维持，原告的理由不能成立，请求人民法院驳回原告的全部诉讼请求，维持第10274号决定。

本院经审理查明：

本专利申请日为2005年1月26日、授权公告日为2006年4月19日、名称为“一种棉花组合糖”、专利号为200520053964.9、专利权人为周舟。本专利授权公告的权利要求书如下：

“1. 一种棉花组合糖，其特征在于它是由棉花糖（1），软糖（2）和公仔糖（3）组成，该棉花糖（1）由多种不同颜色的棉花条交叉绕在一起，形成圆环形，软糖（2）设在棉花糖（1）的中间，并通过棒条串接在一起；公仔糖（3）固接在软糖（2）的其中一面上。”

针对上述专利权，卡力思公司于2007年2月6日向专利复审委员会提出无效宣告请求，认为本专利权利要求1不符合《专利法》第二十二条第二款和第三款的规定。为证明其无效主张，卡力思公司提交了附件1：专利号为ZL02365357.4的中国外观设计专利授权公告文本，授权公告日：2003年7月23日，黑白复印件，共1页。

卡力思公司认为，从附件1公开的棉花啫喱棒糖的主视图、后视图、左视图、右视图、俯视图、仰视图、使用状态参考图中可以看出，附件1的产品与本专利产品属于同一类产品，附件1在先公开的内容已覆盖了本专利权利要求1的全部技术特征，本专利权利要求1不具备新颖性。基于这一事实，本专利权利要求1也没有实质性特点和技术进步，不具备创造性。

针对卡力思公司的无效请求及其主张，周舟于2007年4月19日向专利复审委员会提交了意见陈述书，认为：（1）本专利为实用新型，而附件1为外观设计，附件1不能用于评价本专利的新颖性和创造性。（2）即使使用附件1作为对比文件，其仍然不能否定本专利的新颖性和创造性，具体理由是：附件1是外观设计，其公开和保护的只是产品外观的六面视图，仅涉及产品的形状、图案及色彩，而未公开该产品构造上的结构特征，即附件1未公开本专利“由棉花糖、软糖和公仔糖组成”、“棉花糖由多种不同颜色的棉花条交叉绕在一起”、“软糖设在棉花糖的中间，并通过棒条串接在一起”，“公仔糖固接在软糖的其中一面上”这些属于产品组成、结构、连接关系上的技术特征；本专利的技术方案具有实质性特点和进步，解决了棉花糖外形单一、味道单调、口感不佳的缺点，达到了有益效果。

2007 年 5 月 31 日，专利复审委员就本无效请求案进行口头审理。口头审理过程中认定的事实如下：(1) 卡力思公司当庭提交了附件 1 的彩色网络打印件，共 4 页，周舟认为该证据的提交超过了举证期限，且对其真实性不予认可。但周舟认可提出无效请求时提交的附件 1 的黑白复印件的真实性。(2) 卡力思公司明确其无效宣告请求的理由为权利要求 1 相对于附件 1 不符合《专利法》第二十二条第二款规定的新颖性和《专利法》第二十二条第三款规定的创造性。(3) 周舟认为附件 1 为外观设计专利，其不能用于评价实用新型专利的新颖性和创造性。

经查，附件 1 的外观设计专利名称为棉花啫喱棒糖，从各视图中可以直接观察到的技术特征是：外围由多种不同颜色的彩条交叉排列在一起形成圆环形，棒条将圆环及圆环中心的物质串接在一起，圆环中心上有一个鸭子状的突起图案。

2007 年 7 月 25 日，专利复审委员会作出第 10274 号决定，维持本专利权有效。

上述事实，有本专利授权公告文本、附件 1、第 10274 号决定、当事人陈述等证据在案佐证。

本院认为：

针对原告的诉讼主张，关于本专利权利要求 1 相对于附件 1 是否具有新颖性、创造性的评判涉及以下三方面的比对问题：

(1) 关于附件 1 中的蝴蝶结和花边是否给出了将公仔糖固接在软糖的其中一面上的启示问题。

首先，原告有关此问题的诉讼主张在无效请求程序中并没有提出，被告在第 10274 号决定中也没有涉及；其次，由于蝴蝶结和花边与位于圆环中心图案的公仔糖的连接方式无关，也不能得出将公仔糖固接在软糖的其中一面上的启示。因此，原告认为附件 1 中的蝴蝶结和花边已经给出了将公仔糖固接在软糖的其中一面上的启示的诉讼主张不能成立，本院不予支持。

(2) 关于附件 1 视图中能否看出棉花糖和啫喱糖的具体位置的问题。

虽然，由附件 1 的发明名称可以得出该棒糖中含有棉花和啫喱两种成分，但由于附件 1 是一篇外观设计专利的视图，外观设计保护的是产品的形状、图案、色彩及其组合，仅根据该视图中材料的色彩（颜色的色相、纯度、明度）不能唯一地得出该外观设计专利产品的整体或者各组成部分具体为哪一种材料。因此，附件 1 没有公开本专利权利要求 1 中的“棉花糖由多种不同颜色的棉花条交叉在一起，形成圆环形，软糖设在棉花糖的中间”的技术特征。

(3) 关于附件 1 的不同颜色彩条是依次排列在一起的还是交叉绕在一起的问题。

附件 1 中不同颜色的彩条经过某种结合方式后形成圆环形，但不能明确得出该不同颜色的彩条是交叉绕在一起的还是依次排列的。由于附件 1 是一篇外观设计专利，其保护的是产品的形状、图案、色彩及其组合，形状、图案的形成不依赖于一种形成方法，虽然以交叉缠绕的方式属于一种可以采用的技术手段，但不能以此排除该不同颜色的彩条是依次排列在一起形成圆环形的情况，因为这样的组合方式也能实现相同的技术效果。因此，本领域普通技术人员通过观察附件 1 的视图，并不能容易地得出原告主张的“此糖外围由多种不同颜色的棉花糖彩条交叉绕在一起形成圆环形”的唯一结论。因此，附件 1 没有公开本专利权利要求 1 中的该“棉花糖由多种不同颜色的棉花条交叉绕在一起，形成圆环形”这一技术特征。

综上，本专利权利要求 1 相对于附件 1 的区别技术特征是：棉花糖由多种不同颜色的棉花条交叉绕在一起，形成圆环形，软糖设在棉花糖的中间，并通过棒条串接在一起；公仔糖固接在软糖的其中一面上。因此，本专利权利要求 1 的技术方案未被附件 1 公开，权利要求 1 相对于附件 1 具备《专利法》第二十二条第二款规定的新颖性。

由于附件 1 没有公开权利要求 1 的技术方案，也没有明确给出采用上述区别技术特征得到本专利具有特定结构的棉花糖的技术启示，且上述区别技术特征也不是本领域的公知常识。因此，本领域技术人员根据附件1披露的技术内容结合公知常识并不能显而易见地得出本专利权利要求1的技术方案，本专利权利要求1具有实质性特点和进步，具备专利法第二十二条第三款所规定的创造性。

综上所述，被告作出的第10274号决定认定事实清楚，适用法律正确，审理程序合法。原告的诉讼理由不能成立，对其诉讼请求，本院不予支持。依照《中华人民共和国行政诉讼法》第五十四条第（一）项之规定，本院判决如下：

维持被告国家知识产权局专利复审委员会作出的第10274号无效宣告请求审查决定。

案件受理费100元，由原告广州市卡力思食品有限公司负担（已交纳）。

如不服本判决，各方当事人可在本判决书送达之日起15日内，向本院提交上诉状及其副本，并交纳上诉案件受理费100元，上诉于北京市高级人民法院。上诉期满后7日内未交纳上诉案件受理费的，按自动撤回上诉处理。

审 判 长　赵　静
代理审判员　佟　姝
人民陪审员　高　伟
二〇〇七年十二月七日
书 记 员　周　波

# 北京市高级人民法院
# 行政裁定书

（2008）高行终字第109号

上诉人（原审原告）广州市卡力思食品有限公司，住所地广东省广州市番禺区化龙镇莘汀村东南村兴业大道旁。

法定代表人何奇伟，董事长。

委托代理人石泽智，男，汉族，1961年9月27日出生，广州广信知识产权代理有限公司专利代理人，住广东省广州市越秀区建设二马路东四街8号402房。

委托代理人马丽丽，女，汉族，1974年5月16日出生，广州广信知识产权代理有限公司专利代理人，住广东省广州市海珠区赏湖街1号301房。

被上诉人（原审被告）国家知识产权局专利复审委员会，住所地北京市海淀区北四环西路9号银谷大厦10～12层。

法定代表人廖涛，副主任

委托代理人郭婷，该委员会审查员。

委托代理人程强，该委员会审查员。

原审第三人周舟，女，汉族，1962年3月24日出生，广州金伯莉食品制造有限公司总经理，住广东省广州市天河区龙口西路538号1805房。

委托代理人周春梅，女，汉族，1977年6月10日出生，广州三环专利代理有限公司专利代理人，住广东省广州市天河区天河路104号。

上诉人广州市卡力思食品有限公司（简称卡力思公司）因实用新型专利权无效行政纠纷一案，

不服北京市第一中级人民法院（2007）一中行初字第1333号行政判决，向本院提起上诉。在本院审理本案过程中，上诉人卡力思公司于2008年4月6日申请撤回上诉。

本院经审查认为，上诉人卡力思公司的撤回上诉的申请不违反法律规定，未侵犯他人合法权益，应予准许。

现裁定如下：

准许上诉人广州市卡力思食品有限公司撤回上诉，各方均按原审判决执行。

一审案件受理费100元，由广州市卡力思食品有限公司负担（已交纳）；二审案件受理费100元，减半收取50元，由广州市卡力思食品有限公司负担（已交纳）。

本裁定为终审裁定。

代理审判长　刘　辉

代理审判员　岑宏宇

二〇〇八年四月十一日

书　记　员　孙　娜

书　记　员　耿巍巍

023

# 一种过滤网罩

## 无效宣告请求审查决定（第10289号）

决　定　号　第10289号
决　定　日　2007年7月16日
发明创造名称　一种过滤网罩
国际分类号　A47J 43/04
无效宣告请求人　蔡雁庭
专利权人　王旭宁
专　利　号　00248594.X
申　请　日　2000年9月29日
授权公告日　2001年7月25日
合议组组长　何　炜
主　审　员　任　怡
参　审　员　郭　婷

法律依据　专利法第22条第3款
决定要点

如果一项权利要求要求保护的技术方案与现有技术相比存在区别技术特征，而现有技术中给出了为解决本发明技术问题而引入该区别技术特征的技术启示，该权利要求保护的技术方案是本领域技术人员很容易想到的，并且权利要求所限定的技术方案并没有带来意想不到的技术效果，则该权利要求不具备创造性。

### 一、案由

本专利权无效宣告请求案涉及国家知识产权局于2001年7月25日公告授予的、名称为“一种过滤网罩”的00248594.X号实用新型专利权（下称本专利），其申请日为2000年9月29日，专利权人为王旭宁。本专利授权公告的权利要求书如下：

“1. 一种过滤网罩，为底部封闭、顶部敞开的不锈钢圆桶，其特征在于在桶壁（3）和桶底（7）上设置有用电化学腐蚀而成的筛孔（5）。

2. 如权利要求1所述的一种过滤网罩，其特征在于所述筛孔（5）为50~60目、筛孔（5）孔径为0.40~0.45mm。

3. 如权利要求1或2所述的一种过滤网罩，其特征在于是在桶壁（3）和桶底（7）之间固定连接设置有用电化学腐蚀而成的筛孔（5）的侧筛板（4），在开孔的桶底（7）的孔上固定设置有用电化学腐蚀而成的筛孔（5）的底筛板（6）。

4. 如权利要求1或2所述的一种过滤网罩，其特征在于在桶壁（3）上端冲有两个以上锁定凸（1）。

5. 如权利要求1或2所述的一种过滤网罩，其特征在于在桶底（7）上固定设置有一个支撑架（8）。

6. 如权利要求3所述的一种过滤网罩，其特征在于在桶壁（3）上端冲有两个以上锁定凸（1）。

7. 如权利要求3所述的一种过滤网罩，其特征在于在桶底（7）上固定设置有一个支撑架（8）。

8. 如权利要求4所述的一种过滤网罩，其特征在于在桶底（7）上固定设置有一个支撑架（8）。”

针对上述专利权，蔡雁庭（下称请求人）于2006年8月21日向专利复审委员会提出专利无效宣告请求，认为本专利不符合专利法第22条第2款、第3款，专利法第26条第3款，专利法第9条，专利法实施细则第13条第1款，专利法实施细则第18条的规定。请求人同时提交了以下证据：

证据1：中国实用新型专利说明书，专利号为ZL 93206216.4，授权公告号为CN2159165Y，授权公告日为1994年3月23日，复印件共5页；

证据2：中国实用新型专利说明书，专利号为ZL 00212029.1，授权公告号为CN2448434Y，申请日为2000年5月30日，授权公告日为2001年9月19日，专利权人为叶红兵，复印件共5页；

证据3：中国实用新型专利说明书，专利号为ZL 96239058.5，授权公告号为CN2284095Y，授权公告日为1998年6月17日，复印件共4页。

依据上述证据，请求人认为权利要求1不具备新颖性和创造性、权利要求2～3不具备创造性，权利要求4～8也不具备新颖性和创造性：（1）证据1的权利要求1以及说明书披露了一种果汁过滤网碗，由网架和网碗构成，碗壁上开有微孔，过滤网采用不锈钢片为材料，用蚀刻工艺开出网碗的微孔，本专利权利要求1与之相比不具备新颖性和创造性；（2）证据2的权利要求1公开了不锈钢板过滤网，在不锈钢板上均匀开孔，孔径是0.08～0.4mm，虽然证据2与本专利技术领域不同，但技术人员不需要创造性劳动就可联想到将其应用于自己的技术领域，权利要求2不具备创造性；（3）证据3的权利要求1公开了不锈钢板式过滤网，证据3的说明书中指出采用化学腐蚀工艺方法生产，本专利的权利要求1相对于证据3不具备创造性；（4）证据1～3证明了电化学腐蚀不锈钢板、不锈钢网碗是现有技术，因此权利要求3不具备创造性；（5）权利要求4～8使用的是一般的普通公开技术，当权利要求1～3不具备新颖性和创造性时，权利要求4～8也不具备新颖性和创造性。

经形式审查合格后，专利复审委员会受理了上述请求，于2006年11月1日向双方当事人发出《无效宣告请求受理通知书》，并将《专利权无效宣告请求书》及其附件副本转送给专利权人，要求其在指定的期限内答复，同时成立合议组对本无效宣告请求案进行审理。

专利权人于2006年12月12日作出答复，认为本专利的豆浆过滤网是一个独特的技术设计方案，其与豆浆机的机组的结合是解决该问题的关键，网罩与豆浆机结合产生了独特的技术效果，桶底经电化学腐蚀成的筛孔增强了循环效果，有利于豆子的营养物质析出，契合了水流循环设计加快液体过滤速度，加大了过滤面积。这样的结构设计在对比文件中没有被披露，也没有技术教导。结构设计有利于电化学腐蚀法腐蚀孔工艺，提高成品率、使大规模加工成为可能、增强了网罩的刚度，降低了成本。因此本专利具有专利性，并且无效宣告请求的其他理由也不成立。

2007年3月14日，本案合议组向双方当事人发出口头审理通知书，定于2007年5月29日对本案进行口头审理，并将专利权人2006年12月12日提交的《意见陈述书》转送给请求人，要求其在口头审理时一并答复。

2007年5月29日口头审理如期进行。双方当事人均委托代理人参加了口头审理，口头审理过程中认定的事实如下：(1) 请求人放弃本专利不符合专利法第9条、第26条第3款、第22条第2款以及专利法实施细则第13条第1款、第18条的无效理由，确定其无效的理由为专利法第22条第3款；(2) 专利权人对请求人提交的证据1、3的真实性、合法性、公开性均无异议，并指出证据2不是本专利的现有技术，不能作为评述创造性的证据；(3) 请求人明确其无效的理由和所依据的证据为：权利要求1分别相对于证据1、3不具备创造性、权利要求2相对于证据2不具备创造性，权利要求3相对于证据1和3的结合不具备创造性，权利要求4~8相对于证据1结合公知常识不具备创造性；(4) 专利权人认为权利要求3相对于证据1和3的结合不具备创造性未在无效宣告请求书中提出，不能被接受。庭审中，合议组对请求人提出的无效理由和事实进行了充分调查，并听取了各方当事人的陈述。

口头审理后，专利权人于2007年5月30日提交了意见陈述，指出请求人在无效宣告请求书中未指出权利要求3相对于证据1和3的结合不具备创造性的理由，在规定的期限内也未补充说明，应不予考虑；权利要求3的结构组成未在任何一篇对比文件中公开，给本专利带来了有益效果，具有创造性。

至此，合议组认为本案事实已经清楚，可以依法作出审查决定。

**二、决定的理由**

1. 无效宣告请求的理由和范围

鉴于请求人在口头审理中放弃本专利不符合专利法第9条、第26条第3款、第22条第2款以及专利法实施细则第13条第1款、第18条的无效理由，合议组对这些无效理由也不再予以审理。

请求人在口头审理中确定其无效的理由具体为：权利要求1分别相对于证据1或3不具备创造性、权利要求2相对于证据2不具备创造性，权利要求3相对于证据1和3的结合不具备创造性，权利要求4~8相对于证据1结合公知常识不具备创造性。

专利权人认为权利要求3相对于证据1和3的结合不具备创造性的无效宣告理由在无效宣告请求书中没有具体指出及具体说明理由，不应予以考虑。对此，合议组认为无效宣告请求书的第（一）、（三）部分中具体陈述了证据1和3所披露的技术内容，并且在无效宣告请求书的第（四）部分指出：根据之前引证的专利技术文献，已证明电化学腐蚀不锈钢板、不锈钢网碗是在先的专利技术，因此权利要求3不具备创造性，根据上述内容可看出请求人针对上述证据的使用包括了单独使用以及结合使用证据1、3的方式，并基本说明了无效理由，此外，合议组在口头审理的过程中给予专利权人当庭陈述权利要求3相对于证据1和3组合是否具有创造性的机会，并且在口头审理后也给予了专利权人陈述意见的机会，因此合议组认为权利要求3相对于证据1和3的结合不具备创造性的无效宣告理由可以接受，对专利权人并无不公平之处。综上所述，本无效宣告请求审查决定审理的理由及范围为请求人在口头审理中明确的无效理由及范围。

2. 关于证据

证据1~3都是中国实用新型专利说明书，都属于公开发行的出版物。其中证据2的公开日为2001年9月19日，在本专利申请日2000年9月29日之后，不属于本专利申请日前公开的现有技术，因此证据2不能作为评述本专利创造性的证据。证据1、3的公开日均早于本专利的申请日，专利权人对其真实性、合法性、公开性均没有异议，合议组对其真实性也予以认可，因此证据1、3均构成了本专利的现有技术，可以作为现有技术评价本专利的创造性。

3. 关于专利法第22条第3款

专利法第22条第3款规定：创造性，是指同申请日以前已有的技术相比，该发明有突出的实质性特点和显著的进步，该实用新型有实质性特点和进步。

如果一项权利要求要求保护的技术方案与现有技术相比存在区别技术特征，而现有技术中给出了为解决本发明技术问题而引入该区别技术特征的技术启示，该权利要求保护的技术方案是本领域技术人员很容易想到的，并且权利要求所限定的技术方案并没有带来意想不到的技术效果，则该权利要求不具备创造性。

（1）权利要求1保护一种过滤网罩，为底部封闭、顶部敞开的不锈钢圆桶，其特征在于在桶壁（3）和桶底（7）上设置有用电化学腐蚀而成的筛孔（5）。证据1披露了一种不锈钢过滤网碗，该过滤网碗是底部封闭、顶部敞开的结构，在侧壁设置有蚀刻工艺开出的微孔（参见权利要求1、说明书第1页最后1行至第2页第5行、附图1~2）。虽然权利要求1的筛孔是通过电化学腐蚀而成，而证据1未明确是哪种蚀刻工艺条件，但是不论是哪种蚀刻条件，其在不锈钢材料上形成的筛孔并没有实质区别。权利要求1与证据1的区别仅在于：①权利要求1的过滤网罩的外部形状是圆桶形，而证据1的是碗型；②权利要求1的过滤网的底部开有筛孔，而证据1的底部没有筛孔。针对上述区别技术特征①来说，证据1的说明书第2页第5行给出了技术启示，指出“可根据配套主机的需要加工成其他形状”，而且圆桶形和碗形都是通常家用食品加工机中使用的过滤容器形状，这种形状的选择对于所属领域技术人员是显而易见的；对于区别技术特征②来说，众所周知当过滤面积增大时有助于改善过滤效果，在证据1使用侧壁进行过滤的基础上，为了增加过滤网罩的过滤面积而在网罩的底部也设置过滤筛孔是显而易见的。并且根据本专利说明书的记载，并未看出上述区别技术特征使本专利产生了任何预料不到的技术效果。因此，在证据1的基础上结合所属领域的常规技术得到上述技术方案是显而易见的，权利要求1不具备实质性特点和进步，不符合专利法第22条第3款创造性的规定。

专利权人认为：豆浆过滤网是一个独特的技术设计方案，其与豆浆机的机组的结合是解决该问题的关键，网罩与豆浆机结合产生了独特的技术效果，桶底电化学腐蚀成筛孔增强了循环效果，有利于豆子的营养物质析出，契合了水流循环设计加快液体过滤速度，加大了过滤面积。对此，合议组认为，根据专利法第56条第1款的规定，发明或者实用新型专利权的保护范围以其权利要求的内容为准，说明书及附图可以用于解释权利要求。本专利权利要求1中仅限定了该产品是一种过滤网罩，并未限定其与豆浆机配合的其他部件等，并且根据本专利说明书的记载（参见说明书第1页第1行至第3行、第1页最后一段），本专利的过滤网罩应用于家用食品加工机的过滤部件，其中特别可用于豆浆机，因此就权利要求本身并不能看出该过滤网仅是应用于豆浆机的过滤网，本专利的过滤网并不排除应用于其他家用食品加工机，豆浆机仅是其优选的实施方式。对于一般家用食品加工机的过滤网罩来说，为了增加过滤网的过滤能力而采用扩大过滤网面积是所属领域技术人员的常规技术。因此专利权人的意见陈述不能证明权利要求1具有创造性。

由于证据1已足以否定本专利权利要求1的创造性，因此合议组对本专利权利要求1相对于证据3不具备创造性的无效理由不再予以评述。

权利要求3对权利要求1进行了限定，附加技术特征为：在桶壁（3）和桶底（7）之间固定连接设置有用电化学腐蚀而成的筛孔（5）的侧筛板（4），在开孔的桶底（7）的孔上固定设置有用电化学腐蚀而成的筛孔（5）的底筛板（6）。证据1中的过滤网罩由上圈和底盘和加强筋组成网架，网架侧面为网碗壁（参见说明书第2页第1段及附图1~2），相当于在桶壁和桶底之间固定连接筛孔的侧筛板。虽然证据1没有披露在开孔的桶底的孔上固定设置有用电化学腐蚀而成的筛孔的底筛板。但同对权利要求1评述的理由，在过滤网罩的底部设置有筛孔的底筛板是显而易见的。因此，在权利要求1不具备创造性的基础上，引用权利要求1的权利要求3相对于证据1也不符合专利法第22条第3款创造性的规定。专利权人认为：权利要求3的结构设计有利于电化学腐蚀工艺、易于加工、增强了网罩的强度。对此，合议组认为：对于本专利过滤网罩的网壁和网底的结构来说，证据1中网碗的侧壁也是采用侧筛板的结构，为了方便加工对于过滤网罩的不同结构部分采用不同部件进行组装是所属领域的常规技术，该特征并未使本专利产生任何实质性特点和进步。因此专利权人的意见陈述不能证明权利要求3具有创造性。

权利要求4、6进一步限定了在桶壁上端冲有两个以上锁定凸。对于家用食品加工机的过滤网罩来说，该网罩需要与其他部件进行固定装配，锁定凸、螺纹等都是所属领域中常规的固定方法，为了使过滤网罩与其他部件配合固定，在网罩上部装有两个以上锁定凸用于固定网罩位置对所属领域技术人员是显而易见的。因此，在所引用的权利要求1、3不具备创造性的基础上，引用其的权利要求4、6相对于证据1和所属领域公知常识的结合也不符合专利法第22条第3款有关创造性的规定。

权利要求5、7~8进一步限定了桶底设有支撑架。众所周知，在机械设备中，为了使悬空的部件或下面没有支撑的部件位置稳定、不易脱落，可在部件的下方固定设置支撑架。因此，在网罩底部设置支撑架对所属领域技术人员是显而易见的。因此，在所引用的权利要求1、3~4不具备创造性的基础上，引用其的权利要求5、7~8相对于证据1和所属领域公知常识的结合也不符合专利法第22条第3款有关创造性的规定。

（2）本案中，请求人以权利要求2相对于证据2不具备创造性为由宣告本专利权利要求2无效。而合议组在本决定理由的第（二）部分中已指出证据2不属于本专利申请日前的现有技术，不能作为评价本专利创造性的证据。由于请求人没有提供有效的证据来证明本专利权利要求2同申请日以前已有的技术相比不具有实质性特点和进步，因此，合议组对其认为本专利权利要求2不具有创造性的主张不予支持。在权利要求2具有创造性的基础上，引用权利要求2的权利要求3~8也具有创造性。

基于以上事实和理由，本案合议组作出如下审查决定。

**三、决定**

宣告00248594.X号实用新型专利的权利要求1、引用权利要求1的权利要求3~8无效，在权利要求2和引用权利要求2的权利要求3~8的基础上维持该专利权继续有效。

当事人对本决定不服的，可以根据专利法第46条第2款的规定，自收到本决定之日起三个月内向北京市第一中级人民法院起诉。根据该款的规定，一方当事人起诉后，另一方当事人应当作为第三人参加诉讼。

024

# 阿奇霉素软胶囊及其制备方法

## 无效宣告请求审查决定（第10290号）

**决　定　号**　第10290号
**决　定　日**　2007年7月23日
**发明创造名称**　阿奇霉素软胶囊及其制备方法
**国 际 分 类 号**　A61K 31/7052，A61K 9/48，A61P 31/04
**无效宣告请求人**　海南皇隆制药厂有限公司
**专　利　权　人**　宛六一，温光辉
**专　利　号**　200410049799. X
**申　请　日**　2004年6月30日
**授 权 公 告 日**　2006年5月10日
**合 议 组 组 长**　何　炜
**主　审　员**　任　怡
**参　审　员**　卢　阳

**法　律　依　据**　专利法第22条第3款
**决　定　要　点**

如果一项权利要求要求保护的技术方案与现有技术相比存在区别技术特征，而现有技术中给出了为解决本发明技术问题而引入该区别技术特征的技术启示，该权利要求保护的技术方案是本领域技术人员很容易想到的，并且权利要求所限定的技术方案并没有带来意想不到的技术效果，则该权利要求不具备创造性。

### 一、案由

本专利权无效宣告请求案涉及国家知识产权局于2006年5月10日公告授予的、名称为“阿奇霉素软胶囊及其制备方法”的第200410049799. X号发明专利权（下称本专利），其申请日为2004年6月30日，专利权人为宛六一、温光辉。本专利授权公告的权利要求书如下：

“1. 一种阿奇霉素软胶囊，其特征在于，所述软胶囊是通过如下制备方法得到的：将1重量份的阿奇霉素和0.5～3重量份的聚乙二醇系列和0.1～1.0重量份的助溶剂混合溶解制得的无色或淡黄色透明溶液或将1重量份的阿奇霉素和0.5～3重量份的聚乙二醇系列和0.1～1.0重量份的助溶剂和0.1～0.5重量份的脂肪酸混合溶解制得的无色或淡黄色透明溶液，该溶液作为软胶囊内容物，采用压模法制备软胶囊，软胶囊经冷风固化、干燥，用适当的溶剂洗、终干，即得，所述的助溶剂为1,

2-丙二醇、乙醇、异丙醇或其混合物。

2. 权利要求1所述的阿奇霉素软胶囊，以干重计明胶1重量份和纯化水0.5~2.0重量份和甘油0.1~1.0重量份充分混匀即得胶液，通过压制机调节压制为0.5~2.0mm厚度的胶带，作为软胶囊囊壳备用。

3. 权利要求1或2所述的阿奇霉素软胶囊，其所述的聚乙二醇系列为液态的聚乙二醇系列。

4. 权利要求1或2所述的阿奇霉素软胶囊，其特征在于：所述的聚乙二醇系列为PEG400或PEG600。

5. 权利要求1或2所述的阿奇霉素软胶囊，其所述的脂肪酸为乳酸。

6. 权利要求1所述的阿奇霉素软胶囊的制备方法，其特征在于：将1重量份的阿奇霉素和0.5~3重量份的聚乙二醇系列和0.1~1.0重量份的助溶剂混合溶解制得的无色或淡黄色透明溶液或将1重量份的阿奇霉素和0.5~3重量份的聚乙二醇系列和0.1~1.0重量份的助溶剂和0.1~0.5重量份的脂肪酸混合溶解制得的无色或淡黄色透明溶液，该溶液作为软胶囊内容物，采用压模法制备软胶囊，软胶囊经冷风固化、干燥，用适当的溶剂洗、终干，即得，所述的助溶剂为1，2—丙二醇、乙醇、异丙醇或其混合物。

7. 权利要求6所述的制备方法，以干重计明胶1重量份和纯化水0.5~2.0重量份和甘油0.1~1.0重量份充分混匀即得胶液，通过压制机调节压制为0.5~2.0mm厚度的胶带，作为软胶囊囊壳备用。

8. 权利要求6或7所述的制备方法，其所述的聚乙二醇系列为液态的聚乙二醇系列。

9. 权利要求6或7所述的制备方法，其特征在于：所述的聚乙二醇系列为PEG400或PEG600。

10. 权利要求6或7所述的制备方法，其所述的脂肪酸为乳酸。”

针对上述专利权，海南皇隆制药厂有限公司（下称请求人）于2006年6月20日向专利复审委员会提出专利权无效宣告请求，认为本专利权利要求1~10不符合专利法第26条第3、4款，专利法第22条第3款以及专利法实施细则第20条第1款的规定。请求人同时提交了本专利授权公告文本及以下证据：

证据1：中国发明专利申请公开说明书，专利申请号为94106301.1，公开号为CN1097597A，公开日为1995年1月25日，复印件共4页；

证据2：“软胶囊剂稳定性研究进展”，黄敏等人，中国医药工业杂志.，第31卷第3期，第137~140页，2000年，复印件共4页；

证据3：“聚乙二醇400在口服软胶囊剂中的应用研究”，肖连生等人，天津药学，第8卷第3期，第33~34页，1996年，复印件共2页；

证据4：“明胶软胶囊囊壳处方因素对囊壳溶解性能的影响”，唐星等人，中国药学杂志，第34卷第1期，第28~30页，1999年，复印件共3页。

依据上述证据，请求人认为：（1）证据1公开了用乙醇、聚乙二醇、丙二醇等辅料制备软胶囊，权利要求1相对于证据1不具备创造性，权利要求2~5的技术特征是本领域的公知常识（参见证据2~4），因此也不具备创造性，权利要求6~10的特征部分与权利要求1~5相同，同样也不具备创造性；（2）权利要求1中聚乙二醇系列、助溶剂、脂肪酸属于上位概念的描述，1，2—丙二醇、乙醇、异丙醇或其混合物没有清楚表述混合物之间的比例关系，导致权利要求1保护范围不清楚，权利要求2~5的技术特征是现有技术的常规手段，因此保护范围也不清楚，权利要求6~10特征与权利要求1~5相同，因此保护范围也不清楚，权利要求1~10不符合专利法实施细则第20条第1款的规定；（3）权利要求2~5限定的技术特征是现有技术的常规技术手段，因此得不到说明书的支持，权利要求 6～10 同样得不到说明书的支持，不符合专利法第 26 条第 4 款的规定；（4）说明书中聚乙二醇系列、助溶剂、脂肪酸属于上位概念的描述，1，2—丙二醇、乙醇、异丙醇或其混合物没有清楚表述混合物之间的比例关系，本领域普通技术人员无法实现其技术方案，因此说明书不符合专利法第 26 条第 3 款的规定。

经形式审查合格后，专利复审委员会受理了上述请求，于 2006 年 6 月 20 日向双方当事人发出《无效宣告请求受理通知书》，并将《专利权无效宣告请求书》及其附件副本转送给专利权人，要求其在指定的期限内答复，同时成立合议组对本无效宣告请求案进行审理。

请求人于 2006 年 7 月 19 日向专利复审委员会提交了专利无效宣告请求的补充证据：

证据 5："药用辅料应用技术"，上海医药工业研究院药物制剂研究中心等编著，中国医药科技出版社，2002 年 7 月第 2 版，2002 年 7 月第 1 次印刷，第 93、137～138 页、出版信息页、和封面页，复印件共 5 页；

证据 6："药剂学"，毕殿州主编，人民卫生出版社，1999 年 7 月第 4 版，1999 年 7 月第 24 次印刷，第 303～304 页、出版信息页、和封面页，复印件共 4 页；

证据 7：中国发明专利申请公开说明书，专利申请号为 95106702.8，公开号为 CN1123279A，公开日为 1996 年 5 月 29 日，复印件共 10 页；

证据 8：中国发明专利申请公开说明书，专利申请号为 98106599.6，公开号为 CN1228959A，公开日为 1999 年 9 月 22 日，复印件共 7 页；

证据 9：互联网下载的美国专利文献 US 5468502 打印件，公开日为 1995 年 11 月 21 日，英文，复印件共 6 页。

2007 年 2 月 25 日，本案合议组将请求人于 2006 年 7 月 19 日提交的补充证据材料的副本转送给专利权人，并要求其在自收到之日起一个月内作出答复。

2007 年 4 月 26 日，本案合议组向双方当事人发出口头审理通知书，定于 2007 年 7 月 3 日对本案进行口头审理。

2007 年 7 月 3 日口头审理如期进行。专利权人及其代理人参加了口头审理，请求人委托代理人参加了口头审理，口头审理过程中认定的事实如下：（1）请求人明确其无效宣告请求的理由为说明书不符合专利法第 26 条第 3 款的规定；权利要求 1～10 不符合专利法实施细则第 20 条第 1 款的规定；权利要求 1～10 不符合专利法第 26 条第 4 款的规定；权利要求 1～10 不符合专利法第 22 条第 3 款的规定。（2）请求人当庭放弃证据 1～3、证据 9，使用证据 4～8 作为对比文件评价创造性，合议组当庭宣布：对于证据 7～8，由于请求人在指定的期限内没有结合其具体说明无效理由，而证据 7～8 又不是公知常识性证据，合议组根据专利法实施细则第 64 条的规定对其不予考虑；证据 5～6 为所属领域的教科书和技术手册，属于公知常识性证据，合议组予以接受。（3）请求人出示了证据 4～6 的原件，专利权人对其真实性、合法性、公开性均无异议。（4）请求人在无效宣告请求书的基础上，针对说明书不符合专利法第 26 条第 3 款增加了具体理由：说明书缺乏实验数据支持；针对权利要求 1～10 不符合专利法第 26 条第 4 款增加了具体理由：说明书实施例仅给出了原料的具体数值用量，权利要求所取的数值范围过大，得不到说明书支持。合议组当庭宣布：对于请求人当庭增加的上述无效理由，由于未在提出无效宣告请求日起一个月内提及和提交，属于新增加的无效理由，因此根据专利法实施细则第 66 条的规定，合议组对其不予接受。（5）请求人明确权利要求 1～10 不符合专利法第 22 条第 3 款所依据的证据是：针对权利要求 1 和 6 所使用的证据为证据 5 和 6 的结合、针对权利要求 2 和 7 所使用的证据为证据 4、5、6 的结合、针对权利要求 3～5 和 8～10 与其引用的权利要求所使用的证据相同。（6）专利权人认为请求人依据证据 4～6 评述权利要求 1～10 不具备创造性的理由未在无效宣告请求书中记载，为新增加的无效理由，不应接受。庭审中，合议组对请求人提出的无效理由和事实进行了充分调查，并听取了各方当事人的陈述。合议组同时告知双方可在口头审理后15天内提交书面陈述意见。

口头审理结束后，请求人于2007年7月13日提交了意见陈述，重申了其口头审理中陈述的意见。

专利权人于2007年7月17日提交了意见陈述，指出：（1）由于请求人主动放弃证据1，因此无效宣告请求书中权利要求1相对于证据1不具备创造性的理由无合法性。（2）请求人在无效宣告请求书中未针对权利要求1～10相对于证据4～6不具备创造性进行具体说明，因此该理由属于不合法的理由。（3）本专利的阿奇霉素软胶囊具有相对稳定的溶出速率、达到相对稳定的生物利用度。对于阿奇霉素软胶囊而言，发现了阿奇霉素与适合它的软胶囊基质、助溶剂以及助溶剂通过混合溶解而制得的溶液性内容物而言具有显著的进步。本发明将药物与不同辅料通过创造性的选择和配比得到内容物，与适合的囊壳制备成软胶囊，具有创造性。证据5第137页记载的是软膏的基质，与软胶囊剂无任何相关性，并且是没有主药的组成下的比例，无法与本专利进行比较。本专利的乳酸与证据6中的作用不同，用作增溶剂，并没有形成乳酸盐。证据4中胶皮的组成由明胶、甘油、柠檬黄和水组成，而权利要求2、7组成与之不同。因此，权利要求1～10相对于证据4～6具有创造性。（4）权利要求1～10符合专利法实施细则第20条第1款的规定。（5）本专利说明书对权利要求进行详细说明，已进行工业化生产，因此符合专利法第26条第3、4款的规定。

至此，合议组认为本案事实已经清楚，可以依法作出审查决定。

**二、决定的理由**

1. 无效宣告请求的理由和范围

根据《专利权无效宣告请求书》及请求人在口头审理中的确认，其请求宣告本专利无效的理由及范围是：说明书不符合专利法第26条第3款的规定；权利要求1～10不符合专利法第26条第4款的规定；权利要求1～10不符合专利法实施细则第20条第1款的规定；权利要求1～10不符合专利法第22条第3款，所依据的证据是：针对权利要求1和6所使用的证据为证据5和6的结合、针对权利要求2和7所使用的证据为证据4、5、6的结合、针对权利要求3～5和8～10与其引用的权利要求所使用的证据相同。

专利法实施细则第66条规定：在专利复审委员会受理无效宣告请求后，请求人可以在提出无效宣告请求之日起1个月内增加理由或者补充证据。逾期增加理由或者补充证据的，专利复审委员会可以不予考虑。请求人在口头审理中提出：（1）说明书缺乏实验数据支持，不符合专利法第26条第3款的规定、（2）说明书实施例仅给出了原料的具体数值用量，权利要求1～10原料用量的数值范围过大得不到说明书支持，不符合专利法第26条第4款的规定。对此，合议组认为，上述无效宣告请求的理由是请求人提出无效宣告请求一个月后增加的新理由，因此根据专利法实施细则第66条的规定，合议组对其不予接受。

专利权人认为请求人在无效宣告请求中未针对证据4～6具体陈述权利要求1～10不具备创造性的理由，不应予以接受。对此，合议组认为：请求人在《专利权无效宣告请求书》中引用证据4评价了本专利从属权利要求的创造性，且证据5、6为教科书，是所属领域技术人员应通晓的公知常识性证据，专利权人作为所属领域的技术人员应对证据5、6有深入的了解，请求人在口审过程中针对证据4～6进行了具体分析，合议组在口头审理的过程中给予专利权人当庭陈述权利要求1～10相对于证据4～6是否具有创造性的机会，并且在口头审理后也给予了专利权人陈述意见的机会。根据审查指南第四部分第三章第4.3.1节的规定，合议组认为采用证据4～6作为现有技术评述权利要求的创造性可以接受，并无不公平之处。

2. 关于证据

请求人在口头审理中表示放弃证据1～3、9，合议组不再对证据1～3、9进行考虑。

专利法实施细则第64条规定：依照专利法第45条的规定，请求宣告专利权无效或者部分无效的，应当向专利复审委员会提交专利权无效宣告请求书和必要的证据一式两份。无效宣告请求书应当结合提交的所有证据，具体说明无效宣告请求的理由，并指明每项理由所依据的证据。审查指南第四部分第三章第4.3.1节规定：请求人在提出无效宣告请求之日起一个月内补充证据的，应当在该期限内结合该证据具体说明相关的无效宣告理由，否则，专利复审委员会不予考虑。由于请求人在指定的期限内没有结合证据7～8具体说明无效理由，而证据7～8又不属于公知常识性证据，因此合议组根据专利法实施细则第64条的规定对证据7～8不予接受。

证据4～6是公开发行的出版物，请求人提供这些证据作为现有技术使用。请求人当庭提交了证据4、5、6的原件，专利权人对其真实性、合法性、关联性、公开性均没有异议，合议组予以采信，这3份证据的公开日均早于本专利的申请日，因此证据4、5、6均构成了本专利的现有技术，可以用来评价本专利的创造性。

3. 关于专利法第22条第3款

专利法第22条第3款规定："创造性，是指同申请日以前已有的技术相比，该发明有突出的实质性特点和显著的进步，该实用新型有实质性特点和进步"。

如果一项权利要求要求保护的技术方案与现有技术相比存在区别技术特征，而现有技术中给出了为解决本发明技术问题而引入该区别技术特征的技术启示，该权利要求保护的技术方案是本领域技术人员很容易想到的，并且权利要求所限定的技术方案并没有带来意想不到的技术效果，则该权利要求不具备创造性。

(1) 权利要求1保护了一种阿奇霉素软胶囊，其中包括两个技术方案，第一个技术方案以聚乙二醇和助溶剂为辅料，第二个技术方案以聚乙二醇、助溶剂和脂肪酸为辅料。

对于第一个技术方案而言，证据5公开了制备软胶囊剂所采用的原料、工艺等，其中指出软胶囊剂的内容物可装溶解固体药物的溶液，胶囊剂最好采用溶液（即必然是将原辅料混合溶解后制得透明溶液），所采用的赋形剂可采用聚乙二醇、丙二醇、异丙醇等，制备软胶囊的方法可采用钢板模法（相当于权利要求1中的压模法）（见第93页第7～12行、20行至第94页第6行）。将权利要求1和证据5对比，可以看出其区别在于：本专利以阿奇霉素为原料制备软胶囊，并限定了原辅料的用量范围、指明异丙醇等作为助溶剂使用，并且描述了制备软胶囊后处理工艺为"经冷风固化、干燥，用适当的溶剂洗，终干"；而证据5没有具体说明药物的名称和原辅料的用量，以及采用助溶剂，也没有描述后处理工艺。阿奇霉素是所属领域技术人员公知的药物，专利权人在口头审理中也认为阿奇霉素是现有技术，本发明是对其剂型的改进。证据5教导了所属领域技术人员如何制备各种药物的软胶囊的方法，所属领域技术人员根据证据5的教导采用聚乙二醇、异丙醇等辅料制备软胶囊的教导很容易想到如何制备阿奇霉素这一具体药物的软胶囊。并且，证据5特别指出软胶囊的内容物适宜选用溶液，因此为了促进阿奇霉素的溶解，选择证据5所列辅料作为助溶剂促进药物溶解是显而易见的。而所属领域技术人员在制备制剂时进行处方筛选确定各原辅料的用量范围是常规的技术手段，通过简单的试验筛选就可确定各原辅料在制剂中的用量。此外，在通常的制备软胶囊的工艺中，压制得到的软胶囊并不适宜直接使用，为了得到适于临床使用合格的制剂，需要对软胶囊冷风固化、干燥，并用乙醇等等适当溶剂除去表面的污物，再进行干燥等后处理来获得最终产品，权利要求1中限定的"经冷风固化、干燥，用适当的溶剂洗，终干"这一后处理工艺是所属领域技术人员制备软胶囊的常规技术。因此，在证据5给出制备软胶囊方法的基础上结合所属领域的公知常识得到该技术方案对于所属领域技术人员是显而易见。

第二个技术方案在第一个技术方案的基础上增加了脂肪酸的使用。证据5也指出内容物最好为溶液，而阿奇霉素溶解度较差，为了促进碱性阿奇霉素的溶解而添加一定的脂肪酸促进溶解是所属领域的常规技术手段。此外，证据6也公开了制备软胶囊的方法，其中指出碱性液体可影响囊壁的溶解性，可根据药物的性质选择不同的缓冲剂，而所属领域技术人员公知阿奇霉素具有一定碱性，因此证据6给出了在药物溶液中添加一定量脂肪酸以保证软胶囊囊壁的溶解性的技术启示。因此，在证据5给出制备软胶囊方法的基础上结合所属领域的公知常识或证据6给出的技术启示得到该技术方案对于所属领域技术人员也是显而易见。

综上所述，权利要求1相对于现有技术不具备突出的实质性特点和显著的进步，并且上述技术方案相对于现有技术并未产生任何预料不到的技术效果。因此，权利要求1不具备专利法第22条第3款规定的创造性。

权利要求2对制备软胶囊囊壳的胶带组成进行了限定。证据5公开了该胶皮以明胶、增塑剂甘油和蒸馏水加热熔化成明胶溶液（也必然是充分混匀的溶液），制成胶片，其中明胶与增塑剂的重量比为1.0：0.4~0.6，明胶与水的比例为1：1（参见第93页第26~28行），三种成分的数值范围在权利要求2的数值范围之内。证据5和6没有公开胶皮的厚度和制备设备。证据4公开了以柠檬黄为指示剂的软胶囊囊壳胶带的特性，其中柠檬黄作为指示剂仅仅起到指示测试胶皮特性的实验结果的作用，并不对胶皮本身的性质起任何影响，因此其构成胶皮的主要物质是12g明胶、6g甘油和6g水，其构成胶皮的主要物质的组成用量落入权利要求2组成用量的范围内，制备得到的胶带为2mm厚（参见第29页的表1中处方1和2.2.2节）。该胶带在证据4中的作用与在本专利中的作用相同，都是用于制备软胶囊囊壳，因此证据4给出了制备软胶囊的胶带厚度的技术启示。此外，压制机是制备软胶囊囊壳的常规设备。上述选择对于所属领域技术人员是显而易见的，并未产生任何预料不到的技术效果。因此，在权利要求1不具备创造性的基础上，权利要求2也不具备专利法第22条第3款规定的创造性。

权利要求3对聚乙二醇进行了限定。证据5披露了采用的辅料聚乙二醇为不挥发性液体（参见第93页倒数第2~3行）。因此该附加技术特征也被证据5所披露，在权利要求1或2不具备创造性的基础上，权利要求3也不具备专利法第22条第3款规定的创造性。

权利要求4对聚乙二醇进行了限定。同对权利要求3的评述，证据5教导了采用的聚乙二醇为液体，而PEG400、PEG600是常规使用的液态聚乙二醇（参见《药剂辅料大全》，罗明生主编、四川科学技术出版社，1995年第一版，第759页右栏最后三行）。这种选择对于所属领域技术人员是显而易见的。因此，在权利要求1或2不具备创造性的基础上，权利要求4也不具备专利法第22条第3款规定的创造性。

权利要求5对脂肪酸进行了限定。乳酸是所属领域常规使用的脂肪酸；并且证据6披露了软胶囊制备所用脂肪酸可以选用乳酸（参见第304页第3行），即该附加技术特征也被证据6所披露。因此，这种选择对于所属领域技术人员是显而易见的。在权利要求1或2不具备创造性的基础上，权利要求5也不具备专利法第22条第3款规定的创造性。

请求人指出处方中加入脂肪酸，其中乳酸作为增溶剂用，而不是作为缓冲剂防止囊壁破坏。对此，合议组认为：首先，说明书未对脂肪酸的作用进行任何解释说明；其次，通过加入脂肪酸促进碱性药物溶解或改善软胶囊囊壳性能都是所属领域的常规技术，这种选择对于所属领域技术人员是显而易见的。因此专利权人的意见陈述不能证明本专利具有创造性。

（2）权利要求 6 要求保护制备权利要求 1 所述软胶囊的方法，其特征部分与权利要求 1 相同。同对权利要求 1 评述的理由，在证据 5 给出制备软胶囊方法的基础上结合所属领域的公知常识，或在证据 5 的基础上结合证据 6 给出的技术启示以及所属领域的公知常识得到权利要求 6 的技术方案对于所属领域技术人员也是显而易见。权利要求 6 不具备突出的实质性特点和显著的进步，不具备专利法第 22 条第 3 款规定的创造性。

权利要求 7～10 对权利要求 6 进行了限定，其附加技术特征与权利要求 2～5 的附加技术特征相同。同对权利要求 2～5 评述的理由，上述技术方案相对于现有技术同样不具备突出的实质性特点和显著的进步。因此权利要求 7～10 也不具备专利法第 22 条第 3 款规定的创造性。

由于本专利的权利要求 1～10 不符合专利法第 22 条第 3 款的规定，可以得出宣告权利要求 1～10 无效的结论，因此合议组对请求人提出的其他无效宣告请求的理由不再进行评述。

基于以上事实和理由，本案合议组作出如下审查决定。

**三、决定**

宣告第 200410049799. X 号发明专利权全部无效。

当事人对本决定不服的，可以根据专利法第 46 条第 2 款的规定，自收到本决定之日起三个月内向北京市第一中级人民法院起诉。根据该款的规定，一方当事人起诉后，另一方当事人应当作为第三人参加诉讼。

# 北京市第一中级人民法院
# 行政判决书

（2007）一中行初字第1537号

原告温光辉，男，1963年8月12日出生，汉族，住广东省深圳市宝安区西乡镇。

原告宛六一，男，1973年9月20日出生，汉族，住北京市朝阳区广渠路。

上述二原告之共同委托代理人杜澄心，北京万科园知识产权代理有限责任公司专利代理人。

上述二原告之共同委托代理人刘俊玲，女，1979年9月11日出生，北京万科园知识产权代理有限责任公司职员，住北京市海淀区苏州街乙29号人才服务中心。

被告国家知识产权局专利复审委员会，住所地北京市海淀区北四环西路9号银谷大厦10~12层。

法定代表人廖涛，副主任。

委托代理人卢阳，国家知识产权局专利复审委员会审查员。

委托代理人刘妍，国家知识产权局专利复审委员会审查员

第三人海南皇隆制药厂有限公司，住所地海南省海口市桂林洋经济开发区。

法定代表人陈益智，总经理。

委托代理人张韬，北京太兆天元知识产权代理有限责任公司专利代理人。

原告温光辉、宛六一不服被告国家知识产权局专利复审委员会（以下简称专利复审委员会）作出的第10290号无效宣告审查决定（以下简称第10290号决定），在法定期限内向本院提起诉讼。本院于2007年11月8日受理后，依法通知海南皇隆制药厂有限公司（以下简称皇隆公司）作为第三人参加本案诉讼。本院于2007年12月11日对本案进行了公开开庭审理。原告温光辉、宛六一的委托代理人杜澄心、刘俊玲，被告专利复审委员会的委托代理人卢阳、刘妍，第三人皇隆公司的委托代理人张韬到庭参加了诉讼。本案现已审理终结。

第10290号决定系被告专利复审委员会就第三人皇隆公司针对原告温光辉、宛六一所享有的名称为“阿奇霉素软胶囊及其制备方法”的200410049799. X号发明专利权（以下简称本专利）所提出的无效宣告请求而作出的，该决定中认定：

1. 无效宣告请求的理由和范围。

皇隆公司在口头审理中提出：（1）说明书缺乏实验数据支持，不符合《中华人民共和国专利法》（以下简称《专利法》）第二十六条第三款的规定；（2）说明书实施例仅给出了原料的具体数值用量，权利要求1~10原料用量的数值范围过大得不到说明书支持，不符合《专利法》第二十六条第四款的规定。因上述无效宣告请求的理由是皇隆公司提出无效宣告请求一个月后增加的新理由，因此根据《中华人民共和国专利法实施细则》（以下简称《专利法实施细则》）第六十六条的规定，专利复审委员会对其不予接受。

温光辉、宛六一认为皇隆公司在无效宣告请求中未针对证据4~6具体陈述权利要求1~10不具备创造性的理由，不应予以接受。对此，专利复审委员会认为：皇隆公司在《专利权无效宣告请求书》中引用证据4评价了本专利从属权利要求的创造性。证据5、6为教科书，是所属领域技术人员应通晓的公知常识性证据，专利权人作为所属领域的技术人员应对证据5、6有深入的了解。据此，皇隆公司在口头审理过程中针对证据4~6进行了具体分析，专利复审委员会在口头审理的过程中给予了专利权人当庭陈述权利要求1~10相对于证据4~6是否具有创造性的机会，并且在口头审理后也给予了专利权人陈述意见的机会。根据《审查指南》第四部分第三章第4.3.1节的规定，证据4~

6 可以作为现有技术评述权利要求的创造性。

2. 本专利的创造性。

皇隆公司当庭提交了证据4、5、6的原件，专利权人对其真实性、合法性、关联性、公开性均没有异议，专利复审委员会予以采信，这3份证据的公开日均早于本专利的申请日，因此证据4、5、6均构成了本专利的现有技术，可以用来评价本专利的创造性。

将权利要求1和证据5对比，可以看出其区别在于：本专利以阿奇霉素为原料制备软胶囊，并限定了原辅料的用量范围、指明异丙醇等作为助溶剂使用，并且描述了制备软胶囊后处理工艺为“经冷风固化、干燥，用适当的溶剂洗，终干”；而证据5没有具体说明药物的名称和原辅料的用量，以及采用助溶剂，也没有描述后处理工艺。阿奇霉素是所属领域技术人员公知的药物，专利权人在口头审理中也认为阿奇霉素是现有技术，本发明是对其剂型的改进。证据5教导了所属领域技术人员如何制备各种药物的软胶囊的方法，所属领域技术人员根据证据5公开的采用聚乙二醇、异丙醇等辅料制备软胶囊的教导很容易想到如何制备阿奇霉素这一具体药物的软胶囊。并且，证据5特别指出软胶囊的内容物适宜选用溶液，因此为了促进阿奇霉素的溶解，选择证据5所列辅料作为助溶剂促进药物溶解是显而易见的。而所属领域技术人员在制备制剂时进行处方筛选确定各原辅料的用量范围是常规的技术手段，通过简单的试验筛选就可确定各原辅料在制剂中的用量。此外，在通常的制备软胶囊的工艺中，压制得到的软胶囊并不适宜直接使用，为了得到适于临床使用合格的制剂，需要对软胶囊冷风固化、干燥，并用乙醇等适当溶剂除去表面的污物，再进行干燥等后处理来获得最终产品，权利要求1中限定的“经冷风固化、干燥，用适当的溶剂洗，终干”这一后处理工艺是所属领域技术人员制备软胶囊的常规技术。因此，在证据5给出制备软胶囊方法的基础上结合所属领域的公知常识得到该技术方案对于所属领域技术人员是显而易见的。

第二个技术方案在第一个技术方案的基础上增加了脂肪酸的使用。证据5也指出内容物最好为溶液，而阿奇霉素溶解度较差，为了促进碱性阿奇霉素的溶解而添加一定的脂肪酸促进溶解是所属领域的常规技术手段。此外，证据6也公开了制备软胶囊的方法，其中指出碱性液体可影响囊壁的溶解性，可根据药物的性质选择不同的缓冲剂，而所属领域技术人员公知阿奇霉素具有一定碱性，因此证据6给出了在药物溶液中添加一定量脂肪酸以保证软胶囊囊壁的溶解性的技术启示。因此，在证据5给出制备软胶囊方法的基础上结合所属领域的公知常识或证据6给出的技术启示得到该技术方案对于所属领域技术人员也是显而易见的。

综上所述，权利要求1相对于现有技术不具备突出的实质性特点和显著的进步，并且上述技术方案相对于现有技术并未产生任何预料不到的技术效果。因此，权利要求1不具备《专利法》第二十二条第三款规定的创造性。

权利要求2对制备软胶囊囊壳的胶带组成进行了限定。证据5公开了该胶皮以明胶、增塑剂甘油和蒸馏水加热熔化成明胶溶液（也必然是充分混匀的溶液），制成胶片，其中明胶与增塑剂的重量比为1.0∶0.4~0.6，明胶与水的比例为1∶1（参见第93页第26~28行），三种成分的数值范围在权利要求2的数值范围之内。证据5和6没有公开胶皮的厚度和制备设备。证据4公开了以柠檬黄为指示剂的软胶囊囊壳胶带的特性，其中柠檬黄作为指示剂仅仅起到指示测试胶皮特性的实验结果的作用，并不对胶皮本身的性质起任何影响，因此其构成胶皮的主要物质是12g明胶、6g甘油和6g水，其构成胶皮的主要物质的组成用量落入权利要求2组成用量的范围内，制备得到的胶带为2mm厚（参见第29页的表1中处方1和2.2.2节）。该胶带在证据4中的作用与在本专利中的作用相同，都是用于制备软胶囊囊壳，因此证据4给出了制备软胶囊的胶带厚度的技术启示。此外，压制机是制备软胶囊囊壳的常规设备。上述选择对于所属领域技术人员是显而易见的，并未产生任何预料不到的技术效果。因此，在权利要求1不具备创造性的基础上，权利要求2也不具备《专利法》第二十二条第三款规定的创造性。

权利要求3对聚乙二醇进行了限定。证据5披露了采用的辅料聚乙二醇为不挥发性液体（参见第93页倒数第2~3行）。因此该附加技术特征也被证据5所披露，在权利要求1或2不具备创造性的基础上，权利要求3也不具备《专利法》第二十二条第三款规定的创造性。

权利要求4对聚乙二醇进行了限定。同对权利要求3的评述，证据5教导了采用的聚乙二醇为液体，而PEG400、PEG600是常规使用的液态聚乙二醇（参见《药剂辅料大全》，罗明生主编、四川科学技术出版社，1995年第一版，第759页右栏最后三行）。这种选择对于所属领域技术人员是显而易见的。因此，在权利要求1或2不具备创造性的基础上，权利要求4也不具备《专利法》第二十二条第三款规定的创造性。

权利要求5对脂肪酸进行了限定。乳酸是所属领域常规使用的脂肪酸；并且证据6披露了软胶囊制备所用脂肪酸可以选用乳酸（参见第304页第3行），即该附加技术特征也被证据6所披露。因此，这种选择对于所属领域技术人员是显而易见的。在权利要求1或2不具备创造性的基础上，权利要求5也不具备《专利法》第二十二条第三款规定的创造性。

皇隆公司指出处方中加入脂肪酸，其中乳酸作为增溶剂用，而不是作为缓冲剂防止囊壁破坏。对此，专利复审委员会认为：首先，说明书未对脂肪酸的作用进行任何解释说明；其次，通过加入脂肪酸促进碱性药物溶解或改善软胶囊囊壳性能都是所属领域的常规技术，这种选择对于所属领域技术人员是显而易见的。因此专利权人的意见陈述不能证明本专利具有创造性。

权利要求6要求保护制备权利要求1所述软胶囊的方法，其特征部分与权利要求1相同。同对权利要求1评述的理由，在证据5给出制备软胶囊方法的基础上结合所属领域的公知常识，或在证据5的基础上结合证据6给出的技术启示以及所属领域的公知常识得到权利要求6的技术方案对于所属领域技术人员也是显而易见的。权利要求6不具备突出的实质性特点和显著的进步，不具备《专利法》第二十二条第三款规定的创造性。

权利要求7~10对权利要求6进行了限定，其附加技术特征与权利要求2~5的附加技术特征相同。同对权利要求2~5评述的理由，上述技术方案相对于现有技术同样不具备突出的实质性特点和显著的进步。因此权利要求7~10也不具备《专利法》第二十二条第三款规定的创造性。

由于本专利的权利要求1~10不符合《专利法》第二十二条第三款的规定，可以得出宣告权利要求1~10无效的结论，因此专利复审委员会对皇隆公司提出的其他无效宣告请求的理由不再进行评述。

基于以上事实和理由，专利复审委员会作出第10290号决定，宣告本专利全部无效。

原告温光辉、宛六一不服，于法定期限内向本院提起诉讼，其诉称：1. 第三人在无效程序中未结合证据5、6对具体无效理由进行阐述，故第10290号决定中不应考虑上述证据。2. 本专利权利要求1中所采用的辅料为聚乙二醇、乙二醇及异丙醇，并非证据5中所公开的全部辅料，本专利对辅料的选择相对于其他辅料而言具有有益技术效果。3. 本专利权利要求1中所限定的原辅料的用量范围会使阿奇霉素平稳地被吸收，同时达到相对稳定的生物利用度，故该技术特征具有有益技术效果。四、本专利权利要求1中的脂肪酸起增溶作用，而非酸碱调节作用，故证据6中未给出该技术启示。综上，本专利权利要求1具有创造性。在此基础上，本专利权利要求2~5亦均具有创造性。鉴于本专利权利要求6~10与权利要求1~5的特征部分相同，故权利要求6~10亦具有创造性。据此，本专利全部权利要求均具有创造性，第10290号决定认定错误，请求法院予以撤销。

被告专利复审委员会辩称：首先，对于证据5、6的合法性问题及本专利的创造性问题仍坚持第

10290 号决定中的理由。其次，原告主张本专利阿奇霉素胶囊产生了更好的口服生物利用度。但是良好的生物利用度是胶囊剂本身所具有的特点，原告并未提供任何证据证明本专利阿奇霉素胶囊所具有的生物利用度能够给本发明带来预料不到的技术效果，因此不能证明本专利具有创造性。

第三人皇隆公司述称：1. 第 10290 号决定中引用证据合法有效，关于证据 4 ~6 的认定符合《专利法实施细则》第六十四条第一款的规定。2. 第 10290 号决定认定本专利无创造性是正确的。原告强调其专利技术具有稳定和生物利用度高的显著特点，但关于所述特点均无相关证据支持。综上，第 10290 号决定认定正确，请求法院予以维持。

本院经审理查明：

本专利是名称为"阿奇霉素软胶囊及其制备方法"、专利号为 200410049799. X 的发明专利权，其申请日为 2004 年 6 月 30 日，授权公告日为 2006 年 5 月 10 日，专利权人为宛六一、温光辉。本专利授权公告的权利要求书如下：

"1. 一种阿奇霉素软胶囊，其特征在于，所述软胶囊是通过如下制备方法得到的：将 1 重量份的阿奇霉素和 0. 5 ~3 重量份的聚乙二醇系列和 0. 1 ~1. 0 重量份的助溶剂混合溶解制得的无色或淡黄色透明溶液或将 1 重量份的阿奇霉素和 0. 5 ~3 重量份的聚乙二醇系列和 0. 1 ~1. 0 重量份的助溶剂和 0. 1 ~0. 5 重量份的脂肪酸混合溶解制得的无色或淡黄色透明溶液，该溶液作为软胶囊内容物，采用压模法制备软胶囊，软胶囊经冷风固化、干燥，用适当的溶剂洗、终干，即得，所述的助溶剂为 1，2—丙二醇、乙醇、异丙醇或其混合物。

2. 权利要求 1 所述的阿奇霉素软胶囊，以干重计明胶 1 重量份和纯化水 0. 5 ~2. 0 重量份和甘油 0. 1 ~1. 0 重量份充分混匀即得胶液，通过压制机调节压制为 0. 5 ~2. 0mm 厚度的胶带，作为软胶囊囊壳备用。

3. 权利要求 1 或 2 所述的阿奇霉素软胶囊，其所述的聚乙二醇系列为液态的聚乙二醇系列。

4. 权利要求 1 或 2 所述的阿奇霉素软胶囊，其特征在于：所述的聚乙二醇系列为 PEG400 或 PEG600。

5. 权利要求 1 或 2 所述的阿奇霉素软胶囊，其所述的脂肪酸为乳酸。

6. 权利要求 1 所述的阿奇霉素软胶囊的制备方法，其特征在于：将 1 重量份的阿奇霉素和 0. 5 ~3 重量份的聚乙二醇系列和 0. 1 ~1. 0 重量份的助溶剂混合溶解制得的无色或淡黄色透明溶液或将 1 重量份的阿奇霉素和 0. 5 ~3 重量份的聚乙二醇系列和 0. 1 ~1. 0 重量份的助溶剂和 0. 1 ~0. 5 重量份的脂肪酸混合溶解制得的无色或淡黄色透明溶液，该溶液作为软胶囊内容物，采用压模法制备软胶囊，软胶囊经冷风固化、干燥，用适当的溶剂洗、终干，即得，所述的助溶剂为 1，2-丙二醇、乙醇、异丙醇或其混合物。

7. 权利要求 6 所述的制备方法，以干重计明胶 1 重量份和纯化水 0. 5 ~2. 0 重量份和甘油 0. 1 ~1. 0 重量份充分混匀即得胶液，通过压制机调节压制为 0. 5 ~2. 0mm 厚度的胶带，作为软胶囊囊壳备用。

8. 权利要求 6 或 7 所述的制备方法，其所述的聚乙二醇系列为液态的聚乙二醇系列。

9. 权利要求 6 或 7 所述的制备方法，其特征在于：所述的聚乙二醇系列为 PEG400 或 PEG600。

10. 权利要求 6 或 7 所述的制备方法，其所述的脂肪酸为乳酸。"

针对本专利权，皇隆公司于 2006 年 6 月 20 日向专利复审委员会提出专利权无效宣告请求，认为本专利权利要求 1 ~10 不符合《专利法》第二十六条第三、四款，《专利法》第二十二条第三款以及《专利法实施细则》第二十条第一款的规定。

经形式审查合格，专利复审委员会受理了上述请求，并于 2006 年 6 月 20 日向双方当事人发出

《无效宣告请求受理通知书》，并将《专利权无效宣告请求书》及其附件副本转送给专利权人，要求其在指定的期限内答复。

皇隆公司在提起无效宣告请求之日起的一个月内共提交了9份证据，其中：

证据4："明胶软胶囊囊壳处方因素对囊壳溶解性能的影响"，唐星等人著，载于《中国药学》杂志第34卷第1期第28～30页，1999年出版；

证据5：《药用辅料应用技术》，上海医药工业研究院药物制剂研究中心等编著，中国医药科技出版社，2002年7月第2版，2002年7月第1次印刷，该书的第93、137～138页、出版信息页、和封面页。该证据公开了制备软胶囊剂所采用的原料、工艺等，其中指出软胶囊剂的内容物可装溶解固体药物的溶液，胶囊剂最好采用溶液（即必然是将原辅料混合溶解后制得透明溶液），所采用的赋形剂可采用聚乙二醇、非离子表面活性剂、甘油、丙二醇、异丙醇等，制备软胶囊的方法可采用钢板模法（相当于权利要求1中的压模法）（见第93页第7～12行，第93页第20行至第94页第6行）。

证据6：《药剂学》，毕殿州主编，人民卫生出版社，1999年7月第4版，1999年7月第24次印刷，第303～304页、出版信息页、和封面页。该证据中也公开了制备软胶囊的方法，其中指出碱性液体可影响囊壁的溶解性，可根据药物的性质选择不同的缓冲剂。

专利复审委员会将皇隆公司提交的上述证据均已转送给专利权人，并要求其在自收到之日起一个月内作出答复。

2007年7月3日，专利复审委员会对该无效请求进行口头审理。口头审理过程中确认了如下事实：（1）皇隆公司明确其无效宣告请求的理由为说明书不符合《专利法》第二十六条第三款的规定；权利要求1～10不符合《专利法实施细则》第二十条第一款的规定；权利要求1～10不符合《专利法》第二十六条第四款的规定；权利要求1～10不符合《专利法》第二十二条第三款的规定。（2）皇隆公司当庭放弃证据1～3、证据9，使用证据4～8作为对比文件评价创造性，合议组当庭宣布：对于证据7～8，由于皇隆公司在指定的期限内没有结合其具体说明无效理由，而证据7～8又不是公知常识性证据，合议组根据《专利法实施细则》第六十四条的规定对其不予考虑；证据5～6为所属领域的教科书和技术手册，属于公知常识性证据，予以接受。（3）皇隆公司出示了证据4～6的原件，专利权人对其真实性、合法性、公开性均无异议。（4）皇隆公司明确权利要求1～10不符合《专利法》第二十二条第三款所依据的证据是：针对权利要求1和6所使用的证据为证据5和6的结合、针对权利要求2和7所使用的证据为证据4、5、6的结合、针对权利要求3～5和8～10与其引用的权利要求所使用的证据相同。（5）专利权人认为皇隆公司依据证据4～6评述权利要求1～10不具备创造性的理由未在无效宣告请求书中记载，为新增加的无效理由，不应接受。

口头审理结束后，皇隆公司于2007年7月13日提交了意见陈述，重申了其口头审理中陈述的意见。

2007年7月23日，专利复审委员会在上述审理的基础上作出第10290号决定，宣告本专利全部无效。

另查，本专利说明书中有如下记载："与现在已有的阿奇霉素剂型：片剂、硬胶囊剂、干混悬等口服制剂相比较，本专利具有以下特点：1. 软胶囊在服药后能够保证药物在体内的溶出速率相对稳定，能够保证药物平稳被吸收，同时能够达到相对稳定的生物利用度……3. 由于阿奇霉素的溶解性比较差，在水中极微溶解，我们研究的水性基质条件下的软胶囊能够保证药物口服后平稳释放、药液释放后在体内易与内环境混合，利于药物平稳被吸收，同时能够达到相对稳定的生物利用度。"

庭审中，温光辉、宛六一认可在口头审理中，皇隆公司已结合证据5、6对无效宣告理由进行了具体阐述。同时其亦认可，为促进碱性阿奇霉素的溶解而添加一定的脂肪酸促进溶解是所属领域的常规技术手段。另，其明确表示如本专利权利要求 1、6 不具有创造性，则对第 10290 号决定中对于权利要求 2 ~5 与权利要求 7 ~10 不具有创造性的认定不持异议。

为证明本专利的有益效果，温光辉、宛六一在诉讼中提交了一份阿奇霉素软胶囊的临床研究报告，但其认可该报告中并未使用本专利的技术方案。该报告的申请人为西安大恒制药有限责任公司及北京蓝贝望医药科技开发有限公司，并非温光辉、宛六一。对该证据，鉴于其与本案原告及本专利均无直接关系，故本院不予考虑。

上述事实有本专利授权公告文本、第 10290 号决定、证据 5、证据 6 及庭审笔录在案佐证。

本院认为：

对于原告认为第三人在无效程序中未结合证据 5、6 对具体无效理由进行阐述，故第 10290 号决定中不应考虑上述证据的主张，本院认为，根据《审查指南》中相应规定可知，对于自提出无效宣告请求之日起一个月后补充的公知常识证据，只要其在口头审理终结前提交，且在该期限内结合该证据具体说明相关无效宣告理由的，该证据通常可以考虑。根据该规定可以推知，对于在一个月期限内提交的公知常识证据，只要其在口头审理中结合该证据具体说明了相关无效理由，该证据在无效程序中亦应可以考虑。本案中，鉴于证据 5、6 均为公知常识证据，且已于无效宣告请求之日起一个月内提交，同时原告亦认可在口头审理中第三人已结合证据 5、6 对无效宣告理由进行了具体阐述，故本院认为，第 10290 号决定中对于证据 5、6 予以考虑并无不当。原告的该主张于法无据，本院不予支持。

对于原告认为本专利权利要求 1 中所采用的辅料并非证据 5 中所公开的全部辅料，本专利对辅料的选择相对于其他辅料而言具有有益技术效果的主张，本院认为，证据 5 中公开了五种辅料，本专利选用了其中三种，鉴于上述三种辅料均为常用辅料，在本专利说明书中未对上述选择所带来的有益技术效果作出记载的情况下，本领域技术人员无法得出该选择能够带来有益的技术效果的结论。据此，原告的上述主张无事实及法律依据，本院不予支持。

对于原告认为本专利权利要求 1 中所限定的原辅料的用量范围会使阿奇霉素平稳地被吸收，同时达到相对稳定的生物利用度，故该技术特征具有有益技术效果这一主张，本院认为，虽然根据本专利说明书中记载可知，本专利软胶囊确具有上述特点，但鉴于该处记载的本专利特点是以现在已有的阿奇霉素剂型（即片剂、硬胶囊剂、干混悬等）为对比客体，而非以与本专利原辅料用量范围不同的其他阿奇霉素软胶囊作为对比客体，故在原告对此予以认可，且未提交证据证明本专利相对于与本专利原辅料用量范围不同的其他阿奇霉素软胶囊而言具有有益技术效果的情况下，本院认为原告的上述主张缺乏事实及法律依据，本院不予支持。

对于原告认为本专利权利要求 1 中的脂肪酸起增溶作用，而非酸碱调节作用，故证据 6 中未给出该技术启示的主张，本院认为，鉴于原告认可为促进碱性阿奇霉素的溶解而添加一定的脂肪酸促进溶解是所属领域的常规技术手段，因此证据 6 中是否给出该技术启示并不影响本专利权利要求 1 创造性的评价。据此，原告的上述主张缺乏事实及法律依据，本院不予支持。

鉴于原告对于第 10290 号决定中对于权利要求 1 的创造性评述并无其他异议，故在原告的上述主张均不成立的情况下，本院认为，本专利权利要求 1 不具有创造性。鉴于原告针对本专利权利要求 6 的起诉理由与权利要求 1 相同，在本专利权利要求 1 不具有创造性的情况下，本院认为，本专利权利要求 6 亦不具有创造性。

鉴于原告明确表示如本专利权利要求 1、6 不具有创造性，则其对第 10290 号决定中对于权利要求 2 ~5 与权利要求 7 ~10 不具有创造性的评述不持异议，故在本院认定权利要求 1、6 不具有创造性的情况下，本院认为权利要求 2 ~5 与权利要求 7 ~10 不具有创造性。

综上，原告温光辉、宛六一的起诉理由不能成立，本院不予支持。被告专利复审委员会作出的第10290号决定认定事实清楚，适用法律正确，程序合法，本院予以维持。依照《中华人民共和国行政诉讼法》第五十四条第（一）项之规定，本院判决如下：

维持被告国家知识产权局专利复审委员会作出的第10290号无效宣告请求审查决定。

案件受理费100元，由原告温光辉、宛六一负担（已交纳）。

如不服本判决，各方当事人可于本判决送达之日起15日内，向本院提交上诉状及其副本，并交纳上诉案件受理费100元，上诉于北京市高级人民法院。

审　判　长　姜　颖
代理审判员　芮松艳
人民陪审员　郝建欣
二〇〇七年十二月二十日
书　记　员　陈文煊

# 北京市高级人民法院
# 行政判决书

（2008）高行终字第90号

上诉人（原审原告）温光辉，男，1963年8月12日出生，汉族，住广东省深圳市宝安区西乡镇双龙花园33栋201号。

委托代理人杜澄心，男，汉族，1961年9月6日，北京万科园知识产权代理有限责任公司专利代理人，住北京市海淀区阜成路北10楼57门4号。

委托代理人刘俊玲，女，汉族，1979年9月11日出生，北京万科园知识产权代理有限责任公司职员，住北京市海淀区苏州街乙29号人才服务中心。

上诉人（原审原告）宛六一，男，1973年9月20日出生，汉族，住北京市朝阳区广渠路21号。

委托代理人杜澄心，男，汉族，1961年9月6日，北京万科园知识产权代理有限责任公司专利代理人，住北京市海淀区阜成路北10楼57门4号。

委托代理人刘俊玲，女，汉族，1979年9月11日出生，北京万科园知识产权代理有限责任公司职员，住北京市海淀区苏州街乙29号人才服务中心。

被上诉人（原审被告）国家知识产权局专利复审委员会，住所地北京市海淀区北四环西路9号银谷大厦10~12层。

法定代表人廖涛，副主任。

委托代理人卢阳，该委员会审查员。

委托代理人刘妍，该委员会审查员。

原审第三人海南皇隆制药厂有限公司，住所地海南省海口市桂林洋经济开发区。

法定代表人陈益智，总经理。

委托代理人刘伟，男，汉族，1978年6月25日出生，北京太兆天元知识产权代理有限责任公司专利代理人，住北京市朝阳区北三环东路11号北京中医药大学。

委托代理人姚振弘，男，汉族，1963年11月2日出生，该公司开发中心主任，住海南省海口市龙华区国贸北路26号金茂大厦。上诉人温光辉、宛六一因发明专利权无效行政纠纷一案，不服北京市第一中级人民法院（2007）一中行初字第1537号行政判决，向本院提起上诉。本院2008年2月28日受理本案后，依法组成合议庭，于2008年4月14日公开开庭进行了审理。上诉人温光辉的委托代理人杜澄心、刘俊玲，上诉人宛六一的委托代理人杜澄心、刘俊玲，被上诉人国家知识产权局专利复审委员会（以下简称专利复审委员会）的委托代理人卢阳、刘妍，原审第三人海南皇隆制药厂有限公司（以下简称皇隆公司）的委托代理人姚振弘、刘伟到庭参加了诉讼。本案现已审理终结。

北京市第一中级人民法院认定，涉案专利是名称为"阿奇霉素软胶囊及其制备方法"的发明专利权（以下简称本专利），专利权人为宛六一、温光辉。针对本专利，皇隆公司于2006年6月20日向专利复审委员会提出专利权无效宣告请求，认为本专利权利要求1～10不符合《中华人民共和国专利法》（以下简称《专利法》）第二十六条第三、四款、《专利法》第二十二条第三款以及《中华人民共和国专利法实施细则》（以下简称《专利法实施细则》）第二十条第一款的规定。2007年7月23日，专利复审委员会作出第10290号无效宣告审查决定（以下简称第10290号决定），宣告本专利全部无效。

北京市第一中级人民法院认为，皇隆公司提交的证据5中公开了五种辅料，本专利选用了其中三种，鉴于上述三种辅料均为常用辅料，在本专利说明书中未对上述选择所带来的有益技术效果作出记载的情况下，本领域技术人员无法得出该选择能够带来有益的技术效果的结论。虽然根据本专利说明书中记载可知，本专利权利要求1中所限定的原辅料的用量范围会使阿奇霉素平稳地被吸收，同时达到相对稳定的生物利用度，但鉴于该处记载的本专利特点是以现在已有的阿奇霉素剂型（即片剂、硬胶囊剂、干混悬等）为对比客体，而非以与本专利原辅料用量范围不同的其他阿奇霉素软胶囊作为对比客体，故在宛六一、温光辉未提交证据证明本专利相对于与本专利原辅料用量范围不同的其他阿奇霉素软胶囊具有有益技术效果的情况下，宛六一、温光辉的上述主张缺乏事实及法律依据。鉴于宛六一、温光辉认可为促进碱性阿奇霉素的溶解而添加一定的脂肪酸促进溶解是所属领域的常规技术手段，因此证据6中是否给出该技术启示并不影响本专利权利要求1创造性的评价。

依照《中华人民共和国行政诉讼法》第五十四条第（一）项之规定，判决：维持专利复审委员会作出的第10290号决定。

温光辉、宛六一不服原审判决，向本院提起上诉，请求撤销原审判决；撤销10290号决定；维持本专利权有效。其理由主要为：本专利权利要求1相对于现有技术解决了将阿奇霉素制备成水性基质条件的软胶囊的技术问题。预想不到的效果和显著的进步主要体现在阿奇霉素软胶囊已经达到并略高于辉瑞公司的阿奇霉素片剂的生物利用度，并且显著高于国内报道中的其他阿奇霉素制剂，故本专利符合专利法关于创造性的规定。此外，本专利权利要求1的辅料选择及各种辅料的比例是通过非有限次的实验得到的。公知的各种辅料虽然可以用于制备软胶囊，但不一定能将阿奇霉素溶解成均一稳定的溶被。专利复审委员会、皇隆公司服从原审判决。

本院经审理查明：

本专利是名称为"阿奇霉素软胶囊及其制备方法"、专利号为200410049799.X的发明专利权，其申请日为2004年6月30日，授权公告日为2006年5月10日，专利权人为宛六一、温光辉。本专利授权公告的权利要求如下：

"1. 一种阿奇霉素软胶囊，其特征在于，所述软胶囊是通过如下制备方法得到的：将1重量份的阿奇霉素和0.5～3重量份的聚乙二醇系列和0.1～1.0重量份的助溶剂混合溶解制得的无色或淡黄色透明溶液或将1重量份的阿奇霉素和0.5～3重量份的聚乙二醇系列和0.1～1.0重量份的助溶剂和0.1～0.5重量份的脂肪酸混合溶解制得的无色或淡黄色透明溶液，该溶液作为软胶囊内容物，采用压模法制备软胶囊，软胶囊经冷风固化、干燥，用适当的溶剂洗、终于，即得，所述的助溶剂为1，2—丙二醇、乙醇、异丙醇或其混合物。

2. 权利要求1所述的阿奇霉素软胶囊，以干重计明胶1重量份和纯化水0.5～2.0重量份和甘油0.1～1.0重量份充分混匀即得胶液，通过压制机调节压制为0.5～2.0mm厚度的胶带，作为软胶囊囊壳备用。

3. 权利要求1或2所述的阿奇霉素软胶囊，其所述的聚乙二醇系列为液态的聚乙二醇系列。

4. 权利要求1或2所述的阿奇霉素软胶囊，其特征在于：所述的聚乙二醇系列为PEG400或PEG600。

5. 权利要求1或2所述的阿奇霉素软胶囊，其所述的脂肪酸为乳酸。

6. 权利要求1所述的阿奇霉素软胶囊的制备方法，其特征在于：将1重量份的阿奇霉素和0.5～3重量份的聚乙二醇系列和0.1～1.0重量份的助溶剂混合溶解制得的无色或淡黄色透明溶液或将1重量份的阿奇霉素和0.5～3重量份的聚乙二醇系列和0.1～1.0重量份的助溶剂和0.1～0.5重量份的脂肪酸混合溶解制得的无色或淡黄色透明溶液，该溶液作为软胶囊内容物，采用压模法制备软胶囊，软胶囊经冷风固化、干燥，用适当的溶剂洗、终于，即得，所述的助溶剂为1，2—丙二醇、乙醇、异丙醇或其混合物。

7. 权利要求6所述的制备方法，以干重计明胶1重量份和纯化水0.5～2.0重量份和甘油0.1～1.0重量份充分混匀即得胶液，通过压制机调节压制为0.5～2.0mm厚度的胶带，作为软胶囊囊壳备用。

8. 权利要求6或7所述的制备方法，其所述的聚乙二醇系列为液态的聚乙二醇系列。

9. 权利要求6或7所述的制备方法，其特征在于：所述的聚乙二醇系列为PEG400或PEG600。

10. 权利要求6或7所述的制备方法，其所述的脂肪酸为乳酸。”

皇隆公司于2006年6月20日向专利复审委员会提出宣告本专利权无效的请求，理由是本专利权利要求1～10不符合《专利法》第二十六条第三、四款，《专利法》第二十二条第三款以及《专利法实施细则》第二十条第一款的规定。

经形式审查合格，专利复审委员会受理了上述请求，并于2006年6月20日向双方当事人发出《无效宣告请求受理通知书》，并将《专利权无效宣告请求书》及其附件副本转送给专利权人，要求其在指定的期限内答复。

皇隆公司在提起无效宣告请求之日起的一个月内共提交了9份证据，其中：

证据4：“明胶软胶囊囊壳处方因素对囊壳溶解性能的影响”，唐星等人著，载于《中国药学》杂志第34卷第1期第28～30页，1999年出版；

证据5：《药用辅料应用技术》，上海医药工业研究院药物制剂研究中心等编著，中国医药科技出版社，2002年7月第2版，2002年7月第1次印刷，该书的第93、137～138页、出版信息页、和封面页。该证据公开了制备软胶囊剂所采用的原料、工艺等，其中指出软胶囊剂的内容物可装溶解固体药物的溶液，胶囊剂最好采用溶液（即必然是将原辅料混合溶解后制得透明溶液），所采用的赋形剂可采用聚乙二醇、非离子表面活性剂、甘油、丙二醇、异丙醇等，制备软胶囊的方法可采用钢板模法（相当于权利要求1中的压模法）（见第93页第7～12行，第93页第20行至第94页第6行）。

证据6：《药剂学》，毕殿州主编，人民卫生出版社，1999年7月第4版，1999年7月第24次印刷，第303～304页、出版信息页、和封面页。该证据中也公开了制备软胶囊的方法，其中指出碱性液体可影响囊壁的溶解性，可根据药物的性质选择不同的缓冲剂。

2007年7月3日，专利复审委员会对该无效请求进行口头审理。口头审理过程中确认了如下事实：（1）皇隆公司明确其无效宣告请求的理由为本专利说明书不符合《专利法》第二十六条第三款的规定；本专利权利要求1～10不符合《专利法实施细则》第20条第1款的规定；本专利权利要求1～10不符合《专利法》第二十六条第四款的规定；本专利权利要求1～10不符合《专利法》第二十二条第三款的规定。（2）皇隆公司当庭放弃证据1～3、证据9，使用证据4～8作为对比文件评价创造性，专利复审委员会审查此无效宣告请求的合议组当庭宣布：对于证据7～8，由于皇隆公司在指定的期限内没有结合其具体说明无效理由，而证据7～8又不是公知常识性证据，合议组根据《专利法实施细则》第六十四条的规定对其不予考虑；证据5～6为所属领域的教科书和技术手册，属于公知常识性证据，予以接受。(3) 皇隆公司出示了证据4～6的原件，专利权人对其真实性、合法性、公开性均无异议。(4) 皇隆公司明确本专利权利要求1～10不符合《专利法》第二十二条第三款所依据的证据是：针对本专利权利要求1和6所使用的证据为证据5和6的结合、针对本专利权利要求2和7所使用的证据为证据4、5、6的结合、针对本专利权利要求3～5和8～10与其引用的权利要求所使用的证据相同。(5) 专利权人认为皇隆公司依据证据4～6评述本专利要求1～10不具备创造性的理由未在无效宣告请求书中记载，为新增加的无效理由，不应接受。

口头审理结束后，皇隆公司于2007年7月13日提交了意见陈述，重申了其口头审理中陈述的意见。

2007年7月23日，专利复审委员会作出第10290号决定。该决定中认定：

1. 无效宣告请求的理由和范围。

皇隆公司在口头审理中提出：(1) 说明书缺乏实验数据支持，不符合《专利法》第二十六条第三款的规定；(2) 说明书实施例仅给出了原料的具体数值用量，权利要求1～10原料用量的数值范围过大得不到说明书支持，不符合《专利法》第二十六条第四款的规定。因上述无效宣告请求的理由是皇隆公司提出无效宣告请求一个月后增加的新理由，因此根据《专利法实施细则》第六十六条的规定，专利复审委员会对其不予接受。

温光辉、宛六一认为皇隆公司在无效宣告请求中未针对证据4～6具体陈述权利要求1～10不具备创造性的理由，不应予以接受。对此，专利复审委员会认为：皇隆公司在《专利权无效宣告请求书》中引用证据4评价了本专利从属权利要求的创造性。证据5、6为教科书，是所属领域技术人员应通晓的公知常识性证据，专利权人作为所属领域的技术人员应对证据5、6有深入的了解。据此，皇隆公司在口头审理过程中针对证据4～6进行了具体分析，专利复审委员会在口头审理的过程中给予了专利权人当庭陈述权利要求1～10相对于证据4～6是否具有创造性的机会，并且在口头审理后也给予了专利权人陈述意见的机会。根据《审查指南》第四部分第三章第4.3.1节的规定，证据4～6可以作为倒有技术评述权利要求的创造性。

2. 本专利的创造性。

皇隆公司当庭提交了证据4、5、6的原件，专利权人对其真实性、合法性、关联性、公开性均没有异议，专利复审委员会予以采信，这3份证据的公开日均早于本专利的申请日，因此证据4、5、6均构成了本专利的现有技术，可以用来评价本专利的创造性。

将权利要求1和证据5对比，可以看出其区另别在于：本专利以阿奇霉素为原料制备软胶囊，并限定了原辅料的用量范围、指明异丙醇等作为助溶剂使用，并且描述了制备软胶囊后处理工艺为“经冷风固化、干燥，用适当的溶剂洗，终于”；而证据5没有具体说明药物的名称和原辅料的用量，以及采用助溶剂，也没有描述后处理工艺。阿奇霉素是所属领域技术人员公知的药物，专利权人在口头审理中也认为阿奇霉素是现有技术，本发明是对其剂型的改进。证据5教导了所属领域技术人员如何制备各种药物的软胶囊的方法，所属领域技术人员根据证据5公开的采用聚乙二醇、异丙醇等辅料制备软胶囊的教导很容易想到如何制备阿奇霉素这一具体药物的软胶囊。并且，证据5特别指出软胶囊的内容物适宜选用溶液，因此为了促进阿奇霉素的溶解，选择证据5所列辅料作为助溶剂促进药物溶解是显而易见的。而所属领域技术人员在制备制利时进行处方筛选确定各原辅料的用量范围是常规的技术手段，通过简单的试验筛选就可确定各原辅料在制剂中的用量。此外，在通常的制备软胶囊的工艺中，压制得到的软胶囊并不适宜直接使用，为了得到适于临床使用合格的制剂，需要对软胶囊冷风固化、干燥，并用乙醇等适当溶剂除去表面的污物，再进行干燥等后处理来获得最终产品，权利要求 1 中限定的“经冷风固化、干燥，用适当的溶剂洗，终干”这一后处理工艺是所属领域技术人员制备软胶囊的常规技术。因此，在证据 5 给出制备软胶交囊方法的基础上结合所属领域的公知常识得到该技术方案对于所属领域技术人员是显而易见的。

第二个技术方案在第一个技术方案的基础上增加了脂肪酸的使用。证据 5 也指出内容物最好为溶液，而阿奇霉素溶解度较差，为了促进碱性阿奇霉素的溶解而添加一定的脂肪酸促进溶解是所属领域的常规技术手段。此外，证据 6 也公开了制备软胶囊的方法，其中指出碱性液体可影响囊壁的溶解性，可根据药物的性质选择不同的缓冲剂，而所属领域技术人员公知阿奇霉素具有一定碱性，因此证据 6 给出了在药物溶液中添加一定量脂肪酸以保证软胶囊囊壁的溶解性的技术启示。因此，在证据 5 给出制备软胶囊方法的基础上结合所属领域的公知常识或证据 6 给出的技术启示得到该技术方案对于所属领域技术人员也是显而易见的。

综上所述，权利要求 1 相对于现有技术不具备突出的实质性特点和显著的进步，并且上述技术方案相对于现有技术并未产生任何预料不到的技术效果。因此，权利要求 1 不具备《专利法》第二十二条第三款规定的创造性。

权利要求 2 对制备软胶囊囊壳的胶带组成进行了限定。证据 5 公开了该胶皮以明胶、增塑剂甘油和蒸馏水加热熔化成明胶溶液（也必然是充分混匀的溶液），制成胶片，其中明胶与增塑剂的重量比为 1.0：0.4～0.6，明胶与水的比例为 1：1（参见第 93 页第 26～28 行），三种成分的数值范围在权利要求 2 的数值范围之内。证据 5 和 6 没有公开胶皮的厚度和制备设备。证据 4 公开了以柠檬黄为指示剂的软胶囊囊壳胶带的特性，其中柠檬黄作为指示剂仅仅起到指示测试胶皮特性的实验结果的作用，并不对胶皮本身的性质起任何影响，因此其构成胶皮的主要物质是 12g 明胶、6g 甘油和 6g 水，其构成胶皮的主要物质的组成用量落入权利要求 2 组成用量的范围内，制备得到的胶带为 2mm 厚（参见第 29 页的表 1 中处方 1 和 2.2.2 节）。该胶带在证据 4 中的作用与在本专利中的作用相同，都是用于制备软胶囊囊壳，因此证据 4 给出了制备软胶囊的胶带厚度的技术启示。此外，压制机是制备软胶囊囊壳的常规设备。上述选择对于所属领域技术人员是显而易见的，并未产生任何预料不到的技术效果。因此，在权利要求 1 不具备创造性的基础上，权利要求 2 也不具备《专利法》第二十二条第三款规定的创造性。

权利要求 3 对聚乙二醇进行了限定。证据 5 披露了采用的辅料聚乙二醇为不挥发性液体（参见第 93 页倒数第 2～3 行）。因此该附加技术特征也被证据 5 所披露，在权利要求 1 或 2 不具备创造性的基础上，权利要求 3 也不具备《专利法》第二十二条第三款规定的创造性。

权利要求 4 对聚乙二醇进行了限定。同对权利要求 3 的评述，证据 5 教导了采用的聚乙二醇为液体，而 PE0400、PEG600 是常规使用的液态聚乙二醇（参见《药剂辅料大全》，罗明生主编、四川科学技术出版社，1995 年第一版，第 759 页右栏最后三行）。这种选择对于所属领域技术人员是显而易见的。因此，在权利要求 1 或 2 不具备创造性的基础上，权利要求 4 也不具备《专利法》第二十二条第三款规定的创造性。

权利要求 5 对脂肪酸进行了限定。乳酸是所属领域常规使用的脂肪酸；并且证据 6 披露了软胶囊制备所用脂肪酸可以选用乳酸（参见第 304 页第 3 行），即该附加技术特征也被证据 6 所披露。因此，这种选择对于所属领域技术人员是显而易见的。在权利要求 1 或 2 不具备创造性的基础上，权利要求 5 也不具备《专利法》第二十二条第三款规定的创造性。

皇隆公司指出处方中加入脂肪酸，其中乳酸作为增溶剂用，而不是作为缓冲剂防止囊壁破坏。对此，专利复审委员会认为：首先，说明书未对脂肪酸的作用进行任何解释说明；其次，通过加入脂肪酸促进碱性药物溶解或改善软胶囊囊壳性能都是所属领域的常规技术，这种选择对于所属领域技术人员是显而易见的。因此专利权人的意见陈述不能证明本专利具有创造性。

权利要求6要求保护制备权利要求1所述软胶囊的方法，其特征部分与权利要求1相同。同对权利要求1评述的理由，在证据5给出制备软胶囊方法的基础上结合所属领域的公知常识，或在证据5的基础上结合证据6给出的技术启示以及所属领域的公知常识得到权利要求6的技术方案对于所属领域技术人员也是显而易见的。权利要求6不具备突出的实质性特点和显著的进步，不具备《专利法》第二十二条第三款规定的创造性。

权利要求7～10对权利要求6进行了限定，其附加技术特征与权利要求2～5的附加技术特征相同。同对权利要求2～5评述的理由，上述技术方案相对于现有技术同样不具备突出的实质性特点和显著的进步。因此权利要求7～10也不具备《专利法》第二十二条第三款规定的创造性。

由于本专利的权利要求1～10不符合《专利法》第二十二条第三款的规定，可以得出宣告权利要求1～10无效的结论，因此专利复审委员会对皇隆公司提出的其他无效宣告请求的理由不再进行评述。

基于以上事实和理由，专利复审委员会作出第10290号决定，宣告本专利全部无效。

另查，本专利说明书中有如下记载："与现在已有的阿奇霉素剂型：片剂、硬胶囊剂、干混悬等口服制剂相比较，本专利具有以下特点：1. 软胶囊在服药后能够保证药物在体内的溶出速率相对稳定，能够保证药物平稳被吸收，同时能够达到相对稳定的生物利用度……3. 由于阿奇霉素的溶解性比较差，在水中极微溶解，我们研究的水性基质条件下的软胶囊能够保证药物口服后平稳释放、药液释放后在体内易与内环境混合，利于药物平稳被吸收，同时能够达到相对稳定的生物利用度。"

为证明本专利的有益效果，温光辉、宛六一在原审诉讼中提交了一份阿奇霉素软胶囊的临床研究报告，但其认可该报告中并未使用本专利的技术方案。该报告的申请人为西安大恒制药有限责任公司及北京蓝贝望医药科技开发有限公司，并非温光辉、宛六一。

上述事实有本专利授权公告文本、第10290号决定、证据5、证据6及庭审笔录在案佐证。

本院认为，本案的核心问题在于本专利权利要求1是否具有创造性。发明专利的创造性，是指同申请日以前已有的技术相比，该发明有突出的实质性特点和显著的进步。在组合物药品发明专利中，每种剂型都具有该剂型本身所赋予的特征、优点或性能，同时也具有该剂型本身所产生的不足或缺陷。如果进行剂型转换仅仅是克服了原剂型本身的不足，并且获得的有益效果在于新剂型本身所赋予的优点或性能，这种剂型的转换是简单的，不具有创造性。

本案中，本专利权利要求1包括两个技术方案，第一个技术方案以聚乙二醇和助溶剂为辅料，第二个技术方案以聚乙二醇、助溶剂和脂肪酸为辅料。上述两个技术方案均是对阿奇霉素剂型的改进，并列明了组分含量及制备软胶囊的方法。证据5公开了制备软胶囊剂所采用的原料、工艺等，其中指出了软胶囊剂的内容物可装溶解固体药物的溶液，所采用的赋形剂可采用聚乙二醇、丙二醇、异丙醇等，制备软胶囊的方法可以采用钢板模法。由此可见，证据5给出了所述所属领域技术人员如何制备各种药物的软胶囊的方法，所述领域技术人员根据证据5披露的采用聚乙二醇、异丙醇等辅料制备软胶囊的教导很容易想到如何制备阿奇霉素这一具体药物的软胶囊。而所述领域技术人员在制备制剂时进行处方筛选确定各原辅料的用量范围是常见的技术手段，通过简单的试验筛选就可确定各原辅料的制剂中的用量。此外，权利要求1中限定的"经冷风固化、干燥，用适当的溶剂洗，终于"这一后处理工艺是所属领域技术人员制备软胶囊的常规技术。而证据6也披露了可根据药物的性质选择不同的缓冲剂，而所属领域技术人员公知阿奇霉素具有一定碱性，因此，证据6给出了在药物溶液中添加一定量脂肪酸以保证软胶囊囊壁的溶解性的技术启示。因此，在证据5结合公知常识或证据6结合公知常识得到本专利权利要求1的技术方案是显而易见的。

本专利说明书中明确记载发明目的在于“为扩大病人选择用药范围，方便患者使用，提交阿奇霉素口服给药的溶出情况，保证药物在病人体内的溶出速率相对稳定，能保证药物平稳被吸收，同时能够达到相对稳定的生物利用度，”而上述特点均为软胶囊制剂本身所具有的特点，为本领域技术人员公知常识。上诉人温光辉、宛六一未指出本专利与现有技术相比，存在除剂型改变带来的特点之外的其他意想不到的技术效果，因此，本专利技术方案仅仅是剂型的改变，没有带来意想不到的技术效果，不符合《专利法》第二十二条第三款关于创造性的规定。

上诉人温光辉、宛六一在本案原审法院审理期间提交了一份阿奇霉素软胶囊的临床报告，用以说明本专利具有意想不到的技术效果。但该报告是就阿奇霉素软胶囊与阿奇霉素片剂进行比较，而且阿奇霉素软胶囊所取得的技术效果是其剂型改变所带来的，并未产生意想不到的技术效果，而且该报告的委托方并非本案上诉人，上诉人温光辉、宛六一也未提交证据证明参比的阿奇霉素软胶囊即为依照本专利权利要求1获得的。因此，本院对该报告不予认可。上诉人温光辉、宛六一关于该报告能够证明本专利具有创造性的上诉主张于法无据，本院不予支持。

综上所述，原审判决认定事实清楚，适用法律正确，应予维持。上诉人温光辉、宛六一的上诉主张于法无据，本院不予支持。依照《中华人民共和国行政诉讼法》第六十一条第一款第（一）项之规定，判决如下：

驳回上诉，维持原判。

一审案件受理费100元，由温光辉、宛六一负担（已交纳）；二审案件受理费100元，由温光辉、宛六一负担（已交纳）。

本判决为终审判决。

审　判　长　刘　辉
代理审判员　岑宏宇
代理审判员　焦　彦
书　记　员　孙　娜
二〇〇八年四月十八日
书　记　员　耿巍巍

025

# 腹水消口服液及其制造方法

## 无效宣告请求审查决定（第10291号）

**决定号** 第10291号
**决定日** 2007年7月23日
**发明创造名称** 腹水消口服液及其制造方法
**国际分类号** A61K 35/78，A61K 35/62，A61K 35/56，A61P 1/16
**无效宣告请求人** 吉林省恒达经济贸易发展公司
**专利权人** 陶振海
**专利号** 98114040.8
**申请日** 1998年6月2日
**授权公告日** 2003年1月15日
**合议组组长** 程强
**主审员** 许磊
**参审员** 何炜

**法律依据** 专利法第22条第2款、第3款，专利法实施细则第13条第1款
**决定要点**

判断两项发明是否为同样的发明应当对比其权利要求所要保护的技术方案是否相同，如果两项发明要求保护的技术方案不同，则不是同样的发明。

### 一、案由

本无效宣告请求案涉及国家知识产权局于2003年1月15日授权公告的、名称为“腹水消口服液及其制造方法”的98114040.8号发明专利（下称本专利），其申请日为1998年6月2日，专利权人是陶振海。本专利授权公告的权利要求书如下：

“1. 腹水消口服液，由君药、臣药、佐药和使药配制成，其特征在于所述的君药为白花蛇舌草、臣药为苦参、半枝莲、金银花，佐药为三棱、莪术、青木香、瓜蒌皮、牡蛎、当归、白芍、黄芪、水蛭，使药为甘草；君药、臣药、佐药、使药的配伍是：白花蛇舌草5~40g、苦参3.5~30g、半枝莲6~50g、金银花6~50g、三棱5~40g、莪术5~40g、青木香5~40g、瓜蒌皮3.5~30g、牡蛎5~40g、当归5~40g、白芍5~40g、黄芪10~80g、水蛭2~15g、甘草2.5~20g；每100mL口服液中绿原酸含量不得少于7mg。

2. 根据权利要求1所述的腹水消口服液，其特征是君药、臣药、佐药、使药的配伍是：白花蛇

舌草20g、苦参15g、半枝莲25g、金银花25g、三棱20g、莪术20g、青木香20g、瓜蒌皮15g、牡蛎20g、当归20g、白芍20g、黄芪40g、水蛭7.5g、甘草10g。

3. 一种权利要求1所述的腹水消口服液的制备方法，其特征在于：A. 按配伍比例，取青木香5~40g、当归5~40g、三棱5~40g、莪术5~40g，加6~10倍量水，提取3~5小时，收集挥发油(1)；B. 将药液过滤得滤液(2)和药渣(3)；C. 将药渣(3)与白花蛇舌草5~40g、苦参3.5~30g、半枝莲6~50g、金银花6~50g、瓜蒌皮3.5~30g、牡蛎5~40g、白芍5~40g、黄芪10~80g、水蛭2~15g、甘草2.5~20g十味药混合，加6~10倍量水，煎煮1~3小时，过滤，得滤液(4)，再在药渣中加入3~7倍量水，煎煮1~2小时，过滤，得滤液(5)；D. 将滤液(2)、滤液(4)和滤液(5)合并，浓缩至相对密度1.10~1.12，放冷，加入乙醇，使醇含量达60%~80%，静置16小时，过滤，回收乙醇，使药液无醇味，药液放置16~48小时，再过滤，在所得滤液中加入挥发油(1)，搅均，加水800~2000mL，灌装，灭菌，即为成品腹水消口服液。

4. 根据权利要求3所述的腹水消口服液的制造方法，其特征在于：A. 取青木香20g、当归20g、三棱20g、莪术20g，加8倍量水提取4小时，收集挥发油(1)；B. 将药液过滤，得滤液(2)和药渣(3)；C. 将药渣(3)与白花蛇舌草20g、苦参15g、半枝莲25g、金银花25g、瓜蒌皮15g、牡蛎20g、白芍20g、黄芪40g、水蛭7.5g、甘草10g混合，加8倍量水，煎煮两小时，过滤，得滤液(4)和药渣(5)，在药渣(5)中加入6倍水，煎煮1小时，过滤，得滤液(6)；D. 将滤液(2)、滤液(4)和滤液(6)合并，浓缩至相对密度1.10~1.12，放冷，加入乙醇，使醇含量达70%，静置16小时，回收乙醇，使药液无醇味，静置24小时，过滤，在所得滤液中加入挥发油(1)，搅匀，加入1000mL水，灌装，灭菌，即为成品腹水消口服液。"

针对上述专利权，吉林省恒达经济贸易发展公司（下称请求人）曾分别于2005年5月26日和2005年9月5日两次向专利复审委员会提出无效宣告请求，专利复审委员会合并审理了这两个无效宣告请求案，并针对这两个无效宣告请求案件于2005年12月23日作出了第7983号无效宣告请求审查决定（下称7983决定），请求人不服该决定，向北京市第一中级人民法院提起行政诉讼，后在诉讼期间申请撤诉，北京市第一中级人民法院针对该诉讼请求作出了（2006）一中行初字第516号行政裁定书，因此7983决定已经生效。

请求人于2006年6月13日以本专利不符合专利法第22条和专利法实施细则第13条的规定向专利复审委员会再次提出无效宣告请求，请求宣告该专利的权利要求全部无效，请求人提交请求书的同时还提交了意见陈述以及以下附件：

附件1：许可方"陶振海"与被许可方"吉林省恒达经济贸易发展公司"于1996年9月26日在吉林省长春市就第95110208.7号专利签订的合同登记编号为96210010100812的《专利实施许可合同书（试用）》，复印件共12页；

附件2：资料编号为3的新药（中药）腹水消口服液申报资料——处方组成和根据中医药理论及经验对处方的论述，复印件共4页；

附件3：资料编号为0的新药（中药）腹水消口服液申报资料——腹水消口服液研制综述，复印件共4页；

附件4：资料编号为13的新药（中药）腹水消口服液申报资料——临床研究用药品的原料和成品的质量标准草案及起草说明，复印件共29页；

附件5：委托人陶振海与研究开发单位辽宁中医学院中药科技开发中心于1995年1月2日签订、有效期限为1995年1月至1997年6月的技术开发合同书，复印件共6页；

附件6-1：国家知识产权局针对第95110208.7号、名称为"百草神授口服液及其生产方法"（后更名为“腹水消口服液及其生产方法”）的发明专利申请于1999年8月6日发出的第一次审查意见通知书和陶振海于1999年12月16日提交的意见陈述书、陶振海于1999年12月17日提交的补正书（包括说明书第1～2页，权利要求书1页和说明书摘要）以及国家知识产权局的授予发明专利权通知书，复印件共11页；

6-2：国家知识产权局针对第98114040.8号、名称为“腹水消口服液及其制造方法”的发明专利申请（本专利）于2001年11月23日发出的第一次审查意见通知书和陶振海于2002年3月22日提交的意见陈述书、补正书（包括说明书第3页，权利要求书第1～2页）、审查员在2002年6月6日与该案代理人进行的电话讨论记录、陶振海于2002年6月21日提交的补正书和于2002年6月24日提交的补正书（包括说明书第3页，权利要求书第1～2页）以及国家知识产权局的授予发明专利权通知书，复印件共18页；

附件7：资料编号为4的新药（中药）腹水消口服液申报资料——制备工艺及其研究资料，复印件共11页；

附件8：资料编号为14的新药（中药）腹水消口服液申报资料——临床研究用药品的初步稳定性试验资料及文献资料，复印件共5页；

附件9：资料编号为15的新药（中药）腹水消口服液申报资料——临床研究用样品及其质量检验和卫生标准检验报告书（样品数量至少应为全检需要量的三倍），复印件共4页；

附件10：资料编号为1的新药（中药）腹水消口服液申报资料——名称及命名依据（包括中文名及汉语拼音），复印件共2页；

附件11：资料编号为2的新药（中药）腹水消口服液申报资料——选题目的与处方依据、文献古籍经验或现代有关该品种研究等情况的综述，复印件共3页；

附件12：资料编号为5的新药（中药）腹水消口服液申报资料——与质量有关的理化性质研究资料及文献资料，复印件共13页；

附件13：资料编号为6的新药（中药）腹水消口服液申报资料——与功能主治有关的主要药效学试验资料及文献资料，复印件共23页；

附件14：资料编号为8的新药（中药）腹水消口服液申报资料——动物急性毒性试验及文献资料，复印件共4页；

附件15：资料编号为9的新药（中药）腹水消口服液申报资料——动物长期毒性试验资料及文献资料，复印件共11页；

附件16：第95110208.7号发明专利的授权公告本文，公告日为2000年6月14日，复印件共4页；

附件17：本专利的授权公告文本，公告日为2003年1月15日，复印件共6页；

附件18：辽宁省卫生厅印制的辽宁省医疗单位制剂审批表，复印件共7页；

附件19：中药（新药）腹水消口服液申报资料，复印件共11页；

附件20：合同法，第208～209页，复印件共2页

附件21：沈阳市卫生事业管理局药政处于1994年9月8日发出、并加盖有其公章的《关于对辽宁国发贸易总公司生产“百草神授口服液”问题的处理决定》，复印件共1页；

附件22：张同君于1998年5月10日出具的一份说明，复印件共1页；

附件23：百草神授使用说明，复印件共1页。

请求人认为，本专利与同一专利权人的95110208.7专利（下称95专利，即附件16）相比，技术领域相同，所要解决的技术方案实质上相同，预期效果也相同，丧失了新颖性和创造性，并且属于

重复申请，具体原因为：请求人与专利人曾于1996年9月26日在吉林省长春市就第95110208.7号专利权这一项目签订了《专利实施许可合同（试用）》，但专利人实际提供给请求人的腹水消口服液原料配方并非95专利中所示的组方，而是附件2的资料中的“白花蛇舌草20g、苦参15g、半枝莲25g、金银花25g、三棱20g、莪术20g、青木香20g、瓜蒌皮15g、牡蛎20g、当归20g、白芍20g、黄芪40g、水蛭7.5g、甘草10g、甜蜜素适量、苯甲酸钠适量”，附件1~15表明上述配方是95专利实质上的技术方案，即本专利的技术方案与95专利的技术方案是相同的（配方实质上相同，制备工艺相同，成品药的质量标准相同，选用的中成药成品和来源相同，治疗疾病和所要达到的预期效果相同，申请人相同），不符合专利法第22条和专利法实施细则第13条的规定。此外，附件2~4、7~15以及附件19中所列的13份资料已经充分公开了本专利的技术方案，本专利的口服液以及其制备方法也不具备新颖性和创造性。

经形式审查合格后，专利复审委员会受理了上述请求，于2006年6月13日向双方当事人发出《无效宣告请求受理通知书》，并将《专利权无效宣告请求书》及其附件清单中所列附件的副本转送给专利权人，要求其在指定的期限内答复，同时成立合议组对本无效请求案进行审理。

专利权人于2006年7月11日向专利复审委员会提交了意见陈述书和下述证据：

证据1：辽宁省高级人民法院民事判决书（2003）辽民四知终字第52号，复印件共8页；

证据2：95110208.7号专利申请《授予发明专利权通知书》以及该专利的授权权利要求书和说明书，复印件共6页；

证据3：98114040.8号专利申请《授予发明专利权通知书》以及该专利的授权权利要求书和说明书摘要，复印件共3页；

证据4：辽宁利泰专利事务所出具的收条，无日期，复印件共1页；

证据5：专利复审委员会针对本专利于2005年12月23日作出的第7983号《无效宣告请求审查决定》，复印件共12页；

专利权人认为：95专利和本专利都是专利权人的发明（见证据1）；本专利与95专利的组方不同，存在9味药的差别，不是同一技术方案的重复申请（见证据2和3）；两个专利均经过正常的审批程序合法取得了专利证书，请求人不能用审查过程中的意见否定经过补正后的审批结果；附件19以及其中所列的资料不属于公众可以随意获得的专利法意义上的公开出版物，不能作为评价本专利新颖性、创造性的证据（见证据5）；请求人举证的附件23的处方与本专利的组方不同，不能证明本专利在申请日前已经为公众所知，本专利符合专利法第22条和专利法实施细则第13条的规定。

2007年3月14日，本案合议组向双方当事人发出《无效宣告请求口头审理通知书》，定于2007年5月24日对该专利权的无效请求进行口头审理，并同时将专利权人于2006年7月11日提交的意见陈述书、附件目录以及附件目录中所列附件的副本转送给请求人。

2007年5月24日，口头审理如期进行，双方当事人均出席了口头审理。双方当事人对对方当事人的资格没有异议，对合议组成员没有回避请求。口头审理中，请求人的两位证人出庭作证：证人卜凤英（女）为辽宁利泰专利代理有限公司职员，证明陶振海曾于1998年3月13日赠送给她一本名称为《中药（新药）腹水消口服液申报资料》的合订本，该合订本上有陶振海的签名与印章，并且陶振海还曾将该合订本给他人阅读，由此证明本专利在本专利申请日前六个月已经公开，卜凤英在7983决定中也曾就该事实出庭作证，并且在7983决定所针对的无效案件中提交了所述合订本的原件，同时卜凤英还提交了一份书面证言一式两份，合议组当庭将其中一份证言转交给了专利人；证人刘忠达（男）也是辽宁利泰专利代理有限公司职员，证明陶振海95专利的实质性技术方案是16味药、陶振海向卜凤英及其他人赠送过该16味药第0~16号新药申报资料的合订本，本专利在申请日前已经被公开，同时刘忠达还提交了一份书面证言一式两份，合议组当庭将其中一份证言转交给了专利人。

庭审过程中，合议组就本案的无效理由及证据逐一进行了调查，双方当事人充分陈述了各自的意见。口头审理过程中认定的事实如下：

（1）请求人明确其请求宣告无效的理由为专利法第 22 条第 2 款、第 3 款和专利法实施细则第 13 条第 1 款；

（2）专利权人对于附件 1～23 的真实性没有异议，对附件 1～4、6～15 的公开性有异议；

（3）请求人否认专利权人提交的证据 4 是其出具的；

（4）请求人认为附件 16 的 95 专利是与本专利相同的专利，因此本专利不符合专利法实施细则第 13 条第 1 款的规定；附件 1、18 和 19 证明了本专利在申请日前已经使用公开，因此不符合专利法第 22 条第 2 款的规定；附件 1～4、附件 6～15 破坏了本专利的创造性；

（5）专利权人认为附件 16 的专利与本专利不同；本专利在申请日前没有被使用公开，符合专利法第 22 条第 2 款、第 3 款的规定。

至此，合议组认为本案的事实清楚，可以作出审查决定。

**二、决定的理由**

1. 无效理由和范围的确定

根据提出无效宣告请求和口头审理时请求人的陈述，本无效宣告请求的无效理由和范围是：本专利全部权利要求均不符合专利法第 22 条第 2 款、第 3 款和专利法实施细则第 13 条第 1 款的规定。

2. 专利法实施细则第 13 条第 1 款

专利法实施细则第 13 条第 1 款规定：同样的发明创造只能授予一项专利。

根据该款规定，判断两项发明是否为同样的发明应当对比其权利要求所要保护的技术方案是否相同，如果两项发明要求保护的技术方案不同，则不是同样的发明。

本案中，本专利权利要求 1 请求保护一种腹水消口服液，该口服液由君药白花蛇舌草，臣药苦参、半枝莲、金银花，佐药三棱、莪术、青木香、瓜蒌皮、牡蛎、当归、白芍、黄芪、水蛭，使药甘草配制而成，具体配伍为白花蛇舌草 5～40g、苦参 3.5～30g、半枝莲 6～50g、金银花 6～50g、三棱 5～40g、莪术 5～40g、青木香 5～40g、瓜蒌皮 3.5～30g、牡蛎 5～40g、当归 5～40g、白芍 5～40g、黄芪 10～80g、水蛭 2～15g、甘草 2.5～20g，每 100mL 口服液中绿原酸含量不得少于 7mg。本专利的权利要求 3 请求保护权利要求 1 的口服液的制备方法。权利要求 2 和 4 分别是权利要求 1 和 3 的从属权利要求。

附件 16 的 95 专利的权利要求 1 请求保护的口服液由君药白附子、白花蛇舌草、半枝莲、黄芪、瓜蒌皮；臣药金银花、苦参、甘草、青木香、黄柏、金果榄、三棱；佐药莪术、水蛭、蜈蚣、冬虫草、乳香、没药；使药蜂蜜、当归、甜菊甙、苯甲酸钠配制而成，具体配伍为白附子 125～500g、白花蛇舌草 90～340g、半枝莲 100～400g、黄芪 30～120g、瓜蒌皮 60～200g、金银花 25～90g、苦参 15～30g、甘草 15～20g、青木香 15～30g、黄柏 100～200g、金果榄 70～150g、三棱 15～30g、莪术 6～20g、水蛭 5～10g、蜈蚣 1.5～3g、冬虫草 2～8g、乳香 1.5～3g、没药 1.5～3g、蜂蜜 100mL、当归 30g、甜菊甙 1.5g、苯甲酸钠 5g。权利要求 3 请求保护权利要求 1 的口服液的制备方法。权利要求 2 是权利要求 1 的从属权利要求。

将本专利权利要求 1 与 95 专利的权利要求 1 相比，二者都包括白花蛇舌草、苦参、半枝莲、金银花、三棱、莪术、青木香、瓜蒌皮、当归、黄芪、水蛭、甘草，但是，本专利组方中除上述相同药材外的其他药材是牡蛎和白芍，而 95 专利权利要求 1 组方中的其他药材是白附子、黄柏、金果榄、蜈蚣、冬虫草、乳香、没药、蜂蜜、甜菊甙和苯甲酸钠；也即本专利组方与对比组方相比其组成更为简单，本专利组方中仅有一味君药即白花蛇舌草，去除了在对比组方中作为君药的白附子、作为臣药的黄柏、金果榄、作为佐药的蜈蚣、乳香、没药、冬虫草、作为使药的蜂蜜、甜菊甙、苯甲酸钠，因此，本专利权利要求1要求保护的技术方案与95专利权利要求1请求保护的方案不同。基于同样的原因，权利要求2～4与95专利所保护的方案也不相同。因此，本专利要求权利要求1～4要求保护的技术方案均与95专利的不同，二者不是同样的发明。

请求人认为本专利与附件16的95专利属于同样的发明，认为95专利虽然公开的药物组分的数量比本专利多，但是其都是为了申请专利而加入的，其与本专利实际相同；此外，在本专利和95专利的审查过程中，专利权人为了克服审查员指出的缺陷，提供了相同的附件来证明本专利和95专利的效果，进一步表明本专利与95专利的技术方案实际上是相同的。请求人提供了附件1、2～4、6、7～15、19来证明本专利与95专利是相同的专利。此外，证人卜凤英和刘忠达的也表示陶振海曾表示95专利的组方实际是白附子、白蛇花草等16味中药，95专利的实际组方与本专利相同。

对此，合议组认为：

判断两项发明是否同样的发明应当对比其权利要求所要保护的技术方案是否相同，因此，判断95专利与本专利是否同样的发明创造时仅需比较95专利授权文本的权利要求与本专利授权文本的权利要求要求保护的方案是否相同，附件1、2～4、6、7～15、19以及证人证言均非两专利的授权文本，故与本专利是否构成重复授权无关。

3. 关于专利法第22条第2款、第3款

(1) 关于证据。

在请求人提供的附件1～23中，专利权人认可附件1～23的真实性，但是对附件1～4、6～15的公开性有异议，认为其不能作为评价本专利新颖性和创造性的证据或者与本专利无关。

对此，合议组认为：

附件5是陶振海与辽宁中医学院中药科技开发中心签订的技术开发合同书，仅表明陶振海与该中心就合作完成三类新药（中药）的全部临床前技术资料工作等达成协议，其中既没有提及所述新药的名称，更没有涉及任何技术内容，因此，附件5不能单独作为评价本专利新颖性和创造性的现有技术证据。

附件6-1和附件6-2分别是国家知识产权局针对95专利和本专利发出的审查通知书和专利申请人的答复意见以及提交的资料，如上所述，这些附件仅是实质审查过程中审查员和专利权人之间的交流文件，不是本专利申请日前任何想获得的公众想获得即可获得的现有技术，不能单独作为评价本专利新颖性和创造性的现有技术证据。

附件20、21和23分别为合同法的相关条款、沈阳市卫生事业管理局关于“百草神授口服液”问题的处理决定和“百草神授口服液”的使用说明，附件22是张同君出具的收条，与本专利技术内容无关，请求人也未对其具体陈述意见，因此，不能作为评价本专利新颖性、创造性的现有技术证据。

附件1是许可方“陶振海”与被许可方“吉林省恒达经济贸易发展公司”于1996年9月26日在吉林省长春市就第95110208.7号专利签订的合同登记编号为96210010100812的《专利实施许可合同书（试用）》，该合同中约定专利权人需在合同签订后七日内按照国家卫生部批准国家三类新药（中药）的部颁标准提交技术资料16份，请求人认为附件2～4、7～15以及附件19中包含的资料就是该合同中所述的资料，95专利与本专利实际相同，本申请不具备新颖性。但是，在该合同中，有关产品配方的内容仅有“腹水消中药由白附子、白花蛇草、半支莲、黄芪、瓜篓皮、金银花、苦参、甘草等16味中药配置成”，本专利和附件2～4、7～15以及19的药物配方均为14味中药，并且均无白附子，因此，无法认定附件2～4、7～15和19中即附件1中规定提交的资料，也不能表明95专利与本专利相同，该合同仅是就95专利签订的合同，因此，不能单独作为评价本专利新颖性和创造性的证据。

附件2～4、7～15、19是新药（中药）腹水消口服液的申报资料，其中附件2～4、7～15实际上即附件19申报资料目录中所列的资料，请求人在7983决定所针对的无效请求中提交了包含这些资料的小册子，即7983决定中的附件13，请求人以及出庭作证的证人卜凤英和刘忠达认为专利权人在本专利申请日前曾将包括附件2～4、7～15和19在内的资料集结成册散发，因此这些资料在申请日前已经被公开。专利权人则表示其是为了申请专利而将该材料交给其专利的代理机构——辽宁利泰专利事务所的刘忠达，这些资料不属于公众可以随意获得的专利法意义上的公开物。

对此，合议组认为：①如上所述，因为这些附件中的药物组方与95专利不同，所以无法认定附件2～4、7～15和附件19即为附件1的合同中约定的专利权人应提交的资料，而且，这些资料是企业申报新药时根据规定应当提交的资料，属于企业内部行为，而且在送审和审查过程中，送审和审查单位对这些资料均负有保密义务，没有证据证明公众能够获得这些资料。②请求人方虽然有两名证人卜凤英和刘忠达分别出庭作证，表示专利权人将在申请日前将包含这些附件的资料赠与他人，使得本专利在申请日前已经被公开。但是，首先，在请求人所述的专利权人散发的小册子上，在封面写有“送给最可信的人”的字样，并不能表明该行为属于公开散发；其次，证人卜凤英和刘忠达均为辽宁利泰专利事务所的专利代理人，辽宁利泰专利事务所是请求人与专利权人签订《专利实施许可合同》（附件1）时的中介方，同时也是专利权人申请的95专利和本专利的代理机构，卜凤英和刘忠达均参与了附件1的签订，刘忠达还参与了95专利和本专利的申请，二证人不仅与双方均具有利害关系，而且还对专利权人负有保密义务，因此，在无其他证据支持的情况下，仅凭其证言也不足以证明这些资料在申请日前可以被公众获得。因此，没有证据表明附件2～4、7～15、19是本专利申请日前公众可以获得的现有技术资料，这些附件不能作为评价本专利新颖性和创造性的现有技术证据。因此，请求人认为附件1～4、附件6～15破坏本专利的创造性的主张得不到证据支持，该主张不成立。

附件18是辽宁省卫生厅印制的辽宁省医疗单位制剂审批表，专利权人对其真实性均予以认可，但是对其公开性均有异议。

对此，合议组认为：附件18不是现有技术，在该审批表中仅有“收验日期1999.2.25”、“报告日期1999.2.30”、以及审核意见栏中“99年8月29日”和“99年10月24日”的字样，均在本专利申请日1998年6月2日之后，因此，不能作为证明本专利在申请日前已经被公开使用的证据。

请求人在无效理由中认为附件1、18和19证明本专利在申请日前已经使用公开，但是，如上所述，因为附件18和19均不是本专利申请日前公众可以获得的现有技术，不能用作评价本专利新颖性和创造性的证据使用，因此，附件1、18～19组成的证据链不能证明本专利在申请日前已经被使用公开，不能破坏本专利权利要求1～4的新颖性。

附件16是95110208.7号专利即95专利的授权公告文本，其与7983决定中的附件2相同，请求人在本案中对该证据主张的理由也与其在7983号中主张的理由相同，即95专利曾经在本专利申请日前公开过，该专利中的产品实质与本专利一致，由于专利人对95专利在本申请日前已经公开的事实无异议，所以在合议组对95专利的公开文本和授权文本进行核实后，与已经生效的7983决定相一致，合议组对附件16的公开文本也予以考虑。

（2）关于专利法第22条第2款、第3款。

本案中，如上面证据评述中所述，仅附件16的公开文本可用作评价本专利新颖性和创造性的证据，因此，本案合议组审理的无效理由仅为本专利相对于附件16的公开文本是否具备新颖性和创造性。

本案中的附件16即已生效的7983决定中的附件2，鉴于在7983决定中已经对本专利相对于附件2的公开文本的新颖性和创造性进行了评述，认为其不能破坏本专利的新颖性和创造性，同时7983决定已经生效，因此，本案合议组对7983决定中认定的事实及结论予以确认，不再进行评述。

基于以上事实和理由，本案合议组作出如下审查决定。

**三、决定**

维持98114040.8号发明专利权有效。

当事人对本决定不服的，可以根据专利法第46条第2款的规定，自收到本决定之日起三个月内向北京市第一中级人民法院起诉。根据该款的规定，一方当事人起诉后，另一方当事人应当作为第三人参加诉讼。

# 北京市第一中级人民法院
# 行政判书

（2007）一中行初字第1462号

原告吉林省恒达经济贸易发展公司，住所地吉林省长春市同志街52号。

委托代理人陆志美，北京市鹏凯律师事务所律师。

被告国家知识产权局专利复审委员会，住所地北京市海淀区北四环西路9号银谷大厦10~12层。

法定代表人廖涛，副主任。

委托代理人许磊，国家知识产权局专利复审委员会审查员。

委托代理人刘妍，国家知识产权局专利复审委员会审查员。

第三人薛桂芹，女，1968年4月18日出生，汉族，无业，住辽宁省沈阳市得胜路临清巷28-2号楼1-2-3号房。

委托代理人尹量建，辽宁鼎泰律师事务所律师。

原告吉林省恒达经济贸易发展公司（简称恒达公司）不服被告国家知识产权局专利复审委员会（简称专利复审委员会）于2007年7月23日作出的第10291号无效宣告请求审查决定（简称第10291号决定），于法定期限内向本院提起行政诉讼。本院于2007年10月25日受理后，依法组成合议庭，并根据相关法律规定通知薛桂芹作为第三人参加本案诉讼，于2007年11月29日公开开庭进行了审理。原告恒达公司的法定代表人张同君及其委托代理人陆志美，被告专利复审委员会的委托代理人许磊、刘妍，第三人薛桂芹及其委托代理人尹量建到庭参加了诉讼。本案现已审理终结。第10291号决定系专利复审委员会针对恒达公司就陶振海所拥有的98114040.8号发明专利（简称本专利）所提出的无效宣告请求而作出的。专利复审委员会在第10291号决定中认定：（1）关于《中华人民共和国专利法实施细则》（简称《专利法实施细则》）第十三条第一款。将本专利权利要求1与附件16的第95110208.7号专利（简称95专利）的权利要求1相比，二者都包括白花蛇舌草、苦参、半枝莲、金银花、三棱、莪术、青木香、瓜蒌皮、当归、黄芪、水蛭、甘草，但是，本专利组方中除上述相同药材外的其他药材是牡蛎和白芍，而95专利权利要求1组方中的其他药材是白附子、黄柏、金果榄、蜈蚣、冬虫草、乳香、没药、蜂蜜、甜菊甙和苯甲酸钠；也即本专利组方与对比组方相比其组成更为简单，本专利组方中仅有一味君药即白花蛇舌草，去除了在对比组方中作为君药的白附子、作为臣药的黄柏、金果榄、作为佐药的蜈蚣、乳香、没药、冬虫草、作为使药的蜂蜜、甜菊甙、苯甲酸钠，因此，本专利权利要求1要求保护的技术方案与95专利权利要求1请求保护的方案不同。基于同样的原因，权利要求2~4与95专利所保护的方案也不相同。因此，本专利要求权利要求1~4要求保护的技术方案均与95专利的不同，二者不是同样的发明。（2）关于《中华人民共和国专利法》（简称《专利法》）第二十二条第二、三款。附件5是陶振海与辽宁中医学院中药科技开发中心签订的技术开发合同书，仅表明陶振海与该中心就合作完成三类新药（中药）的全部临床前技术资料工作等达成协议，其中既没有提及所述新药的名称，更没有涉及任何技术内容，因此，附件5不能单独作为评价本专利新颖性和创造性的现有技术证据。附件6-1和附件6-2分别是国家知识产权局针对95专利和本专利发出的审查通知书和专利申请人的答复意见以及提交的资料，这些附件仅是实质审查过程中审查员和专利权人之间的交流文件，不是本专利申请日前公众想获得即可获得的现有技术，不能单独作为评价本专利新颖性和创造性的现有技术。附件20、附件21和附件23分别为合同法的相关条款、沈阳市卫生事业管理局关于“百草神授口服液”问题的处理决定和“百草神授口服液”的使用说明，附件22是张同君出具的收条，与本专利技术内容无关，不能作为评价本专利新颖性、创造性的现有技术。附件1是许可方“陶振海”与被许可方“吉林省恒达经济贸易发展公司”于1996年9月26日就95专利签订的《专利实施许可合同书（试用）》（简称《许可合同》），该合同中约定陶振海需在合同签订后七日内按照国家卫生部批准国家三类新药（中药）的部颁标准提交技术资料16份。恒达公司认为附件2、附件3、附件4、附件7、附件8、附件9、附件10、附件11、附件12、附件13、附件14、附件15以及附件19中包含的资料就是该合同中所述的资料，95专利与本专利实际相同，本申请不具备新颖性。但是，在该合同中，有关产品配方的内容仅有“腹水消中药由白附子、白花蛇草、半枝莲、黄芪、瓜篓皮、金银花、苦参、甘草等16味中药配置成”，本专利和附件2、附件3、附件4、附件7、附件8、附件9、附件10、附件11、附件12、附件13、附件14、附件15以及附件19的药物配方均为14味中药，并且均无白附子。因此，无法认定附件2、附件3、附件4、附件7、附件8、附件9、附件10、附件11、附件12、附件13、附件14、附件15和附件19中即附件1中规定提交的资料，也不能表明95专利与本专利相同，该合同仅是就95专利签订的合同，因此，不能单独作为评价本专利新颖性和创造性的证据。附件2、附件3、附件4、附件7、附件8、附件9、附件10、附件11、附件12、附件13、附件14、附件15、附件19是新药（中药）腹水消口服液的申报资料，其中附件2、附件3、附件4、附件7、附件8、附件9、附件10、附件11、附件12、附件13、附件14、附件15为附件19申报资料目录中所列的资料，恒达公司在专利复审委员会2005年12月23日作出的第7983号决定（简称第7983号决定）所针对的无效请求中提交了包含这些资料的小册子，即第7983号决定中的附件13，请求人以及证人卜凤英和刘忠达认为专利权人在本专利申请日前，曾将包括附件2、附件3、附件4、附件7、附件8、附件9、附件10、附件11、附件12、附件13、附件14、附件15和附件19在内的资料集结成册散发，因此这些资料在申请日前已经被公开。对此，专利复审委认为：因为这些附件中的药物组方与95专利不同，所以无法认定附件2、附件3、附件4、附件7、附件8、附件9、附件10、附件11、附件12、附件13、附件14、附件15和附件19即为附件1的合同中约定的陶振海应提交的资料，而且，这些资料是企业申报新药时根据规定应当提交的资料，在送审和审查过程中，送审和审查单位对这些资料均负有保密义务，没有证据证明公众能够获得这些资料。虽然有证人卜凤英和刘忠达分别出庭作证，表示陶振海将在申请日前将包含这些附件的资料赠与他人，使得本专利在申请日前已经被公开。但是，（1）在恒达公司所述的陶振海散发的小册子上，在封面写有“送给最可信的人”的字样，并不能表明该行为属于公开散发；（2）证人卜凤英和刘忠达均为辽宁利泰专利事务所的专利代理人，辽宁利泰专利事务所是恒达公司与陶振海签订《许可合同》（附件1）时的中介方，同时也是陶振海申请的95专利和本专利的代理机构，卜凤英和刘忠达均参与了附件1的签订，刘忠达还参与了95专利和本专利的申请，二证人不仅与双方均具有利害关系，而且还对陶振海负有保密义务，因此，在无其他证据支持的情况下，仅凭其证言也不足以证明这些资料在申请日前可以被公众获得。因此，没有证据表明附件2、附件3、附件4、附件7、附件8、附件9、附件10、附件11、附件12、附件13、附件14、附件15、附件19是本专利申请日前公众可以获得的现有技术资料，这些附件不能作为评价本专利新颖性和创造性的现有技术证据。因此，恒达公司认为附件1、附件2、附件3、附件4、附件6-1、附件6-2、附件7、附件8、附件9、附件10、附件11、附件12、附件13、附件14、附件15破坏本专利的创造性的主张得不到证据支持，该主张不成立。附件18是辽宁省卫生厅印制的辽宁省医疗单位制剂审批表，但附件18不是现有技术，在该审批表中仅有“收验日期1999.2.25”、“报告日期1999.2.30”、以及审核意见栏中“99年8月29日”和“99年10月24日”的字样，均在本专利申请日1998年6月2日之后，因此，不能作为证明本专利在申请日前已经被公开使用的证据。因为附件 18 和附件 19 均不是本专利申请日前公众可以获得的现有技术，不能用作评价本专利新颖性和创造性的证据使用，因此，附件 1、附件 18、附件 19 组成的证据链不能证明本专利在申请日前已经被使用公开，不能破坏本专利权利要求 1 ~4 的新颖性。附件 16 是 95 专利的授权公告文本，其与第 7983 号决定中的附件 2 相同。恒达公司在本案中对该证据主张的理由也与其在第 7983 号决定中主张的理由相同，鉴于在第 7983 号决定中已经对本专利相对于附件 2 的公开文本的新颖性和创造性进行了评述，认为其不能破坏本专利的新颖性和创造性，同时第 7983 号决定已经生效，因此，对第 7983 号决定中认定的事实及结论予以确认，不再进行评述。基于以上事实和理由，专利复审委作出第 10291 号决定，维持本专利全部有效。原告恒达公司不服该决定，向本院提起行政诉讼，其诉称：（1）本专利不具备新颖性，本专利的技术资料在申请日以前已经公开，为公众所知。（2）本专利不具备创造性，本专利与 95 专利的依据相同，没有突出的实质性特点和显著的进步。本专利与 95 专利属于重复授权。（3）被告在审查该案时具有明显的倾向性，并有先入为主之嫌。因此请求法院撤销被告第 10291 号决定，宣告本专利无效，并判令被告承担本案诉讼费用。被告专利复审委员会仍坚持第 10291 号决定中的观点，认为：（1）第 10291 号决定事实认定正确，原告提交的《专利实施许可合同》和新药申报资料不能破坏本专利的新颖性。《专利实施许可合同》是针对 95 专利签订的，与本案没有关系。相关资料处于保密状态，不是想得知就能得知的。（2）95 专利与本专利不是相同的专利，本专利符合《专利法实施细则》第十三条第一款的规定，并且相对于 95 专利而言具备创造性。（3）专利复审委员会对本案的审理公证客观，不存在原告所述的倾向性和先入为主的情况。原告提交的两份从专利局档案室复印的证据，是实质审查过程中审查员与专利权人之间的交流文件，不是专利申请日前的现有技术，不能作为评价本专利新颖性和创造性的证据。因此，第 10291 号决定认定事实清楚、适用法律正确、审查程序合法，原告的诉讼请求不能成立，请求人民法院维持第 10291 号决定。第三人薛桂芹述称：（1）本专利具有新颖性，申请日前没有公开，不为公众所知。（2）本专利具备创造性，有突出的实质性特点和显著进步。（3）被告对本专利无效宣告请求的审查程序合法。即使原告部分员工能接触到相关资料，也是少数特定人，不是公众所知。药品审批中，相关资料也处于保密状态。送给卜凤英的小册子，是送给辽宁利泰专利事务所的申报审查材料，且辽宁利泰专利事务所有保密义务，证人证言不能作为本案依据。因此，被告作出的决定事实清楚，适用法律正确，符合法定程序，依法应予维持。

本院经审理查明：

陶振海于 1998 年 6 月 2 日向国家知识产权局专利局提出了名称为“腹水消口服液及其制造方法”的发明专利申请，专利局于 2003 年 1 月 15 日授权公告，专利号为 98114040.8（下称本专利），专利权人为陶振海。本专利授权公告的权利要求书包括独立权利要求 1、3 和从属于权利要求 1 的权利要求 2、从属于权利要求 3 的权利要求，其中权利要求 1 如下：

“1. 腹水消口服液，由君药、臣药、佐药和使药配制成，其特征在于所述的君药为白花蛇舌草、臣药为苦参、半枝莲、金银花，佐药为三棱、莪术、青木香、瓜蒌皮、牡蛎、当归、白芍、黄芪、水蛭，使药为甘草；君药、臣药、佐药、使药的配伍是：白花蛇舌草 5 ~40g、苦参 3.5 ~30g、半枝莲 6 ~50g、金银花 6 ~50g、三棱 5 ~40g、莪术 5 ~40g、青木香 5 ~40g、瓜蒌皮 3.5 ~30g、牡蛎 5 ~40g、当归5 ~40g、白芍 5 ~40g、黄芪 10 ~80g、水蛭 2 ~15g、甘草 2.5 ~20g；每 100mL 口服液中绿原酸含量不得少于 7mg。”

权利要求 3 如下：

“3. 一种权利要求 1 所述的腹水消口服液的制备方法，其特征在于：A. 按配伍比例，取青木香 5 ~40g、当归 5 ~40g、三棱 5 ~40g、莪术 5 ~40g，加 6 ~10 倍量水，提取 3 ~5 小时，收集挥发油

(1)；B. 将药液过滤得滤液（2）和药渣（3）；C. 将药渣（3）与白花蛇舌草5～40g、苦参3.5～30g、半枝莲6～50g、金银花6～50g、瓜蒌皮3.5～30g、牡蛎5～40g、白芍5～40g、黄芪10～80g、水蛭2～15g、甘草2.5～20g十味药混合，加6～10倍量水，煎煮1～3小时，过滤，得滤液（4），再在药渣中加入3～7倍量水，煎煮1～2小时，过滤，得滤液（5）；D. 将滤液（2）、滤液（4）和滤液（5）合并，浓缩至相对密度1.10～1.12，放冷，加入乙醇，使醇含量达60%～80%，静置16小时，过滤，回收乙醇，使药液无醇味，药液放置16～48小时，再过滤，在所得滤液中加入挥发油（1），搅均，加水800～2000mL，灌装，灭菌，即为成品腹水消口服液。”

针对本专利，恒达公司曾分别于2005年5月26日和2005年9月5日两次向专利复审委员会提出无效宣告请求，专利复审委员会合并审理了上述无效宣告请求案，并于2005年12月23日作出第7983号决定，恒达公司不服该决定，向北京市第一中级人民法院提起行政诉讼，后在诉讼期间申请撤诉，北京市第一中级人民法院针对该诉讼请求作出了（2006）一中行初字第516号行政裁定书，因此第7983决定已经生效。第7983号决定认定：本专利权利要求1的口服液其组方与作为对比文件的95专利的组方存在区别，两者技术方案明显不同，因此，本专利权利要求1的口服液相对于95专利具有新颖性；95专利公开文本不足以破坏本专利权利要求1的创造性，与现有技术相比，本专利权利要求1的技术方案是非显而易见的，具有创造性，符合《专利法》第二十二条第三款的规定；在权利要求1具备新颖性和创造性的基础上，本专利权利要求2～4也具备新颖性和创造性。综上，第7983号决定维持本专利全部有效。

此后，恒达公司又于2006年6月13日以本专利不符合《专利法》第二十二条和《专利法实施细则》第十三条的规定向专利复审委员会再次提出无效宣告请求，请求宣告本专利的权利要求全部无效，恒达公司提交请求书的同时还提交了意见陈述以及以下附件：

附件1：许可方“陶振海”与被许可方“吉林省恒达经济贸易发展公司”于1996年9月26日在吉林省长春市就第95110208.7号专利签订的合同登记编号为96210010100812的《专利实施许可合同书（试用）》，复印件共12页；

附件2：资料编号为3的新药（中药）腹水消口服液申报资料——处方组成和根据中医药理论及经验对处方的论述，复印件共4页；

附件3：资料编号为0的新药（中药）腹水消口服液申报资料——腹水消口服液研制综述，复印件共4页；

附件4：资料编号为13的新药（中药）腹水消口服液申报资料——临床研究用药品的原料和成品的质量标准草案及起草说明，复印件共29页；

附件5：委托人陶振海与研究开发单位辽宁中医学院中药科技开发中心于1995年1月2日签订、有效期限为1995年1月至1997年6月的技术开发合同书，复印件共6页；

附件6-1：国家知识产权局针对第95110208.7号、名称为“百草神授口服液及其生产方法”（后更名为“腹水消口服液及其生产方法”）的发明专利申请于1999年8月6日发出的第一次审查意见通知书和陶振海于1999年12月16日提交的意见陈述书、陶振海于1999年12月17日提交的补正书（包括说明书第1～2页，权利要求书1页和说明书摘要）以及国家知识产权局的授予发明专利权通知书，复印件共11页；

附件6-2：国家知识产权局针对第98114040.8号、名称为“腹水消口服液及其制造方法”的发明专利申请（本专利）于2001年11月23日发出的第一次审查意见通知书和陶振海于2002年3月22日提交的意见陈述书、补正书（包括说明书第3页，权利要求书第1～2页）、审查员在2002年6月6日与该案代理人进行的电话讨论记录、陶振海于2002年6月21日提交的补正书和于2002年6月24

日提交的补正书（包括说明书第3页，权利要求书第1~2页）以及国家知识产权局的授予发明专利权通知书，复印件共18页；

附件7：资料编号为4的新药（中药）腹水消口服液申报资料——制备工艺及其研究资料，复印件共11页；

附件8：资料编号为14的新药（中药）腹水消口服液申报资料——临床研究用药品的初步稳定性试验资料及文献资料，复印件共5页；

附件9：资料编号为15的新药（中药）腹水消口服液申报资料——临床研究用样品及其质量检验和卫生标准检验报告书（样品数量至少应为全检需要量的三倍），复印件共4页；

附件10：资料编号为1的新药（中药）腹水消口服液申报资料——名称及命名依据（包括中文名及汉语拼音），复印件共2页；

附件11：资料编号为2的新药（中药）腹水消口服液申报资料——选题目的与处方依据、文献古籍经验或现代有关该品种研究等情况的综述，复印件共3页；

附件12：资料编号为5的新药（中药）腹水消口服液申报资料——与质量有关的理化性质研究资料及文献资料，复印件共13页；

附件13：资料编号为6的新药（中药）腹水消口服液申报资料——与功能主治有关的主要药效学试验资料及文献资料，复印件共23页；

附件14：资料编号为8的新药（中药）腹水消口服液申报资料——动物急性毒性试验及文献资料，复印件共4页；附件15：资料编号为9的新药（中药）腹水消口服液申报资料——动物长期毒性试验资料及文献

资料，复印件共11页；

附件16：第95110208.7号发明专利的授权公告本文，公告日为2000年6月14日，复印件共4页；

附件18：辽宁省卫生厅印制的辽宁省医疗单位制剂审批表，复印件共7页；

附件19：中药（新药）腹水消口服液申报资料，复印件共11页。其权利要求1请求保护的口服液由君药白附子、白花蛇舌草、半枝莲、黄芪、瓜蒌皮；臣药金银花、苦参、甘草、青木香、黄柏、金果榄、三棱；佐药莪术、水蛭、蜈蚣、冬虫草、乳香、没药；使药蜂蜜、当归、甜菊甙、苯甲酸钠配制而成，具体配伍为白附子125~500g、白花蛇舌草90~340g、半枝莲100~400g、黄芪30~120g、瓜蒌皮60~200g、金银花25~90g、苦参15~30g、甘草15~20g、青木香15~30g、黄柏100~200g、金果榄70~150g、三棱15~30g、莪术6~20g、水蛭5~10g、蜈蚣1.5~3g、冬虫草2~8g、乳香1.5~3g、没药1.5~3g、蜂蜜100mL、当归30g、甜菊甙1.5g、苯甲酸钠5g。权利要求3请求保护权利要求1的口服液的制备方法。权利要求2是权利要求1的从属权利要求。

附件21：沈阳市卫生事业管理局药政处于1994年9月8日发出、并加盖有其公章的《关于对辽宁国发贸易总公司生产“百草神授口服液”问题的处理决定》，复印件共1页；

附件22：张同君于1998年5月10日出具的一份说明，复印件共1页；

附件23：百草神授使用说明，复印件共1页。恒达公司认为，本专利与同一专利权人的95专利（即附件16）相比，技术领域相同，所要解决的技术方案实质上相同，预期效果也相同，丧失了新颖性和创造性，并且属于重复申请。本专利的技术方案与95专利的技术方案是相同的（配方实质上相同，制备工艺相同，成品药的质量标准相同，选用的中成药成品和来源相同，治疗疾病和所要达到的预期效果相同，申请人相同），不符合《专利法》第二十二条和《专利法实施细则》第十三条的规定。此外，附件2、附件3、附件4、附件7、附件8、附件9、附件10、附件11、附件12、附件13、

附件14、附件15以及附件19中所列的13份资料已经充分公开了本专利的技术方案，本专利的口服液产品及其制备方法均不具备新颖性和创造性。

专利复审委员会经审理于2007年7月23日作出第10291号决定，维持本专利有效。

另查明，陶振海于2007年7月16日因病去世。2007年4月8日，陶振海订立代书遗嘱，明确表示其病逝后98专利的专利权由其妻薛桂芹继承。

上述事实，有本专利权利要求书及说明书、95110208.7专利权利要求书及说明书、第10291号决定、第7983号决定、遗嘱、居民死亡医学证明书、庭审笔录及双方当事人的陈述等证据在案佐证。

本院认为：

（1）关于《专利法实施细则》第十三条第一款。

《专利法实施细则》第十三条第一款规定同样的发明创造只能授予一项专利。根据前述规定，技术方案相同的发明只能授予一项专利权，发明要求保护的技术方案不同，则不是同样的发明。而《专利法》第五十六条第一款规定，发明或者实用新型专利权的保护范围以其权利要求的内容为准，说明书及附图可以用于解释权利要求。因此判断两项专利是否属于同样的发明创造，应当以其权利要求的内容作为对比的对象。本专利权利要求1与95专利权利要求1相比，虽然均包括白花蛇舌草、苦参、半枝莲、金银花、三棱、莪术、青木香、瓜蒌皮、当归、黄芪、水蛭、甘草。但本专利组方中除上述药材相同外，其他药材是牡蛎和白芍；而95专利权利要求1组方中的其他药材是白附子、黄柏、金果榄、蜈蚣、冬虫草、乳香、没药、蜂蜜、甜菊甙和苯甲酸钠。经对比可知，在本专利组方中仅有一味君药为白花蛇舌草，去除了在对比组方中作为君药的白附子、作为臣药的黄柏、金果榄、作为佐药的蜈蚣、乳香、没药、冬虫草、作为使药的蜂蜜、甜菊甙、苯甲酸钠。由此可见，本专利权利要求1和95专利权利要求1请求保护的方案存在明显差异，同理，本权利要求2～4与95专利所保护的方案也存在明显差异。据此可以认定本专利权利要求1～4的技术方案均与95专利不同，二者不是同样的发明。原告关于本专利和95专利申报资料相同，因而二者属于同样的发明的主张没有法律依据，本院不予支持。

（2）关于《专利法》第二十二条第二款、第三款。

根据《专利法》第二十二条第二款，新颖性是指在申请日以前没有同样的发明在国内外出版物上公开发表过，在国内公开使用过或者以其他方式为公众所知，也没有同样的发明由他人向国务院专利行政部门提出过申请并且记载在申请日以后公布的专利申请文件中。

根据《专利法》第二十二条第三款，创造性是指同申请日以前的已有技术相比，该发明有突出的实质性特点和显著的进步。

在本案无效程序中，恒达公司所提交的陶振海与他人签订的技术开发合同书，没有涉及本专利的任何技术内容。其提交的国家知识产权局针对95专利和本专利发出的审查通知书和专利申请人的答复意见以及提交的资料，不构成在国内公开使用过或者以其他方式为公众所知。恒达公司在无效程序中提交的附件20、附件21、附件22、附件23与本专利技术内容无关，本院不予评述。恒达公司提交的陶振海与恒达公司就95专利的签订的《专利实施许可合同书（试用)》，约定陶振海在合同签订后应按照相关规定的标准提交技术资料16份。然而，该合同仅是就95专利签订的合同，且在该合同中，有关产品配方的内容仅有“腹水消中药由白附子、白花蛇草、半枝莲、黄芪、瓜篓皮、金银花、苦参、甘草等16味中药配置成”。上述内容与本专利权利授权公告文本的要求1存在显著差异，不能证明95专利与本专利相同。由于没有证据证明恒达公司在无效程序中提交的附件2、附件3、附件4、附件7、附件8、附件9、附件10、附件11、附件12、附件13、附件14、附件15和附件19即为合同中陶振海应提交的技术资料（且份数也存在区别，约定为16份，附件2、附件3、附件4、附件7、附件8、附件9、附件10、附件11、附件12、附件13、附件14、附件15、附件19相加为13份)。而且合同约定提交的技术资料是企业根据相关规定应当提交的资料，系企业内部行为，不构成专利法意义上的公开。同时，在新药申报过程中，送审和审查单位对相关资料均负有保密义务，没有证据证明公众能够获得这些资料。至于无效程序中的证人卜凤英和刘忠达的证言证明力问题，本院认为，证人证言应与能够证明案件的其他证据相互印证方可作为证明案件事实的证据被本院采信。由于证人证言不足以证明恒达公司在无效程序中提交的附件2、附件3、附件4、附件7、附件8、附件9、附件10、附件11、附件12、附件13、附件14、附件15、附件19是本专利申请日前，公众可以通过公开的渠道获得的现有技术资料，因此，恒达公司关于本专利不具有创造性的主张，本院不予支持。此外，恒达公司在无效程序中提交的附件1、附件18和附件19均不能证明本专利在申请日前已经使用公开，不能用作评价本专利新颖性和创造性的证据使用。因此，本院对第10291号决定中关于附件1、附件18、附件19组成的证据链不能证明本专利在申请日前已经被使用公开，不能破坏本专利权利要求1~4的新颖性的认定予以确认。本案中，由于涉及被告此前作出的第7983决定，而该决定已经发生法律效力，因此被告对于第7983号决定的内容及结论予以确认，认定95专利的授权公告文本不能破坏本专利的新颖性和创造性，是符合法律规定的，本院予以支持。

综上，被告作出的第10291号决定审查程序合法，认定事实清楚，适用法律正确，本院予以维持。原告关于本专利违反《专利法实施细则》第十三条第一款及《专利法》第二十二条第二款、第三款的主张没有事实和法律依据，其请求撤销该决定的理由不能成立，本院不予支持。依照《中华人民共和国行政诉讼法》第五十四条第（一）项之规定，本院判决如下：

维持被告国家知识产权局专利复审委员会作出的第10291号无效宣告请求审查决定。

案件受理费100元，由原告吉林省恒达经济贸易发展公司负担（已交纳）。

如不服本判决，各方当事人可于本判决送达之日起15日内，向本院提交上诉状及其副本，并按对方当事人的人数递交副本，交纳上诉案件受理费100元，上诉于北京市高级人民法院。

审　判　长　刘海旗
代理审判员　周云川
代理审判员　高　伟
二〇〇七年十二月十日
书　记　员　周　波

026

# 治疗灰指甲、手足癣的药物及其制备方法

## 无效宣告请求审查决定（第10292号）

决定号 第10292号
决定日 2007年7月22日
发明创造名称 治疗灰指甲、手足癣的药物及其制备方法
国际分类号 A61K 35/78，A61P 31/10，A61P 17/00，A61P 43/00，A61K 31/19
无效宣告请求人 谭衡建
专利权人 彭祥林
专利号 03118186.4
申请日 2003年3月20日
授权公告日 2005年2月16日
合议组组长 李人久
主审员 任怡
参审员 吴通义

法律依据 专利法第26条第3款、专利实施细则第21条第2款、专利法第22条第3款
决定要点

所属领域技术的技术人员按照说明书记载的内容，能够实现该发明或实用新型的技术方案，解决其技术问题，并且产生预期的技术效果，则说明书满足充分公开的要求。

发明的必要技术特征是那些为解决其技术问题所不可缺少的技术特征，其总和应当足以构成发明的技术方案，并使之区别于背景技术中的其他技术方案。对于中药组合物发明，当发明的发明点不仅在于使用的原料，而且还在于对制备方法的改进，仅根据制备产品的原料无法解决发明的技术问题，该组合物的制备方法应当作为必要技术特征记载在产品权利要求中。

如果发明与最接近的现有技术相比具有突出的实质性特点和显著的进步，则该发明具备创造性。

### 一、案由

本无效宣告请求案涉及国家知识产权局于2005年2月16日公告授予的、名称为“治疗灰指甲、手足癣的药物及其制备方法”的03118186.4号发明专利权（下称本专利），其申请日为2003年3月20日，专利权人为彭祥林。本专利授权公告的权利要求如下：

“1. 一种治疗灰指甲、手足癣的药物，其特征在于它由下列重量百分比的原料制成：

大蒜5～30，土槿皮5～20，丁香5～20，蛇床子2～10，苦参2～15，冰醋酸5～40。

2. 如权利要求1所述药物的制备方法，其特征在于：

（1）按比例投料，将药材洗净或湿润、加水8～10倍至提取罐中，100℃回流5小时；

（2）将提取液冷却过滤，备用；

（3）将大蒜去皮，捣碎，加入到提取液中，温度不得超过35℃；

（4）加入大蒜的提取液，水解48小时，定时搅拌；

（5）将水解后的液体加冰醋酸至pH＝3±1；

（6）将配制后的药液沉淀12～24小时，灌装制成本发明产品。”

针对上述发明专利，谭衡建（下称请求人）于2006年4月17日向专利复审委员会提出无效宣告请求，认为本专利不符合专利法第26条第3款、第4款、专利法第22条第1款、第2款、第3款以及专利法实施细则第21条第2款的规定。请求人同时提交了本专利的发明专利申请公开文本及以下证据：

证据1：第00126761.2号发明专利申请公开说明书，公开号为CN1300603A，公开日为2001年6月27日，复印件共7页。

依据上述证据，请求人认为：（1）证据1公开了一种治疗灰指甲的药剂，其以醋、蒜素、苦参、丁香作为主药，五倍子、虎杖为辅药，本专利权利要求1所使用的6种组分中的4种主药与证据1的主药组分相同、用量范围相近，权利要求1中的另外两种组分土槿皮和蛇床子及其用量是本领域公知的用于治疗灰指甲和手足癣的成分，证据1也教导了蛇床子的作用和用量，因此权利要求1相对于证据1不具备创造性。（2）证据1披露了制备治疗灰指甲药剂的方法，将醋、蒜素和公丁按配比混合浸泡7～50天，提取溶液；将苦参、五倍子、虎杖和蛇床子分别进行药材前处理；将按配比混合的苦参、五倍子、虎杖和蛇床子按1：3～5加水高温蒸煮3～4小时，温度100～130℃；将蒸煮后的溶液进行抽滤，取滤液冷却待用；再将浸提后的药液与抽滤的药液按配比进行混合，制成产品，证据1的制备方法与权利要求2的技术方案类似，本领域的技术人员不需要创造性的劳动就可得到权利要求2的技术方案，权利要求2不具有创造性。（3）权利要求1没有反映发明的技术方案，没有记载解决技术问题的必要技术特征，不符合专利法实施细则第21条第2款的规定。（4）本专利的说明书没有公开其作为组合物发明所应当公开的组合物的用法、用量及技术效果等内容，不符合专利法第26条的规定。

经形式审查合格后，专利复审委员会受理了上述请求，于2006年7月31日向双方当事人发出《无效宣告请求受理通知书》，并将《专利权无效宣告请求书》及其附件副本转送给专利权人，要求其在指定的期限内答复，同时成立合议组对本无效请求案进行审理。

专利权人于2006年9月5日提交了意见陈述及以下反证：

反证1：湖南省疾病预防控制中心十2005年5月11日审核通过的甲之美抗菌洗剂的检验报告，复印件共10页；

反证2：个人书面感谢信和建议，复印件共2页。

依据上述反证，专利权人认为：（1）权利要求1的原料组成与证据1中的原料组成不同，本专利的产品经过原湖南省卫生防疫站检测，3分钟可对常规致病菌杀灭，在实际运用中也产生了突出的效果，因此权利要求1具有创造性。（2）权利要求2的制备方法对臣药、佐药丁香、土槿皮、苦参、蛇床了采用常压回流工艺，君药人蒜采用水解法保证有效成分的稳定，周期短、成本低、废物不含醋酸无污染，权利要求2具有创造性。（3）权利要求1作为产品权利要求类型清楚，采用封闭式方式描述组合物的组分，清楚简明地反映了发明的技术方案，记载了解决问题的必要技术特征，符合专利法实施细则第21条第2款的规定。（4）权利要求1描述了组合物的组分和含量，权利要求2描述了制备方法，实施例支持药物组分的含量上下限值，说明书的附表对技术效果进行了说明，说明书符合专利法第 26 条的规定。

2007 年 1 月 26 日，专利复审委员会本案合议组向双方当事人发出口头审理通知书，定于 2007 年 4 月 3 日对本案进行口头审理。同时，本案合议组将专利权人于 2006 年 9 月 5 日提交的意见陈述书以及其附件副本转送给请求人。

2007 年 4 月 3 日口头审理如期进行，请求人委托代理人赵海明出席了口头审理，专利权人及其代理人出席口头审理。口头审理过程中确定的事实如下：（1）请求人的代理人当庭提交其代理公司为之开具的证明其代理人执业证丢失的书面证明，但专利权人对其身份和资格提出异议，认为该代理人不能提供证明其身份真实性的证件。经合议组合议，同意请求人的代理人参加本次口头审理，合议组同时要求该代理人在一个月内提交证明其身份的证件，否则视其未参加本次口头审理，同时专利权人可在一个月内对此提出异议。（2）请求人当庭放弃权利要求 1 ~2 不符合专利法第 26 条第 4 款以及专利法第 22 条第 1 款、第 2 款的规定的无效理由，并明确其无效宣告请求的理由和范围是：权利要求 1、2 不符合专利法第 22 条第 3 款的规定、权利要求 1 不符合专利法实施细则第 21 条第 2 款的规定、本专利说明书不符合专利法第 26 条第 3 款的规定。（3）专利权人当庭表示放弃反证 1，并提交了反证 3（湖南省疾病预防控制中心于 2000 年 12 月 18 日审核通过的甲之美抗菌洗剂的检验报告，复印件共 12 页），用于证明本专利的创造性，合议组当庭转交给请求人，要求其在一个月内提出书面意见。（4）专利权人对证据 1 的真实性和公开性没有异议。（5）请求人对反证 2 的真实性有异议。合议组对各无效理由进行了详细地调查，充分听取了双方当事人的意见。

口头审理结束后，双方当事人均未提交任何书面意见。

2007 年 5 月 20 日，请求人提交了其委托的代理公司出具的证明参加口头审理的出庭人员为赵海明的证明。

至此，合议组认为本案的事实清楚，可以作出审查决定。

**二、决定的理由**

1. 关于请求人谭衡建的代理人赵海明的出庭人员资格问题

对于请求人谭衡建的代理人赵海明的出庭人员资格问题，合议组认为：请求人的专利代理委托书委托的是专利代理机构“北京华旗新智知识产权代理有限责任公司”，且请求人在口审回执中写明由北京华旗新智知识产权代理有限责任公司的代理人赵海明参加口头审理，而口头审理中仅有一人代表请求人参加了口头审理，并且在指定的期限内，请求人委托的代理机构提交了相关证明，证明在口头审理当天代表请求人参加口头审理的人员为该公司的代理人赵海明，专利权人在指定的期限内未提出异议，因此合议组对赵海明的出庭人员资格予以确认。

2. 无效宣告请求的理由和范围

鉴于无效宣告请求人放弃了权利要求 1 ~2 不符合专利法第 26 条第 4 款、专利法第 22 条第 1 款、第 2 款的无效理由，因此，本案合议组确认本无效宣告请求的无效理由和范围是：本专利说明书不符合专利法第 26 条第 3 款的规定、权利要求 1 不符合专利法实施细则第 21 条第 2 款的规定、权利要求 1 ~2 不符合专利法第 22 条第 3 款的规定。

3. 无效宣告请求的证据

关于本专利不具有创造性的理由，请求人在无效宣告请求程序中提交了证据 1、被请求人提交了反证 1 ~3。其中专利权人在口头审理中表示放弃反证 1，合议组不再对反证 1 进行考虑。反证 2 是个人书面感谢信和建议，请求人对其真实性有疑义，合议组认为：虽然专利权人当庭提交了反证 2 的原件，但由于反证 2 的制作随意性大，并且感谢信的发信者本人以及建议提出者并未出庭，在没有其他证据佐证其真实性的情况下，合议组对反证2的真实性不予确认。

对于专利权人提交的反证3，在指定的期限内请求人未对其表示异议。证据1是一份在本专利申请日前公开的中国专利申请公开说明书，专利权人对其真实性和公开性予以认可，合议组对证据1和反证3的真实性以及证据1的公开性予以确认，这两份证据可以用于评价本专利的创造性。因此，本案合议组审查本专利是否具有创造性所依据的证据是证据1以及反证3。

4. 关于专利法第26条第3款

专利法第26条第3款规定：说明书应当对发明或者实用新型作出清楚、完整的说明，以所属技术领域的技术人员能够实现为准；必要的时候，应当有附图。摘要应当简要说明发明或者实用新型的技术要点。

所属领域技术的技术人员按照说明书记载的内容，能够实现该发明或实用新型的技术方案，解决其技术问题，并且产生预期的技术效果，则说明书满足充分公开的要求。

本案中，权利要求1要求保护一种治疗灰指甲、手足癣的药物，该药物通过6种原料制备得到；权利要求2要求保护制备这种药物的方法。本申请说明书公开了制备药物组合物的原料名称、用量、工艺步骤等信息，根据说明书的记载，所属领域技术人员能够实施制备工艺，并获得的所要制备的药物组合物（见说明书实施例1～3）。并且对于该产品的用途和效果，说明书同样给出了实验结果来证实，实施例具体测定了药物组合物对金黄色葡萄球菌、大肠杆菌和白色念珠菌的杀灭效果（见说明书杀菌效果附表1～3）。所属领域技术人员按照说明书记载的内容能够实现该发明的技术方案，解决其技术问题，并产生预期的技术效果。

请求人在无效宣告请求书中指出说明书没有公开组合物的用法、用量和技术效果，并在口头审理中指出杀菌效果的附表1～3中使用的“原液”未指明是何物质、如何得到。对此，合议组认为：本专利的药物组合物是一种治疗灰指甲、手足癣的药物，此类药物是所属领域的一种常规外用制剂，所属领域的技术人员应具有了解此类药物使用常识的能力，此类药物一般使用方法是使用者根据药液的浓度和使用的需要，将药物施用于被感染的患处，或涂抹或浸泡使用。说明书给出了所用各原料的药理作用以及药物组合物对与之接触的菌群具有的杀灭效果，所属领域技术人员根据说明书所给出的内容结合所属领域的常识，可以清楚地确定该药物组合物的用法与一般治疗灰指甲、手足癣的产品用法类似。并且所属领域技术人员根据使用的具体环境、对象可以调整药物的用量以满足不同需要。因此即使说明书没有说明用法用量，也不影响所说领域技术人员实现本专利。本专利所使用的药物原料在现有技术中都具有杀菌的作用，并且本专利说明书杀菌效果附表1～3中给出了组合物对细菌、真菌的杀灭效果，所属领域技术人员公知治疗灰指甲、手足癣的药物通常具有杀菌等功能，因此根据说明书所给出的效果数据结合所属领域的常识，能够判断出该组合物在使用过程具有治疗灰指甲和手足癣的作用。尽管杀菌效果的附表中未指明“原液”是何物质，但是根据本专利说明书的上下文的描述，所属领域技术人员可以清楚理解该原液即是根据说明书记载的方法，经提取、沉淀、灌装得到的产品。因此，合议组对请求人提出的本发明不符合专利法第26条第3款的无效理由不予支持。

5. 关于专利法实施细则第21条第2款

专利法实施细则第21条第2款规定：独立权利要求应当从整体上反映发明或者实用新型的技术方案，记载解决技术问题的必要技术特征。

发明的必要技术特征是那些为解决其技术问题所不可缺少的技术特征，其总和应当足以构成发明的技术方案，并使之区别于背景技术中的其他技术方案。对于中药组合物发明，当发明的发明点不仅在于使用的原料，而且还在于对制备方法的改进，仅根据制备产品的原料无法解决发明的技术问题，该组合物的制备方法应当作为必要技术特征记载在产品权利要求中。

根据说明书的记载，本专利所要解决的技术问题是：高温高压提取公丁、苦参等药材，导致有效成分的破坏，并且浸提方法导致生产周期长，质量难以控制导致产品质量缺陷的问题（见说明书第1页第2段最后两行）。为解决该技术问题，本发明采用原料组方和制备方法相结合来实现，即原料组方为大蒜5％～30％、土槿皮5％～20％、丁香5％～20％、蛇床子2％～10％、苦参2％～15％、冰醋酸5％～40％，制备方法是（1）按比例投料，将药材洗净或湿润、加水8～10倍至提取罐中，100℃回流5小时；（2）将提取液冷却过滤，备用；（3）将大蒜去皮，捣碎，加入到提取液中，温度不得超过35℃；（4）加入大蒜的提取液，水解48小时，定时搅拌；（5）将水解后的液体加冰醋酸至pH=3±1；（6）将配制后的药液沉淀12～24小时，灌装制成本发明产品（见说明书第1页第4段至第2页第7行），通过配方组成和严格的工艺制作出液体药剂（见说明书第2页第8～10行）。该制备方法避免现有技术中高温高压破坏有效成分，以获得疗效更好的药物组合物，因此制备方法是获得该最终产品不可缺少的技术手段，是本发明的必要技术特征。权利要求1仅记载了药物组合物的原料及配比，没有记载该药物组合物的制备方法，缺少解决技术问题的必要技术特征，权利要求1不符合专利法实施细则第21条第2款的规定。

6. 关于专利法第22条第3款

专利法第22条第3款规定：创造性，是指同申请日以前已有的技术相比，该发明有突出的实质性特点和显著的进步，该实用新型有实质性特点和进步。

如果发明与最接近的现有技术相比具有突出的实质性特点和显著的进步，则该发明具备创造性。

由于上面已经确认权利要求1不符合专利法实施细则第21条第2款的规定，关于权利要求1不具有创造性的无效理由合议组不再予以评述。

权利要求2保护制备权利要求1产品的方法。证据1公开了制备药物的方法：将醋、蒜素和公丁按配比混合浸泡7～50天，提取溶液；将苦参、五倍子、虎杖和蛇床子分别进行药材前处理；将按配比混合的苦参、五倍子、虎杖和蛇床子按1∶3～5加水高温蒸煮3～4小时，温度100～130℃；将蒸煮后的溶液进行抽滤，取滤液冷却待用；再将浸提后的药液与抽滤的药液按配比进行混合，制成产品（参见证据1的权利要求2）。权利要求2与证据1相比，具有以下主要区别技术特征：（1）权利要求2的土槿皮、丁香、蛇床子、苦参直接用水进行回流5小时提取，而证据1对苦参、五倍子等药材用水进行提取、使用醋酸与蒜素、公丁进行浸泡7～50天提取；（2）权利要求2的大蒜通过水解提取有效物质，而证据1直接将蒜素进行浸提工艺；（3）权利要求2的冰醋酸在得到所有提取液后加入用于调整pH，而证据1的冰醋酸用于浸提公丁和蒜素。证据1并未给出使用权利要求2的上述工艺方法制备药物组合物的技术启示，请求人也未提供其他证据证明现有技术给出了教导使用权利要求2的上述制备方法任何的技术启示。并且，权利要求2的方法通过水解等工艺有效的提取了大蒜中的各种有效成分、缩短生产周期，通过该特定的方法制备出的产品杀灭真菌的效果良好（见本专利说明书第3页表1）。由此可知，权利要求2的制备方法与证据1相比具有突出的实质性特点及显著的进步，因而具有专利法第22条第3款规定的创造性。

基于以上事实和理由，本案合议组作出如下审查决定。

**三、决定**

宣告03118186.4号发明专利的权利要求1无效，在本专利授权公告的权利要求2的基础上维持本发明专利权有效。

当事人对本决定不服的，可以根据专利法第46条第2款的规定，自收到本决定之日起三个月内向北京市第一中级人民法院起诉。根据该款的规定，一方当事人起诉后，另一方当事人应当作为第三人参加诉讼。

027

# 一种用于治疗肝癌的中成药

## 无效宣告请求审查决定（第 10294 号）

决　定　号　第 10294 号
决　定　日　2007 年 7 月 28 日
发明创造名称　一种用于治疗肝癌的中成药
国际分类号　A61K 36/481，A61K 35/56，A61K 35/64，A61K 9/00，A61P 35/00
无效宣告请求人　陈　聪
专利权人　咸阳步长医药科技发展有限公司
专　利　号　200410037110.1
申　请　日　2004 年 6 月 1 日
优先权日　2003 年 8 月 6 日
授权公告日　2006 年 2 月 1 日
合议组组长　叶　娟
主　审　员　任　怡
参　审　员　郭　婷

法律依据　专利法实施细则第 20 条第 1 款、专利法第 26 条第 4 款、专利法第 22 条第 3 款

决定要点

如果所属领域技术人员根据说明书和权利要求书的描述并结合所掌握的现有技术，能够判断权利要求出现的缺陷是明显可识别的笔误，并由此能够清楚地理解权利要求的技术特征及确定权利要求的保护范围，则该权利要求符合专利法实施细则第 20 条第 1 款的规定。

权利要求书应当以说明书为依据，是指权利要求应当得到说明书的支持。如果权利要求书中的每项权利要求所要求保护的技术方案是所属技术领域的技术人员能够从说明书充分公开的内容中得到或概括得出的，并且没有超出说明书公开的范围，则该权利要求能够得到说明书的支持。

当事人对自己提出的无效宣告请求所依据的事实有责任提供证据加以证明。没有证据或者证据不足以证明当事人的事实主张的，由负有举证责任的当事人承担不利后果。

### 一、案由

本专利权无效宣告请求案涉及国家知识产权局于 2006 年 2 月 1 日公告授予的、名称为“一种用于治疗肝癌的中成药”的 200410037110.1 号发明专利权（下称本专利），其优先权日为 2003 年 8 月 6 日、申请日为 2004 年 6 月 1 日，专利权人为咸阳步长医药科技发展有限公司。本专利授权公告的权

利要求如下：

“1. 一种用于治疗肝癌的中成药，其特征在于：按照重量组分计算：它主要由红参500～1500份、黄芪2000～4000份、蟾蜍2.5～5.5份、斑蝥10～30份制备而成。

2. 按照权利要求1所述的用于治疗肝癌的中成药，其特征在于：按照重量组分计算：它由红参1000份、黄芪3000份、蟾蜍4份、斑蝥20份及适当辅料制备而成。

3. 按照权利要求1或2所述的用于治疗肝癌的中成药，其特征在于：所述中成药制备成的制剂包括：颗粒剂、硬胶囊剂、软胶囊剂、片剂、滴丸、口服液体制剂、注射剂：包括小针、输液、冻干粉针、缓释制剂、控释制剂。

4. 按照权利要求3所述的用于治疗肝癌的中成药，其特征在于：所述中成药制备成的制剂是：口服液制剂、胶囊剂、冻干粉针制剂。

5. 按照权利要求1～4中任意一项权利要求所述的用于治疗肝癌的中成药的制备方法，其特征在于：将红参、黄芪、蟾蜍、斑蝥分别提取精制后，再加入适当的辅料制备成不同的制剂。

6. 按照权利要求5所述的用于治疗肝癌的中药制剂的制备方法，其特征在于：将红参切片用乙醇回流提取3次，合并提取液，滤过，滤液回收乙醇，浓缩成清膏1备用；药渣用水煎煮，滤过，滤液浓缩成清膏，加乙醇静置，滤取沉淀，低温干燥，得干粉1备用；黄芪切片，加水煎煮3次，合并煎煮液，滤过，滤液浓缩后用乙醇沉淀，滤液回收乙醇并浓缩成清膏2备用；滤取的沉淀真空干燥，得干粉2备用；生蟾酥细粉用25倍乙醇浸泡过夜，然后回流4小时，滤过，滤液回收乙醇后得清膏3备用；生斑蝥细粉用盐酸-丙酮液浸泡，回收丙酮，残留液用乙醇-乙醚液洗涤，滤取沉淀，干燥得斑蝥提取物，加入上述3种清膏，2种干粉及甜蜜素、橘子香精、山梨酸钾，搅拌溶解，加水，调节pH值，滤过，灌装，灭菌，即得口服液制剂。

7. 按照权利要求5所述的用于治疗肝癌的中成药的制备方法，其特征在于：将红参切片用乙醇回流提取3次，合并提取液，滤过，滤液回收乙醇，浓缩成清膏，喷雾干燥，得细粉1备用；药渣用水煎煮，滤过，滤液浓缩成清膏，加乙醇静置，滤取沉淀，低温干燥，粉碎成细粉，得细粉2备用；黄芪切片，加水煎煮3次，合并煎煮液，滤过，滤液浓缩后用乙醇沉淀，滤液回收乙醇并浓缩成清膏，喷雾干燥，得细粉3备用；滤取的沉淀真空干燥，粉碎成细粉，得细粉4备用；生蟾酥细粉用25倍乙醇浸泡过夜，然后回流4小时，滤过，滤液回收乙醇，减压干燥，粉碎成细粉，得细粉5，备用；生斑蝥细粉用盐酸-丙酮液浸泡，回收丙酮，残留液用乙醇-乙醚液洗涤，滤取沉淀，干燥得斑蝥提取物，加入上述5种细粉及淀粉，混匀，乙醇制粒，过筛，干燥，整粒，灌装，即得胶囊剂。

8. 按照权利要求5所述的用于治疗肝癌的中成药的制备方法，其特征在于：生蟾酥细粉用25倍量乙醇浸泡过夜，然后回流4小时，滤过，滤液回收乙醇后备用；生斑蝥细粉用盐酸-丙酮液浸泡，回收丙酮，残留液用乙醇-乙醚液洗涤，滤取沉淀，干燥得斑蝥提取物备用；红参切片，用乙醇回流提取3次，合并提取液，滤过，滤液回收乙醇，浓缩后用乙醚萃取，挥去乙醚，过滤，滤液用水饱和的仲丁醇萃取，回收仲丁醇，浓缩后加乙醇冷藏过夜，滤过，滤液浓缩成清膏，得红参皂苷提取物备用；乙醇提取后的药渣用水煎煮，滤过，滤液浓缩后加乙醇静置，滤取沉淀，干燥得红参粗多糖，加水煮沸溶解，上清液浓缩，聚酰胺层析，用水洗脱，洗脱液浓缩后加乙醇静置，滤取沉淀，真空干燥，得红参多糖；黄芪切片，加水煎煮3次，合并煎煮液，滤过，滤液浓缩后用乙醇沉淀，滤液回收乙醇并浓缩后加乙醇，冷藏过夜，过滤，滤液回收乙醇，浓缩后用水饱和的仲丁醇萃取，回收仲丁醇，浓缩后过滤澄明得黄芪皂苷提取液；滤取的沉淀真空干燥，粉碎后用蒸馏水煮沸溶解，上清液浓缩成稠膏，聚酰胺层析，用水洗脱，洗脱液滤过，滤液浓缩后加乙醇静置，滤取沉淀，真空干燥，得黄芪多糖备用；取红参皂苷提取液和黄芪皂苷提取液，加水稀释，调节pH，活性炭吸附，过滤澄明备用；取红参多糖和黄芪多糖，加水煮沸溶解，过滤澄明，加甘露醇煮沸溶解后，活性炭吸附，过滤澄明备用；取斑蝥提取物，加水，氢氧化钠液调节 pH，加蟾酥提取物搅拌溶解，滤过，滤液与上述红参和黄芪皂苷提取物滤液混匀，再将此混合液加至上述多糖和甘露醇混合液中，加注射用水至全量，调节 pH，精滤澄明，无菌分装，冷冻干燥，封口，即得冻干粉针制剂。”

针对上述专利权，陈聪（下称请求人）于 2006 年 5 月 29 日向专利复审委员会提出专利权无效宣告请求，认为本专利不符合专利法第 22 条第 3 款、专利法第 26 条第 4 款以及专利法实施细则第 20 条第 1 款的规定。请求人同时提交了以下证据：

证据 1：国家药品监督管理局发布的第 WS-733（Z-155）-2001 号标准（试行）“得力生注射液”，2001 年 10 月 8 日起试行，复印件共 11 页；

证据 2：“中药大辞典”下册，上海科学技术出版社，1992 年 2 月出版，第 2714～2719 页，复印件共 3 页；

证据 3：“中药药剂学”，曹春林主编，上海科学技术出版社，1991 年 10 月出版，第 440～442 页，复印件共 3 页。

依据上述证据，请求人认为：

（1）证据 1 是 2001 年 10 月 8 日起试行的药品标准，属于在本专利申请日前公开的现有技术，证据 1 披露了由红参 100g、黄芪 300g、蟾酥 0.4g、斑蝥 2g 制成的治疗肝癌的注射液，本专利权利要求 1 与证据 1 公开的技术方案的区别技术特征为使用“蟾蜍”代替“蟾酥”，根据本领域公知常识（参见证据 2）可知蟾酥是蟾蜍的分泌物，具有相同的药效，这种替代是显而易见的，且本专利中也将蟾蜍作为蟾酥的等效物使用，因此权利要求 1 不具备创造性。同理，且由于从属权利要求 2～3 的附加技术特征也被证据 1 公开，因此权利要求 2～3 也不具备创造性。权利要求 4 的附加技术特征将药物制备成冻干粉针剂是本领域的公知技术（参见证据 3），因此权利要求 4 也不具备创造性。对于权利要求 5 保护的制备方法来说，证据 1 也公开了该制备方法，权利要求 5 与证据 1 的区别也在于使用“蟾蜍”代替“蟾酥”，这种替换是本领域的公知常识，权利要求 5 也不具备创造性。

（2）权利要求 6～8 中使用了原料“蟾酥”，而其引用的权利要求 5 中使用的原料为“蟾蜍”，因此权利要求 6～8 的原料组成不清楚，不符合专利法实施细则第 20 条第 1 款的规定。

（3）从属权利要求 6～7 没有限定提取红参和黄芪中皂苷的乙醇的体积和浓度，以及提取多糖时的醇沉浓度；权利要求 8 没有限定提取红参中皂苷的乙醇体积和浓度、仲丁醇萃取液的醇沉浓度、提取多糖的醇沉浓度和聚酰胺洗脱液的醇沉浓度，也没有限定提取黄芪中皂苷的梯度醇沉浓度、提取多糖的聚酰胺洗脱液的醇沉浓度，以及没有限定注射剂生产的 pH 值。这些参数的选择是制备方法中的关键技术特征，并且不同溶剂提取的成分组成不同，疗效差异大，因此这些参数不是任意选择的，权利要求 6～8 包含了许多不能从说明书中直接获得或唯一导出的、技术效果难以等同的技术方案，得不到说明书的支持，不符合专利法第 26 条第 4 款的规定。

经形式审查合格后，专利复审委员会受理了上述请求，于 2006 年 7 月 24 日向双方当事人发出《无效宣告请求受理通知书》，并将《专利权无效宣告请求书》及其附件清单中所列附件副本转送给专利权人，要求其在指定的期限内答复，同时成立合议组对本无效宣告请求案进行审理。

2007 年 3 月 1 日，本案合议组向双方当事人发出口头审理通知书，拟定于 2007 年 4 月 19 日对本案进行口头审理。

专利权人于 2007 年 4 月 9 日提交了意见陈述和以下反证：

反证 1：国家药品监督管理局发布的新药试生产转正式生产批件（批件号：2001Z134），复印件共 1 页；和第 WS-733（Z-155）-2001 号标准（试行）“得力生注射液”，2001 年 10 月 8 日起试行，复印件共11页；

反证2：卫生部药政管理局于1990年6月22日发出的“卫生部药政管理局关于新药检验中质量标准问题的函”卫药政发［90］第152号，网络打印页共1页；

反证3：卫生部于1992年12月29日发布并于同日生效的“卫生部关于药品质量标准发送事宜的通知”的网络打印页，共2页。

专利权人认为：证据1是一份药品标准，发布该标准的主管部门只将其发给各省级药监局及药检所、国家机关单位、生产单位及所在地药监局，即证据1并非处于自施行日起任何社会公众想得到就可以得到的专利法意义上的公开状态，不属于申请日前的现有技术，无法作为证据评价本专利的创造性。

专利权人于2007年4月18日补充提交了意见陈述、反证1（但不包括第WS-733（Z-155）-2001号标准（试行）中的“得力生注射液”内包装、中包装、大包装标签）和以下新反证：

反证4：第94101456.8号发明专利的授权公告文本，授权公告号为CN1059800C，授权公告日为2000年12月27日，复印件共6页；

反证5：“中药大辞典”下册，上海科学技术出版社，1992年2月出版，第2714～2719页，复印件共3页（内容与证据2相同）；

反证6：“生药学”第二版，徐国钧主编，人民卫生出版社，1995年5月第2版第9次印刷，第390～393页、出版信息页和封面页，复印件共6页；

反证7：“中华人民共和国药典”2000年版一部，国家药典委员会编，化学工业出版社，第316～317页和封面页，复印件共3页；

反证8：谱尼测试中心于2007年4月17日出具的第070416-049～050号检验报告，共4页。

专利权人认为：（1）证据1不属于申请日前的现有技术，无法用于评价本专利的创造性；（2）本专利相对于反证4具有创造性；（3）根据本专利说明书和反证4～8可看出本专利中使用的原料“蟾蜍”应为“蟾酥”的笔误；（4）本领域技术人员根据教科书、词典等公知常识结合本专利的具体实施方式运用基本的技术技能就能实现发明，无须一一指出权利要求6～8的具体工艺参数。

2007年4月19日口头审理如期进行，请求人参加了口头审理，专利权人委托代理人参加了口头审理。口头审理时，合议组当庭将专利权人2007年4月9日、18日提交的意见陈述和反证转给请求人。对于反证1～8，合议组当庭宣布，根据审查指南第四部分第三章第4.3.2节的规定，专利权人于2007年4月9、18日两次提交的反证1～8已经超出专利复审委员会指定的举证期限，合议组对其不予考虑，双方当事人对此无异议。口头审理过程中，合议组对请求人提出的无效理由、事实和证据进行了充分调查，并听取了各方当事人的陈述，其中认定的事实如下：（1）请求人明确其无效宣告请求的理由与意见陈述中的完全相同，即：权利要求6～8不符合专利法实施细则第20条第1款的规定；权利要求6～8不符合专利法第26条第4款的规定；权利要求1～5不符合专利法第22条第3款的规定，证据使用方式为：针对权利要求1～3、5采用证据1和2的结合、针对权利要求4采用证据1～3的结合，其中最接近的现有技术均为证据1；（2）专利权人对证据2、3的真实性、合法性、关联性、公开性均无异议；（3）请求人未能提供证据1的原件，专利权人对其真实性表示质疑，认为其真实性无法核实，不能作为证据使用。

至此，合议组认为本案的事实已经清楚，可以作出审查决定。

**二、决定的理由**

1. 无效宣告请求的理由

根据《专利权无效宣告请求书》及请求人在口头审理中的确认，其请求宣告本专利权无效的理由是：权利要求6～8不符合专利法实施细则第20条第1款的规定、权利要求6～8不符合专利法第26条第4款的规定、权利要求1～5不符合专利法第22条第3款的规定。其主张权利要求1～5不符合专利法第22条第3款所采用的证据使用方式为：针对权利要求1～3、5采用证据1和2的结合、针对权利要求4采用证据1～3的结合，其中最接近的现有技术均为证据1。合议组对上述理由予以确认，并以其作为本案的审理范围。

2. 关于证据

如口头审理过程中合议组已当庭告知双方当事人的，鉴于专利权人提交的反证1～8已经超出专利复审委员会指定的举证期限，因此合议组对反证1～8不予接受。

证据1是一份国家药品监督管理局发布的药品试行标准的复印件，共11页，其中包括质量标准（试行）6页、得力生注射液说明书2页、得力生注射液内包装、中包装、大包装标签内容各1页，其中质量标准（试行）第1页上半部分记载了中华人民共和国国家药品监督管理局标准的编号、质量标准的药品名称，底部记载了该标准的发布单位、审核单位、审定单位、提出单位、标准的试行时间、试行期。标准正文部分记载了药品处方、制法等内容。专利权人对证据1的真实性、公开性表示了异议。合议组认为：证据1为复印件，由于请求人未能提供其原件或其他证明其真实性的佐证，且专利权人对其真实性表示异议，因此合议组对其真实性无法确认。此外，虽然请求人在口头审理时主张由于每个省的药品监督管理局、医院都需要使用质量标准，因此任何人均可获知，而且证据1从北京市药品监督管理局等单位可以查阅到，但请求人并未提供任何证据对此加以证明，而从证据1本身记载的内容并不能看出在本专利申请日前证据1即已处于公开状态，因此，合议组对请求人提出的证据1是本专利的现有技术的主张不予支持。

专利权人对证据2～3的真实性、合法性和关联性均无异议，并认可请求人在专利权无效宣告请求书中对证据2～3公开日期的认定，即证据2的公开日为1992年2月、证据3的公开日为1991年10月。因此，本案合议组对证据2、3的真实性、公开性、合法性和关联性也予以确认，且由于它们的公开时间均在本专利的申请日前，因此它们可以作为评价本专利创造性的证据使用。

3. 关于专利法实施细则第20条第1款

专利法实施细则第20条第1款规定，权利要求书应当说明发明或者实用新型的技术特征，清楚、简要地表述请求保护的范围。

如果所属领域技术人员根据说明书和权利要求书的描述并结合所掌握的现有技术，能够判断权利要求出现的缺陷是明显可识别的笔误，并由此能够清楚地理解权利要求的技术特征及确定权利要求的保护范围，则该权利要求符合专利法实施细则第20条第1款的规定。

请求人认为：权利要求6～8保护一种治疗肝癌的中药制剂的制备方法，其中所使用的原料之一是“蟾酥”，但在其引用的权利要求5的技术方案中使用的是“蟾蜍”，而不存在“蟾酥”，因此权利要求6～8与权利要求5之间存在矛盾，不符合专利法实施细则第20条第1款的规定。专利权人认为：权利要求1～5中的原料“蟾蜍”应为“蟾酥”的笔误，在此基础上权利要求6～8是清楚的。

对此，合议组认为：本专利技术方案中权利要求1～5使用的原料为“蟾蜍”，而其所引用的权利要求5中原料为“蟾酥”，两者存在矛盾，因而其中必然存在错误。由于：（1）根据本专利说明书的描述，本专利是在申请号为94101456.8的中国专利申请（下称“94专利”）的基础上进行的改进（参见本专利说明书第1页第12行至第2页第1行）；本专利说明书在描述提取脂蟾毒配基和华蟾蜍次素的工艺时指出：原注射液工艺是用10倍量95％乙醇浸泡24小时，结果脂蟾毒配基和华蟾蜍次素仅被浸出50％，还有50％未被浸出，现改为25倍乙醇浸泡过夜，然后回流4小时，此种工艺有效成分含量提高1倍（参见本专利说明书第4页第21行至第7页第19行）；通过上述内容的描述可以看出，本专利提取脂蟾毒配基和华蟾蜍次毒素的原料与“94专利”中使用的原料相同，仅是原料用量或制备工艺发生了变化，而“94专利”中使用的原料为蟾酥（参见“94专利”的权利要求1、说明书第2页第12行至第24行），因此本专利在制备过程中所使用的原料必然也是“蟾酥”。(2) 本专利说明书对药物处方中各原料的功效进行了描述，其中对“蟾酥”的功效进行了解释说明而未对“蟾蜍”进行任何分析（参见本专利说明书第12页第5~6行、第9~12行），其中特别指出“方中蟾酥、斑蝥辛温有毒，用于本方……故以此两味为本方佐使”，由此可以看出本专利处方中使用的原料确为“蟾酥”。(3) 为具体说明本发明药物的制备过程，本专利实施例1~3也使用“蟾酥”作为原料制备了最终产品，而并未给出使用“蟾蜍”作为原料的具体实施方式。(4) “蟾蜍”与“蟾酥”的读音接近，录入时容易误写。因此，根据上述事实，可看出本专利说明书第2页、第4页第21行、第7页的“蟾蜍”为“蟾酥”的笔误，相应的由说明书内容概括得出的权利要求1~5中的“蟾蜍”也是笔误。这种笔误是所属领域的技术人员可以识别的，并且从专利文件整体看，“蟾酥”是所属技术领域的技术人员能够识别出的唯一正确答案。因此，在所属领域技术人员能够唯一地确认权利要求1~5中的“蟾蜍”应为“蟾酥”的基础上，权利要求6~8清楚地描述了制备产品的各原料以及制备工艺，其技术方案的保护范围是清楚的，即权利要求6~8符合专利法实施细则第20条第1款的规定。

4. 关于专利法第26条第4款

专利法第26条第4款规定：权利要求书应当以说明书为依据，说明要求专利保护的范围。

权利要求书应当以说明书为依据，是指权利要求应当得到说明书的支持。如果权利要求书中的每一项权利要求所要求保护的技术方案是所属技术领域的技术人员能够从说明书充分公开的内容中得到或概括得出的，并且没有超出说明书公开的范围，则该权利要求能够得到说明书的支持。

请求人认为：从属权利要求6~7没有限定提取红参和黄芪中皂苷的乙醇的体积和浓度，以及提取多糖时的醇沉浓度；权利要求8没有限定提取红参中皂苷的乙醇体积和浓度、仲丁醇萃取液的醇沉浓度、提取多糖的醇沉浓度和聚酰胺洗脱液的醇沉浓度，也没有限定提取黄芪中皂苷的梯度醇沉浓度、提取多糖的聚酰胺洗脱液的醇沉浓度，以及没有限定注射剂生产时的pH值。这些参数是制备方法中的关键技术特征，不是任意选择的，权利要求6~8包含了许多不能从说明书中直接获得或唯一导出的、技术效果难以等同的技术方案，不符合专利法第26条第4款的规定。

对此，合议组认为：根据本专利说明书的描述，现有技术“94专利”存在药物构成中毒性药材的用量大、剂型单一、生产工艺比较落后的缺陷，本专利是在“94专利”的基础上进行改进，以达到制成品与现有产品比其毒副作用小、治疗效果更加合理的目的，因此本专利是一项改进发明，其改进重点在于：提高了人参和黄芪在方中的用量，而降低了蟾酥、斑蝥在方中的用量，既保证本发明的药物具有有效的治疗效果，又确保其治疗过程中将毒副作用降到最低（参见本专利说明书第1页第12行至第2页第1行、第2页第11~12行、第7页第15~17行）；以及增加了对多糖提取步骤、改进了皂苷的提纯工艺（参见本专利说明书第5页第18行至第7页第14行）。本专利的独立权利要求1中限定了原料的组成和用量；独立权利要求5保护药物制备方法，由于其引用了独立权利要求1，因而其中也对药物原料用量范围作了限定，其蟾酥和斑蝥的用量比例低于“94专利”，基于此，即使权利要求5仅限定了基本制备方法，其已可以达到本专利的目的之一，即减小毒性药材用量，以达到减小毒副作用使治疗效果更加合理。从属权利要求6~8在权利要求5的基础上进一步限定了更为具体的制备方法，其中包括对多糖的提取步骤、以及对皂苷的提纯工艺步骤等，由此，在实现权利要求5所能实现的发明目的的基础上，更进一步提高了药物中多糖含量和皂苷纯度的效果，虽然其中并未限定各步骤的具体参数，例如提取红参和黄芪中皂苷的乙醇的体积和浓度、注射剂生产时的pH值等参数，但这些步骤及其工艺是所属领域的常规技术，它们的参数并不限于某一具体数值，并且所属领域技术人员根据所掌握的常规技术能够容易地选择可实施的参数范围。因此，权利要求 6 ~ 8 即使没有对其中某些参数进行限定，也不会因此而不能实现本专利的发明目的。

综上所述，所属技术领域的技术人员能够从说明书充分公开的内容中得到或概括得出权利要求 6 ~ 8 所保护的技术方案，且该技术方案能够解决发明的技术问题，达到发明所要达到的技术效果。合议组对请求人认为权利要求 6 ~ 8 未限定参数范围，导致权利要求包含了许多不能从说明书中直接获得或唯一导出的、技术效果难以等同的技术方案，得不到说明书支持的理由不予支持。权利要求 6 ~ 8 符合专利法第 26 条第 4 款的规定。

5. 关于专利法第 22 条第 3 款

专利法第 22 条第 3 款规定，创造性，是指同申请日以前已有的技术相比，该发明有突出的实质性特点和显著的进步，该实用新型有实质性特点和进步。

当事人对自己提出的无效宣告请求所依据的事实有责任提供证据加以证明。没有证据或者证据不足以证明当事人的事实主张的，由负有举证责任的当事人承担不利后果。

请求人主张以证据 1 为最接近的现有技术，结合证据 2 ~ 3 来评价权利要求 1 ~ 5 的创造性。鉴于本决定第（二）部分已经指出，合议组对证据 1 是本专利的现有技术的主张不予支持，证据 1 不能作为评价本专利创造性的证据使用，因此，请求人的主张已丧失了主要证据的支持。由于请求人未能提交适格的证据作为现有技术来支持其所提出的本专利不具备创造性的主张，因此，合议组对于请求人所主张的需要证据支持的权利要求 1 ~ 5 不符合专利法第 22 条第 3 款的无效宣告请求理由不予支持。

基于以上事实和理由，本案合议组作出如下审查决定。

**三、决定**

维持 200410037110.1 号发明专利权有效。

当事人对本决定不服的，可以根据专利法第 46 条第 2 款的规定，自收到本决定之日起三个月内向北京市第一中级人民法院起诉。根据该款的规定，一方当事人起诉后，另一方当事人应当作为第三人参加诉讼。

028

# N-端化学修饰的蛋白质组合物及方法

## 无效宣告请求审查决定（第10295号）

**决　　定　　号**　第10295号
**决　　定　　日**　2007年7月30日
**发明创造名称**　N-端化学修饰的蛋白质组合物及方法
**国 际 分 类 号**　C07K 14/53；C07K 14/555；C07K 1/107；A61K 47/48
**无效宣告请求人**　杭州九源基因工程有限公司
**专 利 权 人**　安姆根有限公司
**专　　利　　号**　95191454.5
**优 先 权 日**　1994年10月12日
**申　　请　　日**　1995年2月8日
**授 权 公 告 日**　2001年9月26日
**合 议 组 组 长**　李金光
**主　　审　　员**　吴通义
**参　　审　　员**　叶　娟

**法 律 依 据**　专利法实施细则第20条第1款，专利法第26条第4款
**决 定 要 点**

每项权利要求所确定的保护范围应当清楚，用语“类似物”通常会使得权利要求的保护范围不清楚。

根据该款规定，如果权利要求所保护的技术方案是本领域技术人员能够从说明书充分公开的内容中得到或概括得出的，并且未超出说明书公开的范围，则该权利要求能够得到说明书的支持。

### 一、案由

本无效宣告请求案涉及国家知识产权局于2001年9月26日公告授予的、名称为“N-端化学修饰的蛋白质组合物及方法”的95191454.5号发明专利（下称本专利），其申请日为1995年2月8日，优先权日为1994年10月12日，专利权人为安姆根有限公司。本专利授权公告的权利要求如下：

“1. N-末端单聚乙二醇化的G-CSF或其类似物的基本上均一制品，任选存在于药用稀释剂、载体或佐剂中。

2. 权利要求1的制品，其中所说的聚乙二醇具有在2kDa到100kDa之间的分子量。

3. 权利要求2的制品，其中所说的聚乙二醇具有在6kDa到25kDa之间的分子量。

4．权利要求1~3中任一项的制品，其中所说的制品由至少90％的N-末端单聚乙二醇化的G-CSF或其类似物及至多10％的未发生聚乙二醇化的G-CSF或其类似物组成。

5．权利要求4的制品，其中所说的制品由至少95％的N-末端单聚乙二醇化的G-CSF或其类似物及至多5％的未发生聚乙二醇化的G-CSF或其类似物组成。

6．权利要求1至5中任一项的制品，其中所述G-CSF具有与SEQ ID NO：1一致的序列。

7．N-末端单聚乙二醇化的G-CSF的基本上均一的制品，其中：（a）所说的G-CSF具有与SEQ ID NO.1一致的氨基酸序列；（b）所说的G-CSF用分子量为12kDa的聚乙二醇部分单聚乙二醇化。

8．一种G-CSF或其类似物的混合的制品，其含有与多聚乙二醇化的G-CSF或其类似物制品混合的N-末端单聚乙二醇化的G-CSF或其类似物制品，其中单聚乙二醇化的G-CSF或其类似物制品的比例是预定的。

9．权利要求8的混合的制品，其中N-末端单聚乙二醇化的G-CSF制品选自权利要求1至7中的那些。

10．一种药用组合物，其含有有效量的选自权利要求1~9中任一项的制品和药用稀释剂、佐剂或载体。

11．权利要求1至9中任一项的制品在制备用于治疗以造血或免疫功能减退为特征的疾病的药物中的应用。

12．权利要求11的应用，其中疾病是由化疗、放疗、感染性疾病、严重慢性嗜中性粒细胞减少症或白血病引起的。

13．制备N末端单聚乙二醇化G-CSF或其类似物的方法，其包括如下步骤：

（a）在还原性烷基化反应条件下，在足够酸性以选择性地激活α-氨基的pH值下，在含水介质中将在N末端具有α-氨基的G-CSF或其类似物与具有单个醛基的水溶性聚乙二醇反应，

（b）任选从反应混合物中分离N末端单聚乙二醇化的产物。

14．权利要求13的方法，其中所说的聚乙二醇具有在2kDa到100kDa之间的分子量。

15．权利要求14的方法，其中所说的聚乙二醇具有在6kDa到25kDa之间的分子量。

16．权利要求13至15中任一项的方法，其中所说的聚乙二醇是甲氧聚乙二醇醛。

17．权利要求13至16中任一项的方法，其中在还原性烷基化中所用的还原剂是硼氢化钠、氰基硼氢钠。

18．权利要求13至17中任一项的方法，其中G-CSF或其类似物是非糖基化的。

19．权利要求13至18中任一项的方法，其中G-CSF或其类似物在N末端第-1位有甲硫氨酸部分。

20．权利要求13至19中任一项的方法，其中分离步骤（b）包括纯化。

21．权利要求20的方法，其中纯化包括反应混合物的离子交换色谱和分子筛层析。”

针对上述专利权，杭州九源基因工程有限公司（下称请求人）于2006年2月21日向专利复审委员会提出无效宣告请求，认为本专利权利要求1和8不符合专利法第22条第2款、权利要求1~18不符合专利法第26条第4款、权利要求1~18不符合专利法实施细则第20条第1款的规定。为支持其主张，请求人提交了下述附件作为证据：

附件1：“蛋白质和肽类分子的聚乙二醇化化学”，姜忠义等人，有机化学，第23卷第12期：1340~1347页，2003，复印件共8页；

附件2：美国专利文献US5252714A，公开日为1993年10月12日，复印件共6页；

附件3：“Modification of Recombinant Human Granulocyte Colony-Stimulating Factor（rhG-CSF）and

Its Derivative ND 28 with Polyethylene Glycol”, Motoo Yamasaki 等人, J. Biochem, 115: 814～819, 1994, 复印件共6页;

附件4: “Modification of CD4 Immunoadhesin with Monomethoxypoly (ethyleneglycol) Aldehyde via Reductive Alkylation”, Steven M. Chamow 等人, Bioconjugate Chem, 5: 133～140, 1994, 复印件共8页;

附件5: 附件2的部分译文, 共1页;

附件6: 附件3的部分译文, 共4页;

附件7: 附件4的部分译文, 共2页。

请求人认为: (1) 本专利方法主要是利用了醛基与氨基的反应特性, 其方法权利要求范围应当限于在还原性烷基化反应条件下, 在足够酸性以选择性激活α-氨基的pH下, 在含水介质中将在N末端具有α-氨基的G-CSF或其类似物与具有单个醛基的水溶性聚乙二醇反应。在本专利说明书仅公开了单甲氧聚乙二醇丙醛对G-CSF蛋白N-末端α-氨基进行选择性修饰的实例的基础上, 应当限于具有单个醛基的水溶性聚乙二醇单一修饰N-末端具有α-氨基的G-CSF或其类似物的制品。“单聚乙二醇化”的含义是模糊的, 是一个上位概念, 表示一个聚乙二醇分子与G-CSF的N-端偶联, 其可能是聚乙二醇醛、聚乙二醇活泼酯或其他聚乙二醇衍生物, 甚至是单纯的聚乙二醇分子。聚乙二醇衍生物是一大类化合物的总称, 不是所有的聚乙二醇衍生物都能够选择性与G-CSF蛋白N-端α-氨基反应, 从而得到比较均一的单聚乙二醇/蛋白质连接物分子, 因此, 权利要求1～18中涉及“单聚乙二醇化”表述的权利要求得不到说明书的支持。说明书实施例仅列举了G-CSF聚乙二醇化修饰的实例, 而说明书定义的G-CSF类似物包括具有氨基酸添加、缺失和/或取代的产物, 相应的蛋白质成千上万, 权利要求1的“G-CSF或其类似物”的表述超出了说明书公开的范围。当类似物的N-末端氨基酸残基为脯氨酸时, 不能与醛基反应, 按照权利要求13的方法得不到权利要求1的产品, 权利要求1中类似物的表述超出说明书公开的范围。权利要求1～18中涉及“G-CSF或其类似物”的表述的权利要求得不到说明书的支持。(2)“单聚乙二醇化”、“G-CSF或其类似物”和“基本上均一的制品”的表述不清楚, 权利要求1～18不清楚。(3) 附件3公开了一种PEG修饰G-CSF及其突变体ND-28的方法, 所用的PEG衍生物为PEG-NHS, 获得3个PEG分子、2个PEG分子以及单个PEG分子分别连接到G-CSF或ND-28上的聚合物, 其纯度均大于95%, 该方法中的反应pH为7.5, G-CSF蛋白质N-末端α-氨基更容易对PEG-NHS上的羧基发生亲核进攻, N-末端修饰的产物比例相对较高, 其产物中必定含有N-末端单聚乙二醇化修饰的G-CSF。该方法可以获得包括PEG单修饰G-CSF赖氨酸残基上ε-氨基和PEG单修饰G-CSF蛋白N-末端α-氨基的聚合产物, 其蛋白纯度在95%以上, 或者获得PEG单修饰G-CSF赖氨酸残基上ε-氨基、单修饰G-CSF蛋白N-末端α-氨基以及多位点修饰的混合物, 破坏了权利要求1和8的新颖性。

2006年3月7日, 请求人再次提交了一份所主张的无效宣告请求理由和范围以及所附的相应证据与2006年2月21日所提交内容完全一致的无效宣告请求, 并对前次请求书中的专利号进行更正。

2006年7月25日, 请求人提交了补正书, 将其无效宣告请求书第③栏中的发明创造名称由“N-末端化学修饰的蛋白质组合物及方法”补正为“N-端化学修饰的蛋白质组合物及方法”。

经形式审查合格后, 专利复审委员会受理了上述请求, 于2006年8月7日向双方当事人发出《无效宣告请求受理通知书》, 并将请求人于2006年2月21日提交的《专利权无效宣告请求书》及其所附文件的副本转送给专利权人, 要求其在指定的期限内答复, 同时成立合议组对本无效请求案进行审理。

专利权人于2006年9月22日作出答复, 认为本专利符合专利法第22条第2款、第26条第4款和专利法实施细则第20条第1款的规定，专利权人同时提交如下附件：

附件A-1：对附件5的译文修正件，共1页；

附件A-2：附件A-1的修正内容标示件，共1页；

附件B-1：对附件6的译文修正件，共3页；

附件B-2：附件B-1的修正内容标示件，共4页；

附件C-1：对附件7的译文修正件，共1页；

附件C-2：附件C-1的修正内容标示件，共1页；

专利权人认为：(1) 在本发明的制备物中，N-末端聚乙二醇化G-CSF产物中唯一的聚乙二醇产物是N-末端单聚乙二醇化的G-CSF或其类似物，任何落入本专利保护范围的产品均是只含有一个聚合物部分的N-末端聚乙二醇化G-CSF制备物，任何不是"基本上均一的"N-末端聚乙二醇化的G-CSF的产物不落入本专利的保护范围。本发明在本技术领域中首次获得其聚合物/蛋白质连接物分子中均只含一个聚合物部分的N-末端聚乙二醇化G-CSF产物，应依法享有权利要求1所限定的保护范围。术语"单聚乙二醇化"指的是连接有一个PEG分子的蛋白质，其仅覆盖了那些确能解决本发明技术问题的技术方案，本领域技术人员能够选择合适形式的PEG来制备本发明的基本上均一的制备物。另外，本专利说明书将"G-CSF类似物"定义为具有与G-CSF等同的生物学功能的多肽。请求人没有证明"单聚乙二醇化"和"类似物"的概括涵盖了不能解决本发明技术问题的技术方案，未完成举证责任。请求人认定在N-末端为脯氨酸的情况下无法得到N-末端聚乙二醇化G-CSF也只是说明此时得到的制备物并非权利要求1的制备物。因此，请求人有关专利法第26条第4款的无效理由不成立。(2)"单聚乙二醇化"、"G-CSF或其类似物"以及"基本上均一的制品"在说明书中作了清楚的定义，而且实施例2给出了"基本上均一的制品"的具体实施例，所以，本专利符合权利要求应当清楚的法律规定。(3) 附件3和附件4都没有教导具体制备在α-氨基上单聚乙二醇化的G-CSF蛋白或其类似物；附件3中记载的聚合物/蛋白质连接物中包含单聚乙二醇化、二聚乙二醇化和三聚乙二醇化的连接物，虽指出有一个聚乙二醇化位点是N-末端，但是没有指出N-末端是单聚乙二醇化连接物上唯一的PEG连接位点，且没有公开"基本上均一的N-末端单聚乙二醇化的G-CSF或其类似物"，所以附件3不能破坏本专利权利要求1和8的新颖性。附件4没有公开权利要求1所限定的G-CSF蛋白质或其类似物。

2007年1月19日，合议组将请求人于2006年3月7日提交的文件的附件转送给专利权人，要求其在一个月内答复。

2007年2月25日，专利权人提交了意见陈述书。专利权人认为请求人于2006年3月7日提交的文件与专利复审委员会于2006年8月7日发出的"无效宣告请求受理通知书所转送的有关文件完全相同，专利权人坚持在2006年9月22日提交的意见陈述书中所陈述的意见。

2007年3月22日，本案合议组向双方当事人发出《无效宣告请求口头审理通知书》，定于2007年6月4日对本专利权的无效宣告请求进行口头审理。同时，专利复审委员会本案合议组将专利权人于2006年9月22日和2007年2月25日提交的意见陈述书及其附件副本转送给请求人。

2007年6月4日，口头审理如期进行，双方当事人均委托代理人参加口头审理。在口头审理过程中，合议组就本无效宣告请求案的无效理由及证据逐一进行了调查，双方当事人充分陈述了各自的意见。口头审理中双方当事人认定的主要事实如下：(1) 请求人当庭出示了盖有"中科生命图书馆藏书"红章和骑缝章的附件3和4的复印件，专利权人对附件1、3和4的真实性有异议；(2) 双方当事人均认可附件A-1、附件B-1和附件C-1作为附件2~4相关内容的准确译文；(3) 请求人放弃附件4；(4) 请求人认为"基本均一制品"、"类似物"和"单聚乙二醇化"的概念是清楚的，但是使用这些术语的权利要求的保护范围不清楚。

2007年6月7日，请求人提交了意见陈述书和一份由中科院生命科学图书馆于2007年6月7日出具的说明附件1和3在该馆有馆藏，公众可以借阅或复印的“证明”（包括盖有“中国科学院上海生命科学研究所生命科学图书馆”红章和骑缝章的附件1复印件：“蛋白质和肽类分子的聚乙二醇化化学”，姜忠义等人，有机化学，第23卷第12期：1340～1347页，2003以及该杂志的封面页和目录页，共10页，以及附件3复印件：“Modification of Recombinant Human Granulocyte Colony-Stimulating Factor（rhG-CSF）and Its Derivative ND 28 with Polyethylene Glycol”，Motoo Yamasaki等人，J. Biochem，115：814～819，1994，共6页）。请求人在意见陈述书中坚持本专利不符合专利法第26条第4款、专利法第22条第2款和专利法实施细则第20条第1款的主张。

2007年7月18日，专利权人的代理人到专利复审委员会对请求人于2007年6月7日提交的用于证明附件1和3的真实性的文件进行核阅后，认可附件1和3的真实性。

至此，合议组认为本案的事实清楚，可以作出审查决定。

**二、决定的理由**

1. 无效宣告请求的理由和范围

请求人在提出无效宣告请求时主张的无效宣告请求的理由和范围是权利要求1～18不符合专利法第26条第4款以及专利法实施细则第20条第1款的规定，权利要求1和8相对于附件3或4不具有新颖性。请求人在口头审理时放弃了附件4。

因此，合议组审理本无效请求案的无效宣告请求理由和范围为：权利要求1～18不符合专利法第26条第4款以及专利法实施细则第20条第1款的规定，权利要求1和8相对于附件3不符合专利法第22条第2款的规定。

2. 关于专利法第20条第1款

专利法实施细则第20条第1款规定：权利要求书应当说明发明或实用新型的技术特征，清楚、简要地表述请求保护的范围。

根据该款规定，每项权利要求所确定的保护范围应当清楚，用语“类似物”通常会使得权利要求的保护范围不清楚。

本专利权利要求1～6和8～18涉及用语“G-CSF或其类似物”。专利权人认为，本专利说明书第7页第9～28行明确定义G-CSF或其类似物为具有与G-CSF等同的生物学功能的多肽，该类似物可以是由G-CSF的氨基酸序列通过氨基酸添加、缺失和/或替代而衍生的。说明书中指明了该词具有特定的含义，使用该词语的权利要求的保护范围由于说明书中对该词的说明而被限定得足够清楚，该词不会导致权利要求的保护范围不清楚。

对此，合议组认为：按照说明书第7页第9～28行记载的内容可知，本发明涉及的G-CSF类似物是对G-CSF进行各种修饰后的具有G-CSF功能的物质。但是本专利说明书并没有记载在对G-CSF进行怎样的氨基酸添加、缺失和/或替代后，仍然具有G-CSF功能，本领域技术人员根据本专利说明书的记载不能够确定哪些物质属于本发明的G-CSF类似物，以及哪些类似物适于发生N-末端单聚乙二醇化来制备本发明的基本上均一制品，可见，虽然说明书对G-CSF类似物进行说明，但是该用语不具有清楚的外延，这导致使用该用语的权利要求的保护范围不清楚。因此，权利要求1～6和8～18不符合专利法实施细则第20条第1款的规定。

权利要求7保护N-末端单聚乙二醇化的G-CSF的基本上均一的制品。请求人认为，权利要求7中的“单聚乙二醇化”未在说明书中作出明确定义，没有指出携带了什么样的官能团的PEG分子与G-CSF共价结合，致使权利要求的概括不合理、保护范围模糊。另外，虽然说明书对“基本上均一制品”进行了定义，但是说明书实施例中用PEG选择性修饰G-CSF蛋白N-末端α-氨基，反应终产物并非100%的N-末端单聚乙二醇化的G-CSF，而是一种多组份混合物，包括大部分的N-末端单聚乙二醇化的G-CSF、少量未反应的G-CSF以及可能有的赖氨酸残基上ε-氨基被聚乙二醇修饰的G-CSF。“基本上均一的制品”使得无法明确权利要求保护的是怎样的一种产品，其中各种组分的含量关系如何，权利要求的保护范围是不明确的。

对此，合议组认为：权利要求7具体限定了结合生成所述“N-末端单聚乙二醇化的G-CSF”的G-CSF和聚乙二醇，即所述G-CSF具有与SEQ ID NO.1一致的氨基酸序列，该权利要求还明确限定了所述聚乙二醇是分子量为12kDa的聚乙二醇。而本专利说明书第6页第11~22行定义“基本上均一的”是指“观察到的每个聚合物/蛋白质连接物分子中均只含一个聚合物部分，该制品也许会包含未反应（缺乏聚合物部分）的蛋白质。……这些制品的均一性足以能够显示出均一制品所具有的优越性。”因此，权利要求7要求保护的制品是由特定的聚合物/蛋白质连接物（在N-末端共价结合一个分子量为12kDa的聚乙二醇的具有与SEQ ID NO.1一致的氨基酸序列的G-CSF）与特定G-CSF（具有与SEQ ID NO.1一致的氨基酸序列）组成，该G-CSF含量不影响该制品作为均一制品所具有的优越性。因此，权利要求7限定了构成所述基本上均一的制品，具有清楚的保护范围，符合专利法实施细则第20条第1款的规定。

3. 关于专利法第26条第4款

专利法第26条第4款规定：权利要求书应当以说明书为依据，说明要求专利保护的范围。

根据该款规定，如果权利要求所保护的技术方案是本领域技术人员能够从说明书充分公开的内容中得到或概括得出的，并且未超出说明书公开的范围，则该权利要求能够得到说明书的支持。

权利要求7所保护N-末端单聚乙二醇化的G-CSF的基本上均一的制品，其中所述G-CSF具有与SEQ ID NO.1一致的氨基酸序列，所述聚乙二醇的分子量为12kDa。本专利说明书实施例2制备得到用分子量为12kDa的MPEG醛修饰的N-末端单聚乙二醇化的G-CSF，所述G-CSF的氨基酸序列为SEQ ID NO.1（参见本专利说明书实施例2和表4），说明书实施例2中描述了如何制备和纯化N-末端单聚乙二醇化的G-CSF的方法，说明书第17页描述了如何测定单聚乙二醇化的G-CSF浓度的方法，本领域技术人员按照说明书记载的内容，通过简单的重复操作，能够制备得到不同纯度的权利要求7所述的N-末端单聚乙二醇化的G-CSF，即，可得到权利要求7所保护的N-末端单聚乙二醇化的G-CSF的基本上均一的制品，因此权利要求7符合专利法第26条第4款的规定。合议组对请求人提出的权利要求7不符合专利法第26条第4款的主张不予支持。

鉴于以上论述已经得出权利要求1~6、8~18不符合专利法实施细则第20条第1款规定的结论，本合议组对请求人提出的权利要求1~6、8~18不符合专利法第26条第4款的规定，以及权利要求1和8相对于附件3不具有新颖性的主张不作进一步评述。

基于以上事实和理由，本案合议组作出如下审查决定。

**三、决定**

宣告95191454.5号发明专利权权利要求1~6、8~18无效，在权利要求7、19~21的基础上维持本专利权有效。

当事人对本决定不服的，可以根据专利法第46条第2款的规定，自收到本决定之日起三个月内向北京市第一中级人民法院起诉。根据该款的规定，一方当事人起诉后，另一方当事人应当作为第三人参加诉讼。

# 北京市第一中级人民法院
# 行政判决书

（2007）一中行初字第1663号

原告安姆根有限公司，住所地美国加利福尼亚州千橡树安姆根中心道1号。

法定代表人斯图尔特·瓦特。

委托代理人姜建成，男，北京北翔知识产权代理有限公司专利代理人。

委托代理人唐铁军，男，北京北翔知识产权代理有限公司专利代理人。

被告中华人民共和国国家知识产权局专利复审委员会，住所地中华人民共和国北京市海淀区北四环西路9号银谷大厦10~12层。

法定代表人廖涛，副主任。

委托代理人吴通义，男，中华人民共和国国家知识产权局专利复审委员会审查员。委托代理人程强，男，中华人民共和国国家知识产权局专利复审委员会审查员。

第三人杭州九源基因工程有限公司，所在地中华人民共和国浙江省杭州市经济技术开发区8号大街东23号。

法定代表人李邦良，董事长。

委托代理人徐飞虎，男，杭州九源基因工程有限公司专利主管。

委托代理人金荣，男，杭州九源基因工程有限公司项目经理。

原告安姆根有限公司不服被告中华人民共和国国家知识产权局专利复审委员会作出的第10295号无效宣告请求审查决定，于2007年10月31日，向本院提起行政诉讼。本院受理后，依法组成合议庭，于2008年3月18日公开开庭审理了本案。原告委托代理人姜建成、唐铁军，被告委托代理人吴通义、程强，第三人委托代理人徐飞虎、金荣到庭参加了诉讼。本案现已审理终结。

2007年7月30日，被告根据《中华人民共和国专利法》（以下简称《专利法》）第二十六条第四款、《中华人民共和国专利法实施细则》（以下简称《专利法实施细则》）第二十条第一款，作出第10295号无效宣告请求审查决定（以下简称第10295号决定），宣告第95191454.5号发明专利权（以下简称本专利）权利要求1~6、8~18无效，在权利要求7的基础上维持本专利权有效。

被告在法定期限内向本院提交并经当庭质证的证据有：（1）本专利授权公告文本；（2）本专利无效宣告请求书；（3）本专利无效宣告请求受理通知书；（4）被告于2007年12月11日发出的更正处分通知书。以上证据用于证明第10295号决定认定事实清楚，适用法律正确，审查程序合法。

原告诉称：第10295号决定认定事实错误、适用法律不当，被告在作为第10295号决定时存在严重的程序不合法问题。具体理由如下：

（1）程序问题：①第10295号决定违反听证原则，所依据的具体理由（用语“类似物”不具有清楚的外延）是一个全新的、根本无法预料到的理由。这一理由在决定做出前未告知原告，未给予原告陈述意见的机会；②第10295号决定违反法定程序。权利要求1~6和8~18中存在并列技术方案，等同于并列的权利要求，即便被告认为某一并列技术方案无效，也应按照《审查指南》的要求，仅宣告该并列技术方案无效，并维持其余的方案有效，否则就会在没有任何法律依据的情况下剥夺专利权人的合法权利。在被告的多个无效审查决定中，对权利要求中平行技术方案的部分无效，就是依照《审查指南》的上述规定来处理的。

（2）事实认定问题：①在本案的无效宣告程序中，第三人已明确承认“类似物”的概念是清楚的，被告没有按照《审查指南》的要求，对第三人所承认的“类似物”概念是清楚的这一事实予以确认。另外，第三人的上述承认显然不属于《审查指南》该部分内容所指的“与事实明显不符”的情况；②被告的事实认定在逻辑上也是荒谬的。本专利权利要求不存在概念清楚但其外延不清楚的情形；③基于本专利说明书的内容，所述用语具有清楚的含义，也具有清楚的外延；④需要用实验验证的内容未必不清楚，例如“可以药用的盐”，关键在于用语本身的含义对普通技术人员是否清楚，以及所需要的实验是否在普通技术人员的能力范围内。

（3）法律适用问题：①被告对《审查指南》有关清楚问题的规定适用不正确。《审查指南》中的“类似物”显然是指和“约”、“接近”、“等”这些没有确切含义的用语类似的用语（指“类似的物质”这样的表述），而在本专利中，“类似物”是有其确切技术含义的，是在说明书中做了明确定义的。《审查指南》规定：在特定情况下，如果说明书中指明了某词具有特定的含义，并且使用了该词的权利要求的保护范围由于说明书中对该词的说明而被限定得足够清楚，这种情况也是允许的；②在《审查指南》中没有关于权利要求的用语应具有清楚的外延的规定。因此，适用这样的基准是在法律规定之上人为设定的额外基准，是没有法律依据的；③上述基准在实践上不合理，很多常见于专利权利要求中的用语，如“橡胶”、“塑料”、“可药用的盐”、“可药用的载体”等，都无法界定其外延，但其含义是十分清楚的；④如果不允许“类似物”这样的用语，就无法实现对生物技术发明的有效保护。

综上所述，请求法院依据事实和法律，依法撤销第10295号决定，责令被告重新作出审查决定。

原告在法定期限内向本院提交并经当庭质证的证据有：（1）本发明专利说明书，用以证明本专利中用语“G-CSF类似物”的含义确定、清楚；（2）第10295号决定书，用以证明第10295号决定错误认定本专利不符合《专利法实施细则》第二十条一款；（3）EP0612846A1；（4）证据3的中文译文，证据3～4，用以证明本专利权利要求书中的用语“G-CSF类似物”具有清楚的外延；（5）发明专利说明书ZL03148546.4；（6）发明专利说明书ZL02807114.X；（7）发明专利说明书ZL200310102884.9；（8）发明专利说明书ZL96196006.X；（9）发明专利说明书ZL03809423.1，上述证据5～9，用以证明中华人民共和国国家知识产权局允许在专利权利要求书中使用“类似物”或相近的术语。

被告辩称：（1）原告提交的证据3～9应不予考虑；（2）第10295号决定认定事实清楚、适用法律正确，权利要求中的“G-CSF类似物”导致权利要求1～6、8～18的保护范围不清楚；（3）第10295号决定的审查程序合法。在庭审中被告进一步指出，第三人在口审中也没有明确放弃权利要求不清楚导致专利权部分无效这个观点，没有放弃《专利法实施细则》第二十条第一款的无效请求依据。而且，关于类似物是否清楚的问题，应该站在本领域技术人员的角度上去讲。请求人是否自认和审查没有关系。综上所述，请求法院维持第10295号决定的判决。

第三人述称：（1）本专利仅公开了一种制备N-末端单聚乙二醇修饰的G-CSF的基本上均一的方法。该专利在实施例中列举了两类聚乙二醇化合物对G-CSF蛋白N-末端α-氨基进行选择性修饰的实例。但该专利权利要求却要求保护所有与G-CSF功能类似的蛋白质和聚乙二醇化合物反应的产物。这样的定义仅仅是提出了一种技术构思却没有任何实际可行的技术信息，其范围是不清楚的；类似物这一用语明显不具有清楚的外延，这将导致使用该用语的权利要求的保护范围不清楚，因此不符合《专利法实施细则》第二十条第一款的规定。（2）第10295号审查决定认定事实清楚，适用法律正确。综上所述，请求人民法院依法驳回原告的诉讼请求，维持被告作出的第10295号审查决定有效。

第三人未提交新证据。

在本院庭审中，本院依职权调取了口审记录表，原告及第三人均认可其中所记录的内容。

经庭审质证，原告及第三人对被告提交的证据没有异议；被告对原告证据1无异议，对原告证据3~9有异议，认为都是在无效请求中没有提交的，且与本案没有关联性。

本院经审查认为，被告提交的证据，各方当事人对其真实性均无异议，证据形式合法，且与被诉第10295号决定具有关联性，能够证明本案的事实，本院予以采纳。原告提交的证据1，合法、真实，且与本案具有关联性；原告证据2为本案被诉决定，不属于证据范围；原告证据3~4，属于在行政程序中未提交的证据，按照《最高人民法院关于行政案件证据的若干规定》，本院不予接受。原告提交证据5~9，虽然真实、合法，但与本案缺乏关联性，本院不作为证据接纳。

根据上述有效证据及各方当事人在庭审中无争议的陈述，本院确认如下事实：本专利申请日为1995年2月8日，优先权日为1994年10月12日，授权公告日为2001年9月26日公告授予的、名称为“N-端化学修饰的蛋白质组合物及方法”的第95191454.5号发明专利，专利权人为原告安姆根有限公司。本专利授权公告的权利要求如下：

“1. N-末端单聚乙二醇化的G-CSF或其类似物的基本上均一制品，任选存在于药用稀释剂、载体或佐剂中。

2. 权利要求1的制品，其中所说的聚乙二醇具有在2~100kDa之间的分子量。

3. 权利要求2的制品，其中所说的聚乙二醇具有在6~25kDa之间的分子量。

4. 权利要求1~3中任一项的制品，其中所说的制品由至少90%的N-末端单聚乙二醇化的G-CSF或其类似物及至多10%的未发生聚乙二醇化的G-CSF或其类似物组成。

5. 权利要求4的制品，其中所说的制品由至少95%的N-末端单聚乙二醇化的G-CSF或其类似物及至多5%的未发生聚乙二醇化的G-CSF或其类似物组成。

6. 权利要求1~5中任一项的制品，其中所述G-CSF具有与SEQ ID NO：1一致的序列。

7. （略）。

8. 一种G-CSF或其类似物的混合的制品，其含有与多聚乙二醇化的G-CSF或其类似物制品混合的N-末端单聚乙二醇化的G-CSF或其类似物制品，其中单聚乙二醇化的G-CSF或其类似物制品的比例是预定的。

9. 权利要求8的混合的制品，其中N-末端单聚乙二醇化的G-CSF制品选自权利要求1~7中的那些。

10. 一种药用组合物，其含有有效量的选自权利要求1~9中任一项的制品，和药用稀释剂、佐剂或载体。

11. 权利要求1~9中任一项的制品在制备用于治疗以造血或免疫功能减退为特征的疾病的药物中的应用。

12. 权利要求11的应用，其中疾病是由化疗、放疗、感染性疾病、严重慢性嗜中性粒细胞减少症或白血病引起的。

13. 制备N末端单聚乙二醇化G-CSF或其类似物的方法，其包括如下步骤：

(a) 在还原性烷基化反应条件下，在足够酸性以选择性地激活α-氨基的pH值下，在含水介质中将在N末端具有α-氨基的G-CSF或其类似物与具有单个醛基的水溶性聚乙二醇反应，

(b) 任选从反应混合物中分离N末端单聚乙二醇化的产物。

14. 权利要求13的方法，其中所说的聚乙二醇具有在2~100kDa之间的分子量。

15. 权利要求14的方法，其中所说的聚乙二醇具有在6~25kDa之间的分子量。

16. 权利要求13~15中任一项的方法，其中所说的聚乙二醇是甲氧聚乙二醇醛。

17. 权利要求13~16中任一项的方法，其中在还原性烷基化中所用的还原剂是硼氢化钠、氰基硼氢钠。

18. 权利要求13~17中任一项的方法，其中G-CSF或其类似物是非糖基化的。

19~21.（略）。

针对上述专利权，第三人于2006年2月21日向被告提出无效宣告请求，认为本专利权利要求1和8不符合《专利法》第二十二条第二款、权利要求1~18不符合《专利法》第二十六条第四款、权利要求1~18不符合《专利法实施细则》第二十条第一款的规定。同时提交了七份附件。

第三人认为：（1）本专利方法主要是利用了醛基与氨基的反应特性，其方法权利要求范围应当限于在还原性烷基化反应条件下，在足够酸性以选择性激活α-氨基的pH下，在含水介质中将在N末端具有α-氨基的G-CSF或其类似物与具有单个醛基的水溶性聚乙二醇反应。在本专利说明书仅公开了单甲氧聚乙二醇丙醛对G-CSF蛋白N-末端α-氨基进行选择性修饰的实例的基础上，应当限于具有单个醛基的水溶性聚乙二醇单一修饰N-末端具有α-氨基的G-CSF或其类似物的制品。“单聚乙二醇化”的含义是模糊的……权利要求1~18中涉及“单聚乙二醇化”表述的权利要求得不到说明书的支持。……权利要求1的“G-CSF或其类似物”的表述超出了说明书公开的范围。当类似物的N-末端氨基酸残基为脯氨酸时，不能与醛基反应，按照权利要求13的方法得不到权利要求1的产品。权利要求1~18中涉及“G-CSF或其类似物”的表述的权利要求得不到说明书的支持；（2）“单聚乙二醇化”、“G-CSF或其类似物”和“基本上均一的制品”的表述不清楚，权利要求1~18不清楚；（3）附件3公开了一种PEG修饰G-CSF及其突变体ND-28的方法，破坏了权利要求1和8的新颖性。

2006年3月7日，第三人再次提交了一份所主张的无效宣告请求理由和范围以及所附的相应证据与2006年2月21日所提交内容完全一致的无效宣告请求，并对前次请求书中的专利号进行更正。

2006年7月25日，第三人提交了补正书，将其无效宣告请求书第③栏中的发明创造名称由“N-末端化学修饰的蛋白质组合物及方法”补正为“N-端化学修饰的蛋白质组合物及方法”。

经审查合格后，被告受理了上述请求，于2006年8月7日向双方当事人发出《无效宣告请求受理通知书》，并将第三人于2006年2月21日提交的《专利权无效宣告请求书》及其所附文件的副本转送给原告，要求其在指定的期限内答复。

原告于2006年9月22日作出答复，认为：（1）在本发明的制备物中，N-末端聚乙二醇化G-CSF产物中唯一的聚乙二醇产物是N-末端单聚乙二醇化的G-CSF或其类似物……本发明在本技术领域中首次获得其聚合物/蛋白质连接物分子中均只含一个聚合物部分的N-末端聚乙二醇化G-CSF产物，应依法享有权利要求1所限定的保护范围。术语“单聚乙二醇化”指的是连接有一个PEG分子的蛋白质，其仅覆盖了那些确能解决本发明技术问题的技术方案，本领域技术人员能够选择合适形式的PEG来制备本发明的基本上均一的制备物。另外，本专利说明书将“G-CSF类似物”定义为具有与G-CSF等同的生物学功能的多肽。请求人没有证明“单聚乙二醇化”和“类似物”的概括涵盖了不能解决本发明技术问题的技术方案，未完成举证责任。请求人认定在N-末端为脯氨酸的情况下无法得到N-末端聚乙二醇化G-CSF也只是说明此时得到的制备物并非权利要求1的制备物。因此，请求人有关《专利法》第二十六条第四款的无效理由不成立。（2）“单聚乙二醇化”、“G-CSF或其类似物”以及“基本上均一的制品”在说明书中作了清楚的定义，而且实施例2给出了“基本上均一的制品”的具体实施例，所以，本专利符合权利要求应当清楚的法律规定。（3）附件3不能破坏本专利权利要求1和8的新颖性。附件4没有公开权利要求1所限定的G-CSF蛋白质或其类似物。本专利符合《专利法》第二十二条第二款、第二十六条第四款和《专利法实施细则》第二十条第一款的规定。原告同时提交六份附件。

2007 年 1 月 19 日，被告将第三人于 2006 年 3 月 7 日提交的文件的附件转送给原告，要求其在一个月内答复。

2007 年 2 月 25 日，原告提交了意见陈述书，认为第三人于 2006 年 3 月 7 日提交的文件与被告于 2006 年 8 月 7 日发出的无效宣告请求受理通知书所转送的有关文件完全相同，原告坚持在 2006 年 9 月 22 日提交的意见陈述书中所陈述的意见。

2007 年 3 月 22 日，被告向双方当事人发出《无效宣告请求口头审理通知书》，定于 2007 年 6 月 4 日对本专利权的无效宣告请求进行口头审理。同时，将原告于 2006 年 9 月 22 日和 2007 年 2 月 25 日提交的意见陈述书及其附件副本转送给第三人。

2007 年 6 月 4 日，口头审理如期进行，双方当事人均委托代理人参加口头审理。在口头审理过程中，被告就本无效宣告请求案的无效理由及证据逐一进行了调查，双方当事人充分陈述了各自的意见。口头审理中双方当事人认定的主要事实如下：（1）第三人当庭出示了盖有“中科生命图书馆藏书”红章和骑缝章的附件 3 和 4 的复印件，专利权人对附件 1、3 和 4 的真实性有异议；（2）双方当事人均认可附件 A-1、附件 B-1 和附件 C-1 作为附件 2 ~ 4 相关内容的准确译文；（3）第三人放弃附件 4；（4）第三人认为“基本均一制品”、“类似物”和“单聚乙二醇化”的概念是清楚的，但是使用这些术语的权利要求的保护范围不清楚。

2007 年 6 月 7 日第三人提供了意见陈述书和一份中科院生命科学图书馆出具的证明。2007 年 7 月 18 日原告的代理人到被告处对第三人补交的证据进行核阅，认可附件 1 和 3 的真实性。第三人在意见陈述书中坚持本专利不符合《专利法》第二十六条第四款、第二十二条第二款和《专利法实施细则》第二十条第一款的主张。

被告经审查认为：审理本无效请求案的无效宣告请求理由和范围为：权利要求 1 ~ 18 不符合《专利法》第二十六条第四款以及《专利法实施细则》第二十条第一款的规定，权利要求 1 和 8 相对于附件 3 不符合《专利法》第二十二条第二款的规定。

关于本专利权利要求 1 ~ 6 和 8 ~ 18 涉及用语“G-CSF 或其类似物”。

原告认为，本专利说明书第 7 页第 9 ~ 28 行明确定义 G-CSF 或其类似物为具有与 G-CSF 等同的生物学功能的多肽，该类似物可以是由 G-CSF 的氨基酸序列通过氨基酸添加、缺失和/或替代而衍生的。说明书中指明了该词具有特定的含义，使用该词语的权利要求的保护范围由于说明书中对该词的说明而被限定得足够清楚，该词不会导致权利要求的保护范围不清楚。

被告认为：按照说明书第 7 页第 9 ~ 28 行记载的内容可知，本发明涉及的 G-CSF 类似物是对 G-CSF 进行各种修饰后的具有 G-CSF 功能的物质。但是本专利说明书并没有记载在对 G-CSF 进行怎样的氨基酸添加、缺失和/或替代后，仍然具有 G-CSF 功能，本领域技术人员根据本专利说明书的记载不能够确定哪些物质属于本发明的 G-CSF 类似物，以及哪些类似物适于发生 N-末端单聚乙二醇化来制备本发明的基本上均一制品，可见，虽然说明书对 G-CSF 类似物进行说明，但是该用语不具有清楚的外延，这导致使用该用语的权利要求的保护范围不清楚。因此，权利要求 1 ~ 6 和 8 ~ 18 不符合《专利法实施细则》第二十条第一款的规定。

关于权利要求 7 保护 N-末端单聚乙二醇化的 G-CSF 的基本上均一的制品。

第三人认为，权利要求 7 中的“单聚乙二醇化”未在说明书中作出明确定义……“基本上均一的制品”使得无法明确权利要求保护的是怎样的一种产品，其中各种组分的含量关系如何，权利要求的保护范围是不明确的。

被告认为：权利要求 7 具体限定了结合生成所述“N-末端单聚乙二醇化的 G-CSF”的 G-CSF 和聚乙二醇……该权利要求还明确限定了所述聚乙二醇是分子量为 12kDa 的聚乙二醇……权利要求 7 限

定了构成所述基本上均一的制品，具有清楚的保护范围，符合《专利法实施细则》第二十条第一款的规定；……同时，本领域技术人员按照说明书记载的内容，通过简单的重复操作，能够制备得到不同纯度的权利要求7所述的N-末端单聚乙二醇化的G-CSF……因此权利要求7符合《专利法》第二十六条第四款的规定。

被告认为，鉴于以上论述已经得出权利要求1～6、8～18不符合《专利法实施细则》第二十条第一款规定的结论，对第三人提出的权利要求1～6、8～18不符合《专利法》第二十六条第四款的规定，以及权利要求1和8相对于附件3不具有新颖性的主张不作进一步评述。

综上，被告作出第10295号决定。原告不服，诉至本院。

此后，被告于2007年12月11日作出《更正处分通知书》，将第10295号决定中"，宣告第95191454.5号发明专利权权利要求1～6、8～18无效，在权利要求7的基础上维持本专利权有效"更正为："宣告第95191454.5号发明专利权权利要求1～6、8～18无效，在权利要求7、19～21的基础上维持本专利权有效"。原告及第三人对上述更正均无异议。

本院认为：第三人在口审中只是表示对"类似物"词义概念清楚，并未明确表示认可本专利中的"类似物"表述是清楚的，第三人亦未撤回这一请求理由。故被告按照第三人的无效请求理由进一步进行审查并作出决定，在程序上适当。《专利法实施细则》第二十条第一款规定，权利要求书应当说明发明或实用新型的技术特征，清楚、简要地表述请求保护的范围。根据该款规定，每项权利要求所确定的保护范围应当清楚，所要求保护的权利要求的技术特征及其涉及的概念的内涵和外延都是清楚的，其范围不能是模糊和不确定的。对此，《审查指南》第二部分第二章第3.2.2节明确规定，权利要求中不得使用"约"、"接近"、"等"、"或类似物"等类似的用语，因为这类用语通常会使权利要求的范围不清楚。被告结合说明书的内容，认为使用用语"类似物"的权利要求的保护范围不清楚，是正确的。本专利权利要求1～6和8～18均涉及用语"G-CSF或其类似物"，因此上述权利要求均保护两个分别涉及"G-CSF"和"其类似物"的并列的技术方案，被告以使用"G-CSF类似物"的权利要求的保护范围不清楚为由，认定权利要求1～6和8～18不符合《专利法实施细则》第二十条第一款的规定，从而宣告上述权利要求无效，导致保护未涉及类似物的其他并列的技术方案的权利要求亦被宣告无效，没有依据，应予撤销。本判决生效后，被告应依法针对请求人的相关无效请求继续进行审查，并作出决定。

综上所述，依照《中华人民共和国行政诉讼法》第五十四条第（二）项第一至二目，判决如下：

撤销被告中华人民共和国国家知识产权局专利复审委员会于二〇〇七年七月三十日作出的第10295号无效宣告请求审查决定。

案件受理费人民币100元，由被告中华人民共和国国家知识产权局专利复审委员会负担（于判决书送达之日起，7日内缴纳）。

如不服本判决，原告安姆根有限公司可在判决书送达之日起30日内，被告中华人民共和国国家知识产权局专利复审委员会及第三人杭州九源基因工程有限公司可在判决书送达之日起15日内，向本院递交上诉状，并按对方当事人的人数提出副本，预交上诉案件受理费人民币100元，上诉于中华人民共和国北京市高级人民法院。

审 判 长　饶亚东
审 判 员　刘景文
人民陪审员　陈　辉
二〇〇八年十二月十八日
书 记 员　盛　阳

029

# 一种椰子饭及其制作方法

## 无效宣告请求审查决定（第10299号）

**决　　定　　号**　第10299号
**决　　定　　日**　2007年7月30日
**发明创造名称**　一种椰子饭及其制作方法
**国 际 分 类 号**　A23L 1/182，A23L 1/212
**无效宣告请求人**　海南文昌绿果岛食品有限公司
**专　利　权　人**　张　屹
**专　　利　　号**　02108379.7
**申　　请　　日**　2002年3月29日
**授 权 公 告 日**　2004年3月10日
**合 议 组 组 长**　徐洁玲
**主　　审　　员**　刘玉玲
**参　　审　　员**　叶　娟

**法　律　依　据**　专利法第22条第3款
**决　定　要　点**

如果发明是在可能的、有限范围内选择具体的参数，而这些选择可以由本领域的技术人员通过常规手段得到并且没有产生预料不到的技术效果，则该发明不具备创造性。

### 一、案由

本无效宣告请求案涉及国家知识产权局于2004年3月10日公告授予的、名称为“一种椰子饭及其制作方法”的02108379.7号发明专利权（下称本专利），其申请日为2002年3月29日，专利权人为张屹。该专利授权公告的权利要求书如下：

“1. 一种椰子饭，其特征是由椰子肉球体、在椰子肉球体内部空间的糯米以及和糯米混合在一起的其他原料制作而成，椰子肉球体的直径为30～40厘米，糯米和其他原料混合在一起按重量比计算糯米占80％～90％，其他原料占10％～20％，所说的其他原料是指椰肉丝、红枣、八宝、葡萄干、鱼翅、燕窝、鲍鱼、腊肉中的一种。

2. 一种权利要求1所说的椰子饭的制作方法，其特征是取成熟的已经去除椰子衣、椰棕的直径为30～40厘米的椰子，在其顶端开一圆孔，把椰子水取出备用，然后把已清洗净化好的糯米和其他原料混合后装入椰子内部空腔，再把椰子水注入椰子内部空腔至满为止，接着把开口封住，即得椰子饭半成品；把椰子饭半成品经过蒸煮、除壳、杀菌工序制成椰子饭；在除壳过程中要保持椰子肉球体的完整；所述的其他原料是指椰肉丝、红枣、八宝、葡萄干、鱼翅、燕窝、鲍鱼、腊肉中的一种。

3. 根据权利要求 2 所述的椰子饭的制作方法，其特征是：（1）所说的圆孔直径为 30 ~ 40 毫米；

（2）所说的糯米和其他原料的混合物的装入量为椰子内部空腔的 2/3，其他原料是指椰肉丝、红枣、八宝、葡萄干、鱼翅、燕窝、鲍鱼、腊肉中的一种；

（3）所说的蒸煮时间为两个半到三个小时；

（4）所说的杀菌工序是指在 125℃高温、0.15MPa 压力下杀菌 40 ~ 50 分钟。"

针对上述专利权，海南文昌绿果岛食品有限公司（下称请求人）于 2006 年 9 月 13 日向专利复审委员会提出无效宣告请求，并提交了下述证据：

证据 1：中华人民共和国海南省第二公证处于 2006 年 9 月 8 日出具的（2006）琼二证字第 4985 号公证书，原件一套共 4 页；

证据 2：中华人民共和国海南省文昌市公证处于 2006 年 9 月 11 日出具的（2006）文证内民字第 267 号公证书，原件一套共 7 页；

证据 3："文昌通览"，文昌县地方志编纂委员会办公室编，封面页、目录第 15 页、正文第 484 和 485 页，复印件共 4 页；

证据 4："文昌县志"，文昌市地方志编纂委员会编，方志出版社出版，2000 年 11 月第 1 次印刷，封面页、出版信息页、正文 391 和 392 页，复印件共 4 页；

证据 5："吃在海南"，林俊春主编，中国商业出版社出版，封面页、编者页、题词页、目录页第 1 ~ 4 页、正文第 89 ~ 90 页，复印件共 9 页；

证据 6：海南文昌绿果岛食品有限公司企业标准，Q/WLGD4-2006，盖有海南省企业标准备案专用章，2006 年 7 月 5 日发布，原件共 5 页；及海南省企业产品标准备案表，原件 1 页；

证据 7：海南省文昌质量技术监督局于 2006 年 9 月 11 日开具的证明，原件 1 页；

证据 8：文昌市人民政府于 2006 年 9 月 12 日印发的［2006］261 号文府函，原件共 2 页；

证据 9：与本专利相关的专利纠纷调解请求书及相关文件，复印件共 5 页。

依据上述证据，请求人认为本专利权利要求 1 ~ 3 都不符合专利法第 22 条第 1 款、第 2 款和第 3 款的规定，不符合专利法实施细则第 2 条第 1 款的规定。其具体理由为：（1）证据 3 ~ 5 公开的"椰子炖"或"椰子船"的制作方法和本专利制作方法相同或者一致，证据 3 的"椰子炖"和本专利的椰子饭实质上相同，因此本专利的权利要求不具备新颖性和创造性；（2）证据 1 ~ 2 和 7 都证明椰子饭的制作方法是民间传统的普通工艺，本专利相对于其无新颖性和创造性；（3）证据 9 中专利权人明确承认其产品在 2001 年（即在本专利的申请日前）投产，可见其专利技术在申请日前已经丧失新颖性。

经形式审查合格后，专利复审委员会受理了上述请求，于 2006 年 9 月 15 日向双方当事人发出《无效宣告请求受理通知书》，并将《专利权无效宣告请求书》及其附件清单中所列附件副本转送给专利权人，要求其在指定的期限内答复，同时成立合议组对本无效宣告请求案进行审理。

专利权人于 2006 年 10 月 12 日提交了意见陈述书，认为：（1）相对于证据 3 ~ 5，本专利对传统椰子饭的生产工艺进行改进，采用先蒸煮后去硬壳的生产工艺，并添加了高温灭菌、真空包装等过程，使产品可以符合食品流通的卫生标准，从而使得本专利的椰子饭和传统的椰子饭在性质上改变；（2）证据 1 ~ 2 和 7 的内容和史料记载的海南椰子饭相同或相近似，不能等同于本专利的椰子饭及其制作方法；（3）证据 9 中提到 2001 年椰子饭投产，但投产不等于市场推广，不等于公开使用。因此，本专利具备新颖性和创造性。

2007 年 1 月 19 日，本案合议组向双方当事人发出《无效宣告请求口头审理通知书》，拟定于

2007 年 3 月 14 日对本无效宣告请求进行口头审理，并将专利权人于 2006 年 10 月 12 日意见陈述书转交给请求人，要求其在口头审理时对该意见一并答复。

口头审理如期进行，双方当事人均出席了口头审理，口头审理过程中认定的事实如下：（1）专利权人对所有证据的真实性都予以认可；（2）请求人出示了证据 3 和 5 的原件，其中，证据 3 的出版信息页记载该证据为 1994 年 11 月第 1 版第 1 次印刷，证据 5 的出版信息页记载该证据为 1996 年 6 月第 1 版，第 1 次印刷，专利权人对上述证据的真实性予以认可；（3）请求人确定无效宣告理由和范围为：权利要求 1 ~3 单独相对于证据 1 ~9 不具备新颖性，不符合专利法第 22 条第 2 款和专利法实施细则第 2 条第 1 款的规定，权利要求 1 ~3 单独相对于证据 1 ~8 不具备创造性，不符合专利法第 22 条第 3 款的规定。庭审中，合议组对请求人提出的无效宣告请求理由、证据和事实进行了充分调查，并听取了各方当事人的陈述。

至此，合议组认为本案的事实清楚，可以作出审查决定。

**二、决定的理由**

1. 关于无效理由

根据请求人在口头审理过程中的确认，本无效宣告请求的理由和范围为：相对于证据 1 ~9，本专利权利要求 1 ~3 不符合专利法第 22 条第 2 款和专利法实施细则第 2 条第 1 款的规定；相对于证据 1 ~8，本专利权利要求 1 ~3 不符合专利法第 22 条第 3 款的规定。

2. 关于证据

口头审理时，专利权人对证据 1 ~9 的真实性都予以认可，因此合议组对证据 1 ~9 的真实性予以确认。

证据 3 是公开出版物，其公开日都在本专利的申请日之前，因此，根据专利法实施细则第 30 条的规定，证据 3 可以作为本专利的现有技术，用于评价本专利权利要求的新颖性和创造性。

3. 关于专利法第 22 条第 3 款

专利法第 22 条第 3 款规定：创造性是指同申请日以前已有的技术相比，该发明有突出的实质性特点和显著的进步，该实用新型有实质性特点和进步。

如果发明是在可能的、有限范围内选择具体的参数，而这些选择可以由本领域的技术人员通过常规手段得到并且没有产生预料不到的技术效果，则该发明不具备创造性。

本案中，权利要求 1 要求保护“一种椰子饭，其特征是由椰子肉球体、在椰子肉球体内部空间的糯米以及和糯米混合在一起的其他原料制作而成，椰子肉球体的直径为 30 ~40 厘米，糯米和其他原料混合在一起按重量比计算糯米占 80％ ~90％，其他原料占 10％ ~20％，所说的其他原料是指椰肉丝、红枣、八宝、葡萄干、鱼翅、燕窝、鲍鱼、腊肉中的一种”。证据 3 公开了一种椰子炖，该椰子炖包括椰子肉球体，在椰子内部填有糯米和一些瘦肉、虾米或其他食料（即糯米和其他原料混合），该椰子炖可以在海上充当粮食或风味小食（参见证据 3 第 484 ~485 页）。可见权利要求 1 和证据 3 的区别技术特征在于：本专利对椰子肉球体的大小、其他原料的组分和各原料的含量进行了具体的限定。对于本领域技术人员来说，从天然存在的椰子肉球体选择一定直径大小的椰子肉球体、为了制备不同口味的椰子饭而从可食用原料中选择加入不同口味的原料以及对原料含量进行具体限定，这些限定都是在可能的、有限范围内选择具体的参数，而这种选择可以由本领域的技术人员通过常规手段得到，并且也没有产生预料不到的技术效果，因此，权利要求 1 相对于证据 3 没有突出的实质性特点和显著的进步，不符合专利法第 22 条第 3 款的规定。

权利要求 2 要求保护“一种权利要求 1 所说的椰子饭的制作方法，其特征是取成熟的已经去除椰子衣、椰棕的直径为 30 ~40 厘米的椰子，在其顶端开一圆孔，把椰子水取出备用，然后把已清洗净化好的糯米和其他原料混合后装入椰子内部空腔，再把椰子水注入椰子内部空腔至满为止，接着把开口封住，即得椰子饭半成品；把椰子饭半成品经过蒸煮、除壳、杀菌工序制成椰子饭；在除壳过程中要保持椰子肉球体的完整；所述的其他原料是指椰肉丝、红枣、八宝、葡萄干、鱼翅、燕窝、鲍鱼、腊肉中的一种”。证据3公开了一种椰子炖的制作方法，即：将椰子剥去皮，先在椰子眼上开个小口，将洗好的糯米和其他食料填进椰子里，盖严盖子，然后在锅里炖，炖熟后，用刀把椰子壳削去，形成椰子肉球体，即可食用（参见证据3第484~485页）。可见权利要求2和证据3的区别技术特征在于：本专利（1）对椰子肉球体的大小、其他原料的组分进行了具体的限定；（2）制备方法中包括将椰子水先取出，然后在加入糯米和其他原料后再将其注入的步骤和（3）包括杀菌步骤。对于区别技术特征（1）而言，其属于产品本身的区别技术特征，参见权利要求1的评述，该区别技术特征是本领域的技术人员能够通过常规手段得到的选择，而且也没有产生预料不到的技术效果；对于区别技术特征（2）而言，虽然证据3没有公开是否将椰子水取出然后再注入，但本领域技术人员公知，椰子水是可以食用的，将其保留或者取出都是本领域的一种常规选择，而保留的方式，是将其取出然后再注入或是直接填入糯米等将其保留也是本领域的一种常规选择，而且采用这种方式后也没有产生预料不到的技术效果；对于区别技术特征（3）而言，虽然证据3没有公开该技术特征，但如专利权人抗辩所述，杀菌使得产品符合食品流通的卫生标准，而本专利的产品作为一种流通领域的食品，其应当符合相关行业的卫生标准，杀菌是一种用于达到卫生标准的常用技术手段，而卫生标准是根据国家标准或相应的行业标准而设定的，用于约束进入生产、销售阶段的产品，对于所属技术领域的技术人员来说这是基本常识。因此，权利要求2相对于证据3没有突出的实质性特点和显著的进步，不符合专利法第22条第3款的规定。

权利要求3是权利要求2的进一步限定，其附加技术特征为：“（1）所说的圆孔直径为30~40毫米；（2）所说的糯米和其他原料的混合物的装入量为椰子内部空腔的2/3，其他原料是指椰肉丝、红枣、八宝、葡萄干、鱼翅、燕窝、鲍鱼、腊肉中的一种；（3）所说的蒸煮时间为两个半到三个小时；（4）所说的杀菌工序是指在125℃高温、0.15MPa压力下杀菌40~50分钟”。虽然证据3没有公开该附加技术特征，但这些参数的选择都是在可能的、有限范围内选择具体的参数，而这种选择可以由本领域的技术人员通过常规手段得到，并且也没有产生预料不到的技术效果，因此，当其引用的权利要求2不具备创造性时，权利要求3也不具备创造性，不符合专利法第22条第3款的规定。

鉴于权利要求1~3相对于证据3不具备创造性，应予无效，因此，合议组对于其他证据及理由不再予以评述。

基于以上事实和理由，本案合议组作出如下审查决定。

**三、决定**

宣告02108379.7号发明专利权全部无效。

当事人对本决定不服的，可以根据专利法第46条第2款的规定，自收到本决定之日起三个月内向北京市第一中级人民法院起诉。根据该款的规定，一方当事人起诉后，另一方当事人应当作为第三人参加诉讼。

# 北京市第一中级人民法院
# 行政判决书

（2007）一中行初字第1482号

原告张屹，男，1973年6月25日出生，汉族，商人，住海南省海口市美兰区海甸四东路颐和花园9栋141号。

委托代理人张承尧，男，1937年5月5日出生，汉族，商人，住海南省海口市龙华路17号。

被告国家知识产权局专利复审委员会，住所地北京市海淀区北四环西路9号银谷大厦10～12层。

法定代表人廖涛，副主任。

委托代理人刘玉玲，女，国家知识产权局专利复审委员会审查员。

委托代理人郭鹏鹏，男，国家知识产权局专利复审委员会审查员。

第三人海南文昌绿果岛食品有限公司，住所地海南省文昌市迈号办事处加梅坡。

法定代表人王裕，总经理。

委托代理人林祥，海南瑞来律师事务所律师。

原告张屹不服被告国家知识产权局专利复审委员会于2007年7月30日作出的第10299号无效宣告请求审查决定（以下简称被诉决定），向本院提起行政诉讼。本院受理后，依法组成合议庭，并依法通知与本案被诉决定存在法律上利害关系的海南文昌绿果岛食品有限公司作为本案第三人参加诉讼。2007年11月30日，本院公开开庭审理了本案。原告张屹及其委托代理人张承尧，被告的委托代理人刘玉玲、郭鹏鹏，第三人的委托代理人林祥到庭参加了诉讼。本案现已审理终结。

2007年7月30日，被告作出被诉决定，宣告原告所有的第02108379.7号“一种椰子饭及其制作方法”的发明专利（以下简称本专利）全部无效。

在法定期限内，被告向本院提交了下列证据以证明被诉决定合法：（1）本专利授权公报；（2）口头审理记录表及附页；（3）对比文件3（即被诉决定中的证据3）：“文昌通览”，文昌县地方志编纂委员会办公室编，封面页、目录第15页、正文第484和485页。

原告诉称：被诉决定认定事实不清。（1）本专利“椰子饭”产品的创意理念来源于民间的“椰子炖”，是在摒弃了落后的、原始的“水煮”、“石灰炖”的制作方法，攻克了多个技术难点之后取得的成果。如今的“椰子饭”产品是运用现代技术加工，便于携带、流通，可以在常温下保存270天以上而不变质、受人喜爱的食品，与原有制作方法相比，取得了实质性的显著进步，实现了发明专利的特点和进步。（2）本产品不是“椰子炖”的复制品，不是对“椰子炖”制作环节中某种可以由领域技术人员通常常规手段取得之某种参数，而是从理念创新至产品创新系统的、完整的、完全有别于“椰子炖”制作方法的、具有突出的实质性特点和显著进步的发明专利。“椰子炖”已存有几百年历史，但直至本专利问世前，从未有将“椰子炖”作为商品流通的理念和技术出现过，也从未有出现过“椰子饭”及其类似产品，此即印证了本产品的创新性、创造性。综上，请求人民法院撤销被诉决定。

为支持自己的主张，原告向本院提交了下列证据：（1）法人营业执照；（2）企业法人机构代码证书；（3）被诉决定；（4）本专利发明证书；（5）本专利授权公报；（6）本专利说明书；（7）国家知识产权局专利收费收据；（8）海南省产品标准实施证书；（9）企业标准；（10）原告获得第三届“海南十大青年科技之星”称号的相关文件；（11）海南省著名商标证书及相关文件；（12）海南信泰实业有限公司被评为海南省农业产业化重点龙头企业的证书及相关文件；（13）海南信泰实业有限公司被评为海南省农业产业化优秀龙头企业的荣誉证书及相关文件；（14）海南信泰实业有限公司被评为全国乡镇企业创名牌重点企业的证书及相关文件；（15）原告荣获共青团中央和国家农业部全国优秀青年企业家的证书及文件；（16）共青团海南省委评选的海南优秀青年企业家的文件；（17）原告荣获全国乡镇企业质量先进个人证书。

被告辩称：（1）原告提交的证据有一部分未在行政阶段提交，在诉讼阶段也不应交纳；（2）我委坚持被诉决定的理由。综上，被诉决定认定事实清楚，适用法律正确，程序合法，请求人民法院维持被诉决定，驳回原告的诉讼请求。

第三人述称：被诉决定认定事实清楚，证据充分，程序合法。（1）本专利中的"椰子饭"产品是海南省的民间传统小吃，属于公知技术，本专利缺乏独创性。而且，本专利中的"椰子饭"的制作方法均是传统的常规制作，没有产生预料不到的技术效果，不具有创造性。（2）本专利权利要求书和说明书摘要记载的技术参数均是可以通过常规的手段得到的，并且也没有产生预料不到的技术效果。海南的民间椰子饭本身就是经过高温蒸煮才制作成的，杀菌是食品的常规手段，真空包装更不是其独有的创造性的技术，而且，本专利权利要求书和说明书摘要中均没有说明该项高温灭菌的真空包装的技术特征。至于把农家小吃市场化，甚至商品化包装、增加保持期均不是独创性技术，本专利权利要求书和说明书摘要记载的技术参数均是可以通过常规的手段得到，且未产生预料不到的技术效果。综上，请求人民法院维持被诉决定，驳回原告的诉讼请求。

在法定期限内，第三人向本院提交了下列证据以支持其诉讼意见：

（1）对比文件1（即被诉决定中的证据1）：海南省第二公证处2006年9月8日出具的（2006）琼二证字第4985号公证书；

（2）对比文件2（即被诉决定中的证据2）：中华人民共和国文昌市公证处出具的（2006）文证内民字第267号公证书；

证据1~2用以证明"椰子饭"的制作是民间的传统的普通工艺，本专利不具有新颖性和创造性。

（3）对比文件3；

（4）对比文件4（即被诉决定中的证据4）：《文昌县志》文昌市地方志编纂委员会，方正出版社，2000年11月第一次印刷，封面页、出版信息页、正文391和392页；

（5）对比文件5（即被诉决定中的证据）5：《吃在海南》，中国商业出版社1996年6月1日出版，封面页、题词页、目录页1~4页、正文第89~90页；

（6）对比文件6（即被诉决定中的证据6）：第三人企业标准及海南省企业产品标准备案表；

（7）对比文件7（即被诉决定中的证据7）：海南省文昌市技术监督局2006年9月11日证明；

（8）对比文件8（即被诉决定中的证据8）：文昌市人民政府2006年9月12日印发的［2006］261号文府函；

证据3~8用以证明"椰子炖"是民间风味小吃，其实质上就是"椰子饭"，二者的技术特征即制作方法和工艺实质上相同或一致，本专利不具有新颖性和创造性。

（9）对比文件9（即被诉决定中的证据9）：原告专利纠纷调解请求书和相关文件，用以证明本专利在申请日前即已经投产进入市场，其不具有新颖性，其技术方案是民间传统小吃，不具有创造性；

（10）第三人企业法人营业执照，证明第三人的身份和无效请求人的身份资格；

（11）无效宣告请求书范本和受理通知书，证明第三人提出无效宣告请求及范围、依据以及被受理的事实和被告程序合法；

（12）无效宣告请求口头审理通知书，证明被诉决定程序合法；

（13）被诉决定，证明被告作出了具体行政行为、内容及作出的依据。

经庭审质证，原告与第三人对于被告证据的关联性、合法性与真实性均无异议。被告与第三人对于原告证据4～6的关联性、合法性与真实性均无异议，但不同意其证据作用；另，被告与第三人对于原告的证据1～3、7～17均未在行政阶段提交，其在诉讼阶段提交也无正当理由，不应作为诉讼证据。原告与被告对于第三人的证据无异议，但被告认为仅其证据3是被告作出被诉决定的证据。

本院经审查认为：被告的证据与原告证据4～6、第三人的证据1～12均与本案有关联，本院均予确认；原告的证据1～3、7～17均未在行政阶段提交，且其在诉讼阶段提交也无正当理由，本院不予确认；第三人提交的证据13实为本案被诉决定，系本案审查对象，并非本案证据。

根据上述有效证据及各方当事人无争议的陈述，本院认为事实如下：

本专利申请日为2002年3月29日，授权公告日为2004年3月10日，其授权公告的权利要求如下：

"1．一种椰子饭，其特征是由椰子肉球体、在椰子肉球体内部空间的糯米以及和糯米混合在一起的其他原料制作而成，椰子肉球体的直径为30～40厘米，糯米和其他原料混合在一起按重量比计算糯米占80%～90%，其他原料占10%～20%，所说的其他原料是指椰肉丝、红枣、八宝、葡萄干、鱼翅、燕窝、鲍鱼、腊肉中的一种。

2．一种权利要求1所说的椰子饭的制作方法，其特征是取成熟的已经去除椰子衣、椰棕的直径为30～40厘米的椰子，在其顶端开一圆孔，把椰子水取出备用，然后把已清洗净化好的糯米和其他原料混合后装入椰子内部空腔，再把椰子水注入椰子内部空腔至满为止，接着把开口封住，即得椰子饭半成品；把椰子饭半成品经过蒸煮、除壳、杀菌工序制成椰子饭；在除壳过程中要保持椰子肉球体的完整；所述的其他原料是指椰肉丝、红枣、八宝、葡萄干、鱼翅、燕窝、鲍鱼、腊肉中的一种。

3．根据权利要求2所述的椰子饭的制作方法，其特征是：

（1）所说的圆孔直径为30～40毫米；

（2）所说的糯米和其他原料的混合物的装入量为椰子内部空腔的2/3，其他原料是指椰肉丝、红枣、八宝、葡萄干、鱼翅、燕窝、鲍鱼、腊肉中的一种；

（3）所说的蒸煮时间为两个半到三个小时；

（4）所说的杀菌工序是指在125℃高温、0.15MPa压力下杀菌40～50分钟。"

针对本专利权，第三人于2006年9月13日向被告提出无效宣告请求，并提交了对比文件1～9作为证据。第三人认为本专利权利要求1～3都不符合《中华人民共和国专利法》（以下简称《专利法》）第二十二条第一款、第二款和第三款的规定，不符合《中华人民共和国专利法实施细则》（以下简称《专利法实施细则》）第二条第一款的规定。具体理由为：（1）对比文件3～5公开的"椰子炖"或"椰子船"的制作方法和本专利制作方法相同或者一致，对比文件3的"椰子炖"和本专利的椰子饭实质上相同，本专利的权利要求无新颖性和创造性；（2）对比文件1～2和7都证明椰子饭的制作方法是民间传统的普通工艺，本专利无新颖性和创造性；（3）对比文件9中原告明确承认其产品在2001年（即在本专利的申请日前）投产，故本专利技术在申请日前已经丧失新颖性。

经形式审查合格，被告受理上述请求后，于2006年9月15日向原告与第三人发出《无效宣告请求受理通知书》，并将《专利权无效宣告请求书》及其附件清单中所列附件副本转送给专利权人，要求其在指定的期限内答复。

原告于2006年10月12日提交了意见陈述书，认为：（1）相对于对比文件3～5，本专利对传统椰子饭的生产工艺进行改进，采用先蒸煮后去硬壳的生产工艺，并添加了高温灭菌、真空包装等过程，使产品可以符合食品流通的卫生标准，从而使得本专利的椰子饭和传统的椰子饭在性质上改变；(2) 对比文件1~2和7的内容和史料记载的海南椰子饭相同或相近似，不能等同于本专利的椰子饭及其制作方法；(3) 对比文件9中提到2001年椰子饭投产，但投产不等于市场推广，不等于公开使用。因此，本专利具备新颖性和创造性。

被告也依法将上述材料进行了转文。

2007年3月14日，原告与第三人均参加了被告举行的口头审理。口头审理过程中认定的事实如下：(1) 原告对所有对比文件的真实性均予认可；(2) 第三人出示了对比文件3和5的原件，其中，对比文件3的出版信息页记载该证据为1994年11月第1版第1次印刷，对比文件5的出版信息页记载该证据为1996年6月第1版，第1次印刷，原告对上述证据的真实性予以认可；(3) 第三人确定无效宣告理由和范围为：权利要求1~3单独相对于证据1~9不具备新颖性，不符合《专利法》第二十二条第二款和《专利法实施细则》第二条第一款的规定，权利要求1~3单独相对于对比文件1~8不具备创造性，不符合《专利法》第二十二条第三款。口审中，被告对第三人提出的无效宣告请求理由、证据和事实进行了充分调查，并听取了各方当事人的陈述。

被告经审查认为：

1. 关于无效理由

根据第三人在口头审理过程中的确认，本无效宣告请求的理由和范围为：相对于对比文件1~9，本专利权利要求1~3不符合《专利法》第二十二条第二款和《专利法实施细则》第二条第一款的规定；相对于对比文件1~8，本专利权利要求1~3不符合《专利法》第二十二条第三款的规定。

2. 关于证据

口头审理时，原告对证据1~9的真实性都予以认可，因此合议组对证据1~9的真实性予以确认。

对比文件3是公开出版物，其公开日在本专利的申请日之前，因此，根据《专利法实施细则》第三十条的规定，对比文件3可以作为本专利的现有技术，用于评价本专利权利要求的新颖性和创造性。

3. 关于《专利法》第二十二条第三款

《专利法》第二十二条第三款规定，创造性是指同申请日以前已有的技术相比，该发明有突出的实质性特点和显著的进步，该实用新型有实质性特点和进步。

如果发明是在可能的、有限范围内选择具体的参数，而这些选择可以由本领域的技术人员通过常规手段得到并且没有产生预料不到的技术效果，则该发明不具备创造性。

本案中，权利要求1要求保护“一种椰子饭，其特征是由椰子肉球体、在椰子肉球体内部空间的糯米以及和糯米混合在一起的其他原料制作而成，椰子肉球体的直径为30~40厘米，糯米和其他原料混合在一起按重量比计算糯米占80%~90%，其他原料占10%~20%，所说的其他原料是指椰肉丝、红枣、八宝、葡萄干、鱼翅、燕窝、鲍鱼、腊肉中的一种”。对比文件3公开了一种椰子炖，该椰子炖包括椰子肉球体，在椰子内部填有糯米和一些瘦肉、虾米或其他食料（即糯米和其他原料混合），该椰子炖可以在海上充当粮食或风味小食（参见证据3第484~485页）。可见权利要求1和对比文件3的区别技术特征在于：本专利对椰子肉球体的大小、其他原料的组分和各原料的含量进行了具体的限定。对于本领域技术人员来说，从天然存在的椰子肉球体选择一定直径大小的椰子肉球体、为了制备不同口味的椰子饭而从可食用原料中选择加入不同口味的原料以及对原料含量进行具体限定，这些限定都是在可能的、有限范围内选择具体的参数，而这种选择可以由本领域的技术人员通过常规手段得到，并且也没有产生预料不到的技术效果，因此，权利要求1相对于对比文件3没有突出的实质性特点和显著的进步，不符合《专利法》第二十二条第三款的规定。

权利要求2要求保护“一种权利要求1所说的椰子饭的制作方法，其特征是取成熟的已经去除椰子衣、椰棕的直径为30~40厘米的椰子，在其顶端开一圆孔，把椰子水取出备用，然后把已清洗净化好的糯米和其他原料混合后装入椰子内部空腔，再把椰子水注入椰子内部空腔至满为止，接着把开口封住，即得椰子饭半成品；把椰子饭半成品经过蒸煮、除壳、杀菌工序制成椰子饭；在除壳过程中要保持椰子肉球体的完整；所述的其他原料是指椰肉丝、红枣、八宝、葡萄干、鱼翅、燕窝、鲍鱼、腊肉中的一种”。对比文件3公开了一种椰子炖的制作方法，即：将椰子剥去皮，先在椰子眼上开个小口，将洗好的糯米和其他食料填进椰子里，盖严盖子，然后在锅里炖，炖熟后，用刀把椰子壳削去，形成椰子肉球体，即可食用（参见证据3第484~485页）。可见权利要求2和对比文件3的区别技术特征在于：本专利（1）对椰子肉球体的大小、其他原料的组分进行了具体的限定；（2）制备方法中包括将椰子水先取出，然后在加入糯米和其他原料后再将其注入的步骤和（3）包括杀菌步骤。对于区别技术特征（1）而言，其属于产品本身的区别技术特征，参见权利要求1的评述，该区别技术特征是本领域的技术人员能够通过常规手段得到的选择，而且也没有产生预料不到的技术效果；对于区别技术特征（2）而言，虽然对比文件3没有公开是否将椰子水取出然后再注入，但本领域技术人员公知，椰子水是可以食用的，将其保留或者取出都是本领域的一种常规选择，而保留的方式，是将其取出然后再注入或是直接填入糯米等将其保留也是本领域的一种常规选择，而且采用这种方式后也没有产生预料不到的技术效果；对于区别技术特征（3）而言，虽然对比文件3没有公开该技术特征，但如原告抗辩所述，杀菌使得产品符合食品流通的卫生标准，而本专利的产品作为一种流通领域的食品，其应当符合相关行业的卫生标准，杀菌是一种用于达到卫生标准的常用技术手段，而卫生标准是根据国家标准或相应的行业标准而设定的，用于约束进入生产、销售阶段的产品，对于所属技术领域的技术人员来说这是基本常识。因此，权利要求2相对于对比文件3没有突出的实质性特点和显著的进步，不符合《专利法》第二十二条第三款的规定。

权利要求3是权利要求2的进一步限定，其附加技术特征为：“（1）所说的圆孔直径为30~40毫米；（2）所说的糯米和其他原料的混合物的装入量为椰子内部空腔的2/3，其他原料是指椰肉丝、红枣、八宝、葡萄干、鱼翅、燕窝、鲍鱼、腊肉中的一种；（3）所说的蒸煮时间为两个半到三个小时；（4）所说的杀菌工序是指在125℃高温、0.15MPa压力下杀菌40~50分钟。”虽然对比文件3没有公开该附加技术特征，但这些参数的选择都是在可能的、有限范围内选择具体的参数，而这种选择可以由本领域的技术人员通过常规手段得到，并且也没有产生预料不到的技术效果，因此，当其引用的权利要求2不具备创造性时，权利要求3也不具备创造性，不符合《专利法》第二十二条第三款的规定。

鉴于权利要求1~3相对于对比文件3不具备创造性，应予无效，因此，对于其他证据及理由不再予以评述。

基于上述理由，被告作出了被诉决定。原告不服，在法定期限内向本院提起行政诉讼。

庭审中，被告明确表示，由于本专利相对于对比文件明显具有新颖性，故未予评述。对此，原告明确表示同意被告的认定；第三人对此也不持异议。此外，原告与第三人明确表示对于被诉决定的下列内容不持异议：被诉决定作出的行政程序；被诉决定“案由”部分记载的内容；被诉决定确定的第三人的无效理由；被诉决定关于对比文件的认定；被诉决定中关于对比文件3公开内容的描述；被诉决定关于本专利权利要求1与对比文件3区别技术特征的描述；被诉决定关于本专利权利要求2与对比文件3区别技术特征的描述。

本院认为：对于被诉决定中原告与第三人均不持异议的部分，本院经审查，对其合法性予以确认。在此基础上，本案的争议焦点在于：被诉决定认定本专利权利要求1~3均无创造性是否合法。

本专利权利要求 1 和对比文件 3 的区别技术特征在于：本专利对椰子肉球体的大小、其他原料的组分和各原料的含量进行了具体的限定。而对于本领域技术人员来说，从天然存在的椰子肉球体选择一定直径大小的椰子肉球体、为了制备不同口味的椰子饭而从可食用原料中选择加入不同口味的原料以及对原料含量进行具体限定，这些限定都是在可能的、有限范围内选择具体的参数，而这种选择可以由本领域的技术人员通过常规手段得到，并且也没有产生预料不到的技术效果。因此，被告认定本专利权利要求 1 相对于对比文件 3 没有突出的实质性特点和显著的进步，不符合《专利法》第二十二条第三款的规定正确。

本专利权利要求 2 和对比文件 3 的区别技术特征在于：本专利（1）对椰子肉球体的大小、其他原料的组分进行了具体的限定；（2）制备方法中包括将椰子水先取出，然后在加入糯米和其他原料后再将其注入的步骤和（3）包括杀菌步骤。对于区别技术特征（1）而言，其属于产品本身的区别技术特征，该区别技术特征也是本领域的技术人员能够通过常规手段得到的选择，而且这种选择也没有产生预料不到的技术效果。对于区别技术特征（2）而言，虽然对比文件 3 没有公开是否将椰子水取出然后再注入，但本领域技术人员公知，椰子水是可以食用的，将其保留或者取出都是本领域的一种常规选择，而保留的方式，是将其取出然后再注入或是直接填入糯米等将其保留也是本领域的一种常规选择，而且采用这种方式后也没有产生预料不到的技术效果。对于区别技术特征（3）而言，虽然对比文件 3 没有公开该技术特征，但如原告所述，杀菌使得产品符合食品流通的卫生标准，而本专利的产品作为一种流通领域的食品，其应当符合相关行业的卫生标准，杀菌是一种用于达到卫生标准的常用技术手段，而卫生标准是根据国家标准或相应的行业标准而设定的，用于约束进入生产、销售阶段的产品，对于所属技术领域的技术人员来说这是基本常识。因此，被告认定本专利权利要求 2 相对于对比文件 3 没有突出的实质性特点和显著的进步，不符合《专利法》第二十二条第三款的规定，也是正确的。

权利要求 3 是权利要求 2 的进一步限定，虽然对比文件 3 没有公开该附加技术特征，但这些参数的选择都是在可能的、有限范围内选择具体的参数，而这种选择可以由本领域的技术人员通过常规手段得到，并且也没有产生预料不到的技术效果，因此，当其引用的权利要求 2 不具备创造性时，被告认定本专利权利要求 3 也不具备创造性，不符合《专利法》第二十二条第三款的规定亦正确。

鉴于权利要求 1 ~ 3 相对于对比文件 3 不具备创造性，被告对于其他证据及理由不再予以评述，并无不当。

综上，被诉决定认定事实清楚，适用法律正确，程序合法，本院应予维持。原告的诉讼请求缺乏事实及法律依据，本院不予支持。依照《中华人民共和国行政诉讼法》第五十四条第（一）项之规定，判决如下：

维持被告国家知识产权局专利复审委员会于二〇〇七年七月三十日作出的第 10299 号无效宣告请求审查决定。

案件受理费 100 元，由原告张屹负担（已交纳）。

如不服本判决，各方当事人可于判决书送达之日起 15 日内，向本院递交上诉状，并按对方当事人人数提出副本，上诉于北京市高级人民法院。上诉人在上诉期满后 7 日内未预交上诉费，又不提出缓交申请的，按自动撤回上诉处理。

审 判 长 梁 菲
代理审判员 司品华
人民陪审员 欧万雄
二〇〇七年十二月二十八日
书 记 员 李铁萌

# 北京市高级人民法院
# 行政判决书

（2008）高行终字第277号

上诉人（一审原告）张屹，男，1973年6月25日出生，汉族，商人，住海南省海口市美兰区海甸四东路颐和花园9栋141号。

委托代理人张承尧，男，1937年5月5日出生，汉族，商人，住海南省海口市龙华路17号。被上诉人（一审被告）国家知识产权局专利复审委员会，住所地北京市海淀区北四环西路9号银谷大厦10～12层。

法定代表人廖涛，副主任。

委托代理人刘玉玲，女，国家知识产权局专利复审委员会审查员。

委托代理人郭鹏鹏，男，国家知识产权局专利复审委员会审查员。

被上诉人（一审第三人）海南文昌绿果岛食品有限公司，住所地海南省文昌市迈号办事处加梅坡。

法定代表人王裕，总经理。

委托代理人林祥，海南瑞来律师事务所律师。

上诉人张屹因专利无效宣告请求审查决定，不服北京市第一中级人民法院（2007）一中行初字第1482号行政判决，向本院提起上诉。本院受理后，依法组成合议庭于2008年6月17日，公开开庭进行了审理。上诉人张屹及其委托代理人张承尧，被上诉人国家知识产权局专利复审委员会（以下简称专利复审委）的委托代理人刘玉玲、郭鹏鹏，被上诉人海南文昌绿果岛食品有限公司（以下简称绿果岛公司）的委托代理人林祥到庭参加了诉讼。本案现已审理终结。

2007年7月30日，专利复审委依据《中华人民共和国专利法》（以下简称《专利法》）第二十二条第三款的规定作出10299号无效宣告请求审查决定（以下简称第10299号决定），宣告张屹所有的第02108379.7号“一种椰子饭及其制作方法”的发明专利权（以下简称本专利）全部无效。张屹不服诉至一审法院。

北京市第一中级人民法院（2007）一中行初字第1482号行政判决认为，本专利权利要求1和对比文件3的区别技术特征在于：本专利对椰子肉球体的大小、其他原料的组分和各原料的含量进行了具体的限定。而对于本领域技术人员来说，从天然存在的椰子肉球体选择一定直径大小的椰子肉球体、为了制备不同口味的椰子饭而从可食用原料中选择加入不同口味的原料以及对原料含量进行具体限定，这些限定都是在可能的、有限范围内选择具体的参数，而这种选择可以由本领域的技术人员通过常规手段得到，并且也没有产生预料不到的技术效果。因此，被告认定本专利权利要求1相对于对比文件3没有突出的实质性特点和显著的进步，不符合《专利法》第二十二条第三款的规定正确。

本专利权利要求2和对比文件3的区别技术特征在于：本专利（1）对椰子肉球体的大小、其他原料的组分进行了具体的限定；（2）制备方法中包括将椰子水先取出，然后在加入糯米和其他原料后再将其注入的步骤和（3）包括杀菌步骤。对于区别技术特征（1）而言，其属于产品本身的区别技术特征，该区别技术特征也是本领域的技术人员能够通过常规手段得到的选择，而且这种选择也没有产生预料不到的技术效果。对于区别技术特征（2）而言，虽然对比文件3没有公开是否将椰子水取出然后再注入，但本领域技术人员公知，椰子水是可以食用的，将其保留或者取出都是本领域的一种常规选择，而保留的方式，是将其取出然后再注入或是直接填入糯米等将其保留也是本领域的一种常规选择，而且采用这种方式后也没有产生预料不到的技术效果。对于区别技术特征（3）而言，虽然对比文件3没有公开该技术特征，但如原告所述，杀菌使得产品符合食品流通的卫生标准，而本专利的产品作为一种流通领域的食品，其应当符合相关行业的卫生标准，杀菌是一种用于达到卫生标准的常用技术手段，而卫生标准是根据国家标准或相应的行业标准而设定的，用于约束进入生产、销售阶段的产品，对于所属技术领域的技术人员来说这是基本常识。因此，被告认定本专利权利要求2相对于对比文件3没有突出的实质性特点和显著的进步，不符合《专利法》第二十二条第三款的规定，也是正确的。

权利要求3是权利要求2的进一步限定，虽然对比文件3没有公开该附加技术特征，但这些参数的选择都是在可能的、有限范围内选择具体的参数，而这种选择可以由本领域的技术人员通过常规手段得到，并且也没有产生预料不到的技术效果，因此，当其引用的权利要求2不具备创造性时，被告认定本专利权利要求3也不具备创造性，不符合《专利法》第二十二条第三款的规定亦正确。

鉴于权利要求1~3相对于对比文件3不具备创造性，被告对于其他证据及理由不再予以评述，并无不当。

综上，被诉决定认定事实清楚，适用法律正确，程序合法，本院应予维持。原告的诉讼请求缺乏事实及法律依据，本院不予支持。依照《中华人民共和国行政诉讼法》第五十四条第（一）项之规定，判决维持被告专利复审委作出的第10299号决定。张屹对上述判决不服，向本院提起上诉。

张屹上诉称，第10299号决定关于对比文件3公开内容的描述不实、错误；本专利权利要求1~2的技术特征被严重歪曲；对本专利与对比文件3的区别技术特征的评价错误。

权利要求1明确其特征是由椰子肉球体、内装糯米等食料制作椰子饭，是本专利的研究发明，是权利要求1的技术特征。对比文件3的特征是在嫩椰子壳眼上开个小口，在椰子内腔添装进糯米等食料，以椰壳作载体制作椰子炖。本发明以“椰子肉球体概念”和“椰子肉球体空腔概念”制作椰子饭与以嫩椰子壳为载体制作椰子炖，是本专利与对比文件3的区别技术特征。第10299号决定所描述的现有技术，一种椰子炖包括椰子肉球体。但是，椰子“果实”的结构和椰子果的发育规律说明，天然椰子里不存在椰子肉球体；在本专利申请日之前，也没有“椰子肉球体概念”出现过。天然椰子内只存在椰肉，“椰子肉球体概念”属于本专利发明，相对于现有技术具有实质性特点和显著进步。本发明提出椰子饭的制作方法包括原料加工工序、装料和蒸煮工序，除壳和杀菌工序。本发明提出的椰子饭制作工艺简单，所需设备简单，投资少是权利要求2的技术特征。“椰子肉球体”概念、“椰子肉球体空腔”做包装物是本人的研究发明。本专利对“椰子肉球体”有明确的定义和解释，即“椰于肉球体”是将存在天然椰子里的椰肉自母体剥离后，椰子水已被取出、中空独立存在，保持了原椰子造型，在其内部空腔填进糯米等食料制作椰子饭的容器和包装物，它属原料，而不是成品。经中国热带农业科学院信息中心检索，除本人外，至今也未见其他人提到过“椰子肉球体”概念，以及“椰子肉球体空腔”为包装物的相关研究或专利文献报道。第10299号决定之前已将本人发明的“椰子肉球体”概念解释为“天然存在的椰子肉球体”，现在又以“用刀把椰子壳削去，形成椰子肉球体”称呼，都是不存在的概念。臆造这两个称呼的目的，是企图否定本人的发明专利。综上，对比文件3公开的椰子炖包括“椰子肉球体”、“天然存在椰子肉球体”的描述是对天然椰子里的椰肉的推论，而不是经证据证明的事实，违背了椰子果实的构造和发育规律；将成品椰子炖描述为“形成椰子肉球体”是对将原始证据修改后的错误描述，也不是经证据证明的事实；“天然存在的椰子肉球体”，“用刀把椰子壳削去、形成椰子肉球体”都是主观臆造。请求二审法院撤销一审判决，撤销专利复审委作出的第10299号决定。

专利复审委答辩称，本专利权利要求1~3并未对“椰子肉球体”进行限定，说明书也未对“椰子肉球体”进行明确的定义，因此，权利要求中的“椰子肉球体”并不能唯一地理解为说明书中记载的“椰子肉球体”。张屹在上诉书中主张的“椰子肉球体”的定义与本专利原始说明书和权利要求书中记载的“椰子肉球体”的信息并不相同，也不能从原始说明书和权利要求书中直接地、毫无疑义地确定，张屹主张的上述内容超出了原始说明书和权利要求书记载的范围。权利要求 1 ~ 3 并不包括技术特征“椰子肉球体空腔”，即便是将权利要求 1 的“椰子肉球体内部空腔”和权利要求 2 ~ 3 的“椰子肉球体空腔”理解为张屹所主张的“椰子肉球体空腔”的定义在本专利的原始说明书和权利要求书中并未记载，也不能从原始说明书和权利要求书中直接地、毫无疑义地确定。虽然对比文件 3 选择的是稍嫩的椰子，但本专利并未排他性地限定本专利的椰子不是稍嫩的椰子，因此该技术特征也不能作为本专利权利要求 1 ~ 3 和对比文件 3 之间的区别技术特征。对比文件 3 公开了椰子肉球的制备方法，该方法和本专利中制备椰子肉球体的制备方法相同，因此，对比文件 3 实质上公开了本专利的椰子肉球体，同时本专利也未记载技术特征“椰子肉球体”和/或“椰子肉球体空腔”给出本专利权利要求 1 ~ 3 带来了何种预料不到的技术效果。我委作出的第 10299 号决定认定事实清楚，适用法律正确，程序合法，请求二审法院在查明事实的基础上，维持一审判决，驳回张屹的上诉请求。

绿果岛公司在庭审中表示同意专利复审委的答辩意见。

一审期间，专利复审委向法院提交了以下证据：（1）本专利授权公报；（2）口头审理记录表及附页；（3）对比文件 3“文昌通览”封面页、目录第 15 页、正文第 484 ~ 485 页。张屹向法院提交了以下证据：（1）法人营业执照；（2）企业法人机构代码证书；（3）被诉决定；（4）本专利发明证书；（5）本专利授权公报；（6）本专利说明书；（7）国家知识产权局专利收费收据；（8）海南省产品标准实施证书；（9）企业标准；（10）张屹获得第三届“海南十大青年科技之星”称号的相关文件；（11）海南省著名商标证书及相关文件；（12）海南信泰实业有限公司被评为海南省农业产业化重点龙头企业的证书及相关文件；（13）海南信泰实业有限公司被评为海南省农业产业化优秀龙头企业的荣誉证书及相关文件；（14）海南信泰实业有限公司被评为全国乡镇企业创名牌重点企业的证书及相关文件；（15）张屹荣获共青团中央和国家农业部全国优秀青年企业家的证书及文件；（16）共青团海南省委评选的海南优秀青年企业家的文件；（17）张屹荣获全国乡镇企业质量先进个人证书。

绿果岛公司向法院提交了以下证据：（1）对比文件 1：海南省第二公证处 2006 年 9 月 8 日出具的（2006）琼二证字第 4985 号公证书；（2）对比文件 2：中华人民共和国文昌市公证处出具的（2006）文证内民字第 267 号公证书；（3）对比文件 3；（4）对比文件 4：《文昌县志》文昌市地方志编纂委员会，方正出版社，2000 年 11 月第一次印刷，封面页、出版信息页、正文 391 和 392 页；（5）对比文件 5：《吃在海南》，中国商业出版社 1996 年 6 月 1 日出版，封面页、题词页、目录页 1 ~ 4 页、正文第 89 ~ 90 页；（6）对比文件 6：绿果岛公司企业标准及海南省企业产品标准备案表；（7）对比文件 7：海南省文昌市技术监督局 2006 年 9 月 11 日证明；（8）对比文件 8：文昌市人民政府 2006 年 9 月 12 日印发的［2006］261 号文府函；（9）对比文件 9：张屹专利纠纷调解请求书和相关文件；（10）绿果岛公司企业法人营业执照；（11）无效宣告请求书范本和受理通知书；（12）无效宣告请求口头审理通知书；（13）被诉决定。

上述证据均随案移送本院。经庭审质证和合议庭审查，本院认为，专利复审委提交的证据与张屹提交的证据 4 ~ 6、绿果岛公司提交的证据 1 ~ 12 与本案有关联，且内容真实，来源合法，能够证明本案的事实，一审法院予以确认正确，本院亦予以确认；张屹提交的证据 1 ~ 3、7 ~ 17 因未在专利复审程序中提交，其在诉讼中提交无正当理由，一审法院不予确认正确，本院亦不予确认；绿果岛公司提交的证据 13 为本案审查的对象，不能作为证据使用。

经审理查明，上诉人张屹于 2002 年 3 月 29 日，向国家知识产权局提出名称为“一种椰子饭及其制作方法”的发明专利权申请，国家知识产权局经审查，于2004年3月10日授权公告。授权公告的权利要求如下：

“1. 一种椰子饭，其特征是由椰子肉球体、在椰子肉球体内部空间的糯米以及和糯米混合在一起的其他原料制作而成，椰子肉球体的直径为30～40厘米，糯米和其他原料混合在一起按重量比计算糯米占80％～90％，其他原料占10％～20％，所说的其他原料是指椰肉丝、红枣、八宝、葡萄干、鱼翅、燕窝、鲍鱼、腊肉中的一种。

2. 一种权利要求1所说的椰子饭的制作方法，其特征是取成熟的已经去除椰子衣、椰棕的直径为30～40厘米的椰子，在其顶端开一圆孔，把椰子水取出备用，然后把已清洗净化好的糯米和其他原料混合后装入椰子内部空腔，再把椰子水注入椰子内部空腔至满为止，接着把开口封住，即得椰子饭半成品；把椰子饭半成品经过蒸煮、除壳、杀菌工序制成椰子饭；在除壳过程中要保持椰子肉球体的完整；所述的其他原料是指椰肉丝、红枣、八宝、葡萄干、鱼翅、燕窝、鲍鱼、腊肉中的一种。

3. 根据权利要求2所述的椰子饭的制作方法，其特征是：

（1）所说的圆孔直径为30～40毫米；

（2）所说的糯米和其他原料的混合物的装入量为椰子内部空腔的2/3，其他原料是指椰肉丝、红枣、八宝、葡萄干、鱼翅、燕窝、鲍鱼、腊肉中的一种；

（3）所说的蒸煮时间为两个半到三个小时；

（4）所说的杀菌工序是指在125℃高温、0.15MPa压力下杀菌40～50分钟。”

针对本专利权，绿果岛公司于2006年9月13日向专利复审委提出无效宣告请求，并提交了对比文件1～9作为证据。绿果岛公司认为本专利权利要求1～3都不符合《专利法》第二十二条第一款、第二款和第三款的规定，不符合《专利法实施细则》第二条第一款的规定。具体理由为：（1）对比文件3～5公开的“椰子炖”或“椰子船”的制作方法和本专利制作方法相同或者一致，对比文件3的“椰子炖”和本专利的椰子饭实质上相同，本专利的权利要求无新颖性和创造性；（2）对比文件1～2和7都证明椰子饭的制作方法是民间传统的普通工艺，本专利无新颖性和创造性；（3）对比文件9中张屹明确承认其产品在2001年（即在本专利的申请日前）投产，故本专利技术在申请日前已经丧失新颖性。

专利复审委受理后，于2006年9月15日向张屹与绿果岛公司发出《无效宣告请求受理通知书》，并将《专利权无效宣告请求书》及其附件清单中所列附件副本转送给张屹，要求其在指定的期限内答复。

张屹于2006年10月12日提交了意见陈述书，认为：（1）相对于对比文件3～5，本专利对传统椰子饭的生产工艺进行改进，采用先蒸煮后去硬壳的生产工艺，并添加了高温灭菌、真空包装等过程，使产品可以符合食品流通的卫生标准，从而使得本专利的椰子饭和传统的椰子饭在性质上改变；（2）对比文件1、2和7的内容和史料记载的海南椰子饭相同或相近似，不能等同于本专利的椰子饭及其制作方法；（3）对比文件9中提到2001年椰子饭投产，但投产不等于市场推广，不等于公开使用。因此，本专利具备新颖性和创造性。

专利复审委依法将上述材料进行了转文。在口审中，张屹对所有对比文件的真实性均予认可；绿果岛公司出示了对比文件3和5的原件，其中，对比文件3的出版信息页记载该证据为1994年11月第1版第1次印刷，对比文件5的出版信息页记载该证据为1996年6月第1版第1次印刷，张屹对上述证据的真实性予以认可；绿果岛公司确定无效宣告理由和范围是：权利要求1～3单独相对于证据1～9不具备新颖性，不符合《专利法》第二十二条第二款和《专利法实施细则》第二条第一款的规定，权利要求1～3单独相对于对比文件1～8不具备创造性，不符合《专利法》第二十二条第三款的规定。

专利复审委经审查认为：

1. 关于无效理由

根据绿果岛公司在口头审理过程中的确认，本无效宣告请求的理由和范围为：相对于对比文件1~9，本专利权利要求1~3不符合《专利法》第二十二条第二款和《专利法实施细则》第二条第一款的规定；相对于对比文件1~8，本专利权利要求1~3不符合《专利法》第二十二条第三款的规定。

2. 关于证据

口头审理时，张屹对证据1~9的真实性都予以认可，因此合议组对证据1~9的真实性予以确认。

对比文件3是公开出版物，其公开日在本专利的申请日之前，因此，根据《专利法实施细则》第三十条的规定，对比文件3可以作为本专利的现有技术，用于评价本专利权利要求的新颖性和创造性。

3. 关于《专利法》第二十二条第三款

《专利法》第二十二条第三款规定，创造性是指同申请日以前已有的技术相比，该发明有突出的实质性特点和显著的进步，该实用新型有实质性特点和进步。

如果发明是在可能的、有限范围内选择具体的参数，而这些选择可以由本领域的技术人员通过常规手段得到并且没有产生预料不到的技术效果，则该发明不具备创造性。

本案中，权利要求1要求保护“一种椰子饭，其特征是由椰子肉球体、在椰子肉球体内部空间的糯米以及和糯米混合在一起的其他原料制作而成，椰子肉球体的直径为30~40厘米，糯米和其他原料混合在一起按重量比计算糯米占80%~90%，其他原料占10%~20%，所说的其他原料是指椰肉丝、红枣、八宝、葡萄干、鱼翅、燕窝、鲍鱼、腊肉中的一种。”对比文件3公开了一种椰子炖，该椰子炖包括椰子肉球体，在椰子内部填有糯米和一些瘦肉、虾米或其他食料（即糯米和其他原料混合），该椰子炖可以在海上充当粮食或风味小食（参见证据3第484~485页）。可见权利要求1和对比文件3的区别技术特征在于：本专利对椰子肉球体的大小、其他原料的组分和各原料的含量进行了具体的限定。对于本领域技术人员来说，从天然存在的椰子肉球体选择一定直径大小的椰子肉球体、为了制备不同口味的椰子饭而从可食用原料中选择加入不同口味的原料以及对原料含量进行具体限定，这些限定都是在可能的、有限范围内选择具体的参数，而这种选择可以由本领域的技术人员通过常规手段得到，并且也没有产生预料不到的技术效果，因此，权利要求1相对于对比文件3没有突出的实质性特点和显著的进步，不符合《专利法》第二十二条第三款的规定。

权利要求2要求保护“一种权利要求1所说的椰子饭的制作方法，其特征是取成熟的已经去除椰子衣、椰棕的直径为30~40厘米的椰子，在其顶端开一圆孔，把椰子水取出备用，然后把已清洗净化好的糯米和其他原料混合后装入椰子内部空腔，再把椰子水注入椰子内部空腔至满为止，接着把开口封住，即得椰子饭半成品；把椰子饭半成品经过蒸煮、除壳、杀菌工序制成椰子饭；在除壳过程中要保持椰子肉球体的完整；所述的其他原料是指椰肉丝、红枣、八宝、葡萄干、鱼翅、燕窝、鲍鱼、腊肉中的一种。”对比文件3公开了一种椰子炖的制作方法，即：将椰子剥去皮，先在椰子眼上开个小口，将洗好的糯米和其他食料填进椰子里，盖严盖子，然后在锅里炖，炖熟后，用刀把椰子壳削去，形成椰子肉球体，即可食用（参见证据3第484~485页）。可见权利要求2和对比文件3的区别技术特征在于：本专利（1）对椰子肉球体的大小、其他原料的组分进行了具体的限定；（2）制备方法中包括将椰子水先取出，然后在加入糯米和其他原料后再将其注入的步骤和（3）包括杀菌步骤。

对于区别技术特征（1）而言，其属于产品本身的区别技术特征，参见权利要求1的评述，该区别技术特征是本领域的技术人员能够通过常规手段得到的选择，而且也没有产生预料不到的技术效果；对于区别技术特征（2）而言，虽然对比文件3没有公开是否将椰子水取出然后再注入，但本领域技术人员公知，椰子水是可以食用的，将其保留或者取出都是本领域的一种常规选择，而保留的方式，是将其取出然后再注入或是直接填入糯米等将其保留也是本领域的一种常规选择，而且采用这种方式后也没有产生预料不到的技术效果；对于区别技术特征（3）而言，虽然对比文件3没有公开该技术特征，但如专利权人抗辩所述，杀菌使得产品符合食品流通的卫生标准，而本专利的产品作为一种流通领域的食品，其应当符合相关行业的卫生标准，杀菌是一种用于达到卫生标准的常用技术手段，而卫生标准是根据国家标准或相应的行业标准而设定的，用于约束进入生产、销售阶段的产品，对于所属技术领域的技术人员来说这是基本常识。因此，权利要求2相对于对比文件3没有突出的实质性特点和显著的进步，不符合《专利法》第二十二条第三款的规定。

权利要求3是权利要求2的进一步限定，其附加技术特征为："（1）所说的圆孔直径为30～40毫米；（2）所说的糯米和其他原料的混合物的装入量为椰子内部空腔的2/3，其他原料是指椰肉丝、红枣、八宝、葡萄干、鱼翅、燕窝、鲍鱼、腊肉中的一种；（3）所说的蒸煮时间为两个半到三个小时；（4）所说的杀菌工序是指在125℃高温、0.15MPa压力下杀菌40～50分钟。"虽然对比文件3没有公开该附加技术特征，但这些参数的选择都是在可能的、有限范围内选择具体的参数，而这种选择可以由本领域的技术人员通过常规手段得到，并且也没有产生预料不到的技术效果，因此，当其引用的权利要求2不具备创造性时，权利要求3也不具备创造性，不符合《专利法》第二十二条第三款的规定。

鉴于权利要求1～3相对于对比文件3不具备创造性，应予无效，因此，对于其他证据及理由不再予以评述。

基于上述理由，专利复审委作出第10299号决定。张屹不服，向一审法院提起行政诉讼。

本院认为，本案争议的焦点问题是专利复审委认定本专利权利要求1～3均无创造性是否合法。

根据《专利法》第二十二条第三款的规定，创造性是指采用这种方式后也没有产生预料不到的技术效果；对于区别技术特征（3）而言，虽然对比文件3没有公开该技术特征，但如专利权人抗辩所述，杀菌使得产品符合食品流通的卫生标准，而本专利的产品作为一种流通领域的食品，其应当符合相关行业的卫生标准，杀菌是一种用于达到卫生标准的常用技术手段，而卫生标准是根据国家标准或相应的行业标准而设定的，用于约束进入生产、销售阶段的产品，对于所属技术领域的技术人员来说这是基本常识。因此，权利要求2相对于对比文件3没有突出的实质性特点和显著的进步，不符合《专利法》第二十二条第三款的规定。

权利要求3是权利要求2的进一步限定，其附加技术特征为："（1）所说的圆孔直径为30～40毫米；（2）所说的糯米和其他原料的混合物的装入量为椰子内部空腔的2/3，其他原料是指椰肉丝、红枣、八宝、葡萄干、鱼翅、燕窝、鲍鱼、腊肉中的一种；（3）所说的蒸煮时间为两个半到三个小时；（4）所说的杀菌工序是指在125℃高温、0.15MPa压力下杀菌40～50分钟。"虽然对比文件3没有公开该附加技术特征，但这些参数的选择都是在可能的、有限范围内选择具体的参数，而这种选择可以由本领域的技术人员通过常规手段得到，并且也没有产生预料不到的技术效果，因此，当其引用的权利要求2不具备创造性时，权利要求3也不具备创造性，不符合《专利法》第二十二条第三款的规定。

鉴于权利要求1～3相对于对比文件3不具备创造性，应予无效，因此，对于其他证据及理由不再予以评述。

基于上述理由，专利复审委作出第10299号决定。张屹不服，向一审法院提起行政诉讼。

本院认为，本案争议的焦点问题是专利复审委认定本专利权利要求1～3均无创造性是否合法。

根据《专利法》第二十二条第三款的规定，创造性是指留的方式，是将其取出然后再注入或是直接填入糯米等将其保留也是本领域的一种常规选择，而且采用这种方式后也没有产生预料不到的技术效果。对于区别技术特征（3）而言，虽然对比文件3没有公开该技术特征，本专利的产品作为一种流通领域的食品，其应当符合相关行业的卫生标准，杀菌是一种用于达到卫生标准的常用技术手段，对于所属技术领域的技术人员来说这是基本常识。本院认同专利复审委的这种认定，因此，专利复审委得出本专利权利要求2相对于对比文件3没有突出的实质性特点和显著的进步的结论也是正确的。

权利要求3是权利要求2的进一步限定，其附加技术特征只是对所说的圆孔直径、糯米和其他原料的混合物的装入比例、蒸煮时间、杀菌时间及压力等参数的选择。虽然对比文件3没有公开权利要求3附加技术特征，但这些参数的选择都是在可能的、有限范围内选择具体的参数，而这种选择可以由本领域的技术人员通过常规手段得到，并且也没有产生预料不到的技术效果，因此，当其引用的权利要求2不具备创造性时，专利复审委得出本专利权利要求3也不具备创造性的结论亦正确。

综上，专利复审委作出的10299号决定认定事实清楚，证据确实充分，适用法律正确，本院予以支持。张屹关于天然椰子里不存在椰子肉球体，在本专利申请日之前，也没有“椰子肉球体概念”出现过，“椰子肉球体概念”属于本专利发明，相对于现有技术具有实质性特点和显著进步的上诉主张，本院不予支持。

鉴于权利要求1～3相对于对比文件3不具备创造性，专利复审委对于其他证据及理由不再予以评述，并无不当。一审判决认定事实清楚，适用法律正确，审判程序合法，所作判决应予维持。依照《中华人民共和国行政诉讼法》第六十一条第（一）项之规定，判决如下：

驳回上诉，维持一审判决。

二审案件受理费100元，由上诉人张屹负担（已交纳）。

本判决为终审判决。

审　判　长　郭　宜
审　判　员　张学磊
代理审判员　朱海宏
二〇〇八年七月二十三日
书　记　员　程钰玮

030

# 带冰淇淋馅水果及其制造方法

## 无效宣告请求审查决定（第10300号）

**决　　定　　号**　第10300号
**决　　定　　日**　2007年7月27日
**发明创造名称**　带冰淇淋馅水果及其制造方法
**国 际 分 类 号**　A23G 9/48，A23G 9/42，A23L 1/212
**无效宣告请求人**　上海新成格林尔食品有限公司
**专　利　权　人**　干侣仙
**专　　利　　号**　200410078857.1
**申　　请　　日**　2004年9月9日
**授 权 公 告 日**　2006年3月8日
**合 议 组 组 长**　徐洁玲
**主　　审　　员**　刘玉玲
**参　　审　　员**　何　炜

**法　律　依　据**　专利法第22条第2款、第3款
**决　定　要　点**

评价一项权利要求的新颖性时，如果请求保护的技术方案和现有技术单独相比，其技术领域、所解决的技术问题、技术方案和预期效果实质上相同，则认为两者为同样的发明或者实用新型，该权利要求要求保护的技术方案不具有新颖性。

评价一项权利要求的创造性时，如果权利要求和最接近的现有技术的区别技术特征为本领域解决发明实际解决的技术问题的惯用手段，则应当认为现有技术存在解决该技术问题的启示，该权利要求要求保护的技术方案对本领域的技术人员来说是显而易见的，不具备创造性。

### 一、案由

本无效宣告请求案涉及国家知识产权局于2006年3月8日公告授予的、名称为“带冰淇淋馅水果及其制造方法”的200410078857.1号发明专利权（下称本专利），其申请日为2004年9月9日，专利权人为干侣仙。该专利授权公告的权利要求书如下：

“1. 带冰淇淋馅水果，其特征在于包括水果和冰淇淋，所说的水果中设有空穴，冰淇淋填充于水果中的空穴内。

2. 如权利要求1所述的带冰淇淋馅水果，其特征在于所说的水果为有核水果、无核水果和瓜类

水果中的一种，所说的有核水果指的是樱桃、荔枝、龙眼、枇杷、杏、李、桃、水蜜桃、葡萄、杨梅中的一种，所说的无核水果指的是草莓、香蕉中的一种，所说的瓜类水果指的是西瓜、香瓜、木瓜、哈密瓜中的一种。

3. 带冰淇淋馅水果的制造方法，其特征在于其步骤为：

（1）水果先进行清洁消毒处理；

（2）在水果中造空穴；

（3）在水果空穴内灌注冰淇淋。

4. 如权利要求3所述的带冰淇淋馅水果的制造方法，其特征在于所说的水果为有核水果、无核水果和瓜类水果中的一种，所说的有核水果指的是樱桃、荔枝、龙眼、枇杷、杏、李、桃、水蜜桃、葡萄、杨梅中的一种，所说的无核水果指的是草莓、香蕉中的一种，所说的瓜类水果指的是西瓜、香瓜、木瓜、哈密瓜中的一种。

5. 如权利要求3所述的带冰淇淋馅水果的制造方法，其特征在于在步骤（1）中所说的清洁消毒处理，对于带皮水果的表面处理用-5～3℃的水清洗，消毒；或先去皮，再用-5～3℃的水清洗，消毒；对于带壳水果的清洁消毒处理，先去壳，再用-5～3℃的水清洗，消毒；对于瓜类水果的清洁消毒处理先将瓜瓤按需造型，再用-5～3℃的水清洗，消毒。

6. 如权利要求5所述的带冰淇淋馅水果的制造方法，其特征在于对于瓜类水果的清洁消毒处理先将瓜瓤按需造型为圆球形、椭圆球形、柱形。

7. 如权利要求3所述的带冰淇淋馅水果的制造方法，其特征在于在步骤（2）中所说的造空穴，对于有核水果是指取出水果中的果核；对于无核水果是指在水果中用工具造出空穴；对瓜类水果是指在造型后的瓜果肉中用工具造出空穴。

8. 如权利要求3所述的带冰淇淋馅水果的制造方法，其特征在于在步骤（3）中所说的灌注冰淇淋之前，将造空穴后的水果在0～5℃的温度下储存；或在-35℃的温度下速冻，再于低于-18℃的温度下储存。"

针对上述专利权，上海新成格林尔食品有限公司（下称请求人）于2006年8年24日向专利复审委员会提出无效宣告请求，并提交了本专利授权公告文本和下述证据：

证据1：发明专利申请公开说明书，申请号为02121414. X，公开号为CN1463621A，公开日为2003年12月31日，复印件共5页；

证据2：发明专利申请公开说明书，申请号为97120326. 1，公开号为CN1219491A，公开日为1999年6月16日，复印件共4页；

证据3：实用新型专利说明书，专利号为97231404. 0，授权公告号为CN2389862Y，授权公告日为2000年8月2日，复印件共5页；

证据4：发明专利申请公开说明书，申请号为03145003. 2，公开号为CN1539324A，公开日为2004年10月27日，优先权日为2003年4月24日，申请人为悠哈味觉糖有限公司，复印件共3页；

证据5：实用新型专利说明书，专利号为02208859. 8，授权公告号为CN2533674Y，授权公告日为2003年2月5日，复印件共2页。

依据上述证据，请求人认为本专利权利要求1～4不符合专利法第22条第2款的规定、权利要求2、4～8不符合专利法第22条第3款的规定。其具体理由为：（1）证据1公开了一种新鲜水果制成的冷冻食品，包括将水果进行清洗；将水果进行掏空在水果内部形成空缺；将各种口味膏状填料添加进该水果内部空缺内；速冻制成冷冻食品；所述膏状填料包括冰淇淋配料、糖果配料等，水果包括草莓、杏、桃等，可见证据1公开了本专利的权利要求1～4的全部技术特征，而且他们的技术领域、解决的技术问题和达到的技术效果都相同，因此权利要求1~4不具备新颖性，不符合专利法第22条第2款的规定；对于权利要求2和4涉及的证据1未公开的水果的其他技术方案，由于这些水果都是本领域的公知常识，而且该公知常识的引入不能给该技术方案带来意想不到的技术效果，当其引用的权利要求不具备新颖性时，权利要求2和4不符合专利法第22条第3款的规定；（2）证据4公开了一种水果点心，包括甜瓜或者梅果实，除去甜瓜或者梅果实的核以形成内部空腔，将冰淇淋填充入内部空腔，其中甜瓜和梅果实是水果的下位概念，因此权利要求1不具备新颖性，不符合专利法第22条第2款的规定；（3）证据2公开了一种瓜果的外壳作为食品包装的应用及其生产方法，包括将新鲜的瓜果进行清洗消毒；将瓜果进行掏心；填装食品，所述食品包括冰淇淋；所述瓜果包括苹果等有核水果、菠萝等无核水果和西瓜等，证据2公开了权利要求3~4的所有技术特征，因此权利要求3~4不符合专利法第22条第2款的规定；（4）证据3公开了一种冷冻食品，包括水果和冷冻食品，将果肉掏空形成空腔，将冷冻食品填充进空腔内，所述冷冻食品包括冰淇淋，同时证据3还列举了水果的种类，可见，证据3公开了权利要求1~2的所有技术特征，因此权利要求1~2不符合专利法第22条第2款的规定；（5）权利要求5、7~8的附加技术特征是本领域的常规技术，而且该常规技术的引入也没有给该技术方案带来意想不到的技术效果，当其引用的权利要求3不具备新颖性时，上述权利要求无创造性，不符合专利法第22条第3款的规定；（6）对于权利要求6，结合证据5给出的“精选新鲜水果或者蔬菜后进行清洗、切分成片状、块状或者球状”内容可知，在水果加工中，将其按需造型成各种形状是一种本领域常规的技术手段，其引入没有给权利要求6的技术方案带来意想不到的技术效果，因此权利要求6不具备创造性。

经形式审查合格后，专利复审委员会受理了上述请求，于2006年8月25日向双方当事人发出《无效宣告请求受理通知书》，并将请求人提交的《宣告专利权无效请求书》及其附件清单中所列附件副本转送给专利权人，要求其在指定的期限内答复，同时成立合议组对本无效请求案进行审理。

专利权人于2006年10月7日提交了意见陈述书，同时提交了下列附件作为反证：

反证1：对《第一次审查意见通知书》的答复，复印件共2页；

反证2：北京市质量技术监督局网站上发布的“冷冻饮品生产许可证审查细则”，网络打印件共3页；

反证3：国家食品药品监督管理局于2004年7月2日颁布的冷冻饮品企业生产技术管理规则（试行），网络打印件共2页。

专利权人认为：（1）相对于证据1~5，权利要求3与其的区别技术特征在于步骤1）水果先进行清洁消毒处理，由于草莓等新鲜水果无法用常规方法消毒（如加热、高压消毒），如果在制造时不先行清洁消毒，则无法达到卫生学标准，正因为加入了该步骤使得本产品达到了卫生学标准，从而能够进入市场，该步骤并不是本领域的常规技术手段，而是达到食品卫生标准和食品市场准入的必备手段，并提供反证2证明冷冻饮品的卫生标准，因此，该权利要求具备新颖性和创造性；（2）相对于证据1，本专利的填料是冰淇淋，而证据1的填料是膏状物，冰淇淋不是膏状物而是一种体积膨胀的冷冻物，两者并不相同，并提供反证3说明冰淇淋的定义；（3）证据2~5的发明名称和本专利不同，因此它们有着本质差别；（4）在水果中造空穴的方法和成型方法不同于家中用调羹和小刀去挖果核那么方便，必须用专用的工具，成型方法和专用工具有待申请新专利；（5）证据4中提到的日本专利，因为没有在我国申请，不能成为否认本专利的理由；（6）根据证据的时间顺序，证据2是最先的（申请日是1997年12月8日），证据3和证据2是同样的东西，应该被无效，证据1和本专利相似，对于证据2来说是无效的，证据4、5也应当被无效，用无效的证据不能证明本专利的无效。

2007年1月19日，本案合议组向双方当事人发出《无效宣告请求口头审理通知书》，拟定于

2007 年 4 月 3 日对本专利权的无效宣告请求进行口头审理，并将专利权人于 2006 年 10 月 7 日作出答复意见及其附件转交给请求人，要求其在口头审理时对该意见一并答复。

2007 年 4 月 3 日，口头审理如期进行，双方当事人均出席了口头审理。庭审过程中，请求人明确其无效理由、范围和证据的结合方式为：权利要求 1 不符合专利法第 22 条第 2 款的规定，分别依据证据 1、3～4；权利要求 2 不符合专利法第 22 条第 2 款的规定，分别依据证据 1、3；权利要求 2 不符合专利法第 22 条第 3 款的规定，依据证据 1；权利要求 3 不符合专利法第 22 条第 2 款的规定，分别依据证据 1～2；权利要求 4 不符合专利法第 22 条第 2 款的规定，分别依据证据 1～2；权利要求 4 不符合专利法第 22 条第 3 款的规定，依据证据 1；权利要求 5 不符合专利法第 22 条第 3 款的规定，依据证据 1 或 2；权利要求 6 不符合专利法第 22 条第 3 款的规定，依据证据 1 和 5 的组合或者证据 2 和 5 的组合；权利要求 7 不符合专利法第 22 条第 3 款的规定，分别依据证据 1 或 2；权利要求 8 不符合专利法第 22 条第 3 款的规定，分别依据证据 1 或 2。合议组就本案的无效理由及证据逐一进行了调查。双方当事人对对方提交的证据的真实性和公开性都没有异议，并且双方当事人充分陈述了各自的意见。

至此，合议组认为本案的事实清楚，可以作出审查决定。

**二、决定的理由**

1. 关于证据

请求人在无效宣告请求时提交了证据 1～5，其中证据 1～3、5 都是公开出版物，专利权人对其真实性没有质疑，上述证据的公开日或者授权公告日都在本专利的申请日之前，因此，根据专利法实施细则第 30 条的规定，证据 1～3、5 可以作为本专利的现有技术，用于评价本专利权利要求的新颖性和创造性。证据 4 也是公开出版物，专利权人对其真实性没有质疑，同时证据 4 是一篇由他人在本专利申请日之前向国家知识产权局提出而在本专利申请日之后公布的专利申请文件，根据专利法第 22 条的规定该证据可以用来评价本专利权利要求的新颖性，但不能用来评价本专利权利要求的创造性。

专利权人提交了反证 1～3，用于证明本专利具有创造性，请求人对反证 1～3 的真实性无异议，合议组对反证 1～3 的真实性予以认可。

2. 关于新颖性

专利法第 22 条第 2 款的规定：新颖性，是指在申请日以前没有同样的发明或者实用新型在国内外出版物上公开发表过、在国内公开使用过或者以其他方式为公众所知，也没有同样的发明或者实用新型由他人向国务院专利行政部门提出过申请并且记载在申请日以后公布的专利申请文件中。

根据该款规定，如果请求保护的技术方案和现有技术单独相比，其技术领域、所解决的技术问题、技术方案和预期效果实质上相同，则认为两者为同样的发明或者实用新型。

（1）本案中，权利要求 1 要求保护一种“带冰淇淋馅水果，其特征在于包括水果和冰淇淋，所说的水果中设有空穴，冰淇淋填充于水果中的空穴内”。证据 3 公开了一种带瓜果外壳包装的冷冻食品，该食品是将瓜果的果肉掏空（相当于本专利的水果中的空穴），在该瓜果外壳内装有冷冻食品，其中瓜果可以是西瓜、木瓜、哈密瓜等水果，被包装的冷冻食品可以是冰激凌（参见证据 3 说明书第 1 页第 14～34 行）。比较可知，本专利的填充物是冰淇淋，而证据 3 的填充物是冰激凌，然而众所周知，冰激凌和冰淇淋是同一个外来词——icecream 的不同音译所造成的不同写法而已，两者实质上是同一种物质，可见证据 3 实质上公开了权利要求 1 的技术方案，而且它们的技术领域、所解决的技术问题和达到的技术效果都相同，因此权利要求 1 相对于证据 3 不具备新颖性，不符合专利法第 22 条第 2 款的规定。

权利要求2是权利要求1的从属权利要求，是对水果的类型进行进一步限定，当其限定的水果为西瓜、木瓜、哈密瓜时，证据3已经公开了该权利要求的附加技术特征，参见上述对权利要求1的评述。因此，当其引用的权利要求不具备新颖性时，权利要求2也不具备新颖性，不符合专利法第22条第2款的规定。

（2）权利要求3要求保护一种“带冰淇淋馅水果的制造方法，其特征在于其步骤为：

①水果先进行清洁消毒处理；②在水果中造空穴；③在水果空穴内灌注冰淇淋”。证据2公开了一种瓜果的外壳作为食品包装的生产方法，包括将新鲜的瓜果进行清洗消毒、用掏心机取出瓜果果肉（相当于本专利的在水果中造空穴）、在其壳体中填装食品，其中瓜果可以是西瓜、木瓜、哈密瓜等水果，填装食品可以是冰激凌（参见证据2说明书第1页第13～36行）。比较可知，本专利的填充物是冰淇淋，而证据2的填充物是冰激凌，基于与权利要求1评述相同的理由，证据2实质上公开了权利要求3的技术方案，而且它们的技术领域、所解决的技术问题和达到的技术效果都相同，因此权利要求3相对于证据2不具备新颖性，不符合专利法第22条第2款的规定。

权利要求4是对权利要求3的从属权利要求，是对水果的类型进行进一步限定，当其限定的水果为西瓜、木瓜、哈密瓜时，证据2已经公开了该权利要求的附加技术特征，参见上述对权利要求3的评述。因此，当其引用的权利要求不具备新颖性时，权利要求4不具备新颖性，不符合专利法第22条第2款的规定。

专利权人认为：证据2～3是作为“食品包装”来申请的，和本专利有本质的差别，对此合议组认为，证据2和3都公开了一种冷冻食品或冷冻食品的制备方法，所谓包装是指冷冻食品和瓜果之间的位置关系，由于该冷冻食品位于瓜果的内部，从而称之为瓜果外壳包装的冷冻食品，但仍然属于一种冷冻食品或者冷冻食品的制备方法，和本专利的技术领域相同，并不能以此认为证据2～3和本专利有本质的区别。同时，专利权人提交的反证也不能证明权利要求1～4具有新颖性。

综上，权利要求1～4不具有新颖性，不符合专利法第22条第2款的规定。

3. 关于创造性

专利法第22条第3款规定；创造性是指同申请日以前的已有的技术相比，该发明有突出的实质性特点和显著的进步，该实用新型有实质性特点和进步。

如果权利要求和最接近的现有技术的区别技术特征为本领域解决发明实际解决的技术问题的惯用手段，则应当认为现有技术存在解决该技术问题的启示，该权利要求要求保护的技术方案对本领域的技术人员来说是显而易见的，不具备创造性。

（1）权利要求7～8不具备创造性，不符合专利法第22条第3款的规定：

本案中，权利要求7是权利要求3的从属权利要求，其附加技术特征为：“其特征在于在步骤2）中所说的造空穴，对于有核水果是指取出水果中的果核；对于无核水果是指在水果中用工具造出空穴；对瓜类水果是指在造型后的瓜果肉中用工具造出空穴”。证据2公开了将瓜果的果肉用掏心机取出，造成空穴（参见证据2说明书第1页第25～33行），可见权利要求7涉及瓜类水果的技术方案和证据2的区别技术特征在于包括造型步骤，造出空穴步骤在造型步骤之后，对于本领域技术人员来说，将水果按需造型成各种形状是本领域常规的技术手段，而将造出空穴步骤在造型步骤之后也是一种常规技术手段；对于水果是有核水果和无核水果的技术方案，虽然证据2没有公开该附加技术特征，但这些技术都是本领域常规的技术手段，而且这些常规技术手段的引入也没有带来预料不到的技术效果；因此，当其引用的权利要求不具备新颖性时，权利要求7不符合专利法第22条第3款的规定。

权利要求8是权利要求3的从属权利要求，其附加技术特征为：“其特征在于在步骤3）中所说的灌注冰淇淋之前，将造空穴后的水果在0~5℃的温度下储存；或在-35℃的温度下速冻，再于低于-18℃的温度下储存”。虽然证据2没有公开该附加技术特征，但对于本领域技术人员来说，低温储存是食品领域的常规储存方式，而且这种储存方式也没有带来预料不到的技术效果，因此，当其引用的权利要求不具备新颖性时，权利要求8不具备创造性，不符合专利法第22条第3款的规定。

专利权人指出，本专利在水果中造空穴的方法和成型方法不同于家中用调羹和小刀去挖果核那么方便，必须用专用的工具，成型方法和专用工具有待申请新专利。对此，合议组认为：根据专利法第56条的规定，发明或者实用新型专利权的保护范围以其权利要求的内容为准，说明书及附图可以用于解释权利要求。专利权人所述的“在水果中造空穴的方法和成型方法不同于家中用调羹和小刀去挖果核那么方便，必须用专用的工具”，该技术特征并没有限定在方法权利要求3~4、7~8中，而且也没有记载在原始说明书中，因此在确定权利要求3~4、7~8的保护范围时并不考虑专利权人所述的技术特征，该技术特征并不能使得本专利的权利要求3~4、7~8具有新颖性或创造性，专利权人的该主张合议组不予支持。同时，专利权人提交的反证也不能证明权利要求7~8具有创造性。

综上，权利要求7~8不具有创造性，不符合专利法第22条第3款的规定。

（2）权利要求5~6具备创造性，符合专利法第22条第3款的规定：

请求人在专利权无效宣告请求中提出：权利要求5不符合专利法第22条第3款的规定，依据证据1或2；权利要求6不符合专利法第22条第3款的规定，依据证据1和5的组合或者证据2和5的组合。对此，合议组认为：

权利要求5是权利要求3的从属权利要求，其附加技术特征为：“其特征在于在步骤1）中所说的清洁消毒处理，对于带皮水果的表面处理用-5~3℃的水清洗，消毒；或先去皮，再用-5~3℃的水清洗，消毒；对于带壳水果的清洁消毒处理，先去壳，再用-5~3℃的水清洗，消毒；对于瓜类水果的清洁消毒处理先将瓜瓤按需造型，再用-5~3℃的水清洗，消毒”。

当以证据2作为权利要求5最接近的现有技术时：虽然证据2公开了清洗消毒步骤，但并没有公开清洗的水的温度技术特征，也没有教导通过对水温的控制来获得更好的清洗效果，现有技术并不存在将-5~3℃水应用到证据2中得到权利要求5要求保护的技术方案的启示；而且，通常本领域技术人员可能选择一种常温水而不是一种低温水，尤其是低于零度以下的水进行清洗，在没有证据表明这种-5~3℃水的选择是本领域的一种常规技术的情况下，不能认为这种技术特征是本领域解决本发明实际解决的技术问题的惯用手段，因此，权利要求5要求保护的技术方案对本领域的技术人员来说是非显而易见的，即，权利要求5相对于证据2具有创造性，符合专利法第22条第3款的规定。

当以证据1作为权利要求5最接近的现有技术时：证据1公开了一种冷冻食品的制备方法，包括将水果进行去核、去蒂和清洗后，将所述水果掏空（相当于本专利的在水果中造空穴），然后在果实空缺的内部添加各种口味的填料，填料可以为冰激凌配料（参见证据1说明书第1~2页）。可见权利要求5和证据1的区别技术特征在于（1）包括消毒步骤；（2）填料是冰淇淋；（3）其中所说的清洁消毒处理，对于带皮水果的表面处理用-5~3℃的水清洗，消毒；或先去皮，再用-5~3℃的水清洗，消毒；对于带壳水果的清洁消毒处理，先去壳，再用-5~3℃的水清洗，消毒；对于瓜类水果的清洁消毒处理先将瓜瓤按需造型，再用-5~3℃的水清洗，消毒。其中区别技术特征（3）也是权利要求5和证据2之间的区别技术特征，参照权利要求5相对于证据2具备创造性的评述，区别技术特征（3）也使得权利要求5相对于证据1具有创造性，因此，权利要求5符合专利法第22条第3款的规定。

权利要求6是权利要求5的从属权利要求，其附加技术特征为“对于瓜类水果的清洁消毒处理先将瓜瓤按需造型为圆球形、椭圆球形、柱形”。证据5公开了一种多种口味的冻干保鲜水果/蔬菜结构，其方法包括将新鲜水果或蔬菜进行清洗、切分成片状、块状或者球状（参见证据5说明书第2页第 2 ~3 行)。该步骤的作用在于将新鲜水果或蔬菜切成小片，有利于调味层的包裹，和权利要求 6 的附加技术特征的造型的目的并不相同，因此，证据 5 没有公开权利要求 6 的附加技术特征；而且证据 5 也没有公开权利要求 6 与证据 1 或者 2 的其他区别技术特征，根据前述权利要求 5 创造性的评述可知，在证据 1 和 5 的结合，证据 2 和 5 的结合均没有给出使用低温水进行清洗的技术启示的前提下，权利要求 6 具备创造性，符合专利法第 22 条第 3 款的规定。

基于以上事实和理由，本案合议组作出如下审查决定。

**三、决定**

宣告 200410078857.1 号发明专利权权利要求 1 ~4、7 ~8 无效，维持专利权权利要求 5 ~6 有效。

当事人对本决定不服的，可以根据专利法第 46 条第 2 款的规定，自收到本决定之日起三个月内向北京市第一中级人民法院起诉。根据该款的规定，一方当事人起诉后，另一方当事人应当作为第三人参加诉讼。

031

# 一种麝鼠香活性组分、制备工艺及其用途

## 无效宣告请求审查决定（第10301号）

**决　定　号**　第10301号
**决　定　日**　2007年7月24日
**发明创造名称**　一种麝鼠香活性组分、制备工艺及其用途
**国际分类号**　A61K 31/56，A61P 7/02，A61P 9/10，A61P 29/00，A61P 43/00
**无效宣告请求人**　中国农业科学院特产研究所
**专　利　权　人**　吉林康乃尔药业有限公司
**专　利　号**　03100822.4
**申　请　日**　2003年1月22日
**授权公告日**　2006年1月25日
**合议组组长**　程　强
**主　审　员**　刘玉玲
**参　审　员**　许　磊

**法律依据**　专利法第26条第3款，专利法第22条第3款
**决定要点**

对于要求保护的发明为化学产品本身的，如果说明书公开了化学产品的确认、制备和用途和/或使用效果，那么该化学产品发明是公开充分的。

对于用制备方法表征的化学产品权利要求，其新颖性审查应针对该产品本身进行，如果仅仅是制备方法不同，而产品相同，在没有证据表明由于制备方法上的区别为产品带来任何功能、性质上的改变的情况下，则推定该方法表征的产品权利要求不具备新颖性，如果权利要求不具备新颖性，当然不具备创造性。

### 一、案由

本无效宣告请求案涉及国家知识产权局于2006年1月25日公告授予的、名称为“一种麝鼠香活性组分、制备工艺及其用途”的第03100822.4号发明专利权（下称本专利），其申请日为2003年1月22日，专利权人为吉林康乃尔药业有限公司。该专利授权公告的权利要求书如下：

“1. 一种麝鼠香活性组分，其特征在于包含一个碳到二十八碳的脂肪酸及其酯类、大环酮和甾体类成份，该麝鼠香活性组分的制备工艺，包括以下步骤：

1）取天然麝鼠香适量，用碱性醇溶液进行皂化反应，浓缩后加水稀释，经强酸酸化后，用溶剂

萃取法萃取，合并萃取液，干燥得总脂肪酸；

2）将所得总脂肪酸，经甲酯化反应后，用溶剂萃取法萃取，水洗至中性，干燥，得甲酯化物质；

3）将浓缩液溶解于丙酮或丙酮-苯中，然后加氧化剂进行氧化降解反应，静置后加酸性物质酸化，水洗至中性，并用溶剂萃取法萃取，干燥得麝鼠香活性组分。

2. 根据权利要求1所述一种麝鼠香活性组分，其特征在于所述的麝鼠香活性组分的含量为：

$C_1$-$C_{28}$的脂肪酸及其酯类　50%～80%

大环酮　18%～45%

甾体类　1%～5%。

3. 根据权利要求1所述一种麝鼠香活性组分，其特征在于所述的麝鼠香活性组分还含有氨基酸，总含氮量为0.5%～1%；所述的氨基酸可为天门冬氨酸、苏氨酸、丝氨酸、谷氨酸、脯氨酸、肝氨酸、丙氨酸、蛋氨酸、异亮氨酸、亮氨酸、赖氨酸。

4. 根据权利要求1所述一种麝鼠香活性组分，其特征在于步骤1）中所述的皂化反应的温度为60℃～90℃，所述的碱性醇溶液为含0.5M～2M强碱的60%～95%甲醇或乙醇溶液，所述的强碱可为KOH或NaOH，加入量为天然麝鼠香的1～4倍，所述的皂化反应时间为3～12小时；所述的浓缩后加水稀释为先浓缩至原溶液的1/3～3/4，再加入浓缩液的2～5倍的水；所述的强酸为$H_2SO_4$或HCl，浓度为1M～5M，调整PH值为1～4；萃取所用溶剂为乙醚、丙酮或二氯甲烷或苯，萃取次数为3～10次，每次的加入量为天然麝鼠香的10～20倍；萃取时的搅拌速度为20～100转/每分钟，干燥后所得总脂肪的量为天然麝鼠香的40%～80%。

5. 根据权利要求1所述一种麝鼠香活性组分，其特征在于步骤2）中所述的甲酯化反应温度为15℃～40℃，可采用重氮甲烷化的甲醇-乙醚液酯化，所用浓度为1～5：9～15，加入量为总脂肪酸量的1.5～5倍，甲酯化反应的回流时间为1～5小时，也可采用浓度为90%～100%的加入量为总脂肪酸量的5～10倍的无水甲醇或三硼甲烷，蒸除去大部分溶液后，浓缩至原溶液的1/4～3/4，再加入浓缩液的2～5倍的水稀释；萃取所用溶剂为乙醚、丙酮、二氯甲烷或苯，加入量为溶液量的8～20倍，萃取至液体无色为止，合并萃取液，水洗至中性，用溶液量的3～5倍无水硫酸钠干燥，干燥后所得甲酯化物质的量为天然麝鼠香的30%～60%。

6. 根据权利要求1所述一种麝鼠香活性组分，其特征在于步骤3）中所述的丙酮或丙酮-苯的加入量为甲酯化物质量的2～5倍，所述的丙酮-苯的浓度比为1：1，所述的氧化剂为$KMnO_4$，加入量为1～2倍的$KMnO_4$，使溶液紫色未消失为止；在15℃～25℃条件下静置0.5～2小时，所述的酸性物质为$H_2SO_4$或HCL，控制PH1～3，$H_2SO_4$的加入量为溶液量的1～10倍，浓度为0.5～5M；水洗至中性，萃取所用溶剂为乙醚、丙酮、二氯甲烷或苯，萃取次数为3～10次，每次的加入量为溶液量的10～20倍；干燥后所得麝鼠香活性组分的量为30%～55%。

7. 根据权利要求1所述一种麝鼠香活性组分，其特征在于取天然麝鼠香采用蒸汽蒸馏法蒸馏1～5小时后，用原样8～15倍的乙醚、丙酮、二氯甲烷溶剂萃取法萃取1～5次，去除溶剂，干燥，得白色油状物质即麝鼠香挥发性的活性组分。

8. 一种麝鼠香活性组分的制备工艺，该工艺包括以下步骤：

1）取天然麝鼠香适量，用碱性醇溶液进行皂化反应，浓缩后加水稀释，经强酸酸化后，用溶剂萃取法萃取，合并萃取液，干燥得总脂肪酸；

2）将所得总脂肪酸，经甲酯化反应后，用溶剂萃取法萃取，水洗至中性，干燥，得甲酯化物质；

3）将浓缩液溶解于丙酮或丙酮-苯中，然后加氧化剂进行氧化降解反应，静置后加酸性物质酸化，水洗至中性，并用溶剂萃取法萃取，干燥得麝鼠香活性组分。

9. 根据权利要求8所述的一种麝鼠香活性组分的制备工艺，其特征在于步骤1）中所述的皂化反应的温度为60℃~90℃，所述的碱性醇溶液为含0.5M~2M强碱的60%~95%甲醇或乙醇溶液，所述的强碱可为KOH或NaOH，加入量为天然麝鼠香的1~4倍，所述的皂化反应时间为3~12小时；所述的浓缩后加水稀释为先浓缩至原溶液的1/3~3/4，再加入浓缩液的2~5倍的水；所述的强酸为$H_2SO_4$或HCl，浓度为1M~5M，调整PH值为1~4；萃取所用溶剂为乙醚、丙酮或二氯甲烷或苯，萃取次数为3~10次，每次的加入量为天然麝鼠香的10~20倍；萃取时的搅拌速度为20~100转/每分钟，干燥后所得总脂肪的量为天然麝鼠香的40%~80%。

10. 根据权利要求8所述的一种麝鼠香活性组分的制备工艺，其特征在于步骤2）中所述的甲酯化反应温度为15℃~40℃，可采用重氮甲烷化的甲醇－乙醚液酯化，所用浓度为1~5：9~15，加入量为总脂肪酸量的1.5~5倍，甲酯化反应的回流时间为1~5小时，也可采用浓度为90%~100%的加入量为总脂肪酸量的5~10倍的无水甲醇或三硼甲烷，蒸除去大部分溶液后，浓缩至原溶液的1/4~3/4，再加入浓缩液的2~5倍的水稀释；萃取所用溶剂为乙醚、丙酮、二氯甲烷或苯，加入量为溶液量的8~20倍，萃取至液体无色为止，合并萃取液，水洗至中性，用溶液量的3~5倍无水硫酸钠干燥，干燥后所得甲酯化物质的量为天然麝鼠香的30%~60%。

11. 根据权利要求8所述的一种麝鼠香活性组分的制备工艺，其特征在于步骤3）中所述的丙酮或丙酮－苯的加入量为甲酯化物质量的2~5倍，所述的丙酮－苯的浓度比为1：1，所述的氧化剂为$KMnO_4$，加入量为1~2倍的$KMnO_4$，使溶液紫色未消失为止；在15℃~25℃条件下静置0.5~2小时，所述的酸性物质为$H_2SO_4$或HCL，控制PH1~3，$H_2SO_4$的加入量为溶液量的1~10倍，浓度为0.5~5M；水洗至中性，萃取所用溶剂为乙醚、丙酮、二氯甲烷或苯，萃取次数为3~10次，每次的加入量为溶液量的10~20倍；干燥后所得麝鼠香活性组分的量为30%~55%。

12. 根据权利要求8所述的一种麝鼠香活性组分的制备工艺，其特征在于取天然麝鼠香采用蒸汽蒸馏法蒸馏1~5小时后，用原样8~15倍的乙醚、丙酮、二氯甲烷溶剂萃取法萃取1~5次，去除溶剂，干燥，得白色油状物质即麝鼠香挥发性的活性组分。

13. 根据权利要求1所述一种麝鼠香活性组分在制备治疗心肌缺氧、缺血、抑制血小板聚集、抑制血栓形成、冠心病、脉管炎、抗戊巴比妥钠睡眠、生长发育的药物中的应用。

14. 根据权利要求1所述的麝鼠香活性组分作为留香剂、定香剂的用途。"

针对上述专利权，中国农业科学院特产研究所（下称请求人）于2006年8年22日向专利复审委员会提出无效宣告请求，并提交了本专利授权公告文本和下述证据：

证据1：天然动物香料新资源——麝鼠香香料新产品的研究，陈玉山、魏海军，香料香精化妆品，第5期，2002年10月，第6、12~14页，复印件共4页；

证据2：麝鼠人工取香化学成分和药理活性研究进展，王丽红，特产研究，第3期，1999年，第56~60页，复印件共5页；

证据3：麝鼠饲养及活体取香新技术，农业科技示范成果推广丛书编写委员会、劳动和社会保障部教材办公室组织编写，中国劳动社会保障出版社，2001年8月第1版，2001年8月第1次印刷，封面页、封二、编者页、第110~121页，复印件共10页；

证据4：麝鼠香和天然麝香药理活性的比较研究，陈玉山等，中药通报，第13卷，第5期，1988年5月，第46~47页，复印件共2页；

证据5：麝鼠香对麻醉犬的心血管效应，陈玉山等，中国中药杂志，第14卷，第4期，1989年4月，第49~51页，复印件共3页；

证据6：麝鼠香对动物生长的影响，陈玉山等，特产研究，第1期，1990年，第15~16页，复印件共2页；

证据7：麝鼠香药理作用的研究，王迪等，野生动物，第19卷，第4期，1998年，复印件共2页；

证据8：麝鼠香囊中麝香酮的分离与鉴定，李顺丹等，中草药，第16卷，第5期，1985年，第145~146页，复印件共2页；

证据9：麝鼠香油化学成分研究，刘桂荣等，特产研究，第1期，第1996年，第19~20页，复印件共2页；

证据10：麝鼠香挥发油的GC-MS分析，赵景辉等，特产研究，第3期，第1999年，第47~48，53页，复印件共3页；

证据11：中国农业科学院科研部于1986年7月9日作出的编号为（86）农科（特）字第05号技术鉴定证书，复印件共6页；

证据12：吉林省科委于1992年6月20日作出的编号为（92）吉科鉴字086号科学技术成果鉴定证书，复印件共5页；

证据13：吉林省科委组织验收的成果名称为“麝鼠种源基地建设及繁殖配套技术”的科技成果验收证书，复印件共9页；

证据14：吉林省科学技术委员会于2000年6月作出的鉴字［2000］第090号的科学技术成果鉴定证书，复印件共14页。

依据上述证据，请求人认为：(1) 证据1~3都分别涵盖了权利要求1中的麝鼠香活性组分，因此权利要求1不具备创造性；证据11~13证明麝鼠香中含有22种脂肪酸、19种酯类等多种成分，并测定了其具体成分及峰面积，例如环十五烷酮峰面积5.82%、环十七烷酮17.93%、胆甾醇3.73%等，因此权利要求2不具备创造性；证据1~2，4~7公开麝鼠香的药理作用具有抗炎、抗缺氧、抑制血小板聚集等作用，因此权利要求13不具备创造性；证据3、12、14、16公开了麝鼠香可以作为留香剂和定香剂，因此权利要求14不具备创造性。(2) 证据11、8、9、12、10分别公开了权利要求3~7的技术特征，因此权利要求3~7不具备新颖性。(3) 权利要求1~2中提到麝鼠香活性成分包括一个碳到八个碳的成分在说明书中未发现，因此上述权利要求在说明书中未充分公开，不符合专利法第26条第3款的规定。(4) 证据2公开了说明书第4页中描述的麝鼠香挥发油成分；说明书麝鼠香活性组分药理活性研究结果及实施例麝鼠香活性组分的药理活性实验魏证据4~7已经公开的内容，因此说明书相对于证据2、4~7不具备创造性。

经形式审查合格后，专利复审委员会受理了上述请求，于2006年11月01日向双方当事人发出《无效宣告请求受理通知书》，并将《专利权无效宣告请求书》及其附件清单中所列附件副本转送给专利权人，要求其在指定的期限内答复，同时成立合议组对本无效请求案进行审理。

在指定的期限内，专利权人未作出答复。

2007年01月19日，本案合议组向双方当事人发出《无效宣告请求口头审理通知书》，定于2007年03月20日对该专利权的无效请求进行口头审理。

2007年03月20日，口头审理如期进行，专利权人未出席口头审理。合议组在请求人一方出庭的情况下就本无效宣告请求案进行了庭审调查。口头审理过程中认定的事实如下：(1) 请求人放弃了说明书不具备创造性的理由；(2) 请求人只提交了证据3的原件，其他证据的原件没有出示。合议组就本案的无效理由及证据逐一进行了调查．请求人充分陈述了意见。

至此，合议组认为本案的事实清楚，可以作出审查决定。

## 二、决定的理由

1. 关于无效理由和证据的认定：

请求人提交了证据1～14，但未提交证据1、2、4～14的原件，合议组无法确认上述证据的真实性。

请求人提交了证据3的原件，经核实该原件和复印件内容相同，而且证据3是公开出版物，其印刷日为2001年8月，根据审查指南第二部分第三章第2.1.3.1节的规定，推定其公开日为2001年8月31日，该公开日在本专利的申请日2003年1月22日之前，因此，证据3可以作为本专利的现有技术，用于评价本专利权利要求的新颖性和创造性。

鉴于请求人提交的证据中仅证据3可以使用，因此，合议组审理的关于本专利的无效理由和范围为：权利要求1～2是否符合专利法第26条第3款的规定；权利要求1、14相对于证据3是否具备创造性。

2. 关于专利法第26条第3款：

专利法第26条第3款规定，说明书应当对发明作出清楚、完整的说明，以所属技术领域的技术人员能够实现为准。

根据该款规定，如果要求保护的发明为化学产品本身的，说明书中应当记载化学产品的确认、化学产品的制备以及化学产品的用途。

本案中，权利要求1和2请求保护的活性组分包含一个碳到二十八碳的脂肪酸及其酯类、大环酮和甾体类成份，请求人认为在所述一个碳到二十八碳的脂肪酸及其酯类中，一个碳到八个碳的脂肪酸及其酯类在说明书中未记载，因而权利要求1～2涉及一个碳到八个碳的脂肪酸及其酯类的技术方案在说明书中没有公开充分。

对此，合议组认为：在本专利的说明书中记载了包含一个碳到二十八碳的脂肪酸及其酯类的麝鼠香活性组分，并列举了一些脂肪酸及其酯类，说明书第3～4页公开了包括一个碳到二十八个碳的脂肪酸及其酯类的麝鼠香活性组分的制备工艺和麝鼠香活性组分的用途。虽然在说明书所给出的脂肪酸及其酯类的实例中没有明确提及一个碳到八个碳的脂肪酸及其酯类，但是对于本领域技术人员来说，脂肪酸和酯类的定义是生物化学领域的公知术语，说明书中所给出的脂肪酸及其酯类的实例足以使本领域技术人员能确认该麝鼠香活性组分，并且，在说明书公开了包括一个碳到二十八个碳的脂肪酸及其酯类的麝鼠香活性组分的制备工艺的情况下，确定所述麝鼠香活性成分中是否包含某种具体的脂肪酸是本领域的常规方法；此外，在说明书第4页还公开了包括一个碳到二十八个碳的脂肪酸及其酯类的麝鼠香活性组分的用途，在实施例中对用所述方法制得的包含一个碳到二十八个碳的脂肪酸及其酯类的麝鼠香活性组分的活性也进行了实验验证，因此，在说明书中公开了所要保护产品的确认、制备方法和效果的情况下，本领域技术人员根据说明书的描述可以制备出所述麝鼠香活性组分，确认该产品并根据说明书预测其效果，在这种情况下，说明书是否穷尽列举所述麝鼠香活性组分中的所有脂肪酸及其酯类并不影响本领域技术人员实施该方案，因此权利要求1～2的麝鼠香活性组分的技术方案在说明书中是公开充分的，符合专利法第26条第3款的规定。

3. 关于专利法第22条第3款的创造性：

专利法第22条第3款规定，创造性是指同申请日以前的已有的技术相比，该发明有突出的实质性特点和显著的进步。

对于用制备方法表征的化学产品权利要求，其新颖性审查应针对该产品本身进行，如果仅仅是制备方法不同，而产品相同，在没有证据表明由于制备方法上的区别为产品带来任何功能、性质上的改变的情况下，则推定该方法表征的产品权利要求不具备新颖性。如果权利要求不具备新颖性，当然不具备创造性。

请求人认为证据3公开了权利要求1的组分，权利要求1所用的制备是常规方法，不会对产品产生影响，所以证据3已经公开了权利要求1的内容，权利要求1相对于证据3不具备创造性。

本案中，权利要求1要求保护“一种麝鼠香活性组分，其特征在于包含一个碳到二十八碳的脂肪酸及其酯类、大环酮和甾体类成份，该麝鼠香活性组分的制备工艺，包括以下步骤：（1）取天然麝鼠香适量，用碱性醇溶液进行皂化反应，浓缩后加水稀释，经强酸酸化后，用溶剂萃取法萃取，合并萃取液，干燥得总脂肪酸；（2）将所得总脂肪酸，经甲酯化反应后，用溶剂萃取法萃取，水洗至中性，干燥，得甲酯化物质；（3）将浓缩液溶解于丙酮或丙酮–苯中，然后加氧化剂进行氧化降解反应，静置后加酸性物质酸化，水洗至中性，并用溶剂萃取法萃取，干燥得麝鼠香活性组分”。证据3公开了一种麝鼠香石油醚洗脱获得的化学成分，其包括十二碳烯酸甲酯、十四碳烯酸甲酯、十四碳酸甲酯、二十碳烯酸甲酯（属于一个碳到二十八碳的脂肪酸酯类的一种）等、十七环烷酮（大环烷酮的一种）等、胆甾烷二烯（甾体类成分的一种）等、其蒸馏产物包括庚酸、辛酸、壬酸（属于一个碳到二十八碳的脂肪酸的一种）等（参见证据3第110~114页），可见证据3公开了含有权利要求1所述成分的麝鼠香活性组分，尽管本专利权利要求1进一步用制备方法对产品进行了限定，但是从本专利说明书中看不出权利要求1的活性组分与证据3中的活性组分有何不同，专利权人也没有陈述或者证明本专利权利要求1要求保护的产品与证据3公开的产品有何不同，根据《审查指南》第二部分第十章第5.3节中的规定，可以推定权利要求1用制备方法方法表征的产品权利要求和证据3公开的麝鼠香的化学成分实质上相同，因此，权利要求1不具备新颖性，由于该权利要求不具备新颖性，因此也不具备创造性，不符合专利法第22条第3款的规定。

权利要求14要求保护一种根据权利要求1所述的麝鼠香活性组分作为留香剂、定香剂的用途。证据3公开的麝鼠香也具有留香持久等特点，可以作为各类化妆品的定香剂（参见证据3第114、116页），因而，证据3也公开了权利要求14的技术方案，从本专利说明书中也不能看出它们的技术领域、解决的技术问题、达到的技术效果有何不同，因此，权利要求14相对于证据3不具备新颖性，当然也不具备创造性，不符合专利法第22条第3款的规定。

虽然请求人还主张权利要求2~7、13不具备新颖性或者创造性，但由于支持这些理由的相关证据1、2、4~14的真实性不能确认，因此，请求人的上述主张得不到证据支持，故合议组对请求人的上述主张也不予支持。

基于以上事实和理由，本案合议组作出如下审查决定。

**三、决定**

宣告第03100822.4号发明专利权的权利要求1和14无效，维持权利要求2~13有效。

当事人对本决定不服的，可以根据专利法第46条第2款的规定，自收到本决定之日起三个月内向北京市第一中级人民法院起诉。根据该款的规定，一方当事人起诉后，另一方当事人应当作为第三人参加诉讼。

# 北京市第一中级人民法院
# 行政判决书

（2007）一中行初字第1490号

原告中国农业科学院特产研究所，住所地吉林省吉林市昌邑区左家镇鹿鸣大街15号。

法定代表人杨福合，所长。

委托代理人陈玉山，中国农业科学院特产研究所副研究员。

委托代理人张殿祥，吉林屹林律师事务所律师。

被告国家知识产权局专利复审委员会，住所地北京市海淀区北四环西路9号银谷大厦。

法定代表人廖涛，副主任。

委托代理人许磊，国家知识产权局专利复审委员会审查员。

委托代理人程强，国家知识产权局专利复审委员会审查员。

第三人吉林康乃尔药业有限公司，住所地吉林省吉林市高新产业开发区深圳街95号。

原告中国农业科学院特产研究所不服被告国家知识产权局专利复审委员会于2007年7月24日作出，于同年7月31日邮寄送达的第10301号无效宣告请求审查决定（以下简称第10301号决定），于2007年10月29日向本院提起行政诉讼。本院受理后，依法组成合议庭，向被告送达了起诉状副本和应诉通知书，并依法通知吉林康乃尔药业有限公司作为本案第三人参加诉讼，于2007年12月14日公开开庭审理了本案。原告的委托代理人陈玉山、张殿祥，被告的委托代理人许磊、程强到庭参加了诉讼。第三人经本院合法传唤，未到庭参加诉讼。本案现已审理终结。

2007年7月24日，被告作出第10301号决定，根据《中华人民共和国专利法》（以下简称《专利法》）第二十六条第三款、第二十二条第三款的规定，宣告第三人的第03100822.4号发明专利权（以下简称本专利）的权利要求1和14无效，维持权利要求2～13有效。

为证明第10301号决定的合法性，被告在法定期限内向本院提交了下列证据：1. 原告在行政程序中提交的无效宣告请求书和14份证据；2. 本案的口审记录；3. 本专利授权公告文本。

原告诉称，1. 被告在审查决定书中认定原告提供的证据3为有效证据，并依据该证据宣告本专利权利要求1和14无效。证据3中的第114～116页麝鼠香的药理活性一节已经将权利要求13要求保护的治疗内容全部予以公开。权利要求13相对于证据3不具备新颖性，当然也不具备创造性，应该宣告其无效。2. 权利要求2～7包含了权利要求1中的所有技术特征，且对权利要求1作了进一步的限定，是从属权利要求，其保护范围在权利要求1的保护范围内，权利要求1无效，权利要求2～7已经没有了存在的基础，理应予以宣告无效。并且，证据3中的第5～6页、第110～114页已将权利要求2～7的保护内容全部公开，权利要求2～7相对于证据3不具备新颖性，当然也不具备创造性，应该宣告无效。权利要求4～7所要求保护的方法属于常规化学实验方法，其提及的皂化反应、甲脂化以及乙醚萃取等方法均为常规的化学方法，无任何新颖性和创造性。3. 被告在没有履行告知义务的情况下，不予认定原告提交的证据1、2和证据4～14，违反法律规定，导致了作出错误的决定。被告在送达给原告的无效宣告请求受理通知书、口头审理通知书中没有向原告告知必须在口头审理时提交证据原件。由于原告不熟悉有关规定，原告误以为无需提供原件。况且原告提供的证据大部分是国内公开发行的期刊上发表过的文章以及科技成果鉴定材料。由于原告的误解，没有查找和提供证据1、2和证据4～10的原件，从国家科技图书文献中心、期刊网等网站上下载了所提供的证据材料，并且向被告提供了下载的网址。口头审理过程中被告仍没有告知不提供原件的法律后果，以及是否有补救措施。在此情况下被告以无法确认证据1、2和证据4～10的真实性为由，不支持原告对本专利权利要求 2～7 的无效请求，违反法律规定，损害了原告的合法权益。原告提供的证据 1、2、4～14 不但公开了本专利权利要求 2～7 要求保护的范围，也公开了权利要求 8～12 的内容。4. 原告在庭审中提出，本专利权利要求 1、2 中“一个碳到八个碳的脂肪酸及其脂类”在本专利说明书中未充分公开，不符合《专利法实施细则》第二十六条第三款的规定。综上，请求撤销第 10301 号决定，由被告重新审查相关证据，宣告本专利无效。

在本院指定的举证期限内原告向本院提交了下列证据（复印件）：1. 无效宣告请求受理通知书，用以证明被告受理无效宣告请求；2. 无效宣告请求口头审理通知书，用以证明被告口头审理无效请求；3. 专利无效宣告请求书，用以证明原告提出的请求；4. “天然动物香料新资源-麝鼠香香料新产品的研究”一文，载《香精香料化妆品杂志》（2002 年，5：12～14），用以证明本专利权利要求 1、13 不具有新颖性和创造性；5. “麝鼠人工取香化学成分和药理活性研究进展”一文，载《特产研究》（1999 年，3：56～59），用以证明本专利权利要求 1、14 不具有新颖性和创造性；6.《麝鼠饲养及活体取香新技术》一书第 110～120 页，中国劳动社会保障出版社 2001 年 8 月版，用以证明本专利权利要求 1、14 不具有新颖性和创造性；7. “麝鼠香与天然麝香药理活性的比较研究”一文，载《中药通报》（第 13 卷第 5 期，1988 年 5 月），用以证明本专利权利要求 13 不具有新颖性和创造性；8. “麝鼠香对麻醉犬的心血管效应”一文，载《中国中药杂志》（第 14 卷第 4 期，1989 年 4 月），用以证明权利要求 13 不具有新颖性和创造性；9. “麝鼠香对动物生长的影响”一文，载《特产研究》（1990 年第 1 期），用以证明本专利权利要求 13 不具有新颖性和创造性；10. “麝鼠香药理作用的研究”一文，载《野生动物》（1998. 19（4）），用以证明本专利权利要求 13 不具有新颖性和创造性；11. “麝鼠香囊中麝香酮的分离与鉴定”一文，载《中草药》（1985 年第 16 卷第 5 期），用以证明本专利权利要求 4 不具有新颖性和创造性；12. “麝鼠香油化学成分研究”一文，载《特产研究》（1996 年第 1 期），用以证明本专利权利 5 不具有新颖性和创造性；13. “麝鼠香挥发油的 GC-MS 分析”一文，载《特产研究》（1999 年第 3 期），用以证明本专利权利要求 7 不具有新颖性和创造性；14. “麝鼠香化学成分和药理作用的研究”成果鉴定证书，用以证明本专利权利要求 2、3 不具有新颖性和创造性；15. “麝鼠活体取香及其利用”成果鉴定证书，用以证明本专利权利要求 2、6、14 不具有新颖性和创造性；16. “麝鼠种源基地建设及繁殖配套技术”成果鉴定证书，用以证明本专利权利要求 2 不具有新颖性和创造性；17. “麝鼠泌香规律及香液主要化合物分泌时期的研究”成果鉴定证书，用以证明本专利权利要求 14 不具有新颖性和创造性。

被告辩称，1. 原告没有完成应尽的举证责任，应承担相应的后果。原告认为被告没有告知其应在口头审理时提交原件，从而使其误认为不用提交原件。原告的理由不能成立，原因如下：首先，在《审查指南》第四部分第八章的引言中规定，“无效宣告程序中有关证据的各种问题，适用本指南的规定，本指南没有规定的，可参照人民法院民事诉讼中的相关规定”。《中华人民共和国民事诉讼法》第六十八条规定，“书证应当提交原件”。并且《审查指南》第四部分第八章第 4.1 节中也写明“证据是否为原件，复印件与原件是否相符”是合议组对书证的真实性进行审查时要审查的内容。当事人在根据法律法规的规定提出无效宣告请求时，显然应明了自已应尽什么样的义务，因此，原告认为被告没有告知其应提交原件而致使其没有提交原件的理由显然不成立。其次，原告提交了 14 份证据，在口审时带来了证据 3 的原件，显然，原告也认为证据应当提供原件，否则，按照其陈述的理由，原告也应该不带证据 3 的原件才符合其逻辑。在原告带了证据 3 原件的情况下，其认为不知道应该带其他证据的原件的理由显然也不成立。第三，原告认为证据 1、2、4～10 是从国家科技图书文献中心、期刊网等网站上下载的，并且向被告提供了下载的网址，但是在原告提供的证据中并没有表明这些证据来源的证据，也没有原告所述的网址，并且在原告提供的证据中，证据 11～14 是一些鉴定证书或验收证书，不是公开的期刊，原告也没有提供其来源证明，在原告既没有提供证据原件，又没有提供其他证据证明这些书证的真实性的情况下，原告显然没有完成举证义务，在这种情况下，原告显然应承担由此造成的不利后果。原告用于请求宣告本专利权利要求 2 ~ 13 的证据由于真实性得不到确认而不能使用，在没有证据支持的情况下，第 10301 号决定对原告相关的无效请求不予支持是正确的。2. 根据请求原则，证据 3 不能用于无效本专利权利要求 13 和权利要求 2 ~ 7。原告在起诉状中认为应当以证据 3 宣告本专利权利要求 13 和 2 ~ 7 无效，但是在原告提交的无效宣告请求书中并没有提出该无效理由。根据《审查指南》第四部分第 3. 3 节的规定，“请求人应当具体说明无效理由，提交证据的，应当结合提交的所有证据具体说明”、“请求人未具体说明无效理由的，或者提交有证据但未结合提交的所有证据具体说明无效宣告理由的，或者未指明每项理由所依据的证据的，其无效宣告请求不予受理”。因为该理由是原告在提起无效宣告请求时没有提出而在诉讼中新增加的，显然属于按照上述规定应不予考虑的，所以被告没有责任对其进行审理。3. 原告认为本专利权利要求 2 ~ 7 在权利要求 1 被无效的情况下没有了存在的基础，也应予无效，该理由显然不成立。每一项权利要求所保护的技术方案都是独立的技术方案。正如原告所认定的那样，权利要求 2 ~ 7 是权利要求 1 的从属权利要求，进一步对权利要求 1 进行了限定，即权利要求 2 ~ 7 包含了权利要求 1 的所有技术特征和新的另外的技术特征，在权利要求 1 被无效的情况下，其显然是若干个独立的技术方案，并不因权利要求 1 被无效而受到影响。按照对照的逻辑，专利权人在修改权利要求书时显然不能删除独立权利要求，这显然与《审查指南》第四部分第三章第 4. 6. 3 的规定相悖，因此，原告的该主张也不成立。四、被告在庭审中辩称，本专利说明书对“一个碳到二十八个碳的脂肪酸及其脂类”已充分公开。本专利说明书虽然没有“一个碳到八个碳的脂肪酸及其脂类”的实施例，但这不是强制性要求，本领域技术人员可以实施。且权利要求能否得到说明书的支持属于《专利法实施细则》第二十六条第四款的问题，原告并没有提出该无效理由。综上所述，第 10301 号决定事实认定清楚正确，说明理由充分，审理程序合法，适用法律正确，请求法院依法驳回原告诉讼请求，维持第 10301 号决定。

第三人未向本院提交书面意见及证据。

经庭审质证，原告对被告的证据没有异议，本院经审查对被告的证据予以确认。被告对原告提交的证据没有异议。原告在庭审中请求出示其证据的原件。本院经审查认为，被告对原告的证据 1、2、3、6 没有异议，本院予以确认；原告证据 4、5 及证据 7 ~ 17 的复印件是其在行政程序中向被告提交过的证据，本院予以确认；原告证据 4、5 及证据 7 ~ 17 的原件，原告在行政程序中未向被告提交且无正当理由，该问题是本案争议的焦点问题之一，现原告在庭审中要求向本院提交上述证据的原件，根据《最高人民法院关于行政诉讼证据若干问题的规定》第五十九条的规定，本院不予采纳。

根据上述有效证据及当事人陈述，本院确认如下事实：

本专利是名称为“一种麝鼠香活性组分、制备工艺及其用途”的第 03100822. 4 号发明专利，专利权人为第三人，申请日为 2003 年 1 月 22 日，授权公告日为 2006 年 1 月 25 日。本专利授权公告的权利要求书如下：

“1. 一种麝鼠香活性组分，其特征在于包含一个碳到二十八碳的脂肪酸及其酯类、大环酮和甾体类成份，该麝鼠香活性组分的制备工艺，包括以下步骤：

1）取天然麝鼠香适量，用碱性醇溶液进行皂化反应，浓缩后加水稀释，经强酸酸化后，用溶剂萃取法萃取，合并萃取液，干燥得总脂肪酸；

2）将所得总脂肪酸，经甲酯化反应后，用溶剂萃取法萃取，水洗至中性，干燥，得甲酯化物质；

3）将浓缩液溶解于丙酮或丙酮一苯中，然后加氧化剂进行氧化降解反应，静置后加酸性物质酸化，水洗至中性，并用溶剂萃取法萃取，干燥得麝鼠香活性组分。

2. 根据权利要求 1 所述一种麝鼠香活性组分，其特征在于所述的麝鼠香活性组分的含量为：$C_1$-$C_{18}$的脂肪酸及其酯类 50％～80％大环酮

18％～45％甾体类

1％～5％。

3. 根据权利要求 1 所述一种麝鼠香活性组分，其特征在于所述的麝鼠香活性组分还含有氨基酸，总含氮量为 0.5％～1％；所述的氨基酸可为天门冬氨酸、苏氨酸、丝氨酸、谷氨酸、脯氨酸、肝氨酸、丙氨酸、蛋氨酸、异亮氨酸、亮氨酸、赖氨酸。

4. 根据权利要求 1 所述一种麝鼠香活性组分，其特征在于步骤 1）中所述的皂化反应的温度为 60℃～90℃，所述的碱性醇溶液为含 0.5M～2M 强碱的 60％～95％甲醇或乙醇溶液，所述的强碱可为 KOH 或 NaOH，加入量为天然麝鼠香的 1～4 倍，所述的皂化反应时间为 3～12 小时；所述的浓缩后加水稀释为先浓缩至原溶液的 1/3～3/4，再加入浓缩液的 2～5 倍的水；所述的强酸为 $H_2SO_4$ 或 HCl，浓度为 1M～5M，调整 PH 值为 1～4；萃取所用溶剂为乙醚、丙酮或二氯甲烷或苯，萃取次数为 3～10 次，每次的加入量为天然麝鼠香的 10～20 倍；萃取时的搅拌速度为 20～100 转/每分钟，干燥后所得总脂肪的量为天然麝鼠香的 40％～80％。

5. 根据权利要求 1 所述一种麝鼠香活性组分，其特征在于步骤 2）中所述的甲酯化反应温度为 15℃～40℃，可采用重氮甲烷化的甲醇-乙醚液酯化，所用浓度为 1～5：9～15，加入量为总脂肪酸量的 1.5～5 倍，甲酯化反应的回流时间为 1～5 小时，也可采用浓度为 90％～100％的加入量为总脂肪酸量的 5～10 倍的无水甲醇或三硼甲烷，蒸除去大部分溶液后，浓缩至原溶液的 1/4～3/4，再加入浓缩液的 2～5 倍的水稀释；萃取所用溶剂为乙醚、丙酮、二氯甲烷或苯，加入量为溶液量的 8～20 倍，萃取至液体无色为止，合并萃取液，水洗至中性，用溶液量的 3～5 倍无水硫酸钠干燥，干燥后所得甲酯化物质的量为天然麝鼠香的 30％～60％。

6. 根据权利要求 1 所述一种麝鼠香活性组分，其特征在于步骤 3）中所述的丙酮或丙酮-苯的加入量为甲酯化物质量的 2～5 倍，所述的丙酮-苯的浓度比为 1：1，所述的氧化剂为 $KMnO_4$，加入量为 1～2 倍的 $KMnO_4$，使溶液紫色未消失为止；在 15℃～25℃条件下静置 0.5～2 小时，所述的酸性物质为 $H_2SO_4$ 或 HCL，控制 PH1～3，$H_2SO_4$ 的加入量为溶液量的 1～10 倍，浓度为 0.5～5M；水洗至中性，萃取所用溶剂为乙醚、丙酮、二氯甲烷或苯，萃取次数为 3～10 次，每次的加入量为溶液量的 10～20 倍；干燥后所得麝鼠香活性组分的量为 30％～55％。

7. 根据权利要求 1 所述一种麝鼠香活性组分，其特征在于取天然麝鼠香采用蒸汽蒸馏法蒸馏1～5 小时后，用原样 8～15 倍的乙醚、丙酮、二氯甲烷溶剂萃取法萃取 1～5 次，去除溶剂，干燥，得白色油状物质即麝鼠香挥发性的活性组分。

8. 一种麝鼠香活性组分的制备工艺，该工艺包括以下步骤：

1）取天然麝鼠香适量，用碱性醇溶液进行皂化反应，浓缩后加水稀释，经强酸酸化后，用溶剂萃取法萃取，合并萃取液，干燥得总脂肪酸；

2）将所得总脂肪酸，经甲酯化反应后，用溶剂萃取法萃取，水洗至中性，干燥，得甲酯化物质；

3）将浓缩液溶解于丙酮或丙酮-苯中，然后加氧化剂进行氧化降解反应，静置后加酸性物质酸化，水洗至中性，并用溶剂萃取法萃取，干燥得麝鼠香活性组分。

9. 根据权利要求 8 所述的一种麝鼠香活性组分的制备工艺，其特征在于步骤 1）中所述的皂化反应的温度为 60℃～90℃，所述的碱性醇溶液为含 0.5M～2M 强碱的 60％～95％甲醇或乙醇溶液，所述的强碱可为 KOH 或 NaOH，加入量为天然麝鼠香的 1～4 倍，所述的皂化反应时间为 3～12 小时；所述的浓缩后加水稀释为先浓缩至原溶液的 1/3～3/4，再加入浓缩液的 2～5 倍的水；所述的强酸为

$H_2SO_4$ 或 HCl，浓度为 1M～5M，调整 PH 值为 1～4；萃取所用溶剂为乙醚、丙酮或二氯甲烷或苯，萃取次数为 3～10 次，每次的加入量为天然麝鼠香的 10～20 倍；萃取时的搅拌速度为 20～100 转/每分钟，干燥后所得总脂肪的量为天然麝鼠香的 40％～80％。

10. 根据权利要求 8 所述的一种麝鼠香活性组分的制备工艺，其特征在于步骤 2）中所述的甲酯化反应温度为 15℃～40℃，可采用重氮甲烷化的甲醇－乙醚液酯化，所用浓度为 1～5：9～15，加入量为总脂肪酸量的 1.5～5 倍，甲酯化反应的回流时间为 1～5 小时，也可采用浓度为 90％～100％的加入量为总脂肪酸量的 5～10 倍的无水甲醇或三硼甲烷，蒸除去大部分溶液后，浓缩至原溶液的 1/4～3/4，再加入浓缩液的 2～5 倍的水稀释；萃取所用溶剂为乙醚、丙酮、二氯甲烷或苯，加入量为溶液量的 8～20 倍，萃取至液体无色为止，合并萃取液，水洗至中性，用溶液量的 3～5 倍无水硫酸钠干燥，干燥后所得甲酯化物质的量为天然麝鼠香的 30％～60％。

11. 根据权利要求 8 所述的一种麝鼠香活性组分的制备工艺，其特征在于步骤 3）中所述的丙酮或丙酮－苯的加入量为甲酯化物质量的 2～5 倍，所述的丙酮－苯的浓度比为 1：1，所述的氧化剂为 $KMnO_4$，加入量为 1～2 倍的 $KMnO_4$，使溶液紫色未消失为止；在 15℃～25℃条件下静置 0.5～2 小时，所述的酸性物质为 $H_2SO_4$ 或 HCL，控制 PH1～3，$H_2SO_4$ 的加入量为溶液量的 1～10 倍，浓度为 0.5～5M；水洗至中性，萃取所用溶剂为乙醚、丙酮、二氯甲烷或苯，萃取次数为 3～10 次，每次的加入量为溶液量的 10～20 倍；干燥后所得麝鼠香活性组分的量为 30％～55％。

12. 根据权利要求 8 所述的一种麝鼠香活性组分的制备工艺，其特征在于取天然麝鼠香采用蒸汽蒸馏法蒸馏 1～5 小时后，用原样 8～15 倍的乙醚、丙酮、二氯甲烷溶剂萃取法萃取 1～5 次，去除溶剂，干燥，得白色油状物质即麝鼠香挥发性的活性组分。

13. 根据权利要求 1 所述一种麝鼠香活性组分在制备治疗心肌缺氧、缺血、抑制血小板聚集、抑制血栓形成、冠心病、脉管炎、抗戊巴比妥钠睡眠、生长发育的药物中的应用。

14. 根据权利要求 1 所述的麝鼠香活性组分作为留香剂、定香剂的用途。”

针对本专利，原告于 2006 年 8 年 22 日向被告提出无效宣告请求，并提交了本专利授权公告文本和下述证据：

证据 1：天然动物香料新资源——麝鼠香香料新产品的研究，陈玉山、魏海军，香料香精化妆品，第 5 期，2002 年 10 月，第 6、12～14 页，复印件共 4 页；

证据 2：麝鼠人工取香化学成分和药理活性研究进展，王丽红，特产研究，第 3 期，1999 年，第 56～60 页，复印件共 5 页；

证据 3：麝鼠饲养及活体取香新技术，农业科技示范成果推广丛书编写委员会、劳动和社会保障部教材办公室组织编写，中国劳动社会保障出版社，2001 年 8 月第 1 版，2001 年 8 月第 1 次印刷，封面页、封二、编者页、第 110～121 页，复印件共 10 页；

证据 4：麝鼠香和天然麝香药理活性的比较研究，陈玉山等，中药通报，第 13 卷，第 5 期，1988 年 5 月，第 46～47 页，复印件共 2 页；

证据 5：麝鼠香对麻醉犬的心血管效应，陈玉山等，中国中药杂志，第 14 卷，第 4 期，1989 年 4 月，第 49～51 页，复印件共 3 页；

证据 6：麝鼠香对动物生长的影响，陈玉山等，特产研究，第 1 期，1990 年，第 15～16 页，复印件共 2 页；

证据 7：麝鼠香药理作用的研究，王迪等，野生动物，第 19 卷，第 4 期，1998 年，复印件共 2 页；

证据 8：麝鼠香囊中麝香酮的分离与鉴定，李顺丹等，中草药，第 16 卷，第 5 期，1985 年，第

145～146 页，复印件共 2 页；

证据 9：麝鼠香油化学成分研究，刘桂荣等，特产研究，第 1 期，第 1996 年，第 19～20 页，复印件共 2 页；

证据 10：麝鼠香挥发油的 GC-MS 分析，赵景辉等，特产研究，第 3 期，第 1999 年，第 47～48，53 页，复印件共 3 页；

证据 11：中国农业科学院科研部于 1986 年 7 月 9 日作出的编号为（86）农科（特）字第 05 号技术鉴定证书，复印件共 6 页；

证据 12：吉林省科委于 1992 年 6 月 20 日作出的编号为（92）吉科鉴字 086 号科学技术成果鉴定证书，复印件共 5 页；

证据 13：吉林省科委组织验收的成果名称为“麝鼠种源基地建设及繁殖配套技术”的科技成果验收证书，复印件共 9 页；

证据 14：吉林省科学技术委员会于 2000 年 6 月作出的鉴字［2000］第 090 号的科学技术成果鉴定证书，复印件共 14 页。

原告认为：（1）证据 1～3 都分别涵盖了权利要求 1 中的麝鼠香活性组分，因此权利要求 1 不具备创造性；证据 11～13 证明麝鼠香中含有 22 种脂肪酸、19 种酯类等多种成分，并测定了其具体成分及峰面积，例如环十五烷酮峰面积 5.82％、环十七烷酮 17.93％、胆甾醇 3.73％等，因此权利要求 2 不具备创造性；证据 1～2，4～7 公开麝鼠香的药理作用具有抗炎、抗缺氧、抑制血小板聚集等作用，因此权利要求 13 不具备创造性；证据 3、12、14、16 公开了麝鼠香可以作为留香剂和定香剂，因此权利要求 14 不具备创造性。（2）证据 11、8、9、12、10 分别公开了权利要求 3～7 的技术特征，因此权利要求 3～7 不具备新颖性。（3）权利要求 1～2 中提到麝鼠香活性成分包括一个碳到八个碳的成分在说明书中未发现，因此上述权利要求在说明书中未充分公开，不符合《专利法》第二十六条第三款的规定。（4）证据 2 公开了说明书第 4 页中描述的麝鼠香挥发油成分；说明书麝鼠香活性组分药理活性研究结果及实施例麝鼠香活性组分的药理活性实验为证据 4～7 已经公开的内容，因此说明书相对于证据 2、4～7 不具备创造性。

被告对该请求予以受理并按规定进行了转文，第三人在指定的期限内未作答复。被告于 2007 年 3 月 20 日对该请求进行了口头审理，第三人未出席口头审理。口头审理确认了如下事实：（1）原告放弃了说明书不具备创造性的理由；（2）原告只提交了证据 3 的原件，其他证据的原件没有出示。

被告审查认为：

1. 关于无效理由和证据的认定原告提交了证据 1～14，但未提交证据 1、2、4～14 的原件，被告无法确认上述证据的真实性。

原告提交了证据 3 的原件，经核实该原件和复印件内容相同，而且证据 3 是公开出版物，其印刷日为 2001 年 8 月，根据《审查指南》第二部分第三章第 2.1.3.1 节的规定，推定其公开日为 2001 年 8 月 31 日，该公开日在本专利的申请日 2003 年 1 月 22 日之前，因此，证据 3 可以作为本专利的现有技术，用于评价本专利权利要求的新颖性和创造性。

鉴于原告提交的证据中仅证据 3 可以使用，因此，被告审理的关于本专利的无效理由和范围为：权利要求 1～2 是否符合《专利法》第二十六条第三款的规定；权利要求 1、14 相对于证据 3 是否具备创造性。

2. 关于《专利法》第二十六条第三款。

《专利法》第二十六条第三款规定，说明书应当对发明作出清楚、完整的说明，以所属技术领域的技术人员能够实现为准。

根据该款规定，如果要求保护的发明为化学产品本身的，说明书中应当记载化学产品的确认、化学产品的制备以及化学产品的用途。

本案中，权利要求1和2请求保护的活性组分包含一个碳到二十八碳的脂肪酸及其酯类、大环酮和甾体类成份，原告认为在所述一个碳到二十八碳的脂肪酸及其酯类中，一个碳到八个碳的脂肪酸及其酯类在说明书中未记载，因而权利要求1~2涉及一个碳到八个碳的脂肪酸及其酯类的技术方案在说明书中没有公开充分。被告认为：在本专利的说明书中记载了包含一个碳到二十八碳的脂肪酸及其酯类的麝鼠香活性组分，并列举了一些脂肪酸及其酯类，说明书第3~4页公开了包括一个碳到二十八个碳的脂肪酸及其酯类的麝鼠香活性组分的制备工艺和麝鼠香活性组分的用途。虽然在说明书所给出的脂肪酸及其酯类的实例中没有明确提及一个碳到八个碳的脂肪酸及其酯类，但是对于本领域技术人员来说，脂肪酸和酯类的定义是生物化学领域的公知术语，说明书中所给出的脂肪酸及其酯类的实例足以使本领域技术人员能确认该麝鼠香活性组分，并且，在说明书公开了包括一个碳到二十八个碳的脂肪酸及其酯类的麝鼠香活性组分的制备工艺的情况下，确定所述麝鼠香活性成分中是否包含某种具体的脂肪酸是本领域的常规方法；此外，在说明书第4页还公开了包括一个碳到二十八个碳的脂肪酸及其酯类的麝鼠香活性组分的用途，在实施例中对用所述方法制得的包含一个碳到二十八个碳的脂肪酸及其酯类的麝鼠香活性组分的活性也进行了实验验证，因此，在说明书中公开了所要保护产品的确认、制备方法和效果的情况下，本领域技术人员根据说明书的描述可以制备出所述麝鼠香活性组分，确认该产品并根据说明书预测其效果，在这种情况下，说明书是否穷尽列举所述麝鼠香活性组分中的所有脂肪酸及其酯类并不影响本领域技术人员实施该方案，因此权利要求1~2的麝鼠香活性组分的技术方案在说明书中是公开充分的，符合《专利法》第二十六条第三款的规定。

3. 关于《专利法》第二十二条第三款的创造性。

《专利法》第二十二条第三款规定，创造性是指同申请日以前的已有的技术相比，该发明有突出的实质性特点和显著的进步。

对于用制备方法表征的化学产品权利要求，其新颖性审查应针对该产品本身进行，如果仅仅是制备方法不同，而产品相同，在没有证据表明由于制备方法上的区别为产品带来任何功能、性质上的改变的情况下，则推定该方法表征的产品权利要求不具备新颖性。如果权利要求不具备新颖性，当然不具备创造性。

原告认为证据3公开了权利要求1的组分，权利要求1所用的制备是常规方法，不会对产品产生影响，所以证据3已经公开了权利要求1的内容，权利要求1相对于证据3不具备创造性。

本案中，权利要求1要求保护“一种麝鼠香活性组分，其特征在于包含一个碳到二十八碳的脂肪酸及其酯类、大环酮和甾体类成份，该麝鼠香活性组分的制备工艺，包括以下步骤：（1）取天然麝鼠香适量，用碱性醇溶液进行皂化反应，浓缩后加水稀释，经强酸酸化后，用溶剂萃取法萃取，合并萃取液，干燥得总脂肪酸；（2）将所得总脂肪酸，经甲酯化反应后，用溶剂萃取法萃取，水洗至中性，干燥，得甲酯化物质；（3）将浓缩液溶解于丙酮或丙酮-苯中，然后加氧化剂进行氧化降解反应，静置后加酸性物质酸化，水洗至中性，并用溶剂萃取法萃取，干燥得麝鼠香活性组分”。证据3公开了一种麝鼠香石油醚洗脱获得的化学成分，其包括十二碳烯酸甲酯、十四碳烯酸甲酯、十四碳酸甲酯、二十碳烯酸甲酯（属于一个碳到二十八碳的脂肪酸酯类的一种）等、十七环烷酮（大环烷酮的一种）等、胆甾烷二烯（甾体类成分的一种）等、其蒸馏产物包括庚酸、辛酸、壬酸（属于一个碳到二十八碳的脂肪酸的一种）等（参见证据3第110~114页），可见证据3公开了含有权利要求1所述成分的麝鼠香活性组分，尽管本专利权利要求1进一步用制备方法对产品进行了限定，但是从本专利说明书中看不出权利要求1的活性组分与证据3中的活性组分有何不同，第三人也没有陈述或者证明本专利权利要求1要求保护的产品与证据3公开的产品有何不同，根据《审查指南》第二部分第十章第5.3节中的规定，可以推定权利要求1用制备方法表征的产品权利要求和证据3公开的麝鼠香的化学成分实质上相同，因此，权利要求1不具备新颖性，由于该权利要求不具备新颖性，因此也不具备创造性，不符合专利法第22条第3款的规定。

权利要求14要求保护一种根据权利要求1所述的麝鼠香活性组分作为留香剂、定香剂的用途。证据3公开的麝鼠香也具有留香持久等特点，可以作为各类化妆品的定香剂（参见证据3第114、116页），因而，证据3也公开了权利要求14的技术方案，从本专利说明书中也不能看出它们的技术领域、解决的技术问题、达到的技术效果有何不同，因此，权利要求14相对于证据3不具备新颖性，当然也不具备创造性，不符合专利法第22条第3款的规定。

虽然原告还主张权利要求2~7、13不具备新颖性或者创造性，但由于支持这些理由的相关证据1、2、4~14的真实性不能确认，因此，原告的上述主张得不到证据支持，故被告对原告的上述主张也不予支持。

基于以上事实和理由，被告宣告本专利的权利要求1和14无效，维持权利要求2~13有效。

本院认为，本案争议的焦点问题一为：被告对原告在行政程序中提交的证据1、2、4~14的复印件不予采纳是否合法。对于专利权无效宣告程序中提交证据的要求，《审查指南》有明确的规定。由于《审查指南》是依法公布的部门规章，其相关规定应视为当事人已知晓。《审查指南》第四部分第八章第1节规定，“无效宣告程序中有关证据的各种问题，适用本指南的规定，本指南没有规定的，可参照人民法院民事诉讼中的相关规定”。《最高人民法院关于民事诉讼证据的若干规定》第十条规定，“当事人向人民法院提供证据，应当提供原件或者原物。如需自己保存证据原件、原物或者提供原件、原物确有困难的，可以提供经人民法院核对无异的复制件或者复制品”。《审查指南》第四部分第八章第4.1节在审查书证的真实性方面也提出了对原件的要求。另外，《审查指南》第四部分第三章第4.3.1节也规定请求人可以在口头审理辩论终结前提交用于完善证据法定形式的原件等证据。根据上述规定，原告应当知晓其应在行政程序中提交证据原件，实际上其也提交了部分证据的原件，其怠于提交其他证据的原件并没有提出正当理由，并且在口头审理过程中被告提出证据原件问题时，原告也未采取积极回应措施，因此原告应当承担相应的不利后果。在专利无效宣告程序中请求人负有举证责任，被告并无帮助请求人完善证据形式的法定职责，因此原告认为被告没有履行告知其提交证据原件义务违法的诉讼主张没有法律依据，本院不予支持。综上，被告对原告提交的不符合法定形式的证据不予采纳并无违法之处。

本案争议的焦点问题二为：本专利权利要求2~7是否应被宣告无效。原告认为因为权利要求1无效，所以其从属权利要求2~7相应也无效。根据《专利法实施细则》第二十一条第三款的规定，“从属权利要求应当用附加的技术特征，对引用的权利要求作进一步的限定”，因此从属权利要求并不因其所引用的权利要求无效而必然无效，原告的主张缺乏法律依据，本院不予支持。原告认为依据其在行政程序中提交的证据3，权利要求2~7不具有新颖性和创造性，但该理由在行政程序中未提出，依据专利无效宣告请求的请求原则，本院不予支持。原告认为权利要求4~7所要求保护的方法属于常规化学实验方法，但其没有提交相关的证据予以证明，因此其主张缺乏事实根据，本院不予支持。综上，被告对权利要求2~7的审查决定正确，本院予以支持。

本案争议的焦点问题三为：本专利权利要求8~12是否应被宣告无效的问题。原告认为，根据其在行政程序中提交的证据1、2、4~14，权利要求8~12应当宣告无效。由于原告所述证据在行政程序中依法不应予以采纳，所以原告该主张缺乏事实根据，本院不予支持。

本案争议的焦点问题四为：本专利权利要求13是否应被宣告无效的问题。原告认为，根据其在行政程序中提交的证据3，权利要求13应当宣告无效。但原告在行政程序中并未提出该理由，因此依据专利无效宣告请求的请求原则，本院对原告该项主张不予支持。

本案争议的焦点问题五为：本专利权利要求1、2是否符合《专利法实施细则》第二十六条第三款的规定。原告认为，权利要求1、2中“一个碳到八个碳的脂肪酸及其脂类”在本专利说明书中未充分公开。根据本专利说明书，对麝鼠香活性组分中所含的一个碳到二十八碳的脂肪酸及其脂类的具体种类并无限定，因此被告认定本专利说明书是否穷尽列举所述麝鼠香活性组分中的所有脂肪酸及其酯类并不影响本领域技术人员实施该方案，该认定具有事实根据，本院予以支持。

原告对第10301号决定涉及的其他实体和程序问题未提出争议，本院经审查对其合法性予以确认。

综上，第10301号决定认定事实清楚，适用法律正确，程序合法，本院应予维持。原告的诉讼请求，缺乏事实和法律依据，本院不予支持。依照《中华人民共和国行政诉讼法》第五十四条第（一）项，判决如下：

维持被告国家知识产权局专利复审委员会作出的第10301号无效宣告请求审查决定。

案件受理费100元，由原告中国农业科学院特产研究所负担（已交纳）。

如不服本判决，可在判决书送达之日起15日内向本院提交上诉状，并按对方当事人的人数提交副本，预交上诉案件受理费100元，上诉于北京市高级人民法院。

审 判 长 吴月
代理审判员 胡华峰
人民陪审员 陈 辉
二〇〇八年一月三十日
书 记 员 郎莉萍

032

# 一种猪皮狗咬胶的加工方法

## 无效宣告请求审查决定（第10303号）

决　　定　　号　第10303号
决　　定　　日　2007年7月31日
发明创造名称　一种猪皮狗咬胶的加工方法
国 际 分 类 号　A23K 1/18，A23K 1/10
无效宣告请求人　平阳县宠物用品公司
专　利　权　人　谢怀恩
专　　利　　号　01105819.6
申　　请　　日　2001年3月31日
授 权 公 告 日　2004年5月19日
合 议 组 组 长　叶　娟
主　　审　　员　刘玉玲
参　　审　　员　吴通义

法　律　依　据　专利法第33条，专利法实施细则第20条第1款，专利法第26条第4款，专利法第22条第3款

决　定　要　点

当用多篇现有技术结合评价一项权利要求的创造性时，假如权利要求和最接近的现有技术的区别技术特征并不是另一份对比文件中所披露的相关技术手段，该技术手段在该对比文件中所起的作用与该区别技术特征在要求保护的发明中所起的作用并不相同，则要求保护的发明对本领域的技术人员来说是非显而易见的。

### 一、案由

本专利权无效宣告请求案涉及国家知识产权局于2004年5月19日公告授予的、名称为“一种猪皮狗咬胶的加工方法”的01105819.6号发明专利权（下称本专利），其申请日为2001年3月31日，公开日为2004年5月19日，专利权人为谢怀恩（2004年12月17日由原专利权人朱招宠变更而来）。本专利授权公告的权利要求书如下：

“1. 一种猪皮狗咬胶的加工方法，其主要加工过程包括猪原皮经脱脂、脱毛工艺处理，再经劈皮取其中第一、二、三、四层生皮料，再经脱脂、漂洗、晒干成为成品皮，成品皮再经裁切、浸泡、塑编成形、烘干成为皮制成型品，其特征在于：皮制成型品经熏烤实现加色、加味得到成品猪皮狗咬

胶，熏烤所用的熏料由一种淀料类熏料和一种糖类熏料组成。

2．根据权利要求1所述的猪皮狗咬胶的加工方法，其特征在于：淀料类熏料的质量占所有熏料总质量的50％～65％，糖类熏料的质量占所有熏料总质量的35％～45％。

3．根据权利要求1或2所述的猪皮狗咬胶的加工方法，其特征在于：淀料类熏料是番薯丝或谷糠或大米，糖类熏料是赤砂糖或原糖或黄糖或土制片糖。

4．根据权利要求3所述的猪皮狗咬胶的加工方法，其特征在于：熏料由番薯丝和赤砂糖组合而成，其中番薯丝占熏料总质量的60％，赤砂糖占熏料总质量的40％。

5．根据权利要求1所述的猪皮狗咬胶的加工方法，其特征在于：其中的熏烤工艺是利用包括烟雾发生器（1）、熏笼（2）、笼架（3）、笼盖（4）在内的熏烤设备，将成型品置于笼架（3）上方，将熏料置于烟雾发生器（1）内，加热烟雾发生器（1）使熏料因受热和缺氧碳化而产生热烟雾、热烟雾上升至笼盖（4）随后缓慢回落至笼架（3）并和笼架（3）上的成型品接触结合得到成品猪皮狗咬胶。

6．根据权利要求5所述的猪皮狗咬胶的加工方法，其特征在于：当熏笼（2）直径大于50cm并小于120cm时，烟雾发生器（1）至笼架（3）的距离不小于20cm，笼架（3）至笼盖（4）的距离不大于25cm。

7．一种猪皮狗咬胶的加工方法，其主要加工过程包括猪原皮经脱脂、脱毛工艺处理，再经劈皮取其中第一、二、三、四层生皮料，再经脱脂、漂洗、晒干成为成品皮，成品皮再经粉碎、加黏合剂搅拌、模压成形、烘干成为粘制成型品，其特征在于：粘制成型品经熏烤实现加色、加味得到成品猪皮狗咬胶，熏烤所用的熏料由一种淀料类熏料和一种糖类熏料组成。

8．根据权利要求7所述的猪皮狗咬胶的加工方法，其特征在于：淀料类熏料的质量占所有熏料总质量的55％～65％，糖类熏料的质量占所有熏料总质量的35％～45％。

9．根据权利要求7或8所述的猪皮狗咬胶的加工方法，其特征在于：淀料类熏料是番薯丝或谷糠或大米，糖类熏料是赤砂糖或原糖或黄糖或土制片糖。

10．根据权利要求9所述的猪皮狗咬胶的加工方法，其特征在于：熏料由番薯丝和赤砂糖组合而成，其中番薯丝占熏料总质量的60％，赤砂糖占熏料总质量的40％。

11．根据权利要求7所述的猪皮狗咬胶的加工方法，其特征在于：其中的熏烤工艺是利用包括烟雾发生器（1）、熏笼（2）、笼架（3）、笼盖（4）在内的熏烤设备，将成型品置于笼架（3）上方，将熏料置于烟雾发生器（1）内，加热烟雾发生器（1）使熏料因受热和缺氧碳化而产生热烟雾、热烟雾上升至笼盖（4）随后缓慢回落至笼架（3）并和笼架（3）上的成型品接触结合得到成品猪皮狗咬胶。

12．根据权利要求11所述的猪皮狗咬胶的加工方法，其特征在于：当熏笼（2）直径大于50cm并小于120cm时，烟雾发生器（1）至笼架（3）的距离不小于20cm，笼架（3）至笼盖（4）的距离不大于25cm。”

针对上述专利权，平阳县宠物用品公司（下称请求人）于2006年9月22日向专利复审委员会提出专利权无效宣告请求，认为权利要求1～12不符合专利法第22条第3款，权利要求1～12不符合专利法第33条、本专利不符合专利法第26条第3款、第4款以及权利要求1～12不符合专利法实施细则第20条第1款的规定。请求人同时提交了以下附件：

附件1：专利号为US5047231的美国专利，公开日为1991年9月10日，复印件共9页，及其译文共15页；

附件2：专利号为GB2332851A的英国专利，公开日为1999年7月7日，复印件共11页；

附件3：专利号为US4702929的美国专利，公开日为1987年10月27日，复印件共7页，及其译文共10页；

附件4：专利号为US6060100的美国专利，公开日为2000年5月9日，复印件共4页，及其译文共7页；

附件5：中国烹饪百科全书（1995年版），中国烹饪百科全书编委会，中国大百科全书编辑部编，中国大百科全书出版社出版，1992年2月第1版，1995年4月印刷，封面页、出版信息页和正文第660页，复印件共3页；

附件6：由中华人民共和国国家知识产权局专利复审委员会作出的第5983号《无效宣告请求审查决定书》，复印件共7页；

附件7：本专利授权公告文本，复印件共10页；

附件8：本专利公开文本，公开日为2002年9月18日，公开号为CN1369197A，复印件共6页；

依据上述附件，请求人认为：

（1）附件1～3均公开了本专利前序部分的技术特征，比如附件1公开了一种“最好为牛皮，也可为……猪皮”来制作宠物制品的方法，将生皮进行浸灰脱毛、然后脱脂，再被分开或者分离成2个等厚度的部分或层，由于采用的是石灰方法除毛，必须采用流水漂除，也即公开了漂洗程序，……生皮可以塑型，处理过的生皮被烘干等内容，因此，附件1完全公开了本专利权利要求1、7的前序部分的技术特征。附件5公开了生熏的熏料可以是“白糖和熟米饭”；附件4公开了以牛的胃肠器官制造宠物咀嚼产品，包括将其置于熏室内熏制的步骤，因此，权利要求1、7的特征部分“经熏烤实现加色、加味得到成品猪皮狗咬胶”的技术特征不具有创造性，综上，附件1～5单独或者结合公开了权利要求1、7的所有技术特征，因此，权利要求1、7不具有创造性；

（2）权利要求2和8附加技术特征中的数值范围、权利要求3和9中限定的熏料、权利要求4和10中限定的成分和比例都是本领域的常规选择，也没有带来意想不到的技术效果，因此这些权利要求也不具备创造性。同时，附件5公开了生熏的熏料可以是“白糖和熟米饭”，在此基础上，本领域技术人员可以很轻易的选择权利要求3、9限定的其他物质，因此权利要求3、9也不具备创造性；

（3）权利要求5～6、11～12限定了熏烤设备，附件6是关于该熏烤设备本身的一份生效无效宣告请求审查决定书，该决定书中认为该熏烤设备相对于现有技术不具备创造性，因此权利要求5～6、11～12不具备创造性。

（4）授权的权利要求的修改超出公开文本的内容，不符合专利法第33条的规定。

（5）本案专利不符合专利法第26条第3款、第4款和专利法实施细则第20条第1款的规定：权利要求1中限定的是“熏烤所用的熏料由一种淀粉类熏料和一种糖类熏料组成”，但在说明书中第4页最后一行记载的是“熏烤工艺中所使用的熏料主要由一种淀粉类熏灶如番薯丝或谷糠或大米和另一种糖类熏料如赤砂糖或原糖或黄糖或土制片糖组合而成”。本案权利要求限定的是“其主要加工过程包括……”也是不清楚的，因此同时不符合专利法实施细则第20条第1款的规定。

经形式审查合格后，专利复审委员会受理了上述请求，于2006年9月25日向双方当事人发出《无效宣告请求受理通知书》，并将《专利权无效宣告请求书》及其附件副本转送给专利权人，要求其在指定的期限内答复，同时成立合议组对本无效宣告请求案进行审理。

2006年9月28日，请求人提交了附件2的译文（共7页）。

2006年10月8日，请求人提交了《专利权无效宣告请求书》正文第1页的替换页，将请求宣告无效的专利名称由“宠物咀嚼用猪皮漂白发泡工艺及其制品”补正为“一种猪皮狗咬胶的加工方法”。

专利权人于2006年11月3日提交了意见陈述，认为：

（1）附件2没有提交译文，因此不予考虑；

（2）附件1没有公开权利要求1、7前序部分的技术特征：附件1公开了一种含有无机焦磷酸盐的生皮，制造这种生皮的原料和本专利都是猪原皮，该制造方法包括浸灰工艺、脱毛工艺、浸泡或喷洒和干燥工艺，上述工艺仅仅公开了权利要求1、7前述部分的“（1）对猪原皮进行脱脂、脱毛处理”，尽管制造无机焦磷酸盐的生皮的方法中包括干燥工艺，但该工艺与本专利中的“步骤（4）将经过脱脂、漂洗的生皮料晒干成为成品和步骤（8）将塑编成形的湿成品皮条烘干成为皮制品成品”都不同，附件1的制造这种无机焦磷酸盐的生皮的方法中的干燥工艺是该方法中的最后工序，而本专利中的“晒干”和“烘干”步骤都是制造的中间工序。附件1中也可在浸灰工艺前将皮、皮毛或皮革分成两相等厚度的层，但与本专利中的“（2）劈皮取其中的第一、二、三、四层生皮料”不同，附件1的“劈皮”工序是该方法中的起始工序，而本专利中的“劈皮”工序是在“（1）对猪原皮进行脱脂、脱毛工艺处理”之后进行的，属于中间工序，本专利的方法中包括两次脱脂，两次干燥步骤和其他步骤，每个步骤对于制作最后的成品都是必需的，另外本专利方法制作的产品和附件1制作的产品也不相同；

（3）附件3没有公开权利要求1、7前序部分的技术特征：附件3公开了“一种咀嚼物的生产方法”，该方法所用的原材料“生皮、碎皮或者皮的分层”，与本专利的原料“猪原皮”不同，附件3中的方法包括“中和工艺、脱水工艺、干燥工艺、粉碎工艺、混合工艺、挤出成形工艺和烘干工艺”，这些工艺中没有本专利中的两次脱脂步骤和劈皮步骤；

（4）附件4没有公开权利要求1、7前序部分的技术特征：附件4公开了一种“制备宠物咀嚼产品的方法”，该方法中所用的原料“野牛的胃肠器官”与本专利的原料“猪原皮”不同，也没有公开权利要求1、7前序部分的任何技术特征；

（5）即便是将附件1、3和4结合也没有公开权利要求1、7前序部分的所有技术特征；

（6）附件4没有公开权利要求1、7特征部分的所有技术特征，也没有任何技术启示：附件4公开的制备宠物咀嚼产品的方法中虽然包括熏制步骤，但他们熏制的对象并不相同，附件4熏制的是“干燥的胃肠器官条”，而本专利熏制的是“猪皮塑编成形的皮制成型品或模压成形的猪皮颗粒粘制成型品”，附件4也没有记载“熏烤所用的熏料由一种淀粉类熏料和一种糖类熏料组成”，另外，附件4明确教导“生牛皮因为不可消化所以对狗的健康不利”、“这个方法使得咀嚼用品没有化学物质没有防腐剂，也不是用生牛皮制成，使得咀嚼用品更易于消化”，上述内容彻底排除了以牛皮为原料制作宠物用品的可能，本领域技术人员也不可能从上述内容得到采用熏制工艺制作以皮为原料的宠物咀嚼用品的技术启示；

（7）附件5没有公开权利要求1、7特征部分的所有技术特征，也没有任何技术启示：附件5公开了熏制人类食品和菜肴的方法和装置，但没有涉及熏制“猪皮塑编成形的皮制成型品或模压成形的猪皮颗粒粘制成型品”来制作人类的食品，人类的食品和菜肴与宠物食品属于两个完全不同的技术领域，本领域技术人员很难从附件5得到采用熏制工艺制作以皮为原料的宠物咀嚼用品的技术启示；

（8）综上，权利要求1、7相对于附件1、3～5具备创造性，其从属权利要求2～6、8～12也具备创造性；

（9）本专利权利要求书修改符合专利法第33条的规定；

（10）权利要求涉及的“其主要加工过程包括……”是清楚的，说明书也清楚完整，符合专利法第26条第3款的规定，权利要求书得到说明书的支持，符合专利法第26条第4款规定。

2007年1月18日，本案合议组将请求人于2006年9月28日和2006年10月8日提交的文件副本转送给专利权人，并要求其在自收到之日起一个月内作出答复。

2007年2月25日，专利权人针对专利复审委员会于2007年1月18日转送的文件作出答复，认为：权利要求1、7相对于附件2具有创造性：附件2提供一种对宠物来说咀嚼起来柔软、卫生和安全的生皮咀嚼品，其制备工艺包括（1）将牛皮分层剥开；（2）进行完全洗涤，使其变得柔软；（3）浸泡在过氧化氢溶液中，杀死细菌；（4）成张的湿皮浸泡在保湿剂中，或将湿皮切成小颗粒，然后与保湿剂结合；（5）将成张的浸泡在保湿剂的湿皮脱水、干燥后制成生皮咀嚼品，或将浸泡有保湿剂的湿皮小颗粒与黏合剂混合，挤压成所需形状，制成生皮咀嚼品，或将水、保湿剂和黏合剂混合，加热到一定温度，再与碎干生皮混合，挤压成所需形状，制成生皮咀嚼品。比较可知附件2的制备工艺根本没有公开权利要求1、7前序部分的任何技术特征，即便是将附件1~4结合也没有公开上述权利要求的前序部分的所有技术特征，同时附件2也没有公开权利要求1、7特征部分的所有技术特征，也没有对形成权利要求1、7特征部分的所有技术特征带来任何技术启示。

2007年3月15日，本案合议组向双方当事人发出《无效宣告请求口头审理通知书》，拟定于2007年5月24日对本案进行口头审理。同时，专利复审委员会本案合议组将专利权人于2006年11月3日和2007年2月25日提交的意见陈述书及其附件副本转送给请求人。

2007年5月24日口头审理如期进行。双方当事人均委托代理人参加了口头审理，口头审理过程中合议组对请求人提出的无效宣告请求理由和事实进行了充分调查，并听取了双方当事人的陈述，其中认定的事实如下：（1）专利权人对所有附件的真实性、合法性、关联性均无异议，并且对附件1~4译文的准确性也无异议；（2）请求人放弃了附件2作为证据使用；（3）请求人放弃本专利不符合专利法第26条第3款规定的无效宣告请求理由；（4）请求人增加了说明书不符合专利法第33条的无效宣告请求理由；（5）请求人增加权利要求2、6、8、12不符合专利法第26条第4款的无效宣告请求理由，其所依据的事实为：a. 权利要求2和8记载的是55%~65%，而说明书记载的是15%~65%；b. 权利要求6、12是“不小于20cm”，“不大于25cm”，而在说明书第4页第2段看不出包括“20”和“25”；（6）请求人明确权利要求1~12不符合专利法实施细则第20条第1款规定的无效宣告请求理由所依据的事实为“其主要加工过程包括……”不清楚；（7）请求人明确其主张权利要求1不符合专利法第26条第4款的规定的无效宣告请求理由所依据的事实为：权利要求1限定的是“熏烤所用的熏料由一种淀粉类熏料和一种糖类熏料组成”，但在说明书中第4页最后一行记载的是“在熏烤工艺中所使用的熏料主要由一种淀粉类熏料如番薯丝或谷糠或大米和另一种糖类熏料如赤砂糖或原糖或黄糖或土制片糖组合而成”；（8）请求人明确本专利不符合专利法第22条第3款规定的无效宣告请求理由的证据的结合方式仅为：a. 权利要求1~6相对于附件1和5的结合或者附件1、4~5的结合不具备创造性，两种结合方式中都以附件5为最接近的现有技术；b. 权利要求7~12相对于附件1、3、5的结合不具备创造性，其中附件5为最接近的现有技术。

至此，合议组认为本案事实已经清楚，可以依法作出审查决定。

**二、决定的理由**

1. 无效宣告请求的理由和范围

请求人在口头审理时要求增加以下无效宣告请求的具体理由和事实：（1）说明书的修改不符合专利法第33条；和（2）权利要求2、6、8、12不符合专利法第26条第4款的无效宣告请求理由，其所依据的事实为：a. 权利要求2和8记载的是55%~65%，而说明书记载的是15%~65%；b. 权利要求6、12是“不小于20cm”，“不大于25cm”，而在说明书第4页第2段中看不出包括“20”和“25”。请求人在口头审理时增加的上述无效宣告请求理由是在无效宣告请求日起1个月后提出的，依据专利法实施细则第66条的规定本案合议组对这些新增理由和事实不予考虑。

请求人在口头审理时明确其主张本专利不符合专利法第22条第3款规定的理由和范围是：a. 权利要求1～6相对于附件1和5的结合或者附件1、4～5的结合不具备创造性，两种结合方式中都以附件5为最接近的现有技术；b. 权利要求7～12相对于附件1、3、5的结合不具备创造性，其中附件5为最接近的现有技术。

请求人在口头审理中明确放弃本专利不符合专利法第26条第3款规定的无效宣告请求理由。

综上，合议组对本无效宣告请求案的审理范围是：（1）权利要求1～12是否符合专利法第33条的规定；（2）权利要求1～12是否符合专利法实施细则第20条第1款的规定；（3）权利要求1是否符合专利法第26条第4款的规定；（4）权利要求1～6相对于附件1和5的结合或者附件1、4～5的结合是否具备创造性；权利要求7～12相对于附件1、3、5的结合是否具备创造性。

2. 关于证据

请求人在口头审理时明确放弃附件2，因此，合议组对附件2不予考虑。

专利权人对附件1、3～8的真实性、合法性、关联性、公开性均没有异议，合议组对其真实性、合法性、关联性予以确认。附件1、3～5的公开日均早于本专利的申请日，因此，它们可以作为本专利的现有技术用于评价本专利权利要求的新颖性和创造性。

专利权人认可附件1、3～5的中文译文的准确性，因此，合议组对上述附件的中文译文准确性予以确认。

3. 关于专利法第33条

专利法第33条规定：申请人可以对其专利申请文件进行修改，但是，对发明专利申请文件的修改不得超出原说明书和权利要求书记载的范围。

根据该款规定，原说明书和权利要求书记载的范围包括原说明书和权利要求书文字记载的内容和根据原说明书和权利要求书文字记载的内容以及说明书附图能直接地、毫无疑义地确定的内容。对于权利要求的修改，可以通过增加独立权利要求的技术特征来改变该独立权利要求请求保护的范围，只要经修改后的权利要求的技术方案已清楚地记载在原说明书和权利要求中，就应该允许，这种修改符合专利法第33条的规定。

本案中，独立权利要求1相对于原独立权利要求1增加了技术特征“熏烤所用的熏料由一种淀粉类熏料和一种糖类熏料组成”，该增加的技术特征记载在原权利要求4中，而且在原权利要求书中，权利要求4是权利要求1的从属权利要求，是对权利要求1中的熏烤用熏料进行的进一步限定，因此，修改后的权利要求1属于原权利要求4中多个并列技术方案之一，权利要求1的技术方案清楚的记载在原权利要求书中，权利要求1的修改符合专利法第33条的规定。

权利要求2～3的附加技术特征都记载在原权利要求4中，权利要求2～3分别属于原权利要求4中多个并列技术方案之一，因此，权利要求2～3的修改符合专利法第33条的规定。

权利要求4的附加技术特征记载在原权利要求5中，而且在原权利要求书中，权利要求5是权利要求4的从属权利要求，是对权利要求4中的熏烤用熏料组分含量的进行进一步限定，因此，修改后的权利要求4的技术方案清楚的记载在原权利要求书中，权利要求4的修改符合专利法第33条的规定。

权利要求5～6的附加技术特征分别记载在原权利要求2～3中，而且在原权利要求书中，权利要求2～3是权利要求1的从属权利要求，是对权利要求1中的熏烤工艺的进一步限定，因此，修改后的权利要求5～6的技术方案清楚的记载在原权利要求书中，权利要求5～6的修改符合专利法第33条的规定。

独立权利要求 7 相对于原独立权利要求 6 增加了技术特征“熏烤所用的熏料由一种淀粉类熏料和一种糖类熏料组成”，该增加的技术特征记载在原权利要求 9 中，而且在原权利要求书中，权利要求 9 是权利要求 6 的从属权利要求，是对权利要求 6 中的熏烤用熏料进行的进一步限定，因此，修改后的权利要求 7 属于原权利要求 9 中的多个并列技术方案之一，权利要求 7 的技术方案清楚的记载在原权利要求书中，权利要求 7 的修改符合专利法第 33 条的规定。

权利要求 8 ~ 9 的附加技术特征都记载在原权利要求 9 中，权利要求 8 ~ 9 分别属于原权利要求 9 中的多个并列技术方案之一，因此，权利要求 8 ~ 9 的修改符合专利法第 33 条的规定。

权利要求 10 的附加技术特征记载在原权利要求 10 中，而且在原权利要求书中，权利要求 10 是权利要求 9 的从属权利要求，是对权利要求 9 中的熏烤用熏料组分含量进行的进一步限定，因此，修改后的权利要求 10 的技术方案清楚的记载在原权利要求书中，权利要求 10 的修改符合专利法第 33 条的规定。

权利要求 11 ~ 12 的附加技术特征分别记载在原权利要求 7 ~ 8 中，而且在原权利要求书中，权利要求 7 ~ 8 是权利要求 6 的从属权利要求，是对权利要求 6 中的熏烤工艺的进一步限定，因此，修改后的权利要求 11 ~ 12 的技术方案清楚的记载在原权利要求书中，权利要求 11 ~ 12 的修改符合专利法第 33 条的规定。

综上，权利要求 1 ~ 12 的修改都符合专利法第 33 条的规定。

4. 关于专利法实施细则第 20 条第 1 款

专利法实施细则第 20 条第 1 款规定：权利要求书应当说明发明的技术特征，清楚、简要地表述请求保护的范围。

开放式的权利要求表示该权利要求还包含没有述及的并非必需的组成部分或者方法步骤。

本案中，权利要求 1 ~ 12 都涉及“其主要加工过程包括……”，是开放式权利要求的一种撰写方式，该术语表示权利要求 1 ~ 12 的方法中还可以含有上述权利要求中没有述及的方法步骤，其含义是清楚的，因此，权利要求 1 ~ 12 符合专利法实施细则第 20 条第 1 款的规定。

5. 关于专利法第 26 条第 4 款

专利法第 26 条第 4 款规定：权利要求书应当以说明书为依据，说明要求专利保护的范围。

如果权利要求所要求保护的技术方案是所述技术领域的技术人员能够从说明书充分公开的内容中得到或者概括得出的技术方案，那么，该权利要求能够得到说明书的支持。

本案中，权利要求 1 限定的是“熏烤所用的熏料由一种淀粉类熏料和一种糖类熏料组成”，请求人认为：说明书中第 4 页最后一段记载的是“在熏烤工艺中所使用的熏料主要由一种淀粉类熏灶如番薯丝或谷糠或大米和另一种糖类熏料如赤砂糖或原糖或黄糖或土制片糖组合而成”，因此，权利要求 1 不符合专利法第 26 条第 4 款的规定。对此，合议组认为：权利要求 1 的“主要由……组成”是一种开放式撰写方式，表明熏料还可以含有淀粉类和糖类以外的并非必需的组分，但权利要求 1 也包括仅仅由淀粉类和糖类组成的熏料的技术方案；另外，说明书第 5 页进一步记载：“当淀粉类熏料的质量占所有熏料总重量的 55％ ~65％，糖类熏料的质量占所有熏料总重量的 35％ ~45％”，上述淀粉类熏料和糖类熏料百分比亦表明说明书记载了熏料由淀粉类熏料和糖类熏料组成的技术方案，可见从说明书公开充分的内容中能够概括得到权利要求 1 的技术方案，权利要求 1 得到说明书的支持，符合专利法第 26 条第 4 款的规定。

6. 关于专利法第 22 条第 3 款

专利法第 22 条第 3 款规定：创造性是指同申请日以前已有的技术相比，该发明有突出的实质性特点和显著的进步，该实用新型有实质性特点和进步。

当用多篇现有技术结合评价一项权利要求的创造性时，假如权利要求和最接近的现有技术的区别技术特征并不是另一份对比文件中所披露的相关技术手段，该技术手段在该对比文件中所起的作用与该区别技术特征在要求保护的发明中所起的作用并不相同，则要求保护的发明对本领域的技术人员来说是非显而易见的。

（1）关于权利要求1的创造性。

权利要求1要求保护一种猪皮狗咬胶的加工方法，其主要加工过程包括猪原皮经脱脂、脱毛工艺处理，再经劈皮取其中第一、二、三、四层生皮料，再经脱脂、漂洗、晒干成为成品皮，成品皮再经裁切、浸泡、塑编成形、烘干成为皮制成型品，其特征在于：皮制成型品经熏烤实现加色、加味得到成品猪皮狗咬胶，熏烤所用的熏料由一种淀料类熏料和一种糖类熏料组成。

附件5公开了一种熏烤食品的方法，熏料可以白糖（糖类的一种）和熟大米（淀粉的一种）（参见附件5第660页）。

将权利要求1和附件5相比可见，二者的区别技术特征在于：①权利要求1包括使用猪原皮制备皮制成型品的工艺步骤，但附件5中不包括这些步骤，具体为：加工过程包括猪原皮经脱脂、脱毛工艺处理，再经劈皮取其中第一、二、三、四层生皮料，再经脱脂、漂洗、晒干成为成品皮，成品皮再经裁切、浸泡、塑编成形、烘干成为皮制成型品；②权利要求1的熏烤应用于宠物食品猪皮狗咬胶，而附件5应用于食品（通常为人类食品）。由此确定本发明实际要解决的技术问题是在于将猪原皮加工为皮制成型品后，将熏烤工艺应用于猪皮狗咬胶中，以解决猪皮由于存在毛孔粗、富含油脂，使得猪皮狗咬胶外观粗糙、呆板、无光泽、呈粉白色、有原皮味和生油味，且由于其油腻表面极难吸附色素和味精，而无法染色及加味，同时易受潮霉变的技术问题，具有加色、加味的效果。

附件1公开了一种制造生皮的方法，用“生皮最好为牛皮，也可为……猪皮”来制作宠物制品，生皮制备方法包括将生皮通过浸灰工艺、脱毛工艺松脱毛发（相当于本专利的脱毛步骤），浸灰以后，皮毛的有肉一面的任何脂肪通过刮肉工艺去除（相当于本专利的脱脂步骤），最后进行空气干燥。皮、皮毛或皮革经常被分开或分离成2个等厚度的部分或层。准备好的生皮用刀具剪切成条。产品可以是任何形状的生皮，比如生皮条、由片或条组成的球等，生皮可以塑型（参见附件1译文第9~13页）。可见，附件1仅仅公开了权利要求1中加工过程中的脱脂、脱毛工艺，尽管附件1公开了“皮、皮毛或皮革经常被分开或分离成2个等厚度的部分或层”，“准备好的生皮用刀具剪切成条”，但这两个步骤是在浸灰工艺之前的步骤，并不等同于本专利的在脱脂、脱毛之后的劈皮步骤，和成品皮再经裁切、浸泡、塑编成形、烘干成为皮制成型品的步骤，而且本专利在上述两步骤之间还包括再经脱脂、漂洗、晒干成为成品皮的步骤，即附件1公开的对猪皮的加工步骤和本专利的制备皮制成型品的加工步骤并不相同，而且也没有公开将熏烤工艺用于猪原皮的加色、加味。

由此可见，附件1和5都没有公开和教导权利要求1的制备皮制成型品的工艺步骤，也没有教导利用糖类和淀粉类作为熏料进行熏烤来给所制备的皮制成型品加色、加味，权利要求1的技术方案相对于附件1和5来说是非显而易见的。而且，由于本专利将熏烤工艺用于猪原皮的加色、加味的动机在于发现猪原皮和牛皮之间不同，猪皮由于存在毛孔粗、富含油脂，该特点和牛皮的毛孔细、油脂少的特点不同，使得通常可以用于牛皮的用食品颜料、味素直接作用的加色、加味工艺并不能使得猪原皮达到相同的效果，而熏烤工艺却可以使得猪原皮达到和牛皮用食品颜料、味素直接作用类似的加色、加味效果，上述技术效果是本领域普通技术人员预料不到的，因此，权利要求1相对于附件5和1具有突出的实质性特点和显著的进步，符合专利法第22条第3款的规定。

附件4公开了以牛的胃肠器官制造宠物咀嚼产品，该产品的制备方法包括将胃或肠去除任何可见的脂肪（类似于本专利的脱脂），清理好的胃肠被裁切成条并干燥，这些条被置于架子上，架子被置于熏室内熏制（参见附件4译文第3页）。可见，附件4没有公开制备皮制成型品的工艺步骤，而且附件4明确教导由于生牛皮不可消化，对狗的健康特别不利，基于附件4的内容，本领域技术人员不会显然地用动物皮制备宠物咀嚼用品，也不会显然地将附件4公开的熏烤工艺用于皮制的动物咀嚼用品的处理。即便是将附件5、1结合附件4，仍然没有公开权利要求1猪原皮的制备皮制成型品的工艺步骤和熏烤工艺，因此，权利要求1相对于附件5、1、4的结合仍然具有突出的实质性特点和显著的进步，符合专利法第22条第3款的规定。

（2）关于权利要求2～6的创造性。

基于权利要求1具有创造性，其从属权利要求2～6也都具有创造性，符合专利法第22条第3款的规定。

（3）关于权利要求7的创造性。

权利要求7要求保护一种猪皮狗咬胶的加工方法，其主要加工过程包括猪原皮经脱脂、脱毛工艺处理，再经劈皮取其中第一、二、三、四层生皮料，再经脱脂、漂洗、晒干成为成品皮，成品皮再经粉碎、加黏合剂搅拌、模压成形、烘干成为粘制成型品，其特征在于：粘制成型品经熏烤实现加色、加味得到成品猪皮狗咬胶，熏烤所用的熏料由一种淀料类熏料和一种糖类熏料组成。

附件5公开了一种熏烤食品的方法，熏料可以白糖（糖类的一种）和熟大米（淀粉的一种）（参见附件5第660页）。

可见权利要求7和附件5的区别技术特征在于：（1）权利要求7包括使用猪原皮制备粘制成型品的工艺步骤，但附件5中不包括这些步骤，具体为：加工过程包括猪原皮经脱脂、脱毛工艺处理，再经劈皮取其中第一、二、三、四层生皮料，再经脱脂、漂洗、晒干成为成品皮，成品皮再经粉碎、加黏合剂搅拌、模压成形、烘干成为粘制成型品；（2）权利要求7的熏烤应用于宠物食品猪皮狗咬胶，而附件5应用于食品（通常为人类食品）。由此确定本发明实际要解决的技术问题在于将猪原皮加工为粘制成型品后，将熏烤工艺应用于猪皮狗咬胶中，以解决猪皮由于存在毛孔粗、富含油脂，使得猪皮狗咬胶外观粗糙、呆板、无光泽、呈粉白色、有原皮味和生油味，且由于其油腻表面极难吸附色素和味精，而无法染色及加味，同时易受潮霉变的技术问题，具有加色、加味的效果。

附件1公开了一种制造生皮的方法，用"生皮最好为牛皮，也可为……猪皮"来制作宠物制品，生皮制备方法包括将生皮通过浸灰工艺、脱毛工艺松脱毛发（相当于本专利的脱毛步骤），浸灰以后，皮毛的有肉一面的任何脂肪通过刮肉工艺去除（相当于本专利的脱脂步骤），最后进行空气干燥。皮、皮毛或皮革经常被分开或分离成2个等厚度的部分或层。准备好的生皮用刀具剪切成条。产品可以是任何形状的生皮，比如生皮条、由片或条组成的球等，生皮可以塑型（参见附件1译文第9～13页）。可见，附件1仅仅公开了权利要求7中加工过程中的脱脂、脱毛工艺，尽管附件1公开了"皮、皮毛或皮革经常被分开或分离成2个等厚度的部分或层"，"准备好的生皮用刀具剪切成条"，但这两个步骤是在浸灰工艺之前的步骤，并不等同于本专利的在脱脂、脱毛之后的劈皮步骤，而且本专利在上述步骤之后还包括再经脱脂、漂洗、晒干成为成品皮的步骤，即附件1公开的对猪皮的加工步骤和本专利的制备粘制成型品的加工步骤并不相同，而且也没有公开将熏烤工艺用于猪原皮的加色、加味。

附件3公开了一种咀嚼物，其原料为皮革厂的废弃皮料，如碎皮或碎皮的裁切品，将碎皮或碎皮的裁切品在碱液中脱水，经过剧烈搅拌与含有淀粉类物质相混合并通风，所述混合物在特定条件下通过一模压孔挤压成一定形状。所述咀嚼物包括加味剂，例如鱼粉或合成加味剂，如鸡肉、巧克力等；还包括加色剂，如食用品加色剂等（参见附件3译文第3～4页）。可见，附件3没有公开权利要求7的成品皮再经粉碎、加黏合剂搅拌、模压成形、烘干成为粘制成型品的步骤，也没有公开制备粘制成型品的其他工艺步骤，同时也没有公开将熏烤工艺用于猪原皮的加色、加味。

由此可见，附件3和5结合都没有公开和教导权利要求7的制备粘制成型品的工艺步骤，也没有教导利用糖类和淀粉类作为熏料进行熏烤来给所制备的粘制成型品加色、加味；而且，附件3公开了对咀嚼物进行加色、加味的化学试剂，上述工艺不同于本专利的对猪原皮加色、加味的熏烤工艺，基于附件3的内容，本领域技术人员不会显然地将附件5的熏烤工艺用于对皮料进行加色、加味的处理；而且，由于本专利将熏烤工艺用于猪原皮的加色、加味的动机在于发现猪原皮和牛皮之间不同，猪皮毛孔粗、富含油脂，而牛皮的毛孔细、油脂少，由此，使得通常可以用于牛皮的用食品颜料、味素直接作用的加色、加味工艺并不能使得猪原皮达到相同的效果，而熏烤工艺却可以使得猪原皮达到和牛皮用食品颜料、味素直接作用类似的加色、加味效果，上述技术效果是本领域普通技术人员预料不到的，因此，权利要求7相对于附件5、1和3的结合具有突出的实质性特点和显著的进步，符合专利法第22条第3款的规定。

（4）关于权利要求8～12的创造性。

基于权利要求7具有创造性，其从属权利要求8～12也具有创造性，符合专利法第22条第3款的规定。

基于以上事实和理由，本案合议组作出如下审查决定。

**三、决定**

维持01105819.6号发明专利权有效。

当事人对本决定不服的，可以根据专利法第46条第2款的规定，自收到本决定之日起三个月内向北京市第一中级人民法院起诉。根据该款的规定，一方当事人起诉后，另一方当事人应当作为第三人参加诉讼。

033

# 多层玻璃

## 无效宣告请求审查决定（第10365号）

**决　　定　　号**　第10365号
**决　　定　　日**　2007年8月14日
**发明创造名称**　多层玻璃
**国 际 分 类 号**　E06B 3/66
**无效宣告请求人**　东营胜明玻璃有限公司
**专 利 权 人**　王书泉
**专　　利　　号**　200520085373.X
**申　　请　　日**　2005年7月15日
**授 权 公 告 日**　2006年8月9日
**合 议 组 组 长**　李人久
**主　　审　　员**　叶　娟
**参　　审　　员**　何　炜

**法 律 依 据**　专利法第22条第3款
**决 定 要 点**

在判断一项实用新型权利要求的创造性时，如果现有技术中公开的信息足以使得本领域技术人员显而易见地想到该权利要求所保护的技术方案，且其技术效果也是可以预料的，则该权利要求不具备创造性。

### 一、案由

本无效宣告请求案涉及国家知识产权局于2006年8月9日公告授予的、名称为“多层玻璃”的200520085373.X号实用新型专利（下称本专利），其申请日为2005年7月15日，专利权人为王书泉。

本专利授权公告的权利要求书如下：

“1. 多层玻璃，至少3层玻璃组成，其特征在于至少有两层玻璃之间为夹胶，其中一层与另外一层或多层玻璃之间为中空。

2. 根据权利要求1所述的多层玻璃，其特征在于所说的玻璃可采用平板玻璃或变形玻璃。

3. 根据权利要求1或2所述的多层玻璃，其特征在于所说的玻璃可采用无色玻璃或有色玻璃。”

针对上述专利权，东营胜明玻璃有限公司（下称请求人）于2006年10月9日以本专利全部权利要求不符合专利法第26条第4款、专利法第22条第2款、第3款的规定为由向专利复审委员会提出专利权无效宣告请求，请求宣告该专利权无效。为支持其主张，请求人提交了以下证据：

附件1："建筑玻璃"，马眷荣等，化学工业出版社，封面页、内封面页、出版信息页、正文第28~33、36~40页，1999年7月第1版，2003年5月北京第3次印刷，复印件共11张；

附件2：GB 11944-89，"中空玻璃"，国家技术监督局1989年12月23日发布，1990年7月1日实施，中国标准出版社，1990年12月第一版，复印件共5页；

附件3：GB/T 11944-2002，"中空玻璃"，中华人民共和国国家质量监督检验检疫总局2002年6月12日发布，2002年10月1日实施，中国标准出版社，2002年9月第一版，复印件共6页；

附件4：GB 9962-1999，"夹层玻璃"，国家质量技术监督局1999年9月1日发布，2000年8月1日实施，中国标准出版社，1999年12月第一版，复印件共4页。

依据上述证据，请求人认为：(1) 附件1中公开了中空玻璃及其配片方式、夹层玻璃，根据附件1可知，在中空玻璃的配片方案中包括单层与单层构成中空，也可以采用夹层玻璃，夹层玻璃制成中空也已公开，根据附件1的教导和启示，本专利权利要求1在夹层玻璃基础上形成的单层与单层中空、或与多层中空方案没有实质性特点，其效果也是公知的，不具备创造性，权利要求2~3的技术方案在附件1中也已公开，因而也不具备创造性；(2) 根据附件2~4公开的内容可知，单层与单层，夹层玻璃均可以制成中空玻璃，本专利权利要求1~3与这些附件相比没有实质性特点和进步，不具备创造性；(3) 在权利要求1的技术方案中，中空形式包括其中一层与另一层、其中一层与多层，但说明书的具体实施方式中却没有公开一层与另一层的技术方案，只公开了一层与多层和多层与多层，因此，权利要求1及其从属权利要求2~3没有以说明书为依据，不符合专利法第26条第4款的规定。

经形式审查合格后，专利复审委员会受理了该无效宣告请求案，并于2006年10月9日向双方当事人发出《无效宣告请求受理通知书》，同时将《专利权无效宣告请求书》及其所附证据的副本转送给专利权人，要求其在指定期限内答复，同时成立合议组对本无效请求案进行审理。

2006年10月24日，请求人提交了补充意见陈述和以下新证据（编号续前）：

附件5："加工玻璃"，龙逸编著，武汉工业大学出版社，封面页、出版信息页、正文第107~109、209、210、227、229~233页，1999年6月第1版，1999年6月第1次印刷，复印件共13页；

附件6：中国实用新型专利说明书，专利号为ZL200320103601.2，授权公告号为CN2647632Y，授权公告日为2004年10月13日，复印件共5页。

结合上述新证据，请求人认为：(1) 附件5公开了夹层玻璃的结构形式，还公开了中空玻璃的结构和配片形式，明确说明了中空玻璃结构有双层、三层或多层，玻璃原片包括平板玻璃……夹层玻璃、夹丝夹网玻璃……因此，本专利与附件5比较没有创造性；(2) 附件6公开了一种多层中空玻璃，它与附件1、3、5的夹层玻璃组合，覆盖了本专利权利要求1的技术方案，并公开了本专利权利要求2~3的内容，因此，本专利与附件1与6、4与6、或5与6的结合相比，不具有创造性。

针对专利复审委员会发出的《无效宣告请求受理通知书》及其附件，专利权人于2006年12月18日作出答复，认为：(1) 请求人未曾指明附件1~4中与本专利最接近的对比文件，也未指明附件1~4的结合方式，而这四份附件均未披露本专利的全部技术特征，因此，无论是单独对比还是结合对比，请求人提交的附件1~4均无法支持其无效主张，本专利符合专利法第22条第2款、第3款的规定；(2) 权利要求1记载的内容与说明书"发明内容"部分第3~4行记载的内容无论形式还是实质内容均一致，且基于权利要求的前序部分和特征部分结合在一起解释，多层是由多个一层组成，根据本专利附图也可理解多层中的一层与另一层的解释，因此，本专利权利要求是以说明书为依据的，符合专利法第26条第4款的规定。

2007年3月5日，专利复审委员会将请求人于2006年10月24日提交的补充意见陈述及其附件副本转送给专利权人，并要求其在指定期限内答复。

2007年4月5日，专利复审委员会本案合议组分别向双方当事人发出《无效宣告请求口头审理通知书》，告知双方当事人专利复审委员会拟定于2007年5月17日对本无效宣告请求案进行口头审理。同时，合议组将专利权人于2006年12月18日提交的意见陈述书的副本转送给请求人，且要求其于口头审理之时针对转送的文件进行答复。

2007年5月17日，口头审理如期举行。双方当事人均委托代理人参加了口头审理。在口头审理过程中，双方当事人均确认已收到专利复审委员会转送的所有文件。口头审理中确认了以下事实：(1) 请求人放弃专利法第26条第4款、专利法第22条第2款的无效宣告请求理由；(2) 请求人放弃附件2；(3) 请求人出示了附件1、3~6的原件，专利权人对其真实性以及在本专利申请日之前确已公开无异议；(4) 请求人的无效宣告请求理由为：本专利权利要求1~3不具备专利法第22条第3款规定的创造性，所依据的证据为附件1、3~6，具体的证据使用方式为以下六种：附件1或5单独比较，附件1与5结合或附件5与6结合进行比较（两种结合方式中均附件5为最接近对比文件），附件1与6结合进行比较（其中以附件1为最接近对比文件），附件3与4结合进行比较（其中以附件3为最接近对比文件）；(5) 专利权人认为，在请求人提出的上述结合方式中，附件1与5结合的方式在其提出无效宣告请求之日起一个月内未具体说明，应不予考虑。合议组当庭告知双方当事人，合议组对以附件1、5结合评述本专利创造性的证据使用方式不予考虑，在本案的审理中不再调查。在口头审理过程中，双方针对本专利是否具有创造性进行了充分的意见陈述，发表了详细的意见。

至此，合议组认为本案的事实清楚，可以作出审查决定。

**二、决定的理由**

1. 关于无效宣告请求理由和范围的确定

由上述案由部分可知，本案确定的无效宣告请求理由是：本专利权利要求1~3不符合专利法第22条第3款的规定；所依据的证据为：附件1、3~6；具体的证据使用方式为：附件1或5单独比较，附件5与6结合进行比较（两种结合方式中均附件5为最接近对比文件），附件1与6结合进行比较（其中以附件1为最接近对比文件），附件3与4结合进行比较（其中以附件3为最接近对比文件）。

2. 证据认定

由于请求人在口头审理时明确放弃附件2，因此合议组对其不再评述。

专利权人对附件1、3~6的真实性无异议，合议组对其真实性予以确认。

附件1、3~6的公开时间依次分别为1999年7月、2002年9月、1999年12月、1999年6月、2004年10月，均在本专利申请日之前，因此均可作为本专利的现有技术用于评价本专利的创造性。

3. 关于专利法第22条第3款

专利法第22条第3款规定：创造性是指同申请日以前已有的技术相比，该发明有突出的实质性特点和显著的进步，该实用新型有实质性特点和进步。

在判断一项实用新型权利要求的创造性时，如果现有技术中公开的信息足以使得本领域技术人员显而易见地想到该权利要求所保护的技术方案，且其技术效果也是可以预料的，则该权利要求不具备创造性。

(1) 关于权利要求1的创造性。

权利要求1请求保护："多层玻璃，至少3层玻璃组成，其特征在于至少有两层玻璃之间为夹胶，其中一层与另外一层或多层玻璃之间为中空。”

附件5公开了一种中空玻璃，中空玻璃的结构有双层、三层或多层，其玻璃原片可以是普通平板玻璃或夹层玻璃（参见附件5第229页第6.5.1节）；夹层玻璃是由两片或两片以上玻璃，将有机材料胶合层嵌夹在两片玻璃之间，经加热、加压而制成的复合玻璃制品（参见附件5第107页第3.1.1节）。

根据附件5公开的上述信息，本领域普通技术人员可知，如果中空玻璃中至少有一层夹层玻璃，而其他层为夹层或非夹层玻璃，则该中空玻璃即至少由三层玻璃组成，且组成夹层玻璃的两层玻璃之间为夹胶，而夹层玻璃中的一层与中空玻璃中的其他夹层玻璃或非夹层玻璃之间形成中空，也即，得到权利要求1所保护的多层玻璃，对于本领域的技术人员来说，这是很容易想到的，权利要求1不具备实质性特点，且其技术效果也是可以预料的。

因此，权利要求1相对于附件5不具有创造性，不符合专利法第22条第3款的规定。

（2）关于权利要求2~3的创造性。

权利要求2~3均为权利要求1的从属权利要求，其附加技术特征部分分别为：“其特征在于所说的玻璃可采用平板玻璃或变形玻璃”和“其特征在于所说的玻璃可采用无色玻璃或有色玻璃”，也即，它们均对玻璃的具体种类作了进一步限定。

根据附件5可知，①根据夹层玻璃产品的外形分类，所述夹层玻璃可以是平夹层玻璃，也即产品的外形是平的，也可以是弯夹层玻璃，也即产品的外形有一个或两个方向是曲面的（参见附件5第109页倒数第1~6行“D”）；②玻璃的颜色可以有无色、茶色、蓝色、灰色、灰绿色、紫色、金色、银色等，也即，玻璃可以是无色玻璃或有色玻璃（参见附件5第229页第6.5.1节）。本领域技术人员知晓，夹层玻璃整体为平的或弯曲的，这必然意味着组成夹层玻璃的各层玻璃相应也应为平板或弯曲形状，因此，实际上权利要求2~3的附加技术特征均已被附件5公开，将这两个附加技术特征分别引入权利要求1的技术方案而各自得到权利要求2~3的技术方案对于本领域普通技术人员来说是显而易见的，且其技术效果也是可以预见的，因此，在权利要求1相对于附件5没有创造性的基础上，权利要求2~3相对于附件5也不具备实质性特点，因而不具备创造性。

综上所述，权利要求1~3相对于附件5没有创造性，不符合专利法第22条第3款的规定。

鉴于以上已经得出权利要求1~3相对于附件5不符合专利法第22条第3款的规定的结论，合议组对于其他证据不再进行评述。

根据上述事实和理由，本案合议组作出如下决定。

**三、决定**

宣告200520085373.X号实用新型专利权全部无效。

当事人对本决定不服的，可以根据专利法第46条第2款的规定，自收到本决定之日起三个月内向北京市第一中级人民法院起诉。根据该款规定，一方当事人起诉后，另一方当事人应当作为第三人参加诉讼。

034

# 治疗急、慢性胆囊炎、胆石症的药片及其制作方法

## 无效宣告请求审查决定（第10389号）

**决　定　号**　第10389号
**决　定　日**　2007年7月5日
**发明创造名称**　治疗急、慢性胆囊炎、胆石症的药片及其制作方法
**国际分类号**　A61K35/78，A61K33/04，A61K33/12，A61P1/16
**无效宣告请求人**　北京海步国际医药科技发展有限公司
**专　利　权　人**　合肥神鹿双鹤药业有限责任公司
**专　利　号**　02113191.0
**申　请　日**　2002年6月15日
**授权公告日**　2005年1月19日
**合议组组长**　何　炜
**主　审　员**　李梦楠
**参　审　员**　张晓飞

**法律依据**　专利法第22条第3款
**决定要点**

在判断一项权利要求是否具有创造性时，首先，应当确定现有技术中与其最接近的技术方案；继而，将该权利要求中所述技术方案和现有技术中最接近的技术方案进行比较，确定二者之间的区别技术特征，若该区别技术特征的引入是本领域技术人员为解决其技术问题很容易就能够想到的，则该权利要求的技术方案是显而易见的。

### 一、案由

本无效宣告请求案涉及国家知识产权局于2005年1月19日公告授予的、名称为“治疗急、慢性胆囊炎、胆石症的药片及其制作方法”的第02113191.0号发明专利权（下称本专利），申请日为2002年6月15日，专利权人为合肥神鹿双鹤药业有限责任公司。本专利授权公告的权利要求书如下：

“1. 一种治疗急、慢性胆囊炎、胆石症的药片，其特征在于它是以下重量百分比的原料药按常规工艺制成：

郁金5～15　　火硝15～30　　甘草3～10　　玄参5～15 白矾5～15　　金银花5～15　　滑石粉30～45。

2. 根据权利要求1所述的一种药片的制作方法，其特征是：先将郁金、火硝、甘草、玄参、白

矾、金银花等六味药粉碎成细粉，然后与滑石粉配研、过筛、混匀、干燥后压片包糖衣或薄膜衣即得糖衣片或薄膜衣片。”

针对上述专利权，北京海步国际医药科技发展有限公司（下称请求人）于2006年9月22日向专利复审委员会提出无效宣告请求，并提交了以下证据：

证据1：《安徽省药品标准（1987年版）》，安徽省卫生厅，封面及146~147页，复印件共3页；

证据2：《中华人民共和国卫生部药品标准中药成方制剂第十七册》，中华人民共和国卫生部药典委员会，1998年，封面及225页，复印件共2页；

证据3：国家知识产权局专利检索咨询中心出具的编号为G061644的“检索报告”，复印件共4页。

依据上述证据，请求人认为：（1）结合证据1和2所公开的技术内容，本专利的权利要求1~2不符合专利法第22条第3款的规定；（2）权利要求1~2不符合专利法实施细则第30条的规定。

经形式审查合格后，专利复审委员会受理了上述请求，于2006年12月7日向双方当事人发出《无效宣告请求受理通知书》，并将《专利权无效宣告请求书》及其证据清单中所列证据副本转送给专利权人，要求其在指定的期限内答复，同时成立合议组对本无效宣告请求案进行审理。

专利权人于2007年1月22日提交了意见陈述和以下反证：

反证1：《安徽省药品标准（1987年版）》，封面及封底，复印件共2页。

专利权人认为：请求人提交的证据1并非公开出版物，不能作为破坏本发明专利创造性的现有技术；证据2虽然公开了本发明权利要求的技术方案中各中药成分，但是没有给出这些中药成分的具体用量或用量范围，因此也不能影响本发明专利的创造性。

2007年3月13日，本案合议组向双方当事人发出口头审理通知书，定于2007年4月24日对本案进行口头审理。同时，将专利权人于2007年1月22日提交的意见陈述书及反证1副本转送给请求人。

2007年4月24日，口头审理如期进行。双方当事人均委托代理人参加了口头审理。在口头审理过程中，专利权人当庭提交如下证据：

反证2：安徽省食品药品监督管理局于2007年4月16日出具的证明原件，共1页；

反证3：国家知识产权局专利信息中心出具的编号为07-157的“检索报告”原件，共4页；

反证4：安徽省科学技术情报研究所出具的编号为20071078的“科技查新报告”原件，共18页。

合议组当庭将反证2~4转送给请求人，要求请求人于口头审理结束后15日内，对专利权人当庭提交的新证据陈述意见。口头审理过程中认定的事实如下：请求人放弃权利要求1~2不符合专利法实施细则第30条的规定的无效理由；请求人出示了证据1~3的原件，专利权人对证据1的真实性、公开性有异议，对证据2的真实性、公开性无异议，对证据3的真实性有异议；请求人对专利权人提交的反证1~4的真实性无异议。庭审中，合议组对请求人提出的无效理由和事实进行了充分调查，并听取了各方当事人的陈述。

口头审理结束后，请求人于2007年5月10日提交了意见陈述及以下新证据：

证据4：《中国药物大辞典》上册，中国医药科技出版社，封面、封底、首页、出版信息页、编写说明及第839页，复印件共6页；

证据5：2007年5月8日由北京卫标药品标准研究发展中心开具的咨询费发票，发票代码211000672140，发票号码38120901，复印件共1页；

证据6：请求人于2007年5月9日拍摄的存放于北京市药品检验所图书室的《安徽省药品标准》

(1987 年版）书架的照片，彩色复印件共 2 页；

证据 7：黑龙江省药品标准汇编（1987～1993），封面及第 29 页，复印件共 2 页；

证据 8：安徽环球药业股份有限公司于 2007 年 5 月 6 日出具的证明材料，原件共 1 页。

请求人认为：反证 2 不具备证据效力，反证 3、4 不具备客观性；同时结合证据 4～8 陈述了证据 1 的公开性。

至此，合议组认为本案事实已经清楚，可以依法作出审查决定。

**二、决定的理由**

1. 无效宣告请求的理由和范围

根据请求人在口头审理中的确认，其请求宣告本专利无效的理由及其范围是：权利要求 1～2 相对于证据 1～2 不具备专利法第 22 条第 3 款规定的创造性。

2. 关于证据

专利权人对证据 1 的公开性有异议，并且当庭提交反证 2。该反证为安徽省食品药品监督管理局于 2007 年 4 月 16 日出具的盖有该局公章的证明。反证 2 中指出“《安徽省药品标准（1987 年)》系安徽省卫生厅于 1988 年组织对我省 1987 年以前批准的地方药品标准进行汇编的资料，作为我省药品监督管理部门和药品生产、检验、使用部门控制药品质量的依据，不是公开发行物，应属内部掌握使用资料”。请求人虽然对反证 2 的真实性没有异议，但认为：（1）证据 1 既没有标明秘密的等级或其不是公开发行物，也没有注明“内部资料”字样，反而在其前言中明确指出是“本省药品生产、供应、使用、检验及监督管理部门控制药品质量的依据”，即客观上表明其是本省范围内广大药品生产企业生产、供应、使用、检验药品及药品监督管理部门控制药品质量的公开使用依据，这些足以说明该证据是公开的；尽管专利权人提交了一份证明，但是一个资料是否公开不是凭借一份证明就能够下结论的，已公开的内容不能因为一份证明而否定其公开性；（2）出具反证 2 的主体不符合法律规定，《安徽省药品标准（1987 年)》的汇编主体为安徽省卫生厅，该机构仍然存在，安徽省食品药品监督管理局无权对安徽省卫生厅所从事行为的性质及效力进行认定，因此出具反证 2 的主体不合法，反证 2 不具有证据效力，不能否定证据 1 的公开性。

合议组认为，证据 1 系安徽省卫生厅于 1988 年汇编并供药品生产部门、监督管理部门和药品检验部门使用，属于地方药品标准，对此，专利权人提供的反证 1 也予以佐证，尽管专利权人对证据 1 的真实性提出异议，但是根据请求人提交的证据 1 的原件，其上清楚的记载了与证据 1 一致的相关内容，而且专利权人未提供任何有效证据支持其主张，所以该主张不能成立，合议组对证据 1 的真实性予以认可。双方争议焦点在于证据 1 在本申请的申请日前是否处于公开状态。合议组认为：作为一份汇编后的中药地方药品标准，是由地方政府相关行业行政主管部门制订、发布的治疗标准，是对中成药和中药饮片生产、销售、使用各环节以及供货验收、退货仲裁等的法定依据，该药品标准具有规范性、强制性和权威性的特点，为保证其在上述各环节中的效力和实施，证据 1 应处于公开的状态。专利权人提交的反证 2 并不能证明除上述相关部门之外其他公众不能获知证据 1，也无法证实上述相关的单位和人员对证据 1 承担保密义务。反证 1 与证据 1 相同。反证 3、4 分别为“检索报告”、“查新报告”，其是一定部门或单位应专利权人的请求而作出的，其性质并非行政决定，它对专利复审委员会的无效宣告请求审查决定或法院判决并无约束力，因此不能支持专利权人的主张。因此，专利权人有关证据 1 不属于公开出版物的主张不能成立。证据 2 是在本专利申请日之前在国内公开的出版物，专利权人对证据 2 的真实性、公开性无异议，合议组对其予以认可。综上所述，证据 1～2 可以作为评价本专利是否具备创造性的现有技术。

3. 关于专利法第22条第3款

专利法第22条第3款规定的创造性，是指同申请日以前已有的技术相比，该发明有突出的实质性特点和显著的进步。

在判断一项权利要求是否具有创造性时，首先，应当确定现有技术中与其最接近的技术方案；继而，将该权利要求中所述技术方案和现有技术中最接近的技术方案进行比较，确定二者之间的区别技术特征，若该区别技术特征的引入是本领域技术人员为解决其技术问题很容易就能够想到的，则该权利要求的技术方案是显而易见的。

关于权利要求1~2的创造性口头审理审理过程中请求人确认证据1为最接近的现有技术，并且认为证据1和2结合可以破坏权利要求1和2的创造性。证据1公开了一种治疗胆结石及胆囊炎的丸剂，制备该药丸的原料药为郁金120g、金银花100g、白矾100g、甘草60g、火硝210g、滑石份360g、玄参100g。权利要求1与证据1相比，两者用途相同，所使用的原料药相同，且证据1的技术方案中个原料药之间的重量比均在权利要求1的技术方案的范围中，两者的区别仅在于：权利要求1的药物为片剂，证据1所公开的药物为丸剂。基于该区别特征权利要求1实际解决的技术问题就是改变了药物剂型。证据2中公开了一种治疗胆结石及胆囊炎的片剂，制备该片剂的原料药与证据1及权利要求1完全相同，由此可见，证据2中已经给出了将证据1的药物制备成片剂，从而改变药物剂型的技术启示。因此，在证据1的基础上结合证据2得出权利要求1的技术方案对本领域技术人员来说是显而易见的，权利要求1不具备专利法第22条第3款规定的创造性。

权利要求2为权利要求1所述药片的制备方法。其与证据1的区别在于：两者的制备方法不同。证据2中公开了一种治疗胆结石及胆囊炎的片剂，其中所使用的原料药与证据1及权利要求2的完全相同，其具体的制备工艺为将郁金、火硝、甘草、玄参、白矾和金银花粉碎成细粉，与滑石粉配研，过筛，混匀，加入适量辅料，制成颗粒，干燥，压片，包糖衣即得。证据2的制备工艺与权利要求2相比，区别仅在于加入了适量辅料，且权利要求2中增加薄膜衣片，然而在制剂过程中是否加入辅料以及将终产品制备糖衣片还是薄膜衣片均为本领域技术人员的常对手段和公知常识。因此，在证据1的基础上结合证据2得出权利要求2的技术方案对本领域技术人员来说是显而易见的，权利要求2不具备专利法第22条第3款规定的创造性。

基于以上事实和理由，本案合议组作出如下审查决定。

**三、决定**

宣告第02113191.0号发明专利权全部无效。

当事人对本决定不服的，可以根据专利法第46条第2款的规定，自收到本决定之日起三个月内向北京市第一中级人民法院起诉。根据该款的规定，一方当事人起诉后，另一方当事人应当作为第三人参加诉讼。

# 北京市第一中级人民法院
# 行政判决书

（2007）一中行初字第1568号

原告合肥神鹿双鹤药业有限责任公司，住所地合肥经济开发区桃花工业园合派路12号。

法定代表人贾连岳，董事长。

委托代理人张华银，安徽安维律师事务所律师。

委托代理人马恒贵，男，1971年11月15日出生，合肥神鹿双鹤药业有限责任公司职员，住安徽省合肥市庐阳区五河路196号。

被告国家知识产权局专利复审委员会，住所地北京市海淀区北四环西路9号银谷大厦10～12层。

法定代表人廖涛，副主任。

委托代理人李梦楠，国家知识产权局专利复审委员会审查员。

委托代理人刘妍，国家知识产权局专利复审委员会审查员。

第三人北京海步国际医药科技发展有限公司，住所地北京市北京经济技术开发区宏达北路12号B楼一区三层309室。

委托代理人郭志远，男，1974年10月5日出生，北京海步国际医药科技发展有限公司职员，住合肥市蜀山区肥西路3号100楼311号。

委托代理人刘艳玲，女，1973年8月31号出生，北京海步国际医药科技发展有限公司职员，住北京市朝阳区紫南家园107楼11门301号。

原告合肥神鹿双鹤药业有限责任公司（以下简称神鹿双鹤公司）不服被告国家知识产权局专利复审委员会（以下简称专利复审委员会）于2007年7月5日作出的第10389号无效宣告请求审查决定（以下简称第10389号决定），于法定期限内向本院提起行政诉讼。本院于2007年11月15日受理本案后，依法组成合议庭，并按照法律有关规定通知北京海步国际医药科技发展有限公司（以下简称海步药业公司）作为第三人参加本案诉讼，于2007年12月19日公开开庭进行了审理。原告神鹿双鹤公司的委托代理人张华银、马恒贵，被告专利复审委员会的委托代理人李梦楠、刘妍，第三人海步药业公司的委托代理人郭志远、刘艳玲到庭参加了诉讼。本案现已审理终结。

第10389号决定系专利复审委员会就海步药业公司对神鹿双鹤公司享有的名称为“治疗急、慢性胆囊炎、胆石症的药片及其制作方法”的发明专利（以下简称《本专利》）所提出的无效宣告请求作出的。专利复审委员会在该决定中认定：1. 海步药业公司对本专利无效宣告请求的理由和范围是本专利权利要求1和2相对于证据1和2不具有创造性。2. 海步药业公司提交的证据1系地方药品标准，具有规范性、强制性和权威性的特点，应处于公开的状态。证据2是在本专利申请日之前在国内公开的出版物，专利权人对证据2的真实性、公开性无异议。因此，证据1～2可以作为评价本专利是否具备创造性的现有技术。3. 权利要求1与证据1相比，两者的区别仅在于：权利要求1的药物为片剂，证据1所公开的药物为丸剂。证据2中已经给出了将证据1的药物制备成片剂，从而改变药物剂型的技术启示。因此，在证据1的基础上结合证据2得出权利要求1的技术方案对本领域技术人员来说是显而易见的，权利要求1不具备创造性。权利要求2为权利要求1所述药片的制备方法。其与证据1的区别在于：两者的制备方法不同。证据2的制备工艺与权利要求2相比，区别仅在于加入了适量辅料，且权利要求2中增加薄膜衣片，然而在制剂过程中是否加入辅料以及将终产品制备糖衣片还是薄膜衣片均为本领域技术人员的常对手段和公知常识。因此，在证据1的基础上结合证据2得出权利要求2的技术方案对本领域技术人员来说是显而易见的，权利要求2不具备创造性。据此，专利复审委员会作出第 10389 号决定，宣告本专利权无效。

原告神鹿双鹤公司不服该决定，在法定期限内向本院提起行政诉讼，诉称：1. 第 10389 号决定认定事实有误。本专利与现有技术相比，发明点并不在于药物组分的配比范围，而在于特定的配比值，从而提高了产品疗效。并且通过降低滑石粉用量，以及协调各组分的配比降低了毒副作用，且本专利产品在体内的作用机理明显，也改进了药物的服用量和服用方法，药品的包衣技术采用了现代高分子材料。此外，海步药业公司提交的 1987 年版安徽省医药标准已经作废，不应认定其具有公开性。2. 第 10389 号决定将海步药业公司在口头审理之后提交的证据作为认定事买的依据，违反了审查指南的相关规定。综上，第 10389 号决定认定事实有误、审理程序违法，故请求法院撤销第 10389 号决定，维持本专利权有效。

被告专利复审委员会辩称：1. 神鹿双鹤公司在无效宣告审查阶段未提交证据证明本专利与现有技术相比具有显著的进步，其在行政诉讼中新提交证据在无效审查阶段并未提交，与本案无关联性，不能证明本专利具有创造性。2. 第 10389 号决定并未涉及海步药业公司于口头审理结束后提交的 5 份证据，更没有以此作为认定依据，不存在程序违法。3. 关于本专利不具有创造性的其他理由，坚持第 10389 号中的意见。综上所述，专利复审委员会作出的第 10389 号决定认定事实清楚、适用法律法规正确、审理程序合法，请求法院维持该决定。

第三人海步药业公司同意专利复审委员会在第 10389 号决定中的意见，请求维持第 10389 号决定。

经审理查明：

本案涉及名称为“治疗急、慢性胆囊炎、胆石症的药片及其制作方法”的发明专利（即本专利），由神鹿双鹤公司于 2002 年 6 月 15 日向国家知识产权局提出申请，于 2005 年 1 月 19 日被授权公告，专利号为 02113191. 0。本专利的授权权利要求为：

“1. 一种治疗急、慢性胆囊炎、胆石症的药片，其特征在于它是以下重量百分比的原料药按常规工艺制成：

郁金 5 ~ 15

火硝 15 ~ 30

甘草 3 ~ 10

玄参 5 ~ 15

白矾 5 ~ 15

金银花 5 ~ 15

滑石粉 30 ~ 45。

2. 根据权利要求 1 所述的一种药片的制作方法，其特征是：先将郁金、火硝、甘草、玄参、白矾、金银花等六味药粉碎成细粉，然后与滑石粉配研、过筛、混匀、干燥后压片包糖衣或薄膜衣即得糖衣片或薄膜衣片。”

本专利说明书载明，本药片对治疗急、慢性胆囊炎、胆石症具有显著的效果，其有效率高达 93％以上。说明书并未记载与同类药品疗效的对比实验数据、也没有关于药品的包衣技术采用了现代高分子材料的技术内容。

海步药业公司针对本专利于 2006 年 9 月 22 日向专利复审委员会提出了无效宣告请求，并提交了 3 份证据。其中：

证据 1 为《安徽省医药标准（一九八七年版）》，安徽省卫生厅编，其“前言”页载明，该标准作为省医药生产、供应、使用、检验及监督管理部门控制药品质量的依据。其“凡例”页第七项载明，本标准的实施、解释及修订属安徽省卫生厅。该标准第146~147页中载明的“益胆丸”原料药为郁金120g、金银花100g、白矾100g、甘草60g、火硝210g、滑石份360g、玄参100g。制备方法为以上七味，除滑石粉外，其余六味粉碎成细粉，过筛、混匀。用水泛丸，以滑石粉包衣，干燥，即得。

证据2为中华人民共和国卫生部《药品标准—中药成方制剂第十七册，中华人民共和国卫生部药典委员会于1998年编。其中第225页载明，“益胆片”处方：郁金、硝石、甘草、玄参、白矾、金银花、滑石粉。制法：以上七味，除滑石粉外，其余郁金等六味粉碎成细粉，与滑石粉配研，过筛、混匀，加适量辅料，制成颗粒，干燥，压制成1000片，即得。

在口头审理过程中，海步药业公司明确放弃权利要求1~2不符合《中华人民共和国专利法实施细则》（以下简称《专利法实施细则》）第三十条的规定的无效理由，仅保留本专利权利要求1和2不具有创造性的无效理由，并提交了上述证据的原件。神鹿双鹤公司对证据2的真实性和公开性无异议，对证据1的真实性和公开性有异议，并提交了安徽省食品药品监督管理局于2007年4月16日出具的《证明》。其相关内容为：《安徽省医药标准（一九八七年版》系安徽省卫生厅于1988年组织对我省1987年以前批准的地方药品标准进行汇编的资料，作为我省药品监督管理部门和药品生产、检验、使用部门控制药品质量的依据，不是公开发行物，应属内部掌握使用资料。

口头审理结束后，海步药业公司补充提交了5份证据，但专利复审委员会作出第10389号决定并未采信上述证据。

另查，神鹿双鹤公司在本案诉讼过程中提交了《益胆片临床试验资料》、《益胆片不良反应监测资料》、《毒理学试验资料》、药效学试验资料》、《药品生产申请审批表》、检验报告》等证据，用以说明本专利有显著进步，但上述证据均未在无效宣告审查程序中提交。

以上事实有本专利权利要求书和说明书、证据1和2、安徽省食品药品监督管理局《证明》、《口头审理记录表》、当事人陈述等证据在案佐证。

本院认为：

1. 专利复审委员会作出第10389号决定是否违反《审查指南》关于举证期限的要求。

基于明的事实，专利复审委员会作出第10389号决定宣告本专利权无效的证据为海步药业公司在提出无效宣告请求时提交的证据1和2，而海步药业公司在口头审理结束后提交了五份证据，专利复审委员会以此五份证据系口头审理后提交，超出了《审查指南》规定的1个月举证期限，而未予采信，并无不当。因此，神鹿双鹤公司关于专利复审委员会作出第10389号决定违反审查指南》关于举证期限要求的主张，缺乏事实和法律依据，本院不予支持。

2. 海步药业公司提交的证据1能否作为现有技术使用。

《审查指南》第二部分第三章第2.1节规定，现有技术是指申请日前在国内外出版物上公开发表、在国内公开使用或者以其他方式为公众所知的技术。在本案中，海步药业公司提交的证据1是安徽省1987年版医药标准，该标准系安徽省医药生产、供应、使用、检验及监督管理部门控制药品质量的依据，安徽省卫生厅负责本标准的实施、解释及修订。本院认为，为保证其效力和实施，上述标准均具有权威性和规范性，其发行范围并不限于发布者所管辖的部门和行业，公众中的任何人想要得到该标准都可以通过公开的途径查阅和得到。即便该标准随着时间的推移进行修订或作废，但并不影响该标准内容当时的已处于公开的状态。虽然神鹿双鹤公司提交了安徽省食品药品监督管理局于2007年4月16日出具的证明》，用以证明该标准不具有公开性，但出具证明的单位并非负责该标准实施和解释的主体，该证明亦不能证明安徽省1987年版医药标准在当时的公开状态由于附件1的发布日或实日均在本专利申请日之前，所以可以作为本专利的现有技术使用。神鹿双鹤公司关于证据1不属于公开出版物的主张，缺乏事实和法律依据，本院不予支持。

3．关于本专利是否具有创造性

《专利法》第二十二条第三款规定，创造性是指同申请日以前已有的技术相比，该发明具有突出的实质性特点和显著进步。

基于查明的事实，本专利权利要求1公开的药物组分系配比范围而非特定值，与证据1相比两者用途相同，所使用的原料药相同，且证据1的技术方案中各原料药之间的重量比均在权利要求1的技术方案的范围中。两者的区别仅在于权利要求1的药物为片剂，证据1所公开的药物为丸剂。基于该区别特征权利要求1实际解决的技术问题仅是改变了药物利型。证据2中公开了一种治疗胆结石及胆囊炎的片剂，制备该片利的原料药与证据1及权利要求1完全相同，由此可见，证据2中已经给出了将证据1的药物制备成片剂，从而改变药物利型的技术启示，而神鹿双鹤公司提交的益胆片临床试验资料》等证据缺乏与本案的关联性，本院不予采信。因此，在证据1的基础上结合证据2得出权利要求1的技术方案对本领域技术人员来说是显而易见的。权利要求1不具备《专利法》第二十二条第三款规定的创造性。

本专利权利要求2为权利要求1所述药片的制备方法。其与证据1的区别在于两者的制备方法不同。证据2中公开了一种治疗胆结石及胆囊炎的片剂，其中所使用的原料药与证据1及权利要求2的完全相同，其具体的制备工艺与权利要求2相比，区别仅在于加入了适量辅料，且权利要求2中增加薄膜衣片，然而在制剂过程中是否加入辅料以及将终产品制备糖衣片还是薄膜衣片均为本领域技术人员的常规手段和公知常识，且本专利权利要求书和说明书中并没有关于使用现代高分子材料制作包衣的描述。因此，本院认为，在证据1的基础上结合证据2得出权利要求2的技术方案对本领域技术人员来说是显而易见的，故权利要求2不具备《专利法》第二十二条第三款规定的创造性。

综上，神鹿双鹤公司关于本专利具有创造性的主张缺乏事实和法律依据，本院不予支持。专利复审委员会作出的第10389号决定程序合法，证据充分，适用法律正确，应予维持。依照《中华人民共和国行政诉讼法》第五十四条第（一）项之规定，本院判决如下：

维持被告国家知识产权局专利复审委员会作出的第10389号无效宣告请求审查决定。

案件受理费100元，由原告合肥神鹿双鹤药业有限公司负担（已交纳）。

如不服本判决，各方当事人可于本判决送达之日起15日内，向本院提交上诉状及其副本，并交纳上诉案件受理费100元，上诉于北京市高级人民法院。

审　判　长　仪　军
代理审判员　侯占恒
人民陪审员　郝建新
二〇〇七年十二月二十日
书　记　员　王东勇

# 北京市高级人民法院
# 行政判决书

（2008）高行终字第216号

上诉人（原审原告）合肥神鹿双鹤药业有限责任公司，住所地合肥经济开发区桃花工业园合派路12号。

法定代表人贾连岳，董事长。

委托代理人张华银，安徽安维律师事务所律师。

委托代理人陈朝晖，男，汉族，1968 年 6 月 5 日出生，安徽农学院教师，住安徽省合肥市庐阳区宿州路 1 号 4 栋 603 室。

被上诉人（原审被告）国家知识产权局专利复审委员会，住所地北京市海淀区北四环西路 9 号银谷大厦 10 ~ 12 层。

法定代表人廖涛，副主任。

委托代理人李梦楠，该复审委员会审查员。

委托代理人刘妍，该复审委员会审查员。

原审第三人北京海步国际医药科技发展有限公司，住所地北京市北京经济技术开发区宏达北路 12 号 B 楼一区三层 309 室。

法定代表人刘长茹，总经理。

委托代理人郭志远，男，汉族，1974 年 10 月 5 日出生，

该公司职员，住合肥市蜀山区肥西路 3 号 100 楼 311 号。

委托代理人刘艳玲，女，汉族，1973 年 8 月 31 日出生该公司职员，住北京市朝阳区紫南家园 107 楼 11 门 301 号。

上诉人合肥神鹿双鹤药业有限责任公司（以下简称神鹿双鹤公司）因专利行政纠纷一案，不服北京市第一中级人民法院（2007）一中行初字第 1568 号行政判决，向本院提起上诉。本院 2008 年 3 月 24 日受理本案后，依法组成合议庭，于 2008 年 5 月 13 日公开开庭进行了审理。上诉人神鹿双鹤公司的委托代理人张华银、陈朝晖，被上诉人国家知识产权局专利复审委员会（以下简称专利复审委员会）的委托代理人李梦楠、刘妍，第三人北京海步国际医药科技发展有限公司（以下简称海步药业公司）的委托代理人郭志远、刘艳玲到庭参加了诉讼。本案现已审理终结。

本案涉及名称为“治疗急、慢性胆囊炎、胆石症的药片及其制作方法”的发明专利（以下简称本专利），由神鹿双鹤公司于 2002 年 6 月 15 日向国家知识产权局提出申请，于 2005 年 1 月 19 日被授权公告，专利号为 02113191.0。2006 年 9 月 22 日，海步药业公司针对本专利于向专利复审委员会提出了无效宣告请求。2007 年 7 月 5 日，专利复审委员会作出第 10389 号无效宣告请求审查决定（以下简称第 10389 号决定），宣告本专利权无效。神鹿双鹤公司不服该决定，以第 10389 号决定认定事实有误、审理程序违法为由，向北京市第一中级人民法院提起诉讼，请求撤销第 10389 号决定，维持本专利权有效。

北京市第一中级人民法院判决认为：海步药业公司在口头审理结束后提交的 5 份证据，专利复审委员会并未采信。因此，神鹿双鹤公司关于专利复审委员会作出第 10389 号决定违反《审查指南》关于举证期限要求的主张，缺乏依据。

由于证据 1 的发布日或实施日均在本专利申请日之前，所以可以作为本专利的现有技术使用。神鹿双鹤公司关于证据 1 不属于公开出版物的主张，缺乏事实和法律依据。

本专利权利要求 1 与证据 1 相比两者的区别仅在于权利要求 1 的药物为片剂，证据 1 所公开的药物为丸剂。而证据 2 中公开了一种治疗胆结石及胆囊炎的片剂，制备该片剂的原料药与证据 1 及权利要求 1 完全相同，由此可见，证据 2 中已经给出了将证据 1 的药物制备成片剂，从而改变药物剂型的技术启示。因此，在证据 1 的基础上结合证据 2 得出权利要求 1 的技术方案对本领域技术人员来说是显而易见的。权利要求 1 不具备《专利法》第二十二条第三款规定的创造性。

本专利权利要求 2 与证据 1 的区别在于两者的制备方法不同。证据 2 的制备工艺与权利要求 2 相比，区别仅在于加入了适量辅料，且权利要求 2 中增加薄膜衣片，然而在制剂过程中是否加入辅料以及将终产品制备糖衣片还是薄膜衣片均为本领域技术人员的常用手段和公知常识。因此，在证据 1 的

基础上结合证据 2 得出权利要求 2 的技术方案对本领域技术人员来说是显而易见的，权利要求 2 不具备《专利法》第二十二条第三款规定的创造性。

北京市第一中级人民法院依照《中华人民共和国行政诉讼法》第五十四条第（一）项之规定，判决：维持专利复审委员会第 10389 号决定。

神鹿双鹤公司不服，向本院提起上诉，请求撤销原审判决及专利复审委员会第 10389 号决定，确认本专利权有效。其主要理由是：1. 第 10389 号决定认定事实有误。（1）本专利与现有技术相比，并不是仅改变了剂型，而是提高了产品疗效；通过包衣改为薄膜降低了毒副作用；本专利产品在体内的作用机理明显；改进了药物的服用量和服用方法，确保安全有效等。（2）本专利权利要求 2 的技术方案并非本领域技术人员的常用手段和公知常识。2. 专利复审委员会第 10389 号决定适用法律及程序不合法。（1）海步药业公司提交的 1987 年版安徽省医药标准已经作废，不应认定其具有公开性。（2）第 10389 号决定将海步药业公司在口头审理之后提交的证据作为认定事实的依据，剥夺了上诉人的相关权利。（3）专利复审委员会在口头审理中没有让上诉人阐述本专利创造性的理由和证据。

专利复审委员会、海步药业公司服从原审判决。

经审理查明：2002 年 6 月 15 日，神鹿双鹤公司向国家知识产权局提出名称为“治疗急、慢性胆囊炎、胆石症的药片及其制作方法”的发明专利（即本专利）的申请，该申请于 2005 年 1 月 19 日被授权公告，专利号为 02113191.0。该专利的授权权利要求为：

“1. 一种治疗急、慢性胆囊炎、胆石症的药片，其特征在于它是以下重量百分比的原料药按常规工艺制成：郁金 5 ~ 15

火硝 15 ~ 30

甘草 3 ~ 10

玄参 5 ~ 15

白矾 5 ~ 15

金银花 5 ~ 15

滑石粉 30 ~ 45。

2. 根据权利要求 1 所述的一种药片的制作方法，其特征是：先将郁金、火硝、甘草、玄参、白矾、金银花等六味药粉碎成细粉，然后与滑石粉配研、过筛、混匀、干燥后压片包糖衣或薄膜衣即得糖衣片或薄膜衣片。”

本专利说明书载明，本药片对治疗急、慢性胆囊炎、胆石症具有显著的效果，其有效率高达 93％以上。说明书并未记载与同类药品疗效的对比实验数据、也没有关于药品的包衣技术采用了现代高分子材料的技术内容。

2006 年 9 月 22 日，海步药业公司针对本专利向专利复审委员会提出无效宣告请求。在口头审理时，其明确放弃权利要求 1 ~ 2 不符合《专利法实施细则》第三十条的规定的无效理由，保留本专利权利要求 1 和 2 不具有创造性的无效理由，并提交了相关证据，其中：

证据 1 为《安徽省医药标准（一九八七年版）》，安徽省卫生厅编，其“前言”页载明，该标准作为省医药生产、供应、使用、检验及监督管理部门控制药品质量的依据。其“凡例”页第七项载明，本标准的实施、解释及修订属安徽省卫生厅。该标准第 146 ~ 147 页中载明的“益胆丸”原料药为郁金 120g、金银花 100g、白矾 100g、甘草 60g、火硝 210g、滑石份 360g、玄参 100g。制备方法为以上七味，除滑石粉外，其余六味粉碎成细粉，过筛、混匀。用水泛丸，以滑石粉包衣，干燥，即得。

证据 2 为中华人民共和国卫生部《药品标准—中药成方制剂第十七册》，中华人民共和国卫生部药典委员会于1998年编。其中第225页载明，“益胆片”处方：郁金、硝石、甘草、玄参、白矾、金银花、滑石粉。制法：以上七味，除滑石粉外，其余郁金等六味粉碎成细粉，与滑石粉配研，过筛、混匀，加适量辅料，制成颗粒，干燥，压制成1000片，即得。

在口头审理过程中，海步药业公司提交了上述证据的原件，神鹿双鹤公司对证据2的真实性和公开性无异议，对证据1的真实性和公开性有异议，并提交了安徽省食品药品监督管理局于2007年4月16日出具的《证明》。其相关内容为：《安徽省医药标准（一九八七年版）》系安徽省卫生厅于1988年组织对我省1987年以前批准的地方药品标准进行汇编的资料，作为我省药品监督管理部门和药品生产、检验、使用部门控制药品质量的依据，不是公开发行物，应属内部掌握使用资料。

2007年4月24日的口头审理记录载明：专利复审委员问：进行权利要求1和证据1的对比。专利权人答：我们认为没有必要进行对比。

口头审理结束后，海步药业公司补充提交了5份证据。

2007年7月5日，专利复审委员会作出第10389号决定。该决定认定：1. 海步药业公司对本专利无效宣告请求的理由和范围是本专利权利要求1和2相对于证据1和2不具有创造性。2. 海步药业公司提交的证据1应处于公开的状态。证据2是在本专利申请日之前在国内公开的出版物。因此，证据1、2可以作为评价本专利是否具备创造性的现有技术。3. 权利要求1与证据1相比，两者的区别仅在于：权利要求1的药物为片剂。证据2中已经给出了将证据1的药物制备成片剂。因此，在证据1的基础上结合证据2得出权利要求1的技术方案对本领域技术人员来说是显而易见的。权利要求2与证据1的区别在于：两者的制备方法不同。证据2与权利要求2相比，区别仅在于加入了适量辅料，且权利要求2中增加薄膜衣片，然而在制剂过程中是否加入辅料以及将终产品制备糖衣片还是薄膜衣片均为本领域技术人员的常对手段和公知常识。因此，在证据1的基础上结合证据2得出权利要求2的技术方案对本领域技术人员来说是显而易见的，权利要求2不具备创造性。据此，专利复审委员会宣告本专利权无效。

另查，专利复审委员会第10389号决定并未采信口头审理结束后海步药业公司补充提交的5份证据。

神鹿双鹤公司在本案诉讼过程中提交的《益胆片临床试验资料》、《益胆片不良反应监测资料》、《毒理学试验资料》、《药效学试验资料》、《药品生产申请审批表》、《检验报告》等证据均未在无效宣告审查程序中提交。

以上事实有本专利权利要求书和说明书、证据1和2、安徽省食品药品监督管理局《证明》、《口头审理记录表》、当事人陈述等证据在案佐证。

本院认为：专利复审委员会作出第10389号决定宣告本专利权无效的证据为海步药业公司在提出无效宣告请求时提交的证据1和2，对于海步药业公司在口头审理结束后提交的5份证据专利复审委员会并未采信。因此，神鹿双鹤公司关于专利复审委员会采纳了上述证据，并据此作出第10389号决定的主张，无事实依据，对此本院不予支持。

现有技术是指申请日前在国内外出版物上公开发表、在国内公开使用或者以其他方式为公众所知的技术。本案中，海步药业公司提交的证据1是安徽省1987年版医药标准，该标准系安徽省医药生产、供应、使用、检验及监督管理部门控制药品质量的依据，因此该标准具有一定的规范性和公开性。此外，即便该标准在施行之后进行了修订或作废，但并不影响该标准当时的效力。虽然神鹿双鹤公司提交了安徽省食品药品监督管理局于2007年4月16日出具的《证明》，但该《证明》不具有证明证据1为非公开出版物的证明力。由于证据1的发布日或实施日均在本专利申请日之前，故可以作为本专利的现有技术使用。神鹿双鹤公司关于证据1不属于公开出版物的主张，缺乏依据，本院不予支持。

根据口头审理记录，在专利复审委员会要求进行权利要求1与证据1进行对比时，神鹿双鹤公司明确表示放弃进行对比，因此，神鹿双鹤公司所提专利复审委员会在口头审理中没有让其阐述本专利创造性的理由和证据的主张与事实不符，本院不予支持。

《专利法》第二十二条第三款规定，创造性是指同申请日以前已有的技术相比，该发明具有突出的实质性特点和显著进步。本专利权利要求1公开的药物组分系配比范围而非特定值，与证据1相比所使用的原料药相同、两者用途相同，证据1技术方案中各原料药的重量比均在权利要求1的技术方案的范围中。两者的区别仅在于权利要求1的药物为片剂，证据1所公开的药物为丸剂。而证据2公开了一种治疗胆结石及胆囊炎的片剂，且制备该片剂的原料药与证据1及权利要求1完全相同，即证据2已经给出了将证据1的药物制备成片剂，从而改变药物剂型的技术启示。因此，在证据1的基础上结合证据2得出权利要求1的技术方案对本领域技术人员来说是显而易见的。权利要求1不具备《专利法》第二十二条第三款规定的创造性。

本专利权利要求2为权利要求1所述药片的制备方法。其与证据1的区别在于两者的制备方法不同。证据2公开了一种治疗胆结石及胆囊炎的片剂，其中所使用的原料药与证据1及权利要求2的完全相同，其具体的制备工艺与权利要求2相比，区别仅在于加入了适量辅料，及增加薄膜衣片，然而在制剂过程中是否加入辅料以及将药品制备成糖衣片还是薄膜衣片均为本领域技术人员的常用手段和公知常识。因此，在证据1的基础上结合证据2得出权利要求2的技术方案对本领域技术人员来说是显而易见的，权利要求2不具备《专利法》第二十二条第三款规定的创造性。

综上，神鹿双鹤公司的上诉理由不能成立，其讼诉主张本院不予支持。原审判决及专利复审委员会第10389号决定程序合法，认定事实及适用法律正确，应予维持。依照《中华人民共和国行政诉讼法》第六十一条第（一）项之规定，判决如下：

驳回上诉，维持原判。

一、二审案件受理费各100元，均由合肥神鹿双鹤药业有限公司负担（均已交纳）。本判决为终审判决。

审 判 长　张　冰
审 判 员　莎日娜
代理审判员　钟　鸣
二〇〇八年六月六日
书 记 员　张见秋

035

# 带锲形孔的条状陈列板

## 无效宣告请求审查决定（第10409号）

**决　　定　　号**　第10409号
**决　　定　　日**　2007年8月28日
**发明创造名称**　带锲形孔的条状陈列板
**国 际 分 类 号**　G09F 5/00，A47F 7/00
**无效宣告请求人**　东莞展宏织带有限公司
**专　利　权　人**　李世勋
**专　　利　　号**　200420094288.5
**申　　请　　日**　2004年10月26日
**授 权 公 告 日**　2005年11月30日
**合 议 组 组 长**　叶　娟
**主　　审　　员**　葛永奇
**参　　审　　员**　吴通义

**法　律　依　据**　专利法第22条第2款、第3款，专利法实施细则第66条
**决　定　要　点**

请求人在提出无效宣告请求时没有具体说明的无效宣告理由以及没有用于具体说明相关无效宣告理由的证据，且在提出无效宣告请求之日起一个月内也未补充具体说明的，专利复审委员会可以不予考虑。

当事人提交外文证据的，应当提交中文译文，未在举证期限内提交中文译文的，该外文证据视为未提交。

### 一、案由

本无效宣告请求案涉及国家知识产权局于2005年11月30日公告授予的、申请日为2004年10月26日、名称为“带锲形孔的条状陈列板”、专利号为200420094288.5的实用新型专利权（下称本专利），专利权人为李世勋。本专利授权公告的权利要求书如下：

“1. 带锲形孔的条状陈列板，其特征在于条状陈列板（1）在靠近端口的位置设置有一个锲形孔（2），锲形孔（2）的尖端朝向条状陈列板（1）最近的端口。

2. 根据权利要求1所述的带锲形孔的条状陈列板，其特征在于条状陈列板（1）在靠近两端端口的位置各设置有锲形孔（2），锲形孔（2）的尖端朝向条状陈列板（1）最近的端口。

3. 根据权利要求1所述的带锲形孔的条状陈列板，其特征在于条状陈列板（1）的另一端设置有物品的固定装置（3）。

4. 根据权利要求3所述的带锲形孔的条状陈列板，其特征在于物品的固定装置（3）是1~3个；所述的物品的固定装置（3）选自圈、钩、夹等中间的任意一种。

5. 根据权利要求1所述的带锲形孔的条状陈列板，其特征在于条状陈列板（1）由铝、铝合金、塑料、木、纸制品等各种金属、非金属的薄片、薄层、薄板类材料制成。

6. 根据权利要求1、2、3或5所述的带锲形孔的条状陈列板，其特征在于锲形孔（2）由弧线、直线、或弧线和直线构成。

7. 根据权利要求4所述的带锲形孔的条状陈列板，其特征在于锲形孔（2）由弧线、直线、或弧线和直线构成。"

针对上述专利权，东莞展宏织带有限公司（下称请求人）于2006年9月21日向专利复审委员会提出无效宣告请求，认为本专利权利要求1~7均不符合专利法第22条第1款、第2款、第3款的规定，请求宣告本专利权无效。请求人同时提交了下述附件：

附件1：国家知识产权局专利检索咨询中心出具的针对本专利的《检索报告》，复印件共8页；

附件2：专利号为ZL03275769.7的中国实用新型专利授权公告文本，授权公告号为CN2643762Y，授权公告日为2004年9月29日，复印件共7页；

附件3：专利文献FR2355484（法语），公开日为1978年1月20日，复印件共10页；

附件4：专利文献JP 11-332706（日语），公开日为1999年12月7日，复印件共4页；

附件5："中国制造"，2004年第1卷，复印件共3页；

附件6："大陆制品采购指南"，2003年上半年版，复印件共2页；

附件7："华通大陆工厂产品讯息"，2004年4月，复印件共2页；

附件8："大陆制品采购指南"，2006上半年版，复印件共2页；

附件9：广东省东莞市服务业发票第01314503号，开票日为2006年9月8日，复印件1页；

附件10：东莞市工商行政管理局于2006年9月11日出具的企业登记查询结果，复印件共1页；

附件11：文笔集团介绍、参展资料等宣传资料，复印件共8页。

请求人请求宣告本专利权无效的具体理由是：本专利技术已于2003年、2004年初在附件5~7上公开发表，属于现有技术，本专利所反映的技术内容还于2004年9月29日完全公开于附件2中，同时其他现有技术也已公开了本专利的技术内容，基于上述类似的甚至完全一致的技术方案已经公开，相同技术领域的一般技术人员无须创造性劳动即可得到本专利的技术方案，因此，本专利不具备新颖性和创造性，应予宣告无效。

经形式审查合格后，专利复审委员会受理了上述请求，于2006年9月25日向双方当事人发出《无效宣告请求受理通知书》，并将《专利权无效宣告请求书》及其附件副本转送给专利权人，要求其在指定的期限内答复，同时成立合议组对本无效宣告请求案进行审理。

2007年3月16日，本案合议组向双方当事人发出《无效宣告请求口头审理通知书》，拟定于2007年6月5日进行口头审理。

口头审理如期进行，双方当事人均委托代理人参加了口头审理。口头审理中确认了以下事实：

（1）专利权人确认已收到专利复审委员会转送的所有文件；

（2）请求人放弃权利要求1~7不符合专利法第22条第1款之规定的无效宣告请求理由，明确其主张的无效宣告请求理由是：权利要求1、6~7分别相对于附件5~7不具备新颖性；权利要求1~7相对于附件3与附件2的结合或附件3与附件4的结合不具备创造性，权利要求1、6~7分别相对于附件 5 ~7 不具备创造性。请求人认为：附件 5 中图片 SW009 所示陈列板的特征和权利要求 1、6 ~7 一致，附件 6 第 A-714 页右上角图片中最上方所示陈列板的锲形孔与权利要求 1、6 ~7 一致，附件 7 第 5 ~13 页右下角自右向左第 2 个图片所示陈列板设置有一个以上的椭圆形孔，其特征与权利要求 1、6 ~7 一致；

（3）请求人表示附件 1 作为其意见陈述而不作为证据使用，并当庭提交了附件 1、5 ~7 的原件、再次提交了附件 3 和 4 的复印件，但表示无法提供附件 8 ~11 的原件；

（4）专利权人对附件 1 ~2 的真实性、合法性及其与本案的关联性均无异议；

（5）专利权人指出请求人此次提供的附件 3 和 4 仍然是复印件，因而不确认其真实性，而且由于附件 3 和 4 没有中文译文，因而无法对其内容发表意见；

（6）专利权人明确表示对附件 5 ~7 的真实性没有异议，但不认可其为公开出版物，也不认可附件 5 ~7 与本案相关；

（7）请求人主张附件 8 ~11 用于证明附件 6 在中国大陆公开销售，但专利权人认为附件 8 ~11 没有原件，因而对其真实性有异议，并且认为附件 8 ~11 无法与附件 6 相关联从而无法证明附件 6 在中国大陆公开销售；

（8）口头审理中，请求人还表示可以在口头审理后提交证明附件 3 和 4 的真实性的合法证据，合议组允许请求人在口头审理后一周内提交，专利权人对此无异议。

2007 年 6 月 7 日，请求人提交了盖有“国家知识产权局专利检索咨询中心副本认证专用章”红章的附件 3 和 4 的副本。

至此，合议组认为本案的事实清楚，可以作出审查决定。

**二、决定的理由**

1. 无效宣告请求的理由和范围

在口头审理中请求人确认其请求宣告本专利无效的理由为：（1）权利要求 1、6 ~7 分别相对于附件 5 ~7 不具备新颖性；（2）权利要求 1 ~7 相对于附件 3 与附件 2 的结合或附件 3 与附件 4 的结合不具备创造性；（3）权利要求 1、6 ~7 分别相对于附件 5 ~7 不具备创造性。

请求人在口头审理时主张：附件 5 中图片 SW009 所示陈列板的特征和权利要求 1、6 ~7 一致，附件 6 第 A ~714 页右上角图片中最上方所示陈列板的锲形孔与权利要求 1、6 ~7 一致，附件 7 第5 ~13 页右下角自右向左第 2 个图片所示陈列板设置有一个以上的椭圆形孔，其特征与权利要求 1、6 ~7 一致。

合议组认为：根据审查指南第四部分第三章第 4.1 节的规定，请求人在提出无效宣告请求时没有具体说明的无效宣告理由以及没有用于具体说明相关无效宣告理由的证据，且在提出无效宣告请求之日起一个月内也未补充具体说明的，专利复审委员会可以不予考虑。本案中，请求人提供的附件 5 ~7 中均包含许多样式不一的陈列板样物品，请求人在 2006 年 9 月 21 日提出无效宣告请求时并未具体说明权利要求 1、6 ~7 相对于附件 5 ~7 中的哪个（些）物品不具备新颖性和创造性，也未将附件5 ~7 用于具体说明任何无效宣告理由，并且在提出无效宣告请求之日起一个月内也没有对此补充具体说明。因此，对于证据 5 ~7 以及请求人所提出的权利要求 1、6 ~7 分别相对于附件 5 ~7 不具备新颖性和创造性的无效宣告请求理由合议组不予考虑。

因此，本无效宣告请求案的审理范围为：权利要求 1 ~7 相对于附件 3 与附件 2 的结合或附件 3 与附件 4 的结合不具备创造性。

2. 关于证据

鉴于专利权人对附件 1 和 2 的真实性、合法性、关联性均无异议，因此合议组对附件 1 和 2 的真实性、合法性、关联性予以确认。

请求人于2007年6月7日提交了证明附件3和4的真实性的文件（其上盖有“国家知识产权局专利检索咨询中心副本认证专用章”红章），合议组对附件3和4的真实性予以确认。但是附件3和4分别为法语和日语文献，请求人没有提交其中文译文。专利法实施细则第4条第2款规定，依照专利法和本细则规定提交的各种证件和证明文件是外文的，国务院专利行政部门认为必要时，可以要求当事人在指定期限内附送中文译文；期满未附送的，视为未提交该证件和证明文件。审查指南第四部分第八章第2.2.1节规定，当事人提交外文证据的，应当提交中文译文，未在举证期限内提交中文译文的，该外文证据视为未提交。因而依据专利法及其实施细则和审查指南的上述规定，附件3和4被视为未提交，合议组对其不予考虑。

请求人主张，附件8～11仅用于证明附件6在大陆公开销售，鉴于前述已经得出附件6应不予考虑的结论，合议组对于附件8～11不作评述。

3. 关于专利法第22条第3款

审查指南第四部分第八章第2.1节规定，当事人对自己提出的无效宣告请求所依据的事实或者反驳对方无效宣告请求所依据的事实有责任提供证据加以证明。没有证据或者证据不足以证明当事人的事实主张的，由负有举证责任的当事人承担不利后果。

本案中，由于附件3和4被视为未提交，请求人未能提交适格的证据作为现有技术来支持其所提出的本专利权利要求1～7相对于附件3与附件2的结合或相对于附件3与附件4的结合不具备创造性的主张，因此，合议组对其主张不予支持。

基于以上事实和理由，本案合议组作出如下审查决定。

**三、决定**

维持专利号为200420094288.5的实用新型专利权有效。

当事人对本决定不服的，可以根据专利法第46条第2款的规定，自收到本决定之日起三个月内向北京市第一中级人民法院起诉。根据该款的规定，一方当事人起诉后，另一方当事人应当作为第三人参加诉讼。

036

# 无扣带胸罩

## 无效宣告请求审查决定（第10412号）

决　定　号　第10412号
决　定　日　2007年8月22日
发明创造名称　无扣带胸罩
国际分类号　A41C 3/02，A41C 3/06
无效宣告请求人　张果庄
专　利　权　人　孔志雄
专　利　号　200420046782.4
申　请　日　2004年6月4日
授权公告日　2005年6月8日
合议组组长　李人久
主　审　员　魏春宝
参　审　员　卢　阳

法律依据　专利法第26条第3款，专利法第22条第2款、第3款，专利法实施细则第20条第1款

决定要点

如果权利要求与最接近现有技术之间的区别技术特征是本领域普通技术人员根据现有技术的教导容易想到的，其效果也是可以预见的，则该权利要求所保护的技术方案不具备创造性。

### 一、案由

本专利权无效宣告请求案涉及国家知识产权局于2005年6月8日公告授予的、名称为“无扣带胸罩”的200420046782.4号实用新型专利权（下称本专利），其申请日为2004年6月4日，专利权人为孔志雄。本专利授权公告的权利要求书如下：

“1. 一种无扣带胸罩，其特征是由罩杯和压敏胶层组成，在胸罩的罩杯内覆上一层压敏胶。

2. 根据权利要求1所述的无扣带胸罩，其特征是由发泡PU罩杯、布层和压敏胶层组成，在发泡PU罩杯上有布层，在发泡PU罩杯内涂上一层压敏胶。

3. 根据权利要求1所述的无扣带胸罩，其特征是在发泡PU罩杯外有布层，在发泡PU罩杯内有布层，在发泡PU罩杯内布层涂上一层压敏胶。

4. 根据权利要求1所述的无扣带胸罩，其特征是在发泡PU罩杯外有布层，在发泡PU罩杯内涂

上一层压敏胶。

5. 根据权利要求1所述的无扣带胸罩，其特征是胸罩的罩杯是由有机硅凝胶和弹性PU膜组成，有机硅凝胶以弹性PU膜包裹，在罩杯内覆上一层压敏胶层。

6. 根据权利要求1所述的无扣带胸罩，其特征是在两个胸罩之间设置有连接件。

7. 根据权利要求1所述的无扣带胸罩，其特征是在胸罩的罩杯内壁上设置有一个凹窝。”

针对上述专利权，张果庄（下称请求人）于2006年12月1日向专利复审委员会提出专利无效宣告请求，认为本专利不符合专利法第26条第3款、专利法第22条第2款、第3款以及专利法实施细则第20条第1款的规定。请求人同时提交了以下附件：

附件1：CN2599941Y，授权公告日为2004年1月21日，共24页；

附件2：CN1215821C，申请日为2002年8月27日，授权公告日为2005年8月24日，共22页；

附件3：CN2240870Y，授权公告日为1996年11月27日，共7页。

依据上述附件，请求人认为：（1）说明书及权利要求2～3和5中的“PU”真实意义不明确，导致说明书公开不充分和权利要求不清楚，本专利不符合专利法第26条第3款和专利法实施细则第20条第1款的规定。（2）权利要求1～7相对于附件1～2和3不具有新颖性和创造性，所附具体的无效对比方式仅为例举，并不限于这些例举方式和组合方式，如附件2同样也导致所有权利要求不具有新颖性和创造性，附件2和附件3的结合导致权利要求7不具有创造性。（3）本专利权利要求1相对于附件1的权利要求1不具有新颖性，附件1的权利要求1的技术方案是“一种无背无带式胸罩，包含有：一对乳罩罩杯，二者各有一朝向使用者皮肤的内表面，其特征是：其中该内表面具有一置于其上的压敏胶黏剂层；一连接件，衔接该二乳罩罩杯，其中该连接件定位于该等乳罩罩杯内侧部位之间”。由此可见，附件1先于本专利揭示了关于乳罩罩杯内表面置有压敏胶粘剂层的概念。（4）权利要求2～4相对于附件1图3b不具有新颖性，本专利权利要求2～4所揭示的发泡PU罩杯、布层和压敏胶层都已揭露于附件1中。（5）本专利权利要求5相对于附件2不具有新颖性，附件2的权利要求1内容为：“一种黏贴式乳形提升系统，供取代传统的乳罩，其特征是：一对乳形体，其中各乳形体包含：一定量的硅胶，被封装于热塑性薄膜材料间；一内表面，其内表面朝向使用者胸部，其中内表面之上大部分面积包含一对压力敏感的黏着层，永久结合于热塑性薄膜材料上，以供固定乳形体于使用者胸部上；一外侧，其朝向使用者腋下；及一内侧，其朝向外侧的相反方向，其中各乳形体单独对压力敏感的粘胶层固定于使用者胸部；以及一连接件，适于连接该乳形体，其中该连接件位于各乳形体的内侧”。（6）本专利权利要求6相对于附件1的权利要求1不具有新颖性。（7）权利要求7相对于附件1和3的组合不具有创造性，本专利权利要求7的附加技术特征是“在胸罩罩杯内壁上设置有一个凹窝”，而附件3记载了“在左右两个乳房罩的中央，分别具有一个圆形的乳头窝，该乳头窝的大小与人体乳头大小相适应”，从本专利说明书第5页第9～11行结合图3可知，权利要求7中的凹窝设计用于置放乳头。

经形式审查合格后，专利复审委员会受理了上述请求，于2006年12月4日向双方当事人发出《无效宣告请求受理通知书》，并将《专利权无效宣告请求书》及其附件副本转送给专利权人，要求其在指定的期限内答复，同时成立合议组对本无效宣告请求案进行审理。

专利权人于2007年1月5日提交了意见陈述，专利权人认为：（1）本专利的无扣带胸罩的层结构特点是由发泡PU罩杯、布层和有机硅压敏层构成，不需任何的“塑胶薄膜”层，而附件1所述产品特征是“层内包含至少一部分塑胶薄膜材料”（附件1第11页第7行），该塑胶薄膜层的作用是用于阻隔压敏胶液往内层渗透（附件1第11页倒数第2行：“盖因其可以大致不渗透PSA”）。附件1图3b中附图标记为34是必须包含有的一塑胶薄膜材料。本专利与附件1不同之处是不需像附件1那样设置一层有塑胶薄膜或不渗透压敏胶液的特殊材料作隔离层。本专利由于不需使用塑胶薄膜防渗层，使得在罩杯中央设置留出一个凹窝而方便乳头容纳与透气成为可能。附件 1 没有且无法实现带乳头凹窝的结构。(2) 在本专利的申请日时附件 2 还未获得授权，即尚未确认其方案的可行性，文中少见能说明布质自粘贴胸罩的制造说明，也表明不清相关的层结构关系，而且至少必须有一塑胶薄膜隔离层的结构。附件 2 和附件 1 几乎相同，其说明的产品结构、功能、用途均无差别。(3) 本专利权利要求 7 与附件 3 的有肩、背扣带文胸在固定方式（附件 3 通过肩、背扣带将罩杯固定在人体上，本专利通过压敏胶层的粘力）、罩杯层结构（附件 3 为布层-海绵层-布层，本专利为布层-海绵层-布层-有机硅压敏层）、产品细分类别以及应用的技术和工艺上不同。(4) 本专利中的 "PU" 是聚氨酯类塑料的英文缩写，准确是指聚氨基甲酸酯。因此，本专利具备新颖性和创造性。同时，被请求人在意见陈述中表示放弃权利要求 5 和 6，但没有提交修改后的权利要求书替换页。

2007 年 3 月 15 日，本案合议组向双方当事人发出口头审理通知书，定于 2007 年 5 月 23 日对本案进行口头审理。同时，专利复审委员会本案合议组将专利权人于 2007 年 1 月 5 日提交的意见陈述书转送给请求人。

2007 年 5 月 23 日口头审理如期进行。仅请求人一方委托代理人参加了口头审理，专利权人未参加口头审理，口头审理过程中认定的事实如下：请求人放弃用附件 1 评价权利要求 5 的新颖性，放弃用附件 2 评述权利要求的创造性以及放弃用附件 2 和附件 3 结合评述权利要求 7 的创造性。庭审中，合议组对请求人提出的无效理由和事实进行了充分调查，并听取了请求人的陈述。

至此，合议组认为本案事实已经清楚，可以依法作出审查决定。

**二、决定的理由**

1. 关于审查文本

本决定以授权公告的文本为审查基础。

2. 无效宣告请求的理由和范围

根据请求人在无效宣告请求书和口头审理时的陈述的确认，本案审理的无效理由及其范围是：说明书不符合专利法第 26 条第 3 款的规定；权利要求 2 ~ 3 和 5 不符合专利法实施细则第 20 条第 1 款的规定；权利要求 1 ~ 4、6 相对于附件 1 或 2 不具有新颖性，权利要求 5 相对于附件 2 不具备新颖性，权利要求 1 ~ 6 相对于附件 1 不具备创造性，权利要求 7 相对于附件 1 和 3 的组合不具备创造性。

3. 关于证据

请求人提交的附件 1 ~ 3 为专利公开文本或专利公报文本，专利权人在意见陈述中对其真实性、公开性、关联性和合法性没有提出异议，经核实，其真实性无误，合议组对其真实性予以确认。附件 2 是一篇由他人在本专利申请日以前向国家知识产权局提出并且在申请日以后公布的专利授权公告文本，根据专利法第 22 条的规定，该附件 2 可以用来评价本专利的新颖性，但不能用来评价本专利的创造性。附件 1 和 3 的授权公告日早于本专利的申请日，可以作为评价本专利新颖性、创造性的证据。

4. 关于专利法第 26 条第 3 款和专利法实施细则第 20 条第 1 款

请求人认为，本专利权利要求 2 ~ 3 和 5 中出现的 "PU" 含义不清楚、不明确，说明书和权利要求书中都没有对其解释，导致该权利要求保护范围不清楚和本领域技术人员无法实现本专利。因此，本专利说明书不符合专利法 26 条第 3 款的规定，权利要求 2 ~ 3 和 5 不符合专利法实施细则第 20 条第 1 款的规定。

本案合议组审理后认为，PU 在本领域有清楚明确的含义，是聚氨基甲酸酯（简称聚氨酯）的英文缩写（例如，可参见《英汉化学化工词汇》，科学出版社，第 4 版，第 2157 页和第 1490 页；《高分子词典》，冯新德主编，中国石化出版社，第295页）。因此，请求人关于本专利说明书不符合专利法第26条第3款和权利要求2~3和5不符合专利法实施细则第20条第1款规定的理由不成立。

5. 关于专利法第22条第2款

专利法第22条第2款规定：新颖性是指在申请日之前没有同样的发明或者实用新型在国内外出版物上公开发表过、在国内公开使用过或者以其他方式为公众所知。

在新颖性判断时，如果一项权利要求所限定的技术方案与对比文件公开的技术方案不同，那么该权利要求具有新颖性；如果一项权利要求所限定的技术方案与对比文件公开的技术内容完全相同，或者仅仅是文字变换，那么该权利要求不具有新颖性。

附件1公开了一种无背无带式乳罩，该乳罩包含有：一对乳罩罩杯，二者各有一朝向使用者皮肤的内表面，其特征是：其中该内表面具有一置于其上的压敏胶黏剂层；一连接件，衔接该二乳罩罩杯，其中该连接件定位于该等乳罩罩杯内侧部位之间（参见附件1的权利要求1），并且教导其中所述罩杯可采取下述层结构：内、外织物层包裹泡沫材料，热塑性薄膜材料置于内布层上并由此界定出最贴近使用者的内表面，罩杯内表面充当压敏胶黏剂的支承层（参见附件1说明书第7页第4段至第8页第3段和说明书附图3b）。附件2公开了一种黏贴式乳形提升系统，供取代传统的乳罩，其特征是：一对乳形体，其中各乳形体包含：一定量的硅胶，被封装于热塑性薄膜材料间；一内表面，其内表面朝向使用者胸部，其中内表面之上大部分面积包含一对压力敏感的黏着层，永久结合于热塑性薄膜材料上，以供固定乳形体于使用者胸部上；一外侧，其朝向使用者腋下；及一内侧，其朝向外侧的相反方向，其中各乳形体单独对压力敏感的粘胶层固定于使用者胸部；以及一连接件，适于连接该乳形体，其中该连接件位于各乳形体的内侧（参见附件2的权利要求1）。

将本专利权利要求1请求保护的技术方案与附件1公开的技术方案相比，权利要求1中的“无扣带胸罩”和“罩杯”分别相当于附件1中的“无背无带式乳罩”和“乳罩罩杯”；权利要求1中的“压敏胶层”相当于附件1中的“压敏胶黏剂层”，且都是“覆于”或“置于”罩杯的内表面上。两者的区别在于：本专利权利要求1的技术方案中不存在附件1中的连接件。将本专利权利要求1请求保护的技术方案与附件2公开的技术方案相比，权利要求1中的“无扣带胸罩”相当于附件2中的“黏贴式乳形提升系统”；权利要求1中的“罩杯”相当于附件2中的“乳形体”；权利要求1中的“压敏胶层”相当于附件2中的“对压力敏感的粘胶层”，且都是“覆于”或“结合于”罩杯的内表面上。两者的区别在于：本专利权利要求1的技术方案中不存在附件2中的连接件。由此可见，本专利权利要求1的技术方案与附件1和附件2所记载的技术方案均不相同。因此，附件1和附件2均不足以破坏本专利权利要求1的新颖性。

本专利权利要求2~5要求保护的无扣带胸罩均不包括连接件。因此，本专利权利要求2~4与附件1和附件2的技术方案也均不相同，权利要求5与附件2的技术方案也不相同。因此，附件1和附件2均不足以破坏本专利权利要求2~4的新颖性，附件2不足以破坏本专利权利要求5的新颖性。

本专利权利要求6在权利要求1的技术方案中加入了“在两个罩杯之间设置连接件”的技术特征，该技术特征正是本专利权利要求1与附件1的唯一区别技术特征。因此，附件1公开了本专利权利要求6的全部技术特征，二者的不同之处，“乳罩”和“胸罩”，“压敏胶黏剂层”和“压敏胶层”，仅仅是简单的文字变换，因此，本专利权利要求6相对于附件1不具有新颖性。

由于以上已经得出权利要求6相对于附件1不具有新颖性的结论，因此对于权利要求6的其他证据和无效理由不再予以评述。

6. 关于专利法第22条第3款

专利法第22条第3款规定：创造性是指同申请日以前已有的技术相比，发明有突出的实质性特点和显著的进步，实用新型有实质性特点和进步。

根据该款规定，如果权利要求与最接近现有技术之间的区别技术特征是本领域普通技术人员根据现有技术的教导容易想到的，其效果也是可以预见的，则该权利要求所保护的技术方案不具备创造性。

本专利权利要求1与附件1相比，其区别仅在于：本专利的罩杯之间没有连接件。附件1中连接件的作用在于将两罩杯衔接起来，以控制乳沟形状及乳房挺起程度。本专利中的胸罩没有设置连接件，该胸罩也不具有相应的连接件的功能。也就是说，相对于附件1，本专利权利要求1的技术方案中省去了一项要素后，该要素的功能也相应消失。因此，本专利权利要求1相对于附件1不具有创造性。

本专利权利要求2引用权利要求1，将罩杯限定为“发泡PU罩杯”，并且增加了布层。附件1中的图3b的技术方案明确教导：使用泡沫材料作为罩杯主体，和在罩杯上添加织物层。本领域技术人员都知道，PU是制备泡沫材料的常用原料，发泡处理后的发泡PU就是一种泡沫材料（见《化工辞典》第三版，王箴主编，化学工业出版社，第896页的词条“聚氨酯泡沫塑料”；《高分子词典》，冯新德主编，中国石化出版社，第297页的词条“聚氨酯泡沫”，第500~501页的词条“泡沫弹性体”和“泡沫塑料”），布是最常见的织物。具体实施时，本领域技术人员很容易想到，织物层选用布层，泡沫材料选用发泡PU。因此，对于本领域技术人员而言，在附件1的权利要求1基础上结合附件1中图3b的教导得到本专利权利要求2的技术方案是不需要花费创造性劳动的。因此，权利要求2相对于附件1也不具有创造性。

本专利的权利要求3中，发泡PU罩杯内、外都有布层，压敏胶涂于内布层。其中的内、外布层分别对应于附件1的图3b的技术方案中的内、外织物层，因此，附件1中给出了在罩杯内、外均设布层的技术启示。既然附件1的权利要求1中将压敏胶层直接置于罩杯内表面，那么在添加了内布层后则自然涂于内布层上。因此，本专利权利要求3相对于附件1仍不具有创造性。

本专利的权利要求4中，发泡PU罩杯外有布层，压敏胶涂于发泡PU罩杯内。附件1中的压敏胶黏剂层就置于乳罩罩杯的内表面，而且附件1的图3b的技术方案中设有外织物层，由此可见，附件1中给出了在罩杯外设置布层的技术启示。因此，本专利权利要求4相对于附件1仍不具有创造性。

本专利权利要求5与附件1的权利要求1相比，除附件1中的连接件在本专利中没有记载外，不同之处还在于：本专利中将罩杯限定为由有机硅凝胶和用以包裹其的弹性PU膜组成。尽管附件1的图3b的技术方案教导了用泡沫材料作为罩杯主体，但是由于有机硅凝胶并非泡沫材料，因此，仅据此启示，本领域技术人员不会想到使用以弹性PU膜包裹有机硅凝胶代替泡沫材料，而且从泡沫材料也无法预见以弹性PU膜包裹有机硅凝胶组成的罩杯的技术效果。因此，在附件1权利要求1基础上结合附件1图3b公开的技术内容得到本专利权利要求5对于本领域技术人员来说并不是显而易见的。所以，本专利权利要求5相对于附件1具有创造性。

本专利权利要求7引用权利要求1，进一步限定“在胸罩的罩杯内壁上设置有一个凹窝”，从本专利说明书第2页第12~14行可知，该凹窝的目的是在佩戴时容纳乳头。附件3中公开了在胸罩罩杯中央设置与乳头大小相适应的圆形乳头窝的技术手段（参见附件3权利要求1），由此可见，权利要求7的附加技术特征已经在附件3中公开，并且与本专利中所起作用相同。因此，对于本领域技术人员而言，在上述附件1和公知常识组合的基础上结合附件3得到权利要求7的技术方案不需要花费创造性劳动。所以，权利要求7相对于附件1和附件3的组合不具有创造性。

专利权人在意见陈述中认为：附件1中的塑胶薄膜层是必不可少的，用作阻隔压敏胶液往内层渗透的阻隔层。本专利权人通过向胶液中加入阻渗剂提高胶液黏度及多层刮涂，阻止压敏胶液向内渗透，从而省去阻隔层。首先，不能确定，附件1权利要求1中的罩杯一定含有塑胶薄膜层，而本专利权利要求1中的罩杯一定不含塑胶薄膜层。其次，专利权人提到的加入阻渗剂及多层刮涂等技术手段在本专利中并没有记载。因此，专利权人的意见不成立，不能用于证明本专利权利要求6相对于附件1具有新颖性，也不能用于证明本专利权利要求1～4相对于附件1具有创造性以及权利要求7相对于附件1与附件3的组合具有创造性。

基于以上事实和理由，本案合议组作出如下审查决定。

**三、决定**

宣告200420046782.4号实用新型专利的权利要求1～4和6～7无效，以其权利要求5为基础维持该专利有效。

当事人对本决定不服的，可以根据专利法第46条第2款的规定，自收到本决定之日起三个月内向北京市第一中级人民法院起诉。根据该款的规定，一方当事人起诉后，另一方当事人应当作为第三人参加诉讼。

037

# 自动启闭的保温瓶塞

## 无效宣告请求审查决定（第10422号）

**决　　定　　号**　第10422号
**决　　定　　日**　2007年8月26日
**发明创造名称**　自动启闭的保温瓶塞
**国 际 分 类 号**　A47J 41/02
**无效宣告请求人**　济南一把手有限公司
**专　利　权　人**　修昌珉
**专　　利　　号**　95110414.4
**申　　请　　日**　1995年4月17日
**授 权 公 告 日**　2000年3月1日
**合 议 组 组 长**　李人久
**主　　审　　员**　李金光
**参　　审　　员**　叶　娟

**法 律 依 据**　专利法第22条第2款、第3款、第4款
**决 定 要 点**

"能够制造或使用"是指发明或者实用新型的技术方案是符合自然规律、具有技术特征的，即具有在产业中被制造或使用的可能性；"能够产生积极效果"是指发明或者实用新型的技术方案产生的经济、技术和社会的效果是所属领域技术人员可以预料到的，这些效果应当是积极的和有益的。

如果发明的权利要求请求保护的技术方案与对比文件公开的现有技术方案不是同样的发明创造，则该发明的权利要求请求保护的技术方案相对于该现有技术方案具有新颖性。如果现有技术整体上不存在将该发明的技术方案与该现有技术方案之间的区别技术特征用于改进该现有技术方案以解决该现有技术方案存在的技术问题，即该发明实际要解决的技术问题，且该发明技术方案比该现有技术方案具有更好的技术效果，则该发明的技术方案相对于该现有技术方案具有创造性。

### 一、案由

本专利权无效宣告请求案涉及国家知识产权局于2000年3月1日授权公告的、名称为"自动启闭的保温瓶塞"的95110414.4号发明专利权（下称本专利），其申请日为1995年4月17日，专利权人为修昌珉。本专利授权公告的权利要求书如下：

"1. 自动启闭的保温瓶塞，它有固定套（5）以及与固定套（5）相配的活动体，其特征在于：

活动体上有一个上盖（2），上盖（2）下端有一个装有保温材料的内腔（1），在内腔（1）的底部有配重导杆（8），在内腔（1）和配重导杆（8）的结合处，安装防尘罩（9），防尘罩（9）上有一个直径大于固定套（5）的隔水沿（10），防尘罩（9）上还有一个直径大于固定套（5）的相对于防尘罩（9）水平方向向下凸出的台（3），配重导杆（8）上设有凸出台（7），凸台（7）设在导杆（8）上的位置，以固定套（5）的顶端外径与凸出的台（3）内径相接触处为圆心，旋转活动体时，凸台（7）的顶端与固定套（5）的底端相触。

2. 按照权利要求1所述的自动启闭的保温瓶塞，其特征在于：配重导杆（8）可做成空心的圆柱形和锥形，内装配重材料（11）。

3. 按照权利要求1所述的自动启闭的保温瓶塞，其特征在于配重导杆（8）上的凸台（7）可制成多齿形（13）。

4. 按照权利要求1所述的自动启闭的保温瓶塞，其特征在于：凸出的台（3）上有数个槽（12）。

5. 接照权利要求1所述的自动启闭的保温瓶塞，其特征在于：防尘罩（9）与上盖（2）作成一体。”

针对上述专利权，济南一把手有限公司（下称请求人）于2006年12月11日向专利复审委员会提出专利权无效宣告请求，认为本专利不符合专利法实施细则第2条、专利法第26条第3款、专利法第22条的规定，并提交了下述附件作为证据：

附件1：名称为“自动启闭瓶塞保温瓶”的第93231624.7号实用新型专利（公告日为1994年6月15日）摘要及权利要求项的网络打印页，共1页；

附件2：请求人自称的“专利产品照片”，原件共2张；

附件3：请求人自称的“专利产品设计说明书”，复印件共7页，其中包括名称为“自动启闭的保温瓶塞”的说明书第1~3页、说明书摘要1页、摘要附图1页、权利要求书1页、说明书附图1页。

请求人认为：（1）附件1的申请日为1993年8月12日，颁证日期为1994年4月1日，该专利的权利摘要公开的自动启闭瓶塞与本专利有多处雷同，因而本专利不具备新颖性和创造性。（2）本专利装保温材料的内腔设计不合理，材质低劣不卫生、容易滋生细菌危害人身健康；底部配重导杆为铁棒电镀材料，使用一段时间后容易生锈；固定套多为回收废旧聚丙再生材料，浸泡污染水质。（3）图纸设计不合理，技术人员无法根据图纸制作出产品。

经形式审查合格后，专利复审委员会受理了上述请求，于2006年12月12日向双方当事人发出《无效宣告请求受理通知书》，并将《专利权无效宣告请求书》副本及其附件清单中所列文件的副本转送给专利权人，要求其在指定的期限内答复，同时依法成立合议组对本专利权无效宣告请求案进行审理。

2007年1月8日，请求人补充了意见陈述，同时提交了本专利的授权公告专利说明书和以下证据：

附件4：第89217483.8号实用新型专利申请说明书（其中缺少权利要求书），公告日为1990年5月30日，公告号为CN2057576U，共5页；

附件5：第93232595.5号实用新型专利说明书，授权公告日为1994年11月2日，公告号为CN2181240Y，共5页；

附件6：第91200898.9号实用新型专利申请说明书，公告日为1991年12月18日，公告号为CN2090672U，共6页；

请求人认为：（1）附件5公开了瓶塞各个部分如固定套、活动塞、导杆等结构和工作原理，本专利保护范围明显与之雷同，附件6的盖体部分与本专利的盖体部分相近似，附件4的重锤部分与本专利的导杆部分相仿，所以本专利不具备新颖性。（2）本专利利用了附件5的结构和工作原理，无新的改进和创新，并借用了附件6的外形和附件4的工作原理，所以本专利不具备创造性。（3）本专利设计不合理、不具备实用性，如瓶塞塑料部分长期泡水污染水质，且塑料制品易脱落，其中的铁棒易掉出砸坏瓶胆，易伤人；瓶塞盖体部分较长，易损坏；使用时盖体容易从瓶口脱落，盖体损坏后因固定套的存在，无法配用其他瓶盖。

2007年3月2日，本案合议组将请求人于2007年1月8日提交的补充意见及证据副本转送给专利权人，并要求其在指定期限内作出答复。

2007年4月6日，本案合议组向双方当事人发出《无效宣告请求口头审理通知书》，拟定于2007年5月15日对本专利权无效宣告请求案进行口头审理。

2007年5月15日，口头审理如期进行。双方当事人均参加了口头审理，口头审理过程中认定的事实如下：（1）双方当事人对对方出庭人员的身份无异议，对本案合议组成员无回避请求；（2）请求人放弃本专利不符合专利法第26条第3款和专利法实施细则第2条的无效理由，放弃权利要求2~4不符合专利法第22条第2款以及权利要求4不符合专利法第22条第3款的无效理由；并明确其提出专利权无效宣告请求的理由（下称无效理由）和范围为：本专利权利要求1~5不符合专利法第22条第4款的规定，权利要求1~5不符合专利法第22条第2款、第3款的规定，权利要求2~3不符合专利法第22条第3款的规定；（3）请求人放弃附件3，专利权人对附件1、4~6的真实性、公开日期均无异议，双方当事人均认可附件2是本专利权利要求1产品的照片；（4）请求人主张本专利不具备实用性的意见同其提交的意见陈述书中的意见，并强调本专利产品易老化、掉色，且配重导杆易生锈；专利权人认为本专利已有成品，且权利要求记载的技术方案不涉及材质；（5）请求人主张权利要求1、5不具备新颖性的证据仅用附件5；权利要求1不具备创造性的证据分别单独使用附件1、4~5；权利要求2~3、5不具备创造性的证据仅使用附件5单独进行评价，放弃使用其他附件；专利权人认为附件未公开权利要求1的全部技术特征和权利要求5的附加技术特征，本专利的权利要求均具有新颖性和创造性。口头审理中，合议组对请求人明确的无效理由、范围和事实进行了充分调查，双方当事人均充分发表了相应意见。

至此，本案合议组认为事实已经调查清楚，可以依法作出审查决定。

**二、决定的理由**

1. 关于无效理由、范围和证据

本案请求人在口头审理中明确其提出无效理由和范围为本专利权利要求1~5不符合专利法第22条第4款的规定和权利要求1、5不符合专利法第22条第2~3款的规定以及权利要求2~3不符合专利法第22条第3款的规定。请求人明确其主张本专利不具备实用性的理由同其提交的意见陈述书中的意见，并强调本专利产品易老化、掉色，且配重导杆易生锈；权利要求1、5不具备新颖性的证据仅用附件5；权利要求1不具备创造性的证据分别单独使用附件1、4~5；权利要求2~3、5不具备创造性的证据仅使用附件5单独进行评价，放弃使用其他附件。因此，本决定中仅针对这些无效理由和范围进行评述。

请求人在口头审理中明确其在本案中使用的证据为附件1、4~6，专利权人对附件1、4~6的真实性、公开日期未提出异议，本案合议组认可附件1、4~6的真实性。附件1、4~6的公开日期均在本专利申请日之前，可以作为本专利的现有技术文件。双方当事人均认为附件2是本专利产品的照片，合议组对此予以确认。请求人放弃了附件3，所以合议组在本决定中对附件3不予考虑。

2. 关于专利法第22条第4款

专利法第22条第4款规定：实用性，是指该发明或者实用新型能够制造或者使用，并且能够产生积极效果。

“能够制造或使用”是指发明或者实用新型的技术方案是符合自然规律、具有技术特征的，即具有在产业中被制造或使用的可能性；“能够产生积极效果”是指发明或者实用新型的技术方案产生的经济、技术和社会的效果是所属领域技术人员可以预料到的，这些效果应当是积极的和有益的。

本案中，首先，从本专利说明书和权利要求书所公开的整体内容来看，本专利权利要求1～5用技术特征来限定各技术方案，各技术方案中也不存在不符合自然规律之处，且双方当事人均认可附件2是本专利产品的照片，说明本专利产品是可以根据专利说明书的描述制造出来的。其次，根据说明书的记载，本专利所要解决的技术问题是克服现有技术中存在以下缺陷：保温瓶向外倒水时活动塞落在水流前面，阻碍了水的流动，使水流不集中，且水流大小不易控制；倒水时活动塞容易掉下来，防尘效果不好（参见本专利说明书第1页第2段）。而从本专利权利要求记载的技术方案可以看出，本专利由于在保温瓶塞上设计有导杆上的凸台、防尘罩上凸出的台和隔水沿，克服了现有技术中存在的上述缺陷，这是所属领域技术人员根据本专利的技术方案可以预料到的，且这种效果是积极和有益的。最后，本专利的技术方案并不涉及材质（参见本专利权利要求1～5），虽然本专利产品选用特定材质可能会存在请求人所述缺陷，但并不能否认本专利产生了积极的效果。因此，合议组对请求人认为本专利权利要求1～5不符合专利法第22条第4款之规定的理由不予支持。

3. 关于专利法第22条第2款、第3款

专利法第22条第2款规定：新颖性，是指在申请日以前没有同样的发明或者实用新型在国内外出版物上公开发表过、在国内公开使用过或者以其他方式为公众所知，也没有同样的发明或者实用新型由他人向国务院专利行政部门提出过申请并且记载在申请日以后公布的专利申请文件中。

专利法第22条第3款规定，创造性，是指同申请日以前已有的技术相比，该发明有突出的实质性特点和显著的进步。

如果发明的权利要求请求保护的技术方案与对比文件公开的现有技术方案不是同样的发明创造，则该发明的权利要求请求保护的技术方案相对于该现有技术方案具有新颖性。如果现有技术整体上不存在将该发明的技术方案与该现有技术方案之间的区别技术特征用于改进该现有技术方案以解决该现有技术方案存在的技术问题，即该发明实际要解决的技术问题，且该发明技术方案比该现有技术方案具有更好的技术效果，则该发明的技术方案相对于该现有技术方案具有创造性。

将本专利权利要求1与附件5公开的保温瓶塞相比可以看出，附件5虽公开了固定套、活动塞、导杆等结构，但附件5中未公开本专利权利要求1记载的“防尘罩（9）上有一个直径大于固定套（5）的隔水沿（10），防尘罩（9）上还有一个直径大于固定套（5）的相对于防尘罩（9）水平方向向下凸出的台（3）”、“凸台（7）设在导杆（8）上的位置，以固定套（5）的顶端外径与凸出的台（3）内径相接触处为圆心，旋转活动体时，凸台（7）的顶端与固定套（5）的底端相触”，因此，即使权利要求1的瓶塞工作原理与附件5的瓶塞工作原理相同，但由于二者明显存在上述区别特征，本专利权利要求1记载的技术方案与附件5公开的瓶塞是完全不同的技术方案，不属于同样的发明创造。权利要求5引用了权利要求1，权利要求5必然具有权利要求1记载的所有技术特征，因此，基于同样的理由，本专利权利要求5记载的技术方案也不同于附件5公开的瓶塞。所以本案合议组对请求人认为本权利要求1、5相对于附件5不具备新颖性的理由不予支持。

由于本专利权利要求1记载的技术方案与附件5公开的保温瓶塞存在上述区别技术特征，且根据本专利说明书的记载可知，本发明实际要解决的技术问题在于改进附件5公开瓶塞所存在的缺陷，使提供的自动启闭保温瓶塞在从瓶内向外倒水时不需拿掉塞子，并可根据保温瓶倾斜角度大小，控制从自动张口的塞子流出水量大小，且水流集中，塞子不易掉落，而将瓶直立时，塞子可自动扣在瓶口上，使用方便，不污染瓶塞，使灰尘无法进入（参见本专利说明书第1页第2、3段）。虽然请求人认为本专利权利要求1利用了附件5所公开瓶塞的结构和工作原理，但请求人没有提供现有技术整体上教导将上述区别技术特征用于改进附件5公开瓶塞的证据，即请求人提供的现有技术中不存在将上述区别技术应用于附件5公开瓶塞的技术启示，因此，权利要求1记载的技术方案相对于附件5公开瓶塞具备突出的实质性特点；同时由于权利要求1记载的技术方案克服了附件5公开瓶塞的缺陷，比附件5公开瓶塞的使用更方便，比附件5公开瓶塞具有显著进步。所以本案合议组对请求人认为权利要求1记载的技术方案相对于附件5不具备创造性的理由不予支持。

本专利权利要求1记载的技术方案与附件1、4公开的瓶塞相比，附件1、4同样没有公开本专利权利要求1中记载的"防尘罩（9）上有一个直径大于固定套（5）的隔水沿（10），防尘罩（9）上还有一个直径大于固定套（5）的相对于防尘罩（9）水平方向向下凸出的台（3）"、"凸台（7）设在导杆（8）上的位置，以固定套（5）的顶端外径与凸出的台（3）内径相接触处为圆心，旋转活动体时，凸台（7）的顶端与固定套（5）的底端相触"等技术特征，虽然请求人认为附件1公开瓶塞的使用效果与本专利产品多处雷同，本专利利用了附件4的工作原理，但请求人没有提供现有技术整体上教导将上述区别技术特征分别用于改进附件1、4所公开瓶塞的证据，所以，权利要求1记载的技术方案相对于附件1、4公开瓶塞具备突出的实质性特点。同时，本专利产品也比附件1、4所公开的瓶塞更容易制作。因此，合议组对请求人主张本专利权利要求1相对于附件1、4不具备创造性的理由不予支持。

权利要求2～3、5分别引用了权利要求1，必然具有权利要求1记载的技术特征。在权利要求1相对于附件5不具备创造性的无效理由不成立的情况下，权利要求2～3、5相对于附件5不具备创造性的无效理由也不成立。

基于以上事实和理由，本案合议组作出如下审查决定。

**三、决定**

维持95110414.4号发明专利权有效。

当事人对本决定不服的，可以根据专利法第46条第2款的规定，自收到本决定之日起三个月内向北京市第一中级人民法院起诉。根据该款的规定，一方当事人起诉后，另一方当事人应当作为第三人参加诉讼。

# 北京市第一中级人民法院
# 行政判决书

（2007）一中行初字第 1621 号

原告济南一把手有限公司，住所地山东省章丘市明水经济开发区赭山中路 9 号。

法定代表人于孝海，董事长。

委托代理人李传娥，女，济南一把手有限公司职员。

委托代理人宋长荣，男，济南一把手有限公司职员。

被告国家知识产权局专利复审委员会，住所地北京市海淀区北四环西路 9 号银谷大厦 10～12 层。

法定代表人廖涛，副主任。

委托代理人李金光，男，国家知识产权局专利复审委员会审查员。

委托代理人张华，男，国家知识产权局专利复审委员会审查员。

第三人修昌珉，男，1942 年 11 月 14 日出生，汉族，自由职业者，住山东省济南市历城区济钢新村中心楼 10 号楼 3 单元 102 号。

委托代理人苗峻，女，济南舜源专利事务所有限公司专利代理人。

原告济南一把手有限公司不服被告国家知识产权局专利复审委员会于 2007 年 8 月 26 日作出的第 10422 号无效宣告请求审查决定（以下简称被诉决定），向本院提起行政诉讼。本院受理后，依法组成合议庭，并依法通知与本案被诉决定存在法律上利害关系的修昌珉作为本案第三人参加诉讼。2007 年 12 月 19 日，本院公开开庭审理了本案。原告的委托代理人宋长荣，被告的委托代理人李金光、张华及第三人的委托代理人苗峻到庭参加了诉讼。本案现已审理终结。

2007 年 8 月 26 日，被告作出被诉决定，宣告维持专利权人为第三人的 95110414.4 号“自动启闭的保温瓶塞”发明专利权（以下简称本专利）有效。

在法定期限内，被告向本院提交了下列证据用以证明被诉决定合法：（1）附件 1（即：名称为“自动启闭瓶塞保温瓶”的第 93231624.7 号实用新型专利，公告日为 1994 年 6 月 15 日）摘要及权利要求项的网络打印页，共 1 页；（2）附件 2（即：原告自称的“专利产品照片”，原件共 2 张）；（3）附件 3（即：原告自称的“专利产品设计说明书”，复印件共 7 页，其中包括名称为“自动启闭的保温瓶塞”的说明书第 1～3 页、说明书摘要 1 页、摘要附图 1 页、权利要求书 1 页、说明书附图 1 页）；（4）附件 4［即：第 89217483.8 号实用新型专利申请说明书（其中缺少权利要求书），公告日为 1990 年 5 月 30 日，公告号为 CN2057576U，共 5 页］；（5）附件 5（即：第 93232595.5 号实用新型专利说明书，授权公告日为 1994 年 11 月 2 日，公告号为 CN2181240Y，共 5 页）；（6）附件 6（即：第 91200898.9 号实用新型专利申请说明书，公告日为 1991 年 12 月 18 日，公告号为 CN2090672U，共 6 页）；（7）本专利说明书；（8）原告于 2006 年 12 月 11 日向被告提交的专利权无效宣告请求书复印件 2 页；（9）原告于 2007 年 1 月 10 日向被告提交的补充说明复印件 1 页；（10）口头审理记录表复印件 2 页。

原告诉称：被诉决定认定事实不清。首先，本专利与对比文件有多处雷同，而且，附件 5 已经公开了本专利的固定套、活动塞、导杆等结构和工作原理。其次，本专利结构图 2 中的装保温材料的内腔设计不合理，材质低劣不卫生、容易滋生细菌危害人身健康；本专利结构图 8 的结构设计不合理，过长易损，其底部配重导杆为铁棒电镀材料，使用一段时间后，容易生锈、污染水质有害人身健康；本专利结构图 5 的固定套多为回收废旧聚丙再生材料，浸泡污染水质。再次，本专利利用了附件 5 的结构和工作原理，并没有改进和创新，而且，本专利还借用附件6的外形和附件4的工作原理，因此，本专利不具有创造性。最后，本专利瓶塞的塑料部分长期浸泡水中，污染水质，对人体有害；长期使用，塑料制品易脱落，其中的铁棒易掉出砸坏瓶胆，易伤人。瓶塞的盖体部分较长，易损坏，消费者无法自行修复使用，造成极大浪费。使用时，盖体部分容易从瓶口脱落，给消费者带来不必要的麻烦，更无法起到方便、保温、卫生、安全的作用。因此，本专利也不具有实用性。综上，请求人民法院撤销被诉决定。

在法定期限内，原告向本院提交了下列证据：（1）专利无效宣告请求书；（2）本专利说明书；（3）附件5；（4）附件6；（5）附件1的授权公告文本。

被告辩称：（1）《中华人民共和国专利法》（以下简称《专利法》）所称的实用性是指发明或者实用新型能够制造或者使用，并且能够产生积极的效果。原告所诉称的本专利有具有实用性的理由并不影响本专利的制造、使用和产生积极效果。（2）附件4～6均没有公开本专利要求保护的技术，方案，也没有给出本专利技术方案的技术启示。综上，请求人民法院维持被诉决定，驳回原告的诉讼请求。

第三人述称，被诉决定认定事实清楚，适用法律正确，请求人民法院维持被诉决定。在法定期限内，第三人未向本院提交证据。

经庭审质证，原告与第三人对于被告提交的证据均无异议。被告与第三人认为原告在行政阶段仅提交了附件1所指专利的摘要及权利要求项，其在诉讼阶段提交的附件1所指专利的其他内容与本案无关；对于其他证据，被告与第三人均无异议。

本院经审查认为，原告证据5中附件1所指专利的摘要及权利要求项之外的内容在行政阶段没有提交，其在诉讼阶段提交也无正当理由，与本案无关，本院不予接纳；原告提交的其他证据以及被告提交的证据均与本案有关，本院予以确认。

根据上述有效证据及各方当事人无争议的陈述，本院认定事实如下：

本专利申请日为1995年4月17日，授权公告日为2000年3月1日。本专利授权公告的权利要求书如下：

"1. 自动启闭的保温瓶塞，它有固定套（5）以及与固定套（5）相配的活动体，其特征在于：活动体上有一个上盖（2），上盖（2）下端有一个装有保温材料的内腔（1），在内腔（1）的底部有配重导杆（8），在内腔（1）和配重导杆（8）的结合处，安装防尘罩（9），防尘罩（9）上有一个直径大于固定套（5）的隔水沿（10），防尘罩（9）上还有一个直径大于固定套（5）的相对于防尘罩（9）水平方向向下凸出的台（3），配重导杆（8）上设有凸出台（7），凸台（7）设在导杆（8）上的位置，以固定套（5）的顶端外径与凸出的台（3）内径相接触处为圆心，旋转活动体时，凸台（7）的顶端与固定套（5）的底端相触。

2. 按照权利要求1所述的自动启闭的保温瓶塞，其特征在于：配重导杆（8）可做成空心的圆柱形和锥形，内装配重材料（11）。

3. 按照权利要求1所述的自动启闭的保温瓶塞，其特征在于配重导杆（8）上的凸台（7）可制成多齿形（13）。

4. 按照权利要求1所述的自动启闭的保温瓶塞，其特征在于：凸出的台（3）上有数个槽（12）。

5. 接照权利要求1所述的自动启闭的保温瓶塞，其特征在于：防尘罩（9）与上盖（2）作成一体。"

针对本专利权，原告于2006年12月11日向被告提出专利权无效宣告请求，认为本专利不符合

《中华人民共和国专利法实施细则》（以下简称《专利法实施细则》）第二条、《专利法》第二十六条第三款、《专利法》第二十二条的规定，并提交了附件1～3作为证据。原告认为：（1）附件1的申请日为1993年8月12日，颁证日期为1994年4月1日，该专利的权利摘要公开的自动启闭瓶塞与本专利有多处雷同，本专利不具备新颖性和创造性。（2）本专利装保温材料的内腔设计不合理，材质低劣不卫生、容易滋生细菌危害人身健康；底部配重导杆为铁棒电镀材料，使用一段时间后容易生锈；固定套多为回收废旧聚丙再生材料，浸泡污染水质。（3）图纸设计不合理，技术人员无法根据图纸制作出产品。

经形式审查合格，被告受理了上述请求后，于2006年12月12日向双方当事人发出无效宣告请求受理通知，并将上述文件的副本转送给第三人，要求其在指定期限内答复。

2007年1月8日，原告补充了意见陈述，同时提交了本专利的授权公告专利说明书和附件4～6。原告认为：（1）附件5公开了瓶塞各个部分如固定套、活动塞、导杆等结构和工作原理，本专利保护范围明显与之雷同，附件6的盖体部分与本专利的盖体部分相近似，附件4的重锤部分与本专利的导杆部分相仿，本专利不具备新颖性。（2）本专利利用了附件5的结构和工作原理，无新的改进和创新，并借用了附件6的外形和附件4的工作原理，本专利不具备创造性。（3）本专利设计不合理不具备实用性，如瓶塞塑料部分长期泡水污染水质，且塑料制品易脱落，其中的铁棒易掉出砸坏瓶胆，易伤人；瓶塞盖体部分较长，易损坏；使用时盖体容易从瓶口脱落，盖体损坏后因固定套的存在，无法配用其他瓶盖。

2007年3月2日，被告亦依法将上述材料转送给第三人，并要求其在指定期限内作出答复。

2007年5月15日，原告与第三人均参加了被告举行的口头审理，口头审理过程中认定的事实为：（1）双方当事人对对方出庭人员的身份无异议，对被告合议组成员无回避请求；（2）原告放弃本专利不符合《专利法》第二十六条第三款和《专利法实施细则》第二条的无效理由，放弃权利要求2～4不符合《专利法》第二十二条第二款以及权利要求4不符合《专利法》第二十二条第三款的无效理由；并明确其提出专利权无效宣告请求的理由和范围为：本专利权利要求1～5不符合《专利法》第二十二条第四款的规定，权利要求1、5不符合《专利法》第二十二条第二、三款的规定，权利要求2～3不符合《专利法》第二十二条第三款的规定；（3）原告放弃附件3，第三人对附件1、4～6的真实性、公开日期均无异议，双方当事人均认可附件2是本专利权利要求1产品的照片；（4）原告主张本专利不具备实用性的意见同其提交的意见陈述书中的意见，并强调本专利产品易老化、掉色，且配重导杆易生锈；第三人认为本专利已有成品，且权利要求记载的技术方案不涉及材质；（5）原告主张权利要求1、5不具备新颖性的证据仅使用附件5；权利要求1不具备创造性的证据分别单独使用附件1、4～5；权利要求2～3、5不具备创造性的证据仅使用附件5单独进行评价，放弃使用其他附件；第三人认为附件未公开权利要求1的全部技术特征和权利要求5的附加技术特征，本专利的权利要求均具有新颖性和创造性。口头审理中，被告对原告明确的无效理由、范围和事实进行了调查，原告与第三人均充分发表了相应意见。

被告经审查认为：

1. 关于无效理由、范围和证据

原告在口头审理中明确其提出无效理由和范围为本专利权利要求1～5不符合《专利法》第二十二条第四款的规定和权利要求1、5不符合《专利法》第二十二条第二、三款的规定以及权利要求2～3不符合《专利法》第二十二条第三款的规定。原告明确其主张本专利不具备实用性的理由同其提交的意见陈述书中的意见，并强调本专利产品易老化、掉色，且配重导杆易生锈；权利要求1、5不具备新颖性的证据仅使用附件5；权利要求1不具备创造性的证据分别单独使用附件1、4～5；权利要求2~3、5不具备创造性的证据仅使用附件5单独进行评价，放弃使用其他附件。

原告在口头审理中放弃了附件3，明确其在本案中使用的证据为附件1、4~6，第三人对这些附件的真实性、公开日期未提出异议，故对附件1、4~6的真实性认可。附件1、4~6的公开日期均在本专利申请日之前，可以作为本专利的现有技术文件。双方当事人均认为附件2是本专利产品的照片，被告对此予以确认。

2. 关于《专利法》第二十二条第四款

首先，从本专利说明书和权利要求书所公开的整体内容来看，本专利权利要求1~5用技术特征来限定各技术方案，各技术方案中也不存在不符合自然规律之处，且双方当事人均认可附件2是本专利产品的照片，说明本专利产品是可以根据专利说明书的描述制造出来的。其次，根据说明书的记载，本专利所要解决的技术问题是克服现有技术中存在以下缺陷：保温瓶向外倒水时活动塞落在水流前面，阻碍了水的流动，使水流不集中，且水流大小不易控制；倒水时活动塞容易掉下来，防尘效果不好（参见本专利说明书第1页第2段）。而从本专利权利要求记载的技术方案可以看出，本专利由于在保温瓶塞上设计有导杆上的凸台、防尘罩上凸出的台和隔水沿，克服了现有技术中存在的上述缺陷，这是所属领域技术人员根据本专利的技术方案可以预料到的，且这种效果是积极和有益的。最后，本专利的技术方案并不涉及材质（参见本专利权利要求1~5），虽然本专利产品选用特定材质可能会存在原告所述缺陷，但并不能否认本专利产生了积极的效果。因此，被告对原告关于本专利权利要求1~5不符合《专利法》第二十二条第四款之规定的理由不予支持。

3. 关于《专利法》第二十二条第二、三款

将本专利权利要求1与附件5公开的保温瓶塞相比可以看出，附件5虽公开了固定套、活动塞、导杆等结构，但附件5中未公开本专利权利要求1记载的"防尘罩（9）上有一个直径大于固定套（5）的隔水沿（10），防尘罩（9）上还有一个直径大于固定套（5）的相对于防尘罩（9）水平方向向下凸出的台（3）"、"凸台（7）设在导杆（8）上的位置，以固定套（5）的顶端外径与凸出的台（3）内径相接触处为圆心，旋转活动体时，凸台（7）的顶端与固定套（5）的底端相触"，因此，即使权利要求1的瓶塞工作原理与附件5的瓶塞工作原理相同，但由于二者明显存在上述区别特征，本专利权利要求1记载的技术方案与附件5公开的瓶塞是完全不同的技术方案，不属于同样的发明创造。权利要求5引用了权利要求1，权利要求5必然具有权利要求1记载的所有技术特征，因此，基于同样的理由，本专利权利要求5记载的技术方案也不同于附件5公开的瓶塞。所以被告对原告关于本权利要求1、5相对于附件5不具备新颖性的理由不予支持。

由于本专利权利要求1记载的技术方案与附件5公开的保温瓶塞存在上述区别技术特征，且根据本专利说明书的记载可知，本发明实际要解决的技术问题在于改进附件5公开瓶塞所存在的缺陷，使提供的自动启闭保温瓶塞在从瓶内向外倒水时不需拿掉塞子，并可根据保温瓶倾斜角度大小，控制从自动张口的塞子流出水量大小，且水流集中，塞子不易掉落，而将瓶直立时，塞子可自动扣在瓶口上，使用方便，不污染瓶塞，使灰尘无法进入（参见本专利说明书第1页第2~3段）。虽然原告认为本专利权利要求1利用了附件5所公开瓶塞的结构和工作原理，但其没有提供现有技术整体上教导将上述区别技术特征用于改进附件5公开瓶塞的证据，即原告提供的现有技术中不存在将上述区别技术应用于附件5公开瓶塞的技术启示，因此，权利要求1记载的技术方案相对于附件5公开瓶塞具备突出的实质性特点；同时由于权利要求1记载的技术方案克服了附件5公开瓶塞的缺陷，比附件5公开瓶塞的使用更方便，比附件5公开瓶塞具有显著进步。所以被告对原告关于权利要求1记载的技术方案相对于附件5不具备创造性的理由不予支持。

本专利权利要求1记载的技术方案与附件1、4公开的瓶塞相比，附件1、4同样没有公开本专利

权利要求 1 中记载的“防尘罩（9）上有一个直径大于固定套（5）的隔水沿（10），防尘罩（9）上还有一个直径大于固定套（5）的相对于防尘罩（9）水平方向向下凸出的台（3）”、“凸台（7）设在导杆（8）上的位置，以固定套（5）的顶端外径与凸出的台（3）内径相接触处为圆心，旋转活动体时，凸台（7）的顶端与固定套（5）的底端相触”等技术特征，虽然原告认为附件 1 公开瓶塞的使用效果与本专利产品多处雷同，本专利利用了附件 4 的工作原理，但原告没有提供现有技术整体上教导将上述区别技术特征分别用于改进附件 1、4 所公开瓶塞的证据，所以，权利要求 1 记载的技术方案相对于附件 1、4 公开瓶塞具备突出的实质性特点。同时，本专利产品也比附件 1、4 所公开的瓶塞更容易制作。因此，被告对原告主张本专利权利要求 1 相对于附件 1、4 不具备创造性的理由不予支持。

权利要求 2～3、5 分别引用了权利要求 1，必然具有权利要求 1 记载的技术特征。在权利要求 1 相对于附件 5 不具备创造性的无效理由不成立的情况下，权利要求 2～3、5 相对于附件 5 不具备创造性的无效理由也不成立。

基于上述理由，被告作出了被诉决定。原告不服，在法定期限内向本院提起行政诉讼。

庭审中，原告与第三人明确表示对于被诉决定的下列内容不持异议：被诉决定作出的行政程序；被诉决定“案由”部分记载的内容；被诉决定确定的无效范围及对比文件的认定；被诉决定认定的附件 5 公开的内容；在本专利权利要求 1 相对于附件 5 具有新颖性的前提下，本专利权利要求 5 也具有新颖性；被诉决定认定的本专利权利要求 1 与附件 1、4 的区别技术特征。

本院认为，对于被诉决定中原告与第三人不持异议的内容，本院经审查，对其合法性予以确认。在此基础上，本案的焦点在于：本专利相对于相应附件，是否具有新颖性、创造性及实用性。

关于本专利是否具有实用性的问题，本院认为根据本专利说明书和权利要求书记载的内容看，本专利权利要求 1～5 用技术特征来限定各技术方案，未存在不符合自然规律之处。且本专利产品的照片能够证明本专利技术方案是能够实施的。由于本专利所要解决的技术问题是克服现有技术中存在的以下缺陷：保温瓶向外倒水时活动塞落在水流前面，阻碍了水的流动，使水流不集中，且水流大小不易控制；倒水时活动塞容易掉下来，防尘效果不好。为此，本专利在保温瓶塞上设计有导杆上的凸台、防尘罩上凸出的台和隔水沿，克服了现有技水中存在的上述缺陷，取得了积极和有益的效果。而且，本专利的技水方案并不涉及材质，虽然本专利产品选用特定材质可能会存在原告所述缺陷，但并不能以此否认本专利产生了积极的效果。因此，被告认为原告关于本专利权利要求 1～5 不符合《专利法》第二十二条第四款之规定的理由不成立是正确的。

关于本专利是否具有新颖性、创造性的问题，本院认为，本专利权利要求 1 与附件 5 公开的内容相比存在以下区别技术特征，即本专利权利要求 1 记载的“防尘罩（9）上有一个直径大于固定套（5）的隔水沿（10），防尘罩（9）上还有一个直径大于固定套（5）的相对于防尘罩（9）水平方向向下凸出的台（3）”、“凸台（7）设在导杆（8）上的位置，以固定套（5）的顶端外径与凸出的台（3）内径相接触处为圆心，旋转活动体时，凸台（7）的顶端与固定套（5）的底端相触”。因此，二者的技术方案不同，不属于同样的发明创造。本专利权利要求 5 记载的技术方案也不同于附件 5 公开的瓶塞。故被告认为原告关于本权利要求 1、5 相对于附件 5 不具备新颖性的理由不成立正确。

根据本专利说明书的明确记载，本专利使提供的自动启闭保温瓶塞在从瓶内向外倒水时不需拿掉塞子，并可根据保温瓶倾斜角度大小，控制从自动张口的塞子流出水量大小，且水流集中，塞子不易掉落，而将瓶直立时，塞子可自动扣在瓶口上，使用方便，不污染瓶塞，使灰尘无法进入，改进了附件 5 存在的缺陷，比附件 5 公开瓶塞的使用更方便。虽然原告认为本专利权利要求 1 利用了附件 5 所公开瓶塞的结构和工作原理，但原告提供的现有技术中不存在将上述区别技术应用于附件 5 公开瓶塞的技术启示，因此，权利要求1记载的技术方案相对于附件5公开瓶塞具备突出的实质性特点，并具有显著进步。被告认为原告关于权利要求1记载的技术方案相对于附件5不具备创造性的理由不成立正确。

从本专利权利要求1与附件1、4的区别技术特征来看，虽然原告认为附件1公开瓶塞的使用效果与本专利产品多处雷同，本专利利用了附件4的工作原理，但原告没有提供现有技术整体上教导将上述区别技术特征分别用于改进附件1、4所公开瓶塞的证据，所以，权利要求1记载的技术方案相对于附件1、4公开瓶塞具备突出的实质性特点。同时，本专利产品也比附件1、4所公开的瓶塞更容易制作。因此，被告认为原告关于本专利权利要求1相对于附件1、4不具备创造性的理由不能成立亦正确。

权利要求2~3、5分别引用了权利要求1，必然具有权利要求1记载的技术特征。在权利要求1相对于附件5不具备创造性的无效理由不成立的情况下，被告认为权利要求2~3、5相对于附件5不具备创造性的无效理由也不成立正确。

综上，被诉决定认定事实清楚，适用法律正确，程序合法，本院应予维持。原告的诉讼请求缺乏事实及法律依据，本院不予支持。依照《中华人民共和国行政诉讼法》第五十四条第（一）项之规定，判决如下：

维持被告国家知识产权局专利复审委员会于二〇〇七年八月二十六日作出的第10422号无效宣告请求审查决定。

案件受理费100元，由原告济南一把手有限公司负担（已交纳）。

如不服本判决，各方当事人可于判决书送达之日起15日内，向本院递交上诉状，并按对方当事人人数提出副本，上诉于北京市高级人民法院。上诉人在上诉期满之日起7日内未预交上诉费，又不提出缓交申请的，按自动撤回上诉处理。

审　判　长　梁　菲
代理审判员　何君慧
代理审判员　司品华
二〇〇八年二月十四日
书　记　员　李秩萌

# 北京市高级人民法院
# 行政判决书

（2008）高行终字第278号

上诉人（一审原告）济南一把手有限公司，住所地山东省章丘市明水经济开发区赭山中路9号。

法定代表人于孝海，董事长。

委托代理人张宝丰，男，济南一把手有限公司职员，身份证号码370122550728003。

被上诉人（一审被告）国家知识产权局专利复审委员会，住所地北京市海淀区北四环西路9号银谷大厦10~12层。

法定代表人廖涛，副主任。

委托代理人李金光，国家知识产权局专利复审委员会审查员。

委托代理人张华，国家知识产权局专利复审委员会审查员。

被上诉人（一审第三人）修昌珉，男，1942年11月14日出生，汉族，住山东省济南市历城区济钢新村中心楼1 0号楼3单元102号，身份证号码370111194211140035。

上诉人济南一把手有限公司（以下简称一把手公司）因无效宣告请求审查决定一案，不服北京市第一中级人民法院（2007）一中行初字第1621号行政判决，向本院提起上诉。本院依法组成合议庭，公开开庭审理了本案。上诉人一把手公司的委托代理人张宝丰，被上诉人国家知识产权局专利复审委员会（以下简称专利复审委员会）的委托代理人李金光、张华出庭参加了诉讼。被上诉人修昌珉经本院合法传唤未到庭参加诉讼。本案现已审理终结。

2007年8月26日，专利复审委员会作出第10422号无效宣告请求审查决定（以下简称第10422号决定），宣告维持名称为“自动启闭的保温瓶塞”的95110414.4号发明专利权（以下简称本专利）有效。一把手公司不服该决定，向北京市第一中级人民法院提起行政诉讼。

北京市第一中级人民法院判决认为，第10422号决定认定事实清楚，适用法律正确，程序合法。依照《中华人民共和国行政诉讼法》第五十四条第（一）项之规定，判决维持第10422号决定。

一把手公司不服一审判决，向本院提起上诉认为：（1）本专利不具有实用性。本专利结构设计不合理，瓶塞的塑料部分长期浸泡水中，污染水质，对人体有害；长期使用，塑料制品易脱落，其中的铁棒易掉出砸坏瓶胆，易伤人。瓶塞的盖体部分较长，易损坏，消费者无法自行修复使用，造成极大浪费。使用时盖体部分容易从瓶口脱落，给消费者带来不必要的麻烦，更无法起到方便、保温、卫生、安全的作用。（2）本专利不具有新颖性和创造性。本专利与附件1有多处雷同，附件5公开了本专利的固定套、活动塞、导杆等结构和工作原理，与附件6的盖体部分相近似，本专利导杆部分与附件4的重锤部分相仿。综上，一审判决认定事实不清，适用法律不当，请求二审法院撤销一审判决，依法改判。

被上诉人专利复审委员会答辩认为，一审判决正确，请求二审法院维持一审判决和第10422号决定。

被上诉人修昌珉未提交书面意见。

一审法院审理期间，专利复审委员会为证明其行为的合法性提交了下列3组证据：（1）一把手公司在行政程序中作为证据提交的附件1至6；（2）本专利说明书、专利权无效宣告请求书复印件2页以及补充说明复印件1页；（3）口头审理记录表复印件2页。

一把手公司提交了下列证据：（1）专利无效宣告请求书；（2）本专利说明书；（3）该公司在行政程序中作为证据提交的附件5、附件6以及附件1的授权公告文本。

修昌珉未提交证据。

上述证据均随案移送本院，经本院审查核实，一把手公司提交的附件1授权公告文本中的专利摘要及权利要求项之外的内容无正当理由未在行政程序中提交，不能作为评价被诉行政行为合法性的依据，本院不予接纳；一把手公司提交的其他证据以及专利复审委员会提交的证据均能证明本案的相关事实，本院予以接纳。

根据上述有效证据及各方当事人无争议的陈述，本院确认如下事实：

本专利系名称为“自动启闭的保温瓶塞”的95110414.4号发明专利，其申请日为1995年4月17日，授权公告日为2000年3月1日，专利权人为修昌珉。本专利授权公告的权利要求书如下：

“1. 自动启闭的保温瓶塞，它有固定套（5）以及与固定套（5）相配的活动体，其特征在于：活动体上有一个上盖（2），上盖（2）下端有一个装有保温材料的内腔（1），在内腔（1）的底部有配重导杆（8），在内腔（1）和配重导杆（8）的结合处，安装防尘罩（9），防尘罩（9）上有一个直径大于固定套（5）的隔水沿（10），防尘罩（9）上还有一个直径大于固定套（5）的相对于防尘罩（9）水平方向向下凸出的台（3），配重导杆（8）上设有凸出台（7），凸台（7）设在导杆（8）上的位置，以固定套（5）的顶端外径与凸出的台（3）内径相接触处为圆心，旋转活动体时，凸台（7）的顶端与固定套（5）的底端相触。

2. 按照权利要求1所述的自动启闭的保温瓶塞，其特征在于：配重导杆（8）可做成空心的圆柱形和锥形，内装配重材料（11）。

3. 按照权利要求1所述的自动启闭的保温瓶塞，其特征在于配重导杆（8）上的凸台（7）可制成多齿形（13）。

4. 按照权利要求1所述的自动启闭的保温瓶塞，其特征在于：凸出的台（3）上有数个槽（12）。

5. 接照权利要求1所述的自动启闭的保温瓶塞，其特征在于：防尘罩（9）与上盖（2）作成一体。”

2006年12月11日，一把手公司针对本专利向专利复审委员会提出无效宣告请求，理由是本专利不符合《中华人民共和国专利法实施细则》（以下简称《专利法实施细则》）第二条、《中华人民共和国专利法》（以下简称《专利法》）第二十六条第三款、第二十二条的规定，并提交了3份附件作为证据：

附件1：名称为“自动启闭瓶塞保温瓶”的第93231624.7号实用新型专利，公告日为1994年6月15日）摘要及权利要求项的网络打印页，共1页；

附件2：一把手公司所称“专利产品照片”，原件共2张；

附件3：一把手公司所称“专利产品设计说明书”，复印件共7页，其中包括名称为“自动启闭的保温瓶塞”的说明书第1~3页、说明书摘要1页、摘要附图1页、权利要求书1页、说明书附图1页。

经形式审查合格，专利复审委员会受理了上述请求并进行了转文。2007年1月8日，一把手公司补充提交了本专利的授权公告专利说明书和3份附件作为证据并结合提交的所有证据补充了意见陈述。一把手公司提交的3份附件为：

附件4：第89217483.8号实用新型专利申请说明书（其中缺少权利要求书），公告日为1990年5月30日，公告号为CN2057576U，共5页；

附件5：第93232595.5号实用新型专利说明书，授权公告日为1994年11月2日，公告号为CN2181240Y，共5页；

附件6：第91200898.9号实用新型专利申请说明书，公告日为1991年12月18日，公告号为CN2090672U，共6页。

专利复审委员会再次进行转文后于2007年5月15日举行了口头审理。口头审理中，一把手公司放弃附件3并放弃本专利不符合《专利法》第二十六条第三款和《专利法实施细则》第二条的无效理由，放弃权利要求2~4不符合《专利法》第二十二条第二款以及权利要求4不符合《专利法》第二十二条第三款的无效理由；明确无效宣告请求的理由和范围为：本专利权利要求1~5不符合《专利法》第二十二条第四款的规定，权利要求1、5不符合《专利法》第二十二条第二、三款的规定，权利要求2~3不符合《专利法》第二十二条第三款的规定；明确本专利权利要求1~5不具备新颖性的证据仅使用附件5；权利要求1不具备创造性的证据分别单独使用附件1、4~5；权利要求2~3、5不具备创造性的证据仅使用附件5单独进行评价，放弃使用其他附件。修昌珉对附件1、4~6的真实性、公开日期均无异议，双方当事人均认可附件2是本专利权利要求1产品的照片。

专利复审委员会依据一把手公司在口头审理中明确的无效理由和范围进行了审查。经审查，专利复审委员会认为，附件1、4~6具有真实性，其公开日期均在本专利申请日之前，可以作为本专利的现有技术。双方当事人均认为附件2是本专利产品的照片，专利复审委员会对此予以确认。

关于本专利是否符合《专利法》第二十二条第四款，专利复审委员会认为，首先，从本专利说明书和权利要求书所公开的整体内容来看，本专利权利要求1~5用技术特征来限定各技术方案，各技术方案中也不存在不符合自然规律之处，且双方当事人均认可附件2是本专利产品的照片，说明本专利产品是可以根据专利说明书的描述制造出来的。其次，根据说明书的记载，本专利所要解决的技术问题是克服见有技术中存在以下缺陷：保温瓶向外倒水时活动塞落在水流前面，阻碍了水的流动，使水流不集中，且水流大小不易控制；倒水时活动塞容易掉下来，防尘效果不好（参见本专利说明书第1页第2段）。而从本专利权利要求记载的技术方案可以看出，本专利由于在保温瓶塞上设计有导杆上的凸台、防尘罩上凸出的台和隔水沿，克服了现有技术中存在的上述缺陷，这是所属领域技术人员根据本专利的技术方案可以预料到的，且这种效果是积极和有益的。最后，本专利的技术方案并不涉及材质（参见本专利权利要求1~5），虽然本专利产品选用特定材质可能会存在一把手公司所述缺陷，但并不能否认本专利产生了积极的效果。因此，专利复审委员会对一把手公司关于本专利权利要求1~5不符合《专利法》第二十二条第四款之规定的理由不予支持。

关于本专利是否符合《专利法》第二十二条第二、三款的规定，专利复审委员会认为，将本专利权利要求1与附件5公开的保温瓶塞相比可以看出，附件5虽公开了固定套、活动塞、导杆等结构，但附件5中未公开本专利权利要求1记载的“防尘罩（9）上有一个直径大于固定套（5）的隔水沿（10），防尘罩（9）上还有一个直径大于固定套（5）的相对于防尘罩（9）水平方向向下凸出的台（3）”、“凸台（7）设在导杆（8）上的位置，以固定套（5）的顶端外径与凸出的台（3）内径相接触处为圆心，旋转活动体时，凸台（7）的顶端与固定套（5）的底端相触”，因此，即使权利要求1的瓶塞工作原理与附件5的瓶塞工作原理相同，但由于二者明显存在上述区别特征，本专利权利要求1记载的技术方案与附件5公开的瓶塞是完全不同的技术方案，不属于同样的发明创造。权利要求5引用了权利要求1，权利要求5必然具有权利要求1记载的所有技术特征，因此，基于同样的理由，本专利权利要求5记载的技术方案也不同于附件5公开的瓶塞。因此，对一把手公司关于本权利要求1、5相对于附件5不具备新颖性的理由不予支持。

由于本专利权利要求1记载的技术方案与附件5公开的保温瓶塞存在上述区别技术特征，且根据本专利说明书的记载可知，本发明实际要解决的技术问题在于改进附件5公开瓶塞所存在的缺陷，使提供的自动启闭保温瓶塞在从瓶内向外倒水时不需拿掉塞子，并可根据保温瓶倾斜角度大小，控制从自动张口的塞子流出水量大小，且水流集中，塞子不易掉落，而将瓶直立时，塞子可自动扣在瓶口上，使用方便，不污染瓶塞，使灰尘无法进入（参见本专利说明书第1页第2~3段）。虽然一把手公司认为本专利权利要求1利用了附件5所公开瓶塞的结构和工作原理，但其没有提供现有技术整体上教导将上述区别技术特征用于改进附件5公开瓶塞的证据，即一把手公司提供的现有技术中不存在将上述区别技术应用于附件5公开瓶塞的技术启示，因此，权利要求1记载的技术方案相对于附件5公开瓶塞具备突出的实质性特点；同时由于权利要求1记载的技术方案克服了附件5公开瓶塞的缺陷，比附件5公开瓶塞的使用更方便，比附件5公开瓶塞具有显著进步。所以专利复审委员会对一把手公司关于权利要求1记载的技术方案相对于附件5不具备创造性的理由不予支持。

本专利权利要求1记载的技术方案与附件1、4公开的瓶塞相比，附件1、4同样没有公开本专利权利要求1中记载的“防尘罩（9）上有一个直径大于固定套（5）的隔水沿（10），防尘罩（9）上还有一个直径大于固定套（5）的相对于防尘罩（9）水平方向向下凸出的台（3）”、“凸台（7）设在导杆（8）上的位置，以固定套（5）的顶端外径与凸出的台（3）内径相接触处为圆心，旋转活动体时，凸台（7）的顶端与固定套（5）的底端相触”等技术特征，虽然一把手公司认为附件 1 公开瓶塞的使用效果与本专利产品多处雷同，本专利利用了附件 4 的工作原理，但一把手公司没有提供现有技术整体上教导将上述区别技术特征分别用于改进附件 1、4 所公开瓶塞的证据，所以，权利要求 1 记载的技术方案相对于附件 1、4 公开瓶塞具备突出的实质性特点。同时，本专利产品也比附件 1、4 所公开的瓶塞更容易制作。因此，对一把手公司主张本专利权利要求 1 相对于附件 1、4 不具备创造性的理由不予支持。

权利要求 2 ~ 3、5 分别引用了权利要求 1，必然具有权利要求 1 记载的技术特征。在权利要求 1 相对于附件 5 不具备创造性的无效理由不成立的情况下，权利要求 2 ~ 3、5 相对于附件 5 不具备创造性的无效理由也不成立。

基于上述理由，专利复审委员会作出了第 10422 号决定。一把手公司不服，在法定期限内向北京市第一中级人民法院提起行政诉讼。

经本院审查，专利复审委员会关于本专利权利要求 1 与附件 5、附件 1、附件 4 相比所存在的区别技术特征的认定属实。

本院认为，一把手公司关于本专利不具有新颖性、创造性和实用性的上诉理由与在行政程序、一审程序中所述理由一致。在行政程序中，专利复审委员会结合其主张及所提交的证据进行了认真审查，并在第 10422 号决定中进行了详细的评价。一审法院经审理对第 10422 号决定予以维持。经本院审查，专利复审委员会关于本专利权利要求 1 相对于附件 5 或附件 1 或附件 4 均存在“防尘罩（9）上有一个直径大于固定套（5）的隔水沿（10），防尘罩（9）上还有一个直径大于固定套（5）的相对于防尘罩（9）水平方向向下凸出的台（3）”、“凸台（7）设在导杆（8）上的位置，以固定套（5）的顶端外径与凸出的台（3）内径相接触处为圆心，旋转活动体时，凸台（7）的顶端与固定套（5）的底端相触”的区别特征的认定正确。在此基础上，专利复审委员会按照发明专利新颖性、创造性和实用性的审查标准，结合一把手公司的主张逐一进行了评价，并认定一把手公司的主张均不能成立，本专利权利要求 1、5 相对于附件 5 具备新颖性，权利要求 1 相对于附件 1 或附件 4 或附件 5 均具备创造性，在权利要求 1 具备创造性的基础上，从属权利要求 2 ~ 3、5 相对于附件 5 亦具备创造性。专利复审委员会的上述认定事实清楚，理由充分，符合法律规定，本院予以认可，不再赘述。

综上，第 10422 号决定认定事实清楚，适用法律正确，行政程序合法，一审判决正确，本院予以维持。一把手公司的上诉请求不能成立，本院不予支持。根据《中华人民共和国行政诉讼法》第六十一条第（一）项的规定，判决如下：

驳回上诉，维持一审判决。

二审案件受理费人民币 100 元，由上诉人济南一把手有限公司负担（已交纳）。

本判决为终审判决。

审　判　长　任全胜
代理审判员　景　滔
代理审判员　朱海宏
二〇〇八年九月十日
书　记　员　王　芳

038

# 一种以20（S）-原人参二醇为有效成分的抗癌辅助药物及应用

## 无效宣告请求审查决定（第10423号）

**决定号** 第10423号
**决定日** 2007年8月28日
**发明创造名称** 一种以20（S）-原人参二醇为有效成分的抗癌辅助药物及应用
**国际分类号** A61K 31/575，A61P 35/00
**无效宣告请求人** 上海中药创新研究中心
**专利权人** 海南亚洲制药有限公司
**专利号** 02146549.5
**申请日** 2002年10月22日
**授权公告日** 2006年4月19日
**合议组组长** 李人久
**主审员** 王冬
**参审员** 郭婷
**法律依据** 专利法第26条第3款、第4款，专利法第22条第3款
**决定要点**

说明书应当充分公开发明或者实用新型的技术内容，以使所属技术领域的技术人员按照说明书记载的内容，就能够实现该发明或者实用新型的技术方案，解决其技术问题，并且产生预期的技术效果。

权利要求书应当以说明书为依据，是指权利要求应当得到说明书的支持。权利要求书中的每一项权利要求所要求保护的技术方案应当是所属技术领域的技术人员能够从说明书充分公开的内容中得到或概括得出的技术方案。

在对要求保护的发明的创造性进行判断时，首先应当在现有技术中确定与要求保护的发明最接近的现有技术，然后确定要求保护的发明的区别特征和实际解决的技术问题，接着从最接近的现有技术和要求保护的发明所实际解决的技术问题出发，判断要求保护的发明对本领域技术人员来说是否显而易见；同时考察这些区别技术特征的引入是否导致要求保护的发明相对于最接近的现有技术具有显著的进步。

### 一、案由

本专利权无效宣告请求案涉及国家知识产权局于2006年4月19日公告授予的、名称为“一种以

20（S）-原人参二醇为有效成分的抗癌辅助药物及应用”的02146549.5号发明专利权（下称本专利），其申请日为2002年10月22日，专利权人为海南亚洲制药有限公司。本专利授权公告的权利要求书如下：

“1. 20（S）-原人参二醇在制备增强抗癌药物疗效的药物中的应用，它具有以下结构：

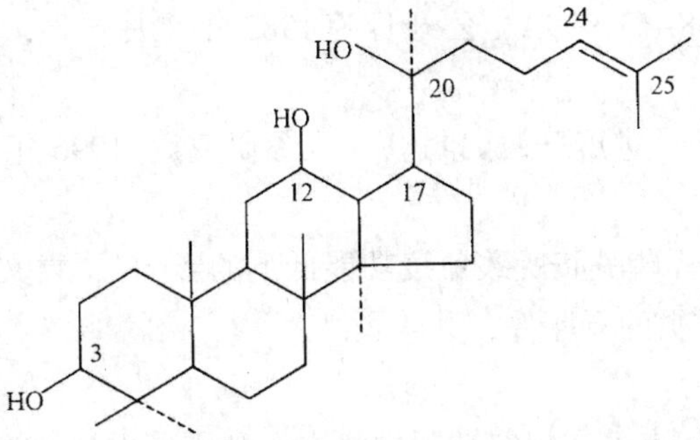


。

2. 20（S）-原人参二醇在制备降低抗癌药物毒性的药物中的应用，它具有以下结构：

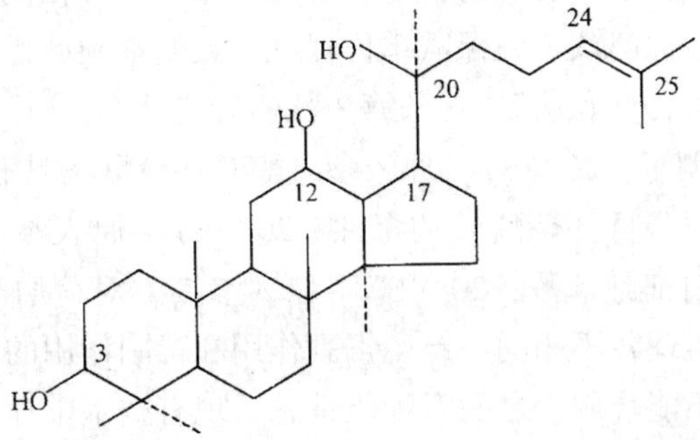


。

3. 20（S）-原人参二醇在制备预防和治疗放化疗引起的白细胞降低的药物中的应用，它具有以下结构：

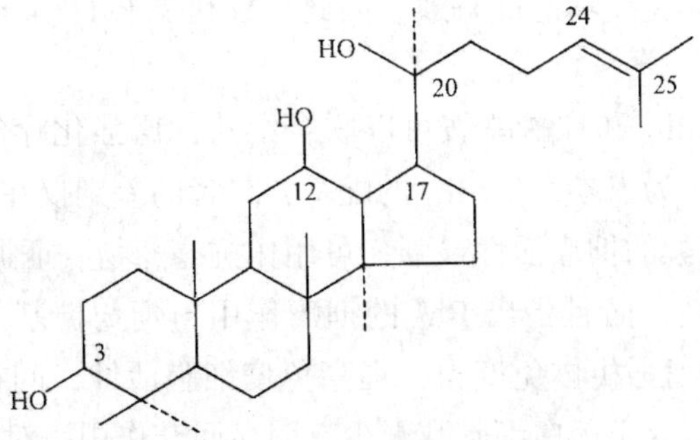


。

4. 20（S）-原人参二醇在制备具有增强机体免疫功能的药物中的应用，它具有以下结构：

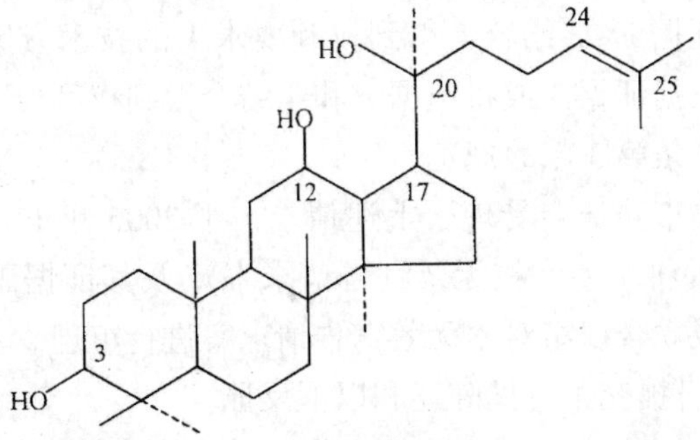


。”

针对上述专利权，上海中药创新研究中心（下称请求人）于2006年9月5日向专利复审委员会提出专利权无效宣告请求，认为本专利不符合专利法第26条第款、第4款、专利法第22条第3款的规定。请求人同时提交了本专利授权公告文本及以下证据：

证据1："人参皂甙$Rh_2$对环磷酰胺（CY）诱发小鼠白细胞减少的影响"，高峰等，《人参研究》，1995年第4期第37~38页的复印件，共2页；

证据2：日本专利文献昭58-131999A，公开日为1983年8月6日，第1049~1056页的复印件，共8页；

证据3："人参苷-Rh2的研究进展"，徐景达，《人参研究》，1996年第1期第2~7页的复印件，共6页；

证据4："人参根总皂甙对环磷酰胺所致免疫功能低下的影响"，袁文学等，《中国药理学通报》，1986年第2卷第1期第21~24页的复印件，共4页。

依据上述证据，请求人认为：

（1）在本专利中，没有任何有关在规定期限内将本专利所采用的CTLL-2依赖细胞株以及小鼠肝癌$H_{22}$、小鼠黑色素瘤B16、小鼠Lewis肺癌等细胞株保藏并证明其存活的描述。由于本专利所采用的上述细胞株未在国务院专利行政部门认可的保藏单位保藏，致使本领域普通技术人员无法根据说明书实施本专利，本专利说明书不符合专利法第26条第3款的规定。

（2）本专利说明书仅仅证明了：20（S）-原人参二醇对环磷酰胺具有增效作用；20（S）-原人参二醇与环磷酰胺联合给药可以降低环磷酰胺的毒性；20（S）-原人参二醇可提高单独环磷酰胺给药时的肝癌小鼠和肺癌小鼠的白细胞计数；20（S）-原人参二醇对荷瘤小鼠免疫功能有影响。由于抗癌药物种类千差万别，作用机理各不相同，产生毒副作用和毒副作用的机理也各不相同，而且本领域技术人员众所周知有些药物不能合用，之间有配伍禁忌，现有技术中存在很多治疗相似疾病但是不能配伍的药物的实例。因此，本领域技术人员根据说明书提供的资料无法得出原人参二醇对所有抗癌药都能增效、能够降低任何其他抗癌药副作用、对所有化疗造成的白细胞降低都有效、对正常个体的免疫功能以及其他状态下的机体免疫功能都有效。因此，权利要求1~4不符合专利法第26条第4款的规定。

（3）证据1指出人参皂甙$Rh_2$和环磷酰胺可以联合给药，增强化疗的效果。人参皂甙$Rh_2$为原人参二醇组皂甙，而原人参二醇为人参皂甙$Rh_2$的配基，二者的差别仅在于3位上相差一个糖基。证据2公开了20（S）-原人参二醇的抑瘤活性最强，可用作抗癌药物。证据3公开了$Rh_2$的配基-原人参二醇具有高于$Rh_2$的抑瘤活性，而且指出$Rh_2$的抑瘤作用与葡萄糖基的存在与否无关；人参皂甙（可以理解为包括$Rh_2$）可通过增强机体免疫力，提高免疫细胞活性，间接抑制肿瘤生长。证据4公开了人参根总皂甙对环磷酰胺所致小鼠白细胞数减少有明显回升作用，对巨噬细胞吞噬功能抑制、溶血素形成抑制和迟发型超敏反应抑制均有恢复正常作用。本领域技术人员根据上述技术启示，不需要创造性劳动，完全有动机：将证据1~3结合，得到权利要求1的技术方案；将证据1和3结合得到权利要求2和3的技术方案；根据证据3或将证据1和4结合得到权利要求4的技术方案。因此，权利要求1~4不符合专利法第22条第3款的规定。

经形式审查合格后，专利复审委员会受理了上述请求，于2006年11月24日向双方当事人发出《无效宣告请求受理通知书》，并将《专利权无效宣告请求书》及其证据副本转送给专利权人，要求其在指定的期限内答复，同时成立合议组对本无效宣告请求案进行审理。

专利权人于2007年1月8日提交了意见陈述和以下反证：

反证1：2001年4月第1次印刷的2000年版《中华人民共和国药典》二部《临床用药须知》，国家药典委员会编，化学工业出版社，扉页、出版信息页、第781页（第29章抗肿瘤药第1页）至第

782 页的复印件，共 4 页；

反证 2：1993 年 5 月第 13 版第 9 次印刷的《新编药物学》，陈新谦、金有豫主编，人民卫生出版社，封面、出版信息页、第 429 页的复印件，共 3 页；

反证 3：《新药（西药）临床及临床前研究指导原则汇编》，中华人民共和国卫生部药政局，封面、扉页（印有"一九九三年七月"的字样）、前言、第 103 ~ 105 页、第 139 ~ 143 页的复印件，共 11 页；

反证 4：2004 年 7 月第 1 版第 1 次印刷的《古德曼　吉尔曼　治疗学的药理学基础》第 10 版，Joel G. Hardman 等主编，金有豫主译，人民卫生出版社，封面、出版信息页、第 1118 ~ 1121 页的复印件，共 6 页；

反证 5：2003 年 3 月第 15 版第 30 次印刷的《新编药物学》，陈新谦、金有豫、汤光主编，人民卫生出版社，扉页、出版信息页、第 707 ~ 717 页的复印件，共 13 页；

反证 6：2003 年 6 月第 1 版第 1 次印刷的《中华临床药物学》下册，徐叔云主编，人民卫生出版社，封面、扉页、出版信息页、第 1507（第 127 章第 1 页）至 1509 页的复印件，共 6 页；

反证 7：2004 年 7 月第 1 版第 1 次印刷的《中药药理学新论》，张永祥主编，人民卫生出版社，扉页、出版信息页、第 220 ~ 223 页的复印件，共 4 页；

反证 8：1985 年 8 月 5 日发行的《药用人参'85》，扉页、出版信息页、第 134 ~ 147 页的复印件及译文，共 12 页；

反证 9："CTLL-2/MTT 法快速测定 L-2 基因转移效率的研究"，袁仕取等，《陕西师范大学学报（自然科学版）》，1998 年 3 月第 26 卷第 1 期，第 78 ~ 80 页的复印件，共 3 页；

反证 10："CTTL2 细胞增殖检测单核/巨噬细胞 ADCC 效应方法的应用研究"，王秀丽等，《白求恩医科大学学报》，1997 年第 23 卷第 4 期，第 390 ~ 391 页的复印件，共 2 页；

反证 11："大肠癌患者手术前后外周血生长抑素的变化及其与机体免疫功能的关系"，丁国善等，《第二军医大学学报》，2000 年 5 月第 21 卷第 5 期，第 432 ~ 434 页的复印件，共 3 页；

反证 12：有关 CTLL-2 依赖细胞株的文献清单，共 3 页；

反证 13："重组人白细胞介素-II 抗肿瘤作用的实验研究"，王庆瑞等，《河南肿瘤学杂志》，2002 年 2 月第 15 卷第 1 期，第 12 ~ 13 页的复印件，共 2 页；

反证 14："安克素胶囊的抗肿瘤作用"，王青等，《中药材》，2000 年 10 月第 23 卷第 10 期，第 634 ~ 636 页的复印件，共 3 页；

反证 15："复方抗癌粉针的抗肿瘤作用及其机理研究"，臧文臣等，《中医药学报》，2001 年第 29 卷第 4 期，第 46 ~ 47 页的复印件，共 2 页；

反证 16：有关肝癌 $H_{22}$ 的文献清单，共 6 页；

反证 17："百合多糖的化学结构及抗肿瘤活性"，赵国华等，《食品与生物技术》，2002 年 1 月第 21 卷第 1 期，第 62 ~ 66 页的复印件，共 5 页；

反证 18："蛇葡萄素的抗肿瘤作用研究"，刘德育等，《癌症》，2001 年第 20 卷 12 期，第 1372 ~ 1375 页的复印件，共 4 页；

反证 19：有关黑色素瘤 B16 的文献清单，共 4 页；

反证 20："金荞麦抗肿瘤作用研究进展"，陈晓峰等，《中草药》，2000 年第 31 卷第 9 期，第 715 ~ 718 页的复印件，共 4 页；

反证 21：有关 Lewis 肺癌的文献清单，共 7 页。

依据上述反证，专利权人认为：

（1）本专利说明书实验方法部分使用的 CTLL-2 依赖细胞株、肝癌 H22、黑色素瘤 B16 细胞和 Lewis 肺癌细胞并不是实施本专利所必需的，这些细胞株只是在本专利证明 20（S）-原人参二醇效果的实验中用到，这些效果实验均为本领域中常用的经典实验。本领域技术人员容易找到所需要的细胞株或适当的替代细胞株。这些具体的细胞株也是在申请日前本领域技术人员常用的，容易获得的。并分别在所提交的反证中被公开，例如 CTTL 依赖细胞株在反证 3、9～12 中被公开，肝癌 H22 细胞株在反证 13～16 中被公开，黑色素瘤 B16 细胞株在反证 13、17～19 中被公开，Lewis 肺癌细胞株在反证 14、17、20-21 中被公开。因此本专利说明书已经充分公开，符合专利法第 26 条第 3 款的规定。

（2）环磷酰胺治疗肿瘤的动物模型是考察抗癌辅助药物疗效和评价药物对白细胞减少症防治效力的经典动物模型，在使用该模型证明治疗效果的基础上，本领域技术人员可以确信 20（S）-原人参二醇具有抗癌辅助治疗效果以及升高白细胞的作用，而且这样的效果不限于对环磷酰胺的辅助效果；本专利第一次提出 20（S）-原人参二醇的抗癌辅助治疗效果，应该得到更宽的保护范围，而不只限于对于环磷酰胺的情形；20（S）-原人参二醇可以显著提高生物反应调节剂 IL-2 水平，而生物反应调节剂与抗肿瘤药物的配合可以肯定地提高抗癌药物的疗效并减轻不良反应，机体免疫系统具有限制肿瘤细胞生长的能力，通过生物反应调节剂改变宿主对肿瘤的生物反应可以起到治疗作用；本领域技术人员能够认识到 20（S）-原人参二醇增强免疫功能的效果是对机体免疫系统的全面作用而并不仅局限于荷瘤小鼠。本专利不仅从增效、减毒、升高白细胞和增强免疫功能的直接指标证明了本专利的效果，而且从作用机理上揭示了这些治疗效果。因此，权利要求 1～4 完全可以得到说明书的支持，符合专利法第 26 条第 4 款的规定。

（3）抗癌和抗癌辅助作用是两种完全不同的作用，针对不同的适应症。作为最接近的对比文件的证据 1 提到的“增强化疗的效果”是指减少化疗的毒副作用，确切地讲是升高白细胞数量，而不是本专利意义上增强抗癌药物的治疗效果，即提高抗癌药物的抑瘤率。证据 1 中人参皂甙 Rh2 与 20（S）-原人参二醇化学结构的差别不仅在于葡萄糖基的差别，还在于 20 位碳原子的构型在证据 1 中为 R 构型，在本专利中为 S 构型。证据 1 没有公开人参皂甙 Rh2 抗癌增效作用；证据 2 只是公开了 20（S）-原人参二醇的抗肿瘤作用；证据 3 公开了 20（S）-原人参二醇的抑瘤活性，还指出甙元 20（S）-原人参二醇的生物活性比人参皂甙 Rh2 弱的多或无作用，但对于黑色素瘤 B16 是个例外；证据 4 也只是公开了人参根总皂甙的提高免疫功能的作用，而并没有揭示众多人参根总皂甙中的哪一种具有该种作用。而且本领域技术人员已知人参皂苷类化合物的生物活性与其化学结构密切相关，化学结构的微小变化往往导致生物活性不可预测的变化，本领域技术人员不会依据化学结构的相似性来推定人参皂苷类化合物的生物活性。因此，权利要求 1～4 的技术方案相对于证据 1～4 是非显而易见的，权利要求 1～4 具有创造性，符合专利法第 22 条第 3 款的规定。

2007 年 4 月 5 日，本案合议组向双方当事人发出口头审理通知书，定于 2007 年 5 月 22 日对本案进行口头审理。同时，专利复审委员会本案合议组将专利权人于 2007 年 1 月 8 日提交的意见陈述书及其附件副本转送给请求人，并告知其在口头审理时一并答复。

2007 年 5 月 22 日口头审理如期进行。双方当事人均委托代理人参加了口头审理。口头审理过程中认定的事实如下：（1）请求人放弃证据 2。（2）请求人出示了证据 1、3 和 4 的原件，专利权人对证据 1、3 和 4 的真实性没有异议。（3）专利权人没有出示反证 12、16、19、21 的原件，提交了针对反证 9～11、13～15、17～18、20 的公证书，并出示了其他反证的原件。请求人认为，由于反证 8 属于域外证据，没有履行公证认证手续，专利权人未出示反证 12、16、19、21 的原件，因此，对反证 8、12、16、19、21 的真实性有异议，对其他反证的真实性没有异议；并且由于反证 4～7 不是在本专利申请日以前公开，因此，对反证 4～7 的公开性有异议，而对其他反证的公开性没有异议；对证

据8的译文没有异议。(4) 请求人明确其无效理由为:

①由于在本专利说明书中没有任何有关将上述细胞株保藏的描述，使得本领域普通技术人员无法实施本发明，说明书不符合专利法第26条第3款的规定；

②抗癌药物为大范围，环磷酰胺为小范围，本专利说明书提供的实验证据只是证明了20 (S) -原人参二醇对环磷酰胺的作用，对其他化合物的增效作用没有描述，并且抗癌原理不同针对不同癌症要用不同抗癌药物，对环磷酰胺增效不能证明适应于所有抗癌药物，并且作为抗癌药的20 (S) -原人参二醇不能作为自己的抗癌辅助药物，因此，权利要求1不符合专利法第26条第4款的规定；

③权利要求2不符合专利法第26条第4款的理由与权利要求1相似，并且没有证明可降低抗癌药物的所有毒性；

④权利要求3中的放疗得不到支持，化疗仅仅针对环磷酰胺，没有证明对所有化疗造成的白细胞降低都有效，因此，权利要求3不符合专利法第26条第4款的规定；

⑤权利要求4中的机体是大范围，荷瘤小鼠是小范围，证明对荷瘤小鼠免疫功能有效不一定对所有机体都有效，因此，权利要求4不符合专利法第26条第4款的规定；

⑥权利要求1~3相对于证据1和3的结合不具备专利法第22条第3款规定的创造性，其中证据1是最接近的对比文件；

⑦权利要求4相对于证据3或证据3和4的结合不具备专利法第22条第3款规定的创造性。

专利权人认为，请求人当庭提出的权利要求2“没有证明可降低抗癌药物的所有毒性”、权利要求3中“放疗得不到说明书支持”而使权利要求2和3不符合专利法第26条第4款规定的理由，以及权利要求4相对于证据3和4的结合不具备专利法第22条第3款规定的创造性的理由，超出了提出无效宣告请求日起一个月内增加无效宣告理由的期限，不应予以接受。

庭审中，合议组对请求人提出的无效理由和事实进行了充分调查，并听取了各方当事人的陈述。

至此，合议组认为本案事实已经清楚，可以依法作出审查决定。

**二、决定的理由**

1. 关于审查文本

专利权人在本案的无效宣告程序中，并未对本专利的权利要求书进行修改，因此，合议组以本专利的授权公告文本为基础进行审查。

2. 无效宣告请求的理由和范围

对于请求人口头审理时当庭提出的权利要求2“没有证明可降低抗癌药物的所有毒性”、权利要求3中“放疗得不到说明书支持”而使权利要求2和3不符合专利法第26条第4款规定的理由，以及权利要求4相对于证据3与4的结合不具备专利法第22条第3款规定的创造性的理由，由于在无效请求书中并没有被记载，并且超出了提出无效宣告请求日起一个月内增加无效宣告理由的期限，合议组对上述理由不予考虑和审理。因此，根据请求人在口头审理中的确认，本无效宣告请求审查决定审理的宣告本专利无效的理由是:

(1) 由于在本专利说明书中没有任何有关将上述细胞株保藏的描述，使得本领域普通技术人员无法实施本发明，说明书不符合专利法第26条第3款的规定；

(2) 抗癌药物为大范围，环磷酰胺为小范围，本专利说明书提供的实验证据只是证明了20 (S) -原人参二醇对环磷酰胺的作用，对其他化合物的增效减毒作用没有描述，并且抗癌原理不同针对不同癌症要用不同抗癌药物，对环磷酰胺增效减毒不能证明适应于所有抗癌药物，并且作为抗癌药的20 (S) -原人参二醇不能作为自己的抗癌辅助药物，因此，权利要求1~2不符合专利法第26条第4款的规定；

（3）权利要求3中化疗仅仅针对环磷酰胺，没有证明对所有化疗造成的白细胞降低都有效，因此，权利要求3不符合专利法第26条第4款的规定；

（4）权利要求4中的机体是大范围，荷瘤小鼠是小范围，证明对荷瘤小鼠免疫功能有效不一定对所有机体都有效，因此，权利要求4不符合专利法第26条第4款的规定；

（5）权利要求1～3相对于证据1和3的结合不具备专利法第22条第3款规定的创造性；

（6）权利要求4相对于证据3不具备专利法第22条第3款规定的创造性。

3. 关于证据

证据1、3～4是公开发行的出版物，请求人提供这些证据作为现有技术使用，请求人当庭出示了证据1、3～4的原件，这三份证据的公开日均早于本专利的申请日，专利权人对其真实性、合法性、公开性均没有异议，合议组对它们的真实性、合法性、公开性也予以认可，因此证据1、3～4构成了本专利的现有技术，可以作为评价本专利创造性的证据使用。

证据2已被请求人在口头审理时明确声明放弃作为证据使用，合议组在本案中对其不予考虑。

专利权人没有出示反证12、16、19、21的原件，反证8属于域外证据，没有履行公证认证手续。请求人对反证8、12、16、19、21的真实性有异议，合议组对它们的真实性也不予以认可，对反证8的中文译文也不予考虑。由于反证4～7的公开日在本专利申请日之后，因此，合议组对反证4～7的内容不予考虑；请求人对反证1～3、9～11、13～15、17～18、20的真实性、公开性无异议，合议组对它们的真实性、公开性也予以认可。

4. 关于专利法第26条第3款

专利法第26条第3款规定：说明书应当对发明或者实用新型作出清楚、完整的说明，以所属技术领域的技术人员能够实现为准。

说明书应当充分公开发明或者实用新型的技术内容，以使所属技术领域的技术人员按照说明书记载的内容，就能够实现该发明或者实用新型的技术方案，解决其技术问题，并且产生预期的技术效果。

本专利涉及抗癌辅助药物20（S）-原人参二醇在制备用于增强抗癌药物疗效、降低抗癌药物毒性、预防和治疗放化疗引起的白细胞降低及增强机体免疫功能的药物中的应用。说明书中记载了采用CTLL-2依赖细胞株、小鼠肝癌H22、小鼠黑色素瘤B16、小鼠Lewis肺癌等细胞株对20（S）-原人参二醇的上述作用进行验证的实验。

请求人认为，由于在本专利说明书中没有任何有关将上述细胞株保藏的描述，使得本领域普通技术人员无法实施本发明。

合议组认为：专利法实施细则第25条中所说的“公众不能得到的生物材料”包括：个人或单位拥有的、由非专利程序的保藏机构保藏并对公众不公开发放的生物材料；或者虽然在说明书中描述了制备该生物材料的方法，但是本领域技术人员不能重复该方法而获得所述的生物材料。这样的生物材料均要求按照规定进行保藏。但对于在本专利证明20（S）-原人参二醇效果的实验中使用的上述细胞株而言，其在本专利申请日之前公开的反证3、9～11、13～15、17～18、20中已有记载，并且根据上述反证可知这些细胞株并非是由特定的个人或保藏机构所拥有，例如反证9中记载了所用CTLL-2细胞株引自中国预防医学科学院病毒研究所，反证13中记载了所用黑色素瘤B16、肝癌H22细胞株由中国医科院北京药物研究所提供，反证17记载了所用Lewis肺癌细胞株由卫生部兰州生物制品研究所提供，而反证9、13和17的作者并非上述机构人员。由此可见，上述细胞株不仅是已知的，而且是公众能够通过商业渠道购买得到的生物材料。因此，上述细胞株不属于专利法实施细则第25条所说的“公众不能得到的生物材料”的范畴，并不需要进行保藏。因此，合议组对请求人提出的本专利说明书不符合专利法第26条第3款的理由不予支持。

5. 关于专利法第26条第4款

专利法第26条第4款规定，权利要求书应当以说明书为依据，说明要求专利保护的范围。

权利要求书应当以说明书为依据，是指权利要求应当得到说明书的支持。权利要求书中的每一项权利要求所要求保护的技术方案应当是所属技术领域的技术人员能够从说明书充分公开的内容中得到或概括得出的技术方案。

合议组认为：(1) 本专利证明了20（S）-原人参二醇可以显著增加机体淋巴细胞增殖、NK细胞活性、IL-2水平等（见说明书第27页）。而本领域技术人员已知IL-2是一种公知的生物反应调节剂，生物反应调节剂能够增强、调节和恢复机体免疫应答，并且与抗肿瘤药物的配合可以肯定提高疗效并减轻其不良反应（反证1）。根据上述内容可知，由于20（S）-原人参二醇提高IL-2的水平是肯定的，并且属于其本身内在的药理作用，因此，本领域技术人员能够预见到其通过提高IL-2水平来增强抗癌药物的疗效并减轻其不良反应的作用不会由于抗癌药的不同而发生改变，应该适用于所有抗癌药而不仅仅局限于具体的药物环磷酰胺。因此，合议组对请求人提出的本专利权利要求1不符合《专利法》第26条第4款的理由不予支持。

(2) 由于本领域公知生物反应调节剂能够减轻抗肿瘤药的不良反应，基于上面同样的分析，合议组对请求人提出的本专利权利要求2不符合《专利法》第26条第4款的理由也不予支持。

(3) 根据反证3可知，环磷酰胺所致小鼠白细胞减少症是评价药物对白细胞减少症防治效力的经典模型，本专利使用该模型只是对20（S）-原人参二醇已客观存在的升高白细胞的作用进行验证，在该模型中被证明有效的20（S）-原人参二醇，本领域技术人员会确认其防治白细胞减少症的效果。因此，合议组对请求人提出的权利要求3不符合《专利法》第26条第4款规定的理由不予支持。

(4) 本专利证明了通过增加机体淋巴细胞增殖、NK细胞活性、IL-2水平等的20（S）-原人参二醇可增强荷瘤小鼠机体免疫功能，而对于本领域技术人员来说，20（S）-原人参二醇增加机体淋巴细胞增殖、NK细胞活性、IL-2水平的作用是对机体免疫系统的全面作用，不会由于机体状态的不同而发生只能增强荷瘤小鼠机体免疫功能而不能增强正常个体的免疫功能以及其他状态下机体免疫功能的情况。并且小鼠是常规的动物模型，要求对所有机体进行实验是不现实也是不可能的，例如作为现有技术的证据4、反证3中免疫功能影响实验也是仅通过动物小鼠进行并得出对正常机体以及其他状态下机体免疫功能的影响。因此，本领域技术人员能够预见到20（S）-原人参二醇增强机体免疫功能的作用不会由于机体状态的不同而发生改变，通常应该适用于所有状态的机体而不仅仅局限于荷瘤小鼠。因此，合议组对请求人提出的本专利权利要求4不符合《专利法》第26条第4款的理由不予支持。

综上所述，合议组对请求人提出的本专利权利要求1～4不符合专利法第26条第4款的理由不予支持。

6. 关于专利法第22条第3款

专利法第22条第3款规定：创造性是指同申请日以前已有的技术相比，该发明有突出的实质性特点和显著的进步，该实用新型有实质性特点和进步。

根据该款规定，在对要求保护的发明的创造性进行判断时，首先应当在现有技术中确定与要求保护的发明最接近的现有技术，然后确定要求保护的发明的区别特征和实际解决的技术问题，接着从最接近的现有技术和要求保护的发明所实际解决的技术问题出发，判断要求保护的发明对本领域技术人员来说是否显而易见；同时考察这些区别技术特征的引入是否导致要求保护的发明相对于最接近的现有技术具有显著的进步。

对于权利要求1，证据1公开了“对小鼠给药人参皂甙Rh2，对环磷酰胺所致的外周血白细胞减少有显著的升高作用”、“（人参皂甙Rh2）确有很强的抑瘤作用”、“证实Rh2对癌的化疗的毒副作用具有预防、减轻的作用。这就提示可以在化疗的同时联合给药，以增强化疗的效果”（参见证据1第37页“结果”部分和第38页“讨论”部分）。将证据1公开的内容与权利要求1相比可知，区别特征在于：物质上，证据1中为人参皂甙Rh2，权利要求1中为20（S）-原人参二醇；疗效上，证据1中提高疗效实际上是降低化疗药的毒副作用，而权利要求1中提高疗效为提高抑瘤率。本专利中，权利要求1的技术方案所要解决的技术问题是使用20（S）-原人参二醇增强抗癌药物对肿瘤细胞的疗效，并在说明书第19~22页提供了实验数据对其增效作用加以证实。而根据证据1公开的内容，可得到其所要解决的技术问题仅仅是使用人参皂甙Rh2升高外周血液的白细胞数量来拮抗化学治癌药物的毒副作用，以增强化疗的效果，而不是本专利中的增强抗癌药物对肿瘤细胞的治疗效果，即提高抑瘤率。由此可见，本专利权利要求1所要解决的技术问题与证据1所要解决的技术问题不同。证据3公开了通常配基比其苷无作用或作用甚弱，但原人参二醇对黑色素瘤比人参皂甙Rh2具有更高的抑瘤活性属于例外，而且指出人参皂甙Rh2的抑瘤作用与葡萄糖基的存在与否无关；但并未公开增强其他抗癌药物疗效的作用。根据证据3可知，其所述抑瘤作用为抗癌作用而不是本专利中的抗癌辅助作用，即增强抗癌药物对肿瘤细胞的治疗效果，而且除对黑色素瘤的抑瘤作用外，原人参二醇的生物活性比人参皂甙Rh2弱得多或无作用。证据1、3均未给出得到本专利权利要求1技术方案的技术启示，本领域技术人员根据证据1和3的结合并不可能显而易见地获得权利要求1的技术方案。因此，合议组对请求人提出的本专利权利要求1相对于证据1和3的结合不具备创造性的理由不予支持，本专利权利要求1符合专利法第22条第3款的规定。

对于权利要求2和3而言，权利要求2和3指出的是20（S）-原人参二醇降低抗癌药物毒性、治疗和预防放化疗引起的白细胞降低，证据1指出的是人参皂甙Rh2通过升高外周血液中的白细胞拮抗化学治癌药物例如环磷酰胺的毒副作用，将权利要求2和3与最接近的对比文件证据1相比可知，区别特征在于：活性物质不同，权利要求2和3中为20（S）-原人参二醇，证据1中为人参皂甙Rh2。根据证据3可知，人参皂甙Rh2是原人参二醇皂甙，原人参二醇是人参皂甙Rh2的配基，二者的化学结构极为相似，人参皂甙Rh2与原人参二醇在化学结构上的差别仅为：人参皂甙Rh2包括糖基，而20（S）-原人参二醇不包括糖基；人参皂甙Rh2的配基在构型上可能为20（S）-原人参二醇或20（R）-原人参二醇。虽然专利权人认为化学结构上的糖基、构型等差别使得权利要求2和3具有了创造性，但是本领域技术人员公知的是，在已知某种结构的化合物具有某种药理活性后，本领域技术人员会认为与之结构极为近似的化合物往往会具有相似的药理活性并会通过常规实验对其效果进行证实；而且证据3所指出的太田隆英等人对人参皂甙Rh2与其配基原人参二醇对B16黑色素瘤的吸收与代谢机理的研究也说明了本领域技术人员会认为结构极为近似的化合物往往会具有相似的药理活性并会通过常规实验对其效果进行证实。由此，基于化学结构的相似性，本领域技术人员在已知人参皂甙Rh2能够升高白细胞，拮抗化学治癌药物的毒副作用的情况下，会认为与人参皂甙Rh2化学结构极为相似的已知化合物例如其配基20（S）-原人参二醇或20（R）-原人参二醇也能够升高白细胞，拮抗化学治癌药物的毒副作用并会通过常规实验对该效果进行证实。因此，本领域技术人员在证据1的基础上结合证据3的内容，通过合乎逻辑的分析、推理经简单实验就能够从与人参皂甙Rh2结构极为近似的化合物例如其配基确定20（S）-原人参二醇具有升高白细胞，拮抗化学治癌药物的毒副作用的作用，这并不具有预料不到的技术效果。因此，合议组对专利权人提出的关于本专利权利要求2和3具备专利法第22条第3款规定的创造性的理由不予支持，本专利权利要求2和3的技术方案不具备突出的实质性特点和显著的进步，不具备专利法第22条第3款规定的创造性。

对于权利要求4，权利要求4指出的是20（S）-原人参二醇能够增强机体免疫功能，证据3指出的是人参皂甙可通过增强机体免疫力，提高免疫细胞活性，间接抑制肿瘤生长，并指出Rh2与人参皂甙对肿瘤抑制作用的机理是不同的，证据3中还公开了“原人参二醇具有高于Rh2的作用”，但这只是指原人参二醇对黑色素瘤的抑制作用比Rh2强，由此并不能得出原人参二醇所有作用均比Rh2强（参见证据3第3页左栏第3段-右栏第2段）。将权利要求4与证据3相比可知，其区别特征在于：活性物质不同，权利要求4中为20（S）-原人参二醇，证据3中为人参皂甙。但本领域技术人员公知：人参皂甙是多种成分的混合物，其包括四环三萜型皂甙，也包括五环三萜型皂甙，而四环三萜型皂甙又包括多种原人参二醇衍生的皂甙和多种原人参三醇衍生的皂甙，在证据3中并没有记载是人参皂甙中的某种或某几种成分还是人参皂甙中所有成分使机体免疫力增强；而且证据3中还记载Rh2与人参皂甙对肿瘤抑制作用的机理是不同的，人参皂甙通过增强机体免疫力，提高免疫细胞活性来间接抑制肿瘤生长，而Rh2通过直接杀伤肿瘤细胞来抑制肿瘤细胞生长。因此，根据证据3的内容，本领域技术人员难以预见在人参皂甙中Rh2是通过增强机体免疫力，提高免疫细胞活性而不是通过直接杀伤细胞来发挥抑制肿瘤细胞生长的作用，由此，本领域技术人员也难于由人参皂甙能够增强机体免疫力、提高免疫细胞活性来预见与Rh2结构极为相似而与人参皂甙中其他成分结构差别甚至较大的Rh2配基20（S）-原人参二醇也能够增强机体免疫力，提高免疫细胞活性。因此，在证据3中没有任何技术启示使本领域技术人员不用付出任何创造性的劳动就能获得权利要求4的技术方案的情况下，合议组对请求人提出的本专利权利要求4相对于证据3的不具备创造性的理由不予支持。因此，权利要求4的技术方案符合专利法第22条第3款的规定。

基于以上事实和理由，本案合议组作出如下审查决定。

**三、决定**

宣告02146549.5号发明专利权的权利要求2~3无效，在权利要求1、4的基础上维持本专利专利权有效。

当事人对本决定不服的，可以根据专利法第46条第2款的规定，自收到本决定之日起三个月内向北京市第一中级人民法院起诉。根据该款的规定，一方当事人起诉后，另一方当事人应当作为第三人参加诉讼。

# 北京市第一中级人民法院
# 行政判决书

（2008）一中行初字第122号

原告海南亚洲制药有限公司，住所地海南省海口市大同路38号国际商业大厦1206室。

法定代表人楼金，董事长。

委托代理人陈文平，北京市金杜律师事务所律师。

委托代理人陈鑫，北京市金杜律师事务所律师。

被告国家知识产权局专利复审委员会，住所地北京市海淀区北四环西路9号银谷大厦10～12层。

法定代表人廖涛，副主任。

委托代理人王冬，国家知识产权局专利复审委员会审查员。

委托代理人刘妍，国家知识产权局专利复审委员会审查员。

第三人上海中药创新研究中心，住所地上海市浦东新区张江高科技园区春晓路439号1号楼。

法定代表人惠永正，理事长。

委托代理人王朋飞，北京路浩知识产权代理有限公司专利代理人。

委托代理人葛强，男，1978年5月15日出生，上海中药创新研究中心新药事务部主任，住山东省邹城市北宿镇北宿大街1469号。

原告海南亚洲制药有限公司（简称海南亚洲制药）不服被告国家知识产权局专利复审委员会（简称专利复审委员会）于2007年8月28日作出的第10423号无效宣告请求审查决定（简称第10423号决定），在法定期限内向本院提起行政诉讼。本院于2008年1月11日受理后，依法组成合议庭，并通知无效宣告请求人上海中药创新研究中心（简称上海中药创研中心）作为本案第三人参加诉讼，于2008年4月17日公开开庭进行了审理。原告海南亚洲制药的委托代理人陈文平、陈鑫，被告专利复审委员会的委托代理人王冬、刘妍，第三人上海中药创研中心的委托代理人王朋飞、葛强到庭参加了诉讼。本案现已审理终结。

第10423号决定系专利复审委员会针对上海中药创研中心请求宣告专利权人为海南亚洲制药的第02146549.5号、名称为“一种以20（S）-原人参二醇为有效成分的抗癌辅助药物及应用”的发明专利（简称本专利）无效而作出的，其中认定：

第10423号决定所依据的文本是本专利授权公告文本。

专利复审委员会对上海中药创研中心提出的本专利说明书不符合《中华人民共和国专利法》（简称《专利法》）第二十六条第三款的理由不予支持；对上海中药创研中心提出的本专利权利要求1～4不符合专利法第二十六条第四款的理由不予支持。

对于本专利权利要求1，证据1公开了“对小鼠给药人参皂甙 $RH_2$，对环磷酰胺所致的外周血白细胞减少有显著的升高作用”、“（人参皂甙 $RH_2$）确有很强的抑瘤作用”、“证实 $RH_2$ 对癌的化疗的毒副作用具有预防、减轻的作用。这就提示可以在化疗的同时联合给药，以增强化疗的效果”。将证据1公开的内容与权利要求1相比可知，区别特征在于：物质上，证据1中为人参皂甙 $RH_2$，权利要求1中为20（S）-原人参二醇；疗效上，证据1中提高疗效实际上是降低化疗药的毒副作用，而权利要求1中提高疗效为提高抑瘤率。本专利中，权利要求1的技术方案所要解决的技术问题是使用20（S）-原人参二醇增强抗癌药物对肿瘤细胞的疗效，并在说明书第19～22页提供了实验数据对其增效作用加以证实。而根据证据1公开的内容，可得到其所要解决的技术问题仅仅是使用人参皂甙$RH_2$升高外周血液的白细胞数量来拮抗化学治癌药物的毒副作用，以增强化疗的效果，而不是本专利中的增强抗癌药物对肿瘤细胞的治疗效果，即提高抑瘤率。由此可见，本专利权利要求1所要解决的技术问题与证据1所要解决的技术问题不同。证据3公开了通常配基比其苷无作用或作用甚弱，但原人参二醇对黑色素瘤比人参皂甙$RH_2$具有更高的抑瘤活性属于例外，而且指出人参皂甙$RH_2$的抑瘤作用与葡萄糖基的存在与否无关；但并未公开增强其他抗癌药物疗效的作用。根据证据3可知，其所述抑瘤作用为抗癌作用而不是本专利中的抗癌辅助作用，即增强抗癌药物对肿瘤细胞的治疗效果，而且除对黑色素瘤的抑瘤作用外，原人参二醇的生物活性比人参皂甙$RH_2$弱的多或无作用。证据1、3均未给出得到本专利权利要求1技术方案的技术启示，本领域技术人员根据证据1和3的结合并不可能显而易见地获得权利要求1的技术方案。因此，本专利权利要求1符合专利法第二十二条第三款的规定。

对于本专利权利要求2和3，权利要求2和3指出的是20（S）–原人参二醇降低抗癌药物毒性、治疗和预防放化疗引起的白细胞降低，证据1指出的是人参皂甙$RH_2$通过升高外周血液中的白细胞拮抗化学治癌药物例如环磷酰胺的毒副作用，将权利要求2和3与最接近的对比文件证据1相比可知，区别特征在于：活性物质不同，权利要求2和3中为20（S）–原人参二醇，证据1中为人参皂甙$RH_2$。根据证据3可知，人参皂甙$RH_2$是原人参二醇皂甙，原人参二醇是人参皂甙$RH_2$的配基，二者的化学结构极为相似，人参皂甙$RH_2$与原人参二醇在化学结构上的差别仅为：人参皂甙包括糖基，而20（S）–原人参二醇不包括糖基；人参皂甙的配基在构型上可能为20（S）–原人参二醇或20（R）–原人参二醇。虽然海南亚洲制药认为化学结构上的糖基、构型等差别使得权利要求2和3具有了创造性，但是本领域技术人员公知的是，在已知某种结构的化合物具有某种药理活性后，本领域技术人员会认为与之结构极为近似的化合物往往会具有相似的药理活性并会通过常规实验对其效果进行证实；而且证据3所指出的太田隆英等人对人参皂甙与其配基原人参二醇对$B_{16}$黑色素瘤的吸收与代谢机理的研究也说明了本领域技术人员会认为结构极为近似的化合物往往会具有相似的药理活性并会通过常规实验对其效果进行证实。由此，基于化学结构的相似性，本领域技术人员在已知人参皂甙$RH_2$能够升高白细胞，拮抗化学治癌药物的毒副作用的情况下，会认为与人参皂甙$RH_2$化学结构极为相似的已知化合物例如其配基20（S）–原人参二醇或20（R）–原人参二醇也能够升高白细胞，拮抗化学治癌药物的毒副作用并会通过常规实验对该效果进行证实。因此，本领域技术人员在证据1的基础上结合证据3的内容，通过合乎逻辑的分析、推理经简单实验就能够从与人参皂甙$RH_2$结构极为近似的化合物例如其配基确定20（S）–原人参二醇具有升高白细胞，拮抗化学治癌药物的毒副作用的作用，这并不具有预料不到的技术效果。因此，专利复审委员会对海南亚洲制药提出的关于本专利权利要求2和3具备专利法第二十二条第三款规定的创造性的理由不予支持，本专利权利要求2和3的技术方案不具备突出的实质性特点和显著的进步，不具备专利法第二十二条第三款规定的创造性。

对于权利要求4，权利要求4指出20（S）–原人参二醇能够增强机体免疫功能，证据3指出人参皂甙可通过增强机体免疫力，提高免疫细胞活性，间接抑制肿瘤生长，并指出$RH_2$与人参皂甙对肿瘤抑制作用的机理是不同的，证据3中还公开了“原人参二醇具有高于$RH_2$的作用”，但这只是指原人参二醇对黑色素瘤的抑制作用比$RH_2$强，由此并不能得出原人参二醇所有作用均比$RH_2$强。将权利要求4与证据3相比可知，其区别特征在于：活性物质不同，权利要求4中为20（S）–原人参二醇，证据3中为人参皂甙。但本领域技术人员公知：人参皂甙是多种成分的混合物，其包括四环三萜型皂甙，也包括五环三萜型皂甙，而四环三萜型皂甙又包括多种原人参二醇衍生的皂甙和多种原人参三醇衍生的皂甙，在证据3中并没有记载是人参皂甙中的某种或某几种成分还是人参皂甙中所有成分使机体免疫力增强；而且证据3中还记载$RH_2$与人参皂甙对肿瘤抑制作用的机理是不同的，人参皂甙通过增强机体免疫力，提高免疫细胞活性来间接抑制肿瘤生长，而$RH_2$通过直接杀伤肿瘤细胞来抑制肿瘤细胞生长。因此，根据证据3的内容，本领域技术人员难以预见在人参皂甙中$RH_2$是通过增强机体免疫力，提高免疫细胞活性而不是通过直接杀伤细胞来发挥抑制肿瘤细胞生长的作用，由此，本领域技术人员也难于由人参皂甙能够增强机体免疫力、提高免疫细胞活性来预见与$RH_2$结构极为相似而与人参皂甙中其他成分结构差别甚至较大的$RH_2$配基20（S）-原人参二醇也能够增强机体免疫力，提高免疫细胞活性。因此，在证据3中没有任何技术启示使本领域技术人员不用付出任何创造性的劳动就能获得权利要求4的技术方案的情况下，权利要求4的技术方案符合专利法第二十二条第三款的规定。

综上，专利复审委员会作出第10423号决定，宣告本专利权利要求2～3无效，在权利要求1、4的基础上维持本专利专利权有效。

原告海南亚洲制药不服，向本院提起行政诉讼称：(1) 证据1和3均没有公开本专利权利要求2和3的技术特征。权利要求2涉及20（S）-原人参二醇在制备降低抗癌药物毒性的药物中的应用；权利要求3涉及20（S）-原人参二醇在制备预防和治疗放化疗引起白细胞降低的药物中的应用。证据1只是公开了人参皂甙$RH_2$对环磷酰胺诱发的小鼠白细胞减少的影响，没有任何关于20（S）-原人参二醇的内容。证据3公开了通常配基比其苷无作用或作用甚弱，但原人参二醇对黑色素瘤比人参皂甙$RH_2$具有更高的抑瘤活性，而且指出人参皂甙$RH_2$的抑瘤作用与葡萄糖基的存在与否无关。该证据没有任何关于降低药物毒性和改善放化疗引起的白细胞降低的作用。可见，证据1和3均没有公开本专利权利要求2和3的技术特征，证据1和3的结合并不能直接获得权利要求2和3的技术方案。(2) 证据1和3的结合将会使得本领域技术人员背离本发明，而不是获得本发明。本专利权利要求2和3与证据1的区别技术特征在于，本专利中的活性成分为20（S）-原人参二醇，而证据1中的活性成分为人参皂甙这两种活性成分的化学结构显著不同：20（S）-原人参二醇不带有糖，而且为20（S）构型；而证据1中的人参皂甙为原人参二醇上附加一个葡萄糖基，而且原人参二醇的构型为20（R）。基于此，本专利所解决的技术问题是提供一种化学结构不同的化合物即20（S）-原人参二醇来降低抗癌药物毒性或预防和治疗放化疗引起白细胞降低。本领域技术人员在证据1公开内容的基础上在面对这样的技术问题时，需要对证据1中的20（R）人参皂甙$RH_2$进行结构改造。而这样的结构改造可能的方案很多，如增加、减少或更换糖基，尤其是对甙元本身进行结构改造等。面对如此众多的可能性，本领域技术人员需要现有技术关于何种选择会有合理成功预期的启示，否则需要逐一进行改造并测试才有可能获得不同于20（R）人参皂甙$RH_2$而又具有改善白细胞降低效果的化合物，这显然需要创造性劳动。上海中药创研中心没有提供证据证明存在上述技术启示，更没有证据表明将20（R）人参皂甙$RH_2$的构型改造为20（S）构型并去除葡萄糖基仍然可以保留改善白细胞降低的效果。实际上，证据3中明确指出，达玛烷型四环三萜化合物（人参皂甙$RH_2$属于此类）的构效关系报道资料尚不多，今后需要更加深入研究，获得大量数据，以总结其构效关系的规律性。因此，现有技术中对于如何改造此类化合物的化学结构而保持特定的活性并不存在足够的知识，这样的规律性还没有找到，本领域技术人员需要进行大量的研究工作，需要付出创造性的劳动。证据3还指出，通常配基比其苷无作用或作用甚弱，而且$RH_2$口服后经胃酸水解变成配基使其活性大为降低是开发$RH_2$的难题之一。这样的教导必然使得本领域技术人员在进行结构改造时，不会选择将证据1的20（R）人参皂甙$RH_2$中的葡萄糖基去除而获得本发明的20（S）-原人参二醇（不含葡萄糖基）。这使得本领域技术人员背离本发明。专利复审委员会的错误在于没有站在本专利申请日的时间点上来评价其创造性，而是“事后诸葛亮”地将本专利的20（S）-原人参二醇与证据1的人参皂苷$RH_2$的化学结构进行比较，认为二者化学结构“极为相似”，并想当然地认为结构“极为相似”的化合物往往具有相似的药理活性并可以通过常规实验对其效果进行验证。专利复审委员会没有给出“极为相似”的标准，相似到何种程度就是极为相似；更没有指出哪一个证据支持以何种程度相似的达玛烷型四环三萜化合物往往会有类似的活性。认为所有的达玛烷型四环三萜化合物都是极为相似的化合物，本领域技术人员从证据1中关于20（R）人参皂甙$RH_2$的活性就可以预测所有的达玛烷型四环三萜化合物都具有改善白细胞降低的药理活性是错误的。如上所述，本领域技术人员无从预测何种达玛烷型四环三萜化合物将具有改善白细胞降低的活性。本领域技术人员在面对本发明所解决的技术问题时，需要进行大量的实验。而且由于现有技术中关于去除糖基活性大为减弱的教导，本领域技术人员在进行这种尝试试验时也会有意避免去除人参皂苷$RH_2$中的葡萄糖基。从而不能获得本专利的技术方案。因此，将证据1与证据3结合来否定本专利权利要求2和3的创造性是没有事实和法律依据的错误认定，本专利的权利要求2和3具有创造性。综上，请求法院撤销第10423号决定中关于本专利权利要求2~3无效的决定。

被告专利复审委员会坚持其在第10423号决定中的意见，并针对海南亚洲制药的起诉进一步辩称：第10423号决定基于本领域技术人员的知识能力，将证据1与证据3公开的技术内容相结合，通过合乎逻辑的分析推理经简单实验就能够获得权利要求2和3的技术方案的结论。证据1中仅提及人参皂甙$RH_2$，而并没有任何关于人参皂甙$RH_2$为何种构型的记载；证据3记载了原人参二醇对$B_{16}$黑色素瘤的抑制作用比人参皂甙$RH_2$强，人参皂甙$RH_2$的抑瘤作用与其分子结构$C_{20}$位构型（S或R）不存在相关，与葡萄糖基的存在与否无关。由此，本领域技术人员会有动机合理地预期：既然原人参二醇对$B_{16}$黑色素瘤具有抑制作用并且比人参皂甙$RH_2$强，而且该作用与$C_{20}$位构型（S或R）、葡萄糖基的存在与否无关，那么配基原人参二醇和人参皂甙$RH_2$与细胞作用的基本结构应该相同，原人参二醇也应具有与人参皂甙$RH_2$相似的其他药理活性。而且，本领域技术人员公知一般结构类似的药物通常具有相似的药理活性，这就使得本领域技术人员在证据1的基础上结合证据3从而能够显而易见地得到本专利权利要求2和3的技术方案。第10423号决定涉及的是人参皂甙$RH_2$与原人参二醇，并对二者关系进行了论述，并没有述及可由具体化合物人参皂甙$RH_2$来预测所有的达玛烷型四环三萜化合物具有改善白细胞降低的活性，而且本专利涉及的也是具体化合物20（S）-原人参二醇，而非一般化合物。综上，第10423号决定认定事实清楚、适用法律正确、审理程序合法，请求法院驳回海南亚洲制药的诉讼请求，维持第10423号决定。

第三人上海中药创研中心述称：对于本领域技术人员来说，在已知某种结构的化合物具有某种药理活性后，可以认为与之结构极为近似的化合物往往会具有相似的药理活性，并会通过常规实验对该效果进行证实。因此，本领域技术人员在证据1的基础上结合证据3的内容，便能够获得与人参皂甙$RH_2$结构极为相似的已知化合物［如其配基20（S）-原人参二醇或20（R）-原人参二醇］也具有升高白细胞，拮抗化学治癌药物的毒副作用的作用，本专利权利要求2~3的技术方案不具备突出的实质性的和显著的进步，不具备创造性。专利复审委员会认定事实清楚，适用法律正确，审查程序合法，审查结论正确，请求法院维持第10423号决定。

本院经审理查明：

本专利系国家知识产权局于2006年4月19日授权公告的名称为“一种以20（S）-原人参二醇为有效成分的抗癌辅助药物及应用”的发明专利，其申请日是2002年10月22日，专利号是02146549．5，专利权人海南亚洲制药。

本专利授权公告的权利要求书如下：

"1. 20（S）-原人参二醇在制备增强抗癌药物疗效的药物中的应用，它具有以下结构：

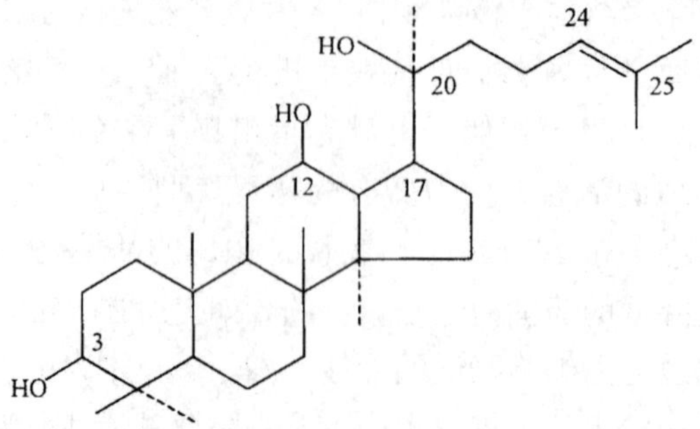


2. 20（S）-原人参二醇在制备降低抗癌药物毒性的药物中的应用，它具有以下结构：

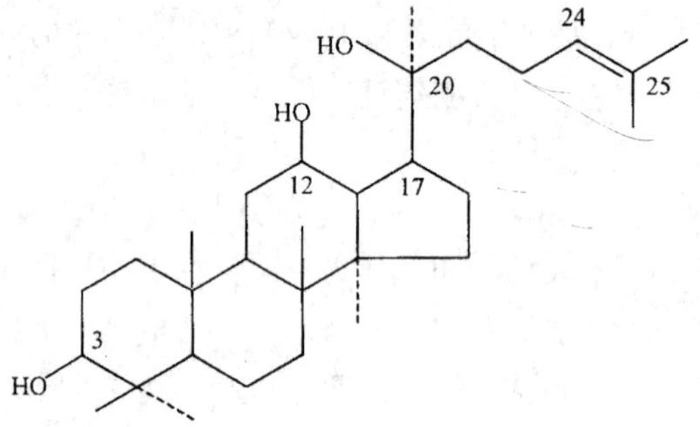


3. 20（S）-原人参二醇在制备预防和治疗放化疗引起的白细胞降低的药物中的应用，它具有以下结构：

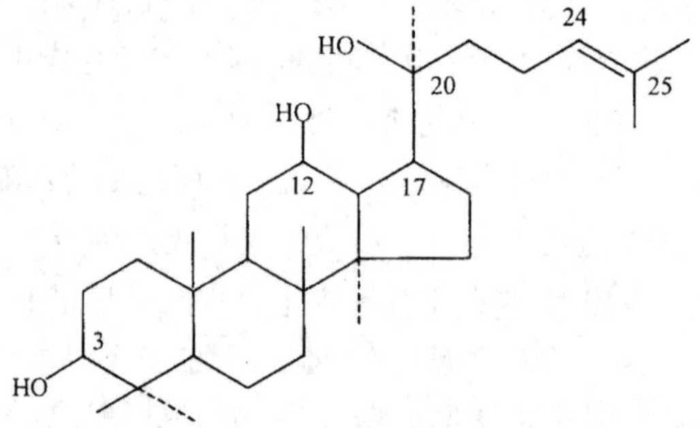


4. 20（S）-原人参二醇在制备具有增强机体免疫功能的药物中的应用，它具有以下结构：

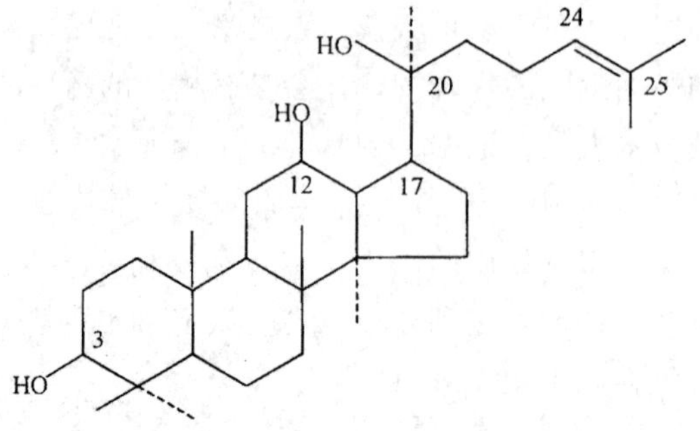


针对本专利权，上海中药创研中心于2006年9月5日向专利复审委员会提出专利权无效宣告请求，认为本专利不符合《专利法》第二十六条第三、四款，第二十二条第三款的规定，并同时提交了本专利授权公告文本及以下证据：证据1："人参皂甙 $RH_2$ 对环磷酰胺（CY）诱发小鼠白细胞减少的影响"，高峰等，《人参研究》，1995年第4期第37～38页的复印件，共2页；

证据2：日本专利文献昭58-131999A，公开日为1983年8月6日，第1049~1056页的复印件，共8页；证据3："人参苷-$RH_2$的研究进展"，徐景达，《人参研究》，1996年第1期第2~7页的复印件，共6页；

证据4："人参根总皂甙对环磷酰胺所致免疫功能低下的影响"，袁文学等，《中国药理学通报》，1986年第2卷第1期第21~24页的复印件，共4页。

依据上述证据，上海中药创研中心认为：

（1）本专利说明书不符合《专利法》第二十六条第三款的规定。

（2）本专利权利要求1~4不符合《专利法》第二十六条第四款的规定。（3）证据1指出人参皂甙$RH_2$和环磷酰胺可以联合给药，增强化疗的效果。人参皂甙$RH_2$为原人参二醇组皂甙，而原人参二醇为人参皂甙$RH_2$的配基，二者的差别仅在于3位上相差一个糖基。证据2公开了20（S）-原人参二醇的抑瘤活性最强，可用作抗癌药物。证据3公开了$RH_2$的配基-原人参二醇具有高于$RH_2$的抑瘤活性，而且指出$RH_2$的抑瘤作用与葡萄糖基的存在与否无关；人参皂甙（可以理解为包括$RH_2$）可通过增强机体免疫力，提高免疫细胞活性，间接抑制肿瘤生长。证据4公开了人参根总皂甙对环磷酰胺所致小鼠白细胞数减少有明显回升作用，对巨噬细胞吞噬功能抑制、溶血素形成抑制和迟发型超敏反应抑制均有恢复正常作用。本领域技术人员根据上述技术启示，不需要创造性劳动，完全有动机：将证据1~3结合，得到权利要求1的技术方案；将证据1和3结合得到权利要求2和3的技术方案；根据证据3或将证据1和4结合得到权利要求4的技术方案。因此，本专利权利要求1~4不符合《专利法》第二十二条第三款的规定。

经形式审查合格后，专利复审委员会受理了上述请求，对本无效宣告请求案进行审理。

海南亚洲制药于2007年1月8日提交了意见陈述和21份反证，并认为：

（1）本专利说明书已经充分公开，符合《专利法》第二十六条第三款的规定。

（2）本专利权利要求1~4完全可以得到说明书的支持，符合《专利法》第二十六条第四款的规定。

（3）抗癌和抗癌辅助作用是两种完全不同的作用，针对不同的适应症。作为最接近的对比文件的证据1提到的"增强化疗的效果"是指减少化疗的毒副作用，即升高白细胞数量，而不是本专利意义上增强抗癌药物的治疗效果，即提高抗癌药物的抑瘤率。证据1中人参皂甙$RH_2$与20（S）-原人参二醇化学结构的差别不仅在于葡萄糖基的差别，还在于20位碳原子的构型在证据1中为R构型，在本专利中为S构型。证据1没有公开人参皂甙$RH_2$抗癌增效作用；证据2只是公开了20（S）-原人参二醇的抗肿瘤作用；证据3公开了20（S）-原人参二醇的抑瘤活性，还指出甙元20（S）-原人参二醇的生物活性比人参皂甙$RH_2$弱的多或无作用，但对于黑色素瘤$B_{16}$是个例外；证据4也只是公开了人参根总皂甙的提高免疫功能的作用，而并没有揭示众多人参根总皂甙中的哪一种具有该种作用。而且本领域技术人员已知人参皂苷类化合物的生物活性与其化学结构密切相关，化学结构的微小变化往往导致生物活性不可预测的变化，本领域技术人员不会依据化学结构的相似性来推定人参皂苷类化合物的生物活性。因此，本专利权利要求1~4的技术方案相对于证据1~4是非显而易见的，权利要求1~4具有创造性，符合《专利法》第二十二条第三款的规定。

2007年5月22日，专利复审委员会进行口头审理，其中：上海中药创研中心放弃证据2；上海中药创研中心出示了证据1、3和4的原件，海南亚洲制药对证据1、3和4的真实性没有异议；上海中药创研中心明确其无效理由为：本专利不符合《专利法》第二十六条第三款的规定；本专利权利要求1~4不符合《专利法》第二十六条第四款的规定；本专利权利要求1~3相对于证据1和3的结合不具备《专利法》第二十二条第三款规定的创造性，其中证据1是最接近的对比文件；本专利权利要求 4 相对于证据 3 或证据 3 和 4 的结合不具备《专利法》第二十二条第三款规定的创造性。

2007 年 8 月 28 日，专利复审委员会作出第 10423 号决定。

另查，上述证据 3-《人参苷-$RH_2$ 的研究进展》中记载有：（1）“……仅糖基结合位置之差异，其抑瘤作用大为不同，这说明了分子构效关系的重要意义。”（2）“以原人参二醇为配基的-$RH_2$（即本案中所涉及的“人参皂甙 $RH_2$”，下同）更有利于抑制肿瘤细胞生长。-$RH_2$ 和-$RH_2$……二者分子结构的微小差异，而使其抑瘤作用大不相同。大量实验表明，人参皂苷具有抑瘤作用，但却无直接杀伤肿瘤细胞的作用。它可通过增强机体免疫力，提高免疫细胞活性，间接抑制肿瘤细胞的生长。这说明-$RH_2$ 与人参皂苷对肿瘤抑制作用的机理是不同的。”（3）“太田隆英等研究-$RH_2$ 与其配基原人参二醇对 $B_{16}$黑色素瘤的吸收及代谢机理。其结果表明，原人参二醇的作用优于-$RH_2$。这说明了不仅-$RH_2$ 对 $B_{16}$黑色素瘤具有抑制作用，而且其配基原人参二醇也具有抑瘤活性；而且更强。原人参二醇具有抑制 $B_{16}$黑色素瘤生长的活性，这是新的发现，且提示分子结构中的 3β-0H 比其与 D-葡萄糖基成苷者作用更强，违反了以往对配基比其苷无作用或作用甚弱的提法。”（4）“又据太田隆英等的报道，原人参二醇配基本身对 $B_{16}$黑色素瘤比-$RH_2$ 具有较强的抑瘤活性，这也提示-$RH_2$ 抑瘤作用与葡萄糖基的存在与否无关。从抑瘤活性的构效关系上，这是很有意义的。值得今后深入探讨其抑瘤作用的机理，以分子水平的研究来回答这些问题。”（5）“……至于 20（S）-或 20（R）-型的-$RH_2$ 均对癌细胞具有抑制作用，以及原人参二醇（配基）无糖链结合的对癌细胞也有抑制作用，这是首次报道。达玛烷型四环三萜化合物构效关系报道资料尚不多，今后需要更加深入研究，获得大量数据，以总结其构效相关的规律性。”（6）“开发的难题之一，由于得量少，不能口服，况且口服后经胃酸水解变成配基，其活性大为降低。”

另查，本专利说明书中记载“20（S）-原人参二醇是重要的人参皂甙的甙元之一，我们对它的抗癌活性尤其是对抗癌药物的增效减毒作用进行了深入的研究。”

以上事实有本专利授权公告文本、海南亚洲制药和上海中药创研中心在无效宣告行政审查程序中向专利复审委员会提交的相关证据、第 10423 号决定及当事人陈述等证据在案佐证。

本院认为：

《专利法》第二十二条第三款规定，创造性是指同申请日以前已有的技术相比，该发明有突出的实质性特点和显著的进步。

本案的焦点问题在于本专利权利要求 2 和 3 相对于证据 1 和 3 的结合是否具备上述《专利法》第二十二条第三款规定的创造性。各方当事人对以下两点均不持异议：（1）本专利权利要求 2～3 与证据 1 相比，区别特征仅为前者活性物质为 20（S）-原人参二醇，后者活性物质为人参皂甙 $RH_2$；（2）由证据 3 披露内容可知，人参皂甙 $RH_2$ 与其配基原人参二醇在化学结构上差别仅为人参皂甙 $RH_2$ 包括糖基而原人参二醇相应位置不包括糖基。人参皂甙 $RH_2$ 的配基在构型上可为 20（S）构型或 20（R）构型。基于此，本案争议焦点的核心在于在证据 1 公开了人参皂甙 $RH_2$ 具有升高白细胞、拮抗化学治癌药物毒副作用的基础上，证据 3 公开的人参皂甙 $RH_2$ 与原人参二醇的化学结构和活性研究能否给出本领域技术人员 20（S）-原人参二醇同样具有升高白细胞、拮抗化学治癌药物毒副作用（简称升白降毒作用）的启示。

第 10423 号决定认为，由证据 3 可知，本专利权利要求 2～3 中的 20（S）-原人参二醇与人参皂甙 $RH_2$ 仅为糖基之差，属于结构极为相似的化合物，本领域技术人员会认为这样的化合物往往具有相似的药理活性并通过常规实验予以验证，并且证据 3 中公开了原人参二醇虽然是配基，但同样具有抑瘤活性更印证了两者活性相似的观点。海南亚洲制药对 20（S）-原人参二醇与人参皂甙 $RH_2$ 属于结构相似的化合物不持异议，但认为这种结构上的相似不能推断其具有相似的活性。由于证据 1 并未

显示人参皂甙 $RH_2$ 的构型，故不能判定两者在构型上存在差别，以下仅以原人参二醇和人参皂甙 $RH_2$ 作为评判基础。海南亚洲制药认为，证据 3 公开的原人参二醇比人参皂甙 $RH_2$ 对 $B_{16}$ 黑色素瘤的抑瘤作用更强仅仅是一个例外，而“配基比其苷无作用或作用甚弱”以及 $RH_2$ 口服后经胃酸水解变成配基活性大为降低表明本领域技术人员不会意识到除对 $B_{12}$ 黑色素瘤的抑瘤作用外，原人参二醇作为配基，能够具有人参皂甙具有的其他的功能活性，并且本专利中升白降毒作用与证据 3 中的抑瘤作用并不相同，无法从原人参二醇具有抑瘤作用推知其具有升白降毒作用。对于上述争议点，本院认为，证据 3 介绍了太田隆英的研究，并指出这一研究“违反了以往对配基比其苷无作用或作用甚弱的提法”、“提示的抑瘤作用与葡萄糖基的存在与否无关”、“值得今后深入探讨其抑瘤作用的机理”，本领域技术人员阅读上述记载，能够得知这样的启示：即虽然通常配基无作用或作用甚弱，但原人参二醇同样具有抑瘤活性，对于原人参二醇和人参皂甙 $RH_2$，葡萄糖基可能并不影响其功能。这样的启示会引导本领域技术人员对原人参二醇的功能进行研究，而不会因为“配基比其苷无作用或作用甚弱”的提法而将原人参二醇作为无活性物质不予考虑。对于抑瘤作用与升白降毒作用之间的关系，本领域技术人员知道，抑瘤作用可以通过很多途径达到，根据证据 3 仅能得知人参皂甙的抑瘤作用机理与人参皂苷的抑瘤作用机理（即增强机体免疫力、提高免疫细胞活性）不同，而并没有明确人参皂甙 $RH_2$ 的具体作用机理。升高白细胞也可以表现为抑制肿瘤，也可以表现为降低毒性等很多其他方面的作用。这两种作用虽不相同，也不无联系，但诚如本专利说明书所述，这些作用都可以作为抗癌活性加以研究。证据 1 亦记载人参皂甙 $RH_2$ 有很强的抑瘤作用，而其公开的升白降毒作用是对其抑瘤作用的一个补充。因此，在证据 3 公开了原人参二醇与人参皂甙 $RH_2$ 仅为糖基之差，且提示原人参二醇可作为活性物质予以考虑的基础上，本领域技术人员在证据 1 公开了人参皂甙 $RH_2$ 具有升白降毒作用的基础上，有动机尝试原人参二醇是否同样具有升白降毒的作用并采用常规实验加以验证。第 10423 号决定对权利要求 2～3 的认定并无不当，本院予以支持。

综上所述，海南亚洲制药请求撤销第 10423 号决定关于本专利权利要求 2～3 无效的决定，缺乏事实和法律依据，本院不予支持。第 10423 号决定认定事实清楚，适用法律法规正确，程序合法，应予维持。依照《中华人民共和国行政诉讼法》第五十四条第（一）项之规定，本院判决如下：

维持被告国家知识产权局专利复审委员会作出的第 10423 号无效宣告请求审查决定。

案件受理费 100 元，由原告海南亚洲制药有限公司负担（已交纳）。

如不服本判决，各方当事人可在本判决书送达之日起 15 日内向本院提交上诉状，并交纳上诉案件受理费 100 元，上诉于北京市高级人民法院。

审 判 长 任 进
代理审判员 姜庶伟
人民陪审员 郝建欣
二〇〇九年一月八日
书 记 员 谭北川

# 北京市高级人民法院
# 行政判决书

（2009）高行终字第 449 号

上诉人（原审原告）海南亚洲制药有限公司，住所地海南省海口市金盘工业区美国工业村 3 号厂房。

法定代表人楼金，董事长。

委托代理人陈文平，北京市金杜律师事务所律师。

委托代理人陈鑫，北京市金杜律师事务所律师。

被上诉人（原审被告）国家知识产权局专利复审委员会，住所地北京市海淀区北四环西路9号银谷大厦10~12层。

法定代表人廖涛，副主任。

委托代理人王冬，该委员会审查员。

委托代理人郭鹏鹏，该委员会审查员。

原审第三人上海中药创新研究中心，住所地上海市浦东新区张江高科技园区春晓路439号1号楼。

法定代表人惠永正，理事长。

委托代理人葛强，男，汉族，1978年5月15日出生，该中心新药事务部主任，住山东省邹城市北宿镇北宿大街1469号。

上诉人海南亚洲制药有限公司（简称海南亚洲制药）因发明专利权无效行政纠纷一案，不服北京市第一中级人民法院（2008）一中行初字第122号行政判决，向本院提起上诉。本院2009年3月25日受理后，依法组成合议庭，于2009年5月19日公开开庭进行了审理。上诉人海南亚洲制药的委托代理人陈文平，被上诉人国家知识产权局专利复审委员会（简称专利复审委员会）的委托代理人王冬、郭鹏鹏，原审第三人上海中药创新研究中心（简称上海中药创研中心）的委托代理人葛强到庭参加了诉讼。本案现已审理终结。

北京市第一中级人民法院认定，海南亚洲制药系名称为“一种以20（S）-原人参二醇为有效成分的抗癌辅助药物及应用”的发明专利（简称本专利）的专利权人。针对本专利，上海中药创研中心向专利复审委员会提出无效宣告请求。2007年8月28日，专利复审委员会作出第10423号无效宣告请求审查决定（简称第10423号决定），宣告本专利权利要求2~3无效，在权利要求1、4的基础上维持本专利权有效。

北京市第一中级人民法院认为，本领域技术人员根据证据3的内容，能够得知虽然通常配基无作用或作用甚弱，但原人参二醇同样具有抑瘤活性，对于原人参二醇和人参皂甙 $RH_2$ 葡萄糖基可能并不影响其功能。这样的启示会引导本领域技术人员对原人参二醇的功能进行研究。对于抑瘤作用与升白降毒作用之间的关系，根据证据3仅能得知人参皂甙 $RH_2$ 的抑瘤作用机理与人参皂苷的抑瘤作用机理不同，而并没有明确人参皂甙 $RH_2$ 的具体作用机理。证据1亦记载人参皂甙有很强的抑瘤作用，而其公开的升白降毒作用是对其抑瘤作用的一个补充。因此，在证据3公开了原人参二醇与人参皂甙 $RH_2$ 仅为糖基之差，且提示原人参二醇可作为活性物质予以考虑的基础上，本领域技术人员在证据1公开了人参皂甙 $RH_2$ 具有升白降毒作用的基础上，有动机尝试原人参二醇是否同样具有升白降毒的作用并采用常规实验加以验证。第10423号决定对本专利权利要求2~3的认定并无不当，本院予以支持。

据此，北京市第一中级人民法院依照《中华人民共和国行政诉讼法》第五十四条第（一）项之规定，判决：维持专利复审委员会做出的第10423号决定。

海南亚洲制药不服原审判决，向本院提起上诉。请求撤销原审判决及第10423号决定。其理由为：（1）原审判决认为关于本领域技术人员“有动机尝试原人参二醇是否同样具有升白降毒的作用并采用常规试验加以验证”的判断创造性的标准错误。2. 现有技术中不存在原人参二醇同样具有升白降毒作用的技术启示。证据 1 和 3 均没有公开本专利权利要求 2 和 3 的技术特征。而且“配基比其苷无作用或作用甚弱”是本领域的常态。可见，证据 1 和 3 均没有公开本专利权利要求 2 和 3 的技术特征。因此，本专利权利要求 2 和 3 具备创造性。专利复审委员会、上海中药创研中心服从原审判决。

经审理查明，本专利系国家知识产权局于2006 年4 月 19 日授权公告的名称为“一种以20（S）-原人参二醇为有效成分的抗癌辅助药物及应用”的发明专利，其申请日是2002 年10 月 22 日，专利号是02146549．5，专利权人海南亚洲制药。本专利公告授权的权利要求如下：

“1．20（S）-原人参二醇在制备增强抗癌药物疗效的药物中的应用，它具有以下结构：

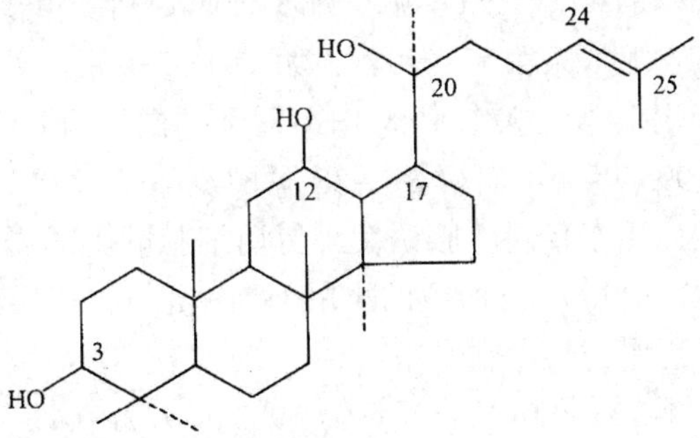


2．20（S）-原人参二醇在制备降低抗癌药物毒性的药物中的应用，它具有以下结构：

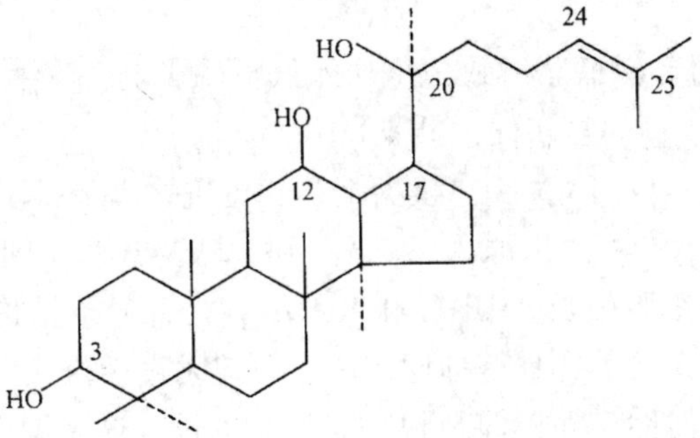


3．20（S）-原人参二醇在制备预防和治疗放化疗引起的白细胞降低的药物中的应用，它具有以下结构：

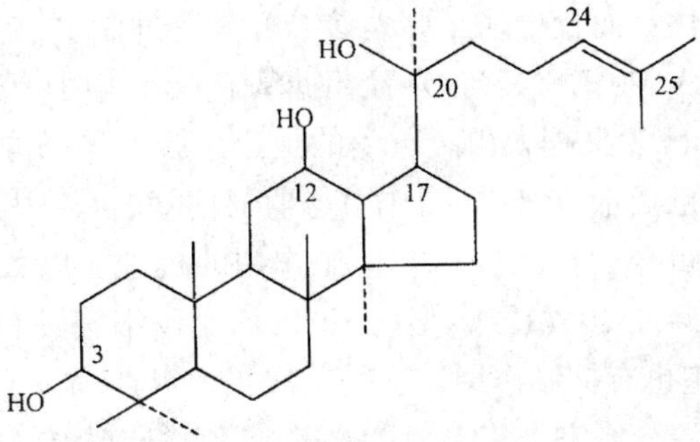


4．20（S）-原人参二醇在制备具有增强机体免疫功能的药物中的应用，它具有以下结构：

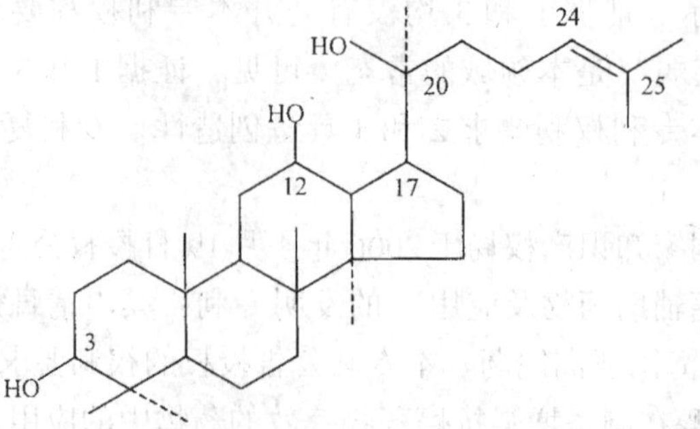


针对本专利权，上海中药创研中心于2006年9月5日向专利复审委员会提出无效宣告请求，认为本专利不符合《专利法》第二十六条第三、四款，第二十二条第三款的规定，并同时提交了本专利授权公告文本及以下证据：证据1："人参皂甙 $RH_2$ 对环磷酰胺（CY）诱发小鼠白细胞减少的影响"，高峰等，《人参研究》，1995年第4期第37～38页的复印件，共2页，其摘要部分披露以下内容"本文首次报道人参皂甙 $RH_2$ 用于环磷酰胺诱发小鼠白细胞减少的影响。当给以人参皂甙 $RH_2$ 在1 g/kg/日或2 g/kg/日时，对CY100mg/kg所致的小鼠外周血液中白细胞减少有显著的升高作用，提示人参皂甙 $RH_2$ 可以拮抗化学治癌药物毒副作用"；

证据2：日本专利文献昭58-131999A，公开日为1983年8月6日，第1049～1056页的复印件，共8页；证据3："人参苷-$RH_2$ 的研究进展"，徐景达，《人参研究》，1996年第1期第2～7页的复印件，共6页；

证据4："人参根总皂甙对环磷酰胺所致免疫功能低下的影响"，袁文学等，《中国药理学通报》，1986年第2卷第1期第21～24页的复印件，共4页。

前述证据3记载有如下内容：（1）"……仅糖基结合位置之差异，其抑瘤作用大为不同，这说明了分子构效关系的重要意义。"（2）"以原人参二醇为配基的-$RH_2$（即本案中所涉及的"人参皂甙 $RH_2$ 下同）更有利于抑制肿瘤细胞生长。-$RH_2$ 和 $RH_2$……二者分子结构的微小差异，而使其抑瘤作用大不相同。大量实验表明，人参皂苷具有抑瘤作用，但却无直接杀伤肿瘤细胞的作用。它可通过增强机体免疫力，提高免疫细胞活性，间接抑制肿瘤细胞的生长。这说明-$RH_2$ 与人参皂苷对肿瘤抑制作用的机理是不同的。"（3）"太田隆英等研究与其配基原人参二醇对 $B_{16}$ 黑色素瘤的吸收及代谢机理。其结果表明，原人参二醇的作用优于-$RH_2$。这说明了不仅对 $B_{16}$ 黑色素瘤具有抑制作用，而且其配基原人参二醇也具有抑瘤活性；而且更强。原人参二醇具有抑制 $B_{16}$ 黑色素瘤生长的活性，这是新的发现，且提示分子结构中的3β-0H比其与D-葡萄糖基成苷者作用更强，违反了以往对配基比其苷无作用或作用甚弱的提法。"（4）"又据太田隆英等的报道，原人参二醇配基本身对 $B_{16}$ 黑色素瘤比-$RH_2$ 具有较强的抑瘤活性，这也提示-$RH_2$ 抑瘤作用与葡萄糖基的存在与否无关。从抑瘤活性的构效关系上，这是很有意义的。值得今后深入探讨其抑瘤作用的机理，以分子水平的研究来回答这些问题。"（5）"……至于20（S）-或20（R）-型的-$RH_2$ 均对癌细胞具有抑制作用，以及原人参二醇（配基）无糖链结合的对癌细胞也有抑制作用，这是首次报道。达玛烷型四环三萜化合物构效关系报道资料尚不多，今后需要更加深入研究，获得大量数据，以总结其构效相关的规律性。"（6）"开发-$RH_2$ 的难题之一，由于得量少，不能口服，况且口服后经胃酸水解变成配基，其活性大为降低。"

依据上述证据，上海中药创研中心认为：

（1）本专利说明书不符合《专利法》第二十六条第三款的规定。

（2）本专利权利要求1～4不符合《专利法》第二十六条第四款的规定。

（3）证据1指出人参皂甙 $RH_2$ 和环磷酰胺可以联合给药，增强化疗的效果。人参皂甙 $RH_2$ 为原人参二醇组皂甙，而原人参二醇为人参皂甙 $RH_2$ 的配基，二者的差别仅在于3位上相差一个糖基。

证据2公开了20（S）-原人参二醇的抑瘤活性最强，可用作抗癌药物。证据3公开了 $RH_2$ 的配基-原人参二醇具有高于 $RH_2$ 的抑瘤活性，而且指出 $RH_2$ 的抑瘤作用与葡萄糖基的存在与否无关；人参皂甙（可以理解为包括 $RH_2$）可通过增强机体免疫力，提高免疫细胞活性，间接抑制肿瘤生长。证据4公开了人参根总皂甙对环磷酰胺所致小鼠白细胞数减少有明显回升作用，对巨噬细胞吞噬功能抑制、溶血素形成抑制和迟发型超敏反应抑制均有恢复正常作用。本领域技术人员根据上述技术启示，不需要创造性劳动，完全有动机：将证据1~3结合，得到权利要求1的技术方案；将证据1和3结合得到权利要求2和3的技术方案；根据证据3或将证据1和4结合得到权利要求4的技术方案。因此，本专利权利要求1~4不符合《专利法》第二十二条第三款的规定。

海南亚洲制药于2007年1月8日提交了意见陈述和21份反证，并认为：

（1）本专利说明书已经充分公开，符合《专利法》第二十六条第三款的规定。

（2）本专利权利要求1~4完全可以得到说明书的支持，符合《专利法》第二十六条第四款的规定。

（3）抗癌和抗癌辅助作用是两种完全不同的作用，针对不同的适应症。作为最接近的对比文件的证据1提到的“增强化疗的效果”是指减少化疗的毒副作用，即升高白细胞数量，而不是本专利意义上增强抗癌药物的治疗效果，即提高抗癌药物的抑瘤率。证据1中人参皂甙 $RH_2$ 与20（S）-原人参二醇化学结构的差别不仅在于葡萄糖基的差别，还在于20位碳原子的构型在证据1中为R构型，在本专利中为S构型。证据1没有公开人参皂甙 $RH_2$ 抗癌增效作用；证据2只是公开了20（S）-原人参二醇的抗肿瘤作用；证据3公开了20（S）-原人参二醇的抑瘤活性，还指出甙元20（S）-原人参二醇的生物活性比人参皂甙 $RH_2$ 弱的多或无作用，但对于黑色素瘤是个例外；证据4也只是公开了人参根总皂甙的提高免疫功能的作用，而并没有揭示众多人参根总皂甙中的哪一种具有该种作用。而且本领域技术人员已知人参皂苷类化合物的生物活性与其化学结构密切相关，化学结构的微小变化往往导致生物活性不可预测的变化，本领域技术人员不会依据化学结构的相似性来推定人参皂苷类化合物的生物活性。因此，本专利权利要求1~4的技术方案相对于证据1~4是非显而易见的，权利要求1~4具有创造性，符合《专利法》第二十二条第三款的规定。

2007年8月28日，专利复审委员会作出第10423号决定。专利复审委员会在该决定中认定：

上海中药创研中心提出的本专利说明书不符合《专利法》第二十六条第三款及本专利权利要求1~4不符合《专利法》第二十六条第四款的理由不能成立。

对于本专利权利要求1，证据1公开了“对小鼠给药人参皂甙 $RH_2$ 对环磷酰胺所致的外周血白细胞减少有显著的升高作用”、“（人参皂甙 $RH_2$ 确有很强的抑瘤作用”、“证实对癌的化疗的毒副作用具有预防、减轻的作用。这就提示可以在化疗的同时联合给药，以增强化疗的效果”。将证据1公开的内容与权利要求1相比可知，区别特征在于：物质上，证据1中为人参皂甙 $RH_2$ 权利要求1中为20（S）-原人参二醇；疗效上，证据1中提高疗效实际上是降低化疗药的毒副作用，而本专利权利要求1中提高疗效为提高抑瘤率。本专利中，本专利权利要求1的技术方案所要解决的技术问题是使用20（S）-原人参二醇增强抗癌药物对肿瘤细胞的疗效，并在说明书第19~22页提供了实验数据对其增效作用加以证实。而根据证据1公开的内容，可得到其所要解决的技术问题仅仅是使用人参皂甙 $RH_2$ 升高外周血液的白细胞数量来拮抗化学治癌药物的毒副作用，以增强化疗的效果，而不是本专利中的增强抗癌药物对肿瘤细胞的治疗效果，即提高抑瘤率。由此可见，本专利权利要求1所要解决的技术问题与证据1所要解决的技术问题不同。证据3公开了通常配基比其苷无作用或作用甚弱，但原人参二醇对黑色素瘤比人参皂甙具有更高的抑瘤活性属于例外，而且指出人参皂甙 $RH_2$ 的抑瘤作用与葡萄糖基的存在与否无关；但并未公开增强其他抗癌药物疗效的作用。根据证据3可知，其所述抑瘤作用为抗癌作用而不是本专利中的抗癌辅助作用，即增强抗癌药物对肿瘤细胞的治疗效果，而且除对黑色素瘤的抑瘤作用外，原人参二醇的生物活性比人参皂甙 $RH_2$ 弱的多或无作用。证据 1、3 均未给出得到本专利权利要求 1 技术方案的技术启示，本领域技术人员根据证据 1 和 3 的结合并不可能显而易见地获得权利要求 1 的技术方案。因此，本专利权利要求 1 符合《专利法》第二十二条第三款的规定。

对于本专利权利要求 2 和 3，权利要求 2 和 3 指出的是 20（S）–原人参二醇降低抗癌药物毒性、治疗和预防放化疗引起的白细胞降低，证据 1 指出的是人参皂甙 $RH_2$ 通过升高外周血液中的白细胞拮抗化学治癌药物例如环磷酰胺的毒副作用，将权利要求 2 和 3 与最接近的对比文件证据 1 相比可知，区别特征在于：活性物质不同，权利要求 2 和 3 中为 20（S）–原人参二醇，证据 1 中为人参皂甙 $RH_2$ 根据证据 3 可知，人参皂甙 $RH_2$ 是原人参二醇皂甙，原人参二醇是人参皂甙 $RH_2$ 的配基，二者的化学结构极为相似，人参皂甙与原人参二醇在化学结构上的差别仅为：人参皂甙 $RH_2$ 包括糖基，而 20（S）–原人参二醇不包括糖基；人参皂甙 $RH_2$ 的配基在构型上可能为 20（S）–原人参二醇或 20（R）–原人参二醇。虽然海南亚洲制药认为化学结构上的糖基、构型等差别使得权利要求 2 和 3 具有了创造性，但是本领域技术人员公知的是，在已知某种结构的化合物具有某种药理活性后，本领域技术人员会认为与之结构极为近似的化合物往往会具有相似的药理活性并会通过常规实验对其效果进行证实；而且证据 3 所指出的太田隆英等人对人参皂甙 $RH_2$ 与其配基原人参二醇对 $B_{16}$ 黑色素瘤的吸收与代谢机理的研究也说明了本领域技术人员会认为结构极为近似的化合物往往会具有相似的药理活性并会通过常规实验对其效果进行证实。由此，基于化学结构的相似性，本领域技术人员在已知人参皂甙能够升高白细胞，拮抗化学治癌药物的毒副作用的情况下，会认为与人参皂甙 $RH_2$ 化学结构极为相似的已知化合物例如其配基 20（S）–原人参二醇或 20（R）–原人参二醇也能够升高白细胞，拮抗化学治癌药物的毒副作用并会通过常规实验对该效果进行证实。因此，本领域技术人员在证据 1 的基础上结合证据 3 的内容，通过合乎逻辑的分析、推理经简单实验就能够从与人参皂甙 $RH_2$ 结构极为近似的化合物例如其配基确定 20（S）–原人参二醇具有升高白细胞，拮抗化学治癌药物的毒副作用的作用，这并不具有预料不到的技术效果。因此，海南亚洲制药提出的关于本专利权利要求 2 和 3 具备《专利法》第二十二条第三款规定的创造性的理由不能成立，本专利权利要求 2 和 3 的技术方案不具备突出的实质性特点和显著的进步，不具备《专利法》第二十二条第三款规定的创造性。

对于本专利权利要求 4。本专利权利要求 4 指出 20（S）–原人参二醇能够增强机体免疫功能，证据 3 指出人参皂甙可通过增强机体免疫力，提高免疫细胞活性，间接抑制肿瘤生长，并指出 $RH_2$ 与人参皂甙对肿瘤抑制作用的机理是不同的，证据 3 中还公开了“原人参二醇具有高于 $RH_2$ 的作用”，但这只是指原人参二醇对黑色素瘤的抑制作用比 $RH_2$ 强，由此并不能得出原人参二醇所有作用均比 $RH_2$ 强。将权利要求 4 与证据 3 相比可知，其区别特征在于：活性物质不同，权利要求 4 中为 20（S）–原人参二醇，证据 3 中为人参皂甙。但本领域技术人员公知：人参皂甙是多种成分的混合物，其包括四环三萜型皂甙，也包括五环三萜型皂甙，而四环三萜型皂甙又包括多种原人参二醇衍生的皂甙和多种原人参三醇衍生的皂甙，在证据 3 中并没有记载是人参皂甙中的某种或某几种成分还是人参皂甙中所有成分使机体免疫力增强；而且证据 3 中还记载 $RH_2$ 与人参皂甙对肿瘤抑制作用的机理是不同的，人参皂甙通过增强机体免疫力，提高免疫细胞活性来间接抑制肿瘤生长，而 $RH_2$ 通过直接杀伤肿瘤细胞来抑制肿瘤细胞生长。因此，根据证据 3 的内容，本领域技术人员难以预见在人参皂甙中 $RH_2$ 是通过增强机体免疫力，提高免疫细胞活性而不是通过直接杀伤细胞来发挥抑制肿瘤细胞生长的作用，由此，本领域技术人员也难于由人参皂甙能够增强机体免疫力、提高免疫细胞活性来

预见与 $RH_2$ 结构极为相似而与人参皂甙中其他成分结构差别甚至较大的 $RH_2$ 配基 20（S）-原人参二醇也能够增强机体免疫力，提高免疫细胞活性。因此，在证据 3 中没有任何技术启示使本领域技术人员不用付出任何创造性的劳动就能获得本专利权利要求 4 的技术方案的情况下，本专利权利要求 4 的技术方案符合《专利法》第二十二条第三款的规定。

综上，专利复审委员会作出第 10423 号决定，宣告本专利权利要求 2～3 无效，在权利要求 1、4 的基础上维持本专利权有效。

以上事实有本专利公告授权文本、证据 1、证据 3、第 10423 号决定及当事人陈述等证据在案佐证。

本院认为，根据《专利法》第二十二条第三款的规定，发明专利的创造性是指同申请日以前已有的技术相比，该发明有突出的实质性特点和显著的进步。本案的焦点问题在于本专利权利要求 2 和 3 相对于证据 1 和 3 的结合是否具备《专利法》第二十二条第三款规定的创造性。对于结构上与已知化合物接近的化合物，必须要有预料不到的用途或者效果。此预料不到的用途或者效果可以是与该已知化合物的已知用途不同的用途；或者是对已知化合物的某一已知效果有实质性的改进或提高；或者是在公知常识中没有明确的或不能由常识推论得到的用途或效果。

首先，通常结构相同或相似的化合物具有相近似的化学性质。本专利权利要求 2～3 中的 20（S）-原人参二醇与人参皂甙 $RH_2$ 仅为糖基之差，属于结构相似的化合物。在证据 1 中已经明确披露人参皂甙 $RH_2$ 具有升白降毒作用的基础上，本领域技术人员会认为这样的化合物往往具有相似的药理活性并通过常规实验予以验证。

其次，证据 3 介绍了太田隆英的研究，并指出这一研究“违反了以往对配基比其苷无作用或作用甚弱的提法”、“提示-$RH_2$ 的抑瘤作用与葡萄糖基的存在与否无关”、“值得今后深入探讨其抑瘤作用的机理”。本领域技术人员阅读上述记载，能够得知这样的启示：即虽然通常配基无作用或作用甚弱，但原人参二醇同样具有抑瘤活性，对于原人参二醇和人参皂甙 $RH_2$ 葡萄糖基可能并不影响其功能。这样的启示会引导本领域技术人员对原人参二醇的功能进行研究，而不会因为“配基比其苷无作用或作用甚弱”的提法而将原人参二醇作为无活性物质不予考虑。

最后，证据 3 披露了人参皂甙 $RH_2$“口服后经胃酸水解变成配基，其活性大为降低”，而证据 1 中明确记载“当给口服后，对血液中白细胞减少有显著的升高作用。提示人参皂甙 $RH_2$ 可以拮抗化学治癌药物毒副作用。”本领域技术人员在上述内容的指导下，可以明确得知人参皂甙 $RH_2$ 的配基，即原人参二醇在升白降毒方面具有一定作用。

因此，本领域技术人员在证据 1 的基础上结合证据 3 的内容，通过简单实验无需创造性劳动就能够从与人参皂甙结构极为近似的化合物例如其配基确定 20（S）-原人参二醇具有升高白细胞，拮抗化学治癌药物的毒副作用的功能和效果。海南亚洲制药关于本专利权利要求 2 和 3 具备《专利法》第二十二条第三款规定的创造性的上诉主张不能成立。

原审判决关于“有动机尝试”的认定与审查指南中规定的“有动机改进最接近的现有技术并获得要求保护的发明”是不同的表述方法，本领域技术人员无论是“尝试”还是“会去”改进，均是在从现有技术中得到启示并对技术效果有合理预期的前提下进行的。海南亚洲制药关于原审判决创造性判断标准错误的上诉主张于法无据，本院不予支持。

综上，原审判决认定事实清楚，适用法律正确。海南亚洲制药的上诉主张不能成立。依照《中华人民共和国行政诉讼法》第六十一条第（一）项之规定，判决如下：

驳回上诉，维持原判。

一审案件受理费人民币 100 元，由海南亚洲制药有限公司负担（已交纳）；二审案件受理费人民币 100 元，由海南亚洲制药有限公司负担（已交纳）。

本判决为终审判决。

审　判　长　刘　辉
代理审判员　岑宏宇
代理审判员　焦　彦
二〇〇九年六月二十六日
书　记　员　陈　明
书　记　员　刘　悠

039

# 玩具直升机

## 无效宣告请求审查决定（第10443号）

**决　　定　　号**　第10443号
**决　　定　　日**　2007年8月22日
**发明创造名称**　玩具直升机
**国 际 分 类 号**　A63H 27/133，A63H 27/18，A63H 27/24
**无效宣告请求人**　普罗克斯弗拉尔AS公司
**专　利　权　人**　邢　英
**专　　利　　号**　200420102455.6
**申　　请　　日**　2004年12月2日
**授 权 公 告 日**　2006年3月1日
**合 议 组 组 长**　何　炜
**主　　审　　员**　刘玉玲
**参　　审　　员**　郭　婷

**法　律　依　据**　专利法第22条第3款
**决　定　要　点**

如果权利要求和最接近的现有技术的区别技术特征为本领域解决根据该最接近的现有技术重新确定的技术问题的惯用手段，则现有技术存在解决该技术问题的启示，该权利要求要求保护的实用新型对本领域的技术人员来说是显而易见的，不具备创造性。

### 一、案由

本专利权无效宣告请求案涉及国家知识产权局于2006年3月1日公告授予的、名称为“玩具直升机”的200420102455.6号实用新型专利权（下称本专利），其申请日为2004年12月2日，专利权人为邢英。本专利授权公告的权利要求书如下：

“1. 一种玩具直升机，包括机身部分、动力源、齿轮传动系统、电子遥控接收系统、双旋翼部分和尾旋翼部分，其特征是：所述双旋翼部分是在同一轴线上用心轴和空心轴套分别安装两个大小相同、并且相向旋转的上旋翼和下旋翼，上旋翼与心轴相连，下旋翼与空心轴套相连，并设有通过齿轮传动系统分别带动上旋翼和下旋翼的两个电机。

2. 根据权利要求1所述的玩具直升机，其特征是：所述心轴上设有D型孔，上旋翼通过D型孔与心轴相连。

3. 根据权利要求 1 所述的玩具直升机，其特征是：所述空心轴套上设有齿型啮合装置，下旋翼通过齿型啮合装置与空心轴套相连。

4. 根据权利要求 1 所述的玩具直升机，其特征是：所述上、下旋翼都是通过十字铰链连接的方式与两组翼片相连。

5. 根据权利要求 4 所述的玩具直升机，其特征是：所述翼片组每组设有两个翼片，四个翼片均布在一个环上。

6. 根据权利要求 5 所述的玩具直升机，其特征是：所述环上均匀固接有四个能使旋翼在旋转时达到自平衡效果的铜套。

7. 根据权利要求 5 所述的玩具直升机，其特征是：所述翼片尾端均固接在旋翼外圈上。

8. 根据权利要求 7 所述的玩具直升机，其特征是：所述旋翼外圈上固接有四个起到连接、平衡和加大旋转惯性作用的铜套。

9. 根据权利要求 1 所述的玩具直升机，其特征是：所述机身部分和尾旋翼之间用空心管穿导线连接。”

针对上述专利权，普罗克斯弗拉尔 AS 公司（下称请求人）于 2006 年 9 月 29 日向专利复审委员会提出专利权无效宣告请求，认为本专利不符合专利法第 22 条第 2 款、第 3 款，专利法第 26 条第 4 款以及专利法实施细则第 20 条第 1 款的规定。请求人提交了以下附件：

附件 1：中国发明专利申请公开说明书，申请号为 200480000187. X，申请日为 2004 年 4 月 16 日，公开日为 2005 年 11 月 16 日，公开号为 CN1697755A，申请人为普罗克斯弗拉尔 AS 公司，复印件共 25 页。

请求人认为：

（1）权利要求 1 ~9 相对于附件 1 均没有新颖性，不符合专利法第 22 条第 2 款的规定：

①权利要求 1 不具备新颖性：附件 1 公开了一种直升机式的飞行器（相当于本专利的玩具直升机），包括杆 62（相当于本专利的机身部分）、电动马达 58 ~59（相当于本专利的动力源）、大直径轮 66 和小直径轮 67（相当于本专利的齿轮传动机构）、接收机 56（相当于本专利的电子遥控接收系统）、上旋翼 52 和下旋翼 54（相当于本专利的双旋翼部分）、驱动推力推动器 61（相当于本专利的尾旋翼部分）、所述双旋翼部分是在同一轴线上用内轴（相当于本专利的的心轴）和外轴（相当于本专利的的空心轴套）分别安装两个大小相同、并且相向旋转的上旋翼 52 和下旋翼 54，上旋翼 52 和内轴 51 相连，下旋翼 54 与外轴 53 相连，并设有通过齿轮传动机构分别带动上旋翼和下旋翼的两个电动马达 58 ~59（参见附件 1 第 16 页第 14 行到 18 页第 2 行和附图 6），可见附件 1 公开了权利要求 1 的所有技术特征，因此，权利要求 1 不具备新颖性；

②引用了权利要求 1 的从属权利要求 2 ~3、9 的附加技术特征都属于本领域的惯用手段的简单替换，因此，权利要求 2 ~3、9 不具备新颖性；

③从属权利要求 4 ~8 不具备新颖性：附件 1 公开了上、下旋翼都是通过十字铰链连接的方式与两组翼片相连；上、下旋翼都包括两个翼片组，每组设有两个翼片，四个翼片均布在一个环上，每个旋翼的四个叶片和环固接（参见附件 1 的图 6），可见附件 1 公开了权利要求 4 ~5、7 的附加技术特征，而权利要求 6、8 的附加技术特征是本领域的惯用手段的简单替换，因此，权利要求 4 ~8 不具备新颖性；

（2）权利要求 1 ~9 由于缺乏新颖性，则必然缺乏创造性，不符合专利法第 22 条第 3 款的规定；

（3）权利要求 5 ~8 不符合专利法实施细则第 20 条第 1 款：权利要求 5 涉及“环”，但“环”并不清楚在何处，因此，权利要求 5 不符合专利法实施细则第 20 条第 1 款；权利要求 6 ~8 由于引用权利要求 5，也不符合专利法实施细则第 20 条第 1 款；另外，权利要求 8 的“铜套”也不清楚在何处，导致权利要求 8 不清楚，不符合专利法实施细则第 20 条第 1 款；

（4）权利要求 8 不符合专利法第 26 条第 4 款的规定：权利要求 8 指出的“所述的旋翼外圈上设有的铜套”，该技术特征在说明书中并没有记载，本领域技术人员通过阅读说明书和附图也无法了解得出这样的技术方案，因此，权利要求 8 得不到说明书支持。

请求人又在 2006 年 10 月 26 日提交了意见陈述书，并补充了附件 2 及其中文译文：

附件 2：申请号为 20032282 的挪威发明专利申请公开说明书，申请日为 2003 年 5 月 20 日，公开日为 2004 年 11 月 22 日，公开号为 NO317612B1，第 1 页盖有“国家知识产权局专利检索咨询中心副本认证专用章”，其描述内容为“经确认此副本与原件相同”，盖章日期为 2006 年 10 月 13 日，并在正文和附图的侧面盖有上述骑缝章，共 28 页；其中文译文，打印件共 16 页。

请求人认为：

（1）权利要求 1～9 相对于附件 2 没有新颖性和创造性，其中新颖性的理由和前述权利要求 1～9 相对于附件 1 不具备新颖性的理由基本相同；对于创造性增加了下述理由：即便是权利要求 1～9 和附件 2 存在区别技术特征，这些差别对于本领域技术人员来说也是显而易见的，因此权利要求 1～9 不具备创造性。

（2）权利要求 6 不符合专利法实施细则第 20 条第 1 款的规定：权利要求 6 涉及“在旋转时达到自平衡效果的铜套”，但铜套如何设置、如何固定、如何设置能达到自平衡效果，本领域普通技术人员通过阅读说明书、附图和权利要求书根本无法了解也无法实现权利要求 6 的技术方案，因而权利要求 6 不清楚，不符合专利法实施细则第 20 条第 1 款的规定。

（3）权利要求 8 不符合专利法实施细则第 20 条第 1 款和专利法第 26 条第 4 款的规定：权利要求 8 限定了在旋翼外圈上固接有四个起到连接、平衡和加大旋转惯性作用的铜套，但在说明书第 3 页第 4 段描述了“环上均匀固定有四个铜套 22，能够使旋翼在旋转时达到自平衡的效果”，也就是说铜套的作用在于使旋翼达到自平衡的效果，而并无“连接”的作用，而且，单从权利要求 8 中的描述“起连接作用的铜套”而言，也是不清楚的，即铜套究竟是用于将哪几个部件连接在一起这个问题不仅在权利要求 8 中没有描述，在说明书中也没有明确说明，因此权利要求 8 不清楚，且得不到说明书的支持，不符合专利法实施细则第 20 条第 1 款和专利法第 26 条第 4 款的规定。

经形式审查合格后，专利复审委员会受理了上述请求，于 2006 年 11 月 29 日向双方当事人发出《无效宣告请求受理通知书》，并将《专利权无效宣告请求书》及其附件副本以及请求人于 2006 年 10 月 26 日提交的补充意见及其附件副本转送给专利权人，要求其在指定的期限内答复，同时成立合议组对本无效宣告请求案进行审理。

专利权人在指定期限内未进行答复。

2007 年 3 月 23 日，本案合议组向双方当事人发出口头审理通知书，定于 2007 年 6 月 28 日对本案进行口头审理。

2007 年 6 月 28 日口头审理如期进行。仅请求人一方委托代理人参加了口头审理，专利权人未参加口头审理。口头审理过程中认定的事实如下：（1）请求人放弃权利要求 5、7 不清楚，不符合专利法实施细则第 20 条第 1 款的无效宣告理由；（2）请求人放弃使用附件 1 作为证据评价权利要求 1～9 的创造性；（3）确认无效宣告理由和范围为：①权利要求 1～9 相对于附件 1 或者 2 不具备新颖性，不符合专利法第 22 条第 2 款的规定；②权利要求 1～9 相对于附件 2 不具备创造性，不符合专利法第 22 条第 3 款的规定；③权利要求 6、8 不清楚，不符合专利法实施细则第 20 条第 1 款的规定；④权利要求 8 得不到说明书的支持，不符合专利法第 26 条第 4 款的规定。庭审中，合议组对请求人提出的无效理由和事实进行了充分调查，并听取了请求人的陈述。

至此，合议组认为本案事实已经清楚，可以依法作出审查决定。

**二、决定的理由**

1. 关于证据

附件 2 及其中文译文是请求人在提出专利权无效宣告请求之日起一个月内提交的，符合专利法实施细则第 66 条的规定。

附件 2 盖有“国家知识产权局专利检索咨询中心副本认证专用章”，其描述内容为“经确认此副本与原件相同”，专利权人未对附件 2 的真实性提出异议，因此，合议组对附件 2 的真实性予以确认。

附件 2 是公开出版物，其公开日在本专利的申请日之前，根据专利法实施细则第 30 条的规定，属于本专利的现有技术，可以用于评价本专利的新颖性和创造性。

专利权人在指定的期限内未对附件 2 的中文译文的准确性提出异议，因此，合议组对附件 2 的中文译文的准确性予以确认。

2. 关于专利法第 22 条第 3 款

专利法第 22 条第 3 款规定：创造性是指同申请日以前已有的技术相比，该发明有突出的实质性特点和显著的进步，该实用新型有实质性特点和进步。

如果权利要求和最接近的现有技术的区别技术特征为本领域解决根据该最接近的现有技术重新确定的技术问题的惯用手段，则现有技术存在解决该技术问题的启示，该权利要求要求保护的实用新型对本领域的技术人员来说是显而易见的，不具备创造性。

本案中，权利要求 1 要求保护“一种玩具直升机，包括机身部分、动力源、齿轮传动系统、电子遥控接收系统、双旋翼部分和尾旋翼部分，其特征是：所述双旋翼部分是在同一轴线上用心轴和空心轴套分别安装两个大小相同、并且相向旋转的上旋翼和下旋翼，上旋翼与心轴相连，下旋翼与空心轴套相连，并设有通过齿轮传动系统分别带动上旋翼和下旋翼的两个电机”。附件 2 公开了一种遥控操作的直升机式的飞行器 50（相当于本专利的玩具直升机），包括由主体 63 水平向后伸出的杆 62（相当于本专利的机身部分）、并排放置在飞行器前面的两个主电动马达 58 ~ 59（相当于本专利的动力源）、马达经过减速装置连接到旋翼轴，包括在旋翼轴上的大直径轮 66 和在马达轴上的小直径轮 67、接收机 56（相当于本专利的电子遥控接收系统）、驱动推力推动器 61（相当于本专利的尾旋翼）、上旋翼 52 和下旋翼 54（相当于本专利的双旋翼部分），其中所述上、下旋翼部分共轴，上旋翼 52 的内轴 51 和下旋翼 54 的外轴 53 将两个旋翼一个位于另一个的上面，两个旋翼以相反方向旋转，上、下旋翼大小相同（参见附件 2 中文译文第 10 页第 22 行到 12 页第 1 行和附图 6）。

将权利要求 1 和附件 2 比较可知，它们的区别技术特征在于权利要求 1 具体限定了传动系统为齿轮传动系统。虽然附件 2 没有具体公开马达与旋翼轴连接的减速装置是齿轮传动系统，但对于本领域技术人员来说，选择齿轮传动系统作为减速装置是本领域技术人员的惯用技术手段，而且该限定也没有给本专利带来预料不到的技术效果，因此，权利要求 1 相对于附件 2 不具备实质性特点，不具备专利法第 22 条第 3 款规定的创造性。

权利要求 2 是权利要求 1 的从属权利要求，其附加技术特征是“所述心轴上设有 D 型孔，上旋翼通过 D 型孔与心轴相连”。附件 2 公开了上旋翼 52 和内轴 51 相连，旋翼有 2 组旋翼叶片 11 ~ 12，叶片固定到上中心片 13 上，而上中心片经过销 17 垂直连接到旋翼轴上（参见附件 2 中文译文第 9 页第 1 ~ 11 行和附图 3c）。从附件 2 的上述结构描述可知，在连接上旋翼的内轴上必然存在一个固定结构

"销 17"的孔，而将该孔设置为 D 形或者半圆形是本领域技术人员在使用"销"这一连接方式时采用的一种惯用手段，而且限定该技术特征后也没有给本专利带来预料不到的技术效果，因此，当其引用的权利要求不具备创造性时，权利要求 2 也不具备创造性，不符合专利法第 22 条第 3 款的规定。

权利要求 3 是权利要求 1 的从属权利要求，其附加技术特征是"所述空心轴套上设有齿型啮合装置，下旋翼通过齿型啮合装置与空心轴套相连"。附件 2 虽然没有公开该技术特征，但对于本领域技术人员来说，齿型啮合装置是机械连接的一种惯用手段，而且限定该技术特征后也没有给本专利带来预料不到的技术效果，因此，当其引用的权利要求不具备创造性时，权利要求 3 也不具备创造性，不符合专利法第 22 条第 3 款的规定。

权利要求 4 是权利要求 1 的从属权利要求，其附加技术特征是"所述上、下旋翼都是通过十字铰链连接的方式与两组翼片相连"。附件 2 公开了上、下旋翼的叶片是通过十字铰链连接的方式相连（参见附件 2 中文译文第 9 页第 1 ~22 行和附图 5b 和 6）。可见附件 2 公开了权利要求 4 的附加技术特征，因此，当其引用的权利要求不具备创造性时，权利要求 4 也不具备创造性，不符合专利法第 22 条第 3 款的规定。

权利要求 5 是权利要求 4 的从属权利要求，其附加技术特征是"所述翼片组每组设有两个翼片，四个翼片均布在一个环上"。附件 2 公开了上、下旋翼包括两组排列的 4 个旋翼叶片，十字相交，即均匀分布在旋翼的环上（参见附件 2 中文译文第 9 页第 1 ~22 行和附图 1 和 6）。可见附件 2 公开了权利要求 5 的附加技术特征，因此，当其引用的权利要求不具备创造性时，权利要求 5 也不具备创造性，不符合专利法第 22 条第 3 款的规定。

权利要求 6 是权利要求 5 的从属权利要求，其附加技术特征是"所述环上均匀固接有四个能使旋翼在旋转时达到自平衡效果的铜套"。在本领域公知，在旋转或环状飞行器的环上负载一定重量的物体或使环的重量增大，可以在一定程度上加强飞行器的稳定性，使其有自平衡效果，权利要求 6 用此方式也没有给本专利带来预料不到的技术效果，因此，当其引用的权利要求不具备创造性时，权利要求 6 也不具备创造性，不符合专利法第 22 条第 3 款的规定。

权利要求 7 是权利要求 5 的从属权利要求，其附加技术特征是"所述翼片尾端均固接在旋翼外圈上"。附件 2 公开了旋翼的叶片的尾端固接在旋翼外圈上（参见附件 2 中文译文第 9 页第 1 ~22 行和附图 1 和 6）。可见附件 2 公开了权利要求 7 的附加技术特征，因此，当其引用的权利要求不具备创造性时，权利要求 7 也不具备创造性，不符合专利法第 22 条第 3 款的规定。

权利要求 8 是权利要求 7 的从属权利要求，其附加技术特征是"所述旋翼外圈上固接有四个起到连接、平衡和加大旋转惯性作用的铜套"。虽然附件 2 没有公开该铜套结构，但同权利要求 6 的评述，使用铜套用于连接、平衡和加大旋转惯性作用是本领域技术人员容易想到的，而且使用该方式后也没有给本专利带来预料不到的技术效果，因此，当其引用的权利要求不具备创造性时，权利要求 8 也不具备创造性，不符合专利法第 22 条第 3 款的规定。

权利要求 9 是权利要求 1 的从属权利要求，其附加技术特征是"所述机身部分和尾旋翼之间用空心管穿导线连接"。附件 2 公开了在主体和尾部推进器之间有杆 62 相连（参见附件 2 中文译文第 10 页第 22 行到 12 页第 1 行和附图 6）。虽然附件 2 没有公开该杆是空心杆，但将杆设置为空心是本领域为了减少部件重量，或者便于容纳其他部件的惯用手段，将导线从空心管穿过也是本领域常用手段，而且该限定也没有给本专利带来预料不到的技术效果，因此，当其引用的权利要求不具备创造性时，权利要求 9 也不具备创造性，不符合专利法第 22 条第 3 款的规定。

3. 关于其他无效理由

由于权利要求 1 ~9 相对于附件 2 已不具备专利法第 22 条第 3 款规定的创造性，因此，合议组对其他无效理由不再予以评述。

基于以上事实和理由，本案合议组作出如下审查决定。

**三、决定**

宣告 200420102455.6 号实用新型专利权全部无效。

当事人对本决定不服的，可以根据专利法第 46 条第 2 款的规定，自收到本决定之日起三个月内向北京市第一中级人民法院起诉。根据该款的规定，一方当事人起诉后，另一方当事人应当作为第三人参加诉讼。

040

# 生料酿酒方法

## 无效宣告请求审查决定（第10454号）

**决　定　号**　第10454号
**决　定　日**　2007年8月31日
**发明创造名称**　生料酿酒方法
**国 际 分 类 号**　C12G 3/02
**无效宣告请求人**　卢世明
**专　利　权　人**　叶界坪
**专　利　号**　95119003.2
**申　请　日**　1995年11月9日
**授 权 公 告 日**　2002年7月3日
**合 议 组 组 长**　李彦涛
**主　审　员**　任晓兰
**参　审　员**　汪送来

**法　律　依　据**　专利法第22条第2款、专利法实施细则第2条第1款
**决　定　要　点**

如果权利要求的技术方案与对比文件公开的技术方案相比存在区别特征，二者实质上为不相同的技术方案，则权利要求的技术方案具有新颖性。

**一、案由**

本无效宣告请求案涉及国家知识产权局于2002年7月3日公告授予的、名称为“生料酿酒方法”的发明专利权（下称本专利），其申请日为1995年11月9日，专利权人为叶界坪。该专利授权公告的权利要求如下：

“1. 一种生料酿酒的方法，其特征在于酿酒的原料不必进行蒸煮，采用生料，将生料放入缸或池内，加入水和生料曲进行初期液态发酵，发酵3～5天后，加入生香干酵母进行后期半固态发酵，发酵12～20天后，进行蒸馏取酒，把酒装坛陈酿，陈酿半年至一年后，即成成品酒。

2. 根据权利要求1所述的生料酿酒的方法，其特征在于所说的生香干酵母要经水活化，方法是将生香干酵母用33℃水溶解，加水量为1∶10，在33℃的环境中复水活化半小时即可使用。”

针对上述专利权，卢世明（下称请求人）于2003年6月24日向专利复审委员会提出无效宣告请求，认为本专利不具有专利法第22条规定的新颖性和实用性，不符合专利法第26条第3款的规定，

不符合专利法实施细则第2条以及第25条的规定，同时提交以下证据1~28：

证据1：云南省发明协会颁发的第七届云南省发明展览会奖状，1993年6月14日，复印件共1页；

证据2：1997全国新技术新产品交易会组委会对广西上林县生料酿酒曲种厂就“生料酿酒曲种”项目颁发的荣誉证书，1997年1月，复印件共1页；

证据3：标题为“卢世明、中国生料酿酒第一人”的文章，作者李彬，无出处和出版日期，复印件共3页；

证据4：标题为“生料酿酒的特点及其工艺操作”的文章，作者卢世明，无出处和出版日期，复印件共1页；

证据5：标题为“再论生料酿酒的特点及其工艺操作”的文章，作者卢世明，文章最后一行提到“本文发表在2001年<酿酒科技>第一期”，复印件共6页；

证据6：标题为“采用生料酿酒迎接WTO挑战”的文章，作者卢世明，文章最后一行提到“本文……被……推荐给《酿酒》杂志2003年第二期发表”，复印件共8页；

证据7：《酿酒工业科技与发展战略研讨会论文摘要集》，2002年4月，封面、封二、目录和相关页，复印件共4页；

证据8：标题为“1996年前，国内外报刊和书籍上有关生料酿酒技术的文章目录”的文字，无出处和公开日期，复印件共2页；

证据9：标题为“科技转化生产力同样需要有魄力”等的报道，无出处和日期，剪贴复印件共1页；

证据10：标题为“小荷才露尖尖角”、“不用燃料酿酒技术”的报道，无出处和日期，剪贴复印件共1页；

证据11：标题为“不用燃料酿酒技术”的报道，无出处和日期，复印件共1页；

证据12：标题为“并非神话的‘神话’”的报道，无出处和日期，复印件共1页；

证据13：标题为“不用燃料酿酒技术”等的广告，无出处和日期，剪贴复印件共1页；

证据14：标题为“当代最新发明　国内独家专有　不用燃料酿酒技术”的广告，无出处和日期，剪贴复印件共1页；

证据15：标题为“当代最新发明　国内独家专有　不用燃料酿酒技术”的广告，无出处和日期，剪贴复印件共1页；

证据16：标题为“牵线搭桥”的广告，无出处，1993年4月28日，复印件共1页；

证据17：无锡永安生物技术开发公司与阜新市全国新产品新技术服务公司之间的中介委托协议书，复印件共2页；

证据18：无锡永安生物技术开发公司与赤峰环达高新技术开发研究所之间的科技项目中介推广委托书，复印件共1页；

证据19：标题为“生料制酒在赤峰酒厂开花结果”的文章，无出处和出版日期，复印件共1页；

证据20：地方国营泰宁县第二酒厂的承诺书，复印件共1页；

证据21：江苏海安县友谊酒厂与无锡市永安生物技术开发公司之间的协议书，复印件共2页；

证据22：无锡市永安生物技术开发公司与江西省吉水县酿酒厂之间的技术合作协议书，复印件共2页；

证据23：四川泸州华达生物工程有限公司与江苏无锡市生物技术开发公司之间的意向协议书；复印件共3页；

证据24：叶界坪给卢世明的信及信封，1995年5月9日，复印件共2页；

证据25：无锡市卫生防疫站出具的江苏省无锡市食品卫生鉴定报告（八九）量认（苏）字（20108号），1995年5月30日，复印件共1页；

证据26：江苏省轻工食品总公司经营二部致无锡生物技术开发公司的函件，1995年12月18日，复印件共1页；

证据27："安琪牌生香活性干酵母使用说明"，无出处和出版日期，复印件共1页；

证据28：标题为"万家兴宣言"的一些文章，无出处和出版日期，复印件共10页。

请求人认为：

（1）生料酿酒有各种不同的称谓，证据4~7、20~23和25证明，"不用燃料酿酒技术"就是"生料酿酒技术"。

（2）本专利不具有新颖性，具体理由是：①证据8表明，在本专利的申请日前，生料酿酒技术在国内外出版物上已有大量报道；②证据1、9~16、24、28证明，在本专利申请日前，国内已经有同样的生料酿酒技术存在；③证据17~23、28表明，在本专利申请日前，国内已有多个厂家在采用生料酿酒技术；④证据24和25表明，专利权人的发明专利是从请求人处学去的；⑤证据26~27表明，生香活性干酵母在本专利申请日前已有厂家在生产和销售。

（3）本专利不具有实用性，且本专利的说明书未对发明作出清楚完整的说明，不符合专利法第26条第3款的规定，具体理由是：①在说明书中只提及"生料曲"三个字，未提及生料曲是由什么生物材料制作的，未提及生料材料的分类、命名，也未提及其保藏情况；②说明书中只记载酿酒工艺为：大米+生料曲+水+生香活性干酵母，发酵12~20天，就能蒸馏取酒，没有公开具体的制酒条件，如pH值、温度、好氧与厌氧程度，在这种情况下根本不可能酿出酒来，即，根据说明书的内容，本领域技术人员不能制作生料曲，不可能进行生料酿酒，更不可能重现生料酿酒的技术方案。

（4）由于在本专利的申请日前国内已经有单位在推广生料酿酒技术、生产和销售生料酒曲，有厂家在采用生料酿酒，因此，本专利不是新的技术方案，不符合专利法实施细则第2条的规定。

（5）生料曲是微生物制品，属于生料材料，本专利未将生料材料交由有关单位保藏并出具保藏单位的证明，不符合专利法实施细则第25条的规定。

经形式审查合格后，专利复审委员会受理了上述无效宣告请求，于2003年8月26日向双方当事人发出《无效宣告请求受理通知书》，并将请求人提交的《专利权无效宣告请求书》及其附件的副本转送给专利权人，要求其在指定的期限内答复，同时成立合议组对本无效宣告请求案进行审理。

2003年9月5日，请求人补充意见陈述，并补充提交修改的专利文件及如下证据（编号续前），补充证明不用燃料酿酒技术就是生料酿酒技术，专利权人的专利技术是从请求人处学去的：

证据29：《中国安琪》，2003年6月20日，复印件共2页；

证据30：浙江省景宁县民康酒厂出具的介字第00303号介绍信，1994年10月4日，复印件共1页。

2003年10月9日，专利权人针对《无效宣告请求受理通知书》和《专利权无效宣告请求书》作出答复，认为：（1）"生料酿酒"与"不用燃料酿酒"有区别，"生料酿酒"指对酿酒原料不必进行蒸煮，加入水和生料曲直接进行发酵酿酒，而"不用燃料酿酒"则指在整个酿酒工艺中不使用燃料，但不排除使用电能等非燃料能源对酿酒原料进行蒸煮。（2）首先，证据1~28均为复印件；其次，从这些证据中看不出记载有本专利权利要求的内容；最后，证据2~8、26~27的产生时间均在本专利申请日之后，不能作为判断本专利是否具有新颖性的依据。（3）本专利已经推广使用，产品已经质量监督部门检验，因此具有实用性。

2004 年 1 月 17 日，本案合议组向双方当事人发出《转送文件通知书》，将专利权人于 2003 年 10 月 9 日提交的意见陈述书转送请求人，将请求人于 2003 年 9 月 5 日补充的意见陈述书及其相关附件的副本转送专利权人。在转送给专利权人的信件被退回后，合议组在专利公报第 20 卷 11 号上对所述《转送文件通知书》及其附件作出公告。

2004 年 2 月 12 日，请求人针对《转送文件通知书》作出答复，认为专利权人的答辩不足以推翻请求人的无效理由，同时提交一份民事诉讼状供合议组作为参考。

2004 年 4 月 26 日，合议组向双方当事人发出《无效宣告请求口头审理通知书》，定于 2004 年 8 月 5 日对本案进行口头审理，同时将请求人于 2004 年 2 月 12 日提交的意见陈述书转送专利权人。发给专利权人的《无效宣告请求口头审理通知书》同时以邮寄和公告方式进行。

2004 年 5 月 6 日，请求人提交口审回执，并请求中止本案的审理，且于 2004 年 8 月 2 日提交了《浙江省温州市中级人民法院受理案件通知书》，鉴于此，合议组取消了原定于 2004 年 8 月 5 日进行的口头审理。

2004 年 8 月 5 日，合议组收到请求人提交的“口审答辩状”，并于 2006 年 4 月 27 日将其转送专利权人。

2005 年 5 月 27 日，国家知识产权局初审与流程管理部门发出《中止程序请求审批通知书》，本案进入中止状态，中止程序一直持续到 2006 年 9 月 7 日。

中止程序结束后，合议组于 2007 年 6 月 7 日再次向双方当事人发出《无效宣告请求口头审理通知书》，定于 2007 年 7 月 20 日进行口头审理。

2007 年 7 月 20 日，口头审理如期进行，双方均出席了口头审理，并对对方出庭人员身份无异议，对合议组成员均无回避请求。合议组在此情况下就本无效宣告请求案进行了庭审调查，并记录了以下事项：

（1）请求人当庭放弃本专利不具备实用性、不符合专利法第 26 条第 3 款、不符合专利法实施细则第 25 条的无效宣告理由，并且明确其无效宣告理由是：本专利权利要求 1～2 不符合专利法第 22 条第 2 款、不符合专利法实施细则第 2 条第 1 款的规定。

（2）请求人当庭放弃证据 2、7～10、12～15、17～20、23 和 26。

请求人当庭提交证据 1、21～22、25、29～30 的原件，提交《发明与创新》2003 年第 7 期（第 14～15 页）作为证据 3 的原件、提交 1994 年 7 月 5 日的《华夏酒报》第 3 版作为证据 11 的原件、提交 1993 年 4 月 28 日的《上海食品报》第 3 版作为证据 16 的原件，专利权人对这些证据的真实性无异议；对未提供原件的证据 4 的真实性提出质疑。

请求人当庭提交《酿酒科技》（2001 年第 1 期）作为证据 5 的原件、《酿酒》（2002 年第 2 期）作为证据 6 的原件。专利权人认为所述原件与证据 5～6 不一致，从而对证据 5 和 6 的真实性不予认可；对于请求人所提交的原件，专利权人认为其属于自无效宣告请求之日起一个月后提交的新证据，已超出举证期限。

请求人当庭提交证据 24、28 的原件。专利权人认为虽然这两份证据复印件与原件一致，但由于无法考证证据 24 原件的真实性，而证据 28 则是散订在一起的非正式出版物，因此对证据 24、28 的真实性不予认可。

请求人当庭提供盖有“安琪酵母股份有限公司”红章的证据 27 的原件，在该原件下方写有“此说明书是我公司于 1994 年起使用在安琪牌生香活性干酵母产品中的，特此说明。安琪酵母股份有限公司系宜昌食用酵母基地变更而来”的文字。专利权人认为原件与复印件不符，从而对证据 27 的真实性提出质疑。

请求人当庭补充提交以下证据（编号续前）：

证据31：《酿酒》，第32卷第1期，2005年1月，第20~24页，复印件共4页；

证据32：《中国发明与专利》，2005年第2期，第34~35页，复印件共2页；

证据33：云南省发明协会出具的“律师调查回复”，2005年1月24日，复印件共1页；

证据34：李彬出具的“我（们）的意见”，2004年12月15日，复印件共1页；

证据35：刘军出具的“我（们）的意见”，2004年12月15日，复印件共1页；

证据36：广州市容大酒业有限公司出具的“证明”，2005年1月5日，复印件共1页；

证据37：《酿酒》，第32卷第2期，2005年3月，第60~61页，复印件共2页；

证据38：《酿酒》，第32卷第4期，2005年7月，第11~13页，复印件共3页；

证据39：标题为“不用燃料酿酒技术”的文章，《经济开发报》，1994年9月17日第3版，复印件共1页；

证据40：无锡永安生物技术开发公司的“生料发酵生产白酒工艺及有关说明”，复印件共2页；

证据41：“供求信息”，无出处和出版时间，复印件共1页；

证据42：《家有川菜》，陶金华编著，2005年6月印刷，第12页，复印件共1页；

证据43：标题为“生料酿酒技术问答”的文章，《华夏酒报》，1996年4月2日第3版，复印件共1页；

证据44：标题为“生料酿酒技术问答”的文章，文章结尾处注有“本文发表于1996年4月2日《华夏酒报》，复印件共2页；

证据45：《酿酒科技》，1996年第3期，第77~78页，复印件共2页；

证据46：《酿酒科技》，2000年第6期，第39~40、42页，复印件共3页；

合议组将这些证据当庭转送专利权人，专利权人当庭核实所有的证据，认为这些证据均为自无效宣告请求之日起一个月后提交的新证据，超过举证期限。请求人当庭出示证据31、33~34、36、38~40、42~43、46的原件，专利权人对证据31、33、38~39、42、46的真实性无异议，对证据32、34~37、40~41、43~45的真实性提出质疑。

（3）请求人明确使用证据1、3~6、11、16、21~22、24~25、27~46评价本专利不具备新颖性。

（4）合议组就本无效宣告请求案的无效宣告理由及证据逐一进行了调查，双方当事人均充分陈述了各自的意见。

至此，合议组认为本案的事实清楚，可以作出审查决定。

**二、决定的理由**

1. 关于举证期限（证据29~46）

专利法实施细则第66条规定：在专利复审委员会受理无效宣告请求后，请求人可以在提出无效宣告请求之日起1个月内增加理由或者补充证据，逾期增加理由或者补充证据的，专利复审委员会可以不予考虑。

本案中，请求人在2003年6月24日提出无效宣告请求后，于2003年9月5日补充意见陈述，并增加2份证据（证据29~30），在口头审理过程时，请求人当庭增加16份证据（证据31~46）。请求人在口头审理过程中认为，如果在口头审理辩论终结前补充提交公知常识性证据，应当予以考虑。对此，合议组认为，本案中，请求人补充提交的证据29、39、43~44为刊载在报纸上的文章，证据31~32、37~38、45~46为刊载在杂志上的文章，证据30是一封介绍信，证据33~36为证人证言，证据40~41为广告宣传页，证据42是一份与酿酒技术无关的菜谱，这些证据均不属于审查指南规定的“技术词典、技术手册和教科书等所属技术领域中的公知常识性证据”范畴。因此，根据专利法实施细则的上述规定，合议组对请求人逾期补充的证据（证据29~46）不予考虑。

2. 关于证据的认定

（1）关于证据2、7~10、12~15、17~20、23和26。

请求人当庭放弃证据2、7~10、12~15、17~20、23、26，因此本决定对这些证据不予评述。

（2）关于证据1、3、5~6、11、16、21~22和25。

请求人当庭提交了证据1、21~22、25的原件，提交《发明与创新》2003年第7期（第14~15页）作为证据3的原件、提交1994年7月5日的《华夏酒报》第3版作为证据11的原件、提交1993年4月28日的《上海食品报》第3版作为证据16的原件，专利权人对这些证据的真实性未提出异议，合议组经核实，对这些证据的真实性予以认可。

请求人当庭提交《酿酒科技》（2001年第1期）作为证据5的原件、《酿酒》（2002年第2期）作为证据6的原件。专利权人认为所述原件与证据5~6形式上不符，从而对证据5和6的真实性提出质疑。对此，合议组认为，虽然请求人提交的上述原件与证据5~6版式不同，表明证据5~6并非《酿酒科技》（2001年第1期）、《酿酒》（2002年第2期）相关部分的复印件，但经核实，二者内容基本一致，在专利权人未对《酿酒科技》（2001年第1期）、《酿酒》（2002年第2期）的真实性提出质疑的情况下，合议组认定证据5~6分别是《酿酒科技》（2001年第1期）中的“再论生料酿酒的特点及其工艺操作”一文和《酿酒》（2002年第2期）中的“采用生料酿酒迎接WTO挑战”一文的投稿形式。同时，由于《酿酒科技》（2001年第1期）、《酿酒》（2002年第2期）分别是于2001年与2002年公开发行的期刊，因此，合议组对证据5~6中与上述两本期刊杂志中相应文章内容一致的部分的公开性予以确认。

在这些证据当中：

证据1是云南省发明协会颁发给卢世明的一张奖状，证明1993年请求人拥有一项“不用燃料酿酒技术”，但该奖状并未公开所述“不用燃料酿酒技术”的技术内容。

证据3是发表在《发明与创新》2003年第7期上的一篇文章，其中提到：1989年卢世明研究生料酿酒取得成功，当时将此技术定名为“不用燃料酿酒技术”，该技术在1993年的第七届云南省发明展览会上获得发明一等奖，1994年卢世明将“不用燃料酿酒技术”更名为“生料酿酒技术”。证据5是发表在《酿酒科技》2001年第1期上的一篇文章，其中提到：我国第一家公开向社会推广生料酿酒技术的是无锡永安生料酿酒技术开发公司，其在1994年在《上海食品报》、《华夏酒报》上刊登广告，推广生料酿酒技术。证据6是发表在《酿酒》2002年第2期上的一篇文章，其中提到：1989年，卢世明应用生料发酵生产发酵酒，定名为“不用燃料酿酒技术”，后将“不用燃料酿酒技术”更名为“生料酿酒技术”。这三个证据的公开时间均在本专利的申请日之后，本身不属于本专利的现有技术。尽管证据3和6中提及的事实与证据1形成相互印证，表明请求人在申请日前确实拥有一项“不用燃料酿酒技术”，之后又将其更名为“生料酿酒技术”，证据5表明1994年无锡永安生料酿酒技术开发公司拥有一项“生料酿酒技术”，但这些证据并没有表明该技术的具体技术内容是什么，并且不能证明其在本专利申请日前已经被公开。

证据21是无锡市永安生物技术开发公司与江苏省海安县友谊酒厂于1995年8月22日就《生料酿酒新技术》签定的协议书；证据22是无锡市永安生物技术开发公司与江西省吉水县酿酒厂于1995年9月1日就《生料酿酒技术》签定的技术合作协议书；证据25是无锡市卫生防疫站于1995年5月30日出具的“食品卫生鉴定报告”，其样品是取自无锡市永安生物技术开发公司的“生料白酒”。尽管证据25与证据21～22结合可以说明，在本专利的申请日之前，无锡市永安生物技术开发公司拥有一项“生料酿酒技术”，然而，这些证据没有表明该技术的具体技术方案，并且不能证明其在本专利申请日以前已被公开。

证据11是发表在1994年7月5日《华夏酒报》第3版上的一篇文章，证据16是刊登在1993年4月28日《上海食品报》第3版上的一则广告。这两份证据的公开日均在本专利的申请日前，可以作为本专利申请日前的现有技术使用。

（3）关于证据4、24、27和28。

证据4是标题为“生料酿酒的特点及其工艺操作”的文章，无出版信息。请求人未提供该证据的原件，在专利权人对其真实性提出质疑、合议组在无法核实该证据的真实性的情况下，对该证据的真实性不予认可。

证据24是叶界坪写给卢世明的一封信，请求人拟用该证据证明在申请日前专利权人曾从请求人处获得曲药并酿制黄酒，本专利是专利权人从请求人处剽窃的。请求人提交了该证据的原件，但专利权人仅认可复印件与原件一致，对该证据的真实性仍提出质疑，并且认为其与本案没有关联。对此，合议组认为：证据24系专利权人写给请求人的信，专利权人的签名与其在本案中的其他签名基本一致，专利权人既未提供证据表明其签名非本人所签，也未提供证据证明该信非专利权人本人所写，因此，合议组对专利权人的上述主张不予支持。然而，从证据24的内容只能确认专利权人曾从请求人处获得过一斤曲药并试制黄酒，不能确认其从请求人处获得过本专利的生料酿酒技术，因此也无法证明本专利是专利权人从请求人处剽窃的。

证据27是一份“安琪牌生香活性干酵母使用说明”，其中提到：“安琪牌生香活性干酵母系宜昌食用酵母基地与天津轻工业学院合作研制成功的新产品”，然而在请求人提交的该证据的原件上却盖有“安琪酵母股份有限公司”的红章。虽然在该原件下方手写有“此说明书是我公司于1994年起使用在安琪牌生香活性干酵母产品中的，特此说明。安琪酵母股份有限公司系宜昌食用酵母基地变更而来”的文字，拟证明盖章单位与研制单位不一致的合理性以及所述产品在申请日前已经存在的事实，但其中并未表明该文字由何人所写。在没有相关的证明人出庭对此事实接受质证、没有相关的原始证据对该事实加以佐证、同时专利权人又对该证据的真实性提出异议的情况下，合议组对该证据27不予采信。

证据28是一份散订的广告宣传页，其中既未表明该证据的来源，也没有相关的出版信息。在专利权人对其真实性提出异议、合议组无从核实该证据是否属实的情况下，合议组对该证据的真实性不予认可。

3．关于新颖性

专利法第22条第2款规定：新颖性，是指在申请日以前没有同样的发明或者实用新型在国内外出版物上公开发表过、在国内公开使用过或者以其他方式为公众所知，也没有同样的发明或者实用新型由他人向国务院专利行政部门提出过申请并且记载在申请日以后公布的申请文件中。

如果权利要求的技术方案与对比文件公开的技术方案相比存在区别特征，二者实质上为不相同的技术方案，则权利要求的技术方案具有新颖性。

就本案而言，权利要求1保护“一种生料酿酒的方法，其特征在于酿酒的原料不必进行蒸煮，采用生料，将生料放入缸或池内，加入水和生料曲进行初期液态发酵，发酵3～5天后，加入生香干酵母进行后期半固态发酵，发酵12～20天后，进行蒸馏取酒，把酒装坛陈酿，陈酿半年至一年后，即成成品酒”。从以上描述可以知道，权利要求1所述生料酿酒的方法主要包括以下两个特征：（1）生料经两次发酵，首先是在生料中加入水和生料曲进行初期液态发酵，然后加入生香干酵母进行后期半固态发酵；(2) 蒸馏取酒后进行陈酿。

在本案中，如以上2-(2) 中所述，证据1、3、5~6、21~22、25均没有说明“不用燃料酿酒技术”、“生料酿酒技术”的具体技术方案是什么，因而，这些证据无法证明本专利权利要求1和2的技术方案在申请日前已被公开。证据11和16属于本专利的现有技术，其中公开了“不用燃料酿酒技术”的具体技术特征，请求人认为证据11、16的技术内容是“生料+水+酒曲，发酵15天”，与本专利权利要求1的技术方案实质上相同。

对此，合议组认为：

证据11（《华夏酒报》，公开日为1994年7月5日）公开了一种“不用燃料酿酒技术”，其公开的技术内容是：将酿酒原料（包括粮食、蔬菜、瓜果及各种野生植物）不需经过高温蒸煮糊化就进行发酵，即，生料+酒曲+冷水搅抖（应当是搅拌）发酵（参见证据11第3栏）。

将权利要求1的技术方案与证据11中公开的上述技术方案进行对比发现，二者存在以下区别特征：证据11中只公开了“生料+酒曲+冷水搅拌发酵”（即，一次发酵），既未公开权利要求1中的“两次发酵”过程，也未公开“蒸馏取酒后进行陈酿”的工艺步骤。鉴于本专利中的“两次发酵”与证据11中公开的“一次发酵”在工艺操作上存在着实质性的区别，同时，证据11也未公开“蒸馏取酒后进行陈酿”的工艺步骤，因此，权利要求1保护的技术方案与证据11中公开的技术方案为两个实质上不相同的技术方案，即，权利要求1相对于证据11具有新颖性，符合专利法第22条第2款的规定。

证据16（《上海食品报》，公开日为1993年4月28日）也公开了一种“不用燃料酿酒技术”，其公开的具体技术方案是：粮食、蔬菜、瓜果不用蒸煮，生料加冷水加酒曲发酵约15天后，过滤调香即成美味可口的各种酒。

将权利要求1的技术方案与证据16进行对比可知，二者存在以下区别特征：证据16公开了“生料加冷水加酒曲发酵约15天，之后进行勾兑调香”，而本专利权利要求1中采用的是两次发酵，并且在发酵后蒸馏取酒进行陈酿。由于权利要求1中的“两次发酵”与证据16中公开的“一次发酵”在工艺操作上存在着实质性的区别，同时，证据16中的“勾兑调香”也与本专利中的“陈酿”在操作方式上存在差异，因此，权利要求1保护的技术方案与证据16中公开的技术方案为两个实质上不相同的技术方案，即，权利要求1相对于证据16具有新颖性，符合专利法第22条第2款的规定。

在权利要求1具有新颖性的情况下，从属权利要求2自然也具有新颖性，符合专利法第22条第2款的规定。

4. 关于专利法实施细则第2条第1款

请求人认为本专利不符合专利法实施细则第2条第1款的理由与本专利不具备新颖性的理由相同。在本专利权利要求1和2具备新颖性的情况下，其自然也符合专利法实施细则第2条第1款的规定。

基于以上事实和理由，本案合议组作出如下审查决定。

**三、决定**

维持95119003.2号发明专利权全部有效。

当事人对本决定不服的，可以根据专利法第46条第2款的规定，自收到本决定之日起三个月内向北京市第一中级人民法院起诉。根据该款的规定，一方当事人起诉后，另一方当事人应当作为第三人参加诉讼。

041

# 电击灭蚊灯

## 无效宣告请求审查决定（第10479号）

决　　定　　号　第10479号
决　　定　　日　2007年9月4日
发明创造名称　电击灭蚊灯
国 际 分 类 号　A01 M1/04，A01M 1/22
无效宣告请求人　廖淑斌
专　利　权　人　王太财
专　　利　　号　200420094390.5
申　　请　　日　2004年10月27日
授 权 公 告 日　2006年1月18日
合 议 组 组 长　李人久
主　　审　　员　唐　莉
参　　审　　员　许　磊

**法　律　依　据**　专利法第22条第2款、第3款
**决　定　要　点**

专利权无效宣告请求人对其请求所依据的事实有责任提供证据加以证明，如果没有证据或者举证不足以证明其事实主张的，其主张不成立。

### 一、案由

本专利权无效宣告请求案涉及国家知识产权局于2006年1月18日公告授予的、名称为“电击灭蚊灯”的200420094390.5号实用新型专利权（下称本专利），其申请日为2004年10月27日，专利权人为王太财。该专利授权公告的权利要求书如下：

“1. 一种电击灭蚊灯包括灯管、高压电击网、座架，其特征在于：座架由一顶板、一底板、两个侧板构成，灯管的两端分别安装在两个侧板上，高压电击网安装在两个侧板上，并将灯管的前面、上面、下面覆盖，座架的底板上有一储蚊盒，储蚊盒位于高压电击网的下方，在座架的前面、后面分别有前、后保护网，前保护网的下端与底板之间有间隙。

2. 根据权利要求1所述的电击灭蚊灯，其特征在于：前保护网的下端部折弯形成一翼网，翼网与后保护网配合将高压电击网的下部遮罩，翼网与底板之间有间隙。”

针对上述专利权，廖淑斌（下称请求人）于2006年10月13日向专利复审委员会提出无效宣告

请求，并提交了下述附件：

附件1：本专利授权公告文本，复印件共6页；

附件2：由中国家用电器检测所广州家用电器检测站提供的报告编号为HG307-0002的安全认证检测报告，第1~5页，复印件共5页；

附件3：由顺德出入境检验检疫局日用电器实验室提供的报告编号为4429. JDD0306028的产品型式试验报告，第1~5页，复印件共5页。

请求人认为：附件2和3都是一种可以查阅的技术检测报告，属于出版物公开，其签发日期均在本专利申请日之前，附件2和3均公开了带电击网的灭蚊灯，并公开了权利要求1和2的全部技术特征；同时附件2和3的检测样品表明在本专利的申请日之前已有相同技术内容的产品以制造、使用的方式公开；因此权利要求1和2不具备新颖性和创造性，不符合专利法第22条第2款、第3款有关新颖性和创造性的规定。

经形式审查合格后，专利复审委员会受理了上述请求，于2006年11月23日向双方当事人发出《无效宣告请求受理通知书》，并将《专利权无效宣告请求书》及其附件清单中所列附件副本转送给专利权人，要求其在指定的期限内答复，同时成立合议组对本无效请求案进行审理。

专利权人于2006年12月28日作出答复，认为请求人提供的附件1和附件2不是专利意义上的“公开出版物”，也没有提供证明附件1和2已公开和其中的送检产品已销售的佐证，而且附件1和2中只有样品图片，不能清楚显示其结构，无法与本专利进行对比，因此，本专利具备新颖性和创造性。专利权人同时提交了请求人提供的附件2和附件3的复印件。

2007年3月15日，本案合议组向双方当事人发出《无效宣告请求口头审理通知书》，定于2007年4月27日对该专利权的无效请求进行口头审理，同时将专利权人于2006年12月28日提交的意见陈述书及其附件清单中所列附件的副本转送给请求人，要求其在口头审理时一并答复。

2007年4月27日，口头审理如期进行，双方当事人均委托代理人出席了口头审理。双方当事人对对方当事人的资格无异议，对合议组成员无回避请求。口头审理过程中认定的事实如下：（1）请求人当庭提交了附件2和3的原件，专利权人认可附件2~3的复印件与原件一致，但对其原件的真实性不予认可；（2）请求人认为附件2和3是公开出版物，附件2的出版时间是报告的批准日期，即2002年4月1日，附件3的出版日期是签发日期，即2003年8月5日，专利权人对附件2和3的公开性不予认可；（3）请求人当庭提交了部门规章《出口机电商品检验指南》，用以佐证附件3是公开出版物，专利权人认为由于已经超出举证期限，不应接受该《出口机电商品检验指南》，并且对其真实性不予认可，合议组当庭告知专利权人，可以在庭审后7个工作日内针对请求人新提交的《出口机电商品检验指南》提交意见陈述；（4）请求人明确其无效宣告请求的理由是：以附件2~3单独使用，作为出版物公开证据，证明权利要求1~2不具备专利法第22条第2款规定的新颖性和专利法第22条第3款规定的创造性，以附件3作为使用公开证据，证明权利要求1~2不具备专利法第22条第2款规定的新颖性和专利法第22条第3款规定的创造性。庭审过程中，合议组对本案的无效理由、证据和事实逐一进行了调查，双方当事人充分陈述了各自的意见。

至此，合议组认为本案的事实清楚，可以作出审查决定。

**二、决定的理由**

1. 证据的认定

（1）关于新证据。

专利权人认为请求人在口头审理过程中提交的《出口机电商品检验指南》已超出举证期限，不应接受。对此，合议组认为：《出口机电商品检验指南》属于国家质量监督检验检疫总局的规范性文件，是本行业公知的，请求人提交该证据的目的是证明附件3已公开出版，因此可视为其是对已提交的证据进行补强的公知常识性证据，合议组在考虑附件3的公开性时对其予以考虑。

（2）关于证据的真实性。

对于附件2和附件3，请求人当庭提交了原件，专利权人认可附件2和附件3的复印件与原件一致，但不认可其真实性。由于请求人已经提交了与复印件一致的原件，且附件2的原件上加盖有“中国家用电器检测所广州家用电器检测站”的章，附件3的原件上加盖有“顺德出入境检验检疫局日用电器实验室检验专用章”的章，虽然专利权人对附件2和3的真实性提出异议，但并没有提供合理的理由和证据支持其主张，因此合议组对附件2和附件3的真实性予以确认。

对于请求人在口审过程中提交的《出口机电商品检验指南》，经核实，合议组对其真实性予以确认。

（3）关于证据的公开性。

在本专利权无效宣告请求案中，请求人主张以附件2或附件3作为出版物公开证据，证明本专利要求保护的技术方案不具备新颖性和创造性，并以《出口机电商品检验指南》佐证附件3已公开出版。专利权人认为附件2和附件3不是公开出版物，不认可其公开性。

对此，合议组认为：附件2是由中国家用电器检测所广州家用电器检测站提供的安全认证检测报告，附件3是由顺德出入境检验检疫局日用电器实验室提供的产品型式试验报告。但是，首先，附件2和附件3上没有出版号和出版日期，并非正规出版物；其次，附件2和附件3分别得自广州家用电器检测站和顺德出入境检验检疫局日用电器实验室，不是通过公开发行渠道获得的，也不是得自面向公众开放的图书馆或者其他已知的公众可以阅读其资料的文献情报单位，在没有其他佐证证明的情况下，附件2和附件3本身不足以说明其内容是公众可以获得的。虽然请求人提供了《出口机电商品检验指南》来证明附件3是出口销售的必经环节，是报关前必须出具的，但是，附件3中并没有任何具体内容中可以表明其是为了出口报验而出具的报告，而且，即使附件3是为出口报验而出具的报告，根据该《出口机电商品检验指南》也不能证明该附件3是除了出口报验这个环节中涉及的相关人员以外的其他人可以获得的，即不能证明附件3是公众可以获得的。综上所述，合议组认为请求人未能证明附件2和3在本专利申请日之前已经公开出版，附件2和3在本案中不能作为单独评价本专利新颖性和创造性地出版物公开证据。

在本案中，请求人还主张本专利因在申请日前已被使用公开，从而不具备新颖性和创造性。对此，合议组认为，附件2是一份安全认证检测报告，附件3是一份产品型式试验报告，附件2和3仅表明制造商生产出了送检产品，并不能表明在试验报告签发之时，该送检产品通过销售或其他途径使公众可以获得，也不能表明在该试验报告签发之后特定的时间内该送检产品就能通过销售或其他途径使公众可以获得，因此在没有其他佐证证明的情况下，附件2和3本身不足以证明其所示的技术方案在申请日之前已经以使用的方式公开。请求人提供的《出口机电商品检验指南》及其关于附件3是货物出口的必经环节的意见也不足以表明本专利要求保护的技术方案在申请日之前已经公开使用，因为附件3中并没有任何具体内容中可以表明其是为了出口报验而出具的报告，即使附件3是为出口报验而出具的报告，由于试验报告出具的日期与实际出口行为的发生之间往往具有一段时间，由附件3并不能确定出口行为是否是在申请日之前发生；而且，使用公开的现有技术仅指在国内公开使用的技术，并不包括由于出口行为导致的在国外公开使用的技术，因此，合议组认为请求人也未证明附件2和3所示的技术方案在本专利申请日之前处于使用公开的状态。此外，请求人提供的证据也不足以表明附件2和3所示的技术方案可以其他的方式为公众所知。基于上述理由，合议组认为请求人提交的附件2和附件3均不能作为用以评价本专利的新颖性和创造性的现有技术证据使用。

2. 关于专利法第22条第2款、第3款

专利法第22条第2款规定：新颖性，是指在申请日以前没有同样的发明或者实用新型在国内外出版物上公开发表过、在国内公开使用过或者以其他方式为公众所知，也没有同样的发明或者实用新型由他人向国务院专利行政部门提出过申请并且记载在申请日以后公布的专利申请文件中。

专利法第22条第3款规定：创造性，是指同申请日以前已有的技术相比，该发明有突出的实质性特点和显著的进步，该实用新型有实质性特点和进步。

专利权无效宣告请求人对其请求所依据的事实有责任提供证据加以证明，如果没有证据或者举证不足以证明其事实主张的，其主张不成立。

本案中，由于请求人提供的附件2和附件3不能作为用以评价本专利权利要求中所记载的技术方案的新颖性和创造性的现有技术，因此，请求人依据附件2或3提出的本专利缺乏新颖性和创造性的主张缺乏证据支持，不能成立。

基于以上事实和理由，本案合议组作出如下审查决定。

**三、决定**

维持200420094390.5号发明专利权有效。

当事人对本决定不服的，可以根据专利法第46条第2款的规定，自收到本决定之日起三个月内向北京市第一中级人民法院起诉。根据该款的规定，一方当事人起诉后，另一方当事人应当作为第三人参加诉讼。

042

# 中国冬虫夏草真菌的发酵生产方法

## 无效宣告请求审查决定（第10515号）

决定号 第10515号
决定日 2007年9月7日
发明创造名称 中国冬虫夏草真菌的发酵生产方法
国际分类号 C12N 1/14，A61K 35/84
无效宣告请求人 俞永信
专利权人 沈南英
专利号 97110448.4
申请日 1997年4月29日
授权公告日 2001年3月28日
合议组组长 何炜
主审员 刘玉玲
参审员 郭婷

法律依据 专利法第26条第3款、第4款，专利法第22条第2款、第3款，专利法实施细则第20条第1款

决定要点

对于化学方法发明而言，如果说明书记载有方法所用的原料物质、工艺步骤和工艺条件，使所属技术领域的技术人员按照说明书中记载的方法去实施能够解决该发明要解决的技术问题，则说明书是公开充分的。

权利要求书应当以说明书为依据，是指权利要求应当得到说明书的支持。对于概括的权利要求，如果说明书中有较好的支持，并且没有理由怀疑发明在权利要求范围内不可以实施或者不能达到所要的技术效果，那么该权利要求是可以接受的。

在申请日之前由他人向专利局提出过申请并记载在申请日后公布的专利文件中的内容，不属于现有技术，在评价创造性时不予考虑。

### 一、案由

本专利权无效宣告请求案涉及国家知识产权局于2001年3月28日公告授予的、名称为“中国冬虫夏草真菌的发酵生产方法”的97110448.4号发明专利权（下称本专利），其申请日为1997年4月29日，专利权人为沈南英。本专利授权公告的权利要求书如下：

“1. 一种中国冬虫夏草真菌的发酵生产方法，其特征在于将菌种植入液体培养基置于摇床上，温度20℃以下培养8天，然后植入一级种子罐，温度20℃以下发酵5~8天，然后以培养基量10倍扩大，逐级发酵，直至达到所需要的量，出罐过滤而成；上述发酵过程均在液体培养基中进行，液体培养基为（按重量百分比）：碳原0.5%~5%，氮原0.2%~5%，微量元素、维生素少许，其余为水分。

2. 如权利要求1所述的一种中国冬虫夏草真菌的发酵生产方法，其特征在于所述的培养基为（按重量百分比）：蛋白胨0.5%~2%，蔗糖0.5%~5%，奶粉0.5%~2%，磷酸氢二钾、硫酸镁少许，其余为水。

3. 如权利要求1所述的一种中国冬虫夏草真菌的发酵生产方法，其特征在于所述的培养基为（按重量百分比）：蚕蛹粉0.5%~2%，蛋白胨0.3%~2%，玉米粉0.5%~2%，蔗糖0.5%~2%，磷酸氢二钾、硫酸镁少许，其余为水。

4. 如权利要求1所述的一种中国冬虫夏草真菌的发酵生产方法，其特征在于所述的培养基为（按重量百分比）：牛奶5%~15%，牛肉汤5%~20%，蛋白胨0.2%~3%，燕麦粉0.5%~2%，蔗糖0.5%~2%，磷酸氢二钾、硫酸镁少许，复合维生素少许，其余为水。”

针对上述专利权，俞永信（下称请求人）于2006年9月12日向专利复审委员会提出专利权无效宣告请求，认为本专利不符合专利法第26条第3款、第4款，专利法第22条第2款、第3款以及专利法实施细则第20条第1款的规定。请求人同时提交了如下7份附件：

附件1：本专利的授权公告文本，共4页；

附件2：“微生物工程工艺原理”，姚汝华主编，华南理工大学出版社，1996年3月第1版，1997年5月第2次印刷，第170、172、193页，封面页和出版信息页，复印件共5页；

附件3：“中国虫生真菌研究与应用”，第一卷，中国植物学会真菌学会虫生真菌专业组、《中国虫生真菌研究与应用》编委会编，学术期刊出版社，1988年，封面页、目录页、正文第20、235~238页，复印件共7页；

附件4：中国发明专利说明书，专利号为ZL94115054.2，授权公告号为CN1036531C，申请日为1994年8月25日，授权公告日为1997年11月26日，专利权人为俞永信，复印件共3页；

附件5：冬虫夏草菌及其无性型研讨会会议纪要及专家建议，复印件共4页；

附件6：“冬虫夏草及其相关类群的分子系统学分析”，魏鑫丽等人，菌物学报，第25卷第2期，2006年，第192~202页，复印件共11页；

附件7：中国发明专利申请公开说明书，专利申请号为93104709.9，公开号为CN1095103A，公开日为1994年11月16日，复印件共4页。

请求人认为：

1. 说明书不符合专利法第26条第3款的规定。

本专利涉及一种菌种的发酵方法，其发明目的在于提供一种能大规模工业化生产中国冬虫夏草真菌，且生产速度快，成本低，真菌纯的发酵生产方法，要实现上述目的，在说明书中应当公开冬虫夏草真菌发酵的生产方法、步骤、工艺参数以及该方法的有益效果，但在说明书中对于比如有关溶氧、pH值以及温度等工艺条件并没有说明，甚至没有提及。（1）关于氧气：根据附件2可知，供氧对于需氧微生物是必不可少的，氧的供应不足可能引起生产菌种的不可弥补的损失或可能导致细胞代谢转向所不需要的化合物产生，调节通风和搅拌，可影响发酵周期的长短和代谢产物生成的高低，因此，溶解氧的控制是极其重要的，控制溶氧的工艺手段主要是：通气流量（通风量）、搅拌速度、气体组分中的氧分压和罐压，而这些工艺本专利都没有提及。对比文件2（对比文件2请求人未提供）指出冬虫夏草是耗氧型菌株，缺氧时子囊孢子不萌发不生长；（2）关于pH值：根据附件2可知，微生物正常生长需要一定的酸碱度，pH偏高或偏低都会影响微生物生长繁殖和代谢产物的积累，同一种微生物，由于pH值的不同，都可能形成不同的发酵产物。附件3指出，冬虫夏草无性型是一种偏酸性的真菌，其最适pH值为5.0~5.5，pH值为4和6时，生长略有影响，菌丝生长变慢，pH值为7时，生长十分缓慢，到8时不生长或生长极缓慢。可见冬虫夏草菌株的生长、繁殖、代谢要有一定的pH值的环境，说明书应当说明培养基的pH值；（3）培养基的组成：说明书应当清楚地说明其培养基的组成和各成分的比例，但本专利对培养基的组成及重量百分比是模糊不清楚，也是不正确的。权利要求1限定了碳源和氮源的含量，但从属权利要求2~4具体限定的碳源和氮源的重量百分比值和权利要求1的重量百分比值的计算出入很大；（4）发酵方法中培养基中的“微量元素、维生素少许”是含糊不清的，也是不确定的，根据该记载内容，无法具体重现本专利的发酵生产方法；（5）关于检测过程：在发酵方法中为了控制整个发酵过程，必须了解微生物在发酵过程中的代谢变化规律，当发酵一定时间后，必须通过各种检测来了解发酵情况，一般必须检测碳、氮的消耗，细胞浓度等。但本专利中只字未提；（6）对于有益效果，本专利仅仅只是断言“可实现大规模工业化生产，成本低，生产速度快，菌纯净”，而没有指出该效果是由哪些技术特征带来的，也没有足以证明该技术方案可以达到预期技术效果的实验数据，比如与现有工艺相比，菌种生长快、生产速率高、可以达到纯种发酵、质量好的实验数据；（7）实施例的描述应该详细具体，应公开冬虫夏草真菌的发酵工艺步骤及条件，而本专利的实施例仅仅记载了培养基的组成和温度，还采用了“工艺流程如前所述”的词语，本领域的普通技术人员按此实施例所给出的技术方案无法在不需要创造性劳动的情况下再现此工艺过程，达到预期的效果。

2. 权利要求1~4不符合专利法第26条第4款的规定。

权利要求1公开了培养基、培养时间和温度这几个工艺条件，从属权利要求2~4公开了不同培养基的组成，而在说明书中并没有针对权利要求的技术方案进行详细、具体的说明，只是针对从属权利要求2~4公开的培养基组成各提供了一个实施例，并没有提供培养基各组分范围内的其他各种配比的实例，当然也包括没有培养基组分范围端值的实施例，这样，权利要求的技术方案并不能由实施方式中的一个实施例概括而成，而且依据说明书所记载的内容，所述技术领域的技术人员也难以预见上述概括的除实施例公开的具体点值以外的其他方案是否能用于冬虫夏草的发酵生产方法，因此，权利要求1~4得不到说明书支持。

3. 权利要求1不符合专利法第22条第2款的规定。

附件4公开了一种菌种发酵方法，其中菌种为冬虫夏草中华被毛孢，根据附件5和对比文件2，该菌种实际上和本专利的菌种是同一种，而且在附件6中专利权人也认可了两个菌种是同一菌种；附件4中发酵的培养基中包括麸皮30克（相当于本专利的碳源），含量为3%；奶粉10克、蚕蛹粉汁3克、牛肉汁10克，总含量为2.3%（相对于本专利的氮源）；维生素10毫克，硫酸镁0.5克，磷酸二氢钾1克，水1000毫升；摇床培养温度18±2℃，时间8天；发酵培养温度18±2℃，时间7天。可见附件4公开了与本专利权利要求1相同的技术方案，而且它们的技术领域、发明目的和技术效果都相同，因此权利要求1不具有新颖性。

4. 权利要求2~4不具有创造性，不符合专利法第22条第3款的规定。

权利要求2~4均是对液体培养基成分的具体限定，而附件4公开了培养基的组成为麸皮，蛋白胨，奶粉，蚕蛹粉汁，酵母粉，牛肉汁。同时附件7也公开了冬虫夏草的发酵工艺，培养基的配方为葡萄糖1%~3%，蛋白胨0.5%~2%，琼脂0.5%~2%，奶粉0.5%~2%等，其中蛋白胨、蚕蛹、奶粉提供氮源，葡萄糖提供碳源。本专利只是碳源多用了燕麦粉和蔗糖，氮源多用了玉米粉，但在所有的大学教科书中都有说明，玉米汁（浆）等都广泛用作氮源，蔗糖和燕麦粉是最广泛的碳源，另外，附件3也公开“通常用作碳源的物质主要是糖类……有机氮源如……玉米浆”，因此附件4结合附件7及公知常识，无须创造性劳动，就能得到权利要求2~4。

5. 权利要求1~4不清楚，不符合专利法实施细则第20条第1款的规定。

（1）权利要求1~4中出现了“20℃以下培养”、“达到所需要的量”、“微量元素少许”、“磷酸氢二钾、硫酸镁少许”、“复合维生素少许”，这些词语不清楚；

（2）权利要求1中是碳源0.5%~5%，氮源0.2%~5%，而权利要求3是蚕蛹粉0.5%~2%，蛋白胨0.3%~2%，玉米粉0.5%~2%，蔗糖0.5%~2%，显然权利要求3的氮源超出权利要求1的范围，引用关系也混乱不清；

（3）权利要求1中是碳源0.5%~5%，氮源0.2%~5%，而权利要求4是牛奶5%~15%，牛肉汤5%~20%，蛋白胨0.2%~3%，燕麦粉0.5%~2%，蔗糖0.5%~2%，显然权利要求4的碳源和氮源也超出权利要求1的范围，引用关系也混乱不清。

专利复审委员会又于2006年10月12日收到请求人提交的补充意见陈述，请求人同时提交了下列附件：

附件8：“康定冬虫夏草子囊孢子的生长发育”，李黎等人，中国中药杂志，第25卷第8期，2000年8月，第501~502页，复印件共2页。

请求人提出，由于无效宣告请求中涉及的对比文件2的全文暂时不能提供，现提供曾引用对比文件2的附件8供合议组参考。

经形式审查合格后，专利复审委员会受理了上述请求，于2006年11月20日向双方当事人发出《无效宣告请求受理通知书》，并将《专利权无效宣告请求书》及其附件清单中所列附件副本转送给专利权人，要求其在指定的期限内答复，同时成立合议组对本无效宣告请求案进行审理。

针对《专利权无效宣告请求书》及其附件，专利权人于2007年1月3日提交了意见陈述书和以下反证：

反证1：冬虫夏草菌及其无性型研讨会会议纪要及专家建议，复印件共5页；

反证2：中美华东制药有限公司出具的证明，复印件1页。

专利权人认为：

1. 本专利说明书公开充分，符合专利法第26条第3款规定。

本专利发明是一种冬虫夏草真菌的发酵生产方法，发酵的根本技术问题在于碳源和氮源如何搭配，搭配好了菌才长，搭配不好，根本就不长，或者是其他菌生长；另一个问题就是温度问题，只有温度控制在20℃以下，生长的才是中国冬虫夏草，否则就是其他菌，解决了这两个问题，其他问题迎刃而解。对于（1）氧气：本专利在说明书中明确记载“上述发酵过程都必须要通入一定量的无菌空气”，“上述实施例，均须通入无菌空气”，至于“通气量”没有特指就是常规通气量，本专业普通技术人员都知道，常规通气量是1∶1；对于“搅拌”，通气就是在搅拌，不需要另加搅拌，而“压力”是与通气量相互关联的，通气量决定压力，通气量有了，压力就有了；（2）关于pH值：冬虫夏草的最适合pH值是5~6，当不指明配料的pH值时，很自然应当为中性，用该培养基生产时，发酵罐中pH值自己就会在5~6之间，这恰好就是最适合的pH值，这是本领域的常识；（3）关于培养基的组成：权利要求1的碳源和氮源的比例是经过多年研究的结果，没有问题，权利要求2~4的碳源和氮源的重量百分比也在权利要求1的范围内；（4）关于无机盐和生长素：生长素对虫草菌的发酵不是必需的，微量元素、维生素的用量在本专业也是常识，而且无机盐也不是关键要素，不加也可以生长；（5）关于发酵检测，在生物发酵生产过程中应当进行检测，但这种检测是一种常识，本领域普通技术人员知道应当检测，而且还知道应当检测哪些项目，无须指示。

关于有益效果，（1）根据专利法、专利法实施细则和审查指南规定，说明书中的有益效果可以从技术方案的科学原理推导，没有说一定要提供实验数据，本专利的优点和效果就是根据技术方案和实际生产效果提供的；（2）实验数据可以在实审时提供，不一定要在申请阶段提供；（3）由于专利制度的先申请原则，只要技术方案基本可行，不违反科学原理、本专业的普通技术人员能够实现，就可以申请，而不是一定要拿出什么完善的实验数据，实验数据是探索专利技术的创造性过程。

关于实施例，只要按照实施例给出的条件、步骤和配方，只要实施者具备本专业普通技术人员的基本知识和基本技能，就能够生产出合格的产品。而且反证2证明本专利能够实施。

2. 权利要求1~4得到说明书支持，符合专利法第26条第4款的规定。

说明书第11~27行和实施例1~3都支持了权利要求，本领域普通技术人员根据权利要求1记载的内容可以生产出冬虫夏草菌丝体，该技术方案不需要实施例就可以实现。其次权利要求应当以说明书为依据，并没有要求以实施例为依据，只要说明书中记载了，就支持了。另外，本专利是10年前的专利，那时普遍认为只要在说明书中体现了权利要求保护的范围，就已经支持了权利要求书，在审查过程中审查员也没有提出该问题，不应以今天的标准要求10年前的专利申请文件。

3. 权利要求1具有新颖性。

将本专利的权利要求1和附件4比较，（1）附件4的培养基中没有碳源，附件4中的“麸皮”是氮源，而不是碳源，这一点请求人在无效宣告请求书的第9页也承认了“氮源……广泛使用的有……麸皮”；（2）本专利的液体培养温度从摇床到种子罐都用12~20℃变温培养，而附件4从摇床、种子罐、生产罐都是恒温培养；（3）本专利的技术效果和附件4也不同。

4. 权利要求2~4具有创造性。

（1）附件4的培养基中不含有碳源，而且加入麸皮后会产生如菌丝和麸皮无法分离等缺点，和附件4相比，本专利具有创造性；（2）反证1证明附件7的产品是蝙蝠蛾拟青霉，是不同于冬虫夏草真菌的另一种真菌，不是本专利的冬虫夏草无性型，两者属于不同的种属，而且附件7的培养温度是在24~28℃，即20℃以上培养，和本专利没有可比性，故不能作为判断本专利创造性的现有技术；（3）附件3虽然指出培养基应包含碳源和氮源，但对于冬虫夏草而言其碳源和氮源的范围没有人研究，本专利是通过无数次实验，花费了大量的时间和金钱才得到这个比较合适的范围的，在这个范围的指示下不但能进行大量的生产，而且还可以用大量的廉价的原料配成培养基进行生成，从而降低生产成本，并且取得了说明书中的有益效果，因此权利要求2~4具有创造性。

5. 权利要求1~4是清楚的，符合相关规定。

（1）“20℃以下培养”、“微量元素少许”等表述，本专业的普通技术人员能够实现，因此是清楚的；（2）权利要求3的氮源并不超出权利要求1的范围，玉米粉是碳源而不是氮源，氮源是蚕蛹粉0.5％~2％，蛋白胨0.3％~2％，其上限之和为4％，并不超出权利要求1的上限5％的范围，引用关系也是清楚的；（3）权利要求4中，牛奶的固形物只有5％，牛肉汤中固形物也只有5％，这样的话，氮源不超过权利要求1的5％，碳源也只有4％，不超过权利要求1的5％。

2007年1月18日，本案合议组向专利权人发出《转送文件通知书》，将专利复审委员会于2006年10月12日收到的请求人提交的补充意见陈述书及其所附附件转送给专利权人，并要求其在自收到之日起一个月内作出答复。

2007年2月15日，专利权人针对请求人提交的补充意见陈述书及附件8作出答复，认为：附件8没有和本专利进行比较，作用不清楚，无法对其答辩。而且，该附件的发表日期是2000年8月，晚于本专利的申请日1997年4月，对该附件不予认可。从附件8不能引出附件2的其他未提供部分。

即便是将附件8作为现有技术，由于附件8讲的是冬虫夏草的有性阶段的生长发育，而本专利讲的是无性阶段的生长，没有可比性。

2007年3月23日，本案合议组向双方当事人发出口头审理通知书，定于2007年6月5日对本案进行口头审理。同时，专利复审委员会本案合议组将专利权人于2007年1月3日和2007年2月15日提交的意见陈述书及其所附附件转送给请求人，要求请求人在口头审理时一并答复。

2007年6月5日，口头审理如期进行。双方当事人及其代理人均参加了口头审理，口头审理过程中认定的事实如下：

1. 关于证据：

请求人当庭提出以附件9作为公知常识性证据，证明麸皮中含有55%的碳，并提交了附件9的原件。专利权人当庭提出以反证3~13作为公知常识性证据，并出示了反证3~13的原件，同时提交了中华人民共和国浙江省杭州市公证处出具的反证2的公证书，其中：

附件9："酶的工业生产技术"，邬显章编著，吉林科学技术出版社，1988年11月第1版第1次印刷，第34~41页，原件。

反证3："微生物学"，无锡轻工业学院、华南工学院、天津轻工业学院、大连轻工业学院合编，轻工业出版社，1980年9月第1版第1次印刷，封面页、出版信息页、第132~134、136、141、171~172，复印件共9页；

反证4："微生物生物学"，［美］T. D. 布洛克著，《微生物生物学》翻译组译，人民教育出版社，1981年10月第1次印刷，封面页、出版信息页、第214页，复印件共3页；

反证5："微生物学基础"，郑善良等编著，化学工业出版社，1992年3月第1版第1次印刷，封面页、出版信息页、第130~133、145~146页，复印件共8页；

反证6："生化技术导论"，中山大学生物系生化微生物学教研室编，人民教育出版社，1979年3月第1次印刷，封面页、出版信息页、第22~28、33~40页，复印件共17页；

反证7："微生物工程"，陈駒声等编著，化学工业出版社，1987年12月第1次印刷，封面页、出版信息页、第119页，复印件共3页；

反证8："微生物学（第2版）"，俞大绂等编，科学出版社，1985年6月第2次印刷，封面页、出版信息页、第472页，复印件共3页；

反证9："工业微生物学基础及其应用"，徐浩等编著，科学出版社，1991年11月第一次印刷，封面页、出版信息页、第24页，复印件共3页；

反证10："冬虫夏草人工培植研究的进展"，尹定华等，中国中药杂志，1995年，第20卷第12期，杂志封面页、目录页、第708、709页，复印件共4页；

反证11："微生物学实验（第3版）"，沈萍等主编，高等教育出版社，2004年2月第8次印刷，封面页、出版信息页、第103、214~222页，复印件共12页；

反证12："药品微生物学检验手册"，马绪荣等主编，科学出版社，2001年2月第2次印刷，封面页、出版信息页、第434~436、494~495页，复印件共7页；

反证13："实用微生物技术"，郭维烈编著，科学技术文献出版社，1991年5月第1次印刷，封面页、出版信息页、第12页，复印件共3页。

对双方当事人提交的所有附件和反证，认定的事实如下：

（1）请求人当庭出示了附件2~3、6、8~9的原件，专利权人对请求人提交的附件2~9的真实性、合法性均无异议；请求人提出附件3中的第20页应当是附件2的第20页，专利权人对此也予以认可；

（2）请求人对专利权人提交的反证1的真实性、合法性和关联性没有异议；但对反证2的真实性有异议；对反证3~13的真实性没有异议，但认为：①反证10不是公知常识性证据；②反证11~12的公开日在本专利申请日之后；③反证4~7不属于教科书，不能作为公知常识性证据；④因此，反证4~7、10~12不应接受；

（3）合议组告知双方当事人附件4的公开时间在本专利的申请日之后，不能作为本专利的现有技术评述权利要求2~4的创造性。请求人要求使用附件4的公开文本作为证据，但并没有提交附件4的公开文本。合议组当庭告知请求人即使其提交附件4的公开文本也将超过一个月的举证期限，根据专利法实施细则第66条的规定，合议组对其不予接受；

（4）合议组当庭告知双方当事人，反证10不属于公知常识性证据，其超过了一个月的举证期限，根据专利法实施细则第66条的规定，合议组对其不予接受。

2. 关于无效理由：

请求人确定其无效宣告请求的理由和范围为：权利要求1~4的技术方案在说明书中公开不充分，不符合专利法第26条第3款的规定；权利要求1~4不符合专利法第26条第4款的规定；权利要求1不符合专利法第22条第2款、第3款的规定，依据附件4；权利要求2~4不符合专利法第22条第3款的规定，依据附件4、7以及公知常识的组合；权利要求1~4不符合专利法实施细则第20条第1款的规定。其中，在口头审理中当庭增加的理由为：（1）依据附件4，权利要求1不符合专利法第22条第3款的规定；（2）由于权利要求1中用碳源和氮源来说明培养基的组成，但本领域技术人员知道不同物质的含碳量和含氮量不同，本专利没有给出碳源、氮源的定义，本专利的表述方式使得本领域普通技术人员不能够得知它们的比例具体是什么，并且没有提到常量元素具体是什么，含量多少，上述描述不清楚，导致说明书不符合专利法第26条第3款；（3）磷酸氢二钾、硫酸镁没有出现在权利要求1，导致权利要求引用关系及范围不清楚，不符合专利法实施细则第20条第1款。专利权人认为请求人当庭增加的理由（1）~（3）超出了自提出无效宣告请求之日起一个月的期限，不予接受。

庭审中，合议组对请求人提出的无效理由和事实进行了充分调查，并听取了各方当事人的陈述。

请求人于2007年6月12日提交了补充意见陈述书，认为：反证2的公证书封面被撕毁过，而且公证的内容与提交的复印件的内容多处不一致，对其真实性表示怀疑；反证4~7不属于公知常识性证据；反证11~12的出版日期在本专利的申请日之后，不能作为本专利的公知常识性证据；反证3、8~9、13可以作为公知常识性证据。其余意见同口头审理中的陈述。

至此，合议组认为本案事实已经清楚，可以依法作出审查决定。

**二、决定的理由**

1. 无效宣告请求的理由和范围

专利法实施细则第66条规定：对于请求人在提出无效宣告请求之日起一个月后增加的理由或者补充证据，专利复审委员会可以不予考虑。由于请求人在口头审理时当庭增加的理由（1）~（3）都超出了自提出无效宣告请求之日起一个月的期限，专利权人对此不予接受，因此，合议组对此也不予考虑。

本决定审查的无效理由和范围与《专利权无效宣告请求书》中明确的无效理由和范围相同，即：权利要求1~4的技术方案在说明书中公开不充分，说明书不符合专利法第26条第3款的规定；权利要求1~4不符合专利法第26条第4款的规定；权利要求1不符合专利法第22条第2款的规定，依据附件4；权利要求2~4不符合专利法第22条第3款的规定，依据附件4和7与公知常识的结合；权利要求1~4不符合专利法实施细则第20条第1款的规定。

2. 关于证据

(1) 关于请求人提交的证据。

专利权人对请求人提交的附件2~9的真实性没有异议，因此，合议组对附件2~9的真实性予以确认。

附件2~3、7、9是公开出版物，其公开日期在本专利的申请日之前，根据专利法实施细则第30条的规定，可以作为本专利的现有技术。附件6、8的公开日期在本专利的申请日之后，根据专利法实施细则第30条的规定，不能作为本专利的现有技术。

附件4是一份中国发明专利说明书的授权公告文本，同时附件4是一篇由俞永信，即他人，在1994年8月25日，即本专利申请日之前，向国家知识产权局提出而在本专利申请日1997年11月26日之后公布的专利授权公告文本，根据专利法第22条的规定该证据可以用来评价本专利权利要求的新颖性，但不能用来评价本专利权利要求的创造性。口头审理时，请求人要求使用附件4的公开文本评述权利要求的创造性，但并没有提交其公开文本。对此，合议组认为：虽然根据附件4的申请号可以在国家知识产权局的网站上得到该申请相应的公开文本，但授权公告文本和公开文本属于两份不同的证据，以附件4的申请号的相应公开文本作为证据，属于新增的证据，根据专利法实施细则第66条规定：对于无效请求人在提出无效宣告请求之日起一个月后增加的理由或者补充证据，专利复审委员会可以不予考虑。因此，合议组对于附件4相应的公开文本不予考虑。

请求人在无效宣告请求书中提及了对比文件2，但是没有提交此份附件，因此合议组对对比文件2不予考虑。

(2) 关于专利权人提交的反证。

请求人对反证5的真实性无异议，因此合议组对其真实性予以确认。同时反证5是公开出版物，其公开日期在本专利的申请日之前，涉及的内容为微生物学基础，该内容为该领域的基础理论性知识，合议组确认该证据属于技术手册、教科书类公知常识性证据。

3. 专利法第26条第3款

专利法第26条第3款规定：说明书应当对发明或者实用新型作出清楚、完整的说明，以所属技术领域的技术人员能够实现为准。

对于化学方法发明而言，如果说明书记载有方法所用的原料物质、工艺步骤和工艺条件，使所属技术领域的技术人员按照说明书中记载的方法去实施能够解决该发明要解决的技术问题，则说明书是公开充分的。

本案中，权利要求1要求保护一种中国冬虫夏草真菌的发酵生产方法。在说明书中记载了本专利提供一种中国冬虫夏草无性阶段真菌的发酵生产方法，该发酵生产方法的原料为中国冬虫夏草真菌，并记载了培养基中碳源、氮源的含量及碳源和氮源的具体组分和含量，培养的温度，以及发酵过程中通入一定量的无菌空气，但没有记载培养过程中具体氧的供应、培养基的pH值、无机盐（微量元素）和维生素的具体含量、检测过程等工艺步骤和工艺条件以及验证其技术效果的实验数据；同时，说明书第1页第5~7段中的技术方案的碳源和氮源的含量不在第4段中的技术方案的碳源和氮源的含量范围之内；实施例中采用了“工艺流程如前所述”的术语，而未具体的描述该工艺流程。

对此，合议组认为：本专利所要解决的技术问题在于提供一种发酵方法，用于大规模制备中国冬虫夏草无性阶段真菌，而涉及的中国冬虫夏草真菌是一株已知菌株，1985年定名（这一点请求人未质疑）。(1) 本专利说明书第1页第9段以及第2页最后一行已分别指出“上述发酵过程都必须通入一定量的无菌空气”、“上述实施例，均须通入无菌空气”，即说明书已公开了发酵过程中须供氧这一条件。虽然说明书没有记载通入氧气的具体参数，但通气流量、搅拌的速度、气体组分中的氧分压、罐压这些参数都是本领域的常规选择，而且这些参数也仅仅影响氧的浓度，而氧的浓度仅仅影响菌种生长的效果，例如生长的速度、最终菌种的浓度等，但并不导致菌种不能生长；（2）虽然说明书没有记载菌株的最适 pH 值，但请求人提交的附件 3 的内容（第 23 页第 1 段）表明，冬虫夏草无性型的最适 pH 值在 1988 年即已在现有技术中公开，而且根据发酵过程调整培养基的 pH 值也是本领域的常规技术，本领域技术人员知道在何种 pH 值条件下可以制备出中国冬虫夏草真菌；（3）虽然本专利记载的培养基中的微量元素和维生素是“少许”，而未记载其具体含量，但对于本领域技术人员来说，在微生物发酵工艺中，微生物对微量元素和维生素的需要量本身就是较少的，而根据不同微生物调整其具体的含量也是本领域的常规技术（可同时参见请求人提交的附件 2 第 20 页和专利权人提交的反证 5 第 131 和 133 页），本领域技术人员根据本专利记载的“微量元素和维生素少许”可以制备出中国冬虫夏草真菌；（4）虽然本专利没有记载发酵方法中的检测过程，然而如请求人在请求书中自己提出的那样，本领域技术人员公知在发酵过程中，需要进行各种检测以了解发酵情况，而且，本领域技术人员也知道需要检测哪些参数（参见请求人的《专利权无效宣告请求书》正文第 4 页最后一段至第 5 页第一段），因而即便是本专利没有记载上述检测过程，本领域技术人员也可以制备出中国冬虫夏草真菌；（5）虽然本专利没有记载验证其有益效果的实验数据，但本专利的目的在于提供一种发酵方法以制备中国冬虫夏草真菌，对于本案的化学方法发明的公开充分而言，只要本领域技术人员按照说明书公开的内容能制备出该真菌即可，而并不必须有实验数据去验证；（6）根据口头审理双方当事人对碳源和氮源的含义的一致理解（碳源、氮源就是提供碳、氮载体的物质），说明书中记载的权利要求 1 的培养基组成是清楚、明确的，说明书第 1 页第 5～7 段中的技术方案（即权利要求 2～4 的技术方案）作为独立、完整的技术方案在说明书中的记载也是清楚的；（7）虽然在实施例中采用了“如前所述”的术语，但该术语的含义是清楚的，而且，实施例以前的内容记载的工艺流程也是具体的（参见本专利第 1 页）。因此，综上所述，本领域技术人员按照说明书记载的方法去实施能够制备出中国冬虫夏草真菌，能够解决本专利要解决的技术问题，说明书是公开充分的，符合专利法第 26 条第 3 款的规定。

4. 专利法第 26 条第 4 款

专利法第 26 条第 4 款规定，权利要求书应当以说明书为依据，说明要求专利保护的范围。

权利要求书应当以说明书为依据，是指权利要求应当得到说明书的支持。对于概括的权利要求，如果说明书中有较好的支持，并且没有理由怀疑发明在权利要求范围内不可以实施，那么该权利要求是可以接受的。

本案中，权利要求 1 要求保护“一种中国冬虫夏草真菌的发酵生产方法，其特征在于将菌种植入液体培养基置于摇床上，温度 20℃以下培养 8 天，然后植入一级种子罐，温度 20℃以下发酵 5～8 天，然后以培养基量 10 倍扩大，逐级发酵，直至达到所需要的量，出罐过滤而成；上述发酵过程均在液体培养基中进行，液体培养基为（按重量百分比）：碳原 0.5％～5％，氮原 0.2％～5％，微量元素、维生素少许，其余为水分”。本专利说明书的发明内容部分记载了该技术方案，实施例部分公开了几个实施例，其中，实施例 1 中培养基中的碳源和氮源为蛋白胨 2％，蔗糖 2％，奶粉 1％，其中碳源含量为 2％，氮源含量为 3％；实施例 2 的培养基中的碳源和氮源为：蚕蛹粉 1.5％、蛋白胨 1％、玉米粉 2％、蔗糖 2％，其碳源和氮源含量也在权利要求 1 概括的范围内。

可见，在说明书中公开了权利要求 1 的碳源和氮源含量数值范围内的技术方案。由于权利要求 1 概括的数值范围“碳原 0.5％～5％，氮原 0.2％～5％”本身就不是很宽，而且，请求人也没有提交证据证明在上述范围内的除具体实施例所公开的具体点值之外的其他技术方案不能够实施或者不能达到所要的技术效果，因此，对于本领域技术人员来说，在说明书中记载了权利要求 1 的碳源和氮源含量数值范围的情况下，可以推知权利要求1所概括范围内的技术方案能够实施，权利要求1的技术方案是本领域技术人员能够从说明书公开充分的内容中合理概括得出的技术方案，权利要求1能够得到说明书的支持，符合专利法第26条第4款的规定。

权利要求2是权利要求1的从属权利要求，其附加技术特征为："其特征在于所述的培养基为（按重量百分比）：蛋白胨0.5%~2%，蔗糖0.5%~5%，奶粉0.5%~2%，磷酸氢二钾、硫酸镁少许，其余为水"。在本专利说明书中与其对应的技术方案为实施例1，其培养基中，蛋白胨占2%，蔗糖占2%，奶粉占1%。上述数值都是权利要求2概括的数值范围的中间数值或者上限端值。对于本领域技术人员来说，权利要求2概括的数值范围本身就不是很宽，而且请求人也没有提交证据证明除实施例1以外的其他技术方案不能够实施或者不能达到所要的技术效果，基于和权利要求1相同的理由，权利要求2能够得到说明书支持，符合专利法第26条第4款的规定。

权利要求3是权利要求1的从属权利要求，其附加技术特征为："其特征在于所述的培养基为（按重量百分比）：蚕蛹粉0.5%~2%，蛋白胨0.3%~2%，玉米粉0.5%~2%，蔗糖0.5%~2%，磷酸氢二钾、硫酸镁少许，其余为水"。在本专利说明书中与其对应的技术方案为实施例2，其培养基中，蚕蛹粉占1.5%、蛋白胨占1%、玉米粉占2%、蔗糖占2%。上述数值都在权利要求3概括的数值范围内，对于本领域技术人员来说，权利要求3概括的数值范围本身就不是很宽，而且请求人也没有提交证据证明除实施例2以外的其他技术方案不能够实施或者不能达到所要的技术效果，基于和权利要求1相同的理由，权利要求3能够得到说明书支持，符合专利法第26条第4款的规定。

权利要求4是权利要求1的从属权利要求，其附加技术特征为："其特征在于所述的培养基为（按重量百分比）：牛奶5%~15%，牛肉汤5%~20%，蛋白胨0.2%~3%，燕麦粉0.5%~2%，蔗糖0.5%~2%，磷酸氢二钾、硫酸镁少许，复合维生素少许，其余为水"。在本专利说明书中与其对应的技术方案为实施例3，其培养基中，牛奶占10%、牛肉汤占20%、蛋白胨占1%，燕麦粉占2%，蔗糖占2%。上述数值都是权利要求4概括的数值范围的上限端值或者中间数值。对于本领域技术人员来说，权利要求4概括的数值范围本身就不是很宽，而且请求人也没有提交证据证明除实施例3以外的其他技术方案不能够实施或者不能达到所要的技术效果，基于和权利要求1相同的理由，权利要求4能够得到说明书支持，符合专利法第26条第4款的规定。

5. 专利法实施细则第20条第1款

专利法实施细则第20条第1款规定：权利要求书应当说明发明或者实用新型的技术特征，清楚、简要地表述请求保护的范围。

权利要求的保护范围应当根据其所用词语的含义来理解。在某些情况下，形式上的从属权利要求，实质上不一定是从属权利要求，而是独立权利要求，不得从形式上简单的判定在后的权利要求为从属权利要求。

本案中，权利要求1~4出现了"20℃以下培养"、"达到所需要的量"、"少许"这些术语。对于术语"20℃以下培养"虽然没有限定具体的温度，但上述术语的含义是在现有技术培养温度的通常范围中取小于或者等于20℃的温度培养，其含义是清楚的；"达到所需要的量"、"少许"虽然没有限定具体的量，但本领域技术人员根据本领域的常规技术可以清楚的确定其所限定的量，因此，权利要求1~4是清楚的，符合专利法实施细则第20条第1款的规定。

权利要求1的碳源和氮源为"碳原0.5%~5%，氮原0.2%~5%"；权利要求3的碳源和氮源为"蚕蛹粉0.5%~2%，蛋白胨0.3%~2%，玉米粉0.5%~2%，蔗糖0.5%~2%"；权利要求4的碳源和氮源为"牛奶5%~15%，牛肉汤5%~20%，蛋白胨0.2%~3%，燕麦粉0.5%~2%，蔗糖

0.5%~2%”。虽然从形式上看，权利要求3~4是权利要求1的从属权利要求，但若权利要求3~4的组分含量不在权利要求1的范围内时，权利要求3~4实质上可以作为一个独立权利要求，而就本案的权利要求3~4本身而言，其限定的技术方案是清楚完整的，符合专利法实施细则第20条第1款的规定。

6. 专利法第22条第2款

专利法第22条第2款规定：新颖性，是指在申请日以前没有同样的发明或者实用新型在国内外公开出版物上公开发表过、在国内公开使用过或者以其他方式为公众所知，也没有同样的发明或者实用新型由他人向国务院专利行政部门提出过申请并且记载在申请日以后公布的专利申请文件中。

根据该款规定，如果本专利权利要求和相关文献单独对比，它们之间存在区别技术特征，实质上不同，则本专利权利要求具有新颖性。

本案中，权利要求1要求保护“一种中国冬虫夏草真菌的发酵生产方法，其特征在于将菌种植入液体培养基置于摇床上，温度20℃以下培养8天，然后植入一级种子罐，温度20℃以下发酵5~8天，然后以培养基量10倍扩大，逐级发酵，直至达到所需要的量，出罐过滤而成；上述发酵过程均在液体培养基中进行，液体培养基为（按重量百分比）：碳原0.5%~5%，氮原0.2%~5%，微量元素、维生素少许，其余为水分”。附件4公开了一种冬虫夏草的发酵工艺，包括斜面培养、液体培养、发酵生产，其中发酵生产包括种子罐培养和发酵罐生产。液体培养的培养基中包括麸皮30克，占3%；奶粉10克、蚕蛹粉汁3克、牛肉汁10克，上述三种组分占2.3%；维生素10毫克、硫酸镁0.5克、磷酸二氢钾1克、水1000毫升；培养温度18±2℃，时间8天；发酵生产中，培养基体积是液体培养基的约1000倍，而发酵罐生产和种子罐培养的培养基体积基本相同，培养温度18±2℃，发酵时间为7天（参见附件4第1~2栏）。比较可知，权利要求1和附件4的区别技术特征之一在于权利要求1限定了“然后以培养基量10倍扩大，逐级发酵”，而附件4在种子罐培养后只有发酵罐生产一级发酵，并不存在逐级发酵，而且附件4中发酵罐生产过程的培养基和种子罐培养的培养基的量几乎相同，并不存在权利要求1限定的10倍量的关系。同时，本专利“以培养基量10倍”发酵其作用在于“扩大培养”，而附件4的发酵罐生产和种子罐培养步骤并不存在“扩大培养”的任何启示，因此，上述区别技术特征也不是本领域惯用手段的直接替换。综上所述，权利要求1和附件4之间存在区别技术特征，实质上不同，权利要求1具备新颖性。

请求人认为：附件4公开了在种子罐培养中以5%接种量接入液体培养菌丝，上述内容意味着以20倍的量扩大，与本专利的技术特征“培养基量10扩大”是属于惯用手段的直接置换。对此，合议组认为：在附件4中“种子罐培养中以5%接种量接入液体培养菌丝”，数值比较的步骤是在种子罐培养（相当于本专利的种子罐培养）和液体培养之间，比较的主体是菌丝的量；而本专利是在植入一级种子罐后，以培养基量10倍扩大，数值比较的步骤是在后续发酵过程和一级种子罐之间，比较的主体是培养基的量，可见权利要求1和附件4的两个数值是在不同的步骤之间对不同主体的比较，两者并不能等同，因而也并不属于本领域的惯用手段的直接置换，因此，合议组对请求人的上述主张不予支持。

7. 专利法第22条第3款

专利法第22条第3款规定：创造性是指同申请日以前已有的技术相比，该发明有突出的实质性特点和显著的进步，该实用新型有实质性特点和进步。

如果要求保护的发明相对于现有技术是非显而易见的，则具有突出的实质性特点。

本决定在证据认定部分已指出附件4不能用于评价本专利权利要求的创造性，因此，在下文中仅就权利要求2~4相对于附件7是否具有创造性进行评述。

本案中，权利要求2要求保护“一种中国冬虫夏草真菌的发酵生产方法，其特征在于将菌种植入液体培养基置于摇床上，温度20℃以下培养8天，然后植入一级种子罐，温度20℃以下发酵5~8天，然后以培养基量10倍扩大，逐级发酵，直至达到所需要的量，出罐过滤而成；上述发酵过程均在液体培养基中进行，液体培养基为（按重量百分比）：碳原0.5%~5%，氮原0.2%~5%，微量元素、维生素少许，其余为水分，其中所述的培养基为（按重量百分比）：蛋白胨0.5%~2%，蔗糖0.5%~5%，奶粉0.5%~2%，磷酸氢二钾、硫酸镁少许，其余为水”。附件7公开了一种蝙蝠蛾拟青霉新种（Paecilomyces Hepiai Chen et Dai，sp. nov）的发酵工艺，斜面培养后，一级、二级、三级发酵，然后发酵终止，放罐，其中斜面培养的培养基为葡萄糖1%~3%，蛋白胨0.5%~2%，蚕蛹0.5%~2%，奶粉0.5%~2%，磷酸氢二钾0.1%~0.2%，磷酸氢二钠0.05%~0.15%，琼脂2%~4%，水85%~95%，其中二级发酵的培养基量和一级发酵培养基量相同，三级发酵和二级发酵的培养基相同，但三级发酵中接种量为5%~10%，不管是斜面菌种制备还是发酵培养中，培养温度都是26℃，斜面菌种制备中培养15天，发酵培养中种子罐50小时，深层发酵罐84小时（参见附件7说明书第1~2页）。可见权利要求2和附件7的区别技术特征在于：（1）发酵的菌株不同；（2）培养温度不同；（3）发酵时间不同；（4）逐级发酵过程中，培养基的量不同；（5）培养基组分不完全相同。对于本领域技术人员来说，本专利的菌株和附件7的菌株属于不同属的菌株，不同属的菌株的培养条件通常并不相同，而且，本专利的培养温度是20℃以下，同时本专利还指出，只有在20℃以下培养才能制备出本专利的菌株，超过20℃就不是本专利的菌株，而附件7的培养温度是26℃，只有在20℃以下培养才能制备出本专利的菌株在附件7中并没有启示，也不是本领域公知常识，权利要求2相对于附件7是非显而易见的，而且权利要求2的技术方案也取得了生产速度快、成本低、真菌纯的技术效果，因此权利要求2相对于附件7具备突出的实质性特点和显著的进步，符合专利法第22条第3款有关创造性的规定。

权利要求3~4的技术方案中包括上述权利要求2和附件7之间的区别技术特征，基于和权利要求2相同的理由，权利要求3~4具备创造性，符合专利法第22条第3款的规定。

基于以上事实和理由，本案合议组作出如下审查决定。

**三、决定**

维持97110448.4号发明专利权全部有效。

当事人对本决定不服的，可以根据专利法第46条第2款的规定，自收到本决定之日起三个月内向北京市第一中级人民法院起诉。根据该款的规定，一方当事人起诉后，另一方当事人应当作为第三人参加诉讼。

043

# 一种药学上稳定的奥沙利铂制剂

## 无效宣告请求审查决定（第10529号）

决　　定　　号　第10529号
决　　定　　日　2007年9月25日
发明创造名称　一种药学上稳定的奥沙利铂制剂
国 际 分 类 号　A61K 31/282，A61P 35/00
无效宣告请求人　深圳海王药业有限公司
专　利　权　人　德彪药品股份有限公司
专　　利　　号　95194443.6
优　先　权　日　1994年8月8日
申　　请　　日　1995年8月7日
授 权 公 告 日　2004年2月18日
合 议 组 组 长　李人久
主　　审　　员　卢　阳
参　　审　　员　葛永奇

法　律　依　据　专利法第26条第3款、第4款，专利法第22条第2款、第3款
决　定　要　点

对于包含参数特征的产品权利要求，应当考虑权利要求中的参数特征是否隐含了要求保护的产品具有某种特定结构和/或组成。如果所属领域技术人员根据该参数无法将要求保护的产品与对比文件产品区分开，则可推定要求保护的产品与对比文件产品相同。

### 一、案由

本专利权无效宣告请求案涉及国家知识产权局于2004年2月18日公告授予的、名称为“一种药学上稳定的奥沙利铂制剂”的95194443.6号发明专利权（下称本专利），其申请日为1995年8月7日，优先权日为1994年8月8日，专利权人为德彪药品股份有限公司。本专利授权公告的权利要求书如下：

“1. 一种通过非肠道形式给药的药学上稳定的奥沙利铂制剂，由浓度为1～5mg/mL及pH为4.5～6的奥沙利铂水溶液组成，该制剂中的奥沙利铂的含量至少是最初含量的95%并且当贮存超过药物有效期之后溶液保持澄清、无色和没有任何沉淀。

2. 如权利要求1的制剂，其中奥沙利铂在水中的浓度大约是2mg/mL而且溶液pH的平均值大约

是5.3。

3. 如权利要求1或2的制剂，其中奥沙利铂溶液的比旋光度的范围从+74.5°~+78.0°。

4. 如权利要求1~3中之一的制剂，奥沙利铂水溶液形式可以即时使用并装在一个气密的容器中。

5. 如权利要求4的制剂，其特征在于所述容器含有一个活性剂量单位50~100mg的奥沙利铂，它可通过输入给药。

6. 如权利要求4或5的制剂，其特征在于所述容器是一种用塞子密封的药用玻璃小瓶，至少伸入小瓶内的塞子表面相对于所述溶液是惰性的。

7. 如权利要求6的制剂，其特征在于所述溶液和塞子之间的空间充满着一种惰性气体。

8. 如权利要求4或5的制剂，其特征在于所述容器是输入用的柔性小袋或安瓿。

9. 如权利要求4或5的制剂，其特征在于上述容器是带有微泵的输入装置的一个组成部分。"

针对上述专利权，深圳海王药业有限公司（下称请求人）于2006年12月8日向专利复审委员会提出专利权无效宣告请求，认为本专利不符合专利法第26条第3款、第4款、专利法第22条第1款、第3款以及专利法实施细则第18条的规定。请求人同时提交了以下附件：

附件1："抗癌新药草酸铂的药理和临床研究进展"，于盛海等人，国外医学肿瘤学分册，第19卷第5期，第271~273页，1992年10月，复印件共3页；

附件2："草酸铂的合成及其结构表征"，普绍平等人，贵金属，第21卷第1期，第26~27页，2000年3月，复印件共2页；

附件3："药剂学（第二版）"，奚念朱，顾学裘主编，人民卫生出版社，1988年5月第2版第9次印刷，扉页、出版信息页、第175~197页，复印件共25页。

依据上述附件，请求人认为：（1）本专利说明书中仅提到奥沙利铂冻干剂的缺陷，未提到奥沙利铂本身的理化性质、在申请该专利前将其制备成水溶液存在的技术难点和需解决的技术难题，以及除2mg/mL外其他浓度奥沙利铂水溶液的性质，因此本专利不符合专利法第26条第3款及专利法实施细则第18条的规定；（2）由于本专利说明书中未提到奥沙利铂本身的理化性质、将其制备成水溶液时需解决的技术难题，以及除2mg/mL外其他浓度奥沙利铂水溶液的性质，也没有提供实验证据证实"浓度低于1mg/mL的奥沙利铂水溶液是不够稳定的"，由此导致权利要求1的"1~5mg/mL"的浓度范围得不到说明书的支持，不符合专利法第26条第4款的规定；（3）附件1~2中公开了奥沙利铂的水溶性等理化性质，且附件3提到"溶液型注射剂，对于易溶于水而且在水溶液中稳定的药物，则作成水溶液，如氯化钠注射液、葡萄糖注射液等"，此外，US4169846中也提到奥沙利铂以羧甲基纤维素钠为助溶剂，但溶剂主体为水，因此，权利要求1~2相对于附件1与附件3的结合或附件2与附件3的结合不具备创造性；（4）权利要求3~9的附加技术特征要么对权利要求不能起到任何限定作用，要么属于本领域技术人员容易想到的常规选择，因此，在其引用的权利要求1或2不具备创造性的情况下，权利要求3~9相对于附件1与附件3的结合或附件2与附件3的结合也不具备创造性。

2007年1月8日，请求人又提交了意见陈述书，其中增加了如下无效宣告理由：权利要求1不符合专利法第22条第1款、第2款、第3款的规定，权利要求2不符合专利法第22条第1款、第3款的规定。请求人同时提交了下列附件作为证据：

附件4："Circadian Rhythm in Toxicities and Tissue Uptake of 1，2-Diammino-cyclohexane（trans-1）oxalatoplatinum（II）in Mice" Naceur A. Boughattas等人，Cancer Research，第49期，第3362~3368页，1989年6月15日，英文，复印件共7页；

附件 5："Oxalatoplatmum（I-OHP）：experimental and clinical studies."，J. L Misset 等人，Platmum and Other Metal Coordmation Compoumds in Cancer Chemotherapy，第 369 ~ 375 页，1991 年，英文，复印件共 7 页；

附件 6："Oxaliplatin"，Y. Kiclani，Drug of the Future，第 529 ~ 532 页，1989 年，英文，复印件共 4 页。

请求人在意见陈述书中提供了上述附件 4 ~ 6 中被使用部分的译文，并认为：（1）附件 4 中公开了将适当体积的蒸馏水加入奥沙利铂粉末中制备成注射用水溶液，用于小鼠静脉注射给药，该水溶液的浓度为 3.4mg/mL，其自身理化性质决定了其 pH 值在 4.5 ~ 6 的范围内且是稳定的，因此，权利要求 1 不具备新颖性和创造性；（2）附件 5 ~ 6 中均报道奥沙利铂在水中溶解度为 7.9mg/mL，且在水中非常稳定，本领域技术人员将已知理化性质的奥沙利铂溶解到水中，制成注射用水溶液无须克服技术障碍，没有产生不可预见的效果，因此，权利要求 1 相对于附件 4 和 5 或附件 4 和 6 不具备创造性；（3）权利要求 2 中 2mg/mL 的奥沙利铂浓度是与附件 4 的区别特征，但对于该浓度的选择不能产生意外的技术效果，因此，获得权利要求 2 的技术方案同样无须克服技术障碍，没有产生预料不到的效果，权利要求 2 也不具备创造性。

经形式审查合格后，专利复审委员会受理了上述专利权无效宣告请求，于 2007 年 1 月 9 日向双方当事人发出《无效宣告请求受理通知书》，并将请求人于 2006 年 12 月 8 日提交的《专利权无效宣告请求书》及其附件副本转送给专利权人，要求其在指定的期限内答复，同时成立合议组对本无效宣告请求案进行审理。

专利权人于 2007 年 2 月 25 日针对请求人于 2006 年 12 月 8 日提出的无效宣告请求的理由及其证据提交了意见陈述和以下反证：

反证 1：ELOXATINTM（oxaliplatin for injection），英文，复印件共 32 页及其部分中文译文共 1 页；

反证 2：Eloxatin 5mg/ ml concentrate for solution for infusion，英文，复印件共 18 页及其部分中文译文共 3 页；

反证 3："The Merck Index"，Martha Windholz 等人编，MERCK & CO.，INC 出版，1983 年，扉页、第 254 页，英文，复印件共 2 页及其部分中文译文共 1 页；

反证 4："MaGraw-Hill Dictionary of Chemistry"，Sybil P. Parker 主编，McGraw-Hill 出版，扉页、出版信息页、前言、第 68 ~ 69 页，英文，复印件共 3 页及其部分中文译文共 1 页；

反证 5："中国人民共和国药典（2005 年版）二部"，国家药典委员会编，化学工业出版社，2005 年 1 月第 1 版第 1 次印刷，封面、出版信息页、第 XIII 页，复印件共 3 页。

依据反证 1 ~ 5，专利权人认为：（1）如反证 1 所示，奥沙利铂冻干制剂一旦配制成溶液后，必须冷藏并在 24 小时内使用，而本专利的奥沙利铂溶液通过调节浓度和 pH 获得了令人惊奇的稳定性，如反证 2 所示，本专利的制剂已经商业化；（2）附件 2 的发表日为 2000 年 3 月，而本专利的优先权日为 1994 年 8 月 8 日，因此附件 2 并非现有技术；（3）附件 1 中没有明确地或隐含地公开或提示制备由奥沙利铂水溶液组成的药学上稳定的制剂，也没有公开或提示选择浓度为 1 ~ 5mg/mL 且 pH 值为 4.5 至 6 的特定范围的奥沙利铂水溶液，附件 3 也没有教导奥沙利铂在本专利所述的 pH 或浓度下在药学可接受的时间段内可以保持稳定。且根据附件 3 可知，配制成水溶液的药物需要满足两个条件：①该药物易溶于水；②该药物必须在水溶液中稳定。而如反证 1、5 所示，奥沙利铂是微溶于水而不是易溶于水，本专利说明书中也表明，如果浓度低于 1mg/mL，奥沙利铂在水溶液中不够稳定。由此，本领域技术人员不会认为将奥沙利铂配制成为水溶液形式的药物制剂是显而易见的，即使目标是奥沙利铂水溶液，本领域技术人员也会向该溶液中添加助溶剂和稳定剂，而本专利的技术方案不含这些添加剂，因此，本专利的权利要求1不是显而易见的，具有创造性。(4) US4169846并不能支持请求人的观点，因为该专利的方案中含有羧甲基纤维素，如反证3~4所示，羧甲基纤维素是悬浮剂和稳定剂，使用羧甲基纤维素正是因为奥沙利铂在水中溶解度不足并且不稳定；(5) 本专利说明书第1页倒数第2段至第2页第1段记载了本发明要解决的技术问题，且根据本专利说明书的描述，本领域技术人员能够容易地理解并且制备所述浓度和pH范围的奥沙利铂制剂，因此本专利符合关于清楚和充分公开的规定。(6) 请求人没有证据表明溶液在1~5mg/mL中哪一点不稳定，没有理由怀疑奥沙利铂溶液在所述整个范围内的稳定性，因此本专利的权利要求能够得到说明书的支持。

2007年3月19日，本案合议组将请求人于2007年1月8日提交的意见陈述书及其附件副本转送给专利权人，并要求其在自收到之日起一个月内作出答复。

2007年5月8日，专利权人针对请求人于2007年1月8日提出的补充意见及所附证据提交了意见陈述书和以下反证：

反证6："电导法测定铂抗癌药物的解离速率"，刘伟平等，贵金属，第17卷第3期，1996年，第28~30页，复印件共3页。

依据上述反证，专利权人认为：(1) 请求人提出新无效事实和理由的时间是否超出审查指南规定的一个月期限需要核实；(2) 权利要求1的制剂是无菌、适于运输和保存形式的、供临床使用的药物制剂，附件4的产品是由不明质量及成分的固体奥沙利铂溶于蒸馏水新鲜配制的在动物实验中以中毒剂量给小鼠注射的奥沙利铂水溶液，不适于临床使用，不是药物制剂；(3) 权利要求1涉及一种药物制剂，在有效期结束时仍为澄清、无色和没有任何沉淀的溶液，附件4的溶液是当天配制当天使用，过期废弃，不是在药物有效期内保存，保持澄清、无色和没有任何沉淀的溶液；(4) 奥沙利铂水溶液的pH值不单取决于奥沙利铂的化学结构，还与其初始浓度、所含杂质和环境因素有关，不能简单的从奥沙利铂水溶液和其浓度推知溶液的pH值，而附件4没有公开奥沙利铂水溶液的pH值；基于上述2~4三点理由，权利要求1具有新颖性；(5) 本专利奥沙利铂药物制剂的稳定性超过2年，附件4没有公开任何关于奥沙利铂溶液稳定性的内容，相反，其是当天配制，这显示该溶液不稳定，不适于长期保存。附件5~6均指出，奥沙利铂在水中的稳定性超过一周，但没有公开奥沙利铂物质的质量及成分，没有明确稳定性的含义，测量方法和稳定性数据，而且附件5~6对奥沙利铂溶液的稳定期以周数形容，与本专利的稳定期有较大差距，附件5~6也没有公开奥沙利铂化合物可以制成实时使用的注射剂形式，这样的制剂是否在可接受的保存期内保持药学上的稳定以及制造这样的稳定药物制剂所需要的参数，因此，基于这些现有技术，本领域技术人员不会认为奥沙利铂水溶液可以作为临床使用的药物制剂，相反会使本领域技术人员认为奥沙利铂水溶液不够稳定，不适于作为药物制剂。实际上，反证6即指出奥沙利铂水溶液会发生解离，在70天时一半的奥沙利铂分解，可见，奥沙利铂水溶液不稳定是本领域技术人员的认识，本发明正是解决了稳定性这一问题，总之，本专利具有创造性。

2007年5月31日，本案合议组向双方当事人发出口头审理通知书，定于2007年7月17日对本案进行口头审理。同时，专利复审委员会本案合议组将专利权人于2007年2月25日和2007年5月8日提交的意见陈述书及其附件副本转送给请求人。

2007年7月17日，口头审理如期进行。双方当事人均委托代理人参加了口头审理，口头审理过程中请求人当庭补交了下列证据：

附件7："中华人民共和国药典(1990年版)二部"，中华人民共和国卫生部药典委员会编，化学工业出版社、人民卫生出版社，1990年11月第1版，1991年6月第2次印刷，扉页、出版信息页、第1、374～375页，复印件共5页；

附件8：涉及“药剂学的性质”的文件，复印件共1页；

专利权人当庭补交下列反证：

反证7：“中华人民共和国药典（2005年版）二部”，国家药典委员会编，化学工业出版社，2005年1月第1版第1次印刷，封面、出版信息页、第108～109、440～441、363、612～614、632、636～637、691～692页复印件共15页；

反证8：“国家药品标准　新药转正标准（第35册）”，国家药典委员会编，化学工业出版社，2004年1月第1版第1次印刷，封面、扉页、出版信息页、第137～138、171～172页，复印件共7页及说明性资料共2页；

反证9：北京市公证处出具的（2007）京证经字第15947号公证书，用于证明反证10和11的复印件与原件相符，复印件共3页；

反证10：“中华人民共和国药典（1990年版）”，中华人民共和国卫生部药典委员会编，化学工业出版社、人民卫生出版社，封面、扉页、第（viii）页、借阅登记页的复印件共4页；

反证11：“The Merck Index”，Susan Budavari等人编，MERCK & CO.，INC出版，1989年，封面、扉页、目录第vii页、第278页、借阅登记页，英文复印件共5页及其部分中文译文共1页。

口头审理过程中认定的事实如下：（1）请求人明确其请求宣告本专利无效的理由为：本专利说明书不符合专利法第26条第3款的规定，权利要求1不符合专利法第26条第4款的规定，权利要求1相对于附件4不符合专利法第22条第2款的规定，权利要求1～9相对于附件4、附件5、附件6、附件4与附件5的结合、附件4与附件6的结合不符合专利法第22条第3款的规定，其中以附件3作为公知常识性证据与上述附件结合评述创造性；放弃本专利说明书不符合专利法实施细则第18条的规定的无效宣告理由；（2）请求人表示附件3主要用于说明制剂的定义，并公开了权利要求3～9的附加技术特征；（3）专利权人对请求人提交的附件1～7的真实性没有异议，除了指出附件2公开于本专利申请日之后以外，专利权人认可附件1、3～7的公开日在本专利优先权日之前；（4）请求人认为反证3～4属域外证据，但专利权人未提供相应的公证认证手续，故对其真实性不予认可，此外请求人不认可反证1～2、4～8的公开性，不认可反证1～2与本案的关联性，并且认为专利权人当庭提交的反证8、11不属于公知常识，因而属于超期证据；（5）请求人对反证1～4的译文无异议，对反证11的译文需要时间答复；（6）专利权人对附件4的译文有异议，当庭提交了补正译文，同时认为请求人意见陈述书中只是对附件5～6进行了陈述，该陈述并非译文，合议组当庭将专利权人提交的补正译文转交给请求人，请求人表示专利权人当庭提交附件4的译文超出了审查指南规定的期限；（7）合议组当庭宣布，双方当事人可以于庭后15日内提交书面意见。

口头审理后，请求人于2007年8月1日提交了意见陈述书，坚持其在口头审理过程中确定的无效理由和对反证1～2、4～8的公开性、反证3～4的真实性、合法性和关联性以及反证8、11的举证期限的异议，并且表示反证10对本案不具有证明力。

专利权人于2007年8月1日提交了意见陈述书和下列证据：

反证12：“中华人民共和国药典（1990年版）”，中华人民共和国卫生部药典委员会编，化学工业出版社、人民卫生出版社，1990年11月第1版，第1991年9月第3次印刷，扉页、出版信息页、第319、405～406、568～569、592～593、596～597、661～662、780～781页，复印件共15页；

反证13：第02826843.1号发明专利申请的公开文本，公开号为CN1612737A，公开日为2005年5月4日，复印件共14页。

在上述意见陈述书中，专利权人坚持其口头审理过程中陈述的意见，并指出：（1）反证7中记载的事实在反证 12 中也有记载，因此，请求人基于出版日期对于反证 7 的反对是没有根据的；（2）反证 13 证明奥沙利铂水溶液不一定具有本专利权利要求 1 的 pH 值，因此从附件 4 记载的内容无法推定其所公开的奥沙利铂水溶液的 pH 值在 4.5～6 的范围内；（3）请求人没有在规定的期限内基于附件 4～5 和/或 6 来主张从属权利要求 3～9 不具有创造性。

至此，合议组认为本案事实已经清楚，可以依法作出审查决定。

**二、决定的理由**

1. 无效宣告请求的理由和范围

专利法实施细则第 66 条规定，在专利复审委员会受理无效宣告请求后，请求人可以在提出无效宣告请求之日起 1 个月内增加理由或者补充证据。逾期增加理由或者补充证据的，专利复审委员会可以不予考虑。

请求人在口头审理中确认其请求宣告本专利无效的理由是：本专利说明书不符合专利法第 26 条第 3 款的规定，权利要求 1 不符合专利法第 26 条第 4 款的规定，权利要求 1 相对于附件 4 不符合专利法第 22 条第 2 款的规定，权利要求 1～9 相对于附件 4、附件 5、附件 6、附件 4 与附件 5 的结合、附件 4 与附件 6 的结合不符合专利法第 22 条第 3 款的规定，其中以附件 3 作为公知常识性证据与上述附件结合评述创造性。但是由于权利要求 3～9 相对于附件 4、附件 5、附件 6、附件 4 与附件 5 的结合、附件 4 与附件 6 的结合不符合专利法第 22 条第 3 款规定是请求人在口头审理过程中新增加的无效宣告理由，属于在提出无效宣告请求之日起一个月后增加的无效宣告理由，根据专利法实施细则第 66 条的规定，合议组不予考虑。

因此，本无效宣告请求案的审理范围为：本专利说明书不符合专利法第 26 条第 3 款的规定，权利要求 1 不符合专利法第 26 条第 4 款的规定，权利要求 1 相对于附件 4 不符合专利法第 22 条第 2 款的规定，权利要求 1～2 相对于附件 4、附件 5、附件 6、附件 4 与附件 5 的结合、附件 4 与附件 6 的结合不符合专利法第 22 条第 3 款的规定，其中以附件 3 作为公知常识性证据使用。

2. 关于证据

（1）举证期限。

反证 8 是专利权人在口头审理过程中提交的证据，鉴于其公开日（2004 年 1 月）在本专利申请日之后，不能作为本专利申请日之前本领域技术人员的公知常识，且其提交时间超出了专利复审委员会指定的答复期限，因此，合议组对反证 8 不予考虑。

反证 11 为"THE MERCK INDEX"，属于药物领域的技术手册，根据审查指南第四部分第三章第 4.3.2 节的规定，公知常识性证据可以在口头审理辩论终结前补充，而反证 11 是专利权人在口头审理过程中提交的，其提交时间并未超出审查指南中规定的专利权人举证期限，因此，合议组对反证 11 予以考虑，对请求人提出的对反证 11 举证时机的质疑不予支持。

反证 12～13 是专利权人于口头审理后提交的证据，其举证时间超出了审查指南第四部分第三章第 4.3.2 节规定的专利权人的举证期限，因此，合议组对反证 12～13 不予接受。

（2）真实性。

专利权人对请求人提交的附件 1～7 的真实性无异议，因此，合议组对附件 1～7 的真实性予以采信。

请求人对专利权人提交的反证 1～2、5～7、9～11 的真实性无异议，因此，合议组对反证 1～2、5～7、9～11 的真实性予以采信。

专利权人提交的反证 3～4 均属于域外证据，请求人对其真实性存在异议。根据审查指南第四部分第八章第 2.2.2 节的规定，域外证据应当经所在国公证机关予以证明，并经中华人民共和国驻该国使领馆予以认证，或者履行中华人民共和国与该所在国订立的有关条约中规定的证明手续。但是专利权人并未办理上述证明手续，而且其所出示的反证 4 的原件仅表明反证 4 可在香港获得，并不能证明能够从除香港、澳门、台湾地区外的国内公共渠道获得反证 3 和反证 4，因此，合议组对反证 3 ~4 的真实性不予采信。

（3）公开性。

请求人提交的附件 1、3 ~7 是公开发行的出版物，其公开日均早于本专利的优先权日，因此，附件 1、3 ~7 均构成本专利的现有技术。

请求人提交的附件 2 的公开日期（2000 年 3 月）在本专利的优先权日（1994 年 8 月 8 日）之后，因此，附件 2 不能作为现有技术评价本专利的新颖性和创造性。

专利权人提交的反证 1 ~2 均没有标注公开日期，专利权人也没有提供证据证明反证 1 ~2 所记载的内容在本专利优先权日之前已为公众所知，因此，反证 1 ~2 不能作为现有技术评价本专利的新颖性和创造性。

专利权人提交的反证 5 ~7 的公开日期均在本专利的优先权日之后，没有证据表明其所反映的技术内容在本专利优先权日之前已为本领域技术人员所知，因此反证 5 ~7 不能作为现有技术。

反证 10 中记载了药物领域对于药品近似溶解度的一般表示方法，且其公开时间在本申请的优先权日之前，因此可作为现有技术，合议组对请求人提出的对反证 10 的证明力的质疑不予支持。

反证 11 的公开日期在本专利的优先权日之前，因而可作为现有技术。

（4）关于译文。

专利权人在口头审理过程中对请求人提交的附件 4 的译文提出异议，并当庭提交了更正后的附件 4 的译文，鉴于专利权人对异议部分提交译文的时间超过了合议组于 2007 年 3 月 19 日发出的转送文件通知书中指定的期限，按照审查指南第四部分第八章第 2.2.1 节规定，合议组对专利权人提交的附件 4 的更正译文不予考虑，附件 4 的译文以请求人于 2007 年 1 月 8 日提交的为准。

专利权人在口头审理过程中还认为请求人只是在意见陈述书中对附件 5 ~6 的内容进行了陈述，并未提交附件 5 ~6 的译文，合议组认为，请求人在 2007 年 1 月 8 日提交的意见陈述书中已明确表示其中第 1 页第 3 段为附件 5 第 370 页第 21 ~22 行的译文，第 1 页第 4 段为附件 6 第 529 页第 1 栏第 18 ~21 行的译文，因此，合议组对于专利权人所述请求人未提交附件 5 ~6 的译文的主张不予支持。

专利权人在口头审理过程中提交了反证 11 的译文，请求人在指定期限内未对其提出异议，因此，合议组对该译文予以接受。

3. 关于专利法第 26 条第 3 款

专利法第 26 条第 3 款规定：说明书应当对发明或者实用新型作出清楚、完整的说明，以所属技术领域的技术人员能够实现为准。

根据该款规定，说明书对发明或者实用新型作出的清楚、完整的说明，应当达到所属技术领域的技术人员能够实现的程度。所属技术领域的技术人员能够实现，是指所述技术领域的技术人员按照说明书记载的内容，就能够实现该发明或者实用新型的技术方案，解决其技术问题，并且产生预期的技术效果。

本专利涉及一种通过非肠道方式给药的药学上稳定的奥沙利铂制剂。其说明书中公开了该制剂的制备方法（参见说明书第 2 页倒数第 2 段和实施例 1 ~2），并且在实施例 3 中对所述制剂的稳定性进行了验证，本领域技术人员据此足以实现本发明，因此，本专利说明书对发明作出了清楚、完整的说明。

请求人认为本专利中未提到奥沙利铂本身的理化性质、在申请该专利前将其制备成水溶液存在的技术难点和需解决的技术难题，以及除2mg/mL外其他浓度奥沙利铂水溶液的性质，因此，本专利说明书没有记载与所述技术方案相关的需要解决的技术问题。对此，合议组认为，首先，奥沙利铂是本专利优先权日前本领域已知的化合物，其理化性质也是本领域技术人员已知的，因此，本专利说明书中未详细描述奥沙利铂的理化性质并不影响本专利说明书的完整性；第二，本专利说明书第1页倒数第2段至第2页第1段中明确记载了本专利所要解决的技术问题，即克服现有的奥沙利铂冻干剂的缺陷；第三，本专利说明书中提供的2mg/mL奥沙利铂水溶液的实例已能够证明本专利制剂能够实施并产生预期的技术效果，除2mg/mL外其他浓度奥沙利铂水溶液的性质并不是必须记载的。

综上所述，请求人有关本专利说明书公开不充分的理由不成立，本专利说明书符合专利法第26条第3款的规定。

4. 关于专利法第26条第4款

专利法第26条第4款规定：权利要求书应当以说明书为依据，说明要求专利保护的范围。

根据该款规定，如果说明书中对权利要求有较好的支持，并且也没有理由怀疑发明在权利要求范围内不可以实施，则权利要求是可以接受的。

本专利权利要求1要求保护一种奥沙利铂制剂，其中奥沙利铂水溶液的浓度为1～5mg/mL，其说明书中公开了奥沙利铂水溶液浓度为2mg/mL的实例，并验证了该制剂的稳定性（实施例3）。请求人认为1～5mg/mL是奥沙利铂的水溶性范围内的一个较宽泛的范围，本领域技术人员无法根据2mg/mL预见到该数值范围浓度的水溶液均可实现与其相当的稳定性，因此权利要求1的概括得不到说明书的支持。合议组认为，虽然说明书中仅验证了奥沙利铂浓度为2mg/mL的制剂的稳定性，但是本领域技术人员据此能够理解浓度在2mg/mL基础上进行适当改变的奥沙利铂制剂仍然具有与其相当的稳定性，因此，在请求人没有提供足够的证据证明在权利要求1所限定的浓度范围（1～5mg/mL）中存在无法解决本专利所要解决的技术问题的技术方案的情况下，不能认为权利要求1的概括不适当。因此，请求人提出的本专利权利要求1不符合专利法第26条第4款规定的主张不成立。

5. 关于专利法第22条第2款

专利法第22条第2款规定：新颖性是指在申请日以前没有同样的发明或者实用新型在国内外出版物上公开发表过、在国内公开使用过或者以其他方式为公众所知，也没有同样的发明或者实用新型由他人向专利局提出过申请并且记载在申请日以后（含申请日）公布的专利申请文件中。

根据该款规定，对于包含性能、参数特征的产品权利要求，应当考虑权利要求中的性能、参数特征是否隐含了要求保护的产品具有某种特定结构和/或组成。如果所属技术领域的技术人员根据该性能、参数无法将要求保护的产品与对比文件产品区分开，则可推定要求保护的产品与对比文件产品相同，因此专利的权利要求不具备新颖性。

本专利权利要求1要求保护一种通过非肠道形式给药的药学上稳定的奥沙利铂制剂，其特征在于由浓度为1～5mg/mL及pH为4.5～6的奥沙利铂水溶液组成，该制剂中的奥沙利铂的含量至少是最初含量的95%并且贮存超过药物有效期之后溶液保持澄清、无色和没有任何沉淀。附件4中公开了一种奥沙利铂水溶液，其由蒸馏水和奥沙利铂粉末混合制得，浓度为3.4mg/mL，用于对小鼠静脉注射给药。由此可见，权利要求1所要求保护的技术方案与附件4中公开的技术方案相比，两者均为奥沙利铂的水溶液，而且附件4中所述的3.4mg/mL的浓度也在权利要求1中所述的1～5mg/mL的浓度范围之内。虽然权利要求1中还限定了所述水溶液的pH为4.5～6，以及“该制剂中的奥沙利铂的含量至少是最初含量的95%并且贮存超过药物有效期之后溶液保持澄清、无色和没有任何沉淀”，但是，同样结构组成的产品必然具有同样的性能，根据本专利说明书第2页第2段所记载的“使用一种奥沙利铂的水溶液，它的活性成分的浓度和pH值是很好的确定在各自的范围之内的并且同时活性成分是不需要任何酸或碱，缓冲液或其他添加剂”可知，权利要求1中的pH值为所述1～5mg/mL浓度的奥沙利铂水溶液本身固有的理化性质，并未隐含所述制剂中还包括其他成分，如酸、碱、缓冲液或其他添加剂；同样，“该制剂中的奥沙利铂的含量至少是最初含量的95%并且贮存超过药物有效期之后溶液保持澄清、无色和没有任何沉淀”也没有隐含所述制剂中除奥沙利铂和水外还含有其他成分，因此，这两个特征不能使权利要求1的制剂区别于附件4中公开的水溶液，所以，权利要求1不具备新颖性。

专利权人认为药物制剂是指供临床使用的具有一定剂型的适于运输和保存的药物终产品，如请求人提供的附件3所述，注射剂是指药物制成的无菌的溶液、混悬液或临用前配制成液体的无菌粉末供注入人体的制剂，其需要具有必要的物理稳定性和化学稳定性，确保产品在储存期内安全有效。因此，由于权利要求1中所述的特征表明权利要求1的奥沙利铂制剂是一种供临床上给人使用的药物制剂，而附件4公开的是动物实验用溶液，所以两者并不相同。对此，合议组认为：（1）同样结构组成的产品必然具有同样的性能，附件4中产品的组成与权利要求1中相同，因此也必然与权利要求1所述的产品一样，在药学上是稳定的，具有必要的物理稳定性和化学稳定性且该产品在储存期内安全有效；（2）根据附件7中对于制剂的定义，“凡根据药典或其他现成处方将药物制成符合一定要求的药剂，例如盐酸普鲁卡因注射液、乙酰水杨酸片等都是制剂”，附件4中所公开的奥沙利铂水溶液虽然是用于小鼠毒性试验，但是试验用的注射水溶液同样应当符合基本的无菌、澄清以及在使用前具有必要的稳定性等要求，以确保能够实现动物试验的检测目的，因此，附件4中所公开的奥沙利铂水溶液也是一种制剂。由此可见，权利要求1中所述的“制剂”并不构成其与附件4所公开的技术方案的区别特征，专利权人的上述主张不成立。

专利权人还认为，水溶液的pH值容易受到例如原料药的质量（包括杂质的数量和种类，特别是酸碱杂质）和所使用水的种类和质量等的影响，附件4中并未公开所述溶液的pH值，也没有公开其所用奥沙利铂固体粉末的质量和纯度，没有公开其所用水的质量，因此，从附件4公开的内容无从推知其准确的pH值，也无从推定其pH值在4.5～6的范围内。对此，合议组认为：（1）权利要求1中并未对其要求保护的制剂中是否含有杂质以及杂质的种类、数量进行任何限定，因而，虽然其所采用的“由……组成”的封闭式表述方式允许所述制剂中带有杂质，但该杂质只允许以通常的含量存在，即杂质并不能构成权利要求1所述制剂与附件4中通过常规制备获得的奥沙利铂水溶液的区别技术特征；（2）虽然处方相同的药物的pH值可能因为其所含杂质的差异而有所不同，但是说明书中的记载表明本专利所述制剂的pH值（4.5～6）是通过常规制备形成的，并未记载添加附加的杂质进行调节，且专利权人并未能证明附件4中通过常规制备获得的水溶液的pH值不在权利要求1所述的该4.5～6的范围内，因此无法将所述pH值认定为权利要求1所述制剂与附件4中公开的水溶液之间的区别特征，专利权人的上述意见陈述不足以说明权利要求1相对于附件4具有新颖性。

综上所述，权利要求1不符合专利法第22条第2款的规定。

由于以上已得出权利要求1相对于附件4不具备新颖性的结论，因此，关于权利要求1的其他证据和无效宣告理由不再予以评述。

6. 关于专利法第22条第3款

专利法第22条第3款规定：创造性是指同申请日以前已有的技术相比，该发明有突出的实质性特点和显著的进步。

根据该款规定，如果发明是所属技术领域的技术人员在现有技术的基础上仅仅通过合乎逻辑的分析、推理或者有限的试验可以得到的，则该发明是显而易见的，也就不具备突出的实质性特点。

本专利权利要求2是权利要求1的从属权利要求，其中进一步限定奥沙利铂在水中的浓度大约是2mg/mL而且溶液pH的平均值大约是5.3，该附加技术特征构成了权利要求2的技术方案与附件4公开的技术方案的区别技术特征（附件4所述水溶液中奥沙利铂浓度为3.4mg/mL），但是，本领域技术人员根据奥沙利铂的治疗活性，经过简单实验，容易获知奥沙利铂的浓度以及该浓度时的pH值，因此上述奥沙利铂浓度上的改变以及由此形成的pH值均属于本领域技术人员在常规知识范围内易于作出的常规性选择，对于本领域技术人员而言是显而易见的，而且该权利要求所述的制剂也没有因为该常规改变而产生任何意想不到的技术效果，因此，权利要求2不具备突出的实质性特点。

专利权人认为：如附件3所示，溶液型注射剂要求药物易溶于水并且在水溶液中稳定，但是反证10表明7.9mg/mL的溶解度仅属于微溶，即奥沙利铂在水中的溶解度只是微溶，而且奥沙利铂从结构上分析是不稳定的，没有证据表明其是药学上稳定的；US4169846中虽然暗示奥沙利铂在含有羧甲基纤维素的水中是可溶的，但是反证11表明羧甲基纤维素为悬浮剂和稳定剂，从而意味着奥沙利铂在水中溶解度不足且不稳定；附件4中的奥沙利铂水溶液是即配即用的，这提示本领域技术人员该溶液是不稳定的；附件5~6中虽然公开了奥沙利铂在水中可以稳定一周以上，但本领域技术人员从该公开内容的理解是奥沙利铂在水中的稳定性只有一周至两周；此外，现有技术中卡铂和顺铂等均是以冻干剂形式存在的。因此，本领域技术人员从现有技术中获得的教导是奥沙利铂在水中溶解度和稳定性都不够，不能用于制造药学上稳定的溶液型奥沙利铂注射剂。

对此，合议组认为：（1）本专利权利要求中要求保护的是“非肠道形式给药的药学上稳定的奥沙利铂制剂”，其不仅限于注射剂；（2）附件3中所记载的“对于易溶于水而且在水溶液中稳定的药物，则作成水溶液”并不表示现有技术中认定“易溶”是制备注射液的必需条件，事实上，现有技术中已知大量并非易溶但可配制成注射剂使用的化学物质的范例；（3）如本专利中所示，奥沙利铂水溶液是稳定的，因此请求人对奥沙利铂结构的分析结果，即奥沙利铂水溶液不稳定与客观事实不符，而且也没有证据表明请求人对奥沙利铂所作的偏离客观事实的分析是本领域技术人员普遍存在的错误认识；（4）附件4中奥沙利铂水溶液是临时配制的，但并不能由此认定其在药学上是不稳定的，同样，附件5~6中也并未暗示奥沙利铂在水中的稳定性只有一周至两周，相反，附件5~6中均记载了奥沙利铂在水中可以稳定一周以上，这表明奥沙利铂在水中具有一定的稳定性并非本领域技术人员意想不到的技术效果；（5）现有技术中卡铂和顺铂等均是以冻干剂形式存在并不足以证明现有技术中认定奥沙利铂只能制成冻干剂形式。因此，专利权人的上述主张不成立。

专利权人认为附件4中的溶液是用于评价对小鼠的毒性的，本领域技术人员在面临本专利所要解决的技术问题时根本不会考虑附件4。对此，合议组认为：附件4所述试验中导致小鼠死亡的原因在于其为观察药物的毒性反应，给药剂量过大（相当于致死剂量的50%），并不能证明或暗示该药物不适合用于临床，相反，对药物进行动物试验的目的本身就在于为该药物的临床提供参考，本领域技术人员据此能够容易地想到可将其用于临床，因此，专利权人的上述主张不成立。

综上所述，权利要求2不具备创造性，不符合专利法第22条第3款的规定。

基于以上事实和理由，本案合议组作出如下审查决定。

**三、决定**

宣告95194443.6号发明专利权的权利要求1~2无效，在本专利授权公告的权利要求3~9的基础上维持本发明专利权有效。

当事人对本决定不服的，可以根据专利法第46条第2款的规定，自收到本决定之日起三个月内向北京市第一中级人民法院起诉。根据该款的规定，一方当事人起诉后，另一方当事人应当作为第三人参加诉讼。

# 北京市第一中级人民法院
# 行政判决书

（2008）一中行初字第198号

原告德彪药品股份有限公司，住所地瑞士洛桑美西道路5~7号。

法定代表人瓦内萨·屈拉，法律事务主管。

委托代理人陈文平，北京市金杜律师事务所律师。

委托代理人史玉生，北京市金杜律师事务所律师。

被告中华人民共和国国家知识产权局专利复审委员会，住所地中华人民共和国北京市海淀区北四环西路9号银谷大厦10~12层。

法定代表人廖涛，副主任。

委托代理人卢阳，中华人民共和国国家知识产权局专利复审委员会审查员。

委托代理人刘妍，中华人民共和国国家知识产权局专利复审委员会审查员。

第三人深圳海王药业有限公司，住所地中华人民共和国广东省深圳市南山区科技园第五工业区海王工业城。

法定代表人张思民，董事长。

委托代理人郭广迅，北京泛华伟业知识产权代理有限公司专利代理人。

委托代理人刘丹妮，北京泛华伟业知识产权代理有限公司专利代理人。

原告德彪药品股份有限公司（简称德彪公司）不服被告中华人民共和国国家知识产权局专利复审委员会（简称专利复审委员会）于2007年9月25日作出的第10529号无效宣告请求审查决定（简称第10529号决定），于法定期限内向本院提起行政诉讼。本院于2008年1月23日受理本案后，依法组成合议庭，并通知第10529号决定的请求人深圳海王药业有限公司（简称海王公司）作为第三人参加本案诉讼。本院于2008年4月9日公开开庭进行了审理，原告德彪公司的委托代理人陈文平、史玉生，被告专利复审委员会的委托代理人卢阳、刘妍，第三人海王公司的委托代理人郭广迅、刘丹妮到庭参加了诉讼。本案现已审理终结。

被告专利复审委员会针对第三人海王公司就原告德彪公司的名称为“一种药学上稳定的奥沙利铂制剂”的发明专利（专利号为95194443.6，简称本专利）所提出的无效宣告请求作出第10529号决定，该决定认定：

关于《中华人民共和国专利法》（以下简称《专利法》）第二十二条第二款。

根据专利法第二十二条第二款规定，对于包含性能、参数特征的产品权利要求，应当考虑权利要求中的性能、参数特征是否隐含了要求保护的产品具有某种特定结构和/或组成。如果所属技术领域的技术人员根据该性能、参数无法将要求保护的产品与对比文件产品区分开，则可推定要求保护的产品与对比文件产品相同，因此专利的权利要求不具备新颖性。

本专利权利要求1要求保护一种通过非肠道形式给药的药学上稳定的奥沙利铂制剂，其特征在于由浓度为1~5mg/mL及pH为4.5~6的奥沙利铂水溶液组成，该制剂中的奥沙利铂的含量至少是最初含量的95%并且贮存超过药物有效期之后溶液保持澄清、无色和没有任何沉淀。附件4中公开了一种奥沙利铂水溶液，其由蒸馏水和奥沙利铂粉末混合制得，浓度为3.4mg/mL，用于对小鼠静脉注射给药。由此可见，权利要求1所要求保护的技术方案与附件4中公开的技术方案相比，两者均为奥沙利铂的水溶液，而且附件4中所述的3.4mg/ml的浓度也在权利要求1中所述的1～5mg/mL的浓度范围之内。虽然权利要求1中还限定了所述水溶液的pH为4.5～6，以及“该制剂中的奥沙利铂的含量至少是最初含量的95％并且贮存超过药物有效期之后溶液保持澄清、无色和没有任何沉淀”，但是，同样结构组成的产品必然具有同样的性能，根据本专利说明书第2页第2段所记载的“使用一种奥沙利铂的水溶液，它的活性成分的浓度和pH值是很好的确定在各自的范围之内的并且同时活性成分是不需要任何酸或碱，缓冲液或其他添加剂”可知，权利要求1中的pH值为所述1～5mg/mL浓度的奥沙利铂水溶液本身固有的理化性质，并未隐含所述制剂中还包括其他成分，如酸、碱、缓冲液或其他添加剂；同样，“该制剂中的奥沙利铂的含量至少是最初含量的95％并且贮存超过药物有效期之后溶液保持澄清、无色和没有任何沉淀”也没有隐含所述制剂中除奥沙利铂和水外还含有其他成分，因此，这两个特征不能使权利要求1的制剂区别于附件4中公开的水溶液，所以，权利要求1不具备新颖性。

德彪公司认为，水溶液的pH值容易受到例如原料药的质量（包括杂质的数量和种类，特别是酸碱杂质）和所使用水的种类和质量等的影响，附件4中并未公开所述溶液的pH值，也没有公开其所用奥沙利铂固体粉末的质量和纯度，没有公开其所用水的质量，因此，从附件4公开的内容无从推知其准确的pH值，也无从推定其pH值在4.5～6的范围内。对此，专利复审委员会认为：（1）权利要求1中并未对其要求保护的制剂中是否含有杂质以及杂质的种类、数量进行任何限定，因而，虽然其所采用的“由……组成”的封闭式表述方式允许所述制剂中带有杂质，但该杂质只允许以通常的含量存在，即杂质并不能构成权利要求1所述制剂与附件4中通过常规制备获得的奥沙利铂水溶液的区别技术特征；（2）虽然处方相同的药物的pH值可能因为其所含杂质的差异而有所不同，但是说明书中的记载表明本专利所述制剂的pH值（4.5～6）是通过常规制备形成的，并未记载添加附加的杂质进行调节，且德彪公司并未能证明附件4中通过常规制备获得的水溶液的pH值不在权利要求1所述的该4.5～6的范围内，因此无法将所述pH值认定为权利要求1所述制剂与附件4中公开的水溶液之间的区别特征，德彪公司的上述意见陈述不足以说明权利要求1相对于附件4具有新颖性。

综上所述，权利要求1不符合《专利法》第二十二条第二款的规定。

关于《专利法》第二十二条第三款。

根据《专利法》第二十二条第三款规定，如果发明是所属技术领域的技术人员在现有技术的基础上仅仅通过合乎逻辑的分析、推理或者有限的试验可以得到的，则该发明是显而易见的，也就不具备突出的实质性特点。

本专利权利要求2是权利要求1的从属权利要求，其中进一步限定奥沙利铂在水中的浓度大约是2mg/mL而且溶液pH的平均值大约是5.3，该附加技术特征构成了权利要求2的技术方案与附件4公开的技术方案的区别技术特征（附件4所述水溶液中奥沙利铂浓度为3.4mg/mL），但是，本领域技术人员根据奥沙利铂的治疗活性，经过简单实验，容易获知奥沙利铂的浓度以及该浓度时的pH值，因此上述奥沙利铂浓度上的改变以及由此形成的pH值均属于本领域技术人员在常规知识范围内易于作出的常规性选择，对于本领域技术人员而言是显而易见的，而且该权利要求所述的制剂也没有因为该常规改变而产生任何意想不到的技术效果，因此，权利要求2不具备突出的实质性特点。

综上所述，权利要求2不具备创造性，不符合《专利法》第二十二条第三款的规定。

被告专利复审委员会第10529号决定宣告第95194443.6号发明专利权的权利要求1～2无效，在本专利授权公告的权利要求3～9的基础上维持本发明专利权有效。

原告德彪公司不服该决定，于法定期限内向本院提起诉讼，诉称：（1）附件4并未公开本专利权利要求1的全部技术特征。①附件4并未公开其奥沙利铂水溶液的pH值。原告认为，溶液的pH

值直接反映了溶液的酸碱度，是水溶液的一项重要的结构/组成特征，而不属于性能、参数特征。实践中的奥沙利铂和水或多或少地必然含有一些杂质，这些杂质会影响水溶液的 pH 值。故一种物质的水溶液的 pH 值并不仅仅由其浓度决定。专利复审委员会关于“权利要求 1 中的 pH 值为所述 1 ~ 5mg/mL 浓度的奥沙利铂水溶液本身固有的理化性质”的认识是错误的。②附件 4 并未公开“一种通过非肠道形式给药的药学上稳定的奥沙利铂制剂”。附件 4 与权利要求 1 相比完全不同，且附件 4 临时配制的溶液在使用前具有必要的稳定性与权利要求 1 要求的在药物有效期内保持稳定的药学上稳定是完全不同的概念。（2）关于创造性。本专利通过大量的实验证明，具有特定浓度范围和特定 pH 值范围的奥沙利铂水溶液具有很好的稳定性，是药学上稳定的。这样的技术效果是本领域技术人员基于现有技术所无法预见的，属于意想不到的技术效果。（3）专利复审委员会在第 10529 号决定中的某些观点不正确。①“非肠道形式给药”就是注射途径给药。②本专利的奥沙利铂水溶液（非易溶于水）并非当然就能制成水溶液形式的制剂。③现有技术中并没有关于奥沙利铂水溶液是药学上稳定的教导。④本领域技术人员从附件 4 临时配制的水溶液中无法得出其为药学上稳定的结论。⑤现有技术中卡铂和顺铂等均以冻干剂形式存在，本领域技术人员会认识到将奥沙利铂制成水溶液制剂不是当然的，而是存在一定的技术困难。综上，原告请求法院依法撤销专利复审委员会第 10529 号决定。

被告专利复审委员会辩称：（1）关于新颖性。在新颖性判断中，应判断技术方案是否实质上相同，本领域技术人员根据 pH 值将权利要求 1 与附件 4 公开的奥沙利铂水溶液分开，故权利要求 1 不具备新颖性。原告主张 pH 值在 4.5 ~6 的范围内并非溶液固有的理化性质，需要控制溶液中的杂质才能实现该 pH 值，但该主张与本专利说明书中的说明“水溶液的活性成分的浓度和 pH 值是很好地确定在各自的范围之内的并且同时活性成分是不需要任何酸或碱，缓冲液或其他添加剂”的记载相矛盾。而且，审查指南规定，采用封闭式表述方式限定的组合物中仅允许存在通常含量的杂质，故杂质不能构成权利要求 1 与附件 4 的区别技术特征。（2）关于创造性。附件 5 ~6 中记载的内容均表明奥沙利铂在水中具有稳定性是本领域技术人员已知的，并非意想不到的技术效果，而原告也未提供证据证明权利要求 2 的水溶液的稳定性发生了意想不到的变化。另外，根据本领域常识，非肠道形式给药不仅包括注射途径给药，还包括黏膜给药、皮肤给药、呼吸道给药等给药方式。原告在本诉讼中提交的证据 4 ~7、9、12 并非被诉决定所依据的证据，与本案缺乏关联性，不应予以考虑。综上，专利复审委员会第 10529 号决定认定事实清楚、适用法律法规正确、审理程序合法，审查结论正确，请求法院维持第 10529 号决定。

第三人海王公司述称：原告在本诉讼中提交的证据 4 ~7、9 提交的时间均超过了《审查指南》规定的举证期限，且不是现有技术，不应予以考虑。本专利权利要求 1 与附件 4 相比，其组分相同，故二者必然具有同样的性能和效果，故权利要求 1 不具备新颖性。尽管权利要求 2 与附件 4 记载的奥沙利铂的浓度不同，但是根据本专利说明书记载，对于该浓度的选择并不能使所述制剂产生出乎意料的技术效果，故权利要求 2 不具备创造性。另外，pH 值是反映溶液酸碱性能的常见参数；非肠道形式给药不仅包括注射途径给药，还包括黏膜给药、皮肤给药、呼吸道给药等给药方式；附件 4 的溶液虽为新鲜配制，但并不表明该溶液不稳定，不适于长期保存。原告对上述概念的理解有误。综上，请求法院维持第 10529 号决定。

经审理查明：德彪公司于 1995 年 8 月 7 日向国家知识产权局专利局（原中国专利局）申请了名称为“一种药学上稳定的奥沙利铂制剂”的发明专利（即本专利）。本专利于 2004 年 2 月 18 日被授权公告，专利号为第 95194443.6 号。优先权日为 1994 年 8 月 8 日。本专利授权公告的权利要求书的内容为：

“1. 一种通过非肠道形式给药的药学上稳定的奥沙利铂制剂，由浓度为 1 ~5mg/mL 及 pH 为

4.5～6 的奥沙利铂水溶液组成，该制剂中的奥沙利铂的含量至少是最初含量的 95％并且当贮存超过药物有效期之后溶液保持澄清、无色和没有任何沉淀。

2. 如权利要求 1 的制剂，其中奥沙利铂在水中的浓度大约是 2mg/mL 而且溶液 pH 的平均值大约是 5.3。

3. 如权利要求 1 或 2 的制剂，其中奥沙利铂溶液的比旋光度的范围从+74.5°～+78.0°。

4. 如权利要求 1～3 中之一的制剂，奥沙利铂水溶液形式可以即时使用并装在一个气密的容器中。

5. 如权利要求 4 的制剂，其特征在于所述容器含有一个活性剂量单位 50～100mg 的奥沙利铂，它可通过输入给药。

6. 如权利要求 4 或 5 的制剂，其特征在于所述容器是一种用塞子密封的药用玻璃小瓶，至少伸入小瓶内的塞子表面相对于所述溶液是惰性的。

7. 如权利要求 6 的制剂，其特征在于所述溶液和塞子之间的空间充满着一种惰性气体。

8. 如权利要求 4 或 5 的制剂，其特征在于所述容器是输入用的柔性小袋或安瓿。

9. 如权利要求 4 或 5 的制剂，其特征在于上述容器是带有微泵的输入装置的一个组成部分。"

针对上述专利权，海王公司于 2006 年 12 月 8 日向专利复审委员会提出专利权无效宣告请求，认为本专利不符合《专利法》第二十六条第三、四款，专利法第二十二条第一、三款以及《中华人民共和国专利法实施细则》（以下简称《专利法实施细则》）第十八条的规定。海王公司同时提交了以下附件：

附件 1："抗癌新药草酸铂的药理和临床研究进展"，于盛海等人，国外医学肿瘤学分册，第 19 卷第 5 期，第 271～273 页，1992 年 10 月，复印件共 3 页；

附件 2："草酸铂的合成及其结构表征"，普绍平等人，贵金属，第 21 卷第 1 期，第 26～27 页，2000 年 3 月，复印件共 2 页；

附件 3："药剂学（第二版）"，奚念朱，顾学裘主编，人民卫生出版社，1988 年 5 月第 2 版第 9 次印刷，扉页、出版信息页、第 175～197 页，复印件共 25 页。

2007 年 1 月 8 日，海王公司又提交了意见陈述书，其中增加了如下无效宣告理由：权利要求 1 不符合《专利法》第二十二条第一、二、三款的规定，权利要求 2 不符合《专利法》第二十二条第一、三款的规定。海王公司同时提交了下列附件作为证据：

附件 4："Circadian Rhythm in Toxicities and Tissue Uptake of 1，2-Diammino-cyclohexane（trans-1）oxa1atop1atinum（II）in Mice" Naceur A. Boughattas 等人，Cancer Research，第 49 期，第 3362～3368 页，1989 年 6 月 15 日，英文，复印件共 7 页，在该文献中文译文第 2 页记载有"通过加入适当体积的蒸馏水新鲜配制溶液，得到要求浓度（奥沙利铂水溶液）"、"给予药物溶液（3.4 毫克/毫升）或溶液的一次静脉注射"；

附件 5："Oxalatoplatmum（I－OHP）：experimental and clinica1 studies."，J. L Misset 等人，P1atmum and Other Metal Coordmation Compoumds in Cancer Chemotherapy，第 369～375 页，1991 年，英文，复印件共 7 页，在该文献中文译文第 2 页记载有"（奥沙利铂）在 20℃的水中溶解度为 7.9 毫克/毫升。它在水中非常稳定可超过 1 星期"；

附件 6："Oxalip1atin"，Y. Kiclani，Drug of the Future，第 529～532 页，1989 年，英文，复印件共 4 页，在该文献中文译文第 1 页记载有"（奥沙利铂）在 20℃的水中溶解度为 7.9 毫克/毫升。它在水中很稳定（1 周以上）"。

海王公司在意见陈述书中提供了上述附件 4～6 中被使用部分的译文。

经形式审查合格后，专利复审委员会受理了上述专利权无效宣告请求。

德彪公司于2007年2月25日针对海王公司于2006年12月8日提出的无效宣告请求的理由及其证据提交了意见陈述和以下反证：

反证1：

(oxaliplatin for injection)，英文，复印件共32页及其部分中文译文共1页；

反证2：Eloxatin 5mg/mL concent rate for solutionfor infusion，英文，复印件共18页及其部分中文译文共3页；

反证3："The Merck Index"，Martha Windholz等人编，MERCK&C0.，INC出版，1983年，扉页、第254页，英文，复印件共2页及其部分中文译文共1页；

反证4："MaGraw-Hill Dictionary of Chemi stry"，Sybil P. Parker主编，McGraw-Hill出版，扉页、出版信息页、前言、第68~69页，英文，复印件共3页及其部分中文译文共1页；

反证5："中国人民共和国药典（2005年版）二部"，国家药典委员会编，化学工业出版社，2005年1月第1版第1次印刷，封面、出版信息页、第XIII页，复印件共3页。

2007年5月8日，德彪公司针对海王公司于2007年1月8日提出的补充意见及所附证据提交了意见陈述书和以下反证：

反证6："电导法测定铂抗癌药物的解离速率"，刘伟平等，贵金属，第17卷第3期，1996年，第28~30页，复印件共3页。

2007年7月17日，口头审理如期进行。口头审理过程中海王公司当庭补交了下列证据：

附件7："中华人民共和国药典（1990年版）二部"，中华人民共和国卫生部药典委员会编，化学工业出版社、人民卫生出版社，1990年11月第1版，1991年6月第2次印刷，扉页、出版信息页、第1、374~375页，复印件共5页；

附件8：涉及"药剂学的性质"的文件，复印件共1页；

德彪公司当庭补交下列反证：

反证7："中华人民共和国药典（2005年版）二部"，国家药典委员会编，化学工业出版社，2005年1月第1版第1次印刷，封面、出版信息页、第108~109、440~441、363、612~614、632、636~637、691~692页复印件共15页；

反证8："国家药品标准新药转正标准（第35册）"，国家药典委员会编，化学工业出版社，2004年1月第1版第1次印刷，封面、扉页、出版信息页、第137~138、171~172页，复印件共7页及说明性资料共2页；

反证9：北京市公证处出具的（2007）京证经字第15947号公证书，用于证明反证10和11的复印件与原件相符，复印件共3页；

反证10："中华人民共和国药典（1990年版）"，中华人民共和国卫生部药典委员会编，化学工业出版社、人民卫生出版社，封面、扉页、第（viii）页、借阅登记页的复印件共4页；

反证11："The Merck Index"，Susan Budavari等人编，MERCK&CO.，INC出版，1989年，封面、扉页、目录第vii页、第278页、借阅登记页，英文复印件共5页及其部分中文译文共1页。

德彪公司于2007年8月1日提交了意见陈述书和下列证据：

反证12："中华人民共和国药典（1990年版）"，中华人民共和国卫生部药典委员会编，化学工业出版社、人民卫生出版社，1990年11月第1版，第1991年9月第3次印刷，扉页、出版信息页、第319、405~406、568~569、592~593、596~597、661~662、780~781页，复印件共15页；

反证13：第02826843.1号发明专利申请的公开文本，公开号为CN1612737A，公开日为2005年

5月4日，复印件共14页。

2007年2月25日，专利复审委员会作出第10529号决定。

上述事实，有第10529号决定、本专利说明书、附件4～6原文及中文译文以及当事人陈述等证据在案佐证。

本院认为，根据各方当事人的诉辩主张，本案争议的焦点是：(1) 本专利权利要求1相对于附件4是否具有新颖性，(2) 本专利权利要求2相对于附件4是否具有创造性。

(1) 关于新颖性。本专利权利要求1要求保护一种通过非肠道形式给药的药学上稳定的奥沙利铂制剂，其特征在于由浓度为1～5mg/mL及pH为4.5～6的奥沙利铂水溶液组成，该制剂中的奥沙利铂的含量至少是最初含量的95%并且贮存超过药物有效期之后溶液保持澄清、无色和没有任何沉淀。附件4中公开了一种奥沙利铂水溶液，其由蒸馏水和奥沙利铂粉末混合制得，浓度为3.4mg/mL，用于对小鼠静脉注射给药。二者相比，附件4记载的3.4mg/mL的浓度包含在权利要求1记载的1～5mg/mL的浓度范围之内。虽然权利要求1中还限定了所述奥沙利铂水溶液的pH值为4.5～6等附加技术特征，但是，根据本专利说明书第2页第2段所记载的“使用一种奥沙利铂的水溶液，它的活性成分的浓度和pH值是很好的确定在各自的范围之内的并且同时活性成分是不需要任何酸或碱，缓冲液或其他添加剂”可知，权利要求1的水溶液的活性成分的浓度和pH值已经排除了其他杂质带来的数值变化。故权利要求1所述1～5mg/mL浓度的奥沙利铂水溶液已经限定了浓度与pH值之间的对应关系，因此，权利要求1的附加技术特征并不能使权利要求1的水溶液区别于附件4中公开的水溶液。权利要求1相对于附件4不具备新颖性。

德彪公司认为pH值在4.5～6的范围内并非溶液固有的理化性质，需要控制溶液中的杂质才能实现该pH值，但控制溶液中的杂质并未在本专利说明书中有所体现，相反，与本专利说明书记载的“活性成分是不需要任何酸或碱，缓冲液或其他添加剂”相矛盾。德彪公司认为附件4临时配制的溶液不具有权利要求1的制剂在药学上稳定的特点。本院认为，附件4的溶液虽为新鲜配制，但没有证据表明该溶液不稳定和不适于长期保存。德彪公司的该主张缺乏证据支持，本院不予采纳。

(2) 关于创造性。本专利权利要求2是权利要求1的从属权利要求，其中进一步限定奥沙利铂在水中的浓度大约是2mg/mL而且溶液pH的平均值大约是5.3，该浓度与附件4公开的水溶液中奥沙利铂浓度（3.4mg/mL）存在区别。德彪公司认为，权利要求2的水溶液具有药学上的稳定性，该技术效果是本领域技术人员基于现有技术所无法预见的，属于意想不到的技术效果。但是，附件5～6中均记载了奥沙利铂在水中可以稳定一周以上，这表明奥沙利铂在水中具有一定的稳定性并非本领域技术人员意想不到的技术效果。在此基础上，本领域技术人员经过简单实验即可获知奥沙利铂的浓度与pH值之间的对应关系。即权利要求2的水溶液对于本领域技术人员而言是显而易见的，而且该权利要求所述的制剂也没有因为该常规改变而产生任何意想不到的技术效果。因此，权利要求2不具备突出的实质性特点，不具有创造性。

德彪公司认为本领域技术人员从现有技术中获得的教导是奥沙利铂在水中溶解度和稳定性都不够，与事实不符，本院对此不予采纳。

综上，原告德彪公司的诉讼请求缺乏事实和法律依据，本院不予支持。被告专利复审委员会作出的第10529号决定认定事实清楚，程序合法，应予维持。依照《中华人民共和国行政诉讼法》第五十四条第（一）项之规定，本院判决如下：

维持被告中华人民共和国国家知识产权局专利复审委员会作出的第10529号无效宣告请求审查决定。

案件受理费人民币100元，由原告德彪药品股份有限公司负担（已交纳）。

如不服本判决，原告德彪药品股份有限公司可在本判决书送达之日起30日内，被告中华人民共和国国家知识产权局专利复审委员会、第三人深圳海王药业有限公司可在本判决书送达之日起15日内，向本院递交上诉状，并按对方当事人人数提交副本，交纳上诉案件受理费人民币100元，上诉于中华人民共和国北京市高级人民法院。

审 判 长 任 进
代理审判员 邢 军
人民陪审员 郝建欣
二〇〇八年九月二十七日
书 记 员 袁 伟

# 北京市高级人民法院
# 行政判决书

(2009) 高行终字第2号

上诉人（原审原告）德彪药品股份有限公司，住所地瑞士洛桑美西道路5~7号。

法定代表人瓦内萨·屈拉，法律事务主管。

委托代理人陈文平，北京市金杜律师事务所律师。

委托代理人陈建民，北京市天驰律师事务所律师。

被上诉人（原审被告）中华人民共和国国家知识产权局专利复审委员会，住所地中华人民共和国北京市海淀区北四环西路9号银谷大厦10~12层。

法定代表人廖涛，副主任。

委托代理人卢阳，该委员会审查员。

委托代理人刘妍，该委员会审查员。

原审第三人深圳海王药业有限公司，住所地中华人民共和国广东省深圳市南山区科技园第五工业区海王工业城。

法定代表人张思民，董事长。

委托代理人郭广迅，男，汉族，1971年11月15日出生，北京泛华伟业知识产权代理有限公司专利代理人，住中华人民共和国北京市西城区新华里16号院6号楼1单元1101号。

委托代理人刘丹妮，女，汉族，1976年7月6日出生，北京泛华伟业知识产权代理有限公司专利代理人，住中华人民共和国北京市海淀区西土城路6号国家知识产权局。

上诉人德彪药品股份有限公司（简称德彪公司）因发明专利权无效行政纠纷一案，不服中华人民共和国北京市第一中级人民法院（简称北京市第一中级人民法院）(2008) 一中行初字第198号行政判决，向本院提起上诉。本院2008年12月24日受理本案后，依法组成合议庭，于2009年2月25日公开开庭进行了审理。上诉人德彪公司的委托代理人陈文平、陈建民，被上诉人中华人民共和国国家知识产权局专利复审委员会（简称专利复审委员会）的委托代理人卢阳、刘妍，原审第三人深圳海王药业有限公司（简称海王公司）的委托代理人郭广迅、刘丹妮到庭参加了诉讼。本案现已审理终结。

北京市第一中级人民法院认定，涉案专利系德彪公司拥有的名称为“一种药学上稳定的奥沙利铂制剂”的发明专利（简称本专利）。针对本专利权，海王公司于2006年12月8日向专利复审委员会提出专利权无效宣告请求，认为本专利不符合《中华人民共和国专利法》（简称专利法）第二十六条第三、四款，专利法第二十二条第一、三款以及《中华人民共和国专利法实施细则》（简称专利法实施细则）第十八条的规定。2007年9月25日，专利复审委员会做出第10529号无效宣告请求审查决定（简称第10529号决定），宣告本专利权利要求1~2无效，在本专利权利要求3~9的基础上维持本专利权有北京市第一中级人民法院认为，本专利权利要求1与附件4相比，附件4记载的3.4mg/mL的浓度包含在本专利权利要求1记载的1~5mg/mL的浓度范围之内。虽然本专利权利要求1中还限定了奥沙利铂水溶液的pH值为4.5~6等附加技术特征，但是，根据本专利说明书可知，权利要求1的水溶液的活性成分的浓度和pH值已经排除了其他杂质带来的数值变化。故本专利权利要求1已经限定了奥沙利铂水溶液浓度与pH值之间的对应关系，因此，本专利权利要求1相对于附件4不具备新颖性。本专利权利要求2是权利要求1的从属权利要求，其中进一步限定奥沙利铂在水中的浓度及溶液pH的平均值，该浓度与附件4公开的水溶液中奥沙利铂浓度存在区别。但是，附件5~6表明奥沙利铂在水中具有一定的稳定性并非本领域技术人员意想不到的技术效果。在此基础上，本领域技术人员经过简单实验即可获知奥沙利铂的浓度与pH值之间的对应关系。即本专利权利要求2的水溶液对于本领域技术人员而言是显而易见的，而且该权利要求所述的制剂也没有因为该常规改变而产生任何意想不到的技术效果。因此，本专利权利要求2不具备突出的实质性特点，不具有创造性。

综上，北京市第一中级人民法院依照《中华人民共和国行政诉讼法》第五十四条第（一）项之规定，判决：维持第10529号决定。

德彪公司不服原审判决，向本院提起上诉，请求撤销原审判决，撤销第10529号决定中关于本专利权利要求1~2无效的认定。其理由为：（1）附件4并未公开本专利权利要求1的全部技术特征。①附件4并未公开奥沙利铂水溶液的pH值。实践中的奥沙利铂和水或多或少地必然含有一些杂质，这些杂质会影响水溶液的pH值。故一种物质的水溶液的pH值并不仅仅由其浓度决定。②附件4并未公开“一种通过非肠道形式给药的药学上稳定的奥沙利铂制剂”。附件4与本专利权利要求1相比完全不同，且附件4临时配制的溶液在使用前具有必要的稳定性与权利要求1要求的在药物有效期内保持稳定的药学上稳定是完全不同的概念。（2）原审判决及第10529号决定关于创造性的认定是错误的。本专利通过大量的实验证明，具有特定浓度范围和特定pH值范围的奥沙利铂水溶液具有很好的稳定性。这样的技术效果是本领域技术人员基于现有技术所无法预见的，属于意想不到的技术效果。专利复审委员会、海王公司服从原审判决。

经审理查明，德彪公司于1995年8月7日向原中国专利局提出了名称为“一种药学上稳定的奥沙利铂制剂”的发明专利（即本专利）申请。2004年2月18日本专利由中华人民共和国国家知识产权局公告授权，专利号为第95194443.6号。优先权日为1994年8月8日。本专利授权公告的权利要求1~2分别为：

“1. 一种通过非肠道形式给药的药学上稳定的奥沙利铂制剂，由浓度为1~5mg/mL及pH为4.5~6的奥沙利铂水溶液组成，该制剂中的奥沙利铂的含量至少是最初含量的95%并且当贮存超过药物有效期之后溶液保持澄清、无色和没有任何沉淀。

2. 如权利要求1的制剂，其中奥沙利铂在水中的浓度大约是2mg/mL而且溶液pH的平均值大约是5.3。”

针对上述专利权，海王公司于2006年12月8日向专利复审委员会提出专利权无效宣告请求，认为本专利不符合《专利法》第二十六条第三、四款，《专利法》第二十二条第一、三款以及《专利法实施细则》第十八条的规定。海王公司同时提交了附件1～3。

2007年1月8日，海王公司又提交了意见陈述书，其中增加了如下无效宣告理由：本专利权利要求1不符合《专利法》第二十二条第一、二、三款的规定，本专利权利要求2不符合《专利法》第二十二条第一、三款的规定。海王公司同时提交了下列附件作为证据：

附件4："Circadian Rhythm in Toxicities and Tissue Uptakeof 1，2-Diammino-cyclohexane（trans-1）oxalatoplatinum（Ⅱ）inMice" Naceur A. Boughattas等人，Cancer Research，第49期，第3362～3368页，1989年6月15日，英文，复印件共7页，在该文献中文译文第2页记载有"通过加入适当体积的蒸馏水新鲜配制溶液，得到要求浓度（奥沙利铂水溶液）"、"给予药物溶液（3.4毫克/毫升）或溶液的一次静脉注射"；附件5："Oxalatoplatmum（I-OHP）：experimental and clinicalstudies."，J. L Misset等人，Platmum and Other MetalCoordmation Compoumds in Cancer Chemotherapy，第369～375页，1991年，英文，复印件共7页，在该文献中文译文第2页记载有"（奥沙利铂）在20℃的水中溶解度为7.9毫克/毫升。它在水中非常稳定可超过1星期"；

附件6："Oxaliplatin"，Y. Kiclani，Drug of the Future，第529～532页，1989年，英文，复印件共4页，在该文献中文译文第1页记载有"（奥沙利铂）在20℃的水中溶解度为7.9毫克/毫升。它在水中很稳定（1周以上）"。

2007年2月25日，专利复审委员会作出第10529号决定。专利复审委员会在该决定中认定：

根据《专利法》第二十二条第二款规定，对于包含性能、参数特征的产品权利要求，应当考虑权利要求中的性能、参数特征是否隐含了要求保护的产品具有某种特定结构和/或组成。如果所属技术领域的技术人员根据该性能、参数无法将要求保护的产品与对比文件产品区分开，则可推定要求保护的产品与对比文件产品相同，因此专利的权利要求不具备新颖性。

本专利权利要求1要求保护一种通过非肠道形式给药的药学上稳定的奥沙利铂制剂，其特征在于由浓度为1～5mg/mL及pH为4.5～6的奥沙利铂水溶液组成，该制剂中的奥沙利铂的含量至少是最初含量的95%并且贮存超过药物有效期之后溶液保持澄清、无色和没有任何沉淀。附件4中公开了一种奥沙利铂水溶液，其由蒸馏水和奥沙利铂粉末混合制得，浓度为3.4mg/mL，用于对小鼠静脉注射给药。由此可见，权利要求1所要求保护的技术方案与附件4中公开的技术方案相比，两者均为奥沙利铂的水溶液，而且附件4中所述的3.4mg/mL的浓度也在权利要求1中所述的1～5mg/mL的浓度范围之内。虽然权利要求1中还限定了所述水溶液的pH为4.5～6，以及"该制剂中的奥沙利铂的含量至少是最初含量的95%并且贮存超过药物有效期之后溶液保持澄清、无色和没有任何沉淀"，但是，同样结构组成的产品必然具有同样的性能，根据本专利说明书第2页第2段所记载的"使用一种奥沙利铂的水溶液，它的活性成分的浓度和pH值是很好的确定在各自的范围之内的并且同时活性成分是不需要任何酸或碱，缓冲液或其他添加剂"可知，权利要求1中的pH值为所述1～5mg/mL浓度的奥沙利铂水溶液本身固有的理化性质，并未隐含所述制剂中还包括其他成分，如酸、碱、缓冲液或其他添加剂；同样，"该制剂中的奥沙利铂的含量至少是最初含量的95%并且贮存超过药物有效期之后溶液保持澄清、无色和没有任何沉淀"也没有隐含所述制剂中除奥沙利铂和水外还含有其他成分，因此，这两个特征不能使权利要求1的制剂区别于附件4中公开的水溶液，所以，权利要求1不具备新颖性。

德彪公司认为，水溶液的pH值容易受到例如原料药的质量（包括杂质的数量和种类，特别是酸碱杂质）和所使用水的种类和质量等的影响，附件4中并未公开所述溶液的pH值，也没有公开其所用奥沙利铂固体粉末的质量和纯度，没有公开其所用水的质量，因此，从附件4公开的内容无从推知其准确的pH值，也无从推定其pH值在4.5～6的范围内。对此，专利复审委员会认为：（1）权利要求1中并未对其要求保护的制剂中是否含有杂质以及杂质的种类、数量进行任何限定，因而，虽然其所采用的“由……组成”的封闭式表述方式允许所述制剂中带有杂质，但该杂质只允许以通常的含量存在，即杂质并不能构成权利要求1所述制剂与附件4中通过常规制备获得的奥沙利铂水溶液的区别技术特征；（2）虽然处方相同的药物的pH值可能因为其所含杂质的差异而有所不同，但是说明书中的记载表明本专利所述制剂的pH值（4.5～6）是通过常规制备形成的，并未记载添加附加的杂质进行调节，且德彪公司并未能证明附件4中通过常规制备获得的水溶液的pH值不在权利要求1所述的该4.5～6的范围内，因此无法将所述pH值认定为权利要求1所述制剂与附件4中公开的水溶液之间的区别特征，德彪公司的上述意见陈述不足以说明权利要求1相对于附件4具有新颖性。

综上所述，本专利权利要求1不符合《专利法》第二十二条第二款的规定。

根据《专利法》第二十二条第三款规定，如果发明是所属技术领域的技术人员在现有技术的基础上仅仅通过合乎逻辑的分析、推理或者有限的试验可以得到的，则该发明是显而易见的，也就不具备突出的实质性特点。

本专利权利要求2是权利要求1的从属权利要求，其中进一步限定奥沙利铂在水中的浓度大约是2mg/mL而且溶液pH的平均值大约是5.3，该附加技术特征构成了权利要求2的技术方案与附件4公开的技术方案的区别技术特征（附件4所述水溶液中奥沙利铂浓度为3.4mg/mL），但是，本领域技术人员根据奥沙利铂的治疗活性，经过简单实验，容易获知奥沙利铂的浓度以及该浓度时的pH值，因此上述奥沙利铂浓度上的改变以及由此形成的pH值均属于本领域技术人员在常规知识范围内易于作出的常规性选择，对于本领域技术人员而言是显而易见的，而且该权利要求所述的制剂也没有因为该常规改变而产生任何意想不到的技术效果，因此，权利要求2不具备突出的实质性特点。

综上所述，本专利权利要求2不具备创造性，不符合《专利法》第二十二条第三款的规定。

据此，专利复审委员会作出第10529号决定，宣告本专利权的权利要求1～2无效，在本专利授权公告的权利要求3～9的基础上维持本专利权有效。

上述事实，有第10529号决定、本专利说明书、附件4～6原文及中文译文以及当事人陈述等证据在案佐证。

本院认为，本案争议的焦点是：（1）本专利权利要求1相对于附件4是否具有新颖性，（2）本专利权利要求2相对于附件4是否具有创造性。

1. 关于新颖性

发明专利的新颖性，是指在申请日以前没有同样的发明或者实用新型在国内外出版物上公开发表过、在国内公开使用过或者以其他方式为公众所知，也没有同样的发明或者实用新型由他人向国务院专利行政部门提出过申请并且记载在申请日以后公布的专利申请文件中。

本专利权利要求1要求保护一种通过非肠道形式给药的药学上稳定的奥沙利铂制剂，其特征在于由浓度为1～5mg/mL及pH为4.5～6的奥沙利铂水溶液组成，该制剂中的奥沙利铂的含量至少是最初含量的95%并且贮存超过药物有效期之后溶液保持澄清、无色和没有任何沉淀。附件4中公开了一种奥沙利铂水溶液，其由蒸馏水和奥沙利铂粉末混合制得，浓度为3.4mg/mL，用于对小鼠静脉注射给药。二者相比，附件4记载的3.4mg/mL的浓度包含在权利要求1记载的1～5mg/mL的浓度范围之内。虽然权利要求1中还限定了所述奥沙利铂水溶液的pH值为4.5～6等附加技术特征，但是，根据本专利说明书第2页第2段所记载的“使用一种奥沙利铂的水溶液，它的活性成分的浓度和pH值是很好的确定在各自的范围之内的并且同时活性成分是不需要任何酸或碱，缓冲液或其他添加剂”可知，权利要求1的水溶液的活性成分的浓度和pH值已经排除了其他杂质带来的数值变化。故本专利权利要求1所述1～5mg/mL浓度的奥沙利铂水溶液已经限定了浓度与pH值之间的对应关系，因此，权利要求1的附加技术特征并不能使权利要求1的水溶液区别于附件4中公开的水溶液。权利要求1相对于附件4不具备新颖性。德彪公司关于本专利权利要求1具备新颖性的上诉主张没有事实依据，本院不予支持。

德彪公司主张pH值在4.5~6的范围内并非溶液固有的理化性质，需要控制溶液中的杂质才能实现该pH值，但控制溶液中的杂质并未在本专利说明书中有所体现，相反，与本专利说明书记载的"活性成分是不需要任何酸或碱，缓冲液或其他添加剂"相矛盾。德彪公司认为附件4临时配制的溶液不具有权利要求1的制剂在药学上稳定的特点。本院认为，附件4的溶液虽为新鲜配制，但没有证据表明该溶液不稳定和不适于长期保存。德彪公司的该主张缺乏证据支持，本院不予支持。

2. 关于创造性

创造性，是指同申请日以前已有的技术相比，该发明有突出的实质性特点和显著的进步，该实用新型有实质性特点和进步。

本专利权利要求2是权利要求1的从属权利要求，其中进一步限定奥沙利铂在水中的浓度大约是2mg/mL而且溶液pH的平均值大约是5.3，该浓度与附件4公开的水溶液中奥沙利铂浓度（3.4mg/mL）存在区别。德彪公司主张，本专利权利要求2的水溶液具有药学上的稳定性，该技术效果是本领域技术人员基于现有技术所无法预见的，属于意想不到的技术效果。但是，附件5~6中均记载了奥沙利铂在水中可以稳定一周以上，这表明奥沙利铂在水中具有一定的稳定性并非本领域技术人员意想不到的技术效果。在此基础上，本领域技术人员经过简单实验即可获知奥沙利铂的浓度与pH值之间的对应关系。即本专利权利要求2的水溶液对于本领域技术人员而言是显而易见的，而且该权利要求所述的制剂也没有因为该常规改变而产生任何意想不到的技术效果。因此，本专利权利要求2不具备突出的实质性特点和显著的进步，不具有创造性。德彪公司关于本专利权利要求2具有创造性的上诉主张不能成立，本院不予支持。

综上，原审判决认定事实清楚，适用法律正确。德彪公司的上诉主张不能成立。依照《中华人民共和国行政诉讼法》第六十一条第（一）项之规定，判决如下：

驳回上诉，维持原判。

一审案件受理费人民币100元，由德彪药品股份有限公司负担（已交纳）；二审案件受理费人民币100元，由德彪药品股份有限公司负担（已交纳）。

本判决为终审判决。

审　判　长　刘　辉
代理审判员　岑宏宇
代理审判员　焦　彦
二〇〇九年六月二十六日
书　记　员　陈　明

044

# 苦碟子注射液及其制备方法

## 无效宣告请求审查决定（第10530号）

**决　定　号**　第10530号
**决　定　日**　2007年9月26日
**发明创造名称**　苦碟子注射液及其制备方法
**国际分类号**　A61K 35/78，A61P 9/10，A61P 27/02
**无效宣告请求人**　沈阳双鼎制药有限公司
**专　利　权　人**　华玉强
**专　利　号**　01114136.0
**申　请　日**　2001年6月24日
**授权公告日**　2005年2月23日
**合议组组长**　徐洁玲
**主　审　员**　吴通义
**参　审　员**　李梦楠

**法律依据**　专利法第26条第3款，专利法第22条第3款
**决定要点**

如果说明书已经清楚地记载了发明的技术方案，详细地描述了实现发明的具体实施方式，完整地公开了对于理解和实现发明必不可少的技术内容，达到所属技术领域的技术人员能够实现该发明的程度，则说明书满足充分公开的要求。

当专利要求保护的技术方案相对于最接近的现有技术存在区别技术特征时，应判断现有技术是否给出将上述区别技术特征应用到该最接近现有技术以解决其存在的技术问题的启示，如果不存在这种技术启示，且所述技术方案获得了有益的技术效果，则该技术方案具备创造性，反之，如果存在这种技术启示，并且要求保护的技术方案没有带来意想不到的技术效果，则该技术方案不具有创造性。

### 一、案由

本专利权无效宣告请求案涉及国家知识产权局于2005年2月23日公告授予的、名称为“苦碟子注射液及其制备方法”的01114136.0号发明专利权（下称本专利），其申请日为2001年6月24日，专利权人为华玉强。本专利授权公告的权利要求书如下：

“1. 一种苦碟子注射液，其特征在于它可由下列方法制得：

将抱茎苦荬菜加水煎煮，将煎煮液浓缩至每1ml相当于原生药0.5g，加入氧化钙至pH为10，离

心，将沉淀悬浮于95%乙醇中，加硫酸溶液至pH为3～4，搅拌，离心，取澄明液，将其中和到pH为7.8～8.0，过滤，滤液回收乙醇并挥尽乙醇，加注射用水稀释，第一次灭菌，冷冻，在-5℃下放置自然融化，用5万分子量中空纤维超滤，调pH为7.6～7.8，加注射用水稀释到每1ml含黄酮0.36～0.55mg，用1万分子量中空纤维超滤，微孔滤膜滤过，灌封，第二次灭菌制成。

2. 按照权利要求1所述的苦碟子注射液，其特征在于其中第一次灭菌前加注射用水稀释到每1ml相当于原生药4g，5万分子量中空纤维超滤并调pH为7.6～7.8后，加注射用水稀释至每1ml含黄酮0.55mg。

3. 按照权利要求1或2所述的苦碟子注射液，其中抱茎苦荬菜加水煎煮两次，第一次加12～15倍量的水煎煮1小时，第二次加8～10倍量的水煎煮0.5小时，合并煎煮液；加入的氧化钙溶液为10%，加入的硫酸溶液为50%，中和澄明液的碱为40%的氢氧化钠。

4. 按照权利要求1～2或3所述的苦碟子注射液，其特征在于其中制法中第一次灭菌的温度为115～120℃，时间15分钟；第二次灭菌温度为105℃，时间45分钟。

5. 权利要求1所述苦碟子注射液的制备方法，它包括将抱茎苦荬菜加水煎煮，将煎煮液浓缩至每1ml相当于原生药0.5g，加入氧化钙溶液至pH为10，离心，将沉淀悬浮于5.0～5.5倍95%乙醇中，加硫酸溶液至pH为3～4，搅拌，离心，取澄明液，用碱将其中和到pH为7.8～8.0，过滤，滤液回收乙醇并挥尽乙醇，加注射用水稀释，灭菌，冷冻，在-5℃下放置自然融化，用5万分子量中空纤维超滤，调pH为7.6～7.8，加注射用水稀释至每1ml含黄酮0.36～0.55mg，用1万分子量中空纤维超滤，微孔滤膜滤过，灌封，灭菌制成。

6. 按照权利要求5所述的苦碟子注射液的制备方法，其中第一次灭菌前加注射用水稀释到每1ml相当于原生药4g，5万分子量中空纤维超滤并调pH为7.6～7.8后，加注射用水稀释到每1ml含黄酮0.55mg。

7. 按照权利要求5或6所述的苦碟子注射液的制备方法，其中抱茎苦荬菜加水煎煮两次，第一次加12～15倍量的水煎煮1小时，第二次加8～10倍量的水煎煮0.5小时，合并煎煮液；加入的氧化钙溶液为10%，加入的硫酸溶液为50%，中和澄明液的碱为40%的氢氧化钠。

8. 按照权利要求5～6或7所述的苦碟子注射液的制备方法，其中制法中灭菌温度为115～120℃，时间15分钟；第二次灭菌温度为105℃，时间45分钟。"

针对上述专利权，沈阳双鼎制药有限公司（下称请求人）于2006年12月29日向专利复审委员会提出专利权无效宣告请求，认为本专利不符合专利法第26条第3款、专利法第22条第3款的规定。请求人同时提交了以下附件：

附件1：本专利授权公告说明书，复印件共5页；

附件2："中药注射剂"，赵新先，人民卫生出版社，1998年2月第1版第1次印刷，封面、第278～279页、出版信息页、封底，复印件共4页；

附件3："中草药化学"，沈阳药学院，封面、说明页、目录页、第1和150～155页，复印件共6页；

附件4：第94113057.6号中国发明专利申请公开说明书，扉页（1页）、权利要求书（1页）和说明书（3页），复印件共5页。

依据上述附件，请求人认为：（1）权利要求1与附件2公开的制备方法的区别在于权利要求1具体限定浓缩液为1ml相当于原药0.5g，用氧化钙将pH调节到10，用中空纤维进行超滤，增加一次灭菌步骤，超滤后增加一次调pH为7.6～7.8，但是这些区别技术特征没有导致苦碟子注射液在组成、功能或性质的改变，而在附件2公开用注射用水将苦碟子注射液稀释到每1毫升含黄酮量10毫克的情况下，将苦碟子注射液稀释到每毫升含黄酮0.36～0.55mg，对于本领域技术人员而言显而易见，权利要求1不具有创造性。(2) 权利要求2的附加技术特征是浓缩液为1ml相当于原生药4g和1ml药液中含黄酮0.55mg，这对于本领域技术人员而言显而易见，权利要求2不具备创造性。(3) 附件2公开了煎煮的加水量为过药面5～10cm、煎煮2次，每次时间分别为1小时和45分钟，公开了20％氧化钙浓度、50％硫酸浓度和40％氢氧化钠的浓度，在公知常识和附件2的教导下，具体限定权利要求3煎煮的加水量、次数和时间，将氧化钙浓度由20％变化为10％，对本领域技术人员而言显而易见，权利要求3不具有创造性。(4) 权利要求4对灭菌的温度和时间进行具体限定，其没有导致苦碟子注射液在组成、功能和性质的改变，所述的灭菌条件是本领域的公知常识和常规选择，在权利要求1～3没有创造性的前提下，权利要求4也没有创造性。(5) 在附件2公开了苦碟子制备方法中浓缩步骤情况下，将煎煮液浓缩到所需浓度对于本领域技术人员显而易见，在附件2公开了用氧化钙调pH为12的启示下，将pH调节到10和12没有本质区别，都是为了在碱性条件下获得黄酮的钙螯合物，是显而易见的，在附件2得到苦碟子注射液后，用注射用水将苦碟子注射液稀释到每1毫升含黄酮量10毫克的情况下，再将苦碟子注射液稀释到每毫升含黄酮0.36～0.55mg，对于本领域技术人员而言显而易见，附件2也公开了灭菌步骤，增加一次或多次灭菌步骤对于本领域技术人员而言是显而易见的，附件2公开将沉淀悬浮于95％乙醇中，将沉淀悬浮于5.0～5.5倍95％乙醇中是显而易见的，附件2公开活性炭过虑的步骤，用中空纤维超滤、活性炭过滤、微孔膜过滤等是中药领域公知的过滤手段，并且在中药注射液制备中采用不同截留分子量的超滤膜进行超滤是常规技术，附件4公开了中药伸筋草注射液的制备方法，公开了用两步超滤方法过滤药液以除去大分子杂质和小分子杂质，所用超滤膜的截留分子量均为5万以下，根据公知常识，结合附件2和4，权利要求5不具有创造性。(6) 在附件2得到苦碟子注射液后，用注射用水将苦碟子注射液稀释到每1毫升含黄酮量10毫克的情况下，再将苦碟子注射液稀释到每毫升含黄酮55mg，对于本领域技术人员而言显而易见，权利要求6不具有创造性。(7) 附件2公开了煎煮的加水量为过药面5～10厘米、煎煮2次，每次时间分别为1小时和45分钟，公开了20％氧化钙浓度、50％硫酸浓度和40％氢氧化钠的浓度。在公知常识和附件2的教导下，具体限定权利要求3煎煮的加水量、次数和时间，将氧化钙浓度由20％变化为10％，对本领域技术人员而言显而易见，附件3公开了煎煮2次，第一次加12～15倍量的水煎煮1小时，第二次加8～10倍量的水煎煮半小时，硫酸浓度为50％，氢氧化钠的浓度是40％，与附件2和3比较，只是氢氧化钠浓度由20％变化为10％，在附件2使用20％氧化钙浓度下，使用10％的氧化钙是显而易见的，在权利要求5和6没有创造性的前提下，权利要求7不具有创造性。(8) 权利要求8对灭菌的温度和时间进行具体限定，而灭菌温度和时间是公知常识和常规选择，该选择没有意想不到的技术效果，是显而易见的。而且附件2公开了100℃，灭菌30分钟的条件，在公知常识和附件2的教导下，权利要求8不具有创造性。(9) 本专利的制备方法的有益效果是工艺中采用高压灭菌，可有效去除热原质，而不破坏有效成分；用中空纤维膜分离技术替代活性炭过滤，有效保留了有效成分的含量和澄明度合格，克服了传统中药针剂采用活性炭吸附细菌和杂质，同时吸附有效成分的缺点。然而本专利中的灭菌是常规灭菌，没有实验证据证实其能去除热原质，也没有实验数据说明所述过滤如何保留有效成分含量，因此说明书不符合专利法第26条第3款的规定。

经形式审查合格后，专利复审委员会受理了上述请求，于2007年1月17日向双方当事人发出《无效宣告请求受理通知书》，并将《专利权无效宣告请求书》及其附件副本转送给专利权人，要求其在指定的期限内答复，同时成立合议组对本无效宣告请求案进行审理。

2007年2月28日，专利权人提交了意见陈述书，专利权人认为：(1) 本专利权利要求1与附件2的技术方案存在许多不同的技术特征，尤其是权利要求1中第一次用氧化钙调pH至10，又将澄明液 pH 调至 7.8~8.0，冷冻，在-5℃放置，自然融化，用 5 万分子量中空纤维超滤，再次调 pH 为 7.6~7.8，又用 1 万分子量中空纤维超滤，这些特征不同导致了本专利的苦碟子注射液在组成、功能和性质的改变，带来意外的技术效果，权利要求 1 具备创造性。(2) 权利要求 1 相对于附件 2 和 3 仍存在许多区别技术特征，导致本专利的苦碟子注射液在组成、功能和性质的改变，带来意外的技术效果。苦碟子和伸筋草中所含的化学成分有很大不同，本领域技术人员不能将附件 4 公开的二次过滤用于本专利权利要求 1 的技术方案，权利要求 1 相对于附件 2 和 4 的结合仍具有创造性。(3) 权利要求 2~4 是权利要求 1 的从属权利要求，也具有创造性。(4) 权利要求 5 与附件 2 存在上述的许多区别技术特征，具有实质性特点，权利要求 5 具有创造性。与附件 2 和 4 的结合相比，权利要求 5 也存在区别技术特征，也具有创造性。(5) 权利要求 6~8 是权利要求 5 的从属权利要求，具有创造性。(6) 本专利说明书已经给出了实验证据来证明本专利具有意想不到的技术效果，符合专利法第 26 条第 3 款的规定。

2007 年 3 月 22 日，本案合议组向双方当事人发出口头审理通知书，定于 2007 年 6 月 13 日对本案进行口头审理。同时，专利复审委员会本案合议组将专利权人于 2007 年 2 月 28 日提交的意见陈述书及其附件副本转送给请求人。

2007 年 6 月 13 日口头审理如期进行。双方当事人均委托代理人参加了口头审理。口头审理时确定如下事实：(1) 请求人当庭出示《中药药剂学》原件并提交其中第 409~410 页的复印件（下称附件 5）作为公知常识性证据，合议组当庭将该复印件转送给专利权人，专利权人认可该证据是本领域的公知常识性证据；(2) 请求人当庭请求提交了辽宁省卫生厅药政批件（辽卫药字（1998）40 号）（下称附件 6）作为公知常识性证据，合议组当庭转送给专利权人，专利权人对该证据的真实性没有异议，但是不认为该批件是公知常识，并提出该批件是内部材料，不是公众想得到就得到的，并且该批件的提交不符合专利法实施细则第 66 条的规定；(3) 请求人当庭出示了附件 2 和 3 的原件，专利权人对其真实性没有异议，仅对附件 3 的公开时间有异议，认为不能确定其是在申请日之前公开；(4) 附件 4 为申请号为 94113057.6 的专利申请公开说明书，专利权人对该附件的真实性和公开性没有异议。

至此，合议组认为本案事实已经清楚，可以依法作出审查决定。

**二、决定的理由**

1. 无效宣告请求的理由和范围

根据请求人在口头审理中的确认，合议组审理本无效宣告请求案的理由和范围是：(1) 相对于附件 2，权利要求 1~4 不符合专利法第 22 条第 3 款的规定；(2) 相对于附件 2 和 4 的结合，权利要求 1~8 不符合专利法第 22 条第 3 款的规定；(3) 相对于附件 2~3 和 4 的结合，权利要求 3~4、7 和 8 不符合专利法第 22 条第 3 款的规定；(4) 本专利说明书不符合专利法第 26 条第 3 款的规定。

2. 关于证据

附件 1 是本专利授权公告说明书，专利权人对其真实性没有异议，经过核实，合议组对其真实性予以确认。

附件 2 是一份公开出版物，专利权人对其真实性没有异议，合议组对其真实性予以确认。附件 2 的出版日为 1998 年 2 月，在本专利申请日之前，附件 2 可以作为本专利申请日前的现有技术。

附件 3 是由沈阳药学院编写的出版物，专利权人对其真实性没有异议，合议组对其真实性了以确认。专利权人对附件 3 的公开时间有异议，认为不能确定其在申请日之前公开。对此，合议组认为，虽然附件 3 中没有记载明确的出版信息，但是附件 3 说明页中记载了“此书是我院为基层医院培养制药人员，进行教育革命实践而举办的试点班使用的教材。”和“按照教学要求组成体系，在重印时进行了一些修改，作为内部资料，供基层从事中草药制药工作的同志们参考。"，说明本书是面向广大制药工作者而提供的教学材料，同时说明页中还记载有如“无产阶级文化大革命以来，在毛主席无产阶级革命路线指引下，全国大搞中草药的群众运动不断深入发展，广大医药卫生工作人员遵照毛主席关于‘中国医药学是一个伟大的宝库，应当努力发掘，加以提高’的教导，利用现代科学的知识和方法整理提高中草药，已取得很多新成果”等具有时代特征的表述，并且落款为“一九七二年六月”，由此可以推定附件3是在本专利申请日（2001年6月24日）之前出版公开，附件3可以作为本专利申请日前的现有技术。

附件4是一份中国发明专利申请公开说明书，专利权人对其真实性和公开性没有异议，经过核实，合议组对其真实性予以确认。附件4的公开日为1995年10月25日，在本专利申请日之前，附件4可以作为本专利申请日之前的现有技术。

请求人当庭提交附件5作为公知常识性证据，专利权人认可附件5是本领域的公知常识性证据。附件5是高等医药院校试用教材，出版日为1986年11月，且举证期限符合审查指南第四部分第三章第4.3.1节（2）（ii）的规定，合议组依据专利法实施细则第66条的规定予以接受，作为本无效宣告请求案的公知常识性证据。

请求人当庭提交附件6作为公知常识性证据，专利权人对该证据的真实性没有异议，但是不认为该批件是公知常识性证据。附件6是辽宁省卫生厅对沈阳双鼎制药厂“关于生产碟脉灵注射液的请示”的批复，其抄送辽宁省药检所，各市卫生局、药检所，不属于公知常识性证据。附件6是在无效宣告请求提出之日起一个月后提交的，也不属于审查指南第四部分第三章第4.3.1节（2）规定的可以考虑的例外情形，因此，合议组依据专利法实施细则第66条的规定对该批件不予接受。

综上所述，附件1~5可作为合议组审理本案的定案依据。

3. 关于专利法第26条第3款

专利法第26条第3款规定：“说明书应当对发明或者实用新型作出清楚、完整的说明，以所属技术领域的技术人员能够实现为准”。

根据该款规定，如果说明书已经清楚地记载了发明的技术方案，详细地描述了实现发明的具体实施方式，完整地公开了对于理解和实现发明必不可少的技术内容，达到所属技术领域的技术人员能够实现该发明的程度，则说明书满足充分公开的要求。

本专利涉及一种苦碟子注射液及其制备方法。（1）说明书定义了苦碟子注射液以抱茎苦荬菜水提取液为有效成分，每毫升注射液中含总黄酮0.36~0.55mg/ml，并描述了其制备方法（参见说明书第1页第5段和权利要求5~8）；（2）说明书描述了一种碟脉灵注射液的制备方法以及碟脉灵注射液用于治疗脑血栓、眼底病、冠心病和心绞痛的临床实验及其结果（参见说明书第2~3页），而碟脉灵注射液是苦碟子注射液的商品名，其与苦碟子注射液是同一种产品的不同命名，本专利中的苦碟子注射液也是由原申请文件中记载的碟脉灵注射液更改而来的，即说明书第2~3页公开了苦碟子注射液的用途和/或使用效果。因此，本专利说明书充分公开了本专利的苦碟子注射液、其制备方法及其制药用途和/或使用效果，本领域技术人员按照说明书记载的内容能够实现本发明，说明书符合专利法第26条第3款的规定。

请求人在其无效宣告请求书中提出：由于热原质的性质之一是耐热性，本专利中的灭菌是常规灭菌，无法达到去除热原质的目的，说明书中没有实验证据证实，所述过滤如何保留有效成分含量也没有实验数据说明，因此，说明书缺乏证明本发明能够实现去除热原质而不破坏有效成分，以及有效保留了有效成分的含量和澄明度的有益效果的实验数据，说明书不符合专利法第26条第3款的规定。

对此，合议组认为：本专利说明书已经记载了苦碟子注射液及其制备方法，本领域技术人员能够制备得到苦碟子注射液，说明书记载的临床实验及其结果证明苦碟子注射液具有治疗多种疾病的用途和/或使用效果，说明书已经满足专利法第26条第3款关于充分公开的要求。至于请求人所主张的缺乏证明有益效果的实验证据的事实，因其不能影响技术方案成立与否，因此，不会导致本专利技术方案不能实现。

此外，请求人在口头审理时提出：说明书第2页记载的pH值、临床实验都是一个范围，115～120℃不是一个完整限定，普通技术人员需要付出创造性劳动；说明书中列出的黄酮化合物等同于苦碟子中的黄酮是错误的；说明书第4页的“碟脉灵注射液以注射剂为主”不具有清楚含义；说明书中提及的临床实验数据是碟脉灵注射液的，与本专利苦碟子无关，本专利只有结论，缺乏实验数据。

对此，合议组认为：说明书实施例2记载的pH值、115～120℃表示的是一个可供选择实施的参数范围，本领域技术人员可以按照说明书记载内容制备苦碟子注射液。请求人主张的说明书中列出的黄酮化合物不同于苦碟子中的黄酮，但是没有提供相关证据证明，合议组对此主张不予支持。说明书第4页在“碟脉灵注射液以注射剂为主。”之后还记载了“还可制成粉针剂、片剂，用时加注射用水稀释。”，依据该上下文的表述，本领域技术人员可以理解，这表示本发明碟脉灵注射液的剂型以注射剂为主，也可以制备成粉针剂、片剂的形式，具有清楚的含义。另外，基于前面所述，说明书中提及的临床实验数据即为本专利苦碟子注射液的临床使用结果。因此，请求人在口头审理时补充提出本专利说明书不符合专利法第26条第3款的规定的上述理由不成立。

综上所述，请求人主张本专利说明书不符合专利法第26条第3款的规定的理由不成立。

4. 关于专利法第22条第3款

专利法第22条第3款规定：创造性，是指同申请日以前已有的技术相比，该发明有突出的实质性特点和显著的进步，该实用新型有实质性特点和进步。

根据该款规定，当专利要求保护的技术方案相对于最接近的现有技术存在区别技术特征时，应判断现有技术是否给出将上述区别技术特征应用到该最接近现有技术以解决其存在的技术问题的启示，如果不存在这种技术启示，且所述技术方案获得了有益的技术效果，则该技术方案具备创造性，反之，如果存在这种技术启示，并且要求保护的技术方案没有带来意想不到的技术效果，则该技术方案不具有创造性。

（1）权利要求5～8相对于附件2和4的结合的创造性。

本专利权利要求5涉及一种苦碟子注射液的制备方法，附件2公开了一种苦碟子针剂的制备方法，其包括取苦碟子洗净切碎置容器中，加水过药面5～10厘米煎煮两次，第1次1小时，第2次45分钟。合并煎煮液，过滤。浓缩滤液至200毫升左右，用20%石灰乳调节pH值至12，静置，过滤。收集沉淀物，溶于500毫升95%乙醇中，以50%硫酸液调节乙醇液的pH值为3，放置28小时，过滤。回收滤液中的乙醇，加注射用水稀释至800毫升左右，加2克活性炭，加热煮沸10分钟，过滤。测定滤液中总黄酮含量后，加注射用水稀释至每1毫升含黄酮量10毫克，用3号垂熔玻璃漏斗或其他滤器滤材过滤至澄明。灌封，100℃灭菌30分钟即得。（参见附件2第278页第23～35行）

将权利要求5的苦碟子注射液的制备方法与附件2公开的苦碟子针剂的制备方法相比，它们都经过了煎煮、沉淀、脱钙、中和、回收乙醇、药液的除杂与灭菌等操作步骤，但是存在如下区别：①在煎煮步骤中，权利要求5在加水煎煮后将煎煮液浓缩至每1ml相当于原生药0.5g，附件2是将煎煮液合并，过滤，浓缩滤液至200毫升左右；②在沉淀步骤中，权利要求5在浓缩煎煮液中加入氧化钙至pH10，离心，而附件2是用20%石灰乳将浓缩滤液pH调节至12，静置，过滤；③在脱钙步骤中，权利要求5在将沉淀悬浮在95%乙醇中，加硫酸至pH为3～4，搅拌，离心取澄明液，附件2是将沉淀悬浮在95%乙醇中，加硫酸至pH为3，放置28小时，过滤得到滤液；④在药液的除杂与灭菌步骤，权利要求5进行了第一次灭菌，对第一次灭菌后的药液进行冷冻和在-5℃下放置自然融化操作，再先后用5万分子量中空纤维和1万分子量中空纤维进行超滤进行除杂后，再进行滤过、灌封和灭菌，每1ml药液中含黄酮0.36～0.55mg，而附件2中不包括冷冻和在-5℃下放置自然融化的操作，其用活性炭煮沸进行除杂，和用3号垂熔玻璃漏斗或其他滤器滤材过滤后，进行灌封和一次灭菌，每1毫升药液中含黄酮量10毫克。

附件4公开了中药伸筋草注射液的制备方法（参见附件4的权利要求2～4），公开了用两步超滤方法过滤药液以除去大分子杂质和小分子杂质，所用超滤膜的截留分子量均为5万以下。但是，根据附件4的权利要求2记载的“（2）精制：提取所得滤液进行一步超滤，除去大分子杂质的滤过液浓缩并调pH值为5～13，离心或过滤后进行另一步超滤，并分次在超滤所剩药液中补加水，弃去含小分子杂质的滤过液，保留未滤过液；”内容可知，附件4的两次超滤是分别去除大于第一次截留分子量的大分子杂质和小于第二次截留分子量的小分子杂质，其与本专利的两次超滤均是除去大分子杂质，而最终保留小分子量的有效成分（分子量为610的黄酮类化合物和分子量为267的腺嘌呤核苷）的作用方式不同。附件4没有教导如何将两步超滤方法应用于本发明的苦碟子注射液制备中，即附件4没有给出将上述区别特征④应用于苦碟子注射液制备的技术启示。

请求人在口头审理过程中还举证附件6说明在中药制剂中，1～3万分子量超滤是公知常识。对此，合议组认为，虽然在中药制剂领域中，1～3万分子量超滤是公知常识（如附件6所记载），但是权利要求5涉及5万分子量中空纤维，其不在上述公知超滤范围内，而且附件6中也没有教导将5万分子量中空纤维与1万分子量中空纤维组合的超滤除杂方法应用于苦碟子注射液制备中，上述区别特征④也未在附件6中公开。

综上所述，附件2和4都没有给出将上述区别特征④应用于具体的苦碟子注射液制备方法的技术启示，现有技术中也不存在这种技术教导，权利要求5的技术方案相对于附件2和4公开的内容是非显而易见的。另外，中空纤维两步超滤方法克服活性炭煮沸法过滤在除杂同时吸附有效药用成分的缺点，上述区别特征④使得权利要求5与附件2的苦碟子针剂的制备方法相比能够带来有益的技术效果。因此，上述区别特征④足以使得权利要求5相对于附件2和4的结合具备创造性。

在权利要求5相对于附件2和4的结合具备创造性的基础上，直接或间接引用权利要求5的权利要求6～8相对于附件2和4的组合也具备创造性。

（2）权利要求7和8相对于附件2～3和4的结合的创造性。

权利要求7进一步限定权利要求5所述制备方法中的煎煮用水量和煎煮时间，氧化钙浓度、硫酸浓度、中和澄明液的碱；权利要求8进一步限定权利要求5所述制备方法中的两次灭菌的温度和时间。将权利要求7和8与附件2和4公开的内容相比，仍然存在上述区别特征④。

附件3公开了止痛草（苦碟子）注射液的生产工艺，其包括将苦碟子全草先后加12～15倍量和8～10倍量水，分别煎煮1小时和半小时，过滤，乘热往滤液中加石灰乳至pH12，静置过滤，将沉淀悬浮在3倍量乙醇（90%以上）中，加50%硫酸液至pH3～4，充分搅拌、过滤，往滤液中加40%氢氧化钠溶液中和至pH6.5～7.5，过滤，从滤液中回收乙醇至无醇味，往药液中加水稀释，使浓度约为原生药的300%放置，过滤，取样化验，稀释成总黄酮含量为5mg/ml，调pH为6.5～7.5，过滤，灌封，100度30分钟灭菌，制备得到止痛草注射液（参加附件3第152～153页的“生产工艺”）。可见附件3中公开了权利要求7中限定的两次煎煮的用水量和煎煮时间，但是权利要求7和8中包含的上述区别特征④仍未在附件3中公开。

附件2～3和4都没有给出将上述区别特征④应用于具体的苦碟子注射液制备方法的技术启示，现有技术中也不存在这种技术教导，权利要求7和8的技术方案相对于附件2～3和4公开的内容是非显而易见的。另外，中空纤维两步超滤方法克服传统活性炭煮沸法过滤在除杂同时吸附有效药用成分的缺点，上述区别特征④使得权利要求7和8与附件2的苦碟子针剂的制备方法和附件3的止痛草（苦碟子）注射液的生产工艺相比具有有益的技术效果。因此，权利要求7和8相对于附件2～3和4的结合具备创造性。

（3）权利要求1～4相对于附件2的创造性。

本专利权利要求1涉及一种苦碟子注射液，附件2公开了一种苦碟子针剂及其方法制备方法（参见附件2第278页第23～35行）。将权利要求1的苦碟子注射液与附件2的苦碟子针剂相比，它们在制备方法上也存在上述权利要求5与附件2之间的区别特征①～④；另外，权利要求1的苦碟子注射液每1ml含黄酮0.36～0.55mg，而附件2的苦碟子针剂每1毫升含黄酮量10毫克。

基于本专利说明书第1页第23～29行的记载可知，本发明的制备方法的优点在于（a）用高压灭菌有效去除热原质，而不破坏有效成分和（b）用中空纤维膜分离技术过滤克服传统中药针剂用活性炭吸附细菌和杂质，同时又吸附有效成分的缺点。但是本专利采用115～120℃灭菌是除不掉热原质的，专利权人在口头审理时对此也明确予以承认；本专利采用中空纤维膜分离技术过滤只是克服如用活性炭吸附方法在吸附细菌和杂质同时又吸附有效成分的不足，其作用在于提高苦碟子药液中的有效成分的提取效率，并不导致所制备的苦碟子注射液在组成、功能和性质上区别于传统活性炭吸附方法所制备的苦碟子针剂。本专利说明书也没有记载任何证明具有上述区别特征①～④使得所制备的苦碟子注射液终产品在组成、功能和性质发生何种改变的内容。此外，终产品中1毫升中黄酮量是根据产品规格需要适量添加注射用水的结果，是本领域技术人员的一般性选择。附件2的苦碟子针剂（参见附件2第279页第24～27行）与本专利的苦碟子注射液具有类似的应用范围。因此，相对于附件2的苦碟子针剂，权利要求1不具有突出的实质性特点和显著的进步，不符合专利法第22条第3款的规定。

专利权人认为由于权利要求1的苦碟子注射液的制备方法与附件2的苦碟子针剂的制备方法之间存在差别，导致本发明的苦碟子注射液在组成、功能、性质的改变，又带来了意外的技术效果。专利权人在口头审理时还提出由于存在区别特征，使得本发明的苦碟子注射液的有效成分高，纯度提高，杂质减少，权利要求1具备创造性。

对此，合议组认为：基于本专利说明书和附件2的记载可知，权利要求1方法和附件2的方法都制备符合药物制剂要求的产品，对于本领域技术人员而言，权利要求1的制备方法与附件2制备方法之间的区别技术特征仅会对制备工艺的效率产生影响，而无法得出权利要求1的苦碟子注射液具有有效成分高、纯度高和杂质少的结论，且本专利说明书未记载证明所述苦碟子注射液在组成、功能和性质方面发生改变的内容。因此对专利权人的上述主张不予支持。

权利要求2～4对权利要求1所述苦碟子注射液的制备方法中多个工艺参数作进一步限定，但是基于与评述权利要求1相同的理由，无法得出按照权利要求2～4所述方法制备得到的苦碟子注射液在组成、功能和性质方面区别于附件2的苦碟子针剂的结论，而且权利要求2～4的苦碟子注射液与附件2的苦碟子针剂在黄酮含量上的不同是根据产品规格需要适量添加注射用水的结果，是本领域技术人员的一般性选择，附件2的苦碟子针剂（参见附件2第279页第24～27行）与本专利的苦碟子注射液具有类似的应用范围。因此，相对于附件2的苦碟子针剂，权利要求2～4仍不具有突出的实质性特点和显著的进步，不符合专利法第22条第3款的规定。

鉴于，以上论述已经得出权利要求权利要求1～4相对于附件2不具有创造性的结论，本合议组对请求人提出权利要求1～4相对于附件2和4的结合不符合专利法第22条第3款的规定，以及权利要求3和4相对于附件2～3和4的结合不符合专利法第22条第3款的规定的主张不再评述。

基于以上事实和理由，本案合议组作出如下审查决定。

**三、决定**

宣告01114136.0号发明专利权权利要求1～4无效，在权利要求5～8的基础上维持该发明专利权有效。

当事人对本决定不服的，可以根据专利法第46条第2款的规定，自收到本决定之日起三个月内向北京市第一中级人民法院起诉。根据该款的规定，一方当事人起诉后，另一方当事人应当作为第三人参加诉讼。

# 北京市第一中级人民法院
# 行政判决书

（2008）一中行初字第26号

原告华玉强，男，1954年4月10日出生，汉族，住吉林省通化市东昌区光明街华明委7组。

委托代理人徐国文，北京安博达知识产权代理有限公司专利代理人。

委托代理人刘东辉，女，1968年9月29日出生，通化华夏药业有限责任公司职工，住吉林省通化市东昌区东昌街球场委6组。

被告国家知识产权局专利复审委员会，住所地北京市海淀区北四环西路9号银谷大厦10～12层。

法定代表人廖涛，副主任。

委托代理人吴通义，国家知识产权局专利复审委员会审查员。

委托代理人程强，国家知识产权局专利复审委员会审查员。

第三人沈阳双鼎制药有限公司，住所地辽宁省沈阳市浑南新区高科路15号。

法定代表人马占芝，总经理。

委托代理人李嵘，北京市立方律师事务所律师。

委托代理人孙喜，北京市立方律师事务所律师。

原告华玉强不服被告国家知识产权局专利复审委员会（简称专利复审委员会）作出的第10530号无效宣告请求审查决定（简称第10530号决定），在法定期限内向本院提起诉讼。本院于2008年1月3日受理后，依法组成合议庭，并通知沈阳双鼎制药有限公司（简称双鼎公司）作为本案的第三人参加诉讼，于2008年3月17日公开开庭进行了审理。原告华玉强的委托代理人徐国文、刘东辉，被告专利复审委员会的委托代理人吴通义、程强，第三人双鼎公司的委托代理人李嵘、孙喜到庭参加了诉讼。本案现已审理终结。

就双鼎公司针对华玉强拥有的名称为“苦碟子注射液及其制备方法”的发明专利权（简称本专利）提出的无效宣告请求，专利复审委员会作出第10530号决定，其认为：（1）本专利说明书已经记载了苦碟子注射液及其制备方法，本领域技术人员能够制备得到苦碟子注射液，说明书记载的临床实验及其结果证明苦碟子注射液具有治疗多种疾病的用途和/或使用效果，说明书已经满足《中华人民共和国专利法》（简称《专利法》）第二十六条第三款关于充分公开的要求。至于请求人所主张的缺乏证明有益效果的实验证据的事实，因其不能影响技术方案成立与否，因此，不会导致本专利技术方案不能实现。（2）权利要求5的技术方案相对于附件2和4公开的内容是非显而易见的，在权利要求5相对于附件2和4的结合具备创造性的基础上，直接或间接引用权利要求5的权利要求6～8相对于附件2和4的组合也具备创造性；（3）权利要求7和8的技术方案相对于附件2～3和4公开的内容是非显而易见的，权利要求7和8相对于附件2～3和4的结合具备创造性。（4）权利要求1～4相对于附件2的创造性：将权利要求1的苦碟子注射液与附件2的苦碟子针剂相比，它们在制备方法上存在区别特征，另外，权利要求1的苦碟子注射液每1mL含黄酮0.36～0.55mg，而附件2的苦碟子针剂每1毫升含黄酮量10毫克。本专利采用中空纤维膜分离技术过滤只是克服如用活性炭吸附方法在吸附细菌和杂质同时又吸附有效成分的不足，其作用在于提高苦碟子药液中的有效成分的提取效率，并不导致所制备的苦碟子注射液在组成、功能和性质上区别于传统活性炭吸附方法所制备的苦碟子针剂。本专利说明书没有记载具有上述区别特征将使得所制备的苦碟子注射液终产品在组成、功能和性质上发生何种改变的内容。此外，终产品中1毫升中黄酮量是根据产品规格需要适量添加注射用水的结果，是本领域技术人员的一般性选择。附件2的苦碟子针剂与本专利的苦碟子注射液具有类似的应用范围。因此，相对于附件2的苦碟子针剂，权利要求1不具有突出的实质性特点和显著的进步，不符合《专利法》第二十二条第三款的规定。对于华玉强关于本发明的苦碟子注射液的有效成分高，纯度提高，杂质减少的主张，专利复审委员会认为：基于本专利说明书和附件2的记载可知，权利要求1方法和附件2的方法都制备符合药物制剂要求的产品，对于本领域技术人员而言，权利要求1的制备方法与附件2制备方法之间的区别技术特征仅会对制备工艺的效率产生影响，而无法得出权利要求1的苦碟子注射液具有有效成分高、纯度高和杂质少的结论。且本专利说明书未记载证明所述苦碟子注射液在组成、功能和性质方面发生改变的内容。权利要求2~4对权利要求1所述苦碟子注射液的制备方法中多个工艺参数作进一步限定，但是基于与评述权利要求1相同的理由，相对于附件2的苦碟子针剂，权利要求2~4仍不具有突出的实质性特点和显著的进步，不符合《专利法》第二十二条第三款的规定。据此，专利复审委员会作出第10530号决定，宣告本专利权权利要求1~4无效，在权利要求5~8的基础上维持该发明专利权有效。

华玉强不服第10530号决定，在法定期限内向本院提起诉讼，其诉称：本发明权利要求1与附件2相比存在多个区别技术特征，其中本发明的权利要求1用氧化钙调节pH至10，从药液中沉淀出来的杂质种类少，杂质量小；“冷冻，在-5℃放置，自然融化”，“用1万分子量中空纤维超滤，微孔滤膜滤过”纯化了有效成分。上述区别特征使本发明的苦碟子注射液中的有效成分含量大、纯度高、毒性小，而导致了与附件2相比，本发明的苦碟子注射液在其组成、功能、性质上发生了改变，完全可以得出苦碟子注射液具有纯度高、杂质少的结论。说明书中记载的本发明的碟脉灵注射液在治疗冠心病、心绞痛、眼底病的有效率和毒性小等数据和记载证明本发明具有意想不到的显著效果，是本专利说明书中对苦碟子注射液在组成、功能和性质改变的有利证明。附件4和附件2的结合不能破坏本发明权利要求1~4的创造性。因此，专利复审委员会对部分事实认定不清，适用法律不当，请求人民法院撤销第10530号决定宣告权利要求1至权利要求4的部分，维持本专利全部有效。

被告专利复审委员会在提交的书面答辩中除坚持其在第10530号决定中阐述的理由外，针对华玉强的起诉辩称：（1）本专利权利要求1中的操作步骤本身无法确定权利要求1的制备方法是否会使得所制备的苦碟子注射液的有效成分含量大、纯度高、毒性小。而说明书记载的发明目的在于克服传统中药针利用活性炭吸附细菌和杂质，同时又吸附有效成分的缺点，旨在提高有效成分的提取效率，而不必然使得权利要求1~4的苦碟子注射液的有效成分含量大、纯度高、毒性小。（2）关于涉案专利记载的治疗有效率等数据，附件2没有记载治疗脑血栓和眼底病的效果，因此无法与本专利相比；而本专利对冠心病、心绞痛的有效率与附件2相比不具有显著性，不能证明涉案专利苦碟子注射液的纯度显著提高或毒性显著下降，因此权利要求1~4相对于附件2不具有意想不到的技术效果。综上，专利复审委员会认定事实清楚、适用法律正确，请求人民法院维持该决定。

第三人双鼎公司没有提交书面意见陈述，其在本案庭审过程中表示同意专利复审委员会的意见，请求维持第10530号决定。

本院经审理查明：

名称为“苦碟子注射液及其制备方法”的第01114136.0号发明专利（即本专利）的申请日为2001年6月24日，专利权人为华玉强，授权公告日为2005年2月23日，本专利授权公告的权利要求书如下：

“1. 一种苦碟子注射液，其特征在于它可由下列方法制得：

将抱茎苦荬菜加水煎煮，将煎煮液浓缩至每1mL相当于原生药0.5g，加入氧化钙至pH为10，离心，将沉淀悬浮于95%乙醇中，加硫酸溶液至pH为3~4，搅拌，离心，取澄明液，将其中和到pH为7.8~8.0，过滤，滤液回收乙醇并挥尽乙醇，加注射用水稀释，第一次灭菌，冷冻，在-5℃下放置自然融化，用5万分子量中空纤维超滤，调pH为7.6~7.8，加注射用水稀释到每1mL含黄酮0.36~0.55mg，用1万分子量中空纤维超滤，微孔滤膜滤过，灌封，第二次灭菌制成。

2. 按照权利要求1所述的苦碟子注射液，其特征在于其中第一次灭菌前加注射用水稀释到每1mL相当于原生药4g，5万分子量中空纤维超滤并调pH为7.6~7.8后，加注射用水稀释至每1mL含黄酮0.55mg。

3. 按照权利要求1或2所述的苦碟子注射液，其中抱茎苦荬菜加水煎煮两次，第一次加12~15倍量的水煎煮1小时，第二次加8~10倍量的水煎煮0.5小时，合并煎煮液；加入的氧化钙溶液为10%，加入的硫酸溶液为50%，中和澄明液的碱为40%的氢氧化钠。

4. 按照权利要求1~2或3所述的苦碟子注射液，其特征在于其中制法中第一次灭菌的温度为115~120℃，时间15分钟；第二次灭菌温度为105℃，时间45分钟。

5. 权利要求1所述苦碟子注射液的制备方法，它包括将抱茎苦荬菜加水煎煮，将煎煮液浓缩至每1mL相当于原生药0.5g，加入氧化钙溶液至pH为10，离心，将沉淀悬浮于5.0~5.5倍95%乙醇中，加硫酸溶液至pH为3~4，搅拌，离心，取澄明液，用碱将其中和到pH为7.8~8.0，过滤，滤液回收乙醇并挥尽乙醇，加注射用水稀释，灭菌，冷冻，在-5℃下放置自然融化，用5万分子量中空纤维超滤，调pH为7.6~7.8，加注射用水稀释至每1mL含黄酮0.36~0.55mg，用1万分子量中空纤维超滤，微孔滤膜滤过，灌封，灭菌制成。

6. 按照权利要求5所述的苦碟子注射液的制备方法，其中第一次灭菌前加注射用水稀释到每1mL相当于原生药4g，5万分子量中空纤维超滤并调pH为7.6~7.8后，加注射用水稀释到每1mL含黄酮0.55mg。

7. 按照权利要求5或6所述的苦碟子注射液的制备方法，其中抱茎苦荬菜加水煎煮两次，第一次加12~15倍量的水煎煮1小时，第二次加8~10倍量的水煎煮0.5小时，合并煎煮液；加入的氧化钙溶液为10%，加入的硫酸溶液为50%，中和澄明液的碱为40%的氢氧化钠。

8. 按照权利要求5~6或7所述的苦碟子注射液的制备方法，其中制法中灭菌温度为115~120℃，时间15分钟；第二次灭菌温度为105℃，时间45分钟。"

本专利说明书记载，在传统药用植物注射液提取工艺中，滤液常采用活性炭煮沸法过滤，其缺点是活性炭在吸附细菌和杂质的同时，还吸附了有效药用成分。本发明目的是针对上述不足而提供一种充分开发抱茎苦荬菜药用功能的苦碟子注射液，同时提供一种确保有效成分，提高产品质量的苦碟子注射液制备方法。本发明的优点是：（1）开发利用了抱茎苦荬菜药用植物，为治疗脑血栓形成、冠心病、心绞痛、视神经萎缩和眼底病等提供了一种新药。（2）苦碟子注射液其有效成分腺苷和黄酮类化合物生物活性很强，易染菌，工艺中采用高压灭菌，可有效去除热原质，而不破坏有效成分。（3）工艺中采用中空纤维膜分离技术过滤，去掉了大分子杂质和细菌，有效地保留了有效成分的含量和澄明度合格，克服了传统中药针剂采用活性炭吸附细菌和杂质，同时又吸附有效成分的缺点。

针对上述专利权，双鼎公司于2006年12月29日向专利复审委员会提出专利权无效宣告请求，认为本专利不符合《专利法》第二十六条第三款，第二十二条第三款的规定，并提交了证据，其中：

附件2为"中药注射剂"，赵新先，人民卫生出版社出版，1998年2月第1版第1次印刷。附件2公开了一种苦碟子针剂的制备方法，其包括取苦碟子洗净切碎置容器中，加水过药面5~10厘米煎煮两次，第1次1小时，第2次45分钟。合并煎煮液，过滤。浓缩滤液至200毫升左右，用20%石灰乳调节pH值至12，静置，过滤。收集沉淀物，溶于500毫升95%乙醇中，以50%硫酸液调节乙醇液的pH值为3，放置28小时，过滤。回收滤液中的乙醇，加注射用水稀释至800毫升左右，加2克活性炭，加热煮沸10分钟，过滤。测定滤液中总黄酮含量后，加注射用水稀释至每1毫升含黄酮量10毫克，用3号垂熔玻璃漏斗或其他滤器滤材过滤至澄明。灌封，100℃灭菌30分钟即得。

附件3为"中草药化学"，沈阳药学院。附件3公开了止痛草（苦碟子）注射液的生产工艺，其包括将苦碟子全草先后加12~15倍量和8~10倍量水，分别煎煮1小时和半小时，过滤，乘热往滤液中加石灰乳至pH12，静置过滤，将沉淀悬浮在3倍量乙醇（90%以上）中，加50%硫酸液至pH3~4，充分搅拌、过滤，往滤液中加40%氢氧化钠溶液中和至pH6.5~7.5，过滤，从滤液中回收乙醇至无醇味，往药液中加水稀释，使浓度约为原生药的300%放置，过滤，取样化验，稀释成总黄酮含量为5mg/mL，调pH为6.5~7.5，过滤，灌封，100℃30分钟灭菌，制备得到止痛草注射液。

附件4为第94113057.6号中国发明专利申请公开说明书，扉页（1页）、权利要求书（1页）和说明书（3页），复印件共5页。附件4公开了中药伸筋草注射液的制备方法，用两步超滤方法过滤药液以除去大分子杂质和小分子杂质，所用超滤膜的截留分子量均为5万以下。附件4的权利要求2记载"精制：提取所得滤液进行一步超滤，除去大分子杂质的滤过液浓缩并调pH值为5~13，离心或过滤后进行另一步超滤，并分次在超滤所剩药液中补加水，弃去含小分子杂质的滤过液，保留未滤过液"。

专利复审委员会于2007年6月13日对本案进行口头审理。2007年9月26日，专利复审委员会作出第10530号决定。

以上事实，有本专利说明书、第10530号决定、附件1~4、当事人陈述等证据在案佐证。

本院认为：

根据《专利法》第二十二条第三款的规定，发明的创造性，是指同申请日以前已有的技术相比，该发明有突出的实质性特点和显著的进步。

本案争议的焦点在于权利要求1~4中的制备方法是否能够使得其要求保护的苦碟子注射液在组成、功能和性质发生何种改变，从而与附件2公开的苦碟子针剂相区别。

虽然本专利权利要求1~4中采用了制备方法对化学产品进行了限定，但对于其新颖性、创造性评判仍应针对产品本身进行，而不是仅仅比较其中的制备方法是否与对比文件公开的方法相同。本案中涉及的附件2公开了从苦碟子中提取有效成分制备的药物组合物的方法及获得的产品苦碟子针剂，即从苦碟子中提取有效成分制备药物组合物是本专利申请日前的现有技术，苦碟子含有的有效成分不是本专利新的发现，亦无证据表明本专利的苦碟子注射液具有新的有效成分。

本专利说明书没有公开可与附件2公开的苦碟子针剂产品进行比较的参数以证明本专利的苦碟子注射液的不同之处，除浓度的不同外，本专利与附件2仅是制备方法上存在区别。且没有记载表明由于制备方法上的区别为产品带来任何功能、性质上的改变，在此基础上，应当认为本专利权利要求1~4限定的制备方法不会导致产品本身除浓度外其他组成、功能、性质不同于附件2的产品。而说明书中记载的本发明的碟脉灵注射液在治疗冠心病、心绞痛等疾病的有效率等数据与附件2相比并不具有显著的差别。尽管附件2中没有对于治疗眼底病的记载，但没有证据表明所述疾病的治疗是由于本专利记载的制备方法使得本专利产品含有新的有效成分所导致，因此不能证明本专利的产品与附件2的产品在组成、功能、性质上的区别。华玉强称两制备方法中pH的不同、冷冻、放置、融化、超滤等处理上的区别使本发明的苦碟子注射液中的有效成分含量大、纯度高、毒性小、杂质少，而导致本发明的苦碟子注射液在组成、功能、性质上发生改变的主张缺乏事实依据，本院不予支持，专利复审委员会认定权利要求 1 ~4 不具备创造性并无不当。

综上，专利复审委员会在第 10530 号决定中就本专利权利要求 1 ~4 不具备创造性所认定的事实清楚，适用法律正确。华玉强的诉讼请求不能成立。依照《最高人民法院关于执行〈中华人民共和国行政诉讼法〉若干问题的解释》第五十六条第（四）项之规定，本院判决如下：

驳回原告华玉强的诉讼请求。

案件受理费 100 元，由原告华玉强负担（已交纳）。

如不服本判决，各方当事人可在本判决书送达之日起 15 日内，向本院提交上诉状并交纳上诉案件受理费 100 元，上诉于北京市高级人民法院。

审 判 长 仪 军

代理审判员 侯占恒

人民陪审员 郝建欣

二〇〇八年七月十六日

书 记 员 王东勇

# 北京市第一中级人民法院
# 行政判决书

（2008）一中行初字第211号

原告沈阳双鼎制药有限公司，住所地辽宁省沈阳市浑南新区高科路15号。

法定代表人马占芝，董事长。

委托代理人李嵘，北京市立方律师事务所律师。

委托代理人孙喜，北京市立方律师事务所律师。

被告国家知识产权局专利复审委员会，住所地北京市海淀区北四环西路9号银谷大厦10～12层。

法定代表人廖涛，副主任。

委托代理人吴通义，国家知识产权局专利复审委员会审查员。

委托代理人程强，国家知识产权局专利复审委员会审查员。

第三人华玉强，男，1954年4月10日出生，汉族，住吉林省通化市东昌区光明街华明委7组。

委托代理人徐国文，北京安博达知识产权代理有限公司专利代理人。

委托代理人刘东辉，女，1968年9月29日出生，通化华夏药业有限责任公司职工，住吉林省通化市东昌区东昌街球场委6组。

原告沈阳双鼎制药有限公司（简称双鼎公司）不服被告国家知识产权局专利复审委员会（简称专利复审委员会）作出的第10530号无效宣告请求审查决定（简称第10530号决定），在法定期限内向本院提起诉讼。本院于2008年1月23日受理后，依法组成合议庭，并通知华玉强作为本案的第三人参加诉讼，于2008年3月17日公开开庭进行了审理。原告双鼎公司的委托代理人李嵘、孙喜，被告专利复审委员会的委托代理人吴通义、程强，第三人华玉强的委托代理人徐国文、刘东辉到庭参加了诉讼。本案现已审理终结。

就双鼎公司针对华玉强拥有的名称为"苦碟子注射液及其制备方法"的发明专利权（简称本专利）提出的无效宣告请求，专利复审委员会作出第10530号决定，其认为：（1）附件6是在无效宣告请求提出之日起一个月后提交的，也不属于《审查指南》第四部分第三章第4.3.1节（2）规定的可以考虑的例外情形，因此，专利复审委员会依据《中华人民共和国专利法实施细则》第六十六条的规定对该批复不予接受。（2）本专利说明书已经记载了苦碟子注射液及其制备方法，本领域技术人员能够制备得到苦碟子注射液，说明书记载的临床实验及其结果证明苦碟子注射液具有治疗多种疾病的用途和/或使用效果，说明书已经满足《中华人民共和国专利法》（简称《专利法》）第二十六条第三款关于充分公开的要求。至于双鼎公司所主张的缺乏证明有益效果的实验证据的事实，因其不能影响技术方案成立与否，因此，不会导致本专利技术方案不能实现。（3）将权利要求5的苦碟子注射液的制备方法与附件2公开的苦碟子针剂的制备方法相比，它们都经过了煎煮、沉淀、脱钙、中和、回收乙醇、药液的除杂与灭菌等操作步骤，但是存在如下区别：①在煎煮步骤中、权利要求5在加水煎煮后将煎煮液浓缩至每1mL相当于原生药0.5g，附件2是将煎煮液合并、过滤、浓缩滤液至200毫升左右；②在沉淀步骤中、权利要求5在浓缩煎煮液中加入氧化钙至pH10，离心，而附件2是用20％石灰乳将浓缩滤液pH调节至12，静置，过滤；③在脱钙步骤中，权利要求5在将沉淀悬浮在95％乙醇中，加硫酸至pH为3～4，搅拌，离心取澄明液，附件2是将沉淀悬浮在95％乙醇中，加硫酸至pH为3，放置28小时，过滤得到滤液；④在药液的除杂与灭菌步骤，权利要求5进行了第一次灭菌，对第一次灭菌后的药液进行冷冻和在-5℃下放置自然融化操作，再先后用5万分子量中空纤维和1万分子量中空纤维进行超滤进行除杂后，再进行滤过、灌封和灭菌，每1mL药液中含黄酮0.36~0.55mg，而附件2中不包括冷冻和在-5℃下放置自然融化的操作，其用活性炭煮沸进行除杂，和用3号垂熔玻璃漏斗或其他滤器滤材过滤后，进行灌封和一次灭菌，每1毫升药液中含黄酮量10毫克。附件4的两次超滤是分别去除大于第一次截留分子量的大分子杂质和小于第二次截留分子量的小分子杂质，其与本专利的两次超滤均是除去大分子杂质，而最终保留小分子量的有效成分（分子量为610的黄酮类化合物和分子量为267的腺嘌呤核苷）的作用方式不同，附件4没有教导如何将两步超滤方法应用于本发明的苦碟子注射液制备中，即附件4没有给出将上述区别特征④应用于苦碟子注射液制备的技术启示。对于附件6公开的在中药制利中，1~3万分子量超滤是公知常识，由于权利要求5涉及5万分子量中空纤维不在上述公知超滤范围内，而且附件6中也没有教导将5万分子量中空纤维与1万分子量中空纤维组合的超滤除杂方法应用于苦碟子注射液制备中，上述区别特征④也未在附件6中公开。因此，附件2和4都没有给出将上述区别特征④应用于具体的苦碟子注射液制备方法的技术启示，现有技术中也不存在这种技术教导，权利要求5的技术方案相对于附件2和4公开的内容是非显而易见的。另外，中空纤维两步超滤方法克服活性炭煮沸法过滤在除杂同时吸附有效药用成分的缺点，上述区别特征④使得权利要求5与附件2的苦碟子针剂的制备方法相比能够带来有益的技术效果。因此，上述区别特征④足以使得权利要求5相对于附件2和4的结合具备创造性。在权利要求5相对于附件2和4的结合具备创造性的基础上，直接或间接引用权利要求5的权利要求6~8相对于附件2和4的组合也具备创造性。(4) 将权利要求7和8与附件2和4公开的内容相比，仍然存在上述区别特征④。附件3中公开了权利要求7中限定的两次煎煮的用水量和煎煮时间，但是权利要求7和8中包含的上述区别特征④仍未在附件3中公开。附件2~3和4都没有给出将上述区别特征④应用于具体的苦碟子注射液制备方法的技术启示，现有技术中也不存在这种技术教导，权利要求7和8的技术方案相对于附件2~3和4公开的内容是非显而易见的。同理，权利要求7和8相对于附件2~3和4的结合具备创造性。(5) 相对于附件2的苦碟子针剂，权利要求1~4不具有突出的实质性特点和显著的进步，不符合《专利法》第二十二条第三款的规定。

据此，专利复审委员会作出第10530号决定，宣告本专利权权利要求1~4无效，在权利要求5~8的基础上维持本专利权有效。

双鼎公司不服第10530号决定，在法定期限内向本院提起诉讼，其诉称：(1) 本专利说明书不符合《专利法》第二十六条第三款的规定。本专利苦碟子注射液制备方法的技术手段和有益效果是：通过高压灭菌去除热原质，而不破坏有效成分；通过两步超滤去掉大分子量杂质和细菌，有效保留有效成分的含量和澄明度合格。本领域的技术人员根据说明书的记载，无法预见通过实施所述技术手段能够达到所述有益效果，而对此说明书并没有公开必要的药理分析以及实验数据，无法证实所述技术方案能够成立，不符合《专利法》第二十六条第三款的规定。而且，根据本领域的公知常识，在115~120℃下高压灭菌是无法除去热原质的。(2) 本专利的权利要求5相对于附件2和附件4的结合不符合《专利法》第二十二条第三款规定。附件4记载"采用两种不同截留分子量的膜进行两次超滤，分别滤除大分子量杂质和小分子量杂质"。附件4与附件2结合，已经充分给出了将区别特征(4)中的两次超滤法应用于本专利苦碟子注射液制备方法中的技术启示，权利要求5记载的两次超滤法是显而易见的。"去掉大分子量杂质和细菌，有效保留有效成分"，从而"提高提取效率"在说明书中没有任何药理分析和实验数据予以支持，因此，并不具有意想不到的技术效果。(3) 权利要求6~8中具体参数的选择对本领域技术人员而言，是显而易见的，而且说明书也没有记载关于有益效果的药理分析和实验数据，同样不符合《专利法》第二十二条第三款的规定。综上，双鼎公司请求人民法院撤销第10530号决定中关于维持本专利的权利要求5～8有效的部分。

被告专利复审委员会在提交的书面答辩中除坚持其在第10530号决定中阐述的理由外，针对双鼎公司的起诉辩称：（1）本专利说明书描述了其制备方法以及用于治疗脑血栓、眼底病、冠心病和心绞痛的临床实验及其结果，本领域技术人员按照说明书记载的内容能够实现本发明，说明书符合《专利法》第二十六条第三款的规定。双鼎公司主张的缺乏证明有益效果的实验证据的事实，不能影响技术方案成立与否，不会导致本专利技术方案不能实现。（2）附件2～4和附件6都没有给出将两步超滤方法应用于本发明的苦碟子注射液制备中的技术启示，且权利要求5～8取得了提高有效成分的提取效率的有益效果，因此具备创造性。综上，专利复审委员会作出的决定认定事实清楚、适用法律正确，请求人民法院维持第10530号决定。

第三人华玉强述称：（1）双鼎公司在起诉时和提起无效请求时的理由不一致；本专利说明书披露了本发明的发明目的又清楚记载了以药用植物报茎苦荬菜为主要原料制备苦碟子注射液的完整工艺步骤及必要的工艺参数，本发明要解决的技术问题、技术方案和有益效果相互适宜，不存在矛盾。因此，本发明的专利说明书对本发明作出了清楚完整的说明，所属技术领域的技术人员完全可以实现。（2）将权利要求5与附件2对比，存在多个区别技术特征，带来了本发明的苦碟子注射液澄明度优良的优点，有效地去除热原物质而不破坏有效成分，提高了有效成分的含量，使本发明的注射液的质量得以提高，毒性小等意想不到的技术效果，又使得治疗冠心病等病症的有效率得到提高，又增加了治疗眼底病的良好疗效，权利要求5具有创造性，同理，权利要求6～8也具有创造性。综上，请求人民法院驳回双鼎公司的请求，维持本发明权利要求5～8有效。

本院经审理查明：

名称为"苦碟子注射液及其制备方法"的第01114136.0号发明专利（即本专利）的申请日为2001年6月24日，专利权人为华玉强，授权公告日为2005年2月23日，本专利授权公告的权利要求书如下：

"1．一种苦碟子注射液，其特征在于它可由下列方法制得：

将抱茎苦荬菜加水煎煮，将煎煮液浓缩至每1mL相当于原生药0.5g，加入氧化钙至pH为10，离心，将沉淀悬浮于95％乙醇中，加硫酸溶液至pH为3～4，搅拌，离心，取澄明液，将其中和到pH为7.8～8.0，过滤，滤液回收乙醇并挥尽乙醇，加注射用水稀释，第一次灭菌，冷冻，在-5℃下放置自然融化，用5万分子量中空纤维超滤，调pH为7.6～7.8，加注射用水稀释到每1mL含黄酮0.36～0.55mg，用1万分子量中空纤维超滤，微孔滤膜滤过，灌封，第二次灭菌制成。

2．按照权利要求1所述的苦碟子注射液，其特征在于其中第一次灭菌前加注射用水稀释到每1mL相当于原生药4g，5万分子量中空纤维超滤并调pH为7.6～7.8后，加注射用水稀释至每1mL含黄酮0.55mg。

3．按照权利要求1或2所述的苦碟子注射液，其中抱茎苦荬菜加水煎煮两次，第一次加12～15倍量的水煎煮1小时，第二次加8～10倍量的水煎煮0.5小时，合并煎煮液；加入的氧化钙溶液为10％，加入的硫酸溶液为50％，中和澄明液的碱为40％的氢氧化钠。

4．按照权利要求1～2或3所述的苦碟子注射液，其特征在于其中制法中第一次灭菌的温度为115～120℃，时间15分钟；第二次灭菌温度为105℃，时间45分钟。

5．权利要求1所述苦碟子注射液的制备方法，它包括将抱茎苦荬菜加水煎煮，将煎煮液浓缩至每1mL相当于原生药0.5g，加入氧化钙溶液至pH为10，离心，将沉淀悬浮于5.0～5.5倍95％乙醇中，加硫酸溶液至pH为3～4，搅拌，离心，取澄明液，用碱将其中和到pH为7.8～8.0，过滤，滤液回收乙醇并挥尽乙醇，加注射用水稀释，灭菌，冷冻，在-5℃下放置自然融化，用5万分子量中空纤维超滤，调 pH 为 7.6～7.8，加注射用水稀释至每 1mL 含黄酮 0.36～0.5 5mg，用 1 万分子量中空纤维超滤，微孔滤膜滤过，灌封，灭菌制成。

6. 按照权利要求 5 所述的苦碟子注射液的制备方法，其中第一次灭菌前加注射用水稀释到每 1mL 相当于原生药 4g，5 万分子量中空纤维超滤并调 pH 为 7.6～7.8 后，加注射用水稀释到每 1mL 含黄酮 0.55mg。

7. 按照权利要求 5 或 6 所述的苦碟子注射液的制备方法，其中抱茎苦荬菜加水煎煮两次，第一次加 12～15 倍量的水煎煮 1 小时，第二次加 8～10 倍量的水煎煮 0.5 小时，合并煎煮液；加入的氧化钙溶液为 10％，加入的硫酸溶液为 50％，中和澄明液的碱为 40％的氢氧化钠。

8. 按照权利要求 5～6 或 7 所述的苦碟子注射液的制备方法，其中制法中灭菌温度为 115～120℃，时间 15 分钟；第二次灭菌温度为 105℃，时间 45 分钟。”

本专利说明书记载，在传统药用植物注射液提取工艺中，滤液常采用活性炭煮沸法过滤，其缺点是活性炭在吸附细菌和杂质的同时，还吸附了有效药用成分。本发明目的是针对上述不足而提供一种充分开发抱茎苦荬菜药用功能的苦碟子注射液，同时提供一种确保有效成分，提高产品质量的苦碟子注射液制备方法。本发明的优点是：（1）开发利用了抱茎苦荬菜药用植物，为治疗脑血栓形成、冠心病、心绞痛、视神经萎缩和眼底病等提供了一种新药。（2）苦碟子注射液其有效成分腺苷和黄酮类化合物生物活性很强，易染菌，工艺中采用高压灭菌，可有效去除热原质，而不破坏有效成分。（3）工艺中采用中空纤维膜分离技术过滤，去掉了大分子杂质和细菌，有效地保留了有效成分的含量和澄明度合格，克服了传统中药针剂采用活性炭吸附细菌和杂质，同时又吸附有效成分的缺点。

针对上述专利权，双鼎公司于 2006 年 12 月 29 日向专利复审委员会提出专利权无效宣告请求，认为本专利不符合《专利法》第二十六条第三款，第二十二条第三款的规定，并提交了证据，其中：

附件 2 为“中药注射剂”，赵新先，人民卫生出版社出版，1998 年 2 月第 1 版第 1 次印刷。附件 2 公开了一种苦碟子针剂的制备方法，其包括取苦碟子洗净切碎置容器中、加水过药面 5～10 厘米煎煮两次，第 1 次 1 小时，第 2 次 45 分钟。合并煎煮液，过滤，浓缩滤液至 200 毫升左右、用 20％石灰乳调节 pH 值至 12，静置、过滤 收集沉淀物、溶于 500 毫升 65％乙醇中，以 50％硫酸液调节乙醇液的 pH 值为 3，放置 28 小时，过滤。回收滤液中的乙醇，加注射用水稀释至 800 毫升左右，加 2 克活性炭，加热煮沸 10 分钟，过摅。测定滤液中总黄酮含量后，加注射用水稀释至每 1 毫升含黄酮量 10 毫克，用 3 号垂熔玻璃漏斗或其他滤器滤时过滤至澄明。灌封，100℃灭菌 30 分钟即得。

附件 3 为“中草药化学”，沈阳药学院。附件 3 公开了止痛草（苦碟子）注射液的生产工艺，其包括将苦碟子全草先后加 12～15 倍量和 8～10 倍量水，分别煎煮 1 小时和半小时，过滤，乘热往滤液中加石灰乳至 pH12，静置过滤，将沉淀悬浮在 3 倍量乙醇（90％以上）中，加 50％硫酸液至 pH3～4，充分搅拌、过滤，往滤液中加 40％氢氧化钠溶液中和至 pH6.5～7.5，过滤，从滤液中回收乙醇至无醇味，往药液中加水稀释，使浓度约为原生药的 300％放置，过滤，取样化验，稀释成总黄酮含量为 5mg/mL，调 pH 为 6.5～7.5，过滤，灌封，100℃30 分钟灭菌，制备得到止痛草注射液。

附件 4 为第 94113057.6 号中国发明专利申请公开说明书。附件 4 公开了中药伸筋草注射液的制备方法，公开了用两步超摅方法过滤药液以除去大分子杂质和小分子杂质，所用超滤膜的截留分子量均为 5 万以下。附件 4 的权利要求 2 记载“（2）精制：提取所得滤液进行一步超滤，除去大分子杂质的滤过液浓缩并调 pH 值为 5～13，离心或过滤后进行另一步超滤，并分次在超滤所剩药液中补加水，弃去含小分子杂质的滤过液，保留未滤过液”。

附件 6 为辽宁省卫生厅对沈阳双鼎制药厂“关于生产碟脉灵注射液的请示”的批复，抄送辽宁省药检所，各市卫生局、药检所。

专利复审委员会于2007年6月13日对本案进行口头审理。2007年9月26日，专利复审委员会作出第10530号决定。

以上事实，有本专利说明书，第10530号决定，附件1~4、6，当事人陈述等证据在案佐证。

本院认为：

1. 本专利说明书是否符合《专利法》第二十六条第三款的规定

《专利法》第二十六条第三款规定，说明书应当对发明或者实用新型作出清楚、完整的说明，以所属技术领域的技术人员能够实现为准。

就本案而言，各方当事人的争议焦点在于：本专利的制备方法不具有其所声称的能够去除热原质而不破坏有效成分的效果，以及对此说明书没有公开必要的药理分析以及实验数据是否导致说明书公开不充分。本专利说明书记载了苦碟子注射液及其制备方法，本领域技术人员根据其记载的方法能够制备得到苦碟子注射液产品。说明书记载了临床实验及其结果证明其所得到的苦碟子注射液具有治疗多种疾病的用途、使用效果，是一种切实有效的药物制剂。本专利声称的采用中空纤维膜分离技术过滤克服了传统中药针剂采用活性炭吸附细菌和杂质，同时又吸附有效成分的缺点这一效果。本院认为，对于一项关于制备方法及其产品的发明，说明书公开了具体的制备步骤和参数，本领域技术人员能够根据说明书的记载制备并得到产品，通过该方法得到产品具有说明书记载的主要的有益效果，已经能够满足《专利法》关于说明书充分公开的要求，而不必要求对所有说明书中记载的有益效果无一例外地必须满足并给出实验数据。双鼎公司以说明书不具备去除热原质这一有益效果而认为说明书公开不充分的主张缺乏法律依据，本院不予支持。

2. 本专利的权利要求5~8是否具有创造性

根据《专利法》第二十二条第三款的规定，发明的创造性是指同申请日以前已有的技术相比，该发明有突出的实质性特点和显著的进步。

本案中，第10530号决定认定权利要求5与附件2存在4项区别技术特征，在对区别特征4进行评述时，专利复审委员会认为附件4虽然也公开了两次超滤，但是附件4的两次超滤分别去除大于第一次截留分子量的大分子杂质和小于第二次截留分子量的小分子杂质，与本专利的苦碟子注射液中两次超滤均是除去大分子杂质，而最终保留小分子量有效成分的作用方式不同，因此认为附件4没有给出将区别技术特征④应用于苦碟子注射液制备方法的技术启示。对此，本院认为，由于附件4和本专利同样涉及中草药提取液的超滤除杂，本领域技术人员已知苦碟子提取液的有效成分分子量小，在附件4应用两次超滤的基础上，本领域技术人员根据苦碟子提取液有效成分分子量小的特点、选取合适的超滤膜进行两次超滤除去大分子量杂质与附件4的两次超滤方法不存在本质区别，超滤除杂能够在去除杂质的同时不吸附有效成分是超滤方法所具有的性质，本领域技术人员在附件4的基础上可以对其公开的两次超滤方法进行简单调整获得本专利的超滤方法 专利复审委员会以两次超滤作用方式不同得出不存在技术启示的结论不能令人信服，本院不予支持。

对区别特征④中涉及的其他内容，如专利复审委员会认定的附件2中不包括的“冷冻和在-5℃下放置自然融化的操作”等，专利复审委员会未对其是否由其他附件给出技术启示或者是否为本领域技术人员容易想到作出评判，且专利复审委员会对区别技术特征（1）~（3）也未予评述，故在本院认为专利复审委员会对区别特征④的部分内容评述不当的情况下，专利复审委员会维持本专利权利要求5~8有效的结论是不适当的，专利复审委员会应当重新就本专利权利要求5~8的创造性进行评判。

综上，专利复审委员会作出的第10530号决定认定事实不清，适用法律有误，应予撤销。依照《中华人民共和国行政诉讼法》第五十四条第（二）项第2目之规定，本院判决如下：

1. 撤销被告国家知识产权局专利复审委员会作出的第10530号无效宣告请求审查决定中“在权利利要求5~8的基础上维持该发明专利权有效”的部分。

2. 被告国家知识产权局专利复审委员会重新就名称为“苦碟子注射液及其制备方法”的第01114136.0号发明专利的权利要求5~8作出无效宣告请求审查决定。

案件受理费100元、由被告国家知识产权局专利复审委员会负担（于本判决生效之日起7日内交纳）

如不服本判决，各方当事人可在本判决书送达之日起15日内，向本院提交上诉状并交纳上诉案件受理费100元，上诉于北京市高级人民法院。

审　判　长　仪　军
代理审判员　侯占恒
人民陪审员　郝建欣
二〇〇八年七月十六日
书　记　员　王东勇

# 北京市高级人民法院
# 行政判决书

（2008）高行终字第707号

上诉人（原审原告）华玉强，男，汉族，1954年4月10日出生，住吉林省通化市东昌区光明街华明委7组。

委托代理人徐国文，男，汉族，1942年10月26日出生，北京安博达知识产权代理有限公司专利代理人，住北京市海淀区晴冬园2楼1805号。

被上诉人（原审被告）国家知识产权局专利复审委员会，住所地北京市海淀区北四环西路9号银谷大厦10~12层。

法定代表人廖涛，副主任。

委托代理人吴通义，该委员会审查员。

委托代理人程强，该委员会审查员。

原审第三人沈阳双鼎制药有限公司，住所地辽宁省沈阳市浑南新区高科路15号。

法定代表人马占芝，董事长。

委托代理人孙喜，北京市立方律师事务所律师。

上诉人华玉强因发明专利权无效行政纠纷一案，不服北京市第一中级人民法院（2008）一中行初字第26号行政判决，向本院提起上诉。本院2008年11月17日受理本案后，依法组成合议庭，于2008年12月1日公开开庭进行了审理。上诉人华玉强的委托代理人徐国文，被上诉人国家知识产权局专利复审委员会（简称专利复审委员会）的委托代理人吴通义、程强，原审第三人沈阳双鼎制药有限公司（简称双鼎公司）的委托代理人孙喜到庭参加了诉讼。本案现已审理终结。

北京市第一中级人民法院认定，涉案专利系华玉强拥有的名称为“苦碟子注射液及其制备方法”的发明专利（简称本专利）。针对本专利权，双鼎公司于2006年12月29日向专利复审委员会提出无效宣告请求，认为本专利不符合《中华人民共和国专利法》（简称专利法）第二十六条第三款，第二十二条第三款的规定。2007 年 9 月 26 日，专利复审委员会做出第 10530 号无效宣告请求审查决定（简称第 10530 号决定），宣告本专利权权利要求 1～4 无效，在权利要求 5～8 的基础上维持本专利权有效。

北京市第一中级人民法院认为，从苦碟子中提取有效成分制备药物组合物是本专利申请日前的现有技术，苦碟子含有的有效成分不是本专利新的发现，亦无证据表明本专利的苦碟子注射液具有新的有效成分。本专利说明书没有公开可与附件 2 公开的苦碟子针剂产品进行比较的参数以证明本专利的苦碟子注射液的不同之处，除浓度的不同外，本专利与附件 2 仅是制备方法上存在区别。且没有记载表明由于制备方法上的区别为产品带来任何功能、性质上的改变，在此基础上，应当认为本专利权利要求 1～4 限定的制备方法不会导致产品本身除浓度外其他组成、功能、性质不同于附件 2 的产品。而说明书中记载的本发明的碟脉灵注射液在治疗冠心病、心绞痛等疾病的有效率等数据与附件 2 相比并不具有显著的差别。尽管附件 2 中没有对于治疗眼底病的记载，但没有证据表明所述疾病的治疗是由于本专利记载的制备方法使得本专利产品含有新的有效成分所导致，因此不能证明本专利的产品与附件 2 的产品在组成、功能、性质上的区别。

据此，北京市第一中级人民法院依照《最高人民法院关于执行<中华人民共和国行政诉讼法>若干问题的解释第五十六条第（四）项之规定，判决：驳回华玉强的诉讼请求。

华玉强不服原审判决，向本院提起上诉，请求撤销原审判决及第 10530 号决定。其理由为：本专利权利要求 1 与附件 2 相比存在多个区别技术特征，而且得到的有效成分浓度不同，导致了与附件 2 相比，本专利的苦碟子注射液在其组成、功能、性质上发生了改变，完全可以得出苦碟子注射液具有纯度高、杂质少的结论。说明书中记载的本专利的碟脉灵注射液在治疗冠心病、心绞痛、眼底病的有效率和毒性小等数据和记载证明本专利具有意想不到的显著效果，是本专利说明书中对苦碟子注射液在组成、功能和性质改变的有利证明。因此，本专利权利要求 1～4 的具有创造性。专利复审委员会、双鼎公司服从原审判决。

本院经审理查明：

名称为“苦碟子注射液及其制备方法”的第 01114136.0 号发明专利（即本专利）的申请日为 2001 年 6 月 24 日，专利权人为华玉强，授权公告日为 2005 年 2 月 23 日，本专利授权公告的权利要求如下：

“1. 一种苦碟子注射液，其特征在于它可由下列方法制得：

将抱茎苦荬菜加水煎煮，将煎煮液浓缩至每 1mL 相当于原生药 0.5 g，加入氧化钙至 pH 为 10，离心，将沉淀悬浮于 95％乙醇中，加硫酸溶液至 pH 为 3～4，搅拌，离心，取澄明液，将其中和到 pH 为 7.8～8.0，过滤，滤液回收乙醇并挥尽乙醇，加注射用水稀释，第一次灭菌，冷冻，在 -5℃ 下放置自然融化，用 5 万分子量中空纤维超滤，调 pH 为 7.6～7.8，加注射用水稀释到每 1mL 含黄酮 0.36～0.55mg，用 1 万分子量中空纤维超滤，微孔滤膜滤过，灌封，第二次灭菌制成。

2. 按照权利要求 1 所述的苦碟子注射液，其特征在于其中第一次灭菌前加注射用水稀释到每 1mL 相当于原生药 4g，5 万分子量中空纤维超滤并调 pH 为 7.6～7.8 后，加注射用水稀释至每 1mL 含黄酮 0.55mg。

3. 按照权利要求 1 或 2 所述的苦碟子注射液，其中抱茎苦荬菜加水煎煮两次，第一次加 12～15 倍量的水煎煮 1 小时，第二次加 8～10 倍量的水煎煮 0.5 小时，合并煎煮液；加入的氧化钙溶液为 10％，加入的硫酸溶液为 50％，中和澄明液的碱为 40％的氢氧化钠。

4. 按照权利要求 1 ~2 或 3 所述的苦碟子注射液，其特征在于其中制法中第一次灭菌的温度为 115 ~120℃，时间 15 分钟；第二次灭菌温度为 105℃，时间 45 分钟。

5. 权利要求 1 所述苦碟子注射液的制备方法，它包括将抱茎苦荬菜加水煎煮，将煎煮液浓缩至每 1mL 相当于原生药 0.5g，加入氧化钙溶液至 pH 为 10，离心，将沉淀悬浮于 5.0 ~5.5 倍 95％乙醇中，加硫酸溶液至 pH 为 3 ~4，搅拌，离心，取澄明液，用碱将其中和到 pH 为 7.8 ~8.0，过滤，滤液回收乙醇并挥尽乙醇，加注射用水稀释，灭菌，冷冻，在-5℃下放置自然融化，用 5 万分子量中空纤维超滤，调 pH 为 7.6 ~7.8，加注射用水稀释至每 1mL 含黄酮 0.36 ~0.55mg，用 1 万分子量中空纤维超滤，微孔滤膜滤过，灌封，灭菌制成。

6. 按照权利要求 5 所述的苦碟子注射液的制备方法，其中第一次灭菌前加注射用水稀释到每 1mL 相当于原生药 4g，5 万分子量中空纤维超滤并调 pH 为 7.6 ~7.8 后，加注射用水稀释到每 1mL 含黄酮 0.55mg。

7. 按照权利要求 5 或 6 所述的苦碟子注射液的制备方法，其中抱茎苦荬菜加水煎煮两次，第一次加 12 ~15 倍量的水煎煮 1 小时，第二次加 8 ~10 倍量的水煎煮 0.5 小时，合并煎煮液；加入的氧化钙溶液为 10％，加入的硫酸溶液为 50％，中和澄明液的碱为 40％的氢氧化钠。

8. 按照权利要求 5 ~6 或 7 所述的苦碟子注射液的制备方法，其中制法中灭菌温度为 115 ~120℃，时间 15 分钟；第二次灭菌温度为 105℃，时间 45 分钟。”

本专利说明书记载，在传统药用植物注射液提取工艺中，滤液常采用活性炭煮沸法过滤，其缺点是活性炭在吸附细菌和杂质的同时，还吸附了有效药用成分。本发明目的是针对上述不足而提供一种充分开发抱茎苦荬菜药用功能的苦碟子注射液，同时提供一种确保有效成分，提高产品质量的苦碟子注射液制备方法。本发明的优点是：（1）开发利用了抱茎苦荬菜药用植物，为治疗脑血栓形成、冠心病、心绞痛、视神经萎缩和眼底病等提供了一种新药。（2）苦碟子注射液其有效成分腺苷和黄酮类化合物生物活性很强，易染菌，工艺中采用高压灭菌，可有效去除热原质，而不破坏有效成分。（3）工艺中采用中空纤维膜分离技术过滤，去掉了大分子杂质和细菌，有效地保留了有效成分的含量和澄明度合格，克服了传统中药针剂采用活性炭吸附细菌和杂质，同时又吸附有效成分的缺点。

针对本专利权，双鼎公司于 2006 年 12 月 29 日向专利复审委员会提出无效宣告请求，认为本专利权不符合《专利法》第二十六条第三款，第二十二条第三款的规定，并提交了证据，其中：

附件 2 为“中药注射剂”，赵新先，人民卫生出版社出版，1998 年 2 月第 1 版第 1 次印刷。附件 2 公开了一种苦碟子针剂的制备方法，其包括取苦碟子洗净切碎置容器中，加水过药面 5 ~10 厘米煎煮两次，第 1 次 1 小时，第 2 次 45 分钟。合并煎煮液，过滤。浓缩滤液至 200 毫升左右，用 20％石灰乳调节 pH 值至 12，静置，过滤。收集沉淀物，溶于 500 毫升 95％乙醇中，以 50％硫酸液调节乙醇液的 pH 值为 3，放置 28 小时，过滤。回收滤液中的乙醇，加注射用水稀释至 800 毫升左右，加 2 克活性炭，加热煮沸 10 分钟，过滤。测定滤液中总黄酮含量后，加注射用水稀释至每 1 毫升含黄酮量 10 毫克，用 3 号垂熔玻璃漏斗或其他滤器滤材过滤至澄明。灌封，100℃灭菌 30 分钟即得。

附件 3 为“中草药化学”，沈阳药学院。附件 3 公开了止痛草（苦碟子）注射液的生产工艺，其包括将苦碟子全草先后加 12 ~15 倍量和 8 ~10 倍量水，分别煎煮 1 小时和半小时，过滤，乘热往滤液中加石灰乳至 pH 12，静置过滤，将沉淀悬浮在 3 倍量乙醇（90％以上）中，加 50％硫酸液至 pH3 ~4，充分搅拌、过滤，往滤液中加 40％氢氧化钠溶液中和至 pH 6.5 ~7.5，过滤，从滤液中回收乙醇至无醇味，往药液中加水稀释，使浓度约为原生药的 300％放置，过滤，取样化验，稀释成总黄酮含量为5mg/mL，调 pH 为6.5~7.5，过滤，灌封，100 度 30 分钟灭菌，制备得到止痛草注射液。

附件 4 为第 94113057.6 号中国发明专利申请公开说明书，扉页（1 页）、权利要求书（1 页）和说明书（3 页），复印件共 5 页。附件 4 公开了中药伸筋草注射液的制备方法，用两步超滤方法过滤药液以除去大分子杂质和小分子杂质，所用超滤膜的截留分子量均为 5 万以下。附件 4 的权利要求 2 记载“精制：提取所得滤液进行一步超滤，除去大分子杂质的滤过液浓缩并调 pH 值为 5~13，离心或过滤后进行另一步超滤，并分次在超滤所剩药液中补加水，弃去含小分子杂质的滤过液，保留未滤过液”。

2007 年 9 月 26 日，专利复审委员会做出第 10530 号决定。其认为：（1）本专利说明书已经记载了苦碟子注射液及其制备方法，本领域技术人员能够制备得到苦碟子注射液，说明书记载的临床实验及其结果证明苦碟子注射液具有治疗多种疾病的用途和/或使用效果，说明书已经满足专利法第二十六条第三款关于充分公开的要求。至于请求人所主张的缺乏证明有益效果的实验证据的事实，因其不能影响技术方案成立与否，因此，不会导致本专利技术方案不能实现。（2）权利要求 5 的技术方案相对于附件 2 和 4 公开的内容是非显而易见的，在权利要求 5 相对于附件 2 和 4 的结合具备创造性的基础上，直接或间接引用权利要求 5 的权利要求 6~8 相对于附件 2 和 4 的组合也具备创造性；（3）权利要求 7 和 8 的技术方案相对于附件 2~3 和 4 公开的内容是非显而易见的，权利要求 7 和 8 相对于附件2~3 和 4 的结合具备创造性。（4）权利要求 1~4 相对于附件 2 的创造性：将权利要求 1 的苦碟子注射液与附件 2 的苦碟子针剂相比，它们在制备方法上存在区别特征，另外，权利要求 1 的苦碟子注射液每 1mL 含黄酮 0.36~0.55mg，而附件 2 的苦碟子针剂每 1 毫升含黄酮量 10 毫克。本专利采用中空纤维膜分离技术过滤只是克服如用活性炭吸附方法在吸附细菌和杂质同时又吸附有效成分的不足，其作用在于提高苦碟子药液中的有效成分的提取效率，并不导致所制备的苦碟子注射液在组成、功能和性质上区别于传统活性炭吸附方法所制备的苦碟子针剂。本专利说明书没有记载具有上述区别特征将使得所制备的苦碟子注射液终产品在组成、功能和性质发生何种改变的内容。此外，终产品中 1 毫升中黄酮量是根据产品规格需要适量添加注射用水的结果，是本领域技术人员的一般性选择。附件 2 的苦碟子针剂与本专利的苦碟子注射液具有类似的应用范围。因此，相对于附件 2 的苦碟子针剂，权利要求 1 不具有突出的实质性特点和显著的进步，不符合《专利法》第二十二条第三款的规定。对于华玉强关于本发明的苦碟子注射液的有效成分高，纯度提高，杂质减少的主张，专利复审委员会认为：基于本专利说明书和附件 2 的记载可知，权利要求 1 方法和附件 2 的方法都制备符合药物制剂要求的产品，对于本领域技术人员而言，权利要求 1 的制备方法与附件 2 制备方法之间的区别技术特征仅会对制备工艺的效率产生影响，而无法得出权利要求 1 的苦碟子注射液具有有效成分高、纯度高和杂质少的结论。且本专利说明书未记载证明所述苦碟子注射液在组成、功能和性质方面发生改变的内容。权利要求 2~4 对权利要求 1 所述苦碟子注射液的制备方法中多个工艺参数作进一步限定，但是基于与评述权利要求 1 相同的理由，相对于附件 2 的苦碟子针剂，权利要求 2~4 仍不具有突出的实质性特点和显著的进步，不符合《专利法》第二十二条第三款的规定。据此，专利复审委员会作出第 10530 号决定，宣告本专利权权利要求 1~4 无效，在权利要求 5~8 的基础上维持该发明专利权有效。

以上事实，有本专利专利文件、第 10530 号决定、附件 1~4、当事人陈述等证据在案佐证。

本院认为，本案争议的焦点在于：相对于附件 2，本专利权利要求 1~4 是否具有创造性。根据《专利法》第二十二条第三款的规定，发明的创造性，是指同申请日以前已有的技术相比，该发明有突出的实质性特点和显著的进步。中药发明专利多涉及药用成分的提取过程及方法。如果与对比文件相比，本专利采取完全不同的提取方法，即提供了一种技术构思不同的技术方案，其技术效果能够基本达到现有技术的水平，则由于其提供了一种新的制备方法而可能具备创造性。但是，如果本专利与对比文件相比，仅仅在个别步骤有所区别，而且所述区别也没有带来任何有益效果，则不能认为本专利具有创造性。

本案中，本专利权利要求 1 是产品权利要求，但其技术特征均为方法特征，与附件 2 相比，存在以下区别：(1) 在煎煮步骤中，本专利在加水煎煮后将煎煮液浓缩至每 1mL 相对于原生药 0.5 g，附件 2 是将煎煮液合并，过滤、浓缩滤液至 200 毫升左右；(2) 在沉淀步骤中，本专利在浓缩煎煮液中加入氧化钙 pH10，离心，而附件 2 是用 20％石灰乳将浓缩液滤液 pH 调节至 12，静置，过滤；(3) 在脱钙步骤中，本专利在将沉淀悬浮在 95％乙醇中，加硫酸 pH 为 3～4，搅拌，离心取澄明液，附件 2 是将沉淀悬浮在 95％乙醇中，加硫酸至 pH3，放置 28 小时，过滤得到滤液；(4) 在药液的除杂和灭菌步骤，本专利进行了第一次灭菌，对第一次灭菌后的药液进行冷冻和在 -5℃ 下放置自然融化操作，再先后用 5 万分子量中空纤维和 1 万分子量中空限位进行超滤进行除杂后，再进行滤过、灌封和灭菌，每 1mL 药液中含黄酮 0.36～0.55mg，而附件 2 中不包括冷冻和在 -5℃ 下放置自然融化的操作，其用活性炭煮沸进行除杂，和用 3 号垂熔玻璃漏斗或其他滤器滤材过滤后，进行灌封和一次灭菌，每 1 毫升药液中含黄酮量 10 毫克。

从上述比较可见，一方面，将本专利权利要求 1 的苦碟子注射液与附件 2 的苦碟子针剂相比，它们在制备方法上存在区别特征。但是，在两个技术方案均包括煎煮、沉淀、脱钙、除杂和灭菌等步骤。在每个步骤中，各区别技术特征的差别均非实质性。本专利采用中空纤维膜分离技术过滤只是克服如用活性炭吸附方法在吸附细菌和杂质同时又吸附有效成分的不足，其作用在于提高苦碟子药液中的有效成分的提取效率，并不导致所制备的苦碟子注射液在组成、功能和性质上区别于传统活性炭吸附方法所制备的苦碟子针剂。本专利说明书也没有记载具有上述区别特征将使得所制备的苦碟子注射液终产品在组成、功能和性质发生何种改变的内容。终产品中 1 毫升中黄酮量是根据产品规格需要适量添加注射用水的结果，是本领域技术人员的一般性选择。

另一方面，本专利说明书没有公开可与附件 2 公开的苦碟子针剂产品进行比较的参数以证明本专利的苦碟子注射液的不同之处，除浓度的不同外，本专利与附件 2 仅是制备方法上存在区别。且没有记载表明由于制备方法上的区别为产品带来任何功能、性质上的改变，在此基础上，应当认为本专利权利要求 1～4 限定的制备方法不会导致产品本身除浓度外其他组成、功能、性质不同于附件 2 的产品。而说明书中记载的本发明的碟脉灵注射液在治疗冠心病、心绞痛等疾病的有效率等数据与附件 2 相比并不具有显著的差别。尽管附件 2 中没有对于治疗眼底病的记载，但没有证据表明所述疾病的治疗是由于本专利记载的制备方法使得本专利产品含有新的有效成分所导致，因此不能证明本专利的产品与附件 2 的产品在组成、功能、性质上的区别。

因此，相对于附件 2 的苦碟子针剂，本专利权利要求 1 不具有突出的实质性特点和显著的进步，不符合《专利法》第二十二条第三款的规定。本专利权利要求 2～4 对权利要求 1 所述苦碟子注射液的制备方法中多个工艺参数作进一步限定，但是基于与评述本专利权利要求 1 相同的理由，相对于附件 2 的苦碟子针剂，权利要求 2～4 仍不具有突出的实质性特点和显著的进步，不符合《专利法》第二十二条第三款的规定。华玉强关于本专利具有创造性上诉主张没有事实和法律依据，本院不予支持。

综上所述，原审判决认定事实清楚，适用法律正确。华玉强的上诉主张不能成立。依照《中华人民共和国行政诉讼法》第六十一条第一款第（一）项之规定，本院判决如下：

驳回上诉，维持原判。

一审案件受理费100元，由华玉强负担（已交纳）；二审案件受理费100元，由华玉强负担（已交纳）。

本判决为终审判决。

审　判　长　刘　辉
代理审判员　岑宏宇
代理审判员　焦　彦
二〇〇八年十二月十一日
书　记　员　陈　明
书　记　员　迟雅娜

# 北京市高级人民法院
# 行政判决书

（2009）高行终字第124号

上诉人（原审被告）国家知识产权局专利复审委员会，住所地北京市海淀区北四环西路9号银谷大厦10～12层。

法定代表人廖涛，副主任。

委托代理人吴通义，该委员会审查员。

委托代理人程强，该委员会审查员。

上诉人（原审第三人）华玉强，男，汉族，1954年4月10日出生，住吉林省通化市东昌区光明街华明委7组。

委托代理人徐国文，男，汉族，1942年10月26日出生，北京安博达知识产权代理有限公司专利代理人，住北京市海淀区晴冬园2楼1805号。

被上诉人（原审原告）沈阳双鼎制药有限公司，住所地辽宁省沈阳市浑南新区高科路15号。

法定代表人马占芝，董事长。

委托代理人刘永全，北京市立方律师事务所律师。

委托代理人孙喜，北京市立方律师事务所律师。

上诉人国家知识产权局专利复审委员会（简称专利复审委员会）、华玉强因发明专利权无效行政纠纷一案，不服北京市第一中级人民法院（2008）一中行初字第211号行政判决，向本院提起上诉。本院2009年2月4日受理本案后，依法组成合议庭，于2009年2月26日公开开庭进行了审理。上诉人专利复审委员会的委托代理人吴通义、程强，上诉人华玉强的委托代理人徐国文，被上诉人沈阳双鼎制药有限公司（简称双鼎公司）的委托代理人刘永全、孙喜到庭参加了诉讼。本案现已审理终结。

北京市第一中级人民法院认定，涉案专利系华玉强拥有的名称为“苦碟子注射液及其制备方法”的发明专利（简称本专利）。针对本专利权，双鼎公司于2006年12月29日向专利复审委员会提出无效宣告请求，认为本专利不符合专利法第二十六条第三款，第二十二条第三款的规定。2007 年 9 月 26 日，专利复审委员会作出第 10530 号无效宣告请求审查决定（简称第 10530 号决定），宣告本专利权利要求 1 ~4 无效，在权利要求 5 ~8 的基础上维持本专利权有效。

北京市第一中级人民法院认为，由于附件 4 和本专利同样涉及中草药提取液的超滤除杂，本领域技术人员已知苦碟子提取液的有效成分分子量小，在附件 4 应用两次超滤的基础上，本领域技术人员根据苦碟子提取液有效成分分子量小的特点，选取合适的超滤膜进行两次超滤除去大分子量杂质与附件 4 的两次超滤方法不存在本质区别，超滤除杂能够在去除杂质的同时不吸附有效成分是超滤方法所具有的性质，本领域技术人员在附件 4 的基础上可以对其公开的两次超滤方法进行简单调整获得本专利的超滤方法。专利复审委员会以两次超滤作用方式不同得出不存在技术启示的结论不能令人信服，不予支持。对区别特征④中涉及的其他内容，专利复审委员会未对其是否由其他附件给出技术启示或者是否为本领域技术人员容易想到作出评判，且专利复审委员会对区别技术特征（1）~（3）也未予评述，故专利复审委员会应当重新就本专利权利要求 5 ~8 的创造性进行评判。

北京市第一中级人民法院依照《中华人民共和国行政诉讼法》第五十四条第（二）项第 2 目之规定，判决：(1）撤销专利复审委员会第 10530 号决定中“在权利要求 5 ~8 的基础上维持该发明专利权有效”的部分；（2）专利复审委员会重新就本专利的权利要求 5 ~8 作出无效宣告请求审查决定。

专利复审委员会、华玉强均不服原审判决，向本院提起上诉。专利复审委员会上诉请求撤销原审判决，维持第 10530 号决定。其理由为：(1）原审判决认定事实错误。①附件 4 的两次超滤方法与本专利权利要求 5 的两次超滤方法存在针对的对象、超滤除杂后获得的产品的本质区别。②附件 4 没有给出将本专利权利要求 5 的两次超滤方法应用于苦碟子注射液制备方法的技术启示；③不同中药的有效成分不同，对膜的选择有差异，受很多其他因素的影响。(2）第 10530 号决定中已经明确记载了区别特征④的所有内容，其中列明了附件 4 的制备方法没有包括“冷冻和在-5℃下放置自热融化的操作”等内容，决定也是认定附件 4 没有给出将区别技术特征④应用于苦碟子注射液的制备方法的技术启示。

华玉强上诉请求撤销原审判决，维持第 10530 号决定中“在权利要求 5 ~8 的基础上维持该发明专利权有效”的部分。其理由为原审判决认定事实不清。本专利权利要求 5 的两次超滤是去除大分子量杂质，保留小分子量的有效成分，而附件 4 是去除大分子杂质和小分子杂质，保留中分子量的有效成分，两者作用方式完全不同。故本专利权利要求 5 具有创造性。

双鼎公司服从原审判决。

本院经审理查明：名称为“苦碟子注射液及其制备方法”的第 01114136.0 号发明专利（即本专利）的申请日为 2001 年 6 月 24 日，专利权人为华玉强，授权公告日为 2005 年 2 月 23 日，本专利公告授权的权利要求如下：

“1. 一种苦碟子注射液，其特征在于它可由下列方法制得：

将抱茎苦荬菜加水煎煮，将煎煮液浓缩至每 1ml 相当于原生药 0.5g，加入氧化钙至 pH 为 10，离心，将沉淀悬浮于 95％乙醇中，加硫酸溶液至 pH 为 3 ~4，搅拌，离心，取澄明液，将其中和到 pH 为 7.8 ~8.0，过滤，滤液回收乙醇并挥尽乙醇，加注射用水稀释，第一次灭菌，冷冻，在-5℃下放置自然融化，用 5 万分子量中空纤维超滤，调 pH 为 7.6 ~7.8，加注射用水稀释到每 1mL 含黄酮 0.36 ~0.55mg，用 1 万分子量中空纤维超滤，微孔滤膜滤过，灌封，第二次灭菌制成。

2. 按照权利要求 1 所述的苦碟子注射液，其特征在于其中第一次灭菌前加注射用水稀释到每 1ml 相当于原生药 4g，5 分子量中空纤维超滤并调 pH 为 7.6 ~7.8 后，加注射用水稀释到每 1ml 含黄酮0.55mg。

3. 按照权利要求1或2所述的苦碟子注射液，其中抱茎苦荬菜加水煎煮两次，第一次加12～15倍量的水煎煮1小时，第二次加8～10倍量的水煎煮0.5小时，合并煎煮液；加入的氧化钙溶液为10%，加入的硫酸溶液为50%，中和澄明液的碱为40%的氢氧化钠。

4. 按照权利要求1～2或3所述的苦碟子注射液，其特征在于其中制法中第一次灭菌温度为115～120℃，时间15分钟；第二次灭菌温度为105℃，时间45分钟。

5. 权利要求1所述苦碟子注射液的制备方法，它包括将抱茎苦荬菜加水煎煮，将煎煮液浓缩至每1mL相当于原生药0.5g，加入氧化钙溶液至pH为10，离心，将沉淀悬浮于5.0～5.5倍95%乙醇中，加硫酸溶液至pH为3～4，搅拌，离心，取澄明液，用碱将其中和到pH为7.8～8.0，过滤，滤液回收乙醇并挥尽乙醇，加注射用水稀释，灭菌，冷冻，在-5℃下放置自然融化，用5万分子量中空纤维超滤，调pH为7.6～7.8，加注射用水稀释到每1mL含黄酮0.36～0.55mg，用1万分子量中空纤维超滤，微孔滤膜滤过，灌封，灭菌制成。

6. 按照权利要求5所述的苦碟子注射液的制备方法，其中第一次灭菌前加注射用水稀释到每1mL相当于原生药4g，5万分子量中空纤维超滤并调pH为7.6～7.8后，加注射用水稀释到每1mL含黄酮0.55mg。

7. 按照权利要求5或6所述的苦碟子注射液的制备方法，其中抱茎苦荬菜加水煎煮两次，第一次加12～15倍量的水煎煮1小时，第二次加8～10倍量的水煎煮0.5小时，合并煎煮液；加入的氧化钙溶液为10%，加入的硫酸溶液为50%，中和澄明液的碱为40%的氢氧化钠。

8. 按照权利要求5～6或7所述的苦碟子注射液的制备方法，其中制法中灭菌温度为115～120℃，时间15分钟；第二次灭菌温度为105℃，时间45分钟。”

本专利说明书记载，在传统药用植物注射液提取工艺中，滤液常采用活性炭煮沸法过滤，其缺点是活性炭在吸附细菌和杂质的同时，还吸附了有效药用成分。本发明目的是针对上述不足而提供一种充分开发抱茎苦荬菜药用功能的苦碟子注射液，同时提供一种确保有效成分，提高产品质量的苦碟子注射液制备方法。本发明的优点是：（1）开发利用了抱茎苦荬菜药用植物，为治疗脑血栓形成、冠心病、心绞痛、视神经萎缩和眼底病等提供了一种新药。（2）苦碟子注射液其有效成分腺苷和黄酮类化合物生物活性很强，易染菌，工艺中采用高压灭菌，可有效去除热原质，而不破坏有效成分。（3）工艺中采用中空纤维膜分离技术过滤，去掉了大分子杂质和细菌，有效地保留了有效成分的含量和澄明度合格，克服了传统中药针剂采用活性炭吸附细菌和杂质，同时又吸附有效成分的缺点。

针对本专利权，双鼎公司于2006年12月29日向专利复审委员会提出无效宣告请求，认为本专利权不符合《专利法》第二十六条第三款，第二十二条第三款的规定，并提交了证据，其中：

附件2为“中药注射剂”，赵新先，人民卫生出版社出版，1998年2月第1版第1次印刷。附件2公开了一种苦碟子针剂的制备方法，其包括取苦碟子洗净切碎置容器中，加水过药面5～10cm煎煮两次，第1次1小时，第2次45分钟。合并煎煮液，过滤。浓缩滤液至200ml左右，用20%石灰乳调节pH值至12，静置，过滤。收集沉淀物，溶于500毫升95%乙醇中，以50%硫酸液调节乙醇液的pH值为3，放置28小时，过滤。回收滤液中的乙醇，加注射用水稀释至800毫升左右，加2克活性炭，加热煮沸10分钟，过滤。测定滤液中总黄酮含量后，加注射用水稀释至每1毫升含黄酮量10毫克，用3号垂熔玻璃漏斗或其他滤器滤材过滤至澄明。灌封，100℃灭菌30分钟即得。

附件3为“中草药化学”，沈阳药学院。附件3公开了止痛草（苦碟子）注射液的生产工艺，其包括将苦碟子全草先后加12～15倍量和8～10倍量水，分别煎煮1小时和半小时，过滤，乘热往滤液中加石灰乳至pH12，静置过滤，将沉淀悬浮在3倍量乙醇（90%以上）中，加50%硫酸液至

pH3～4，充分搅拌、过滤，往滤液中加40％氢氧化钠溶液中和至pH6.5～7.5，过滤，从滤液中回收乙醇至无醇味，往药液中加水稀释，使浓度约为原生药的300％放置，过滤，取样化验，稀释成总黄酮含量为5mg/ml，调pH为6.5～7.5，过滤，灌封，100℃30分钟灭菌，制备得到止痛草注射液。

附件4为第94113057.6号中国发明专利申请公开说明书，扉页（1页）、权利要求书（1页）和说明书（3页），复印件共5页。附件4公开了中药伸筋草注射液的制备方法，用两步超滤方法过滤药液以除去大分子杂质和小分子杂质，所用超滤膜的截留分子量均为5万以下。附件4的权利要求2记载“精制：提取所得滤液进行一步超滤，除去大分子杂质的滤过液浓缩并调pH值为5～13，离心或过滤后进行另一步超滤，并分次在超滤所剩药液中补加水，弃去含小分子杂质的滤过液，保留未滤过液”。

2007年9月26日，专利复审委员会做出第10530号决定。其认为：（1）本专利说明书满足《专利法》第二十六条第三款关于充分公开的要求。（2）将权利要求5的苦碟子注射液的制备方法与附件2公开的苦碟子针剂的制备方法相比，它们都经过了煎煮、沉淀、脱钙、中和、回收乙醇、药液的除杂与灭菌等操作步骤，但是存在如下区别：①在煎煮步骤中，权利要求5在加水煎煮后将煎煮液浓缩至每1mL相当于原生药0.5g，附件2是将煎煮液合并，过滤，浓缩滤液至200毫升左右；②在沉淀步骤中，权利要求5在浓缩煎煮液中加入氧化钙至pH10，离心，而附件2是用20％石灰乳将浓缩滤液pH调节至12，静置，过滤；③在脱钙步骤中，权利要求5在将沉淀悬浮在95％乙醇中，加硫酸至pH为3～4，搅拌，离心取澄明液，附件2是将沉淀悬浮在95％乙醇中，加硫酸至pH为3，放置28小时，过滤得到滤液；④在药液的除杂与灭菌步骤，权利要求5进行了第一次灭菌，对第一次灭菌后的药液，进行冷冻和在-5℃下放置自然融化操作，再先后用5万分子量中空纤维和1万分子量中空纤维进行超滤进行除杂后，再进行滤过、灌封和灭菌，每1mL药液中含黄酮0.36～0.55mg，而附件2中不包括冷冻和在-5℃下放置自然融化的操作，其用活性炭煮沸进行除杂，和用3号垂熔玻璃漏斗或其他滤器滤材过滤后，进行灌封和一次灭菌，每1毫升药液中含黄酮量10毫克。附件4的两次超滤是分别去除大于第一次截留分子量的大分子杂质和小于第二次截留分子量的小分子杂质，其与本专利的两次超滤均是除去大分子杂质，而最终保留小分子量的有效成分（分子量为610的黄酮类化合物和分子量为267的腺嘌呤核苷）的作用方式不同，附件4没有教导如何将两步超滤方法应用于本发明的苦碟子注射液制备中，即附件4没有给出将上述区别特征④应用于苦碟子注射液制备的技术启示。对于附件6公开的在中药制剂中，1万～3万分子量超滤是公知常识，由于权利要求5涉及5万分子量中空纤维不在上述公知超滤范围内，而且附件6中也没有教导将5万分子量中空纤维与1万分子量中空纤维组合的超滤除杂方法应用于苦碟子注射液制备中，上述区别特征④也未在附件6中公开。因此，附件2和4都没有给出将上述区别特征④应用于具体的苦碟子注射液制备方法的技术启示，现有技术中也不存在这种技术教导，权利要求5的技术方案相对于附件2和4公开的内容是非显而易见的。另外，中空纤维两步超滤方法克服活性炭煮沸法过滤在除杂同时吸附有效药用成分的缺点，上述区别特征④使得权利要求5与附件2的苦碟子针剂的制备方法相比能够带来有益的技术效果。因此，上述区别特征④足以使得权利要求5相对于附件2和4的结合具备创造性。在权利要求5相对于附件2和4的结合具备创造性的基础上，直接或间接引用权利要求5的权利要求6～8相对于附件2和4的组合也具备创造性。（3）将权利要求7和8与附件2和4公开的内容相比，仍然存在上述区别特征④。附件3中公开了权利要求7中限定的两次煎煮的用水量和煎煮时间，但是权利要求7和8中包含的上述区别特征④仍未在附件3中公开。附件2～3和4都没有给出将上述区别特征④应用于具体的苦碟子注射液制备方法的技术启示，现有技术中也不存在这种技术教导，权利要求7和8的技术方案相对于附件2～3和4公开的内容是非显而易见的。同理，权利要求7和8相对于附件2～

3 和 4 的结合具备创造性。（4）相对于附件 2 的苦碟子针剂，本专利权利要求 1 ~4 不具有突出的实质性特点和显著的进步，不符合《专利法》第二十二条第三款的规定。

据此，专利复审委员会作出第 10530 号决定，宣告本专利权权利要求 1 ~4 无效，在权利要求 5 ~8 的基础上维持该发明专利权有效。

以上事实，有本专利专利文件、第 10530 号决定、附件 1 ~4、当事人陈述等证据在案佐证。

本院认为，根据查明的事实，第 10530 号决定未就附件 4 是否披露区别特征④中的“冷冻和在-5℃下放置自热融化的操作”等内容进行评述，故本案争议的焦点在于：附件 4 是否给出了将区别特征④中的两次超滤法应用于附件 2 所述的苦碟子针剂制备方法中的技术启示。

根据专利法第二十二条第三款的规定，发明的创造性，是指同申请日以前已有的技术相比，该发明有突出的实质性特点和显著的进步。如果与对比文件相比，被比专利采取完全不同的提取方法，即提供了一种技术构思不同的技术方案，其技术效果能够基本达到现有技术的水平，则由于其提供了一种新的制备方法而可能具备创造性。但是，如果被比专利与对比文件相比，仅仅在个别步骤有所区别，而该个别步骤在现有技术中存在技术启示，并且所述区别也没有带来任何有益效果，则不能认为被比专利具有创造性。

本案中，第 10530 号决定认定权利要求 5 与附件 2 存在 4 项区别技术特征，其中区别特征（4）为：“在药液的除杂与灭菌步骤，权利要求 5 进行了第一次灭菌，对第一次灭菌后的药液进行冷冻和在-5℃下放置自然融化操作，再先后用 5 万分子量中空纤维和 1 万分子量中空纤维进行超滤进行除杂后，再进行滤过、灌封和灭菌，每 1mL 药液中含黄酮 0.36 ~0.55mg，而附件 2 中不包括冷冻和在-5℃下放置自然融化的操作，其用活性炭煮沸进行除杂，和用 3 号垂熔玻璃漏斗或其他滤器滤材过滤后，进行灌封和一次灭菌，每 1 毫升药液中含黄酮量 10 毫克”。附件 4 公开了用两步超滤方法过滤药液以除去大分子杂质和小分子杂质的技术内容。在对此进行评述时，专利复审委员会认为附件 4 虽然也公开了两次超滤，但是附件 4 的两次超滤分别去除大于第一次截留分子量的大分子杂质和小于第二次截留分子量的小分子杂质，与本专利的苦碟子注射液中两次超滤均是除去大分子杂质，而最终保留小分子量有效成分的作用方式不同，因此，专利复审委员会认为附件 4 没有给出将区别技术特征④应用于苦碟子注射液制备方法的技术启示。对此，原审法院认为，由于附件 4 和本专利同样涉及中草药提取液的超滤除杂，本领域技术人员已知苦碟子提取液的有效成分分子量小，在附件 4 应用两次超滤的基础上，本领域技术人员根据苦碟子提取液有效成分分子量小的特点，选取合适的超滤膜进行两次超滤除去大分子量杂质与附件 4 的两次超滤方法不存在本质区别，超滤除杂能够在去除杂质的同时不吸附有效成分是超滤方法所具有的性质，本领域技术人员在附件 4 的基础上可以对其公开的两次超滤方法进行简单调整获得本专利的超滤方法。

是否具有技术启示也就是对比文件是否给出了一种技术指引，能够引导本领域技术人员从该对比文件中寻找解决技术问题的方法。就本案而言，针对专利复审委员会在第 10530 号决定中关于本专利权利要求 5 与附件 2 相比的区别技术特征④的论述，本院认为，附件 4 的两次超滤分别去除大于第一次截留分子量的大分子杂质和小于第二次截留分子量的小分子杂质，这不但给出了采用不同滤膜超滤不同分子量物质的技术启示，而且给出了采用两次或两次以上滤膜超滤以获得需要的分子量的技术启示。在这种技术下，本领域技术人员在遇到需要去除各种分子量杂质的技术问题时，会想到采用一次或两次超滤滤除杂质的方法。因此，附件 4 已经给出了将区别特征④中的两次超滤法应用于附件 2 所述的苦碟子针剂制备方法中的技术启示。专利复审委员会、华玉强的上诉主张没有事实和法律依据，本院不予支持。

综上所述，原审判决认定事实清楚，适用法律正确。专利复审委员会、华玉强的上诉主张均不能成立。依照《中华人民共和国行政诉讼法》第六十一条第（一）项之规定，本院判决如下：

驳回上诉，维持原判。

一审案件受理费100元，由国家知识产权局专利复审委员会负担（于本判决生效之日起7日内交纳）；二审案件受理费100元，由国家知识产权局专利复审委员会负担50元，由华玉强负担50元（已交纳）。

本判决为终审判决。

审 判 长 刘 辉
代理审判员 岑宏宇
代理审判员 焦 彦
二〇〇九年二月二十日
书 记 员 陈 明

045

# 含有半胱胺或其盐类的促进动物快速生长的组合物及用途

## 无效宣告请求审查决定（第10548号）

**决　定　号**　第10548号
**决　定　日**　2007年9月26日
**发明创造名称**　含有半胱胺或其盐类的促进动物快速生长的组合物及用途
**国 际 分 类 号**　A61K 31/145，A61K 9/50，A23K 1/00
**无效宣告请求人**　李浙烽
**专 利 权 人**　华扩达动物科学（I. P. 2）有限公司
**专　利　号**　00132107.2
**申　请　日**　2000年12月13日
**授 权 公 告 日**　2004年4月7日
**合 议 组 组 长**　李金光
**主　审　员**　葛永奇
**参　审　员**　郭　婷

**法 律 依 据**　专利法第22条第3款
**决 定 要 点**
当事人对自己提出的主张有责任提供证据加以证明；没有证据或者证据不足以证明当事人的主张的，由负有举证责任的当事人承担不利后果。

### 一、案由

本无效宣告请求案涉及国家知识产权局于2004年4月7日公告授予的、名称为“含有半胱胺或其盐类的促进动物快速生长的组合物及用途”的00132107.2号发明专利权（下称本专利），其申请日为2000年12月13日，专利权人为华扩达动物科学（I. P.2）有限公司。本专利授权公告的权利要求书如下：

“1. 一种促进动物快速生长的组合物，其含有：

（A）1%~95%（重量百分数）的半胱胺或其盐；

（B）1%~80%（重量百分数）的包合物主体材料，其主要是环糊精及环糊精的衍生物。

2. 如权利要求1的组合物，其中半胱胺或其盐的用量为1%~75%。

3. 如权利要求2的组合物，其中半胱胺或其盐的用量为10%~40%（重量百分数）。

4. 如权利要求1的组合物，其中包合物主体材料的用量为1%~60%（重量百分数）。

5. 如权利要求1的组合物，其中包合物主体材料的用量为10%~40%（重量百分数）。

6. 如权利要求1的组合物，其中包合物主体材料是选自于：甲基环糊精、羟丙基环糊精、羟乙基环糊精、环糊精聚合物、乙基环糊精和支链环糊精。

7. 如权利要求1的组合物，其还包括填充剂、崩解剂、黏合剂、矫味剂和矫臭剂及包衣材料。

8. 如权利要求7的组合物，其中包衣材料是肠溶包衣料，用量为1%~15%（重量百分数）。

9. 如权利要求7的组合物，其中包衣材料选自于：邻苯二甲酸醋酸纤维素、邻苯二甲酸醋酸淀粉、邻苯二甲酸甲基纤维素、邻苯二甲酸的葡萄糖或果糠类衍生物、丙烯酸和甲基丙烯酸类共聚物、聚甲基乙烯基醚、马来酸酐共聚体的部分酯化物、虫胶和甲醛明胶。

10. 如权利要求7的组合物，其中填充剂选自于：粉状纤维素、淀粉以及硫酸钙，用量为1%~90%（重量百分数）。

11. 如权利要求7的组合物，其中黏合剂和崩解剂选自于：羟丙基淀粉、微生物藻酸盐、微晶纤维素和淀粉，用量为5%~50%（重量百分数）。

12. 如权利要求7的组合物，其中矫味剂和矫臭剂是食用香精，用量为0.05%~0.3%（重量百分数）。

13. 如权利要求1~12所述的组合物作为饲料添加剂的应用。

14. 如权利要求13所述的应用，其特征在于，将所述组合物制成微粒状并且涂有一层到多层肠溶包衣料。

15. 如权利要求13所述的应用，其特征在于，以环糊精及环糊精的衍生物作为包合物主体材料包合半胱胺或半胱胺盐的分子胶囊形式使用所述组合物。

16. 如权利要求13所述的应用，其特征在于，以肠溶衣料包裹的形式使用组合物。

17. 如权利要求13所述的应用，其中所述饲料添加剂在饲料中的添加量是250~700mg/kg饲料。"

针对上述专利权，李浙烽（下称请求人）于2007年1月29日向专利复审委员会提出专利权无效宣告请求，认为本专利权利要求1~17均不符合专利法第22条第3款的规定，请求人同时提交了下述附件：

附件1："半胱胺对仔猪增重及有关激素的影响"，韩剑众等，粮食与饲料工业，2000年第5期，第31~32页，复印件共2页；

附件2："生长抑素抑制剂—半胱胺作为饲料添加剂的研究"，韩剑众，饲料研究，2000年第8期，第8~9页，复印件共2页；

附件3："一种有望用于畜禽生长的生理促长剂—半胱胺"，邓雯等，动物营养学报，1999年12月第11卷增刊，第56~60页，复印件共5页；

附件4：发明专利申请公开说明书，公开号CN 1065770A，公开日为1992年11月4日，复印件共4页；

附件5：发明专利申请公开说明书，公开号CN 1171738A，公开日为1998年1月28日，复印件共12页；

附件6："环糊精包合物在药剂学上的应用进展"，汤关龙等，中国药房，1991年第2卷第5期，第34~36页，复印件共3页；

附件7："环糊精与聚合物的包合作用"，卢昌盛等，无机化学学报，2000年11月第16卷第6期，第853~861页，复印件共9页；

附件8：《药物新剂型与新技术》，陆彬主编，人民卫生出版社，1998年4月第1版，第31、34～35、38、40～43页，复印件共8页；

附件9：《实用药物制剂技术》，庄越　曹宝成　萧瑞祥主编，人民卫生出版社，1999年1月第1版，2000年7月第1版第3次印刷，出版信息页、第135～169页，复印件共36页。

请求人请求宣告本专利权无效的具体理由是：

附件1公开了半胱胺经过包膜处理用于畜禽饲料，给出了半胱胺需要微囊处理包膜成半胱胺颗粒料的启示，而附件5～7或8公开了环糊精及环糊精的衍生物是一种常用的包膜材料，因此，权利要求1相对于附件1与附件5～7或8的结合不具有创造性。附件2公开了半胱胺在空气中易氧化成二硫化物，一般制成盐酸盐；浙江大学康宁生化营养有限公司的肥康-100就是以半胱胺为基础，用生物降解材料进行微囊处理的，根据需要在肠道内延时缓慢释放，可直接添加在饲料中；附件2给出了半胱胺需要微囊处理包膜成半胱胺颗粒料的启示，因此，权利要求1相对于附件2与附件6～7或8的结合不具有创造性。附件3公开了半胱胺在空气中易氧化成胱胺，为防止半胱胺氧化应生产半胱胺盐酸盐，在饲料生产中可考虑生产半胱胺颗粒料；附件3给出了半胱胺需要包膜成半胱胺颗粒料的启示，因此，权利要求1相对于附件3与附件6～7或8的结合不具有创造性。附件4公开了半胱胺作为畜禽特种饲料添加剂，可以促进畜禽生长，而本专利仅仅作了包膜处理（缓释和增加半胱胺稳定性），对促进畜禽生长起作用的实质上还是半胱胺，因此，权利要求1相对于附件4与附件6～7或8的结合不具有创造性。权利要求2～5对用量作了限定，这种限定对于本领域技术人员来说无需经过创造性劳动就能实现，而且说明书中并没有阐明采用这种限定产生了何种有益效果，由于其所引用的权利要求无创造性，因此权利要求2～5也不具有创造性。权利要求6中的几种包合物主体材料均属于环糊精类，在附件6～7或8中已经公开，并且几种包合物主体材料的选择也无须创造性劳动，由于权利要求1没有创造性，因此，权利要求6也不具有创造性。填充剂、崩解剂、黏合剂、矫味剂和矫臭剂及包衣材料的添加是公知的技术，包衣材料在附件9中已经公开，而且说明书中也没有阐明添加上述原料产生了何种有益效果，由于权利要求1没有创造性，因此，权利要求7～12没有创造性。权利要求13的组合物实质上就是半胱胺及盐，该组合物的用途实际上是半胱胺的用途，没有在用途上的创新，由于权利要求1～12没有创造性，因此，权利要求13也没有创造性。该组合物制成微粒状的技术已经在附件1～3中公开，附件5给出了涂肠溶衣料的启示，采用环糊精及环糊精的衍生物作为包合物主体材料、在饲料中的添加量也是本领域技术人员无须经过创造性劳动就能实现的，因此，权利要求14～17也没有创造性。

形式审查合格后，专利复审委员会受理了上述请求，于2007年2月28日向双方当事人发出《无效宣告请求受理通知书》，并将《专利权无效宣告请求书》及其附件清单中所列附件副本转送给专利权人，要求其在指定的期限内答复，同时成立合议组对本无效请求案进行审理。

专利权人于2007年4月16日针对请求人的《专利权无效宣告请求书》提交了意见陈述书和以下反证：

反证1：上海市化学品毒性检定所于2001年10月31日出具的沪化毒检字（2001）第08116号《检验报告》，复印件共5页。

专利权人认为：附件1没有充分公开微囊处理所需的材料和技术，也没有任何有关肥康-100的技术资料，不适合于作为评价权利要求1创造性的证据。附件5公开了一种疏水性的非类固醇消炎药或其可药用的盐与环糊精的包合配合物，以及一种生理上可接受的碱性溶剂，其涉及医药领域而非饲料领域，并且附件5公开的“环糊精包合物”完全不同于权利要求1的组合物。附件6涉及医药领域，不同于附件1的技术领域，也不同于本专利涉及的饲料领域，并且附件6公开的“环糊精包合物”与权利要求1要求保护的“一种促进动物快速生长的组合物”是完全不同的两个概念。附件7主要公开的是环糊精与聚合物（诸如聚二醇类、聚甲基丙烯酸类、聚烯烃类等）的包合作用，但半胱胺并非聚合物，附件1和7之间不存在结合基点，本领域技术人员不能从中得到“使用环糊精包膜半胱胺从而应用于饲料领域”的技术启示。附件8公开了环糊精的包合技术及其应用，与本专利的技术领域不同，并且附件8的“环糊精包合物”与本专利的组合物是完全不同的概念。因此，权利要求1相对于附件1与附件5~7或8的结合具有创造性。如前所述，附件1不适合于作为评价权利要求1创造性的证据，附件2公开了以半胱胺为基础，经生物降解材料进行包膜处理后的肥康-100，但其中并没有充分公开上述微囊处理所需的材料和技术，也没有任何有关肥康-100的技术资料，看不出“肥康-100”与半胱胺的联系，并且，附件6和8涉及的技术领域不同于附件2，半胱胺也不属于附件7所述的聚合物，因此，权利要求1相对于附件2与附件6~7或8的结合具有创造性。附件3公开了半胱胺的理化特性及其对动物的促生长作用，还公开了为防止半胱胺氧化应生产半胱胺盐酸盐，作为饲料添加剂推广，在饲料生产中可考虑生产半胱胺颗粒料，但颗粒料的产生还可以采用黏合剂和物质结合从而颗粒化，而附件6没有给出黏合剂和物质结合从而颗粒化的技术方案，并且附件6涉及的技术领域不同于附件3，附件8与附件3的技术方案完全不同，附件3的半胱胺也不属于附件7中所述的聚合物，因此，权利要求1相对于附件3与附件6~7或8的结合具有创造性。附件4没有提到对半胱胺进行包合的信息，而未经包膜的半胱胺不能等同于包膜后的半胱胺，并且，虽然附件6~7和8公开了环糊精对药物分子的包合，但其属于医药领域，而附件4属于饲料领域，本领域技术人员不能据此得到任何技术启示，因此，权利要求1相对于附件4与附件6~7或8的结合具有创造性。基于上述理由，在权利要求1具备创造性的前提下，其从属权利要求2~12也同样具备创造性。权利要求13是权利要求1所述产品的用途权利要求，在产品权利要求具备创造性的前提下，将环糊精包合后的半胱胺用作饲料添加剂也同样具备创造性，从而权利要求13的从属权利要求14~17也都具备创造性。

专利权人还认为，环糊精的内腔为疏水性的，预计能够将疏水性化合物包合在其内腔内形成稳定的包合物，但本领域技术人员无法预见环糊精是否可以包合亲水性化合物、尤其是亲水性小分子化合物，附件6~8也没有对此给出明确的建议或说明，鉴于该技术偏见的存在，本领域技术人员一直以来都没有将环糊精作用于半胱胺从而提高其稳定性等，所以在对半胱胺进行稳定化的过程中，如何选择包膜材料需要创造性劳动。本专利的发明人在经过大量实验研究后出乎意料地发现环糊精作为一种特定的包膜材料用于包合半胱胺能够达到良好的效果，并在较大程度上降低半胱胺的毒性。

2007年5月15日，本案合议组向双方当事人发出口头审理通知书，定于2007年6月25日对本案进行口头审理。同时，专利复审委员会本案合议组将专利权人于2007年4月16日提交的意见陈述书及其反证副本转送给请求人。

口头审理如期进行。请求人及其委托的代理人和专利权人委托的代理人均参加了口头审理，口头审理过程中当事人认定的事实如下：

（1）请求人确认其请求宣告本专利权无效的理由是权利要求1~17不符合专利法第22条第3款有关创造性的规定。

（2）请求人当庭仅出示了附件9的原件。专利权人对附件4~5、9的真实性、公开日均无异议。专利权人不认可附件1~3、6~8的真实性，也不同意请求人庭后补交这些附件的原件。

（3）专利权人当庭提交了如下反证：

反证2：“国务院颁布《兽药管理条例》”，中国兽药杂志，2004年第38卷第5期，第1~8页，加盖有“教育部科技查新工作站N03”红章的复印件共8页；

反证3：THE MERCK INDEX，封面、第400页，英文，复印件共2页，部分中文译文1页。

请求人认为反证2和3是新证据，不能接受。

(4) 请求人确认附件3与附件8的结合为评价权利要求1的创造性的最佳结合方式。附件6～7和8在评价权利要求的创造性方面的作用是一致的，其中均公开了环糊精及环糊精的衍生物是一种常用的包膜材料。

庭审中，合议组对请求人提出的无效理由和事实进行了充分调查，双方当事人充分陈述了各自的意见。

2007年7月2日，请求人提交了意见陈述书和盖有“浙江图书馆业务专用章”红章以证实其与原件核对无误的附件1～2、7的复印件和盖有“浙江大学图书馆湖滨分馆（医学馆）咨询部文献检索专用章”红章以证明文章属实的附件3和6的复印件以及盖有“浙江大学图书馆（4）藏书”红章的附件8的封面、出版信息页、第28～51页，复印件共31页，并增加了以下附件：

附件10：“饲料添加剂微胶囊化方法”，梁兆，中国饲料，1998年第6期，第30页，加盖有“浙江大学图书馆农业分馆”红章以证明该复印件内容与原件一致的复印件1页，及其复印件2份，每份1页；

附件11：《药剂学》第四版，毕殿洲主编，人民卫生出版社，1980年5月第1版，1999年7月第4版第24次印刷，封面、出版信息页、第108～114、316～325、341～342页，复印件共19页。

在意见陈述书中，请求人认为：(1) 此次提交的附件1～3、6～8的盖章复印件可证明其真实性；(2) 权利要求的保护范围中没有环糊精的内腔具有疏水性的必要技术特征，此技术内容及产生的效果没有在说明书和实施例中出现，而附件11公开了环糊精及环糊精的衍生物并不是只能包合疏水性化合物，同时也能包合亲水性化合物，环糊精及环糊精的衍生物可以包合亲水性化合物是公知技术，因此，本专利并没有克服技术偏见；(3) 饲料领域和医药领域是相通的，附件10公开了环糊精可以作为包合材料应用于饲料添加剂中，附件10仅供参考；(4) 权利要求7～12的附加技术特征中各种辅料的加入和用量是制剂领域中常规的技术手段，参见附件11，且本专利的组合物也并未由于上述辅料的加入和用量的选择而对促进动物生长带来意料不到的效果。

专利权人的代理人于2007年7月16日在复审委员会核实了请求人于2007年7月2日提交的意见陈述书及其所附附件，并认为附件10和11与本案无关，请求人此次提交的附件1～3、6～8仍为复印件甚至打印件，不能证实其与原件相同，无法证实这些附件的真实性。

至此，合议组认为本案事实已经清楚，可以作出审查决定。

**二、决定的理由**

1. 无效宣告请求的理由和范围

请求人在《专利权无效宣告请求书》中提出的以及在口头审理过程中确认的本专利权无效宣告的理由和范围为：权利要求1～17不具备专利法第22条第3款规定的创造性，具体使用证据的组合方式参见前述请求人请求宣告本专利权无效的具体理由部分。合议组予以确认。

2. 关于证据

(1) 请求人在提出本专利权无效宣告请求时提交的附件1～3、6～8是复印件，在口头审理辩论终结前没有提交或出示其原件，虽然请求人于2007年7月2日提交了附件1～3、6～8盖有红章的复印件或打印件以证实其真实性，但专利权人不认可附件1～3、6～8的真实性，并且在庭审时对于请求人延期举证的做法明确表示不能接受。对此，合议组认为，审查指南第四部分第三章第4.3.1节规定请求人的举证期限时指出，用于完善证据法定形式的公证书、原件等证据应在口头审理辩论终结前提交，并在第4.3.3节中指出，对于有证据表明因无法克服的困难在所述期限内不能提交的证据，当事人可以在所述期限内书面请求延期提交。本案中，请求人未在口头审理辩论终结前提交证实附件1~3、6~8真实性的证据，也未在所述期限内书面请求延期提交，而请求人于2007年7月2日提交的证据超过了举证期限，合议组不予考虑。因此，在专利权人不认可附件1~3、6~8的真实性的情况下，合议组对附件1~3、6~8的真实性也不予认可。

（2）请求人于2007年7月2日提交了附件10和11。根据审查指南第四部分第三章第4.3.1节规定，请求人在提出无效宣告请求之日起一个月后补充证据的，专利复审委员会一般不予考虑，除非是：①针对专利权人以合并方式修改的权利要求或者提交的反证在专利复审委员会指定的期限内补充证据，并在该期限内结合该证据具体说明相关无效宣告理由；②在口头审理辩论终结前提交技术词典、技术手册和教科书等所属技术领域中的公知常识性证据或者用于完善证据法定形式的公证书、原件等证据，并在该期限内结合该证据具体说明相关无效宣告理由。由于请求人于2007年7月2日提交附件10和11超出了提出无效宣告请求之日起一个月以及特殊情形第②点规定的期限，也不属于第①种情形，且专利权人否认附件10~11与本专利的关联性，因此，对于附件10和11合议组不予考虑。

（3）鉴于专利权人对附件4~5和9的真实性、公开日均无异议，因此合议组对附件4~5和9的真实性、公开日予以确认。

3. 关于专利法第22条第3款

专利法第22条第3款规定：创造性，是指同申请日以前已有的技术相比，该发明有突出的实质性特点和显著的进步。

根据审查指南第四部分第八章第2.1节的规定，请求人对自己提出的主张有责任提供证据加以证明；没有证据或者证据不足以证明其主张的，则由请求人承担不利后果。

本案中，请求人主张本专利权利要求1~17不具备创造性。由于合议组对附件1~3、6~8的真实性不予认可，而请求人确认的无效宣告理由中的证据组合中均至少需用到附件1~3、6~8之一，因而请求人未在举证期限内提供足以证明本专利权利要求1~17不具备创造性的证据组合，因此，对于请求人所主张的本专利权利要求1~17不具备专利法第22条第3款规定的创造性的专利权无效宣告请求理由，合议组不予支持。

基于以上事实和理由，本案合议组作出如下审查决定。

**三、决定**

维持专利号为00132107.2的发明专利权有效。

当事人对本决定不服的，可以根据专利法第46条第2款的规定，自收到本决定之日起三个月内向北京市第一中级人民法院起诉。根据该款的规定，一方当事人起诉后，另一方当事人应当作为第三人参加诉讼。

046

# 室内隔屏连接组件

## 无效宣告请求审查决定（第10551号）

决　　定　　号　第10551号
决　　定　　日　2007年9月27日
发明创造名称　室内隔屏连接组件
国 际 分 类 号　F16B 12/10，F16B 5/00，A47G 5/00
无效宣告请求人　温州风格展示器材有限公司
专　利　权　人　上海铭立家具有限公司
专　　利　　号　200420110402.9
申　　请　　日　2004年11月26日
授 权 公 告 日　2006年6月21日
合 议 组 组 长　叶　娟
主　　审　　员　刘玉玲
参　　审　　员　卢　阳

法 律 依 据　专利法第22条第2款、第3款
决 定 要 点

对于要素替代的实用新型，如果该实用新型是相同功能的已知手段的等效替换，而且这种替换没有产生预料不到的技术效果，那么该实用新型不具备创造性。

### 一、案由

本专利权无效宣告请求案涉及国家知识产权局于2006年6月21日公告授予的、名称为“室内隔屏连接组件”的200420110402.9号实用新型专利权（下称本专利），其申请日为2004年11月26日，专利权人为上海铭立家具有限公司。本专利授权公告的权利要求书如下：

“1. 一种室内隔屏的连接组件，主要包括连接件、通柱、隔屏板材，其特征是：连接件为一六面体，每一面均为连接面，各连接面中心设有一连接孔，连接面的四周边缘均设有凸块，六个连接面形状相同，通柱的中心位置设有螺栓孔，孔内设有螺纹，一螺栓穿过连接件的中心连接孔旋入通柱的螺栓孔连接固定，所述通柱至少设有两条连接隔屏的边，每条边的边缘均设有嵌装隔屏板材的卡槽，隔屏板材嵌装在通柱的卡槽内，连接件边缘的凸块也嵌装在通柱的卡槽内。

2. 根据权利要求1所述的一种室内隔屏连接组件，其特征在于连接件的连接面为十字形，每一十字形连接面中心设有连接孔，连接件中心部位是空心结构，每一连接面的四条边的边缘均设有一

凸块。

3. 根据权利要求1所述的一种室内隔屏连接组件，其特征在于通柱横截面与连接件的连接面相配合，其截面可以设置为十字形形状或一字形形状。

4. 根据权利要求1所述的一种室内隔屏连接组件，其特征在于通柱连接隔屏的各条边之间还可以增设加强筋。

5. 根据权利要求1所述的一种室内隔屏连接组件，其特征在于通柱连接隔屏的各条边之间增设的加强筋可形成一圆筒形。”

针对上述专利权，温州风格展示器材有限公司（下称请求人）于2006年9月13日向专利复审委员会提出专利权无效宣告请求，认为本专利不符合专利法第22条第2款、第3款的规定。请求人同时提交了本专利授权公告文本及以下证据：

证据1：实用新型专利说明书，专利号为02217043.X，授权公告号为CN2536889Y，授权公告日为2003年2月19日，复印件共8页；

证据2：实用新型专利说明书，专利号为02275886.0，授权公告号为CN2580280Y，授权公告日为2003年10月15日，复印件共16页。

依据上述证据，请求人认为：（1）证据1公开了一种装置，包括金属连接器2、十字型材1和隔板（分别相当于本专利的“连接件、通柱和隔屏板材”），其中金属连接器2为六面体，每个面均是连接面，六个面形状相同，各面中心设有一圆管中心眼22（相当于本专利的“连接孔”），每面设有四个固定片21（相当于本专利的“凸块”），十字型材1中心有一自攻螺丝口12（相当于本专利的“通柱的中心位置设有螺栓孔，孔内有螺纹”），将金属连接器2的圆管中心眼22与十字型材1的自攻螺丝口12和六角螺丝31相连接（相当于本专利的“一螺栓穿过连接件的中心连接孔旋入通柱螺栓孔连接固定”），十字型材1有十字脚，每个十字脚端是蟹钳口11，能插放隔板（相当于本专利的“通柱至少设有两条连接隔屏的边，每条边的边缘均设有嵌装隔屏板材的卡槽，隔屏板材嵌装在通柱的卡槽内”），金属连接器每面有四个固定片，起型材定位功能（相当于本专利的“连接件边缘的凸块也嵌装在通柱的卡槽内”），且证据1公开的技术方案与本专利的技术方案的所属技术领域、所达到的技术效果完全相同，是相同的专利，因此权利要求1相对于证据1不具备新颖性，因而也不具备创造性；（2）权利要求2进一步限定了连接件的连接面为十字形，每一十字形连接面中心设有连接孔，连接件中心部位是空心结构，每一连接面的四条边的边缘均设有一凸块，这些技术特征在证据1中都公开了，因此权利要求2不具备新颖性，因而也不具备创造性；（3）权利要求3对权利要求1进行进一步限定，包括两个技术方案：①截面形状为十字形形状；②截面形状为一字形形状；其中技术方案①已经被证据1所公开，在权利要求1不具备新颖性的前提下，方案①不具备新颖性；而方案②的截面形状在证据2中已被公开（参见图7），证据2中公开了截面为一字形、丁字形、L形和十字形等形状的型材，其与证据1结合给出了将一字形型材用于证据1从而得出本专利技术方案的启示，因此方案②相对于证据1和证据2不具备创造性，因而权利要求3相对于证据1不具备新颖性，相对于证据1和2不具备创造性；（4）权利要求4~5的附加技术特征都是工程技术领域中的惯用手段，也没有产生意料不到的技术效果，在权利要求1不具备新颖性的情况下，权利要求4、5不具备创造性。

经形式审查合格后，专利复审委员会受理了上述请求，于2006年9月13日向双方当事人发出《无效宣告请求受理通知书》，并将《专利权无效宣告请求书》及其附件副本转送给专利权人，要求其在指定的期限内答复，同时成立合议组对本无效宣告请求案进行审理。

在指定的期限内，专利权人未提交答复意见。

2007年3月23日，本案合议组向双方当事人发出口头审理通知书，定于2007年6月14日对本案进行口头审理。

2007 年 6 月 14 日口头审理如期进行。仅请求人一方委托代理人参加了口头审理，专利权人方未参加口头审理，口头审理过程中，合议组对请求人提出的无效理由和事实进行了充分调查，请求人确认其无效宣告请求的理由和范围如下：（1）权利要求 1 ~ 2 相对于证据 1 不具备新颖性和创造性；（2）权利要求 3 中涉及“十字形”的技术方案相对于证据 1 不具备新颖性和创造性以及权利要求 3 中涉及“一字形”的技术方案相对于证据 1 和 2 的结合不具备创造性；（3）权利要求 4 ~ 5 相对于证据 1 和公知常识的结合不具备创造性。

至此，合议组认为本案事实已经清楚，可以依法作出审查决定。

**二、决定的理由**

1. 关于无效宣告请求的理由和范围

根据请求人在口头审理中的确认，合议组对本无效宣告请求案审理的理由及其范围是：（1）权利要求 1 ~ 2 相对于证据 1 不具备新颖性和创造性；（2）权利要求 3 中涉及“十字形”的技术方案相对于证据 1 不具备新颖性和创造性以及权利要求 3 中涉及“一字形”的技术方案相对于证据 1 和 2 的结合不具备创造性；（3）权利要求 4 ~ 5 相对于证据 1 和公知常识的结合不具备创造性。

2. 关于证据

请求人提交的证据 1 ~ 2 均为中国实用新型专利说明书复印件，专利权人未对其真实性提出过异议，合议组核实后认为，证据 1 ~ 2 与国家知识产权局公告的文本内容一致，因此，合议组对证据 1、2 的真实性予以确认。

证据 1 ~ 2 的公开时间均在本专利的申请日之前，因而可以作为本专利的现有技术用于评价本专利的新颖性和创造性。

3. 关于专利法第 22 条第 3 款

专利法第 22 条第 3 款规定：创造性是指同申请日以前已有的技术相比，该发明有突出的实质性特点和显著的进步，该实用新型有实质性特点和进步。

对于要素替代的实用新型，如果该实用新型是相同功能的已知手段的等效替换，而且这种替换没有产生预料不到的技术效果，那么该实用新型不具备创造性。

本案中，权利要求 1 要求保护“一种室内隔屏的连接组件，主要包括连接件、通柱、隔屏板材，其特征是：连接件为一六面体，每一面均为连接面，各连接面中心设有一连接孔，连接面的四周边缘均设有凸块，六个连接面形状相同，通柱的中心位置设有螺栓孔，孔内设有螺纹，一螺栓穿过连接件的中心连接孔旋入通柱的螺栓孔连接固定，所述通柱至少设有两条连接隔屏的边，每条边的边缘均设有嵌装隔屏板材的卡槽，隔屏板材嵌装在通柱的卡槽内，连接件边缘的凸块也嵌装在通柱的卡槽内”。

证据 1 公开了一种易通连接展示装置，包括六面体金属连接器、十字型材（分别相当于本专利的“连接件、通柱”），其中金属连接器六面体的各面中心设有一圆管中心眼 22（相当于本专利的“连接孔”），每面设有四个固定片，起型材定位功能（相当于本专利的“凸块”），十字型材中心有一自功螺丝口，将金属连接器的圆管中心眼与十字型材的自功螺丝口和六角螺丝相连接，十字型材有十字脚，每个十字脚端是蟹钳口，能插放隔板（相当于本专利的“通柱至少设有两条连接隔屏的边，每条边的边缘均设有嵌装隔屏板材的卡槽，隔屏板材嵌装在通柱的卡槽内”），金属连接器的四个固定片在连接时镶嵌在十字型材的蟹钳口中（相当于本专利的“连接件边缘的凸块也嵌装在通柱的卡槽内”）（参见证据 1 说明书第 1 页第 4 段、第 2 页最后一段和附图 1）。

将权利要求 1 和证据 1 比较可知，两者的区别技术特征在于：本专利的连接件和通柱的连接方式是通过“通柱的中心位置设有螺栓孔，孔内设有螺纹，一螺栓穿过连接件的中心连接孔旋入通柱的螺栓孔连接固定"，而证据1中金属连接器和十字型材的连接方式是通过"十字型材中心有一自功螺丝口，将金属连接器的圆管中心眼与十字型材的自功螺丝口和六角螺丝相连接"，然而，对于本领域技术人员来说，虽然两者之间存在一些区别，但两种方式都是机械领域连接的常用方式，这种替换是相同功能的已知手段的等效替换，而且这种替换也没有产生预料不到的技术效果，因此，权利要求1相对于证据1不具备创造性，不符合专利法第22条第3款的规定。

权利要求2是权利要求1的从属权利要求，其附加技术特征是"连接件的连接面为十字形，每一十字形连接面中心设有连接孔，连接件中心部位是空心结构，每一连接面的四条边的边缘均设有一凸块"。证据1公开了金属连接器的连接面为十字形，在连接面的中心有圆管中心眼，金属连接器是中空的，在每面边缘设有四个固定片（参见证据1说明书第1页第4段、第2页最后一段、附图1和3），可见证据1公开了权利要求2的附加技术特征，当其引用的权利要求1相对于证据1不具备创造性时，权利要求2相对于证据1也不具备创造性，不符合专利法第22条第3款的规定。

权利要求3是权利要求1的从属权利要求，其附加技术特征是"通柱横截面与连接件的连接面相配合，其截面可以设置为十字形形状或一字形形状"。证据1公开了十字型材与金属连接器的连接面配合，其截面为十字形（参见证据1说明书第1页第4段、第2页最后一段、附图1和2），可见证据1公开了权利要求3中的"通柱截面与连接件的连接面相配合"和"其截面可以设置为十字形形状"这两个附加技术特征，当其引用的权利要求1相对于证据1不具备创造性时，权利要求3中涉及"截面为十字形形状"的技术方案相对于证据1也不具备创造性。证据2中公开了一种展览用型材，其中型材连接面可为一字形（参见证据2附图7、25），可见证据2公开了权利要求3中涉及"截面为一字形"技术方案的附加技术特征，而且它们的作用相同，即证据2给出了将"通柱截面与连接件的连接面相配合，其截面可以设置为一字形形状"技术特征应用到证据1中得到权利要求3的相应技术方案的启示，因此，权利要求3中涉及"截面为一字形"的技术方案相对于证据1和2的结合不具备创造性，权利要求3不符合专利法第22条第3款的规定。

权利要求4~5是权利要求1的从属权利要求，虽然证据1没有公开它们的附加技术特征，然而对于本领域技术人员来说，通过增设加强筋来加强壁体强度是本领域常用的技术手段，加强筋形成圆形或者其他形状也是本领域技术人员可根据具体物体形状、位置容易作出的常规选择，而且增加上述附加技术特征后也没有给本专利带来预料不到的技术效果，因此，当其引用的权利要求1相对于证据1不具备创造性时，权利要求4~5相对于证据1和公知常识的结合不具备创造性，不符合专利法第22条第3款的规定。

基于以上事实和理由，本案合议组作出如下审查决定。

**三、决定**

宣告200420110402.9号实用新型专利权全部无效。

当事人对本决定不服的，可以根据专利法第46条第2款的规定，自收到本决定之日起三个月内向北京市第一中级人民法院起诉。根据该款的规定，一方当事人起诉后，另一方当事人应当作为第三人参加诉讼。

047

# 阿伦膦酸的药物组合物及其在制备抑制人的骨吸收的药物中的用途

## 无效宣告请求审查决定（第10569号）

**决 定 号** 第10569号
**决 定 日** 2007年9月30日
**发明创造名称** 阿伦膦酸的药物组合物及其在制备抑制人的骨吸收的药物中的用途
**国 际 分 类 号** A61K 31/66
**无效宣告请求人** 杭州民生药业集团有限公司
**专 利 权 人** 默克公司
**专 利 号** 98807473.7
**优 先 权 日** 1997年7月22日，1997年7月23日，1997年8月20日，1997年8月22日
**申 请 日** 1998年7月17日
**授 权 公 告 日** 2004年9月15日
**合 议 组 组 长** 李金光
**主 审 员** 张晓飞
**参 审 员** 许 磊

**法 律 依 据** 专利法第22条第3款
**决 定 要 点**

在判断一项权利要求是否具有创造性时，首先，应当确定与该权利要求所述技术方案最接近的现有技术的技术方案；其次，将该权利要求中所述技术方案和现有技术中最接近的技术方案进行特征分析，确定二者之间的区别技术特征，并客观分析以确定要求保护的发明相对于最接近的现有技术实际解决的技术问题；最后，从最接近的现有技术和发明实际解决的技术问题出发，判断要求保护的发明对本领域的技术人员来说是否显而易见。如果上述区别特征在现有技术中具有明确的启示和/或是本领域的公知常识，则该权利要求所保护的技术方案对本领域的技术人员来说是显而易见的，不具备创造性。

### 一、案由

本专利权无效宣告请求案涉及国家知识产权局于2004年9月15日公告授予的、名称为“阿伦膦酸的药物组合物及其在制备抑制人的骨吸收的药物中的用途”的98807473.7号发明专利权（下称本专利），其申请日为1998年7月17日，最早的优先权日为1997年7月22日，专利权人为默克公司。

本专利授权公告的权利要求书如下：

"1. 用于抑制人的骨吸收的药物组合物，含有基于阿伦膦酸活性重量为70mg的阿伦膦酸或其可药用盐或二者的混合物以及可药用载体，其中所述组合物配制适合作为单位剂量每周口服一次。

2. 权利要求1的药物组合物，其中所述阿伦膦酸的可药用盐选自钠、钾、钙、镁和铵盐。

3. 权利要求1的药物组合物，其中所述可药用盐是钠盐。

4. 权利要求1的药物组合物，其中所述可药用盐是阿伦膦酸一钠盐。

5. 权利要求1的药物组合物，其中所述阿伦膦酸或其可药用盐是水化的。

6. 权利要求1的药物组合物，其中所述可药用盐是阿伦膦酸一钠盐三水合物。

7. 权利要求1～6任一项的药物组合物，其中所述药物是片剂形式。

8. 权利要求1～6任一项的药物组合物，其中所述药物是胶囊形式。

9. 权利要求1～6任一项的药物组合物，其中所述药物是液体形式。

10. 阿伦膦酸或其可药用盐或二者的混合物在制备抑制有需要的患者的骨吸收的药物中的用途，其中所述药物配制适于按照给药间隔为每周一次的方案连续口服给药，其中含有基于阿伦膦酸活性重量为70mg的阿伦膦酸或其可药用盐或二者的混合物。

11. 权利要求10的用途，其中所述可药用盐是阿伦膦酸一钠盐三水合物。

12. 权利要求10或11的用途，其中所述药物是片剂形式。

13. 权利要求10或11的用途，其中所述药物是胶囊形式。

14. 权利要求10或11的用途，其中所述药物是液体形式。"

针对上述专利权，杭州民生药业集团有限公司（下称请求人）于2006年10月16日向专利复审委员会提出专利权无效宣告请求，认为本专利权利要求1～14不符合专利法第22条第3款和第26条第4款的规定。请求人同时提交了本专利授权公告文本及以下证据材料：

证据1：LUNAR® NEWS，1996年7月，封面、第23～24页，复印件共3页以及其相应的中文译文共2页，

证据2：公开号为CN1146152A的发明专利申请公开说明书，公开日为1997年3月26日，复印件共11页，

证据3：MONTHLY INDEX OF MEDICAL SPECIALITIES，1996年12月，封面及第300页，复印件2页以及第300页中FOSAMAX®部分的中文译文共1页，

证据4：WO95/30421A1公开文本，公开日为1995年11月16日，复印件共22页以及其说明书第2页第3～4段、第3页第2段及第3段第1～5行、第4页第3段、第5页第2段、第6页第2～6段、第7页第1～6段、第8页第1～3段和第9页第1～2段的中文译文共4页，

证据5：WO95/28936A1公开文本，公开日为1995年11月2日，复印件共19页以及其说明书、权利要求书、公开文本扉页的中文译文共8页。

依据上述证据，请求人认为：(1) 证据1公开了抑制人骨吸收的阿伦膦酸，临床口服给予阿伦膦酸一周一次，每次服用40mg或者80mg可以减少用药不便并降低费用，同时也减轻阿伦膦酸每天服用所致的胃肠和/或食道刺激。证据1与权利要求1的区别在于权利要求1限定了组合物中含有阿伦膦酸的活性重量为70mg，但本领域技术人员在40mg和80mg这两个数值端点范围内选择其中任意数值单位剂量制备药物组合物都是显而易见的，并且药物组合物中活性成分的用量改变并不能使得药物组合物本身固有的性质、特性、效果产生本质的变化，本发明涉及的是给药方式的变化，其并不能使产品本身相对于现有技术产生突出的实质性特点和显著的进步，说明书中也没给出选择70mg阿伦膦酸的活性重量的药物组合物产生了预料不到的技术效果，因此，权利要求1相对于证据1不具备创

造性，不符合专利法第 22 条第 3 款的规定。同理，权利要求 10 相对于证据 1 也不具备创造性，不符合专利法第 22 条第 3 款的规定。从属权利要求 2 ~ 9、11 ~ 14 的附加技术特征已在证据 2 中公开，证据 1 ~ 2 和本发明属于同一技术领域，而权利要求 2 ~ 9、11 ~ 14 的附加技术特征在证据 2 中所起的作用与在本发明中所起的作用相同，因此，权利要求 2 ~ 9、11 ~ 14 相对于证据 1 和 2 的结合不具备创造性，不符合专利法第 22 条第 3 款的规定。（2）证据 2 公开了含有阿伦膦酸钠的 4 种规格的口服片剂组合物，组合物中阿伦膦酸的活性重量分别为 2. 5mg、5. 0mg、10. 0mg 和 40mg，并公开了其他的常规制剂如片剂、胶囊、颗粒剂和注射剂等，制剂本身同样适合作为单位剂量每周口服给药一次，且“组合物配制适合作为单位剂量每周口服给药一次”属于药物的使用过程中的技术特征，该特征并没有使组分和组分之间的含量产生任何变化，即让产品本身产生变化，因此，证据 2 与权利要求 1 的区别在于权利要求 1 限定了组合物中含有阿伦膦酸的活性重量为 70mg，但同一种药物有不同的规格，药物组合物中活性物质的含量可以根据生产以及市场或医疗的需要进行调整，并且药物组合物中活性物质的多少并不决定使用过程中的用量，其用量的改变并不能使得药物组合物本身固有的性质、特性、效果产生本质的变化，因此本领域技术人员在已公开的阿伦膦酸药物组合物的基础上，根据需要而制备阿伦膦酸为其他含量范围的制剂是显而易见的，并且 70mg 的选择相对于公开的 40mg，并未超出本领域技术人员对含量规格选择的预期变化范围，因此，权利要求 1 相对于证据 2 不具备创造性，不符合专利法第 22 条第 3 款的规定。同理，权利要求 10 相对于证据 2 也不具备创造性，不符合专利法第 22 条第 3 款的规定。从属权利要求 2 ~ 9、11 ~ 14 的附加技术特征已在证据 2 中公开，因此，权利要求 2 ~ 9、11 ~ 14 相对于证据 2 也不具备创造性，不符合专利法第 22 条第 3 款的规定。（3）证据 3 公开了供绝经后患骨质疏松症的妇女每日服用一片剂量为 10mg/片的阿伦膦酸钠片剂。与针对证据 2 评述权利要求 1、10 的理由相同，权利要求 1、10 相对于证据 3 也不具备创造性，不符合专利法第 22 条第 3 款的规定。由于从属权利要求 2 ~ 9、11 ~ 14 分别对权利要求 1、10 进一步限定，而采用活性物质的盐代替活性物质以及选择其他制剂形式制备该药物组合物属于本领域公知常识，且权利要求 7、12 的附加技术特征已在证据 3 中公开，因此权利要求 2 ~ 9、11 ~ 14 相当于证据 3 也不具备创造性，不符合专利法第 22 条第 3 款的规定。（4）证据 4 公开了由可抑制骨再吸收的甲基双膦酸盐或其衍生物和可药用载体制成的治疗或预防哺乳动物假体移动或松动的药物组合物，其中含有的活性成分含量为 1 ~ 500mg，可以每周一次、每月一次等通过口服、注射、吸入给药方式间断性给药，活性成分选自甲基双膦酸或其衍生物如阿伦膦酸及其盐或水合物，权利要求 1 要求保护的技术方案只是对证据 4 所公开的技术方案各方面内容的具体选择，并限定了阿伦膦酸含量为 70mg，本领域技术人员在证据 4 的基础上选择阿伦膦酸是很容易的，而通过常规方法确定其用量是本领域的惯用技术手段，因此根据证据 4 公开的内容，本领域技术人员很容易得到权利要求 1 的技术方案，并且，本专利说明书中所述的每周一次给予 70mg 阿伦膦酸具有减少胃肠道刺激和避免患者多次空腹服药、服药后禁食的优点可由本领域技术人员根据证据 4 合理、直接地推出，其只是证据 4 中所公开的技术方案的客观效果，因此权利要求 1 相对于证据 4 不具备创造性，不符合专利法第 22 条第 3 款的规定。同理，权利要求 10 相对于证据 4 也不具备创造性，不符合专利法第 22 条第 3 款的规定。权利要求 2 ~ 3、5、7 ~ 9、12 ~ 14 的附加技术特征已在证据 4 中公开，而权利要求 4、6、10 对可药用盐的进一步限定，是本领域技术人员为了改善化合物的溶解性、稳定性或生物利用度而采用的常规手段，因此权利要求 2 ~ 9、11 ~ 14 相对于证据 4 也不具备创造性，不符合专利法第 22 条第 3 款的规定。（5）权利要求 1 或 10 与证据 2 相比，区别在于：权利要求 1 或 10 的药物组合物中阿伦膦酸活性重量为 70mg，并进一步限定所述组合物配制适合作为单位剂量每周口服给药一次。而证据 1 中公开了口服给药阿伦膦酸，一周一次，每次 40mg 或 80mg，且证据 2 公开了权利要求 2 ~ 9、11 ~ 14 的附加技术特征，因此，权利要求1～14相对于证据1和2的结合不具备创造性，不符合专利法第22条第3款的规定。(6) 证据4中公开了含有双膦酸类化合物的药物组合物，可以一周口服一次，单位剂量的药物组合物含有的活性成分为1～500mg，双膦酸类化合物可选自阿伦膦酸。本领域技术人员在证据2或3公开的阿伦膦酸制剂的基础上，结合证据4给出的每周口服一次的技术启示是显而易见的，且证据2披露了权利要求2～9、11～14的附加技术特征，因此，权利要求1～14相对于证据4和2或3的结合不具备创造性，不符合专利法第22条第3款的规定。(7) 证据5为证据2相应的PCT同族专利申请，公开的内容与证据2相同，因此，权利要求1～14相对于证据5也不具备创造性，不符合专利法第22条第3款的规定。(8) 由于最终影响药物能否合理应用的因素很多，需要给出翔实准确的药效数据说明技术效果，而本专利说明书中只是提供了以活性阿伦膦酸10mg每日1次共5日、40mg一次、40mg每周1次共4次、20mg每周2次共4周的狗食管组织病理学结果，并未提供每周1次，每次口服70mg活性阿伦膦酸后食管的组织病理学结果，因此，导致权利要求1～14不符合专利法第26条第4款的规定。

经形式审查合格后，专利复审委员会受理了上述请求，于2006年12月29日向双方当事人发出《无效宣告请求受理通知书》，并将《专利权无效宣告请求书》及其附件清单中所列的证据材料的副本转送给专利权人，要求其在指定的期限内答复，同时成立合议组对本无效宣告请求案进行审理。

专利权人于2007年2月13日提交了意见陈述书和以下反证：

反证1：Declaration of M. Brian Fennerty M. D.，9页，全文中文译文共9页，

反证2：Declaration of Michael Goldberg，23页，全文中文译文共23页，

反证3：The New England Journal of Medicine，第333卷第22期：第1437～1443页，1995年11月30日，复印件共7页以及其标题、摘要和第1441页副作用部分的中文译文共3页，

反证4：The American Journal of Medicine，99：144～152，1995年8月，复印件共9页以及其标题、背景、患者和方法、结果、结论、不良作用部分的中文译文共3页，

反证5：Herbert Fleisch，BISPHOSPHONATES IN BONE DISEASE From the laboratory to the patient，第二版，1995，封面、封底、出版信息页、目录、前言和第147～148页复印件共10页以及其第148页第3.8.2节相关部分中文译文共1页，

反证6：The New England Journal of Medicine，第335卷第14期：第1016～1021页，1996年10月，复印件共6页以及其标题、摘要和第1019页表1及其注释的中文译文共1页，

反证7：The New England Journal of Medicine，第335卷第14期：第1058～1059页，1996年10月3日，复印件共2页以及其标题、第1058页左栏最后一行至右栏第1～4行、第1059页左栏第3～4行的中文译文共1页，

反证8：THE LANCET，第347卷：第959页，1996年4月6日，复印件共1页以及其“Warning about oesophagitis with Fosamax”部分的中文译文共1页，

反证9：Merck & Corporation公司发给医生的信函，1996年3月15日，复印件共3页以及其标题和第一段的中文译文共1页，

反证10：Aging Clin. Exp. Res，第12卷第1期：第1～12页，2000年，复印件共12页以及其标题、摘要的中文译文共2页，

反证11：CLINICAL THERAPEUTICS，第22卷第1期：第15～28页，2000年，复印件共14页以及其标题、摘要的中文译文共2页，

反证12：Declaration of Robert Armitage，6页，中文译文共7页，

反证13：Expert Opin Pharmacother，第2卷第9期：第1461～1472页，2001年，复印件共12页以及其标题、摘要和第3.3节的中文译文共2页，

反证 14：专利权人校对后的证据 1 中文译文共 2 页和证据 4 中文译文第一页共 1 页。

依据上述反证，专利权人认为：（1）证据 1 解决的技术问题和目的是避免阿伦膦酸给药困难和降低药费，与本专利解决的技术问题和目的不同，证据 1 并没有明示或者暗示每周一次服用阿伦膦酸与潜在胃肠道副作用之间的直接联系；反证 1 说明本领域技术人员在不知道阿伦膦酸副作用损伤发生机理前不会预见到高剂量会降低副作用；反证 2 说明每周一次 70mg 阿伦膦酸药物组合物的胃肠道副作用发生率低于现有技术的每日口服 10mg 阿伦膦酸的药物组合物；反证 3 ~ 5 证实了日高剂量阿伦膦酸的副作用大，患者耐受性差；反证 6 ~ 9 证实了日剂量 10mg 的阿伦膦酸也产生低发生率的副作用，而本专利是基于以下的发现而作出的，即严重的胃肠道事件是由给药频率而不是单次给药的剂量引起的；反证 10、11 证实了每周一次 70mg 剂量的疗效；反证 12 和 13 证实了每周一次产品的商业成功并且得到广泛的接受。选择制备含特定活性成分含量的药物规格剂型均与药物的安全性、有效剂量等多种因素有关，每周一次 70mg 剂量的阿伦膦酸取得了预料不到的技术效果，并不是可以通过剂量的随意调整而获得的，因此权利要求 1、10 相对于证据 1 具有创造性，而从属权利要求 2 ~ 9、11 ~ 14 相对于证据 1 和 2 的结合也具有创造性，符合专利法第 22 条第 3 款的规定。（2）证据 2 涉及的是在矫形假体植入后应用阿伦膦酸抑制骨吸收，公开的剂量范围为日剂量范围，没有教导或者暗示本专利权利要求的主要技术特征，即每周一次 70mg 单位剂量，并且与本专利的发明目的和要解决的技术问题也不同，本专利相对于证据 2 是非显而易见的，权利要求 1 ~ 14 相对于证据 2 具有创造性，符合专利法第 22 条第 3 款的规定。（3）证据 3 为阿伦膦酸每日 10mg 片剂的使用说明书，而本专利在意外发现高剂量阿伦膦酸每周一次给药的副作用低于证据 3 中每日一次低剂量给药而完成的，而且本专利产品相对于证据 3 中的产品在商业上获得更大的成功，因此权利要求 1 ~ 14 相对于证据 3 具有创造性，符合专利法第 22 条第 3 款的规定。（4）证据 4 教导了甲基双膦酸衍生物在预防或治疗关节置换并发症中的应用，阿伦膦酸只是 16 个大类双膦酸盐类中的一种甲基双膦酸衍生物，并且证据 4 中没有任何关于包含阿伦膦酸的片剂的实施例，其公开的剂量范围不能理解为任何甲基双膦酸衍生物在此范围内都可以安全用药，在证据 4 的申请日前阿伦膦酸用于治疗骨质疏松和佩吉特氏病的推荐治疗方案是 10mg/天和 40mg/天，并且反证 5 证实阿伦膦酸耐受性良好的最高口服日剂量为 20mg、40mg 时可能出现上消化道不能耐受表现，因此，本领域技术人员根据证据 4 不会选择并确定非优选的阿伦膦酸，而且选择比 40mg 高几乎两倍的 70mg 剂量，本专利相对于证据 4 是非显而易见的，权利要求 1 ~ 14 相对于证据 4 具有创造性，符合专利法第 22 条第 3 款的规定。（5）证据 1 仅仅暗示潜在可能每周一次给药 40mg 或 80mg 阿伦膦酸，本领域技术人员并不知道所述剂量是单位剂量，而且其没有考虑或者提及胃肠道副作用可能加重的问题，而证据 4 也没有教导或者暗示每周一次 70mg 阿伦膦酸的单位剂量，没有提示本专利所解决的降低胃肠道副作用的技术问题，证据 2 和 3 也没有这方面的明示或者暗示，本领域技术人员不会想到将证据 1 或 4 与证据 2 或 3 结合，因此权利要求 1 ~ 14 相对于证据 1 或 4 与 2 或 3 的结合具有创造性，符合专利法第 22 条第 3 款的规定。（6）证据 5 为证据 2 的相应 PCT 国际公开申请，其公开的内容与证据 2 相同，与上述（2）同样的理由，权利要求 1 ~ 14 相对于证据 5 具有创造性，符合专利法第 22 条第 3 款的规定。（7）本专利实施例 1 揭示了低频率高剂量给药可以降低阿伦膦酸胃肠道副作用的技术作用和效果，与本专利权利要求 1 要求保护的包含 70mg 高剂量阿伦膦酸、每周口服一次给药的药物组合物以及目的是降低阿伦膦酸胃肠道副作用的技术特征、技术主题、技术作用和效果完全一致，实施例 2 记载了本专利权利要求 1 的给药方案，实施例 7 为 70mg 阿伦膦酸片剂的制备实施例，说明书和原始公开的权利要求书均具体记载了所述技术方案，因此本专利的权利要求 1 及权利要求 2 ~ 14 得到了说明书的支持。

2007 年 4 月 10 日，本案合议组将专利权人于 2007 年 2 月 13 日提交的意见陈述书及其附件清单所列附件的副本转送给请求人。

2007 年 6 月 14 日，合议组通知双方当事人本案定于 2007 年 7 月 16 日进行口头审理。

2007 年 7 月 16 日，双方当事人均委托代理人参加了口头审理。请求人提交了于 2006 年 11 月 8 日由中华人民共和国驻纽约总领馆出具的（2006）纽领认字第 0052559 号文件和于 2006 年 11 月 2 日由美国新泽西州出具的公证号为#2328668 的新泽西公证书原件及中文译文，用于证实证据 1 与原件一致，还提交了 2006 年 11 月 23 日由中华人民共和国浙江省杭州市公证处出具的（2006）杭证民字第 8664 号公证书及光盘，用于证明从互联网获得证据 1 的检索过程属实，并提交了以下证据材料：

证据 6：《实用药学辞典》，天津科学技术出版社，1991 年 10 月出版，封面、出版信息页、目录第 56 ~ 57、90 ~ 91、118 ~ 119 和 136 ~ 137 页和第 470 ~ 471、792 ~ 793、796 ~ 797、1026 ~ 1029 和 1194 ~ 1197 页复印件共 14 页，

证据 7：《药物不良反应》，人民卫生出版社，1988 年 12 月出版，封面、出版信息页、目录第 8 ~ 9 页及第 8 ~ 11 页复印件共 5 页，

证据 8：《药物学》，世界图书出版公司，1989 年 12 月出版，封面、目录第 Ⅳ ~ Ⅴ 页、出版信息页及第 44 ~ 45 页复印件共 4 页，

证据 9：《中华人民共和国药典》，1995 年版，二部，化学工业出版社，广东科技出版社，封面、凡例复印件共 3 页，

证据 10：证据 1 的复印件及其中文译文共 5 页，其译文不同于上次提交的证据 1 的译文之处在于将上次提交译文中的“食管炎”更改成“食管不适”。

证据 11：证据 1 的参考文献 15 的复印件及其相关部分的中文译文共 12 页，

证据 12：反证 10 的题目、第 2 页左栏第 1 ~ 3 行、倒数第 17 ~ 9 行的部分译文及反证 10 的参考文献 11 ~ 12、15 的摘要及其中文译文共 7 页，

证据 13：反证 11 的参考文献 33 ~ 34 的摘要及其中文译文共 4 页，

证据 14：反证 13 的参考文献 58 的复印件及其相关部分的中文译文共 10 页。

专利权人提交了反证 1 ~ 2 和 12 的公证书原件，以及首页加盖北京大学医学图书馆公章的反证 3 ~ 8、10 ~ 11、13 的复印件以及反证 9 的复印件，并提交了意见称述书和以下反证：

反证 15：《医学实验动物学》，陕西科学技术出版社，1989 年 5 月出版，封面、出版信息页、第 420 ~ 422 页复印件共 5 页；

反证 16：Osteoprosis Int，Suppl（3）：第 13 ~ 16 页，1993 年，复印件共 4 页；

反证 17：CLINICAL PHARMACOLOOGY & THERAPEUTICS，第 58 卷第 3 期：第 288 ~ 298 页，1995 年 9 月，复印件共 11 页；

反证 18：Osteoprosis Int，第 5 期：第 1 ~ 13 页，1995 年，复印件共 13 页；

反证 19：中国医药经济信息网、Google 及中金在线的有关福善美的网页，2007 年，复印件共 3 页。

合议组当庭向双方当事人转交了双方当庭提交的上述文件的副本。

在口头审理过程中，本案合议组对请求人提出的专利权无效宣告请求理由和事实进行了调查，对双方当事人的证据材料进行了质证，并给予了双方当事人充分陈述意见的机会，反证 1 的证人 M. Brian Fennerty M. D. 在口审过程中出庭作证，双方当事人和合议组对证人进行了询问和质证。口头审理中认定的事实如下：

（1）请求人确定的无效理由和范围与请求书中的一致；

（2）专利权人对证据 1 ~ 9 的真实性、合法性、公开日期均无异议，认为证据 10 ~ 14 超出了举证

期限；

（3）请求人对反证1～2、12的真实性无异议，但对其中公证的内容有异议，对反证3～8、10、11、13只认同盖北京大学图书馆章的首页的真实性，并指出反证10～11和13的公开日在本专利申请日之后，对反证9、14～15的真实性无异议，并认为反证15是公知常识性证据，对其提交期限无异议，对反证1～13的译文准确性无异议，认为反证16～19超出了举证期限，并且没有原件，不认可其真实性；

（4）双方当事人确定证据1的中文译文以专利权人提交的反证14中证据1的中文译文为基础，并将其中第1页倒数第6行的"食管炎"修改为"食管痛苦"，第2页倒数第4行的"甚至可以"修改为"甚至潜在可能"；

（5）请求人认为本专利的权利要求中"每周口服给药一次"不是组合物和制药用途的技术特征；

（6）专利权人认为：根据反证15中"动物与人体的每公斤体重剂量折算系数表"换算可知本专利实施例1中的狗食管实验代表人的剂量为106mg，可以支持本专利要求保护的70mg的技术方案，权利要求1～14符合专利法第26条第4款的规定。

合议组分别给予双方当事人7天的答复期限，就口头审理过程中双方当事人提交的证据材料和意见补充意见，对口头审理后当事人提交的新的证据材料，合议组不予接受。

2007年7月23日，请求人提交了意见陈述书。请求人认为：（1）本专利说明书的实施例1并未公开实验动物狗的种类、体表面积、体重、年龄等影响换算的关键因素，因此不能通过反证15中的换算公式得到专利权人当庭提交的意见陈述书中所述的换算结果，即本专利实施例1中的狗食管实验代表人的剂量为106mg；另外，实施例1中实验动物狗的数量有限，得到的结果没有统计学意义，因此权利要求1～14得不到说明书的支持，不符合专利法第26条第4款的规定。（2）证据1公开了每周一次40mg或80mg阿伦膦酸的服药方案，而本领域技术人员已知阿伦膦酸的药代动力学特点包括半衰期长以及累积剂量相同的情况下具有相似的疗效；并且，根据现有技术可知阿伦膦酸的副作用与药物接触食道的时间有关，每周口服一次不仅减少一周内药物接触食道的时间，也在客观上解决患者坚持正确的服用方法所造成的不便，必然增加患者用药的顺从性；另外，每周口服一次也减少药物对胃肠道的刺激次数，延长了机体修复损伤的时间，因而从客观上减轻了胃食管的副作用。证据1中披露了每周一次服用的组合物中阿伦膦酸的含量为40mg或80mg，虽然没有表明是单位剂量，但本领域技术人员为了治疗需要和给药方便，选择70mg的剂量，并将其制备成每周一次给药的单位剂量是显而易见的，因此，权利要求1～14不具备创造性，不符合专利法第22条第3款的规定。

2007年7月24日，专利权人提交了意见陈述书和口审答辩书，并提交了以下反证：

反证20：欧洲技术上诉委员会的T1020/03-3.3.4号决定，决定日2004年10月29日，复印件共70页；

反证21：反证6的全文中文译文，复印件共13页；

反证22：反证10的全文中文译文，复印件共21页。

专利权人认为：（1）请求人并未结合证据7说明任何理由，因此证据7应当不予采信；证据10～14属于非公知常识性证据，提交的时间超过了举证期限。（2）本专利权利要求1～14符合专利法第22条第3款和专利法第26条第4款的规定。

至此，合议组认为本案事实已经清楚，可以依法作出审查决定。

**二、决定的理由**

1. 关于证据

专利权人对证据1～9的真实性和公开日期无异议，合议组对证据1～9的真实性和公开日期予以采信。其中，证据1～5是请求人在提出本专利无效宣告请求时提交的，其公开日期均在本专利申请日（或优先权日）之前，可以作为本专利的现有技术证据；证据6～9属于口头审理辩论终结前提交的公知常识性证据，但请求人未具体说明证据7与本专利权无效宣告请求理由的关系以及证据7的用途，专利权人对证据7的关联性有异议，因此合议组对证据6、8～9予以考虑，对证据7不予考虑；证据10是请求人对证据1中文译文的替换文件，由于口头审理期间双方当事人当庭确定了证据1的中文译文以专利权人提交的反证14中证据1的中文译文为基础，以及双方当事人当庭确认的内容为准，因此，合议组对证据10不予考虑；证据11～14是请求人在无效宣告请求之日起一个月后提交的，既不是公知常识性证据也不是在指定期限内提交的证据，专利权人认为证据11～14属于超期证据，合议组根据专利法实施细则第66条以及审查指南第四部分第三章4.3.1的规定，对其不予考虑；

请求人对反证1～2、9、12、14～15的真实性无异议，合议组对反证1～2、9、12、14～15的真实性予以采信。反证1～2、12为证人证言，请求人对反证1～2、12的真实性无异议，但对其所证明的内容有异议。反证1的内容属于本领域的一名专家根据自身的经历而产生的自己的判断或者估计，并不是对其所经历事件的客观描述，而且其中部分内容属于本专利优先权日后对本领域技术发展状况的描述；另外，本领域一名专家人员的观点并不能代表本领域技术人员对阿伦膦酸的通常认识，因此反证1不能用于证明本专利优先权日前的现有技术状态和本专利技术方案的新颖性或创造性。反证2、12的证人均是专利权人即默克公司的员工，与专利权人有着直接的利益关系，且均未出庭作证，因此仅凭该证言不足以证明本专利符合专利法的相关规定。对于反证3～8、10～11、13而言，专利权人提交了首页加盖北京大学医学图书馆公章的反证3～8、10～11、13的复印件，表明其属于可以从国内的公共图书馆获得的国外文献资料，在没有合理的证据表明未盖北京大学医学图书馆公章的文献页的内容与原件不符的情况下，合议组对反证3～8、10～11、13的真实性予以采信；但是，反证10、11、13的公开日在本专利优选权日之后，其内容不能用于证明本专利优先权日前的现有技术状态和本专利技术方案的新颖性或创造性。对于反证15～22，请求人认可反证15是公知常识性证据，但认为反证16～19不是公知常识性证据，同时其提交日超出了举证期限，属于超期证据，合议组根据专利法实施细则第66条以及审查指南第四部分第三章4.3.2的规定接受反证15，对反证16～19不予考虑，同理，反证20～22是专利权人在专利复审委员会指定的答复期限后提交的，也属于超期证据，合议组对其也不予考虑，另外，请求人提交反证15是用于证明本专利权利要求1～14符合专利法第26条第4款的规定的，因此，在评述权利要求1～14的创造性时合议组对其不予考虑。

2. 无效宣告请求的理由和范围

本案中，请求人确认本专利无效宣告请求的理由及其范围是：权利要求1～14不符合专利法第26条第4款的规定；权利要求1～14不具备专利法第22条第3款规定的创造性。其中，涉及创造性的证据组合方式包括：权利要求1和10相对于证据1以及权利要求2～9、11～14相对于证据1和证据2的结合；权利要求1～14相对于证据2、证据3、证据4、证据5、证据1与证据2或证据3的结合、证据4与证据2或证据3的结合不具备专利法第22条第3款规定的创造性。

3. 关于专利法第22条第3款

专利法第22条第3款规定：创造性，是指同申请日以前已有的技术相比，该发明有突出的实质性特点和显著的进步，该实用新型有实质性特点和进步。

在判断一项权利要求是否具有创造性时，首先，应当确定与该权利要求所述技术方案最接近的现有技术的技术方案；其次，将该权利要求中所述技术方案和现有技术中最接近的技术方案进行特征分析，确定二者之间的区别技术特征，并客观分析以确定要求保护的发明相对于最接近的现有技术实际解决的技术问题；然后，从最接近的现有技术和发明实际解决的技术问题出发，判断要求保护的发明对本领域的技术人员来说是否显而易见。如果上述区别特征在现有技术中具有明确的启示和/或是本领域的公知常识，则该权利要求所保护的技术方案对本领域的技术人员来说是显而易见的，不具备创造性。

请求人确定本专利权利要求 1 ~ 14 不具备专利法第 22 条第 3 款规定的创造性的无效宣告请求的证据组合方式之一为：权利要求 1、10 相对于证据 1 不具备创造性，权利要求 2 ~ 9、11 ~ 14 相对于证据 1 和 2 的结合不具备创造性。

证据 1 公开了用于抑制抑制人骨吸收的阿伦膦酸盐的口服困难可能支持间歇式（一周一次）或循环式（每月一周）的给药方案，并指出甚至潜在可能的是一周一次口服给予 40mg 或 80mg 的阿伦膦酸，以减少用药不便并降低费用（证据 1 的中文译文第 2 页最后一段），由于上述方案是在现有技术中存在阿伦膦酸药物，即默克公司的 Fosamax 的基础上提出的（证据 1 的中文译文第 1 页第 1 段），因此，服用阿伦膦酸显然是以药物组合物的形式进行的，证据 1 与权利要求 1 或 10 的区别技术特征均在于：权利要求 1 或 10 限定了组合物中阿伦膦酸的含量为 70mg，而证据 1 中没有限定单位剂量组合物中阿伦膦酸的含量。本发明实际要解决的技术问题是要克服现有技术中服用阿伦膦酸治疗骨质疏松时每日服用带来的不便以及胃肠道副作用，采用的技术方案为每周口服一次使用 70mg 阿伦膦酸。在证据 1 给出了二磷酸盐优选的给药方式为间断式如一周一次或循环式，并且特别指出阿伦膦酸甚至潜在可能以一周一次口服给药并给出了 40mg 和 80mg 两种口服剂量的情况下，本领域技术人员根据证据 1 的教导显然可以想到采用每周口服一次 40mg 或 80mg 阿伦膦酸可以降低阿伦膦酸每日口服带来的不便，而在每周口服一次 80mg 用量人体能接受且有效的情况下，每周口服一次低于 80mg 的适宜用量如 70mg 也是可以接受的，因此，在证据 1 公开的技术内容基础上，本领域技术人员得到权利要求 1 或 10 的技术方案是显而易见的，不需要花费创造性劳动，权利要求 1 和 10 相对于证据 1 均不具有突出的实质性特点和显著的进步，不符合专利法第 22 条第 3 款有关创造性的规定。

从属权利要求 2 ~ 9、11 ~ 14 对阿伦膦酸的可药用盐以及药物组合物的剂型进行了限定，而证据 2 公开了一种处理和防止假体周围骨损失的疗法，包括给具有矫形移植部件的患者施用二膦酸盐骨再吸收抑制剂，例如阿屈膦酸钠（即阿伦膦酸钠）及其三水合物，并公开了含有阿伦膦酸钠的 4 种规格的口服片剂组合物，以及其他的常规制剂如胶囊、颗粒剂和注射剂等（证据 2 说明书第 2 页第 3 段，第 6 页至第 7 页的第 1 段），由于采用活性物质的盐代替活性物质以及选择各种常见的制剂形式制备药物组合物属于本领域的公知常识，而证据 1 ~ 2 和本专利属于同一技术领域，而且权利要求 2 ~ 9、11 ~ 14 的附加技术特征在证据 2 中所起的作用与在本专利中所起的作用相同，因此将证据 2 具体公开的阿伦膦酸的钠盐以及其不同的制剂用于证据 1 的技术方案中，从而得到权利要求 2 ~ 9、11 ~ 14 的技术方案是显而易见的，因此，在其引用的权利要求 1 和 10 相对于证据 1 不具备创造性的前提下，权利要求 2 ~ 9、11 ~ 14 相对于证据 1 和 2 的结合不具有突出的实质性特点和显著的进步，不符合专利法第 22 条第 3 款有关创造性的规定。

专利权人认为，权利要求 1、10 相对于证据 1 具备创造性，因而权利要求 2 ~ 9、11 ~ 14 相对于证据 1 和 2 的结合也具备创造性，具体理由如下：

（1）反证 3 ~ 9 以及证据 3 证实，根据本专利优先权日前存在的有关阿伦膦酸治疗骨质疏松的现有技术状态，即使是每日 10mg 的 Fosamax 片剂也对胃肠道有副作用，并且副作用随着阿伦膦酸剂量的加大而提高，因此本领域技术人员不会采用证据 1 中的技术方案。

（2）证据 1 不会受到本领域技术人员的重视，因为其只是商业性刊物，不能与一些著名的学术期刊相提并论，而且其没有实验基础和理论基础，并且在标准数据库 Medline 上检索不到。

（3）证据 1 解决的技术问题与本专利解决的技术问题不同，并且证据 1 的教导使得本领域技术人员远离本发明，证据 1 中还教导了其他的选择，并且认为依班膦酸是最有可能的候选药物。

（4）证据 1 和 2 中没有任何明示或者暗示使本领域技术人员对其公开的技术特征或技术信息进行结合的动机。

对此，合议组认为：

（1）反证 3 ~ 9 及证据 3 表明：阿伦膦酸对胃肠道的副作用并不明显；副作用的产生更可能与复杂的服药方式有关，并没有指出剂量增加副作用一定增加，因此没有证据表明本领域技术人员不会采用证据 1 的方案，并且在证据 1 明确给出了 40mg 和 80mg 两种周剂量是可行的教导的情况下，本领域技术人员显然会依据证据 1 的教导去进行尝试，并根据常识选择最合适的剂量。

（2）证据 1 属于公开的出版物，并且可以通过最常用的 Google 搜索引擎在互联网上检索得到，其中提出了解决服药困难和价格昂贵的方案，即一周一次口服给予高剂量的 40mg 或 80mg 阿伦膦酸，虽然该方案并未涉及解决服用阿伦膦酸副作用的问题，但基于上述（1）中所述本专利优先权日前本领域技术人员对阿伦膦酸副作用的认识，该方案与本领域技术人员的上述认识一致，因此本领域技术人员并不会因为其没有实验和理论依据而忽视该方案，反而会在其提出解决另两个问题的基础上得到解决副作用问题的足够启示而接受一周一次口服给予 40mg 或 80mg 阿伦膦酸的方案。

（3）证据 1 指出阿伦膦酸盐在使用过程中存在的问题主要有：（a）副作用，（b）服药困难和（c）价格昂贵，因此，其给出的方案显然是针对这些问题中的一些而提出的，如前所述，在其明确指出为了克服给药困难可能可以采用一周口服一次 80mg 阿伦膦酸的情况下，本领域技术人员对该技术方案会有引起重视的理由，其虽然没有有关该剂量是否改善副作用的提示，但是根据其所针对的现有用药问题，其给出的剂量方案显然不会引起不可接受的副作用。虽然证据 1 指出“静脉内给药也是可能的”，但是证据 1 并没有指出阿伦膦酸是最适宜静脉内注射的，而是指出依班膦酸是最可能的候选药物，因为对于“静脉内给药”，“它可以以简单的针剂形式每 3 个月给药一次而不是以输注形式”，本领域公知口服给药比静脉内给药更方便，因此，本领域技术人员在已知阿伦膦酸为治疗骨质疏松的常用药物并且现有技术（如证据 3 ~ 5）中通常采用口服给药的情况下，并不会因证据 1 提及静脉给药和依班膦酸而忽视“每周一次口服给予阿伦膦酸 40mg 或 80mg 剂量”的方案。

（4）证据 1 ~ 2 和本专利属于同一技术领域，证据 1 给出了阿伦膦酸可以一周一次口服给药的教导，并分别给出了剂量高于和低于本发明剂量的技术方案；证据 2 中公开的阿伦膦酸钠及其各种形式的制剂均是用于治疗骨质疏松的，而且权利要求 2 ~ 9、11 ~ 14 的附加技术特征在证据 2 中所起的作用与在本专利中所起的作用相同，因此本领域技术人员在解决给药不便问题时显然会将证据 2 具体公开的阿伦膦酸钠以及其不同的制剂用于证据 1 的技术方案中，从而得到权利要求 2 ~ 9、11 ~ 14 的技术方案是显而易见的。因此，专利权人的意见陈述不具有说服力。

根据以上事实和理由，本专利权利要求 1、10 相对于证据 1 以及权利要求 2 ~ 9、11 ~ 14 相对于证据 1 和证据 2 的结合缺乏创造性而应予以无效，故本决定对于请求人主张的本专利权利要求 1 ~ 14 不具备专利法第 26 条第 4 款的无效宣告理由以及使用其他证据或证据组合主张本专利权利要求 1 ~ 14 不具备创造性的无效宣告理由不再进行评述。

基于以上事实和理由，本案合议组作出如下审查决定。

**三、决定**

宣告 98807473.7 号发明专利权全部无效。

当事人对本决定不服的，可以根据专利法第 46 条第 2 款的规定，自收到本决定之日起三个月内向北京市第一中级人民法院起诉。根据该款的规定，一方当事人起诉后，另一方当事人应当作为第三人参加诉讼。

# 北京市第一中级人民法院
# 行政判决书

（2008）一中行初字第399号

原告默克公司，住所地美利坚合众国新泽西州08628，默瑟郡，西特伦顿市，泰文熊路820号。

法定代表人爱德华W·默里，顾问。

委托代理人吴玉和，中国专利代理（香港）有限公司专利代理人。

委托代理人梁谋，中国专利代理（香港）有限公司专利代理人。

被告中华人民共和国国家知识产权局专利复审委员会，住所地中华人民共和国北京市海淀区北四环西路9号银谷大厦10～12层。

法定代表人廖涛，副主任。

委托代理人张晓飞，中华人民共和国国家知识产权局专利复审委员会审查员。

委托代理人程强，中华人民共和国国家知识产权局专利复审委员会审查员。

第三人杭州民生药业集团有限公司，住所地中华人民共和国浙江省杭州市余杭塘路108号。

法定代表人竺福江，董事长。

委托代理人严易青，女，1968年12月29日出生，杭州民生药业集团有限公司科技信息和专利管理部经理，住中华人民共和国浙江省杭州市西湖区沁雅花园8幢4单元202室。

委托代理人孙斌，北京市亿嘉律师事务所律师。

原告默克公司不服被告中华人民共和国国家知识产权局专利复审委员会（简称专利复审委员会）作出的第10569号无效宣告请求审查决定（简称第10569号决定），于法定期限内向本院提起诉讼。本院于2008年3月11日受理本案后，依法组成合议庭，并依法通知杭州民生药业集团有限公司（简称民生公司）作为第三人参加诉讼，于2008年5月13日公开开庭进行了审理。原告默克公司的委托代理人吴玉和、梁谋，被告专利复审委员会的委托代理人张晓飞、程强，第三人民生公司的委托代理人严易青、孙斌到庭参加诉讼。本案现已审理终结。

专利复审委员会2007年9月30日作出的第10569号决定是针对民生公司对默克公司享有的98807473.7号名称为“阿伦膦酸的药物组合物及其在制备抑制人的骨吸收的药物中的用途”的发明专利（以下简称本专利）所提出的无效宣告请求作出的。

专利复审委员会在第10569号决定中认定：本专利申请日为1988年7月17日，最早优先权日为1997年7月22日。关于《中华人民共和国专利法》（简称《专利法》）第二十二条第三款，民生公司确定本专利权利要求1、10相对于证据1，LUNAR NEWS（刊物）不具备创造性，权利要求2～9、11～14相对于证据1和2，CN1146152A的发明专利申请公开说明书不具备创造性。证据1与权利要求1的区别技术特征在于：权利要求1或10限定了组合物中阿伦膦酸的含量为70mg，而证据1中没有限定单位剂量组合物中阿伦膦酸的含量。本发明实际要解决的技术问题是要克服现有技术中服用阿伦膦酸治疗骨质疏松时每日服用带来的不便以及胃肠道副作用，采用的技术方案为每周口服一次使用70mg阿伦膦酸，在证据1给出了阿伦膦酸盐优选的给药方式为间断式如一周一次或循环式，并且特别指出阿伦膦酸甚至潜在可能以一周一次口服给药并给出了40mg和80mg两种口服剂量的情况下，本领域技术人员根据证据1的教导显然可以想到采用每周口服一次40mg或80mg阿伦膦酸可以降低阿伦膦酸每日口服带来的不便，而在每周口服80mg用量人体能接受且有效的情况下，每周口服一次低于80mg的适宜用量如70mg也是可以接受的，因此，在证据1公开的技术内容基础上，本领域技术人员得到权利要求1或10的技术方案是显而易见的，不需花费创造性劳动，权利要求1和10相对于证据1均不具有突出的实质性特点和显著的进步，不符合《专利法》第二十二条第三款有关创造性的规定。

从属权利要求2~9、11~14对阿伦膦酸的可用盐以及组合物的剂型进行了限定，而证据2公开了一种处理和防止假体周围骨损失的疗法，包括给具有矫形移植部件的患者施用二膦酸盐骨再吸收抑制剂，如阿屈膦酸钠（即阿伦膦酸钠）及其三水合物，并公开了含有阿伦膦酸钠的4种规格的口服片剂组合物，以及其他的常规制剂如胶囊和注射剂等，由于采用活性物质的盐代替活性物质以及选择各种常见的抑制剂形式制备药物组合物属于本领域的公知常识，而证据1~2和本专利属于同一技术领域，而且权利要求2~9、11~14的附加技术特征在证据2中所起的作用与在本专利中所起的作用相同，因此将证据2具体公开的阿伦膦酸的钠盐以及其不同的制剂用于证据1的技术方案中，从而得到权利要求2~9、11~14的技术方案是显而易见的，因此，在其引用的权利要求1和10相对于证据1不具备创造性的前提下，权利要求2~9、11~14相对于证据1和2的结合不具有突出的实质性特点和显著的进步，不符合《专利法》第二十二条第三款有关创造性的规定。专利复审委员会作出第10569号决定：宣告98807473.7号发明专利权全部无效。

原告默克公司不服该决定，向本院起诉称：专利复审委员会对事实认定存在如下错误：（1）对本专利优先权日之前的现有技术状态认定错误。①专利复审委员会认为，阿伦膦酸（Fosamax福善美）对胃肠道的副作用不明显，而我公司的反证6~9推翻了上述事实，通过反证6数据统计可知该药的副作用率为1/100000，在51位产生副作用的人中32人需住院治疗食管副作用，2人暂时丧失劳动能力，副作用程度令人震惊。反证8《柳叶刀》于1996年转载了我公司关于Fosamax食管副作用的警告。专利复审委员会认为，阿伦膦酸副作用的产生更可能与复杂的服用方式有关。我公司认为专利复审委员会的观点毫无根据，是错误的。事实上药量增加，副作用一定增加。我公司认为本专利说明书和反证3~5对此均已加以明确。②专利复审委员会对证据1所公开的信息的认定是错误的，即认定“明确给出了40mg和80mg两种剂量是可行的教导”，我公司持反对意见，且我公司认为本领域技术人员对“每周一次口服高剂量的40mg和80mg阿伦膦酸”的可行性认识，至少在本专利优先权日之前是高度存疑的，未取得人们的认可。（2）专利复审委员会对反证10~11、13的认定存在错误，认为上述证据发生在本专利优先权日之后，不具备可证据性。我公司认为虽然发生在该日之后的证据对新颖性事实不具备可证据性，但可以用于证明创造性事实。这些证据能够证明以本专利技术方案取得的产品上市后获得了商业上的巨大成功，《审查指南》第二部分第四章第5节指出的判断创造性时需要考虑的其他因素中就包括关于发明在商业上获得成功的因素。（3）本专利权利要求1~14相对于在案证据是非显而易见的，具有创造性。证据1没有关于本发明方案的任何暗示。综上本专利相对于证据1~2在内的现有技术，意外地发现阿伦膦酸每周一次高剂量给药的副作用低于每日一次低剂量给药的副作用，具有意外的技术效果从而完成了本发明，制备了每周口服一次的包含70mg阿伦膦酸单位剂量的药物组合物，患者服用的顺从性更好，这是显而易见的。且上市后产生的商业成功均说明本专利具有突出的实质性特点和显著的进步。据此请求撤销第10569号决定，判令专利复审委员会重新作出审查。

被告专利复审委员会表示坚持其在第10569号决定中的意见，并认为该决定认定事实清楚、适用法律准确、程序合法，请求驳回原告的诉讼请求，维持第10569号决定。

第三人民生公司同意第10569号决定，认为专利复审委员会的决定正确。

本院经审理查明，1998年7月17日，默克公司申请了名称为“阿伦膦酸的药物组合物及其在制备抑制人的骨吸收的药物中的用途”发明专利（即本专利），2004年9月15日获得授权，专利号为98807473.7，最早优先权日为1997年7月22日。

本专利权利要求为：（1）用于抑制人的骨吸收的药物组合物，含有基于阿伦膦酸活性重量为70mg的阿伦膦酸或其可药用盐或二者的混合物以及可药用载体，其中所述组合物配制适合作为单位剂量每周口服一次。（2）权利要求1的药物组合物，其中所述阿伦膦酸的可药用盐选自钠、钾、钙、镁和铵盐。（3）权利要求1的药物组合物，其中所述可药用盐是钠盐。（4）权利要求1的药物组合物，其中所述可药用盐是阿伦膦酸-钠盐。（5）权利要求1的药物组合物，其中所述阿伦膦酸或其可药用盐是水化的。（6）权利要求1的药物组合物，其中所述可药用盐是阿伦膦酸-钠盐三水合物。（7）权利要求1～6任一项药物组合物其中所述药物是片剂形式。（8）权利要求1～6任一项药物组合物其中所述药物是胶囊形式。（9）权利要求1～6任一项药物组合物其中所述药物是液体形式。（10）阿伦膦酸或其可药用盐或二者的混合物制备抑制有需要的患者的骨吸收的药物中的用途，其中所述药物配制适于按照给药间隔为每周一次的方案连续口服给药，其中含有基于阿伦膦酸活性重量为70mg的阿伦膦酸或其可药用盐或二者的混合物。（11）权利要求10的用途，其中所述可药用盐是阿伦膦酸-钠盐三水合物。（12）权利要求10～11的用途，其中所述药物是片剂形式。（13）权利要求10～11的用途，其中所述药物是胶囊形式。（14）权利要求10～11的用途，其中所述药物是液体形式。

本专利说明中载明：“从现有的知识可以了解，每日治疗方案和周期性治疗方案都具有缺陷，并且有必要开发一种能克服所述缺陷的用药方案。在本发明中，可能与每日或周期性用药相关的不利的胃肠道副作用可以通过按照连续的方案服用较大单位剂量的双膦酸类而减弱，该方法选自下列用药间隔：每周1次用药，每周2次用药，每2周1次用药，和每月2次用药。换句话说，与以较高的用药频率服用较低剂量的方案相比，以较大剂量和较低用药频率服用双膦酸类可产生较小胃肠副作用，特别是食管副作用，考虑到有关报道表明胃肠副作用将会随着双膦酸类剂量的加大而增加，这一结果是另人吃惊的”。“从患者的生活方式角度来看，本发明的方法也比每日或者周期性用药方案方便。患者较少经受必须空腹服药，并且必须在服药后禁食至少30分钟的不方便之处。另外，患者也不必遵循复杂的服药方案”。

2006年10月16日，民生公司对本专利提起无效宣告请求，其中的理由是本专利不符合《专利法》第二十二条第三款，其提交了证据1，出版物《LUNAR NEWS》（1996年7月），及其相关内容译文，证据2，公开日为1997年3月26日，公开号为CN1146152A的发明专利申请公开说明书等证据。

《LUNAR NEWS》译文载明：一些美国医生处于下面几点原因不愿意使用阿伦膦酸盐：（a）副作用，（b）服药困难，（c）价格昂贵（每年700美元）。第一，Merck公司最近就食管炎问题向医生发出了警告信，一些医生报告有5%～15%的病人发生过胃和/或者食管炎，但多数未见副反应。严重的溃疡和管道收缩极少出现。第二，一些病人也因为服药困难而停用阿伦膦酸盐。阿伦膦酸盐生物利用度（0.8%）的限制要求病人在清醒状态下用满一杯水（不是茶、咖啡或果汁）空腹时服用，并且服药后病人必须保持直立姿势30到60分钟。一部分年长的妇女对这种用法仅能忍受一到二周。第三，一些医疗保险不包括药费的美国病人感受阿伦膦酸盐价格太高。一些健康组织甚至推荐使用较便宜的环状的依替膦酸盐。阿伦膦酸盐是第一个能使85%持续用药的病人满意同时又有效的治疗药物。Merck公司准备通过推广手部和前臂的密度测定进一步扩大该药的女性患者群。这一过时的密度测量法的推广与主要的医生（他们使用中轴的密度测量法）形成了对抗。这一对抗可能是没有预料的高发副作用和服药困难的一个因素。口服双膦酸盐的可能将支持该药间断式的（一周一次）或循环式

（每月一周）的给药方式。甚至可以一周一次口服给予剂量为40mg或80mg的阿伦膦酸，以减少用药不便并降低费用。静脉内给药也是可能的。依班膦酸钠是最有可能的候选药物，因为它可以以简单的针剂形式每3个月给药一次而不是以输注形式。

默克公司认为，该证据虽然指出了阿伦膦酸的副作用，但是没有给出解决它的方案，它的目的在于解决服药困难和价格昂贵问题。况且，“服用剂量增加则副作用也增加”，这是人们普遍认知的情况，即便证据1潜在指出可以考虑“一周一次40mg或80mg的给药方式”，用以解决患者服药方式的遵从性障碍，但是由于上述普遍认知情况的影响，没人会采用“一周一次40mg或80mg的给药方式”。

民生公司不赞成默克公司的观点，认为所谓“剂量增加则副作用也增加”是有条件的，如果每日一次，且服药方法不变，副作用会成正向增加，服药方法也对副作用产生有一定的影响，不能不考虑，而默克公司是以其低频率，高剂量给药法与现有的高频率，低剂量给药法相比，二者无共同前提，无从比对。专利复审委员会表示了相同的意见，并认为证据1的技术启示是显见的事实，它给出的阿伦膦酸剂量为40mg、80mg两种，与本专利的70mg同样属于高剂量性质方案，在已经有了两种高剂量方案的情况下，本专利只是其中一点，距离80mg低10mg，距离40mg高30mg，显然属于本领域技术人员可以通过调整和选择而获得的方案，因此不具有创造性。

在本案审理中，默克公司重申了其在无效审查期间的证据意见，指出本专利说明书中关于阿伦膦酸盐动物实验实施例，显示依据现有技术方案一日给服低剂量药一次与依据本专利每周给服高剂量药一次，狗的食管炎症在显微镜下所示表皮毁坏情况前者很严重，后者几乎完好。另外其有关证人证言等对阿伦膦酸药品业绩的证明，证实含有本专利技术的产品在商业上的成功。专利复审委员会表示上述证据均不能证明默克公司的主张成立，且与所诉事实无关。

上述事实有第10569号决定书、本专利权利要求书和说明书，出版物《LUNAR NEWS》及其相关内容译文、公开号为CN1146152A的发明专利申请公开说明书以及当事人陈述等证据在案佐证。

本院认为，根据本专利权利要求书及说明书，可知本专利在于给出了一种在服用阿伦膦酸药物方面采取低频率（每周一次），高剂量（70mg）的技术方案，目的之一在于解决现有技术方案，即高频率（每日一次），低剂量（10mg）所带来的副作用以及服药方式烦琐，患者对服药方式遵从性差的问题。

根据证据1《LUNAR NEWS》相关内容译文所述情况，该证据指出了阿伦膦酸盐存在如下需要解决的问题：（a）副作用，（b）服药困难，（c）价格昂贵（每年700美元），并指出，“口服双膦酸盐的可能将支持该药间断式的（一周一次）或循环式（每月一周）的给药方式。甚至可以一周一次口服给予剂量为40mg或80mg的阿伦膦酸，以减少用药不便并降低费用”。因此该证据客观上给出了一种低频率（每周一次），高剂量（40mg或80mg）的技术启示，默克公司不应无视这一技术启示的存在。其所称，本领域技术人员因为受到“剂量增加副作用增加”这一常规认知的影响，而不会真正去实践这一技术方案，与讼争的“是否存在上述低频率、高剂量技术启示”问题不相关联，无法形成辩驳对抗以抵消“存在低频率、高剂量技术启示”的事实。故此，对于“剂量增加则副作用增加”这一命题是否成立本院不作评述，对其主张本院不予支持。至此，默克公司应当据以证明的事实在于，在上述同样是一周服用一次阿伦膦酸药物，剂量为40mg与80mg两种情况下，本专利为70mg的技术效果与之存在何种差异特性而具有创造性，即如证明70mg与80mg之间这一差异在解决降低副作用上产生了哪些显著性差别，且比80mg还好等，在其没有给予证据证明的情况下，对其有关“本专利具备创造性”的主张本院不予支持。

关于本专利技术方案不同于现有高频率、低剂量技术方案的事实不是本案的争议所在，民生公司对此没有实质性异议，默克公司所依证据均在于与现有高频率（每日一次）、低剂量（10mg）技术方案进行比对，对此本院不予以关注。

默克公司以商业成功主张辅以佐证具备创造性的主张，首先该主张缺乏必要充分证据佐证，未见其所述成功确系其技术创新所致的事实，所举证据未见该方面相关信息。其次该事实不是创造性事实评判的基础性依据。

综上所述，权利要求 1 和 10 相对于证据 1 均不具有突出的实质性特点和显著的进步，不符合《专利法》第二十二条第三款有关创造性的规定。在此前提下，权利要求 2～9、11～14 相对于证据 1 和 2 的结合不具有突出的实质性特点和显著的进步，不符合《专利法》第二十二条第三款有关创造性的规定。

专利复审委员会作出的第 10569 号决定认定事实基本清楚，适用法律正确，程序合法，依照《中华人民共和国行政诉讼法》第五十四条第（一）项之规定，本院判决如下：

维持被告中华人民共和国国家知识产权局专利复审委员会作出的第 10569 号无效宣告请求审查决定。

案件受理费人民币 100 元，由原告默克公司负担（已交钠）。

如不服本判决，原告默克公司于本判决书送达之日起 30 日内；被告中华人民共和国国家知识产权局专利复审委员会、第三人杭州民生药业集团有限公司于本判决书送达之日起 15 日内，向本院递交上诉状，并按对方当事人人数提交上诉状副本，同时交纳上诉案件受理费，上诉于中华人民共和国北京市高级人民法院。

审　判　长　任　进
代理审判员　邢　军
人民陪审员　郝建欣
二〇〇八年　六　月　四　日
书　记　员　袁　伟

# 北京市高级人民法院
# 行政判决书

（2008）高行终字第 524 号

上诉人（原审原告）默克公司，住所地美利坚合众国新泽西州 08628，默瑟郡，西特伦顿市，泰文熊路 820 号。

法定代表人爱德华 W·默里，顾问。

委托代理人吴玉和，男，汉族，1966 年 3 月 12 日出生，中国专利代理（香港）有限公司专利代理人，住中华人民共和国北京市海淀区万泉河路 68 号院 4 号楼 306 号。

委托代理人梁谋，女，汉族，1964 年 10 月 15 日出生，中国专利代理（香港）有限公司专利代理人，住中华人民共和国广东省深圳市罗湖区北环大道 1028 号 26 栋 70。

被上诉人（原审被告）中华人民共和国国家知识产权局专利复审委员会，住所地中华人民共和国北京市海淀区北四环西路 9 号银谷大厦 10～12 层。

法定代表人廖涛，副主任。

委托代理人张晓飞，该委员会审查员。

委托代理人朱茜，该委员会审查员。

原审第三人杭州民生药业集团有限公司，住所地中华人民共和国浙江省杭州市余杭塘路108号。

法定代表人竺福江，董事长。委托代理人严易青，女，汉族，1968年12月29日出生，该公司科技信息和专利管理部经理，住中华人民共和国浙江省杭州市西湖区沁雅花园8幢4单元202室。

委托代理人孙斌，北京市亿嘉律师事务所律师。

上诉人默克公司因专利权无效行政纠纷一案，不服中华人民共和国北京市第一中级人民法院（简称北京市第一中级人民法院）（2008）一中行初字第399号行政判决，向本院提起上诉。本院2008年8月18日受理本案后，依法组成合议庭，于2008年10月21日公开开庭进行了审理。上诉人默克公司的委托代理人吴玉和、梁谋，被上诉人中华人民共和国国家知识产权局专利复审委员会（简称专利复审委员会）的委托代理人张晓飞、朱茜，原审第三人杭州民生药业集团有限公司（简称民生公司）的委托代理人严易青、孙斌到庭参加诉讼。本案现已审理终结。

北京市第一中级人民法院认定，涉案专利系默克公司享有的98807473.7号名称为“阿伦膦酸的药物组合物及其在制备抑制人的骨吸收的药物中的用途”的发明专利（简称本专利）。针对本专利，民生公司于2006年10月16日向专利复审委员会提出无效宣告请求，理由是本专利不符合《中华人民共和国专利法》（简称《专利法》）第二十二条第三款。2007年9月30日，专利复审委员会作出第10569号无效宣告请求审查决定（简称第10569号决定），宣告本专利全部无效。

北京市第一中级人民法院认为，证据1指出了阿伦膦酸盐存在如下需要解决的问题：（a）副作用，（b）服药困难，（c）价格昂贵（每年700美元），并指出，“口服双膦酸盐的可能将支持该药间断式的（一周一次）或循环式（每月一周）的给药方式。甚至可以一周一次口服给予剂量为40mg或80mg的阿伦膦酸，以减少用药不便并降低费用”。因此该证据客观上给出了一种低频率（每周一次），高剂量（40mg或80mg）的技术启示。默克公司以商业成功主张辅以佐证具备创造性的主张，但该主张缺乏必要充分证据佐证。北京市第一中级人民法院依照《中华人民共和国行政诉讼法》第五十四条第（一）项之规定，判决：维持第10569号决定。

默克公司不服原审判决，向本院提起上诉，请求撤销原审判决，撤销第10569号决定。其理由为：（1）原审判决错误地认定证据1给出了低频率、高剂量的技术方案，同时错误地认定了本发明的现有技术状态。证据1没有公开本发明的低频率、高剂量的技术方案，没有暗示一周一次口服40mg和80mg高剂量是安全可行的，可以降低口服阿伦磷酸的上胃肠道副作用。本领域技术人员不会想到尝试本发明的低频率、高剂量技术方案。（2）原审判决适用法律错误。原审法院没有将包括证据1在内的现有技术作为一个整体考虑，甚至没有考虑专利权人所提供的用以证明现有技术状态的反证，存在适用法律错误的情形。专利复审委员会、民生公司服从原审判决。

本院经审理查明：1998年7月17日，默克公司申请了名称为“阿伦膦酸的药物组合物及其在制备抑制人的骨吸收的药物中的用途”发明专利（即本专利），2004年9月15日获得授权，专利号为98807473.7，优先权日为1997年7月22日。

本专利权利要求为：（1）用于抑制人的骨吸收的药物组合物，含有基于阿伦膦酸活性重量为70mg的阿伦膦酸或其可药用盐或二者的混合物以及可药用载体，其中所述组合物配制适合作为单位剂量每周口服给药一次。（2）权利要求1的药物组合物，其中所述阿伦膦酸的可药用盐选自钠、钾、钙、镁和铵盐。（3）权利要求1的药物组合物，其中所述可药用盐是钠盐。（4）权利要求1的药物组合物，其中所述可药用盐是阿伦膦酸-钠盐。（5）权利要求1的药物组合物，其中所述阿伦膦酸或其可药用盐是水化的。（6）权利要求1的药物组合物，其中所述可药用盐是阿伦膦酸-钠盐三水合物。(7) 权利要求1~6任一项的药物，组合物其中所述药物是片剂形式。(8) 权利要求1~6任一项的药物组合物，其中所述药物是胶囊形式。(9) 权利要求1~6任一项的药物组合物，其中所述药物是液体形式。(10) 阿伦膦酸或其可药用盐或二者的混合物在制备抑制有需要的患者的骨吸收的药物中的用途，其中所述药物配制适于按照给药间隔为每周一次的方案连续口服给药，其中含有基于阿伦膦酸活性重量为70mg的阿伦膦酸或其可药用盐或二者的混合物。(11) 权利要求10的用途，其中所述可药用盐是阿伦膦酸-钠盐三水合物。(12) 权利要求10或11的用途，其中所述药物是片剂形式。(13) 权利要求10或11的用途，其中所述药物是胶囊形式。(14) 权利要求10或11的用途，其中所述药物是液体形式。

本专利说明中载明："从现有的知识可以了解，每日治疗方案和周期性治疗方案都具有缺陷，并且有必要开发一种能克服所述缺陷的用药方案。在本发明中，可能与每日或周期性用药相关的不利的胃肠道作用可以通过按照连续的方案服用较大单位剂量的双膦酸类而减弱，该方案选自下列用药间隔：每周1次用药，每周2次用药，每2周1次用药，和每月2次用药。换句话说，与以较高的用药频率服用较低剂量的方案相比，以较大的剂量和较低的用药频率服用双膦酸类可产生较小胃肠副作用，特别是食管副作用，考虑到有关报道表明胃肠副作用将会随着双膦酸类剂量的加大而增加，这一结果是另人吃惊的"。"从患者的生活方式角度来看，本发明的方法也比每日或者周期性用药方案方便。患者较少经受必须空腹服药，并且必须在服药后禁食至少30分钟的不方便之处。另外，患者也不必遵循复杂的服药方案"。

2006年10月16日，民生公司对本专利提起无效宣告请求，理由是本专利不符合专利法第二十二条第三款，其提交了证据1：出版物《LUNAR NEWS》(1996年7月)，及其相关内容译文；证据2：公开日为1997年3月26日，公开号为CN1146152A的发明专利申请公开说明书等证据。

证据1《LUNAR NEWS》译文载明：一些美国医生出于下面几点原因不愿意使用阿伦膦酸盐：(a) 副作用，(b) 服药困难，(c) 价格昂贵(每年700美元)。第一，Merck公司最近就食管炎问题向医生发出了警告信，一些医生报告有5%~15%的病人发生过胃和/或者食管炎，但多数未见副反应。严重的溃疡和管道收缩极少出现。第二，一些病人也因为服药困难而停用阿伦膦酸盐。阿伦膦酸盐生物利用度(0.8%)的限制要求病人在清醒状态下用满一杯水(不是茶、咖啡或果汁)空腹时服用，并且服药后病人必须保持直立姿势30到60分钟。一部分年长的妇女对这种用法仅能忍受一到二周。第三，一些医疗保险不包括药费的美国病人感受阿伦膦酸盐价格太高。一些健康组织甚至推荐使用较便宜的环状的依替膦酸盐。阿伦膦酸盐是第一个能使85%持续用药的病人满意同时又有效的治疗药物。Merck公司准备通过推广手部和前臂的密度测定进一步扩大该药的女性患者群。这一过时的密度测量法的推广与主要的医生(他们使用中轴的密度测量法)形成了对抗。这一对抗可能是没有预料的高发副作用和服药困难的一个因素。口服双膦酸盐的困难将支持该药间断式的(一周一次)或循环式(每月一周)的给药方式。甚至可以一周一次口服给予剂量为40mg或80mg的阿伦膦酸，以减少用药不便并降低费用。静脉内给药也是可能的。依班膦酸钠是最有可能的候选药物，因为它可以以简单的针剂形式每3个月给药一次而不是以输注形式。

2007年9月30日，专利复审委员会作出第10569号决定。该认定认为：

证据1与权利要求1的区别技术特征在于：权利要求1或10限定了组合物中阿伦膦酸的含量为70mg，而证据1中没有限定单位剂量组合物中阿伦膦酸的含量。本发明实际要解决的技术问题是要克服现有技术中服用阿伦膦酸治疗骨质疏松时每日服用带来的不便以及胃肠道副作用，采用的技术方案为每周口服一次使用70mg阿伦膦酸，在证据1给出了二磷酸盐优选的给药方式为间断式如一周一次或循环式，并且特别指出阿伦膦酸甚至潜在可能以一周一次口服给药并给出了40mg和80mg两种口服剂量的情况下，本领域技术人员根据证据1的教导显然可以想到采用每周口服一次40mg或80mg阿伦膦酸可以降低阿伦膦酸每日口服带来的不便，而在每周口服一次80mg用量人体能接受且有效的情况下，每周口服一次低于80mg的适宜用量如70mg也是可以接受的，因此，在证据1公开的技术内容基础上，本领域技术人员得到权利要求1或10的技术方案是显而易见的，不需花费创造性劳动，权利要求1和10相对于证据1均不具有突出的实质性特点和显著的进步，不符合《专利法》第二十二条第三款有关创造性的规定。

从属权利要求2~9、11~14对阿伦膦酸的可用盐以及药物组合物的剂型进行了限定，而证据2公开了一种处理和防止假体周围骨损失的疗法，包括给具有矫形移植部件的患者施用二膦酸盐骨再吸收抑制剂，如阿屈膦酸钠（即阿伦膦酸钠）及其三水合物，并公开了含有阿伦膦酸钠的4种规格的口服片剂组合物，以及其他的常规制剂如胶囊、颗粒剂和注射剂等，由于采用活性物质的盐代替活性物质以及选择各种常见的抑制剂形式制备药物组合物属于本领域的公知常识，而证据1、2和本专利属于同一技术领域，而且权利要求2~9、11~14的附加技术特征在证据2中所起的作用与在本专利中所起的作用相同，因此将证据2具体公开的阿伦膦酸的钠盐以及其不同的制剂用于证据1的技术方案中，从而得到权利要求2~9、11~14的技术方案是显而易见的，因此，在其引用的权利要求1和10相对于证据1不具备创造性的前提下，权利要求2~9、11~14相对于证据1和2的结合不具有突出的实质性特点和显著的进步，不符合《专利法》第二十二条第三款有关创造性的规定。据此，专利复审委员会宣告本专利权全部无效。

上述事实有第10569号决定书、本专利权利要求书和说明书，《LUNAR NEWS》及其相关内容译文、公开号为CN1146152A的发明专利申请公开说明书以及当事人陈述等证据在案佐证。

本院认为，创造性是指同申请日以前已有的技术相比，该发明有突出的实质性特点和显著的进步。本专利权利要求1为产品权利要求，本专利权利要求10为用途权利要求，两者技术特征相同，保护范围亦相同。本案的核心问题在于本专利权利要求1或10相对于证据1是否具有创造性。

根据本专利权利要求书及说明书，可知本专利给出了一种在服用阿伦膦酸药物方面采取低频率（每周一次）高剂量（70mg）的技术方案，目的之一在于解决现有技术方案，即高频率（每日一次）低剂量（10mg）所带来的副作用以及服药方式烦琐患者对服药方式遵从性差的问题。

根据证据1《LUNAR NEWS》相关内容译文所述情况，该证据指出了阿伦膦酸盐存在如下需要解决的问题：（a）副作用，（b）服药困难，（c）价格昂贵（每年700美元），并指出，“口服双膦酸盐的困难将支持该药间断式的（一周一次）或循环式（每月一周）的给药方式。甚至可以一周一次口服给予剂量为40mg或80mg的阿伦膦酸，以减少用药不便并降低费用”。因此该证据客观上给出了一种低频率（每周一次）高剂量（40mg或80mg）的技术方案。虽然证据1没有明确说明采用上述技术方案可以解决高发副作用，但是，本领域技术人员根据证据1中所列的现有技术中的三个问题，并结合所述技术方案显然可以想到采用每周口服一次40mg或80mg阿伦膦酸可以降低阿伦膦酸每日口服带来的不便，而在每周口服80mg用量人体能接受且有效的情况下，每周口服一次低于80mg的适宜用量如70mg也是可以接受的。因此，在证据1公开的技术内容基础上，本领域技术人员得到权利要求1或10的技术方案是显而易见的，不需花费创造性劳动。此外，默克公司未举证证明服用剂量为40mg或80mg的阿伦膦酸与70mg的阿伦膦酸在技术效果存在何种差异特性并进而取得意想不到的技术效果，因此，对其有关“本专利具备创造性”的上诉主张本院不予支持。

综上所述，原审判决认定事实清楚，适用法律正确。默克公司的上诉主张不能成立，本院予以驳回。依照《中华人民共和国行政诉讼法》第六十一条第一款第（一）项之规定，判决如下：

驳回上诉，维持原判。

一审案件受理费100元，由默克公司负担（已交纳）；二审案件受理费100元，由默克公司负担（已交纳）。

本判决为终审判决。

审　判　长　刘　辉
代理审判员　岑宏宇
代理审判员　焦　彦
二〇〇八年十一月四日
书　记　员　陈　明

048

# 一种啤酒酿造工艺

## 无效宣告请求审查决定（第10580号）

**决 定 号** 第10580号
**决 定 日** 2007年10月10日
**发明创造名称** 一种啤酒酿造工艺
**国际分类号** C12C 11/00
**无效宣告请求人** 北京澳格伟业酿造技术有限公司
**专 利 权 人** 李庆曾
**专 利 号** 96120095.2
**申 请 日** 1996年10月18日
**授权公告日** 2001年9月26日
**合议组组长** 叶 娟
**主 审 员** 魏春宝
**参 审 员** 卢 阳

**法律依据** 专利法第22条第3款
**决定要点**

一项权利要求的技术方案与最接近现有技术之间即使存在多个区别技术特征，但是如果这些区别技术特征或者是已经公开于另一份对比文件中的起相同作用的技术手段，或者是本领域普通技术人员根据现有技术的教导容易想到的，其效果也是可以预见的，并且该权利要求的技术方案相对于现有技术没有产生预料不到的效果，那么该权利要求的技术方案不具备创造性。

### 一、案由

本无效宣告请求案涉及国家知识产权局于2001年9月26日公告授予的、名称为“一种啤酒酿造工艺”的96120095.2号发明专利权（下称本专利），其申请日为1996年10月18日，专利权人为李庆曾。该专利授权公告的权利要求书如下：

“1. 一种啤酒酿造工艺，其特征在于该工艺包括下列各步骤：

（1）在发酵桶内放入麦芽汁、白糖和洁净水，其比例为：麦芽汁：白糖：洁净水=1：0.1～0.6：13～16；

（2）使上述混合物温度为19～32℃之间时，加入酵母，其比例为：麦芽汁：酵母=1：0.002～0.015，并剧烈搅拌30秒钟；

（3）使装有上述混合物的发酵桶在21～27℃下保温90～150小时，进行第一期发酵，在发酵桶盖上设置一排气孔；

（4）在上述发酵后的酒液中加入白糖，其比例为：酒液：白糖=1：0.004～0.008；

（5）使白糖充分溶解于酒液中后，将酒液分装入啤酒瓶中，在19℃～32℃温度下直立3～5天，然后在21℃、24℃或26℃中存放7～11天，进行第二期发酵过程，完成后即为可饮用的新鲜啤酒。”

针对上述专利权，北京澳格伟业酿造技术有限公司（下称请求人）于2007年1月11日向专利复审委员会提出无效宣告请求，认为本专利权利要求1不符合专利法第22条第3款的规定。请求人同时提交了以下附件：

附件1：本专利授权公告文本复印件，共4页；

附件2：公开号为CN87101027A的中国发明专利申请公开说明书，公开日为1988年11月9日，复印件共7页；

附件3：公开号为CN1102856A的中国发明专利申请公开说明书，公开日为1995年5月24日，复印件共5页；

附件4：公告号为CN1056404C的中国发明专利说明书，授权公告日为2000年9月13日，复印件共5页；

请求人认为：附件2公开了一种无醇和低醇啤酒工艺制造方法，其特征是将部分麦芽汁用酵母发酵，完毕后，与适量麦芽汁相混合成为无醇和低醇啤酒，前发酵温度为10～33℃，最佳温度点为30℃，后发酵温度为5～30℃，最佳温度点为15℃。附件3公开了一种生啤酒的制造方法，该方法包括：按照每公斤水加入0.06～0.12公斤麦芽糖化液、1.1～1.3克酒花的配方配制原料液（按每公斤水加入0.01～0.05公斤的葡萄糖）；将所述原料液煮沸50分钟以上；将上述料液冷却后装入塑料桶中，加入酵母，将桶置于温度保持在15～19℃的恒温室中发酵6至10天酿成啤酒；将所述装有啤酒的桶置于温度保持在5～9℃的恒温室中6～10天；将所述酿得的啤酒经过滤器过滤；将所述过滤后的啤酒充入碳酸气后分装于瓶中密封。在附件3公开的方法中，酵母量可按每公斤原料水0.24～0.36克加入；所述封装啤酒的瓶可为玻璃瓶，所述发酵用恒温室最好保持在17℃，第二个恒温室最好保持在7℃，附件3的方法具有酿造周期短、操作简便、制得的啤酒质量好的特点。从上述记载可以看出，附件2和3的组合已经将本专利的技术特征全部公开，本领域的技术人员不经过创造性的劳动就可以根据在先的技术实现本专利，因此本专利不具有专利法第22条第3款规定的创造性。

经形式审查合格后，专利复审委员会受理了上述请求，于2007年1月12日向双方当事人发出《无效宣告请求受理通知书》，并将《专利权无效宣告请求书》及其附件清单中所列附件副本转送给专利权人，要求其在指定的期限内答复，同时成立合议组对本无效宣告请求案进行审理。

针对请求人于2007年1月11日提交的无效宣告请求及其理由和证据，专利权人于2007年2月5日作出答复，并同时提交了上述附件1～4及下列反证：

反证1：《啤酒工业手册》（修订版），管敦仪编著，中国轻工业出版社，1998年9月第1版，1998年9月第1次印刷，封面、出版信息页、目录页的第15～16页、第384～386、395～396、406～411页，复印件，共15页；

反证2：北京澳格伟业酿造技术有限公司企业法人营业执照，复印件，共1页；

反证3：北京澳通伟业应聘表复印件及该应聘表中所示应聘人黄梅的身份证复印件，共2页；

反证4：2006年8月28日北京市第二公证处作出的（2006）京二证字第28236号公证书，复印件，共2页；

反证5：1998年6月由中华人民共和国专利局与天津市人民政府主办的“第七届中国专利新技术

新产品博览会”金奖奖牌照片复印件和证书复印件，共2页。

专利权人认为：(1) 请求人将本专利权利要求与附件2和3的组合进行对比，判断创造性，违背了单独对比的原则。(2) 请求人提交的4个附件中，只有附件3的内容属于已有同类技术，符合评价本专利创造性的条件；附件2酿造的无醇或低醇啤酒属于特种啤酒，和普通啤酒相比，特种啤酒的酿造必须对原辅材料或工艺做较大的改变，附件2与本专利的原材料配方大不相同；附件4无论从原材料还是工艺过程看，根本不属于啤酒的范围。(3) 反证1的内容完全能够代表本专利申请时的现有技术的内容。将本专利权利要求书与反证1或附件3的权利要求书内容分别单独比对，之间没有类似和/或相同的内容。(4) 本专利于1998年被中国专利局和天津市人民政府授予“第七届中国专利新技术新产品博览会金奖”(见反证5)，可见本专利的新颖性和创造性及其技术效果获得了所属技术领域的认可。综上所述，本专利与现有技术相比具有创造性。

2007年2月8日，请求人补充提交了新的无效宣告请求理由和证据，认为本专利不符合专利法第22条第3款和第4款，专利法第26条第3款和第4款的规定，并提交了下述附件（编号续前）作为新的补充证据：

附件5：《HOME BREWING a practical guide to all forms of brewing》，Michael Rodgers - Wilson，Bookman Press出版，1991年版，英文，封面、出版信息页、目录页、第1～55页，复印件共31页；

附件6：《BREWING BEER the Champs WAY》，1982年修订版，Ernie Melville著，COUNTRY QUALITY PRODUCTS PTY LTD出版，英文，封面、出版信息页、目录页、第1～24页，复印件共15页；

附件7：《啤酒生产技术》，程殿林主编，化学工业出版社，2005年9月第1版，出版信息页、第23、32～33、36～41、113、122、142、150～151、163、167、169～174、195、210～215、225～228、230～233页，复印件共38页；

附件8：公开号为CN1119207A的中国发明专利申请公开说明书，公开日为1996年3月27日，共4页；

附件9：《啤酒生产技术》，逯家富，赵金海主编，科学出版社，2004年8月第1版，出版信息页、第201～210、213～219、221～225、259～261、269～276页，复印件共34页；

请求人同时提交附件5和6的中文译文（分别为7页和9页）。

请求人认为：(1) 本专利相对于附件2、附件8和附件5的组合也不具有创造性。附件8公开了一种生啤酒的制造方法，按照每公斤水加入0.06～0.12公斤麦芽糖化液、0.5～7.3克酒花的配方配制原料液（按每公斤水加入0～0.18公斤的葡萄糖）；将所述原料液煮沸50分钟以上；将上述料液冷却后装入塑料桶中，加入酵母，将桶置于温度保持在14～22℃的恒温室中发酵6～10天酿成啤酒；将所述装有啤酒的桶置于温度保持在5～9℃的恒温室中6～10天；将所述酿得的啤酒经过滤器过滤；将所述过滤后的啤酒充入碳酸气后分装于瓶中密封。附件2、附件8和附件5的组合公开了本专利的全部技术特征，本领域的技术人员不经过创造性的劳动就可以根据在先的技术实现本专利。(2) 本专利相对于附件2、附件8和附件6的组合也不具有创造性。(3) 本专利不符合专利法第22第4款的规定。①附件5、附件7和附件8记载酿造啤酒须使用无菌水和无菌压缩空气，并规定低温发酵最高温度控制在7～9℃，否则口味较差。本专利的水没有注明灭菌，发酵温度比常规技术规定的高温发酵的最高温度还要高，并且发酵桶盖上的排气孔不能阻止带菌空气进入。②附件8要求啤酒需要过滤，本专利没有关于啤酒过滤的记载，因此本专利生产的啤酒将是变质的、不符合饮用标准的啤酒。(4) 本专利不符合专利法第26条第3款的规定。附件2和附件5～9要求酿造啤酒用水必须消毒灭菌，并且载明啤酒质量与麦芽汁的各项指标及啤酒酵母的性能密切相关。本专利说明书没有对麦芽汁的指标和洁净水的状态及如何获得具体说明，其中只提到加入酵母和加入酵母的温度，没有对酵母的种类、质量进行说明，并且说明书中的配比与权利要求书的配比不相符，上述这些原因导致所属技术领域的技术人员无法根据本专利说明书生产出可饮用的新鲜啤酒。(5) 本专利不符合专利法第26条第4款规定，理由如下：①本专利权利要求书没有对麦芽汁的状态和浓度进行限定，导致麦芽汁、白糖、洁净水的配比，麦芽汁与酵母的配比不清楚；②麦芽汁、白糖、洁净水的配比，麦芽汁与酵母的配比没有限定是重量比还是体积比，导致保护范围不清楚；③没有对麦芽汁的组成、酵母的种类、洁净水的概念进行具体限定，导致保护范围不清楚。

2007年3月13日，专利权人对其2007年2月5日提交的意见陈述书的内容进行了补充。补充的内容为："更是相差甚远。而且，从技术上看，附件2所涉及专利的两种工艺过程都是混合勾兑，而本专利所涉及的技术领域则是啤酒酿造。"

2007年3月15日，本案合议组将请求人于2007年2月8日补充提交的无效宣告请求理由和证据(共145页)转送给专利权人，要求其在指定期限内答复。

针对请求人于2007年2月8日提交的意见陈述书中的无效宣告理由和证据，专利权人于2007年4月19日进行了意见陈述。专利权人认为：(1) 请求人本次提交的意见陈述书仍旧违反判断发明专利新颖性创造性单独比对的原则，因此其中得出的各项结论都是错误的；(2) 本专利具有实用性，对水的处理不是本专利所涉及的范围，请求人关于"本专利未对啤酒进行过滤，生产出的是变质和不符合饮用标准的啤酒"的观点是错误的，因为2003年1月1日开始实施的新国标认可了不过滤的混浊啤酒；(3) 本专利说明书符合第26条第3款的规定，麦芽汁、水、酵母、白糖和发酵桶等并非是专利人的发明，对它们的技术参数的界定不属于本专利说明书的范围，尽管如此，说明书实施例3中仍旧包括了"经处理过的洁净冷水"等内容；(4) 本专利符合专利法第26条第4款的规定，本专利说明书中的3个实施例都有统一明确的度量单位，因此本专利所要求保护的范围确切清楚。

2007年5月24日，本案合议组向双方当事人发出《无效宣告请求口头审理通知书》，拟定于2007年7月18日对本案进行口头审理。同时，本案合议组将专利权人于2007年2月5日、2007年3月13日和2007年4月19日提交的意见陈述书及其附件副本转送给请求人。

2007年7月18日口头审理如期进行。仅请求人一方委托代理人参加了口头审理，专利权人一方缺席口头审理。庭审中认定了如下事实：(1) 请求人提交了附件7和附件9的原件；(2) 就本专利不符合专利法第22条第4款之规定这一无效宣告请求理由，请求人增加了具体的事实和理由，即，请求人认为附件2和7~9表明制备啤酒必须加啤酒花，没有啤酒花无法酿造出啤酒，而本专利的啤酒配方中没有啤酒花，因而无法制备出啤酒；(3) 就本专利不符合专利法第26条第3款之规定这一无效宣告请求理由，请求人增加了下列新的事实和理由：本专利的啤酒配方中没有加入啤酒花，本专利的配方不能完成本专利说明书第1页所述的"酿造者可以在很短时间内酿造出几十种新鲜啤酒"的发明目的，本专利权利要求书和说明书中的比例不清楚是重量比还是体积比；(4) 就本专利不符合专利法第26条第4款之规定这一无效宣告请求理由，请求人增加了以下新的事实和理由：本专利权利要求1没有对麦芽汁和酵母的配对进行限定，权利要求1中麦芽汁与水的比例为1∶13~16，而说明书实施例1~3中分别为1∶8、1∶12和1∶12.8，权利要求1中的比例得不到说明书的支持；(5) 请求人明确放弃了附件4~6；(6) 由于附件5和附件6的放弃，请求人将评价本专利创造性的组合相应地变为：附件2、附件3和公知常识的组合以及附件2、附件8和公知常识的组合，其中均以附件2作为最接近现有技术；(7) 请求人对反证1、3~5的真实性和反证2~5与本案的关联性提出异议。

至此，合议组认为本案的事实清楚，可以作出审查决定。

**二、决定的理由**

1. 无效宣告请求的理由和范围

根据请求人在口头审理中的确认，合议组确定本无效宣告请求案审理的理由和范围是：（1）本专利权利要求1相对于附件2、附件3和公知常识的组合或者相对于附件2、附件8和公知常识的组合不具有创造性，其中均以附件2作为最接近现有技术；（2）本专利权利要求1不符合专利法第22条第4款的规定；（3）本专利权利要求1不符合专利法第26条第4款的规定；（4）本专利说明书不符合专利法第26条第3款的规定。

专利法实施细则第66条规定，在专利复审委员会受理无效宣告请求后，请求人可以在提出无效宣告请求之日起1个月内增加理由或者补充证据。逾期增加理由或者补充证据的，专利复审委员会可以不予考虑。对于请求人在口头审理时增加的理由和证据超过了该期限，因此合议组不予考虑。各无效宣告请求理由所对应的具体事实以请求人于2007年1月11日和2007年2月8日提交的书面意见陈述为准。

2. 关于证据

由于请求人已明确放弃了附件4～6，因此合议组对附件4～6不予评述。

对于附件1～3和7～9，其中附件1是本专利的授权公告文本，附件2和3是中国发明专利申请公开说明书复印件，附件7和9为书证复印件，鉴于专利权人从未对附件1～3和7～9的真实性、合法性表示过异议，且请求人在口头审理中提交了附件7和9的原件，因此合议组在对附件1～3和7～9进行核实后对其真实性和合法性予以确认。专利权人在意见陈述中曾对附件2的关联性提出过异议，对此合议组认为：附件2与本专利均涉及啤酒酿造技术（无醇和低醇啤酒为啤酒的下位概念），且酿造工艺过程基本相同，因此附件2与本专利相关，也即附件2与本专利具备关联性。专利权人未对附件3和7～9与本专利的关联性表示过异议，且这些附件均涉及啤酒酿造技术，因此，合议组对附件3和7～9与本专利的关联性也予以确认。附件2～3和8的公开日均早于本专利的申请日，因而可以作为评价本专利创造性的现有技术；附件7和9的公开日均在本专利申请日之后，因而不能作为本专利的现有技术证据使用。

对于专利权人提交的反证，鉴于请求人对反证1、3～5的真实性提出了异议，专利权人未提交反证1、3～5的原件，因此合议组对反证1、3～5的真实性不予确认。对于反证2，请求人对其与本专利的关联性提出了异议，合议组认为反证2中并未记载任何技术内容，因此合议组对反证2与本专利的关联性不予确认。

3. 关于专利法第22条第3款

专利法第22条第3款规定：创造性是指与申请日以前已有的技术相比，该发明具有突出的实质性特点和显著的进步。

一项权利要求的技术方案与最接近现有技术之间即使存在多个区别技术特征，但是如果这些区别技术特征或者是已经公开于另一份对比文件中的起相同作用的技术手段，或者是本领域普通技术人员根据现有技术的教导容易想到的，其效果也是可以预见的，并且该权利要求的技术方案相对于现有技术没有产生预料不到的效果，那么该权利要求的技术方案不具备创造性。

权利要求1保护一种啤酒酿造工艺。附件2公开了一种无醇或低醇啤酒的生产方法，该方法包括以麦芽汁为原料，经过前发酵（温度为10～33℃，最佳温度为30℃）、后发酵（温度为5～30℃，最佳温度为15℃）等步骤得到酒液（参见附件2的权利要求2、5和说明书第3～4页）。

权利要求1的技术方案与附件2的技术方案相比，均涉及啤酒酿造技术（无醇和低醇啤酒为啤酒的下位概念），且酿造工艺过程基本相同，附件2的技术方案中同样包括以麦芽汁作为原料，使用酵母进行两次发酵的步骤（权利要求1中的第一、二期发酵分别相当于附件2中的前、后发酵）。二者的区别在于：（1）权利要求1的技术方案中在两期发酵中均加入白糖，而附件2未添加；（2）权利要求1进一步限定了酿造工艺各步骤的技术参数，其发酵温度（21～27℃和21℃、24℃或26℃）在附件2公开的发酵温度数值范围内，此外，还具体限定了两期发酵的原料比例及发酵时间、麦芽汁与酵母的比例、加入酵母后剧烈搅拌30秒；（3）权利要求1为装瓶后再进行第二期发酵，附件2中为两次发酵后再灌装。

附件3公开了一种生啤酒的制造方法，包括以麦芽糖化液（相当于麦芽汁）、葡萄糖、水（比例为1：0.25：12.5）为原料，使用酵母（与麦芽糖化液的比例为0.00375：1）发酵（参见附件3的权利要求1～5和实施例）。

对于上述区别技术特征（1），合议组认为：附件3教导了酿造普通（非无醇或低醇）啤酒时加入糖类辅料（葡萄糖）。本领域普通技术人员知晓白糖和葡萄糖均为啤酒酿造中的常用糖类辅料，其可以直接加入麦芽汁，亦可在下酒时添加。因此，本领域普通技术人员很容易想到在两期发酵的原料液中加入白糖作为辅料。

对于上述区别技术特征（2），合议组认为：权利要求1中的这些具体技术参数都是本领域技术人员在附件2和附件3公开内容基础上，根据公知常识易于作出的常规选择或者是根据有限实验就能确定的，也即，其对于本领域技术人员而言都是显而易见的，并且说明书中也并未记载采用这些技术参数能够带来何种意想不到的技术效果，即没有产生意想不到的效果。

对于上述区别技术特征（3），合议组认为：装瓶后再进行第二期发酵和两次发酵后再灌装都是本领域技术人员的常规选择，该区别技术特征是本领域技术人员为简化啤酒生产步骤而容易想到的，其所产生效果也是可以预期的。

综上所述，本专利权利要求1相对于附件2、附件3和公知常识的组合不具备创造性，不符合专利法第22条第3款的规定，应予无效。

鉴于以上已经得出权利要求1应予无效的结论，合议组对请求人提出的其他无效宣告请求理由不再评述。

基于以上理由和事实，本案合议组作出如下审查决定。

**三、决定**

宣告96120095.2号发明专利权全部无效。

当事人对本决定不服的，可以根据专利法第46条第2款的规定，自收到本决定之日起三个月内向北京市第一中级人民法院起诉。根据该款的规定，一方当事人起诉后，另一方当事人应当作为第三人参加诉讼。

049

# 自扣式遮帘机构

## 无效宣告请求审查决定（第10600号）

决　　定　　号　第10600号
决　　定　　日　2007年9月26日
发明创造名称　自扣式遮帘机构
国　际　分　类　号　E06B 9/40，E06B 9/56
无效宣告请求人　立川窗饰工业株式会社，广州艺帘实业有限公司
专　利　权　人　吉永航，林口精三
专　　利　　号　200520011572.6
申　　请　　日　2005年4月11日
授　权　公　告　日　2006年4月26日
合　议　组　组　长　徐洁玲
主　　审　　员　唐　莉
参　　审　　员　周英姿

法　律　依　据　专利法第22条第2款、第3款
决　定　要　点

在判断一项权利要求是否具有创造性时，可将权利要求的技术方案与最接近的现有技术进行比较，找出二者的区别技术特征，并判断现有技术整体上是否给出将这些区别特征应用到该最接近现有技术以解决其存在的技术问题的启示。如果现有技术存在这种启示，则该方案是显而易见的。

### 一、案由

本无效宣告请求案涉及国家知识产权局于2006年4月26日公告授予的、名称为“自扣式遮帘机构”的200520011572.6号实用新型专利权（下称本专利），其申请日为2005年4月11日，专利权人为吉永航、林口精三。该专利授权公告的权利要求如下：

“1. 一种自扣式遮帘机构，包括帘布卷取装置（1）、帘布（2）、帘布下轨（3）及设置在帘布两侧、开口方向相对的侧轨（4），侧轨（4）与帘布卷取装置（1）配合连接，其特征在于：所述侧轨（4）由外侧轨（5）及装在其内的内侧轨（6）组成，内外侧轨的开口方向一致，帘布两侧的内侧轨（6）内各自设有至少一个一端可在其内自由滑动且不脱出，另一端与帘布（2）固定连接的侧链（7）。

2. 如权利要求1所述的自扣式遮帘机构，其特征在于：所述内侧轨（6）开口为一细缝（8），

所述侧链（7）的一端设有比细缝（8）宽的突起缘条（9），另一端穿过细缝（8）与帘布（2）粘连，细缝（8）的宽度与细缝（8）内侧链（7）的厚度相匹配，侧链（7）能在其内自由滑动。

3. 如权利要求2所述的自扣式遮帘机构，其特征在于：所述内侧轨（6）的横截面为形。

4. 如权利要求2所述的自扣式遮帘机构，其特征在于：所述内侧轨（6）的横截面为形。

5. 如权利要求3所述的自扣式遮帘机构，其特征在于：所述外侧轨（5）与内侧轨（6）之间设有张紧装置。

6. 如权利要求5所述的自扣式遮帘机构，其特征在于：所述张紧装置为弹簧（10）。

7. 如权利要求1～6中任何一项所述的自扣式遮帘机构，其特征在于：所述侧轨（4）分为几部分组合而成。

8. 如权利要求7所述的自扣式遮帘机构，其特征在于：所述侧轨（4）为弧形。"

针对上述专利权，立川窗饰工业株式会社（下称请求人I）于2006年11月2日向专利复审委员会提出无效宣告请求，并提交了下述证据：

附件I-1：本专利授权公告文本；

附件I-2：日本国特许厅发出的公告号为实公平6-50639Y2的实用新案公报，公告日为1994年12月21日，原文及部分内容的中文译文的复印件共6页；

附件I-3：日本国特许厅发出的公告号为平5-7514B2的特许公报，公告日为1993年1月28日，原文及部分内容的中文译文的复印件共8页；

附件I-4：日本国特许厅发出的公开号为特开平8-109776A的公开特许公报，公开日为1996年4月30日，原文以及部分内容的中文译文的复印件共6页；

附件I-5：日本国特许厅发出的公告号为昭62-35779Y2的实用新案公报，公告日为1987年9月11日，原文以及部分内容的中文译文的复印件共5页。

请求人I认为：（1）权利要求1～3中所包含的技术特征均已被附件I-2中所包含的技术特征揭示，该附件的技术方案具有与本案实质上相同的预期效果，因此权利要求1～3不具备新颖性；（2）权利要求1与附件I-3的区别在于，权利要求1中的侧链由可在内侧轨内自由滑动且不脱出的一端和与帘布固定连接的另一端等两部分组成，而附件I-3中相应的扣合部件与帘布装在一起，并以可以自由滑动且无法脱出的状态扣合在内轨部件中，但该扣合部件特征的作用与权利要求1中的侧链所起的作用实质上是相同的，而且该区别特征已在附件I-2中揭示，因此权利要求1不具备创造性。在此基础上，权利要求2和3的附加技术特征也已在附件I-2中揭示，上述现有技术也给出了技术启示，因此权利要求2～3也不具备创造性；（3）权利要求4的附加技术特征已在附件I-4中公开，附件I-2与附件I-4的内容结合很容易获得权利要求4的技术方案，因此权利要求4也不具备创造性；（4）权利要求5和6的附加技术特征已在附件I-3中公开，与附件I-2和I-3的结合相比，权利要求5和6也不具备创造性；（5）权利要求7的附加技术特征已被附件I-2或附件I-3包含的技术特征所揭示，因此在其引用的权利要求不具备新颖性或创造性的基础上，权利要求7也不具备新颖性或创造性；（6）权利要求要求8的附加技术特征已在附件I-4和附件I-5中公开，与现有技术相比，权利要求8不具备创造性。

经形式审查合格后，专利复审委员会受理了上述请求，于2006年12月20日向双方当事人发出《无效宣告请求受理通知书》，并将请求人I提交的《专利权无效宣告请求书》及其附件清单中所列附件的副本转送给专利权人，要求其在指定的期限内答复，同时成立合议组对本无效请求案进行审理。

针对上述专利权无效宣告请求，专利权人于2007年2月4日作出答复。专利权人认为：（1）附件 I-2 和 I-3 的应用对象不同，附件 I-4 与本专利无关，附件 I-5 在内部结构上与本专利完全不同；（2）权利要求 1 中的外侧轨、内侧轨和侧链与附件 I-2 和 I-3 不同，其中侧链为专利权人刚发明出来的一体式侧链，权利要求 1 具有新颖性和创造性；（3）权利要求 2 的技术特征说明本申请设计了一种一端带拉链状侧链的能与窗帘布粘结的部件侧链，而附件 I-3 是扣合部件直接装在防虫网面料上，附件 I-3 是分成带状本体、扣合部和扣合片，不实用，权利要求 2 具有新颖性和创造性；（4）权利要求 3 的技术特征是指采用该形状的内侧轨时可以实现具有弹性结构的内外两层构造，这在以前的文献中没有做过清晰的描述，权利要求 3 具有创造性；（5）对于权利要求 4 的技术特征，附件 I-2 和 I-3 中没有与之类似的内容，虽然附件 I-4 的实施例中有相近的图，但其是为了做到型材本身具有对称性而易于弯曲成型而画的，它与权利要求 4 在技术要求、应用范围、使用目的和要求等方面都不相同，权利要求 4 符合专利法第 22 条第 3 款的要求；（6）对于权利要求 5 的张紧装置，附件 I-2 中没有该项技术，附件 I-3 中的弹性材料是为了使防虫网适度张紧并在槽和扣合部件之间产生适度的摩擦力，使得防虫网能在半开的位置上停住，该张紧装置的目的、解决的问题和适用范围都与本专利不同，权利要求 5 符合专利法第 22 条第 3 款的要求。此外，基于与权利要求 5 相同的理由，权利要求 5 的从属权利要求权利要求 6 符合专利法第 22 条第 3 款的规定；（7）权利要求 7 所指的侧轨分为几个部分并非是指框架型材或导轨等分为内侧轨和外侧轨，而是为了便于安装维护或增加强度等目的将内侧轨分为几个部分组成，或将外侧轨分成几部分组装而成，是一项完全新的概念，权利要求 7 符合专利法第 22 条第 3 款的规定；（8）对于权利要求 8 的技术特征，附件 I-2 和 I-3 中对此没有描述，附件 I-4 不属于本专利所述的卷帘装置领域，附件 I-5 中提到的弧形导轨与本专利的侧轨系统在关键结构上有本质的区别，权利要求 8 符合专利法第 22 条第 3 款的规定；（9）附件 I-2 至 I-5 技术本身的适用范围与解决的技术问题与本专利不相同；因此本专利权利要求 1 ~ 8 具备新颖性和创造性。

针对上述专利权无效宣告请求，专利权人于 2007 年 5 月 21 日再次作出答复，意见与专利权人于 2007 年 2 月 4 日作出的答复意见相同。

针对上述专利权，广州艺帘实业有限公司（下称请求人 II）于 2007 年 2 月 2 日向专利复审委员会提出无效宣告请求，并提交了下述证据：

附件 II-1：申请号为 200410000465. 3，公开号为 CN1580479A 的中国发明专利申请公开说明书，公开日为 2005 年 2 月 16 日，复印件共 49 页；

附件 II-2：ZL 专利号为 01253736. 5，授权公告号为 CN2498315Y 的中国实用新型专利说明书，授权公告日为 2002 年 7 月 3 日，复印件共 7 页；

附件 II-3：由国家知识产权局专利检索咨询中心出具的，编号为 G062779 的检索报告，复印件共 4 页。

请求人 II 认为，（1）权利要求 1 的技术特征已经完全被附件 II-1 公开，因此权利要求 1 不具备新颖性；（2）权利要求 2 的附加技术特征已被附件 II-2 公开，附件 II-1 和附件 II-2 结合公开了权利要求 2 的全部技术特征，因此权利要求 2 不具备创造性；（3）本领域普通技术人员通过阅读附件 II-1，可以非常容易地知道，如果要限制内侧轨从外侧轨处脱除，显然可以将内侧轨制成形或形，与外侧轨的开口相配合，因此权利要求 3 和 4 也不具备创造性；（4）在附件 II-1 中，弹性体是介于轨道本体与支撑轨道之间的弹性装置，弹性体本身的物理属性决定了它可以起到张紧的作用，本案仅仅将附件 II-1 的技术方案简单置换，因此权利要求 5 和 6 不具备创造性；（5）对本领域的普通技术人员来说，为了安装方便可以将导轨分为几个部分是众所周知的简单知识，为了适应具体的安装情况，将导轨做成弧形、倾斜状也是众所周知的知识；因此权利要求 7 和 8 也不具备创造性；（6）对于权利要求 7 所述“侧轨分为几部分组合而成”，说明书中并没有描述侧轨如何分为几个部分，这几个部分如何连接，如何使得侧链在侧轨的各个分段中可以保持自由滑动，附图中也没有这样的图例，本领域普通技术人员无法实现上述技术方案，说明书不符合专利法第26条第3款的规定。

经形式审查合格后，专利复审委员会受理了上述请求，于2007年3月2日向双方当事人发出《无效宣告请求受理通知书》，并将请求人II提交的《专利权无效宣告请求书》及其附件清单中所列附件的副本转送给专利权人，要求其在指定的期限内答复，同时成立合议组对本无效请求案进行审理。

2007年6月5日，本案合议组向请求人I、请求人II和专利权人发出《无效宣告请求口头审理通知书》，拟定于2007年7月18日对该专利权的无效请求进行口头审理，同时将专利权人于2007年2月4日以及2007年5月21日提交的针对请求人I提出的专利权无效请求的意见陈述转送给请求人I，要求其在口头审理时一并答复。

2007年7月18日，口头审理如期进行，请求人I和请求人II均委托代理人参加了口头审理，专利权人未参加口头审理，请求人I和请求人II对合议组成员均无异议。口头审理过程中认定的事实如下：(1) 请求人I放弃权利要求7不具备专利法第22条第2款规定的新颖性的理由，明确其无效宣告理由为：权利要求1~3相对于附件I-2不具备新颖性，不符合专利法第22条第2款的规定；权利要求1~3、5~6相对于附件I-2和I-3的结合不具备创造性，权利要求4相对于附件I-2和I-4的结合不具备创造性，权利要求7相对于附件I-2和I-3的结合或相对于附件I-2和I-4的结合不具备创造性，权利要求8相对于附件I-2和I-4的结合或相对于附件I-2和I-5的结合不具备创造性，因此权利要求1~8不符合专利法第22条第3款的规定；(2) 合议组当庭告知请求人I，应在口头审理后7日内提交附件I-2至I-5的检索件以证实其真实性；(3) 请求人II放弃说明书不符合专利法第26条第3款规定的理由，明确其无效宣告理由为：权利要求1相对于附件II-1不具备新颖性，不符合专利法第22条第2款的规定；权利要求1相对于附件II-1不具备创造性，权利要求2~6相对于附件II-1和II-2的结合不具备创造性，权利要求7~8在引用权利要求1的基础上相对于附件II-1不具备创造性，在引用权利要求2~6的基础上相对于附件II-1和II-2的结合不具备创造性，因此权利要求1~8不符合专利法第22条第3款的规定。庭审过程中，合议组就本案的无效理由、事实和证据逐一进行了调查，请求人I和请求人II充分陈述了各自的意见。

2007年7月24日，本案合议组向专利权人发出了《合议组成员告知通知书》。

口头审理后，请求人I于2007年7月27日提交了附件I-2至附件I-5的检索件，其中每一份附件的首页以及骑缝处盖有“上海图书馆上海科学技术情报研究所文献资料查找复印证明章”。同时提交了有关附件I-2技术特征的书面说明，重申了口头审理过程中和请求书中的观点。

至此，合议组认为本案的事实清楚，可以作出审查决定。

**二、决定的理由**

1. 无效宣告请求的理由和范围

根据请求人I在口头审理中的确认，其请求宣告本专利无效的理由及范围是：权利要求1~3相对于附件I-2不具备新颖性，不符合专利法第22条第2款的规定；权利要求1~3、5~6相对于附件I-2和I-3的结合不具备创造性，权利要求4相对于附件I-2和I-4的结合不具备创造性，权利要求7相对于附件I-2和I-3的结合或相对于附件I-2和I-4的结合不具备创造性，权利要求8相对于附件I-2和I-4的结合或相对于附件I-2和I-5的结合不具备创造性，因此权利要求1~8不符合专利法第22条第3款的规定。

根据请求人II在口头审理中的确认，其请求宣告本专利无效的理由及范围是：权利要求1相对于附件II-1不具备新颖性，不符合专利法第22条第2款的规定；权利要求1相对于附件II-1不具备创造性，权利要求2～6相对于附件II–1和II–2的结合不具备创造性，权利要求7～8在引用权利要求1的基础上相对于附件II–1不具备创造性，在引用权利要求2～6的基础上相对于附件II–1和II–2的结合不具备创造性，因此权利要求1～8不符合专利法第22条第3款的规定。

2．证据的认定

请求人I提交的附件I–2至I–5是日本专利文献，鉴于请求人I提交了其中每一份附件的首页以及骑缝处盖有“上海图书馆上海科学技术情报研究所文献资料查找复印证明章”的附件I–2至I–5的检索件，合议组对附件I–2至I–5的真实性予以确认；由于附件I–2至I–5的公开日均早于本专利的申请日，因此附件I–2至I–5属于本专利的现有技术，可用于评价本专利的新颖性和创造性。

由于专利权人未对附件I–2至I–5的中文译文的准确性提出异议，因此，合议组对附件I–2至I–5的中文译文予以接受。

请求人II提交的附件II–1和II–2是中国专利文献，合议组对附件II–1和II–2的真实性予以确认，附件II–1和II–2的公开日均早于本专利的申请日，因此附件II–1和II–2属于本专利的现有技术，可用于评价本专利的新颖性和创造性。

3．关于专利法第22条第2款

专利法第22条第2款规定：新颖性，是指在申请日以前没有同样的发明或者实用新型在国内外出版物上公开发表过、在国内公开使用过或者以其他方式为公众所知，也没有同样的发明或者实用新型由他人向国务院专利行政部门提出过申请并且记载在申请日以后公布的专利申请文件中。

本案中，权利要求1要求保护一种自扣式遮帘机构，包括帘布卷取装置、帘布、帘布下轨、及设置在帘布两侧、开口方向相对的侧轨、侧轨与帘布卷取装置配合连接，其特征在于：所述侧轨由外侧轨及装在其内的内侧轨组成，内外侧轨的开口方向一致，帘布两侧的内侧轨内各自设有至少一个一端可在其内自由滑动且不脱出，另一端与帘布固定连接的侧链。

附件I–2公开了一种卷取式帘布装置（参见附件I–2附图1～2，中文译文第2页倒数第1～9行），包括卷取轴（相应于本专利的帘布卷取装置），帘布（相应于本专利的帘布），横档（相应于本专利的帘布下轨），框架型材（相应于本专利的外侧轨）、导轨（相应于本专利的内侧轨），导轨配设在框架型材内，框架型材和导轨的开口方向一致（由附件I–2的图2可看出），帘布两侧有扣合部件（相应于本专利的侧链），该扣合部件具有本体和扣合于所述导轨上细缝内的扣合部，本体的一端与帘布连结；根据附件I–2的附图1、2可以看出，帘布的卷取是沿着框架型材和导轨的，因此卷取轴必然是和框架型材、导轨配合连接，扣合部件与帘布一起卷取，因此二者应是相对无移动、相对固定的固定连接，而扣合部件的扣合部也必然可在导轨中自由滑动，扣合部的尺寸大于细缝，因此扣合部必然是不脱出的。由此可见，附件I–2实质上已经公开了权利要求1要求保护的技术方案，而且二者能够适用于相同的技术领域，解决相同的技术问题，并具有相同的预期效果，因此权利要求1相对于附件I–2不具备新颖性，不符合专利法第22条第2款的规定。

权利要求2对内侧轨和侧链作了进一步限定，附件I–2中导轨的开口为一细缝（由附件I–2的图2可以看出），扣合部件上的扣合部（相应于本专利中的突起缘条）通过细缝插入扣合于导轨内，扣合部比细缝宽（由附件I–2的图2可以看出），由于扣合部件由本体和扣合部组成，并且是穿过细缝扣合于导轨内，因此扣合部件的本体必然穿过细缝与帘布连结，扣合部件本体的厚度也必然与细缝的宽度相匹配，而扣合部件与帘布一起卷取，因此扣合部件必然能在细缝内自由滑动。权利要求2要求保护的技术方案与附件I–2公开的技术方案相比，其区别在于：附件I–2中仅仅公开了扣合部件一端与帘布连结，而权利要求2限定侧链一端与帘布粘连。由此可见，权利要求2要求保护的技术方案与附件I–2公开的技术方案实质上是不同的，因此权利要求2相对于附件I–2具备新颖性，符合专利法

第22条第2款的规定。

权利要求3引用权利要求2，同理，权利要求3要求保护的技术方案与附件I–2公开的技术方案实质上也是不同的，因此权利要求3相对于附件I–2具备新颖性，符合专利法第22条第2款的规定。

4．关于专利法第22条第3款

专利法第22条第3款规定：创造性，是指同申请日以前已有的技术相比，该发明有突出的实质性特点和显著的进步，该实用新型有实质性特点和进步。

在判断一项权利要求是否具有创造性时，可将权利要求的技术方案与最接近的现有技术进行比较，找出二者的区别技术特征，并判断现有技术整体上是否给出将这些区别特征应用到该最接近现有技术以解决其存在的技术问题的启示。如果现有技术存在这种启示，则该方案是显而易见的。

（1）权利要求1不具备创造性。

附件I–3公开了一种设于建筑物开口部的纱窗（参见附件I–3附图5，中文译文第2页第1行至最后1行），其包括卷取用的转子（相应于本专利的帘布卷取装置），防虫网（相应于本专利的帘布），横档（相应于本专利的帘布下轨），导轨（相应于本专利的侧轨），导轨由内轨部件和外轨部件组成，外轨部件的开口与内轨部件的槽的开口方向一致（参见附件I–3附图5），防虫网两侧边缘装有以不脱出的状态扣合在内轨部件的槽中并在其中滑动的扣合部件，防虫网两侧边缘部分以及其上装设的扣合部件一起构成本专利中的“侧链”；根据附件I–3附图1及其中文译文第2页第1行至最后1行可知，防虫网沿着导轨卷取，因此卷取用的转子必然与导轨配合连接，防虫网两侧边缘部分和扣合部件一起构成本专利中的“侧链”。

由上可知，权利要求1要求保护的技术方案与附件I–3公开的技术方案的区别在于：权利要求1中侧链的另一端与帘布固定连接，而附件I–3中防虫网两侧边缘部分与防虫网是一体的。该区别特征已在附件I–2中公开，如上所述，附件I–2已经公开了可卷曲的帘布两侧与扣合部件（相应于本专利中的侧链）的本体固定连接，并且该扣合部件具有可在导轨中自由滑动且不脱出的扣合部，该特征在附件I–2中的作用与其在本专利中的作用相同，都是使帘布与扣合部件（即侧链）成为分体结构以便于拆装，因此附件I–2给出了将上述区别特征应用于附件I–3以解决其技术问题的启示，因此在附件I–3的基础上结合附件I–2获得权利要求1要求保护的技术方案，对本领域技术人员来说是显而易见的，权利要求1相对于附件I–3和I–2的结合不具备实质性特点和进步，不符合专利法第22条第3款有关创造性的规定。

（2）权利要求2不具备创造性。

权利要求2在权利要求1的基础上进一步限定“所述内侧轨开口为一细缝，所述侧链的一端设有比细缝宽的突起缘条，另一端穿过细缝与帘布粘连，细缝的宽度与细缝内侧链的厚度相匹配，侧链能在其内自由滑动”。附件I–3中内轨部件上具有“口小内大”的槽，防虫网两侧边缘沿其全长通过焊着或粘结装设的扣合部件能以不脱出的状态扣合于上述槽中并在其中滑动（参见附件I–3，中文译文第2页第4段，该槽的开口即相应于本专利的细缝，该扣合部件即相应于本专利的突起缘条），再结合附件I–3附图5，可见扣合部件比上述槽的开口宽，防虫网两侧边缘部分穿过上述槽的开口，防虫网两侧边缘部分的厚度与上述槽的开口宽度相匹配，同时，根据上述内容可知，扣合部件必然会带动防虫网两侧边缘部分在上述槽内滑动。虽然在权利要求2的技术方案中“侧链的另一端穿过细缝与帘布粘连”，而在附件I–3中防虫网两侧边缘部分与防虫网是一体的，但是，如上所述，附件I–2已经给出了将“侧链的另一端与帘布固定连接”这一技术特征应用于附件I–3以解决其技术问题的启示，而且附件I–2中的扣合部件（相应于本专利中的侧链）是通过细缝插入扣合于导轨中（参见附件I–2中文译文“作用”部分第2段），说明附件I–2同时也给出了“侧链的另一端穿过细缝与帘布固定连接”的启示，而“粘连”仅仅是本领域中实现“固定连接”的一种惯用手段，因此在附件I-3的基础上结合附件I-2获得权利要求2要求保护的技术方案，对本领域技术人员来说也是显而易见的，权利要求2相对于附件I-3和I-2的结合不具备实质性特点和进步，不符合专利法第22条第3款有关创造性的规定。

（3）权利要求3不具备创造性。

权利要求3在权利要求2的基础上进一步限定了所述内侧轨的横截面形状。由附件I-3的附图5可以看出，其内轨部件的横截面形状与权利要求3限定的横截面形状是一致的，因此在其所引用的权利要求2相对于附件I-3和I-2的结合不具备创造性的基础上，权利要求3相对于附件I-3和I-2也不具备实质性特点和进步，不符合专利法第22条第3款有关创造性的规定。

（4）权利要求4不具备创造性。

权利要求4在权利要求2的基础上进一步限定了所述内侧轨的横截面形状。根据前述对权利要求2的新颖性的评述可知，权利要求4要求保护的技术方案与附件I-2公开的技术方案相比其区别在于：（1）附件I-2中仅仅公开了扣合部件一端与帘布连结，而权利要求4限定侧链一端与帘布粘连；（2）附件I-2的内侧轨横截面形状与权利要求限定的内侧轨横截面形状不同。

对于上述区别特征（1），而“粘连”仅仅是本领域中实现“固定连接”的一种惯用手段，因此该区别特征不能为权利要求4的技术方案带来实质性特点和进步；对于上述区别特征（2），其已经在附件I-4中公开（参见其附图2、4～5，其中文译文的“技术领域”和“实施例”部分），附件I-4公开的遮阳装置的导轨由内轨和外轨组成，其内轨的横截面形状与权利要求4中具体限定的横截面形状相同，其开口也为一细缝，而且该内轨在附件I-4中的作用与其在本专利中的作用相同，都是使遮帘的侧边通过细缝置于内轨中从而能够沿着导轨滑动，因此附件I-4给出将上述区别特征应用于附件I-2以解决其技术问题的启示；综上所述，在附件I-2的基础上结合附件I-4获得权利要求4要求保护的技术方案，对本领域技术人员来说是显而易见的，权利要求4相对于附件I-2和附件I-4的结合不具备实质性特点和进步，不符合专利法第22条第3款有关创造性的规定。

（5）权利要求5和6不具备创造性。

权利要求5在权利要求3的基础上进一步限定“所述外侧轨与内侧轨之间设有张紧装置”，权利要求6在权利要求5的基础上进一步限定“所述张紧装置为弹簧”，附件I-3中（参见其中文译文第1页倒数第一段、第2页第4段）在外轨部件和内轨部件之间配设有弹性部件，该弹性部件可以是弹簧，该弹性部件的作用是使防虫网保持适度的张紧力，因而其是作为张紧装置存在，因此在其引用的权利要求相对于附件I-3和I-2不具备创造性的基础上，权利要求5和6相对于附件I-3和I-2也不具备实质性特点和进步，不符合专利法第22条第3款有关创造性的规定。

（6）权利要求7不具备创造性。

权利要求7在引用权利要求1～6的基础上进一步限定“所述侧轨分为几部分组合而成”。根据说明书的记载，该附加技术特征所要解决的技术问题是为了制成有一定弧度的，或者有一定倾斜度的产品，对于本领域技术人员来说，要想使轨道形成一定弧度或有一定倾斜度，将其分成几段，从而拼接成总体上呈弧形或倾斜状的轨道，是惯用的技术手段，因此在其所引用的权利要求不具备创造性的基础上，权利要求7也不具备创造性，不符合专利法第22条第3款的规定。

（7）权利要求8不具备创造性。

权利要求8在引用权利要求7的基础上进一步限定“所述侧轨为弧形”，由于帘布的轨道通常要适应门窗的形状，根据弧形的门窗将帘布的轨道制成弧形，对本领域技术人员来说是惯用的技术手段，因此在其所引用的权利要求不具备创造性的基础上，权利要求8也不具备创造性，不符合专利法

第22条第3款的规定。

5. 关于其他无效宣告的理由和证据

鉴于根据上述理由和证据，已得出本专利应予以无效的结论，对于其他无效宣告的理由和证据，合议组不再予以评述。

**三、决定**

宣告200520011572.6号实用新型专利权无效。

当事人对本决定不服的，可以根据专利法第46条第2款的规定，自收到本决定之日起三个月内向北京市第一中级人民法院起诉。根据该款的规定，一方当事人起诉后，另一方当事人应当作为第三人参加诉讼。

050

# 一种具有通气孔的隐形文胸

## 无效宣告请求审查决定（第10610号）

**决 定 号** 第10610号
**决 定 日** 2007年10月30日
**发明创造名称** 一种具有通气孔的隐形文胸
**国 际 分 类 号** A41C 3/12，A41C 3/00
**无效宣告请求人** 张果庄
**专 利 权 人** 董 路
**专 利 号** 200520028723.9
**申 请 日** 2005年6月1日
**授 权 公 告 日** 2006年6月21日
**合 议 组 组 长** 叶 娟
**主 审 员** 刘玉玲
**参 审 员** 李梦楠

**法 律 依 据** 专利法第22条第3款
**决 定 要 点**

如果要求保护的实用新型对于本领域技术人员来说是显而易见的，而且也未产生预料不到的技术效果，那么该实用新型不具备创造性。

**一、案由**

本无效宣告请求案涉及国家知识产权局于2006年6月21日公告授予的、名称为“一种具有通气孔的隐形文胸”的200520028723.9号实用新型专利权（下称本专利），其申请日为2005年6月1日，专利权人为董路。该专利授权公告的权利要求书如下：

“1. 一种具有通气孔的隐形文胸，它是由罩杯、封边、连接扣等构成，其特征在于：左右罩杯是由两层布料中间夹设一层海绵，并在左右罩杯的外缘周边车缝有封边；在左右罩杯的内侧面涂有黏合剂，并制有通气孔。

2. 根据权利要求1所述的一种具有通气孔的隐形文胸，其特征在于：所说的通气孔未穿过罩杯的外表面。

3. 根据权利要求1所述的一种具有通气孔的隐形文胸，其特征在于：所说的罩杯内表面的黏合剂的涂层上留有空洞。”

针对上述专利权，张果庄（下称请求人）于2006年9月11日向专利复审委员会提出无效宣告请求，并提交了下述附件：

附件1：实用新型专利说明书，专利号为00266652.9，授权公告号为CN2457880Y，授权公告日为2001年11月7日，复印件共5页；

附件2：实用新型专利说明书，专利号为02285717.6，授权公告号为CN2599941Y，授权公告日为2004年1月21日，复印件共24页；

附件3：实用新型专利说明书，专利号为95221346.X，授权公告号为CN2240870Y，授权公告日为1996年11月27日，复印件共7页。

依据上述附件，请求人认为本专利权利要求1～3不符合专利法第22条和专利法实施细则第20条第1款的规定。其具体理由为：（1）附件1的权利要求1公开了“一种透气文胸，它是由两层布料与海绵重叠在一起，放到带有长型突起槽和圆形突起槽的乳房形状的模子里，一次压制而成，其中海绵夹在两层布料中间，海绵上布满透气小孔”，其中海绵上的透气小孔相当于本专利的通气孔。附件2的权利要求1公开了“一种无背无带式乳罩，包含有：一对乳罩罩杯，两者各有一朝向使用者皮肤的内表面，其特征是；其中该内表面具有一置于其上的压敏胶黏合剂层；一连接件，衔接二乳罩罩杯，其中该连接件定位于该等乳罩罩杯内侧部位之间”。而周边车缝有封边是胸罩罩杯制造领域惯用的技术，因此，结合附件1和2，本专利权利要求1不具备新颖性或者创造性；（2）附件1的权利要求1公开了“其中海绵夹在两层布料中间，海绵上布满透气小孔”，从说明书和附图可知，附件1的透气小孔并未设于罩杯外表面，因此和本专利的权利要求2的附加技术特征相同，权利要求2不符合专利法第22条第3款的规定；（3）附件2的权利要求1公开了“一种无背无带式乳罩，包含有：一对乳罩罩杯，两者各有一朝向使用者皮肤的内表面，其特征是；其中该内表面具有一置于其上的压敏胶黏合剂层；一连接件，衔接二乳罩罩杯，其中该连接件定位于该等乳罩罩杯内侧部位之间”。附件3的权利要求1公开了“一种女用胸罩，在左右两个乳房罩的中央，分别具有一个圆型的乳头窝，该乳头窝的大小和人体乳头大小相适应”。根据本专利说明书的记载空洞的作用和附件3的乳头窝的作用相同，结合附件2和3本专利的权利要求3不符合专利法第22条第3款的规定；（4）本专利权利要求1的特征“由罩杯、封边连接扣等构成”其为封闭式描述，又存在“等”，自身产生矛盾，而且该特征的内容不清楚，因此不符合专利法实施细则第20条第1款的规定。

经形式审查合格后，专利复审委员会受理了上述请求，于2006年9月12日向双方当事人发出《无效宣告请求受理通知书》，并将《专利权无效宣告请求书》及其附件清单中所列附件副本转送给专利权人，要求其在指定的期限内答复，同时成立合议组对本无效宣告请求案进行审理。

专利权人于2006年9月28日作出答复，认为：（1）附件1～3没有一个是既有黏合剂又有通气孔的，单独相对于上述任意附件，本专利的权利要求都和他们的技术方案有区别技术特征，因此不能否认本专利的新颖性；（2）黏合剂和通气孔的组合是一种非显而易见的技术组合，本专利经过大量实验，通过调整通气孔的制作工艺、数量、孔径大小、分布位置在黏合力、透气性、美观性等方面达到整体最佳效果，因此本专利具备创造性；（3）本专利解决了人们一直渴望解决但始终未能获得成功的技术难题，而且克服了技术偏见，因此，本专利权利要求1～3具备新颖性和创造性。

2007年3月6日，本案合议组向双方当事人发出《无效宣告请求口头审理通知书》，定于2007年4月25日对本无效宣告请求案进行口头审理，同时将专利权人于2006年9月28日作出的答复意见转交给请求人，要求其在口头审理时对该意见一并答复。

2007年4月25日，口头审理如期进行，双方当事人均出席了口头审理。庭审过程中，合议组就本案的无效宣告理由及附件逐一进行了调查，双方当事人充分陈述了各自的意见。口头审理过程中认定的事实如下：（1）请求人确认其提出宣告本专利权无效的理由仅为：①专利权利要求1～3相对于附件1和2的结合或者附件2和3的结合不具备创造性，不符合专利法第22条第3款的规定，其中均以附件2作为最接近的对比文件；②权利要求1～3不符合专利法实施细则第20条第1款的规定；（2）专利权人认可请求人提交的附件1–3的真实性。

口头审理后，请求人于2007年5月8日提交了口头审理时答辩意见的书面意见。

至此，合议组认为本案的事实清楚，可以作出审查决定。

**二、决定的理由**

1. 无效宣告请求的理由和范围

根据请求人在口头审理中的确认，本无效宣告请求的理由及其范围是：①利要求1～3相对于附件1和2的结合或者附件2和3的结合不具备创造性，不符合专利法第22条第3款的规定，其中均以附件2作为最接近的对比文件；②权利要求1～3不符合专利法实施细则第20条第1款的规定。

2. 关于证据

专利权人对请求人提交的附件1～3的真实性予以认可，因此，合议组对其真实性予以确认。

附件1～3都是公开出版物，它们的公开时间都在本专利的申请日之前，根据专利法实施细则第30条的规定，可以作为本专利的现有技术用于评价本专利的创造性。

3. 关于专利法第22条第3款

专利法第22条第3款规定：创造性是指同申请日以前已有的技术相比，该发明有突出的实质性特点和显著的进步，该实用新型有实质性特点和进步。

如果要求保护的实用新型对于本领域技术人员来说是显而易见的，而且也未产生预料不到的技术效果，那么该实用新型不具备创造性。

权利要求1要求保护“一种具有通气孔的隐形文胸，它是由罩杯、封边、连接扣等构成，其特征在于：左右罩杯是由两层布料中间夹设一层海绵，并在左右罩杯的外缘周边车缝有封边；在左右罩杯的内侧面涂有黏合剂，并制有通气孔”。附件2公开了一种无背无带式乳罩，该乳罩包含一对乳罩罩杯，二者各有一朝向使用者皮肤的内表面，该内表面具有一置于其上的压敏胶黏剂层；一连接件，衔接该二乳罩罩杯（参见附件2权利要求1）。权利要求1和附件2的区别在于：（1）左右罩杯由两层布料中间设一层海绵；（2）左右罩杯的外缘周边车缝有封边；（3）黏合剂层制有通气孔。附件1公开了一种透气文胸，它由二层布料与海绵重叠在一起，其中海绵夹在二层布料中间，海绵上布满了透气小孔（参见附件1权利要求1），可见，附件1公开了权利要求1和附件2的区别技术特征（1），但没有公开区别技术特征（2）和（3）。其中区别技术特征（2）是本领域的常规技术。就区别技术特征（3）而言，由于利用孔洞来实现透气的效果是一般的生活常识，且附件1中也记载，海绵上具有小孔能够达到通气的目的，因此本领域技术人员很容易想到在黏合剂层制孔以达到通气的目的，因此，权利要求1相对于附件2、附件1以及公知常识的组合是显而易见的，而且，这种组合也未达到预料不到的技术效果，因而权利要求1相对于附件1～2的结合不具备实质性特点和进步，没有创造性，不符合专利法第22条第3款的规定。

权利要求2～3是对权利要求1的进一步限定，虽然附件1和2都没有明确记载这两个权利要求的附加技术特征，然而，对于本领域技术人员来说，从美观和罩杯完整的角度考虑，使通气孔不穿透罩杯外表面是本领域普通技术人员容易作出的常规选择；而在黏合剂层上制有孔洞其目的是为实现通气效果，如上述对权利要求1的评述，这种选择也是容易想到的，并且权利要求2～3的这两个附加技术特征所带来的技术效果也是可以预见的，因此，当其引用的权利要求1不具备创造性时，权利要求2～3亦不具备创造性，不符合专利法第22条第3款的规定。

专利权人认为：本专利经过大量实验，通过调整通气孔的制作工艺、数量、孔径大小、分布位置在黏合力、透气性、美观性等方面达到整体最佳效果，而且，由于在黏合剂层上制孔会造成黏合力下降因而本领域中对于在黏合剂上制孔存有技术偏见，而本专利克服了该偏见，因此本专利具备创造性。对此，合议组认为：首先，专利权人认为使本专利达到创造性的技术特征在于“调整通气孔的制作工艺、数量、孔径大小、分布位置”，然而这些技术特征并未体现在权利要求1～3中；其次，根据说明书的记载，并不能推知权利要求1～3的技术方案能达到所宣称的最佳技术效果，说明书中也没有提供数据或其他证据对此加以证实；第三，对于克服“技术偏见”的主张，合议组认为，本专利中并没有提供任何证据证明本专利的文胸在黏合剂层上制孔后仍能保持原有的黏合力而不下降，也即未能证明“在黏合剂层上制孔会造成黏合力下降”是一种“技术偏见”并且本专利通过采取一定的技术措施克服了它，相反，对于是采用“在黏合剂层上制孔以实现通气效果”抑或采用“不在黏合剂上制孔以追求较高的黏合力”，是本领域普通技术人员可以根据所需效果作出的常规选择，这种选择并不需要付出创造性的劳动，其效果也是可以预料的，因此合议组对专利权人认为本专利具有创造性的主张不予支持。

基于以上事实和理由，本案合议组作出如下审查决定。

**三、决定**

宣告200520028723.9号实用新型专利权全部无效。

当事人对本决定不服的，可以根据专利法第46条第2款的规定，自收到本决定之日起三个月内向北京市第一中级人民法院起诉。根据该款的规定，一方当事人起诉后，另一方当事人应当作为第三人参加诉讼。

051

# 长效的人干扰素类似物

## 无效宣告请求审查决定（第10614号）

**决　　定　　号**　第10614号
**决　　定　　日**　2007年10月17日
**发明创造名称**　长效的人干扰素类似物
**国 际 分 类 号**　C07K 19/00，C12N 15/62，C12N 15/79，A61P 31/12
**无效宣告请求人**　杭州九源基因工程有限公司
**专　利　权　人**　天津溥瀛生物技术有限公司
**专　　利　　号**　200410042814.8
**优　先　权　日**　2003年6月30日
**申　　请　　日**　2004年5月26日
**授 权 公 告 日**　2006年8月16日
**合 议 组 组 长**　李人久
**主　　审　　员**　吴通义
**参　　审　　员**　叶　娟

**法　律　依　据**　专利法第26条第4款，专利法第22条第2款、第3款
**决　定　要　点**

权利要求的技术方案应当是所属技术领域的技术人员能够从说明书中公开的内容直接得到或者概括得出的，并且不得超出说明书公开的范围。如果权利要求的概括包含申请人推测的内容，而其效果又难于预先确定和评价，应当认为这种概括超出了说明书公开的范围。

如果与现有技术相比，权利要求要求保护的技术方案存在区别技术特征，则该权利要求具备新颖性。

当专利要求保护的技术方案相对于最接近的现有技术存在区别技术特征时，应判断现有技术是否给出将上述区别技术特征应用到该最接近现有技术以解决其存在的技术问题的启示，如果存在这种技术启示，并且要求保护的技术方案没有带来意想不到的技术效果，则该技术方案不具有创造性。

### 一、案由

本无效宣告请求案涉及国家知识产权局于2006年8月16日公告授予的、名称为“长效的人干扰素类似物”的200410042814.8号发明专利权（下称本专利），其申请日为2004年5月26日，优先权日为2003年6月30日。2007年4月20日本专利的专利权人由“美国福源集团”变更为“天津溥瀛

生物技术有限公司”。本专利授权公告的权利要求书如下：

“1. 一种蛋白质，该蛋白质为人血清白蛋白和干扰素的融合蛋白，其中干扰素以 N-末端或 C-末端与人血清白蛋白蛋白质的 C-末端或 N-末端直接相连以构成融合蛋白。

2. 如权利要求 1 所述的蛋白质，该蛋白质的氨基酸序列为 Seq ID No. 2、4、6、8 或 10 所示的氨基酸序列。

3. 如权利要求 1 所述的蛋白质，其中所述干扰素选自 IFN-α-1、IFN-α-2、IFN-α-4、IFN-α-5、IFN-α-6、IFN-α-7、IFN-α-8、IFN-α-10、IFN-α-12、IFN-α-13、IFN-α-14、IFN-α-16、IFN-α-17、IFN-α-21、IFN-β-1、IFN-β-2、IFN-λ-1、IFN-λ-2、IFN-ω、IFN-γ 和/或 IFN-ε。

4. 如权利要求 3 所述的蛋白质，其中所述干扰素选自 IFN-α-1b、IFN-α-2a 或 IFN-α-2b。

5. 如权利要求 1 所述的蛋白质，该蛋白质是分泌型的。

6. 一种多核苷酸，该核苷酸编码权利要求 1 所述的蛋白质。

7. 如权利要求 6 所述的多核苷酸，该核苷酸为 Seq ID No. 1、3、5、7 或 9 所示的核苷酸序列。

8. 一种载体，其携带有如权利要求 6 所述的多核苷酸。

9. 一种宿主系统，其经权利要求 8 所述的载体转化、转染或转导得到。

10. 根据权利要求 9 所述的宿主系统，其包括脊椎动物、昆虫、植物的细胞、酵母菌、细菌或病毒。

11. 根据权利要求 10 所述的宿主系统，其中所述的酵母菌是酿酒酵母、毕氏酵母、念珠菌属酵母、汉逊酵母、克鲁维亚酵母、孢圆母属酵母或裂殖酵母。

12. 一种制备权利要求 1 所述蛋白质的方法，该方法包括在权利要求 9 所述的宿主系统中表达如权利要求 6 所述的多核苷酸。

13. 权利要求 1 ~5 任一项所述的蛋白质在制备用于治疗病毒感染或癌症的药物中的用途。

14. 权利要求 6 或 7 所述的多核苷酸在制备用于治疗病毒感染或癌症的药物中的用途。

15. 一种药物组合物，该组合物包含至少一种权利要求 1 ~5 任一项所述的蛋白质。

16. 如权利要求 15 所述的组合物，该组合物包含人血清白蛋白与干扰素-α 的融合蛋白和人血清白蛋白与干扰素-γ 的融合蛋白。

17. 如权利要求 15 所述的组合物，该组合物包含人血清白蛋白与干扰素-α 的融合蛋白和人血清白蛋白与干扰素-β 的融合蛋白。

18. 如权利要求 15 所述的组合物，该组合物包含人血清白蛋白与干扰素-α 的融合蛋白和人血清白蛋白与干扰素-ω 的融合蛋白。

19. 如权利要求 15 所述的组合物，该组合物包含人血清白蛋白与干扰素-ω 的融合蛋白和人血清白蛋白与干扰素-γ 的融合蛋白。

20. 如权利要求 15 所述的组合物，该组合物包含人血清白蛋白与干扰素-β 的融合蛋白和人血清白蛋白与干扰素-ω 的融合蛋白。

21. 一种药物组合物，该药物组合物含有至少一种权利要求 6 或 7 所述的多核苷酸。

22. 一种试剂盒，该试剂盒含有至少一种权利要求 1 ~5 任一项所述的蛋白质或至少一种权利要求 6 或 7 所述的多核苷酸。”

针对上述专利权，杭州九源基因工程有限公司（下称请求人）于 2006 年 9 月 20 日向专利复审委员会提出无效宣告请求，认为本专利不符合专利法第 22 条第 2 款、第 3 款、第 4 款以及专利法第 26 条第 4 款的规定，并提交了下述附件作为证据：

附件 1：“Pharmacokinetic and pharmacodynamic Studies of a Human Serum Albumin-Interferon-α

Fusion Protein in Cynomolgus Monkeys", Blaire L. Osborn 等人, J. Pharmacol. Exp. Ther, 303 (2): 540~548, 2002 年, 复印件共 9 页;

附件 2: "A Phase 1 Study to Evaluate the Pharmacokinetics, Safety, and Tolerability of Escalating Doses of a Novel Recombinant Human Albumin-Interferon αFusion Protein (AlbuferonTM) in Subjects with Chronic Hepatitis C", Gary L Davis 等人, 复印件共 1 页;

附件 3: 第 01124110.1 号中国发明专利申请公开说明书, 公开号为 CN1405181A, 公开日为 2003 年 3 月 26 日, 复印件共 22 页;

附件 4: WO 01/79480 A1 的扉页、说明书第 249~250 页, 2001 年 10 月 25 日公开, 复印件共 3 页;

附件 5: Human Genome Sciences 公司在网络上公开的 "Human Genome Sciences Provides Update of Company Progress", 显示网页来源 http: //www. hgsi. com/news/press/02-04-30_ WrapUp. html, 复印件共 10 页;

附件 6: "An IFN - β - Albumin Fusion Protein that Displays Improved Pharmacokinetic and Pharmacodynamic Properties in Nonhuman Primates", Cynthia Sung 等人, Journal of Interferon & Cytokine Research, 23: 25~36, 2003 年, 复印件共 12 页;

附件 7: 附件 1、4~6 引用部分的译文, 共 4 页。

根据上述附件, 请求人认为:

1. 权利要求 1~6、8~10、12~13、15 不具有新颖性

(1) 附件 1 和附件 2 公开的 Albuferon 为干扰素 α 的 N-末端与人血清白蛋白的-C 末端直接相连而构成的融合蛋白, 影响权利要求 1 的新颖性; (2) 附件 3 说明书第 2 页第 11~14 行公开的融合蛋白可以是与人血清白蛋白同源的第一区位于融合蛋白的 N-末端, 与人干扰素同源的第二区位于融合蛋白的 C-末端, 也可以是与人干扰素同源的第二区位于融合蛋白的 N-末端, 与人血清白蛋白同源的第一区位于融合蛋白的 C-末端, 所公开的内容与权利要求 1 实质上相同, 影响权利要求 1 的新颖性。(3) 在附件 1 公开 Albuferon 的基础上, 附件 5 第 2 页第 2~4 行提及所述干扰素 α 为干扰素 α2b, 附件 5 影响权利要求 2~4 的新颖性; (4) 附件 1 公开 Albuferon 是在酵母菌中分泌表达的, 附件 3 也说明融合蛋白在宿主中表达可以是分泌型的, 附件 1 和附件 3 影响权利要求 5 的新颖性; (5) 附件 1 描述在体外对比实验中, Albuferon 和干扰素 α 具有相似的抗病毒和抗细胞增殖活性, 附件 5 描述 Albuferon 用于治疗丙型肝炎和慢性骨髓性白血病, 附件 1 和附件 5 影响权利要求 13 的新颖性; (6) 附件 1 和附件 5 公开的 Albuferon 为包含有由人血清白蛋白的 C-末端与干扰素-α 的 N-末端融合而成的蛋白质的药物组合物, 影响权利要求 15 的新颖性; (7) 附件 4 公开表达权利要求 1 所述融合蛋白的核苷酸序列, 影响权利要求 6 的新颖性, 附件 4 公开了携带权利要求 6 所述的多核苷酸的载体如 pPPc005、pScNHSA 或 pC4: HSA 等, 影响权利要求 8 的新颖性, 附件 4 公开了用载体转化或转染酵母或哺乳动物细胞系进行表达的方法, 影响权利要求 9~10 的新颖性, 附件 4 公开了用酵母菌表达生产白蛋白-干扰素融合蛋白的方法, 影响权利要求 5 和 12 的新颖性, 附件 4 公开人血清白蛋白-干扰素 α 融合蛋白用于治疗病毒感染和癌症的药物中的应用, 影响权利要求 13 和 15 的新颖性。

2. 权利要求 1~13、15~20 不具有创造性

(1) 由于附件 1~5 影响本专利权利要求的新颖性, 也必然影响其相应权利要求的创造性; (2) 权利要求 1 与附件 3 说明书第 2 页第 15~18 行及实施例 4 和 5 公开的内容相比, 区别在于权利要求 1 所述的融合蛋白之间没有连接肽, 而现有技术如附件 3 说明书第 2 页第 11~14 行、附件 4 说明书第 249 页第 11~12 行、附件 1 第 541 页第 1 段第 1~5 行提示白蛋白和干扰素可以直接融合, 权

利要求1缺乏创造性；（3）相对于附件1、3~6公开的内容，权利要求2~4的区别在于利用不同的干扰素亚型与人血清白蛋白进行融合，而附件3说明书第2页第19~20行提供这种教导，权利要求2~4不具备创造性；（4）附件1、3~4、6公开了人血清白蛋白-干扰素融合蛋白可在酵母或哺乳动物细胞中分泌表达，权利要求5不具有新颖性或创造性；（5）附件1和5公开了人血清白蛋白-干扰素α2b融合蛋白的构建，附件3~5公开了不同的人血清白蛋白-干扰素融合蛋白的基因构建过程，权利要求6和7不具备创造性；（6）人血清白蛋白和干扰素融合蛋白的基因序列都是已知的，本专利公开的载体也是已知的，权利要求8不具备创造性；（7）审查指南规定，如果宿主与插入的基因都是已知的，由它们的结合所得到的转化体不具有创造性，权利要求9~11不具有创造性；（8）附件1、3~4、6公开了人血清白蛋白-干扰素融合蛋白可在酵母或哺乳动物细胞中分泌表达，权利要求12不具有新颖性和创造性；（9）附件3、5~6公开了人血清白蛋白-干扰素α和人血清白蛋白-干扰素β融合蛋白在治疗病毒感染性疾病和癌症等疾病中的应用，其中所述融合蛋白必然是以药物制剂的形式存在，影响权利要求13和15的创造性，而且将两种干扰素组合在一起用于临床是本领域技术人员容易想到的，而无实验数据证明本专利说明书所宣称的权利要求16~20所包含的组合具有协同作用，权利要求16~20缺乏创造性。

3. 权利要求1不具有实用性

权利要求1的表述包括了干扰素以N-末端与人血清白蛋白的N-末端直接相连，以及干扰素以C-末端与人血清白蛋白的C-末端直接相连的技术方案，这两种方案是无法实现的，这种基因序列是否可以表达需要实验验证，而且即使能够表达，以逆序列形式存在的干扰素或人血清白蛋白也不是真正生物学意义上的干扰素或人血清白蛋白。

4. 权利要求14、21或22不符合专利法第26条第4款的规定

本专利说明书没有提及权利要求6或7所述的多核苷酸具有治疗病毒感染或癌症的作用，没有提及含有权利要求6或7所述的多核苷酸的药物组合物，也没有提及含有至少一种权利要求1~5任一项所述的蛋白质或至少权利要求6或7所述的多核苷酸的试剂盒，因此，权利要求14、21或22在形式上和实质上都得不到说明书的支持。

经形式审查合格后，专利复审委员会受理了上述请求，于2006年11月24日向请求人和本专利专利权人发出《无效宣告请求受理通知书》，并将《专利权无效宣告请求书》及其附件清单中所列附件副本转送给专利权人，要求其在指定的期限内答复，同时成立合议组对本无效请求案进行审理。

2007年1月9日，专利权人提交了意见陈述书，专利权人认为：（1）请求人没有真正理解本专利与现有技术的区别，并且采用多篇对比文件的结合来否定本专利的新颖性不符合专利法第22条第2款的规定；（2）请求人没有考虑到所引用的文件和本专利真实具体公开的内容，其对本专利权利要求作出的结论是片面的和不正确的；（3）根据说明书和现有技术，本领域技术人员容易理解本专利权利要求1的保护范围不包括干扰素以N-末端与人血清白蛋白的N-末端直接相连，以及干扰素以C-末端与人血清白蛋白的C-末端直接相连的技术方案，权利要求1具备实用性；（4）当蛋白质具有一定功能时，编码该蛋白质的核酸可以作为起始材料直接或间接地利用，获得具有所述蛋白质的功能，权利要求14、21和22能够得到说明书的支持。

2007年1月19日，本案合议组向请求人和专利权人发出《无效宣告请求口头审理通知书》，定于2007年3月9日对本无效请求案进行口头审理。同时，专利复审委员会本案合议组将专利权人于2007年1月9日提交的意见陈述书转送给请求人。

2007年3月9日，口头审理如期进行，请求人和专利权人均委托代理人出席口头审理。在口头审理过程中，合议组就本案的无效理由及证据逐一进行了调查，双方当事人充分陈述了各自的意见。口

头审理中认定如下事实：(1) 请求人放弃权利要求1不符合专利法第22条第4款的规定以及权利要求15不符合专利法第22条第2款的规定的无效理由。(2) 请求人主张本专利无效的理由和范围及其所依据的证据如下：①权利要求1~6、8~10、12~13不符合专利法第22条第2款的规定，所使用的证据均为附件3；②以附件3为最接近对比文件，与附件3单独比较，或者与附件3与4的结合比较，权利要求1~22不符合专利法第22条第3款的规定；③权利要求14、16~22不符合专利法第26条第4款的规定。(3) 专利权人认为，请求人主张权利要求14、21~22不符合专利法第22条第3款的规定以及权利要求16~20不符合专利法第26条第4款的规定是新增的无效理由，应不予接受。(4) 双方当事人确认，请求人主张的权利要求2~4、6、8~10、13相对于附件3不具备新颖性是新增的无效理由，权利要求13~22相对于附件3、或者附件3与4的结合不具备创造性是新增的无效理由；专利权人对上述新增内容不予接受。(5) 专利权人对附件3和4的真实性及其引用部分译文的准确性无异议。(6) 专利权人认为附件1~2、5~6属于域外证据，应当提交原件并进行公证认证来证实其真实性，但请求人仅提交了附件1~2、5~6的复印件而未提交其原件且未经公证认证，因此对附件1~2、5~6的真实性不予认可；请求人未能提交附件1~2、5~6的原件和/或公证认证，但坚持不放弃这些证据。

2007年3月12日，专利权人提交了口头审理答辩意见（共4页）以及WO01/79480第93、330和331页打印件及其相应的译文（共7页），供合议组参考。专利权人认为：(1) 附件3公开的融合蛋白在与人血清白蛋白同源的第一区和与人干扰素同源的第二区之间设有连接肽，不能破坏本专利权利要求的新颖性，附件4没有记载有关融合蛋白是血清白蛋白和干扰素直接相连的证据，而对血清白蛋白-连接肽-干扰素形式的融合蛋白进行了详细的描述，没有具体公开编码融合蛋白的核苷酸序列，附件4不能破坏权利要求5~10、12和13的新颖性。(2) 在本发明之前的常规观点认为，为了使融合蛋白两部分之间有较大的间隔，使治疗蛋白部分最大可能地与受体结合，在血清白蛋白与治疗活性蛋白之间应该设有连接肽，这种教导与本发明正好相反，本专利克服了技术偏见并且避免了连接肽的引入可能使融合蛋白作为药物时产生额外的免疫原性，具有意外的技术效果，本专利权利要求相对于附件3和4的结合具备创造性。(3) 本领域技术人员可以确定，当蛋白质具有一定功能时，编码该蛋白的核酸也可以作为起始材料直接或间接地利用而获得具有所述蛋白的功能，因此，权利要求14、21和22得到说明书的支持。

2007年3月16日，请求人提交口头审理意见陈述（共5页）。请求人认为：(1) 附件1~2、5~6的中文译文在提出请求时已经提交并转送给专利权人，专利权人作为一家美国公司，对附件1~2、5~6的出处来源可以十分方便地核查，这些附件对本案的审查具有参考作用。另外，附件3和4在请求书中作为新颖性和创造性的对比文件，在无效宣告请求的权利要求范围未作增加的情况下，对引用对比文件进行调整应被允许。(2) 附件3说明书第2页第11~14行和第10页最后一行公开了人血清白蛋白与干扰素直接融合的技术方案，破坏权利要求1的新颖性。附件3第2~4页公开了融合蛋白中干扰素的各种亚型，编码融合蛋白的核苷酸，携带核苷酸的载体以及这些载体转化到酵母、哺乳动物细胞等宿主系统的具体技术方案，影响权利要求2~6、8~10、12~13的新颖性。(3) 权利要求1被附件3完全公开，不具有创造性。附件3说明书第2页第15~18行、实施例1~6描述带有连接肽的人血清白蛋白-干扰素融合蛋白的构建过程，本领域技术人员无须创造性的劳动即可获得直接或间接融合的蛋白，附件4说明书第249页第9~20行也启示了人血清白蛋白和干扰素融合蛋白可以直接相连，也可以用连接肽相连，而且人血清白蛋白-干扰素融合蛋白是否有连接肽的技术效果是相同的，权利要求1~12相对于附件3和4的结合缺乏创造性，权利要求13、15~20相对于附件3和4的结合也缺乏创造性。(4) 说明书没有支持权利要求16~20的动物或临床实验的定性或定量数据，没有证明该组合治疗方式具有协同效应和该组合物的有效量和使用方法，权利要求 16～20 得不到说明书的支持。说明书没有提及权利要求 6 或 7 的多核苷酸具有治疗病毒感染或癌症的作用，没有提及含有权利要求 6 或 7 的多核苷酸的组合物，也没有提及含有至少一种权利要求 1～5 任一项所述的蛋白质或至少一种权利要求 6 或 7 所述的多核苷酸的试剂盒，权利要求 14、21～22 在形式上和内容上都得不到说明书的支持。

2007 年 4 月 20 日，本专利的专利权人由美国福源集团变更为天津溥瀛生物技术有限公司。

2007 年 7 月 18 日，本案合议组向请求人发出《无效宣告请求审查通知书》，告知其本专利的专利权人已经由美国福源集团变更为天津溥瀛生物技术有限公司。同时向变更后的专利权人天津溥瀛生物技术有限公司发出《无效宣告请求审查通知书》，告知其专利复审委员会于 2006 年 11 月 24 日受理了针对本专利权的无效宣告请求并于 2007 年 3 月 9 日对该无效宣告请求案进行了口头审理，要求其在指定的期限内答复。

2007 年 7 月 30 日，专利权人天津溥瀛生物技术有限公司提交了意见陈述书，天津溥瀛生物技术有限公司坚持认为：（1）请求人提供的所有对比文件都没有清楚地公开所述融合蛋白是人血清白蛋白和干扰素直接相连形式的融合蛋白，也没有公开该直接相连形式的融合蛋白的技术效果，并且从对比文件中获得的信息是为了使融合蛋白两部分有较大的间隔，使治疗蛋白最大可能地与受体结合，在血清白蛋白与治疗活性蛋白之间应该设有连接肽，对比文件给出的技术启示和教导与本发明刚好相反，本专利具备新颖性和创造性；（2）权利要求 14、21 和 22 能够得到说明书的支持。

2007 年 9 月 1 日，请求人提交了意见陈述书，表示对专利权人的变更无异议。

至此，合议组认为本案的事实清楚，可以作出审查决定。

**二、决定的理由**

1. 无效宣告请求的理由和范围

请求人在口头审理时放弃权利要求 1 不符合专利法第 22 条第 4 款的规定以及权利要求 15 不符合专利法第 22 条第 2 款的规定的无效理由，提出其主张的无效理由和范围如下：（1）权利要求 1～6、8～10、12～13 相对于附件 3 不符合专利法第 22 条第 2 款的规定；（2）与附件 3 单独比较，或者与附件 3 与 4 的结合相比，权利要求 1～22 不符合专利法第 22 条第 3 款的规定；（3）权利要求 14、16～22 不符合专利法第 26 条第 4 款的规定。

由于请求人在口头审理时要求增加的权利要求 14、21～22 不符合专利法第 22 条第 3 款的规定，权利要求 16～20 不符合专利法第 26 条第 4 款的规定，权利要求 2～4、6、8～10、13 相对于附件 3 不具备新颖性，权利要求 13～20 相对于附件 3 与 4 的结合不具备创造性的无效理由，以及在请求人于 2007 年 3 月 16 日提交的意见陈述书中提出的权利要求 16～20 不符合专利法第 26 条第 4 款的规定，权利要求 2～4、6、8～10、13 相对于附件 3 不具备新颖性，权利要求 13、15～22 相对于附件 3 与 4 的结合不具备创造性的无效理由都是在无效请求之日起一个月后提出的，合议组依据专利法实施细则第 66 条的规定不予考虑。因此，合议组审理的请求宣告本专利权无效的理由和范围为：（1）权利要求 1、5 和 12 相对于附件 3 不符合专利法第 22 条第 2 款的规定；（2）相对于附件 3，权利要求 1～13、15～20 不具有创造性；（3）相对于附件 3 与 4 的结合，权利要求 1～12 不符合专利法第 22 条第 3 款的规定；（4）权利要求 14、21 和 22 不符合专利法第 26 条第 4 款的规定。

2. 证据认定

请求人提交的附件 1～2、5 和 6 是复印件，专利权人认为附件 1～2、5～6 属于域外证据，而请求人仅提交其复印件而未提交其原件且未对其作公证认证，因此不认可附件 1～2、5～6 的真实性。对此合议组认为，附件 1～2、5 和 6 均为外文资料，依据附件 1～2、5 和 6 上记载的信息可知：附件

1 来自一份在美国印刷发行的杂志，附件 2 和 6 均不能明确看出其发行地，附件 5 是一份网页打印件，由于请求人未能提交附件 1～2、5～6 的原件和/或公证认证，附件 1～2、5～6 缺乏表明其真实性的形式要件，合议组对其真实性不予认可。

请求人提交的附件 3 是一份中国专利申请公开说明书，附件 4 是一份世界知识产权组织公开的专利申请公开说明书，专利权人对附件 3 和 4 的真实性以及译文准确性无异议，合议组对附件 3 和 4 的真实性以及附件 4 译文的准确性予以确认。此外，附件 3 的公开日为 2003 年 3 月 26 日，附件 4 的公开日为 2001 年 10 月 25 日，均在本专利优先权日之前，因此附件 3 和 4 可以作为本专利的现有技术。

2007 年 3 月 12 日，专利权人提交 WO01/79480 第 93、330 和 331 页打印件及相应的译文作为反证，由于该证据不是在专利复审委员会指定的答复期限内提交的，合议组依据审查指南第四部分第三章第 4.3.2 节的规定对其不予考虑。

3. 关于专利法第 26 条第 4 款

专利法第 26 条第 4 款规定："权利要求书应当以说明书为依据，说明要求专利保护的范围。"

根据该款规定，权利要求的技术方案应当是所属技术领域的技术人员能够从说明书中公开的内容直接得到或者概括得出的，并且不得超出说明书公开的范围。如果权利要求的概括包含申请人推测的内容，而其效果又难于预先确定和评价，应当认为这种概括超出了说明书公开的范围。

权利要求 14 请求保护权利要求 6 或 7 所述的多核苷酸在制备用于治疗病毒感染或癌症的药物中的用途，其在撰写形式上属于物质的医药用途权利要求。对于物质的医药用途发明而言，其是发现了该物质的某些药物活性，从而可以用来制成药品，治疗或预防人体或动物体的特定疾病。虽然权利要求 6 或 7 所述的多核苷酸编码权利要求 1 的人血清白蛋白和干扰素的融合蛋白，且由于干扰素用于治疗病毒感染和癌症的作用是本领域技术人员知晓的常规知识（参见本专利说明书第 5 页），因而基于本专利说明书记载的内容和现有技术，本领域技术人员可以预期本发明的融合蛋白可用于治疗病毒感染和癌症，但是说明书中并没有提供实验证据证明权利要求 6 或 7 所述的多核苷酸本身可直接作为生物活性物质应用于治疗病毒感染和癌症，因而本领域普通技术人员根据说明书的记载尚无法推知权利要求 14 中的由权利要求 6～7 的核苷酸制成的药物可用于治疗病毒感染或癌症。因此，权利要求 14 包括了推测的、且效果难以预期的技术方案，得不到说明书的支持，不符合专利法第 26 条第 4 款的规定。

权利要求 21 要求保护一种药物组合物，该药物组合物含有至少一种权利要求 6 或 7 所述的多核苷酸，权利要求 22 的技术方案中包括一种试剂盒，其含有至少一种权利要求 6 或 7 所述的多核苷酸。首先，本专利说明书没有记载含有至少一种权利要求 6 或 7 所述的多核苷酸的药物组合物或试剂盒；其次，虽然说明书公开了权利要求 6 或 7 所述的多核苷酸所编码的本发明的融合蛋白与天然干扰素具有相同的生物活性，并且对病毒攻击细胞具有保护作用，但是并不能由此直接推导出这些多核苷酸本身便具有干扰素活性并且对病毒攻击细胞产生保护作用，基于说明书记载的内容，本领域技术人员难以预先确定权利要求 6 或 7 所述的多核苷酸本身是否具有药物活性，致使含有这些多核苷酸的权利要求 21 的药物组合物和权利要求 22 的试剂盒的技术效果是难以预期的，因此，权利要求 21 和权利要求 22 中涉及的含有至少一种权利要求 6 或 7 所述的多核苷酸的技术方案不符合专利法第 26 条第 4 款的规定。此外，本专利说明书实施例 8 试验了本发明的融合蛋白对病毒攻击细胞的保护作用，实施例 9 证实本发明的融合蛋白与天然的干扰素具有相同的生物活性，实施例 10 和 11 测定本发明的融合蛋白生物活性在体外和血浆中的稳定性，而干扰素用于治疗病毒感染和癌症的作用是本领域技术人员知晓的常规知识（参见本专利说明书第 5 页）。基于本专利说明书记载的内容和现有技术，本领域技术人员可以预期本发明的融合蛋白可用于治疗病毒感染和癌症，因而权利要求 22 中涉及"含有至少一种权利要求1～5任一项所述的蛋白质的试剂盒”能够得到说明书的支持，符合专利法第26条第4款的规定。

4. 关于专利法第22条第2款

专利法第22条第2款规定：“新颖性，是指在申请日以前没有同样的发明或者实用新型在国内外出版物上公开发表过、在国内公开使用过或者以其他方式为公众所知，也没有同样的发明或者实用新型由他人向专利局提出过申请并且记载在申请日以后（含申请日）公布的专利申请文件中。”

根据该规定，如果与现有技术相比，权利要求要求保护的技术方案存在区别技术特征，则该权利要求具备新颖性。

权利要求1要求保护的人血清白蛋白和干扰素的融合蛋白是由干扰素以N-末端或C-末端与人血清白蛋白蛋白质的C-末端或N-末端直接相连而构成的。附件3说明书第2页第11～14行公开了一种融合蛋白，在其结构中，与人血清白蛋白同源的第一区位于融合蛋白的N-末端、与人干扰素同源的第二区位于融合蛋白的C-末端，或者与人干扰素同源的第二区位于融合蛋白的N-末端、与人血清白蛋白同源的第一区位于融合蛋白的C-末端。由此可见，附件3公开的融合蛋白与权利要求1的融合蛋白相比存在如下区别：权利要求1中的人血清白蛋白与干扰素直接相连，而附件3没有具体限定人血清白蛋白和干扰素之间的连接方式。因此，权利要求1的融合蛋白与附件3公开的融合蛋白之间存在区别技术特征，权利要求1相对于附件3具有新颖性，符合专利法第22条第2款的规定。

请求人提出结合附件3说明书第3页和第10页最后一行可以看出，附件3公开的技术方案中包括人血清白蛋白与干扰素直接相连的融合蛋白。对此，合议组认为，依据附件3说明书第3页记载的在编码HSA和编码hIFN的序列两侧引入限制性内切酶识别位点，通过酶切产生黏性末端后用DNA连接酶连接的内容不能看出编码HSA的序列和编码hIFN的序列之间是否是直接相连；而从附件3说明书第10页最后一行记载的“获得带有在HSA cDNA末端缺失CTT（亮氨酸）后与各IFN cDNA直接融合基因的质粒”可以看出，与IFN cDNA连接的HSA cDNA不完整，编码得到的融合蛋白中的HSA末端缺失，它与由人血清白蛋白与干扰素直接相连而构成的权利要求1的融合蛋白之间存在差别，因此，附件3说明书第3页和第10页最后一行公开的内容不足以破坏权利要求1的新颖性。

权利要求5进一步限定权利要求1的蛋白质是分泌型的，权利要求12为制备权利要求1的蛋白质的方法，由于权利要求5和12的技术方案均是以权利要求1的融合蛋白为基础，因此，在权利要求1的融合蛋白相对于附件3具有新颖性的基础上，权利要求5和12的技术方案相对于附件3也具有新颖性。

5. 关于专利法第22条第3款

专利法第22条第3款规定：“创造性，是指同申请日以前已有的技术相比，该发明有突出的实质性特点和显著的进步，该实用新型有实质性特点和进步。”

根据该款规定，当专利要求保护的技术方案相对于最接近的现有技术存在区别技术特征时，应判断现有技术是否给出将上述区别技术特征应用到该最接近现有技术以解决其存在的技术问题的启示，如果存在这种技术启示，并且要求保护的技术方案没有带来意想不到的技术效果，则该技术方案不具有创造性。

虽然如前所述，附件3说明书第2页第11～14行公开了的内容没有具体限定人血清白蛋白和人干扰素之间的连接方式，但是附件3说明书第10页公开了在人血清白蛋白与干扰素之间不具有连接肽的融合蛋白，给出了在人血清白蛋白与干扰素之间不设连接肽来构建融合蛋白的技术启示，附件3

第 11 页还公开了人血清白蛋白末端缺失亮氨酸后与干扰素直接融合的融合蛋白，而且构建人血清白蛋白与干扰素直接相连的融合蛋白是本领域的普通技术，不需要付出创造性的劳动。对于本领域技术人员来说，在附件 3 公开内容的基础上，制备一种由干扰素以 N-末端或 C-末端与人血清白蛋白蛋白质的 C-末端或 N-末端直接相连而构成的融合蛋白是显而易见的。此外，附件 3 说明书第 5 页第 1 ~ 20 行还公开了人血清白蛋白与干扰素的融合蛋白具有治疗病毒性肝炎、肿瘤、多发性硬化症和类风湿等疾病的用途和延长干扰素半衰期的技术效果。因此，权利要求 1 相对于附件 3 不具有专利法第 22 条第 3 款规定的创造性。

专利权人认为，附件 3 教导在血清白蛋白与治疗活性蛋白之间应该设有连接肽，而本专利打破了上述技术偏见，本发明的融合蛋白还避免了连接肽引入产生额外的免疫原性，而且本专利的融合蛋白具有延长干扰素作用时间的效果，因而，权利要求 1 相对于附件 3 具备创造性。

对此，合议组认为：虽然附件 3 公开在人血清白蛋白与干扰素之间设连接肽能够使得融合蛋白两部分之间有较大间隔，但是用连接肽连接仅仅是融合蛋白两部分之间的一种连接方式，附件 3 并未排除人血清白蛋白与干扰素之间不设连接肽来构建融合蛋白是可行的技术方案，附件 3 说明书第 10 页构建了人血清白蛋白与干扰素之间不具有连接肽的融合蛋白，给出构建人血清白蛋白与干扰素直接相连的融合蛋白的技术启示。这种不包含连接肽的融合蛋白也就不存在由连接肽产生免疫原性的问题，而人血清白蛋白与干扰素的融合蛋白延长干扰素的作用时间的技术效果也已经在附件 3 中揭示（参见附件 3 说明书第 5 页第 17 ~ 20 行）。因此，专利权人主张权利要求 1 相对于附件 3 具备创造性的理由不成立。

权利要求 2 限定了权利要求 1 所述蛋白质的氨基酸序列，权利要求 3 和 4 对权利要求 1 所述蛋白质中的干扰素类型作了进一步限定。由于权利要求 2 ~ 4 中包括的各种干扰素和人血清白蛋白基因序列和氨基酸序列均是已知的，因而在附件 3 公开内容的基础上，本领域技术人员显然能够选择相应的各种干扰素和人血清白蛋白来构建和制备权利要求 2 ~ 4 所述各种蛋白质，即权利要求 2 ~ 4 不具有专利法第 22 条第 3 款规定的创造性。

权利要求 5 限定权利要求 1 所述蛋白质是分泌型的。附件 3 公开了人血清白蛋白与人干扰素融合蛋白可以存在于宿主细胞内，也可以从宿主中分泌出来，优选从宿主中分泌出来，分泌所用的信号肽优选是天然的人血清白蛋白的信号肽或酵母 MF 信号肽（参见附件 3 说明书第 4 页第 8 ~ 11 行），给出了所述的人血清白蛋白与干扰素的融合蛋白可以是分泌型的技术启示，权利要求 5 相对于附件 3 仍然不具有创造性。

权利要求 6 和 7 要求保护编码权利要求 1 所述蛋白质的多核苷酸，权利要求 8 涉及携带所述核苷酸的载体，权利要求 9 ~ 11 请求保护含有所述核苷酸的宿主系统。由于各种干扰素和人血清白蛋白基因序列和氨基酸序列均是已知的，在附件 3 公开内容的基础上，本领域技术人员显然知晓可以选择各种干扰素和人血清白蛋白基因来构建和制备干扰素和人血清白蛋白直接相连的融合蛋白，相应地能够获得包括权利要求 6 和 7 的多核苷酸的多种编码干扰素和人血清白蛋白融合蛋白的核苷酸序列，因此，相对于附件 3，权利要求 6 和 7 不具有专利法第 22 条第 3 款规定的创造性。由于制备含有目的核苷酸序列的载体和宿主细胞是本领域的常规技术，而且权利要求 10 和 11 中所限定的宿主系统也是本领域常用的宿主细胞，因此，对于本领域技术人员来说，在附件 3 公开内容的基础上，制备和获得包含权利要求 6 和 7 所述多核苷酸的权利要求 8 的载体和权利要求 9 ~ 11 的宿主系统是显而易见的，权利要求 8 ~ 11 不具有创造性。

权利要求 12 请求保护一种制备权利要求 1 所述蛋白质的方法，该方法包括在宿主系统中表达权利要求 6 的多核苷酸。附件 3 公开了人血清白蛋白与人干扰素融合蛋白可以存在于宿主细胞内，也可以从宿主中分泌出来，优选是从宿主中分泌出来（参见附件3说明书第4页第8～11行），即教导了在宿主系统中表达多核苷酸来制备融合蛋白的技术内容。因此，相对于附件3公开的内容，权利要求12不具有创造性。

权利要求13请求保护权利要求1～5任一项所述蛋白质在制备用于治疗病毒感染或癌症的药物中的用途。权利要求15请求保护包含至少一种权利要求1～5任一项所述蛋白质的药物组合物。附件3公开了人血清白蛋白与干扰素的融合蛋白及其药物组合物在治疗病毒性肝炎、肿瘤、多发性硬化症、类风湿等中的用途（参见附件3说明书第5页第14～16行），且如前述，权利要求1～5的融合蛋白相对于附件3无创造性，因此权利要求13、15相对于附件3不具备创造性。

权利要求16～20请求保护一种组合物，其包含两种由人血清白蛋白和干扰素形成的融合蛋白。由于附件3公开了人血清白蛋白与干扰素的融合蛋白在治疗病毒性肝炎、肿瘤、多发性硬化症、类风湿等中的用途，本领域技术人员容易想到两种由人血清白蛋白和干扰素形成的融合蛋白所构成的组合物也具有相同的治疗用途，而说明书没有记载证明这种组合具有意想不到的技术效果的内容，因此，权利要求16～20相对于附件3不具有创造性。

鉴于上述已经得出了权利要求1～13、15～20相对于附件3不具有创造性的结论，本合议组对请求人提出的权利要求1～12相对于附件3和4的结合不具有创造性的主张不再评述。

基于以上事实和理由，本案合议组作出如下审查决定。

**三、决定**

宣告200410042814.8号发明专利权权利要求1～21，以及权利要求22中涉及“含有至少一种权利要求6或7所述的多核苷酸的试剂盒”的技术方案无效，在权利要求22中涉及“含有至少一种权利要求1～5任一项所述的蛋白质的试剂盒”的技术方案的基础上维持该专利权有效。

当事人对本决定不服的，可以根据专利法第46条第2款的规定，自收到本决定之日起三个月内向北京市第一中级人民法院起诉。根据该款的规定，一方当事人起诉后，另一方当事人应当作为第三人参加诉讼。

# 北京市第一中级人民法院
# 行政判决书

（2008）一中行初字第257号

原告天津溥瀛生物技术有限公司，住所地天津开发区泰华路12号10号楼C区1014、1016、1018室。

法定代表人于在林，董事长。

委托代理人丁香兰，女，北京三友知识产权代理有限公司专利代理人。

委托代理人崔晓光，男，北京三友知识产权代理有限公司专利代理人。

被告国家知识产权局专利复审委员会，住所地北京市海淀区北四环西路9号银谷大厦10～12层。

法定代表人廖涛，副主任。

委托代理人吴通义，男，国家知识产权局专利复审委员会干部。

委托代理人程强，男，国家知识产权局专利复审委员会干部。

第三人杭州九源基因工程有限公司，住所地浙江省杭州高新技术产业开发区下沙科技工业园。

法定代表人李邦良，董事长。

委托代理人徐飞虎，男，杭州九源基因工程有限公司职员。

委托代理人黄岩山，男，杭州九源基因工程有限公司研究所所长。

原告天津溥瀛生物技术有限公司不服被告国家知识产权局专利复审委员会作出的第10614号专利无效宣告请求审查决定，向本院提起行政诉讼。本院受理后，依法组成合议庭，依照《中华人民共和国行政诉讼法》第二十七条的规定，通知与本案有利害关系的杭州九源基因工程有限公司为本案第三人参加诉讼，并于2008年4月29日公开开庭审理了本案。原告的法定代表人于在林、委托代理人丁香兰、崔晓光，被告的委托代理人吴通义、程强，第三人的委托代理人徐飞虎、黄岩山到庭参加了诉讼。本案现已审理终结。

2007年10月17日，被告作出第10614号无效宣告请求审查决定（以下简称被诉决定），宣告名称为“长效的人干扰素类似物”的第200410042814.8号发明专利权（以下简称本专利）的权利要求1～21，以及权利要求22中涉及“含有至少一种权利要求6或7所述的多核苷酸的试剂盒”的技术方案无效，在权利要求中涉及“含有至少一种权利要求1～5任一项所述的蛋白质的试剂盒”的技术方案的基础上维持该专利权有效。

为证明被诉决定合法，被告在法定期限内向本院提交了以下证据：

1. 本专利授权公告文本（不含序列表，共37页）。

2. 第三人提交的请求书。

3. 第三人于2007年3月16日提交的口头审理意见陈述。

4. 被诉决定中引用的附件3。

原告诉称：（1）被告程序违法。①被告违背了《审查指南》第四部分第一章第2.5节规定的听证原则。第三人在无效口审程序后又提出了新的事实，即附件3第10页的实施例6，这是第三人在提交的无效宣告请求书中以及在口头审理过程中没有提到的，而被告也正是以该新的事实为理由，认定本专利没有创造性的（见决定第10页最后一段和第11页第3段）。按照上述听证原则，被告本应该在依据已经变化的事实作出对原告不利的决定前，将这种变化事先告知原告，但是被告没有这样做。

②被告违背了《审查指南》第四部分第一章第6.2节（5）对审查决定的构成的要求。原告在陈述本专利的创造性时强调：本专利的技术方案克服了本领域的偏见并带来了令人意想不到的技术效果。按照上述《审查指南》的要求，被告本应该对原告的主张给予具有说服力的分析，说明原告的主张不能成立的理由，但是被告没有这样做。（2）事实认定错误。①被诉决定中关于权利要求1的技术方案的认定错误。②被告关于融合蛋白两部分之间的连接方式的认定完全脱离了本专利的技术领域。③被告关于附件3给出的技术启示的认定错误。④附件3公开的技术效果只能代表附件3中公开的带有连接肽或人血清白蛋白末端缺失一个亮氨酸的直接相连的融合蛋白的技术效果。附件3没有公开本案专利的直接相连的融合蛋白的技术效果，并且本专利的技术效果与附件3的技术效果有着显著的不同。（3）适用法律不当。①被告违背了《中华人民共和国专利法》（以下简称《专利法》）第二十六条第四款和《审查指南》第二部分第十章第4.5节的规定。②被告违背了《审查指南》第二部分第四章关于判断发明的创造性的审查原则和判断标准。（4）本专利克服了技术偏见，具备创造性。本专利具有令人意想不到的技术效果，具备创造性。被诉决定存在适用程序错误、适用法律不当和事实认定错误等缺陷，请求法院依法撤销被诉决定，判令被告承担本案诉讼费。

原告于开庭审理前向法院提交了国家和地方资助的科研项目表以及与项目表相关的附件2~13，一共13份证据，用以证明专家和有关政府机关对本专利的认可意见。

被告辩称：（1）在确定一项发明内容所包含的具体技术方案时，应当综合考察说明书所记载的内容，而实施例是对发明优选实施方式的举例说明，是技术方案的直接体现。尤其在附件3说明书第2页第11~14行没有具体限定人血清白蛋白和干扰素之间的连接方式时，更应当结合说明书记载的内容和现有技术进行综合判断、客观评价。况且，第三人在其无效宣告请求书中主张附件3说明书第2页第11~14行公开了人血清白蛋白与干扰素直接融合的技术方案。在其于2007年3月16日的口头审理意见陈述中，也提出了附件3说明书第2页第11~14行和第10页最后一行公开了人血清白蛋白与干扰素直接融合的技术方案。因此，附件3公开了在人血清白蛋白末端缺失亮氨酸后与各人干扰素直接融合的融合蛋白，以及在人血清白蛋白与人干扰素之间设有1~3个连接肽（Gly Gly Gly Gly Ser）的融合蛋白。（2）本专利说明书虽然记载了一些附件3未公开的测量结果（如50℃的体外稳定性，2天后的活性），但其不成为相对于附件3的意外技术效果。因此，权利要求1相对于附件3不具有《专利法》第二十二条第三款规定的创造性，权利要求2~13、15~20相对于附件3公开内容也不具有创造性。详细评述见被诉决定第10~12页。（3）权利要求14和21，以及权利要求22中涉及的含有至少一种权利要求6或7所述的多核苷酸的技术方案不符合《专利法》第二十六条第四款的规定。详细评述见被诉决定第8~9页。综上所述，被诉决定认定事实清楚，说明理由充分，审理程序合法，适用法律正确，请求人民法院依法予以维持。

第三人陈述意见，被诉决定认定事实清楚，适用法律正确，审理程序合法，请求人民法院依法予以维持。

第三人未向本院提交证据。

开庭审理中，本院依职权向被告调取口审记录表，用以查明口审中第三人是否主张使用附件3中实施例6评价本专利创造性的事实。

庭审质证中，各方当事人对对方当事人提交的证据均发表了充分的质证意见。本院经审查认为，被告证据与审查被诉行为的合法性具有关联，且符合合法性、真实性要求，本院予以确认。原告证据与本院审查被诉行为的合法性无关，本院不予采纳。本院在开庭审理中向被告调取的口审记录表中未记载第三人主张使用附件3中实施例6评价本专利创造性的事实。

根据以上确认的有效证据及各方当事人无争议的事实陈述，本院认定事实如下：

2006年8月16日，中华人民共和国国家知识产权局公告授权了本专利，本专利申请日为2004年5月26日，优先权日为2003年6月30日。2007年4月20日，本专利的专利权人由“美国福源集团”变更为“天津溥瀛生物技术有限公司”。本专利授权公告的权利要求书如下：

“1. 一种蛋白质，该蛋白质为人血清白蛋白和干扰素的融合蛋白，其中干扰素以N-末端或C-末端与人血清白蛋白蛋白质的C-末端或N-末端直接相连以构成融合蛋白。

2. 如权利要求1所述的蛋白质，该蛋白质的氨基酸序列为SeqID No. 2、4、6、8或10所示的氨基酸序列。

3. 如权利要求1所述的蛋白质，其中所述干扰素选自IFN-α-1、IFN-α-2、IFN-α-4、IFN-α-5、IFN-α-6、IFN-α-7、IFN-α-8、IFN-α-10、IFN-α-12、IFN-α-13、IFN-α-14、IFN-α-16、IFN-α-17、IFN-α-21、IFN-β-1、IFN-β-2、IFN-λ-1、IFN-λ-2、IFN-ω、IFN-γ和/或IFN-ε。

4. 如权利要求3所述的蛋白质，其中所述干扰素选自IFN-α-1b、IFN-α-2a或IFN-α-2b。

5. 如权利要求1所述的蛋白质，该蛋白质是分泌型的。

6. 一种多核苷酸，该核苷酸编码权利要求1所述的蛋白质。

7. 如权利要求6所述的多核苷酸，该核苷酸为Seq ID No. 1、3、5、7或9所示的核苷酸序列。

8. 一种载体，其携带有如权利要求6所述的多核苷酸。

9. 一种宿主系统，其经权利要求8所述的载体转化、转染或转导得到。

10. 根据权利要求9所述的宿主系统，其包括脊椎动物、昆虫、植物的细胞、酵母菌、细菌或病毒。

11. 根据权利要求10所述的宿主系统，其中所述的酵母菌是酿酒酵母、毕氏酵母、念珠菌属酵母、汉逊酵母、克鲁维亚酵母、孢圆母属酵母或裂殖酵母。

12. 一种制备权利要求1所述蛋白质的方法，该方法包括在权利要求9所述的宿主系统中表达如权利要求6所述的多核苷酸。

13. 权利要求1~5任一项所述的蛋白质在制备用于治疗病毒感染或癌症的药物中的用途。

14. 权利要求6或7所述的多核苷酸在制备用于治疗病毒感染或癌症的药物中的用途。

15. 一种药物组合物，该组合物包含至少一种权利要求1~5任一项所述的蛋白质。

16. 如权利要求15所述的组合物，该组合物包含人血清白蛋白与干扰素-α的融合蛋白和人血清白蛋白与干扰素-γ的融合蛋白。

17. 如权利要求15所述的组合物，该组合物包含人血清白蛋白与干扰素-α的融合蛋白和人血清白蛋白与干扰素-β的融合蛋白。

18. 如权利要求15所述的组合物，该组合物包含人血清白蛋白与干扰素-α的融合蛋白和人血清白蛋白与干扰素-ω的融合蛋白。

19. 如权利要求15所述的组合物，该组合物包含人血清白蛋白与干扰素-ω的融合蛋白和人血清白蛋白与干扰素-γ的融合蛋白。

20. 如权利要求15所述的组合物，该组合物包含人血清白蛋白与干扰素-β的融合蛋白和人血清白蛋白与干扰素-ω的融合蛋白。

21. 一种药物组合物，该药物组合物含有至少一种权利要求6或7所述的多核苷酸。

22. 一种试剂盒，该试剂盒含有至少一种权利要求1~5任一项所述的蛋白质或至少一种权利要求6或7所述的多核苷酸。”

针对本专利，第三人于2006年9月20日向被告提出无效宣告请求，认为本专利不符合《专利法》第二十二条第二、三、四款以及《专利法》第二十六条第四款的规定，并提交了7份附件作为证据，其中附件3为第01124110.1号中国发明专利申请公开说明书，公开号为CN1405181A，公开日为2003年3月26日，复印件共22页，并明确有关附件3使用的范围包括：附件3说明书第2页第11～14行；附件3说明书第2页第15～18行及实施例4和5公开的内容；附件3说明书第2页第19～20行。

经形式审查合格后，被告受理了上述请求，于2006年11月24日向第三人和原专利权人发出《无效宣告请求受理通知书》，并将《专利权无效宣告请求书》及其附件清单中所列附件副本转送给原专利权人，要求其在指定的期限内答复，同时成立合议组对该无效请求案进行审理。

2007年1月9日，原专利权人提交了意见陈述书。同年1月19日，被告向原专利权人、第三人发出《无效宣告请求口头审理通知书》，同时将原专利权人的上述意见陈述书转送给第三人。

2007年3月9日，口头审理如期进行，原专利权人、第三人均委托代理人出席口头审理。在口头审理过程中，双方当事人充分陈述了各自的意见。口头审理中认定如下事实：（1）第三人放弃权利要求1不符合《专利法》第二十二条第四款的规定以及权利要求15不符合《专利法》第二十二条第二款的规定的无效理由。（2）第三人主张本专利无效的理由和范围及其所依据的证据如下：①权利要求1～6、8～10、12～13不符合《专利法》第二十二条第二款的规定，所使用的证据均为附件3；②以附件3为最接近对比文件，与附件3单独比较，或者与附件3与4的结合比较，权利要求1～22不符合《专利法》第二十二条第三款的规定；③权利要求14、16～22不符合《专利法》第二十六条第四款的规定。（3）原专利权人认为，第三人主张权利要求14、21～22不符合《专利法》第二十二条第三款的规定以及权利要求16～20不符合《专利法》第二十六条第四款的规定是新增的无效理由，应不予接受。（4）双方当事人确认，第三人主张的权利要求2～4、6、8～10、13相对于附件3不具备新颖性是新增的无效理由，权利要求13～22相对于附件3、或者附件3与4的结合不具备创造性是新增的无效理由；原专利权人对上述新增内容不予接受。（5）原专利权人对附件3和4的真实性及其引用部分译文的准确性无异议。（6）原专利权人认为附件1～2、5～6属于域外证据，应当提交原件并进行公证认证来证实其真实性，但第三人仅提交了附件1～2、5～6的复印件而未提交其原件且未经公证认证，因此对附件1～2、5～6的真实性不予认可；第三人未能提交附件1～2、5～6的原件和/或公证认证，但坚持不放弃这些证据。

2007年3月12日，原专利权人提交了口头审理答辩意见，以及WO01/79480第93、330和331页打印件及其相应的译文，供被告参考。原专利权人认为：（1）附件3公开的融合蛋白在与人血清白蛋白同源的第一区和与人干扰素同源的第二区之间没有连接肽，不能破坏本专利权利要求的新颖性，附件4没有记载有关融合蛋白是血清白蛋白和干扰素直接相连的证据，而对血清白蛋白-连接肽-干扰素形式的融合蛋白进行了详细的描述，没有具体公开编码融合蛋白的核苷酸序列，附件4不能破坏权利要求5～10、12和13的新颖性。（2）在本发明之前的常规观点认为，为了使融合蛋白两部分之间有较大的间隔，使治疗蛋白部分最大可能地与受体结合，在血清白蛋白与治疗活性蛋白之间应该设有连接肽，这种教导与本发明正好相反，本专利克服了技术偏见并且避免了连接肽的引入可能使融合蛋白作为药物时产生额外的免疫原性，具有意外的技术效果，本专利权利要求相对于附件3和4的结合具备创造性。（3）本领域技术人员可以确定，当蛋白质具有一定功能时，编码该蛋白的核酸也可以作为起始材料直接或间接地利用而获得具有所述蛋白的功能，因此，权利要求14、21和22得到说明书的支持。

2007年3月16日，第三人提交口头审理意见陈述。第三人认为：（1）附件1～2、5～6的中文译文在提出请求时已经提交并转送给专利权人，专利权人作为一家美国公司，对附件1～2、5～6的出处来源可以十分方便地核查，这些附件对本案的审查具有参考作用。另外，附件3和4在请求书中作为新颖性和创造性的对比文件，在无效宣告请求的权利要求范围未作增加的情况下，对引用对比文件进行调整应被允许。（2）附件3说明书第2页第11～14行和第10页最后一行公开了人血清白蛋白与干扰素直接融合的技术方案，破坏权利要求1的新颖性。附件3第2～4页公开了融合蛋白中干扰素的各种亚型，编码融合蛋白的核苷酸，携带核苷酸的载体以及这些载体转化到酵母、哺乳动物细胞等宿主系统的具体技术方案，影响权利要求2～6、8～10、12～13的新颖性。(3)权利要求1被附件3完全公开，不具有创造性。附件3说明书第2页第15～18行、实施例1～6描述带有连接肽的人血清白蛋白-干扰素融合蛋白的构建过程，本领域技术人员无须创造性的劳动即可获得直接或间接融合的蛋白，附件4说明书第249页第9～20行也启示了人血清白蛋白和干扰素融合蛋白可以直接相连，也可以用连接肽相连，而且人血清白蛋白-干扰素融合蛋白是否有连接肽的技术效果是相同的，权利要求1～12相对于附件3和4的结合缺乏创造性，权利要求13、15～20相对于附件3和4的结合也缺乏创造性。(4)说明书没有支持权利要求16～20的动物或临床实验的定性或定量数据，没有证明该组合治疗方式具有协同效应和该组合物的有效量和使用方法，权利要求16～20得不到说明书的支持。说明书没有提及权利要求6或7的多核苷酸具有治疗病毒感染或癌症的作用，没有提及含有权利要求6或7的多核苷酸的组合物，也没有提及含有至少一种权利要求1～5任一项所述的蛋白质或至少一种权利要求6或7所述的多核苷酸的试剂盒，权利要求14、21～22在形式上和内容上都得不到说明书的支持。

2007年4月20日，本专利的专利权人由美国福源集团变更为天津溥瀛生物技术有限公司，即本案原告。同年7月18日，被告向第三人发出《无效宣告请求审查通知书》，告知其本专利的专利权人已经由美国福源集团变更为天津溥瀛生物技术有限公司。同时向原告发出《无效宣告请求审查通知书》，告知其被告于2006年11月24日受理了针对本专利权的无效宣告请求，并于2007年3月9日对该无效宣告请求案进行了口头审理，要求其在指定的期限内答复。

2007年7月30日，原告提交了意见陈述书。同年9月1日，第三人提交了意见陈述书，表示对专利权人的变更无异议。

被告经审查，确定无效宣告请求的理由和范围是：(1)权利要求1、5和12相对于附件3不符合《专利法》第二十二条第二款的规定；(2)相对于附件3，权利要求1～13、15～20不具有创造性；(3)相对于附件3与4的结合，权利要求1～12不符合《专利法》第二十二条第三款的规定；(4)权利要求14、21和22不符合《专利法》第二十六条第四款的规定。

关于证据，被告作出如下认定：

第三人提交的附件1～2、5和6均为外文资料，第三人未能提交原件和/或公证认证，附件1～2、5～6缺乏表明其真实性的形式要件，故不予认可；附件3是一份中国专利申请公开说明书，附件4是一份世界知识产权组织公开的专利申请公开说明书，专利权人对附件3和4的真实性以及译文准确性无异议，故对附件3和4的真实性以及附件4译文的准确性予以确认。此外，附件3、附件4的公开日均在本专利优先权日之前，因此附件3和4可以作为本专利的现有技术。2007年3月12日，专利权人提交WO01/79480第93、330和331页打印件及相应的译文不是在指定的答复期限内提交的，依据《审查指南》第四部分第三章第4.3.2节的规定对其不予考虑。

针对本专利是否符合《专利法》第二十六条第四款规定的争议，被告认为：

权利要求14请求保护权利要求6或7所述的多核苷酸在制备用于治疗病毒感染或癌症的药物中的用途，其在撰写形式上属于物质的医药用途权利要求。对于物质的医药用途发明而言，其是发现了该物质的某些药物活性，从而可以用来制成药品，治疗或预防人体或动物体的特定疾病。虽然权利要求6或7所述的多核苷酸编码权利要求1的人血清白蛋白和干扰素的融合蛋白，且由于干扰素用于治疗病毒感染和癌症的作用是本领域技术人员知晓的常规知识(参见本专利说明书第5页)，因而基于本专利说明书记载的内容和现有技术，本领域技术人员可以预期本发明的融合蛋白可用于治疗病毒感染和癌症，但是说明书中并没有提供实验证据证明权利要求6或7所述的多核苷酸本身可直接作为生物活性物质应用于治疗病毒感染和癌症，因而本领域普通技术人员根据说明书的记载尚无法推知权利要求14中的由权利要求6~7的核苷酸制成的药物可用于治疗病毒感染或癌症。因此，权利要求14包括了推测的、且效果难以预期的技术方案，得不到说明书的支持，不符合《专利法》第二十六条第四款的规定。

权利要求21要求保护一种药物组合物，该药物组合物含有至少一种权利要求6或7所述的多核苷酸，权利要求22的技术方案中包括一种试剂盒，其含有至少一种权利要求6或7所述的多核苷酸。首先，本专利说明书没有记载含有至少一种权利要求6或7所述的多核苷酸的药物组合物或试剂盒；其次，虽然说明书公开了权利要求6或7所述的多核苷酸所编码的本发明的融合蛋白与天然干扰素具有相同的生物活性，并且对病毒攻击细胞具有保护作用，但是并不能由此直接推导出这些多核苷酸本身便具有干扰素活性并且对病毒攻击细胞产生保护作用，基于说明书记载的内容，本领域技术人员难以预先确定权利要求6或7所述的多核苷酸本身是否具有药物活性，致使含有这些多核苷酸的权利要求21的药物组合物和权利要求22的试剂盒的技术效果是难以预期的，因此，权利要求21和权利要求22中涉及的含有至少一种权利要求6或7所述的多核苷酸的技术方案不符合专利法第26条第4款的规定。此外，本专利说明书实施例8试验了本发明的融合蛋白对病毒攻击细胞的保护作用，实施例9证实本发明的融合蛋白与天然的干扰素具有相同的生物活性，实施例10和11测定本发明的融合蛋白生物活性在体外和血浆中的稳定性，而干扰素用于治疗病毒感染和癌症的作用是本领域技术人员知晓的常规知识（参见本专利说明书第5页）。基于本专利说明书记载的内容和现有技术，本领域技术人员可以预期本发明的融合蛋白可用于治疗病毒感染和癌症，因而权利要求22中涉及“含有至少一种权利要求1~5任一项所述的蛋白质的试剂盒”能够得到说明书的支持，符合《专利法》第二十六条第四款的规定。

针对本专利是否符合《专利法》第二十二条第二款规定的争议，被告认为：

权利要求1要求保护的人血清白蛋白和干扰素的融合蛋白是由干扰素以N-末端或C-末端与人血清白蛋白蛋白质的C-末端或N-末端直接相连而构成的。附件3说明书第2页第11~14行公开了一种融合蛋白，在其结构中，与人血清白蛋白同源的第一区位于融合蛋白的N-末端、与人干扰素同源的第二区位于融合蛋白的C-末端，或者与人干扰素同源的第二区位于融合蛋白的N-末端、与人血清白蛋白同源的第一区位于融合蛋白的C-末端。由此可见，附件3公开的融合蛋白与权利求1的融合蛋白相比存在如下区别：权利要求1中的人血清白蛋白与干扰素直接相连，而附件3没有具体限定人血清白蛋白和干扰素之间的连接方式。因此，权利要求1的融合蛋白与附件3公开的融合蛋白之间存在区别技术特征，权利要求1相对于附件3具有新颖性，符合《专利法》第二十二条第二款的规定。

第三人提出结合附件3说明书第3页和第10页最后一行可以看出，附件3公开的技术方案中包括人血清白蛋白与干扰素直接相连的融合蛋白。对此，被告认为，依据附件3说明书第3页记载的在编码HSA和编码hIFN的序列两侧引入限制性内切酶识别位点，通过酶切产生黏性末端后用DNA连接酶连接的内容不能看出编码HSA的序列和编码hIFN的序列之间是否是直接相连；而从附件3说明书第10页最后一行记载的“获得带有在HSA cDNA末端缺失CTT（亮氨酸）后与各IFN cDNA直接融合基因的质粒”可以看出，与IFN cDNA连接的HSA cDNA不完整，编码得到的融合蛋白中的HSA末端缺失，它与由人血清白蛋白与干扰素直接相连而构成的权利要求1的融合蛋白之间存在差别，因此，附件3说明书第3页和第10页最后一行公开的内容不足以破坏权利要求1的新颖性。

权利要求5进一步限定权利要求1的蛋白质是分泌型的，权利要求12为制备权利要求1的蛋白质的方法，由于权利要求5和12的技术方案均是以权利要求1的融合蛋白为基础，因此，在权利要求1的融合蛋白相对于附件3具有新颖性的基础上，权利要求5和12的技术方案相对于附件3也具有新颖性。

针对本专利是否符合《专利法》第二十二条第三款规定的争议，被告认为：

附件3说明书第2页第11～14行公开了的内容没有具体限定人血清白蛋白和人干扰素之间的连接方式，但是附件3说明书第10页公开了在人血清白蛋白与干扰素之间不具有连接肽的融合蛋白，给出了在人血清白蛋白与干扰素之间不设连接肽来构建融合蛋白的技术启示，附件3第11页还公开了人血清白蛋白末端缺失亮氨酸后与干扰素直接融合的融合蛋白，而且构建人血清白蛋白与干扰素直接相连的融合蛋白是本领域的普通技术，不需要付出创造性的劳动。对于本领域技术人员来说，在附件3公开内容的基础上，制备一种由干扰素以N-末端或C-末端与人血清白蛋白蛋白质的C-末端或N-末端直接相连而构成的融合蛋白是显而易见的。此外，附件3说明书第5页第1～20行还公开了人血清白蛋白与干扰素的融合蛋白具有治疗病毒性肝炎、肿瘤、多发性硬化症和类风湿等疾病的用途和延长干扰素半衰期的技术效果。因此，权利要求1相对于附件3不具有《专利法》第二十二条第三款规定的创造性。

虽然附件3公开在人血清白蛋白与干扰素之间设连接肽能够使得融合蛋白两部分之间有较大间隔，但是用连接肽连接仅仅是融合蛋白两部分之间的一种连接方式，附件3并未排除人血清白蛋白与干扰素之间不设连接肽来构建融合蛋白是可行的技术方案，附件3说明书第10页构建了人血清白蛋白与干扰素之间不具有连接肽的融合蛋白，给出构建人血清白蛋白与干扰素直接相连的融合蛋白的技术启示。这种不包含连接肽的融合蛋白也就不存在由连接肽产生免疫原性的问题，而人血清白蛋白与干扰素的融合蛋白延长干扰素的作用时间的技术效果也已经在附件3中揭示（参见附件3说明书第5页第17～20行）。

权利要求2限定了权利要求1所述蛋白质的氨基酸序列，权利要求3和4对权利要求1所述蛋白质中的干扰素类型作了进一步限定。由于权利要求2～4中包括的各种干扰素和人血清白蛋白基因序列和氨基酸序列均是已知的，因而在附件3公开内容的基础上，本领域技术人员显然能够选择相应的各种干扰素和人血清白蛋白来构建和制备权利要求2～4所述各种蛋白质，即权利要求2～4不具有《专利法》第二十二条第三款规定的创造性。

权利要求5限定权利要求1所述蛋白质是分泌型的。附件3公开了人血清白蛋白与人干扰素融合蛋白可以存在于宿主细胞内，也可以从宿主中分泌出来，优选从宿主中分泌出来，分泌所用的信号肽优选是天然的人血清白蛋白的信号肽或酵母MF信号肽（参见附件3说明书第4页第8～11行），给出了所述的人血清白蛋白与干扰素的融合蛋白可以是分泌型的技术启示，权利要求5相对于附件3仍然不具有创造性。

权利要求6和7要求保护编码权利要求1所述蛋白质的多核苷酸，权利要求8涉及携带所述核苷酸的载体，权利要求9～11请求保护含有所述核苷酸的宿主系统。由于各种干扰素和人血清白蛋白基因序列和氨基酸序列均是已知的，在附件3公开内容的基础上，本领域技术人员显然知晓可以选择各种干扰素和人血清白蛋白基因来构建和制备干扰素和人血清白蛋白直接相连的融合蛋白，相应地能够获得包括权利要求6和7的多核苷酸的多种编码干扰素和人血清白蛋白融合蛋白的核苷酸序列，因此，相对于附件3，权利要求6和7不具有《专利法》第二十二条第三款规定的创造性。由于制备含有目的核苷酸序列的载体和宿主细胞是本领域的常规技术，而且权利要求10和11中所限定的宿主系统也是本领域常用的宿主细胞，因此，对于本领域技术人员来说，在附件3公开内容的基础上，制备和获得包含权利要求6和7所述多核苷酸的权利要求8的载体和权利要求9～11的宿主系统是显而易见的，权利要求8～11不具有创造性。

权利要求12请求保护一种制备权利要求1所述蛋白质的方法，该方法包括在宿主系统中表达权利要求6的多核苷酸。附件3公开了人血清白蛋白与用干扰素融合蛋白可以存在于宿主细胞内，也可以从宿主中分泌出来，优选是从宿主中分泌出来（参见附件3说明书第4页第8～11行），即教导了在宿主系统中表达多核苷酸来制备融合蛋白的技术内容。因此，相对于附件3公开的内容，权利要求12不具有创造性。

权利要求13请求保护权利要求1~5任一项所述蛋白质在制备用于治疗病毒感染或癌症的药物中的用途。权利要求15请求保护包含至少一种权利要求1~5任一项所述蛋白质的药物组合物。附件3公开了人血清白蛋白与干扰素的融合蛋白及其药物组合物在治疗病毒性肝炎、肿瘤、多发性硬化症、类风湿等中的用途（参见附件3说明书第5页第14~16行），且如前述，权利要求1~5的融合蛋白相对于附件3无创造性，因此权利要求13、15相对于附件3不具备创造性。

权利要求16~20请求保护一种组合物，其包含两种由人血清白蛋白和干扰素形成的融合蛋白。由于附件3公开了人血清白蛋白与干扰素的融合蛋白在治疗病毒性肝炎、肿瘤、多发性硬化症、类风湿等中的用途，本领域技术人员容易想到两种由人血清白蛋白和干扰素形成的融合蛋白所构成的组合物也具有相同的治疗用途，而说明书没有记载证明这种组合具有意想不到的技术效果的内容，因此，权利要求16~20相对于附件3不具有创造性。

鉴于上述已经得出了权利要求1~13、15~20相对于附件3不具有创造性的结论，被告对第三人提出的权利要求1~12相对于附件3和4的结合不具有创造性的主张未予评述。

综上，被告作出被诉决定。原告不服，诉至本院。

另查明，被告在被诉决定中评价本专利创造性时使用了附件3中实施例6的内容。本院认为，《审查指南》第四部分第一章第2.5节规定，被告在作出审查决定之前，应当给予审查决定对其不利的当事人针对审查决定所依据的理由、证据和认定的事实陈述意见的机会，即审查决定对其不利的当事人已经通过通知书、转送文件通知书或者口头审理告知过审查决定所依据的理由、证据和认定的事实，并且具有陈述意见的机会。

本案中，第三人在无效宣告请求书中以附件3主张本专利1~13和15不具有创造性，并明确使用的内容为附件3说明书第2页第11~18行、26~29行、第4页第8~27行、第5页第1~20行、实施例4和实施例5，而没有明确使用附件3说明书中的实施例6。但被告在被诉决定中使用了实施例6公开的内容评价本专利的创造性。虽然被告主张第三人在口头审理中提出了使用附件3中实施例6评价本专利权利要求1创造性的主张，但被告并没有提供证据予以证明，故原告针对第三人的上述主张没有陈述意见的机会。因此，被告在被诉决定中使用附件3的实施例6评价本专利的创造性违反听证原则，原告的有关诉讼意见理由充分，本院予以采纳。被告作出的被诉决定违反法定程序，故被诉决定应予撤销。

综上，依照《中华人民共和国行政诉讼法》第五十四条第（二）项第3目之规定，判决如下：

撤销被告国家知识产权局专利复审委员会于二○○七年十月十七日作出的第10614号无效宣告请求审查决定。

案件受理费100元，由被告国家知识产权局专利复审委员会负担（于本判决生效后7日内交纳）。

如不服本判决，各方当事人可在判决书送达之日起15日内，向本院递交上诉状，并按对方当事人的人数提出副本，预交上诉案件受理费100元，上诉于北京市高级人民法院。上诉人在上诉期满审7日内未预交上诉费，又不提出缓交申请的，按自动撤回上诉处理。

审　判　长　梁　菲
代理审判员　司品华
代理审判员　张燕宏
二○○八年十二月三日
书　记　员　王　丽

# 北京市高级人民法院
# 行政判决书

（2009）高行终字第369号

上诉人（一审原告）国家知识产权局专利复审委员会，住所地北京市海淀区北四环西路9号银谷大厦10～12层。

法定代表人廖涛，副主任。

委托代理人吴通义，男，国家知识产权局专利复审委员会干部。

委托代理人王婧，女，国家知识产权局专利复审委员会干部。

被上诉人（一审被告）天津溥瀛生物技术有限公司，住所地天津开发区泰华路12号10号楼C区1014、1016、1018室。

法定代表人于在林，董事长。

委托代理人丁香兰，女，北京三友知识产权代理有限公司专利代理人。

委托代理人崔晓光，男，北京三友知识产权代理有限公司专利代理人。

一审第三人杭州九源基因工程有限公司，住所地浙江省杭州高新技术产业开发区下沙科技工业园。

法定代表人李邦良，董事长。

委托代理人徐飞虎，男，杭州九源基因工程有限公司职员。

委托代理人徐关寿，男，浙江杭州金通专利事务所有限公司专利代理人。

上诉人国家知识产权局专利复审委员会（以下简称专利复审委员会）因专利无效宣告请求审查决定一案，不服北京市第一中级人民法院（2008）一中行初字第257号行政判决，向本院提起上诉。本院依法组成合议庭公开开庭审理了本案。上诉人专利复审委员会的委托代理人吴通义、王婧，被上诉人天津溥瀛生物技术有限公司（以下简称溥瀛公司）的法定代表人于在林、委托代理人丁香兰、崔晓光，一审第三人的委托代理人徐飞虎、徐关寿到庭参加了诉讼。本案现已审理终结。

2007年10月17日，专利复审委员会作出第10614号无效宣告请求审查决定（以下简称第10614号决定），依据《中华人民共和国专利法》（以下简称《专利法》）第二十六条第四款、第二十二条第二、三款的规定，宣告第200410042814.8号发明专利权（以下简称本专利）的权利要求1～21，以及权利要求22中涉及"含有至少一种权利要求6或7所述的多核苷酸的试剂盒"的技术方案无效，在权利要求22中涉及"含有至少一种权利要求1～5任一项所述的蛋白质的试剂盒"的技术方案的基础上维持该专利权有效。溥瀛公司对第10614号决定不服，向北京市第一中级人民法院（以下简称一审法院）提起行政诉讼。

一审法院经审理认为，杭州九源基因工程有限公司（以下简称九源公司）在无效宣告请求书中以第01124110.1号中国发明专利申请公开说明书，公开号为CN1405181A，公开日为2003年3月26日为对比文件（以下简称附件三），主张本专利1～13和15不具有创造性，并明确使用该文件说明书第2页第11～18行、26～29行、第4页第8～27行、第5页第1～20行、实施例4和实施例5，而没有明确使用该文件说明书中的实施例6。但专利复审委员会在被诉决定中使用了实施例6公开的内容评价本专利的创造性。虽然专利复审委员会主张九源公司在口头审理中提出了使用该文件中实施例6评价本专利权利要求1创造性的主张，但专利复审委员会并没有提供证据予以证明，故溥瀛公司针对九源公司的上述主张没有陈述意见的机会。因此，专利复审委员会在被诉决定中使用该文件的实施例6评价本专利的创造性违反听证原则。

根据以上理由，一审法院判决撤销了专利复审委员会作出的第10614号决定。

专利复审委员会不服一审判决，提起上诉，请求判令撤销一审判决，维持专利复审委员会作出的第10614号决定。主要理由，九源公司在无效宣告请求书中以附件三主张本专利的权利要求1～13和15～20不具有创造性，在口头审理中提出附件三中的实施例6公开了融合蛋白中人血清蛋白和干扰素直接相连，双方当事人对此充分发表了意见。技术方案和实施例应当作为一个整体考察，不能完全割裂开来；口头审理记录表漏记部分内容属于行政瑕疵，不属于行政违法；决定在评价本专利的创造性时只是引用了实施例6，并非仅仅基于实施例6作出不具有创造性的结论。

溥瀛公司答辩称，一审判决认定专利复审委员会违反听证原则是正确的；本专利与对比文件相比，具有创造性，请求二审法院维持一审判决，驳回上诉人的全部上诉请求。

九源公司述称：九源公司在无效宣告请求书中明确以附件三作为证据，当然包括附件三的全部内容，专利复审委员会使用实施例6否定本专利的创造性，没有违反听证原则；本专利步具有创造性。

本案一审期间，专利复审委员会向一审法院提交了如下证据：（1）本专利授权公告文本（不含序列表，共37页）；（2）九源公司提交的请求书；（3）九源公司于2007年3月16日提交的口头审理意见陈述；（4）附件三，即公开号为CN1405181A，公开日为2003年3月26日，专利号为第01124110.1号的中国发明专利申请公开说明书。

本案一审期间，溥瀛公司向一审法院提交的证据有：国家和地方资助的科研项目表以及与项目表相关的附件2～13，一共13份证据。

本案一审期间，九源公司未向一审法院提交证据。

本案一审期间，一审法院依职权向专利复审委员会调取了行政程序中的口审记录表。

一审法院经审查认为，专利复审委员会提交的证据与审查被诉行为的合法性具有关联，且符合合法性、真实性要求，应予以确认。溥瀛公司提交的证据与审查被诉行为的合法性无关，不予采纳。一审法院还认为，一审法院在开庭审理中向专利复审委员会调取的口审记录表中未记载九源公司主张使用附件3中实施例6评价本专利创造性的事实。

上述证据已随案移送本院。经本院审查，一审法院对上述证据的关联性、合法性、真实性的审查、认定是正确的，本院不持异议，予以确认。

根据上述证据，本院确认事实如下：

美国福源集团于2004年5月26日向国家知识产权局提出名称为“长效的人干扰素类似物”的发明专利申请，优先权日为2003年6月30日。后国家知识产权局对该申请予以授权，授权公告日为2006年8月16日，专利号为200410042814.8。2007年4月20日，本专利的专利权人由“美国福源集团”变更为“天津溥瀛生物技术有限公司”。

本专利授权公告的权利要求共有22项，其中第一项如下：

“1. 一种蛋白质，该蛋白质为人血清白蛋白和干扰素的融合蛋白，其中干扰素以N-末端或C-末端与人血清白蛋白蛋白质的C-末端或N-末端直接相连以构成融合蛋白。”

针对本专利，九源公司于2006年9月20日向专利复审委员会提出无效宣告请求，认为本专利不符合《专利法》第二十二条第二、三、四款以及《专利法》第二十六条第四款的规定，并提交了7份附件作为证据，其中附件3为第01124110.1号中国发明专利申请公开说明书，公开号为CN1405181A，公开日为2003年3月26日，复印件共22页。九源公司在请求书中具体说明以附件3

说明书第2页第11~20行；附件3说明书第2页第26~29行；附件3说明书第4页第8~27行；附件3说明书第5页第1~20行及实施例4和5公开的内容；附件3说明书第2页第19~20行来否定本专利的新颖性和创造性。

经形式审查合格后，专利复审委员会受理了上述请求。在2007年3月9日举行的口头审理中，专利复审委员会根据九源公司的陈述，确定无效宣告请求的理由和范围是：权利要求1、5和12相对于附件3不符合《专利法》第二十二条第二款的规定；相对于附件3，权利要求1~13、15~20不具有创造性；相对于附件3与4的结合，权利要求1~12不符合《专利法》第二十二条第三款的规定；权利要求14、21和22不符合《专利法》第二十六条第四款的规定。

专利复审委员会对口审情况进行了记录，记录共11项内容，主要是九源公司和溥瀛公司对无效请求的理由、范围和证据的意见。

经审理，专利复审委员会认为，关于本专利权利要求1的创造性，附件3说明书第2页第11~14行公开了的内容没有具体限定人血清白蛋白和人干扰素之间的连接方式，但是附件3说明书第10页公开了在人血清白蛋白与干扰素之间不具有连接肽的融合蛋白，给出了在人血清白蛋白与干扰素之间不设连接肽来构建融合蛋白的技术启示，附件3第11页还公开了人血清白蛋白末端缺失亮氨酸后与干扰素直接融合的融合蛋白，而且构建人血清白蛋白与干扰素直接相连的融合蛋白是本领域的普通技术，不需要付出创造性的劳动。对于本领域技术人员来说，在附件3公开内容的基础上，制备一种由干扰素以N-末端或C-末端与人血清白蛋白蛋白质的C-末端或N-末端直接相连而构成的融合蛋白是显而易见的。此外，附件3说明书第5页第1~20行还公开了人血清白蛋白与干扰素的融合蛋白具有治疗病毒性肝炎、肿瘤、多发性硬化症和类风湿等疾病的用途和延长干扰素半衰期的技术效果。

专利复审委员会还认为，虽然附件3公开在人血清白蛋白与干扰素之间设连接肽能够使得融合蛋白两部分之间有较大间隔，但是用连接肽连接仅仅是融合蛋白两部分之间的一种连接方式，附件3并未排除人血清白蛋白与干扰素之间不设连接肽来构建融合蛋白是可行的技术方案，附件3说明书第10页构建了人血清白蛋白与干扰素之间不具有连接肽的融合蛋白，给出构建人血清白蛋白与干扰素直接相连的融合蛋白的技术启示。这种不包含连接肽的融合蛋白也就不存在由连接肽产生免疫原性的问题，而人血清白蛋白与干扰素的融合蛋白延长干扰素的作用时间的技术效果也已经在附件3中揭示（参见附件3说明书第5页第17~20行）。

专利复审委员会还对无效请求所涉及的其他问题进行了分析、认定。

2007年10月17日，专利复审委员会作出第10614号决定，根据《专利法》第二十六条第四款，第二十二条第二、三款的规定，宣告本专利的权利要求1~21，以及权利要求22中涉及“含有至少一种权利要求6或7所述的多核苷酸的试剂盒”的技术方案无效，在权利要求22中涉及“含有至少一种权利要求1~5任一项所述的蛋白质的试剂盒”的技术方案的基础上维持该专利权有效。

溥瀛公司对专利复审委员会作出的第10614号决定不服，向一审法院提起行政诉讼。

本院认为：根据《审查指南》第四部分第一章第2.5节的规定，专利复审委员会在作出审查决定之前，应当给予审查决定对其不利的当事人针对审查决定所依据的理由、证据和认定的事实陈述意见的机会，即审查决定对其不利的当事人已经通过通知书、转送文件或者口头审理被告知过审查决定所依据的理由、证据和认定的事实，并且具有陈述意见的机会。

根据《审查指南》第四部分第四章第11节的规定，口头审理，由书记员或者合议组组长指定的合议组成员进行记录。担任记录的人员应当将重要的审理事项记入口头审理笔录。除笔录外，必要时合议组还可以在事先声明的情况下使用录音、录像设备进行记录。本案所涉及的无效宣告请求案件经过了专利复审委员会的口头审理。溥瀛公司向一审法院提起行政诉讼时，指出专利复审委员会审理案件时没有就据以无效专利权人专利权的主要证据听取专利权人的意见，违反了《审查指南》的相关规定，故构成审理程序违法。在此情况下，专利复审委员会没有充分的证据证明在行政程序中已经给予溥瀛公司陈述申辩的机会。一审法院调取的口审记录表记录的内容无法证明专利复审委员会就溥瀛公司和九源公司争议的问题进行过审理。

综上，一审法院认定专利复审委员会作出的被诉决定违反法定程序，并判决撤销第 10614 号决定是正确的。依据《中华人民共和国行政诉讼法》第六十一条第（一）项的规定，判决如下：

驳回上诉，维持一审判决。

二审案件受理费人民币 100 元，由上诉人国家知识产权局专利复审委员会负担（已交纳）。

本判决为终审判决。

审 判 长 景 滔

代理审判员 马 军

代理审判员 刘 行

二〇〇九年八月二十八日

书 记 员 王 芳

052

# 治疗骨质疏松的中药制剂及其制备方法

## 无效宣告请求审查决定（第10667号）

决　　定　　号　第10667号
决　　定　　日　2007年11月15日
发明创造名称　治疗骨质疏松的中药制剂及其制备方法
国际分类号　A61K35/78，A61K35/56，A61P19/10
无效宣告请求人　江西青春康源医药有限公司
专　利　权　人　贵州富华药业有限责任公司
专　　利　　号　03117641.0
申　　请　　日　2003年4月4日
授权公告日　2005年5月18日
合议组组长　李金光
主　　审　　员　张晓飞
参　　审　　员　李梦楠

法律依据　专利法第22条第2款
决定要点
如果要求保护的发明中存在以连续变化的数值范围限定的技术特征，而其余技术特征与现有技术中的一篇对比文件中的相同，则当该对比文件公开的数值落在上述发明限定的技术特征的数值范围内时，所要求保护的发明相对于该对比文件不具备新颖性。

### 一、案由

本专利权无效宣告请求案涉及国家知识产权局于2005年5月18日公告授予的、名称为“治疗骨质疏松的中药制剂及其制备方法”的03117641.0号发明专利权（下称本专利），其申请日为2003年4月4日，专利权人为贵州富华药业有限责任公司。本专利授权公告的权利要求书如下：

“1. 一种治疗骨质疏松的中药制剂，其特征在于：按照重量配比，它由：淫羊藿600～700、川芎40～60、三棱40～60、续断40～60、知母40～60、地黄30～50、赤芍40～60、莪术40～60、煅牡蛎5～15制作而成。

2. 按照权利要求1所述的治疗骨质疏松的中药制剂，其特征在于：按照重量配比，它由：淫羊藿650、川芎50、三棱50、续断50、知母50、地黄40、赤芍50、莪术50、煅牡蛎10制作而成。

3. 如权利要求1或2所述的治疗骨质疏松中药制剂的制备方法，其特征在于：按照重量配比，将煅牡蛎5~15粉碎成细粉，淫羊藿600~700、川芎40~60、三棱40~60、续断40~60、知母40~60、地黄30~50、赤芍40~60、莪术40~60用水煎煮或乙醇提取的方法进行处理，将得到的液体浓缩成膏，再加入得到的牡蛎细粉，混匀、干燥、按照需要制作成需要的剂型。

4. 按照权利要求3所述的治疗骨质疏松中药制剂的制备方法，其特征在于：按照重量配比，将煅牡蛎10克磨成细粉，把淫羊藿650克、川芎50克、三棱50克、续断50克、知母50克、地黄40克、赤芍50克、莪术50克用水煎煮三次，第一次2小时、第二、三次各1小时，合并煎液、滤过，滤液浓缩至50摄氏度下的相对密度为1.35的清膏，再加入得到的牡蛎细粉，混匀、干燥、粉碎成细粉，制成颗粒、干燥、制成500克。"

针对上述专利权，江西青春康源医药有限公司（下称请求人）于2006年12月25日向专利复审委员会提出专利权无效宣告请求，认为本专利不符合专利法第22条第3款的规定。请求人同时提交了本专利授权公告文本的扉页以及说明书第1~3页、本专利申请于2003年11月12日公开的权利要求1~5项及以下证据：

证据1：中华人民共和国卫生部药品标准，中药成方制剂，第17册，1998年，封面、扉页、前言、说明、目录页和第205页的复印件共6页。

依据上述证据，请求人认为：证据1中"骨松宝颗粒"处方部分公开的组分与本专利权利要求1~2中的中药制剂的组分相同，证据1公开的各组分的含量均在本专利权利要求1~2的范围内，证据1公开的颗粒剂型在本专利权利要求3所述的"任何药效学上所说的剂型"内，证据1公开的制法与本专利权利要求4~5（本专利授权文本中实际只有权利要求1~4）要求保护的技术方案雷同，因此，本专利权利要求1~5不具备创造性，不符合专利法第22条第3款的规定。

经形式审查合格后，专利复审委员会受理了上述请求，于2007年3月12日向双方当事人发出《无效宣告请求受理通知书》，并将《专利权无效宣告请求书》及其附件副本转送给专利权人，要求其在指定的期限内答复，同时成立合议组对本无效宣告请求案进行审理。

专利权人于2007年4月10日提交了意见陈述书和以下反证：

反证1：治疗骨质疏松的中药制剂抗骨质疏松药效学研究资料，共4页；

反证2：治疗骨质疏松的中药制剂药学研究资料，共2页。

专利权人认为：中药中只有科学筛选、长期实验验证的才能组合成有效的药物制剂，每味药材的用量也需经过筛选获得，否则得到的药物没有显著效果，甚至有害；针对使用的药材选择合适的提取方法和剂型需要经过创造性劳动；反证1和2中的实验数据证实权利要求1~4要求保护的技术方案是有效的。因此权利要求1~4具备创造性，符合专利法第22条第3款的规定。

2007年6月29日，本案合议组向双方当事人发出口头审理通知书，定于2007年8月21日对本案进行口头审理。同时，将专利权人于2007年4月10日提交的意见陈述书及其附件清单所列附件的副本转送给请求人，要求请求人在本案口头审理时予以答复。

2007年8月21日，双方当事人参加了口头审理。口头审理过程中，本案合议组对请求人提出的无效理由和事实进行了充分调查，对双方当事人的证据材料进行了质证，并给予了双方当事人充分陈述意见的机会。口头审理中认定的事实如下：

（1）请求人变更专利权无效宣告请求理由，明确其提出专利权无效宣告请求理由为：本专利权利要求1~4相对于证据1不具备专利法第22条第2款规定的新颖性；专利权人认为此理由为新理由；

（2）专利权人对证据1的关联性、真实性、合法性和公开日期均无异议；请求人对反证1和2的真实性有异议；

(3) 专利权人当庭放弃权利要求2和4。

口头审理结束后，双方当事人未再提交书面意见。

至此，合议组认为本案事实已经清楚，可以依法作出审查决定。

**二、决定的理由**

1. 关于证据

专利权人对证据1的关联性、真实性、合法性和公开日期均无异议，合议组对证据1的真实性和公开日期予以采信。请求人对反证1~2的真实性有异议，反证1~2是专利权人提交的两份研究资料，没有任何研究日期、地点的记载，也没有其他佐证证据佐证其真实性，均属于孤证，无法确定其真实性，因此合议组对其不予考虑。

2. 无效宣告的理由和范围

在口头审理过程中，请求人明确其提出本专利权无效宣告请求的理由是权利要求1~4相对于证据1不具备专利法第22条第2款规定的新颖性，专利权人认为该理由属于新理由。合议组当庭告知双方当事人，审查指南规定：请求人在提出无效宣告之日起一个月后增加无效宣告理由的，专利复审委员会一般不予考虑，但对明显与提交的证据不相对应的无效宣告理由进行变更的除外（参见审查指南第373页第4.2节）。本案中，请求人认为证据1公开了权利要求1~4的技术方案，具体的证据事实同其请求书中记载的内容。合议组认为：根据请求人在口头审理中的陈述以及请求书中记载的内容，原来的无效宣告理由与证据明显不符，依据审查指南第373页4.2节（2）中（ii）的规定以及该变更实际上并不会给专利权人的答复带来实质性变化，因此允许请求人将专利权无效宣告请求理由变更为权利要求1~4相对于证据1不具备新颖性。由于专利权人在口头审理过程中放弃了权利要求2和4，因此，本案合议组对本专利无效宣告请求审查的理由和范围是：权利要求1~4相对于证据1是否符合专利法第22条第2款规定的新颖性。

3. 关于专利法第22条第2款

专利法第22条2款规定：新颖性，是指在申请日以前没有同样的发明或者实用新型在国内外出版物上公开发表过、在国内公开使用过或者以其他方式为公众所知，也没有同样的发明或者实用新型由他人向国务院专利行政部门提出过申请并且记载在申请日以后公布的专利申请文件中。

如果要求保护的发明中存在以连续变化的数值范围限定的技术特征，而其余技术特征与现有技术中的一篇对比文件中的相同，则当该对比文件公开的数值落在上述发明限定的技术特征的数值范围内时，所要求保护的发明相对于该对比文件不具备新颖性。

本专利的权利要求1要求保护一种治疗骨质疏松的中药制剂，由重量配比为淫羊藿600~700、川芎40~60、三棱40~60、续断40~60、知母40~60、地黄30~50、赤芍40~60、莪术40~60、煅牡蛎5~15制作而成。证据1公开了一种骨松宝颗粒，具处方为淫羊藿650克、川芎50克、三棱50克、续断50克、知母50克、地黄40克、赤芍50克、莪术50克、煅牡蛎（煅）10g（第205页，WS3-B-3292-98，［处方］部分），将权利要求1与证据1相比，两者的技术领域相同，解决的技术问题和技术效果相同，且证据1中骨松宝颗粒的组分与权利要求1中中药制剂的组分完全相同，各组分的含量也落入权利要求1的中药制剂的各组分重量配比的范围中，因此，权利要求1要求保护的技术方案包含了证据1中已经公开的技术内容，权利要求1相对于证据1不具备新颖性，不符合专利法第22条第2款的规定。

权利要求3引用权利要求1的技术方案中，具体为按照重量配比，将煅牡蛎5~15粉碎成细粉，淫羊藿600~700、川芎40~60、三棱40~60、续断40~60、知母40~60、地黄30~50、赤芍40~60、莪术40~60用水煎煮或乙醇提取的方法进行处理，将得到的液体浓缩成膏，再加入得到的牡蛎细粉，混匀、干燥、按照需要制作成需要的剂型。证据 1 中［制法］部分公开了如下技术方案：将牡蛎磨碎成细粉，备用；其余八味加水煎煮三次，合并煎液，滤过，滤液成为清膏，加入上述牡蛎细粉，混匀，干燥，磨碎成细粉，制成颗粒，干燥，制成 500g。将权利要求 3 的该技术方案与证据 1 的公开内容相比，两者的技术领域相同，解决的技术问题和技术效果相同，证据 1 中的组分与权利要求 3 的中药制剂的组分完全相同，各组分的含量也落入权利要求 3 所述的各组分重量配比的范围中，证据 1 中公开了加水煎煮的方法进行处理以及最后制成颗粒（即权利要求 3 中所述的需要的剂型中的一种），并且公开了权利要求 3 的制备方法中其他所有的步骤，因此，权利要求 3 要求保护的该技术方案包含了证据 1 已经公开的技术内容。权利要求 3 引用权利要求 2 的技术方案中，具体各组分及其含量、用水制备步骤均与证据 1 公开的技术内容相同。因此权利要求 3 相对于证据 1 不具备专利法第 22 条第 2 款规定的新颖性

针对专利权人在意见称述书中提出的主张，合议组认为：虽然药剂组分、含量、制法的选择均影响到药剂效果，但不能否认证据 1 公开了权利要求 1、3 的技术方案的事实。

由于专利权人在口头审理过程中放弃了权利要求 2 和 4，视为专利权人承认请求人对权利要求的无效宣告请求（参见审查指南第四部分第三章第 2.2 节）。所以合议组认可请求人主张权利要求 2 和 4 不具备新颖性的主张，不再进行评述。

基于以上事实和理由，本案合议组作出如下审查决定。

**三、决定**

宣告 03117641.0 号发明专利权全部无效。

当事人对本决定不服的，可以根据专利法第 46 条第 2 款的规定，自收到本决定之日起三个月内向北京市第一中级人民法院起诉。根据该款的规定，一方当事人起诉后，另一方当事人应当作为第三人参加诉讼。

053

# 吲达帕胺缓释胶囊及制备方法

## 无效宣告请求审查决定（第10668号）

**决　定　号**　第10668号
**决　定　日**　2007年11月20日
**发明创造名称**　吲达帕胺缓释胶囊及制备方法
**国际分类号**　A61K 31/404，A61K 9/52，A61P 9/12
**无效宣告请求人**　天津国药渤海医药有限公司
**专　利　权　人**　天津太平洋制药有限公司
**专　利　号**　03104699.1
**申　请　日**　2003年2月21日
**授权公告日**　2005年12月28日
**合议组组长**　李金光
**主　审　员**　魏春宝
**参　审　员**　郭　婷

**法律依据**　专利法第22条第2款
**决定要点**

在判断由他人在涉案专利申请日以前向国家知识产权局提出并且在申请日（含申请日）以后公布的发明专利申请是否构成涉案专利的抵触申请时，如果两者的技术方案实质上不同，则抵触申请不成立。

### 一、案由

本专利权无效宣告请求案涉及国家知识产权局于2005年12月28日公告授予的、名称为“吲达帕胺缓释胶囊及制备方法”的03104699.1号发明专利（下称本专利），其申请日为2003年2月21日，专利权人为天津太平洋制药有限公司。本专利授权公告的权利要求书如下：

“1. 一种吲达帕胺缓释胶囊，其特征在于它的重量组成是：

| | |
|---|---|
| 吲达帕胺 | 0.5%～3.0% |
| 聚维酮K30 | 1.0%～3.0% |
| EUDRAGIT RS 100 | 2.0%～6% |
| 空白丸芯 | 75%～95% |

| | |
|---|---|
| 癸二酸二丁酯 | 0.1%～1.0% |
| 滑石粉 | 0.5%～3.0% |
| 硬脂酸镁 | 0.01%～0.5% |

上述各组分的重量百分比之和为100%。

2. 权利要求1所述的吲达帕胺缓释胶囊的制备方法，其特征在于它经过下述步骤：

（1）将聚维酮K30缓缓加入到用搅拌器搅拌的无水乙醇中，直到溶解成透明澄清的溶液；

（2）将吲达帕胺在避光的条件下缓缓加入到用搅拌器搅拌的步骤（1）制得的溶液中，直到溶解成透明澄清的溶液；

（3）使用雾化喷枪将步骤（2）制得的溶液喷射到直径为500～1000μm的空白丸芯上，干燥后制得吲达帕胺含药小丸；

（4）将EUDRAGIT RS 100加入到用搅拌器搅拌的丙酮和异丙醇的混合溶剂中，直到EUDRAGIT RS 100完全溶解；

（5）将癸二酸二丁酯、滑石粉、硬脂酸镁加入到丙酮和异丙醇的混合溶剂中，搅拌，研磨，混合均匀，所得混悬液与步骤（4）制得的EUDRAGIT RS 100聚合物溶液混合，即配制成包衣液；

（6）使用雾化喷枪将步骤（5）制得的包衣液喷射到步骤（3）制得的吲达帕胺含药小丸上，包衣过程中应持续搅拌包衣液，干燥后制得吲达帕胺缓释小丸；

（7）将步骤（6）制得的吲达帕胺缓释小丸装入胶囊，制得的吲达帕胺缓释胶囊。”

针对上述专利权，天津国药渤海医药有限公司（下称请求人）于2007年3月9日向专利复审委员会提出专利权无效宣告请求，认为本专利权利要求1～2不符合专利法第22条第2款的规定，权利要求1不符合专利法第22条第3款的规定。请求人同时提交了以下附件：

附件1：授权公告号为CN1175812C的中国发明专利说明书，申请日为2002年8月28日，授权公告日为2004年11月17日，专利权人为天津开发区渤海医药贸易公司，复印件共8页；

附件2：美国专利第5334392号的发明名称及其权利要求1的一部分中文译文，共1页；

附件3：《药物新剂型与新技术》（第2版），陆彬主编，人民卫生出版社，2005年7月第2版，封面、出版信息页和第405～409页复印件，共7页。

依据上述附件，请求人认为：（1）本专利权利要求1请求保护一种吲达帕胺缓释胶囊，其中吲达帕胺为活性成分，聚维酮K30为黏合剂和分散剂，EUDRAGIT RS 100为缓释材料，其他辅料均为常用药物辅料，本专利的发明目的是使该药物口服后能够确保吲哒帕胺产生持续规则释放，从而获得控制药物线性释放的效果。附件1是本无效宣告请求人在本专利申请日以前向专利局提出并且在申请日以后公布的发明专利，构成本专利的抵触申请。附件1公开的吲哒帕胺缓释胶囊主要由作为活性成分的吲哒帕胺和包覆在活性成分外层具有缓释作用的缓释材料及药学上可接受的辅料以0.5～3.0：5～20：131～165的重量比配制成具有不同释放度的缓释微丸组合而成，缓释材料为丙烯酸树脂、羟丙基甲基纤维素、乙基纤维素、邻苯二甲酸醋酸纤维素和聚乙烯吡咯烷酮中的任意一种至四种。根据上述原料的加入比例可以算出吲哒帕胺重量占胶囊总重量的百分比为0.27%～2.2%。附件1的发明目的之一是使药物口服后的药效持久稳定，从而获得在同等给药量和时间间隔内维持平衡、持久的有效血药浓度。从上述内容可知，附件1与本专利属于同一技术领域，而且属于治疗高血压的同一药物的同一剂型。技术方案都是以吲哒帕胺作为活性成分，且用量范围绝大部分重叠；EDUDRGIT RS 100为一种丙烯酸乙酯-甲基丙烯酸酯共聚物，属于丙烯酸树脂类聚合物，与附件1中的丙烯酸树脂属于同一类缓释材料，这一点是公知常识（见附件3第407页）；聚维酮K30是常用的黏合剂和分散剂，其他辅料是本领域的常用原料。由此可见，本专利权利要求1要求保护的吲达帕胺缓释胶囊与附件1

公开的吲哒帕胺缓释胶囊在技术领域、发明目的、技术方案及有益效果方面都是完全相同的。因此，权利要求1不具有专利法第22条第2款规定的新颖性。(2) 本专利权利要求2请求保护权利要求1所述缓释胶囊的制备方法，该方法是先将吲达帕胺包裹在空心丸芯上制成含药小丸，然后将缓释材料及其他辅料制成包衣液后包裹在含药小丸上制成缓释小丸，最后将缓释小丸装入胶囊制得缓释胶囊。附件1中公开的吲哒帕胺缓释胶囊制备方法也包括上述步骤，并且还包括短时、中时及长时缓释微丸的制备步骤，因而更科学、完整。本专利权利要求2与附件1公开的制备方法属于相同的技术方案，因而不具有专利法第22条第2款规定的新颖性。(3) 附件2公开了一种吲哒帕胺缓释片，其基本组成是1~2.5mg的吲哒帕胺、聚维酮、羟甲基烷基纤维素和赋形剂，口服后，能够提供至少8小时的线性释放，其中50%的吲哒帕胺在5~14小时之间释放，并且能够产生高达24小时的20~80mg/mL的人体血药浓度。其中吲哒帕胺为活性成分、聚维酮为黏合剂和填充剂、羟甲基烷基纤维素为缓释材料。本专利权利要求1与附件2不同之处在于：本专利权利要求1为缓释胶囊，而附件2为缓释片剂，且缓释材料不同。附件3中详细描述了多种常用的缓释包衣材料，其中第408页第15行~第409页第17行对EDUDRGIT RS 100的组成、基本结构、性能及用法进行了详细描述，结论是该缓释材料是应用于缓释和控释制剂最多的丙烯酸树脂包衣材料。由于缓释片剂与缓释胶囊均属口服剂型，空心丸芯为常用支架材料，因此在附件2基础上结合附件3将缓释材料由羟甲基烷基纤维素换成EDUDRGIT RS 100，并将片剂改为胶囊剂对于本领域普通技术人员来讲是不需要花费创造性劳动的。特别是本专利说明书第3页第13~15行所述效果与附件2权利要求1的效果完全相同，因此，本专利权利要求1与已有技术相比不具有突出的实质性特点和显著的进步，不具有专利法第22条第3款规定的创造性。

经形式审查合格后，专利复审委员会受理了上述请求，于2007年4月3日向双方当事人发出《无效宣告请求受理通知书》，并将《专利权无效宣告请求书》及其附件清单中所列附件副本转送给专利权人，要求其在指定的期限内答复，同时成立合议组对本无效宣告请求案进行审理。

2007年5月15日，专利复审委员会收到专利权人提交的针对无效宣告请求书的意见陈述书。专利权人认为：(1) 附件1构成本专利抵触申请破坏本专利新颖性的证据不足且理由不成立。虽然附件1与本专利的技术领域和所解决的技术问题相同，但是本专利权利要求1的技术方案与附件1公开的技术方案不同，两技术方案的预期效果不同。具体理由为：①附件1的权利要求1是表述方式为“主要由……”的开放式权利要求，而本专利权利要求1是范围很具体的封闭式权利要求；②活性成分吲哒帕胺的含量不同，特别是取值范围的端点值不一一对应；③附件1和本专利的说明书正文对应公开的内容不相同；④附件1说明书实施例与本专利的说明书实施例公开的组分和含量不相同；⑤附件1与本专利技术方案的预期效果不同；⑥附件1与本专利的其他权利要求的技术方案不同，本专利的产品不需组合，一次制成合格的缓释微丸，工艺简单，质量易控，稳定性好。(2) 请求人主张本专利权利要求1不具有创造性的证据不适用，理由不成立。附件2是一种缓释片剂，本专利是一种缓释胶囊，缓释胶囊与缓释片剂相比具独到的优点。用作公知技术文献的附件3是2005年出版的第2版，是本专利申请日后的公知技术文献，不能用来评价创造性。

2007年6月4日，本案合议组向双方当事人发出口头审理通知书，定于2007年8月15日对本案进行口头审理。同时，专利复审委员会本案合议组将2007年5月15日收到的专利权人的意见陈述书转送给请求人。

2007年8月15日，口头审理如期进行。双方当事人均委托代理人参加了口头审理。庭审中认定了如下事实：(1) 双方对于对方出庭人员资格均无异议。(2) 请求人明确放弃了附件2~3。(3) 专利权人对附件1的关联性、真实性、合法性和公开性无异议。(4) 请求人明确放弃了权利要求1不符合专利法第22条第3款规定的无效理由，确定其无效宣告请求理由为权利要求1～2相对于附件1不具备专利法第22条第2款规定的新颖性。（5）请求人认为附件1和本专利的技术领域、发明目的、技术方案及有益效果完全相同，附件1构成了本专利的抵触申请。专利权人认为附件1与本专利的技术方案和预期效果不同，因而不构成本专利的抵触申请。

至此，合议组认为本案事实已经清楚，可以依法作出审查决定。

**二、决定的理由**

1. 无效宣告请求的理由和范围

根据请求人在口头审理中的确认，合议组确定本无效宣告请求案审理的理由和范围是：本专利权利要求1和2相对于附件1不具有新颖性，不符合专利法第22条第2款的规定。

2. 关于证据

附件1是中国发明专利说明书，鉴于专利权人对附件1的关联性、真实性、合法性和公开性无异议，因此合议组对附件1的关联性、真实性、合法性和公开性予以确认。附件1的专利权人为天津开发区渤海医药贸易公司，申请日为2002年8月28日，在本专利的申请日（2003年2月21日）之前，授权公告日为2004年11月17日，在本专利的申请日之后，即附件1是由他人在本专利的申请日以前向国家知识产权局提出并且在申请日以后公布的发明专利，因此附件1可以用作评述本专利是否具有新颖性的对比文件。

由于请求人已明确放弃了附件2～3，因此合议组对附件2～3不再予以评述。

3. 关于专利法第22条第2款

专利法第22条第2款规定：新颖性是指在申请日以前没有同样的发明或者实用新型在国内外公开出版物上公开发表过，在国内公开使用过或者以其他方式为公众所知，也没有同样的发明或者实用新型由他人向国务院专利行政部门提出过申请并且记载在申请日以后公布的专利申请文件中。

根据该款规定，在判断由他人在涉案专利申请日以前向国家知识产权局提出并且在申请日（含申请日）以后公布的发明专利申请是否构成涉案专利的抵触申请时，如果两者的技术方案实质上不同，则抵触申请不成立。

本专利权利要求1保护一种吲哒帕胺缓释胶囊，其中具体限定了该胶囊的组分及各组分所占的重量百分比。附件1公开了一种吲哒帕胺缓释胶囊，该胶囊主要由吲哒帕胺、包覆其外层的缓释材料及药学上可接受的辅料以0.5～3.0∶5～20∶131～165的重量比配制成具有不同释放度的缓释微丸组合而成，其中缓释材料可选自丙烯酸树脂和聚乙烯吡咯烷酮，单位胶囊中吲哒帕胺的含量为0.5～3.0mg，所述缓释微丸主要由空白丸芯、主药层和缓释包衣层组成，主药层由吲哒帕胺和辅料组成，主药层辅料含滑石粉，主药层外包裹淀粉保护层。其中丙烯酸树脂具体可选用EUDRAGIT RS 100（参见附件1的权利要求1～5和实施例）。本专利权利要求1的技术方案与附件1所公开的技术方案相比，主要不同之处在于：（1）附件1中公开的聚乙烯吡咯烷酮是一类物质，根据聚合方法分为不同系列，本专利权利要求1中的聚维酮K30是聚乙烯吡咯烷酮K系列中的一种，即附件1公开的是上位概念，而本专利中限定的为下位概念；（2）本专利的胶囊中含有癸二酸二丁酯和硬脂酸镁，而附件1未公开其胶囊中可含这两种组分。由此可见，本专利权利要求1的技术方案与附件1所公开的技术方案在组分上明显不同，因此二者有着实质上的区别。

本专利权利要求2保护权利要求1所述吲哒帕胺缓释胶囊的制备方法。附件1中公开了制备吲哒帕胺缓释胶囊的方法，该方法采用滚动成丸法，包括：（1）将空心丸芯置于造粒机中，向空心丸芯喷射50%浓度的蔗糖糖浆，直到其充分润湿；（2）将吲哒帕胺和辅料粉末混合均匀后加入造粒机中处理20～60分钟得到主药粒，再向主药粒喷射50%的蔗糖糖浆，然后加入保护层辅料，将包裹了主药保护层的药粒进行干燥处理；（3）用适量的95%乙醇或水溶解缓释材料，同时另将包衣用辅料2～5g加入适量的95%乙醇超声处理8～15分钟，然后在搅拌情况下将辅料悬浮液加入缓释材料乙醇溶液中混合均匀制成缓释包衣液；（4）将干燥好的吲哒帕胺主药粒重新放入造粒机中，均匀喷射已制备好的缓释包衣液进行包衣处理，在包衣期间先后两次取出部分微丸，作为短时、中时缓释微丸，包衣液喷射完毕时得到的为长时缓释微丸；（5）将短、中、长时缓释微丸分别干燥处理；（6）分别测定三种缓释微丸的含量和溶出度，最后将几种缓释微丸按比例装入普通骨胶材料制成的硬胶囊（见附件1权利要求7和实施例1～2）。本专利权利要求2的制备方法与附件1公开的制备方法相比，主要不同之处在于：（1）附件1的方法包括在缓释微丸内设置主药保护层的步骤，而本专利的方法不包括该步骤；（2）缓释微丸的成丸方式不同，附件1中主药层和主药保护层的原料均直接使用粉末，空白丸芯、主药层和主药保护层之间依靠粘结剂（50%蔗糖糖浆）黏合为一体，而本专利权利要求2中则是用雾化喷枪将制备后的主药层原料溶液喷射到空白丸芯上，没有使用50%蔗糖糖浆作为粘结剂；（3）附件1的方法分别制备短、中和长时三种不同释放度的缓释微丸，然后按比例混合后装入胶囊，而本专利权利要求2制得的为均一缓释度的小丸。由此可见，本专利权利要求2的技术方案与附件1公开的技术方案的制造工艺步骤完全不同，因此二者有着实质上的区别。

由于本专利权利要求1和2保护的技术方案与附件1公开的技术方案实质上并不相同，因而附件1不构成本专利的抵触申请。请求人主张本专利权利要求1和2相对于附件1不符合专利法第22条第2款规定的无效理由不成立。

基于以上事实和理由，本案合议组作出如下审查决定。

**三、决定**

维持03104699.1号发明专利权有效。

当事人对本决定不服的，可以根据专利法第46条第2款的规定，自收到本决定之日起三个月内向北京市第一中级人民法院起诉。根据该款的规定，一方当事人起诉后，另一方当事人应当作为第三人参加诉讼。

# 北京市第一中级人民法院
# 行政裁定书

（2008）一中行初字第367号

原告天津国药渤海医药有限公司，住所地天津市南开区康复路106号。

法定代表人李立柱，总经理。

委托代理人赵志强，国浩律师集团（天津）事务所律师。

委托代理人王顗，天津才智专利商标代理有限公司总经理。

被告国家知识产权局专利复审委员会，住所地北京市海淀区北四环西路9号。

法定代表人廖涛，副主任。

委托代理人魏春宝，男，国家知识产权局专利复审委员会干部。

委托代理人程强，男，国家知识产权局专利复审委员会干部。

第三人天津太平洋制药有限公司，住所地天津市西青区经济开发小区。

法定代表人宋德成，董事长。

委托代理人张颖颢，天津耀达律师事务所律师。

委托代理人赵尊生，男，1946年11月22日出生，汉族，南开大学教授。

原告天津国药渤海医药有限公司不服国家知识产权局专利复审委员会作出的第10668号无效宣告请求审查决定（下称被诉决定），向本院提起行政诉讼。本院受理后，依法组成合议庭，并依法通知与被诉行为存在法律上利害关系的天津太平洋制药有限公司为本案第三人参加诉讼。在本案审理过程中，原告以愿意服从被诉决定为由，向本院提出撤回起诉的申请。

经审查，本院认为，原告的撤诉申请系其真实意思表示，符合法律规定，应予准许。依照《中华人民共和国行政诉讼法》第五十一条之规定，裁定如下：

准许原告天津国药渤海医药有限公司撤回起诉。

案件受理费100元，减半收取50元，由原告天津国药渤海医药有限公司负担（已交纳）。

审 判 长　梁　菲

代理审判员　司品华

人民陪审员　张燕宏

二〇〇八年　四　月　十　日

书 记 员　王　丽

054

# 一种饲料复合酶制剂及其制造方法

## 无效宣告请求审查决定（第10686号）

决 定 号 第10686号
决 定 日 2007年11月22日
发明创造名称 一种饲料复合酶制剂及其制造方法
国际分类号 A23K 1/165，C12N 9/42
无效宣告请求人 克锦公司（ChemGenCorp.）
专 利 权 人 上海高龙生物科技有限公司
专 利 号 02110701.7
申 请 日 2002年1月30日
授权公告日 2005年6月29日
合议组组长 李金光
主 审 员 葛永奇
参 审 员 吴通义

法律依据 专利法第26条第3款
决定要点

所属技术领域的技术人员能够实现，是指所属技术领域的技术人员按照说明书记载的内容，就能够实现该发明或者实用新型的技术方案，解决其技术问题，并且产生预期的技术效果。如果说明书中给出了技术手段，但对所属技术领域的技术人员来说，该手段是含糊不清的，根据说明书记载的内容无法具体实施，则认为该发明由于缺乏解决技术问题的技术手段而无法实现。

### 一、案由

本无效宣告请求案涉及国家知识产权局于2005年6月29日公告授予的、名称为“一种饲料复合酶制剂及其制造方法”、专利号为02110701.7的发明专利权（下称本专利），其申请日为2002年1月30日，授权公告时专利权人为钟诚，2006年10月20日专利权人变更为上海高龙生物科技有限公司（下称专利权人）。本专利授权公告的权利要求书如下：

“1. 一种固体型饲料复合酶制剂，其特征在于，它由酶活性为711.5IU/g的β-甘露聚糖酶、酶活性为1976IU/g的木聚糖酶、酶活性为950IU/g的纤维素酶、酶活性为650IU/g的β-葡聚糖酶、酶活性为800IU/g的果胶酶混合制成。

2. 一种液体型饲料复合酶制剂，其特征在于，它由酶活性为3360IU/ml的β-甘露聚糖酶、酶活性为10870IU/ml的木聚糖酶、酶活性为4292IU/ml的纤维素酶、酶活性为2800IU/ml的β-葡聚糖酶、酶活性为3600IU/ml的果胶酶混合制成。”

针对上述专利权，克锦公司（ChemGen Corp.）（下称请求人）于2007年2月17日向专利复审委员会提出专利权无效宣告请求，认为本专利说明书不符合专利法第26条第3款的规定，权利要求1~2不符合专利法第22条第3款的规定。请求人同时提交了以下附件作为证据：

附件1-1："Aspergillus Enzymes Involved in Degradation of Plant Cell Wall Polysaccharides"，Ronald P. De Vries和Jaap Visser，Microbiology and Molecular Biology Reviews，第65卷第4期，第497~516页，2001年12月，英文，复印件共20页，及其部分中文译文4页；

附件2："Official Publication"，Association of American Feed Control Officials Incorporated，2001年，第250~253页、封面一、封面二、封底，英文，复印件共5页，及其部分中文译文4页；

附件3：中国发明专利申请公开说明书，专利申请号为01144782.6，公开号为CN1428415A，公开日为2003年7月9日，复印件共4页（正反面计为1页）；

附件4-1："Effect of Enzyme Supplementation on the Nutritional Value of Raw, Autoclaved, and Dehulled Lupins (Lupinus albus) in Chicken Diets"，A. Brenes等，Poultry Science，第72卷，第2281~2293页，1993年，英文，复印件共13页，及其部分中文译文3页；

附件5："2000-01 Direct-fed Microbial, Enzyme & Forage Additive Compendium"，The Miller Publishing Company出版，2000年，第153、156、158页、封面、出版信息页，英文，复印件共5页，及其部分中文译文3页；

附件6："酶工程"，徐凤彩，中国农业出版社，2001年6月第1版，2003年8月北京第2次印刷，第38~46页、封面、出版信息页，复印件共6页（正反面计为1页）；

附件7："酶学"，陈石根和周润琦，复旦大学出版社，2001年2月第1版，2001年2月第1次印刷，第50~55页、封面、出版信息页，复印件共5页；

附件8："酶技术"，周晓云，石油工业出版社，1995年5月第1版，1995年5月北京第1次印刷，第88~235页、版权页封面、封底、出版信息页和前言的，复印件共40页；

附件9-1：美国专利US6，162，473，专利批准日2000年12月19日，中文译文共2页；

附件10-1："用黑曲霉在苹果渣做固体发酵来产生果胶酶"，Berovic M. 和Ostroversnik H.，生物技术杂志，第53卷第1期，1997年2月28日，中文译文共1页；

附件11-1："用黑曲霉KKS在不同的生物反应器里，生产纤维素酶与木聚糖酶"，Kim, S. W.等，生物资源工艺Bioresource Technology，第59卷第1期，1997年，中文译文共1页；

附件12-1：世界微生物生物技术杂志（World J. Microbiol. Biotechnol.），R. A. Nieves等，1998年，第14卷，中文译文1页；

附件13：本专利授权公告文本（CN1207980C），复印件共6页；

依据上述附件，请求人认为：（1）①本专利说明书针对一些菌种名的表述不清楚；②说明书中3种或4种菌种液体混合后形成含有5种菌种的菌液，在未经放射性处理的情况下这样的结果是不符合现行微生物科学技术的；③"尚没有将几种酶复合在一起的产品出现"的说法是错误的，而且，说明书中没有解释为什么说该发明已克服了已有技术的只有单酶剂的产品缺陷，并没有指出新的技术方案与已有技术的差别何在；④说明书没有给出具体的芽孢杆菌（Bacillus），没有举例获得里氏木霉和黑曲霉的途径，没有给出制备菌种时各菌种的具体用量比例，没有给出酶制剂生产中各工艺步骤的详细子工艺步骤和技术参数，而这些技术参数和条件对酶制剂的生产有重要影响，说明书也没有具体说明向饲料中添加发酵液的比例，没有提供添加后的效果（对比实验数据）。因此，依据说明书的记载无法实现本发明，故本专利说明书不符合专利法第26条第3款的规定。（2）附件1-1、2~3已公开了黑曲霉、里氏木霉、“迟缓芽孢杆菌（Bacillus lentus）”分别能制备权利要求1和2所公开的五种酶中的一种或多种：β-甘露聚糖酶、木聚糖酶、纤维素酶、β-葡聚糖酶和果胶酶，附件4-1、5、9-1、10-1、11-1、12-1分别公开了上述五种酶中一种或多种的活性，对比文件4-1公开了组合菌种生产复合酶的技术，附件6~8公开了包括酶的生产菌种、菌种分离、酶的发酵技术在内的制造复合酶剂的方法，因此，本领域技术人员很容易想到用黑曲霉、里氏木霉、迟缓芽孢杆菌制备权利要求1和2所述的五种酶组成的复合剂，这只是简单的组合，无须创造性劳动即可实现，因此权利要求1和2不符合专利法第22条第3款有关创造性的规定。

2007年3月7日，请求人又提交了以下附件：

附件1-2：“Aspergillus Enzymes Involved in Degradation of Plant Cell Wall Polysaccharides”，Ronald P. De Vries和Jaap Visser，Microbiology and Molecular Biology Reviews，第65卷第4期，封面及第497~522页，2001年12月，英文，复印件共15页（正反面计为1页）；

附件4-2：Poultry Science，第72卷第12期，封面，1993年，英文，复印件共1页；

附件9-2：US6162473A，公开日2000年12月19日，英文，复印件共16页；

附件10-2：“Production of Aspergillus niger pectolytic enzymes by solid state bioprocessing of apple pomace”，Berovic M. 和Ostroversnik H.，Journal of Biotechnoloty，第53卷，1997年，第47~53页，以及杂志Journal of Biotechnoloty的第53卷第1期（1997年2月28日）的封面，英文，复印件共5页（正反面计为1页）；

附件11-2：“Cellulase and Xylanase Production by Aspergillus niger KKS in Various Bioreactors”，Kim，S. W. 等，Bioresource Technology，第59卷，1997年，第63~67页，和杂志Bioresource Technology的第59卷第1期（1997年1月）的封面、扉页，英文，复印件共6页（正反面计为1页），以及中文译文1页；

附件12-2：“Technical Communication：Survey and analysis of commercial cellulase preparations suitable for biomass conversion to ethanol”，R. A. Nieves等，World J. Microbiol. Biotechnol.，第14卷，1998年，第301~304页，和杂志World J. Microbiol. Biotechnol. 的封面、扉页，英文，复印件共5页（正反面计为1页）。

以下将附件1-1和1-2合称为附件1，附件4-1和4-2合称为附件4，附件9-1和9-2合称为附件9，附件10-1和10-2合称为附件10，附件11-1和11-2合称为附件11，附件12-1和12-2合称为附件12。

经形式审查合格后，专利复审委员会受理了上述请求，于2007年4月25日向双方当事人发出《无效宣告请求受理通知书》，并将《专利权无效宣告请求书》及其附件清单中所列附件副本以及请求人于2007年3月7日提交的补充意见及其附件清单中所列附件副本转送给专利权人，要求其在指定的期限内答复，同时成立合议组对本无效请求案进行审理。

专利权人于2007年5月31日提交了意见陈述书，认为（1）①本专利说明书发明内容部分对饲料复合酶制剂（液体型、固体型）例如其包含的酶种及活性有清楚表述，该复合酶制剂可以通过公知生产工艺得到，因此本说明书只作了简述；②说明书中杆菌、黑曲霉、里氏木霉等属包括多种微生物，并非只有4个菌种；③请求人已指出附件1~3能制备五种酶，“酶的活性是公知常识”，而又说“不能够实现”，前后自相矛盾。因此，本专利说明书符合专利法第26条第3款的规定。（2）请求人提交的附件1~12中，只有附件4提到复合酶，其余均为单酶产品，附件4中的复合酶只是三种商业酶的简单组合并且是分别添加于鸡饲料中，并不是本专利工业化生产意义上的酶制剂产品，况且，附件4中涉及的酶均与本专利的五种酶无关，从附件4的商业酶无法得到启示来生产本专利的酶制剂产品，因此，本专利权利要求1和2相对于附件4具备创造性。另外，本专利复合酶制剂考虑了各酶的协同作用，提高了饲料的吸收率和转化率，使该复合酶的pH适用范围更广，这表明复合酶不是一种简单混合。

2007年7月10日，本案合议组向双方当事人发出《无效宣告请求口头审理通知书》，拟定于2007年8月27日对该专利权的无效请求进行口头审理。同时，将专利权人于2007年5月31日提交的意见陈述书转送给请求人。

2007年8月27日，口头审理如期进行，双方当事人均委托代理人参加了口头审理。口头审理过程中认定的事实如下：(1) 请求人要求增加专利法第22条第4款和第26条第4款的无效理由，专利权人对此有异议，合议组告知请求人当庭增加无效理由超出了补充理由的期限，因此对请求人当庭增加的无效理由不予考虑。(2) 请求人放弃附件3，专利权人认可附件2、5、9的真实性、公开性，不认可附件1、4、6~8、10~12的真实性，合议组当庭告知请求人，由于请求人不能在口头审理辩论终结前提供附件1、4、6~8、10~12的原件，无法确认附件1、4、6~8、10~12的真实性。(3) 双方当事人确认附件5的中文翻译以请求人提交请求书时所附的附件5的中文译文为准。(4) 请求人和专利权人均确认权利要求1和2中的五种酶是已知的，同时，请求人主张该五种酶的活性也是已知的，而专利权人认为现有技术公开的该五种酶的活性与权利要求1和2中的活性不同。(5) 专利权人认为权利要求1和2的复合酶制剂可以用其他方法制备，不仅仅限于说明书中公开的方法，请求人认为说明书中公开的方法为公知技术。(6) 关于专利法第26条第3款的无效理由，请求人确认其当庭所要陈述的意见与无效宣告请求书中一致，专利权人坚持其在意见陈述书中的意见，并强调本专利要求保护的是产品而不是方法。

至此，合议组认为本案的事实清楚，可以作出审查决定。

**二、决定的理由**

1. 无效宣告请求的理由和范围

请求人在《专利权无效宣告请求书》中提出的专利权无效宣告请求的理由和范围为：本专利说明书不符合专利法第26条第3款的规定，权利要求1和2不符合专利法第22条第3款有关创造性的规定。口头审理过程中请求人要求增加权利要求1和2不符合专利法第22条第4款、第26条第4款的规定的无效理由，专利权人对请求人增加的无效理由提出异议。依据专利法实施细则第66条的规定，请求人在提出无效宣告请求之日起一个月后增加无效宣告理由的，专利复审委员会一般不予考虑，但下列情形除外：①针对专利权人以合并方式修改的权利要求，在专利复审委员会指定期限内增加无效宣告理由，并在该期限人对所增加的无效宣告理由具体说明的；②对明显与提交的证据不相对应的无效宣告理由进行变更的。但本案中请求人当庭增加的无效宣告理由是在其提出无效宣告请求一个月后提出的，且不属于上述两种情形，所以合议组对请求人当庭增加的上述无效宣告理由不予考虑。

本专利权无效宣告请求的理由和范围为：本专利说明书不符合专利法第26条第3款的规定，权利要求1和2不符合专利法第22条第3款有关创造性的规定。

2. 关于证据

(1) 附件1、4、6~8、10~12是复印件，专利权人不认可这些附件的真实性。对于请求人的举证期限，审查指南第四部分第三章第4.3.1节规定，用于完善证据法定形式的公证书、原件等证据应在口头审理辩论终结前提交，并在第4.3.3节中指出，对于有证据表明因无法克服的困难在所述期限内不能提交的证据，当事人可以在所述期限内书面请求延期提交。本案中，请求人既未在口头审理辩论终结前提交证实附件1、4、6~8、10~12的真实性的证据，也未在所述期限内提出延期提交的书面请求，合议组无法确认附件1、4、6~8、10~12的真实性，因此合议组对请求人提交的附件1、4、6~8、10~12不予采信。

（2）鉴于专利权人对附件2、5和9与本专利的关联性以及附件2、5和9的真实性、公开性均无异议，合议组对附件2、5和9的关联性、真实性、公开性予以确认。

（3）鉴于请求人已明确表示放弃附件3，因而附件3不再用作评价本专利是否有效的证据。

（4）鉴于双方当事人将附件5的中文译文确定为请求人提交无效宣告请求时所附的中文译文，合议组对此予以确认。

3. 关于专利法第26条第3款

专利法第26条第3款规定：说明书应当对发明或者实用新型作出清楚、完整的说明，以所属技术领域的技术人员能够实现为准。

所属技术领域的技术人员能够实现，是指所属技术领域的技术人员按照说明书记载的内容，就能够实现该发明或者实用新型的技术方案，解决其技术问题，并且产生预期的技术效果。如果说明书中给出了技术手段，但对所属技术领域的技术人员来说，该手段是含糊不清的，根据说明书记载的内容无法具体实施，则认为该发明由于缺乏解决技术问题的技术手段而无法实现。

本专利权利要求1和2分别要求保护固体型和液体型饲料复合酶制剂，所述复合酶制剂由特定酶活性的β-甘露聚糖酶、木聚糖酶、纤维素酶、β-葡聚糖酶、果胶酶混合制成。根据说明书的记载并参考专利权人在口头审理过程中的陈述，该饲料复合酶制剂用于消化饲料中的底物如多糖（抗营养因子），提高饲料的吸收率和转化率（说明书第1页倒数第3段）。

本专利说明书中所提供的制备饲料复合酶制剂的方法包括步骤：（1）菌种制备：将里氏木霉、黑曲霉及杆菌（Bacillus）、兰氏菌（Lentus）经液体接种得到液体菌种；（2）酶制剂生产：将上述酶的液体菌种经发酵、超滤浓缩、复合，得到复合酶制剂（说明书第2页第2~8行）。在实施例中对菌种制备步骤的描述为“将里氏木霉、黑曲霉及Bacillns、Lentus，经液体接种，得到五种液体菌种”。首先，请求人认为兰氏菌（Lentus）是不存在的，对此专利权人未予以解释，并且本专利文件中未记载在本专利申请日之前保藏过该名称的菌种或公众可以获得的途径。其次，请求人认为正常情况下由三种（或四种）菌种得到五种液体菌种是违背微生物学常识的，专利权人对该问题的解释是“本专利说明书中工艺方法的表述并没有指出菌种制备的原料是4个菌种，因为杆菌、黑曲霉、里氏木霉等属包括多种微生物，完全可以分离出能表达目标产物的5个甚至更多的菌种”。专利权人如此解释存在的问题是：其中黑曲霉、里氏木霉分别为曲霉属、木霉属的菌种，并不存在所谓的黑曲霉属、里氏木霉属微生物，这样解释还表明在说明书中没有清楚地记载用于制备复合酶制剂的具体菌种（或变种），例如具体为哪种芽孢杆菌（Bacillus通常译为芽孢杆菌属）。所属领域的技术人员知道，不同菌种所生产的酶的种类和活性不尽相同，因此，在具体芽孢杆菌菌种和兰氏菌（Lentus）不明的情况下，所属领域技术人员依据说明书的描述无法制得权利要求1和2的复合酶制剂即无法实现本发明。

请求人认为本案中涉及的五种酶的活性是已知的，专利权人认为现有技术中已知的酶活性与本专利中的酶活性不同。合议组认为，尽管现有技术中已知这几种酶且酶必然具有一定的活性，但这几种酶是否具有本专利权利要求1或2所述的活性需要一定证据来证实，且从低的酶活性并不一定能做出任意高的酶活性。附件2未记载酶活性；附件5仅公开了木聚糖酶的活性为600木聚糖酶活力单位/g、β-葡聚糖酶的活性为4，800单位/g、纤维素酶的活力单位为185，000CFU/g；附件9仅公开了β-甘露聚糖酶的活性为3188.9IU/ml和701.5IU/g。当权利要求1和2中限定的纤维素酶或果胶酶活性高于现有技术已知的纤维素酶或果胶酶的活性时，具有权利要求1和2所述酶活性的纤维素酶或果胶酶是无法获得的。因此，仅仅依据说明书公开的饲料复合酶制剂（液体型、固体型）中包含的酶种及活性并结合现有技术无法确保能够制得权利要求 1 和 2 的饲料复合酶制剂。

综上所述，由于本专利说明书没有清楚、完整地记载制备权利要求 1 和 2 所述的饲料复合酶制剂的方法，并且没有证据表明可以利用其他公知的常规方法来制备所述复合酶制剂，因而依据说明书的内容无法实施本发明，本专利说明书不符合专利法第 26 条第 3 款的规定。

鉴于上述分析已得出本专利说明书不符合专利法第 26 条第 3 款的规定的结论，因此，对于权利要求 1 和 2 是否符合专利法第 22 条第 3 款有关创造性的规定，本决定不再予以评述。

基于以上事实和理由，本案合议组作出如下审查决定。

**三、决定**

宣告专利号为 02110701.7 的发明专利权全部无效。

当事人对本决定不服的，可以根据专利法第 46 条第 2 款的规定，自收到本决定之日起三个月内向北京市第一中级人民法院起诉。根据该款的规定，一方当事人起诉后，另一方当事人应当作为第三人参加诉讼。

# 北京市第一中级人民法院
# 行政判决书

（2008）一中行初字第 390 号

原告上海高龙生物科技有限公司，住所地中华人民共和国上海市松江区九亭经济开发区二期工业区 3 号房。

法定代表人钟诚，董事长。

委托代理人朱登高，男，1976 年 3 月 12 日出生，汉族，上海高龙生物科技有限公司职员，户籍所在地中华人民共和国山东省济南市历城区花园路 123 号。

委托代理人赵立军，北京铸成律师事务所专利代理人。

被告中华人民共和国国家知识产权局专利复审委员会，住所地中华人民共和国北京市海淀区北四环西路 9 号。

法定代表人廖涛，副主任。

委托代理人李金光，男，中华人民共和国国家知识产权局专利复审委员会审查员。

委托代理人朱明雅，女，中华人民共和国国家知识产权局专利复审委员会审查员。

第三人克锦公司（chemGen Corp.），住所地美利坚合众国马里兰盖士堡派瑞道 211 号。

法定代表人 Bernie L. Treidl，总裁。

委托代理人舒邦思，北京华和律师事务所律师。

委托代理人饶黄裳，北京中原华和知识产权代理有限责任公司专利代理人。

原告上海高龙生物科技有限公司不服被告中华人民共和国国家知识产权局专利复审委员会作出的专利行政决定，于 2008 年 3 月 5 日向本院提起行政诉讼。本院受理后，依法组成合议庭，并依据《中华人民共和国行政诉讼法》（下称《行政诉讼法》）第二十七条的规定通知克锦公司作为本案第三人参加诉讼，于 2008 年 9 月 9 日公开开庭审理了本案。原告的委托代理人朱登高、赵立军，被告的委托代理人李金光、朱明雅，第三人的委托代理人舒邦思到庭参加了诉讼。本案现已审理终结。

2007 年 11 月 22 日，被告作出第 10686 号无效宣告请求审查决定（下称被诉决定），针对第三人对第 02110701.7 号发明专利（下称本专利）提出的无效宣告请求，根据《中华人民共和国专利法》（下称《专利法》）第二十六条第三款的规定，宣告本专利权全部无效。

被告在法定期限内向本院提交了以下证据的复印件：

（1）本专利授权公告文本；（2）被诉决定书；（3）“officialpublication”，association of american feed controlofficials incorporated，2001 年，第 250 页～253 页、封面一、封面二、封底，英文件共 5 页，部分中译文 4 页（即被诉决定中的附件 2）；（4）“2001-01direct-fed microbial，enzyme&forage additive compendium”，the millerpublishing company 出版，2000 年，第 153、156、158 页、封面、出版信息页，英文件共 5 页，部分中文译文 3 页（即被诉决定中的附件 5）；（5）美国专利 US6162473，公开日 2000 年 12 月 19 日，英文件共 16 页，中文译文共 2 页（即被诉决定中的附件 9）；（6）第三人提交的专利权无效宣告请求书，共 12 页；（7）口审记录表。以上证据用以证明被诉决定正确。

原告诉称：

（1）被诉决定超越了职权范围。《审查指南》第四部分第三章第 4.1 节规定，在无效宣告程序中，专利复审委员会通常仅针对当事人提出的无效宣告请求的范围、理由和提交的证据进行审查，不承担全面审查专利有效性的义务。尽管第三人在请求书中提到了“说明书不符合专利法第26条第3款”这一无效理由，但并没有提及“具有权利要求1和2所述的活性的纤维素酶或果胶酶是无法获得的”这一被告最终作出被诉决定的具体理由。相反，第三人在无效请求书第6页中提出：“该专利的权利要求1和2的五种酶的活性是公知常识”。被告的审查决定超出了当事人提出的无效宣告请求的范围和理由，也超越了其职权范围。

（2）被诉决定违反了听证原则。《审查指南》第四部分第一章第2.5节规定了无效宣告请求审查程序中普遍适用的原则包括听证原则。对于被告作出不利于原告所依据的理由或认定的事实，即“当权利要求1和2中限定的纤维素酶或果胶酶活性高于现有技术已知的纤维素或果胶酶的活性时，具有权利要求1和2所述的活性的纤维素酶或果胶酶是无法获得的”，原告没有得到任何机会来陈述理由并提供证据来证明这一事实是错误的。被告的审查决定违反了听证原则。

（3）被诉决定中主要事实认定错误。

在被诉决定书第8页第1段中认定“当权利要求1和2中限定的纤维素酶或果胶酶活性高于现有技术已知的纤维素或果胶酶的活性时，具有权利要求1和2所述的活性的纤维素酶或果胶酶是无法获得的”。这一认定是没有依据的，且与事实不符。在第三人的无效请求书第6页中提出：“该专利的权利要求1和2的五种酶的活性是公知常识”，在无效请求书第7页具体列出了对比表以表明权利要求1~2和部分现有技术中所公开酶的活性。可以看出，在现有技术中已经公开的所述5种酶的活性高于在权利要求1和2中的各种相应酶的活性。在第三人的无效请求书第7页中进一步指出，高活性酶能够制作出来，低的活性酶必然能够制作出来，而且用高的活性酶稀释也能够得到低的酶活性。这是本领域的技术常识，也是第三人在无效请求书中明确承认的。但是被告却恰恰忽略这一内容，在决定书中作出了相反的认定，并且没有给予原告陈述意见的机会。

具有权利要求1和2所述酶活性的纤维素酶或者果胶酶是本领域的普通技术人员能够根据现有技术得到的。就各种单酶而言，都不是本领域内最高水平，纤维素酶或者果胶酶的活性远低于商品化的纤维素酶或者果胶酶的活性，这都是本领域技术人员公知的常识。能够满足本专利中相应活性指标的纤维素酶或者果胶酶，无论从市场的渠道，或者利用本专利说明书提供的发酵浓缩等公知的技术手段都很容易获得。因为权利要求1和2中要求保护的是饲料复合酶制剂，所述酶制剂由现有技术中已知的具有特定酶活性的5种酶混合制成。在说明书的发明内容和具体实施方式部分中也具体限定了所述饲料复合酶制剂。本领域的普通技术人员完全能够根据说明书实现权利要求1和2的技术方案，本专利说明书符合《专利法》第二十六条第三款的规定。

（4）本专利的复合酶制剂创造性地将多种具有特定活性的酶混合起来，通过各种酶的协同作用，可以实现用于不同原料的不同饲料且提高饲料的吸收率等优点。本发明的权利要求1和2具有创造性。

综上，原告认为，被诉决定程序违法、事实认定错误，故请求法院撤销被诉决定。

原告在诉讼中向本院提交了以下证据的复印件：

（1）本专利授权公告文本，用以证明本专利的内容；（2）被诉决定书，用以证明被诉决定中存在错误；（3）《食品与机械》2001年第6期，第17页；（4）《武汉工业学院学报》2001年，第22页，证据3~4用以证明被诉决定认定事实错误，本专利可以实现。

被告辩称：

1. 关于审查决定是否超出无效宣告请求的范围和理由。

被告认为，对于专利所保护的发明，凡是所属技术领域的技术人员不能从现有技术中直接、唯一地得出的有关内容，均应当在说明书中描述（参见《审查指南》第二部分第二章第2.1节）。因此，第三人主张说明书对发明的公开是不充分的，则意味着主张实施发明所必需的内容既没有在说明书中清楚、完整地描述，也不能从现有技术直接、唯一地得出，即所属领域的技术人员综合说明书的描述和现有技术公开的内容作整体判断，得出的结论都是发明无法实施。被告基于第三人所提出的本专利说明书不符合《专利法》第二十六条第三款规定的主张，对说明书是否充分公开作出判断并未超出无效宣告请求的范围和理由，并无不妥。

相反，在已认定说明书中描述的包括菌种制备和酶制剂生产步骤的制备饲料复合酶制剂的方法无法实施的情况下（具体理由参见被诉决定书第 7 页第 4 段），如果被诉决定仅据此认定说明书未充分公开则明显欠妥。原因是，权利要求 1 和 2 是方法限定的产品权利要求，其中将 5 种酶混合而制备复合酶制剂的方法是最简单最容易想到的公知方法，如果利用该公知方法即可制得所述复合酶制剂则说明书将不会存在公开不充分的问题。但能否利用该公知方法制备复合酶制剂必然要考虑的前提条件就是 5 种酶及其活性是否已知，如果这 5 种酶及其活性是已知的且由该已知的酶活性能够得到权利要求 1 或 2 所要求的酶活性值，则说明书的公开是充分的，否则说明书公开不充分。

第三人是依据附件 4 和 5、9 ~ 12 提出“该专利的权利要求 1 和 2 的五种酶的活性是公知常识”的主张的，但原告不认可附件 4、10 ~ 12 的真实性，第三人也未能提供证据证明这些附件的真实性，在此情形下被告也无法认可其真实性。因此，无法确认第三人所主张的 5 种酶及其活性为公知常识是否属实，更不能确定纤维素酶和果胶酶的活性值是否高于权利要求 1 或 2 所限定的酶活性值。

第三人在无效请求书中还认为将 5 种酶混合制得的具有相应活性的 5 种酶的复合酶制剂不具备创造性，而评价权利要求 1 和 2 的创造性时，首先必须要考虑的就是 5 种酶及其活性是否已知。而如上段所述，无法确认 5 种酶及其活性是否已知，这带来的直接后果就是说明书公开不充分。因此，即便认为第三人没有提出酶及其活性未知从而导致说明书公开不充分的无效宣告理由，被告引入这一理由也是必然的。

2. 关于听证原则。

如被诉决定所述，真实性得到确认的附件 2、5 和 9 均没有记载纤维素酶和果胶酶的活性，并且本领域公知从高的酶活性可以通过稀释得到低至接近 0 的酶活性，但从低的酶活性却不能得到任意高的（例如超出其活性上限的）酶活性。被诉决定正是基于纤维素酶和果胶酶的活性未知的事实，并结合该公知常识得出“当权利要求 1 和 2 中限定的纤维素酶或果胶酶活性高于现有技术已知的纤维素酶或果胶酶的活性时，具有权利要求 1 和 2 所述酶活性的纤维素酶或果胶酶是无法获得的”这一结论。此结论隐含的意思就是，由于无法确定权利要求 1 或 2 中限定的酶活性值是否超出了该酶活性的上限值，因而无法确定权利要求 1 或 2 所述技术方案能否实施，说明书公开不充分。而对于第三人所提供的所有附件的真实性、5 种酶及其活性是否已知，被告给予了原告和第三人充分陈述意见的机会，且双方也都对此发表了自己的意见，因此被诉决定的作出不违反听证原则。

3. 关于被诉决定中的事实认定问题。

（1）原告指出被诉决定书第 8 页第 1 段中认定“权利要求 1 和 2 中限定的纤维素酶或果胶酶活性高于现有技术已知的纤维素酶或果胶酶的活性，具有权利要求 1 和 2 所述酶活性的纤维素酶或果胶酶是无法获得的”是错误的。被告不能同意原告擅自删改被诉决定中的相关语句并作断章取义甚至是歪曲的理解。被诉决定该处的原文为：“当权利要求 1 和 2 中限定的纤维素酶或果胶酶活性高于现有技术已知的纤维素酶或果胶酶的活性时，具有权利要求 1 和 2 所述酶活性的纤维素酶或果胶酶是无法获得的”，2 个字的删除使两者含义大相径庭。被诉决定只是认定无法确认权利要求 1 和 2 中限定的纤维素酶或果胶酶活性是否高于现有技术已知的纤维素酶或果胶酶的活性，并结合公知常识针对该事实可能对说明书是否充分公开造成的影响作了假设性的推论。

（2）原告指出第三人的无效请求书第6页提出“该专利的权利要求1和2的五种酶的活性是公知常识”，且在现有技术中已经公开的这5种酶的活性高于权利要求1和2中各种酶的相应活性，并指出用高活性的酶能够稀释得到低活性的酶。被告认为，如前所述，由于部分证据无法采信，不能确认第三人所主张的5种酶及其活性为公知常识是否属实，更不能确定纤维素酶和果胶酶的活性值是否高于权利要求1或2所限定的酶活性。

（3）原告提供证据3和证据4用以证明具有权利要求1和2所述酶活性的纤维素酶或者果胶酶是本领域的普通技术人员能够根据现有技术得到的，但证据3和证据4并非被诉决定所依据的证据，不能作为证明被诉决定是否合法的证据，请求法院不予考虑。

综上所述，被告认为，被诉决定认定事实清楚、适用法律正确、审理程序合法，请求人民法院依法驳回原告的诉讼请求，维持被诉决定。

第三人述称：

（1）第三人针对本专利提出专利权无效宣告请求，认为本专利说明书不符合《专利法》第二十六条第三款的规定，权利要求1~2不符合《专利法》第二十二条第三款的规定。被诉决定的理由未超出无效宣告请求的理由和范围。口头审理过程中，第三人曾要求增加权利要求1和2不符合《专利法》第二十二条第四款、第二十六条第四款规定的无效理由，被告依法不予考虑。以上事实说明被告在审理中能够严格依照法律和《审查指南》开展审理工作，执法是公正的。

（2）被诉决定的第二条理由就是关于证据的采信。在口审中，被告认真审查第三人提交的12份证据，对第三人提交的附件1、4、6~8、10~12（共8份证据）不予采信，反映了被告能够严格依照法律和《审查指南》规定实事求是地开展审理工作，尽管不予采信的理由仅仅是这些证据文件是复印件。第三人因为年代已久无法取得原件，而原告的当庭理由就是单纯的口头否认真实性。

（3）被诉决定的第三条理由就是关于《专利法》第二十六条第三款的规定，即说明书应当对发明或实用新型作出清楚、完整的说明，以所属的技术领域的技术人员能够实现为准。对此，被告所作的被诉决定和行政答辩状已针对原告的起诉状事实和理由一一予以说明和辩驳。本专利对制备饲料复合酶制剂的方法包括步骤：菌种制备：将里氏木酶、黑曲霉及杆菌（Bacillus）、兰氏菌（Lentus）经液体接种得到液体菌种，在实施例中又描述和表述为“将里氏木酶、黑曲霉及杆菌Bacillus、兰氏菌Lentus经液体接种，得到五种液体菌种”。作为该技术领域的普通技术人员知道里氏木酶和黑曲霉是两种明确可知的具体菌种；而Bacillus则应释为芽孢杆菌属，即在该属下应有多种杆菌，本专利说明书的Bacillus不能专指某一个具体的芽孢杆菌菌种，微生物学菌种分类学领域也不存在一种学名为Lentus，译名为兰氏菌的具体菌种。因此，任何该技术领域的普通技术人员都无法理解，上述这4种无法确定的不具体的菌种如何经液体接种，能得到没有明确名称无法具体把握的5种液体菌种。当然更不可能按照原告在本专利中公开的技术方案或实施例方法得以实现。仅以上述文字内容，任何人都不难得出原告正是使用了不清楚的表述方法，以变魔术的手段创造出的未知菌种，从而轻而易举地获得了权利要求1和2所述产品的各种活性酶。

综合上述意见，不难发现原告起诉状中所述的事实与理由，恰恰回避了被诉决定要点所论述的事实与理由。因此，原告无法推翻被诉决定，请求法院维持被诉决定。

第三人未向本院提交证据。

经庭审质证及合议庭评议，本院认为，被告提交的全部证据以及原告提交的证据1~2与本案具有关联性，且符合形式上的合法性、真实性要求，能够作为被告认定相关事实的依据，本院予以采纳。原告方证据3~4未在被告的行政审查程序中提交，且不属于公知常识性证据，故本院不予采纳。

本院经审理查明，本案涉及于2005年6月29日授权公告的、名称为“一种饲料复合酶制剂及其制造方法”、专利号为02110701.7的发明专利（即本专利），其申请日为2002年1月30日，授权公告时专利权人为钟诚，2006年10月20日专利权人变更为本案原告。本专利授权公告的权利要求书如下：

“1. 一种固体型饲料复合酶制剂，其特征在于，它由酶活性为711.5Iu/g的β-甘露聚糖酶、酶活性为1976Iu/g的木聚糖酶、酶活性为950Iu/g的纤维素酶、酶活性为650Iu/g的β-葡聚糖酶、酶活性为800Iu/g的果胶酶混合制成。

2. 一种液体型饲料复合酶制剂，其特征在于，它由酶活性为3360Iu/mL的β-甘露聚糖酶、酶活性为10870Iu/mL的木聚糖酶、酶活性为4292Iu/mL的纤维素酶、酶活性为2800Iu/mL的β-葡聚糖酶、酶活性为3600Iu/mL的果胶酶混合制成。”

针对上述专利权，第三人于2007年2月17日向被告提出专利权无效宣告请求，认为本专利说明书不符合《专利法》第二十六条第三款的规定，权利要求1~2不符合《专利法》第二十二条第三款的规定。第三人同时提交了以下附件作为证据：

附件1-1：“Aspergillus Enzymes Involved inDeg radation of Plant Cell Wall Polysaccharides”，RonaldP. De Vries和Jaap Visser，Microbiology and MolecularBiologyRe views，第65卷第4期，第497~516页，2001年12月，英文，复印件共20页，及其部分中文译文4页；

附件2：“Official Publication”，Association ofAmerican Feed Control Officials Incorporated，2001年，第250~253页、封面一、封面二、封底，英文，复印件共5页，及其部分中文译文4页；

附件3：中国发明专利申请公开说明书，专利申请号为01144782.6，公开号为CNl428415A，公开日为2003年7月9日，复印件共4页（正反面计为1页）；

附件4-1：“Effect of Enzyme Supplementation on theNutritional Value of Raw，Autoclaved，and De-hulledLupins（Lupinus albus）in Chicken Diets”，A. Brenes等，Poultry Science，第72卷，第2281~2293页，1993年，英文，复印件共1 3页，及其部分中文译文3页；

附件5：“2000-01 Direct-fed Microbial，Enzyme&Forage AdditiVe Compendium”，The Miller Pub-lishingCompany出版，2000年，第153、156、158页、封面、出版信息页，英文，复印件共5页，及其部分中文译文3页；

附件6：“酶工程”，徐凤彩，中国农业出版社，2001年6月第1版，2003年8月北京第2次印刷，第38~46页、版权页封面、出版信息页的复印件共6页（正反面计为1页）；

附件7：“酶学”，陈石根和周润琦，复旦大学出版社，2001年2月第一版，2001年2月第一次印刷，第50~55页、版权页封面、出版信息页的，复印件共5页；

附件8：“酶技术”，周晓云，石油工业出版社，1995年5月第1版，1995年5月北京第1次印刷，第88~235页、版权页封面、封底、出版信息页和前言的，复印件共40页；

附件9-1：美国专利US6，162，473，专利批准日为2000年12月19日，中文译文共2页；

附件10-1：“用黑曲霉在苹果渣做固体发酵来产生果胶酶”，Berovic M. 和Ostroversnik H.，生物技术杂志，第53卷第1期，1997年2月28日，中文译文共1页；

附件11-1：“用黑曲霉KKs在不同的生物反应器理，生产纤维素酶与木聚糖酶”，Kim，s. W.等，生物资源工艺Bioresource Technology，第59卷第1期，1997年，中文译文共1页；

附件12-1：世界微生物生物技术杂志（World J. Microbiol. Bio technol.），R. A. Nieves等，1998年，第14卷，中文译文1页；

附件13：本专利授权公告文本（CN1207980c），复印件共6页；

依据上述附件，第三人认为：(1) ①本专利说明书针对一些菌种名的表述不清楚；②说明书中3

种或4种菌种液体混合后形成含有5种菌种的菌液，在未经放射性处理的情况下这样的结果是不符合现行微生物科学技术的；③“尚没有将几种酶复合在一起的产品出现”的说法是错误的，而且，说明书中没有解释为什么说该发明已克服了已有技术的只有单酶剂的产品缺陷，并没有指出新的技术方案与已有技术的差别何在；④说明书没有给出具体的芽孢杆菌（Bacillus），没有举例获得里氏木霉和黑曲霉的途径，没有给出制备菌种时各菌种的具体用量比例，没有给出酶制剂生产中各工艺步骤的详细子工艺步骤和技术参数，而这些技术参数和条件对酶制剂的生产有重要影响，说明书也没有具体说明向饲料中添加发酵液的比例，没有提供添加后的效果（对比实验数据）。因此，依据说明书的记载无法实现本发明，故本专利说明书不符合《专利法》第二十六条第三款的规定。（2）附件1-1、2~3已公开了黑曲霉、里氏木霉、“迟缓芽孢杆菌（Bacillus lentus）”分别能制备权利要求1和2所公开的5种酶中的一种或多种：β-甘露聚糖酶、木聚糖酶、纤维素酶、β-葡聚糖酶和果胶酶，附件4-1、5、9-1、10-1、11-1、12-1分别公开了上述5种酶中1种或多种的活性，对比文件4-1公开了组合菌种生产复合酶的技术，附件6~8公开了包括酶的生产菌种、菌种分离、酶的发酵技术在内的制造复合酶剂的方法，因此，本领域技术人员很容易想到用黑曲霉、里氏木霉、迟缓芽孢杆菌制备权利要求1和2所述的5种酶组成的复合剂。这只是简单的组合，无须创造性劳动即可实现，因此权利要求1和2不符合《专利法》第二十二条第三款有关创造性的规定。

2007年3月7日，第三人又提交了以下附件：

附件1-2：“Aspergillus Enzymes Involved in Degradation of Plant Cell Wall Polysaccharides”，RonaldP. De Vries和Jaap Visser，Microbiology and MolecularBiologyRcviews，第65卷第4期，封面及第497~522页，2001年12月，英文，复印件共15页（正反面计为1页）；

附件4-2：Poultry Science，第72卷第12期，封面，1993年，英文，复印件共1页；

附件9-2：US6162473A，公开日2000年12月19日，英文，复印件共16页；

附件10-2：“Production of Aspergillusniger pectolytic enzymes by solid state bioprocessing ofapple pomace)”，Berovic M. 和Ostroversnik H.，Journalof Biotechnoloty，第53卷，1997年，第47~53页，以及杂志Journal of Bio technoloty的第53卷第1期（1997年2月28日）的封面，英文，复印件共5页（正反面计为1页）；

附件11-2：“Cellulase and Xylanase Production byAspergillusniger KKS in Various Bioreactors”，Kim, s. W. 等，Bioresource Technology，第59卷，1997年，第63~67页，和杂志Bioresource Technology的第59卷第1期（1997年1月）的封面、扉页，英文，复印件共6页（正反面计为1页），以及中文译文1页；附件12-2：“Technical Communicationn：survey andannalysis of commercial cellulase preparations suitablefor biomass conversion to ethanol”，R. A. Nieves等，World J. MiCrobiol. Bio technol.，第14卷，1998年，第301~304页，和杂志World J. Microbiol. Biotechnol. 的封面、扉页，英文，复印件共5页（正反面计为1页）。

以下将附件1-1和1-2合称为附件1，附件4-1和4-2合称为附件4，附件9-1和9-2合称为附件9，附件10-1和10-2合称为附件10，附件11-1和11-2合称为附件11，附件12-1和12-2合称为附件12。

经形式审查合格后，被告受理了上述请求，于2007年4月25日向双方当事人发出无效宣告请求受理通知书，并将专利权无效宣告请求书及其附件清单中所列附件副本，以及第三人于2007年3月7日提交的补充意见及其附件清单中所列附件副本转送给原告，要求其在指定的期限内答复，同时成立合议组对本无效请求案进行审理。

原告于2007年5月31日提交了意见陈述书，认为（1）①本专利说明书发明内容部分对饲料复合酶制剂（液体型、固体型）例如其包含的酶种及活性有清楚表述，该复合酶制剂可以通过公知生产工艺得到，因此本说明书只作了简述；②说明书中杆菌、黑曲霉、里氏木霉等属包括多种微生物，并非只有4个菌种；③第三人已指出附件1～3能制备5种酶，“酶的活性是公知常识”，而又说“不能够实现”，前后自相矛盾。因此，本专利说明书符合《专利法》第二十六条第三款的规定。(2）第三人提交的附件1～12中，只有附件4提到复合酶，其余均为单酶产品，附件4中的复合酶只是3种商业酶的简单组合并且是分别添加于鸡饲料中，并不是本专利工业化生产意义上的酶制剂产品。况且，附件4中涉及的酶均与本专利的5种酶无关，从附件4的商业酶无法得到启示来生产本专利的酶制剂产品。因此，本专利权利要求1和2相对于附件4具备创造性。另外，本专利复合酶制剂考虑了各酶的协同作用，提高了饲料的吸收率和转化率，使该复合酶的pH适用范围更广，这表明复合酶不是一种简单混合。

2007年7月10日，被告向双方当事人发出无效宣告请求口头审理通知书，定于2007年8月27日对该专利权的无效请求进行口头审理。同时，将原告于2007年5月31日提交的意见陈述书转送给第三人。

2007年8月27日，口头审理如期进行，双方当事人均委托代理人参加了口头审理。口头审理过程中认定的事实如下：(1）第三人要求增加《专利法》第二十二条第四款和第二十六条第四款的无效理由，原告对此有异议。被告告知第三人当庭增加无效理由超出了补充理由的期限，因此对第三人当庭增加的无效理由不予考虑。(2）第三人放弃附件3，原告认可附件2、5、9的真实性、公开性，不认可附件1、4、6～8、10～12的真实性，被告当庭告知第三人，由于第三人不能在口头审理辩论终结前提供附件1、4、6～8、10～12的原件，无法确认附件1、4、6～8、10～12的真实性。(3）双方当事人确认附件5的中文翻译以第三人提交请求书时所附附件5的中文译文为准。(4）第三人和原告均确认权利要求1和2中的5种酶是已知的，同时，第三人主张该5种酶的活性也是已知的，而原告认为现有技术公开的该5种酶的活性与权利要求1和2中的活性不同。(5）原告认为权利要求1和2的复合酶制剂可以用其他方法制备，不仅仅限于说明书中公开的方法，第三人认为说明书中公开的方法为公知技术。(6）关于《专利法》第二十六条第三款的无效理由，第三人确认其当庭所要陈述的意见与无效宣告请求书中一致，原告坚持其在意见陈述书中的意见，并强调本专利要求保护的是产品而不是方法。

至此，被告认为本案的事实清楚，故作出如下决定：

1. 无效宣告请求的理由和范围。

第三人在专利权无效宣告请求书中提出的专利权无效宣告请求的理由和范围为：本专利说明书不符合《专利法》第二十六条第三款的规定，权利要求1和2不符合《专利法》第二十二条第三款有关创造性的规定。口头审理过程中第三人要求增加权利要求1和2不符合《专利法》第二十二条第四款、第二十六条第四款规定的无效理由，原告对第三人增加的无效理由提出异议。依据《专利法实施细则》第六十六条的规定，第三人在提出无效宣告请求之日起1个月后增加无效宣告理由的，被告一般不予考虑，但下列情形除外：(1）针对原告以合并方式修改的权利要求，在专利复审委员会指定期限内增加无效宣告理由，并在该期限内对所增加的无效宣告理由具体说明的；(2）对明显与提交的证据不相对应的无效宣告理由进行变更的。但本案中第三人当庭增加的无效宣告理由是在其提出无效宣告请求一个月后提出的，且不属于上述两种情形，所以被告对第三人当庭增加的上述无效宣告理由不予考虑。

本专利权无效宣告请求的理由和范围为：本专利说明书不符合《专利法》第二十六条第三款的规定，权利要求1和2不符合《专利法》第二十二条第三款有关创造性的规定。

2. 关于证据。

（1）附件1、4、6~8、10~12是复印件，原告不认可这些附件的真实性。对于第三人的举证期限，《审查指南》第四部分第三章第4.3.1节规定，用于完善证据法定形式的公证书、原件等证据应在口头审理辩论终结前提交，并在第4.3.3节中指出，对于有证据表明因无法克服的困难在所述期限内不能提交的证据，当事人可以在所述期限内书面请求延期提交。本案中，第三人既未在口头审理辩论终结前提交证实附件1、4、6~8、10~12的真实性的证据，也未在所述期限内提出延期提交的书面请求，无法确认附件1、4、6~8、10~12的真实性，因此前述附件1、4、6~8、10~12不予采信。

（2）鉴于原告对附件2、5和9与本专利的关联性以及附件2、5和9的真实性、公开性均无异议，被告对附件2、5和9的关联性、真实性、公开性予以确认。

（3）鉴于第三人已明确表示放弃附件3，因而附件3不再用作评价本专利是否有效的证据。

（4）鉴于双方当事人将附件5的中文译文确定为第三人提交无效宣告请求时所附的中文译文，被告对此予以确认。

3. 关于《专利法》第二十六条第三款。

《专利法》第二十六条第三款规定：说明书应当对发明或者实用新型作出清楚、完整的说明，以所属技术领域的技术人员能够实现为准。

所属技术领域的技术人员能够实现，是指所属技术领域的技术人员按照说明书记载的内容，就能够实现该发明或者实用新型的技术方案，解决其技术问题，并且产生预期的技术效果。如果说明书中给出了技术手段，但对所属技术领域的技术人员来说，该手段是含糊不清的，根据说明书记载的内容无法具体实施，则认为该发明由于缺乏解决技术问题的技术手段而无法实现。

本专利权利要求1和2分别要求保护固体型和液体型饲料复合酶制剂，所述复合酶制剂由特定酶活性的β-甘露聚糖酶、木聚糖酶、纤维素酶、β-葡聚糖酶、果胶酶混合制成。根据说明书的记载并参考原告在口头审理过程中的陈述，该饲料复合酶制剂用于消化饲料中的底物如多糖（抗营养因子），提高饲料的吸收率和转化率（说明书第1页倒数第3段）。

本专利说明书中所提供的制备饲料复合酶制剂的方法包括步骤：（1）菌种制备：将里氏木霉、黑曲霉及杆菌（Bacilus）、兰氏菌（Lentus）经液体接种得到液体菌种；（2）酶制剂生产：将上述酶的液体菌种经发酵、超滤浓缩、复合，得到复合酶制剂（说明书第2页第2~8行）。在实施例中对菌种制备步骤的描述为“将里氏木霉、黑曲霉及Bacillns、Lentus，经液体接种，得到五种液体菌种”。首先，第三人认为兰氏菌（Lentus）是不存在的，对此原告未予以解释，并且本专利文件中未记载在本专利申请日之前保藏过该名称的菌种或公众可以获得的途径。其次，第三人认为正常情况下由3种（或4种）菌种得到5种液体菌种是违背微生物学常识的，原告对该问题的解释是“本专利说明书中工艺方法的表述并没有指出菌种制备的原料是4个菌种，因为杆菌、黑曲霉、里氏木霉等属包括多种微生物，完全可以分离出能表达目标产物的5个甚至更多的菌种”。原告如此解释存在的问题是：其中黑曲霉、里氏木霉分别为曲霉属、木霉属的菌种，并不存在所谓的黑曲霉属、里氏木霉属微生物，这样解释还表明在说明书中没有清楚地记载用于制备复合酶制剂的具体菌种（或变种），例如：具体为哪种芽孢杆菌（Bacillus通常译为芽孢杆菌属）。所属领域的技术人员知道，不同菌种所生产的酶的种类和活性不尽相同，因此，在具体芽孢杆菌菌种和兰氏菌（Lentus）不明的情况下，所属领域技术人员依据说明书的描述无法制得权利要求1和2的复合酶制剂即无法实现本发明。

第三人认为本案中涉及的5种酶的活性是已知的，原告认为现有技术中已知的酶活性与本专利中的酶活性不同。被告认为，尽管现有技术中已知这几种酶且酶必然具有一定的活性，但这几种酶是否具有本专利权利要求1或2所述的活性需要一定证据来证实，且从低的酶活性并不一定能做出任意高的酶活性。附件2未记载酶活性；附件5仅公开了木聚糖酶的活性为600木聚糖酶活力单位/g、β-葡聚糖酶的活性为4800单位/g、纤维素酶的活力单位为185000 CFu/g；附件9仅公开了β-甘露聚糖酶的活性为3188. 9Iu/mL和701. 5Iu/g。当权利要求1和2中限定的纤维素酶或果胶酶活性高于现有技术已知的纤维素酶或果胶酶的活性时，具有权利要求1和2所述酶活性的纤维素酶或果胶酶是无法获得的。因此，仅仅依据说明书公开的饲料复合酶制剂（液体型、固体型）中包含的酶种及活性并结合现有技术无法确保能够制得权利要求1和2的饲料复合酶制剂。

综上所述，由于本专利说明书没有清楚、完整地记载制备权利要求1和2所述的饲料复合酶制剂的方法，并且没有证据表明可以利用其他公知的常规方法来制备所述复合酶制剂，因而依据说明书的内容无法实施本发明，本专利说明书不符合《专利法》第二十六条第三款的规定。

鉴于上述分析已得出本专利说明书不符合《专利法》第二十六条第三款的规定的结论。因此，对于权利要求1和2是否符合《专利法》第二十二条第三款有关创造性的规定，被告决定不再予以评述。

据此，被告作出被诉决定，宣告本专利权全部无效。原告不服，诉至本院。

本院认为，经审查，被诉决定符合法定程序，对第三人提出无效宣告请求的理由和范围的确定正确，对被诉决定所依据的证据确定正确，各方当事人亦无异议，本院予以确认。本案的审理重点主要在于：（1）被告的审查决定是否违反了听证原则；（2）本专利是否符合《专利法》第二十六条第三款的规定。

（1）被告的审查决定是否违反了听证原则。

经审查，关于本专利是否符合《专利法》第二十六条第三款规定的问题，系第三人在提出专利权无效宣告请求时即已明确的主要无效理由之一，也是被告所作被诉决定的主要审查内容。在被告的行政审查过程中，已给予双方当事人充分陈述意见的机会，并记载于被诉决定中。因此，原告认为被告的被诉决定违反了听证原则的诉讼意见缺乏事实和法律依据，本院不予支持。

（2）本专利是否符合《专利法》第二十六条第三款的规定。

本专利说明书中所提供的制备饲料复合酶制剂的方法包括步骤：1）菌种制备：将里氏木霉、黑曲霉及杆菌（Bacillus）、兰氏菌（Lentus）经液体接种得到液体菌种；2）酶制剂生产：将上述酶的液体菌种经发酵、超滤浓缩、复合，得到复合酶制剂。在实施例中对菌种制备步骤的描述为“将里氏木霉、黑曲霉及Bacillns、Lentus，经液体接种，得到五种液体菌种”。

在上述制备方法中，Bacillus应指芽孢杆菌属，在该属下应有多种杆菌，故Bacillus并非指某一个具体的芽孢杆菌菌种。同时，本技术领域也不存在一种学名为Lentus，译名为兰氏菌的具体菌种。因此，在具体芽孢杆菌菌种和兰氏菌（Lentus）不明的情况下，所属领域技术人员依据本专利说明书的描述无法制得本专利权利要求1和2的复合酶制剂。

此外，仅仅依据本专利说明书公开的饲料复合酶制剂中包含的酶种及活性并结合现有技术，本领域技术人员无法确保能够制得本专利权利要求1和2的饲料复合酶制剂。

因此，鉴于本专利说明书没有清楚、完整地记载制备权利要求1和2所述的饲料复合酶制剂的方法，并且没有证据表明可以利用其他公知的常规方法来制备所述复合酶制剂，被诉决定关于本专利说明书不符合《专利法》第二十六条第三款规定的认定正确，本院应予支持。

综上，被诉决定认定事实清楚、适用法律正确、程序合法，本院应予维持。原告的诉讼请求缺乏事实和法律依据，本院不予支持。据此，依照《行政诉讼法》第五十四条第（一）项之规定，判决如下：

维持被告中华人民共和国国家知识产权局专利复审委员会于二〇〇七年十一月二十二日作出的

第10686号无效宣告请求审查决定。

案件受理费100元，由原告上海高龙生物科技有限公司负担（已交纳）。

如不服本判决，第三人克锦公司可在本判决书送达之日起30日内，原告上海高龙生物科技有限公司、被告中华人民共和国国家知识产权局专利复审委员会可在本判决书送达之日起15日内，向本院递交上诉状，并按对方当事人的人数提交副本，上诉于中华人民共和国北京市高级人民法院。上诉人在上诉期满后7日内未预交上诉案件受理费又不提出缓交申请的，按自动撤回上诉处理。

审　判　长　强刚华
代理审判员　贾志刚
人民陪审员　欧万雄
二○○九年一月十四日
书　记　员　赵　锋

# 北京市高级人民法院
# 行政判决书

（2009）高行终字第489号

上诉人（一审原告）上海高龙生物科技有限公司，住所地中华人民共和国上海市松江区九亭经济开发区二期工业区3号房。

法定代表人钟诚，董事长。

委托代理人许立天，北京铸成律师事务所律师。

委托代理人赵立军，男，北京铸成律师事务所专利代理人。

被上诉人（一审被告）中华人民共和国国家知识产权局专利复审委员会，住所地中华人民共和国北京市海淀区北四环西路9号。

法定代表人廖涛，副主任。

委托代理人葛永奇，男，中华人民共和国国家知识产权局专利复审委员会审查员。

委托代理人刘妍，女，中华人民共和国国家知识产权局专利复审委员会审查员。

被上诉人（一审第三人）克锦公司（Chem Gen Corp.），住所地美利坚合众国马里兰盖士堡派瑞道211号。

法定代表人Bernie L. Treidl，总裁。

委托代理人舒邦思，北京华和律师事务所律师。

委托代理人饶黄裳，男，北京中原华和知识产权代理有限责任公司专利代理人。

上诉人上海高龙生物科技有限公司（以下简称高龙公司）因专利无效审查决定一案，不服中华人民共和国北京市第一中级人民法院（2008）一中行初字第390号行政判决，向本院提起上诉。本院依法组成合议庭进行了审理，本案现已审理终结。

2007年11月22日，中华人民共和国国家知识产权局专利复审委员会（以下简称专利复审委）作出第10686号无效宣告请求审查决定（以下简称第10686号决定），针对克锦公司对第02110701.7

号发明专利（以下简称本专利）提出的无效宣告请求，根据《中华人民共和国专利法》（以下简称《专利法》）第二十六条第三款的规定，宣告本专利权全部无效。高龙公司不服专利复审委作出的第10686号决定，向中华人民共和国北京市第一中级人民法院（以下简称一审法院）提起行政诉讼。

一审法院判决认定，本专利是否符合《专利法》第二十六条第三款的规定，系克锦公司在提出专利权无效宣告请求时即已明确的主要无效理由之一，也是专利复审委所作第10686号决定的主要审查内容。在专利复审委的行政审查过程中，已给予双方当事人充分陈述意见的机会，并记载于第10686号决定中。因此，高龙公司认为专利复审委作出的第10686号决定违反了听证原则的诉讼意见，缺乏事实和法律依据。本专利说明书中所提供的制备饲料复合酶制剂的方法包括步骤：（1）菌种制备：将里氏木霉、黑曲霉及杆菌（Bacillus）、兰氏菌（Lentus）经液体接种得到液体菌种；（2）酶制剂生产：将上述酶的液体菌种经发酵、超滤浓缩、复合，得到复合酶制剂。在实施例中对菌种制备步骤的描述为“将里氏木霉、黑曲霉及Baci1lns、Lentus，经液体接种，得到五种液体菌种”。在上述制备方法中，Bacillus应指芽孢杆菌属，在该属下应有多种杆菌，故Bacillus并非指某一个具体的芽孢杆菌菌种。同时，本技术领域也不存在一种学名为Lentus，译名为兰氏菌的具体菌种。因此，在具体芽孢杆菌菌种和兰氏菌（Lentus）不明的情况下，所属领域技术人员依据本专利说明书的描述无法制得本专利权利要求1和2的复合酶制剂。鉴于本专利说明书没有清楚、完整地记载制备权利要求1和2所述的饲料复合酶制剂的方法，并且没有证据表明可以利用其他公知的常规方法来制备所述复合酶制剂，第10686号决定关于本专利说明书不符合《专利法》第二十六条第三款规定的认定正确。综上，依照《中华人民共和国行政诉讼法》第五十四条第（一）项的规定，判决维持专利复审委作出的第10686号决定。

高龙公司不服一审判决，提出上诉。诉称，（1）第10686号决定违反了听证原则。《审查指南》第四部分第一章第2.5节规定了无效宣告请求审查程序中普遍适用的原则包括听证原则。对于专利复审委作出不利于高龙公司所依据的理由或认定的事实，即“当权利要求1和2中限定的纤维素酶或果胶酶活性高于现有技术已知的纤维素或果胶酶的活性时，具有权利要求1和2所述的活性的纤维素酶或果胶酶是无法获得的”，高龙公司没有得到任何机会来陈述理由并提供证据来证明这一事实是错误的。专利复审委的审查决定违反了听证原则。（2）第10686号决定中主要事实认定错误。在第10686号决定书第8页第1段中认定“当权利要求1和2中限定的纤维素酶或果胶酶活性高于现有技术已知的纤维素或果胶酶的活性时，具有权利要求1和2所述的活性的纤维素酶或果胶酶是无法获得的”。这一认定是没有依据的，且与事实不符。在克锦公司的无效请求书第6页中提出：“该专利的权利要求1和2的五种酶的活性是公知常识”，在无效请求书第7页具体列出了对比表以表明权利要求1~2和部分现有技术中所公开酶的活性。可以看出，在现有技术中已经公开的所述5种酶的活性高于在权利要求1和2中的各种相应酶的活性。在克锦公司的无效请求书第7页中进一步指出，高活性酶能够制作出来，低的活性酶必然能够制作出来，而且用高的活性酶稀释也能够得到低的酶活性。这是本领域的技术常识，也是克锦公司在无效请求书中明确承认的。但是专利复审委却恰恰忽略这一内容，在决定书中作出了相反的认定，并且没有给予高龙公司陈述意见的机会。具有权利要求1和2所述酶活性的纤维素酶或者果胶酶是本领域的普通技术人员能够根据现有技术得到的。就各种单酶而言，都不是本领域内最高水平，纤维素酶或者果胶酶的活性远低于商品化的纤维素酶或者果胶酶的活性，这都是本领域技术人员公知的常识。能够满足本专利中相应活性指标的纤维素酶或者果胶酶，无论从市场的渠道，或者利用本专利说明书提供的发酵浓缩等公知的技术手段都很容易获得。因为权利要求1和2中要求保护的是饲料复合酶制剂，所述酶制剂由现有技术中已知的具有特定酶活性的5种酶混合制成。在说明书的发明内容和具体实施方式部分中也具体限定了所述饲料复合酶制剂。本领域的普通技术人员完全能够根据说明书实现权利要求1和2的技术方案。(3)第10686号决定适用法律错误。本专利的复合酶制剂创造性地将多种具有特定活性的酶混合起来,通过各种酶的协同作用,可以实现用于不同原料的不同饲料且提高饲料的吸收率等优点。本专利的权利要求1和2具有创造性,本专利说明书亦符合《专利法》第二十六条第三款的规定。综上,一审法院判决认定事实不清,请求二审法院撤销一审判决,同时撤销专利复审委作出的第10686号决定。

专利复审委仍持第10686号决定意见,并认为一审法院判决认定事实清楚,适用法律正确,请求二审法院判决驳回上诉,维持一审判决。

克锦公司同意专利复审委的意见。

本案一审审理期间,专利复审委在法定期限内向一审法院提交了以下主要证据:(1)本专利授权公告文本;(2)"officialpublication",association of american feed control officialsincorporated,2001年,第250~253页、封面一、封面二、封底,英文件共5页,部分中译文4页(即第10686号决定中的附件2);(3)"2001-01 direct-fed microbial,enzyme&forageadditive compendium",the miller publishing company出版,2000年,第153、156、158页、封面、出版信息页,英文件共5页,部分中文译文3页(即第10686号决定中的附件5);(4)美国专利US6162473,公开日2000年12月19日,英文件共16页,中文译文共2页(即第10686号决定中的附件9);(5)克锦公司提交的专利权无效宣告请求书,共12页;(6)口审记录表。

高龙公司向一审法院提交了以下主要证据:(1)本专利授权公告文本;(2)《食品与机械》2001年第6期,第17页;(3)《武汉工业学院学报》2001年,第22页。

克锦公司未向一审法院提交证据。

一审法院经审查认为,专利复审委提交的全部证据,以及高龙公司提交的证据1与本案具有关联性,且符合形式上的合法性、真实性要求,能够作为专利复审委认定相关事实的依据,予以采纳。高龙公司提交的证据2~3未在专利复审委的行政审查程序中提交,且不属于公知常识性证据,不予采纳。

上述证据均已随案移送本院。二审期间,各方当事人没有提交新的证据。经审查核实,本院确认一审法院认证意见正确,并据此认定本案如下事实:

本案涉及于2005年6月29日授权公告的、名称为"一种饲料复合酶制剂及其制造方法"、专利号为02110701.7的发明专利(即本专利),本专利申请日为2002年1月30日,授权公告时专利权人为钟诚,2006年10月20日专利权人变更为高龙公司。本专利授权公告的权利要求书如下:

"1. 一种固体型饲料复合酶制剂,其特征在于,它由酶活性为711.5IU/g的β-甘露聚糖酶、酶活性为1976IU/g的木聚糖酶、酶活性为950IU/g的纤维素酶、酶活性为650Iu/g的β-葡聚糖酶、酶活性为800IU/g的果胶酶混合制成。

2. 一种液体型饲料复合酶制剂,其特征在于,它由酶活性为3360IU/mL的B-甘露聚糖酶、酶活性为10870IU/mL的木聚糖酶、酶活性为4292IU/mL的纤维素酶、酶活性为2800IU/mL的β-葡聚糖酶、酶活性为3600IU/mL的果胶酶混合制成。"

针对本专利,克锦公司于2007年2月17日向专利复审委提出专利权无效宣告请求,认为本专利说明书不符合《专利法》第二十六条第三款的规定,权利要求1~2不符合《专利法》第二十二条第三款的规定。克锦公司同时提交了以下附件作为证据:

附件1-1:"Aspergillus Enzymes Involved in Degradat ion ofPlant Cell Wall Polysaccharides",Ronald P. De Vries和JaapVisser,Microbiology and Molecular Biology Reviews,第65卷第4期,第497~516页,2001年12月,英文,复印件共20页,及其部分中文译文4页;

附件2："Official Publication"，Association of AmericanFeed Control Officials Incorporated，2001年，第250~253页、封面一、封面二、封底，英文，复印件共5页，及其部分中文译文4页；

附件3：中国发明专利申请公开说明书，专利申请号为011 44782.6，公开号为CNl428415A，公开日为2003年7月9日，复印件共4页（正反面计为1页）；

附件4-1："Effect of Enzyme Supplementat ion on theNutritional Value of Raw，Autoclaved，and Dehul ted Lupins（Lupinus albus）in Ch icken Diet s"，A. Brenes等，PoultryScience，第72卷，第2281~2293页，1993年，英文，复印件共13页，及其部分中文译文3页；

附件5："2000－01 Direct－fed Microbial，Enzyme&ForageAdditive Compendium"，Tle Miller Publishing Company出版，2000年，第153、156、158页、封面、出版信息页，英文，复印件共5页，及其部分中文译文3页；

附件6："酶工程"，徐凤彩，中国农业出版社，2001年6月第1版，2003年8月北京第2次印刷，第38~46页、版权页封面、出版信息页的，复印件共6页（正反面计为1页）；

附件7："酶学"，陈石根和周润琦，复旦大学出版社，2001年2月第1版，2001年2月第1次印刷，第50~55页、版权页封面、出版信息页的，复印件共5页；

附件8："酶技术"，周晓云，石油工业出版社，1995年5月第1版，1995年5月北京第1次印刷，第88~235页、版权页封面、封底、出版信息页和前言的，复印件共40页；

附件9-1：美国专利US6，162，473，专利批准日为2000年12月19日，中文译文共2页；

附件10-1："用黑曲霉在苹果渣做固体发酵来产生果胶酶"，Berovic M. 和Ostroversnik H.，生物技术杂志，第53卷第1期，1997年2月28日，中文译文共1页；

附件11-1："用黑曲霉KKS在不同的生物反应器理，生产纤维素酶与木聚糖酶"，Kim，S. w. 等，生物资源工艺BioresourceTechnology，第59卷第1期，1997年，中文译文共1页；

附件12-1：世界微生物生物技术杂志（World J. Microbiol. Biotechnol.），R. A. Nieves等，1998年，第14卷，中文译文1页；

附件13：本专利授权公告文本（CNl207980C），复印件共6页；

依据上述附件，克锦公司认为：（1）①本专利说明书针对一些菌种名的表述不清楚；②说明书中3种或4种菌种液体混合后形成含有5种菌种的菌液，在未经放射性处理的情况下这样的结果是不符合现行微生物科学技术的；③"尚没有将几种酶复合在一起的产品出现"的说法是错误的，而且，说明书中没有解释为什么说该发明已克服了已有技术的只有单酶剂的产品缺陷，并没有指出新的技术方案与已有技术的差别何在；④说明书没有给出具体的芽孢杆菌（Bacillus），没有举例获得里氏木霉和黑曲霉的途径，没有给出制备菌种时各菌种的具体用量比例，没有给出酶制剂生产中各工艺步骤的详细子工艺步骤和技术参数，而这些技术参数和条件对酶制剂的生产有重要影响，说明书也没有具体说明向饲料中添加发酵液的比例，没有提供添加后的效果（对比实验数据）。因此，依据说明书的记载无法实现本发明，故本专利说明书不符合《专利法》第二十六条第三款的规定。（2）附件1-1、2、3已公开了黑曲霉、里氏木霉、"迟缓芽孢杆菌（Bacillus lentus）"分别能制备权利要求1和2所公开的5种酶中的一种或多种：β-甘露聚糖酶、木聚糖酶、纤维素酶、β-葡聚糖酶和果胶酶，附件4-1、5、9-1、10-1、11-1、12-1分别公开了上述5种酶中1种或多种的活性，对比文件4-1公开了组合菌种生产复合酶的技术，附件6~8公开了包括酶的生产菌种、菌种分离、酶的发酵技术在内的制造复合酶剂的方法，因此，本领域技术人员很容易想到用黑曲霉、里氏木霉、迟缓芽孢杆菌制备权利要求1和2所述的5种酶组成的复合剂。这只是简单的组合，无须创造性劳动即可实现，因此，权利要求1和2不符合《专利法》第二十二条第三款有关创造性的规定。

2 007 年 3 月 7 日，克锦公司又提交了以下附件：

附件 1-2："Aspergillus Enzymes Involved in Degradation of Plant Cell Wall Polysaccharides"，Ronald P. De Vries 和 JaapVisser，Microbiology and Molecular Biology Reviews，第 65 卷第 4 期，封面及第 497 ~ 522 页，2001 年 12 月，英文，复印件共 15 页（正反面计为 1 页）：

附件 4-2：Poultry Science，第 72 卷第 12 期，封面，1993 年，英文，复印件共 1 页；附件 9-2：US6162473A，公开日 2000 年 12 月 19 日，英文，复印件共 16 页；

附件 10-2："Production of Aspergillus niger pectolyticenzymes by sol id state bioprocessing of apple pomace）"，Berovic M. 和 Ostroversnik H.，Journal of Biotechnoioty，第 53 卷，1997 年，第 47 ~ 53 页，以及杂志 Journal of Biotechnoloty 的第 53 卷第 1 期（1997 年 2 月 28 日）的封面，英文，复印件共 5 页（正反面计为 1 页）；

附件 11-2："Cellulase and Xylanase Production byAspergillus niger KKS in Var ious Bioreactor s"，Kim，S. W. 等，Bioresource Technology，第 59 卷，1997 年，第 63 ~ 67 页，和杂志 Bioresource Technology 的第 59 卷第 1 期（1997 年 1 月）的封面、扉页，英文，复印件共 6 页（正反面计为 1 页），以及中文译文 1 页；

附件 12-2："Technical Commmunicat ion：Survey and analysisof commercial cellulase preparations suitable for biomassconversion to ethanol"，R. A. Nieves 等，World J. Microbiol. Biotechnol.，第 14 卷，1 998 年，第 301 ~ 304 页，和杂志 World J. Microbiot. Biotechnol. 的封面、扉页，英文，复印件共 5 页（正反面计为 1 页）。

以下将附件 1-1 和 1-2 合称为附件 1，附件 4-1 和 4-2 合称为附件 4，附件 9-1 和 9-2 合称为附件 9，附件 10-1 和 10-2 合称为附件 10，附件 11-1 和 11-2 合称为附件 11，附件 12-1 和 12-2 合称为附件 12。

经形式审查合格后，专利复审委受理了上述请求，于 2007 年 4 月 25 日向双方当事人发出无效宣告请求受理通知书，并将专利权无效宣告请求书及其附件清单中所列附件副本，以及克锦公司于 2007 年 3 月 7 日提交的补充意见及其附件清单中所列附件副本转送给高龙公司，要求其在指定的期限内答复，同时成立合议组对本无效请求案进行审理。

高龙公司于 2007 年 5 月 31 日提交了意见陈述书，认为（1）①本专利说明书发明内容部分对饲料复合酶制剂（液体型、固体型）例如其包含的酶种及活性有清楚表述，该复合酶制剂可以通过公知生产工艺得到，因此本说明书只作了简述；②说明书中杆菌、黑曲霉、里氏木霉等属包括多种微生物，并非只有 4 个菌种；③克锦公司已指出附件 1 ~ 3 能制备 5 种酶，"酶的活性是公知常识"，而又说"不能够实现"，前后自相矛盾。因此，本专利说明书符合《专利法》第二十六条第三款的规定。（2）克锦公司提交的附件 1 ~ 12 中，只有附件 4 提到复合酶，其余均为单酶产品，附件 4 中的复合酶只是 3 种商业酶的简单组合并且是分别添加于鸡饲料中，并不是本专利工业化生产意义上的酶制剂产品。况且，附件 4 中涉及的酶均与本专利的 5 种酶无关，从附件 4 的商业酶无法得到启示来生产本专利的酶制剂产品。因此，本专利权利要求 1 和 2 相对于附件 4 具备创造性。另外，本专利复合酶制剂考虑了各酶的协同作用，提高了饲料的吸收率和转化率，使该复合酶的 pH 适用范围更广，这表明复合酶不是一种简单混合。

2007 年 7 月 10 日，专利复审委向双方当事人发出无效宣告请求口头审理通知书，定于 2007 年 8 月 27 日对该专利权的无效请求进行口头审理。同时，将高龙公司于 2007 年 5 月 31 日提交的意见陈述书转送给克锦公司。

2007 年 8 月 27 日，口头审理如期进行，双方当事人均委托代理人参加了口头审理。口头审理过程中认定的事实如下：(1) 克锦公司要求增加《专利法》第二十二条第四款和第二十六条第四款的无效理由，高龙公司对此有异议。专利复审委告知克锦公司当庭增加无效理由超出了补充理由的期限，因此对克锦公司当庭增加的无效理由不予考虑。(2) 克锦公司放弃附件3，高龙公司认可附件2、5、9的真实性、公开性，不认可附件1、4、6~8、10~12的真实性，专利复审委当庭告知克锦公司，由于克锦公司不能在口头审理辩论终结前提供附件1、4、6~8、10~12的原件，无法确认附件1、4、6~8、10~12的真实性。(3) 双方当事人确认附件5的中文翻译以克锦公司提交请求书时所附附件5的中文译文为准。(4) 克锦公司和高龙公司均确认权利要求1和2中的5种酶是已知的，同时，克锦公司主张该5种酶的活性也是已知的，而高龙公司认为现有技术公开的该5种酶的活性与权利要求1和2中的活性不同。(5) 高龙公司认为权利要求1和2的复合酶制剂可以用其他方法制备，不仅仅限于说明书中公开的方法，克锦公司认为说明书中公开的方法为公知技术。(6) 关于《专利法》第二十六条第三款的无效理由，克锦公司确认其当庭所要陈述的意见与无效宣告请求书中一致，高龙公司坚持其在意见陈述书中的意见，并强调本专利要求保护的是产品而不是方法。

2007年11月22日，专利复审委作出第10686号决定，宣告本专利权全部无效。主要理由是：

(1) 无效宣告请求的理由和范围。克锦公司在专利权无效宣告请求书中提出的专利权无效宣告请求的理由和范围为：本专利说明书不符合《专利法》第二十六条第三款的规定，权利要求1和2不符合《专利法》第二十二条第三款有关创造性的规定。口头审理过程中克锦公司要求增加权利要求1和2不符合《专利法》第二十二条第四款、第二十六条第四款规定的无效理由，高龙公司对克锦公司增加的无效理由提出异议。依据《专利法实施细则》第六十六条的规定，克锦公司在提出无效宣告请求之日起1个月后增加无效宣告理由的，专利复审委一般不予考虑，但下列情形除外：①针对高龙公司以合并方式修改的权利要求，在专利复审委员会指定期限内增加无效宣告理由，并在该期限内对所增加的无效宣告理由具体说明的；②对明显与提交的证据不相对应的无效宣告理由进行变更的。但本案中克锦公司当庭增加的无效宣告理由是在其提出无效宣告请求一个月后提出的，且不属于上述两种情形，所以专利复审委对克锦公司当庭增加的上述无效宣告理由不予考虑。本专利权无效宣告请求的理由和范围为：本专利说明书不符合《专利法》第二十六条第三款的规定，权利要求1和2不符合《专利法》第二十二条第三款有关创造性的规定。

(2) 关于证据。①附件1、4、6~8、10~12是复印件，高龙公司不认可这些附件的真实性。对于克锦公司的举证期限，《审查指南》第四部分第三章第4.3.1节规定，用于完善证据法定形式的公证书、原件等证据应在口头审理辩论终结前提交，并在第4.3.3节中指出，对于有证据表明因无法克服的困难在所述期限内不能提交的证据，当事人可以在所述期限内书面请求延期提交。本案中，克锦公司既未在口头审理辩论终结前提交证实附件1、4、6~8、10~12的真实性的证据，也未在所述期限内提出延期提交的书面请求，无法确认附件1、4、6~8、10~12的真实性，因此前述附件1、4、6~8、10~12不予采信。②鉴于高龙公司对附件2、5和9与本专利的关联性以及附件2、5和9的真实性、公开性均无异议，专利复审委对附件2、5和9的关联性、真实性、公开性予以确认。③鉴于克锦公司已明确表示放弃附件3，因而附件3不再用作评价本专利是否有效的证据。④鉴于双方当事人将附件5的中文译文确定为克锦公司提交无效宣告请求时所附的中文译文，专利复审委对此予以确认。

(3) 关于《专利法》第二十六条第三款。《专利法》第二十六条第三款规定，说明书应当对发明或者实用新型作出清楚、完整的说明，以所属技术领域的技术人员能够实现为准。所属技术领域的技术人员能够实现，是指所属技术领域的技术人员按照说明书记载的内容，就能够实现该发明或者实用新型的技术方案，解决其技术问题，并且产生预期的技术效果。如果说明书中给出了技术手段，但对所属技术领域的技术人员来说，该手段是含糊不清的，根据说明书记载的内容无法具体实施，则认为该发明由于缺乏解决技术问题的技术手段而无法实现。

本专利权利要求1和2分别要求保护固体型和液体型饲料复合酶制剂，所述复合酶制剂由特定酶活性的β-甘露聚糖酶、木聚糖酶、纤维素酶、β-葡聚糖酶、果胶酶混合制成。根据说明书的记载并参考高龙公司在口头审理过程中的陈述，该饲料复合酶制剂用于消化饲料中的底物如多糖（抗营养因子），提高饲料的吸收率和转化率（说明书第1页倒数第3段）。

本专利说明书中所提供的制备饲料复合酶制剂的方法包括步骤：（1）菌种制备：将里氏木霉、黑曲霉及杆菌（Bacilius）、兰氏菌（Lentus）经液体接种得到液体菌种；（2）酶制剂生产：将上述酶的液体菌种经发酵、超滤浓缩、复合，得到复合酶制剂（说明书第2页第2～8行）。在实施例中对菌种制备步骤的描述为“将里氏木霉、黑曲霉及Bacillns、Lentus，经液体接种，得到五种液体菌种”。首先，克锦公司认为兰氏菌（Lentus）是不存在的，对此高龙公司未予以解释，并且本专利文件中未记载在本专利申请日之前保藏过该名称的菌种或公众可以获得的途径。其次，克锦公司认为正常情况下由3种（或4种）菌种得到5种液体菌种是违背微生物学常识的，高龙公司对该问题的解释是“本专利说明书中工艺方法的表述并没有指出菌种制备的原料是4个菌种，因为杆菌、黑曲霉、里氏木霉等属包括多种微生物，完全可以分离出能表达目标产物的5个甚至更多的菌种”。高龙公司如此解释存在的问题是：其中黑曲霉、里氏木霉分别为曲霉属、木霉属的菌种，并不存在所谓的黑曲霉属、里氏木霉属微生物，这样解释还表明在说明书中没有清楚地记载用于制备复合酶制剂的具体菌种（或变种），例如：具体为哪种芽孢杆菌（Bacillus通常译为芽孢杆菌属）。所属领域的技术人员知道，不同菌种所生产的酶的种类和活性不尽相同，因此，在具体芽孢杆菌菌种和兰氏菌（Lentus）不明的情况下，所属领域技术人员依据说明书的描述无法制得权利要求1和2的复合酶制剂即无法实现本发明。

克锦公司认为本案中涉及的5种酶的活性是已知的，高龙公司认为现有技术中已知的酶活性与本专利中的酶活性不同。专利复审委认为，尽管现有技术中已知这几种酶且酶必然具有一定的活性，但这几种酶是否具有本专利权利要求1或2所述的活性需要一定证据来证实，且从低的酶活性并不一定能做出任意高的酶活性。附件2未记载酶活性；附件5仅公开了木聚糖酶的活性为600木聚糖酶活力单位/g、β-葡聚糖酶的活性为4800单位/g、纤维素酶的活力单位为185000 CFU/g；附件9仅公开了B-甘露聚糖酶的活性为3188.9 IU/mL和701.5 IU/g。当权利要求1和2中限定的纤维素酶或果胶酶活性高于现有技术已知的纤维素酶或果胶酶的活性时，具有权利要求1和2所述酶活性的纤维素酶或果胶酶是无法获得的。因此，仅仅依据说明书公开的饲料复合酶制剂（液体型、固体型）中包含的酶种及活性并结合现有技术无法确保能够制得权利要求1和2的饲料复合酶制剂。综上所述，由于本专利说明书没有清楚、完整地记载制备权利要求1和2所述的饲料复合酶制剂的方法，并且没有证据表明可以利用其他公知的常规方法来制备所述复合酶制剂，因而依据说明书的内容无法实施本发明，本专利说明书不符合《专利法》第二十六条第三款的规定。

鉴于上述分析已得出本专利说明书不符合《专利法》第二十六条第三款的规定的结论。因此，对于权利要求1和2是否符合《专利法》第二十二条第三款有关创造性的规定，不再予以评述。

高龙公司不服上述决定，向一审法院提起行政诉讼。

本院认为，高龙公司对专利复审委作出的第10686号决定的程序、无效宣告请求的理由和范围、证据等问题均无异议，经审查，本院对上述问题的合法性予以确认。本案争议的焦点问题是：（1）专利复审委所作的第10686号决定是否违反了听证原则；（2）本专利是否符合《专利法》第二十六条第三款的规定。

对于专利复审委所作的第 10686 号决定是否违反了听证原则的问题。本专利是否符合《专利法》第二十六条第三款规定的问题，是克锦公司在提出专利权无效宣告请求时即已明确的主要无效理由之一，也是专利复审委所作的第 10686 号决定的主要审查内容。在专利复审委的行政审查过程中，已给予双方当事人充分陈述意见的机会，并记载于第 10686 号决定中。因此，高龙公司认为专利复审委作出的第 10686 号决定违反了听证原则的诉讼主张，缺乏事实和法律依据，本院不予支持。

对于本专利是否符合《专利法》第二十六条第三款规定的问题。本专利说明书中所提供的制备饲料复合酶制剂的方法包括步骤：（1）菌种制备：将里氏木霉、黑曲霉及杆菌（Bacillus）、兰氏菌（Lentus）经液体接种得到液体菌种；（2）酶制剂生产：将上述酶的液体菌种经发酵、超滤浓缩、复合，得到复合酶制剂。在实施例中对菌种制备步骤的描述为“将里氏木霉、黑曲霉及 Bacillns、Lentus，经液体接种，得到五种液体菌种”。在上述制备方法中，Bacllus 应指芽孢杆菌属，在该属下应有多种杆菌，故 Bacillus 并非指某一个具体的芽孢杆菌菌种。同时，本技术领域也不存在一种学名为 Lentus，译名为兰氏菌的具体菌种。因此，在具体芽孢杆菌菌种和兰氏菌（Lentus）不明的情况下，所属领域技术人员依据本专利说明书的描述无法制得本专利权利要求 1 和 2 的复合酶制剂。

此外，仅仅依据本专利说明书公开的饲料复合酶制剂中包含的酶种及活性并结合现有技术，本领域技术人员亦无法确保能够制得本专利权利要求 1 和 2 的饲料复合酶制剂。

基于本专利说明书没有清楚、完整地记载制备权利要求 1 和 2 所述的饲料复合酶制剂的方法，且没有证据表明可以利用其他公知的常规方法来制备所述复合酶制剂，专利复审委作出的第 10686 号决定关于本专利说明书不符合《专利法》第二十六条第三款规定的认定正确，本院应予支持。

综上，专利复审委作出的第 10686 号决定宣告第 02110701.7 号发明专利权全部无效合法，一审法院判决维持正确。依据《中华人民共和国行政诉讼法》第六十一条第（一）项的规定，判决如下：

驳回上诉，维持一审判决。

二审案件受理费人民币 100 元，由上诉人上海高龙生物科技有限公司负担（已交纳）。

本判决为终审判决。

审　判　长　朱世宽
代理审判员　赵宇晖
代理审判员　胡华峰
二〇〇九年六月十九日
书　记　员　张　怡

专利复审和无效审查决定汇编丛书

# 专利复审和无效审查决定汇编

# （2007）

## 医　药（第一卷）

国家知识产权局专利复审委员会　编

知识产权出版社

全国百佳图书出版单位

**内容提要**

本书汇集了专利复审委员会2007年作出的148个医药专利复审审查决定和54个医药专利无效审查决定及相关审查决定和司法判决（根据法律规定需要保密的除外），比较全面地反映了专利复审委员会的审查工作和人民法院专利行政案件审理工作取得的进展，对专利工作者具有一定的借鉴和指导作用，也有利于当事人及广大公众对专利复审委员会的审查工作进行监督。


**责任编辑**：刘　畅　　　　**责任校对**：董志英
**责任出版**：卢运霞　　　　**封面设计**：开元图文

**图书在版编目（CIP）数据**

专利复审和无效审查决定汇编.2007.医药/国家知识产权局专利复审委员会编.—北京：知识产权出版社，2012.10
ISBN 978-7-5130-1619-3

Ⅰ.①专…　Ⅱ.①国…　Ⅲ.①专利权法—案例—中国　Ⅳ.①D923.425

中国版本图书馆CIP数据核字（2012）第246945号

专利复审和无效审查决定汇编丛书
**专利复审和无效审查决定汇编（2007）**
医　药（第一卷）
国家知识产权局专利复审委员会　编

**出版发行**：知识产权出版社
社　　址：北京市海淀区马甸南村1号　　邮　　编：100088
网　　址：http://www.ipph.cn　　邮　　箱：bjb@cnipr.com
发行电话：010-82000860转8101/8102　　传　　真：010-82005070/82000893
责编电话：010-82000887　82000860转8116　　责编邮箱：liuchang@cnipr.com
印　　刷：北京科信印刷有限公司　　经　　销：各大网络书店、新华书店及相关销售网点
开　　本：880mm×1230mm　1/16　　总印张：94.75
版　　次：2013年12月第1版　　印　　次：2013年12月第1次印刷
字　　数：2660千字　　定　　价：469.00元（全二卷）
**ISBN 978-7-5130-1619-3**

# 本书编委会

# 前　言

适逢《国家知识产权战略纲要》施行五周年之际，《专利复审和无效审查决定汇编（2007）》出版了。

随着经济全球化和我国国民经济的飞速发展，专利制度在经济活动中的作用和地位越来越突出，国民的专利意识也在不断增强。目前，我国专利申请总量超过1170万件，每年专利复审与无效宣告请求案件已超过2万件，2012年达到20261件。作为专利复审和无效宣告请求案件审查的专属机构，专利复审委员会每年都要作出数以千计的审查决定。与之相应，人民法院每年要作出数百篇司法判决。每一篇审查决定和判决书都凝聚着审查员和审判人员的心血和智慧。通过审查员和审判人员结合具体案情的创作型劳动，生硬的法律条文变得鲜活和丰满，形成一笔宝贵的精神财富和公共资源，并不断有专利代理机构、专利代理人以及审查员希望专利复审委员会能够出版专利复审和无效审查决定，作为学习和工作时的重要参考资料。

除根据法律规定需要保密的外，本汇编汇集了专利复审委员会2007年作出的审查决定，包括针对相应审查决定的司法判决，以便读者了解审查决定的法律状态并对照阅读和分析。本汇编按照技术专业领域将分为8大册，共19分卷：机械（2卷）、电学（3卷）、通信（2卷）、医药（2卷）、化学（2卷）、材料（3卷）、光电（2卷）、外观设计（3卷）。因此，本汇编比较全面地反映了专利复审委员会的审查工作和人民法院专利行政案件审理工作取得的进展。

我们相信，本汇编对专利工作者具有一定的借鉴和指导作用，也有利于当事人及广大公众对专利复审委员会的审查工作进行监督。本汇编也将为推动专利复审委员会的发展，促进专利代理业务水平的提高，为《国家知识产权战略纲要》进一步实施尽微薄之力。

本书编委会

2013年8月

# 前言

# 目　　录

## 复审请求审查决定

## 无效宣告请求审查决定

# 复审请求审查决定

001

# 编程性细胞死亡蛋白关联蛋白

## 复审请求审查决定（第10001号）

**决　定　号**　第10001号
**决　定　日**　2006年11月24日
**发明创造名称**　编程性细胞死亡蛋白关联蛋白
**国 际 分 类 号**　C12N 15/12，C12N 5/10，C12N 1/19，C07K 14/47，C07K 16/18，A61K 48/00，A61K 38/17，A61K 31/713，A61P 35/00，A61P 37/00，C12Q 1/68，G01N 33/68，G01N 33/53
**复 审 请 求 人**　利德公司
**申　请　号**　00815255.1
**申　请　日**　2000年9月1日
**公　开　日**　2002年12月25日
**合 议 组 组 长**　马文霞
**主　审　员**　何　炜
**参　审　员**　李金光

**法 律 依 据**　专利法第26条第4款
**决 定 要 点**

对一项专利申请而言，如果因权利要求请求保护的技术方案中使用了与具体氨基酸序列具有一定百分比的同源性、该氨基酸序列的功能等价物或片段等用语来限定保护范围，包含了太多所属技术领域的技术人员无法预期能达到该申请发明目的的技术方案，导致该权利要求不符合专利法第26条第4款的规定；则当这些用语被删除，所要求保护的技术方案即可得到说明书的支持。

**一、案由**

本复审请求涉及名称为"编程性细胞死亡蛋白关联蛋白"的00815255.1号发明专利申请（下称本申请），申请人为利德公司，申请日为2000年9月1日，公开日为2002年12月25日。

国家知识产权局于2004年7月23日驳回了本申请，理由是本申请权利要求1~25不符合专利法第26条第4款的规定。驳回决定中指出：本申请权利要求中使用了一定百分比的同源性、功能等价物或片段等来限定保护范围，其中包含了太多的化合物，上述限定要么仅能说明它们与原有序列有一定的结构相似性，说明书中缺乏这样的相似结构会带来相同功能的依据；要么无法显而易见地推出其功能等价物。除实施例以外的技术方案，所属技术领域的技术人员需要进一步创造性劳动才能选择出能达到本发明发明目的的技术方案，因此权利要求1~25得不到说明书的支持，不符合专利法第26

条第4款的规定。

驳回决定所针对的权利要求书为：

“1. 一种分离的或重组的核酸或其功能等价物或其功能片段，其编码编程性细胞死亡蛋白关联蛋白质物质，其中所述编程性细胞死亡蛋白关联蛋白质物质含有至少图3所示的氨基酸序列的一部分或其功能等价物或其功能片段。

2. 权利要求1的核酸，其与图1或图2所示的核酸分子至少95%同源。

3. 含有权利要求1或2的核酸的载体。

4. 权利要求3的载体，其含有基因输送运载体。

5. 一种宿主细胞，其包含权利要求1或2的核酸或权利要求3或4的载体。

6. 权利要求5的宿主细胞，其是真核细胞，如酵母细胞或脊椎动物细胞。

7. 一种包含至少图3所示的氨基酸序列的一部分的蛋白质物质或其功能等价物或其功能片段。

8. 一种分离的或合成的抗体，其特异识别权利要求7的蛋白质物质或其功能等价物或其功能片段。

9. 权利要求1或2的核酸、或权利要求3或4的载体，或权利要求5或6的宿主细胞，或权利要求7的蛋白质物质在体外诱导编程性细胞死亡中的应用。

10. 权利要求9的应用，其中所述编程性细胞死亡是不依赖p53的。

11. 权利要求9或10的应用，进一步包含编码编程性细胞死亡蛋白或其功能等价物或其片段的核酸的应用。

12. 权利要求1或2的核酸或权利要求7的蛋白质物质或权利要求3或4的载体或权利要求5或6的宿主细胞在制备用于治疗其中观测到提高的细胞增殖或降低的细胞死亡的疾病的药物中的应用。

13. 权利要求12的应用，其中所述细胞是癌细胞或涉及自身免疫疾病的细胞。

14. 权利要求12或13的应用，进一步包含编码编程性细胞死亡蛋白或其功能等价物或其片段的核酸。

15. 一个药物组合物，其包含权利要求1或2的核酸、或权利要求3或4的载体，或权利要求5或6的宿主细胞，或权利要求7的蛋白质物质。

16. 权利要求15的应用，进一步包含编码编程性细胞死亡蛋白或其功能等价物或其片段的核酸。

17. 一种检测细胞样品中癌细胞或有癌变倾向的细胞存在与否的方法，包括用权利要求1或2的核酸，或权利要求3或4的载体体外转染所述样品中的细胞，及确定自所述样品中细胞编程性死亡的百分率。

18. 一种检测细胞样品中癌细胞或有癌变倾向的细胞存在与否的方法，包括用权利要求1或2的核酸，或权利要求3或4的载体体外转染所述样品中的细胞，及检测衍生自所述核酸或载体的蛋白质物质在所述样品细胞中的胞内定位。

19. 权利要求18的方法，其中所述细胞中所述蛋白质物质的存在情况是通过用抗体免疫染色所述细胞而检测的。

20. 权利要求19的方法，其中所述抗体包括权利要求8的抗体。

21. 一种鉴别推定的诱导癌变的因子的方法，包括将细胞样品与所述因子接触，并用权利要求17~20任一项的方法检测细胞样品中癌细胞或有癌变倾向的细胞存在情况。

22. 权利要求21的方法，其中所述推定的诱导癌变的因子包括一种基因或其功能片段。

23. 权利要求1或2的核酸或者权利要求7的蛋白质物质或者权利要求3或4的载体或者权利要求5或6的宿主细胞在制备用于诊断其中观察的细胞增殖增强或细胞死亡降低的疾病的诊断剂中的

应用。

24. 权利要求23的应用，其中所述细胞是癌细胞或涉及自身免疫疾病的细胞。

25. 权利要求23或24的应用，进一步包含编码编程性细胞死亡蛋白或其功能等价物或其片段的核酸。”

申请人利德公司（下称复审请求人）不服上述驳回决定，于2004年11月8日向专利复审委员会提交了复审请求书，以及修改的权利要求书全文替换页：

“1. 一种分离的或重组的核酸，其编码编程性细胞死亡蛋白关联蛋白质物质，其中所述编程性细胞死亡蛋白关联蛋白质物质含有图3所示的氨基酸序列。

2. 权利要求1的核酸，其与图1或图2所示的核酸分子至少95%同源。

3. 含有权利要求1或2的核酸的载体。

4. 权利要求3的载体，其含有基因输送运载体。

5. 一种宿主细胞，其包含权利要求1或2的核酸或权利要求3或4的载体。

6. 权利要求5的宿主细胞，其是真核细胞，如酵母细胞或脊椎动物细胞。

7. 一种包含图3所示的氨基酸序列的蛋白质物质。

8. 一种分离的或合成的抗体，其特异识别权利要求7的蛋白质物质或其功能等价物或其功能片段。

9. 权利要求1或2的核酸，或权利要求3或4的载体，或权利要求5或6的宿主细胞，或权利要求7的蛋白质物质在体外诱导编程性细胞死亡中的应用。

10. 权利要求9的应用，其中所述编程性细胞死亡是不依赖p53的。

11. 权利要求9或10的应用，进一步包含编码编程性细胞死亡蛋白的核酸的应用。

12. 权利要求1或2的核酸或权利要求7的蛋白质物质或权利要求3或4的载体或权利要求5或6的宿主细胞在制备用于治疗其中观测到提高的细胞增殖或降低的细胞死亡的疾病的药物中的应用。

13. 权利要求12的应用，其中所述细胞是癌细胞或涉及自身免疫疾病的细胞。

14. 权利要求12或13的应用，进一步包含编码编程性细胞死亡蛋白的核酸。

15. 一个药物组合物，其包含权利要求1或2的核酸，或权利要求3或4的载体，或权利要求5或6的宿主细胞，或权利要求7的蛋白质物质。

16. 权利要求15的应用，其进一步包含编码编程性细胞死亡蛋白的核酸。

17. 一种检测细胞样品中癌细胞或有癌变倾向的细胞存在与否的方法，包括用权利要求1或2的核酸，或权利要求3或4的载体体外转染所述样品中的细胞，及确定自所述样品中细胞编程性死亡的百分率。

18. 一种检测细胞样品中癌细胞或有癌变倾向的细胞存在与否的方法，包括用权利要求1或2的核酸，或权利要求3或4的载体体外转染所述样品中的细胞，及检测衍生自所述核酸或载体的蛋白质物质在所述样品细胞中的胞内定位。

19. 权利要求18的方法，其中所述细胞中所述蛋白质物质的存在情况是通过用抗体免疫染色所述细胞而检测的。

20. 权利要求19的方法，其中所述抗体包括权利要求8的抗体。

21. 一种鉴别推定的诱导癌变的因子的方法，包括将细胞样品与所述因子接触，并用权利要求17～20任一项的方法检测细胞样品中癌细胞或有癌变倾向的细胞存在情况。

22. 权利要求21的方法，其中所述推定的诱导癌变的因子包括一种基因或其功能片段。

23. 权利要求1或2的核酸或者权利要求7的蛋白质物质或者权利要求3或4的载体或者权利要求

5 或 6 的宿主细胞在制备用于诊断其中观察的细胞增殖增强或细胞死亡降低的疾病的诊断剂中的应用。

24. 权利要求 23 的应用，其中所述细胞是癌细胞或涉及自身免疫疾病的细胞。

25. 权利要求 23 或 24 的应用，进一步包含编码编程性细胞死亡蛋白的核酸。"

复审请求人提出复审请求的理由是：修改后的权利要求书已经将"功能等价物或其功能片段"、"一部分"、"功能等价物或其片段"删除，因此新权利要求书已不再具有驳回决定指出的大部分缺陷；权利要求 2 实质上保护的是具有 95％同源性又编码具有所述功能的蛋白质物质的核酸，本领域技术人员了解并熟知具有高达 95％同源性的核酸之间很可能具有类似的功能，因此本领域技术人员完全可以将本发明的保护范围扩展到如此用功能性加同源性限定后的核酸。

形式审查合格后，专利复审委员会受理了该复审请求，并于 2004 年 11 月 16 日向复审请求人发出《复审请求受理通知书》。同时，将本申请案卷移交原审查部门进行前置审查。

在《前置审查意见书》中，原审查部门坚持原驳回决定。

专利复审委员会组成合议组，对本复审请求案进行了审理。

复审请求人于 2005 年 6 月 9 日提交了权利要求书第 1 页替换页，复审请求人删除了原权利要求 8 中的用语"功能等价物"及"功能片段"，新修改的权利要求 8 如下：

"8. 一种分离的或合成的抗体，其特异识别权利要求 7 的蛋白质物质。"

专利复审委员会于 2006 年 7 月 27 日发出《复审通知书》，在复审请求人于 2005 年 6 月 9 日提交的权利要求 1 ~ 14，以及于 2004 年 11 月 8 日提交的权利要求 15 ~ 25 的基础上提出以下复审意见：(1) 权利要求 2 要求保护的与图 1 或图 2 所示的核酸分子至少 95％同源的核酸是否与图 1 或图 2 所示的核酸具有同样性能、能否有效编码图 3 所示的编程性细胞死亡蛋白关联蛋白质物质，说明书中并没有试验证据，本领域技术人员也无法从现有技术中合理地推导出来。因此权利要求 2 中记载的"与图 1 或图 2 所示的核酸分子至少 95％同源的核酸"概括了一个较宽的保护范围，依据本申请文件所记载的内容，所属技术领域的技术人员难于预见该保护范围内的除本申请实施例之外的所有核酸均能达到本发明的目的，因此权利要求 2 得不到说明书的支持，不符合专利法第 26 条第 4 款的规定。(2) 由于权利要求 2 不符合专利法第 26 条第 4 款的规定，应用了其技术方案的权利要求 3 ~ 6、9 ~ 25 也得不到说明书的实质支持，不符合专利法第 26 条第 4 款的规定。

针对《复审通知书》指出的问题，复审请求人于 2006 年 9 月 8 日提交了意见陈述书，以及权利要求书的替换页第 1 ~ 2 页，其包含 24 项权利要求。复审请求人同意《复审通知书》中的审查意见，删除了上述不符合专利法第 26 条第 4 款的原权利要求 2，将剩余的权利要求重新编号为新权利要求 1 ~ 24，并对权利要求之间的引用关系进行了适应性修改。复审请求人新提交的权利要求书如下：

"1. 一种分离的或重组的核酸，其编码编程性细胞死亡蛋白关联蛋白质物质，其中所述编程性细胞死亡蛋白关联蛋白质物质含有至少图 3 所示的氨基酸序列。

2. 含有权利要求 1 的核酸的载体。

3. 权利要求 2 的载体，其含有基因输送运载体。

4. 一种宿主细胞，其包含权利要求 1 的核酸或权利要求 2 或 3 的载体。

5. 权利要求 4 的宿主细胞，其是真核细胞，如酵母细胞或脊椎动物细胞。

6. 一种包含至少图 3 所示的氨基酸序列的一部分的蛋白质物质。

7. 一种分离的或合成的抗体，其特异识别权利要求 7 的蛋白质物质。

8. 权利要求 1 的核酸，或权利要求 2 或 3 的载体，或权利要求 4 或 5 的宿主细胞，或权利要求 6 的蛋白质物质在体外诱导编程性细胞死亡中的应用。

9. 权利要求 8 的应用，其中所述编程性细胞死亡是不依赖 p53 的。

10. 权利要求 8 或 9 的应用，进一步包含编码编程性细胞死亡蛋白的核酸的应用。

11. 权利要求 1 的核酸或权利要求 6 的蛋白质物质或权利要求 2 或 3 的载体或权利要求 4 或 5 的宿主细胞在制备用于治疗其中观测到提高的细胞增殖或降低的细胞死亡的疾病的药物中的应用。

12. 权利要求 1 的应用，其中所述细胞是癌细胞或涉及自身免疫疾病的细胞。

13. 权利要求 11 或 12 的应用，进一步包含编码编程性细胞死亡蛋白的核酸。

14. 一个药物组合物，其包含权利要求 1 的核酸，或权利要求 2 或 3 的载体，或权利要求 4 或 5 的宿主细胞，或权利要求 6 的蛋白质物质。

15. 权利要求 14 的应用，其进一步包含编码编程性细胞死亡蛋白的核酸。

16. 一种检测细胞样品中癌细胞或有癌变倾向的细胞存在与否的方法，包括用权利要求 1 的核酸，或权利要求 2 或 3 的载体体外转染所述样品中的细胞，及确定自所述样品中细胞编程性死亡的百分率。

17. 一种检测细胞样品中癌细胞或有癌变倾向的细胞存在与否的方法，包括用权利要求 1 的核酸，或权利要求 2 或 3 的载体体外转染所述样品中的细胞，及检测衍生自所述核酸或载体的蛋白质物质在所述样品细胞中的胞内定位。

18. 权利要求 17 的方法，其中所述细胞中所述蛋白质物质的存在情况是通过用抗体免疫染色所述细胞而检测的。

19. 权利要求 18 的方法，其中所述抗体包括权利要求 7 的抗体。

20. 一种鉴别推定的诱导癌变的因子的方法，包括将细胞样品与所述因子接触，并用权利要求 16 ~ 19 任一项的方法检测细胞样品中癌细胞或有癌变倾向的细胞存在情况。

21. 权利要求 20 的方法，其中所述推定的诱导癌变的因子包括一种基因或其功能片段。

22. 权利要求 1 的核酸或者权利要求 6 的蛋白质物质或者权利要求 2 或 3 的载体或者权利要求 4 或 5 的宿主细胞在制备用于诊断其中观察的细胞增殖增强或细胞死亡降低的疾病的诊断剂中的应用。

23. 权利要求 22 的应用，其中所述细胞是癌细胞或涉及自身免疫疾病的细胞。

24. 权利要求 22 或 23 的应用，进一步包含编码编程性细胞死亡蛋白的核酸。”

至此，合议组认为本案事实清楚，可以作出复审决定。

**二、决定的理由**

1. 审查文本

本复审请求审查决定针对的文本为：复审请求人于 2002 年 4 月 30 日本申请进入中国国家阶段时提交的说明书第 1 ~ 33 页、附图 1 ~ 4 页、说明书摘要，以及于 2006 年 9 月 8 日提交的权利要求第 1 ~ 24 项。该修改文本符合专利法第 33 条和专利法实施细则第 60 条第 1 款的规定。

2. 关于专利法第 26 条第 4 款

专利法第 26 条第 4 款规定：权利要求书应当以说明书为依据，说明要求专利保护的范围。

对一项专利申请而言，如果因权利要求请求保护的技术方案中使用了与具体氨基酸序列具有一定百分比的同源性、该氨基酸序列的功能等价物或片段等用语来限定保护范围，包含了太多所属技术领域的技术人员无法预期能达到该申请发明目的的技术方案，导致该权利要求不符合专利法第 26 条第 4 款的规定；则当这些用语被删除，所要求保护的技术方案即可得到说明书的支持。

复审请求人于 2006 年 9 月 8 日提交的新修改的权利要求书，删除了包含同源性限定的权利要求 2，相对于驳回决定针对的权利要求书，还删除了用语“功能等价物或其功能片段”（驳回决定针对的权利要求 1、7 ~ 8）以及“功能等价物或其片段（驳回决定针对的权利要求 11、14、16、25）”，这样，新的权利要求书就已经克服了《复审通知书》和驳回决定中指出的由于权利要求中使用了与所述氨基酸序列具有一定百分比的同源性、功能等价物或片段等来限定保护范围，包含了太多所属技术领域的技术人员无法预期能达到本申请发明目的的技术方案，因此不符合专利法第 26 条第 4 款的规定的缺陷。虽然新的权利要求 21 中，仍然有“功能片段”的用语，但是由于其不是指本申请要求保护的氨基酸的功能片段，而是诱导癌变基因的功能片段，即该权利要求所述方法要鉴别检测的对象，本领域技术人员根据现有技术、说明书的内容和权利要求 21 所述方法可以确定，因此权利要求 21 符合专利法第 26 条第 4 款的规定。

综上，复审请求人对申请文件的修改已经克服了驳回决定和复审通知书所指出的缺陷，符合专利法第 26 条第 4 款的规定。

故此，本合议组作出如下决定。

**三、决定**

撤销国家知识产权局于 2004 年 7 月 26 日作出的驳回 00815255.1 号发明专利申请的决定。由原审查部门在复审请求人于 2002 年 4 月 30 日本申请进入中国国家阶段时提交的说明书第 1～33 页、附图1～4 页、说明书摘要，以及于 2006 年 9 月 8 日提交的权利要求第 1～24 项的基础上继续进行审查程序。

复审请求人对本决定不服的，可以根据专利法第 41 条第 2 款的规定，自收到本决定之日起三个月内向北京市第一中级人民法院起诉。

002

# 富锗专用叶面肥

## 复审请求审查决定（第10014号）

**决　定　号**　第10014号
**决　定　日**　2006年10月8日
**发明创造名称**　富锗专用叶面肥
**国际分类号**　C05G 1/00
**复审请求人**　郑军武
**专利申请号**　03133345.1
**申　请　日**　2003年5月23日
**公　开　日**　2004年4月21日
**合议组组长**　董　琤
**主　审　员**　张　沧
**参　审　员**　祝海燕

**法律依据**　专利法第22条第3款
**决定要点**

对于要素替代的发明，如果这种替代对所属领域技术人员而言是容易想到和实现的，也没有使发明产生预料不到的技术效果，则该要素替代的发明不具有突出的实质性特点和显著的进步，不具备创造性。

**一、案由**

本复审请求涉及申请日为2003年5月23日、公开日为2004年4月21日、发明名称为“富锗专用叶面肥”的发明专利申请，其申请号为03133345.1，申请人是郑军武。

2005年2月18日，国家知识产权局以本申请权利要求1~4不具备专利法第22条第3款规定的创造性为由驳回了本申请。驳回决定指出：（1）对比文件1（CN1064336C，公告日为2001年4月11日）公开了一种富硒专用叶面肥，本申请权利要求1与之的区别仅在于“含有锗元素而不含硒元素，用微量元素锗来替换硒提供一种富锗专用叶面肥”，这种区别是一种公知常用技术，在对比文件1的基础上结合所述公知常用技术获得权利要求1的技术方案是显而易见的，也没有意想不到的效果，因此，权利要求1不具备突出的实质性特点和显著的进步，不具有创造性；（2）从属权利要求2~4的附加技术特征已在对比文件1中公开或者是所属领域的公知常识，因此，在权利要求1不具有创造性的基础上，权利要求2~4也不具有创造性。驳回决定所针对的权利要求是：

“1. 一种富锗专用叶面肥，其特征在于，含有：氮元素、磷元素、钾元素、锗元素，上述元素重量比依次为：（150～180）：（170～200）：（150～180）：（3～15）。

2. 根据权利要求1所述的富锗专用叶面肥，其特征在于，还含有硼元素、锌元素、锰元素、铜元素、铁元素、钼元素；其中氮元素、磷元素、钾元素、锗元素、硼元素、锌元素、锰元素、铜元素、铁元素、钼元素重量比依次为：（150～180）：（170～200）：（150～180）：（3～15）：（5～10）：（5～8）：（5～8）：（1～2）：（1～2）：（0.3～0.8）。

3. 根据权利要求1所述的富锗专用叶面肥，其特征在于：氮元素取自尿素，磷元素取自磷酸二氢钾、钾元素取自硫酸钾或磷酸二氢钾或硫酸钾和磷酸二氢钾的混合物，锗元素取自二氧化锗。

4. 根据权利要求2所述的富锗专用叶面肥，其特征在于：硼元素取自硼酸，锌元素取自硫酸锌，锰元素取自硫酸锰，铜元素取自硫酸铜、铁元素取自硫酸亚铁，钼元素取自钼酸铵。”

2005年3月29日，申请人郑军武向专利复审委员会提出复审请求。申请人认为：（1）权利要求1的“富锗专用叶面肥”与对比文件1的“富硒专用叶面肥”的施肥期存在不同，显示出肥料对相关作物的作用机理不同，本申请通过大量的田间试验及数据筛选而获得，现有技术中未给出相应的技术启示；（2）权利要求1不是对比文件1中“富硒专用叶面肥”的简单组份置换，权利要求1中氮、磷、钾的含量与对比文件1存在明显的差异，对比文件1的组分中不含锗元素，不能提高相关作物中锗的含量，且相关作物对于锗和硒元素的吸收性不同；（3）权利要求1与对比文件1相比是非显而易见的，对比文件1的发明目的、技术方案及最终整体效果与本申请相比均存在巨大的差异性，因此权利要求1具有创造性；（4）从属于权利要求1的权利要求2、3、4也具有创造性。

2005年5月26日，经形式审查合格后，专利复审委员会受理了此复审请求，并向申请人郑军武（下称复审请求人）发出复审请求受理通知书，同时向国家知识产权局实审部门发出前置审查通知书。

在前置审查意见书中，国家知识产权局实审部门坚持原驳回意见。

2005年10月13日，专利复审委员会本案合议组向复审请求人发出复审通知书。复审通知书指出：（1）本申请的权利要求1～4相对于对比文件1不具备创造性，不符合专利法第22条第3款规定。（2）对于复审请求人在复审请求中提出的意见以及复审请求人在答复第一次审查意见通知书时提交的附件1～8，合议组认为：①复审请求人关于权利要求1中氮、磷、钾三要素的含量与对比文件1存在明显差异的说法与事实不符（参见对比文件1实施例3）；②附件1～8检验报告并没有反映出被测样品的培育条件，包括所施肥料的成分等，因此，复审请求人提交的附件1～8不能证明复审请求人所主张的本发明使作物含锗量相对于将对比文件1的“硒”组分简单置换“锗”组分使作物的含锗量提高几倍至十几倍；③农作物的叶片对“锗元素”与“硒元素”的吸收、作用机理或许不同，但就通过叶面对农作物施用微量元素方面，本领域技术人员是公知的，没有证据表明将“锗元素”应用于农作物的叶面施肥存在技术上的困难，因此，“锗元素”与“硒元素”在农作物中吸收、作用机理的不同，不能证明本发明是非显而易见的。

2005年11月10日，复审请求人针对上述复审通知书提交了意见陈述书和证据1～11。复审请求人认为：（1）本发明与对比文件1的区别不属于现有技术的相关手段，解决的问题是不同的，硒是人体必需的微量元素之一，也是植物的有益元素之一，而锗不是；（2）本发明的组分构成、重量配比及数值范围与对比文件1差异性明显，且根据植物营养学的同等重要律和不可替代律，锗元素与硒元素不是简单的替换关系；（3）“中国肥料手册”和“植物营养学”（参见证据2、3）中均没有提及锗元素，更没有提到二氧化锗或含锗肥料，因此“锗元素取自二氧化锗”不是常规选择，也不是公知常识，普通技术人员通过有限的试验不能得到本发明，且锗元素含量控制在3～5范围内对植物生长活性来讲是一种最佳含量；（4）截至目前尚未见到有关含锗叶面肥的报道以及富锗大米等作物的报道，而本专利能显著提高相关作物中锗元素的含量；（5）证据5~9表明本发明在商业上获得了巨大成功，其市场的成功完全是由本发明的技术特征直接导致的。复审请求人提交的证据1~11是：

证据1："科学施肥的理论基础与方法"，复印件2页，出处和出版日期不详；

证据2：《中国肥料农药实用手册》，中国农业科技出版社，封面和第3、4页的复印件共3页；

证据3：《植物营养学（上册）》，北京农业大学出版社，封面和第10~13页的复印件共5页；

证据4：中华人民共和国国家标准（GB/T17337~1998），"食品中锗的测定"，1998年4月20日发布，1999年1月1日实施，封面和前言的复印件共2页；

证据5：美国太平洋涛集团商务通知函，复印件共1页；

证据6：美国太平洋涛集团项目立项确认书，复印件共1页；

证据7：组建沈阳富锗生物工程有限公司协议书，复印件共3页；

证据8：投资项目合资（合作）协议书，复印件共3页；

证据9：组建青岛圣道生物工程有限公司原始股份分配方案及有关原则，复印件共1页；

证据10：《食品添加剂手册》，中国轻工业出版社，1999年4月第2次印刷，封面、出版信息页和第224页的复印件共3页；

证据11：《微量元素与疾病诊断及治疗》，人民卫生出版社，2001年3月第1版第1次印刷，封面、出版信息页和第4页的复印件共3页。

经过上述审查程序，本案合议组认为，本案事实已经清楚，可以作出复审决定。

**二、决定的理由**

1. 本决定针对申请人于申请日提交的说明书及权利要求书作出。

2. 专利法第22条第3款，创造性是指同申请日以前已有的技术相比，该发明具有突出的实质性特点和显著的进步。

对于要素替代的发明，如果这种替代对所属领域技术人员而言是容易想到和实现的，也没有使发明产生预料不到的技术效果，则该要素替代的发明不具有突出的实质性特点和显著的进步，不具备创造性。

对比文件1（CN1064336C，公告日为2001年4月11日）涉及一种富硒专用叶面肥，含有以重量份计的氮元素128~249、磷元素120~224、钾元素128~249、硒元素0.005~6、硼元素6~10、钼元素0.1~0.5、锰元素6~8、锌元素6~8、铜元素1.5~2.5、铁元素0.5~1.5，在上述元素中，氮元素取自尿素，磷元素和钾元素取自磷酸二氢钾和硫酸钾，硒元素取自亚硒酸钠，锌元素取自硫酸锌，锰元素取自硫酸锰，硼元素取自硼酸，铜元素取自硫酸铜，钼元素取自钼酸铵，铁元素取自硫酸亚铁。在该对比文件1中，其实施例3公开的配方中，含氮元素160、磷元素160、钾元素160、硒元素5。（参见对比文件1权利要求1和实施例3。）

将权利要求1与对比文件1公开的内容比较，区别在于权利要求1中用锗元素代替了硒元素，以及磷元素含量稍有差别。关于磷含量，权利要求1具体限定为170~200，对比文件1公开的磷含量范围是120~224并具体公开了数值160，这种磷含量的些许差别是非实质性的。关于权利要求1中锗元素替换硒元素，其要解决的技术问题是提供一种含微量元素锗的叶面肥，使作物施用后锗含量提高；而对比文件1提供的含微量元素硒的叶面肥，其使作物施用后的硒含量提高，对本领域技术人员而言，在面临本发明所要解决的技术问题时即提供一种提高植物中微量元素锗含量的叶面肥时，容易想到在对比文件1中公开的一种能提高植物中微量元素硒含量的叶面肥技术方案的基础上采用锗元素替代硒元素而获得本申请要求保护的富锗叶面肥，而且，这种替代不存在技术上的困难，替代后的技术效果也是本领域技术人员可以预料得到的或可经过有限的试验得到的，因此，这一区别特征（即采用锗元素替换硒元素）对本领域技术人员而言也是非实质性的。因此，权利要求1与对比文件1的区别技术特征没有为要求保护的发明带来突出的实质性特点和显著的进步，权利要求1相对于对比文件1不具有创造性。

权利要求2是权利要求1的从属权利要求，其附加技术特征已被对比文件1公开；权利要求4为权利要求2的从属权利要求，其附加技术特征也已被对比文件1公开，因此，在权利要求1不具有创造性的基础上，权利要求2、4也不具有创造性。

权利要求3为权利要求1的从属权利要求，其附加技术特征除“锗元素取自二氧化锗”外均被对比文件1所公开，而“锗元素取自二氧化锗”是对锗元素来源物质的限定，这种限定对所属领域技术人员来说是一般的常规选择，没有产生预料不到的技术效果，因此，在权利要求1不具有创造性的基础上，权利要求3也不具有创造性。

合议组注意到，复审请求人在答复《复审通知书》时认为本发明与对比文件1解决的问题不同；根据植物营养学定律，锗元素与硒元素不能替换；现有技术中没有含锗元素（二氧化锗）的肥料，且本发明锗元素的特定含量对植物生长活性最佳；本发明在商业上获得了巨大成功。合议组认为：(1) 本发明与对比文件1解决的技术问题虽不同，但对比文件1给出了解决本发明问题的技术启示，在植物营养学上锗元素与硒元素不能替代，但是对比文件1给出了通过喷洒微量元素叶面肥而获得富集相应微量元素农作物的启示，没有证据表明将“锗元素”应用于农作物的叶面施肥存在技术上的困难。(2) 现有技术虽没有公开锗是人体必需的微量元素，也没有公开锗对植物的营养功能即现有技术中没有含锗肥料，但是，如复审请求人所述，现有技术（参见证据11）记载锗对人体具有保健功能，为获得富锗作物而在对比文件1公开的富硒叶面肥获得富硒作物的基础上，本领域人员显而易见能够制备得到富锗叶面肥；至于复审请求人所述选择特定含量的锗元素能够获得对植物生长活性最佳的技术效果，由于该所述技术效果没有记载在本申请说明书中，也无证据予以支持，合议组不予认可。(3) 复审请求人提交的证据5~10不能反映出本发明的实施情况，更不能说明证据5~10与本发明的技术特征有直接的关系，因此，复审请求人关于本发明在商业上获得成功的主张不能成立。

基于上述理由，本案合议组作出如下决定。

**三、决定**

维持国家知识产权局于2005年2月18日针对03133345.1号发明专利申请作出的驳回决定。

复审请求人对本决定不服的，可以根据专利法第41条第2款的规定，自收到本决定之日起三个月内向北京市第一中级人民法院起诉。

003

# 杂物（NIT）分选器

## 复审请求审查决定（第 10015 号）

**决　定　号**　第 10015 号
**决　定　日**　2006 年 10 月 8 日
**发明创造名称**　杂物（NIT）分选器
**国际分类号**　D21H 27/00，D04H 1/72
**复审请求人**　M&J 纤维技术有限公司
**专利申请号**　99808566.9
**申　请　日**　1999 年 7 月 13 日
**公　开　日**　2001 年 8 月 22 日
**合议组组长**　李　越
**主　审　员**　张　沧
**参　审　员**　孙跃飞

**法律依据**　专利法第 33 条
**决定要点**

专利法第 33 条规定：申请人可以对其申请文件进行修改，但是，对发明和实用新型专利申请文件的修改不得超出原说明书和权利要求书记载的范围。

对于按照专利合作条约提出并指定中国的专利国际申请，自国际申请日起在中国具有正规国家申请的效力，申请人修改其专利申请文件的（无论在国际阶段还是在进入中国的国家阶段），不得超出申请人向国际申请受理局提交的原始国际申请文件记载的范围。因此，在判断一件国际申请的修改是否符合中国专利法第 33 条的规定时，应当将申请人提交的修改文本与国际申请日时该国际申请的原始申请文件相比较，考察修改的内容是在原始国际申请文件中有明确记载或者是否可以从原始国际申请文件中直接和毫无疑义地确定，从而得出判断的结论。

### 一、案由

本复审请求涉及于 2001 年 1 月 12 日进入中国国家阶段并于 2001 年 8 月 22 日中文公布的发明名称为“杂物（NIT）分选器”的 PCT 发明专利申请（下称本申请），其申请号为 99808566.9，申请人是 M&J 纤维技术有限公司。该 PCT 发明专利申请的国际申请号为 PCT/DK99/00401，申请日为 1999 年 7 月 13 日，优先权日为 1998 年 7 月 14 日。

2001 年 1 月 12 日，申请人在该国际申请进入中国国家阶段时希望国家知识产权局专利局以国际初步审查报告附件译文说明书第 1 ~ 7 页、权利要求第 1 ~ 10 项和原始提交的国际申请文件译文附图第1页为基础进行审查。

2002年10月11日，国家知识产权局发出第一次审查意见通知书，指出：（1）申请人提交的国际初步审查报告附件的中文译文不能被接受，因为其超出了国际申请提出时对发明公开的范围，例如，在整个文件中术语“良好分离的纤维”被术语“良好开松的纤维”所替代，术语“杂物纤维分离机”被“杂物开松器”所代替；（2）基于原始提交的国际申请的中文译本进行审查，权利要求1～10不具备专利法第22条第3款规定的创造性，同时说明书不符合专利法第26条第3款的规定。

2003年2月17日，申请人提交了意见陈述书和权利要求书替换页。申请人认为：（1）在国际阶段所公开的申请文本实际上并非原始提交的该国际申请的正确英文译本，申请人在国际初步审查阶段对申请文件的修改目的是更正英文本中的翻译错误，修改与该丹麦文本完全一致，没有超出原始申请的保护范围；（2）申请人对权利要求书进行了修改，修改后的权利要求1～10具有创造性。申请人提交的权利要求1为：

“1. 一种利用纤维材料来制备高质量无纺纤维网（20）的设备，其包括有：一个纤维分离机（1），例如一研磨机，用于对纤维材料进行纤维分离，和至少一个成形头（2），用于在一环形的成形丝网（3）上成形一纤维网（20），所述成形丝网（3）在工作过程中主要进行水平运转，和一个第一输送风扇（9），用于经由一第一空气管道（10）将经过分离的纤维向成形头进行传送，和一个第二输送风扇（22），用于经由一第二空气管道（21）将杂物从所述成形头中抽吸走，和一个分选器（4），其与第二空气管道（21）相连，用于将杂物和良好开松的纤维分开，其特征在于，第一空气管道（10）从所述纤维分离机（1）延伸到成形头（2），其间不通过所述分选器（4）。

2003年5月20日，国家知识产权局针对申请人提交的国际初审报告附件说明书第1～7页、权利要求第1～10项和进入国家阶段时提交的国际申请文件的文本附图第1页、1999年7月13日提交的摘要，以不符合专利法第33条的规定为由驳回了本申请。驳回决定认为，国际初审报告明确指出上述国际初审报告的附件是不能够被接受的，因为它们违背了专利合作条约实施细则第70条第（2）c款的规定，该条款相当于专利法第33条。驳回决定所针对的独立权利要求1为：

“1. 一种利用纤维材料来制备无纺纤维网（20）的设备，其包括有：一个纤维分离机（1），例如一研磨机，用于对纤维材料进行纤维分离，至少一个成形头（2），用于在一环形的成形丝网（3）上成形一纤维网（20），所述成形丝网（3）在工作过程中主要进行水平运转，一个第一输送风扇（9），用于经由一第一空气管道（10）将经过分离的纤维向成形头进行传送，和一个第二输送风扇（22），用于经由一第二空气管道（21）将杂物从所述成形头中抽吸走，其特征在于：该设备还包括有一个分选器（4），其与第二空气管道（21）相连，用于将杂物从经过良好开松的纤维中分选出来。”

2003年9月3日，申请人M&J纤维技术有限公司（下称复审请求人）不服上述驳回决定，向专利复审委员会提出复审请求并提供了附件1～12。复审请求人认为：（1）只要复审请求人对本申请的修改没有超出在对应国际申请的申请日提交的原说明书和权利要求书记载的范围，就应当符合专利法第33条的规定；（2）附件4《国际初步审查报告》中提出的所述PCT34条修改超出原始公开的范围是依据国际公布文本而非真正的原始提交的丹麦申请文本作出的；（3）复审请求人提供的附件表明，复审请求人根据PCT34条所作修改的国际初步审查报告附件没有超出原说明书和权利要求书记载的范围。复审请求人提交的附件1～12分别为：

附件1：国家知识产权局于2003年5月30日发出的《驳回决定》；

附件2：本申请经证明的在先丹麦专利申请PA 199800933的副本；

附件3：本申请的对应国际申请PCT/DK99/00401的副本；

附件4：欧洲专利局于2000年10月18日发出的关于本申请的对应国际申请PCT/DK99/00401

的《国际初步审查报告》；

附件 5：由最初翻译者 S0nderup 女士作出错误翻译的证明 ；

附件 6：由 Edvard Holme 作出正确翻译的证明；

附件 7：欧洲专利局于 2000 年 2 月 3 日发出的 EP01201 表；

附件 8：本复审请求人作为对应欧洲专利申请的申请人于 2001 年 1 月 12 日给欧洲专利局的信函和 EP01200.1 表；

附件 9：本复审请求人作为对应欧洲专利申请的申请人于 2001 年 6 月 1 日给欧洲专利局的信函；

附件 10：欧洲专利局于 2002 年 2 月 1 日发出的关于对应欧洲专利申请的《审查意通知书》；

附件 11：本复审请求人作为对应欧洲专利申请的申请人针对欧洲专利局 2002 年 2 月 1 日的《审查意见通知书》的答复信函 ；

附件 12：欧洲专利局接受的最后修改文本。

2003 年 9 月 22 日，经形式审查合格后，专利复审委员会受理了此复审请求，并向复审请求人发出复审请求受理通知书，同时向国家知识产权局原审查部门发出了前置审查通知书，将案卷转送国家知识产权局原审查部门进行前置审查。

在前置审查意见书中，国家知识产权局原审查部门坚持原驳回决定。前置审查意见指出 ，复审请求人所提交的附件 2 一在先的丹麦专利申请 PA19980033 副本没有中文译文，所提交的附件 12 一欧洲专利局接受的最后修改文本既不同于国际申请 PCT/DK99/00401，也不同于国际初步审查报告附件。

2005 年 10 月 10 日，专利复审委员会向复审请求人发出《外文证据处理通知书》，要求复审请求人提交附件中外文证据的中文译文。

2005 年 11 月 25 日，复审请求人提交了附件 2 ~ 3、5 ~ 9、11 ~ 12 的全部或部分中文译文。

经过上述审查程序，本案合议组认为，本案事实已经清楚，可以作出复审决定。

**二、决定的理由**

1. 审查文本

本决定的审查文本是：复审请求人于 2001 年 1 月 12 日提交的按照国际初步审查报告附件的说明书译文第 1 ~ 7 页和 2003 年 2 月 17 日提交的权利要求第 1 ~ 10 项以及复审请求人于 2001 年 1 月 12 日提交的、明书调要和摘要附图。

2. 关于专利法第 33 条

专利法第 33 条规定：申请人可以对其申请文件进行修改，但是，对发明和实用新型专利申请文件的修改不得超出原说明书和权利要求书记载的范围。

对于按照专利合作条约提出并指定中国的专利国际申请，自国际申请日起在中国具有正规国家申请的效力，申请人修改其专利申请文件的（无论在国际阶段还是在进入中国的 国家阶段），不得超出申请人向国际申请受理局提交的原始国际申请文件记载的范围。因此，在判断一件国际申请的修改是否符合中国专利法第 33 条的规定时，应当将申请人提交的修改文本与国际申请日时该国际申请的原始申请文件相比较，考察修改的内容是否在原始国际申请文件中有明确记载或者是否可以从原始国际申请文件中直接和毫无疑义地确定，从而得出判断结论。

木复审请求涉及一项专利国际申请，申请人在国际阶段依照专利合作条约第 34 条的规定修改了说明书和权利要求书（即国际初步审查报告附件），该国际申请进入中国国家段后，申请人希望按照国际初步审查报告附件的说明书和权利要求书的译文进行审查；之后，申请人在 2003 年 2 月 17 日答复国家知识产权局实审部门第一次审查意见通知书时 另提交了一份新修改的权利要求第 1 ~ 10 项，因此，判断申请人在国际阶段和进入中国国 家阶段对专利申请文件的修改是否符合中国专利法第33的规定，应当将申请人2001年1月21日提交的按照国际初步审查报告附件的说明书译文第1~7页和2003年2月17日提交的权利要求第1~10项与申请人向国际申请受理局提交的原始国际申请文件(1999年7月13日申请人向丹麦专利局提交的国际申请号为PCT/DK99/00401的申请文件，即附件3）相比较，考察修改的内容是否被允许，进而得出是否符合中国专利法第33条规定的结论。

本案驳回决定的驳回理由是复审请求人提交的按照国际初步审查报告附件的中文译文超出了国际申请提出时对发明公开的范围，具体是术语“良好分离的纤维”被术语“良好开松的纤维”所替代，术语“杂物纤维分离机”被“杂物开松器”所代替。经审查，在复审请求人提出国际申请时提交的国际申请文件（即附件3）中有术语“良好开松的纤维”和术语“杂物开松器”的明确记载（例如，参见附件3中文译文权利要求1第8行，权利要求4第2行)，因此，在复审请求人于2001年1月12日提交的按照国际初步审查报告附件的说明书译文第1~7页和2003年2月17日提交的权利要求第1~10项中记载的术语“良好分离的纤维”和术语“杂物开松器”均没有超出国际申请提出时对发明公开的范围，即该驳回理由不能成立。

故此，本案合议组作出如下决定。

**三、决定**

撤销国家知识产权局于2003年5月20日针对本专利申请作出的驳回决定，由国家知识产权局实审部门在复审请求人于2001年1月12日提交的按国际初步审查报告附件的说明书译文第1~7页和2003年2月17日提交的权利要求第1~10项以及2001年1月12日提交的说明书摘要和摘要附图的基础上继续进行审查程序。

复审请求人对本决定不服的，可以根据专利法第41条第2款的规定，自收到本决定之日起三个月内向北京市第一中级人民法院起诉。

004

# 新型 exendin 激动剂制剂及其给药方法

## 复审请求审查决定（10046 号）

**决　定　号**　第10046号
**决　定　日**　2006年8月22日
**发明创造名称**　新型 exendin 激动剂制剂及其给药方法
**国际分类号**　A61K 38/22
**复审请求人**　安米林药品公司
**申　请　号**　00804847.9
**优先权日**　1999年1月14日
**申　请　日**　2000年1月14日
**公　布　日**　2002年12月11日
**合议组组长**　董　琤
**主　审　员**　刘丹妮
**参　审　员**　柴爱军

**法律依据**　专利法第25条、第26条第3款
**决定要点**

制药用途权利要求中的用药特征并不能改变这些权利要求的类型，即它们仍为制药用途权利要求，而非疾病的诊断和治疗方法。

如果所属技术领域的技术人员按照说明书记载的内容，能够实现发明的技术方案，解决其技术问题，并产生预期的技术效果，则应认为该说明书对发明做出了清楚、完整的说明。判断一件申请的说明书是否对发明做出了清楚、完整的说明应当全面考虑其要解决的技术问题、采取的技术措施及所取得的技术效果。

### 一、案由

本复审请求涉及申请人安米林药品公司于2000年1月14日申请，2002年12月11日公开，名称为“新型 exendin 激动剂制剂及其给药方法”的00804847.9号发明专利申请（下称本申请）。

国家知识产权局实审部门于2003年9月19日发出第一次审查意见通知书，提出如下审查意见：本申请权利要求43～83所请求保护的方法均属于疾病的治疗方法，属于专利法第25条第1款第（3）项所规定的不授予专利权的客体；权利要求1～5、8、10～12、28、30～31、33不具备专利法第22条第2款所规定的新颖性；权利要求6～7、9、13～27、29、32、34～42不具备专利法第22条第3

款所规定的创造性。

申请人于2004年3月24日提交了意见陈述书及经修改的权利要求书替换页，修改后的权利要求书包括权利要求1～42。

国家知识产权局于2004年4月30日发出第二次审查意见通知书，指出本申请权利要求26～27、32～33、35～42虽然将请求保护的主题表述为制药用途，但其附加技术特征部分的描述均为给药方式，因此权利要求26～27、32～33、35～42均为专利法第25条第1款第（3）项规定的不授予专利权的客体；此外，本申请说明书并未通过实验证明特定的pH值和特定的防腐剂浓度具有本领域的技术人员所预料不到的技术效果，因此不符合专利法第26条第3款有关说明书应当清楚、完整的公开请求保护的技术方案的规定。

申请人于2004年7月8日提交了意见陈述书，申请人并未随此次意见陈述提交任何修改文件。

国家知识产权局于2004年8月6日驳回了该申请，驳回决定所针对的权利要求是申请人于2004年3月24日提交的，其内容如下：

"1. 一种药用制剂，该药用制剂适用于多用给药的稳定液体剂型，并包含0.005％～0.4％w/v的exendin或exendin激动剂肽、缓冲剂、等重量克分子渗透浓度调节剂和0.005％～1.0％w/v的防腐剂，该防腐剂选自间甲酚、酚、苄醇、对羟基苯甲酸甲酯、对羟基苯甲酸乙酯、对羟基苯甲酸丙酯和对羟基苯甲酸丁酯，所述制剂的pH值为3.0～7.0。

2. 按照权利要求1的制剂，其中所述稳定液体剂型是一种稳定的胃肠外液体剂型。

3. 按照权利要求1的制剂，其中所述exendin激动剂肽是exendin的类似物。

4. 按照权利要求1～2或3的制剂，其中所述exendin是exendin-4。

5. 按照权利要求1～2或3的制剂，其中所述exendin或exendin激动剂肽存在的浓度为0.005～0.05％w/v。

6. 按照权利要求1～2或3的制剂，其中所述exendin或exendin激动剂肽存在的浓度为0.005～0.02％w/v。

7. 按照权利要求1～6中任一项的制剂，其中所述缓冲剂的浓度为0.02％～0.5％w/v。

8. 按照权利要求1～6中任一项的制剂，其中所述缓冲剂为醋酸盐、磷酸盐、柠檬酸盐或谷氨酸盐。

9. 按照权利要求8的制剂，其中所述缓冲剂为醋酸盐缓冲剂。

10. 按照权利要求1～6中任一项的制剂，其中等重量克分子渗透浓度调节剂的浓度为1.0％～10％w/v。

11. 按照权利要求1～6中任一项的制剂，其中等重量克分子渗透浓度调节剂为碳水化合物或多元醇。

12. 按照权利要求11的制剂，其中所述多元醇选自山梨醇、甘露醇、肌醇、甘油、木糖醇和聚乙二醇。

13. 按照权利要求12的制剂，其中所述多元醇为甘露醇。

14. 按照权利要求11的制剂，其中所述碳水化合物选自半乳糖、阿拉伯糖和乳糖。

15. 按照权利要求11的制剂，其中所述碳水化合物或多元醇用最高约0.9％的盐水代替。

16. 按照权利要求1～6中任一项的制剂，其中所述pH值为4.0～6.0。

17. 按照权利要求1～6中任一项的制剂，其中所述pH值为4.0～5.0。

18. 按照权利要求1～6中任一项的制剂，其中所述防腐剂为间甲酚。

19. 按照权利要求1～18中任一项的制剂，其中该制剂是冻干的。

20. 按照权利要求19的制剂，其中所述制剂为包含增量剂的冻干单位剂量制剂或冻干多剂量制剂。

21. 按照权利要求20的制剂，其中所述增量剂是等重量克分子渗透浓度调节剂。

22. 按照权利要求19的制剂，它还包括表面活性剂。

23. 按照权利要求22的制剂，其中所述表面活性剂包括0.1%～1.0%w/v的非离子去垢剂。

24. 按照权利要求22的制剂，其中所述表面活性剂为吐温80。

25. 一种exendin或exendin激动剂肽在制备权利要求1～24中任一项的药用制剂的用途，该药物制剂用于治疗Ⅰ型和Ⅱ型糖尿病、肥胖病和其他得益于减慢胃排空、降低血浆葡萄糖水平和减少摄取食物的给药疗法的病症。

26. 按照权利要求25的用途，其中所述药用制剂配制为每天给予用者1～3次。

27. 按照权利要求26的用途，其中所述药用制剂配制为每天给予用者2次。

28. 一种exendin或exendin激动剂肽在制备权利要求1～24中任一项的药用制剂的用途，该药物制剂用于治疗Ⅰ型和Ⅱ型糖尿病、肥胖病和其他得益于减慢胃排空、降低血浆葡萄糖水平和减少摄取食物的给药疗法的病症，其中所述药用制剂配制为以0.005～0.2μg/kg/剂的剂量给予exendin或exendin激动剂。

29. 按照权利要求28的用途，其中所述exendin激动剂肽是exendin的类似物。

30. 按照权利要求28或29的用途，其中所述剂量为0.02～0.1μg/kg/剂。

31. 按照权利要求28或29的用途，其中所述剂量为0.05～0.1μg/kg/剂。

32. 按照权利要求28～31中任一项的用途，其中所述药用制剂配制为每天给予用者1～4次。

33. 按照权利要求28～31中任一项的用途，其中所述药用制剂配制为每天给予用者1～2次。

34. 一种exendin或exendin激动剂肽在制备权利要求1～24中任一项的药用制剂的用途，该药物制剂用于增加用者对外源性或内源性胰岛素的敏感性。

35. 按照权利要求34的用途，其中所述药用制剂配制为经鼻给药。

36. 按照权利要求34的用途，其中所述药用制剂配制为口服给药。

37. 按照权利要求34的用途，其中所述药用制剂配制为经肺给药。

38. 按照权利要求34的用途，其中所述药用制剂配制为经颊给药。

39. 按照权利要求34的用途，其中所述药用制剂配制为经舌下给药。

40. 按照权利要求34的用途，其中所述药用制剂配制为经气管内给药。

41. 按照权利要求34的用途，其中所述药用制剂配制为通过注射给药。

42. 按照权利要求34的用途，其中所述药用制剂配制为通过皮下注射给药。”

驳回的理由具体如下：（1）权利要求26～27将请求保护的主题表述为“一种exendin或exendin激动剂肽在制备权利要求1～24中任一项的药用制剂的用途”，属于方法权利要求，但其附加技术特征部分的描述均为给药方式，因此上述权利要求26～27请求保护的技术方案均为疾病的治疗方法，属于专利法第25条第1款第（3）项所规定的不授予专利权的客体；权利要求32～33、35～42均为专利法第25条第1款第（3）项所规定的不授予专利权的客体；（2）本发明的技术方案应该是：在特定的pH值范围下，特定浓度范围的exendin或exendin肽和防腐剂的组合使用而产生意想不到的长期稳定性，pH值和防腐剂的选择对于本发明的技术方案来说是必要的，而说明书中只描述了单独使用exendin或exendin肽的实施例，并未通过实验证明特定的pH值和特定的防腐剂浓度具有本领域的技术人员所预料不到的技术效果，因此，说明书并未对发明作出清楚、完整的说明，不符合专利法第26条第3款的规定。

申请人安米林药品公司（下称复审请求人）对上述驳回决定不服，于2004年11月20日向专利复审委员会提出复审请求，对于驳回理由，复审请求人陈述了如下意见：第一，权利要求26~27、32~33和35~42请求保护的均为制药用途，由于用于活性成分的具体药物的特征会随着特定的给药频率和方式而改变，权利要求中限定的具体给药方法和频率特征属于对药物的限定，此外，上述制药用途并未以任何有生命的动物为对象，其并不属于专利法第25条第1款第（3）项规定的不授予专利权的客体；第二，本发明解决的技术问题是可以保持生物活性并含有低浓度的肽的制剂，根据本发明说明书实施例12中制剂的提供方式及所述研究过程的持续时间，本领域技术人员可清楚知道上述含有低浓度肽的制剂被持续使用多天并成功保持了exendin-4的活性，即，证明了本发明的制剂是稳定的，本发明说明书已经对发明作出了清楚、完整的说明，符合专利法第26条第3款的规定。因此，国家知识产权局驳回的理由不成立，应予撤销。复审请求人在提出复审请求的同时没有对申请文本进行修改。

形式审查合格后，专利复审委员会受理了该复审请求，并于2005年1月5日向复审请求人发出《复审请求受理通知书》，随后将本申请移交原实审部门进行前置审查。

原实审部门对本复审请求进行了前置审查，坚持驳回决定。

专利复审委员会组成合议组，对本案的复审请求进行了审理。

至此，合议组认为本案事实清楚，可以作出审查决定。

**二、决定的理由**

1. 关于审查文本

复审请求人没有在复审程序中对申请文本进行修改，合议组针对驳回决定所针对的文本进行审查。

2. 关于专利法第25条第1款第（3）项的驳回理由

专利法第25条第1款规定，对下列各项，不授予专利权：

（1）科学发现；

（2）智力活动的规则和方法；

（3）疾病的诊断和治疗方法；

（4）动物和植物品种；

（5）用原子核变换方法获得的物质。

疾病的诊断和治疗方法，是指以有生命的人体或者动物体为直接实施对象，进行识别、确定或消除病因或病灶的过程。

制药用途权利要求中的用药特征并不能改变这些权利要求的类型，即它们仍为制药用途权利要求，而非疾病的诊断和治疗方法。

本案中，权利要求26~27、32~33和35~42分别是权利要求25、28、34的从属权利要求。被它们从属的权利要求25、28、34的保护主题均为“一种exendin或exendin激动剂肽在制备权利要求1~24中任一项的药用制剂的用途”，可以清楚地看出，上述权利要求请求保护的主题均是制药用途，而并非以有生命的人体或者动物体为直接实施对象进行识别、确定或消除病因或病灶的疾病的诊断和治疗方法。虽然权利要求26~27、32~33和35~42中增加了具体给药方法的附加技术特征，但并没有改变这些权利要求的类型，即它们仍为制药用途，而非疾病的诊断和治疗方法。因此，上述权利要求26~27、32~33和35~42不属于专利法第25条第1款第（3）项所规定的不授予专利权的客体。

3. 关于专利法第26条第3款的驳回理由

专利法第26条第3款规定：说明书应当对发明或者实用新型作出清楚、完整的说明，以所属技术领域的技术人员能够实现为准。

根据这一条款的规定，如果所属技术领域的技术人员按照说明书记载的内容，能够实现该发明的技术方案，解决其技术问题，并产生预期的技术效果，则应认为该说明书对发明做出了清楚、完整的说明。当判定一项权利要求所要求保护的技术方案是否在说明书中被充分公开时，应由本领域普通技术人员基于说明书记载的全部技术信息作出该发明是否可实现的判断。

本案中，权利要求1请求保护一种药用制剂，该药用制剂适用于多用给药的稳定液体剂型，并包含0.005%～0.4%w/v的exendin或exendin激动剂肽、缓冲剂、等重量克分子渗透浓度调节剂和0.005%～1.0%w/v的防腐剂，该防腐剂选自间甲酚、酚、苄醇、对羟基苯甲酸甲酯、对羟基苯甲酸乙酯、对羟基苯甲酸丙酯和对羟基苯甲酸丁酯，所述制剂的pH值为3.0～7.0。

说明书第7页第12～23行描述了本发明的目的是提供一种具有优良特性的新型exendin或exendin激动剂化合物的制剂和剂量，所述优良特性包括有效减慢胃排空和降低血浆葡萄糖水平。该exendin或exendin激动剂的制剂包含与缓冲剂、等渗调节剂和任选防腐剂混合在一起的exendin或exendin激动剂，所述制剂的pH值3.0～7.0。并且，说明书中进一步指出，exendin激动剂包括exendin激动剂肽类，例如具有exendin的一种或多种活性的exendin-3和exendin -4的类似物和衍生物；缓冲剂为0.02～0.2%w/v的醋酸盐、磷酸盐或谷氨酸盐的单独或组合；等渗调节剂为优选山梨醇的多元醇等。同时，说明书中还指出，如果所述制剂用多用容器包装，则还包含0.005%～1.0%w/v的防腐剂，该防腐剂选自间甲酚、酚、苄醇、对羟基苯甲酸甲酯、对羟基苯甲酸乙酯、对羟基苯甲酸丙酯和对羟基苯甲酸丁酯。同时，说明书在其实施例12中的包含活性组份exendin-4、缓冲剂醋酸钠（pH值4.5）、等渗调节剂4.3%甘露醇的注射剂的具体药效试验数据证实了所述制剂能够有效降低血浆葡萄糖水平，证明了权利要求1技术方案的可行性。虽然该具体实施例的制剂中不含防腐剂，但在本领域的现有技术中，防腐剂是已知的常规试剂，其性质和使用是维持活性成分稳定性，其加入不应影响制剂的基本活性。原审查部门没有提供证据表明本领域技术人员不能按照说明书所公开的内容得到所述药用制剂或不能实现本发明的目的。合议组认为，从上述分析可以看出，所属技术领域的技术人员按照说明书记载的内容，能够实现该发明的技术方案，并达到其目的。

此外，对于特定pH值 范围3.0～7.0这一特征，在说明书第29页第7～10行中明确记载了在水性体系中选择醋酸盐、磷酸盐、柠檬酸盐、谷氨酸盐等缓冲溶液以调节并达到3.0～7.0的pH值范围，同时在具体实施例12中也已明确记载了“用于该研究的合成exendin-4为用醋酸钠缓冲液（pH值4.5）配制”，并在该实施例中给出了选择了这一具体pH值的所述制剂的治疗效果试验数据，因此，合议组认为，pH值范围的选择已经在说明书中清楚描述并验证了效果，该特征并不影响本发明技术方案的实现。

对于防腐剂的具体组成和含量特征，根据本申请说明书第9页第11～27行的描述可知，这一成分是在所述制剂采用多容器包装形式时选择使用的成分，其目的是为有助于患者多次使用，而如前所述，防腐剂是所属技术领域熟知的维持活性成分稳定性的常规选择成分，本领域技术人员可以根据具体需要对其自行进行选择和调配，因此说明书中没有具体实施这一成分的组成和用量并不影响本发明技术方案的实现。

综上所述，合议组认为本申请说明书对权利要求1的技术方案已作出了清楚、完整的说明，所属技术领域的技术人员按照说明书记载的内容，能够实现其技术方案，解决其技术问题，并产生预期的技术效果。从属权利要求2～24在其附加技术特征中对所述制剂的各组份组成、含量和pH值作了进一步限定，基于前述相同的理由，其技术方案也均在说明书中作出了清楚、完整的说明。因此，本申请符合专利法第26条第3款的规定。

## 三、决定

撤销国家知识产权局于2004年8月6日对00804847.9号发明专利申请作出的驳回决定。由原审查部门在驳回决定针对的审查文本的基础上继续进行审查程序。

复审请求人对本决定不服的，可以根据专利法第41条第2款的规定，自收到本决定之日起三个月内向北京市第一中级人民法院起诉。

005

# 一种三氧化二砷注射粉剂

## 复审请求审查决定（第10226号）

**决　定　号**　第10226号
**决　定　日**　2007年2月12日
**发明创造名称**　一种三氧化二砷注射粉剂
**国际分类号**　A61K 33/36，A61P 35/00
**复审请求人**　张　鹏
**申　请　号**　01104111.0
**申　请　日**　2001年3月15日
**公　开　日**　2002年10月23日
**合议组组长**　张　沧
**主　审　员**　何　炜
**参　审　员**　柴爱军

**法律依据**　专利法第26条第3款
**决定要点**

一项专利申请，如果所属技术领域技术人员根据其说明书的描述并结合该领域的普通技术知识能够实现发明或者实用新型的技术方案并能够解决所述的技术问题，则可以认为该专利申请的说明书符合专利法第26条第3款的规定。

### 一、案由

本复审请求涉及名称为“一种三氧化二砷注射粉剂”的01104111.0号发明专利申请（下称本申请），申请人为张鹏，申请日为2001年3月15日，公开日为2002年10月23日。

国家知识产权局于2004年6月11日针对申请人于申请日提交的说明书第1～4页、2004年2月18日提交的权利要求第1～3项驳回了本申请，理由是本申请不符合专利法第26条第3款的规定。具体驳回理由是：说明书没有公开说明“三氧化二砷注射粉针剂”药效的实验室试验（包括动物实验）或者临床试验的定性或定量数据，由于药物剂型的改变甚至给药方式的改变都会对药效产生影响，因此仅仅用三氧化二砷注射液的药效并不能说明三氧化二砷注射粉针剂的药效，而且，尽管申请人的意见陈述在埋论上对本申请中的三氧化二砷注射粉针剂的生产不会污染环境和有利于生产人员的健康的原因进行了说明，但是没有得到实验数据的证实。

驳回决定所针对的权利要求书为：

“1．一种三氧化二砷注射粉剂，包括三氧化二砷粉末和溶媒氢氧化钠溶液两部分，其特征在于：

所述三氧化二砷粉末部分由市售三氧化二砷粉末经灭菌而成，溶媒氢氧化钠溶液部分由氢氧化钠经溶解、过滤、灭菌制成。

2. 根据权利要求1所述的注射粉剂其特征在于：三氧化二砷粉末和溶媒氢氧化钠溶液两部分的配比为1mg：0.2ml。

3. 根据权利要求1或2所述的注射粉剂其特征在于：溶媒氢氧化钠溶液的浓度为：0.3118～0.8488mol/L。”

申请人张鹏（下称复审请求人）不服上述驳回决定，于2004年8月10日向专利复审委员会提出复审请求，并提交了修改的说明书全文替换页共3页。复审请求人认为：三氧化二砷注射针剂已经有大量试验证明是一种治疗白血病和肿瘤的有效药物，本发明是在其基础上改进而成，所用原料都是$As_2O_3$，三氧化二砷注射粉剂与注射针剂无论在原料、治病的有效结构、还是注射的实际成分、数量都是相同的，因而它们药效必然相同是显而易见的。实验室和临床试验数据不是必须的。三氧化二砷注射粉剂的制备是由市场购买的分析纯三氧化二砷粉末经机器分装灭菌而成，不产生含砷废品、废液，因而不会污染环境，生产人员不直接接触三氧化二砷，因而有利于生产工人身体健康也是显而易见的。

形式审查合格后，专利复审委员会受理了该复审请求，并于2004年11月16日向复审请求人发出《复审请求受理通知书》，同时将本申请案卷移送原审查部门进行前置审查。

在《前置审查意见书》中，原审查部门坚持驳回决定。

专利复审委员会组成合议组对本复审请求案进行了审理，并于2006年8月1日向复审请求人发出《复审通知书》。《复审通知书》中指出：(1)复审请求人于2004年8月10日向专利复审委员会提出复审请求的同时，提交了修改的说明书全文替换页共3页，复审请求人所作出的此次修改并不是为了克服驳回决定所指出的缺陷，因此该修改属于不符合专利法实施细则第60条第1款规定的情形，该修改文本不能被接受。(2)复审请求人于2004年8月10日提交的修改后的说明书不符合专利法第33条规定的缺陷，具体表现在：该说明书第2页第6段（第19～21行）中记载的内容“氢氧化钠12.5～34.6g用1000ml注射用水溶解”在原始申请文件中没有记载，“分装成规格为04ml”与原始申请文件记载的“规格有0.4ml”不同，且上述两处修改都不能从原申请记载的信息中直接地、毫无疑义地确定，因此，上述修改都是不允许的，不符合专利法第33条的规定。

复审请求人于2006年9月12日向专利复审委员会提交了意见陈述书，并提交了95108768.1号中国发明专利说明书第1页和王桂照等出具的两份证明材料的复印件，没有提交新修改的申请文件。在意见陈述书中复审请求人并没有针对上述《复审通知书》陈述意见，而仅仅陈述了本申请符合专利法第26条第3款的理由。

复审请求人于2006年11月3日提交了意见陈述书，以及说明书全文替换页第1～4页。复审请求人表示撤销2004年8月10日提交的说明书，恢复到原始说明书。

至此，合议组认为本案事实清楚，可以作出审查决定。

**二、决定的理由**

1. 审查文本

本复审请求审查决定针对的文本是复审请求人于申请日提交的说明书摘要、2004年2月18日提交的权利要求第1～3项、2006年11月3日提交的说明书第1～4页。

2. 关于专利法实施细则第60条第1款和专利法第33条

专利法实施细则第60条第1款规定：复审请求人在提出复审请求或者在对专利复审委员会的复审通知书作出答复时，可以修改专利申请文件；但是，修改应当仅限于消除驳回决定或者复审通知书指出的缺陷。

专利法第33条规定：申请人可以对其专利申请文件进行修改，但是，对发明和实用新型专利申请文件的修改不得超出原说明书和权利要求书记载的范围。根据该款规定，如果申请的内容通过增加、改变和/或删除其中的一部分，致使所属技术领域的技术人员看到的信息与原申请公开的信息不同，而且又不能从原申请记载的信息中直接地、毫无疑义地确定，那么，这种修改就是不允许的，反之，则是允许的。

针对《复审通知书》，复审请求人于2006年11月3日提交了说明书修改替换页第1~4页，删除了《复审通知书》中指出的不符合专利法实施细则第60条第1款和专利法第33条规定的内容，新提交的说明书与本申请申请日提交的说明书完全一致。因此，复审请求人对申请文件的修改已经克服了《复审通知书》所指出的不符合专利法实施细则第60条第1款和专利法第33条规定的缺陷，本复审请求审查决定针对的文本没有超出原始申请文件记载的范围，符合专利法第33条的规定。

3. 关于专利法第26条第3款

专利法第26条第3款规定，说明书应当对发明或者实用新型作出清楚、完整的说明，以所属技术领域的技术人员能够实现为准。

一项专利申请，如果所属技术领域技术人员根据其说明书的描述并结合该领域的普通技术知识能够实现发明或者实用新型的技术方案并能够解决所述的技术问题，则可以认为该专利申请的说明书符合专利法第26条第3款的规定。

本申请要求保护一种三氧化二砷注射粉剂，说明书给出的技术方案是三氧化二砷注射粉剂包括三氧化二砷粉末及溶媒氢氧化钠两部分，分别经灭菌及溶解、过滤、灭菌制成。产品规格有2mg、5mg及10mg三种。溶媒氢氧化钠溶液的浓度范围为0.3118~0.8488mol/L，规格有0.4ml、1ml及2ml三种。三氧化二砷粉末与溶媒氢氧化钠溶液的配比为：1mg∶0.2ml。说明书中记载其适应症为白血病、食管癌、多发性骨髓瘤、恶性淋巴瘤等肿瘤，以及疟疾、梅毒、风湿性疾病等顽症；并说明使用方法和剂量为成人每日10mg或按体表面积6mg/m$^2$计量，儿童可按体表面积酌减，使用时将三氧化二砷粉末加入配制的灭菌溶酶、NaOH溶液使溶解，然后将其加到氯化纳或葡萄糖溶液中，用于静脉滴注。本发明想要达到的技术效果是达到与现有三氧化二砷注射液相同的药效，并且生产工艺简单，不污染环境。

驳回决定中认为说明书未充分公开的原因是，说明书没有公开该“三氧化二砷注射粉针剂”的实验室试验（包括动物试验）或者临床试验的定性或定量数据，而三氧化二砷注射液的剂型改变是否不会导致活性改变必须以具有统计意义的试验资料来证实，因此其药效与申请日前已有的药物是否相同是没有被证据证实的，并且其生产工艺是否更有利于降低含砷废物的产生、是否更有利于生产工人的健康是没有被证据证实的，因此本申请不符合专利法第26条第3款的规定。因此，本案争议的焦点是所属领域的技术人员根据说明书的记载和普通技术知识是否能够判断本申请的三氧化二砷粉剂具有与现有的注射液相当的效果，并且本申请的工艺是否有利于降低含砷废物的产生。

现有技术已有的三氧化二砷注射液（参见本申请说明书引用的现有技术——中国专利ZL95108768.1）是用三氧化二砷、氯化钠和水为原料，经过煮沸、过滤、灭菌等步骤制成，可用于治疗肿瘤、白血病等。而本申请的技术方案使用分析纯三氧化二砷粉末与NaOH溶液使之混合、溶解，然后将其加到氯化纳或葡萄糖溶液中，用于静脉滴注。本领域技术人员已知的是：三氧化二砷易溶于碱溶液，其反应产物与现有技术中注射液的成分都是$Na_3AsO_3$，且本申请粉剂的其他成分是水、氯化钠、葡萄糖等，明显对人体有益无害。本申请与现有技术不同点在于制备注射液中的$Na_3AsO_3$的反应途径不同，但是在注射使用时其成分没有明显差别，因此本领域技术人员可以预见本申请的三氧化二砷粉剂在使用中可以达到与现有技术的注射液相当的技术效果。并且现有的三氧化二砷注射液的制备工艺中有三氧化二砷和氯化钠溶液共沸的工艺，高温下会蒸发出一定量的$Na_3AsO_3$，而本申请的技术方案是在常温下用三氧化二砷和氢氧化钠混合溶解，不产生蒸发的$Na_3AsO_3$，明显对环境和人体健康有益。

综上所述，本申请说明书给出了发明所要解决的技术问题、技术解决方案和技术效果，根据本领域技术人员的普通技术知识，该技术方案可以解决其技术问题，达到其技术效果，因此，本申请说明书符合专利法第26条第3款的规定。

根据以上事实和理由，本案合议组作出如下审查决定。

**三、决定**

撤销国家知识产权局于2004年6月11日对01104111.0号发明专利申请作出的驳回决定。由原审查部门在复审请求人于2004年2月18日提交的权利要求第1~3项、2006年11月3日提交的说明书第1~4页的基础上继续进行审查。

复审请求人对本决定不服的，可以根据专利法第41条第2款的规定，自收到本决定之日起三个月内向北京市第一中级人民法院起诉。

006

# 来自棉花的纤维特异性肌动蛋白启动子的分离和鉴定

## 复审请求审查决定（第10260号）

**决　定　号**　第10260号
**决　定　日**　2007年2月5日
**发明创造名称**　来自棉花的纤维特异性肌动蛋白启动子的分离和鉴定
**国际分类号**　C12 N 15/82
**复审请求人**　淡马锡生命科学研究院有限公司
**申　请　号**　00813722.6
**申　请　日**　2000年8月1日
**公　开　日**　2002年10月30日
**合议组组长**　李金光
**主　审　员**　任　怡
**参　审　员**　吴通义

**法律依据**　专利法第26条第3款
**决定要点**

实验结果可以是定量数据，也可以是定性数据。如果申请文件中的说明书提供了定性实验结果，该结果足以证明发明的技术方案可以解决预期要解决的技术问题或达到预期的技术效果，证实了该技术方案能够成立，所属技术领域的技术人员按照说明书的记载，能够实现该发明的技术方案，解决其技术问题，并且产生预期的技术效果，则该说明书符合专利法第26条第3款的规定。

### 一、案由

本复审请求涉及2000年8月1日申请、2002年10月30日公开、名称为“来自棉花的纤维特异性肌动蛋白启动子的分离和鉴定”的00813722.6号发明专利申请（下称本申请），本申请的申请人为淡马锡生命科学研究院有限公司（原申请人为分子农业生物学院，于2007年1月5日变更为淡马锡生命科学研究院有限公司）。

国家知识产权局于2005年5月13日驳回了本申请，驳回理由是：要证明启动子的功能，说明书应当记载启动子能够启动某种基因表达的实验资料，本申请说明书仅用定性方式描述，没有提供具体的实验资料加以证明，缺乏可信度，例如缺少“强GUS活性”的强度比较数据，虽然申请人在答复第一次审查意见通知书时提交了补充的实验结果资料，但这些补充实验结果未记载于原始说明书中，不能作为依据。因此说明书不符合专利法第26条第3款的规定。驳回决定所针对的申请文本中的权利要求书如下：

“1. 一种棉花纤维特异性启动子，包括棉花肌动蛋白基因 CFACT1 的启动子。

2. 一种棉花纤维特异性启动子，包括具有 SEQ ID NO：2 的 1 ~816 位核苷酸序列的棉花肌动蛋白基因 CFACT1 启动子的一个 0. 8kb 片段。

3. 一种棉花纤维特异性启动子，包括具有 SEQ ID NO：2 的 1 ~816 位核苷酸序列的棉花肌动蛋白基因 CFACT1 启动子的一个活性片段。”

申请人淡马锡生命科学研究院有限公司（下称复审请求人）对上述驳回决定不服，于 2005 年 8 月 29 日向专利复审委员会提出复审请求。复审请求人认为说明书提供了足够的证据表明启动子的功能，因此说明书公开充分，符合专利法第 26 条第 3 款的规定。复审请求人在提出复审请求时提交了修改的权利要求书替换页，修改后的权利要求书为：

“1. 一种棉花纤维特异性启动子，包括具有 SEQ ID NO：2 的 1 ~816 位核苷酸序列的棉花肌动蛋白基因 CFACT1 启动子的一个 0. 8kb 片段。”

形式审查合格后，专利复审委员会受理了该复审请求，并于 2005 年 9 月 22 日向复审请求人发出《复审请求受理通知书》，随后将本申请案卷移交原审查部门进行前置审查。

原审查部门对本复审请求进行了前置审查，坚持原驳回决定。

专利复审委员会组成合议组对本申请进行了审查。合议组认为，本案事实清楚，可以作出复审决定。

**二、决定的理由**

1. 关于审查文本

复审请求人在提出复审请求时提交了修改的权利要求第 1 项，该修改内容符合专利法第 33 条和专利法实施细则第 60 条的规定。本复审决定所针对的文本为复审请求人在提出复审请求时提交的权利要求第 1 项和本申请进入国家阶段时复审请求人提交的国际申请中文译文的说明书第 1 ~17 页、附图第1 ~4 页、序列表 1 ~2 页及摘要。

2. 关于专利法第 26 条第 3 款

专利法第 26 条第 3 款规定：说明书应当对发明或者实用新型作出清楚、完整的说明，以所属技术领域的技术人员能够实现为准。

实验结果可以是定量数据，也可以是定性数据。如果申请文件中的说明书提供了定性实验结果，该结果足以证明发明的技术方案可以解决预期要解决的技术问题或达到预期的技术效果，证实了该技术方案能够成立，所属技术领域的技术人员按照说明书的记载，能够实现该发明的技术方案，解决其技术问题，并且产生预期的技术效果，则该说明书符合专利法第 26 条第 3 款的规定。

就本申请而言，权利要求 1 请求保护一种棉花纤维特异性启动子，包括具有 SEQ ID NO：2 的 1 ~816 位核苷酸序列的棉花肌动蛋白基因 CFACT1 启动子的一个 0. 8kb 片段。本申请的说明书记载了如何得到该 CFACT1 启动子、CFACT1 启动子的结构测定（见说明书第 9 页第 8 ~19 行）；实施例 3 描述了测定启动子功能的实验方法、过程以及实验结果（见说明书第 9 页第 24 行至第 12 页最后一行）。

启动子的特异性可体现为在特定的某些组织中起作用。本申请说明书第 12 页第 3 ~4 行记载了 Southern 印迹分析表明 CFACT1 启动子/GUS 融合基因整合入棉花和烟草基因组中；第 12 ~13 行记载了本申请 CFACT1 启动子/GUS 融合体基因整合到棉花植物中后，只在新生纤维中检测到 GUS 活性，在花器官或叶和根中未检测到。这些实验结果证明了 CFACT1 启动子仅在棉花的新生纤维中起作用，该启动子在棉花纤维组织具有特异性。虽然，申请文件没有给出阳性对照植物呈现“强 GUS 活性”的具体强度比较数据等信息，但是所属领域技术人员根据本领域的常识可以从说明书记载的实验结果看出 CFACT1 启动子仅在棉花纤维组织起作用，证明了 CFACT1 启动子的特异性。

综上所述，本案合议组认为本申请驳回决定的理由不成立，根据以上事实和理由，作出如下审查决定。

**三、决定**

撤销国家知识产权局于 2005 年 5 月 13 日对 00813722.6 号发明专利申请作出的驳回决定。由原审查部门在本复审决定针对的文本的基础上继续进行审查。

复审请求人对本决定不服的，可以根据专利法第 41 条第 2 款的规定，自收到本决定之日起三个月内向北京市第一中级人民法院起诉。

007

# 稀土硅钙肥及其生产方法

## 复审请求审查决定（第10262号）

**决　定　号**　第10262号
**决　定　日**　2007年2月5日
**发明创造名称**　稀土硅钙肥及其生产方法
**国际分类号**　C05G 1/00，C05D 11/00
**复审请求人**　李顺明
**专利申请号**　02122381.5
**申　请　日**　2002年6月11日
**公　开　日**　2003年1月8日
**合议组组长**　李金光
**主　审　员**　叶　娟
**参　审　员**　许　磊

**法律依据**　专利法第26条第3款
**决定要点**

如果本领域普通技术人员依据发明专利申请说明书和权利要求书公开的内容，结合其所掌握的申请日前的已有技术知识，在不付出创造性劳动的情况下能够再现发明所要保护的技术方案，解决其技术问题，并产生预期的技术效果，则说明书符合专利法第26条第3款的规定。

### 一、案由

本复审请求涉及名称为"稀土硅钙肥及其生产方法"的02122381.5号发明专利申请（下称本申请），申请人为李顺明，申请日为2002年6月11日，公开日为2003年1月8日。

2005年6月10日，国家知识产权局以本申请不符合专利法第26条第3款的规定为由驳回了本申请。驳回决定认为：本申请的说明书未对其中所用的"水碎渣"作出清楚的说明，未说明其物质组成或来源，从而使所属领域的技术人员无法得到该物质，因此，本申请说明书不符合专利法第26条第3款的规定。

驳回决定所针对的文本为申请人于申请日提交的申请文本，其中权利要求1如下：

"1. 一种稀土硅钙肥，其特征在于按以下原料制备而成：6%~38%的尿素，6%~38%的重过磷酸钙，8%~50%的钾肥，0~70%的二氧化铁或硫酸亚铁，0~7%的硫酸锌，0~5%的硫酸锰，0~18%的钙镁磷肥，10%~35%的稀土矿粉，余量的水碎渣。"

申请人李顺明（下称复审请求人）对上述驳回决定不服，于2005年9月23日向专利复审委员会提出复审请求，同时提交了以下附件：

附件1：《中国肥料大全》，农业出版社出版，第31页，复印件共1页；

附件2：“硅肥潮”，科技日报第8版，1997年3月31日，复印件共1页；

附件3-1：“一个严峻课题，两条解决渠道”，科技日报1999年6月13日第1版，复印件共1页；

附件3-2：“硅肥对农作物的十大作用机理”，科技日报1999年6月13日第1版，复印件共1页。

依据上述附件，复审请求人认为：“水碎渣”是高温工业废渣倒入冷却水后经过水淬形成的水碎渣，如，电厂粉煤灰、炼铁炉渣、黄磷炉渣、氮肥造气炉渣、炼铝废渣等，尽管它们的成分含量不完全相同，但是由于含有硅，因而早已被用作硅肥的原料，因此，“水碎渣”的来源是清楚的，也是肥料技术领域的技术人员都可以得到的。

形式审查合格后，专利复审委员会受理了该复审请求，并于2006年4月11日向复审请求人发出《复审请求受理通知书》，同时将本申请案卷转送至原审查部门进行前置审查。

在《前置审查意见书》中，原审查部门坚持了原驳回决定。

专利复审委员会组成合议组对本复审请求案进行了审理，于2006年9月4日发出了《复审请求口头审理通知书》，告知复审请求人本案合议组拟定于2006年10月9日对本案进行口头审理，并随该《复审请求口头审理通知书》提出了以下审查意见：（1）附件1无出版日期信息，合议组无法认定该文献在本申请的申请日之前已经公开，因此附件1不能用作本申请的现有技术依据；（2）附件2不涉及“水碎渣”，只涉及“水淬渣”，在没有证据表明“水淬渣”即为“水碎渣”的情况下，附件2与本申请无关联性；（3）附件3-1和3-2中只涉及硅肥对农作物生产的意义，并不涉及“水碎渣”，也不能证明“水碎渣”是复审请求人声称的物质。综上三点，复审请求人提交的附件均不能支持其主张，因此，在说明书中未对“水碎渣”作出任何说明的情况下，为克服本申请不符合专利法第26条第3款的规定的缺陷，复审请求人应当提供能够证明“水碎渣”是本领域公知物质的证据。

2006年10月9日口头审理如期举行，复审请求人及其代理人参加了口头审理，口头审理中明确的事实如下：（1）复审请求人放弃附件1、3，坚持使用附件2来证明“水碎渣”是清楚且是公知的硅肥；（2）复审请求人认为“水碎渣”即为“水淬渣”，只是由于方言不同而使这二者的表述形式不同，它们所表示的均为同一物质经水淬后得到的物质；（3）本申请所指的“水碎渣”并不限于某一工业炉渣的水淬产品；（4）鉴于复审请求人表示其将继续提交证据证明其主张，合议组告知复审请求人其可在口头审理后7天内向专利复审委员会提交新证据，逾期提交的任何文件合议组均不予考虑。

2006年10月16日，复审请求人提交了意见陈述书和以下补充证据（编号续前）：

附件4：第CN 1151390A号《发明专利申请公开说明书》，公开日为1997年6月11日，首页，复印件共1页；

附件5：第CN 1040019A号《发明专利申请公开说明书》，公开日为1990年2月28日，首页和说明书第1页，复印件共2页；

附件6：第CN 1075508A号《发明专利申请公开说明书》，公开日为1993年8月25日，首页，复印件共1页；

附件7：第CN 1112536A号《发明专利申请公开说明书》，公开日为1995年11月29日，首页和说明书第1页，复印件共2页；

附件8：第CN 1069015A号《发明专利申请公开说明书》，公开日为1993年2月17日，首页，复印件共1页；

附件9：第CN 1223242A号《发明专利申请公开说明书》，公开日为1999年7月21日，首页和说明书第1页，复印件共2页；

附件10：第CN 1023642C号《发明专利说明书》，公开日为1994年2月2日，首页，复印件共1页；

附件11：第CN 1198369A号《发明专利申请公开说明书》，公开日为1998年11月11日，复印件共1页；

附件12：中华人民共和国专业标准“钙镁磷肥”ZBG 21004-87，1988年1月1日实施，复印件共1页；

附件13：河南省商水县华丰化工厂企业标准Q/SHH01-93“硅钙磷素肥”，1993年6月1日实施，复印件共2页；

附件14-1：第2001-316142号日本专利摘要，申请号为2001-021262，公开日为2001年11月13日，复印件1页；

附件14-2：第CN 1366513A号《发明专利申请公开说明书》，公开日为2002年8月28日，首页和说明书第1页，复印件共2页。

复审请求人认为：(1) 高温工业废渣倒入冷却水中后，经过水淬爆裂形成碎渣，该碎渣因水淬过程而被称为“水淬渣”，因该碎渣为高温工业废渣遇水爆裂而成碎粒状也被称为“水碎渣”，如电厂粉煤灰、炼铁炉渣、黄磷炉渣、氮肥造气炉渣、炼铝废渣等，尽管它们的成分含量不完全相同，但是，由于含有硅，因而早已被用作硅肥的原料；(2)“碎”与“淬”的发音不容易区分，且根据前述原因，并不会因为“碎”与“淬”不同而产生歧义；(3) 附件4记载了以金属高炉冶炼的“水淬炉渣”为原料的硅复合肥及其制备方法；附件5记载了硅素肥料主要来源是钢铁厂高炉溶渣、发电厂的粉煤灰；附件6记载了平炉炼钢水淬渣；附件7记载了炉渣、煤灰（钙化）、黄磷渣作为硅肥的原料；附件8和9均记载了黄磷炉渣作为硅肥的原料；附件10记载了粉煤灰水淬渣作为硅肥的原料；附件11记载了硅锰合金水碎渣作为肥料的利用；附件12记载了以磷矿石与含镁、硅的矿石在高炉或电炉中经高温熔融、水淬、干燥和磨细所制得的钙镁磷肥；附件13记载了以黄磷水淬渣为主要原料加工生产的硅钙磷素肥；附件14-1是附件14-2的日本优先权文本，其公开日为2001年11月13日，在本专利申请日之前，附件14-1和14-2中记载了对水碎炉渣即水碎渣的解释；综上所述，附件4~14证明了“水碎渣”的来源是清楚的，也是肥料技术领域的技术人员都可以得到的，驳回决定的理由不成立。

至此，合议组认为本案事实清楚，可以作出审查决定。

**二、决定的理由**

1. 审查文本

本复审决定所针对的审查文本为复审请求人于申请日提交的权利要求书（1页共10项）、说明书（共4页）及其摘要。

2. 关于证据

本案中，复审请求人共提交了16份证据用于证明本申请公开充分，口头审理时，复审请求人放弃了附件1、3-1和3-2。

附件13是河南省商水县华丰化工厂的企业标准，属于工厂的内部资料，不构成专利法第22条所称的公开“出版物”，因此附件13不能作为申请日前的已有技术证据，合议组对其不予考虑。

根据专利法实施细则第4条的规定，复审请求人提交的文件应当使用中文，附件14-1为一份日本专利摘要，复审请求人未提交其中文译文，因此合议组对其不予考虑；附件14-2的公开日为2002年8月28日，在本申请日之后，因此附件14-2也不能作为申请日前的已有技术证据。

附件2、4~12均为国内公开出版物，且其公开时间均在本申请的申请日之前，因此可以作为本申请申请日前的已有技术证据。

3. 关于专利法第26条第3款

专利法第26条第3款规定：说明书应当对发明或者实用新型作出清楚、完整的说明，以所属技术领域的技术人员能够实现为准。

所谓清楚的说明，是指说明书的内容应当清楚，用词应当准确，并使用发明所属技术领域的技术术语，使所属技术领域的技术人员能够清楚、正确地理解发明，并能够按照说明书记载的内容实施发明的技术方案。

如果本领域普通技术人员依据发明专利申请说明书和权利要求书公开的内容，结合其所掌握的申请日前的已有技术知识，在不付出创造性劳动的情况下能够再现发明所要保护的技术方案，解决其技术问题，并产生预期的技术效果，则说明书符合专利法第26条第3款的规定。

本申请请求保护一种稀土硅钙肥，其中所含的一种原料为"水碎渣"。原审查部门认为，虽然本领域普通技术人员知道本申请中所指的"水碎渣"是由是炉渣水碎后形成的，但是各种水碎渣的成分含量是不同的，本申请中并没有指明所用水碎渣是由哪种具体的炉渣形成的，因而不清楚；而复审请求人则认为，本申请中所指的水碎渣不限于由某一种具体的炉渣得到，现有技术中已经证明各种炉渣水碎后均可作为硅肥使用。

附件2、4~12分别教导了各种炉渣或水碎渣或水淬渣可用作硅肥原料，虽然其来源与组成各不相同，但本领域普通技术人员根据上述附件2、4~12可知炉渣或水碎渣或水淬渣均可作为硅肥原料使用。本申请中虽然没有明确限定其中所述"水碎渣"是由哪种具体的炉渣获得的，但并不影响所属领域技术人员选择炉渣或水碎渣或水淬渣作为制备硅肥的原料，即本领域普通技术人员仍然可以根据其掌握的现有技术知识得到"水碎渣"，从而在不付出创造性劳动的情况下实施本发明的技术方案。因此，原审查部门认为本申请不符合专利法第26条第3款之规定的驳回理由不成立。

基于此，本案合议组作出如下决定。

**三、决定**

撤销国家知识产权局于2005年6月10日对02122381.5号发明专利申请作出的驳回决定。由原审查部门在驳回决定所针对文本的基础上继续进行审查。

复审请求人对本决定不服的，可以根据专利法第41条第2款的规定，自收到本决定之日起三个月内向北京市第一中级人民法院起诉。

008

# 桥连的茚并吡咯并咔唑

## 复审请求审查决定（第10274号）

**决　定　号**　第10274号

**决　定　日**　2007年2月28日

**发明创造名称**　桥连的茚并吡咯并咔唑

**国际分类号**　A61K 31/55，C07D 498/22

**复审请求人**　赛福伦公司

**申　请　号**　99807036.X

**申　请　日**　1999年6月4日

**优先权日**　1998年6月5日、1999年6月3日

**公　开　日**　2001年7月18日

**合议组组长**　张　沧

**主　审　员**　张家祥

**参　审　员**　李彦涛

**法律依据**　专利法第26条第4款

**决定要点**

每一项权利要求所要求保护的技术方案，应当是所属技术领域的技术人员能够从说明书充分公开的内容中得到或概括得出的技术方案，并且不得超出说明书公开的范围，即不应包含那些在所属技术领域技术人员看来属于推测的且其技术效果难于预先确定和评价的内容。

### 一、案由

本复审请求案涉及发明名称为“桥连的茚并吡咯并咔唑”的99807036.X号发明专利申请（下称本申请），申请人为赛福伦公司，申请日为1999年6月4日，优先权日为1998年6月5日、1999年6月3日，公开日为2001年7月18日。

2004年8月6日，针对申请人于2000年12月5日提交的权利要求第1~13项、说明书第1~31和33~54页、说明书附图第1~9页和说明书摘要，2001年12月3日提交的权利要求第14~16项，2003年9月24日提交的权利要求第17~33项和说明书第32页，国家知识产权局以权利要求1不符合专利法第26条第4款的规定为由驳回了本申请。

驳回决定认为：权利要求1包含了大量的化合物，本领域技术人员根据说明书的记载难以预见权利要求1的所有化合物均能制备得到并达到本申请的目的，因此该权利要求得不到说明书的支持，不符合专利法第26条第4款的规定。

驳回决定针对的权利要求书如下：

“1. 式Ⅰ化合物：

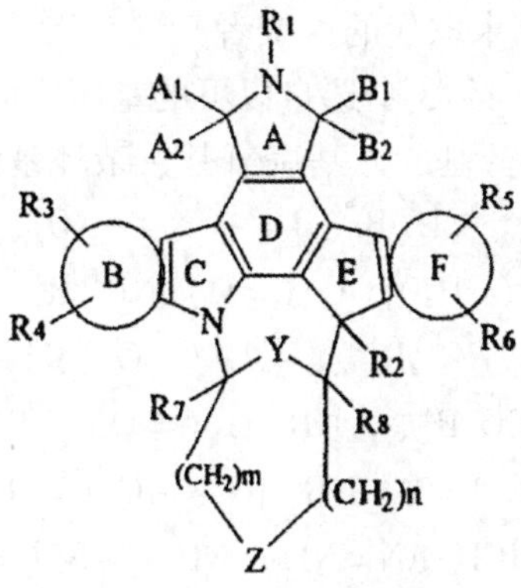

I

其中：

B环和F环，各自独立地与它们所连接的碳原子一起，为选自下面的基团：

（a）其中1～3个碳原子可以被氮原子置换的不饱和6-员芳香碳环；

（b）不饱和5-员芳香碳环；和

（c）不饱和5-员芳香碳环，其中：

（1）一个碳原子被氧原子、氮原子、或硫原子置换；

（2）两个碳原子被一个氮原子和一个硫原子、一个氮原子和一个氧原子、或两个氮原子置换；或

（3）三个碳原子被三个氮原子置换；

$R^1$ 选自：

（a）H、取代或未取代的1～4个碳原子烷基、取代或未取代的芳基、取代或未取代的芳基烷基、取代或未取代的杂芳基、或取代或未取代的杂芳基烷基；

（b）$-C(=O)R^9$，其中 $R^9$ 选自烷基、芳基和杂芳基；

（c）$-OR^{10}$，其中 $R^{10}$ 选自H和1～4个碳原子烷基；

（d）$-C(=O)NH_2$、$-NR^{11}R^{12}$、$-(CH_2)_pN^{11}R^{12}$、$-(CH_2)_pOR^{10}$、$-O(CH_2)_pOR^{10}$ 和 $-O(CH_2)_pNR^{11}R^{12}$，其中p是1～4；而且其中：要么

（1）$R^{11}$ 和 $R^{12}$ 各自独立地选自H和1～4个碳原子烷基，要么

（2）$R^{11}$ 和 $R^{12}$ 一起形成式 $-(CH_2)_2-X^1-(CH_2)_2-$ 的连接基，其中 $X^1$ 选自 -O-、-S- 和 $-CH_2-$；

$R^2$ 选自：H、1～4个碳原子烷基、羟基、具有1～4个碳原子烷氧基、$-OC(=O)R^9$、$-OC(=O)NR^{11}R^{12}$、$-O(CH_2)_pNR^{11}R^{12}$、$-O(CH_2)_pOR^{10}$、具有6～10个碳原子取代或未取代的芳基烷基，和取代或未取代的杂芳基烷基；

$R^3$、$R^4$、$R^5$ 和 $R^6$ 各自独立地选自：

（a）H、芳基、杂芳基、F、Cl、Br、I、-CN、$CF_3$、$-NO_2$、-OH、$-OR^9$、$-O(CH_2)_pNR^{11}R^{12}$、$-OC(=O)R^9$、$-OC(=O)NR^2R^7$、$-OC(=O)NR^{11}R^{12}$、$-O(CH_2)_pOR^{10}$、$-CH_2OR^{10}$、$-NR^{11}R^{12}$、$-NR^{10}S(=O)_2R^9$、$-NR^{10}C(=O)R^9$；

（b）$-CH_2OR^{14}$，其中 $R^{14}$ 为移去羧基中的羟基后的氨基酸的残基；

（c）$-NR^{10}C(=O)NR^{11}R^{12}$、$-CO_2R^2$、$-C(=O)R^2$、$-C(=O)NR^{11}R^{12}$、$-CH=NOR^2$、$-CH=NR^9$、$-(CH_2)_pNR^{11}R^{12}$、$-(CH_2)_pNHR^{14}$ 或 $-CH=NNR^2R^2A$，其中 $R^2A$ 同 $R^2$；

（d）$-S(O)yR^2$、$-(CH_2)_pS(O)yR^9$、$-CH_2S(O)yR^{14}$，其中y是0、1或2；

（e）具有1～8个碳原子的烷基、具有2～8个碳原子的链烯基、具有2～8个碳原子的炔基，其中：

（1）各个烷基、链烯基或炔基是未取代的；或者

（2）各个烷基、链烯基或炔基被1～3个选自以下的基团所取代：

具有6～10个碳原子的芳基、杂芳基、芳基烷氧基、杂环基烷氧基、羟基烷氧基、烷氧基-烷氧基、羟基烷硫基、烷氧基-烷硫基、F、Cl、Br、I、-CN、$-NO_2$、-OH、$-OR^9$、$-X^2(CH_2)_pNR^{11}R^{12}$、$-X^2(CH_2)_pC(=O)NR^{11}R^{12}$、$-X^2(CH_2)_pOC(=O)NR^{11}R^{12}$、$-X^2(CH_2)_pCO_2R^9$、$-X^2(CH_2)_pS(O)yR^9$、$-X^2(CH_2)_pNR^{10}C(=O)NR^{11}R^{12}$、$-OC(=O)R^9$、$-OCONHR^2$，-O-四氢吡喃基、$-NR^{11}R^{12}$、$-NR^{10}C(=O)R^9$、$-NR^{10}CO_2R^9$、$-NR^{10}C(=O)NR^{11}R^{12}$、$-NHC(=NH)NH_2$、$NR^{10}S(O)_2R^9$、$-S(O)yR^9$、$-CO_2R^2$、$-C(=O)NR^{11}R^{12}$、$-C(=O)R^2$、$-CH_2OR^{10}$、$-CH=NNR^2R^2A$、$-CH=NOR^2$、$-CH=NR^9$、$-CH=NNHCH(N=NH)NH_2$、$-S(=O)_2NR^2R^2A$、$-P(=O)(OR^{10})_2$、$-OR^{14}$、和具有5～7个碳原子的单糖，其中单糖的每个羟基各自独立地是未取代的，或者被H、1～4个碳原子的烷基、2～5个碳原子的烷羰氧基或具有1～4个碳原子的烷氧基所取代；

$X^2$是O、S、或$NR^{10}$；

$R^7$和$R^8$各自独立地选自：

H、具有1～4个碳原子的烷基、具有1～4个碳原子的烷氧基、具有6～10个碳原子的取代或未取代的芳烷基、取代或未取代的杂芳基烷基、$-(CH_2)_pOR^{10}$、$-(CH_2)_pOC(=O)NR^{11}R^{12}$和$-(CH_2)_pNR^{11}R^{12}$；或者$R^7$和$R^8$一起形成式$-CH_2-X^3-CH_2-$的连接基，其中$X^3$是$X^2$或一个键。

m和n各自独立地是0、1或2。

Y选自：-O-、-S-、$-N(R^{10})-$、$-N+(O-)(R^{10})-$、$-N(OR^{10})-$和$-CH_2-$；

Z选自：单键、-O-、-CH=CH-、-S-、-C(=O)-、$-CH(OR^{10})-$、$-N(R^{10})-$、$-N(OR^{10})-$、$-CH(NR^{11}R^{12})-$、$-C(=O)N(R^{17})-$、$-N(R^{17})C(=O)-$、$-N(S(O)_yR^9)-$、$-N(S(O)_yNR^{11}R^{12})-$、$-N(C(=O)R^{17})-$、$-C(R^{15}R^{16})-$、$-N+(O-)(R^{10})-$、-CH(OH)-CH(OH)-和$-CH(O(C=O)R^9)CH(OC(=O)R^9A)-$，其中$R^9A$同$R^9$；

$R^{15}$和$R^{16}$各自独立地选自H、-OH、$-C(=O)R^{10}$、$-O(C=O)R^9$、羟基烷基和$-CO_2R^{10}$；

$R^{17}$选自H、烷基、芳基和杂芳基；

$A^1$和$A^2$选自H，H；H，$OR^2$；H，$-SR^2$；H，$-N(R^2)_2$；和一个基团，其中$A^1$和$A^2$一起形成选自=O、=S和$=NR^2$的部分；

$B^1$和$B^2$选自H，H；H，$-OR^2$；H，$-SR^2$；H，$-N(R^2)_2$；和一个基团，其中$B^1$和$B^2$一起形成选自=O、=S和$=NR^2$的部分；

其前提条件是$A^1$和$A^2$，或$B^1$和$B^2$的至少一对形成=O。

2. 权利要求1的化合物，具有下式：

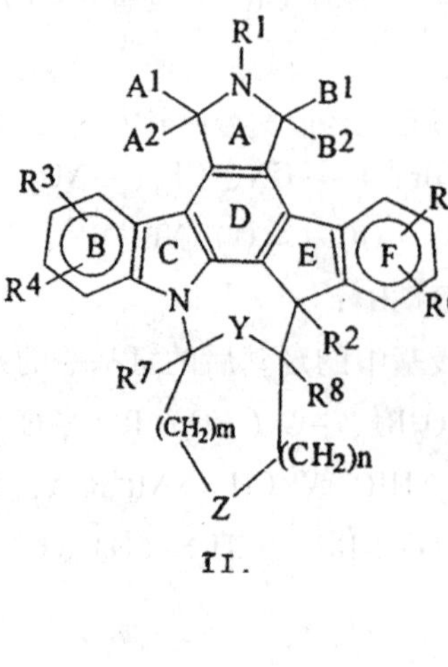


II.

3. 权利要求 2 的化合物，具有下式的非对映异构体：

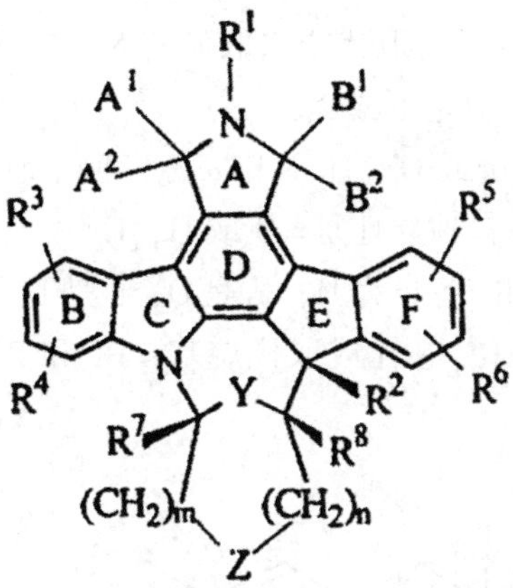

或

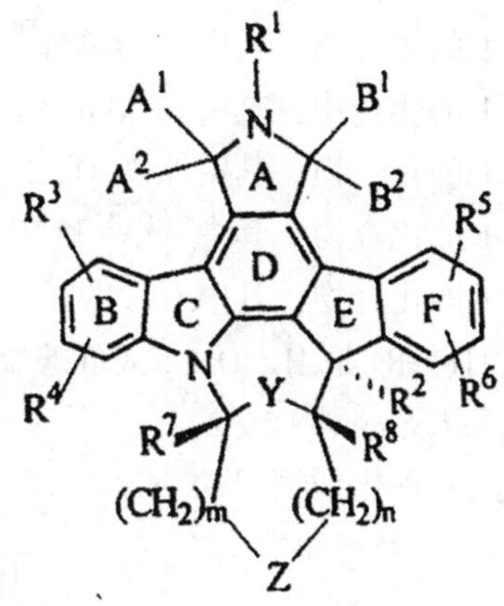

4. 权利要求 2 的化合物，具有下式的对映异构体：

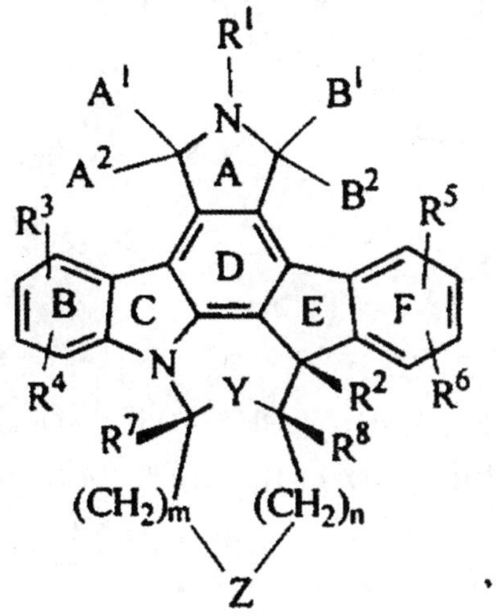

，

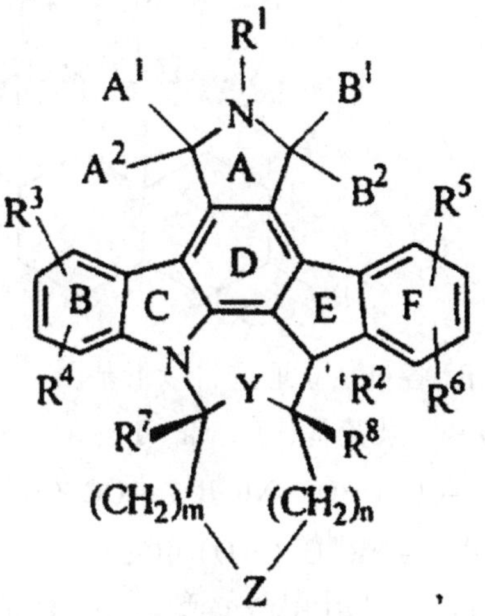

，

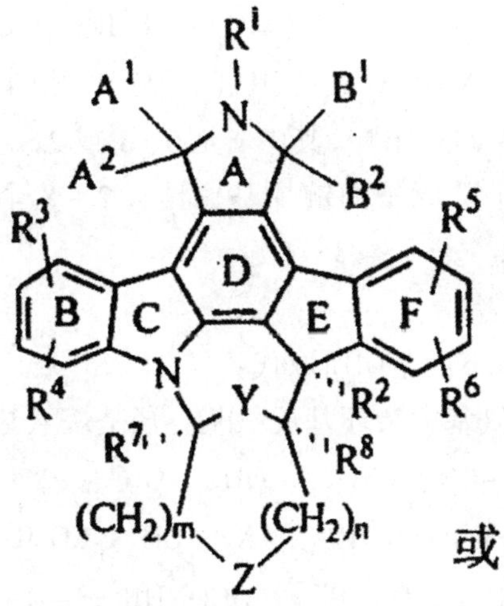

或

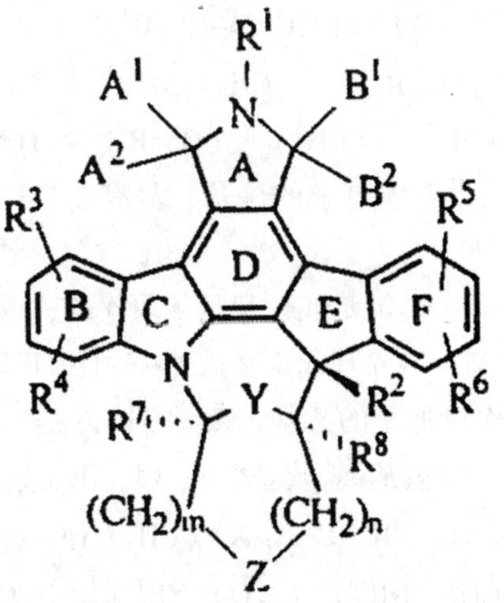

5. 权利要求 1 的化合物，其中 $R^1$ 为 H。

6. 权利要求 1 的化合物，其中 $R^2$ 为 H、羟基、或者取代或未取代的烷基。

7. 权利要求 1 的化合物，其中 $R^3$、$R^4$、$R^5$ 和 $R^6$ 各自独立地选自 H、取代或未取代的烷基、卤素、取代或未取代的烷氧基、取代或未取代的氨基、或者取代或未取代的芳基。

8. 权利要求1的化合物，其中 $R^7$ 和 $R^8$ 各自独立地选自H、或者取代或未取代的烷基。

9. 权利要求1的化合物，其中Y为O。

10. 权利要求1的化合物，其中Z为单键、O、S或者取代或未取代的N。

11. 权利要求1的化合物，其中m和n各自独立地是1或2。

12. 权利要求1的化合物，其中Y为O，Z为单键或O，且m和n各自独立地是1或2。

13. 权利要求1的化合物，其中 $A^1A^2$ 和 $B^1B^2$ 各自独立地是=O或H，H。

14. 权利要求1的化合物，其中 $R^1$、$R^4$、$R^6$ 和 $R^7$ 各自为H，Y是O，n是1，$A^1A^2$ 和 $B^1B^2$ 各自独立地是=O或H，H，$R^2$ 是H、OH、或低碳烷基，$R^3$ 是H或取代烷基，$R^5$ 和 $R^8$ 各自为H或烷氧基，Z为单键或O，以及m是1或2。

15. 下式表示的一种化合物：

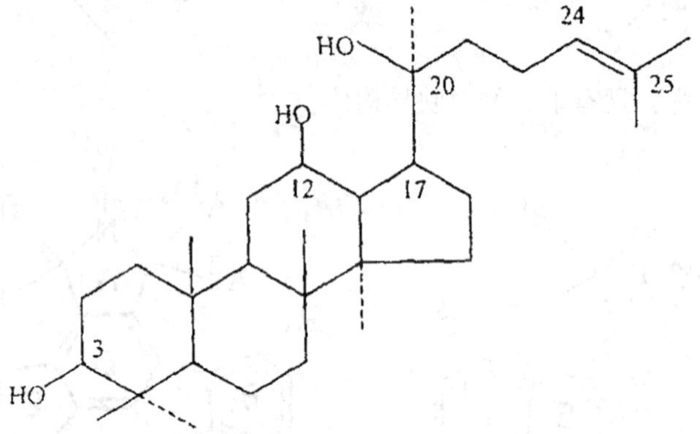


其中 $R^3$ 和 $R^5$ 各自独立地选自以下基团：

(a) H、芳基、杂芳基、F、Cl、Br、I、-CN、$CF_3$、$-NO_2$、-OH、$-OR^9$、$-O(CH_2)_pNR^{11}R^{12}$、$-OC(=O)R^9$、$-OC(=O)NR^2R^7$、$-OC(=O)NR^{11}R^{12}$、$-O(CH_2)_pOR^{10}$、$-CH_2OR^{10}$、$-NR^{11}R^{12}$、$-NR^{10}S(=O)_2R^9$、$-NR^{10}C(=O)R^9$；

(b) $-CH_2OR^{14}$，其中 $R^{14}$ 为除掉羧酸上的羟基后的氨基酸残基；

(c) $-NR^{10}C(=O)NR^{11}R^{12}$、$-CO_2R^2$、$-C(=O)R^2$、$-C(=O)NR^{11}R^{12}$、$-CH=NOR^2$、$-CH=NR^9$、$-(CH_2)_pNR^{11}R^{12}$、$-(CH_2)_pNHR^{14}$或$-CH=NNR^2R^2A$，其中 $R^2A$ 与 $R^2$ 相同；

(d) $-S(O)_yR^2$、$-(CH_2)_pS(O)_yR^9$、$-CH_2S(O)_yR^{14}$，其中y是0、1或2；

(e) 具有1~8个碳原子的烷基、具有2~8个碳原子的链烯基、具有2~8个碳原子的炔基，其中：

(1) 各个烷基、链烯基或炔基是未取代的；或者

(2) 各个烷基、链烯基或炔基被1~3个选自以下的基团所取代：

具有6~10个碳原子的芳基、杂芳基、芳基烷氧基、杂环基烷氧基、羟基烷氧基、烷氧基-烷氧基、羟基烷硫基、烷氧基-烷硫基、F、Cl、Br、I、-CN、$-NO_2$、-OH、$-OR^9$、$-X^2(CH_2)_pNR^{11}R^{12}$、$-X^2(CH_2)_pC(=O)NR^{11}R^{12}$、$-X^2(CH_2)_pOC(=O)NR^{11}R^{12}$、$-X^2(CH_2)_pCO_2R^9$、$-X^2(CH_2)_pS(O)_yR^9$、$-X^2(CH_2)_pNR^{10}C(=O)NR^{11}R^{12}$、$-OC(=O)R^9$、$-OCONHR^2$，-O-四氢吡喃基、$-NR^{11}R^{12}$、$-NR^{10}C(=O)R^9$、$-NR^{10}CO_2R^9$、$-NR^{10}C(=O)NR^{11}R^{12}$、$-NHC(=NH)NH_2$、$NR^{10}S(O)_2R^9$、$-S(O)_yR^9$、$-CO_2R^2$、$-C(=O)NR^{11}R^{12}$、$-C(=O)R^2$、$-CH_2OR^{10}$、$-CH=NNR^2R^2A$、$-CH=NOR^2$、$-CH=NR^9$、$-CH=NNHCH(N=NH)NH_2$、$-S(=O)_2NR^2R^2A$、$P(=O)(OR^{10})_2$、$-OR^{14}$、和具有5~7个碳原子的单糖，其中单糖的每个羟基各自独立地是未取代的，或者被H、具有1

~4 个碳原子的烷基、2 ~5 个碳原子的烷羰氧基或具有 1 ~4 个碳原子的烷氧基所取代；

$R^2$ 选自：H、具有 1 ~4 个碳原子烷基、羟基、具有 1 ~4 个碳原子烷氧基、-OC（=O）$R^9$、-OC（=O）$NR^{11}R^{12}$、-O（$CH_2$）$_p$$NR^{11}R^{12}$、-O（$CH_2$）$_p$$OR^{10}$、具有 6 ~10 个碳原子的取代或未取代的芳基烷基，和取代或未取代的杂芳基烷基；

$R^7$ 选自：H、具有 1 ~4 个碳原子的烷基、具有 1 ~4 个碳原子的烷氧基、具有 6 ~10 个碳原子的取代或未取代的芳烷基、取代或未取代的杂芳基烷基、-（$CH_2$）$_p$$OR^{10}$、-（$CH_2$）$_p$OC（=O）$NR^{11}R^{12}$ 和-（$CH_2$）$_p$$NR^{11}R^{12}$；

$R^9$ 选自烷基、芳基和杂芳基；

$R^{10}$选自 H 和具有 1 ~4 个碳原子的烷基；

$R^{11}$和 $R_{12}$各自独立地选自 H 和具有 1 ~4 个碳原子的烷基，或 $R^{11}$和 $R^{12}$一起形成式-（$CH_2$）$_2$-$X^1$-（$CH_2$）$_2$-的连接基，其中 X1 选自-O-、-S-和-$CH_2$-；

$X^2$ 为 O、S、或 $NR^{10}$；和

P 为 1-4。

16. 权利要求 15 的化合物，其中 $R^3$ 和 $R^5$ 各自独立地选自以下基团：

（a）H、杂芳基、F、Br、-CN、$CF_3$、

（b）-$NO_2$、-OH、-$OR^9$、-O（$CH_2$）$_p$$NR^{11}R^{12}$、-OC（=O）$R^9$、-OC（=O）$NR^2R^7$、-OC（=O）$NR^{11}R^{12}$、-O（$CH_2$）$_p$$OR^{10}$、-$CH_2OR^{10}$、-$NR^{11}R^{12}$、-$NR^{10}$S（=O）$_2$$R^9$、-$NR^{10}$C（=O）$R^9$；

（c）-$NR^{10}$C（=O）$NR^{11}R^{12}$、-$CO_2R^2$、-C（=O）$R^2$、-C（=O）$NR^{11}R^{12}$、-CH=$NOR^2$、-CH=$NR^9$、-（$CH_2$）$_p$$NR^{11}R^{12}$、-（$CH_2$）$_p$$NHR^{14}$；

（d）-S（O）$_y$$R^2$、-（$CH_2$）$_p$S（O）$_y$$R^9$、-$CH_2$S（O）$_y$$R^{14}$，其中 y 是 0、1 或 2；

（e）具有 1 ~8 个碳原子的烷基、具有 2 ~8 个碳原子的链烯基、具有 2 ~8 个碳原子的炔基，其中：

（1）各个烷基、链烯基或炔基是未取代的；或者

（2）各个烷基、链烯基或炔基被 1 ~3 个选自以下的基团所取代：

具有 6 ~10 个碳原子的芳基、杂芳基、芳基烷氧基、杂环基烷氧基、羟基烷氧基、烷氧基-烷氧基、羟基烷硫基、烷氧基-烷硫基、F、Cl、Br、I、-CN、-$NO_2$、-OH、-$OR^9$、-$X^2$（$CH_2$）$_p$$NR^{11}R^{12}$、-$X^2$（$CH_2$）$_p$C（=O）$NR^{11}R^{12}$、-$X^2$（$CH_2$）$_p$OC（=O）$NR^{11}R^{12}$、-$X^2$（$CH_2$）$_p$$CO_2R^9$、-$X^2$（$CH_2$）$_p$S（O）$_y$$R^9$、-$X^2$（$CH_2$）$_p$$NR^{10}$C（=O）$NR^{11}R^{12}$、-OC（=O）$R^9$、-OCONH$R^2$，-O-四氢吡喃基、-$NR^{11}R^{12}$、-$NR^{10}$C（=O）$R^9$、-$NR^{10}CO_2R^9$、-$NR^{10}$C（=O）$NR^{11}R^{12}$、-NHC（=NH）$NH_2$、$NR^{10}$S（O）$_2$$R^9$、-S（O）$_y$$R^9$、-$CO_2R^2$、-C（=O）$NR^{11}R^{12}$、-C（=O）$R^2$、-$CH_2OR^{10}$、-CH=$NR^9$、-S（=O）$_2$$NR^2R^2$A、-$OR^{14}$和具有 5 ~7 个碳原子的单糖，其中单糖的每个羟基各自独立地是未取代的，或者被 H、1 ~4 个碳原子的烷基、2 ~5 个碳原子的烷羰氧基或具有 1 ~4 个碳原子的烷氧基所取代。

17. 权利要求 16 的化合物，其中 $R^5$ 独立地选自下列基团：H、-$OR^9$、-O（$CH_2$）$_p$$NR^{11}R^{12}$、-OC（=O）$R^9$、-OC（=O）$NR^2R^7$、-OC（=O）$NR^{11}R^{12}$、-O（$CH_2$）$_p$$OR^{10}$、-$CH_2OR^{10}$、-$NR^{11}R^{12}$、-$NR^{10}$S（=O）$_2$$R^9$、-$NR^{10}$C（=O）$R^9$、-C（=O）$NR^{11}R^{12}$、-（$CH_2$）$_p$$NR^{11}R^{12}$、-S（O）$_y$$R^2$-（$CH_2$）$_p$S（O）$_y$$R^9$ 和-$CH_2$S（O）$_y$$R^{14}$，其中 y 是 0、1 或 2。

18. 权利要求 17 的化合物，具有下式：

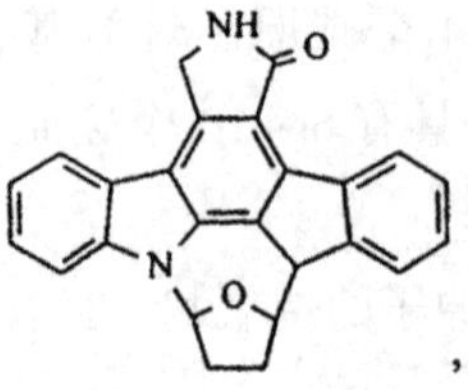，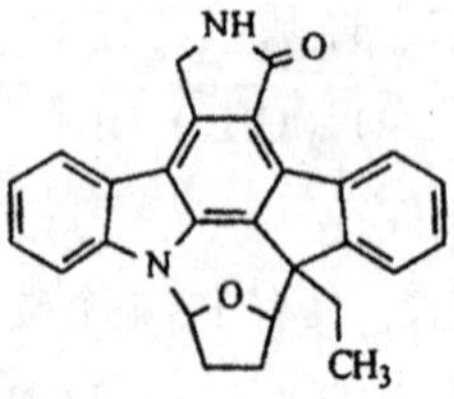，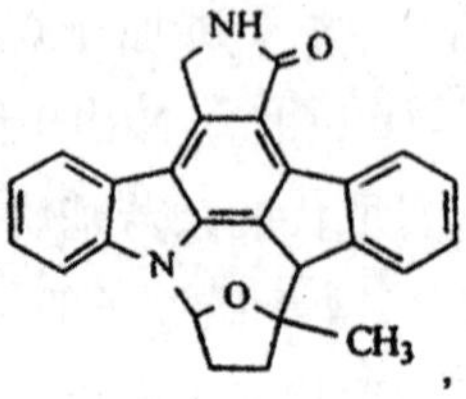，

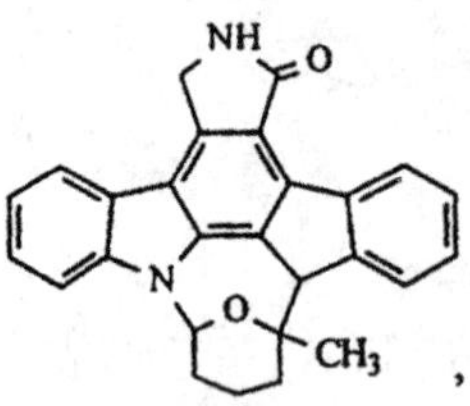，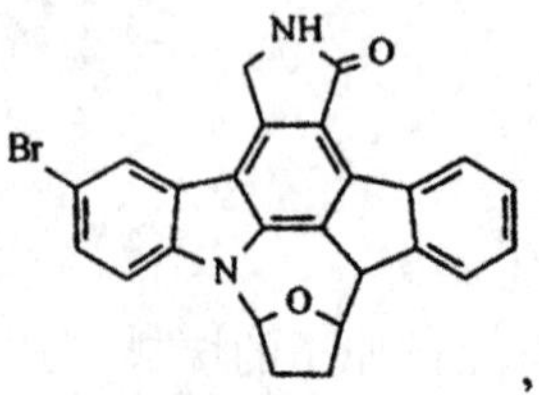，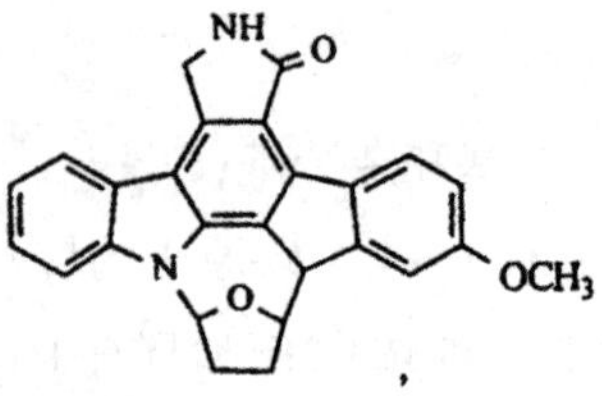，

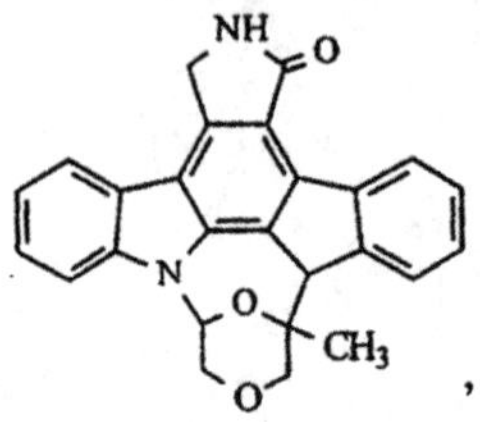，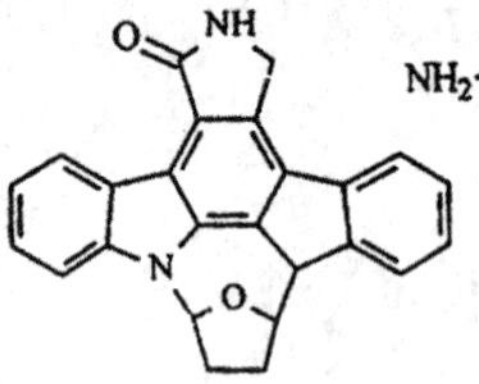，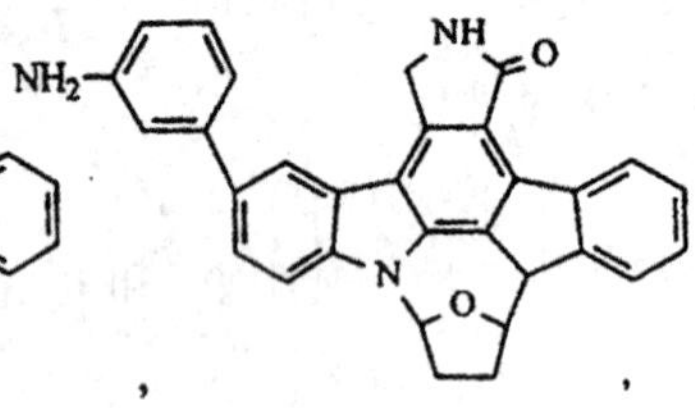，

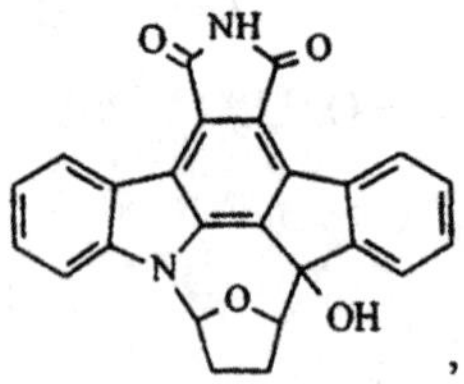，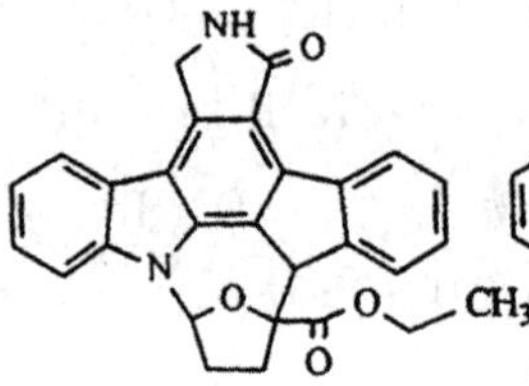，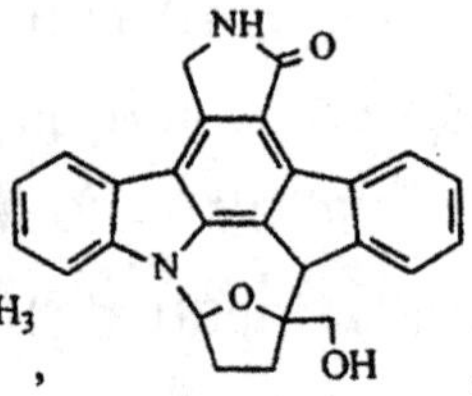，

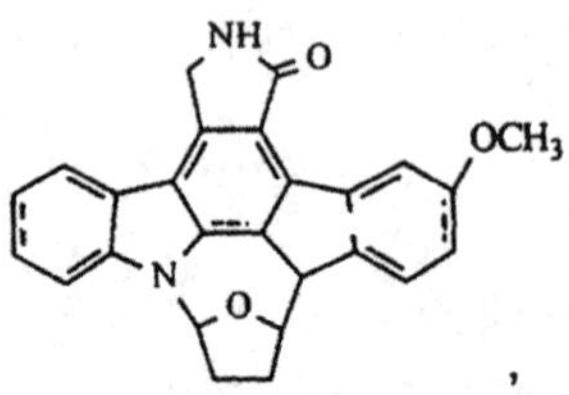，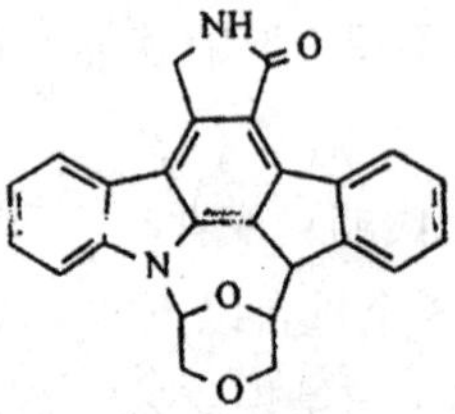或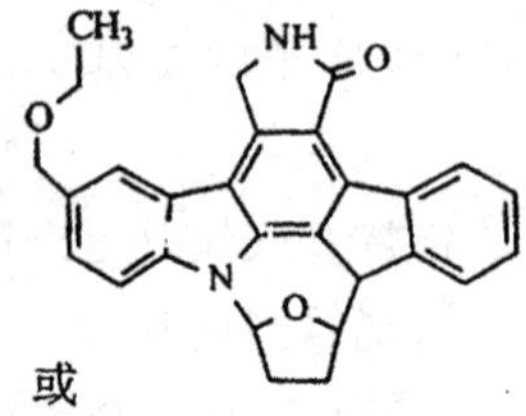

19．权利要求 18 的化合物，具有下式的对映异构体：

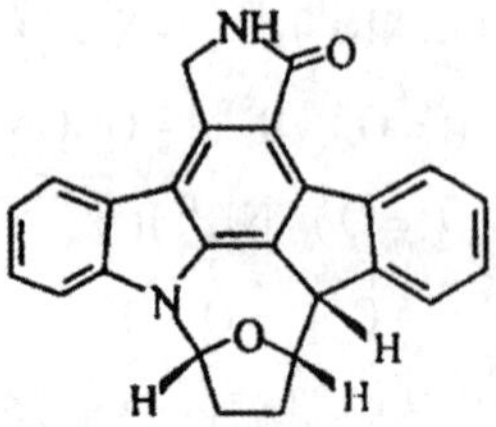，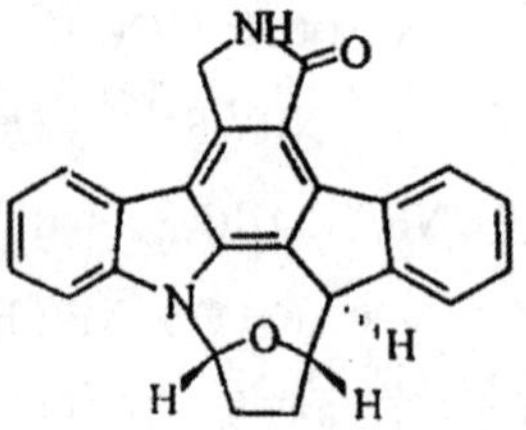

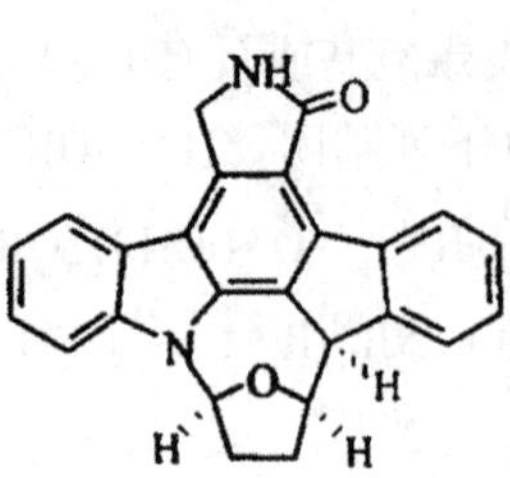或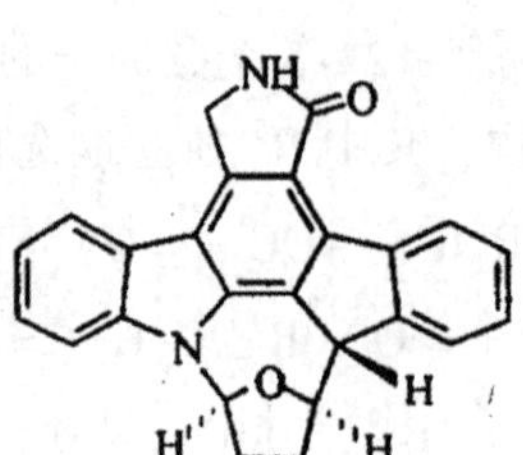

20. 权利要求 18 的化合物，具有下式的非对映异构体：

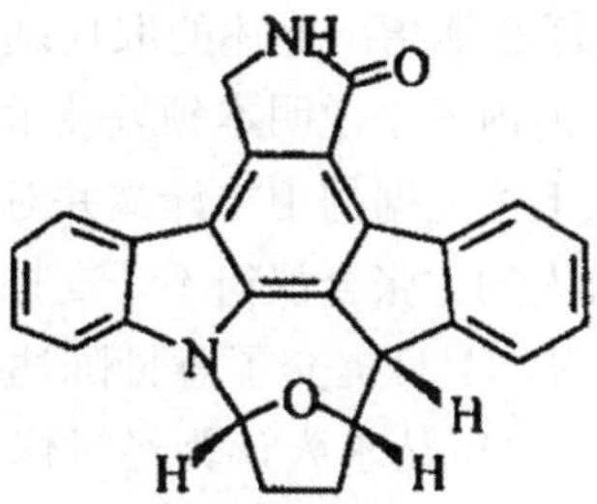

或

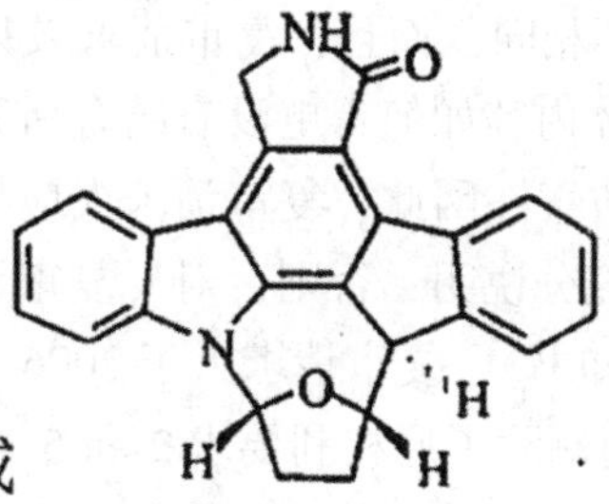

21. 药物组合物，含有权利要求 1 的化合物和可药用载体。

22. 药物组合物，含有权利要求 18 的化合物和可药用载体。

23. 权利要求 1 的化合物在制备用于治疗或预防前列腺疾病的药物中的用途。

24. 权利要求 23 的用途，其中的前列腺疾病为前列腺癌或良性的前列腺增生。

25. 权利要求 1 的化合物在制备用于治疗或预防血管生成性疾病的药物中的用途。

26. 权利要求 25 的用途，其中的血管生成性疾病为固体肿瘤、子宫内膜异位、糖尿病视网膜病、牛皮癣、成血管细胞瘤、眼科疾病或斑状变性。

27. 权利要求 1 的化合物在制备用于治疗或预防瘤形成、类风湿关节炎、肺纤维变性、脊髓纤维变性、意外创伤的愈合、动脉粥样硬化或再狭窄的药物中的用途。

28. 权利要求 1 的化合物在制备用于治疗或预防阿尔茨海默氏病、肌萎缩性侧索硬化、帕金森病、中风、局部缺血、亨廷顿舞蹈病、爱滋病痴呆、癫痫、多发性硬化、末稍神经病、脑损伤或脊索损伤的药物中的用途。

29. 权利要求 1 的化合物在制备用于抑制 trk 激酶活性的药物中的用途。

30. 权利要求 29 的用途，其中 trk 激酶是 trkA。

31. 权利要求 29 的用途，其中提供权利要求 1 的化合物用来治疗炎症。

32. 权利要求 1 的化合物在制备用于治疗或预防缘于 PDGFR 活性的疾病的药物中的用途。

33. 权利要求 1 的化合物在制备用于治疗或预防具有营养因子应答细胞异常活性特征的疾病的药物中的用途。”

2004 年 11 月 22 日，申请人赛福伦公司（下称复审请求人）对上述驳回决定不服，向专利复审委员会提出复审请求，复审请求人在提出复审请求时没有对申请文件进行修改。

复审请求人认为：权利要求 1 中的 $R^2$、$R^3$、$R^4$、$R^5$ 和 $R^6$ 已在本申请中作为全文引用的美国专利 US-A-5705511 和 US-A-4923986 中得到披露和支持，本领域技术人员根据本发明实施例以及前述公开内容完全无须创造性劳动即可实施本发明权利要求 1 的技术方案，因此该权利要求符合专利法第 26 条第 4 款的规定。

经形式审查合格后，专利复审委员会受理了该请求，并于 2004 年 12 月 23 日向复审请求人发出了《复审请求受理通知书》，同时将本申请转送至国家知识产权局原审查部门进行前置审查。

在《前置审查意见书》中，国家知识产权局原审查部门经过审查，坚持驳回决定。

专利复审委员会组成合议组，对本复审请求案进行了审理。合议组于 2006 年 8 月 4 日向复审请求人发出《复审通知书》，指出：权利要求 1 得不到说明书的支持，不符合专利法第 26 条第 4 款的规定。说明书的实施例描述了化合物 II-1 至 II-16 的制备方法、埋化参数和药物活性数据，权利要求 1 应当在上述化合物的基础上进行合理地概括，使其保护范围不超出说明书充分公开的内容；对于复审请求人在复审请求书中提出权利要求 1 中的取代基 $R^2$、$R^3$、$R^4$、$R^5$ 和 $R^6$ 已在本申请作为全文引用的美国专利 US-A-5705511 和 US-A-4923986 中得到披露和支持，合议组认为上述取代基在引用的文献中公开并不意味着其在本申请中能够得到说明书的支持，事实上，上述文献中所述的化合物与本申请式Ⅰ化合物的母核并不相同，而且，复审请求人只是泛泛地指出上述的取代基已被公开，但没有指出在哪一部分公开，具体内容如何，更没有结合所公开的内容来说明本领域技术人员根据实施例即可实施权利要求1的技术方案。因此，复审请求人应提供上述证据的中文译文并对权利要求1能够得到说明书支持的理由进行充分说明，否则，对于复审请求人的主张合议组不予支持。

针对上述《复审通知书》，复审请求人于2006年9月11日提交了意见陈述书和权利要求书，修改了原权利要求1，同时删除了原权利要求2和5～14。复审请求人认为经过修改的权利要求书已经克服了复审通知书所指出的缺陷。修改后的权利要求书为：

"1. 式Ⅰ化合物：

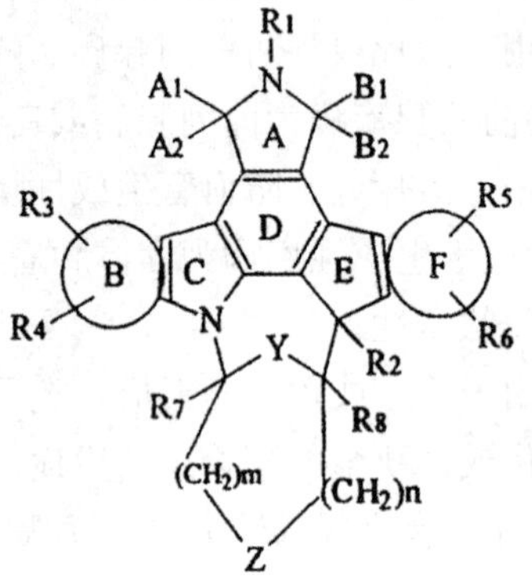

I

其中：

B环和F环为苯环；

$R^1$、$R^4$、$R^6$和$R^7$各自为H；

$R^2$选自H，直链、环状或支链1～4个碳原子烷基或羟基；

$R^3$选自H、卤素、$-CH_2OCH_2OEt$或3-（3'$-NH_2$-pH值）；

$R^5$选自H或直链、环状或支链1～8个碳原子烷氧基；

$R^8$选自H、甲基，$CH_2OH$或$CO_2Et$；

m为1或2；

n为1；

Y为O；

Z选自单键或-O-；

$A^1A^2$和$B^1B^2$独立地为H，H或一起形成=O，且$A^1A^2$和$B^1B^2$中的至少一对形成=O。

2. 权利要求1的化合物，具有下式的非对映异构体：

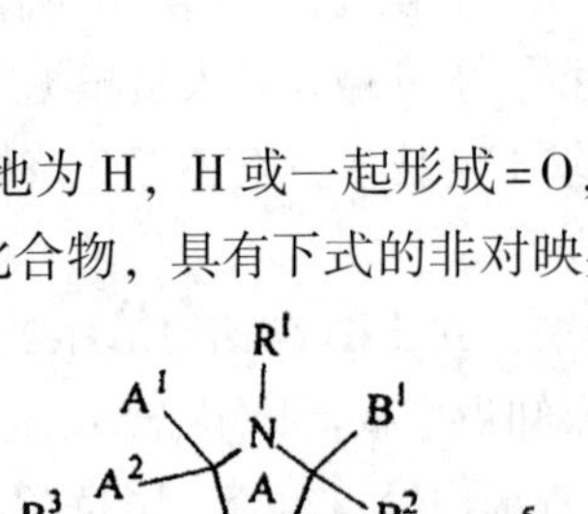

或

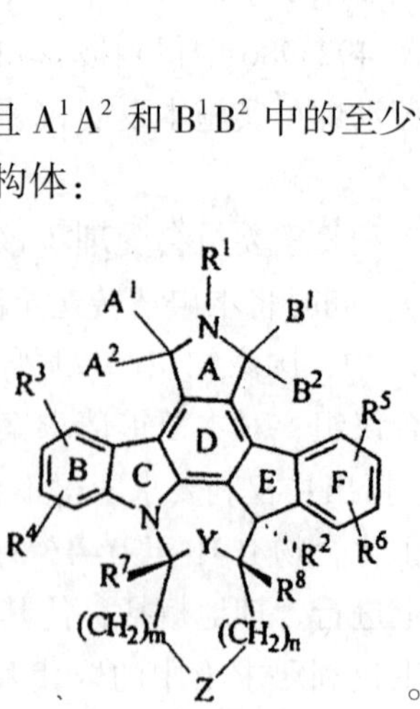

。

3. 权利要求1的化合物，具有下式的对映异构体：

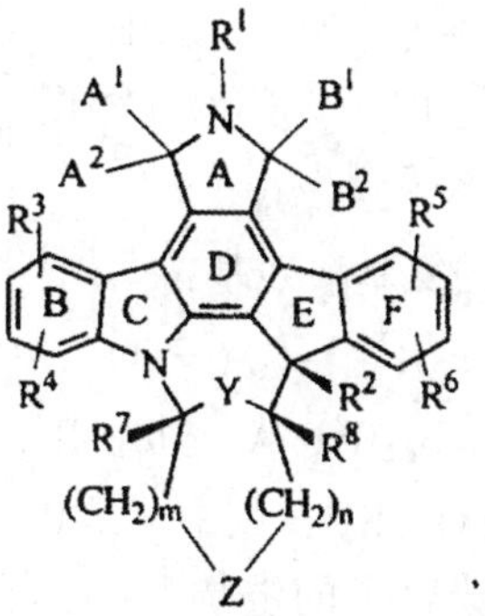

,

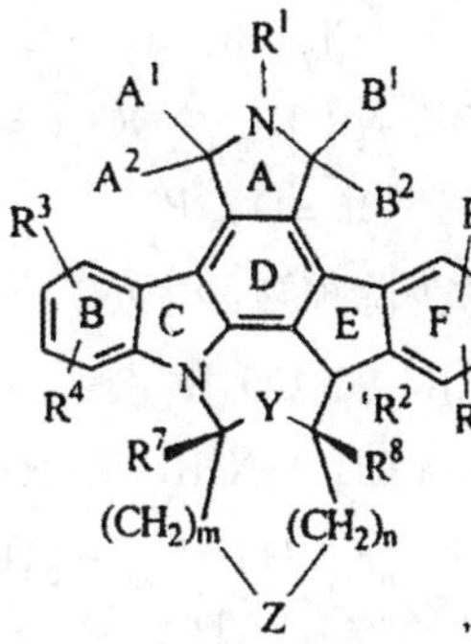

,

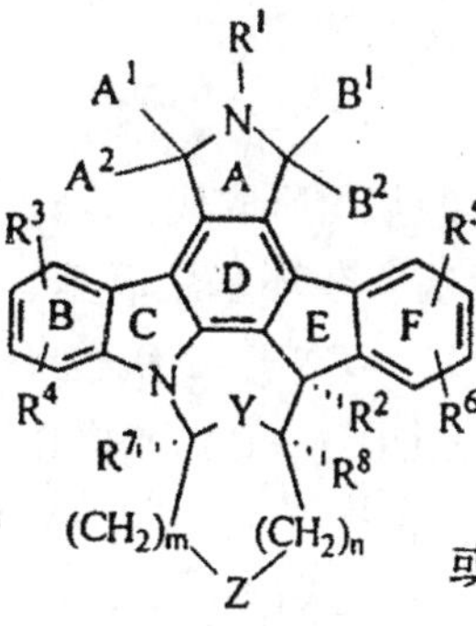

或

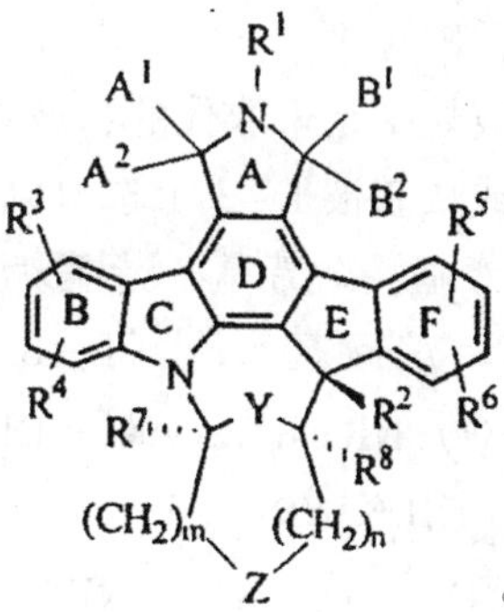

。

4．下式表示的一种化合物：

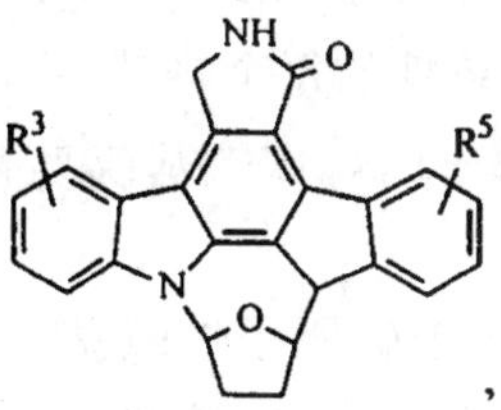

,

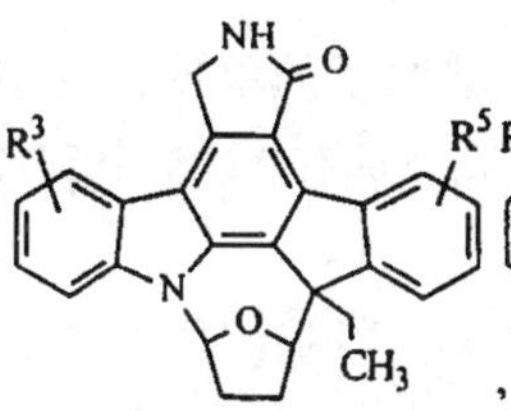

,

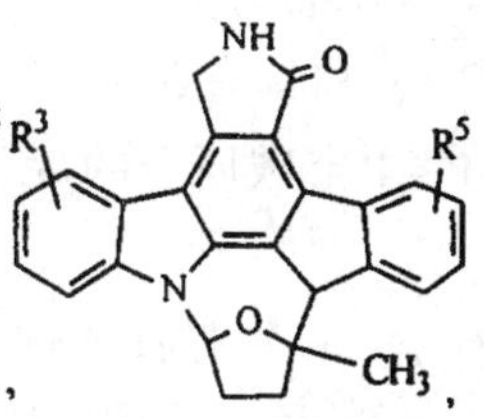

,

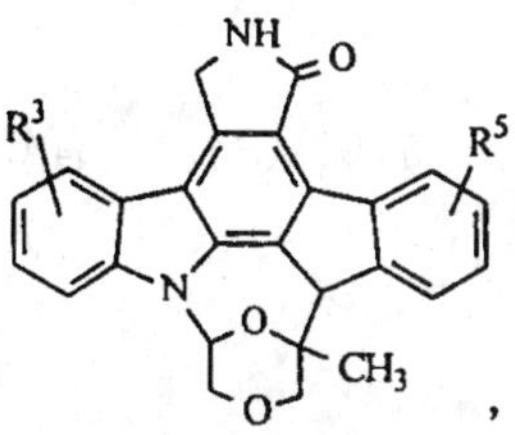

,

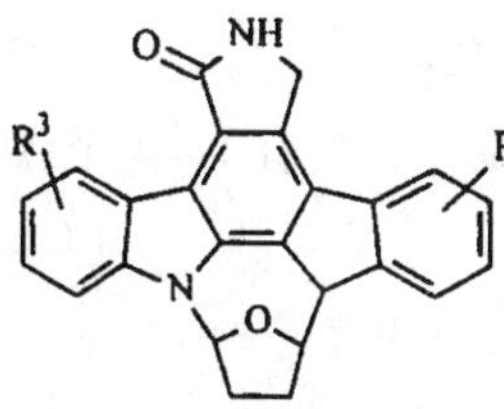

,

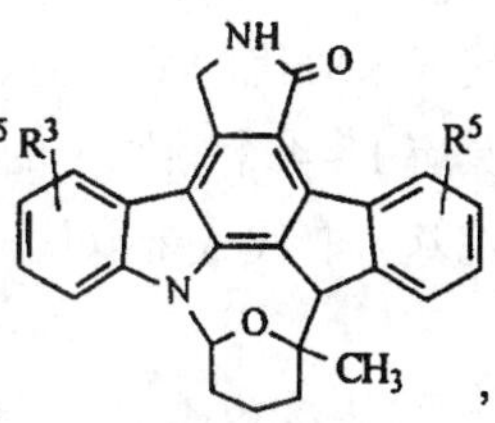

,

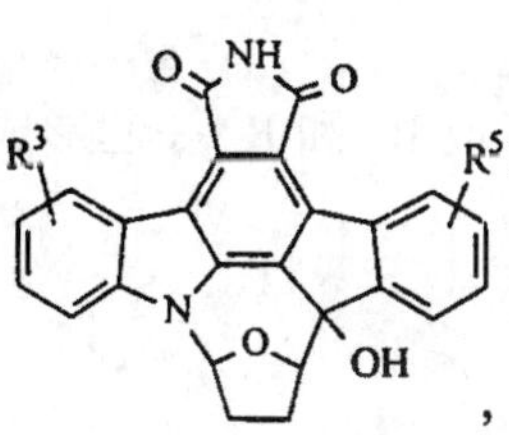

,

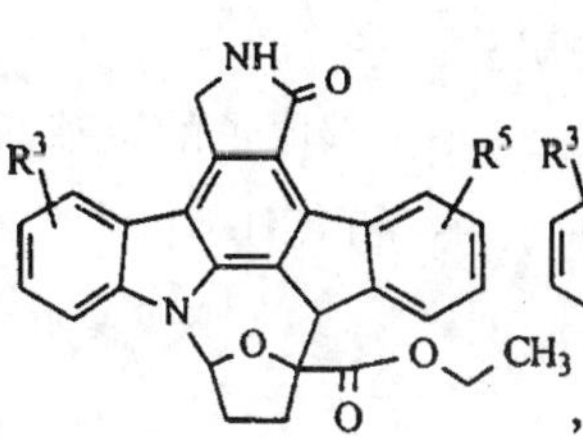

,

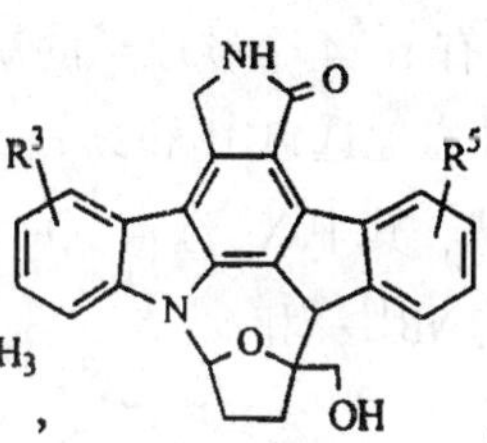

,

或

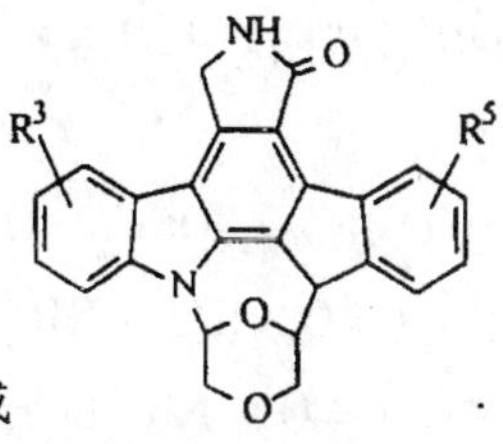

其中 $R^3$ 和 $R^5$ 各自独立地选自以下基团：

(a) H、芳基、杂芳基、F、Cl、Br、I、-CN、$CF_3$、$-NO_2$、-OH、$-OR^9$、$-O(CH_2)_pNR^{11}R^{12}$、$-OC(=O)R^9$、$-OC(=O)NR^2R^7$、$-OC(=O)NR^{11}R^{12}$、$-O(CH_2)_pOR^{10}$、$-CH_2OR^{10}$、$-NR^{11}R^{12}$、$-NR^{10}S(=O)_2R^9$、$-NR^{10}C(=O)R^9$;

(b) $-CH_2OR^{14}$，其中$R^{14}$为除掉羧酸上的羟基后的氨基酸残基;

(c) $-NR^{10}C(=O)NR^{11}R^{12}$、$-CO_2R^2$、$-C(=O)R^2$、$-C(=O)NR^{11}R^{12}$、$-CH=NOR^2$、$-CH=NR^9$、$-(CH_2)_pNR^{11}R^{12}$、$-(CH_2)_pNHR^{14}$、或$-CH=NNR^2R^2A$，其中$R^2A$与$R^2$相同;

(d) $-S(O)_yR^2$、$-(CH_2)_pS(O)_yR^9$、$-CH_2S(O)_yR^{14}$，其中y是0、1或2;

(e) 具有1~8个碳原子的烷基、具有2~8个碳原子的链烯基、具有2~8个碳原子的炔基，其中:

(1) 各个烷基、链烯基或炔基是未取代的; 或者

(2) 各个烷基、链烯基或炔基被1~3个选自以下的基团所取代:

具有6~10个碳原子的芳基、杂芳基、芳基烷氧基、杂环基烷氧基、羟基烷氧基、烷氧基-烷氧基、羟基烷硫基、烷氧基-烷硫基、F、Cl、Br、I、-CN、$-NO_2$、-OH、$-OR^9$、$-X^2(CH_2)_pNR^{11}R^{12}$、$-X^2(CH_2)_pC(=O)NR^{11}R^{12}$、$-X^2(CH_2)_pOC(=O)NR^{11}R^{12}$、$-X^2(CH_2)_pCO_2R^9$、$-X^2(CH_2)_pS(O)_yR^9$、$-X^2(CH_2)_pNR^{10}C(=O)NR^{11}R^{12}$、$-OC(=O)R^9$、$-OCONHR^2$，-O-四氢吡喃基、$-NR^{11}R^{12}$、$-NR^{10}C(=O)R^9$、$-NR^{10}CO_2R^9$、$-NR^{10}C(=O)NR^{11}R^{12}$、$-NHC(=NH)NH_2$、$NR^{10}S(O)_2R^9$、$-S(O)_yR^9$、$-CO_2R^2$、$-C(=O)NR^{11}R^{12}$、$-C(=O)R^2$、$-CH_2OR^{10}$、$-CH=NNR^2R^2A$、$-CH=NOR^2$、$-CH=NR^9$、$-CH=NNHCH(N=NH)NH_2$、$-S(=O)_2NR^2R^2A$、$P(=O)(OR^{10})_2$、$-OR^{14}$、和具有5~7个碳原子的单糖，其中单糖的每个羟基各自独立地是未取代的，或者被H、具有1~4个碳原子的烷基、具有2~5个碳原子的烷羰氧基或具有1~4个碳原子的烷氧基所取代;

$R^2$选自: H、具有1~4个碳原子烷基、羟基、具有1~4个碳原子烷氧基、$-OC(=O)R^9$、$-OC(=O)NR^{11}R^{12}$、$-O(CH_2)_pNR^{11}R^{12}$、$-O(CH_2)_pOR^{10}$、具有6~10个碳原子的取代或未取代的芳基烷基，和取代或未取代的杂芳基烷基;

$R^7$选自: H、具有1~4个碳原子的烷基、具有1~4个碳原子的烷氧基、具有6~10个碳原子的取代或未取代的芳烷基、取代或未取代的杂芳基烷基、$-(CH_2)_pOR^{10}$、$-(CH_2)_pOC(=O)NR^{11}R^{12}$和$-(CH_2)_pNR^{11}R^{12}$;

$R^9$选自烷基、芳基和杂芳基;

$R^{10}$选自H和具有1~4个碳原子的烷基;

$R^{11}$和$R^{12}$各自独立地选自H和具有1~4个碳原子的烷基，或$R^{11}$和$R^{12}$一起形成式$-(CH_2)_2-X^1-(CH_2)_2-$的连接基，其中$X^1$选自-O-、-S-和$-CH_2-$;

$X^2$为O、S、或$NR^{10}$; 和

P为1~4。

5. 权利要求4的化合物，其中$R^3$和$R^5$各自独立地选自以下基团:

(a) H、杂芳基、F、Br、-CN、$CF_3$、

(b) $-NO_2$、-OH、$-OR^9$、$-O(CH_2)_pNR^{11}R^{12}$、$-OC(=O)R^9$、$-OC(=O)NR^2R^7$、$-OC(=O)NR^{11}R^{12}$、$-O(CH_2)_pOR^{10}$、$-CH_2OR^{10}$、$-NR^{11}R^{12}$、$-NR^{10}S(=O)_2R^9$、$-NR^{10}C(=O)R^9$;

(c) $-NR^{10}C(=O)NR^{11}R^{12}$、$-CO_2R^2$、$-C(=O)R^2$、$-C(=O)NR^{11}R^{12}$、$-CH=NOR^2$、$-CH=NR^9$、$-(CH_2)_pNR^{11}R^{12}$、$-(CH_2)_pNHR^{14}$;

（d）$-S(O)_yR^2$、$-(CH_2)_pS(O)_yR^9$、$-CH_2S(O)_yR^{14}$，其中 y 是0、1或2；

（e）具有1～8个碳原子的烷基、具有2～8个碳原子的链烯基、具有2～8个碳原子的炔基，其中：

（1）各个烷基、链烯基或炔基是未取代的；或者

（2）各个烷基、链烯基或炔基被1～3个选自以下的基团所取代：

具有6～10个碳原子的芳基、杂芳基、芳基烷氧基、杂环基烷氧基、羟基烷氧基、烷氧基-烷氧基、羟基烷硫基、烷氧基-烷硫基、F、Cl、Br、I、-CN、$-NO_2$、-OH、$-OR^9$、$-X^2(CH_2)_pNR^{11}R^{12}$、$-X^2(CH_2)_pC(=O)NR^{11}R^{12}$、$-X^2(CH_2)_pOC(=O)NR^{11}R^{12}$、$-X^2(CH_2)_pCO_2R^9$、$-X^2(CH_2)_pS(O)_yR^9$、$-X^2(CH_2)_pNR^{10}C(=O)NR^{11}R^{12}$、$-OC(=O)R^9$、$-OCONHR^2$，-O-四氢吡喃基、$-NR^{11}R^{12}$、$-NR^{10}C(=O)R^9$、$-NR^{10}CO_2R^9$、$-NR^{10}C(=O)NR^{11}R^{12}$、$-NHC(=NH)NH_2$、$NR^{10}S(O)_2R^9$、$-S(O)_yR^9$、$-CO_2R^2$、$-C(=O)NR^{11}R^{12}$、$-C(=O)R^2$、$-CH_2OR^{10}$、$-CH=NR^9$、$-S(=O)_2NR^2R^2A$、$-OR^{14}$和具有5～7个碳原子的单糖，其中单糖的每个羟基各自独立地是未取代的，或者被H、1～4个碳原子的烷基、2～5个碳原子的烷羰氧基或具有1～4个碳原子的烷氧基所取代；

6. 权利要求5的化合物，其中 $R^5$ 独立地选自下列基团：H、$-OR^9$、$-O(CH_2)_pNR^{11}R^{12}$、$-OC(=O)R^9$、$-OC(=O)NR^2R^7$、$-OC(=O)NR^{11}R^{12}$、$-O(CH_2)_pOR^{10}$、$-CH_2OR^{10}$、$-NR^{11}R^{12}$、$-NR^{10}S(=O)_2R^9$、$-NR^{10}C(=O)R^9$、$-C(=O)NR^{11}R^{12}$、$-(CH_2)_pNR^{11}R^{12}$、$-S(O)_yR^2-(CH_2)_pS(O)_yR^9$ 和 $-CH_2S(O)_yR^{14}$，其中 y 是0、1或2。

7. 权利要求6的化合物，具有下式：

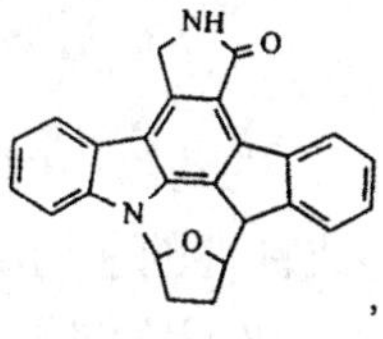，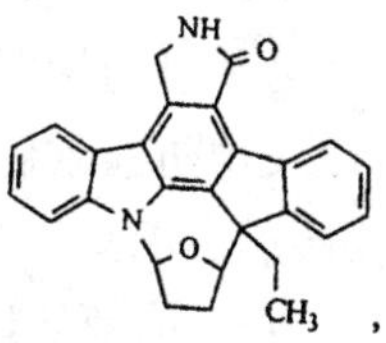，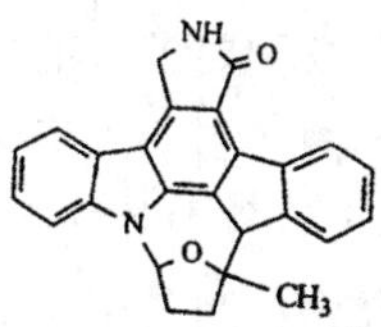，

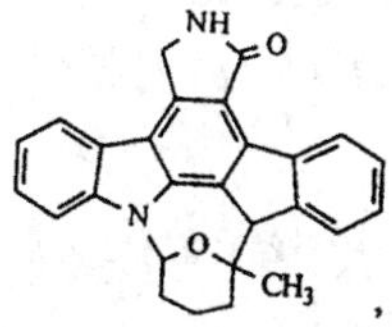，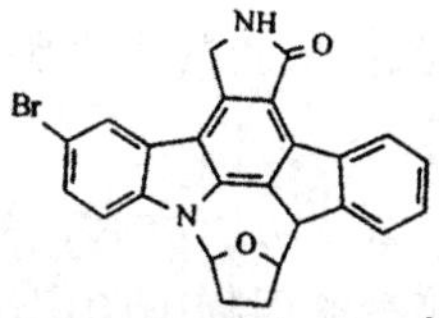，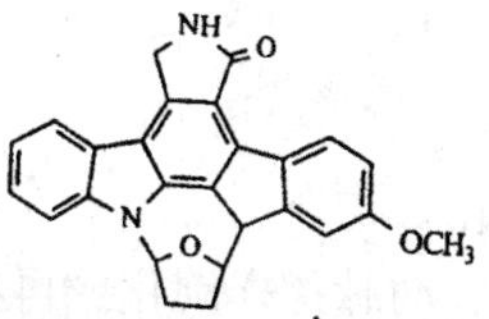，

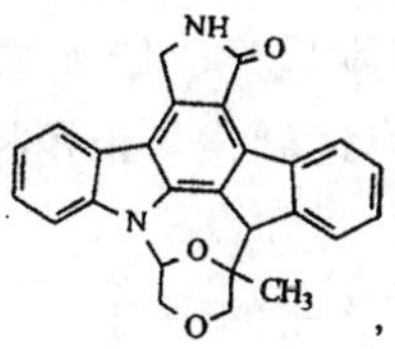，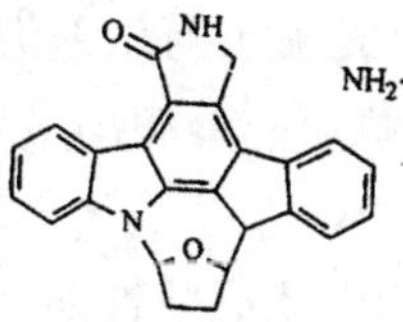，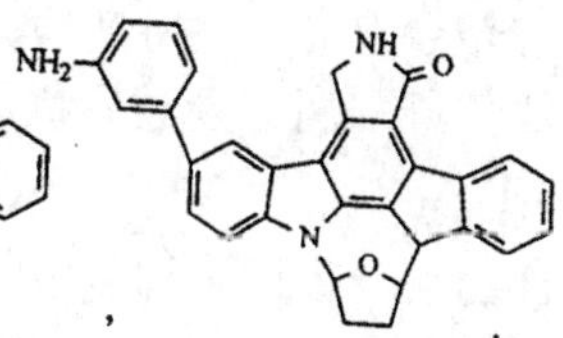，

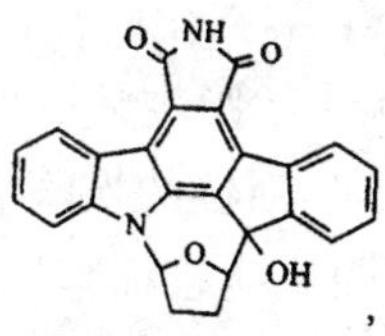，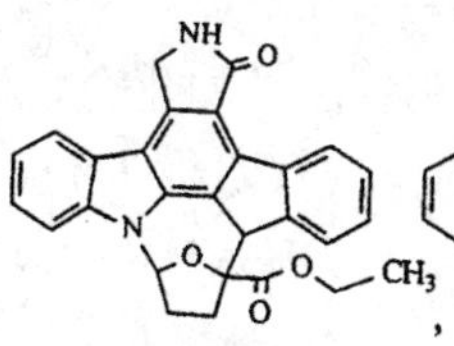，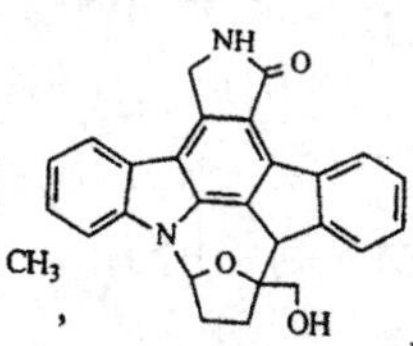，

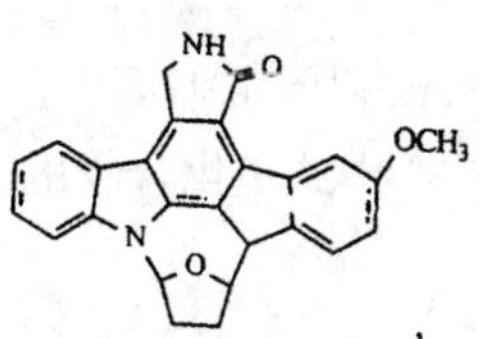，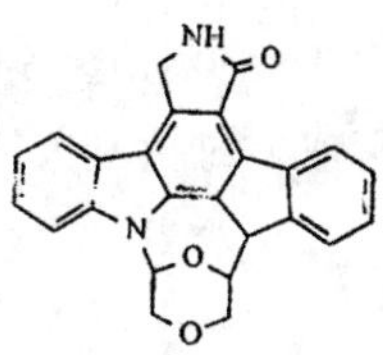或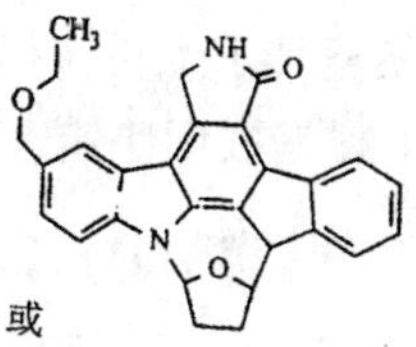。

8. 权利要求 7 的化合物，具有下式的对映异构体：

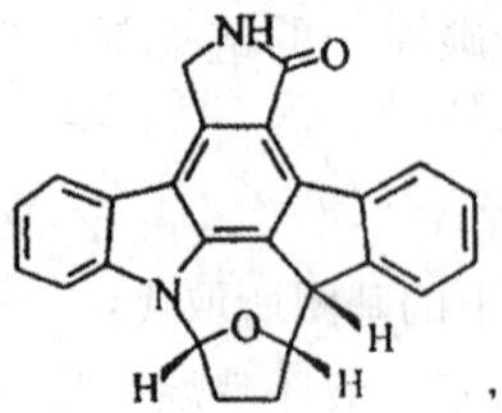



，

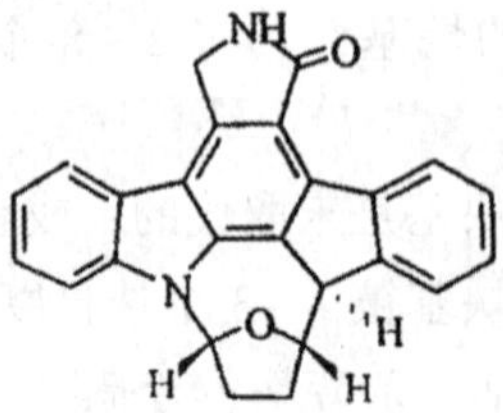



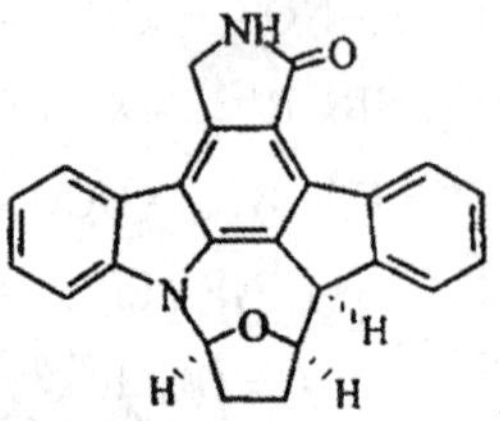



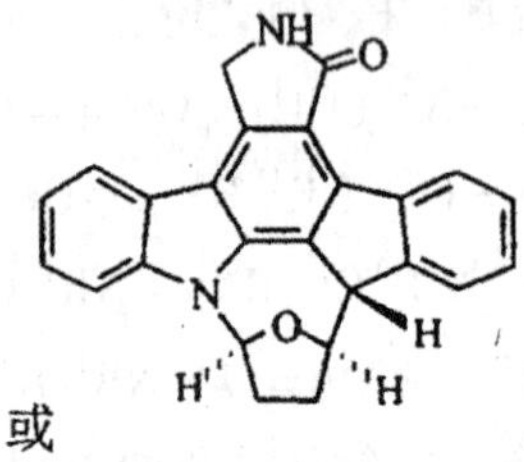



或

。

9. 权利要求 7 的化合物，具有下式的非对映异构体：

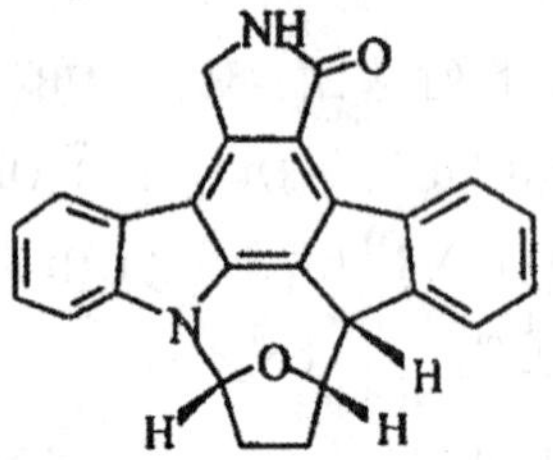



或

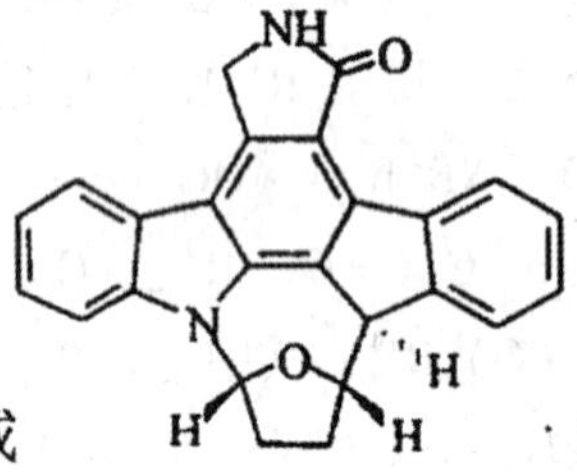



。

10. 药物组合物，含有权利要求 1 的化合物和可药用载体。

11. 药物组合物，含有权利要求 7 的化合物和可药用载体。

12. 权利要求 1 的化合物在制备用于治疗或预防前列腺疾病的药物中的用途。

13. 权利要求 12 的用途，其中的前列腺疾病为前列腺癌或良性的前列腺增生。

14. 权利要求 1 的化合物在制备用于治疗或预防血管生成性疾病的药物中的用途。

15. 权利要求 14 的用途，其中的血管生成性疾病为固体肿瘤、子宫内膜异位、糖尿病视网膜病、牛皮癣、成血管细胞瘤、眼科疾病或斑状变性。

16. 权利要求 1 的化合物在制备用于治疗或预防瘤形成、类风湿关节炎、肺纤维变性、脊髓纤维变性、意外创伤的愈合、动脉粥样硬化或再狭窄的药物中的用途。

17. 权利要求 1 的化合物在制备用于治疗或预防阿尔茨海默氏病、肌萎缩性侧索硬化、帕金森病、中风、局部缺血、亨廷顿舞蹈病、爱滋病痴呆、癫痫、多发性硬化、末稍神经病、脑损伤或脊索损伤的药物中的用途。

18. 权利要求 1 的化合物在制备用于抑制 trk 激酶活性的药物中的用途。

19. 权利要求 18 的用途，其中 trk 激酶是 trkA。

20. 权利要求 18 的用途，其中提供权利要求 1 的化合物用来治疗炎症。

21. 权利要求 1 的化合物在制备用于治疗或预防缘于 PDGFR 活性的疾病的药物中的用途。

22. 权利要求 1 的化合物在制备用于治疗或预防具有营养因子应答细胞异常活性特征的疾病的药物中的用途。”

2006 年 12 月 19 日，复审请求人再次提交了意见陈述书和权利要求书第 1 页的替换页，请求在修改后的权利要求书的基础上撤销驳回决定，其中，对权利要求 1 中式 I 化合物的 $R^2$、$R^3$ 和 $R^5$ 基团进行了修改，修改后的权利要求 1 为：

"1. 式Ⅰ化合物：

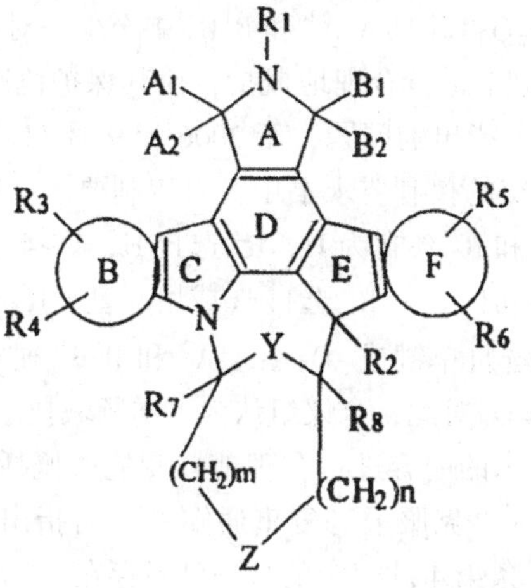

Ⅰ

其中：

B 环和 F 环为苯环；

$R^1$、$R^4$、$R^6$ 和 $R^7$ 各自为 H；

$R^2$ 选自 H，1～4 个碳原子烷基或羟基；

$R^3$ 选自 H、卤素、$-CH_2OEt$ 或 3-（3'$-NH_2$-pH 值）；

$R^5$ 选自 H 或甲氧基；

$R^8$ 选自 H、甲基，$CH_2OH$ 或 $CO_2Et$；

m 为 1 或 2；

n 为 1；

Y 为 O；

Z 选自单键或-O-；

$A^1A^2$ 和 $B^1B^2$ 独立地为 H，H 或一起形成=O，且 $A^1A^2$ 和 $B^1B^2$ 中的至少一对形成=O。"

至此，合议组认为本案事实清楚，可以作出审查决定。

**二、决定的理由**

1. 关于文本

本复审决定是以复审请求人于 2006 年 12 月 19 日提交的权利要求第 1～2 项、2006 年 9 月 11 日提交的权利要求第 3～22 项，2003 年 9 月 24 日提交的说明书第 32 页，2000 年 12 月 5 日进入中国国家阶段时提交的国际申请文件中文译文的说明书第 1～31 页，第 33～54 页，说明书附图第 1～9 页以及说明书摘要为基础作出的。

2. 关于专利法第 26 条第 4 款

专利法第 26 条第 4 款规定：权利要求书应当以说明书为依据，说明要求专利保护的范围。

每一项权利要求所要求保护的技术方案，应当是所属技术领域的技术人员能够从说明书充分公开的内容中得到或概括得出的技术方案，并且不得超出说明书公开的范围，即不应包含那些在所属技术领域技术人员看来属于推测的且其技术效果难于预先确定和评价的内容。

就本申请而言，《复审通知书》指出，说明书的实施例描述了化合物 II-1～II-16 的制备方法、理化参数和药物活性数据，对于上述化合物，环 B 和 F 均为苯环，$R^1$、$R^4$、$R^6$ 和 $R^7$ 为氢，Y 为氧，n 为 1，$R^2$ 为 H、OH 或 Et，$R^3$ 为 H、3-Br、3-（3'$-NH_2$-pH 值）或 3-$CH_2OEt$，$R^5$ 为 H、9-OMe

或10-OMe，$R^8$ 为H、Me、$-CH_2OH$ 或$-CO_2Et$，m为1或2，Z为O或单键，$A^1A^2$ 均为H或一起形成=O，$B^1B^2$ 均为H或一起形成=O，并且 $A^1A^2$ 和 $B^1B^2$ 中至少一对形成=O（参见说明书32页）。权利要求1应当在上述化合物的基础上进行合理地概括，使其保护范围不超出说明书充分公开的内容。复审请求人针对《复审通知书》所指出的问题，于2006年9月11日和2006年12月19日分别提交了修改后的权利要求书。在后提交的权利要求书中，对权利要求1中的式I化合物作了进一步限定：B环和F环为苯环；$R^1$、$R^4$、$R^6$ 和 $R^7$ 各自为H；$R^2$ 选自H，1～4个碳原子烷基或羟基；$R^3$ 选自H、卤素、$-CH_2OEt$ 或3-（3'-$NH_2$-pH值）；$R^5$ 选自H或甲氧基；$R^8$ 选自H、甲基，$CH_2OH$ 或 $CO_2Et$；m为1或2；n为1；Y为O；Z选自单键或-O-；$A^1A^2$ 和 $B^1B^2$ 独立地为H，H或一起形成=O，且 $A^1A^2$ 和 $B^1B^2$ 中的至少一对形成=O。对此，合议组认为，本领域技术人员在说明书中所记载的化合物II-1～II-16的基础上根据现有技术的内容进行合理地推测能够概括得出权利要求1所要求保护的技术方案。因此，修改后的权利要求书克服了《复审通知书》所指出的缺陷，驳回决定中指出的本申请权利要求1不符合专利法第26条第4款规定的缺陷已不存在。

根据上述事实和理由，合议组作出如下审查决定。

**三、决定**

撤销国家知识产权局于2004年8月6日针对99807036.X号发明专利申请作出的驳回决定，由国家知识产权局原审查部门以复审请求人于2006年12月19日提交的权利要求第1～2项，2006年9月11日提交的权利要求第3～22项，2003年9月24日提交的说明书第32页，2000年12月5日进入中国国家阶段时提交的国际申请文件中文译文的说明书第1～31页、第33～54页、说明书附图第1～9页以及说明书摘要为基础继续审批程序。

复审请求人对本决定不服的，可以根据专利法第41条第2款的规定，自收到本决定之日起三个月内向北京市第一中级人民法院起诉。

009

# 在植物中调节防御反应的多核苷酸及其用途

## 复审请求审查决定（第10282号）

**决　定　号**　第10282号
**决　定　日**　2006年12月7日
**发明创造名称**　在植物中调节防御反应的多核苷酸及其用途
**国际分类号**　C07K 14/415，C12N 15/29，C12N 15/82
**复审请求人**　植物生物科学有限公司，基根奈公司
**申　请　号**　97198315.1
**最早优先权日**　1996年7月29日
**申　请　日**　1997年7月29日
**公　开　日**　1999年10月13日
**合议组组长**　马文霞
**主　审　员**　李金光
**参　审　员**　侯秋霞

**法律依据**　专利法第26条第3款
**决定要点**

与实现发明的技术方案完全无关的内容，即使不清楚也不会影响所属领域实现该技术方案所限定的发明创造。

### 一、案由

本复审请求案涉及申请日为1997年7月29日、公开日为1999年10月13日、发明名称为“在植物中调节防御反应的多核苷酸及其用途”的97198315.1号发明专利申请（下称本申请），申请人为植物生物科学有限公司、基根奈公司，进入国家阶段日为1999年3月26日，最早优先权日为1996年7月29日。

2004年5月28日，国家知识产权局以本申请进入国家阶段时申请人提交的说明书第1～70页、附图第1～28页及摘要和申请人于2003年12月30日提交的权利要求第1～68项为审查文本驳回了本申请，驳回理由是基于说明书附图8～16公开的水稻、拟南芥等植物核酸序列与大麦Mlo基因序列同源性比较而推断这些核酸序列为Mlo基因，没有任何具体的实验数据来验证这些核酸序列具有Mlo基因功能，导致说明书公开不充分，不符合专利法第26条第3款的规定。驳回决定所针对的权利要求书如下：

“1. 分离的多核苷酸，它编码由示于图2中的氨基酸序列构成的多肽。

2. 按照权利要求1的多核苷酸，该多核苷酸由示于图2中的核苷酸序列构成。

3. 按照权利要求1的多核苷酸，该多核苷酸通过添加、缺失、置换和/或插入一或多个核苷酸而与图2所示的核苷酸有至少80％的同源性。

4. 分离的多核苷酸，它在转基因植物中表达时对所述植物的病原体防御反应发挥负调节作用，所述防御反应与病原体无关并对于病原体存在为自主性的，所述多核苷酸编码这样的多肽，所述多肽由与图2所示大麦Mlo序列有至少80％同源性的氨基酸序列构成，所述氨基酸序列通过添加、置换、缺失和/或插入一个或多个氨基酸而与图2中所示的氨基酸序列不同。

5. 按照权利要求4的多核苷酸，所述多核苷酸编码由图13中所示氨基酸序列构成的多肽。

6. 按照权利要求5的多核苷酸，所述多核苷酸具有示于图10中的核苷酸序列。

7. 按照权利要求5的多核苷酸，所述多核苷酸与图10所示的核苷酸序列有至少80％的同源性，其核苷酸序列通过添加、缺失、置换和/或插入一个或多个核苷酸而与图10中所示核苷酸序列不同。

8. 按照权利要求4的多核苷酸，所述多核苷酸编码由图14中所示氨基酸序列构成的多肽。

9. 按照权利要求8的多核苷酸，所述多核苷酸具有图11中所示的核苷酸序列。

10. 按照权利要求8的多核苷酸，所述多核苷酸与图11所示的核苷酸序列有至少80％的同源性，其核苷酸序列通过添加、缺失、置换和/或插入一个或多个核苷酸而与图11中所示核苷酸序列不同。

11. 按照权利要求4的多核苷酸，所述多核苷酸编码由图15中所示氨基酸序列构成的多肽。

12. 按照权利要求11的多核苷酸，所述多核苷酸具有示于图12中的核苷酸序列。

13. 按照权利要求11的多核苷酸，所述多核苷酸与图12所示的核苷酸序列有至少80％的同源性，其核苷酸序列通过添加、缺失、置换和/或插入一个或多个核苷酸而与图12中所示核苷酸序列不同。

14. 分离的多核苷酸，它包含与用于表达的调节序列操作性连接的、按照任一前述权利要求的多核苷酸。

15. 编码多肽的分离的多核苷酸，所述多核苷酸在转基因植物中表达时，产生能够刺激或维持所述植物中防御反应的多肽，所编码的多肽由与图2中所示的大麦Mlo序列有至少80％同源性的氨基酸序列构成，所述氨基酸序列通过一个或多个氨基酸的添加、置换、缺失和/或插入而与图2中所示的氨基酸序列不同。

16. 按照权利要求15的多核苷酸，所述多核苷酸在所述植物中以纯合表达时刺激或维持所述植物的所述防御反应。

17. 按照权利要求15的多核苷酸，其中所述氨基酸序列包括表1中所鉴别的一种改变。

18. 按照权利要求17的多核苷酸，其中所述氨基酸序列是图2中的氨基酸序列，包括在残基240处的一个置换。

19. 按照权利要求17的多核苷酸，其中所述氨基酸序列包括在残基240处的亮氨酸。

20. 按照权利要求15～19中任一项的多核苷酸，它与用于表达的调节序列操作性地连接。

21. 分离的多核苷酸，它具有权利要求1～13中任一项的核苷酸序列的至少约600个相邻核苷酸或其互补物。

22. 按照权利要求21的多核苷酸，它与用于转录的调节序列操作性地连接。

23. 分离的多核苷酸，它具有权利要求1～13中任一项的序列的至少约300个相邻核苷酸，或其互补核苷酸，并操作性地与用于转录的调节序列相连接。

24. 按照权利要求22或23的多核苷酸，其中所述调节序列包括一个诱导型启动子。

25. 核酸载体，它适合于转化宿主细胞并且包括按照任一前述权利要求的多核苷酸。

26. 按照权利要求 25 的核酸载体，其中所述宿主细胞是一种微生物细胞。

27. 按照权利要求 25 的核酸载体，其中所述宿主细胞是一种植物细胞。

28. 宿主细胞，它含有按照权利要求 1 ~ 24 中任一项的多核苷酸和按照权利要求 25 ~ 27 中任一项的核酸载体，其中所述多核苷酸对于所述宿主细胞是异源的。

29. 按照权利要求 28 的细胞，所述细胞是微生物细胞。

30. 按照权利要求 28 的细胞，所述细胞是一种植物细胞。

31. 按照权利要求 30 的细胞，它具有加入其基因组内的所述异源多核苷酸。

32. 按照权利要求 31 的细胞，所述细胞的每个单倍体基因组中具有一个以上的所述多核苷酸。

33. 产生一种植物的方法，所述方法包括将按照权利要求 1 ~ 14 中任一项的异源多核苷酸加入植物细胞中，并由所述植物细胞再生植株。

34. 产生一种植物的方法，所述方法包括将按照权利要求 15 ~ 20 中任一项的异源多核苷酸加入植物细胞中，并由所述植物细胞再生植株。

35. 产生一种植物的方法，所述方法包括将按照权利要求 21 ~ 24 中任一项的异源多核苷酸加入植物细胞中，并由所述植物细胞再生植株。

36. 按照权利要求 33 ~ 35 中任一项的方法，所述方法包括以有性或无性方法繁殖或生长所述植物的子代或后代。

37. 在植物中刺激防御反应的方法，所述方法包括引发或允许在所述植物细胞内从按照权利要求 1 ~ 14 中任一项的异源多核苷酸进行转录。

38. 在植物中刺激防御反应的方法，所述方法包括引发或允许在所述植物细胞内从按照权利要求 15 ~ 20 中任一项的异源多核苷酸进行转录。

39. 刺激植物防御反应的方法，所述方法包括引发或允许在所述植物细胞内从按照权利要求21 ~ 24 中任一项的异源多核苷酸进行转录。

40. 产生编码多肽的多核苷酸的方法，所述多核苷酸在转基因植物中表达时，产生能够刺激或维持所述植物的防御反应的多肽；所述方法包括按照权利要求 1 ~ 14 中任一项的多核苷酸的核苷酸序列的改变。

41. 按照权利要求 40 的方法，所述方法涉及位点特异性序列突变。

42. 按照权利要求 40 的方法，所述方法涉及细胞内同源重组。

43. 一种方法，其中在按照权利要求 40 中的方法改变核苷酸序列之后，将包括所述改变后核苷酸序列的多核苷酸引入宿主细胞中。

44. 按照权利要求 43 的方法，其中所述宿主细胞是植物细胞。

45. 一种方法，其中在按照权利要求 44 的方法将多核苷酸引入植物细胞后，从包括改变的核苷酸序列的细胞或其后代再生植株。

46. 按照权利要求 1 ~ 14 中任一项的多核苷酸用于在植物中刺激防御反应的用途。

47. 按照权利要求 15 ~ 20 中任一项的多核苷酸用于在植物中刺激防御反应的用途。

48. 按照权利要求 21 ~ 24 中任一项的多核苷酸用于在植物中刺激防御反应的用途。

49. 按照权利要求 21 ~ 24 中任一项的多核苷酸在下调一种基因表达中的用途，所述基因编码由按照权利要求 1 ~ 14 中任一项的多核苷酸编码的多肽。

50. 按照权利要求 1 ~ 14 中任一项的多核苷酸在产生转基因植物中的用途。

51. 按照权利要求 15 ~ 20 中任一项的多核苷酸在产生转基因植物中的用途。

52. 按照权利要求 21 ~ 24 中任一项的多核苷酸在产生转基因植物中的用途。

53. 确定植物或植物细胞中存在病原体抗性或敏感性等位基因的方法，所述方法包括通过以下步骤分析所述植物或植物细胞的样品：

（a）将所述样品中的核酸序列与图7中所示核苷酸序列的全部或部分相比较，以确定来自所述植物或植物细胞的样品是否含有突变；

（b）确定所述样品中是否存在包括图7所示氨基酸序列的多肽或其片段，如果存在，则确定是否所述多肽为全长的和/或已突变、和/或以正常水平表达；

（c）进行DNA指纹分析，以比较当一种限制性酶切割所述样品中的核酸时产生的限制性图谱与从图7所示核苷酸的序列获得的限制性图谱；

（d）将所述样品与一个能够结合包括图7中所提出核苷酸序列的核酸的特异性结合成员相接触，所述特异性结合成员包括可与图7中序列相杂交的核酸、或其包括的结合域对包括图7序列的核酸或该核酸编码的多肽或其突变形式有特异性的多肽，并测定所述特异性结合成员的结合；或

（e）进行涉及一种或多种基于图7所示核苷酸序列的引物的PCR，以就包括图7核苷酸序列的核酸筛选所述样品。

54. 确定植物或植物细胞中存在靶核酸的方法，所述方法包括将由图7所示核苷酸序列或其寡核苷酸片段构成的核酸分子与所述植物或植物细胞样品中的核酸相接触，并检测所述核酸分子与所述样品中核酸的杂交。

55. 按照权利要求54的方法，所述方法涉及与所述核酸分子相杂交的核酸的扩增。

56. 按照权利要求54或55的方法，其中所述核酸分子包括与图7中所示的核苷酸序列或其相应片段相比的序列改变。

57. 按照权利要求56的方法，其中所述改变选自表1中所示的那些改变。

58. 一种测定方法，用于鉴别能够结合由按照权利要求1~14中任一项或按照权利要求15~20中任一项的多核苷酸编码的多肽的化合物，所述方法包括：

（a）使测试化合物与所述多肽或其片段相接触，并

（b）测定所述多肽或其片段与所述测试化合物之间的互作或结合。

59. 按照权利要求58的测定方法，其中鉴别能够结合其氨基酸序列示于图2的多肽的化合物。

60. 测定方法，用于鉴别通过与按照权利要求1~14中任一项或按照权利要求15~20中任一项的多核苷酸编码的多肽互作而能够在植物中刺激防御反应的化合物，所述方法包括：

（a）使植物或植物部分与测试化合物相接触，并测定对防御反应的刺激；以及

（b）使所述多肽或其片段与测试化合物相接触，并测定所述多肽或其片段与所述测试化合物之间的互作或结合；

用步骤（a）中检测阳性的测试化合物实施步骤（b），或者用步骤（b）中检测阳性的测试化合物实施步骤（a），或者步骤（a）和（b）平行实施。

61. 按照权利要求60的测定方法，其中防御反应的刺激通过监测病原体在所述植物或植物部分上的生长和/或生存力而确定。

62. 按照权利要求60或61的测定方法，其中鉴别能够与其氨基酸序列示于图2中的多肽结合的化合物。

63. 按照权利要求60~62中任一项的测定方法，其中鉴别能够在大麦中刺激对白粉病的抗性的化合物。

64. 一种方法，该方法包括在按照权利要求60~63中任一项的方法鉴别能够刺激植物防御反应的化合物后，将所述化合物配制到包括至少一种其他组分的组合物中，或者可选地如果所述化合物是

肽基化合物，则将编码它的核酸配制到包括至少一种其他组分的组合物中。

65. 一种方法，该方法在按照权利要求 51 ~ 53 中任一项鉴别能够在植物中刺激防御反应的化合物后，将所述化合物应用于植物，或可选地如果所述化合物为肽基化合物，则将编码它的核酸应用于植物。

66. 由按照权利要求 1 ~ 14 中任一项的多核苷酸编码的多肽的用途，即用于筛选能够在植物中刺激防御反应的化合物。

67. 由按照权利要求 15 ~ 20 中任一项的多核苷酸编码的多肽的用途，即用于筛选能够在植物中刺激防御反应的化合物。

68. 通过按照权利要求 58 ~ 63 中任一项的方法鉴别的能够在植物中刺激防御反应的化合物。”

申请人植物生物科学有限公司和基根奈公司（下称复审请求人）对上述驳回决定不服，于 2004 年 9 月 13 日向专利复审委员会提出复审请求，未提交任何修改文件。其复审理由是：本申请的说明书为技术人员教导了 mlo（突变型）的水稻、拟南芥和大麦同源物的序列，这些序列与大麦 Mlo 序列具有高度显著的序列同一性，而该 Mlo 基因未显示与各种数据库中任何已鉴定的植物或哺乳动物基因的序列有显著相似性，且 Mlo 推导氨基酸序列未揭示出与至今所描述的任何植物抗性基因有明显的同源性，Mlo 家庭成员相互之间显示出高水平的序列同一性，而与其他植物或哺乳动物序列仅显示低水平的同一性，据此本领域的技术人员可以合理地推测本说明书所鉴定的序列可起到与大麦 Mlo 相同的功能和具有相同的活性，本申请的说明书公开内容支持图 8 ~ 16 的序列具有作为大麦 mlo 的功能性同源物的活性，这些序列之间相对于其他序列具有更显著的相似性，所以无需额外实验。说明书已经对本发明作出清楚、完整的说明，本领域技术人员根据说明书和公知常识，能够实现本发明。

在形式审查合格后，专利复审委员受理了该复审请求，于 2004 年 10 月 8 日向复审请求人发出了《复审请求受理通知书》，同时将本申请案卷移送给原审查部门进行前置审查。

在《前置审查意见书》中，原审查部门坚持原驳回意见。

在此基础上，专利复审委员会依法成立合议组对本案进行审查，并于 2006 年 5 月 11 日发出《复审通知书》。本案合议组认为：（1）蛋白质一级序列高度同源并不必然导致经过折叠的蛋白质具有相同的功能；（2）自然界中尚未发现的基因序列还有很多，不能因为 Mlo 基因序列与已知基因序列的同源性低就认定 Mlo 的同源物与 Mlo 具有相同的功能；（3）仅根据同源性推测不能使本领域技术人员确信 Mlo 同源蛋白也具有野生型 Mlo 的功能。所以，本申请的说明书不符合专利法第 26 条第 3 款的规定。此外，根据原始 PCT 申请公开文本的记载以及本申请说明书附图以及权利要求书的记载，本申请说明书中记载的基因“Mol”和“mol”实际上分别应为“Mlo”和“mlo”。

针对《复审通知书》，复审请求人于 2006 年 6 月 26 日提交了意见陈述书及经修改的权利要求书第1 ~ 7 页和说明书第 1 ~ 4 页替换页，其中修改的权利要求书中删除了驳回决定所针对权利要求书中涉及图 8 ~ 16 序列的权利要求 5 ~ 13，并对权利要求编号进行适应性修改，修改的说明书第 1 ~ 4 页替换页中将驳回决定所针对说明书相应页上记载的“Mol”和“mol”分别修改为“Mlo”和“mlo”。复审请求人认为，修改后的权利要求书中不再要求保护图 8 ~ 16 中的序列，克服了说明书公开不充分的缺陷。

至此，合议组认为本案事实清楚，可以作出审查决定。

## 二、决定的理由

1. 审查决定依据的文本

本案中，复审请求人于 2006 年 6 月 26 日提交了修改的权利要求书第 1 ~ 7 页和说明书第 1 ~ 4 页替换页，上述替换页中修改的内容均未超出原说明书和权利要求书记载的范围，符合专利法第 33 条的规定，也是针对复审通知书指出缺陷进行的修改，符合专利法实施细则第60条第1款的规定，所以，本复审决定所针对的申请文本为：复审请求人于2006年6月26日提交的权利要求第1~59页和说明书第1~4页，本申请进入国家阶段时复审请求人提交的说明书第5~59、63~64页、附图第1~28页及摘要，复审请求人于1999年5月31日提交的说明书第60~62、65~70页。

2. 说明书公开的问题

专利法第26条第3款规定，说明书应当对发明或实用新型作出清楚、完整的说明，以所属技术领域的技术人员能够实现为准。

与实现发明的技术方案完全无关的内容，即使不清楚也不会影响所属领域实现该技术方案所限定的发明创造。

本案中，驳回决定认为说明书中对附图8~16所示序列的功能推测完全依赖于同源性比较，没有任何具体实验数据来验证这种推测，所以，附图8~16所示序列所支持的权利要求5~13记载的技术方案在说明书中没有充分公开。

合议组经审查认为：（1）蛋白质一级序列高度同源并不必然导致经过折叠的蛋白质具有相同的功能。例如，本申请中大麦野生型基因“Mlo”与其对应的突变型基因“mlo”具有高度同一性，但其功能不同。野生型不抗白粉病，而突变型对白粉病具有抗性。（2）复审请求人未能揭示所声称的Mlo同源蛋白与野生型Mlo具有相同的对Mlo功能起决定作用的结构域，因此，仅根据上述同源性推测并不能使本领域技术人员确信Mlo同源蛋白也具有野生型Mlo的功能。（3）自然界中尚未发现的基因序列有很多，不能因为Mlo基因序列与已知基因序列的同源性低就认定Mlo的同源物（本申请同源性在41％~66％）与Mlo具有相同的功能。（4）本申请图8~图16记载的具有显著同源性的异源序列是否具有与大麦“mlo”基因序列相同功能需要一定的实验数据来证明，但本申请说明书中只提供了与大麦“Mlo”基因序列或相应氨基酸序列具有较高同源性的异源相应序列（参见附图8~图16），没有给出实验数据来证明这些序列具有与大麦“mlo”基因序列相同的功能。

复审请求人于2006年6月26日提交了修改的权利要求书第1~7页，包括权利要求1~59项，其中删除了驳回决定所针对权利要求书中的权利要求5~13，也就是删除了驳回决定指出的公开不充分的水稻、拟南芥等植物的Mlo同源物多核苷酸相对应的权利要求5~13（见驳回决定所针对的权利要求书），修改后的权利要求1~59均不涉及说明书附图8~16所示序列表示的多核苷酸。所以，修改后的申请文件克服了驳回决定指出的缺陷。

基于上述理由，本案合议组作出如下审查决定。

**三、决定**

撤销国家知识产权局于2004年5月28日作出的驳回97198315.1号发明专利申请的决定，由原审查部门根据复审请求人于2006年6月26日提交的权利要求第1~59项和说明书第1~4页，本申请进入国家阶段时复审请求人提交的说明书第5~59、63、64页、附图第1~28页及摘要以及复审请求人于1999年5月31日提交的说明书第60~62、65~70页继续审查程序。

复审请求人对本决定不服的，可以根据专利法第41条第2款的规定，自收到本决定之日起三个月内向北京市第一中级人民法院起诉。

010

# 生产 L-赖氨酸的方法

## 复审请求审查决定（第10283号）

决 定 号 第10283号
决 定 日 2006年11月1日
发明创造名称 生产 L-赖氨酸的方法
国际分类号 C12N 15/09，C12N 15/31，C12P 13/08
复审请求人 味之素株式会社
申 请 号 97112960.6
优先权日 1996年6月5日
申 请 日 1997年6月5日
公 开 日 1998年1月28日
合议组组长 董 琤
主 审 员 李金光
参 审 员 祝海燕

法律依据 专利法第33条
决定要点

申请人可以对申请文件中存在的所属领域技术人员能够识别出的明显错误进行修改，如纠正语法错误、文字错误和打印错误，但对这些错误的修改必须是所属领域技术人员能从说明书的整体及上下文看出的唯一正确答案。

### 一、案由

本复审请求涉及1997年6月5日申请、1998年1月28日公开、名称为“生产 L-赖氨酸的方法”的97112960.6号发明专利申请（下称本申请），申请人是味之素株式会社，本申请的优先权日为1996年6月5日。

该申请原始权利要求书是：

“1. 能够在棒杆菌细胞中自主复制的重组 DNA，包括编码二氨基皮考啉酸脱羧酶的 DNA 顺序和编码二氨基皮考啉酸脱氢酶的 DNA 顺序。

2. 根据权利要求1的重组 DNA，其中表明了编码二氨基皮考啉酸脱羧酶的所述 DNA 顺序编码显示在顺序表的 SEQ ID NO：5 中的氨基酸顺序，或编码与显示在 SEQ ID NO：5 中的氨基酸顺序基本相同的氨基酸顺序。

3. 根据权利要求1的重组 DNA，其中表明了编码二氨基皮考啉酸脱氢酶的所述 DNA 顺序编码显示在顺序表的 SEQ ID NO：9 中的氨基酸顺序，或编码与 SEQ ID NO：9 中描述的氨基酸顺序基本相同的氨基酸顺序。

4. 棒杆菌，其中增强了编码二氨基皮考啉酸脱羧酶的所述 DNA 顺序和编码二氨基皮考啉酸脱氢酶的所述 DNA 顺序。

5. 根据权利要求 4 的棒杆菌，它是通过引入权利要求 1 中定义的重组 DNA 转化的。

6. 生产 L-赖氨酸的方法，包括在培养基上培养权利要求 4 定义的所述棒杆菌，在培养物中生产和积累 L-赖氨酸以及从培养物中收集 L-赖氨酸的步骤。

7. 生产 L-赖氨酸的方法，包括在培养基上培养权利要求 5 定义的所述棒杆菌，在培养物中生产和积累 L-赖氨酸以及从培养物中收集 L-赖氨酸的步骤。”

1999 年 5 月 31 日，申请人在提出实质审查请求的同时，提交了修改的说明书第 11、12、20 ~ 22、25 页替换页和权利要求书替换页。其中，分别将原始说明书相应记载的序列编号中的“17”改成“21”、“18”改成“22”、“19”改为“23”、“20”改为“24”、“21”改成“17”、“22”改成“18”、“23”改为“19”、“24”改为“20”；将原始权利要求 1 ~ 4 中记载的“二氨基皮考啉酸”改成“二氨庚二酸”。

国家知识产权局于 2003 年 6 月 27 日发出第一次审查意见通知书。该通知书指出申请人于 1999 年 5 月 31 日提交的说明书替换页中的序列代表的含义和原说明书不符，超出了原说明书和权利要求书记载的范围，不符合专利法第 33 条的规定。该通知书同时还指出了权利要求书中存在缺陷。

2003 年 11 月 10 日，申请人提交了意见陈述书，并提交了说明书第 2 页替换页和权利要求书替换页以及附件 1 ~ 9。在修改的申请文件中，申请人将原说明书第 2 页第 10、11 行记载的“脱氢”改为“脱羧”，将第 12 ~ 13 行记载的“脱羧”改为“脱氢”；在权利要求书中增加了权利要求 8。修改后的权利要求书如下：

“1. 能够在棒杆菌细胞中自主复制的重组 DNA，包括编码二氨庚二酸脱羧酶的 DNA 顺序和编码二氨庚二酸脱氢酶的 DNA 顺序。

2. 根据权利要求 1 的重组 DNA，其中表明了编码二氨庚二酸脱羧酶的所述 DNA 顺序编码显示在序列表的 SEQ ID NO：5 中的氨基酸顺序，或编码显示在 SEQ ID NO：5 的氨基酸顺序，其中一个或多个氨基酸经取代、缺失或插入。

3. 根据权利要求 1 的重组 DNA，其中表明了编码二氨庚二酸脱氢酶的所述 DNA 顺序编码显示在序列表的 SEQ ID NO：9 中的氨基酸顺序，或编码显示在 SEQ ID NO：9 的氨基酸顺序，其中一个或多个氨基酸经取代、缺失或插入。

4. 棒杆菌，其中增强了编码二氨庚二酸脱羧酶的所述 DNA 顺序和编码二氨庚二酸脱氢酶的所述 DNA 顺序。

5. 根据权利要求 4 的棒杆菌，它是通过引入权利要求 1 中定义的重组 DNA 转化的。

6. 生产 L-赖氨酸的方法，包括在培养基上培养权利要求 4 定义的所述棒杆菌，在培养物中生产和积累 L-赖氨酸以及从培养物中收集 L-赖氨酸的步骤。

7. 生产 L-赖氨酸的方法，包括在培养基上培养权利要求 5 定义的所述棒杆菌，在培养物中生产和积累 L-赖氨酸以及从培养物中收集 L-赖氨酸的步骤。

8. 一种棒杆菌，其中的一道编码二氨庚二酸脱羧酶的 DNA 顺序以及一道编码二氨庚二酸脱氢酶的 DNA 顺序是通过增加所述两道 DNA 顺序的拷贝数、通过使用强促进子，或其组合，而得到增强。”

附件 1 ~ 9 如下：

附件 1：Journal of Bacteriology，第 175 卷第 4 期，1993 年 2 月，第 1001 ~ 1007 页，复印件共

7 页；

附件2：爱尔兰专利IE912791，公开日1992年2月12日，复印件共46页；

附件3：日本专利JP03147791A摘要，公开日1991年6月24日，复印件共1页；

附件4：欧洲专利申请公开文件EP0584375A1，公开日1994年3月2日，复印件共28页；

附件5：美国专利US5380657A，公开日1995年1月10日，复印件共15页；

附件6：日本专利JP03147791A摘要，公开日1991年6月24日，复印件共1页；

附件7：申请人对本发明申请的专利性以及可接受性的技术意见原文，复印件共5页；

附件8：Nucleic Acids Research，第18卷第21期，1990年，第6421页，复印件共1页；

附件9：Journal of Bacteriology，第175卷第9期，1993年5月，第2743～2749页，复印件共7页。

在上述意见陈述书中，申请人认为：（1）本说明书中引用的附件8、9说明dapB和dapA是已知的，因此，本领域的普通技术人员能看到"SEQ ID NO：19"和"SEQ ID NO：23"、"SEQ ID NO：20"和"SEQ ID NO：24"、"SEQ ID NO：21和22"以及"SEQ ID NO：17和18"的描述均是不小心互换的，申请人对说明书所作的修改仅是纠正说明书中的明显错误，没有超越原说明书的范围；（2）附件1～6说明"促进DNA顺序的方法"是"本领域的普通技术人员所认识的"。

2004年9月17日，国家知识产权局针对该修改文本驳回了本申请，理由是说明书中记载的dapB和dapA的核苷酸引物序列"SEQ ID NO：21和22"以及"SEQ ID NO：17和18"是未知的，本领域人员不会想到这两组序列编号存在错误，因此对序列编号17～18、21～22的修改超出原申请公开的范围，本申请不符合专利法第33条的规定。

申请人味之素株式会社（下称复审请求人）对上述驳回决定不服，于2004年12月30日向专利复审委员会提出复审请求，并提交了附件10（编号顺延）：EMBL/GenBabk/DDBJ中涉及dapB和dapA基因的棒杆菌核苷酸序列（复印件共3页，该数据库中记载引用的文献为上述附件9，复审请求人在该复印件的序列中自标出dapB和dapA基因序列部分以及相应编号为17～18、21～22的序列）。但没有提交新修改的专利申请文件。复审请求人认为：说明书给出了具体序列17～18、21～22；现有技术附件10公开了dapB和dapA基因的棒杆菌核苷酸序列，且dapB和dapA基因各自前后具有与本申请序列17～18、21～22对应的序列；与序列21～22对应的序列为引物扩增出来的DNA片段是核苷酸1～1999，其只能包含dapB基因，而绝不可能是dapA基因；与序列17～18对应的序列为引物扩增出来的DNA片段是核苷酸2234～3572，其只能包含dapA基因，而不可能是dapB基因。所以序列17～18以及21～22是已知的，且这两组序列的错置对本领域的技术人员来说是显而易见的明显错误。

形式审查合格后，专利复审委员会受理了该复审请求，并于2005年4月8日向复审请求人发出《复审请求受理通知书》，同时将本申请案卷移交原实质审查部门进行前置审查。

原实质审查部门对本复审请求进行了前置审查后，坚持原驳回决定。

专利复审委员会组成合议组，对本案的复审请求进行了审理，并于2006年4月5日发出复审通知书。通知书指出：（1）序列编号修改前后说明书所给出的信息不同；（2）附件10不能证实dapA和dapB基因序列前后位置中与本申请编号17～18、21～22的序列对应的序列位置及其个数是唯一的；（3）不能排除以附件10中所示对应于序列21与17的序列为引物扩增dapB基因以及以所示对应于序列22与18的序列为引物扩增dapA基因的可能性。

2006年5月22日，复审请求人提交了针对上述复审通知书的意见陈述书，并提交了附件11：EMBL/GenBabk/DDBJ中涉及dapB和部分dapA基因的棒杆菌核苷酸序列（复印件共1页，原内容与附件 10 的第 2 页相同，复审请求人在该复印件的序列中自标出 dapB 和 dapA 基因序列部分以及相应编号为 17、21～22 的序列）。复审请求人认为：PCR 反应仅通过使用由 5' 和 3' 引物组成的引物对而发生，不能通过仅使用两个 5' 引物或两个 3' 引物而发生。SEQ ID NO：21 和 17 的引物是 5' 引物，它们分别与 dapB 和 dapA 基因的 5' 侧翼区相同；SEQ ID NO：22 和 18 的引物是 3' 引物，它们分别与 dapB 和 dapA 基因的 3' 侧翼区互补。所以，用 SEQ ID NO：21 和 17 的引物或者 SEQ ID NO：22 和 18 的引物不会发生 PCR。SEQ ID NO：21 和 17 的引物是基于相同 DNA 链，SEQ ID NO：22 和 18 的引物是基于相对（互补）DNA 链，由本申请之前已知的 dapB 和 dapA 基因序列制备。同时，包含 dapB 和 dapA 基因片段可通过 SEQ ID NO：21 和 18 扩增，而使用 SEQ ID NO：22 和 17 不能产生 PCR 反应，除 SEQ ID NO：21 和 22 配对以及 SEQ ID NO：17 和 18 配对外，没有其他的引物组合。因此，将 SEQ ID NO：21 和 22 修改为扩增 dapB 基因的引物，将 SEQ ID NO：17 和 18 修改为扩增 dapA 基因的引物，是本领域技术人员能够从原始公开文本中唯一正确地推断出的。所以，本申请中对序列编号的修改没有超出本申请原始公开的范围。

至此，合议组认为本案事实清楚，可以作出审查决定。

**二、决定的理由**

1. 审查文本

本审查决定所依据的审查文本是驳回决定所针对的申请文本。该审查文本包括：复审请求人于申请日提交的说明书第 1、3～10、13～19、23～24、26～63 页和附图第 1～14 页以及说明书摘要，1999 年 5 月 31 日提交的说明书第 11～12、20～22、25 页，2003 年 11 月 10 日提交的权利要求第 1～8 项以及说明书第 2 页。

2. 关于修改问题

专利法第 33 条规定：申请人可以对其专利申请文件进行修改，但是，对发明和实用新型专利申请文件的修改不得超出原说明书和权利要求书记载的范围。

根据该款规定，申请人可以对申请文件中存在的所属领域技术人员能够识别出的明显错误进行修改，如纠正语法错误、文字错误和打印错误，但对这些错误的修改必须是所属领域技术人员能从说明书的整体及上下文看出的唯一正确答案。

本案中，申请人将原始说明书相应记载的序列编号中的“17”改成“21”、“18”改成“22”、“19”改为“23”、“20”改为“24”、“21”改成“17”、“22”改成“18”、“23”改为“19”、“24”改为“20”。从修改前后给出的信息来看，原说明书中编号 19 的序列指具有 dapB 的 DNA 片段核苷酸序列及其推导的氨基酸序列，编号 20 的序列表示与编号 19 的序列对应的氨基酸序列，编号 17～18 的序列是指扩增 dapB 时所用引物；而编号 23 的序列指具有 dapA 的 DNA 片段核苷酸序列及其推导的氨基酸序列，编号 24 的序列表示与编号 23 的序列对应的氨基酸序列，编号 21～22 的序列是指扩增 dapA 时所用引物。修改后的说明书中编号 23 的序列指具有 dapB 的 DNA 片段核苷酸序列及其推导的氨基酸序列，编号 24 的序列表示与编号 23 的序列对应的氨基酸序列，编号 21～22 的序列是指扩增 dapB 时所用引物；而编号 19 的序列指具有 dapA 的 DNA 片段核苷酸序列及其推导的氨基酸序列，编号 20 的序列表示与编号 19 的序列对应的氨基酸序列，编号 17～18 的序列是指扩增 dapA 时所用引物。这说明上述序列编号修改前后说明书所给出的信息不同。虽然附件 9～11 可以证明 dapA 和 dapB 基因是已知技术，且附件 10～11 中所示 dapA 和 dapB 基因序列前后位置序列中存在与本申请编号 17～18、21～22 的序列对应的序列，但不能证明本申请编号 17～18、21～22 的序列是已知的，更不能证实附件 10～11 中所示 dapA 和 dapB 基因序列前后位置序列中与本申请编号 17～18、21～22 的序列对应的序列位置及其个数是唯一的。在附件 10～11 所示 dapB 基因序列前有几百个碱基对，dapA

和 dapB 基因序列之间有几百个碱基对，dapA 基因序列之后也有一百多个碱基对，由于在 dapA 和 dapB 基因序列前后及其之间的不同个数碱基序列均有可能作为引物序列，所属领域的技术人员根据本申请原始文件记载的整体内容以及已知的附件 9 ~ 11 无法确定对引物序列编号的这种修改是获得目的片段的唯一方式。由于引物的碱基数可以在一定范围内，即使所属领域的技术人员可能看出原始申请文件中的引物序列编号存在错误，且可能找到复审请求人在附件 10 ~ 11 中所标识编号的碱基序列，但这些序列碱基数与本申请序列相对应编号序列的碱基数不一致，如复审请求人在附件 11 中自标编号 17 的序列具有 20 个碱基对，即 GACGGAT CGCAAATGGC AAC，而本申请中序列编号为 17 的引物序列具有 23 个碱基对，即 GTCGACGGAT CGCAAATGGC AAC，再次说明本申请的修改并非是唯一确定的。

尽管复审请求人认为由本申请之前已知的 dapB 和 dapA 基因序列可以制备本申请的引物序列，且包含 dapB 和 dapA 基因片段可通过编号为 21 和 18 引物扩增，而使用编号为 22 和 17 的引物不能产生 PCR 反应。但是，利用已知的 dapB 和 dapA 基因序列可以制备本申请的引物序列以及通过本申请编号为 21 和 18 引物可以扩增包含 dapB 和 dapA 基因片段，都不能确定复审请求人对序列编号的修改是唯一正确的方式。

根据以上事实和理由，本案合议组作出如下审查决定。

**三、决定**

维持国家知识产权局于 2004 年 9 月 17 日对 97112960.6 号发明专利申请作出的驳回决定。

复审请求人对本决定不服的，可以根据专利法第 41 条第 2 款的规定，自收到本决定之日起三个月内向北京市第一中级人民法院起诉。

011

# 含有氨氯地平和阿多伐他丁的治疗组合物

## 复审请求审查决定（第10302号）

**决 定 号** 第10302号
**决 定 日** 2007年3月1日
**发明创造名称** 含有氨氯地平和阿多伐他丁的治疗组合物
**国际分类号** A61K 31/40
**复审请求人** 辉瑞产品公司
**申 请 号** 98808460.0
**申 请 日** 1998年8月11日
**公 开 日** 2000年9月27日
**合议组组长** 李 越
**主 审 员** 刘 犟
**参 审 员** 孙跃飞

**法律依据** 专利法第26条第3款
**决定要点**

根据专利法第26条第3款的规定，所属技术领域的技术人员能够实现，是指所属技术领域的技术人员按照说明书记载的内容，不需要创造性的劳动，就能够再现该发明或者实用新型的技术方案，解决其技术问题，并且产生预期的技术效果。如果说明书中给出了具体的技术方案，但未提供实验证据，而该方案又必须依赖实验结果加以证实才能实现，则该发明将由于缺乏解决技术问题的技术手段而被认为无法实现。

### 一、案由

本复审请求涉及辉瑞产品公司于1998年8月11日申请，2000年9月27日公开，名称为“含有氨氯地平和阿多伐他丁的治疗组合物”的98808460.0号发明专利申请（下称本申请）。

国家知识产权局于2003年9月12日发出第一次审查意见通知书，指出了本申请存在的一些缺陷，其中包括由于本申请说明书未给出任何具体药效学实验的数据结果，仅根据说明书的记载，难以预见到本发明的技术方案能解决所述的技术问题，并能达到相应的技术效果，因此本申请的说明书未充分公开，不符合专利法第26条第3款的规定。

申请人于2004年3月26日提交了意见陈述及经修改权利要求书替换页，并提交了“SYNERGISTIC EFFECT OF THE COMBINATION OF AMLODIPINE AND ATORVASTATIN ON NITRIC

OXIDE STIMULATION ”的外文资料复印件共15页（下称证据1），以证明氨氯地平与阿多伐他丁的组合物在治疗心血管疾病方面具有极大的协同作用，因此认为本申请符合专利法第26条第3款的规定。

国家知识产权局于2004年7月2日驳回了该申请，理由是本领域技术人员在说明书中未能提供令人信服的有确定药理学依据的实验数据的情况下，仅根据说明书记载的内容，并结合本技术领域的现有技术，如不经创造性劳动，显然难以证明本发明的技术方案能够实施并达到所述的技术效果，因此，本发明的技术方案需要提供充分的有药理学依据的定性或定量的实验数据以证明该方案的可实施性的，所以本申请说明书不符合专利法第26条第3款的规定。

辉瑞产品公司（下称复审请求人）对上述驳回决定不服，于2004年10月18日向专利复审委员会提出复审请求，复审请求人在提出复审请求时没有提交专利申请文本替换页，但是复审请求人再次提交了证据1。复审请求人认为，本领域技术人员按照本申请说明书的教导不需要花费创造性的劳动就可以实施本发明并达到相应的技术效果，因此国家知识产权局驳回的理由不成立。复审请求人于2004年10月26日提交了证据1的中文译文共10页。

形式审查合格后，专利复审委员会受理了该复审请求，并于2004年11月10日向复审请求人发出《复审请求受理通知书》，随后将本申请移交国家知识产权局原审查部门进行前置审查。

国家知识产权局原审查部门对本复审请求进行了前置审查，坚持驳回决定。

专利复审委员会组成合议组，对本案的复审请求进行了审理。本案合议组于2005年10月14日向复审请求人发出《复审通知书》。《复审通知书》指出，本发明要求保护的是含氨氯地平和阿多伐他丁的加合和协同组合物，说明书中未公开证实其具有所述用途的实验数据，而所属领域普通技术人员需要花费创造性的劳动才能再现该发明，因此本申请的说明书不符合专利法第26条第3款的规定。同时合议组还指出，对于复审请求人提供的证据1所记载的协同效果数据，该数据既不属于现有技术，也不是说明书中公开的内容，本领域普通技术人员不能够从说明书出发而推测出这个协同效果数据，其不能证明在申请日时本申请已经清楚、完整地公开了发明。

针对《复审通知书》指出的问题，复审请求人于2005年11月29日提交了意见陈述书及经修改的权利要求书，坚持认为，其在答复第一次审查意见通知书及提出复审请求时所提供的证据1可以证明氨氯地平与阿多伐他丁的组合物在治疗心血管疾病方面具有极大的协同作用，因此本说明书公开充分，符合专利法第26条第3款的规定。

至此，合议组认为本案事实清楚，可以作出审查决定。

**二、决定的理由**

1. 所针对的文本

本决定所针对的文本为：2005年11月29日所提交的权利要求1~30项、进入中国国家阶段时提交的国际申请文件的说明书第1~28页及说明书摘要。

2. 关于专利法第26条第3款的规定

专利法第26条第3款规定：说明书应当对发明或者实用新型作出清楚、完整的说明，以所属技术领域的技术人员能够实现为准；必要的时候，应当有附图。摘要应当简要说明发明或者实用新型的技术要点。

根据该款规定所属技术领域的技术人员能够实现，是指所属技术领域的技术人员按照说明书记载的内容，不需要创造性的劳动，就能够再现该发明或者实用新型的技术方案，解决其技术问题，并且产生预期的技术效果。如果说明书中给出了具体的技术方案，但未提供实验证据，而该方案又必须依赖实验结果加以证实才能实现，则该发明将由于缺乏解决技术问题的技术手段而被认为无法实现。

就本申请而言，本发明要求保护的是含氨氯地平和阿多伐他丁的加合和协同组合物，从本申请的说明书可以看出：氨氯地平或其可药用酸加成盐和阿多伐他丁或其可药用盐在本申请的申请日之前都是已知的化合物或其药用盐，并且这两个化合物或其药用盐可以用在哺乳动物身上以达到抗高血压降血脂、抗心绞痛、抗动脉粥样硬化和使患上不利心脏疾病危险的哺乳动物免于心脏病威胁的方面，本申请的发明点在于从已知可以治疗特定疾病的物质中筛选出特定物质的组合以在治疗上述疾病的方面产生加合和协同效应，也就是说只有这种特定物质的组合确实在治疗上述疾病方面产生加合和协同效应才能认为本发明能够实现。但是复审请求人在说明书中未公开任何一种具体组合物的加合和协同效果证据，而且也没有提及任何现有技术的理论可以证实这种加合和协同效果的存在，因此所属领域的技术人员根据说明书的描述和其技术知识，无法合理的得出本发明中组合物具有加合和协同药效的结论，更无法确定本发明在申请日时已经被完成而不仅仅是一种主观臆测。并且要筛选出在上述治疗用途上具有加合和协同作用的组合物是需要付出创造性劳动才能完成的，如果说明书中未公开证实其具有所述用途的实验证据，则所属领域普通技术人员需要花费创造性的劳动才能再现该发明，这样的发明显然没有清楚完整的公开。因此合议组认为本申请的说明书不符合专利法第26条第3款的规定。

复审请求人在意见陈述中认为现有技术中已经存在NO的检测及其在生物学中的作用，此外现有技术已经表明了氨氯地平能够恢复NO系统的正常功能，因此本领域技术人员可以了解氨氯地平对于NO产生的可能效果及其在氨氯地平对心绞痛的各种疗效中的作用。合议组认为现有技术只是表明了氨氯地平对于NO产生的可能效果及其在氨氯地平对心绞痛的各种疗效中的作用，然而现有技术并没有表明氨氯地平和阿多伐他丁的组合物对于NO能够产生的什么样优异效果，从而使得该组合物在治疗心绞痛等方面具有加合和协同作用。并且对于复审请求人提供的证据1所记载的协同效果数据而言，在该证据中以NO的量作为了成功参数，然而证据1中的数据既不属于现有技术，也不是说明书中公开的内容，本领域普通技术人员不能够从说明书出发而推测出这个协同数据，其不能证明在申请日时本申请已经清楚、完整地公开了发明。此外，尽管复审请求人在2005年11月29日提交的权利要求书中删除了部分权利要求，但是原已指出过的不符合专利法第26条第3款的缺陷依然存在。

根据以上事实和理由，本案合议组作出如下审查决定。

**三、决定**

维持国家知识产权局于2004年7月2日对98808460.0号发明专利申请作出的驳回决定。

复审请求人对本决定不服的，可以根据专利法第41条第2款的规定，自收到本决定之日起三个月内向北京市第一中级人民法院起诉。

012

# 血清白蛋白与干扰素的融合蛋白

## 复审请求审查决定（第10306号）

**决　定　号**　第10306号
**决　定　日**　2007年3月5日
**发明创造名称**　血清白蛋白与干扰素的融合蛋白
**国际分类号**　C07K 14/76，C07K 19/00，C12N 15/11，C12N 15/63
**复审请求人**　中国人民解放军军事医学科学院生物工程研究所
**申　请　号**　01124110.1
**申　请　日**　2001年8月10日
**公　布　日**　2003年3月26日
**合议组组长**　李人久
**主　审　员**　吴通义
**参　审　员**　祝海燕

**法律依据**　专利法第22条第3款
**决定要点**

如果发明的技术方案是其所属技术领域的技术人员在现有技术的基础上通过逻辑分析、推理或者有限的试验可以得到的，并且其效果也是能够预料得到的，则该发明不具备突出的实质性特点和显著的进步。

### 一、案由

本复审请求涉及2001年8月10日申请、2003年3月26日公开、名称为“血清白蛋白与干扰素的融合蛋白”的01124110.1号发明专利申请（下称本申请），本申请的申请人为中国人民解放军军事医学科学院生物工程研究所。

国家知识产权局于2004年8月6日以权利要求1～17不符合专利法第22条第3款的规定为由驳回了本申请，驳回决定所针对的权利要求书为：

“1. 血清白蛋白与干扰素的融合蛋白，它包括人血清白蛋白第一区和人干扰素第二区。

2. 根据权利要求1所述的血清白蛋白与干扰素的融合蛋白，其特征在于：所述人血清白蛋白第一区位于融合蛋白的N-端，所述人十扰素第二区位于融合蛋白的C-端。

3. 根据权利要求1所述的血清白蛋白与干扰素的融合蛋白，其特征在于：所述人干扰素第二区位于融合蛋白的N-端，所述人血清白蛋白第一区位于融合蛋白的C-端。

4. 根据权利要求1或2或3所述的血清白蛋白与干扰素的融合蛋白，其特征在于：所述人血清白蛋白第一区与人干扰素第二区之间设有连接肽，所述连接肽的通式是［GlyGlyGlyGly Ser］$_n$，n 为 1 ~10 的整数。

5. 根据权利要求 4 所述的血清白蛋白与干扰素的融合蛋白，其特征在于：所述 n 为 1 ~3 的整数。

6. 根据权利要求 1 或 2 或 3 所述的血清白蛋白与干扰素的融合蛋白，其特征在于：所述的干扰素为 IFNα。

7. 根据权利要求 6 所述的血清白蛋白与干扰素的融合蛋白，其特征在于：所述的干扰素为 IFNα2a。

8. 根据权利要求 6 所述的血清白蛋白与干扰素的融合蛋白，其特征在于：所述的干扰素为 IFNα1b。

9. 根据权利要求 6 所述的血清白蛋白与干扰素的融合蛋白，其特征在于：所述的干扰素为 IFNα2b。

10 根据权利要求 6 所述的血清白蛋白与干扰素的融合蛋白，其特征在于：所述的干扰素为 IFNαcon。

11. 根据权利要求 1 或 2 或 3 所述的血清白蛋白与干扰素的融合蛋白，其特征在于：所述的干扰素为 IFNβ。

12. 根据权利要求 1 或 2 或 3 所述的血清白蛋白与干扰素的融合蛋白，其特征在于：所述的干扰素为 IFNγ。

13. 编码权利要求 1 ~12 中任意一项限定的融合蛋白的 DNA 序列。

14. 含权利要求 13 所述的 DNA 的细菌、酵母、动物细胞、植物细胞。

15. 根据权利要求 14 所述的细胞，其特征在于：所述细胞是酵母。

16. 根据权利要求 15 所述的细胞，其特征在于：所述细胞是毕赤酵母。

17. 根据权利要求 16 所述的细胞，其特征在于：所述毕赤酵母是毕赤酵母 GS115。”

驳回决定认为：对比文件 1（CN 1207131 A，公开日为 1999 年 2 月 3 日）公开了一种生长激素和血清白蛋白重组融合蛋白，所形成的融合蛋白较未融合的生长激素延长了半衰期（说明书第 8 页第 21 ~29 行），两个融合部分之间采用柔性接头肽［GlyGlyGlyGlySer］$_n$（实施例 7），列举了可用于表达融合蛋白的宿主酵母示范属包括毕赤酵母属（说明书第 12 页第 4 段）。对比文件 2（US 5908626 A，公开日为 1999 年 6 月 1 日）公开含有人干扰素 β 和人免疫球蛋白 Fc 片段的杂交重组蛋白，其相对于未融合的干扰素 β 延长了半衰期（摘要，说明书第 2 栏第 21 ~23 行、第 65 行到第 3 栏第 4 行）。对比文件 2 给出干扰素通过形成融合蛋白的方法来延长半衰期的教导，而免疫球蛋白 Fc 片段或血清白蛋白是本领域中公知的融合组分，具有稳定其他蛋白组分和延长其他蛋白半衰期的作用，由此得出用血清白蛋白替代对比文件 2 的重组蛋白中的免疫球蛋白融合部分的技术方案是本领域技术人员容易想到的，而且本申请获得的结果与在对比文件 1 和 2 的基础上可预知的结果一致，因此，权利要求 1 的技术方案不具有创造性，不符合专利法第 22 条第 3 款规定。在对比文件 1 和 2 的基础上，本领域技术人员不需要付出创造性劳动就能进一步获得权利要求 2 ~17 的技术方案，而且没有产生任何意想不到的技术效果，权利要求 2 ~17 不符合专利法第 22 条第 3 款规定。

中国人民解放军军事医学科学院生物工程研究所（下称复审请求人）对上述驳回决定不服，于 2004 年 11 月 18 日向专利复审委员会提出复审请求，复审请求人在提出复审请求时没有提交新修改的申请文本。复审请求人认为：（1）具有生物活性和应用价值的融合蛋白的获得不是两个已知蛋白的简单加和和拼凑，涉及两部分的 2、3 级结构、肽折叠、二硫键形成等过程的相互影响；（2）没有任何文章论述血清白蛋白可以与人免疫球蛋白 Fc 完全取代；(3) 对一种蛋白可行的融合方式不一定适合于另一种蛋白；(4) 在对比文件 1 和 2 的基础上，本领域技术人员不能显而易见地获得本发明的技术方案。

形式审查合格后，专利复审委员会受理了该复审请求，并于 2005 年 2 月 17 日向复审请求人发出《复审请求受理通知书》，随后将本申请移交原审查部门进行前置审查。

原审查部门对本复审请求进行了前置审查，坚持原驳回决定。

专利复审委员会组成合议组，对本案的复审请求进行了审理。于 2006 年 3 月 7 日向复审请求人发出《复审通知书》。《复审通知书》指出：

(1) 复审请求人于 2004 年 6 月 14 提交的说明书第 3 页的最后一行与原说明书第 4 页第 1 行重复，易造成误解和语义混乱，不符合专利法实施细则第 18 条第 3 款的规定。

(2) 权利要求 1 ~ 17 不符合专利法第 22 条第 3 款的规定。对比文件 2 公开由人干扰素 β 和人免疫球蛋白 Fc 片段组成的重组蛋白，该重组蛋白的体内半衰期比天然的干扰素长（参见对比文件 2 的摘要、说明书第 2 栏第 65 行到第 3 栏第 4 行）。权利要求 1 与对比文件 2 公开的技术方案的区别在于：权利要求 1 的融合蛋白通过用人血清白蛋白来稳定人干扰素，而对比文件 2 的融合蛋白用人免疫球蛋白 Fc 片段来稳定人干扰素。对比文件 1 公开了由人生长激素和人血清白蛋白组成的重组融合蛋白，该融合蛋白的半衰期比未融合的人生长激素长（参见对比文件 1 说明书第 2 页第 21 ~ 29 行、实施例 3 和图 12）。而且人血清白蛋白在对比文件 1 中所起的作用及其在本发明中所起作用，以及人免疫球蛋白 Fc 片段在对比文件 2 中所起的作用是相同的。对于本领域技术人员来说，在对比文件 1 和 2 公开内容的基础上，通过简单逻辑分析、推理便可知晓可采用将人干扰素与人血清白蛋白融合的方法来解决本发明中人干扰素半衰期短的技术问题，而且本领域技术人员采用本领域常用技术手段，通过有限的试验便可以得到权利要求 1 的融合蛋白，权利要求 1 的技术方案是显而易见的，其技术效果可以预见，权利要求 1 不符合专利法第 22 条第 3 款的规定。权利要求 2 ~ 17 相对于对比文件 1 和 2 公开的内容也不具有创造性。

针对《复审通知书》指出的问题，复审请求人于 2006 年 5 月 26 日提交了《意见陈述书》及修改后的说明书第 3 页。复审请求人在《意见陈述书》中依然坚持本申请的技术方案相对于对比文件 1 和 2 具备创造性的观点。

至此，合议组认为本案事实清楚，可以作出审查决定。

**二、决定的理由**

1. 决定针对的文本

本复审请求审查决定是在复审请求人于申请日提交的说明书第 1、4 ~ 13 页，附图第 1 ~ 3、5 ~ 6 页，于 2001 年 10 月 19 日提交的附图第 4 页，2004 年 6 月 14 提交的权利要求第 1 ~ 17 项、说明书第 2 页和说明书摘要，以及于 2006 年 5 月 26 日提交的说明书第 3 页的基础上作出的。

2. 专利法第 22 条第 3 款

专利法第 22 条第 3 款规定：创造性，是指同申请日以前已有的技术相比，该发明有突出的实质性特点和显著的进步，该实用新型有实质性特点和进步。

根据该款规定，如果发明的技术方案是其所属技术领域的技术人员在现有技术的基础上通过逻辑分析、推理或者有限的试验可以得到的，并且其效果也是能够预料得到的，则该发明不具备突出的实质性特点和显著的进步。

(1) 关于权利要求 1。

权利要求 1 要求保护一种血清白蛋白和干扰素组成的融合蛋白，它包括人血清白蛋白第一区和人干扰素第二区。

对比文件2公开了一种由人干扰素β和人免疫球蛋白Fc片段组成的重组蛋白，该重组蛋白相对于天然的人干扰素β而言，其半衰期延长了（参见对比文件2的摘要、说明书第2栏第65行到第3栏第4行）。

权利要求1与对比文件2公开的技术方案的区别特征在于：权利要求1的融合蛋白通过用人血清白蛋白来稳定人干扰素，而对比文件2的融合蛋白通过用人免疫球蛋白Fc片段来稳定人干扰素。相对于对比文件2公开的内容，本发明要解决的技术问题是用其他融合组分替代人免疫球蛋白Fc片段，生成含有人干扰素的融合蛋白，达到延长人干扰素的半衰期的目的。

对比文件1公开了由人生长激素和人血清白蛋白组成的重组融合蛋白，该融合蛋白较未融合的人生长激素延长了半衰期（参见对比文件1说明书第2页第21~29行、实施例3和图12）。即对比文件1教导了人血清白蛋白可以作为融合蛋白的组分，用于延长其他活性蛋白（如细胞因子人生长激素）的半衰期。本领域技术人员已经知晓：人干扰素（166个氨基酸）和人生长激素（191个氨基酸）都属于小分子的细胞因子，都存在半衰期短的问题；并且都可以通过制备含有这些细胞因子的融合蛋白来延长这些细胞因子的半衰期（参见对比文件1第1~2页和对比文件2第1栏第41~50行）；而且人血清白蛋白在对比文件1中所起的作用及其在本发明中所起作用，以及人免疫球蛋白Fc片段在对比文件2中所起的作用是相同的，都是作为一种融合组分与细胞因子融合，增大包含细胞因子的融合蛋白的分子量，从而延长这些细胞因子的半衰期。显然，在制备人干扰素融合蛋白来延长人干扰素半衰期时，本领域技术人员会知晓可以使用对比文件1教导的人血清白蛋白作为人干扰素的融合组分。

对于本领域技术人员来说，在对比文件1和2公开内容的基础上，通过简单逻辑分析、推理便可知晓，由于人血清白蛋白和人免疫球蛋白Fc片段均具有延长小分子物质半衰期的作用，从而可以容易地想到采用人血清白蛋白替代人免疫球蛋白Fc片段，将人干扰素与人血清白蛋白融合的方法来解决本发明中人干扰素半衰期短的技术问题，而且本领域技术人员采用本领域常用技术手段，通过有限的试验便可以得到的权利要求1的融合蛋白，权利要求1的技术方案是显而易见的，其技术效果可以预见。

复审请求人在答复复审通知书时认为：①对比文件2记载的干扰素与Fc片段融合而延长干扰素的半衰期、半衰期延长与其分子量增加而不易被血管滤过相关只是发明人的猜测，缺乏实验数据的支持，对比文件2公开不充分，不能作为对比文件。②抗体Fc片段与血清白蛋白是两种完全不同的蛋白，其性质、对与其融合蛋白的作用方式和机理以及制备工艺都有本质的区别，不能够随意置换和替代。③分子量大与半衰期长并不一定相关，并不是找到了大分子载体就可以解决半衰期短的问题，而且大分子蛋白数量巨大，从中找到并确定为血清白蛋白就具有创造性。④融合蛋白的获得不是简单将两种已知蛋白连接，根据HAS融合延长生长激素的半衰期，不能简单推论出HAS融合也可以延长其他因子的半衰期，从Fc融合可以延长一种蛋白（如CD4）的半衰期不能由此简单推断Fc与其他蛋白融合也可以延长其半衰期。复审请求人列举了数份涉及包含HAS或Fc的融合蛋白的专利申请获得专利权，而在此之前已经有大量文献报道了HAS或Fc的融合可以延长被融合的蛋白质的半衰期。⑤本发明通过HAS融合显著延长干扰素在体内的半衰期，具有显著进步。对此，合议组认为：

首先，对比文件2属于本申请申请日前公开的现有技术，其记载了具体的技术方案、发明效果以及发明效果的评价方法，在没有证据予以反驳的情况下，其内容和结论对于本领域技术人员而言是可信的，可以作为本申请的对比文件使用。

其次，对比文件1和2（参见对比文件1第1~2页和对比文件2第1栏第41~50行）教导了如下内容：人干扰素（166个氨基酸）和人生长激素（191个氨基酸）都属于小分子的细胞因子，都存在半衰期短的问题；而且申请日之前本领域技术人员知晓，人免疫球蛋白 Fc 片段和人血清白蛋白可以作为蛋白质融合的载体蛋白，通过蛋白质融合增大融合蛋白的分子量，从而使得被融合的活性蛋白（如细胞因子）延长了半衰期，人血清白蛋白是蛋白质融合中的常用载体。复审请求人在意见陈述书中列举的大量文献也进一步佐证了这些事实（参见复审请求人于 2006 年 5 月 26 日提交意见陈述书第 3 页第 17 行到第 4 页第 13 行），也即在申请日之前，本领域技术人员熟知人免疫球蛋白 Fc 片段和人血清白蛋白作为蛋白质融合的常用载体蛋白，被用于延长活性蛋白（如细胞因子）的半衰期，并且本领域技术人员熟知用人免疫球蛋白 Fc 片段和人血清白蛋白作为载体蛋白来制备融合蛋白。因此，既便如复审请求人提出人免疫球蛋白 Fc 片段和人血清白蛋白之间存在差异，其对融合蛋白的作用方式可能不同，但是无论人免疫球蛋白 Fc 片段和人血清白蛋白是如何使融合蛋白的分子量增加，甚至无论它们如何使得融合蛋白的半衰期延长，本领域技术人员在解决小分子蛋白人干扰素半衰期短的问题时，显然会将人干扰素与人血清白蛋白融合作为一种选择手段，也即在对比文件 1 和 2 公开内容的基础上，本领域技术人员得到权利要求 1 的技术方案是显而易见的。

最后，至于复审请求人强调的本发明的融合蛋白可以在酵母中表达且显著延长人干扰素在体内的半衰期从而具有显著进步的问题。合议组认为：使用人血清白蛋白作为载体蛋白构建的融合蛋白可以在酵母中表达，并且该融合蛋白的半衰期延长已经在对比文件 1 中公开（参见对比文件 1 第 6 页第 17 ~ 31 行、第 1 ~ 2 页），而本发明的人血清白蛋白与人干扰素的融合蛋白的半衰期延长的技术效果也是本领域技术人员可以预见的。

因此，相对于对比文件 1 和 2 公开的内容，权利要求 1 不具有突出的实质性特点和显著进步，不符合专利法第 22 条第 3 款的规定。

（2）关于权利要求 2 ~ 17。

权利要求 2 和 3 对权利要求 1 的融合蛋白中的人血清白蛋白与人干扰素的连接顺序进行限定；权利要求 6 ~ 12 对权利要求 1 的融合蛋白中的人干扰素进行限定，所限定的人干扰素是本领域已知的干扰素。由于人血清白蛋白与人干扰素都是氨基酸序列已知的多肽，而制备两种已知多肽的融合蛋白的方法属于本领域常规技术（参见本申请说明书第 6 ~ 7 页）；而且复审请求人的意见陈述进一步说明在申请日之前使用人血清白蛋白作为载体蛋白来制备融合蛋白是本领域广泛使用的技术手段（参见复审请求人于 2006 年 5 月 26 日提交意见陈述书第 3 页第 17 行到第 4 页第 13 行）。因此，所属技术领域的技术人员结合对比文件 1 和 2 公开的内容以及本领域常规技术，得到权利要求 2 ~ 3 和 6 ~ 12 的融合蛋白是显而易见的。

权利要求 4 限定权利要求 1 的融合蛋白在人血清白蛋白和人干扰素之间具有连接肽［GlyGlyGlyGlySer］$_n$，n 为 1 ~ 10 的整数；权利要求 5 限定所述 n 为 1 ~ 3。对比文件 1 还公开了人血清白蛋白与人生长激素之间存在柔性接头［GlyGlyGlyGlySer］$_n$，n 为 2 或 3（参见对比文件 1 实施例 7）。在对比文件 1 和 2 的基础上，获得插入了权利要求 4 和 5 所述的连接肽的人血清白蛋白与人干扰素的融合蛋白是显而易见的。

权利要求 13 要求保护编码权利要求 1 的融合蛋白的 DNA 序列，权利要求 14 ~ 17 要求保护含有权利要求 13 的 DNA 序列的细胞。对比文件 1 和 2 公开的内容已经启示了将人血清白蛋白与人干扰素融合来解决本发明技术问题。而人血清白蛋白与人干扰素都是氨基酸序列已知的多肽，权利要求 14 ~ 17 涉及的细胞也是本领域可获得的，而且制备编码权利要求 1 的融合蛋白的 DNA 序列的方法和含有该 DNA 序列的细胞属于本领域常规技术。所属技术领域的技术人员结合对比文件 1 和 2 以及本领域常规技术，得到权利要求 13 的 DNA 序列和权利要求 14 ~ 17 的细胞是显而易见的。

因此，权利要求 2 ~ 17 不符合专利法第 22 条第 3 款的规定。

根据以上事实和理由，本案合议组作出如下审查决定。

**三、决定**

维持国家知识产权局于2004年8月6日对01124110.1号发明专利申请作出的驳回决定。

复审请求人对本决定不服的，可以根据专利法第41条第2款的规定，自收到本决定之日起三个月内向北京市第一中级人民法院起诉。

# 北京市第一中级人民法院
# 行政判决书

（2007）一中行初字第926号

原告中国人民解放军军事医学科学院生物工程研究所，住所地北京市丰台区丰台东大街20号。

法定代表人陈惠鹏，所长。

委托代理人张广育，男，北京北翔知识产权代理有限公司专利代理人。

委托代理人于志红，北京市金诚同达律师事务所律师。

被告国家知识产权局专利复审委员会，住所地北京市海淀区北四环西路9号银谷大厦10～12层。

法定代表人廖涛，副主任。

委托代理人吴通义，男，国家知识产权局专利复审委员会审查员。

委托代理人刘妍，女，国家知识产权局专利复审委员会审查员。

原告中国人民解放军军事医学科学院生物工程研究所不服被告国家知识产权局专利复审委员会于2007年3月5日作出的第10306号复审请求审查决定（以下简称被诉决定），向本院提起行政诉讼。本院受理后，依法组成合议庭，于2007年9月6日公开开庭审理了本案，原告的委托代理人张广育、于志红及被告的委托代理人吴通义、刘妍到庭参加了诉讼。本案现已审理终结。

2007年3月5日，被告针对原告就名称为"血清白蛋白与干扰素的融合蛋白"第01124110.1号发明专利申请（以下简称本申请）提出的复审请求，认定本申请权利要求1～17均不符合《中华人民共和国专利法》（以下简称《专利法》）第二十二条第三款关于创造性的规定，故决定维持国家知识产权局（以下简称国知局）于2004年8月6日对本申请作出的驳回决定（以下简称驳回决定）。

在法定期限内，被告向本院提交了下列证据：（1）本申请公开文本；（2）被告于2006年3月7日向原告寄送的复审通知书；（3）原告于2006年5月26日提交的意见陈述书；（4）复审通知书和被诉决定引用的CN1207131A，公开日为1999年2月3日（以下简称对比文件1）；（5）复审通知书和被诉决定引用的US 5908626 A，公开日为1999年6月1日（以下简称对比文件2）。前述证据用以证明被诉决定认定事实清楚，适用法律正确，程序合法。

原告诉称：被诉决定的作出违反法律规定，事实认定错误。第一，被诉决定违反了《审查指南》第四部分第一章第6.2节之（5）的相关规定：对于决定的结论对其不利的当事人的全部理由、证据和主要观点应当进行具体分析，阐明其理由不成立、观点不被采纳的原因。针对本申请的创造性，被告在其复审通知书中认定，对于半衰期短的细胞因子，"在现有技术中，通常可以通过蛋白质融合方法来制备含有这些细胞因子的融合蛋白，融合蛋白的分子量较大，从而延长细胞因子的半衰期"。针对被告的这一认定，原告在2006年5月22日的意见陈述书中指出，在本技术领域中，蛋白质的分子量与其半衰期之间存在必然联系，即蛋白质的分子量大并不一定其半衰期长；原告为此还举出了实例。但被诉决定对于原告的上述意见并未给予任何评述。第二，被诉决定关于"在现有技术中，通常可以通过蛋白质融合方法来制备含有这些细胞因子的融合蛋白，融合蛋白的分子量较大，从而延长细胞因子的半衰期"的认定，缺乏证据支持。事实上，迄今为止，本领域尚未明确含有细胞因子的融合蛋白的半衰期的延长是由于融合蛋白的分子量大所致，2001年刊载在《美国国家科学院院刊》第1212～1217页的文章等相关证据也可以证明被诉决定对此方面的认定缺乏证据支持。第三，被诉决定认为本申请所要解决的技术问题是"用其他融合组成代替人免疫球蛋白Fc片段，生成含有人干扰素的融合蛋白，达到延长人干扰素的半衰期的目的”错误，本申请实际解决的技术问题应当是在延长干扰素半衰期的同时，减少对于干扰素活性的影响。第四，对比文件1中确实公开了白蛋白与生长激素的融合蛋白，并且，该融合蛋白的半衰期较生长激素长。但是，本领域技术人员都清楚，并不能由一种蛋白（对比文件1中为生长激素）与白蛋白融合后使得该蛋白的半衰期延长，就得出白蛋白可以与其他任何蛋白融合并使其半衰期延长的结论。这主要是基于下述原因：生长激素与白蛋白融合后为何其半衰期可以得以延长，其机理迄今为止尚不清楚；蛋白质的种类繁多，其所具有的性质千差万别；两种蛋白质之间是否能够融合生成有生物活性的新的蛋白质，迄今为止尚无法预测。因此，根据对比文件1中关于白蛋白能够与生长激素融合的教导，本领域技术人员并不会认为白蛋白可以与其他任何蛋白融合，更不会认为白蛋白与任何其他蛋白融合都会获得具有生物活性的融合蛋白，也无法预测蛋白融合后半衰期是否较融合前延长。此外，血清白蛋白对于与其融合的蛋白的作用迄今为止尚无定论，我们提交的证据也可以表明，目前仍有相当多的蛋白质，由于其半衰期短而使其应用受到限制。因此，被诉决定关于“人血清蛋白可以作为融合蛋白的组分，用于延长其他活性蛋白（如细胞因子人生长激素）的半衰期”的认定显与事实不符。第五，本领域技术人员在面临本申请所要解决的技术问题时，基于对比文件2的教导及其所具有的常识并不能得到使用其他蛋白替换免疫球蛋白Fc片段可以解决这一问题的启示，即缺乏寻找新的与干扰因素融合的蛋白以解决该问题的动因。同时，由于免疫球蛋白与血清白蛋白生物活性的明显差异，在没有相应启示的情况下，本领域技术人员同样无法由对比文件1获得使用血清白蛋白代替免疫球蛋白的动因。本申请权利要求1相对于对比文件1~2具有创造性，在此前提下，其从属权利要求当然也具有创造性。综上，复审请求人民法院撤销被诉决定，并判令被告重新作出复审决定。在法定期限内，原告为支持自己的主张，向本院提交了下列证据：(1) 本申请的公开文本；(2) 对比文件1；(3) 对比文件2；(4) 被告于2006年3月7日发出的复审通知书；(5) 原告于2006年5月22日提交的意见陈述书；(6) ［美］R. J. Y. M. 吉巴尔地主编，王旻等译《生物技术与生物药物——蛋白质药物与基因药物》（化学工业出版社，现代生物技术与医药科技出版中心出版发行，2006年1月第1版）。

被告辩称：第一，原告随起诉状提交的证据7~12及相关译文在本申请的实质审查阶段和复审阶段均未提供，因此，法院不应予以考虑。第二，复审通知书中明确写明“在现有技术中，通常可以通过蛋白质融合方法来制备含有这些细胞因子的融合蛋白，融合蛋白的分子量较大，从而延长细胞因子的半衰期”，说明的是本领域技术人员知晓可以通过增大分子量的方式来延长细胞因子的半衰期，而原告在其意见陈述书中提出的“蛋白质的分子量大并不一定其半衰期长”的主张及其给出的组织纤维溶酶原激活剂的例子明显不是针对复审通知书的反驳，与本申请相对于对比文件1~2是否具备创造性的争议无关。因此，原告认为被诉决定违反了《审查指南》第四部分第一章第6.2节的有关规定的主张缺乏事实依据；被诉决定依据对比文件1~2，详尽阐述了本申请不具备创造性的理由。第三，人干扰素（166个氨基酸）和人生长激素（191个氨基酸）都属于小分子的细胞因子，都存在半衰期短的问题；通过蛋白质融合增大融合蛋白的分子量，可以使得被融合的活性蛋白（如细胞因子）延长了半衰期，本领域技术人员知晓，人血清白蛋白是蛋白质融合中的常用载体。在对比文件2公开了一种由人干扰素β和人免疫球蛋白Fc片段组成的重组蛋白，该重组蛋白相对于天然的人干扰素β而言，在其半衰期延长了的基础上，本申请要解决的技术问题是用其他融合组分替代人免疫球蛋白Fc片段，生成含有人干扰素的融合蛋白，达到延长人干扰素的半衰期的目的。而本领域技术人员在解决小分子蛋白人干扰素半衰期短的问题时，显然会将人干扰素与人血清蛋白融合作为一种选择手段，也即在对比文件1和2公开内容的基础上，本领域技术人员得到权利要求1的技术方案是显而易见的。本申请的人血清蛋白与人干扰素的融合蛋白的半衰期延长的技术效果也是本领域技术人员可以预见的。故，被诉决定认定事实清楚，说明理由充分，审理程序合法，适用法律正确，复审请求人民法院驳回原告的诉讼请求，维持被诉决定。

经庭审质证，原告对被告证据的真实性无异议，但认为不能证明被诉决定合法。被告认为原告的证据6未在行政阶段提交，与本案无关，且该证据的公开时间晚于本申请申请日，无法作为本申请公开日前的公知常识证据；被告对于原告的其他证据的真实性无异议。本院经审查认为，原告的证据6未在行政阶段提交，且无正当理由，本院不予接纳；原告的其他证据以及被告的所有证据均与本案有关联，且合法、真实，本院均予确认。

根据上述有效证据及各方当事人无争议的陈述，本院认定事实如下：

本申请系2001年8月10日申请、2003年3月26日公开，申请人为本案原告。

2004年8月6日，国知局以权利要求1～17不符合《专利法》第二十二条第三款的规定为由驳回了本申请，驳回决定所针对的权利要求书为：

"1. 血清白蛋白与干扰素的融合蛋白，它包括人血清白蛋白第一区和人干扰素第二区。

2. 根据权利要求1所述的血清白蛋白与干扰素的融合蛋白，其特征在于：所述人血清白蛋白第一区位于融合蛋白的N-端，所述人干扰素第二区位于融合蛋白的C-端。

3. 根据权利要求1所述的血清白蛋白与干扰素的融合蛋白，其特征在于：所述人干扰素第二区位于融合蛋白的N-端，所述人血清白蛋白第一区位于融合蛋白的C-端。

4. 根据权利要求1或2或3所述的血清白蛋白与干扰素的融合蛋白，其特征在于：所述人血清白蛋白第一区与人干扰素第二区之间设有连接肽，所述连接肽的通式是 $[GlyGlyGlyGly\ Ser]_n$，n为1～10的整数。

5. 根据权利要求4所述的血清白蛋白与干扰素的融合蛋白，其特征在于：所述n为1～3的整数。

6. 根据权利要求1或2或3所述的血清白蛋白与干扰素的融合蛋白，其特征在于：所述的干扰素为IFNα。

7. 根据权利要求6所述的血清白蛋白与干扰素的融合蛋白，其特征在于：所述的干扰素为IFNα2a。

8. 根据权利要求6所述的血清白蛋白与干扰素的融合蛋白，其特征在于：所述的干扰素为IFNα1b。

9. 根据权利要求6所述的血清白蛋白与干扰素的融合蛋白，其特征在于：所述的干扰素为IFNα2b。

10 根据权利要求6所述的血清白蛋白与干扰素的融合蛋白，其特征在于：所述的干扰素为IFNαcon。

11. 根据权利要求1或2或3所述的血清白蛋白与干扰素的融合蛋白，其特征在于：所述的干扰素为IFNβ。

12. 根据权利要求1或2或3所述的血清白蛋白与干扰素的融合蛋白，其特征在于：所述的干扰素为IFNγ。

13. 编码权利要求1～12中任意一项限定的融合蛋白的DNA序列。

14. 含权利要求13所述的DNA的细菌、酵母、动物细胞、植物细胞。

15. 根据权利要求14所述的细胞，其特征在于：所述细胞是酵母。

16. 根据权利要求15所述的细胞，其特征在于：所述细胞是毕赤酵母。

17. 根据权利要求16所述的细胞，其特征在于：所述毕赤酵母是毕赤酵母GS115。"

驳回决定认为：对比文件1公开了一种生长激素和血清白蛋白重组融合蛋白，所形成的融合蛋白较未融合的生长激素延长了半衰期（说明书第8页第21~29行），两个融合部分之间采用柔性接头肽[GlyGlyGlyGlySer]$_n$（实施例7），列举了可用于表达融合蛋白的宿主酵母示范属包括毕赤酵母属（说明书第12页第4段）。对比文件2公开含有人干扰素β和人免疫球蛋白Fc片段的杂交重组蛋白，其相对于未融合的干扰素β延长了半衰期（摘要，说明书第2栏第21~23行、第65行到第3栏第4行）。对比文件2给出干扰素通过形成融合蛋白的方法来延长半衰期的教导，而免疫球蛋白Fc片段或血清白蛋白是本领域中公知的融合组分，具有稳定其他蛋白组分和延长其他蛋白半衰期的作用，由此得出用血清白蛋白替代对比文件2的重组蛋白中的免疫球蛋白融合部分的技术方案是本领域技术人员容易想到的，而且本申请获得的结果与在对比文件1和2的基础上可预知的结果一致，因此，权利要求1的技术方案不符合《专利法》第二十二条第三款规定的创造性。在对比文件1和2的基础上，本领域技术人员不需要付出创造性劳动就能进一步获得权利要求2~17的技术方案，而且没有产生任何意想不到的技术效果，权利要求2~17不符合《专利法》第二十二条第三款的规定。

原告对上述驳回决定不服，于2004年11月18日向被告提出复审请求，且未提交新修改的申请文本。原告认为：（1）具有生物活性和应用价值的融合蛋白的获得不是两个已知蛋白的简单加和和拼凑，涉及两部分的2、3级结构、肽折叠、二硫键形成等过程的相互影响；（2）没有任何文章论述血清白蛋白可以与人免疫球蛋白Fc完全取代；（3）对一种蛋白可行的融合方式不一定适合于另一种蛋白；（4）在对比文件1和2的基础上，本领域技术人员不能显而易见地获得本申请的技术方案。

被告经形式审查合格后受理了该复审请求，并于2005年2月17日向原告发出《复审请求受理通知书》，随后将本申请移交原审查部门进行前置审查。原审查部门对本复审请求进行了前置审查，坚持原驳回决定。

被告经审查，于2006年3月7日向原告发出《复审通知书》指出：（1）原告于2004年6月14提交的说明书第3页的最后一行与原说明书第4页第1行重复，易造成误解和语义混乱，不符合《中华人民共和国专利法实施细则》（以下简称《专利法实施细则》）第十八条第三款的规定。（2）权利要求1~17不符合《专利法》第二十二条第三款的规定。对比文件2公开由人干扰素β和人免疫球蛋白Fc片段组成的重组蛋白，该重组蛋白的体内半衰期比天然的干扰素长（参见对比文件2的摘要、说明书第2栏第65行到第3栏第4行）。权利要求1与对比文件2公开的技术方案的区别在于：权利要求1的融合蛋白通过用人血清白蛋白来稳定人干扰素，而对比文件2的融合蛋白用人免疫球蛋白Fc片段来稳定人干扰素。对比文件1公开了由人生长激素和人血清白蛋白组成的重组融合蛋白，该融合蛋白的半衰期比未融合的人生长激素长（参见对比文件1说明书第2页第21~29行、实施例3和图12）。而且人血清白蛋白在对比文件1中所起的作用及其在本申请中所起作用，以及人免疫球蛋白Fc片段在对比文件2中所起的作用是相同的。对于本领域技术人员来说，在对比文件1和2公开内容的基础上，通过简单逻辑分析、推理便可知晓可采用将人干扰素与人血清白蛋白融合的方法来解决本申请中人干扰素半衰期短的技术问题，而且本领域技术人员采用本领域常用技术手段，通过有限的试验便可以得到权利要求1的融合蛋白，权利要求1的技术方案是显而易见的，其技术效果可以预见，权利要求1不符合《专利法》第二十二条第三款的规定；权利要求2~17相对于对比文件1和2公开的内容也不具有创造性。

针对《复审通知书》指出的问题，原告于2006年5月26日提交了《意见陈述书》及修改后的说明书第3页。原告在《意见陈述书》中依然坚持本申请的技术方案相对于对比文件1和2具备创造性的观点。

被告经审查认为：

1. 针对的文本。

本复审请求审查决定是在原告于申请日提交的说明书第1、4～13页，附图第1～3、5～6页，2001年10月19日提交的附图第4页，2004年6月14日提交的权利要求第1～17项，说明书第2页和说明书摘要，以及于2006年5月26日提交的说明书第3页的基础上作出的。

2.《专利法》第二十二条第三款

(1) 关于权利要求1。

权利要求1要求保护一种血清白蛋白和干扰素组成的融合蛋白，它包括人血清白蛋白第一区和人干扰素第二区。

对比文件2公开了一种由人干扰素β和人免疫球蛋白Fc片段组成的重组蛋白，该重组蛋白相对于天然的人干扰素β而言，其半衰期延长了（参见对比文件2的摘要、说明书第2栏第65行到第3栏第4行）。

权利要求1与对比文件2公开的技术方案的区别特征在于：权利要求1的融合蛋白通过用人血清白蛋白来稳定人干扰素，而对比文件2的融合蛋白通过用人免疫球蛋白Fc片段来稳定人干扰素。相对于对比文件2公开的内容，本申请要解决的技术问题是用其他融合组分替代人免疫球蛋白Fc片段，生成含有人干扰素的融合蛋白，达到延长人干扰素的半衰期的目的。

对比文件1公开了由人生长激素和人血清白蛋白组成的重组融合蛋白，该融合蛋白较未融合的人生长激素延长了半衰期（参见对比文件1说明书第2页第21～29行、实施例3和图12）。即对比文件1教导了人血清白蛋白可以作为融合蛋白的组分，用于延长其他活性蛋白（如细胞因子人生长激素）的半衰期。本领域技术人员已经知晓：人干扰素（166个氨基酸）和人生长激素（191个氨基酸）都属于小分子的细胞因子，都存在半衰期短的问题；并且都可以通过制备含有这些细胞因子的融合蛋白来延长这些细胞因子的半衰期（参见对比文件1第1～2页和对比文件2第1栏第41～50行），而且人血清白蛋白在对比文件1中所起的作用及其在本申请中所起作用，以及人免疫球蛋白Fc片段在对比文件2中所起的作用是相同的，都是作为一种融合组分与细胞因子融合，增大包含细胞因子的融合蛋白的分子量，从而延长这些细胞因子的半衰期。显然，在制备人干扰素融合蛋白来延长人干扰素半衰期时，本领域技术人员会知晓可以使用对比文件1教导的人血清白蛋白作为人干扰素的融合组分。

对于本领域技术人员来说，在对比文件1和2公开内容的基础上，通过简单逻辑分析、推理便可知晓，由于人血清白蛋白和人免疫球蛋白Fc片段均具有延长小分子物质半衰期的作用，从而可以容易地想到采用人血清白蛋白替代人免疫球蛋白Fc片段，将人干扰素与人血清白蛋白融合的方法来解决本申请中人干扰素半衰期短的技术问题，而且本领域技术人员采用本领域常用技术手段，通过有限的试验便可以得到的权利要求1的融合蛋白，权利要求1的技术方案是显而易见的，其技术效果可以预见。

原告在答复复审通知书时认为：①对比文件2记载的干扰素与Fc片段融合而延长干扰素的半衰期、半衰期延长与其分子量增加而不易被血管滤过相关只是发明人的猜测，缺乏实验数据的支持，对比文件2公开不充分，不能作为对比文件。②抗体Fc片段与血清白蛋白是两种完全不同的蛋白，其性质、对与其融合蛋白的作用方式和机理以及制备工艺都有本质的区别，不能够随意置换和替代。③分子量大与半衰期长并不一定相关，并不是找到了大分子载体就可以解决半衰期短的问题，而且大分子蛋白数量巨大，从中找到并确定为血清白蛋白就具有创造性。④融合蛋白的获得不是简单将两种已知蛋白连接，根据HAS融合延长生长激素的半衰期，不能简单推论出HAS融合也可以延长其他因子的半衰期，从Fc融合可以延长一种蛋白（如CD4）的半衰期不能由此简单推断Fc与其他蛋白融合也可以延长其半衰期。原告列举了数份涉及包含HAS或Fc的融合蛋白的专利申请获得专利权，而在此之前已经有大量文献报道了 HAS 或 Fc 的融合可以延长被融合的蛋白质的半衰期。⑤本申请通过 HAS 融合显著延长干扰素在体内的半衰期，具有显著进步。

对此被告认为：首先，对比文件 2 属于本申请申请日前公开的现有技术，其记载了具体的技术方案、发明效果以及发明效果的评价方法，在没有证据予以反驳的情况下，其内容和结论对于本领域技术人员而言是可信的，可以作为本申请的对比文件使用。其次，对比文件 1 和 2（参见对比文件 1 第 1～2 页和对比文件 2 第 1 栏第 41～50 行）教导了如下内容：人干扰素（166 个氨基酸）和人生长激素（191 个氨基酸）都属于小分子的细胞因子，都存在半衰期短的问题；而且申请日之前本领域技术人员知晓，人免疫球蛋白 Fc 片段和人血清白蛋白可以作为蛋白质融合的载体蛋白，通过蛋白质融合增大融合蛋白的分子量，从而使得被融合的活性蛋白（如细胞因子）延长了半衰期，人血清白蛋白是蛋白质融合中的常用载体。原告在意见陈述书中列举的大量文献也进一步佐证了这些事实（参见原告于 2006 年 5 月 26 日提交意见陈述书第 3 页第 17 行到第 4 页第 13 行），也即在申请日之前，本领域技术人员熟知人免疫球蛋白 Fc 片段和人血清白蛋白作为蛋白质融合的常用载体蛋白，被用于延长活性蛋白（如细胞因子）的半衰期，并且本领域技术人员熟知用人免疫球蛋白 Fc 片段和人血清白蛋白作为载体蛋白来制备融合蛋白。因此，即便如原告提出人免疫球蛋白 Fc 片段和人血清白蛋白之间存在差异，其对融合蛋白的作用方式可能不同，但是无论人免疫球蛋白 Fc 片段和人血清白蛋白是如何使融合蛋白的分子量增加，甚至无论它们如何使得融合蛋白的半衰期延长，本领域技术人员在解决小分子蛋白人干扰素半衰期短的问题时，显然会将人干扰素与人血清白蛋白融合作为一种选择手段，也即在对比文件 1 和 2 公开内容的基础上，本领域技术人员得到权利要求 1 的技术方案是显而易见的。最后，至于原告强调的本申请的融合蛋白可以在酵母中表达且显著延长人干扰素在体内的半衰期从而具有显著进步的问题。合议组认为：使用人血清白蛋白作为载体蛋白构建的融合蛋白可以在酵母中表达，并且该融合蛋白的半衰期延长已经在对比文件 1 中公开（参见对比文件 1 第 6 页第17～31 行、第 1～2 页），而本申请的人血清白蛋白与人干扰素的融合蛋白的半衰期延长的技术效果也是本领域技术人员可以预见的。因此，相对于对比文件 1 和 2 公开的内容，权利要求 1 不符合《专利法》第二十二条第三款的规定。

（2）关于权利要求 2～17。

权利要求 2 和 3 对权利要求 1 的融合蛋白中的人血清白蛋白与人干扰素的连接顺序进行限定；权利要求 6～12 对权利要求 1 的融合蛋白中的人干扰素进行限定，所限定的人干扰素是本领域已知的干扰素。由于人血清白蛋白与人干扰素都是氨基酸序列已知的多肽，而制备两种已知多肽的融合蛋白的方法属于本领域常规技术（参见本申请说明书第 6～7 页）；而且原告的意见陈述进一步说明在申请日之前使用人血清白蛋白作为载体蛋白来制备融合蛋白是本领域广泛使用的技术手段（参见原告于 2006 年 5 月 26 日提交意见陈述书第 3 页第 17 行到第 4 页第 13 行）。故，所属技术领域的技术人员结合对比文件 1 和 2 公开的内容以及本领域常规技术，得到权利要求 2～3 和 6～12 的融合蛋白是显而易见的。

权利要求 4 限定权利要求 1 的融合蛋白在人血清白蛋白和人干扰素之间具有连接肽 $[GlyGlyGlyGlySer]_n$，n 为 1～10 的整数；权利要求 5 限定所述 n 为 1～3。对比文件 1 还公开了人血清白蛋白与人生长激素之间存在柔性接头 $[GlyGlyGlyGlySer]_n$，n 为 2 或 3（参见对比文件 1 实施例 7）。在对比文件 1 和 2 的基础上，获得插入了权利要求 4 和 5 所述的连接肽的人血清白蛋白与人干扰素的融合蛋白是显而易见的。

权利要求 13 要求保护编码权利要求 1 的融合蛋白的 DNA 序列，权利要求 14～17 要求保护含有权利要求 13 的 DNA 序列的细胞。对比文件 1 和 2 公开的内容已经启示了将人血清白蛋白与人干扰素融合来解决本申请技术问题。而人血清白蛋白与人干扰素都是氨基酸序列已知的多肽，权利要求14～17涉及的细胞也是本领域可获得的，而且制备编码权利要求1的融合蛋白的DNA序列的方法和含有该DNA序列的细胞属于本领域常规技术。所中，属技术领域的技术人员结合对比文件1和2以及本领域常规技术，得到权利要求13的DNA序列和权利要求14～17的细胞是显而易见的。

因此，权利要求2～17也不符合《专利法》第二十二条第三款的规定。

在上述事实的基础上，被告作出被诉决定。原告不服，在法定期限内，向本院提起行政诉讼。

在庭审过程中，原告明确表示对于被诉决定的下列内容不持异议：被诉决定作出的行政程序；被诉决定中“案由”部分记载的内容；被诉决定确定的审查文本；被诉决定对于对比文件1～2公开内容的描述；假如本申请权利要求1不 具有创造性，则本申请权利要求2～17亦无创造性。

本院认为，对于被诉决定中原告不持异议的部分，本院经审查，对其合法性予以确认。在此基础上，本院将针对被诉决定的下列内容进行合法性审查：①被诉决定对于本申请权利要求1与对比文件2区别特征的总结及对本申请所要解决的技术问题的认定是否正确；②针对原告在2006年5月26日的意见陈述，被告是否依法进行了评述；③本申请权利要求1是否具有创造性。

首先，针对上述第一个问题，经审查，“延长人干扰素的半衰期”指的是人干扰素的半衰期延长处于相对稳定状态。因此，被诉决定在总结本申请权利要求1与对比文件2的区别特征时，认定“权利要求1的融合蛋白通过用人血清白蛋白来稳定人干扰素”正确，并未影响原告的合法权益。被告认定本申请权利要求1与对比文件2存在下述区别特征是正确的：权利要求1的融合蛋白通过用人血清白蛋白来稳定人干扰素，而对比文件2的融合蛋白通过用人免疫球蛋白Fc片段来稳定人干扰素。在将本申请权利要求1与对比文件2进行对比的情况下，被告关于“本申请要解决的技术问题是用其他融合组分替代人免疫球蛋白Fc片段，生成含有人干扰素的融合蛋白，达到延长人干扰素的半衰期的目的”的认定结论，亦是正确的。

其次，针对原告在2006年5月26日的意见陈述，被告是否依法进行了评述的问题。被告于2006年3月7日向原告发出的复审通知书中明确写明“在现有技术中，通常可以通过蛋白质融合方法来制备含有这些细胞因子的融合蛋白，融合蛋白的分子量较大，从而延长细胞因子的半衰期”，说明的是本领域技术人员知晓可以通过增大分子量的方式来延长细胞因子的半衰期。而原告在2006年5月26日的意见陈述书中提出的“蛋白质的分子量大并不一定其半衰期长”的主张及其给出的组织纤维溶酶原激活剂的例子并不是对复审通知书的反驳，与本申请相对于对比文件1～2是否具备创造性的争议无关。而且，被诉决定对于本申请权利要求1相对于对比文件1～2是否具有创造性的问题，已经阐述了自己的理由。因此，原告认为被诉决定违反了《审查指南》第四部分第一章第6.2节的有关规定的主张缺乏事实依据，本院不予支持。

最后，关于本申请权利要求1的创造性问题。从对比文件1公开的内容可知，对比文件1教导了人血清白蛋白可以作为融合蛋白的组分，用于延长其他活性蛋白（如细胞因子人生长激素）的半衰期。本领域技术人员已经知晓：人干扰素（166个氨基酸）和人生长激素（191个氨基酸）都属于小分子的细胞因子，都存在半衰期短的问题；并且都可以通过制备含有这些细胞因子的融合蛋白来延长这些细胞因子的半衰期。而且，人血清白蛋白在对比文件1中所起的作用及其在本申请中所起作用，以及人免疫球蛋白Fc片段在对比文件2中所起的作用是相同的，都是作为一种融合组分与细胞因子融合，增大包含细胞因子的融合蛋白的分子量，从而延长这些细胞因子的半衰期。显然，在制备人干扰素融合蛋白来延长人干扰素半衰期时，本领域技术人员会知晓可以使用对比文件1教导的人血清白蛋白作为人干扰素的融合组分。

对于本领域技术人员来说，在对比文件1和2公开内容的基础上，通过简单逻辑分析、推理便可知晓，由于人血清白蛋白和人免疫球蛋白 Fc 片段均具有延长小分子物质半衰期的作用，从而可以容易地想到采用人血清白蛋白替代人免疫球蛋白 Fc 片段，将人干扰素与人血清白蛋白融合的方法来解决本申请中人干扰素半衰期短的技术问题，而且本领域技术人员采用本领域常用技术手段，通过有限的试验便可以得到权利要求 1 的融合蛋白，权利要求 1 的技术方案是显而易见的，其技术效果可以预见。

因此，被诉决定认定本申请权利要求 1 相对于对比文件 1～2 不符合《专利法》第二十二条第三款规定的创造性是正确的，本院应予维持。原告的诉讼理由缺乏事实及法律依据，本院不予支持。

综上，依照《中华人民共和国行政诉讼法》第五十四条第（一）项之规定，判决如下：

维持被告国家知识产权局专利复审委员会于二〇〇七年三月五日作出的第 10306 号复审请求审查决定。

案件受理费 100 元，由原告中国人民解放军军事医学科学院生物工程研究所负担（已交纳）。

如不服本判决，各方当事人可于判决书送达之日起 15 日内，向本院递交上诉状，并按对方当事人人数提出副本，上诉于北京市高级人民法院。上诉人在接到人民法院预交上诉费用 100 元的通知后 7 日内未预交，又不提出缓交申请的，按自动撤回上诉处理。

审　判　长　梁　菲
代理审判员　何君慧
代理审判员　司品华
二〇〇七年八月十一日
书　记　员　李铁萌
书　记　员　盛　阳

# 北京市高级人民法院
# 行政判决书

（2008）高行终字第 204 号

上诉人（一审原告）中国人民解放军军事医学科学院生物工程研究所，住所地北京市丰台区丰台东大街 20 号。

法定代表人陈惠鹏，所长。

委托代理人唐铁军，女，北京北翔知识产权代理有限公司专利代理人。

委托代理人于志红，北京市金诚同达律师事务所律师。

被上诉人（一审被告）国家知识产权局专利复审委员会，住所地北京市海淀区北四环西路 9 号银谷大厦 10～12 层。

法定代表人廖涛，副主任。

委托代理人吴通义，男，国家知识产权局专利复审委员会审查员。

委托代理人刘妍，女，国家知识产权局专利复审委员会审查员。

上诉人中国人民解放军军事医学科学院生物工程研究所（以下简称申请人）因专利复审请求审查决定一案，不服北京市第一中级人民法院（2007）一中行初字第 926 号行政判决，向本院提起上诉。本院受理后依法组成合议庭，公开开庭审理了本案。申请人的委托代理人唐铁军、于志红，国家知识产权局专利复审委员会（以下简称复审委）的委托代理人吴通义、刘妍到庭参加了诉讼。本案现已审理终结。

2007 年 3 月 5 日，复审委依据《中华人民共和国专利法》（以下简称《专利法》）第二十二条第三款的规定，作出第 10306 号专利复审请求审查决定（以下简称第 10306 号决定），决定维持国家知识产权局（以下简称国知局）对“血清白蛋白与干扰素的融合蛋白”发明专利（以下简称本申请）作出的驳回决定。

申请人不服第 10306 号决定，向北京市第一中级人民法院（以下简称一审法院）提起行政诉讼。

一审法院经审理认为，经对申请人就第 10306 号决定不持异议的部分进行审查，其合法性可以确认。

关于第 10306 号决定对于本申请权利要求 1 与对比文件 2 区别特征的总结及对本申请所要解决的技术问题的认定是否正确的问题。一审法院认为，“延长人干扰素的半衰期”指的是人干扰素的半衰期延长处于相对稳定状态。因此，复审委在总结本申请权利要求 1 与对比文件 2 的区别特征时，认定“权利要求 1 的融合蛋白通过用人血清白蛋白来稳定人干扰素”正确，并未影响申请人的合法权益。在将本申请权利要求 1 与对比文件 2 进行对比的情况下，该委关于“本申请要解决的技术问题是用其他融合组分替代人免疫球蛋白 Fc 片段，生成含有人干扰素的融合蛋白，达到延长人干扰素的半衰期的目的”的认定结论，亦是正确的。

关于复审委是否依法对申请人在 2006 年 5 月 26 日提交的意见陈述进行了评述的问题。一审法院经审查认为，复审委于 2006 年 3 月 7 日向该所发出的复审通知书中明确写明“在现有技术中，通常可以通过蛋白质融合方法来制备含有这些细胞因子的融合蛋白，融合蛋白的分子量较大，从而延长细胞因子的半衰期”，说明的是本领域技术人员知晓可以通过增大分子量的方式来延长细胞因子的半衰期。而申请人在 2006 年 5 月 26 日的意见陈述书中提出的“蛋白质的分子量大并不一定其半衰期长”的主张及其给出的组织纤维溶酶原激活剂的例子并不是对复审通知书的反驳，与本申请相对于对比文件 1 ~ 2 是否具备创造性的争议无关。而且，复审委在第 10306 号决定中对于本申请权利要求 1 相对于对比文件 1 ~ 2 是否具有创造性的问题已经阐述了理由。因此，申请人认为第 10306 号决定违反了《审查指南》第四部分第一章第 6.2 节的有关规定的主张缺乏事实依据，不予支持。

关于本申请权利要求 1 的创造性问题。一审法院认为，从对比文件 1 公开的内容可知，对比文件 1 教导了人血清白蛋白可以作为融合蛋白的组分，用于延长其他活性蛋白（如细胞因子人生长激素）的半衰期。关于人干扰素（166 个氨基酸）和人生长激素（191 个氨基酸）都属于小分子的细胞因子，都存在半衰期短的问题以及通过制备含有这些细胞因子的融合蛋白来延长这些细胞因子的半衰期的问题是本领域技术人员已经知晓的技术。而且，人血清白蛋白在对比文件 1 和本申请中所起作用，以及人免疫球蛋白 Fc 片段在对比文件 2 中所起的作用都是作为一种融合组分与细胞因子融合，增大包含细胞因子的融合蛋白的分子量，从而延长这些细胞因子的半衰期。显然，在制备人干扰素融合蛋白来延长人干扰素半衰期时，本领域技术人员会使用对比文件 1 教导的人血清白蛋白作为人干扰素的融合组分。

对于本领域技术人员来说，在对比文件 1 和 2 公开内容的基础上，通过简单逻辑分析、推理便可知晓，由于人血清白蛋白和人免疫球蛋白 Fc 片段均具有延长小分子物质半衰期的作用，从而可以容易地想到采用人血清白蛋白替代人免疫球蛋白 Fc 片段，将人干扰素与人血清白蛋白融合的方法来解决本申请中人干扰素半衰期短的技术问题，而且本领域技术人员采用本领域常用技术手段，通过有限的试验便可以得到权利要求1的融合蛋白，权利要求1的技术方案是显而易见的，其技术效果可以预见。

综上，一审法院认为第10306号决定认定本申请权利要求1相对于对比文件1、2不符合《专利法》第二十二条第三款规定的创造性是正确的，应予维持。申请人的诉讼理由缺乏事实及法律依据，不予支持。综上，依照《中华人民共和国行政诉讼法》第五十四条第（一）项之规定，判决维持了第10306号决定。

申请人不服一审判决，提起上诉。该所认为，一审判决和第10306号决定对下列事实认定错误：

（1）关于本申请权利要求1和对比文件2区别技术特征的认定错误。本申请要求保护的是血清白蛋白与干扰素的融合蛋白，对比文件2公开的是人体免疫球蛋白与干扰素的融合蛋白，二者各自涉及两种特性完全不同的融合蛋白，即，不同的蛋白组分与干扰素形成融合蛋白后，该融合蛋白从整体而言即为一种全新的蛋白，该蛋白组分对融合蛋白化学性质和生物学活性的影响与通常的物理、机械领域的简单拼接式发明相比具有生物技术领域固有的复杂性和不可预测性。一审判决将本申请权利要求1与对比文件2的技术特征确认为“权利要求1的融合蛋白通过用人血清白蛋白来稳定人干扰素”，是错误的。

（2）关于本申请所要解决的技术问题的认定错误。本申请所要解决的技术问题是：在保持干扰素活性的同时，寻求一种与对比文件2不同的方式延长干扰素的体内衰期。但一审判决却认定本申请所要解决的技术问题为：用其他融合组分替代人免疫球蛋白Fc片断，生产含有人干扰素的融合蛋白。

（3）将对比文件1～2作为一个整体所给予的技术教导的认定错误。首先，对比文件1～2并未就生长激素或干扰素分子量的增大与其各自半衰期的延长之间的关系给予任何明确记载或是暗示性说明。作为治疗药物，决定融合蛋白半衰期的关键在于融合蛋白的组成及空间构型以及人体免疫系统对该蛋白的识别，而分子量增大仅仅是蛋白融合后的必然结果之一，其与融合蛋白的半衰期并无必然联系。直至今日，在本技术领域，通过融合蛋白的方式增大活性蛋白的分子量，与该蛋白半衰期的延长之间是否存在必然的联系仍无定论。故，一审判决关于对比文件1～2公开了在各自形成的融合蛋白中，人血清白蛋白与人免疫球蛋白Fc片断“作用是相同的，都是作为一种融合蛋白组分与细胞因子融合，增大包含细胞因子的融合蛋白的分子量，从而延长这些细胞因子的半衰期”的认定是错误的。其次，对于本领域的技术人员而言，从对比文件2中可以获得的教导是：干扰素可以和免疫球蛋白生成融合蛋白，该融合蛋白的半衰期“预计”可以被延长，但该文件没有提供任何具体实验数据；另外，该文件对于干扰素是否可以和其他蛋白生成融合蛋白以使其半衰期得以延长并同时保持干扰素活性未给予任何说明。因此，本领域技术人员从对比文件2中可以获知的仅仅是该融合蛋白“应该”或“预计”比干扰素半衰期长。同时，由于该对比文件未提及可与干扰素进行融合并保持干扰素活性的其他融合蛋白，因此，本领域技术人员显然不可能从该文件中获得干扰素可以通过与其他蛋白质融合方式以使其半衰期得以延长并保持干扰素活性的启示。而对比文件1公开的也仅为白蛋白可通过与生长激素生成融合蛋白的方式延长白蛋白的半衰期。而就生长激素与白蛋白融合后所产生融合蛋白半衰期被延长的原因未给予任何解释，更未提及干扰素的半衰期可以通过与白蛋白融合的方式得以延长。同时，融合蛋白的制备是一个复杂的、必须花费创造性劳动的过程，例如，制备一个干扰素融合蛋白至少需要解决以下技术问题：基因的构建和表达宿主的选择、诱导宿主表达融合蛋白、融合蛋白的分离纯化、生物活性的实验验证，因此，获得本申请融合蛋白需要花费复杂的创造性劳动，现有技术未给出构思和完成该方案的启示。而一审判决和第10306号决定犯了事后诸葛亮的错误，其判决结论是建立在获知了本申请干扰素融合蛋白“能够保持干扰素生物学活性，同时延长干扰素半衰期”

这一已经过实验验证的结果的基础上的。同样，一审判决得出的本申请权利要求1技术方案的“技术效果可以预见”这一结论是错误的，在权利要求1创造性认定错误的基础上，一审判决对其他权利要求不具有创造性的认定也是错误的。综上，请求撤销一审判决和第10306号决定。

复审委答辩坚持其在第10306号决定就区别技术特征、本申请所要解决的技术问题、对比文件1、2给予的技术教导的认定。同时指出，对比文件2公开了一种由人干扰素β和人免疫球蛋白Fc片段组成的重组蛋白，该重组蛋白相对于天然的人干扰素β而言，其半衰期延长了。由于人干扰素（166个氨基酸）和生长激素（191个氨基酸）都属于小分子的细胞因子，都存在半衰期短的问题；通过蛋白质融合可以使得被融合的活性蛋白延长了半衰期。而且，本领域技术人员知晓，人免疫球蛋白Fc片段和人血清白蛋白都可以作为蛋白质融合的载体蛋白，人血清白蛋白是蛋白质融合中的常用载体。本领域技术人员在解决小分子蛋白人干扰素半衰期短的问题时，显然会将人干扰素与人血清白蛋白融合作为一种选择手段，也即在对比文件1和2公开内容的基础上，本领域技术人员得到权利要求1的技术方案是显而易见的。而且本领域技术人员采用常用技术手段，通过有限的试验便可得到权利要求1的融合蛋白，权利要求1的技术方案是显而易见的，本申请的人血清白蛋白与人干扰素的融合蛋白的半衰期延长的技术效果也是本领域技术人员可以预见的。因此认为，申请人的上诉主张不能成立。综上，请求维持一审判决和第10306号决定。

一审法院审理期间，复审委提交了：（1）本申请公开文本；（2）复审委于2006年3月7日向申请人寄送的复审通知书；（3）申请人于2006年5月26日提交的意见陈述书；（4）复审通知书和被诉决定引用的CN1207131 A，公开日为1999年2月3日（即对比文件1）；（5）复审通知书和被诉决定引用的US 5908626 A，公开日为1999年6月1日（即对比文件2）。

申请人提交了：（1）本申请的公开文本；（2）对比文件1；（3）对比文件2；（4）复审委于2006年3月7日发出的复审通知书；（5）申请人于2006年5月22日提交的意见陈述书；（6）［美］R. J. Y. M. 吉巴尔地主编，王旻等译《生物技术与生物药物——蛋白质药物与基因药物》（化学工业出版社，现代生物技术与医药科技出版中心出版发行，2006年1月第1版）。

上述证据材料已随案移送本院。经审查，复审委提交的证据2～3、申请人提交的证据4～5的来源合法，内容真实，既为复审期间的程序性证据，同时也能够反映复审委和申请人在该程序中的就本申请涉及的技术问题的意思表示，一审法院对该部分证据予以采纳，本院不持异议；复审委提交的证据1、4～5（即申请人提交的证据1～3）的来源合法，内容真实，复审委在第10306号决定中采纳为确认本申请创造性的事实依据，符合相关证据规则，一审法院予以确认，本院不持异议；申请人提交的证据6因在复审程序中无正当理由未提交，故依据《最高人民法院关于行政诉讼证据若干问题的规定》的规定，不能作为评价第10306号决定是否合法的证据使用，一审法院未予接纳符合相关规定。

经审理查明，本申请系申请人于2001年8月10日向国知局申请的名称为“血清白蛋白与干扰素的融合蛋白”的发明专利，申请号为01124110.1，国知局于2003年3月26日将本申请公开。

2004年8月6日，国知局以权利要求1～17不符合《专利法》第二十二条第三款的规定为由，于2004年8月6日决定驳回本申请（以下简称驳回决定）。驳回决定所针对的权利要求书为：

“1. 血清白蛋白与干扰素的融合蛋白，它包括人血清白蛋白第一区和人干扰素第二区。

2. 根据权利要求1所述的血清白蛋白与干扰素的融合蛋白，其特征在于：所述人血清白蛋白第一区位于融合蛋白的N-端，所述人干扰素第二区位于融合蛋白的C-端。

3. 根据权利要求1所述的血清白蛋白与干扰素的融合蛋白，其特征在于：所述人干扰素第二区位于融合蛋白的N-端，所述人血清白蛋白第一区位于融合蛋白的C-端。

4. 根据权利要求 1 或 2 或 3 所述的血清白蛋白与干扰素的融合蛋白，其特征在于：所述人血清白蛋白第一区与人干扰素第二区之间设有连接肽，所述连接肽的通式是 $[\text{GlyGlyGlyGly Ser}]_n$，n 为 1～10 的整数。

5. 根据权利要求 4 所述的血清白蛋白与干扰素的融合蛋白，其特征在于：所述 n 为 1～3 的整数。

6. 根据权利要求 1 或 2 或 3 所述的血清白蛋白与干扰素的融合蛋白，其特征在于：所述的干扰素为 IFNα。

7. 根据权利要求 6 所述的血清白蛋白与干扰素的融合蛋白，其特征在于：所述的干扰素为 IFNα2a。

8. 根据权利要求 6 所述的血清白蛋白与干扰素的融合蛋白，其特征在于：所述的干扰素为 IFNα1b。

9. 根据权利要求 6 所述的血清白蛋白与干扰素的融合蛋白，其特征在于：所述的干扰素为 IFNα2b。

10. 根据权利要求 6 所述的血清白蛋白与干扰素的融合蛋白，其特征在于：所述的干扰素为 IFNαcon。

11. 根据权利要求 1 或 2 或 3 所述的血清白蛋白与干扰素的融合蛋白，其特征在于：所述的干扰素为 IFNβ。

12. 根据权利要求 1 或 2 或 3 所述的血清白蛋白与干扰素的融合蛋白，其特征在于：所述的干扰素为 IFNγ。

13. 编码权利要求 1～12 中任意一项限定的融合蛋白的 DNA 序列。

14. 含权利要求 13 所述的 DNA 的细菌、酵母、动物细胞、植物细胞。

15. 根据权利要求 14 所述的细胞，其特征在于：所述细胞是酵母。

16. 根据权利要求 15 所述的细胞，其特征在于：所述细胞是毕赤酵母。

17. 根据权利要求 16 所述的细胞，其特征在于：所述毕赤酵母是毕赤酵母 GS115。”

国知局认为：对比文件 1 公开了一种生长激素和血清白蛋白重组融合蛋白，所形成的融合蛋白较未融合的生长激素延长了半衰期，两个融合部分之间采用柔性接头肽 $[\text{GlyGlyGlyGlySer}]_n$，列举了可用于表达融合蛋白的宿主酵母示范属包括毕赤酵母属。对比文件 2 公开了含有人干扰素 β 和人免疫球蛋白 Fc 片段的杂交重组蛋白，其相对于未融合的干扰素 β 延长了半衰期，并给出了干扰素通过形成融合蛋白的方法来延长半衰期的教导，而免疫球蛋白 Fc 片段或血清白蛋白是本领域中公知的融合组分，具有稳定其他蛋白组分和延长其他蛋白半衰期的作用，由此得出用血清白蛋白替代对比文件 2 的重组蛋白中的免疫球蛋白融合部分的技术方案是本领域技术人员容易想到的，而且本申请获得的结果与在对比文件 1 和 2 的基础上可预知的结果一致，因此，权利要求 1 的技术方案不符合《专利法》第二十二条第三款规定的创造性。在对比文件 1 和 2 的基础上，本领域技术人员不需要付出创造性劳动就能进一步获得权利要求 2～17 的技术方案，而且没有产生任何意想不到的技术效果，权利要求 2～17 不符合《专利法》第二十二条第三款的规定。

申请人对上述驳回决定不服，于 2004 年 11 月 18 日向复审委提出复审请求。复审委受理该复审请求后，于 2005 年 2 月 17 日向申请人发出了《复审请求受理通知书》，随后将本申请移交原审查部门进行前置审查。原审查部门坚持其驳回决定。

复审委经审查，于 2006 年 3 月 7 日向申请人发出复审通知书，指出了本申请存在的问题。针对复审通知书，申请人于2006年5月26日提交了意见陈述书及修改后的说明书第3页，依然坚持本申请的技术方案相对于对比文件1和2具备创造性的观点。申请人认为：（1）对比文件2记载的干扰素与Fc片段融合而延长干扰素的半衰期、半衰期延长与其分子量增加而不易被血管滤过相关只是发明人的猜测，缺乏实验数据的支持，对比文件2公开不充分，不能作为对比文件。（2）抗体Fc片段与血清白蛋白是两种完全不同的蛋白，其性质、对与其融合蛋白的作用方式和机理以及制备工艺都有本质的区别，不能够随意置换和替代。（3）分子量大与半衰期长并不一定相关，并不是找到了大分子载体就可以解决半衰期短的问题，而且大分子蛋白数量巨大，从中找到并确定为血清白蛋白就具有创造性。（4）融合蛋白的获得不是简单将两种已知蛋白连接，根据HAS融合延长生长激素的半衰期，不能简单推论出HAS融合也可以延长其他因子的半衰期，从Fc融合可以延长一种蛋白（如CD4）的半衰期不能由此简单推断Fc与其他蛋白融合也可以延长其半衰期。申请人列举了数份涉及包含HAS或Fc的融合蛋白的专利申请获得专利权，而在此之前已经有大量文献报道了HAS或Fc的融合可以延长被融合的蛋白质的半衰期。（5）本申请通过HAS融合显著延长干扰素在体内的半衰期，具有显著进步。

复审委经审查作出了第10306号决定。决定指出，本复审请求审查决定是在申请人于申请日提交的说明书第1、4～13页，附图第1～3、5、6页，2001年10月19日提交的附图第4页，2004年6月14日提交的权利要求第1～17项，说明书第2页和说明书摘要，以及于2006年5月26日提交的说明书第3页的基础上作出的。

关于本申请是否符合《专利法》第二十二条第三款规定的问题，该委认为，本申请权利要求1要求保护一种血清白蛋白和干扰素组成的融合蛋白，它包括人血清白蛋白第一区和人干扰素第二区。对比文件2公开了一种由人干扰素β和人免疫球蛋白Fc片段组成的重组蛋白，该重组蛋白相对于天然的人干扰素β而言，其半衰期延长了。

权利要求1与对比文件2公开的技术方案的区别特征在于：权利要求1的融合蛋白通过用人血清白蛋白来稳定人干扰素，而对比文件2的融合蛋白通过用人免疫球蛋白Fc片段来稳定人干扰素。相对于对比文件2公开的内容，本申请要解决的技术问题是用其他融合组分替代人免疫球蛋白Fc片段，生成含有人干扰素的融合蛋白，达到延长人干扰素的半衰期的目的。

对比文件1公开了由人生长激素和人血清白蛋白组成的重组融合蛋白，该融合蛋白较未融合的人生长激素延长了半衰期（参见对比文件1说明书第2页第21～29行、实施例3和图12）。即对比文件1教导了人血清白蛋白可以作为融合蛋白的组分，用于延长其他活性蛋白（如细胞因子人生长激素）的半衰期。本领域技术人员已经知晓：人干扰素（166个氨基酸）和人生长激素（191个氨基酸）都属于小分子的细胞因子，都存在半衰期短的问题；并且都可以通过制备含有这些细胞因子的融合蛋白来延长这些细胞因子的半衰期（参见对比文件1第1～2页和对比文件2第1栏第41～50行）；而且人血清白蛋白在对比文件1中所起的作用及其在本申请中所起作用，以及人免疫球蛋白Fc片段在对比文件2中所起的作用都是作为一种融合组分与细胞因子融合，增大包含细胞因子的融合蛋白的分子量，从而延长这些细胞因子的半衰期。显然，在制备人干扰素融合蛋白来延长人干扰素半衰期时，本领域技术人员会知晓可以使用对比文件1教导的人血清白蛋白作为人干扰素的融合组分。

对于本领域技术人员来说，在对比文件1和2公开内容的基础上，通过简单逻辑分析、推理便可知晓人血清白蛋白和人免疫球蛋白Fc片段均具有延长小分子物质半衰期的作用，从而可以容易地想到采用人血清白蛋白替代人免疫球蛋白Fc片段，将人干扰素与人血清白蛋白融合的方法来解决本申请中人干扰素半衰期短的技术问题，而且本领域技术人员采用本领域常用技术手段，通过有限的试验便可以得到的权利要求1的融合蛋白，权利要求1的技术方案是显而易见的，其技术效果可以预见。

针对申请人在意见陈述书中的观点，该委指出，首先，对比文件2属于本申请申请日前公开的现有技术，其记载了具体的技术方案、发明效果以及发明效果的评价方法，在没有证据予以反驳的情况下，其内容和结论对于本领域技术人员而言是可信的，可以作为本申请的对比文件使用。其次，对比文件1和2教导了如下内容：人干扰素（166个氨基酸）和人生长激素（191个氨基酸）都属于小分子的细胞因子，都存在半衰期短的问题；而且申请日之前本领域技术人员知晓，人免疫球蛋白Fc片段和人血清白蛋白可以作为蛋白质融合的载体蛋白，通过蛋白质融合增大融合蛋白的分子量，从而使得被融合的活性蛋白（如细胞因子）延长了半衰期，人血清白蛋白是蛋白质融合中的常用载体。且申请人在意见陈述书中列举的大量文献也进一步佐证了上述事实，也即在申请日之前，本领域技术人员熟知人免疫球蛋白Fc片段和人血清白蛋白作为蛋白质融合的常用载体蛋白，被用于延长活性蛋白（如细胞因子）的半衰期，并且本领域技术人员熟知用人免疫球蛋白Fc片段和人血清白蛋白作为载体蛋白来制备融合蛋白。因此，即便如申请人提出的人免疫球蛋白Fc片段和人血清白蛋白之间存在差异，其对融合蛋白的作用方式可能不同，但是无论人免疫球蛋白Fc片段和人血清白蛋白是如何使融合蛋白的分子量增加，甚至无论它们如何使得融合蛋白的半衰期延长，本领域技术人员在解决小分子蛋白人干扰素半衰期短的问题时，显然会将人干扰素与人血清白蛋白融合作为一种选择手段，也即在对比文件1和2公开内容的基础上，本领域技术人员得到权利要求1的技术方案是显而易见的。再次，至于申请人强调的本申请的融合蛋白可以在酵母中表达且显著延长人干扰素在体内的半衰期从而具有显著进步的问题。该委认为，使用人血清白蛋白作为载体蛋白构建的融合蛋白可以在酵母中表达，并且该融合蛋白的半衰期延长已经在对比文件1中公开，而本申请的人血清白蛋白与人干扰素的融合蛋白的半衰期延长的技术效果也是本领域技术人员可以预见的。因此，相对于对比文件1和2公开的内容，权利要求1不符合《专利法》第二十二条第三款的规定。

权利要求2和3对权利要求1的融合蛋白中的人血清白蛋白与人干扰素的连接顺序进行限定；权利要求6～12对权利要求1的融合蛋白中的人干扰素进行限定，所限定的人干扰素是本领域已知的干扰素。由于人血清白蛋白与人干扰素都是氨基酸序列已知的多肽，而制备两种已知多肽的融合蛋白的方法属于本领域常规技术；而且申请人的意见陈述进一步说明在申请日之前使用人血清白蛋白作为载体蛋白来制备融合蛋白是本领域广泛使用的技术手段。故，所属技术领域的技术人员结合对比文件1和2公开的内容以及本领域常规技术，得到权利要求2、3和6～12的融合蛋白是显而易见的。

权利要求4限定权利要求1的融合蛋白在人血清白蛋白和人干扰素之间具有连接肽 $[GlyGlyGlyGlySer]_n$，n为1～10的整数；权利要求5限定所述n为1～3。对比文件1还公开了人血清白蛋白与人生长激素之间存在柔性接头 $[GlyGlyGlyGlySer]_n$，n为2或3。在对比文件1和2的基础上，获得插入了权利要求4和5所述的连接肽的人血清白蛋白与人干扰素的融合蛋白是显而易见的。

权利要求13要求保护编码权利要求1的融合蛋白的DNA序列，权利要求14～17要求保护含有权利要求13的DNA序列的细胞。对比文件1和2公开的内容已经启示了将人血清白蛋白与人干扰素融合来解决本申请技术问题。而人血清白蛋白与人干扰素都是氨基酸序列已知的多肽，权利要求14～17涉及的细胞也是本领域可获得的，而且制备编码权利要求1的融合蛋白的DNA序列的方法和含有该DNA序列的细胞属于本领域常规技术。所中，属技术领域的技术人员结合对比文件1和2以及本领域常规技术，得到权利要求13的DNA序列和权利要求14～17的细胞是显而易见的。

因此，权利要求2～17也不符合《专利法》第二十二条第三款的规定。在上述确认的基础上，复审委作出了第10306号决定。

本院审理期间，申请人提交了涉及本申请的生物技术制备的融合蛋白长效干扰素近期完成的一期临床试验的情况说明，表明本品在动物体内安全有效，耐受性良好。药理作用与干扰素α2b相似，但半衰期延长到了140个小时左右，可望用于乙肝患者的治疗，用药方式为每两周一次。而目前市售长效干扰素PEG修饰产品半衰期为40~80小时，给药方式为每周一次，且药价高于本专利产品。但因提交本申请时，尚未完成前述一期临床试验，故其说明书及实施例中未能体现以上半衰期延长至140小时左右及相关成本等数据。

本院认为，根据《专利法》的规定，发明的创造性，是指同申请日以前已有的技术相比，该发明有突出的实质性特点和显著的进步。

关于本申请是否具有突出的实质性特点。据本申请权利要求书和说明书的记载，本申请涉及一种融合蛋白，特别是血清白蛋白与干扰素的融合蛋白，其目的是取得延长干扰素在体内半衰期的技术效果。经审查，复审委提交的对比文件1公开了人生长激素和人血清白蛋白组成的重组融合蛋白，对比文件2公开了由干扰素β和免疫球蛋白Fc片段组成的重组蛋白，前者重组的融合蛋白较未融合的生长激素延长了半衰期，后者重组的融合蛋白则相对于天然的人干扰素β而言，同样可以延长人干扰素的半衰期。故复审委依据申请人提交的权利要求书和说明书，基于本领域技术人员通过其应当知晓的制备含有人干扰素或人生长激素等小分子的细胞因子的融合蛋白来延长半衰期的技术手段，在对比文件1人血清白蛋白和对比文件2关于人免疫球蛋白Fc片段所能起到的作用的教导下，可以容易的想到将人干扰素与人血清白蛋白融合，并且采用本领域常用的技术手段，通过有限的试验便可以得到权利要求1的融合蛋白，进而解决本申请中人干扰素半衰期短的技术问题，判断本申请权利要求1的技术方案是显而易见的，依据充分。本申请在现有申请文本的基础上缺乏突出的实质性特点。

关于本申请和现有技术相比是否具有显著的进步。根据《审查指南》第二部分第四章的规定，发明有显著的进步，是指发明与现有技术相比能够产生有益的技术效果。例如，克服了现有技术中存在的缺点和不足，或者代表某种新的技术发展趋势。就本申请而言，虽然申请人在诉讼阶段强调了本申请的技术效果及成本低廉，也提交了相关数据拟佐证其有益的技术效果，但在实质审查和复审期间，上述事实在申请文本中体现不充分、不具体，实审部门和复审委对此发明的技术效果能否取得显著的进步无法预测，故复审委在现有申请文本的基础上，对本申请与现有技术相比是否具有更好的技术效果即显著的进步未予肯定符合《审查指南》关于发明创造性审查的相关规定。

关于第10306号决定对本申请权利要求1和对比文件2区别技术特征的认定。经审查本院认为，本申请权利要求1和对比文件2各自涉及的融合蛋白的蛋白组分不同，但在对比文件2中的人干扰素β与人免疫球蛋白Fc片段形成融合蛋白中，人免疫球蛋白Fc片段所起的作用与本申请权利要求1中人血清白蛋白的作用相同，故，基于本申请的发明目的，其权利要求1和对比文件2的区别技术特征为融合蛋白中用于延长人干扰素半衰期的组分不同。复审委就本申请权利要求1和对比文件2的区别技术特征的确认有事实依据。

关于第10306号决定就本申请所要解决的技术问题的认定。经审查，申请人所持“本申请所要解决的技术问题是在保持干扰素活性的同时，寻求一种与对比文件2不同的方式延长干扰素的体内衰期”的观点与第10306号决定和一审判决关于“用其他融合组分替代人免疫球蛋白Fc片段，生产含有人干扰素的融合蛋白”的确认属文字表述方法的不同，两者的表达在技术上意义并无实质差异。

关于第10306号决定将对比文件1~2作为一个整体引出技术教导的问题。《审查指南》第二部分第四章3.1节的规定，对于发明专利申请，审查员可以将一份或者多份现有技术中的不同的技术内容组合在一起对要求保护的发明进行评价。根据此规定，复审委以两份对比文件中的技术内容作为整体与本申请要求保护的技术内容进行比对并无不当。

综上，复审委作出的10306号决定事实清楚，适用法律正确，程序合法；一审法院判决维持符合《中华人民共和国行政诉讼法》第五十四条第（一）项的规定；申请人的上诉主张不能成立，本院不予支持。据此，依据《中华人民共和国行政诉讼法》第六十一条第（一）项的规定，判决如下：

驳回上诉，维持一审判决。

二审案件受理费人民币100元由上诉人中国人民解放军军事医学科学院生物工程研究所负担（已交纳）。

本判决为终审判决。

审　判　长　郭　宜

审　判　员　张学磊

代理审判员　朱海宏

二〇〇八年九月十九日

书　记　员　程钰玮

013

# 防治牙石的假牙黏合剂组合物

## 复审请求审查决定（第10309号）

**决　定　号**　第10309号
**决　定　日**　2006年12月15日
**发明创造名称**　防治牙石的假牙黏合剂组合物
**国际分类号**　A61K 6/00
**复审请求人**　宝洁公司
**优先权日**　1999年12月8日
**申　请　号**　00816864.4
**申　请　日**　2000年12月8日
**公　开　日**　2003年4月2日
**合议组组长**　周英姿
**主　审　员**　许　磊
**参　审　员**　郭　婷

**法律依据**　专利法第26条第3款，专利法第25条
**决定要点**

所属技术领域的技术人员能够实现，是指所属技术领域的技术人员按照说明书记载的内容就能够实现发明或者实用新型的技术方案，解决其技术问题，并且产生预期的技术效果。若本领域技术人员根据现有技术、其所掌握的专业知识以及本申请说明书公开的信息能够解决所述技术问题并推知所要保护技术方案的技术效果，则无需再提供实验证据。

**一、案由**

本复审请求涉及于2000年12月8日申请，2003年4月2日公开，名称为“防治牙石的假牙黏合剂组合物”的第00816864.4号发明专利申请（下称本申请），本申请的申请人为宝洁公司。

国家知识产权局于2004年9月24日驳回了本申请，理由是本申请说明书不符合专利法第26条第3款的规定，驳回决定所针对的独立权利要求1为：

“1. 一种通过在口腔中施用假牙黏合剂组合物，以减少、控制、抑制、预防、保护以避免或降低口腔中结石、牙石、牙菌斑或牙斑的方法，其特征在于，所述的假牙黏合剂组合物包括：

（a）安全有效黏合量的假牙黏合剂成分；和

（b）安全有效量的非水假牙黏合剂载体。”

驳回决定认为：本申请是基于发现了组合物产品的新性质——减少、控制、抑制、预防、保护以

避免或降低口腔中结石、牙石、牙菌斑和/或牙斑——而提出的用途发明专利申请，本发明提出了具体的技术方案，但未提供实验数据，而该技术方案又必须依赖实验结果加以证实才能成立，复审请求人在意见陈述书中提及的说明书中的描述都属于概括说明，而不是试验数据，本领域技术人员根据说明书的描述由专业常识无法相信和实施本发明，所以本申请说明书没有充分公开。

申请人宝洁公司（下称复审请求人）对上述驳回决定不服，于2004年12月27日向专利复审委员会提出复审请求。复审请求人在提出复审请求时没有提交新的申请文本，但是提交了一份参考文献（“Inhibition of Denture Stain with Denture Adhesive Use”，32nd Annual Meeting of the AADR，2003年3月13日，复印件共3页，下称附件1）。复审请求人的复审理由为：审查指南要求提供实验结果，但实验结果不等于试验数据，实验结果包括定量的结果和定性的结果，审查指南没有规定所述的实验结果一定要是定量的数据或结果。本申请说明书第11页第4～5行和第12页第3～5行所给出的内容是在实施例I的实施方式A-E和实施例II的实施方式A-F所获得结果的基础之上得到的，本申请组合物中所述的假牙黏合剂成分和非水假牙黏合剂载体都是所属领域的普通技术人员所熟知的，复审请求人也在说明书中如第2～8页对它们及其相关的现有技术作出了描述，而且复审请求人在说明书中给出了实施例I和实施例II两个具体实施例，所以复审请求人认为本领域普通技术人员在阅读了本申请说明书后能容易地知道本发明所要解决的技术问题、为此而采取的技术方案以及所获得的技术效果，而且他们也可以采用常规的技术手段验证本发明的技术效果。此外，复审请求人提供的于2003年3月出版的附件1也证明了本发明的技术方案是可行的，并且能产生预期的技术效果。因此，本申请说明书已经对本发明作出了清楚、完整的说明。

形式审查合格后，专利复审委员会受理了该复审请求，并于2005年2月2日向复审请求人发出《复审请求受理通知书》，随后将本申请案卷移交原审查部门进行前置审查。

原审查部门对本复审请求进行了前置审查并坚持原驳回决定。

专利复审委员会组成合议组，对本案的复审请求进行了审理。于2006年4月20日向复审请求人发出《复审通知书》。《复审通知书》指出，本申请的独立权利要求1是一种通过在口腔中使用假牙黏合剂组合物以减少、控制、抑制、预防、保护以避免或降低口腔中结石、牙石、牙菌斑或牙斑的方法，权利要求2～18是其从属权利要求，权利要求1～18的方法是在有生命体的人或动物体上直接实施的方法，其目的是以预防或治疗疾病为目的，并且包括阻断、减缓或消除病因或病灶的过程，属于疾病的治疗方法，所以权利要求1～18属于专利法第25条第1款第（3）项规定的不授予专利权的对象。

针对《复审通知书》指出的问题，复审请求人于2006年5月24日提交了意见陈述书及经修改的权利要求书全文替换页，将权利要求1～18由方法权利要求修改为物质的制药用途权利要求，修改后的权利要求书如下：

“1. 含有下述组分（a）和（b）的假牙黏合剂组合物在制备用于减少、控制、抑制、预防、保护以避免或降低口腔中结石、牙石、牙菌斑或牙斑的组合物中的用途：

（a）安全有效黏合量的假牙黏合剂成分，和

（b）安全有效量的非水假牙黏合剂载体。

2. 如权利要求1所述的用途，其特征在于，所述的假牙黏合剂成分选自：天然树胶、合成的聚合物胶、AVE/MA、AVE/MA的盐、AVE/MA/IB、AVE/MA/IB的盐、马来酸或酐和乙烯的共聚物及其盐、马来酸或酐和苯乙烯的共聚物及其盐、马来酸或酐和异丁烯的共聚物及其盐、聚丙烯酸及其聚丙烯酸盐、合成聚合物、黏膜黏性聚合物、水溶性亲水胶体或是与水分接触有膨胀特性形成黏性物质的聚合物、亲水聚合物、糖衍生物、纤维素衍生物及它们的混合物。

3. 如权利要求2所述的用途，其特征在于，所述的假牙黏合剂成分选自：刺梧桐树胶、爪耳胶、白明胶、褐藻胶、藻酸钠、黄蓍胶、脱乙酰壳多糖、聚乙二醇、丙烯酰胺聚合物、聚羧乙烯、聚乙烯基醇、聚胺、聚季铵化合物、聚环氧乙烷、聚乙烯基吡咯烷酮、阳离子型聚丙烯酰胺聚合物、AVE/MA、AVE/MA的盐及它们的混合物。

4. 如权利要求3所述的用途，其特征在于，所述的假牙黏合剂成分是AVE/MA的盐、AVE/MA/IB的盐和它们的混合物，所述的盐包括含有选自以下的阳离子的阳离子盐官能：周期表的IA族和2A族、钇、钛、锆、钒、铬、锰、铁、镍、铜、锌、硼、铝、钠和它们的混合物。

5. 如权利要求4所述的用途，其特征在于，所述的阳离子选自：锶、锌、铁、镁、钙、钠和它们的混合物。

6. 如权利要求5所述的用途，其特征在于，所述的假牙黏合剂成分的含量占组合物重量的15％~70％。

7. 如权利要求6所述的用途，其特征在于，所述的假牙黏合剂成分的含量占组合物重量的20％~50％。

8. 如权利要求5所述的用途，其特征在于，所述的组合物还含有选自以下的纤维素衍生物：羟乙基纤维素、羟丙基纤维素、羟丙基甲基纤维素、羧甲基纤维素钠和它们的混合物。

9. 如权利要求8所述的用途，其特征在于，所述的纤维素衍生物是羧甲基纤维素。

10. 如权利要求1所述的用途，其特征在于，所述的非水假牙黏合剂载体选自非水载体和非黏性自承性层。

11. 如权利要求10所述的用途，其特征在于，所述的载体是选自以下的非水载体：液态矿脂、矿脂、矿物油、天然和合成油、脂肪、天然和合成蜡、蜂蜡、羊毛脂、虫胶、碳氢化合物、碳氢化合物衍生物、植物油蜡、棕榈蜡、小烛树蜡、蜡果杨梅脂、三酸甘油辛酯/三酸甘油癸酯和它们的混合物。

12. 如权利要求11所述的用途，其特征在于，所述的非水载体选自：液态矿脂、矿脂、矿物油、玉米油、豆油、棉籽油及其混合物，含量为组合物重量的20％~80％。

13. 如权利要求12所述的用途，其特征在于，所述的非水载体是矿物油、矿脂和它们的混合物。

14. 如权利要求10所述的用途，其特征在于，所述的载体是非黏性自承性层。

15. 如权利要求14所述的用途，其特征在于，所述的非黏性自承性层选自：聚酯、聚丙烯、尼龙、人造丝、乙酸纤维素、非黏性纤维素衍生物、布、羊毛纤维、纸、塑料、皮革、合成纤维、天然纤维及它们的混合物。

16. 如权利要求1所述的用途，其特征在于，所述的组合物还包括选自以下的色素：D&C红27、D&C红28、Opatint-OD 1646、Opatint-OD 1774、CAS#13473-26-2、18472-87-2、16423-68-0、548-26-5、2379-74-0、915-67-3、25956-17-6、含有氯和/或溴的荧光素染料、四溴-四氯-荧光素、四溴-四氯-荧光素的二钠盐和它们的混合物。

17. 如权利要求16所述的用途，其特征在于，所述的色素的含量占组合物重量的0.02％~2％。

18. 如权利要求17所述的用途，其特征在于，所述的色素选自：Opatint OD 1646、含有氯和/或溴的荧光素染料、四溴-四氯-荧光素、四溴-四氯-荧光素的二钠盐和它们的混合物。”

至此，合议组认为本案事实清楚，可以作出审查决定。

**二、决定的理由**

1. 依据的文本

复审请求人于2006年5月24日提交了修改的权利要求书全文替换页，修改后的权利要求1~18

是物质的制药用途权利要求，克服了复审通知书所指出的缺陷，合议组予以接受。因此，本复审决定是在下面文本的基础上作出的：复审请求人于2002年6月7日提交的说明书和摘要以及于2006年5月24日提交的权利要求书。

2. 关于专利法第25条

专利法第25条第1款规定：对下列各项，不授予专利权：（1）科学发现；（2）智力活动的规则和方法；（3）疾病的诊断和治疗方法；（4）动物和植物品种；（5）用原子核变换方法获得的物质。

本案中，驳回决定所针对的权利要求1~18请求保护“减少、控制、预防、保护以避免或降低口腔中结石、牙石、牙菌斑或牙斑的方法”，属于疾病的治疗方法。复审请求人在于2006年5月24日提交的权利要求书修改文本中，将权利要求1修改为物质的制药用途并对从属权利要求2~18的主题进行了相应修改，修改后的权利要求1~18请求保护物质的制药用途，不属于不授权的客体，所以修改后的权利要求克服了复审通知书所指出的其不符合专利法第25条规定的缺陷。

3. 关于专利法第26条第3款

专利法第26条第3款规定：说明书应当对发明作出清楚、完整的说明，以所属技术领域的技术人员能够实现为准。

所属技术领域的技术人员能够实现，是指所属技术领域的技术人员按照说明书记载的内容就能够实现发明或者实用新型的技术方案，解决其技术问题，并且产生预期的技术效果。若本领域技术人员根据现有技术、其所掌握的专业知识以及本申请说明书公开的信息能够解决所述技术问题并推知所要保护技术方案的技术效果，则无需再提供实验证据。

本案中，本申请的目的是要提供一种能为假牙佩带者提供改善的支撑作用和抗结石或牙石益处的假牙稳定组合物及其用途，本申请唯一的独立权利要求1如下：

“1. 含有下述组分（a）和（b）的假牙黏合剂组合物在制备用于减少、控制、抑制、预防、保护以避免或降低口腔中结石、牙石、牙菌斑或牙斑的组合物中的用途：

（a）安全有效粘合量的假牙黏合剂成分，和

（b）安全有效量的非水假牙黏合剂载体。”

申请人在说明书中对本发明组合物中所用的成分例如假牙黏合剂成分（说明书第3~6页）、非水假牙黏合剂载体及其用量（说明书第6~8页）等、组合物的制备方法以及组合物的使用等（说明书第10页）进行了说明，并且在实施例I A-E和实施例II A-F中给出了一些具体的本发明假牙黏合剂组合物及其制备方法，申请人在说明书中在例如第11页第4~5行和第12页第3~5行用“这种组合物预防、降低、保护以避免和/或抑制口腔中结石、牙石、牙菌斑和/或牙斑的形成”这种概括性描述对本发明组合物的效果进行了说明。

从说明书的上述描述可知，用于本发明组合物中的假牙黏合剂成分和非水假牙黏合剂载体在现有技术中都是已知的，而且这些成分在现有技术中也已经被应用到假牙组合物中。在本申请说明书背景技术中提到的现有技术文献US5192362A（公开日为1993年3月9日）（下称现有技术1）中公开了多糖如藻酸盐、刺梧桐树胶（karaya gum）、角叉菜胶以及羧甲基纤维素等可防止细菌吸附到假牙上（见其第4栏第25~35、56~60行，实施例1），而且根据本申请说明书的描述，这些物质属于本申请组合物中所用的假牙黏合剂成分；此外，在国际检索报告和国际初审报告中提及的现有技术文献US4138477A（公开日为1979年2月6日）（下称现有技术2）中公开了一种可有效预防牙石、牙斑、牙周疾病的口腔制剂，其中的有效成分为锌-阴离子聚合物络合物，如Zn+2+Gantrez 119，其是通过将锌盐与甲基乙烯醚-马来酸酐共聚物混合形成的锌-聚合物络合物，该制剂可以含水或也可以不含水，如可以为片剂形式（见其说明书第1栏第1~6行、第48~57行，第2栏第17~34行，第7栏

第66行至第8栏第12行，实施例)，Zn+2+ Gantrez 119 即本申请组合物中所用的假牙黏合剂成分AVE/MA的盐。所以，综上所述，从现有技术记载的内容可以看出本申请方案中所用的多种假牙黏合剂成分都具有抑制牙石/斑的作用。

根据专利法第26条第3款的规定，说明书公开是否充分与所属领域的技术人员能否实现有关，而根据审查指南中对所属领域的技术人员的含义的解释（见审查指南第二部分第二章第2.1节和第二部分第四章第2.4节），所属领域的技术人员“应知晓申请日或者优先权日之前发明所属技术领域的所有普通技术知识，能够获知该领域中的所有现有技术，并且具有应用该日期之前常规实验手段的能力，但是他不具有创造力”，所以发明的方案能否实现显然与申请日或者优先权日之前所属领域中的所有现有技术密切相关，现有技术直接影响本领域技术人员对本发明技术方案是否充分公开的判断和实施，本领域技术人员在判断说明书是否公开充分时显然应在本申请说明书的基础上结合现有技术来进行考虑。

本案中，虽然说明书中没有提供具体的实验数据，复审请求人提交的附件1由于公开日在本申请的申请日之后也不能被考虑，但是结合本申请说明书以及例如上面所引用的现有技术可以知道，本申请组合物中所用的假牙黏合剂成分如AVE/MA、刺梧桐树胶、纤维素衍生物等在现有技术中是已知的，而且从现有技术可以明显看出本申请中所用的假牙黏合剂成分如刺梧桐树胶（参见现有技术1)、AVE/MA的盐（参见现有技术2）等以及包含它们的假牙黏合剂组合物具有预防牙石、牙斑等作用，在此基础上，本领域技术人员能够预期包含这些活性成分和载体的组合物应当具有与所含活性成分的作用相当的作用，本申请不属于原审查部门指出的说明书中给出了具体的技术方案，但未给出实验证据，而该方案又必须依赖实验结果加以证实才能成立的情况，所以驳回决定的理由不成立。

根据以上事实和理由，本案合议组作出如下审查决定。

**三、决定**

撤销国家知识产权局于2004年9月24日对00816864.4号发明专利申请作出的驳回决定。由原审查部门在本复审决定所针对的文本，即：复审请求人于2002年6月7日提交的说明书和摘要以及于2006年5月24日提交的权利要求第1～18项的基础上继续进行审查。

复审请求人对本决定不服的，可以根据专利法第41条第2款的规定，自收到本决定之日起三个月内向北京市第一中级人民法院起诉。

014

# 氟比洛芬巴布剂及其制备方法

## 复审请求审查决定（第10313号）

**决　定　号**　第10313号
**决　定　日**　2007年3月13日
**发明创造名称**　氟比洛芬巴布剂及其制备方法
**国 际 分 类 号**　A61K 31/192，A61K 9/70，A61K 47/00，A61P 29/00
**复 审 请 求 人**　中国人民解放军第二军医大学
**申　请　号**　03116441.2
**申　请　日**　2003年4月17日
**公　开　日**　2003年9月24日
**合 议 组 组 长**　李金光
**主　审　员**　郭　婷
**参　审　员**　任　怡

**法 律 依 据**　专利法第22条第3款
**决 定 要 点**

当要求保护的权利要求中的某一技术特征在现有技术中没有记载，现有技术也没有给出任何技术启示时，在缺乏足够证据证明的情况下，就简单认定这类技术特征的采用是所属技术领域技术人员的公知常识的理由是不充分的。

### 一、案由

本复审请求涉及于2003年4月17日申请、2003年9月24日公开、名称为“氟比洛芬巴布剂及其制备方法”的03116441.2号发明专利申请（下称本申请），本申请的申请人为中国人民解放军第二军医大学。

国家知识产权局于2005年9月9日驳回了本申请，理由是权利要求1不具备专利法第22条第3款规定的创造性，其中引用了两篇对比文件：

对比文件1：“氟比洛芬巴布剂的质量评价”，丁雪鹰等，中国医院药学杂志，第21卷第10期，第592～594页，2001年；

对比文件2：CN1387847A，公开日：2003年1月1日，共4页。

驳回决定所针对的权利要求书为：

“1. 一种氟比洛芬巴布剂，包括背衬层、药物储库和保护膜，其特征在于药物储库由氟比洛芬乳剂、亲水性的巴布剂基质、渗透促进剂和附加剂组成，所说的氟比洛芬乳剂由氟比洛芬、水相、油相及乳化剂组成，其中的乳化剂选自十二烷基硫酸钠、吐温、乳化剂 OP；氟比洛芬溶于油相，油相选自液体石蜡、邻苯二甲酸二丁酯、己二酸二乙酯、癸二酸二乙酯，可同时选用油相的一种或两种；所说的亲水性的巴布剂基质，由亲水性的黏着性基质、交联剂、保湿剂、填充剂、水组成，其中亲水性的黏着性基质选自聚丙烯酸钠、羧甲基纤维素钠、西黄蓍胶、聚羧乙烯、聚乙烯吡咯烷酮、聚乙二醇、明胶；所说的交联剂选自氢氧化铝、氯化铝、硫酸铝钾，可同时选用其中一种或两种；所说的保湿剂选自甘油、山梨醇；所说的填充剂为高岭土；所说的渗透促进剂选自氮酮、尿素、N-甲基吡咯烷酮，可同时选用 1 ~ 3 种；所说的附加剂为抗氧剂、防腐剂、香料、色素。

所说的氟比洛芬巴布剂配方与配比分别为：

(1)

| | |
|---|---|
| 氟比洛芬 | 10g |
| 石蜡油 | 12g |
| 癸二酸二乙酯 | 18g |
| 月桂醇硫酸钠 | 20g |
| 明胶 | 50g |
| 甘油 | 230g |
| 聚丙烯酸钠 | 40g |
| 羧甲基纤维素钠 | 30g |
| 高岭土 | 50g |
| 氮酮 | 10g |
| 枸橼酸 | 10g |
| 香精 | 5g |
| 水 | 加至 1000g |

(2)

| | |
|---|---|
| 氟比洛芬 | 30g |
| 吐温-80 | 30g |
| 石蜡油 | 45g |
| 己二酸二乙酯 | 55g |
| d-山梨醇 | 275g |
| 明胶 | 25g |
| 硫酸铝钾 | 1. 8g |
| 尼泊金乙酯 | 1g |
| 聚丙烯酸钠 | 3. 5g |
| 羧甲基纤维素钠 | 31g |
| 高岭土 | 16g |
| 聚乙烯吡咯烷酮 K-90 | 3g |
| 氮酮 | 10g |
| 香精 | 3g |
| 蒸馏水 | 加至 1000g |

(3)

| | |
|---|---|
| 氟比洛芬 | 9g |

| | |
|---|---|
| 吐温-80 | 10g |
| 石蜡油 | 10g |
| 己二酸二乙酯 | 15g |
| 甘油 | 300g |
| 明胶 | 25g |
| 硫酸铝钾 | 1.8g |
| EDTA-Na | 5g |
| 聚丙烯酸钠 | 90g |
| 羧甲基纤维素钠 | 31g |
| 高岭土 | 40g |
| 氮酮 | 10g |
| 酒石酸 | 5g |
| 香精 | 10g |
| 蒸馏水 | 加至 1000g |

(4)

| | |
|---|---|
| 氟比洛芬 | 10g |
| 石蜡油 | 12g |
| 癸二酸二乙酯 | 18g |
| 月桂醇硫酸钠 | 20g |
| 明胶 | 50g |
| 甘油 | 230g |
| 聚丙烯酸铵 | 40g |
| 羧甲基纤维素钠 | 30g |
| 高岭土 | 50g |
| 氮酮 | 10g |
| 枸橼酸 | 10g |
| 香精 | 5g |
| 水 | 加至 1000g |

(5)

| | |
|---|---|
| 氟比洛芬 | 30g |
| 吐温-80 | 30g |
| 石蜡油 | 45g |
| 邻苯二甲酸二乙酯 | 55g |
| d-山梨醇 | 275g |
| 明胶 | 25g |
| 硫酸铝钾 | 1.8g |
| 尼泊金乙酯 | 1g |
| 聚丙烯酸钠 | 3.5g |
| 羧甲基纤维素钠 | 31g |
| 高岭土 | 16g |

| | |
|---|---|
| 聚乙烯吡咯烷酮 K-90 | 3g |
| 氮酮 | 10g |
| 香精 | 3g |
| 蒸馏水 | 加至 1000g |

(6)

| | |
|---|---|
| 氟比洛芬 | 9g |
| 乳化剂 OP | 10g |
| 石蜡油 | 10g |
| 己二酸二乙酯 | 15g |
| 甘油 | 300g |
| 明胶 | 25g |
| 硫酸铝钾 | 1.8g |
| EDTA-Na | 5g |
| 聚丙烯酸钠 | 90g |
| 西黄蓍胶 | 31g |
| 高岭土 | 40g |
| 尿素 | 10g |
| 酒石酸 | 5g |
| 香精 | 10g |
| 蒸馏水 | 加至 1000g |

(7)

| | |
|---|---|
| 氟比洛芬 | 9g |
| 十二烷基硫酸钠 | 10g |
| 石蜡油 | 10g |
| 己二酸二乙酯 | 15g |
| 甘油 | 300g |
| 明胶 | 25g |
| 氢氧化铝 | 1.8g |
| EDTA-Na | 5g |
| 聚丙烯酸钠 | 90g |
| 西黄蓍胶 | 31g |
| 高岭土 | 40g |
| 尿素 | 10g |
| 酒石酸 | 5g |
| 香精 | 10g |
| 蒸馏水 | 加至 1000g ” |

驳回决定认为：对比文件 1 公开了一种氟比洛芬巴布剂，其中包括胶粘剂、增黏剂、水、填充剂、保湿剂、含药乳液等（参见对比文件 1 的 2.2）。对比文件 1 与本申请权利要求同样都公开了一种氟比洛芬巴布剂，其中药物都是乳剂形式，二者的区别仅在于本申请权利要求 1 限定了巴布剂辅料的具体组分及含量，但这些物质在本领域都是常规选择，在现有技术中均有教导，例如对比文件 2 公

开了一种来氟米特巴布剂及其制备方法，其中包括药物、基质、无纺布和防黏膜，基质由水溶性高分子化合物明胶、羧甲基纤维素钠、聚丙烯酸钠、聚乙烯吡咯烷酮（黏着性基质）、山梨醇（保湿剂）、高岭土（填充剂）、丙二醇（渗透促进剂）、水和交联剂戊二醛溶液组成（参见对比文件2的权利要求1～3，实施例1）；巴布剂辅料含量的选择也是在可能、有限的范围内，可以通过常规的试凑法或使用一般的设计程序即可得到的。因此，本领域普通技术人员在对比文件1的教导下结合对比文件2得到权利要求1的技术方案是显而易见的，权利要求1不具备专利法第22条第3款规定的创造性。此外，驳回决定针对申请人的意见陈述指出：（1）申请人在意见陈述中强调需要付出大量劳动才能得到最佳处方，影响因素的微小改变会导致乳剂质量的不良改变，但是当本申请权利要求技术方案的一般条件已公开于现有技术（对比文件1～2）中时，通过常规实验发现最佳或可工作范围只是一种耗用了一定时间的筛选工作，劳动时间的长短不应成为判断权利要求是否具有创造性的依据；（2）申请人在意见陈述中将本申请权利要求与对比文件2进行比较，强调具有显著进步，但是对比文件2的作用是教导巴布剂中所用的常规辅料，申请人将本申请的技术方案与对比文件2直接相比并无显著意义；（3）申请人在针对第一次和第二次审查意见通知书的两次意见陈述中均描述了对辅料及其配比的特定选择，强调特定的辅料及配比对实现本发明具有不可替代的作用，但申请人的陈述与本申请的技术方案并不一致，例如申请人强调本申请中使用的乳化剂和金属离子交联剂相对于现有技术具有更好的效果，而事实上权利要求1中的第1个具体配方并没有使用乳化剂和交联剂，因此审查员不能接受申请人的陈述意见；（4）申请人虽然强调了辅料及其配比的选择特定性，但并未说明本申请相对于现有技术（特别是对比文件1）具有任何非显而易见的技术效果，而其中辅料的选择和配比是本领域技术人员在现有技术的教导下可以容易地获知的。

申请人中国人民解放军第二军医大学（下称复审请求人）对上述驳回决定不服，于2005年10月24日向专利复审委员会提出复审请求，复审请求人在提出复审请求的同时提交了新的权利要求书（共1项）。权利要求的修改之处在于通过调整文字顺序重新划分了前序和特征部分并删除了第1个具体配方。修改后的权利要求书如下：

“1. 一种氟比洛芬巴布剂，包括背衬层、药物储库和保护膜，药物储库由氟比洛芬乳剂、亲水性的巴布剂基质、渗透促进剂和附加剂组成，所说的氟比洛芬乳剂由氟比洛芬、水相、油相及乳化剂组成，其中的乳化剂选自十二烷基硫酸钠、吐温、乳化剂OP；氟比洛芬溶于油相，油相选自液体石蜡、邻苯二甲酸二丁酯、己二酸二乙酯、癸二酸二乙酯，可同时选用油相的一种或两种；所说的渗透促进剂选自氮酮、尿素、N-甲基吡咯烷酮，可同时选用1～3种；所说的附加剂为抗氧剂、防腐剂、香料、色素；所说的亲水性的巴布剂基质，由亲水性的黏着性基质、交联剂、保湿剂、填充剂、水组成，其中亲水性的黏着性基质选自聚丙烯酸钠、羧甲基纤维素钠、西黄蓍胶、聚羧乙烯、聚乙烯吡咯烷酮、聚乙二醇、明胶；所说的保湿剂选自甘油、山梨醇；所说的填充剂为高岭土；其特征在于所说的交联剂选自氢氧化铝、氯化铝、硫酸铝钾，可同时选用其中一种或两种；所说的氟比洛芬巴布剂配方与配比分别为：

（1）

| | |
|---|---|
| 氟比洛芬 | 30g |
| 吐温-80 | 30g |
| 石蜡油 | 45g |
| 己二酸二乙酯 | 55g |
| d-山梨醇 | 275g |
| 明胶 | 25g |

| | |
|---|---|
| 硫酸铝钾 | 1.8g |
| 尼泊金乙酯 | 1g |
| 聚丙烯酸钠 | 3.5g |
| 羧甲基纤维素钠 | 31g |
| 高岭土 | 16g |
| 聚乙烯吡咯烷酮 K-90 | 3g |
| 氮酮 | 10g |
| 香精 | 3g |
| 蒸馏水 | 加至 1000g |

(2)

| | |
|---|---|
| 氟比洛芬 | 9g |
| 吐温-80 | 10g |
| 石蜡油 | 10g |
| 己二酸二乙酯 | 15g |
| 甘油 | 300g |
| 明胶 | 25g |
| 硫酸铝钾 | 1.8g |
| EDTA-Na | 5g |
| 聚丙烯酸钠 | 90g |
| 羧甲基纤维素钠 | 31g |
| 高岭土 | 40g |
| 氮酮 | 10g |
| 酒石酸 | 5g |
| 香精 | 10g |
| 蒸馏水 | 加至 1000g |

(3)

| | |
|---|---|
| 氟比洛芬 | 10g |
| 石蜡油 | 12g |
| 癸二酸二乙酯 | 18g |
| 月桂醇硫酸钠 | 20g |
| 明胶 | 50g |
| 甘油 | 230g |
| 聚丙烯酸铵 | 40g |
| 羧甲基纤维素钠 | 30g |
| 高岭土 | 50g |
| 氮酮 | 10g |
| 枸橼酸 | 10g |
| 香精 | 5g |
| 水 | 加至 1000g |

(4)

| | |
|---|---|
| 氟比洛芬 | 30g |
| 吐温-80 | 30g |
| 石蜡油 | 45g |
| 邻苯二甲酸二乙酯 | 55g |
| d-山梨醇 | 275g |
| 明胶 | 25g |
| 硫酸铝钾 | 1.8g |
| 尼泊金乙酯 | 1g |
| 聚丙烯酸钠 | 3.5g |
| 羧甲基纤维素钠 | 31g |
| 高岭土 | 16g |
| 聚乙烯吡咯烷酮 K-90 | 3g |
| 氮酮 | 10g |
| 香精 | 3g |
| 蒸馏水 | 加至 1000g |

(5)

| | |
|---|---|
| 氟比洛芬 | 9g |
| 乳化剂 OP | 10g |
| 石蜡油 | 10g |
| 己二酸二乙酯 | 15g |
| 甘油 | 300g |
| 明胶 | 25g |
| 硫酸铝钾 | 1.8g |
| EDTA-Na | 5g |
| 聚丙烯酸钠 | 90g |
| 西黄蓍胶 | 31g |
| 高岭土 | 40g |
| 尿素 | 10g |
| 酒石酸 | 5g |
| 香精 | 10g |
| 蒸馏水 | 加至 1000g |

(6)

| | |
|---|---|
| 氟比洛芬 | 9g |
| 十二烷基硫酸钠 | 10g |
| 石蜡油 | 10g |
| 己二酸二乙酯 | 15g |
| 甘油 | 300g |
| 明胶 | 25g |
| 氢氧化铝 | 1.8g |

| | |
|---|---|
| EDTA-Na | 5g |
| 聚丙烯酸钠 | 90g |
| 西黄蓍胶 | 31g |
| 高岭土 | 40g |
| 尿素 | 10g |
| 酒石酸 | 5g |
| 香精 | 10g |
| 蒸馏水 | 加至 1000g。” |

复审请求人认为，本申请强调的是特定的辅料及配比对实现本发明具有不可替代的作用，例如：(1) 与对比文件 1 相比，本发明巴布剂基质中增加了交联剂，交联剂与聚合物骨架中的羧基官能团发生特异性离子反应，从而实现微凝胶固化，对巴布剂成型性十分重要，而成型性将最终影响产品外观和患者使用的适应性；(2) 与对比文件 2 相比，本发明巴布剂基质含有的交联剂选自铝盐、钙盐和镁盐，而对比文件 2 中交联剂是戊二醛溶液，由于二价或三价金属离子能特异性与聚合物骨架中的羧基官能团发生离子反应，所以固化效果优于戊二醛溶液；此外金属离子为正常组织本身固有的，毒性很低，戊二醛为组织固定试剂，对组织毒性较大，成本也显著高于金属离子。这些都体现了本发明的创造性。

形式审查合格后，专利复审委员会受理了该复审请求，并于 2006 年 1 月 10 日向复审请求人发出《复审请求受理通知书》，同时将本申请案卷移交原审查部门进行前置审查。

原审查部门对本复审请求进行了前置审查，坚持原驳回决定。

复审请求人于 2006 年 2 月 24 日提交了意见陈述书和权利要求书替换页，它们的内容与提复审请求时提交的意见陈述书和权利要求书的内容相同。

至此，合议组认为本案事实清楚，可以作出审查决定。

**二、决定的理由**

1. 审查文本

本复审请求审查决定所依据的文本为复审请求人于 2006 年 2 月 24 日提交的权利要求第 1 项以及于申请日提交的说明书第 1 ~ 14 页和说明书摘要。

2. 关于专利法第 22 条第 3 款

专利法第 22 条第 3 款规定：创造性，是指同申请日以前已有的技术相比，该发明有突出的实质性特点和显著的进步。

根据该款规定，当要求保护的权利要求中的某一技术特征在现有技术中没有记载，现有技术也没有给出任何技术启示时，在缺乏足够证据证明的情况下，就简单认定这类技术特征的采用是所属技术领域技术人员的公知常识的理由是不充分的。

本申请权利要求 1 要求保护一种氟比洛芬巴布剂，其特征在于该巴布剂中所用的交联剂选自氢氧化铝、氯化铝和硫酸铝钾，可同时选用其中一种或两种。

对比文件 1 公开了一种氟比洛芬巴布剂。本申请权利要求 1 与对比文件 1 相比，其区别技术特征之一在于对比文件 1 未公开或暗示其巴布剂中含有选自氢氧化铝、氯化铝和硫酸铝钾的交联剂。

对比文件 2 公开了一种来氟米特巴布剂，其中虽然采用了交联剂，但是该交联剂为戊二醛溶液。对比文件 2 未教导其巴布剂中可采用其他种类的交联剂。

所属技术领域的技术人员公知“戊二醛溶液”和“氢氧化铝、氯化铝和硫酸铝钾”的理化性质不同，它们作为交联剂的工作原理也不同，因此，所属技术领域的技术人员从对比文件 2 中仍然无法得到使用氢氧化铝、氯化铝或硫酸铝钾作为交联剂的技术启示。

由于本申请权利要求1中关于选自氢氧化铝、氯化铝和硫酸铝钾的交联剂的这一区别技术特征在审查员提供的两篇对比文件中均未记载，也未给出任何技术启示，在缺乏足够证据证明的情况下，简单认定此技术特征的采用是所属技术领域技术人员的公知常识的理由是不充分的，因此，合议组对于驳回决定中认定本申请权利要求1相对于对比文件1和2的结合不具备专利法第22条第3款规定的创造性的结论不予支持。

根据以上事实和理由，本案合议组作出如下审查决定。

**三、决定**

撤销国家知识产权局于2005年9月9日对03116441.2号发明专利申请作出的驳回决定。由原审查部门在复审请求人于2006年2月24日提交的权利要求第1项以及于申请日提交的说明书第1~14页和说明书摘要的基础上继续进行审查。

复审请求人对本决定不服的，可以根据专利法第41条第2款的规定，自收到本决定之日起三个月内向北京市第一中级人民法院起诉。

015

# 探针聚合物制备用探针、探针聚合物的制备方法及其应用

## 复审请求审查决定（第10350号）

**决　　定　　号**　第10350号
**决　　定　　日**　2007年8月24日
**发明创造名称**　探针聚合物制备用探针、探针聚合物的制备方法及其应用
**国 际 分 类 号**　C12Q 1/68，C12N 15/11
**复 审 请 求 人**　三光纯药株式会社
**申　　请　　号**　01800501.2
**优 先 权 日**　2000年3月31日，2000年10月10日
**申　　请　　日**　2001年3月28日
**公　　开　　日**　2002年8月14日
**合 议 组 组 长**　何　炜
**主　　审　　员**　叶　娟
**参　　审　　员**　尹　昕

**法 律 依 据**　专利法第22条第2款
**决 定 要 点**

如果所属技术领域的技术人员从修改后的内容看到的信息与原申请记载的信息相同，且该信息能够从原申请记载的信息中直接地、毫无疑义地确定，那么，这种修改是允许的。

如果专利申请所要求作为优先权基础的在先申请不是同一主题的首次申请，则该在先申请不能作为要求优先权的基础。

如果专利申请所请求保护的技术方案与现有技术中所公开的技术方案相比存在区别技术特征，则该技术方案具备新颖性。

### 一、案由

本复审请求涉及申请日为2001年3月28日、公开日为2002年8月14日、名称为“探针聚合物制备用探针、探针聚合物的制备方法及其应用”的01800501.2号发明专利申请（下称本申请），本申请的优先权日为2000年3月31日（JP2000-098797）和2000年10月10日（JP2000-309959），申请人为三光纯药株式会社。

2005年2月25日，国家知识产权局以本申请权利要求1～22相对于对比文件1（EP 1002877A，申请日为1999年11月3日，公开日为2000年5月24日）不具备新颖性，因而不符合专利法第22条第2款之规定为由驳回了本申请。

驳回决定所针对的权利要求书是申请人于2004年11月2日提交的修改后的权利要求书，其中全部独立权利要求如下：

“1. 一种探针聚合物制备用探针，含有具备下述（a）（b）（c）特性的成对第1探针和第2探针，（a）上述成对的第1探针和第2探针分别以具有n为3个以上的互补碱基序列区域的形式构成，由第1探针5’端依次设定的$X_1$区域、$X_2$区域、$X_3$区域……$X_n$区域以及由第2探针5’端依次设定的$X_1$’区域、$X_2$’区域、$X_3$’区域……$X_n$’区域分别具有互补的碱基序列；（b）上述成对的第1探针和第2探针具有在使二者发生发应时，$X_1$区域只与$X_1$’区域杂交，$X_2$区域只与$X_2$’区域杂交，$X_3$区域只与$X_3$’区域杂交……$X_n$区域只与$X_n$’区域杂交的性质，二者结合时，只任意一个区域之间进行杂交，而且通过这一区域结合的复数个上述成对的第1探针和第2探针相互杂交形成探针聚合物；（c）在上述成对的第1探针和第2探针的各互补碱基序列区域的两端上配置的鸟嘌呤或胞嘧啶的数目至少为1个，在上述成对的第1探针和第2探针杂交时在互补碱基序列区域的端部至少形成1个胞嘧啶-鸟嘌呤结合。

5. 一种制备探针聚合物的方法，使具有下述（a）（b）（c）特性的复数个成对第1探针和第2探针聚合，（a）上述成对的第1探针和第2探针分别以具有n为3个以上的互补碱基序列区域的形式构成，由第1探针5’端依次设定的$X_1$区域、$X_2$区域、$X_3$区域……$X_n$区域以及由第2探针5’端依次设定的$X_1$’区域、$X_2$’区域、$X_3$’区域……$X_n$’区域分别具有互补的碱基序列；（b）上述成对的第1探针和第2探针具有在使二者发生发应时，$X_1$区域只与$X_1$’区域杂交，$X_2$区域只与$X_2$’区域杂交，$X_3$区域只与$X_3$’区域杂交……$X_n$区域只与$X_n$’区域杂交的性质，二者结合时，只有其中任意一个区域之间进行杂交，而且通过这一区域结合的复数个上述成对的第1探针和第2探针相互杂交形成探针聚合物；（c）在上述成对的第1探针和第2探针的各互补碱基序列区域的两端上配置的鸟嘌呤或胞嘧啶的数目至少为1个，在上述成对的第1探针和第2探针杂交时在互补碱基序列区域的端部至少形成1个胞嘧啶-鸟嘌呤结合。

9. 一种探针聚合物，通过使具有下述（a）（b）（c）特性的复数个成对第1探针和第2探针聚合得到，（a）上述成对的第1探针和第2探针分别以具有n为3个以上的互补碱基序列区域的形式构成，由第1探针5’端依次设定的$X_1$区域、$X_2$区域、$X_3$区域……$X_n$区域以及由第2探针5’端依次设定的$X_1$’区域、$X_2$’区域、$X_3$’区域……$X_n$’区域分别具有互补的碱基序列；（b）上述成对的第1探针和第2探针具有在使二者发生发应时，$X_1$区域只与$X_1$’区域杂交，$X_2$区域只与$X_2$’区域杂交，$X_3$区域只与$X_3$’区域杂交……$X_n$区域只与$X_n$’区域杂交的性质，二者结合时，只任意一个区域之间进行杂交，而且通过这一区域结合的复数个上述成对的第1探针和第2探针相互杂交形成探针聚合物；（c）在上述成对的第1探针和第2探针的各互补碱基序列区域的两端上配置的鸟嘌呤或胞嘧啶的数目至少为1个，在上述成对的第1探针和第2探针杂交时在互补碱基序列区域的端部至少形成1个胞嘧啶-鸟嘌呤结合。

13. 一种使用聚合用探针的试样中目标基因的测定方法，由下述（1）~（3）步骤组成，

（1）作为聚合用探针使用具有下述（a）（b）（c）特性的成对的第1探针和第2探针，使至少一个目标基因捕获用探针与试剂发生反应，使之与目标基因结合，所述目标基因捕获用探针由两个区域构成，即具有与一部分目标基因互补的碱基序列的区域以及具有与聚合用探针中任意一个区域互补的碱基序列的区域；（a）上述成对的第1探针和第2探针分别以具有n为3个以上的互补碱基序列区域的形式构成，由第1探针5’端依次设定的$X_1$区域、$X_2$区域、$X_3$区域……$X_n$区域以及由第2探针5’端依次设定的$X_1$’区域、$X_2$’区域、$X_3$’区域……$X_n$’区域分别具有互补的碱基序列；（b）上述成对的第1探针和第2探针具有在使二者发生发应时，$X_1$区域只与$X_1$’区域杂交，$X_2$区域只与$X_2$’区域杂

交，$X_3$ 区域只与 $X_3$' 区域杂交……$X_n$ 区域只与 $X_n$' 区域杂交的性质，二者结合时，只任意一个区域之间进行杂交，而且通过这一区域结合的复数个上述成对的第 1 探针和第 2 探针相互杂交形成探针聚合物；（c）在上述成对的第 1 探针和第 2 探针的各互补碱基序列区域的两端上配置的鸟嘌呤或胞嘧啶的数目至少为 1 个，在上述成对的第 1 探针和第 2 探针杂交时在互补碱基序列区域的端部至少形成 1 个胞嘧啶-鸟嘌呤结合。（2）接着，使上述聚合用探针发生反应，使上述捕获用探针与该聚合用探针结合，形成目标基因·探针聚合物复合体；（3）由使用的聚合探针中洗涤除去未反应的探针后，测定制备的探针聚合物的量。

18. 一种试样中目标基因的检测试剂，作为聚合用探针使用具有下述（a）（b）（c）特性的成对的第 1 探针和第 2 探针，将至少一个目标基因捕获用探针和上述复数个聚合用探针作为必要组成成分，所述目标基因捕获用探针由两个区域构成，即具有与一部分目标基因互补的碱基序列的区域以及具有与上述聚合用探针中任意一个区域互补的碱基序列的区域；（a）上述成对的第 1 探针和第 2 探针分别以具有 n 为 3 个以上的互补碱基序列区域的形式构成，由第 1 探针 5' 端依次设定的 $X_1$ 区域、$X_2$ 区域、$X_3$ 区域……$X_n$ 区域以及由第 2 探针 5' 端依次设定的 $X_1$' 区域、$X_2$' 区域、$X_3$' 区域……$X_n$' 区域分别具有互补的碱基序列；（b）上述成对的第 1 探针和第 2 探针具有在使二者发生发应时，$X_1$ 区域只与 $X_1$' 区域杂交，$X_2$ 区域只与 $X_2$' 区域杂交，$X_3$ 区域只与 $X_3$' 区域杂交……$X_n$ 区域只与 $X_n$' 区域杂交的性质，二者结合时，只任意一个区域之间进行杂交，而且通过这一区域结合的复数个上述成对的第 1 探针和第 2 探针相互杂交形成探针聚合物；（c）在上述成对的第 1 探针和第 2 探针的各互补碱基序列区域的两端上配置的鸟嘌呤或胞嘧啶的数目至少为 1 个，在上述成对的第 1 探针和第 2 探针杂交时在互补碱基序列区域的端部至少形成 1 个胞嘧啶-鸟嘌呤结合。"

驳回决定认为：（1）本申请要求享有申请人向日本专利局提交的 2 个专利申请（即 JP2000-098797 和 JP2000-309959）的优先权，但由于在本申请的最早优先权日之前，申请人已经分别于 1998 年 11 月 9 日、1999 年 3 月 10 日提交了申请号为 JP31805698 和 JP6347699 的专利申请，其中已经在实施例中公开了一些具体的探针用于制备探针聚合物，这些探针与本申请实施例中的探针 1 ~ 7、探针 A ~ E 完全一样，其中也已经通过说明书及附图公开了一种成对的、区域互补、能杂交的探针，而且这些具体的探针或探针对已经落入了本申请及其在先申请（最早优先权日为 2000 年 3 月 31 日）的权利要求所要求保护的范围内，因此，作为优先权的两项申请并非首次申请，不符合专利法第 29 条的规定，本申请（至少部分）不能享有其所要求的优先权 1 和 2；（2）对比文件 1 在其说明书实施例部分和附图中公开了与本申请实施例中的探针 1 ~ 7、探针 A ~ E 完全一样的探针，而且这些探针在端部都至少有 1 个 C 或 G，能形成 C-G 结合，而且实施例及权利要求书中也已经公开了这种探针的制备和应用，由此可见，对比文件 1 所公开的技术方案完全落入权利要求 1 ~ 22 所要求保护的范围内，因此这些权利要求不具备新颖性，不符合专利法第 22 条第 2 款的规定；（3）虽然申请人认为，本发明技术方案的关键在于各互补区域的两端部都配置至少一个 C 或 G，与对比文件 1 所公开的只在一端上有 C 或 G 的探针的结构完全不同，但是申请人提交的新权利要求 1 中（c）项"在上述成对的第 1 探针和第 2 探针的各互补碱基序列区域的两端部分支点上至少配置 1 个鸟嘌呤或胞嘧啶，在上述成对的第 1 探针和第 2 探针杂交时在互补碱基序列区域的端部至少形成 1 个胞嘧啶-鸟嘌呤结合"中并没有要求在两端部"都"配置至少一个 C 或 G，因此，申请人所陈述的本发明相对于对比文件 1 具有新颖性的理由不成立。

申请人三光纯药株式会社（下称复审请求人）对上述驳回决定不服，于 2005 年 3 月 4 日向专利复审委员会提出复审请求，同时提交了新的权利要求书（共 5 页 22 项）和说明书第 3 页的替换页。复审请求人对权利要求书所作修改仅为：将原权利要求书中出现的所有"两端上配置的鸟嘌呤或胞嘧啶的数目至少为1个”全部修改为“两端部都配置数目至少为1个鸟嘌呤或胞嘧啶”。

复审请求人在复审请求时陈述的意见如下：(1) 对比文件1要求了2项优先权，这两项优先权即本申请的申请人早期申请的JP31805698（申请日为1998年11月9日）和JP6347699（申请日为1999年3月10日），本发明正是在这两件申请的基础上作出的改进发明，因此复审请求人对于国家知识产权局所提出的有关优先权的审查意见没有异议，复审请求人的所有意见陈述均是在对比文件1及其优先权文件的基础上作出的；(2) 对比文件1中所公开的探针1～7及探针A～E，只在其互补区域的先端部（分支点）上有C（胞嘧啶）或G（鸟嘌呤），但本发明是在成对的第1探针和第2探针的各互补区域的两端部上至少配置一个G或C，并在第1探针和第2探针杂交时在互补区域的端部形成至少一个C-G结合，本申请的实施例7～13证实了具有本发明结构的探针（HCP-1）具有优异的性能，而不具本发明结构的探针（HCP-2和HCP-3）达不到本发明的技术效果，因此，本发明技术方案的关键在于各互补区域的两端部都配置至少一个C或G，本申请附图19中给出了这样的探针的实例，这与对比文件1所公开的只在一端上有C或G的探针的结构完全不同，综上，新权利要求1～22与对比文件1相比，具备新颖性，并且由于具有相对于对比文件1的优良的性能和效果而同时具备创造性。

形式审查合格后，专利复审委员会受理了该复审请求，并于2005年3月30日向复审请求人发出《复审请求受理通知书》，同时将本申请案卷移交原审查部门进行前置审查。

原审查部门对本复审请求进行了前置审查，认为：由于原申请文件中并不存在“两端部都配置数目至少为1个鸟嘌呤或胞嘧啶”这样的表述，因此复审请求人在提出复审请求时对权利要求书的修改超出了原说明书和权利要求书记载的范围，不符合专利法第33条的规定，因而坚持原驳回决定。

专利复审委员会组成合议组，对本复审请求案进行了审理。

2007年8月23日，申请人提交了意见陈述，表示放弃其于2002年8月19日提交的说明书第17页的替换页，并要求按照原始提交的说明书第17页作为基础进行审查。

至此，合议组认为本案事实已经清楚，可以作出审查决定。

**二、决定的理由**

1. 审查所针对的文本

本复审决定所针对的文本为：本申请于2001年11月12日进入中国国家阶段时提交的原始国际申请中文译本的说明书第2、4～6、8、10～12、14～17、20、24、26～28页，说明书附图第1～39页，说明书摘要（1页）；于2002年1月21日提交的核苷酸和氨基酸序列表（共10页）和说明书摘要附图（1页）；于2004年8月19日提交的说明书第1、7、9、13、18～19、21～23、25页；于2005年3月4日提交的说明书第3页和权利要求书（共5页22项）。

2. 关于专利法第33条

专利法第33条规定：申请人可以对其专利申请文件进行修改，但是，对发明和实用新型专利申请文件的修改不得超出原说明书和权利要求书记载的范围。

如果所属技术领域的技术人员从修改后的内容看到的信息与原申请记载的信息相同，且该信息能够从原申请记载的信息中直接地、毫无疑义地确定，那么，这种修改是允许的。

就本申请而言，其请求保护一种聚合物制备用探针，复审请求人在提出复审请求时将权利要求书中出现的所有“两端上配置的鸟嘌呤或胞嘧啶的数目至少为1个”全部修改为“两端部都配置数目至少为1个鸟嘌呤或胞嘧啶”。根据说明书的记载可知（参见本申请说明书第2页第6～29行、第12页第18～21行、第28～30行，附图17，附图40），现有技术中已经提供了一种聚合物制备用探针的制备方法，本发明的探针是在其基础上提出的一种使探针聚合物更为稳定的改进技术方案，改进之处即在于使成对探针“在相互交错进行杂交时各个区域中分支点（两端）的碱基序列成为G（鸟嘌呤）与C（胞嘧啶）的结合”，由于各区域分支点中碱基对之间的结合力比A（腺嘌呤）与T（胸腺嘧啶）牢固，由于碱基堆积使该区域全部碱基的π电子产生的特殊相互作用比现有的更强，从而形成稳定的双链聚合物。分支点的G-C种类、数目可以自由组合，只要是G-C的碱基序列，没有特别的限定（参见本申请说明书第12页第28～30行，附图19）。说明书附图中给出了本发明探针的实例，从图中可以清楚的看到，这些探针的各互补碱基序列区域的两端部（即分支点）都配置了1～3个（即至少1个）鸟嘌呤或胞嘧啶（参见本申请说明书附图19、32、40），各探针互补区域两端部上的鸟嘌呤或胞嘧啶与互补探针上对应位置的胞嘧啶或鸟嘌呤形成G-C结合。

由此可见，本发明的探针其成对探针各互补碱基序列区域“两端部都配置数目至少为1个鸟嘌呤或胞嘧啶”这一信息是能够从原申请记载的信息中直接地、毫无疑义地确定的，因此，复审请求人在提出复审请求时对权利要求书的修改并未超出原说明书和权利要求记载的范围，符合专利法第33条的规定。

3. 关于专利法第29条第1款

专利法第29条第1款规定：申请人自发明或者实用新型在外国第一次提出专利申请之日起12个月内，又在中国就相同主题提出专利申请的，依照该外国同中国签订的协议或者共同参加的国际条约，或者依照相互承认优先权的原则，可以享有优先权。

如果专利申请所要求作为优先权基础的在先申请不是同一主题的首次申请，则该在先申请不能作为要求优先权的基础。

就本申请而言，其以申请人的两件在先申请JP2000-098797（申请日为2000年3月31日，下称最早优先权日）和JP2000-309959（申请日为2000年10月10日）为基础要求优先权。

对比文件1（EP 1002877A）是本申请的申请人提交的又一份申请，其申请日1999年11月3日早于本申请的最早优先权日，也即早于本申请的优先权申请JP2000-098797和JP2000-309959的申请日。本申请请求保护一种聚合物制备用探针及其应用方法，对比文件1也公开了一种聚合物制备用探针及其应用方法（参见对比文件1说明书第0028～0039段、权利要求及说明书附图），也即对比文件1已经公开了本申请的主题。因此，可以确定在先申请JP2000-098797和JP2000-309959并不是本申请的申请人提出的记载了与本申请的相同主题的首次申请，因此，本申请不能要求以在先申请JP2000-098797和JP2000-309959的申请日为优先权日。

鉴于此，且由于对比文件1（EP 1002877A）的公开日为2000年5月24日，早于本申请的申请日，因此，对比文件1可以用作评价本专利新颖性的有效对比文件。

4. 关于专利法第22条第2款

专利法第22条第2款规定：新颖性，是指在申请日以前没有同样的发明或者实用新型在国内外出版物上公开发表过、在国内公开使用过或者以其他方式为公众所知，也没有同样的发明或者实用新型向国务院专利行政部门提出过申请并且记载在申请日以后公布的专利申请文件中。

如果请求保护的技术方案与现有技术中所公开的技术方案相比存在区别技术特征，则该请求的技术方案具备新颖性。

(1) 关于独立权利要求1及其从属权利要求2～4的新颖性。

本申请权利要求1请求保护一种探针聚合物制备用探针，该探针包括成对的包括n大于3个互补碱基序列区域的探针，所述各碱基序列区域的两端部都配置数目至少为1个鸟嘌呤或胞嘧啶（具体内容参见前述“案由”部分所载权利要求）。

对比文件1公开了一种探针聚合物制备用探针，该探针包括成对的第1探针和第2探针，第1/2探针各由三个或更多个与第2/1探针上相应碱基序列部分互补的碱基序列部分组成，当第1探针与第

2 探针杂交时，第 1 探针中某个部分与第 2 探针中的对应互补部分杂交，而该第 1/2 探针中的其余部分与其他第 2/1 探针中的对应互补部分杂交，由此通过多个第 1、2 探针的杂交连接最终形成探针聚合物（参见对比文件 1 说明书第 006、0028～0031 段，说明书附图 1～7、9～10）。

将权利要求 1 的技术方案与对比文件 1 公开的技术方案相比可见，二者所述的探针都是包括成对的由 3 个以上（对比文件 1 技术方案中还包括 3 个）互补碱基序列部分组成的探针，且所述多个成对探针杂交后能够通过彼此间的相互交联形成探针聚合物。但二者的区别在于：权利要求 1 的技术方案中还要求所述探针中“所述各碱基序列区域的两端部都配置数目至少为 1 个鸟嘌呤或胞嘧啶”，而对比文件 1 的探针中并无此限定，而且对比文件 1 全文（包括其附图）中也并未公开任何具有该特征的探针及其实例。因此，权利要求 1 的技术方案与对比文件 1 公开的技术方案之间存在区别技术特征，其相对于对比文件 1 的技术方案具备新颖性，符合专利法第 22 条第 2 款的规定。基于此，权利要求 1 的从属权利要求 2～4 相对于对比文件 1 也具备新颖性。

（2）关于独立权利要求 5、9、13、18 及其各自的从属权利要求的新颖性。

独立权利要求 5、13 及各自的从属权利要求 6～8、14～17 分别要求保护制备探针聚合物的方法、使用聚合用探针的试样中目标基因的测定方法（具体内容参见前述“案由”部分所载权利要求），这些方法中均使用了权利要求 1 所述的聚合物制备用探针；独立权利要求 9 及其从属权利要求 10～12 要求保护探针聚合物，该探针聚合物由权利要求 1 所述的聚合物制备用探针制得；独立权利要求 18 及其从属权利要求 19～22 要求保护试样中目标基因的检测试剂，其中包括权利要求 1 所述的聚合物制备用探针。基于前述已经分析得出权利要求 1 所述的聚合物制备用探针相对于对比文件 1 具有新颖性的结论，权利要求 5～22 相对于对比文件 1 也同样具有新颖性。

综上所述，权利要求 1～22 相对于对比文件 1 具有新颖性，符合专利法第 22 条第 2 款的规定。

根据以上事实和理由，本案合议组作出如下审查决定。

**三、决定**

撤销国家知识产权局于 2005 年 2 月 25 日对 01800501.2 号发明专利申请作出的驳回决定。由原审查部门在本复审决定所针对的文本的基础上继续进行审查。

复审请求人对本决定不服的，可以根据专利法第 41 条第 2 款的规定，自收到本决定之日起三个月内向北京市第一中级人民法院起诉。

016

# 从克隆的核苷酸序列制备减毒呼吸道合胞病毒疫苗的方法

## 复审请求审查决定（第10371号）

**决　定　号**　第10371号
**决　定　日**　2007年3月22日
**发明创造名称**　从克隆的核苷酸序列制备减毒呼吸道合胞病毒疫苗的方法
**国际分类号**　C12N 7/04，C12N 7/01，A61K 39/155，C12N 15/45，C12N 7/00
**复审请求人**　美国政府健康及人类服务部
**申　请　号**　97196139.5
**优　先　权　日**　1996年7月15日，1997年5月9日，1997年5月23日
**申　请　日**　1997年7月15日
**公　开　日**　1999年7月28日
**合议组组长**　祝海燕
**主　审　员**　尹　昕
**参　审　员**　郭　婷

**法律依据**　专利法第22条第2款
**决定要点**

如果一项发明专利申请与现有技术的相关内容相比，其技术领域、所要解决的技术问题和技术方案实质上相同、预期效果相同，则认为两者为同样的发明。

对于用制备方法进行限定的化学产品权利要求，如果申请文件中没有提供可与现有技术进行比较的参数证明该产品与现有技术产品不同，而仅仅是制备方法不同，也没有表明由于方法上的区别为产品带来了结构和/或组成上的改变，则推定该制备方法限定的产品权利要求不具备专利法第22条第2款所述的新颖性。

### 一、案由

本复审请求涉及申请日为1997年7月15日、公开日为1999年7月28日、名称为“从克隆的核苷酸序列制备减毒呼吸道合胞病毒疫苗的方法”的97196139.5号发明专利申请（下称本申请），本申请的申请人为美国政府健康及人类服务部。

国家知识产权局于2004年1月16日作出驳回决定，以本申请的权利要求1～7、9、25～27不具备专利法第22条第2款规定的新颖性为由驳回了本申请，驳回决定所针对的权利要求书为：

“1. 一种分离的感染性重组呼吸道合胞病毒RSV，其包含RSV基因组或反基因组、主要核衣壳蛋白N、核衣壳磷蛋白P、大聚合酶蛋白L和RNA聚合酶延伸因子，其中重组RSV有一个或多个减

毒突变，其中至少一个突变导致 RSV 聚合酶基因中氨基酸 pH 值 $e_{521}$、$Gln_{831}$、$Met_{1169}$或 $Tyr_{1321}$处的温度敏感型取代，或基因 M2 的基因起始序列中的温度敏感型核苷酸取代，其中所述重组 RSV 具有选自（i）密码子中的确定至少一个所述温度敏感性突变的多个核苷酸变化；（ii）限制性位点标记；或（iii）来自不同生物方法衍生获得的 RSV 突变株的多个减毒突变的重组修饰。

2. 根据权利要求 1 所述的 RSV，它至少有三个减毒突变。

3. 根据权利要求 1 所述的 RSV，其中 pH 值 $e_{521}$或 $Gln_{831}$被 Leu 取代。

4. 根据权利要求 1 所述的 RSV，其中 $Met_{1169}$被 Val 取代。

5. 根据权利要求 1 所述的 RSV，其中 $Tyr_{1321}$被 Asn 取代。

6. 根据权利要求 1 所述的 RSV，其中至少两个突变选自 pH 值 $e_{521}$、$Gln_{831}$、$Met_{1169}$和 $Tyr_{1321}$处的温度敏感型取代。

7. 根据权利要求 6 所述的 RSV，其中温度敏感型取代在 pH 值 $e_{521}$和 $Met_{1169}$处。

8. 根据权利要求 6 所述的 RSV，其中温度敏感型取代在 $Gln_{831}$和 $Tyr_{1321}$处。

9. 根据权利要求 1 所述的 RSV，其中两个突变发生在编码 pH 值 $e_{521}$、$Gln_{831}$、$Met_{1169}$和 $Tyr_{1321}$处温度敏感型取代的密码子中。

10. 根据权利要求 1 所述的 RSV，它还包括一个核苷酸修饰，该修饰可导致选自生长能力改变、减毒作用、温度敏感性、冷适应性、小噬斑、宿主范围限制性或免疫原性改变的表型。

11. 根据权利要求 10 所述的 RSV，其中 SH、NS1、NS2 或 G 基因被修饰。

12. 根据权利要求 11 所述的 RSV，其中 SH 基因缺失。

13. 根据权利要求 11 所述的 RSV，其中 NS2 基因与 SH 基因在位置上相互替换。

14. 根据权利要求 10 所述的 RSV，其中所述其他核苷酸修饰是对顺式作用调节序列，该调节序列被修饰或在 RSV 基因组或反基因组中被重排。

15. 根据权利要求 14 所述的 RSV，其中顺式作用调节序列被异源调节序列代替。

16. 根据权利要求 15 所述的 RSV，其中异源调节序列是不同 RSV 基因的顺式作用调节序列。

17. 根据权利要求 10 所述的 RSV，其中核苷酸修饰选自：在选定基因中引入终止密码子，或相对选定基因的序列、位置的改变，或 GS 或 GE 转录信号的存在发生改变。

18. 根据权利要求 10 所述的 RSV，其中核苷酸修饰包括 RSV 基因组或反基因组中翻译起始密码子序列前后中的插入、缺失或改变。

19. 根据权利要求 10 所述的 RSV，其中一个 RSV 亚组病毒中编码免疫原性 F 或 G 蛋白的基因或基因片段被引入不同 RSV 亚组病毒的基因组或反基因组中。

20. 根据权利要求 10 所述的 RSV，其中 RSV 基因组或反基因组被修饰成可编码非 RSV 分子，这些非 RSV 分子选自：细胞因子、T 辅助表位、限制性位点标记、或能够引发哺乳动物宿主中保护性免疫应答的微生物病原体蛋白。

21. 权利要求 1 所述的分离的感染性重组呼吸道合胞病毒在制备药物中的应用，该药物用于给予个体以刺激个体的免疫系统诱导针对抗呼吸道合胞病毒的保护。

22. 根据权利要求 21 所述的应用，其中所述药物用于给予上呼吸道。

23. 根据权利要求 21 所述的应用，其中所述药物用于喷雾、药滴或气雾剂。

24. 根据权利要求 21 所述的应用，其中所述药物用于给予 RSV 抗体血清阴性的个体，或具有经胎盘获得母体的 RSV 抗体的个体。

25. 一种诱导出抗 RSV 的保护性的疫苗，它包含免疫充足量的权利要求 1 所述的分离的减毒重组 RSV，所述 RSV 在生理上可接受的载体中。

26. 根据权利要求 25 所述的疫苗，其中配制成剂量为 $10^3$ ~ $10^6$ 的减毒 RSV。

27. 根据权利要求 25 所述的疫苗，它被配制成经过喷雾、药滴或气雾剂来对上呼吸道给药。

28. 一种组合物，它包含表达载体，该表达载体包含编码重组 RSV 基因组或反基因组的分离的多核苷酸分子，一个或多个编码 RSV 的 N 蛋白、P 蛋白、L 蛋白和 RNA 聚合酶延伸因子蛋白的多核苷酸分子，其中所述重组 RSV 基因组或反基因组有一个或多个减毒突变，其中至少一个突变导致 RSV 聚合酶基因中氨基酸 pH 值 $e_{521}$、$Gln_{831}$、$Met_{1169}$ 或 $Tyr_{1321}$ 处的温度敏感型取代，或基因 M2 的基因起始序列中的温度敏感型核苷酸取代，其中所述重组 RSV 具有选自（i）密码子中的确定至少一个所述温度敏感性突变的多个核苷酸变化；（ii）限制性位点标记；或（iii）来自不同生物方法衍生获得的 RSV 突变株的多个减毒突变的重组修饰。”

驳回决定中指出的具体理由为：权利要求 1 要求保护一种呼吸道合胞病毒（RSV），对比文件 1（WO9321310A，公开日：1993 年 10 月 28 日）中已经公开了一系列 RSV，如 cpts248、cpts530 及其衍生株 cpts248/404、cpts530/1009 等（参见对比文件 1 的权利要求 11 中的（i）、（ii）），这些毒株是减毒 RSV，完全具有如权利要求 1 所述的全部结构特征：显然应具有 RSV 都应有的基因组、N、P、L 蛋白和 RNA 聚合酶延伸因子，以及具体位点上的突变（RSV 聚合酶基因中氨基酸 pH 值 $e_{521}$、$Gln_{831}$、$Met_{1169}$ 或 $Tyr_{1321}$ 处的温度敏感型取代，或基因 M2 的基因起始序列中的温度敏感型核苷酸取代）和确定的多核苷酸变化（具体可参见本申请的说明书第 83 ~ 84 页的表 36 ~ 37）。尽管对比文件 1 并没有揭示这些 RSV 上的具体位点上的突变和确定的多核苷酸变化，但是这些已经公开了的 RSV 菌株本身已经属于权利要求 1 的保护范围。尽管本申请要求保护的 RSV 病毒与对比文件 1 中的病毒是采用不同方法制备的，但产品是由其本身的结构特征确定的，用不同方法制备的产品只要结构相同产品仍然是相同的。因此权利要求 1 不具备新颖性，不符合专利法第 22 条第 2 款的规定。同理，对比文件 1 也公开了权利要求 2 ~ 7、9、25 ~ 27 的附加技术特征，上述权利要求均不具备专利法第 22 条第 2 款所规定的新颖性。

申请人美国政府健康及人类服务部（下称复审请求人）对上述驳回决定不服，于 2004 年 4 月 30 日向专利复审委员会提出复审请求，但没有对申请文件进行修改。复审请求人在复审请求的理由中指出：本申请的权利要求 1 要求保护的分离的重组 RSV 病毒株与对比文件 1 中公开的生物学方法衍生获得的 RSV 突变株在结构上是不同的，具体来说，（1）对比文件 1 中描述的病毒株没有一种具有“限制性位点标记”；（2）不能合理断言对比文件 1 的 RSV 的突变株具有“来自不同生物方法衍生获得的 RSV 突变株的多个减毒突变的重组修饰”；（3）对比文件 1 中也没有公开“密码子中的确定至少一个所述温度敏感性突变的多个核苷酸变化”。因此本申请相对于对比文件 1 具有新颖性。

形式审查合格后，专利复审委员会受理了该复审请求，并于 2004 年 5 月 24 日向复审请求人发出《复审请求受理通知书》，同时将本申请移交原审查部门进行前置审查。

原审查部门对本复审请求进行了前置审查，在《前置审查意见书》中，原审查部门指出：（1）权利要求 1 中采用了“或”、“选自”等表示选择的表述方法，对比文件 1 只要公开其中任何一个可选的技术特征，便可破坏权利要求 1 的新颖性；（2）用不同方法获得的病毒在结构、功能上是一样的，那么作为产品，二者是相同的；（3）虽然对比文件 1 只公开了突变病毒本身，并没有公开具体的突变位点，但本申请要求保护的是病毒，而这种病毒已经被对比文件 1 公开了。因此，复审请求人的复审理由无法克服本申请的权利要求不具有新颖性的缺陷，故坚持原驳回决定。

专利复审委员会组成合议组，对本案的复审请求进行了审理。于 2006 年 7 月 5 日向复审请求人发出《复审通知书》。《复审通知书》指出：

权利要求 1 要求保护一种分离的感染性重组呼吸道合胞病毒 RSV，在说明书中记载了权利要求 1

中所述 RSV 病毒株的典型实例，即采用生物衍生或生物工程重组的方法掺入减毒温度敏感性（ts）突变的病毒株，如 cpts248、cpts530、cpts530/1009、cpts530/1030、cpts248/404 等（参见本申请说明书第 4 页第 19～25 行，第 16 页第 12～19 行，第 83 页表 36 及第 84 页表 37，第 93 页表 39）。可见上述 RSV 病毒株具备权利要求 1 所述的结构特征，换言之，权利要求 1 的保护范围包括了这些具体的病毒株。对比文件 1 中公开了一种减毒呼吸道合胞病毒（RSV）的疫苗组合物，该 RSV 具有至少两个温度敏感型的减毒突变，具体可选自 cpts248、cpts530、cpts248/404、cpts530/1009 等（参见对比文件 1 权利要求 1、11 中的（i）、（ii）项以及说明书第 4 页第 10～15 行）。这些公开的 RSV 病毒株必然具备 RSV 本身的基因组、N、P、L 蛋白和 RNA 聚合酶延伸因子，以及具体位点上的突变（RSV 聚合酶基因中氨基酸 pH 值 $e_{521}$、$Gln_{831}$、$Met_{1169}$或 $Tyr_{1321}$处的温度敏感型取代，或基因 M2 的基因起始序列中的温度敏感型核苷酸取代）和确定的多核苷酸变化（如限制性位点标记）。可见，权利要求 1 所请求保护的技术方案已经被对比文件 1 公开，两者技术领域、所要解决的技术问题和技术方案实质上相同、预期效果相同，因此不具备专利法第 22 条第 2 款所规定的新颖性。

权利要求 2～7、9 对权利要求 1 的 RSV 中减毒突变的数目及位置进行了进一步限定，对比文件 1 中公开的病毒株均具备这些结构特征，基于上述同样的理由，权利要求 2～7、9 也不具备专利法第 22 条第 2 款规定的新颖性。权利要求 25 要求保护一种诱导出抗 RSV 的保护性的疫苗，其从属权利要求 26、27 分别对疫苗的剂量和给药方式进行了进一步限定，对比文件 1 中已经公开了采用同样的 RSV 减毒突变株制备的疫苗，并公开了同样的疫苗给药剂量和方式（参见对比文件 1 的权利要求 1、11、15、27），因此，权利要求 25～27 也不具备专利法第 22 条第 2 款规定的新颖性。

针对《复审通知书》指出的问题，复审请求人于 2006 年 8 月 21 日提交了意见陈述书，同时提交了修改的权利要求书，将权利要求 1 和权利要求 28 中的“所述重组 RSV 具有选自（i）密码子中的确定至少一个所述温度敏感性突变的多个核苷酸变化；（ii）限制性位点标记；或（iii）来自不同生物方法衍生获得的 RSV 突变株的多个减毒突变的重组修饰”修改为“所述重组 RSV 基因组或反基因组在确定至少一个所述温度敏感性突变的密码子中有多个核苷酸变化”。修改后的权利要求书如下：

“1. 一种分离的感染性重组呼吸道合胞病毒 RSV，其包含 RSV 基因组或反基因组、主要核衣壳蛋白 N、核衣壳磷蛋白 P、大聚合酶蛋白 L 和 RNA 聚合酶延伸因子，其中重组 RSV 有一个或多个减毒突变，其中至少一个突变导致 RSV 聚合酶基因中氨基酸 pH 值 $e_{521}$、$Gln_{831}$、$Met_{1169}$或 $Tyr_{1321}$处的温度敏感型取代，或基因 M2 的基因起始序列中的温度敏感型核苷酸取代，其中所述重组 RSV 基因组或反基因组在确定至少一个所述温度敏感性突变的密码子中有多个核苷酸变化。

2. 根据权利要求 1 所述的 RSV，它至少有三个减毒突变。

3. 根据权利要求 1 所述的 RSV，其中 pH 值 $e_{521}$或 $Gln_{831}$被 Leu 取代。

4. 根据权利要求 1 所述的 RSV，其中 $Met_{1169}$被 Val 取代。

5. 根据权利要求 1 所述的 RSV，其中 $Tyr_{1321}$被 Asn 取代。

6. 根据权利要求 1 所述的 RSV，其中至少两个突变选自 pH 值 $e_{521}$、$Gln_{831}$、$Met_{1169}$和 $Tyr_{1321}$处的温度敏感型取代。

7. 根据权利要求 6 所述的 RSV，其中温度敏感型取代在 pH 值 $e_{521}$和 $Met_{1169}$处。

8. 根据权利要求 6 所述的 RSV，其中温度敏感型取代在 $Gln_{831}$和 $Tyr_{1321}$处。

9. 根据权利要求 1 所述的 RSV，其中两个突变发生在编码 pH 值 $e_{521}$、$Gln_{831}$、$Met_{1169}$和 $Tyr_{1321}$处温度敏感型取代的密码子中。

10. 根据权利要求 1 所述的 RSV，它还包括一个核苷酸修饰，该修饰可导致选自生长能力改变、减毒作用、温度敏感性、冷适应性、小噬斑、宿主范围限制性或免疫原性改变的表型。

11. 根据权利要求 10 所述的 RSV，其中 SH、NS1、NS2 或 G 基因被修饰。

12. 根据权利要求 11 所述的 RSV，其中 SH 基因缺失。

13. 根据权利要求 11 所述的 RSV，其中 NS2 基因与 SH 基因在位置上相互替换。

14. 根据权利要求 10 所述的 RSV，其中所述其他核苷酸修饰是对顺式作用调节序列，该调节序列被修饰或在 RSV 基因组或反基因组中被重排。

15. 根据权利要求 14 所述的 RSV，其中顺式作用调节序列被异源调节序列代替。

16. 根据权利要求 15 所述的 RSV，其中异源调节序列是不同 RSV 基因的顺式作用调节序列。

17. 根据权利要求 10 所述的 RSV，其中核苷酸修饰选自：在选定基因中引入终止密码子，或相对选定基因的序列、位置的改变，或 GS 或 GE 转录信号的存在发生改变。

18. 根据权利要求 10 所述的 RSV，其中核苷酸修饰包括 RSV 基因组或反基因组中翻译起始密码子序列前后中的插入、缺失或改变。

19. 根据权利要求 10 所述的 RSV，其中一个 RSV 亚组病毒中编码免疫原性 F 或 G 蛋白的基因或基因片段被引入不同 RSV 亚组病毒的基因组或反基因组中。

20. 根据权利要求 10 所述的 RSV，其中 RSV 基因组或反基因组被修饰成可编码非 RSV 分子，这些非 RSV 分子选自：细胞因子、T 辅助表位、限制性位点标记、或能够引发哺乳动物宿主中保护性免疫应答的微生物病原体蛋白。

21. 权利要求 1 所述的分离的感染性重组呼吸道合胞病毒在制备药物中的应用，该药物用于给予个体以刺激个体的免疫系统诱导针对抗呼吸道合胞病毒的保护。

22. 根据权利要求 21 所述的应用，其中所述药物用于给予上呼吸道。

23. 根据权利要求 21 所述的应用，其中所述药物用于喷雾、药滴或气雾剂。

24. 根据权利要求 21 所述的应用，其中所述药物用于给予 RSV 抗体血清阴性的个体，或具有经胎盘获得母体的 RSV 抗体的个体。

25. 一种诱导出抗 RSV 的保护性的疫苗，它包含免疫充足量的权利要求 1 所述的分离的减毒重组 RSV，所述 RSV 在生理上可接受的载体中。

26. 根据权利要求 25 所述的疫苗，其中配制成剂量为 $10^3$ ~ $10^6$ 的减毒 RSV。

27. 根据权利要求 25 所述的疫苗，它被配制成经过喷雾、药滴或气雾剂来对上呼吸道给药。

28. 一种组合物，它包含表达载体，该表达载体包含编码重组 RSV 基因组或反基因组的分离的多核苷酸分子，一个或多个编码 RSV 的 N 蛋白、P 蛋白、L 蛋白和 RNA 聚合酶延伸因子蛋白的多核苷酸分子，其中所述重组 RSV 基因组或反基因组有一个或多个减毒突变，其中至少一个突变导致 RSV 聚合酶基因中氨基酸 pH 值 $e_{521}$、$Gln_{831}$、$Met_{1169}$或 $Tyr_{1321}$处的温度敏感型取代，或基因 M2 的基因起始序列中的温度敏感型核苷酸取代，其中所述重组 RSV 基因组或反基因组在确定至少一个所述温度敏感性突变的密码子中有多个核苷酸变化。”

在修改文本的基础上，复审请求人指出：修改后的权利要求 1 仅保留了驳回决定所针对文本的权利要求 1 的第（i）项技术方案，即“所述重组 RSV 基因组或反基因组在确定至少一个所述温度敏感性突变的密码子中有多个核苷酸变化”。虽然对比文件 1 中公开了一些具体的减毒呼吸道合胞病毒，如 cpts248、cpts530、cpts248/404、cpts530/1009 等，然而，这些病毒中的温度敏感性突变密码子中并不存在多个核苷酸变化。对比文件 1 中的生物学衍生的 RSV 突变株是通过在确定所述突变的密码子中引入单个的核苷酸变化的方法（例如化学诱变方法）产生的。可见，修改后的权利要求 1 所要求保护的产品具有与对比文件 1 中公开的产品不同的结构特征，因此，修改后的权利要求 1 相对于对比文件 1 具有新颖性，符合专利法第 22 条第 2 款的规定。基于相同的理由，权利要求 2 ~7、9、25 ~

27 也具有新颖性。

至此，合议组认为本案事实清楚，可以作出审查决定。

**二、决定的理由**

1. 决定的基础

本审查决定所针对的文本是：复审请求人于2006年8月21日提交的权利要求第1～28项以及驳回决定所针对的说明书第1～160页、说明书附图第1～21页和摘要。

2. 关于专利法第22条第2款

专利法第22条第2款规定："新颖性，是指在申请日以前没有同样的发明或者实用新型在国内外出版物上公开发表过，在国内公开使用过或者以其他方式为公众所知，也没有同样的发明或者实用新型由他人向国务院专利行政部门提出过申请并且记载在申请日以后公布的专利申请文件中。"

具体而言，如果一项发明专利申请与现有技术的相关内容相比，其技术领域、所要解决的技术问题和技术方案实质上相同、预期效果相同，则认为两者为同样的发明。

对于用制备方法进行限定的化学产品权利要求，如果申请文件中没有提供可与现有技术进行比较的参数证明该产品与现有技术产品不同，而仅仅是制备方法不同，也没有表明由于方法上的区别为产品带来了结构和/或组成上的改变，则推定该制备方法限定的产品权利要求不具备专利法第22条第2款所述的新颖性。

本案中，修改后的独立权利要求1要求保护一种分离的感染性重组呼吸道合胞病毒RSV，其包含RSV基因组或反基因组、主要核衣壳蛋白N、核衣壳磷蛋白P、大聚合酶蛋白L和RNA聚合酶延伸因子，其中重组RSV有一个或多个减毒突变，其中至少一个突变导致RSV聚合酶基因中氨基酸pH值$e_{521}$、$Gln_{831}$、$Met_{1169}$或$Tyr_{1321}$处的温度敏感型取代，或基因M2的基因起始序列中的温度敏感型核苷酸取代，其中所述重组RSV基因组或反基因组在确定至少一个所述温度敏感性突变的密码子中有多个核苷酸变化。本申请说明书中记载了具有上述结构特征的RSV病毒株的典型实例，即采用生物衍生或生物工程重组的方法掺入减毒温度敏感性（ts）突变的病毒株，如$Gln_{831}$处引入突变形成的$cpts_{248}$、pH值$e_{521}$处引入突变形成的$cpts_{530}$、聚合酶基因的氨基酸pH值$e_{521}$和$Met_{1169}$处引入突变形成的cpts530/1009、pH值$e_{521}$和$Tyr_{1321}$处引入突变形成的cpts530/1030、$Gln_{831}$和M2的基因起始序列中核苷酸7605处引入突变形成的cpts248/404等（参见本申请说明书第4页第19～25行，第16页第12～19行，第83页表36及第84页表37，第93页表39）。可见本申请说明书中列举的上述RSV的具体病毒株具备权利要求1所述的结构特征，换言之，权利要求1的保护范围包括了这些具体的病毒株。对比文件1中公开了一种减毒呼吸道合胞病毒（RSV）的疫苗组合物，该RSV具有至少两个温度敏感型的减毒突变，具体可选自cpts248、cpts530、cpts248/404、cpts530/1009等（参见对比文件1权利要求1、11中的（i）、（ii）项以及说明书第4页第10～15行）。这些公开的RSV病毒株也必然具备RSV本身的基因组、N、P、L蛋白和RNA聚合酶延伸因子，以及具体位点上的突变（RSV聚合酶基因中氨基酸pH值$e_{521}$、$Gln_{831}$、$Met_{1169}$或$Tyr_{1321}$处的温度敏感型取代，或基因M2的基因起始序列中的温度敏感型核苷酸取代）和确定的多核苷酸变化。可见，权利要求1所请求保护的技术方案已经被对比文件1公开，两者技术领域、所要解决的技术问题和技术方案实质上相同、预期效果相同，因此不具备专利法第22条第2款所规定的新颖性。

复审请求人在意见陈述中指出：修改后的权利要求1仅保留了驳回决定所针对文本的权利要求1的第（i）项技术方案，即"所述重组RSV基因组或反基因组在确定至少一个所述温度敏感性突变的密码子中有多个核苷酸变化"。而对比文件1中公开的减毒呼吸道合胞病毒中的温度敏感性突变密码子中并不存在本申请中权利要求1中的多个核苷酸变化。对此，合议组认为，如前所述，对比文件1

中公开的 cpts248、cpts530、cpts248/404、cpts530/1009 等 RSV 菌株本身已经属于权利要求 1 的保护范围，其基因组具有至少两个温度敏感型的减毒突变，在确定至少一个所述温度敏感性突变的密码子中也存在多个核苷酸变化（参见对比文件 1 权利要求 1、11 中的（i）、（ii）项以及说明书第 4 页第 10 ~ 15 行），虽然对比文件 1 只公开了减毒的突变病毒本身，并没有公开其基因或蛋白序列以及具体的突变位点和确定的多核苷酸变化，但这些特征均是所述病毒本身所固有的特性，本申请中所要求保护病毒中具体的突变位点的发现与公开并不能影响和改变该病毒本身的结构或组成，从而使其变成新的产品，因此修改后的权利要求 1 所要求保护的产品具有与对比文件 1 中公开的产品相同的结构特征。综上所述，权利要求 1 不符合专利法第 22 条第 2 款的规定。

从属权利要求 2 ~ 7、9 对权利要求 1 的 RSV 中减毒突变的数目及位置进行了进一步限定，基于上述同样的理由，对比文件 1 中公开的病毒株也均具备这些结构特征，权利要求 2 ~ 7、9 也不具备专利法第 22 条第 2 款规定的新颖性。权利要求 25 要求保护一种诱导出抗 RSV 的保护性的疫苗，其从属权利要求 26、27 分别对疫苗的剂量和给药方式进行了进一步限定，对比文件 1 中已经公开了采用同样的 RSV 减毒突变株制备的疫苗，并公开了同样的疫苗给药剂量和方式（参见对比文件 1 的权利要求 1、11、15、27），因此，权利要求 25 ~ 27 也不具备专利法第 22 条第 2 款规定的新颖性。

根据以上事实和理由，本案合议组作出如下审查决定。

**三、决定**

维持国家知识产权局于 2004 年 1 月 16 日对 97196139.5 号发明专利申请作出的驳回决定。

复审请求人对本决定不服的，可以根据专利法第 41 条第 2 款的规定，自收到本决定之日起三个月内向北京市第一中级人民法院起诉。

017

# 非菌体性百日咳疫苗及其制备方法

## 复审请求审查决定（第10379号）

**决　定　号**　第10379号
**决　定　日**　2007年3月24日
**发明创造名称**　非菌体性百日咳疫苗及其制备方法
**国际分类号**　A61K 39/10，A61K 39/116//C07K 14/235
**复审请求人**　康诺特实验室有限公司
**申　请　号**　96195230.X
**优先权日**　1995年5月4日
**申　请　日**　1996年5月2日
**公　开　日**　1998年11月4日
**合议组组长**　何　炜
**主　审　员**　郭　婷
**参　审　员**　吴通义

**法律依据**　专利法第22条第2款、第3款
**决定要点**

同样的发明是指技术领域、所解决的技术问题、技术方案和预期效果实质上相同的发明。

如果现有技术整体上存在某种启示，即现有技术给出了将区别特征应用于最接近的现有技术以解决发明实际解决的技术问题的启示，这种启示会使本领域技术人员在面对所述技术问题时，有动机改进该最接近的现有技术并获得要求保护的发明，则该发明是显而易见的。

### 一、案由

本复审请求涉及1996年5月2日申请、1998年11月4日公开、名称为“非菌体性百日咳疫苗及其制备方法”的96195230.X号发明专利申请（下称本申请），本申请的优先权日为1995年5月4日，本申请的申请人为康诺特实验室有限公司。

国家知识产权局于2004年1月9日以本申请权利要求1~6、8~12不具备专利法第22条第2款规定的新颖性，权利要求7、13~24不具备专利法第22条第3款规定的创造性为由驳回了本申请，驳回决定所引用的对比文件为”Controlled Study of a new Five-Component Acellular Pertussis Vaccine In Adults and Young Children”，J. A. Englund等，The Journal of Infectious Diseases，166（6）：1436~1441，1992年12月。

驳回决定所针对的权利要求书为：

"1. 一种可以保护易感人群避免由百日咳杆菌感染引起疾病的疫苗组合物，包括选定相对剂量的可以为易感人群的至少约70％成员提供保护的纯化型来自百日咳杆菌的百日咳类毒素，丝状血凝素，百日咳杆菌黏附素和凝集原制剂。

2. 权利要求1的疫苗，其中单人剂量含有约5～30μg氮的上述百日咳类毒素，约5～30μg氮的上述丝状血凝素，约3～15μg氮的上述百日咳杆菌黏附素，约1～10μg氮的上述凝集原制剂。

3. 权利要求1的疫苗，其可为至少约80％的阵发性咳嗽持续至少21天并有确切细菌感染证据的百日咳病例提供保护。

4. 权利要求1的疫苗，其可为至少约70％的咳嗽持续至少1天的轻型百日咳病例提供保护。

5. 权利要求1的疫苗，其可为约85％的阵发性咳嗽持续至少21天并有确切细菌感染证据的百日咳病例提供保护。

6. 权利要求1的疫苗，其中凝集原制剂包括菌毛凝集原2和菌毛凝集原3，基本上不含菌毛凝集原1。

7. 权利要求6的疫苗，其中菌毛凝集原2与菌毛凝集原3的重量比约为1.5：1～2：1。

8. 权利要求1的疫苗，还包括破伤风类毒素和白喉类毒素。

9. 权利要求8的疫苗，其中的疫苗包括以下之任一：（a）在单人剂量中，约10μg氮的百日咳类毒素制剂，约5μg氮的丝状血凝素制剂，约3μg氮的百日咳杆菌黏附素制剂，约5μg氮的菌毛凝集原制剂；或（b）在单人剂量中，约20μg氮的百日咳类毒素制剂，约20μg氮的丝状血凝素制剂，约3μg氮的百日咳杆菌黏附素制剂，约5μg氮的菌毛凝集原制剂。

10. 权利要求9的疫苗，其中白喉类毒素的量约为15Lfs，破伤风类毒素的量约为5Lfs。

11. 权利要求1的疫苗，还包括一种佐剂。

12. 权利要求12的疫苗，其中佐剂为磷酸铝或氢氧化铝。

13. 权利要求1～12之任一的疫苗在制备用于免疫易感人群避免由百日咳杆菌感染引起疾病的药物中的应用。

14. 为一种来自百日咳杆菌的纯化的百日咳类毒素制剂，纯化的丝状血凝素制剂，纯化的百日咳杆菌黏附素制剂和纯化的菌毛凝集原制剂的纯化型百日咳杆菌抗原在制备给药免疫易感人群以避免由百日咳杆菌感染引起疾病中的疫苗制剂中应用，其中百日咳毒素制剂，丝状血凝素制剂，百日咳杆菌黏附素制剂和菌毛凝集原制剂为选定的相对剂量可以为易感人群的至少约70％成员提供保护。

15. 权利要求14的应用，其中的保护程度为以下之任一：（a）为至少约80％的阵发性咳嗽持续至少21天并有确切细菌感染证据的百日咳病例提供保护；（b）为至少约70％的咳嗽持续至少1天的轻型百日咳病例提供保护。

16. 权利要求14的应用，其中的疫苗的单人剂量含有约5～30μg氮的百日咳类毒素制剂，约5～30μg氮的丝状血凝素制剂，约3～15μg氮的百日咳杆菌黏附素制剂，约1～10μg氮的菌毛凝集原制剂。

17. 权利要求16的应用，其中菌毛凝集原制剂包括菌毛凝集原2和菌毛凝集原3。

18. 权利要求17的应用，其中菌毛凝集原制剂包括菌毛凝集原2和菌毛凝集原3，基本上不含菌毛凝集原1。

19. 权利要求18的应用，其中菌毛凝集原2与菌毛凝集原3的重量比约为1.5：1～2：1。

20. 权利要求16的应用，其中的疫苗制剂还包括破伤风类毒素和白喉类毒素。

21. 权利要求20的应用，其中的疫苗包括以下之任一：（a）在单人剂量中，约10μg氮的百日咳类毒素制剂，约5μg氮的丝状血凝素制剂，约3μg氮的百日咳杆菌黏附素制剂，约5μg氮的菌毛凝集原制剂；或（b）在单人剂量中，约20μg氮的百日咳类毒素制剂，约20μg氮的丝状血凝素制剂，约3μg氮的百日咳杆菌黏附素制剂，约5μg氮的菌毛凝集原制剂。

22. 权利要求21的应用，其中疫苗包含的白喉类毒素的量约为15Lfs，破伤风类毒素的量约为5Lfs。

23. 权利要求14~21之任一的应用，其中的疫苗还包括一种佐剂。

24. 权利要求23的应用，其中的佐剂是氢氧化铝或磷酸铝。"

驳回决定认为：

1. 关于新颖性和创造性问题。

（1）权利要求1要求保护一种疫苗组合物。对比文件公开了一种含有五种活性组分的非菌体性百日咳疫苗组合物AP，其中（见摘要前三行、第1436页右栏第2段至第1437页左栏第2段、表1）披露了非菌体性百日咳疫苗的五个具体活性组分，其中含有10μg氮的纯化型来自百日咳杆菌的百日咳类毒素、5μg氮的丝状血凝素、5μg氮的菌毛凝集原2和3（即凝集原制剂）和3μg氮的百日咳杆菌黏附素。对比文件与权利要求1的区别仅在于：权利要求1限定了"可以为易感人群的至少约70%成员提供保护"，但是产品的作用和效果并不能作为区别技术特征使产品本身在组成上与现有技术区别，当产品的组成成分相同时，该产品的效果必然也相同。由此可见，对比文件已经公开了权利要求1的全部技术特征，且对比文件所公开的技术方案与权利要求1所要求保护的技术方案属于同一技术领域，并能产生相同的技术效果，因此权利要求1不符合专利法第22条第2款有关新颖性的规定。

（2）从属权利要求2、6、8~12的附加技术特征也已经在对比文件中被公开，因此，当它们所引用的权利要求不具备新颖性时，它们也不具备专利法第22条第2款规定的新颖性；从属权利要求3~5的附加技术特征是对疫苗用途的限定，但是产品的用途并不能赋予产品本身任何新的区别技术特征，使产品与现有技术区别，因此当它们所引用的权利要求1不具备新颖性时，它们也不具备专利法第22条第2款规定的新颖性。

（3）从属权利要求7进一步限定了菌毛凝集原2与菌毛凝集原3的比例为1.5∶1~2∶1，然而根据所述领域技术人员的常识，在对比文件公开了凝集原制剂是菌毛凝集原2和3的混合物的基础上，选择菌毛凝集原2和3之间的比例范围是显而易见的，并且由说明书中并未看出这种选择给本发明带来任何预料不到的技术效果。因此，当其引用的权利要求不具备新颖性时，权利要求7不具备突出的实质性特点和显著的进步，不具备专利法第22条第3款有关创造性的规定。

（4）权利要求13要求保护权利要求1~12的疫苗在制备药物中的应用。由于权利要求1要求保护的疫苗组合物相对于对比文件不具备新颖性，并且对比文件公开了这种组成完全相同的疫苗混合物在成人和儿童身上的安全性和抗体应答测试，并具有较好的应答效果，这部分实验结果与本申请实施例中表2的结果相同（见对比文件第1439页表2、第1440页的讨论）。对比文件与权利要求13的区别仅在于，对比文件没有直接公开将该疫苗组合物制备成一种成熟的药物。从对比文件的数据中（表1~2）可以看出该疫苗组合物对人是安全的、并且可以引起较好的抗体应答。所属领域技术人员从对比文件中可以得到技术启示—这种五组分的组合物可能具有对人免疫的功效。因此对于所属领域技术人员来说，将该组合物用于制备一种免疫药物是显而易见的。这种应用并未产生任何预料不到的技术效果。因此，权利要求13不具备突出的实质性特点和显著的进步，不符合专利法第22条第3款有关创造性的规定。

（5）权利要求14要求保护一种纯化型百日咳杆菌抗原在制备疫苗中的应用。对比文件公开了疫苗组合物AP（相当于权利要求14中的纯化型百日咳杆菌抗原）。对比文件的第1436页右栏第2段指出正在研究一种多组分疫苗药物，并给出了该疫苗在成人和儿童身上的安全性和抗体应答效果。这部分药理内容与本申请实施例中表2的结果相同。对比文件与权利要求14的区别在于对比文件未明确指出该抗原组合物用于制备可为易感人群的至少70％成员提供保护治疗百日咳杆菌引起的疾病的药物的用途。从对比文件给出的数据（表1、2）可以看出该组合物对人是安全的、并且可以引起人对百日咳杆菌的抗体应答，在此基础上，所属领域技术人员将该多组分的抗原组合物用于制备药物是显而易见的，这种应用并未产生任何预料不到的技术效果。因此，权利要求14不具备突出的实质性特点和显著的进步，不符合专利法第22条第3款有关创造性的规定。

（6）从属权利要求15的附加技术特征是该药物所要达到的效果，对于所属领域技术人员来说，通过常规的临床试验确定该药物的效果和作用是常用的技术手段，并未产生任何预料不到的技术效果；从属权利要求16～18、20～24的附加技术特征在对比文件中已经被公开；权利要求19的附加技术特征是菌毛凝集原2与3的比例为1.5∶1～2∶1，然而，根据所属领域技术人员的常识，在对比文件的基础上选择一定比例范围的凝集原2、3是显而易见的，并且这种选择也未给本发明带来任何预料不到的技术效果，因此，权利要求15～24相对于对比文件也不具备专利法第22条第3款规定的创造性；

2. 关于申请人在“意见陈述”中的理由不能被接受的理由。

（1）申请人指出“权利要求要求选定该些组分的相对量，以达致为易感人群的至少70％人员提供保护”。但是该限定并未使权利要求1与现有技术区别，组分和含量相同则效果也必然相同。

（2）申请人指出对比文件“这么空泛的描述，根本不足以精确地向本领域的普通技术人员描述怎样制备权利要求所述的丝状血凝素成分”。但是如本申请说明书第3页第21～29行对“凝集原”的描述，可以看出凝集原1～3并非是从未发现的新物质，而是现有技术中早有记载的，所属领域技术人员可以通过本领域公知的任何手段去获得，获得凝集原的方法并不是唯一的。所属领域技术人员在看到对比文件的基础上完全可以得到技术启示——去制备权利要求1中所描述的疫苗组合物。至于各个组分是通过哪些手段获得的并不影响所属领域技术人员得到权利要求所描述的疫苗组合物的技术启示。由于凝集原是已知物质，因此凝集原的制备方法并不能赋予凝集原本身任何新的特性，也不能使含有凝集原的组合物具有新的特性。本发明的重点是几种物质的组合应用，而并不是具体某一种物质是如何制备得到的。

（3）申请人在“意见陈述”中指出“对比文件汇报的对疫苗组合物进行的测试，都不是涉及测定疫苗组合物对易感人群的保护程度，而是涉及安全性、反应生成性和抗体的产生”。对此审查员认为，虽然对比文件没有给出该疫苗对易感人群的保护程度，也认为该疫苗仍需要进一步的临床验证，但是该对比文件已经给出了初步的药理实验结果。从对比文件的药理数据中（表1～2）可以看出该组合物对人是安全的、并且可以引起抗体的产生。所属领域技术人员可以从对比文件中得到技术启示——这种五组分的组合物可能具有对人免疫的功效，而想到去验证这一观点，这一观点也是对比文件的作者想要验证的。虽然对比文件并未通过临床试验结果验证这一结论，但是对于所属领域技术人员来说，在临床上验证这一结论虽然需要花费劳动，但这种劳动并不是一种创造性的劳动。因为所验证的手段对于所属领域技术人员是公知的。这种公知的临床实验手段，以及对结果的统计分析是本领域的常用技术。因此，审查员认为通过常规技术来确定组合物对多少易感人群产生效果不能使本申请具有突出的实质性特点和显著进步。

申请人康诺特实验室有限公司（下称复审请求人）对上述驳回决定不服，于2004年4月26日向专利复审委员会提出复审请求。复审请求人在提出复审请求的同时提交了经修改的权利要求书替换页，其中所做的修改是将“该凝集原制剂基本不含凝集素1”加入独立权利要求1和14中。

形式审查合格后，专利复审委员会受理了该复审请求，并于2004年5月24日向复审请求人发出《复审请求受理通知书》，同时将本申请案卷移交原审查部门进行前置审查。

复审请求人于2004年5月8日提交了复审请求补充意见，同时提交了经再次修改的权利要求书替换页，其中所做的修改是将权利要求1和14中的“基本不含凝集素1”修改为“基本不含凝集原1”。

修改后的权利要求书为：

“1. 一种可以保护易感人群避免由百日咳杆菌感染引起疾病的疫苗组合物，包括选定相对剂量的可以为易感人群的至少约70％成员提供保护的纯化型来自百日咳杆菌的百日咳类毒素，丝状血凝素，百日咳杆菌黏附素和凝集原制剂，该凝集原制剂基本不含凝集原1。

2. 权利要求1的疫苗，其中单人剂量含有约5～30μg氮的上述百日咳类毒素，约5～30μg氮的上述丝状血凝素，约3～15μg氮的上述百日咳杆菌黏附素，约1～10μg氮的上述凝集原制剂。

3. 权利要求1的疫苗，其可为至少约80％的阵发性咳嗽持续至少21天并有确切细菌感染证据的百日咳病例提供保护。

4. 权利要求1的疫苗，其可为至少约70％的咳嗽持续至少1天的轻型百日咳病例提供保护。

5. 权利要求1的疫苗，其可为约85％的阵发性咳嗽持续至少21天并有确切细菌感染证据的百日咳病例提供保护。

6. 权利要求1的疫苗，其中凝集原制剂包括菌毛凝集原2和菌毛凝集原3。

7. 权利要求6的疫苗，其中菌毛凝集原2与菌毛凝集原3的重量比约为1.5∶1～2∶1。

8. 权利要求1的疫苗，还包括破伤风类毒素和白喉类毒素。

9. 权利要求8的疫苗，其中的疫苗包括以下之任一：（a）在单人剂量中，约10μg氮的百日咳类毒素制剂，约5μg氮的丝状血凝素制剂，约3μg氮的百日咳杆菌黏附素制剂，约5μg氮的菌毛凝集原制剂；或（b）在单人剂量中，约20μg氮的百日咳类毒素制剂，约20μg氮的丝状血凝素制剂，约3μg氮的百日咳杆菌黏附素制剂，约5μg氮的菌毛凝集原制剂。

10. 权利要求9的疫苗，其中白喉类毒素的量约为15Lfs，破伤风类毒素的量约为5Lfs。

11. 权利要求1的疫苗，还包括一种佐剂。

12. 权利要求12的疫苗，其中佐剂为磷酸铝或氢氧化铝。

13. 权利要求1～12之任一的疫苗在制备用于免疫易感人群避免由百日咳杆菌感染引起疾病的药物中的应用。

14. 为一种来自百日咳杆菌的纯化的百日咳类毒素制剂，纯化的丝状血凝素制剂，纯化的百日咳杆菌黏附素制剂和纯化的菌毛凝集原制剂的纯化型百日咳杆菌抗原在制备给药免疫易感人群以避免由百日咳杆菌感染引起疾病中的疫苗制剂中应用，其中百日咳毒素制剂，丝状血凝素制剂，百日咳杆菌黏附素制剂和菌毛凝集原制剂为选定的相对剂量可以为易感人群的至少约70％成员提供保护，该凝集原制剂基本不含凝集原1。

15. 权利要求14的应用，其中的保护程度为以下之任一：（a）为至少约80％的阵发性咳嗽持续至少21天并有确切细菌感染证据的百日咳病例提供保护；（b）为至少约70％的咳嗽持续至少1天的轻型百日咳病例提供保护。

16. 权利要求14的应用，其中的疫苗的单人剂量含有约5～30μg氮的百日咳类毒素制剂，约5～30μg氮的丝状血凝素制剂，约3～15μg氮的百日咳杆菌黏附素制剂，约1～10μg氮的菌毛凝集原制剂。

17. 权利要求16的应用，其中菌毛凝集原制剂包括菌毛凝集原2和菌毛凝集原3。

18. 权利要求17的应用，其中菌毛凝集原2与菌毛凝集原3的重量比约为1.5∶1~2∶1。

19. 权利要求16的应用，其中的疫苗制剂还包括破伤风类毒素和白喉类毒素。

20. 权利要求19的应用，其中的疫苗包括以下之任一：（a）在单人剂量中，约10μg氮的百日咳类毒素制剂，约5μg氮的丝状血凝素制剂，约3μg氮的百日咳杆菌黏附素制剂，约5μg氮的菌毛凝集原制剂；或（b）在单人剂量中，约20μg氮的百日咳类毒素制剂，约20μg氮的丝状血凝素制剂，约3μg氮的百日咳杆菌黏附素制剂，约5μg氮的菌毛凝集原制剂。

21. 权利要求20的应用，其中疫苗包含的白喉类毒素的量约为15Lfs，破伤风类毒素的量约为5Lfs。

22. 权利要求14~20之任一的应用，其中的疫苗还包括一种佐剂。

23. 权利要求22的应用，其中的佐剂是氢氧化铝或磷酸铝。”

复审请求人认为本申请符合专利法第22条第2款、第3款的规定，具体理由是：①对比文件没有引领或教导其公开的组合物在保护人群免受由百日咳杆菌引起的疾病中的效力。对比文件指出“由于没有任何可量度的免疫参数与防止患上与B. Petrtussis有关的感染或疾病存在明确的相互关系，这种和其他崭新无细胞疫苗最终须进行临床保护效能评估”，而本发明则具体叙述了不低于70％的水平。复审请求人认为在本发明问世之先，根本无法确定对比文件的组合物能否或者在哪个程度上使经免疫的个体防御由百日咳杆菌引起的疾病。驳回决定的意见仅建基于假设性的基础，得不到对比文件的数据的支持。②基于修改后的权利要求书，复审请求人认为，对比文件没有教导基本上不含菌毛凝集原1的组合物。对比文件指出“菌毛凝集原（Aggs）1~3是与细胞纖毛相关的表面抗原，是开发无细胞疫苗的理想对象，原因是已有充分证据证明凝集抗体与对百日咳的免疫相关”；“世卫现时建议百日咳疫苗应包含三种主要的Agg，即使现今尚未证实疫苗需要Agg1”，对比文件中的“材料和方法”部分在描述其组合物的制备方法时没有教导利用特定方案除去其组合物中的菌毛凝集原混合物中的菌毛凝集原1。因此，从对比文件的教导结合世卫订立的百日咳疫苗组合物含菌毛凝集原1~3是可取的指引，以及对比文件完全没有肯定地教导除去菌毛凝集原1，因此，不能说对比文件的组合物基本上不含菌毛凝集原1。③复审请求人指出与本申请相应的美国申请已获得授权，专利号为US6399076，并给出了该专利的权利要求1。

原审查部门对本复审请求进行了前置审查，坚持原驳回决定。理由是：将“组合物中的凝集原制剂基本不含凝集素1”限定到修改后的独立权利要求中仍不能使本申请具有新颖性和创造性。同驳回决定中对权利要求6、18的评述，该技术特征“凝集原制剂基本上不含凝集素1”也被对比文件所披露。对比文件中虽然没有明确指出除去凝集原1，但是对比文件明确指出组合物是含有5个组分，并指出凝集原2~3是其中的两个组分。凝集原1是凝集原中与凝集原2~3并列的成分。如果组合物中含有凝集原1、对比文件不可能在第1437页左栏第1行中特意指明凝集原是凝集原2~3，该组合物也不可能是5组分组合物了。因此虽然对比文件没有明确指出不含凝集原1，但是从对比文件的描述中可以看出对比文件的组合物中是不含凝集原1的。

专利复审委员会组成合议组，对本案进行了审理，于2006年4月20日针对复审请求人于2004年5月8日提交的权利要求第1~23项，2003年3月7日提交的说明书第1页，进入中国国家阶段时提交的说明书第2~38页、说明书附图第1页以及说明书摘要向复审请求人发出《复审通知书》。《复审通知书》指出，权利要求1~6、8~12相对于对比文件不具备专利法第22条第2款规定的新颖性，权利要求7、13~23相对于对比文件不具备专利法第22条第3款规定的创造性。

针对《复审通知书》指出的问题，复审请求人于2006年8月7日提交了意见陈述书。复审请求人坚持其复审请求主张，具体理由与2004年5月8日提交的复审请求书补充意见相同。

至此，合议组认为本案事实清楚，可以作出审查决定。

**二、决定的理由**

1．文本认定

本复审请求审查决定所依据的文本为《复审通知书》所针对的文本。

2．关于专利法第22条第2款

专利法第22条第2款规定：新颖性，是指在申请日以前没有同样的发明或者实用新型在国内外出版物上公开发表过、在国内公开使用过或者以其他方式为公众所知，也没有同样的发明或者实用新型由他人向国务院专利行政部门提出过申请并且记载在申请日以后公布的专利申请文件中。

审查指南第二部分第三章第3.1节规定，同样的发明是指技术领域、所解决的技术问题、技术方案和预期效果实质上相同的发明。

（1）本案中，权利要求1要求保护一种可以保护易感人群避免由百日咳杆菌感染引起疾病的疫苗组合物，包括选定相对剂量的可以为易感人群的至少约70％成员提供保护的纯化型来自百日咳杆菌的百日咳类毒素、丝状血凝素、百日咳杆菌黏附素和凝集原制剂，该凝集原制剂基本不含凝集原1。对比文件公开了一种五组分无细胞百日咳（AP）疫苗，其包含10μg百日咳类毒素，5μg丝状血凝素，5μg混合的凝集原2和3，以及3μg百日咳杆菌黏附素，并且简述了各组分的制备和纯化方法（见对比文件摘要第1～3行、第1436页最后两行和第1437页第1段）。将本申请权利要求1与对比文件相比可以看出，本申请权利要求1采用了功能性特征——“可以为易感人群的至少约70％成员提供保护”来对组合物中各组分的相对剂量进行限定，而对比文件则是给出了各组分的确切含量，但是根据本申请说明书第5页第2～3段的描述可知，这种为至少70％的易感人群提供保护的效果是通过“含有约5～30μg氮的百日咳毒素、约5～30μg的丝状血凝素、约3～15μg氮的pertactin和约1～10μg氮的菌毛凝集原的疫苗组合物”的技术方案来达到的，经过这种具有共同基础的比较可见，对比文件公开的技术方案包含在本申请说明书公开的这个范围内，也即包含在权利要求1要求保护的技术方案的范围内。由此可见，本申请权利要求1和对比文件的技术方案属于同一技术领域，它们所要解决的技术问题相同，本申请权利要求1的技术方案又包含了对比文件公开的技术方案，而且预期效果相同，因此，权利要求1相对于对比文件不具备专利法第22条第2款规定的新颖性。

对于复审请求人提出的争议焦点之一，即对比文件未教导基本上不含凝集原1的组合物，合议组认为：对比文件公开了“五组分无细胞百日咳（AP）疫苗，其包含10μg百日咳类毒素，5μg丝状血凝素，5μg混合的凝集原2和3，以及3μg百日咳杆菌黏附素”，由此可见，若对比文件的疫苗中包含凝集原1，则对比文件对于疫苗组分的表述方式将会是包含菌毛凝集原的四组分疫苗组合物，或者是包含凝集原1～3的六组分疫苗，而不必特别指出该疫苗为五组分，其中两个组分分别是菌毛凝集原2和3。此外，对比文件指出“虽然目前世界卫生组织建议百日咳疫苗包含三种主要的凝集原，但是尚未证实疫苗中需要凝集原1”（见第1436页右栏），从这句话的转折关系中可以看出对比文件的作者也不认为凝集原1是该疫苗中的必要成分。因此，从对比文件公开的上述内容中能够合理推知对比文件中的疫苗是基本上不含菌毛凝集原1的。虽然对比文件只简述了制备菌毛凝集原的方法，但是在对比文件的五组分疫苗中涉及菌毛凝集原的组分仅提及了菌毛凝集原2和3，并且菌毛凝集原1～3都是本领域已知物质的情况下，本领域技术人员能够按照对比文件的指示和本领域已知方法来制备得到基本上不含凝集原的混合的凝集原2和3。因此，复审请求人对于此争议焦点的意见陈述不具有说服力，合议组对此不予支持。

（2）从属权利要求2、6、8～12的附加技术特征也已经在对比文件中被公开：疫苗中包含10μg百日咳类毒素，5μg丝状血凝素，5μg混合的凝集原2和3，以及3μg百日咳杆菌黏附素（见对比文件摘要)；疫苗组合物 ADTP，为五组分疫苗 AP 与破伤风、白喉类毒素的混合物，其中白喉类毒素的量为 15Lfs，破伤风类毒素的量为 5Lfs（见对比文件摘要第 4 行及第 1437 页左栏第 4 行）；该疫苗含有磷酸铝作为佐剂（见对比文件第 1437 页左栏第 2 行）。在权利要求 2、6、8 ~ 12 所引用的权利要求相对于对比文件不具备新颖性的情况下，它们相对于对比文件也不具备专利法第 22 条第 2 款规定的新颖性。

（3）从属权利要求 3 ~ 5 的附加技术特征是疫苗所达到的作用和效果，但是产品的作用和效果特征并不能作为区别技术特征而使产品本身与现有技术产生任何区别，当产品的组成、含量相同时，该产品产生的作用、效果也必然相同。因此，在它们所引用的权利要求 1 相对于对比文件不具备新颖性的情况下，从属权利要求 3 ~ 5 相对于对比文件也不具备专利法第 22 条第 2 款规定的新颖性。

3. 关于专利法第 22 条第 3 款

专利法第 22 条第 3 款规定：创造性，是指同申请日以前已有的技术相比，该发明有突出的实质性特点和显著的进步。

根据该款规定，如果现有技术整体上存在某种启示，即现有技术给出了将区别特征应用于最接近的现有技术以解决发明实际解决的技术问题的启示，这种启示会使本领域技术人员在面对所述技术问题时，有动机改进该最接近的现有技术并获得要求保护的发明，则该发明是显而易见的。

（1）从属权利要求 7 与对比文件相比，其区别在于限定了菌毛凝集原 2 与菌毛凝集原 3 的比例为 1.5 : 1 ~ 2 : 1。然而对比文件已经公开了凝集原制剂是菌毛凝集原 2 和 3 的混合物并且简述了菌毛凝集原制剂的制备方法，而且权利要求 7 所述菌毛凝集原 2 和 3 的比例是在本领域普通技术人员制备所述疫苗时对菌毛凝集原 2 和 3 的可选择范围内，这种选择通过常规手段和有限次的实验即可得到，并不需要花费创造性劳动，并且从说明书中也未看出这种选择带来了任何预料不到的技术效果。因此，权利要求 7 相对于对比文件不具备突出的实质性特点和显著的进步，不具备专利法第 22 条第 3 款规定的创造性。

（2）权利要求 13 要求保护权利要求 1 ~ 12 任一的疫苗在制备用于免疫易感人群避免由百日咳杆菌感染引起疾病的药物中的应用。对比文件公开了这种疫苗在成人和儿童身上的安全性、反应生成性和抗体产生试验，并且试验结果表明该疫苗在成人和儿童身上都有良好的上述性能（见对比文件表 1、2 和第 1440 页的讨论）。权利要求 1 ~ 12 的疫苗相对于对比文件都不具备新颖性或创造性，在此基础上，权利要求 13 与对比文件的区别在于：对比文件没有公开该疫苗已经用于制备临床应用的药物。即本发明实际解决的技术问题是通过进一步的临床试验来确证该疫苗能用做临床药物。然而，由对比文件的实验结果可以看出该疫苗对于人是安全的、并且可以引起较好的抗体应答，本领域技术人员能够从对比文件得到该疫苗具有对人免疫的功效的技术启示，在该技术启示下，通过进一步的临床试验来确证该疫苗的功效并将其制备成为用于免疫易感人群避免由百日咳杆菌感染引起疾病的药物对于本领域技术人员来说是显而易见的。进行临床试验来确定这一结论虽然需要花费一定的劳动，但是由于临床验证的试验手段以及对试验结果的统计分析方法都是本领域的常规技术，这种劳动并不是创造性的劳动。综上所述，权利要求 13 的技术方案相对于对比文件不具备突出的实质性特点和显著的进步，不具备专利法第 22 条第 3 款规定的创造性。复审请求人对于此争议焦点的意见陈述不具备说服力。

（3）独立权利要求 14 要求保护为一种来自百日咳杆菌的纯化的百日咳类毒素制剂，纯化的丝状血凝素制剂，纯化的百日咳杆菌黏附素制剂和纯化的菌毛凝集原制剂的纯化型百日咳杆菌抗原在制备给药免疫易感人群以避免由百日咳杆菌感染引起疾病中的疫苗制剂中应用，其中百日咳毒素制剂，丝状血凝素制剂，百日咳杆菌黏附素制剂和菌毛凝集原制剂为选定的相对剂量可以为易感人群的至少约

70%成员提供保护，该凝集原制剂基本不含凝集原1。权利要求14与对比文件（对比文件的具体公开内容见上述第2（1）点）的区别在于：对比文件未明确指出该抗原组合物可用于制备可用于临床的疫苗制剂。即本发明所解决的技术问题是通过进一步的临床试验来确证该疫苗能用做临床疫苗制剂。然而，由对比文件的实验结果可以看出该疫苗对于人是安全的、并且可以引起较好的抗体应答，本领域技术人员能够从对比文件得到该疫苗具有对人免疫的功效的技术启示，在该技术启示下，通过进一步的临床试验来确证该疫苗的功效并将其制备成为用于免疫易感人群避免由百日咳杆菌感染引起疾病的疫苗制剂对于本领域技术人员来说是显而易见的。进行临床试验来确定这一结论虽然需要花费一定的劳动，但是由于临床验证的试验手段以及对试验结果的统计分析方法都是本领域的常规技术，这种劳动并不是创造性的劳动。综上所述，权利要求14的技术方案相对于对比文件不具备突出的实质性特点和显著的进步，不具备专利法第22条第3款规定的创造性。

（4）从属权利要求15引用了权利要求14，其附加技术特征是疫苗所达到的作用和效果，然而，该特征对于制药用途权利要求没有起限定作用，从属权利要求15与权利要求14具有实质上相同的保护范围，相对于对比文件也不具备突出的实质性特点和显著的进步，不具备专利法第22条第3款规定的创造性。

（5）从属权利要求16～17、19～23的附加技术特征也已经在对比文件中被公开（具体公开内容请参见上述第2（2）点），对比文件已经公开了具有上述附加技术特征的疫苗对于人是安全的、并且可以引起较好的抗体应答。附加了这些已知技术特征的权利要求16、17、19～23相对于对比文件也不具备突出的实质性特点和显著的进步，不具备专利法第22条第3款规定的创造性。

（6）引用了权利要求17的从属权利要求18的附加技术特征为：菌毛凝集原2与菌毛凝集原3的重量比约为1.5∶1～2∶1。然而在对比文件已经公开了凝集原制剂是菌毛凝集原2和3的混合物并且简述了菌毛凝集原制剂的制备方法的基础上，本领域普通技术人员选择菌毛凝集原2和3的比例范围是不需要花费创造性劳动的，并且从说明书中也未看出这种选择带来了任何预料不到的技术效果。因此，权利要求18相对于对比文件不具备突出的实质性特点和显著的进步，不具备专利法第22条第3款规定的创造性。

4．关于复审请求人的意见陈述

复审请求人在本案的审查过程中指出与本申请相应的美国和欧洲申请均已获得授权，并提供了授权文本供审查员参考。

对此，合议组认为，我国专利申请的审查是针对具体案情依据中国专利法、实施细则及审查指南进行的，而非参照他国案例，他国审查结论并不对中国专利申请的审查产生约束力。

根据以上事实和理由，本案合议组作出如下审查决定。

**三、决定**

维持国家知识产权局于2004年1月9日对96195230.X号发明专利申请作出的驳回决定。

复审请求人对本决定不服的，可以根据专利法第41条第2款的规定，自收到本决定之日起三个月内向北京市第一中级人民法院起诉。

018

# 治疗血凝过快状态或获得性C蛋白不足的方法

## 复审请求审查决定（第10397号）

**决　定　号**　第10397号
**决　定　日**　2007年3月31日
**发明创造名称**　治疗血凝过快状态或获得性C蛋白不足的方法
**国际分类号**　A61K 37/547，A61K 38/02，C12N 15/00，C12P 21/00，A61P 7/02
**复审请求人**　伊莱利利公司
**申　请　号**　98810307.9
**优先权日**　1997年10月20日，1997年11月7日
**申　请　日**　1998年10月14日
**公　开　日**　2000年12月13日
**合议组组长**　何　炜
**主　审　员**　尹　昕
**参　审　员**　柴爱军

**法律依据**　专利法第26条第3款
**决定要点**

对于已知化学产品的医药用途发明专利申请，如果说明书中除了公开该产品的具体医药用途、有效量及使用方法外，还提供了足以证明发明的技术方案可以达到预期要解决的技术问题、产生预期的技术效果的实验室或临床试验的定性或定量数据，所属技术领域技术人员按照说明书记载的上述内容，并结合现有技术，不需要付出创造性劳动就能再现本发明的技术方案，解决其技术问题，并产生预期的技术效果，则该申请符合专利法第26条第3款有关说明书充分公开的要求。

### 一、案由

本复审请求涉及申请日为1998年10月14日、公开日为2000年12月13日、名称为“治疗血凝过快状态或获得性C蛋白不足的方法”的98810307.9号发明专利申请（下称本申请），优先权日为1997年10月20日和1997年11月7日，申请人为伊莱利利公司。

国家知识产权局于2003年1月17日发出第一次审查意见通知书，指出本申请的权利要求1～17的主题涉及疾病的治疗和/或诊断方法，根据专利法第25条第1款第（3）项的规定，不能被授予专利权。同时由于本申请说明书中没有公开蛋白质C作为药物用于治疗血凝过快或获得性C蛋白不足的实验室实验（包括动物试验）或者临床试验的定性或定量数据及试验效果，因此本申请说明书公开不充分，不符合专利法第26条第3款的规定。

针对第一次审查意见通知书，申请人于 2003 年 5 月 27 日提交了意见陈述书以及修改的权利要求书，将原来涉及疾病治疗方法的权利要求修改为物质的制药用途权利要求。申请人在意见陈述书中指出：本申请的说明书实施例 1 和 2 中的试验公开了活化 C 蛋白（aPC）的剂量水平、aPC 血浆浓度以及在获得性 C 蛋白不足的患者中 r-aPC 致死率降低的观察结果，因此本申请的说明书是清楚、完整的。

国家知识产权局于 2004 年 6 月 18 日以不符合专利法第 26 条第 3 款的规定为由驳回了本申请，驳回决定所针对的权利要求书如下：

"1. 活化 C 蛋白在制备用于治疗或预防人类患者中获得性血凝过快状态或获得性 C 蛋白不足的药物中的用途，这是通过连续灌注大约 20 ~ 50μg/kg/hr 剂量的人活化 C 蛋白 24 ~ 144h。

2. 权利要求 1 的用途，其中所述的血凝过快状态或 C 蛋白不足与脓毒症相伴。

3. 权利要求 1 的用途，其中所述的血凝过快状态或 C 蛋白不足与暴发性紫癜相伴。

4. 权利要求 1 的用途，其中所述的血凝过快状态或 C 蛋白不足与脑膜炎球菌血症相伴。

5. 权利要求 4 的用途，其中所述的人类患者为青少年。

6. 权利要求 1 的用途，其中所述的血凝过快状态或 C 蛋白不足与烧伤有关。

7. 权利要求 1 的用途，其中所述的治疗或预防方法是用于患有与骨髓和其他器官移植相伴的静脉血栓栓塞并发症的病人。

8. 权利要求 1 的用途，其中所述的治疗或预防方法是用于患有与手术或创伤相伴的静脉血栓栓塞并发症的病人。

9. 权利要求 1 的用途，其中所述的治疗方法是用于患有与妊娠期间静脉血栓栓塞并发症相伴的获得性血凝过快状态或 C 蛋白不足的病人。

10. 权利要求 1 的用途，其中所述的血凝过快状态或 C 蛋白不足与 ARDS 相伴。

11. 按照任何前面权利要求的用途，其中所述的药物用于施用，以提供 22 ~ 50μg/kg/hr 剂量的人活化 C 蛋白。

12. 权利要求 11 的用途，其中所述的药物用于施用，以提供 22 ~ 40μg/kg/hr 剂量的人活化 C 蛋白。

13. 权利要求 11 的用途，其中所述的药物用于施用，以提供 22 ~ 30μg/kg/hr 剂量的人活化 C 蛋白。

14. 权利要求 11 的用途，其中所述的药物用于施用，以提供 24 ~ 50μg/kg/hr 剂量的人活化 C 蛋白。

15. 权利要求 11 的用途，其中所述的药物用于施用，以提供大约 24μg/kg/hr 剂量的人活化 C 蛋白。

16. 权利要求 11 的用途，其中所述的药物用于施用，以提供大约 30μg/kg/hr 剂量的人活化 C 蛋白。

17. 权利要求 1 ~ 10 中任何一项的用途，其中 1/3 ~ 1/2 的、每小时所述的活化 C 蛋白的适合剂量用于作为大丸剂注射施用 5 ~ 120min 的时间，接着连续灌注该适合剂量 23 ~ 144h，结果导致该适合剂量施用大约 24 ~ 144h。

18. 活化 C 蛋白在制备用于治疗人类患者中获得性血凝过快状态或获得性 C 蛋白不足的药物中的用途，所述的药物以能够达到 2 ~ 200ng/ml 的范围的活化 C 蛋白血浆水平的量来施用。

19. 权利要求 18 的用途，其中所述的药物以 24μg/kg/hr 的人活化 C 蛋白的量施用，以在 24h 达到大约 50ng/ml 的活化 C 蛋白血浆水平。"

驳回决定中指出：（1）静脉内注射 aPC 并于大约 24h 测定其在血浆中的浓度并不能说明其治疗的疗效效果；（2）简单地使用脓毒症患者致死率下降来说明 aPC 治疗血凝过快状态或获得性 C 蛋白不足比较牵强，因为导致该致死率下降的偶然性因素很多，而且这种统计学数据并未与治疗血凝过快或 C 蛋白不足的疗效直接关联。因此本申请的说明书公开不充分，不符合专利法第 26 条第 3 款的规定。

申请人伊莱利利公司（下称复审请求人）对上述驳回决定不服，于 2004 年 9 月 28 向专利复审委员会提出复审请求，复审请求人没有在提出复审请求的同时对申请文件进行修改。在复审理由中，复审请求人指出：（1）本申请说明书中的实施例 2 已经提供了对患有严重的脓毒症的人类患者的双盲安慰剂对照试验数据，与安慰组相比，aPC 治疗组的致死率显著降低；（2）所有因素导致的致死率的下降均可用于评价 aPC 治疗脓毒症的效力。因此本申请符合专利法第 26 条第 3 款的规定。

形式审查合格后，专利复审委员会受理了该复审请求，并于 2004 年 10 月 25 日向复审请求人发出《复审请求受理通知书》，同时将本申请案卷移交原审查部门进行前置审查。

原审查部门对本复审请求案进行了前置审查，在前置审查意见中指出复审请求人的复审理由未能克服驳回决定中指出的本申请说明书公开不充分的缺陷，故仍坚持原驳回决定。

在此基础上，专利复审委员会成立了本案合议组，合议组审查后认为本案事实清楚，可以作出审查决定。

**二、决定的理由**

1. 审查文本

本复审决定针对的文本为驳回决定所针对的申请文件，即进入中国国家阶段时提交的国际申请文件的说明书 1 ~ 19 页及说明书摘要，2003 年 5 月 27 日提交的权利要求 1 ~ 19 项。

2. 关于专利法第 26 条第 3 款

专利法第 26 条第 3 款规定：说明书应当对发明或者实用新型作出清楚、完整的说明，以所属技术领域的技术人员能够实现为准。

所属技术领域技术人员能够实现，是指所属技术领域技术人员按照说明书记载的内容，结合现有技术，不需要付出创造性劳动就能再现本发明的技术方案，解决其技术问题，并产生预期的技术效果。

对于已知化学产品的医药用途发明专利申请，如果说明书中除了公开该产品的具体医药用途、有效量及使用方法外，还提供了足以证明发明的技术方案可以达到预期要解决的技术问题、并产生预期的技术效果的实验室或临床试验的定性或定量数据，则该申请符合专利法第 26 条第 3 款有关说明书充分公开的要求。

本申请权利要求 1 ~ 19 均要求保护一种活化 C 蛋白在制备用于治疗或预防人类患者中获得性血凝过快状态或获得性 C 蛋白不足的药物中的用途。说明书中描述了该 C 蛋白的结构和生理功能及其在医学领域中的应用与研究。C 蛋白是一种已知的丝氨酸蛋白酶和自然存在的抗凝剂，活化 C 蛋白（aPC）与其他蛋白一起在阻止凝血中发挥作用（参见本申请说明书第 1 页第 6 行、第 20 ~ 21 行）。现有技术对 C 蛋白在脓毒症、移植、烧伤、妊娠并发症、ARDS 等以高凝血状态为临床表现之一的严重病理过程中的作用和应用进行了研究。其中脓毒症是一种对感染的系统性炎症反应，在各种器官的微血管中具有广泛的血纤储积的弥漫性血管内凝血（DIC）是其早期表现，并且 DIC 往往导致患者预后不良。在狒狒、大鼠、兔等脓毒症动物模型中的临床前研究结果证明 C 蛋白对改善动物的高凝血状态和器官衰竭是有效的（参见本申请说明书第 1 页第 26 行至第 2 页 18 行），同时对人类的临床研究也表明 C 蛋白对治疗人类脓毒症引起的暴发性紫癜（由高凝血状态引起）患者以及凝血病和弥漫性血管内凝血具有积极效果（参见本申请说明书第3页第5行至第3页23行）。在此基础上，说明书中描述了本申请的技术方案，包括aPC用于治疗人类高凝血状态的有效量及具体给药方案（参见说明书第13页第19行到第14页第2行）、给药后人aPC的剂量水平和血浆浓度（参见说明书实施例1），并给出了使用重组人aPC治疗脓毒症患者的双盲安慰剂对照试验及相关数据，在72名患者中安慰剂组致死率为38%（10/26），而aPC治疗组的致死率为20%（9/46）；同时在61名C蛋白不足的患者中，安慰剂组的致死率为41%（9/22），而aPC治疗组中的致死率为18%（7/39）（参见说明书实施例2）。这些数据表明在脓毒症患者中，特别是C蛋白不足的脓毒症患者中，aPC治疗组的患者相对于安慰剂组患者的致死率下降，说明活化蛋白C对治疗脓毒症相关的高凝血状态具有积极效果。

综上所述，本申请的说明书对现有技术进行了描述，并在现有技术的基础上提出了要求保护的技术方案。判断发明专利申请的说明书是否公开充分，应当以所属领域技术人员作为判断的主体，根据说明书的记载，并结合所属领域的现有技术进行评价。由于血凝过快状态或获得性C蛋白不足并非独立的疾病，而是某些严重的综合征或疾病过程中的临床表现或病理过程，因此现有技术采用脓毒症动物模型和患者以及移植、烧伤、妊娠并发症、ARDS等多种综合征患者为研究对象，结果表明抗凝剂C蛋白对高凝血状态具有或可能具有一定疗效。本申请的说明书实施例以脓毒血症患者为研究对象，给出了证明本申请要求保护的技术方案可以达到预期要解决的技术问题或效果的实验数据，从而证实了该技术方案对治疗脓毒症相关的高凝血状态的有益效果。基于以上事实，本领域技术人员根据说明书记载的上述内容，结合现有技术，不需要付出创造性劳动就能再现本发明的技术方案，解决其技术问题，并产生预期的技术效果，因此本申请符合专利法第26条第3款有关说明书充分公开的要求，驳回决定所述的驳回理由不成立。

根据以上事实和理由，本案合议组作出如下审查决定。

**三、决定**

撤销国家知识产权局于2004年6月18日对98810307.9号发明专利申请作出的驳回决定。由原审查部门在驳回决定所针对的文本的基础上继续进行审查。

复审请求人对本决定不服的，可以根据专利法第41条第2款的规定，自收到本决定之日起三个月内向北京市第一中级人民法院起诉。

019

# D-泛解酸和 D-泛酸的生产

## 复审请求审查决定（第 10399 号）

**决　定　号**　第 10399 号
**决　定　日**　2007 年 3 月 29 日
**发明创造名称**　D-泛解酸和 D-泛酸的生产
**国 际 分 类 号**　C12N 1/21，C12P 13/02//C12N 1/21，C12R 1/19
**复 审 请 求 人**　BASF 公司
**申　请　号**　98121553. X
**优 先 权 日**　1992 年 9 月 25 日
**申　请　日**　1993 年 9 月 25 日
**公　开　日**　1999 年 8 月 11 日
**合 议 组 组 长**　祝海燕
**主　审　员**　吴通义
**参　审　员**　许　磊

**法 律 依 据**　专利法第 22 条第 4 款
**决 定 要 点**

发明申请的主题必须能够在产业上制造，如果要求保护的产品的制造的重复实施依赖于随机因素，致使所属技术领域的技术人员很难通过重复说明书公开的制备方法必然地得到具有所需特性的产品，那么该产品无法在产业中制造，不具有实用性。

而对于已经在布达佩斯条约承认的生物材料样品国际保藏单位进行了保藏的微生物来说，本领域技术人员可以按照相关规定从该保藏单位重复获得该生物材料，进而得以在产业上制造和使用，具备实用性。

### 一、案由

本复审请求涉及 1993 年 9 月 25 日申请、1999 年 8 月 11 日公开、名称为“D-泛解酸和 D-泛酸的生产”的 98121553. X 号发明专利申请（下称本申请），本申请的申请人是由武田药品工业株式会社变更而来的 BASF 公司。

国家知识产权局于 2004 年 12 月 17 日以权利要求 1 不符合专利法第 22 条第 4 款的规定为由驳回了本申请，驳回决定所针对的权利要求为：

“1. 一种能生产 D-泛酸且耐水杨酸的肠杆菌科微生物，它是用携带泛酸或其盐的生物合成中所涉及的基因区的质粒 DNA 转化的微生物，所述基因选自 panB、panC 或 panD。”

驳回决定认为：权利要求1要求保护一种耐水杨酸的肠杆菌科微生物，由于微生物在诱变条件下的碱基变化为随机变化，虽然说明书第5~6页记载了用于分离耐水杨酸的肠杆菌科微生物的选择方法和诱变条件，但是本领域技术人员难以通过重复所述诱变条件达到完全相同的技术效果，即获得本申请所述单独、大量生产D-泛酸的效果，因此权利要求1不符合专利法第22条第4款规定。

申请人BASF公司（下称复审请求人）对上述驳回决定不服，于2005年3月24日向专利复审委员会提出复审请求，复审请求人同时提交了附件1（Manual of Methods for General Bacteriology，1981年8月第二次印刷，扉页、出版信息页、第222~234页，复印件共15页）。复审请求人在提出复审请求时没有对申请文本进行修改。

复审请求人在《复审请求书》中提出：将细菌与诱变剂接触可使细菌的突变率提高，选择培养基和鉴别培养基有助于细菌突变体的分离，某些选择培养基允许特定的突变体生长，而不允许野生型菌株的生长，这些内容在其提交的附件1第223页（第二栏13.2 Mutagen Choice）、第224页（第一栏最后一段，第二栏13.2.1 Ultraviolet Light）、第226页（第一栏13.2.2 Nitrosoguanidine）中已经有描述，而且本申请说明书第5~6页中指出了通过对大肠杆菌IFO 3547进行通常的致突变处理，如紫外辐射或化学试剂处理，然后在含有水杨酸的培养液中进行培养，然后分离该培养液中的克隆生长物可获得耐水杨酸的细菌，本领域技术人员按照说明书的描述，无需创造性劳动即可重现发明，权利要求1具备实用性。

形式审查合格后，专利复审委员会受理了该复审请求，并于2005年5月11日向复审请求人发出《复审请求受理通知书》，随后将本申请案卷移交原审查部门进行前置审查。

原审查部门对本复审请求进行了前置审查，认为权利要求1所涉及的产品为随机获得的，不具有可重复的再现性，坚持原驳回决定。

专利复审委员会组成合议组，对本案的复审请求进行了审理，于2006年6月1日向复审请求人发出第一次《复审通知书》。该《复审通知书》指出：本申请权利要求1要求保护一种能生产D-泛酸且耐水杨酸的肠杆菌科微生物，而这些耐水杨酸肠杆菌科微生物的获得，经过了通常的致诱变处理和在含有水杨酸的培养液中进行筛选培养等操作步骤，主要依赖于微生物在诱变条件下所产生的随机突变，这种突变实际上是DNA复制过程中的一个或几个碱基的变化，由于碱基变化是随机的，导致诱变后的微生物是千差万别的。即使在相同条件下进行重复诱变，也很难得到完全相同的结果。因此，权利要求1要求保护的肠杆菌科微生物不具有再现性，不符合专利法第22条第4款的规定。

针对《复审通知书》指出的问题，复审请求人于2006年9月18日提交了意见陈述及经修改的权利要求1。复审请求人认为修改后的权利要求1符合专利法第22条第4款的规定。修改后的权利要求1为：

"1. 一种能生产D-泛酸且耐水杨酸的肠杆菌科微生物，它是用携带泛酸或其盐的生物合成中所涉及的基因区的质粒DNA转化的微生物，所述基因选自panB、panC或panD，其中所述微生物选自：大肠杆菌3547/pFV31菌株（IFO 15371）、大肠杆菌5714/pFV31菌株（IFO 15372）、大肠杆菌525/pFV31菌株（IFO 15373）、大肠杆菌814/pFV31菌株（IFO 15374）、大肠杆菌221/pFV31菌株（IFO 15524）、大肠杆菌6051/pFV31菌株（IFO 15525）和大肠杆菌5069/pFV31菌株（IFO 15526）。"

在该新修改的权利要求1的基础上，专利复审委员会于2007年2月2日向复审请求人发出第二次《复审通知书》。该《复审通知书》指出：权利要求1中涉及的大肠杆菌3547/pFV31菌株（IFO 15371）、大肠杆菌5714/pFV31菌株（IFO 15372）、大肠杆菌525/pFV31菌株（IFO 15373）、大肠杆菌221/pFV31菌株（IFO 15524）和大肠杆菌6051/pFV31菌株（IFO 15525）未在国务院专利行政部门认可的保藏单位进行保藏，根据说明书记载，它们是用质粒pFV31转染大肠杆菌IFO 3547及其突变体获得的，在质粒 pFV31 的制备过程中使用了突变体 FV525。由于：（a）大肠杆菌 IFO 3547 未在布达佩斯条约承认的生物材料样品国际保藏单位进行保藏，本申请说明书没有记载获得该菌株的其他途径，本领域技术人员无法获得大肠杆菌 IFO 3547；（b）大肠杆菌 FV5714、大肠杆菌 FV 525、大肠杆菌 FV 221 和大肠杆菌 FV 6051 是对大肠杆菌 IFO 3547 进行致突变处理后筛选得到，即使本领域技术人员能够获得大肠杆菌 IFO 3547，并重复说明书记载的致突变处理和培养液培养筛选，也无法必然获得说明书所述大肠杆菌 FV 5714、大肠杆菌 FV 525、大肠杆菌 FV 221 和大肠杆菌 FV 6051。因此，本领域技术人员不仅无法从保藏单位获得大肠杆菌 IFO 3547、大肠杆菌 FV5714、大肠杆菌 FV 525、大肠杆菌 FV 221 和大肠杆菌 FV 6051，而且也无法用本发明所述的方法重复制备这些菌株，权利要求 1 不具有实用性，不符合专利法第 22 条第 4 款的规定。

针对专利复审委员会于 2007 年 2 月 2 日发出的《复审通知书》，复审请求人于 2007 年 3 月 6 日提交了意见陈述及经修改后的权利要求 1。修改后的权利要求 1 如下：

“1. 一种能生产 D-泛酸且耐水杨酸的肠杆菌科微生物，它是用携带泛酸或其盐的生物合成中所涉及的基因区的质粒 DNA 转化的微生物，所述基因选自 panB、panC 或 panD，其中所述微生物选自：大肠杆菌 814/pFV31 菌株（CCTCC NO：M93045）和大肠杆菌 5069/pFV31 菌株（CCTCC NO：M93046）。”

至此，合议组认为本案事实清楚，可以作出审查决定。

**二、决定的理由**

1. 决定依据的文本

本复审请求审查决定是在 1993 年 9 月 25 日提交的说明书第 1 ~26 页、说明书附图第 1 页、说明书摘要，以及 2007 年 3 月 6 日提交的权利要求第 1 项的基础上作出的。

2. 关于专利法第 22 条第 4 款

专利法第 22 条第 4 款规定：实用性，是指发明或者实用新型能够制造或者使用，并且能够产生积极效果。

根据该款规定，发明申请的主题必须能够在产业上制造，如果要求保护的产品的制造的重复实施依赖于随机因素，致使所属技术领域的技术人员很难通过重复说明书公开的制备方法必然地得到具有所需特性的产品，那么该产品无法在产业中制造，不具有实用性。

而对于已经在布达佩斯条约承认的生物材料样品国际保藏单位进行了保藏的微生物来说，本领域技术人员可以按照相关规定从该保藏单位重复获得该生物材料，进而得以在产业上制造和使用，具备实用性。

正如第一次《复审通知书》中所指出的那样：驳回决定所针对的权利要求 1 要求保护一种能生产 D-泛酸且耐水杨酸的肠杆菌科微生物，这些微生物的获得经过了致诱变处理和筛选步骤，而即使在相同条件下的诱变也可能产生不同的结果，因此，驳回决定所针对的权利要求 1 的技术方案不具有再现性，不符合专利法第 22 条第 4 款的规定。复审请求人针对第一次《复审通知书》于 2006 年 9 月 18 日提交的权利要求 1 所涉及的大肠杆菌 IFO 3547 未在布达佩斯条约承认的生物材料样品国际保藏单位进行保藏，是本领域技术人员无法获得的，而且在 IFO 3547 基础上经突变筛选获得的大肠杆菌 FV 5714、大肠杆菌 FV 525、大肠杆菌 FV 221 和大肠杆菌 FV 6051 同样也无法必然地重复得到，因此，2006 年 9 月 18 日提交的权利要求 1 也不符合专利法第 22 条第 4 款的规定。

复审请求人于 2007 年 3 月 6 日提交的权利要求 1 将要求保护的能生产 D-泛酸且耐水杨酸的肠杆菌科微生物限定为选自大肠杆菌 814/pFV31 菌株（CCTCC NO：M93045）和大肠杆菌 5069/pFV31 菌株（CCTCC NO：M93046）。从复审请求人提交的保藏证明材料看，大肠杆菌 814/pFV31 菌株和大肠杆菌 5069/pFV31 菌株均已在中国典型培养物保藏中心进行了保藏，该单位是布达佩斯条约承认的生物材料样品国际保藏单位，本领域技术人员可以按照相关规定从该保藏单位重复获得该生物材料，进而得以在产业上制造和使用。因此，修改后的权利要求 1 克服了驳回决定所指出的由于无法在产业中制造而不符合专利法第 22 条第 4 款规定的缺陷。

根据以上事实和理由，本案合议组作出如下审查决定。

**三、决定**

撤销国家知识产权局于 2004 年 12 月 17 对 98121553. X 号发明专利申请作出的驳回决定。由原审查部门在本复审请求审查决定所针对文本的基础上继续进行审查。

复审请求人对本决定不服的，可以根据专利法第 41 条第 2 款的规定，自收到本决定之日起三个月内向北京市第一中级人民法院起诉。

020

# 治疗脚汗、脚臭、脚气的外涂药剂及其制备方法

## 复审请求审查决定（第10424号）

**决　定　号**　第10424号
**决　定　日**　2007年4月4日
**发明创造名称**　治疗脚汗、脚臭、脚气的外涂药剂及其制备方法
**国际分类号**　A61K 35/78，A61K 7/32
**复审请求人**　李溟，李性钠，云南禄丰108民族工业制品厂
**申　请　号**　00126553.9
**申　请　日**　2000年9月22日
**公　开　日**　2002年4月24日
**合议组组长**　李金光
**主　审　员**　李瑛琦
**参　审　员**　郭　婷

**法律依据**　专利法第26条第3款、第4款
**决定要点**

所属技术领域的技术人员能够实现，是指所属技术领域的技术人员按照说明书记载的内容，就能够实现该发明或者实用新型的技术方案，解决其技术问题，并且产生预期的技术效果。

权利要求应当以说明书为依据，是指权利要求应当得到说明书的支持，权利要求的概括应当适当，不得超出说明书公开的范围。

**一、案由**

本复审请求涉及名称为“治疗脚汗、脚臭、脚气的外涂药剂及其制备方法”的第00126553.9号发明专利申请（下称本申请），申请人为李溟、李性钠、云南禄丰108民族工业制品厂，申请日为2000年9月22日，公开日为2002年4月24日。

国家知识产权局于2004年2月27日以本申请说明书不符合专利法第26条第3款的规定，权利要求1、2不符合专利法第26条第4款的规定为由驳回了本申请。驳回决定针对的权利要求书为：

“1. 一种治疗脚汗、脚臭、脚气的外涂药剂，其特征在于它由下述重量配比的原料制成

| | |
|---|---|
| 碱式氯化铝液 | 30%~40% |
| 含苦楝皮的处理液 | 20%~25% |
| 甲醛水溶液 | 40%~45% |

2. 如权利要求1所述的药剂，其特征在于各原料的重量配比是：

| | |
|---|---|
| 碱式氯化铝液 | 40% |
| 含苦楝皮的处理液 | 20% |
| 甲醛水溶液 | 40% |

3. 如权利要求1和2所述的药剂，其特征在于含苦楝皮处理液的重量配比是：

| | |
|---|---|
| 苦楝皮 | 1.5%~2.0% |
| 白鲜皮 | 0.5%~0.8% |
| 海桐皮 | 1.0%~1.5% |
| 水杨酸 | 2.0%~3.0% |
| 苯甲酸 | 2.0%~3.0% |
| 乙醇 | 20%~25% |

4. 如权利要求1所述的药剂，其特征在于药剂是液态剂。

5. 一种制备如权利要求1所述药剂的方法，其特征在于：先取苦楝皮、白鲜皮、海桐皮，干燥粉碎至120目细粉，用水杨酸、苯甲酸、乙醇浸泡30天后取120目筛网过滤澄清备用；取碱式氯化铝液用120目筛过滤；取甲醛水溶液用120目不锈钢筛网过滤聚合物，将上述全部溶液按组分所述比例混合、搅拌过滤后澄清，再用160目筛网过滤制得成品。”

驳回决定认为：（1）权利要求1和2采用“含苦楝皮的处理液”进行概括，其保护范围是含有苦楝皮及其他任意原料以任意方法制成的处理液，但根据说明书的记载，“含苦楝皮的处理液”只是由“苦楝皮、白鲜皮、海桐皮、水杨酸、苯甲酸、乙醇”组成的，因此权利要求1和2得不到说明书的支持，不符合专利法第26条第4款的规定。（2）本申请说明书中明确强调了“本发明所用是自己生产的”碱式氯化铝，并提供了制备该碱式氯化铝的方法。但是说明书记载的制备碱式氯化铝液的方法中，没有公开盐酸的浓度，因而加入反应体系中的盐酸的量是不确定的，本领域普通技术人员不能确定本申请所制备出的反应液的具体组成及各成分的浓度，也无法根据本申请的描述制备出本申请技术方案中所需的碱式氯化铝液，从而无法再现本发明的技术方案，因此本申请的说明书公开不充分，不符合专利法第26条第3款的规定。

申请人李滇、李性钠、云南禄丰108民族工业制品厂（下称复审请求人）对上述驳回决定不服，于2004年5月25日向专利复审委员会提出复审请求，同时提交了权利要求书替换页以及说明书第1~8页和说明书摘要，并分别于2004年7月25日和2004年9月9日随复审请求补正书重复提交了摘要、权利要求书、说明书第1~8页的“原件”以及权利要求书替换页。复审请求人认为本发明所使用的盐酸是符合国家标准的，其浓度是公知的，因此国家知识产权局驳回的理由不成立。

复审请求人于2004年9月9日提交的修改后的权利要求书为：

“1. 一种治疗脚汗、脚臭、脚气的药剂，其特征在于它是由先取苦楝皮、白鲜皮、海桐皮、干燥粉碎至120目的细粉，同水扬酸、苯甲酸用乙醇浸泡30天后取120目筛网过滤澄清备用，取碱式氯化铝液用120目筛过滤，取甲醛水溶液用120目不锈钢筛网过滤聚合物，将上述全部溶液按组分所述混合。

2. 根据权利要求1所述的治疗脚汗、脚臭、脚气的药剂，其特征在于所说的药剂是液态剂。”

形式审查合格后，专利复审委员会受理了该复审请求，并于2004年10月13日向复审请求人发出《复审请求受理通知书》，随后将本申请案卷移交原审查部门进行前置审查。

原审查部门对本复审请求进行了前置审查。在《前置审查意见书》中，原审查部门认为：（1）复审请求人的意见陈述仍未克服本申请不符合专利法第26条第3款规定的缺陷。（2）修改后的权利要求 1、2 对各原料的用量配比没有进行任何限定，不符合专利法第 26 条第 4 款的规定。基于以上理由，原审查部门坚持驳回决定。

2006 年 6 月 20 日，复审请求人修改了权利要求书，提交了新的权利要求书替换页，新的权利要求书为：

“1. 一种治疗脚汗、脚臭、脚气的药剂，由下述重量配比的原料制成：

| | |
|---|---|
| 碱式氯化铝液 | 30％～40％ |
| 苦楝皮等处理液 | 20％～25％ |
| 甲醛水溶液 | 40％～45％ |

其特征在于它是由以下方法制成：

先取苦楝皮、白鲜皮、海桐皮、干燥粉碎至 120 目的细粉，同水扬酸、苯甲酸用乙醇浸泡 30 天后取 120 目筛网过滤澄清备用，取碱式氯化铝液用 120 目筛网过滤，取甲醛水溶液用 120 目不锈钢筛网过滤聚合物，将上述全部溶液按组分所述混合。

2. 根据权利要求 1 所述的治疗脚汗、脚臭、脚气的药剂，其特征在于所说的药剂是液态剂。”

合议组经合议后认为，本案事实已经清楚，可以依法作出复审决定。

**二、决定的理由**

1. 关于文本的认定

本复审请求审查决定依据的文本是复审请求人于 2004 年 9 月 9 日提交的说明书第 1～8 页及其摘要以及 2006 年 6 月 20 日提交的权利要求第 1～2 项。

2. 关于专利法第 26 条第 3 款

专利法第 26 条第 3 款规定：说明书应当对发明或者实用新型作出清楚、完整的说明，以所属技术领域的技术人员能够实现为准。

所属技术领域的技术人员能够实现，是指所属技术领域的技术人员按照说明书记载的内容，就能够实现该发明或者实用新型的技术方案，解决其技术问题，并且产生预期的技术效果。

本案的争议焦点在于原审查部门认为说明书中没有公开盐酸的浓度，使得本领域技术人员无法根据说明书的描述制备出本申请技术方案中所需的碱式氯化铝液，从而无法实现本发明的技术方案。而复审请求人认为本发明使用的是符合国家标准的盐酸，其浓度是公知的。

对此合议组认为，一方面，本申请说明书中记载制备碱式氯化铝液的过程中使用“盐酸”，盐酸是本领域普遍使用的一种试剂，在《化学试剂・精细化学品产品目录》（北京化学试剂公司编，化学工业出版社出版，1999 年 5 月第 1 版，第 565～566 页）中有所记载，该产品具有明确的中华人民共和国标准，其中 HCl 的含量在 36％～38％范围内。在化学领域中有时也将上述市售的具有特定浓度的盐酸称之为浓盐酸或者发烟盐酸。盐酸在使用过程中可以根据实际需要稀释成不同浓度的水溶液，如 0.1M 盐酸溶液等，但是这种经稀释得到的“盐酸溶液”与具有特定浓度的“盐酸”概念是不同的。根据本申请说明书记载的技术方案，本领域技术人员应当能够理解并容易获得这种符合国标的市售盐酸试剂，而不会造成歧义。因此，本领域技术人员根据本申请说明书记载的盐酸，可以明确盐酸浓度。另一方面，根据说明书的记载和本领域公知常识可知，碱式氯化铝在水溶液中以多种带电聚合体离子存在，自身具有较大的分子量和因羟基的强架桥性能形成网罗作用，因此具有除浊、除菌、除色、除臭、除味等功能（参见说明书第 5 页第 11～14 行）。在制备碱式氯化铝的过程中，使用的盐酸溶液浓度不同，仅影响反应终产物碱式氯化铝的收率，不会改变碱式氯化铝产生羟基架桥而发挥除臭、除味、除菌等性能。只要所述反应能够得到碱式氯化铝，而不论反应液的具体组成及各成分浓度是否确定，都可以实现本发明。综上，原审查部门认为不知道盐酸浓度就无法实现本发明的理由不成立。

3. 关于专利法第26条第4款

专利法第26条第4款规定：权利要求书应当以说明书为依据，说明要求专利保护的范围。

权利要求应当以说明书为依据，是指权利要求应当得到说明书的支持，权利要求的概括应当适当，不得超出说明书公开的范围。

复审请求人于2006年6月20日提交了经修改的权利要求1和2，对“苦楝皮等处理液”中包含的原料及制备方法进行了具体限定，克服了原审查部门在驳回理由中指出的“本发明‘含苦楝皮的处理液’仅是由‘苦楝皮、白鲜皮、海桐皮、水杨酸、苯甲酸、乙醇组成的，而无法推断出苦楝皮与其他任意原料、以任意方法制备的处理液均能解决本发明技术问题，因此本申请权利要求1和2得不到说明书的支持”的缺陷。

原审查部门在前置审查意见中指出2004年9月9日提交的权利要求1、2对各原料的用量配比没有进行任何限定，本领域技术人员也无法预见到任意配比的原料制成的药剂都可以解决本发明的技术问题，因此权利要求1、2仍不符合专利法第26条第4款的规定。复审请求人于2006年6月20日提交的权利要求1、2中已经限定了碱性氯化铝液、苦楝皮等处理液和甲醛水溶液的重量配比。但是对于权利要求中未限定苦楝皮、白鲜皮、海桐皮、水杨酸、苯甲酸、乙醇的用量配比是否会导致权利要求1、2不符合专利法第26条第4款的规定，原审查部门在本案的审查过程中未曾告知过复审请求人，属于补充的新理由，对此，本案合议组也不予评述。

根据以上事实和理由，本合议组作出如下审查决定。

**三、决定**

撤销国家知识产权局于2004年2月27日针对本申请作出的驳回决定，由原审查部门在复审请求人于2006年6月20日提交的权利要求第1~2项以及2004年9月9日提交的说明书第1~8页及其摘要的基础上继续进行审查。

复审请求人对本决定不服的，可以根据专利法第41条第2款的规定，自收到本决定之日起三个月内向北京市第一中级人民法院起诉。

021

# 新的人热休克蛋白、其编码序列及其用途

## 复审请求审查决定（第10425号）

**决 定 号** 第10425号
**决 定 日** 2007年3月15日
**发明创造名称** 新的人热休克蛋白、其编码序列及其用途
**国 际 分 类 号** C07K 14/435，C07K 16/18，C07H 21/00，C12N15/10，C12N 15/12，C12N 15/63，C12N 15/64，C12P 21/00，G01N 33/68，C12Q 1/68，A61K 38/17，A61K 31/7088，A61K 39/395
**复 审 请 求 人** 中国人民解放军第二军医大学
**申 请 号** 99124271.8
**申 请 日** 1999年12月16日
**公 开 日** 2001年6月20日
**合 议 组 组 长** 叶 娟
**主 审 员** 何 炜
**参 审 员** 祝海燕

**法 律 依 据** 专利法第26条第3款
**决 定 要 点**

对于涉及基因、载体、重组载体、转化体、多肽或蛋白质、融合细胞、单克隆抗体等的发明，说明书中除应当公开产品的确认、制备外，还应当提供对于本领域技术人员来说，足以证明发明的技术方案可以达到预期目的或效果的实验证据；如果说明书中仅给出了具体的技术方案，但未提供实验证据，而该方案又必须依赖实验结果加以证实才能成立，则该专利申请不符合专利法第26条第3款的规定。

### 一、案由

本复审请求涉及名称为“新的人热休克蛋白、其编码序列及其用途”的99124271.8号发明专利申请（下称本申请），原申请人为上海华晨生物技术研究所，于2004年6月23日变更为中国人民解放军第二军医大学，本申请的申请日为1999年12月16日，公开日为2001年6月20日。

国家知识产权局于2003年6月6日发出第一次审查意见通知书，认为说明书中没有记载实验结果或数据可以证明D-HSP70蛋白具有与小鼠HSP-70蛋白相同或相近的功能，也没有充分公开所述的人热休克蛋白D-HSP70蛋白的用途和效果，因此说明书没有对发明作出清楚完整的说明，不符合专利法第26条第3款的规定。

申请人于2003年10月20日提交了意见陈述书、权利要求书修改替换页和证据1（证实本申请的D-HSP70蛋白-多肽复合物能够诱导特异性免疫应答的实验数据1页）。申请人认为，通过同源比较（本申请实施例2）而确定新蛋白的功能是本领域技术人员常用的一种方法，本申请的实施例7也已经给出了证明本发明蛋白功能的实验，结合补充提交的证据1，可以证明本申请符合专利法第26条第3款的规定。

国家知识产权局于2003年12月12日发出第二次审查意见通知书，认为同源性比较不足以证明D-HSP70蛋白的功能；且实施例7仅给出了一个结论，未提供合理可信、有说服力的实验方法和分析数据；而补交的证据1未在原始申请文件中记载，不予考虑，坚持认为本申请不符合专利法第26条第3款的规定。

申请人于2004年2月27日提交了意见陈述书和证据2：95197779.2号中国发明专利的授权公告文本。申请人认为氨基酸序列高度同源的蛋白一定具有相同或相近的功能，且补交的证据1应该予以考虑，并用证据2说明类似本申请的情况应予授权。

国家知识产权局于2004年9月24日针对申请日提交的说明书、说明书附图、说明书摘要、以及2003年10月20日提交的权利要求书（共11项）驳回了本申请，理由是本申请不符合专利法第26条第3款的规定。驳回决定中指出：（1）在没有实验证明的情况下，本领域的技术人员并不能仅仅根据同源性的比较就确定两个序列相似的蛋白功能完全相同，也即序列同源性比较不足以作为证明人热休克蛋白D-HSP70蛋白功能的"实验结果"；（2）虽然申请人认为可以将上述的D-HSP70序列用作探针分析、制备抗体等应用作为该化合物的用途，但是上述的这些应用只是多数多核苷酸和多肽的泛泛用途，并不是上述D-HSP70序列的特有的实质性用途和使用效果，其内容不足以公开该多肽的化学用途和效果；（3）证据1是在申请日后提交的，本领域普通技术人员根据原说明书的记载，无法推测出或证实本发明的D-HSP70蛋白具有上述的生物学功能。因此，说明书中没有记载可以证明D-HSP70蛋白具有与小鼠HSP-70蛋白相同或相近的功能的实验结果或数据，没有充分公开所述的人热休克蛋白D-HSP70蛋白的用途和效果，不能达到本发明说明书中所记载的用于诊断或治疗的应用目的。因此说明书没有对发明作出清楚完整的说明，不符合专利法第26条第3款的规定。

驳回决定所针对的权利要求书为：

"1. 一种分离的人D-HSP70多肽，其特征在于，该多肽选自下组：（a）具有SEQ ID NO：2或3氨基酸序列的多肽；（b）将SEQ ID NO：2或3氨基酸序列经过1～10个氨基酸残基的取代、缺失或添加而形成的，且具有与肿瘤抗原性多肽形成复合物并诱导特异性抗肿瘤免疫应答的由（a）衍生的多肽。

2. 如权利要求1所述的多肽，其特征在于，该多肽是具有SEQ ID NO：2或3氨基酸序列的多肽。

3. 一种分离的多核苷酸，其特征在于，它包含一核苷酸序列，该核苷酸序列选自下组：（a）编码如权利要求1所述多肽的多核苷酸；（b）与多核苷酸（a）互补的多核苷酸。

4. 如权利要求3所述的多核苷酸，其特征在于，该多核苷酸编码具有SEQ ID NO：2所示氨基酸序列的多肽。

5. 如权利要求3所述的多核苷酸，其特征在于，该多核苷酸的序列选自下组的一种：（a）具有SEQ ID NO：1中54～1583位的序列；（b）具有SEQ ID NO：1中1～1757位的序列。

6. 一种载体，其特征在于，它含有权利要求3所述的多核苷酸。

7. 一种遗传工程化的宿主细胞，其特征在于，它含有权利要求6所述的载体。

8. 一种人 D-HSP70 蛋白的制备方法，其特征在于，该方法包含：（a）在适合表达人 D-HSP70 蛋白的条件下，培养权利要求 7 所述的宿主细胞；（b）从培养物中分离出人 D-HSP70 蛋白。

9. 一种能与权利要求 1 所述的人 D-HSP70 蛋白特异性结合的抗体。

10. 一种检测样品中是否存在 D-HSP70 蛋白的方法，其特征在于，包括：

将样品与权利要求 9 所述的抗体接触，

观察是否形成抗体复合物，形成了抗体复合物就表示样品中存在 D-HSP70 蛋白。

11. 一种药物组合物，其特征在于，它含有安全有效量的权利要求 1 所述的多肽以及药学上可接受的载体。”

2005 年 1 月 10 日，申请人中国人民解放军第二军医大学（下称复审请求人）不服上述驳回决定，向专利复审委员会提出复审请求。复审请求人认为，本申请的实施例 7 已经提供了证明技术效果的定性数据，结合本申请蛋白与现有蛋白的相似性，本领域普通技术人员足以认可本发明蛋白或核苷酸的功能和用途。复审请求人还以通式化合物为例说明在判断发明专利申请是否符合专利法第 26 条第 3 款时对实验数据的要求不应该过于苛刻。

形式审查合格后，专利复审委员会受理了该复审请求，于 2005 年 3 月 21 日向复审请求人发出《复审请求受理通知书》，同时将本申请案卷移交原审查部门进行前置审查。

国家知识产权局原审查部门对本复审请求进行了前置审查，坚持原驳回决定。

专利复审委员会组成合议组对本复审请求案进行了审理，并于 2006 年 8 月 10 日向复审请求人发出《复审通知书》。《复审通知书》中指出：（1）由同源性比较而推测的功能，仅仅是一种有待证实的可能的功能，说明书中没有记载可以证明 D-HSP70 蛋白具有与小鼠 HSP-70 蛋白相同或相近的功能的实验结果或数据，没有充分公开所述的人热休克蛋白 D-HSP70 蛋白的用途和效果；（2）证据 1 的提交日晚于本申请的申请日，且并未记载在原权利要求书和说明书中，是所属领域技术人员在申请日前无法获知的，因而不能作为本申请说明书记载内容的参考和补充；（3）对于复审请求人在复审请求书中以通式化合物为例说明本申请不需实验数据加以证实的意见，合议组认为不具说服力，因为蛋白质不同于一般化合物，其功能在其高级结构未能确定又缺乏相关实验数据时，是所属领域技术人员所无法预见的；（4）我国专利申请的审查是依照专利法、专利法实施细则，以及审查指南的相关规定进行的，作出审查意见需要针对具体的案情，并非直接引照其他个别案例，证据 2 与本案的审理无关。

针对《复审通知书》，复审请求人于 2006 年 9 月 25 日提交了意见陈述书。复审请求人继续坚持本申请符合专利法第 26 条第 3 款的意见。

至此，合议组认为本案事实清楚，可以作出审查决定。

**二、决定的理由**

1. 审查文本

本复审请求审查决定针对的文本为驳回决定所针对的申请文本。

2. 关于专利法第 26 条第 3 款

专利法第 26 条第 3 款规定：说明书应当对发明或者实用新型作出清楚、完整的说明，以所属技术领域的技术人员能够实现为准。

对于涉及基因、载体、重组载体、转化体、多肽或蛋白质、融合细胞、单克隆抗体等的发明，说明书中除应当公开产品的确认、制备外，还应当提供对于本领域技术人员来说，足以证明发明的技术方案可以达到预期目的或效果的实验证据；如果说明书中仅给出了具体的技术方案，但未提供实验证据，而该方案又必须依赖实验结果加以证实才能成立，则该专利申请不符合专利法第 26 条第 3 款的规定。

本申请要求保护的技术方案是：（1）一种分离的人 D-HSP70 蛋白及其制备方法；（2）一种编码

所述蛋白的多核苷酸；（3）一种含有所述多核苷酸的载体；（4）一种含有所述载体的宿主细胞；（5）一种能与所述蛋白特异性结合的抗体。对于上述 D-HSP70 蛋白的具体功能和用途，说明书中仅记载了如下内容：从人树突状细胞的 cDNA 文库中筛选出序列 1 的多核苷酸（D-HSP70），推测其编码 509 个氨基酸的人热休克蛋白 D-HSP70 蛋白，其氨基酸序列与小鼠 HSP-70 蛋白有一定同源性（90.3%一致性，93.5%相似性），又对 D-HSP70 蛋白序列进行了软件分析，认为其具有 HSP70 家族蛋白的特点，但是并没有提供进一步的实验及其数据表明所述蛋白与小鼠 HSP-70 蛋白具有相同的结构功能域或生物学功能。

由于本申请请求保护的多肽、多核苷酸、载体、宿主细胞、抗体的功能均通过 D-HSP70 蛋白予以体现，所以能否确定所述蛋白的功能是决定本申请是否符合说明书充分公开要求的关键。而根据本领域的公知常识，在序列的关键位置氨基酸的替换和改变会改变蛋白质的性质，尤其是，当这些替换和改变发生在对蛋白质性质起决定作用的一些功能域中时，会显著影响蛋白质的活性。即使在二种蛋白质的一级结构高度同源的情况下，如果在构成功能域的关键位置上的氨基酸不同，也有可能导致两种蛋白质表现出不同的功能。氨基酸序列的高度同源，并不意味着两种蛋白的功能必然相同或相似，因蛋白质各组成氨基酸如何相互作用，进而发生空间折叠形成高级结构，又如何在其高级结构的基础上实现其功能，均不可能由同源性比较而直接得出，也是所属领域技术人员难以预料的。因此，由同源性比较而推测的功能，是一种有待证实的可能的功能，仅是为进一步的研究提供了方向。因此本申请属于说明书中仅给出了具体的技术方案，但未提供实验证据，而该方案又必须依赖实验结果加以证实才能成立的情况。虽然本申请说明书中对上述 D-HSP70 进行了 Northern 表达分析，并且还构建了重组体获得融合蛋白及其小鼠抗体，但是上述实验证据只能表明 D-HSP70 蛋白是一种广泛表达的蛋白，并可能是膜蛋白，但其表达异常并不能证明与何种疾病直接相关；此外，说明书实施例 7 中记载了利用人 D-HSP70 蛋白-多肽复合物诱导特异性免疫应答，可使小鼠获得抵抗黑色素瘤攻击的能力，但本申请的说明书中并未提供有效的令人信服的实验数据用于说明 D-HSP70 蛋白是一种热休克蛋白及其抗黑色素瘤攻击的能力。也就是说，说明书中没有记载实验结果或数据可以证明 D-HSP70 蛋白具有与小鼠 HSP-70 蛋白相同或相近的功能，没有充分公开所述的人热休克蛋白 D-HSP70 蛋白的用途和效果。本申请的说明书中缺乏证实上述推测结果的具体实验室实验或临床实验的证据，本领域普通技术人员无法确信本发明的技术方案可以达到预期目的或效果，因此本申请不符合专利法第 26 条第 3 款有关说明书充分公开的规定。

关于证据 1，因其提交日晚于本申请的申请日，且并未记载在原权利要求书和说明书中，是所属领域技术人员在申请日前无法获知的，因而不能作为本申请说明书记载内容的参考和补充。

对于证据 2，合议组认为，我国专利申请的审查是依照专利法、专利法实施细则，以及审查指南的相关规定进行的，作出审查意见需要针对具体的案情，并非直接引照其他个别案例，证据 2 与本案的审理无关。

对于复审请求人在复审请求书中以通式化合物为例说明本申请不需实验数据加以证实的意见，合议组认为不具说服力，因为蛋白质不同于一般化合物，其功能在其高级结构未能确定又缺乏相关实验数据时，是所属领域技术人员所无法预见的。

基于上述理由，合议组作出下述决定。

## 三、决定

维持国家知识产权局于 2004 年 9 月 24 日对 99124271.8 号发明专利申请作出的驳回决定。

复审请求人对本决定不服的，可以根据专利法第 41 条第 2 款的规定，自收到本决定之日起三个月内向北京市第一中级人民法院起诉。

022

# 通过共聚物-1的摄入或吸入治疗多发性硬化症

## 复审请求审查决定（第10459号）

**决　定　号**　第10459号
**决　定　日**　2007年4月6日
**发明创造名称**　通过共聚物-1的摄入或吸入治疗多发性硬化症
**国际分类号**　A61K 38/00
**复审请求人**　耶达研究及发展有限公司
**申　请　号**　98803122.1
**申　请　日**　1998年1月12日
**优先权日**　1997年1月10日
**公　开　日**　2000年4月5日
**合议组组长**　李金光
**主　审　员**　李瑛琦
**参　审　员**　魏春宝

**法律依据**　专利法第22条第2款
**决定要点**

如果申请的权利要求中实质含有未被现有技术公开的技术特征，则该权利要求相对于该现有技术具备专利法第22条第2款规定的新颖性。

### 一、案由

本复审请求涉及申请号为98803122.1、名称为“通过共聚物-1的摄入或吸入治疗多发性硬化症”的发明专利申请。申请人为耶达研究及发展有限公司，申请日为1998年1月12日，优先权日为1997年1月10日，公开日为2000年4月5日。

国家知识产权局于2004年7月9日驳回了该申请，理由是对比文件1公开了含有共聚物-1（即本申请中的乙酸Glatiramer）的药物，该药物可用于治疗多发性硬化症（见对比文件1［“Management of relapsing/remitting multiple sclerosis with copolymer 1（Copaxone®）”，Johnson等，Mult. Scler.，第1卷第6期，325~326页，1996年］全文），本申请权利要求1和7所要保护的技术方案与对比文件1公开的内容相比，所不同的仅仅是文字表达方式上略有差别，其技术方案实质上是相同的，因此不具有新颖性，不符合专利法第22条第2款的规定。

驳回决定所针对的独立权利要求为：

“1. 乙酸Glatiramer在制备治疗多发性硬化症的可摄入或可吸入药物中的用途。

7．一种可摄入或可吸入药用组合物，该组合物含有治疗多发性硬化症有效量的乙酸 Glatiramer 和药学上可接受的载体。”

申请人（下称复审请求人）对上述驳回决定不服，于 2004 年 10 月 25 日向专利复审委员会提出复审请求，同时提交了修改的权利要求第 1 ~ 10 项。基于修改后的权利要求 1 ~ 10，复审请求人认为对比文件 1 没有公开 glatiramer acetate 用于制备可摄入的肠包衣药物或可吸入药物，因此权利要求 1、3 具有新颖性；同理，权利要求 9 和 10 也具备新颖性。

复审请求人在提出复审请求时提交的独立权利要求为：

“1．乙酸 Glatiramer 在制备治疗多发性硬化症的可摄入的肠包衣固体药物中的用途。

3．一种可摄入固体药用组合物，该组合物含有治疗多发性硬化症有效量的乙酸 Glatiramer、药学上可接受的载体和肠包衣。

9．乙酸 Glatiramer 在制备治疗多发性硬化症的可吸入固体药物中的用途。

10．一种可吸入固体药物组合物，该组合物含有治疗多发性硬化症有效量的乙酸 Glatiramer 和药学上可接受的载体。”

形式审查合格后，专利复审委员会受理了该复审请求，并于 2004 年 12 月 7 日向复审请求人发出《复审请求受理通知书》，随后将本申请移交原审查部门进行前置审查。

原审查部门对本复审请求进行了前置审查，认为权利要求 10 所要求保护的技术方案不符合专利法第 22 条第 2 款有关新颖性的规定，因此坚持原驳回决定。

合议组经合议后认为，本案事实已经清楚，可以依法作出复审决定。

**二、决定的理由**

1．关于文本的认定

本复审请求审查决定依据的文本是复审请求人于 2004 年 10 月 25 日提交的权利要求第 1 ~ 10 项，1999 年 9 月 6 日提交的说明书第 1 ~ 17 页、说明书摘要以及说明书附图第 1、3 ~ 8 页和 1999 年 10 月 15 日提交的说明书附图第 2 页。

2．关于专利法第 22 条第 2 款

专利法第 22 条第 2 款规定：新颖性是指申请日以前没有同样的发明或者实用新型在国内外公开出版物上公开发表过、在国内公开使用过或者以其他方式为公众所知，也没有同样的发明或者实用新型由他人向国务院专利行政部门提出过申请并且记载在申请日以后公布的专利申请文件中。

如果申请的权利要求中实质含有未被现有技术公开的技术特征，则该权利要求相对于该现有技术具备专利法第 22 条第 2 款规定的新颖性。

本案中，原审查部门与复审请求人争论的焦点在于权利要求 10 的技术方案是否与对比文件 1 公开的技术内容实质上相同。本申请权利要求 10 请求保护的是一种可吸入固体药物组合物，该组合物含有治疗多发性硬化症有效量的乙酸 Glatiramer 和药学上可接受的载体。对比文件 1 公开了用于治疗多发性硬化症的含共聚物-1 的皮下注射药物（详见对比文件 1 的摘要以及第 1 栏第 3 段），其技术方案实质上包括了含有治疗多发性硬化症有效量的共聚物-1 以及药学上可接受的适于皮下注射的载体的药物产品，但是对比文件 1 并没有公开“可吸入固体”药物产品，也就是说，对比文件 1 没有公开本申请权利要求 10 请求保护的技术方案中的所有技术特征，因此本申请权利要求 10 相对于对比文件 1 是具备新颖性的。

本申请权利要求 10 请求保护的药用组合物的剂型是可吸入的固体，从请求保护的主题就可以看出，首先其物理性状是固体，其次为了适应“吸入”的给药途径，其药用载体的选择应当符合可吸入固体制剂对于辅料的要求，而对比文件 1 公开的是皮下注射剂，通常应为水溶液，该对比文件的任何部分均没有公开或者隐含公开所述皮下注射剂在使用前为固体注射剂即粉针剂，因此对比文件 1 公开的皮下注射剂显然不能直接用作可吸入的固体药物。本申请这种给药途径和药物性状的改变隐含了药用载体这一药物产品技术特征的改变，从而使本申请请求保护的产品与对比文件 1 的产品相区别。由此可以认定，权利要求 10 与对比文件 1 的区别不仅仅是“文字表达方式上略有差别”，而是构成了实质性的区别，因此原审查部门认为对比文件 1 公开的内容破坏本申请权利要求 10 新颖性的理由不成立。

根据以上事实和理由，本合议组作出如下审查决定。

**三、决定**

撤销国家知识产权局于 2004 年 7 月 9 日针对本申请作出的驳回决定，由原审查部门在复审请求人于 2004 年 10 月 25 日提交的权利要求第 1 ~ 10 项、1999 年 9 月 6 日提交的说明书第 1 ~ 17 页、说明书摘要以及说明书附图第 1、3 ~ 8 页和 1999 年 10 月 15 日提交的说明书附图第 2 页的基础上继续进行审查。

复审请求人对本决定不服的，可以根据专利法第 41 条第 2 款的规定，自收到本决定之日起三个月内向北京市第一中级人民法院起诉。

023

# 黄原胶发酵新工艺

## 复审请求审查决定（第10467号）

**决　定　号**　第10467号
**决　定　日**　2007年4月9日
**发明创造名称**　黄原胶发酵新工艺
**国际分类号**　C12P 19/06
**复审请求人**　张孝宽
**专利申请号**　02117816.X
**申　请　日**　2002年5月22日
**公　开　日**　2002年12月25日
**合议组组长**　王晓云
**主　审　员**　李彦涛
**参　审　员**　叶　娟

**法律依据**　专利法第26条第3款
**决定要点**

所属技术领域的技术人员能够实现，是指所属技术领域的技术人员按照说明书记载的内容，就能够实现该发明的技术方案，解决其技术问题，并且产生预期的技术效果。

### 一、案由

本复审请求涉及名称为“黄原胶发酵新工艺”的02117816.X号发明专利申请（下称本申请），申请人为张孝宽，申请日为2002年5月22日，公开日为2002年12月25日。

2004年9月3日，针对申请人于申请日提交的文本（包括权利要求第1~2项、说明书第1~6页和说明书摘要），国家知识产权局以本申请不符合专利法第26条第3款的规定为由驳回了本申请。驳回决定所针对的权利要求书如下：

“1．一种黄原胶发酵新工艺，其特征是：根据工程微生物黄单胞杆菌在发酵过程中不同阶段对溶氧、传质的需要，改变机械搅拌的转速，使其产生的湍流强度和循环量与之相适应。

2．根据权利要求1所述的黄原胶发酵新工艺，其特征是：根据黄原胶发酵在不同时期的特点，利用电气或机械调速方法，适当调整发酵罐搅拌叶轮的转速，并配以适当的通风量，始终使培养基中的溶解氧浓度控制在各时期的临界浓度左右。”

驳回决定认为：说明书仅给出了一种理论上的设想，未给出任何使本领域技术人员实施的技术手段，没有提供一个完整可操作的技术方案，并且所有的有益效果都只是在这种设想的基础上产生的，没有记载任何实质的内容来证明这些有益效果，因此，本申请没有对发明作出清楚、完整的说明，没有达到以本领域技术人员能够实现为准的要求，不符合专利法第26条第3款的规定。

申请人张孝宽（下称复审请求人）对上述驳回决定不服，于2004年12月9日向专利复审委员会提出了复审请求。复审请求人在提出复审请求时，提交了以下10份附件：

附件1：《生物工艺学》第一版，华东化工学院出版社，上册第130～132、138～139，下册第35、50、55～61、131、180～194、207～208页，复印件共32页；

附件2：《生物工程设备》第一版，中国轻工业出版社，第28～30、114、115、148页，复印件共6页；

附件3：《发酵工程与设备》第一版，中国轻工业出版社，第192、195、205、206、211页，复印件共5页；

附件4：《发酵设备》第一版，中国轻工业出版社，第168、170～171页，复印件共3页；

附件5：《生化工程》第一版，中国轻工业出版社，第68～73、78～79、86～87页，复印件共5页；

附件6：《氨基酸发酵工艺学》第一版，中国轻工业出版社，第144～147页，复印件共2页；

附件7：《生化过程自动化技术》第一版，化学工业出版社，第3、33～38、64～69、105～106、110～111页，复印件共17页；

附件8：《多尺度生物过程优化》第一版，化学工业出版社，第93～94、107、116～117页，复印件共5页；

附件9：《发酵工厂设备》第一版，中国轻工业出版社，第333～334页，复印件2页；

附件10：《发酵法赖氨酸生产》第一版，中国轻工业出版社，出版信息页、目录页、94～101、108～111、122～125页，复印件共9页。

复审请求人认为：权利要求的具体实施方式是本领域必备的基础知识，不必在说明书中重复描述，关于合理的转速与通风量的比例也是本领域技术人员应当具备的知识，附件1～10中都给出了计算公式，并且本发明不需要记载其有益效果，因此，本专利符合专利法第26条第3款的规定。

形式审查合格后，专利复审委员会受理了该复审请求，并于2005年01月26日向复审请求人发出《复审请求受理通知书》，同时将本申请案卷转送至国家知识产权局原审查部门进行前置审查。

原审查部门对本复审请求进行了前置审查，在前置审查中，原审查部门坚持驳回决定。

专利复审委员会组成合议组，对本复审请求案进行了审理。

本合议组于2006年9月27日发出《复审通知书》，指出：说明书没有记载如何调节通气量和转速，使体系达到临界氧浓度，复审请求人仅仅是提出了一个设想，或表明了一种愿望，而没有给出任何使本领域技术人员能够实施的技术手段。即使临界氧浓度的判断和检测方法已经属于本领域技术人员应掌握的现有技术；但是，从无穷多个搅拌速度和通风量的组合中选择适当的组合从而实现本发明所述目的，达到所述技术效果并不是现有技术已知的。本申请的技术方案又属于必须依赖实验结果证实才能成立的情形，而本申请中并没有记载确切的实验验证所述的效果。

针对上述《复审通知书》复审请求人于2006年11月5日提交了意见陈述书，复审请求人认为：本申请的说明书和权利要求书中记载的发明目的为“始终使培养基中的溶解氧浓度控制在各时期的临界溶解氧浓度左右”，并且只要达到该目的，就可以实现“微生物比生长速率和产物生成速率最大值”，任意一组通风量和搅拌速率的组合只要能使得相应的溶解氧浓度达到临界氧浓度就是合理的组合，并不需要从无穷多个组合中确定唯一的配对；通过现有技术中的过程控制系统，可以实现对溶解氧浓度的控制；另外，本申请的技术方案的可靠性和有益效果是显而易见的，可以根据科学知识预测有确切的必然性和可重复性，不必通过实验来证明其效果。

据此，合议组认为本案事实已经清楚，可以作出复审决定。

## 二、决定的理由

专利法26条第3款规定：说明书应当对发明或者实用新型作出清楚、完整的说明，以所属技术领域的技术人员能够实现为准。

所属技术领域的技术人员能够实现，是指所属技术领域的技术人员按照说明书记载的内容，就能够实现该发明的技术方案，解决其技术问题，并且产生预期的技术效果。

完整的说明书应当包括有关理解、实现发明所需的全部技术内容，凡是本领域技术人员不能从现有技术中直接、唯一地得出的有关内容，均应当在说明书中描述。

本申请涉及一种黄原胶的发酵工艺，根据工程微生物黄原胶单胞杆菌在发酵过程中不同阶段对溶解氧、传质的需要，改变机械搅拌的转速，使其产生的湍流强度和循环量与之相适应。

根据说明书的记载，间歇式生产是目前普遍采用的方法，其中机械搅拌发酵罐是常用的罐型，通过合理地选择搅拌器的型式和适当的转速及功率使搅拌器有高循环量和高湍流强度。黄原胶发酵在不同时期有不同的流变性，前期为牛顿型流体，黏度低、流动性好，中后期随着发酵的进行变为了拟塑性流体，其黏度不仅是温度函数，还随搅拌程度强化而减小，这造成层流现象和死区，致使黄单胞杆菌出现“氧限制”效应，降低产品质量，为解决这一问题现在普遍采用的办法是：加大搅拌叶轮、提高转速并增加通风量。但其缺点是：发酵前期浪费能量并且对微生物生长不利，出现前期搅拌过强，后期搅拌不足的现象。

说明书中记载，与产物转化率最大值相应的溶解氧浓度是该阶段的最佳溶解氧浓度（临界值)，只有将发酵液中溶解氧浓度始终维持在各时期的最佳浓度或临界浓度以上，才能使产物生成速率最大。溶解氧浓度与设备结构、培养基性质以及通气量、功率消耗等操作条件相关。本申请具体做法就在于适当调节发酵罐搅拌叶轮的转速，并配以适当的通风量，始终使培养基中的溶解氧控制在各时期的临界浓度左右。比单纯提高通气量和单纯增加搅拌速度效果好。

但是，说明书中自始至终都没有记载如何调节通气量和转速，使体系达到临界氧浓度。即对应于同样的溶氧要求，可以有无穷多个搅拌速度和通风量的组合，本领域技术人员并不能明显地知道应当如何选择通风量和搅拌速度的组合，从而成为本申请公开不充分的理由之一。

对于该问题，复审请求人在意见陈述书中认为“任何一组通风量和搅拌转速的组合，正常地‘使得相应的溶解氧浓度达到临界氧浓度’，就是实现了该申请的效果……不需要在无穷多个组合中确定一个唯一的配对”。

但是合议组认为，根据说明书的上述记载，黄原胶在不同时期有不同的流动性，前期为牛顿型流体，中期变为拟塑性流体，此时其黏度与搅拌强度和温度相关，现有的固定搅拌速度或通风量的方法具有发酵前期浪费能量对微生物生长不利以及前期搅拌过强而后期搅拌不足的缺陷，从中可以看到，搅拌速度并非是可以任意选择的参数，只有合适的搅拌速度才能够避免所述的搅拌过强或搅拌不足，即使某一搅拌速度和某一特定数值的通风量的组合能够使得体系的溶氧浓度达到临界值，也未必能够克服搅拌速度选择不当本身带来的缺陷。例如，某一低通风量和强搅拌的组合有可能是能够控制溶解氧浓度达到临界浓度的，但是这一组合也可能搅拌过强，这样本申请中所提出的技术问题就不能得以解决。

因此，要解决该技术问题，关键在于要寻找合适的搅拌速度和适当的通风量，而并非如复审请求人所述的只要满足其所述的要求的任意组合均可。而对于如何寻找到合适的搅拌速度和通风量这一关键问题，说明书并没有任何描述，现有技术中虽然有测量溶解氧浓度的方法，也有控制通风量和搅拌速度的方法，但是并没有通风量与搅拌速度结合在一起控制溶解氧浓度达到临界浓度的方法，本申请由于对于这一关键问题没有任何记载，所以公开是不充分的。

复审请求人在意见陈述书中列举了多种控制系统，包括定值控制系统和随动控制系统，但是，这些均仅能证明可以以溶解氧浓度作为被控变量来进行系统控制，但却不能保证搅拌速度和通风量的组合在将溶解氧浓度控制在临界浓度时也同时避免搅拌不足或搅拌过度的缺陷，以及能够节约电能。

此外，复审请求人在意见陈述书中认为本申请不属于依赖实验结果证实才能成立的情形。对此合议组认为：发明必须是已经完成的，确定可以达到所述技术效果的技术方案，上文已经论述了，本申请说明书中未充分公开如何调节通气量和转速以使体系达到临界氧浓度的方法，在这种情况下，本申请说明书也未记载任何确切的实验证据，来证实本申请的技术方案已经完成并达到了所述的技术效果，因此，本领域技术人员按照说明书记载的内容，无法实现本申请所述的黄原胶发酵工艺，解决其技术问题，并达到预期的技术效果。

综上所述，复审请求人的复审理由不成立，本申请不符合专利法第 26 条第 3 款的规定。

根据上述事实和理由，本案合议组作出如下决定。

**三、决定**

维持国家知识产权局于 2004 年 9 月 3 日对 02117816. X 号发明专利申请作出的驳回决定。

复审请求人对本决定不服的，可以根据专利法第 41 条第 2 款的规定，自收到本决定之日起三个月内向北京市第一中级人民法院起诉。

024

# 维拉帕米用于制备戒毒的药品

## 复审请求审查决定（第10522号）

**决　　定　　号**　第10522号
**决　　定　　日**　2007年4月18日
**发明创造名称**　维拉帕米用于制备戒毒的药品
**国 际 分 类 号**　A61K 31/275
**复 审 请 求 人**　杨燕立
**申　　请　　号**　99100517.1
**申　　请　　日**　1999年2月4日
**公　　开　　日**　2000年8月9日
**合 议 组 组 长**　李人久
**主　　审　　员**　刘　犟
**参　　审　　员**　叶　娟

**法 律 依 据**　专利法第22条第3款
**决 定 要 点**

在创造性的判断中，判断要求保护的发明对本领域技术人员来说是否显而易见关键是看现有技术是否给出了将区别技术特征应用到最接近的现有技术以解决其技术问题的启示，所述区别技术特征为本领域中解决该技术问题的一般常识时，则认为现有技术存在上述技术启示。

### 一、案由

本复审请求涉及复审请求人于1999年2月4日申请，2000年8月9日公开，名称为“维拉帕米用于制备戒毒的药品”的99100517.1号发明专利申请（下称本申请）。

国家知识产权局实质审查部门于2003年6月13日发出第一次审查意见通知书，认为本申请权利要求1~3相对于对比文件1（“钙拮抗剂与阿片类戒断综合征”，《中国药物依赖性通报》，1995，4(1)）不符合专利法第22条第3款有关创造性的规定。

申请人于2003年9月16日提交了意见陈述书、说明书第1页替换页及权利要求书替换页共1页，认为本发明具有突出的实质性特点和显著的技术进步，符合专利法第22条第3款有关创造性的规定。

国家知识产权局于2004年7月9日针对申请人于1999年2月4日提交的说明书第2~4页、说明书摘要、1999年2月23日提交的说明书第5页，2003年9月16日提交的权利要求第1~2项、说明书第1页驳回了本申请，理由是权利要求1~2相对于对比文件1不符合专利法第22条第3款有关创造性的规定。

驳回决定所针对的权利要求书为：

“1. 一种戒毒药品，其特征在于：它是由维拉帕米单一成分组成的口服药。

2. 如权利要求 1 所述的戒毒药品，其特征在于：其服用剂量为：第 1 ~ 3 天为日总量 350mg、分 3 ~ 4 次使用，第 4 ~ 5 天为日总量 250mg、分 3 次使用，第 6 ~ 7 天为日总量 150mg、分 3 次使用，第 8 ~ 10 天为日总量 100mg、分 2 次使用，7 ~ 10 天一个疗程。”

申请人（下称复审请求人）对上述驳回决定不服，于 2004 年 9 月 27 日向专利复审委员会提出复审请求，同时提交了上述对比文件 1。复审请求人认为对比文件 1 没有公开确定的实验数据和具体临床使用方案，所以本申请相对于对比文件 1 具有创造性。

形式审查合格后，专利复审委员会受理了该复审请求，并于 2004 年 10 月 25 日向复审请求人发出《复审请求受理通知书》，同时将本申请案卷转送至原实审部门进行前置审查。

原审查部门对本复审请求进行了前置审查，坚持原驳回决定。

专利复审委员会组成合议组，对本复审请求进行了审理，并于 2005 年 6 月 30 日向复审请求人发出《复审通知书（一）》。《复审通知书》指出，（1）原驳回决定所针对的申请文件不符合专利法第 33 条的规定；（2）原始申请文本中的权利要求 1 ~ 3 不符合专利法第 22 条第 2 款有关新颖性的规定。

针对上述《复审通知书》，复审请求人于 2005 年 8 月 3 日提交了意见陈述书及经修改的权利要求书、说明书第 1 页和说明书摘要，认为修改后的权利要求具有创造性。修改后的权利要求书为：

“1. 维拉帕米在制备戒断阿片类依赖的戒毒药品中的应用。”

复审请求人还提交了附件 1：编号为 13010598454 号的卫生部医药卫生科技项目查新咨询报告书复印件；

附件 2：解放军医学图书馆计算机检索申请单复印件。

复审请求人认为上述附件可以证明本申请具有新颖性和创造性。合议组针对上述修改文本，于 2005 年 10 月 11 日向复审请求人发出《复审通知书（二）》，其中指出新修改的权利要求 1 相对于对比文件 1 不符合专利法第 22 条第 3 款有关创造性的规定。并指出，对于复审请求人所提供的上述附件而言，这些资料并没有包括通知书中所用的对比文件 1，因此不能用于证明本申请相对于对比文件 1 具有创造性。

针对《复审通知书（二）》指出的问题，复审请求人于 2005 年 11 月 16 日提交了意见陈述书，认为本申请权利要求 1 相对于对比文件 1 具有创造性。复审请求人还提交了附件 3 ~ 5（编号续前）：

附件 3：“钙拮抗剂治疗大白鼠吗啡戒断综合征的研究”，《中国药物依赖性通报》，1994，3（3），第 166 ~ 169 页共 4 页复印件；

附件 4：《新药审批办法》第 3 ~ 10 页、第 17、22 ~ 23 页共 11 页复印件；

附件 5：《中华人民共和国药典》1995 年版二部 封面、第 412 ~ 413 页共 3 页复印件。

至此，合议组认为本案事实清楚，可以作出审查决定。

**二、决定的理由**

1. 决定针对的文本

本决定针对的文本为复审请求人 2005 年 8 月 3 日提交的说明书摘要、权利要求书共 1 项、说明书第 1 页，1999 年 2 月 4 日提交的说明书第 2 ~ 4 页，1999 年 2 月 23 日提交的说明书第 5 页。

2. 关于专利法第 22 条第 3 款

专利法第 22 条第 3 款规定：创造性是指同申请日以前已有的现有技术相比，该发明具有突出的实质性特点和显著的进步。

在创造性的判断中，判断要求保护的发明对本领域技术人员来说是否显而易见关键是看现有技术是否给出了将区别技术特征应用到最接近的现有技术以解决其技术问题的启示，所述区别技术特征为本领域中解决该技术问题的一般常识时，则认为现有技术存在上述技术启示。

权利要求1请求保护："1. 维拉帕米在制备戒断阿片类依赖的戒毒药品中的应用。"

相同领域的对比文件1公开了包括维拉帕米在内的钙拮抗剂能够缓解阿片类成瘾的戒断症状。在该对比文件1中明确说明：（1）通过对动物体的研究，表明了维拉帕米可减少戒断综合征中的多数症状；（2）大量的实验证明，钙拮抗剂可通过中枢和外周两种机制调节钙离子流入而影响递质释放，从而缓解阿片类成瘾的戒断症状。以上内容足以启示本领域普通技术人员将维拉帕米制备成戒毒药品。因此，在对比文件1的基础上得到将维拉帕米在制备治戒毒药中的应用的技术方案对本领域普通技术人员来说是显而易见的，这样的技术方案相对于现有技术缺乏突出的实质性特点和显著的技术进步，因此本申请权利要求1不符合专利法第22条第3款有关创造性的规定。

关于复审请求人认为对比文件1只是对动物体进行了研究并没有对人类的应用且对比文件1中没有公开人类常见的戒断症状，合议组认为对比文件1中明确说明了维拉帕米可减少戒断综合征中的多数症状，本领域公知，动物实验模型的结果是新药开发的重要依据，将维拉帕米用于人类的阿片类戒断综合征也是需要先进行动物体的研究的，其结果足以启示本领域普通技术人员获得权利要求1所要求保护的技术方案。

关于复审请求人针对《复审通知书（一）》和《复审通知书（二）》所提交的附件1～5而言，其中附件1～3与审查过程中所引用的对比文件1并不相同，因此附件1～3与本案无关；附件4～5并未讲述本申请的相关技术内容，因此对于判断本申请是否具有创造性无关。

根据以上事实和理由，本案合议组作出如下审查决定。

**三、决定**

维持国家知识产权局于2004年7月9日对99100517.1号发明专利申请作出的驳回决定。

复审请求人对本决定不服的，可以根据专利法第41条第2款的规定，自收到本决定之日起三个月内向北京市第一中级人民法院起诉。

025

# 机利宝系列润滑油

## 复审请求审查决定（第10524号）

**决　定　号**　第10524号
**决　定　日**　2007年4月20日
**发明创造名称**　机利宝系列润滑油
**国 际 分 类 号**　C10M 169/00
**复 审 请 求 人**　刘凤梅，申保安
**申　请　号**　00134004.2
**申　请　日**　2000年12月8日
**公　开　日**　2002年7月10日
**合 议 组 组 长**　何　炜
**主　审　员**　李瑛琦
**参　审　员**　许　磊

**法 律 依 据**　专利法第38条
**决 定 要 点**

审查部门在作出驳回决定之前，必须将其经实质审查认定申请属于专利法实施细则第53条规定的应予驳回情形的事实、理由和证据通知申请人，并给申请人至少一次陈述意见和/或修改申请文件的机会，否则将不符合专利法第38条的规定。

**一、案由**

本复审请求涉及申请号为00134004.2、名称为“机利宝系列润滑油”的发明专利申请（下称本申请）。申请人为刘凤梅和申保安。本申请的申请日为2000年12月8日，公开日为2002年7月10日。

国家知识产权局于2003年6月13日发出第一次审查意见通知书，主要指出本申请独立权利要求6、9、13、17、21、25与权利要求1所要求保护的技术方案之间不具备单一性，不符合专利法第31条第1款的规定；同时指出权利要求1～28相对于对比文件1（CN1081198A）和对比文件2（CN1043360C）以及公知常识的结合不具有创造性，不符合专利法第22条第3款的规定。

申请人于2003年10月22日提交了意见陈述及经修改的全部申请文件替换页。申请人同意将原申请进行分案，在本申请中仅保留了有关汽车柴汽内燃机润滑油的部分，同时申请人就本申请的创造性问题进行了申辩。

国家知识产权局于2003年12月5日发出第二次审查意见通知书，指出：新提交的申请文件中的

下述内容“权利要求3中‘或为双烯基丁二酰亚胺T152’、‘抗氧抗腐剂可为……等同物’、权利要求7中‘或为双烯基丁二酰亚胺T152’、‘抗氧抗腐剂……等同物’”（见修改后的权利要求3和7）既未明确记载在原说明书和权利要求书中，也不能由原说明书和权利要求书所记载的内容直接导出，因此超出了原说明书和权利要求书记载的范围，不符合专利法第33条的规定。此外，新提交的说明书也超出了原始公开内容，不符合专利法第33条规定。

申请人于2003年12月26日提交了针对第二次审查意见通知书的意见陈述及经修改的说明书及权利要求书全文替换页，对审查员指出的修改超范围的缺陷进行了说明和修改。修改后的权利要求书中删除了如“等同物”、“或其组合物”、“或分别为上述物质等同物”等词句，对说明书中相应的部分进行了相同修改，并给出了修改后权利要求3和7的内容在原申请文件中的出处。

国家知识产权局于2004年3月5日驳回了本申请，所针对的申请文本为申请人于2003年12月26日提交的说明书第1~8页、权利要求第1~8项以及于2003年10月22日提交的说明书摘要，驳回理由是：审查员在第二次审查意见通知书中明确指出“新提交的说明书也超出了原始公开的内容，不符合专利法第33条的规定”。综上所述，本申请不符合专利法第33条的规定，因此予以驳回。

驳回决定所针对的独立权利要求1为：

“1. 一种汽车柴汽内燃机润滑油，含有基础油的A液和含有润滑油添加剂的B液，其特征是：以重量份为例：含A液10~14份，B液1~3份，进行调配制成润滑油，（a）A液中含500SN基础油40~60份，650SN基础油40~60份，150SN基础油5~15份，（b）B液中含清净剂0.6~3份，分散剂0.5~3份，抗氧抗腐剂1~3份，极压抗磨剂2~5份。”

申请人刘凤梅和申保安（下称复审请求人）对上述驳回决定不服，于2004年6月4日向专利复审委员会提出复审请求，复审请求人认为审查员在第二次审查意见通知书中没有具体指出说明书修改超范围的事实依据，造成申请人困惑，在修改时只能根据修改后的权利要求对说明书进行相应地修改，审查员在其后直接发出驳回决定，使申请人丧失了陈述意见的机会，不符合审查指南第二部分第八章中关于驳回的规定，因此国家知识产权局驳回的理由不成立。

复审请求人在提出复审请求时提交了经修改的说明书第1~9页、权利要求第1~8项以及说明书摘要。

形式审查合格后，专利复审委员会受理了该复审请求，并于2004年6月22日向复审请求人发出《复审请求受理通知书》，同时将本申请案卷移交原审查部门进行前置审查。

原审查部门对本复审请求进行了前置审查，坚持原驳回决定。

复审请求人于2006年7月5日提交了意见陈述书，认为驳回决定不符合审查指南的有关规定，其理由与复审请求时陈述的理由相同。

专利复审委员会依法组成合议组，对本案进行审查。合议组经审查后认为本案事实清楚，可以作出审查决定。

**二、决定的理由**

1. 决定所依据的文本

复审请求人在提出复审请求时提交了经修改的说明书第1~9页、权利要求第1~8项以及说明书摘要，因此本复审决定是在复审请求人于2004年6月4日提交的说明书第1~9页、权利要求第1~8项以及说明书摘要基础上作出的。

2. 关于专利法第38条

专利法第38条规定：发明专利申请经申请人陈述意见或者进行修改后，国务院专利行政部门仍然认为不符合本法规定的，应当予以驳回。

审查部门在作出驳回决定之前，必须将其经实质审查认定申请属于专利法实施细则第 53 条规定的应予驳回情形的事实、理由和证据通知申请人，并给申请人至少一次陈述意见和/或修改申请文件的机会，否则将不符合专利法第 38 条的规定。

就本案而言，在驳回决定作出之前，原审查部门只在第二次审查意见通知书中指出复审请求人对权利要求书和说明书的修改不符合专利法第 33 条的规定，但是仅对权利要求不符合规定的原因进行了说明，对说明书仅以“新提交的说明书也超出了原始公开的内容，不符合专利法第 33 条规定”的方式进行了评述，并未具体指出复审请求人对说明书的修改不符合专利法第 33 条规定的具体事实和理由，导致复审请求人在答复审查意见通知书时不能针对审查员指出的具体理由进行相应修改或论述。复审请求人答复了第二次审查意见通知书并对说明书进行了一些修改，原审查部门在对修改后的文本未作出过任何评述的情况下即作出了驳回决定，在驳回决定中原审查部门也没有以令人信服的事实和理由作为驳回的依据，仅以“审查员在第二次审查意见通知书中明确指出‘新提交的说明书也超出了原始公开的内容，不符合专利法第 33 条的规定’。综上所述，本申请不符合专利法第 33 条的规定。”的形式进行了评述，并未指出说明书的修改哪里超范围。因此，合议组认为，原审查部门在没有将其认为本申请不符合专利法第 33 条规定的事实和理由清楚地告知复审请求人的情况下即作出了驳回决定，违反了专利法第 38 条的规定。

根据以上事实和理由，本案合议组作出如下审查决定。

**三、决定**

撤销国家知识产权局于 2004 年 3 月 5 日针对 00134004.2 号发明专利申请作出的驳回决定。由原审查部门在复审请求人于 2004 年 6 月 4 日提交的说明书第 1～9 页、权利要求第 1～8 项以及说明书摘要的基础上继续进行审查。

复审请求人对本决定不服的，可以根据专利法第 41 条第 2 款的规定，自收到本决定之日起三个月内向北京市第一中级人民法院起诉。

026

# 调控基因的花药特异性表达的序列及其在生产雄性不育植物和杂种种子中的应用

## 复审请求审查决定（第10552号）

**决　定　号**　第10552号
**决　定　日**　2007年3月29日
**发明创造名称**　调控基因的花药特异性表达的序列及其在生产雄性不育植物和杂种种子中的应用
**国 际 分 类 号**　C12N 15/82，C12N 15/29，C12N 5/10，A01H 5/00
**复 审 请 求 人**　科学研究高级委员会，新生物技术股份有限公司
**申　请　号**　01808867.8
**优 先 权 日**　2000年3月31日
**申　请　日**　2001年3月30日
**公　开　日**　2003年7月2日
**合 议 组 组 长**　李金光
**主　审　员**　吴通义
**参　审　员**　郭　婷

**法 律 依 据**　专利法第26条第4款
**决 定 要 点**

如果所属技术领域的技术人员能够从说明书充分公开的内容中得到或者概括得出权利要求要求保护的技术方案，则该权利要求能够得到说明书的支持。

### 一、案由

本复审请求涉及2001年3月30日申请、2003年7月2日公开、名称为“调控基因的花药特异性表达的序列及其在生产雄性不育植物和杂种种子中的应用”的01808867.8号发明专利申请（下称本申请），本申请的申请人为科学研究高级委员会和新生物技术股份有限公司（由科学研究高级委员会一个申请人变更为上述两个申请人）。

国家知识产权局于2004年12月10日以权利要求1不符合专利法第26条第4款的规定和权利要求7~9不符合专利法第25条的规定为由驳回了本申请。驳回决定所针对的权利要求1、7~9如下：

“1. 调控基因在花药中特异性表达的核苷酸序列，选自：a）含SEQ ID NO：1中所示核苷酸序列的核苷酸序列；b）保留调控在花药中特异表达的能力的任何所述SEQ ID NO：1的片段；和c）与a）和b）中定义的核苷酸序列基本类似的核苷酸序列。

7. 转基因植物，其至少含有根据权利要求6的转基因细胞。

8. 根据权利要求7的转基因植物，至少包含含根据权利要求3的DNA构建物的转基因细胞，其中所述编码核苷酸序列编码这样的肽，多肽，蛋白质，酶或RNA，它们具有细胞毒性，且它们的表达诱导花药的缺损，并且所述编码序列由根据权利要求1或2任一项的核苷酸序列调控。

9. 根据权利要求7的转基因植物，其选自单子叶植物和双子叶植物。"

驳回决定认为：(1) 权利要求1中的"含"、"片段"、"基本类似"包括了大量的核苷酸序列。说明书没有提供至少一个这样的片段或基本类似物的具体DNA序列及其效果的实施例，本领域技术人员需要花费过多的劳动、经历过多的试验和错误才能筛选出该片段或类似物，因此，权利要求1不符合专利法第26条第4款的规定。(2) 权利要求7~9要求保护转基因植物，属于专利法第25条第1款第（四）项规定的范围，不能被授予专利权。

科学研究高级委员会和新生物技术股份有限公司（下称复审请求人）对上述驳回决定不服，于2005年3月17日向专利复审委员会提出复审请求，并提交了新修改的权利要求书。复审请求人认为：修改后的权利要求1将所述序列限定到"含"SEQ ID NO：1和4的序列，删除了对"片段"的要求，避免了"基本类似"的限定，并且本领域技术人员根据具体序列信息，通过本领域常规修饰，就可以得到功能增强或不变的本发明的调控序列，修改后的权利要求1消除了缺乏实质支持的问题；删除了不符合专利法第25条规定的原权利要求7~9，同时相应地修改原权利要求10的表达，使其引用原权利要求5；修改后的权利要求书克服了驳回决定所指缺陷。新修改的权利要求1如下：

"1. 调控基因在花药中特异性表达的核苷酸序列，选自：a) 含SEQ ID NO：1中所示核苷酸序列的核苷酸序列；和b) 含SEQ ID NO：4中所示核苷酸序列的核苷酸序列。"

形式审查合格后，专利复审委员会受理了该复审请求，并于2005年5月12日向复审请求人发出《复审请求受理通知书》，随后将本申请移交原审查部门进行前置审查。

原审查部门对本复审请求进行了前置审查，认为修改后的权利要求1中的"含"没有克服驳回决定中所指的缺陷，因此坚持原驳回决定。

专利复审委员会组成合议组，对本案的复审请求进行了审理。于2006年6月23日向复审请求人发出《复审通知书》。《复审通知书》指出：权利要求1中涉及的"含"表示权利要求1要求保护的核苷酸序列是在SEQ ID NO：1或SEQ ID NO：4两端还可以包括不确定数量和种类的核苷酸残基的核苷酸序列，权利要求1要求保护的技术方案无法从说明书公开的内容直接得到或概括得出，不符合专利法第26条第4款的规定。

针对《复审通知书》指出的问题，复审请求人于2006年11月16日提交了意见陈述及经修改的权利要求书，修改后的权利要求书如下：

"1. 调控基因在花药中特异性表达的核苷酸序列，选自：a) 由SEQ ID NO：1的核苷酸1~2731组成的核苷酸序列；和b) 由SEQ ID NO：4的核苷酸1~1526组成的核苷酸序列。

2. DNA构建物，其含有根据权利要求1的核苷酸序列，和编码肽，多肽，蛋白质，酶或RNA的核苷酸序列。

3. 重组载体，其含有根据权利要求1的核苷酸序列，或根据权利要求2的DNA构建物。

4. 转化的细胞，其含有根据权利要求1的核苷酸序列，或根据权利要求2的DNA构建物，或根据权利要求3的重组载体。

5. 转基因细胞，其含有插入其基因组中的，根据权利要求1的核苷酸序列，或根据权利要求2的DNA构建物，或根据权利要求3的重组载体。

6. 转基因植物在生产杂种种子中的用途，所述转基因植物包含至少根据权利要求5的转基因细胞。

7. 生产雄性不育植物的方法，包括用根据权利要求2的DNA构建物转化植物，所述的DNA构建物包含植物不育促进者酶的编码序列，该序列受根据权利要求1的核苷酸序列调控，使得所述编码序列的所述表达产生花药的缺损。

8. 恢复雄性不育植物育性的方法，包括用根据权利要求2的DNA构建物转化雄性不育植物，所述构建物包含编码具有抑制花药缺损活性而回复或恢复可育性的酶的序列，该序列由根据权利要求1的核苷酸序列调控。"

至此，合议组认为本案事实清楚，可以作出审查决定。

**二、决定的理由**

1. 决定依据的文本

本复审请求审查决定是在复审请求人于2002年10月31日提交的国际申请中文译文说明书第1～31页、说明书附图第1～10页、说明书摘要，以及2006年11月16日提交的权利要求第1～8项的基础上作出的。

2. 关于专利法第26条第4款

专利法第26条第4款规定：权利要求书应当以说明书为依据，说明要求专利保护的范围。

根据该款规定，如果所属技术领域的技术人员能够从说明书充分公开的内容中得到或者概括得出权利要求要求保护的技术方案，则该权利要求能够得到说明书的支持。

复审请求人于2006年11月16日提交的权利要求1中不包含用语"含"、"片段"、"基本类似"，从而驳回决定中所指出的由于这些用语导致权利要求得不到说明书支持的缺陷已不存在。权利要求1的核苷酸序列为由SEQ ID NO：1的核苷酸1～2731组成的核苷酸序列或由SEQ ID NO：4的核苷酸1～1526组成的核苷酸序列，而本申请说明书第21～25页和图4已经公开了上述两种核苷酸序列，说明书中记载的实施例已经证明了用这两种核苷酸序列所制备的构建物pBI101-F3和pBI101-F1.5具有调控基因在花药中特异性表达的功能，因此，权利要求1能够得到说明书的支持，符合专利法第26条第4款的规定。

3. 关于专利法第25条第1款第（4）项

复审请求人于2006年11月16日提交的权利要求书中已不包含驳回决定所针对的保护主题为转基因植物的权利要求，因此，驳回决定所指出的本申请不符合专利法第25条第1款第（四）项规定的缺陷已不存在。

根据以上事实和理由，本案合议组作出如下审查决定。

**三、决定**

撤销国家知识产权局于2004年12月10日对01808867.8号发明专利申请作出的驳回决定。由原审查部门在本复审请求审查决定所针对文本的基础上继续进行审查。

复审请求人对本决定不服的，可以根据专利法第41条第2款的规定，自收到本决定之日起三个月内向北京市第一中级人民法院起诉。

027

# 曲霉属胆色素原合酶和编码该酶的核酸

## 复审请求审查决定（第10576号）

**决　定　号**　第10576号
**决　定　日**　2007年4月21日
**发明创造名称**　曲霉属胆色素原合酶和编码该酶的核酸
**国际分类号**　C12N 15/60，C12N 9/88，C12N 1/21，C12N 1/15，C12N 1/19，C12N 15/90，C12N 9/88，C12R 1：645
**复审请求人**　诺沃奇梅兹有限公司
**申　请　号**　97195374.0
**优先权日**　1996年6月10日
**申　请　日**　1997年6月9日
**公　开　日**　1999年6月30日
**合议组组长**　何　炜
**主　审　员**　尹　昕
**参　审　员**　吴通义

**法律依据**　专利法第26条第3款
**决定要点**

对于化学产品的申请，说明书中除了应当公开化学产品的确认和化学产品的制备外，还应当充分公开该产品的用途和/或使用效果。如果说明书中只说明了化学产品的确认和制备，没有给出足以证明其用途和/或效果的实验数据，即说明书中给出了具体的技术方案，但未提供有效的实验证据，而该方案又必须依赖实验结果加以证实才能实现，那么该技术方案将被认为无法实现。

对于涉及基因、多肽或蛋白质的发明，应在说明书中提供证据证明基因具有特定的功能，对于结构基因，应该证明所述基因编码的多肽或蛋白具有特定的功能。

### 一、案由

本复审请求涉及1997年6月9日申请、1999年6月30日公开、名称为“曲霉属胆色素原合酶和编码该酶的核酸”的97195374.0号发明专利申请（下称本申请）。本申请的申请人由诺沃诺尔迪斯克生物技术有限公司变更为诺沃奇梅兹生物技术有限公司，再变更为诺沃奇梅兹有限公司。本申请的优先权日为1996年6月10日。

国家知识产权局于2003年11月14日以本申请不符合专利法第26条第3款的规定为由驳回了本申请。具体理由为：本申请是通过已知的hemB基因片段为探针在曲霉菌株中获得了本发明的hemB

基因序列，从而推断其具有编码胆色素原合酶的功能。尽管申请人对上述序列进行了详细表征，但并没有采用有效的技术手段验证所获得的 SEQ ID NO：1 确实具有编码胆色素原合酶的功能，因此说明书公开不充分，不符合专利法第 26 条第 3 款的规定。

驳回决定所针对的权利要求书如下：

“1. 一种基本上纯化的胆色素原合酶，该酶选自（a）具有如下氨基酸序列的胆色素原合酶，该氨基酸序列与 SEQ ID NO：2 所描述的氨基酸序列有至少 80％同源性；（b）为如下核酸序列所编码的多肽，该核酸序列能够在高度严格条件下与（i）SEQ ID NO：1 的核苷酸 383—1553；（ii）SEQ ID NO：1 的核苷酸 383—1553 中所含的 cDNA 序列；或（iii）（i）或（ii）的互补链进行杂交，其中所述高度严格条件是指在如下条件预杂交和杂交：42℃，5×SSC，50mM 磷酸钠，pH 值 7.0，5×Denhardt 溶液，0.1％SDS，5mM EDTA，10μg/ml 变性鲑精 DNA，和 50％甲酰胺，随后是在 0.1×SSC，0.1％SDS 中 42℃下洗涤 15min；以及（c）、（a）或（b）的片段，其具有胆色素原合酶活性。

2. 按照权利要求 1 的胆色素原合酶，其得自曲霉属菌株。

3. 按照权利要求 2 的胆色素原合酶，其得自米曲霉菌株。

4. 按照权利要求 3 的胆色素原合酶，其得自米曲霉 IFO 4177 或其突变体菌株。

5. 按照权利要求 1 的胆色素原合酶，该胆色素原合酶具有与 SEQ IDNO：2 所描述的氨基酸序列有至少 80％同源性的氨基酸序列。

6. 按照权利要求 5 的胆色素原合酶，该胆色素原合酶具有 SEQ ID NO：2 所描述的氨基酸序列有至少 90％同源性的氨基酸序列。

7. 按照权利要求 6 的胆色素原合酶，该胆色素原合酶具有 SEQ ID NO：2 所描述的氨基酸序列有至少 95％同源性的氨基酸序列。

8. 按照权利要求 1 的胆色素原合酶，其具有 SEQ ID NO：2 所描述的氨基酸序列。

9. 按照权利要求 1 的胆色素原合酶，该酶为如下核酸序列所编码，该核酸序列能够在高度严格条件下与（i）SEQ ID NO：1 的核苷酸 383～1553；（ii）SEQ ID NO：1 的核苷酸 383～1553 中所含的 cDNA 序列；或（iii）（i）或（ii）的互补链进行杂交，其中所述高度严格条件是指在如下条件预杂交和杂交：42℃，5×SSC，50mM 磷酸钠，pH 值 7.0，5×Denhardt 溶液，0.1％SDS，5mM EDTA，10μg/ml 变性鲑精 DNA，和 50％甲酰胺，随后是在 0.1×SSC，0.1％SDS 中 42℃下洗涤 15min。

10. 一种含有编码胆色素蛋白酶之核酸序列的分离的核酸片段，其中核酸序列 a）编码具有与 SEQ ID NO：2 至少 80％同源性的氨基酸序列的胆色素原合酶，或 b）为能够在高度严格条件下与 SEQ ID NO：1 的核苷酸 383～1553；或 SEQ ID NO：1 的核苷酸 383～1553 中所含的 cDNA 序列进行杂交，其中所述高度严格条件是指在如下条件预杂交和杂交：42℃，5×SSC，50mM 磷酸钠，pH 值 7.0，5×Denhardt 溶液，0.1％SDS，5mM EDTA，10μg/ml 变性鲑精 DNA，和 50％甲酰胺，随后是在 0.1×SSC，0.1％SDS 中 42℃下洗涤 15min。

11. 按照权利要求 10 的核酸片段，其中核酸序列编码具有与 SEQ ID NO：2 至少 80％同源性的氨基酸序列的胆色素原合酶。

12. 按照权利要求 11 的核酸片段，其中核酸序列编码具有与 SEQ ID NO：2 至少 90％同源性的氨基酸序列的胆色素原合酶。

13. 按照权利要求 12 的核酸片段，其中核酸序列编码具有与 SEQ ID NO：2 至少 95％同源性的氨基酸序列的胆色素原合酶。

14. 按照权利要求 10 的核酸片段，该核酸片段包含 SEQ ID NO：1。

15. 按照权利要求 14 的核酸片段，其中核酸序列包含 SEQ ID NO：1 的核苷酸 383～1553。

16. 按照权利要求15的核酸片段，其中核酸序列编码SEQ ID NO：2的氨基酸1~375。

17. 按照权利要求10的核酸片段，其核酸序列能够在高度严格条件下与SEQ ID NO：1的核苷酸383~1553或SEQ ID NO：1的核苷酸383~1553中所含的cDNA序列进行杂交，其中所述高度严格条件是指在如下条件预杂交和杂交：42℃，5×SSC，50mM磷酸钠，pH值7.0，5×Denhardt溶液，0.1%SDS，5mM EDTA，10μg/ml变性鲑精DNA，和50%甲酰胺，随后是在0.1×SSC，0.1%SDS中42℃下洗涤15min。

18. 按照权利要求10的核酸片段，其中的核酸序列得自米曲霉。

19. 按照权利要求18的核酸片段，其中的核酸片段得自米曲霉IFO 4177。

20. 按照权利要求10的核酸片段，其包含于质粒pAJ007-6，所述质粒存在于大肠杆菌NRRL-21564中。

21. 一种包含权利要求10的核酸片段的核酸构建体，该核酸片段可操作地连接到能够指导胆色素原合酶在合适的表达宿主中表达的调节区上。

22. 一种包含权利要求21的核酸构建体的重组载体。

23. 一种包含权利要求21的核酸构建体的重组宿主细胞。

24. 按照权利要求23的重组宿主细胞，其是细菌细胞。

25. 按照权利要求23的重组宿主细胞，其是真菌细胞。

26. 按照权利要求25的重组宿主细胞，其中的真菌细胞是丝状真菌细胞。

27. 按照权利要求26的重组宿主细胞，其中的丝状真菌细胞是顶孢霉属、曲霉属、镰刀菌属、腐质霉属、毁丝霉属、毛霉属、脉孢菌属、青霉菌属、梭孢壳属、Tolypocladium或者木霉属物种的细胞。

28. 按照权利要求26的重组宿主细胞，其中的丝状真菌细胞是镰刀菌属的细胞。

29. 按照权利要求26的重组宿主细胞，其中的丝状真菌细胞是曲霉属的细胞。

30. 按照权利要求25的重组宿主细胞，其中的真菌细胞是酵母细胞。

31. 按照权利要求30的重组宿主细胞，其中的酵母细胞是酵母属或者裂殖酵母属的细胞。

32. 按照权利要求23的重组宿主细胞，其中的核酸构建体被整合到宿主细胞基因组中。

33. 一种产生胆色素原合酶的方法，包括：(a) 培养含有权利要求10的核酸序列之曲霉属菌株以产生胆色素原合酶；以及(b) 回收胆色素原合酶。

34. 一种产生胆色素原合酶的方法，包括：(a) 培养包含核酸构建体的权利要求23的重组宿主细胞，该核酸构建体包含在有助于胆色素原合酶表达的条件下编码胆色素原合酶的核酸序列；以及(b) 回收胆色素原合酶。”

申请人诺沃奇梅兹有限公司（下称复审请求人）对上述驳回决定不服，于2004年3月1日向专利复审委员会提出复审请求，复审请求人认为本申请的说明书充分公开了要求保护的技术方案，本领域技术人员可以实施，具体理由为：(1) 本申请的技术方案不是用途而是一种化合物，审查指南没有要求应当用实验证实化合物的用途；(2) 本申请说明书中已经公开了该化合物（基因序列）编码胆色素原合酶的用途，对于本申请的化合物发明，这种用途的公开没有必要用实验来证明；(3) 实际上，在本申请的说明书实施例8中，复审请求人已经用实验证明了要求保护的核酸序列是胆色素原合酶编码基因；(4) 根据本发明基因的制备过程可知，它是用hemB探针在米曲霉基因组文库中筛选得到的，如实施例4中所表征的，其具有已知的hemB基因的特征。复审请求人在提出复审请求的同时没有对申请文本进行修改。

形式审查合格后，专利复审委员会受理了该复审请求，并于2004年3月22日向复审请求人发出

《复审请求受理通知书》，同时将本申请案卷移交原审查部门进行前置审查。

原审查部门对本复审请求进行了前置审查，认为复审请求人的复审理由无法克服本申请说明书公开不充分的缺陷，故坚持原驳回决定。

专利复审委员会组成合议组，对本案的复审请求进行了审理，于2006年4月25日向复审请求人发出《复审通知书》。《复审通知书》中指出：本案主要涉及一种新的胆色素原合酶（hemB）和编码该酶的基因。针对要求保护的技术方案，本申请的说明书中描述了曲霉属 hemB 基因的分离和制备过程，并对获得的 hemB 克隆进行了序列分析和对比，根据上述的序列分析、同源性对比结果推测得到了要求保护的曲霉属 hemB 的功能，但是，说明书中并没有提供有效的实验证据证明所述的推测得到的功能，本领域技术人员根据现有技术及其掌握的公知常识，无法预见本申请要求保护的技术方案将产生预期的技术效果，即本申请说明书并没有充分公开其要求保护的蛋白质的功能和/或用途，因此不符合专利法第26条第3款的规定。

针对《复审通知书》指出的问题，复审请求人于2006年6月12日提交了意见陈述书，但没有对申请文本进行修改。复审请求人认为：（1）根据本申请说明书中记载的内容可以推测本申请克隆的米曲霉 hemB 基因确实编码了在合成血红素的过程中发挥生理功能的胆色素原合酶蛋白；（2）本领域技术人员可以通过检索本申请的同族专利（97195373.2 或 WO97/47746）确认米曲霉 A1560 胆色素原合酶的功能。

至此，合议组认为本案事实清楚，可以作出审查决定。

**二、决定的理由**

1. 决定针对的文本

由于复审请求人没有在复审阶段修改申请文本，本决定所针对的文本为驳回决定针对的申请文本。

2. 关于专利法第26条第3款

专利法第26条第3款规定：说明书应当对发明或者实用新型作出清楚、完整的说明，以所属技术领域的技术人员能够实现为准。

所属技术领域技术人员能够实现，是指所属技术领域技术人员按照说明书记载的内容，能再现本发明的技术方案，解决其技术问题，并产生预期的技术效果。

对于化学产品的申请，说明书中除了应当公开化学产品的确认和化学产品的制备外，还应当充分公开该产品的用途和/或使用效果。如果说明书中只说明了化学产品的确认和制备，没有给出足以证明其用途和/或效果的实验数据，即说明书中给出了具体的技术方案，但未提供有效的实验证据，而该方案又必须依赖实验结果加以证实才能实现，那么该技术方案将被认为无法实现。

对于涉及基因及其编码的多肽或蛋白质的发明，应在说明书中提供证据证明基因具有特定的功能，即应该证明所述基因编码的多肽或蛋白具有特定的功能。

本申请权利要求1～9要求保护一种胆色素原合酶基因，权利要求10～20要求保护一种含有编码胆色素蛋白酶之核酸序列的分离的核酸片段，权利要求21要求保护一种包含权利要求10的核酸片段的核酸构建体，权利要求22要求保护一种含有权利要求21的核酸构建体的重组载体，权利要求23～32要求保护一种包含权利要求21的核酸构建体的重组宿主细胞，权利要求33～34要求保护一种产生胆色素原合酶的方法。

针对要求保护的技术方案，本申请的说明书中描述了曲霉属 hemB 基因的分离和制备过程，并对获得的 hemB 克隆进行了序列分析和对比，包括通过 DNA 测序得到米曲霉 hemB 的 DNA 序列，再根据该序列推导出开放读码框架、内含子、剪接位点、CAAT 和 TATA 盒等以及与现有技术中已知的

hemB 序列的内部共有序列。复审请求人还将获得的米曲霉 hemB 与其他 hemB 基因进行了氨基酸序列的对比，结果发现米曲霉 hemB 与酵母、大鼠和大肠杆菌的 hemB 氨基酸序列分别有 63％、55％和 40％的同源性，并定位了米曲霉 hemB 的活性赖氨酸位点和保守锌指样结构（参见说明书实施例 4）。为了进一步鉴定分离的 hemB 的性质和功能，本申请也进行了实验室研究。胆色素原合酶是血红素合成过程中必需的一种酶，而过氧化物酶又是一种含有血红素作为辅基的蛋白质，如果没有血红素，则无法生成活性过氧化物酶。基于这一原理，本申请采用了下述方法：（1）构建含有本申请的 hemB 编码区的质粒 pAJ023；（2）构建高表达过氧化物酶的米曲霉菌株 JRoC50. 3. 18A；（3）用含有 hemB 编码区的质粒 pAJ023 转化 JRoC50. 3. 18A 作为实验组，用不含 hemB 编码区的质粒转化 JRoC50. 3. 18A 作为对照组。结果发现实验组转化体相对于对照组转化体而言活性过氧化物的产量并没有增加（参见说明书实施例 5～8）。根据上述实验结果可以确定，外源性导入了本发明的 hemB 的 JRoC50. 3. 18A 中活性过氧化物酶的产量相对于对照组并没有增加，因此通过该实验无法确定本发明的 hemB 基因确实编码了在合成血红素的过程中发挥生理功能的胆色素原合酶蛋白。可见，实际上本申请的说明书中并没有对要求保护的 hemB 进行有效的实验室功能鉴定，完全根据上述的序列分析、同源性对比结果推测得到了要求保护的曲霉属 hemB 的功能。

但是本领域技术人员已知，一级序列具有一定同源性的不同蛋白并不一定具有同样的功能。这是因为，作为蛋白质一级结构的氨基酸序列是其空间结构的基础，而蛋白质的空间结构又是其功能的基础，同源性较高的蛋白质是否具有相似的空间结构和相似的功能，主要取决于那些在维系其空间结构以及功能、活性中起关键作用的氨基酸残基的差异，以及这些差异是否足以改变其空间构象和相应的生物学功能及活性。如果蛋白质氨基酸序列中的一些甚至一个起关键作用的氨基酸改变，就会导致蛋白质空间结构与生物学活性或功能的巨大变化。本发明所分离的曲霉属 hemB 蛋白与现有技术中已知的其他 hemB 蛋白的同源性只有 63％，55％和 40％不等，存在大量的氨基酸序列的差异，一些关键部位（如结构域、酶活性部位等）氨基酸的改变会大大改变其生物学功能及活性。尽管本申请通过序列分析表征了所述曲霉属 hemB 具有真核生物基因的一些共有特征，并发现分离的蛋白存在与现有技术中已知的 hemB 序列的内部共有序列，定位了所述米曲霉 hemB 的活性赖氨酸位点和保守锌指样结构，但是这并不能排除本申请所要求保护的蛋白的其他氨基酸序列中存在对蛋白结构、功能或活性发挥重要作用的部位，也不能确定该蛋白一定具有所述的胆色素原合酶蛋白的功能。因此，在缺乏有效的实验证据的情况下，尚不足以认定本申请所述蛋白质的功能，本领域技术人员无法预见本申请要求保护的技术方案将产生预期的技术效果，因此本申请的说明书不符合专利法第 26 条第 3 款的规定。

复审请求人在意见陈述中指出，根据本申请说明书实施例 6 的记载，本申请所构建的米曲霉 JRoC50. 3. 18A 菌株来源于米曲霉菌株 A1560，实施例 6 和 8 的实验室证据可以证明米曲霉 JRoC50. 3. 18A 菌株可以表达具有生物活性的胆色素原合酶，因此说明米曲霉菌株 A1560 也可以表达活性胆色素原合酶。而本申请要求保护的米曲霉 hemB 是从米曲霉菌株 A1560 基因组中得到的，根据说明书中记载的克隆过程可以推断本申请克隆的米曲霉胆色素原合酶基因就是米曲霉菌株 A1560 的内源性胆色素原合酶基因，因此本申请克隆的米曲霉 hemB 基因确实编码了在合成血红素的过程中发挥生理功能的胆色素原合酶蛋白。

合议组认为复审请求人的上述意见不具有说服力。虽然有关的实验室资料显示米曲霉菌株 A1560 可以表达内源性的有活性的胆色素原合酶蛋白，而本申请的米曲霉 hemB 基因是利用基于侧接米曲霉 126bp hemB 片段的氨基酸序列以及酵母和人 hemB 克隆的同源区设计引物，以米曲霉 DNA 为模板 PCR 扩增得到的。但其制备过程采用的 Southern 杂交分析等分子生物学技术是基于核酸一定的序列同源性和 DNA 互补原理，并无法确定由此获得的基因序列一定具备与内源性 hemB 基因同样的功能。

本申请的 hemB 基因最终是否能够表达具有生物学活性的 hemB 蛋白仍然需要进行实验鉴定。如前文所述，在说明书实施例 8 中，导入本申请的米曲霉 hemB 基因的米曲霉 JRoC50. 3. 18A 转化体产生了活性过氧化物酶，但是用不含所述米曲霉 hemB 编码基因的空载体转化的对照体 JRoC50. 3. 18A 菌株也产生了活性过氧化物酶，而且实验组和对照组并没有观察到活性过氧化物酶的差别，由于 JRoC50. 3. 18A 本身就能表达胆色素原合酶，由此不能推导出导入本申请的 hemB 基因的 JRoC50. 3. 18A 转化体能够表达胆色素原合酶是由于倒入本申请的 hemB 基因带来的，可见，实施例记载的实验结果无法证明本申请分离制备的米曲霉 hemB 编码基因具有所述的生理功能。另外，虽然根据其制备分离过程以及说明书实施例 4 的表征分析，本申请要求保护的米曲霉 hemB 具有已知的 hemB 基因的一些特征，但并不能因此断定它必然具备 hemB 基因的功能。作为本领域技术人员的常用技术手段，分子克隆、同源性对比、序列分析等对分析基因以及蛋白的功能起到重要作用，为进一步的深入研究指示了方向，但是在属于实验科学的生物技术领域，对于一项完整的发明，这些核酸、多肽等生物大分子的功能仍然需要经过具体的实验来确定和验证。科学研究中可以进行合理的推测，但只有当该推测经合理的方式（例如实验数据）验证后，推测的命题才得以成立。可见，本发明的米曲霉 hemB 的功能和发明效果是难以预测的。

复审请求人在意见陈述中指出，本领域技术人员可以通过检索本申请的同族专利确认米曲霉 A1560 胆色素原合酶的功能。对此，审查指南第二部分第二章明确指出，对于那些就满足专利法第 26 条第 3 款的要求而言必不可少的内容，应当将其具体内容写入说明书。而且复审请求人所述的同族专利只能确认米曲霉 A1560 胆色素原合酶的功能，无法证明本申请要求保护的 hemB 基因的功能。

综上所述，本领域技术人员无法预见本申请要求保护的技术方案将产生预期的技术效果，因此本申请的说明书公开不充分，不符合专利法第 26 条第 3 款的规定。

根据以上事实和理由，本案合议组作出如下审查决定。

**三、决定**

维持国家知识产权局于 2003 年 11 月 14 日对 97195374. 0 号发明专利申请作出的驳回决定。

复审请求人对本决定不服的，可以根据专利法第 41 条第 2 款的规定，自收到本决定之日起三个月内向北京市第一中级人民法院起诉。

028

# 一种生物固定流沙和修复荒漠化土地的复合方法

## 复审请求审查决定（第10580号）

**决 定 号** 第10580号
**决 定 日** 2007年4月17日
**发明创造名称** 一种生物固定流沙和修复荒漠化土地的复合方法
**国际分类号** A01H 13/00，A01H 4/00
**复审请求人** 中国科学院水生生物研究所
**申 请 号** 200410012926.9
**申 请 日** 2004年3月27日
**公 开 日** 2005年1月12日
**合议组组长** 李金光
**主 审 员** 李梦楠
**参 审 员** 任 怡

**法律依据** 专利法第26条第3款
**决定要点**

对于发明专利申请中某个技术特征是否公开充分的问题，应当基于本领域技术人员对说明书所记载技术方案的整体理解进行综合评价。

### 一、案由

本复审请求涉及申请号为2004100212926.9、名称为“一种生物固定流沙和修复荒漠化土地的复合方法”的发明专利申请（下称本申请）。本申请的申请日为2004年3月27日，公开日为2005年1月12日，申请人是中国科学院水生生物研究所。

2006年3月24日，国家知识产权局以本申请的原始申请文件为审查基础驳回了本申请，理由是本申请说明书没有公开藻类培养液中的具体微量元素，使所属技术领域的技术人员无法实现该发明的技术方案，不符合专利法第26条第3款的规定。驳回决定所针对的权利要求书为：

“1. 一种生物固定流沙和修复荒漠化土地的复合方法，包括以下步骤：

A. 藻种选择，选择具鞘微鞘藻和爪哇伪枝藻进行培养；

B. 藻类培养液的配制，按每升水中加入下列物质混匀，硝酸钠1500mg/L；柠檬酸，6mg/L；三水磷酸氢二钾，40mg/L；柠檬酸铁铵，6mg/L；碳酸钠，20mg/L；微量元素，1ml/L；七水硫酸镁，75mg/L；乙二氨四乙酸二钠，1mg/L；二水氯化钙，36mg/L；

C. 藻种培养，培养瓶、0.5～1.5m×3.5～4.5m×0.2～0.5m循环池和3～6m×20～40m×0.2～

0.5m跑道池培养，其中，微鞘藻是丝状体，往往集聚成团，用玻璃匀浆器打碎培养，藻种培养在温室进行，利用太阳光提供光源，室内温度不能超过35℃，调控通过窗户的开闭调节；

D. 培养获得的藻种，通过沉淀和筛绢过滤收集，制成藻类接种物，准备流沙接种；

E. 选择荒漠生长的草本植物，首先选择适合在荒漠中生长的碱草、沙米一年生植物，在藻类接种前让其在流沙上生长，选择适合在沙漠地区生长的沙柳、沙蒿、沙打旺灌木；乔木，则有白杨、沙枣、松树和柏树国；其次是把灌木如沙柳，按株距10～20cm和行距种植，为1～3m；

F. 选择微喷设施，为藻类提供水源，选择其喷洒半径为1～3m，间距为1～3m的微喷设施放置并固定，每天浇水量为10～20mm，时间为每小时浇水10～20mm，早上9：00开始，中午13：00～14：00浇水30min；

G. 藻接种物，以喷洒的方式均匀地接种在流沙表面，取培养12～18d的具鞘微鞘藻，10～15d的爪哇伪枝藻按10：1的比例，总生物量为1～10gDW. m～2，接种在流沙表面，每天用微喷水笼头洒水，时间间隔为每小时10～20min；

H. 结皮的检验，生物量的测量用95％酒精提取，放置过夜后，离心，取上清液，用分光光度计检测，以单位面积叶绿素a表示，高等植物，如灌木，则以盖度和灌幅表示，草本则以覆盖度表示，结皮生物量达到20μgChla/$cm^2$土壤和草本、灌木植物殖生，覆盖度达80％以下，则表明荒漠化土地流沙被固定。”

申请人中国科学院水生生物研究所（下称复审请求人）对上述驳回决定不服，于2006年4月27日向专利复审委员会提出复审请求，未提交修改的申请文件，提交了以下附件：

附件1：“Generic assignments, strain histories and properties of pure cultures of cyanobactreia”, Journal of microbiology, 1979年，第110卷，第2期，第1～4页，复印件共4页；

附件2：“微鞘藻胞外多糖在沙漠土壤成土中的作用”，水生生物学报，2002年3月第26卷第2期，复印件共1页；

附件3：“盐胁迫对爪哇伪枝藻（Scytonema javanicum）生理生化特性的影响”，中国沙漠，2003年5月第23卷第3期，复印件共1页。

复审请求人认为：本申请中的藻类培养液是通用的BG-11培养液，其中微量元素的组成及配比在现有技术中已经公开，本领域技术人员可以从附件1中获得；附件2和3引用了附件1，均使用BG-11培养基培养具鞘微鞘藻和爪哇伪枝藻。因此，国家知识产权局驳回的理由不成立。

形式审查合格后，专利复审委员会受理了该复审请求，并于2006年6月23日向复审请求人发出《复审请求受理通知书》，随后将本申请移交原审查部门进行前置审查。

原审查部门对本复审请求进行了前置审查，前置审查意见认为，原始申请文件中未记载附件1～3，且现有技术中记载的用BG-11培养基培养具鞘微鞘藻以及用BG-11培养基培养爪哇伪枝藻在原始申请文件中也没有记载，因此坚持原驳回决定。

专利复审委员会依法组成合议组，对本案的复审请求进行了审理。

至此，合议组认为本案事实已经清楚，可以作出审查决定。

## 二、决定的理由

1. 审查文本认定

本复审决定所依据的文本是驳回决定所依据的文本，即原始申请文本。

2. 关于公开的问题

专利法第26条第3款规定：说明书应当对发明或实用新型作出清楚、完整的说明，以所属技术领域的技术人员能够实现为准。

对于发明专利申请中某个技术特征是否公开充分的问题，应当基于本领域技术人员对说明书所记载技术方案的整体理解进行综合评价。

从本申请文件记载的技术方案可以看出（参见说明书记载的发明内容部分和权利要求1），本案涉及一种生物固定流沙和修复荒漠化土地的复合方法，技术方案为：利用当地荒漠环境中分离出的固沙藻种，并进行批量扩大培养，同时选择适合荒漠生长的菌类、草本植物、灌木和乔木，选择实际可用的配套措施，进行野外流沙固定和土壤的生态修复。该技术方案中涉及藻种的扩大培养，从而涉及选用何种培养液的问题。原审查部门与复审请求人争论的焦点问题在于本申请记载的培养液中的“微量元素”是否公开充分。

分析本申请说明书可以看出，本申请的生物固定流沙和修复土地的复合方法中，步骤B是藻类培养液的配制，步骤C是藻种扩大培养，其中步骤B中使用了“微量元素”来配制培养液，却没有记载所使用的“微量元素”的具体名称或组成，但是步骤C中明确记载了三级扩大培养中所使用的培养液为BG-11培养液，基于对说明书所记载的技术方案的整体理解，可以推出步骤B中配制培养液的目的实际是用于步骤C中藻种的三级扩大培养，而步骤C中藻种三级扩大培养所使用的培养液是BG-11培养液，由此推出步骤B中所配制的培养液即为BG-11培养液。附件1～3是本领域的现有技术文献，其中附件1记载了BG-11培养液的具体配方，包括微量元素的具体种类和用量（参见附件1第4页第1～20行）。通过上述事实可知，步骤B中所配制的培养液为BG-11培养液，而BG-11培养液的配方在现有技术中已经公开。

虽然，本申请中没有记载附件1～3，也没有记载附件1～3所公开的技术内容，但本领域的技术人员应当知晓本领域中的现有技术，了解附件1～3公开的技术内容。附件1中已经公开了具体的BG-11培养液及其微量元素的具体种类和用量，附件2、3中公开了BG-11培养液可用于培养荒漠藻类，因此本领域技术人员在现有技术的基础上，根据本申请的说明书的记载，可以获知本申请技术方案中所使用的培养液的组成。

综上所述，本案合议组认为本申请驳回决定的理由不成立。根据以上事实和理由，本案合议组作出如下审查决定。

**三、决定**

撤销国家知识产权局于2006年3月24日对200410012926.9号发明专利申请作出的驳回决定。由原审查部门在本复审决定所针对的文本的基础上继续进行审查。

复审请求人对本决定不服的，可以根据专利法第41条第2款的规定，自收到本决定之日起三个月内向北京市第一中级人民法院起诉。

029

# 无公害保鲜煎饼及其加工方法

## 复审请求审查决定（第10581号）

**决 定 号** 第10581号
**决 定 日** 2007年4月16日
**发明创造名称** 无公害保鲜煎饼及其加工方法
**国际分类号** A23L 1/164，A23L 1/212，A23L 1/337
**复审请求人** 陈士杰
**申 请 号** 200410013590.8
**申 请 日** 2004年3月2日
**公 开 日** 2005年1月5日
**合议组组长** 何 炜
**主 审 员** 李梦楠
**参 审 员** 任 怡

**法律依据** 专利法第33条
**决定要点**
判断某些技术特征的修改是否超范围，应结合现有技术中对该特征含义的通常认定和原说明书及权利要求书上下文的记载综合考虑。

### 一、案由

本复审请求涉及申请号为200410013590.8、名称为“无公害保鲜煎饼及其加工方法”的发明专利申请（下称本申请）。本申请的申请日为2004年3月2日，公开日为2005年1月5日，申请人是陈士杰。

2006年1月6日，国家知识产权局针对申请人于2005年11月21日提交的权利要求第1~8项和说明书第1~3页以及申请日提交的说明书摘要驳回了本申请，理由是说明书中将原申请文件中的“含水量为200％~220％”修改为“水的用量为稻米、大豆和小米的2~2.2倍”，该修改后的内容超出了原说明书和权利要求书记载的范围，不符合专利法第33条的规定。驳回决定所针对的权利要求书为：

“1. 无公害保鲜煎饼，其特征在于它包括稻米、大豆和小米三种原料，其中各种原料的重量百分含量为：稻米0~90％、大豆10％~20％、小米0~90％。

2. 根据权利要求1所述的无公害保鲜煎饼，其特征在于它由下述组分按照重量百分含量的配比组成：稻米 80％～90％、大豆 10％～20％。

3．根据权利要求 1 所述的无公害保鲜煎饼，其特征在于它由下述组分按照重量百分含量的配比组成：小米 80％～90％、大豆 10％～20％。

4．根据权利要求 1 所述的无公害保鲜煎饼，其特征在于它由下述组分按照重量百分含量的配比组成：稻米 60％～70％、大豆 10％～20％、小米 10％～20％。

5．根据权利要求 1 所述的无公害保鲜煎饼，其特征在于它还包括核桃粉、仙人掌粉、螺旋藻粉、沙棘果汁或沙棘叶粉，其中各种原料的重量百分含量为：稻米 60％～70％、大豆 10％～20％、小米 10％～15％、核桃粉仙人掌粉、螺旋藻粉、沙棘果汁或沙棘叶粉 6％～10％。

6．根据权利要求 1、2、3、4 或 5 所述的无公害保鲜煎饼，其特征在于所述稻米为无公害大米、富硒米、黑米、香米或红米。

7．无公害保鲜煎饼的加工方法，其特征在于它按照下述步骤进行加工：（1）、将经过筛选、淘洗、控干后的大豆放入装有开水的浸泡罐中浸泡 8～14h；（2）、将浸泡后的大豆放入磨浆机中进行磨浆，控制温度在 30℃以下，直至浆料的细度达到 50～60 目；（3）、将经过筛选、淘洗、空干后的稻米和小米分别放入装有 40～50℃熟水的浸泡罐中浸泡 10～12h；（4）、将浸泡后的稻米和小米分别放入蒸煮锅内蒸煮至粥状，控制熟化度为 80％～90％，然后降至常温；（5）、混合浆料由稻米、大豆、小米和水制成，稻米、大豆和小米按照重量百分比含量为：稻米 0～90％、大豆 10％～20％、小米 0～90％，水是稻米、大豆和小米总重量的 2～2.2 倍，配比混合，搅拌均匀，进行混合磨浆，直至混合浆料的细度为 100～120 目；（6）、将混合浆料放到煎饼机上，控制温度在 80～90℃，摊制成厚度为 0.11+0.05mm、含水量为 18％～28％的煎饼；（7）、向煎饼上喷洒灭菌剂水溶液，然后用塑料布包裹起来，在常温下放置 4～6h 进行回潮处理；（8）、将回潮后的煎饼放入微波炉内进行微波杀菌；（9）、然后将煎饼用切割机进行切割、整形、称重、装袋；（10）、装袋后再进行微波杀菌，检测后装箱，出成品。

8．根据权利要求 7 所述的无公害保鲜煎饼，其特征在于步骤（5）的混合物中还加入了核桃粉、仙人掌汁或仙人掌粉、螺旋藻粉、沙棘叶粉或沙棘果汁，其中各种原料的重量百分含量为：稻米 60％～70％、大豆 10％～20％、小米 10％～15％，核桃粉、仙人掌汁、仙人掌粉、螺旋藻粉、沙棘叶粉或沙棘果汁 6～10。”

申请人陈士杰（下称复审请求人）对上述驳回决定不服，于 2006 年 4 月 21 日向专利复审委员会提出复审请求并提交了新修改的权利要求书和说明书全文替换页。复审请求人认为本申请中的“含水量为 200％～220％”表示的是水与物质干重的倍数关系，因此，驳回决定的理由不成立。新修改的权利要求书如下：

“1．无公害保鲜煎饼，其特征在于它包括稻米、大豆和小米三种原料，其中各种原料的重量百分含量为：稻米 0～90％、大豆 10％～20％、小米 0～90％。

2．根据权利要求 1 所述的无公害保鲜煎饼，其特征在于它由下述组分按照重量百分含量的配比组成：稻米 80％～90％、大豆 10％～20％。

3．根据权利要求 1 所述的无公害保鲜煎饼，其特征在于它由下述组分按照重量百分含量的配比组成：小米 80％～90％、大豆 10％～20％。

4．根据权利要求 1 所述的无公害保鲜煎饼，其特征在于它由下述组分按照重量百分含量的配比组成：稻米 60％～70％、大豆 10％～20％、小米 10％～20％。

5．根据权利要求 1 所述的无公害保鲜煎饼，其特征在于它还包括核桃粉、仙人掌粉、螺旋藻粉、沙棘果汁或沙棘叶粉，其中各种原料的重量百分含量为：稻米 60％～70％、大豆 10％～20％、小米

10%~15%、核桃粉仙人掌粉、螺旋藻粉、沙棘果汁或沙棘叶粉6%~10%。

6. 根据权利要求1、2、3、4或5所述的无公害保鲜煎饼，其特征在于所述稻米为无公害大米、富硒米、黑米、香米或红米。

7. 无公害保鲜煎饼的加工方法，其特征在于它按照下述步骤进行加工：(1)、将经过筛选、淘洗、控干后的大豆放入装有开水的浸泡罐中浸泡8~14h；(2)、将浸泡后的大豆放入磨浆机中进行磨浆，控制温度在30℃以下，直至浆料的细度达到50~60目；(3)、将经过筛选、淘洗、空干后的稻米和小米分别放入装有40~50℃熟水的浸泡罐中浸泡10~12小时；(4)、将浸泡后的稻米和小米分别放入蒸煮锅内蒸煮至粥状，控制熟化度为80%~90%，然后降至常温；(5)、将熟化好的稻米、小米和大豆按照重量百分含量为：稻米0~90%、大豆10%~20%、小米0~90%的配比混合，搅拌均匀，进行混合磨浆，直至混合浆料的细度为100~120目、含水量为熟化后稻米、小米和大豆干重的200%~220%；(6)、将混合浆料放到煎饼机上，控制温度在80~90℃，摊制成厚度为0.11+0.05mm、含水量为18%~28%的煎饼；(7)、向煎饼上喷洒灭菌剂水溶液，然后用塑料布包裹起来，在常温下放置4~6h进行回潮处理；(8)、将回潮后的煎饼放入微波炉内进行微波杀菌；(9)、然后将煎饼用切割机进行切割、整形、称重、装袋；(10)、装袋后再进行微波杀菌，检测后装箱，出成品。

8. 根据权利要求7所述的无公害保鲜煎饼，其特征在于步骤(5)的混合物中还加入了核桃粉、仙人掌汁或仙人掌粉、螺旋藻粉、沙棘叶粉或沙棘果汁，其中各种原料的重量百分含量为：稻米60%~70%、大豆10%~20%、小米10%~15%，核桃粉、仙人掌汁、仙人掌粉、螺旋藻粉、沙棘叶粉或沙棘果汁6%~10%。"

形式审查合格后，专利复审委员会受理了该复审请求，并于2006年6月21日向复审请求人发出《复审请求受理通知书》，同时将本申请案卷移交原审查部门进行前置审查。

原审查部门对本复审请求进行了前置审查，认为，复审请求人提交的修改文本中将原申请文件中的"含水量为200%~220%"修改为"含水量为熟化后稻米、小米和大豆干重的200%~220%"，修改后的内容超出了原说明书和权利要求书记载的范围，不符合专利法第33条的规定，因此坚持原驳回决定。

专利复审委员会组成合议组，对本案的复审请求进行了审理。合议组认为本案事实已经清楚，可以作出审查决定。

**二、决定的理由**

1. 审查文本认定

复审请求人在请求复审时提交了修改文本，因此本复审决定所针对的文本是复审请求人于2006年4月21日提交的权利要求第1~8项、说明书第1~3页以及于2004年3月2日提交的说明书摘要。

2. 关于专利法第33条

专利法第33条规定：申请人可以对其专利申请文件进行修改，但是，对发明和实用新型申请文件的修改不得超出原说明书和权利要求书记载的范围。

判断某些技术特征的修改是否超范围，应结合现有技术中对该特征含义的通常认定和原说明书及权利要求书上下文的记载综合考虑。

本案中，复审请求人新提交的申请文本将原始权利要求7和说明书第1、3页中制备方法步骤5的技术特征"含水量为200%~220%"修改为"含水量为熟化后稻米、小米和大豆干重的200%~220%"。合议组认为，根据说明书中所述制备方法步骤1~4中的记载，步骤5的混合浆料是通过将稻米、小米和大豆的干料加入水浸泡，并经过熟化工艺制备得到的。原始申请文本中对混合浆料含水量的描述为“200％～220％”，根据食品领域的常规知识，当浆料中的含水量表示为>100％的数值时，在没有特殊说明的情况下通常被认为是水/物质干重的比例关系。因此，合议组认为，所述混合浆料中的水实际就是在稻米、小米和大豆熟化过程中所加入的水，步骤5中“含水量为200％～220％”的实际表示的就是水与熟化后的稻米、小米和大豆干重的比例关系，因此，综合原始申请文本记载的信息及本领域技术人员的理解，复审请求人将“含水量为200％～220％”修改为“含水量为熟化后稻米、小米和大豆干重的200～220％”可以从原始说明书和权利要求书中直接地、毫无疑义地确定，没有超出原始申请文本记载的范围。

复审请求人还将原始权利要求7和说明书第1、3页中制备方法步骤5的“稻米、小米和大豆浆料”修改为“稻米、小米和大豆”。合议组认为，在原始说明书制备方法步骤5中记载了“将熟化好的稻米、小米和大豆浆料按照重量百分比含量为：稻米0～90％、大豆10％～20％、小米0～90％的配比混合”，根据此记载，可以明显推定，冒号后面的“稻米0～90％、大豆10％～20％、小米0～90％”是用来具体说明“熟化好的稻米、小米和大豆浆料”的比例关系的，因此，合议组认为，这里的“稻米、小米和大豆浆料”与“稻米、小米、大豆”是唯一对应，将“稻米、小米和大豆浆料”修改为“稻米、小米、大豆”没有超出原始申请文本记载的范围。

综上所述，复审请求人于于2006年4月21日提交的权利要求第1～8项和说明书第1～3页符合专利法第33条的规定，驳回决定的理由不成立。

根据以上事实和理由，本案合议组作出如下审查决定。

**三、决定**

撤销国家知识产权局于2006年1月6日对200410013590.8号发明专利申请作出的驳回决定。由原审查部门在复审请求人于2006年4月21日提交的权利要求第1～8项、说明书第1～3页以及于2004年3月2日提交的说明书摘要的基础上继续进行审查。

复审请求人对本决定不服的，可以根据专利法第41条第2款的规定，自收到本决定之日起三个月内向北京市第一中级人民法院起诉。

030

# 洗涤剂颗粒

## 复审请求审查决定（第10606号）

**决　定　号**　第10606号
**决　定　日**　2007年4月12日
**发明创造名称**　洗涤剂颗粒
**国际分类号**　C11D 1/12
**复审请求人**　普罗格特–甘布尔公司
**申　请　号**　98805438.8
**优 先 权 日**　1997年4月2日
**申　请　日**　1998年4月2日
**公　开　日**　2000年6月21日
**合议组组长**　吴通义
**主　审　员**　许　磊
**参　审　员**　郭　婷

**法律依据**　专利法第22条第2款、第3款
**决定要点**

如果要求保护的技术方案中存在以数值范围限定的技术特征，则当该数值范围落在对比文件公开的数值范围内并且与对比文件公开的数值范围没有共同的端点时，该对比文件不能破坏要求保护的技术方案的新颖性。

### 一、案由

本复审请求涉及1998年4月2日申请、2000年6月21日公开、名称为“洗涤剂颗粒”的98805438.8号发明专利申请（下称本申请），其申请人为普罗格特–甘布尔公司，本申请的优先权日为1997年4月2日。

国家知识产权局于2005年3月11日以权利要求1～12、15～17不符合专利法第22条第2款的规定，权利要求13～14不符合专利法第22条第3款的规定为由驳回了本申请。驳回决定所针对的权利要求书为：

“1. 一种洗涤剂颗粒，它包含：a）一种阴离子磺酸盐表面活性剂，其含量按颗粒的重量计为0.01％～20％；b）一种水溶助长剂，其含量按颗粒的重量计为0.01％～45％；其中可存在按颗粒的重量计0.0％～30％的磷酸盐组分。

2. 根据权利要求1的颗粒，其中的阴离子磺酸盐表面活性剂的含量按颗粒重量计为5%~15%。

3. 根据前面权利要求中任一项的颗粒，其中水溶助长剂的含量按颗粒重量计为0.5%~2%。

4. 根据前面权利要求中任一项的颗粒，其中的阴离子磺酸盐表面活性剂是C10~C18线型烷基苯磺酸盐。

5. 根据前面权利要求中任一项的颗粒，其中的水溶助长剂是苯磺酸、甲苯磺酸、二甲苯磺酸或异丙苯磺酸的盐。

6. 根据权利要求5的颗粒，其中的水溶助长剂是甲苯磺酸钠。

7. 根据前面权利要求中任一项的颗粒，其中阴离子磺酸盐表面活性剂与水溶助长剂的比率为25∶1~1∶1。

8. 根据前面权利要求中任一项的颗粒，其中阴离子磺酸盐表面活性剂与水溶助长剂的比率为10∶1~2∶1。

9. 根据前面权利要求中任一项的颗粒，其中存在一种阴离子硫酸盐表面活性剂。

10. 根据权利要求9的颗粒，其中的阴离子硫酸盐表面活性剂是牛油烷基硫酸盐。

11. 根据前面权利要求中任一项的颗粒，其中基本上不存在阳离子软化剂、阳离子表面活性剂和/或非离子表面活性剂。

12. 根据前面权利要求中任一项的颗粒，其中基本上不存在磷酸盐组分。

13. 一种制造权利要求1~8中任一项的颗粒的方法，它包括以下步骤：

a）把阴离子磺酸盐表面活性剂和水溶助长剂与水混合并形成一种含水分的颗粒；

b）干燥步骤a）的颗粒。

14. 根据权利要求12的方法，其中步骤b）的颗粒干燥是颗粒的喷雾干燥。

15. 根据权利要求1~12中任意一项的颗粒，其中的颗粒是一种喷雾干燥的颗粒。

16. 根据权利要求1~12或15中任意一项的颗粒，其中颗粒的游离水分含量按重量计小于6%。

17. 一种包含根据权利要求1~12或15中任意一项的洗涤剂颗粒的颗粒状洗涤剂组合物，其含量按组合物的重量计为5%~85%。"

驳回决定引用了对比文件1（US5478502A，公开日为1995年12月26日），认为相同领域的对比文件1公开了一种粒状洗涤剂组合物，该组合物包括一种水溶助长剂如二甲苯磺酸盐、异丙苯磺酸盐和/或其混合物，其量为表面活性剂体系的小于30%（参见对比文件1的第6栏第39~59行），该组合物还包括附加表面活性剂直链烷基苯璜酸盐，其量为0.1%~15%（见对比文件1第9栏15~27行），其权利要求1还公开了组合物包括1%~50%的水溶助长剂，其为磺酰琥珀酸钠，其权利要求7公开了所述组合物还包括0.1%~15%的C11~18直链烷基苯磺酸盐；由此可见，本申请权利要求1和17所要求保护的阴离子磺酸盐表面活性剂与水溶助长剂组合的技术方案已经在对比文件1中公开了，因此权利要求1和17不具备新颖性；本申请权利要求2~12、15~16是从属权利要求，其进一步限定的技术特征在对比文件1中也公开了（出处同上及实施例I和II），因此权利要求2~12、15~16也不符合专利法第22条第2款的规定。权利要求13~14请求保护一种制造权利要求1~8中任一项的颗粒的方法，由于该颗粒相对于对比文件1不具备新颖性，所述制造方法又是本领域的常规方法，对本领域技术人员而言是显而易见的，不具备突出的实质性特点和显著的技术进步，因此权利要求13~14不符合专利法第22条第3款的规定。申请人在意见陈述中争辩对比文件1技术方案中"任选的LAS不是与水溶助长剂一样必需存在于该颗粒中，相反地，本发明涉及不但含有LAS而且含有水溶助长剂的单一颗粒"，但对比文件1明显公开了含直链烷基苯磺酸盐表面活性剂与水溶助长剂组合的技术方案（见对比文件1权利要求7和说明书第9栏15~27行)，因此申请人的争辩是不能接受的。

申请人普罗格特-甘布尔公司（下称复审请求人）对上述驳回决定不服，于2005年6月27日向专利复审委员会提出复审请求，复审请求人在提出复审请求的同时提交了权利要求书全文替换页，其中仅对权利要求1进行了修改，修改后的权利要求1为：

“1. 一种洗涤剂颗粒，它包含：a）一种阴离子磺酸盐表面活性剂，其含量按颗粒的重量计为0.01％~20％；b）一种水溶助长剂，其含量按颗粒的重量计为0.01％~45％；

其中阴离子磺酸盐表面活性剂对水溶助长剂的重量比率为50：1~1：1，且可存在按颗粒的重量计0.0％~30％的磷酸盐组分。”

复审请求人认为，在修改后的权利要求1中限定了阴离子磺酸盐表面活性剂与水溶助长剂的重量比率为50：1~1：1，而对比文件1中没有公开阴离子磺酸盐表面活性剂与水溶助长剂的重量比，所以修改后的权利要求1~16具有新颖性。此外，对比文件1关注的问题是烷基硫酸盐表面活性剂导致的洗涤剂溶解度差的问题，阴离子磺酸盐表面活性剂仅仅是可以存在于洗涤组合物中的其他表面活性剂中的一种，而本发明针对的是喷雾干燥的洗涤剂颗粒，要解决的问题是含阴离子磺酸盐表面活性剂的洗涤剂颗粒中阴离子磺酸盐表面活性剂导致的凝胶化问题，所以对比文件1完全没有认识到本发明的技术问题，也没有教导或暗示对于含一定量阴离子磺酸盐的表面活性剂可以加入一定量的水溶助长剂来解决本发明的技术问题，因此本发明的技术方案相对于对比文件1而言也是非显而易见的，也具有创造性。

形式审查合格后，专利复审委员会受理了该复审请求，并于2005年8月24日向复审请求人发出《复审请求受理通知书》，并将本申请案卷移交原审查部门进行前置审查。

原审查部门对本复审请求进行了前置审查，认为对比文件1权利要求7公开了含1％~50％水溶助长剂和0.1％~15％直链烷基苯磺酸盐（LAS）组合的技术方案，可计算出LAS与水溶助长剂的重量比是15：1~0.002：1，该数值范围与本申请权利要求1中50：1~1：1的数值范围交叉，修改后权利要求1的技术方案在对比文件1中也被公开，仍然不具备新颖性，其他权利要求仍然存在驳回决定中已经指出的缺陷，所以坚持原驳回决定。

专利复审委员会组成合议组，对本案的复审请求进行了审理。于2006年11月21日向复审请求人发出《复审通知书》。《复审通知书》指出：(1）对比文件1的权利要求7具体公开了包含含有阴离子硫酸盐表面活性剂的表面活性剂系统、1％~50％重量的水溶助长剂和0.1~15％重量的C11~18线型烷基苯磺酸盐表面活性剂的去污剂组合物技术方案，经换算，在对比文件1的方案中，所说的苯磺酸盐与水溶助长剂的重量比为15：1至0.002：1，与本申请权利要求1所限定的50：1至1：1的数值范围部分重叠，由此可见，修改后的权利要求1的技术方案被对比文件1所公开，其不符合专利法第22条第2款的规定。权利要求2~4、7、9的附加技术特征都在对比文件1的权利要求7中公开；权利要求5的附加技术特征为“其中的水溶助长剂是苯磺酸、甲苯磺酸、二甲苯磺酸或异丙苯磺酸的盐”，而对比文件1第6栏第39~59行在对该水溶助长剂的说明中明确给出了水溶助长剂可以为二甲苯磺酸盐或异丙苯磺酸盐，即公开了权利要求5的附加技术特征，所以权利要求2~5、7、9也不符合专利法第22条第2款的规定。权利要求11的附加技术特征为“其中基本上不存在阳离子软化剂、阳离表面活性剂和/或非离子表面活性剂”、权利要求12的附加技术特征为“其中基本上不存在磷酸盐组分”，对比文件1公开的技术方案中没有提及包含这些组分，从对比文件1说明书的描述中也看不出其包含这些组分（见对比文件1第3栏第33~35行)，但是，这些技术特征属于对比文件1的技术方案隐含的可以毫无疑义直接得出的内容，所以权利要求11和12的技术方案也被对比文件1所公开，也不符合专利法第22条第2款的规定。权利要求15将所说的颗粒限定为喷雾干燥的颗粒，权利要求16对颗粒中游离水分的含量进行了限定，虽然在对比文件1权利要求7的技术方案中没有提及这些特征，但是从说明书的描述来看，对比文件1的颗粒都是用流化床喷雾干燥获得的，水分含量为4%～10%（见对比文件1说明书第12栏第5～47行），所以权利要求15和16的技术方案也被对比文件1所公开，也不符合专利法第22条第2款的规定。权利要求17请求保护“一种包含根据权利要求1～12或15中任意一项的洗涤剂颗粒的颗粒状洗涤剂组合物，其含量按组合物的重量计为5%～85%”。对比文件1的权利要求7公开了一种这样的组合物，其中所说的水溶助长剂和阴离子子磺酸盐表面活性剂的重量为组合物总重量的1.1%～65%，所以权利要求17的技术方案也被对比文件1所公开，也不符合专利法第22条第2款的规定。（2）权利要求13和14相对于对比文件1公开的内容不符合专利法第22条第3款有关创造性的规定。

针对《复审通知书》指出的问题，复审请求人于2007年3月5日提交了意见陈述书以及权利要求书全文替换页，复审请求人将驳回决定所针对的权利要求8的附加技术特征结合到了新的权利要求1中，相应删除了权利要求7和8，修改后的权利要求书如下：

“1. 一种洗涤剂颗粒，它包含：a）一种阴离子磺酸盐表面活性剂，其含量按颗粒的重量计为0.01%～20%；b）一种水溶助长剂，其含量按颗粒的重量计为0.01%～45%；其中阴离子磺酸盐表面活性剂对水溶助长剂的重量比率为10∶1～2∶1，且可存在按颗粒的重量计0.0%～30%的磷酸盐组分。

2. 根据权利要求1的颗粒，其中的阴离子磺酸盐表面活性剂的含量按颗粒重量计为5%～15%。

3. 根据前面权利要求中任一项的颗粒，其中水溶助长剂的含量按颗粒重量计为0.5%～2%。

4. 根据前面权利要求中任一项的颗粒，其中的阴离子磺酸盐表面活性剂是C10～C18线型烷基苯磺酸盐。

5. 根据前面权利要求中任一项的颗粒，其中的水溶助长剂是苯磺酸、甲苯磺酸、二甲苯磺酸或异丙苯磺酸的盐。

6. 根据权利要求5的颗粒，其中的水溶助长剂是甲苯磺酸钠。

7. 根据前面权利要求中任一项的颗粒，其中存在一种阴离子硫酸盐表面活性剂。

8. 根据权利要求7的颗粒，其中的阴离子硫酸盐表面活性剂是牛油烷基硫酸盐。

9. 根据前面权利要求中任一项的颗粒，其中基本上不存在阳离子软化剂、阳离子表面活性剂和/或非离子表面活性剂。

10. 根据前面权利要求中任一项的颗粒，其中基本上不存在磷酸盐组分。

11. 一种制造权利要求1～6中任一项的颗粒的方法，它包括以下步骤：a）把阴离子磺酸盐表面活性剂和水溶助长剂与水混合并形成一种含水分的颗粒；b）干燥步骤a）的颗粒。

12. 根据权利要求10的方法，其中步骤b）的颗粒干燥是颗粒的喷雾干燥。

13. 根据权利要求1～10中任意一项的颗粒，其中的颗粒是一种喷雾干燥的颗粒。

14. 根据权利要求1～10或13中任意一项的颗粒，其中颗粒的游离水分含量按重量计小于6%。

15. 一种包含根据权利要求1～10或13中任意一项的洗涤剂颗粒的颗粒状洗涤剂组合物，其含量按组合物的重量计为5%～85%。”

复审请求人认为修改后的权利要求1～15相对于对比文件1具有新颖性和创造性，符合专利法第22条第2～3款的规定。

至此，合议组认为本案事实清楚，可以作出审查决定。

## 二、决定的理由

1. 决定所依据的文本

复审请求人在于2007年3月5日提交的权利要求书中所作的修改为将《复审通知书》所针对的权利要求8的附加技术特征记载到了权利要求1中，并删除了权利要求7和8，同时对各权利要求进行了重新编号和适应性修改，这种修改符合专利法第33条和专利法实施细则第60条第1款的规定。因此，本决定是在复审请求人于2007年3月5日提交的权利要求第1～15项和于1999年11月24日提交的说明书第1～41页以及说明书摘要的基础上作出的。

2. 关于专利法第22条第2款

专利法第22条第2款规定：新颖性，是指在申请日以前没有同样的发明或者实用新型在国内外公开出版物上公开发表过、在国内公开使用过或者以其他方式为公众所知，也没有同样的发明或者实用新型由他人向国务院专利行政部门提出过申请并且记载在申请日以后公布的专利申请文件中。

如果要求保护的技术方案中存在以数值范围限定的技术特征，则当该数值范围落在对比文件公开的数值范围内并且与对比文件公开的数值范围没有共同的端点时，该对比文件不破坏要求保护的技术方案的新颖性。

本案中，对于《前置审查意见》和《复审通知书》所针对的权利要求1而言，对比文件1权利要求7公开的洗涤组合物中的磺酸盐与水溶助长剂的重量比为15：1～0.002：1，与权利要求1要求保护的50：1～1：1的数值范围部分重叠，所以权利要求1相对于对比文件1公开的内容不符合专利法第22条第2款的规定。在复审请求人于2007年3月5日提交的修改后的权利要求书中，权利要求1限定阴离子磺酸盐与水溶助长剂的比率为10：1～2：1，该范围落在对比文件1公开的15：1～0.002：1的数值范围内，并且与对比文件1公开的数值范围没有共同的端点，而且在对比文件1的其他部分（包括实施例I和II）中也没有公开包含阴离子磺酸盐和水溶助长剂的比例落在权利要求1所限定的重量比率范围内的具体方案，因此，修改后的权利要求1相对于对比文件1具备专利法第22条第2款规定的新颖性。鉴于权利要求1具备新颖性，直接或间接对其进一步进行限定的从属权利要求2～10、13～14以及包含权利要求1的洗涤剂颗粒的洗涤剂组合物（独立权利要求15）也具备专利法第22条第2款规定的新颖性。

3. 关于专利法第22条第3款

专利法第22条第3款规定：创造性，是指同申请日以前的已有技术相比，该发明有突出的实质性特点和显著的进步，该实用新型有实质性特点和进步。

驳回决定认为方法权利要求13和14请求保护一种制备权利要求1～8中任一项的颗粒的方法，由于该颗粒相对于对比文件1不具备新颖性而不能被接受，所述制造方法又是本领域的常规方法，对本领域技术人员而言是显而易见的，所以权利要求13～14不具备突出的实质性特点和显著的进步，不符合专利法第22条第3款规定的创造性，即，驳回决定认为本申请原权利要求13～14所要保护的制备方法没有创造性的前提是本发明所要保护的颗粒不具备新颖性。而修改后的权利要求1～10所要保护的颗粒相对于对比文件1具备新颖性，即修改后的方法权利要求11和12中所制造的颗粒具备新颖性，在此情况下，驳回决定基于所要保护的颗粒无新颖性而认定制备该颗粒的方法无创造性的前提已不存在，因此，驳回决定中基于所要保护的颗粒没有新颖性而认定制备该颗粒的方法没有创造性的驳回理由亦不再成立。

根据以上事实和理由，本案合议组作出如下审查决定。

**三、决定**

撤销国家知识产权局于2005年3月11日对98805438.8号发明专利申请作出的驳回决定。由原审查部门在本复审请求审查决定所针对的文本的基础上继续进行审查。

复审请求人对本决定不服的，可以根据专利法第41条第2款的规定，自收到本决定之日起三个月内向北京市第一中级人民法院起诉。

031

# 检测样品中还原辅因子的存在的试剂系统及其使用方法

## 复审请求审查决定（第 10607 号）

**决　定　号**　第 10607 号
**决　定　日**　2007 年 1 月 8 日
**发明创造名称**　检测样品中还原辅因子的存在的试剂系统及其使用方法
**国 际 分 类 号**　C12Q 1/32，C12Q 1/26，C12Q 1/00
**复 审 请 求 人**　生命扫描有限公司
**申　请　号**　01806937.1
**申　请　日**　2001 年 3 月 8 日
**公　开　日**　2003 年 5 月 21 日
**优 先 权 日**　2000 年 3 月 28 日
**合 议 组 组 长**　祝海燕
**主　审　员**　许　磊
**参　审　员**　吴通义

**法 律 依 据**　专利法第 22 条第 2 款、第 3 款，专利法实施细则第 20 条第 1 款
**决 定 要 点**

如果与对比文件公开的技术方案相比，权利要求所要保护的技术方案及其预期效果不同，则该权利要求相对于该对比文件具备新颖性。

### 一、案由

本复审请求涉及 2001 年 3 月 8 日申请、2003 年 5 月 21 日公开、名称为“检测样品中还原辅因子的存在的试剂系统及其使用方法”的 01806937.1 号发明专利申请（下称本申请），其优先权日为 2000 年 3 月 28 日，申请人为生命扫描有限公司。

国家知识产权局于 2004 年 10 月 15 日以权利要求 1～7、9～10 不符合专利法第 22 条第 2 款，权利要求 8～10 不符合专利法第 22 条第 3 款为由驳回了本申请。驳回决定所针对的权利要求书为：

“1. 一种信号产生系统，用于检测样品中还原辅因子的存在，所述系统包含：一种无水试剂组合物，所述无水试剂组合物包含：（a）能够使还原辅因子氧化的第一和第二电子转移剂，和（b）一种氧化还原指示剂；其中所述第一和第二电子转移剂以如下量存在，所述量提供了比所述信号产生系统的理论预测反应速率高的所述信号产生系统的反应速率。

2. 根据权利要求 1 的信号产生系统，其中所述第一电子转移剂是一种低分子量电子转移剂。

3. 根据权利要求 2 的信号产生系统，其中所述低分子量电子转移剂是一种吩嗪化合物。

4. 根据权利要求1、2或3的信号产生系统，其中所述第二电子转移剂是一种高分子量电子转移剂。

5. 根据权利要求4的信号产生系统，其中所述高分子量电子转移剂是一种蛋白质化合物。

6. 根据权利要求5的信号产生系统，其中所述蛋白质化合物是一种酶。

7. 根据前述任何一项权利要求的信号产生系统，其中所述氧化还原指示剂是一种四唑鎓化合物。

8. 根据前述任何一项权利要求的信号产生系统，其中所述无水试剂组合物存在于测试条上。

9. 一种用于检测样品中分析物的存在的方法，改进之处包括：采用根据前述任何一项权利要求的包含无水试剂组合物的信号产生系统。

10. 一种试剂盒，用于检测样品中分析物的存在，所述试剂盒包括：

根据权利要求1~8任何一项的信号产生系统。”

驳回决定认为：对比文件1（US5278047，公开日为1994年1月11日）公开了一种无水组合物，包括：葡萄糖脱氢酶；一种或多种选自心肌黄酶、吩嗪硫酸二甲酯等组成的物质；NAD等；氧化还原指示剂，其中的氧化还原指示剂可以为四唑鎓盐（见对比文件的摘要及权利要求1~6）。虽然对比文件1公开的是一种定量检测全血中总的葡萄糖的方法及试剂组合物及用途，可该方法利用的原理性步骤是通过样品中的辅酶因子还原成还原形式如NADH，随后通过与辅因子氧化剂的后续反应来检测，如心肌黄酶和/或吩嗪硫酸二甲酯，从而将一个电子转移到四唑鎓盐产生可检测的产物，因此为了检测样品中还原辅因子的存在，本领域的技术人员完全可以采用没有用于具体分析物的对比文件1中公开的方法。该权利要求所要求保护的技术方案与对比文件1所公开的内容相比，所不同的在于描述主题和技术特征时定义不同，虽然权利要求1的主题为“信号产生系统”，可实际上其所述的技术特征相对于对比文件1或已经被公开，或是一种上位概念。虽然对比文件1实施例没有提及同时应用两种电子转移剂，但是其给出了在测定的试剂组合物中可以同时使用选自五种电子转移剂的两种或多种的提示，即公开了存在两种电子转移剂的技术方案，同时，电子转移剂间的协同作用只是方案实施后的效果，是技术方案本身所带来的。根据公知常识，反应动力学和稳定性是选择电子转移剂或氢阴离子吸取剂的主要因素，PMS是通用的氢阴离子吸取剂，因为它和大多数四氮唑化合物具有相对快的反应动力学，而当辅因子是NAD时，心肌黄酶更稳定且优选。所以，所属领域技术人员可以从五种化合物中优先选择PMS和心肌黄酶的组合用于测定组合物。此外，虽然申请人在新权利要求1中通过功能性特征限定了两种电子转移剂的量，但是对比文件1第3栏的表中给出了心肌黄酶适合的使用量，其在本申请实施例表1中列出的范围之内，同时，本申请使用的PMS的量也是常规用量，故根据对比文件1公开的内容，在实施含有PMS与心肌黄酶的技术方案时，其中完全可以存在PMS与心肌黄酶的用量满足权利要求1中功能性限定的情形，故该用量的限定不能给权利要求1带来新颖性。同理，权利要求2~7不具备新颖性。

权利要求8进一步限定了无水试剂组合物存在于测试条上，为了便于检测，这种方案是可选择的几种方案之一，本领域技术人员很容易想到并实施，也没有产生意料不到的效果，所以该技术方案相对于对比文件1不具备创造性，不符合专利法第22条第3款的规定。

当权利要求9~10所引用的权利要求1~7的技术方案不具备新颖性时，这些权利要求也不符合专利法第22条第2款的规定；当权利要求9~10所引用的权利要求8的技术方案不具备创造性时，权利要求9~10的技术方案也不符合专利法第22条第3款的规定。

申请人生命扫描有限公司（下称复审请求人）对上述驳回决定不服，于2005年1月25日向专利复审委员会提出复审请求，在提出复审请求时，复审请求人提交了修改的权利要求书替换页和说明书第4页的替换页，其中权利要求1~10没有作出修改，新增加了权利要求11。

复审请求人认为，对比文件1没有公开或合理提示提供协同作用的电子转移剂的相对量，要实现本申请的发明目的有两个必要条件：（a）两种电子转移剂的特定组合（即提供协同作用的组合物）；和（b）特定浓度的电子转移剂（即提供协同作用的浓度）。由于对比文件1没有提到电子转移剂的任何特定组合及协同作用，本领域技术人员鉴定提供协同作用的电子转移剂的组合不是显而易见的，从对比文件1不能预见到提供协同作用的电子转移剂的组合。此外，对比文件1没有公开电子转移剂的任何特定浓度，事实上，简单地增加反应混合物中的反应物浓度通常降低反应速度，因此简单地向反应混合物中加入第二种电子转移剂不一定增加反应速度。总之，对比文件1没有提示提供协同作用的电子转移剂的组合，也没有提示可以使用的电子转移剂的协同组合的浓度。

形式审查合格后，专利复审委员会受理了该复审请求，并于2005年3月2日向复审请求人发出《复审请求受理通知书》，并将本申请案卷移交原审查部门进行前置审查。

原审查部门对本复审请求进行了前置审查，指出权利要求1~10未进行修改，因此坚持原驳回决定中所述的理由；新增加的权利要求11虽然限定了第一和第二电子转移剂具体的比例范围，但是对比文件1第3栏表中给出的心肌黄酶适合的使用量在本申请实施例表1中列出的范围之内，而本申请使用的PMS的量也是一种常规用量，故在对比文件1的技术启示下实施含有PMS与心肌黄酶的技术方案时，本领域技术人员在选择PMS与心肌黄酶的用量时完全有可能采取与权利要求11中所述的“第一和第二电子转移剂以0.001~10的nmol/U比例存在”的情形，该用量的限定不能给权利要求11带来创造性，不符合专利法第22条第3款的规定，故坚持原驳回决定。

专利复审委员会组成合议组，对本案的复审请求进行了审理。于2006年4月24日发出《复审通知书》，指出，权利要求1请求保护一种信号产生系统，其中“所述第一和第二电子转移剂以如下量存在，所述量提供了比前述信号产生系统的理论预测反应速率高的所述信号产生系统的反应速率”是对所述第一和第二电子转移剂的比例的限定，这一限定是不清楚的，导致了权利要求保护范围的不清楚。因为，对于本领域技术人员来说，第一和第二电子转移剂的比例应当很容易用具体的数值来清楚地限定，权利要求1中却仅仅给出了要达到“比前述信号产生系统的理论预测反应速率高的所述信号产生系统的反应速率”的效果的描述，而这种效果的实现依赖的是第一和第二电子转移剂的具体比例，说明书也并未记载如何确定和验证这种比例的方法，从而所属技术领域的技术人员无法得知该比例，因此也就无法确定权利要求1的保护范围，权利要求1不符合专利法实施细则第20条第1款有关清楚的规定。

复审请求人于2006年6月8日提交了意见陈述书以及经过修改的权利要求书1~10。修改后的权利要求书如下：

“1. 一种信号产生系统，用于检测样品中还原辅因子的存在，所述系统包含：一种无水试剂组合物，所述无水试剂组合物包含：（a）能够使还原辅因子氧化的第一和第二电子转移剂，和（b）一种氧化还原指示剂；其中所述第一和第二电子转移剂以如下量存在，所述量提供了比所述信号产生系统的理论预测反应速率高的所述信号产生系统的反应速率；并且其中所述第一和第二电子转移剂分别以0.001~10的nmol/U比例存在。

2. 根据权利要求1的信号产生系统，其中所述第一电子转移剂是一种低分子量电子转移剂。

3. 根据权利要求2的信号产生系统，其中所述低分子量电子转移剂是一种吩嗪化合物。

4. 根据权利要求1、2或3的信号产生系统，其中所述第二电子转移剂是一种高分子量电子转移剂。

5. 根据权利要求4的信号产生系统，其中所述高分子量电子转移剂是一种蛋白质化合物。

6. 根据权利要求5的信号产生系统，其中所述蛋白质化合物是一种酶。

7. 根据前述任何一项权利要求的信号产生系统，其中所述氧化还原指示剂是一种四唑鎓化合物。

8. 根据前述任何一项权利要求的信号产生系统，其中所述无水试剂组合物存在于测试条上。

9. 一种用于检测样品中分析物的存在的方法，改进之处包括：采用根据前述任何一项权利要求的包含无水试剂组合物的信号产生系统。

10. 一种试剂盒，用于检测样品中分析物的存在，所述试剂盒包括：

根据权利要求 1 ~ 8 任何一项的信号产生系统。”

复审请求人认为修改后的权利要求 1 是清楚的，符合专利法实施细则第 20 条第 1 款的规定。

至此，合议组认为本案事实清楚，可以作出审查决定。

**二、决定的理由**

1. 审查的文本

本审查决定所针对的文本是 2002 年 9 月 20 日提交的说明书第 1 ~ 3、5 ~ 11 页、说明书附图第 1 页、摘要及摘要附图、2005 年 1 月 25 日提交的说明书第 4 页、以及复审请求人于 2006 年 6 月 8 日提交的权利要求第 1 ~ 10 项。

2. 关于专利法实施细则第 20 条第 1 款

专利法实施细则第 20 条第 1 款规定：权利要求书应当说明发明或者实用新型的技术特征，清楚、简要地表述请求保护的范围。

复审请求人于 2006 年 6 月 8 日提交的权利要求 1 中增加了“其中所述第一和第二电子转移剂分别以 0.001 ~ 10 的 nmol/U 比例存在”的限定，通过对电子转移剂进行具体限定克服了《复审通知书》中所针对权利要求中存在的仅用“所述第一和第二电子转移剂以如下量存在，所述量提供了比前述信号产生系统的理论预测反应速率高的所述信号产生系统的反应速率”来限定电子转移剂的量从而导致权利要求不清楚的缺陷，修改后的权利要求 1 符合专利法实施细则第 20 条第 1 款的规定。

3. 关于专利法第 22 条第 2 款

专利法第 22 条第 2 款规定：新颖性，是指在申请日以前没有同样的发明或者实用新型在国内外出版物上公开发表过、在国内公开使用过或者以其他方式为公众所知，也没有同样的发明或者实用新型由他人向国务院专利行政部门提出过申请并且记载在申请日以后公布的专利申请文件中。

如果与对比文件公开的技术方案相比，权利要求所要保护的技术方案及其预期效果不同，则该权利要求相对于该对比文件具备新颖性。

就本案而言，本申请修改后的权利要求 1 为：

“一种信号产生系统，用于检测样品中还原辅因子的存在，所述系统包含：一种无水试剂组合物，所述无水试剂组合物包含：（a）能够使还原辅因子氧化的第一和第二电子转移剂，和（b）一种氧化还原指示剂；其中所述第一和第二电子转移剂以如下量存在，所述量提供了比所述信号产生系统的理论预测反应速率高的所述信号产生系统的反应速率；并且其中所述第一和第二电子转移剂分别以 0.001 ~ 10 的 nmol/U 比例存在。”

对比文件 1 公开了一种检测全血中葡萄糖浓度的方法，其中所使用的无水组合物包括：葡萄糖脱氢酶；一种或多种选自心肌黄酶、吩嗪硫酸二甲酯等的物质（电子转移剂）；一种或多种选自 NAD，NADP 等的物质；一种或多种选自磷脂酶等的溶血剂；和一种氧化还原指示剂，其中所述氧化还原指示剂可以为四唑鎓盐（参见对比文件 1 权利要求 1 ~ 4）。

首先，将权利要求 1 的技术方案与对比文件 1 公开的技术方案相比较可以看出，两者的技术方案实质上不相同：对比文件 1 公开的检测用的无水组合物包含一种或多种电子转移剂和氧化还原指示剂，其中将电子转移剂限定为五种电子转移剂中的一种或多种，而本申请权利要求 1 技术方案中具体限定所述电子转移剂包含两种电子转移剂；另外，本申请权利要求 1 具体限定了两种电子转移剂的比例为0.001~10nmol/U，而对比文件1并没有公开上述具体比值。由此可见，对比文件1没有明确公开含有两种电子转移剂且该两种电子转移剂比例为0.001~10 nmol/U的无水组合物的技术方案。

驳回决定认为对比文件1公开的选自五种电子转移剂中的一种或多种给出了选择两种电子转移剂的提示。对此合议组认为，“一种或多种”没有具体公开“两种”，虽然所属技术领域的技术人员有可能根据对比文件1的提示选择两种电子转移剂，但是，这种提示并不是判断新颖性时需要考虑的因素。同时，对比文件1没有公开电子转移剂的具体比例0.001~10 nmol/U。所以，对比文件1公开的技术方案与本申请的技术方案在实质上存在差别。

其次，本申请的技术方案与对比文件1的技术方案预期达到的效果不同：（1）本申请的技术方案中包含两种电子转移剂，且能产生协同作用（见本申请说明书第2页最后一段），而对比文件1公开的是一种或多种电子转移剂，其没有公开用两种电子转移剂能产生协同作用；（2）对比文件1没有公开本申请的具体比例0.001~10nmol/U能够使反应速率明显提高。

综上所述，本申请权利要求1与对比文件1公开的内容相比，其技术方案与技术方案预期产生的效果都不同，所以，本申请权利要求1相对于对比文件1具备新颖性，符合专利法第22条第2款的规定。

在权利要求1具备新颖性的前提下，其从属权利要求2~7相对于对比文件1也具备新颖性，符合专利法第22条第2款的规定。

同理，权利要求9~10中引用权利要求1~7的技术方案相对于对比文件1也具备新颖性，符合专利法第22条第2款的规定。

4. 关于专利法第22条第3款

专利法第22条第3款规定：创造性，是指同申请日以前已有的技术相比，该发明有突出的实质性特点和显著的进步。

驳回决定指出，权利要求8进一步限定了无水试剂组合物存在于测试条上，这种选择方案是本领域技术人员很容易想到并实施的，所以权利要求8不具备创造性，即权利要求8不具备创造性实际上是基于系统中所用的无水组合物（权利要求1~7的方案）不具备新颖性而作出的，因此，在权利要求1~7所限定的信号产生系统具备新颖性的情况下，引用上述权利要求的权利要求8不具备创造性的理由也相应地不能成立。

同理，在权利要求8的方案具备创造性的基础上，驳回决定认为权利要求9~10不具备创造性的理由也不再成立。

根据以上事实和理由，本案合议组作出如下审查决定。

**三、决定**

撤销国家知识产权局于2004年10月15日对01806937.1号发明专利申请作出的驳回决定。由原审查部门在本决定所针对文本的基础上继续进行审查。

复审请求人对本决定不服的，可以根据专利法第41条第2款的规定，自收到本决定之日起三个月内向北京市第一中级人民法院起诉。

032

# 钙/钙-镁强化的水、果汁、饮料和其他液体食品

## 复审请求审查决定（第10608号）

**决　定　号**　第10608号
**决　定　日**　2007年4月5日
**发明创造名称**　钙/钙-镁强化的水、果汁、饮料和其他液体食品
**国际分类号**　A23L 1/304，A23L 2/52
**复审请求人**　雀巢制品公司
**申　请　号**　00815965.3
**优先权日**　1999年9月24日
**申　请　日**　2000年4月18日
**公　开　日**　2003年1月15日
**合议组组长**　叶　娟
**主　审　员**　许　磊
**参　审　员**　葛永奇

**法律依据**　专利法第26条第4款
**决定要点**

如果权利要求的概括使所属技术领域的技术人员有理由怀疑该上位概括或者并列概括所包含的一种或多种下位概念或者选择方式不能解决发明所要解决的技术问题并达到相同的技术效果，则应当认为该权利要求没有得到说明书的支持。如果复审请求人在提交的修改文本中删除了驳回决定所指出的致使权利要求得不到说明书支持的内容，则认为其已经克服了驳回决定所指出的缺陷。

### 一、案由

本复审请求涉及2000年4月18日申请、2003年1月15日公开、名称为“钙/钙-镁强化的水、果汁、饮料和其他液体食品”的00815965.3号发明专利申请（下称本申请），其申请人为雀巢制品公司。

国家知识产权局于2005年3月18日驳回了本申请，理由是本申请实施例中列举了对水、果汁的强化，而本领域技术人员不能从中概括到其他任何饮料或其他液体食品均能达到本发明的目的，因此权利要求1、13和19未得到说明书的支持，不符合专利法第26条第4款的规定。虽然申请人在意见陈述书中指出“本发明的贡献之处就是提供了优良的一种钙源，把它加到液体食品中，水溶性上不会因内含的水发生沉淀，本质上也没有钙含量低、贵、口味不快的缺点”，但是，审查员已经在通知书中明确指出了本领域技术人员不能从水、果汁之外的其他饮料中预见加入所述的钙镁复合体均能达

到本发明的目的，液体食品有水性的，也有油性的，食品的性质又很复杂，例如食用油是油性的，本领域技术人员不能预见把所述的钙镁复合体加到食用油中也具有不产生沉淀的效果。由此可见，液体食品包含了一个很宽的食品范围，因此所述权利要求未得到说明书的支持，不符合专利法第26条第4款的规定。

驳回决定所针对的权利要求如下：

"1. 一种组合物，所述组合物包含强化液体食品和强化量的亚稳态乳酸-柠檬酸钙镁复合体，所述复合体通过碱性钙源和碱性镁源与乳酸和柠檬酸的混合物的相互作用形成；形成的复合体具有下式：$[(Ca_xMg_y)_p\{-OOC-CH_2-C(OH)(COO^-)-CH_2-COO-\}_q\{CH_3-CH(OH)-COO^-\}_r]$，其中x和y的比率为1.8～3.5∶1，并且其中下标p，q和r分别代表氢氧化钙或氢氧化镁、柠檬酸和乳酸的摩尔浓度，对应每1摩尔p，q和r的摩尔比分别为20～0.2和0.2～20。"

"13. 一种制备强化液体食品的方法，所述方法包括添加入强化量的权利要求1～12中任一项的亚稳态乳酸-柠檬酸钙镁复合体，所述复合体通过碱性钙源和碱性镁源与乳酸和柠檬酸的混合物的相互作用形成。"

"19. 一种制备强化液体食品的方法，所述方法包括往食品中加入碱性钙源和碱性镁源与乳酸和柠檬酸，并在所述食品中原位形成亚稳态乳酸-柠檬酸钙镁复合体，该复合体具有下式：$[(Ca_xMg_y)_p\{-OOC-CH_2-C(OH)(COO^-)-CH_2-COO^-\}_q\{CH_3-CH(OH)-COO^-\}_r]$，其中x和y的比率为1.8～3.5∶1，并且其中下标p，q和r分别代表氢氧化钙或氢氧化镁、柠檬酸和乳酸的摩尔浓度，对应每1摩尔p，q和r的摩尔比分别为20～0.2和0.2～20。"

申请人雀巢制品公司（下称复审请求人）对上述驳回决定不服，于2005年7月4日向专利复审委员会提出复审请求，复审请求人认为，国家知识产权局驳回的理由不成立，具体理由为：按照权利要求的文字"液体食品"，确实如审查员解读的那样"好像"囊括了审查员认为不能实施的"不含水，如纯油的液体食品"。但是实际上，权利要求1并没有概括出"液体食品"而概括的是"强化液体食品"，即把"液体食品"限制在"强化了的"液体食品中，其本身即指出有关食品是"能被强化的"，而审查员认为的纯油食品不能被强化，本身自然不能被囊括在权利要求中，因此，本领域普通技术人员自然可以预见权利要求1的组合物可以包含任何"强化了的液体食品"，同理，权利要求13、19有关概括也是适当的。

形式审查合格后，专利复审委员会受理了该复审请求，于2005年8月18日向复审请求人发出《复审请求受理通知书》，并将本申请移交原审查部门进行前置审查。

原审查部门对本复审请求进行了前置审查，指出复审请求人认为"强化了的"液体食品本身即指出有关食品是"能被强化的"，然而食用油也是可强化的，本领域技术人员难以预见所述的钙镁复合体加到食用油中也具有不产生沉淀的效果，因此，复审请求人仍然没有克服审查员驳回决定中所指出的缺陷，所以坚持原驳回决定。

专利复审委员会组成合议组，对本复审请求进行了审理。于2006年11月10日向复审请求人发出《复审通知书》。《复审通知书》指出，权利要求1请求保护一种包含强化液体食品和强化量的亚稳态乳酸-柠檬酸钙镁复合体的组合物，本发明要解决可溶性钙在应用时易因水溶性差而沉淀或改变感官特性的问题，从说明书的叙述以及说明书所提供的实施例来看，本发明用于该目的的乳酸-柠檬酸钙镁复合体都是用于含水产品的。根据本领域技术人员的公知常识，强化食品指的是在天然食品的基础上人为地适当添加一些化学合成的或者由其他物质中提取的营养素，以提高食品的营养价值的食品，各种食物都可以被强化，例如可以向食用油中加入维生素A等营养素从而产生被强化的油，所以复审请求人认为纯油食品由于本身不能被强化而自然没有被囊括在权利要求内的观点没有依据，因此权利要求1中，“强化液体食品”的表述既包含含水的液体食品，也包含不含水的液体食品，如油性食品如可直接使用的橄榄油，因此，权利要求1目前“液体食品”的表述中包含了本领域技术人员无法预见可以实现本发明的目的的范围。因此，权利要求1实质上得不到说明书的支持，不符合专利法第26条第4款的规定。同样，权利要求13和19中的“液体食品”的概括实质上也得不到说明书的支持，不符合专利法第26条第4款的规定。

针对《复审通知书》指出的问题，复审请求人于2007年1月4日提交了意见陈述书及经修改的权利要求书全文替换页，对权利要求1、13和19中的“液体食品”进行了进一步限定，并调整了权利要求的编号，修改后对应于驳回决定所针对权利要求1、13、和19的新权利要求1、11、15分别如下：

“1. 一种组合物，所述组合物包含强化水、果汁或饮料和强化量的亚稳态乳酸-柠檬酸钙镁复合体，所述复合体通过碱性钙源和碱性镁源与乳酸和柠檬酸的混合物的相互作用形成；形成的复合体具有下式：[ $(Ca_xMg_y)_p$ {$-OOC-CH_2-C(OH)(COO^-)-CH_2-COO^-$}$_q$ {CH3-CH（OH）$-COO^-$}$_r$]，其中x和y的比率为1.8～3.5：1，并且其中下标p，q和r分别代表氢氧化钙或氢氧化镁、柠檬酸和乳酸的摩尔浓度，对应每1摩尔p，q和r的摩尔比分别为20～0.2和0.2～20。”

“11. 一种制备强化水、饮料或果汁的方法，所述方法包括添加入强化量的权利要求1～10中任一项的亚稳态乳酸-柠檬酸钙镁复合体，所述复合体通过碱性钙源和碱性镁源与乳酸和柠檬酸的混合物的相互作用形成。”

“15. 一种制备强化水、饮料或果汁的方法，所述方法包括往食品中加入碱性钙源和碱性镁源与乳酸和柠檬酸，并在所述食品中原位形成亚稳态乳酸-柠檬酸钙镁复合体，该复合体具有下式：[ $(Ca_xMg_y)_p$ {$-OOC-CH_2-C(OH)(COO^-)-CH_2-COO^-$}$_q$ {$CH_3-CH(OH)-COO^-$}$_r$]，其中x和y的比率为1.8～3.5：1，并且其中下标p，q和r分别代表氢氧化钙或氢氧化镁、柠檬酸和乳酸的摩尔浓度，对应每1摩尔p，q和r的摩尔比分别为20～0.2和0.2～20。”

至此，合议组认为本案事实清楚，可以作出审查决定。

**二、决定的理由**

1. 决定所依据的文本

复审请求人在于2007年1月4日所提交的修改文本中，仅分别将驳回决定所针对文本中的权利要求1与权利要求2和3合并、将权利要求13与权利要求14和15合并、和将权利要求19与权利要求20和21合并，并相应调整了权利要求的编号，对其他权利要求未进行修改，这种修改符合专利法第33条的规定。因此，本决定是在复审请求人于2007年1月4日提交的权利要求第1～15项以及驳回决定所针对的说明书和说明书摘要的基础上作出的。

2. 关于专利法第26条第4款

专利法第26条第4款规定：权利要求书应当以说明书为依据，说明要求专利保护的范围。

根据该款规定，如果权利要求的概括使所属技术领域的技术人员有理由怀疑该上位概括或者并列概括所包含的一种或多种下位概念或者选择方式不能解决发明所要解决的技术问题并达到相同的技术效果，则应当认为该权利要求没有得到说明书的支持。如果复审请求人在提交的修改文本中删除了驳回决定所指出的致使权利要求得不到说明书支持的内容，则认为其已经克服了驳回决定所指出的缺陷。

本案中，本发明要解决可溶性钙在应用时易因水溶性差而沉淀或改变感官特性的问题，从说明书的叙述以及说明书所提供的实施例来看，本发明用于该目的的乳酸-柠檬酸钙镁复合体都是用于含水产品的，而《驳回决定》和《复审通知书》所针对的权利要求中的“液体食品”既包含含水的液体食品，又包含不含水的液体食品，对于其中所涵盖的纯油性食品而言，本领域技术人员无法预见到所说的复合体在用于所有“液体食品”时均可以实现本发明的目的，因此相关权利要求得不到说明书的支持。在复审请求人于2007年1月4日提交的修改的权利要求中，复审请求人将“液体食品”具体限定为“水”、“果汁”或“饮料”。由于原审查部门审查员在审查过程中仅认为“液体食品”得不到说明书的支持，对于驳回决定所针对权利要求书中的权利要求2“权利要求1的组合物，其中所述液体食品是水或果汁”和权利要求3“权利要求1的组合物，其中所述液体食品是饮料”以及相似权利要求14~15、20~21未进行过评述，即未对“水”、“果汁”或“饮料”是否得到说明书的支持作过评述，因此，鉴于修改后的权利要求1、11和15已经删除了“液体食品”的表述，则驳回理由的基础已经不再存在，修改后的权利要求已经克服了驳回决定所指出的缺陷。

根据以上事实和理由，本案合议组作出如下审查决定。

三、决定

撤销国家知识产权局于2005年3月18日对00815965.3号发明专利申请作出的驳回决定。由原审查部门在本复审决定所针对文本的基础上继续进行审查。

复审请求人对本决定不服的，可以根据专利法第41条第2款的规定，自收到本决定之日起三个月内向北京市第一中级人民法院起诉。

033

# 一种牲畜用中成药

## 复审请求审查决定（第10609号）

**决　定　号**　第10609号
**决　定　日**　2007年4月30日
**发明创造名称**　一种牲畜用中成药
**国际分类号**　A61K 35/78，A61P 31/00，A61P 33/00
**复审请求人**　王原成
**申　请　号**　200410006367.0
**申　请　日**　2004年3月1日
**公　开　日**　2005年1月5日
**合议组组长**　李金光
**主　审　员**　李梦楠
**参　审　员**　任　怡

**法律依据**　专利法第33条
**决定要点**

如果修改的内容可以根据原说明书和权利要求书记载的内容直接地、毫无疑义地确定，则该修改符合专利法第33条的规定。

### 一、案由

本复审请求涉及申请号为200410006367.0、名称为“一种牲畜用中成药”的发明专利申请（下称本申请）。本申请的申请日为2004年3月1日，公开日为2005年1月5日，申请人为王原成。

国家知识产权局于2005年5月13日发出了第一次审查意见通知书。该通知书指出本申请说明书中记载的“南查”、“黄岑”、“川心莲”、“棉芪”、“炒山甲”、“环留”在现有技术中没有记载，致使本领域技术人员无法实现本申请的技术方案，本申请不符合专利法第26条第3款的规定。

申请人于2005年9月1日提交了意见陈述书及权利要求第1～7项、说明书第1～6页。申请人认为原始申请文件中的“南查”、“环留”、“棉芪”是本领域常见的打印错误，其实际名称分别为“南楂”、“王不留”、“棉芪”；而“川心莲”、“黄岑”、“炒山甲”均为本领域的技术名称。同时，申请人提交了以下附件：

附件1：“参苓白术散的运用模式”，《光明中医》，第13卷第77期，1998年第4期，第18～19页，复印件共2页；

附件2：“慢性前列腺炎中医药治疗评析与设想”，《光明中医杂志》，1995年第6期，第44～49

页，复印件共6页；

附件3："颤振平胶囊治疗血管性颤证26例"，《中国中医药信息杂志》，2002年12月第9卷第12期，第41页，复印件共1页；

附件4："性保健药膳常用药物-黄芪"，《药膳食疗研究》，2000年第6期，第41~42页，复印件共2页；

附件5："慢性肠病性肢端皮炎1例"，《重庆医学》，1998年第27卷第1期，第7页，复印件共1页；

附件6："黄芩提取物对猪油抗氧化作用研究"，《粮食与油脂》，2001年第7期，第39~40页，复印件共2页；

附件7："通腑化瘀醒脑汤佐治重症颅脑损伤38例"，《四川中医》，2003年第21卷第7期，第80~81页，复印件共2页；

附件8：《河南刊大中医》，1987年第10期，目录和第73、75页，复印件共3页；

附件9：《河南刊大中医》，1987年第11期，目录和第66页，复印件共2页。

国家知识产权局于2005年10月14日发出第二次审查意见通知书，指出申请人新提交的修改文本中将"南查"修改为"南楂"，"环留"修改为"王不留"，"棉芪"修改为"棉芪"超出了原权利要求书和说明书记载的范围，不符合专利法第33条的规定。

针对第二次审查意见通知书，申请人于2005年11月24日提交了意见陈述书。申请人认为"南查"即为"南楂"，"查"和"楂"在中药领域是通用字，"环留"、"棉芪"为打字及校对失误造成的缺陷，而为克服该缺陷所进行的修改不构成修改超范围。同时，申请人提交了以下附件：

附件10："教育部国家语委发布第一批异形词"，《河南林业》，2002年第1期，第59~61页，复印件共3页；

附件11："第一批异形词整理表"，《教书育人》，2002年8月第15期，第44~48页，文章复印件共5页；

附件12："丁甘仁治痢5法述要"，《浙江中医杂志》，1998年第3期，第116页，复印件共1页；

附件13："《碎玉篇》作者真伪质疑"，《中医文献杂志》，第1997年第1期，第11~12页，复印件共2页。

2006年4月7日，国家知识产权局以申请人于2005年9月1日提交的权利要求第1~7项、说明书第1~6页以及2004年3月1日提交的说明书摘要为审查基础驳回了本申请，理由是申请人在没有充分理由的情况下将原始申请文件中的"南查"、"环留"、"棉芪"分别修改为"南楂"、"王不留"、"棉芪"，致使说明书及权利要求的修改均超出了原说明书和权利要求书记载的范围，不符合专利法第33条的规定。驳回决定所针对的权利要求书为：

"1. 一种牲畜用中成药，其特征在于该中成药含有下列组分：川黄连1~4重量份、黄岑1~4重量份、生地1~4重量份、玄参1~4重量份、麦冬1~4重量份、陈皮1~4重量份、黄柏1~4重量份、柴胡1~4重量份、胆草1~4重量份、党参1~4重量份、云苓1~4重量份、厚朴1~4重量份、大黄1~4重量份、南楂1~4重量份、二花1~4重量份、甘草1~4重量份。

2. 如权利要求1所述的中成药，其特征在于该中成药含有下列组份：川黄连1~4重量份、黄岑1~4重量份、生地1~4重量份、玄参1~4重量份、麦冬1~4重量份、陈皮1~4重量份、黄柏1~4重量份、柴胡1~4重量份、胆草1~4重量份、党参1~4重量份、云苓1~4重量份、厚朴1~4重量份、大黄1~4重量份、南楂1~4重量份、二花1~4重量份、甘草1~4重量份、白头翁1~4重量份、胡黄连1~4重量份、川心连1~4重量份、苦参1~4重量份。

3. 如权利要求1所述的中成药，其特征在于该中成药含有下列组分：川黄连1~4重量份、黄岑1~4重量份、生地1~4重量份、玄参1~4重量份、麦冬1~4重量份、陈皮1~4重量份、黄柏1~4重量份、柴胡1~4重量份、胆草1~4重量份、党参1~4重量份、云苓1~4重量份、厚朴1~4重量份、大黄1~4重量份、南楂1~4重量份、二花1~4重量份、甘草1~4重量份、棉芪1~4重量份、当归1~4重量份、赤芍1~4重量份、川芎1~4重量份、桃仁1~4重量份、红花1~4重量份、坤草1~4重量份、炒山甲1~4重量份、王不留1~4重量份、娄芦1~4重量份、通草1~4重量份、仙茅1~4重量份、淫羊藿1~4重量份、砂仁1~4重量份。

4. 如权利要求1~3所述的中成药，其特征在于其各组份的含量各为1~2重量份。

5. 如权利要求4所述的中成药，其特征在于其各组份的含量各为1重量份。

6. 如权利要求1~3所述的中成药，其特征在于其还含有相同疗效的西药1~2重量份。

7. 如权利要求1~6所述的中成药的使用方法，其特征在于按所述的组份和含量，制成粉末，加入红糖或白糖，加入量为150~250g红糖或白糖：100~200g药物粉末，加水制成60~100℃的糊状混合物，按2~3g药物粉末/kg牲畜体重的比例将糊状混合物注入牲畜消化道。”

申请人王原成（下称复审请求人）对上述驳回决定不服，于2006年6月29日向专利复审委员会提出复审请求。

复审请求人认为：国家知识产权局驳回的理由不成立。“查”和“楂”在中药领域是通用字，将“南查”修改为“南楂”不构成修改超范围，而“环留”、“棉芪”为打字及校对失误造成的缺陷，为克服该缺陷所进行的修改也不构成超范围修改。复审请求人在提出复审请求时未提交新修改的申请文件。

形式审查合格后，专利复审委员会受理了该复审请求，并于2006年7月26日向复审请求人发出《复审请求受理通知书》，随后将本申请案卷移交原审查部门进行前置审查。

原审查部门对本复审请求进行了前置审查，前置审查意见认为修改后的申请文件中的“南楂”、“棉芪”、“王不留”既没有记载在原始申请文件中，也不能从原始申请文件中毫无疑义地直接导出，因此坚持原驳回决定。

专利复审委员会依法成立合议组，对本复审请求案进行了审理。

至此，合议组认为本案事实已经清楚，可以作出审查决定。

**二、决定的理由**

1. 审查文本

本复审决定所依据的文本是驳回决定所针对的文本，即复审请求人于2005年9月1日提交的权利要求第1~7项、说明书第1~6页以及2004年3月1日提交的说明书摘要。

2. 关于修改是否超范围的问题

专利法第33条规定：申请人可以对其专利申请文件进行修改，但是，对发明申请文件的修改不得超出原说明书和权利要求书记载的范围。

如果修改的内容可以根据原说明书和权利要求书记载的内容直接地、毫无疑义地确定，则该修改符合专利法第33条的规定。

（1）关于将“南查”修改为“南楂”的认定。

在中药领域，“南楂”是“南山楂”的一种简称，而“南山楂”是主产于江苏、浙江、云南、四川等地的“山楂”（参见《中药大辞典》上册，1977年7月第1版，第170~171页）。

附件10和11中记载了“山楂”和“山查”为相互对应的异形词，目前推荐使用“山楂”（参见附件10第60页第4栏倒数第1行、附件11第46页第3栏第23行）。所谓异形词是指“普通话书面语中存在同音（声、韵、调完全相同）、同义（理性意义、色彩意义和语法意义完全相同）而书写形式不同的词语”（参见附件10第59页第二栏第33～39行）。

根据上述记载可以看出，在现代汉语表述中“山楂”与“山查”为同义词，所以“南山楂”与“南山查”实际也是同义词，而“南楂”和“南查”分别是“南山楂”和“南山查”在中药处方中的简写形式，因此“南查”与“南楂”之间存在唯一对应关系，本案中，将“南查”修改为“南楂”可以从原说明书和权利要求书记载的内容中直接且毫无疑义地确定，该修改不构成修改超范围。

（2）关于将“环留”修改为“王不留”的认定。

“王不留”是常见的一味中药材，但是“环”字左右拆分即为“王不”，在书写不规范的情况下，容易将“王不”误认为“环”，本领域技术人员在看到“环留”且认为其存在错误的情况下，只会想到“王不留”，而不会理解为其他药材，因此将“环留”修改为“王不留”是本领域技术人员能从说明书整体及上下文看出的唯一正确答案，是对明显错误的更正，不构成修改超范围。

（3）关于将“棉茋”修改为“棉芪”的认定。

“棉芪”是一味常见中药材，而“棉茋”既未在现代汉语词典中记载，也没有在《中药大辞典》中记载，“茋”与“芪”字形极其相似，通常人们容易将“芪”误写成“茋”。本领域技术人员在看到“棉茋”且认为其存在错误的情况下，只会想到“棉芪”，而不会理解为其他药材，因此将“棉茋”修改为“棉芪”是本领域技术人员能从说明书整体及上下文看出的唯一正确答案，是对明显错误的更正，不构成修改超范围。

综上所述，本案合议组认为本申请驳回决定的理由不成立。

根据以上事实和理由，本案合议组作出如下审查决定。

**三、决定**

撤销国家知识产权局于2006年4月7日对200410006367.0号发明专利申请作出的驳回决定。由原审查部门在复审决定所针对的文本的基础上继续进行审查。

复审请求人对本决定不服的，可以根据专利法第41条第2款的规定，自收到本决定之日起三个月内向北京市第一中级人民法院起诉。

034

# 非水基磨砂剂

## 复审请求审查决定（第10639号）

**决　定　号**　第10639号
**决　定　日**　2007年5月22日
**发明创造名称**　非水基磨砂剂
**国际分类号**　A61K 7/035
**复审请求人**　阿比萨尔化妆品公司
**申　请　号**　00121983.9
**申　请　日**　2000年6月12日
**公　开　日**　2002年1月2日
**合议组组长**　李　越
**主　审　员**　刘　犟
**参　审　员**　徐洁玲

**法律依据**　专利法第22条第3款
**决定要点**

在创造性的判断中，如果要求保护的发明技术方案与最接近现有技术方案之间的区别特征是所属领域的技术人员在现有技术的基础上通过逻辑分析、推理或者有限的实验就可以确定的，则认为要求保护的发明对本领域技术人员来说是显而易见的。

### 一、案由

本复审请求涉及申请人阿比萨尔化妆品公司于2000年6月12日申请，2002年1月2日公开，名称为“非水基磨砂剂”的第00121983.9号发明专利申请（下称本申请）。

国家知识产权局实审部门于2003年10月17日发出第一次审查意见通知书，认为权利要求1~3相对于对比文件1（JP1175919A，公开日为1989年7月12日）不符合专利法第22条第3款有关创造性的规定。

申请人于2004年4月23日提交了意见陈述书，认为本申请符合创造性的规定。

国家知识产权局于2004年7月9日驳回了该申请。驳回决定所针对的权利要求书为：

“1．一种个人非水基磨砂组合物，包括：（a）至少一种水溶性糖，其平均粒子直径为100~2000μm，含量约为组合物总量的10%~90%重量，和（b）占组合物总量的10%~90%重量的非水介质。

2．权利要求1的非水基磨砂组合物，其中所述至少一种水溶性糖为单糖、双糖或多糖。

3. 权利要求1的非水基磨砂组合物，其中所述非水介质是那些该至少一种糖在室温下不溶或微溶于其中的介质。”

驳回的理由为：对比文件1公开了一种磨砂/角质层去除用化妆品，权利要求1与对比文件1的区别仅在于本申请权利要求1中还规定了非水介质的百分含量，而该百分含量是本领域普通技术人员不花费创造性劳动就能够选择的，因此权利要求1不具备创造性。从属权利要求2～3的附加技术特征也在对比文件1中公开了，因此权利要求2、3也不具备创造性。

申请人（下称复审请求人）对上述驳回决定不服，于2004年10月25日向专利复审委员会提出复审请求并提交了意见陈述书。复审请求人在提出复审请求的同时没有提交新的专利申请文本。在该意见陈述书中，复审请求人认为：对比文件1中的非水凝胶由非离子表面活性剂、多元醇和油构成。而本申请中的碳水化合物含量为10%～90%，高含量的碳水化合物消除了对表面活性剂的需要，而不含表面活性剂的产品是相对安全的，因此本申请与对比文件1不同，国家知识产权局驳回的理由不成立。

形式审查合格后，专利复审委员会受理了该复审请求，并于2004年11月16日向复审请求人发出《复审请求受理通知书》，随后将本申请移交原实审部门进行前置审查。

原实审部门对本复审请求进行了前置审查，坚持原驳回决定。

专利复审委员会组成合议组，对本案的复审请求进行了审理，于2005年6月15日向复审请求人发出《复审通知书》。《复审通知书》指出，相同领域的对比文件1（JP1175919A，公开日：1989.7.12，参见权利要求1，说明书第102页）公开了一种磨砂/角质层去除用化妆品，其包括：（1）水易溶的糖类颗粒，该糖类颗粒的平均直径为0.05～1.0mm，含量占组合物总重量的0.5%～20%；（2）亲水性非水凝胶。由此可见，本申请权利要求1与对比文件1的区别仅仅在于：权利要求1中具体给出了非水介质的含量。而在一项磨砂组合物的主要成分及其含量已经确定的情况下，所属领域的技术人员在现有技术的基础上通过逻辑分析、推理或者有限的实验就可以确定该磨砂组合物中的非水介质的含量，所以该发明是显而易见的，不具备突出的实质性特点；而且在对比文件1说明书第103页的表1还可以看到对比文件1所公开的组合物在皮肤刺激性和不适感等方面具有良好的作用，也就是说，根据已有的证据并不能看出本申请请求保护的技术方案因为给出了非水介质的含量而产生意想不到的效果。综上所述，相对于现有技术而言，权利要求1的区别技术特征没有为要求保护的技术方案带来突出的实质性特点和显著的进步，因此，权利要求1不具有创造性，不符合专利法第22条第3款的规定。权利要求2～3是权利要求1的从属权利要求，其中的附加技术特征已经在对比文件1中公开（参见说明书第102页）。所以，该附加技术特征没有为权利要求2～3的技术方案带来突出的实质性特点，也没有带来显著的进步，因此，在权利要求1不具备创造性的基础上，权利要求2～3也不具有创造性，不符合专利法第22条第3款的规定。

针对《复审通知书》指出的问题，复审请求人于2005年9月29日提交了意见陈述书及经修改的权利要求书，复审请求人认为对比文件1的非水介质使用的是亲水性非水凝胶，而本申请修改后权利要求中的非水介质是疏水性非水介质，因此本申请具有创造性。修改后的权利要求为：

“1. 一种个人非水基磨砂组合物，包括：（a）至少一种水溶性糖，其平均粒子直径为100～2000μm，含量为组合物总量的10%～90%重量，和（b）占组合物总量的10%～90%重量的非水介质，所述介质选自油、脂肪、烃、聚硅氧烷、酯、脂肪酸和蜡。

2. 权利要求1的非水基磨砂组合物，其中所述至少一种水溶性糖为单糖、双糖或多糖。

3. 权利要求1的非水基磨砂组合物，其中所述非水介质是那些该至少一种糖在室温下不溶或微溶于其中的介质。”

至此，合议组认为本案事实清楚，可以作出审查决定。

**二、决定的理由**

1. 本决定针对的文本

2005 年 9 月 29 日提交的权利要求书第 1 页，申请日提交的说明书第 1 ~5 页、说明书摘要。

2. 关于专利法第 22 条第 3 款

专利法第 22 条第 3 款规定：创造性是指同申请日以前已有的现有技术相比，该发明具有突出的实质性特点和显著的进步。

在创造性的判断中，如果要求保护的发明技术方案与最接近现有技术方案之间的区别特征是所属领域的技术人员在现有技术的基础上通过逻辑分析、推理或者有限的实验就可以确定的，则认为要求保护的发明对本领域技术人员来说是显而易见的。

具体到本案中，本申请的权利要求 1 为：

"1. 一种个人非水基磨砂组合物，包括：（a）至少一种水溶性糖，其平均粒子直径为 100 ~ 2000μm，含量约为组合物总量的 10% ~90%重量，和（b）占组合物总量的 10% ~90%重量的非水介质，所述介质选自油、脂肪、烃、聚硅氧烷、酯、脂肪酸和蜡。"

相同领域的对比文件 1（JP1175919A，公开日：1989. 07. 12，参见权利要求 1，说明书第 102 页）公开了一种磨砂/角质层去除用化妆品，其包括：（1）水易溶的糖类颗粒，该糖类颗粒的平均直径为 0. 05 ~1. 0mm，含量占组合物总重量的 0. 5% ~20%；（2）亲水性非水凝胶，该亲水性非水凝胶中包括表面活性剂、多元醇和油等，并且该文件的实施例 1 ~4 中看，该非水凝胶中可以包括石蜡和甘油酯等。因此，本申请权利要求 1 与对比文件 1 的区别仅仅在于：权利要求 1 中具体给出了非水介质的含量。而在一项磨砂组合物的主要成分及其含量已经确定的情况下，所属领域的技术人员在现有技术的基础上通过逻辑分析、推理或者有限的实验就可以确定该磨砂组合物中的非水介质的含量，所以该发明是显而易见的，不具备突出的实质性特点；而且在对比文件 1 说明书第 103 页的表 1 还可以看到对比文件 1 所公开的组合物在皮肤刺激性和不适感等方面具有良好的作用，也就是说，根据已有的证据并不能看出本申请请求保护的技术方案因为给出了非水介质的含量而产生意想不到的效果。综上所述，相对于现有技术而言，权利要求 1 的区别技术特征没有为要求保护的技术方案带来突出的实质性特点和显著的进步，因此，权利要求 1 不具有创造性，不符合专利法第 22 条第 3 款的规定。

复审请求人声称本申请可以解决一系列的技术问题，包括：提供易于使用（包括能够重新悬浮）的个人磨砂组合物，其没有太强的摩擦作用且不产生擦伤感，以致使用时相对安全不产生副作用。根据《审查指南》第二部分第四章第 3. 2. 1 节的规定，应根据发明与其最接近的现有技术之间的区别技术特征所能达到的效果来确定发明实际解决的技术问题。基于现有证据和复审请求人的意见陈述，无法看出复审请求人将非水介质的含量限定为 10% ~90%就可以达到申请人所声称的上述技术效果，从而解决了现有技术所不能解决的技术问题，因此，复审请求人声称的上述效果尚不能支持本申请具备创造性的主张。

复审请求人认为对比文件 1 中所用的非水介质是亲水性非水凝胶，而本申请修改后的权利要求中非水介质为油、脂肪、烃、聚硅氧烷、酯、脂肪酸和蜡，其为疏水性非水介质，因此本申请具有创造性。合议组认为首先，复审请求人为了将本申请与对比文件相区别，而将本申请权利要求中的非水介质修改为油、脂肪、烃、聚硅氧烷、酯、脂肪酸和蜡，而提出上述的物质为疏水性非水介质，而合议组认为在本申请原始说明书及权利要求中并未提及本申请所用的非水介质为疏水性非水介质，也没有说明使用疏水性非水介质给本申请带来了何种有益效果，因此复审请求人这种修改后的解释并不能从本申请原始文件中得出，而且对比文件 1 也公开了在磨砂/角质层去除用化妆品中可以有石蜡等疏水性物质；其次，由于本申请权利要求 1 中采用了开放式的写法，也就是说本申请权利要求 1 请求保护的技术方案可以包括除技术特征（a）和（b）外的其他物质，也就是说本申请权利要求 1 中还可以包括如对比文件 1 中的表面活性剂和多元醇。因此，此复审请求人的上述观点不能成立。综上所述，本申请权利要求 1 不符合专利法第 22 条第 3 款的规定。

本申请权利要求 2～3 是权利要求 1 的从属权利要求，其中的附加技术特征已经在对比文件 1 中公开（参见说明书第 102 页）。所以，该附加技术特征没有为权利要求 2～3 的技术方案带来突出的实质性特点，也没有带来显著的进步，因此，在权利要求 1 不具备创造性的基础上，权利要求 2～3 也不具有创造性，不符合专利法第 22 条第 3 款的规定。

根据以上事实和理由，本案合议组作出如下审查决定。

**三、决定**

维持国家知识产权局于 2004 年 7 月 9 日对 00121983.9 号发明专利申请作出的驳回决定。

复审请求人对本决定不服的，可以根据专利法第 41 条第 2 款的规定，自收到本决定之日起三个月内向北京市第一中级人民法院起诉。

035

# N-羧烷基二肽型血管紧张素转化酶抑制剂的制备方法

## 复审请求审查决定（第10680号）

**决　定　号**　第10680号
**决　定　日**　2007年5月22日
**发明创造名称**　N-羧烷基二肽型血管紧张素转化酶抑制剂的制备方法
**国际分类号**　C07K 5/06，A61P 9/12，A61P 9/04
**复审请求人**　上海医药工业研究院
**申　请　号**　02139936.0
**申　请　日**　2002年12月30日
**公　开　日**　2003年7月16日
**合议组组长**　叶　娟
**主　审　员**　李瑛琦
**参　审　员**　吴通义

**法律依据**　专利法第33条
**决定要点**

如果所属领域技术人员在修改后的内容中看到的信息可以从原申请记载的信息中直接地、毫无疑义地确定，那么，这种修改就是允许的。

### 一、案由

本复审请求涉及申请号为02139936.0，名称为"N-羧烷基二肽型血管紧张素转化酶抑制剂的制备方法"的发明专利申请（下称本申请）。本申请的申请人为上海医药工业研究院，申请日为2002年12月30日，公开日为2003年7月16日。

本申请原权利要求书如下：

"1. 一种N-羧烷基二肽型血管紧张素转化酶抑制剂的制备方法，其特征在于，包括如下步骤：

（1）将碳酸双（三氯甲基）酯与化合物B在溶剂中进行反应，获得N-羧酸酐，反应温度为-20～100℃，反应时间为1～50h，碳酸双（三氯甲基）酯与化合物B的摩尔比为1～6：1，所说的碳酸双（三氯甲基）酯为具有如下结构通式的化合物：

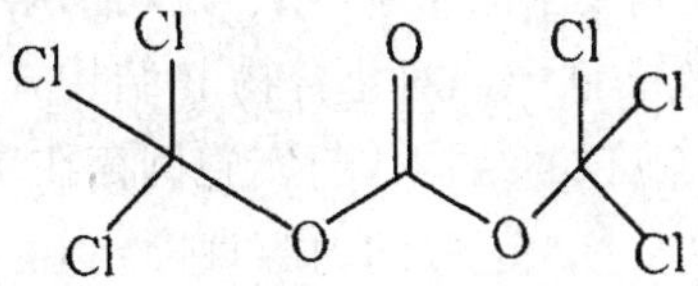

所说的化合物 B 为具有如下结构通式的化合物：

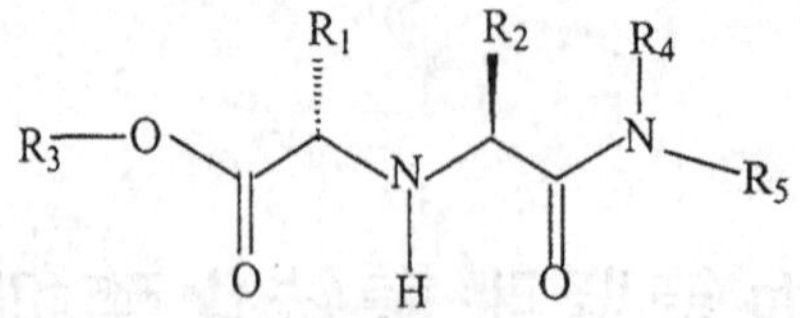


（2）目标产物的制备：

将步骤（1）所获得的 N-羧酸酐与 α-氨基酸及其衍生物在有机溶剂中反应，生成目标产物，然后从反应产物中收集 N-羧烷基二肽型血管紧张素转化酶抑制剂；

反应温度为-20～100℃，反应时间为 1～50h，N-羧酸酐与 α-氨基酸及其盐的摩尔比为1：1～3。

所说的 α-氨基酸衍生物为具有如下结构通式的化合物：

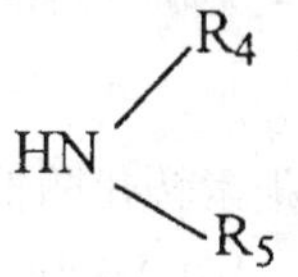


其中：

$R_1=C_3H_7$—； 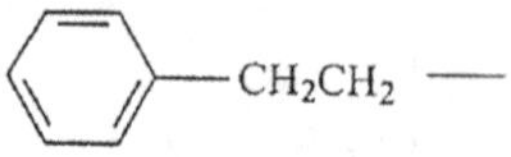


$R_2=CH_3$—： $CF_3CONH(CH_2)_3CH_2$—； $NH_2(CH_2)_3CH_2$—

$R_3$ = H，$C_2H_5$

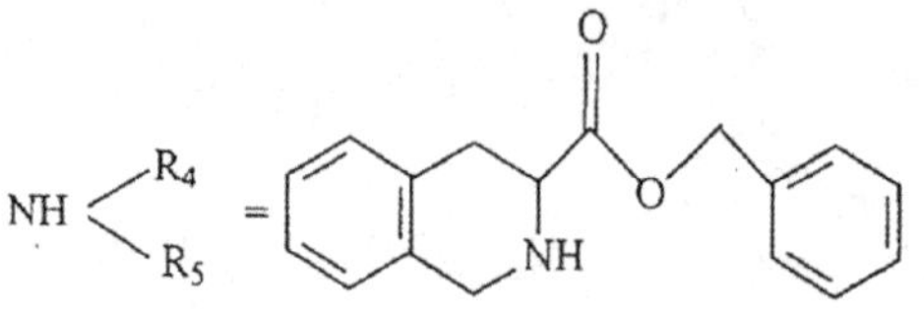

；

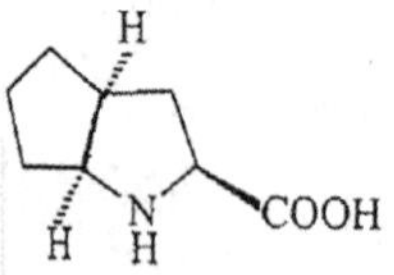

；
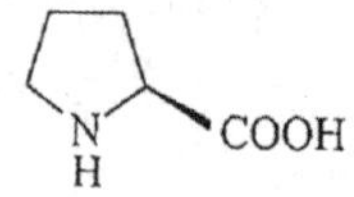

；
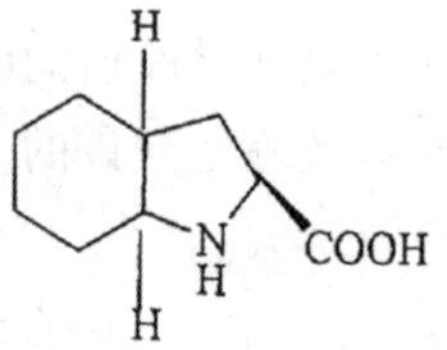


所说的溶剂包括醚类、醇类、酮类、卤代烷烃或芳烃及其混合物。

2. 根据权利要求 1 所述的方法，其特征在于，步骤（1）采用的溶剂包括四氢呋喃、二氯甲烷或甲苯及其混合物。

3. 根据权利要求 1 所述的方法，其特征在于，所说的溶剂为四氢呋喃、乙醇、二氯甲烷、甲苯或丙酮。

4. 根据权利要求 1、2 或 3 所述的方法，其特征在于，所说的 N-羧烷基二肽型血管紧张素转化酶抑制剂包括西拉普利、地拉普利、依那普利、咪达普利、赖诺普利、莫普普利、培哚普利、喹那普利、雷米普利、螺普利、莫西普利和群多普利。”

国家知识产权局于 2005 年 2 月 18 日针对申请人于申请日提交的说明书第 1～2、5～8 页及说明书摘要、2004 年 12 月 17 日提交的权利要求第 1～4 项、说明书第 3～4 页驳回了本申请，理由是在申请人于 2004 年 12 月 17 日提交的修改文件中，对化合物 B 结构式的修改未明确地记载在原说明书和权利要求书中，同时原说明书中化合物 B 的结构式与实施例存在矛盾，不能确定哪个是正确的，因此修改的内容不能由原说明书和权利要求书所记载的内容直接导出，上述修改超出了原说明书和权利要求书记载的范围，不符合专利法第33条的规定。

驳回决定所针对的权利要求书如下：

"1. 一种N-羧烷基二肽型血管紧张素转化酶抑制剂的制备方法，其特征在于，包括如下步骤：

（1）将碳酸双（三氯甲基）酯与化合物B在溶剂中进行反应，获得N-羧酸酐，反应温度为-20～100℃，反应时间为1～50h，碳酸双（三氯甲基）酯与化合物B的摩尔比为1～6：1，所说的碳酸双（三氯甲基）酯为具有如下结构通式的化合物：

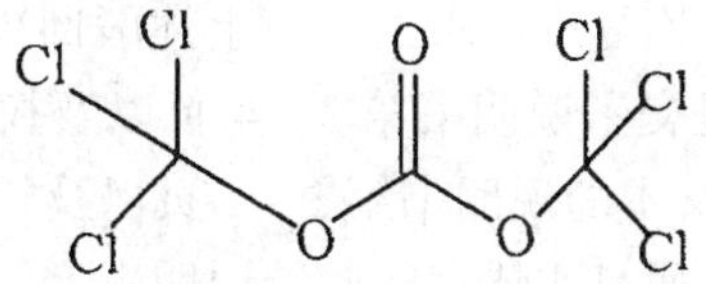

所说的化合物B为具有如下结构通式的化合物：

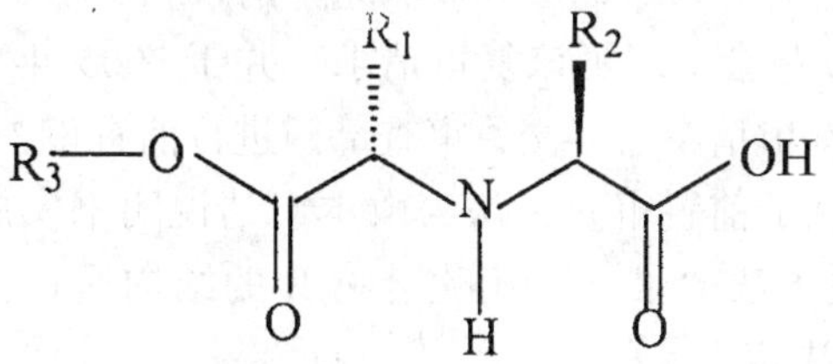

；

（2）目标产物的制备：

将步骤（1）所获得的N-羧酸酐与α-氨基酸及其衍生物在有机溶剂中反应，生成目标产物，然后以水作为重结晶溶剂从反应产物中收集N-羧烷基二肽型血管紧张素转化酶抑制剂；反应温度为-20～100℃，反应时间为1～50h，N-羧酸酐与α-氨基酸及其盐的摩尔比为1：1～3。

所说的α-氨基酸衍生物为具有如下结构通式的化合物：

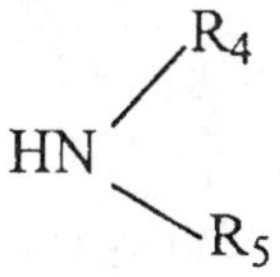

其中：

$R_1$=$C_3H_7$—；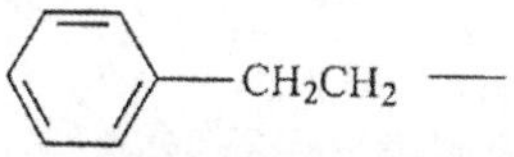

$R_2$=$CH_3$—；$CF_3CONH(CH_2)_3CH_2$—；$NH_2(CH_2)_3CH_2$—

$R_3$＝H，$C_2H_5$

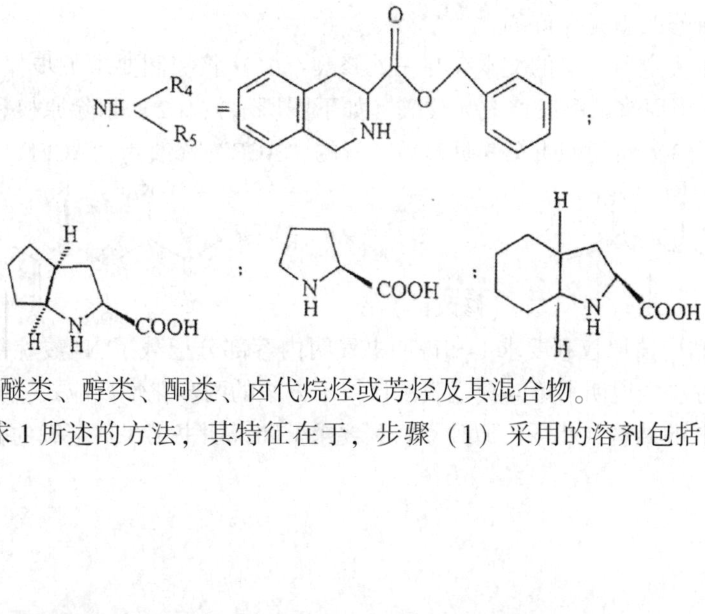

所说的溶剂包括醚类、醇类、酮类、卤代烷烃或芳烃及其混合物。

2. 根据权利要求1所述的方法，其特征在于，步骤（1）采用的溶剂包括四氢呋喃、二氯甲烷或甲苯及其混合物。

3. 根据权利要求1所述的方法，其特征在于，所说的溶剂为四氢呋喃、乙醇、二氯甲烷、甲苯或丙酮。

4. 根据权利要求1~2或3所述的方法，其特征在于，所说的N-羧烷基二肽型血管紧张素转化酶抑制剂包括地拉普利、依那普利、咪达普利、赖诺普利、培哚普利、喹那普利、雷米普利、螺普利、莫西普利和群多普利。”

申请人上海医药工业研究院（下称复审请求人）对上述驳回决定不服，于2005年4月29日向专利复审委员会提出复审请求，同时提交了说明书第3~4页以及权利要求书全文的替换页（共2页4项），该替换文件与驳回决定所针对文本的说明书第3~4页以及权利要求书内容相同。复审请求人认为原申请文件中化合物B的结构通式属打印错误，归纳说明书实施例1~2、7中的化合物的结构特征即可推导出化合物B的结构通式应为修改后的形式而非原申请权利要求1和说明书第3页中的形式。

形式审查合格后，专利复审委员会受理了该复审请求，并于2005年6月2日向复审请求人发出《复审请求受理通知书》，同时将本申请案卷移交原审查部门进行前置审查。

原审查部门对本复审请求进行了前置审查，认为由本申请说明书实施例中具体的例子虽然能够“归纳”获得修改后的通式，但是无法“推导”出化合物B的结构通式，然而“归纳”并不适用于专利法第33条，因此坚持原驳回决定。

专利复审委员会依法成立合议组，对本案进行审查。

复审请求人又分别于2007年4月9日、4月16日提交了内容完全相同的权利要求书第1页的替换页，其中在2005年4月29日提交的权利要求1第1页的基础上删除了权利要求1步骤（2）中的“以水作为重结晶溶剂”。

合议组经审查认为本案事实清楚，可以作出审查决定。

**二、决定的理由**

1. 关于审查所针对的申请文件

本复审请求审查决定所针对的申请文件是复审请求人于2002年12月30日提交的说明书第1~2、5~8页以及说明书摘要，于2005年4月29日提交的说明书第3~4页和权利要求第2~4项，于2007年4月16日提交的权利要求第1项。

2. 关于专利法第33条

专利法第33条规定：申请人可以对其专利申请文件进行修改，但是对发明和实用新型专利申请文件的修改不得超出原说明书和权利要求书记载的范围。

如果所属领域技术人员在修改后的内容中看到的信息可以从原申请记载的信息中直接地、毫无疑义地确定，那么，这种修改就是允许的。

相对于原申请，本决定所针对的文本存在三处修改：（1）将权利要求1步骤（1）以及说明书第3页中化合物B的通式由原来的酰胺修改为羧酸（如下图所示）；（2）删除原权利要求4中的“西拉普利”、“莫普普利”；（3）将说明书第3页最后一行的“ACE”修改为“ACEI”。

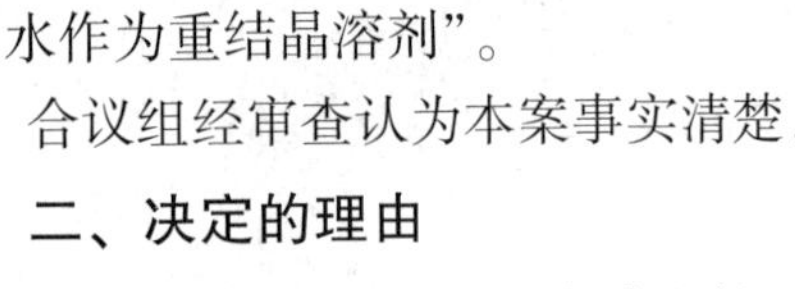

（修改前）

（修改后）

对于修改（1），本申请原权利要求1和说明书发明内容部分记载了N-羧烷基二肽型血管紧张素转化酶抑制剂的制备方法，说明书第4页记载了该技术方案的两步化学反应式，其中起始原料的结构式与修改后的化合物B的结构式相同；原独立权利要求1和说明书第3页记载的化合物B的结构式则对应于该反应式的终产物而非起始原料，并且该终产物的结构式与本发明欲制备的药物化合物N-羧烷基二肽型血管紧张素抑制剂如地拉普利、依那普利……群多普利的结构通式相符，因此以该结构式表示本发明合成路线的起始原料显然是错误的。化合物B应为说明书第4页反应式中记载的起始原料羧酸化合物，其通式与修改后的形式相同。而且，本申请实施例1～2、7的起始原料分别为［a］（S）-N-（（1-乙氧羰基）-3-苯丙基）-L-丙氨酸，［b］（S）-N-（（1-乙氧羰基）-丁基）-L-丙氨酸，［c］N-（N2-（1-（S）-乙氧羰基-3-苯丙基）-N6-三氟乙酰-L-赖氨酸，上述［a］-［c］的结构式与说明书第4页反应式中的起始原料结构通式相符，由此可以进一步认定本申请原权利要求1和说明书第3页化合物B结构式属于打印错误。根据上述事实和理由可知，修改后的化合物B的通式已经记载在原说明书中，该修改没有超出原说明书和权利要求书记载的范围。

对于修改（2），复审请求人主动删除了若干并列技术方案中的两项，仅代表复审请求人对一些权利要求的具体放弃，这种修改并未使说明书和权利要求书中所保留的其他的并列技术方案产生变化，本领域技术人员在修改后的内容中看到的信息可以从原申请公开的信息中直接地、毫无疑义地确定，因此该修改是允许的。

对于修改（3），血管紧张素转化酶的英文名称为angiotensin converting enzyme，缩写为ACE；血管紧张素转化酶抑制剂的英文名称为angiotensin converting enzyme inhibitor，相应缩写为ACEI。说明书第3页最后一行文字部分记载为“血管紧张素转化酶抑制剂”，因此将其英文简称由“ACE”修改为“ACEI”属于修正明显的笔误，未超出原说明书记载的范围。

综上所述，申请人对申请文件所作的上述修改均未超出原说明书和权利要求书记载的范围，符合专利法第33条的规定。

根据以上事实和理由，本合议组作出如下审查决定。

**三、决定**

撤销国家知识产权局于2005年2月18日针对本申请作出的驳回决定，由原审查部门在本复审请求审查决定所针对的申请文件的基础上继续进行审查。

复审请求人对本决定不服的，可以根据专利法第41条第2款的规定，自收到本决定之日起三个月内向北京市第一中级人民法院起诉。

036

# 杀真菌活性化合物的组合物

## 复审请求审查决定（第10681号）

**决　　定　　号**　第10681号
**决　　定　　日**　2007年4月29日
**发明创造名称**　杀真菌活性化合物的组合物
**国 际 分 类 号**　A01N 47/10
**复 审 请 求 人**　拜尔公司
**申　　请　　号**　00126216.5
**优 先 权 日**　1993年2月12日
**申　　请　　日**　1994年2月9日
**公　　开　　日**　2002年1月9日
**合议组组长**　李金光
**主　　审　　员**　何　炜
**参　　审　　员**　崔　震

**法 律 依 据**　专利法第26条第3款
**决 定 要 点**

如果发明说明书中给出了具体的技术方案，但未提供实验证据，而该方案又必须依赖实验结果加以证实才能成立，则该发明将由于缺乏解决技术问题的技术手段而被认为无法实现。

说明书是否符合专利法第26条第3款的规定，应该由所属技术领域的技术人员，根据其具有的普通技术知识，结合现有技术来进行判断。如果一份证据既不属于能够由说明书确定的内容，也不属于现有技术知识，则该证据将不能用来证明该发明申请符合专利法第26条第3款的规定。

### 一、案由

本复审请求涉及名称为"杀真菌活性化合物的组合物"的00126216.5号发明专利申请（下称本申请），申请人为拜尔公司，申请日为1994年2月9日，公开日为2002年1月9日，优先权日为1993年2月12日。

国家知识产权局于2004年4月30日驳回了本申请，理由是本申请不符合专利法第26条第3款的规定。具体理由是缬氨酰胺衍生物和（H）王铜都是已知杀真菌化合物，本申请的技术方案是两者复配具有协同增效作用，但是说明书未提供任何证明该组合物增效的药效试验证据，而本发明的技术方案又必须依赖该增效实验结果加以证实才能成立，所以说明书不符合专利法第26条第3款的规定。驳回决定所针对的权利要求书为：

“1. 杀真菌组合物，其特征在于它们包括一种式（I）的缬氨酰胺衍生物和下述（H）的活性化合物组合物

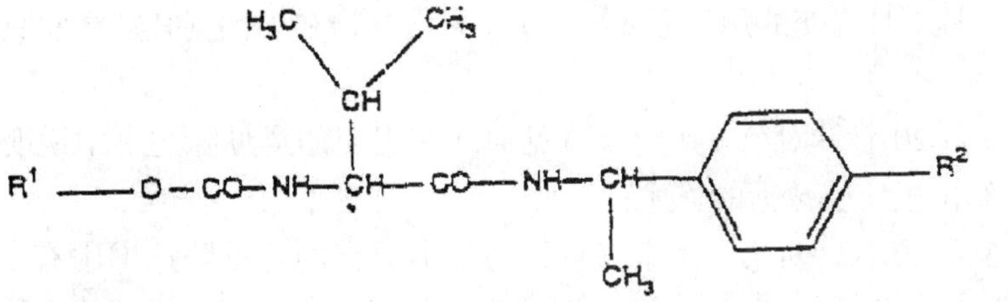

（I）

基中：$R^1$ 代表异丙基或仲丁基，$R^2$ 代表氯、甲基、乙基或甲氧基（H）王铜。

2. 根据权利要求1的组合物，其特征在于在该类活性化合物组合物中，以式（I）的活性化合物重量计：1∶1和1∶200之间的活性化合物（H）。

3. 杀真菌的方法，其特征在于根据权利要求1的活性化合物组合物作用于真菌和/或其环境上。

4. 根据权利要求1的活性化合物组合物用于杀灭真菌的用途。

5. 制备杀真菌组合物的方法，其特征在于根据权利要求1的活性化合物组合物与填充剂和/或表面活性物质混合。”

申请人拜尔公司（下称复审请求人）不服上述驳回决定，于2004年7月10日向专利复审委员会提出复审请求，提出复审请求时没有提交新修改的申请文件。复审请求人提出复审请求的理由是：（1）本申请的申请日是1994年，本申请的审查应该适用2001年修改之前的审查指南，而该指南并没有规定“说明书中给出了具体的技术方案，但未提供实验证据，而该方案又必须依赖实验结果加以证实才能成立”这一条；（2）专利法第26条第3款只是规定“只要本领域的技术人员可以实现即可”，《审查指南》只是部门规章，应该遵照专利法及专利法实施细则的规定；（3）实验数据问题属于实用性范围，并不适用专利法第26条第3款。

形式审查合格后，专利复审委员会受理了该复审请求，并于2004年8月20日向复审请求人发出《复审请求受理通知书》。同时，将本申请案卷移交原审查部门进行前置审查。

在前置审查意见书中，原审查部门坚持原驳回决定。

专利复审委员会组成合议组对本复审请求案进行了审理，并于2005年8月19日向复审请求人发出《复审通知书》。《复审通知书》中指出：本申请说明书给出的技术方案是该组合物含有一些已知具有杀真菌作用的化合物，本发明想要达到的技术效果是该组合物的杀真菌活性明显高于各个活性化合物的活性总和，所述组合物的活性超过了活性化合物的简单加合效果，组分能够产生协同增效作用。这些已知化合物组合在一起时在杀真菌方面是否具有协同增效效应，该组合物杀真菌活性是否明显高于各个活性化合物的活性总和，这需要实验数据加以证实；并且，由于本申请技术方案是建立在该技术方案的组合方式能够产生协同增效作用效果的基础上，故该技术方案是否成立取决于这种协同增效作用是否被证实存在。本申请说明书中没有一个实施例公开任何一种具体组合物的协同增效实验数据，也没有提及任何现有技术的理论可以证实这种协同增效效果的存在，因此，所属领域的技术人员根据说明书的描述和现有技术知识，无法合理地得出本发明的组合物具有杀真菌的增效作用的结论，也无法确定本发明在申请日已经确定地完成而不仅仅是一种主观臆测。并且，复审请求人在申请日之后提交的补充实验数据也不能够用于证明本申请在申请日时已经完成。因此本申请说明书缺乏支持技术方案达到所述技术效果的实验数据证明，本申请不符合专利法第26条第3款的规定。

针对《复审通知书》指出的问题，复审请求人于2005年11月24日提交了意见陈述书和附件（“德国Leverkusen市公证处公证正本”，原件共16页）。复审请求人重复了复审请求书中的意见，并且提交了德国Leverkusen市公证处公证正本用以证实德国植保局1992年10月12日确认实验结果为

成功的回函，认为该证据能够证明本申请在申请日之前已经完成，本申请符合授予专利权的条件。

复审请求人在本申请审查过程中提交的相关证据如下：

证据1：于2002年7月3日提交的用于证明式（I）的化合物和王铜（H）之间具有协同作用的补充实验数据；

证据2：于2004年3月20日针对第一次审查意见通知书提交的意见陈述书中说明原始说明书中Colby，S. R. 公式间接给出了实验数据的陈述；

证据3：于2004年3月20日针对第一次审查意见通知书提交的意见陈述书中有关WIPO编写的《知识产权教程》以及汤宗舜所著《专利法解说》中“发明构思也是专利法保护的客体”的说明；

证据4：于2004年3月20日提交的文章《有关补充实施例及效果数据的问题》；

证据5：于2005年11月24日提交的“德国Leverkusen市公证处公证正本”。

至此，合议组认为本案事实清楚，可以作出审查决定。

**二、决定的理由**

1. 审查文本

本复审决定依据的审查文本为驳回决定针对的申请文本，即复审请求人于2004年3月26日提交的权利要求第1~5项、申请日提交的说明书第1~13页和说明书摘要。

2. 关于法规适用问题

（1）复审请求人在复审请求书中认为本申请的申请日是1994年，该申请的审查应该适用2001年修改之前的审查指南。

合议组认为：2001年前出版的《审查指南》没有对“能够实现”的具体含义和不同情况进行解释说明，而新《审查指南》（包括2001年版和2006年版）中明确说明了“说明书中给出了具体的技术方案，但未提供实验证据，而该方案又必须依赖实验结果加以证实才能成立”的情形属于“本领域技术人员无法实现”的情形，不符合专利法第26条第3款的规定。也就是说，新的《审查指南》与1993年的《审查指南》关于说明书应该公开充分的规定并无矛盾之处，新《审查指南》仅仅是进行了进一步的说明解释。2001年10月18日公布的国家知识产权局令（第12号）明确宣布，2001年版审查指南于公布之日起施行，而1993年版审查指南及其以后发布的审查指南公报同时废止。2006年5月24日公布的国家知识产权局令（第38号）明确宣布，2006年版审查指南自2006年7月1日起施行，2001年版审查指南同时废止。因此，国家知识产权局于2001年10月18日至2006年6月30日之间用2001年版《审查指南》对本申请进行审查，自2006年7月1日起用2006年版《审查指南》对本申请进行审查并无不当。

（2）复审请求人在复审请求书中认为如果在专利法实施细则中规定了关于实验数据和判断说明书是否公开充分的关系，则可以接受，但是《审查指南》只是部门规章，专利法实施细则的法律效力高于部门规章。

合议组认为：复审请求人的观点建立在一个虚拟的前提条件上，即部门规章与法律相冲突，但专利法及专利法实施细则与《审查指南》是统一的，《审查指南》对专利法及专利法实施细则的具体执行作出了规定，是为了更好地落实专利法及专利法实施细则，不存在复审请求人所说的专利法及专利法实施细则与《审查指南》的解释存在冲突的情况。并且，专利法实施细则第121条明确规定：国务院专利行政部门根据专利法和专利法实施细则制定专利审查指南。审查指南是专利法及专利法实施细则的具体化，是专利局和专利复审委员会依法行政的依据和标准，也是有关当事人在各个阶段应当遵守的规章。

（3）复审请求人在复审请求书中认为本申请实验数据问题属于实用性范畴，审查部门应该以实用性为由要求复审请求人举证。

合议组认为：根据审查指南第二部分第二章第2.1.3节的规定，本申请缺乏实验数据的情况属于不符合专利法第26条第3款的情形（详见后文3.（1）所述）。专利法第26条第3款的规定没有禁止申请人于申请日之后补充提交实验数据或参考资料，但问题的关键是其提交的实验数据或者参考资料是否能够充分证明在申请日时申请人已经充分公开了其发明这样一个待证事实。显然，本申请不符合这种情况，复审请求人补充提交的证据无法证明在申请日时本专利申请已经清楚、完整地公开了本发明（即本领域技术人员能够实施其发明，达到其所述的技术效果，解决其所要解决的技术问题）。因此，本申请涉及实验数据的问题并非实用性范畴，而属于说明书是否充分公开的范畴，原审查部门根据专利法第26条第3款的规定对实验数据问题进行审查并无不当。

3. 关于专利法第26条第3款

专利法第26条第3款规定：说明书应当对发明或者实用新型作出清楚、完整的说明，以所属技术领域的技术人员能够实现为准。

所属技术领域的技术人员能够实现，是指所属技术领域的技术人员按照说明书记载的内容，就能够实现该发明或者实用新型的技术方案，解决其技术问题，并且产生预期的技术效果。如果说明书中给出了具体的技术方案，但未提供实验证据，而该方案又必须依赖实验结果加以证实才能成立，则该发明将由于缺乏解决技术问题的技术手段而被认为无法实现。

（1）本申请涉及一种杀真菌组合物，说明书给出的技术方案是该组合物含有一些已知具有杀真菌作用的化合物，本发明想要达到的技术效果是该组合物的杀真菌活性明显高于各个活性化合物的活性总和，所述组合物的活性超过了活性化合物的简单加合效果，组分能够产生协同增效作用。

从本申请的说明书可以看出：式I化合物和组分（A）至（Y）的化合物在本申请的申请日之前是已知的化合物，本申请的发明点在于将这些已知化合物组合在一起使之在杀真菌方面具有协同增效效应。但是，本发明的技术方案是否能够达到其欲达到的技术效果，即，这些已知化合物组合在一起时在杀真菌方面是否具有协同增效效应，该组合物杀真菌活性是否明显高于各个活性化合物的活性总和，这需要实验数据加以证实；并且，由于本申请技术方案是建立在该技术方案的组合方式能够产生协同增效作用效果的基础上，故该技术方案是否成立取决于这种协同增效作用是否被证实存在。

本申请的原始说明书中虽记载了组合物的配方和制备方法，并且在技术方案部分记载了“令人惊奇的是，本发明的活性化合物组合物的杀真菌活性明显高于所述各个活性化合物的活性总和，这意味着实际上发生了不可预知的增效作用，而不仅仅是相互加合的活性”以及“虽然各个活性化合物在杀真菌活性等方面有弱点，但所述组合物的活性超过了活性化合物的简单加合效果，该杀真菌剂常显示增效作用”。但是，说明书中没有一个实施例公开任何一种具体组合物的协同增效实验数据，也没有提及任何现有技术的理论可以证实这种协同增效效果的存在。因此，所属领域的技术人员根据说明书的描述和现有技术知识，无法合理地得出本发明的组合物具有杀真菌的增效作用的结论。一项已经完成的发明不仅要有确定的技术方案，而且还要有确定的或者所属领域技术人员能够合理预期的有益技术效果；而对于有益技术效果的说明，既可以通过对发明技术方案的理论分析加以阐明，说明其产生有益技术效果的机理、原理，也可以通过列出实验数据的方式予以说明，但不得只断言发明具有某种有益技术效果。当发明的技术效果根据其性质无法由现有技术的理论合理预测时，如果说明书没有公开任何实验效果数据以确定技术效果，那么本领域技术人员有理由怀疑本申请的技术效果并非建立在真实的科学实验基础上，而仅仅是一种推测或虚构。本申请说明书缺乏支持技术方案达到所述技术效果的实验数据证明，因此，本申请属于审查指南第二部分第二章第2.1.3节规定的说明书不符合专利法第26条第3款的第（5）种情况：说明书中给出了具体的技术方案，但未提供实验证据，而该方案又必须依赖实验结果加以证实才能成立。所以，本申请不符合专利法第 26 条第 3 款的规定。

（2）说明书是否符合专利法第 26 条第 3 款的规定，应该由所属技术领域的技术人员，根据其具有的普通技术知识，结合现有技术来进行判断。如果一份证据既不属于能够由说明书确定的内容，也不属于现有技术知识，则该证据将不能用来证明该发明申请符合专利法第 26 条第 3 款的规定。

本案中，复审请求人于 2002 年 7 月 3 日提交了证据 1——用于证明式（I）的化合物和王铜（H）之间具有协同作用的补充实验数据，该实验数据是在申请日之后提交的，在原始申请文本中没有记载，也不能根据原始申请文本直接地、毫无疑义地确定，因此证据 1 不能作为本申请公开充分的依据。

复审请求人还于 2005 年 11 月 24 日提交了证据 5——“德国 Leverkusen 市公证处公证正本”，用以证实德国植保局 1992 年 10 月 12 日确认实验结果为成功的回函的真实性。虽然该回函记载的时间在本申请申请日之前，但是该回函并非公开出版物，并非本申请的现有技术，因此该回函的内容在本申请申请日之前并不能被本领域技术人员获知，本领域技术人员无法据此得出本发明的技术方案能够达到所述技术效果的结论；并且其信息也未在申请日提交的申请文件中提及，因此证据 5 不能证明本申请符合专利法第 26 条第 3 款的规定。

（3）复审请求人提交的证据 3（WIPO 编写的《知识产权教程》以及汤宗舜所著《专利法解说》）中虽然说明“发明构思也是专利法保护的客体”，但并不等于说任何发明构思都是可以得到专利法保护的。只有当发明构思满足专利法第 26 条第 3 款的要求，即根据记载在说明书中的内容和现有技术可以实施，并且所属技术领域的技术人员可以从说明书记载的内容和现有技术知识确定其能够解决所述技术问题、达到预期技术效果时，这样的发明构思才有可能得到专利法的保护。

（4）复审请求人于 2004 年 3 月 20 日提交了证据 4——《有关补充实施例及效果数据的问题》一文，用以证明自己的观点（即可以通过在申请日后补充提交实施例或实验数据来证明发明的有益效果）。

合议组认为：专利审查是依据专利法及专利法实施细则和审查指南进行的。有关专利的文章、杂志和书籍以及专利局内部资料都属于学术研讨、学术争鸣的范畴，不能用来作为专利审查的依据。

（5）复审请求人在于 2005 年 11 月 24 日提交的意见陈述书中认为证据 2 证明本申请说明书实际上给出了实验结果。

合议组认为：从证据 2 来看，本申请说明书中虽然有“本发明活性化合物组合物的良好杀菌活性可见实例”的描述，但是说明书并没有任何一个实例公开任何一种具体组合物的协同增效实验数据。虽然证据 2 表明说明书中采用 Colby，S. R. 公式来计算除草组合物的增效作用，但是该公式是一种常规计算通式，只是一种实验计算方法，不能作为实验数据证明本申请说明书中所述的技术效果。因此证据 2 不能证明本申请符合专利法第 26 条第 3 款的规定。

综上所述，合议组认为：本申请的技术方案必须依赖实验结果加以证实才能实现，而本申请的原始说明书中没有提供组合物的协同增效实验数据，因此本申请的技术方案被认为无法实现，不符合专利法第 26 条第 3 款的规定。

基于上述理由，本案合议组作出如下决定。

**三、决定**

维持国家知识产权局于 2004 年 4 月 30 日对 00126216.5 号发明专利申请作出的驳回决定。

复审请求人对本决定不服的，可以根据专利法第 41 条第 2 款的规定，自收到本决定之日起三个月内向北京市第一中级人民法院起诉。

037

# 预防和治疗感冒和流感样症状的组合物和它们的使用方法

## 复审请求审查决定（第10682号）

**决　定　号**　第10682号

**决　定　日**　2007年5月8日

**发明创造名称**　预防和治疗感冒和流感样症状的组合物和它们的使用方法

**国际分类号**　A61K 31/4015//（A61K 31/4015，33：30，33：24，31：375，31：194，31：19）

**复审请求人**　宝洁公司

**申　请　号**　00814341.2

**优先权日**　1999年10月19日

**申　请　日**　2000年10月19日

**公　开　日**　2002年11月13日

**合议组组长**　何　炜

**主　审　员**　郭　婷

**参　审　员**　任　怡

**法律依据**　专利法第26条第3款

**决定要点**

说明书中给出了具体的技术方案，但未提供实验证据，而该方案又必须依赖实验结果加以证实才能成立的情况属于由于缺乏解决技术问题的技术手段而被认为无法实现的情况。如果发明要解决的技术问题在于提供一种能预防和治疗某种疾病的组合物及其用途，但是其所述用途或效果在说明书中仅有概括说明而无任何实验数据予以支持，使得所属领域的技术人员根据现有技术无法相信和预判其效果时，应当认为说明书没有充分公开。

### 一、案由

本复审请求涉及于2000年10月19日申请、2002年11月13日公开、名称为“预防和治疗感冒和流感样症状的组合物和它们的使用方法”的00814341.2号发明专利申请（下称本申请），本申请的申请人为宝洁公司，本申请的优先权日为1999年10月19日。

国家知识产权局于2003年11月7日发出《第一次审查意见通知书》，其中指出权利要求1不具备专利法第22条第3款规定的创造性，引用了对比文件1：US5508282A，公开日：1996年4月16日。具体理由是：权利要求1请求保护一种低刺激性的预防和治疗感冒和流感病毒的鼻用组合物，其特征在于，所述的组合物含有为组合物的0.01%～20%水平的焦谷氨酸和解离常数（pKa）值为

3.0～5.0 的有机酸，所述的有机酸占组合物的 0.01%～10%，且所述的焦谷氨酸与有机酸的联用在鼻腔组织上提供 3.5～5.5 的表面 pH 值。对比文件 1 也公开了一种 pH 值范围为 5.5～6.0，含有约 6.98%抗坏血酸（一种 pKa 值为 3.0～5.0 的有机酸）、约 14.96%泛酸、约 0.186%叶酸、约 0.25%锌离子的鼻用喷雾组合物。权利要求 1 与对比文件 1 的区别在于其引入了另一有机酸——焦谷氨酸，而这一成分是所属领域中已知的具有与上述范围相近的解离常数的有机酸，由此可知，所属技术领域技术人员容易想到以焦谷氨酸代替对比文件 1 中的泛酸及叶酸从而得到权利要求 1 请求保护的鼻用组合物，并且根据说明书的记载也看不出这一替代能产生任何预料不到的技术效果，因此，权利要求 1 相对于对比文件 1 不具备专利法第 22 条第 3 款规定的创造性。

针对《第一次审查意见通知书》，申请人于 2004 年 3 月 8 日提交了权利要求书全文替换页以及意见陈述书，指出新权利要求相对于对比文件 1 均具备专利法第 22 条第 3 款规定的创造性，具体理由中包括：（1）由对比文件 1 第 2 栏第 6～8 行可知，pH 值低于 6.0 的抗坏血酸溶液是不适宜的，因为它往往会对一些患者产生刺激作用，因此，本领域普通技术人员从对比文件 1 所揭示的包含抗坏血酸的溶液无法想到本申请的在鼻腔组织上提供 3.5～5.5 的表面 pH 值的鼻用组合物；（2）对比文件 1 丝毫没有给出以焦谷氨酸替代泛酸及叶酸的启示，也无其他证据证明现有技术中存在这方面的启示，并且焦谷氨酸与泛酸或叶酸在化学结构上并不相似，因此本领域普通技术人员根本不可能会想到在对比文件 1 的鼻用组合物中使用焦谷氨酸；（3）对比文件 1 中的组合物是用于治疗急性或慢性鼻窦炎的，而本申请鼻用组合物能预防和治疗感冒和流感样症状。

国家知识产权局于 2004 年 6 月 18 日发出《第二次审查意见通知书》，指出本申请说明书中对于该新的药物组合物的用途只作出了断言和推测，而并未记载任何实验数据，因此说明书公开不充分，不符合专利法第 26 条第 3 款的规定。

针对《第二次审查意见通知书》，申请人于 2004 年 8 月 27 日提交了意见陈述书，陈述了本申请说明书符合专利法第 26 条第 3 款规定的理由：（1）本申请说明书背景技术部分引用的多种治疗技术和流感治疗研究方法提供给本领域普通技术人员足够的技术信息，使得他们能够验证本申请组合物在预防和治疗感冒和流感病毒中的效果，这一工作并不需要本领域技术人员花费创造性劳动；（2）本申请说明书完整地说明了本申请组合物的各组分、药理功效和有效量，还说明了本申请组合物的使用方法，揭示了验证本申请组合物在预防和治疗感冒和流感病毒中的效果的多种实验方法，此外，还给出了本发明技术方案可以达到预期效果的定性数据，即“本发明的组合物含有焦谷氨酸和 pKa 值为 3.0～5.0 的有机酸，且所述焦谷氨酸与有机酸的联用在鼻腔组织提供约 3.5～5.5 的表面 pH 值。施用于鼻组织时，这种组合物形成了抗病毒环境。这种环境防止人受病毒感染，而不产生通常可识别的上述症状（感冒和流感症状）”。

国家知识产权局于 2005 年 1 月 14 日以说明书不符合专利法第 26 条第 3 款的规定为由驳回了本申请。

驳回决定所针对的权利要求书中的两项独立权利要求为：

“1. 一种低刺激性的预防和治疗感冒和流感病毒的鼻用组合物，其特征在于，所述的组合物含有焦谷氨酸和解离常数值为 3.0～5.0 的有机酸，所述的焦谷氨酸和有机酸的联用在鼻腔组织上提供 3.5～5.5 的表面 pH 值。

14. 权利要求 1 所述的组合物在制备用于预防和治疗感冒和流感病毒引起症状的鼻喷雾剂中的用途。”

驳回决定认为：

在本申请说明书中，只给出了具体鼻喷雾制剂的制备方法，而对所述新的药物组合可用于治疗所述的适应症——感冒和流感病毒引起症状只作出了断言和推测，而并未记载能够验证其可实现所述用途，即有关预防或治疗效果的任何实验依据，也没有列举与之相关的任何有药理学依据的具体实施例或实施方式。如果上述技术方案确如申请人在答复第一次审查意见通知书的意见陈述书中所称的，即（1）由现有技术中只能得出其 pH 值范围由于会对患者产生刺激作用从而使不适宜的（本申请说明书中显然也未提供实验证据证明该范围是适宜的）；（2）现有技术中没有任何其他证据证明所述活性成分焦谷氨酸能用于解决本发明的技术问题（本申请说明书中显然也未提供实验证据证明该活性组分是适宜的）；（3）所述鼻用组合物针对的具体适应症完全不同于现有技术，对所属领域技术人员而言是非显而易见的（针对这一新用途，说明书中更是未给出任何可确定的、有根据的实验证据）。那么，所属领域的技术人员在说明书中未能提供令人信服的有确定药理学依据的实验数据的情况下，仅根据说明书记载的内容，并结合本技术领域的现有技术，如不经创造性劳动，是难以证明本发明的技术方案已经完成了发明所提出的任务，并取得了预期的效果，属于已经完成的、完整的技术方案。此外，说明书背景技术部分引用的治疗方法和实验的例子也没有给出任何可以焦谷氨酸和有机酸来治疗感冒的技术启示，更加不可能预见其针对这一新适应症的治疗效果；申请人在意见陈述中引用的本申请说明书中的一段话并不是定性数据，仅是申请人的主观断言。因此，针对上述修改后的权利要求请求保护的技术方案，本发明的说明书仍然没有充分公开，不符合专利法第 26 条第 3 款有关说明书应当对发明作出清楚、完整的说明，以所属领域的技术人员能够实现为准的规定。

申请人宝洁公司（下称复审请求人）对上述驳回决定不服，于 2005 年 4 月 21 日向专利复审委员会提出复审请求，复审请求人认为，国家知识产权局驳回的理由不成立，本申请说明书已对发明作出了清楚、完整的说明，所属领域的技术人员根据这些说明能够实现本发明，因此符合专利法第 26 条第 3 款的规定。除了在答复《第二次审查意见通知书》时已经陈述过的意见外，复审请求人进一步指出：本领域普通技术人员根据本发明提到的现有技术再结合其专业知识可以合理地推断出本发明药物组合物能在鼻腔表面提供 3.5 ~ 5.5 的表面 pH 值，从而能达到本发明的目的；本申请并不属于《审查指南》中规定的“说明书给出了具体的技术方案，但未提供实验数据，而该方案又必须依赖实验结果加以证实才能成立”的情况。

形式审查合格后，专利复审委员会受理了该复审请求，并于 2005 年 5 月 25 日向复审请求人发出《复审请求受理通知书》，同时将本申请案卷移交原审查部门进行前置审查。

原审查部门对本复审请求进行了前置审查，坚持原驳回决定。

专利复审委员会组成合议组，对本案的复审请求进行了审理，并于 2006 年 4 月 29 日向复审请求人发出《复审通知书》。《复审通知书》指出，本领域技术人员根据说明书中的概括说明并结合现有技术无法得出本申请组合物能够预防和治疗感冒和流感病毒引起的症状的结论，本申请属于审查指南中指出的“说明书中给出了具体的技术方案，但未提供实验证据，而该方案又必须依赖实验结果加以证实才能成立”的情况，而本申请说明书也未记载任何实验数据，因此本申请说明书公开不充分，不符合专利法第 26 条第 3 款的规定，复审请求人在本案审查过程中提出的意见陈述均不具有说服力。

针对《复审通知书》指出的问题，复审请求人于 2006 年 6 月 14 日提交了意见陈述书，指出本申请说明书符合专利法第 26 条第 3 款的规定，具体理由是：（1）本申请说明书第 3 页第 8 ~ 15 行引用了 Hughes，J. H.，14 型鼻病毒的不耐酸性：pH 值、时间和温度的作用，指出本领域中已知鼻病毒的一个特征是它们在酸性条件下会失去传染力，且在 pH 值为 5.0 的条件下鼻病毒的传染力就会下降。美国专利 6187332 第 3 栏第 4 ~ 6 行公开了 pH 值为 4.0 ~ 5.5 的缓冲可流动鼻制剂，其说明书第 1 栏第 52 ~ 56 行也提到鼻病毒对于基本上酸性的 pH 值环境是敏感的。美国专利 4767788 也公开了酸性组合物也能杀死或破坏流感病毒的技术启示。由于本申请所述的焦谷氨酸和有机酸都是酸性物质，显然由它们组成的组合物在鼻腔环境中必然形成酸性环境，本领域技术人员在阅读上述现有技术的基础上，可以确认本申请所述的组合物在鼻腔中能形成酸性环境，从而能够杀死或破坏鼻病毒以及流感病毒。(2) 如美国专利6187332的实施例部分所述，与鼻腔的生理pH值不符的酸性组合物也可用于鼻腔，并达到杀死或破坏鼻病毒和流感病毒的目的，如pH值低于6.0的组合物也能用于鼻腔且具有良好的耐受性。

至此，合议组认为本案事实清楚，可以作出审查决定。

**二、决定的理由**

1. 文本认定

本复审请求审查决定所依据的申请文本为驳回决定所针对的文本。

2. 关于专利法第26条第3款

专利法第26条第3款规定：说明书应当对发明或者实用新型作出清楚、完整的说明，以所属技术领域的技术人员能够实现为准。

根据该款规定，说明书中给出了具体的技术方案，但未提供实验证据，而该方案又必须依赖实验结果加以证实才能成立的情况属于由于缺乏解决技术问题的技术手段而被认为无法实现的情况。如果发明要解决的技术问题在于提供一种能预防和治疗某种疾病的组合物及其用途，但是其所述用途或效果在说明书中仅有概括说明而无任何实验数据予以支持，使得所属领域的技术人员根据现有技术无法相信和预判其效果时，应当认为说明书没有充分公开。

本申请要求保护一种低刺激性的预防和治疗感冒和流感病毒的鼻用组合物，其特征在于，所述的组合物含有焦谷氨酸和解离常数值为3.0~5.0的有机酸，所述的焦谷氨酸和有机酸的联用在鼻腔组织上提供3.5~5.5的表面pH值。并要求保护上述组合物在制备用于预防和治疗感冒和流感病毒引起症状的鼻喷雾剂中的用途。本发明要达到的技术效果是上述组合物施用于鼻组织时，能够预防和治疗由呼吸道病毒感染引起的感冒和流感样症状。

本申请说明书发明内容部分概括说明了该鼻用组合物在施用于鼻组织时形成了抗病毒环境，这种环境防止人受病毒感染，不产生通常可识别的上述症状，实施例部分提供了六个该鼻喷雾剂的制备实施例，但说明书中并未提供实验证据来对该鼻用组合物的效果加以验证。

合议组认为：(1) 现有技术中并未给出焦谷氨酸能施用于鼻组织并且能够预防和治疗感冒和流感病毒引起的症状的教导，本领域技术人员不会想到在鼻用组合物中使用焦谷氨酸，复审请求人在答复《第一次审查意见通知书》时指出了这一点。(2) 本申请说明书和权利要求中虽然都指出上述组合物是低刺激性的，但是①根据本领域公知常识（参见《药剂学》邹家立主编，中国医药科技出版社，1996年12月第1版，第74页）可知，正常人鼻腔液的pH值一般为5.5~6.5，对于滴鼻液的要求是pH值应为5.5~7.5，而本申请组合物在鼻腔组织上提供3.5~5.5的表面pH值，该pH值与鼻腔生理pH值不符，会造成刺激；②在公开了包含抗坏血酸以治疗鼻窦炎的组合物的对比文件1中也指出pH值低于6.0的抗坏血酸溶液是不适宜的，因为它往往会对一些患者产生刺激作用（见对比文件1第2栏第6~8行），而复审请求人在答复《第一次审查意见通知书》时也指出了这一点；③复审请求人答复《复审通知书》时引用了美国专利US6187332，想要证明pH值低于6.0的组合物也能用于鼻腔，且具有良好的耐受性，然而，该专利文献的公开日（2001年2月13日）在本申请的申请日（2000年10月19日）之后，不能作为现有技术证明本申请公开充分，合议组对此不予考虑。因此，根据本申请申请日前现有技术提供的信息，本领域技术人员有理由怀疑酸性较强的上述组合物是否能够应用于人鼻腔并达到预期目的。(3) 在现有技术中也未教导在鼻腔表面提供3.5~5.5的pH值就能够达到预防和治疗感冒和流感病毒引起症状的效果。①复审请求人在答复《复审通知书》时指出，本申请说明书发明背景技术部分引用的《14 型鼻病毒的不耐酸性：pH 值、时间和温度的作用》（Hughes，J. H.）表明本领域中已知鼻病毒的一个特征是它们在酸性条件下会失去传染力，且在 pH 值为 5.0 的条件下鼻病毒的传染力就会下降，但是该篇文献第 558 页左栏最后一段指出“在 pH 值 5.0 处理后鼻病毒感染性仍存在”，而本申请权利要求中组合物在鼻腔组织表面是提供 3.5 ~ 5.5 的 pH 值，可见该篇文献对于 5.0 ~ 5.5 的 pH 值范围是否能达到本申请所述的效果给出了相反的指示；②复审请求人在答复《复审通知书》时指出，美国专利 4767788 页公开了酸性组合物也能杀死或破坏流感病毒的技术启示，但该专利中并未公开该酸性组合物的 pH 值。综上所述，本领域技术人员根据说明书中的概括说明并结合现有技术无法得出所述组合物能够预防和治疗感冒和流感病毒引起的症状的结论，也无法确定本发明在申请日已经确定地完成而不仅仅是一种主观臆测。

在此情况下，实验数据对于确定技术效果和证明发明在申请日已经完成变得必不可少，然而，在原始申请文件中并未提供实验证据，故本申请属于审查指南第二部分第二章 2.1.3 节第（5）点指出的“说明书中给出了具体的技术方案，但未提供实验证据，而该方案又必须依赖实验结果加以证实才能成立”的情况，该情况由于缺乏解决技术问题的技术手段而被认为无法实现。

关于实验数据问题，复审请求人在意见陈述中提出过如下两点意见：（1）本申请说明书背景技术部分引用的治疗技术和流感治疗研究方法提供给本领域普通技术人员足够的技术信息，使得他们能够验证本申请的组合物在预防和治疗感冒和流感病毒中的效果，这一工作并不需要本领域技术人员花费创造性劳动；（2）本申请说明书中已经给出了本发明的技术方案可以达到预期效果的定性数据，即说明书在发明详述部分公开的“本发明的组合物含有焦谷氨酸和 pKa 值为 3.0 ~ 5.0 的有机酸，且所述焦谷氨酸与有机酸的联用在鼻腔组织提供约 3.5 ~ 5.5 的表面 pH 值。施用于鼻组织时，这种组合物形成了抗病毒环境。这种环境防止人受病毒感染，而不产生通常可识别的上述症状（感冒和流感症状）”。对此，合议组认为：（1）证明发明技术方案所达到技术效果的实验证据是发明内容的一部分，应当在申请日之前已经完成并记载在说明书中，技术效果的验证以及有效剂量的评定是否容易并不是判断发明是否充分公开的标准。（2）说明书中在发明详述部分公开的上述描述并不属于“定性数据”，“定性数据”的含义不能断章取义地理解，在审查指南第二部分第十章第 3.1 节提出的“定性数据”还有定语，即“足以证明发明的技术方案可以达到预期要解决的技术问题或效果的实验室试验（包括动物试验）或者临床试验的定性或定量数据”，在申请人未提供实验方法、实验条件、实验对象、药物给药形式、效果检测方式及结果的情况下，上述描述仅仅是断言而非由试验得出的“定性数据”。

综上所述，本申请说明书不符合专利法第 26 条第 3 款有关说明书应当对发明作出清楚、完整的说明，以所属领域的技术人员能够实现为准的规定。申请人的意见陈述也不具有说服力。

根据以上事实和理由，本案合议组作出如下审查决定。

**三、决定**

维持国家知识产权局于 2005 年 1 月 14 日对 00814341.2 号发明专利申请作出的驳回决定。

复审请求人对本决定不服的，可以根据专利法第 41 条第 2 款的规定，自收到本决定之日起三个月内向北京市第一中级人民法院起诉。

# 北京市第一中级人民法院
# 行政判决书

（2008）一中行初字第975号

原告宝洁公司，住所地美利坚合众国俄亥俄州梅森-蒙哥马利路-45040~9462。

法定代表人斯蒂芬·W·米勒。

委托代理人邢志，上海市一平律师事务所律师。

委托代理人陈哲锋，上海专利商标事务所有限公司专利代理人。

被告中华人民共和国国家知识产权局专利复审委员会，住所地中华人民共和国北京市海淀区北四环西路9号银谷大厦。

法定代表人廖涛，副主任。

委托代理人郭婷，女，中华人民共和国国家知识产权局专利复审委员会审查员。

委托代理人郭鹏鹏，男，中华人民共和国国家知识产权局专利复审委员会审查员。

原告宝洁公司不服被告中华人民共和国国家知识产权局专利复审委员会作出的第10682号复审请求审查决定（下称被诉决定），向本院提起行政诉讼。本院于2008年7月10日受理后，依法组成合议庭，在法定期限内向被告送达了起诉书副本及应诉通知书，并于同年9月23日公开开庭审理了本案。原告的委托代理人邢志、陈哲锋，被告的委托代理人郭婷、郭鹏鹏到庭参加了诉讼。本案现已审理终结。

2008年5月8日，被告作出被诉决定。该决定认为，本复审请求涉及于2000年10月19日申请、2002年11月13日公开、名称为“预防和治疗感冒和流感样症状的组合物和它们的使用方法”的第00814341.2号发明专利申请（下称本申请），本申请的申请人为原告，本申请的优先权日为1999年10月19日。

中华人民共和国国家知识产权局（下称知产局）于2003年11月7日发出《第一次审查意见通知书》，其中指出权利要求1不具备《中华人民共和国专利法》（下称《专利法》）第二十二条第三款规定的创造性，引用了对比文件1：US5508282A，公开日：1996年4月16日。具体理由是：权利要求1请求保护一种低刺激性的预防和治疗感冒和流感病毒的鼻用组合物，其特征在于，所述的组合物含有为组合物的0.01%~20%水平的焦谷氨酸和解离常数（pKa）值为3.0~5.0的有机酸，所述的有机酸占组合物的0.01%~10%，且所述的焦谷氨酸与有机酸的联用在鼻腔组织上提供3.5~5.5的表面pH值。对比文件1也公开了一种pH值范围为5.5~6.0，含有约6.98%抗坏血酸（一种pKa值约为3.0~5.0的有机酸）、约14.96%泛酸、约0.186%叶酸、约0.25%锌离子的鼻用喷雾组合物。权利要求1与对比文件1的区别在于其引入了另一有机酸——焦谷氨酸，而这一成分是所属领域中已知的具有与上述范围相近的解离常数的有机酸，由此可知，所属技术领域技术人员容易想到以焦谷氨酸代替对比文件1中的泛酸及叶酸从而得到权利要求1请求保护的鼻用组合物，并且根据说明书的记载也看不出这一替代能产生任何预料不到的技术效果，因此，权利要求1相对于对比文件1不具备《专利法》第二十二条第三款规定的创造性。

针对《第一次审查意见通知书》，原告于2004年3月8日提交了权利要求书全文替换页以及意见陈述书，指出新权利要求相对于对比文件1均具备《专利法》第二十二条第三款规定的创造性，具体理由中包括：（1）由对比文件1第2栏第6~8行可知，pH值低于6.0的抗坏血酸溶液是不适宜的，因为它往往会对一些患者产生刺激作用，因此，本领域普通技术人员从对比文件1所揭示的包含抗坏血酸的溶液无法想到本申请的在鼻腔组织上提供3.5~5.5的表面pH值的鼻用组合物；(2)对比文件1丝毫没有给出以焦谷氨酸替代泛酸及叶酸的启示，也无其他证据证明现有技术中存在这方面的启示，并且焦谷氨酸与泛酸或叶酸在化学结构上并不相似，因此本领域普通技术人员根本不可能会想到在对比文件1的鼻用组合物中使用焦谷氨酸；(3)对比文件1中的组合物是用于治疗急性或慢性鼻窦炎的，而本申请鼻用组合物能预防和治疗感冒和流感样症状。

知产局于2004年6月18日发出《第二次审查意见通知书》，指出本申请说明书中对于该新的药物组合物的用途只作出了断言和推测，而并未记载任何实验数据，因此说明书公开不充分，不符合《专利法》第二十六条第三款的规定。

针对《第二次审查意见通知书》，原告于2004年8月27日提交了意见陈述书，陈述了本申请说明书符合《专利法》第二十六条第三款规定的理由：(1)本申请说明书背景技术部分引用的多种治疗技术和流感治疗研究方法提供给本领域普通技术人员足够的技术信息，使得他们能够验证本申请组合物在预防和治疗感冒和流感病毒中的效果，这一工作并不需要本领域技术人员花费创造性劳动；(2)本申请说明书完整地说明了本申请组合物的各组分、药理功效和有效量，还说明了本申请组合物的使用方法，揭示了验证本申请组合物在预防和治疗感冒和流感病毒中的效果的多种实验方法，此外，还给出了本发明技术方案可以达到预期效果的定性数据，即“本发明的组合物含有焦谷氨酸和pKa值为3.0~5.0的有机酸，且所述焦谷氨酸与有机酸的联用在鼻腔组织提供3.5~5.5的表面pH值。施用于鼻组织时，这种组合物形成了抗病毒环境。这种环境防止人受病毒感染，而不产生通常可识别的上述症状(感冒和流感症状)”。

知产局于2005年1月14日以说明书不符合《专利法》第二十六条第三款的规定为由驳回了本申请。

驳回决定所针对的权利要求书中的两项独立权利要求为：

“1. 一种低刺激性的预防和治疗感冒和流感病毒的鼻用组合物，其特征在于，所述的组合物含有焦谷氨酸和解离常数值为3.0~5.0的有机酸，所述的焦谷氨酸和有机酸的联用在鼻腔组织上提供3.5~5.5的表面pH值。

14. 权利要求1所述的组合物在制备用于预防和治疗感冒和流感病毒引起症状的鼻喷雾剂中的用途。”

驳回决定认为：在本申请说明书中，只给出了具体鼻喷雾制剂的制备方法，而对所述新的药物组合可用于治疗所述的适应症—感冒和流感病毒引起症状只作出了断言和推测，而并未记载能够验证其可实现所述用途，即有关预防或治疗效果的任何实验依据，也没有列举与之相关的任何有药理学依据的具体实施例或实施方式。如果上述技术方案确如原告在答复第一次审查意见通知书的意见陈述书中所称的，即(1)由现有技术中只能得出其pH值范围由于会对患者产生刺激作用从而使不适宜的(本申请说明书中显然也未提供实验证据证明该范围是适宜的)；(2)现有技术中没有任何其他证据证明所述活性成分焦谷氨酸能用于解决本发明的技术问题(本申请说明书中显然也未提供实验证据证明该活性组分是适宜的)；(3)所述鼻用组合物针对的具体适应症完全不同于现有技术，对所属领域技术人员而言是非显而易见的(针对这一新用途，说明书中更是未给出任何可确定的、有根据的实验证据)。那么，所属领域的技术人员在说明书中未能提供令人信服的有确定药理学依据的实验数据的情况下，仅根据说明书记载的内容，并结合本技术领域的现有技术，如不经创造性劳动，是难以证明本发明的技术方案已经完成了发明所提出的任务，并取得了预期的效果，属于已经完成的、完整的技术方案。此外，说明书背景技术部分引用的治疗方法和实验的例子也没有给出任何可以用焦谷氨酸和有机酸来治疗感冒的技术启示，更加不可能预见其针对这一新适应症的治疗效果；原告在意见陈述中引用的本申请说明书中的一段话并不是定性数据，仅是原告的主观断言。因此，针对上述修改后的权利要求请求保护的技术方案，本发明的说明书仍然没有充分公开，不符合《专利法》第二十六条第三款有关说明书应当对发明作出清楚、完整的说明，以所属领域的技术人员能够实现为准的规定。

原告对上述驳回决定不服，于2005年4月21日向被告提出复审请求，其认为，知产局驳回的理由不成立，本申请说明书已对发明作出了清楚、完整的说明，所属领域的技术人员根据这些说明能够实现本发明，因此符合《专利法》第二十六条第三款的规定。除了在答复《第二次审查意见通知书》时已经陈述过的意见外，原告进一步指出：本领域普通技术人员根据本发明提到的现有技术再结合其专业知识可以合理地推断出本发明药物组合物能在鼻腔表面提供3.5～5.5的表面pH值，从而能达到本发明的目的；本申请并不属于《审查指南》中规定的“说明书给出了具体的技术方案，但未提供实验数据，而该方案又必须依赖实验结果加以证实才能成立”的情况。

被告受理了该复审请求，并于2005年5月25日向原告发出《复审请求受理通知书》，同时将本申请案卷移交原审查部门进行前置审查。

原审查部门对本复审请求进行了前置审查，坚持原驳回决定。

被告于2006年4月29日向原告发出《复审通知书》，指出，本领域技术人员根据说明书中的概括说明并结合现有技术无法得出本申请组合物能够预防和治疗感冒和流感病毒引起的症状的结论，本申请属于《审查指南》中指出的“说明书中给出了具体的技术方案，但未提供实验证据，而该方案又必须依赖实验结果加以证实才能成立”的情况，而本申请说明书也未记载任何实验数据，因此本申请说明书公开不充分，不符合《专利法》第二十六条第三款的规定，原告在本案审查过程中提出的意见陈述均不具有说服力。

原告于2006年6月14日提交了意见陈述书，指出本申请说明书符合《专利法》第二十六条第三款的规定，具体理由是：（1）本申请说明书第3页第8～15行引用了Hughes，J. H.，14型鼻病毒的不耐酸性：pH值、时间和温度的作用，指出本领域中已知鼻病毒的一个特征是它们在酸性条件下会失去传染力，且在pH值为5.0的条件下鼻病毒的传染力就会下降。美国专利6187332第3栏第4～6行公开了pH值为4.0～5.5的缓冲可流动鼻制剂，其说明书第1栏第52～56行也提到鼻病毒对于基本上酸性的pH值环境是敏感的。美国专利4767788也公开了酸性组合物也能杀死或破坏流感病毒的技术启示。由于本申请所述的焦谷氨酸和有机酸都是酸性物质，显然由它们组成的组合物在鼻腔环境中必然形成酸性环境，本领域技术人员在阅读上述现有技术的基础上，可以确认本申请所述的组合物在鼻腔中能形成酸性环境，从而能够杀死或破坏鼻病毒以及流感病毒。（2）如美国专利6187332的实施例部分所述，与鼻腔的生理pH值不符的酸性组合物也可用于鼻腔，并达到杀死或破坏鼻病毒和流感病毒的目的，如pH值低于6.0的组合物也能用于鼻腔且具有良好的耐受性。

被告认为本案事实已经清楚，据此，作出被诉决定。其理由如下：

1. 文本认定。

本复审请求审查决定所依据的申请文本为驳回决定所针对的文本。

2. 关于《专利法》第二十六条第三款。

根据《专利法》第二十六条第三款规定，说明书中给出了具体的技术方案，但未提供实验证据，而该方案又必须依赖实验结果加以证实才能成立的情况属于由于缺乏解决技术问题的技术手段而被认为无法实现的情况。如果发明要解决的技术问题在于提供一种能预防和治疗某种疾病的组合物及其用途，但是其所述用途或效果在说明书中仅有概括说明而无任何实验数据予以支持，使得所属领域的技术人员根据现有技术无法相信和预判其效果时，应当认为说明书没有充分公开。

本申请要求保护一种低刺激性的预防和治疗感冒和流感病毒的鼻用组合物，其特征在于，所述的组合物含有焦谷氨酸和解离常数值为3.0~5.0的有机酸，所述的焦谷氨酸和有机酸的联用在鼻腔组织上提供3.5~5.5的表面pH值。并要求保护上述组合物在制备用于预防和治疗感冒和流感病毒引起症状的鼻喷雾剂中的用途。本发明要达到的技术效果是上述组合物施用于鼻组织时，能够预防和治疗由呼吸道病毒感染引起的感冒和流感样症状。

本申请说明书发明内容部分概括说明了该鼻用组合物在施用于鼻组织时形成了抗病毒环境，这种环境防止人受病毒感染，不产生通常可识别的上述症状，实施例部分提供了6个该鼻喷雾剂的制备实施例，但说明书中并未提供实验证据来对该鼻用组合物的效果加以验证。

被告认为：（1）现有技术中并未给出焦谷氨酸能施用于鼻组织并且能够预防和治疗感冒和流感病毒引起的症状的教导，本领域技术人员不会想到在鼻用组合物中使用焦谷氨酸，原告在答复《第一次审查意见通知书》时指出了这一点。（2）本申请说明书和权利要求中虽然都指出上述组合物是低刺激性的，但是①根据本领域公知常识（参见《药剂学》邹家立主编，中国医药科技出版社，1996年12月第1版，第74页）可知，正常人鼻腔液的pH值一般为5.5~6.5，对于滴鼻液的要求是pH值应为5.5~7.5，而本申请组合物在鼻腔组织上提供3.5~5.5的表面pH值，该pH值与鼻腔生理pH值不符，会造成刺激；②在公开了包含抗坏血酸以治疗鼻窦炎的组合物的对比文件1中也指出pH值低于6.0的抗坏血酸溶液是不适宜的，因为它往往会对一些患者产生刺激作用（见对比文件1第2栏第6~8行），而原告在答复《第一次审查意见通知书》时也指出了这一点；③原告答复《复审通知书》时引用了美国专利US6187332，想要证明pH值低于6.0的组合物也能用于鼻腔，且具有良好的耐受性，然而，该专利文献的公开日（2001年2月13日）在本申请的申请日（2000年10月19日）之后，不能作为现有技术证明本申请公开充分，被告对此不予考虑。因此，根据本申请申请日前现有技术提供的信息，本领域技术人员有理由怀疑酸性较强的上述组合物是否能够应用于人鼻腔并达到预期目的。（3）在现有技术中也未教导在鼻腔表面提供3.5~5.5的pH值就能够达到预防和治疗感冒和流感病毒引起症状的效果。①原告在答复《复审通知书》时指出，本申请说明书发明背景技术部分引用的《14型鼻病毒的不耐酸性：pH值、时间和温度的作用》（Hughes，J. H.）表明本领域中已知鼻病毒的一个特征是它们在酸性条件下会失去传染力，且在pH值为5.0的条件下鼻病毒的传染力就会下降，但是该篇文献第558页左栏最后一段指出"在pH值5.0处理后鼻病毒感染性仍存在"，而本申请权利要求中组合物在鼻腔组织表面是提供3.5~5.5的pH值，可见该篇文献对于5.0~5.5的pH值范围是否能达到本申请所述的效果给出了相反的指示；②原告在答复《复审通知书》时指出，美国专利4767788页公开了酸性组合物也能杀死或破坏流感病毒的技术启示，但该专利中并未公开该酸性组合物的pH值。综上所述，本领域技术人员根据说明书中的概括说明并结合现有技术无法得出所述组合物能够预防和治疗感冒和流感病毒引起的症状的结论，也无法确定本发明在申请日已经确定地完成而不仅仅是一种主观臆测。在此情况下，实验数据对于确定技术效果和证明发明在申请日已经完成变得必不可少，然而，在原始申请文件中并未提供实验证据，故本申请属于《审查指南》第二部分第二章2.1.3节第（5）点指出的"说明书中给出了具体的技术方案，但未提供实验证据，而该方案又必须依赖实验结果加以证实才能成立"的情况，该情况由于缺乏解决技术问题的技术手段而被认为无法实现。

关于实验数据问题，原告在意见陈述中提出过如下两点意见：（1）本申请说明书背景技术部分引用的治疗技术和流感治疗研究方法提供给本领域普通技术人员足够的技术信息，使得他们能够验证本申请的组合物在预防和治疗感冒和流感病毒中的效果，这一工作并不需要本领域技术人员花费创造性劳动；（2）本申请说明书中已经给出了本发明的技术方案可以达到预期效果的定性数据，即说明书在发明详述部分公开的“本发明的组合物含有焦谷氨酸和 pKa 值为 3.0～5.0 的有机酸，且所述焦谷氨酸与有机酸的联用在鼻腔组织提供约 3.5～5.5 的表面 pH 值。施用于鼻组织时，这种组合物形成了抗病毒环境。这种环境防止人受病毒感染，而不产生通常可识别的上述症状（感冒和流感症状）”。对此，被告认为：（1）证明发明技术方案所达到技术效果的实验证据是发明内容的一部分，应当在申请日之前已经完成并记载在说明书中，技术效果的验证以及有效剂量的评定是否容易并不是判断发明是否充分公开的标准。（2）说明书中在发明详述部分公开的上述描述并不属于“定性数据”，“定性数据”的含义不能断章取义地理解，在《审查指南》第二部分第十章第 3.1 节提出的“定性数据”还有定语，即“足以证明发明的技术方案可以达到预期要解决的技术问题或效果的实验室试验（包括动物试验）或者临床试验的定性或定量数据”，在原告未提供实验方法、实验条件、实验对象、药物给药形式、效果检测方式及结果的情况下，上述描述仅仅是断言而非由试验得出的“定性数据”。综上所述，本申请说明书不符合《专利法》第二十六条第三款有关说明书应当对发明作出清楚、完整的说明，以所属领域的技术人员能够实现为准的规定。原告的意见陈述也不具有说服力。据此，维持知产局于 2005 年 1 月 14 日对本申请作出的驳回决定。

在法定举证期限内，被告向本院提交了以下证据：（1）本申请公开说明书；（2）原告于 2004 年 3 月 8 日针对实质审查阶段《第一次审查意见通知书》提交的意见陈述书及权利要求书（即被诉决定针对的权利要求书）；（3）原告于 2006 年 6 月 14 日针对《复审通知书》提交的意见陈述书；（4）《医药学》，邹立家主编，中国医药科技出版社，1996 年 12 月第 1 次印刷，封面、版权页、第 74 页；（5）对比文件 1；（6）美国专利 US6187332B1 及相关部分译文，公告日 2001 年 2 月 13 日，扉页；（7）《14 型鼻病毒的不耐酸性：pH 值、时间和温度的作用》及相关部分译文；（8）美国专利 US4767788，公告日 1988 年 8 月 30 日。上述证据用于证明被诉决定认定事实清楚，适用法律正确，审理程序合法。

原告诉称，被诉决定认定本申请不符合《专利法》第二十六条第三款的规定错误，应予撤销。理由如下：（1）本申请中的焦谷氨酸和有机酸是酸性物质，由它们组成的组合物在鼻腔中必将形成酸性环境，本领域技术人员在了解现有技术基础上，完全可以确认本申请所述的组合物能够预防和治疗感冒和流感引起的症状。（2）本申请中所述的“低刺激性”并非精确的量化概念。如复审决定中所述，正常人鼻腔液的 pH 值一般为 5.5～6.5，而本申请组合物在鼻腔组织上提供3.5～5.5 的表面 pH 值，酸性并不强，与鼻腔液的 pH 值相差不多，造成的刺激较小，故本申请使用“低刺激性”是客观的，本领域技术人员不需任何创造性劳动即可推断得出。（3）美国专利 4767788 已公开了酸性组合物能杀死或破坏流感病毒的技术启示，本申请说明书的背景部分引用的《14 型鼻腔病毒的不耐酸性：pH 值、时间和温度的作用》也公开了鼻病毒在 pH 值 5.0 的条件下传染力会下降，因此，本领域技术人员在上述现有技术启示下，完全可以预测在鼻腔表面提供 3.5～5.5 的 pH 值能够达到预防和治疗感冒和流感所引起症状的技术效果。综上，原告认为，本申请已作出清楚、完整的说明，所属技术领域的技术人员能够实现本发明，符合《专利法》第二十六条第三款规定。据此，原告请求法院判决撤销被诉决定并判决被告承担本案诉讼费用。原告未向本院提交证据。

被告辩称，我委坚持在被诉决定中关于本申请不符合《专利法》第二十六条第三款规定的认定意见。该决定认定事实清楚，适用法律正确，审理程序合法，请求法院判决维持上述决定。

经庭审质证，原告对被告提交证据的关联性、合法性、真实性均没有异议，但是不同意被告的证明作用。经审查，本院认为，被告提交的证据与本案有关，且符合证据的合法性、真实性的要求，能够证明本案相关事实。本院对上述证据予以采纳。

根据上述确认的有效证据以及当事人当庭无争议的陈述，本院认定事实如下：

原告于2000年10月19日向知产局提出本申请，公开日为2002年11月13日，本申请的优先权日为1999年10月19日。知产局实质审查部门于2003年11月7日向原告发出《第一次审查意见通知书》，指出：本申请权利要求1相对于对比文件1不具备《专利法》第二十三条第三款规定的创造性。针对上述意见，原告于2004年3月8日提交了权利要求书全文替换页及意见陈述书。知产局于2004年6月18日向原告发出《第二次审查意见通知书》，指出：本申请说明书公开不充分，不符合《专利法》第二十六条第三款规定。针对上述意见，原告于2004年8月27日提交了意见陈述书。知产局于2005年1月14日以本申请说明书不符合《专利法》第二十六条第三款的规定为由驳回了本申请。原告不服上述驳回决定，于2005年4月21日向被告提出复审请求，被告受理后，于2005年5月25日向原告发出了复审请求受理通知书，同时向知产局实质审查部门发出了前置审查通知书。2006年6月14日，原告向被告提交了意见陈述书。经审查，被告于2007年5月8日作出被诉决定，维持知产局作出的驳回决定。原告不服，向本院提起行政诉讼。

在本院庭审中，原告对被告作出被诉决定的审查程序不持异议；对证据6~7的翻译内容无异议。

本院认为，对于原告在庭审中明确表示不持异议的内容，本院经审查，认同被告相关认定结论，并对被告作出被诉决定程序的合法性予以确认。本案的争议焦点为本申请是否符合《专利法》第二十六条第三款的规定。

《专利法》第二十六条第三款规定：说明书应当对发明或者实用新型作出清楚、完整的说明，以所属技术领域的技术人员能够实现为准。

《审查指南》第二部分第二章第2.1.3.（5）节规定：说明书中给出了具体的技术方案，但未给出实验证据，而该方案又必须依赖实验结果加以证实才能成立。上述情况，由于缺乏解决技术问题的技术手段而被认为无法实现。

本申请所要求保护的是一种低刺激性的预防和治疗感冒和流感病毒的鼻用组合物，其特征在于：所述的组合物含有焦谷氨酸和解离常数值为3.0~5.0的有机酸，所述的焦谷氨酸和有机酸的联用在鼻腔组织上提供3.5~5.5的表面pH值。并要求保护上述组合物在制备用于预防和治疗感冒和流感病毒引起症状的鼻喷雾剂中的用途。本发明要达到的技术效果是上述组合物施用于鼻组织时，能够预防和治疗由呼吸道病毒感染引起的感冒和流感样症状。

在本申请中仅提供了六个该鼻喷雾剂的制备实施例，没有给出实验证据来验证该鼻用组合物的效果。根据本领域公知常识可知，正常人鼻腔液的pH值一般为5.5~6.5，对于滴鼻液的要求是pH值应为5.5~7.5，而本申请组合物在鼻腔组织上提供3.5~5.5的表面pH值与鼻腔生理pH值不符。在现有技术中亦未给出在鼻腔表面提供3.5~5.5的pH值就能够达到预防和治疗感冒和流感病毒引起症状效果的教导。因此，本领域技术人员根据说明书中的概括说明并结合现有技术无法得出所述组合物能够预防和治疗感冒和流感病毒引起的症状的结论，需要实验结果加以验证。被告据此认定本申请不符合《专利法》第二十六条第三款规定正确。

参照《审查指南》第二部分第十章第3.1节关于“定性数据”即“足以证明发明的技术方案可以达到预期要解决的技术问题或效果的实验室试验（包括动物试验）或者临床试验的定性或定量数据”的规定，虽然本申请说明书中引用了治疗技术和流感治疗研究方法以及“本发明的组合物含有焦谷氨酸和pKa值为3.0~5.0的有机酸，且所述焦谷氨酸与有机酸的联用在鼻腔组织提供3.5~5.5的表面pH值；施用于鼻组织时，这种组合物形成了抗病毒环境；这种环境防止人受病毒感染，而不产生通常可识别的上述症状（感冒和流感症状）”等内容。但是，本申请说明书中记载的上述内容并未给出得出该结论的实验方法、手段、实验数据及相应的实验过程，其结论仅仅是一种断言而不是上述规章规定的“定性数据”。因此，原告关于说明书已公开实验数据等主张不能成立。

综上，被诉决定关于本申请说明书不符合《专利法》第二十六条第三款的认定正确，本院应予维持。原告的诉讼理由因缺乏事实及法律依据，本院不予采纳，其诉讼请求本院亦不予支持。据此，依照《中华人民共和国行政诉讼法》第五十四条第（一）项的规定，判决如下：

维持中华人民共和国国家知识产权局专利复审委员会于二〇〇七年五月八日作出的第10682号复审请求审查决定。

案件受理费人民币100元，由原告宝洁公司负担（已交纳）。

如不服本判决，原告宝洁公司可在本判决书送达之日起30日内，被告中华人民共和国国知局专利复审委员会可在本判决书送达之日起15日内，向本院递交上诉状，并按对方当事人人数提出副本，预交上诉案件受理费人民币100元，上诉于中华人民共和国北京市高级人民法院。上诉人在上诉期限内未预交上诉案件受理费，又不提出缓交申请的，按自动撤回上诉处理。

审 判 长 张 杰
代理审判员 何君慧
代理审判员 司品华
二〇〇八年十一月十日
书 记 员 张 涵
书 记 员 李 智

# 北京市高级人民法院
# 行政判决书

（2009）高行终字第620号

上诉人（一审原告）宝洁公司，住所地美利坚合众国俄亥俄州梅森-蒙哥马利路-45040-9462。

法定代表人斯蒂芬·W·米勒。

委托代理人邢志，上海市一平律师事务所律师。

委托代理人李东辉，上海市一平律师事务所律师。

被上诉人（一审被告）中华人民共和国国家知识产权局专利复审委员会，住所地中华人民共和国北京市海淀区北四环西路9号银谷大厦。

法定代表人廖涛，副主任。

委托代理人李梦楠，女，中华人民共和国国家知识产权局专利复审委员会审查员。

委托代理人郭鹏鹏，男，中华人民共和国国家知识产权局专利复审委员会审查员。

上诉人宝洁公司因专利复审请求审查决定一案，不服中华人民共和国北京市第一中级人民法院（2008）一中行初字第975号行政判决，向本院提起上诉。本院受理后，依法组成合议庭，于2009年7月7日对本案进行了公开审理。上诉人宝洁公司的委托代理人邢志，被上诉人中华人民共和国国家知识产权局专利复审委员会（以下简称复审委）的委托代理人李梦楠、郭鹏鹏到庭参加了诉讼。本案现已审理终结。

2007年5月8日，复审委作出第10682号复审请求审查决定（以下简称第10682号决定），决定维持中华人民共和国国家知识产权局（以下简称国知局）于2005年1月14日对宝洁公司申请的“预防和治疗感冒和流感样症状的组合物和它们的使用方法”发明专利（以下简称本申请）作出的驳回决定。宝洁公司不服该决定，向中华人民共和国北京市第一中级人民法院（以下简称一审法院）提起行政诉讼。

一审法院经审理认为，复审委关于本申请说明书不符合《中华人民共和国专利法》（以下简称《专利法》）第二十六条第三款的认定事实清楚，适用法律正确，应予维持。宝洁公司的诉讼理由缺乏事实及法律依据。依照《中华人民共和国行政诉讼法》第五十四条第（一）项的规定，判决维持了第10682号决定。

宝洁公司不服一审判决，提起上诉。该公司认为，本申请说明书背景技术部分引用的文献已经指出，鼻病毒的一个特征是它们对于酸性环境敏感，在酸性条件下会失去传染力，酸性组合物能杀死或破坏流感病毒。而本申请中的焦谷氨酸和有机酸是酸性物质，由它们组成的组合物在鼻腔中必将形成酸性环境。美国第4767788号专利也公开了酸性组合物能杀死或破坏流感病毒的技术启示，本申请说明书背景技术部分引用的《14型鼻腔病毒的不耐酸性；pH值、时间和温度的作用》公开了鼻腔病毒在pH值为5.0的条件下传染力会下降；另外，如复审决定中所述，正常人鼻腔的pH值一般为5.5～6.5，而本申请组合物在鼻腔组织上提供3.5～5.5的表面pH值，酸性较低，与鼻腔液的pH值相差不多，造成的刺激很小。因此，本领域技术人员在上述现有技术启示下，完全可以预测在鼻腔表面提供3.5～5.5的表面pH值能够达到预防和治疗感冒和流感所引起症状的技术效果，一审法院认为这需要实验结果加以认证显然没有事实依据。

关于定性数据。根据《审查指南》第二部分第二章第2.1.3节的规定，并非所有技术方案都需要实验数据，而只有技术方案必须依赖实验结果证实才能成立时，才需要提供实验数据。本案中根据本申请说明书公开的内容并结合现有技术，本领域技术人员已完全可以预测本申请所述技术方案的技术效果，并无必要再提供“定性数据”。另外，定性数据不等同于具体实施方式，《审查指南》并未规定“定性数据”必须记载实验方法、手段、过程等，本申请说明书中已经具体公开了所述组合物所包含的成分、pH值、具体实施例以及本领域技术人员所完全能预知的技术效果等内容，无须再提供有关技术效果的实验方法、手段、过程等。

综上，该公司认为，本申请说明书完整地说明了本申请组合物的各组分、药理功效和效量，还说明了本申请组合物的使用方法，揭示了本申请组合物在预防和治疗感冒和流感病毒中的效果的多种实验方法，而且还给出了本申请技术方案可以达到预期效果的定性数据，因此，本申请说明书的描述清楚、完整，本领域技术人员根据其描述内容并结合现有技术，完全可以实现本申请。本申请符合《专利法》第二十六条第三款的规定。请求二审法院判决撤销一审判决和第10682号决定。

复审委答辩认为，本领域技术人员根据本申请说明书中的概括并结合现有技术无法得出要求保护的鼻用组合物能够预防和治疗感冒和流感病毒引起的症状的结论；本申请说明书也没有记载对于本领域技术人员来说足以证明发明的技术方案可以解决预期要解决的技术问题或者达到预期的技术效果的实验室试验（包括动物试验）或者临床试验的定性或者定量数据。宝洁公司所称的“定性数据”并不是《审查指南》中规定的定性数据，而仅仅是一种断言。因此，本申请说明书不符合《专利法》第二十六条第三款的规定。综上认为，一审判决认定事实清楚，适用法律正确，审理程序合法，请求判决维持并驳回宝洁公司的上诉请求。

一审法院审理期间，复审委提交了：（1）本申请公开说明书；（2）宝洁公司于2004年3月8日针对实质审查阶段《第一次审查意见通知书》提交的意见陈述书及权利要求书（即第10682号决定针对的权利要求书）；（3）宝洁公司于2006年6月14日针对《复审通知书》提交的意见陈述书；

(4)《医药学》，邹立家主编，中国医药科技出版社，1996 年 12 月第 1 次印刷，封面、版权页、第 74 页；(5) 对比文件 1；(6) 美国专利 US6187332B1 及相关部分译文，公告日 2001 年 2 月 13 日，扉页；(7)《14 型鼻病毒的不耐酸性：pH 值、时间和温度的作用》及相关部分译文；(8) 美国专利 US4767788，公告日 1988 年 8 月 30 日。

宝洁公司未向一审法院提交新的证据。

上述证据已随案移送本院。经审查，复审委提交的相关证据来源合法，内容真实，其中证据 2 ~ 3 能够证明该委就本申请的审查程序，证据 1、4 ~ 8 能够支持对本申请相关技术问题的判断，复审委在第 10682 号决定中关于上述证据的使用和确认客观、公正，本院予以认可。

经审理查明，本申请系宝洁公司于 2000 年 10 月 19 日向国知局提出的“预防和治疗感冒和流感样症状的组合物和它们的使用方法”的发明专利申请，申请号为 00814341.2，公开日为 2002 年 11 月 13 日，优先权日为 1999 年 10 月 19 日。

国知局实质审查部门于 2003 年 11 月 7 日向宝洁公司发出《第一次审查意见通知书》，通知书引入了对比文件 1，指出本申请权利要求 1 与对比文件 1 的区别在于其引入了另一有机酸——焦谷氨酸，而这一成分是所属领域中已知的具有与上述范围相近的解离常数的有机酸，由此可知，所属技术领域技术人员容易想到以焦谷氨酸代替对比文件 1 中的泛酸及叶酸从而得到权利要求 1 请求保护的鼻用组合物，并且根据说明书的记载也看不出这一替代能产生任何预料不到的技术效果，因此，权利要求 1 相对于对比文件 1 不具备《专利法》第二十二条第三款规定的创造性。

针对上述意见，宝洁公司于 2004 年 3 月 8 日提交了权利要求书全文替换页及意见陈述书。宝洁公司指出，新权利要求相对于对比文件 1 具备《专利法》第二十二条第三款规定的创造性。国知局于 2004 年 6 月 18 日发出《第二次审查意见通知书》，指出本申请说明书中对于该新的药物组合物的用途只作出了断言和推测，而并未记载任何实验数据，因此说明书公开不充分，不符合《专利法》第二十六条第三款的规定。

针对《第二次审查意见通知书》，宝洁公司于 2004 年 8 月 27 日提交了意见陈述书，陈述了本申请说明书符合《专利法》第二十六条第三款规定的理由：(1) 本申请说明书背景技术部分引用的多种治疗技术和流感治疗研究方法提供给本领域普通技术人员足够的技术信息，使得他们能够验证本申请组合物在预防和治疗感冒和流感病毒中的效果，这一工作并不需要本领域技术人员花费创造性劳动；(2) 本申请说明书完整地说明了本申请组合物的各组分、药理功效和有效量，还说明了本申请组合物的使用方法，揭示了验证本申请组合物在预防和治疗感冒和流感病毒中的效果的多种实验方法，此外，还给出了本发明技术方案可以达到预期效果的定性数据，即“本发明的组合物含有焦谷氨酸和 pKa 值为 3.0 ~ 5.0 的有机酸，且所述焦谷氨酸与有机酸的联用在鼻腔组织提供 3.5 ~ 5.5 的表面 pH 值。施用于鼻组织时，这种组合物形成了抗病毒环境。这种环境防止人受病毒感染，而不产生通常可识别的上述症状（感冒和流感症状）”。

国知局经审查认为，本申请说明书只给出了具体鼻喷雾制剂的制备方法，而对所述新的药物组合可用于治疗所述的适应症——感冒和流感病毒引起症状只作出了断言和推测，未记载能够验证其可实现所述用途，即有关预防或治疗效果的任何实验依据；没有列举与之相关的任何有药理学依据的具体实施例或实施方式。所属领域的技术人员在说明书中未能提供令人信服的有确定药理学依据的实验数据的情况下，仅根据说明书记载的内容，并结合本技术领域的现有技术，如不经创造性劳动，是难以证明本发明的技术方案已经完成了发明所提出的任务，并取得了预期的效果，属于已经完成的、完整的技术方案。此外，说明书背景技术部分引用的治疗方法和实验的例子也没有给出任何可以用焦谷氨酸和有机酸来治疗感冒的技术启示，更加不可能预见其针对这一新适应症的治疗效果；宝洁公司在意见陈述中引用的本申请说明书中的一段话并不是定性数据，仅是该公司的主观断言。因此，针对上述修改后的权利要求请求保护的技术方案，本发明的说明书仍然没有充分公开，不符合《专利法》第二十六条第三款的规定。

综上，国知局于2005年1月14日作出决定，驳回了本申请。驳回决定所针对的权利要求书中的两项独立权利要求为：

"1. 一种低刺激性的预防和治疗感冒和流感病毒的鼻用组合物，其特征在于，所述的组合物含有焦谷氨酸和解离常数值为3.0～5.0的有机酸，所述的焦谷氨酸和有机酸的联用在鼻腔组织上提供3.5～5.5的表面pH值。

14. 权利要求1所述的组合物在制备用于预防和治疗感冒和流感病毒引起症状的鼻喷雾剂中的用途。"

宝洁公司不服国知局的驳回决定，于2005年4月21日向复审委提出复审请求。宝洁公司认为，本申请说明书已对发明作出了清楚、完整的说明，所属领域的技术人员根据这些说明能够实现本发明，因此本申请符合《专利法》第二十六条第三款的规定。除了在答复《第二次审查意见通知书》时已经陈述过的意见外，该公司进一步指出：本领域普通技术人员根据本发明提到的现有技术再结合其专业知识可以合理地推断出本发明药物组合物能在鼻腔表面提供3.5～5.5的表面pH值，从而能达到本发明的目的；本申请并不属于《审查指南》中规定的"说明书给出了具体的技术方案，但未提供实验数据，而该方案又必须依赖实验结果加以证实才能成立"的情况。

复审委受理该复审请求后，于2005年5月25日向宝洁公司发出《复审请求受理通知书》，同时将本申请案卷移交原审查部门进行前置审查。原审查部门经前置审查，坚持驳回决定的审查结论。

复审委经审查，于2006年4月29日向宝洁公司发出"复审通知书"，通知书指出，本领域技术人员根据说明书中的概括说明并结合现有技术无法得出本申请组合物能够预防和治疗感冒和流感病毒引起的症状的结论，本申请属于《审查指南》中指出的"说明书中给出了具体的技术方案，但未提供实验证据，而该方案又必须依赖实验结果加以证实才能成立"的情况，而本申请说明书也未记载任何实验数据，因此本申请说明书公开不充分，不符合《专利法》第二十六条第三款的规定，宝洁公司在本案审查过程中提出的意见陈述均不具有说服力。

宝洁公司于2006年6月14日提交了意见陈述书，指出：(1) 本申请说明书第3页第8～15行引用了Hughes, J. H., 14型鼻病毒的不耐酸性：pH值、时间和温度的作用，指出本领域中已知鼻病毒的一个特征是它们在酸性条件下会失去传染力，且在pH值为5.0的条件下鼻病毒的传染力就会下降。美国专利6187332第3栏第4～6行公开了pH值为4.0～5.5的缓冲可流动鼻制剂，其说明书第1栏第52～56行也提到鼻病毒对于基本上酸性的pH值环境是敏感的。美国专利4767788也公开了酸性组合物也能杀死或破坏流感病毒的技术启示。由于本申请所述的焦谷氨酸和有机酸都是酸性物质，显然由它们组成的组合物在鼻腔环境中必然形成酸性环境，本领域技术人员在阅读上述现有技术的基础上，可以确认本申请所述的组合物在鼻腔中能形成酸性环境，从而能够杀死或破坏鼻病毒以及流感病毒。(2) 如美国专利6187332的实施例部分所述，与鼻腔的生理pH值不符的酸性组合物也可用于鼻腔，并达到杀死或破坏鼻病毒和流感病毒的目的，如pH值低于6.0的组合物也能用于鼻腔且具有良好的耐受性。

经上述审查，复审委确定对本申请的复审审查将依据国知局驳回决定所针对的文本。

该委认为，本申请要求保护一种低刺激性的预防和治疗感冒和流感病毒的鼻用组合物，其特征在于，所述的组合物含有焦谷氨酸和解离常数值为3.0～5.0的有机酸，所述的焦谷氨酸和有机酸的联用在鼻腔组织上提供3.5～5.5的表面pH值，并要求保护上述组合物在制备用于预防和治疗感冒和流感病毒引起症状的鼻喷雾剂中的用途。本发明要达到的技术效果是上述组合物施用于鼻组织时，能够预防和治疗由呼吸道病毒感染引起的感冒和流感样症状。

本申请说明书发明内容部分概括说明了该鼻用组合物在施用于鼻组织时形成了抗病毒环境，这种环境防止人受病毒感染，不产生通常可识别的上述症状，实施例部分提供了六个该鼻喷雾剂的制备实施例，但说明书中并未提供实验证据来对该鼻用组合物的效果加以验证。

该委认为，(1) 现有技术中并未给出焦谷氨酸能施用于鼻组织并且能够预防和治疗感冒和流感病毒引起的症状的教导，本领域技术人员不会想到在鼻用组合物中使用焦谷氨酸，宝洁公司在答复《第一次审查意见通知书》时指出了这一点。(2) 本申请说明书和权利要求中虽然都指出上述组合物是低刺激性的，但是：①根据本领域公知常识（参见《药剂学》邹立家主编，中国医药科技出版社，1996年12月第1版，第74页）可知，正常人鼻腔液的pH值一般为5.5～6.5，对于滴鼻液的要求是pH值应为5.5～7.5，而本申请组合物在鼻腔组织上提供3.5～5.5的表面pH值，该pH值与鼻腔生理pH值不符，会造成刺激；②在公开了包含抗坏血酸以治疗鼻窦炎的组合物的对比文件1中也指出pH值低于6.0的抗坏血酸溶液是不适宜的，因为它往往会对一些患者产生刺激作用（见对比文件1第2栏第6～8行），而宝洁公司在答复《第一次审查意见通知书》时也指出了这一点；③宝洁公司答复“复审通知书”时引用了美国专利US6187332，想要证明pH值低于6.0的组合物也能用于鼻腔，且具有良好的耐受性，然而，该专利文献的公开日（2001年2月13日）在本申请的申请日（2000年10月19日）之后，不能作为现有技术证明本申请公开充分，故对此不予考虑。因此，根据本申请申请日前现有技术提供的信息，本领域技术人员有理由怀疑酸性较强的上述组合物是否能够应用于人鼻腔并达到预期目的。(3) 在现有技术中也未教导在鼻腔表面提供3.5～5.5的pH值就能够达到预防和治疗感冒和流感病毒引起症状的效果。①宝洁公司在答复“复审通知书”时指出，本申请说明书发明背景技术部分引用的《14型鼻病毒的不耐酸性：pH值、时间和温度的作用》（Hughes，J. H.）表明本领域中已知鼻病毒的一个特征是它们在酸性条件下会失去传染力，且在pH值为5.0的条件下鼻病毒的传染力就会下降，但是该篇文献第558页左栏最后一段指出“在pH值5.0处理后鼻病毒感染性仍存在”，而本申请权利要求中组合物在鼻腔组织表面是提供3.5～5.5的pH值，可见该篇文献对于5.0～5.5的pH值范围是否能达到本申请所述的效果给出了相反的指示；②宝洁公司在答复“复审通知书”时指出，美国专利4767788也公开了酸性组合物也能杀死或破坏流感病毒的技术启示，但该专利中并未公开该酸性组合物的pH值。综上所述，本领域技术人员根据说明书中的概括说明并结合现有技术无法得出所述组合物能够预防和治疗感冒和流感病毒引起的症状的结论，也无法确定本发明在申请日已经确定地完成而不仅仅是一种主观臆测。在此情况下，实验数据对于确定技术效果和证明发明在申请日已经完成变得必不可少，然而，在原始申请文件中并未提供实验证据，故本申请属于《审查指南》第二部分第二章2.1.3节第（5）点指出的“说明书中给出了具体的技术方案，但未提供实验证据，而该方案又必须依赖实验结果加以证实才能成立”的情况，该情况由于缺乏解决技术问题的技术手段而被认为无法实现。

关于实验数据问题，宝洁公司在意见陈述中提出过如下两点意见：(1) 本申请说明书背景技术部分引用的治疗技术和流感治疗研究方法提供给本领域普通技术人员足够的技术信息，使得他们能够验证本申请的组合物在预防和治疗感冒和流感病毒中的效果，这一工作并不需要本领域技术人员花费创造性劳动；(2) 本申请说明书中已经给出了本发明的技术方案可以达到预期效果的定性数据，即说明书在发明详述部分公开的“本发明的组合物含有焦谷氨酸和pKa值约为3.0～5.0的有机酸，且所述焦谷氨酸与有机酸的联用在鼻腔组织提供约3.5～5.5的表面pH值。施用于鼻组织时，这种组合物形成了抗病毒环境。这种环境防止人受病毒感染，而不产生通常可识别的上述症状（感冒和流感症状）”。对此该委认为，(1) 证明发明技术方案所达到技术效果的实验证据是发明内容的一部分，应当在申请日之前已经完成并记载在说明书中，技术效果的验证以及有效剂量的评定是否容易并不是判断发明是否充分公开的标准。（2）说明书中在发明详述部分公开的上述描述并不属于“定性数据”，“定性数据”的含义不能断章取义地理解，在《审查指南》第二部分第十章第3.1节提出的“定性数据”还有定语，即“足以证明发明的技术方案可以达到预期要解决的技术问题或效果的实验室试验（包括动物试验）或者临床试验的定性或定量数据”，在宝洁公司未提供实验方法、实验条件、实验对象、药物给药形式、效果检测方式及结果的情况下，上述描述仅仅是断言而非由试验得出的“定性数据”。综上所述，本申请说明书不符合《专利法》第二十六条第三款有关说明书应当对发明作出清楚、完整的说明，以所属领域的技术人员能够实现为准的规定。宝洁公司的意见陈述也不具有说服力。据此，复审委于2007年5月8日作出第10682号决定。

在本院庭审中，宝洁公司对复审委作出第10682号决定的审查程序不持异议；对证据6、7的翻译内容没有异议，对复审委关于美国专利US6187332的确认不再坚持异议。

本院认为，根据宝洁公司的上诉请求并结合第10682号决定驳回本申请的理由，本案的争议主要为本申请说明书是否公开充分，其中涉及的具体技术争议焦点为本申请说明书是否记载了涉及的技术方案的定性数据，本申请涉及的技术方案，是否属于必须公开定性数据的法定情形。

关于本申请说明书是否记载了涉及的技术方案的定性数据。根据《审查指南》第二部分第十章第3.1节关于定性数据的定义，定性数据应为“足以证明发明的技术方案可以达到预期要解决的技术问题或效果的试验室（包括动物试验）或者临床试验的定性或定量数据”。在本申请说明书中，虽然记载了“本发明的组合物含有焦谷氨酸和pKa值为3.0~5.0的有机酸，且所述焦谷氨酸与有机酸的联用在鼻腔组织提供约3.5~5.5的表面pH值，正常人鼻腔的pH值一般为5.5~6.5的数据外，没有提供《审查指南》中所要求的试验室或临床试验的定性或定量的任何数据；宝洁公司当庭就说明书记载的数据内容给予认可，并认可说明书没有《审查指南》所要求的“试验室或临床试验的定性或定量数据”。故复审委关于本申请说明书没有记载发明的技术方案的定性数据的确认事实依据充分。

关于本申请技术方案是否必须记载相关定性数据的问题。复审委在第10682号决定中，首先根据本领域公知的正常人鼻腔液的pH值、对滴鼻液的要求的pH值以及本申请组合物在鼻腔组织上提供的表面pH值，确定本申请组合物在鼻腔组织上提供的表面pH值与鼻腔生理pH值不符；同时结合对比文件1公开的内容以及宝洁公司在答复“第一次审查意见通知书”、答复“复审通知书”所引用的《14型鼻病毒的不耐酸性：pH值、时间和温度的作用》，确定：（1）包含抗坏血酸以治疗鼻窦炎的组合物pH值低于6.0的抗坏血酸溶液是不适宜的，往往会对一些患者产生刺激作用；（2）虽然“鼻病毒的一个特征是它们在酸性条件下会失去传染力，且在pH值为5.0的条件下鼻病毒的传染力就会下降，但在“在pH值5.0处理后鼻病毒感染性仍存在”；（3）现有技术中也未教导在鼻腔表面提供3.5~5.5的pH值就能够达到预防和治疗感冒和流感病毒引起症状的效果，而《14型鼻病毒的不耐酸性：pH值、时间和温度的作用》更是给出了相反的技术启示。复审委据此确定“本领域技术人员根据说明书中的概括说明并结合现有技术无法得出所述组合物能够预防和治疗感冒和流感病毒引起的症状的结论，也无法确定本发明在申请日已经确定地完成而不仅仅是一种主观臆测。在此情况下，实验数据对于确定技术效果和证明发明在申请日已经完成变得必不可少”，事实基础充分。综上，该委确认本申请属于《审查指南》规定的“说明书中给出了具体的技术方案，但未提供实验证据，而该方案又必须依赖实验结果加以证实才能成立”的情况，理由合法、客观。

综上，复审委作出第10682号决定并在第10682号决定中确认本申请说明书公开不充分的事实清楚，适用法律正确，程序合法，一审法院判决维持符合《中华人民共和国行政诉讼法》第五十四条第（一）项的规定；宝洁公司关于“本领域技术人员在上述现有技术启示下，完全可以预测在鼻腔表面提供3.5～5.5的表面pH值能够达到预防和治疗感冒和流感所引起症状的技术效果”、“在本申请说明书已经具体公开了所述组合物所包含的成分、pH值、具体实施例的情况下，没有必要再提供‘定性数据’”的上诉主张不能成立，本院不予支持。据此，依据《中华人民共和国行政诉讼法》第六十一条第（一）项的规定，判决如下：

驳回上诉，维持一审判决。

二审案件受理费人民币100元，由上诉人宝洁公司负担（已交纳）。

本判决为终审判决。

审 判 长 郭 宣
审 判 员 张学磊
代理审判员 朱海宏
二〇〇九年七月三十一日
书 记 员 程钰玮

038

# 海水法烟气二氧化硫吸收装置

## 复审请求审查决定（第10692号）

**决　定　号**　第10692号
**决　定　日**　2007年5月23日
**发明创造名称**　海水法烟气二氧化硫吸收装置
**国际分类号**　B01D 53/78
**复审请求人**　彭斯干
**申　请　号**　98113565. X
**申　请　日**　1998年5月22日
**公　开　日**　1999年12月1日
**合议组组长**　张　沧
**主　审　员**　李人久
**参　审　员**　赵　明

**法律依据**　专利法第22条第3款
**决定要点**

判断发明有无创造性时，首先要确定最接近的现有技术，分析要求保护的发明与最接近的现有技术相比有哪些区别技术特征，并且应当基于所有区别特征判断要求保护的发明对本领域的技术人员来说是否显而易见，是否具有有益的技术效果。

### 一、案由

本复审请求涉及名称为“海水法烟气二氧化硫吸收装置”的98113565. X号发明专利申请（下称本申请），申请日为1998年5月22日，公开日为1999年12月1日。2002年7月26日，申请人由武汉晶源环境工程有限公司变更为彭斯干。

2003年7月4日，国家知识产权局针对申请人于2003年2月22日提交的权利要求书、说明书、说明书附图及说明书摘要以权利要求1不符合专利法第22条第3款为由驳回了本申请。驳回决定所针对的申请文件中，权利要求书的内容如下：

“1. 一种海水法烟气二氧化硫吸收装置，它包括烟气预冷却器和二氧化硫吸收器，其特征在于，预冷却器排出冷却介质与吸收器排水有各自的排出通道，预冷却器是烟气进入管自身，为喷淋管式结构。”

驳回决定认为：对比文件1（CN1136976 A，公开日1996年12月4日）公开了一种脱硫除尘装置，包括文丘里处理器2、洗涤塔4，其有各自的排出通道，本领域技术人员由其说明书及附图容易知道预冷却器中可采用喷淋管式结构，至于所述预处理器完全可以看作烟气进入管的一部分，可见权利要求1相比于对比文件1没有突出的实质性特点和显著的进步，不符合专利法第22条第3款的规定。

申请人彭斯干（下称复审请求人）对上述驳回决定不服，于2003年10月14日向专利复审委员会提交了复审请求。复审请求人在提出复审请求的同时提交了下列证据：

证据1：张新生等编《燃煤烟气脱硫》，中国地质大学出版社，1991年9月第1次印刷，第237～238页，复印件。

复审请求人提交的复审请求理由为：原驳回决定没有充分注意到本发明是海水法烟气脱硫的特点，特别是未注意到预冷却器产生的热水根本不进入吸收装置底部，从而确保脱硫效果和环境效益的突出特点和显著进步；原驳回决定认定的“预冷却器是烟气进入管自身”的结论是不客观的，对比文件1没有提供得到本申请技术方案的任何启示；证据1表明，海水法烟气脱硫工艺的每个进步均需要花费很长时间，从而说明了本发明技术方案的非显而易见性。

形式审查合格后，专利复审委员会受理了该复审请求，并于2003年12月1日向复审请求人发出《复审请求受理通知书》。并将案卷转送至原审查部门进行前置审查。

原审查部门对本复审请求进行了前置审查，在前置审查意见书中，原审查部门坚持原驳回决定。

专利复审委员会组成合议组，对本复审请求案进行了审理。

2005年9月1日，合议组向复审请求人发出《复审请求口头审理通知书》，拟定于2005年10月25日对本复审请求进行口头审理。

2005年10月25日，口头审理如期举行，复审请求人的代理人参加了口头审理，合议组针对本申请的修改是否符合专利法第33条的规定以及本申请是否符合专利法第22条第3款的规定进行了充分的调查，复审请求人陈述了意见，并当庭表示以其申请日提交的说明书和2003年2月22日提交的权利要求书进行审查。

2005年11月7日，复审请求人提交了权利要求书和说明书的修改替换页，其与申请日提交的原始说明书和权利要求书的内容完全相同。

2007年3月3日和2007年3月17日，复审请求人先后提交了权利要求书全文替换文本，其中2007年3月17日提交的权利要求书的内容如下：

“1. 一种海水法烟气二氧化硫吸收装置，它包括烟气预冷却器和二氧化硫吸收器，其特征在于，预冷却器排出冷却介质与吸收器排水有各自的排出通道，预冷却器是烟气进入管自身，为喷淋管式结构。”

合议组认为本案事实清楚，可以作出复审决定。

**二、决定的理由**

1. 文本认定

复审请求人于2005年11月7日提交了说明书、说明书附图、说明书摘要及其附图的修改替换页，并于2007年3月17日提交了经修改的权利要求书，经审查，上述文本符合专利法第33条和专利法实施细则第60条第1款的规定，本决定是针对上述文本作出的。

2. 关于创造性

专利法第22条第3款规定：创造性是指同申请日以前已有的技术相比，该发明有突出的实质性特点和显著的进步。

判断发明有无创造性时，首先要确定最接近的现有技术，分析要求保护的发明与最接近的现有技术相比有哪些区别技术特征，并且应当基于所有区别特征判断要求保护的发明对本领域的技术人员来说是否显而易见，是否具有有益的技术效果。

就本案而言，权利要求1要求保护一种海水法烟气二氧化硫吸收装置。对比文件1公开了一种燃煤锅炉烟气二氧化硫吸收装置，其包括文丘里预处理器、气水分离器、除尘脱硫洗涤塔、渣水分离器和文丘里集水槽等，含有二氧化硫等杂质的烟气被送入到文丘里预处理器中用循环洗涤水冷却，烟气经文丘里预处理器进行预除尘和预脱硫后进入到气水分离器，经气水分离器分离的烟气进入到除尘脱硫洗涤塔中与循环洗涤水接触，进行最后的除尘和脱硫，随即烟气由排风机排入烟囱，随即排出至大气，其中从除尘洗涤塔底部排出的含有大量尘的循环洗涤水经渣水分离器进行渣水分离后，渣从分离器底部排出，水从上部排入文丘里集水槽，在此与从气水分离器下来的尘和水混合。在集水槽中尘、水进一步分离，尘从底部排出，水被循环洗涤水泵泵入到文丘里预处理器和除尘脱硫洗涤塔中（参见对比文件1说明书第5~6页和图1）。将权利要求1要求保护的装置和对比文件1公开的装置相比：权利要求1所述的烟气预冷却器相当于对比文件1所述的文丘里预处理器，权利要求1所述的二氧化硫吸收器相当于对比文件1所述的除尘脱硫洗涤塔。但在对比文件1中，从文丘里预处理器排出的冷却水依次经气水分离器进入到文丘里集水槽，同时除尘脱硫洗涤塔中的水经渣水分离器也进入到文丘里积水槽，即文丘里预处理器排出的冷却水和除尘脱硫洗涤塔排出的水最终在脱硫装置的文丘里积水槽中汇合，再循环至文丘里预处理器和除尘脱硫洗涤塔中。显然，对比文件1的装置中，文丘里预处理器排出冷却水与除尘脱硫洗涤塔排水并不从装置中排出，而是两者汇合至装置的文丘里积水槽中，因此两者不存在各自的排出通道，也即驳回决定关于对比文件1所述装置的文丘里预处理器排出冷却水和除尘脱硫洗涤塔排水具有各自的排出通道的认定是错误的。而在本发明中，由于现有技术的海水法吸收二氧化硫吸收装置预冷却器排出的预冷却水与吸收器排出的吸收了二氧化硫的酸性海水在吸收器底部汇合从而抵消了预冷却的作用，造成脱硫效率的下降（参见本申请说明书第1页第2段），复审请求人正是为了克服上述现有技术的不足而对海水法烟气脱硫装置进行改进从而在权利要求1所述装置中使预冷却器排出的冷却介质和吸收器排水具有各自的排出通道，从而避免了脱硫效率的下降。

由于在对比文件1所述装置中，文丘里预处理器排出的冷却水和除尘脱硫洗涤塔排出的水在文丘里积水槽中汇合，汇合后的水再泵入到文丘里预处理器和除尘脱硫洗涤塔中循环利用，从而不需要外加脱硫剂并避免了洗涤水的二次污染问题，对比文件1所述装置必须对洗涤水进行循环利用，而不可能使文丘里预处理器排冷却水和除尘脱硫洗涤塔排水具有各自的排出通道，因为那样必然不能实现对比文件1中的发明目的。而在权利要求1要求保护的装置中，预冷却器排出冷却介质和吸收器排水有各自的排出通道，其要求保护的发明与对比文件1相比是非显而易见的，其所获得的技术效果也是有益的，故权利要求1具有突出的实质性特点和显著的进步，符合专利法第22条第3款规定的创造性。

基于上述理由，合议组特作出如下决定。

**三、决定**

撤销国家知识产权局于2003年7月4日对98113565.X号发明专利申请作出的驳回决定。由原审查部门根据2007年3月17日提交的权利要求第1项，2005年11月7日提交的说明书第1~3页、说明书附图第1~4页、说明书摘要及摘要附图继续审查程序。

复审请求人对本决定不服的，可以根据专利法第41条第2款的规定，自收到本决定之日起三个月内向北京市第一中级人民法院起诉。

039

# 来自杀菌性通透性增强蛋白的功能区的生物活性肽及其应用

## 复审请求审查决定（第10693号）

**决 定 号** 第10693号
**决 定 日** 2007年6月5日
**发明创造名称** 来自杀菌性通透性增强蛋白的功能区的生物活性肽及其应用
**国际分类号** C07K 7/06，C07K 7/08，C07K 14/47，A61K 38/17
**复审请求人** 爱克索马技术有限公司
**申 请 号** 94191894.7
**申 请 日** 1994年3月11日
**公 开 日** 1996年5月15日
**合议组组长** 侯秋霞
**主 审 员** 娄 宁
**参 审 员** 马文霞

**法律依据** 专利法第26条第4款
**决定要点**

权利要求的概括应当不超过说明书公开的范围。如果所属技术领域的技术人员不能合理预测说明书给出的实施方式的所有替换方式或变型方式都具有相同的性能或用途，则不能将权利要求的保护范围概括至覆盖其所有的替代或变型的方式。

### 一、案由

本复审请求涉及名称为“来自杀菌性通透性增强蛋白的功能区的生物活性肽及其应用”的94191894.7号发明专利申请（下称本申请），申请人为爱克索马技术有限公司，申请日为1994年3月11日，公开日为1996年5月15日。

国家知识产权局于2002年3月29日发出了第一次审查意见通知书，指出本申请不符合专利法第31条第1款、第25条的规定，其具体理由是“权利要求1~4、5~9、10~14三组权利要求分别涉及三种类型的肽，每组权利要求之间缺乏相同或相应的特定技术特征，不具备单一性”及“权利要求18~29、31~35、37~42、56、60、64、68~73、77~88、94~106、114~127、135~146涉及疾病的治疗方法”。

针对上述审查意见通知书，申请人于2002年10月12日提交了意见陈述书以及修改后的权利要求书，其中删掉了权利要求18~42、56、60、64、68~73、77~86、88、94~102、104~106、114~

127、135～146，并对权利要求 87、103、128 进行了修改，在意见陈述书中表明了申请人对单一性问题的理解，认为本申请不存在单一性问题，并且修改后权利要求中已不存在涉及疾病治疗方法的权利要求。

国家知识产权局于 2002 年 11 月 29 日发出了第二次审查意见通知书，指出权利要求 1、5、10 中含有“亚序列及亚序列的变异体”，这包括相当多的肽，申请人在说明书中所例举的实施例不足以支持权利要求的技术方案，权利要求 1、5、10 不符合专利法第 26 条第 4 款的规定。

针对第二次审查意见通知书，申请人于 2003 年 4 月 14 日提交了意见陈述书，表明了申请人对“亚序列及亚序列的变异体”的理解，认为权利要求 1、5、10 符合专利法第 26 条第 4 款的规定。

2003 年 7 月 11 日，国家知识产权局以权利要求 1、5、10 不符合专利法第 26 条第 4 款为由驳回了本申请。驳回决定认为：权利要求 1 要求保护“具有人杀菌性通透性增强蛋白质从 17～45 位的氨基酸序列，其亚序列或其亚序列的变异体”，亚序列或其亚序列的变异体是宽范围的上位概念，虽然说明书中有若干氨基酸位点改变的实施例，但是亚序列及变异体包括非常大范围的多肽，本领域技术人员不能预见到所有的多肽都能够具有人杀菌性通透性增强蛋白质的功能，能够解决本发明预期要解决的技术问题，达到本发明的预期效果，申请人在说明书中所例举的实施例不足以支持权利要求 1 对于亚序列或亚序列的变异体的保护，因此，权利要求 1 得不到说明书的支持，不符合专利法第 26 条第 4 款的规定，同样的缺陷还存在于权利要求 5、10 中。

驳回决定所针对的权利要求书中的权利要求 1、5、10 如下：

“1. 一种肽，具有人杀菌性通透性增强蛋白质（BPI）从 17～45 位的氨基酸序列、其亚序列以及该序列或其亚序列的变异体，所述肽具有生物活性，所述生物活性为 BPI 活性。

5. 一种肽，具有人杀菌性通透性增强蛋白质（BPI）从 65～99 位的氨基酸序列、其亚序列以及该序列或其亚序列的变异体，所述肽具有生物活性，所述生物活性为 BPI 活性。

10. 一种肽，具有人杀菌性通透性增强蛋白质（BPI）从 142～169 位的氨基酸序列、其亚序列以及该序列或其亚序列的变异体，所述肽具有生物活性，所述生物活性为 BPI 活性。”

2003 年 10 月 27 日，申请人爱克索马技术有限公司（下称复审请求人）对上述驳回决定不服，向专利复审委员会提出复审请求，复审请求人在提出复审请求时提交了修改后的权利要求书（包括权利要求1～73 项），复审请求人认为：本申请说明书描述了多达近百个氨基酸改变的实施例，而且本申请的说明书中对如何获得本发明的多肽和测定所得到的多肽的活性有详细的教导。本领域普通技术人员根据说明书中的教导，结合本领域的技术常识，通过本领域常规的技术手段即可获得权利要求 1、5、10 所要求保护的多肽，另外，权利要求 1、5 和 10 已经对本发明所要求保护的肽的功能进行了限定，即不具有 BPI 生物活性的蛋白并不在这些权利要求的保护范围之内，并不存在驳回决定指出的所要求保护的多肽中有不是 BPI 蛋白功能的肽，因此本申请符合专利法第 26 条第 4 款的规定。修改后的权利要求 1、5、10 为：

“1. 一种肽，具有人杀菌性通透性增强蛋白质（BPI）17～45 位的氨基酸序列、其亚序列，该序列或其亚序列的变异体，其中所述 BPI 具有如 SEQ ID NO：69 所示的序列，所述肽具有至少一种如下的 BPI 生物活性：肝素结合、肝素中和、LPS 结合、LPS 中和、杀细菌活性和杀真菌活性。

5. 一种肽，具有人杀菌性通透性增强蛋白质（BPI）从 65～99 位的氨基酸序列、其亚序列，该序列或其亚序列的变异体，其中所述 BPI 具有如 SEQ ID NO：69 所示的序列，所述肽具有至少一种如下的 BPI 生物活性：肝素结合、肝素中和、LPS 结合、LPS 中和、杀细菌活性和杀真菌活性。

10. 一种肽，具有人杀菌性通透性增强蛋白质（BPI）从 142～169 位的氨基酸序列、其亚序列，该序列或其亚序列的变异体，其中所述 BPI 具有如 SEQ ID NO：69 所示的序列，所述肽具有至少一种如下的 BPI 生物活性：肝素结合、肝素中和、LPS 结合、LPS 中和、杀细菌活性和杀真菌活性。”

经形式审查合格后，专利复审委员会受理了该请求，并于 2003 年 11 月 24 日向复审请求人发出了《复审请求受理通知书》，同时将本申请转送至国家知识产权局原审查部门进行前置审查。

在《前置审查意见书》中，国家知识产权局原审查部门仍坚持原驳回理由。

专利复审委员会组成合议组，对本复审请求案进行了审理。合议组于 2007 年 3 月 15 日向复审请求人发出《复审通知书》，指出：

权利要求 1 请求保护的肽，以“17 ~ 45 位的氨基酸序列、其亚序列，或该序列或其亚序列的变异体”的方式进行结构限定，同时对肽的活性进行了功能性限定。其中氨基酸序列的亚序列、其变异体或其亚序列的变异体是宽范围的上位概念，其中包括数量极其庞大的多肽。而本领域技术人员需要从数目如此众多的肽中通过实验筛选出具备所述功能的肽，尚需要进行过多的实验，排除过多的不具备所述功能的肽，这对于本领域技术人员来说是一个过度劳动的过程，因此，权利要求 1 得不到说明书的支持，不符合专利法第 26 条第 4 款的规定。同理，权利要求 5、10 的保护范围也得不到说明书的支持，不符合专利法第 26 条第 4 款的规定。

2007 年 5 月 11 日，专利复审委员会收到复审请求人提交的意见陈述书和经修改的权利要求书，其中删除了权利要求 1、5、10 中关于“其亚序列、该序列或其亚序列的变异体”的记载。修改后的权利要求 1、5、10 为：

“1. 一种肽，具有人杀菌性通透性增强蛋白质（BPI）从 17 ~45 位的氨基酸序列，其中所述 BPI 具有如 SEQ ID NO：69 所示的序列，所述肽具有至少一种如下的 BPI 生物活性：肝素结合、肝素中和、LPS 结合、LPS 中和、杀细菌活性和杀真菌活性。

5. 一种肽，具有人杀菌性通透性增强蛋白质（BPI）从 65 ~99 位的氨基酸序列，其中所述 BPI 具有如 SEQ ID NO：69 所示的序列，所述肽具有至少一种如下的 BPI 生物活性：肝素结合、肝素中和、LPS 结合、LPS 中和、杀细菌活性和杀真菌活性。

10. 一种肽，具有人杀菌性通透性增强蛋白质（BPI）从 142 ~ 169 位的氨基酸序列，其中所述 BPI 具有如 SEQ ID NO：69 所示的序列，所述肽具有至少一种如下的 BPI 生物活性：肝素结合、肝素中和、LPS 结合、LPS 中和、杀细菌活性和杀真菌活性。”

至此，合议组认为本案事实已经清楚，可以作出复审决定。

**二、决定的理由**

1. 关于审查文本

本复审决定针对的文本是专利复审委员会于 2007 年 5 月 11 日收到的权利要求第 1 ~ 73 项，本申请进入中国国家阶段时提交的说明书第 1 ~ 175 页，附图第 1 ~ 72 页。

2. 关于专利法第 26 条第 4 款

专利法第 26 条第 4 款规定：权利要求书应当以说明书为依据，说明要求专利保护的范围。

权利要求的概括应当不超过说明书公开的范围。如果所属技术领域的技术人员不能合理预测说明书给出的实施方式的所有替换方式或变型方式都具有相同的性能或用途，则不能将权利要求的保护范围概括至覆盖其所有的替代或变型的方式。

对于本案而言，在复审请求人提出复审请求时提交的权利要求书中，权利要求 1 中记载的氨基酸序列的亚序列、其变异体或其亚序列的变异体是宽范围的上位概念，其中包括数量极其庞大的多肽，正如本领域技术人员所知和说明书所述，亚序列是指比原序列少一至多个氨基酸的序列，变异体包括线型、环化和支链氨基酸取代基和增加的变异体，上述一种或多种变异体及其组合将会产生数目众多、大小不一的肽，其中必然包括众多不具备权利要求所述功能的肽。虽然如复审请求人所述，权利要求 1 限定了所述肽的生物活性，即不具备该生物活性的肽不在权利要求 1 的保护范围内，但本领域技术人员需要从数目如此众多的肽中通过实验筛选出具备所述功能的肽，尚需要进行过多的实验，排除过多的不具备所述功能的肽，这对于本领域技术人员来说是一个过度劳动的过程，说明书中虽然存在若干亚序列，通过在原序列上取代、增加氨基酸等方式取得的变异体，但是由于这些实施例并不足以指导本领域技术人员在权利要求所述宽泛的肽范围内有目的、有规律地寻找具有所述功能多肽，因此权利要求 1 仍然得不到说明书的支持。同理，权利要求 5 和 10 也得不到说明书的支持，不符合专利法第 26 条第 4 款的规定。

复审请求人于 2007 年 5 月 11 日提交了权利要求书替换页，删除了权利要求 1、5、10 中记载的"其亚序列、该序列或其亚序列的变异体"，克服了原驳回决定所指出的缺陷，满足了专利法第 26 条第 4 款有关权利要求书应当得到说明书的支持的要求。

基于上述理由，本合议组特作出如下决定。

**三、决定**

撤销国家知识产权局于 2003 年 7 月 11 日作出的驳回决定，由原审查部门在专利复审委员会于 2007 年 5 月 11 日收到的复审请求人提交的权利要求书替换页的基础上继续进行审批程序。

复审请求人对本决定不服的，可以根据专利法第 41 条第 2 款的规定，自收到本决定之日起三个月内向北京市第一中级人民法院起诉。

040

# 具有促进 3T3 细胞转化功能的新的人蛋白及其编码序列

## 复审请求审查决定（第 10723 号）

**决　定　号**　第 10723 号
**决　定　日**　2007 年 6 月 9 日
**发明创造名称**　具有促进 3T3 细胞转化功能的新的人蛋白及其编码序列
**国 际 分 类 号**　C07K 14/435
**复 审 请 求 人**　上海新世界基因技术开发有限公司
**申　请　号**　01126724.0
**申　请　日**　2001 年 9 月 12 日
**公　开　日**　2003 年 3 月 19 日
**合 议 组 组 长**　李彦涛
**主　审　员**　刘　静
**参　审　员**　叶　娟

**法 律 依 据**　专利法第 26 条第 3 款
**决 定 要 点**
所属技术领域的技术人员能够实现，是指所属技术领域的技术人员按照说明书记载的内容，就能够实现该发明的技术方案，解决现有技术中存在的技术问题，并且产生预期的技术效果。

### 一、案由

本复审请求涉及申请人上海新世界基因技术开发有限公司于 2001 年 9 月 12 日申请、2003 年 3 月 19 日公开、名称为“具有促进 3T3 细胞转化功能的新的人蛋白及其编码序列”的 01126724.0 号发明专利申请（下称本申请）。

2003 年 9 月 12 日，国家知识产权局发出第一次审查意见通知书，认为：（1）本申请实施例中的实验只能说明所述的 cDNA 克隆在基因水平上有促进 3T3 细胞转化的功能，而这种作用不能推及到其他细胞，也不能说明这种促进作用一定直接与癌细胞的形成有关；（2）说明书中缺乏对重组蛋白的序列和分子量检测的数据，也没有进一步测定蛋白活性数据，难以确定该重组蛋白是否具有同样的促进细胞转化的活性；（3）实施例 1 没有记载所用的载体质粒。因此说明书不符合专利法第 26 条第 3 款的规定。

2004 年 1 月 29 日，申请人针对第一次审查意见通知书，提交了意见陈述、修改后的权利要求书（附件 1，第 1 页第 5 项）和附件 2（A novel growth suppressor gene on chromosome 17p13.3 with a high frequency of mutation in human hepatocellular carcinoma. Cancer Res. 2001 Oct 15；61（20）：7383 –

7.)、附件3（pCMV-ScriptTM XR cDNA Library Construction Kit 的说明书）。申请人认为新权利要求仅仅涉及到核酸序列、载体、宿主细胞等主题，没有一种技术方案是直接或间接地涉及到蛋白和抗体，也没有提及其与癌细胞形成有关；提交的附件2的实验可以证明，在表达载体中的基因在细胞内是表达蛋白的，并且通过表达的蛋白起到抑制癌细胞的克隆形成；附件3说明实施例1中的载体是公开充分的。修改后的权利要求书如下：

"1. 一种分离的多核苷酸，其特征在于，它包含一核苷酸序列，该核苷酸序列选自下组：（a）编码具有促进3T3细胞转化功能的多肽的多核苷酸，所述的多肽具有选自下组的氨基酸序列：SEQ ID NO：2、5、8、11、14、17、20、23、26、29、32、35；（b）与多核苷酸（a）互补的多核苷酸。

2. 如权利要求1所述的多核苷酸，其特征在于，该多核苷酸编码的多肽具有选自下组的氨基酸序列：SEQ ID NO：2、5、8、11、14、17、20、23、26、29、32、35。

3. 如权利要求1所述的多核苷酸，其特征在于，该多核苷酸的序列选自下组：

SEQ ID NO：3、6、9、12、15、18、21、24、27、30、33、36的编码区序列或全长序列。

4. 一种载体，其特征在于，它含有权利要求1所述的多核苷酸。

5. 一种遗传工程化的宿主细胞，其特征在于，它是选自下组的一种宿主细胞：（a）用权利要求4所述的载体转化或转导的宿主细胞；（b）用权利要求1所述的多核苷酸转化或转导的宿主细胞。"

2004年9月3日，针对上述修改后的权利要求书以及申请日提交的说明书及摘要，国家知识产权局以本申请说明书不符合专利法第26条第3款为由驳回了本申请。驳回决定指出，本申请说明书中没有记载实验结果或数据可以证明所述cDNA克隆序列或其编码的多肽具有说明书中所猜测的生物学功能或效应，即没有充分公开上述cDNA克隆序列或其编码的多肽的用途和效果，因此说明书不符合专利法第26条第3款的规定。对于申请人提交的附件2，审查员认为：附件2的公开日在本申请的申请日之后，不是现有技术；附件2的细胞明确来源于肝癌细胞，而本申请来自人胎盘cDNA文库；附件2中除所述的DNA方法外，还有一系列后续实验证实所述新的生长抑制基因的功能。

申请人上海新世界基因技术开发有限公司（下称复审请求人）对上述驳回决定不服，于2004年12月20日向专利复审委员会提出复审请求，提出复审请求时复审请求人没有提交修改文本。复审请求人认为：（1）本发明的核酸是限定为"具有促进3T3细胞转化功能的"核酸，并没有限定为原癌基因，或者要求保护促进癌细胞形成的核酸，因此审查员要求说明书必须公开证明这些克隆直接与癌细胞形成相关的要求是过于苛刻的。（2）虽然不是100%促进3T3细胞转化的基因都是癌基因，但是基于本领域中公认的促进3T3细胞转化与癌基因之间的密切相关性，人们完全可以用常规方法对本发明粗选出的各基因进行进一步的准确筛选，从而较高比例确定最终的原癌基因。（3）附件2仅仅是为了阐述一个在本申请日之前就公知的常识，即蛋白是基因功能的执行者。可把一个基因的编码序列装到真核或原核细胞的表达载体，使这个基因编码的蛋白在细胞中表达，进而研究该蛋白对细胞生长的作用。

形式审查合格后，专利复审委员会受理了该复审请求，并于2005年1月24日向复审请求人发出《复审请求受理通知书》，随后将本申请案卷移交原审查部门进行前置审查。

原审查部门对本复审请求进行了前置审查，坚持原驳回决定。

专利复审委员会组成合议组，对本复审请求案进行了审理，并于2006年7月26日向复审请求人发出《复审通知书》。《复审通知书》指出：（1）本申请说明书记载的上述实验操作中，仅以所述cDNA克隆相对于空载体作了转染对照实验，而未引入阳性对照，本申请说明书并没有具体验证转化效率的提高是由于所述特定的cDNA片段而直接引致的，更未能证明其促进转化的结果是通过其编码蛋白来实现的。（2）根据本申请权利要求的具体表述联系说明书中记载的试验方案，除非复审请求人能自现有技术中举证出3T3细胞转化效率的提高必然是由于转入核苷酸序列编码的产物蛋白的功能而导致，所属领域技术人员方能认为本发明实现了所声称的“编码具有促进3T3细胞转化功能的多肽”的效果。(3) 即使复审请求人能够举出充分的证据证明所述多核苷酸、载体、宿主细胞能够实现所声称的功能，该效果的证实也仅仅是发现了所述多核苷酸或其编码蛋白本身的一种性质，说明书中也并未将该性质运用到生产实践中得出在产业上切实可行的有确定用途的实施方案，因此本申请不符合专利法第26条第3款的规定。

针对《复审通知书》指出的问题，复审请求人于2006年9月11日提交了意见陈述书。复审请求人认为：(1) 实施例1给出了本发明cDNA基因的获得及对小鼠NIH/3T3细胞克隆形成的促进作用的实验，在说明书第10页的表格中，阳性基因的克隆数平均为36个，而对照为13，两者之比为2.7倍，在没有足够理由之前，审查员应当采信发明人的实验结果，而不宜采用怀疑态度。没有阳性对照不应也不能成为怀疑或否定实验结果的理由，本发明只需要定性地确定某一克隆是否会促进克隆形成，因此只需要与基本上无影响的情况（即转入空白载体的情况）相比即可。从实验方法看，携带外源cDNA的质粒和空白质粒是在相同的条件下转染细胞的，在相同条件下，却有2.7倍的克隆数差异，因此这足以合理地证明该差异是质粒上所携带的外源cDNA所造成的。(2) 不存在3T3细胞转化效率的提高必然是由于转入核苷酸序列表明的产物蛋白的功能所导致的现有技术，本申请的权利要求已经删除了涉及蛋白质的权利要求，仅保留了核酸权利要求和相应的载体等权利要求，因此即使涉及蛋白质的内容公开不充分，但是涉及核酸的内容，尤其是对应于权利要求3的说明书公开内容是充分的。(3) 本发明核酸的“促进3T3细胞生长”的性质如何在应用产业上解决实际存在的技术问题，是属于后续研究者研究的问题，并不影响本申请的充分公开。

至此，合议组认为本案事实清楚，可以作出审查决定。

## 二、决定的理由

专利法第26条第3款规定：说明书应当对发明或者实用新型作出清楚、完整的说明，以所属技术领域的技术人员能够实现为准。

所属技术领域的技术人员能够实现，是指所属技术领域的技术人员按照说明书记载的内容，就能够实现该发明的技术方案，解决现有技术中存在的技术问题，并且产生预期的技术效果。

本申请要求保护如下主题：(1) 一种包含编码具有促进3T3细胞转化功能的多肽的多核苷酸序列或其互补多核苷酸序列的分离的多核苷酸；(2) 一种含有所述多核苷酸的载体；(3) 一种以所述载体或多核苷酸转化或转导的宿主细胞。说明书中在其实施例1~2中具体实施了如下试验：自人胎盘cDNA文库和胎儿cDNA文库中获得所述cDNA序列，经转染小鼠NIH/3T3细胞，细胞计数证明上述cDNA克隆相对于空质粒载体对3T3细胞具有提高其转化效率的作用，并进一步自胎盘组织中利用PCR获得全长基因，并通过常规技术获得重组蛋白。此外，说明书中还具体列举说明了实现所述实验操作的常规操作步骤和用到的技术术语。

但是，在说明书记载的上述实验操作中，仅以所述cDNA克隆相对于空载体作了转染对照实验，而未引入阳性对照，而根据所属技术领域的知识，转化效率的影响因素众多，如混合速度、DNA的大小与浓度、DNA的纯度、缓冲条件、转染促进剂的使用等，本申请说明书并没有具体验证转化效率的提高是由于所述特定的cDNA片段而直接导致的，更未能证明其促进转化的结果是通过其编码蛋白来实现的，尽管在实施例2中得到了重组蛋白，但并未具体验证所述蛋白的具体效果和功能，所属领域技术人员显然无法确信本发明的多核苷酸序列可实现编码具有促进3T3细胞转化功能的多肽的功能（参见权利要求1的表述）。

合议组注意到，复审请求人在复审请求书中强调“蛋白是基因功能的执行者”为申请日前所属领域即应公知的常识，但不可否认的是，很多转录、表达等均是通过核酸水平进行调控的，例如，调控因子，具有调节功能的核酸片段等。而且，根据本申请权利要求的具体表述联系说明书中记载的试验方案，除非复审请求人能自现有技术中举证出3T3细胞转化效率的提高必然是由于转入核苷酸序列编码的产物蛋白的功能而导致，所属领域技术人员方能认为本发明实现了所声称的“编码具有促进3T3细胞转化功能的多肽”的效果。关于这一点，复审请求人在答复《复审通知书》时已经表示，不存在3T3细胞转化效率的提高必然是由于转入核苷酸序列表明的产物蛋白的功能所导致的现有技术。

此外，即使复审请求人能够举出充分的证据证明所述多核苷酸、载体、宿主细胞能够实现所声称的功能，对于“促进3T3细胞转化”这一效果的证实，也并不意味着请求保护的方案能够解决现有技术中实际存在的技术问题。复审请求人在答复《复审通知书》时认为：本发明核酸的“促进3T3细胞生长”的性质如何在应用产业上解决实际存在的技术问题，是属于后续研究者研究的问题，并不影响本申请的充分公开。对此，合议组认为“促进3T3细胞转化”效果的证实仅仅是发现了所述多核苷酸或其编码蛋白本身的一种性质，说明书中也并未将该性质运用到生产实践中得出在产业上切实可行的有确定用途的实施方案（如联系至具体的生理功能、适应症，实现药用），即，根据说明书的记载，本领域技术人员无法相信本申请所述的技术方案能够解决现有技术中实际存在的技术问题，因此，本申请不符合专利法第26条第3款的规定。

根据以上事实和理由，本案合议组作出如下审查决定。

**三、决定**

维持国家知识产权局于2004年9月3日对01126724.0号发明专利申请作出的驳回决定。

复审请求人对本决定不服的，可以根据专利法第41条第2款的规定，自收到本决定之日起三个月内向北京市第一中级人民法院起诉。

041

# 具有改善的药物动力学特性的修饰嵌合多肽

## 复审请求审查决定（第10734号）

**决　定　号**　第10734号
**决　定　日**　2007年5月9日
**发明创造名称**　具有改善的药物动力学特性的修饰嵌合多肽
**国际分类号**　C12N 15/12，C12N 15/62，C12N 15/10，C07K14/71，A61K 38/17，A61P 43/00
**复审请求人**　里珍纳龙药品有限公司
**申　请　号**　00811544.3
**优先权日**　1999年6月8日
**申　请　日**　2000年5月23日
**公　开　日**　2002年9月11日
**合议组组长**　李金光
**主　审　员**　尹　昕
**参　审　员**　吴通义

**法律依据**　专利法第31条、第26条第4款
**决定要点**

判断一件专利申请中要求保护的一组发明是否满足发明单一性的要求，就是要看权利要求中记载的技术方案的实质性内容是否属于一个总的发明构思，即判断这些权利要求中是否包含使它们在技术上相互关联的一个或者多个相同或者相应的特定技术特征，“特定技术特征”是指发明或者实用新型对现有技术作出贡献的技术特征。

权利要求所要求保护的技术方案应当是所属技术领域的技术人员能够从说明书公开的内容直接得到或者概括得出的技术方案，并且不得超出说明书记载的内容。

### 一、案由

本复审请求涉及申请日为2000年5月23日、公开日为2002年9月11日、名称为“具有改善的药物动力学特性的修饰嵌合多肽”的00811544.3号发明专利申请（下称本申请），申请人是里珍纳龙药品有限公司。

国家知识产权局于2005年1月28日以本申请权利要求1～10、12～16与权利要求11所要求保护

的技术方案不符合专利法第31条第1款的规定以及权利要求1~10、12~16不符合专利法第26条第4款的规定为由驳回了本申请。

驳回决定所针对的权利要求书如下：

“1. 一种分离的核酸分子，其编码一种融合多肽，该多肽具有与多聚化成分连接的VEGF受体成分，其中（a）血管内皮细胞生长因子（VEGF）受体成分是第一种VEGF受体的免疫球蛋白样（Ig）结构域2，和第二种VEGF受体的Ig结构域3，并且不包括任何其他VEGF受体结构域；（b）多聚化成分是免疫球蛋白结构域，其中第一种VEGF受体是Flt1，第二种VEGF受体是Flk1或Flt4，并且VEGF受体成分是融合多肽的唯一VEGF受体成分。

2. 如权利要求1的分离的核酸分子，其中编码第一种VEGF受体的胞外结构域的Ig结构域2的核苷酸序列位于编码第二种VEGF受体的胞外结构域的Ig结构域3的核苷酸序列的上游。

3. 如权利要求1的分离的核酸分子，其中编码第一种VEGF受体的胞外结构域的Ig结构域2的核苷酸序列位于编码第二种VEGF受体的胞外结构域的Ig结构域3的核苷酸序列的下游。

4. 如权利要求1的分离的核酸分子，其中，所述免疫球蛋白结构域选自下列一组：IgG的Fc区结构域、IgG重链和IgG的轻链。

5. 如权利要求1的分离的核酸分子，它具有选自下列一组的核苷酸序列（a）图21A-21C所示的核苷酸序列；（b）图22A-22C所示的核苷酸序列；（c）图24A-24C所示的核苷酸序列；和（d）由于遗传密码的简并性而不同于（a）、（b）或（c）的核苷酸序列的核苷酸序列。

6. 如权利要求1的分离的核酸分子，其中融合多肽的组分被排列为1，2，3；1，3，2；2，1，3；2，3，1；3，1，2或3，2，1，其中1是第一种VEGF受体成分，2是第二种VEGF受体成分，3是多聚化成分。

7. 一种载体，它含有权利要求1~6中任一项的核酸分子。

8. 一种表达载体，含有权利要求1~6中任一项的核酸分子，其中，所述核酸分子可操作地连接于一个表达控制序列上。

9. 一种用于生产融合多肽的哺乳动物宿主-载体系统，它包括存在于合适哺乳动物宿主细胞中的权利要求8的表达载体。

10. 如权利要求9的宿主-载体系统，其中，合适的宿主细胞是CHO细胞。

11. 一种生产融合多肽的方法，包括在能够产生该融合多肽的条件下生长权利要求9或10的宿主-载体系统的细胞，并回收由此所产生的融合多肽。

12. 一种融合多肽，该多肽具有与多聚化成分连接的VEGF受体成分，其中

（a）VEGF受体成分是Flt 1 VEGF受体的免疫球蛋白样（Ig）结构域2，和Flk-1或Flk-4 VEGF受体的Ig结构域3，并且不包括任何其他VEGF受体结构域；

（b）多聚化成分是免疫球蛋白结构域，并且其中VEGF受体成分是融合多肽的唯一VEGF受体成分。

13. 如权利要求12的融合多肽，其中所述免疫球蛋白结构域选自下列一组：IgG的Fc区结构域、IgG重链和IgG的轻链。

14. 如权利要求13的融合多肽，其具有图21A~21C、图22A~22C、图24A~24C所示的氨基酸序列。

15. 一种二聚化血管内皮细胞生长因子（VEGF）拮抗剂，其包含两种融合多肽，每种融合多肽如权利要求13~15中任一项所定义。

16. 如权利要求 15 的二聚化拮抗剂，它是通过酰化或聚乙二醇化而修饰的。”

驳回决定的主要理由为：（1）权利要求 1～10、12～16 以特定的“融合多肽”为其特定技术特征。权利要求 11 要求保护一种生产融合多肽的方法，但并没有对“融合多肽”作明确的限定，因此权利要求 1～10、12～16 与权利要求 11 这两组权利要求记载的技术方案之间没有相同或相应的特定技术特征，不具备单一性，不符合专利法第 31 条的规定。（2）本发明的目的是“改善药物动力学”，而说明书中除了实施例 29 中列举的核酸分子之外，没有直接的证据证明权利要求 1 中所包含的其他的核酸分子都能“改善药物动力学”，除了说明书已经证实能达到本发明的目的的技术方案，权利要求 1 还包括了其他方案。因此该权利要求得不到说明书的支持。同理权利要求 2～10、12～16 也不符合专利法第 26 条第 4 款的规定。

针对上述驳回决定，申请人里珍纳龙药品有限公司（下称复审请求人）于 2005 年 5 月 12 日向专利复审委员会提出复审请求，同时提交了权利要求书的修改记录，但没有提交修改的权利要求书替换页。复审请求人在复审理由中指出修改后的权利要求清楚地限定了融合蛋白的多聚化成分，以及 VEGF 受体的两个结构域之间的距离和位置关系，并且涉及具体的序列，因此克服了驳回决定所指出的缺陷。

形式审查合格后，专利复审委员会受理了该复审请求，并于 2005 年 6 月 7 日向复审请求人发出《复审请求受理通知书》，同时将本申请移交原审查部门进行前置审查。

原审查部门对本复审请求进行了前置审查，认为复审请求人虽然提出对权利要求书进行修改并提交了修改记录，但没有提交正式的修改文件替换页，而驳回决定针对的文本仍然存在驳回决定中所指出的缺陷，故坚持原驳回决定。

专利复审委员会组成合议组，对本案的复审请求进行了审理。于 2006 年 4 月 24 日向复审请求人发出《复审通知书》。《复审通知书》指出：（1）复审请求人在提出复审请求时提交了权利要求书的修改记录，其中对权利要求书进行了多处修改，但没有提交正式的修改后的权利要求书替换页，因此不符合专利法实施细则第 52 条的规定。（2）合议组在驳回决定所针对文本的基础上进行审查，该文本存在驳回决定所指出的缺陷。

针对《复审通知书》指出的问题，复审请求人于 2006 年 6 月 9 日提交了经修改的权利要求书替换页，修改后的权利要求书如下：

“1. 一种分离的核酸分子，其编码一种融合多肽，该多肽具有与多聚化成分连接的 VEGF 受体成分，其中（a）血管内皮细胞生长因子（VEGF）受体成分是第一种 VEGF 受体的免疫球蛋白样（Ig）结构域 2，和第二种 VEGF 受体的 Ig 结构域 3，并且不包括任何其他 VEGF 受体结构域；（b）多聚化成分是免疫球蛋白结构域，并且所述融合多肽具有图 21A～21C、图 22A～22C 或图 24A～24C 的氨基酸序列。

2. 如权利要求 1 的分离的核酸分子，它具有选自下列一组的核苷酸序列（a）图 21A–21C 所示的核苷酸序列；（b）图 22A–22C 所示的核苷酸序列；（c）图 24A–24C 所示的核苷酸序列。

3. 一种载体，它含有权利要求 1 或 2 的核酸分子。

4. 一种表达载体，含有权利要求 1 或 2 的核酸分子，其中，所述核酸分子可操作地连接于一个表达控制序列上。

5. 一种用于生产融合多肽的哺乳动物宿主–载体系统，它包括存在于合适哺乳动物宿主细胞中的权利要求 4 的表达载体。

6. 如权利要求5的宿主-载体系统，其中，合适的宿主细胞是CHO细胞。

7. 一种融合多肽，其具有VEGF受体成分，所述受体成分与多聚化成分连接，并具有图21A～21C、图22A～22C或图24A～24C所示的氨基酸序列。

8. 一种生产权利要求7的融合多肽的方法，包括在能够产生该融合多肽的条件下生长权利要求5或6的宿主-载体系统的细胞，并回收由此所产生的融合多肽。

9. 一种二聚化血管内皮生长因子（VEGF）拮抗剂，其包含两种融合多肽，每种融合多肽如权利要求7所定义。

10. 如权利要求9的二聚化拮抗剂，它是通过酰化或聚乙二醇化而修饰的。”

至此，合议组认为本案事实清楚，可以作出审查决定。

**二、决定的理由**

1. 审查文本

复审请求人于2006年6月9日提交了修改的权利要求1～10项的替换页，该修改内容符合专利法第33条和专利法实施细则第60条第1款的规定。

本复审决定依据的审查文本为复审请求人于2006年6月9日提交的权利要求1～10项以及本申请进入中国国家阶段时复审请求人提交的国际申请文件的说明书第1～46页、说明书摘要以及附图1～55页。

2. 关于专利法第31条

专利法第31条规定：一件发明或者实用新型专利申请应当限于一项发明或者实用新型。属于一个总的发明构思的两项以上的发明或者实用新型，可以作为一件申请提出。

判断一件专利申请中要求保护的一组发明是否满足发明单一性的要求，就是要看权利要求中记载的技术方案的实质性内容是否属于一个总的发明构思，即判断这些权利要求中是否包含使它们在技术上相互关联的一个或者多个相同或者相应的特定技术特征，“特定技术特征”是指发明或者实用新型对现有技术作出贡献的技术特征。

本案中，复审请求人于2006年6月9日提交的修改后的权利要求1～10均包含技术特征：具有一定结构的融合多肽，即该多肽具有与多聚化成分连接的VEGF受体成分，且具有图21A～21C、图22A～22C或图24A～24C所示的氨基酸序列。具有该结构的融合多肽是解决本发明所要解决的技术问题，即改善药物动力学特性的基础，因此，该技术特征是本发明中的特定技术特征。权利要求1～10记载的技术方案均具有该特定技术特征，即具有相同或相应的特定技术特征，属于一个总的发明构思，符合专利法第31条的规定。

3. 关于专利法第26条第4款

专利法第26条第4款规定：权利要求书应当以说明书为依据，说明要求专利保护的范围。

权利要求所要求保护的技术方案应当是所属技术领域的技术人员能够从说明书公开的内容直接得到或者概括得出的技术方案，并且权利要求概括的范围不得超出说明书记载的内容。

本案中，复审请求人于2006年6月9日提交的修改后的权利要求1融合多肽具体限定为说明书实施例29中记载的相应于图21A～21C、图22A～22C、图24A～24C所示的核苷酸序列的融合蛋白，该实施例给出了列举的核酸分子能够编码具有改善的药物动力学功能的融合蛋白的实验数据。因此权利要求1概括的范围可以得到说明书的支持，符合专利法第26条第4款的规定。同理，修改后的权利要求2～10也符合专利法第26条第4款的规定。

根据以上事实和理由，本案合议组作出如下审查决定。

**三、决定**

撤销国家知识产权局于2005年1月28日对00811544.3号发明专利申请作出的驳回决定。由原审查部门在本复审请求审查决定所依据的文本的基础上继续进行审查。

复审请求人对本决定不服的，可以根据专利法第41条第2款的规定，自收到本决定之日起三个月内向北京市第一中级人民法院起诉。

042

# 具有碱性α-淀粉酶活性的多肽及其编码核酸

## 复审请求审查决定（第10735号）

**决　定　号**　第10735号
**决　定　日**　2007年6月3日
**发明创造名称**　具有碱性α-淀粉酶活性的多肽及其编码核酸
**国际分类号**　C12N 9/28，C11D 3/386
**复审请求人**　诺维信公司
**申　请　号**　00807805. X
**优先权日**　1999年3月31日，1999年4月13日
**申　请　日**　2000年3月28日
**公　开　日**　2002年5月29日
**合议组组长**　何　炜
**主　审　员**　尹　昕
**参　审　员**　许　磊

**法律依据**　专利法第26条第4款
**决定要点**

权利要求书应当以说明书为依据是指权利要求书应当得到说明书的支持，即权利要求书中的每一项权利要求所要求保护的技术方案应当是所属技术领域的技术人员能够从说明书充分公开的内容得到或者概括得出的技术方案，并且不得超出说明书公开的范围。

**一、案由**

本复审请求涉及2000年3月28日申请，2002年5月29日公开、名称为“具有碱性α-淀粉酶活性的多肽及其编码核酸”的00807805. X号发明专利申请（下称本申请）。本申请的优先权日为1999年3月31日和1999年4月13日。本申请的申请人为诺维信公司。

国家知识产权局于2005年2月4日以本申请的权利要求1得不到说明书的支持，不符合专利法第26条第4款的规定为由驳回了本申请。

驳回决定所针对的权利要求1如下：

“1. 一种分离的多肽，其具有α-淀粉酶活性并具有选自下列的一种或多种特征或特性：（a）具有SEQ ID NO：2或SEQ ID NO：4的氨基酸序列的多肽；（b）含有与SEQ ID NO：2或SEQ ID NO：4的氨基酸1~485有至少85%同一性的氨基酸序列的多肽；（c）由在中度严谨条件下与（i）SEQ ID NO：1或SEQ ID NO：3的核酸序列，（ii）SEQ ID NO：1或SEQ ID NO：3的cDNA序列，（iii）（i）

或（ii）的至少100个核苷酸的亚序列，或（iv）（i）、（ii）或（iii）的互补链杂交的核酸序列编码的多肽；（d）（a）到（c）的等位基因变体。”

驳回决定中指出：权利要求1中的（b）项要求保护的是含有与SEQ ID NO：2或SEQ ID NO：4的氨基酸序列1～485有至少85％同一性的氨基酸序列的多肽，满足这一条件的多肽有许多，本领域技术人员已知，对多肽的氨基酸序列仅仅进行微小的改变，都很有可能导致多肽功能的丧失，而在所述的多肽中，如果有多达15％的约72个氨基酸残基发生了改变，本领域技术人员更没有理由相信这样的多肽还能保持原有的功能，因此（b）项限定的多肽包括了一个过宽的保护范围。同理，满足权利要求1（c）项所述条件的多肽也有许许多多，在这些多肽中也仅有少部分能够保持原有多肽的功能，其也限定了一个过宽的保护范围，因此，权利要求1得不到说明书的支持，不符合专利法第26条第4款的规定。

申请人诺维信公司（下称复审请求人）对上述驳回决定不服，于2005年5月19日向专利复审委员会提出复审请求，复审请求人在提出复审请求的同时没有对申请文本进行修改。复审请求人指出：（1）权利要求1（b）项限定的多肽既要符合同源性的条件，同时还要符合活性条件，而驳回决定中并没有考虑活性特征；（2）本申请已经证实了权利要求1（b）项所述结构特征并具有α-淀粉酶活性的多肽的存在（例如，AAI-10和AAI-6），说明书中还详细说明了确定多肽的α-淀粉酶活性的方法（如说明书第41页），本领域技术人员可以直接或概括得出例如由说明书公开的多个实施例，如实施例1～8概括得出权利要求1（b）项的整个技术方案。同理，权利要求1（c）项的方案也符合专利法第26条第4款的规定。因此权利要求1可以得到说明书的支持。

形式审查合格后，专利复审委员会受理了该复审请求，并于2005年6月23日向复审请求人发出《复审请求受理通知书》，同时将本申请案卷移交原审查部门进行前置审查。

原审查部门对本复审请求进行了前置审查，认为驳回决定指出的关于本申请的权利要求得不到说明书支持的缺陷仍然存在，故坚持原驳回决定。

专利复审委员会组成合议组，对本案的复审请求进行了审理。于2006年4月29日向复审请求人发出《复审通知书》。《复审通知书》指出：本申请的权利要求1（b）项所涉及的含有与SEQ ID NO：2或SEQ ID NO：4的氨基酸序列1～485有至少85％同一性的氨基酸序列的多肽是否与SEQ ID NO：2或SEQ ID NO：4同样具有α-淀粉酶的活性，说明书中并没有试验证据，本领域技术人员也无法从现有技术中合理地推导出来。这是因为，作为蛋白质一级结构的氨基酸序列是其空间结构的基础，而蛋白质的空间结构又是其功能的基础，如果蛋白质氨基酸序列中的一些甚至一个起关键作用的氨基酸改变，就会导致蛋白质空间结构与生物学活性或功能的巨大变化。对于本发明所分离的核酸编码的α-淀粉酶蛋白也是如此，一些关键部位（如结构域、酶活性部位等）氨基酸的改变会大大改变其生物学功能及活性。因此，根据现有技术以及本领域技术人员的公知常识，本领域技术人员无法判断权利要求1的（b）项所涉及的与SEQ ID NO：2或SEQ ID NO：4所示的氨基酸序列多肽在氨基酸水平上有85％的同源性的成千上万个多肽是否具备有效的α-淀粉酶的功能，从而达到发明的目的。虽然权利要求1（b）项中同时采用了功能性限定“具有α-淀粉酶活性”，但是对于这种功能性限定，审查指南3.2.2中明确规定，通常，对于产品权利要求来说，应当尽量避免使用功能或效果特征来限定发明，只有在某一技术特征无法用结构特征来限定，或者技术特征用结构特征限定不如用功能或效果特征来限定更为清楚，而且功能或者效果能通过说明书中充分的实验或者操作直接和肯定地验证的情况下，使用功能或者效果特征来限定发明才是允许的。但是不得利用功能或者效果特征任意扩大权利要求的保护范围，以免造成权利要求的保护范围不合理。对于本申请而言，权利要求1的（b）项包括编码与说明书中提供的原始氨基酸序列具有至少85％同源性的多肽的大量核酸序列，是否能够保留所述的α-淀粉酶功能，必需可信的实验证据，仅凭功能性限定是无法确定的，且这种功能限定在说明书中没有充分的实验或者操作直接、肯定地验证，而结构限定又涵盖了一个过大的范围，对于这个要求保护的范围内的许多技术方案，不经过大量的劳动，本领域技术人员无法从说明书以及现有技术的教导中推导出该方案是否能够达到发明的目的。同理，本领域技术人员也无法判断权利要求1的（c）项的多肽是否具备与SEQ ID NO：2或SEQ ID NO：4同样具有α-淀粉酶的活性，因为本领域技术人员已知，满足上述条件的DNA序列远远不限于SEQ ID NO：1或SEQ ID NO：3本身，而本领域技术人员无法判断该技术方案所包括的成千上万多DNA序列是否具备所述的α-淀粉酶的功能。综上所述，权利要求1得不到说明书的支持。

针对《复审通知书》指出的问题，复审请求人于2006年6月14日提交了意见陈述书及经修改的权利要求书，删除了权利要求1的（b）和（c）项。修改后的权利要求1如下：

"1. 一种分离的多肽，其具有α-淀粉酶活性并具有选自下列的一种或多种特征或特性：（a）具有SEQ ID NO：2或SEQ ID NO：4的氨基酸序列的多肽；（d）（a）的等位基因变体。"

至此，合议组认为本案事实清楚，可以作出审查决定。

**二、决定的理由**

1. 决定所依据的文本

复审请求人在于2006年6月14日提交的修改文本中仅删除了权利要求1的（b）和（c）项，对其余权利要求未作修改，这种修改符合专利法第33条和专利法实施细则第60条第1款的规定，因此，本决定所依据的文本为：复审请求人于2006年6月14日提交的权利要求第1~16项以及驳回决定所针对的说明书第1~52页、核苷酸和氨基酸序列表第1~10页、说明书附图第1~8页和摘要。

2. 关于专利法第26条第4款

专利法第26条第4款规定：权利要求书应当以说明书为依据，说明要求专利保护的范围。

权利要求书应当以说明书为依据是指权利要求书应当得到说明书的支持，即权利要求书中的每一项权利要求所要求保护的技术方案应当是所属技术领域的技术人员能够从说明书充分公开的内容得到或者概括得出的技术方案，并且不得超出说明书公开的范围。

本案中，原权利要求1中的（b）和（c）项涵盖了得不到说明书支持的内容，复审请求人在2006年6月14日提交的修改后的权利要求书中，删除了原权利要求1的（b）和（c）项，将其修改为："一种分离的多肽，其具有α-淀粉酶活性并具有选自下列的一种或多种特征或特性：（a）具有SEQ ID NO：2或SEQ ID NO：4的氨基酸序列的多肽；（d）（a）的等位基因变体"。因此，修改后的权利要求1克服了驳回决定中指出的缺陷。

根据以上事实和理由，本案合议组作出如下审查决定。

**三、决定**

撤销国家知识产权局于2005年2月4日对00807805.X号发明专利申请作出的驳回决定。由原审查部门在本决定所依据的审查文本的基础上继续进行审查。

复审请求人对本决定不服的，可以根据专利法第41条第2款的规定，自收到本决定之日起三个月内向北京市第一中级人民法院起诉。

043

# 一种治疗癌症的药物、制备方法及其用途

## 复审请求审查决定（第10740号）

**决　定　号**　第10740号
**决　定　日**　2007年6月9日
**发明创造名称**　一种治疗癌症的药物、制备方法及其用途
**国际分类号**　A61K 35/78；A61P 35/00
**复审请求人**　翁敬周
**申　请　号**　03156252.3
**申　请　日**　2003年9月2日
**公　开　日**　2004年3月31日
**合议组组长**　何　炜
**主　审　员**　任　怡
**参　审　员**　许　磊

**法律依据**　专利法第26条第3款
**决定要点**

说明书应当写明发明所要解决的技术问题、解决其技术问题采用的技术方案以及有益效果。凡是所属领域技术人员不能从现有技术中直接、唯一地得出的有关内容，均应当在说明书中描述。如果说明书所给出的技术手段对于所属技术领域的技术人员是含糊不清的，使得所属技术领域的技术人员根据说明书记载的内容无法具体实施，则说明书存在公开不充分的缺陷，不符合专利法第26条第3款的规定。

### 一、案由

本复审请求涉及2003年9月2日申请、2004年3月31日公开、名称为“一种治疗癌症的药物、制备方法及其用途”的03156252.3号发明专利申请（下称本申请），本申请的申请人为翁敬周。

2005年5月13日，国家知识产权局以说明书不符合专利法第26条第3款的规定为由驳回了本申请。驳回决定所针对的独立权利要求如下：

“1. 一种治疗癌症的药物，其特征在于它是按以下重量比的配比为原料制成的：

| | |
|---|---|
| 还魂草 | 30～60份 |
| 白花蛇舌草 | 30～50份 |
| 山楂 | 25～30份 |
| 小叶石络莲 | 20～30份 |

| | |
|---|---|
| 龙葵 | 20～30 份 |
| 薏苡仁 | 20～30 份 |
| 半枝莲 | 15～30 份 |
| 矮地茶 | 15～20 份 |
| 神曲 | 15～20 份 |
| 七叶一枝花 | 10～20 份 |
| 白术 | 10～20 份 |
| 茯苓 | 10～15 份 |
| 陈皮 | 10～15 份 |
| 地骨皮 | 10～15 份 |
| 山药 | 10～15 份 |
| 羚羊角 | 8～10 份 |
| 壁虎 | 3～5 份 |
| 藤梨根 | 0～60 份 |
| 丹参 | 0～50 份 |
| 赤芍 | 0～50 份 |
| 大叶石络莲 | 0～30 份 |
| 鱼腥草 | 0～30 份 |
| 仙鹤草 | 0～30 份 |
| 黄柏 | 0～20 份 |
| 黄精 | 0～20 份 |
| 延胡索 | 0～15 份。 |

9. 一种制备如权利要求 1 所述的药物方法，其特征在于按重量配比的原料，把羚羊角装入容器，加 3～4 倍重量的水，加温至 100℃，时间 15～20min 进行溶解，然后，把其他味的中药磨粉混合后，加 3～4 倍总量的水，低温浸泡 20～40℃，浸泡时间 30～45min，减压蒸馏，加热时间 15～20min，减压降温时间 15min，加热减压降温往复 3 次，多次重结晶或不同溶剂交替进行重结晶，精制结晶体装入胶囊。

10. 一种在制备治疗癌症的药物的用途，用于治疗肝癌、乳腺癌、食道癌、淋巴癌、肺癌、胃癌、子宫癌、皮肤癌、鼻咽癌、直肠癌、前期肿瘤和中晚期癌症，血液量少，止痛，转基因等。"

驳回决定认为：配方的组分"小叶石络莲"在《中药大辞典》及申请日前常用的期刊杂志上没有公开记载过，并且也没有在说明书中作出详细解释，从而使本领域普通技术人员无法判断"小叶石络莲"是何药材，不能制备出本申请中所述"紫阳还魂丹"，实现发明目的，申请人答复第一次审查意见时提供的附件 1～3 中没有关于"小叶石络莲"这个名称的记载，因此无法证明申请文件公开充分，本申请说明书不符合专利法第 26 条第 3 款的规定。

申请人翁敬周（下称复审请求人）对上述驳回决定不服，于 2005 年 8 月 29 日向专利复审委员会提出复审请求。复审请求人在提出复审请求时提交了附件 1、3～4，未对权利要求书和说明书进行修改。复审请求人认为：附件 1 于申请日前公开了石络莲。石络莲包括小叶石络莲和大叶石络莲两种，都统称石络莲。并且附件 3 中描述"络石"的"石间者，叶细厚而圆短"是小叶石络莲；"绕树生者，叶大而薄"就是大叶石络莲，在附件 3 中也说明它们的功能是相同的，而本申请中提到大叶石络莲和小叶石络莲的功能都是治疗肿瘤。本领域技术人员根据两种文献可以知道什么是小叶石络莲，什么是大叶石络莲。因此国家知识产权局驳回的理由不成立。

形式审查合格后，专利复审委员会受理了该复审请求，并于2005年9月28日向复审请求人发出《复审请求受理通知书》，同时将本申请案卷移交原审查部门进行前置审查。

原审查部门对本复审请求进行了前置审查，认为：没有证据证明附件1中的“石络莲”就是附件3中的“络石”；在现有的公开出版物中也不能找到关于“小叶石络莲”和“大叶石络莲”的描述。因此坚持原驳回决定。

专利复审委员会组成合议组，对本案的复审请求进行了审理。于2006年10月27日向复审请求人发出《复审通知书》。《复审通知书》指出：

本发明的中药组合物由多味中药制成，其中涉及两味中药原料“小叶石络莲”和“大叶石络莲”。这两种物质不是所属领域技术人员公知的物质，没有记载在现有技术中，本申请中也没有给出充分的技术信息告知“小叶石络莲”和“大叶石络莲”是何种物质、如何得到，因此所属领域的技术人员按照说明书的记载无法制得所述中药从而实现本发明。附件1中的石络莲与本申请所述的大、小叶石络莲名称不同，难以核实“小叶石络莲”或“大叶石络莲”是否是“石络莲”。并且，附件1虽然提及了“石络莲”，但是没有任何关于如何准确识别该植物以及介绍如何获得该药材的内容。所属领域技术人员根据附件1仍无法准确获得原材料。根据附件2无法确定“抱石莲”就是“小叶石络莲”、“大叶石络莲”。附件3中没有任何关于“络石”与“小叶石络莲”和“大叶石络莲”是同一种物质的或有任何关系的描述，所属领域技术人员不能毫无疑义地确定“络石”就是“小叶石络莲”、“大叶石络莲”。附件4的图文既未记载在原始申请文件中，也不是申请日前公开的现有技术，无法证明本申请公开充分。

针对《复审通知书》指出的问题，复审请求人于2006年12月11日提交了意见陈述书并新提交了附件1和5，复审请求人认为：石络莲是附件3中的络石，根据植物的形态被称为石络莲，附件3中描述了石络莲的性状，该植物有尖叶和圆叶两种，附件5证明“小叶石络莲”和“大叶石络莲”为附件3中的络石；附件1记载了“石络莲”，证明了在申请日前“石络莲”被公开。

复审请求人在本申请审查过程中提交的相关证据如下：

附件1：复审请求人于2005年1月25日、2005年8月29日、2006年12月11日分别提交的“癌症克星—紫阳还魂丹的药用效果”，翁敬周，当代专家论文精选，江涛等主编，中国人事出版社，2003年6月第1版第1次印刷，封面页、版权页和第823~824页，复印件共4页；

附件2：复审请求人于2005年1月25日提交的“杭州植物园药用植物名录”，封面页和第22页，复印件共2页；

附件3：复审请求人于2005年1月25日、2005年8月29日分别提交的“本草纲目”，李时珍著，封面页、第1329页，复印件共2页；

附件4：复审请求人于2003年9月2日、2005年8月29日分别提交的大叶石络莲、小叶石络莲、还魂草的绘制图等，共4页；

附件5：复审请求人于2006年12月11日提交的大叶石络莲和小叶石络莲的彩色照片，共2页。

至此，合议组认为本案事实已经清楚，可以作出审查决定。

**二、决定的理由**

1．审查依据的文本

本案审理过程中，复审请求人在提出复审请求后未对申请文件进行任何修改，本复审决定所针对的文本为驳回决定所针对的文本。

2. 关于专利法第26条第3款

专利法第26条第3款规定：说明书应当对发明或者实用新型作出清楚、完整的说明，以所属技术领域的技术人员能够实现为准。

说明书应当写明发明所要解决的技术问题、解决其技术问题采用的技术方案以及有益效果。凡是所属领域技术人员不能从现有技术中直接、唯一地得出的有关内容，均应当在说明书中描述。如果说明书所给出的技术手段对于所属技术领域的技术人员是含糊不清的，使得所属技术领域的技术人员根据说明书记载的内容无法具体实施，则说明书存在公开不充分的缺陷，不符合专利法第26条第3款的规定。

就本案而言，本发明的目的在于提供一种治疗癌症的中药及其制备方法和用途。该中药组合物由多味中药制成，在这些中药原料中涉及两味中药原料“小叶石络莲”和“大叶石络莲”。这两种中药药材没有记载在《中药大辞典》等词典和手册中，不是所属领域技术人员公知的物质，并且在其他现有技术中也没有关于“小叶石络莲”和“大叶石络莲”是何种物质、如何得到的介绍和说明。在所要保护的药物中含有现有技术中未知的中药植物，说明书中又没有记载该植物品种所属的属或种的中文名称和拉丁文名称、有关该品种与国内外同类品种对比的背景材料的说明、育种过程和育种方法、有关销售情况的说明、适于生长的区域或者环境以及栽培技术等信息，从而使所属领域技术人员不能根据说明书的描述获得该中药药材，进而使所属技术领域的技术人员不能获得本发明所要保护的中药，即按照说明书的记载无法实现本发明。

复审请求人认为附件1~5可以证明小叶石络莲和大叶石络莲在现有技术是已知的。

对于复审请求人提交的附件1~3，合议组认为：附件1是复审请求人自己发表的一篇文章，其中虽然提及了“石络莲”，但是没有任何关于如何准确识别该植物以及介绍如何获得该药材的内容。附件1也没有清楚描述大叶石络莲、小叶石络莲或石络莲中任何一种。所属领域技术人员仅仅根据附件1的描述仍不能得知“小叶石络莲”和“大叶石络莲”是何种物质、如何得到。此外，虽然附件1中的药品名称“紫阳还魂丹”与本申请产品的商品名称相同，但是附件1没有公开其具体组成，仅公开其中含有还魂草和石络莲，无法认定其具有与本申请相同的组成，而附件1中“石络莲”与本申请所述的大叶石络莲和小叶石络莲名称不同，从本申请来看，大、小叶石络莲是两味药材，因此难以认定本申请中的“小叶石络莲”或“大叶石络莲”就是附件1的“石络莲”。因此，仅仅根据附件1中提及的“石络莲”这一名词，并不能使所属领域技术人员获得本申请中所用的每一种原材料。同样，附件2中也没有关于“抱石莲”与“小叶石络莲”或“大叶石络莲”是同一种物质或有任何关系的描述，无法证明本申请中的“小叶石络莲”或“大叶石络莲”是附件2中的“抱石莲”。附件3中只记载了有关“络石”的形态功效等内容，也没有任何关于“络石”与“小叶石络莲”和“大叶石络莲”是同一种物质的或有任何关系的描述，同样不能证明它们是同一物质。

对于复审请求人提交的附件4和5，合议组认为：附件4、5既不是申请日前的现有技术，又未记载在原说明书和权利要求书中，所属领域技术人员也无法从原说明书和权利要求书中毫无疑义地推知照片或绘制图上的信息，也不能证明“小叶石络莲”和“大叶石络莲”在申请日前是现有技术中已知的。

综上所述，复审请求人提供的所有附件均不能证明“小叶石络莲”和“大叶石络莲”是现有技术公知的物质。由于所属领域技术人员不能从现有技术中知道如何获得“小叶石络莲”和“大叶石络莲”，而本申请说明书中也没有进行详细描述。因此说明书所给出的技术手段对所属技术领域的技术人员来说含糊不清，根据说明书记载的内容无法实现该发明。本申请说明书不符合专利法第26条第3款的规定。

根据以上事实和理由，本案合议组作出如下审查决定。

**三、决定**

维持国家知识产权局于2005年5月13日对03156252.3号发明专利申请作出的驳回决定。

复审请求人对本决定不服的，可以根据专利法第41条第2款的规定，自收到本决定之日起三个月内向北京市第一中级人民法院起诉。

044

# 肾细胞癌治疗

## 复审请求审查决定（第10745号）

**决　定　号**　第10745号
**决　定　日**　2007年6月12日
**发明创造名称**　肾细胞癌治疗
**国际分类号**　A61K 38/21、47/48，A61P 35/00
**复审请求人**　先灵公司
**申　请　号**　00808740.7
**申　请　日**　2000年4月6日
**优先权日**　1999年4月8日
**公　开　日**　2002年9月4日
**合议组组长**　侯秋霞
**主　审　员**　任晓兰
**参　审　员**　汪送来

**法律依据**　专利法第26条第3款
**决定要点**

对于已知化学产品的新用途发明来说，如果本领域技术人员无法根据现有技术预测该用途，同时在说明书中也未记载对于本领域技术人员来说，足以证明所述物质可以用于所述用途并能解决所要解决的技术问题或者达到所述效果的实验数据，则该说明书未充分公开到本领域技术人员能够实现的程度。

### 一、案由

本复审请求案涉及发明名称为“肾细胞癌治疗”的00808740.7号发明专利申请（下称本申请），申请人为先灵公司，申请日为2000年4月6日，优先权日为1999年4月8日，公开日为2002年9月4日。

2004年1月16日，针对申请人于2003年12月16日提交的权利要求第1~29项、进入中国国家阶段时提交的说明书第1~9页和说明书摘要，国家知识产权发出了第二次审查意见通知书，认为权利要求1、2、4~8、10、21、25~27相对于对比文件1（US 5766582A，公开日为1998年6月16日）和对比文件2（WO 9848840A，公开日为1998年11月5日）不具备创造性，权利要求3、9和10不符合专利法第26条第4款的规定，权利要求11~20、22~24、28~29不符合专利法实施细则第20条第1款的规定。

2004年4月29日，申请人针对上述审查意见进行了答复，提交了修改后的权利要求1～15，并陈述了修改后的权利要求具有创造性、符合专利法第26条第4款，以及专利法实施细则第20条第1款的规定的理由，同时提交以下证据1和证据2，分别旨在用于表明用聚乙二醇化的干扰素来降低副作用的非显而易见性和修改后的权利要求3符合专利法第26条第4款的规定：

证据1：US 5951974A，公开日1999年9月14日；

证据2：Ronald Bukowski等人，Journal of Clinical Oncology，第20卷，第18期，第3841～3949页，公开日为2002年9月15日，标题为"Pegylated Interferon Alfa-2b Treatment for Patients With Solid Tumors：A phase I/II Study"。

2004年6月11日，国家知识产权局以申请人于2004年4月29日提交的权利要求第1～15项，进入中国国家阶段时提交的说明书第1～9页及说明书摘要为基础，以权利要求1～4、8～10不具备创造性为由驳回了本申请。

驳回决定认为：(1) 权利要求1要求保护聚乙二醇化干扰素α在制备用于治疗肾细胞癌患者的药物中的用途，对比文件1公开了包含有效量干扰素α的制剂可用于治疗肾细胞癌，其与权利要求1的区别仅在于在权利要求1中使用的是聚乙二醇化的干扰素α，而对比文件1中公开的是干扰素α；但是在对比文件2中提到，用聚乙二醇化的干扰素α可治疗对用干扰素α治疗敏感的疾病，并且可以增强治疗效果，大大减轻或消除通常用干扰素α治疗所引起的不良副作用，同时，对比文件2中还公开了将干扰素α和聚乙二醇结合的目的是通过明显延长干扰素α的血浆半衰期而改善该蛋白质的传递并由此提供干扰素α的延长的活性，因此，本领域技术人员在对比文件1的基础上结合对比文件2得到权利要求1的技术方案是显而易见的，而且这一结合未产生意想不到的效果，因此，权利要求1不具备创造性。(2) 从属权利要求2、8～10的附加技术特征在对比文件2中公开了，从属权利要求3～4的附加技术特征是本领域技术人员通过简单的实验就可确定的，因此，基于上述相同的理由，这些权利要求也不具备创造性。

驳回决定所针对的权利要求书如下：

"1. 聚乙二醇化干扰素α在制备用于治疗肾细胞癌患者的药物中的用途。

2. 权利要求1的用途，其中聚乙二醇化干扰素α为聚乙二醇化干扰素α-2a或聚乙二醇化干扰素α-2b。

3. 权利要求2的用途，其中聚乙二醇化干扰素α是聚乙二醇化干扰素α-2b和配制药物使得递送4.5～6.5μg/kg的聚乙二醇化干扰素α-2b。

4. 权利要求3的用途，其中配制药物使得递送5.5～6.5μg/kg的聚乙二醇化干扰素α-2b。

5. 权利要求4的用途，其中配制药物使得递送约6.0μg/kg的聚乙二醇化干扰素α-2b。

6. 权利要求2的用途，其中聚乙二醇化干扰素α是聚乙二醇化干扰素α-2a和配制药物使得每周一次递送50～500μg的聚乙二醇化干扰素α-2a。

7. 权利要求6的用途，其中配制药物使得递送200～250μg的聚乙二醇化干扰素α-2a。

8. 权利要求2的用途，其中聚乙二醇化干扰素α是聚乙二醇化干扰素α-2b，其包括平均分子量为12000的聚乙二醇部分。

9. 权利要求8的用途，其中聚乙二醇部分通过尿烷连接键缀合于干扰素α-2b。

10. 权利要求1的用途，其中聚乙二醇化干扰素α配制为适用于注射的冷冻干燥粉末。

11. 权利要求1的用途，其中所述药物还包含氟尿嘧啶(5-FU)。

12. 权利要求1的用途，其中所述药物还包含白介素-2(IL-2)。

13. 权利要求1的用途，其中所述肾细胞癌是转移性肾细胞癌。

14. 权利要求1的用途，其中所述药物是为了实现完全肿瘤反应。

15. 权利要求1～14任何一项的用途，其中配制药物使得每周一次递送。”

2004年9月23日，申请人先灵公司（下称复审请求人）对上述驳回决定不服，向专利复审委员会提出复审请求，在提出复审请求时，复审请求人未修改申请文件。复审请求人认为：（1）本领域技术人员将会认为聚乙二醇化的干扰素α与未结合的干扰素α在结构上和功能上是两种不同的药物，因此，不能从未结合的干扰素α能够治疗肾细胞癌而预期到聚乙二醇化的干扰素α也能治疗肾细胞癌，也不能基于未结合的干扰素α对肾细胞癌的治疗而预测到用聚乙二醇化的干扰素α来治疗肾细胞癌是安全的，故而本领域技术人员不会被启示将对比文件1和2结合起来而在用于治疗肾细胞癌的药物中用聚乙二醇化的干扰素α来代替对比文件1中未结合的干扰素α；（2）申请人提供上述证据2来说明必须进行实验工作以确定聚乙二醇化的干扰素α可以安全而有效地用于治疗RCC；因此，本申请的权利要求具有创造性。

经形式审查合格后，专利复审委员会受理了该请求，并于2004年10月14日向复审请求人发出《复审请求受理通知书》，同时将本申请转至国家知识产权局原审查部门进行前置审查。

国家知识产权局原审查部门在前置审查中认为驳回理由依然存在，因此坚持驳回决定。

专利复审委员会组成合议组，对本复审请求案进行了审理，并于2006年8月9日向复审请求人发出《复审通知书》。《复审通知书》指出：合议组同意复审请求人所主张的聚乙二醇化的干扰素α与未聚乙二醇化的干扰素α是在结构上和功能上不同的药物，本领域技术人员不能从干扰素α能够治疗RCC预见到聚乙二醇化的干扰素α也能用于治疗RCC，也不能从聚乙二醇化的干扰素α能够治疗丙型肝炎而预见到其可用于治疗RCC，因此，说明书中应当提供表明聚乙二醇化的干扰素α能够治疗RCC的实验证据，在说明书中未提供相关实验数据和证据的情况下，说明书没有公开到本领域技术人员能够实现本发明的程度，不符合专利法第26条第3款的规定。

复审请求人于2006年9月25日针对上述《复审通知书》进行了意见陈述并修改了权利要求书，将原权利要求3、8和15的附加技术特征并入权利要求1中，修改后的权利要求书如下：

“1. 聚乙二醇化干扰素α-2b在制备用于治疗肾细胞癌患者的药物中的用途，其中聚乙二醇化干扰素α-2b包括平均分子量为12000的聚乙二醇部分，和其中配制药物使得每周一次递送4.5～6.5μg/kg的聚乙二醇化干扰素α-2b。

2. 权利要求1的用途，其中配制药物使得每周一次递送5.5～6.5μg/kg的聚乙二醇化干扰素α-2b。

3. 权利要求1的用途，其中配制药物使得每周一次递送约6.0μg/kg的聚乙二醇化干扰素α-2b。

4. 权利要求1的用途，其中聚乙二醇部分通过尿烷连接键缀合于干扰素α-2b。

5. 权利要求1的用途，其中聚乙二醇化干扰素α配制为适用于注射的冷冻干燥粉末。

6. 权利要求1的用途，其中所述药物还包含氟尿嘧啶（5-FU）。

7. 权利要求1的用途，其中所述药物还包含白介素-2（IL-2）。

8. 权利要求1的用途，其中所述肾细胞癌是转移性肾细胞癌。

9. 权利要求1的用途，其中所述药物是为了实现完全肿瘤反应。”

复审请求人认为：（1）说明书对修改后权利要求1所述发明的描述足够清楚和完整，理由是在说明书中教导了如何给予所要求保护的药物，多长时间给予所述药物，以及如何进行肿瘤反应评价；（2）本申请目前所要求保护的发明在优先权日之前已经得到临床结果，附具的发明人的声明（下称证据3）可以证明这一点；（3）虽然在本申请提交时如本领域所熟知的，干扰素α的聚乙二醇化没有影响干扰素α所表现出的生物活性的类型，而是影响了生物活性的水平以及病人受干扰素α活性影响的时间（参见证据4），但是现有技术没有教导何种剂量的聚乙二醇化的干扰素 α 会具有抗肿瘤活性，因此，本领域技术人员不能预期什么样的剂量将是既有效又安全的，因此，修改后的权利要求1具有创造性，并且按照申请文件完全能够被实现。

复审请求人在提交上述意见陈述书的同时提交了以下证据（编号续前）：

证据3：本申请共同发明人的声明，复印件共36页；

证据4：Bailon P. 等人，PSTT，1998年，第1卷，第8期，第352~356页。

经审查，合议组认为本案事实已经清楚，可以作出复审决定。

## 二、决定的理由

专利法第26条第3款规定：说明书应当对发明或者实用新型作出清楚、完整的说明，以所属技术领域的技术人员能够实现为准。

所属技术领域的技术人员能够实现，是指所属技术领域的技术人员按照说明书记载的内容，就能够实现该发明或实用新型的技术方案，解决其技术问题，并且产生预期的技术效果。

对于已知化学产品的新用途发明来说，如果本领域技术人员无法根据现有技术预测该用途，同时在说明书中也未记载对于本领域技术人员来说，足以证明所述物质可以用于所述用途并能解决所要解决的技术问题或者达到所述效果的实验数据，则该说明书未充分公开到本领域技术人员能够实现的程度。

就本案而言：

（1）本申请要求保护的技术方案。

复审请求人在答复《复审通知书》时修改的权利要求1为："聚乙二醇化干扰素 α-2b 在制备用于治疗肾细胞癌患者的药物中的用途，其中聚乙二醇化干扰素 α-2b 包括平均分子量为12000的聚乙二醇部分，和其中配制药物使得每周一次递送4.5~6.5μg/kg的聚乙二醇化干扰素 α-2b"。与驳回决定所针对的权利要求1相比，该权利要求1中增加了治疗用的剂量范围并将聚乙二醇化的干扰素 α 具体限定为聚乙二醇化的干扰素 α-2b。

（2）说明书中的内容和现有技术的状况。

在本申请说明书中仅概述性地描述了聚乙二醇化的干扰素 α 可以用于治疗 RCC 患者并给出了使用聚乙二醇化的干扰素 α 治疗 RCC 患者的临床研究方案，但是却没有给出任何表明聚乙二醇化的干扰素 α（包括聚乙二醇化的干扰素 α-2b）可以安全有效地用于治疗 RCC 的试验结果的数据和证据。

现有技术中公开了干扰素 α 能够治疗 RCC（参见对比文件1），聚乙二醇化的干扰素 α（包括聚乙二醇化的干扰素 α-2b）能够治疗丙型肝炎（参见对比文件2），未公开聚乙二醇化的干扰素 α（包括聚乙二醇化的干扰素（-2b）能够治疗 RCC。对于上述现有技术，复审请求人坚持认为，聚乙二醇化的干扰素 α 与未聚乙二醇化的干扰素 α 是在结构上和功能上截然不同的药物，根据对比文件1和2的内容，本领域技术人员不能预见聚乙二醇化的干扰素 α（包括聚乙二醇化的干扰素（-2b）能够有效并安全地治疗 RCC。

（3）说明书对于该新的治疗用途未公开到本领域技术人员能够实现的程度。

复审请求人在答复《复审通知书》时修改的权利要求1中增加了剂量范围，但其要求保护的仍然是一种已知化合物 α 聚乙二醇化的干扰素 α-2b）的新的治疗用途。

对于涉及已知化合物的新用途的本申请来说，由于本领域技术人员既不能从干扰素 α 能够治疗 RCC 预见到聚乙二醇化的干扰素 α（包括聚乙二醇化的干扰素 α-2b）也能用于治疗 RCC，也不能从聚乙二醇化的干扰素 α（包括聚乙二醇化的干扰素 α-2b）能够治疗丙型肝炎而预见到其可用于治疗 RCC，因此，说明书中应当记载聚乙二醇化的干扰素 α（包括聚乙二醇化的干扰素 α-2b）能用于治疗 RCC 的实验证据以便能确认本申请所述用途能够实现。在没有实验数据和证据的情况下，本领域技术人员完全有理由怀疑本申请的技术方案并非建立在真实的科学试验基础上，而仅仅是一种推测甚至是虚构的。因此，合议组认为，本申请的说明书没有公开到本领域技术人员能够实现本发明的程度，不符合专利法第 26 条第 3 款的规定。

复审请求人在答复《复审通知书》时认为，（1）证据 3 中发明人的声明可以表明，本申请目前所要求保护的发明在优先权日之前已经得到临床结果，因而本申请的技术方案并非虚构。（2）从证据 4 可知，干扰素 α 的聚乙二醇化没有影响干扰素 α 所表现出的生物活性的类型，相反，聚乙二醇化影响了生物活性的水平以及病人受干扰素 α 活性影响的时间，因而，本领域技术人员根据现有技术可能知道聚乙二醇化的干扰素 α-2b 具有可用于治疗 RCC 的活性类型，但是不能预期何种剂量的聚乙二醇化的干扰素 α-2b 会具有抗肿瘤活性。

对于复审请求人的上述观点（1），合议组认为，证据 3 中所述的内容仅仅是发明人的声明，并未记载在说明书或者申请日前公开的现有技术文献中，公众从本申请说明书或申请日前公开的文献中并不能获知该内容，因此，该发明人的声明不能作为本申请已被充分公开的依据。

对于复审请求人的上述观点（2），合议组认为，第一，证据 4 一般性地概述了将生物分子进行聚乙二醇化后，所得到的聚乙二醇化的生物分子会在物理化学性质、临床性能方面显示出与母体分子的差异，未明确提及“干扰素 α 的聚乙二醇化没有影响干扰素 α 所表现出的生物活性的类型”；第二，从证据 4 的内容可以知道，当生物分子被聚乙二醇化后，其物理化学性质、临床性能都将会发生变化，那么，聚乙二醇化后的生物分子能否仍然适用于母体分子所应用的适应症，其用量在什么范围将是安全而有效的都将是无法预期的。在此情况下，本领域技术人员必须依赖实验数据才能确信聚乙二醇化的生物分子具有何种性能、多大剂量的所述物质将能实现所述性能。因此，尽管复审请求人将剂量范围补入了权利要求 1 中，形成的新的技术方案也属于必须依赖于实验结果加以证实才能成立的技术方案。在说明书中仅教导了如何给予所要求保护的药物，多长时间给予所述药物，以及如何进行肿瘤反应评价而未提供任何确切的实验数据和证据的情况下，说明书对于修改后的权利要求 1 所述技术方案的公开依然没有达到本领域技术人员能够实现的程度。

根据上述理由和事实，本案合议组作出如下决定。

**三、决定**

维持国家知识产权局于 2004 年 6 月 11 日针对 00808740.7 号发明专利申请作出的驳回决定。

复审请求人对本决定不服的，可以根据专利法第 41 条第 2 款的规定，自收到本决定之日起三个月内向北京市第一中级人民法院起诉。

045

# 祛斑药物及其制作方法

## 复审请求审查决定（第10748号）

决　　定　　号　第10748号
决　　定　　日　2007年6月3日
发明创造名称　祛斑药物及其制作方法
国 际 分 类 号　A61K 35/78，A61P 17/00
复 审 请 求 人　肖文惠
申　　请　　号　200410020243.8
申　　请　　日　2004年8月6日
公　　开　　日　2005年6月15日
合议组组长　何　炜
主　　审　　员　李梦楠
参　　审　　员　任　怡

法 律 依 据　专利法第33条
决 定 要 点

专利申请的内容通过增加、改变和/或删除其中的一部分，致使所属技术领域的技术人员看到的信息与原申请记载的信息不同，而且又不能从原申请记载的信息中直接地、毫无疑义地确定，那么该修改是不允许的。

### 一、案由

本复审请求涉及申请号为200410020243.8，名称为“祛斑药物及其制作方法”的发明专利申请（下称本申请）。本申请的申请日为2004年8月6日，公开日为2005年6月15日，申请人为肖文惠。

2006年4月7日，国家知识产权局针对申请人于2005年12月30日提交的权利要求第1~4项、2005年11月4日提交的说明书第1~4页以及2005年11月4日提交的说明书摘要驳回了本申请，理由是申请人将原始说明书与权利要求书中的“折芷”、“桅子”分别修改为“白芷”、“栀子”，修改后的内容本领域技术人员不能从原申请记载的信息中直接地、毫无疑义地确定，因此这种修改不符合专利法第33条的规定。驳回决定针对的权利要求书如下：

“1. 一种祛斑药物，其特征是，它是由下述重量配比的原料组成的药剂：

| | |
|---|---|
| 白茯苓 | 10%~12% |
| 川芎 | 10%~12% |

| | |
|---|---|
| 珍珠 | 10%~12% |
| 白附子 | 7%~9% |
| 白及 | 7%~9% |
| 白蔹 | 7%~9% |
| 白芷 | 4%~6% |
| 白术 | 4%~6% |
| 白丁香 | 4%~6% |
| 白牵牛 | 4%~6% |
| 细辛 | 4%~6% |
| 滑石 | 4%~6% |
| 羌活 | 2%~4% |
| 藁本 | 2%~4% |
| 防风 | 2%~3% |
| 栀子 | 2%~3% |
| 荆芥 | 3% |
| 山柰 | 3% |

2. 根据权利要求1所述的祛斑药物，其特征是，它是由下述重量配比的原料组成的药剂：

| | |
|---|---|
| 白茯苓 | 11% |
| 川芎 | 11% |
| 珍珠 | 11% |
| 白附子 | 11% |
| 白及 | 8% |
| 白蔹 | 8% |
| 白芷 | 5% |
| 白术 | 5% |
| 白丁香 | 5% |
| 白牵牛 | 5% |
| 细辛 | 5% |
| 滑石 | 5% |
| 羌活 | 4% |
| 藁本 | 4% |
| 防风 | 3% |
| 栀子 | 3% |
| 荆芥 | 3% |
| 山柰 | 3% |

3. 一种制作如权利要求1所述的祛斑药物的方法，其特征是：将以下各味中草药：白茯苓、川芎、珍珠、白附子、白及、白蔹、白芷、白术、白丁香、白牵牛、细辛、滑石、羌活、藁本、防风、栀子、荆芥、山柰，分别遴选、除杂、清洗；在常温下干燥4~6h，然后粉碎，其粒度要小于4mm；按照权利要求1所述配方进行调配，混拌、均质，进行定量包装。

4. 根据权利要求3所述的方法，其特征是，所述粉碎粒度小于2mm。”

申请人肖文惠（下称复审请求人）不服国家知识产权局作出的上述驳回决定，于2006年4月19日向专利复审委员会提出复审请求，提出复审请求时提交了如下附件：

附件1：大众医药网（www.51qe.cn）“黄褐斑”，网页打印件共3页；

附件2：大众医药网（www.51qe.cn）“孙思邈美容内服方药初探”，网页打印件共3页。

复审请求人认为，申请文件中的“折芷”和“桅子”分别为“白芷”和“栀子”错写的笔误，因此这种对于错别字的修改不构成超范围。

形式审查合格后，专利复审委员会受理了该复审请求，并于2006年5月24日向复审请求人发出《复审请求受理通知书》，同时将本申请案卷移交原审查部门进行前置审查。

原审查部门对本复审请求进行了前置审查，认为复审请求人将原始说明书与权利要求书中的“折芷”、“桅子”分别修改为“白芷”、“栀子”，修改后的内容本领域技术人员不能从原申请记载的信息中直接地、毫无疑义地确定，因此坚持原驳回决定。

专利复审委员会组成合议组，对本案的复审请求进行了审理。合议组于2007年1月26日发出了复审通知书，指出了复审请求人将原始申请文件中的“折芷”修改为“白芷”，但是没有任何证据来证明“折芷”与“白芷”间的唯一对应关系，而且“折”和“白”既非同音字，而且字形也存在较大差异，因此不能被认定为明显的笔误或打字错误。

针对上述复审通知书，复审请求人于2007年3月8日提交了意见陈述书并提交了如下附件：

附件3：《中药大辞典》上册，江苏新医学院编，上海人民出版社出版，1977年7月第1版，封面、封底及第675~679页，复印件共7页；

附件4：《中药方剂学》上册，山东中医学院中药方剂教研室编，山东人民出版社出版，1976年3月第1版，封面、封底及第105~107页，复印件共5页。

复审请求人认为，申请文件中的“折芷”为中药材“白芷”的笔误，将“折芷”修改为“白芷”应属于明显的错别字修改。

至此，合议组认为本案事实已经清楚，可以作出审查决定。

**二、决定的理由**

1. 审查文本的认定

本复审决定所依据的文本是驳回决定所针对的文本，即复审请求人于2005年12月30日提交的权利要求第1~4项、2005年11月4日提交的说明书第1~4页以及2005年11月4日提交的说明书摘要。

2. 关于专利法第33条

专利法第33条规定：对发明和实用新型专利申请文件的修改不得超出原说明书和权利要求书记载的范围。

专利申请的内容通过增加、改变和/或删除其中的一部分，致使所属技术领域的技术人员看到的信息与原申请记载的信息不同，而且又不能从原申请记载的信息中直接地、毫无疑义地确定，那么该修改是不允许的。

就本案而言，复审请求人将原始申请文件中的“折芷”修改为“白芷”，但是“折”和“白”既非同音字，而且字形也存在较大差异，因此不能被认定为明显的笔误或打字错误。

复审请求人在意见陈述中认为，“五笔输入法”中“白”字和“折”字的五笔输入键次相近，打字人员在文字录入过程中键次输入错误而将“白”输入为“折”，造成笔误。但是合议组认为，“五笔输入法”并非汉字输入的唯一方式，在汉字录入过程中并非必然使用“五笔输入法”，而且在“五笔输入法”中键次相近的字非常多，由于键次输入不同可能得到多种不同的文字，因此根据“五笔输入法”中键次不同而将“白”唯一推定为“折”的理由不能成立。

复审请求人在本案审查过程中提交了附件1～4。复审请求人认为，附件1～4中所记载的中药材“白芷”、“栀子”的部分功效与本发明的效果类似，且“折芷”、“桅子”在现有技术中根本不存在，因此认定本发明中的“折芷”、“桅子”与现有技术中的“白芷”、“栀子”存在唯一对应关系。

对此，合议组认为，“折芷”在现有技术中是否存在的事实不能构成将其唯一推定为“白芷”的依据，在中药领域，部分功效相同的中药材有许多种，单纯部分功效相同根本不能判定两味药物的唯一对应关系，就如原始申请文件中记载“白附子”、“滑石”均具有紧肤功效，但两者却是来源完全不同的两种药物。此外，中药复方的整体功效是通过各种药物相互配伍、共同作用的结果，因此中药复方的整体功效与各单味药物的具体功效没有可以唯一推定的关系。因此复审请求人陈述中关于利用功效相同的来进行的推定是不能成立的。

综上所述，本案合议组认为本申请驳回决定的理由成立，根据以上事实和理由，本案合议组作出如下审查决定。

**三、决定**

维持国家知识产权局于2006年4月7日对200410020243.8号发明专利申请作出的驳回决定。

复审请求人对本决定不服的，可以根据专利法第41条第2款的规定，自收到本决定之日起三个月内向北京市第一中级人民法院起诉。

# 北京市第一中级人民法院
# 行政判决书

（2007）一中行初字第1180号

原告肖文惠，女，1972年2月10日出生，汉族，住广东省增城市新塘镇新康花园新乐苑5楼1单元601号。

委托代理人王秀奎，男，1982年8月18日出生，汉族，天津市北洋有限责任专利代理事务所职员，住天津市河东区津塘路互助南里21号楼1门301号。

委托代理人谢炳琴，女，1957年7月5日出生，汉族，天津市北洋有限责任专利代理事务所职员，住天津市北辰区北仓镇引河里5号楼1门301号。

被告国家知识产权局专利复审委员会，住所地北京市海淀区北四环西路9号银谷大厦。

法定代表人廖涛，副主任。

委托代理人李梦楠，女，国家知识产权局专利复审委员会医药申诉处审查员。

委托代理人刘妍，女，国家知识产权局专利复审委员会行政诉讼处审查员。

原告肖文惠不服被告国家知识产权局专利复审委员会作出的第10748号复审请求审查决定（以下简称第10748号决定），于2007年8月30日向本院提起行政诉讼。本院受理后，依法组成合议庭，向被告送达了起诉状副本及应诉通知书，并于2007年10月17日公开开庭审理了本案，原告的委托代理人王秀奎、谢炳琴，被告的委托代理人李梦楠、刘妍到庭参加了诉讼。本案现已审理终结。

2007年6月3日，被告作出第10748号决定，依照《中华人民共和国专利法》（以下简称《专利法》）第三十三条的规定，维持中华人民共和国国家知识产权局（以下简称国知局）于2006年4月7日针对原告肖文惠名称为祛斑药物及其制作方法，专利号为200410020243.8的发明专利申请（以下简称本申请）作出的驳回决定。

被告为证明第10748号决定的合法性，在法定举证期限内向本院提供了作出该决定的证据：（1）原告向被告提交的复审请求书及附件（第10748号决定中的附件1～2）；（2）被告向原告发出的复审通知书；（3）原告向被告提交的意见陈述书及附件（第10748号决定中的附件3～4）。以上证据用以证明第10748号决定认定事实清楚，适用法律正确，审查程序合法。

原告诉称，中草药“白芷”，原本是本申请“祛斑药物”的原料之一，在申请日提交的原文本中，由于打字员打字失误，错将“白芷”打为“折芷”。打字员进行本申请文件的文字录入时是盲打，而且采用的汉字输入方式是五笔输入法。在五笔输入法中，“白”字与“折”字的输入键次相近，故疏忽中将本该敲入“rrr-空格”的“白”字误敲入为“rr-空格”的“折”字，因而造成笔误。事实完全可以证明：在五笔输入状态下，敲击两次r键，再敲空格键，录入的是“折”字；敲击三次r键，再敲空格键，录入的是“白”字。但被告对原告所述的打字错误不予认定，其理由是：“折”字和“白”字既非同音字，字形也存在较大差异；五笔输入法并非汉字输入的唯一方式，在汉字录入过程中并非必然使用五笔输入法。但实际情况是：打字员习惯上采用的中文录入方式就是五笔输入法，而五笔输入法造成打字错误的原因并不仅仅是字音相同或字形相近造成的误认，在输入键相同且输入键次相近的情况下，造成错误录入的概率更大。被告无视客观事实的存在，只认可将“梔子”改为“栀子”的错别字修改（认为它们字形相近），不认可将“折芷”改为“白芷”的错别字修改（认为它们字形不相近）是不公正的。原告在答复复审意见时曾提供的《中药大辞典》第675～

678 页中，有关于中药材“白芷”的异名、基原、药理、功用等内容，其中还有“长肌肤而润泽颜色”、“长肌肤，作面脂”等与本申请发明宗旨相关的记载；原告在答复复审意见时曾提供的《中药方剂学》第 105 ~ 107 页中，也记载了中药材“白芷”的产地、处方用名、性味归经、功效应用等内容，其中还有治“面黖瘢疵”等与本申请发明效果相一致的记载。二者均属于申请日前的公知常识。在收载了 5767 味中药材的《中药大辞典》以及记录了 900 余个方剂的《中药方剂学》中，根本不存在名称为“折芷”的中药材，而且在所有名称为两个字的中药材中，除了“白芷”以外，没有任何一味中药材的名称是与“芷”字搭配的。这个事实，毫无疑义地成为以“白芷”替换笔误的“折芷”的唯一推定依据，被告剥夺了原告修正错别字的权利。本申请修改的是错别字，修改内容只是将错写的“折”字改成了本来应该的“白”字、并没有写入或补入不能明确认定或不能直接地、毫无疑义地确定的信息的其他内容。所属领域的技术人员是知晓常用中草药物的名称及效用的，所以，根据本申请文件中所述错别字“折芷”的上下文内容，所属领域了解中草药基本常识的技术人员完全可以知道“折芷”是“白芷”的错写，而本申请文件的修改，使所属领域的技术人员看到并理解的信息也是与原文件记载的信息相同的。所以，本申请的修改不属于“不允许的增加”的情况。本申请的修改亦并未引入“新的内容”，而“折芷”一词中的“折”字本应是“白芷”中的“白”字，如果原申请文件因为“折芷”的错误而存在“折芷”所代表的药材在申请日以前的公开出版物中没有记载，致使“折芷”所代表的药材是不清楚的、不能得到的，本领域的普通技术人员不能实施说明书中的技术方案，说明书公开不充分，不清楚，不符合《专利法》第二十六条第三款的规定的缺陷，那么，原告将错了的“折”字改为正确的“白”字，克服的正是这个缺陷，而“白芷”所代表的药材及其药物效果不仅与本申请的技术方案相适合，更是所属领域的技术人员所公知的，所属领域的技术人员通过已修改的申请文件，理解到的依然是原始文件的技术方案。所以，本申请的修改不属于“不允许的改变”的情况。本申请的修改更不属于“不允许的删除”的情况。将本发明申请中笔误的“折芷”以正确的“白芷”替换的修改，与将笔误的“桅子”以正确的“栀子”替换的修改，均属于明显的错别字修改，而且修改后的内容没有超出原申请文件记载的实质内容，不仅适合《审查指南》中“允许的修改”的有关教导，而且符合《专利法》第三十三条的规定。

综上，第 10748 号决定认定事实及适用法律、法规错误，结论有失公允，不符合复审请求审查程序中应该遵循的“客观、公正，以事实为根据，全面、客观、科学地分析判断”的审查原则。因此，请求撤销第 10748 号决定，由被告承担本案的诉讼费用。

原告为支持其诉讼主张，向本院提交了原告在复审程序中提交的附件 3 和附件 4。

被告辩称，被告根据《专利法》第三十三条的规定和《审查指南》中关于“明显错误”适用的规定，通过整体分析和综合判断作出第 10748 号审查决定，因此，该决定事实认定清楚、适用法律得当。具体而言：（1）五笔输入法并非汉字输入的唯一方式，在汉字录入过程中并非必然使用五笔输入法，而且在五笔输入法中键次相近的字非常多，由于键次输入不同可能得到多种不同的文字，因此根据五笔输入法中键次不同而将“白”唯一推定为“折”的理由不能成立；（2）“折芷”在现有技术中是否存在的事实不能构成将其唯一推定为“白芷”的依据。在中药领域，部分功效相同的中药材有许多种，单纯部分功效相同根本不能判定两味药物的唯一对应关系，就如原始申请文件中记载“白附子”、“滑石”均具有紧肤功效，但两者却是来源完全不同的两种药物。此外，中药复方的整体功效是通过各种药物相互配伍、共同作用的结果，因此中药复方的整体功效与各单味药物的具体功效没有可以唯一推定的关系。因此原告陈述中关于利用功效相同来进行的推定是不能成立的；（3）《审查指南》中关于“明显错误”认定的条件是“对这些错误的修改必须是所属技术领域的技术人员能从说明书的整体及上下文看出的唯一的正确答案”，但本案中，本领域技术人员无法从说明书的整体及上下文看出"折芷"与"白芷"间的唯一对应关系，因此本案不应适用《审查指南》中关于"明显错误"的修改规定。

综上，第10748号决定认定事实清楚，符合相关法律、法规的规定，审查结论正确，原告的诉讼理由不成立，因此，请求维持第10748号决定，驳回原告的诉讼请求。

由于本申请公开文本、原告于2005年11月4日向国知局提交的本申请说明书1~4页及说明书摘要、原告于2005年12月30日提交的本申请权利要求1~4项是被告作出第10748号决定的部分依据，与第10748号决定的合法性审查具有直接关系，在本院庭审时，原告对第10748号决定中关于上述文件内容的表述无异议，为确认上述文件的真实性，本院依职权向被告调取了这些证据，并向原告送达了这些证据的复印件，原告向本院提交了书面质证意见，对这些证据的真实性不持异议。

经庭审质证，本院审查认为，被告证据1~3、原告证据及本院向被告调取的证据与本案被诉第10748号决定的合法性审查有关且合法、各方当事人对其真实性亦无异议，均为有效证据，本院予以确认。

根据以上有效证据及各方当事人在庭审中无争议的陈述，本院对本案事实作出如下认定：

原告于2004年8月6日向国知局提出了本申请（公开日为2005年6月15日）。2006年4月7日，国知局针对原告于2005年12月30日提交的权利要求第1~4项、2005年11月4日提交的说明书第1~4页以及2005年11月4日提交的说明书摘要驳回了本申请，理由是原告将原始说明书与权利要求书中的"折芷"、"梔子"分别修改为"白芷"、"栀子"，修改后的内容本领域技术人员不能从原申请记载的信息中直接地、毫无疑义地确定，因此这种修改不符合《专利法》第三十三条的规定。驳回决定针对的权利要求书如下：

"1. 一种祛斑药物，其特征是，它是由下述重量配比的原料组成的药剂：

| | | |
|---|---|---|
| 白茯苓：10%~12% | 川芎：10%~12% | 珍珠：10%~12% |
| 白附子：7%~9% | 白及：7%~9% | 白蔹：7%~9% |
| 白芷：4%~6% | 白术：4%~6% | 白丁香：4%~6% |
| 白牵牛：4%~6% | 细辛：4%~6% | 滑骨石：4%~6% |
| 羌活：2%~4% | 藁本：2%~4% | 防风：2%~3% |
| 梔子：2%~3% | 荆芥：3% | 山柰：3% |

2. 根据权利要求1所述的祛斑药物，其特征是，它是由下述重量配比的原料组成的药剂：

| | | |
|---|---|---|
| 白茯苓：11% | 川芎：11% | 珍珠：11% |
| 白附子：11% | 白及：8% | 白蔹：8% |
| 白芷：5% | 白术：5% | 白丁香：5% |
| 白牵牛：5% | 细辛：5% | 滑石：5% |
| 羌活：4% | 藁本：4% | 防风：3% |
| 梔子：3% | 荆芥：3% | 山柰：3% |

3. 一种制作如权利要求1所述的祛斑药物的方法，其特征是：将以下各味中草药：白茯苓、川芎、珍珠、白附子、白及、白蔹、白芷、白术、白丁香、白牵牛、细辛、滑石、羌活、藁本、防风、梔子、荆芥、山柰，分别遴选、除杂、清洗；在常温下干燥4~6h，然后粉碎，其粒度要小于4mm；按照权利要求1所述配方进行调配，混拌、均质，进行定量包装。

4. 根据权利要求3所述的方法，其特征是，所述粉碎粒度小于2mm。"

原告不服国知局作出的上述驳回决定，于2006年4月19日向被告提出复审请求，同时提交了如下附件：附件1：大众医药网（www.51qe.cn）"黄褐斑"，网页打印件共3页；附件2：大众医药网

（www. 51qe. cn）“孙思邈美容内服方药初探”，网页打印件共3页。

原告认为，申请文件中的“折芷”和“桅子”分别为“白芷”和“栀子”错写的笔误，因此这种对于错别字的修改不构成超范围。

被告受理后，将本申请案卷移交国知局原审查部门进行前置审查，国知局原审查部门对本复审请求进行了前置审查、认为原告将原始说明书与权利要求书中的“折芷”、“桅子”分别修改为“白芷”、“栀子”、修改后的内容本领域技术人员不能从原申请记载的信息中直接地、毫无疑义地确定，因此坚持原驳回决定。

后被告向原告发出了复审通知书，指出了原告将原始申请文件中的“折芷”修改为“白芷”，但是没有任何证据来证明“折芷”与“白芷”间的唯一对应关系，而且“折”和“白”既非同音字，而且字形也存在较大差异，因此不能被认定为明显的笔误或打字错误。

针对上述复审通知书，原告提交了意见陈述书并提交了如下附件：

附件3：《中药大辞典》上册，江苏新医学院编，上海人民出版社出版，1977年7月第1版，封面、封底及第675~679页，复印件共7页；

附件4：《中药方剂学》上册，山东中医学院中药方剂教研室编，山东人民出版社出版，1976年3月第1版，封面、封底及第105~107页，复印件共5页。

原告认为，申请文件中的“折芷”为中药材“白芷”的笔误，将“折芷”修改为“白芷”应属于明显的错别字修改。

基于此，被告认为本复审审查所依据的文本是原告于2005年12月30日提交的权利要求第1~4项、2005年11月4日提交的说明书第1~4页以及2005年11月4日提交的说明书摘要。

专利申请的内容通过增加，改变和/或删除其中的一部分，致使所属技术领域的技术人员看到的信息与原申请记载的信息不同，而且又不能从原申请记载的信息中直接地、毫无疑义地确定，该修改是不允许的。原告将原始申请文件中的“折芷”修改为“白芷”，但是“折”和“白”既非同音字，而且字形也存在较大差异，因此不能被认定为明显的笔误或打字错误。原告在意见陈述中认为，五笔输入法中“白”字和“折”字的五笔输入键次相近，打字人员在文字录入过程中键次输入错误而将“白”输入为“折”，造成笔误。但是五笔输入法并非汉字输入的唯一方式，在汉字录入过程中并非必然使用五笔输入法，而且在五笔输入法中键次相近的字非常多，由于键次输入不同可能得到多种不同的文字，因此根据五笔输入法中键次不同而将“白”唯一推定为“折”的理由不能成立。“折芷”在现有技术中是否存在的事实不能构成将其唯一推定为“白芷”的依据，在中药领域，部分功效相同的中药材有许多种，单纯部分功效相同根本不能判定两味药物的唯一对应关系，就如原始申请文件中记载“白附子”、“滑石”均具有紧肤功效，但两者却是来源完全不同的两种药物。此外，中药复方的整体功效是通过各种药物相互配伍、共同作用的结果，因此中药复方的整体功效与各单味药物的具体功效没有可以唯一推定的关系。原告陈述中关于利用功效相同的来进行的推定是不能成立的。因此，被千作出维持国如局驳回本申请决定的第10748号决定。

在本院庭审中，原告对于第10748号决定中所记载事实的真实性及被告的审查程序无异议。

本院认为，本案争议的焦点问题是原告在本申请的审查过程中，将申请原公开的说明书与权利要求书中的“折芷”修改为“白芷”应否认定为对笔误的修改；这种修改是否符合《专利法》第三十三条的规定。

首先，原告在提出本申请时，负有校对申请内容并提交正确申请文本的义务，对于字形差异很大的“折”字与“白”字，在校对过程中应容易校对出来，不应当因为录入、校对问题而使得申请文件通篇存在药物名称错误的情况。

其次，原告称由于打字员打字失误，错将“白芷”打为“折芷”。打字员进行本申请文件的文字录入时，采用的汉字输入方式是五笔输入法，在五笔输入法中，“白”字与“折”字的输入键次相近，故疏忽中将本该敲入“rrr-空格”的“白”字误敲入为“rr-空格”的“折”字，因而造成笔误。而在本申请的技术方案中存在其他多个以“白”字开头的中药，如白及、白蔹、白术、白丁香、白牵牛等，在相同的输入方式下均没有出现录入或校对的错误。因此，原告该项理由缺乏说服力。

《专利法》第三十三条规定，对发明和实用新型专利申请文件的修改不得超出原说明书和权利要求书记载的范围。《审查指南》第二部分第八章5.2.3节（不允许的修改）中指出：如果申请的内容通过增加、改变和/或删除其中的一部分，致使所属技术领域的技术人员看到的信息与原申请记载的信息不同，而且又不能从原申请记载的信息中直接地、毫无疑义地确定，那么这种修改就是不允许的。在本申请原权利要求书和说明书中均记载为“折芷”，没有一处关于“白芷”的记载，本领域技术人员无法直接地、毫无疑义地、唯一地确定“折芷”即为“白芷”。“折芷”在申请日前的现有技术中没有任何记载，其具体的药物来源原对本领域技术人员来说是不清楚的，存在多种可能性（现有技术中还存在多个以“折”字开头的两字中药名，如“折根”这味药物，也与“折芷”一字相差），无法将其唯一对应于现有技术中某味药物，更无法唯一对应于“白芷”。本申请原说明书中关于“折芷”功效的记载也不能构成将其唯一推定为“白芷”的依据，原说明书中记载了“白附子、折芷、滑石具有紧肤功效”，但是在中药领域，功效相同的中药材有许多种，仅凭部分功效相同不能判定两味药物的唯一对应关系，原始申请文件中记载“白附子”、“滑石”、“折芷”均具有紧肤功效，但是本领域技术人员应知晓“白附子”和“滑石”是完全不同的药物、“白附子”来源于植物，而“骨石”来源于矿物。此外，中药复方的整体功效是通过各种药物相互配伍、共同作用的结果，与各单味药物的具体功效没有可以唯一推定的关系。《中药大辞典》中记载了“白芷”可以生肌润颜，而生肌润颜与本申请中的祛斑并不相同，而且在中药领域，仅依据某个药物的部分功效与复方整体功效相近似并不能唯一判断出这个药物一定会用在该复方中，原告根据“白芷”的功效进行的推定不能成立。因此，本院认同被告在第10748号决定中关于本申请原申请文件中记载的“折芷”与修改后“白芷”之间不存在唯一对应关系，这种修改不符合《专利法》第三十三条的规定的认定意见。

综上，第10748号决定认定事实清楚，适用法律正确，审查程序合法，本院应予维持。原告的诉讼主张不能成立，其请求本院不予支持。据此，依照《中华人民共和国行政诉讼法》第五十四条第（一）项的规定，判决如下：

维持被告国家知识产权局专利复审委员会作出的第10748号复审请求审查决定。

案件受理费100元，由原告肖文惠负担（已交纳）。

如不服本判决，可在本判决书送达之日起15日内向本院递交上诉状，并按对方当事人的人数提出副本，上诉于北京市高级人民法院。

审　判　长　吴　月
代理审判员　胡华峰
代理审判员　杨一平
二〇〇八年　二　月　一　日
书　记　员　汪　明

046

# AB瓶止痒液

## 复审请求审查决定（第10749号）

**决　定　号**　第10749号
**决　定　日**　2007年6月3日
**发明创造名称**　AB瓶止痒液
**国 际 分 类 号**　A61K 35/78，A61P 17/04，A61P 31/10
**复 审 请 求 人**　宗秋生
**申　请　号**　200410047883.8
**申　请　日**　2004年6月18日
**公　开　日**　2005年3月16日
**合 议 组 组 长**　何　炜
**主　审　员**　李梦楠
**参　审　员**　任　怡

**法 律 依 据**　专利法第26条第3款
**决 定 要 点**

如果说明书中给出了实现发明的技术手段，但对所属技术领域的技术人员来说，该手段是含糊不清的，根据说明书记载的内容无法具体实施，则认为该发明由于缺乏解决技术问题的技术手段而无法实现。

**一、案由**

本复审请求涉及申请号为200410047883.8，名称为“AB瓶止痒液”的发明专利申请（下称本申请）。本申请的申请日为2004年6月18日，公开日为2005年3月16日，申请人为宗秋生。

2006年2月10日，国家知识产权局驳回了本申请，理由是说明书中没有记载药物产品中各组分之间的用量配比，也没有记载任意的配比的组分组成的产品均能够解决本发明的技术问题，从而导致本领域技术人员根据说明书的记载无法实施说明书的技术方案，不符合专利法26条第3款规定。驳回决定针对的权利要求书如下：

“1. 一、前序部分：

AB瓶止痒液是以皮肤瘙痒为主体的配方，在临床上分为：蚊虫叮咬瘙痒、隐性细菌感染瘙痒、皮肤红肿瘙痒、老年皮肤瘙痒、过敏性瘙痒、接触性瘙痒、皮肤癣菌瘙痒、真菌感染瘙痒、病毒性瘙痒、神经性瘙痒、湿疹瘙痒、疥癣瘙痒、湿疮瘙痒、疮肿瘙痒等皮肤瘙痒症。

二、特征部分：

组方以药物为主，溶剂为附。组方金石药物有两重性，组方溶剂有双重功能。组方本草存内外。这就导致AB瓶止痒液配方止痒的同时，也对病症有效。

AB瓶止痒液配方与环保配方是佳选配方，存在着增减与替换之说，适应症存在着延伸与缩短的余地。”

申请人宗秋生（下称复审请求人）不服国家知识产权局作出的上述驳回决定，于2006年4月20日向专利复审委员会提出复审请求，提出复审请求时未提交修改的申请文件。复审请求人认为药品用量未突破用量极限，根据本草和药典可知药物的用量，因此国家知识产权局驳回的理由不成立。

形式审查合格后，专利复审委员会受理了该复审请求，并于2006年5月26日向复审请求人发出《复审请求受理通知书》，同时将本申请案卷移交原审查部门进行前置审查。

原审查部门对本复审请求进行了前置审查，认为本申请说明书中未记载药物产品中各组分之间的用量配比，也没有描述不记载这些配比的理由，导致本领域技术人员根据说明书的记载无法实施本申请的技术方案，不符合专利法第26条第3款的规定，因此坚持原驳回决定。

专利复审委员会组成合议组，对本案的复审请求进行了审理，并于2007年1月26日发出了复审通知书，指出了本申请说明书中未记载药物产品中各组分之间的用量配比，也没有描述不记载这些配比的理由，更没有详尽可信的药理试验资料以及分析来说明任意配比的组分组成的产品均能够解决其技术问题，导致本领域技术人员无法根据说明书的记载实施本申请的技术方案。

针对上述复审通知书，复审请求人于2007年2月8日提交了意见陈述书并提交了如下附件：

附件1：东莞市南城进出口贸易中心的贸易函复印件，共1页；

附件2：复审请求人宗秋生的工伤认定信息复印件，共1页；

附件3：《药形歌括四百味白话解》，1972年，北京中医学院中药方剂教研组编，人民卫生出版社出版，封面、第116～117页和第164～165页复印件，共3页；

附件4：复审请求人宗秋生的伤亡事故登记表复印件，共2页。

复审请求人认为，本申请药物中各组分的用量可以根据附件3的记载推知。

至此，合议组认为本案事实已经清楚，可以作出审查决定。

## 二、决定的理由

1. 审查文本的认定

本复审决定所依据的文本是驳回决定所针对的文本。

2. 关于专利法第26条第3款

专利法第26条第3款规定：说明书应当对发明或实用新型作出清楚、完整的说明，以所属技术领域的技术人员能够实现为准。

如果说明书中给出了实现发明的技术手段，但对所属技术领域的技术人员来说，该手段是含糊不清的，根据说明书记载的内容无法具体实施，则认为该发明由于缺乏解决技术问题的技术手段而无法实现。

就本案而言，其发明目的在于提供一种治疗皮肤瘙痒的药品。说明书中记载了其药物组成成分，但没有记载药物产品中各组分之间的用量配比，也没有记载不记载用量配比的理由，更没有详尽可信的药理试验资料以及分析来说明任意配比的组分组成的产品均能够解决本发明的技术问题。然而，根据本领域的常识可知，中药复方的关键就在于它是各种药材通过特定的用量配比而形成的有机结合的整体，其中存在复杂的配伍，这种配伍恰好表现为由于药材用量不同而形成的君臣佐使关系，因此中药复方中的各药材的用量实际体现的是一种药材间的组合配比关系，通过对药材用量的选择从而使各药材之间相互作用，相互协同，构成有机结合的整体，解决所需的技术问题，共同达到其技术效果。因此药材用量的不同选择完全可能导致药物组合物在本质上不同，使得它们的配伍关系、立方基础发生明显的变化，其技术效果也无法类推，本领域技术人员根据说明书的记载及现有技术根本无法预见到要实现说明书所记载的技术效果所使用的药材用量配比关系。

复审请求人提交了附件3，但该证据只是分别介绍了珍珠、炉甘石、木槿皮的单味药物的药性及用量，与其在本申请复方中的具体用量没有任何联系，据此记载并不能推导出本申请中各组分的用量配比。关于附件1、附件2和附件4的内容，只是来证明复审请求人与东莞市南城进出口贸易中心的业务往来以及复审请求人的工伤认定情况，与本申请说明书所记载的技术方案是否充分公开没有任何联系，合议组不予考虑。

综上所述，本案合议组认为本申请驳回决定的理由成立，根据以上事实和理由，本案合议组作出如下审查决定。

**三、决定**

维持国家知识产权局于2006年2月10日对200410047883.8号发明专利申请作出的驳回决定。

复审请求人对本决定不服的，可以根据专利法第41条第2款的规定，自收到本决定之日起三个月内向北京市第一中级人民法院起诉。

# 北京市第一中级人民法院
# 行政判决书

（2007）一中行初字第1195号

原告宗秋生，男，1953年8月8日出生，汉族，无业，住北京市东城区张自忠路3号灰二楼上10号。

被告国家知识产权局专利复审委员会，住所地北京市海淀区北四环西路9号银谷大厦10~12层。

法定代表人廖涛，副主任。

委托代理人李梦楠，女，国家知识产权局专利复审委员会审查员。

委托代理人郭鹏鹏，男，国家知识产权局专利复审委员会审查员。

原告宗秋生不服被告国家知识产权局专利复审委员会于2007年6月3日作出的第10749号复审请求审查决定（以下简称第10749号决定），于2007年9月3日向本院提起行政诉讼。本院于2007年9月4日受理后，依法组成合议庭，于2007年10月22日公开开庭审理了本案。原告宗秋生，被告的委托代理人李梦楠、郭鹏鹏到庭参加了诉讼。本案现已审理终结。

2007年6月3日，被告依据原告的复审请求作出第10749号决定，认为：（1）审查文本的认定。本复审决定所依据的文本是驳回决定所针对的文本。（2）关于《中华人民共和国专利法》（以下简称《专利法》）第二十六条第三款。如果说明书中给出了实现发明的技术手段，但对所属技术领域的技术人员来说，该技术手段是含糊不清的，根据说明书记载的内容无法具体实施，则认为该发明由于缺乏解决技术问题的技术手段而无法实现。就本案而言，其发明目的在于提供一种治疗皮肤瘙痒的药品。说明书中记载了其药物组成成分，但没有记载药物产品中各组分之间的用量配比，也没有记载不记载用量配比的理由，更没有详尽可信的药理试验资料以及分析来说明任意配比的组分组成的产品均能够解决本发明的技术问题。然而，根据本领域的常识可知，中药复方的关键就在于它是各种药材通过特定的用量配比而形成的有机结合的整体，其中存在复杂的配伍，这种配伍恰好表现为由于药材用量不同而形成的君臣佐使关系，因此中药复方中的各药材的用量实际体现的是一种药材间的组合配比关系，通过对药材用量的选择从而使各药材之间相互作用，相互协同，构成有机结合的整体，解决所需的技术问题，共同达到其技术效果。因此药材用量的不同选择完全可能导致药物组合物在本质上不同，使得它们的配伍关系、立方基础发生明显的变化，其技术效果也无法类推，本领域技术人员根据说明书的记载及现有技术根本无法预见到要实现说明书所记载的技术效果所使用的药材用量配比关系。原告提交了附件3（即：《药形歌括四百味白话解》，1972年，北京中医学院中药方剂教研组编，人民卫生出版社出版，封面、第116~117页和第164~165页复印件，共3页），但该证据只是分别介绍了珍珠、炉甘石、木槿皮的单味药物的药性及用量，与其在本申请复方中的具体用量没有任何联系，据此记载并不能推导出本申请中各组分的用量配比。关于附件1（即：东莞市南城进出口贸易中心的贸易函复印件，共1页）附件2（即：原告的工伤认定信息复印件，共1页）和附件4（即：原告的伤亡事故登记表复印件，共2页）的内容，只是来证明原告与东莞市南城进出口贸易中心的业务往来以及原告的工伤认定情况，与200410047883.8号名称为"AB瓶止痒液"的发明专利申请（以下简称本申请）说明书所记载的技术方案是否充分公开没有任何联系，合议组不予考虑。据此，被告依据《专利法》第二十六条第三款的规定，决定维持国家知识产权局于2006年2月10日对本申请作出的驳回决定。

被告在法定期限内向本院提交了原告于2005年12月26日提交的第200410047883.8号发明专利说明书作为证据，用以证明被诉行政行为合法。

原告宗秋生诉称，申请专利有它的特点和程序，说明书字面上的不妥必须依照程序补正，但初审时发的补正通知书均未提出对药量没有注明补正。国家知识产权局应当对专利申请人进行必要的指导。第一次审查意见通知书中指出“本通知书是在未进行检索的情况下作出的”并认为“申请的内容属于《专利法》第五条规定的不授予专利的范围”，存在明显错误。AB瓶止痒液申请专利给予保护的是配方不是药量，配方未写药物用量初衷是想避免剽窃药物用量。本领域技术人员通过本申请说明书的记载是可以实现的。第二次审查意见通知书指出“说明书不符合《专利法》第三十三条的规定”，可见AB瓶止痒液就没有真正进入实审程序。未加检索与提供实物就驳回本申请，有涉嫌行政不作为的行为。请求法院：（1）驳回第10749号决定；（2）重新审查、保留专利申请日；（3）退赔申请费和实审费及复审费等760元；（4）诉讼费由被告承担。

原告在法定期限内向本院提交了以下证据，用以证明其主张：

1. 第10749号决定；

2. 驳回决定；

3. 补正通知书（共4份）；

4. 视为未提出通知书；

5. 第一次审查意见通知书；

6. 第二次审查意见通知书；

7. 国家知识产权局专利收费收据。

被告国家知识产权局专利复审委员会辩称：关于本申请是否符合《专利法》第二十六条第三款规定的问题，坚持在第10749号决定中的认定意见。第10749号决定认定事实清楚、适用法律正确、审理程序合法，原告的诉讼请求没有事实和法律依据，请求法院维持第10749号决定。

经庭审质证，原告认为被告提交的证据是其在行政程序中提交的，但是不能作为本案的证据，被告应提交其原始提交的说明书。被告对原告证据的真实性没有异议，但认为证据3～7与本案没有关联性。经审查本院认为，被告的证据以及原告的证据1～6，能够证明案件的事实，本院予以确认。原告的证据7与本案没有关联性，本院不予确认。

经审理查明，本申请所涉发明专利名称为“AB瓶止痒液”，申请日为2004年6月18日，公开日为2005年3月16日，申请人为原告。2006年2月10日，国家知识产权局驳回了本申请，理由是说明书中没有记载药物产品中各组分之间的用量配比，也没有记载任意的配比的组分组成的产品均能够解决本发明的技术问题，从而导致本领域技术人员根据说明书的记载无法实施说明书的技术方案，不符合《专利法》第二十六条第三款规定。驳回决定针对的权利要求书如下：

“1. 一、前序部分：

AB瓶止痒液是以皮肤瘙痒为主体的配方，在临床上分为：蚊虫叮咬瘙痒、隐性细菌感染瘙痒、皮肤红肿瘙痒、老年皮肤瘙痒、过敏性瘙痒、接触性瘙痒、皮肤癣菌瘙痒、真菌感染瘙痒、病毒性瘙痒、神经性瘙痒、湿疹瘙痒、疥癣瘙痒、湿疮瘙痒、疮肿瘙痒等皮肤瘙痒症。

二、特征部分：

组方以药物为主，溶剂为附。组方金石药物有两重性，组方溶剂有双重功能。组方本草存内外。这就导致AB瓶止痒液配方止痒的同时，也对病症有效。

AB瓶止痒液配方与环保配方是佳选配方，存在着增减与替换之说，适应症存在着延伸与缩短的余地。”

原告不服上述驳回决定，于2006年4月20日向被告提出复审请求，认为药品用量未突破用量极限，根据本草和药典可知药物的用量，因此国家知识产权局驳回的理由不成立。被告受理了该复审请求后，于同年5月26日向原告发出《复审请求受理通知书》，同时将本申请案卷移交原审查部门进行前置审查。原审查部门对本复审请求进行了前置审查，认为本申请说明书中未记载药物产品中各组分之间的用量配比，也没有描述不记载这些配比的理由，导致本领域技术人员根据说明书的记载无法实施本申请的技术方案，不符合《专利法》第二十六条第三款的规定，因此坚持原驳回决定。被告组成合议组对该复审请求进行了审理，并于2007年1月26日发出了复审通知书，指出了本申请说明书中未记载药物产品中各组分之间的用量配比，也没有描述不记载这些配比的理由，更没有详尽可信的药理试验资料以及分析来说明任意配比的组分组成的产品均能够解决其技术问题，导致本领域技术人员无法根据说明书的记载实施本申请的技术方案。原告于2007年2月8日提交了意见陈述书并提交了附件1～4。原告认为，本申请药物中各组分的用量可以根据附件3的记载推知。同年6月3日，被告作出第10749号决定。原告对该决定不服，向本院提起行政诉讼。

本院认为，《专利法》第二十六条第三款规定，说明书应当对发明或实用新型作出清楚、完整的说明，以所属技术领域的技术人员能够实现为准。本案中，本申请涉及的发明是一种AB瓶止痒液，其发明目的是提供一种治疗皮肤瘙痒的药物。在本申请说明书中记载了该药物的成分，但没有关于药物产品各组分之间的用量配比。本领域技术人员根据说明书的记载及现有技术无法得知为实现说明书记载的技术效果所使用药材的用量配比关系。第10749号决定认定本申请违反《专利法》第二十六条第三款规定正确，本院应予支持。原告的诉讼请求本院应予驳回。

综上，第10749号决定认定事实清楚，适用法律正确，程序合法，本院应予维持。依照《中华人民共和国行政诉讼法》第五十四条第（一）项，《最高人民法院关于执行<中华人民共和国行政诉讼法>若干问题的解释》第五十六条第（四）项之规定，判决如下：

（1）维持被告国家知识产权局专利复审委员会作出的第10749号复审请求审查决定；

（2）驳回原告宗秋生的其他诉讼请求。

案件受理费100元，由原告宗秋生负担（已交纳）。

如不服本判决，可于本判决书送达之日起15日内，向本院递交上诉状，按对方当事人的人数提交副本并预交上诉费，上诉于北京市高级人民法院。上诉人在接到人民法院预交诉讼费用的通知后七日内未预交又不提出缓交申请的，按自动撤回上诉处理。

审　判　长　娄宇红
审　判　员　李纪红
代理审判员　何君慧
二〇〇七年十二月二十日
书　记　员　张　涵

# 北京市高级人民法院
# 行政判决书

（2008）高行终字第322号

上诉人（一审原告）宗秋生，男，1953年8月8日出生，汉族，无业，住北京市东城区张自忠路3号灰二楼上10号。

被上诉人（一审被告）国家知识产权局专利复审委员会，住所地北京市海淀区北四环西路9号银谷大厦10~12层。

法定代表人廖涛，副主任。

委托代理人李梦楠，女，国家知识产权局专利复审委员会审查员。

委托代理人郭鹏鹏，男，国家知识产权局专利复审委员会审查员。

上诉人宗秋生因复审请求审查决定一案，不服北京市第一中级人民法院（2007）一中行初字第1195号行政判决，向本院提出上诉。本院依法组成合议庭，审理了本案。本案现已审理终结。

2007年6月3日国家知识产权局专利复审委员会（以下简称专利复审委）作出第10749号复审请求审查决定（以下简称第10749号决定），根据《中华人民共和国专利法》（以下简称《专利法》）第二十六条第三款的规定，维持了国家知识产权局于2006年2月10日作出的驳回第200410047883.8号名称为“AB瓶止痒液”的发明专利申请（以下简称本申请）的决定。宗秋生不服上述决定，遂诉至北京市第一中级人民法院。

北京市第一中级人民法院经审理认为，本申请发明目的是提供一种治疗皮肤瘙痒的药物。在本申请说明书中记载了该药物的成分，但没有关于药物产品各组分之间的用量配比。本领域技术人员根据说明书的记载及现有技术无法得知为实现说明书记载的技术效果所使用药材的用量配比关系。第10749决定认定本申请违反《专利法》第二十六条第三款规定正确，宗秋生的诉讼请求应予驳回。专利复审委所作第10749号决定认定事实清楚，适用法律正确，程序合法。依照《中华人民共和国行政诉讼法》第五十四条第（一）项，《最高人民法院关于执行<中华人民共和国行政诉讼法>若干问题的解释》第五十六条第（四）项的规定，判决：一、维持专利复审委作出的第10749号决定；二、驳回宗秋生的其他诉讼请求。

宗秋生不服一审判决，向本院提出上诉。上诉的主要理由是：第一、根据《中华人民共和国行政诉讼法》的规定，经复议的案件复议机关决定维持原具体行政行为的，作出原具体行政行为的行政机关应当是被告。因此，专利复审委作出维持的复议决定，作出原驳回决定的国家知识产权局应当是本案被告。一审法院曲解专利与行政案件，导致诉讼主体错误。另外，专利行政案件不经过复议审查不能直接向法院提起诉讼，且起诉也只能诉专利复审委，侵犯本人的诉讼权利。第二、根据法律规定，任何公民都有权提起专利发明的申请。根据《专利法》第五条规定，“对违反国家法律、社会公德或者妨害公共利益的发明创造，不授予专利权”。本人长期致力于药物发明研究，但国家知识产权局在《第一次审查意见通知书》中，却认为本人的专利申请“属于专利法第五条规定的不授予专利权的范围”。一审庭审中，专利复审委称其为“瑕疵”，有悖法律规定。审查员进行初审，仅对名称、文字进行审查提出意见，并未向本人提出对配方须注明约量的补正要求，属于未主动履行法定职责和义务。综上，请求二审法院驳回国家知识产权局决定并重新审查、保留专利申请日，退赔申请费和实审费、复审费等760元；判令一、二审诉讼费由专利复审委负担。

专利复审委答辩认为，专利制度的基本法理在于，基于发明人作出的技术方案相对于“现有技术”具备新颖性、创造性，并具备实用性且能在工业上应用；在发明人向社会充分公开其技术方案，使得本领域技术人员能够按照该发明说明书实施其技术方案，并达到该发明的技术效果、实现发明目的并解决技术问题。发明人对其发明作了上述充分公开后，才能给予专利权的保护。根据《专利法》第二十六条的规定要求，申请人在提出申请时要充分公开其发明；《专利法》第三十三条规定，申请人对申请文件进行修改时不得超出原始申请文件的记载范围。据此，判断是否充分公开的标准是申请人在提出申请时是否提交了全部内容，申请日后不能通过加入原始申请文件中没有的内容来克服公开不充分的缺陷。因为如果允许申请人补入在申请日时没有提交的内容，那已经确定的用以判断是否现有技术的“申请日”就丧失了意义，从而违背专利制度的基本原理。本申请在申请日时提交的内容，不符合《专利法》及《专利法实施细则》、《审查指南》中关于充分公开的规定，坚持在第10749号决定中的认定意见。一审判决认定事实清楚，适用法律正确，程序合法，请求二审法院驳回上诉，维持一审判决。

本案一审审理期间，专利复审委在法定期限内向一审法院提交了宗秋生于2005年12月26日提交的本申请说明书作为证据。

宗秋生在法定期限内向一审法院提交了以下证据：国家知识产权局作出的驳回决定；补正通知书(共4份)；视为未提出通知书；第一次审查意见通知书；第二次审查意见通知书；国家知识产权局专利收费收据。

一审法院经审查认为，宗秋生提交的证据中的专利收费收据与本案并无关联性，故不予确认。认为专利复审委以及宗秋生提交的其他证据，能够证明案件的事实，故予以确认。

上述证据均已随案移送本院。二审期间，各方当事人未提交新的证据。经审查，本院确认一审法院认证意见正确，可以作为认定本案事实的依据。

根据以上有效证据，本院确认如下事实：

2004年6月18日，宗秋生向国家知识产权局提出本申请，公开日为2005年3月16日。

本申请的权利要求书载明：

“一、前序部分：

AB瓶止痒液是以皮肤瘙痒为主体的配方，在临床上分为：蚊虫叮咬瘙痒、隐性细菌感染瘙痒、皮肤红肿瘙痒、老年皮肤瘙痒、过敏性瘙痒、接触性瘙痒、皮肤癣菌瘙痒、真菌感染瘙痒、病毒性瘙痒、神经性瘙痒、湿疹瘙痒、疥癣瘙痒、湿疮瘙痒、疮肿瘙痒等皮肤瘙痒症。

二、特征部分：

组方以药物为主，溶剂为附。组方金石药物有两重性，组方溶剂有双重功能。组方本草存内外。这就导致AB瓶止痒液配方止痒的同时，也对病症有效。

AB瓶止痒液配方与环保配方是佳选配方，存在着增减与替换之说，适应症存在着延伸与缩短的余地。”

2006年2月10日，国家知识产权局认为，宗秋生最终提交的本申请说明书修改文本的技术方案中，没有记载药物产品中各组分之间的用量配比，且未说明理由，也未记载任意的配比的组分组成的产品均能够解决本发明的技术问题，从而导致本领域技术人员根据说明书的记载无法实施说明书的技术方案，而同样的实质性缺陷，审查员已经在一审通知中向宗秋生强调过，故作出本申请不符合《专利法》第二十六条第三款的规定，属于《专利法实施细则》第五十三条第三项的情形，依据《专利法》第三十八条的规定，驳回本申请。

2006年4月20日，宗秋生向专利复审委提出复审请求，认为药品用量未突破用量极限，根据本草和药典可知药物的用量，因此国家知识产权局驳回的理由不成立。2006年5月26日，专利复审委向宗秋生发出《复审请求受理通知书》，并将本申请案卷移交原审查部门进行前置审查。前置审查的结果为坚持原驳回决定。2007年1月26日，专利复审委向宗秋生发出复审通知书，指出本申请说明书中未记载药物产品中各组分之间的用量配比，也没有描述不记载这些配比的理由，更没有详尽可信的药理试验资料以及分析来说明任意配比的组分组成的产品均能够解决其技术问题，导致本领域技术人员无法根据说明书的记载实施本申请的技术方案。2007年2月8日，宗秋生提交意见陈述书及四个附件，并认为本申请药物中各组分的用量可以根据附件3的记载推知。

2007年6月3日，专利复审委作出第10749号决定。该决定主要认为：如果说明书中给出了实现发明的技术手段，但对所属技术领域的技术人员来说，该技术手段是含糊不清的，根据说明书记载的内容无法具体实施，则认为该发明由于缺乏解决技术问题的技术手段而无法实现。就本案而言，其发明目的在于提供一种治疗皮肤瘙痒的药品。说明书中记载了其药物组成成分，但没有记载药物产品中各组分之间的用量配比，也没有记载不记载用量配比的理由，更没有详尽可信的药理试验资料以及分析来说明任意配比的组分组成的产品均能够解决本发明的技术问题。然而，根据本领域的常识可知，中药复方的关键就在于它是各种药材通过特定的用量配比而形成的有机结合的整体，其中存在复杂的配伍，这种配伍恰好表现为由于药材用量不同而形成的君臣佐使关系，因此中药复方中的各药材的用量实际体现的是一种药材间的组合配比关系，通过对药材用量的选择从而使各药材之间相互作用，相互协同，构成有机结合的整体，解决所需的技术问题，共同达到其技术效果。因此药材用量的不同选择完全可能导致药物组合物在本质上不同，使得它们的配伍关系、立方基础发生明显的变化，其技术效果也无法类推，本领域技术人员根据说明书的记载及现有技术根本无法预见到要实现说明书所记载的技术效果所使用的药材用量配比关系。宗秋生提交的附件3（即：《药形歌括四百味白话解》，1972年，北京中医学院中药方剂教研组编，人民卫生出版社出版，封面、第116～117页和第164～165页复印件，共3页），但该证据只是分别介绍了珍珠、炉甘石、木槿皮的单味药物的药性及用量，与其在本申请复方中的具体用量没有任何联系，据此记载并不能推导出本申请中各组分的用量配比。关于附件1（即：东莞市南城进出口贸易中心的贸易函复印件，共1页）、附件2（即：宗秋生的工伤认定信息复印件，共1页）和附件4（即：宗秋生的伤亡事故登记表复印件，共2页）的内容，只是来证明宗秋生与东莞市南城进出口贸易中心的业务往来以及宗秋生的工伤认定情况，与本申请说明书所记载的技术方案是否充分公开没有任何联系而不予考虑。依据《专利法》第二十六条第三款的规定，专利复审委决定维持国家知识产权局作出的驳回决定。

宗秋生不服第10749号决定，遂诉至一审法院。

本院另查明并确认事实：2005年10月8日，国家知识产权局在《第一次审查意见通知书》审查的结论性意见中关于说明书属于“申请的内容属于专利法第五条规定的不授予专利权的范围”一栏中，予以勾选。

本院认为，作为专利的申请文件，权利要求书的作用是界定专利保护的范围；说明书的作用是让本领域技术人员能够理解和实施发明。因此，权利要求书以及说明书应当符合《专利法》第二十六条的相应规定。根据《专利法》第二十六条第三款规定，说明书应当对发明作出清楚、完整的说明，以所属技术领域的技术人员能够实现为准。也就是说，说明书应该达到所属技术领域的技术人员能够实施发明的程度。即，所属技术领域的技术人员按照说明书记载的内容，不需要创造性劳动，就能够再现该发明的技术方案，解决其技术问题，并且产生预期的技术效果，其应充分公开实现发明的全部内容。本案中，宗秋生虽在权利要求书中，描述了发明药物的治疗范围及症状等，说明书中记载了药物组成成分，但未就药物之间的用量配比予以记载，本领域技术人员根据说明书及现有技术，无法实现说明书记载的技术效果所适用的药材用量配比。中药的关键又在于药材之间存在复杂配伍关系，本申请药材用量配比成为突出的技术问题。因此，专利复审委的认定理由充分，决定正确。本院应予支持。

根据《专利法》第四十一条的规定，“国务院专利行政部门设立专利复审委员会。专利申请人对国务院专利行政部门驳回申请的决定不服的，可以自收到通知之日起三个月内，向专利复审委员会请求复审。专利复审委员会复审后，作出决定，并通知申请人。专利申请人对专利复审委员会的复审决定不服的，可以自收到通知之日起三个月内向人民法院起诉。”依照上述法律规定，宗秋生在收到国家知识产权局的驳回决定后，在法定期间内向专利复审委提出复审，其后不服该复审决定又诉至一审法院的过程中，一审法院所确定的被告诉讼主体并无错误，亦不存在侵犯宗秋生诉讼权利等问题。

关于宗秋生提出的国家知识产权局《第一次审查意见通知书》中，在“申请的内容属于专利法第五条规定的不授予专利权的范围”一栏中，予以勾选错误的问题。经查，该勾选行为没有事实和法律依据，本院在此予以纠正。

综上，专利复审委所作第10749号决定认定正确。一审法院认定事实清楚，适用法律正确，审理程序合法，本院应予维持。宗秋生的上诉理由缺乏事实和法律依据，本院不予支持。依照《中华人民共和国行政诉讼法》第六十一条第（一）项的规定，判决如下：

驳回上诉，维持一审判决。

二审案件受理费人民币100元，由上诉人宗秋生负担（已交纳）。

本判决为终审判决。

审　判　长　朱世宽
代理审判员　赵宇晖
代理审判员　任全胜
二〇〇八年　八　月　五　日
书　记　员　张　怡

047

# 含有有机化合物的组合物

## 复审请求审查决定（第10750号）

**决　定　号**　第10750号
**决　定　日**　2007年6月13日
**发明创造名称**　含有有机化合物的组合物
**国际分类号**　A61K9/08，9/19，47/10，47/18，31/335，31/365
**复审请求人**　诺瓦提斯公司
**申　请　号**　99803672.2
**优先权日**　1998年2月5日，1998年6月24日
**申　请　日**　1999年2月3日
**公　开　日**　2001年4月25日
**合议组组长**　李人久
**主　审　员**　李彦涛
**参　审　员**　侯秋霞

**法律依据**　专利法第22条第3款
**决定要点**

如果请求保护的技术方案与最接近的现有技术之间存在区别技术特征，而现有技术整体上并不存在将上述区别技术特征应用到该最接近的现有技术以解决其技术问题的启示，则本领域技术人员并无动机改进该最接近的现有技术从而获得请求保护的技术方案。

### 一、案由

本复审请求涉及名称为"含有有机化合物的组合物"的99803672.2号发明专利申请（下称本申请），申请人为诺瓦提斯公司，申请日为1999年2月3日，最早优先权日为1998年2月5日，公开日为2001年4月25日。

2003年11月7日，针对进入中国国家阶段时提交的国际申请文件的说明书第2～15页和摘要，2000年9月5日根据专利合作条约第41条提交的说明书第1页，2003年9月19日提交的权利要求第1～21项，国家知识产权局以权利要求1～21不符合专利法第22条第3款为由驳回了该申请。被驳回的权利要求书如下：

"1．一种输注浓缩物形式的药物组合物，含有依普西龙和可药用有机溶剂。

2．一种药物制剂，含有依普西龙和可药用有机溶剂，但不含有HLB值为10或10以上的表面活性剂，如聚氧乙烯蓖麻油衍生物。

3. 一种药物制剂，含有依普西龙和可药用有机溶剂，所述溶剂选自（ⅰ）醇或（ⅱ）N-烷基吡咯烷酮。

4. 根据前述任一项权利要求的药物制剂，其中的可药用溶剂是聚乙二醇。

5. 根据权利要求1~3的药物制剂，另外含有加入的水。

6. 根据权利要求4的药物制剂，另外含有加入的水。

7. 根据权利要求5的药物制剂，其中水的含量为至多45%w/v。

8. 根据权利要求6的药物制剂，其中水的含量为至多45%w/v。

9. 根据权利要求7的药物制剂，其中水的含量为至多0.5%w/v。

10. 根据权利要求8的药物制剂，其中水的含量为至多0.5%w/v。

11. 根据权利要求1~3任一项的药物制剂，其中依普西龙的浓度为1~5mg/ml。

12. 根据权利要求4的药物制剂，其中依普西龙的浓度为1~5mg/ml。

13. 根据权利要求5的药物制剂，其中依普西龙的浓度为1~5mg/ml。

14. 根据权利要求6的药物制剂，其中依普西龙的浓度为1~5mg/ml。

15. 根据权利要求7的药物制剂，其中依普西龙的浓度为1~5mg/ml。

16. 根据权利要求8的药物制剂，其中依普西龙的浓度为1~5mg/ml。

17. 根据权利要求9的药物制剂，其中依普西龙的浓度为1~5mg/ml。

18. 根据权利要求10的药物制剂，其中依普西龙的浓度为1~5mg/ml。

19. 一种输注液，含有前述任一项权利要求的制剂和可药用溶剂。

20. 根据权利要求1~8任一项的药物制剂在制备适于非胃肠给药的药物中的用途。

21. 如权利要求1所述的组合物，它们不含有HLB值为10或10以上的表面活性剂。”

驳回决定认为：权利要求1请求保护一种依普西龙和可药用有机溶剂的组合物，对比文件1（WO9310121A，公开日为1993年5月27日）公开了具有微管稳定化作用的细胞毒素依普西龙，并披露了其可以用于治疗肿瘤，本申请与对比文件1的区别在于本申请在依普西龙的基础上添加了有机溶剂，形成液体药物组合物，其具体剂型为输注浓缩物；而对比文件2（WO9800128A，公开日为1998年1月8日）公开了包含同为难溶性微管细胞毒素的紫杉醇与可药用第一有机溶剂DMA、第二溶剂聚乙二醇400和最终溶剂乳化大豆油的稳定的非肠道输注液，并披露了2-吡咯烷酮、1-甲基-2-吡咯烷酮也是适宜的溶剂，本领域技术人员结合对比文件1和2得到权利要求1的技术方案是显而易见的。从属权利要求2限定了其组分中不含HLB大于或等于10的表面活性剂，而对比文件2液明确披露了一种HLB大于或等于10的具体的表面活性剂-聚氧乙烯蓖麻油是不适宜的溶剂，故对比文件2也不含HLB大于或等于10的表面活性剂，权利要求2相对于对比文件1和2的结合不具有创造性。权利要求3~19、21限定或附加了技术特征，但这些权利要求也均不具备创造性，权利要求20所涉及的制备适于非肠道给药的药物的用途也不具备创造性。

申请人诺瓦提斯公司（下称复审请求人）对上述驳回决定不服，于2004年2月12日向专利复审委员会提交了复审请求，并且没有修改申请文件。复审请求人在提出复审请求时提交的复审请求理由为：

对比文件1仅仅公开了依普西龙作为细胞毒素物质的用途，而并未涉及或提到任何有关依普西龙合适的制剂的问题，也没有提到与含有依普西龙的制剂的制备有关的依普西龙任何技术特征。对比文件2公开的是用于紫杉醇的合适制剂，其中并未教导适合于紫杉醇的制剂也会适合于依普西龙。这两篇对比文件之间没有任何联系。审查员将二者结合来评价权利要求1的创造性是“后见之明”。从技术领域上看，本发明属于制剂领域，涉及依普西龙的合适制剂，对比文件1和对比文件2分属不同的技术领域，它们都与依普西龙的制剂无关，其中都没有提到与制剂制备有关的降解和溶解性问题。本领域普通技术人员并不知道为数众多的已知剂型当中哪种剂型最适于依普西龙。另外，申请人认为对于剂型的制备来说，起决定作用的是化合物的物理性质，与其生物活性的作用方式没有太大关系，由于这样的原因，现有技术中没有任何教导或暗示导致本领域普通技术人员显而易见的结合对比文件1和2，以制备出本发明的依普西龙药物制剂。另外，说明书第2页第4~18行公开了依普西龙药物制剂特别容易降解，即使这一性质是已知的，制剂克服了这一问题也能导致本发明非显而易见。

形式审查合格后，专利复审委员会受理了该复审请求，并于2004年4月12日向复审请求人发出《复审请求受理通知书》。同时，将本申请送回国家知识产权局原审查部门进行前置审查。

原审查部门对本复审请求进行了前置审查，在前置审查中，原审查部门坚持原驳回决定。

专利复审委员会组成合议组，对本复审请求案进行了审理。

本合议组于2005年9月28日发出复审通知书，指出：

权利要求1涉及一种含有依普西龙（epothilone）的输注浓缩物形式的药物组合物，对比文件1（WO9310121A）公开了一种具有微管稳定化的细胞毒素物质依普西龙，并且公开了其可以用于治疗肿瘤（参见其说明书第5~7页，第13页，及其权利要求1、2、8）。二者区别在于：对比文件1仅公开了依普西龙这一种化合物，而本申请权利要求1请求保护的是含有该化合物的组合物，其形态为液态，具体剂型为输注浓缩物。权利要求1的技术方案与对比文件1相比，由于加入了有机溶剂，改变了剂型，克服了现有技术的如下缺陷：作为16元大环内酯类化合物的依普西龙易于降解且溶解度差，难以形成肠胃给药的药物制剂。这种溶解性差的缺陷若通过升高温度或加入表面活性剂（例如乳剂）的常规方法又会产生不利的后果（见说明书第2页第2段相关记载）。

对比文件2（WO9800128A）公开了一种包含紫杉醇和有机溶剂的组合物。由于紫杉醇和依普西龙均为微管细胞毒素物质，所以它们属于相同的技术领域。紫杉醇与依普西龙有许多相似之处：（1）均为微管细胞毒素物质；（2）都是难溶的化合物。

本领域公知，对于剂型的制备来说，起决定作用的是化合物的物理性质，由于紫杉醇和依普西龙物理性质相似，在将它们制备为稳定的非肠道给药制剂时就面临着相似的困难，考虑到二者均为微管细胞毒素物质，在技术上属于同一技术领域，本领域普通技术人员在解决依普西龙制剂的制备的问题的时候，他也是熟知紫杉醇制剂制备的技术内容的，这样，紫杉醇制剂的制备就自然对于依普西龙制剂的制备产生技术启示。而对比文件2已经公开了紫杉醇制剂，如紫杉醇储备制剂，对比文件2的目的在于获得溶解性好和更稳定的紫杉醇制剂，而本申请的发明目的也在于制备溶解性好和更稳定的依普西龙制剂；对比文件2还具体公开了：紫杉醇制剂的有机溶剂第一有机溶剂DMA、第二有机溶剂聚乙二醇400等，还披露了2-吡咯烷酮、1-甲基-2-吡咯烷酮也均是适当的溶剂（见说明书第2页第21行至第3页第7行，及其实施例1、2）。这样，由于对比文件2与本申请的发明目的相同，所使用手段即使用的溶剂也相同，本领域普通技术人员在对比文件1的基础上，为了解决其存在的技术问题，结合对比文件2的技术内容，不必进行创造性的劳动即可得到权利要求1请求保护的技术方案。所以，权利要求1不具备突出的实质性特点和显著的进步。

权利要求2对权利要求1附加的技术特征为其组分中不含有HLB大于或等于10的表面活性剂，并且在说明书中指出HLB值大于10的表面活性剂的缺陷：会引起过敏反应，并且它们可从PVC容器、造管（tubing）等浸取出增塑剂（见本申请说明书第2页倒数第3~4行）。同时，还列举了多氢化天然或氢化蓖麻油。而在对比文件2中，也披露了聚氧乙烯蓖麻油是不适宜的溶剂，其原因即在于它能够导致例如增塑剂的渗出诱发严重的副作用等不良反应（见对比文件2说明书第1页第24~31行）。本领域普通技术人员为了解决对比文件1存在的技术问题，在制备其药物制剂时，考虑到对比文件 2 的教导，很容易想到应当排除 HLB 值大于或等于 10 的表面活性剂，从而得到权利要求 2 的技术方案。所以，权利要求 2 不具备突出的实质性特点和显著的进步。

权利要求 3～18、21 分别对本发明作了进一步限定，但是这些限定均未给本发明带来突出的实质性特点和显著的进步，也都不具备创造性；权利要求 19 涉及一种输注液，权利要求 20 涉及所述药物制剂的用途，在其所引用的权利要求不具备创造性的前提下也均不具备创造性。

复审请求人于 2006 年 1 月 13 日提交了意见陈述书，并提交了权利要求全文替换页，共 19 项。复审请求人认为本申请的申请日之前本领域技术人员不能将对比文件 1 和 2 显而易见地结合起来；格外强调指出，紫杉醇可能像依普西龙一样会有溶解性差的问题，但是在考虑制剂时依普西龙还具有许多其他问题，关键是化合物的稳定性问题，本领域技术人员在考虑如何克服这种稳定性问题时，通常会寻求针对具有类似大环内酯结构并且表现出稳定性问题的化合物的技术启示，但紫杉醇既不是大环内酯也未表现出与依普西龙类似的不稳定的问题，故现有技术中并不存在将对比文件 1 和 2 结合的依据。

修改的权利要求书如下：

"1. 一种用于治疗对依普西龙敏感的增殖性疾病的输注浓缩物形式的药物制剂，含有溶于可药用有机溶剂中的依普西龙，其中所述可药用有机溶剂选自下组：乙醇、乙醇与水的混合物，其中乙醇与水的体积比范围为从 100∶0～10∶90、丙二醇、聚乙二醇、聚乙二醇 400、以及丙二醇、聚乙二醇 300 或聚乙二醇 400 与水的混合物，其中丙二醇、聚乙二醇 300 或聚乙二醇 400 与水的体积比范围为从 100∶0～30∶70。

2. 根据权利要求 1 的药物制剂，含有依普西龙和可药用有机溶剂，但不含有 HLB 值为 10 或 10 以上的表面活性剂。

3. 根据权利要求 1 的药物制剂，其中的可药用有机溶剂是聚乙二醇。

4. 根据权利要求 1 的药物制剂，含有依普西龙 B 和聚乙二醇 300。

5. 根据权利要求 1 的药物制剂，其中水的含量为至多 45%w/v。

6. 根据权利要求 1 的药物制剂，其中水的含量为至多 0.5%w/v。

7. 根据权利要求 1 的药物制剂，其中依普西龙的浓度为 1～5mg/ml。

8. 通过用可药用溶剂稀释根据权利要求 1 的输注浓缩物而获得的输注液。

9. 权利要求 8 的输注液，其中的可药用溶剂是含水介质。

10. 权利要求 1 所述的组合物，含有浓度为 0.1～100mg/ml 的依普西龙，但不含有 HLB 值为 10 或 10 以上的表面活性剂。

11. 权利要求 1 所述的药物制剂，其中的依普西龙是依普西龙 B，浓度为 0.1～100mg/ml。

12. 权利要求 11 所述的药物制剂，其中的依普西龙是依普西龙 B，浓度为 1～5mg/ml。

13. 通过用可药用溶剂稀释根据权利要求 12 的输注浓缩物而获得的输注液。

14. 权利要求 1 所述的药物制剂，其中的依普西龙是依普西龙 B，并且其浓度为 0.1～50mg/ml。

15. 权利要求 14 所述的药物制剂，其不含有 HLB 值为 10 或 10 以上的聚氧乙烯蓖麻油衍生物。

16. 权利要求 1 所述的药物制剂，其中的有机溶剂是聚乙二醇 300 或聚乙二醇 400，并且所述依普西龙是依普西龙 B。

17. 权利要求 16 的药物制剂，其中依普西龙 B 的浓度为 1～5mg/ml。

18. 通过用可药用溶剂稀释根据权利要求 17 的输注浓缩物而获得的输注液。

19. 根据权利要求 1 的药物制剂在制备适于非胃肠给药的药物中的用途。"

2006 年 12 月 13 日，复审请求人再次提交了意见陈述书，重新提交了权利要求书的全文替换页，共 19 项权利要求，其中将权利要求 1 中 30∶70 修改为 70∶30，新权利要求如下：

“1. 一种用于治疗对依普西龙敏感的增殖性疾病的输注浓缩物形式的药物制剂，含有溶于可药用有机溶剂中的依普西龙，其中所述可药用有机溶剂选自下组：乙醇、乙醇与水的混合物，其中乙醇与水的体积比范围为从100：0～10：90、丙二醇、聚乙二醇、聚乙二醇400、以及丙二醇、聚乙二醇300或聚乙二醇400与水的混合物，其中丙二醇、聚乙二醇300或聚乙二醇400与水的体积比范围为从100：0～70：30。

2. 根据权利要求1的药物制剂，含有依普西龙和可药用有机溶剂，但不含有HLB值为10或10以上的表面活性剂。

3. 根据权利要求1的药物制剂，其中的可药用有机溶剂是聚乙二醇。

4. 根据权利要求1的药物制剂，含有依普西龙B和聚乙二醇300。

5. 根据权利要求1的药物制剂，其中水的含量为至多45%w/v。

6. 根据权利要求1的药物制剂，其中水的含量为至多0.5%w/v。

7. 根据权利要求1的药物制剂，其中依普西龙的浓度为1～5mg/ml。

8. 通过用可药用溶剂稀释根据权利要求1的输注浓缩物而获得的输注液。

9. 权利要求8的输注液，其中的可药用溶剂是含水介质。

10. 权利要求1所述的组合物，含有浓度为0.1～100mg/ml的依普西龙，但不含有HLB值为10或10以上的表面活性剂。

11. 权利要求1所述的药物制剂，其中的依普西龙是依普西龙B，浓度为0.1～100mg/ml。

12. 权利要求11所述的药物制剂，其中的依普西龙是依普西龙B，浓度为1～5mg/ml。

13. 通过用可药用溶剂稀释根据权利要求12的输注浓缩物而获得的输注液。

14. 权利要求1所述的药物制剂，其中的依普西龙是依普西龙B，并且其浓度为0.1～50mg/ml。

15. 权利要求14所述的药物制剂，其不含有HLB值为10或10以上的聚氧乙烯蓖麻油衍生物。

16. 权利要求1所述的药物制剂，其中的有机溶剂是聚乙二醇300或聚乙二醇400，并且所述依普西龙是依普西龙B。

17. 权利要求16的药物制剂，其中依普西龙B的浓度为1～5mg/ml。

18. 通过用可药用溶剂稀释根据权利要求17的输注浓缩物而获得的输注液。

19. 根据权利要求1的药物制剂在制备适于非胃肠给药的药物中的用途。”

据此，合议组认为本案事实清楚，可以作出复审决定。

**二、决定的理由**

1. 关于审查的文本

本复审决定书所依据的文本是：复审请求人于2006年12月13日提交的权利要求书第1～19项，2000年9月5日根据专利合作条约第41条提交的说明书第1页、进入中国国家阶段时提交的国际申请文件的说明书第2～15页及说明书摘要。

2. 关于创造性

专利法第22条第3款规定：创造性，是指同申请日以前已有的技术相比，该发明有突出的实质性特点和显著的进步。

如果请求保护的技术方案与最接近的现有技术之间存在区别技术特征，而现有技术整体上并不存在将上述区别技术特征应用到该最接近的现有技术以解决其技术问题的启示，则本领域技术人员并无动机改进该最接近的现有技术从而获得请求保护的技术方案。

权利要求1涉及一种含有依普西龙的输注浓缩物形式的药物制剂，并限定了其中的药用有机溶剂为选自乙醇、乙醇与水的混合物等，并且限定了混和溶剂中组分的比例范围（详见案由部分记载的权利要求1原文)；对比文件1（WO9310121A）公开了一种具有微管稳定化的细胞毒素物质依普西龙，并且公开了其可以用于治疗肿瘤（参见其说明书第5~7页，第13页，及其权利要求1~2、8)。二者区别在于：对比文件1仅公开了依普西龙这一种化合物，而本申请权利要求1请求保护的是含有该化合物的组合物，具体剂型为输注浓缩物，并且权利要求1还限定了药用溶剂的种类及用量。

根据本申请说明书的记载，现有技术存在如下缺陷：作为16元大环内酯类化合物的依普西龙易于降解且溶解度差，难以形成肠胃给药的药物制剂。这种溶解性差的缺陷若通过升高温度或加入表面活性剂（例如乳剂）的常规方法又会产生不利的后果，所以现有技术中没能制成适于依普西龙的制剂（见说明书第2页第2段相关记载)。而本申请由于加入了适当的有机溶剂，改变了剂型，获得了如下的技术效果："发现了提高依普西龙，如依普西龙A或依普西龙B的溶解度"（见说明书第2页第4段),"本发明的输注浓缩物在至少2~8℃的温度下经较长的时间，例如长达12~36个月，如24个月仍是稳定的"（见说明书第4页第4段)，因此，从说明书所记载的技术效果看，本申请权利要求1相对于对比文件1实际解决的技术问题为提高依普西龙制剂的稳定性和溶解性。

对比文件2（WO9800128A）公开了一种包含紫杉醇和有机溶剂的组合物。紫杉醇与依普西龙二者分子结构完全不同，依普西龙属于十六元大环内酯化合物，而紫杉醇属于双萜类化合物；虽然紫杉醇与依普西龙均为微管细胞毒素物质，具有类似的生理活性，并且都是难溶的化合物，但是显然，由于二者分子结构迥异，它们的化学性质一般也不相同，本申请指出，十六元大环内酯特别容易降解，而对比文件2并未披露任何关于紫杉醇降解稳定性以及该制剂对于其稳定性的影响的信息，本领域技术人员在面对提高依普西龙稳定性这一技术问题时，一般应当着眼于依普西龙的化学性质，即从与依普西龙分子结构接近的物质的稳定制剂中寻求技术启示，而并不会想到将紫杉醇的制剂所采用的药物溶剂与对比文件1的化合物依普西龙配制成药物组合物，从而解决其稳定性问题，即，本领域技术人员并无动机将对比文件2与对比文件1结合从而形成权利要求1的技术方案，解决上文所归纳的实际的技术问题。

需要指出的是，虽然紫杉醇与依普西龙均为难溶性物质，本领域技术人员在考虑提高依普西龙的溶解性时可以从紫杉醇制剂中获得某种借鉴，但是本申请所要解决的技术问题不仅在于提高依普西龙的溶解性，还在于克服依普西龙易于降解的缺陷，所以，本申请的技术方案所达到的技术效果超出了本领域技术人员基于对比文件1和2的预期，获得了意想不到的技术效果，对比文件1和2的结合并不能破坏本专利的创造性。

综上所述，本申请相对于对比文件1和2的结合具备创造性，符合专利法第22条第3款的规定。

在独立权利要求1具备创造性的情况下，其直接或间接的从属权利要求2~7、10~12、14~17相应地也均具备创造性；权利要求8、13、18分别涉及稀释权利要求1、12或17的输注浓缩物所得到的输注液，由于权利要求1、12和17所述的输注浓缩物分别具备创造性，相应地，将它们稀释之后获得的输注液也均具备创造性；权利要求19涉及权利要求1的药物制剂在制备适于非肠道给药的药物中的用途，显然其具备创造性。综上所述，本专利所有权利要求符合专利法第22条第3款的规定。

基于上述理由，合议组作出如下决定。

**三、决定**

撤销国家知识产权局于2003年11月7日对99803672.2号发明专利申请作出的驳回决定。由原审查部门在复审审查文本的基础上继续审查程序。

复审请求人对本决定不服的，可以根据专利法第41条第2款的规定，自收到本决定之日起三个月内向北京市第一中级人民法院起诉。

048

# 用于分光光度法测定分析物的染料偶合对

## 复审请求审查决定（第10784号）

**决　定　号**　第10784号
**决　定　日**　2007年6月14日
**发明创造名称**　用于分光光度法测定分析物的染料偶合对
**国际分类号**　C12Q 1/26，C07D 277/82
**复审请求人**　生命扫描有限公司
**申　请　号**　95196104.7
**申　请　日**　1995年9月7日
**优先权日**　1994年9月8日
**公　开　日**　1997年10月22日
**合议组组长**　孙跃飞
**主　审　员**　汪送来
**参　审　员**　刘　静

**法律依据**　专利法第26条第4款
**决定要点**

如果权利要求所要求保护的技术方案是本领域技术人员能够从说明书充分公开的内容中得到或者概括得出的技术方案，则该权利要求得到了说明书的支持。

### 一、案由

本复审请求案涉及发明名称为“用于分光光度法测定分析物的染料偶合对”的第95196104.7号发明专利申请（下称本申请），申请人为生命扫描有限公司，申请日为1995年9月7日，优先权日为1994年9月8日，公开日为1997年10月22日。

2003年6月13日，针对申请人于2003年5月12日提交的权利要求书、申请日提交的说明书第1~10页及其摘要和摘要附图，国家知识产权局以本申请权利要求1不符合专利法第26条第4款为由驳回了本申请。

驳回决定认为：权利要求1中R包含了大量的不同化合物，本申请中没有任何记载可以证明R选用实施例以外的其他基团时，也可以实现如说明书所述的“应用于比色法测定水流体，如全血中的化学和生物化学组分”的发明目的，根据本申请文件所记载的内容，所属技术领域的技术人员难以预见该取代基所包括的除本申请实施例之外的所有化合物都能够达到本发明的目的，因此权利要求1得不到说明书的支持，不符合专利法第26条第4款的规定。

驳回决定针对的权利要求 1 如下：

“1. 一种包含用于测定样品中分析物的存在或含量的试剂体系的检验仪器，该试剂体系包含能产生一种氧化剂的酶，该氧化剂的量指示出所述样品中所述分析物的量；其改进如下：

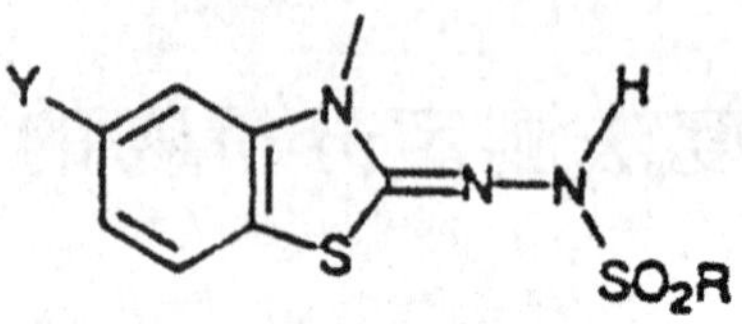

所说的试剂体系包含一种染料偶合对，它在 pH 值低于约 11 时被氧化剂氧化成显色剂，该染料偶合对包含一种结构式如下的化合物：其中，R 选自烷基、取代烷基、芳基、取代芳基、杂环基、季胺基或有机酸部分；Y 是 H。”

2003 年 9 月 28 日，申请人生命扫描有限公司（下称复审请求人）对上述驳回决定不服，向专利复审委员会提出复审请求，复审请求人在提出复审请求时没有对申请文件进行修改。复审请求人认为：（1）权利要求 1 要保护的是一种检验仪器，而不是直接指向该检验仪器所用试剂体系中所包含的化合物，因此，对于该化合物的取代基应允许一个较宽的范围；（2）说明书中清楚地说明酶和染料偶合对的选择在本领域内广泛地变化，熟悉本技术领域的人都清楚，对染料偶合对起影响作用的是所给结构式的主体结构，其中的取代基 R 可以选自芳香基如磺酰基苯基、杂环基和烷基等；（3）熟悉本技术领域的人一旦获悉本发明，就能够以常规实验容易地确定达到本发明目的的适宜化合物，本申请的实施例 2 和 3 主要用于解释测定化合物是否适合本发明目的的简单实验。因此权利要求 1 和 2 中 R 对于熟悉本技术领域的人是合理的范围。

经形式审查合格后，专利复审委员会受理了该请求，并于 2003 年 11 月 11 日向复审请求人发出了《复审请求受理通知书》，同时将本申请转送至国家知识产权局原审查部门进行前置审查。

在《前置审查意见书》中，国家知识产权局原审查部门坚持驳回决定。

专利复审委员会组成合议组，对本复审请求案进行了审理，于 2007 年 3 月 30 日向复审请求人发出《复审通知书》，指出（1）权利要求 1 结构式所表示的腙类化合物与现有技术（背景技术）中的 MBTH 的区别在于腙基部分，该区别使得权利要求 1 的偶合对组分解决了稳定性和反应效率方面技术问题，也就是说，腙基氮原子上的取代基对该化合物的稳定性及其氧化反应效率具有很大的影响，然而本申请仅通过实施例证实了当 R 为间磺基苯基时的染料偶合对化合物可以达到上述效果，而在权利要求 1 中，$-SO_2R$ 中的 R 选自烷基、取代烷基、芳基、取代芳基、杂环基、季胺基或有机酸部分，说明书中并没有提供足够的实验结果说明当 R 为如上所述基团时，该权利要求 1 结构式所示的腙类化合物都具有上述效果，并且复审请求人也没有提供充分的理由和证据说明在实施例 1 的基础上通过现有的理论、机理可以确定该权利要求 1 结构式所示的化合物都能够达到上述效果。因此，权利要求 1 的概括超出了说明书公开的范围，不符合专利法第 26 条第 4 款的规定。另外，驳回决定所针对的文本中权利要求 2 如下：

“2. 按照权利要求 1 的检验仪器，其中 R 是：

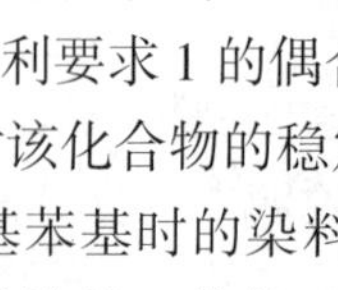

其中，$R_1$、$R_2$ 和 $R_3$ 的任一个独立选自 H、烷基、芳基、甲硅烷基、卤素离子、羟基、巯基、烷氧基、硫代烷氧基、胺基、磺酸根或羧酸根；X 选自胺基、磺酸根或羧酸根。”

合议组认为，基于上述同样的理由，权利要求 2 中 R 定义的范围仍然超出了说明书公开的范围，得不到说明书的支持，不符合专利法第26条第4款的规定。

针对上述《复审通知书》，复审请求人于2007年5月11日提交了意见陈述书和经修改的权利要求书替换页，其中对前一文本中权利要求1的R的定义进行了进一步限定，并删除了权利要求2，同时对权利要求编号和引用关系进行相应的修改。但是，修改后的权利要求1没有对其中的$R_4$进行定义。

2007年6月12日，复审请求人再次提交了权利要求书的替换页，将前一文本权利要求1中的“$R_1$、$R_2$和$R_3$的任一个独立为H”修改为“$R_1$、R2、$R_3$和$R_4$的任一个独立为H”。

修改后的权利要求1如下：

“1. 一种包含用于测定样品中分析物的存在或含量的试剂体系的检验仪器，该试剂体系包含能产生一种氧化剂的酶，该氧化剂的量指示出所述样品中所述分析物的量；其改进如下：

所说的试剂体系包含一种染料偶合对，它在pH值低于约11时被氧化剂氧化成显色剂，该染料偶合对包含一种结构式如下的化合物：

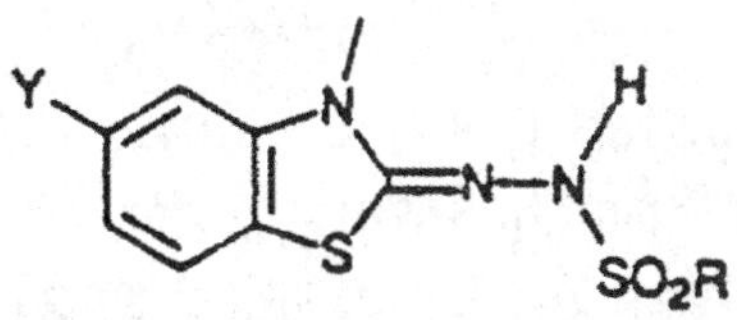


其中，R是：

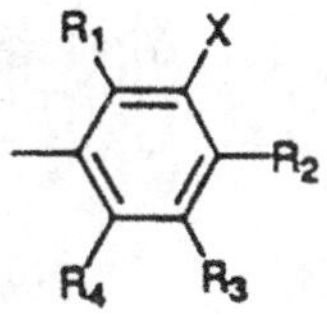


其中，$R_1$、$R_2$、$R_3$和$R_4$的任一个独立为H；X为磺酸根；Y是H。”

至此，合议组认为本案事实清楚，可以作出审查决定。

## 二、决定的理由

1. 审查文本

本复审决定所针对的文本是：原始提交的国际申请中文译文的说明书第1、3~9页，附图第1页，摘要和摘要附图，国际初步审查报告附件中文译文的说明书第2、2a、10页；2007年6月12日提交的权利要求第1~7项。

2. 支持问题

专利法第26条第4款规定：权利要求书应当以说明书为依据，说明要求专利保护的范围。

如果权利要求所要求保护的技术方案是本领域技术人员能够从说明书充分公开的内容中得到或者概括得出的技术方案，则该权利要求得到了说明书的支持。

在本案中，权利要求1请求保护一种包含用于测定样品中分析物的存在或含量的试剂体系的检验仪器，其改进在于试剂体系所包含的染料偶合对，具体技术特征如案由中所示。根据本申请说明书的记载，在已知的血糖检验的方法中，被分析的流体与试剂相互作用并产生一种吸光的反应产物。试剂包括葡萄糖氧化酶，其消耗样品中的葡萄糖而产生过氧化氢；在辣根过氧化物酶存在的条件下，过氧化氢氧化染料偶合对，即3-甲基-2-苯并噻唑啉酮腙氢氯化物（MBTH）和3-二甲基氨基苯甲酸（DMAB），产生蓝色染料。然后，测定染料颜色的强度，血液中葡萄糖的浓度可以被确定。

上述MBTH的稳定性随着温度和碱度的升高而降低，并且在与其配偶体进行氧化反应的效率也随着碱度的升高而降低，以至于在高pH值时，该染料偶合对产生的颜色很淡或无色。在实施中，

MBTH 的加入量要很大，pH 值要低，为了使该化合物降低升华，提高效率，pH 值应选择在低于 2.0。而在该 pH 值下，却完全不适合于酶，因此不得不选择适中的 pH 值和过量试剂。

本申请权利要求 1 中的检验仪器是本领域技术人员所熟知的，其改进在于染料偶合对化合物。权利要求 1 检验仪器所用试剂中的染料偶合对包括如权利要求 1 结构式所表示的腙类化合物，根据说明书的记载，其可用以克服遇到的稳定性问题，并且在更有利于酶的活性如 pH 值范围在 4 ~ 7 的条件下，能有效地反应。在本申请的实施例中，证实了使用间（3-甲基-2-苯并噻唑啉酮腙）N-磺酰基苯磺酸-钠盐〔2〕，即当 R 为间磺基苯基时（此时 $R_1$、$R_2$、$R_3$ 和 $R_4$ 均为 H，X 为磺酸根，Y 为 H），染料偶合对化合物可以达到上述效果（参见说明书第 7 页最后一段至 10 页，其中水溶液 pH 值为 4.25）。由此可见，权利要求 1 的技术方案是本领域技术人员能够由说明书充分公开的内容即实施例获得的，其得到了说明书的支持，符合专利法第 26 条第 4 款的规定，驳回决定所指出的缺陷已被克服。

根据上述事实和理由，合议组作出如下审查决定。

**三、决定**

撤销国家知识产权局于 2003 年 6 月 13 日针对 95196104.7 号发明专利申请作出的驳回决定，由国家知识产权局原审查部门以原始提交的国际申请中文译文的说明书第 1、3 ~ 9 页，附图第 1 页，摘要和摘要附图，国际初步审查报告附件中文译文的说明书第 2、2a、10 页，2007 年 6 月 12 日提交的权利要求第 1 ~ 7 项为基础继续审批程序。

复审请求人对本决定不服的，可以根据专利法第 41 条第 2 款的规定，自收到本决定之日起三个月内向北京市第一中级人民法院起诉。

049

# 发酵生产 L-谷氨酸的方法

## 复审请求审查决定（第 10804 号）

**决 定 号** 第 10804 号
**决 定 日** 2007 年 6 月 6 日
**发明创造名称** 发酵生产 L-谷氨酸的方法
**国 际 分 类 号** C12P 13/14，C12N 1/20，C12N 15/11//（C12P 13/14，C12R 1：15）
**复 审 请 求 人** 味之素株式会社
**申 请 号** 99122969. X
**优 先 权 日** 1998 年 12 月 18 日
**申 请 日** 1999 年 12 月 18 日
**公 开 日** 2000 年 10 月 18 日
**合 议 组 组 长** 何 炜
**主 审 员** 葛永奇
**参 审 员** 唐 莉

**法 律 依 据** 专利法实施细则第 20 条第 1 款
**决 定 要 点**

对于包含功能性描述和方法特征的产品权利要求，如果所属技术领域的技术人员依据其所知晓的普通技术知识，能够清楚地理解并确定其保护范围，则权利要求符合专利法实施细则第 20 条第 1 款的规定。

### 一、案由

本复审请求涉及申请日为 1999 年 12 月 18 日、公开日为 2000 年 10 月 18 日、申请号为 99122969. X、名称为“发酵生产 L-谷氨酸的方法”的发明专利申请（下称本申请），本申请的优先权日为 1998 年 12 月 18 日。本申请的申请人为味之素株式会社。

2003 年 10 月 10 日，原审查部门针对申请人于申请日提交的说明书第 1 ~ 33 页、附图第 1 ~ 2 页、说明书摘要和 2003 年 3 月 17 日提交的权利要求第 1 ~ 8 项对本申请予以驳回，驳回决定所针对的权利要求书为：

“1. 具有 L-谷氨酸生产能力和增强的细胞内丙酮酸脱氢酶活性的棒杆菌细菌。

2. 根据权利要求 1 所述的棒杆菌细菌，其中通过增加编码丙酮酸脱氢酶的基因的拷贝数获得增加的细胞内丙酮酸脱氢酶活性。

3. 根据权利要求 2 所述的棒杆菌细菌，其中编码丙酮酸脱氢酶的基因起源于大肠杆菌或棒状杆菌。

4. 生产L-谷氨酸的方法，包括步骤：在培养基中培养根据权利要求1到3任何一个所述的棒杆菌细菌以便在培养基中生产和积累L-谷氨酸，并且从培养基中收集L-谷氨酸。

5. 根据权利要求4所述的方法，其中培养基含有维生素B1的浓度是20微克/升或更多。

6. 权利要求2的棒杆菌，其中的基因包含编码在下面（A）或（B）中限定的蛋白质的DNA：

（A）具有SEQ ID NO：10的氨基酸序列的蛋白质；

（B）具有包括一个或几个氨基酸的取代，缺失，插入，添加或倒位的SEQ ID NO：10的氨基酸序列，并且具有丙酮酸脱氢酶活性的蛋白质。

7. 权利要求6的棒杆菌，其中DNA是下面（a）或（b）定义的DNA：

（a）含有SEQ ID NO：9中核苷酸编号为2360~5120的核苷酸序列的DNA；

（b）在严格条件下，与SEQ ID NO：9的核苷酸编号为2360~5120的核苷酸序列，或从该核苷酸序列制备的探针可杂交，并且编码具有丙酮酸脱氢酶活性的蛋白质的DNA。

8. 权利要求7的棒杆菌，其中严格条件是在60℃，和在对应于1×SSC和0.1% SDS盐浓度进行洗涤的条件。”

驳回的具体理由为：权利要求1使用了功能性描述限定所要保护的微生物，这种描述不能清楚地限定所述微生物的结构特征。从说明书可以看出，权利要求1所要保护的微生物是可以利用结构特征加以限定的，因而采用纯功能性限定使权利要求1保护范围不清楚，不符合专利法实施细则第20条第1款的规定。

申请人味之素株式会社（下称复审请求人）于2004年1月28日向专利复审委员会提出复审请求，同时提交了新修改的权利要求1~8，其中修改后的权利要求1为“1. 具有L-谷氨酸生产能力和增强的细胞内丙酮酸脱氢酶活性的棒杆菌细菌，其中通过增加编码丙酮酸脱氢酶的基因的拷贝数，或者通过将基因的表达调节序列以一个更强的表达调节序列替代而获得增加的细胞内丙酮酸脱氢酶活性。”

形式审查合格后，专利复审委员会受理了该复审请求，于2004年3月1日向复审请求人发出《复审请求受理通知书》，同时将本案移交原审查部门进行前置审查。

原审查部门对本复审请求进行了前置审查，坚持原驳回决定，理由是尽管修改后的权利要求1增加了“通过增加编码丙酮酸脱氢酶的基因的拷贝数，或者通过将基因的表达调节序列以一个更强的表达调节序列替代而获得增加的细胞内丙酮酸脱氢酶活性”来限定所要保护的微生物，但这种描述仍然属于功能性描述，不能清楚地限定所述微生物的结构特征，导致保护范围不清楚，不符合专利法实施细则第20条第1款的规定。

至此，合议组认为本案事实清楚，可以作出审查决定。

**二、决定的理由**

1. 审查文本

本复审请求审查决定针对的申请文本为复审请求人于申请日提交的说明书第1~33页、附图第1~2页、说明书摘要和2004年1月28日提交的权利要求第1~8项，该文本符合专利法第33条和专利法实施细则第60条第1款的规定。

2：专利法实施细则第20条第1款规定：权利要求书应当说明发明或者实用新型的技术特征，清楚、简要地表述请求保护的范围。

根据该款规定，对于包含功能性描述和方法特征的产品权利要求，如果所属技术领域的技术人员依据其所知晓的普通技术知识，能够清楚地理解并确定其保护范围，则权利要求符合专利法实施细则

第 20 条第 1 款的规定。

本案中，第一，尽管权利要求 1 中“具有 L–谷氨酸生产能力和增强的细胞内丙酮酸脱氢酶活性的棒杆菌细菌”为功能性描述，但其进一步由“通过增加编码丙酮酸脱氢酶的基因的拷贝数，或者通过将基因的表达调节序列以一个更强的表达调节序列替代”这样的方法特征加以限定，因而不是纯功能性的权利要求；第二，上述方法特征均为所属领域的常规技术，其含义在所属技术领域中是明确的，并且，上述方法特征明确地表达了这样的意思：所述棒杆菌细菌具有“增加的编码丙酮酸脱氢酶的基因的拷贝数，或者基因的表达调节序列被一个更强的表达调节序列所替代”这样的结构特征，即所属领域的技术人员依据其所知晓的普通技术知识，可以理解并确定权利要求 1 要求保护的就是：具有 L–谷氨酸生产能力，并且由于其中具有增加的编码丙酮酸脱氢酶的基因的拷贝数，或者基因的表达调节序列被一个更强的表达调节序列所替代，因而具有增强的细胞内丙酮酸脱氢酶活性的棒杆菌细菌。也就是说，权利要求 1 所要求保护的范围是清楚、明确的，因此符合专利法实施细则第 20 条第 1 款的规定。

根据以上事实和理由，本案合议组作出如下审查决定。

**三、决定**

撤销国家知识产权局于 2003 年 10 月 10 日对申请号为 99122969. X 的发明专利申请作出的驳回决定。由原审查部门在驳回决定所针对的说明书及附图、说明书摘要以及复审请求人于 2004 年 1 月 28 日提交的权利要求第 1 ~ 8 项的基础上继续进行审查。

复审请求人对本决定不服的，可以根据专利法第 41 条第 2 款的规定，自收到本决定之日起三个月内向北京市第一中级人民法院起诉。

050

# 新的除草剂和解毒剂混合物

## 复审请求审查决定（第10805号）

**决　定　号**　第10805号
**决　定　日**　2007年6月6日
**发明创造名称**　新的除草剂和解毒剂混合物
**国 际 分 类 号**　A01N 47/36//（A01N 43/36，43：80，43：653，43：56，43：42，25：32）
**复 审 请 求 人**　赫彻斯特-舍林农业发展有限公司
**申　请　号**　94193581.7
**申　请　日**　1994年9月19日
**优 先 权 日**　1993年9月30日
**公　开　日**　1996年12月4日
**合 议 组 组 长**　张　沧
**主　审　员**　李人久
**参　审　员**　李广峰

**法 律 依 据**　专利法第26条第4款
**决 定 要 点**

如果权利要求的概括包括申请人推测的内容，而其效果又难于确定和评价，应当认为这种概括超出了说明书公开的范围。

### 一、案由

本复审请求涉及1994年9月19日申请、1996年12月4日公开、名称为“新的除草剂和解毒剂混合物”94193581.7号发明专利申请（下称本申请），申请人为赫彻斯特-舍林农业发展有限公司。

2002年3月8日，国家知识产权局以本申请不符合专利法第31条第1款和专利法第26条第4款为由驳回了本申请，其具体理由是：（1）权利要求1中式B1化合物中由于W（代表基团的差异，使得B1所代表的化合物不具有共同的结构，也不属于一类化合物，因此其与式A化合物的复配形成了多种不同类型的组合物，在技术上无相互关联，不具备相同或相应的特定技术特征，因此权利要求1请求保护的组合物之间不具备单一性；（2）权利要求1中式A的各取代基和式B1中各取代基使其包含了大量的不同化合物，依据本申请文件记载的内容，所属技术领域的技术人员难于预见上述取代基所包含的除本申请实施例之外的所有化合物均能达到本发明的目的，因此该权利要求得不到说明书的支持，同理，权利要求2～8均未得到说明书的支持；（3）权利要求5记载的活性物质（A）和（B）的重量配比为1：100～100：1，而说明书实施例中只公开了其中的24～25：12，依据本申请文件所记载的内容，所属技术领域的技术人员难于预见采用该数值范围内的所有数值均能够达到本发明的目的，因此该权利要求得不到说明书的支持，同理权利要求8也未得到说明书的支持。

驳回决定所针对的权利要求书为：

“1. 一种除草剂/安全剂组合物，其含有

A）至少一种选自式（A）的取代的苯基磺酰脲和其盐的除草活性物质，

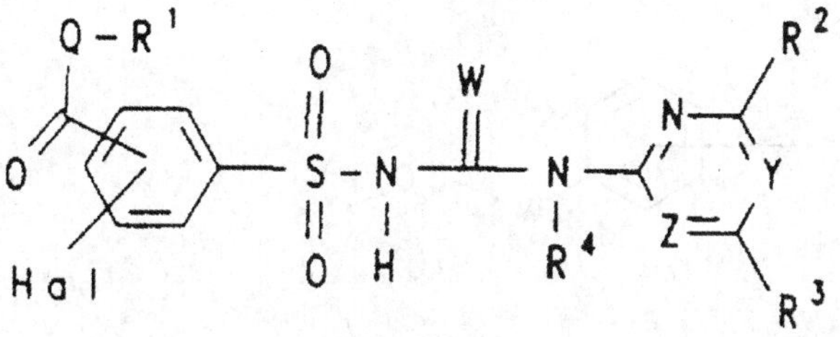

(A)

式中

Q是氧，硫或 –N（R）–，其中R是H，（$C_1$–$C_4$）烷基或（$C_1$–$C_4$）–烷氧基，

W是氧或硫，

Y和Z各自独立地为CH或N，其中Y和Z不同时为CH，

$R^1$ 是氢；（$C_1$–$C_{12}$）–烷基；（$C_2$–$C_{10}$）–链烯基；（$C_2$–$C_{10}$）–链炔基；（$C_1$–$C_6$）烷基，它由相同或不同的选自下列的基团单取代或多取代：氢，（$C_1$–$C_4$）–烷氧基，（$C_1$–$C_4$）–烷硫基，–CN，（$C_2$–$C_5$）–烷氧羰基和（$C_2$–$C_6$）–链烯基；（$C_3$–$C_8$）–环烷基，它未被取代或由选自下列的一或多个基团取代：（$C_1$–$C_4$）–烷基，（$C_1$–$C_4$）–烷氧基，（$C_1$–$C_4$）–烷硫基和卤；（$C_5$–$C_8$）–环烯基；未取代的或在苯基上取代的苯基–（$C_1$–$C_4$）–烷基；或式A–1～A–10的基团，

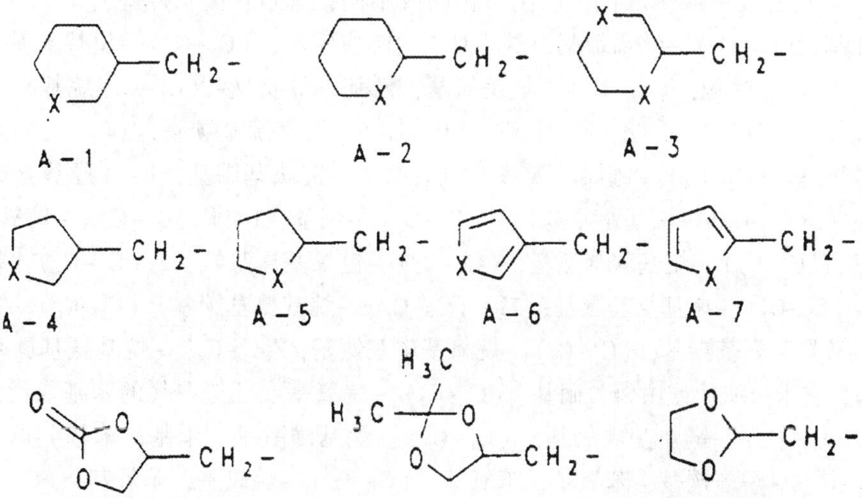

A–1 A–2 A–3 A–4 A–5 A–6 A–7 A–8 A–9 A–10

式中

X是O、S、S（O）或$SO_2$，

$R^2$ 是氢，卤，（$C_1$–$C_3$）–烷基或（$C_1$–$C_3$）–烷氧基，后两种基团未被取代或由卤或（$C_1$–$C_3$）–烷氧基单取代或多取代；

$R^3$ 是氢，卤，（$C_1$–$C_3$）–烷基，（$C_1$–$C_3$）–烷氧基或（$C_1$–$C_3$）–烷硫基，后三种基团未被取代，或由卤单或多取代，或由（$C_1$–$C_3$）–烷氧基或（$C_1$–$C_3$）–烷硫基单或二取代；或式 $NR^5R^6$ 基团，（$C_3$–$C_6$）–环烷基，（$C_2$–$C_4$）–链烯基，（$C_1$–$C_4$）–链炔基，（$C_3$–$C_4$）–链烯氧基或（$C_3$–$C_6$）–链炔

氧基；

$R^4$ 是氢或（$C_1-C_4$）-烷基；

$R^5$ 和 $R^6$ 各自独立地为氢，（$C_1-C_4$）-烷基，（$C_3-C_4$）-链烯基，（$C_1-C_4$）-卤代烷基或（$C_1-C_4$）-烷氧基，和

Hal 是氟，氯，溴或碘，

和

B）至少一种选自式（B1）的化合物，

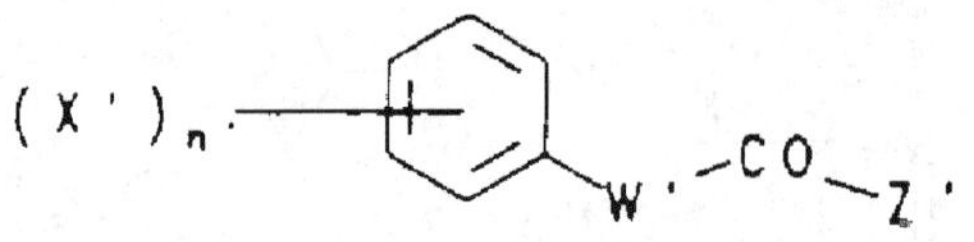

(B1)

式中

X′是氢，卤，（$C_1-C_4$）-烷基，（$C_1-C_4$）-烷氧基，硝基或（$C_1-C_4$）-卤代烷基，

Z′是 $OR^7$，$SR^7$ 或 $NR^7R^8$，或是具有至少一个氮原子和达 3 个杂原子的、经氮原子结合到羰基上的饱和或不饱和 3～7 元杂环且是未取代的或由选自（$C_1-C_4$）-烷基、（$C_1-C_4$）-烷氧基或任选取代的苯基的基团取代，

$R^7$ 是氢，（$C_1-C_{18}$）-烷基，（$C_3-C_{12}$）-环烷基，（$C_2-C_8$）-链烯基或（$C_2-C_8$）-链炔基，上述含碳的基团未被取代，或单或多取代，取代基相同或不同，选自：卤，羟基，（$C_1-C_8$）-烷氧基，（$C_1-C_8$）-烷巯基，（$C_2-C_8$）-链烯巯基，（$C_2-C_8$）-链炔巯基，（$C_2-C_8$）-链烯氧基，（$C_2-C_8$）-链炔氧基，（$C_3-C_7$）环烷基，（$C_3-C_7$）-环烷氧基，氰基，单或双-（$C_1-C_4$-烷基）-氨基，羧基，（$C_2-C_8$）-烷氧羰基，（$C_2-C_8$）-链烯氧羰基，（$C_1-C_8$）-烷基巯基羰基，（$C_2-C_8$）-链炔氧羰基，（$C_1-C_8$）-烷基羰基，（$C_2-C_8$）-链烯基羰基，（$C_2-C_8$）-链炔基羰基，1-（羟基亚氨基）-（$C_1-C_6$）-烷基，1-〔（$C_1-C_4$）-烷基亚氨基〕-（$C_1-C_4$）-烷基，1-〔（$C_1-C_4$）-烷氧基亚氨基〕-（$C_1-C_6$）-烷基，（$C_1-C_8$）-烷基羰基氨基，（$C_2-C_8$）-链烯基羰基氨基，（$C_2-C_8$）-链炔基羰基氨基，氨基羰基，（$C_1-C_8$）-烷基氨基羰基，二-（$C_1-C_6$）-烷基氨基羰基，（$C_2-C_6$）-链烯基氨基羰基，（$C_2-C_6$）-链炔基氨基羰基，（$C_1-C_8$）-烷氧基羰基氨基，（$C_1-C_8$）-烷基氨基羰基氨基，（$C_1-C_6$）-烷羰氧基，它未被取代或由卤、硝基、（$C_1-C_4$）-烷氧基或任选取代的苯基取代，（$C_2-C_6$）-链烯基羰氧基，（$C_2-C_6$）-链炔基羰氧基，（$C_1-C_8$）-烷基磺酰基，苯基，苯基-（$C_1-C_6$）-烷氧基，苯基-（$C_1-C_6$）-烷氧羰基，苯氧基，苯氧基-（$C_1-C_6$）-烷氧基，苯氧基-（$C_1-C_6$）-烷氧羰基，苯基羰氧基，苯基羰基氨基，苯基-（$C_1-C_6$）-烷基羰基氨基，最后的 9 种基团未被取代或在苯环上单或多取代，优选达三取代，取代基相同或不同，选自：卤，（$C_1-C_4$）-烷基，（$C_1-C_4$）-烷氧基，（$C_1-C_4$）-卤代烷基，（$C_1-C_4$）-卤代烷氧基和硝基，和式-SiR′3，-O-$SiR'_3$，$R'_3$ Si-（$C_1-C_8$）-烷氧基，

-CO-O-$NR'_2$，-O-N=$CR'_2$，-N=$CR'_2$，-O-$NR'_2$，CH（$OR'_2$）和-O-（$CH_2$）$_m$-CH（$OR'$）$_2$，其中上述式中的 R′相互独立地为氢，（$C_1-C_4$）-烷基，未取代的苯或被相同或不同的选自下列的基团单或多取代、优选达三取代的苯：卤，（$C_1-C_4$）-烷基，（$C_1-C_4$）-烷氧基，（$C_1-C_4$）-卤代烷基，（$C_1-C_4$）-卤代烷氧基和硝基，或者成对时，为（$C_2-C_6$）-亚烷基链且 m 是 0～6，和

式 R″O-CHR‴（OR″）-（$C_1$-$C_6$）-烷氧基的取代烷氧基，式中 R″相互独立地为（$C_1$-$C_4$）-烷基或一同为（$C_1$-$C_6$）亚烷基且 R‴为氢或（$C_1$-$C_4$）-烷基，

$R^8$ 是氢，（$C_1$-$C_6$）-烷基，（$C_1$-$C_6$）-烷氧基或任选取代的苯基，

n′ 是从 1~5 的整数，

W′ 是式（W1）至（W4）之一的一种二价杂环基，

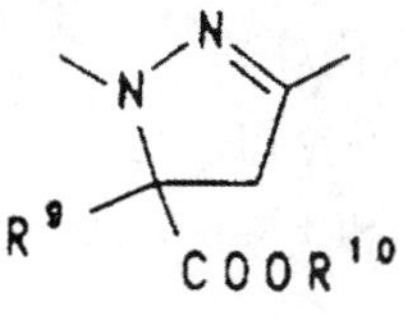

(W1)

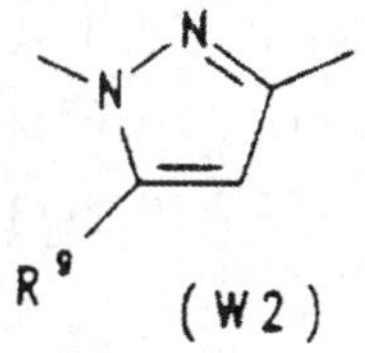

(W2)

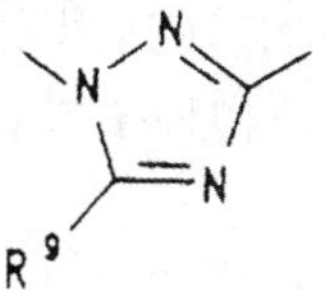

(W3)

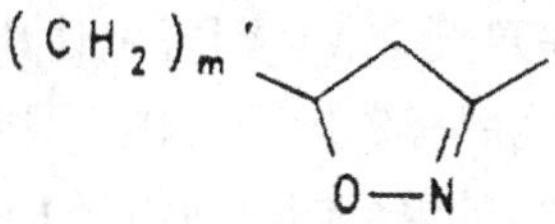

(W4)

$R^9$ 是氢，（$C_1$-$C_8$）-烷基，（$C_1$-$C_8$）-卤代烷基，（$C_3$-$C_{12}$）--环烷基或任选取代的苯基，

$R^{10}$是氢，（$C_1$-$C_8$）-烷基，（$C_1$-$C_8$）-卤代烷基，（$C_1$-$C_4$）-烷氧基-（$C_1$-$C_4$）-烷基，（$C_1$-$C_6$）-羟

基烷基，（$C_3$-$C_{12}$）-环烷基或三-（$C_1$-$C_4$）-烷基硅基，和 m′是 0 或 1。

2. 一种如权利要求 1 中所要求的除草剂/安全剂组合物，其中，式（A）的除草剂或其盐中，

$R^1$ 是氢；（$C_1$ - $C_6$）-烷基；（$C_2$-$C_6$）-链烯基；（$C_2$-$C_6$）-链炔基；（$C_1$-$C_4$）烷基，它可以由选自：卤，（$C_1$-$C_2$）-烷氧基，（$C_1$-$C_2$）-烷硫基，（$C_2$-$C_3$）-烷氧羰基和（$C_2$-$C_4$）-链烯基的基团单取代至四取代；（$C_5$-$C_6$）-环烷基，它未被取代，或由选自（$C_1$-$C_4$）-烷基，（$C_1$-$C_4$）-烷氧基，（$C_1$-$C_4$）-烷硫基和卤的一个或多个基团取代；（$C_5$-$C_6$）-环烯基；苄基，它未被取代，或在苯基部分被一至三个选自卤、（$C_1$-$C_2$）-烷基，（$C_1$-$C_2$）-烷氧基，（$C_1$-$C_2$）-卤代烷基，（$C_1$-$C_2$）-烷硫基，和（$C_2$-$C_4$）-烷氧羰基的基团取代，或是上述式 A-1~A-10 的基团，和

Hal 是氯、溴或碘，

$R^2$ 是氢，卤，（$C_1$-$C_2$）-烷基，（$C_1$-$C_2$）-烷氧基，后两种基团未被取代或者由卤或（$C_1$-$C_3$）-烷氧基单或多取代；

$R^3$ 是氢，卤，（$C_1$-$C_2$）-烷基，（$C_1$-$C_2$）-烷氧基或（$C_1$-$C_2$）-烷硫基，上述含烷基的基团为未被取代的或由卤单或多取代，或由（$C_1$-$C_2$）-烷氧基或（$C_1$-$C_2$）-烷硫基单或二取代；或为式 $NR^5R^6$ 基团；

$R^4$ 是氢或甲基，且

$R^5$ 和 $R^6$ 相互独立地为氢或（$C_1$-$C_2$）-烷基。

3. 一种如权利要求 1 或 2 中所要求的除草剂/安全剂组合物，其中，式（B1）的安全剂中，

$R^7$ 是氢，（$C_1$-$C_8$）-烷基或（$C_3$-$C_7$）-环烷基，上述含碳的基团为未被取代的或由卤单或多取代，或由选自下列的基团单或二取代：羟基，（$C_1$-$C_4$）-烷氧基，羧基，（$C_1$-$C_4$）-烷氧羰基，（$C_2$-$C_6$）-链烯氧羰基，（$C_2$-$C_6$）-链炔氧羰基，1-（羟基亚氨基）-（$C_1$-$C_4$）-烷基，1-〔（$C_1$-$C_4$）-烷基亚氨基〕-（$C_1$-$C_4$）-烷基，1-〔（$C_1$-$C_4$）-烷基亚氨基〕-（$C_1$-$C_4$）-烷基和式-$SiR'_3$，-O-

$N=CR'_2$，$-N=CR'_2$和$-O-NR'_2$，其中上述式中的R′相互独立地为氢或（$C_1-C_4$）-烷基或者，成对时，为（$C_4-C_5$）-亚烷基链，

$R^9$是氢，（$C_1-C_8$）-烷基，（$C_1-C_6$）-卤代烷基，（$C_3-C_7$）-环烷基或苯基和

$R^{10}$是氢，（$C_1-C_8$）-烷基，（$C_1-C_8$）-卤代烷基，（$C_1-C_4$）-烷氧基-（$C_1-C_4$）-烷基，（$C_1-C_6$）-羟基烷基，（$C_3-C_7$）-环烷基或三-（$C_1-C_4$）-烷基硅基且

X′是氢，卤，甲基，乙基，甲氧基，乙氧基，（$C_1$或$C_2$）-卤代烷基。

4．一种如权利要求1~3中任一权项所要求的除草剂/安全剂组合物，它加工成制剂形式（除草组合物）且包含0.1%~95%（重量）的活性物质（A）和（B）和1%~99.9%（重量）的常规加工辅助剂。

5．一种如权利要求1~4中任一权项所要求的除草剂/安全剂组合物，它包含重量配比为1：100至100：1的活性物质（A）和（B）。

6．一种防止除草剂（A）药害副作用的保护作物的方法，它包括，在施用除草剂（A）之前、之后、或与之一起施用有效量的（B）型安全剂于植物、植物部分、植物种子或栽培区域，除草剂（A）和安全剂（B）的组合如权利要求1~5中任一权项所定义的。

7．如权利要求6中所要求的方法，其中，作物是禾谷类，稻或玉米。

8．如权利要求6或7中所要求的方法，其中，式（A）化合物或其盐以0.001~10kg活性物质/公顷的施用量施用，且安全剂：除草剂为1：100~100：1的重量配比。”

申请人赫彻斯特-舍林农业发展有限公司（下称复审请求人）对上述驳回决定不服，于2002年6月24日向专利复审委员会提出复审请求，复审请求人认为：（1）关于单一性，由于（B1）类型的安全剂以相似的方式使（A）类型的除草剂安全，其在功能上是相似的，并且式（B1）的安全剂共享数个结构特征：首先这些安全剂均是羧酸或其衍生物，其次安全剂均具有任选被原子团X′取代的苯基环，另外羧酸或其衍生物部分与苯基部分通过相似类型的杂环基连接。因此权利要求1记载的组合物至少在功能上属于同一发明；（2）关于专利法第26条第4款的问题，本发明是基于化合物（A）与式（B）安全剂的组合具有突出的特性，即该安全剂提供了良好的作物安全性同时对有害植物的除草效果得到保持或者有时还得到提高；权利要求5的重量配比基于说明书第18~19页的教导，因此并不需要另外的实施例加以支持。综上，复审请求人请求撤销原驳回决定。

形式审查合格后，专利复审委员会受理了该复审请求，并于2002年7月15日向复审请求人发出《复审请求受理通知书》，随后将本申请移交原审查部门进行前置审查。

原审查部门对本复审请求进行了前置审查，原审查部门认为：（1）对于本申请的B1化合物而言，从整体来看，该化合物的主要结构单元中存在变量W′，由于该变量可选择的结构差异很大，从含1个氮原子到3个氮原子不等的杂环，导致该主要结构单元存在显著的差异，是不确定的，而且在本领域中也不认为B1化合物之间属于同一类化合物，因此权利要求1就式B1的安全剂而言不具有单一性；（2）本申请是农药组合物，涉及两种组分混合后是否能保持除草效果并且提高作物安全性的问题，由于说明书中提供的实施例极为有限，由此概括得到的权利要求得不到说明书的实质性支持。因此本申请不符合专利法第31条第1款和第26条第4款的规定。

专利复审委员会组成合议组，对本案的复审请求进行了审理。于2004年6月11日向复审请求人发出《复审通知书》。《复审通知书》指出：（1）关于单一性问题，由于式（B1）化合物的W（可选自不同的基团，导致W（选自不同基团的式（B1）化合物不具有共同的结构，既没有证据表明这些不同结构的式（B1）化合物具有共同的性能或作用，也没有证据表明这些不同结构的式（B1）化合物在本发明的相关技术中被认为是属于一类化合物，因此，权利要求1所包含的技术方案之间不符合

专利法第 31 条第 1 款的规定；基于上面同样的分析，权利要求 2 ~ 8 亦不符合专利法第 31 条第 1 款的规定；（2）说明书提供的实验证据仅仅表明：W（为 W1 或 W3 时的式（B1）化合物与除草化合物（A）以 24 ~ 25 ∶ 12 的重量配比应用时能够获得安全的除草效果。因此，首先，当 W（为 W2 或 W4 时，说明书没有提供实验证据表明式（B1）化合物对除草化合物（A）具有安全剂效果，鉴于结构单元 W2 和 W4 与结构单元 W1 和 W3 不同，根据说明书提供的实验证据，本领域技术人员难以预测当 W（为 W2 或 W4 时的式（B1）化合物也同样会对除草化合物（A）具有安全剂效果；其次，说明书提供的实验证据仅仅表明重量配比为 24 ~ 25 ∶ 12 时的活性物质（A）和（B1）具有安全的除草效果，没有证据表明当活性物质 B1 的比例更低时权利要求 1 的技术方案也能达到本发明所述的安全效果。同样地，也没有证据表明当活性物质 A 的比例更低时能够达到足够的除草效果。因此，基于现有说明书的记载，比相应实施例中所示配比更低或更高配比范围的活性物质是否能够获得安全的除草效果对本领域技术人员来说是难以预先确定和评价的。综上所述，权利要求 1 的概括包含了申请人推测并且效果难于预先确定和评价的内容，不符合专利法第 26 条第 4 款的规定。基于同样的理由，权利要求 2 ~ 8 也不符合专利法第 26 条第 4 款的规定。

针对《复审通知书》指出的问题，复审请求人于 2004 年 7 月 26 日提交了意见陈述书及经修改的权利要求书，并附上了一份实验报告，此次提交的权利要求书中删除了 W（为 W2、W3 或 W4 时的结构。并且对原权利要求 1 以除草剂与安全剂的重量配比 1 ∶ 100 ~ 100 ∶ 1 进行了限定，相应地，将原权利要求 5 中的配比限定为 1 ∶ 10 ~ 10 ∶ 1，此外将原权利要求 8 中的配比限定为 1 ∶ 10 ~ 10 ∶ 1。复审请求人认为：由于权利要求书对 W（限定为 W1，修改后的权利要求 1 ~ 8 符合专利法第 31 条第 1 款的规定；在本申请说明书公开的内容和现有技术的基础上，本领域技术人员足以判断说明书记载的配比的可行性，并且复审请求人提交的实验报告明确证明在 2 ∶ 1 和 1 ∶ 24 之间的除草剂与安全剂的重量配比对于具体活性成分的组合来说是可行的。因此本申请符合专利法第 26 条第 4 款的规定。复审请求人此次提交的权利要求书的内容如下：

“1. 一种除草剂/安全剂组合物，其含有

A）至少一种选自式（A）的取代的苯基磺酰脲和其盐的除草

活性物质，

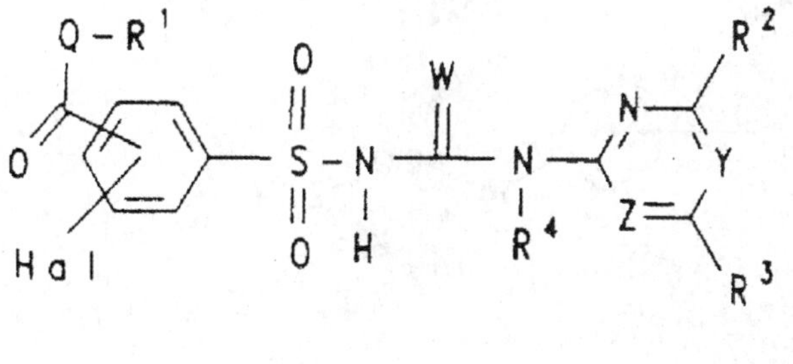

（A）

式中

Q 是氧，硫或 -N（R）-，其中 R 是 H，$(C_1-C_4)$ 烷基或 $(C_1-C_4)$ -烷氧基，

W 是氧或硫，

Y 和 Z 各自独立地为 CH 或 N，其中 Y 和 Z 不同时为 CH，

$R^1$ 是氢；$(C_1-C_{12})$ -烷基；$(C_2-C_{10})$ -链烯基；$(C_2-C_{10})$ -链炔基；$(C_1-C_6)$ 烷基，它由相同或不同的选自下列的基团单取代或多取代：氢，$(C_1-C_4)$ -烷氧基，$(C_1\ C_4)$ -烷硫基，-CN，$(C_2-C_5)$ -烷氧羰基和 $(C_2-C_6)$ -链烯基；$(C_3-C_8)$ -环烷基，它未被取代或由选自下列的一或多个基团取代：$(C_1-C_4)$ -烷基，$(C_1-C_4)$ -烷氧基，$(C_1-C_4)$ -烷硫基和卤；$(C_5-C_8)$ -环烯基；未取代的或在苯基上取代的苯基-$(C_1-C_4)$ - 烷基；或式 A-1 ~ A-10 的基团，

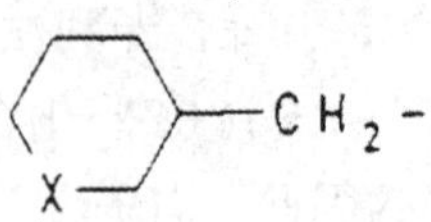
A－1

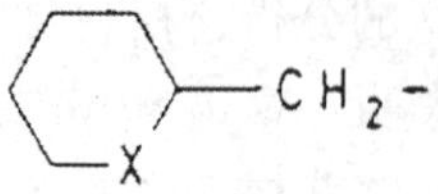
A－2

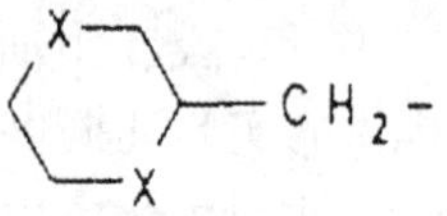
A－3

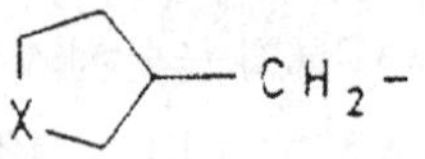
A－4

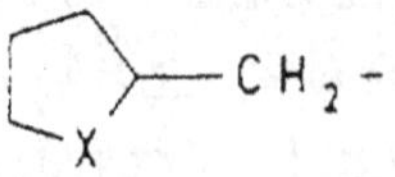
A－5

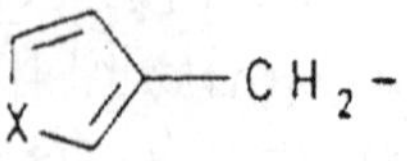
A－6

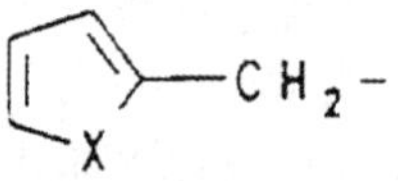
A－7

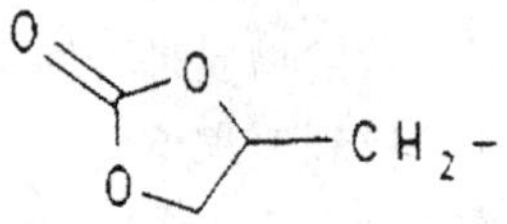
A－8

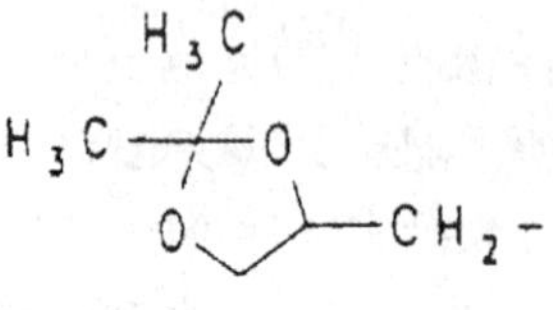
A－9

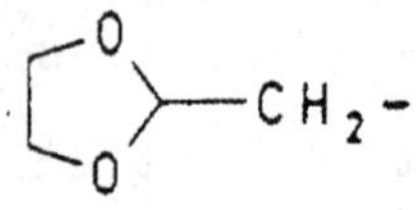
A－10

式中

X是O、S、S（O）或$SO_2$，

$R^2$是氢，卤，（$C_1$–$C_3$）–烷基或（$C_1$–$C_3$）–烷氧基，后两种基团未被取代或由卤或（$C_1$–$C_3$）–烷氧基单取代或多取代；

$R^3$是氢，卤，（$C_1$–$C_3$）–烷基，（$C_1$–$C_3$）–烷氧基或（$C_1$–$C_3$）–烷硫基，后三种基团未被取代，或由卤单或多取代，或由（$C_1$–$C_3$）–烷氧基或（$C_1$–$C_3$）–烷硫基单或二取代；或式$NR^5R^6$基团，（$C_3$–$C_6$）–环烷基，（$C_2$–$C_4$）–链烯基，（$C_1$–$C_4$）–链炔基，（$C_3$–$C_4$）–链烯氧基或（$C_3$–$C_6$）–链炔氧基；

$R^4$是氢或（$C_1$–$C_4$）–烷基；

$R^5$和$R^6$各自独立地为氢，（$C_1$–$C_4$）–烷基，（$C_3$–$C_4$）–链烯基，（$C_1$–$C_4$）–卤代烷基或（$C_1$–$C_4$）–烷氧基，和

Hal是氟，氯，溴或碘，

和

B）至少一种选自式（B1）的化合物，

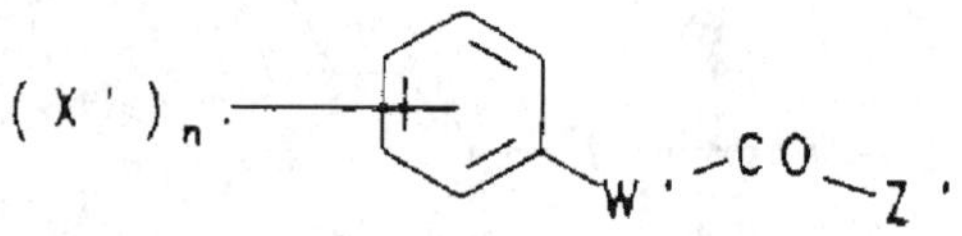

(B1)

式中

X′是氢，卤，（$C_1$–$C_4$）–烷基，（$C_1$–$C_4$）–烷氧基，硝基或（$C_1$–$C_4$）–卤代烷基，

Z′是$OR^7$，$SR^7$或$NR^7R^8$，或是具有至少一个氮原子和达3个杂原子的、经氮原子结合到羰基上的饱和或不饱和3～7元杂环且是未取代的或由选自（$C_1$–$C_4$）–烷基、（$C_1$–$C_4$）–烷氧基或任选取代的苯基的基团取代，

$R^7$是氢，（$C_1$–$C_{18}$）–烷基，（$C_3$–$C_{12}$）–环烷基，（$C_2$–$C_8$）–链烯基或（$C_2$–$C_8$）–链炔基，上述含碳的基团未被取代，或单或多取代，取代基相同或不同，选自：卤，羟基，（$C_1$–$C_8$）–烷氧基，

（$C_1$–$C_8$）–烷巯基，（$C_2$–$C_8$）–链烯巯基，（$C_2$–$C_8$）–链炔巯基，（$C_2$–$C_8$）–链烯氧基，（$C_2$–$C_8$）–链炔氧基，（$C_3$–$C_7$）环烷基，（$C_3$–$C_7$）–环烷氧基，氰基，单或双–（$C_1$–$C_4$–烷基）–氨基，羧基，（$C_1$–$C_8$）–烷氧羰基，（$C_2$–$C_8$）–链烯氧羰基，（$C_1$–$C_8$）–烷基巯基羰基，（$C_2$–$C_8$）–链炔氧羰基，（$C_1$–$C_8$）–烷基羰基，（$C_2$–$C_8$）–链烯基羰基，（$C_2$–$C_8$）–链炔基羰基，1–（羟基亚氨基）–（$C_1$–$C_6$）–烷基，1–〔（$C_1$–$C_4$）–烷基亚氨基〕–（$C_1$–$C_4$）–烷基，1–〔（$C_1$–$C_4$）–烷氧基亚氨基〕–（$C_1$–$C_6$）–烷基，（$C_1$–$C_8$）–烷基羰基氨基，（$C_2$–$C_8$）–链烯基羰基氨基，（$C_2$–$C_8$）–链炔基羰基氨基，氨基羰基，（$C_1$–$C_8$）–烷基氨基羰基，二–（$C_1$–$C_6$）–烷基氨基羰基，（$C_2$–$C_6$）–链烯基氨基羰基，（$C_2$–$C_6$）–链炔基氨基羰基，（$C_1$–$C_8$）–烷氧基羰基氨基，（$C_1$–$C_8$）–烷基氨基羰基氨基，（$C_1$–$C_6$）–烷羰氧基，它未被取代或由卤、硝基、（$C_1$–$C_4$）–烷氧基或任选取代的苯基取代，（$C_2$–$C_6$）–链烯基羰氧基，（$C_2$–$C_6$）–链炔基羰氧基，（$C_1$–$C_8$）–烷基磺酰基，苯基，苯基–（$C_1$–$C_6$）–烷氧基，苯基–（$C_1$–$C_6$）–烷氧羰基，苯氧基，苯氧基–（$C_1$–$C_6$）–烷氧基，苯氧基–（$C_1$–$C_6$）–烷氧羰基，苯基羰氧基，苯基羰基氨基，苯基–（$C_1$–$C_6$）–烷基羰基氨基，最后的 9 种基团未被取代或在苯环上单或多取代，优选达三取代，取代基相同或不同，选自：卤，（$C_1$–$C_4$）–烷基，（$C_1$–$C_4$）–烷氧基，（$C_1$–$C_4$）–卤代烷基，（$C_1$–$C_4$）–卤代烷氧基和硝基，和式$-SiR'_3$，$-O-SiR'_3$，$R'_3Si-$（$C_1$–$C_8$）–烷氧基，$-CO-O-NR'_2$，$-O-N=CR'_2$，$-N=CR'_2$，$-O-NR'_2$，$CH(OR'_2)$ 和$-O-(CH_2)m-CH(OR')_2$，其中上述式中的 R′相互独立地为氢，（$C_1$–$C_4$）–烷基，未取代的苯或被相同或不同的选自下列的基团单或多取代、优选达三取代的苯：卤，（$C_1$–$C_4$）–烷基，（$C_1$–$C_4$）–烷氧基，（$C_1$–$C_4$）–卤代烷基，（$C_1$–$C_4$）–卤代烷氧基和硝基，或者成对时，为（$C_2$–$C_6$）–亚烷基链且 m 是 0～6，和式 R″O–CHR‴（OR″）–（$C_1$–$C_6$）–烷氧基的取代烷氧基，式中 R″相互独立地为（$C_1$–$C_4$）–烷基或一同为（$C_1$–$C_6$）亚烷基且 R‴为氢或（$C_1$–$C_4$）–烷基，

$R^8$ 是氢，（$C_1$–$C_6$）–烷基，（$C_1$–$C_6$）–烷氧基或任选取代的苯基，

n′是从 1 至 5 的整数，

W′是式（W1）的一种二价杂环基，

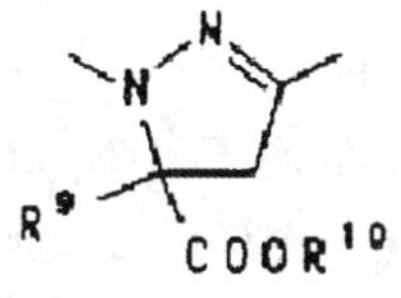


（W1）

$R^9$ 是氢，（$C_1$–$C_8$）–烷基，（$C_1$–$C_8$）–卤代烷基，（$C_3$–$C_{12}$）–环烷基或任选取代的苯基，

$R^{10}$是氢，（$C_1$–$C_8$）–烷基，（$C_1$–$C_8$）–卤代烷基，（$C_1$–$C_4$）–烷氧基–（$C_1$–$C_4$）–烷基，（$C_1$–$C_6$）–羟

基烷基，（$C_3$–$C_{12}$）–环烷基或三–（$C_1$–$C_4$）–烷基硅基，其中，式（A）的除草活性物质与式（B1）化合物的重量比为 1∶100～100∶1。

2. 一种如权利要求 1 中所要求的除草剂/安全剂组合物，其中，式（A）的除草剂或其盐中，

$R^1$ 是氢；（$C_1$–$C_6$）–烷基；（$C_2$–$C_6$）–链烯基；（$C_2$–$C_6$）–链炔基；（$C_1$–$C_4$）烷基，它可以由选自：卤，（$C_1$–$C_2$）–烷氧基，（$C_1$–$C_2$）–烷硫基，（$C_2$–$C_3$）–烷氧羰基和（$C_2$–$C_4$）–链烯基的基团单取代至四取代；（$C_5$–$C_6$）–环烷基，它未被取代，或由选自（$C_1$–$C_4$）–烷基，（$C_1$–$C_4$）–烷氧基，（$C_1$–$C_4$）–烷硫基和卤的一个或多个基团取代；（$C_5$–$C_6$）–环烯基；苄基，它未被取代，或在苯基部分被一至三个选自卤、（$C_1$–$C_2$）–烷基，（$C_1$–$C_2$）–烷氧基，（$C_1$–$C_2$）–卤代烷基，（$C_1$–$C_2$）–烷硫基，和（$C_2$–$C_4$）–烷氧羰基的基团取代，或是上述式 A–1～A–10 的基团，和

Hal 是氯、溴或碘，

$R^2$ 是氢，卤，（$C_1$-$C_2$）-烷基，（$C_1$-$C_2$）-烷氧基，后两种基团未被取代或者由卤或（$C_1$-$C_3$）-烷氧基单或多取代；

$R^3$ 是氢，卤，（$C_1$-$C_2$）-烷基，（$C_1$-$C_2$）-烷氧基，（$C_1$-$C_2$）-烷硫基，上述含烷基的基团为未被取代的或者由卤单或多取代，或由（$C_1$-$C_2$）-烷氧基或（$C_1$-$C_2$）-烷硫基单或二取代；或为式 $NR^5R^6$ 基团；

$R^4$ 是氢或甲基，且

$R^5$ 和 $R^6$ 相互独立地为氢或（$C_1$-$C_2$）-烷基。

3. 一种如权利要求1或2中所要求的除草剂/安全剂组合物，其中，式（B1）的安全剂中，

$R^7$ 是氢，（$C_1$-$C_8$）-烷基，（$C_3$-$C_7$）-环烷基，上述含碳的基团为未被取代的或由卤单或多取代，或由选自下列的基团单或二取代：羟基，（$C_1$-$C_4$）-烷氧基，羧基，（$C_1$-$C_4$）-烷氧羰基，（$C_2$-$C_6$）-链烯氧羰基，（$C_2$-$C_6$）-链炔氧羰基，1-（羟基亚氨基）-（$C_1$-$C_4$）-烷基，1-〔（$C_1$-$C_4$）-烷基亚氨基〕-（$C_1$-$C_4$）-烷基，1-〔（$C_1$-$C_4$）-烷基亚氨基〕-（$C_1$-$C_4$）-烷基和式-$SiR'_3$，-O-N=$CR'_2$，-N=$CR'_2$和-O-$NR'_2$，其中上述式中的R′相互独立地为氢或（$C_1$-$C_4$）-烷基或者，成对时，为（$C_4$-$C_5$）-亚烷基链，

$R^9$ 是氢，（$C_1$-$C_8$）-烷基，（$C_1$-$C_6$）-卤代烷基，（$C_3$-$C_7$）-环烷基或苯基和

$R^{10}$是氢，（$C_1$-$C_8$）-烷基，（$C_1$-$C_8$）-卤代烷基，（$C_1$-$C_4$）-烷氧基-（$C_1$-$C_4$）-烷基，（$C_1$-$C_6$）-羟基烷基，（$C_3$-$C_7$）-环烷基或三-（$C_1$-$C_4$）-烷基硅基且

X′是氢，卤，甲基，乙基，甲氧基，乙氧基，（$C_1$ 或 $C_2$）-卤代烷基。

4. 一种如权利要求1至3中任一权项所要求的除草剂/安全剂组合物，它加工成制剂形式（除草组合物）且包含0.1%～95%（重量）的活性物质（A）和（B）和1%～99.9%（重量）的常规加工辅助剂。

5. 一种如权利要求1～4中任一权项所要求的除草剂/安全剂组合物，它包含重量配比为1∶10～10∶1的活性物质（A）和（B）。

6. 一种防止除草剂（A）药害副作用的保护作物的方法，它包括，在施用除草剂（A）之前、之后、或与之一起施用有效量的（B）型安全剂于植物、植物部分、植物种子或栽培区域，除草剂（A）和安全剂（B）的组合如权利要求1至5中任一权项所定义的。

7. 如权利要求6中所要求的方法，其中，作物是禾谷类，稻或玉米。

8. 如权利要求6或7中所要求的方法，其中，式（A）化合物或其盐以0.001～10kg活性物质/公顷的施用量施用，且安全剂∶除草剂为1∶10至10∶1的重量配比。”

至此，合议组认为本案事实清楚，可以作出审查决定。

**二、决定的理由**

专利法第26条第4款规定：权利要求书应当以说明书为依据，说明要求专利保护的范围。

如果权利要求的概括包括申请人推测的内容，而其效果又难于确定和评价，应当认为这种概括超出了说明书公开的范围。

就本案而言，权利要求1要求保护一种含有式（A）所示的除草剂和式（B1）所示的安全剂的组合物，其中式（A）的除草剂和式（B1）化合物的重量比为1∶100～100∶1。本发明所要解决的技术问题在于：由于除草剂式（A）化合物具有很强的除草活性，单独以其施用于农作物的除草用途时会对作物的损害太大，从而不适合用于禾谷类和/或玉米等重要作物，为此，为了避免式（A）的除草剂对农作物造成不良的损害，需要将其与式（B1）所示的具有解毒剂或安全剂作用的化合物一起施用，从而既确保了有效的除草活性，又不会使作物遭受损害。式（A）化合物和式（B1）化合

物分别属于现有技术已知的除草剂和安全剂，本发明发现安全剂式（B1）化合物能够使某些重要的作物免受式（A）化合物这一具体的除草剂的损害作用，然而说明书提供的实验证据仅仅表明式（A）化合物与式（B1）化合物在重量比为24～25∶12施用时对农作物具有足够的除草活性和安全性（保护作用），但权利要求1中式（A）的化合物与式（B1）的化合物的重量配比限定为100∶1，对于如此低比例的式（B1）化合物对农作物是否具有足够的安全性（或保护作用）并没有实验证据予以支持，其效果难于预先确定和评价，因此权利要求1所概括的数值范围得不到说明书的支持。同理，权利要求5、8限定式（A）化合物与式（B）化合物的比例为10∶1，也得不到说明书的支持。权利要求2～4、6、7均直接或间接引用了权利要求1或5，基于同样的分析，这些权利要求也均得不到说明书的支持。因此，权利要求1～8不符合专利法第26条第4款的规定。

复审请求人在答复复审意见通知书时认为：根据说明书表1的各个实施例，安全剂施用量的变化仅仅逐渐地改变安全剂效果，而不会从本质上改变除草剂/安全剂组合物的效果；说明书第18页教导安全剂与除草剂的重量配比可以在很宽范围内变化；复审请求人提交的实验报告也表明除草剂与安全剂的配比可以在很宽范围内变化而不会从本质上定性地改变安全剂效果。因此，根据本申请说明书公开的内容和现有技术的基础上，本领域技术人员足以判断说明书记载的配比的可能性。

对此，合议组认为，说明书表1的实施例仅仅表明：与单独施用式（A）化合物相比，以约2∶1的比例组合施用式（A）化合物与式（B1）化合物时，作物中的严重损害大大降低，而除草活性基本不受影响，而对于更低比例（甚至低至100∶1）组合施用式（A）化合物与式（B1）化合物，作物中的严重损害是否能够降低是难于预先确定和评价的。说明书第18页教导安全剂与除草剂的重量配比可以在很宽范围变化，其包含申请人推测的内容，说明书中并没有提供实验证据加以支持。复审请求人提交的实验报告在说明书中没有记载，也不属于现有技术的内容，不能用于证明权利要求书获得了说明书的支持。而权利要求1中所述的式（A）化合物与式（B1）化合物的比例可为100∶1，对于如此低比例的式（B1）化合物是否具有安全活性完全值得怀疑。基于上述分析，复审请求人的意见陈述不具有说服力，不能用于证明权利要求1～8符合专利法第26条第4款的规定。

根据以上事实和理由，本案合议组作出如下审查决定。

**三、决定**

维持国家知识产权局于2002年3月8日对94193581.7号发明专利申请作出的驳回决定。

复审请求人对本决定不服的，可以根据专利法第41条第2款的规定，自收到本决定之日起三个月内向北京市第一中级人民法院起诉。

051

# 控制口腔微生物氧化还原（Eh）水平的组合物

## 复审请求审查决定（第10813号）

**决　定　号**　第10813号
**决　定　日**　2007年4月21日
**发明创造名称**　控制口腔微生物氧化还原（Eh）水平的组合物
**国际分类号**　A61K 7/16，A61K 31/54，A61K 33/14，A61K 33/30，A61K 33/40
**复审请求人**　纽约州立大学研究基金会
**申　请　号**　97180693.4
**优先权日**　1996年10月23日
**申　请　日**　1997年10月23日
**公　开　日**　2000年3月22日
**合议组组长**　何　炜
**主　审　员**　魏春宝
**参　审　员**　郭　婷

**法律依据**　专利法第33条
**决定要点**

如果对专利申请文件的修改可以从原申请记载的信息中直接地、毫无疑义地确定，那么这种修改就是允许的。

**一、案由**

本复审请求涉及名称为"控制口腔微生物氧化还原（Eh）水平的组合物"的97180693.4号发明专利申请（下称本申请），申请人为纽约州立大学研究基金会，优先权日为1996年10月23日，申请日为1997年10月23日，公开日为2000年3月22日。

2005年3月11日，国家知识产权局以本申请权利要求1的修改不符合专利法第33条的规定为由驳回了本申请。驳回决定所针对的权利要求1为：

"1. 一种系统，其中包含来自第一区室的能提供可自由利用的锌离子的锌化合物和来自第二区室的至少一种可提高氧化电位的化合物，该锌化合物和至少一种可提高氧化电位的化合物在临用前是分开的。"

驳回决定认为："权利要求1在修改后删除了在说明书中明确认定的关于具体应用范围的技术特征。根据说明书的记载，本发明为口用组合物，并且其组成有具体的浓度范围，申请人将其删除，致使所属技术领域的技术人员看到的信息与原申请公开的信息不同，同时不能根据说明书直接地、毫无疑义地导出：申请人在说明书中已经明确指出本发明的目的是提供口用组合物，同时指出过氧化氢的浓度过高时会对口腔中的软组织有害。因此，该权利要求请求保护的技术方案超出了原始申请的范围，不符合专利法第33条的规定。”

申请人纽约州立大学研究基金会（下称复审请求人）对上述驳回决定不服，于2005年6月27日向专利复审委员会提出复审请求。复审请求人在提出复审请求时提交了修改后的权利要求书全文替换页。修改后权利要求书中的权利要求1为：

“1. 一种口用组合物，其来源于双区室系统，所述系统中包含来自第一区室的能提供可自由利用的锌离子的锌化合物和来自第二区室的至少一种可提高氧化电位的化合物，该锌化合物和至少一种可提高氧化电位的化合物在临用前是分开的。”

复审请求人的复审理由概括为：

驳回决定针对的权利要求1的保护主题由原权利要求的“口用组合物”改为“系统”，是保护主题在字面上的改变，这种改变以及浓度范围的删除，并不意味着修改超出了原始公开的范围。说明书第8页倒数第3行至第9页第11行中公开了本发明要求保护的物质，是“含有其中锌离子可自由利用的锌化合物和至少一种提高Eh的化合物的口用组合物”，该组合物可以是“双容器系统”的形式。说明书第8页第20～21行也公开了这种双容器“系统”。实际上，这种保护主题的修改更为贴切地反映了要求保护的技术方案，因为在这种所谓的“口用组合物”中，其组成成分–锌化合物和提高Eh的化合物是分开贮藏的，只在使用之前将它们混合。也就是说，在该“口用组合物”的生产和销售、贮存过程中，两种成分并非混合在一起成为真正意义上的组合物，而是一种两成分的“组合”，因而从本质上来说是一种“系统”，即使忽略“双容器系统”的记载，普通技术人员根据本申请的原始公开内容也可毫无疑义地推导出这样的结论。现复审请求人将随复审请求提交的新的权利要求1的保护主题修改成“一种口用组合物”，并将该口用组合物限定为“来源于双区室系统”。至于其中锌化合物和至少一种可提高氧化电位的化合物的浓度，虽然在原始提交的权利要求1中有限定，然而它们只是本发明的优选实施方案。本发明完全可以在此浓度范围之外实施。图1即证实了在锌离子浓度低于0.02％时仍能有效地减少口腔中挥发性硫化合物的形成。新的权利要求1中不对各成分的浓度进行限定不会导致其修改超出原始公开范围的缺陷。

形式审查合格后，专利复审委员会受理了该复审请求，并于2005年8月30日向复审请求人发出《复审请求受理通知书》，随后将本申请案卷移交原审查部门进行前置审查。

原审查部门对本复审请求进行了前置审查，坚持原驳回决定。

专利复审委员会组成合议组，对本案的复审请求进行了审理。经审理，合议组认为本案事实清楚，可以作出审查决定。

**二、决定的理由**

1. 文本认定

本复审请求审查决定所依据的文本为复审请求人于2005年6月27日提交的权利要求第1～74项以及驳回决定所针对的说明书、附图及摘要。

2. 关于专利法第33条

专利法第33条规定：“申请人可以对其专利申请文件进行修改，但是，对发明和实用新型专利申请文件的修改不得超出原说明书和权利要求书记载的范围，对外观设计专利申请文件的修改不得超出原图片或者照片表示的范围。

如果申请人对专利申请文件的修改可以从原申请记载的信息中直接地、毫无疑义地确定，那么这种修改就是允许的。

导致本申请被以不符合专利法第33条规定为由驳回的原因是复审请求人在2004年12月6日提交的权利要求书中对权利要求1做出的下列修改：（1）主题名称由“口用组合物”改为“系统”；（2）删除了各组分的具体浓度范围。

复审请求人于2005年6月27日提交了权利要求书替换页，其中权利要求1的主题名称已由“系统”改为了原始申请文件中记载的“口用组合物”。其次，从下列内容可知原说明书明确记载了未以具体浓度范围限定的口用组合物的技术方案：第1页第1段记载了“本发明提供含有带有可自由利用锌离子的锌化合物和至少一种分布于口服载体中的稳定化或稳定的提高Eh的化合物的口用组合物”；第4页第1～3行记载了“根据本发明，已令人惊奇地发现，含有能提供可自由利用锌离子的锌化合物和稳定化或稳定的提高Eh的化合物的口用组合物能有效防止Eh下降”；第8页倒数第1～2行记载了“本发明针对含有其中锌离子可自由利用的锌化合物和至少一种分布于口用载体中的稳定化或稳定的提高Eh的化合物的口用组合物”；第9页第2段记载了“本发明进一步针对抑制含硫阴离子形成从而防止口腔Eh下降的方法。具体地，该方法包括向口腔施用治疗有效量的含有可自由利用锌的化合物和至少一种分布于口用载体中的稳定化或稳定的提高Eh的化合物的口用组合物”。

由上述分析可知，驳回决定所指出的超范围缺陷在修改后的权利要求1中不存在。

除此以外，合议组还注意到修改后的权利要求1中增加了技术特征“双区室系统”、“第一区室”和“第二区室”。

在本申请的原说明书中，第12页第3～5行记载了“锌离子在pH值6.0和更高时的不稳定性以及亚氯酸在pH值 约6.0和更低时的不稳定性使得需要将二者在准备使用前分别放在两个容器系统中”；第12页第14～19行记载了“由于与在pH值约6.0或更高因形成难溶的氢氧化锌而导致的锌离子不稳定性和很多提高Eh的化合物如亚氯酸钠和过氧化氢的不稳定性相关的配方困难，其中锌离子化合物和提升Eh的化合物在各自的容器中但能在即将使用前混合的双容器系统是优选的。氯化锌和亚氯酸钠的双容器组合物实施例见表2所示”。由此可见，原说明书中记载了“双容器系统”，并且这种“双容器系统”的功能在于实现所述口用组合物的两组分“在使用前分离”。在本申请中，“区室”和“容器”都是用于盛放口用组合物组分的器皿，而“双容器系统”和“双区室系统”又都能实现两组分的使用前分离，因此它们之间没有实质性差别，仅仅是表述方式的不同。既然是“双区室”，在将其中一个命名为“第一”时，那么另一个毫无疑问为“第二”，而且这种命名不会影响所述双区室系统功能的实现，也不会导致口用组合物技术方案的变化。因此，技术特征“双区室系统”、“第一区室”和“第二区室”的增加没有使修改后的权利要求1超出原说明书和权利要求书公开的范围。修改后的权利要求1的技术方案能够从原申请记载的信息中直接地、毫无疑义地得到。

综上所述，合议组认为，新修改的权利要求1符合专利法第33条的规定。

基于上述事实和理由，合议组作出如下决定。

**三、决定**

撤销国家知识产权局于2005年3月11日对97180693.4号发明专利申请作出的驳回决定。由原审查部门在以下文本的基础上继续进行审查：2005年6月27日提交的权利要求第1～74项；驳回决定所针对的说明书第1～19页，说明书附图第1～9页和说明书摘要。

复审请求人对本决定不服的，可以根据专利法第41条第2款的规定，自收到本决定之日起三个月内向北京市第一中级人民法院起诉。

052

# 应用与乙酰水杨酸联合的可可矢车菊苷配质作为抗血小板疗法

## 复审请求审查决定（第10814号）

**决　定　号**　第10814号
**决　定　日**　2007年4月11日
**发明创造名称**　应用与乙酰水杨酸联合的可可矢车菊苷配质作为抗血小板疗法
**国际分类号**　A61K 31/60，A61K 35/78，A23L 1/30，A23G 1/00，A23G 1/02，A23G 3/00
**复审请求人**　马尔斯公司
**申　请　号**　01809739.1
**优先权日**　2000年3月22日
**申　请　日**　2001年3月22日
**公　开　日**　2003年10月22日
**合议组组长**　李金光
**主　审　员**　魏春宝
**参　审　员**　吴通义

**法律依据**　专利法第33条
**决定要点**

如果对专利申请文件的修改可以从原说明书和权利要求书记载范围的信息中直接地、毫无疑义地确定，那么这种修改符合专利法第33条的规定。

### 一、案由

本复审请求涉及名称为"应用与乙酰水杨酸联合的可可矢车菊苷配质作为抗血小板疗法"的01809739.1号发明专利申请（下称本申请），申请人为马尔斯公司，申请日为2001年3月22日，优先权日为2000年3月22日，公开日为2003年10月22日。

2005年2月4日，国家知识产权局以本申请权利要求1～24不符合专利法第26条第4款的规定为由驳回了本申请，驳回决定所针对的权利要求书为：

"1. 一种口服组合物，所述组合物包含在生理可接受的载体中的阿司匹林和可可矢车菊苷配质，其以可有效治疗或预防血小板功能障碍的量联用。

2. 一种权利要求1的组合物，所述组合物是一种药用组合物、食品、食物增补剂或食品添加剂。

3. 一种权利要求1或权利要求2的组合物，其中所述可可矢车菊苷配质是单体。

4. 一种权利要求1或权利要求2的组合物，其中所述可可矢车菊苷配质是二聚体。

5. 一种权利要求 1 或权利要求 2 的组合物，其中所述可可矢车菊苷配质是寡聚体。

6. 一种权利要求 1 或权利要求 2 的组合物，其中所述寡聚体是可可矢车菊苷配质寡聚体 2～18 或它们的混合物。

7. 一种权利要求 1 或权利要求 2 的组合物，其中所述可可矢车菊苷配质是单体、寡聚体或它们的混合物，所述单体、寡聚体或混合物可通过以下方法获得：

（a）脱脂磨碎的可可碎仁、可可碎仁部分、巧克力浆、部分脱脂可可固体或全脱脂可可固体用可可矢车菊苷配质可溶于其中的溶剂萃取；且

（b）从所得的可可提取物中分离包含所需矢车菊苷配质单体、寡聚体或混合物的部分。

8. 阿司匹林和可可矢车菊苷配质在生产用来治疗或预防由血小板功能障碍引起的疾病或障碍的药物、食品、食物增补剂或食品添加剂方面的应用。

9. 阿司匹林在生产与可可矢车菊苷配质一起使用以预防或治疗由血小板功能障碍引起的疾病或障碍的药物、食品、食物增补剂或食品添加剂方面的应用。

10. 可可矢车菊苷配质在生产与阿司匹林一起使用以预防或治疗由血小板功能障碍引起的疾病或障碍的药物、食品、食物增补剂或食品添加剂方面的应用。

11. 权利要求 8～10 中任一项的应用，其中所述可可矢车菊苷配质是单体。

12. 权利要求 8～10 中任一项的应用，其中所述可可矢车菊苷配质是二聚体。

13. 权利要求 8～10 中任一项的应用，其中所述可可矢车菊苷配质是寡聚体。

14. 权利要求 8～10 中任一项的应用，其中所述寡聚体是可可矢车菊苷配质寡聚体 2～18 或它们的混合物。

15. 权利要求 8～10 中任一项的应用，其中所述可可矢车菊苷配质是可可矢车菊苷配质寡聚体、单体或它们的混合物，所述单体、寡聚体或混合物可通过以下方法获得：

（a）脱脂磨碎的可可碎仁、可可碎仁部分、巧克力浆、部分脱脂可可固体或全脱脂可可固体用可可矢车菊苷配质可溶于其中的溶剂萃取；且

（b）从所得的可可提取物中分离包含所述矢车菊苷配质寡聚体或每种矢车菊苷配质寡聚体的部分。

16. 权利要求 8～10 中任一项的应用，其中所述药物、食品、食物增补剂或食品添加剂用来预防或治疗心血管疾病或炎性疾病或障碍。

17. 一种包含可供分开、同时或顺序使用以治疗由血小板功能障碍引起的疾病或障碍的阿司匹林和可可矢车菊苷配质的制品。

18. 一种权利要求 17 的制品，其中所述可可矢车菊苷配质存在于可可矢车菊苷配质水平增加或保持的可可成分中。

19. 一种权利要求 17 或权利要求 18 的制品，其中所述可可成分得自发酵系数为 275 或 275 以下的可可豆。

20. 一种权利要求 18 的制品，其中所述可可成分包含可通过以下方法获得的可可固体：

（a）将可可豆加热至恰好足以使含水量降低至约 3％重量并使可可壳裂开的可可豆内部温度；

（b）从可可壳风选可可碎仁；

（c）螺杆压榨所述可可碎仁；和

（d）回收含有可可矢车菊苷配质的可可脂和部分脱脂可可固体。

21. 权利要求 17 或 18 的制品，其中所述可可成分是一种饮料混合剂。

22. 联合应用以预防或治疗由血小板功能障碍引起的疾病或障碍的阿司匹林和可可矢车菊苷

配质。

23. 一种用来预防或治疗由血小板功能障碍引起的疾病或障碍的药物，所述药物包含阿司匹林和可可矢车菊苷配质。

24. 一种药用组合物，所述药用组合物包含阿司匹林和可可矢车菊苷配质。”

驳回决定认为：并非所有的可可矢车菊苷配质与阿司匹林联用都可以产生协同作用，只有（–）–可可矢车菊苷配质与阿司匹林联用才能够较为明显地降低血栓烷等的水平，达到预期效果。但权利要求1~24要求保护的技术方案涵盖了所有的可可+阿司匹林的技术方案，没有得到说明书的支持，不符合专利法第26条第4款的规定。

申请人马尔斯公司（下称复审请求人）对上述驳回决定不服，于2005年5月19日向专利复审委员会提出复审请求。复审请求人在提出复审请求的同时提交了如下修改的权利要求书：

“1. 一种口服组合物，所述组合物包含在生理可接受的载体中的乙酰水杨酸和可可矢车菊苷配质，其以可有效治疗或预防血小板功能障碍的量联用，其中乙酰水杨酸的量低于在抗血小板治疗中单独使用乙酰水杨酸所需的量。

2. 一种权利要求1的组合物，所述组合物是一种药用组合物、食品、食物增补剂或食品添加剂。

3. 一种权利要求1或权利要求2的组合物，其中所述可可矢车菊苷配质是单体。

4. 一种权利要求1或权利要求2的组合物，其中所述可可矢车菊苷配质是二聚体。

5. 一种权利要求1或权利要求2的组合物，其中所述可可矢车菊苷配质是寡聚体。

6. 一种权利要求1或权利要求2的组合物，其中所述寡聚体是可可矢车菊苷配质寡聚体2~18或它们的混合物。

7. 一种权利要求1或权利要求2的组合物，其中所述可可矢车菊苷配质是单体、寡聚体或它们的混合物，所述单体、寡聚体或混合物可通过以下方法获得：

（a）脱脂磨碎的可可碎仁、可可碎仁部分、巧克力浆、部分脱脂可可固体或全脱脂可可固体用可可矢车菊苷配质可溶于其中的溶剂萃取；且

（b）从所得的可可提取物中分离包含所需矢车菊苷配质单体、寡聚体或混合物的部分。

8. 乙酰水杨酸和可可矢车菊苷配质在生产用来治疗或预防由血小板功能障碍引起的疾病或障碍的药物、食品、食物增补剂或食品添加剂方面的应用，其中乙酰水杨酸的量低于在抗血小板治疗中单独使用乙酰水杨酸所需的量。

9. 乙酰水杨酸在生产与可可矢车菊苷配质一起使用以预防或治疗由血小板功能障碍引起的疾病或障碍的药物、食品、食物增补剂或食品添加剂方面的应用，其中乙酰水杨酸的量低于在抗血小板治疗中单独使用乙酰水杨酸所需的量。

10. 可可矢车菊苷配质在生产与乙酰水杨酸一起使用以预防或治疗由血小板功能障碍引起的疾病或障碍的药物、食品、食物增补剂或食品添加剂方面的应用，其中乙酰水杨酸的量低于在抗血小板治疗中单独使用乙酰水杨酸所需的量。

11. 权利要求8~10中任一项的应用，其中所述可可矢车菊苷配质是单体。

12. 权利要求8~10中任一项的应用，其中所述可可矢车菊苷配质是二聚体。

13. 权利要求8~10中任一项的应用，其中所述可可矢车菊苷配质是寡聚体。

14. 权利要求8~10中任一项的应用，其中所述寡聚体是可可矢车菊苷配质寡聚体2~18或它们的混合物。

15. 权利要求8~10中任一项的应用，其中所述可可矢车菊苷配质是可可矢车菊苷配质寡聚体、单体或它们的混合物，所述单体、寡聚体或混合物可通过以下方法获得：

（a）脱脂磨碎的可可碎仁、可可碎仁部分、巧克力浆、部分脱脂可可固体或全脱脂可可固体用可可矢车菊苷配质可溶于其中的溶剂萃取；且

（b）从所得的可可提取物中分离包含所述矢车菊苷配质寡聚体或每种矢车菊苷配质寡聚体的部分。

16. 权利要求8~10中任一项的应用，其中所述药物、食品、食物增补剂或食品添加剂用来预防或治疗心血管疾病或炎性疾病或障碍。

17. 一种包含可供分开、同时或顺序使用以治疗由血小板功能障碍引起的疾病或障碍的乙酰水杨酸和可可矢车菊苷配质的制品，其中乙酰水杨酸的量低于在抗血小板治疗中单独使用乙酰水杨酸所需的量。

18. 一种权利要求17的制品，其中所述可可矢车菊苷配质存在于可可矢车菊苷配质水平增加或保持的可可成分中。

19. 一种权利要求17或权利要求18的制品，其中所述可可成分得自发酵系数为275或275以下的可可豆。

20. 一种权利要求18的制品，其中所述可可成分包含可通过以下方法获得的可可固体：

（a）将可可豆加热至恰好足以使含水量降低至约3%重量并使可可壳裂开的可可豆内部温度；

（b）从可可壳风选可可碎仁；

（c）螺杆压榨所述可可碎仁；和

（d）回收含有可可矢车菊苷配质的可可脂和部分脱脂可可固体。

21. 权利要求17或18的制品，其中所述可可成分是一种饮料混合剂。

22. 联合应用以预防或治疗由血小板功能障碍引起的疾病或障碍的乙酰水杨酸和可可矢车菊苷配质，其中乙酰水杨酸的量低于在抗血小板治疗中单独使用乙酰水杨酸所需的量。

23. 一种用来预防或治疗由血小板功能障碍引起的疾病或障碍的药物，所述药物包含乙酰水杨酸和可可矢车菊苷配质，其中乙酰水杨酸的量低于在抗血小板治疗中单独使用乙酰水杨酸所需的量。

24. 一种药用组合物，所述药用组合物包含有效治疗或预防血小板功能障碍的联合量的乙酰水杨酸和可可矢车菊苷配质，其中乙酰水杨酸的量低于在抗血小板治疗中单独使用乙酰水杨酸所需的量。”

复审请求人提出的复审理由是：术语“（+）-可可”是指富含矢车菊苷配质的可可，而“（-）-可可”是指不含矢车菊苷配质的可可。（+）-可可和（-）-可可与矢车菊苷配质的立体化学性质无关。本申请说明书实施例2临床研究证明：可可矢车菊苷配质可以和阿司匹林（乙酰水杨酸）联合施用，以治疗或预防血小板功能障碍，并降低或消除与阿司匹林有关的副作用。通过将可可矢车菊苷配质与阿司匹林共同施用，所需的阿司匹林剂量降低。降低剂量意味着患者受到阿司匹林副作用影响的风险降低。修改后的权利要求1更好地反映了本发明的实质。

形式审查合格后，专利复审委员会受理了该复审请求，并于2005年6月23日向复审请求人发出《复审请求受理通知书》，随后将本申请移交原审查部门进行前置审查。

原审查部门对本复审请求进行了前置审查，认为驳回决定所指缺陷已经克服，但是申请人提交的权利要求1、8~10、17和22~24中增加了“其中乙酰水杨酸的量低于在抗血小板治疗中单独使用的乙酰水杨酸所需的量”，这一技术特征在说明书中既没有明确记载，也不能毫无疑义地推导出来，不符合专利法第33条的规定，因而坚持原驳回决定。

专利复审委员会组成合议组，对本案的复审请求进行了审理。

经审理，合议组认为本案事实清楚，可以作出审查决定。

**二、决定的理由**

1. 决定所针对的文本

本复审请求审查决定所依据的文本是复审请求人于2005年5月19日提交的权利要求第1~24项；进入中国国家阶段时提交的国际申请文件中文译本的说明书第1~5和8~34页，说明书附图第1~4页及说明书摘要；2004年11月29日提交的说明书第6~7页。

2. 关于专利法第33条

专利法第33条规定："申请人可以对其专利申请文件进行修改，但是，对发明和实用新型专利申请文件的修改不得超出原说明书和权利要求书记载的范围，对外观设计专利申请文件的修改不得超出原图片或者照片表示的范围"。

如果对专利申请文件的修改可以从原说明书和权利要求书记载范围的信息中直接地、毫无疑义地确定，那么这种修改符合专利法第33条的规定。

本案中，与原始申请文件的权利要求书相比，复审请求人于2005年5月19日提交的修改后的权利要求1、8~10、17和22~24中增加了"其中乙酰水杨酸的量低于在抗血小板治疗中单独使用的乙酰水杨酸所需的量"的表述。本案的焦点问题在于上述修改是否符合专利法第33条的规定。

从本申请原说明书来看，第15页第17~25行记载了下列内容："由于当与可可矢车菊苷配质联合给予时获得增强效应，所以阿司匹林可以以比当在抗血小板疗法时单独使用阿司匹林以达到心血管保护效应所需要的剂量（对于人而言，该剂量例如为80mg/天）低的剂量给予阿司匹林。因而，在本发明的方法和/或组合物中，阿司匹林可以以低于约80mg/天、例如10~80mg/天、最好是20~80mg/天的量使用。在另一个实施方案中，阿司匹林可以以40~80mg/天给予，或者当给予时以低于约70mg/天、20~70mg/天、或者30~70mg/天给予。"本领域技术人员可以从中得到的信息是：由于存在协同效应，在与可可矢车菊苷配质联合给予时，阿司匹林的量低于其单独用于抗血小板疗法时的量。而"乙酰水杨酸"是"阿司匹林"的化学名称，二者是同一物质。由此可见，修改后的权利要求1、8~10、17和22~24中增加的内容可以从原说明书记载的内容中直接地毫无疑义地得到，并且增加了该内容后的权利要求1、8~10、17和22~24也包含在原说明书和权利要求书记载的范围内。因此，这样的修改是允许的。

综上所述，合议组认为，国家知识产权局以本申请不符合专利法第33条规定坚持原驳回决定的理由不成立。

根据以上事实和理由，本案合议组作出如下审查决定。

**三、决定**

撤销国家知识产权局于2005年2月4日对01809739.1号发明专利申请作出的驳回决定。由原审查部门在以下文本的基础上继续进行审查：复审请求人于2005年5月19日提交的权利要求第1~24项，进入中国国家阶段时提交的国际申请文件中文译本的说明书第1~5和8~34页、说明书附图第1~4页及说明书摘要，2004年11月29日提交的说明书第6~7页。

复审请求人对本决定不服的，可以根据专利法第41条第2款的规定，自收到本决定之日起三个月内向北京市第一中级人民法院起诉。

053

# 新的赖氨酸脱羧酶基因以及生产L–赖氨酸的方法

## 复审请求审查决定（第10815号）

**决　定　号**　第10815号
**决　定　日**　2007年5月10日
**发明创造名称**　新的赖氨酸脱羧酶基因以及生产L–赖氨酸的方法
**国际分类号**　C12N 15/00，C12N 9/88
**复审请求人**　味之素株式会社
**优先权日**　1994年12月9日
**申　请　号**　95197577.3
**申　请　日**　1995年12月5日
**公　开　日**　1998年3月4日
**合议组组长**　李人久
**主　审　员**　魏春宝
**参　审　员**　许　磊

**法律依据**　专利法第38条
**决定要点**
如果在作出驳回决定之前，审查员未将驳回决定所涉及的属于专利法实施细则第53条规定的应予驳回情形的具体事实和理由告知过申请人，那么该驳回决定的作出不符合专利法第38条的规定。

### 一、案由

本复审请求涉及名称为“新的赖氨酸脱羧酶基因以及生产L–赖氨酸的方法”的95197577.3号发明专利申请（下称本申请），其申请人为味之素株式会社，申请日为1995年12月5日，优先权日为1994年12月9日，公开日为1998年3月4日。

2002年7月19日，国家知识产权局针对申请人原始提交的国际申请的中文译文发出第一次审查意见通知书，在一通表格中仅引用一篇对比文件，即对比文件1：KATHLEEN P. STIM等人，“Nucleotide Sequence of the adi gene, Which Encodes the Biodegradative Acid – Induce Arginine Decarboxylase of Escherichia coli”，J. Bacteriol.，第175卷第5期，1993年3月，第1221～1234页。一通正文指出：“权利要求1～3不符合专利法第22条第3款的规定。权利要求1～3与对比文件1相比没有创造性，具体审查意见参见国际检索报告的相关内容。”

2002年11月27日，针对第一次审查意见通知书，申请人提交了意见陈述及经修改的权利要求书替换页，但对权利要求1～3未作修改。申请人同时提交了下列参考文献：

参考文献1：“Lysine Decarboxylase Mutants of Escherichia coli：Evidence for Two Enzyme Forms”，SARA H. GOLDEMBERG，Journal of Bacteriology，第141卷第3期，第1428～1431页，1980年3月，复印件，共4页；

参考文献2：“PUTRESCINE AND SPERMIDINE SENSITIVITY OF LYSINE DECARBOXYLASE IN ESCHERICHIA COLI：EVIDENCE FOR A CONSTITUTIVE ENZYME AND ITS MODE OF REGULATION”，Stanley J. Wertheimer等人，Biochem. Biophys. Res. Commun.，第114卷第2期，第882～888页，1983年7月29日，复印件，共7页；

参考文献3：“Formation of a Compensatory Polyamine by Escherichia coli Polyamine-Requiring Mutants during Growth in the Absence of Polyamines”，KAZUEI IGARASHI等人，Journal of Bacteriology，第166卷第1期，第128～134页，1986年4月，复印件，共7页；

参考文献4：“Nucleotide Sequence of the Escherichia coli cad Operon：a System for Neutralization of Low Extracellular pH”，SHI-YUAN MENG等人，Journal of Bacteriology，第174卷第8期，第2659～2669页，1992年4月，复印件，共11页；

申请人认为：国际初审报告中，认为权利要求1～3不具有创造性的理由是，本领域技术人员在希望寻找编码与cadA基因高度同源的赖氨酸脱羧酶的基因时，很容易想到用公知的cadA基因的一部分作为探针在埃希氏菌属微生物的cDNA文库中进行筛选。参考文献1和2报道在一种大肠杆菌突变株检测到弱的赖氨酸脱羧酶活性的存在，没有提供任何确切的证据。与这些1980年代早期的报道相反，后来的参考文献3和4认为上述活性并不存在。参考文献3认为弱的赖氨酸脱羧酶活性可能是鸟氨酸活性。参考文献4报道使用cadA基因作为探针检测大肠杆菌染色体DNA没有检测到与cadA同源的另一个区域。考虑到参考文献1～4公开的内容，在本发明完成时，在埃希氏菌属微生物还存在另一种赖氨酸脱羧酶的认识被认为是错误的。因此，本领域技术人员不会预期可以分离到另一种赖氨酸脱羧酶基因，因而也就根本不会想到使用公知的cadA基因作为探针进行筛选。因此，本发明的基因相对于对比文件1具有突出的实质性特点和显著的进步，具有创造性。

2003年7月18日，国家知识产权局以本申请权利要求1～3不符合专利法第22条第3款的规定为由驳回了本申请，驳回决定所针对的权利要求为：

“1. 一种编码赖氨酸脱羧酶的基因，它具有序列表中SEQ ID NO：4给出的氨基酸序列。

2. 权利要求1中的基因，其中该基因具有序列表中SEQ ID NO：3的第1005～3143位密码的核苷酸序列。

3. 权利要求1的基因，其中所述氨基酸序列具有一个或多个氨基酸残基替换、缺失或插入，但基本上没有任何赖氨酸脱羧酶活性的退化。”

驳回决定认为：“权利要求1～3不符合专利法第22条第3款规定的创造性。由于本领域技术人员在希望寻找编码与cadA基因高度同源的赖氨酸脱羧酶的基因时，很容易想到用公知的cadA基因的一部分作为探针在埃希氏菌属微生物的cDNA文库中进行筛选。申请人在意见陈述书中称，在本发明完成时，本领域几乎根本就不知道在埃希氏菌属微生物中还存在另一种赖氨酸脱羧酶，并引用了申请日前的几篇参考文献来证明。但审查员认为申请人引用的参考文献均为本申请日之前10年甚至是10多年前的文献，因此，并不能证明申请人希望证明的观点。综上所述，本申请不符合专利法第22条第3款的规定。”

申请人味之素株式会社（下称复审请求人）对上述驳回决定不服，于2003年10月31日向专利复审委员会提出复审请求，复审请求人认为，国家知识产权局驳回的理由不成立。复审请求人在提出复审请求时未对权利要求书和说明书进行修改。复审请求人提出的复审请求理由为：

审查员认为申请人在答复第一次审查意见通知书的意见陈述书中提供的参考文献均为本申请日之前十年甚至是十多年前的文献，因此不能用以证明申请人在意见陈述中的观点。这一说法是不准确的，本申请申请日是1995年12月5日，优先权日是1994年12月9日。在所引用的参考文献中，参考文献4是本申请最接近的现有技术文件，代表了当时本领域对与本申请有关的技术状况的最新认识。参考文献4的出版日为1992年4月，根本就不是审查员认为的本申请日之前10年甚至10年以前的文献。参考文献1和2虽是审查员所指本申请申请日前10年或者10年以前的文献，但是，从答复第一次审查意见通知书的意见陈述及该复审请求的重述中可知，参考文献1和2的结论在申请日前被本领域人员视为是错误的，引入参考文献1和2是为了让审查员对现有技术有关该主题的认识有一个完整准确的了解。从上述对优先权日之前现有技术的介绍可以看出，在本申请的优先权之前，本领域技术人员认为在埃希氏菌属微生物中存在另一种赖氨酸脱羧酶的原有认识是错误的，在本发明完成时，本领域技术人员认为，在埃希氏菌属微生物中不存在另一种赖氨酸脱羧酶。在这一现有技术状况的基础上，本发明的技术方案具有创造性。

形式审查合格后，专利复审委员会受理了该复审请求，并于2003年12月15日向复审请求人发出《复审请求受理通知书》，随后将本申请移交原审查部门进行前置审查。

原审查部门对本复审请求进行了前置审查，坚持原驳回决定。

专利复审委员会组成合议组，对本案的复审请求进行了审理。经审理，合议组认为本案事实清楚，可以作出审查决定。

**二、决定的理由**

专利法第38条规定：发明专利申请经申请人陈述意见或者进行修改后，国务院专利行政部门仍然认为不符合本法规定的，应当予以驳回。

根据该款规定，审查员在作出驳回决定之前，应当将其经实质审查认定申请属于专利法实施细则第53条规定的应予驳回情形的事实、理由和证据通知申请人，并给申请人至少一次陈述意见和/或修改申请文件的机会。

如果在作出驳回决定之前，审查员未将驳回决定所涉及的属于专利法实施细则第53条规定的应予驳回情形的具体事实和理由告知过申请人，那么该驳回决定的作出不符合专利法第38条的规定。

本案中，在作出驳回本申请决定之前，审查员只发出过一次审查意见通知书。该通知书正文审查意见为："权利要求1~3不符合专利法第22条第3款的规定。权利要求1~3与对比文件1相比没有创造性，具体审查意见参见国际检索报告的相关内容。"除此以外，未作任何具体评述。在该通知书的表格中也仅填写有对比文件1。经核实，在该通知书所要具体参见的国际检索报告中，对比文件1却是权利要求1~3的Y类文件，也即需要与其他对比文件相结合才能破坏权利要求1~3的创造性。即使在本申请的国际初审报告中，权利要求1~3也是相对于对比文件1与另外两篇对比文件（即，对比文件2：Goldemberg，S. H.，J. Bacterio.，1980年，第141卷第3期，第1428~1431页；和对比文件3：Wertheimer，S. J. 和 Leifer，Z.，Biochem. Biophys. Res. Commun.，1983年，第114卷第2期，第882~888页）的结合而言不具有创造性。

综上所述，合议组认为：审查员在驳回决定做出之前的审查意见通知书中，仅简单指出以对比文件1作为现有技术，并援引了法律条款，但是，并未指出导致权利要求1~3不符合专利法第22条第3款规定的具体事实和理由。即使考虑国际检索报告和国际初审报告的内容，在以权利要求1~3不符合专利法第22条第3款规定驳回本申请之前，审查员也从未将驳回决定中所涉及应予驳回情形的具体事实和理由清楚地告知过申请人，因此不符合专利法第38条的规定。

根据以上事实和理由，本案合议组作出如下审查决定。

**三、决定**

撤销国家知识产权局于2003年7月18日对95197577.3号发明专利申请作出的驳回决定。由原审查部门在驳回决定所针对文本的基础上继续进行审查。

复审请求人对本决定不服的，可以根据专利法第41条第2款的规定，自收到本决定之日起三个月内向北京市第一中级人民法院起诉。

054

# 含有一种包含至少一个聚氨酯和/或聚脲结构单元的缩聚物和一种包含至少一个羧基官能团的聚硅氧烷的组合物

## 复审请求审查决定（第10824号）

**决　定　号**　第10824号
**决　定　日**　2007年6月16日
**发明创造名称**　含有一种包含至少一个聚氨酯和/或聚脲结构单元的缩聚物和一种包含至少一个羧基官能团的聚硅氧烷的组合物
**国际分类号**　A61K 7/06
**复审请求人**　莱雅公司
**申　请　号**　99801481.8
**优先权日**　1998年8月27日
**申　请　日**　1999年8月16日
**公　开　日**　2000年11月29日
**合议组组长**　何　炜
**主　审　员**　葛永奇
**参　审　员**　郭　婷

**法律依据**　专利法第33条，专利法实施细则第20条第1款
**决定要点**

如果修改后的权利要求不再存在歧义、相互矛盾或其他使其保护范围不清楚的表述，则该权利要求符合专利法实施细则第20条第1款有关“权利要求应当清楚地表述请求保护的范围”的规定。

### 一、案由

本复审请求涉及优先权日为1998年8月27日、申请日为1999年8月16日、公开日为2000年11月29日、申请号为99801481.8、名称为“含有一种包含至少一个聚氨酯和/或聚脲结构单元的缩聚物和一种包含至少一个羧基官能团的聚硅氧烷的组合物”的发明专利申请（下称本申请），本申请的申请人为莱雅公司。

2005年2月18日，国家知识产权局针对申请人于进入中国国家阶段时提交的说明书第1～13页和摘要、以及2004年11月25日提交的权利要求第1～26项，以权利要求6不符合专利法实施细则第20条第1款的规定为由驳回了本申请。其中与本复审请求审查决定有关的权利要求为：

“1. 一种美发护发组合物，该组合物是在一种化妆品可接受的介质中包含一种含有至少一个聚氨

酯和/或聚脲链段的缩聚物，该缩聚物占该组合物总重量的相对重量比例为0.1%~20%；其特征在于，该组合物还含有0.01%~20%的至少一种部分或全部已中和的聚硅氧烷，该聚硅氧烷包含至少一个羧基官能团或一个该羧酸盐基团或它们的混合物。

2. 按照权利要求1的组合物，其特征在于所说缩聚物系由下列组分得到的嵌段排列而制得：

（1）至少一种在每个分子中含两个或多于两个活泼氢原子的化合物；

（2）至少一种含酸基团或其盐的二元醇或二元醇的混合物；

（3）至少一种二异氰酸酯或多异氰酸酯。

6. 按照权利要求2的组合物，其特征在于所说的缩聚物是由至少一种具有聚硅氧烷骨架的其他化合物所构成的，且该种化合物选自包含聚硅氧烷、聚烷基硅氧烷或聚芳基硅氧烷，尤其是聚乙基硅氧烷、聚甲基硅氧烷和聚苯基硅氧烷，其中任选含有接枝在硅原子上的烃基链在内的一组化合物。

13. 按照权利要求12的组合物，其特征在于所说的聚硅氧烷包含如下的结构单元IX：

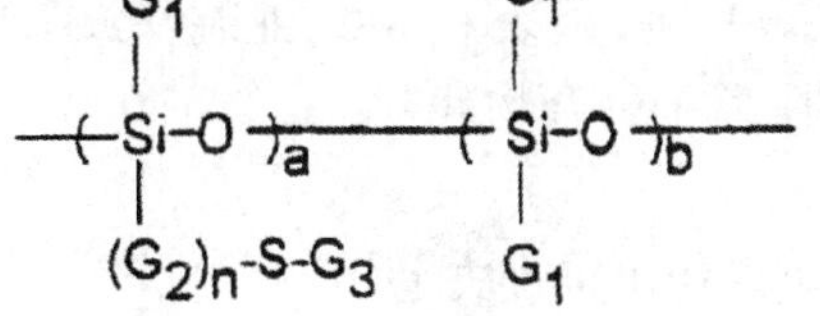

(IX)

式中，$G_1$代表氢或$C_1$~$C_{10}$烷基或苯基；$G_2$代表$C_1$~$C_{10}$亚烷基；$G_3$代表由至少一个含有烯类不饱和键的阴离子单体聚合而成的阴离子聚合物残基；n等于0或1；a为1~50之间的一个整数；b为10~350之间的一个整数。”

驳回的具体理由是：权利要求6中“具有聚硅氧烷骨架的其他化合物”所表达的意思不清楚；同时将缩聚物限定为由至少一种具有聚硅氧烷骨架的其他化合物构成，显然与其引用的权利要求2相矛盾，因为权利要求2所述缩聚物是一种嵌段共聚物，不是具有硅氧烷骨架的聚合物。因此，权利要求6不清楚，不符合专利法实施细则第20条第1款的规定。

申请人莱雅公司（下称复审请求人）对该驳回决定不服，于2005年5月30日向国家知识产权局专利复审委员会提出复审请求，同时提交了权利要求书全文替换页（共26项），仅将权利要求6由从属于权利要求2修改为从属于权利要求1。复审请求人请求复审的理由为：承认权利要求6的缩聚物确实不是权利要求2的缩聚物的下位概念。

形式审查合格后，专利复审委员会受理了该复审请求，并于2005年6月24日向复审请求人发出《复审请求受理通知书》，同时将本申请案卷移交原审查部门进行前置审查。

在前置审查意见中，原审查部门认为修改后的权利要求6引用了权利要求1，然而权利要求1中所说的缩聚物为含有至少一个聚氨酯和/或聚脲链段的缩聚物，显然不是一种具有聚硅氧烷骨架的化合物。因此，权利要求6中“所说的缩聚物是由至少一种具有聚硅氧烷骨架的其他化合物所构成的”表达的意思是不清楚的，即修改后的权利要求6不清楚，不符合专利法实施细则第20条第1款的规定。因此坚持原驳回决定。

专利复审委员会组成合议组，对本案的复审请求进行了审理，于2007年1月30日向复审请求人发出《复审通知书》。《复审通知书》指出：（1）相对于原始申请文本，新权利要求13中将“（均）聚合”修改为“聚合”，超出了原说明书和权利要求书记载的范围，不符合专利法第33条的规定；（2）权利要求6的描述使之与其所引用的权利要求1的技术方案相矛盾，致使权利要求6保护范围不清楚，不符合专利法实施细则第20条第1款的规定。

针对《复审通知书》指出的问题，复审请求人于2007年3月14日提交了权利要求书全文替换页（共26项），将权利要求13中的“聚合”修改为“（均）聚合”，将权利要求6中的“由……构成”

修改为“由……制成”。并于2007年4月26日再次提交了经修改的权利要求第1～11项，其中依据说明书第5页第24～26行修改了权利要求6，以克服权利要求6不符合专利法实施细则第20条第1款规定的缺陷。修改后的权利要求6和13分别为：

“6. 按照权利要求1的组合物，其特征在于所说的缩聚物还包含至少一个聚硅氧烷链段，其中该聚硅氧烷链段选自包含聚硅氧烷、聚烷基硅氧烷或聚芳基硅氧烷的链段，尤其是聚乙基硅氧烷、聚甲基硅氧烷和聚苯基硅氧烷的链段，其中任选含有接枝在硅原子上的烃基链在内的一组聚硅氧烷链段。

13. 按照权利要求12的组合物，其特征在于所说的聚硅氧烷包含如下的结构单元IX：

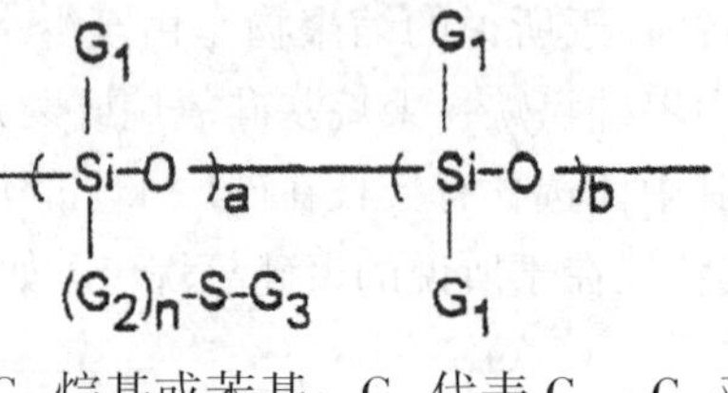


(IX)

式中，$G_1$代表氢或$C_1$～$C_{10}$烷基或苯基；$G_2$代表$C_1$～$C_{10}$亚烷基；$G_3$代表由至少一个含有烯类不饱和键的阴离子单体（均）聚合而成的阴离子聚合物残基；n等于0或1；a为1～50之间的一个整数；b为10～350之间的一个整数。”

至此，合议组认为本案事实清楚，可以作出审查决定。

二、决定的理由

1. 审查文本

本复审请求审查决定所依据的文本为进入中国国家阶段时提交的说明书第1～13页和摘要、于2007年4月26日提交的权利要求第1～11项以及于2007年3月14日提交的权利要求第12～26项，该文本符合专利法第33条和专利法实施细则第60条第1款的规定。

2. 关于专利法第33条

专利法第33条规定：申请人可以对其专利申请文件进行修改，但是，对发明和实用新型专利申请文件的修改不得超出原说明书和权利要求书记载的范围。

根据该条规定，复审请求人对申请文件所作的修改必须在原说明书或权利要求书中有明确的记载，或者能够由原说明书和权利要求书所记载的信息直接地毫无疑义地确定。

与原始申请文本相比，申请人在请求复审时提交的权利要求书替换页中将权利要求13中“（均）聚合”修改为“聚合”。然而，“均聚合”与“聚合”是不同的概念，“聚合”是具有更广泛含义的概念，其包括“均聚合”和“共聚合”。从“G3代表由至少一个含有烯类不饱和键的阴离子单体聚合而成的阴离子聚合物残基”这句话本身无法看出其中仅含一种单体成分，而在原说明书和权利要求书相应位置的表述均为“（均）聚合”，从原说明书和权利要求书记载的内容也无法直接地、毫无疑义地确定其可以是超出“均聚合”范围以外的“聚合”。因此，复审请求人对权利要求13的修改超出了原说明书和权利要求所记载的内容，不符合专利法第33条的规定。对此，复审请求人在于2007年3月14日提交的权利要求13中已将“聚合”重新修改为“（均）聚合”，与原说明书和权利要求书中的记载一致，因此克服了权利要求13的修改不符合专利法第33条规定的缺陷。

3. 关于专利法实施细则第20条第1款

专利法实施细则第20条第1款规定：权利要求书应当说明发明或者实用新型的技术特征，清楚、简要地表述请求保护的范围。

如果修改后的权利要求不再存在歧义、相互矛盾或其他使其保护范围不清楚的表述，则该权利要求符合专利法实施细则第20条第1款有关“权利要求应当清楚地表述请求保护的范围”的规定。

本案中，《复审通知书》所针对的权利要求1所述的缩聚物为“含有至少一个聚氨酯和/或聚脲链段的缩聚物”，权利要求6引用权利要求1，其对权利要求1所述的缩聚物作进一步限定，即“其特征在于所说的缩聚物是由至少一种具有聚硅氧烷骨架的其他化合物所构成的”。然而，权利要求6采用了“由……构成”这样一种封闭式的表述方式，这种表述方式可以理解为所述缩聚物仅由至少一种具有聚硅氧烷骨架的其他化合物所构成，而不包括其他的成分例如权利要求1所述的聚氨酯和/或聚脲链段，这与权利要求1的技术方案相矛盾；而与此同时，由于权利要求6引用了权利要求1，因而也可以理解为所说的缩聚物既含有至少一个聚氨酯和/或聚脲链段的缩聚物，还包含至少一种具有聚硅氧烷骨架的其他化合物。也就是说，语句“其特征在于所说的缩聚物是由至少一种具有聚硅氧烷骨架的其他化合物所构成的”存在歧义，使对权利要求6的技术方案可以有不同的理解，甚至与其所引用的权利要求1的技术方案相矛盾，因此权利要求6的保护范围不清楚。况且，说明书中也没有提供“缩聚物仅由至少一种具有聚硅氧烷骨架的其他化合物所构成的”这样的技术方案。

针对该问题，复审请求人在2007年4月26日提交的权利要求书中，依据说明书第5页第24~26行的内容将权利要求6修改为“6. 按照权利要求1的组合物，其特征在于所说的缩聚物还包含至少一个聚硅氧烷链段，其中该聚硅氧烷链段选自包含聚硅氧烷、聚烷基硅氧烷或聚芳基硅氧烷的链段，尤其是聚乙基硅氧烷、聚甲基硅氧烷和聚苯基硅氧烷的链段，其中任选含有接枝在硅原子上的烃基链在内的一组聚硅氧烷链段。”，其对权利要求1的缩聚物作进一步的限定，明确指出所说的缩聚物在包含聚氨酯和/或聚脲链段的同时，还包含至少一个聚硅氧烷链段。因此，修改后的权利要求6的保护范围是清楚的，符合专利法实施细则第20条第1款的规定，从而克服了驳回决定和《复审通知书》中指出的缺陷。

根据以上事实和理由，本案合议组作出如下审查决定。

**三、决定**

撤销国家知识产权局于2005年2月18日对申请号为99801481.8的发明专利申请作出的驳回决定。由原审查部门在本复审请求审查决定所针对的审查文本的基础上继续进行审查。

复审请求人对本决定不服的，可以根据专利法第41条第2款的规定，自收到本决定之日起三个月内向北京市第一中级人民法院起诉。

055

# 含乙醛酸甲脂甲基肟衍生物的杀真菌组合制剂

## 复审请求审查决定（第10844号）

**决　定　号**　第10844号
**决　定　日**　2007年6月15日
**发明创造名称**　含乙醛酸甲脂甲基肟衍生物的杀真菌组合制剂
**国际分类号**　A01N 37/50
**复审请求人**　拜尔公开股份有限公司
**申　请　号**　99807125.0
**申　请　日**　1999年6月4日
**优 先 权 日**　1998年6月8日
**公　开　日**　1999年12月16日
**合议组组长**　李人久
**主　审　员**　郝兴辉
**参　审　员**　李彦涛

**法 律 依 据**　专利法第26条第3款
**决 定 要 点**

如果说明书中给出了具体的技术方案，但未给出实验证据，而该方案又必须依赖实验结果加以证实才能成立，这种情况由于缺乏解决技术问题的技术手段而被认为无法实现。

### 一、案由

本复审请求涉及名称为“含乙醛酸甲脂甲基肟衍生物的杀真菌组合制剂”的99807125.0号发明专利申请（下称本申请），申请人为拜尔公开股份有限公司（2001年8月10日申请人由诺瓦提斯公司变更为拜尔公开股份有限公司），申请日为1999年6月4日，公开日为1999年12月16日。

2003年6月20日，国家知识产权局向申请人发出第一次审查意见通知书，其审查意见为：权利要求1不符合专利法第31条和专利法实施细则第35条关于单一性的规定，申请人应当在权利要求1的第二组分中的14种杀菌剂中选择一种，同理权利要求2～10也不符合单一性。

申请人于2003年10月16日提交了意见陈述和新提交的权利要求1～4，修改后的权利要求1涉及的是第一组分和第二组分的两组化合物增效组合，还提交了证明所述组合物的增效作用的具体数据。

2003年11月21日，国家知识产权局向申请人发出第二次审查意见通知书，其审查意见为：目前的说明书没有记载任何一种杀真菌组合物的协同增效试验数据来证实其能够实现所预期的效果，不符合专利法第26条第3款的规定，申请人答复时补充的试验数据不能接受。

针对上述审查意见书，申请人于2004年2月3日提交了意见陈述，认为在说明书公开了具体的制备方法的情况下，本领域的技术人员无须通过试验数据即可确认由说明书公开的方法一定能获得权利要求所要求保护的组合物，不属于审查指南所述的“技术方案必须依赖实验结果加以证实才能成立”的情况，实际上怀疑所述组合物是否确实具有增效效果是一个创造性问题，通过补交补充生物试验数据来克服这一问题并无不妥；本申请的申请日是在2001年10月18日之前申请的，新修改的审查指南对本案不适用。

国家知识产权局于2004年4月16日驳回了本申请，其理由为：目前的说明书没有记载任何一种杀真菌组合物的协同增效试验数据来证实其能够实现所预期的效果，不符合专利法第26条第3款的规定；在原始说明书仅提供定性的试验结果的情况下，不能判断那些组合物是增效的，仍需创造性的劳动才能再现本发明的技术方案，解决技术问题；根据先申请原则，无法证实申请日之后补交的实验数据是在申请日之前作出的；申请人所述的不适用新指南的要求是不符合法律法规的。

申请人拜尔公开股份有限公司（下称复审请求人）对上述驳回决定不服，于2004年8月2日向专利复审委员会提出复审请求，认为本申请不属于审查指南所述的“技术方案必须依赖实验结果加以证实才能成立”的情况，实际上怀疑所述组合物是否确实具有增效效果是一个创造性问题，通过补交补充生物试验数据来克服这一问题并无不妥；申请人应审查员所指出关于单一性的缺陷，而在原权利要求的基础上作出的限制不表明其他的组合就没有所述的增效效果，本申请在原始说明书中已经提供了定性的实验结果，即便是提供了定量的增效实验数据，也是按照说明书提供的生物测定方法进行的一个常规经验观测结果。

形式审查合格后，专利复审委员会受理了该复审请求，并于2004年9月16日向复审请求人发出《复审请求受理通知书》。并将案卷转送至原审查部门进行前置审查。

原审查部门对本复审请求进行了前置审查，坚持驳回决定。

专利复审委员会组成合议组，对本复审请求案进行了审理。

合议组于2005年8月19日发出复审通知书，指出根据国家知识产权局第78号公告规定，2001年7月1日之前提出的专利申请和根据该申请授予的专利权，除另有规定的以外，自2001年7月1日起也适用修改后的专利法及专利法实施细则的规定；化合物Ⅰ和化合物IIL组合后是否具有增效的杀真菌活性是不可预知的，也不能通过理论分析推导出来，需要实验数据加以证实才能被确认存在，虽然说明书记载“在这些实施例中本发明组合制剂表现出优异活性”，但这种概括性的结论性语言并不能证实化合物Ⅰ和化合物IIL组合具有增效的杀真菌活性，因此本申请所述技术方案由于缺乏解决技术问题的技术手段而被认为无法实现；复审请求人在答复第一次审查意见通知书时提交的实验资料在说明书没有记载，也不属于本申请日之前的现有技术，不能以此表明说明书公开充分。

针对上述复审通知书，复审请求人于2005年11月3日进行了答复，复审请求人认为：（1）本申请符合修改之前的专利法和专利法实施细则的规定；（2）实施本发明的所有技术因素都已经在说明书中作出了充分公开和说明，农药领域的技术人员能够制备该杀真菌组合物，取得预期的增效效果，不需要创造性的劳动，不存在任何可能导致实施本发明技术方案遇到障碍的技术特征没有被公开；答复第一次审查意见通知书时提交的试验报告只是进一步举例说明和证实，这种试验结果完全依照本申请所记载的生物测定试验和方法得到的。

据此，合议组认为本案事实清楚，可以作出复审决定。

**二、决定的理由**

本复审决定依据的审查文本为驳回决定针对的申请文本，即复审请求人于2003年10月16日提交的权利要求第1~4项、进入中国国家阶段时提交的国际申请文件的文本的说明书第1~14页及说明书摘要。

专利法第26条第3款规定：说明书应当对发明或者实用新型作出清楚、完整的说明，以所属技术领域的技术人员能够实现为准。

如果说明书中给出了具体的技术方案，但未给出实验证据，而该方案又必须依赖实验结果加以证实才能成立，这种情况由于缺乏解决技术问题的技术手段而被认为无法实现。对于化学产品发明，应当完整的公开该产品的用途或使用效果，如果所属技术领域的技术人员无法根据现有技术预测发明能够实现所述用途或使用效果，则说明书中还应当记载对于本领域技术人员来说，足以证明发明的技术方案可以实现所述用途或达到预期效果的定性或者定量实验数据。

本发明申请涉及一种含有化合物Ⅰ和化合物IIL的杀真菌组合物、应用该组合物以防治作物上的植物病原性病害的方法，欲通过化合物Ⅰ和化合物IIL组合后表现的增效杀菌活性以获得优越于现有技术的杀真菌效果。但是，化合物Ⅰ和化合物IIL组合后是否具有增效的杀真菌活性是不可预知的，也不能通过理论分析推导出来，需要实验数据加以证实才能被确认存在，虽然说明书记载"在这些实施例中本发明组合制剂表现出优异活性"，但这种概括性的结论性语言并不能证实化合物Ⅰ和化合物IIL组合具有增效的杀真菌活性，因此本申请所述技术方案由于缺乏解决技术问题的技术手段而被认为无法实现；复审请求人在答复第一次审查意见通知书时提交的实验资料在说明书没有记载，也不属于本申请日之前的现有技术，不能以此表明说明书公开充分。因此，本发明申请不符合专利法第26条第3款的规定。

关于复审请求人陈述的意见，合议组认为：（1）2001年6月25日公布的中华人民共和国专利局第78号公告《施行修改后专利法及其实施细则的过渡办法》规定，2001年7月1日之前提出的专利申请和根据该申请授予的专利权，除另有规定的以外，自2001年7月1日起也适用修改后的专利法及其实施细则的规定。对本发明申请的审查适用修改后的专利法及其专利法实施细则。（2）关于复审请求人提出的实施本发明的所有技术因素都已经在说明书中作出了充分公开和说明，从而本申请是公开充分的意见，合议组认为以上说明书的内容仅涉及组合物的制备方法，而对于组合物具有增效的杀真菌活性没有相应的实验数据记载，不足以证明化合物Ⅰ和化合物IIL组合具有增效的杀真菌活性，也就不能达到技术方案能够产生预期技术效果的程度。因而复审请求人的以上意见不足以证明本申请符合专利法第26条第3款的规定。

基于上述理由，合议组特作出如下决定。

**三、决定**

维持国家知识产权局于2004年4月16日对第99807125.0号发明专利申请作出的驳回决定。

复审复审请求人如对本决定不服的，可以根据专利法第41条第2款 的规定，自收到本决定之日起三个月内向北京市第一中级人民法院起诉。

056

# 甲型、乙型肝炎联合疫苗及其制备方法

## 复审请求审查决定（第10850号）

**决　定　号**　第10850号
**决　定　日**　2007年6月15日
**发明创造名称**　甲型、乙型肝炎联合疫苗及其制备方法
**国 际 分 类 号**　A61K 39/29，A61K 39/295，A61P 1/16，A61P 3/12
**复 审 请 求 人**　中国医学科学院医学生物学研究所
**申　请　号**　200410040308.5
**申　请　日**　2004年7月23日
**公　开　日**　2005年3月23日
**合 议 组 组 长**　李金光
**主　审　员**　李梦楠
**参　审　员**　任　怡

**法 律 依 据**　专利法第26条第3款
**决 定 要 点**
如果申请涉及的完成发明必须使用的生物材料是公众不能得到的，而申请人却未按照专利法实施细则第25条的规定进行保藏，则该申请不符合专利法第26条第3款的规定。

### 一、案由

本复审请求涉及申请号为200410040308.5、名称为“甲型、乙型肝炎联合疫苗及其制备方法”的发明专利申请（下称本申请）。本申请的申请日为2004年7月23日，公开日为2005年3月23日，申请人是中国医学科学院医学生物学研究所。

2006年2月10日，国家知识产权局驳回了本申请，理由是本申请说明书没有具体公开获得甲肝病毒毒株HAV吕-8株的P26代毒株的途径或保藏信息，使所属技术领域的技术人员无法实现该发明的技术方案，不符合专利法第26条第3款的规定。驳回决定所针对的权利要求书为：

“1. 一种甲型、乙型肝炎联合疫苗，其特征在于它由下列成分组成：

| | |
|---|---|
| 吕-8株HAV抗原 | 320～1280ELU/ml |
| HBs抗原 | 5～10μg/ml |
| 氢氧化铝 | 0.5～1.5mg/ml |
| 2-苯氧基乙醇 | 4.0～6.0mg/ml |
| 吐温-20 | 0.04～0.06mg/ml |

甘氨酸　　　　　　　　　　　2.0～4.0mg/ml

氯化钠　　　　　　　　　　　0.8～0.9mg/ml。

2. 一种制备甲型、乙型肝炎联合疫苗的工艺方法，其特征在于采用下列工艺步骤制得：

A、将甲肝病毒毒种 HAV 吕-8 株的 P26 代毒种经冻融超声后，按 1∶5～50 的体积比接种于人胚肺二倍体细胞（KMB17）上，在 35℃培养 12～16 天收获病毒液；

B、将上述病毒液经冻融、超声破坏、核酸酶消化、氯仿抽提、PEG 浓缩、DEAE Sepharose FF 层析，用 1∶4000 的甲醛 37℃灭活 12～15 天获得甲型肝炎纯化抗原；

C、在上述甲型肝炎纯化抗原中加入 0.5～1.0mg/ml 的 Al（OH）3 振摇吸附 1～4 小时，调整离子强度氯化钠含量 0.8～0.9mg/ml 和溶液酸碱度的 pH 值 7.0～8.0，制成含量为 640～2560EU/ml 的吸附甲型肝炎灭活抗原，待用；

D、将重组酵母表达的含量为 20～30μg/ml 的吸附 HBS 抗原和 C 步骤所得的吸附甲型肝炎灭活抗原以及下列疫苗用辅料按下列配比混合后，在 20～40℃振摇 1～4 小时，即得甲型、乙型肝炎联合疫苗：

吕-8 株 HAV 抗原　　　　　320～1280ELU/ml

HBs 抗原　　　　　　　　　5～10μg/ml

氢氧化铝　　　　　　　　　0.5～1.5mg/ml

2-苯氧基乙醇　　　　　　　4.0～6.0mg/ml

吐温-20　　　　　　　　　0.04～0.06mg/ml

甘氨酸　　　　　　　　　　2.0～4.0mg/ml

氯化钠　　　　　　　　　　0.8～0.9mg/ml。”

申请人中国医学科学院医学生物学研究所（下称复审请求人）对上述驳回决定不服，于 2006 年 4 月 28 日向专利复审委员会提出复审请求，未提交修改的申请文件，提交了以下附件：

附件 1：公开号为 CN1490053A 的《发明专利申请公开说明书》，公开日为 2004 年 4 月 21 日，共 5 页；

附件 2：国家药品监督管理局批准的“新药临床研究批件”，（2000）制申体字第 70 号，批准日 2000 年 12 月 21，复印件共 1 页；

附件 3：国家食品药品监督管理局颁发的新药证书，国药证字 S20030038，审批日 2003 年 6 月 13 日，复印件共 1 页；

附件 4：国家药品监督管理局批准的“药品注册批件”，批件号 2003S01238，批准日 2003 年 6 月 13 日，复印件共 1 页；

附件 5：国家药品监督管理局批准的“药品注册批件”，批件号 2003S01237，批准日 2003 年 6 月 13 日，复印件共 1 页。

复审请求人认为：甲肝病毒毒株 HAV 吕 8 块株是现有技术中已知的产品，在附件 1～5 中已经有记载或被使用。

形式审查合格后，专利复审委员会受理了该复审请求，并于 2006 年 6 月 15 日向复审请求人发出《复审请求受理通知书》，随后将本申请移交原审查部门进行前置审查。

原审查部门对本复审请求进行了前置审查，前置审查意见认为，复审请求人的陈述及附件 1～5 所记载内容依旧无法使本领域技术人员获得甲肝病毒毒株 HAV 吕 8 块株，从而无法实现本申请的技术方案，因此坚持原驳回决定。

专利复审委员会依法组成合议组，对本案的复审请求进行了审理。合议组于 2007 年 3 月 2 日发出了复审通知书，指出了本申请说明书中没有记载公众可以获得实现发明所必需的成分甲肝病毒毒株HAV吕-8株的P26代毒株的途径或保藏信息，本领域技术人员按照说明书的记载并不能获得该毒株，因而不能实现本发明。

针对上述复审通知书，复审请求人于2007年4月11日提交了意见陈述书和修改文本，其中包括权利要求1～2项、说明书第1～9页和说明书摘要。虽然复审请求人在意见陈述书中提到对权利要求1、2和说明书中部分内容进行了修改，但实际提交的权利要求1～2、说明书第1～9页以及说明书摘要均与驳回决定所针对申请文本中的权利要求1～2、说明书第1～9页及说明书摘要的内容相同。同时，复审请求人还提交了如下附件：

附件6："在人二倍体细胞上分离和适应的甲型肝炎病毒株"，中国医学科学院学报，1996年2月第18卷第1期，复印件共4页；

附件7："甲型肝炎病毒吕8株的快速适应性培养"，中国生物制品学杂志，1997年第10卷第1期，复印件共3页；

附件8："甲型肝炎灭活疫苗接种普通绒猴的安全性和免疫原性"，中国生物制品学杂志，2000年第13卷第1期，复印件共3页；

附件9："甲型肝炎灭活疫苗的研究"，医学研究通讯，2001年第30卷第3期，复印件共2页；

附件10："甲型肝炎病毒吕8株基因型的研究"，中华微生物学和免疫学杂志杂志，2002年5月第22卷第3期，复印件共3页；

附件11："甲肝灭活疫苗接种安全性及免疫效果观察"，中国公共卫生，2002年第18卷第1期，复印件共2页；

附件12："甲型肝炎灭活疫苗（L-8株）口服及腹腔注射Bal b/c小鼠的免疫反应评价"，中国计划免疫，2005年4月第11卷第2期，复印件共3页；

附件13："甲型肝炎灭活疫苗的稳定性研究"，中国计划免疫，2005年4月第11卷第2期，复印件共3页；

附件14："细胞内快速连续传代培养甲肝病毒的研究"，现代预防医学，2006年第33卷第7期，复印件共2页；

复审请求人认为，甲肝病毒毒株HAV吕8块株在附件6～11中已经有了公开记载，并根据附件2～5的记载可以看出该毒株已经被用于临床研究或生产。

至此，合议组认为本案事实已经清楚，可以作出审查决定。

**二、决定的理由**

1. 审查文本

本复审决定所依据的文本是复审请求人于2007年4月11日提交的权利要求第1～2项、说明书第1～9页和说明书摘要。

2. 关于专利法第26条第3款

专利法第26条第3款规定：说明书应当对发明或实用新型作出清楚、完整的说明，以所属技术领域的技术人员能够实现为准。

如果申请涉及的完成发明必须使用的生物材料是公众不能得到的，而申请人却未按照专利法实施细则第25条的规定进行保藏，则该申请不符合专利法第26条第3款的规定。

就本申请而言，其技术方案中涉及实现发明所必需的成分甲肝病毒毒株HAV吕-8株的P26代毒株，然而说明书中没有记载公众可以获得该毒株的途径或保藏信息，因而本领域技术人员按照说明书的记载并不能获得该毒株，不能实现本发明，所以，本申请说明书不符合专利法第26条第3款的规定。

尽管复审请求人在复审过程中提交附件1～14来说明该毒株来源，但是根据附件1、6～11的记载，该毒株是从1988年上海地区流行甲肝时患者吕某某的粪便中分离得到，属于有特定地域、特定情况以及特定生物体内分离得到的毒株。虽然附件1、6～7中记载了该毒株分离、培养等过程，然而该毒株的获得受到诸多客观条件的限制，具有随机性，并非任意情况下均可以重现的，因此附件1、6～11实际上仍没有提供公众可以获得该毒株的途径，即附件1、6～11无法证明本申请的甲肝病毒毒株HAV吕-8株的P26代毒株在本申请日前是公众可以获得的。附件2～5涉及国家药品监督管理局对“甲肝灭活疫苗”的临床研究、新药生产批准文件，与本申请是否公开充分无关。附件12～14为申请日后公开的文献，并非本申请申请日前的现有技术，不能用来证明本申请说明书是否充分公开，在此合议组不予考虑。

根据以上事实和理由，本案合议组作出如下审查决定。

**三、决定**

维持国家知识产权局于2006年2月10日对200410040308.5号发明专利申请作出的驳回决定。

复审请求人对本决定不服的，可以根据专利法第41条第2款的规定，自收到本决定之日起三个月内向北京市第一中级人民法院起诉。

057

# 含有马来酰亚胺和/或乙烯基化合物的热固性树脂组合物

## 复审请求审查决定（第10960号）

**决　定　号**　第10960号
**决　定　日**　2007年6月11日
**发明创造名称**　含有马来酰亚胺和/或乙烯基化合物的热固性树脂组合物
**国际分类号**　C07D 207/452，C07D 207/448，C08G 73/10，C08G 73/12
**复审请求人**　量子材料公司
**申　请　号**　95194828.8
**申　请　日**　1995年8月30日
**优先权日**　1994年9月2日，1995年2月6日
**公　开　日**　1997年9月3日
**合议组组长**　李人久
**主　审　员**　郝兴辉
**参　审　员**　程　强

**法律依据**　专利法第33条
**决定要点**

对发明和实用新型专利申请文件的修改不得超出原说明书和权利要求书记载的范围。如果申请的内容通过增加、改变和/或删除其中的一部分，致使所属技术领域的技术人员看到的信息与原申请记载的信息不同，而且又不能从原申请记载的信息中直接地、毫无疑义地确定，那么，这种修改就是不允许的。

**一、案由**

本复审请求涉及名称为“含有马来酰亚胺和/或乙烯基化合物的热固性树脂组合物”的95194828.8号发明专利申请（下称本申请），申请人为量子材料公司，申请日为1995年8月30日，公开日为1997年9月3日。

在申请人提交的原申请文件中，权利要求书具有46项权利要求。

2002年3月15日，国家知识产权局向申请人发出第一次审查意见通知书，其审查意见为：权利要求10~24、26~27、29~30、32~33、35~36、38~39、41~42、44~45与权利要求1没有单一性；权利要求1相对于对比文件1不具有新颖性，权利要求2~9、25、28、31、34、37、40、43、46不具有创造性；权利要求1~4、8、40不符合专利法实施细则第20条至第23条的规定。

2002年9月18日，申请人提交了权利要求书全文替换页，并对说明书进行了修改。申请人认为

新的权利要求只涉及含马来酰亚胺化合物，含该化合物的组合物及该组合物的用途，满足单一性的要求；新修改的权利要求1的化合物具有新颖性和创造性，并且含该化合物的组合物及该组合物的用途也具有新颖性和创造性；克服了权利要求1~4、8、10不符合专利法实施细则第20条至第23条的规定的缺陷。

2003年1月31日，国家知识产权局向申请人发出第二次审查意见通知书，其审查意见为：权利要求1~4、6~7、13在说明书中没有记载，也不能从原始公开的申请文件中直接、毫无疑异地导出，修改超出原说明书和权利要求书记载的范围，不符合专利法第33条规定；权利要求2不符合专利法实施细则第20条1款和专利法第26条第4款的规定。

针对上述审查意见书，申请人于2003年7月28日提交了修改后的权利要求1~20以及说明书第3页的替换页，申请人认为：权利要求1~4、6~7的技术方案已经在说明书中记载，权利要求2中的概括没有产生难于确定的效果，能够得到说明书的支持。

修改后的权利要求书中，权利要求1~6的内容为：

“1. 一种用作粘结剂的液体含马来酰亚胺化合物，其中所述马来酰亚胺官能团连接一个单价基团或者被一个具有足够长度并支化的多价基团分离以使所述含马来酰亚胺化合物成液体。

2. 如权利要求1的化合物，其中所述液体马来酰亚胺化合物包括：

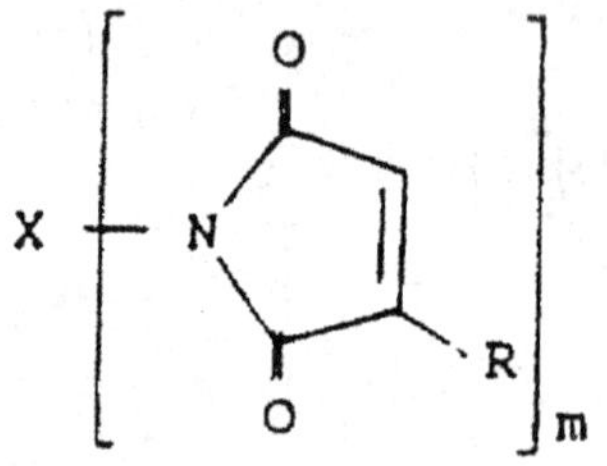

(I)

其中：

每个R独立地选自氢或低级烷基，

-X-是具有足够长度和支化的支链烷基、亚烷基或烯化氧，以使所述马来酰亚胺化合物为液体，且

m是1、2或3。

3. 如权利要求1的化合物，其中所述含一种含马来酰亚胺的化合物含有一个或多个与烷基、亚烷基或烯化氧连接的马来酰亚胺基团，所述化合物具有一种或两种下述性能：

能够在低于200℃的温度下，在0.25~2分钟的时间内固化，

当所述化合物以1mil黏合剂层分布于300×300mil硅模和涂银的铅框之间时，并且在200℃下的固化时间为1分钟的情况下，初始粘接值至少为115 1bs，且压力蒸锅处理后的粘接值至少为83 1bs。

4. 权利要求3的化合物，其中所述烷基、亚烷基或烯化氧键有足够的长度和支化，使所述马来酰亚胺化合物为液体。

5. 一种组合物，其包含：

(a) 权利要求1~4任一项所述的含马来酰亚胺化合物，和

(b) 过氧化物固化引发剂。

6. 权利要求5的组合物，其进一步包含（甲基）丙烯酸酯组分。”

国家知识产权局于2003年10月10日驳回了本申请，其理由为：

第一，权利要求1、3~4在说明书中没有记载，也不能从原始公开的申请文件中直接、毫无疑义地导出；权利要求2中“-X-是具有足够长度和支化的支链烷基、亚烷基或烯化氧，以使所述马来酰亚胺化合物为液体”在说明书中没有记载，也不能从原始公开的申请文件中直接、毫无疑义地导出；

权利要求6中“进一步包含（甲基）丙烯酸酯”在说明书中没有记载，也不能从原始公开的申请文件中直接、毫无疑义地导出。因此，权利要求1~4、6的修改超出了原说明书和权利要求书记载的范围。申请人在2003年7月28日提交的意见陈述书中提及的说明书中没有记载权利要求1~4、6的技术方案，也无法从其中概括出要求包含的技术方案；至于原说明书和权利要求书中记载的“X是选自下面的一价或多价基团：在其主链中具有约12~500个碳原子的高分子量支链烷基、亚烷基或烯化氧……”，也无法从中直接和毫无疑义地推导出权利要求1、3~4中“所述马来酰亚胺官能团连接一个单价基团或者被一个具有足够长度并支化的多价基团分离”和权利要求2中的“-X-是具有足够长度和支化的支链烷基、亚烷基或烯化氧，以使所述马来酰亚胺化合物为液体”。

第二，权利要求2中基团“-X-”为一价或二价基团，不存在三价基团，所以m只能是1或2，不可能为3，并且说明书中也没有披露三马来酰亚胺化合物，因此不符合专利法实施细则第20条第1款和专利法第26条第4款。此外，在本申请的说明书和实施例中均没有披露三马来酰亚胺化合物及其制备方法，因此该权利要求中“m是1、2或3”的概括得不到说明书的实质支持，不符合专利法第26条第4款的规定。

申请人量子材料公司（下称复审请求人）对上述驳回决定不服，于2004年1月14日向专利复审委员会提交了复审请求，并提交了权利要求书的全文替换页。复审请求人提交的复审请求理由为：新修改的权利要求1、2加入有关与马来酰亚胺官能团连接的基团的碳原子范围的限定，权利要求6中将有关（甲基）丙烯酸酯修改为原始申请中使用的词语，上述修改满足专利法第33条的规定；权利要求2中包括三马来酰亚胺化合物的可能性，含有三个马来酰胺官能团化合物清楚地记录在说明书中，说明书提供了基本的合成方法的指导。

修改后的权利要求1~4、19为：

“1. 一种含马来酰亚胺化合物，其中所述马来酰亚胺官能团连接一个单价基团或者被一个具有足够长度并支化的多价基团分离以使所述含马来酰亚胺化合物成液体，其中所述单价基团或者所述多价基团具有12到500个碳原子。

2. 如权利要求1的化合物，其中所述液体马来酰亚胺化合物包括：

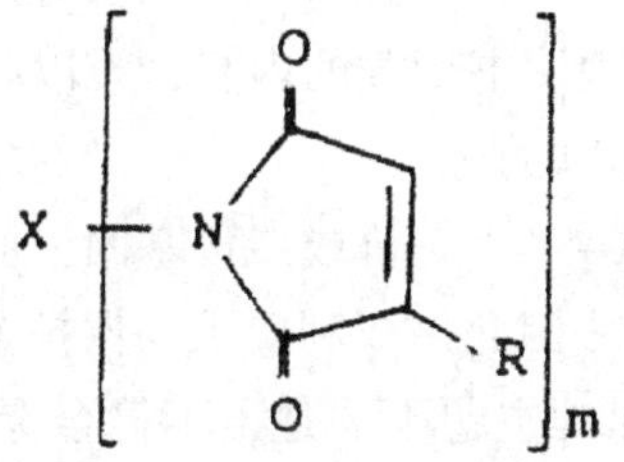


(I)

其中：

每个R独立地选自氢或低级烷基，

-X-是具有足够长度和支化的支链烷基、亚烷基或烯化氧，以使所述马来酰亚胺化合物为液体，其中所述类型的基团具有12到500个碳原子，且

m是1、2或3。

3. 如权利要求1的化合物，其中所述含一种含马来酰亚胺的化合物含有一个或多个与烷基、亚烷基或烯化氧连接的马来酰亚胺基团，所述化合物具有一种或两种下述性能：

能够在低于200℃的温度下，在0.25~2分钟的时间内固化，

当所述化合物以1mil黏合剂层分布于300×300mil硅模和涂银的铅框之间时，并且在200℃下的固化时间为1分钟的情况下，初始粘接值至少为115 1bs，且压力蒸锅处理后的粘接值至少为83 1bs。

4. 权利要求3的化合物，其中所述烷基、亚烷基或烯化氧键有足够的长度和支化，使所述马来

酰亚胺化合物为液体。

19. 一种用于粘接地将芯片模连接到电路板上的方法，所述方法包括：

（a）将包含权利要求5～17任一项组合物的模片黏合剂组合物涂敷到所述芯片模和/或电路板上，

（b）使所述芯片模与所述电路板连接以形成组件，其中所述芯片模和所述电路板被在步骤（a）中涂敷的组合物隔开，

（c）使在步骤（b）中形成的所述组件经受适合固化所述组合物的条件。”

形式审查合格后，专利复审委员会受理了该复审请求，并于2004年2月9日向复审请求人发出《复审请求受理通知书》。并将案卷转送至原审查部门进行前置审查。

原审查部门对本复审请求进行了前置审查，认为：（1）权利要求1～4、19的技术方案不能从原申请文本直接和毫无疑异地导出，不符合专利法第33条的规定；（2）对于权利要求2符合专利法第26条第4款和专利法实施细则第20条第1款的意见陈述不能接受。故坚持驳回决定。

专利复审委员会组成合议组，对本复审请求案进行了审理。

合议组于2004年6月14日向复审请求人发出复审通知书，指出：

第一，权利要求1记载的内容与原权利要求书和说明书记载的内容明显不同，也不能从原申请文件公开的信息中直接地、毫无疑异地导出，不符合专利法第33条的规定；权利要求3所述的“当所述化合物以1mil黏合剂层分布于300×300mil……且压力蒸锅处理后的粘接值至少为83 1bs”也没有在原说明书和权利要求书中记载，这些技术特征也不能从原说明书和权利要求书直接地、毫无疑异地导出，也不符合专利法第33条的规定；权利要求19要求保护“一种用于粘接地将芯片模连接到电路板上的方法”在原说明书和权利要求中没有记载，并且原权利要求和说明书完全没有提到“芯片模”和“电路板”等技术特征，这些技术特征不能从原权利要求和说明书中毫无疑义地导出，权利要求19不符合专利法第33条的规定；基于同样的理由，引用权利要求19的权利要求20也不符合专利法第33条的规定。

第二，就修改的权利要求2而言，说明书中仅仅记载了m为1或2时的式（I）化合物的制备方法，说明书第3页仅仅从形式上记载了m=3时的式（I）化合物，而实施例部分均没有记载含三个马来酰亚胺官能团的化合物，本领域技术人员根据说明书记载的内容，难以制备出m=3时的式（I）化合物，因此权利要求2不符合专利法第26条第4款的规定。

第三，就修改的权利要求2而言，基团“-X-”为一价或二价基团，而式（I）化合物的m是1、2或3，显然m为3时，“-X-”必须为三价基团，因此该权利要求的保护范围不清楚，不符合专利法实施细则第20条第1款的规定；权利要求1的保护主题不清楚，不符合专利法实施细则第20条第1款的规定。

针对上述复审通知书，复审请求人于2004年7月27日提交了意见陈述书，并提交了新修改的权利要求1～17。从权利要求中删除了原权利要求1，删除原权利要求2中的“m=3”，修改原权利要求19中的“芯片板”和“电路板”等技术特征，成为修改后的权利要求16；坚持认为权利要求3的技术特征在说明书第24页的实施例10B和第25页的表3中有记载。

修改后的权利要求3为“3. 一种含马来酰亚胺的化合物，含有一个或多个与烷基、亚烷基或烯化氧连接的马来酰亚胺基团，所述化合物具有一种或两种下述性能：能够在低于200℃的温度下，在0.25～2分钟的时间内固化，当所述化合物以1mil黏合剂层分布于300×300mil硅模和涂银的铅框之间时，并且在200℃下的固化时间为1分钟的情况下，初始粘接值至少为115 1bs，且压力锅处理后的粘接值至少为83 1bs。”

据此，合议组认为本案事实清楚，可以作出复审决定。

**二、决定的理由**

专利法第33条规定，申请人可以对其专利申请文件进行修改，但是，对发明和实用新型专利申请文件的修改不得超出原说明书和权利要求书记载的范围。凡是对说明书（及其附图）和权利要求书作出不符合专利法第33条规定的修改，均是不允许的。具体地说，如果申请的内容通过增加、改变和/或删除其中的一部分，致使所属技术领域的技术人员看到的信息与原申请记载的信息不同，而且又不能从原申请记载的信息中直接地、毫无疑义地确定，那么，这种修改就是不允许的。

修改后的权利要求3仍然不符合专利法第33条规定。原说明书第24页的实施例10B仅记载“按前面所述进行分散和模片放置（300×300密耳的涂银的铜铅框上的硅模)”，而修改后的权利要求3中记载“当所述化合物以1mil黏合剂层分布于300×300mil硅模和涂银的铅框之间时”，明显与原权利要求和说明书记载的内容不同，也不能根据原说明书和权利要求直接地、毫无疑义地确定；在原说明书第25页的表3中仅列出了起始粘接性165、115 1bs等数值，又列出了压力蒸锅处理后的粘接值83、188等数值，而修改后的权利要求3记载了“初始粘接值至少为115 1bs，且压力蒸锅处理后的粘接值至少为83 1bs”。原说明书仅仅记载了关于起始粘接值和压力蒸锅处理后的粘接值的离散的数值，而修改后的权利要求3要求保护“初始粘接值至少为115 1bs，且压力蒸锅处理后的粘接值至少为83 1bs”的数值范围在原说明书和权利要求中没有记载，所属技术领域的技术人员也不能从原说明书和权利要求书中直接地、毫无疑义地推导出。因此，修改后的权利要求3的技术特征在原说明书和权利要求书中没有记载，也不能根据原说明书和权利要求书直接地、毫无疑义地确定，其修改超出了原说明书和权利要求书记载的范围。

2004年6月14日发出的复审通知书中已经告知原权利要求3不符合专利法第33条的规定，复审请求人对该权利要求进行修改成为现在的权利要求3，但是修改后的新权利要求3仍然不符合专利法第33条规定。复审请求人的答复和修改没有克服发明申请存在的上述缺陷。

基于上述理由，合议组特作出如下决定。

**三、决定**

维持国家知识产权局于2003年10月10日对95194828.8号发明专利申请作出的驳回决定。

复审复审请求人如对本决定不服的，可以根据专利法第41条第2款 的规定，自收到本决定之日起三个月内向北京市第一中级人民法院起诉。

058

# 制备杀真菌组合物的方法

## 复审请求审查决定（第11024号）

**决　定　号**　第11024号
**决　定　日**　2007年6月6日
**发明创造名称**　制备杀真菌组合物的方法
**国际分类号**　A01N 43/88，C07D 273/01
**复审请求人**　拜尔公司
**申　请　号**　98119131.2
**申　请　日**　1994年7月29日
**优先权日**　1993年8月11日，1994年3月10日
**公　开　日**　1999年7月14日
**合议组组长**　李人久
**主　审　员**　郝兴辉
**参　审　员**　卢　阳

**法律依据**　专利法第31条第1款
**决定要点**

马库什权利要求具有单一性应当满足以下标准：第一，所有可选择化合物具有共同的性能或作用；第二，所有可选择化合物具有共同的结构，该共同结构能够构成它与现有技术的区别特征，并对通式化合物的共同性能或作用是必不可少的；或者在不能有共同结构的情况下，所有的可选择要素应属于该发明所属领域中公认的同一化合物类别。

### 一、案由

本复审请求涉及名称为"制备杀真菌组合物的方法"的98119131.2号发明专利申请（下称本申请），申请人为拜尔公司，申请日为1994年7月29日，公开日为1999年7月14日，优先权日为1993年8月11日，1994年3月10日。

在申请人提交的原申请文件中，权利要求书只有一项权利要求，即权利要求1，其内容如下：

"1. 一种制备杀真菌组合物的方法，其特征在于将式（I）的氮杂二氧杂环烯与填充剂和/或表面活性剂混合：

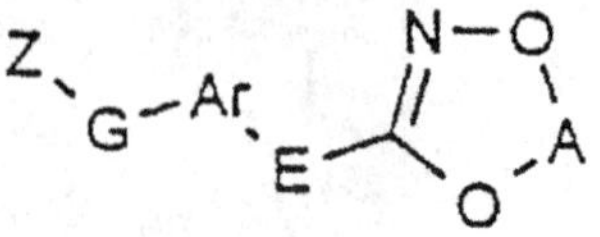


(I)

其中

A 代表任选取代的烷二基，

Ar 各自任选取代的亚芳基或亚杂芳基；

E 代表在 2 位上带 $R^1$ 基的 1–烯–1，1–二基，或在 2 位上带 $R^2$ 基的 2–氮杂–1–烯–1，1–二基，或在 1 位上带 $R^1$ 基的 3–氧杂或 3–硫杂–1–丙烯–2，3–二基，或代表在 3 位上带 R 基和在 1 位上带 $R^1$ 基的 3–氮杂–1–丙烯–2，3–二基，或代表在 1 位上带 $R^2$ 基的 1–氮杂–1–丙烯–2，3–二基，或代表在 1 位上带 $R^2$ 基的 3–氧杂或 3–硫杂–1–氮杂–丙烯–2，3–二基，或代表在 3 位上带 R 基和在 1 位上带 $R^2$ 基的 1，3–二氮杂–1–丙烯–2，3–二基，或代表任选取代的亚氨基，

其中

R 代表烷基，

$R^1$ 代表氢、卤素、氰基或各自任选取代的烷基、烷氧基、烷硫基、烷氨基或二烷基氨基，

$R^2$ 代表氢、氨基、氰基或各自任选取代的烷基、烷氧基、烷氨基或二烷基氨基；和

$R^3$ 代表氢、氰基或各自任选取代的烷基、链烯基、炔基、环烷基或环烷基烷基，

G 代表一个单键、氧、或代表各自任选由卤素、羟基、烷基、卤代烷基或环烷基取代的烷二基、链烯二基、氧杂链烯二基、炔二基，或代表下列基团之一：

–Q–CQ–，–CQ–Q–，$-CH_2-Q-$，$-Q-CH_2-$，$-CQ-Q-CH_2-$，

$-CH_2-Q-CQ-$，$-Q-CQ-CH_2-$，$-Q-CQ-Q-CH_2-$，–N=N–，

$-S(O)_n-$，$-CH_2-S(O)_n-$，–CQ–，$-S(O)_n-CH_2-$，

$-C(R^4)=N-O-$，$-C(R^4)=N-O-CH_2-$，$-N(R^5)-$，

$-CQ-N(R^5)-$，$-N(R^5)-CQ-$，$-Q-CQ-N(R^5)-$，

$-N=C(R^4)-Q-CH_2-$，$-CH_2-O-N=C(R^4)-$，$-N(R^5)-CQ-Q-$，

$-CQ-N(R^5)-CQ-Q-$，$-N(R^5)-CQ-Q-CH_2-$，$-CQ-CH_2-$或

$-N=N-C(R^4)=N-O-$，

其中

n 代表 0、1 或 2 的数字；

Q 代表氧或硫；

$R^4$ 代表氢、氰基或代表各自任选取代的烷基、烷氧基、烷硫基、烷氨基、二烷基氨基或环烷基，和

$R^5$ 代表氢、羟基、氰基或代表各自任选取代的烷基、烷氧基或环烷基，和

Z 代表在各自任选取代的烷基、链烯基、炔基、环烷基、芳基或杂环基。”

2000 年 12 月 16 日，申请人对申请文件进行了修改，在原权利要求书的基础上，增加了 6 项权利要求。其中权利要求 2 要求保护通式（I）的二氧杂环烯化合物，权利要求 3 要求保护式（IV）化合物，权利要求 4 要求保护式（IX）化合物，权利要求 5 要求保护式（VI）化合物，权利要求 6 要求保护式（XIII）化合物，权利要求 7 要求保护式（VIII）化合物

2001 年 11 月 2 日，国家知识产权局向申请人发出第一次审查意见通知书，其审查意见为：(1) 申请人于 2000 年 12 月 16 日提供的对权利要求书的修改不符合专利法实施细则第 51 条的规定，本通知书仅针对权利要求 1 的组合物制备方法进行审查；(2) 权利要求 1 没有得到说明书的支持，不符合专利法第 26 条第 4 款的规定。

2002 年 5 月 14 日，申请人提交了意见陈述及经修改的权利要求替换页。

2002年6月28日，国家知识产权局向申请人发出第二次审查意见通知书，其审查意见为：(1) 申请人增加的权利要求2～7不符合专利法实施细则第51条的规定；(2) 权利要求1和2～7不属于一个总的发明构思，不符合专利法第31条的规定，因为权利要求1要求保护制备的杀真菌组合物，权利要求2要求保护的化合物与权利要求1的通式化合物不相同，而权利要求3～7的中间体化合物结构与通式（I）完全不同，在母体化合物及其特征不同的情况下，权利要求1与权利要求2～7不具备单一性；(3) 权利要求2要求保护的通式化合物，与申请人2000年12月25日被授权的中国专利CN1057762C的权利要求的授权范围存在重叠，因此，权利要求2不符合实施细则第13条的规定。

针对上述审查意见书，申请人于2002年9月13日提交的修改的权利要求书，其中删除了权利要求1、2，权利要求3～7相应地修改成现权利要求1～5，此次修改后的权利要求书如下：

"1. 式（IV）化合物

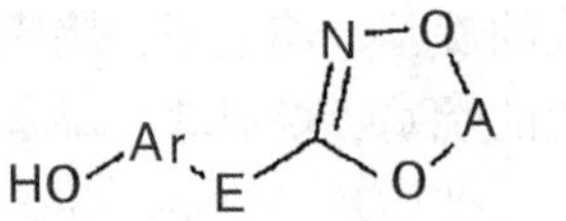


(IV)

其中

A代表具有1～3个碳原子的烷二基，它任选由卤素或1～4个碳原子的烷基或卤代烷基取代；

Ar代表各自任选取代的亚苯基或亚萘基，或代表5或6个环原子的、且其中至少一个环原子代表氧、硫或氮，任选另外的一或两个环原子代表氮的亚杂芳基，其中取代基选自：卤素、氰基、硝基、氨基、羟基、甲酰基、羧基、氨基甲酰基、硫代氨基甲酰基、各自为直链或支链的烷基、烷氧基、烷硫基、烷基亚磺酰基或烷基磺酰基，它们各有1～6个碳原子，各自为直链或支链的链烯基、链烯氧基或炔氧基，它们各有2～6个碳原子，各自为直链或支链的卤代烷基、卤代烷氧基、卤代烷硫基、卤代烷基亚磺酰基或卤代烷基磺酰基，它们各有1～6个碳原子和1～13个相同或不同的卤原子，各自为直链或支链的卤代链烯基或卤代链烯氧基，它们各有2～6个碳原子和1～13个相同或不同的卤原子，各自为直链或支链的烷基氨基、二烷基氨基、烷基羰基、烷基羰氧基、烷氧羰基、烷基磺酰氧基、羟基亚氨基烷基或烷氧基亚氨基烷基，它们各在各自烷基部分有1～6个碳原子，或代表各自为二价的亚烷基或二氧亚烷基，它们各有1～6个碳原子且各自任选由相同或不同的选自卤素和/或1～4个碳原子的直链或支链烷基和/或含1～4个碳原子和1～9个相同或不同卤原子的直链或支链卤代烷基的取代基单取代或多取代；

E代表下列基团之一：

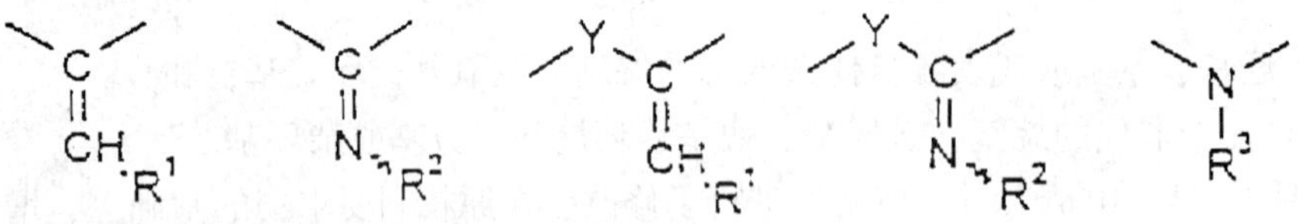


其中

Y代表氧、硫、亚甲基或烷基亚氨基，

R代表具有1～6个碳原子的烷基，

$R^1$代表氢、卤素、氰基、或代表烷基、烷氧基、烷硫基、烷氨基或二烷基氨基，它们各在烷基上有1～6个碳原子且各自任选由卤素、氰基或$C_1$-$C_4$烷氧基取代；

$R^2$代表氢、氨基、氰基，或代表烷基、烷氧基、烷氨基或二烷基氨基，它们各自在烷基部分上有1～6个碳原子且各自任选地由卤素、氰基或$C_1$-$C_4$烷氧基取代，和

$R^3$代表氢、氰基，或代表烷基、链烯基或炔基，它们有最多6个碳原子并任选由卤素、氰基或

$C_1-C_4$ 烷氧基取代，或代表在环烷基部分有 3 ~ 6 个碳原子和任选在烷基部分有 1 ~ 4 个碳原子的环烷基或环烷基烷基，它们各自任选由卤素、氰基、羧基、$C_1-C_4$ 烷基或 $C_1-C_4$ 烷氧羰基取代。

2. 式（IX）化合物

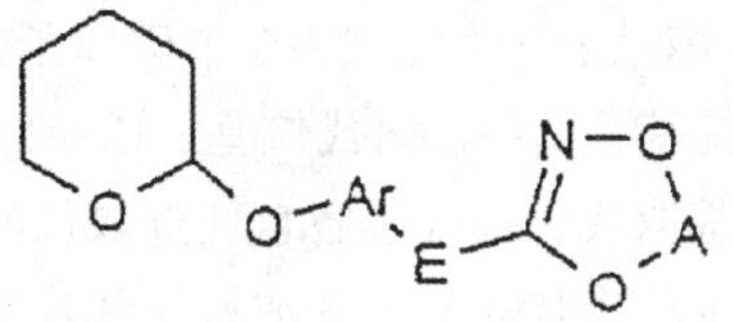

(IX)

其中 A、Ar 和 E 具有权利要求 1 给出的含义。

3. 式（VI）化合物

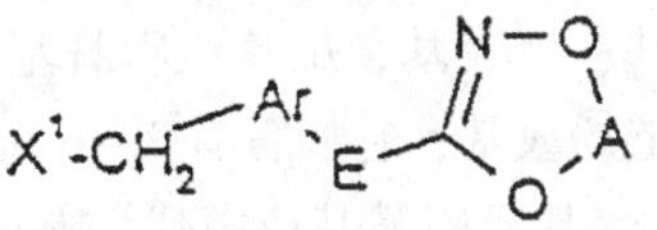

(VI)

其中 A、Ar 和 E 具有权利要求 1 给出的含义，

X 1 代表卤素。

4. 式（XIII）化合物

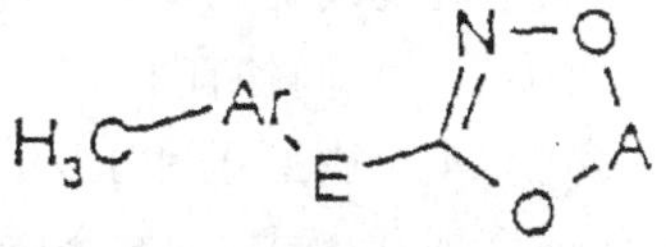

(XIII)

其中 A、Ar 和 E 具有权利要求 1 给出的含义。

5. 式（VIII）化合物

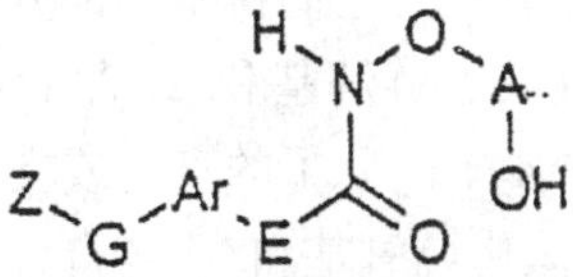

(VIII)

其中 A、Ar 和 E 具有权利要求 1 给出的含义，

G 代表单键、氧，或代表烷二基、链烯二基、氧杂烯二基、炔二基，它们各自有最多 4 个碳原子且各自任选由卤素、羟基、$C_1-C_4$ 烷基、$C_1-C_4$ 卤代烷基或 $C_3-C_6$ 环烷基取代，或代表下列基团之一：

$-Q-CQ-$，$-CQ-Q-$，$-CH_2-Q-$，$-Q-CH_2-$，$-CQ-Q-CH_2-$，$-CH_2-Q-CQ-$，$-Q-CQ-CH_2-$，$-Q-CQ-Q-CH_2-$，$-N=N-$，$-S(O)_n-$，$-CH_2-S(O)_n-$，$-CQ-$，$-S(O)_n-CH_2-$，$-C(R^4)=N-O-$，$-C(R^4)=N-O-CH_2-$，$-N(R^5)-$，$-CQ-N(R^5)-$，$-N(R^5)-CQ-$，$-Q-CQ-N(R^5)-$，$-N=C(R^4)-Q-CH_2-$，$-CH_2-O-N=C(R^4)-$，$-N(R^5)-CQ-Q-$，$-CQ-N(R^5)-CQ-Q-$，$-N(R^5)-CQ-Q-CH_2-$，$-CQ-CH_2-$或$-N=N-C(R^4)=N-O-$，

其中

n 代表 0、1 和 2；

Q 代表氧或硫；

$R^4$ 代表氢、氰基，或代表烷基、烷氧基、烷硫基、烷氨基或二烷基氨基，它们各在烷基上有 1 ~ 6 个碳原子且各自任选由卤素、氰基或 $C_1-C_4$ 烷氧基取代，或代表有 3 ~ 6 个碳原子的环烷基，它们任选由卤素、氰基、羧基、$C_1-C_4$ 烷基或 $C_1-C_4$ 烷氧羰基取代，和

$R^5$ 代表氢、羟基、氰基，或代表任选由卤素、氰基或 $C_1-C_4$ 烷氧基取代的 1 ~ 6 个碳原子的烷基，或代表任选由卤素、氰基、羧基、$C_1-C_4$ 烷基或 $C_1-C_4$ 烷氧羰基取代的 3 ~ 6 个碳原子的环烷

基，和

Z代表1~8个碳原子的烷基，它任选由卤素、氰基、羟基、氨基、$C_1-C_4$烷氧基、$C_1-C_4$烷硫基、$C_1-C_4$烷基亚磺酰基或各自可任选由卤素取代的$C_1-C_4$烷基磺酰基取代，或代表链烯基或炔基，它们含最多8个碳原子并各自任选由卤素取代，或代表3~6个碳原子的环烷基，它们任选由卤素、氰基、羧基、任选由卤素、氰基、$C_1-C_4$烷基、$C_1-C_4$卤代烷基、$C_1-C_4$烷氧基或$C_1-C_4$卤代烷氧基取代的苯基、$C_1-C_4$烷基或$C_1-C_4$烷氧羰基取代，或代表各自任选取代的苯基、萘基或任选苯稠合的具5或6个环原子的杂环基，环原子中至少一个代表氧、硫或氮，并且任选另有一或两个环原子代表氮，其中取代基选自：

代替两个孪位氢原子的氧、卤素、氰基、硝基、氨基、羟基、甲酰基、羧基、氨基甲酰基、硫代氨基甲酰基、各自为直链或支链的烷基、烷氧基、烷硫基、烷基亚磺酰基或烷基磺酰基，它们各有1~6个碳原子，各自为直链或支链的链烯基或链烯氧基，它们各有2~6个碳原子，各自为直链或支链的卤代烷基、卤代烷氧基、卤代烷硫基、卤代烷基亚磺酰基或卤代烷基磺酰基，它们各有1~6个碳原子和1~13个相同或不同的卤原子，各自为直链或支链的卤代链烯基、卤代链烯氧基，它们各有2~6个碳原子和1~13个相同或不同的卤原子，各自为直链或支链的烷氨基、二烷基氨基、烷基羰基、烷基羰氧基、烷氧羰基、烷基磺酰氧基、羟亚氨基烷基或烷氧基亚氨基烷基，它们在各自烷基部分有1~6个碳原子，各自为二价的亚烷基或二氧亚烷基，它们各有1~6个碳原子且各自任选由选自卤素和/或1~4个碳原子的直链或支链烷基和/或含1~4个碳原子和1~9个相同或不同的卤原子的直链或支链卤代烷基的相同或不同的取代基单取代或多取代，或3~6个碳的环烷基，杂环基或杂环基甲基，它们各有3~7个环原子，其中各有1~3个环原子是相同或不同的杂原子——氮、氧和/或硫，和苯基、苯氧基、苄基、苄氧、苯乙基或苯乙氧基，它们在苯基部分任选由选自卤素、氰基、硝基、羧基、氨基甲酰基和/或1~4个碳原子的直链或支链烷基和/或含1~4个碳原子和1~9个相同或不同的卤原子的直链或支链卤代烷基和/或含1~4个碳原子的直链或支链烷氧基和/或含1~4个碳原子和1~9个相同或不同的卤原子的直链或支链卤代烷氧基和/或各自含最多5个碳原子的烷基羰基或烷氧羰基的相同或不同的取代基单取代或多取代。”

针对上述经修改的权利要求书和申请人申请日提交的说明书，国家知识产权局于2003年5月23日以本申请不符合专利法第31条规定为由驳回了本申请，其理由为：（1）本申请目前的权利要求1~5不符合专利法实施细则第51条的规定，属于不符合要求的修改；（2）目前的权利要求1~5是在审查员指出上述权利要求与原始申请的权利要求1不具备单一性的情况下，将仅在说明书中记载的与原来要求保护的主题缺乏单一性的技术内容作为修改后权利要求的主题，这种修改是不能被允许的。因此，本申请不符合专利法第31条的规定，因此予以驳回。

申请人拜尔公司（下称复审请求人）对上述驳回决定不服，于2003年6月28日向专利复审委员会提交了复审请求。复审请求人提交的复审请求理由为：本申请于1998年9月7日提出实质审查请求，国家知识产权局发出实质审查通知书的日期为1999年8月13日，在2001年7月1日之前，按照国家知识产权局第78号公告的规定，应该适用1993年专利法实施细则，根据该专利法实施细则的规定，申请人有权在答复第一次审查意见通知书时申请进行主动修改，因此申请人在答复第一次审查意见通知书所作的修改符合专利法实施细则第51条的规定，请求专利复审委员会撤销驳回决定。

形式审查合格后，专利复审委员会受理了该复审请求，并于2003年7月21日向复审请求人发出《复审请求受理通知书》。并将案卷转送至原审查部门进行前置审查。

原审查部门对本复审请求进行了前置审查，在前置审查中，原审查部门坚持原驳回决定，其理由为本申请不符合专利法第31条第1款的规定。

专利复审委员会组成合议组，对本复审请求案进行了审理。

合议组于2004年5月10日向复审请求人发出复审通知书，指出：权利要求1要求保护的式（IV）化合物、权利要求2要求保护的式（IX）化合物、权利要求3要求保护的式（VI）化合物、权利要求4要求保护的式（XIII）化合物、权利要求5要求保护的式（VIII）化合物均属于制备式（I）化合物的中间体，由于其中A、Ar、E均是变量，当其在不同类型的化合物取不同的取代基团时，这些化合物之间均不具有相同的基本结构单元，不属于一个总的发明构思，因此，本申请不符合专利法第31条第1款的规定。

针对上述复审通知书，复审请求人于2004年6月25日提交了意见陈述书，并提交了权利要求书全文替换页，删去权利要求2~5 。

合议组于2005年9月26日向复审请求人发出第二次复审通知书，指出：权利要求1是一项马库什权利要求，由于其中A、Ar、E均可选自多个不同的基团，因此这些不同的马库什化合物的主要结构单元的结构是不确定的，例如就其中的环结构而言，它们可以是五元环、六元环、七元环。因此当A、Ar、E取不同的基团时，权利要求1要求保护的各个可选择化合物之间不具有共同的结构，也没有证据证明它们在本发明的相关技术中属于一类化合物，因此权利要求1不具有单一性，不符合专利法第31条第1款的规定。

针对上述复审通知书，复审请求人于2005年11月11日提交了意见陈述书，并提交了权利要求书全文替换页。修改后的权利要求为：

“1. 式（IV）化合物

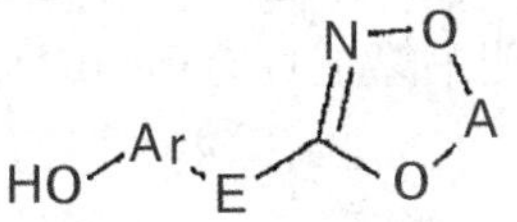

(IV)

其中

A代表具有具有2个碳原子的烷二基，它任选由卤素或1~4个碳原子的烷基或卤代烷基取代；

Ar代表各自任选取代的亚苯基或亚萘基，或代表5或6个环原子的、且其中至少一个环原子代表氧、硫或氮，任选另外的一或两个环原子代表氮的亚杂芳基，其中取代基选自：

卤素、氰基、硝基、氨基、羟基、甲酰基、羧基、氨基甲酰基、硫代氨基甲酰基、各自为直链或支链的烷基、烷氧基、烷硫基、烷基亚磺酰基或烷基磺酰基，它们各有1~6个碳原子，各自为直链或支链的链烯基、链烯氧基或炔氧基，它们各有2~6个碳原子，各自为直链或支链的卤代烷基、卤代烷氧基、卤代烷硫基、卤代烷基亚磺酰基或卤代烷基磺酰基，它们各有1~6个碳原子和1~13个相同或不同的卤原子，各自为直链或支链的卤代链烯基或卤代链烯氧基，它们各有2~6个碳原子和1~13个相同或不同的卤原子，各自为直链或支链的烷基氨基、二烷基氨基、烷基羰基、烷基羰氧基、烷氧羰基、烷基磺酰氧基、羟基亚氨基烷基或烷氧基亚氨基烷基，它们各在各自烷基部分有1~6个碳原子，或代表各自为二价的亚烷基或二氧亚烷基，它们各有1~6个碳原子且各自任选由相同或不同的选自卤素和/或1~4个碳原子的直链或支链烷基和/或含1~4个碳原子和1~9个相同或不同卤原子的直链或支链卤代烷基的取代基单取代或多取代；

E代表下列基团之一：

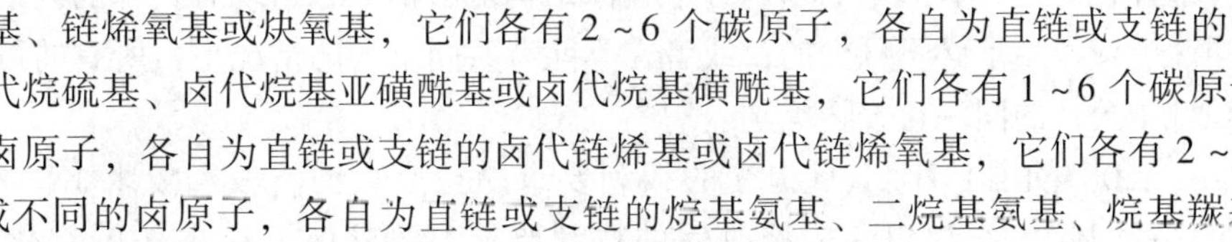

其中Y

代表氧、硫、亚甲基或烷基亚氨基，

R 代表具有 1～6 个碳原子的烷基，

$R^1$ 代表氢、卤素、氰基、或代表烷基、烷氧基、烷硫基、烷氨基或二烷基氨基，它们各在烷基上有 1～6 个碳原子且各自任选由卤素、氰基或 $C_1-C_4$ 烷氧基取代；

$R^2$ 代表氢、氨基、氰基，或代表烷基、烷氧基、烷氨基或二烷基氨基，它们各自在烷基部分上有 1～6 个碳原子且各自任选地由卤素、氰基或 $C_1-C_4$ 烷氧基取代；和

$R^3$ 代表氢、氰基，或代表烷基、链烯基或炔基，它们有最多 6 个碳原子并任选由卤素、氰基或 $C_1-C_4$ 烷氧基取代，或代表在环烷基部分有 3～6 个碳原子和任选在烷基部分有 1～4 个碳原子的环烷基或环烷基烷基，它们各自任选由卤素、氰基、羧基、$C_1-C_4$ 烷基或 $C_1-C_4$ 烷氧羰基取代。

据此，合议组认为本案事实清楚，可以作出复审决定。

**二、决定的理由**

1. 审查指南的适用

根据国家知识产权局令第 38 号，修订后的审查指南自 2006 年 7 月 1 日起施行，对 2006 年 7 月 1 日之前提出的专利申请，除另有规定外，自 2006 年 7 月 1 日起也适用修订后审查指南的规定。因此，本案适用修订后的审查指南的规定。

2. 审查的文本

复审请求人于 2005 年 11 月 11 日提交了经修改的权利要求书，经审查，该修改符合专利法第 33 条和专利法实施细则第 60 条第 1 款的规定。本决定依据的文本为复审请求人于 2005 年 11 月 11 日提交的权利要求书、1998 年 9 月 7 日提交的说明书第 1 页至第 107 页以及 1998 年 9 月 7 日提交的说明书摘要。

3. 关于专利法第 31 条第 1 款的规定

专利法第 31 条第 1 款规定：一件发明或实用新型申请应当限于一项发明或实用新型。属于一个总的发明构思的两项以上发明或实用新型，可以作为一件申请提出。

按照审查指南第二部分第十章第 8.1.1 规定，当马库什要素是化合物时，如果满足下列标准，应当认为它们具有类似的性质，该马库什权利要求具有单一性：

(1) 所有可选择化合物具有共同的性能或作用；和

(2) 所有可选择化合物具有共同的结构，该共同结构能够构成它与现有技术的区别特征，并对通式化合物的共同性能或作用是必不可少的；或者在不能有共同结构的情况下，所有的可选择要素应属于该发明所属领域中公认的同一化合物类别。

复审请求人于 2005 年 11 月 11 日提交的权利要求书替换页，将权利要求 1 的 A 限定为“具有 2 个碳原子的烷二基”。合议组认为修改后的权利要求 1 要求保护的式（Ⅳ）化合物的各个可选择化合物具有共同的结构，即由 N、O、A 组成的六元环结构。按照说明书所述，权利要求 1 的式（Ⅳ）化合物的作用是用于制备具有杀真菌活性的式（Ⅰ）化合物，即所有的式（Ⅳ）化合物具有共同的性能或作用。另外，如上所述所有的式（Ⅳ）化合物具有共同的结构，而且尚没有相关的证据证明现有技术中存在以所述六元环结构为共同结构且用于制备具有杀真菌活性的式（Ⅰ）化合物的化合物。因此，没有证据表明所述共同的六元环结构不构成其与现有技术的区别特征。

因此，在复审请求人于 2005 年 11 月 11 日提交的权利要求基础上，尚没有证据能够证明权利要求 1 要求保护的化合物不具有单一性。

基于上述理由，合议组特作出如下决定。

## 三、决定

撤销国家知识产权局于2003年5月23日对98119131.2号发明专利申请作出的驳回决定。由原审查部门根据2005年11月11日提交的权利要求书、1998年9月7日提交的说明书第1～107页、1998年9月7日提交的说明书摘要继续审查程序。

复审请求人如对本决定不服的，可以根据专利法第41条第2款 的规定，自收到本决定之日起三个月内向北京市第一中级人民法院起诉。

059

# 活吃活鲤鱼的烹饪方法

## 复审请求审查决定（第11038号）

**决　　定　　号**　第11038号
**决　　定　　日**　2007年6月21日
**发明创造名称**　活吃活鲤鱼的烹饪方法
**国 际 分 类 号**　A23L 1/326，A23L 1/01
**复 审 请 求 人**　陈松彬
**申　　请　　号**　02148558.5
**申　　请　　日**　2002年12月12日
**公　　开　　日**　2003年5月7日
**合 议 组 组 长**　李人久
**主　　审　　员**　郝兴辉
**参　　审　　员**　王　冬

**法 律 依 据**　专利法第22条第4款
**决 定 要 点**

依赖于厨师的技术、创作等不确定因素导致不能重复实施的烹调方法不适于在产业上应用，也不具备实用性，不能被授予专利权。

### 一、案由

本复审请求涉及申请号为02148558.5，名称为“活吃活鲤鱼的烹饪方法”的发明专利申请，申请人为陈松彬。本申请的申请日为2002年12月12日，公开日为2003年5月7日。

经实质审查，国家知识产权局于2004年10月22日驳回了本申请，其理由是：权利要求1～8要求保护一种活吃活鲤鱼的烹饪方法，要达到“活吃”的目的，所述操作必须在一定的时间内完成，而且需要一定的技巧，任何步骤时间上的拖延，或者操作上的差别、动作的轻重等，都可能导致鱼在中间处理过程中死亡，并且所选用的鲤鱼也存在个体差异，对最终结果也会产生影响，因此权利要求1～8所要求保护的烹饪方法存在随机因素，不具有再现性，不能在工业上应用，不符合专利法第22条第4款的规定。

驳回决定所针对的独立权利要求1如下：

“1. 一种活吃活鲤鱼的烹饪方法，其特征是：首先取活鲤鱼去鳞及去掉除鳃和心脏外的内脏，然后在鱼身上洒上调料，并拍上炸粉，再用湿布包住鱼头将鱼身放入油锅中炸8～18秒钟，最后装盆浇上卤汁即可。”

申请人（下称复审请求人）陈松彬对上述驳回决定不服，于2005年1月28日向专利复审委员会提出复审请求，复审请求人认为：本申请的随机因素并不会影响到发明的再现；鲤鱼的个体状况也不会影响“活吃’的实施结果；操作上的差别等偶然因素并不能否定本发明的实用性。

形式审查合格后，专利复审委员会于2005年5月8日向复审请求人发出了《复审请求受理通知书》，并将该复审请求案转送原审查部门进行前置审查。

原审查部门在《前置审查意见书》中认为申请人没有提交新修改的申请文件，也没有在复审请求书中提出可信的证据证明本申请的实用性，因此坚持原驳回决定。

专利复审委员会成立合议组对本案进行审理，于2005年10月9日向复审请求人发出复审通知书，指出：权利要求1~8要求保护一种活吃活鲤鱼的烹饪方法，其通过对活鲤鱼进行除内脏等步骤处理后，用湿布包住鱼头将鱼身放入油锅炸8~18秒钟，最后装盆浇上卤汁。由于该方法以有生命的鲤鱼为实施对象，为了保证活鲤鱼活吃的效果，无法应用于工业化规模的生产中，属于不能在工业上应用的烹调方法。因此，权利要求1~8不具有实用性，不符合专利法第22条第4款的规定。

复审请求人于2005年11月29日提交了意见陈述书，复审请求人认为本发明具有明确的操作程序，规范明确的制作步骤，能够在产业上被广泛使用，并能够产生积极的效果，具有实用性，本发明具有再现性和积极效果，要求本发明能够应用于工业化规模生产中无法律依据，不合情理；由于存在在先类似专利被授权的事实，申请人有理由要求享有同样的权利。

至此，合议组认为本案事实已经清楚，可以作出审查决定。

**二、决定的理由**

1. 关于审查文本

本复审决定依据的审查文本为驳回决定所针对的文本，即复审请求人于申请日提交的权利要求1~8、说明书第1~2页以及说明书摘要。

2. 关于专利法第22条第4款

专利法第22条第4款规定：实用性，是指发明或者实用新型能够制造或使用，并且能够产生积极的效果。

根据专利法第22条第4款的规定，对于以有生命动物为实施对象，依赖于厨师的技术、创作等不确定因素而导致不能重复实施的烹调方法不适于在产业上应用，也不具备实用性，不能被授予专利权。

本发明要求保护一种活吃活鲤鱼的烹饪方法，其通过对活鲤鱼进行除内脏等步骤处理后，用湿布包住鱼头将鱼身放入油锅炸8~18秒钟，最后装盆浇上卤汁。该方法以有生命的鲤鱼为实施对象，为了使烹饪好的鲤鱼存活时间延长，在对活鲤鱼的处理和烹调过程中需要依赖厨师的技巧，厨师在操作步骤上的动作轻重、操作手法等随机因素都可能导致鲤鱼在烹调过程中死亡而无法达到“活吃活鲤鱼”的目的，导致在产业上无法重复实施该技术方案，不具有再现性，属于不能在产业上应用的烹调方法。因此，本发明不具有专利法第22条第4款规定的实用性。

复审请求人认为本发明具有明确的操作程序，规范明确的制作步骤，能够在产业上被广泛使用，并能够产生积极的效果，具有实用性，本发明具有再现性和积极效果，要求本发明能够应用于工业化规模生产中无法律依据。

对此，合议组认为，具有明确的操作程序和规范明确的制作步骤不会必然使得该方法能够在产业上制造或者使用，事实上该方法的实施依赖于厨师的技术、创作等不确定的因素，无法确保所属技术领域的技术人员实施该方法时都能达到同样的效果，因而不具有再现性，无法在产业上使用。

复审请求人提出存在在先类似专利被授权的情况，要求享有同样的权利。合议组认为其他专利申请的审查情况与本案的审查没有必然联系，不同专利申请的审查情况各不相同，各自的审查结论不能相互套用，合议组是依据专利法及实施细则的规定对本案进行审查，其他专利申请的审查情况不影响合议组对本案的审理，对复审请求人的上述主张不予考虑。

根据以上事实和理由，本案合议组作出如下审查决定。

**三、决定**

维持国家知识产权局于2004年10月22日对申请号为02148558.5的发明专利申请作出的驳回决定。

如对本决定不服，复审请求人可以根据专利法第41条第2款的规定，自收到本决定之日起三个月内向北京市第一中级人民法院起诉。

060

# 基本上不含油的环孢菌素组合物

## 复审请求审查决定（第11104号）

**决　定　号**　第11104号
**决　定　日**　2007年6月20日
**发明创造名称**　基本上不含油的环孢菌素组合物
**国际分类号**　A61K 38/13，A61K 9/48
**复审请求人**　诺瓦提斯公司
**申　请　号**　00808183.2
**优先权日**　1999年5月28日
**申　请　日**　2000年5月26日
**公　开　日**　2002年6月12日
**合议组组长**　李金光
**主　审　员**　王　冬
**参　审　员**　许　磊

**法律依据**　专利法第22条第3款
**决定要点**

在判断发明是否具有突出的实质性特点时，可以将要求保护的发明与最接近的现有技术进行比较，找出区别技术特征并根据该区别特征所能达到的技术效果确定发明实际解决的技术问题，确定现有技术中是否给出将上述区别特征应用到该最接近的现有技术以解决其存在的技术问题的启示，如果现有技术不存在这种技术启示，则发明具有突出的实质性特点。

### 一、案由

本复审请求涉及2000年5月26日申请、2002年6月12日公开、名称为“基本上不含油的环孢菌素组合物”的00808183.2号发明专利申请（下称本申请），其申请人为诺瓦提斯公司。

国家知识产权局于2005年1月21日驳回了本申请。驳回所针对的权利要求书为：

“1. 胶囊形式的含环孢菌素组合物，包含聚氧乙烯失水山梨糖醇脂肪酸酯、天然或氢化蓖麻油与环氧乙烷的反应产物、失水山梨糖醇脂肪酸酯和乙醇。

2. 胶囊形式的含环孢菌素组合物，包含：

（a）亲水性表面活性剂，

（b）亲脂性组分，

（c）亲脂性表面活性剂，和

（d）乙醇，

其特征在于存在聚氧乙烯失水山梨糖醇脂肪酸酯、天然或氢化蓖麻油与环氧乙烷的反应产物和失水山梨糖醇脂肪酸酯。

3. 含有权利要求1或2的组合物的硬胶囊剂。

4. 根据权利要求1、2或3的组合物，包含占中央填充组合物重量1至20％的环孢菌素。

5. 根据权利要求2至4任意一项的组合物，包含占中央填充组合物重量5至35％的亲脂性组分。

6. 根据权利要求2至5任意一项的组合物，包含占中央填充组合物重量25至70％的亲水性表面活性剂。

7. 根据权利要求2至6任意一项的组合物，包含占中央填充组合物重量5至35％的亲脂性表面活性剂。

8. 根据权利要求1至7任意一项的组合物，包含占中央填充组合物重量1至20％的乙醇。

9. 根据任意在先权利要求的组合物，其中该环孢菌素是环孢菌素A。

10. 根据任意在先权利要求的组合物，其中存在亲水性共组分。

11. 减少接受环孢菌素治疗期间的患者环孢菌素生物利用度水平变异性的方法，所述方法包括将根据任意在先权利要求的组合物口服给药。

12. 将药物组合物口服给药的方法，所述方法包括将根据任意在先权利要求的组合物对需要环孢菌素治疗的患者口服给药。

13. 根据任意在先权利要求的组合物在药物制备中的用途，该药物用于自体免疫疾病或炎症的治疗和预防或者用于移植排斥的治疗和预防或者用于多种药物抗性的治疗。

14. 根据权利要求1至12任意一项的组合物的制备方法，该方法包括使环孢菌素、乙醇和其他组分形成紧密混合物。”

驳回理由为：

（1）对比文件1（CN1161652A，公开日为1997年10月8日）公开了一种药物组合物，其中活性剂包括环孢菌素、载体介质包括亲水相，亲油相和表面活性剂。亲水相包括二甲基异山梨醇，低级烷基链烷酯等，其中提到乙醇作为亲水共同组分。公开了亲油相包括各种脂肪酸甘油酯，和酯基转移乙氧基植物油，其中提到优选的中链脂肪酸甘油三酯Miglyol812。表面活性剂包括：天然或氢化的蓖麻油与环氧乙烷的反应产物（如Cremophor），聚氧乙烯-脱水山梨糖醇-脂肪酸酯（如Tween）等。权利要求1和2与对比文件1的区别特征仅仅在于权利要求1和2含有新的组分“失水山梨糖醇脂肪酸酯”。虽然对比文件1在亲油相组分中没有明确公开“失水山梨糖醇脂肪酸酯”，但是本领域的普通技术人员可以预见到“失水山梨糖醇脂肪酸酯”作为亲脂性组分应该与“对比文件1列举的各种亲油组分”有相似的环孢菌素稳定性效果。更重要的是，本申请的说明书中没有公开能够证明上述组合物优良效果的实验数据，即它们是更优选的组合物，即考虑到权利要求1和2请求保护的组合物可能并没有带来意想不到的技术效果，因此，权利要求1和2不符合专利法第22条第3款有关创造性的规定。

（2）虽然复审请求人认为对比文件1没有公开环孢菌素组合物中含有“失水山梨糖醇脂肪酸酯”，但是对比文件1中公开了“失水山梨糖醇脂肪酸酯”的上位概念-亲油相，并且列举了多种亲油相组分，而“失水山梨糖醇脂肪酸酯”作为亲脂性组分也应该有与其他亲脂性组分相同的溶解性能（即有点类似于“相似相溶原理”）。用“失水山梨糖醇脂肪酸酯”替代对比文件1中公开的其他亲油性组分，也可以取得类似的环孢菌素溶解效果。本申请的技术方案在对比文件1的教导下是显而易见的，不具有突出的实质性特点和显著的进步。

（3）在权利要求1和2不具备创造性的情况下，直接或间接引用权利要求1或2的权利要求3~14也不符合专利法第22条第3款有关创造性的规定。

申请人诺瓦提斯公司（下称复审请求人）不服上述驳回决定，于2005年4月13日向专利复审委员会提出复审请求。同时提交了以下附件：

附件1：WO99/45946，1999年9月16日公开，全文及其国际检索报告，复印件共20页；

附件2：US 5，639，724，1997年6月17日公开，复印件共15页；

附件3：US 6，022，852，2000年2月8日公开，复印件共5页；

附件4：US 5，827，822，1998年10月27日公开，复印件共4页；

附件5："Journal of pharmacy and pharmacology"，1991年，第43卷，GEORCE ISMAILOS等，"Unusual solubility behaviour of cyclosporin A in aqueous media"，扉页，第287~289页，复印件共4页。

复审请求人认为："失水山梨糖醇脂肪酸酯"并不仅仅是"应该有与其他亲脂性组分相同的溶解性能"的另一种亲脂性组分，环孢菌素A在亲脂性组分中的溶解度可在2％~60％的宽范围内变化，预测环孢菌素在失水山梨糖醇脂肪酸酯、聚氧乙烯失水山梨糖醇脂肪酸酯和天然或氢化蓖麻油与环氧乙烷的反应产物的一起使用的混合物中的溶解性是不可能的。对比文件1并没有提示使用失水山梨糖醇脂肪酸酯，本领域技术人员并不知道包含失水山梨糖醇脂肪酸酯的胶囊填充物的增溶特性是否会改变。另外，本领域技术人员没有动机去将这三种组分：聚氧乙烯失水山梨糖醇脂肪酸酯、天然的或氢化的蓖麻油与环氧乙烷的反应产物和失水山梨糖醇脂肪酸酯相组合，也不会合理地预期到使用这样的组合会取得成功。环孢菌素极难被配制成可接受的药物剂型，附件1~5证明了这一点，因此，在含环孢菌素的组合物中赋形剂的选择极为关键，因此本申请具备创造性。

经形式审查合格后，专利复审委员会受理了此复审请求，于2005年5月16日向复审请求人发出复审请求受理通知书，随后将本申请案卷移交原审查部门进行前置审查。

原审查部门对本复审请求进行了前置审查，认为：本申请请求保护的技术方案与对比文件1公开的技术方案很接近，本申请在对比文件1的教导下是可以预见的。虽然环孢菌素组合物难以配制，但是对比文件1中有配制成功的先例，而且本申请在对比文件1基础上的改进是可以预见的，因此坚持原驳回决定。

专利复审委员会组成合议组，对本案的复审请求进行了审理。于2006年5月22日向复审请求人发出《复审通知书》。《复审通知书》指出：

（1）权利要求11和12请求保护的主题属于专利法第25条第1款第3项规定的不授予专利权的客体。

（2）权利要求1与对比文件1中实施例1的药物组合物相比，区别在于：权利要求1所述药物组合物含有聚氧乙烯失水山梨糖醇脂肪酸酯和失水山梨糖醇脂肪酸酯，对于前者，由于对比文件1已经教导了其是可供选择的表面活性剂，因此本领域技术人员不难联想到将该对比文件所例举的聚氧乙烯失水山梨糖醇脂肪酸酯加入该对比文件1实施例1中，使其与天然氢化蓖麻油与环氧乙烷的反应产物进行组合使用。对于后者，本领域公知其为亲脂性较强的表面活性剂，基于对比文件1实施例1将亲水性表面活性剂与亲脂性组分精制玉米油或Labrifil M2125 CS以及对比文件1强调的组合物中含有与亲水相一起使用的亲油相的教导，并根据已知环孢菌素为亲脂性较强的物质，本领域技术人员能够预期加入失水山梨糖醇脂肪酸酯这种典型的亲脂程度较大的表面活性剂能够增加对比文件1实施例1所述的赋形剂的亲酯程度，因此能够预期会增加环孢菌素的溶解。此外，本申请说明书中没有能够提供数据来表明权利要求1所述技术方案相对于对比文件1产生了任何意想不到的技术效果。因此权利要求1不具备专利法第22条第3款规定的创造性。

（3）权利要求2与对比文件1的实施例1的区别在于加入亲脂性表面活性剂失水山梨糖醇脂肪酸酯，同理，权利要求2也不具备创造性。

（4）权利要求3～14记载的技术特征均在对比文件1中有启示，在权利要求1或2不具备创造性的情况下，权利要求3～14也不具备创造性。

（5）附件1～5虽然指出了环孢菌素由于水溶性差而疏水性大，难以制成药物组合物或者所制成的药物组合物可能会存在一些吸收或耐受性能的缺陷，反映出赋形剂选择的关键性，但这些附件并不能否认对比文件1以及公知常识对本领域技术人员选择赋形剂时存在教导。

针对《复审通知书》，复审请求人于2006年9月6日提交了意见陈述书以及权利要求书的全文替换页。修改后的权利要求书如下：

“1．胶囊形式的含环孢菌素组合物，包含聚氧乙烯失水山梨糖醇脂肪酸酯、天然或氢化蓖麻油与环氧乙烷的反应产物、失水山梨糖醇脂肪酸酯和乙醇。

2．胶囊形式的含环孢菌素组合物，包含：

（a）亲水性表面活性剂，

（b）亲脂性组分，

（c）亲脂性表面活性剂，和

（d）乙醇，

其特征在于存在聚氧乙烯失水山梨糖醇脂肪酸酯、天然或氢化蓖麻油与环氧乙烷的反应产物和失水山梨糖醇脂肪酸酯。

3．含有权利要求1或2的组合物的硬胶囊剂。

4．根据权利要求1～2或3的组合物，包含占中央填充组合物重量1％～20％的环孢菌素。

5．根据权利要求2～4任意一项的组合物，包含占中央填充组合物重量5％～35％的亲脂性组分。

6．根据权利要求2～5任意一项的组合物，包含占中央填充组合物重量25％～70％的亲水性表面活性剂。

7．根据权利要求2～6任意一项的组合物，包含占中央填充组合物重量5％～35％的亲脂性表面活性剂。

8．根据权利要求1～7任意一项的组合物，包含占中央填充组合物重量1％～20％的乙醇。

9．根据任意在先权利要求的组合物，其中该环孢菌素是环孢菌素A。

10．根据任意在先权利要求的组合物，其中存在亲水性共组分。

11．根据任意在先权利要求的组合物在制备用于减少接受环孢菌素治疗期间的患者环孢茵素生物利用度水平变异性的药物中的应用。

12．根据任意在先权利要求的组合物在药物制备中的用途，该药物用于自体免疫疾病或炎症的治疗和预防或者用于移植排斥的治疗和预防或者用于多种药物抗性的治疗。

13．根据权利要求1～12任意一项的组合物的制备方法，该方法包括使环孢茵素、乙醇和其他组分形成紧密混合物。”

复审请求人认为：（1）环孢菌素溶解性复杂，对环孢菌素的溶解性作出预测是不可能的，在本发明作出之前本领域技术人员无从预测失水山梨糖醇脂肪酸酯会改善环孢菌素的溶解性。对比文件1完全没有提及将亲水性表面活性剂与一种其他表面活性剂混合以及与两种其他特定的表面活性剂混合的可能性和由此带来的技术效果；对比文件1也根本没有提及使用失水山梨糖醇脂肪酸酯作为表面活性剂的可能性，更不用说与特定的表面活性剂相组合的情况；本领域技术人员不能从对比文件1或任何其他现有技术对比文件得到任何教导或提示表明环孢菌素可溶于失水山梨糖醇脂肪酸酯，本领域技术人员也不可能预测环孢菌素在失水山梨糖醇脂肪酸酯中的溶解性。因此，本申请权利要求的技术方案相对于对比文件1的组合物是非显而易见的，具备创造性。(2) 环孢菌素不仅水溶性差，而且还是一种剂量非常关键的药物，选择用于含环孢菌素组合物中的赋形剂是极其关键的。从这个角度来讲，本发明解决了人们一直渴望解决但始终未能获得成功的技术难题，如果没有创造性劳动则不可能预测何种组分组合会得到具有理想的有利特性的制剂。

至此，合议组认为本案事实清楚，可以作出审查决定。

**二、决定的理由**

1. 关于审查文本

复审请求人在2006年9月6日提交的修改后的权利要求书中，将权利要求11的主题修改为制药用途，删除了权利要求12，对其余权利要求未作修改，这种修改未超出原始说明书和权利要求书的记载范围，符合专利法第33条的规定。

本决定是在复审请求人于2006年9月6日提交的权利要求1～13和驳回决定所针对的说明书全文以及说明书摘要的基础上作出的。

2. 关于专利法第22条第3款

专利法第22条第3款规定：创造性，是指同申请日以前已有的技术相比，该发明有突出的实质性特点和显著的进步。

在判断发明是否具有突出的实质性特点时，可以将要求保护的发明与最接近的现有技术进行比较，找出区别技术特征并根据该区别特征所能达到的技术效果确定发明实际解决的技术问题，确定现有技术中是否给出将上述区别特征应用到该最接近的现有技术以解决其存在的技术问题的启示，如果现有技术不存在这种技术启示，则发明具有突出的实质性特点。

本案中，权利要求1请求保护胶囊形式的含环孢菌素组合物，其包含聚氧乙烯失水山梨糖醇脂肪酸酯、天然或氢化蓖麻油与环氧乙烷的反应产物、失水山梨糖醇脂肪酸酯和乙醇。

对比文件1公开了通过使用含二甲基异山梨醇的亲水相可以得到含有难溶性特别稳定的药物组合物，该药物组合物包括含二甲基异山梨醇和/或低级烷基链烷酯的亲水相、亲油相和表面活性剂。活性成分可以是环孢菌素或大环内酯。所述亲水相组分还可以进一步包括乙醇等亲水性共同组分以延长贮存期限稳定性。所述亲油相包括各种脂肪酸酯和酰基转移乙氧基植物油等。所述表面活性剂包括天然或氢化的蓖麻油与环氧乙烷的反应产物和聚氧乙烯脱水山梨糖醇等脂肪酸酯等（参见对比文件1第7页第26行至第9页第10行）。对比文件1说明书第14～18页的实施例1～27中还例示了活性成分为环孢菌素的药物组合物，例如实施例1所述的胶囊形式的含环孢菌素的组合物的组成为：Cremophor RH40（一种天然或氢化蓖麻油与环氧乙烷的反应产物）、精制玉米油或labrafil M2125 CS、二甲基异山梨醇、无水乙醇和环孢菌素。

对比文件1中实施例1公开的组合物是与本申请权利要求1记载的技术方案最接近的现有技术，将二者进行比较可以看出，区别特征在于：对比文件1公开的组合物不含聚氧乙烯失水山梨糖醇脂肪酸酯和失水山梨糖醇脂肪酸酯，权利要求1所述组合物含有聚氧乙烯失水山梨糖醇脂肪酸酯和失水山梨糖醇脂肪酸酯。在本申请的方案中是将天然或氢化蓖麻油与环氧乙烷的反应产物与上述区别特征的两种组分组合来制备稳定的含环孢菌素的组合物。即本发明所要解决的技术问题是：用天然或氢化蓖麻油与环氧乙烷的反应产物、聚氧乙烯失水山梨糖醇脂肪酸酯和失水山梨糖醇脂肪酸酯的组合来制备稳定的含环孢菌素的组合物。虽然对比文件1的方案包含天然或氢化蓖麻油与环氧乙烷的反应产物（Cremophor RH40），并且在说明书可选择的表面活性剂中提及了聚氧乙烯失水山梨糖醇脂肪酸酯，但是对比文件1没有明确提及将天然或氢化蓖麻油与环氧乙烷的反应产物与聚氧乙烯失水山梨糖醇脂肪酸酯联合使用，而且也未提及失水山梨糖醇脂肪酸酯，更没有提及将天然或氢化蓖麻油与环氧乙烷的反应产物、聚氧乙烯失水山梨糖醇脂肪酸酯和失水山梨糖醇脂肪酸酯一起组合能够制备稳定的含环孢菌素的组合物。而本发明明确指出了将天然或氢化蓖麻油与环氧乙烷的反应产物、聚氧乙烯失水山梨糖醇脂肪酸酯和失水山梨糖醇脂肪酸酯一起组合能够制备稳定的含环孢菌素的组合物，除对比文件1的方案中包含的天然或氢化蓖麻油与环氧乙烷的反应产物外，聚氧乙烯失水山梨糖醇脂肪酸酯和失水山梨糖醇脂肪酸酯在本发明中也是必不可少的组分。对比文件1要解决的技术问题是通过使用含二甲基异山梨醇的亲水相来制备难溶活性剂的稳定的组合物，但没有给出将天然或氢化蓖麻油与环氧乙烷的反应产物、聚氧乙烯失水山梨糖醇脂肪酸酯和失水山梨糖醇脂肪酸酯组合获得稳定的环孢菌素组合物的启示。此外，根据附件1～5可知，环孢菌素的水溶性差而疏水性大，但是水溶性差、疏水性大并不能等同于亲脂性，在没有证据能够证明增加赋形剂的脂溶性必定能够促进环孢菌素溶解的情况下本领域技术人员无法预期使用失水山梨糖醇脂肪酸酯能否促进环孢菌素的溶解。因此，本领域技术人员在对比文件1的实施例1所述的技术方案的基础上，不容易想到将天然或氢化蓖麻油与环氧乙烷的反应产物、聚氧乙烯失水山梨糖醇脂肪酸酯与失水山梨糖醇脂肪酸酯组合来制备稳定的含环孢菌素的组合物。

综上所述，合议组认为：权利要求1相对于对比文件1具备突出的实质性特点，对比文件1尚不能否定本申请权利要求1的创造性。

权利要求2请求保护的是含有亲水性表面活性剂、亲脂性组分、亲脂性表面活性剂和乙醇的含环孢菌素的组合物，并限定其中存在聚氧乙烯失水山梨糖醇脂肪酸酯，天然或氢化蓖麻油与环氧乙烷的反应产物和失水山梨糖醇脂肪酸酯。权利要求2与对比文件1的实施例1所述的技术方案的区别在于含有聚氧乙烯失水山梨糖醇脂肪酸酯、失水山梨糖醇脂肪酸酯。如以上评述权利要求1时所述，由于对比文件1并没有公开将天然或氢化蓖麻油与环氧乙烷的反应产物、聚氧乙烯失水山梨糖醇脂肪酸酯和失水山梨糖醇脂肪酸酯一起组合能够制备稳定的含环孢菌素的组合物的技术方案，也没有公开可以使用失水山梨糖醇脂肪酸酯增溶环孢菌素的任何技术启示，而且也没有证据能够证明增加赋形剂的脂溶性必定能够促进环孢菌素溶解。因此，本领域技术人员在对比文件1的实施例1所述的技术方案的基础上，不容易想到将天然或氢化蓖麻油与环氧乙烷的反应产物、聚氧乙烯失水山梨糖醇脂肪酸酯与失水山梨糖醇脂肪酸酯组合来制备稳定的含环孢菌素的组合物。对比文件1同样也不能否定本申请权利要求2的创造性。

权利要求3～10引用权利要求1或2并对其进一步进行了限定，在对比文件1不能否定权利要求1或2创造性的情况下，同样也不能否定权利要求3～10的创造性。

权利要求11请求保护所述组合物在制备用于减少接受环孢菌素治疗期间的患者环孢菌素生物利用度水平变异性的药物中的应用、权利要求12请求保护所述组合物在药物制备中的用途、权利要求13请求保护权利要求1～12任意一项的组合物的制备方法，驳回决定认为在其所要求保护的组合物不具备创造性的情况下，所要求保护的组合物的应用及制备方法也不具备创造性，因此在对比文件1不能否定目前所要求保护的组合物的创造性的情况下，驳回决定所认为组合物的应用及制备方法不具备创造性的理由不再成立。

根据以上事实和理由，本案合议组作出如下审查决定。

**三、决定**

撤销国家知识产权局于2005年1月21日对00808183.2号发明专利申请作出的驳回决定。由原审查部门在本决定所依据的文本的基础上进行审查。

复审请求人对本决定不服的，可以根据专利法第41条第2款的规定，自收到本决定之日起三个月内向北京市第一中级人民法院起诉。

061

# 抗细胞因子抗体或拮抗剂与抗-CD20在B细胞淋巴瘤治疗中的联合应用

## 复审请求审查决定（第11105号）

**决　定　号**　第11105号
**决　定　日**　2007年6月8日
**发明创造名称**　抗细胞因子抗体或拮抗剂与抗-CD20在B细胞淋巴瘤治疗中的联合应用
**国际分类号**　A61K 39/395，A61P 35/00 // C07K 16/24，C07K 16/28（A61K 39/395，31：00）
**复审请求人**　拜奥根IDEC公司
**申　请　号**　01808874.0
**优先权日**　2000年3月31日
**申　请　日**　2001年4月2日
**公　开　日**　2003年9月10日
**合议组组长**　李金光
**主　审　员**　郭　婷
**参　审　员**　唐　莉

**法律依据**　专利法第26条第3款
**决定要点**

说明书中给出了具体的技术方案，但未给出实验证据，而该方案又必须依赖实验结果加以证实才能成立的情况由于缺乏解决技术问题的技术手段而被认为无法实现。对于化学产品用途发明来说，如果本领域的技术人员无法根据现有技术预测该用途，则应当在说明书中记载对于本领域技术人员来说足以证明该化学产品可以用于所述用途并能解决所要解决的技术问题或者达到所述效果的实验数据。

### 一、案由

本复审请求涉及于2001年4月2日申请，2003年9月10日公开，名称为“抗细胞因子抗体或拮抗剂与抗-CD20在B细胞淋巴瘤治疗中的联合应用”的01808874.0号发明专利申请（下称本申请），本申请的申请人于2004年10月18日由IDEC药物公司变更为拜奥根IDEC公司，本申请的优先权日为2000年3月31日。

国家知识产权局于2005年1月7日驳回了本申请，理由是本申请说明书不符合专利法第26条第3款的规定。

驳回决定所针对的权利要求书中共有83项权利要求，其中独立权利要求如下：

“1.（i）抗细胞因子抗体或其片段或者细胞因子拮抗剂和（ii）至少一种化疗剂用于制备给诊断

患有血液恶性肿瘤或非血液实体瘤的患者同时施用或以任何次序顺序施用的联合制剂的用途，其中所述的抗细胞因子抗体或其片段或者细胞因子拮抗剂能够避免、或降低、或克服血液恶性肿瘤细胞或非血液实体瘤细胞对所述至少一种化疗剂的抗性。

15. 用于根据权利要求1施用抗细胞因子抗体或其片段或者细胞因子拮抗剂的试剂盒。

16. 用于根据权利要求14测试血清细胞因子水平的试剂盒。

17. 用于根据权利要求14测试血清细胞因子水平和用于根据权利要求1施用抗细胞因子抗体或其片段或者细胞因子拮抗剂的试剂盒。

18. 抗细胞因子抗体或其片段或者细胞因子拮抗剂用于制备治疗诊断患有以抗治疗剂为特征的血液恶性肿瘤的患者的药物的用途，其中所述药物能够避免、降低或克服血液恶性肿瘤细胞对于所述治疗剂的抗性。

19. 抗细胞因子抗体或其片段或者细胞因子拮抗剂用于制备治疗诊断患有以抗由治疗剂引起的细胞凋亡为特征的血液恶性肿瘤的患者的药物的用途，其中所述药物能够避免、降低或克服血液恶性肿瘤细胞对于所述治疗剂的抗性。

22. 抗细胞因子抗体或其片段或者细胞因子拮抗剂用于制备治疗诊断患有血液恶性肿瘤且化学治疗后复发的患者的药物的用途。

23. 抗细胞因子抗体或其片段或者细胞因子拮抗剂用于制备治疗诊断患有血液恶性肿瘤且用化学治疗难以治愈的患者的药物的用途。

25. 抗细胞因子抗体或其片段或者细胞因子拮抗剂用于制备治疗诊断患有血液恶性肿瘤且在用治疗性抗体或片段治疗后复发的患者的药物的用途。

27. 抗细胞因子抗体或其片段或者细胞因子拮抗剂用于制备治疗诊断患有血液恶性肿瘤且用治疗性抗体治疗难以治愈的患者的药物的用途。

29. （i）治疗有效量的B细胞消耗性抗体和（ii）抗细胞因子抗体或其片段或细胞因子拮抗剂用于制备给诊断患有B细胞淋巴瘤的患者同时施用或以任何次序顺序施用的联合制剂的用途。

33. （i）治疗有效量的B细胞消耗性抗体，（ii）抗细胞因子抗体或其片段或细胞因子拮抗剂，和（iii）至少一种化疗剂用于制备给诊断患有B细胞淋巴瘤的患者同时施用或以任何次序顺序施用的联合制剂的用途。

49. 用于施用权利要求29的联合制剂的试剂盒。

50. 用于根据权利要求48测试血清细胞因子水平和用于施用权利要求29的联合制剂的试剂盒。

51. （i）有效量的抗细胞因子抗体或其片段或者细胞因子拮抗剂和（ii）特异性地结合在B细胞淋巴瘤抗原的B细胞消耗性抗体用于制备给患有涉及B细胞的癌症的患者同时施用或以任何次序顺序施用的联合制剂的用途。

52. 用于施用权利要求51的联合制剂的试剂盒。

66. （i）治疗有效量的抗-IL10抗体和（ii）B细胞消耗性抗-CD20抗体用于制备给患有涉及B细胞的结肠直肠癌或肺癌的患者同时施用或顺序施用的联合制剂的用途。

69. 抗-IL10抗体用于制备治疗诊断患有B细胞淋巴瘤的患者的药物的用途。

70. 抗-IL10抗体用于制备治疗诊断患有非何杰金氏淋巴瘤的患者的药物的用途。

71. （i）抗-IL10抗体和（ii）至少一种B细胞消耗性抗体用于制备给诊断患有B细胞淋巴瘤的患者同时施用或以任何次序顺序施用的联合制剂的用途。

73. （i）抗-IL10抗体和（ii）B细胞消耗性抗-CD20或抗CD-22抗体用于制备给需要进行这种治疗的患者同时施用或以任何次序顺序施用的联合制剂的用途。

74.（i）抗-IL10抗体和（ii）B细胞消耗性抗-CD20抗体用于制备给需要进行这种治疗的患者同时施用或以任何次序顺序施用的联合制剂的用途。

75.（i）抗-IL10抗体和（ii）B细胞消耗性抗体用于制备给需要进行这种治疗的患者同时施用或以任何次序顺序施用的联合制剂的用途。

76.（i）抗-IL10抗体和（ii）B细胞消耗性抗-CD20抗体用于制备给诊断患有非何杰金氏淋巴瘤的患者同时施用或以任何次序顺序施用的联合制剂的用途。

77.（i）抗-IL10抗体和（ii）B细胞消耗性抗-CD22抗体用于制备给诊断患有非何杰金氏淋巴瘤的患者同时施用或以任何次序顺序施用的联合制剂的用途。

80.（i）治疗有效量的抗-IL10抗体、（ii）B细胞消耗性抗-CD20抗体和（iii）至少一种化疗剂用于制备给诊断患有B细胞淋巴瘤的患者同时施用或以任何次序顺序施用的联合制剂的用途。”

驳回决定指出：本申请说明书实施例中记载的是“施用剂量”而不是“有效剂量”。虽然说明书第9页使用的是“有效剂量”这样的表述，但是该剂量是否有效首先是以所述药物确实能达到发明目的为前提的。本发明的发明目的在于联合施用抗-IL10抗体和RITUXAN®以治疗肿瘤，但是（a）本申请中没有提供任何证明来显示这两种药物单独施用可以治疗肿瘤，（b）实施例1和2记载的都仅仅是用所述抗-IL10抗体和RITUXAN®治疗非何杰金氏淋巴瘤或晚期实体瘤的方法，但是没有给出治疗后的治疗效果及效果分析，因此实施例1和2也不能证明这两种药物联合施用可以治疗肿瘤并且它们的这种联合施用方式会带来改进的效果。因此，本申请说明书没有提供对于本领域技术人员来说，足以证明发明的技术方案可以达到预期要解决的技术问题或效果的实验室试验（包括动物试验）或者临床试验的定性或定量数据，导致本申请说明书公开不充分，不符合专利法第26条第3款的规定。

申请人拜奥根IDEC公司（下称复审请求人）对上述驳回决定不服，于2005年4月21日向专利复审委员会提出复审请求，同时提交了权利要求书替换页、一份供参考的第2207号复审决定以及三份参考文献的摘要。其中对权利要求所作出的修改是删除了驳回决定针对的权利要求书中的权利要求1~28，并将剩余权利要求重新编号为新的权利要求1~55。三份参考文献分别为：

（1）“Rituximab inhibits p38 MAPK activity in 2F7 B NHL and decreases IL-10 transcription：pivotal role of p38 MAPK in drug resistance”，Vega MI et al.，Oncogene，2004 Apr 29；23（20）：3530~40；

（2）“correlation of serum IL-2，IL-6 and IL-10 levels with International Prognostic Index in patients with aggressive non-Hodgkin's lymphoma”，Aydin F et al.，Am J Clin Oncol.，2002 Dec；25（6）：570~2；

（3）“Non-Hodgkin's B cell lymphoma in persons with acquired immunodeficiency syndrome is associated with increased serum levels of IL10，or the IL10 promoter -592 C/C genotype”，Breen EC et al.，Clin Immunol.，2003 Nov；109（2）：119~29。

复审请求人认为，本领域技术人员能够实现使用抗细胞因子抗体和B细胞消耗性抗体治疗恶性血液疾病或者非血液性实体瘤，本申请符合专利法第26条第3款的规定，具体是：（1）实施例1鉴定了施用抗-IL10（一种抗细胞因子抗体）和RITUXAN®（一种B细胞消耗性抗体）的有效剂量。另外，说明书第9页第2段（抗-IL10）和第11页第3段（RITUXAN®）也给出了有效剂量。有效剂量就是经过实验证实对本发明的目的有效的剂量，该参数本身就能够反映疾病治疗的效果。（2）本申请说明书对权利要求要求保护的技术方案的所有特征都一一进行了详细说明，这包括抗细胞因子抗体和B细胞消耗性抗体的鉴定、制备（第13~40页）、药用制剂（第41~42页）、治疗方案（42~44页）和产品的制备（44~45页），并给出了实施例（45~46页）。这些内容公开的程度足以使本领域技术人员理解和具体实施。由于技术效果对于发明的技术方案而言是内在的，本领域技术人员在再现本发明的技术方案时必然获得本发明的技术效果，由此解决其技术问题。（3）本发明治疗方法的有效性得到了所提交的参考文献的进一步证实，参考文献2、3表明，血清IL10水平和非何杰金淋巴瘤患者的低存活之间存在相关性。参考文献1中的作用机理研究证明了本发明的可行性。Axdorph等（2000）Ann Oncol 11（11）：1405～1411；Vassilakopoulos等（2001）Haematologica 86（3）：274～281；和Salgami等（2002）Haematologica（Budap）32（4）：377～387表明血清IL10水平能指示何杰金病预后。Hidalgo等（2002）Mol Cancer 1（1）：5表明血清IL10水平在非小细胞肺癌细胞中升高。这些结果说明RITUXAN®的治疗机制也与IL10是疾病发病重要因素的其他癌症的治疗相关。而上述研究证明，本发明的治疗效果是本发明方法和药物固有的、内在的。（4）从第2207号复审决定中可以看出，复审委员会并没有要求说明书必需提供"证明实施本发明的方案能否达到所述的发明效果的实验证据"。

形式审查合格后，专利复审委员会受理了该复审请求，并于2005年5月25日向复审请求人发出《复审请求受理通知书》，随后将本申请案卷移交原审查部门进行前置审查。

原审查部门对本复审请求进行了前置审查，坚持原驳回决定。具体理由是：（1）实施例中记载的是"施用剂量"而非"有效剂量"，而且从实施例1中设置的多种施用剂量可以看出，这是一个探索性实验，而非一个已经成熟的证明有效的治疗过程。实施例1和2只是极其简单的实验设计而没有任何结果。（2）申请人在意见陈述中列出了多篇文献，但是均未给出原文；而且在复审阶段未给出相应中文译文。（3）复审请求人所列的所有文献中只有一篇（Axdorph，2000年）是一定在本申请日之前，还有一篇（Vassilakopoulos，2001，86（3））只是有可能在本申请日之前，其他文献均为本申请日之后公开的文章。在本申请日之后公开的文章不能用于证明本申请公开充分；对于上述两篇可能可以利用的文章，根据复审请求人的意见陈述，它们只涉及"血清IL-10水平能指示何杰金疾病预后"，这不足以证明本发明公开充分。其他意见同驳回决定。

专利复审委员会组成合议组，对本案的复审请求进行了审理。于2006年7月21日向复审请求人发出《复审通知书》。《复审通知书》指出，本申请要求保护如下三组权利要求：第一组涉及抗-IL10抗体的用途；第二组涉及（i）B细胞消耗性抗体和（ii）抗细胞因子抗体或其片段或细胞因子拮抗剂联合的用途；第三组涉及（i）B细胞消耗性抗体和（ii）抗细胞因子抗体或其片段或细胞因子拮抗剂和（iii）至少一种化疗剂联合的用途。然而，现有技术中既未教导细胞因子如IL-10单独使用时能够治疗B细胞淋巴瘤，也未教导应用抗细胞因子抗体如抗IL-10抗体能够避免、降低或克服B淋巴瘤细胞对化疗剂的抗性以及增强治疗用抗体的凋亡活性。因此，本发明所要求保护的三组技术方案都需要依赖实验结果加以证实才能成立。但是，对于权利要求书所要求保护的三组独立权利要求，说明书中都没有提供证明所要达到的技术效果的实验数据。因此，本申请说明书不符合专利法第26条第3款的规定。此外，复审请求人提出的意见陈述和提供的参考文献均不能证明本申请说明书符合专利法第26条第3款的规定。

针对《复审通知书》指出的问题，复审请求人于2006年11月6日提交了意见陈述书及权利要求书替换页。

修改后权利要求书中的独立权利要求如下：

"1. 治疗有效量的B细胞消耗性抗体用于制备和抗细胞因子抗体或其片段或者细胞因子拮抗剂同时使用或顺序使用以治疗B细胞淋巴瘤的药物的用途。

5. 治疗有效量的B细胞消耗性抗体用于制备和抗细胞因子抗体或其片段或者细胞因子拮抗剂同时使用或顺序使用以及和至少一种化疗剂同时使用或顺序使用以治疗B细胞淋巴瘤的药物的用途。

21. 用于施用权利要求 1 的药物的试剂盒。

22. 用于根据权利要求 20 测试血清细胞因子水平和用于施用权利要求 1 的药物的试剂盒。

23. 有效量的抗细胞因子抗体或其片段或细胞因子拮抗剂用于制备和特异性地结合 B 细胞淋巴瘤抗原的 B 细胞消耗性抗体同时使用或顺序使用以治疗涉及 B 细胞的癌症的药物的用途。

24. 用于施用权利要求 23 的药物的试剂盒。

38. 治疗有效量的抗-IL10 抗体用于制备和 B 细胞消耗性抗-CD20 抗体同时使用或顺序使用以治疗涉及 B 细胞的结肠直肠癌或肺癌的药物的用途。

41. 抗-IL10 抗体用于制备治疗诊断患有 B 细胞淋巴瘤的患者的药物的用途。

42. 抗-IL10 抗体用于制备治疗诊断患有非何杰金氏淋巴瘤的患者的药物的用途。

43. 抗-IL10 抗体用于制备和至少一种 B 细胞消耗性抗体同时使用或顺序使用以治疗 B 细胞淋巴瘤的药物的用途。

45. 抗-IL10 抗体用于制备和 B 细胞消耗性抗-CD20 或抗 CD-22 抗体同时使用或顺序使用以治疗需要进行这种治疗的患者的药物的用途。

46. 抗-IL10 抗体用于制备和 B 细胞消耗性抗-CD20 抗体同时使用或顺序使用以治疗需要进行这种治疗的患者的药物的用途。

47. 抗-IL10 抗体用于制备和 B 细胞消耗性抗体同时使用或顺序使用以治疗需要进行这种治疗的患者的药物的用途。

48. 抗-IL10 抗体用于制备和 B 细胞消耗性抗-CD20 抗体同时使用或顺序使用以治疗非何杰金氏淋巴瘤的药物的用途。

49. 抗-IL10 抗体用于制备和 B 细胞消耗性抗-CD22 抗体同时使用或顺序使用以治疗非何杰金氏淋巴瘤的药物的用途。

52. 治疗有效量的抗-IL10 抗体用于制备和 B 细胞消耗性抗-CD20 抗体同时使用或顺序使用以及和至少一种化疗剂同时使用或顺序使用以治疗 B 细胞淋巴瘤的药物的用途。”

复审请求人提出，修改后的权利要求 1、5、23、38、43、45 ~49 和 52 清楚地表明了使用单个药剂来制备与一种或多种其他药剂同时或相继使用的药物的用途。基于本申请的公开，本领域技术人员将可以合理地预期到抗 IL-10 抗体的应用或者 B 细胞消耗性抗体与抗细胞因子抗体或细胞因子拮抗剂的联合应用将在治疗 B 细胞淋巴瘤和/或涉及 B 细胞的癌症方面具有说明书中提出的技术效果。抗细胞因子抗体或细胞因子拮抗剂（例如，抗 IL-10 抗体）的治疗有效剂量可以由本领域技术人员（例如临床医师）容易地评定。

至此，合议组认为本案事实清楚，可以作出审查决定。

**二、决定的理由**

1. 文本的认定

本复审请求审查决定所依据的文本为复审请求人于 2006 年 11 月 6 日提交的权利要求第 1 ~55 项，以及于进入中国国家阶段时提交的说明书第 1 ~46 页和摘要。

2. 关于专利法第 26 条第 3 款

专利法第 26 条第 3 款规定：说明书应当对发明或者实用新型作出清楚、完整的说明，以所属技术领域的技术人员能够实现为准。

根据该款规定，说明书中给出了具体的技术方案，但未给出实验证据，而该方案又必须依赖实验结果加以证实才能成立的情况由于缺乏解决技术问题的技术手段而被认为无法实现。对于化学产品用途发明来说，如果本领域的技术人员无法根据现有技术预测该用途，则应当在说明书中记载对于本领域技术人员来说足以证明该化学产品可以用于所述用途并能解决所要解决的技术问题或者达到所述效果的实验数据。

本申请要求保护如下三组权利要求：第一组，涉及抗-IL10抗体用于制备治疗B细胞淋巴瘤的药物的用途，包括独立权利要求41和42；第二组，涉及B细胞消耗性抗体与抗细胞因子抗体或其片段或细胞因子拮抗剂联合用于制备治疗B细胞淋巴瘤或涉及B细胞的癌症的药物的用途，包括独立权利要求1、21～24、38、43、45～49；第三组，涉及B细胞消耗性抗体与抗细胞因子抗体或其片段或细胞因子拮抗剂和至少一种化疗剂联合用于制备治疗B细胞淋巴瘤的药物的用途，包括独立权利要求5和52。

本申请说明书在背景技术部分中指出许多研究小组建议使用细胞因子治疗多种类型的癌症（说明书第3页第2段），然而一些研究小组也认为细胞因子在某些癌症的发展中也可能起有害作用（说明书第3页第3段）；对于其中的一种细胞因子——IL-10，一些研究小组认为它在淋巴细胞疾病发病中起关键作用（说明书第3页最后一段至第4页第2段），然而也有许多文献报道提示IL-10与疾病进展无关，其实际上可能有助于对抗淋巴瘤而不是促进该疾病（见说明书第4页第3段）。由此可见，在本申请申请日（优先权日）之前，所属领域技术人员对于细胞因子特别是其中的IL-10会促进还是抑制B细胞淋巴瘤的发展并没有统一的认识。此外，根据说明书中的记载，本发明的设计思路是使用抗细胞因子抗体来提高B淋巴瘤细胞对其他类型治疗药物的敏感性，然而，现有技术中并没有对此给出实验证据，是否能达到这样的效果，本领域技术人员并不清楚。也就是说，现有技术中既未教导细胞因子如IL-10单独使用时能够治疗B细胞淋巴瘤，也未教导应用抗细胞因子抗体如抗IL-10抗体能够避免、降低或克服B淋巴瘤细胞对化疗剂的抗性以及增强治疗用抗体的凋亡活性。因此，本申请所要求保护的三组技术方案都需要依赖实验结果加以证实才能成立。对此，审查指南第2～160页第二部分第十章第3.3节中有明确指示——“如果本领域的技术人员无法根据现有技术预测该用途，则应当记载对于本领域技术人员来说，足以证明该物质可以用于所述用途并能解决所要解决的技术问题或者达到所述效果的实验数据”。

然而，本申请说明书中并未提供单独使用IL-10能够治疗涉及B细胞淋巴瘤的实验数据。此外，本申请说明书实施例部分虽然提供了两个联合用药的实施例，实施例1涉及联合应用抗-IL10抗体、RITUXANR®和CHOP化学治疗来治疗非何杰金氏淋巴瘤，实施例2涉及联合应用抗-IL10抗体和RITUXAN®来治疗晚期实体瘤，但是这两个实施例都仅记载了包括给药途径、剂量和顺序在内的实验设计，而没有记载用以证明所达到的治疗效果的实验数据。即，对于权利要求书所要求保护的三组独立权利要求，说明书中都没有提供能够证明所要达到的技术效果的实验数据。

综上，由于本领域技术人员无法根据现有技术预测本申请三组独立权利要求所要求保护的技术方案的效果，本申请中也未提供能够证明该效果的实验数据，因此本申请说明书不符合专利法第26条第3款有关说明书应当对发明作出清楚、完整的说明，以所属技术领域的技术人员能够实现为准的规定。

复审请求人在本案的审查过程中提出了如下意见和参考资料以证明本申请说明书符合专利法第26条第3款的规定：（1）实施例1鉴定了施用抗-IL10和RITUXAN®的有效剂量，另外，说明书第9页第2段（抗-IL10）和第11页第3段（RITUXAN®）也给出了有效剂量。有效剂量就是经过实验证实对于本发明的目的有效的剂量，该参数本身就能够反映疾病治疗的效果。（2）本发明的这些技术效果清楚地记载在说明书中，如果本领域技术人员对这些效果有任何怀疑，可以很容易地通过再现本发明的技术方案来验证这种效果。治疗有效剂量也可以由本领域技术人员容易地评定。（3）复审请求人提交了三篇参考文献的摘要，在复审理由中提及了另四篇参考文献，用以证明本发明的技术效果。(4) 复审请求人提交了一份第 2207 号复审决定，指出从该复审决定可以看出复审委员会并没有要求说明书必需提供“证明实施本发明的方案能否达到所述的发明效果的实验证据”。

对于复审请求人的上述意见及提供的参考资料，合议组认为：(1) 第一，实施例 1 仅仅提供了包括施用途径、剂量和顺序在内的简单实验设计，并没有提供能够证明本发明技术效果的实验数据，即没有提供能够鉴定该剂量为有效剂量的实验数据。第二，在本申请说明书第 9 页第 2 段和第 11 页第 3 段给出的抗-IL10 和 RITUXAN® 的剂量虽用文字记载为“有效剂量”，但在现有技术中未明确抗-IL10 抗体的治疗作用且本申请说明书中没有实验数据证明的情况下，不能推断出所给剂量的有效性。(2) 证明发明技术方案所达到技术效果的实验证据是发明内容的一部分，应当在申请日之前已经完成并记载在说明书中，技术效果的验证以及有效剂量的评定是否容易并不是判断发明是否充分公开的标准。(3) 复审请求人在提出复审请求时提交的三份有原文的参考文献的公开日都在本申请的申请日之后，不能作为本申请的现有技术，即它们所公开的内容不能作为判定本申请是否充分公开的事实基础。此外，对于复审请求人在复审理由中提及的另外四篇仅给出了题目而没有提供原文及中文译文的文献，合议组无法判断文献 Axdorph 等 (2000) Ann Oncol 11 (11)：1405 ~ 1411 和文献 Vassilakopoulos 等 (2001) Haematologica 86 (3)：274 ~ 281 的公开日是否在本申请的申请日或优先权日之前，即使它们是在本申请申请日或优先权日之前公开的，根据复审请求人在意见陈述中指出的它们所公开的内容——“血清 IL10 水平能指示何杰金疾病预后”——也不能证明抗 IL10 抗体能用来治疗 B 细胞淋巴瘤；文献 Salgami 等 (2002) Haematologica (Budap) 32 (4)：377 ~ 387 和文献 Hidalgo 等 (2002) Mol Cancer 1 (1)：5 的公开日均在本申请的申请日之后，它们也不能作为本发明的现有技术，即它们所公开的内容同样不能作为判定本申请是否公开充分的事实基础。(4) 复审请求人提供的第 2207 号复审决定属于根据复审请求人提供的现有技术证据能够证明说明书公开充分的情况，与本发明的情况不同。综上，复审请求人提出的意见陈述均不具备说服力，不予采信。

根据以上事实和理由，本案合议组作出如下审查决定。

**三、决定**

维持国家知识产权局于 2005 年 1 月 7 日对 01808874.0 号发明专利申请作出的驳回决定。

复审请求人对本决定不服的，可以根据专利法第 41 条第 2 款的规定，自收到本决定之日起三个月内向北京市第一中级人民法院起诉。

062

# 降压药带

## 复审请求审查决定（第11110号）

**决　定　号**　第11110号
**决　定　日**　2007年6月14日
**发明创造名称**　降压药带
**国际分类号**　A61K 35/78，A61K 9/00，A61P 9/12
**复审请求人**　王俊昌
**申　请　号**　02136547.4
**申　请　日**　2002年8月14日
**公　开　日**　2003年2月19日
**合议组组长**　李金光
**主　审　员**　许　磊
**参　审　员**　郭　婷

**法律依据**　专利法第33条
**决定要点**

如果申请的内容通过增加、改变和/或删除其中的一部分，致使所属技术领域的技术人员看到的信息与原申请记载的信息不同，而且又不能从原申请记载的信息中直接、毫无疑义地确定，那么，这种修改是不允许的。

**一、案由**

本复审请求涉及2002年8月14日申请、2003年2月19日公开，名称为“降压药带”的02136547.4号发明专利申请（下称本申请），其申请人为王俊昌。

国家知识产权局于2005年4月8日驳回了本申请，理由是说明书应当公开药物组合物的具体医药用途、药理功效、有效量及使用方法，应当提供对本领域技术人员来说足以证明发明的技术方案可以达到预期要解决的技术问题或效果的实验室试验或者临床试验的定性或定量数据，已知高血压在现有技术中是一种难以根治的疾病，说明书中没有任何实验资料可以证明本申请产品可以根治高血压并具有双向调节作用的功效，申请人所提供的资料也无法证明这一点，所以本申请的说明书不符合专利法第26条第3款的规定。

申请人王俊昌（下称复审请求人）对上述驳回决定不服，于2005年7月22日向专利复审委员会提出复审请求，同时提交了下面的附件：

附件1：降压药带药效研究试验报告，原件共4页；

附件2：降压药带安全性评价试验报告，原件共6页；

附件3：会昌县人民医院关于降压药带临床使用效果的报告，原件共8页；

附件4：会科字［2004］02号会昌县科技局关于下达2004年科技计划项目的通知；原件共8页；

附件5：俊昌® 调压宝降压药带的研制与应用，复印件共5页；

附件6：调压宝降压药带治疗高低血压情况一览表，原件共3页；

附件7：关于调压宝攻关组要求开发生产保健用品类产品有关情况的报告，原件共2页。

复审请求人认为，复审请求人于实审过程中提交了本申请的有关实施资料，但审查员仍认为没有任何实验资料证明效果的存在，复审请求人在提出复审请求时再次提供了有资质权威部门的药效实验报告，证明国家知识产权局驳回的理由不成立。

复审请求人在提出复审请求的同时没有提交修改文件。

形式审查合格后，专利复审委员会受理了该复审请求，并于2005年8月29日向复审请求人发出《复审请求受理通知书》，随后将本申请案卷移交原审查部门进行前置审查。

原审查部门对本复审请求进行了前置审查，指出复审请求人于复审阶段提交的实验资料无法用于克服本申请不符合专利法第26条第3款的缺陷，坚持原驳回决定。

专利复审委员会组成合议组，对本案的复审请求进行了审理。于2006年4月6日向复审请求人发出《复审通知书》。《复审通知书》指出，说明书描述了一种根治高血压并且可调节低血压病人的血压的降压药带，但是没有提供任何可以证明其效果的数据或临床证据，由于高血压是一种在现有技术中已知难以治愈的病症，所以在本申请没有提供任何实验数据表明本申请的产品可根治高血压或者可以降低高血压患者的血压和升高低血压患者的血压的情况下，本领域普通技术人员无法预见本申请的技术方案可以达到其所述的技术效果。申请人提供的证明资料都是申请日后的或者无法证明确切时间，这些资料既没有明确记载在说明书中，又不是申请日前的现有技术，因此，不能证明本申请说明书清楚完整地公开了本发明。鉴于申请人在说明书中没有提供任何证据证明本申请的产品可以根治高血压而且可以同时以相反的方式起作用治疗高血压和低血压，本领域技术人员难以预知本申请在申请日前是否已经完成，所以说明书没有清楚完整地公开本申请的技术方案，不符合专利法第26条第3款的规定。

针对《复审通知书》指出的问题，复审请求人于2006年5月19日提交了意见陈述书及经修改的说明书全文替换页和说明书摘要。复审请求人提出其在修改的说明书中放弃了根治高血压的效果，将其修改为“通过消除体内引起高血压病的无根火，达到降低高血压病患者血压的作用，使高血压病患者之血压达到理想范围”，加入了本发明的组方原则及方药方解，同时在说明书中加入了治疗高血压的治疗结果的病例，复审请求人认为修改后的说明书已经符合专利法第26条第3款的规定。

针对复审请求人的答复意见和提供的修改文件，合议组于2007年4月28日发出《第二次复审通知书》，指出：(1) 说明书中新增加的组方原则、方药方解、组方依据以及体现高血压患者治疗效果的病例都未记载在原申请文件中，也不能从原申请文件记载的内容中直接、毫无疑义地确定，所以上述修改内容超出了原说明书和权利要求书记载的范围，不符合专利法第33条的规定；(2) 如果修改文件仍然不符合专利法第33条的规定或者复审请求人不能提出本申请符合专利法第33条规定的充分理由，合议组将作出维持驳回决定的复审决定。

复审请求人于2007年5月28日针对上述《第二次复审通知书》提交了意见陈述书和修改的说明书第1~4页全文替换页以及说明书摘要，同时再次提交了提出复审请求时提交过的附件1~3的复印件。复审请求人认为修改后的申请文件符合专利法的有关规定。

至此，合议组认为本案事实清楚，可以作出审查决定。

**二、决定的理由**

1. 决定所依据的文本

本决定是在复审请求人于2007年5月28日提交的说明书摘要、说明书第1～4页和复审请求人于2002年8月14日提交的权利要求第1项、说明书附图第1页和摘要附图的基础上作出的。

2. 关于专利法第33条

专利法第33条规定：申请人可以对其专利申请文件进行修改，但是，对发明和实用新型专利申请文件的修改不得超出原说明书和权利要求书记载的范围。

根据该款规定，如果申请的内容通过增加、改变和/或删除其中的一部分，致使所属技术领域的技术人员看到的信息与原申请记载的信息不同，而且又不能从原申请记载的信息中直接、毫无疑义地确定，那么，这种修改是不允许的。

本案中，复审请求人在于2007年5月28日提交的修改的说明书中，为了克服说明书不符合专利法第26条第3款的缺陷，除仍然保留了复审通知书指出过的超范围修改的体现高血压治疗效果的病例（说明书第2页倒数第11行至第3页第17行）外，还增加了本申请的实施步骤（说明书第1页倒数第19行至倒数第3行）、药性分析、药理实验、急性毒性实验（说明书第1页倒数第2行至第2页倒数第12行）、在具体实施方案的实施例中增加了“布带长2尺6寸至3尺5寸可调”的描述（说明书第3页倒数第10行），这些增加的内容既未记载在原申请文件中，也不能从原申请文件记载的内容中直接、毫无疑义地确定，所以上述修改内容仍然超出了原说明书和权利要求书记载的范围，不符合专利法第33条的规定。

根据以上事实和理由，本案合议组作出如下审查决定。

**三、决定**

维持国家知识产权局于2005年4月8日对02136547.4号发明专利申请作出的驳回决定。

复审请求人对本决定不服的，可以根据专利法第41条第2款的规定，自收到本决定之日起三个月内向北京市第一中级人民法院起诉。

063

# 含有改进了染色性的可逆卷曲丝的纤维束

## 复审请求审查决定（第11124号）

**决 定 号** 第11124号

**决 定 日** 2007年6月22日

**发明创造名称** 含有改进了染色性的可逆卷曲丝的纤维束

**国 际 分 类 号** D01F 8/08，D01F 6/18，D01F 6/38，D01F 6/54，D01F 8/04

**复 审 请 求 人** 索罗蒂亚公司

**申 请 号** 95192098.7

**申 请 日** 1995年1月18日

**优 先 权 日** 1994年1月26日

**公 开 日** 1997年2月26日

**合 议 组 组 长** 马文霞

**主 审 员** 李人久

**参 审 员** 李广峰

**法 律 依 据** 专利法第22条第2款

**决 定 要 点**

对于用物理化学参数表征的化学产品权利要求，如果无法依据所记载的参数对由该参数表征的产品进行比较，从而不能确定采用该参数表征的产品与对比文件产品的区别，则推定该参数表征的产品权利要求不具备专利法第22条第2款所述的新颖性。

### 一、案由

本复审请求涉及申请日为1995年1月18日、优先权日为1994年1月26日、公开日为1997年2月26日、名称为“含有改进了染色性的可逆卷曲丝的纤维束”的95192098.7号发明专利申请（下称本申请）。1999年5月17日，申请人由孟山都公司变更为索罗蒂亚公司。

国家知识产权局于2001年2月9日以权利要求1不符合专利法第22条第2款规定的新颖性为由驳回了该申请，其具体理由是：对比文件1（US4，309，475，公开日1982年1月5日）公开一种自卷曲双组分聚丙烯腈系纤维，其中至少100根长丝组成的纤维束中，每根纤维为互相紧靠地双组分聚丙烯腈系长丝，每一种组分中至少85%以上为丙烯腈基聚合物，两组分各占大约50%，并且一种组分比另一种组分更加亲水，其实施例样品A、C和D的丝束总收缩率分别为36.1%、31.5%和31.0%，基于碱性染料的碱性染料可染性分别为16.9、11.8和9.8。权利要求1所述纤维束与对比文件 1 的区别在于“碱性上染水平低于-8”，说明书中表 3 的数据只能表明产品“ORLON®”与本申请产品的区别，并没有证据可以把“ORLON®”与对比文件 1 中的纤维联系起来。由于以测色仪比较样品亮度获得的 Y 值所表示的碱性上染水平的变化趋势与测试样品反射比获得的 K/S 值的变化趋势有关，因此权利要求 1 的方案与对比文件 1 的方案相比，所不同的仅仅是文字表达方式上的略有差别，其技术方案上是相同的，且两者属于相同的技术领域，并能产生相同的技术效果，因此该权利要求不具备新颖性，不符合专利法第 22 条第 2 款的规定。

驳回决定所针对的权利要求书共有 6 项权利要求，其中权利要求 1 的内容如下：

“1. 一种基本上由双组分、丙烯腈系丝构成的纤维束，所述丝包含：

以丝的总重量为基准 20％～80wt％由以丙烯腈为主的第一聚合物构成的第一组分和

以丝的总重量为基准 80％～20wt％由以丙烯腈为主的第二聚合物构成的第二组分，所述第二组分与所述第一组分共同延伸，而且以丙烯腈为主的第一聚合物比以丙烯腈为主的第二聚合物具有更大的亲水性；

其中所说丝的特征是总收缩为 25％～50％，以及碱性上染水平低于-8。”

申请人索罗蒂亚公司（下称复审请求人）对上述驳回决定不服，于 2001 年 5 月 21 日向专利复审委员会提出复审请求，复审请求人认为：纤维束性能的不同是由于组成和结构的不同造成的，本发明的纤维束具有良好的收缩性和提高的上染性，而对比文件 1 中的纤维不具有本发明的纤维束的特性，其组成和结构当然也与本发明不同，因此权利要求 1 与对比文件 1 相比具有新颖性；另外，复审请求人针对驳回决定的理由，提交了权利要求 7，该权利要求在权利要求 1 的基础上加入了“湿纺”条件，由于制备方法的不同导致了纤维束的不同，权利要求 7 的纤维束与对比文件 1 相比具有新颖性。复审请求人在提出复审请求的同时提交的经修改的权利要求书中，在驳回决定所针对的 6 项权利要求的基础上增加了 1 项权利要求即权利要求 7，该权利要求的内容如下：

“7. 一种湿纺的纤维束，具有至少 60 根双组分丙烯腈系聚合物丝，其中丙烯腈基聚合物具有至少 85％重量丙烯腈基团，所述丝主要由以下成分组成：

以丝的总重量为基准 20wt％～80wt％由以丙烯腈为主的第一聚合物构成的第一组分和

以丝的总重量为基准 80wt％～20wt％由以丙烯腈为主的第二聚合物构成的第二组分，所述第二组分与所述第一组分共同延伸，而且以丙烯腈为主的第一聚合物比以丙烯腈为主的第二聚合物具有更大的亲水性；

所述丝的总收缩为 25％～50％，该总收缩由 2％～20％的纤维收缩与 15％～38％的卷曲收缩组成，碱性上染水平低于-8。”

形式审查合格后，专利复审委员会受理了该复审请求，并于 2002 年 1 月 15 日向复审请求人发出《复审请求受理通知书》，随后将本申请移交原实审部门进行前置审查。

原实审部门对本复审请求进行了前置审查，在《前置审查意见书》中，原审查部门认为：复审请求人在提出复审请求时提交的权利要求 1～6 与驳回决定所针对的申请文件的权利要求 1～6 完全相同，因此驳回理由中所指出的各项缺陷仍未被克服，故坚持原驳回决定。

专利复审委员会组成合议组，对本案的复审请求进行了审理。于 2003 年 5 月 27 日向复审请求人发出《复审通知书》。该《复审通知书》指出：

（1）驳回决定仅涉及权利要求 1 的新颖性，复审请求人仅需对此陈述意见或修改权利要求 1 以消除驳回决定指出的缺陷，但复审请求人在驳回决定针对的权利要求的基础上增加了权利要求 7，显然，这种修改不是针对消除驳回决定所指出的缺陷而作出的，因此，复审请求人对申请文件的修改不符合专利法实施细则第 60 条第 1 款的规定。

（2）对比文件 1（US4，309，475 A）公开了一种自卷曲双组分聚丙稀腈系纤维，其中在至少100 根长丝组成的纤维束中，每根纤维为互相紧靠地双组分聚丙烯腈系长丝（参见对比文件 1 第 1 栏第 43～50 行、第 5 栏第 33～34 行），每一组分中至少 85 重量%以上为丙烯腈基聚合物（即以聚丙稀腈为主），并且两组分用量基本上相同即约 50%（第 6 栏表格和第 7 栏 15～22 行），其中一种组分的亲水性大于另一组分的亲水性（第 1 栏第 43～51 行），纤维的总收缩为 36.8%，其中纤维收缩 8.5%和卷曲收缩 28.3%（第 8 栏第 53 页～第 55 页）。因此，对比文件 1 与权利要求 1 的唯一区别在于：权利要求 1 用物理化学参数技术特征"碱性上染水平低于-8"对其要求保护的产品作了进一步的限定，由于对比文件 1 并没有公开其产品的碱性上染水平值，因此无法依据"碱性上染水平"这一技术参数对权利要求 1 限定的产品与对比文件 1 公开的产品进行比较，从而不能确定权利要求 1 限定的产品与对比文件 1 的产品的区别，因此权利要求 1 的产品不具有新颖性。将权利要求 7 与对比文件 1 所公开的内容相比，其区别在于：权利要求 7 用方法特征"湿纺"和理化参数特征"碱性上染水平低于-8"对其要求保护的产品作了进一步的限定，然而本申请并没有提供可与现有技术进行比较的参数证明权利要求 7 的新颖性，也没有表明由于方法上的区别（即"湿纺"与"干纺"的区别）为产品带来任何结构、功能和性质上的改变。因此权利要求 7 不具有新颖性。

（3）本申请说明书表 3 给出的是本发明的纤维束与商品 ORLON® 的区别，而不是本发明纤维束与对比文件 1 产品的区别，没有任何证据表明商品 ORLON® 等同于对比文件 1 公开的产品。另外，即使有证据表明商品 ORLON® 等同于对比文件 1 公开的产品，表 3 中只是给出了本发明 BDL（碱性上染水平）为约-16.6 时的产品与商品 ORLON® 的区别，并没有表明本发明的所有产品（碱性上染水平低于约-8 的产品）与商品 ORLON® 的区别。因此，不能认为本发明的产品与对比文件 1 的产品存在性能上的不同，从而不能认为本发明的产品相对于对比文件 1 的产品具有新颖性。

2003 年 9 月 11 日，针对上述《复审通知书》指出的问题，复审请求人提交了意见陈述书及经修改的权利要求书，并附上了下列两份证据：

证据 1：本申请的发明人之一 Gary J. Capone 先生于 2003 年 9 月 5 日发表的声明，共 2 页；

证据 2：对比文件 1 的发明人之一 H. A. Hoffman 于 1976 年 6 月 29 日签署的报告第 1～11 页。

在此次提交的经修改的权利要求书中，复审请求人删除了权利要求 7，在意见陈述书中，复审请求人认为，根据本申请发明人之一 Gary J. Capone 先生的声明，对比文件 1 的产品的生产方法如第 8 栏第43～48 行，其和商品 ORLON® 都是以 US3038237 中公开的干纺法生产的；关于商品 ORLON® 的生产方法，Gary J Capone 先生本人曾作为原申请人孟山都公司的代表，参与了杜邦公司与孟山都公司之间关于丙烯酸纤维工艺技术转移的交易，在该交易中，孟山都公司由杜邦公司获得了商品 ORLON® 的生产技术。根据 Gary J Capone 先生声明中附上的 H. A. Hoffman 于 1976 年 6 月 29 日签署的报告可以知道，商品 ORLON® 同对比文件 1 的产品一样，是由 US3038237 公开的"干纺法"生产的，因此基于上述内容，商品 ORLON® 与对比文件 1 第 7 栏实施例 D 中的纤维具有相同的组成，都是由相同的方法生产的。

2003 年 12 月 19 日，复审请求人再次提交了意见陈述书，并补充提交了证据 2 第 12～34 页。复审请求人认为：其 2003 年 9 月 11 日提交的 H. A. Hoffmann 报告不完整，现附上一套完整的报告，对比文件 1 第 8 栏指出，所述亲水性聚合物含有 4.10%（重量）的苯乙烯磺酸钠（SSS），得到247meg/kg 酸基团。聚合条件是标准的氧化还原偶合过硫酸盐引发剂、亚硫酸氢盐活化剂和铁催化剂，聚合物的特性黏度为 1.5。将该聚合物溶于 DMF 中，丙烯酸类聚合物在 DMF 溶剂中以具有低酸基团的并列型双组分纺丝。在对比文件 1 第 7 栏和第 8 栏引述 US3092892 和 US3038237 概述了其纺丝条件，该纺丝系统是干纺法。而证据 2 中第 1 页第 1 段论述了磺酸盐水平为 240meg/kg 的双组分纤维，制备聚合物的标准配方叙述于报告的第4页，对应于对比文件1说明书第8栏第24～31行的内容，纺丝条件叙述于Hoffman报告的第4～5页，对应于对比文件1引述的US3092892和US3038237专利中叙述的纺丝条件。

2004年5月20日，复审请求人又一次提交了意见陈述书和经修改的权利要求书，复审请求人认为：对比文件1第8栏指出混合后的聚合物含有247meq/kg的酸基团，对应于4.1％的SSS，而在Hoffman报告的第4页第II部分公开了A-8G所含的SSS为3.9％～4.0％，另外Hoffman报告第5页第2段公开了A-8G的磺酸盐基团浓度为243meq/kg，这些证明了表3中的商品ORLON®与对比文件1的产品是一致的。关于对比文件1产品的纺丝条件，其叙述于第7栏第13～15行，与Hoffman报告所述的ORLON®产品所使用的纺丝条件是一致的。复审请求人此次提交的权利要求书中，将原权利要求4与权利要求1合并，原权利要求5和6相应地变为权利要求4和5，此次修改的权利要求书中，权利要求1的内容如下：

"1．一种基本上由双组分、丙烯腈系丝构成的纤维束，所述丝包含：

以丝的总重量为基准20wt％～80wt％由以丙烯腈为主的第一聚合物构成的第一组分和

以丝的总重量为基准80wt％～20wt％由以丙烯腈为主的第二聚合物构成的第二组分，所述第二组分与所述第一组分共同延伸，而且以丙烯腈为主的第一聚合物比以丙烯腈为主的第二聚合物具有更大的亲水性；

其中所说丝的特征是总收缩为25％～50％，以及碱性上染水平低于-16.6。"

至此，合议组认为本案事实清楚，可以作出审查决定。

**二、决定的理由**

1．关于审查文本

复审请求人于2004年5月20日提交了经修改的权利要求书，经审查，该权利要求书的修改符合专利法33条和专利法实施细则第60条的规定，本决定以此文本作为审查的基础。

2．关于专利法第22条第2款的新颖性

专利法第22条第2款规定：新颖性，是指在申请日以前没有同样的发明或者实用新型在国内外出版物上公开发表过、在国内公开使用过或者以其他方式为公众所知，也没有同样的发明或者实用新型由他人向国务院专利行政部门提出过申请并且记载在申请日以后公布的专利申请文件中。

对于用物理化学参数表征的化学产品权利要求，如果无法依据所记载的参数对由该参数表征的产品进行比较，从而不能确定采用该参数表征的产品与对比文件产品的区别，则推定该参数表征的产品权利要求不具备专利法第22条第2款所述的新颖性。

就本申请而言，对比文件1（US4，309，475；公开日1982年1月5日）记载了一种自卷曲双组分聚丙稀腈系纤维，其中在至少100根长丝组成的纤维束中，每根纤维为互相紧靠地双组分聚丙烯腈系长丝（参见对比文件1第1栏第43～50行、第5栏第33～34行），每一组分中至少85重量％以上为丙烯腈基聚合物（即以聚丙稀腈为主），并且两组分用量基本上相同或相近（第6栏表格、第7栏15～22行、第8栏第38～52行），其中一种组分的亲水性大于另一组分的亲水性（第1栏第43～51行），纤维的总收缩为36.2％、31.5％和36.8％（第7栏实施例样品A、C和第8栏第53行样品tow1）。因此，对比文件1所述产品（样品A、样品C和样品tow1）与权利要求1的唯一区别在于：权利要求1用物理化学参数技术特征"碱性上染水平低于-16.6"对其要求保护的产品作了进一步的限定，由于对比文件1并没有公开其产品的碱性上染水平值，因此无法依据"碱性上染水平"这一技术参数对权利要求1限定的产品与对比文件1公开的产品进行比较，从而不能确定权利要求1限定的产品与对比文件1的产品的区别，因此权利要求1的产品不具有新颖性。

复审请求人在意见陈述书中认为：根据证据 1 和证据 2，本申请说明书中表 3 中的商品 ORLON® 与对比文件 1 的产品是一致的，由于本申请说明书表 3 中已经表明本发明产品与商品 ORLON® 的区别，因此，本申请说明书已经提供证据表明本发明产品与对比文件 1 产品的区别。针对复审请求人的上述意见，合议组认为：Gary J. Capone 在证据 1 中仅仅声明对比文件 1 第 7 栏样品 D 中的纤维与商品 ORLON® 具有相同的组成且都是由相同的方法生产的；复审请求人关于证据 1 和 2 的意见陈述中也仅仅说明对比文件 1 第 8 栏“含有 247meq/kg 酸基团、对应于 4.1% 的 SSS 的混合后聚合物”制成的纤维（即样品 tow2）与商品 ORLON® 的标准配方一致。然而证据 1 和 2 以及复审请求人的意见陈述均不能表明对比文件 1 第 7 栏样品 A、样品 C 和第 8 栏样品 tow1 与商品 ORLON® 是一致的，并且没有任何证据能够证明对比文件 1 的上述产品与权利要求 1 要求保护的产品具有区别。如对比文件 1 第 7 ~ 8 栏所示，样品 A、样品 C 和样品 D 之间以及样品 tow1 与样品 tow2 之间的原料不同，其性能也不相同（如样品 C 与样品 D 之间的 Relative Disperse dyeability 相差约 1 倍），因此权利要求 1 所限定的产品相对于对比文件 1 的样品 D 和样品 tow2 具有新颖性并不意味着权利要求 1 所限定的样品相对于对比文件 1 的样品 A、C 和 tow1 也必然具有新颖性。

综上所述，权利要求 1 不符合专利法第 22 条第 2 款的规定。

根据以上事实和理由，本案合议组作出如下审查决定。

**三、决定**

维持国家知识产权局于 2001 年 2 月 9 日对 95192098.7 号发明专利申请作出的驳回决定。

复审请求人对本决定不服的，可以根据专利法第 41 条第 2 款的规定，自收到本决定之日起三个月内向北京市第一中级人民法院起诉。

064

# 高效多功能复合微生物肥及其工业制造方法

## 复审请求审查决定（第11163号）

**决　定　号**　第11163号
**决　定　日**　2007年6月8日
**发明创造名称**　高效多功能复合微生物肥及其工业制造方法
**国 际 分 类 号**　C05F 11/08，C05G 3/00，C12N 1/20，C12P 39/00
**复 审 请 求 人**　陈　民
**申　请　号**　99111130.3
**申　请　日**　1999年7月26日
**公　开　日**　2000年1月12日
**合 议 组 组 长**　李金光
**主　审　员**　周英姿
**参　审　员**　李彦涛

**法 律 依 据**　专利法第33条
**决 定 要 点**

如果申请的内容通过增加、改变和/或删除其中的一部分，致使所属技术领域的技术人员看到的信息与原申请记载的信息不同，而且又不能从原申请记载的信息中直接地、毫无疑义地确定，那么，这种修改就是不允许的。

**一、案由**

本复审请求涉及名称为“高效多功能复合微生物肥及其工业制造方法”的99111130.3号发明专利申请（下称本申请），申请人为陈民，申请日为1999年7月26日，公开日为2000年1月12日。

2003年4月11日，国家知识产权局以本申请不符合专利法第26条第3款为由驳回了本申请。驳回决定所针对的独立权利要求如下：

“1. 一种高效多功能复合微生物肥由公知原始菌种和基质加入多种微量元素组成，其特征在于，所用菌种是以根瘤菌为主、其他菌类为辅的复合菌种，即由二株或二株以上的细菌进行复合，以合理配比组成的微生物种群菌液，其中根瘤菌成分占60%~95%，其他菌类成分占5%~40%，作为主体菌类并且是从豆科作物提取出来的共生固氮根瘤菌类可以是包含大豆、花生、绿豆、红小豆、猪屎豆、豇豆、豌豆、菜豆和扁豆的根瘤菌；作为辅助性菌类可以是自生固氮菌、放线菌、兰细菌、巨大芽孢杆菌、胶冻样芽孢杆菌和内生菌；作为吸收菌液的固态基质可以采用泥炭土或称为褐煤、泥煤、泥炭或草炭、制糖厂糖泥、污水处理厂污泥、江河湖海瘀泥，或将这些基质中的两种或两种以上加以混合使用；含有植物生长必须的多种微量元素成分，其含量范围以 PPM 计如下：锂 0.05 ~ 10、硼 0.1 ~ 15、镁 5 ~ 15、硅 5 ~ 15、硫 10 ~ 30、钙 30 ~ 100、钛 0.1 ~ 3、铁 50 ~ 100、铜 5 ~ 15、硒 0.1 ~ 3、钼 0.5 ~ 5、钍 0.05 ~ 5、铍 0.03 ~ 8、钠 5 ~ 30、铝 0.5 ~ 5、磷 0.5 ~ 5、钾 5 ~ 30、钒 0.1 ~ 3、锰 0.5 ~ 5、钴0.1 ~ 3、锌 10 ~ 30、锆 0.1 ~ 3、铈 0.01 ~ 2、金 0.01 ~ 0.03，这些成分可通过往固态基质定量加入一种或两种以上加以混合的沸石粉、蛭石粉、粉煤灰粉、矿渣粉、冶炼渣粉、海泡石粉等矿物质成分，或往固态基质加入相应元素成分的人造固体化合物或水溶液来获得。

6. 一种高效多功能复合微生物肥的工业制造方法，分成两个步骤来进行，其特征在于，第一步骤制备菌液：首先将根瘤菌种、钾细菌种、放线菌种各一试管移入装有灭菌液体培养基的三角瓶中在室温下扩大培养，用振荡器增氧，连续振荡 3 天，间隔振荡 1 天，停止振荡 3 天，调节 pH 值在 4 ~ 10 范围内，测定瓶内活菌浓度达 20 ~ 100 亿个/毫升时即制成上述三菌种扩大培养菌液，放入 0℃冷柜中保存，接着将其分别移入盛有灭菌培养基的发酵罐中连续曝气 5 天，间断曝气 1 天，停止曝气 2 天，再次调节 pH 值并测定活菌浓度分别在上述范围内时即可将这些菌液放入 0℃冷柜中备用；也可将各菌种的扩大培养菌液按比例放入发酵罐中混合培养；第二步骤制备菌肥：根据根瘤菌：钾瘤菌；放线菌≈70：20：10 比例，计算并放出各种所需体积的菌液并由灭菌后的固态基质吸收，基质预先烘干至含水率≤15％，球磨机将其粉碎至 80％可通过 80 筛目；通过固、液两相按 75 ~ 95：5 ~ 25 比例混合，用旋转式搅拌机搅匀后通过造粒机造粒，接着定量称重，将制成的菌肥密封在聚乙烯薄膜袋中提供使用。”

驳回决定认为：说明书没有具体说明钾细菌、放线菌等等的生物学名称，没有说明根瘤菌、自生固氮菌、放线菌等的来源。虽然申请人认为本发明专利申请中提及的菌种均为公知菌种，但根瘤菌、自生固氮菌、放线菌、兰线菌等在微生物领域均属于上位的概念，微生物应按生物学分类命名法进行表述，一般应至少给出属名，并且应给出其拉丁名称，不能笼统用上位概念表示，并且申请人未列举出工业上早已使用的各种属的根瘤菌、自身固氮菌等的具体实例，因此，本申请不符合专利法第 26 条第 3 款的规定。

申请人陈民（下称复审请求人）对上述驳回决定不服，于 2003 年 7 月 25 日向专利复审委员会提交了复审请求。复审请求人在提出复审请求时对权利要求书和说明书进行了修改，并提交了权利要求书第1 ~ 3 页和说明书第 1 ~ 5 页的替换页。修改后的独立权利要求如下：

“1. 一种高效多功能复合微生物肥由公知原始菌种和基质加入多种微量元素组成，其特征在于，所有菌种是以根瘤菌为主、其他菌类为辅的复合菌种，即由二株或二株以上的细菌进行复合，以合理配比组成的微生物种群菌液，其中根瘤菌成分占 60％ ~ 95％，其他菌类成分占 5％ ~ 40％，作为主体菌类并且是从豆科作物提取出来的共生固氮根瘤菌类可以是包含大豆、花生、绿豆、红小豆、猪屎豆、豇豆、豌豆、菜豆或扁豆的根瘤菌；作为辅助性菌类可以是自生固氮菌（Azotobacter chroococum）、放线菌（Actinomycete）、兰细菌（Cyanobacteria）、巨大芽孢杆菌（Bacillus megatherium）、胶冻样芽孢杆菌（Bacillus mucilaginosus）或内生菌；作为吸收菌液的固态基质可以采用泥炭土或称为褐煤、泥煤、泥炭或草炭、制糖厂糖泥、污水处理厂污泥、江河湖海淤泥，或将这些基质中的两种或两种以上加以混合使用；含有植物生长必须的多种微量元素成分，其含量范围以 PPM 计如下：锂 0.05 ~ 10、硼0.1 ~ 15、镁 5 ~ 15、硅 5 ~ 15、硫 10 ~ 30、钙 30 ~ 100、钛 0.1 ~ 3、铁 50 ~ 100、铜 5 ~ 15、硒 0.1 ~ 3、钼 0.5 ~ 5、钍 0.05 ~ 5、铍 0.03 ~ 8、钠 5 ~ 30、铝 0.5 ~ 5、磷 0.5 ~ 5、钾 5 ~ 30、钒 0.1 ~ 3、锰 0.5 ~ 5、钴 0.1 ~ 3、锌 10 ~ 30、锆 0.1 ~ 3、铈 0.01 ~ 2、金 0.01 ~ 0.03，这些成分可通过往固态基质定量加入一种或两种以上加以混合的沸石粉、蛭石粉、粉煤灰粉、矿渣粉、冶炼渣粉、海泡石粉矿物质成分，或往固态基质加入相应元素成分的人造固体化合物或水溶液来获得。

6. 一种高效多功能复合微生物肥的工业制造方法，分成两个步骤来进行，其特征在于，第一步骤制备菌液：首先将根瘤菌种、钾细菌种、放线菌种各一试管移入装有灭菌液体培养基的三角瓶中在室温下扩大培养，用振荡器增氧，连续振荡 3 天，间隔振荡 1 天，停止振荡 3 天，调节 pH 值在 4 ~ 10 范围内，测定瓶内活菌浓度达 20 ~ 100 亿个/毫升时即制成上述三菌种扩大培养菌液，放入 0℃冷柜中保存，接着将其分别移入盛有灭菌培养基的发酵罐中连续曝气 5 天，间断曝气 1 天，停止曝气 2 天，再次调节 pH 值并测定活菌浓度分别在上述范围内时即可将这些菌液放入 0 ℃冷柜中备用；也可将各菌种的扩大培养菌液按比例放入发酵罐中混合培养；第二步骤制备菌肥：根据根瘤菌：钾瘤菌：放线菌 ≈70：20：10 比例，计算并放出各种所需体积的菌液并由灭菌后的固态基质吸收，基质预先烘干至含水率 ≤15%，球磨机将其粉碎至 80%可通过 80 筛目；通过固、液两相按 75 ~ 95：5 ~ 25 比例混合，用旋转式搅拌机搅匀后通过造粒机造粒，接着定量称重，将制成的菌肥密封在聚乙烯薄膜袋中提供使用。”

复审请求人提交的复审请求理由为：由于所用菌种是公知的，所以其生物学名称及其来源也是公知，因此该两点未作说明并不影响所属领域技术人员根据说明书的记载可以实现本发明。本发明的菌种不是新的，不需保藏。复审请求人提供附件 1 ~ 4 来证明本发明所用菌种均为公知菌种，公众可以得到，同时提供附件 1 ~ 5 来证明本申请的技术效果。提供的附件如下：

（1）《土壤微生物研究 理论（应用（新方法》，张宪武主编，1993 年 1 月第 1 版，封面、第 634、641、652 ~ 654、出版信息页，复印件共 7 页；

（2）《中国农业菌种目录》，中国微生物菌种保藏管理委员会农业微生物中心编，1991 年版，中国农业科技出版社，封面、出版信息页、第 1 ~ 2、4、6、17、37 页，复印件共 8 页；

（3）《CGMCC 菌种目录》，第三版，1997 年，中国农业科技出版社，封面、出版信息页、细菌第 5、6、8、50 页和放线菌 1 页，复印件共 7 页；

（4）《共生固氮技术手册 豆科植物–根瘤菌》，M. 奥巴托等著，1987 年，科学出版社，复印件共 5 页；

（5）“天丰生物固氮肥 1989 ~ 2000 年部分田间试验与示范效果摘录”，复印件共 4 页。

形式审查合格后，专利复审委员会受理了该复审请求，并于 2003 年 8 月 19 日向复审请求人发出《复审请求受理通知书》。同时，将本申请案卷移交回国家知识产权局原审查部门进行前置审查。

原审查部门对本复审请求进行了前置审查，在前置审查意见书中，原审查部门认为本申请说明书未克服驳回决定中指出的缺陷，不符合专利法第 26 条第 3 款的规定，坚持原驳回决定。

专利复审委员会组成合议组，对本复审请求案进行了审理。

本合议组于 2004 年 5 月 13 日发出复审通知书，指出：

复审请求人在提出复审请求时提交了权利要求书和说明书的修改文本，其中将原权利要求 1 和说明书中的“基质”修改为“固态基质”，这种修改在原始文本中没有记载，而且修改前后两者的含义不相同；在修改的权利要求 6 中记载的部分内容在原始文本没有记载，因此，复审请求人的上述修改超出了原说明书和权利要求书记载的范围。同时，在复审请求人提出复审请求时提交的经修改的权利要求书和说明书中，依据提交的附件 1 ~ 5 将部分微生物学名称补入，但是，这些生物学名不但没有记载在原始申请文件中，而且从根瘤菌、自生固氮菌等非常上位的中文名称，无法毫无疑义地导出其唯一明确的生物学名称。综上所述，修改后的权利要求书和说明书超出了原申请文件记载的范围，不符合专利法第 33 条的规定。如果申请人再次提交的文本中仍然存在修改超出原始文本范围的缺陷，合议组将以本申请不符合专利法第 33 条的规定为由维持驳回决定。

复审请求人于2004年6月28日提交了意见陈述书，并提交了权利要求第1~2页和说明书第1~6页的替换页。此次提交的权利要求书与复审请求人于申请日提交的原始权利要求书基本相同；同时，与原始说明书相比，新提交的说明书不但增加了大豆根瘤菌、共生固氮根瘤菌、蚕豆或豌豆根瘤菌、菜豆根瘤菌的生物学分类名称，以及例举具体的自生固氮菌、放线菌、磷细菌、钾细菌等及其生物学分类名称（参见说明书第3页第3段），而且在具体实施方式中补入了具体的保藏菌种实例（参见说明书的5页第1段）。此外，说明书还增加了现有技术等内容。经修改的独立权利要求如下：

"1. 一种高效多功能复合微生物肥由公知原始菌种和基质加入多种微量元素组成，其特征在于，所有菌种是以根瘤菌为主、其他菌类为辅的复合菌种，即由二株或二株以上的细菌组成的微生物种群，其中根瘤菌成分占60%~95%，其他菌类成分占5%~40%，作为主体菌类并且是从豆科作物提取出来的共生固氮根瘤菌类可以是大豆根瘤菌、花生、绿豆、红小豆、猪屎豆、豇豆根瘤菌，豌豆根瘤菌，菜豆根瘤菌或扁豆根瘤菌；作为辅助性菌类可以是自生固氮菌、放线菌、兰细菌、巨大芽孢杆菌、胶冻样芽孢杆菌；作为吸收菌液的基质可以采用泥炭土（或称之为褐煤、泥煤、泥炭或草炭）、制糖厂糖泥、污水处理厂污泥、江河湖海淤泥，或将这些基质中的两种或两种以上加以混合使用；含有植物生长必须的多种微量元素成分，其含量范围以PPM计如下：锂0.05~10、硼0.1~15、镁5~15、硅5~15、硫10~30、钙30~100、钛0.1~3、铁50~100、铜5~15、硒0.1~3、钼0.5~5、钍0.05~5、铍0.03~8、钠5~30、铝0.5~5、磷0.5~5、钾5~30、钒0.1~3、锰0.5~5、钴0.1~3、锌10~30、锆0.1~3、铈0.01~2、金0.01~0.03，这些成分可通过往基质定量加入一种或两种以上加以混和的沸石粉、蛭石粉、粉煤灰粉、矿渣粉、冶炼渣粉、海泡石粉等矿物质成分，或往基质加入相应元素成分的人造固体化合物或水溶液来获得。"

据此，合议组认为本案事实清楚，可以作出复审决定。

**二、决定的理由**

专利法第33条规定：申请人可以对其专利申请文件进行修改，但是，对发明和实用新型专利申请文件的修改不得超出原说明书和权利要求书记载的范围。

具体地说，如果申请的内容通过增加、改变和/或删除其中的一部分，致使所属技术领域的技术人员看到的信息与原申请记载的信息不同，而且又不能从原申请记载的信息中直接地、毫无疑义地确定，那么，这种修改就是不允许的。

在复审请求人提交的经修改的说明书中，将部分微生物学分类名称补入，但是，这些生物学分类名称的信息并没有记载在原始申请文件中；同时，由于本申请原始文本中只给出大豆根瘤菌、自生固氮菌等的中文名称，而这样的中文名称是笼统的功能性词语，例如自生固氮菌种类繁多，主要代表有Azotobacter、Beijerinckia和Azospirillum等属的菌种，参见附件4表1；再例如，在复审请求人在请求复审时提交的附件2中，大豆根瘤菌的名称为"Bradyrhizobium japonicum"，而在附件3中大豆根瘤菌的名称为"Rhizobium japonicum"，由此可见大豆根瘤菌对应多种不同的属，因而其生物学分类名称并不是唯一的；基于上述理由，根据原始申请记载的中文菌种名称无法直接地、毫无疑义地确定上述补入的生物学名称。复审请求人对说明书的修改超出了原始说明书和权利要求书记载的范围。

复审请求人此次提交的说明书不但没有克服复审通知书中指出的修改超范围的全部缺陷，而且进一步在说明书第5页第1段的具体实施方式中增加了具体保藏菌种的实例，例如大豆根瘤菌种（如Accc15055、CGMCCI（828）），钾细菌（如Accc10012、CGMCCI（153）），但是，这些保藏信息不但属于原始文本中未记载的内容，而且，所例举的具体保藏菌种也是不曾在原始说明书和权利要求书中描述过的，这些内容无法从原申请记载的内容毫无疑义地确定，因此，上述修改仍然超范围，不符合专利法第33条的规定。

复审请求人在意见陈述书中提出，审查指南中允许将公知内容补入说明书。但是，对说明书和权利要求书的修改必须符合专利法第33条的规定，如果增加、改变和/或删除的部分致使所属领域技术人员看到的信息与原申请记载的信息不同，又不能直接地、毫无疑义地确定，则这种修改是不允许的。

由于复审请求人未能提供合格的审查文本，所以也未能克服驳回决定所指出的不符合专利法第26条第3款的缺陷。

基于上述理由，合议组特作出如下决定。

**三、决定**

维持国家知识产权局于2003年4月11日对99111130.3号发明专利申请作出的驳回决定。

复审请求人对本决定不服的，可以根据专利法第41条第2款的规定，自收到本决定之日起三个月内向北京市第一中级人民法院起诉。

065

# 枯草芽胞杆菌中生物素的生物合成

## 复审请求审查决定（第11190号）

**决　定　号**　第11190号
**决　定　日**　2007年7月10日
**发明创造名称**　枯草芽胞杆菌中生物素的生物合成
**国 际 分 类 号**　C12N 15/32，C12N 15/52，C12N 15/63，C12N 1/21，C12P 17/18 // C12N 15/32，C12R 1：125
**复 审 请 求 人**　DSMIP财产有限公司
**申　请　号**　94107234.7
**申　请　日**　1994年6月24日
**优 先 权 日**　1993年6月25日，1994年5月6日
**公　开　日**　1995年8月2日
**合议组组长**　李人久
**主　审　员**　葛永奇
**参　审　员**　唐　莉

**法 律 依 据**　专利法实施细则第20条第1款
**决 定 要 点**

权利要求中所包含的技术方案是否都能够实现发明目的，并不影响权利要求的保护范围的确定，对于开放式权利要求，如果其类型清楚，主题明确，有确定的保护范围，则其符合专利法实施细则第20条第1款有关权利要求应当清楚地表述请求保护的范围的规定。

### 一、案由

本复审请求涉及申请日为1994年6月24日、公开日为1995年8月2日、申请号为94107234.7、名称为“枯草芽胞杆菌中生物素的生物合成”的发明专利申请（下称本申请），本申请的优先权日为1993年6月25日和1994年5月6日。本申请的申请人于2007年6月15日由霍夫曼–拉罗奇有限公司变更为DSM IP财产有限公司。

国家知识产权局于2000年6月30日发出第一次审查意见通知书，指出：（1）权利要求1不符合专利法实施细则第20条第1款的规定，因为说明书已经描述了（a）所述的蛋白质序列的结构，而权利要求1描述的是DNA的功能性特征，权利要求1的（c）中“基本同源”确切含义不清楚；（2）权利要求1不符合专利法第26条第4款的规定，因为在说明书中没有公开（b）中的“生物活性片段”能够达到发明目的；（3）由于权利要求2~6中枯草芽孢杆菌的bioA等等不是本领域技术人

员已知的技术特征，权利要求7对“两个所述的DNA序列”没有具体描述，因此，权利要求2~7不符合专利法实施细则第20条第1款的规定；（4）权利要求7、14、21~23、26~27、29不符合专利法实施细则第23条的规定。

申请人于2001年3月15日提交了意见陈述及经修改的权利要求书替换页，修改了权利要求7和其他不符合专利法实施细则第23条规定的权利要求。对于权利要求1~6，申请人指出，权利要求1（a）中的DNA已由说明书中表1所具体限定，权利要求1（b）中涉及的DNA片段的生物活性也已在说明书中清楚地公开，权利要求1（c）的“基本同源的”在说明书中作了解释，完全可以得到说明书的支持；权利要求2~6中的枯草芽孢杆菌的“bioA”等是本领域熟知的术语。

国家知识产权局于2002年10月18日驳回了该申请，理由是根据专利法实施细则第20条的规定，对于要求保护产品的权利要求，必须以其结构在权利要求中限定，而不是在说明书中限定，其次，说明书虽定义的“基本同源”，但该定义存在“至少，杂交”等词，以其限定的权利要求的保护范围不清楚，因此权利要求1不符合专利法实施细则第20条的规定。

驳回决定所针对的权利要求书中的权利要求1为：

“1. 含有选自下列DNA序列的DNA：

（a）编码枯草芽胞杆菌或与枯草芽胞杆菌紧密相关的菌种的生物素生物合成酶的基因的DNA序列；

（b）（a）的生物活性片段的DNA序列；

（c）与（a）或（b）基本同源的DNA序列。”

申请人霍夫曼-拉罗奇有限公司（下称复审请求人）对上述驳回决定不服，于2003年1月30日向专利复审委员会提出复审请求，同时提交了新修改的权利要求书（全文共5项）。修改后的权利要求1为“1. 含有SEQ ID NO：1的DNA序列的DNA，所述DNA是从枯草芽胞杆菌或与枯草芽胞杆菌紧密相关的菌种分离的。”修改后的权利要求2~5相应于原权利要求2~5。

形式审查合格后，专利复审委员会受理了该复审请求，并于2003年2月27日向复审请求人发出《复审请求受理通知书》，同时将本申请移交原审查部门进行前置审查。

原审查部门对本复审请求进行了前置审查，坚持原驳回决定，理由是：权利要求1要求保护的范围仍然不清楚，因为权利要求1是开放式权利要求，从枯草芽孢杆菌或与枯草芽孢杆菌紧密相关的菌种分离的含有SEQ ID NO：1的DNA序列有成千上万个，哪些能够达到发明目的，需要过度的劳动才能知道，因此，权利要求1不符合专利法实施细则第20条第1款的规定。

在此基础上，合议组认为本案事实清楚，可以作出审查决定。

**二、决定的理由**

1. 审查文本

本复审请求审查决定针对的申请文本为复审请求人于申请日提交的说明书第1~91页、附图第1~27页、说明书摘要、和2003年1月30日提交的权利要求第1~5项，该文本符合专利法第33条和专利法实施细则第60条第1款的规定。

2. 关于专利法实施细则第20条第1款

专利法实施细则第20条第1款规定：权利要求书应当说明发明或者实用新型的技术特征，清楚、简要地表述请求保护的范围。

根据该款规定，权利要求中所包含的技术方案是否都能够实现发明目的，并不影响权利要求的保护范围的确定，对于开放式权利要求，如果其类型清楚，主题明确，有确定的保护范围，则其符合专利法实施细则第20条第1款有关权利要求应当清楚地表述请求保护的范围的规定。

对于本申请，原审查部门在驳回决定中指出，复审请求人于2001年3月15日提交的权利要求1要求保护的DNA是不清楚的，第一，该权利要求仍然没有限定其结构，如基因的序列或生物活性片段的序列，对于要求保护产品的权利要求，必须以其结构在权利要求中限定，而不是在说明书中限定；第二，虽然说明书中定义了“基本同源”的意义，但该定义中存在“至少”，“杂交”等词，以其限定的权利要求的保护范围也是不清楚的，因此，权利要求1不符合专利法实施细则第20条的规定。

针对原审查部门的驳回理由，复审请求人在提出复审请求时对权利要求书进行了修改，其中修改后的权利要求1要求保护的DNA被限定为“含有SEQ ID NO：1的DNA序列的DNA，所述DNA是从枯草芽胞杆菌或与枯草芽胞杆菌紧密相关的菌种分离的”。由于新修改的权利要求1包括了所述DNA的结构特征，并且没有“基本同源”等意义不确定的措辞，因此，驳回决定所指出的缺陷已不复存在。

原审查部门在前置审查意见中指出，权利要求1的保护范围仍然是不清楚的，因为权利要求1是一个开放式的权利要求，从枯草芽孢杆菌或与枯草芽孢杆菌紧密相关的菌种分离的含有SEQ ID NO：1的DNA序列有成千上万个，哪些能够达到发明目的，需要过度的劳动才能知道，因此权利要求1不符合专利法实施细则第20条第1款的规定。

第一，上述前置意见中认为权利要求1不符合专利法实施细则第20条第1款规定的具体理由在驳回决定中并未提及；第二，审查指南指出，对于采用“包含”、“包括”的表达方式的开放式权利要求，解释为还可以含有该权利要求中没有述及的结构组成部分或方法步骤。因此，本申请权利要求1中“含有SEQ ID NO：1的DNA序列的DNA”，应当理解为所述DNA包括SEQ ID NO：1在内，并且在其一端或两端还可以具有额外DNA序列的DNA序列。权利要求1请求保护的就是从枯草芽胞杆菌或与枯草芽胞杆菌紧密相关的菌种分离的、所有具有这种序列的DNA。也就是说，权利要求1虽然是开放式权利要求，但其类型清楚，主题明确，有确定的保护范围，至于从枯草芽胞杆菌或与枯草芽胞杆菌紧密相关的菌种分离的含有SEQ ID NO：1的成千上万的DNA序列是否都能够达到发明目的，因其并不影响权利要求1符合专利法实施细则第20条第1款的规定，本决定在此不予评述。

根据以上事实和理由，本案合议组作出如下审查决定。

**三、决定**

撤销国家知识产权局于2002年10月18日对申请号为94107234.7的发明专利申请作出的驳回决定。由原审查部门在本复审决定所针对的审查文本的基础上继续进行审查。

复审请求人对本复审决定不服的，可以根据专利法第41条第2款的规定，自收到本决定之日起三个月内向北京市第一中级人民法院起诉。

066

# 用活化的凝血因子 VII 治疗血栓溶解疗法引起的大出血

## 复审请求审查决定（第 11219 号）

**决　定　号**　第 11219 号
**决　定　日**　2007 年 7 月 26 日
**发明创造名称**　用活化的凝血因子 VII 治疗血栓溶解疗法引起的大出血
**国 际 分 类 号**　A61K 38/48，A61P 7/04
**复 审 请 求 人**　贝林格尔英格海姆法玛两合公司
**申　请　号**　01821111.9
**优 先 权 日**　2000 年 12 月 21 日
**申　请　日**　2001 年 12 月 20 日
**公　开　日**　2004 年 3 月 17 日
**合 议 组 组 长**　李金光
**主　审　员**　唐　莉
**参　审　员**　许　磊

**法 律 依 据**　专利法第 26 条第 3 款
**决 定 要 点**

对于化学产品用途发明，在说明书中应当记载所使用的化学产品、使用方法及所取得的效果；如果本领域的技术人员无法根据现有技术预测该用途，则应当记载足以证明该产品可以用于所述用途并能解决所要解决的技术问题或者达到所述效果的实验数据。如果说明书中仅给出了具体的技术方案，但未提供实验证据，而该方案又必须依赖实验结果加以证实才能成立，那么该专利申请不符合专利法第 26 条第 3 款有关说明书充分公开的规定。

### 一、案由

本复审请求涉及 2001 年 12 月 20 日申请、2004 年 3 月 17 日公开、名称为“用活化的凝血因子 VII 治疗血栓溶解疗法引起的大出血”的 01821111.9 号发明专利申请（下称本申请），本申请的优先权日为 2000 年 12 月 21 日。本申请的申请人为贝林格尔英格海姆法玛两合公司。

国家知识产权局于 2005 年 4 月 1 日驳回了本申请，理由是本申请说明书没有提供活化的凝血因子 VII 在治疗由血栓溶解疗法/纤维蛋白溶解疗法所导致的大出血方面的试验数据，说明书公开不充分，不符合专利法第 26 条第 3 款的规定。

驳回决定所针对的权利要求书为：

“1. 活化的凝血因子 VII（VIIa）或其功能衍生物在制备治疗血栓溶解疗法/ 纤维蛋白溶解疗法引起的大出血的药物方面的用途。

2. 权利要求1的用途，其中所述出血是使用如下物质进行血栓溶解疗法/纤维蛋白溶解疗法引起的，所述物质是任何形式的天然或重组的组织纤维蛋白溶酶原激活物，如 alteplase，reteplase，duteplase，saruplase，重组的 DSPAα1（BAT PA），链激酶，葡萄球菌激酶包括 pegilated 葡萄球菌激酶和无免疫原性或免疫原性降低的葡萄球菌激酶的突变体，尿激酶，单链尿激酶，第三代血栓溶解剂，或上述药物的治疗上可接受的衍生物。

3. 权利要求1或2的用途，其中所述出血是颅内出血。

4. 权利要求1~3任一项的用途，其中所述药物适宜于通过静脉推注注射或静脉输注方式给药有效量的凝血因子 VIIa 或其功能衍生物。

5. 权利要求4的用途，其中所述凝血因子 VIIa 或其功能衍生物的有效量包括一次或多次单剂静脉推注注射和/或静脉输注，其中所述单剂静脉推注注射剂量为每公斤体重约3000~6000IU，相当于约60~120μg 的重组凝血因子 VIIa，所述静脉输注的剂量为每公斤体重每小时约500~1500IU，相当于约10~30μg 的重组凝血因子 VIIa。

6. 权利要求4或5的用途，其中所述有效量的凝血因子 VIIa 或其功能衍生物是以约2小时的间隔进行多次静脉推注注射给药。

7. 一种治疗血栓溶解疗法/纤维蛋白溶解疗法引起的大出血，包括颅内出血的方法，该方法包括给药患所述出血的受试者有效量的活化的凝血因子 VII（VIIa）或其功能衍生物。

8. 权利要求7的方法，其中所述出血是使用如下物质进行血栓溶解疗法/纤维蛋白溶解疗法引起的，所述物质是任何形式的天然或重组的组织纤维蛋白溶酶原激活物，如 alteplase，reteplase，duteplase，saruplase，重组的 DSPAα1（BAT PA），链激酶，葡萄球菌激酶包括 pegilated 葡萄球菌激酶和无免疫原性或免疫原性降低的葡萄球菌激酶的突变体，尿激酶，单链尿激酶，第三代血栓溶解剂，或上述药物的治疗上可接受的衍生物。

9. 权利要求7或8的方法，其中所述有效量的凝血因子 VIIa 或其功能衍生物是通过静脉推注注射或静脉输注给药的，优选通过间隔约2小时的多次静脉推注注射给药。

10. 权利要求9的方法，其中所述凝血因子 VIIa 或其功能衍生物的有效量包括一次或多次单剂静脉推注注射和/或静脉输注，其中所述单剂静脉推注注射剂量为每公斤体重约3000~6000IU，相当于约60~120μg 的重组凝血因子 VIIa，所述静脉输注的剂量为每公斤体重每小时约500~1500IU，相当于约10~30μg 的重组凝血因子 VIIa。”

申请人贝林格尔英格海姆法玛两合公司（下称复审请求人）对上述驳回决定不服，于2005年7月18日向专利复审委员会提出复审请求，复审请求人认为：TRIPS 协议和中国专利法都规定，判定是否充分公开发明的唯一标准是本领域技术人员“能否实现发明”；复审请求人在答复第一次审查意见通知书时提交的附件1（Reversal of exaggerated bleeding time by Factor VIIa induced by standard thrombolytic treatment in rats，共5页）证明本发明是能实现的，而且，对于本发明，说明书中已经举例说明了作为原料的 VIIa 的确认（见说明书第2页第7~18行）和获得途径（说明书第3页第2段），还举例说明了该物质的使用方法（说明书第3页第1~4行及第22~24行）、剂型（说明书第3页第25~30行）、有效剂量（说明书第3页第31行至第4页第6行）、给药方案（说明书第4页第6~17行）；在说明书公开了这些情报的基础上，本领域技术人员能够实现权利要求1的发明，说明书符合专利法第26条第3款的规定。缺乏实验数据与“能否实现发明”没有必然联系，驳回决定中以缺乏试验数据为由，用专利法第26条第3款来驳回本申请，适用法律不当。

形式审查合格后，专利复审委员会受理了该复审请求，并于2005年9月6日向复审请求人发出《复审请求受理通知书》，随后将本申请案卷移交原审查部门进行前置审查。

原实审部门对本复审请求进行了前置审查，认为复审请求书中的陈述意见不能克服本申请不符合专利法第26条第3款的规定的缺陷，因此坚持原驳回决定。

专利复审委员会组成合议组，对本复审请求案进行了审理。于2006年9月21日向复审请求人发出《复审通知书》。该《复审通知书》指出：（1）权利要求7～10的保护主题是“一种治疗血栓溶解疗法/纤维蛋白溶解疗法引起的大出血，包括颅内出血的方法”，血栓溶解疗法/纤维蛋白溶解疗法引起的大出血使机体处于病理状态，治疗血栓溶解疗法/纤维蛋白溶解疗法引起的大出血，包括颅内出血的方法是一种缓解或消除病灶的过程，因而属于专利法第25条第1款第（3）项规定的不授予专利权的主题；（2）本申请涉及活化的凝血因子VII（VIIa）或其功能衍生物在制备治疗血栓溶解疗法/纤维蛋白溶解疗法引起的大出血的药物方面的用途，该用途必须依赖实验结果加以证实才能成立，说明书中没有提供证明活化的凝血因子VII（VIIa）能够治疗血栓溶解疗法/纤维蛋白溶解疗法导致的大出血的具体实验室试验或临床试验的证据，现有技术中也没有给出凝血因子VII（VIIa）可用于上述用途的教导，本领域普通技术人员根据说明书的描述难于确定本发明的技术方案能够达到预期的目的或效果，因此本申请不符合专利法第26条第3款有关说明书充分公开的规定。

针对《复审通知书》指出的问题，复审请求人于2007年1月8日提交了意见陈述书及经修改的权利要求书全文替换页。修改后的权利要求书相对于驳回决定所针对的权利要求书仅删除了权利要求7～10，对其他权利要求未进行修改；修改后的权利要求书克服了《复审通知书》指出的权利要求7～10不符合专利法第25条第1款第（3）项规定的缺陷。

至此，合议组认为本案事实已经清楚，可以作出审查决定。

**二、决定的理由**

1. 审查依据的文本

复审请求人于2007年1月8日提交的修改的权利要求书中仅删除了权利要求7～10，对其他权利要求未作修改，这种修改符合专利法第33条和专利法实施细则第60条第1款的规定。本复审决定是在复审请求人于进入中国国家阶段时提交的说明书第5～7页及摘要、2005年2月7日提交的说明书第1～4页、以及于2007年1月8日提交的权利要求第1～6项的文本的基础上作出的。

2. 关于专利法第26条第3款

专利法第26条第3款规定：说明书应当对发明或者实用新型作出清楚、完整的说明，以所属技术领域的技术人员能够实现为准。

对于化学产品用途发明，在说明书中应当记载所使用的化学产品、使用方法及所取得的效果，如果本领域的技术人员无法根据现有技术预测该用途，则应当记载足以证明该产品可以用于所述用途并能解决所要解决的技术问题或者达到所述效果的实验数据。如果说明书中仅给出了具体的技术方案，但未提供实验证据，而该方案又必须依赖实验结果加以证实才能成立，那么该专利申请不符合专利法第26条第3款有关说明书充分公开的规定。

本申请涉及活化的凝血因子VII（VIIa）或其功能衍生物在制备治疗血栓溶解疗法/纤维蛋白溶解疗法引起的大出血的药物方面的用途。在本申请的说明书中虽然对凝血因子VII（VIIa）的来源、用法、给药剂量、给药方法进行了描述，但是并没有提供任何表示VII（VIIa）或其衍生物可以治疗血栓溶解疗法/纤维蛋白溶解疗法引起的大出血的实验数据，而且虽然在说明书中给出了一些现有技术的参考文献，但是正如复审请求人所承认并在说明书第2页所记载的那样，现有技术中从未有人提出或研究过用凝血因子VII（VIIa）扭转血栓血栓溶解疗法导致的大出血事件。血液的凝固是一个复杂的级联过程，其中涉及血小板、多种凝血因子、凝血酶原以及纤维蛋白原等的共同作用；为了达到有效地凝血，在血液中必须含有一定量的这些成分。在血栓溶解疗法中，当使用抗血小板剂的时候，会导致血小板数量减少，或者不能有效地聚集和粘附；当使用抗凝剂的时候，某些抗凝剂会抑制某些凝血因子，而另一些抗凝剂的抗凝机理甚至并不清楚，不能确定其会影响哪些成分；当使用纤维蛋白溶解剂的时候，在降解纤维蛋白的同时也降解了作为纤维蛋白前体的纤维蛋白原，甚至还降解某些凝血因子。因此血栓溶解疗法会导致复杂的凝血系统中多种成分受到影响从而不能正常凝血，根据血液凝固的机理并不能确定仅补充活化的凝血因子 VII（VIIa）就能补偿受到影响的成分从而使得凝血系统恢复正常。虽然从现有技术可知，活化的凝血因子 VII（VIIa）对于血友病、创伤或外科手术出血具有止血效果，但是血友病患者的凝血系统中仅仅是特定的某个凝血因子受到抑制，而在创伤或外科手术导致的出血中凝血系统是正常的，并不缺乏某个成分，这二者的凝血系统状况与血栓溶解疗法/纤维蛋白溶解疗法导致大出血时的凝血系统的状况完全不同；因而即使活化的凝血因子 VII（VIIa）能够用于治疗血友病以及因创伤或外科手术引起的出血，也不能据此确定其确实能够用于治疗血栓溶解疗法/纤维蛋白溶解疗法导致的大出血；所以本申请的用途必须依赖实验结果加以证实才能成立。在说明书中没有提供证明活化的凝血因子 VII（VIIa）能够治疗血栓溶解疗法/纤维蛋白溶解疗法导致的大出血的具体实验室试验或临床试验的证据和现有技术中也没有给出凝血因子 VII（VIIa）可用于上述用途的教导的情况下，本领域普通技术人员根据说明书的描述难于确定本发明的技术方案能够达到预期的目的或效果。因此本申请不符合专利法第 26 条第 3 款有关说明书充分公开的规定。

复审请求人认为：(1) 如果不进行必要的实验验证，不可能给出如有效剂量、给药方案等这些详细的本发明技术方案的教导。附件 1 表明本领域本领域任何一个普通技术人员，只要按照上述教导，对本发明技术方案简单付诸实施，必然能得到预期的技术效果。(2) 判断发明是否被充分公开，唯一的判断依据就是公开的内容是否足以使所属领域技术人员能够实现该发明，即使本申请说明书缺乏效果试验数据，也不影响本领域技术人员根据本申请说明书的描述实现本发明，因此对本案的审查适用法律不当。

对此，合议组认为：(1) 附件 1 是证实凝血因子 VII（VIIa）确实具有快速逆转由血栓溶解治疗所引起的大出血的试验数据，但因其提交日晚于本申请的申请日，且并未在原申请文件中记载，而且所属领域技术人员在本申请日前根据现有技术无法获知该附件 1 的试验结果，因此其不能证明本申请文件在申请日已经清楚、完整地公开了本发明。(2) 判定发明是否充分公开的根本原则是本领域技术人员是否能够实现发明，"能够实现"的含义不仅仅是本领域技术人员按照说明书记载的内容能够实施技术方案本身，还包括根据说明书的内容结合现有技术能够确信该技术方案可以解决技术问题，产生预期的技术效果，对于必须依赖实验结果加以证实才能确信其能解决技术问题的技术方案，如果说明书中没有给出试验数据，则认为本领域普通技术人员根据说明书的描述无法实现该发明。所以，当针对具体情况具体执行上述根本原则时，在必要的情况下说明书中应当提供试验数据。审查指南中对于化学用途发明的公开指出"如果本领域的技术人员无法根据现有技术预测该用途，则应当记载对于本领域技术人员来说，足以证明该物质可以用于所述用途并能解决所要解决的技术问题或者达到所述效果的实验数据"。可见在用途发明中，如果该用途无法根据现有技术预测得到，则仅仅进行说明并不足以证明所要保护的用途，而是必须提供使得所属领域普通技术人员能够确信其结果的证据，即试验数据。因此复审请求人关于对本案的审查适用法律不当的主张不成立。

根据以上事实和理由，本案合议组作出如下审查决定。

**三、决定**

维持国家知识产权局于 2005 年 4 月 1 日对 01821111.9 号发明专利申请作出的驳回决定。

复审请求人对本决定不服的，可以根据专利法第 41 条第 2 款的规定，自收到本决定之日起三个月内向北京市第一中级人民法院起诉。

067

# 菠萝蛋白酶用于炎症疾病治疗及创伤愈合过程的辅助治疗

## 复审请求审查决定（第11220号）

**决　定　号**　第11220号
**决　定　日**　2007年7月27日
**发明创造名称**　菠萝蛋白酶用于炎症疾病治疗及创伤愈合过程的辅助治疗
**国际分类号**　A61K 38/48，A61P 29/00，A61P 37/00，A61P 37/08，A61K 35/78
**复审请求人**　乌尔萨法姆药物两合公司
**申　请　号**　01819500.8
**优　先　权　日**　2000年11月28日
**申　请　日**　2001年11月28日
**公　开　日**　2004年2月18日
**合议组组长**　何　炜
**主　审　员**　唐　莉
**参　审　员**　郭　婷

**法律依据**　专利法第26条第3款，专利法第33条
**决定要点**

说明书背景技术部分可以补入与所要求保护主题相关的背景技术文件，只要该修改仅涉及背景技术而不涉及发明本身，且增加的内容是申请日前已经公知的现有技术，就是允许的。但是如果增加的内容不是申请日前已经公知的现有技术，则不允许。

说明书是否清楚、完整地公开发明，应当针对权利要求中请求保护的各个技术方案分别判断。对于涉及化学产品的用途发明的技术方案，如果本领域的技术人员无法根据现有技术预测该用途，则应当记载对于本领域技术人员来说，足以证明该物质可以用于所述用途并能解决所要解决的技术问题或者达到所述效果的实验证据。如果说明书中给出了具体的方案，但未给出实验数据，而该方案又必须依赖实验结果加以证实才能成立，那么说明书对该技术方案的说明不符合专利法第26条第3款有关充分公开的规定。反之，如果说明书中提供了足以证明该物质可以用于所述用途并能解决所要解决的技术问题或者达到所述效果的实验证据，使得本领域技术人员能够实施该用途发明，则应当认为说明书对该技术方案的说明符合专利法第26条第3款有关充分公开的规定。

### 一、案由

本复审请求涉及2001年11月28日申请、2004年2月18日公开、名称为“菠萝蛋白酶用于炎症疾病治疗及创伤愈合过程的辅助治疗”的01819500.8号发明专利申请（下称本申请），本申请的优

先权日为2000年11月28日，申请人为乌尔萨法姆药物两合公司。

国家知识产权局于2004年7月9日发出第一次审查意见通知书，认为：（1）权利要求1~7请求保护的技术方案属于疾病的治疗方法，根据专利法第25条第1款第（3）项的规定，不能被授予专利权；（2）炎症是多种炎症细胞和炎症因子等经过多种信号传导途径共同参与而产生的机体反应，本领域技术人员不能由菠萝蛋白酶能增高机体IL-8含量而得出其可以治疗炎症疾病或辅助治疗创伤愈合的结论，而说明书中也没有提供充足的实验数据加以证明，致使所述技术领域的技术人员不能够实现本发明，所以本申请说明书不符合专利法第26条第3款的规定。

申请人于2004年11月9日提交了意见陈述及经修改的说明书摘要、说明书及权利要求书全文替换页，将权利要求1~7修改为制药用途形式的权利要求，并提交了四份参考文献：

参考文献D1："Stress and Wound Healing"，Glaser et al.，Archives of General Psychiatry 56（1999），450~456（题目、出处和简介），共2页；

参考文献D2："Differential regulation of cytokine and receptor transcript expression in human corneal and limbal fibroblasts by epidermal growth factor，transforming growth factor-alpha，platelet-derived growth factor B，and interleukin-1 beta"，DQ Li and SC Tseng，Investigative Ophthamology & Visual Science 37（1996），2068~2080（摘要），1页；

参考文献D3："UCR Scientists discover wound healing substance"，University of California Newsroom，2002年1月18日，共3页；

参考文献D4：US2003/0228261A1，公开日为2003年12月11日，共8页。

修改后的权利要求书为：

"1. 菠萝蛋白酶或其一种或几种组分在制备提升个体IL-8含量的药物中的应用。

2. 根据权利要求1所述的菠萝蛋白酶的应用，其特征在于刺激粒细胞功能。

3. 根据权利要求1或2所述的菠萝蛋白酶的应用，其特征在于设计治疗该炎症的药物。

4. 根据权利要求1或2所述的菠萝蛋白酶的应用，其特征在于设计创伤愈合辅助治疗的药物。

5. 根据权利要求3所述的菠萝蛋白酶的应用，其特征在于该炎症涉及皮癣、类风湿性关节炎、多关节炎和敏感症。

6. 根据权利要求5所述的菠萝蛋白酶的应用，其特征在于设计抗组胺的药物。

7. 根据权利要求1或2所述的菠萝蛋白酶的应用，其特征在于该菠萝蛋白酶的成分是一种非蛋白酶成分。"

申请人认为，（1）参考文献D1-D4公开了IL-8含量高则有利于炎症消退和伤口愈合，IL-8含量低则会延迟炎症消退和伤口愈合，本申请提出菠萝蛋白酶可以有效提升个体组织中的IL-8的含量，从而可以快速消除炎症、促进伤口愈合；（2）在本领域中通常认为下降的先天免疫系统可能会导致不明显的发炎一直持续，而本申请证明，菠萝蛋白酶可以通过伤口处已有的粒细胞增加IL-8的分泌，从而激发先天性免疫系统，其可以在伤口部位出现任何已知的症状，例如发红之前，更好地抗击微生物，在分子程度上消除发炎反应。因此，菠萝蛋白酶可以促进免疫系统，加快发炎的反应过程，减轻其症状。本申请说明书符合专利法第26条第3款的规定。此外，申请人在修改后的说明书背景技术部分中加入了对上述参考文献的描述。

国家知识产权局于2005年4月8日驳回了本申请，理由是申请人的意见陈述书和修改的权利要求书、说明书仍然不能证明使用菠萝蛋白酶提升机体IL-8，是否能够最终制备出能够治疗炎症、皮癣、类风湿性关节炎、多关节炎、敏感症的药物，由于生物医药领域的不可预见性，虽然菠萝蛋白酶提升了IL-8的含量，然而却可能导致其他疾病重要相关介质的异常，从而恶化了某些疾病的状况，而且说明书也没有提供充足的实验数据加以证明，因此说明书未对发明作出清楚、完整的说明，不符合专利法第26条第3款的规定。

申请人乌尔萨法姆药物两合公司（下称复审请求人）对上述驳回决定不服，于2005年7月5日向专利复审委员会提出复审请求，复审请求人没有在提出复审请求的同时提交新的专利申请文本。复审请求人认为，（1）本发明的实验结果表明菠萝蛋白酶可以提升粒细胞中IL-8的分泌，而且人们可通过已知文献知道IL-8的分泌或含量的高低确实会影响炎症的消除和伤口的愈合，增加免疫细胞能有利地刺激炎症部位的免疫反应，从而有助于消除炎症和存进伤口的愈合；（2）菠萝蛋白酶已被批准作为食品添加剂使用，那么可以相信菠萝蛋白酶的毒副作用很小，即使菠萝蛋白酶有一些毒副作用，但这也不应妨碍其在治疗炎症方面的应用；国家知识产权局驳回的理由不成立。

形式审查合格后，专利复审委员会受理了该复审请求，并于2005年9月20日向复审请求人发出《复审请求受理通知书》，随后将本申请案卷移交原审查部门进行前置审查。

原审查部门对本复审请求进行了前置审查，认为不能由菠萝蛋白酶能够提升IL-8的含量的实验直接推导出菠萝蛋白酶能够治疗炎症、皮癣、类风湿性关节炎、多关节炎、敏感症等疾病的结论，坚持原驳回决定。

专利复审委员会组成合议组，对本复审请求案进行了审理，于2007年1月17日向复审请求人发出《复审通知书》。《复审通知书》指出，（1）复审请求人于2004年11月9日提交的修改文本中，在说明书的背景部分增加了对于参考文献D3和D4的描述，这种修改超出了原始权利要求书和说明书的记载范围，不符合专利法第33条的规定；（2）对于权利要求1、2、7中涉及菠萝蛋白酶的一种或几种组分在制备提升个体IL-8含量的药物中的应用的部分技术方案，说明书中仅证实了菠萝蛋白酶能够增加中性粒细胞IL-8的分泌，但由于不能确定菠萝蛋白酶这一混合物中哪一种或哪几种组分能够提升IL-8的含量，说明书中也没有提供相应的试验数据，因而本领域技术人员不能确定该技术方案能够达到预期的效果；对于权利要求3、5、6中涉及菠萝蛋白酶用于制备治疗炎症，例如皮癣、类风湿性关节炎、多关节炎和敏感症的药物，例如抗组胺的药物中的应用的技术方案，以及权利要求4中菠萝蛋白酶用于制备创伤愈合辅助治疗的药物的技术方案，根据现有技术不能确定菠萝蛋白酶能够通过提升个体IL-8含量达到治疗所述疾病的效果，而说明书中也没有相应的实验证据，因而本领域技术人员不能确定该技术方案能够达到预期的效果；因此说明书中对这些技术方案的说明不符合专利法第26条第3款有关说明书充分公开的规定；（3）对于复审请求人于2004年11月9日提交的4篇参考文献，其中参考文献D3和D4的公开日晚于本申请的优先权日，不能作为现有技术用以佐证本发明的充分公开，而参考文献D1和D2仅仅是揭示伤口愈合过程中自然发生的一种动态过程，而过量的IL-8实际上并不利于伤口愈合，因此不能证明给予能提升IL-8含量的药物能促进伤口愈合；（4）复审请求人于2004年11月9日提交的意见陈述书中的意见不具备说服力。

针对《复审通知书》指出的问题，复审请求人于2007年3月1日提交了意见陈述书及经修改的权利要求书和说明书第2页的替换页。其中对说明书第2页所作修改是删除了对参考文献D3和D4的描述。

修改后的权利要求书如下：

“1. 菠萝蛋白酶在制备提升个体IL-8含量的药物中的应用。

2. 根据权利要求1所述的菠萝蛋白酶的应用，其特征在于刺激粒细胞功能。”

至此，合议组认为本案事实已经清楚，可以作出审查决定。

## 二、决定的理由

1. 审查依据的文本

本复审请求审查决定所针对的文本为复审请求人于2007年3月1日提交的权利要求第1~2项、说明书第2页、于2004年11月9日提交的说明书第1，3~5页、摘要，以及在进入中国国家阶段时提交的说明书附图第1页。

2. 关于专利法第33条

专利法第33条规定：申请人可以对其专利申请文件进行修改，但是，对发明和实用新型专利申请文件的修改不得超出原说明书和权利要求书记载的范围。

根据该条规定，说明书背景技术部分可以补入与所要求保护主题相关的背景技术文件，只要该修改仅涉及背景技术而不涉及发明本身，且增加的内容是申请日前已经公知的现有技术，就是允许的。但是如果增加的内容不是申请日前已经公知的现有技术，则不允许。

本案中，复审请求人于2004年11月9日提交的修改文本中分别对权利要求书和说明书进行了修改。其中对说明书的修改是在说明书的背景技术部分增加了对四篇参考文献D1-D4的描述内容，其中参考文献D1和D2的公开日分别为1999年和1996年，属于申请日前已经公知的现有技术，而且对参考文献D1和D2的说明均是对其内容的客观描述，不包括复审请求人推测的内容，因此该部分修改内容应被允许。而其中参考文献D3和D4的公开日分别为2002年1月18日和2003年12月11日，均在本申请的优先权日/申请日之后，不属于申请日前已经公知的现有技术，该文献的内容在原始申请文本中没有记载，也不能由其直接地、毫无疑义地确定，因此，《复审通知书》中指出说明书中增加对于参考文献D3和D4的描述超出了原始权利要求书和说明书的记载范围，不符合专利法第33条的规定。

复审请求人在于2007年3月1日提交的针对《复审通知书》的说明书第2页修改文本中，将说明书中有关参考文献D3和D4的描述删除，修改后的说明书克服了《复审通知书》中所指出的上述缺陷，符合专利法第33条的规定。复审请求人于同时提交的修改后的权利要求书（第1~2项）也没有超出原说明书和权利要求书记载的范围，也同样符合专利法第33条的规定。

3. 关于专利法第26条第3款

专利法第26条第3款规定：说明书应当对发明或者实用新型作出清楚、完整的说明，以所属技术领域的技术人员能够实现为准。

说明书是否清楚、完整地公开发明，应当针对权利要求中请求保护的各个技术方案分别判断。对于涉及化学产品的用途发明的技术方案，如果本领域的技术人员无法根据现有技术预测该用途，则应当记载对于本领域技术人员来说，足以证明该物质可以用于所述用途并能解决所要解决的技术问题或者达到所述效果的实验数据。如果说明书中给出了具体的方案，但未给出实验证据，而该方案又必须依赖实验结果加以证实才能成立，那么说明书对该技术方案的说明不符合专利法第26条第3款有关充分公开的规定。反之，如果说明书中提供了足以证明该物质可以用于所述用途并能解决所要解决的技术问题或者达到所述效果的实验证据，使得本领域技术人员能够实施该用途发明，则应当认为说明书对该技术方案的说明符合专利法第26条第3款有关充分公开的规定。

本案中，驳回决定所针对的权利要求书中涉及多个技术方案，其中包括菠萝蛋白酶或其一种或几种组分在制备提升个体IL-8含量的药物中的应用，具体地，该药物是治疗炎症或用于创伤愈合辅助治疗的药物，更具体地，其中所说的炎症是皮癣、类风湿性关节炎、多关节炎和敏感症，更具体地，该药物是抗组胺的药物。

《复审通知书》中已指出，对于权利要求1~2、7中涉及菠萝蛋白酶的一种或几种组分在制备提升个体 IL-8 含量的药物中的应用的部分技术方案，权利要求 3、5～6 中涉及菠萝蛋白酶用于制备治疗炎症、例如皮癣、类风湿性关节炎、多关节炎和敏感症的药物，例如抗组胺的药物中的应用的技术方案以及权利要求 4 中菠萝蛋白酶用于制备创伤愈合辅助治疗的药物的技术方案，说明书中并没有提供相应试验数据，本领域技术人员不能确定上述技术方案能够达到预期的技术效果，因而说明书对这些技术方案的说明不符合专利法第 26 条第 3 款的规定。

复审请求人于 2007 年 3 月 1 日提交的修改文本中删除了《复审通知书》中指出的这些不符合专利法第 26 条第 3 款规定的技术方案。

修改后的权利要求书为

"1．菠萝蛋白酶在制备提升个体 IL-8 含量的药物中的应用。

2．根据权利要求 1 所述的菠萝蛋白酶的应用，其特征在于刺激粒细胞功能。"

由于菠萝蛋白酶本身是现有技术中已知的物质，本领域技术人员可以通过常规技术获得，而说明书的具体实施方式中也记载了热失活处理前后的菠萝蛋白酶粉剂刺激中性粒细胞增加 IL-8 分泌的试验及其结果，该实验数据已足以证明菠萝蛋白酶可以刺激粒细胞分泌 IL-8 并由此提升 IL-8 的含量，本领域技术人员根据说明书的具体实施方式的描述可以实现将菠萝蛋白酶用于刺激粒细胞，并达到提升 IL-8 的含量的效果，因而说明书对修改后的权利要求要求保护的技术方案的说明符合专利法第 26 条第 3 款有关充分公开的规定。

合议组认为本复审请求审查决定所针对的文本克服了原驳回决定指出的说明书公开不充分的缺陷。

根据以上事实和理由，本案合议组作出如下审查决定。

**三、决定**

撤销国家知识产权局于 2005 年 4 月 8 日对 01819500.8 号发明专利申请作出的驳回决定。由原审查部门在本复审请求审查决定决定所针对的文本的基础上继续进行审查。

复审请求人对本决定不服的，可以根据专利法第 41 条第 2 款的规定，自收到本决定之日起三个月内向北京市第一中级人民法院起诉。

068

# 紫菜种质鉴定试剂及使用方法

## 复审请求审查决定（第11226号）

**决　定　号**　第11226号
**决　定　日**　2007年7月26日
**发明创造名称**　紫菜种质鉴定试剂及使用方法
**国际分类号**　C12Q 1/68
**复审请求人**　中国科学院海洋研究所
**申　请　号**　01106080.8
**申　请　日**　2001年1月16日
**公　开　日**　2002年8月28日
**合议组组长**　李金光
**主　审　员**　唐　莉
**参　审　员**　郭　婷

**法律依据**　专利法第33条，专利法第26条第3款
**决定要点**

如果申请的内容通过增加、改变和/或删除其中的一部分，致使所属技术领域的技术人员看到的信息与原申请记载的信息不同，而且又不能从原申请记载的信息中直接地、毫无疑义地确定，那么，这种修改就是不允许的，反之，则是允许的。

对于发明要保护的技术方案，如果说明书给出了解决问题的技术手段，并且对该技术手段的描述使得所属技术领域的技术人员可以根据说明书记载的内容具体实施该技术方案，并达到发明目的，则不会由于该技术手段含糊不清而导致说明书未充分公开发明。

### 一、案由

本复审请求涉及2001年1月16日申请、2002年8月28日公开、名称为“紫菜种质鉴定试剂及使用方法”的01106080.8号发明专利申请（下称本申请），本申请的申请人为中国科学院海洋研究所。

国家知识产权局于2005年5月13日驳回了本申请，理由是本申请的紫菜种质鉴定试剂似乎是由各种化合物构成的一种混合物，说明书中虽然描述了所述试剂的使用方法，但没有记载本发明的鉴定试剂应该在哪个步骤使用以及如何使用；而且在该使用方法的不同的步骤中分别使用了所述试剂中的

某一组分，但所使用的剂量与构成鉴定试剂混合物的剂量并不相同，且没有任何步骤使用1.5%~2.5%体积的十六烷基三甲基溴化铵，因此说明书没有清楚完整地提供紫菜种质鉴定试剂构成组分、含量以及使用方法。所以根据说明书的记载本领域技术人员无法确定如何使用本发明的紫菜种质鉴定试剂，说明书公开不充分；尽管申请人在答复第一次审查意见通知书时提交了修改的申请文本，但是修改后的说明书仍然没有清楚地描述所述紫菜种质鉴定试剂、其组成成分和使用方法，因此说明书不符合专利法第26条第3款的规定。

驳回决定所针对的权利要求书为：

“1. 一种紫菜种质鉴定试剂，其特征在于按如下步骤操作：

a. 紫菜丝状体脱氧核糖核酸的提取：

紫菜丝状体研磨，离心，用所述试剂溶解液，在35~70分钟时间范围内裂解；用氯仿：异戊醇抽提，上清液加入0.20~0.25倍于上清液体积的10%十二烷基硫酸钠水溶液和上清液体积的3.5~4.5M乙酸钾水溶液，置于冰中10~15分钟，用氯仿：异戊醇再抽提，上清液加入0.6~0.8倍于上清液体积的异丙醇水溶液，冰中置30~50分钟，离心10~15分钟；离心后试管里的沉淀物用70%乙醇洗1~3次，抽干，用0.8~1.2mL三羟甲基氨基甲烷乙二胺四乙酸缓冲液溶解沉淀；加核糖核酸酶10~13mg/mL，35~38℃保温1~1.5小时，用等体积的氯仿：异戊醇抽提1~3次，加0.1~0.3倍于上清液体积的醋酸钠水溶液，1.5~2.5倍于上清液体积的无水乙醇，-18~-22℃沉淀，离心10~20分钟；用70%~80%乙醇洗，抽干，用1~2倍于上清液体积的三羟甲基氨基甲烷乙二胺四乙酸缓冲液溶解沉淀，取2~4μl脱氧核糖核酸样品在0.7%~0.9%的琼脂糖胶电泳，溴化乙锭染色，与标准Lamda脱氧核糖核酸对照，估算脱氧核糖核酸浓度；

b. 所述紫菜丝状体脱氧核糖核酸的纯化：

脱氧核糖核酸粗提物，与300~500μl溶胶液、8~12μl玻璃奶混匀，冰上放置10~20分钟，中间轻摇2~3次；离心30~50秒，去掉上清液，其沉淀用300~500μl漂洗液漂洗，吹干；用500~1000μl $H_2O$ 或1~3倍于上清液体积的500~1000μl三羟甲基氨基甲烷乙二胺四乙酸缓冲液在50~70℃范围内保温5~10分钟，离心1~3分钟，上清液保存备用；

c. 随机扩增多态脱氧核糖核酸反应：

10μl反应体积中含有：

50~60mM三羟甲基氨基甲烷盐酸，2~5mM氯化镁，0.2~0.5mM二磷酸多苷，0.8%~1%富可400，1~3mM酒石磺，4~6μm牛肉血压清蛋白，30~50ng引物，5~10ng模板脱氧核糖核酸，0.5~0.7单位Taq聚合酶；

多聚循环反应参数条件：

94℃ 60秒，38℃ 10秒，72℃ 20秒，2~5个循环；

94℃ 2秒，38℃ 10秒，72℃ 70秒，38~45个循环；

70~75℃保温4~6分钟；

多聚循环反应反应后，产物直接在1.5%琼脂糖胶上进行电泳分离，溴化乙锭染色，紫外照相记录结果；

d. 间隔简单重复序列反应：

10~15mM三羟甲基氨基甲烷盐酸，2~6mM氯化镁，0.2~0.6mM二磷酸多苷，0.8%~1%富可400，1~3mM酒石磺，4~6μm牛肉血压清蛋白，30~60ng引物，5~10ng模板脱氧核糖核酸，0.6~0.8单位Taq聚合酶；

间隔简单重复序列反应参数条件：

96℃ 1分钟；

94℃ 30秒，退火温度+4℃ 10秒，72℃ 60秒，2～4个循环；

94℃ 30秒，退火温度+2℃ 10秒，72℃ 60秒，2～5个循环；

94℃ 2秒，退火温度℃ 10秒，72℃ 70秒，36～45个循环；

70～75℃ 保温4～6分钟；

扩增产物用6％的非变性聚丙烯酰胺凝胶电泳分离，其电泳结果处理与多聚循环反应相同。

2. 按照权利要求1所述紫菜种质鉴定试剂，其特征在于：所述氯仿：异戊醇比例为24：1。

3. 按照权利要求1所述紫菜种质鉴定试剂，其特征在于：步骤a中所述醋酸钠pH值在5.0～5.4范围内。

4. 按照权利要求1所述紫菜种质鉴定试剂，其特征在于：所述三羟甲基氨基甲烷盐酸pH值在8.0～8.5范围内。

5. 按照权利要求1所述紫菜种质鉴定试剂，其特征在于：所述二磷酸多苷为二磷酸腺苷、二磷酸胞苷、二磷酸胸苷和二磷酸鸟苷。

6. 按照权利要求1所述紫菜种质鉴定试剂，其特征在于：优化反应条件所述引物为ISSR25 、ISSR28或ISSR30 。

7. 按照权利要求1所述紫菜种质鉴定试剂，其特征在于：所述退火温度根据不同的引物在46℃到50℃之间。

8. 按照权利要求1所述紫菜种质鉴定试剂，其特征在于：所述乙二胺四乙酸pH值在8.0～8.5范围内。"

申请人中国科学院海洋研究所（下称复审请求人）对上述驳回决定不服，于2005年7月22日向专利复审委员会提出复审请求，同时提交了修改的权利要求1～10及说明书第1～9页替换页，修改内容包括：（1）以本申请原始申请文本中的权利要求书为基础，将原始权利要求3～10主题中记载的"使用方法"修改为"验证方法"；将原权利要求3中记载的"离心，用所述试剂溶解液"修改为"离心后将所得沉淀溶解在所述试剂中"；并修改个别笔误和不通顺之处；（2）对说明书进行适应性修改。修改后的权利要求书如下：

"1. 一种紫菜种质鉴定试剂，其特征在于：按浓度计，由三羟甲基氨基甲烷盐酸7～15mM，乙二胺四乙酸18～22mM，氯化钠1.2～1.4M；按体积百分计算，取1.5％～2.5％十六烷基三甲基溴化铵，1％～2％十二烷基硫酸钠。

2. 按照权利要求1所述紫菜种质鉴定试剂，其特征在于：所述三羟甲基胺基甲烷盐酸pH值为8.0～8.3。

3. 一种按照权利要求1所述紫菜种质鉴定试剂的验证方法，其特征在于按如下步骤操作：

a. 紫菜丝状体脱氧核糖核酸的提取，

紫菜丝状体研磨，离心后将所得沉淀溶解在所述试剂中，在35～70分钟时间范围内裂解；用氯仿：异戊醇抽提，上清液加入0.20～0.25倍于上清液体积的10％十二烷基硫酸钠水溶液和上清液体积的3.5～4.5M乙酸钾水溶液，置于冰中10～15分钟，用氯仿：异戊醇再抽提，上清液加入0.6～0.8倍于上清液体积的异丙醇水溶液，冰中置30～50分钟，离心10～15分钟；离心后试管里的沉淀物用70％乙醇洗1～3次，抽干，用0.8～1.2mL三羟甲基氨基甲烷乙二胺四乙酸缓冲液溶解沉淀；加核糖核酸酶10～13mg/mL，35～38℃保温1～1.5小时，用等体积的氯仿：异戊醇抽提1～3次，加0.1～0.3倍于上清液体积的醋酸钠水溶液，1.5～2.5倍于上清液体积的无水乙醇，-18～-22℃沉淀，离心10～20分钟；用70％～80％乙醇洗，抽干，用1～2倍于上清液体积的三羟甲基氨基甲烷乙二胺四乙酸缓冲液溶解沉淀，取2~4μl脱氧核糖核酸样品在0.7%~0.9%的琼脂糖胶电泳，溴化乙锭染色，与标准Lamda脱氧核糖核酸对照，估算脱氧核糖核酸浓度；

b. 所述紫菜丝状体脱氧核糖核酸的纯化：

脱氧核糖核酸粗提物，与300~500μl溶胶液、8~12μl玻璃奶混匀，冰上放置10~20分钟，中间轻摇2~3次；离心30~50秒，去掉上清液，其沉淀用300~500μl漂洗液漂洗，吹干；用500~1000μl $H_2O$ 或1~3倍于上清液体积的500~1000μl三羟甲基氨基甲烷乙二胺四乙酸缓冲液在50~70℃范围内保温5~10分钟，离心1~3分钟，上清液保存备用；

c. 随机扩增多态脱氧核糖核酸反应：

10μl反应体积中含有：

50~60mM三羟甲基氨基甲烷盐酸，2~5mM氯化镁，0.2~0.5mM二磷酸多苷，0.8%~1%富可400，1~3mM酒石磺，4~6μm牛肉血压清蛋白，30~50ng引物，5~10ng模板脱氧核糖核酸，0.5~0.7单位Taq聚合酶；

多聚循环反应参数条件：

94℃ 60秒，38℃ 10秒，72℃ 20秒，2~5个循环；

94℃ 2秒，38℃ 10秒，72℃ 70秒，38~45个循环；

70~75℃保温4~6分钟；

多聚循环反应反应后，产物直接在1.5%琼脂糖胶上进行电泳分离，溴化乙锭染色，紫外照相记录结果；

d. 间隔简单重复序列反应：

10~15mM三羟甲基氨基甲烷盐酸，2~6mM氯化镁，0.2~0.6mM二磷酸多苷，0.8%~1%富可400，1~3mM酒石磺，4~6μm牛肉血压清蛋白，30~60ng引物，5~10ng模板脱氧核糖核酸，0.6~0.8单位Taq聚合酶；

间隔简单重复序列反应参数条件：

96℃ 1分钟；

94℃ 30秒，退火温度+4℃ 10秒，72℃ 60秒，2~4个循环；

94℃ 30秒，退火温度+2℃ 10秒，72℃ 60秒，2~5个循环；

94℃ 2秒，退火温度℃ 10秒，72℃ 70秒，36~45个循环；

70~75℃ 保温4~6分钟；

扩增产物用6%的非变性聚丙烯酰胺凝胶电泳分离，其电泳结果处理与多聚循环反应相同。

4. 按照权利要求3所述紫菜种质鉴定试剂的验证方法，其特征在于：所述氯仿：异戊醇比例为24：1。

5. 按照权利要求3所述紫菜种质鉴定试剂的验证方法，其特征在于：步骤a中所述醋酸钠pH值在5.0~5.4范围内。

6. 按照权利要求3所述紫菜种质鉴定试剂的验证方法，其特征在于：所述三羟甲基氨基甲烷盐酸pH值在8.0~8.5范围内。

7. 按照权利要求3所述紫菜种质鉴定试剂的验证方法，其特征在于：所述二磷酸多苷为二磷酸腺苷、二磷酸胞苷、二磷酸胸苷和二磷酸鸟苷。

8. 按照权利要求3所述紫菜种质鉴定试剂的验证方法，其特征在于：优化反应条件所述引物为ISSR25 、ISSR28 或ISSR30 。

9. 按照权利要求3所述紫菜种质鉴定试剂的验证方法，其特征在于：所述退火温度根据不同的引物在46℃到50℃之间。

10. 按照权利要求3所述紫菜种质鉴定试剂的验证方法，其特征在于：所述乙二胺四乙酸pH值在8.0～8.5范围内。”

复审请求人认为，所述紫菜种质鉴定试剂是一种混合物，原始提交的权利要求1及说明书技术方案中已指出了组分的浓度和体积百分比，所以试剂成分是清楚的，该试剂是作为整体使用，在紫菜丝状体DNA的提取步骤中用到该试剂，参见原始提交的权利要求3中“紫菜丝状体研磨，离心，用所述试剂溶解液”，而该方法的其他步骤中所用的成分及其剂量与鉴定试剂混合物无关，并不是试剂成分在不同阶段的分别选用。国家知识产权局驳回的理由不成立。

形式审查合格后，专利复审委员会受理了该复审请求，并于2005年9月5日向复审请求人发出《复审请求受理通知书》，随后将本申请案卷移交原审查部门进行前置审查。

原审查部门对本复审请求进行了前置审查，除坚持原驳回决定的意见外，还认为“使用方法”与“验证方法”是截然不同的，申请人将试剂的“使用方法”修改为“验证方法”超出了原始申请文件的范围，不符合专利法第33条的规定。因此，坚持原驳回决定。

专利复审委员会组成合议组，对本复审请求案进行了审理，并于2006年11月10日向复审请求人发出《复审通知书》。《复审通知书》指出：（1）复审请求人将权利要求3～10的主题名称由“使用方法”修改为“验证方法”，并将说明书中记载的紫菜种质鉴定试剂的使用方法中的“使用”改为“验证”，这种修改超出了原说明书和权利要求书的记载范围；（2）新修改的权利要求3以及说明书第2页中记载的“紫菜丝状体研磨，离心后将所得沉淀溶解在所述试剂中，在35～70分钟时间范围内裂解”在原申请中没有记载，也不能从原申请记载的信息中直接地、毫无疑义地确定；因此权利要求3～10和说明书的上述修改不符合专利法第33条的规定。

针对《复审通知书》指出的问题，复审请求人于2006年12月9日提交了意见陈述书和经修改的权利要求书及说明书全文替换页。其中将《复审通知书》针对的申请文本中的权利要求3～10中的验证方法中的“验证”以及说明书中多处“验证”修改回“使用”，并根据原始说明书实施例1～3将复审通知书所针对的申请文本中的权利要求3和说明书第2页所述“紫菜丝状体研磨，离心后将所得沉淀溶解在所述试剂中，在35～70分钟时间范围内裂解”修改为“紫菜丝状体研磨，研磨的粉末转移到50ml离心管，用所述试剂溶解液，将细胞在35～70分钟时间范围内裂解”。

至此，合议组认为本案事实已经清楚，可以作出审查决定。

**二、决定的理由**

1. 审查依据的文本

本复审请求审查决定所针对的文本为复审请求人于2006年12月9日提交的权利要求第1～10项、说明书第1～10页，以及于2004年7月9日提交的摘要。

2. 关于专利法第33条

专利法第33条规定：申请人可以对其专利申请文件进行修改，但是，对发明和实用新型专利申请文件的修改不得超出原说明书和权利要求书记载的范围。

根据该条规定，如果申请的内容通过增加、改变和/或删除其中的一部分，致使所属技术领域的技术人员看到的信息与原申请记载的信息不同，而且又不能从原申请记载的信息中直接地、毫无疑义地确定，那么，这种修改就是不允许的，反之，则是允许的。

本案中，复审请求人于2006年12月9日提交的权利要求书和说明书的修改文本已将“验证”改回原始申请文本中记载的“使用”，其与原始权利要求书和说明书的区别仅在于：修改后的权利要求3和说明书第2页中对紫菜丝状体DNA的提取的描述为“紫菜丝状体研磨，研磨的粉末转移到50mL

离心管，用所述试剂溶解液，将细胞在35~70分钟时间范围内裂解”，而原始权利要求3和说明书第2页对紫菜丝状体的提取的描述为“紫菜丝状体研磨，离心，用所述试剂溶解液，在35~70分钟时间范围内裂解”，但是修改后的权利要求3以及说明书中的上述内容可以在原始权利要求书和说明书中找到明确的出处，即根据原始说明书的实施例1~3可知，在紫菜丝状体DNA的提取的具体实施中，可将研磨后的粉末放在50ml离心管中用所述试剂溶解液对细胞进行裂解（参见原始说明书第5页第1~2行，第6页倒数第1~2行，第8页倒数第2~3行）；因此，所作修改能够从原申请记载的信息中直接地、毫无疑义地确定，修改后的权利要求书和说明书没有超出原始权利要求书和说明书记载的范围，克服了《复审通知书》所指出的缺陷，符合专利法第33条的规定。

3. 关于专利法第26条第3款

专利法第26条第3款规定：说明书应当对发明或者实用新型作出清楚、完整的说明，以所属技术领域的技术人员能够实现为准。

根据该款规定，对于发明要保护的技术方案，如果说明书给出了解决问题的技术手段，并且对该技术手段的描述使得所属技术领域的技术人员可以根据说明书记载的内容具体实施该技术方案，并达到发明目的，则不会由于该技术手段含糊不清而导致说明书未充分公开发明。

根据说明书的描述，本发明的目的是要提供一种紫菜种质鉴定试剂，并提供该试剂的使用方法(参见说明书第2页第1~2行)。首先，说明书第2页第2段中描述了所述紫菜种质鉴定试剂的组成成分以及含量，即“紫菜种质鉴定试剂，按浓度计，取三羟甲基氨基甲烷盐酸（Tris. HCl）7~15mM，乙二胺四乙酸（Ethlenediaminetetra-acetic acid 缩写：EDTA）18~22mM，氯化钠（NaCl）1.2~1.4M；按体积百分比计，取1.5%~2.5%十六烷基三甲基溴化铵（Cetyl trimethyl ammonium bromide），1.5%~2.5%十二烷基硫酸钠（Sodium dodecyl sulfate 缩写：SDS）；所述三羟甲基胺基甲烷盐酸pH值为8.0~8.3”，这表明所述紫菜种质鉴定试剂是具有这些组成成分的混合物，并且各成分的名称均是本领域技术人员所知晓的化合物名称，各成分的含量也是本领域技术人员可以据此计算并称取或量取的。其次，根据说明书第2页第12~13行、第5页第2~3行、第6页倒数第1行和第7页第1行、第8页倒数第1~2行的描述，所述紫菜种质鉴定试剂的使用方法包括“紫菜丝状体研磨，研磨的粉末转移到50ml离心管，用所述试剂溶解液，将细胞在35~70分钟时间范围内裂解”；根据上下文在内容上的连贯，并且由于所述紫菜种质鉴定试剂中的十六烷基三甲基溴化铵与十二烷基硫酸钠均为表面活性剂，是本领域中常见的细胞裂解试剂，可见上述内容中的用于裂解细胞的“所述试剂溶解液”即是指本发明中的紫菜种质鉴定试剂。由此可知，在本发明的紫菜种质鉴定试剂的使用方法中，该紫菜种质鉴定试剂是用于在紫菜丝状体脱氧核糖核酸的提取步骤中裂解研磨后的紫菜细胞；因此，说明书中已经清楚地说明了所述紫菜种质鉴定试剂的组分、含量和使用方法；根据这些技术手段，本领域技术人员可以确定如何使用本发明的紫菜种质鉴定试剂。综上所述，说明书清楚、完整地公开了鉴定试剂的构成组分、含量的使用方法，原审查部门认为本申请说明书不符合专利法第26条第3款规定的驳回理由不成立。

此外，虽然在本申请的鉴定试剂使用方法的某些步骤中还使用了与所述鉴定试剂中的某些单个组分相同的组分，如在DNA提取中使用的10%十二烷基硫酸钠，在DNA提取和纯化中使用的三羟基氨基甲烷乙二胺四乙酸缓冲液，在RAPD和ISSR中使用的三羟甲基氨基甲烷盐酸；但上述这些单个组分的使用与所述鉴定试剂的使用是独立的，无必然联系。

根据以上事实和理由，本案合议组作出如下审查决定。

三、决定

撤销国家知识产权局于2005年5月13日对01106080.8号发明专利申请作出的驳回决定。由原审查部门在本复审决定所针对的文本的基础上继续进行审查。

复审请求人对本决定不服的，可以根据专利法第41条第2款的规定，自收到本决定之日起三个月内向北京市第一中级人民法院起诉。

069

# 中草药果蔬茶菌发酵饮料

## 复审请求审查决定（第11247号）

**决　定　号**　第11247号
**决　定　日**　2007年7月29日
**发明创造名称**　中草药果蔬茶菌发酵饮料
**国 际 分 类 号**　A023L2/38，A23L1/212
**复 审 请 求 人**　于占鳌
**申　请　号**　00124553.8
**申　请　日**　2000年9月20日
**公　开　日**　2001年5月30日
**合 议 组 组 长**　孙跃飞
**主　审　员**　李　娟
**参　审　员**　李亚林

**法 律 依 据**　专利法第22条第3款
**决 定 要 点**
如果请求保护的技术方案是所属技术领域的技术人员在现有技术的基础上仅仅通过合乎逻辑的分析、推理或者有限的试验可以得到，则请求保护的技术方案是显而易见的，不具备创造性。

### 一、案由

本复审请求涉及申请人于占鳌于2000年9月20日申请，2001年5月30日公开，名称为“中草药果蔬茶菌发酵饮料”的00124553.8号发明专利申请（下称本申请）。

国家知识产权局于2004年8月6日针对申请人2004年6月30日提交的权利要求1~6项，说明书第3~4页，2003年7月21日提交的说明书第1~2页及说明书摘要，以权利要求1不符合专利法第22条第2款，权利要求2~5不符合专利法第33条的规定，权利要求6不符合专利法第22条第3款为由驳回了该申请。

驳回的理由是：（1）对比文件1（CN1187323A，公开日为1998年7月15日）公开了一种生物活性饮料，说明书第2页第10~12行公开了该饮料是先用糖、水、茶接种红茶菌母液，发酵，然后把中草药煎出液与发酵的菌液混合后再发酵而制成的；将权利要求1同对比文件1相比可知，对比文件1的饮料是由中草药煎出液与发酵的红茶菌液混合后发酵而得，而本申请要求保护的饮料是由中草药、水果或蔬菜同白糖制作的培养液，与红茶菌成熟发酵混合发酵制成的，通过上述发酵得到的两种饮料应该是一样的，因此权利要求1的产品不具备专利法第22条第2款规定的新颖性；（2）权利要求2和5中的内容没有明确地记载在原始的权利要求书和说明书中，不符合专利法第33条的规定；(3) 权利要求6记载的内容是本领域加工工艺中的惯用手段，因此相对于对比文件1权利要求6不具备专利法第22条第3款规定的创造性。

驳回决定所针对的权利要求书为：

“1. 中草药果蔬茶菌发酵饮料，其特征是用中草药、水果、蔬菜、同白糖制成的培养液，接种含有膜醋酸菌、酵母菌、乳酸菌的菌种液、以发酵方法制成的保健饮品。

2. 根据权利要求1所述的饮品，各原料的重量百分比特征为：中草药、水果、蔬菜干品0.5％～1％，鲜品为3％，茶叶0.3％～0.5％，白糖5％～12％，菌种20％。

3. 根据权利要求1所述的饮品，其特征在于中草药、水果、蔬菜可有目地选择组合，制出不同口感、色泽、功能的极为丰富的众多系列品种，有可持续发展更新选择。

4. 根据权利要求1所述饮品，其特征在于中草药、水果、蔬菜是代替茶叶的主要发酵原料，可根据需要产出含茶叶或不含茶叶的茶菌发酵饮料。

5. 根据权利要求1所述饮品，其特征在于既可用一般食品添加剂调制，也可不使用食品添加剂，成为无食品添加剂发酵饮料。

6. 根据权利要求1所述饮品，其特征在于经过灭菌成为杀菌型茶菌发酵饮料。”

申请人于占鳌（下称复审请求人）对上述驳回决定不服，于2004年8月27日向专利复审委员会提出复审请求，复审请求人在提出复审请求的同时提交了新的权利要求书。复审请求人认为：(1) 对比文件1中红茶菌主要发酵的原料为白糖和茶叶，二者缺一不可，本申请技术方案的中草药和果蔬是做为主要发酵原料使用的，其有益效果是生产不含茶叶的中草药果蔬发酵饮品；本申请方案出于保健、调味等目地保留茶叶和红茶菌种的使用，在此种情况下才与对比文件1的方案接近；但本申请可供使用的中草药和水果蔬菜达45种，仅有枸杞和寸冬与对比文件1的中草药相同，且对比文件1无水果蔬菜，因此，对比文件1不影响本申请的新颖性。(2) 权利要求2在原始说明书第4页“制做方法”中有明确记载，权利要求5在说明书摘要第5行有“无人工色素、香精、糖精、食品添加剂”的记载；因此国家知识产权局驳回的理由不成立。

修改后的权利要求书为：

“1. 中草药果蔬茶菌发酵饮料，其特征是用中草药、水果、蔬菜、同白糖制成的培养液，接种含有膜醋酸菌、酵母菌、乳酸菌的菌种液、以发酵方法制成的保健饮品。

2. 根据权利要求1所述的饮品，各原料的重量百分比特征为：中草药、水果、蔬菜干品0.5％～1％，鲜品为3％。白糖8％～12％。如加用茶叶，用量为0.5％。菌种20％。

3. 根据权利要求1所述的饮品，其特征在于45种中草药、水果、蔬菜可有目地选择1或2～3种组合，制出不同口感、色泽、功能的多系列、多品种。

4. 根据权利要求1所述饮品，其特征在于，可根据需要产出含茶叶或不含茶叶的茶菌发酵饮料。用中草药、果蔬原料培育的菌种可生产不含茶叶的饮品。加用茶叶或红茶菌种发酵可生产含茶饮品。

5. 根据权利要求1所述饮品，其特征在于，既可用一般食品添加剂调制，也可不使用食品添加剂，制成无食品添加剂发酵饮品。”

2004年10月6日，复审请求人提交了补正书和意见陈述书，其意见陈述的内容同提复审请求时提交的意见陈述相同。

形式审查合格后，专利复审委员会受理了该复审请求，并于2004年10月13日向复审请求人发出《复审请求受理通知书》，随后将本申请移交原审查部门进行前置审查。

原审查部门对本复审请求进行了前置审查，坚持驳回决定。

复审请求人又分别于2004年9月12日、2005年1月9日和2005年7月13日提交了意见陈述书，复审请求人认为（1）本申请与对比文件1虽然都有“中草药”，但对比文件1为5种，本申请记载了37种以上，仅麦冬和枸杞与对比文件1相同，因此对比文件1的5种中草药不影响本申请权利要求1中草药的新颖性；（2）本申请以中草药、水果、蔬菜代替茶叶做原料发酵，红茶菌种是含茶菌种，权利要求1的“膜醋酸菌、酵母菌、乳酸菌”包括新型菌种或红茶菌种的使用，既能生产无茶的、也可生产含茶的中草药果蔬茶菌发酵饮料，是一种多系列、多品种产品，而对比文件1为1~2种含五种中草药的生物活性饮料，因此两种饮料是不一样的，本申请权利要求1相对于对比文件1具有新颖性、创造性。

专利复审委员会组成合议组，对本复审请求案进行了审理。合议组于2006年9月12日向复审请求人发出《复审通知书》。《复审通知书》指出：复审请求人于2004年8月27日提交的权利要求2中的“白糖8%~12%”，“如加用茶叶，用量为0.5%”，权利要求5所要求保护的技术方案的内容；驳回决定所针对的说明书第1页倒数第5行出现的“波萝、草莓……黑加仑……”、说明书第3页倒数第2~3行出现的“茶叶用量为0.5%”、“取5%~10%的白糖”、第4页第1、8行出现的“培养2~3天长出菌膜”，说明书第3页倒数第2行出现的“用沸水浸泡8小时后过滤在容器中”的内容，在原申请文件中没有记载，并且也不能从原申请记载的信息中直接地、毫无疑义地确定，上述内容的修改不符合专利法第33条的规定。

针对《复审通知书》指出的问题，复审请求人于2006年9月22日提交了意见陈述书及经修改的权利要求书和说明书第1~4页。2006年10月25日，复审请求人进行了补正，提交了再次修改的说明书第1~4页。2007年4月9日，复审请求人再次提交了意见陈述书及修改后的权利要求书。复审请求人认为经过以上修改后，权利要求和说明书的内容同原始说明书内容一致。修改后的权利要求书为：

“1. 中草药果蔬茶菌发酵饮料，其特征是：中草药、水果、蔬菜等45个品种中，有目地选择1或数个品种组合，同白糖制成的培养液，接种含有膜醋酸菌、酵母菌、乳酸菌的新菌种、以发酵方法制成的不含茶、多品种保健饮品。

2. 根据权利要求1所述的饮品，其特征还在于，加用茶叶或红茶菌种发酵可生产含茶的多品种保健饮品。

3. 根据权利要求1所述的饮品，其特征还在于，同众多的活菌型保健饮品不同，本品不用防腐剂，是以巴氏灭菌方法制成的杀菌型保健饮料。”

合议组针对复审请求人于2007年4月9日提交的权利要求第1~3项、2006年10月25日提交的说明书第1~4页、2003年7月21日提交的说明书摘要对本复审请求案继续审理，于2007年4月24日再次向复审请求人发出《复审通知书》，指出：权利要求1请求保护的技术方案可分为两类，一类是用以中草药的1种或数种为原料，另一类是用水果、蔬菜中的1种或数种、或同时用中草药和水果、蔬菜作为原料，第一类相对于对比文件1不具备新颖性，第二类相对于对比文件1不具备创造性；权利要求2~3请求保护的技术方案相对于对比文件1不具备创造性。

针对第二次《复审通知书》指出的问题，复审请求人于2007年5月12日提交了意见陈述书，并再次对权利要求书进行了修改。修改后的权利要求书如下：

“1. 中草药果蔬茶菌发酵饮料，其特征是：中草药、水果、蔬菜等45个品种中，有目地选择1或数个品种组合，同白糖制成的培养液，接种含有膜醋酸菌、酵母菌、乳酸菌的刺梅果、大枣、乌梅等培育的新菌种、以发酵方法制成的不含茶、多品种保健饮品。

2. 根据权利要求1所述的饮品，其特征还在于，加用茶叶或红茶菌种发酵可生产含茶的多品种保健饮品。

3. 根据权利要求 1 所述的饮品，其特征还在于，同众多的活菌型保健饮品不同，本品不用防腐剂，是以巴氏灭菌方法制成的杀菌型保健饮料。”

至此，合议组认为本案事实清楚，可以作出审查决定。

**二、决定的理由**

1. 关于文本

本复审请求审查决定是以复审请求人于 2007 年 5 月 12 日提交的权利要求第 1 ~ 3 项、2006 年 10 月 25 日提交的说明书第 1 ~ 4 页、及 2003 年 7 月 21 日提交的说明书摘要为基础作出的。

2. 关于创造性

专利法第 22 条第 3 款规定：创造性，是指同申请日以前已有的技术相比，该发明有突出的实质性特点和显著的进步。

如果请求保护的技术方案是所属技术领域的技术人员在现有技术的基础上仅仅通过合乎逻辑的分析、推理或者有限的试验可以得到，则请求保护的技术方案是显而易见的，不具备创造性。

权利要求 2 形式上是权利要求 1 的从属权利要求，实际上是一项独立权利要求，其请求保护一种中草药果蔬茶菌发酵饮料，主要由制备工艺特征进行限定：用中草药、水果、蔬菜等 45 个品种中，有目地选择 1 或数个品种组合，同白糖制成的培养液，接种含有膜醋酸菌、酵母菌、乳酸菌的刺梅果、大枣、乌梅等培育的新菌种，加用茶叶或红茶菌种发酵可生产含茶的多品种保健饮品。

对比文件 1 与本申请均属于红茶菌饮料技术领域，其中公开了一种生物活性饮料及其制备方法，其中公开了如下方案：在糖、水、茶的浸泡滤液中先接种红茶菌母液、发酵 11 ~ 16 天，然后把中草药煎出液或浸出液与发酵的红茶菌液混合后再发酵，可以短期或长期发酵（参见说明书第 2 页第10 ~ 12 行），中草药为包括枸杞、麦冬等药食同源类的中草药（参见说明书第 1 页倒数第 2 行至说明书第 2 页第 2 行）。对比文件 1 公开的是二次发酵：第一次发酵的原料包括糖、茶，接种红茶菌母液，第二次发酵时加入中草药原料；膜醋酸菌、酵母菌、乳酸菌是用于发酵培养红茶菌的主要菌种，对比文件 1 中第一次发酵是接种红茶菌母液，发酵后的红茶菌液中必定含有权利要求 2 中所述的膜醋酸菌、酵母菌、乳酸菌。

权利要求 2 要求保护的饮料也采用了二次发酵的工艺：第一次是用刺梅果、大枣、乌梅等培育菌种，其中含有膜醋酸菌、酵母菌、乳酸菌；第二次发酵时加入“中草药、水果、蔬菜等 45 个品种中，有目地选择 1 或数个品种组合”和白糖，至于茶叶或红茶菌种的加入时间，在权利要求 2 中未具体限定。“1 或数个品种组合”所包括的技术方案可以分为两类，一类是用中草药的 1 种或数种发酵，另一类是用除此之外的其他组合方式的原料发酵。

对于仅用中草药的 1 种或数种发酵的技术方案，权利要求 2 与对比文件 1 的区别为：（1）加入糖的时间不同，权利要求 2 在第二次发酵时加入糖制成培养液，而对比文件 1 是在第一次发酵时加入糖，第二次发酵时未再加糖；（2）加中草药的次数不同，权利要求 2 在第一次发酵时用刺梅果、大枣、乌梅等培育菌种，第二次发酵时加入中草药，对比文件 1 是在第二次发酵时加入中草药，第一次发酵时未加中草药。

对于上述区别（1），其仅体现在饮料的制备过程中，尽管对比文件 1 第二次发酵时未再加糖，但在整个饮料制备过程中使用了糖这种原料；在红茶菌饮料领域中，无论进行多少次发酵，糖的转化过程及其作用是确定的，并不因加入时间的先后而不同，糖的加入时间对该原料在整个饮料制备过程中所起的作用没有影响，对最终所得饮料产品的结构或组成也没有实质性影响。对于上述区别（2），在本领域中，红茶菌发酵后的菌膜和菌液均可用作再次发酵的菌种，连续多次发酵制作饮料（对比文件 1 的第二次发酵即是直接使用第一次发酵后的红茶菌液)；在对比文件 1 已给出了枸杞、麦冬等中草药可用在红茶菌饮料制备中作为原料与红茶菌菌种进行发酵的技术启示的基础上，本领域的技术人员容易想到用其他的药食同源的中草药作为红茶菌饮料的原料接种菌种发酵或多次发酵，并仅仅通过合乎逻辑的分析、推理即可得到权利要求 2 请求保护的发酵饮料，因此，权利要求 2 的上述技术方案是显而易见的，不具备专利法第 22 条第 3 款规定的创造性。

对于权利要求 2 的“中草药、水果、蔬菜等 45 个品种中，有目地选择 1 或数个品种组合”中除 1 种或数种中草药之外的其他技术方案，根据生活常识可知，水果和蔬菜本身都具有可食用性，可直接榨成汁或制成饮料饮用，有的中草药可直接泡水饮用如菊花、桔梗，有的中草药本身也可作为蔬菜或水果食用如枸杞、罗汉果、山楂、杜梨、百合、白果等，在对比文件 1 已给出了以菊花、金银花、枸杞等药食同源类中草药为原料发酵制备红茶菌饮料的基础上，本领域的技术人员容易想到采用有类似饮用或食用用途的水果和/或蔬菜作为原料，单独或与中草药一起接种菌种进行发酵制备饮料。根据上述分析，在对比文件 1 公开的内容及给出的技术启示的基础上，本领域的技术人员仅仅通过合乎逻辑的分析、推理或有限的试验即可得到权利要求 2 请求保护的上述技术方案，因此，上述技术方案不具备专利法第 22 条第 3 款规定的创造性。

根据以上事实和理由，本案合议组作出如下审查决定。

**三、决定**

维持国家知识产权局于 2004 年 8 月 6 日对 00124553.8 号发明专利申请作出的驳回决定。

复审请求人对本决定不服的，可以根据专利法第 41 条第 2 款的规定，自收到本决定之日起三个月内向北京市第一中级人民法院起诉。

070

# 哒嗪并［4，5-b］吲哚-1-乙酰胺衍生物在制备用于治疗与周围神经受体苯并二氮杂的失调有关的疾病的药物中的用途

## 复审请求审查决定（第 11248 号）

**决　定　号**　第 11248 号
**决　定　日**　2007 年 7 月 26 日
**发明创造名称**　哒嗪并［4，5-b］吲哚-1-乙酰胺衍生物在制备用于治疗与周围神经受体苯并二氮杂的失调有关的疾病的药物中的用途
**国 际 分 类 号**　A61K 31/502，A61K 31/5377，A61P 43/00，A61P 25/00，A61P 9/00，A61P 13/00，A61P 17/00，A61P35/00
**复 审 请 求 人**　赛诺菲-安万特
**申　请　号**　00805273.5
**优 先 权 日**　1999 年 1 月 26 日
**申　请　日**　2000 年 1 月 21 日
**公　开　日**　2002 年 4 月 10 日
**合 议 组 组 长**　李金光
**主　审　员**　任　怡
**参　审　员**　许　磊

**法 律 依 据**　专利法第 26 条第 4 款
**决 定 要 点**

权利要求书应当以说明书为依据，是指权利要求应当得到说明书的支持。如果权利要求书中的每一项权利要求所要求保护的技术方案是所属技术领域的技术人员能够从说明书充分公开的内容中得到或概括得出的，并且没有超出说明书公开的范围，则该权利要求能够得到说明书的支持。

### 一、案由

本复审请求涉及 2000 年 1 月 21 日申请、2002 年 4 月 10 日公开、名称为“哒嗪并［4，5-b］吲哚-1-乙酰胺衍生物在制备用于治疗与周围神经受体苯并二氮杂的失调有关的疾病的药物中的用途”的 00805273.5 号发明专利申请（下称本申请），本申请的优先权日为 1999 年 1 月 26 日。本申请的申请人为赛诺菲-安万特。

国家知识产权局于 2005 年 5 月 13 日以权利要求 3～6 不符合专利法第 26 条第 4 款的规定为由驳

回了本申请。

驳回决定所针对的权利要求书为：

“1. 通式（I）的化合物在制备用于预防和治疗选自与外伤有关的神经病、缺血性神经病、感染性神经病、与酒精有关的神经病、与药物有关的神经病或遗传性神经病、脊柱肌萎缩、肌萎缩性侧索硬化、早老性痴呆症、帕金森氏病的周围神经病的药物中的用途：

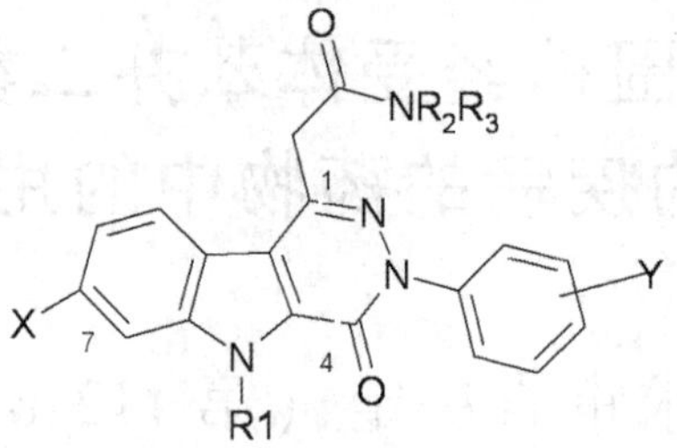

（I）

其中：

X 代表卤原子；

Y 代表一或多个选自 H 、卤素和羟基、甲基、甲氧基和硝基的原子或基团；

$R^1$ 代表（$C_1$ － $C_4$）烷基；

$R^2$ 和 $R^3$ 各自独立地代表 H 或 $C_1$ － $C_4$ 烷基，或者 $R^2$ 和 $R^3$ 与跟它们相连的氮原子一起形成一个吡咯烷基、哌啶基或吗啉基。

2. 权利要求 1 的用途，其特征在于：通式（I）的化合物是 7-氯-N，N，5-三甲基-4-氧代-3-苯基-3，5-二氢-4H-哒嗪并［4，5-b］吲哚-1-乙酰胺。

3. 通式（I）的化合物在制备用于预防和治疗心脏缺血、心力衰竭、心肌梗塞、下肢缺血、冠状血管痉挛、心绞痛、发炎性心脏病、动脉粥样硬化、血栓栓塞性综合症的心脏疾病或障碍的药物中的用途：

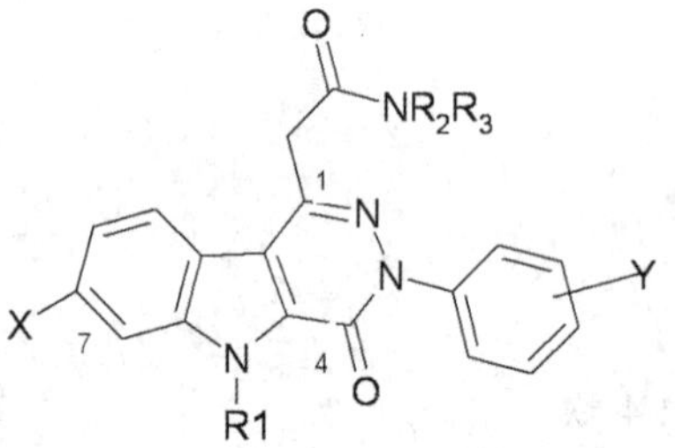

（I）

其中：

X 代表卤原子；

Y 代表一或多个选自 H 、卤素和羟基、甲基、甲氧基和硝基的原子或基团；

$R^1$ 代表（$C_1$ － $C_4$）烷基；

$R^2$ 和 $R^3$ 各自独立地代表 H 或 $C_1$ － $C_4$ 烷基，或者 $R^2$ 和 $R^3$ 与跟它们相连的氮原子一起形成一个吡咯烷基、哌啶基或吗啉基。

4. 权利要求 3 的用途，其特征在于：通式（I）的化合物是 7-氯-N，N，5-三甲基-4-氧代-3-苯基-3，5-二氢-4H-哒嗪并［4，5-b］吲哚-1-乙酰胺。

5. 通式（I）的化合物在制备用于预防和治疗肾衰竭、肾小球肾炎、糖尿病性肾病的药物中的用途：

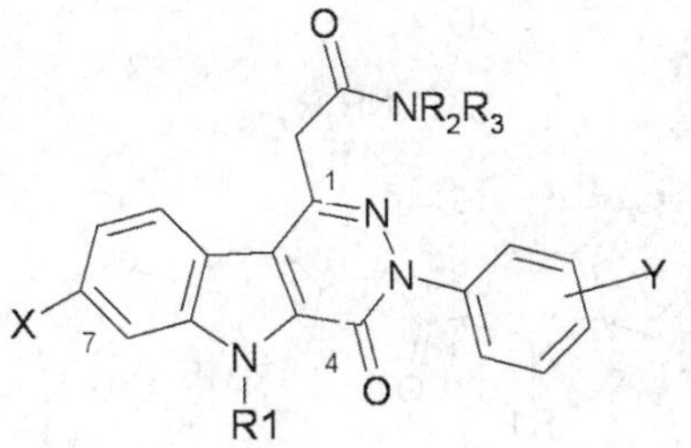

(I)

其中：

X 代表卤原子；

Y 代表一或多个选自 H 、卤素和羟基、甲基、甲氧基和硝基的原子或基团；

$R^1$ 代表（$C_1$ - $C_4$）烷基；

$R^2$ 和 $R^3$ 各自独立地代表 H 或 $C_1$ - $C_4$ 烷基，或者 $R^2$ 和 $R^3$ 与跟它们相连的氮原子一起形成一个吡咯烷基、哌啶基或吗啉基。

6. 权利要求 5 的用途，其特征在于：通式（I）的化合物是 7-氯-N，N，5-三甲基-4-氧代-3-苯基-3，5-二氢-4H-哒嗪并［4，5-b］吲哚-1-乙酰胺。"

驳回决定认为：说明书只证明了所述化合物用于减小由大鼠心脏局部缺血-再灌注引起的梗塞的尺寸以及限制由肾脏局部缺血-再灌注引起的急性肾衰竭。本领域普通技术人员不能推知所述化合物可治疗其他类型的心脏病和肾脏病。因此权利要求 3～6 不符合专利法第 26 条第 4 款的规定。

申请人赛诺菲-安万特（下称复审请求人）对上述驳回决定不服，于 2005 年 8 月 26 日向专利复审委员会提出复审请求，复审请求人在提出复审请求时提交了新修改的权利要求书全文替换页。

复审请求人提交的新权利要求书为：

"1. 通式（I）的化合物在制备用于促进神经再生的药物中的用途：

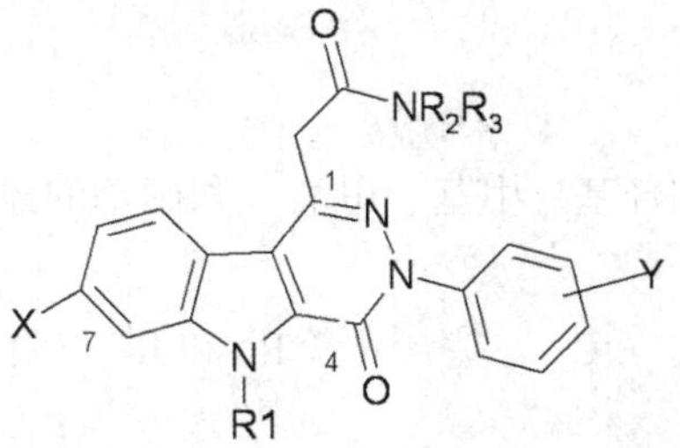

(I)

其中：

X 代表卤原子；

Y 代表一或多个选自 H 、卤素和羟基、甲基、甲氧基和硝基的原子或基团；

$R^1$ 代表（$C_1$ - $C_4$）烷基；

$R^2$ 和 $R^3$ 各自独立地代表 H 或 $C_1$ - $C_4$ 烷基，或者 $R^2$ 和 $R^3$ 与跟它们相连的氮原子一起形成一个吡咯烷基、哌啶基或吗啉基。

2. 权利要求 1 的用途，其特征在于：通式（I）的化合物是 7-氯-N，N，5-三甲基-4-氧代-3-苯基-3，5-二氢-4H-哒嗪并［4，5-b］吲哚-1-乙酰胺。

3. 通式（I）的化合物在制备用于降低梗塞面积的药物中的用途：

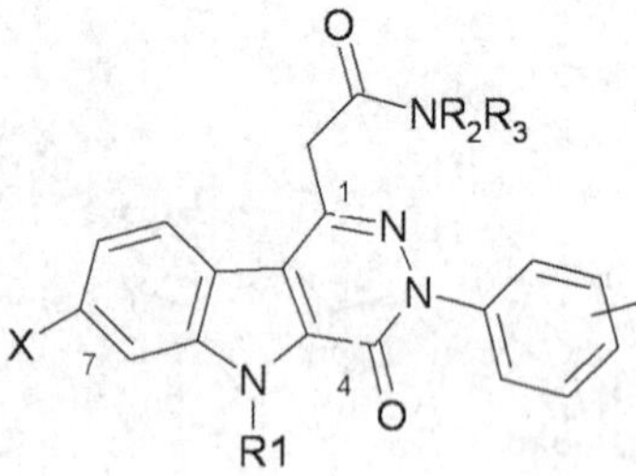

（I）

其中：

X 代表卤原子；

Y 代表一或多个选自 H 、卤素和羟基、甲基、甲氧基和硝基的原子或基团；

$R^1$ 代表（$C_1$ － $C_4$）烷基；

$R^2$ 和 $R^3$ 各自独立地代表 H 或 $C_1$ － $C_4$ 烷基，或者 $R^2$ 和 $R^3$ 与跟它们相连的氮原子一起形成一个吡咯烷基、哌啶基或吗啉基。

4. 权利要求 3 的用途，其特征在于：通式（I）的化合物是 7-氯-N，N，5-三甲基-4-氧代-3-苯基-3，5-二氢-4H-哒嗪并［4，5-b］吲哚-1-乙酰胺。

5. 通式（I）的化合物在制备用于限制急性肾衰竭的药物中的用途：

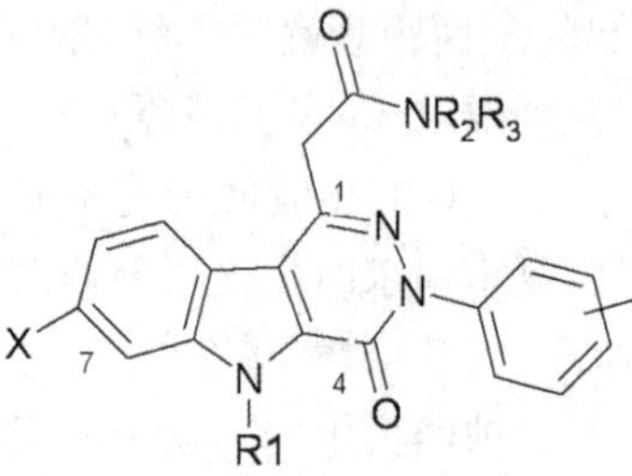

（I）

其中：

X 代表卤原子；

Y 代表一或多个选自 H 、卤素和羟基、甲基、甲氧基和硝基的原子或基团；

$R^1$ 代表（$C_1$ － $C_4$）烷基；

$R^2$ 和 $R^3$ 各自独立地代表 H 或 $C_1$ － $C_4$ 烷基，或者 $R^2$ 和 $R^3$ 与跟它们相连的氮原子一起形成一个吡咯烷基、哌啶基或吗啉基。

6. 权利要求 5 的用途，其特征在于：通式（I）的化合物是 7-氯-N，N，5-三甲基-4-氧代-3-苯基-3，5-二氢-4H-哒嗪并［4，5-b］吲哚-1-乙酰胺。”

复审请求人认为，修改后的权利要求在说明书中有相应的实验支持，克服了驳回中的缺陷，请求撤销驳回决定。

形式审查合格后，专利复审委员会受理了该复审请求，并于 2005 年 9 月 22 日向复审请求人发出《复审请求受理通知书》，随后将本申请案卷移交原审查部门进行前置审查。

原审查部门对本复审请求进行了前置审查后，认为：（1）权利要求 1 和 2 的修改不符合专利法实施细则第 60 条第 1 款的规定。（2）说明书中只记载了降低心脏梗塞尺寸和限制由肾脏局部缺血-再灌注引起的急性肾衰竭的实验，没有公开权利要求 3、5 中的上位概念梗塞和急性肾衰竭，因此权利要求 3 ~4、5 ~6 不符合专利法第 33 条的规定。所以坚持原驳回决定。

专利复审委员会组成合议组，对本复审请求案进行了审理。于 2007 年 2 月 5 日向复审请求人发出《复审通知书》。该《复审通知书》指出：

（1）驳回决定所针对的权利要求为权利要求 3 ~6，复审请求人向专利复审委员会提交的修改后的权利要求书中对权利要求1进行了修改，这种修改不是为了消除驳回决定或合议组所指出的缺陷而进行的，不符合专利法实施细则第60条第1款的规定。

（2）复审请求人将权利要求3中的制药用途由“制备用于预防和治疗心脏缺血、心力衰竭、心肌梗塞、下肢缺血、冠状血管痉挛、心绞痛、发炎性心脏病、动脉粥样硬化、血栓栓塞性综合症的心脏疾病或障碍的药物中的用途”修改为“制备用于降低梗塞面积的药物中的用途”。但在原申请文件中，仅记载了所述化合物可用于“减小由大鼠心脏局部缺血再灌注引起的梗塞尺寸”（见说明书第9页第15行）。而修改后的权利要求3包括多种原因引起的梗塞，修改后的方案既没有记载在原申请文件中，也不能由原申请记载的信息直接地、毫无疑义地得出，权利要求3超出原说明书和权利要求书记载的范围，不符合专利法第33条的规定。

（3）权利要求5使用了上位概念“急性肾衰竭”限定了化合物的制药用途。急性肾衰竭是由不同原因导致的，本申请仅在说明书第9页第1行至第17行给出化合物1对缺血再灌注引起的急性肾衰竭具有限制效果，并没有给出其他理由和证据证明通式I化合物还可以治疗其他原因引起的急性肾衰竭，因此权利要求5的概括包含了申请人推测的效果难以预先确定和评价的内容，得不到说明书的支持，不符合专利法第26条第4款的规定。

针对《复审通知书》指出的问题，复审请求人于2007年5月17日提交了意见陈述书及经修改的权利要求书。复审请求人于2007年6月19日重新提交了修改的权利要求书替换页。

修改后的权利要求书如下：

“1. 通式（I）的化合物在制备用于预防和治疗选自与外伤有关的神经病、缺血性神经病、感染性神经病、与酒精有关的神经病、与药物有关的神经病或遗传性神经病、脊柱肌萎缩、肌萎缩性侧索硬化、早老性痴呆症、帕金森氏病的周围神经病的药物中的用途：

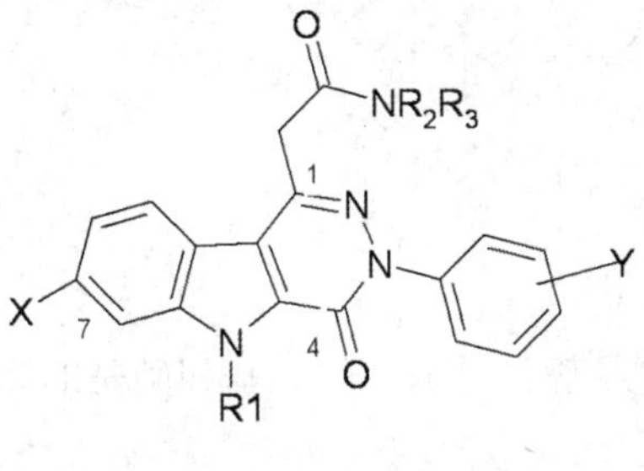


（I）

其中：

X代表卤原子；

Y代表一或多个选自H、卤素和羟基、甲基、甲氧基和硝基的原子或基团；

$R^1$代表（$C_1$－$C_4$）烷基；

$R^2$和$R^3$各自独立地代表H或$C_1$－$C_4$烷基，或者$R^2$和$R^3$与跟它们相连的氮原子一起形成一个吡咯烷基、哌啶基或吗啉基。

2. 权利要求1的用途，其特征在于：通式（I）的化合物是7-氯-N，N，5-三甲基-4-氧代-3-苯基-3，5-二氢-4H-哒嗪并［4，5-b］吲哚-1-乙酰胺。

3. 通式（I）的化合物在制备用于降低由心脏局部缺血再灌注引起的梗塞尺寸的药物中的用途：

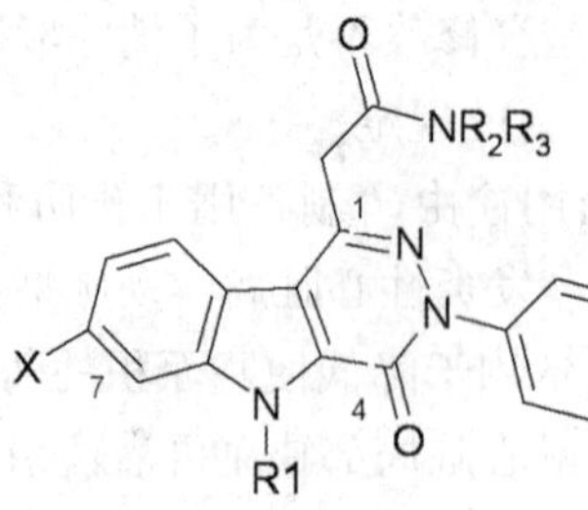

（I）

其中：

X 代表卤原子；

Y 代表一或多个选自 H 、卤素和羟基、甲基、甲氧基和硝基的原子或基团；

$R^1$ 代表（$C_1$ – $C_4$）烷基；

$R^2$ 和 $R^3$ 各自独立地代表 H 或 $C_1$ – $C_4$ 烷基，或者 $R^2$ 和 $R^3$ 与跟它们相连的氮原子一起形成一个吡咯烷基、哌啶基或吗啉基。

4. 权利要求 3 的用途，其特征在于：通式（I）的化合物是 7–氯–N，N，5–三甲基–4–氧代–3–苯基–3，5–二氢–4H–哒嗪并［4，5–b］吲哚–1–乙酰胺。

5. 通式（I）的化合物在制备用于限制由肾脏局部缺血再灌注引起的急性肾衰竭的药物中的用途：

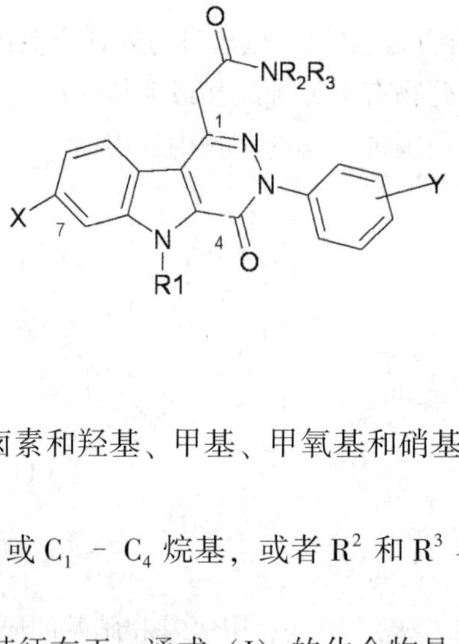

（I）

其中：

X 代表卤原子；

Y 代表一或多个选自 H 、卤素和羟基、甲基、甲氧基和硝基的原子或基团；

$R^1$ 代表（$C_1$ – $C_4$）烷基；

$R^2$ 和 $R^3$ 各自独立地代表 H 或 $C_1$ – $C_4$ 烷基，或者 $R^2$ 和 $R^3$ 与跟它们相连的氮原子一起形成一个吡咯烷基、哌啶基或吗啉基。

6. 权利要求 5 的用途，其特征在于：通式（I）的化合物是 7–氯–N，N，5–三甲基–4–氧代–3–苯基–3，5–二氢–4H–哒嗪并［4，5–b］吲哚–1–乙酰胺。”

至此，合议组认为本案事实清楚，可以作出审查决定。

**二、决定的理由**

1. 审查依据的文本

复审请求人在于 2007 年 6 月 19 日提交的修改文本中，将权利要求 1 修改为驳回决定所针对的权利要求书中的权利要求 1，克服了《复审通知书》所指出的权利要求 1 的修改不符合专利法实施细则第 60 条第 1 款规定的缺陷。修改后的权利要求 3 将制药用途限定为“降低由心脏局部缺血再灌注引起的梗塞尺寸”，该技术方案记载于原说明书第 9 页第 15 行，没有超出原说明书和权利要求书记载的范围，克服了《复审通知书》所指出的权利要求 3 的修改不符合专利法第 33 条规定的缺陷。

本复审决定所针对的文本为复审请求人于 2007 年 6 月 19 日提交的权利要求第 1 ~ 6 项、进入中国国家阶段时提交的说明书第 2～5、8、11～12 页、2004 年 7 月 22 日提交的说明书第 1、6～7、10 页和说明书摘要以及 2005 年 1 月 24 日提交的说明书第 9 页。

2. 关于专利法第 26 条第 4 款

专利法第 26 条第 4 款规定：权利要求书应当以说明书为依据，说明要求专利保护的范围。

权利要求书应当以说明书为依据，是指权利要求应当得到说明书的支持。如果权利要求书中的每一项权利要求所要求保护的技术方案是所属技术领域的技术人员能够从说明书充分公开的内容中得到或概括得出的，并且没有超出说明书公开的范围，则该权利要求能够得到说明书的支持。

本案中，说明书实施例证明了通式（I）化合物能减小由心脏局部缺血再灌注引起的梗塞尺寸以及限制由肾脏局部缺血再灌注引起的急性肾衰竭，权利要求 3 将通式（I）化合物的制药用途具体限定为“降低由心脏局部缺血再灌注引起的梗塞尺寸”，权利要求 5 将通式（I）化合物的制药用途具体限定为“限制由肾脏局部缺血再灌注引起的急性肾衰竭”，从而克服了驳回决定认为因权利要求 3、5 限定的通式（I）化合物用于治疗其他疾病的制药用途而导致权利要求 3～6 得不到说明书的支持的缺陷。

根据以上事实和理由，本案合议组作出如下审查决定。

**三、决定**

撤销国家知识产权局于 2005 年 5 月 13 日对 00805273.5 号发明专利申请作出的驳回决定。由原审查部门在本决定所针对的文本的基础上继续进行审查。

复审请求人对本决定不服的，可以根据专利法第 41 条第 2 款的规定，自收到本决定之日起三个月内向北京市第一中级人民法院起诉。

071

# 增效红花溶栓制剂

## 复审请求审查决定（第11250号）

**决　　定　　号**　第11250号
**决　　定　　日**　2007年7月30日
**发明创造名称**　增效红花溶栓制剂
**国 际 分 类 号**　A61K 35/78，A61P 7/02，A61P 9/10，C12P 1/00
**复 审 请 求 人**　四川大学
**申　　请　　号**　03117590.2
**申　　请　　日**　2003年4月2日
**公　　开　　日**　2003年9月17日
**合 议 组 组 长**　何　炜
**主　　审　　员**　唐　莉
**参　　审　　员**　任　怡

**法 律 依 据**　专利法第26条第3款
**决 定 要 点**

在生物技术这一特定的领域中，有时由于文字记载很难描述生物材料的具体特征，即使有了这些描述也得不到生物材料本身，所属技术领域的技术人员仍然不能实施发明，在这种情况下，应按规定将所涉及的生物材料到国家知识产权局认可的保藏单位进行保藏。如果申请涉及的完成发明所必须使用的生物材料是公众不能得到的，而申请人却没有按专利法实施细则第25条的规定进行保藏，则该申请不符合专利法第26条第3款的规定。

### 一、案由

本复审请求涉及2003年4月2日申请，2003年9月17日公开，名称为“增效红花溶栓制剂”的03117590.2号发明专利申请（下称本申请）。本申请的申请人为四川大学。

国家知识产权局于2005年5月13日驳回了本申请，理由是：本申请的增效红花制剂是由一种产纤溶酶的芽孢杆菌C2-13与川红花共发酵制成，所述芽孢杆菌C2-13对于完成本发明至关重要，该菌株为申请人从当地土壤中分离获得，是公众不能得到的，申请人也没有对该菌株进行保藏，同时说明书中没有说明除了该菌株外，使用其他菌株也能实现发明，因此本领域技术人员无法实现该发明，说明书公开不充分，不符合专利法第26条第3款的规定。

驳回决定所针对的独立权利要求1为：

“1. 一种增效红花溶栓制剂，其特征在于：由一株产纤溶酶的芽孢杆菌C2-13与川红花共发酵制得。”

申请人四川大学（下称复审请求人）对上述驳回决定不服，于2005年7月12日向专利复审委员会提出复审请求，复审请求人认为，（1）只要是能产纤溶酶的芽孢杆菌与川红花发酵就可制得本发明所述的增效红花溶栓制剂，实现发明目的的是芽孢杆菌C2-13产生的纤溶酶，而非芽孢杆菌C2-13本身，产纤溶酶的芽孢杆菌是自然界的常见菌株，芽孢杆菌C2-13只是从自然界普遍存在的芽孢杆菌中分离出的一株；（2）产纤溶酶的芽孢杆菌的分离筛选方法是公知的，本发明中也公开了一种“芽孢杆菌C2-13”的具体分离筛选方法，本领域普通技术人员只要按照常规的纤维平板筛选方法即可获得用于实施本发明的产纤溶酶的芽孢杆菌；（3）产纤溶酶的芽孢杆菌在发酵过程中和传代过程中都是稳定的，不会因发酵产生新的菌种；（4）选用中国科学院微生物研究所菌种保藏中心保藏的纳豆芽孢杆菌也获得了相同的发酵结果，说明该纳豆芽孢杆菌也能重复实施本发明；（5）复审请求人提供了8篇文献的作者、文章标题和相关内容以说明产纤溶酶的芽孢杆菌是自然界的常见菌株，从自然环境中能轻易分离得到，还提供了2篇文献的作者、文章标题、期刊名称、年卷期、页码以及相关内容以说明产纤溶酶的芽孢杆菌的分离筛选方法是公知的。

复审请求人在提出复审请求的同时提交了权利要求书全文替换页，其中修改后的独立权利要求1为：

“1. 一种增效红花溶栓制剂，其特征在于：由一株产纤溶酶的芽孢杆菌C2-13与川红花共发酵制得，其中：

所述的一株产纤溶酶的芽孢杆菌C2-13的主要特征是一株地衣芽孢杆菌，细菌呈直杆状，单个菌体直径为0.5~2.5μm，常以成对或链状排列，具圆端或方端，菌落呈灰白色，较干燥，培养时间长时会产色素，细胞染色在幼龄培养时呈现革兰氏阳性，以周生鞭毛运动，芽孢椭圆，为中生芽孢，生孢不被氧所抑制，发酵时发酵液颜色会逐渐变深，发酵前期，菌体生长旺盛时呈丝状，发酵后期丝状菌体断裂，生长温度范围为30~55℃，产生的纤维蛋白溶解酶的酶活性为800~1200活力单位/毫升。”

形式审查合格后，专利复审委员会受理了该复审请求，并于2005年9月20日向复审请求人发出《复审请求受理通知书》，随后将本申请案卷移交原审查部门进行前置审查。

原审查部门对本复审请求进行了前置审查，坚持原驳回决定。

专利复审委员会组成合议组，对本案的复审请求进行了审理，并于2007年5月24日向复审请求人发出《复审通知书》。《复审通知书》指出，（1）本申请中芽孢杆菌C2-13是完成发明所必不可少的生物材料，但该芽孢杆菌C2-13是公众不能得到的，复审请求人也没有对其进行保藏，因此所属技术领域的技术人员不能确定无疑地获得该生物材料，无法实施本发明，因此本申请不符合专利法第26条第3款的规定；（2）复审请求人用纳豆芽孢杆菌进行实验的结果并非是在申请日之前为公众所知，而复审请求人提供的文献不能证明公众可以获得并鉴别芽孢杆菌C2-13，其均不能证明本申请说明书公开充分。

针对《复审通知书》指出的问题，复审请求人于2007年7月2日提交了意见陈述书，认为本申请技术方案中的芽孢杆菌C2-13只是依据公知的纤维平板筛选方法从自然界普遍存在的能产纤溶酶的芽孢杆菌中分离出的一株，并非是特定的菌株，无须进行保藏，凡是产纤溶酶的芽孢杆菌和川红花在所述条件下共发酵均可得到增效红花溶栓制剂，产酶芽孢杆菌才是完成本发明必不可少的生物材料。

至此，合议组认为本案事实清楚，可以作出审查决定。

## 二、决定的理由

1．审查依据的文本

复审请求人于2005年7月12日提出复审请求时提交了修改的权利要求书全文替换页。经审查，该修改符合专利法第33条和专利法实施细则第60条第1款的规定。

因此，本复审决定所针对的文本为复审请求人于2005年7月12日提交的权利要求第1～8项以及于申请日提交的说明书第1～7页、摘要。

2．关于专利法第26条第3款

专利法第26条第3款规定：说明书应当对发明或者实用新型作出清楚、完整的说明，以所属技术领域的技术人员能够实现为准。

根据该款规定，在生物技术这一特定的领域中，有时由于文字记载很难描述生物材料的具体特征，即使有了这些描述也得不到生物材料本身，所属技术领域的技术人员仍然不能实施发明，在这种情况下，应按规定将所涉及的生物材料到国家知识产权局认可的保藏单位进行保藏。如果申请涉及的完成发明所必须使用的生物材料是公众不能得到的，而申请人却没有按专利法实施细则第25条的规定进行保藏，则该申请不符合专利法第26条第3款的规定。

本申请涉及用芽孢杆菌C2-13与川红花共发酵制得的增效红花溶栓制剂。在复审请求人提出复审请求时提交的修改文本中，独立权利要求为：

"1．一种增效红花溶栓制剂，其特征在于：由一株产纤溶酶的芽孢杆菌C2-13与川红花共发酵制得，其中：

所述的一株产纤溶酶的芽孢杆菌C2-13的主要特征是一株地衣芽孢杆菌，细菌呈直杆状，单个菌体直径为0.5～2.5μm，常以成对或链状排列，具圆端或方端，菌落呈灰白色，较干燥，培养时间长时会产色素，细胞染色在幼龄培养时呈现革兰氏阳性，以周生鞭毛运动，芽孢椭圆，为中生芽孢，生孢不被氧所抑制，发酵时发酵液颜色会逐渐变深，发酵前期，菌体生长旺盛时呈丝状，发酵后期丝状菌体断裂，生长温度范围为30～55℃，产生的纤维蛋白溶解酶的酶活性为800～1200活力单位/毫升。"

本申请请求保护的技术方案中使用的是芽孢杆菌C2-13这个特定的菌株而不是其他芽孢杆菌，而且，说明书中无论是发明内容部分还是实施例中所描述的增效红花溶栓制剂都是用芽孢杆菌C2-13与川红花共发酵而成，并没有说明除了芽孢杆菌C2-13以外的其他菌株也能实现发明目的，另外，根据说明书中对于发明目的的描述"通过一株芽孢杆菌，将其接种于合适的培养基并加有相应比例的红花与其共发酵，利用其自身存在的酶系，改变中药有效成分的结构，去除或添加有效成分上的某个基团，起到提高抗氧化能力以及活血化淤等功效……同时，这一株芽孢杆菌还会产生一种具有直接纤溶能力的纤溶酶……"，可见在本申请的技术方案中使用芽孢杆菌C2-13不仅是要利用其产纤溶酶的能力，而且要利用其自身存在的酶系特点，根据本申请说明书的描述并不能看出任何地衣芽孢杆菌或者产纤溶酶的地衣芽孢杆菌都可用于本申请的技术方案中，实现其发明目的。

因此在本申请中芽孢杆菌C2-13是完成发明所必不可少的生物材料。根据说明书所述，芽孢杆菌C2-13是由四川大学生命科学学院微生物教研室自成都市红牌楼土簇村屠宰厂的土壤中分离而得，并且具有与普通地衣芽孢杆菌不同的独特特征（参见本申请说明书第4页第1段和第3段），但该芽孢杆菌C2-13是公众不能得到的，这是因为：首先，说明书中并没有给出其分离方法，所属领域的技术人员无法通过重复其分离方法获得该菌株；其次，即使复审请求人能证明所属领域的技术人员明了该菌株分离方法，但由于自然环境和人为环境都在不断变化，同一块土壤中特定的微生物的存在具有偶然性，致使不能重现地筛选出同种同属、生化遗传性能完全相同的菌株，所属领域的技术人员也无法通过重复其分离方法获得该菌株。而复审请求人并没有对芽孢杆菌 C2-13 进行保藏，导致所属技术领域的技术人员不能确定无疑地获得该生物材料，无法实施本发明，因此本申请说明书没有对发明作出清楚、完整的说明，不符合专利法第 26 条第 3 款的规定。

复审请求人认为：（1）本申请技术方案中的芽孢杆菌 C2-13 只是依据公知的纤维平板筛选方法从自然界普遍存在的能产纤溶酶的芽孢杆菌中分离出的一株，并非是特定的菌株，凡是产纤溶酶的芽孢杆菌和川红花在所述条件下共发酵均可得到增效红花溶栓制剂；（2）有 8 篇中文非专利文献和 2 篇外文期刊文献中提及产纤溶酶的芽孢杆菌及其筛选和分离，以及中国科学院微生物研究所菌种保藏中心提供的某些芽孢杆菌也能够产纤溶酶，说明产纤溶酶的芽孢杆菌是已知的，并且在自然界普遍存在，易分离，其分离筛选方法也为公知技术，本领域的普通技术人员只要按照常规方法就可获得用于实施本发明的产纤溶酶的芽孢杆菌；（3）申请人选用中国科学院微生物研究所菌种保藏中心保藏的菌种纳豆芽孢杆菌与川红花在与芽孢杆菌 C2-13 相同的条件下发酵后，得到了相同的发酵结果，可见只要能产纤溶酶的芽孢杆菌与川红花共发酵就可以制得本发明的增效红花溶栓制剂。

对此，合议组认为，第一，复审请求人用所述纳豆芽孢杆菌进行实验的结果并非是在申请日之前为公众所知的，不能用于证明本申请说明书公开充分；第二，如前所述，从本申请说明书中并不能确定只要用能产纤溶酶的芽孢杆菌与川红花共发酵就可制得本发明所述的增效红花溶栓试剂。所以即使考虑复审请求人的意见，合议组仍然认为在本申请中芽孢杆菌 C2-13 是完成发明所必不可少的生物材料，而复审请求人提供的文献以及菌株不能证明公众可以明确获得并鉴别芽孢杆菌 C2-13 这个具体的菌株，因而不能证明本申请说明书公开充分。

根据以上事实和理由，本案合议组作出如下审查决定。

**三、决定**

维持国家知识产权局于 2005 年 5 月 13 日对 03117590.2 号发明专利申请作出的驳回决定。

复审请求人对本决定不服的，可以根据专利法第 41 条第 2 款的规定，自收到本决定之日起三个月内向北京市第一中级人民法院起诉。

072

# 防腐的药物制剂

## 复审请求审查决定（第11251号）

**决　定　号**　第11251号
**决　定　日**　2007年7月30日
**发明创造名称**　防腐的药物制剂
**国际分类号**　A61K 47/18，A61K 47/10
**复审请求人**　阿温蒂斯药物公司
**申　请　号**　00812154.0
**优先权日**　1999年7月22日
**申　请　日**　2000年7月21日
**公　开　日**　2002年9月25日
**合议组组长**　何　炜
**主　审　员**　唐　莉
**参　审　员**　许　磊

**法律依据**　专利法第33条
**决定要点**

如果申请的内容通过增加、改变和/或删除其中的一部分，致使所属技术领域的技术人员看到的信息与原说明书和权利要求书记载的信息不同，而且又不能从原说明书和权利要求书记载的信息中直接地、毫无疑义地确定，那么，这种修改就是不允许的，反之，则是允许的。

### 一、案由

本复审请求涉及2000年7月21日申请、2002年9月25日公开、名称为“防腐的药物制剂”的00812154.0号发明专利申请（下称本申请），本申请的优先权日为1999年7月22日。本申请的申请人为阿温蒂斯药物公司。

国家知识产权局于2005年4月29日以权利要求2、5、35、38、40、43、47的修改不符合专利法第33条规定为由驳回了该申请，具体理由是上述权利要求中苯氧基乙醇的浓度端值0.1％是原说明书和权利要求书中并不存在的内容，虽然申请人在意见陈述中认为其得到说明书第6页第16～19行的支持，但审查员在相应部分并未找到苯氧基乙醇的浓度端值0.1％，这些内容在原说明书和权利要求书的其他部分中也并未记载，而且也不能从原申请公开的信息中直接地、毫无疑义地导出，因此不符合专利法第33条的规定。

驳回决定所针对的相关权利要求如下：

“1. 药物组合物，其特征在于该组合物含有药理学活性成分和一定量的氯化苄乙氧铵以及一定量的苯氧基乙醇，其中氯化苄乙氧铵和苯氧基乙醇的量可以有效地抑制微生物生长，并且该组合物不是用于局部给药的组合物。

2. 权利要求1的组合物，其中含有浓度为0.001%~0.1%的氯化苄乙氧铵和浓度为0.1%~1.0%的苯氧基乙醇。

4. 药物组合物，其特征在于该组合物含有药理学活性成分、一定量的氯化苄乙氧铵和一定量的苯氧基乙醇，其中氯化苄乙氧铵和苯氧基乙醇的量可以有效地抑制微生物生长，并且该组合物用于通过选自胃肠外、口服、栓剂、吸入的途径进行给药。

5. 权利要求4的组合物，其中含有浓度为0.001%~0.1%的氯化苄乙氧铵和浓度为0.1%~1.0%的苯氧基乙醇。

34. 用作药物活性成分的非局部给药的载体的药物载体组合物，其中所述的载体含有一定量的氯化苄乙氧铵以及一定量的苯氧基乙醇，其中氯化苄乙氧铵和苯氧基乙醇的量可以有效地抑制所述组合物中微生物的生长。

35. 权利要求34的药物载体组合物，其中含有浓度为0.001%~0.1%的氯化苄乙氧铵和浓度为0.1%~1.0%的苯氧基乙醇。

37. 用于盛装多剂量药理学活性成分的小瓶，其中所述的小瓶中含有包含所述活性成分和一定量的氯化苄乙氧铵以及一定量的苯氧基乙醇的溶液，其中氯化苄乙氧铵和苯氧基乙醇的量可以有效地抑制所述组合物中微生物的生长，所述溶液用于通过选自胃肠外、粘膜、眼、耳、口服、栓剂、吸入的途径进行给药。

38. 权利要求37的小瓶，其中含有浓度为0.001%~0.1%的氯化苄乙氧铵和浓度为0.1%~1.0%的苯氧基乙醇。

40. 用于盛装多剂量药理学活性成分的药品包装，其中所述的小瓶中含有包含所述活性成分和一定量的氯化苄乙氧铵以及一定量的苯氧基乙醇的溶液，其中氯化苄乙氧铵和苯氧基乙醇的量可以有效地抑制所述组合物中微生物的生长，氯化苄乙氧铵的浓度为0.001%~0.1%，苯氧基乙醇的浓度为0.1%~0.5%，所述溶液用于通过选自胃肠外、粘膜、眼、耳、口服、栓剂、吸入的途径进行给药。

42. 抑制含有药理学活性成分的非局部给药的溶液中的微生物生长的方法，所述方法包括，向所述溶液中加入氯化苄乙氧铵和苯氧基乙醇。

43. 权利要求42的方法，其中氯化苄乙氧铵以0.001%~0.1%的浓度加入，苯氧基乙醇以0.1%~1.0%的浓度加入。

46. 用作药物活性成分的载体的药物载体组合物，其中所述的载体含有一定量的氯化苄乙氧铵以及一定量的苯氧基乙醇，其中氯化苄乙氧铵和苯氧基乙醇的量可以有效地抑制所述组合物中微生物的生长，其中的载体用于通过选自胃肠外、粘膜、眼、耳、口服、栓剂、吸入的途径进行给药。

47. 权利要求46的药物载体组合物，其中含有浓度为0.001%~0.1%的氯化苄乙氧铵和浓度为0.1%~1.0%的苯氧基乙醇。”

申请人阿温蒂斯药物公司（下称复审请求人）对上述驳回决定不服，于2005年8月3日向专利复审委员会提出复审请求，复审请求人认为，0.1%苯氧基乙醇在说明书第6页第3段所述的0.01%和1.0%苯氧基乙醇的数值范围内，根据说明书第5页第7段所述“本文中描述的任何数值均包括从下限值到上限值之间的以一个单位为增量的所有数值，条件是在下限值和上限值之间有至少两个单位的间隔。例如，如果提到一种成分的浓度或者……对于小于1的数值，如果适当的话，一个单位可以是0.0001、0.001、0.01~0.1。这仅仅是具体指出的例子，所列举的最小值和最大值之间的数值的所有可能组合在该申请中均应看作是以相同的方式明确表达的”，因此0.1%这一值应当认为在0.01%至1.0%范围内明确陈述，国家知识产权局驳回的理由不成立。

复审请求人在提出复审请求的同时没有提交新的专利申请文本。

形式审查合格后，专利复审委员会受理了该复审请求，并于2005年9月20日向复审请求人发出《复审请求受理通知书》，随后将本申请案卷移交原审查部门进行前置审查。

原审查部门对本复审请求进行了前置审查，认为申请人陈述的理由不能被接受，坚持原驳回决定。

复审请求人于2005年10月21日提交了补充的意见陈述和权利要求书全文替换页（第1~50项），其所作修改为仅删除了驳回决定所针对的权利要求22中的“非索那定”。

专利复审委员会组成合议组，对本案的复审请求进行了审理，并于2006年9月26日向复审请求人发出《复审通知书》。《复审通知书》指出，新提交的权利要求2、5、35、38、40、43、47请求保护的技术方案中苯氧基乙醇浓度的端值“0.1%”在原始权利要求书和说明书中并未明确记载，而且原始申请文本中也没有任何内容可以使本领域技术人员直接地、毫无疑义地确定苯氧基乙醇的浓度可以是0.1%。虽然原始说明书第6页第3段公开了苯氧基乙醇的浓度为约0.01%~1.0%，更优选地为约0.25%~0.5%，在说明书的实施例和权利要求书中还提及了其浓度可以为0.25%，但是没有任何地方明确指出其浓度可以为0.1%。说明书第5页第7段记载的内容，仅仅是一种泛泛的描述，该描述既没有明确针对苯氧基乙醇浓度的数值范围，从中也不能确定对于0.01%~1.0%这样一个数值范围来说，所说的“一个单位”是多少，笼统的和概括性的描述不能等同于明确表达了特定的数值或特定的组合，从原始权利要求书和说明书的上述内容中无法直接地毫无疑义地确定该苯氧基乙醇浓度的端值0.1%。因此上述权利要求超出原始权利要求书和说明书记载的范围，不符合专利法第33条的规定。

针对上述《复审通知书》指出的问题，复审请求人于2006年10月31日提交了意见陈述书及经修改的权利要求书全文替换页（第1~50项），将权利要求2、5、35、38、40、43、47中苯氧基乙醇浓度范围的下限值由“0.1%”改为“0.01%”，复审请求人认为上述修改克服了复审通知书中指出的缺陷。

修改后的权利要求书中的权利要求2、5、35、38、40、43、47如下：

“2. 权利要求1的组合物，其中含有浓度为0.001%~0.1%的氯化苄乙氧铵和浓度为0.01%~1.0%的苯氧基乙醇。

5. 权利要求4的组合物，其中含有浓度为0.001%~0.1%的氯化苄乙氧铵和浓度为0.01%~1.0%的苯氧基乙醇。

35. 权利要求34的药物载体组合物，其中含有浓度为0.001%~0.1%的氯化苄乙氧铵和浓度为0.01%~1.0%的苯氧基乙醇。

38. 权利要求37的小瓶，其中含有浓度为0.001%~0.1%的氯化苄乙氧铵和浓度为0.01%~1.0%的苯氧基乙醇。

40. 用于盛装多剂量药理学活性成分的药品包装，其中所述的小瓶中含有包含所述活性成分和一定量的氯化苄乙氧铵以及一定量的苯氧基乙醇的溶液，其中氯化苄乙氧铵和苯氧基乙醇的量可以有效地抑制所述组合物中微生物的生长，氯化苄乙氧铵的浓度为0.001%~0.1%，苯氧基乙醇的浓度为0.01%~0.5%，所述溶液用于通过选自胃肠外、粘膜、眼、耳、口服、栓剂、吸入的途径进行给药。

43. 权利要求42的方法，其中氯化苄乙氧铵以0.001%~0.1%的浓度加入，苯氧基乙醇以

0.01%~1.0%的浓度加入。

47. 权利要求46的药物载体组合物，其中含有浓度为0.001%~0.1%的氯化苄乙氧铵和浓度为0.01%~1.0%的苯氧基乙醇。”

至此，合议组认为本案事实已经清楚，可以作出审查决定。

**二、决定的理由**

1. 审查依据的文本

本复审决定所针对的文本为复审请求人于2006年10月31日提交的权利要求第1~50项、进入中国国家阶段时提交的说明书第1~5、7~23页及摘要以及于2004年4月16日提交的说明书第6页。

2. 关于专利法第33条

专利法第33条规定：申请人可以对其专利申请文件进行修改，但是，对发明和实用新型专利申请文件的修改不得超出原说明书和权利要求书记载的范围。

根据该款规定，如果申请的内容通过增加、改变和/或删除其中的一部分，致使所属技术领域的技术人员看到的信息与原说明书和权利要求书记载的信息不同，而且又不能从说明书和权利要求书记载的信息中直接地、毫无疑义地确定，那么，这种修改就是不允许的，反之，则是允许的。

本案中，驳回决定和《复审通知书》中指出，权利要求2、5、35、38、40、43、47中关于苯氧基乙醇浓度范围的下限值0.1%的修改超出原始权利要求书和说明书的记载范围，不符合专利法第33条的规定。

复审请求人于2006年10月31日提交了修改的文本，将权利要求2、5、35、38、40、43、47中苯氧基乙醇浓度范围的下限由“0.1%”修改为“0.01%”，修改后的权利要求2、5、35、38、43、47中苯氧基乙醇浓度范围为“0.01%~1.0%”，修改后的权利要求40中苯氧基乙醇浓度范围为“0.01%~0.5%”。原始权利要求2、37、40、43中明确记载了“浓度为约0.01~2.0%的苯氧基乙醇”，原始说明书第6页第3段也明确记载了“浓度为约0.01~1.0%的苯氧基乙醇”以及“浓度为约0.25%~0.5%的苯氧基乙醇”，因此修改后的权利要求2、5、35、38、40、43、47中苯氧基乙醇浓度范围的下限值记载在原始权利要求书和说明书中，复审请求人的上述修改克服了驳回决定和复审通知书所指出的缺陷。除此之外，复审请求人还删除了权利要求22中的“非索那定”，这种修改没有超出原申请文本记载的范围，符合专利法第33条的规定。

鉴于复审请求人的修改已经克服了驳回决定所指出的缺陷，驳回决定的理由不再成立，本案合议组作出如下审查决定。

**三、决定**

撤销国家知识产权局于2005年4月29日对00812154.0号发明专利申请作出的驳回决定。由原审查部门在本复审决定所针对的文本的基础上继续进行审查。

复审请求人对本决定不服的，可以根据专利法第41条第2款的规定，自收到本决定之日起三个月内向北京市第一中级人民法院起诉。

073

# 具有避孕和抗骨质疏松活性的甾族化合物

## 复审请求审查决定（第11256号）

**决　定　号**　第11256号
**决　定　日**　2007年7月24日
**发明创造名称**　具有避孕和抗骨质疏松活性的甾族化合物
**国 际 分 类 号**　C07J 1/00，A61K 31/565
**复 审 请 求 人**　欧加农股份有限公司
**申　请　号**　98108595.4
**优 先 权 日**　1997年2月21日
**申　请　日**　1998年2月20日
**公　开　日**　1998年10月28日
**合 议 组 组 长**　李人久
**主　审　员**　卢　阳
**参　审　员**　任　怡

**法 律 依 据**　专利法第26条第4款，专利法第31条
**决 定 要 点**

马库什权利要求具有单一性应当满足以下标准：（1）所有可选择化合物具有共同的性能或作用；（2）所有可选择化合物具有共同的结构，该共同结构能够构成它与现有技术的区别特征，并对通式化合物的共同性能或作用是必不可少的；或者在不能有共同结构的情况下，所有的可选择要素应属于该发明所属领域中公认的同一化合物类别。

**一、案由**

本复审请求涉及名称为“具有避孕和抗骨质疏松活性的甾族化合物”的98108595.4号发明专利申请（下称本申请），申请人为欧加农股份有限公司（原申请人为阿克佐诺贝尔公司，2007年4月6日变更为现申请人），申请日为1998年2月20日，公开日为1998年10月28日，优先权日为1997年2月21日。

国家知识产权局于2003年6月13日驳回了本申请，理由概括如下：

（1）由于E环是不确定的，不是通式（I）化合物的相同的技术特征；而甾体母体结构不是新结构，E环和甾体结合所形成的结构已经在EP411733A2中公开，都不能构成特定技术特征，因此，权利要求1～10没有共同的特定技术特征，不符合专利法第31条第1款的规定。

（2）本领域公认4元或7元碳环的张力较大，因而含有这些环的通式（I）化合物能否被制备、

是否稳定以及是否具有生物活性都必须有实施例和数据予以证实，但说明书中没有给出E环为4元环或7员环的化合物的制备实施例和生物实施例，因此，权利要求1~10的范围就得不到说明书实际支持，也就不符合专利法第26条第4款的规定。

驳回决定所针对的权利要求书如下：

“1. 具有下式的甾族化合物

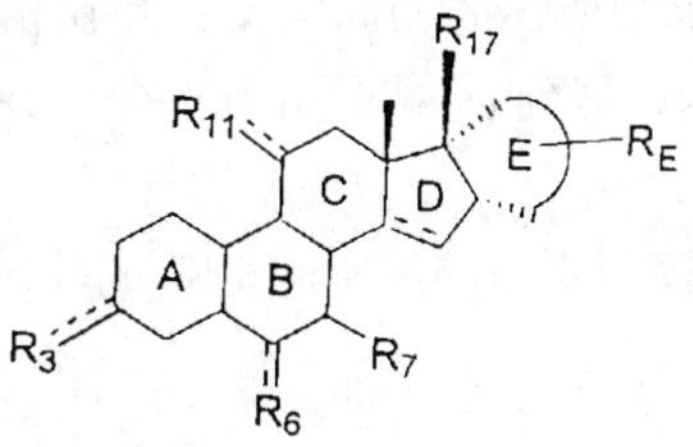


式中

┅$R_3$ 是=O；-OH；=NOR；-OR或-OOCR，其中R是具有1~6个碳原子的烷基；

$R_6$ 是H；=$CH_2$ 或-（$CH_2$）mH，m为1或2；

$R_7$ 是H；$C_{1-4}$-烷基；$C_{2-5}$链烯基或$C_{2-5}$链炔基，其中烷基，链烯基或链炔基可以被1~3个独立选自氟和氯原子的卤原子取代；

$R_{11}$是H；$C_{1-4}$烷基，$C_{2-4}$链烯基；$C_{2-4}$链炔基或$C_{1-4}$亚烷基，其中烷基，链烯基，链炔基或亚烷基可以被1~3个独立选自氟和氯原子的卤原子取代；

E连同D环的16和17位上的碳原子一起代表4~7元环，相对于D环成α位置的所述E环被$R_E$取代并任选包括一个或两个桥环双键；

$R_E$ 是H；$C_{1-6}$烷基；$C_{2-6}$链烯基；$C_{2-6}$链炔基；$C_{1-6}$亚烷基；$C_{2-6}$螺环烷基；-OR；-SR；-OOCR；-NHR；-NRR；-NHCOR，其中R是具有1~6个碳原子的烷基，在$R_E$为-NRR时，R之间互不相关；-NCO；-（$CH_2$）n-$N_3$ 或-（$CH_2$）$_n$-CN，n是0~5，其中烷基，链烯基，链炔基，亚烷基或环烷基可被1~3个独立选自-OR；-SR；-OOCR；-NHR；-NRR和-NHCOR，R定义如上，氟原子和氯原子的取代基取代；

$R_{17}$是-OH；-$OCH_2$OR；-OR或-OOCR，其中R是具有1~6个碳原子的烷基；

式中甾族化合物可任选具有一个或多个选自Δ9（10）；Δ5（10）；Δ4（5）；Δ11（12）；Δ14（15）的双键；或者A环或B环可以是芳环。

2. 根据权利要求1的甾族化合物，其特征在于E环是6元环。

3. 根据权利要求1或2的甾族化合物，其特征在于A环是芳环，其余环是饱和的。

4. 根据权利要求3的甾族化合物，其特征在于$R_7$ 是α-丙基，E环是6元环，$R_3$ 和$R_{17}$是OH，$R_6$，$R_{11}$和$R_E$ 是H。

5. 包括根据任一上述权利要求的甾族化合物和可药用辅剂的药物组合物。

6. 根据权利要求1~5的任一权利要求的甾族化合物在制备用于预防或治疗绝经期间或绝经后的疾病的药物中的应用。

7. 根据权利要求7的应用，其特征在于疾病是骨质疏松症。

8. 根据权利要求1~5的任一权利要求的甾族化合物在制备具有避孕活性的药物中的用途。

9. 根据权利要求1~5的任一权利要求的经16和17成环的甾族化合物的制备方法，包括采用具有下式的17-甾酮化合物，

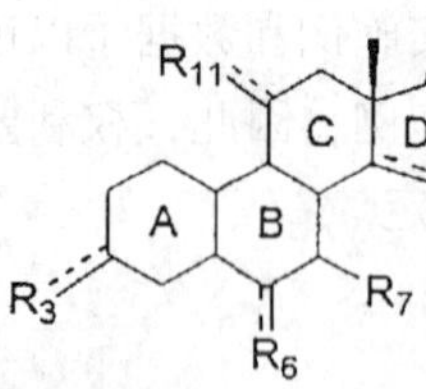

其中取代基具有与上述权利要求中所述的相同定义，并在相邻于17-酮部分的$C_{16}$上连接被合适地官能团化的取代的或未取代的烷基以得到ω-碘代烷基部分，并通过用有机金属试剂处理使得ω-碘代烷基部分进行闭环作用。

10. 根据权利要求1~5的任一权利要求的经16和17成环的甾族化合物的制备方法，包括采用具有下式的17-甾酮化合物，

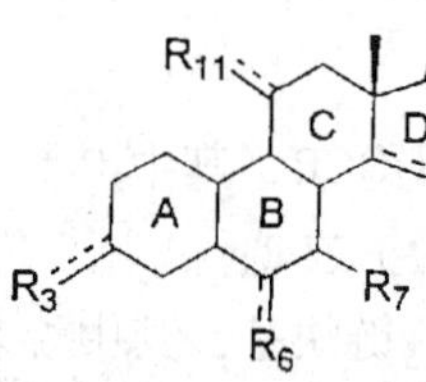

其中取代基具有与上述权利要求所述的相同定义，并在$C_{16}$和$C_{17}$每一个上连接取代的或未取代的链烯基，并使用衍生于过渡金属的催化剂，经烯烃置换作用进行闭环反应。”

申请人阿克佐诺贝尔公司（下称复审请求人）对上述驳回决定不服，于2003年9月28日向专利复审委员会提出复审请求，同时修改了权利要求书。复审请求人认为权利要求1~10具备单一性，并且能够得到说明书的支持，理由概述如下：

（1）马库什化合物单一性的审查应当应用化学领域有关的更具体的单一性审查标准。本申请权利要求1的化合物具有共同的性能或作用，满足马库什权利要求单一性的第一个标准；同时权利要求1的通式化合物共有的结构：11位上的$R_{11}$，它虽然只占一小部分，但这一小部分构成了它与现有技术的区别特征，另外，权利要求1的通式化合物共有的结构是A、B、C和D环构成的甾体母体结构部分，该共有部分占整个结构的大部分，而且该主要结构单元的结构是确定的，因而也满足马库什权利要求单一性的第二个标准，因此权利要求1的化合物具有单一性，同理，权利要求2~10也具备单一性。

（2）申请人修改了权利要求1，将原权利要求1中的E环限定为5元环或6元环，所属领域技术人员能够从说明书中公开的内容和本领域的公知常识概括得出修改后权利要求1的技术方案，所以，新权利要求1的技术方案得到了原说明书的实质支持，在此基础上，权利要求2~10也能得到说明书的实质支持。

形式审查合格后，专利复审委员会受理了该复审请求，并于2003年11月12日向复审请求人发出《复审请求受理通知书》，随后将本申请移交原实审部门进行前置审查。

原实审部门对本复审请求进行了前置审查，坚持原驳回决定。

专利复审委员会组成合议组，对本案的复审请求进行了审理。

合议组于2006年5月22日向复审请求人发出复审通知书，指出：

（1）权利要求1中所有可选择化合物的主要结构单元都具有A、B、C、D和E5个环，但是这五个环都是变量，由它们组成的结构是不确定的，即可选择化合物之间没有占整个结构大部分的共有结构；

（2）“主要结构单元”应当是所有可选择化合物所共有的，复审理由中复审请求人提到的$R_{11}$可以为不同的取代基，并非所有可选择的化合物都具有相同的$R_{11}$结构，因此$R_{11}$不构成所有可选择化合

物共有的与现有技术的区别特征；权利要求1中所有可选择化合物唯一共有的结构是13位上的甲基，而甾族化合物13位存在甲基是已知的，因此不存在与现有技术构成区别特征的小部分共有结构；

（3）由于A、B、C和D环的变化较大，本领域技术人员根据现有技术知识不能预期它们之间能达到相同的发明效果，也没有充分的证据表明权利要求1中所有可选择的其他化合物都是同一类化合物，因此，不能将权利要求1中所有可选择的化合物认为是属于一类化合物。

综上，权利要求1不符合专利法第31条第1款的规定。基于类似的理由，权利要求2～10也不符合专利法第31条第1款的规定。

复审请求人于2006年9月6日提交了意见陈述书，同时修改了权利要求书。此次修改的权利要求1的内容如下：

“1. 具有下式的甾族化合物

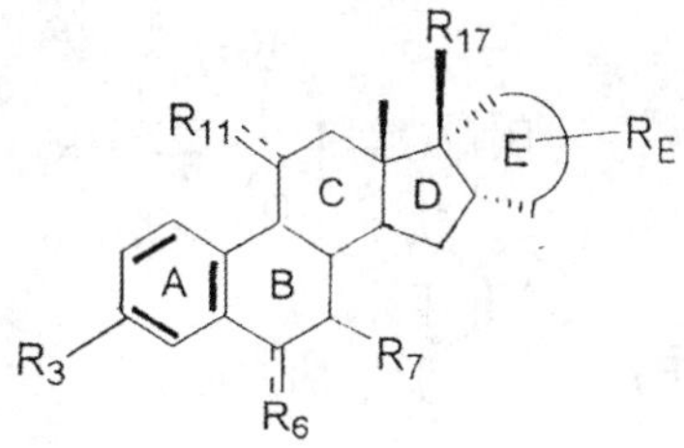


式中

$R_3$是-OH；-OR或-OOCR，其中R是具有1～6个碳原子的烷基；

$R_6$是H；$=CH_2$或-（$CH_2$）$_m$H，m为1或2；

$R_7$是H；$C_{1-4}$-烷基；$C_{2-5}$链烯基或$C_{2-5}$链炔基，其中烷基，链烯基或链炔基可以被1～3个独立选自氟和氯原子的卤原子取代；

$R_{11}$是H；$C_{1-4}$烷基，$C_{2-4}$链烯基；$C_{2-4}$链炔基或$C_{1-4}$亚烷基，其中烷基，链烯基，链炔基或亚烷基可以被1～3个独立选自氟和氯原子的卤原子取代；

E连同D环的16和17位上的碳原子一起代表5～6元环，相对于D环成α位置的所述E环被RE取代；

$R_E$是H；$C_{1-6}$烷基；$C_{2-6}$链烯基；$C_{2-6}$链炔基；$C_{1-6}$亚烷基；$C_{2-6}$螺环烷基；-OR；-SR；-OOCR；-NHR；-NRR；-NHCOR，其中R是具有1～6个碳原子的烷基，在$R_E$为-NRR时，R之间互不相关；-NCO；-（$CH_2$）$_n$-$N_3$或-（$CH_2$）$_n$-CN，n是0～5，其中烷基，链烯基，链炔基，亚烷基或环烷基可被1～3个独立选自-OR；-SR；-OOCR；-NHR；-NRR和-NHCOR，R定义如上，氟原子和氯原子的取代基取代；

$R_{17}$是-OH；$-OCH_2OR$；-OR或-OOCR，其中R是具有1～6个碳原子的烷基。”

复审请求人认为：修改后的权利要求1中请求保护的甾族化合物具有共同的结构，即主要结构单元是共有的，具体而言，新权利要求1的甾族化合物中共有的结构是由芳环A、饱和环B、C和D组成的结构，该结构占整个结构的大部分，而且该主要结构单元的结构是确定的，并且权利要求1的化合物具有共同的性能或作用，因此，修改后的权利要求1符合专利法第31条第1款的规定。基于同样的理由，权利要求2～10也符合专利法第31条第1款的规定。

2007年4月6日，复审请求人由阿克佐诺贝尔公司变更为欧加农股份有限公司。

合议组于2007年4月9日向复审请求人欧加农股份有限公司发出第二次复审通知书，指出：

（1）根据国家知识产权局局令第38号，修订后的审查指南自2006年7月1日起施行，对2006年7月1日之前提出的专利申请，除另有规定外，自2006年7月1日起也适用修订后审查指南的规定。因此，本案适用修订后的审查指南的规定。

(2) 通式中甾族化合物中共有的结构是由芳环 A、饱和环 B、C 和 D 组成的结构，但是现有技术中存在具有上述结构且可用于骨质疏松症治疗和避孕的化合物，如雌二醇，因此该结构不能构成权利要求 1 通式化合物与现有技术的区别技术特征；同时也没有任何现有技术知识表明权利要求 1 中可选择的化合物属于本领域公认的同一化合物类别，因此，权利要求 1 不符合专利法第 31 条第 1 款的规定。基于类似的理由，权利要求 3 ~ 9 也不符合专利法第 31 条第 1 款的规定。

复审请求人欧加农股份有限公司于 2007 年 5 月 24 日提交了意见陈述书，同时修改了权利要求书。复审请求人欧加农股份有限公司认为修改后权利要求 1 的化合物均具有共同的结构：芳环 A、饱和环 B、C 和 D 以及环 E，该结构构成本发明化合物与现有技术的区别特征。

修改后的权利要求书如下：

"1. 具有下式的甾族化合物

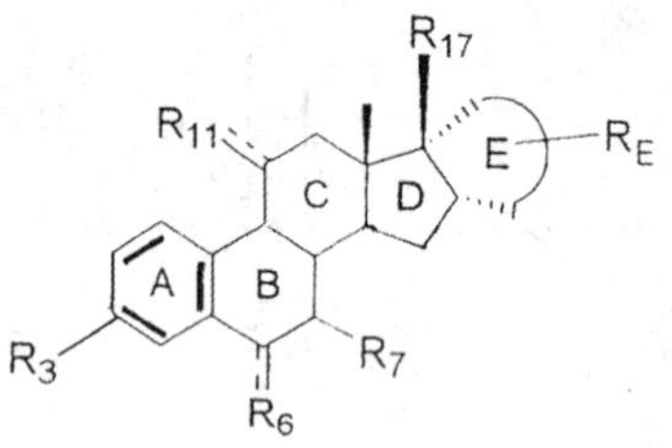


式中

$R_3$ 是 -OH；-OR 或 -OOCR，其中 R 是具有 1 ~ 6 个碳原子的烷基；

$R_6$ 是 H；=CH2 或 -（$CH_2$）$_m$H，m 为 1 或 2；

$R_7$ 是 H；$C_{1-4}$-烷基；$C_{2-5}$链烯基或 $C_{2-5}$链炔基，其中烷基，链烯基或链炔基可以被 1 ~ 3 个独立选自氟和氯原子的卤原子取代；

$R_{11}$是 H；$C_{1-4}$烷基，$C_{2-4}$链烯基；$C_{2-4}$链炔基或 $C_{1-4}$亚烷基，其中烷基，链烯基，链炔基或亚烷基可以被 1 ~ 3 个独立选自氟和氯原子的卤原子取代；

E 连同 D 环的 16 和 17 位上的碳原子一起代表 6 元环，所述环相对于 D 环成 α 位置，被 RE 取代；

$R_E$ 是 H；$C_{1-6}$烷基；$C_{2-6}$链烯基；$C_{2-6}$链炔基；$C_{1-6}$亚烷基；$C_{2-6}$螺环烷基；-OR；-SR；-OOCR；-NHR；-NRR；-NHCOR，其中 R 是具有 1 ~ 6 个碳原子的烷基，在 $R_E$ 为 -NRR 时，R 之间互不相关；-NCO；-（$CH_2$）$_n$-$N_3$ 或 -（$CH_2$）$_n$-CN，n 是 0 ~ 5，其中烷基，链烯基，链炔基，亚烷基或环烷基可被 1 ~ 3 个独立选自 -OR；-SR；-OOCR；-NHR；-NRR 和 -NHCOR，R 定义如上，氟原子和氯原子的取代基取代；

$R_{17}$是 -OH；-$OCH_2$OR；-OR 或 -OOCR，其中 R 是具有 1 ~ 6 个碳原子的烷基。

2. 根据权利要求 1 的甾族化合物，其特征在于 $R_7$ 是 α-丙基，$R_3$ 和 $R_{17}$是 OH，$R_6$，$R_{11}$和 $R_E$ 是 H。

3. 包括根据权利要求 1 或 2 的甾族化合物和可药用辅剂的药物组合物。

4. 根据权利要求 1 或 2 的甾族化合物在制备用于预防或治疗绝经期间或绝经后的疾病的药物中的用途。

5. 根据权利要求 4 的用途，其特征在于所述疾病是骨质疏松症。

6. 根据权利要求 1 或 2 的甾族化合物在制备具有避孕活性的药物中的用途。

7. 根据权利要求 1 或 2 的经 16，17 成环的甾族化合物的制备方法，包括采用具有下式的 17-甾酮化合物，

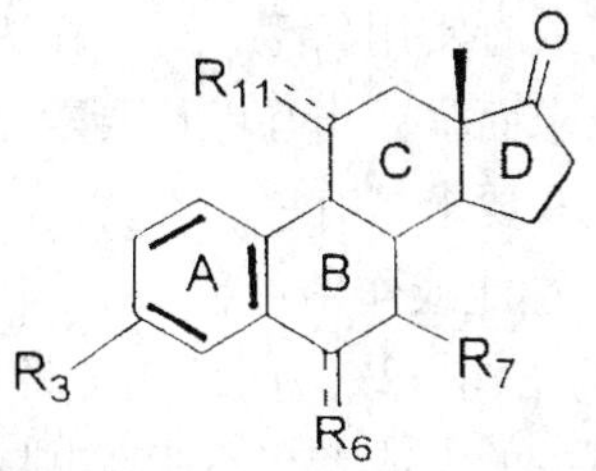

其中取代基具有与上述权利要求中所述的相同定义，并在相邻于17-酮部分的$C_{16}$上连接被合适地官能团化的取代的或未取代的烷基以得到ω-碘代烷基部分，并通过用有机金属试剂处理使得ω-碘代烷基部分发生闭环。

8. 根据权利要求1或2的经16，17成环的甾族化合物的制备方法，包括采用具有下式的17-甾酮化合物，

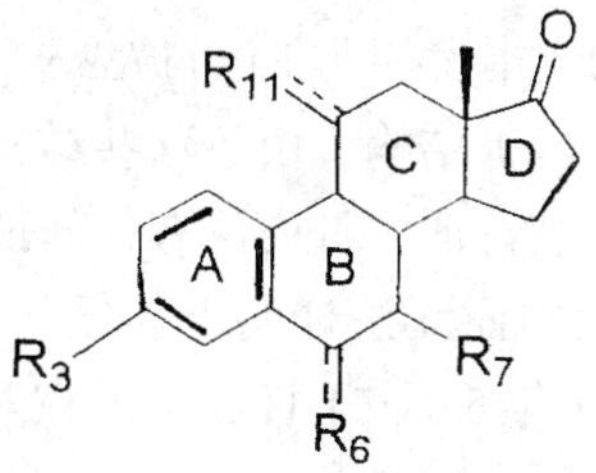

其中取代基具有与上述权利要求所述的相同定义，并在$C_{16}$和$C_{17}$每一个上连接取代的或未取代的链烯基，并使用衍生于过渡金属的催化剂，经烯烃置换作用进行闭环反应。”

在上述程序的基础上，合议组认为本案事实已经清楚，可以作出审查决定。

**二、决定的理由**

1. 审查指南的适用

根据国家知识产权局局令第38号，修订后的审查指南自2006年7月1日起施行，对2006年7月1日之前提出的专利申请，除另有规定外，自2006年7月1日起也适用修订后审查指南的规定。因此，本案适用修订后的审查指南的规定。

2. 审查文本的认定

本决定依据的文本为复审请求人于2007年5月24日提交的权利要求书、1998年2月20日提交的说明书及说明书摘要。

3. 关于专利法第26条第4款

专利法第26条第4款规定：权利要求书应当以说明书为依据，说明要求专利保护的范围。

根据该款规定，权利要求书中每一项权利要求所要求保护的技术方案应当是所属技术领域的技术人员能够从说明书充分公开的内容中得到或概括得出的技术方案，并且不得超出说明书公开的范围。

本案中，驳回决定认定原权利要求书中所有权利要求均将E环限定为4~7元环，而本领域公认4元或7元碳环的张力较大，含有这些环的通式（I）化合物能否被制备、是否稳定以及是否具有生物活性都必须有实施例和数据予以证实，但说明书中没有给出E环为4元环或7员环的化合物的制备实施例和生物实施例，由此导致这些权利要求得不到说明书的支持。在复审请求人于2007年5月24日提交的权利要求书中，权利要求1~8中具体将E环限定为6元环，该限定与说明书中公开的实施例一致，因此，新权利要求1~8克服了驳回决定指出的本申请不符合专利法第26条第4款规定的缺陷。

4. 关于专利法第31条第1款

专利法第31条第1款规定：一件发明或者实用新型专利申请应当限于一项发明或实用新型。属

于一个总的发明构思的两项以上的发明或者实用新型，可以作为一件申请提出。

根据该款规定，对于马库什权利要求而言，当马库什要素是化合物时，如果满足下列标准，应当认为它们具有类似的性质，该马库什权利要求具有单一性：

（1）所有可选择化合物具有共同的性能或作用；和

（2）所有可选择化合物具有共同的结构，该共同结构能够构成它与现有技术的区别特征，并对通式化合物的共同性能或作用是必不可少的；或者在不能有共同结构的情况下，所有可选择要素应属于该发明所属领域中公认的同一化合物类别。

复审请求人于2007年5月24日提交的权利要求书中，将权利要求1～8中的“E”限定为6元环，修改后权利要求1～8的技术方案中所涉及的甾族化合物：（1）具有共同的作用，即可用于治疗骨质疏松和避孕（参见本申请说明书第2页第12～18行）；（2）具有共同的结构，即芳环A、饱和环B、C和D以及环E组成的结构，由于驳回决定所引用的现有技术证据EP411733A2中A环并非芳环，B环也非饱和环，因此上述共同结构构成本发明与EP411733A2的区别特征，另外，合议组在第二次复审通知书中所述现有技术存在的雌二醇等结构，由于这些结构并不包括E环，故所述共同结构与现有技术中存在的雌二醇等结构也存在区别特征，且尚没有任何证据证明现有技术中存在具有上述结构的用于治疗骨质疏松和避孕的化合物，因而无法证明上述结构不构成其与现有技术的区别特征。因此，尚没有证据表明复审请求人于2007年5月24日提交的权利要求书不符合专利法第31条第1款的规定。

根据以上事实和理由，本案合议组作出如下审查决定。

**三、决定**

撤销国家知识产权局于2003年6月13日对98108595.4号发明专利申请作出的驳回决定。由原审查部门在2007年5月24日提交的权利要求书、1998年2月20日提交的说明书及说明书摘要的基础上继续进行审查。

复审请求人对本决定不服的，可以根据专利法第41条第2款的规定，自收到本决定之日起三个月内向北京市第一中级人民法院起诉。

074

# 一种具有药用美容保健的混合物及其制备方法

## 复审请求审查决定（第11257号）

**决　定　号**　第11257号
**决　定　日**　2007年7月30日
**发明创造名称**　一种具有药用美容保健的混合物及其制备方法
**国际分类号**　A61K 35/78，A61P 17/16
**复审请求人**　刘盛开，刘兴权
**申　请　号**　02104078.8
**申　请　日**　2002年3月8日
**公　开　日**　2003年9月24日
**合议组组长**　李金光
**主　审　员**　刘玉玲
**参　审　员**　许　磊

**法律依据**　专利法第26条第3款、第4款
**决定要点**

如果说明书中记载的临床试验的定性或者定量数据对于本领域技术人员来说足以证明发明的技术方案可以解决预期要解决的技术问题，则说明书中公开了化学产品的用途和/或使用效果。

如果权利要求书中的每一项权利要求所要求保护的技术方案是所属技术领域的技术人员能够从说明书中公开的内容直接得到或者概括得出的技术方案，并且权利要求的范围没有超出说明书公开的内容，那么该权利要求得到说明书的支持。

### 一、案由

本复审请求涉及2002年3月8日申请、2003年9月24日公开、名称为“一种具有药用美容保健的混合物及其制备方法”的02104078.8号发明专利申请（下称本申请）。本申请的申请人为刘盛开、刘兴权。

国家知识产权局于2005年2月18日以说明书不符合专利法第26条第3款的规定和权利要求1不符合专利法第26条第4款的规定为由驳回了本申请。

驳回决定所针对的权利要求书为：

“1. 一种具有药用美容保健功能的混合物，其特征在于原料的成分及其重量份数：蜂蜜150~350份、桃仁或核桃仁0.5~100份、冬瓜子仁或丝瓜子仁1~160份，通过以下过程制得：首先将桃仁或核桃仁和冬瓜子仁或丝瓜子仁分别粉碎成粉末，然后将其与蜂蜜混合，混匀后在6~65℃下静置

反应72~120小时，即得到所需的产品。

2. 按照权利要求1所述的药用美容保健功能的混合物，其特征在于原料混匀后在20~37℃下静置反应72~120小时。”

驳回决定认为：(1) 说明书中描述了一种具有药用、美容、保健作用的混合物。根据本申请说明书的记载，本发明的混合物可以治疗风湿骨痛、暗疮、胃痛、乙肝等多种病症，而且其有效率或治愈率为100%。然而，风湿骨痛、暗疮、胃痛、乙肝等病症是发病机理完全不同的疾病，尤其是风湿骨痛、乙肝，均属于现代医学的疑难病症。面对如此众多的发病机理完全不同的疑难病症，本发明中采用同一组方即可达到治疗所有病症的效果，但是说明书中却没有任何实验资料证明这种效果的存在，同时根据现有技术的记载，本领域的普通技术人员也无法预见到这种效果的存在。因此，说明书没有清楚、完整的说明本发明的技术内容，不符合专利法第26条第3款的规定。(2) 权利要求1中各原料的配比为一个很宽的范围，但是说明书中没有足够的实施例来证明此用量范围内所有的配比均能解决本发明的技术问题，特别是当其中的主要原料桃仁或核桃仁以及冬瓜子仁或丝瓜子仁分别取下限值时，它们于蜂蜜的比例非常悬殊，所起的作用更是微不足道，从而使技术方案本身已经发生了实质性的改变，因此本领域技术人员根据说明书的记载也难于预见到该范围中所概括的所有用量均能达到本发明的目的，因此权利要求1得不到说明书的支持，不符合专利法第26条第4款的规定。

申请人刘盛开、刘兴权（下称复审请求人）对上述驳回决定不服，于2005年4月12日向专利复审委员会提出复审请求，认为国家知识产权局驳回的理由不成立，并提供了一份9页的附件作为本申请的参考资料，以证明本申请产品的作用机理。复审请求人认为说明书中记载的功效是实验记录的总结，本申请符合专利法第26条第3款、第4款的规定。此外，复审请求人还声称修改了权利要求1，但未提交任何修改替换页。

形式审查合格后，专利复审委员会受理了该复审请求，并于2005年10月19日向复审请求人发出《复审请求受理通知书》，随后将本申请移交原实审部门进行前置审查。

原实审部门对本复审请求进行了前置审查，坚持原驳回决定。

至此，合议组认为本案事实清楚，可以作出审查决定。

**二、决定的理由**

1. 关于审查针对的文本

复审请求人在复审请求的正文中声称对权利要求1进行修改，但未按照专利法实施细则第52条的规定提供修改替换页。因此，复审请求人在复审请求时实际上未修改申请文本。本复审决定所针对的文本为：复审请求人于2005年1月5日提交的权利要求第1~2项，说明书第1页、说明书摘要以及于2002年3月8日提交的说明书第2页。

2. 关于专利法第26条第3款

专利法第26条第3款规定：说明书应当对发明或者实用新型作出清楚、完整的说明，以所属技术领域的技术人员能够实现为准。

如果要求保护的发明为化学产品本身的，说明书中应当记载化学产品的确认、化学产品的制备方法以及化学产品的用途和/或使用效果。如果说明书中记载的临床试验的定性或者定量数据对于本领域技术人员来说足以证明发明的技术方案可以解决预期要解决的技术问题，则说明书中公开了化学产品的用途和/或使用效果。

本案中，权利要求1要求保护一种具有药用美容保健功能的混合物。在说明书中记载了该混合物的组分以及各种组分含量、该混合物的制备方法（参见说明书第1页记载的发明内容部分），并记载了该混合物的优点和效果，表明该混合物具有保健美容功能，而且对风湿骨痛、暗疮、胃痛、乙肝等病均具不同程度的疗效；并且给出了100多人次临床应用情况的统计数字（参见说明书第1页记载的发明优点和效果部分以及第2页记载的具体统计数字部分）。即，本申请说明书中记载了所要求保护的混合物的确认和制备方法，并列举了一些临床试验统计数字和典型病例来证明其功效，这些临床试验数据表明本申请混合物能够有效治疗风湿骨痛、乙肝、胃痛和暗疮等疾病。在说明书公开了所要保护的产品的组成、制备方法，并给出了该产品效果数据的情况下，本领域技术人员根据说明书的描述能够获得所要保护的产品，并预测其使用效果，因此，本领域技术人员根据说明书的描述能够实现所要保护的技术方案，权利要求1的技术方案在说明书中公开充分，符合专利法第26条第3款的规定。

虽然风湿骨痛、暗疮、胃痛、乙肝等病症是发病机理完全不同的疾病，尤其是风湿骨痛、乙肝，均属于现代医学的疑难病症。但是，满足化学产品公开充分的条件是公开化学产品的确认、制备方法以及用途和/或使用效果，并不要求必须公开使用的机理。本申请说明书中记载的临床试验数据表明本申请混合物对风湿骨痛、乙肝、胃痛、暗疮等疾病有一定的疗效，风湿骨痛、暗疮、胃痛、乙肝等病症的发病机理是否相同，并不影响本申请混合物用途和/或使用效果的公开，因此，合议组对驳回决定中认为要求保护的混合物的技术方案在说明书中未公开充分的理由不予支持。

3. 关于专利法第26条第4款

专利法第26条第4款规定：权利要求书应当以说明书为依据，说明要求专利保护的范围。

如果权利要求书中的每一项权利要求所要求保护的技术方案是所属技术领域的技术人员能够从说明书中公开的内容直接得到或者概括得出的技术方案，并且权利要求的范围没有超出说明书公开的内容，那么该权利要求得到说明书的支持。

本案中，权利要求1要求保护“一种具有药用美容保健功能的混合物，其特征在于原料的成分及其重量份数：蜂蜜150～350份、桃仁或核桃仁0.5～100份、冬瓜子仁或丝瓜子仁1～160份，通过以下过程制得：首先将桃仁或核桃仁和冬瓜子仁或丝瓜子仁分别粉碎成粉末，然后将其与蜂蜜混合，混匀后在6～65℃下静置反应72～120小时，即得到所需的产品”。说明书中记载本发明的目的在于提出一种组成成分少且具有药用、美容、保健功能的混合物。同时公开了三个实施例，实施例1为：蜂蜜155，桃仁98，冬瓜子仁158；实施例2为：蜂蜜350，核桃仁7，丝瓜子仁10；实施例3为：蜂蜜300，桃仁0.8，丝瓜子仁24。从上述实施例的记载可知，对各个组分的绝对重量份而言，实施例1～3记载的蜂蜜的重量份为155、350、300，上述三个数值是权利要求1中概括的蜂蜜150～350的两个端值（或端值附近数值）和中间值；桃类种子仁的重量份为98、7、0.8，上述数值是权利要求1中概括的桃类种子仁0.5～100的上下端值附近的数值和中间值；瓜类种子仁的重量份为158、10、24上述数值是权利要求1中概括的瓜类种子仁1～160份的上下端值附近的数值和中间值。对各个组分的相对重量份而言，实施例1公开的是蜂蜜取下限端值附近数值，桃类种子仁和瓜类种子仁取上限端值附近数值的技术方案；实施例2公开的是蜂蜜取上限端值，桃类种子仁取中间值和瓜类种子仁取下限端值附近数值的技术方案；实施例3公开的是蜂蜜取中间数值、桃类种子仁取下限端值附近的数值和瓜类种子仁取中间数值的技术方案；即上述方案不仅公开了桃类种子仁、瓜类种子仁取下限端值附近的数值，而蜂蜜取上限端值；而且也公开了蜂蜜取下限端值而桃类种子仁、瓜类种子仁取上限端值附近的数值的这些比例非常悬殊的技术方案，因此根据说明书的记载，在确定实施例1～3的混合物具有药用、美容、保健功能的技术效果的前提下，本领域普通技术人员可以合理预期用权利要求1数值范围概括的混合物也能具有药用、美容、保健功能的技术效果，因此，权利要求1得到说明书的支持，符合专利法第26条第4款的规定。

虽然权利要求1中各原料的配比为一个很宽的范围，特别是当其中的主要原料桃仁或核桃仁以及冬瓜子仁或丝瓜子仁分别取下限值时，它们与蜂蜜的比例非常悬殊。但是，只要本领域技术人员根据说明书的描述能预期到该范围内可以实现发明目的，则认为该范围得到说明书的支持。如上所述，本发明的目的是提供一种多种组分的混合物，从说明书的描述来看，能否实现本发明目的并不依赖于组分的精确含量，在数值范围端值附近的技术方案可以实现本申请的发明目的的前提下，可以合理推知数值范围端值的技术方案也能实现本申请的发明目的。因此，合议组对驳回决定中针对本申请不符合专利法第26条第4款规定的理由不予支持。

根据以上事实和理由，本案合议组作出如下审查决定。

**三、决定**

撤销国家知识产权局于2005年2月18日对02104078.8号发明专利申请作出的驳回决定。由原审查部门在本复审决定所针对的文本的基础上继续进行审查。

复审请求人对本决定不服的，可以根据专利法第41条第2款的规定，自收到本决定之日起三个月内向北京市第一中级人民法院起诉。

075

# 副粘病毒属载体在血管内基因转移中的用途

## 复审请求审查决定（第11262号）

**决　　定　　号**　第11262号
**决　　定　　日**　2007年7月26日
**发明创造名称**　副粘病毒属载体在血管内基因转移中的用途
**国 际 分 类 号**　C12N 15/45，C12Q 1/68
**复 审 请 求 人**　株式会社载体研究所
**申　　请　　号**　01806709.3
**优 先 权 日**　2000年1月19日
**申　　请　　日**　2001年1月11日
**公　　开　　日**　2003年5月14日
**合 议 组 组 长**　李金光
**主　　审　　员**　任　怡
**参　　审　　员**　刘玉玲

**法 律 依 据**　专利法第22条第2款、第3款
**决 定 要 点**

对于用途特征限定的产品，如果产品本身固有的特征决定了该用途，且该用途特征没有隐含该产品在结构和/或组成上发生改变，则该用途特征限定的产品权利要求相对于对比文件的产品不具备新颖性。如果一项已知产品的新用途本身是一项发明，则该已知产品不能破坏该新用途的新颖性。

在发明请求保护的技术方案与最接近的现有技术存在区别技术特征的情况下，如果现有技术中存在将该区别技术特征应用到最接近的现有技术以解决发明实际要解决的技术问题的启示，则该发明不具备突出的实质性特点。

### 一、案由

本复审请求涉及2001年1月11日申请、2003年5月14日公开、名称为“副粘病毒属载体在血管内基因转移中的用途”的01806709.3号发明专利申请（下称本申请），本申请的优先权日为2000年1月19日。本申请的申请人为株式会社载体研究所。

国家知识产权局于2005年5月13日以权利要求7不符合专利法第22条第2款的规定、权利要求11～14不符合专利法第22条第3款的规定为由驳回了本申请。

驳回决定所针对的权利要求书为：

“1. 一种体外将核酸转移至血管细胞的方法，所述方法包括使重组副粘病毒载体或含有所述载体

的细胞与所述血管细胞接触的步骤。

2. 一种体外将核酸转移至血管细胞的方法，所述方法包括依次或同时进行下列步骤（a）和（b）：

（a）用蛋白酶处理含有血管细胞的组织，和

（b）使重组副粘病毒载体或含有所述载体的细胞与所述血管细胞接触。

3. 权利要求2的方法，其中所述蛋白酶选自胶原酶、尿激酶、弹性蛋白酶、组织纤溶酶原激活物、纤溶酶和基质金属蛋白酶。

4. 权利要求1至3中任一项的方法，其中包含在重组副粘病毒载体中的所述核酸含有外源基因。

5. 权利要求1至4中任一项的方法，其中所述血管细胞选自血管腔中的内皮细胞，血管滋养管（血管壁滋养管）中的内皮细胞，血管中膜中的血管平滑肌细胞和外膜细胞。

6. 权利要求1至5中任一项的方法，其中所述副粘病毒是仙台病毒。

7. 重组副粘病毒载体，所述载体用于制备将核酸转移至血管细胞的组合物的用途。

8. 权利要求7的载体用途，其中所述副粘病毒是仙台病毒。

9. 权利要求7或8的载体用途，其中包含在所述重组副粘病毒载体中的所述核酸含有外源基因。

10. 权利要求7至9中任一项的载体用途，其中所述血管细胞选自血管腔中的内皮细胞，血管滋养管（血管壁滋养管）中的内皮细胞，血管中膜中的血管平滑肌细胞和外膜细胞。

11. 用于将基因转移至血管细胞的组合物，所述组合物含有权利要求7至10中任一项的重组副粘病毒载体。

12. 用于将基因转移至血管细胞的试剂盒，所述试剂盒含有权利要求7至10中任一项的重组副粘病毒属载体和蛋白酶。

13. 权利要求12的试剂盒，其中所述蛋白酶选自胶原酶、尿激酶、弹性蛋白酶、组织纤溶酶原激活物、纤溶酶和基质金属蛋白酶。

14. 一种用于将基因转移至血管细胞中的组合物，所述组合物包含重组副粘病毒载体和蛋白酶。”

驳回决定认为：（1）权利要求7要求保护重组副粘病毒载体。对比文件1（“Accommodation of foreign genes into the Sendai virus genome：sizes of inserted genes and viral replication”，Yuko Sakai等，FEBS LETTERS，第456卷，第221~226页，公开日为1999年）披露了属于副粘病毒载体的仙台病毒载体，因此，权利要求7不符合专利法第22条第2款的规定；（2）权利要求11和14要求保护一种用于将基因转移至血管细胞的组合物，权利要求12、13要求保护一种用于将基因转移至血管细胞的试剂盒，而对比文件1披露了仙台病毒载体，对比文件2（“Pre-treatment with elastase improves the efficiency of percutaneous adenovirus-mediated gene transfer to the arterial media”，L Maillard等，GENE THERAPY，第5卷，第1023~1030页，公开日为1998年）教导了使用腺病毒载体将目的基因转入血管细胞中血管进行基因治疗，因此权利要求11~14相对于对比文件1和2的结合不符合专利法第22条第3款的规定。

申请人株式会社载体研究所（下称复审请求人）对上述驳回决定不服，于2005年8月24日向专利复审委员会提出复审请求，复审请求人在提出复审请求时提交了新修改的权利要求书。

复审请求人提交的新权利要求书为：

“1. 一种体外将核酸转移至血管细胞的方法，所述方法包括使重组副粘病毒载体或含有所述载体的细胞与所述血管细胞接触的步骤。

2. 一种体外将核酸转移至血管细胞的方法，所述方法包括依次或同时进行下列步骤（a）和（b）：

（a）用蛋白酶处理含有血管细胞的组织，和

（b）使重组副粘病毒载体或含有所述载体的细胞与所述血管细胞接触。

3. 权利要求2的方法，其中所述蛋白酶选自胶原酶、尿激酶、弹性蛋白酶、组织纤溶酶原激活物、纤溶酶和基质金属蛋白酶。

4. 权利要求1至3中任一项的方法，其中包含在重组副粘病毒载体中的所述核酸含有外源基因。

5. 权利要求1至4中任一项的方法，其中所述血管细胞选自血管腔中的内皮细胞，血管滋养管（血管壁滋养管）中的内皮细胞，血管中膜中的血管平滑肌细胞和外膜细胞。

6. 权利要求1至5中任一项的方法，其中所述副粘病毒是仙台病毒。

7. 重组副粘病毒载体用于制备将核酸转移至血管细胞的组合物的用途。

8. 权利要求7的用途，其中所述副粘病毒是仙台病毒。

9. 权利要求7或8的用途，其中所述重组副粘病毒载体含有外源基因。

10. 权利要求7至9中任一项的用途，其中所述血管细胞选自血管腔中的内皮细胞，血管滋养管（血管壁滋养管）中的内皮细胞，血管中膜中的血管平滑肌细胞和外膜细胞。

11. 用于将基因转移至血管细胞的组合物，所述组合物含有重组副粘病毒载体和蛋白酶。

12. 用于将基因转移至血管细胞的试剂盒，所述试剂盒含有重组副粘病毒属载体和蛋白酶。

13. 权利要求12的试剂盒，其中所述蛋白酶选自胶原酶、尿激酶、弹性蛋白酶、组织纤溶酶原激活物、纤溶酶和基质金属蛋白酶。”

复审请求人认为：（1）修改后的权利要求7将产品权利要求修改为用途权利要求，对比文件1没有公开该产品具有该用途，因此权利要求7具有新颖性。（2）在临床应用的腺体病毒载体在进行基因转移时需要很长的暴露时间，是临床应用的障碍。本申请实施例9～12证实经不同蛋白处理后，较短时间暴露后可出现仙台病毒载体的基因转移；但对比文件1未涉及使用腺病毒载体向血管细胞转移基因所需暴露时间；对比文件2虽然使用腺病毒载体向血管细胞转移基因、并事先用蛋白酶或弹性蛋白酶预处理，但需要30分钟以上的暴露时间才能使血管细胞被腺病毒感染，不可能应用于实际手术。所以本领域技术人员将对比文件1和2综合，也不可能想到本发明的意外优异效果或得到任何相关启示，国家知识产权局驳回的理由不成立。

形式审查合格后，专利复审委员会受理了该复审请求，并于2005年9月20日向复审请求人发出《复审请求受理通知书》，同时将本申请案卷移交原审查部门进行前置审查。

原审查部门对本复审请求进行了前置审查，认为本领域技术人员根据对比文件1就会理解的是仙台病毒用于基因治疗的可行性，而对比文件2指出在使用腺病毒载体将目的基因转入到血管细胞中之前先用蛋白酶处理血管细胞有助于提高病毒载体介导的外源基因转入到血管细胞中的频率。因此本领域普通技术人员在对比文件1基础上结合对比文件2，很容易想到用同样可携带外源基因在目的细胞表达的重组副粘病毒载体替代腺病毒载体用以实现将目的基因转入到血管细胞中的目的，因此权利要求11～13仍不符合专利法第22条第3款的规定，所以坚持原驳回决定。

专利复审委员会组成合议组，对本复审请求案进行了审理。于2007年4月9日向复审请求人发出《复审通知书》。《复审通知书》指出：权利要求11～13相对于对比文件1和2的结合不具备专利法第22条第3款规定的创造性。

针对《复审通知书》指出的问题，复审请求人于2007年5月24日提交了意见陈述书及经修改的权利要求书，包括10项权利要求，其修改内容为删除了复审通知书所针对权利要求书中的权利要求11～13。

至此，合议组认为本案事实清楚，可以作出审查决定。

## 二、决定的理由

1. 审查依据的文本

复审请求人于2007年5月24日提交了修改文本，将权利要求7保护的主题由产品权利要求修改为产品的用途权利要求，并删除了权利要求11～13。经审查，上述修改符合专利法第33条和专利法实施细则第60条第1款的规定。

本复审决定所针对的文本为复审请求人于2007年5月24日提交的权利要求第1～10项、于2003年9月8日提交的说明书第1～43页和摘要以及进入中国国家阶段时提交的附图第1～17页。

2. 关于专利法第22条第2款

专利法第22条第2款规定：新颖性，是指在申请日以前没有同样的发明或者实用新型在国内外出版物上公开发表过、在国内公开使用过或者以其他方式为公众所知，也没有同样的发明或者实用新型由他人向国务院专利行政部门提出过申请并且记载在申请日以后公布的专利申请文件中。

对于用途特征限定的产品，如果产品本身固有的特征决定了该用途，且该用途特征没有隐含该产品在结构和/或组成上发生改变，则该用途特征限定的产品权利要求相对于对比文件的产品不具备新颖性。如果一项已知产品的新用途本身是一项发明，则该已知产品不能破坏该新用途的新颖性。

本案中，驳回决定针对的审查文本中的权利要求7保护的产品是重组副粘病毒载体，对比文件1公开了一种重组副粘病毒，虽然本申请权利要求7通过用途特征对载体进行了限定，但该用途并没有使载体的结构或组成发生改变，即产品用途的不同不能使该产品相对于对比文件1具有新颖性，因此驳回决定所针对的权利要求7不符合专利法第22条第2款的规定。

复审请求人于2007年5月24日提交了修改的权利要求书，修改后的权利要求7将要求保护“重组副粘病毒载体”的产品权利要求修改为“重组副粘病毒载体用于制备将核酸转移至血管细胞的组合物的用途”的用途权利要求，对比文件1没有公开该产品具有这一用途。因此，权利要求7相对于对比文件1具有新颖性，原驳回决定中认为权利要求7不符合专利法第22条第2款的缺陷已经被克服。

3. 关于专利法第22条第3款

专利法第22条第3款规定：创造性，是指同申请日以前已有的技术相比，该发明有突出的实质性特点和显著的进步，该实用新型有实质性特点和进步。

在发明请求保护的技术方案与最接近的现有技术存在区别技术特征的情况下，如果现有技术中存在将该区别技术特征应用到最接近的现有技术以解决发明实际要解决的技术问题的启示，则该发明不具备突出的实质性特点。

本案中，复审请求人请求复审时提交的权利要求书中，权利要求11要求保护用于将基因转移至血管细胞的组合物。对比文件1公开了一种用于转移基因的组合物，其中含有一种属于重组副粘病毒载体的仙台病毒载体（参见对比文件1的摘要）。权利要求11与对比文件1的区别仅在于：权利要求11的组合物还含有蛋白酶，该组合物用于将基因转移至血管细胞。对比文件2公开了弹性蛋白是血管壁的主要组成，对通过血管的其他物质有阻碍作用，弹性蛋白酶的作用在于通过消化弹性纤维在血管壁上形成通路但不破坏血管壁的结构，促进病毒载体的转移，并通过弹性蛋白与腺病毒载体联合应用向血管细胞转移基因验证了弹性蛋白酶的这种效果（参见对比文件2的第1026页右栏第3段）。可见，弹性蛋白酶在对比文件2中所起的作用与在本申请中所起的作用相同，都是通过消化弹性纤维，打开血管壁的生物屏障，从而提高病毒载体通过血管转移基因的效果。在对比文件2的技术启示下，所属领域技术人员为了改善副粘病毒载体的在血管中的转染能力，很容易想到在对比文件1的基础上结合使用弹性蛋白酶从而得到权利要求 11 的技术方案，因此权利要求 11 不符合专利法第 22 条第 3 款有关创造性的规定。权利要求 12 要求保护用于将基因转移至血管细胞的试剂盒。与权利要求 11 不具备创造性的理由相同，对比文件 2 给出了使用弹性蛋白酶提高病毒载体将基因转移至血管细胞效果的技术启示。并且为了适合药物组合物产品方便销售、使用，而将药物产品制备成试剂盒的形式是本领域的常规技术手段。因此，在对比文件 1 的基础上结合对比文件 2 和本领域常规技术手段得到权利要求 12 的技术方案对于所属领域技术人员是显而易见的。权利要求 12 不符合专利法第 22 条第 3 款有关创造性的规定。权利要求 13 的附加技术特征“弹性蛋白酶”也已被对比文件 2 所公开，所以权利要求 13 也不符合专利法第 22 条第 3 款有关创造性的规定。

复审请求人于 2007 年 5 月 24 日提交的权利要求书中，删除了复审通知书所针对审查文本中的权利要求 11 ~ 13。修改后的权利要求书中将权利要求 11 ~ 14 删除，已克服原驳回决定和复审通知书指出的本申请不符合专利法第 22 条第 3 款规定的缺陷。

根据以上事实和理由，本案合议组作出如下审查决定。

**三、决定**

撤销国家知识产权局于 2005 年 5 月 13 日对 01806709.3 号发明专利申请作出的驳回决定。由原审查部门在本复审决定所针对的文本的基础上继续进行审查。

复审请求人对本决定不服的，可以根据专利法第 41 条第 2 款的规定，自收到本决定之日起三个月内向北京市第一中级人民法院起诉。

076

# 乙肝病毒全基因组多聚酶嵌合体及其组建方法和应用

## 复审请求审查决定（第11264号）

**决　定　号**　第11264号
**决　定　日**　2007年8月6日
**发明创造名称**　乙肝病毒全基因组多聚酶嵌合体及其组建方法和应用
**国际分类号**　C12N 9/00，C12N 7/01，C12N 15/52，A61P 1/16，C12Q 1/70
**复审请求人**　复旦大学
**申　请　号**　01105685.1
**申　请　日**　2001年3月15日
**公　开　日**　2002年1月23日
**合议组组长**　马文霞
**主　审　员**　侯秋霞
**参　审　员**　汪送来

**法律依据**　专利法第26条第3款
**决定要点**

如果申请涉及的完成发明必须使用的生物材料是公众在专利申请日或优先权日前不能得到的，申请人应当按照专利法实施细则第25条的规定对该生物材料进行保藏。但是，如果申请中使用的生物材料不是完成发明所必须使用的生物材料，则该生物材料即使是公众不能得到的，申请人也可以对该生物材料不进行保藏。

### 一、案由

本复审请求涉及申请人复旦大学于2001年3月15日申请，2002年1月23日公开，名称为“乙肝病毒全基因组多聚酶嵌合体及其组建方法和应用”的01105685.1号发明专利申请（下称本申请）。

国家知识产权局于2003年4月18日发出第一次审查意见通知书，认为在本申请中，没有任何有关在规定期限内将本申请所采用的高复制型（#56）和低复制型（#2-18）HBV病毒株以及含有多聚酶嵌合体（A-B-P）、多聚酶嵌合体（A-B-TP）、多聚酶嵌合体（A-B-SP）、多聚酶嵌合体（A-B-RT）、多聚酶嵌合体（A-B-RNase H）的突变病毒株保藏并证明其存活的描述，由于本申请所采用的病毒株未保藏，致使本领域技术人员无法根据说明书实施本发明，不符合专利法第26条第3款的规定。

申请人于2003年8月29日提交了意见陈述及经修改的说明书第1页和权利要求书替换页，申请人认为：本申请所用的生物材料为天然存在于乙肝病人血清中的病毒，并且高复制型（#56）和低复制型（#2-18）HBV 病毒株是为数众多毒株中的两株，并无特殊性，因此无保藏必要；而且本申请保护的是组建乙肝病毒全基因组多聚酶嵌合体的方法和由此方法所建的多聚酶嵌合体，所述方法可用于任何两病毒间进行重组嵌合的技术。本申请是检测基因组功能的实验技术，因此不涉及毒株的保藏，本领域技术人员利用本申请提供的技术方法，可对任何乙肝患者血清中获得的有高、低不同复制性的不同毒株进行实施，并不限于本申请实施例所获得的嵌合体，因此本申请符合专利法第 26 条第 3 款的规定。

国家知识产权局于 2004 年 7 月 2 日驳回了本申请，理由是本申请具体的实施方案均是基于高复制型（#56）和低复制型（#2-18）HBV 病毒株进行的，确定了在高复制株的 RT 区的第 601 ~ 691 氨基酸中有高复制性的功能区，各 HBV 毒株的基因组序列不同，嵌合体的构建方法不同，因此本领域技术人员能理解在不花费创造性劳动的条件下，采用其他任意的毒株不能得到可供设计药物及诊断制品应用的"新的 P 基因编码的功能区"，由于上述病毒株未保藏，致使本领域技术人员无法实现本发明，本申请不符合专利法第 26 条第 3 款的规定。

驳回决定所针对的权利要求书为：

"1. 一种乙肝病毒全基因组多聚酶嵌合体的组建方法，其特征在于用乙肝病毒株的全基因组，通过设计引物或内切酶消化，置换其多聚酶基因及该基因中的不同片段，组建重组嵌合体基因组，分析确认置换片段后乙肝病毒的复制功能。

2. 根据权利要求 1 所述的乙肝病毒全基因组多聚酶嵌合体的组建方法，其特征在于所述的乙肝病毒株的全基因组取自自然存在的乙肝毒株。

3. 根据权利要求 1 或 2 所述的乙肝病毒全基因组多聚酶嵌合体的组建方法，其特征在于置换技术为在毒株间的 P 基因或其基因片段间的分段置换。

4. 根据权利要求 1 所述的乙肝病毒全基因组多聚酶嵌合体的组建方法，其特征在于采用人工设计的基因片段或寡聚脱氧核苷酸进行置换后的功能分析。

5. 按权利要求 1 所组建乙肝病毒全基因组多聚酶嵌合体，其特征在于其核苷酸及氨基酸序列，包括但不限于乙肝病毒 P 基因中逆转录酶（RT/DNA 酶）基因片段的核苷酸及其编码的第 600 ~ 691 位氨基酸。

6. 根据权利要求 1 所组建的乙肝病毒全基因组多聚酶嵌合体，其特征在于其核苷酸及氨基酸序列为包括但不限于 P 基因中逆转录酶基因片段核苷酸及其编码的第 617，652，682 位氨基酸。

7. 根据权利要求 1 所述的乙肝病毒全基因组多聚酶嵌合体，在制备抑制乙肝病毒复制药物或制品中的应用。

8. 根据权利要求 1 所述的乙肝病毒全基因组多聚酶嵌合体，在制备乙肝病毒诊断试剂、制品中的应用。"

申请人复旦大学（下称复审请求人）对上述驳回决定不服，于 2004 年 8 月 20 日向专利复审委员会提出复审请求，复审请求人在意见陈述书中举出多种 HBV 病毒的序列，以说明 HBV #56 病毒株不是特有的毒株，并且补充了将 B 型 HBV #56 病毒株变异体 P652G 聚合酶拇指亚结构域置换 C 型 HBV #97 病毒株聚合酶拇指亚结构域的实验结果，以说明用其他乙肝毒株用本发明的技术可获得同样的结果。

形式审查合格后，专利复审委员会受理了该复审请求，并于 2004 年 11 月 5 日向复审请求人发出《复审请求受理通知书》，随后将本申请移交原审查部门进行前置审查。

原实审部门对本复审请求进行了前置审查，认为复审请求人采用序列对比所进行的论证，是在申请日之后进行的，且所比对的氨基酸的登录日期不详，故不接受据此进行的解释以及由此得出的结论，因此坚持驳回决定。

专利复审委员会组成合议组，对本案的复审请求进行了审理。于 2006 年 9 月 12 日向复审请求人发出《复审通知书》。《复审通知书》指出：（1）根据本发明的方法可以用任一种乙肝病毒基因的任意基因片断段置换另外一种乙肝病毒基因的相应基因片段，只要基因足够长，就可以获得具有第 600 ~ 691 位的氨基酸，即获得权利要求 5 或 6 所要求保护的氨基酸。本领域技术人员根据现有技术无法预测权利要求 5 和 6 所要求保护的众多的多聚酶嵌合体能够实现说明书中所述“用于筛选病毒复制功能相关区”的用途，并且说明书中没有记载足以证明权利要求 5 和 6 所述的任意病毒多聚酶嵌合体均可以实现所述用途或达到预期效果的定性或定量实验数据，因此说明书没有公开权利要求 5 和 6 所要求保护的多聚酶嵌合体的用途，从而说明书不符合专利法第 26 条第 3 款的规定。（2）关于权利要求 7 和 8，首先，重组嵌合体的复制功能和其是否具有抑制乙肝病毒复制以及诊断乙肝病毒的功能没有必然的联系。其次，由于人体的复杂性，药物、制剂等的有效性，必须由将其应用于人体所获得的有效临床实验数据来证实基因嵌合体的治疗和诊断用途，因此本申请权利要求 7 和 8 所保护的技术方案属于必须依赖实验结果加以证实的情形，在本申请没有记载相应的实验数据的情况下，上述技术方案被认为无法实现。说明书中没有充分公开上述技术方案，导致本领域技术人员无法实现上述技术方案，说明书不符合专利法第 26 条第 3 款的规定。

针对《复审通知书》指出的问题，复审请求人于 2006 年 11 月 27 日提交了意见陈述书、修改的权利要求书以及用于证明说明书中所述的乙肝病毒的多聚酶基因是已知的证明文件（附件 1：在 Genbank 中公开的乙肝病毒的多聚酶基因序列，复印件共 20 页）。复审请求人删掉了权利要求 7 和 8，并对权利要求 5 和 6 进行了修改，修改后的权利要求 5 和 6 为：

“5. 一种乙肝病毒多聚酶嵌合体基因，其特征在于与原始基因相比，该基因编码的氨基酸序列中第 617，652，682 位发生了变化。

6. 根据权利要求 5 所述的乙肝病毒多聚酶嵌合体基因，其中氨基酸序列的变化具体为第 617 位由 M 氨基酸变为 L 氨基酸，第 652 位由 S 氨基酸变为 P 氨基酸，第 682 位由 V 氨基酸变为 L 氨基酸。”

复审请求人认为：（1）从本发明实施例 7 中的内容可知，只要在对应于其编码的氨基酸的第 617 位，652 位，682 位发生改变就可以改变病毒的复制功能，如第 617 位由 M-L，第 652 位由 S-P，第 682 位由 V-L，因此新权利要求 5 和 6 已满足充分公开的要求。（2）进一步提供证据证明在 1999 年 3 月说明书中所述的乙肝病毒多聚酶基因序列已在 Genbank 中公开。

专利复审委员于 2007 年 2 月 2 日向复审请求人发出《第二次复审通知书》，指出：从原始申请文件记载的内容中可知，本申请只记载了用高复制性#56 乙肝毒株的 RT 片断置换入#2-18，组建成嵌合体2-18RT 时，该嵌合体体基因在氨基酸序列中的第 617、652、682 位发生了变化，而且#2-18 与 2-18RT 比较，所改变的氨基酸为 617M→L，652S→P，682V→L。没有记载其他组建方式获得的嵌合体也能具有同样的变化。并且，本领域技术人员无法确定其他组建方式包括用低复制性的#2-18 置换高复制性的#56，或者使用其他种类的高复制性病毒、使用其他种类的低复制性病毒、置换其他区域的片断等获得的嵌合体的氨基酸序列是否在第 617，652，682 位发生了变化，并且发生了 617M→L，652S→P，682V→L 的变化。综上，修改后的权利要求 5 和 6 中含有原说明书和权利要求书没有记载的内容，并且本领域技术人员也无法根据原说明书和权利要求书文字记载的内容以及说明书附图直接地、毫无疑义地确定这部分内容，修改后的权利要求 5 和 6 超出了原说明书和权利要求书记载的范围，不符合专利法第 33 条的规定。

针对《第二次复审通知书》指出的问题，复审请求人于 2007 年 3 月 19 日提交了意见陈述书及修改的权利要求书，其中复审请求人删掉了权利要求 5 和 6。复审请求人认为：本领域技术人员利用本申请所提供的方法，可对任何乙肝患者血清中获得的有高、低不同复制特性的不同毒株进行实施，修改后的权利要求书已克服了复审通知书所指出的缺陷。

至此，合议组认为本案事实清楚，可以作出审查决定。

**二、决定的理由**

1. 关于文本

本复审决定所针对的文本是复审请求人于 2007 年 3 月 20 日提交的权利要求书，申请日提交的说明书第 2 ~ 9 页、说明书附图第 1 和 4 页以及说明书摘要，2001 年 9 月 7 日提交的说明书附图第 2 和 3 页，2003 年 8 月 29 日提交的说明书第 1 页。

2. 关于专利法第 26 条第 3 款

专利法第 26 条第 3 款规定：说明书应当对发明或者实用新型作出清楚、完整的说明，以所属技术领域的技术人员能够实现为准。

如果申请涉及的完成发明必须使用的生物材料是公众在专利申请日或优先权日前不能得到的，申请人应当按照专利法实施细则第 25 条的规定对该生物材料进行保藏。但是，如果申请中使用的生物材料不是完成发明所必须使用的生物材料，则该生物材料即使是公众不能得到的，申请人也可以对该生物材料不进行保藏。

复审请求人于 2007 年 3 月 19 日提交的权利要求书中的权利要求 1 ~ 4 要求保护的是乙肝病毒全基因组多聚酶嵌合体的组建方法，其中涉及通过置换技术组建嵌合体基因组的步骤、分析确认置换片段后乙肝病毒的复制功能的步骤。

驳回决定指出：本申请具体的实施方案均是基于高复制型（#56）和低复制型（#2 ~ 18）HBV 病毒株进行的，确定了在高复制株的 RT 区的第 601 ~ 691 氨基酸中有高复制性的功能区，各 HBV 毒株的基因组序列不同，嵌合体的构建方法不同，因此本领域技术人员能理解在不花费创造性劳动的条件下，采用其他任意的毒株不能得到可供设计药物及诊断制品应用的“新的 P 基因编码的功能区”，由于上述病毒株未保藏，致使本领域技术人员无法实现本发明，本申请不符合专利法第 26 条第 3 款的规定。

在本申请说明书中，记载了确定高复制型 HBV 病毒株及低复制型 HBV 病毒株的方法，记载了通过比较核苷酸序列差别初步判断病毒基因组中复制功能相关区，并根据核苷酸序列差别，选择可作比较分析的病毒株对象的技术教导。说明书中还记载了在选定的高复制型病毒株及低复制型病毒株基因组间进行聚合酶基因或片段间的互换以组建多聚酶嵌合体的方法，以及对各多聚酶嵌合体复制活性高低进行判断的方法，根据判断结果分析确定高复制型病毒株中的高复制性的功能区（参见说明书第 3 页第 2 段至说明书第 4 页第 2 段）。在实施例中，以高复制型 HBV#56 毒株、低复制型 HBV#2 ~ 18 毒株为例，置换其中的多聚酶基因及该基因中的不同片段，从而组建重组嵌合体基因组，通过判断各嵌合体基因的复制性，确定了 HBV#56 毒株的 RT 区的第 601 ~ 691 位氨基酸是高复制性的功能区。

合议组认为：（1）权利要求 1 ~ 4 方法的各个步骤在说明书中都有详细的描述，本领域技术人员根据说明书公开的内容可以实施权利要求中所述的各个步骤，从而实现权利要求 1 ~ 4 的所述方法。（2）尽管本申请具体的实施例都使用了#56 和#2-18HBV 病毒株，但从本申请公开的内容，看不出必须使用#56 IIBV 毒株和#2-18 HBV 毒株才能实施本申请所要求保护的乙肝病毒全基因组多聚酶嵌合体的组建方法。相反，由于说明书中记载了确定高复制型 HBV 病毒株及低复制型 HBV 病毒株的方法，记载了通过比较核苷酸序列差别初步判断病毒基因组中复制功能相关区，并根据核苷酸序列差别，选择可作比较分析的病毒株对象的技术教导，本领域技术人员可以根据说明书中的上述描述选择出可用于实施权利要求 1 ~4 的方法的高复制型 HBV 和低复制型 HBV 病毒株，而不是仅可以使用#56 HBV 毒株和#2-18 HBV 毒株。(3) 实施例中以#56 HBV 毒株和#2-18 HBV 毒株为例，用来证实本申请所请求保护的方法能够确定高复制性的功能区的存在及其位置。从实施例的内容本领域技术人员也可获知，使用其他已知的高复制型和低复制型的 HBV 病毒株分别替换实施例中的#56 和#2-18HBV 病毒株后，仍可实施其方法，即本申请方法的实现并不必须依赖于特定的#56 HBV 毒株和#2-18 HBV 毒株，#56 和#2-18HBV 病毒株并不是完成本发明所必须使用的生物材料，即使#56 和#2-18HBV 病毒株是公众不能得到的，同时也没有被保藏，也不会导致本领域普通技术人员无法再现和实现本发明。综上，本申请说明书已对发明作出了清楚、完整地说明，符合专利法第 26 条第 3 款的规定。

根据以上事实和理由，本案合议组作出如下审查决定。

**三、决定**

撤销国家知识产权局于 2004 年 7 月 2 日对 01105685.1 号发明专利申请作出的驳回决定。由原审查部门在复审决定所针对的文本的基础上继续进行审查。

复审请求人对本决定不服的，可以根据专利法第 41 条第 2 款的规定，自收到本决定之日起三个月内向北京市第一中级人民法院起诉。

077

# 治癌注射液及其自动分离法

## 复审请求审查决定（第 11265 号）

**决　定　号**　第 11265 号
**决　定　日**　2007 年 7 月 23 日
**发明创造名称**　治癌注射液及其自动分离法
**国际分类号**　A61K 35/78，A61K 9/10，A61 P 35/00
**复审请求人**　游学珪
**申　请　号**　01138139.6
**申　请　日**　2001 年 12 月 31 日
**公　开　日**　2002 年 8 月 7 日
**合议组组长**　李人久
**主　审　员**　卢　阳
**参　审　员**　李彦涛

**法律依据**　专利法第 26 条第 3 款，专利法实施细则第 20 条第 1 款
**决定要点**

如果要求保护的发明为化学产品本身，说明书中应当记载化学产品的确认、化学产品的制备以及化学产品的用途。如果所属技术领域的技术人员无法根据现有技术预测发明能够实现所述用途和/或效果，则说明书中还应当记载对于本领域技术人员来说，足以证明发明的技术方案可以实现所述用途和/或效果的定性或者定量实验数据。

每项权利要求的类型应当清楚，权利要求的主题名称应当能够清楚地表明该权利要求的类型是产品权利要求还是方法权利要求。

### 一、案由

本复审请求涉及名称为“治癌注射液及其自动分离法”的 01138139.6 号发明专利申请（下称本申请），申请人为游学珪，申请日为 2001 年 12 月 31 日，公开日为 2002 年 8 月 7 日。

针对申请日提交的申请文本，国家知识产权局于 2004 年 12 月 10 日驳回了本申请，理由是权利要求 1 ~4 不符合专利法第 22 条第 3 款的规定。

驳回决定所针对的权利要求书中，权利要求 1 的内容如下：

“1. 一种治癌注射液及其自动分离法，是以中草药大蒜的玉质块茎为原料药，由加热器（1）、药源室（2）、旋焦室（3）、聚焦室（4）、色素室（5）、混冲室（6）、复分室（7）、防溢室 I（8）、防溢室 II（9）、防溢室 III（10）、弯玻管（13）相互连接组成，其特征是：将大蒜玉茎装入药源室

（2）中，加纯净水10％～50％，装入药源室（2）密闭后，由加热器（1）恒温地加热，将药源室（2）中之大蒜的有效成分首先通过弯玻管（13），由旋焦室（3）、聚焦室（4）、色素室（5）、混冲室（6）、再到复分室（7）。”

申请人（下称复审请求人）对上述驳回决定不服，于2004年12月18日向专利复审委员会提出复审请求，但没有修改申请文件。

形式审查合格后，专利复审委员会受理了该复审请求，并于2005年2月25日向复审请求人发出《复审请求受理通知书》，随后将本申请移交原实审部门进行前置审查。

原实审部门对本复审请求进行了前置审查，坚持原驳回决定。

专利复审委员会组成合议组，对本案的复审请求进行了审理，于2007年4月23日发出复审通知书，指出：（1）该申请说明书中仅笼统记载了中药提取物的分离过程，但根据该过程本领域技术人员无法确定所述产物“瘀可消”的具体成分，因而无法预测该产物具有抗癌效果，同时说明书中也没有记载能够证明本发明的分离方法得到的化学产品能够治疗癌症的实验室试验或者临床试验的定性或定量数据，因此，该申请说明书不符合专利法第26条第3款的规定。（2）该申请权利要求1的主题既包括产品又包括方法，导致该权利要求的主题类型不清楚，不符合专利法实施细则第20条第1款的规定。

复审请求人于2007年5月5日提交了意见陈述书、经修改的权利要求书及标题为“治癌注射液的研究”的文字资料一份共13页。

修改后的权利要求1如下：

“一种治癌注射液及其自动分离法，由加热器（1）、药源室（2）、旋焦室（3）、聚焦室（4）、色素室（5）、混冲室（6）、复分室（7）、防溢室Ⅰ（8）、防溢室Ⅱ（9）、防溢室Ⅲ（10）、温度压力显示器A（11）、温度压力显示器B（12）、弯玻管（13）相互连接组成，其特征是：将紫皮大蒜的玉质块茎2500克切碎，加纯净水500毫升的比例，共同放入药源室（2）内密封后，由加热器（1）连续恒温地加热，候其自动分离“DAR”25毫升在复分室（7）之内为止，时间只需90分钟就可完成本次提炼目的，此刻关闭加热器（1）结束。”

在上述程序的基础上，合议组认为本案事实已经清楚，可以作出审查决定。

**二、决定的理由**

1. 审查文本的认定

本决定依据的文本为2007年5月5日提交的权利要求书，2001年12月31日提交的说明书、说明书附图及说明书摘要。

2. 关于专利法第26条第3款

专利法第26条第3款规定：说明书应当对发明或者实用新型作出清楚、完整的说明，以所属技术领域的技术人员能够实现为准。

根据该款规定，如果要求保护的发明为化学产品本身，说明书中应当记载化学产品的确认、化学产品的制备以及化学产品的用途。如果所属技术领域的技术人员无法根据现有技术预测发明能够实现所述用途和/或效果，则说明书中还应当记载对于本领域技术人员来说，足以证明发明的技术方案可以实现所述用途和/或效果的定性或者定量实验数据，否则将不符合专利法第26条第3款的规定。

本申请涉及以大蒜为原料制备的抗癌注射液及其特殊的分离方法，但说明书中仅笼统记载了所述中药提取物的分离过程，根据该分离方法本领域技术人员无法确定所述产物“瘀可消”的具体成分，更无法预测该产物具有抗癌效果，同时说明书中也没有记载能够证明本发明的分离方法得到的化学产品能够治疗癌症的实验室试验或者临床试验的定性或定量数据，由此可见，本申请说明书中记载的内容无法使本领域技术人员确认所述提取物具有抗癌的效果，其对发明的说明是不完整的。

复审请求人于2007年5月5日提交了所述注射液的研究资料一份共13页，但这些资料并未记载在原始说明书或权利要求书中，且没有证据证明这些研究资料是在本申请的申请日（2001年12月31日）之前公众能够获知的现有技术资料，因此不能克服本申请说明书公开不充分的缺陷。

综上所述，本申请说明书没有清楚、完整地对发明进行说明，不符合专利法第26条第3款的规定。

3. 关于专利法实施细则第20条第1款

专利法实施细则第20条第1款规定：权利要求书应当说明发明或者实用新型的技术特征，清楚、简要地表述请求保护的范围。

根据该款规定，每项权利要求的类型应当清楚，权利要求的主题名称应当能够清楚地表明该权利要求的类型是产品权利要求还是方法权利要求。

本申请权利要求1的主题为“一种治癌注射液及其自动分离法”，其中既包括产品–“注射液”，又包括方法–“自动分离法”，导致该权利要求的主题类型不清楚，因此，权利要求1不符合专利法实施细则第20条第1款的规定。

根据以上事实和理由，本案合议组作出如下审查决定。

**三、决定**

维持国家知识产权局于2004年12月10日对01138139.6号发明专利申请作出的驳回决定。

复审请求人对本决定不服的，可以根据专利法第41条第2款的规定，自收到本决定之日起三个月内向北京市第一中级人民法院起诉。

078

# 防治蜗牛的制剂和方法

## 复审请求审查决定（第11287号）

**决　定　号**　第11287号
**决　定　日**　2007年7月26日
**发明创造名称**　防治蜗牛的制剂和方法
**国际分类号**　A01N 35/02
**复审请求人**　隆萨股份公司
**申　请　号**　99806564.1
**优先权日**　1998年5月25日
**申　请　日**　1999年5月10日
**公　开　日**　2001年7月11日
**合议组组长**　何　炜
**主　审　员**　葛永奇
**参　审　员**　许　磊

**法律依据**　专利法第26条第4款
**决定要点**

对于权利要求概括得是否恰当，是否能够得到说明书的支持，应当考虑说明书的全部内容并参照与之相关的现有技术进行判断。对于并不影响权利要求概括的技术方案解决发明所要解决的技术问题的技术内容，则并不要求必须在权利要求中进行描述。

### 一、案由

本复审请求涉及申请日为1999年5月10日、优先权日为1998年5月25日、公开日为2001年7月11日、申请号为99806564.1、发明名称为“防治蜗牛的制剂和方法”的发明专利申请（下称本申请），申请人为隆萨股份公司。

国家知识产权局于2005年3月4日以权利要求1不符合专利法第26条第4款的规定为由驳回了本申请。其所针对的权利要求1为：

“1. 一种用来防治水生性蜗牛和蛞蝓的杀软体动物组合物，它由密度大于1克/立方厘米的颗粒载体材料、施涂在载体材料上的含有聚乙醛作为活性物质以及至少一种黏合剂的涂层组成，其中排除植物种子作为颗粒载体材料。”

具体驳回理由为：

本发明所要解决的技术问题是提供一种确实能够到达蜗牛和蛞蝓所在处并导致蜗牛和蛞蝓摄取致

死量的活性物质的组合物，因此其上载有活性物质的载体材料是能否到达蜗牛所在处的关键所在，因此其除应具有所述的一定的密度以外，同时载体材料的表面性质、耐腐蚀性、环境可接受性、与涂层的粘合性等均会影响载体材料是否能够获得上述的效果；本领域技术人员知道，具有大于1克/立方厘米密度的材料是非常多的，要在众多的材料中选择能够实现本发明要解决的技术问题的材料是需要花费大量的劳动才能获得的。从说明书的描述来看，仅有特定范围的材料才能显示上述效果和作用，因此权利要求1得不到说明书支持，不符合专利法第26条第4款的规定。

申请人隆萨股份公司（下称复审请求人）对该驳回决定不服，于2005年5月27日向国家知识产权局专利复审委员会提出复审请求，理由是实现本发明目的的关键手段在于选择一些载体材料来携带杀软体动物的活性物质，使其能够到达水底。而要实现这一效果，仅仅需要选择密度大于1克/立方厘米的载体材料即可实现。换言之，任何密度大于1克/立方厘米的载体材料均是能够适用于本发明的。审查员所述的环境可接受性、改善粘合性等只是在本发明的基础之上所作一些较佳的选择而已，不会对杀软体动物活性物质到达水底的效果有定性的、本质的改变。复审请求人在提出复审请求时没有提交新修改的专利申请文件。

形式审查合格后，专利复审委员会受理了该复审请求，并于2005年6月23日向复审请求人发出《复审请求受理通知书》，同时将本案移交原审查部门进行前置审查。

原审查部门对本复审请求进行了前置审查，认为权利要求1中所述“密度”的理解应考虑载体材料的表观密度或松装密度（即包括物质内部的孔隙在内的重量/体积的比例），是否能沉入水底主要是看材料的体积、直径、孔隙多少和大小等特征，由这些参数计算出表观密度或松装密度大于1才能实现沉入水底或浮在水面的目的，由于权利要求1对此没有加以明确，因此权利要求1得不到说明书的支持，因而坚持原驳回决定。

至此，合议组认为本案事实清楚，可以作出审查决定。

**二、决定的理由**

1. 决定所依据的文本

复审请求人提出复审请求时没有提交新修改的申请文件，因此本复审决定是在驳回决定所针对的文本的基础上作出的。

2. 关于专利法第26条第4款

专利法第26条第4款规定：权利要求书应当以说明书为依据，说明要求专利保护的范围。

根据该款规定，对于权利要求概括得是否恰当，是否能够得到说明书的支持，应当考虑说明书的全部内容并参照与之相关的现有技术进行判断。对于并不影响权利要求概括的技术方案解决发明所要解决的技术问题的技术内容，则并不要求必须在权利要求中进行描述。

对本案而言，本发明的基本目的是提供一种适用于防治水生蜗牛和蛞蝓的组合物，其通过将有效量的活性物质施加到可以达到蜗牛和蛞蝓所在处的载体材料上来实现所述目的，即只要所选择的载体材料能够携带杀软体动物的活性物质，使其到达水底即可。为此，本发明指出需要选择密度大于1克/立方厘米的载体材料。根据本领域技术人员的公知常识，蜗牛和蛞蝓是生活在水底或水生植物上的动物，密度大于1克/立方厘米即大于水的密度的材料可以沉入水中达到其栖息地。

原审查部门在前置审查意见中认为在农药领域“密度”应理解为载体材料的表观密度或松密度，即能否沉入水底与材料的体积、直径、孔隙多少和大小有关，而权利要求1未引入这些特征，所以目前的权利要求1得不到说明书的支持。对此，合议组认为，专利法第56条规定，发明或者实用新型专利权的保护范围以其权利要求的内容为准，说明书及附图可以用于解释权利要求。本申请说明书给出了可实现本发明目的的载体材料的具体实例如石英砂、石灰石等，并指出载体材料的粒径为0.1至

2 mm 且具有足够的比表面积（见本申请说明书第 1 页倒数第 2 行至第 2 页第 6 行），即根据说明书的描述，本发明的载体材料是以大量小颗粒的形式进行应用的，根据本领域的公知常识，所属领域的技术人员在选择密度大于水的密度、且可沉入水中的材料时，显然会根据所用材料的情况来理解“密度”的含义，例如对于大量小颗粒而言，显然通常指粒密度或松密度，而且结合沉入水中的目的，本领域技术人员可以合理理解以“密度大于 1 克/立方厘米的颗粒载体材料”概括的范围即为能够沉入水底的颗粒载体材料。而选择能沉入水底的材料对本领域技术人员而言是一种常规选择，真密度大于 1 但由于空隙的存在使表观密度小于 1 的材料于本发明而言会被自然排除，因此权利要求中无须具体限定材料的体积、直径、孔隙度等特征。所以权利要求 1 所要求保护的范围能够得到说明书的支持，符合专利法第 26 条第 4 款的规定。

根据以上事实和理由，本案合议组作出如下审查决定。

**三、决定**

撤销国家知识产权局于 2005 年 3 月 4 日对 99806564.1 号发明专利申请作出的驳回决定。由原审查部门在本复审决定所针对的审查文本，即在复审请求人于进入中国国家阶段时提交的说明书第 1～4 页、说明书摘要以及 2004 年 7 月 14 日提交的权利要求第 1～23 项的基础上继续进行审查。

复审请求人对本决定不服的，可以根据专利法第 41 条第 2 款的规定，自收到本决定之日起三个月内向北京市第一中级人民法院起诉。

079

# 应用同源重组定向克隆和亚克隆的方法和组合物

## 复审请求审查决定（第11288号）

决　定　号　第11288号
决　定　日　2007年7月24日
发明创造名称　应用同源重组定向克隆和亚克隆的方法和组合物
国际分类号　C12N 15/10，C12N 15/90
复审请求人　欧洲分子生物学实验室
申　请　号　00812739.5
优先权日　1999年7月9日
申　请　日　2000年7月10日
公　开　日　2002年10月9日
合议组组长　何　炜
主　审　员　卢　阳
参　审　员　葛永奇

法律依据　专利法第22条第3款，专利法实施细则第60条第1款
决定要点

对一项专利申请而言，如果导致其被驳回的原因在于权利要求中包含的某一技术方案不具备创造性，则当该申请文件经过修改，删除了这一技术方案，就应认为导致其被驳回的该缺陷已被克服。

### 一、案由

本复审请求涉及名称为“应用同源重组定向克隆和亚克隆的方法和组合物”的00812739.5号发明专利申请（下称本申请），申请人为欧洲分子生物学实验室，申请日为2000年7月10日，公开日为2002年10月9日，优先权日为1999年7月9日。

国家知识产权局于2004年9月10日以权利要求2不符合专利法第22条第3款的规定为由驳回了本申请，具体理由如下：

对比文件1（WO9929837A，公开日为1999年6月17日）中公开了一种利用同源重组机制进行DNA克隆的方法，其包括将载体DNA分子与靶DNA分子混合后转化或者共转化可以表达同源重组酶的宿主细胞，其中载体DNA含有可以在宿主细胞中启动增殖的复制起点，靶DNA分子通过设计使其两端具有与载体DNA分子同源的区域，载体DNA分子和靶DNA分子之间可以由于它们的同源区域而发生同源重组。其中实现同源重组的两种方式为将载体DNA分子与靶DNA分子同时转化宿主细胞或将靶DNA分子导入已经含有载体DNA分子的宿主细胞，这两种方式都是为了最终使载体DNA分

子和靶DNA分子在宿主细胞中产生接触并且发生同源重组，因而对于本领域技术人员，知道将载体DNA分子导入已经含有靶DNA分子的细胞中同样实现同源重组是显而易见的；由于权利要求2中采用的是“包括”这种开放式的写法，且其表述中并不能体现出载体的同源臂是根据靶DNA末端设计得到的，其也可以是根据现有的载体经人工设计靶DNA，再将其导入细胞的，因此，权利要求2的技术方案不具备突出的实质性特点和显著的进步，不具备创造性。

驳回决定所针对的权利要求2如下：

“2. 制备含有重组DNA分子的细胞的方法，该方法包括：

a）将双链载体的第一条链和第二条链导入细胞，所述细胞含有双链靶DNA，并表达细菌重组酶，所述载体含有一个复制起点和两个同源臂，在所述载体DNA第一条链上，从5’到3’，以下述顺序存在：第一个同源臂，复制起点的一条链，以及第二个同源臂；所述靶DNA含有一个靶DNA序列和两个末端，在靶DNA链上，从3’到5’，以下述顺序存在：第一个末端，靶DNA序列，以及第二个末端；

这样，载体DNA链上的第一个同源臂序列与靶DNA链上的第一个末端序列同源，载体DNA链上的第二个同源臂序列与靶DNA链上的第二个末端序列同源；以及

b）将细胞置于可以发生细胞内同源重组的条件下。”

申请人欧洲分子生物学实验室（下称复审请求人）对上述驳回决定不服，于2004年12月23日向专利复审委员会提出复审请求，同时提交了权利要求书全文替换页（第1～53项）。复审请求人认为修改后的权利要求2符合专利法第22条第3款的规定，理由概述如下：

权利要求2要求载体的同源臂被设计成与靶DNA分子的末端同源。对比文件1描述了通过导向的同源重组产生序列插入、缺失或取代的方法，其中设计导向DNA分子（不是载体），并将其插入现有的载体，但没有提到使用含有设计成与靶DNA分子的末端同源的同源臂的载体以捕获靶基因，也没有提到所述方法，其中没有动机使得本领域技术人员像本申请那样将同源臂置于载体上。利用本发明的方法，可以直接克隆所选的靶DNA序列，省去了耗时耗力的克隆步骤。因此，对比文件1没有教导或提示权利要求2的特征：设计载体DNA序列使其与靶DNA序列同源，并且将载体DNA导入含有靶DNA的细胞。因此，权利要求2具有创造性。

其中修改后的权利要求2、52～53为：

“2. 制备含有重组DNA分子的细胞的方法，该方法包括：

a）将双链载体的第一条链和第二条链导入细胞，所述细胞含有双链靶DNA，并表达细菌重组酶，所述载体含有一个复制起点和两个同源臂，在所述载体DNA第一条链上，从5’到3’，以下述顺序存在：第一个同源臂，复制起点的一条链，以及第二个同源臂；所述靶DNA位于任何独立复制的DNA分子或任何DNA来源上并且含有一个靶DNA序列和两个末端，在靶DNA链上，从3’到5’，以下述顺序存在：第一个末端，靶DNA序列，以及第二个末端；这样，载体DNA链上的第一个同源臂序列被设计成与靶DNA链上的第一个末端序列同源，载体DNA链上的第二个同源臂序列被设计成与靶DNA链上的第二个末端序列同源；以及

b）将细胞置于可以发生细胞内同源重组的条件下。

52. 权利要求1～7、40、41或47～51的任意一项的方法，其中所述载体是线性载体。

53. 权利要求19或22的试剂盒，其中所述载体是线性载体。”

形式审查合格后，专利复审委员会受理了该复审请求，并于2005年1月10日向复审请求人发出《复审请求受理通知书》，随后将本申请案卷移交原审查部门进行前置审查。

原审查部门对本复审请求进行了前置审查，坚持原驳回决定。理由为复审请求人提交复审请求时

的修改文本中新增加了权利要求52～53，不符合专利法实施细则第60条第1款的规定。

专利复审委员会组成合议组，对本复审请求案进行了审理。

合议组于2007年3月23日向复审请求人发出《复审通知书》，指出新增加的权利要求52～53与消除驳回决定所指出的缺陷无关，不符合专利法实施细则第60条第1款的规定。

复审请求人于2007年4月30日提交了意见陈述书及权利要求书全文替换页（第1～51项），其中删除了权利要求52、53。

至此，合议组认为本案事实已经清楚，可以作出审查决定。

**二、决定的理由**

1. 审查文本的认定

本复审决定依据的审查文本为复审请求人于2007年4月30日提交的权利要求第1～51项、2002年3月11日提交的说明书第1～56页、说明书附图第1～18页及摘要。该审查文本符合专利法第33条的规定。

2. 关于专利法实施细则第60条第1款

专利法实施细则第60条第1款规定：复审请求人对申请文件的修改应当仅限于消除驳回决定或者复审通知书指出的缺陷。

根据该款规定，在复审阶段改变权利要求的类型或者增加权利要求以及针对驳回决定指出的缺陷未涉及的权利要求或者说明书进行修改均是不允许的。

如《复审通知书》所指出的，复审请求人于2004年12月23日提交的权利要求书中，新增加的权利要求52、53与消除驳回决定所指出的缺陷无关，不符合专利法实施细则第60条第1款的规定。复审请求人于2007年4月30日提交了经修改的权利要求书，其中删除了权利要求52和53，从而消除了不符合专利法实施细则第60条第1款规定的缺陷。

3. 关于专利法第22条第3款

专利法第22条第3款的规定：发明的创造性是指同申请日以前已有的技术相比，该发明具有突出的实质性特点和显著的进步。

对一项专利申请而言，如果导致其被驳回的原因在于权利要求中包含的某一技术方案不具备创造性，则当该申请文件经过修改，删除了这一技术方案，就应认为导致其被驳回的该缺陷已被克服。

本案中，驳回决定认定由于权利要求2中未明确载体的同源臂是根据靶DNA末端设计得到的，因而也存在根据载体设计靶DNA序列两端的可能性，这样的技术方案相对于对比文件1而言不具备创造性，因而导致权利要求2不符合专利法第22条第3款的规定。复审请求人于2007年4月30日提交的权利要求书中对权利要求2进行了修改，明确限定所述技术方案为在载体DNA链上设计同源臂使之与靶DNA链的末端序列同源，即已经删除了驳回决定中认为与对比文件1相比不具备创造性的技术方案，从而克服了驳回决定所指出的缺陷。

根据以上事实和理由，本案合议组作出如下审查决定。

**三、决定**

撤销国家知识产权局于2004年9月10日对00812739.5号发明专利申请作出的驳回决定。由原审查部门在复审请求人于2007年4月30日提交的权利要求第1～51项，2002年3月11日提交的说明书第1～56页、说明书附图第1～18页及摘要的基础上继续进行审查。

复审请求人对本决定不服的，可以根据专利法第41条第2款的规定，自收到本决定之日起三个月内向北京市第一中级人民法院起诉。

080

# 玻璃、釉或搪瓷釉的含硼新原料

## 复审请求审查决定（第11307号）

**决 定 号** 第11307号
**决 定 日** 2007年8月10日
**发明创造名称** 玻璃、釉或搪瓷釉的含硼新原料
**国际分类号** C03C 6/00，C03C 8/00，C03C 13/00，C01B 35/04
**复审请求人** 张喜凤
**申 请 号** 99123790.0
**申 请 日** 1999年11月23日
**公 开 日** 2000年6月21日
**合议组组长** 刘 静
**主 审 员** 周英姿
**参 审 员** 李 娟

**法律依据** 专利法实施细则第20条第1款
**决定要点**

每项权利要求的类型应当清楚。权利要求的主题名称应当能够清楚地表明该权利要求的类型是产品权利要求还是方法权利要求。每项权利要求所确定的保护范围应当清楚，权利要求中不得使用含义不确定的用语。

**一、案由**

本复审请求涉及名称为"玻璃、釉、或搪瓷釉的含硼新原料"的99123790.0号发明专利申请（下称本申请），申请人为张喜凤，申请日为1999年11月23日，公开日为2000年6月21日。

2003年9月12日，针对申请人于2003年7月23日提交的权利要求书第1～10项、申请日提交的说明书及摘要，国家知识产权局以本申请权利要求1～10不符合专利法第22条第3款，权利要求3、5、7、8、10不符合专利法第26条第4款，权利要求1、5、8不符合专利法实施细则第20条第1款、权利要求1不符合专利法实施细则第21条第2款、权利要求1～10不符合专利法实施细则第22条、第23条的相关规定为由驳回了本申请。被驳回的权利要求如下：

"1. 本专利阐述'玻璃、釉或搪瓷釉的含硼新原料' $xCaO \cdot yB_2O_3 \cdot zH_2O$，这类硼酸钙其特征是：微熔于水，可为非晶态、超细粉末、含硼量高的晶体或其混合物；与其他硅酸盐原料配合，不必先期熔融制玻璃球、熔块，在较低温度一步直接熔融或烧成非晶态或含非晶态制品，可制备较高强度、耐急冷急热、热稳定性较高的制品；这类硼酸钙是非晶态制品的强助熔剂；代替铅化物制陶

瓷釉；

现有方案采用的硼砂、硼酸晶体易溶于水，制备以上非晶体产品须两步（第一步制玻璃球、熔块）加热熔融，挥发率高；硼镁矿、偏硼酸钙晶体微溶于水，含硼量低，熔融温度高；硬硼钙石晶体含硼量也较低，熔融温度高，且含 $As_2O_3$ 量高。

2. 权利要求 1 的 $xCaO \cdot yB_2O_3 \cdot H_2O$ 中 x、y＝1、2、3……20，Z＝0、1、2、3……20，可统称为硼酸钙，此类硼酸钙微溶于水。

3. 权利要求 1 的这类硼酸钙可为 42％～67％$B_2O_3$ 晶体，28％～67％$B_2O_3$ 非晶态、≤0.5μm 超细粉末，或由其组成的混合物。

4. 权利要求 1 非晶态或含非晶态制品是指玻璃、玻璃纤维、陶瓷釉、搪瓷釉、琉璃、珐琅。

5. 权利要求 1～3 这类硼酸钙与其他硅酸盐原料配合，在 1460～1540℃熔融、降温制成耐压、耐热玻璃制品。如直径小于 300mm，可耐压 0.3Mpa，耐急冷急热 210℃。

6. 权利要求 1～3 这类硼酸钙与其他硅酸盐原料配给，在 1460～1540℃熔融，在 1160～1210℃拉丝，可制备抗拉强度 320～350Kg/mm$^2$ 的玻璃纤维。

7. 权利要求 1～3 这类硼酸钙与其他硅酸盐原料配合，用于中国国内“球法”玻璃窑改造，可一步加热熔融在 1490～1550℃下制备玻璃纤维，抗拉强度 300～320Kg/mm$^2$。

8. 权利要求 1～3 这类硼酸钙可全部或部分取代铅化物、含有铅化物的化合物，取代 PbO：$B_2O_3$＝1∶0.5～1.5mol（最佳 0.8～1.2mol），与其他硅酸盐原料配合，在 950～1060℃氧化或还原气氛制无铅陶瓷釉。

9. 权利要求 1～3 这类硼酸钙可与其他硅酸盐原料配合，以生料粉形式烧制搪瓷制品，配料不必考虑硼挥发率。

10. 权利要求 1～3 这类硼酸钙代替硬硼钙石、偏硼酸钙、硼镁矿、硼酸可在池窑、波歇窑、马蹄窑、横火焰窑制玻璃纤维。”

驳回决定认为：（1）对比文件 1、2 或 3 都公开了一种使用含有 CaO、$B_2O_3$ 和水的原料制造玻璃、陶瓷、釉料制品的工艺，其中公开了加热、熔融、烧结等步骤。权利要求 1 与这些对比文件的内容相比，所不同的是权利要求 1 强调硼酸钙是“非晶态”，而这仅仅是以原料名称的差别作为区别特征，权利要求 2～10 与上述现有技术相比并没有意想不到的效果，因而权利要求 1～10 不具备突出的实质性特点和显著的进步，权利要求 1～10 不具备专利法第 22 条第 3 款规定的创造性。（2）权利要求 3、5、7～8、10 的描述中含有说明书中未记载的部分，因而得不到说明书的支持，不符合专利法第 26 条第 4 款之规定。（3）权利要求 1、5 和 8 的撰写形式不符合专利法实施细则第 20 条第 1 款有关清楚的规定；权利要求 1 中未对 X、Y 和 Z 定义，缺少必要技术特征，不符合专利法实施细则第 21 条第 2 款的规定；权利要求 1～10 的撰写不规范，不符合专利法实施细则第 22～23 条的相关规定。

申请人张喜凤（下称复审请求人）对上述驳回决定不服，于 2003 年 12 月 26 日向国家知产权局专利复审委员会提交了复审请求，复审请求人在提出复审请求时提交了新修改的权利要求书。

复审请求人提交的新权利要求书为：

“1. 本申请书阐述‘玻璃、釉、或搪瓷釉的含硼新原料’ $xCaO \cdot yB_2O_3 \cdot zH_2O$，x、y＝1、2、3……20，z＝0、1、2、3……20，可统称为硼酸钙。这类硼酸钙其特征是：微熔于水，可为非晶态、超细粉末、含硼量高的晶体或其混合物；与其他矽酸盐原料配合，不必先期熔融制玻璃球、熔块，在较低温度一步直接熔融或烧成非晶态或含非晶态制品，可制备较高强度、耐急冷急热、热稳定性较高的制品；这类硼酸钙是非晶态制品的强助熔剂；代替铅化物制陶瓷釉。

目前采用的硼砂、硼酸晶体易溶于水，制备以上非晶体产品须两步：第一步制玻璃球、熔块，两次加热熔融，挥发率高；硼镁矿、偏硼酸钙晶体微溶于水，含硼量低，熔融温度高；硬硼钙石晶体含硼量也较低，熔融温度高，且含 $As_2O_3$ 量高。

2. 权利要求 1 的这类硼酸钙可为 42％～67％$B_2O_3$ 晶体，28％～67％ $B_2O_3$ 非晶态、≤0.5μm 超细粉末，或由其组成的混合物。

3. 权利要求 1 非晶态或含非晶态制品是指玻璃、玻璃纤维、陶瓷釉、搪瓷釉、琉璃、珐琅。

4. 权利要求 1～3 这类硼酸钙与其他硅酸盐原料配合，在 1460～1540℃熔融、降温制成耐压、耐热玻璃制品。直径小于 300mm，可耐压 0.3Mpa，耐急冷急热 210℃。

5. 权利要求 1～3 这类硼酸钙与其他硅酸盐原料配给，在 1460～1540℃熔融，在 1160～1210℃拉丝，可制备抗拉强度 320～350Kg/$mm^2$ 的玻璃纤维。

6. 权利要求 1～3 这类硼酸钙与其他硅酸盐原料配合，用于中国国内“球法”玻璃窑改造，可一步加热熔融在 1490～1550℃下制备玻璃纤维，抗拉强度 300～320Kg/$mm^2$。

7. 权利要求 1～3 这类硼酸钙可全部或部分取代铅化物、含有铅化物的化合物，取代 PbO：$B_2O_3$ =1：0.5～1.5mol，与其他硅酸盐原料配合，在 950～1060℃氧化或还原气氛制无铅陶瓷釉。

8. 权利要求 1～3 这类硼酸钙可与其他硅酸盐原料配合，以生料粉形式烧制搪瓷制品，配料不必考虑硼挥发率。

9. 权利要求 1～3 这类硼酸钙代替硬硼钙石、偏硼酸钙、硼镁矿、硼酸可在池窑、波歇窑、马蹄窑、横火焰窑制玻璃纤维。”

复审请求人陈述的复审理由为：（1）对于权利要求的创造性，复审请求人认为具有相同化学元素物质的不同结构状态也具有奇异特点，非晶态玻璃制品应用范围大，价值高。相同化学组成的非晶态和晶体物质内能不同，非晶态内能高，用非晶原料制造玻璃、釉、或搪瓷釉的熔融温度低，强度高；硼酸钙不同于 CaO、$B_2O_3$，硼酸钙化合物比单纯氧化物易熔；硼酸钙为≤0.5μm 的超细粉末，本申请解决了目前玻璃、釉、或搪瓷领域存在的一些关键问题，因此本申请具备突出的实质性特点和显著的进步，符合专利法第 22 条第 3 款之规定。（2）有关原权利要求 3、5、7～8、10 得不到说明书支持，其内容在说明书相应部分得到记载，因而可以得到说明书的支持，符合专利法第 26 条第 4 款的规定。此外，复审请求人对权利要求书进行了修改。故复审请求人认为，国家知识产权局驳回的理由不成立。

形式审查合格后，专利复审委员会受理了该复审请求，并于 2004 年 1 月 18 日向复审请求人发出了《复审请求受理通知书》，同时将本申请案卷移交原审查部门进行前置审查。

原审查部门对本复审请求进行了前置审查。在前置审查中，原审查部门认为申请人仅克服一部分驳回决定指出的缺陷，如删除了权利要求 1 中的括号，但又出现了新的不清楚的缺陷，例如一项权利要求存在两个句号，并且其他缺陷基本未克服。因此，坚持原驳回决定。

合议组于 2005 年 1 月 20 日向复审请求人发出了《复审通知书》，指出：（1）①权利要求 1 存在不清楚的缺陷，因而不符合专利法实施细则第 20 条第 1 款的规定。其中包括：权利要求 1 保护的类型以及保护主题和保护内容不清楚；权利要求 1 中包含的“本申请书阐述”以及所述“目前采用的硼砂、硼酸晶体易溶于水……”不属于权利要求 1 所要求保护的技术方案的技术特征；权利要求 1 出现的“可统称为”、“可为”、“微溶于水”、“超细粉末”、“含硼量高”、“较低温度”、“较高强度”、“热稳定性较高”等描述语的含义不确定；该权利要求 1 存在多个句号；所述的“含硼新原料 $xCaO \cdot yB_2O_3 \cdot zH_2O$，x、y=1、2、3……20，z=0、1、2、3……20”中含硼量是随 X、Y、Z（特别是 Y）的取值不同而高低不同，因此“含硼量高”中“高”与上述变量取值之间的关系不清楚；所述“可为非晶态、超细粉末、含硼量高的晶体或其混合物”，导致本领域技术人员不能理解所要求保护的是硼酸钙，还是非晶态材料，或是晶体材料，或是粉末或它们的混合物；②权利要求2中的"可为"、"28％ ～67％$B_2O_3$的非晶体，和42％ ～67％的晶体"等的含义不清楚，权利要求2所要求保护的权利要求类型不清楚，权利要求2保护范围不清楚，因而不符合专利法实施细则第20条第1款的规定。③权利要求3～9的权利要求类型不清楚，权利要求1～3之间的关系也不清楚；权利要求4中含有两个句号；权利要求5～9中所述"可"的含义不确定，因而不清楚；权利要求9所述"权利要求1～3这类硼酸钙代替偏硼酸钙"不清楚。由此可见，权利要求3～9不符合专利法实施细则第20条第1款之规定款之规定；（2）权利要求2所述"这类硼酸钙可为42％ ～67％ $B_2O_3$晶体，28％ ～67％ $B_2O_3$非晶态、≤0.5μm超细粉末，或由其组成的混合物"与说明书第2页倒数第3行的记载不一致，因此权利要求2得不到说明书的支持，不符合专利法第26条第4款之规定。

针对《复审通知书》中指出的问题，复审请求人于2005年2月24日向专利复审委员会提交了意见陈述书和经修改的权利要求书（即2页权利要求书替换页）。复审请求人意见陈述如下：（1）将主题名称明确地修改为"非晶态、超细硼酸钙及其作为非晶态制品的应用"；（2）非晶态、超细硼酸钙作为原料应用具有良好的效果，用其生产的非晶态制品强度高、热稳定性高，加热熔融改为一次；而且其应用效果不能从组成或结构相似的偏硼酸钙、硬硼酸钙石、硼镁矿、硼砂或硼酸与石灰石预见到，也未见到既能降低加热温度又能提高强度、热稳定性的相似专利；并且对超细粉末作进一步解释，其实际测试时间在申请日之前。

修改后的权利要求如下：

"1. 本申请阐述非晶态、超细硼酸钙：化学式$xCaO \cdot yB_2O_3 \cdot zH_2O$，x、y＝2、3、4……20，z＝0、1、2、3……20，统称硼酸钙；这类硼酸钙其特征是：为含28％ ～67％ $B_2O_3$非晶态硼酸钙、且又为≤0.5μm超细硼酸钙粉末；这类硼酸钙作为非晶态制品的应用具有良好的效果，不必先期熔融制玻璃球、熔块，一步直接熔融或烧成非晶态或含非晶态制品；这类硼酸钙是非晶态制品的强助溶剂。

2. 权利要求1非晶态或含非晶态制品是指玻璃、玻璃纤维、陶瓷釉、搪瓷釉、琉璃釉、珐琅釉。

3. 权利要求1的硼酸钙作原料引入时不必第一步熔融、烧结、烧成先制成玻璃球、熔块，第二步再加热制成品；而直接一步熔融、烧结、烧成，再急冷制成玻璃纤维、陶瓷釉、搪瓷釉、琉璃釉、珐琅釉。

4. 权利要求1这类硼酸钙与其他硅酸盐原料配合生产玻璃制品，在1460～1540℃熔融、降温制成耐压、耐热玻璃制品；5000毫升细口玻璃瓶耐压0.3MPa，1000毫升烧杯耐室温至210℃急冷三次不炸裂。

5. 权利要求1这类硼酸钙与其他硅酸盐原料配合制备玻璃纤维在1460～1540℃熔融，在1160～1210℃拉丝，抗拉强度达320～350Kg/$mm^2$。

6. 权利要求1这类硼酸钙与其他硅酸盐原料配合，用于先加热制玻璃球，再次加热拉制玻璃纤维的改进，一步加热熔融在1490～1550℃下制备玻璃纤维，抗拉强度提高到300～320Kg/$mm^2$。

7. 权利要求1这类硼酸钙全部或部分取代含铅化合物，取代PbO：B2O3＝1：0.5～1.5mol，与其他硅酸盐原料配合，在950～1050℃氧化或还原气氛制无铅陶瓷釉，急冷急热20～220℃三次无裂纹。

8. 权利要求1这类硼酸钙可与其他硅酸盐原料配合烧制搪瓷制品，以生料粉形式烧制搪瓷制品，配料不必考虑硼挥发率。

9. 权利要求1这类硼酸钙代替硬硼钙石、硼镁矿、硼酸、硼砂应用于玻璃、釉、或搪瓷釉行业领域。"

至此，合议组认为本案事实已调查清楚，可以依法作出审查决定。

二、决定的理由

专利法实施细则第20条第1款规定：权利要求书应当说明发明或者实用新型的技术特征，清楚、简要地表述请求保护的范围。

每项权利要求的类型应当清楚。权利要求的主题名称应当能够清楚地表明该权利要求的类型是产品权利要求还是方法权利要求。每项权利要求所确定的保护范围应当清楚，权利要求中不得使用含义不确定的用语。

复审请求人于2007年2月24日提交的经修改的权利要求书中仍然存在权利要求1~8的保护范围不清楚的缺陷：

首先，新提交的权利要求1阐述的是一种“非晶态、超细硼酸钙”，虽然复审请求人在答复复审通知的意见陈述中明确指出本申请的主题名称修改为：非晶态、超细硼酸钙及其作为非晶态制品的应用，但是该权利要求实质上为一项产品权利要求。通常应采用产品的结构特征描述产品权利要求，特殊情况下允许使用参数特征或方法特征表征，但正如《复审通知书》中所指出的，权利要求1中的“本申请阐述”、“这类硼酸钙作为非晶态制品的应用具有良好的效果”不属于所要保护的技术方案的技术特征，导致该权利要求的保护范围不清楚，不符合专利法实施细则第20条第1款的规定。

其次，权利要求2对“非晶态或含非晶态制品”作了进一步解释，权利要求3描述了将权利要求1的硼酸钙作为原料制备成品等的方法，但是，这两项权利要求没有明确的主题名称，致使本领域技术人员无法确定权利要求2和3是作为权利要求1的从属权利要求要求保护硼酸钙产品，还是要求保护非晶态或含非晶态制品和制备方法，因此，权利要求2和3要求保护的主题名称及类型不清楚，从而导致上述权利要求的保护范围不清楚，权利要求2和3不符合专利法实施细则第20条第1款的规定。

最后，权利要求4~8描述了权利要求1的硼酸钙和其他硅酸盐配合，在生产玻璃制品、玻璃纤维、无铅陶瓷釉、搪瓷制品等的内容。权利要求4~8的上述撰写方式没有明确的主题名称，致使本领域技术人员无法确定权利要求4~8的类型是产品还是产品的应用，即不清楚权利要求4~8要求保护所述的硼酸钙，还是要求保护所述硼酸钙制备相应成品的方法，或者要求保护由硼酸钙制成的相应产品。权利要求4~8所要保护的技术方案不清楚，不符合专利法实施细则第20条第1款的规定。

由此可见，本申请权利要求1~8仍然不符合专利法实施细则第20条第1款的规定。

基于上述理由，合议组作出如下决定。

三、决定

维持国家知识产权局于2003年9月12日对99123790.0作出的驳回决定。

复审请求人对本决定不服的，可以根据专利法第41条第2款的规定，自收到本决定之日起三个月内向北京市第一中级人民法院起诉。

081

# 应用结合 CD20 的拮抗剂阻断对外来抗原的免疫应答

## 复审请求审查决定（第 11319 号）

**决　定　号**　第 11319 号
**决　定　日**　2007 年 8 月 19 日
**发明创造名称**　应用结合 CD20 的拮抗剂阻断对外来抗原的免疫应答
**国际分类号**　A61K 39/395，A61K 47/48，A61K 51/10，A61P 37/00
**复审请求人**　杰南技术公司，IDEC 医药公司
**申　请　号**　00812608.9
**优先权日**　1999 年 7 月 16 日
**申　请　日**　2000 年 7 月 10 日
**公　开　日**　2002 年 10 月 9 日
**合议组组长**　叶　娟
**主　审　员**　许　磊
**参　审　员**　李金光

**法律依据**　专利法第 26 条第 3 款
**决定要点**

所属技术领域的技术人员能够实现，是指所属技术领域的技术人员按照说明书记载的内容，就能够实现发明的技术方案，解决其技术问题，并且产生预期的技术效果。对已知化合物的新用途发明，如果本领域技术人员无法根据现有技术预测该用途，则应当记载对于本领域技术人员来说，足以证明该物质可以用于所述用途并能解决所要解决的技术问题或者达到所述效果的实验数据。

### 一、案由

本复审请求涉及申请日为 2000 年 7 月 10 日、公开日为 2002 年 10 月 9 日、名称为“应用结合 CD20 的拮抗剂阻断对外来抗原的免疫应答”的 00812608.9 号发明专利申请（下称本申请），其申请人为杰南技术公司和 IDEC 医药公司。

国家知识产权局于 2003 年 8 月 1 日发出《第一次审查意见通知书》，指出本申请的说明书不符合专利法第 26 条第 3 款的规定。

复审请求人于 2003 年 12 月 16 日提交了意见陈述书，并同时提交了新的权利要求书（共 3 页 40 项）以及以下附件：

附件 1：“CONTRIBUTION OF DONOR - SPECIFIC ANTIBODIES TO ACUTE ALLOGRAFT REJECTION”，DANIEL BRANDLE 等人，Transplantation，第 65 卷，第 11 期，封面页、第 1489 ~ 1493

页，1998年6月15日，复印件共6页。

复审请求人认为其在意见陈述书中引用了的文章（下称附件2："抗CD20单克隆抗体（Rituximab）治疗急性心脏体液排斥：一病例报告（ANTI－CD20 MONOCLONAL ANTIBODY（RITUXIMAB）THERAPY FOR ACUTE CARDIAC HUMORAL REJECTION：A CASE REPORT）"，TRANSPLANTATION，第73卷，第6期，第907～910页，2002年3月27日）表明本领域技术人员可以实施本申请的说明书所描述以及权利要求所限定的发明，还表明权利要求中所要求保护的阻断针对外来移植物的免疫应答方法在哺乳动物体内确实是有效的，因此，本申请说明书公开充分。

但是，从实际案卷来看，复审请求人只提交了附件1，并未提交附件2；而对于附件1，复审请求人在意见陈述书中从未提及并作出任何意见陈述。

国家知识产权局于2004年3月12日驳回了本申请，理由为：本发明的目的是要提供一种拮抗剂来阻断对治疗性蛋白以及基因治疗性病毒载体的免疫应答，但本发明详述部分以及实施例1～5都没有提供任何具体的实验数据来证实采用本申请的拮抗剂的确达到了本发明的目的。本领域的技术人员根据说明书的描述，在没有实验定性或定量数据的证明下，无法预见到所述拮抗剂是否具有阻断免疫应答的作用并从而可以实现本发明的目的，所以说明书中给出的具体技术方案必须依赖于实验结果加以证实才能成立，但是说明书中没有提供实验数据，所以说明书不符合专利法第26条第3款的规定。申请人在意见陈述书中提及了附件2，但没有任何证据表明附件2的内容是一种完全依据本发明所公开的内容实现的，同时，也不能由于后来的技术人员实现了一原设想的技术方案，从而推出原技术方案在申请日前完全公开至本领域技术人员能够实现，即申请日以后的工作、文献对本申请的发明没有任何影响。

申请人杰南技术公司和IDEC医药公司（下称复审请求人）对上述驳回决定不服，于2004年6月15日向专利复审委员会提出复审请求，同时提供了一份参考文献清单（附件A），其中列出了7篇参考资料，但是复审请求人实际只提交了其中所列的两篇，即上述附件2以及以下的附件3：

附件3："SUCCESSFUL A1－TO－O ABO－INCOMPATIBLE KIDNEY TRANSPLANTATION AFTER A PRECONDITIONING REGIMEN CONSISTING OF ANTI－CD20 MONOCLONAL ANTIBODY INFUSIONS，SPLENECTOMY，AND DOUBLE－FILTRATION PLASMApH值ERESIS"，TOKIHIKO SAWADA等人，TRANSPLANTATION，第74卷，第9期，第1207～1210页，2002年11月15日，复印件共4页。

复审请求人认为，判断本申请的说明书是否公开充分，应判断本领域技术人员在阅读了本发明的说明书后，按照说明书的教导是否能够实施本发明的技术方案并实现本发明阻断哺乳动物体内对外来抗原的免疫应答的目的。本申请说明书例如实施例部分举例详述了抗CD20抗体阻断对治疗性蛋白、基因治疗性病毒载体、移植物、血友病因子以及血小板的免疫应答的技术方案，其描述了该方案包括患者选择、实施时机、给药的具体剂量、具体给药方法以及疗程、是否有效和有效程度的判断等在内的每一个步骤，本领域技术人员如果想解决与本发明目的相同的技术问题，只需将本发明的技术方案付诸实施即可达到本发明的目的，复审请求人在提出复审请求时提供的附件例如附件2和3也证明在本发明公开之后本领域技术人员用本发明的方案实现了本发明的目的。因此，本领域技术人员在阅读了本发明后，完全遵照本发明的教导付诸实施，解决了本发明所要解决的技术问题，实现了发明创造的目的，本发明的说明书已经公开充分。

形式审查合格后，专利复审委员会受理了该复审请求，并于2004年6月28日向复审请求人发出《复审请求受理通知书》，随后将本申请案卷移交原审查部门进行前置审查。

原审查部门对本复审请求进行了前置审查，认为申请日后公开的文献不能说明本申请说明书已经充分公开，坚持原驳回决定。

专利复审委员会组成合议组，对本案的复审请求进行了审理，并于2006年10月17日向复审请求人发出《复审通知书》，指出：（1）权利要求1～21涉及治疗疾病的诊断和治疗方法，属于专利法第25条第（3）项规定的不授予专利权的对象。（2）权利要求22～40要求保护的主题实际上都是以与CD20结合的抗体可用于阻断免疫应答的用途为基础的，其中所述的与CD20结合的抗体是现有技术中已知的，但是，从现有技术中看不出所述抗体具有所述的作用，虽然说明书中对抗体进行描述时引用了“US 5595721”和“US 5736137”，但是说明书中的此段描述仅能说明所要保护用途中所用的抗体是现有技术中已知的，却并不能表明所述抗体可用于本申请所要保护的用途，说明书除在实施例1～5中对效果进行了没有任何数据支持的泛泛描述外，无任何实验证据来证实该抗体的阻断作用和效果。在本发明请求保护已知抗体的新用途的情况下，本领域技术人员根据说明书的描述在无实验证据的情况下无法预测本发明的技术方案是否能解决所要解决的技术问题，即本发明的方案必需依赖实验结果加以证实才能成立，所以在说明书没有给出实验证据的情况下，本领域技术人员根据说明书的描述无法实现本发明，本申请的说明书不符合专利法第26条第3款的规定。

《复审通知书》还指出，对于复审请求人陈述的“说明书的实施例已经对技术方案具体实施的每一个步骤进行了详细描述，本领域技术人员只需将本发明的技术方案付诸实施即可达到本发明的目的”的意见，合议组认为，虽然说明书实施例的确对患者选择等进行了说明，但是其中仅用诸如“给药CD20抗体将降低或消除患者体内的免疫应当”之类的结论性语言对其作用和效果进行了描述，并没有提供任何实验数据，在这种情况下，本领域技术人员根据说明书的描述无法预测到所述的抗体是否可以解决本发明要解决的技术问题并产生预期的技术效果，所以无法确定是否能实现本发明的技术方案；对于复审请求人提交的附件而言，首先，根据专利法实施细则第4条的规定，依照专利法和实施细则提交的各种文件应当使用中文，而复审请求人提交的附件都不是中文且未提交中文译文；其次，复审请求人在其所有意见陈述中从未结合附件1进行过陈述并表明其欲以该附件证明的具体主张，因此，合议组对附件1不予考虑；第三，附件2和3的公开日均在本申请的申请日之后，其中的内容是本领域技术人员在申请日时无法获知的，因此不能用作本申请的现有技术证明本申请已经充分公开；第四，关于附件A中所列的另5篇文献，由于复审请求人并未提交其原文及译文，合议组无法获知其内容，因此，对这5篇文献不予考虑。综上所述，复审请求人陈述的理由和提交的证据均不能证明本申请的说明书已充分公开了其请求保护的技术方案。

针对《复审通知书》指出的问题，复审请求人于2007年2月1日提交了意见陈述书及经修改的权利要求书（共1页19项），所作修改包括：删除了原权利要求1～21，并将原权利要求22～40的序号相应调整为新权利要求1～19，但对其内容未作修改。复审请求人同时再次提交了附件2和3，并提交了附件2、3的中文译文（各6页）和以下附件：

附件4：“Treatment of Humoral Rejection With Rituximab”，H. Edward Garrett 等人，Ann Thorac Surg，第74卷，第1240～1242页，2002年，复印件共3页；

附件5：“Rituximab for steroid-refractory chronic graft-versus-host disease”，Corey Cutler 等人，BLOOD，第108卷，第2期，第756～762页，2006年7月15日，复印件共7页；

附件6：“Treatment of Chronic Graft-versus-Host Disease with Anti-CD20 Chimeric Monoclonal Antibody”，Voravit Ratanatbaratborn 等人，Biology of Blood and Marrow Transplantation，第9卷，第8期，封面页、第505～511页，2003年8月，复印件共8页；

附件7：“Treatment of chronic graft-versus-host disease with rituximab”，A. Bacigalupo 等人，Bone Marrow Transplantation，第35卷，增刊2，封面页、第S42～S43页，2005年3月，复印件共3页；

附件8：“Anti-CD20 monoclonal antibody treatment in 6 patients with therapy-refractory chronic graft-versus-host disease”, Marijike R. Canninga-van Dijk 等人，BLOOD，第 104 卷，第 8 期，第 2603 ~ 2606 页，2004 年 10 月 15 日，复印件共 4 页；

附件 9：“Anti-CD20 Chimeric Monoclonal Antibody Treatment of Refractory Immune-Mediated Thrombocytopenia in a Patient with Chronic Graft-versus-Host Disease”，Voravit Ratanatharathorn，MD 等人，Annals of Internal Medicine，第 133 卷，第 4 期，第 275 ~ 279 页，2000 年 8 月 15 日，复印件共 5 页；

附件 10：“Rituximab is effective for steroid-refractory sclerodermatous chronic graft-versus-host disease”，M Okamoto 等人，Leukemia，第 20 卷第 1 期，封面页、第 172 ~ 173 页，2006 年 1 月，复印件共 3 页。

复审请求人认为：首先，《审查指南》中所要求的实验数据并不仅限于数值，还包括对阴性或阳性结果的描述，而且其中并没有具体要求用什么样的形式来进行描述，而在本申请说明书第 35 页第 8 行、第 15 页、第 36 页第 7 行、第 36 页第 17 ~ 18、19 ~ 20、21 ~ 22 行中给出了多个数据，本领域技术人员完全可以在说明书的基础上，用包含上述举例说明的实验数据的本申请实施例获得本申请所公开的效果；其次，复审请求人提供的在本申请申请日后公开的附件 2 和 3 证明了在本申请说明书公开以后本领域技术人员能够实现本发明的事实，并且其结果在本申请说明书中已经被指明，附件 2 和 3 的作者无一是本申请的发明人，其是两个实施了本申请实施例中所公开的具体治疗方案的非常具体的病例报告，得出了本申请实施例描述的结果，这种对本发明的实施行为并不因为其发生在本申请的申请日当天或者申请日之后而导致最终结果的改变，再次表明本领域技术人员在本申请的申请日之后的确能够按照本申请实施例的描述实施本发明，因此本申请的说明书已经充分公开了本发明，足以使得本领域技术人员可以实施本发明；同样，附件 3 ~ 10 也证明本领域技术人员在本申请的基础上可以实现本发明。因此，本申请的说明书符合专利法第 26 条第 3 款的规定。

至此，合议组认为本案事实清楚，可以作出审查决定。

**二、决定的理由**

1. 决定所依据的文本

复审请求人在其于 2007 年 2 月 1 日提交的修改文件中删除了《驳回决定》和《复审通知书》所针对的权利要求书中的权利要求 1 ~ 21，除修改编号外，对其余权利要求未进行其他修改，这种修改符合专利法第 33 条的规定，因此，本决定是在复审请求人于 2007 年 2 月 1 日提交的权利要求第 1 ~ 19 项以及驳回决定所针对的说明书和说明书摘要的基础上作出的。

2. 关于专利法第 26 条第 3 款

专利法第 26 条第 3 款规定：说明书应当对发明或者实用新型作出清楚、完整的说明，以所属技术领域的技术人员能够实现为准。

所属技术领域的技术人员能够实现，是指所属技术领域的技术人员按照说明书记载的内容，就能够实现该发明的技术方案，解决其技术问题，并且产生预期的技术效果。对已知化合物的新用途发明，如果本领域技术人员无法根据现有技术预测该用途，则应当记载对于本领域技术人员来说，足以证明该物质可以用于所述用途并能解决所要解决的技术问题或者达到所述效果的实验数据。

本案中，修改后的权利要求 1 ~ 19（即《驳回决定》和《复审通知书》所针对的权利要求 22 ~ 40）要求保护的主题实际上都是以与 CD20 结合的抗体可用于阻断免疫应答的用途为基础的，本申请请求保护的是已知物质的新用途，但说明书除在实施例 1 ~ 5 中对效果进行了没有任何数据支持的泛泛描述外，无任何实验证据来证实该抗体的阻断作用和效果。复审请求人认为说明书第 35 页第 8 行、第 15 行、第 36 页第 7 行、第 17 ~ 18 行、第 19 ~ 20 行和第 21 ~ 22 行中给出了多个数据，但是，在说明书第 35 页第 8 行、第 15 行、第 36 页第 7 行、第 19 ~ 20 行和第 21 ~ 22 行涉及的都是活性物质的给药剂量，在说明书中没有记载任何证明所述剂量是可以实现本发明目的的试验数据的情况下，这些剂量不能说明本发明与CD20结合的抗体可以实现本发明的目的；说明书第36页第17～18行的描述为“抗CD20抗体可以通过抑制同种异体抗体的产生和/或通过清除抗原提呈细胞而影响同种异体抗原的提呈来预防同种异体排斥反应”，其仍然是没有得到任何试验数据支持的泛泛描述，因此，复审请求人认为的数据并不是证明本发明的技术方案可以实现本发明目的的效果数据。在本发明请求保护已知抗体的新用途的情况下，即使说明书中给出了使用所述抗体的具体实施方案，在说明书没有给出试验证据的情况下，本领域技术人员仍然无法预测所述抗体是否能够实现本发明的目的，即本发明的方案必需依赖实验结果加以证实才能成立，所以在说明书没有给出任何实验证据的情况下，本领域技术人员根据说明书的描述无法确信本发明已经完成，即本申请的说明书不符合专利法第26条第3款的规定。

在复审请求人提交的附件1～10中，只有附件1的公开日在本申请申请日之前，但是，专利权人不仅没有提交附加1的中文译文或对相关部分进行翻译，而且从来没有结合附件1陈述过意见，因此，合议组对附件1不予考虑。附件2～10的公开日都在本申请的申请日之后，复审请求人认为申请日之后公开的这些附件证明了在说明书公开以后本领域技术人员能够实现本发明的事实，但是，这些附件都是申请日之后本领域技术人员的研究结果，并不能证明本领域技术人员在申请日时根据本申请说明书的描述即可预期到所述抗体可以实现所述作用。因此，公开于本发明申请日之后的附件2～10不是现有技术，不能证明本领域技术人员在本申请的申请日时可以根据现有技术和说明书的描述预期本发明方案的技术效果。

根据以上事实和理由，本案合议组作出如下审查决定。

**三、决定**

维持国家知识产权局于2004年3月12日对00812608.9号发明专利申请作出的驳回决定。

复审请求人对本决定不服的，可以根据专利法第41条第2款的规定，自收到本决定之日起三个月内向北京市第一中级人民法院起诉。

# 北京市第一中级人民法院
# 行政裁定书

（2008）一中行初字第42号

原告杰南技术公司，住所地美利坚合众国加利福尼亚州。

授权代表人提莫西·施沃茨，全球高级法律顾问。

委托代理人封新琴，北京市柳沈律师事务所律师。

委托代理人闵丹，女，北京市柳沈律师事务所专利代理人。

原告比奥根艾迪克MA公司，住所地美利坚合众国加利福尼亚州。

法定代表人克里斯托夫·戴顿，常务理事。

委托代理人封新琴，北京市柳沈律师事务所律师。

委托代理人闵丹，女，北京市柳沈律师事务所专利代理人。

被告中华人民共和国国家知识产权局专利复审委员会，住所地中华人民共和国北京市海淀区北四环西路9号银谷大厦10～12层。

法定代表人廖涛，副主任。委托代理人许磊，男，中华人民共和国国家知识产权局专利复审委员会审查员。

委托代理人程强，男，中华人民共和国国家知识产权局专利复审委员会审查员。

原告杰南技术公司、比奥根艾迪克MA公司不服被告中华人民共和国国家知识产权局专利复审委员会于2007年8月19日作出的第11319号复审请求审查决定，向本院提起诉讼。本院依法受理后，组成合议庭。在本院审理过程中，原告向本院申请撤回起诉。

经审查，本院认为，原告申请撤诉系其真实意思表示，未侵害国家、集体或他人的合法权益，且不违反法律规定，本院应予准许。故，依照《中华人民共和国行政诉讼法》第五十一条的规定，裁定如下：

准许杰南技术公司、比奥根艾迪克MA公司撤回起诉。

案件受理费100元，减半收取50元，由原告杰南技术公司、比奥根艾迪克MA公司负担（已交纳）。

审 判 长　饶亚东

审 判 员　刘景文

人民陪审员　杨　旭

二〇〇八年四月二十二日

书 记 员　盛　阳

082

# 用于口服给药的含丙戊酸药物微球

## 复审请求审查决定（第11322号）

**决　定　号**　第11322号
**决　定　日**　2007年8月6日
**发明创造名称**　用于口服给药的含丙戊酸药物微球
**国际分类号**　A61K 31/19，A61K 9/16
**复审请求人**　赛诺菲-安万特公司
**申　请　号**　97198537.5
**申　请　日**　1997年10月3日
**优先权日**　1996年10月7日
**公　开　日**　1999年10月20日
**合议组组长**　李彦涛
**主　审　员**　李　娟
**参　审　员**　刘　磊

**法律依据**　专利法第26条第4款
**决定要点**

判断权利要求是否得到说明书的支持，应依据说明书公开的全部内容，并结合本领域的公知常识及现有技术，合理预测权利要求概括的技术方案是否可以实施，能否解决发明所要解决的技术问题，并达到预期的技术效果。

### 一、案由

本复审请求涉及名称为“用于口服给药的含丙戊酸药物微球”的97198537.5号发明专利申请（下称本申请），申请人为赛诺菲-圣德拉堡股份有限公司，2005年3月25日变更为赛诺菲-安万特公司，申请日为1997年10月3日，优先权日为1996年10月7日，公开日为1999年10月20日。

2004年3月26日，国家知识产权局以权利要求1～13不符合专利法第26条第4款为由驳回了本申请。被驳回的权利要求书如下：

“1. 药物微球，其特征在于含有丙戊酸及其可药用盐之一的混合物作为活性成分，并且含有选自甘油酯、氢化油、酯化的聚乙二醇或蜡及其混合物的基质赋形剂，其中，

活性成分的量大于0％并至多占微球总重的35wt％，

活性成分包含25％～35wt％丙戊酸和65％～75wt％该酸的可药用盐的混合物，

所述甘油酯为二-二十二烷酸甘油酯、棕榈酸/硬脂酸甘油酯、单硬脂酸甘油酯、单油酸甘油酯或三辛酸/癸酸甘油酯；所述氢化油为氢化蓖麻油；所述酯化的聚乙二醇是饱和的聚乙二醇甘油酯；所述蜡为天然蜂蜡或合成蜂蜡或石蜡。

2. 权利要求1的药物微球，其中饱和的聚乙二醇甘油酯为甘油单酯、二酯和三酯以及聚乙二醇单酯和二酯的混合物。

3. 权利要求1的药物微球，其特征在于可药用盐是碱金属盐或碱土金属盐。

4. 权利要求3的药物微球，其特征在于碱金属盐是钠盐。

5. 权利要求3的药物微球，其特征在于碱土金属盐是钙盐或镁盐。

6. 权利要求1的药物微球，其中基质赋型剂是石蜡与二-二十二烷酸甘油酯的混合物。

7. 权利要求6的药物微球，其中可药用盐是钠盐。

8. 权利要求1的药物微球，其特征在于基质赋形剂的熔点在50℃至120℃之间。

9. 权利要求8的药物微球，其特征在于基质赋形剂的熔点在70℃至90℃之间。

10. 制备权利要求1的药物微球的方法，其中：

将丙戊酸和丙戊酸的可药用盐加入到熔融形式的基质赋形剂中并将形成的混合物持续搅拌至生成透明液体为止，

加压使所得的透明形式的混合物通过振动的喷嘴，从而在喷嘴的出口处形成小液滴，该小液滴在重力作用下落入到其中有冷气体逆向运动的塔中，

在塔的底部收集微球。

11. 用于口服给药的药物剂型，其特征在于含有权利要求1的药物微球。

12. 权利要求11的药物剂型，其特征在于该剂型为片剂；胶囊，包括硬明胶胶囊；或呈袋剂或用于分散单位剂量之系统形式的散剂包装。

13. 权利要求11的药物剂型，其中含有可以促进流动的试剂、润滑剂、无机填料和/或甜味剂。"

驳回决定认为："活性成分的含量大于0%"在原始说明书和历次修改的说明书替换页中没有记载，在形式上没有以说明书为依据，并且"活性成分的含量大于0%并至多占微球总重的35wt%"的含量限定在实质上也没有以说明书为依据。具体理由为：

对比文件1（DRUG DEV. AND IND. PHARMACY，Vol. 21，no.7，1995，p793~807）中公开了含17%丙戊酸的药物微球，本发明要解决的技术问题为缩小药物剂型，其采用的方法为使用丙戊酸钠成分，增加了最终药物剂型中的有效成分的含量。但是实施例的药物微球的有效成分含量均在31.6%附近，在权利要求下限附近没有实施例，同时，有效成分过低是不利于达到缩小药物剂型体积的发明目的的。因此，权利要求1包含了许多本领域普通技术人员难以预测其效果或根本不能解决本发明所要解决的技术问题的技术方案。在权利要求1得不到说明书支持的情况下，权利要求2~9请求保护的药物微球也未进一步限定以克服这一缺陷，均不符合专利法第26条第4款。方法独立权利要求10请求保护权利要求1所述药物微球的制备方法，也不符合专利法第26条第4款的规定。权利要求11~13也不符合该规定。

申请人赛诺菲-安万特公司（下称复审请求人）对上述驳回决定不服，于2004年6月25日向专利复审委员会提交了复审请求。复审请求人在提出复审请求时对权利要求1进行了修改，并提交了权利要求书第1~2页替换页。其中将权利要求1中活性成分的含量改为"大于17%并至多占微球总重的35wt%"，修改后的权利要求1如下：

"1. 药物微球，其特征在于含有丙戊酸及其可药用盐之一的混合物作为活性成分，并且含有选自甘油酯、氢化油、酯化的聚乙二醇或蜡及其混合物的基质赋形剂，其中，

活性成分的量大于17％并至多占微球总重的35wt％，

活性成分包含25wt％～35wt％丙戊酸和65wt％～75wt％该酸的可药用盐的混合物，

所述甘油酯为二-二十二烷酸甘油酯、棕榈酸/硬脂酸甘油酯、单硬脂酸甘油酯、单油酸甘油酯或三辛酸/癸酸甘油酯；所述氢化油为氢化蓖麻油；所述酯化的聚乙二醇是饱和的聚乙二醇甘油酯；所述蜡为天然蜂蜡或合成蜂蜡或石蜡。”

复审请求人认为：说明书已经指出现有技术中微球的丙戊酸含量不超过17％，将权利要求1中的活性成分的含量改为“大于17％并至多占微球总重的35wt％”，这一修改克服了现有技术中的缺陷，提供了活性成分大于17％的药物微球，能够解决本发明的技术问题，可以得到说明书的支持。在此基础上，其从属权利要求、制备方法权利要求和药物剂型权利要求也相应得到了说明书的支持。

形式审查合格后，专利复审委员会受理了该复审请求，并于2004年7月13日向复审请求人发出《复审请求受理通知书》。同时，将本申请送回国家知识产权局原审查部门进行前置审查。

原审查部门对本复审请求进行了前置审查，在前置审查中，原审查部门认为修改为活性成分的量大于17％这一技术特征超出了原始公开的范围，不符合专利法第33条的规定。虽然说明书背景技术中提到现有技术的丙戊酸的含量不超过17％，但本发明的微球活性成分是丙戊酸和丙戊酸钠的混合物，背景技术部分的17％不代表本发明活性成分含量的可取数值，因此这一修改是超出原始公开的范围的，故坚持驳回决定。

专利复审委员会组成合议组，对本复审请求案进行了审理。

合议组于2007年4月5日向复审请求人发出《复审通知书》，指出：（1）复审请求人提出复审请求时将权利要求1中的活性成分修改为“大于17％并至多占微球总重的35wt％”，修改后权利要求1请求保护的技术方案在原说明书和权利要求中均并未记载，也无法从中直接地、毫无疑义地确定；具体到“大于17％并至多占微球总重的35wt％”这一数值范围的端值17％，仅在原说明书背景技术中出现（说明书第2页），用以表述现有技术中丙戊酸的平均浓度水平，并非是对本发明中的活性成分（即丙戊酸及其可药用盐的混合物）的表述，该端值在原说明书和权利要求书对活性成分含量的具体限定范围中并没有记载，实施例部分也未具体实施该数值的技术方案，因此，对上述数值范围的修改超出了原说明书和权利要求书记载的范围，修改后的权利要求1不符合专利法第33条的规定；基于相同的理由，含有该数值范围技术特征的权利要求2～13也不符合专利法第33条的规定。（2）为节约程序，对驳回决定所针对的文本，合议组指出含有“活性成分的量大于0％并至多占微球总重的35wt％”这一特征的权利要求1～13的技术方案得不到说明书的支持，“大于0％并至多占微球总重的35wt％”这一范围包括了接近0％的诸多技术方案，当活性成分的含量为“大于0％”且接近于0％时，最终药物剂型中有效成分的含量是非常低的，不可能解决本发明所要解决的技术问题，也无法达到本发明的预期技术效果，基于此，权利要求1～13不符合专利法第26条第4款的规定。

针对上述《复审通知书》，复审请求人于2007年7月11日提交了意见陈述书，将权利要求1中的活性成分的量改为“占微球总重的30wt％～35wt％”，同时提交了修改后的权利要求书。修改后的权利要求1如下：

“1. 药物微球，其特征在于含有丙戊酸及其可药用盐之一的混合物作为活性成分，并且含有选自甘油酯、氢化油、酯化的聚乙二醇或蜡及其混合物的基质赋形剂，其中，

活性成分的量占微球总重的30wt％～35wt％，

活性成分包含25wt％～35wt％丙戊酸和65wt％～75wt％该酸的可药用盐的混合物，

所述甘油酯为二-二十二烷酸甘油酯、棕榈酸/硬脂酸甘油酯、单硬脂酸甘油酯、单油酸甘油酯或三辛酸/癸酸甘油酯；所述氢化油为氢化蓖麻油；所述酯化的聚乙二醇是饱和的聚乙二醇甘油酯；

所述蜡为天然蜂蜡或合成蜂蜡或石蜡。”

复审请求人认为：修改后的权利要求1已克服了复审通知书指出的缺陷，修改基础是说明书第5页第6~7行，符合专利法第33条的规定；修改后的权利要求1可以得到说明书实施例的实质性支持，符合专利法第26条第4款的规定，在此基础上，权利要求2~13也符合专利法第33条及第26条第4款的规定。

至此，合议组认为本案事实清楚，可以作出复审决定。

**二、决定的理由**

1. 关于文本

复审请求人于2007年7月11日提交了修改后的权利要求第1~13项，对权利要求1中涉及活性成分的含量改为“占微球总重的30wt%~35wt%”，该数值范围记载在原说明书（说明书第5页第7行，第6页倒数第6行）中，本领域的技术人员根据原说明书的记载可以直接地、毫无疑义地确定上述内容，因此，复审请求人于2007年7月27日提交的权利要求第1~13项符合专利法第33条的规定。

本复审请求审查决定以复审请求人于2007年7月11日提交了修改后的权利要求第1~13项，2003年10月9日提交的说明书第3页和第6页，2003年6月13日提交的说明书第1、4、7、9、11页，2003年10月10日提交的说明书第5页，进入中国国家阶段时提交的国际申请文件的说明书第2、8、10、12~16页、附图第1~2页及说明书摘要为审查文本。

2. 关于专利法第26条第4款的问题

专利法第26条第4款规定：权利要求书应当以说明书为依据，说明要求专利保护的范围。

判断权利要求是否得到说明书的支持，应依据说明书公开的全部内容，并结合本领域的公知常识及现有技术，合理预测权利要求概括的技术方案是否可以实施，能否解决发明所要解决的技术问题、并达到预期的技术效果。

本案中，驳回决定所针对文本的权利要求1中将活性成分的量限定为“大于0%并至多占微球总重的35wt%”。根据本申请说明书中的记载，本发明所要解决的技术问题是改进药物剂型以提高活性成分含量，预期达到的技术效果是增加最终药物剂型中有效成分的含量，同时能够掩盖该活性成分令人不适的味道以易于儿童及老年人使用。基于此目的，本发明采用了以丙戊酸与其可药用盐的混合物作为活性成分且以一定含量与基质赋形剂共同组成的药物微球的技术手段，显然，针对该技术手段，必然要求一定含量的活性成分，并且相对于现有技术所能达到的活性成分的含量有所提高（根据说明书背景技术的记载，现有技术的该类药物微球中丙戊酸的平均浓度不超过17%）；而“大于0%并至多占微球总重的35wt%”这一范围包括了接近0%的诸多技术方案，当活性成分的含量为“大于0%”且接近于0%时，最终药物剂型中有效成分的含量是非常低的，甚至于还不如现有技术中该类药物微球中的活性成分含量高，因此也就不可能解决本发明所要解决的技术问题，也无法达到本发明的预期技术效果，基于此原因，含有“活性成分的量大于0%并至多占微球总重的35wt%”这一技术特征的权利要求1~13得不到说明书的支持，不符合专利法第26条第4款的规定。

复审请求人于2007年7月11日提交的权利要求书已将权利要求1中活性成分的量改为“占微球总重的30wt%~35wt%”，该数值范围记载在原说明书（说明书第5页第7行，第6页倒数第6行）中，同时实施例具体实施了活性成分含量分别为31.576、31.63重量%的方案，本领域的技术人员根据说明书充分公开的上述内容能够得到权利要求1的技术方案，并且，基于与上文相同的分析，活性成分含量达到30wt%~35%时，并无证据表明其不能够解决说明书中所述的技术问题，因此，修改后的权利要求1符合专利法第26条第4款的规定，在此基础上，权利要求2~13也符合专利法第26条第 4 款的规定。由此，驳回决定及复审通知书所指出的缺陷均已克服。

鉴于此，合议组作出如下决定。

**三、决定**

撤销国家知识产权局于 2004 年 3 月 26 日对 97198537. 5 号发明专利申请作出的驳回决定。由原审查部门根据 2007 年 7 月 11 日提交的权利要求第 1 ~ 13 项，2003 年 10 月 9 日提交的说明书第 3 页和第 6 页，2003 年 6 月 13 日提交的说明书第 1 、4 、7 、9 、11 页，2003 年 10 月 10 日提交的说明书第 5 页，进入中国国家阶段时提交的国际申请文件的说明书第 2 、8 、10 、12 ~ 16 页、附图第 1 ~ 2 页及说明书摘要为基础，继续审查程序。

复审请求人对本决定不服的，可以根据专利法第 41 条第 2 款的规定，自收到本决定之日起三个月内向北京市第一中级人民法院起诉。

083

# 使用胸腺素、干扰素和利巴韦林治疗丙型肝炎

## 复审请求审查决定（第11332号）

**决　定　号**　第11332号
**决　定　日**　2007年7月30日
**发明创造名称**　使用胸腺素、干扰素和利巴韦林治疗丙型肝炎
**国际分类号**　A61K 38/00，A61K 31/70，A61K 38/21
**复审请求人**　希克龙制药公司
**申　请　号**　01813766.0
**优先权日**　2000年8月7日
**申　请　日**　2001年8月6日
**公　开　日**　2003年10月1日
**合议组组长**　何　炜
**主　审　员**　王　冬
**参　审　员**　吴通义

**法律依据**　专利法第26条第3款
**决定要点**

对于化学产品发明，在说明书中应当记载其用途和/或使用效果。如果所属技术领域的技术人员根据现有技术能够预测发明能够实现所述用途和/或使用效果，则在说明书中并非必须记载对于本领域技术人员来说足以证明发明的技术方案可以实现所述用途和/或达到预期效果的实验数据。

### 一、案由

本复审请求涉及于2001年8月6日申请、2003年10月1日公开、名称为“使用胸腺素、干扰素和利巴韦林治疗丙型肝炎”的01813766.0号发明专利申请（下称本申请），其申请人为希克龙制药公司。

国家知识产权局于2005年2月25日以进入国家阶段时提交的说明书第1～18页、2003年8月7日提交的权利要求第1～18项、2001年8月6日提交的摘要为基础作出驳回决定。其中独立权利要求1是：

“1. 一种用于治疗丙型肝炎的联合用药物，包括含有效量的至少一种胸腺素或者有效量的至少一种胸腺素片段的药物剂量单位，以及联合施用的有效量的至少一种干扰素的药物剂量单位，还进一步包括含有有效量抗病毒剂的药物剂量单位。”

驳回决定中指出：

本申请的说明书没有公开有关使用胸腺素、干扰素和利巴韦林治疗丙型肝炎的效果的实验数据。虽然申请人在针对第一次审查意见通知书的意见陈述书中认为说明书中公开了具体医药用途、药理功效、有效量等技术特征，但是说明书中并没有公开能够证实其用途使用效果的试验数据，并且申请人补充的试验数据只能用作参考，并不能弥补本申请公开不充分的缺陷。因此，本申请的说明书公开不充分，不符合专利法第26条第3款的规定。

申请人希克龙制药公司（下称复审请求人）对上述驳回决定不服，于2005年5月13日向专利复审委员会提出复审请求，没有提交任何修改文件。复审请求人提交了如下附件。

附件1 实验参考数据英文文本及其中文译本，共2页。

复审请求人认为：

（1）在本申请文件的原始说明书第2～5页中已经对所述药物组合物的具体医药用途、药理功效、有效量及使用方法等相关用途进行了详细的说明，并给出了各种优选的技术方案，这些数据的得出都是需要进行大量实验研究得出的，本领域技术人员能够根据这些内容来实施本发明。

（2）本申请文件中提供了可证明本发明药物组合物药理作用的详细实施方案，本领域技术人员采用实施例1所公开的技术方案能够验证所述药物组合物的上述药理功效。由上述陈述并结合复审请求人提交的实验参考数据可以看出，本申请满足专利法第26条第3款的规定，本申请的说明书已经充分公开。

形式审查合格后，专利复审委员会受理了此复审请求，并于2005年6月14日向复审请求人发出《复审请求受理通知书》，同时将本申请案卷移交原审查部门进行前置审查。

原审查部门对本复审请求进行了前置审查，认为：

（1）说明书中给出的各种优选技术方案并不能说明这些方案是进行了大量的试验研究得出的。本申请请求保护的药物组合物中所包含的都是已知药物，其给药剂量也都是已知的，本申请给出了这些药物的组合和剂量，并不能证实复审请求人经过了大量试验，即使复审请求人经过了大量试验，但是在原始申请文件中却没有体现出来，本申请的原始申请文件在撰写方面存在重大缺陷，导致说明书公开不充分。

（2）本领域的技术人员可以采用实施例1所公开的技术方案验证本申请所述药物组合物的药理功效，但是这只是事后行为，在本申请申请之时，复审请求人就应该将这些试验数据展示给本领域的技术人员，表明本申请提供的这些试验数据不是后来进行的，对于这些事后补救的试验数据不予接受。因此本申请说明书公开不充分，不符合专利法第26条第3款的规定。

专利复审委员会组成合议组，对本案的复审请求进行了审理，并于2007年3月29日向复审请求人发出《复审通知书》。

《复审通知书》指出：

（1）本申请请求保护包括胸腺素或其片段、干扰素和抗病毒剂的治疗丙型肝炎的联合用药物，在本申请说明书中没有记载任何有关将胸腺素、干扰素和抗病毒剂例如利巴韦林联合使用能够治疗丙型肝炎的实验数据，即没有证实本申请要求保护的联合用药物确实具有治疗丙型肝炎的作用。因此，本申请说明书公开不充分。

（2）复审请求人所提交的实验数据既不是本申请说明书公开的内容，也无法从本申请的说明书中毫无疑义地推知上述内容，上述实验数据也不属于本申请申请日前的现有技术。因此该实验数据不能用于证明本申请说明书已充分公开。

（3）说明书虽然记载了联合用药物的组成方案以及评价该联合用药物的方案，但是，基于说明书公开的内容无法证明要求保护的包括胸腺素、干扰素和抗病毒剂例如利巴韦林的联合用药物具有治疗丙型肝炎的效果。因此，本申请的说明书没有对本发明作出清楚、完整地说明，致使本领域技术人员不能够确定本发明技术方案的技术效果并且预见该技术方案能够解决所述的技术问题，因而无法实施本发明，不符合专利法第26条第3款的规定。

针对《复审通知书》，复审请求人于2007年5月14日提交了意见陈述书、权利要求书的全文替换页以及欧洲专利EP1311279B1的权利要求书。修改后的权利要求书如下：

“1. 剂量为500~4500微克/每平方米患者身体表面面积的胸腺素α1、剂量为lMU-3MU的干扰素α-2b，以及剂量为100~2000mg的利巴韦林的组合在制备用于治疗丙型肝炎的药物中的应用。

2. 根据权利要求1所述的应用，其中所述的胸腺素α1的剂量为1600~3200微克/每平方米患者身体表面面积。

3. 根据权利要求1所述的应用，其中所述利巴韦林的剂量为400~1800mg。

4. 根据权利要求3所述的应用，其中所述利巴韦林的剂量为800~1200mg。

5. 一种治疗丙型肝炎的药物组合，其包括：含有剂量为500~4500微克/每平方米患者身体表面面积的胸腺素α1的药物剂量单位、含有剂量为1MU-3MU的干扰素α-2b的药物剂量单位以及剂量为100~2000mg的利巴韦林的药物剂量单位。”

复审请求人认为：本申请的说明书已经清楚地公开了剂量为500~4500微克/每平方米患者身体表面面积的胸腺素α1、剂量为1MU~3MU的干扰素α-2b，以及剂量为100~2000mg的利巴韦林的在治疗丙型肝炎中的应用。而且说明书第3页第9行至第4页的第20行公开了胸腺素α1、干扰素α-2b和利巴韦林的用药方法。用于治疗患者的丙型肝炎的实例性用药方法在实施例1中有详细的描述。因此基于本申请原始公开的内容，说明书已经清楚、完整地公开了本发明，并使本领域的技术人员能够实施本发明。在请求复审时提交的实施例也支持这一点。另外，提交了本发明相应的、且已经被授权的欧洲专利EP1311279B1的权利要求书供合议组成员参考。

至此，合议组认为本案事实清楚，可以作出审查决定。

**二、决定的理由**

1. 关于审查文本

复审请求人在2007年5月14日提交的权利要求书中所作的修改，未超出原始说明书和权利要求书的记载范围，符合专利法第33条的规定。

本决定是在复审请求人于2007年5月14日提交的权利要求第1~5项、进入国家阶段时提交的说明书第1~18页和说明书摘要的基础上作出的。

2. 关于专利法第26条第3款

专利法第26条第3款规定：说明书应当对发明作出清楚、完整的说明，以所属技术领域的技术人员能够实现为准。

对于化学产品发明，在说明书中应当记载其用途和/或使用效果。如果所属技术领域的技术人员根据现有技术能够预测发明能够实现所述用途和/或使用效果，则在说明书中并非必须记载对于本领域技术人员来说足以证明发明的技术方案可以实现所述用途和/或达到预期效果的实验数据。

根据以上所述可知，本案的争议点在于说明书没有记载用于证明使用胸腺素、干扰素和利巴韦林联合治疗丙型肝炎的效果的实验数据是否会导致说明书公开不充分。

本申请说明书中记载了如下内容：（1）第1页第25~26行记载了“胸腺素治疗还可与干扰素治疗联合应用，由此使胸腺素的免疫系统增强作用与干扰素的抗病毒作用相结合。该技术内容公开于美国专利5，849，696。”；（2）说明书第1页第27~28行记载了“已经使用各种抗病毒剂作为单独的治疗剂尝试用于治疗慢性肝炎感染，它们通常包括阿昔洛韦、阿糖腺苷和腺嘌呤阿糖腺苷。”；（3）

说明书第2页第24~26行记载了“属于嘌呤核苷类似物的本发明抗病毒剂包括阿昔洛韦、利巴韦林、更昔洛韦和阿糖腺苷（参见下表A）”；（4）说明书第4页第30行至第5页第6行记载了“已知干扰素影响多种细胞功能，包括正常细胞和被感染细胞中的DNA复制以及RNA和蛋白质的合成。胸腺素α-1是一种免疫系统调节剂，它有助于治疗慢性丙型肝炎的宿主免疫机制的激活。抗病毒剂，如核苷类似物不是杀病毒的，即它们并不杀死病毒。它们抑制病毒的复制（繁殖），因此使病毒携带量降至检测不到的水平。但是，病毒可能不会被单独的核苷类似物全部消灭。干扰素和利巴韦林与Tα1的使用降低了HCV病毒产生变异的可能性，由此产生了较长的低病毒携带量时期，增强了Tα1产生的免疫学反应”。根据上述内容可知，在现有技术美国专利5，849，696中已经公开了将胸腺素与干扰素联合应用于治疗丙型肝炎感染。而且对于利巴韦林而言，无论是根据上述说明书中的记载还是本领域的专业知识（例如参见洪慧闻、刘燕玲编著，2000年7月出版的《病毒性肝炎》正文第53页第9~18行）可知，利巴韦林可用于治疗丙型肝炎。同时本领域技术人员知道，一般来说将具有相同治疗作用的不同药物联合应用时，所述联合应用不会使各药物成分的治疗作用发生明显改变，也就是说通常所述联合应用所治疗的疾病与各药物成分所治疗的疾病相同。由此可以推知，将胸腺素、干扰素和利巴韦林联合使用可用于治疗丙型肝炎的效果是根据现有技术能够预期的。因此，虽然在本申请说明书中没有记载能够证明应用胸腺素、干扰素和利巴韦林的联合治疗丙型肝炎的效果的实验数据，但是对于本领域技术人员来说，基于说明书的记载并结合本领域的常识就完全能够预见将胸腺素与干扰素以及抗病毒剂利巴韦林联合能够应用于治疗丙型肝炎。

综上，虽然本申请说明书中没有记载使用胸腺素、干扰素和利巴韦林治疗丙型肝炎的效果的实验数据，但不会导致本领域技术人员无法实现本发明，因此，驳回理由不成立。

根据以上事实和理由，本案合议组作出如下审查决定。

**三、决定**

撤销国家知识产权局于2005年2月25日对01813766.0号发明专利申请作出的驳回决定。由原审查部门在本决定所依据的文本的基础上继续进行审查。复审请求人对本决定不服的，可以根据专利法第41条第2款的规定，自收到本决定之日起三个月内向北京市第一中级人民法院起诉。

084

# 含有海洛因作为活性物质的药物制剂及其于治疗鸦片成瘾上的用途

## 复审请求审查决定（第11335号）

**决　定　号**　第11335号
**决　定　日**　2007年8月8日
**发明创造名称**　含有海洛因作为活性物质的药物制剂及其于治疗鸦片成瘾上的用途
**国际分类号**　A61K 31/485，A61K 9/70，A61P 25/04，A61P 25/36
**复审请求人**　LTS勒曼治疗系统股份公司
**申　请　号**　00807882.3
**优先权日**　1999年5月21日
**申　请　日**　2000年5月17日
**公　开　日**　2002年8月7日
**合议组组长**　李人久
**主　审　员**　任　怡
**参　审　员**　郭　婷

**法律依据**　专利法第26条第4款，第33条、专利法实施细则第20条第1款
**决定要点**

权利要求应当得到说明书的支持。权利要求书中的每一项权利要求所要求保护的技术方案应当是所属技术领域的技术人员能够从说明书充分公开的内容中得到或概括得出的技术方案，并且不得超出说明书公开的范围。

如果申请的内容通过增加、改变和/或删除其中的一部分，致使所属技术领域的技术人员看到的信息与原申请记载的信息不同，而且又不能从原申请记载的信息中直接地、毫无疑义地确定，那么，这种修改就是不允许的；反之，则是允许的。

权利要求书应当清楚。所谓清楚是指，每项权利要求的类型清楚，与发明或者实用新型要求保护的主题一致，并且权利要求之间的引用关系清楚，构成权利要求书的所有权利要求作为一个整体也清楚。权利要求中的技术特征应当具有清楚、明确的技术含义。

### 一、案由

本复审请求涉及2000年5月17日申请、2002年8月7日公开、名称为“含有海洛因作为活性物质的药物制剂及其于治疗鸦片成瘾上的用途”的00807882.3号发明专利申请（下称本申请），本申请的优先权日为1999年5月21日。本申请的申请人为LTS勒曼治疗系统股份公司。

国家知识产权局于2005年5月13日以权利要求1~3不符合专利法第26条第4款的规定、权利要求1、12不符合专利法实施细则第20条第1款的规定为由驳回了本申请。

驳回决定所针对的权利要求书为：

“1. 一种药学装置，系用于持续及控制释放至少一种活性物质以施敷于未受损的皮肤、口腔、舌、鼻或直肠粘膜、支气管或肺胞上皮，或包含吸收过程的非经肠给药，其中该活性物质为海洛因，它是呈海洛因碱、其药学上相容的酸加成盐或包含化合物的形式，所述酸加成盐选自盐酸盐、硫酸盐、硫酸氢盐、氢溴酸盐、碘化物、乳酸盐、醋酸盐、甲酸盐、丙酸盐、油酸盐、磷酸盐、磷酸氢盐、柠檬酸盐、抗坏血酸盐及酒石酸盐，其中以海洛因碱或其药学上相容的酸加成盐或包含化合物的形式存在的海洛因溶解于药学上相容的非质子传递溶剂和/或药学上相容的具有低质子活性的溶剂以及基于所述溶剂的重量至少5重量%的维生素E和/或维生素E衍生物中。

2. 如权利要求第1项的装置，其具有溶液、悬浮液、乳液、植入物、栓剂、未包衣片剂、粉剂、包衣片剂、经皮治疗系统、扁片、喷雾剂或气溶胶的形式。

3. 如权利要求第1至2项中任一项的装置，其中该活性物质进一步包含（-）-吗啡和/或（-）-吗啡药学上相容的酸加成盐。

4. 如权利要求第1至2项中任一项的装置，其具有多层结构的经皮治疗系统的形式，该系统具有包含压敏黏合剂的层。

5. 一种如权利要求第4项中的经皮治疗系统，其中该压敏黏合剂包含选自包括以丙烯酸酯和/或甲基丙烯酸酯为基的聚合物、硅氧烷类、聚异丁烯类、苯乙烯/丁二烯共聚物、苯乙烯/异戊二烯共聚物、及氢化松脂的酯类所成组群的聚合物。

6. 如权利要求第5项的经皮治疗系统，其中存在于压敏黏合剂中的聚合物为以丙烯酸酯和/或甲基丙烯酸酯为基的自交联丙烯酸酯聚合物。

7. 如权利要求第6项的经皮治疗系统，于该自交联丙烯酸酯聚合物的单体组合物中含有丙烯酸2-乙基己酯、醋酸乙烯酯及丙烯酸。

8. 如权利要求第4项的经皮治疗系统，其中一层含有0.1至50重量%活性物质和/或其药学上相容的酸加成盐。

9. 如权利要求第4项的经皮治疗系统，其含有选自包括N-甲基吡咯烷酮、烟酸苯甲酯、R-（+）-柠檬烯、柠檬油、油酸、十一碳烯酸、二甲基异山梨醇、聚氧乙烯脱水山梨醇单月桂酸酯、聚氧乙烯脱水山梨醇单油酸酯、聚氧乙烯脱水山梨醇单棕榈酸酯、聚氧乙烯脱水山梨醇单硬脂酸酯、聚氧乙烯脱水山梨醇三油酸酯及聚氧乙烯脱水山梨醇三硬脂酸酯所成组群的物质。

10. 如权利要求第4项的经皮治疗系统，其中包含活性物质的层含有5至15重量%维生素E和/或维生素E衍生物。

11. 一种用于制备含有海洛因作为活性物质的药学装置的方法，包括在装置的制备方法中使用药学上相容的非质子传递溶剂和/或具低质子活性的药学上相容的溶剂以及基于所述溶剂的重量至少5重量%的维生素E和/或维生素E衍生物作为该活性物质的溶剂或赋形剂。

12. 一种用于制备如权利要求第4项的药学装置的方法，其包括下列步骤：

a）将活性物质引入聚合物赋形剂溶液或熔体中，

b）将含有活性物质的此聚合物溶液或聚合物熔体涂覆于载带上。

c）利用冷却或静置法去除溶剂，使含活性物质的经涂覆的聚合物溶液或聚合物熔体于聚合物交联或未交联下，进行固化，及

d）将固化作用后所得含有活性物质的聚合物组合物冲孔起出各个贴片。”

驳回决定认为：

（1）权利要求1~3要求保护药学装置，说明书仅提供了经皮治疗系统的实施例。本领域技术人员依据本领域的专业知识以及说明书的教导难以制备得到除经皮治疗系统之外其他形式的药学装置，并且难以预见它们可以达到长时间释放活性物质且贮藏稳定的效果。因此，权利要求1~3的保护范围得不到说明书的支持，不符合专利法第26条第4款的规定。

（2）权利要求1中的技术特征“非质子传递溶剂和/或药学上相容的具有低质子活性的溶剂”在原申请文件中没有定义，申请人在意见陈述中对其定义的范围也含糊不清，权利要求1不符合专利法实施细则第20条第1款的规定。

（3）权利要求12涉及权利要求4所述装置的制备方法，但权利要求12中未涉及非质子传递溶剂和/或药学上相容的具有低质子活性的溶剂、维生素E以及压敏黏合剂，权利要求12制得的药学装置的范围大于权利要求4所述的药学装置，权利要求12不符合专利法实施细则第20条第1款的规定。

申请人LTS勒曼治疗系统股份公司（下称复审请求人）对上述驳回决定不服，于2005年8月26日向专利复审委员会提出复审请求，复审请求人在提出复审请求时提交了新修改的权利要求书替换页及如下附件：

附件1：因特网查询下载的关于“非质子溶剂”概念的网页1份，共10页。

修改后的权利要求书中共包括9项权利要求，具体修改之处为：（1）将权利要求中的“药学装置”修改为“经皮治疗系统”，并删除了权利要求2和3；（2）将权利要求1中的“药学上相容的具有低质子活性的溶剂”限定为权利要求9中的具体溶剂；（3）删除了权利要求11，使权利要求12引用权利要求1，并相应地对组合物中各组份的组成按权利要求11进行了限定。复审请求人认为权利要求1中的“非质子溶剂”具有本领域公知的含义，并提供附件1以供参考，修改后的权利要求书已克服了所有驳回缺陷。

修改后的权利要求书内容如下：

“1. 一种经皮治疗系统，系用于持续及控制释放至少一种活性物质以施敷于未受损的皮肤、口腔、舌、鼻或直肠粘膜、支气管及肺胞上皮，或包含吸收过程的非经肠给药，其中该活性物质为海洛因，它是呈海洛因碱、其药学上相容的酸加成盐或包含化合物的形式，所述酸加成盐选自盐酸盐、硫酸盐、硫酸氢盐、氢溴酸盐、碘化物、乳酸盐、醋酸盐、甲酸盐、丙酸盐、油酸盐、磷酸盐、磷酸氢盐、柠檬酸盐、抗坏血酸盐及酒石酸盐，其中以海洛因碱或其药学上相容的酸加成盐或包含化合物的形式存在的海洛因溶解于药学上相容的非质子溶剂和/或药学上相容的具有低质子活性的溶剂以及基于所述溶剂的重量至少5重量%的维生素E和/或维生素E衍生物中，所述药学上相容的具有低质子活性的溶剂选自包括柠檬油、油酸、十一碳烯酸、二甲基异山梨醇、聚氧乙烯脱水山梨醇单月桂酸酯、聚氧乙烯脱水山梨醇单油酸酯、聚氧乙烯脱水山梨醇单棕榈酸酯、聚氧乙烯脱水山梨醇单硬脂酸酯所成组群的物质。

2. 如权利要求1的经皮治疗系统，其具有多层结构的经皮治疗系统的形式，该系统具有包含压敏黏合剂的层。

3. 如权利要求1或2的经皮治疗系统，其中该压敏黏合剂包含选自包括以丙烯酸酯和/或甲基丙烯酸酯为基的聚合物、硅氧烷类、聚异丁烯类、苯乙烯/丁二烯共聚物、苯乙烯/异戊二烯共聚物、及氢化松脂的酯类所成组群的聚合物。

4. 如权利要求1或2的经皮治疗系统，其中存在于压敏黏合剂中的聚合物为以丙烯酸酯和/或甲基丙烯酸酯为基的自交联丙烯酸酯聚合物。

5. 如权利要求1或2的经皮治疗系统，于该自交联丙烯酸酯聚合物的单体组合物中含有丙烯酸

2-乙基己酯、醋酸乙烯酯及丙烯酸。

6. 如权利要求1或2的经皮治疗系统，其中一层含有0.1至50重量%活性物质和/或其药学上相容的酸加成盐。

7. 如权利要求1或2的经皮治疗系统，所述非质子溶剂选自包括N-甲基吡咯烷酮、烟酸苯甲酯、R-（+）-柠檬烯、聚氧乙烯脱水山梨醇三油酸酯及聚氧乙烯脱水山梨醇三硬脂酸酯所成组群的物质。

8. 如权利要求1或2的经皮治疗系统，其中包含活性物质的层含有5至15重量%维生素E和/或维生素E衍生物。

9. 一种用于制备如权利要求1的经皮治疗系统的方法，其包括下列步骤：

a）将溶解于药学上相容的非质子溶剂和/或具有低质子活性的药学上相容的溶剂以及基于所述溶剂的重量至少5重量%的维生素E和/或维生素E衍生物中的活性物质引入压敏粘性聚合物赋形剂溶液或熔体中，所述具低质子活性的药学上相容的溶剂选自包括柠檬油、油酸、十一碳烯酸、二甲基异山梨醇、聚氧乙烯脱水山梨醇单月桂酸酯、聚氧乙烯脱水山梨醇单油酸酯、聚氧乙烯脱水山梨醇单棕榈酸酯、聚氧乙烯脱水山梨醇单硬脂酸酯所成组群的物质，

b）将含有活性物质的此聚合物溶液或聚合物熔体涂覆于载带上。

c）利用冷却或静置法去除溶剂，使含活性物质的经涂覆的聚合物溶液或聚合物熔体于聚合物交联或未交联下，进行固化，及

d）将固化作用后所得含有活性物质的聚合物组合物冲孔起出各个贴片。"

形式审查合格后，专利复审委员会受理了该复审请求，并于2005年9月22日向复审请求人发出《复审请求受理通知书》，同时将本申请案卷移交原审查部门进行前置审查。

原审查部门对本复审请求进行了前置审查，认为权利要求1、7、9将低质子活性溶剂和非质子活性溶剂分别限定为具体物质，但原申请文件中并没有分别对非质子传递溶剂和/或药学上相容的具有低质子活性的溶剂进行限定，而修改后的内容又不能由原申请中毫无疑义的导出，权利要求1、7、9的修改超出原申请记载的范围，不符合专利法第33条的规定，因此坚持原驳回决定。

专利复审委员会组成合议组，对本复审请求案进行了审理。于2007年1月19日向复审请求人发出《第一次复审通知书》，指出：（1）权利要求1和9将"药学上相容的具有低质子活性的溶剂"具体限定为"柠檬油、油酸、十一碳烯酸"等物质；权利要求7将"药学上相溶的非质子溶剂"具体限定为"N-甲基吡咯烷酮、烟酸苯甲酯、R-（+）-柠檬烯"等物质。而原始说明书和权利要求书中没有分别对非质子溶剂和具有低质子活性的溶剂进行举例说明，所属领域技术人员根据现有技术的记载也无法判断出这些具体溶剂哪些属于非质子溶剂、哪些属于具有低质子活性的溶剂。并且复审请求人提供的附件1无法判断出其公开日期，不能作为本申请的现有技术，并且其公开的内容也不能够证明权利要求1、7、9中所列的溶剂哪些是具有低质子活性的溶剂哪些是非质子溶剂。因此，由从原申请文件记载的内容不能直接地、毫无疑义地确定权利要求1、7、9将具体溶剂进行分类后的技术方案。（2）修改后权利要求9的制备方法步骤a）中限定了聚合物赋形剂溶液或熔体是压敏粘性聚合物赋形剂溶液或熔体。原申请没有记载聚合物赋形剂溶液或熔体中所述聚合物是压敏粘性聚合物，而本申请涉及的部分非质子溶剂和具有低质子活性的溶剂也属于聚合物，并存在于最终产品中，因此从原申请记载的内容不能直接地、毫无疑义地确定所述的用于赋形剂溶液或熔体中的"聚合物"必然是压敏粘性聚合物。（3）权利要求9限定了步骤a）：将溶解于药学上相容的非质子溶剂和/或具有低质子活性的药学上相容的溶剂以及基于所述溶剂的重量至少5重量%的维生素E和/或其衍生物中的活性物质引入压敏粘性聚合物赋形剂溶液或熔体

中。但原申请中没有记载该组合物制备方法中活性物质先与溶剂混合后再与聚合物进行混合，修改后的技术方案与原始申请文件记载的不同。而在制备过程中活性物质与溶剂先混合再加入聚合物、还是活性物质直接加入溶剂和聚合物的混合物等不同的操作顺序都有可能实现使它们混溶的目的。因此从原申请记载的内容不能直接地、毫无疑义地确定将溶解于非质子溶剂和/或药学上相容的具有低质子活性的溶剂以及维生素 E 和/或其衍生物的活性物质引入聚合物赋形剂溶液或熔体中这一具体步骤。因此，修改后的权利要求 1、7、9 超出原说明书和权利要求书记载的范围，不符合专利法第 33 条的规定。

针对该复审通知书指出的问题，复审请求人于 2007 年 3 月 5 日提交了意见陈述书及经修改的权利要求书，具体修改之处为：（1）将权利要求 1 ~9 主题中的“经皮治疗系统”修改为“药学装置”；（2）删除了权利要求 1 中对低质子活性的溶剂的具体限定；（3）将权利要求 9 修改为新的独立权利要求 9 和从属权利要求 10，删除了其中的“压敏粘性”并将权利要求 10 的制备步骤修改为原始权利要求 13 的制备步骤 a、b、c、d。复审请求人认为修改后的权利要求克服了超范围的缺陷，产品中使用的溶剂种类不是发明的重点，无需作为必要技术特征进行特别限定。

修改后的权利要求书为：

“1. 一种药学装置，其用于持续及控制释放至少一种活性物质以施敷于未受损的皮肤、口腔、舌、鼻或直肠粘膜、支气管或肺胞上皮，或包含吸收过程的非经肠给药，所述活性物质为海洛因，它是呈海洛因碱、其药学上相容的酸加成盐或包含化合物的形式，所述酸加成盐选自盐酸盐、硫酸盐、硫酸氢盐、氢溴酸盐、碘化物、乳酸盐、醋酸盐、甲酸盐、丙酸盐、油酸盐、磷酸盐、磷酸氢盐、柠檬酸盐、抗坏血酸盐及酒石酸盐，其中以海洛因碱或其药学上相容的酸加成盐或包含化合物的形式存在的海洛因溶解于基于所述溶剂的重量至少 5 重量％的维生素 E 和/或维生素 E 衍生物的药学上相容的非质子传递溶剂和/或药学上相容的具有低质子活性的溶剂中。

2. 如权利要求 1 的药学装置，其具有多层结构的经皮治疗系统的形式，该系统具有包含压敏黏合剂的层。

3. 如权利要求 2 的药学装置，其中所述压敏黏合剂包含选自包括以丙烯酸酯和/或甲基丙烯酸酯为基的聚合物、硅氧烷类、聚异丁烯类、苯乙烯/丁二烯共聚物、苯乙烯/异戊二烯共聚物、及氢化松脂的酯类所成组群的聚合物。

4. 如权利要求 3 的药学装置，其中存在于压敏黏合剂中的聚合物为以丙烯酸酯和/或甲基丙烯酸酯为基的自交联丙烯酸酯聚合物。

5. 如权利要求 4 的药学装置，于所述自交联丙烯酸酯聚合物的单体组合物中含有丙烯酸 2-乙基己酯、醋酸乙烯酯及丙烯酸。

6. 如权利要求 2 的药学装置，其中一层含有 0.1 至 50 重量％活性物质和/或其药学上相容的酸加成盐。

7. 如权利要求 1 至 6 任一项的药学装置，所述非质子传递溶剂和/或药学上相容的具有低质子活性的溶剂选自包括 N-甲基吡咯烷酮、烟酸苯甲酯、R-（+）-柠檬烯、柠檬油、油酸、十一碳烯酸、二甲基异山梨醇、聚氧乙烯脱水山梨醇单月桂酸酯、聚氧乙烯脱水山梨醇单油酸酯、聚氧乙烯脱水山梨醇单棕榈酸酯、聚氧乙烯脱水山梨醇单硬脂酸酯、聚氧乙烯脱水山梨醇三油酸酯及聚氧乙烯脱水山梨醇三硬脂酸酯所成组群的物质。

8. 如权利要求 2 的药学装置，其中包含活性物质的层含有 5 至 15 重量％维生素 E 和/或维生素 E 衍生物。

9. 一种用于制备如权利要求 1 至 8 任一项的药学装置的方法，其包括使用药学上相容的非质子传递溶剂和/或具低质子活性的药学上相容的溶剂以及基于所述溶剂的重量至少5重量%的维生素E和/或维生素E衍生物作为活性物质海洛因的溶剂或赋形剂。

10. 如权利要求9的药学装置的方法，其包括下列步骤：

a）将活性物质引入聚合物赋形剂溶液或熔体中，

b）将含有活性物质的此聚合物溶液或聚合物熔体涂覆于载带上。

c）利用冷却或静置法去除溶剂，使含活性物质的经涂覆的聚合物溶液或聚合物熔体于聚合物交联或未交联下，进行固化，及

d）将固化作用后所得含有活性物质的聚合物组合物冲孔起出各个贴片。”

合议组于2007年4月3日发出《第二次复审通知书》，指出：（1）权利要求1~10的主题由“经皮治疗系统”修改为“药学装置”，这种修改不是为了消除《复审通知书》所指出的缺陷而进行的，不符合专利法实施细则第60条第1款的规定。（2）权利要求1中的技术词语“具有低质子活性的溶剂”不是现有技术中公知的科技术语，本申请说明书中也没有对其进行单独的定义和解释，所属领域技术人员不清楚质子溶剂的质子活性低到何种程度就属于“具有低质子活性的溶剂”、“具有低质子活性的溶剂”都包括哪些物质。因此，权利要求1中采用“具有低质子活性的溶剂”这一技术含义不确定的词语来描述技术方案，致使所属领域技术人员根据技术方案所记载的内容，无法清晰地确定权利要求1请求保护的范围。权利要求1不符合专利法实施细则第20条第1款的规定。

针对《第二次复审通知书》指出的问题，复审请求人于2007年4月29日提交了意见陈述书及经修改的权利要求书，具体修改之处为：将“药学装置”改回“经皮治疗系统”，并将权利要求7并入权利要求1中，用于对“药学上相容的非质子传递溶剂和/或药学上相容的具有低质子活性的溶剂”进行具体限定，修改后的权利要求书如下：

“1. 一种经皮治疗系统，其用于持续及控制释放至少一种活性物质以施敷于未受损的皮肤、口腔、舌、鼻或直肠粘膜、支气管或肺胞上皮，或包含吸收过程的非经肠给药，所述活性物质为海洛因，它是呈海洛因碱、其药学上相容的酸加成盐或包含化合物的形式，所述酸加成盐选自盐酸盐、硫酸盐、硫酸氢盐、氢溴酸盐、碘化物、乳酸盐、醋酸盐、甲酸盐、丙酸盐、油酸盐、磷酸盐、磷酸氢盐、柠檬酸盐、抗坏血酸盐及酒石酸盐，其中以海洛因碱或其药学上相容的酸加成盐或包含化合物的形式存在的海洛因溶解于药学上相容的非质子传递溶剂和/或药学上相容的具有低质子活性的溶剂以及基于所述溶剂的重量至少5重量%的维生素E和/或维生素E衍生物中，所述药学上相容的非质子传递溶剂和/或药学上相容的具有低质子活性的溶剂选自包括N-甲基吡咯烷酮、烟酸苯甲酯、R-(+)-柠檬烯、柠檬油、油酸、十一碳烯酸、二甲基异山梨醇、聚氧乙烯脱水山梨醇单月桂酸酯、聚氧乙烯脱水山梨醇单油酸酯、聚氧乙烯脱水山梨醇单棕榈酸酯、聚氧乙烯脱水山梨醇单硬脂酸酯、聚氧乙烯脱水山梨醇三油酸酯及聚氧乙烯脱水山梨醇三硬脂酸酯所成组群的物质。

2. 如权利要求1的经皮治疗系统，其具有多层结构的经皮治疗系统的形式，该系统具有包含压敏黏合剂的层。

3. 如权利要求2的经皮治疗系统，其中所述压敏黏合剂包含选自包括以丙烯酸酯和/或甲基丙烯酸酯为基的聚合物、硅氧烷类、聚异丁烯类、苯乙烯/丁二烯共聚物、苯乙烯/异戊二烯共聚物、及氢化松脂的酯类所成组群的聚合物。

4. 如权利要求3的经皮治疗系统，其中存在于压敏黏合剂中的聚合物为以丙烯酸酯和/或甲基丙烯酸酯为基的自交联丙烯酸酯聚合物。

5. 如权利要求4的经皮治疗系统，于所述自交联丙烯酸酯聚合物的单体组合物中含有丙烯酸2-乙基己酯、醋酸乙烯酯及丙烯酸。

6. 如权利要求 2 的经皮治疗系统，其中一层含有 0.1 至 50 重量%活性物质和/或其药学上相容的酸加成盐。

7. 如权利要求 2 的经皮治疗系统，其中包含活性物质的层含有 5 至 15 重量%维生素 E 和/或维生素 E 衍生物。

8. 一种用于制备如权利要求 1 至 7 任一项的经皮治疗系统的方法，其包括使用药学上相容的非质子传递溶剂和/或具低质子活性的药学上相容的溶剂以及基于所述溶剂的重量至少 5 重量%的维生素 E 和/或维生素 E 衍生物作为活性物质海洛因的溶剂或赋形剂。

9. 如权利要求 8 的经皮治疗系统的方法，其包括下列步骤：

a）将活性物质引入聚合物赋形剂溶液或熔体中，

b）将含有活性物质的此聚合物溶液或聚合物熔体涂覆于载带上。

c）利用冷却或静置法去除溶剂，使含活性物质的经涂覆的聚合物溶液或聚合物熔体于聚合物交联或未交联下，进行固化，及

d）将固化作用后所得含有活性物质的聚合物组合物冲孔起出各个贴片。”

至此，合议组认为本案事实已经清楚，可以作出审查决定。

**二、决定的理由**

1. 审查依据的文本

复审请求人于 2007 年 4 月 29 日提交了权利要求书全文替换页。经审查，复审请求人对权利要求书进行的修改是为了克服驳回决定和复审通知书所指出的缺陷而进行的，符合专利法实施细则第 60 条第 1 款的规定。

本复审决定所针对的文本为复审请求人进入中国国家阶段时提交的说明书第 1 ~ 9 页、第 11 ~ 14 页、说明书附图第 1 ~ 2 页、摘要、摘要附图，于 2004 年 11 月 25 日提交的说明书第 10、10a 页以及于 2007 年 4 月 29 日提交的权利要求第 1 ~ 9 项。

2. 关于专利法第 33 条

专利法第 33 条规定：申请人可以对其专利申请文件进行修改，但是，对发明和实用新型专利申请文件的修改不得超出原说明书和权利要求书记载的范围，对外观设计专利申请文件的修改不得超出原图片或者照片表示的范围。

根据该条规定，如果申请的内容通过增加、改变和/或删除其中的一部分，致使所属技术领域的技术人员看到的信息与原申请记载的信息不同，而且又不能从原申请记载的信息中直接地、毫无疑义地确定，那么，这种修改就是不允许的；反之，则是允许的。

针对复审请求人于 2005 年 8 月 26 日提交的权利要求书，合议组发出《第一次复审通知书》指出：原说明书和权利要求书中没有分别对非质子溶剂和具有低质子活性的溶剂进行举例说明，所属领域技术人员根据现有技术的记载也无法判断出这些具体溶剂哪些属于非质子溶剂、哪些属于具有低质子活性的溶剂；此外，原说明书和权利要求书没有记载聚合物赋形剂溶液或熔体中所述聚合物是压敏粘性聚合物，也未记载该组合物制备方法中活性物质先与溶剂混合后再与聚合物进行混合，而本申请涉及的部分非质子溶剂和具有低质子活性的溶剂也属于聚合物，并且在制备过程中活性物质与溶剂的混合步骤可与其他步骤按不同顺序操作；从原申请记载的内容不能直接地、毫无疑义地确定将具体溶剂进行分类、用于赋形剂溶液或熔体中的“聚合物”必然是压敏粘性聚合物、先将活性物质溶解于溶剂等物质再引入聚合物赋形剂中的技术方案，因此，权利要求 1、7、9 不符合专利法第 33 条的规定。在复审请求人于 2007 年 4 月 29 日提交的权利要求书中，复审请求人根据说明书第 8 页第 2 段记载的内容对权利要求 1 中的技术特征“药学上相容的非质子传递溶剂和/或药学上相容的具有低质子

活性的溶剂”进行了限定，并删除了相应的从属权利要求7；此外，根据原始权利要求12～13以及说明书第3页第26～27行修改了权利要求8～9（对应于《第一次复审通知书》中指出的权利要求9）。上述修改后的内容未超出原说明书和权利要求书记载的范围，因此修改后的权利要求以克服《第一次复审通知书》指出的缺陷。2007年4月29日提交的权利要求书中的其他权利要求的修改也符合专利法第33条的规定。

3．关于专利法第26条第4款

专利法第26条第4款规定：说明书应当对发明或者实用新型作出清楚、完整的说明，以所属技术领域的技术人员能够实现为准。

根据该款规定，权利要求应当得到说明书的支持。权利要求书中的每一项权利要求所要求保护的技术方案应当是所属技术领域的技术人员能够从说明书充分公开的内容中得到或概括得出的技术方案，并且不得超出说明书公开的范围。

本案中，驳回决定指出说明书实施例仅给出经皮治疗系统的实施例，没有提供其他形式的实施例，权利要求1～3要求保护的药学装置得不到说明书支持不符合专利法第26条第4款的规定。复审请求人于2007年4月29日提交的权利要求书中，修改后的权利要求1～9要求保护一种经皮治疗系统或其制备方法，权利要求所涉及的药物形式与本申请说明书实施例1～3的药物形式相同，都是“经皮治疗系统”。因此，原驳回决定中认为权利要求1～3未得到说明书支持不符合专利法第26条第4款规定的缺陷已经被克服。

4．关于专利法实施细则第20条第1款

专利法实施细则第20条第1款规定：权利要求书应当说明发明或者实用新型的技术特征，清楚、简要地表述请求保护的范围。

权利要求书应当清楚。所谓清楚是指，每项权利要求的类型清楚，与发明或者实用新型要求保护的主题一致，并且权利要求之间的引用关系清楚，构成权利要求书的所有权利要求作为一个整体也清楚。权利要求中的技术特征应当具有清楚、明确的技术含义。

（1）本案中，《驳回决定》和《复审通知书》中均指出权利要求1中“具有低质子活性的溶剂”这一技术词语不是现有技术中公知的科技术语，所属领域技术人员不能理解该词语的含义，导致权利要求1保护范围不清楚。在复审请求人于2007年4月29日提交的权利要求书中，权利要求1的经皮治疗系统中含有药学上相容的非质子传递溶剂和/或药学上相容的具有低质子活性的溶剂，并根据本申请说明书对两种溶剂举例的具体溶剂（参见本申请说明书第8页第5～10行），将两种溶剂的选择范围限定在“N-甲基吡咯烷酮、烟酸苯甲酯、R-（+）-柠檬烯、柠檬油、油酸、十一碳烯酸、二甲基异山梨醇、聚氧乙烯脱水山梨醇单月桂酸酯、聚氧乙烯脱水山梨醇单油酸酯、聚氧乙烯脱水山梨醇单棕榈酸酯、聚氧乙烯脱水山梨醇单硬脂酸酯、聚氧乙烯脱水山梨醇三油酸酯及聚氧乙烯脱水山梨醇三硬脂酸酯所成组群”的范围。合议组认为，修改后的权利要求1将“药学上相容的非质子传递溶剂和/或药学上相容的具有低质子活性的溶剂”限定为在几种特定溶剂的范围内进行选择，所属领域技术人员能够清楚判断权利要求的保护范围，因此权利要求1已克服不符合专利法实施细则第20条第1款规定的驳回理由。

（2）驳回决定认为权利要求12涉及权利要求4所述装置的制备方法，但权利要求12中未涉及非质子传递溶剂和/或药学上相容的具有低质子活性的溶剂、维生素E以及压敏黏合剂，权利要求12制得的药学装置的范围大于权利要求4所述的药学装置，权利要求12不符合专利法实施细则第20条第1款的规定。

合议组认为，由于：（1）在驳回决定所针对的权利要求书中，独立权利要求1中限定了药学装置中的原料的组成和用量，从属权利要求4在权利要求1的基础上进一步限定了该药学装置是一种经皮治疗系统，含有压敏黏合剂的层；独立权利要求12保护权利要求4药物装置的制备方法，由于其引用了权利要求4，因而其中包括了权利要求1、4中的所有技术特征，限定了活性物质在最终产品中的存在形式，以及最终产品中含有的相关溶剂等物质，因此在制备过程中必然引入了上述各原料并使之保留在最终产品中。（2）制备透皮制剂的方法是所属领域的常规技术，所属领域技术人员可以根据需要将不同性质的原料在制备过程中进行添加，不论在哪一步骤添加，只要能保证这些物质最终保留在最终产品中、使药物溶解于非质子传递溶剂和/或药学上相容的具有低质子活性的溶剂、维生素E中并使用压敏黏合剂作为胶粘材料，则均可得到权利要求4的产品。（3）权利要求12采用“包括下列步骤”的撰写方式，因此是开放式权利要求，在步骤a、b、c、d的基础上还可包含其他制备步骤。所属领域技术人员可根据制备透皮制剂的常规技术选择在a、b、c、d某一步骤中添加这些原料，或在此四个步骤之外的其他某步骤添加这些原料。因此，虽然权利要求12的文字内容未记载非质子传递溶剂和/或药学上相容的具有低质子活性的溶剂、维生素E以及压敏黏合剂，但根据说明书中的描述和本领域技术人员所掌握的技术知识依照该方法必然制备得到权利要求4的产品，驳回决定中认为权利要求12中未涉及溶剂等原料导致制得的药学装置的范围大于权利要求4的药学装置的结论证据不足，合议组对此不予支持。

就复审请求人于2007年4月4日提交的权利要求书，原驳回决定所针对的方法权利要求12对应于修改后的方法权利要求9，基于同样的理由，其制备的产品也必然是权利要求1～7任一项的经皮治疗系统，因此，尚不能认为其不符合专利法实施细则第20条第1款的规定。

根据以上事实和理由，本案合议组作出如下审查决定。

**三、决定**

撤销国家知识产权局于2005年5月13日对00807882.3号发明专利申请作出的驳回决定。由原审查部门在本复审决定所针对的文本的基础上继续进行审查。

复审请求人对本决定不服的，可以根据专利法第41条第2款的规定，自收到本决定之日起三个月内向北京市第一中级人民法院起诉。

085

# 含修饰的多不饱和脂肪酸的植物

## 复审请求审查决定（第11345号）

**决　定　号**　第11345号
**决　定　日**　2007年8月20日
**发明创造名称**　含修饰的多不饱和脂肪酸的植物
**国 际 分 类 号**　C12N 15/82，C12N 9/02，C07K 14/415，A01H 5/00
**复 审 请 求 人**　卡尔根尼有限公司
**申　请　号**　00814073.1
**申　请　日**　2000年8月11日
**优 先 权 日**　1999年8月26日，1999年12月17日
**公　开　日**　2002年11月6日
**合 议 组 组 长**　叶　娟
**主　审　员**　葛永奇
**参　审　员**　唐　莉

**法 律 依 据**　专利法第26条第3款
**决 定 要 点**
如果所属技术领域的技术人员按照说明书记载的内容，能够实现发明的技术方案，解决其技术问题，并且产生预期的技术效果，则说明书已充分公开了发明。

### 一、案由

本复审请求涉及申请日为2000年8月11日、公开日为2002年11月6日、申请号为00814073.1、名称为“含修饰的多不饱和脂肪酸的植物”的发明专利申请（下称本申请），本申请的优先权日为1999年8月26日、1999年12月17日，申请人为卡尔根尼有限公司。

国家知识产权局于2003年10月10日发出《第一次审查意见通知书》，其中指出说明书中没有试验证明符合通式X-（R1）n-（R2）-（R3）n-Y的多核苷酸都能达到本发明的目的。而且说明书实施例部分对载体pCGN3892和pCGN9372没有说明其具体结构或其出处，以及将克隆得到的内含子和融合基因分别克隆到这两个载体中的位置等，本领域的普通技术人员根据说明书的记载无法实现本发明，因此，说明书公开不充分，不符合专利法第26条第3款的规定。

申请人于2004年4月26日针对《第一次审查意见通知书》提交了意见陈述书及经修改的说明书第18页及权利要求书全文替换页（共46项）。其中针对说明书未充分公开的审查意见，申请人认为：实施例2描述的fad2-1A内含子、所获得的构建体pCGN5469和pCGN5471、以及实施例3所提供的

含有该构建体的转基因植物的脂肪酸分析结果（表 1）可证明对应于通式 X－（R1）n－（R2）－（R3）n－Y 的多核苷酸可以改变脂肪酸的水平。申请人还认为，本领域普通技术人员是熟悉使用大豆 7S 启动子和豌豆 RBCS3'终止序列的构建体的，这样的序列在本领域是已知的，并且在说明书中有描述（说明书第 9 页第 13 行至第 21 行）。另外，这些载体也可以是商业上购买的载体，如 pCR2.1，而且容易确定在克隆片断中使用哪一种限制性内切酶的裂解位点。故申请人认为本申请说明书的公开是充分的。

国家知识产权局于 2004 年 8 月 6 日以说明书不符合专利法第 26 条第 3 款的规定为由驳回了本申请。驳回决定认为，说明书相应部分并没有有关这两个载体的描述，而且申请人没有提供公开这两个载体的相关文献，或提供这两个载体的相关产品目录等，也没有提供其他商购载体如 pCR2.1 可用于本发明中并同样能够达到本发明的目的的实验证据，也无法推导出来。在此基础上，由于说明书中没有说明载体 pCGN3892 和 pCGN9372 的具体结构或其出处，以及将本发明克隆得到的内含子和融合基因分别克隆到这两个载体中的位置等，对于本领域普通技术人员来说，根据说明书的记载无法实现本发明，无法证实本发明要求保护的去饱和酶及其内含子可以改变植物中脂肪酸组成成分，从而无法达到本发明的目的，因此，说明书没有充分公开本发明要求保护的去饱和酶基因及其内含子，不符合专利法第 26 条第 3 款的规定。

申请人卡尔根尼有限公司（下称复审请求人）对上述驳回决定不服，于 2004 年 11 月 18 日向专利复审委员会提出复审请求，同时提交了以下 3 份附件：

附件 1："Functional analysis of regulatory elements in a plant embryo－specific gene"，Zhang－Liang Chen 等，Proc. Nati. Acad. Sci. USA，第 83 卷，第 8560～8564 页，1986 年，英文，复印件共 5 页；

附件 2："Tissue－specific and light－regulated expression of a pea nuclear gene encoding the small subunit of ribulose－1，5－bisphosphate carboxylase"，Gloria Coruzzi 等，The EMBO Journal，第 3 卷第 8 期，目录页，第 1671～1679 页，1984 年，英文，复印件共 10 页；以及在互联网上登载的附件 2 的摘要，英文，复印件共 1 页；

附件 3："A short conserved sequence is involved in the light－inducibility of a gene encoding rebulose 1，5－bisphosphate carboxylase small subunit of pea"，Giorgio Morelli 等，Nature，第 315 卷，第200～204 页，1985 年 5 月，英文，复印件共 5 页。

复审请求人认为，说明书描述了载体 pCGN3892 中包含大豆 7S 启动子、豌豆 RBCS 3'终止序列，和 pCGN9372 包含通过 FMV 启动子调节的 CP4 基因，本领域技术人员是熟悉使用大豆 7S 启动子和豌豆 RBCS 3'终止序列构建载体的，它们在本申请优先权日之前已被使用了近 15 年（附件 1～3）。本领域技术人员也同样熟悉 CP4 EPSPS 基因（US5，627，061）和 FMV 启动子（US6，378，619）。此外，美国专利 US5，716，837 描述了含有上述转录控制序列的相似的构建体，在此基础上可以"根据顺序组装"这样的载体，而无须使用实施例中使用的特定载体。因此，说明书的公开是充分的。

形式审查合格后，专利复审委员会受理了该复审请求，并于 2004 年 12 月 1 日向复审请求人发出《复审请求受理通知书》，同时将本申请案卷移交原审查部门进行前置审查。

原审查部门对本复审请求进行了前置审查，认为这两个载体中的 7S 启动子和豌豆 RBCS3' 以及 FMV 启动子和 CP4 基因之间的连接方法和连接顺序、其酶切位点、目的基因连接到其中的位点都不清楚，连接得到的载体是否能使用并达到本发明的目的既没有实验证实，也无法推导出来，因此，说明书没有充分公开本发明要求保护的去饱和酶基因及其内含子，不符合专利法第 26 条第 3 款的规定，故坚持原驳回决定。

至此，合议组认为本案事实清楚，可以作出审查决定。

**二、决定的理由**

1. 审查文本

本复审请求审查决定针对的申请文本为：本申请进入中国国家阶段时提交的原始国际申请中文译本的说明书第1～17、19～32页、摘要，以及于2004年4月26日提交的说明书第18页和权利要求第1～46项。

2. 关于专利法第26条第3款

专利法第26条第3款规定：说明书应当对发明或者实用新型作出清楚、完整的说明，以所属技术领域的技术人员能够实现为准。

根据该款规定，如果所属技术领域的技术人员按照说明书记载的内容，能够实现发明的技术方案，解决其技术问题，并且产生预期的技术效果，则说明书已充分公开了发明。

本申请权利要求1～14分别要求保护包含序列号1、3～8、23～29及与这些序列具有一定相同性或与其杂交或互补的分离的多核苷酸，权利要求15～18分别要求保护从与序列号1、3、23、27的编码区域有一定相同性的基因组多核苷酸序列获得的内含子，权利要求19～21要求保护包含权利要求1～18所述多核苷酸序列的重组DNA构建体，权利要求22要求保护含有权利要求19所述的DNA构建体的植物细胞，权利要求23～26要求保护修饰植物细胞内脂肪酸成分的方法，其中包括用权利要求20的构建体转化植物细胞，权利要求27要求保护由权利要求24的方法产生的植物细胞，权利要求28～45要求保护抑制植物细胞内基因如去饱和酶基因表达的方法和修饰植物细胞内脂肪酸成分的方法（其中包括用含有所述基因的非编码区的DNA构建体如含有编码去饱和酶的基因的非编码区的DNA构建体转化植物细胞），以及由其中部分方法产生的植物细胞，权利要求46涉及一种含油种子成分。综上可见，本申请权利要求的主题都以去饱和酶基因组序列，尤其是从宿主细胞来源的基因组脂肪酸去饱和酶核酸序列分离的非编码序列，如内含子和启动子区域为基础的。

依据说明书的描述，上述序列可以用来改变植物中的脂肪酸组成成分（说明书第3～4页）。说明书实施例1～3通过克隆去饱和酶基因及其内含子序列、构建表达构建体、用获得的表达构建体转化植物并分析结果，来证实这些序列用于改变植物中的脂肪酸组成成分的用途。其中实施例2中构建表达构建体时使用了载体pCGN3892和pCGN9372。本案的争议焦点是：发明的实施是否依赖于pCGN3892和pCGN9372这两个特定的载体，说明书对pCGN3892和pCGN9372的描述是否足以使本领域技术人员能够实现本发明。

合议组认为，首先，本发明并没有强调只有用特定的载体才能将本发明的核酸序列转化到宿主细胞中表达并改变宿主植物的脂肪酸组成，从实施例1～3所描述的方法步骤来看，使用这两个载体的目的是将目的核酸序列（即去饱和酶基因组序列及由其分离的内含子序列）转化入植物宿主如大豆中，而本领域中已知有多种载体可将外源序列转化到宿主细胞中，所属技术领域的技术人员可以判断出：无论使用何种载体，只要其能够携带目的序列进入植物宿主而实施所述实验方法即可，并非必定限于使用实施例中所采用的特定载体；其次，说明书提供了这两个载体的结构特征，即载体pCGN3892含有大豆7S启动子和豌豆RBCS 3’，载体pCGN9372含有通过FMV启动子调节的CP4基因（说明书第15页第14～19行），其中7S启动子、RBCS 3’终止序列、CP4 EPSPS基因、FMV启动子以及含有这样的转录控制序列的相似构建体是现有技术（如复审请求人提供的附件1～3和US6，378，619、US5，627，061、US5，716，837）已经公开的，本领域技术人员知道含有这些序列的载体可用于将目的基因转入宿主细胞中，而根据已知的序列信息选择连接方法、选择适当的酶切位点和与其对应的限制性酶等对于本领域技术人员来说都是容易做到的，因此，本领域普通技术人员可以参照现有技术中公开的相似构建体，以适当的已知载体（如一些常规的商购载体）为起始载体，将这些已知的启动子、终止子等序列重组到所述起始载体中，从而“根据顺序组装”出符合 pCGN3892 和 pCGN9372 的上述结构特征的载体以用于本发明的方法中；再者，实施例 3 中表 1 的数据证明了去饱和酶基因组序列的全长 cDNA 和一些由去饱和酶基因组分离的内含子序列均可被转化进大豆中，并且证实了这些序列被转化进大豆后，可以改变大豆中的脂肪酸组成成分，即证实了去饱和酶基因及其内含子的用途，本领域技术人员通过其他表达载体将这些序列转化到大豆中以后，应当也可以改变大豆中的脂肪酸组成成分。综上，依据说明书记载的内容，即使说明书中未公开载体 pCGN3892、pCGN9372 的具体结构，所属技术领域的技术人员也能够证实本发明要求保护的去饱和酶基因及其内含子的用途，能够实施本发明，所以本申请说明书已充分公开了本发明，符合专利法第 26 条第 3 款的规定。

根据以上事实和理由，本案合议组作出如下审查决定。

**三、决定**

撤销国家知识产权局于 2004 年 8 月 6 日对申请号为 00814073.1 的发明专利申请作出的驳回决定。由原审查部门在本复审决定所针对的申请文本的基础上继续进行审查。

复审请求人对本决定不服的，可以根据专利法第 41 条第 2 款的规定，自收到本决定之日起三个月内向北京市第一中级人民法院起诉。

086

# 双膦酸的湿法成粒制剂

## 复审请求审查决定（第11349号）

**决　定　号**　第11349号
**决　定　日**　2007年8月15日
**发明创造名称**　双膦酸的湿法成粒制剂
**国 际 分 类 号**　A61K 31/66，A61K 9/20
**复 审 请 求 人**　麦克公司
**申　请　号**　95192826.0
**申　请　日**　1995年4月24日
**优 先 权 日**　1994年4月29日
**公　开　日**　1997年4月9日
**合 议 组 组 长**　任晓兰
**主　审　员**　王晓云
**参　审　员**　侯秋霞

**法 律 依 据**　专利法第22条第3款
**决 定 要 点**

在判断一项权利要求是否具有创造性时，需要将其请求保护的技术方案与最接近的现有技术进行比较分析，以确定二者之间的区别特征，如果对于本领域的技术人员来说，在最接近的现有技术中引入该区别特征获得请求保护的技术方案是显而易见的，所获得的技术效果也是可以预期的，则该权利要求不具有创造性。

### 一、案由

本复审请求涉及申请人麦克公司于1995年4月24日申请，1997年4月9日公开，名称为“双膦酸的湿法成粒制剂”的95192826.0号发明专利申请（下称本申请），本申请的优先权日为1994年4月29日。

国家知识产权局于2004年7月9日，针对申请人于2001年7月18日提交的权利要求第1~25项、说明书第2~4、6~9页，进入国家阶段时提交的国际申请文件的说明书第1、5页和摘要，以本申请不符合专利法第22条为由驳回了本申请，具体理由为：权利要求1、18、25不符合专利法第22条第2款的规定；权利要求2~17、19~24不符合专利法第22条第3款的规定。所引用的对比文件1为：EP0177443A1，公开日为1986年4月9日。驳回决定认为：对比文件1公开的制备3-氨基-1-羟基亚丙基-1，1-双膦酸二钠盐的方法并没有提及使用黏合剂，而且小麦淀粉是制药领域中的常用稀释剂，该药物活性成分本身可作为黏合剂的性质是固有的，虽然对比文件1中没有提及这一点，但是这种性质在制备的片剂中是自然存在的，因此权利要求1不具备专利法第22条第2款规定的新颖性；基于同样理由，权利要求18、25也不符合专利法第22条第2款的规定；权利要求2~17、19~24相对于对比文件1不具备专利法第22条第3款规定的创造性。被驳回的权利要求书如下：

“1. 一种制备含有一种选自以下的活性组分的片剂的方法：

4-氨基-1-羟基亚丁基-1，1-双膦酸；

N-甲基-4-氨基-1-羟基亚丁基-1，1-双膦酸；

4-（N，N-二甲氨基）-1-羟基亚丁基-1，1-双膦酸；

3-氨基-1-羟基亚丙基-1，1-双膦酸；

3-（N，N-二甲氨基）-1-羟基亚丙基-1，1-双膦酸；

1-羟基-3-（N-甲基-N-戊基氨基）亚丙基-1，1- 双膦酸；

1-羟基-2-［3-吡啶基］亚乙基-1，1-双膦酸；以及

4-（羟基亚甲基-1，1-双膦酸）哌啶；

或其可药用盐；

该方法包括：

（1）形成活性组分与稀释剂的粉状混合物，

（2）把粉状混合物与水通过湿法成粒以形成颗粒，

（3）把颗粒干燥以除去水分，以及

（4）压缩干燥过的颗粒混合物成为所需的片状形式。

2. 权利要求1的方法，其中活性组分是4-氨基-1-羟基亚丁基-1，1-双膦酸。

3. 权利要求1的方法，其中活性组分是4-氨基-1-羟基亚丁基-1，1-双膦酸单钠盐三水合物。

4. 一种制备含有一种选自以下的活性组分的片剂的方法：

4-氨基-1-羟基亚丁基-1，1-双膦酸；

N-甲基-4-氨基-1-羟基亚丁基-1，1-双膦酸；

4-（N，N-二甲氨基）-1-羟基亚丁基-1，1-双膦酸；

3-氨基-1-羟基亚丙基-1，1-双膦酸；

3-（N，N-二甲氨基）-1-羟基亚丙基-1，1-双膦酸；

1-羟基-3-（N-甲基-N-戊基氨基）亚丙基-1，1- 双膦酸；

1-羟基-2-［3-吡啶基］亚乙基-1，1-双膦酸；以及

4-（羟基亚甲基-1，1-双膦酸）哌啶；

或其可药用盐；

该方法包括：

（1）用一台混合器诸如行星式或高剪切力成粒机在3~25分钟内使活性组分与稀释剂形成粉状混合物，

（2）通过加入水同时混合2~30分钟使粉状混合物湿法成粒以形成颗粒，

（3）通过用加热过的空气干燥颗粒10分钟至24小时以除去水分，

（4）碾磨干燥过的颗粒使有均匀的大小，

（5）往干燥和碾磨过的颗粒状物中加入一种崩解剂并混合2~30分钟，

（6）往含有崩解剂的混合物中加入一种润滑剂并混合30秒至20分钟，以及

（7）压缩这种干燥的颗粒混合物成为所需的片状形式。

5. 权利要求 4 的方法，其中活性组分是 4-氨基-1-羟基亚丁基-1，1-双膦酸。

6. 权利要求 4 的方法，其中活性组分是 4-氨基-1-羟基亚丁基-1，1-双膦酸单钠盐三水合物。

7. 权利要求 4 的方法，其中稀释剂选自：乳糖、微晶纤维素、磷酸钙、甘露糖醇、粉状纤维素和预胶凝化的淀粉。

8. 权利要求 7 的方法，其中稀释剂是乳糖和微晶纤维素。

9. 权利要求 8 的方法，其中乳糖是无水乳糖 NF，微晶纤维素是 Avicel pH 值 101。

10. 权利要求 4 的方法，其中崩解剂选自改性淀粉、改性纤维素聚合物、羧甲基纤维素钠盐或它们的结合。

11. 权利要求 10 的方法，其中崩解剂是羧甲基纤维素钠盐。

12. 权利要求 11 的方法，其中崩解剂是羧甲基纤维素钠盐 NF A 型。

13. 权利要求 4 的方法，其中润滑剂选自硬脂酸镁、硬脂酸钙、硬脂酸、十二烷基硫酸钠、丙二醇、十二烷基磺酸钠、油酸磺酸钠、与硬脂酸盐和滑石混合的月桂酸钠以及硬脂酰基富马酸钠。

14. 权利要求 13 的方法，其中润滑剂是硬脂酸镁。

15. 权利要求 4 的方法，其包括以下步骤：

（1）用一台高剪切力成粒机混合 3 ~5 分钟，以形成 4-氨基-1-羟基亚丁基-1，1-双膦酸、微晶纤维素和乳糖的粉状混合物，

（2）通过加入水湿法成粒该粉状混合物，同时混合 3 ~5 分钟时间以用高剪切力成粒机使粉状混合物成粒，

（3）在一台流化床上用加热过的空气干燥这种颗粒 10 分钟至 1 小时或在一种盘式干燥器中干燥 12 ~24 小时以除去水分，

（4）用一台锤式碾磨机碾磨干燥过的颗粒以形成均匀的大小，

（5）加入 NF A 型羧甲基纤维素钠崩解剂并与干燥和碾磨过的颗粒混合 3 ~8 分钟，

（6）往含有 NF A 型羧甲基纤维素钠崩解剂的混合物中加入硬脂酸镁润滑剂，并用一台螺条混合器或行星式混合器进行混合 3 ~8 分钟，

（7）压缩已加入润滑剂的颗粒混合物成为所需的片状形式，以及

（8）脱尘并储存片剂。

16. 权利要求 4 的方法，其包括以下步骤：

（1）用一台行星式成粒机混合 10 ~25 分钟，以形成 4-氨基-1-羟基亚丁基-1，1-双膦酸、微晶纤维素和乳糖的粉状混合物，

（2）通过加入水湿法成粒该粉状混合物，同时混合 3 ~10 分钟时间以用这种行星式成粒机使粉状混合物成粒，

（3）在一台流化床上用加热过的空气干燥这种颗粒 10 分钟至 1 小时或在一种盘式干燥器中干燥 12 ~24 小时以除去水分，

（4）用一台锤式碾磨机碾磨干燥过的颗粒以形成的均匀的大小，

（5）加入 NF A 型羧甲基纤维素钠崩解剂并与干燥和碾磨过的颗粒混合 3 ~8 分钟，

（6）往含有 NF A 型羧甲基纤维素钠崩解剂的混合物中加入硬脂酸镁润滑剂，并用一台螺条混合器或行星式成粒机进行混合 3 ~8 分钟，

（7）压缩已加入润滑剂的颗粒混合物成为所需的片状形式，以及

（8）脱尘并储存片剂。

17. 权利要求 4 的方法，其包括以下步骤：

(1) 用一台高剪切力成粒机混合3~5分钟，以形成4-氨基-1-羟基亚丁基-1，1-双膦酸，Avicel pH值101微晶纤维素和乳糖的粉状混合物，

(2) 通过加入水湿法成粒该粉状混合物，同时混合3~5分钟时间，用高剪切力成粒机使粉状混合物成粒，

(3) 用一台流化床干燥器用热空气干燥这种颗粒10分钟至1小时以除去水分，

(4) 用一台锤式碾磨机碾磨干燥过的颗粒以形成均匀的大小，

(5) 加入NF A型羧甲基纤维素钠崩解剂并与干燥和碾磨过的颗粒混合3~8分钟，

(6) 往含有NF A型羧甲基纤维素钠崩解剂的混合物中加入硬脂酸镁润滑剂，并用一台螺条混合器进行混合3~8分钟，

(7) 压缩已加入润滑剂的颗粒混合物成为所需的片状形式，以及

(8) 脱尘并储存片剂。

18. 一种含有一种选自下列化合物作为活性组分的固体剂型：

4-氨基-1-羟基亚丁基-1，1-双膦酸；

N-甲基-4-氨基-1-羟基亚丁基-1，1-双膦酸；

4-（N，N-二甲氨基）-1-羟基亚丁基-1，1-双膦酸；

3-氨基-1-羟基亚丙基-1，1-双膦酸；

3-（N，N-二甲氨基）-1-羟基亚丙基-1，1-双膦酸；

1-羟基-3-（N-甲基-N-戊基氨基）亚丙基-1，1-双膦酸；

1-羟基-2-［3-吡啶基］亚乙基-1，1-双膦酸；以及

4-（羟基亚甲基-1，1-双膦酸）哌啶；

或其可药用盐；

其中剂型是通过权利要求1的方法来制备的。

19. 一种药物组合物，其含有大约0.5%~25%（重量）的一种选自下列化合物的活性组分：

4-氨基-1-羟基亚丁基-1，1-双膦酸；

N-甲基-4-氨基-1-羟基亚丁基-1，1-双膦酸；

4-（N，N-二甲氨基）-1-羟基亚丁基-1，1-双膦酸；

3-氨基-1-羟基亚丙基-1，1-双膦酸；

3-（N，N-二甲氨基）-1-羟基亚丙基-1，1-双膦酸；

1-羟基-3-（N-甲基-N-戊基氨基）亚丙基-1，1-双膦酸；

1-羟基-2-［3-吡啶基］亚乙基-1，1-双膦酸；以及

4-（羟基亚甲基-1，1-双膦酸）哌啶；

或其可药用盐；以及大约30%~70%（重量）的无水乳糖或含水的快速流动的乳糖；大约30%~50%（重量）的微晶纤维素以及大约0.1%~2%（重量）的硬脂酸镁。

20. 权利要求19的药物组合物，其含有大约1%~25%（重量）的活性组分，大约40%~60%（重量）的无水乳糖；大约35%~45%（重量）的微晶纤维素；大约0.5%~2%（重量）的羧甲基纤维素钠以及大约0.1%~1%（重量）的硬脂酸镁。

21. 权利要求18的药物组合物，其中活性组分是4-氨基-1-羟基亚丁基-1，1-双膦酸。

22. 权利要求18的药物组合物，其中活性组分是4-氨基-1-羟基亚丁基-1，1-双膦酸单钠盐三水合物。

23. 权利要求20的药物组合物，其中活性组分是4-氨基-1-羟基亚丁基-1，1-双膦酸单钠盐三

水合物。

24. 一种由权利要求23的药物组合物制备的片剂。

25. 一种由权利要求18的药物组合物制备的片剂。”

申请人麦克公司（下称复审请求人）对上述驳回决定不服，于2004年10月21日向专利复审委员会提出复审请求，提出复审请求时未提交修改文件。复审请求人认为：本申请教导了用于生产片剂的湿造粒方法，其中的活性成分是唯一的黏合剂，对比文件1没有教导这些内容，其不能破坏本申请的新颖性；且对比文件1涉及通过直接压片制备的片剂，是干方法，由于干造粒方法与湿造粒方法不同，因此干造粒方法不能使湿造粒方法缺乏创造性。

形式审查合格后，专利复审委员会受理了该复审请求，并于2004年11月16日向复审请求人发出《复审请求受理通知书》，同时将本案送至国家知识产权局原审查部门进行前置审查。

国家知识产权局原审查部门对本复审请求进行了前置审查，认为权利要求书并没有体现出本发明的核心在于片剂制备中不加入黏合剂，因此权利要求1～25的技术方案并未与现有技术区别开来，坚持驳回决定。

专利复审委员会组成合议组对本复审请求进行了审理，并于2005年6月9日向复审请求人发出复审通知书，指出权利要求1、18、25相对于对比文件1不符合专利法第22条第2款的规定；权利要求2～17、19～24相对于对比文件1不符合专利法第22条第3款规定。

针对上述复审通知书，复审请求人于2005年7月16日提交了意见陈述书，但未对申请文件进行修改，复审请求人认为：（1）对比文件1中的稀释剂应为乳糖而非小麦淀粉；（2）虽然本发明的稀释剂包含淀粉，但是在权利要求的方法中，指出的不是加入淀粉，而是加入稀释剂，稀释剂不等于淀粉，而是等于包括了淀粉以及加入的量是大量的；（3）虽然本发明的崩解剂包括了淀粉，但是淀粉是在颗粒干燥后才加入，这样淀粉就不能作为黏合剂使用了，而对比文件1中小麦淀粉在开始就和活性化合物混合；（4）本发明各独立权利要求指出的紧密步骤之间，只是记载加入稀释剂，没有额外加入黏合剂的步骤，使得本发明具有新颖性；（5）如说明书第1页第24～27行所述，本发明中药物本身即可作为黏合剂，消除黏合剂简化了制剂的优化和鉴定，因此本发明也具有创造性。

合议组于2007年3月20日向复审请求人发出第二次复审通知书，指出权利要求1～25相对于对比文件1不符合专利法第22条第3款的规定。

复审请求人于2007年7月4日提交了意见陈述书及下述附件：（1）The Theory and Practice of Industrial pharmacy，第317～321页，无出处，无公开时间，复印件共5页；（2）Remington's pharmaceutical Sciences，第18版，Mack Publishing Company，1990年，封面、版权页及相关页，复印件共6页；（3）pharmaceutical Dosage Forms（Tablets），第二版，第1卷，Herbert A. Lieberman编，Mercel Dekker Inc.，1989年，封面、版权页、第160～163页，复印件共6页。复审请求人未对申请文件进行修改。复审请求人认为，根据提及的3篇现有技术（即3个附件）的教导，标准的湿制粒法规程包括加入黏合剂作为制剂中的关键成分，因此当设计一种湿制粒工艺时，本领域技术人员的第一个倾向是加入黏合剂，而不是依赖药物活性成分作为黏合剂，从组合物混合物中排除黏合剂不是直观的；当成分以干的形式混合在一起，确定组合物中干成分的黏度事实上是不可能的，对比文件1实施例3中，在干粉末混合物中加入任何的水之前，并且远远早于本领域技术人员确定所述混合物的黏度之前，所述黏合剂已经加入了干粉混合物中。

经审查，合议组认为本案事实清楚，可以依法作出复审决定。

## 二、决定的理由

1. 关于文本

本复审决定依据的文本为驳回决定所针对的文本。

2. 关于专利法第22条第3款

专利法第22条第3款规定：创造性是指同申请日以前已有的技术相比，该发明有突出的实质性特点和显著的进步，该实用新型有实质性特点和进步。

在判断一项权利要求是否具有创造性时，需要将其请求保护的技术方案与最接近的现有技术进行比较分析，以确定二者之间的区别特征，如果对于本领域的技术人员来说，在最接近的现有技术中引入该区别特征获得请求保护的技术方案是显而易见的，所获得的技术效果也是可以预期的，则该权利要求不具有创造性。

（1）关于权利要求1、18、25的创造性。

本申请权利要求1要求保护一种制备含有活性组分的片剂的方法，其中所述活性组分可以是4-氨基-1-羟基亚丁基-1，1-双膦酸、3-氨基-1-羟基亚丙基-1，1-双膦酸等或其药用盐，所述方法包括：①形成活性组分与稀释剂的粉状混合物；②把粉状混合物与水通过湿法成粒以形成颗粒；③把颗粒干燥以除去水分；以及④压缩干燥过的颗粒混合物成为所需的片状形式。

对比文件1（EP0177443 A1）公开了制备3-氨基-1-羟基亚丙基-1，1-双膦酸二钠盐的方法，并在制剂实施例2（第24页）中具体公开了片剂的制备方法，首先将所有组分粉化，然后将活性组分、乳糖、滑石粉、硬脂酸镁和一半的小麦淀粉混合。另一半小麦淀粉悬浮于40ml水中，将该悬浮液加入含聚乙二醇的100 ml水的沸腾溶液中并混合，如果需要，将该混合物湿法制粒。颗粒经干燥过夜，过筛，然后压制成所需片剂。

由此可见，对比文件1公开了权利要求1所述的活性组分之一3-氨基-1-羟基亚丙基-1，1-双膦酸二钠盐的片剂制备过程，二者的区别在于，权利要求1的技术方案不包括“另一半小麦淀粉悬浮于40ml水中，将该悬浮液加入含聚乙二醇的100 ml水的沸腾溶液中并混合”的步骤，即复审请求人所称的：本发明只是记载加入稀释剂，没有额外加入黏合剂的步骤。因此，基于对比文件1，权利要求1实际解决的技术问题为：省略了额外加入黏合剂的步骤。对此，合议组认为，本领域公知：在制备片剂时，稀释剂、黏合剂、崩解剂、润滑剂等均作为辅料成分加入；通常当原料本身无粘性或粘性不足时，可以根据需要加入粘性物质的溶液，以便制成软材并制成硬度适宜的颗粒；淀粉、乳糖既是常用的稀释剂、其浆液也是常用的黏合剂（参见《药剂学》第二版，人民卫生出版社，第296~297页）。因此，在对比文件1基础上，本领域技术人员在制备权利要求1所述的片剂过程中，很容易想到可以根据原料成分本身的粘性，选择是否加入黏合剂以及加入的多少；也就是说，本领域技术人员在对比文件1的基础上，结合本领域的公知常识，获得权利要求1的技术方案是显而易见的，而且，省略额外加入黏合剂所达到的“简化了制剂的优化和鉴定”的技术效果也是本领域技术人员可以预期的，权利要求1的技术方案相对于对比文件1并未产生预料不到的技术效果，故，权利要求1不具备突出的实质性特点和显著的进步，不符合专利法第22条第3款的规定。

权利要求18请求保护一种通过权利要求1的方法制备的固体剂型，权利要求25请求保护一种由权利要求18的药物组合物制备的片剂，在权利要求1请求保护的片剂的制备方法不具备创造性的情况下，基于相同的理由，权利要求18和25也不符合专利法第22条第3款的规定。

（2）关于权利要求2~3、21~22的创造性。

权利要求2~3是权利要求1的从属权利要求，分别限定了活性组分为4-氨基-1-羟基亚丁基-1，1-双膦酸和4-氨基-1-羟基亚丁基-1，1-双膦酸单钠盐三水合物。由于上述两组分在结构上与3-氨基-1-羟基亚丙基-1，1-双膦酸二钠盐非常相似，从而决定它们的物理性质相近，因此对于本领域技术人员来说，在对比文件1的基础上结合本领域的公知常识，通过合乎逻辑的分析、推理就可以想到采用相同方法将4-氨基-1-羟基亚丁基-1，1-双膦酸或4-氨基-1-羟基亚丁基-1，1-双膦酸单钠盐三水合物制成类似片剂，所以权利要求2~3相对于对比文件1不具备专利法第22条第3款所规定的创造性。

权利要求21~22是权利要求18的从属权利要求，分别限定了活性组分为4-氨基-1-羟基亚丁基-1,1-双膦酸和4-氨基-1-羟基亚丁基-1，1-双膦酸单钠盐三水合物，基于上述同样的理由，权利要求21~22也不具备专利法第22条第3款所规定的创造性。

（3）关于权利要求4~17的创造性。

权利要求4请求保护一种制备片剂的方法，该技术方案相对于对比文件1公开的内容（如前所述），具体限定了制备方法中使用的混合器、混合及干燥时间、加入崩解剂及润滑剂等步骤。但是这些具体限定的设备、步骤均是制备片剂常规使用的设备和工艺步骤，是本领域技术人员的常规选择，因此，在对比文件1的基础上结合公知常识，本领域的技术人员通过逻辑分析或有限的试验获得权利要求4的技术方案是显而易见的，且没有证据表明这种常规选择为本发明带来了任何预料不到的技术效果，故，权利要求4请求保护的技术方案相对于对比文件1不具备专利法第22条第3款所规定的创造性。

权利要求5~17是权利要求4的从属权利要求，其中权利要求5~6分别限定了活性组分为4-氨基-1-羟基亚丁基-1，1-双膦酸和4-氨基-1-羟基亚丁基-1，1-双膦酸单钠盐三水合物，如前所述，上述两组分在结构上与3-氨基-1-羟基亚丙基-1，1-双膦酸二钠盐非常相似；权利要求7~14分别具体限定了所述的稀释剂、崩解剂、润滑剂，由于其中具体提及的组分如：乳糖、改性淀粉、硬脂酸镁等均是制药领域的常用组分；权利要求15~17相对于对比文件1具体限定了所用的混合器、混合及干燥时间等，由于所述的设备及工艺参数属于本领域的常规选择，因此，在所引用的权利要求4不具备创造性的情况下，上述权利要求的具体限定不足以使本发明相对于对比文件1具有突出的实质性特点，且说明书中也未记载上述具体限定为本发明带来了预料不到的技术效果，故，权利要求5~17不符合专利法第22条第3款的规定。

（4）关于权利要求19~20、23~24的创造性。

权利要求19~20对请求保护的药物组合物的组分和含量进行了具体限定，由于对比文件1（参见制剂实施例2）具体公开了含3-氨基-1-羟基亚丙基-1，1-双膦酸二钠盐的片剂，其中含活性组分25g（约17.2%）、乳糖100.7 g（约69.4%）、小麦淀粉7.5 g（约5.2%）、聚乙二醇5.0 g（约3.4%）、滑石5.0 g（约3.4%）、硬脂酸镁1.8 g（约1.2%），因此权利要求19~20中主要组分及含量已被对比文件1公卅，而其他辅助组分及含量是本领域常用的，且说明书中并未记载由于加入这些具体提及的辅助组分，使本申请的组合物相对于对比文件1产生了预料不到的技术效果，因此，权利要求19~20请求保护的药物组合物不具有突出的实质性特点和显著的进步，不符合专利法第22条第3款的规定。

从属权利要求23~24分别请求保护活性组分是4-氨基-1-羟基亚丁基-1，1-双膦酸的药物组合物及有上述药物组合物制备的片剂，基于上述2同样的理由，权利要求23~24也不具备专利法第22条第3款所规定的创造性。

复审请求人在答复《复审通知书》时认为，当设计一种湿制粒工艺时，本领域技术人员的第一个倾向是加入黏合剂，而不是依赖药物活性成分作为黏合剂，从组合物混合物中排除黏合剂不是直观的；当成分以干的形式混合在一起，确定组合物中干成分的黏度事实上是不可能的，对比文件1实施例3中，在干粉末混合物中加入任何的水之前，并且远远早于本领域技术人员确定所述混合物的黏度之前，所述黏合剂已经加入了干粉混合物中。

对此，合议组认为，首先，复审请求人得出以上结论所依据的证据是附件1～3，其中，附件1没有表明出处和出版时间，因此尚不能确定附件1必然可以作为本申请优先权日之前的现有技术使用；其次，即使附件1～3均可以作为本申请的现有技术使用，其教导的也仅仅是黏合剂在湿法造粒过程中的重要性，以及在附件2中列举了一些常规的可用作黏合剂的物质，如淀粉、凝胶和糖等，并没有提到在制片过程中一定要加入黏合剂，也没有提到黏合剂与稀释剂是完全不同的两个概念，作为稀释剂的物质必然不能起到黏合剂的作用；相反，根据复审请求人提供的附件1可知，“黏合剂可以以干的形式并入粉末混合物”（参见意见陈述书第2页），而本申请权利要求1中提到“形成活性组分与稀释剂的粉状混合物”，其中所述的稀释剂，根据说明书的记载，包括乳糖、微晶纤维素、磷酸钙类、甘露糖醇、粉状纤维素、预胶凝化的淀粉以及其他合适的稀释剂（参见本申请说明书第4页第17～19行），因此，本申请技术方案中实际上并不排除乳糖、淀粉的使用，因而也无法确认药物活性成分是唯一的黏合剂成分。也就是说，相对于对比文件1，本申请仅省略了额外加入液体黏合剂的步骤。同时，正如以上所述，黏合剂作为辅料成分，其是否加入以及加入多少，通常是可以根据原料成分的实际情况确定的，因此，这种省略对于本领域技术人员是显而易见的，所获得的技术效果也是可以预期的，故而复审请求人的复审理由不能成立。

综上所述，本申请权利要求1～25均不符合专利法第22条第3款的规定。

根据以上事实和理由，本案合议组作出如下审查决定。

**三、决定**

维持国家知识产权局于2004年7月9日针对申请号为95192826.0的发明专利申请作出的驳回决定。

复审请求人对本决定不服的，可以根据专利法第41条第2款的规定，自收到本决定之日起三个月内向北京市第一中级人民法院起诉。

087

# 一种治疗癌症的中草药粉剂

## 复审请求审查决定（第11391号）

**决　定　号**　第11391号
**决　定　日**　2007年7月23日
**发明创造名称**　一种治疗癌症的中草药粉剂
**国际分类号**　A61K 35/78，A61P 35/00
**复审请求人**　曾广财
**申　请　号**　01111514.9
**申　请　日**　2001年3月13日
**公　开　日**　2002年10月16日
**合议组组长**　叶　娟
**主　审　员**　李梦楠
**参　审　员**　任　怡

**法律依据**　专利法第26条第3款
**决定要点**

如果说明书中给出了具体的技术方案，但是没有提供实验证据，而该方案又必须依赖实验结果加以证实才能成立，则该技术方案因缺乏解决技术问题的技术手段而被认为无法实现。对于药物组合物，应当提供对本领域技术人员来说，足以证明发明的技术方案可以达到预期要解决的技术问题或效果的实验室试验或临床试验的定性或定量数据。

### 一、案由

本复审请求涉及2001年3月13日申请、2002年10月16日公开、名称为“一种治疗癌症的中草药粉剂”的01111514.9号发明专利申请（下称本申请），申请人为曾广财。

国家知识产权局于2005年12月2日以本申请说明书不符合专利法第26条第3款为由驳回了本申请，驳回所针对的权利要求书为：

“1. 一种治疗癌症的中草粉剂，其特征是由下列用量为百分比的中草药制成：

| | | |
|---|---|---|
| 羌活4.7％ | 防风2.4％ | 赤茴2.4％ |
| 三棱2.4％ | 石斛2.4％ | 黄莲3.5％ |
| 台乌1.1％ | 荆芥3.5％ | 白芷2.4％ |
| 苦参2.4％ | 肉桂2.4％ | 白术4.7％ |

| | | |
|---|---|---|
| 红花 2.4% | 川乌 2.3% | 麻黄 1.6% |
| 草乌 1.9% | 当归 4.7% | 麝香 0.2% |
| 水牛角 2.4% | 甲珠 1.6% | 蜈蚣 1.4% |
| 全蝎 2.3% | 黑蚂蚁 1.1% | 山兹菇 2.3% |
| 何首乌 2.4% | 硭硝 0.7% | 灵芝菇 1.1% |
| 大戟 1.9% | 乳香 1.6% | 白附子 1.9% |
| 白花蛇舌草 2.4% | 车前草 3.5% | 皂刺 2.4% |
| 鳖甲 1% | 半枝莲 3.5% | 蜣螂虫 2.3% |
| 玄胡 2.4% | 五灵脂 1.4% | 三七粉 0.5% |
| 虎杖 1% | 芦荟 2.4% | 蜜蜂 2.3% |
| 猪胆汁 0.5% | 壁虎 1.6% | 白茅根 2.4% |
| 鸡内金 2.3%。" | | |

驳回决定认为，说明书中的"山兹菇"、"硭硝"在审查员所检索的工具书中没有记载，而中药来源复杂，名称不规范，对于本领域普通技术人员而言，如果未经大量地调查、鉴定、考证和质量分析、在没有充分证据支持下，不能由不规范的词语推导出该名称所代表的药材，同时，"山兹菇"、"硭硝"所代表的药材在说明书中也未得到清楚完整地说明，因此"山兹菇"、"硭硝"所代表的药材是不清楚的，不能得到，本领域普通技术人员不能实施说明书中的技术方案，说明书公开不充分，不符合专利法第26条第3款的规定。

申请人曾广财（下称复审请求人）对上述驳回决定不服，于2005年12月7日向专利复审委员会提出复审请求。复审请求人在提出复审请求的同时提交了以下附件：

附件1：本申请的公开说明书扉页，复印件，共1页；

附件2：强身苑登载《河南卫生报》中"经期肛肠病的治疗"一文的网页，复印件，共1页；

附件3：黑龙江东北医院胃肠专科网页，复印件，共1页。

复审请求人指出：首先，"硭硝"和"山兹菇"是两种常用药材，其传统的书面用名为"芒硝"和"山慈菇"，"硭硝"和"山兹菇"完全属于笔误，本领域的技术人员能够正确理解，不会产生理解偏差；"硭"与"芒"发音相同，形相似，"兹"与"慈"无论是发音还是字形都相似，这种笔误是显而易见的，另外在本申请的公开说明书的摘要部分，曾写成"山慈姑"（见附件1）；再者，这两种药材的笔误也经常见诸于媒体，并没有产生理解上的偏差，如2000年3月28日《河南卫生报》公开了一种经期肛肠病的治疗药方中也将"芒硝"写作"硭硝"（见附件2），黑龙江东北医院胃肠治疗中心公开的一种治疗慢性胃炎的药方中也将"山慈菇"写作"山兹菇"（见附件3），可见这两种药材的笔误是经常发生的，人们并不会因为这样的笔误将"硭硝"和"山兹菇"理解成别的东西，在药材领域"硭硝"只会被理解成"芒硝"，"山兹菇"也只会被理解成"山慈菇"。

形式审查合格后，专利复审委员会受理了该复审请求，并于2006年2月7日向复审请求人发出《复审请求受理通知书》，并将本申请案卷移交原审查部门进行前置审查。

原审查部门对本复审请求进行了前置审查，认为在申请日前的公开出版物中"山兹菇"、"硭硝"所代表的药材均没有被记载，致使本领域技术人员不能实现其技术方案，坚持原驳回决定。

专利复审委员会组成合议组，对本案的复审请求进行了审理。

复审请求人于2006年12月5日提交了新的权利要求书、说明书及摘要的替换页。

新提交的权利要求书为：

"1. 一种治疗癌症的中草药粉剂，其特征是由下列用量为百分比的中草药制成：

| | | |
|---|---|---|
| 羌活4.7％ | 防风2.4％ | 赤茴2.4％ |
| 三棱2.4％ | 石斛2.4％ | 黄莲3.5％ |
| 台乌1.1％ | 荆芥3.5％ | 白芷2.4％ |
| 苦参2.4％ | 肉桂2.4％ | 白术4.7％ |
| 红花2.4％ | 川乌2.3％ | 麻黄1.6％ |
| 草乌1.9％ | 当归4.7％ | 麝香0.2％ |
| 水牛角2.4％ | 甲珠1.6％ | 蜈蚣1.4％ |
| 全蝎2.3％ | 黑蚂蚁1.1％ | 山兹菇2.3％ |
| 何首乌2.4％ | 硭硝0.7％ | 灵芝菇1.1％ |
| 大戟1.9％ | 乳香1.6％ | 白附子1.9％ |
| 白花蛇舌草2.4％ | 车前草3.5％ | 皂刺2.4％ |
| 鳖甲1％ | 半枝莲3.5％ | 蜣螂虫2.3％ |
| 玄胡2.4％ | 五灵脂1.4％ | 三七粉0.5％ |
| 虎杖1％ | 芦荟2.4％ | 蜜蜂2.3％ |
| 猪胆汁0.5％ | 壁虎1.6％ | 白茅根2.4％ |
| 鸡内金2.3％。” | | |

合议组于2007年4月26日在复审请求人于2006年12月5日提交的文本的基础上发出了复审通知书，指出本申请请求保护一种治疗癌症的中草药，并称该药物具有彻底治疗癌症的功效，但是说明书中却没有任何实验资料证明这种效果的存在，本领域技术人员无法推定出该中药组合物具有治疗癌症的效果，从而无法实现本申请的技术方案，不符合专利法第26条第3款的规定。

专利复审委员会于2007年6月4日收到了复审请求人针对上述复审通知书提交的意见陈述书，复审请求人认为：驳回决定的理由是由于“山兹菇”、“硭硝”所代表的药材在申请日以前的出版物中没有记载，也没有在说明书中予以清楚完整地说明，致使本申请文件不符合专利法第26条第3款的规定；而不是由于没有提供为了证明本发明的技术方案所要达到预期解决的技术问题所需要的实验室试验或临床试验的定性或定量数据，所造成的不符合专利法第26条第3款的规定，复审委员会应针对审查员作出的驳回决定的具体理由进行复审，而不应扩大复审的审查范围。

至此，合议组认为本案事实清楚，可以作出审查决定。

**二、决定的理由**

1. 关于文本

本决定所针对的文本为复审请求人于2006年12月5日提交的说明书共1页、权利要求书共1项及说明书摘要。

2. 关于专利法第26条第3款

专利法第26条第3款规定：说明书应当对发明或者实用新型作出清楚、完整的说明，以所属技术领域的技术人员能够实现为准。

如果说明书中给出了具体的技术方案，但是没有提供实验证据，而该方案又必须依赖实验结果加以证实才能成立，则该技术方案因缺乏解决技术问题的技术手段而被认为无法实现。对于药物组合物，应当提供对本领域技术人员来说，足以证明发明的技术方案可以达到预期要解决的技术问题或效果的实验室试验或临床试验的定性或定量数据。

就本申请而言，本发明请求保护一种治疗癌症的中草药，根据说明书的记载，所述药物具有彻底治疗癌症的功效，但是说明书中却没有任何实验资料证明这种效果的存在。

本申请中所使用的中草药是现有技术公知的，其单独的药理、药性在现有技术中均有记载，然而作为一种中药组合物，其整体功效的发挥并不是各原料药物功效的累加，本领域技术人员无法援用各个原料药物的归经入性来判断这些中草药组合后所得到中药组合物具备治疗癌症的功效，因此在没有实验数据加以证实的基础上，本领域技术人员无法推定出本发明的中药组合物具有治疗癌症的效果，从而无法实现本申请的技术方案。

对于复审请求人在意见陈述中所指出的复审审查范围的问题，合议组认为：根据审查指南第四部分第二章第4.1节的规定，除驳回决定所依据的理由和证据外，合议组发现审查文本中存在“驳回决定未指出的明显实质性缺陷或者与驳回决定所指出缺陷性质相同的缺陷”，可以对与之相关的理由及其证据进行审查，并且经审查认定后，应当依据该理由及其证据作出维持驳回决定的审查决定。本申请说明书没有清楚、完整地说明本发明的技术内容属于明显的实质性缺陷，根据上述规定，合议组有权对此进行审查并基于此作出复审决定。

根据以上事实和理由，本案合议组作出如下审查决定。

**三、决定**

维持国家知识产权局于2005年12月2日对01111514.9号发明专利申请作出的驳回决定。

复审请求人对本决定不服的，可以根据专利法第41条第2款的规定，自收到本决定之日起三个月内向北京市第一中级人民法院起诉。

# 北京市第一中级人民法院
# 行政判决书

（2008）一中行初字第190号

原告曾广财，男，1958年9月29日出生，汉族，无业，住江西省贵溪市雄石办事处北街铜材厂商品房小区31号。

委托代理人段惠存，男，1970年3月10日出生，汉族，江西省鹰潭市知识产权局干部，住江西省鹰潭市胜利西路27号。

被告国家知识产权局专利复审委员会，住所地北京市海淀区北四环西路9号银谷大厦。

法定代表人廖涛，副主任。

委托代理人李梦楠，女，国家知识产权局专利复审委员会审查员。

委托代理人郭鹏鹏，男，国家知识产权局专利复审委员会审查员。

原告曾广财不服被告国家知识产权局专利复审委员会于2007年7月23日作出的第11391号复审请求审查决定（以下简称第11391号决定），向本院提起行政诉讼。本院受理后，依法组成合议庭，在法定期限内向被告送达了起诉书副本及应诉通知书，并于2008年3月20日公开开庭审理了本案。原告及其委托代理人段惠存，被告的委托代理人李梦楠、郭鹏鹏到庭参加了诉讼。本案现已审理终结。

2007年7月23日，被告认为，名称为“一种治疗癌症的中草药粉剂”的01111514.9号发明专利申请（以下简称本申请）的说明书没有清楚、完整地说明本发明的技术内容，故作出第11391号决定，维持国家知识产权局（以下简称国知局）于2005年12月2日对本申请作出的驳回决定（以下简称驳回决定）。

在法定举证期限内，为证明第11391号决定的合法性，被告向本院提交了原告于2006年12月5日提交的说明书及其摘要、权利要求书（即被诉决定针对的审查文本）作为证据。

原告诉称：（1）根据《审查指南》的规定，被告对国知局作出的驳回决定进行复审，除应针对驳回决定所依据的理由和证据是否正确进行审查外，亦只能针对驳回决定未指出的明显实质性缺陷或者与驳回决定所指出的缺陷性质相同的缺陷进行审查。而被告在审查过程中附加审查了说明书是否记载了证明本发明效果的实验数据和临床数据，明显超出了复审范围。（2）在药物组合物发明的说明书中没有记载相应的实验数据并不属于明显的实质性缺陷。国知局在第一次审查意见通知书中曾指出上述问题，原告亦已补交了本发明的治疗癌症的临床报告总结弥补该缺陷。审查员对原告提交的报告已经接受、认可，在国知局第二次审查意见通知书以及之后的驳回决定中，均没有将该问题作为本申请应予驳回的理由，可以说明本申请并不存在明显的缺陷。根据原告提交的临床报告总结，本发明的功效是确实存在的，与是否在说明书中提供实验数据无关。此外，在国知局已经授权的其他药物组合物发明的说明书中也没有记载实验数据，在药物组合物发明的说明书中没有记载相应的实验数据并不属于明显的实质性缺陷。综上所述，请求法院判决撤销第11391号决定。

在法定举证期限内，原告为支持其诉讼主张，向本院提交了下列证据：（1）国知局第一次审查意见通知书，用以证明国知局曾经指出说明书中没有记载有关实验数据的缺陷。（2）本发明治疗癌症的临床报告总结，用以证明原告针对国知局指出的缺陷已经进行弥补。（3）国知局第二次审查意见通知书，用以证明国知局认可原告已经弥补缺陷。（4）驳回决定，用以证明国知局的驳回理由并不包括说明书未记载实验数据的问题。（5）专利号为02113898.2号发明专利说明书复印件；（6）专利号为03115639.8号发明专利说明书复印件，上述证据5~6用以证明对于药物组合物发明而言，在说明书中并不要求必须记载有关实验数据。

被告辩称，根据《审查指南》第二部分第十章的规定，对于新的药物组合物，说明书中应当记载对本领域技术人员来说，足以证明发明的技术方案可以达到预期要解决的技术问题或效果的实验室试验或临床试验的定性或定量数据。本发明请求保护一种治疗癌症的中草药，根据说明书的记载，该药物具有彻底治疗癌症的功效，但是说明书中却没有任何实验资料证明这种效果的存在，因此不符合《专利法》第二十六条第三款的规定，属于明显的实质性缺陷。根据《审查指南》第四部分第二章第4.1节的规定，专利复审委员会有权对此进行审查并作出决定。综上所述，第11391号决定认定事实清楚，适用法律正确，审理程序合法，请求法院判决予以维持。

经庭审质证，原告对于被告提交证据的关联性、合法性和真实性均没有异议，但是不同意其证明作用。被告对原告提交的证据1、3~4的关联性、合法性和真实性均没有异议，但是不同意原告主张的证据的证明作用。对原告提交的证据2的关联性、合法性以及真实性均有异议，并认为该报告未记载实验药物，得出的结论是断言，不符合实验报告的要求，且有关内容并未记载在原始申请文件中，亦非本领域公知的现有技术，不能证明说明书充分公开。原告提交的证据5~6与本案不具有关联性。

经审查，被告提交的证据以及原告提交的证据1、3~4与第11391号决定的合法性审查有关，且符合合法性、真实性的要求，本院对上述证据予以采纳。原告提交的证据5~6系其他专利文件，与第11391号决定的合法性审查不具有关联性，本院对上述两份证据不予接纳。原告提交的证据2只能证明其在实质审查阶段提交了相应证据的事实，不能证明本申请说明书充分公开。

根据上述确认的有效证据以及庭审中各方当事人无争议的陈述，本院认定事实如下：

2001年3月13日，原告向国知局提出名称为“一种治疗癌症的中草药粉剂”的发明专利申请，即本申请。该申请的权利要求1项。

2005年3月11日，国知局发出第一次审查意见通知书，指出说明书中部分药名在审查员检索的工具书中没有记载，且本申请涉及新的药物组合物，说明书没有记载关于令人信服的试验资料，因而不符合《专利法》第二十六条第三款的规定。针对上述通知书，原告向国知局提交了意见陈述、修改文本以及《本发明治疗癌症的临床报告总结》。同年8月5日，国知局再次发出审查意见通知书，指出修改内容超出原始申请文本记载的内容，不符合《专利法》第三十三条的规定。针对该通知，原告亦提交意见陈述，以及修改的文本。同年12月2日，国知局作出驳回决定。该决定认为，说明书中的“山兹菇”、“硭硝”在审查员所检索的工具书中没有记载，该名称所代表的药材在说明书中也未得到清楚完整地说明，因此“山兹菇”、“硭硝”所代表的药材是不清楚的，不能得到，本领域普通技术人员不能实施说明书中的技术方案，说明书公开不充分，不符合《专利法》第二十六条第三款的规定。

原告认为，“硭硝”和“山兹菇”是两种常用药材，其传统的书面用名为“芒硝”和“山慈菇”，“硭硝”和“山兹菇”完全属于笔误，本领域的技术人员能够正确理解，不会产生理解偏差；“硭”与“芒”发音相同，形相似，“兹”与“慈”无论是发音还是字形都相似，这种笔误是显而易见的。在本申请的公开说明书的摘要部分也曾写成“山慈姑”（见附件1），且这两种药材的笔误也经常见诸于媒体，并没有产生理解上的偏差，如2000年3月28日《河南卫生报》公开了一种经期肛肠病的治疗药方中也将“芒硝”写作“硭硝”（见附件2），黑龙江东北医院胃肠治疗中心公开的一种治疗慢性胃炎的药方中也将“山慈菇”写作“山兹菇”（见附件3），可见这两种药材的笔误是经常发生的，人们并不会因为这样的笔误将“硭硝”和“山兹菇”理解成别的东西，在药材领域“硭硝”只会被理解成“芒硝”，“山兹菇”也只会被理解成“山慈菇”。故于同年12月7日向被告提出复审请求，并提交了 3 份附件作为支持其主张的证据。

被告受理后，将本申请案卷转送至原审查部门进行前置审查。在前置审查意见书中，原审查部门坚持驳回决定。

2006 年 12 月 5 日，原告提交了新的权利要求书、说明书及摘要的替换页。其中新提交的权利要求书为：

“1. 一种治疗癌症的中草药粉剂，其特征是由下列用量为百分比的中草药制成：

| | | |
|---|---|---|
| 羌活 4.7% | 防风 2.4% | 赤茴 2.4% |
| 三棱 2.4% | 石斛 2.4% | 黄莲 3.5% |
| 台乌 1.1% | 荆芥 3.5% | 白芷 2.4% |
| 苦参 2.4% | 肉桂 2.4% | 白术 4.7% |
| 红花 2.4% | 川乌 2.3% | 麻黄 1.6% |
| 草乌 1.9% | 当归 4.7% | 麝香 0.2% |
| 水牛角 2.4% | 甲珠 1.6% | 蜈蚣 1.4% |
| 全蝎 2.3% | 黑蚂蚁 1.1% | 山慈菇 2.3% |
| 何首乌 2.4% | 芒硝 0.7% | 灵芝菇 1.1% |
| 大戟 1.9% | 乳香 1.6% | 白附子 1.9% |
| 白花蛇舌草 2.4% | 车前草 3.5% | 皂刺 2.4% |
| 鳖甲 1% | 半枝莲 3.5% | 蜣螂虫 2.3% |
| 玄胡 2.4% | 五灵脂 1.4% | 三七粉 0.5% |
| 虎杖 1% | 芦荟 2.4% | 蜜蜂 2.3% |
| 猪胆汁 0.5% | 壁虎 1.6% | 白茅根 2.4% |
| 鸡内金 2.3%。” | | |

同年 4 月 26 日，被告在原告提交的上述文本的基础上发出复审通知书。该通知书指出，本申请请求保护一种治疗癌症的中草药，并称该药物具有彻底治疗癌症的功效，但是说明书中却没有任何实验资料证明这种效果的存在，本领域技术人员无法推定出该中药组合物具有治疗癌症的效果，从而无法实现本申请的技术方案，不符合《专利法》第二十六条第三款的规定。

同年 6 月 4 日，原告针对上述复审通知书提交的意见陈述书。其认为：驳回决定的理由是由于“山兹菇”、“矬硝” 所代表的药材在申请日以前的出版物中没有记载，也没有在说明书中予以清楚完整地说明，致使本申请文件不符合《专利法》第二十六条第三款的规定，而不是由于没有提供为了证明本发明的技术方案所要达到预期解决的技术问题所需要的实验室试验或临床试验的定性或定量数据，所造成的不符合《专利法》第二十六条第三款的规定，被告应针对驳回决定的具体理由进行复审，而不应扩大复审的审查范围。

被告以原告于 2006 年 12 月 5 日提交的说明书共 1 页、权利要求书共 1 项及说明书摘要作为审查文本，经审查认为，《专利法》第二十六条第三款规定，说明书应当对发明或者实用新型作出清楚、完整的说明，以所属技术领域的技术人员能够实现为准。如果说明书中给出了具体的技术方案，但是没有提供实验证据，而该方案又必须依赖实验结果加以证实才能成立，则该技术方案因缺乏解决技术问题的技术手段而被认为无法实现。对于药物组合物，应当提供对本领域技术人员来说，足以证明发明的技术方案可以达到预期要解决的技术问题或效果的实验室试验或临床试验的定性或定量数据。就本申请而言，本发明请求保护一种治疗癌症的中草药，根据说明书的记载，所述药物具有彻底治疗癌症的功效，但是说明书中却没有任何实验资料证明这种效果的存在。本申请中所使用的中草药是现有技术公知的，其单独的药理、药性在现有技术中均有记载，然而作为一种中药组合物，其整体功效的发挥并不是各原料药物功效的累加，本领域技术人员无法援用各个原料药物的归经入性来判断这些中草药组合后所得到中药组合物具备治疗癌症的功效，因此在没有实验数据加以证实的基础上，本领域技术人员无法推定出本发明的中药组合物具有治疗癌症的效果，从而无法实现本申请的技术方案。根据《审查指南》第四部分第二章第4.1节的规定，除驳回决定所依据的理由和证据外，合议组发现审查文本中存在"驳回决定未指出的明显实质性缺陷或者与驳回决定所指出缺陷性质相同的缺陷"，可以对与之相关的理由及其证据进行审查，并且经审查认定后，应当依据该理由及其证据作出维持驳回决定的审查决定。本申请说明书没有清楚、完整地说明本发明的技术内容属于明显的实质性缺陷，根据上述规定，被告有权对此进行审查并基于此作出复审决定。综上所述，被告于2007年7月23日作出第11391号决定，维持国知局作出的驳回决定。原告不服该决定，向本院提起行政诉讼。

本院认为，《专利法》第二十六条第三款规定，说明书应当对发明或者实用新型作出清楚、完整的说明，以所属技术领域的技术人员能够实现为准。参照《审查指南》第二部分第十章第3.1节的规定，对于新药物组合物，应当记载其具体医药用途或者药理作用，同时还应当记载其有效量及使用方法。根据本申请说明书的记载，发明的目的是提供一种能彻底治疗癌症的中草药粉剂。虽然本发明使用的每种中草药的药理、药性在现有技术中都有记载，但是药物组合物的功效并不是所使用的原料药物功效的叠加，本领域技术人员根据现有技术以及本申请说明书的记载无法得出本申请能够取得预期的技术效果，从而无法实现本申请的技术方案。因此，被告认定本申请不符合《专利法》第二十六条第三款的规定正确。判断说明书公开是否充分，应当以本领域技术人员结合现有技术和说明书记载的内容进行判断，其他发明的授权不能作为本申请说明书符合规定的依据。原告以其他药物组合物授权文本作为依据，主张说明书未记载实验数据不属于明显的实质性缺陷根据不足，故本院不予采信。原告关于其已经提交了临床报告总结弥补了说明书的缺陷，并已经被审查员所接受，故说明书不存在缺陷的诉讼意见，因该报告总结系公开日之后提交的文件，不能作为本申请说明书公开充分的依据，故本院对该项诉讼意见亦不予采信。

因本申请说明书没有清楚、完整地说明技术内容，属于明显的实质性缺陷，被告对该问题进行审查，并依据该理由作出第11391号决定符合《审查指南》第四部分第二章第4.1节的规定。原告关于被告超出复审范围的诉讼意见缺乏事实和法律依据，本院不予采纳。

综上，第11391号决定认定事实清楚，适用法律正确，审查程序合法，本院予以维持。原告的诉讼理由均缺乏事实及法律依据，本院不予采纳，其诉讼请求本院不予支持。据此，依照《中华人民共和国行政诉讼法》第五十四条第（一）项的规定，判决如下：

维持国家知识产权局专利复审委员会于二〇〇七年七月二十三日作出的第11391号复审请求审查决定。

案件受理费100元，由原告曾广财负担（已交纳）。

如不服本判决，可在本判决书送达之日起15日内，向本院递交上诉状，并按对方当事人人数提出副本，预交上诉案件受理费100元，上诉于北京市高级人民法院。上诉人在上诉期限内未预交上诉案件受理费，又不提出缓交申请的，按自动撤回上诉处理。

审 判 长 张 杰

审 判 员 李纪红

代理审判员 何君慧

二〇〇八年九月十五日

书 记 员 李 智

088

# 制备水不溶性物质微粒的组合物和方法

## 复审请求审查决定（第11401号）

**决　定　号**　第11401号
**决　定　日**　2007年7月19日
**发明创造名称**　制备水不溶性物质微粒的组合物和方法
**国际分类号**　A61K 9/51，A61K 9/16，A61K 38/13，A61K 31/575，A61K 31/215，A61K 47/10，A61K 47/24
**复审请求人**　斯凯伊药品加拿大公司
**申　请　号**　99806711.3
**优先权日**　1998年3月30日
**申　请　日**　1999年3月29日
**公　开　日**　2001年7月11日
**合议组组长**　何　炜
**主　审　员**　李梦楠
**参　审　员**　吴通义

**法律依据**　专利法第33条
**决定要点**

申请人可以对其专利申请文件进行修改，但是，对发明和实用新型申请文件的修改不得超出原说明书和权利要求书记载的范围。

### 一、案由

本复审请求涉及申请号为99806711.3、名称为“制备水不溶性物质微粒的组合物和方法”的发明专利申请（下称本申请）。本申请的申请日为1999年3月29日，优先权日为1998年3月30日，公开日为2001年7月11日，申请人由RTP药品公司变更为斯凯伊药品加拿大公司。

2004年12月10日，国家知识产权局驳回了本申请，理由是权利要求1~2中增加了对颗粒容重平均粒度直径的描述，这些新增加的技术特征超出了原说明书和权利要求书记载的范围，不符合专利法第33条的规定。驳回决定所针对的权利要求书为：

“1. 药用组合物，包含容重平均粒度直径为约0.05~10微米、水不溶性或水溶性差的药物的静电和立体稳定粒子，所述粒子具有磷脂包被的表面且用一种高度纯化的带电磷脂表面改性剂和一种环氧乙烷和环氧丙烷嵌段共聚物稳定；其中所述颗粒的容重平均粒度直径大于下述粒子的容重平均粒度直径的50%但小于100%：这种粒子包括所述水溶性差的药物和所述磷脂包被的表面，制备方法唯一不同的是没有用高度纯化的带电磷脂表面改性剂和环氧乙烷和环氧丙烷嵌段共聚物，其中所述高度纯化的带电磷脂表面改性剂提供静电稳定，而所述环氧乙烷和环氧丙烷嵌段共聚物提供立体稳定，使奥斯特瓦尔德熟化和粒子聚集产生的粒子增长最小，并保证小粒子的形成。

2. 药用组合物，包含容重平均粒度直径为约 0.05 微米至约 10 微米的水不溶性或水溶性差的药物的静电和立体稳定粒子，所述粒子包被有 0.01％～50％（重量）的天然存在的磷脂、0.01％～5.0％（重量）高度纯化的带电磷脂表面改性剂和 0.01％～20％嵌段共聚物的混合物；其中所述颗粒的容重平均粒度直径大于下述粒子的容重平均粒度直径的 50％但小于 100％：这种粒子包括所述水溶性差的药物和所述天然存在的磷脂，制备方法唯一不同的是没有用高度纯化的带电磷脂表面改性剂和环氧乙烷和环氧丙烷嵌段共聚物，其中所述高度纯化的带电磷脂表面改性剂提供静电稳定，而所述环氧乙烷和环氧丙烷嵌段共聚物提供立体稳定，使奥斯特瓦尔德熟化和粒子聚集产生的粒子增长最小，并保证小粒子的形成。

3. 权利要求 1 或 2 的组合物，其中所述嵌段共聚物衍生自将环氧乙烷和环氧丙烷、或衍生自将环氧乙烷和环氧丙烷连续加入乙二胺中的四官能嵌段共聚物或为其组合。

4. 权利要求 1 或 2 的组合物，其中所述磷脂为蛋或植物来源的磷脂，或为半合成或合成的，为部分氢化或完全氢化形式，或为脱盐形式或盐形式。

5. 权利要求 2 的组合物，其中所述天然存在的磷脂的存在量为 0.05％～20％（重量）。

6. 权利要求 1 或 2 的组合物，其中所述高度纯化的带电磷脂表面改性剂选自磷脂酰胆碱、二肉豆蔻酰磷脂酰甘油钠盐、磷脂酰乙醇胺、磷脂酰丝氨酸、磷脂酸或它们的组合。

7. 权利要求 6 的组合物，其中所述高度纯化的带电磷脂表面改性剂的存在量为 0.05％～1.0％（重量）。

8. 权利要求 3 的组合物，其中所述嵌段共聚物的存在量为 0.1％～10％。

9. 权利要求 1 或 2 的药用组合物，为用于静脉内、动脉内、肌内、皮内、皮下、关节内、脑脊髓、硬膜外、肋内、腹膜内、肿瘤内、膀胱内、损害区或结膜下给药的注射用形式。

10. 权利要求 1 或 2 的组合物的悬浮液、喷雾干燥粉剂、冻干粉颗粒剂或片剂。

11. 包含权利要求 1 或 2 的组合物的硬或软凝胶胶囊制剂。

12. 提高与水混合的药用组合物中微粒形成速率的方法，所述组合物包含表面已包被磷脂的水不溶性或水溶性差的药物的粒子，所述方法包括在一种天然存在的、高度纯化的带电磷脂表面改性剂和一种环氧乙烷和环氧丙烷嵌段共聚物存在下均化和微流化所述药物，以产生所述包被的药物微粒，其中所述带电表面改性剂提供静电稳定，而所述环氧乙烷和环氧丙烷嵌段共聚物提供立体稳定，以防止奥斯特瓦尔德熟化和粒子聚集，产生容重平均粒度直径为约 0.05～10 的粒子。

13. 提高与水混合的药用组合物中微粒形成速率的方法，所述组合物包含水不溶性或水溶性差的药物的粒子，所述方法包括在 0.01％～50％（重量）天然存在的磷脂、0.01％～5.0％（重量）高度纯化的带电磷脂表面改性剂和 0.01％～20％（重量）立体稳定的环氧乙烷和环氧丙烷嵌段共聚物的混合物存在下均化和微流化所述药物，其中所述带电磷脂表面改性剂提供静电稳定，而所述环氧乙烷和环氧丙烷嵌段共聚物提供立体稳定，以防止奥斯特瓦尔德熟化和粒子聚集，产生容重平均粒度直径约 0.05～10 微米的粒子，其中在所述天然磷脂存在下，所述静电稳定环氧乙烷和环氧丙烷嵌段共聚物和所述带电磷脂表面改性剂稳定剂的联合效应产生比使用二者之一更小的最终颗粒大小，表面改性剂的总重量百分比保持恒定。”

申请人斯凯伊药品加拿大公司（下称复审请求人）对上述驳回决定不服，于 2005 年 3 月 24 日向专利复审委员会提出复审请求，并提交了新修改的权利要求书全文替换页。复审请求人将权利要求

1、2 中的“小于 100%”删除，但保留了权利要求 1 中“大于 50%”的特征，复审请求人认为权利要求书的这种修改是为了区别于对比文件 1 而进行的部分排除，这种修改符合专利法第 33 条的规定，因此，驳回决定的理由不成立。新修改的权利要求书如下：

“1. 药用组合物，包含容重平均粒度直径为约 0.05 ~ 10 微米、水不溶性或水溶性差的药物的静电和立体稳定粒子，所述粒子具有磷脂包被的表面且用一种高度纯化的带电磷脂表面改性剂和一种环氧乙烷和环氧丙烷嵌段共聚物的组合使之稳定；

其中所述颗粒的容重平均粒度直径大于下述粒子的容重平均粒度直径的 50%；这种粒子包括所述药物，制备方法唯一不同的是没有用高度纯化的带电磷脂表面改性剂和环氧乙烷和环氧丙烷嵌段共聚物的组合；

且其中所述高度纯化的带电磷脂表面改性剂提供静电稳定，而所述环氧乙烷和环氧丙烷嵌段共聚物提供立体稳定，使奥斯特瓦尔德熟化和粒子聚集产生的粒子增长最小，并保证小粒子形成。

2. 药用组合物，包含容重平均粒度直径为约 0.05 ~ 10 微米的水不溶性或水溶性差的药物的静电和立体稳定粒子，所述粒子包被有（i）0.01% ~ 50%（重量）的天然存在的磷脂、（ii）0.01% ~ 5.0%（重量）高度纯化的带电磷脂表面改性剂和（iii）0.01% ~ 20%（重量）嵌段共聚物的混合物；

其中所述高度纯化的带电磷脂表面改性剂提供静电稳定，而所述环氧乙烷和环氧丙烷嵌段共聚物提供立体稳定，使奥斯特瓦尔德熟化和粒子聚集产生的粒子增长最小，并保证小粒子的形成。

3. 权利要求 1 或 2 的组合物，其中所述嵌段共聚物衍生自环氧乙烷和环氧丙烷、或衍生自将环氧乙烷和环氧丙烷连续加入乙二胺中的四官能嵌段共聚物或为其组合。

4. 权利要求 1 或 2 的组合物，其中所述磷脂为蛋来源的磷脂、植物来源的磷脂、半合成磷脂、合成磷脂、部分氢化磷脂、完全氢化磷脂，脱盐磷脂或盐化磷脂。

5. 权利要求 2 的组合物，其中所述天然存在的磷脂的存在量为 0.05% ~ 20%（重量）。

6. 权利要求 1 或 2 的组合物，其中所述高度纯化的带电磷脂表面改性剂选自磷脂酰胆碱、二肉豆蔻酰磷脂酰甘油钠盐、磷脂酰乙醇胺、磷脂酰丝氨酸、磷脂酸或它们的组合。

7. 权利要求 6 的组合物，其中所述高度纯化的带电磷脂表面改性剂的存在量为 0.05% ~ 1.0%（重量）。

8. 权利要求 3 的组合物，其中所述嵌段共聚物的存在量为 0.1% ~ 10%（重量）。

9. 权利要求 1 或 2 的药用组合物，为用于静脉内、动脉内、肌内、皮内、皮下、关节内、脑脊髓、硬膜外、肋内、腹膜内、肿瘤内、膀胱内、损害区或结膜下给药的注射用形式。

10. 权利要求 1 或 2 的组合物的悬浮液、喷雾干燥粉剂、冻干粉颗粒剂或片剂。

11. 包含权利要求 1 或 2 的组合物的硬或软凝胶胶囊制剂。

12. 提高与水混合的药用组合物中微粒形成速率的方法，所述组合物包含表面已包被磷脂的水不溶性或水溶性差的药物的粒子，所述方法包括：

在天然磷脂、一种高度纯化的带电磷脂表面改性剂和一种环氧乙烷和环氧丙烷嵌段共聚物存在下均化或微流化所述药物，以产生包被的药物微粒；

其中所述高度纯化的带电磷脂表面改性剂提供静电稳定，而所述环氧乙烷和环氧丙烷嵌段共聚物提供立体稳定，以使奥斯特瓦尔德熟化和粒子聚集产生的粒子增长最小，从而产生容重平均粒度直径为约 0.05 ~ 10 微米的粒子；

且其中，在所述天然磷脂的存在下，所述高度纯化的带电磷脂表面改性剂稳定剂与所述静电稳定环氧乙烷和环氧丙烷嵌段共聚物的结合效应产生比使用二者其一更小的最终粒度，条件是表面改性剂的总重量百分比保持恒定。

13. 提高与水混合的药用组合物中微粒形成速率的方法，所述组合物包含水不溶性或水溶性差的药物的粒子，所述方法包括：

在（i）0.01％～50％（重量）天然存在的磷脂、（ii）0.01％～5.0％（重量）高度纯化的带电磷脂表面改性剂和（iii）0.01％～20％（重量）立体稳定的环氧乙烷和环氧丙烷嵌段共聚物的混合物存在下均化和微流化所述药物；

其中所述高度纯化的带电磷脂表面改性剂提供静电稳定，而所述环氧乙烷和环氧丙烷嵌段共聚物提供立体稳定，以使奥斯特瓦尔德熟化和粒子聚集产生的粒子增长最小，从而产生容重平均粒度直径约0.05～10微米的粒子；

且其中在所述天然磷脂存在下，所述静电稳定环氧乙烷和环氧丙烷嵌段共聚物和所述带电磷脂表面改性剂稳定剂的联合效应产生比使用二者之一更小的最终颗粒大小，条件是表面改性剂的总重量百分比保持恒定。”

形式审查合格后，专利复审委员会受理了该复审请求，并于2005年5月8日向复审请求人发出《复审请求受理通知书》，同时将本申请案卷移交原审查部门进行前置审查。

原审查部门对本复审请求进行了前置审查，认为，复审请求人对权利要求1的修改并不属于专利法意义上的“放弃式”的修改，该修改后的内容超出了原说明书和权利要求书记载的范围，不符合专利法第33条的规定，坚持原驳回决定。

专利复审委员会组成合议组，对本案的复审请求进行了审理，并于2006年8月22日发出了复审通知书，指出复审请求时提交的权利要求1中所限定的本申请的颗粒容重平均粒度直径比没有用高纯度化的带电磷脂表面改性剂和环氧乙烷和环氧丙烷嵌段共聚物的组合制得的颗粒的容重平均粒度直径的50％大的内容并未记载在原始说明书和权利要求书中，也不能从原始说明书和权利要求书记载的内容中直接地、毫无疑义地确定，因此权利要求1的修改超范围，不符合专利法第33条规定。

针对该复审通知书，复审请求人于2006年12月6日提交了意见陈述书和权利要求书全文替换页，删除了原权利要求1。新修改的权利要求书如下：

“1. 药用组合物，包含容重平均粒度直径为约0.05～10微米的水不溶性或水溶性差的药物的静电和立体稳定粒子，所述粒子包被有下列物质的混合物：（i）0.01％～50％（重量）的天然存在的磷脂、（ii）0.01％～5.0％（重量）高度纯化的带电磷脂表面改性剂和（iii）0.01％～20％（重量）嵌段共聚物；

其中所述高度纯化的带电磷脂表面改性剂提供静电稳定，而所述环氧乙烷和环氧丙烷嵌段共聚物提供立体稳定，使奥斯特瓦尔德熟化和粒子聚集产生的粒子增长最小，并保证小粒子的形成。

2. 权利要求1的组合物，其中所述嵌段共聚物衍生自环氧乙烷和环氧丙烷、或衍生自将环氧乙烷和环氧丙烷连续加入乙二胺中的四官能嵌段共聚物或为其组合。

3. 权利要求1的组合物，其中所述磷脂为蛋来源的磷脂、植物来源的磷脂、半合成磷脂、合成磷脂、部分氢化磷脂、完全氢化磷脂，脱盐磷脂或盐化磷脂。

4. 权利要求1的组合物，其中所述天然存在的磷脂的存在量为0.05％～20％（重量）。

5. 权利要求1的组合物，其中所述高度纯化的带电磷脂表面改性剂选自磷脂酰胆碱、二肉豆蔻酰磷脂酰甘油钠盐、磷脂酰乙醇胺、磷脂酰丝氨酸、磷脂酸或它们的组合。

6. 权利要求5的组合物，其中所述高度纯化的带电磷脂表面改性剂的存在量为0.05％～1.0％（重量）。

7. 权利要求2的组合物，其中所述嵌段共聚物的存在量为0.1％～10％（重量）。

8. 权利要求1的药用组合物，为用于静脉内、动脉内、肌内、皮内、皮下、关节内、脑脊髓、硬膜外、肋内、腹膜内、肿瘤内、膀胱内、损害区或结膜下给药的注射用形式。

9. 权利要求1的组合物的悬浮液、喷雾干燥粉剂、冻干粉颗粒剂或片剂。

10. 包含权利要求1的组合物的硬或软凝胶胶囊制剂。

11. 提高与水混合的药用组合物中微粒形成速率的方法，所述组合物包含表面已包被磷脂的水不溶性或水溶性差的药物的粒子，所述方法包括：

在天然磷脂、一种高度纯化的带电磷脂表面改性剂和一种环氧乙烷和环氧丙烷嵌段共聚物存在下均化或微流化所述药物，以产生包被的药物微粒；

其中所述高度纯化的带电磷脂表面改性剂提供静电稳定，而所述环氧乙烷和环氧丙烷嵌段共聚物提供立体稳定，以使奥斯特瓦尔德熟化和粒子聚集产生的粒子增长最小，从而产生容重平均粒度直径为约0.05～10微米的粒子；

且其中，在所述天然磷脂的存在下，所述高度纯化的带电磷脂表面改性剂稳定剂与所述静电稳定环氧乙烷和环氧丙烷嵌段共聚物的结合效应产生比使用二者其一更小的最终粒度，条件是表面改性剂的总重量百分比保持恒定。

12. 提高与水混合的药用组合物中微粒形成速率的方法，所述组合物包含水不溶性或水溶性差的药物的粒子，所述方法包括：

在下列（i）、（ii）和（iii）的混合物存在下均化和微流化所述药物，其中（i）0.01％～50％（重量）天然存在的磷脂、（ii）0.01％～5.0％（重量）高度纯化的带电磷脂表面改性剂和（iii）0.01％～20％（重量）立体稳定的环氧乙烷和环氧丙烷嵌段共聚物；

其中所述高度纯化的带电磷脂表面改性剂提供静电稳定，而所述环氧乙烷和环氧丙烷嵌段共聚物提供立体稳定，以使奥斯特瓦尔德熟化和粒子聚集产生的粒子增长最小，从而产生容重平均粒度直径约0.05～10微米的粒子；

且其中在所述天然磷脂存在下，所述静电稳定环氧乙烷和环氧丙烷嵌段共聚物和所述带电磷脂表面改性剂稳定剂的联合效应产生比使用二者之一更小的最终颗粒大小，条件是表面改性剂的总重量百分比保持恒定。”

至此，合议组认为本案事实已经清楚，可以作出审查决定。

**二、决定的理由**

1. 审查文本

本复审决定所针对的文本是复审请求人于2006年12月6日提交的权利要求第1～12项以及驳回决定所针对的说明书和说明书摘要。

2. 关于专利法第33条

专利法第33条规定：申请人可以对其专利申请文件进行修改，但是，对发明和实用新型申请文件的修改不得超出原说明书和权利要求书记载的范围。

针对复审通知书，复审请求人于2006年12月6日提交的修改后的权利要求书删除了修改超范围的原权利要求1，修改后的权利要求书已经不存在特征“其中所述颗粒的容重平均粒度直径大于下述粒子的容重平均粒度直径的50％：这些粒了包括所述药物，制备方法唯一不同的是没有用高度纯化的带电磷脂表面改性剂和环氧乙烷和环氧丙烷嵌段共聚物的组合”，从而克服了驳回决定和复审通知书所指出的缺陷。

根据以上事实和理由，本案合议组作出如下审查决定。

三、决定

撤销国家知识产权局于2004年12月10日对99806711.3号发明专利申请作出的驳回决定。由原审查部门在本复审决定所针对的文本的基础上继续进行审查。

复审请求人对本决定不服的，可以根据专利法第41条第2款的规定，自收到本决定之日起三个月内向北京市第一中级人民法院起诉。

089

# 含支链烷基的表面活性剂的制备方法

## 复审请求审查决定（第11412号）

**决 定 号** 第11412号
**决 定 日** 2007年9月3日
**发明创造名称** 含支链烷基的表面活性剂的制备方法
**国际分类号** C07C 31/125，C07C 29/16
**复审请求人** 宝洁公司
**申 请 号** 01120753.1
**优先权日** 1996年4月16日
**申 请 日** 1997年4月16日
**公 开 日** 2003年3月5日
**合议组组长** 何 炜
**主 审 员** 葛永奇
**参 审 员** 王 冬

**法律依据** 专利法第26条第3款
**决定要点**

对于化学方法发明，如果发明所要达到的技术效果只能在现有技术中未公开的特定工艺条件下实现，而说明书中又没有记载该特定的工艺条件，则说明书的公开是不充分的。

**一、案由**

本复审请求涉及申请日为1997年4月16日、公开日为2003年3月5日、申请号为01120753.1、名称为“含支链烷基的表面活性剂的制备方法”的发明专利申请（下称本申请），申请人为宝洁公司。

国家知识产权局以权利要求1～3不符合专利法第22条第3款的规定为由，于2004年9月10日驳回了该申请。具体理由是：对比文件1（US5245072A，公开日为1993年9月14日）公开了制备中链的支链化的醇的方法，与权利要求1的方法相比，区别在于对比文件1是通过费-托反应得到含有支链（-烯烃的烃混合物，而不是通过低级烯烃聚合反应得到烃混合物，但费-托反应是工业上常用的将一氧化碳和氢气的混合物在催化剂镍、钴、铑的存在下转化为烃类混合物的方法，本申请采用费托反应得到烃混合物是很容易想到的，因此，权利要求1不具备专利法第22条第3款规定的创造性。权利要求2的附加技术特征是显而易见的，权利要求3的附加技术特征已在对比文件1中公开，因此，权利要求2和3也都不具备专利法第22条第3款规定的创造性。

驳回决定所针对的权利要求书为：

“1. 一种制备中链的支链化的醇的方法，包括将按下述步骤：

（a）制备 CO 和 $H_2$ 的混和物；

（b）将 CO 和 $H_2$ 的混和物在催化剂存在情况下在 Fischer–Tropsch 条件下反应制备含有所说的中链的支链化的（–烯烃的烃混和物；和

（c）将所说的支链（–烯烃从所说的烃混和物中分离，制备的支链（烯烃与 $CO/H_2$ 在 OXO 条件下反应。

2. 根据权利要求 1 的方法，它是采用钴–一氧化碳催化剂不异构化烯烃双键来进行的。

3. 权利要求 2 的方法，它生成 $RCH_2CH_2CH_2OH$ 和 $RCH(CH_3)CH_2OH$ 类型的醇，其中 R 是带有甲基支链的 $C_8$ 到 $C_{16}$ 的烷基。”

申请人宝洁公司（下称复审请求人）对上述驳回决定不服，于 2004 年 12 月 30 日向专利复审委员会提出复审请求，没有提交新修改的申请文件。复审请求人认为，本发明采用费–托反应以及 OXO 制得醇，在此，该方法被设计成提供主要是（85％或者更多）α–烯烃的有支链的反应产物，用于在 OXO 反应步骤中转变成疏水物。这样制备的表面活性剂含有很少量杂质或者不含有杂质（如成对的或者连支链或者多个支链的），这类杂质可以降低最终的表面活性剂产物的整个洗涤性能和/或可生物降解性。因此，由费–托反应得到的产物不同于对比文件 1 中的烃聚合物，驳回理由涉及的效果认定不当。对比文件 1 没有暗示特殊应用费–托反应能达到上述的意外效果，所以权利要求 1 ~3 具备专利法第 22 条第 3 款规定的创造性。

形式审查合格后，专利复审委员会受理了该复审请求，并于 2005 年 2 月 1 日向复审请求人发出《复审请求受理通知书》，同时将本申请移交原审查部门进行前置审查。

原审查部门对本复审请求进行了前置审查，认为费–托反应与对比文件 1 中通过低级烯烃的寡聚反应得到的烃混合物是不同，但权利要求的技术方案是从烃混合物分离所需的甲基支链烯烃，而对比文件 1 中已经公开甲基支链烯烃是洗涤剂的有效中间体，费–托反应是常用的一种制备烃的混合物的方法，采用 Synthol 反应器就可以得到甲基支链的 α–烯烃，对于复审请求人所说的意想不到的效果，说明书中并没有描述具体如何控制费–托反应的条件来达到此效果，因此坚持原驳回决定。

专利复审委员会组成合议组，对本复审请求案进行了审理，于 2006 年 5 月 25 日向复审请求人发出《复审通知书》。《复审通知书》指出，反应条件（如：温度、压力和催化剂）直接影响费–托反应的产物和产率（参见，例如《有机化学中的人名反应》），如果要得到主要为 α–烯烃的产物，必须选择特定的费–托反应条件，而本申请说明书仅记载了“可以将条件设定为主要产生带有限量甲基支链和一些环状烃的线状烯烃混合物”、“他们的含量可以通过费–托条件来控制”（说明书第 5 页），并没有记载具体的反应条件，导致所属领域的技术人员无法实施所述技术手段以达到所要求的技术效果，因此，说明书没有充分公开其发明，不符合专利法第 26 条第 3 款的规定。

针对《复审通知书》指出的问题，复审请求人于 2006 年 9 月 11 日提交了意见陈述书和附件 1（《KIRK–OTHMER Encyclopedia of Chemical Technology》，第 4 版，Mary Howe–Grant 编，第 6、10、12 卷中有关 Fischer–Tropsch 反应的章节，共 9 页）。复审请求人认为，本申请说明书（第 3 页尾段至第 4 页）已经记载了费–托反应的诸如温度、压力、催化剂等条件：“低压/低温（即生成蜡）的费–托化学反应生成主要是线性的亚甲基”，“在较高的压力下和/或较高的温度下（如用于制备汽油），可以在每 8 个碳原子上产生 1 个甲基支链”，“与催化剂靠近而产生甲基支链的重排可以被认为是氢原子从 β 亚甲基转移到 β 亚甲基，使其变成甲基支链”，“催化剂（Fe、Co、Ru 等）从（α 转移到 β）”，说明书中还指出现有技术中（附件 1）也记载了费–托反应。附件 1 中记载了费托反应的催化剂主要以 Fe 和 Co 基的为主，该文献还介绍了固定床（Arge）和流化床（Synthol）的方法以及低压、中压、高压费托反应的特点和产物，其中记载有“生产自 Synthol 反应器的烃基本上比 Arge 系统产生更多的烯烃”。因此，说明书的公开及引用的现有技术使得本领域技术人员知道如何操作权利要求 1 中的步骤 b，说明书的公开是充分的。

2006 年 12 月 13 日，合议组向复审请求人发出《外文证据处理通知书》，要求复审请求人提交附件 1 所用部分的中文译文及其公开日期。复审请求人于 2007 年 1 月 29 日针对该通知书提交了 3 个附件：附件 1 的中文译文、附件 1 更清楚的复印本、和附件 1 的出版年份的记载页，并进一步指出在附件 1 中描述了如制备汽油的高温高压条件和制备烯烃的费托反应的具体条件，例如高压合成的条件（其压力高于复审通知书中引用的中文文献的生产压力），“Synthol 反应器所生产的烃较 Arge 系统所生产的烃基本上更具烯烃性”；关于改良 FT 催化剂，只有铁及钴最具所需活性和选择性，铁是优选催化剂。

至此，合议组认为本案事实清楚，可以作出审查决定。

**二、决定的理由**

1．审查文本

本复审请求审查决定针对的审查文本为复审请求人于 2001 年 5 月 28 日提交的说明书第 1 ~ 10 页、说明书摘要、和 2004 年 7 月 9 日提交的权利要求第 1 ~ 3 项。

2．专利法第 26 条第 3 款规定：说明书应当对发明或者实用新型作出清楚、完整的说明，以所属技术领域的技术人员能够实现为准。

根据该款规定，对于化学方法发明，如果发明所要达到的技术效果只能在现有技术中未公开的特定工艺条件下实现，而说明书中又没有记载该特定的工艺条件，则说明书的公开是不充分的。

本案中，由说明书记载的内容和复审请求人结合其提供的附件所陈述的意见可明确得知，本发明所要解决的技术问题是提供制备中链的支链化的醇的方法，其中费-托化学反应“用于将合成气基本转变成烃混合物，可以将条件设定为主要产生带有限量甲基支链和一些环状烃的线状烯烃混合物”（参见说明书第 5 页第 1 段）。在该方法中，首先，是通过自由基，而不是碳鎓离子化学作用在费-托化学反应中产生支链，使得产生分离的甲基支链，而没有偕二甲基、很少量乙基和少量连二甲基支链（参见说明书第 3 ~ 4 页连接段），第二个关键是 α 烯烃被设计成是费-托化学反应的主要产物（85％或者更多）。即所述方法使用经设计的特殊的费-托反应制备“主要是（85％或者更多）α-烯烃的有支链的反应产物”作为制备目的产物的中间产物，由该中间产物转变成的表面活性剂含有很少量的或者不含有杂质（参见说明书第 4 页第 2 段）。然而，本申请说明书中并没有具体公开这种经设计的特殊的费-托反应条件，也没有相应的实施例或实验证据证明其技术效果。

而且，虽然复审请求人提交的附件 1 中记载了费-托反应的催化剂，介绍了固定床（Arge）和流化床（Synthol）的方法，指出低温的 Arge 方法主要产生蜡，而 Synthol 方法可以制备出醇 、酮、低级蜡贵重产物，还记载了低压、中压、高压费-托反应方法的特点和产物，记载了“生产自 Synthol 反应器的烃基本上比 Arge 系统产生更多烯烃”，但是，合议组认为，该附件中记载的这些费-托反应条件仅仅是普通、宽泛的反应条件，由附件 1 记载的内容并不能看出其记载的反应条件能够用于制备“主要是（85％或者更多）α-烯烃的有支链的反应产物”，没有证据证明上述技术效果在附件 1 所公开的粗略、宽泛的 Synthol 反应器的反应条件下或者所述“高压合成”的反应条件下是能够确定获得的。总之，本申请说明书没有记载所述经设计的特殊的费-托反应的具体条件（如温度、压力、催化剂等），而且现有技术中对此也没有公开，导致所属领域的技术人员无法实施所述技术手段以达到预期的技术效果。因此，说明书没有充分公开其发明，不符合专利法第 26 条第 3 款的规定。

根据以上事实和理由，本案合议组作出如下审查决定。

**三、决定**

维持国家知识产权局于2004年9月10日对01120753.1号发明专利申请作出的驳回决定。

复审请求人对本决定不服的，可以根据专利法第41条第2款的规定，自收到本决定之日起三个月内向北京市第一中级人民法院起诉。

090

# 真核生物中原普卟啉原氧化酶酶活力的操作

## 复审请求审查决定（第11491号）

**决 定 号** 第11491号
**决 定 日** 2007年9月12日
**发明创造名称** 真核生物中原普卟啉原氧化酶酶活力的操作
**国际分类号** C12N 15/53，C12N 15/82，C12N 5/10，A01H 5/00，C12Q 1/26，A01H 1/04，C12 Q1/68，A61K 38/44
**复审请求人** 辛根塔参与股份公司
**申 请 号** 95193629.8
**优 先 权 日** 1994年6月16日
**申 请 日** 1995年6月8日
**公 开 日** 1997年5月28日
**合议组组长** 李金光
**主 审 员** 卢 阳
**参 审 员** 郭 婷

**法 律 依 据** 专利法第31条第1款，专利法第26条第4款，专利法实施细则第20条第1款
**决 定 要 点**

可以作为一件专利申请提出的属于一个总的发明构思的两项以上的发明或者实用新型，应当在技术上相互关联，包含一个或者多个相同或者相应的特定技术特征。

权利要求书中的每一项权利要求所要求保护的技术方案应当是所属技术领域的技术人员能够从说明书充分公开的内容中得到或概括得出的保护范围清楚的技术方案，并且不得超出说明书公开的范围。

### 一、案由

本复审请求涉及名称为“真核生物中原普卟啉原氧化酶酶活力的操作”的95193629.8号发明专利申请（下称本申请），优先权日为1994年6月16日，申请日为1995年6月8日，公开日为1997年5月28日，申请时申请人为希巴-盖吉股份公司，1997年6月27日变更为诺瓦提斯公司，2002年11月14日变更为辛根塔参与股份公司。

国家知识产权局于2003年4月11日驳回了本申请，理由概括如下：

（1）权利要求24～27分别要求保护“植物的种子”和“植物的繁殖材料”，该主题属于植物品种，不符合专利法第25条第1款第（4）项的规定。

（2）权利要求书涉及5个不同的主题，分别为（I）编码拟南芥原卟啉原氧化酶-1的DNA分子及其转化的宿主细胞；（II）编码拟南芥原卟啉原氧化酶-2的DNA分子及其转化的宿主细胞；（III）编码玉米原卟啉原氧化酶-1的DNA分子及其转化的宿主细胞；（IV）编码玉米原卟啉原氧化酶-2的DNA分子及其转化的宿主细胞；（V）探针。其中第（I）至（IV）组权利要求中各组内的共有特定技术特征是各自的DNA分子，但是这4组权利要求各自共有的DNA分子是序列长度和结构互不相同的4个DNA分子，因此，这4组主题之间缺乏共有的特定技术特征，此外，第（V）组权利要求的探针与上述4组权利要求中任一组的共有特定技术特征也是序列长度、结构及其特性互不相同的核酸分子，即第（V）组权利要求与上述4组权利要求中任一组之间都缺乏单一性。因此，该申请不符合专利法第31条第1款的规定。

（3）权利要求1~2、4中使用术语“与所述的DNA分子同源并选择性杂交的……”和“与其同源的……”，但是说明书中对此仅有泛泛的一般性描述，本领域的普通技术人员从众多来源中筛选出具有所述同源性和杂交特性并也能达到本发明目的的具体序列需要花费太多的和/或创造性的劳动，在实验中需要经历大量的试验和/或错误，且其结果是不可预料的，因此，上述权利要求得不到说明书的支持，不符合专利法第26条第4款的规定。

驳回决定所针对的权利要求书如下：

“1. 一种编码来自真核生物的具有原卟啉原氧化酶活性的蛋白质的DNA分子，其中所说的真核生物是拟南芥种，所说的蛋白质包括选自SEQ ID NOs. 2和4的氨基酸序列，或所说的真核生物是玉米，所说的蛋白质包括选自SEQ ID NOs. 6和8的氨基酸序列，包括与所说的DNA分子同源并选择性杂交的DNA分子。

2. 权利要求1的DNA分子，其中所说的蛋白质包括选自SEQ ID NOs. 2和4的氨基酸序列，包括与其同源的氨基酸序列。

3. 权利要求2的DNA分子，其中所说的DNA分子包括选自SEQ ID NOs. 1和3的核苷酸序列。

4. 权利要求1的DNA分子，其中所说的蛋白质包括选自SEQ ID NOs. 6和8的氨基酸序列，包括与其同源的氨基酸序列。

5. 权利要求4的DNA分子，其中所说的DNA分子包括选自SEQ ID NOs. 5和7的核苷酸序列。

6. 一种编码修饰的原卟啉原氧化酶的DNA分子，包括具有至少一个氨基酸修饰的真核原卟啉原氧化酶，其中所说的修饰的原卟啉原氧化酶能耐受抑制所说的真核原卟啉原氧化酶量的除草剂，其中所说的真核原卟啉原氧化酶包括SEQ ID NOs. 2中所示的氨基酸序列并且其中所说的至少一个氨基酸修饰是选自SEQ ID NOs. 2的220位丙氨酸，221位甘氨酸和426位酪氨酸的氨基酸取代。

7. 权利要求6的DNA分子，其中所说的220位丙氨酸被选自缬氨酸、苏氨酸、亮氨酸、胱氨酸和酪氨酸的氨基酸替代。

8. 权利要求6的DNA分子，其中所说的221位甘氨酸被丝氨酸替代。

9. 权利要求6的DNA分子，其中所说的426位酪氨酸被选自胱氨酸、异亮氨酸、亮氨酸和苏氨酸的氨基酸取代。

10. 一种编码修饰的原卟啉原氧化酶的DNA分子，包括具有至少一个氨基酸修饰的真核原卟啉原氧化酶，其中所说的修饰的原卟啉原氧化酶能耐受抑制所说的真核原卟啉原氧化酶量的除草剂，其中所说的真核原卟啉原氧化酶包括SEQ ID NOs. 6中所示的氨基酸序列并且其中所说的至少一个氨基酸修饰是选自SEQ ID NOs. 6的166位丙氨酸，167位甘氨酸和372位酪氨酸的氨基酸取代。

11. 权利要求10的DNA分子，其中所说的166位丙氨酸被选自缬氨酸、苏氨酸、亮氨酸、胱氨酸和酪氨酸的氨基酸取代。

12. 权利要求 10 的 DNA 分子，其中所说的 167 位甘氨酸被丝氨酸替代。

13. 权利要求 10 的 DNA 分子，其中所说的 372 位酪氨酸可被选自胱氨酸、异亮氨酸、亮氨酸和苏氨酸的氨基酸取代。

14. 根据权利要求 6～13 任一项的 DNA 分子，它是植物基因组的一部分。

15. 根据权利要求 1～14 任一项的 DNA 分子，进一步包括与所说的 DNA 分子可操作地连接的启动子。

16. 权利要求 15 的 DNA 分子，其中所说的启动子是在植物中有活性的。

17. 权利要求 16 的 DNA 分子，另外还包括与所说的 DNA 分子可操作地连接的信号序列，其中所说的信号序列能够将所说的 DNA 分子所编码的蛋白质导入叶绿体。

18. 权利要求 16 的 DNA 分子，另外还包括与所说的 DNA 分子可操作地连接的信号序列，其中所说的信号序列能够将所说的 DNA 分子所编码的蛋白质导入线粒体。

19. 权利要求 15 的 DNA 分子，它是植物基因组的一部分。

20. 权利要求 15 的 DNA 分子，其中所说的 DNA 分子被掺入重组载体中，其中所说的载体能被稳定地转化进宿主细胞。

21. 权利要求 15 的 DNA 分子，其中所说的 DNA 分子能被稳定地转化进植物细胞。

22. 用权利要求 15 的 DNA 分子稳定转化的宿主细胞，其中所说的宿主细胞能够表达所说的 DNA 分子。

23. 权利要求 22 的宿主细胞，选自植物细胞、细菌细胞、酵母细胞和昆虫细胞。

24. 一种包含权利要求 23 所述植物细胞的植物的种子。

25. 一种包含权利要求 23 所述植物细胞的植物的繁殖材料，它是用保护剂涂敷处理过的。

26. 权利要求 25 的繁殖材料，包括选自除草剂、杀虫剂、杀真菌剂、杀细菌剂、杀线虫剂、杀软体动物剂或其混合物的制剂。

27. 权利要求 25 的繁殖材料，其特征在于它由种子组成。

28. 一种能与权利要求 1～5 任一项所述的 DNA 分子或其 mRNA 特异性杂交的探针，其中所说的探针包括与所说的 DNA 分子邻接的部分，并至少有 10 个核苷酸的长度。

29. 权利要求 28 的探针，其中所说的 DNA 分子选自 SEQ ID NOs. 1，3，5，7 和 9。”

申请人辛根塔参与股份公司（下称复审请求人）对上述驳回决定不服，于 2003 年 7 月 24 日向专利复审委员会提出复审请求，同时修改了权利要求书。

修改后的权利要求书如下：

“1. 一种编码含有 SEQ ID NO. 2 的氨基酸序列之蛋白质的 DNA 分子，包括与其同源的且与所述 DNA 分子可选择性杂交的 DNA 分子。

2. 一种编码修饰的原卟啉原氧化酶的 DNA 分子，包括具有至少一个氨基酸修饰的真核原卟啉原氧化酶，其中所说的修饰的原卟啉原氧化酶能耐受抑制所说的真核原卟啉原氧化酶量的除草剂，其中所说的真核原卟啉原氧化酶包括 SEQ ID NO. 2 中所示的氨基酸序列并且其中所说的至少一个氨基酸修饰是选自 SEQ ID NO. 2 的 220 位丙氨酸，221 位甘氨酸和 426 位酪氨酸的氨基酸取代。

3. 权利要求 2 的 DNA 分子，其中所说的 220 位丙氨酸被选自缬氨酸、苏氨酸、亮氨酸、半胱氨酸和酪氨酸的氨基酸替代。

4. 权利要求 2 的 DNA 分子，其中所说的 221 位甘氨酸被丝氨酸替代。

5. 权利要求 2 的 DNA 分子，其中所说的 426 位酪氨酸被选自半胱氨酸、异亮氨酸、亮氨酸和苏氨酸的氨基酸取代。

6. 根据权利要求2~5任一项的DNA分子，当导入植物它是植物基因组的一部分。

7. 根据权利要求1~6任一项的DNA分子，进一步包括与所说的DNA分子可操作地连接的启动子。

8. 权利要求7的DNA分子，其中所说的启动子是在植物中有活性的。

9. 权利要求8的DNA分子，另外还包括与所说的DNA分子可操作地连接的信号序列，其中所说的信号序列能够将所说的DNA分子所编码的蛋白质导入叶绿体。

10. 权利要求8的DNA分子，另外还包括与所说的DNA分子可操作地连接的信号序列，其中所说的信号序列能够将所说的DNA分子所编码的蛋白质导入线粒体。

11. 权利要求7的DNA分子，当导入植物它是植物基因组的一部分。

12. 权利要求7的DNA分子，其中所说的DNA分子被掺入重组载体中，其中所说的载体能被稳定地转化进宿主细胞。

13. 权利要求7的DNA分子，其中所说的DNA分子能被稳定地转化进植物细胞。

14. 用权利要求7的DNA分子稳定转化的宿主细胞，其中所说的宿主细胞能够表达所说的DNA分子。

15. 权利要求14的宿主细胞，选自植物细胞、细菌细胞、酵母细胞和昆虫细胞。

16. 一种获得编码真核生物原卟啉原氧化酶的DNA的方法，包括如下步骤：

从选自如SEQ ID NO.2、4、6、8和10中的DNA序列制备探针；

利用探针筛选真核细胞文库，其中探针与文库的DNA杂交表示杂交文库DNA编码一种原卟啉原氧化酶；和

从所述文库分离杂交的DNA，其中所述探针含有至少20个核苷酸。”

复审请求人认为：(1) 修改后的权利要求书中删除了驳回决定所针对的权利要求24~27，因此克服了不符合专利法第25条的缺陷。(2) 修改后的权利要求书中仅保留了涉及拟南芥原卟啉原氧化酶-1 (SEQ ID NO：2) 的DNA分子之权利要求，因而符合专利法第31条的规定，此外，还将同样缺乏单一性的涉及探针的权利要求修改为现权利要求16，其涉及一种获得编码原卟啉原氧化酶的DNA的方法。(3) 说明书第10页第5~19行中结合本领域周知的技术具体教导了如何利用本发明具体公开的编码真核原卟啉原氧化酶的DNA序列，根据同源性得到相关生物中的所述编码序列，并非泛泛的一般性描述，且依据本发明所披露的具体序列获得其他真核原卟啉原氧化酶编码序列对于本领域技术人员而言仅仅是需要花费时间的问题，而不需要创造性劳动，此外，本发明首次公开了真核生物的原卟啉原氧化酶编码序列，属于开拓性发明，因此，依据上述理由，本发明权利要求能够得到说明书支持，符合专利法第26条第4款的规定。

形式审查合格后，专利复审委员会受理了该复审请求，并于2003年8月15日向复审请求人发出《复审请求受理通知书》，随后将本申请移交原实审部门进行前置审查。

原审查部门对本复审请求进行了前置审查，认为修改后的权利要求书虽然克服了不符合专利法第25条第1款第(4)项的缺陷，但仍不符合专利法第31条第1款及专利法第26条第4款的规定，因而坚持原驳回决定。具体理由如下：(1) 修改后的权利要求16包含分别制备SEQ ID NO.1，3，5，7，9的DNA分子的5个技术方案，由于这5个DNA分子的序列长度和结构互不相同，因此，权利要求16本身缺乏单一性，修改后的权利要求1~16组成的申请不符合专利法第31条第1款的规定；(2) 修改后的权利要求1仍然使用“与其同源的且与所述DNA分子可选择杂交的DNA分子”的描述，权利要求7~15直接或间接引用权利要求1的DNA分子且没有对DNA分子的序列结构进行进一步限定，因此，权利要求1、7~15不符合专利法第26条第4款的规定。

专利复审委员会组成合议组，对本案的复审请求进行了审理。

合议组于2007年4月9日向复审请求人发出复审通知书，指出：

（1）权利要求1要求保护"编码含有SEQ ID NO.2的氨基酸序列之蛋白质的DNA分子，包括与其同源的且与所述DNA分子可选择性杂交的DNA分子"，但在证明DNA分子功能方面，本申请说明书中仅涉及来自拟南芥和玉米的原卟啉原氧化酶基因的功能，并未证实权利要求1所涵盖的其他DNA分子也都能够编码具有原卟啉原氧化酶功能的蛋白。鉴于如本领域所公知的，DNA的核苷酸序列相似并不表示其一定编码具有相同功能的蛋白质，因此，本领域技术人员无法预先确定和评价与编码SEQ ID NO.2的DNA分子同源且可与其选择性杂交的DNA分子所具有的生物学功能，需要通过检测效果的试验进行确定。由此可见，权利要求1中包含了申请人推测的内容，而其效果难于预先确定和评价，不符合专利法第26条第4款的规定；在权利要求1得不到说明书支持的情况下，其从属权利要求7~15也未克服上述缺陷，不符合专利法第26条第4款的规定。

（2）权利要求16中涉及"如SEQ ID NO.2、4、6、8和10中的DNA序列"的表述方式，但SEQ ID NO.2、4、6、8和10是氨基酸序列，而不是DNA序列，因此，该权利要求的技术方案不清楚，不符合专利法实施细则第20条第1款的规定。

（3）如果复审请求人将权利要求16中的"如SEQ ID NO.2、4、6、8和10中的DNA序列"修改为"编码SEQ ID NO.2、4、6、8和10的DNA序列"，由于修改后的权利要求中包括分别涉及SEQ ID NO.2、4、6、8和10的5组技术方案，而该5组技术方案之间不存在相同或相应的特定技术特征，因此，权利要求1、16不符合专利法第31条第1款的规定。

复审请求人于2007年5月24日提交了意见陈述书和经修改的权利要求书，其中仅修改了权利要求1和16。复审请求人认为修改后的权利要求书克服了复审通知书中所指出的缺陷。

修改后的权利要求1、16如下：

"1. 一种编码含有SEQ ID NO.2的氨基酸序列之蛋白质的DNA分子。

16. 一种获得编码真核生物原卟啉原氧化酶的DNA的方法，包括如下步骤：

从编码SEQ ID NO.2的DNA序列制备探针；

利用探针筛选真核细胞文库，其中探针与文库DNA杂交表示杂交文库DNA编码一种原卟啉原氧化酶；和

从所述文库分离杂交的DNA，其中所述探针含有至少20个核苷酸。"

合议组于2007年6月22日向复审请求人发出第二次复审通知书，指出权利要求1中采用开放式术语"含有"概括了一个较宽的保护范围，其中除编码SEQ ID NO.2所示氨基酸序列的DNA分子以外，还包括编码序列长度更长的"含有"SEQ ID NO.2所示氨基酸序列的DNA分子，而这些DNA分了的功能未经证实。鉴于如本领域所公知的，氨基酸序列相似的蛋白是否具有相同的功能取决于序列间的差异是否导致其空间结构发生变化，因此，本领域技术人员无法预先确定和评价权利要求1所述DNA分子编码的"含有"SEQ ID NO.2的氨基酸序列之蛋白质的生物学功能，需要通过检测效果的试验进行确定。由此可见，权利要求1中包含了申请人推测的内容，而其效果难于预先确定和评价，不符合专利法第26条第4款的规定；在权利要求1得不到说明书支持的情况下，其从属权利要求7~15也不符合专利法第26条第4款的规定。

复审请求人于2007年8月3日提交了意见陈述书和经修改的权利要求书，其中将权利要求1中的"含有"修改为"由……组成"，并且为满足专利法实施细则第23条的规定，主动将权利要求7修改为引用权利要求1或权利要求2。复审请求人认为修改后的权利要求书克服了第二次复审通知书中所指出的缺陷。

修改后的权利要求书如下：

“1. 一种编码由 SEQ ID NO. 2 的氨基酸序列组成之蛋白质的 DNA 分子。

2. 一种编码修饰的原卟啉原氧化酶的 DNA 分子，包括具有至少一个氨基酸修饰的真核原卟啉原氧化酶，其中所说的修饰的原卟啉原氧化酶能耐受抑制所说的真核原卟啉原氧化酶量的除草剂，其中所说的真核原卟啉原氧化酶包括 SEQ ID NO. 2 中所示的氨基酸序列并且其中所说的至少一个氨基酸修饰是选自 SEQ ID NO. 2 的 220 位丙氨酸，221 位甘氨酸和 426 位酪氨酸的氨基酸取代。

3. 权利要求 2 的 DNA 分子，其中所说的 220 位丙氨酸被选自缬氨酸、苏氨酸、亮氨酸、半胱氨酸和酪氨酸的氨基酸替代。

4. 权利要求 2 的 DNA 分子，其中所说的 221 位甘氨酸被丝氨酸替代。

5. 权利要求 2 的 DNA 分子，其中所说的 426 位酪氨酸被选自半胱氨酸、异亮氨酸、亮氨酸和苏氨酸的氨基酸取代。

6. 根据权利要求 2～5 任一项的 DNA 分子，当导入植物它是植物基因组的一部分。

7. 根据权利要求 1 或 2 的 DNA 分子，进一步包括与所说的 DNA 分子可操作地连接的启动子。

8. 权利要求 7 的 DNA 分子，其中所说的启动子是在植物中有活性的。

9. 权利要求 8 的 DNA 分子，另外还包括与所说的 DNA 分子可操作地连接的信号序列，其中所说的信号序列能够将所说的 DNA 分子所编码的蛋白质导入叶绿体。

10. 权利要求 8 的 DNA 分子，另外还包括与所说的 DNA 分子可操作地连接的信号序列，其中所说的信号序列能够将所说的 DNA 分子所编码的蛋白质导入线粒体。

11. 权利要求 7 的 DNA 分子，当导入植物它是植物基因组的一部分。

12. 权利要求 7 的 DNA 分子，其中所说的 DNA 分子被掺入重组载体中，其中所说的载体能被稳定地转化进宿主细胞。

13. 权利要求 7 的 DNA 分子，其中所说的 DNA 分子能被稳定地转化进植物细胞。

14. 用权利要求 7 的 DNA 分子稳定转化的宿主细胞，其中所说的宿主细胞能够表达所说的 DNA 分子。

15. 权利要求 14 的宿主细胞，选自植物细胞、细菌细胞、酵母细胞和昆虫细胞。

16. 一种获得编码真核生物原卟啉原氧化酶的 DNA 的方法，包括如下步骤：

从编码 SEQ ID NO. 2 的 DNA 序列制备探针；

利用探针筛选真核细胞文库，其中探针与文库 DNA 杂交表示杂交文库 DNA 编码一种原卟啉原氧化酶；和

从所述文库分离杂交的 DNA，其中所述探针含有至少 20 个核苷酸。”

在上述程序的基础上，合议组认为本案事实已经清楚，可以作出审查决定。

**二、决定的理由**

1. 审查文本的认定

复审请求人于 2007 年 8 月 3 日提交的权利要求书中所作的修改符合专利法第 33 条的规定。

本决定依据的文本为复审请求人于 2007 年 8 月 3 日提交的权利要求第 1～16 项、1997 年 1 月 30 日提交的说明书第 1～58 页、1996 年 12 月 16 日提交的说明书第 59～88 页及说明书摘要。

2. 关于专利法实施细则第 20 条第 1 款

专利法实施细则第 20 条第 1 款规定：权利要求书应当说明发明或者实用新型的技术特征，清楚和简要地表述请求保护的范围。

根据该款规定，每项权利要求请求保护的技术方案所确定的保护范围应当清楚。权利要求的保护

范围应当根据其所用措辞的含义来理解。

复审请求人于2007年8月3日提交的新修改的权利要求中，将权利要求16中的“选自如SEQ ID NO. 2、4、6、8和10中的DNA序列”修改为“编码SEQ ID NO. 2的DNA序列”，明确了该措辞以及整个权利要求16技术方案的含义，从而克服了复审通知书中所指出的权利要求16不符合专利法实施细则第20条第1款规定的缺陷。

3. 关于专利法第31条第1款

专利法第31条第1款规定：一件发明或者实用新型专利申请应当限于一项发明或者实用新型。属于一个总的发明构思的两项以上的发明或者实用新型，可以作为一件申请提出。

根据该款规定，可以作为一件专利申请提出的属于一个总的发明构思的两项以上的发明或者实用新型，应当在技术上相互关联，包含一个或者多个相同或者相应的特定技术特征。

本案中，复审请求人于2007年8月3日提交的经修改的权利要求书中，删除了涉及SEQ No. 4、6、8、10的技术方案，仅保留了涉及SEQ No. 2所示序列的技术方案，该序列（SEQ No. 2所示序列）构成各权利要求技术方案之间相同的特定技术特征，因此，上述经修改的权利要求书克服了驳回决定和复审通知书所指出的本申请不符合专利法第31条第1款规定的缺陷。

4. 关于专利法第26条第4款

专利法第26条第4款规定：权利要求书应当以说明书为依据，说明要求专利保护的范围。

根据该款规定，权利要求书中的每一项权利要求所要求保护的技术方案应当是所属技术领域的技术人员能够从说明书充分公开的内容中得到或概括得出的技术方案，并且不得超出说明书公开的范围。

本案中，复审请求人于2007年8月3日提交的经修改的权利要求书中，将权利要求1限定为“一种编码由SEQ ID NO. 2的氨基酸序列组成之蛋白质的DNA分子”，修改后的权利要求1所要求保护的仅限于说明书实施例中已记载的DNA分子，这是所属领域技术人员能从本申请说明书中直接得出或概括得出的技术方案，因而克服了驳回决定和复审通知书所指出的权利要求1不符合专利法第26条第4款规定的缺陷。

根据以上事实和理由，本案合议组作出如下审查决定。

**三、决定**

撤销国家知识产权局于2003年4月11日对95193629.8号发明专利申请作出的驳回决定。由原审查部门在复审请求人于2007年8月3日提交的权利要求第1~16项、1997年1月30日提交的说明书第1~58页，1996年12月16日提交的说明书第59~88页及说明书摘要的基础上继续进行审查。

复审请求人对本决定不服的，可以根据专利法第41条第2款的规定，自收到本决定之日起三个月内向北京市第一中级人民法院起诉。

091

# 选择性环肽

## 复审请求审查决定（第11492号）

**决　定　号** 第11492号
**决　定　日** 2007年9月10日
**发明创造名称** 选择性环肽
**国 际 分 类 号** C07K 14/68，A61K 38/34，A61P 3/04
**复 审 请 求 人** 霍夫曼-拉罗奇有限公司
**申　请　号** 01815028.4
**优 先 权 日** 2000年8月30日
**申　请　日** 2001年8月21日
**公　开　日** 2003年10月22日
**合 议 组 组 长** 李金光
**主　审　员** 张　建
**参　审　员** 王　冬

**法 律 依 据** 专利法第26条第3款
**决 定 要 点**

对于化学产品的发明，在说明书中应当记载该产品的用途和使用效果。所述用途和效果除了可直接通过列出实验数据的方式予以说明外，也可以通过结合现有技术并与理论说明相结合进行合理的预测，使得本领域技术人员能够预期可实现所述用途。

### 一、案由

本复审请求涉及2001年8月21日申请、2003年10月22日公开、名称为“选择性环肽”的01815028.4号发明专利申请（下称本申请），本申请的优先权日为2000年8月30日，2003年2月28日进入中国国家阶段。本申请的申请人为霍夫曼-拉罗奇有限公司。

国家知识产权局于2005年7月8日以说明书不符合专利法第26条第3款的规定为由驳回了本申请。

驳回决定所针对的申请文本中的独立权利要求1为：

“1. 式I化合物及其可药用盐：

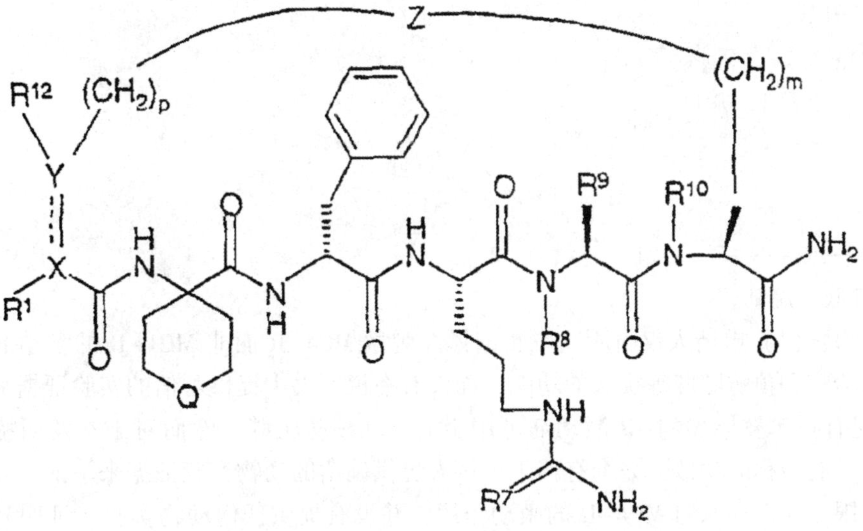

I

其中，$R^1$ 和 $R^{12}$ 与 X 和 Y 一起形成苯环，并且 X 是 C 且 Y 是 C；或 $R^1$ 是氢，

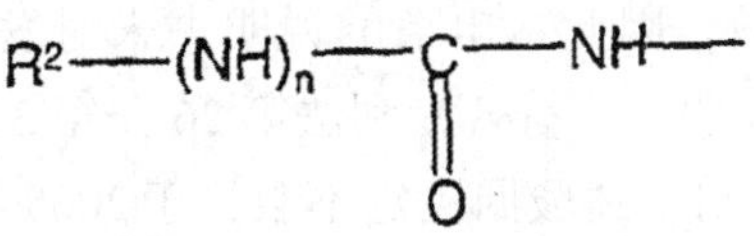

和

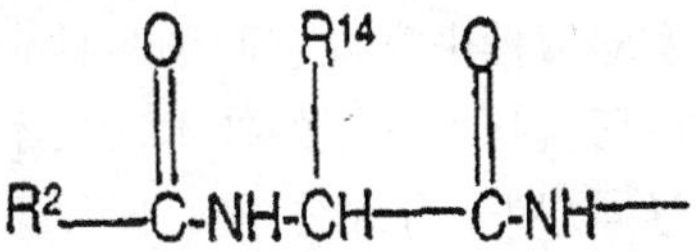

；

$R^{12}$ 是氢；其中 X 和 Y 各自是 C 并且 X 与 Y 之间的键是双键，或者其中 X 和 Y 各自是 CH 并且 X 与 Y 之间的键是单键；

$R^2$ 是具有 1 ~5 个碳原子的烷基、具有 2 ~5 个碳原子的链烯基或者具有 2 ~5 个碳原子的炔基；

$R^{14}$ 是具有 1 ~5 个碳原子的烷基；

n 是 0 或 1；并且

Q 是

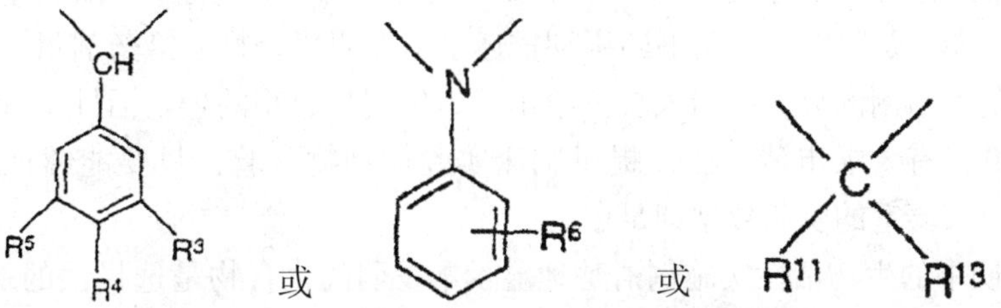

其中 $R^3$ 、$R^4$ 和 $R^5$ 独立地是氢、卤素、具有 1 ~4 个碳原子的烷基、羟基或者具有 1 ~4 个碳原子的烷氧基，其中当 $R^4$ 不是氢时，$R^3$ 和 $R^5$ 都是氢；和

$R^6$ 是氢、具有 1 ~3 个碳原子的烷基、具有 1 ~3 个碳原子的烷氧基、苯氧基或者卤素；

$R^{11}$ 和 $R^{13}$ 各自独立地是氢、具有 3 或 4 个碳原子的烷基、具有 5 或 6 个碳原子的环烷基，或者 $R^{11}$ 和 $R^{13}$ 都是苯基；

$R^7$ 是 O 或者 NH；

$R^8$ 是氢或者甲基；

$R^9$ 是

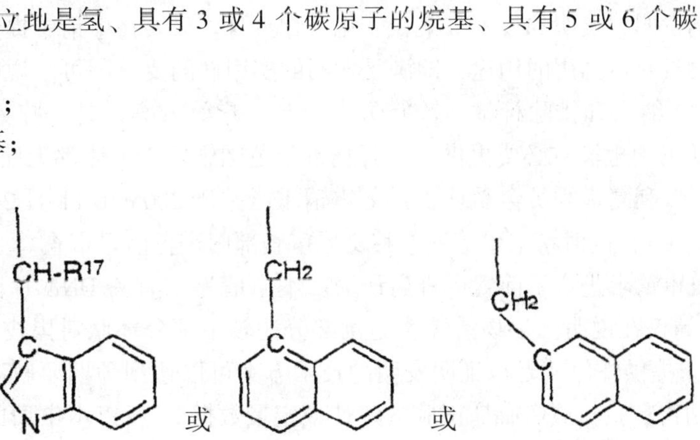

；

$R^{10}$是氢或者甲基；

p 是 0 或者 1；

m 是 0、1、2 或者 3；并且

Z 是

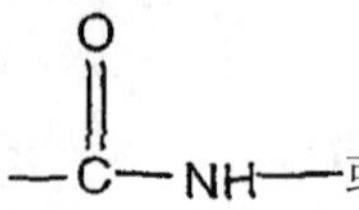

或 —S—S—；和

$R^{17}$是氢或者低级烷基。”

驳回决定指出：（1）申请人仅由所述环肽选择性刺激 MC4-R 而非 MC1-R 的激动剂活性就断言其一定能够具有治疗和预防肥胖等疾病的功能，而没有在说明书中提供可信的实验证据来支持这种论断。（2）尽管现有技术教导 MC4-R 激动剂可用于治疗和预防肥胖，然而对于本发明特定的环肽而言，其是否必然具有所称的功效，完全有赖于申请人提供确凿的动物实验证据来举证。而本申请说明书的实验证据仅限于所述环肽对 MC4-R 的激动作用，并没有提供任何动物实验来证明其治疗和预防肥胖的功用，换言之，本申请说明书仅仅记载了所述环肽用于治疗和预防肥胖等疾病的一种思路，而没有切实可信的实验数据来举证它们确实具有所称的功效。因此本申请的说明书未对发明作出清楚、完整的说明，致使所属技术领域的技术人员不能实现该发明，不符合专利法第 26 条第 3 款的规定。

申请人霍夫曼-拉罗奇有限公司（下称复审请求人）对上述驳回决定不服，于 2005 年 10 月 24 日向专利复审委员会提出复审请求，复审请求人在提出复审请求时没有提交新修改的专利申请文本。

复审请求人认为：

（1）本发明的目的在于提供一种新的式 I 的环肽。在本申请的说明书中，清楚地公开了式 I 化合物的结构、式 I 化合物的制备方法、大量的式 I 化合物的制备实施例、式 I 化合物的用途、式 I 化合物的具体生物活性实施例、式 I 化合物的剂量以及式 I 化合物的药物制剂。

（2）在本申请的说明书中，清楚地公开了本发明化合物的医药用途，即用于治疗或预防与 MC4-R 活性有关的疾病，尤其是肥胖。说明书还详细描述了本发明化合物的给药剂量、使用方法、药物组合物等。在本申请的实施例部分，申请人具体给出了本发明化合物的生物活性实验以及大量具体的实验数据。审查指南并没有要求申请人必须提供临床实验或动物试验，只要能够证明化合物的医药用途，在说明书中提供实验室的实验数据即足以。

（3）本申请说明书的生物活性实施例清楚地显示本发明的化合物是选择性的 MC4-R 激动剂。根据该生物活性实施例，本领域技术人员完全能够确信本发明化合物具有治疗或预防与 MC4-R 活性有关的疾病的效果。MC4-R 激动剂可以用于治疗或预防肥胖是现有技术中已知的。

（4）本申请说明书的生物活性实施例清楚地显示本发明的化合物是选择性的 MC4-R 激动剂。实际上，对于新化合物的发明，发明的技术方案在于化合物本身。只要在申请中提供实验证明化合物具有药理活性，即化合物具有可药用的用途，即满足发明的实用性的要求即可。说明书中没有必要提供“采用的医学诊断标准、纳入和排除标准、治疗方案设计、疗效方案设计、疗效标准和统计学处理等”的临床试验，说明书中也没有必要提供“在任何剂量范围施用于人体都无任何副作用”实验。

形式审查合格后，专利复审委员会受理了该复审请求，并于 2005 年 11 月 24 日向复审请求人发出《复审请求受理通知书》，同时将本申请案卷移交原审查部门进行前置审查。

原审查部门对本复审请求进行了前置审查后认为：本申请为“有关 DNA 片段、基因以及肽和蛋白质的发明”，而本申请仅在说明书生物活性实施例部分比较了部分环肽对黑皮质素受体 MC1-R 和 MC4-R 的激动作用，未提供任何“足以证明发明的技术方案可以达到预期要解决的技术问题或效果的实验室试验（包括动物实验）或者临床试验的定性或定量数据”。所以本申请的说明书不符合专利法第26条第3款的规定。

专利复审委员会依法组成合议组，对本案的复审请求进行了审理。经审查，合议组认为本案事实已经清楚，可以作出审查决定。

**二、决定的理由**

1. 审查依据的文本

本复审决定所针对的文本为驳回决定所针对的申请文本。

2. 关于专利法第26条第3款

专利法第26条第3款规定：说明书应当对发明作出清楚、完整的说明，以所属技术领域的技术人员能够实现为准。

对于化学产品的发明，在说明书中应当记载该产品的用途和使用效果，所述用途和效果除了可直接通过列出实验数据的方式予以说明外，也可以通过结合现有技术并与理论说明相结合进行合理的预测，使得本领域技术人员能够预期可实现所述用途。

本案涉及一种选择性环肽化合物。在本申请说明书中明确公开了所述环肽化合物的结构，并有多个实施例记载这些化合物的制备方法；同时公开了这些化合物的用途，在说明书第211～213页实施例部分记载了32种本申请具体化合物的激动剂试验，说明书第213页表I列出了具体的试验数据，这表明这些化合物能增加转染了MC4-R和MC1-R的细胞中的cAMP，并且对MC4-R具有更好的效果，可见这些化合物具有可作为MC4-R的选择性激动剂这样的用途。

本申请说明书第1页第2段记载了现有技术（Fan等，Nature（1997）385：165～168）中关于MC4-R激动剂与肥胖的关系，其证实了当将MC4-R激动剂活性的α-MSH的环五肽类似物注射到第三脑室或腹膜内时，对小鼠产生长时间的摄食抑制；当与MC4-R拮抗剂联合使用时，这种作用是可逆的。因此，MC4-R活性的激动剂可用于治疗或预防肥胖。

根据以上内容，本领域技术人员可以合理地预测MC4-R的抑制是导致肥胖的原因之一，对MC4-R的激活可以在一定程度上减少肥胖；本申请说明书中提供了具体的试验数据证明本发明的化合物是MC4-R的选择性激动剂，因此，虽然在本申请说明书中没有记载MC4-R激动剂可预防和/或治疗肥胖的试验数据，但本领域技术人员根据本申请化合物对MC4-R的激动试验数据并结合现有技术，可以合理地预测这些化合物能够激活MC4-R从而治疗和/或预防MC4-R活性有关的疾病，特别是抑制动物摄食从而预防和/或治疗肥胖。因此，驳回决定认为本申请缺乏试验数据而不符合专利法第26条第3款规定的驳回理由不成立。

根据以上事实和理由，本案合议组作出如下审查决定。

**三、决定**

撤销国家知识产权局于2005年7月8日对01815028.4号发明专利申请作出的驳回决定。由原审查部门在本复审决定所针对的文本的基础上继续进行审查。

复审请求人对本决定不服的，可以根据专利法第41条第2款的规定，自收到本决定之日起三个月内向北京市第一中级人民法院起诉。

092

# 含 Rho 激酶抑制剂的药物制剂

## 复审请求审查决定（第 11497 号）

**决　定　号**　第 11497 号
**决　定　日**　2007 年 9 月 13 日
**发明创造名称**　含 Rho 激酶抑制剂的药物制剂
**国 际 分 类 号**　A61K 45/00，A61K 31/16，A61K 31/165，A61K 31/195，A61K 49/00，A61K 31/445，A61K 31/50，A61K 31/495，A61K 31/44，C07D 213/81，C07D 401/12，C07D 409/14，C07D 401/14
**复 审 请 求 人**　三菱制药株式会社
**申　请　号**　97198738. 6
**优 先 权 日**　1996 年 8 月 12 日
**申　请　日**　1997 年 8 月 8 日
**公　开　日**　1999 年 10 月 27 日
**合 议 组 组 长**　何　炜
**主　审　员**　刘　妍
**参　审　员**　吴通义

**法 律 依 据**　专利法第 26 条第 4 款
**决 定 要 点**

如果权利要求所要求保护的技术方案是所属技术领域的技术人员能够从说明书充分公开的内容中得到或概括得出的，并且未超出说明书公开的范围，则该权利要求符合专利法第 26 条第 4 款的规定。

**一、案由**

本复审请求涉及 1999 年 10 月 27 日公开，名称为“含 Rho 激酶抑制剂的药物制剂”的 97198738. 6 号发明专利申请（下称本申请），本申请的申请日为 1997 年 8 月 8 日，优先权日为 1996 年 8 月 12 日，申请人为三菱制药株式会社（由卫福有限公司变更而来）。

国家知识产权局于 2004 年 12 月 24 日以权利要求 1 不符合专利法第 26 条第 4 款的规定驳回了本申请。驳回所针对的权利要求书为：

“1. 式（Ⅰ）酰胺化合物、其异构体和/或其药用酸加成盐在制备 Rho 激酶抑制剂中的途，

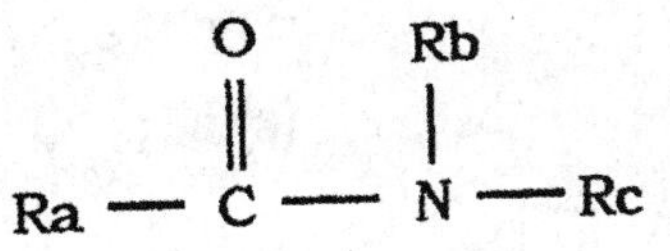

(I)

其中 Ra 是下式基团

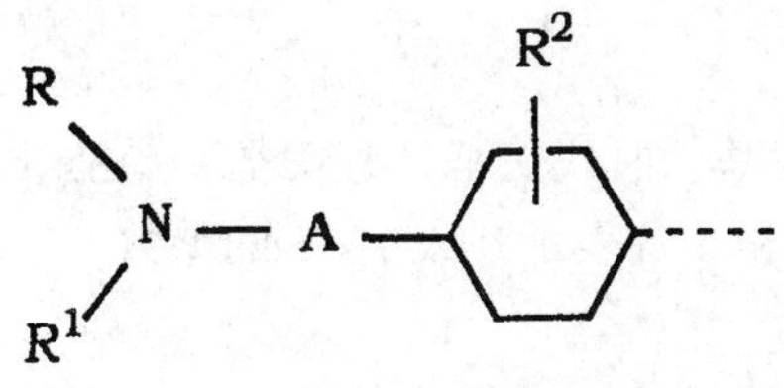

(a)

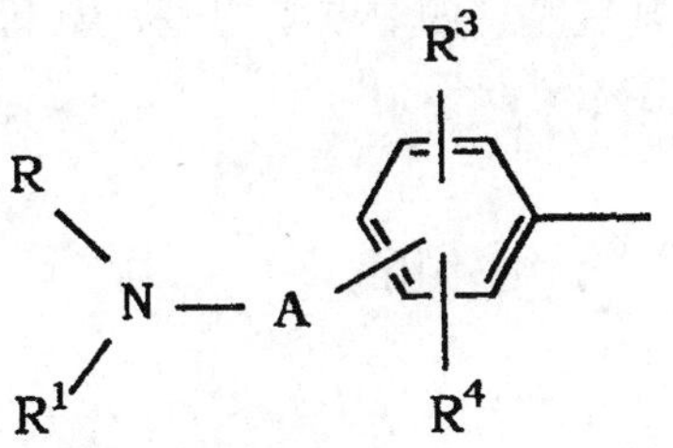

(b) 或

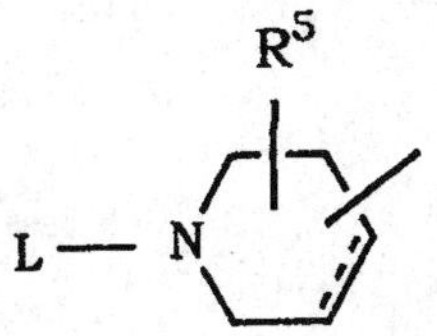

(c)

在式（a）和（b）中，

R 是氢原子、烷基或环烷基、环烷基烷基、苯基或芳烷基，其环上可选择性带有取代基，或 R 是下式的基团，

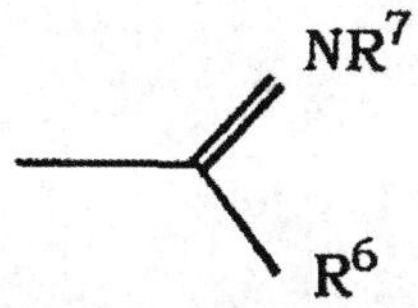

(d)

其中 $R^6$ 是氢原子、烷基或式-$NR^8NR^9$，其中 $R^8$ 和 $R^9$ 可相同或不同并各表示氢原子、烷基、芳烷基或苯基，$R^7$ 是氢原子、烷基、芳烷基、苯基、硝基或氰基，或 $R^6$ 和 $R^7$ 一起形成杂环基团，在其环上选择性含有氧原子、硫原子或选择性取代的氮原子；

$R^1$ 是氢原子、烷基或环烷基、环烷基烷基、苯基或芳烷基，其环上可选择性带有取代基，或

R 和 $R^1$ 与相邻的氮原子一起形成杂环基团，在其环上选择性含有氧原子、硫原子或选择性取代的氮原子；

$R^2$ 是氢原子或烷基；

$R^3$ 和 $R^4$ 可相同或不同并各表示氢原子、烷基、芳烷基、卤原子、硝基、氨基、烷基氨基、酰氨基、羟基、烷氧基、芳烷氧基、氰基、酰基、巯基、烷基硫基、芳烷基硫基、羧基、烷氧羰基、氨基甲酰基、烷基氨基甲酰基或叠氮基，且

A 是下式基团

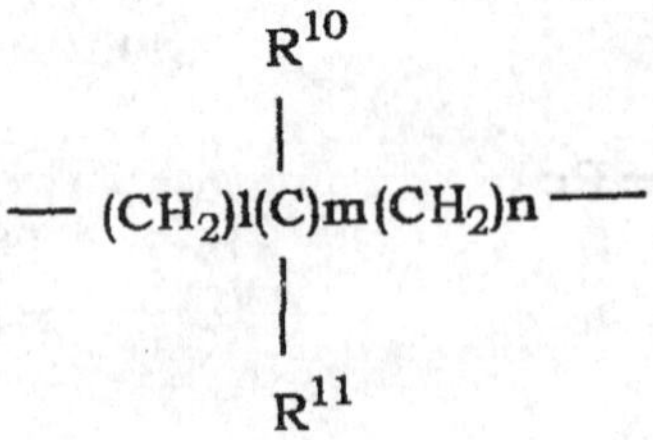

(e)

其中$R^{10}$和$R^{11}$相同或不同并各表示氢原子、烷基、卤代烷基、芳烷基、羟基烷基、羧基或烷氧羰基，或$R^{10}$和$R^{11}$结合在一起表示环烷基，而l、m和n各表示0或1~3的整数，

在式（c）中，

L是氢原子、烷基、氨基烷基、单或二烷基氨基烷基、四氢呋喃甲基、氨基甲酰基烷基、苯二酰亚氨基烷基、脒基或下式基团

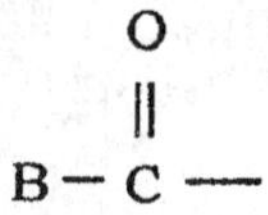

(f)

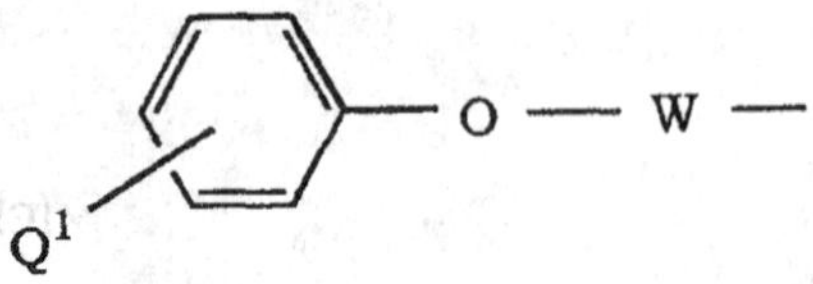

(g)

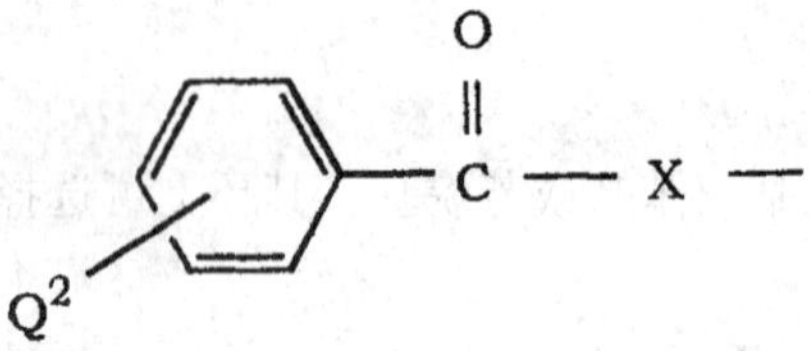

(h) 或

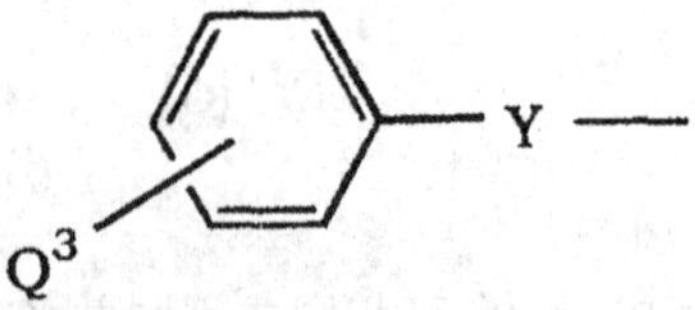

(i)

其中B是氢原子、烷基、烷氧基、芳烷基、芳烷氧基、氨基烷基、羟基烷基、烷酰氧基烷基、烷氧羰基烷基、α-氨基苄基、呋喃基、吡啶基、苯基、苯氨基、苯乙烯基或咪唑并吡啶基，

$Q^1$是氢原子、卤原子、羟基、芳烷氧基或噻吩甲基，

W是亚烷基，

$Q^2$是氢原子、卤原子、羟基或芳烷氧基，

X是亚烷基，

$Q^3$是氢原子、卤原子、羟基、烷氧基、硝基、氨基、2，3-二氢呋喃基或5-甲基-3-氧-2，3，4，5-四氢哒嗪-6-基；而Y是单键、亚烷基或亚烯基，并且

在式（c）中，

虚线是单键或双键，且

$R^5$是氢原子、羟基、烷氧基、烷氧羰基氧基、烷酰氧基或芳烷氧羰基氧基；

Rb是氢原子、烷基、芳烷基、氨基烷基或单或二烷基氨基烷基；且Rc是选择性取代的含氮杂环。”

驳回的具体理由是：（1）说明书中仅实施了化合物80、109、143、165以及化合物204、308

（不属于（I）式化合物）具有 Rho 激酶抑制作用，但（I）式化合物还包含了其他大量的化合物；（2）即使（I）式包含的其他大量化合物在对比文件 1（WO9528387A1，公开日为 1995 年 10 月 26 日）中都具有治疗高血压、心绞痛等疾病的药理作用，但是否具有所述药理作用与它们是否能够抑制 Rho 激酶并无任何相关性，因此本领域技术人员无法预见权利要求 1 的其他化大量合物均能实现本发明的目的。因此权利要求 1 得不到说明书的支持，不符合专利法第 26 条第 4 款的规定；（3）本申请的实施例对所属技术领域技术人员来讲仅是高血压、心绞痛等疾病的药理模型，所属领域的技术人员无法从式（I）化合物能够治疗高血压、心绞痛等疾病预见其具有 Rho 激酶抑制作用。

申请人三菱制药株式会社（下称复审请求人）对上述驳回决定不服，于 2005 年 4 月 8 日向专利复审委员会提出复审请求，复审请求人认为，（1）对比文件 1 描述了一种相应本发明的式（I）的化合物及治疗的疾病，没有公开或暗示该化合物有 Rho 激酶抑制作用，也没有暗示所述疾病与 Rho 激酶抑制作用之间的关系。（2）“Rho 激酶抑制剂”不仅是对化合物固有活性的表示，也是该化合物的一种确定的用途，该用途是现有技术中未公开的。因此，驳回理由不成立。

形式审查合格后，专利复审委员会受理了该复审请求，并于 2005 年 5 月 19 日向复审请求人发出《复审请求受理通知书》，随后将本申请移交原审查部门进行前置审查。

原审查部门对本复审请求进行了前置审查，坚持原驳回决定。

专利复审委员会组成合议组，对本复审请求案进行了审理，并于 2006 年 11 月 30 日向复审请求人发出《复审通知书》。《复审通知书》中指出，权利要求 1 不符合专利法第 26 条第 4 款的规定，具体理由为：（1）权利要求 1 的式（I）包含了大量不同的化合物，而说明书的实验仅证明了式（I）部分化合物具有 Rho 激酶抑制活性。而对于说明书中记载的其他具体化合物，实施例并没有证明这些化合物具有 Rho 激酶抑制活性，现有技术也没有公开或暗示这些化合物具有 Rho 激酶抑制作用。（2）化合物 204 和 308 具有 Rho 激酶抑制活性只能说明除了式（I）包含的化合物之外，还有其他结构的化合物也可能具有 Rho 激酶抑制活性，而不能由此推导出式（I）化合物都具有 Rho 激酶抑制活性。因此，权利要求 1 得不到说明书的支持，不符合专利法第 26 条第 4 款的规定。

针对《复审通知书》指出的问题，复审请求人于 2007 年 1 月 15 日、2007 年 2 月 14 日、2007 年 7 月 31 日分别提交了意见陈述书及经修改的权利要求书全文替换页。复审请求人于 2007 年 7 月 31 日提交的权利要求书为：

“1. 式（I）酰胺化合物、其异构体和/或其可药用酸加成盐在制备 Rho 激酶抑制剂药物中的用途，

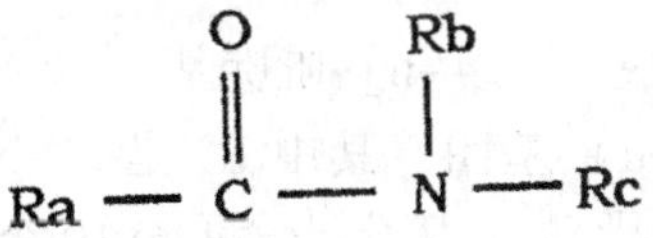


(I)

其中 Ra 是下式基团

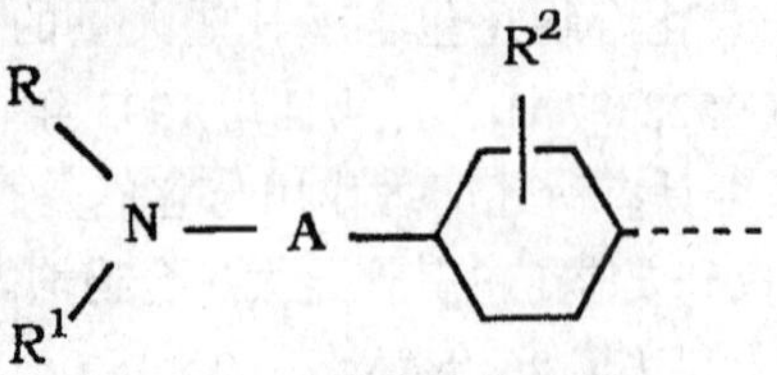

(a)

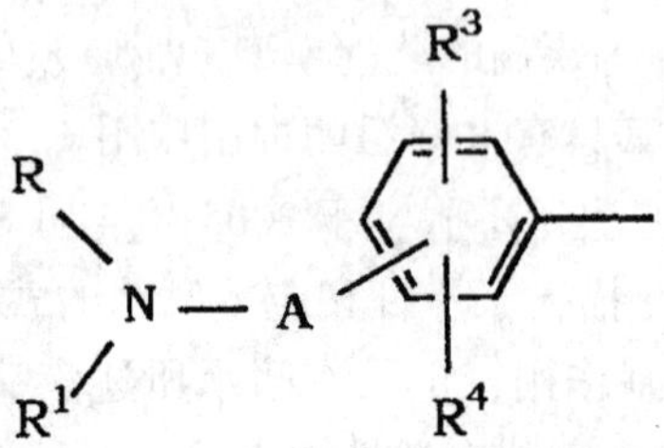

(b)

或在式（a）和（b）中，

R 是氢原子，或 R 是下式的基团，

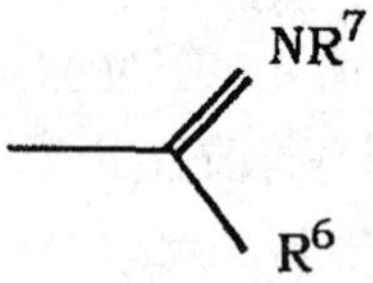

(d)

其中 $R^6$ 是式$-NR^8R^9$，其中 $R^8$ 和 $R^9$ 各表示氢原子，$R^7$ 是氢原子；

$R^1$ 是氢原子，

$R^2$ 是氢原子；

$R^3$ 和 $R^4$ 各表示氢原子，且

A 是下式基团

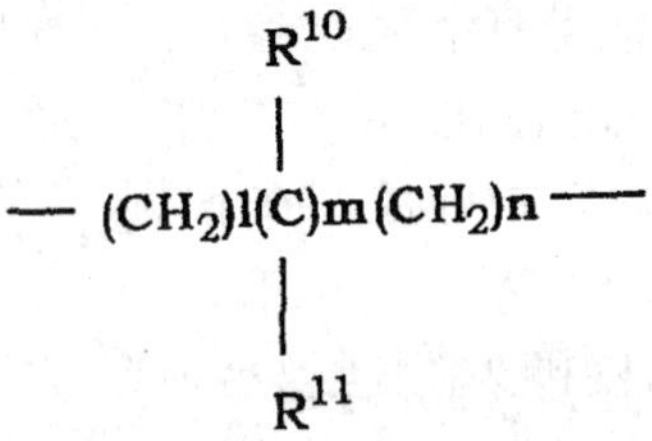

(e)

其中 $R^{10}$ 和 $R^{11}$ 相同或不同并各表示氢原子或含 1 至 10 个碳原子的直链或支链烷基，而 l 和 n 各表示 0、m 为 1～3 的整数，

Rb 是氢原子；且

Rc 是吡啶基、吡咯并［2，3-b］吡啶基或吡唑并［3，4-b］吡啶基。”

修改后的权利要求 1 已将 R 限定为氢原子或（d）基团，其中 $R^6$ 是式$-NR^8R^9$，$R^1$、$R^2$、$R^3$、$R^4$、$R^7$、$R^8$ 和 $R^9$ 都是氢原子；A 是（e）基团，将 $R^{10}$ 和 $R^{11}$ 限定为含 1 至 10 个碳原子的直链或支链烷基，l 和 n 各表示 0、m 为 1～3 的整数，Rb 是氢原子；且 Rc 是吡啶基、吡咯并［2，3-b］吡啶基或吡唑并［3，4-b］吡啶基，复审请求人认为修改后的权利要求 1 能够得到说明书的支持。

至此，合议组认为本案事实清楚，可以作出审查决定。

**二、决定的理由**

1. 审查依据的文本

本复审请求审查决定所依据的文本是复审请求人于 2007 年 7 月 31 日提交的权利要求书（1 项，共 2 页）以及驳回决定所针对的说明书及其摘要。

2. 关于专利法第 26 条第 4 款

专利法第 26 条第 4 款规定：权利要求书应当以说明书为依据，说明要求专利保护的范围。

权利要求书应当以说明书为依据，是指权利要求应当得到说明书的支持。权利要求书中的每一项权利要求所要求保护的技术方案应当是所属技术领域的技术人员能够从说明书充分公开的内容中得到或概括得出的技术方案，并且不得超出说明书公开的范围。

驳回决定和《复审通知书》中指出：本申请权利要求 1 的式（I）酰胺化合物包含了大量不同的化合物，而说明书中的试验实施例 1 ~3 仅证明了化合物 80、109、143、165 以及不属于式（I）化合物 204、308 具有 Rho 激酶抑制活性。而对于说明书中记载的其他具体化合物 179、157、166、110、112、142、115、145、153、163 来讲，试验实施例 4 ~6、8、10 ~12 只是证明这些化合物具有治疗高血压、心绞痛、脑血管痉挛、哮喘、外周血管疾病等的作用，没有证明所述化合物具有 Rho 激酶抑制活性。现有技术虽然公开了本申请式（I）的化合物可以用于制备治疗高血压、心绞痛等疾病，但没有公开或暗示这些化合物具有 Rho 激酶抑制作用，也没有暗示所述疾病与 Rho 激酶抑止作用之间的关系。因此本技术领域的技术人员不能从说明书公开的内容中得到或概括得出式（I）所包含的化合物都具有 Rho 激酶抑制作用。

在复审请求人于 2007 年 7 月 31 日提交的修改文本中，对权利要求 1 作出了以下修改：（1）对 Ra 基团的限定中删除了（3）式；（2）将化学式（a）和（b）限定到以下范围之内：R 是氢原子或（d）基团，其中 $R^6$ 是式$-NR^8R^9$，$R^1$、$R^2$、$R^3$、$R^4$、$R^7$、$R^8$ 和 $R^9$ 都是氢原子；A 是（e）基团，其中 $R^{10}$和 $R^{11}$相同或不同并各表示氢原子或含 1 至 10 个碳原子的直链或支链烷基，l 和 n 各表示 0、m 为 1 ~3 的整数，Rb 是氢原子；且 Rc 是吡啶基、吡咯并［2，3-b］吡啶基或吡唑并［3，4-b］吡啶基。

合议组认为，修改后的权利要求 1 中不再包括化合物 204、308，同时依据说明书公开的实施例化合物 80、109、143 和 165 的共同特征对式（I）中的 R、$R^{1-4}$、$R^{6-11}$、Rb 和 Rc 基团及对 l、n 和 m 进行了合理限定，式（I）化合物被限定到合理的范围之内，未超出说明书公开的范围，使得本领域技术人员能够从说明书充分公开的内容中概括得出权利要求 1 要求保护的技术方案，因此，修改克服了驳回决定和《复审通知书》所指出的本申请权利要求 1 不符合专利法第 26 条第 4 款的规定的缺陷。

根据以上事实和理由，本案合议组作出如下审查决定。

**三、决定**

撤销国家知识产权局于 2004 年 12 月 24 日对 97198738.6 号发明专利申请作出的驳回决定。由原审查部门在复审请求人于 2007 年 7 月 31 日提交的权利要求 1 以及驳回决定所针对的说明书及其摘要的基础上继续进行审查。

复审请求人对本决定不服的，可以根据专利法第 41 条第 2 款的规定，自收到本决定之日起三个月内向北京市第一中级人民法院起诉。

093

# 结合纤连蛋白 ED-B 结构域的抗体及其构建和应用

## 复审请求审查决定（第 11500 号）

**决 定 号** 第 11500 号
**决 定 日** 2007 年 9 月 13 日
**发明创造名称** 结合纤连蛋白 ED-B 结构域的抗体及其构建和应用
**国 际 分 类 号** C12N 15/13，C07K 16/18，A61K39/395，C12N 1/21，A61K 51/10，G01N 33/577，G01N 33/68
**复 审 请 求 人** 菲罗根有限责任公司
**申 请 号** 97194902.6
**优 先 权 日** 1996 年 5 月 24 日
**申 请 日** 1997 年 5 月 23 日
**公 开 日** 1999 年 6 月 16 日
**合 议 组 组 长** 李金光
**主 审 员** 卢 阳
**参 审 员** 尹 昕

**法 律 依 据** 专利法第 33 条
**决 定 要 点**

对于国际申请，专利法第 33 条所说的原说明书和权利要求书是指原始提交的国际申请的说明书、权利要求书和附图。

### 一、案由

本复审请求涉及名称为“结合纤连蛋白 ED-B 结构域的抗体及其构建和应用”的 97194902.6 号发明专利申请（下称本申请），申请人为菲罗根有限责任公司，申请日为 1997 年 5 月 23 日，公开日为 1999 年 6 月 16 日，优先权日为 1996 年 5 月 24 日。

国家知识产权局于 2005 年 9 月 9 日以本申请的修改不符合专利法第 33 条的规定以及本申请不符合专利法实施细则第 20 条第 1 款为由作出驳回决定，具体理由为：

（1）申请人于 2005 年 6 月 23 日提交的修改文本中，权利要求 9 中删除了特征“和 CDR3 序列”，修改后的技术方案和原技术方案相比存在实质性区别，因此超出了原说明书和权利要求书记载的范围，不符合专利法第 33 条的规定。

（2）权利要求 6 中仅记载了申请所要实现的目的和该特异结合成员的功能，而没有描述该特异结合成员的具体结构特征，因此不符合专利法实施细则第 20 条第 1 款的规定；权利要求 10 ~ 14 的附加技术特征仍然没有清楚限定所述特异结合成员的具体结构，因此也不符合专利法实施细则第 20 条第 1 款的规定。

驳回决定所针对的权利要求 6、9 ~ 14 如下：

"6. 一种分离的特异结合成员，其为抗体或包含抗体的抗原结合区的抗体片段，其中该抗体的抗原结合区特异于和直接结合纤连蛋白（FN）的 ED-B 癌胚结构域，并且当以纯化的单体测量时，其具有低于 $1\times10^{-7}$M 的对于 ED-B 的解离常数。

……

9. 根据权利要求 6 的特异结合成员，特征在于其具有来自人种系 DP47 的序列的重链可变区（VH），即图 1 中包含的密码子 1 Glu-密码子 98 Arg。

10. 根据权利要求 6 的特异结合成员，当它作为纯化单体测量时，与 ED-B FN 的解离常数（Kd）为 $6\times10^{-8}$M 或更小。

11. 根据权利要求 6 ~ 9 任一项的特异结合成员，其中所说的结合成员包括 scFv 分子。

12. 权利要求 11 的特异结合成员，其中所说的结合成员包括二聚体的 scFv 分子。

13. 权利要求 6 ~ 10 任一项的特异结合成员，其中所说的结合成员是包含抗体的抗原结合区的抗体片段。

14. 权利要求 6 ~ 10 任一项的特异结合成员，其中所说的特异结合成员包含完整抗体。"

申请人菲罗根有限责任公司（下称复审请求人）对上述驳回决定不服，于 2005 年 12 月 26 日向专利复审委员会提出复审请求，同时提交了 Osaka 大学 Kiyotoshi Sekiguchi 教授的申明及其译文共 10 页。复审请求人认为：（1）权利要求 9 中不存在修改超范围的缺陷；（2）权利要求 6 中采用的是以抗体或其片段的理化参数进行限定的方式，其保护范围是清楚的，符合专利法实施细则第 20 条第 1 款的规定，同样的，权利要求 10 ~ 14 也符合专利法实施细则第 20 条第 1 款的规定；（3）由 Osaka 大学 Kiyotoshi Sekiguchi 教授的申明可知，对比文件 1（JP — 4 — 169195A）不能破坏本申请的新颖性和创造性。

形式审查合格后，专利复审委员会受理了该复审请求，并于 2006 年 1 月 19 日向复审请求人发出《复审请求受理通知书》，随后将本申请移交原审查部门进行前置审查。

原审查部门对本复审请求进行了前置审查，撤销了关于权利要求 6、10 ~ 14 不清楚的驳回意见，但仍认为驳回决定所针对的权利要求 9 和原始申请文件中所相应记载的内容不一致，本申请的修改不符合专利法第 33 条的规定，因而坚持原驳回决定。

专利复审委员会组成合议组，对本案的复审请求进行了审理。

2007 年 8 月 15 日，复审请求人提交了说明书第 9 页的译文改正页，其中对该页第 3 段中的译文错误进行了更正。

在上述程序的基础上，合议组认为本案事实已经清楚，可以作出审查决定。

**二、决定的理由**

1. 审查依据的文本

本决定依据的文本为复审请求人于 2005 年 6 月 23 日提交的权利要求第 1 ~ 21 项，1998 年 11 月 24 日提交的说明书第 1 ~ 8、10 ~ 30 页，2007 年 8 月 15 日提交的说明书第 9 页、1998 年 11 月 24 日提交的说明书附图第 1 ~ 9 页及说明书摘要。

2. 关于专利法第 33 条

专利法第 33 条规定：申请人可以对其专利申请文件进行修改，但是，对发明和实用新型专利申请文件的修改不得超出原说明书和权利要求书记载的范围。

对于国际申请，专利法第33条所说的原说明书和权利要求书是指原始提交的国际申请的说明书、权利要求书和附图。

本案中，复审请求人于2005年6月23日提交的权利要求书中，权利要求9被修改为“根据权利要求6的特异结合成员，特征在于其具有来自人种系DP47的序列的重链可变区（VH），即图1中包含的密码子1 Glu-密码子98 Arg”，修改后的权利要求9与原始提交的国际申请的说明书第12页第28~31行（即“A specific binding member according to the present invention may comprise a heavy chain variable region（“VH” domain）derived from human germline DP47, the sequence of which is shown in Figure 1（a）, residues 1 to 98.”）所记载的信息相同，因此未超出原说明书和权利要求书记载的范围。

复审请求人于2007年8月15日提交了改正译文错误请求书以及译文的改正页，同时缴纳了规定的改正译文错误手续费。其中对说明书第9页第5~6行进行了译文修改，修改后的内容：“本发明的特异结合成员可以包含来源于人类种系DP47的一个重链可变区（VH结构域（序列如图1a所示，残基1~98））”与原始提交的国际申请的说明书第12页第28~31行所记载的信息相同，因此也未超出原说明书和权利要求书记载的范围。

综上所述，复审请求人于2005年6月23日提交的权利要求书以及复审请求人于2007年8月15日提交的说明书第9页中所作的修改均符合专利法第33条的规定。

根据以上事实和理由，本案合议组作出如下审查决定。

**三、决定**

撤销国家知识产权局于2005年9月9日对97194902.6号发明专利申请作出的驳回决定。由原审查部门在本决定依据文本的基础上继续进行审查。

复审请求人对本决定不服的，可以根据专利法第41条第2款的规定，自收到本决定之日起三个月内向北京市第一中级人民法院起诉。

094

# 一种预防恶性肿瘤的药品及其使用方法

## 复审请求审查决定（第11502号）

**决　定　号**　第11502号
**决　定　日**　2007年9月14日
**发明创造名称**　一种预防恶性肿瘤的药品及其使用方法
**国际分类号**　A61K 39/04，A61P 35/00
**复审请求人**　杜文台，王成璋，傅大白
**申　请　号**　01124426.7
**申　请　日**　2001年7月26日
**公　开　日**　2002年5月1日
**合议组组长**　何　炜
**主　审　员**　尹　昕
**参　审　员**　王　冬

**法律依据**　专利法第22条第3款
**决定要点**

在判断创造性时，首先要将权利要求所述的技术方案和现有技术中最接近的一个技术方案进行特征对比分析，找出区别技术特征，进而考察该区别技术特征的引入是否给本发明的权利要求的技术方案带来了突出的实质性特点，亦即考察该区别技术特征的引入及其效果相对于所属技术领域的普通技术人员来讲是否是显而易见的。如果要求保护的发明相对于现有技术是显而易见的，则该发明不具备创造性。

### 一、案由

本复审请求涉及申请日为2001年7月26日，公开日为2002年5月1日，名称为“一种预防恶性肿瘤的药品及其使用方法”的01124426.7号发明专利申请（下称本申请），申请人为杜文台、王成璋和傅大白。

国家知识产权局于2004年3月12日驳回了本申请，驳回决定所针对的权利要求书为：

“1. 卡介苗（BCG）在用于预防除了曾被执业医师诊断为膀胱癌的病人外的所有人的各种恶性肿瘤疾病，如肺癌、胃癌、食道癌、乳癌和肝癌等的发病的药的应用。”

驳回决定中指出：（1）权利要求1要求保护的主题属于专利法第25条第1款第（3）项所述的疾病的诊断和治疗方法的范围，不能被授予专利权；（2）权利要求1中使用了“各种恶性肿瘤疾病，如……等”这一优选表示方法的表达方式，造成了权利要求所要求保护的范围不清楚，不符合专利

法实施细则第20条第1款的规定；（3）权利要求1不具备创造性，不符合专利法第22条第3款的规定。对比文件2的摘要已经公开了BCG可以用于预防膀胱肿瘤复发（发病的下位概念），尽管在该权利要求中申请人去除了膀胱癌，但在该对比文件第一段中也提到了“肺癌”等，因此教导所属技术领域的技术人员获得该权利要求的技术方案是显而易见的，因此该权利要求不具备创造性；（4）申请文件中的权利要求1的“曾被执业医师诊断”等内容既未明确地记载在原说明书和权利要求书中，也不能由原说明书和权利要求书记载的内容直接导出，因此超出了原说明书和权利要求书记载的范围，不符合专利法第33条的规定。

驳回决定所涉及的对比文件2为：贺大林等，“BCG治疗膀胱癌的研究进展”，《国外医学泌尿系统分册》，1998，18（2）：70～71，1998年12月31日。

申请人杜文台、王成璋和傅大白（下称复审请求人）对上述驳回决定不服，于2004年3月18年向专利复审委员会提出复审请求，并提交了证据1、3～6，但没有对申请文件进行修改，复审请求人认为：（1）本申请的发明目的是用于预防，没有提及用于治疗，因此不属于疾病的诊断和治疗方法的范围；（2）复审请求人的一些长期研究结果（证据1和证据3）证明本申请的方法确有突出的预防人的几乎所有各种恶性肿瘤疾病的发病的优异效用，因此所要求的保护范围是清楚的；（3）本申请按照统计概率计算每年可以在全球挽救数百万人的生命，因此必然具备创造性；（4）对于驳回决定指出的本申请修改文本超范围的缺陷，这是由于我国专利法实施时间较短，包括复审请求人在内的许多人对这类问题不熟悉造成的，鉴于本申请的巨大价值，不应由于此类问题不予授权。

形式审查合格后，专利复审委员会受理了该复审请求，并于2004年8月20日向复审请求人发出《复审请求受理通知书》，随后将本申请移交原审查部门进行前置审查。

原审查部门对本复审请求进行了前置审查，指出申请人没有对权利要求书进行修改，仍然存在驳回决定中所指出的缺陷，因此坚持原驳回决定。

复审请求人于2006年3月4日提交了意见陈述书（共40页），其中主要说明了卡介苗增强各种恶性肿瘤患者非特异性和特异性免疫作用的机理，介绍了现有技术中将卡介苗用于治疗恶性肿瘤的一些研究以及复审请求人取得本发明研究成果的过程，并阐述了免疫系统在恶性肿瘤病理过程的作用。复审请求人认为本申请具有巨大的应用价值，可挽救成百万人的生命，因而应被授予专利权。

专利复审委员会组成合议组，对本案的复审请求进行了审理。于2006年4月10日向复审请求人发出《复审通知书》。《复审通知书》中指出：

（1）由于复审请求人不规范的撰写方式，造成申请文件中存在着不符合专利法及其实施细则的诸多缺陷，具体包括①权利要求1要求保护“卡介苗（BCG）在用于预防……发病的药的应用”，是一种疾病预防方法，属于专利法第25条第1款第（3）项规定的疾病的诊断和治疗方法的范畴，因此不能被授予专利权。②权利要求1的“曾被执业医师诊断”的内容既未明确地记载在原说明书和权利要求书中，也不能由原说明书和权利要求书记载的内容毫无疑义地导出，因此超出了原说明书和权利要求书记载的范围，不符合专利法第33条的规定。③权利要求1中使用了“各种恶性肿瘤疾病，如……等”这一举例表达方式，导致该权利要求的保护范围不清楚，不符合专利法实施细则第20条第1款的规定。

（2）权利要求1和对比文件2的区别在于权利要求1强调将BCG用于预防膀胱癌外的各种恶性肿瘤疾病，如肺癌、胃癌、食道癌、乳癌和肝癌等的发病的药中的应用，而对比文件2将BCG用于预防膀胱肿瘤复发（发病的下位概念），并公开了其在治疗白血病、结肠癌、肺癌和黑色素瘤等恶性肿瘤方面的应用。但对比文件2指出1929年即有人发现患有结核病的人群中癌症发生率低，提示了BCG潜在的抗肿瘤作用；同时BCG用于人类恶性肿瘤治疗的机理主要在于其非特异性免疫增强作用，通过BCG活化巨噬细胞、自然杀伤细胞（NK）、B细胞和各种工细胞来发挥作用。由本领域技术人员的公知常识可知，非特异性免疫作用的增强同样可以预防恶性肿瘤，抑制恶性肿瘤的发生、发展。因此对本领域技术人员而言，在对比文件2的基础上，结合本领域技术人员的公知常识，将卡介苗用作预防除膀胱肿瘤外恶性肿瘤的药物以获得该权利要求的保护方案是显而易见的，因此该权利要求不具备突出的实质性特点和显著的进步，不符合专利法第22条第3款关于创造性的规定。

针对《复审通知书》指出的问题，复审请求人于2006年5月11日提交了意见陈述书、证据7及经修改的权利要求书，修改后的权利要求书如下：

“1. 卡介苗（BCG）在制备对未患各种恶性肿瘤病的人的预防所有各种恶性肿瘤发病的药中的应用。”

在意见陈述书中，复审请求人再次说明了卡介苗增强各种恶性肿瘤患者非特异性和特异性免疫作用的机理，介绍了现有技术中将卡介苗用于治疗恶性肿瘤的一些研究以及复审请求人取得本发明研究成果的过程，并阐述了免疫系统在恶性肿瘤病理过程的作用。同时复审请求人陈述了本发明的权利要求1具备创造性的理由：（1）本申请采用常规皮注卡介苗来预防所有肿瘤的发病，而对比文件2中采用膀胱内灌注BCG预防膀胱癌的复发，应属于继续治疗，一般只有曾患膀胱癌的人才可能接受，预防不同于治疗，本申请的预防方法具有快速简便、安全、无痛苦和快速的良好效果；（2）本申请充分阐明了BCG增强肿瘤患者非特异性和特异性免疫作用以及预防肿瘤的机制；（3）本申请具有巨大的应用价值，可挽救成百万人的生命。因此，权利要求1具备创造性，应被授予专利权。另外，复审请求人在意见陈述中请求放弃证据2。

复审请求人于2007年8月20日再次提交了意见陈述书，强调本申请的方法具有重大价值，可以挽救成百万人的生命。

复审请求人在本申请审查过程中提交的相关证据如下：

证据1：2003年8月1日、2004年3月18日分别提交的“用额外BCG常规皮内注射预防恶性肿瘤效果的十年对照观察”，作者王成璋、杜文台、傅大白，《浙江抗癌信息》，2003年第1期，第1、9~10和12页，复印件共4页；

证据2：2003年8月24、2003年9月1日分别提交的“肿瘤免疫、免疫监视系统和非特异性免疫”，作者杜文台，未公开发表，复印件共10页；

证据3：2004年3月18日提交的“注射BCG减少恶性肿瘤发病”，作者王成璋，《中国肿瘤》，2002年第11卷第3期，第174页，复印件共1页；

证据4：2004年3月18日提交的针对国家知识产权局驳回决定的意见陈述书，复印件共3页；

证据5：2004年3月18日提交的针对第二次审查意见通知书所作的说明书修改标注页（2003年11月12日），复印件共3页；

证据6：2004年3月18日提交的国家知识产权局针对本申请的第二次审查意见通知书（2003年11月7日），复印件共1页，以及申请人针对该通知书的意见陈述书（2003年11月12日），复印件共2页。

证据7：2006年5月16日提交的“用额外BCG常规皮内注射预防恶性肿瘤效果的十年对照观察”，作者王成璋、杜文台、傅大白，《中华医学与健康》，2005年第1期，第17~18页及封面页、目录页，复印件共4页。

至此，合议组认为本案事实清楚，可以作出审查决定。

## 二、决定的理由

1．决定依据的文本

本复审决定依据的审查文本为复审请求人于 2006 年 5 月 11 日提交的权利要求第 1 项以及驳回决定所针对的说明书第 1 ~3 页、说明书附图第 1 页、说明书摘要及摘要附图。

2．关于专利法第 22 条第 3 款

专利法第 22 条第 3 款规定：创造性是指同申请日以前已有的技术相比，该发明有突出的实质性特点和显著的进步。

在判断创造性时，首先要将权利要求所述的技术方案和现有技术中最接近的一个技术方案进行特征对比分析，找出区别技术特征，进而考察该区别技术特征的引入是否给本发明的权利要求的技术方案带来了突出的实质性特点和显著进步，亦即考察该区别技术特征的引入及其效果对所属技术领域的普通技术人员来讲是否是显而易见的。如果要求保护的发明相对于现有技术是显而易见的，则该发明不具备创造性。

本案中，复审请求人答复复审通知书时提交的修改后的权利要求 1 要求保护“卡介苗（BCG）在制备对未患各种恶性肿瘤病的人的预防所有各种恶性肿瘤发病的药中的应用。”，对比文件 2 公开了 BCG 可以用于治疗膀胱移行细胞原位癌和预防膀胱癌复发（发病的下位概念），并已经证实 BCG 是预防膀胱癌复发的最有效制剂（参见第 70 页左栏第 3 自然段“BCG 治疗膀胱癌的现状”第 3 ~5 行），研究表明其作用机理主要在于增强机体的非特异性免疫效应，通过 BCG 活化巨噬细胞、自然杀伤细胞（NK）、B 细胞和各种工细胞来发挥作用（参见第 70 页左栏第 5 自然段“BCG 的作用机理”第7 ~9 行）。权利要求 1 和对比文件 2 相比区别在于权利要求 1 要求保护 BCG 用于制备对未患恶性肿瘤病的人的预防各种恶性肿瘤发病的药中的用途，而对比文件 2 将 BCG 用于预防膀胱癌的复发，基于该区别特征可以确定，本发明相对于对比文件 2 的上述技术方案实际解决的技术问题是将 BCG 用于预防各种癌症的发病。但是，预防膀胱癌复发也属于预防恶性肿瘤的发病，而且对比文件 2 指出 1929 年即有人发现患有结核病的人群中癌症发生率低，提示了 BCG 潜在的抗肿瘤作用（参见第 70 页左栏第 2 自然段“BCG 治疗膀胱癌的历史”第 3 ~5 行）；同时 BCG 对白血病、结肠癌、肺癌和黑色素瘤等多种恶性肿瘤也具有治疗效果（参见第 70 页左栏第 2 自然段“BCG 治疗膀胱癌的历史”第 7 ~9 行）。由本领域技术人员的公知常识可知，非特异性免疫作用的增强在治疗疾病的同时同样可以预防恶性肿瘤，抑制恶性肿瘤的发生和发展。因此，当本领域技术人员面对本发明实际要解决的技术问题时，可以从对比文件 2 的上述内容得到启示，在此基础上，结合本领域技术人员的公知常识，将卡介苗制备用作预防恶性肿瘤的药物以获得权利要求 1 的技术方案，换言之，权利要求 1 的技术方案对本领域技术人员而言是显而易见的，因此该权利要求不具备突出的实质性特点，不符合专利法第 22 条第 3 款关于创造性的规定。

复审请求人提交的证据 1、证据 3 和证据 7 均为申请日之后发表的文章，不属于本申请的现有技术；证据 2 说明 BCG 防治恶性肿瘤的机理与提高机体的非特异性免疫功能有关。以上证据以及证据 4 ~6 均无法证明本申请的权利要求 1 具备创造性。

复审请求人在意见陈述中强调：本申请采用常规皮注卡介苗来预防所有肿瘤的发病，而对比文件 2 中采用膀胱内灌注 BCG 预防膀胱癌的复发，这种技术只能预防膀胱癌，且一般只有曾患膀胱癌的人才可能接受；另外，本申请充分阐明了 BCG 预防肿瘤的机制。因此权利要求 1 具备创造性。

合议组认为复审请求人的上述观点不具备说服力，专利法第 56 条规定，发明专利权的保护范围以其权利要求的内容为准，说明书及附图可以用于解释权利要求。本申请的权利要求 1 并未限定使用 BCG 预防肿瘤的具体方式；另外，无论皮注或瘤内灌注 BCG，其预防或治疗肿瘤的机理相似或相同，如前文所述，本领域技术人员在现有技术的基础上结合公知常识获得本申请要求保护的技术方案是显而易见的，在此基础上选择合适的施用途径或方法并不需要付出创造性劳动。虽然在意见陈述中复审请求人详细论述了 BCG 预防肿瘤的机制，但是，该具体机理的研究与阐述属于一种科学发现，在对比文件 2 已经提示 BCG 具有潜在抗肿瘤作用和预防膀胱癌复发的情况下，对于具体机理的阐述并不能使权利要求 1 请求保护的技术方案具有创造性。

根据以上事实和理由，本案合议组作出如下审查决定。

**三、决定**

维持国家知识产权局于 2004 年 3 月 12 日对 01124426.7 号发明专利申请作出的驳回决定。

复审请求人对本决定不服的，可以根据专利法第 41 条第 2 款的规定，自收到本决定之日起三个月内向北京市第一中级人民法院起诉。

095

# 恶性疟原虫动力素蛋白基因

## 复审请求审查决定（第11561号）

**决　定　号**　第11561号
**决　定　日**　2007年9月23日
**发明创造名称**　恶性疟原虫动力素蛋白基因
**国际分类号**　C12N 15/30，C12N 15/11，C07H 21/00，A61K 39/015，A61P 33/06
**复审请求人**　中国医学科学院基础医学研究所
**申　请　号**　01110255.1
**申　请　日**　2001年4月4日
**公　开　日**　2002年11月6日
**合议组组长**　叶　娟
**主　审　员**　张晓飞
**参　审　员**　郭　婷

**法律依据**　专利法第26条第3款
**决定要点**

如果所属技术领域的技术人员按照说明书记载的内容，就能够实现该发明要求保护的技术方案，解决其技术问题，并且产生预期的技术效果，则所属技术领域的技术人员能够实现该发明。

### 一、案由

本复审请求涉及2001年4月4日申请，2002年11月6日公开，名称为“恶性疟原虫动力素蛋白基因”的01110255.1号发明专利申请（下称本申请），本申请的申请人为中国医学科学院基础医学研究所。

国家知识产权局于2005年4月22日以说明书不符合专利法第26条第3款的规定为由驳回了本申请。驳回决定所针对的权利要求书为：

“1. 本发明涉及恶性疟原虫动力素蛋白基因（Pfdyn），其特征在于：该基因在恶性疟原虫两种不同株间高度保守，在红内期裂殖体期特异表达。

2. 根据权利要求1所述之恶性疟原虫动力素蛋白基因，其特征在于：氨基端151个氨基酸肽段免疫产生的多克隆IgG，在体外可以抑制恶性疟原虫的生长。

3. 根据权利要求1～2所述之恶性疟原虫动力素蛋白基因，其特征在于：可作为恶性疟原虫免疫治疗的候选靶抗原。”

驳回决定认为：本发明要求保护的恶性疟原虫动力素蛋白基因的功能仅通过同源性比较的结果无

法证实；说明书中记载的内容仅证实该基因编码的蛋白质的部分片段的抗体的功能，不能体现该基因本身的功能，因此，该基因的用途功能没有充分公开，导致说明书没有充分公开恶性疟原虫动力素蛋白基因，不符合专利法第 26 条第 3 款的规定。

申请人中国医学科学院基础医学研究所（下称复审请求人）对上述驳回决定不服，于 2005 年 6 月 14 日向专利复审委员会提出复审请求，复审请求人在提出复审请求时提交了新修改的权利要求书（共 1 页 5 项，其中具体限定了恶性疟原虫基因的氨基酸序列）和说明书全文替换页，复审请求人认为：根据本申请说明书中的实施例，首先得到恶性疟原虫基因（实施例 1），在大肠杆菌中表达其一部分而得到重组融合蛋白，用该融合蛋白免疫兔得到特异性抗体 IgG（实施例 2），证实该基因在恶性疟原虫的红内期特异性表达（实施例 3），接着用抗 Pfdyn IgG 抑制疟原虫的生长，证实了该抗体在体外可抑制恶性疟原虫的生长（实施例 4），可以证明该基因的用途是一种恶性疟原虫的“生死基因”，抑制这种基因可以抑制恶性疟原虫的生长。另外，本发明发现的特异性抑制特定时期疟原虫的生长，可有效减少临床症状，降低病死率。因此，本领域技术人员根据说明书所述内容，完全可以实现本发明的技术方案，国家知识产权局驳回的理由不成立。

形式审查合格后，专利复审委员会受理了该复审请求，并于 2005 年 8 月 10 日向复审请求人发出《复审请求受理通知书》，随后将本申请案卷移交原实质审查部门进行前置审查。

原实质审查部门对本复审请求进行了前置审查，认为复审请求人的修改仍未克服公开不充分的问题，故坚持原驳回决定。

专利复审委员会组成合议组，对本案复审请求进行了审理。

复审请求人于 2007 年 4 月 28 日再次提交了意见陈述书及新修改的权利要求书全文替换页（共 3 项），内容如下：

“1. 一种恶性疟原虫的抗原候选核苷酸序列，其特征在于该核苷酸序列为 SEQ ID NO. 1 的第 435 至 887 位的核苷酸序列。

2. 由权利要求 1 所述的核苷酸序列编码的多肽。

3. 由权利要求 2 所述的多肽制备的抗体。”

至此，合议组认为本案事实清楚，可以作出审查决定。

**二、决定的理由**

1. 审查依据的文本

复审请求人于 2007 年 4 月 28 日提交的权利要求第 1 ~ 3 项，2005 年 6 月 14 日提交的说明书第 1 ~ 5 页的修改符合专利法第 33 条和专利法实施细则第 60 条第 1 款的规定。因此，本复审决定所针对的文本为复审请求人于 2007 年 4 月 28 日提交的权利要求第 1 ~ 3 项、2005 年 6 月 14 日提交的说明书第 1 ~ 5 页、2001 年 4 月 4 日提交的说明书附图第 1 ~ 3 页、摘要及摘要附图。

2. 专利法第 26 条第 3 款

专利法第 26 条第 3 款规定：说明书应当对发明或者实用新型作出清楚、完整的说明，以所属技术领域的技术人员能够实现为准。

如果所属技术领域的技术人员按照说明书记载的内容，就能够实现该发明要求保护的技术方案，解决其技术问题，并且产生预期的技术效果，则所属技术领域的技术人员能够实现该发明。

本申请权利要求 1 要求保护一种恶性疟原虫的抗原候选核苷酸序列，其特征在于该核苷酸序列为 SEQ ID NO. 1 的第 435 至 887 位的核苷酸序列，权利要求 2 要求保护由权利要求 1 的核苷酸序列编码的多肽，权利要求 3 要求保护由权利要求 2 的多肽制备的抗体。

本申请说明书中，实施例 2 确认并制备了权利要求 1 和 2 中要求保护的核苷酸序列和多肽序列，并制备了权利要求3所述的抗体，实施例4将实施例2中制备的抗体用于抑制疟原虫的生长，证实了该抗体在体外可特异性地抑制恶性疟原虫的生长，由于“恶性疟原虫体外生长抑制实验”为初步评价红细胞内期疟疾疫苗潜在应用价值的常规实验模型，因此，根据说明书中记载的内容，本领域技术人员可以确认和制备权利要求2的多肽，并明确该多肽含有恶性疟原虫特异性的抗原，其功能是可以作为恶性疟原虫免疫治疗的候选抗原，编码该多肽的核苷酸序列即权利要求1的核苷酸序列可作为恶性疟原虫的抗原候选核苷酸序列，该多肽的抗体即权利要求3的抗体可作为治疗恶性疟原虫感染的候选物质。因此，本申请的说明书对于权利要求中要求保护的技术方案作出了清楚完整的说明，所属技术领域的技术人员按照说明书记载的内容，就能够实现本发明要求保护的技术方案，解决其技术问题，并且产生预期的技术效果，本申请说明书符合专利法第26条第3款的规定。

根据以上事实和理由，本案合议组作出如下审查决定。

**三、决定**

撤销国家知识产权局于2005年4月22日对01110255.1号发明专利申请作出的驳回决定。由原审查部门在本复审决定所针对文本的基础上继续进行审查。

复审请求人对本决定不服的，可以根据专利法第41条第2款的规定，自收到本决定之日起三个月内向北京市第一中级人民法院起诉。

096

# 一种含铬苦瓜含片及其制备方法

## 复审请求审查决定（第11562号）

**决　定　号**　第11562号
**决　定　日**　2007年8月28日
**发明创造名称**　一种含铬苦瓜含片及其制备方法
**国际分类号**　A61K 35/78，A61P 3/10
**复审请求人**　谢春生
**专利申请号**　01109636.5
**申　请　日**　2001年3月14日
**公　开　日**　2001年11月7日
**合议组组长**　金泽俭
**主　审　员**　刘　亚
**参　审　员**　柴爱军

**法律依据**　专利法第22条第3款
**决定要点**

如果一项权利要求请求保护的技术方案与最接近的现有技术相比存在区别特征，但是这些区别特征是本领域技术人员根据本领域一般知识的教导或者根据本领域已知技术手段给出的启示很容易引入的，同时这些区别特征的引入并未使该权利要求的技术方案取得预料不到的技术效果，则该权利要求请求保护的技术方案不具备创造性。

### 一、案由

本复审请求涉及名称为“一种含铬苦瓜含片及其制备方法”的01109636.5号发明专利申请（下称本申请），申请人为谢春生，申请日为2001年3月14日，公开日为2001年11月7日。

2003年11月21日，针对申请人于2003年6月10日提交的权利要求第1~10项、申请日提交的说明书第1~3页及说明书摘要，国家知识产权局以权利要求1~10不符合专利法第22条第3款的规定为由驳回了本申请。

驳回决定认为：对比文件1（“苦瓜有效部位降糖活性的比较研究”，范玉玲等，《沈阳药科大学学报》第18卷第1期，2001年1月）公开了使用直接压榨的苦瓜汁具有较好的降糖效果，本申请权利要求1的含铬苦瓜含片与对比文件1相比，其区别仅在于权利要求1的组合物中加入了“三价有机铬”和一些常见的辅料制成片剂，权利要求8的制备方法与对比文件1的区别也仅在于权利要求8的方法中加入了“三价有机铬”和一些常见的辅料制成片剂，由于对比文件2（“富铬酵母对糖尿病大鼠的降血糖作用”，吴建峰等，中华内分泌代谢杂志，第13卷第3期，1997年8月）已经公开了“三价有机铬”的降血糖作用，而且根据具体的应用目的加入具有相同作用的有益成分来获得更好的效果并使用常规辅料和工艺将其制成片剂对本领域技术人员来说是显而易见的，因此在对比文件1的基础上结合对比文件2和公知常识得到权利要求1或8的技术方案不需要花费创造性劳动，同时从降糖效果看这种结合本身没有产生更好的效果，因此权利要求1和权利要求8不具备突出的实质性特点和显著的进步，不具备创造性，不符合专利法第22条第3款的规定。权利要求2～7、9～10的附加技术特征都是一些常规的选择，也不具备创造性，因此权利要求2～7、9～10也不符合专利法第22条第3款的规定。

驳回决定针对的权利要求书第1～10项如下：

“1. 一种含铬苦瓜含片，其特征是包括苦瓜、三价有机铬、糊精、甘露醇、山梨醇、柠檬酸、苹果酸及硬脂酸镁，其中，所述各种成分的重量份数配比为：

| | |
|---|---|
| 苦瓜170～600份 | 三价有机铬0.00005～0.001份 |
| 糊精50～250份 | 甘露醇60～350份 |
| 柠檬酸5～30份 | 山梨醇20～120份 |
| 苹果酸1～15份 | 硬脂酸镁为总重量的1%～5% |

2. 如权利要求1所述的含铬苦瓜含片，其特征是所述苦瓜包括苦瓜的茎、叶、瓜肉、瓜瓤及瓜子。

3. 如权利要求1所述的含铬苦瓜含片，其特征是所述有机三价铬为吡啶酸铬、柠檬酸铬或酵母铬。

4. 如权利要求1所述的含铬苦瓜含片，其特征是还含有0.05～3份的香料；所述香料为薄荷油或水果香型香料。

5. 如权利要求4所述的含铬苦瓜含片，其特征是所述水果香型香料为哈密瓜味、葡萄味，橙子味、水蜜桃味香料。

6. 如权利要求1所述的含铬苦瓜含片，其特征是还含有0.01～0.2份的色素；所述色素为人工或天然色素。

7. 如权利要求1所述的含铬苦瓜含片，其特征是所述色素为果绿。

8. 一种如权利要求1～7中任一所述的含铬苦瓜含片的制备方法，其特征是包括：将苦瓜洗净后进行榨汁、过滤得到苦瓜汁，将有机三价铬按比例加入到苦瓜汁中，混合均匀后，在20～60℃脱水干燥成粉，再加入糊精、甘露醇和山梨醇混合均匀，过40目筛后，均质2～6分钟，然后加入柠檬酸和苹果酸稀释液，搅拌10～20分钟，制成软材，过10～12目筛后得湿颗粒，经气流干燥后得干颗粒，再经14目筛整粒后，加入硬脂酸镁，充分混合均匀后压成片即可。

9. 如权利要求8所述的含铬苦瓜含片的制备方法，其特征是在加入柠檬酸和苹果酸稀释液时加入色素。

10. 如权利要求8所述的含铬苦瓜含片的制备方法，其特征是在整粒后加入香精。”

2004年1月3日，申请人谢春生（下称复审请求人）对上述驳回决定不服，向专利复审委员会提出复审请求，复审请求人在提出复审请求时没有对申请文件进行修改，但提交了下述附件1和2：

附件1：卫生部健康相关产品检验受理通知书（样品受理编号为（2001）食B0819）；中华人民共和国卫生部国产保健食品批准证书（批准文号：卫食健字（2001）第0360号）；北京市疾病预防控制中心卫生毒理所出具的检验报告（样品编号为（2001）食B0819，检验编号为（2001）毒S025）；复印件共7页。

附件2：北京市疾病预防控制中心和中国中医研究院西苑医院联合出具的检验报告（样品编号为（2001）食B0819，检验编号为（2001）毒S025），即“伊尹牌唐利含片”人体试食观察报告，复印件共6页。

复审请求人认为：虽然两份对比文件中提到了苦瓜和三价有机铬都具有降血糖的效果，但是本申请的“苦瓜汁+三价铬”并不是简单加合，而是二者经特定配方结合起到了协同效应但又不至于产生毒副作用，这并不是显而易见的。附件1和附件2不仅证明了本申请的含铬苦瓜含片人体服用的安全性，检验结果还证明其总有效率为73.33%。因此本申请制备出了具有明显降糖效果的含铬苦瓜含片，相对于现有技术具有突出的实质性特点和显著的进步，具备创造性。在本申请权利要求1和8具备创造性的前提下，从属权利要求2~7和9~10也具备创造性。

经形式审查合格后，专利复审委员会受理了该请求，并于2004年2月16日向复审请求人发出了《复审请求受理通知书》，同时将本申请转送至国家知识产权局原审查部门进行前置审查。在《前置审查意见书》中，国家知识产权局原审查部门认为复审请求人虽强调了其产品的安全性和有效率但仍不足以克服权利要求1~10不具备创造性的缺陷，因此坚持驳回决定。

2004年7月7日，复审请求人再次提交了意见陈述书，并重新提交了附件2：

附件2：伊尹牌唐利含片的卫生部健康相关产品检验申请表；伊尹牌唐利含片产品说明书；北京市疾病预防控制中心和中国中医研究院西苑医院联合出具的检验报告（样品编号为（2001）食B0819，检验编号为（2001）毒S025），即“伊尹牌唐利含片”人体试食观察报告；复印件共8页。

复审请求人认为，对比文件中的苦瓜汁动物实验结果的降糖率不能与人体试食试验中含服过程中所产生的临床综合有效率相提并论。本申请主要的发明点在于不仅有效降低血糖，还能有效改善临床症状，而苦瓜汁不能。

专利复审委员会组成合议组，对本复审请求案进行了审理，合议组于2004年9月13日向复审请求人发出了《复审通知书》。复审通知书的主要意见是：

（1）权利要求1请求保护的技术方案与对比文件1相比，其区别在于：权利要求1同时使用三价有机铬作为降糖成分，进一步限定了组合物中各组分的含量，并添加辅料制成片剂。首先，采用三价有机铬来降低血糖是本领域技术人员常采用的技术手段，在对比文件2中述及富铬酵母富含有机铬，在大鼠血糖试验中血糖值比补铬前下降47%。复审请求人提供的证明降糖效果的附件表明本申请的降糖有效率为73.33%以上，本申请说明书中提到总有效率提高到90%以上，但“有效”的标准是血糖下降≥10%。因此，降糖率和有效率之间不具有可比性，复审请求人所提交的附件无法证明在苦瓜中添加三价有机铬在降糖率方面具有协同作用。其次，权利要求1的技术方案中苦瓜和三价有机铬二者的含量分别与对比文件1和2没有太大的差别，其余成分是药学上可接受的药用辅料，本领域技术人员根据药剂学知识，通过简单的试验就可以确定这些辅料的成分及其含量，而且本申请也没有记载这些辅料带来何种意想不到的技术效果以及实验方法和实验数据。此外，尽管复审请求人认为本申请的发明点在于不仅有效降低血糖，而且有效地改善临床症状，但根据申请人提交的证据看不出苦瓜和三价有机铬在降糖方面具有协同作用，而缓解口渴和多饮的临床症状是苦瓜自身所含的小分子肽类物质产生的效果。因此上述区别特征的引入对本领域技术人员来说是显而易见的，且没有产生预料不到的技术效果，权利要求1不具备突出的实质性特点和显著的进步，不符合专利法第22条第3款的规定。除非复审请求人能提供按照本申请配比的苦瓜和三价有机铬含片与对比文件相比，二者在降糖率方面的对比实验数据来证明其协同作用。

在权利要求1不具备创造性的前提下，从属权利要求2~7也不具备创造性，不符合专利法第22条第3款的规定。

（2）权利要求8请求保护的含铬苦瓜含片的制备方法是典型的软材过筛制粒法（参见，奚念朱等主编，《药剂学》，人民卫生出版社，1980年5月第1版第300～303页）。在所要求保护的产品不具备创造性的前提下，权利要求8所述的常规片剂制片方法也没有突出的实质性特点和显著的进步，不符合专利法第22条第3款的规定。

权利要求9和10分别进一步限定了色素和香精的添加时机，在其引用的权利要求8不具备创造性的前提下，权利要求9和10也不具备创造性，不符合专利法第22条第3款的规定。

（3）复审请求人提出的复审理由不能成立，如果复审请求人不能提供苦瓜有效成分与三价有机铬之间具有协同作用的证据，导致没有克服本申请不符合专利法第22条第3款规定的缺陷，合议组将作出维持驳回决定的复审决定。

针对上述《复审通知书》所指出的问题，复审请求人于2004年12月10日提交了意见陈述书，同时提交了下述附件：

附件3：唐利含片、苦瓜提取物和有机三价铬降糖作用的比较研究，北京小汤山医院张建文，北京利康绿色医药生物技术研究所谢知音、李艳明、郭生，复印件共4页。

复审请求人认为，附件3是按照本申请配比的苦瓜和三价有机铬含片，即唐利含片，与对比文件1和对比文件2进行对比试验的结果。该试验结果证明以苦瓜冻干粉和三价有机铬为主要原料的本申请唐利含片的血糖下降率均高于单独的苦瓜提取物或三价有机铬，这说明苦瓜提取物和三价有机铬结合后具有较好的协同作用，因此本申请的权利要求1相对于现有技术具有突出的实质性特点和显著的进步，具备创造性。在独立权利要求1具备创造性的前提下，从属权利要求2～7也具备创造性。权利要求8～10是权利要求1所述产品的制备方法，在权利要求1的产品具备创造性的前提下，权利要求8～10的制备方法也具备创造性。

2006年11月23日，专利复审委员会向复审请求人发出了《合议组成员告知通知书》，将本案合议组成员的变更情况告知了复审请求人。复审请求人逾期未答复。

至此，合议组认为本案事实已经清楚，可以作出审查决定。

## 二、决定的理由

1. 关于审查文本

本复审决定是以驳回决定所针对的文本为基础作出的。

2. 关于创造性

专利法第22条第3款规定：创造性，是指同申请日以前已有的技术相比，该发明有突出的实质性特点和显著的进步，该实用新型有实质性特点和进步。

如果一项权利要求请求保护的技术方案与最接近的现有技术相比存在区别特征，但是这些区别特征是本领域技术人员根据本领域一般知识的教导或者根据本领域已知技术手段给出的启示很容易引入的，同时这些区别特征的引入并未使该权利要求的技术方案取得预料不到的技术效果，则该权利要求请求保护的技术方案不具备创造性。

（1）本申请权利要求1请求保护一种含铬苦瓜含片，包括规定量的苦瓜、三价有机铬、糊精、甘露醇、山梨醇、柠檬酸、苹果酸及硬脂酸镁。说明书第1页指出本发明的目的是提供一种既可以补充人体铬的含量，又可以结合苦瓜中类胰岛素样物质共用调节和降低人体血糖的含铬苦瓜含片。由本申请说明书和相关现有技术可知，权利要求1的含铬苦瓜含片中苦瓜和三价有机铬是起到降低血糖作用的有效成分。

对比文件1（“苦瓜有效部位降糖活性的比较研究”，范玉玲等，《沈阳药科大学学报》第18卷第1期，2001年1月）公开了苦瓜的降糖活性，与用四氧嘧啶诱导的糖尿病小鼠模型相比，直接压榨的苦瓜汁以50g生药/kg体重的剂量给药时降糖率可达24.55%。

权利要求1与对比文件1相比，其区别在于：①除了苦瓜之外权利要求1还使用三价有机铬作为降糖的有效成分，②权利要求1具体限定了组合物中所用的辅料并给出了各组份的配比量。

首先考察区别特征①，尽管对比文件1未提及三价有机铬，但是使用三价有机铬来降低血糖是本领域技术人员已知的技术手段，例如对比文件2（“富铬酵母对糖尿病大鼠的降血糖作用”，吴建峰等，中华内分泌代谢杂志，第13卷第3期，1997年8月，第190页）公开了富铬酵母对糖尿病大鼠有一定的降血糖作用，富铬酵母富含有机铬，可作为胰岛素依赖型糖尿病的一个辅助治疗措施用于临床，其中大鼠血糖试验中补铬剂量为5μg $Cr^{3+}$/kgw（以富铬酵母总铬含量计）的一组大鼠的血糖值比补铬前下降47%。在对比文件1指出直接压榨的苦瓜汁具有较好的降糖效果，对比文件2教导富含有机铬的富铬酵母也具有一定降糖作用的基础上，本领域技术人员很容易想到将具有相同作用的苦瓜与三价有机铬结合用于降血糖。

至于区别特征②，对比文件1的动物实验中苦瓜给药剂量为50g生药/kg体重，对比文件2的动物实验中富铬酵母的降血糖剂量为5μg、50μg和500μg $Cr^{3+}$/kg体重，最佳降血糖剂量为5μg $Cr^{3+}$/kg体重，本领域技术人员基于此不难确定苦瓜和三价有机铬的用量。其他成分均是药学上可接受的药用辅料，糊精常用作黏合剂和填充剂，以粘接片剂并增加片剂重量；柠檬酸和苹果酸主要用于调节片剂的酸度和口感；甘露醇可用作片剂的稀释剂和黏合剂，可压性好；山梨醇和硬脂酸镁用作片剂润滑剂，使片剂表面光滑；尽管对比文件1和2中没有具体公开这些辅料的成分及其含量，但本领域技术人员根据药剂学知识，不需要付出创造性的劳动，通过简单的试验就可以确定，而且本申请也没有记载这些辅料带来了何种预料不到的技术效果以及评价效果的实验方法和实验数据。

因此，在对比文件1的基础上，根据对比文件2和本领域一般知识给出的教导，引入上述区别特征以获得权利要求1的技术方案对本领域技术人员来说是显而易见的，而且上述区别特征的引入并没有使权利要求1的技术方案产生预料不到的技术效果。因此，权利要求1不具备突出的实质性特点和显著的进步，不具备创造性，不符合专利法第22条第3款的规定。

复审请求人在答复复审通知书时提交了附件3，并认为附件3的实验结果证明苦瓜提取物与三价有机铬结合后具有较好的协同作用。对此，合议组认为，虽然附件3是复审请求人提供的唐利含片与苦瓜提取物和三价有机铬分别进行高血糖小鼠动物试验的试验过程及试验结果，但是附件3的实验结果尚不能证明苦瓜与三价有机铬结合后在降糖方面具有协同作用，不能证明本申请的含铬苦瓜含片取得了预料不到的技术效果。附件3仅仅说明了该试验选择北京利康绿色医药生物技术研究所提供的以苦瓜冻干粉和三价有机铬为主要原料的唐利含片，唐利含片的给药剂量为200mg/kgBW，用于进行对比的苦瓜提取物的给药剂量为50g生药/kgBW，用于进行对比的三价有机铬的给药剂量为5μg $Cr^{3+}$/kgBW；动物实验结果表明唐利含片的降糖率为57.2%，苦瓜提取物的降糖率为24.8%，三价有机铬的降糖率为47.5%。除此之外，附件3并未说明所选用唐利含片的具体成分，尤其是未说明其中苦瓜冻干粉和三价有机铬各自的含量，导致所得到的上述降糖率数据不具备可比性，而且由于缺少唐利含片的具体组成，本领域技术人员甚至无法判断该唐利含片是否属于本申请权利要求所请求保护的含铬苦瓜含片。即使附件3所用的200mg/kgBW唐利含片中苦瓜和三价有机铬的含量分别相当于50g生药/kgBW、5μg $Cr^{3+}$/kgBW，唐利含片获得的降糖率也并不比苦瓜提取物和三价有机铬的降糖率的总和还要优越，在没有其他证据的支持的情况下，按照本领域的一般知识，附件3得到的上述降糖率数据也不能证明苦瓜与三价有机铬结合获得了协同作用。因此，复审请求人的上述主张不能成立。

另外，虽然本申请说明书第2页第10~12行指出，含铬苦瓜含片将三价有机铬和苦瓜粉科学地结合起来，由于三价铬的参加，进一步促进了苦瓜粉的降糖效果，即其协同作用明显地进一步提高了人体空腹和餐后的降低血糖作用，总有效率提高到90％以上。复审请求人在提出复审请求和提交意见陈述书时所提交的附件1和附件2中的检验结果也表明总有效率为73.33％。但是合议组认为，由于对比文件的降糖率与本申请的有效率之间不具备可比性，因而复审请求人提交的附件1和附件2以及本申请说明书中提及的总有效率均不能证明苦瓜与三价有机铬结合后在降糖方面具有协同作用，不能证明本申请的含铬苦瓜含片取得了预料不到的技术效果。

（2）从属权利要求2进一步限定权利要求1的苦瓜包括苦瓜的茎、叶、瓜肉、瓜瓤及瓜子，对比文件1公开了用新鲜苦瓜洗净去籽制备苦瓜汁，因此权利要求2的附加技术特征在对比文件1中被公开。

从属权利要求3进一步限定权利要求1的有机三价铬为吡啶酸铬、柠檬酸铬或酵母铬。对比文件2公开了用富铬酵母作为有机铬来降低血糖，因此权利要求3的附加技术特征在对比文件2中被公开。

从属权利要求4～7进一步限定了含片中的香料和色素成分及其用量，对于本领域技术人员来说，为了迎合人们不同的口味和色彩需求，选择性地赋予含片特殊的香味和颜色，并掩盖非所需的气味，自然会想到添加适量的香料和色素。

因此，在权利要求1不具备创造性的前提下，从属权利要求2～7也不具备创造性，不符合专利法第22条第3款的规定。

（3）权利要求8请求保护含铬苦瓜含片的制备方法，所述苦瓜含片的制备方法是典型的软材过筛制粒法，即先制成软材，过筛制成颗粒，湿颗粒干燥后再经过整粒，最后加入润滑剂压片，制得片剂（参见，奚念朱等主编，药剂学，人民卫生出版社，1980年5月第1版第300～303页）。因此，在所要求保护的含片产品不具备创造性的前提下，权利要求8所述的常规片剂制片方法也不具备突出的实质性特点和显著的进步，不具备创造性，不符合专利法第22条第3款的规定。

（4）从属权利要求9和10分别进一步限定权利要求8所述方法中色素和香精的添加时机。然而本领域技术人员已知，在加入柠檬酸和苹果酸时加入色素，可以使色素最终均匀地分散在整个片剂中，使片剂的颜色更趋均匀；在整粒后加入香精，可使香精仅分布在片剂表面上，既改善了片剂的口感，又能减少在整个片剂中添加香精导致的成本增加。因而这些附加技术特征对于本领域技术人员来说是显而易见的。因此，在其引用的权利要求8不具备创造性的前提下，从属权利要求9和10也不具备创造性，不符合专利法第22条第3款的规定。

根据上述事实和理由，合议组作出如下审查决定。

**三、决定**

维持国家知识产权局于2003年11月21日针对01109636.5号发明专利申请作出的驳回决定。

复审请求人对本决定不服的，可以根据专利法第41条第2款的规定，自收到本决定之日起三个月内向北京市第一中级人民法院起诉。

097

# 通过可恢复的功能阻断（RBF）系统对转基因分离及其逃逸的分子控制

## 复审请求审查决定（第11585号）

**决　定　号**　第11585号
**决　定　日**　2007年9月25日
**发明创造名称**　通过可恢复的功能阻断（RBF）系统对转基因分离及其逃逸的分子控制
**国际分类号**　C12N 15/82，C12N 15/79
**复审请求人**　尤尼克罗普有限公司
**申　请　号**　01812808.4
**申　请　日**　2001年7月16日
**优　先　权　日**　2000年7月14日
**公　开　日**　2003年10月1日
**合议组组长**　李金光
**主　审　员**　刘　铭
**参　审　员**　魏春宝

**法　律　依　据**　专利法第22条第3款
**决　定　要　点**

如果现有技术没有公开权利要求请求保护的技术方案，也没有给出启示或教导使本领域技术人员在不付出创造性劳动的基础上就能得出该技术方案，且该技术方案相对于现有技术带来了更有益的效果，则该权利要求请求保护的技术方案具备突出的实质性特点和显著的进步，符合专利法第22条第3款有关创造性的规定。

### 一、案由

本复审请求涉及申请号为01812808.4、名称为“通过可恢复的功能阻断（RBF）系统对转基因分离及其逃逸的分子控制”的发明专利申请（下称本申请），申请日为2001年7月16日，优先权日为2000年7月14日，申请人为尤尼克罗普有限公司。

国家知识产权局以申请人于2004年11月1日提交的权利要求第1～54项、2003年1月14日进入中国国家阶段时提交的说明书第1～45页和说明书附图第1～17页以及说明书摘要为审查基础，于2005年5月13日驳回了本申请。驳回理由如下：本申请的可恢复功能阻断系统涉及两个技术方案：一个技术方案涉及“插入内含子的阻断系统”，另一个技术方案涉及“双重/多重可恢复功能阻断系统”。其中涉及“插入内含子的阻断系统”的技术方案与对比文件1（WO0037660A1，公开日2000

年6月29日）相比具备新颖性和创造性；涉及“双重/多重可恢复功能阻断系统”的技术方案与对比文件1相比不具备创造性，因为对比文件1具体公开了可用于保持遗传纯合性的“致死基因/抑制基因”构建体，以及与目标基因相连接的阻断/恢复构建系统；对比文件1中的“致死基因构建体”相当于本申请的“阻断构建体”；对比文件1中的“抑制基因构建体”相当于本申请的“恢复构建体”，本申请的“双重/多重RBF系统”只不过是在对比文件1的基础上增加了阻断/恢复构建体的个数，而阻断/恢复构建体本身与对比文件1没有实质区别，所以本申请权利要求1~8、11~24、27~42、47~54请求保护的技术方案相对于对比文件1不具备创造性。

驳回决定针对的申请文本中的独立权利要求如下：

“1. 一种以提高了的安全性水平在有性繁殖多细胞生物（SRMO）中控制转基因分离，和/或自动阻止转基因逃逸的方法，其特征在于所述的方法包括含下述步骤的分子机制：

（a）除包含一个或多个编码一个或多个所需基因产物的目标转基因（TGIs）的转基因插件（TI）外，构建一个或多个可恢复的功能阻断（RBF）系统或DNA构建体复合物，一个或多个阻断构建体（BC），并提供至少一种使用者可控制的方式以恢复被阻断的功能；

（i）所述的阻断构建体（BC）具有阻断至少一种对有性繁殖多细胞生物（SMRO）存活和繁殖至关重要的分子或生理功能的能力，该阻断构建体（BC）位于与包含一个或多个目标转基因（TGIs）的所述转基因插件相同的染色体上非常接近的位置；

（ii）所述的包括一个或多个使用者控制的干预的恢复被阻断的功能的方式可选择地与一个或多个恢复构建体（RC）结合，所述的恢复构建体位于临近在包含一个或多个目标转基因（TGIs）的转基因插件（TI）中，和/或非等位染色体中的阻断构建体（BC）的位置，和

（b）以为了生产的目的，在所述有性繁殖多细胞生物（SRMO）发育或生殖循环中易受影响的阶段，通过应用一个或多个使用者控制的干预，使得所述繁殖多细胞（SRMO）被阻断的功能得以恢复；

条件是，当仅使用单一的阻断构建体（BC）时，所述的阻断构建体（BC）或其中的一部分置于唯一的目标转基因（TGI）的一个内含子中。

……

18. 一种以提高了的安全性水平在有性繁殖多细胞生物（SRMO）中控制转基因分离，和/或自动防止基因渗入的DNA构建体复合物或可恢复的功能阻断（RBF）系统，其特征在于所述的DNA构建体复合物包括：

（a）转基因插件（TI），其包含一个或多个编码一个或多个所需基因产物的目标转基因（TGIs）；

（b）一个或多个可通过使用者控制的方式得以恢复的阻断构建体（BC），所述的阻断构建体（BC）包括至少一个核苷酸序列，该核苷酸序列具有阻止至少一个对有性繁殖多细胞生物（SMRO）存活和繁殖至关重要的分子或生理功能的能力，且该核苷酸分子和包含一个或多个目标转基因（TGIs）的所述转基因插件（TI）定位于相同的染色体上非常靠近的位置；

（c）一个或多个的可选择的恢复构建体（RC），其位于包含一个或多个目标转基因（TGIs）的转基因插件（TI）中的阻断构建体（BCs）附近，所述的目标转基因（TGIs）位于一个或多个非等位染色体上；

条件是，当仅使用单一的阻断构建体（BC）时，所述的阻断构建体（BC）或其中的一部分置于唯一的目标转基因（TGI）的一个内含子中。

……

52. 一种克隆载体，其包含一个或多个用于组装如权利要求18所述的DNA构建体复合物的阻断

构建体（BCs），其特征在于所述的载体上带有便于所述的目标转基因（TGI）转移到有性繁殖多细胞生物（SRMO）染色体上适当位置的多克隆位点。

……

54. 有性繁殖多细胞生物（SRMO）细胞或细胞系，其特征在于其包含一个或多个用于组装如权利要求18所述的DNA构建体复合物的转基因插件（Tis），以便于通过带目标转基因（TGIs）的载体进行补偿，所述的目标转基因（TGIs）包含在如权利要求52或53中所述的克隆载体中的一个或多个目标转基因（TGIs）。”

申请人（下称复审请求人）不服上述驳回决定，于2005年8月29日向专利复审委员会提出复审请求，其理由是：对比文件1没有公开本申请中含有位于目标转基因两侧的两个或多个阻断构建体（“双重RBF”）或位于目标转基因的一个内含子中的一个阻断构建体（“插入内含子的BC”）的RBF系统；本申请的恢复构建体（RC）的位置也与对比文件1不同；对比文件1没有暗示或公开恢复构建体（RC）与目标转基因位于同一插件中或者位于非等位染色体中，因此本申请的技术方案相对于对比文件1具备创造性。复审请求人同时提交了权利要求书全文替换页，修改后的权利要求书共包括51项权利要求，其中删除了驳回决定所针对申请文本中的权利要求2、7、19，并对其余权利要求进行适应性修改，修改后的权利要求书中与驳回决定所针对的申请文本中的权利要求1～8、11～24、27～42、47～54相对应的权利要求仅保留了权利要求1～6、9～21、24～39、44～51，修改后的独立权利要求1如下：

“1. 一种以提高了的安全性水平在有性繁殖多细胞生物（SRMO）中控制转基因分离，和/或自动阻止转基因逃逸的方法，其特征在于所述的方法包括含下述步骤的分子机制：

（a）构建用于插入受体细胞或细胞系的一个或多个可恢复的功能阻断（RBF）系统或DNA构建体复合物，包含一个或多个编码一个或多个所需基因产物的目标转基因（TGIs）的转基因插件（TI）和一个或多个阻断构建体（BC），并提供至少一种使用者可控制的方式以恢复被阻断的功能；

（i）所述的阻断构建体（BC）具有阻断至少一种对有性繁殖多细胞生物（SMRO）存活和繁殖至关重要的分子或生理功能的能力，该阻断构建体（BC）位于与一个或多个目标转基因（TGIs）相同的染色体上非常接近的位置，阻断构建体位于目标转基因（TGIs）的内含子中或目标转基因的两侧；

（ii）所述的包括一个或多个使用者控制的干预的恢复被阻断的功能的方式可选择地与一个或多个恢复构建体（RC）结合，所述的恢复构建体位于临近在包含一个或多个目标转基因（TGIs）的转基因插件（TI）中，和/或非等位染色体中的阻断构建体（BC）的位置；和

（b）以为了生产的目的，在所述有性繁殖多细胞生物（SRMO）发育或生殖循环中易受影响的阶段，通过应用一个或多个使用者控制的干预，使得所述繁殖多细胞生物（SRMO）被阻断的功能得以恢复；

条件是，当仅使用单一的阻断构建体（BC）时，所述的阻断构建体（BC）或其中的一部分置于唯一的目标转基因（TGI）的一个内含子中。”

经形式审查合格后，专利复审委员会依法受理了上述请求，并于2005年10月11日向复审请求人发出了《复审请求受理通知书》，同时向原审查部门发出《前置审查通知书》。

原审查部门对该复审请求进行前置审查。前置审查意见认为：（1）多个逃逸控制系统与单个逃逸控制系统相比可以降低逃逸发生概率，这是显而易见的，所以涉及双重/多重RBF系统的权利要求相对于对比文件1不具备创造性；（2）本申请中插入内含子技术提高了基因逃逸的安全水平，相对于对比文件1具有创造性；（3）本申请中的具体恢复构建体是现有技术；（4）本申请要解决的技术

问题是控制基因逃逸，而恢复构建体（RC）的位置对控制基因的逃逸没有贡献。因此，仍然坚持原驳回决定。

专利复审委员会依法成立合议组对该复审请求案进行审理。本案合议组在仔细审阅了全部案卷后，认为本案事实清楚，可以作出本审查决定。

**二、决定的理由**

1. 关于审查文本

本复审决定以复审请求人于2005年8月29日提交的权利要求第1～51项、2003年1月14日进入中国国家阶段时提交的说明书第1～45页和说明书附图第1～17页以及说明书摘要及摘要附图作为基础。

2. 关于专利法第22条第3款

专利法第22条第3款规定：创造性，是指同申请日以前已有的技术相比，该发明有突出的实质性特点和显著的进步，该实用新型有实质性特点和进步。

如果现有技术没有公开一项权利要求请求保护的技术方案，也没有给出启示或教导使本领域技术人员在不付出创造性劳动的基础上就能得出该技术方案，且该技术方案相对于现有技术带来了更有益的效果，则该权利要求请求保护的技术方案具备突出的实质性特点和显著的进步，符合专利法第22条第3款有关创造性的规定。

本案中，独立权利要求1请求保护一种在有性繁殖多细胞生物中控制转基因分离和/或自动阻止转基因逃逸的方法，该方法涉及构建可恢复的功能阻断系统或DNA构建体复合物，所述构建体复合物包括含有目标转基因的转基因插件、阻断构建体和恢复构建体，其中阻断构建体位于与目标转基因相同的染色体上非常接近的位置、位于目标转基因的内含子中或其目标转基因的两侧；恢复构建体位于转基因插件中和/或非等位染色体中阻断构建体的位置中；在发育或生殖循环中以可控的方式使得被阻断的功能得以恢复；当仅仅使用一个阻断构建体时，其或其部分位于目标转基因的内含子中。其他权利要求涉及的驳回理由均是以权利要求1涉及的驳回理由为基础。

复审请求人与前审意见争议的焦点在于本申请中涉及“双重/多重可恢复功能阻断系统”的技术方案相对于对比文件1是否具备创造性。

对比文件1公开了一种控制转基因逃逸的方法，该方法采用可抑制致死基因（相当于本申请中的阻断构建体）对新性状基因进行控制，防止其传播到环境中去；采用抑制子基因（相当于本申请中的恢复构建体）表达的抑制子（例如DNA结合蛋白、RNA、反义RNA等）对可抑制致死基因进行抑制，在需要的时候使新性状基因表达；其中的抑制子基因和可抑制致死基因可采用双重抑制系统，在该系统中抑制子1与抑制子2分别位于在减数分裂中可独立分离的两条染色体上，分别控制位于另一条染色体上的可抑制致死基因的表达（见对比文件1的摘要、说明书第12页第21行至第16页第30行，第18页第5行至第21页第22行，说明书附图1～6）。该方法利用的原理是：可抑制致死基因与新性状基因连接，抑制子基因位于与可抑制致死基因独立分离的另一条染色体上，在减数分裂时抑制子基因与可抑制致死基因独立分离，抑制子基因和可抑制致死基因分别传递给不同的后代个体，导致致死基因不受抑制子基因的控制而表达，从而防止新性状基因扩散到环境中去。而且，对比文件1中没有公开“阻断构建体位于目标转基因的两侧”以及“所述的恢复构建体位于临近在包含一个或多个目标转基因（TGIs）的转基因插件（TI）中，和/或非等位染色体中的阻断构建体（BC）的位置中”。

由于对比文件1中所采用的是利用细胞分裂中等位基因分离的规律，这就决定了位于在减数分裂中独立分离染色体上的基因的分离所带来的可抑制致死基因与抑制子基因的分离对于控制转基因扩散到环境中是必须的，这种原理并没有教导本领域技术人员可以将恢复构建体设置在包含目标转基因的转基因插件中或者非等位染色体中的阻断构建体的位置的启示或教导。另外，通过前面的分析可知，恢复构建体的位置会对其是否能控制转基因逃逸构成影响，该特征本身能带来技术效果，因此，驳回决定中认为本申请权利要求 1 相对于对比文件 1 不具备创造性的理由不成立。

由于驳回决定中针对权利要求 1 以外的其他权利要求的驳回理由基于对权利要求 1 的驳回理由，在针对权利要求 1 的驳回理由不成立的前提下，驳回决定中针对其他权利要求的驳回理由也不成立。

根据上述事实和理由，本案合议组依法作出以下审查决定。

**三、决定**

撤销国家知识产权局于 2005 年 5 月 13 日对 01812808.4 号发明专利申请作出的驳回决定，由原审查部门以本决定依据的申请文本作为审查基础继续进行审查程序。

复审请求人对本决定不服的，可以根据专利法第 41 条第 2 款的规定，自收到本决定之日起三个月内向北京市第一中级人民法院起诉。

098

# 增效除草剂

## 复审请求审查决定（第11586号）

**决　定　号**　第11586号
**决　定　日**　2007年10月6日
**发明创造名称**　增效除草剂
**国际分类号**　A01N 47/36
**复审请求人**　赫彻斯特股份公司
**申　请　号**　99104701.X
**申　请　日**　1992年7月11日
**优先权日**　1991年7月12日
**公　布　日**　1999年10月13日
**合议组组长**　叶　娟
**主　审　员**　周英姿
**参　审　员**　葛永奇

**法律依据**　专利法第26条第3款
**决定要点**

如果本领域技术人员无法根据现有技术预测发明能够实现所述的用途和效果，而该申请的说明书也仅仅给出具体的技术方案，但未提供足以证明发明的技术方案可以解决预期要解决的技术问题或者达到预期的技术效果的实验数据，则说明书公开不充分。

### 一、案由

本复审请求涉及名称为“增效除草剂”的99104701.X号发明专利申请（下称本申请），申请人为赫彻斯特股份公司，申请日为1992年7月11日，公开日为1999年10月13日，优先权日为1991年7月12日。

国家知识产权局于2002年12月13日发出《第一次审查意见通知书》，其中指出本申请说明书未提供实验证据来证实所述技术方案能够成立，不符合专利法第26条第3款的规定。

申请人于2003年4月28日提交了意见陈述书和附件1（“生物实验报告”，共19页），认为本申请说明书公开了含有两种活性成分的组合物及其两种活性成分的混合重量比，并具体给出了制备实施例以及增效效果的生物实施例，因此，根据说明书的记载，本领域技术人员完全能够实现本发明。此外，附件1是本发明除草组合物的生物试验报告，用于证实说明书中已经公开的技术效果。

国家知识产权局于2003年7月4日驳回了本申请，理由是本申请说明书虽然给出了具体的技术方案，但所有实验证据并不涉及权利要求1～8的技术方案，即对于上述技术方案没有提供试验证据，而这些技术方案必须依赖实验结果加以证实才能成立。因此，本申请说明书未对发明作出清楚、完整的说明，致使所属技术领域的技术人员不能实现本发明，不符合专利法第26条第3款的规定。附件1为补充的实验数据，不能作为证明本申请公开充分的证据。

驳回决定所针对的权利要求书为：

“1. 除草剂，其特征在于，它是含有下列组合A）和B）的混剂：

A）式1所示的一种化合物或它的盐；和

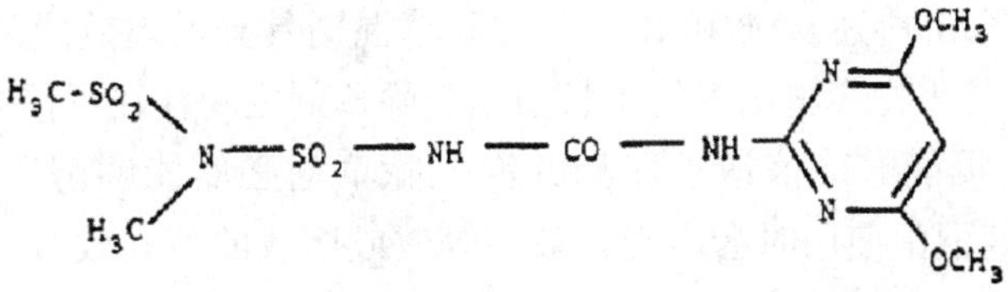

(1)

B）一种或多种选自下列一组的化合物：吡氟草胺，硝基二苯醚类，与式（1）所示化合物不同的磺酰脲类及它们的盐和选择性禾本科除草剂，其中A组化合物与B组化合物的重量比为1：200～20：1。

2. 按照权利要求1所述的除草剂，其特征在于：B类除草剂是选自吡氟草胺，硝基二苯醚类（包括三氟羧草醚，乙氧氟草醚，克阔乐，氟磺胺草醚），磺酰脲类（包括醚苯黄隆，绿黄隆、苯黄隆、苯黄隆甲酯、噻黄隆、噻黄隆甲酯、烟嘧黄隆、氟嘧黄隆、氟嘧黄隆甲酯，DPX-9636和吡啶基磺酰脲类）以及禾本科除草剂（包括禾草灵，甲基禾草灵，肟草酮，燕麦枯，咪草酯，草氟安，甲基甲氟安和CGA-184927）。

3. 按照权利要求1或2的一项所述的除草剂，其特征在于它除含有A类或B类化合物外，还含有常规的剂型助剂。

4. 制备按照权利要求1～3的一项或多项所述的除草剂的方法，其特征在于将式（1）所示的化合物或它的盐与B类的一种或多种化合物配制成类似常规的植物保护剂剂型，此剂型包括喷粉剂，乳油，水溶液，乳液，可喷洒的溶液（罐装混合物），以油或水为基质的分散剂，悬浮液，撒粉剂，浸渍剂，土壤中施用或撕施用的颗粒剂，水中可分散的颗粒剂，超低量剂型，微胶囊剂和蜡剂。

5. 按照权利要求1～3中的一项或多项所述的除草剂用于防除不需要的植物的生长的应用。

6. 按照权利要求5的应用，其特征在于，式1化合物或它的盐用量为5～100g/ha，B类化合物的用量为5～1000g/ha。

7. 按照权利要求6或7所述的应用，其特征在于，A类与B类有效成分按1：200～20：1的重量比使用。

8. 按照权利要求5的应用，具特征在于有选择性地防除有用植物中的有害植物。”

赫彻斯特股份公司（下称复审请求人）对上述驳回决定不服，于2003年10月20日向专利复审委员会提出复审请求，复审请求人认为：首先，本说明书未提供实验数据的情形不应当归入不符合专利法第26条第3款规定的情形，而应当属于涉及实用性的情形，因此，补交的试验证据附件1应当予以考虑；其次，本说明书公开了含有活性成分A和B的组合物以及这两种活性成分的混合重量比，并且具体给出了制备实施例以及增效效果的生物实施例，因此，根据说明书的记载，本领域技术人员完全能够制备得到本发明的具有增效效果的除草组合物，并将其用于防除不需要的植物的生长。基于上述理由，复审请求人认为，国家知识产权局驳回的理由不成立。

形式审查合格后，专利复审委员会受理了该复审请求，并于2003年11月17日向复审请求人发出《复审请求受理通知书》，随后将本申请案卷移交原实质审查部门进行前置审查。

原实质审查部门对本复审请求进行了前置审查，并且仍然坚持原驳回决定。

专利复审委员会组成合议组，对本复审请求案进行了审理。于2004年6月24日向复审请求人发出《复审通知书》。其中指出：权利要求1请求保护的是含有组分A与一种或多种选自吡氟草胺、硝基二苯醚类、不同于式（I）化合物的磺酰脲类和选择性禾本科除草剂的组分B的除草混剂。权利要求2和3是权利要求1的从属权利要求，权利要求4~8分别请求保护权利要求1~3所述除草剂的制备方法和用途。虽然本申请说明书中给出了上述产品和方法的技术方案，但是，从本申请生物实施例可以看出，所提供的全部试验数据均只反映生长激素类除草剂与A组分合用的效果，但本说明书不曾明确记载任何证实权利要求1所述含A和B组分的除草混剂具有增效效应的信息，而且复审请求人没有提供有关上述B组分与生物实施例中的生长激素类除草剂之间存在可信和实质的必然联系，使得所属技术领域普通技术人员能够确信请求保护的混配除草剂必然能够解决上述技术问题和产生“增效”效果。另外，在农药混配使用时会出现减效、等效或增效的不同效应，按照本说明书记载的内容，所属领域技术人员还需要花费创造性劳动并依赖于效果实验结果才能找到其中能够成立的技术方案。基于上述理由，本申请说明书没有对发明作出清楚、完整的说明，致使所属技术领域的技术人员不能够实现，不符合专利法第26条第3款的规定。

复审请求人针对上述复审意见，于2004年10月9日提交了意见陈述书，复审请求人认为：首先，本申请要求保护的是包含两种已知的农药作为活性成分的组合物，在本说明书公开了制备所述组合物方法的情况下，本领域技术人员无须通过实验数据即可确认由所述制备方法就能够获得该组合物。对于所述组合物是否确实具有说明书所公开的增效效果，这是创造性问题，可以补充实验数据来证实。其次，本说明书公开了含有活性成分A和B的组合物以及这两种活性成分的混合重量比（说明书第1~9页），剂型和配制方法（说明书第9~13页），并且具体给出了制备实施例（说明书第13~15页）和增效效果的生物实施例（说明书第15页），说明书第8页第6~13行清楚地说明所述除草组合物具有增效效果，因此，不论说明书是否给出定量的实验数据，本领域技术人员都能够毫无困难地获得所述组合物且必然取得预期的增效效果。最后，本申请应当适用2001年10月18日之前的审查标准，并且应当依据专利法第26条第3款而非审查指南的规定进行审查。

至此，合议组认为本案事实清楚，可以作出审查决定。

**二、决定的理由**

专利法第26条第3款规定：说明书应当对发明或者实用新型作出清楚、完整的说明，以所属技术领域的技术人员能够实现为准。

如果本领域技术人员无法根据现有技术预测发明能够实现所述的用途和效果，而该申请的说明书也仅仅给出具体的技术方案，但未提供足以证明发明的技术方案可以解决预期要解决的技术问题或者达到预期的技术效果的实验数据，则说明书公开不充分。

本申请权利要求1要求保护的是含有组分A与一种或多种选自吡氟草胺、硝基二苯醚类化合物、非式（1）化合物的磺酰脲类化合物和选择性禾本科除草剂的组分B的除草剂。权利要求2和3进一步限定了权利要求1的B组分和助剂，权利要求4~8分别请求保护权利要求1~3所述除草剂的制备方法和用途。

本申请说明书中描述，本申请的除草剂在将A组分和B组分混用后产生增效效应，混剂比它们单独使用时作用效果好，长效地防除阔叶杂草和窄叶杂草（参见说明书第1页和第8页）。复审请求人在意见陈述中多次指出本领域技术人员根据说明书中记载的组分及其配比、制剂制备方法的内容能够毫无困难地获得所述组合物，并且这些除草混剂可以取得预期的增效效果。

合议组认为，首先，本说明书中虽然给出了上述农药产品和制备方法的技术方案，但是，从本说明书的所有生物实施例可以看出（参见表1和2），所提供的全部试验数据均只是对生长激素类除草剂例如MCPA、2，4-滴和甲氧二氯苯酸与A组分Verb.（1）合用的除草效果，但本案作为分案申请并未请求保护上述生长激素类除草剂与A组分混配的技术方案，对于权利要求1所述的含有选自吡氟草胺、硝基二苯醚类化合物、非式（1）化合物的磺酰脲类化合物和选择性禾本科除草剂的B组分与所述A组分的除草混剂来说，本申请没有明确记载任何证实这样的除草混剂在混配后产生增效效应、比化合物单用时更有效的生物试验，更未记载生物试验获得的实验结果。也就是说，原始说明书没有公开任何本申请要求保护的除草剂能够解决预期要解决的技术问题或者能够达到预期的技术效果的定性或定量的实验数据，本领域技术人员无法确信具有增效除草效果的除草剂的技术方案能够成立，因此，本申请说明书未达到能够实现的要求。

其次，在没有给出含有所述A和B组分的混配除草剂在防治单子叶和双子叶杂草中能够显示出增效效应的信息的同时，复审请求人在复审和实审过程中始终没有提供选自吡氟草胺、硝基二苯醚类化合物、非式（1）化合物的磺酰脲类化合物和选择性禾本科除草剂的B组分与说明书中生物实施例中已给出实验数据的生长激素类除草剂之间存在可信和实质的必然联系的证明材料，以使得所属技术领域普通技术人员能够确信请求保护的混配除草剂必然能够解决上述技术问题和产生“增效”效果。通常，在将已知农药混配使用时会出现减效、等效或增效的不同效应，而所属领域技术人员选择增效的农药化合物需要花费创造性劳动，并且必须依赖于效果实验结果才能找到其中能够成立的技术方案。

最后，复审请求人于2003年4月28日答复第一次审查意见通知书时提交的附件1的内容既不是申请日以前公众可以获知的现有技术，也没有记载在原始申请文件中，因此，该证明材料无法说明本申请的说明书能够使本领域技术人员在本申请申请日之前实现本发明的技术方案，解决所述技术问题并达到预期的技术效果。

基于上述理由，本申请说明书没有对发明作出清楚、完整的说明，致使所属技术领域的技术人员不能够实现，不符合专利法第26条第3款的规定。

此外，复审请求人认为，本案的审查应当适用本申请提出申请时即1993年的审查指南和实用性法条。但合议组认为，在前审作出驳回决定时2001年版的审查指南已于2001年10月18日生效且1993年3月10日发布的审查指南已同时废止，因此原实质审查部门于2002年12月13日起依据2001年版审查指南进行审查没有不妥之处。而且，根据国家知识产权第38号局长令，2006年版的审查指南已于2006年7月1日公布和施行，且2001年10月18日公布的审查指南同时废止。因此，本案合议组对本案的审查所依据的是2006年版的审查指南。

根据以上事实和理由，本案合议组作出如下审查决定。

**三、决定**

维持国家知识产权局于2003年7月4日对99104701.X号发明专利申请作出的驳回决定。

复审请求人对本决定不服的，可以根据专利法第41条第2款的规定，自收到本决定之日起三个月内向北京市第一中级人民法院起诉。

099

# 哺乳动物细胞表面抗原及相关试剂

## 复审请求审查决定（第11601号）

**决　定　号**　第11601号
**决　定　日**　2007年10月6日
**发明创造名称**　哺乳动物细胞表面抗原及相关试剂
**国际分类号**　C12N 15/19，C12N 15/62，C07K 16/24，C07K 16/28，C07K 14/52，C07K 14/705
**复审请求人**　先灵公司
**申　请　号**　97181715.4
**优先权日**　1996年12月13日
**申　请　日**　1997年12月12日
**公　开　日**　2000年2月23日
**合议组组长**　叶　娟
**主　审　员**　尹　昕
**参　审　员**　魏春宝

**法律依据**　专利法第26条第3款
**决定要点**

对于涉及基因、多肽或蛋白质的发明，应在说明书中提供证据证明该基因、多肽或蛋白质具有特定的功能。

### 一、案由

本复审请求涉及申请日为1997年12月12日、公开日为2000年2月23日、名称为“哺乳动物细胞表面抗原及相关试剂”的97181715.4号发明专利申请（下称本申请）。申请人为先灵公司，优先权日为1996年12月13日。

国家知识产权局于2003年11月28日以本申请的说明书不符合专利法第26条第3款的规定为由驳回了本申请。驳回决定所针对的权利要求书如下：

“1. 至少12个连续氨基酸与SEQ ID NO：2具有100％的序列同一性的基本上纯化的或重组的多肽。

2. 包括权利要求1的多肽的融合蛋白。

3. 编码权利要求1的多肽或权利要求2的融合蛋白的分离核酸。

4. 具有SEQ ID NO：1的核苷酸序列的分离核酸。

5. 一种在至少45℃的洗涤条件和小于500mM盐时与SEQ ID NO：1选择性杂交的核酸。

6. 包括权利要求 4 或 5 的核酸的重组载体。

7. 包括权利要求 4 ~6 任一项的核酸或载体的宿主细胞。

8. 制备多肽或融合蛋白的方法，包括在表达核酸的条件下培养权利要求 7 的宿主细胞。

9. 包括特异性结合权利要求 1 的多肽的抗体或抗原结合片段的结合化合物。

10. 包括权利要求 1 的多肽或权利要求 2 的融合蛋白的组合物。

11. 包括以下组分的试剂盒：

a）权利要求 1 的多肽或权利要求 2 的融合蛋白；

b）特异性结合权利要求 1 的多肽的抗体；或

c）权利要求 4 或 5 的核酸。”

驳回决定中指出的具体理由为：本申请说明书记载了 499E9 蛋白的氨基酸序列，指出该蛋白与作为细胞凋亡诱导物的蛋白具有序列同源性，具有 TNF 配体家族成员的结构基元特征，申请人据此推断该 499E9 蛋白具有与 TNF 配体分子相似的生物活性，但并没有提供实验证据证明这一功能。对本领域技术人员而言，很难推断两个有一定同源性的氨基酸序列之间一定具有类似的生物活性，因此本申请的说明书公开不充分。

申请人于 2003 年 5 月 9 日提交的附件如下：

附件 1：The Journal of Biological Chemistry，第 272 卷，第 40 期，第 25190 ~25194 页，1997 年 10 月 3 日，复印件共 5 页；

附件 2：J. Exp. Med.，第 186 卷，第 12 期，第 2075 ~2080 页，1997 年 12 月 15 日，复印件共 6 页；

附件 3：J. Exp. Med.，第 189 卷，第 7 期，第 1017 ~ 1020 页，1999 年 4 月 5 日，复印件共 4 页；

附件 4：Nature，第 390 卷，第 175 ~ 179 页，1997 年 11 月 13 日，复印件共 5 页；

附件 5：US 6，242，586 B1，公开日 2001 年 6 月 5 日，复印件共 3 页；

附件 6：US 6，525，180 B1，公开日 2003 年 2 月 25 日，复印件共 3 页。

申请人先灵公司（下称复审请求人）对上述驳回决定不服，于 2004 年 3 月 2 日向专利复审委员会提出复审请求，复审请求人认为本申请的说明书充分公开了要求保护的技术方案，本领域技术人员可以实现，具体理由为：（1）说明书中公开了 499E9 蛋白与 TNF 配体家族的成员表现出序列同源性，并且具有其结构特征，结合说明书的其他教导，本领域技术人员可以推断 499E9 将与 TNF 配体家族成员具有相似的生物活性；（2）附件 1 ~4 表明 499E9 增强 T 细胞增殖，这些文件支持和证明了申请人所描述的 499E9 的功能和用途是正确的；（3）附件 5 ~6 可以证明涉及 499E9 核酸、多肽和抗体的美国专利申请已经被授权，审查员可以作为参考。

形式审查合格后，专利复审委员会受理了该复审请求，并于 2004 年 3 月 29 日向复审请求人发出《复审请求受理通知书》，同时将本申请案卷移交原审查部门进行前置审查。

原审查部门对本复审请求进行了前置审查，认为复审请求人的复审理由无法克服本申请说明书公开不充分的缺陷，故坚持原驳回决定。

专利复审委员会组成合议组，对本复审请求案进行了审理。于 2006 年 5 月 22 日向复审请求人发出《复审通知书》。《复审通知书》指出：

本申请请求保护内容的基础是 499E9 蛋白，但是说明书中并没有对 499E9 的功能进行有效的实验室鉴定。发明人仅仅根据其制备过程，以及通过与现有技术中已知基因或蛋白进行序列分析和同源性对比，发现 499E9 与作为细胞凋亡诱导物的蛋白质具有序列同源性，同时具有 TNF 配体家族成员的结构基元特征，从而推测得到要求保护的499E9的功能。但是本领域技术人员已知，一级序列具有一定同源性的不同蛋白并不一定具有同样的功能。如果蛋白质氨基酸序列中的一些甚至一个起关键作用的氨基酸改变，就会导致蛋白质空间结构与生物学活性或功能的巨大变化。因此本领域技术人员根据申请文件记载的内容及现有技术，不能认定本申请说明书所述蛋白质的功能已经得到了确认。虽然申请人提交了附件1～4用以证明现有技术中已经公开了499E9蛋白的功能，但是，这些附件的公开日均在本申请的优先权日（1996年12月13日）之后，根据专利法实施细则第10条的规定，除专利法第28条和第42条规定的情形外，专利法所称申请日，有优先权的，指优先权日，因此这些附件不能用作证明499E9蛋白的功能在本申请优先权日前已经被公开的现有技术。此外，合议组依据专利法及专利法实施细则和审查指南的有关规定对本申请进行审查，因此复审请求人提供的附件5～6不能作为审查本申请的依据。综上所述，本申请说明书并没有充分公开其要求保护的蛋白质，不符合专利法第26条第3款的规定。

针对《复审通知书》指出的问题，复审请求人于2006年7月6日提交了意见陈述书。复审请求人认为：（1）本申请的说明书第2页和第8页的相关段落说明了499E9蛋白的表达特性；（2）说明书第2页和第8页说明了499E9蛋白在抗原特异性增殖、效应细胞中细胞因子产生和诱导效应细胞凋亡的作用；（3）说明书第8页说明了499E9蛋白具有TNF家族成员的特征性结构基序，描述了499E9蛋白和TNF配体家族其他成员中的保守氨基酸，指出了TNF配体结构域的位置，并且指出499E9蛋白和TNF配体家族成员具有密切同源性；（4）说明书第19～22页教导了如何制备重组的499E多肽，第15和21页教导了如何制备抗499E抗体。因此本申请的说明书提供了本发明的技术方案，本领域技术人员根据说明书的教导可以实施本发明。

至此，合议组认为本案事实清楚，可以作出审查决定。

**二、决定的理由**

专利法第26条第3款规定：说明书应当对发明或者实用新型作出清楚、完整的说明，以所属技术领域的技术人员能够实现为准。

所属技术领域技术人员能够实现，是指所属技术领域技术人员按照说明书记载的内容，就能够实现该发明的技术方案，解决其技术问题，并产生预期的技术效果。

对于化学产品申请，说明书中除了应当公开化学产品的确认和化学产品的制备外，还应当充分公开该产品的用途和/或使用效果。如果所属领域技术人员无法根据现有技术预测发明能够实现所述用途和/或达到预期效果，说明书中也未记载对于本领域技术人员来说足以证明发明的技术方案可以实现所述用途和/或达到预期效果的定性或者定量实验数据，则该技术方案将被认为无法实现。

对于涉及基因、多肽或蛋白质的发明，应在说明书中提供证据证明该基因、多肽或蛋白质具有特定的功能。

本申请请求保护与SEQ ID NO：1～2所示的小鼠499E9的核苷酸和氨基酸序列相关的多肽、融合蛋白、分离核酸、重组载体、宿主细胞、抗体、结合化合物、组合物和试剂盒。合议组认为，本申请请求保护内容的基础是499E9蛋白，虽然说明书描述了499E9基因的克隆、分离、表达及其编码多肽的相应抗体的制备过程，但是仅泛泛描述499E9是一种新的细胞表面分子，其结合可能调节效应细胞的抗原特异性增殖和细胞因子产生，而没有对499E9的功能进行有效的实验室鉴定，发明人仅仅根据其制备过程，以及通过与现有技术中已知基因或蛋白进行序列分析和同源性对比，发现499E9与作为细胞凋亡诱导物的蛋白质具有序列同源性，具有TNF配体家族成员的结构基元特征，例如与CD40配体、OX40配体、TNF、NGF和FAS具有一定的同源性，从而推测得到要求保护的499E9的功能。但是本领域技术人员已知，一级序列具有一定同源性的蛋白并不一定具有同样的功能。这是因为，作为蛋白质一级结构的氨基酸序列是其空间结构的基础，而蛋白质的空间结构又是其生物学功能的基础，同源性较高的蛋白质是否具有相似的空间结构和相似的功能，主要取决于那些在维系其空间结构以及功能、活性中起关键作用的氨基酸残基的差异，以及这些差异是否足以改变其空间构象和相应的生物学功能及活性。蛋白质氨基酸序列中的一些甚至一个起关键作用的氨基酸改变，可能导致蛋白质空间结构与生物学活性或功能的巨大变化。因此，在缺乏实验证据的情况下，仅通过上述的同源性推测以及序列分析尚不足以认定本申请所述蛋白质的功能已经确定，同时说明书中也缺乏有效的实验数据验证 499E9 确实具有所述的功能。因此本领域技术人员根据申请文件记载的内容及现有技术，不能认定本申请说明书所述蛋白质的功能已经得到了确认，即本申请说明书并没有充分公开其要求保护的蛋白质，基于此，说明书没有充分公开权利要求 1 ~ 11 的技术方案，不符合专利法第 26 条第 3 款的规定。

对于复审请求人在答复《复审通知书》时所作的意见陈述，合议组认为：（1）尽管本申请说明书中描述了499E9 蛋白主要在 T 细胞上高水平表达，但是这种表达特异性也并不能说明其必定具有所述的功能；（2）说明书中声称 499E9 蛋白在抗原特异性增殖、效应细胞中细胞因子产生和诱导效应细胞凋亡等过程中发挥一定作用，但这只是一种理论上的说明，不具备说服力。化学是一门实验科学，对于化学领域的发明，大多情况下需要借助实验数据来证明发明的功能和/或有益效果，而不得只断言发明具有某种功能和/或有益效果；（3）说明书中虽然描述了 499E9 蛋白与 TNF 配体家族的成员表现出序列同源性，并且具有其结构特征，但并不能因此断定它必然具备所述的功能，作为本领域技术人员的常用生物信息学技术手段，同源性对比、序列分析等对从理论上推测基因以及蛋白可能具有的功能起到重要作用，为进一步的研究指示了方向，但是在属于实验科学的生物技术领域，对于一项完整的发明，这些理论分析无法取代具体的实验来确定核酸、多肽等生物大分子的功能；（4）说明书中教导了如何制备重组的499E9 多肽以及抗 499E9 抗体，但是对于化学产品发明除了应当公开化学产品的确认和化学产品的制备外，还应当充分公开该产品的用途和/或使用效果。

根据以上事实和理由，本案合议组作出如下审查决定。

**三、决定**

维持国家知识产权局于 2003 年 11 月 28 日对 97181715.4 号发明专利申请作出的驳回决定。

复审请求人对本决定不服的，可以根据专利法第 41 条第 2 款的规定，自收到本决定之日起三个月内向北京市第一中级人民法院起诉。

# 北京市第一中级人民法院
# 行政判决书

（2008）一中行初字第403号

原告先灵公司，住所地美利坚合众国新泽西州08628西特伦敦拜尔台文路820号。

法定代表人爱德华·H·玛泽尔，副董事长助理。

委托代理人吴玉和，男，中国专利代理（香港）有限公司专利代理人。

委托代理人李波，男，中国专利代理（香港）有限公司专利代理人。

被告中华人民共和国国家知识产权局专利复审委员会，住所地中华人民共和国北京市海淀区北四环西路9号银谷大厦10～12层。

法定代表人廖涛，副主任。

委托代理人尹昕，女，中华人民共和国国家知识产权局专利复审委员会审查员。

委托代理人刘妍，女，中华人民共和国国家知识产权局专利复审委员会审查员。

原告先灵公司不服被告中华人民共和国国家知识产权局专利复审委员会于2007年10月6日作出的第11601号复审请求审查决定（下称被诉决定），向本院提起行政诉讼。本院受理后，依法组成合议庭，于2008年4月25日公开开庭审理了本案，现已审理终结。

2007年10月6日，被告针对原告提出的名称为“哺乳动物细胞表面抗原及相关试剂”的第97181715.4号发明专利申请（下称本申请），认定本申请不符合《中华人民共和国专利法》（下称《专利法》）第二十六条第三款的规定，因此，决定维持中华人民共和国国家知识产权局（下称中国知产局）于2003年11月28日作出的驳回决定。

在法定期限内，被告向本院提交了下列证据以证明被诉决定合法：（1）本申请公开文本；（2）原告于2004年3月2日向被告提交的复审请求书；（3）被告于2006年5月22日向原告发出的复审通知书；（4）原告于2006年7月6日向被告提交的意见陈述书；（5）中国轻工业出版社2003年2月版《新编生物化学》扉页及第20～21、23、25页复印件。

原告诉称，被诉决定认定事实不清，适用法律错误。对于本申请而言，本领域技术人员可以依据本申请所公开蛋白质的一级结构的同源性并结合现有技术，确定说明书所述的蛋白质的空间结构的相同相似性并进一步确认其功能相同相似性，在此基础上能够“预测发明能够实现所述用途和/或使用效果”，因此，在说明书中无须进一步记载相应的“定性或者定量实验数据”。此外，本申请说明书也公开了499E9蛋白的生物活性。本申请中的SEQ ID NO：1是一种结构基因。而《审查指南》只是规定应当证明所述基因编码的多肽或蛋白质具有特定功能，而没有规定证明的方式，更没有要求必须是功能数据。本领域技术人员可以理解，多肽活性的实验数据并非是证实蛋白质功能的唯一手段，实际上，同源性检测结果也是本领域公知的一种证明蛋白质功能的证据。本申请实际上已经满足了《审查指南》关于一般化学产品发明的充分公开的要求，而无须进一步提供实验数据。被告在判断本申请是否符合《专利法》及《审查指南》中关于充分公开的要求时，并没有深入考查本案的具体情形，忽视了本申请作为涉及生物技术领域发明的特定情况，而是直接适用《审查指南》关于一般化学产品发明对于充分公开的规定。因此，复审请求人民法院撤销被诉决定，并责令被告重新作出审查决定。

在法定期限内，原告向本院提交了下列证据以支持其诉讼主张：（1）本申请公开说明书复印件；

（2）中国知产局针对本申请作出的驳回决定；（3）原告向被告提交的复审请求书复印件；（4）被告向原告发出的复审通知书复印件；（5）原告在复审阶段向被告提交的复审意见陈述书复印件；（6）轻工业出版社1981年版《食品生物化学》扉页及第182页复印件；（7）光明日报出版社1996年12月版《生物化学》扉页及第9页复印件。

被告辩称，被诉决定认定事实清楚，适用法律正确。首先，《审查指南》第二部分第十章第9.2.2.1节第（3）项明确规定，"对于涉及基因、载体、重组载体、转化体、多肽或蛋白质、融合细胞、单克隆抗体等的发明，应在说明书中描述其用途和/或效果，明确记载获得所述效果所需的技术手段、条件等。例如，应在说明书中提供证据证明基因具有特定的功能，对于结构基因，应该证明所述基因编码的多肽或蛋白质具有特定的功能。"而本申请的说明书中并没有提供证据证明499E9蛋白或多肽的功能，因此不符合《审查指南》的上述规定。其次，"作为蛋白质一级结构的氨基酸是其空间结构的基础"，即蛋白质的一级结构决定其空间结构。正因为如此，如果作为蛋白质一级结构的氨基酸序列中的一些甚至一个起关键作用的氨基酸改变，就会导致蛋白质空间结构与生活学活性或功能的巨大变化。原告仅仅根据499E9与作为细胞凋亡诱导物的蛋白具有序列同源性，同时具有TNF配体家族成员的结构基元特征，从而推断其具有调节效应细胞的抗原特异性增殖和细胞因子的产生的作用缺乏有效的实验证据支持，通过说明书中的同源性推测以及序列分析尚不足以认定本申请所述蛋白质的功能已经确定。对于其他部分，被告坚持被诉决定中的认定理由。综上，复审请求人民法院维持被诉决定，驳回原告的诉讼请求。

经庭审质证，原告对于被告的证据1～4关联性、合法性与真实性均无异议，但不同意其证明作用；但认为证据5形成的时间晚于本申请的优先权日，故不能作为本案证据。被告对于原告证据的真实性无异议，但认为证据7形成的时间应晚于本申请的优先权日，不能作为本案证据。

本院经审查认为，被告提交的证据5形成于本申请的优先权日之后，与本案无关，本院不予采纳。参照《审查指南》第二部分第三章第2.1.3.1节第5项的规定，印刷日只写明年月的，以所写月份的最后一日为公开日。因此，原告提交的证据7的公开日是1996年12月31日，晚于本申请的优先权日，与本案无关，本院亦不予采纳。双方当事人提交的其他证据均与本案有关，且合法、真实，本院均予确认。

根据上述有效证据及各方当事人无争议的陈述，本院认定事实如下：

本申请的申请日为1997年12月12日、公开日为2000年2月23日，优先权日为1996年12月13日。2003年11月28日，中国知产局以本申请的说明书不符合《专利法》第二十六条第三款的规定为由驳回了本申请。驳回决定所针对的权利要求书如下：

"1. 至少12个连续氨基酸与SEQ ID NO：2具有100％的序列同一性的基本上纯化的或重组的多肽。

2. 包括权利要求1的多肽的融合蛋白。

3. 编码权利要求1的多肽或权利要求2的融合蛋白的分离核酸。

4. 具有SEQ ID NO：1的核苷酸序列的分离核酸。

5. 一种在至少45℃的洗涤条件和小于500mM盐时与SEQID NO：1选择性杂交的核酸。

6. 包括权利要求4或5的核酸的重组载体。

7. 包括权利要求4～6任一项的核酸或载体的宿主细胞。

8. 制备多肽或融合蛋白的方法，包括在表达核酸的条件下培养权利要求7的宿主细胞。

9. 包括特异性结合权利要求1的多肽的抗体或抗原结合片段的结合化合物。

10. 包括权利要求1的多肽或权利要求2的融合蛋白的组合物。

11. 包括以下组分的试剂盒：

（a）权利要求1的多肽或权利要求2的融合蛋白；

（b）特异性结合权利要求1的多肽的抗体；或

（c）权利要求4或5的核酸。”

驳回决定中指出的具体理由为：本申请说明书记载了499E9蛋白的氨基酸序列，指出该蛋白与作为细胞凋亡诱导物的蛋白具有序列同源性，具有TNF配体家族成员的结构基元特征，原告据此推断该499E9蛋白具有与TNF配体分子相似的生物活性，但并没有提供实验证据证明这一功能。对本领域技术人员而言，很难推断两个有一定同源性的氨基酸序列之间一定具有类似的生物活性，因此本申请的说明书公开不充分。

原告于2003年5月9日提交的附件如下：（1）The Journalof Biological Chemistry，第272卷，第40期，第25190～25194页，1997年10月3日，复印件共5页；（2）J. Exp. Med.，第186卷，第12期，第2075～2080页，1997年12月15日，复印件共6页；（3）J. Exp. Med.，第189卷，第7期，第1017～1020页，1999年4月5日，复印件共4页；（4）Nature，第390卷，第175～179页，1997年11月13日，复印件共5页；（5）US 6，242，586 B1，公开日2001年6月5日，复印件共3页；（6）US 6，525，180 B1，公开日2003年2月25日，复印件共3页。

原告对上述驳回决定不服，于2004年3月2日向被告提出复审请求，认为本申请的说明书充分公开了要求保护的技术方案，本领域技术人员可以实现，具体理由为：（1）说明书中公开了499E9蛋白与TNF配体家族的成员表现出序列同源性，并且具有其结构特征，结合说明书的其他教导，本领域技术人员可以推断499E9将与TNF配体家族成员具有相似的生物活性；（2）附件1～4表明499E9增强T细胞增殖，这些文件支持和证明了申请人所描述的499E9的功能和用途是正确的；（3）附件5～6可证明涉及499E9核酸、多肽和抗体的美国专利申请已被授权，被告可以作为参考。

形式审查合格后，被告受理了该复审请求，并于2004年3月29日向原告发出《复审请求受理通知书》，同时将本申请案卷移交原审查部门进行前置审查。

原审查部门进行前置审查后，仍坚持原驳回决定。

被告组成合议组，对本复审请求案进行审理，并于2006年5月22日向原告发出《复审通知书》指出：

本申请请求保护内容的基础是499E9蛋白，但是说明书中并没有对499E9的功能进行有效的实验室鉴定。原告仅仅根据其制备过程，以及通过与现有技术中已知基因或蛋白进行序列分析和同源性对比，发现499E9与作为细胞凋亡诱导物的蛋白质具有序列同源性，同时具有TNF配体家族成员的结构基元特征，从而推测得到要求保护的499E9的功能。但是本领域技术人员已知，一级序列具有一定同源性的不同蛋白并不一定具有同样的功能。如果蛋白质氨基酸序列中的一些甚至一个起关键作用的氨基酸改变，就会导致蛋白质空间结构与生物学活性或功能的巨大变化。因此本领域技术人员根据申请文件记载的内容及现有技术，不能认定本申请说明书所述蛋白质的功能已经得到了确认。虽然原告提交了附件1～4用以证明现有技术中已公开了499E9蛋白的功能，但是，这些附件的公开日均在本申请的优先权日（1996年12月13日）之后，根据《中华人民共和国专利法实施细则》（下称《专利法实施细则》）第十条的规定，除《专利法》第二十八条和第四十二条规定的情形外，《专利法》所称申请日，有优先权的，指优先权日，因此这些附件不能用作证明499E9蛋白的功能在本申请优先权日前已经被公开的现有技术。此外，被告依据《专利法》及《专利法实施细则》和《审查指南》的有关规定对本申请进行审查，因此原告提供的附件5、6不能作为审查本申请的依据。综上，本申请说明书并未充分公开其要求保护的蛋白质，不符合《专利法》第二十六条第三款的规定。

针对上述问题，原告于2006年7月6日提交了意见陈述书称：（1）本申请的说明书第2页和第8页的相关段落说明了499E9蛋白的表达特性；（2）说明书第2页和第8页说明了499E9蛋白在抗原特异性增殖、效应细胞中细胞因子产生和诱导效应细胞凋亡的作用；（3）说明书第8页说明了499E9蛋白具有TNF家族成员的特征性结构基序，描述了499E9蛋白和TNF配体家族其他成员中的保守氨基酸，指出了TNF配体结构域的位置，并且指出499E9蛋白和TNF配体家族成员具有密切同源性；（4）说明书第19～22页教导了如何制备重组的499E多肽，第15和21页教导了如何制备抗499E抗体。因此本申请的说明书提供了本发明的技术方案，本领域技术人员根据说明书的教导可以实施本发明。

被告经审查认为：

《专利法》第二十六条第三款规定：说明书应当对发明或者实用新型作出清楚、完整的说明，以所属技术领域的技术人员能够实现为准。

所属技术领域技术人员能够实现，是指所属技术领域技术人员按照说明书记载的内容，就能够实现该发明的技术方案，解决其技术问题，并产生预期的技术效果。

对于化学产品申请，说明书中除了应当公开化学产品的确认和化学产品的制备外，还应当充分公开该产品的用途和/或使用效果。如果所属领域技术人员无法根据现有技术预测发明能够实现所述用途和/或达到预期效果，说明书中也未记载对于本领域技术人员来说足以证明发明的技术方案可以实现所述用途和/或达到预期效果的定性或者定量实验数据，则该技术方案将被认为无法实现。

对于涉及基因、多肽或蛋白质的发明，应在说明书中提供证据证明该基因、多肽或蛋白质具有特定的功能。

本申请请求保护与SEQ ID NO：1～2所示的小鼠499E9的核苷酸和氨基酸序列相关的多肽、融合蛋白、分离核酸、重组载体、宿主细胞、抗体、结合化合物、组合物和试剂盒。被告认为，本申请请求保护内容的基础是499E9蛋白，虽然说明书描述了499E9基因的克隆、分离、表达及其编码多肽的相应抗体的制备过程，但是仅泛泛描述499E9是一种新的细胞表面分子，其结合可能调节效应细胞的抗原特异性增殖和细胞因子产生，而没有对499E9的功能进行有效的实验室鉴定，原告仅仅根据其制备过程，以及通过与现有技术中已知基因或蛋白进行序列分析和同源性对比，发现499E9与作为细胞凋亡诱导物的蛋白质具有序列同源性，具有TNF配体家族成员的结构基元特征，例如与CD40配体、OX40配体、TNF、NGF和FAS具有一定的同源性，从而推测得到要求保护的499E9的功能。但是本领域技术人员已知，一级序列具有一定同源性的蛋白并不一定具有同样的功能。这是因为，作为蛋白质一级结构的氨基酸序列是其空间结构的基础，而蛋白质的空间结构又是其生物学功能的基础，同源性较高的蛋白质是否具有相似的空间结构和相似的功能，主要取决于那些在维系其空间结构以及功能、活性中起关键作用的氨基酸残基的差异，以及这些差异是否足以改变其空间构象和相应的生物学功能及活性。蛋白质氨基酸序列中的一些甚至一个起关键作用的氨基酸改变，可能导致蛋白质空间结构与生物学活性或功能的巨大变化。因此，在缺乏实验证据的情况下，仅通过上述的同源性推测以及序列分析尚不足以认定本申请所述蛋白质的功能已经确定，同时说明书中也缺乏有效的实验数据验证499E9确实具有所述的功能。因此本领域技术人员根据申请文件记载的内容及现有技术，不能认定本申请说明书所述蛋白质的功能已经得到了确认，即本申请说明书并没有充分公开其要求保护的蛋白质，基于此，说明书没有充分公开权利要求1～11的技术方案，不符合《专利法》第二十六条第三款的规定。

对于原告在答复《复审通知书》时所作的意见陈述，被告认为：首先，尽管本申请说明书中描述了499E9蛋白主要在T细胞上高水平表达，但是这种表达特异性也并不能说明其必定具有所述的功能。其次，说明书中声称499E9蛋白在抗原特异性增殖、效应细胞中细胞因子产生和诱导效应细胞凋亡等过程中发挥一定作用，但这只是一种理论上的说明，不具备说服力。化学是一门实验科学，对于化学领域的发明，大多情况下需要借助实验数据来证明发明的功能和/或有益效果，而不得只断言发明具有某种功能和/或有益效果。再次，说明书中虽然描述了499E9蛋白与TNF配体家族的成员表现出序列同源性，并且具有其结构特征，但并不能因此断定它必然具备所述的功能，作为本领域技术人员的常用生物信息学技术手段，同源性对比、序列分析等对从理论上推测基因以及蛋白可能具有的功能起到重要作用，为进一步的研究指示了方向，但是在属于实验科学的生物技术领域，对于一项完整的发明，这些理论分析无法取代具体的实验来确定核酸、多肽等生物大分子的功能。最后，说明书中教导了如何制备重组的499E9多肽以及抗499E9抗体，但是对于化学产品发明除了应当公开化学产品的确认和化学产品的制备外，还应当充分公开该产品的用途和/或使用效果。

基于上述理由，被告作出了被诉决定。原告不服，在法定期限内，向本院提起行政诉讼，请求本院撤销被诉决定，并责令被告重新作出审查决定。

在庭审过程中，原告明确表示对于被诉决定的下列内容不持异议：被诉决定作出的行政程序；被诉决定中“案由”部分记载的内容。

本院认为，对于被诉决定中原告明确表示无异议的部分，本院经审查，对其合法性予以确认。在此基础上，本案的争议焦点在于本申请是否符合《专利法》第二十六条第三款的规定。

参照《审查指南》第二部分第十章第9.2.2.1节第（3）项规定，“对于涉及基因、载体、重组载体、转化体、多肽或蛋白质、融合细胞、单克隆抗体等的发明，应在说明书中描述其用途和/或效果，明确记载获得所述效果所需的技术手段、条件等。例如，应在说明书中提供证据证明基因具有特定的功能，对于结构基因，应该证明所述基因编码的多肽或蛋白质具有特定的功能。”

本申请请求保护内容的基础是499E9蛋白，原告仅仅根据其制备过程，以及通过与现有技术中已知基因或蛋白进行序列分析和同源性对比，发现499E9与作为细胞凋亡诱导物的蛋白质具有序列同源性，具有TNF配体家族成员的结构基元特征，从而推测得到要求保护的499E9的功能。但是本领域技术人员已知，一级序列具有一定同源性的蛋白并不一定具有同样的功能。这是因为，作为蛋白质一级结构的氨基酸序列是其空间结构的基础，而蛋白质的空间结构又是其生物学功能的基础，同源性较高的蛋白质是否具有相似的空间结构和相似的功能，主要取决于那些在维系其空间结构以及功能、活性中起关键作用的氨基酸残基的差异，以及这些差异是否足以改变其空间构象和相应的生物学功能及活性。蛋白质氨基酸序列中的一些甚至一个起关键作用的氨基酸改变，可能导致蛋白质空间结构与生物学活性或功能的巨大变化。因此，在缺乏实验证据的情况下，仅通过上述的同源性推测以及序列分析尚不足以认定本申请所述蛋白质的功能已经确定，同时说明书中也缺乏有效的实验数据验证499E9确实具有所述的功能。本领域技术人员根据申请文件记载的内容及现有技术，不能认定本申请说明书所述蛋白质的功能已经得到了确认。因此，被告认定本申请说明书没有充分公开权利要求1～11的技术方案，不符合《专利法》第二十六条第三款的规定，并维持中国知产局于2003年11月28日针对本申请作出的驳回决定正确。

综上，被诉决定认定事实清楚，适用法律正确，程序合法，本院应予维持。原告的诉讼请求缺乏事实及法律依据，本院不予支持。依照《中华人民共和国行政诉讼法》第五十四条第（一）项之规定，判决如下：

维持被告中华人民共和国国家知识产权局专利复审委员会于二〇〇七年十月六日作出的第11601号复审请求审查决定。

案件受理费人民币100元，由原告先灵公司负担（已交纳）。

如不服本判决，原告先灵公司可于判决书送达之日起30日内、被告中华人民共和国国家知识产权局专利复审委员会可于判决书送达之日起15日内，向本院递交上诉状，并按对方当事人人数提出副本，上诉于中华人民共和国北京市高级人民法院。上诉人在上诉期满后7日内未预交上诉费，又不提出缓交申请的，按自动撤回上诉处理。

审 判 长 梁 菲

代理审判员 司品华

人民陪审员 杨 旭

二〇〇八年 七 月 七 日

书 记 员 董 伟

100

# 肽类抗血管生成药

## 复审请求审查决定（第11606号）

**决　定　号**　第11606号
**决　定　日**　2007年7月26日
**发明创造名称**　肽类抗血管生成药
**国际分类号**　C07K 14/78，A61K 38/39，G01N 33/68
**复审请求人**　艾博特公司
**申　请　号**　99809104.9
**申　请　日**　1999年5月21日
**优先权日**　1998年5月22日，1999年2月16日，1999年3月26日
**公　开　日**　2001年9月5日
**合议组组长**　李金光
**主　审　员**　许　磊
**参　审　员**　魏春宝

**法律依据**　专利法第26条第4款
**决定要点**

权利要求书中的每一项权利要求所要求保护的技术方案应当是所属技术领域的技术人员能够从说明书充分公开的内容中得到或概括得出的技术方案，并且不得超出说明书公开的范围。权利要求的概括应当适当，使其保护范围正好适应说明书所公开的内容。如果权利要求的概括包含申请人推测的内容，而其效果又难于预先确定和评价，则这种概括得不到说明书支持。

### 一、案由

本复审请求涉及1999年5月21日申请、2001年9月5日公开、名称为“肽类抗血管生成药”的99809104.9号发明专利申请（下称本申请），其申请人为艾博特公司。

国家知识产权局于2004年7月9日驳回了本申请，理由为：申请人仅制备了所述通式所要求保护的很多化合物中有限的一部分化合物，而且在这一部分化合物中也仅少数化合物具有本发明所述的抑制活性；从满足所给通式的化合物中筛选出能达到本发明目的的化合物本身存在一定的随机性，本领域技术人员不可能通过反复试验来得出如此大范围内的哪些化合物能具有本发明所述的活性，因此权利要求1得不到说明书的支持，不符合专利法第26条第4款的规定。

驳回决定所针对的权利要求书中（共36项）的权利要求1、2如下：

“1. 下式表示的化合物：

$A_0-A_1-A_2-A_3-A_4-A_5-A_6-A_7-A_8-A_9-A_{10}$

或其可药用盐、酯、溶剂化物或药物前体，其中：

$A_0$ 选自：

（1）氢；

（2）R-（$CH_2$）$_n$-C（O）-；其中n选自0，1，2，3和5，R选自甲基；N-乙酰氨基；甲氧基；羧基；环己基；含有一个双键并被3个羟基取代的环己基；和可选地含有一个选自氮和氧的杂原子的5元或6元芳族或非芳族环，其中该环可选地被烷基取代；和

（3）$R^1$-$CH_2CH_2$-（$OCH_2CH_2O$）$_p$-$CH_2$-C（O）-；其中$R^1$是N-乙酰氨基，p是1；

$A_1$ 是氨酰基残基，选自：

（1）丙氨酰，

（2）天冬酰胺酰，

（3）瓜氨酰，

（4）谷氨酰胺酰，

（5）谷氨酰，

（6）N-乙基甘氨酰，

（9）脯氨酰，

（10）焦谷氨酰，

（11）肌氨酰，

（12）丝氨酰，

（13）苏氨酰，

（14）-HN-（$CH_2$）$_q$-C（O）-，其中q为1，和

（15）-HN-$CH_2CH_2$-（$OCH_2CH_2O$）$_r$-$CH_2$-C（O）-，其中r为1；

$A_2$ 是氨酰基残基，选自：

（1）丙氨酰，

（2）天冬酰胺酰，

（3）天冬氨酰，

（5）谷氨酰，

（6）亮氨酰，

（8）苯丙氨酰，

（9）脯氨酰，

（10）丝氨酰，和

（13）甘氨酰；

$A_3$ 是一个氨酰基残基，选自：

（2）天冬酰胺酰，

（6）谷氨酰胺酰，

（7）谷氨酰，

（8）甘氨酰，

（9）异亮氨酰，

（10）亮氨酰，

（12）正缬氨酰，

(13）苯丙氨酰，
(14）丝氨酰，
(17）缬氨酰，
(18）青霉胺基，和
(19）胱氨酰；
$A_4$ 是氨酰基残基，选自：
(1）别-异亮氨酰，
(2）甘氨酰，
(3）异亮氨酰，
(5）脱氢亮氨酰，
(6）D-丙氨酰，
(7）D-3-（萘-1-基）丙氨酰，
(8）D-3-（萘-2-基）丙氨酰，
(9）D-（3-吡啶基）-丙氨酰，
(10）D-2-氨基丁酰，
(11）D-别-异亮氨酰，
(12）D-别-苏氨酰，
(14）D-天冬酰胺酰，
(15）D-天冬氨酰，
(16）D—3-（3-苯并噻吩基）丙氨酰，
(17）D-3-（4，4'-联苯）丙氨酰，
(18）D-3-（3-氯苯基）丙氨酰，
(19）D-3-（3-三氟甲苯基）丙氨酰，
(20）D-3-（3-氰基苯基）丙氨酰，
(21）D-3-（3，4-二氟苯基）丙氨酰，
(22）D-瓜氨酰，
(23）D-环己基丙氨酰，
(24）D-环己基甘氨酰，
(25）D-胱氨酰，
(26）D-胱氨酰（S-叔丁基），
(27）D-谷氨酰胺酰，
(28）D-谷氨酰，
(29）D-组氨酰，
(30）D-高异亮氨酰，
(31）D-高苯丙氨酰，
(32）D-高丝氨酰，
(33）D-异亮氨酰，
(34）D-亮氨酰，
(36）D-赖氨酰，
(37）D-甲硫氨酰，

(38) D-新戊基甘氨酰,
(39) D-正亮氨酰,
(41) D-鸟氨酰,
(42) D-青霉胺基,
(43) D-青霉胺基（乙酰氨基甲基),
(44) D-青霉胺基（S-苄基),
(45) D-苯丙氨酰,
(46) D-3-（4-氨基苯基）丙氨酰,
(47) D-3-（4-甲苯基）丙氨酰,
(48) D-3-（4-硝基苯基）丙氨酰,
(49) D-3-（3，4-二甲氧苯基）丙氨酰,
(50) D-3-（3，4，5-三氟苯基）丙氨酰,
(52) D-丝氨酰,
(53) D-丝氨酰（O-苄基),
(54) D-叔丁基甘氨酰,
(55) D-噻吩基丙氨酰,
(56) D-苏氨酰,
(57) D-苏氨酰（O-苄基),
(58) D-色氨酰（D-tryptyl),
(59) D-酪氨酰（O-苄基),
(60) D-酪氨酰（O-乙基),
(61) D-酪氨酰,
(62) D-缬氨酰；和
(63) D-3-（4-氯苯基）丙氨酰；
$A_5$ 是氨酰基残基，选自：
(1) 丙氨酰,
(3) 3-（萘-1-基）丙氨酰,
(4) 3-（萘-2-基）丙氨酰,
(6) 烯丙基甘氨酰,
(7) 谷氨酰胺酰,
(8) 甘氨酰,
(10) 高丝氨酰,
(11) 异亮氨酰,
(12) 赖氨酰（N-ε-乙酰),
(13) 甲硫氨酰,
(14) 正缬氨酰,
(15) 辛基甘氨酰,
(17) 3-（4-羟甲苯基）丙氨酰,
(18) 脯氨酰,
(19) 丝氨酰,

(20) 苏氨酰，
(21) 色氨酰 (tryptyl)，
(22) 酪氨酰，
(26) D-苏氨酰，和
青霉胺基；
$A_6$ 是氨酰基残基，选自：
(1) 丙氨酰，
(5) 2-氨基丁酰，
(6) 烯丙基甘氨酰，
(7) 精氨酰，
(8) 天冬酰胺酰，
(9) 天冬氨酰，
(10) 瓜氨酰，
(11) 3-(环己基) 丙氨酰，
(12) 谷氨酰胺酰，
(13) 谷氨酰，
(14) 甘氨酰，
(19) 异亮氨酰，
(20) 亮氨酰，
(21) 赖氨酰 (N-ε-乙酰)，
(23) 甲硫氨酰 (砜)，
(24) 甲硫氨酰 (亚砜)，
(25) 甲硫氨酰，
(26) 正亮氨酰，
(27) 正缬氨酰，
(28) 辛基甘氨酰，
(30) 3-(4-甲酰胺苯基) 丙氨酰，
(31) 炔丙基甘氨酰，
(32) 丝氨酰，
(35) 酪氨酰，
(36) 缬氨酰，
(42) D-正缬氨酰，和
(44) 青霉胺基；
$A_7$ 是氨酰基残基，选自：
(1) 丙氨酰，
(2) 烯丙基甘氨酰，
(3) 天冬氨酰，
(4) 瓜氨酰，
(7) 甘氨酰，
(9) 异亮氨酰，

（11）亮氨酰，
（12）赖氨酰（N-ε-乙酰），
（13）甲硫氨酰，
（14）3-（萘-1-基）丙氨酰，
（15）3-（萘-2-基）丙氨酰，
（16）正缬氨酰，
（17）苯丙氨酰，
（18）脯氨酰，
（19）丝氨酰，
（21）色氨酰（tryptyl），
（22）酪氨酰，和
（25）D-异亮氨酰；
$A_8$ 是氨酰基残基，选自：
（1）2-氨基-4-［（2-氨基）-嘧啶基］丁酰基，
（2）丙氨酰（3-胍基），
（3）丙氨酰（3-吡咯烷基脒基），
（4）丙氨酰［4-哌啶基（N-脒基）］，
（5）精氨酰，
（6）精氨酰（NGNG'二乙基），
（7）瓜氨酰，
（8）3-（环己基）丙氨酰（4-N'-异丙基），
（9）甘氨酰［4-哌啶基（N-脒基）］，
（10）组氨酰，
（11）高精氨酰，
（12）赖氨酰，
（13）赖氨酰（N-ε-异丙基），
（14）赖氨酰（N-ε-烟酰），
（15）正精氨酰，
（16）鸟氨酰（N-δ-异丙基），
（17）鸟氨酰（N-δ-烟酰），
（18）鸟氨酰［N-δ-（2-咪唑啉基）］，
（19）［（4-氨基（N-异丙基）甲基）苯基］丙氨酰，和
（20）3-（4-胍基苯基）丙氨酰；
$A_9$ 是氨酰基残基，选自：
（1）2-氨基-丁酰，
（2）2-氨基-异丁酰，
（3）高脯氨酰，
（4）4-羟脯氨酰，
（7）苯丙氨酰，
（8）脯氨酰，

（11）1，2，3，4–四氢异喹啉–3–羰基，
（14）D–丙氨酰，和
（15）D–脯氨酰；以及
$A1_0$选自：
（1）羟基
（2）氮杂甘氨酰胺，
（3）D–丙氨酰胺，
（4）D–丙氨酰乙酰胺，
（5）甘氨酰胺，
（6）甘氨酰乙酰胺，
（7）肌氨酰胺，
（8）丝氨酰胺，
（9）D–丝氨酰胺，
（10）下式表示的基团：

$$\text{-NH-}(CH_2)_s\text{-}\overset{R^2}{\overset{|}{C}}HR^3,$$

和
（11）式–NH–$R^4$ 表示的基团；
其中：
s是选自0和1的整数，
$R^2$ 选自氢、烷基和6元环烷基；
$R^3$ 选自氢、羟基、烷基、烷氧基和含有1个氮的6元环，条件是当 $R^3$ 为羟基或烷氧基时s不为0；和
$R^4$选自氢和羟基。
2. 按照权利要求1的化合物，其中 $A_1$ 是肌氨酰，$A_2$ 是甘氨酰，$A_3$ 是缬氨酰，$A_7$ 是异亮氨酰，$A_8$ 是精氨酰，$A_9$ 是脯氨酰，而 $A_0$、$A_4$、$A_5$、$A_6$ 和 $A_{10}$如权利要求1中所定义。”

申请人艾博特公司（下称复审请求人）对上述驳回决定不服，于2004年10月25日向专利复审委员会提出复审请求，复审请求人认为，其在答复第二次审查意见通知书时提交的试验数据说明权利要求1要求保护的化合物具有本发明所述的抑制活性，国家知识产权局驳回的理由不成立。

2004年10月29日，复审请求人提交了修改的权利要求书全文替换页（共35项），其修改内容为将驳回决定所针对文本中的权利要求1删除，将权利要求2修改为新的权利要求1，修改后权利要求1中 $A_1$ 的定义为“$A_1$ 是氨酰基残基，选自：丙氨酰，N–乙基甘氨酰和肌氨酰”，同时，复审请求人对其余权利要求的编号和引用关系进行了适应性修改。

形式审查合格后，专利复审委员会受理了该复审请求，并于2004年11月17日向复审请求人发出《复审请求受理通知书》，并将本申请案卷移交原审查部门进行前置审查。

原审查部门对本复审请求进行了前置审查，坚持原驳回决定，理由是：在对表3所列出的具有抑制活性的化合物的取代基变化进行统计时可以发现，其中以实施例1为基础，实施例3～5、8、11～12是 $A_{10}$取代基不同，实施例18、28是 $A_4$ 取代基不同，实施例42～43、46～47、49～51是 $A_6$ 取代基不同，实施例50～61、63、66是 $A_0$ 取代基不同，并没有 $A_5$ 取代基发生变化的情况，而且上述化合物均是对于化合物1——N–Ac–Sar–Gly–Val–D–Ile–Thr–Nva–Ile–Arg–$ProNHCH_2CH_3$（实施例1的

化合物，在说明书的表2中证明了抑制了对大鼠角膜新血管生成）发生了一个取代基的变化，并不存在两个或两个取代基同时发生变化的情形，所以虽然申请人删除了权利要求1，将驳回决定所针对文本中的权利要求2修改为权利要求1并同时定义了 $A_1$，但修改后的权利要求仍然得不到说明书的支持。

专利复审委员会组成合议组，对本案的复审请求进行了审理。

2006年6月13日，专利复审委员会向复审请求人发出《复审通知书》。针对修改后的申请文件，该《复审通知书》指出：权利要求1中的通式化合物是一种短肽，其中每一个组成氨基酸残基的变化都可能会对活性产生重要影响，而且其中一些氨基酸残基可能是其重要的活性位点即不可进行变化的位点。从本申请说明书中提供证明本发明化合物活性的数据表2和3来看，其中所涉及的化合物的 $A_1$、$A_2$、$A_3$、$A_5$、$A_7$、$A_8$ 和 $A_9$ 都是固定的氨酰基残基，$A_0$、$A_4$、$A_6$ 和 $A_{10}$ 虽然可变，但是其基团选择也十分有限，并且在这些可变基团发生相对简单的有限改变的情况下，所得化合物之间的活性也会有较大差异。权利要求1中 $A_0$、$A_4$、$A_6$ 和 $A_{10}$ 可以选取的基团很多，其种类不同，性质相差也很大。即使可选取的基团都属于氨基酸残基，不同氨基酸的电荷和理化性质不同，本领域技术人员也难以预见到用性质相差较大的氨基酸残基在多个位点上任意进行取代获得的物质仍然具有所需的活性，所以权利要求1得不到说明书的支持，不符合专利法第26条第4款的规定。

针对《复审通知书》指出的问题，复审请求人于2006年10月10日提交了意见陈述书及经修改的权利要求书全文替换页（共29项权利要求）和说明书第56和108页替换页。

2006年10月27日，复审请求人再次提交了意见陈述书和权利要求书全文替换页（共23项权利要求），在意见陈述书中复审请求人请求以修改后的权利要求书作为审查基础，其中修改后的权利要求1如下：

“1. 下式表示的化合物：

$A_0-A_1-A_2-A_3-A_4-A_5-A_6-A_7-A_8-A_9-A_{10}$

或其可药用盐、酯、溶剂化物或药物前体，其中：

A0选自：

（1）氢

（2）$R-(CH_2)_n-C(O)-$；其中n选自0，1，2，3和5，R选自甲基；N-乙酰氨基；甲氧基；羧基；环己基；含有一个双键并被3个羟基取代的环己基；和可选地含有一个选自氮和氧的杂原子的5元或6元芳族或非芳族环，其中该环可选地被烷基取代；和

（3）$R^1-CH_2CH_2-(OCH_2CH_2O)_p-CH_2-C(O)-$；其中 $R^1$ 是N-乙酰氨基，p是1；

$A_1$ 是肌氨酰；

$A_2$ 是氨酰基残基，选自 $-IIN-(CII_2)_q-C(O)-$，其中，q是1~8，和甘氨酰；

$A_3$ 是缬氨酰；

$A_4$ 是L或D构型的氨酰基残基，选自：

（1）别-异亮氨酰，

（23）D-环己基丙氨酰，

（33）D-异亮氨酰，

（62）D-缬氨酰；和

（63）D-3-（4-氯苯基）丙氨酰；

$A_5$ 是L或D构型的氨酰基残基，选自：

（20）苏氨酰，

$A_6$ 是 L 或 D 构型的氨酰基残基，选自：
（1）丙氨酰，
（6）烯丙基甘氨酰，
（25）甲硫氨酰，
（27）正缬氨酰，
（28）辛基甘氨酰，
（36）缬氨酰，和
D-正缬氨酰，
$A_7$ 是 L 或 D 构型的氨酰基残基，选自：异亮氨酰；
$A_8$ 是氨酰基残基，选自：精氨酰；
$A_9$ 是 L 或 D 构型的氨酰基残基，选自：脯氨酰；以及
$A_{10}$是羟基和选自下列的氨基酸酰胺：
（10）下式表示的基团：

$$\text{-NH-}(CH_2)_s\text{-}\overset{R^2}{\overset{|}{C}}HR^3,$$

和
（11）式-NH-$R^4$ 表示的基团；
其中：
s 是选自 0 至 8 的整数，
$R^2$ 选自氢、烷基和 5-至 6-元环烷基；
$R^3$ 选自氢、羟基、烷基、苯基、烷氧基和任选含有 1 ~ 2 个选自氧、氮和硫的杂原子的 5-至 6-元杂环，条件是当 $R^3$ 为羟基或烷氧基时 s 不为 0；和
$R^4$选自氢和羟基。”
至此，合议组认为本案事实清楚，可以作出审查决定。

**二、决定的理由**

1. 本决定所依据的文本

本决定是在复审请求人于 2001 年 1 月 22 日提交的说明书第 1、3、5 ~ 17、19 ~ 20、23 ~ 55、57 ~ 61、63 ~ 106、109 ~ 116、119 ~ 126、128 ~ 137、140 ~ 145、148 ~ 152、154 ~ 159 页、说明书摘要，于 2001 年 1 月 22 日根据专利合作条约第 28 或 41 条的规定提交的说明书第 2、4、18、21 ~ 22、62、160 ~ 166 页，于 2003 年 9 月 29 日提交的说明书第 107、117 ~ 118、127、138 ~ 139、146 ~ 147、153 页，于 2006 年 10 月 10 日提交的说明书第 56 和 108 页以及于 2006 年 10 月 27 日提交的权利要求第1 ~ 23 项的基础上作出的。

2. 关于专利法第 26 条第 4 款

专利法第 26 条第 4 款规定：权利要求书应当以说明书为依据，说明要求专利保护的范围。

根据该款规定，权利要求书中的每一项权利要求所要求保护的技术方案应当是所属技术领域的技术人员能够从说明书充分公开的内容中得到或概括得出的技术方案，并且不得超出说明书公开的范围。权利要求的概括应当适当，使其保护范围正好适应说明书所公开的内容。如果权利要求的概括包含申请人推测的内容，而其效果又难于预先确定和评价，则这种概括得不到说明书支持。

本案中，权利要求 1 中的通式化合物是一种短肽，对于短肽而言，其中每一个组成氨基酸残基的变化都可能会对活性产生重要影响，而且其中一些氨基酸残基可能是其重要的活性位点即不可进行变

化的位点。从本申请说明书中提供的证明本发明化合物活性的数据表3来看，其中所涉及的化合物的$A_1$、$A_2$、$A_3$、$A_5$、$A_7$、$A_8$和$A_9$都是固定的氨酰基残基，其中$A_2$是甘氨酰，而可变基团$A_0$、$A_4$、$A_6$和$A_{10}$虽然可变，但是在表3所给出的化合物中，这些可变基团在有限选择范围内发生改变的情况下，所得化合物之间的活性也有较大差异，例如，本申请实施例1和实施例3的化合物的差别仅在于实施例1的化合物的$A_{10}$为$NHCH_2CH_2CH_3$，而实施例3的化合物的$A_{10}$为$NHCH_3$，但是实施例3的化合物在20 nM下的活性远远低于实施例1的化合物的活性，并且说明书只给出了部分化合物的活性结果。因此，虽然权利要求1中限定了$A_2$"选自-HN-（$CH_2$）$_q$-C（O）-，其中，q是1~8，和甘氨酰"和$A_{10}$中的s、$R^2$、$R^3$分别为"s是选自0至8的整数"、"$R^2$选自氢、烷基和5-至6-元环烷基"和"$R^3$选自氢、羟基、烷基、苯基、烷氧基和任选含有1~2个选自氧、氮和硫的杂原子的5-至6-元杂环"，但在说明书中没有记载$A_2$为"-HN-（$CH_2$）$_q$-C（O）-，其中，q是1~8"时权利要求1保护的短肽是否具备本申请所述活性的情况下，本领域技术人员根据说明书的描述无法预测这种方案获得的化合物是否可以实现本发明的目的；此外，对于A10中的s、$R^2$、$R^3$分别限定为s选自2~8、$R^2$是5-元环烷基、以及R3选自苯基和任选地含有1~2个选自氧、氮和硫的杂原子的5-至6-元杂环的方案而言，所属技术领域的技术人员根据说明书的描述也不能预测这些限定获得的权利要求1的化合物均具有本发明所述活性，因此，权利要求1得不到说明书的支持。

此外，虽然复审请求人在本申请的实质审查程序中提交过一些实验数据，但这些数据并未记载在原始申请文本中，所属领域技术人员不能根据说明书记载的内容概括出权利要求1记载的化合物均具有本申请所述活性。

根据以上事实和理由，本案合议组作出如下审查决定。

**三、决定**

维持国家知识产权局于2004年7月9日对99809104.9号发明专利申请作出的驳回决定。

复审请求人对本决定不服的，可以根据专利法第41条第2款的规定，自收到本决定之日起三个月内向北京市第一中级人民法院起诉。

101

# 干扰素-α 蛋白作为 Fc 融合蛋白的表达和运输

## 复审请求审查决定（第 11622 号）

**决　定　号**　第 11622 号
**决　定　日**　2007 年 9 月 14 日
**发明创造名称**　干扰素-α 蛋白作为 Fc 融合蛋白的表达和运输
**国 际 分 类 号**　C07K 14/715，C12N 15/63，C12N 15/62，C12N 15/86，C07K 19/00，C12N 15/21，C12N 15/863，A61K 38/21 // C07K 14/52
**复 审 请 求 人**　利思进药品公司
**申　请　号**　00810671.1
**优 先 权 日**　1999 年 5 月 19 日
**申　请　日**　2000 年 5 月 19 日
**公　开　日**　2002 年 7 月 31 日
**合 议 组 组 长**　许　磊
**主　审　员**　尹　昕
**参　审　员**　李梦楠

**法 律 依 据**　专利法第 22 条第 3 款
**决 定 要 点**

在判断一项权利要求是否具备创造性时，首先要将该权利要求所述的技术方案与现有技术中最接近的技术方案进行特征对比分析，确定二者之间的区别技术特征，然后根据该区别技术特征所能达到的技术效果确定发明实际解决的技术问题。如果现有技术给出了将上述区别技术特征应用到最接近的现有技术以解决其存在的技术问题的启示，则该权利要求所要求保护的技术方案相对于现有技术而言不具备突出的实质性特点，不具备创造性。

### 一、案由

本复审请求涉及申请日为 2000 年 5 月 19 日，公开日为 2002 年 7 月 31 日、名称为“干扰素-α 蛋白作为 Fc 融合蛋白的表达和运输”的 00810671.1 号发明专利申请（下称本申请），申请人为利思进药品公司，优先权日为 1999 年 5 月 19 日。

国家知识产权局于 2004 年 5 月 14 日以本申请的权利要求 1～4 不符合专利法第 22 条第 3 款的规定为由驳回了本申请。驳回决定所针对的权利要求书为：

“1. 结合于靶细胞上表达的 Fc 受体的融合蛋白在制备用于治疗癌症、病毒性疾病或其相关状况的药物中的用途，其中所述融合蛋白由 N 末端到 C 末端方向包括免疫球蛋白 Fc 区和干扰素-α 蛋白，其中所述免疫球蛋白 Fc 区来源于 IgG1 重链恒定区的至少一部分。

2. 权利要求 1 的用途，其中所述免疫球蛋白 Fc 区包含免疫球蛋白铰链区。

3. 权利要求 1 或 2 的用途，其中所述免疫球蛋白 Fc 区包含 CH2 结构域和 CH3 结构域。

4. 权利要求 1~3 的任一项的用途，其中所述病毒性疾病是肝炎。”

驳回决定指出：对比文件 1（WO 9724137A，公开日为 1997 年 7 月 10 日）所述的融合蛋白（参见对比文件 1 的摘要、说明书第 3 页第 2~9 行，第 8 页第 13~21 行）与权利要求 1 所述的“结合于靶细胞上表达的 Fc 受体的融合蛋白”相比差别在于 IFNα、免疫球蛋白 Fc 区序列的编码方向不同。但是对比文件 2（Protein Engineering，第 11 卷，第 6 期，1998 年，High level expression and secretion of Fc-X fusion proteins in mammalian cells，Kin-Ming Lo 等人，第 495~500 页）公开了 Fc-X 融合蛋白表现出在哺乳细胞内产量和分泌率增加的特点，教导了 Fc-融合蛋白延长了感兴趣蛋白的半衰期（参见对比文件 2 摘要，第 496~497 页和表 1，第 499 页左栏第 2~3 自然段），由此可见，根据对比文件 2 给出的教导，结合对比文件 1 很容易获得权利要求 1 中所述的融合蛋白，因此在对比文件 1~2 的基础上得到权利要求 1 所述的融合蛋白在制备药物中的用途的技术方案对本领域技术人员而言是显而易见的，不具备突出的实质性特点和显著的进步。申请人陈述意见所强调的修改后的权利要求 1 涉及的融合蛋白限于来源于 IgG1 的 Fc 区，与对比文件 1 涉及 IgG4 融合蛋白不同，但是并没有证据表明这种不同能给发明带来意想不到的效果；申请人还指出本发明相对于对比文件 1 和 2 给出了融合蛋白效力的药学或生物学数据，但是本领域技术人员在对比文件 1 和 2 的基础上，完全可以预见这种效果。权利要求 2~4 的附加技术特征在 D2 中也被公开或有教导，因此，权利要求 2~4 也不具备创造性。

申请人（下称复审请求人）对上述驳回决定不服，于 2004 年 8 月 27 日向专利复审委员会提出复审请求，同时提交了修改的权利要求书全文替换页。

修改后的权利要求书如下：

“1. 一种具有干扰素-α 的生物活性且能够在肝脏中浓缩干扰素-α 的融合蛋白；所述融合蛋白由 N 末端到 C 末端方向包含 IgG1 和 IgG3 的免疫球蛋白 Fc 区和包含干扰素-α 的靶蛋白。

2. 权利要求 1 的融合蛋白，其中 Fc 区包含至少一个免疫球蛋白铰链区，一个 CH2 结构域和一个 CH3 结构域。

3. 权利要求 1 或 2 的融合蛋白，其中靶蛋白包含第二个全长干扰素-α 或其中的生物活性片段。

4. 权利要求 3 的融合蛋白，其中第一个和第二个干扰素-α 蛋白直接地或通过多肽接头连接在一起。

5. 权利要求 1~4 中任一项的融合蛋白，其中 Fc 区和靶蛋白直接地或通过多肽接头连接在一起。

6. 一种多聚体融合蛋白，包含至少两个通过共价键连接的权利要求 1~5 中限定的融合蛋白。

7. 权利要求 6 的多聚体融合蛋白，包含两个融合蛋白。

8. 一种 DNA 分子，编码权利要求 1~7 中任一项的融合蛋白。

9. 权利要求 8 的 DNA 分子，其中融合蛋白包含信号序列，所述信号序列，所述 Fc 区和所述靶蛋白以 5’到 3’方向进行连续编码。

10. 一种药物组合物，包含任选与药剂学上可接受的载体共同存在的权利要求 1~7 中任一项的融合蛋白。

11. 权利要求 1~7 中任一项的融合蛋白在制备将干扰素-α 导向于肝脏组织而不能有效介导 ADCC 或补体结合作用的药物中的用途。

12. 权利要求 11 的融合蛋白的用途，用于治疗肝脏疾病。”

复审请求人在复审请求书中强调，本申请所要解决的问题为如何以肝脏疾病如肝炎和 HIV 中所必需的高浓度将干扰素-α 导向肝细胞，而不显著降解。该问题可以通过提供本申请的 Fc-IFN-α 解决，而不是通过提供对比文件 1 中描述的 IFN-α-Fc 复合物解决。另外，Fc-IFN-α 融合蛋白的 N 末端到 C 末端方向消弱了抗体依赖性细胞介导的细胞毒性（ADCC）和补体结合作用，但维持优先导向肝脏组织。对比文件 1 和对比文件 2 均未教导或提示通过施用具有特定 N 末端到 C 末端方向的 Fc-IFN-α 融合蛋白而将带有 IFN-α 的 Fc 融合蛋白导向肝脏组织，同时降低 Fc 效应物的作用，因此，本申请相对于对比文件 1 和 2 具备创造性。

形式审查合格后，专利复审委员会受理了该复审请求，并于 2004 年 9 月 20 日向复审请求人发出《复审请求受理通知书》，随后将本申请案卷移交原实审部门进行前置审查。

原实审部门对本复审请求进行了前置审查，认为驳回决定所指出的缺陷仍然存在，修改后的权利要求 1～12 仍不具备创造性，故坚持原驳回决定。

专利复审委员会组成合议组，对本案的复审请求进行了审理。于 2006 年 3 月 31 日向复审请求人发出《复审通知书》。《复审通知书》指出：本案涉及一种结合于靶细胞上表达的 Fc 受体的融合蛋白在制备用于治疗癌症、病毒性疾病或其相关状况的药物中的用途，所述融合蛋白由 N 末端到 C 末端方向包含 IgG1 免疫球蛋白 Fc 区和干扰素-α 的靶蛋白。对比文件 2 公开了一种具有良好生物活性的 Fc-X 融合蛋白，并且揭示了 Fc-X 融合方法要优于 X-Fc 融合方法。权利要求 1 与对比文件 2 公开的技术方案相比区别在于：（1）权利要求 1 中的融合蛋白为细胞因子 IFN-α 的融合蛋白；（2）权利要求 1 要求保护 Fc-IFN-α 融合蛋白用于制备治疗癌症、病毒性疾病或其相关状况的药物中的用途。基于上述区别特征可以确定，本发明相对于对比文件 2 实际解决的技术问题是构建能用于制备治疗癌症、病毒性疾病或其相关状况的药物的 IFN-α 的融合蛋白。对比文件 1 也公开了一种融合蛋白，其中公开了上述区别特征（1）和（2），且该公知技术特征与权利要求 1 实际解决的问题相同，因此对本领域技术人员而言，权利要求 1 的技术方案相对于对比文件 2 和 1 的结合来说是显而易见的，权利要求 1 不具备专利法第 22 条第 3 款所规定的创造性。权利要求 2～4 的技术特征也均已经在对比文件 1 中公开，在权利要求 1 不具备创造性的情况下，权利要求 2～4 也符合专利法第 22 条第 3 款关于创造性的规定。本发明技术方案的有益效果都是 Fc-IFN-α 这种特定形式的融合蛋白本身所具有的，在本领域技术人员不花费创造性劳动获得 Fc-IFN-α 的技术方案后，必然会达到本发明所述的有益效果，因此，复审请求人陈述的理由也不能表明修改后的权利要求相对于对比文件 1～2 或其结合具有创造性。

针对《复审通知书》指出的问题，复审请求人于 2006 年 5 月 12 日提交了意见陈述书及经修改的权利要求书全文替换页。同时提交了本发明的 Fc-IFN-α 与对比文件 1 的 IFN-α-Fc 对丙型肝炎作用的比较实验数据。修改后的权利要求书如下：

"1. 具有干扰素-α 的生物活性且能够在肝脏中浓缩干扰素-α 的融合蛋白在制备用于治疗癌症、病毒性疾病或其相关状况的药物中的用途；所述融合蛋白由 N 末端到 C 末端方向包含来自 IgG1 或 IgG3 的免疫球蛋白 Fc 区和包含干扰素-α 的靶蛋白。

2. 权利要求 1 的用途，其中 Fc 区包含至少一个免疫球蛋白铰链区，一个 CH2 结构域和 CH3 结构域。

3. 权利要求 1 或 2 的用途，其中靶蛋白包含第二个全长干扰素-α 或其中的生物活性片段。

4. 权利要求 3 的用途，其中第一个和第二个干扰素-α 蛋白直接地或通过多肽接头连接在一起。

5. 权利要求 3 或 4 的用途，其中 Fc 区和靶蛋白直接地或通过多肽接头连接在一起。"

复审请求人认为：（1）本次修改是为克服驳回决定所指出的创造性问题而作出的；（2）提交的实验数据证明本发明的 Fc-IFN-α 与天然非融合 IFN-α 和对比文件 1 的 IFN-α-Fc 相比具有相似的生

物活性，但毒性较低。

至此，合议组认为本案事实清楚，可以作出审查决定。

**二、决定的理由**

1. 决定依据的文本

复审请求人于2006年5月12日提交了修改的权利要求书全文替换页，要求以其作为审查的基础，因此，本复审决定是在复审请求人于2006年5月12日提交的权利要求第1~5项以及进入国家阶段时提交的说明书第1~23页、序列表第1~21页、说明书附图第1~3页以及说明书摘要的基础上作出的。

2. 关于专利法第22条第3款

专利法第22条第3款规定：创造性，是指同申请日以前已有的技术相比，该发明有突出的实质性特点和显著的进步。

在判断一项权利要求是否具备创造性时，首先要将该权利要求所述的技术方案与现有技术中最接近的技术方案进行特征对比分析，确定二者之间的区别技术特征，然后根据该区别技术特征所能达到的技术效果确定发明实际解决的技术问题。如果现有技术给出了将上述区别技术特征应用到最接近的现有技术以解决其存在的技术问题的启示，则该权利要求所要求保护的技术方案相对于现有技术而言不具备突出的实质性特点，不具备创造性。

本案中，权利要求1请求保护一种具有干扰素-α的生物活性且能够在肝脏中浓缩干扰素-α的融合蛋白在制备用于治疗癌症、病毒性疾病或其相关状况的药物中的用途；所述融合蛋白由N末端到C末端方向包含来自IgG1或IgG3的免疫球蛋白Fc区和包含干扰素-α的靶蛋白。对比文件2中公开了一种Fc-X融合蛋白，该融合蛋白由N末端到C末端方向包含IgG1（人免疫球蛋白γ1）的Fc区和发挥生物学功能的X蛋白的Fc区（参见对比文件2第496页右栏第8自然段第3~5行），其中X可以是细胞因子IL-2、IL-4、IL-10以及PSA、CD26、PSMA、Tat、gp120等多种蛋白分子（参见497页左栏表1），该蛋白表现出在哺乳细胞内产量和分泌率增加（参见摘要）的特点，同时保持了良好的生物活性（参见497页右栏第2~6自然段），且延长了感兴趣蛋白的半衰期（参见第499页左栏第3自然段9~12行），对比文件2还揭示了Fc-X融合方法要优于X-Fc融合方法（参见第499页左栏第2自然段3~13行）。权利要求1与对比文件2公开的内容相比区别在于：（1）权利要求1中的融合蛋白为细胞因子IFN-α的融合蛋白；（2）权利要求1要求保护Fc-IFN-α融合蛋白用于制备治疗癌症、病毒性疾病或其相关状况的药物中的用途。基于上述区别特征可以确定，本发明相对于对比文件2实际解决的技术问题是构建能用于制备治疗癌症、病毒性疾病或其相关状况的药物的IFN-α的融合蛋白。

对比文件1中也公开了一种融合蛋白，该蛋白包括：免疫球蛋白Fc区以及IFN-α（参见对比文件1的摘要、说明书第3页第2~9行，第8页13~21行），该融合蛋白在体内的半衰期延长，并适合用于治疗病毒感染如乙型肝炎和丙型肝炎（参见说明书第4页1~5行和19~22行）。可见区别特征（1）~（2）均已经在对比文件1中公开，且该技术特征与权利要求1实际解决的问题相同。因此，本领域技术人员面对上述的本发明实际解决要的技术问题时，可以从对比文件1中得到启示，将其中公开的制备IFN-α融合蛋白、并将该蛋白用于治疗病毒感染如乙型肝炎和丙型肝炎的技术方案应用于对比文件2的Fc-X融合蛋白，从而得到权利要求1要求保护的Fc-IFN-α的技术方案，该Fc-IFN-α融合蛋白具有干扰素-α的生物活性，且能够在表达Fc受体的肝脏中浓缩干扰素-α，实现权利要求1所述的技术效果。因此对本领域技术人员而言，权利要求1的技术方案相对于对比文件2和1的结合来说是显而易见的，权利要求1不具备突出的实质性特点和显著的进步，不具有专利法第22

条第 3 款所规定的创造性。

权利要求 2 将权利要求 1 所述的融合蛋白的 Fc 区限定为包含至少一个免疫球蛋白铰链区，一个 CH2 结构域和一个 CH3 结构域。但是对比文件 2 中公开的融合蛋白也包括了人免疫球蛋白 γ1 的上述区域（参见对比文件 2 的 496 页右栏第 8 自然段第 3～5 行），因此，在其引用的独立权利要求 1 不具备创造性的情况下，权利要求 2 也不具备突出的实质性特点和显著的进步。

复审请求人在答复复审意见通知书时提交了本发明的 Fc-IFNα、对比文件 1 的 IFNα-Fc 以及 Fc-接头-IFNα 对丙型肝炎的作用的比较实验结果，结果发现上述三种物质具有相似的活性，但本发明的 Fc-IFNα 毒性较低。因此，复审请求人认为本发明的技术方案具有创造性。

对此，合议组认为，对比文件 2 中已经公开了 Fc-X 形式的融合蛋白并教导了 Fc-X 结构优于 X-Fc 结构，在对比文件 2 中，融和蛋白的 Fc 置于配体的 N 末端，根据本领域技术人员的公知常识可知，当融合蛋白与细胞表面的 Fc 受体结合后，可以阻隔介导 ADCC 和补体结合的序列，导致 Fc-X 分子的 Fc 不能有效地介导 ADCC 或补体的结合作用，从而降低 Fc 效应物的作用，因而其毒性必然较低。可见，复审请求人所述的本申请的 Fc-IFNα 毒性较低的有益效果都是 Fc-IFNα 这种特定形式的融合蛋白本身所具有的，在本领域技术人员不付出创造性劳动获得 Fc-IFNα 融合蛋白的技术方案后，必然会达到所述的发明目的，实现所述的有益效果。因此，复审请求人在答复复审通知书时提交的实验数据无法证明本申请具有创造性。

综上所述，复审请求人陈述的理由和提交的证据均不能证明权利要求 1 和 2 具备创造性。

根据以上事实和理由，合议组作出如下决定。

**三、决定**

维持国家知识产权局于 2004 年 5 月 14 日对 00810671.1 号发明专利申请作出的驳回决定。

复审请求人对本决定不服的，可以根据专利法第 41 条第 2 款的规定，自收到本决定之日起三个月内向北京市第一中级人民法院起诉。

102

# 共轭雌激素药物组合物及其应用方法

## 复审请求审查决定（第11626号）

**决　　定　　号**　第11626号
**决　　定　　日**　2007年9月18日
**发明创造名称**　共轭雌激素药物组合物及其应用方法
**国 际 分 类 号**　A61K 9/36，A61K 31/56
**复 审 请 求 人**　杜拉梅德药品有限公司
**申　　请　　号**　96197116.9
**申　　请　　日**　1996年7月26日
**优　先　权　日**　1995年7月26日，1996年7月25日
**公　　开　　日**　1998年10月28日
**合 议 组 组 长**　程　强
**主　　审　　员**　刘　妍
**参　　审　　员**　唐　莉

**法 律 依 据**　专利法第26条第4款、专利法实施细则第20条第1款、第21条第2款
**决 定 要 点**

如果一项权利要求所要求保护的技术方案并未在说明书中明确记载，所属技术领域的技术人员也无法从说明书充分公开的内容中得到或概括得出该技术方案，则该技术方案得不到说明书的支持，不符合专利法第26条第4款的规定。

如果一项权利要求不能清楚地表达请求保护的范围，则该权利要求不符合专利法实施细则第20条第1款的规定。

如果独立权利要求未完整记载解决技术问题的必要技术特征，则该权利要求不符合专利法实施细则第21条第2款的规定。

**一、案由**

本复审请求涉及申请日为1996年7月26日，公开日为1998年10月28日，名称为“共轭雌激素药物组合物及其应用方法”的96197116.9号发明专利申请（下称本申请），其申请人为杜拉梅德药品有限公司，优先权日为1995年7月26日和1996年7月25日。

国家知识产权局于2004年12月24日驳回了该申请。驳回的具体理由为：（1）独立权利要求1得不到说明书的支持，不符合专利法第26条第4款的规定，权利要求1所述的有机赋形剂可以是任何有机赋形剂，而说明书明确提出发明使用两种类型的赋形剂，同时多次提及是通过使用羟丙甲基纤

维素来实现发明。实施例也没有提供其他赋形剂可以实现发明目的的有力支持；此外，对于粉末化共轭雌激素的水分含量的描述“高于2.5%的总水分”也得不到说明书的支持，100%的总水分含量显然不能实现发明；独立权利要求1缺乏必要技术特征，不符合专利法实施细则第21条第2款的规定，粉末化组合物中赋形剂的种类和含量对于发明目的的实现都很关键。(2）权利要求2~4的技术方案未记载在说明书中；权利要求8的技术方案与说明书记载不符；基于与权利要求1同样的理由，权利要求10也得不到说明书的支持；权利要求12（例如“至少约30%（重量）”的表述）、14（“至少约”)、17（例如从说明书来看，其中所说的其他激素并不包括所有激素，而只是某些可以实现本发明目的激素，而且说明书中也没有该权利要求限定部分的叙述)、18（例如并没有记载“其混合物”的叙述或实施方案)、19、20~23、25（例如其中的“聚氧乙烯（20）脱水山梨醇单月桂酸酯”）的技术方案都未记载在说明书中，甚至也不是可以从说明书中直接得出的，所以这些权利要求都得不到说明书的支持。(3）权利要求5、15、20保护范围不清楚，权利要求5、15中的纤维素衍生物中的许多物质例如羟丙基纤维素是可以凝胶化的，所以权利要求5、15的叙述前后矛盾；权利要求20中“所述聚合物选自羟丙基甲基纤维素和乙基纤维素含水分散体”的叙述由于片芯和包衣中都含有聚合物，参考说明书也难以明了所说的聚合物到底是何种用途的聚合物，所以这些权利要求的保护范围不清楚，不符合专利法实施细则第20条第1款的规定。

驳回决定所针对的权利要求书为：

“1. 用于激素法治疗妇女绝经前、绝经和绝经后疾病的、能够口服给药的固体单位剂型药物组合物，该组合物含有：

包被到一种或多种有机赋形剂上形成粉末化共轭雌激素组合物的共轭雌激素，所述粉末化共轭雌激素组合物含有低于该组合物总重量2.5%（重量）的游离水和高于2.5%的总水分，其中所述固体单位剂型用水屏障包衣包被。

2. 权利要求1的药物组合物，其中所述有机赋形剂包括一种或多种可形成凝胶的羟烷基烷基纤维素与羟烷基纤维素的混合物，其中所述有机赋形剂占固体单位剂型重量的1/3以上。

3. 权利要求2的药物组合物，其中可形成凝胶的有机赋形剂是一种或多种羟丙基甲基纤维素与0~33%甲基纤维素或其他纤维素醚的混合物。

4. 权利要求1的药物组合物，其中所述粉末化的共轭雌激素组合物还包含至少40%（重量）的不形成凝胶的有机赋形剂。

5. 权利要求4的药物组合物，其中所述不形成凝胶的有机赋形剂选自乳糖、甘露糖醇和纤维素衍生物。

6. 权利要求1的药物组合物，其中所述共轭雌激素选自雌酮、马烯雌酮、17-α-二氢马烯雌酮、17-β-二氢马烯雌酮和17-α-雌二醇的硫酸酯钠。

7. 权利要求1的药物组合物，其中所述水屏障包衣含有乙基纤维素。

8. 权利要求7的药物组合物，其中所述水屏障包衣占所述固体单位剂型总重量的0.5%~8.0%。

9. 权利要求1的药物组合物，其中所述有机赋形剂含有30%~70%（重量）可形成凝胶的有机赋形剂和70%~30%（重量）的不形成凝胶的有机赋形剂。

10. 制备含一种或多种共轭雌激素及载体的缓释药物组合物的方法，该方法包括：

(a）在封闭系统中，将所述共轭雌激素溶液喷雾到一种或多种有机赋形剂上，所述赋形剂悬浮在流化床上；

(b）干燥（a）中形成的混合物，直到所述混合物含有低于2.5%（重量）的游离水和高于2.5%（重量）的总水分；

（c）将（b）中形成的混合物制成片剂；然后

（d）用选自纤维素醚、异丁烯酸和邻苯二甲酸酯的膜包衣包被所述片剂。

11. 权利要求10的方法，其中所述共轭雌激素选自雌酮、马烯雌酮、17-α-二氢马烯雌酮、17-β-二氢马烯雌酮和17-α-雌二醇的硫酸酯钠。

12. 权利要求10的方法，其中所述有机赋形剂混合物含有至少30％（重量）可形成水凝胶的有机赋形剂。

13. 权利要求12的方法，其中所述可形成凝胶的有机赋形剂选自羟丙基甲基纤维素、羧甲基纤维素钠和羟丙基纤维素。

14. 权利要求10的方法，其中所述有机赋形剂混合物含有30％～70％（重量）不形成凝胶的赋形剂。

15. 权利要求14的方法，其中所述不形成凝胶的赋形剂选自乳糖、甘露糖醇和纤维素衍生物。

16. 权利要求1的药物组合物，其中固体单位剂型是片剂。

17. 权利要求16的药物组合物，还含有至少一种涂覆了所述水屏障包衣后沉积在所述片剂上的其他激素。

18. 权利要求17的药物组合物，其中所述激素选自孕酮、6α-甲-17-羟孕酮、甲孕酮、睾酮、甲基睾酮和其混合物。

19. 权利要求17的药物组合物，其中所述激素通过聚合物膜与所述片剂结合。

20. 权利要求19的药物组合物，其中所述聚合物选自羟丙基甲基纤维素和乙基纤维素含水分散体。

21. 权利要求17的药物组合物，还含有两层或多层包衣，并且其中一种外包衣含有聚合物膜和至少另一种激素。

22. 权利要求21的药物组合物，其中所述激素选自孕酮、6α-甲-17-羟孕酮、甲孕酮、睾酮、甲基睾酮和其混合物。

23. 权利要求22的药物组合物，其中所述激素是微粉化的。

24. 权利要求21的药物组合物，其中所述聚合物膜还含有表面活性剂。

25. 权利要求24的药物组合物，其中所述表面活性剂选自聚氧乙烯（20）脱水山梨醇单月桂酸酯、聚氧乙烯（20）脱水山梨醇单棕榈酸酯、聚氧乙烯（20）脱水山梨醇单硬脂酸酯、聚氧乙烯（20）脱水山梨醇单油酸酯和聚氧乙烯（20）脱水山梨醇三油酸酯。

26. 权利要求21的药物组合物，其中所述聚合物膜还包含增塑剂。

27. 权利要求26的药物组合物，其中所述增塑剂选自癸二酸二丁酯或柠檬酸三乙酯。”

申请人杜拉梅德药品有限公司（下称复审请求人）对上述驳回决定不服，于2005年4月8日向专利复审委员会提出复审请求，并在提出复审请求的同时提交了修改的权利要求全文替换页和说明书第10、13页的替换页，其中复审请求人修改了权利要求1、10，对其他权利要求未作修改。

修改后的权利要求1、10如下：

“1. 用于激素法治疗妇女绝经前、绝经和绝经后疾病的、能够口服给药的固体单位剂型药物组合物，该组合物含有：

包被到一种或多种有机赋形剂上形成粉末化共轭雌激素组合物的共轭雌激素，所述粉末化共轭雌激素组合物含有低于该组合物总重量2.5％（重量）的游离水，且所述有机赋形剂包括至少约30％（重量）的在与水接触时形成含水凝胶的赋形剂，其中所述固体单位剂型用水屏障包衣包被。

10. 制备含一种或多种共轭雌激素及载体的缓释药物组合物的方法，该方法包括：

（a）在封闭系统中，将所述共轭雌激素溶液喷雾到一种或多种有机赋形剂上，所述赋形剂悬浮在流化床上，其中所述有机赋形剂包括至少约30％（重量）的在与水接触时形成含水凝胶的赋形剂；

（b）干燥（a）中形成的混合物，直到所述混合物含有低于2.5％（重量）的游离水；

（c）将（b）中形成的混合物制成片剂；然后

（d）用选自纤维素醚、异丁烯酸和邻苯二甲酸酯的膜包衣包被所述片剂。"

复审请求人的复审请求理由概括为：（1）修改权利要求1，对其中所述的赋形剂进行限定，并删除权利要求1中"高于2.5％的总水分"的陈述。对权利要求10进行同样的修改。（2）将权利要求2中的"其中所述有机赋形剂占固体单位剂型重量的约1/3以上"补入说明书，从而使权利要求2～4得到说明书的支持；将权利要求21的相关内容加入说明书，从而使权利要求21得到说明书的支持。（3）对于权利要求8、12、14、17～20、22～23和25，本领域技术人员可根据说明书的记载显而易见地获知。（4）权利要求5、15和20涉及的纤维衍生物，膜包衣技术均为本领域公知常识，保护范围清楚。

形式审查合格后，专利复审委员会受理了该复审请求，并于2005年5月11日向复审请求人发出《复审请求受理通知书》，随后将本申请案卷移交原审查部门进行前置审查。

原审查部门对本复审请求进行了前置审查，前置审查意见认为：（1）权利要求1仍然不符合专利法第26条第4款的规定，本发明说明书中明确提及本发明使用两类有机赋形剂，而且说明书中给出的实例也都是使用两种赋形剂，在说明书中也多次明确提及本发明涉及将高分子量的羟丙基甲基纤维素与其他亲水胶结合或单独用于制备所说剂型；说明书中明确区分了游离水和水合水以及总水分含量，并指出总水分含量对片剂的稳定性等性能有重要影响。（2）权利要求3～4的方案仍未明确记载在说明书中；权利要求8的叙述与说明书不符；权利要求10的技术方案未明确记载在说明书中。所以修改后的上述权利要求仍然不符合专利法第26条第4款的规定。坚持原驳回决定。

专利复审委员会组成合议组，对本案的复审请求进行了审理。于2007年4月12日向复审请求人发出《复审通知书》。《复审通知书》指出：

（1）权利要求1和10不符合专利法第26条第4款的规定：①权利要求1表明所述有机赋形剂中可能含有也可能不含有与水接触时不形成凝胶的赋形剂，由于本发明说明书明确记载本发明含有两类有机赋形剂，即形成凝胶的有机赋形剂和不形成凝胶的有机赋形剂，说明书既未明确记载，本领域技术人员也无法根据说明书充分公开的内容得到或概括得出仅含有可以形成凝胶的有机赋形剂就能够达到本发明所述的控制药物均匀释放的目的。同时权利要求1仅仅限定了"至少约30％"形成凝胶的赋形剂的下限，没有对其上限作出限定，这样一个较宽的范围是得不到说明书的支持的。②权利要求1中并未明确限定所述药物组合物是否含有无机赋形剂。根据说明书的记载，含有无机赋形剂的膜包衣比本发明不含有无机赋形剂的膜包衣更容易破裂。本领域技术人员也有理由怀疑包含无机赋形剂的药物组合物能否能够达到本发明所述的稳定含共轭雌激素的片剂的目的。同理，权利要求10不符合专利法第26条第4款的规定。

（2）权利要求3～4的技术方案均未明确记载在说明书中；权利要求8的水屏蔽包衣占整个固体剂型总重量的百分比并不直接等于说明书中记载的所述水分屏障膜使重量增加的百分比；从属权利要求17中的"其他激素"范围过宽；权利要求25中的"聚氧乙烯（20）脱水山梨醇单月桂酸酯"的技术方案未记载在说明书中。因此权利要求3～4、8、17、25不符合专利法第26条第4款的规定。

（3）权利要求21中的"另一种激素"的表述不清楚，权利要求22的"所述激素"不清楚。因此权利要求21～22不符合专利法实施细则第20条第1款的规定。

针对《复审通知书》指出的问题，复审请求人于2007年5月28日提交了意见陈述书及经修改的权利要求全文替换页和说明书第9、10、12页的替换页。修改后的权利要求书为：

“1. 用于激素法治疗妇女绝经前、绝经和绝经后疾病的、能够口服给药的固体单位剂型药物组合物，该组合物由如下成分组成：

包被到一种或多种有机赋形剂上形成粉末化共轭雌激素组合物的共轭雌激素，所述粉末化共轭雌激素组合物含有低于该组合物总重量2.5%（重量）的游离水，且所述有机赋形剂含有30%～70%（重量）可形成凝胶的有机赋形剂和70～30%（重量）的不形成凝胶的有机赋形剂，其中所述固体单位剂型用水屏障包衣包被。

2. 权利要求1的药物组合物，其中所述有机赋形剂包括一种或多种可形成凝胶的羟烷基烷基纤维素与羟烷基纤维素的混合物，其中所述有机赋形剂占固体单位剂型重量的1/3以上。

3. 权利要求2的药物组合物，其中可形成凝胶的有机赋形剂是一种或多种羟丙基甲基纤维素与0～33%甲基纤维素或其他纤维素醚的混合物。

4. 权利要求1的药物组合物，其中所述粉末化的共轭雌激素组合物还包含至少40%（重量）的不形成凝胶的有机赋形剂。

5. 权利要求4的药物组合物，其中所述不形成凝胶的有机赋形剂选自乳糖、甘露糖醇和纤维素衍生物。

6. 权利要求1的药物组合物，其中所述共轭雌激素选自雌酮、马烯雌酮、17-α-二氢马烯雌酮、17-β-二氢马烯雌酮和17-α-雌二醇的硫酸酯钠。

7. 权利要求1的药物组合物，其中所述水屏障包衣含有乙基纤维素。

8. 权利要求7的药物组合物，其中所述水屏障包衣占所述固体单位剂型总重量的0.5%～8.0%。

9. 制备由一种或多种共轭雌激素及载体组成的缓释药物组合物的方法，该方法包括：

（a）在封闭系统中，将所述共轭雌激素溶液喷雾到一种或多种有机赋形剂上，所述赋形剂悬浮在流化床上，其中所述有机赋形剂含有30%～70%（重量）可形成凝胶的有机赋形剂和70%～30%（重量）的不形成凝胶的有机赋形剂；

（b）干燥（a）中形成的混合物，直到所述混合物含有低于2.5%（重量）的游离水；

（c）将（b）中形成的混合物制成片剂；然后

（d）用选自纤维素醚、异丁烯酸和邻苯二甲酸酯的膜包衣包被所述片剂。

10. 权利要求9的方法，其中所述共轭雌激素选自雌酮、马烯雌酮、17-α-二氢马烯雌酮、17-β-二氢马烯雌酮和17-α-雌二醇的硫酸酯钠。

11. 权利要求9的方法，其中所述有机赋形剂混合物含有至少30%（重量）可形成水凝胶的有机赋形剂。

12. 权利要求11的方法，其中所述可形成凝胶的有机赋形剂选自羟丙基甲基纤维素、羧甲基纤维素钠和羟丙基纤维素。

13. 权利要求9的方法，其中所述有机赋形剂混合物含有30%～70%（重量）不形成凝胶的赋形剂。

14. 权利要求13的方法，其中所述不形成凝胶的赋形剂选自乳糖、甘露糖醇和纤维素衍生物。

15. 权利要求1的药物组合物，其中固体单位剂型是片剂。

16. 权利要求15的药物组合物，还含有涂覆了所述水屏障包衣后沉积在所述片剂上的至少一种其他激素，其中所述至少一种其他激素选自孕酮、6α-甲-17-羟孕酮、甲孕酮、睾酮、甲基睾酮和其混合物。

17. 权利要求16的药物组合物，其中所述激素通过聚合物膜与所述片剂结合。

18. 权利要求17的药物组合物，其中所述聚合物选自羟丙基甲基纤维素和乙基纤维素含水分散体。

19. 权利要求16的药物组合物，还含有两层或多层包衣，并且其中一种外包衣含有聚合物膜和所述的至少一种其他激素。

20. 权利要求19的药物组合物，其中所述至少一种其他激素选自孕酮、6α-甲-17-羟孕酮、甲孕酮、睾酮、甲基睾酮和其混合物。

21. 权利要求20的药物组合物，其中所述激素是微粉化的。

22. 权利要求19的药物组合物，其中所述聚合物膜还含有表面活性剂。

23. 权利要求22的药物组合物，其中所述表面活性剂选自聚氧乙烯（20）脱水山梨醇单月桂酸酯、聚氧乙烯（20）脱水山梨醇单棕榈酸酯、聚氧乙烯（20）脱水山梨醇单硬脂酸酯、聚氧乙烯（20）脱水山梨醇单油酸酯和聚氧乙烯（20）脱水山梨醇三油酸酯。

24. 权利要求19的药物组合物，其中所述聚合物膜还包含增塑剂。

25. 权利要求24的药物组合物，其中所述增塑剂选自癸二酸二丁酯或柠檬酸三乙酯。”

至此，合议组认为本案事实清楚，可以作出审查决定。

**二、决定的理由**

1. 审查依据的文本

本复审请求审查决定依据的文本是复审请求人于2007年5月28日提交的权利要求1~25项、说明书第9~10、12页，于2005年4月8日提交的说明书第13页，于进入中国国家阶段时提交的说明书第1~8、11、14~18页以及说明书摘要。

2. 关于专利法第26条第4款

专利法第26条第4款规定：权利要求书应当以说明书为依据，说明要求专利保护的范围。

权利要求书应当以说明书为依据，是指权利要求应当得到说明书的支持。权利要求书中的每一项权利要求所要求保护的技术方案应当是所属技术领域的技术人员能够从说明书充分公开的内容中得到或概括得出的技术方案，并且不得超出说明书公开的范围。

（1）《复审通知书》中指出：①权利要求1中限定“所述有机赋形剂包括至少约30%（重量）的在与水接触时形成含水凝胶的赋形剂”，表明所述有机赋形剂中可能含有也可能不含有与水接触时不形成凝胶的赋形剂。首先，本发明说明书（见说明书第10页第6行至11页第5行）明确记载本发明含有两类有机赋形剂，即形成凝胶的有机赋形剂和不形成凝胶的有机赋形剂，而且实施例1~3的片剂成分中也均包含乳糖——这种在含水溶液中不形成凝胶的有机赋形剂。可见，说明书既未明确记载，本领域技术人员也无法根据说明书充分公开的内容得到或概括得出本发明的药物组合物中仅含有可以形成凝胶的有机赋形剂就能够达到本发明所述的控制药物均匀释放的目的。其次，本发明说明书（见说明书第10页第9行）记载了可形成凝胶的赋形剂通常占赋形剂的30%~70%，同时按照本发明实施例1记载的赋形剂用量计算，不形成凝胶的赋形剂——乳糖约占赋形剂用量的69%，形成凝胶的赋形剂——羟丙甲基纤维素约占赋形剂用量的31%。可见，形成凝胶的赋形剂用量是在一定的范围之内的，目前的权利要求1仅仅限定了“至少约30%”形成凝胶的赋形剂的下限，没有对其上限作出限定，这样一个较宽的范围是得不到说明书的支持的。②权利要求1是开放式的权利要求，其中并未排除所述药物组合物包含无机赋形剂的可能。根据说明书（见说明书第4页2~3行）的记载，本发明“如果严格控制片剂的水分含量，则无须加入无机赋形剂来稳定含共轭雌激素的片剂”，同时说明书的实施例3通过试验表明含有无机赋形剂的膜包衣比本发明不含有无机赋形剂的膜包衣更容易破裂。本领域技术人员有理由怀疑包含无机赋形剂的药物组合物能否能够达到本发明所述的稳定含共轭雌激素的片剂的目的。同理，权利要求10也不符合专利法第26条第4款的规定。

针对《复审通知书》指出的缺陷，复审请求人对权利要求1进行了修改，在权利要求1中补入了所述有机赋形剂“含有30％~70％（重量）可形成凝胶的有机赋形剂和70％~30％（重量）的不形成凝胶的有机赋形剂”的技术内容，并将权利要求1改为封闭式权利要求，同时复审请求人对原权利要求10作了相同修改（修改后为权利要求9）。

修改后的权利要求1所要求保护的药物组合物由共轭雌激素、游离水、有机赋形剂以及水屏障包衣组成，其中有机赋形剂含有可形成凝胶的有机赋形剂和不形成凝胶的有机赋形剂，可形成凝胶的有机赋形剂占有机赋形剂的30％~70％（重量），不形成凝胶的有机赋形剂占有机赋形剂的70％~30％（重量）。

合议组认为，由于本发明说明书明确记载本发明含有两类有机赋形剂，第一类是在含水溶液中形成凝胶的有机赋形剂，第二类是在含水溶液中不形成凝胶的有机赋形剂，并且说明书还记载了可形成凝胶的赋形剂通常占赋形剂的30％~70％，显然，本领域技术人员能够根据说明书充分公开的内容得到本发明中含有的不形成凝胶的有机赋形剂占有机赋形剂的70％~30％（重量），而且这一修改并未超出说明书公开的范围。此外，修改后的权利要求1为封闭式的权利要求，已经明确排除了包含无机赋形剂的可能。所以，修改后的权利要求1克服了《复审通知书》和驳回决定中所指出的本专利权利要求1不符合专利法第26条第4款的规定的缺陷。同理，修改后的权利要求9（原权利要求10）克服了《复审通知书》和驳回决定中所指出的其不符合专利法第26条第4款的规定的缺陷。

（2）驳回决定中指出：权利要求2中的可形成凝胶的“有机赋形剂占固体单位剂型重量的1/3以上”与说明书中记载的该有机赋形剂占固体单位剂型“通常约30％~70％（重量）”的范围内并不等同；《复审通知书》中指出：权利要求3的“羟丙基甲基纤维素与0~33％甲基纤维素或其他纤维素醚的混合物”，权利要求4中“至少约40％（重量）不形成凝胶的有机赋形剂”，权利要求25中的“聚氧乙烯（20）脱水山梨醇单月桂酸酯”的技术方案未记载在说明书中，本领域技术人员无论从说明书发明内容部分还是从具体实施方案部分的记载都无法得出上述技术方案。因此权利要求2~4、25得不到说明书的支持，不符合专利法第26条第4款的规定。

经修改，复审请求人将原权利要求2“其中所述有机赋形剂占固体单位剂型剂量的约1/3以上”的内容补入说明书第10页第7~8行，将原权利要求3“其中可形成凝胶的有机赋形剂是一种或多种羟丙基甲基纤维素与0~33％甲基纤维素或其他纤维素醚的混合物”的内容补入说明书第9页第25~26行；将原权利要求4“其中所述粉末化的共轭雌激素组合物还包含至少40％（重量）的不形成凝胶的有机赋形剂”的内容补入说明书第10页第12~13行；将原权利要求25（修改后为权利要求23）中的“聚氧乙烯（20）脱水山梨醇单月桂酸酯”补入说明书第12页第6~7行。

《复审通知书》中指出：权利要求8进一步限定了“水屏障包衣占所述固体单位制剂总重量的0.5％~8.0％”，而说明书（见说明书第12页第23行）的描述为“水分屏障膜使重量增加的百分比为约0.5％~约8％”，根据本领域的技术常识，水屏蔽包衣占整个固体剂型总重量的百分比并不直接等于该水分屏障膜使重量增加的百分比，本领域技术人员无论从说明书还是从具体事实方案的记载都无法得出上述方案；从属权利要求17进一步限定了所述药物组合物“还含有至少一种涂覆了所述水屏障包衣后沉积在所述片剂上的其他激素”，说明书（见说明书第13页第8~9行）中仅提供了某些特定的如孕酮、6α-甲-17-羟孕酮、睾酮等激素，本领域技术人员无法根据说明书的内容得到或概括得出除上述公开的几种激素外的其他激素都能够达到本发明所述的目的。因此权利要求8、17得不到说明书的支持，不符合专利法第26条第4款的规定。

经修改，复审请求人将将原权利要求8“其中所述水屏障包衣占所述固体单位剂型总重量的0.5%~8.0%”的内容补入说明书第12页第25~26行；将原权利要求18“其中所述激素选自孕酮、6α-甲-17-羟孕酮、甲孕酮、睾酮、甲基睾酮和其混合物”的内容并入原权利要求17（修改后为权利要求16），同时删除了原权利要求18。

合议组认为，修改后的权利要求2~4、8、16、23的部分或全部内容在原始申请的权利要求书中已经记载而在说明书中没有记载，但所属领域的技术人员能够从原申请文件充分公开的内容中得到或概括得出上述权利要求所要求保护的技术方案，属于允许复审请求人将其补入说明书的情况，因此，修改后的权利要求2~4、8、16、23克服了驳回决定和《复审通知书》中所指出的原权利要求2~4、8、17、25不符合专利法第26条第4款的规定的缺陷。

关于驳回决定中指出本申请原权利要求12、14、18~23不符合专利法第26条第4款的规定的缺陷，合议组认为，（1）修改后的权利要求11（相当于原权利要求12）和权利要求13（相当于原权利要求14）均引用权利要求9，并分别限定“所述有机赋形剂混合物含有至少30%（重量）可形成水凝胶的有机赋形剂”，以及“所述有机赋形剂混合物含有30%~70%（重量）不形成凝胶的赋形剂”，权利要求9已限定“所述有机赋形剂含有30%~70%（重量）可形成凝胶的有机赋形剂”，因此，修改后的权利要求11的技术方案中所述有机赋形剂应当是含有30%~70%（重量）可形成凝胶的有机赋形剂，而修改后的说明书第10页第7~11行记载着本发明使用两种类型的有机赋形剂，可形成凝胶的赋形剂通常约30%~70%（重量），从中可以直接地、毫无疑义地确定在所使用的两种类型的有机赋形剂中不形成凝胶的赋形剂应为70%~30%（重量），因此修改后的权利要求11、13得到了修改后的说明书的支持；（2）说明书中虽然没有记载如原权利要求18、22（分别相当于修改后的权利要求16、20）中关于“其混合物”的实施方案，但本领域技术人员根据说明书的描述能够合理概括得出所述共轭雌激素可以和所述的各种孕激素和雄激素一起给药（参见修改后的说明书第13页7~9行）。修改后的权利要求16、20得到了说明书的支持；（3）修改后的权利要求17~18（分别相当于原权利要求19、20）得到了修改后的说明书第13页第10~19行的支持，说明书第13页第10~19行记载了可以使用聚合物基质包衣悬浮剂涂覆孕激素和雄激素，并形成膜包衣，通常所使用的聚合物包括纤维素醚，如羟丙基甲基纤维素，此外可以使用乙基纤维素含水悬浮液；（4）修改后的权利要求19（相应于原权利要求21）中的“还含有两层或多层包衣，并且其中一种外包衣含有聚合物膜和所述的至少一种其他激素”已记载在修改后的说明书第13页第5~6行；（5）修改后的权利要求21（相应于原权利要求23）中的“其中所述激素是微粉化的”已经记载于原说明书中（参见说明书第12页第32行），其中“精细粉碎”与“微粉化”实质上相同，实施例7~9也明确记载所采用的激素为“微粉化的孕激素”、“微粉化的甲孕酮”。因此，修改后的权利要求书和说明书中已不存在驳回决定所指出的原权利要求12、14、18~23不符合专利法第26条第4款的规定的缺陷。

3. 关于专利法实施细则第21条第2款

专利法实施细则第21条第2款规定：独立权利要求应当从整体上反映发明或者实用新型的技术方案，记载解决技术问题的必要技术特征。

驳回决定中指出，权利要求1的粉末化组合物中赋形剂的种类和含量对于本申请的目的能否实现很关键，因此权利要求1缺乏必要技术特征，由于修改后的权利要求1中增加了赋形剂的种类和含量的技术特征，因此，克服了驳回决定所指出的权利要求1不符合专利法实施细则第21条第2款的规定的缺陷。

4. 关于专利法实施细则第20条第1款

专利法实施细则第20条第1款规定：权利要求书应当说明发明或者实用新型的技术特征，清楚、简要地表达请求保护的范围。

《复审通知书》中指出：权利要求21中的“另一种激素”的表述不清楚，权利要求21所引用的权利要求17中包含“其他激素”，而权利要求17所间接引用的权利要求1包含“共轭雌激素”，本领域技术人员无法确定权利要求21中的“另一种激素”是相对“其他激素”还是“共轭雌激素”而言；权利要求22的“所述激素”不清楚，本领域技术人员无法清楚地确定该“所述激素”是指权利要求21的附加技术特征中的“另一种激素”还是权利要求17的附加技术特征中的“其他激素”。因此，权利要求21~22不清楚，不符合专利法实施细则第20条第1款的规定。

经修改，复审请求人将权利要求19（相应于原权利要求21）中的“至少另一种激素”改为“所述的至少一种其他激素”，同理，将权利要求20（相应于原权利要求22）中的“所述激素”改为“所述至少一种其他激素”。

合议组认为，通过上述修改可以确定，权利要求19~20中的“至少一种其他激素”直接或间接地引用权利要求16中的“至少一种其他激素”，修改后的权利要求19~20清楚地限定了“至少一种其他激素”的保护范围，克服了《复审通知书》所指出的不符合专利法实施细则第20条第1款的规定的缺陷。

关于驳回决定中所指出的本申请权利要求5、15、20不符合专利法实施细则第20条第1款的规定的缺陷，合议组认为，原权利要求5中的表述“所述不形成凝胶的有机赋形剂选自乳糖、甘露糖醇和纤维素衍生物”已经明确限定所选择的“纤维素衍生物”为不形成凝胶的纤维素衍生物，并不存在前后矛盾，同理，原权利要求15也已经明确限定所选择的“纤维素衍生物”为不形成凝胶的纤维素衍生物，也并不存在前后矛盾；原权利要求20引用原权利要求19，原权利要求19明确限定“所述激素通过聚合物膜与所述片剂结合”，原权利要求19引用原权利要求17，原权利要求17明确限定所述药物组合物“含有至少一种涂覆了所述水屏障包衣后沉积在所述片剂上的其他激素”，而原权利要求20引用的权利要求中均未从文字上明确限定片芯中含有“聚合物”，可见，在权利要求20引用的权利要求中唯一提到的聚合物膜的用途是结合所述激素与片剂，所述激素和聚合物膜均存在于包衣层中而不是片芯当中，所以权利要求20对“聚合物”的限定是清楚的。因此，原权利要求5、15、20（分别相应于修改后的权利要求5、14、18）并不存在如驳回决定所指出的不符合专利法第20条第1款的规定的缺陷。

综上所述，复审请求人于2005年4月8日提交的说明书第13页、2007年5月28日提交的权利要求1~25项及说明书书第9~10、12页克服了原驳回决定和《复审通知书》所指出不符合专利法第26条第4款、专利法实施细则第20条第1款以及专利法实施细则第21条第2款的规定的缺陷。

根据以上事实和理由，本案合议组作出如下审查决定。

**三、决定**

撤销国家知识产权局于2004年12月24日对96197116.9号发明专利申请作出的驳回决定。由原审查部门在复审请求人于2007年5月28日提交的权利要求1~25项、说明书书第9~10、12页，于2005年4月8日提交的说明书第13页，于进入国家阶段时提交的说明书第1~8、11、14~18页以及说明书摘要的基础上继续进行审查。

复审请求人对本决定不服的，可以根据专利法第41条第2款的规定，自收到本决定之日起三个月内向北京市第一中级人民法院起诉。

103

# 制备逆转录病毒蛋白酶抑制剂中间体的方法

## 复审请求审查决定（第11628号）

**决　定　号**　第11628号
**决　定　日**　2007年10月11日
**发明创造名称**　制备逆转录病毒蛋白酶抑制剂中间体的方法
**国 际 分 类 号**　C07C 213/10，C07C 213/00，C07C 215/28
**复 审 请 求 人**　G. D. 瑟尔公司
**申　请　号**　96192444.6
**申　请　日**　1996年1月18日
**优 先 权 日**　1995年1月20日
**公　开　日**　1998年4月1日
**合 议 组 组 长**　何　炜
**主　审　员**　周英姿
**参　审　员**　王　冬

**法 律 依 据**　专利法第33条、第26条第4款，专利法实施细则第60条第1款
**决 定 要 点**

在对专利申请文件进行修改时，如果通过增加、改变和/或删除其中的一部分致使所属技术领域的技术人员看到的信息与原申请记载的信息不同，而且不能从原申请记载的信息中直接地、毫无疑义地确定，则这种修改是不允许的；同时，复审请求人在提出复审请求或答复复审通知书时对申请文件所作的修改应当仅限于消除驳回决定或者复审通知书指出的缺陷。

权利要求的概括应当适当，使其保护范围正好适应说明书所公开的内容。如果权利要求的概括包含了申请人推测的内容，而其效果又难于预先确定和评价，应当认为这种概括超出了申请原始公开的内容。

### 一、案由

本复审请求涉及名称为“制备逆转录病毒蛋白酶抑制剂中间体的方法”的96192444.6号发明专利申请（下称本申请），申请人为G. D. 瑟尔公司，申请日为1996年1月18日，优先权日为1995年1月20日，公开日为1998年4月1日。

2003年8月15日，国家知识产权局以不符合专利法第26条第4款为由驳回了本申请。驳回决定针对的有关权利要求如下：

“1. 非对映异构体纯化方法，其包括：

(a) 制备下式氨基化合物的有机酸盐或无机酸盐

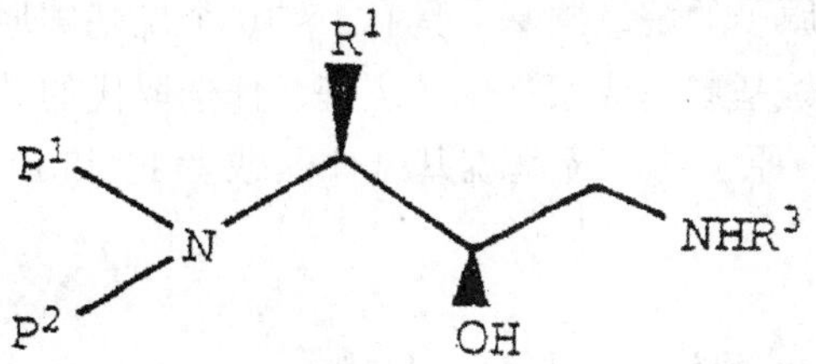
，
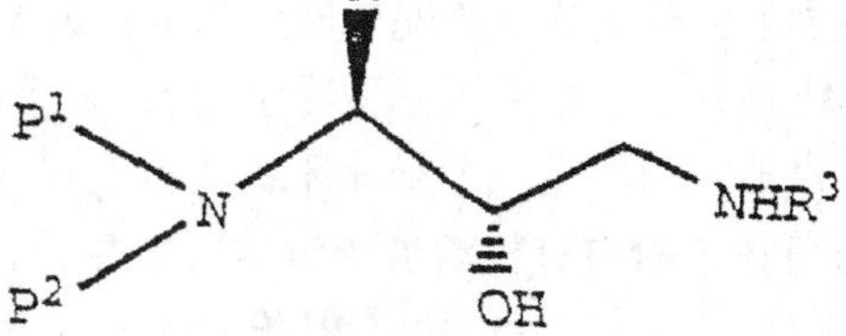
，
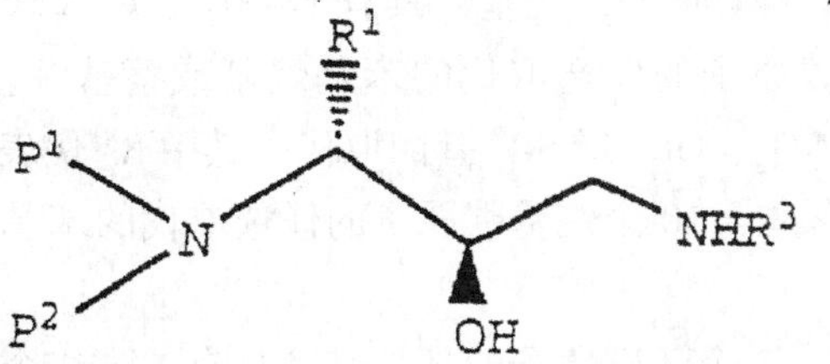
，或
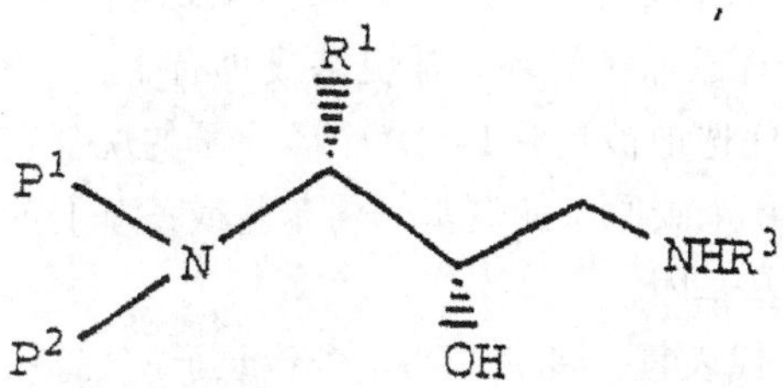

其中 $R^1$ 代表具有 1 ~ 10 个碳原子的烷基、为苯基或萘基的芳基、具有 3 ~ 8 个环碳原子的环烷基、具有 1 ~ 10 个烷基碳原子和 3 ~ 8 个环碳原子的环烷基烷基或具有 1 ~ 10 个烷基碳原子的任选取代的苯基烷基或萘基烷基，它们可以任选地被具有 1 ~ 10 个碳原子的烷基、卤素、$NO_2$、$OR^9$ 或 $SR^9$ 基团取代，其中 $R^9$ 代表氢、具有 1 ~ 10 个碳原子的烷基、为苯基或萘基的芳基或具有 1 ~ 10 个烷基碳原子的任选取代的苯基烷基或萘基烷基；

$R^3$ 代表氢、具有 1 ~ 10 个碳原子的烷基、具有 2 ~ 10 个碳原子的链烯基、具有 2 ~ 10 个碳原子的炔基、具有 1 ~ 10 个烷基碳原子的羟烷基、具有 1 ~ 10 个烷基碳原子和 1 ~ 10 个烷氧基碳原子的烷氧基烷基、具有 3 ~ 8 个环碳原子的环烷基、具有 1 ~ 10 个烷基碳原子和 3 ~ 8 个环碳原子的环烷基烷基、环上有 5 或 6 个环原子并具有一个或多个选自氮、氧、硅和硫的杂原子的杂环烷基、为在各环上有 5 或 6 个环原子并含有一个或多个选自氮、氧、硅和硫的杂原子作为环原子的芳族单环、双环或三环杂环的杂芳基、具有 1 ~ 10 个烷基碳原子和在环上有 5 或 6 个环原子并含有一个或多个选自氮、氧、硅和硫的杂原子的饱和杂环的杂环烷基烷基、为任选取代的苯基或萘基的芳基、具有 1 ~ 10 个烷基碳原子的任选取代的苯基烷基或萘基烷基、具有 1 ~ 10 个烷基碳原子和在各环上有 5 或 6 个环原子并含有一个或多个选自氮、氧、硅和硫的杂原子作为环原子的芳族单环、双环或三环杂环的杂芳烷基、具有 1 ~ 10 个烷基碳原子的氨基烷基或 N-单取代或者 N，N-双取代的氨基烷基基团，其中所述的取代基是具有 1 ~ 10 个碳原子的烷基、为任选取代的苯基或萘基的芳基、具有 1 ~ 10 个烷基碳原子的任选取代的苯基烷基或萘基烷基、具有 3 ~ 8 个环碳原子的环烷基、具有 1 ~ 10 个烷基碳原子和 3 ~ 8 个环碳原子的环烷基烷基、在各环上有 5 或 6 个环原子并含有一个或多个选自氮、氧、硅和硫的杂原子作为环原子的芳族单环、双环或三环杂环的杂芳基、具有 1 ~ 10 个烷基碳原子和在各环上有 5 或 6 个环原子并含有一个或多个选自氮、氧、硅和硫的杂原子作为环原子的芳族单环、双环或三环杂环的杂芳烷基、为环上有 5 或 6 个环原子并具有一个或多个选自氮、氧、硅和硫的杂原子的饱和杂环的杂环烷基或具有 1 ~ 10 个烷基碳原子和环上有 5 或 6 个环原子并具有一个或多个选自氮、氧、硅和硫的杂原子的饱和杂环的杂环烷基烷基基团，或者在双取代的氨基烷基基团的情形，取代基与它们所连接的氮原子一起形成环上有 5 或 6 个环原子并具有一个或多个选自氮、氧、硅和硫的杂原子的饱和杂环的杂环烷基或为在各环上有 5 或 6 个环原子并含有一个或多个选自氮、氧、硅和硫的杂原子作为环原子的芳族单环、双环或三环杂环的杂芳基基团；

$P^1$ 和 $P^2$ 各自独立地是氢、具有 1 ~ 10 个烷基碳原子的任选取代的苯基烷基或萘基烷基、为被一个或多个选自具有 1 ~ 10 个碳原子的烷基、为苯基或萘基的芳基或具有 1 ~ 10 个烷基碳原子的任选取代的苯基烷基或萘基烷基取代的硅原子的甲硅烷基、具有 1 ~ 10 个烷氧基碳原子的任选取代的苯基烷氧基羰基或萘基烷氧基羰基、具有 1 ~ 10 个烷氧基碳原子的烷氧羰基、具有 1 ~ 10 个烷基碳原子的烷基羰基、具有 1 ~ 10 个烷基碳原子的任选取代的苯基烷基羰基或萘基烷基羰基、任选取代的苯基羰基或萘基羰基或具有 1 ~ 10 个烷基碳原子和 5 ~ 8 个环碳原子的环烯基烷基基团；或者 $P^1$ 和 $P^2$ 与它们所连接的氮原子一起形成一个杂环体系；和

（b）将所述的盐自有机溶液中沉淀或结晶。

2. 权利要求 1 的方法，其中 $R^1$ 代表具有 1 ~ 10 个碳原子的烷基、具有 1 ~ 10 个烷基碳原子和 3 ~ 8 个环碳原子的环烷基烷基或具有 1 ~ 10 个烷基碳原子的任选取代的苯基烷基或萘基烷基基团，它们可任选地被具有 1 ~ 10 个碳原子的烷基、卤素、$NO_2$、$OR^9$ 或 $SR^9$ 基团取代，其中 $R^9$ 代表氢、具有 1 ~ 10 个碳原子的烷基、为苯基或萘基的芳基或具有 1 ~ 10 个烷基碳原子的任选取代的苯基烷基或萘基烷基基团；

$R^3$ 代表氢、具有 1 ~ 10 个碳原子的烷基、具有 3 ~ 8 个环碳原子的环烷基、具有 1 ~ 10 个烷基碳原子和 3 ~ 8 个环碳原子的环烷基烷基或具有 1 ~ 10 个烷基碳原子的任选取代的苯基烷基或萘基烷基基团；

$P^1$ 代表具有 1 ~ 10 个烷基碳原子的任选取代的苯基烷基或萘基烷基、具有 1 ~ 10 个烷基碳原子的烷基羰基、具有 1 ~ 10 个烷基碳原子的任选取代的苯基烷基羰基或萘基烷基羰基、芳基羰基、具有 1 ~ 10 个烷氧基碳原子的烷氧羰基或具有 1 ~ 10 个烷氧基碳原子的任选取代的苯基烷氧羰基或萘基烷氧羰基基团；

$P^2$ 代表具有 1 ~ 10 个烷基碳原子的任选取代的苯基烷基或萘基烷基；或者当 $P^1$ 是烷氧基羰基、任选取代的苯基烷氧基羰基、任选取代的萘基烷氧基羰基、烷基羰基、任选取代的苯基烷基羰基、任选取代的萘基烷基羰基、任选取代的苯基羰基或任选取代的萘基羰基时，$P^2$ 代表氢或具有 1 ~ 10 个烷基碳原子的任选取代的苯基烷基或萘基烷基，或者 $P^1$ 和 $P^2$ 与它们所连接的氮原子一起形成 2-异二氢氮（杂）茚基、邻苯二甲酰亚胺基、丁二酰亚胺基或马来酰亚胺基基团。"

"9. 下式化合物的有机或无机酸盐：

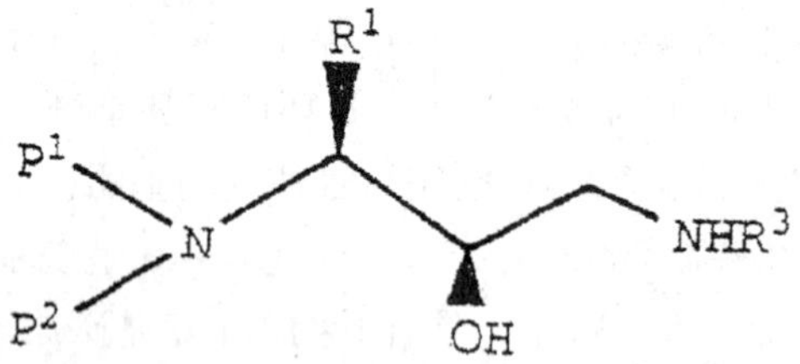

，
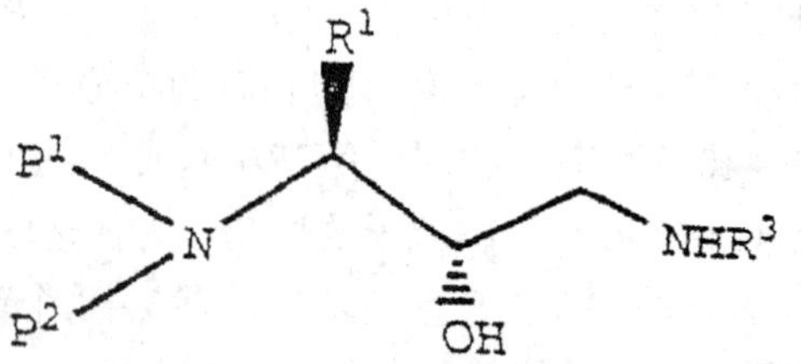

，
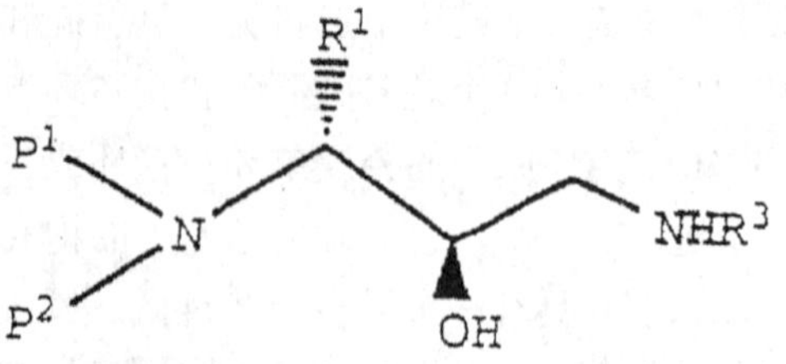

，或
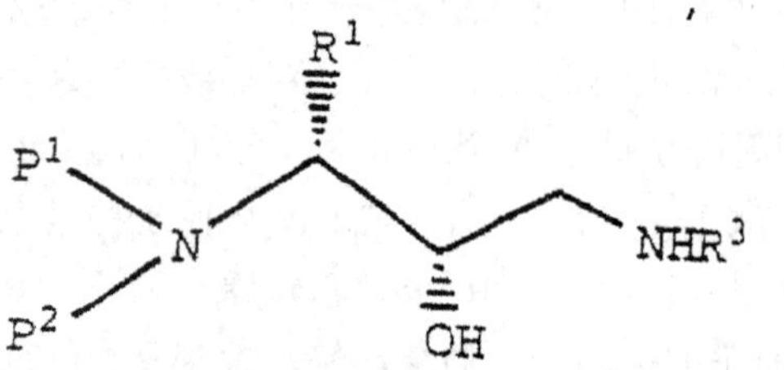


其中 $R^1$ 代表具有 1 ~ 10 个碳原子的烷基、为苯基或萘基的芳基、具有 3 ~ 8 个环碳原子的环烷基、具有 1 ~ 10 个烷基碳原子和 3 ~ 8 个环碳原子的环烷基烷基或具有 1 ~ 10 个烷基碳原子的任选取代的苯基烷基或萘基烷基基团，它们可任选地被具有 1 ~ 10 个碳原子的烷基、卤素、$NO_2$、$OR^9$ 或 $SR^9$ 基团取代，其中 $R^9$ 代表氢、具有 1 ~ 10 个碳原子的烷基、为苯基或萘基的芳基或具有 1 ~ 10 个烷基碳原子的任选取代的苯基烷基或萘基烷基基团；

$R^3$ 代表氢、具有 1～10 个碳原子的烷基、具有 2～10 个碳原子的链烯基、具有 2～10 个碳原子的炔基、具有 1～10 个烷基碳原子的羟烷基、具有 1～10 个烷基碳原子和 1～10 个烷氧基碳原子的烷氧烷基、具有 3～8 个环碳原子的环烷基、具有 1～10 个烷基碳原子和 3～8 个环碳原子的环烷基烷基、环上有 5 或 6 个环原子并具有一个或多个选自氮、氧、硅和硫的杂原子的杂环烷基、为在各环上有 5 或 6 个环原子并含有一个或多个选自氮、氧、硅和硫的杂原子作为环原子的芳族单环、双环或三环杂环的杂芳基、具有 1～10 个烷基碳原子和环上有 5 或 6 个环原子并具有一个或多个选自氮、氧、硅和硫的杂原子的饱和杂环的杂环烷基烷基、为苯基或萘基的芳基、具有 1～10 个烷基碳原子的任选取代的苯基烷基或萘基烷基、具有 1～10 个烷基碳原子和在各环上有 5 或 6 个环原子并含有一个或多个选自氮、氧、硅和硫的杂原子作为环原子的芳族单环、双环或三环杂环的杂芳烷基、具有 1～10 个烷基碳原子的氨基烷基或者 N-单取代或 N，N-双取代的氨基烷基基团，其中所述的取代基是具有 1～10 个碳原子的烷基、为苯基或萘基的芳基、具有 1～10 个烷基碳原子的任选取代的苯基烷基或萘基烷基、具有 3～8 个环碳原子的环烷基、具有 1～10 个烷基碳原子和 3～8 个环碳原子的环烷基烷基、为在各环上有 5 或 6 个环原子并含有一个或多个选自氮、氧、硅和硫的杂原子作为环原子的芳族单环、双环或三环杂环的杂芳基、具有 1～10 个烷基碳原子和在各环上有 5 或 6 个环原子并含有一个或多个选自氮、氧、硅和硫的杂原子作为环原子的芳族单环、双环或三环杂环的杂芳烷基、为环上有 5 或 6 个环原子并具有一个或多个选自氮、氧、硅和硫的杂原子的饱和杂环的杂环烷基或具有 1～10 个烷基碳原子和环上有 5 或 6 个环原子并具有一个或多个选自氮、氧、硅和硫的杂原子的饱和杂环的杂环烷基烷基基团，或者在二取代的氨基烷基基团的情形，该取代基与它们所连接的氮原子一起形成代表环上有 5 或 6 个环原子并具有一个或多个选自氮、氧、硅和硫的杂原子的饱和杂环的杂环烷基或形成代表在各环上有 5 或 6 个环原子并含有一个或多个选自氮、氧、硅和硫的杂原子作为环原子的芳族单环、双环或三环杂环的杂芳基基团；

$P^1$ 和 $P^2$ 各自独立地是具有 1～10 个烷基碳原子的任选取代的苯基烷基或萘基烷基、为被一个或多个选自具有 1～10 个碳原子的烷基、为苯基或萘基的芳基或具有 1～10 个烷基碳原子的任选取代的苯基烷基或萘基烷基取代的硅原子的甲硅烷基、具有 1～10 个烷氧基碳原子的任选取代的苯基烷氧羰基或萘基烷氧羰基、具有 1～10 个烷氧基碳原子的烷氧羰基、具有 1～10 个烷基碳原子的烷基羰基、具有 1～10 个烷基碳原子的任选取代的苯基烷基羰基或萘基烷基羰基、芳基羰基或具有 1～10 个烷基碳原子和 5～8 个环碳原子的环烯基烷基基团；或者 $P^1$ 和 $P^2$ 与它们所连接的氮原子一起结合形成一个杂环体系。

10. 权利要求 9 的盐，其中 $R^1$ 代表具有 1～10 个碳原子的烷基、具有 1～10 个烷基碳原子和 3～8 个环碳原子的环烷基烷基或具有 1～10 个烷基碳原子的任选取代的苯基烷基或萘基烷基基团，它们可任选地被具有 1～10 个碳原子的烷基、卤素、$NO_2$、$OR^9$ 或 $SR^9$ 基团取代，其中 R9 代表氢、具有 1～10 个碳原子的烷基、为苯基或萘基的芳基或具有 1～10 个烷基碳原子的任选取代的苯基烷基或萘基烷基基团；

$R^3$ 代表氢、具有 1～10 个碳原子的烷基、具有 3～8 个环碳原子的环烷基、具有 1～10 个烷基碳原子和 3～8 个环碳原子的环烷基烷基或具有 1～10 个烷基碳原子的任选取代的苯基烷基或萘基烷基基团；

$P^1$ 代表具有 1～10 个烷基碳原子的任选取代的苯基烷基或萘基烷基、具有 1～10 个烷基碳原子的烷基羰基、具有 1～10 个烷基碳原子的任选取代的苯基烷基羰基或萘基烷基羰基、任选取代的苯基羰基或萘基羰基、具有 1～10 个烷氧基碳原子的烷氧羰基或具有 1～10 个烷氧基碳原子的任选取代的苯基烷氧羰基或萘基烷氧羰基基团；

$P^2$ 代表具有 1~10 个烷基碳原子的任选取代的苯基烷基或萘基烷基基团；或者 $P^1$ 和 $P^2$ 与它们所连接的氮原子一起结合形成 2-异二氢氮（杂）茚基、邻苯二甲酰亚胺基、丁二酰亚胺基或马来酰亚胺基基团；

其中所述盐是乙酸、樟脑磺酸、甲苯磺酸、甲磺酸、苹果酸、酒石酸、扁桃酸、三氟乙酸、草酸、盐酸、氢溴酸、磷酸、硫酸或亚硫酸的盐。"

驳回决定认为：在第一次和第二次审查意见通知书中曾经指出，原权利要求 1~2、7、9~10 中对各取代基的定义中采用了很多极其上位的概念，例如烷基、芳基、环烷基、环烷基烷基、芳烷基、链烯基、炔基、羟烷基等，它们概括了较宽的保护范围，本领域技术人员难于预见采用该申请实施例之外的所有化合物均能达到该发明的目的。申请人虽然在答复上述通知书时对权利要求 1~2、7、9 和 10 的取代基作了进一步限定，例如将单独使用和组合使用的"芳基"限定为"任选取代的苯基或萘基"，但是，在最后新的修改文本中，权利要求 2、9 和 10 中并没有按照意见陈述书陈述的意愿对"芳基羰基"进行限定，因此，权利要求 2、9 和 10 仍然得不到说明书支持，不符合专利法第 26 条第 4 款的规定。

申请人 G. D. 瑟尔公司（下称复审请求人）对上述驳回决定不服，于 2003 年 9 月 1 日向专利复审委员会提交了复审请求。复审请求人在提出复审请求时对权利要求 2、9~10 进行了修改，并提交了权利要求书第 1~9 页替换页。复审请求人提交的复审请求理由为：现已将权利要求 2、9~10 中的"芳基羰基"限定为"任选取代的苯基羰基或萘基羰基"。同时，在权利要求 1 和 9 中引入 $P^1$ 和 $P^2$ 表示"具有 1~10 个烷基碳原子的任选取代的苯基羰基烷基羰基或萘基羰基烷基羰基"的定义，其依据参见例如本申请原始说明书第 5 页第 30 行（"2-萘甲酰丁酰基"），因此，上述修改能够得到说明书的支持，符合专利法第 26 条第 4 款的规定，已经克服了驳回决定所指出的缺陷。此后，复审请求人于 2003 年 9 月 23 日补交了请求复审时附件清单中所列的"修改手稿"。

形式审查合格后，专利复审委员会受理了该复审请求，并于 2003 年 9 月 23 日向复审请求人发出《复审请求受理通知书》。同时，将本申请转送国家知识产权局原审查部门进行前置审查。

原审查部门对本复审请求进行了前置审查，在前置审查中，原审查部门坚持原驳回决定。

专利复审委员会组成合议组，对本复审请求案进行了审理。合议组于 2004 年 4 月 20 日发出《复审通知书》，其中指出：复审请求人对其专利申请文件的修改首先应当符合专利法第 33 条的规定，新引入权利要求 1 和 9 中的特征"$P^1$ 和 $P^2$ 表示具有 1~10 个烷基碳原子的任选取代的苯基羰基烷基羰基和萘基羰基烷基羰基"不但是原始文件中没有直接明确认定的一个技术特征，而且也无法从原始文件中（如复审请求人所述的 2-萘甲酰丁酰基）毫无疑义地导出该技术特征，因此这样的修改超出了原始说明书和权利要求书记载的范围。

此外，原审查部门在驳回决定中是以权利要求 2、9~10 中"芳基羰基"得不到说明书支持不符合专利法第 26 条第 4 款规定为理由作出的驳回，但复审请求人在提出复审请求时提交的权利要求 1 和 9 中引入上述新技术特征，这样的修改并不是为克服驳回决定中所指出的缺陷，因此这种修改也不符合专利法实施细则第 60 条第 1 款的规定。综上所述，修改后的权利要求书超出了原始申请文件记载的范围，不符合专利法第 33 条的规定。而且，这样的修改也不符合专利法实施细则第 60 条第 1 款的规定。

复审请求人于 2004 年 8 月 5 日提交了意见陈述书，并提交了权利要求书全文替换页。随后于 2004 年 11 月 12 日提交了经修改的权利要求书全文替换页（共 12 项），其中删除权利要求 1 和 9 中的"2-萘甲酰丁酰基"。该权利要求书如下：

"1. 非对映异构体纯化方法，其包括：

（a）制备下式氨基化合物的有机酸盐或无机酸盐

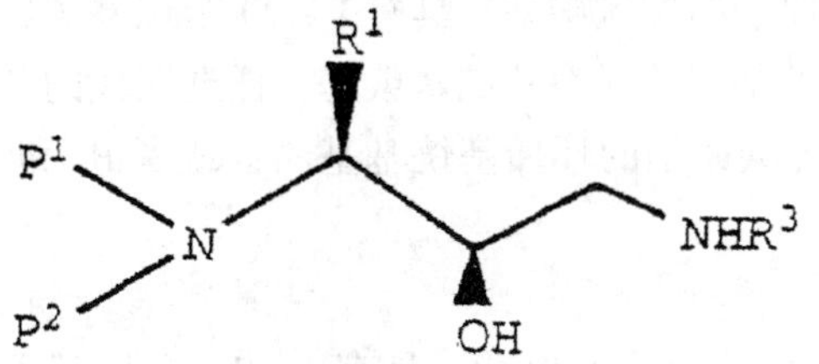

，

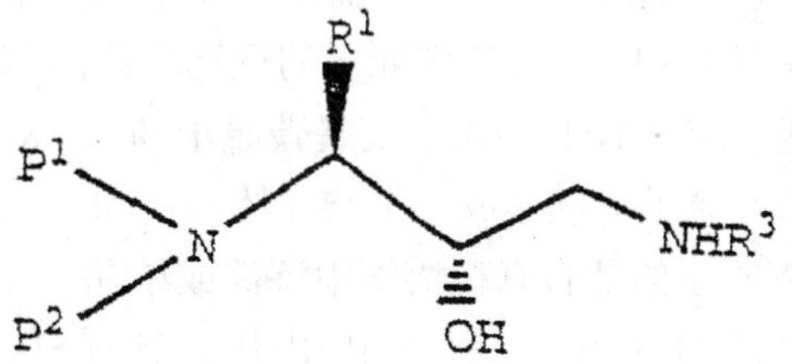

，

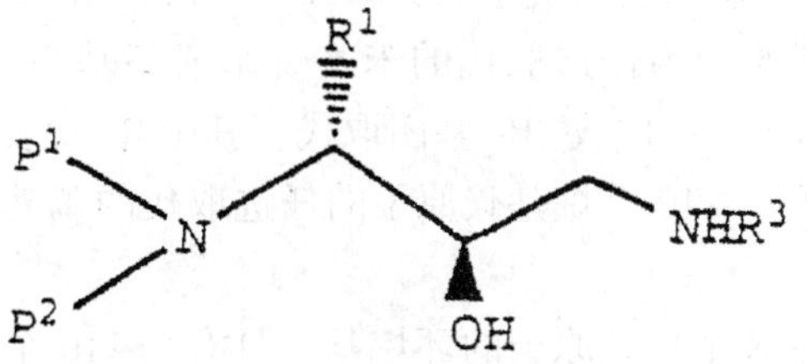

，或

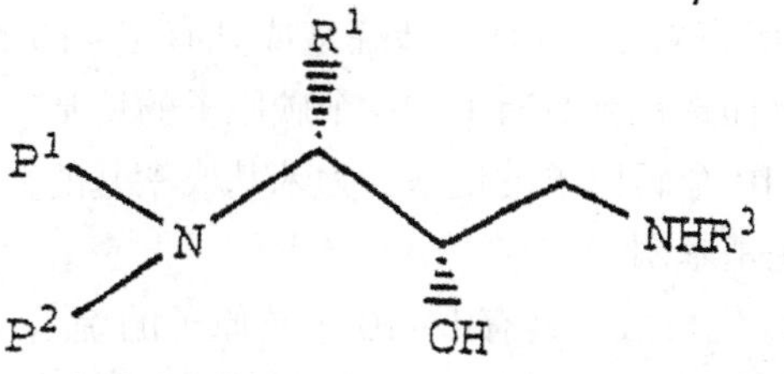

其中 $R^1$ 代表具有 1～10 个碳原子的烷基、为苯基或萘基的芳基、具有 3～8 个环碳原子的环烷基、具有 1～10 个烷基碳原子和3～8 个环碳原子的环烷基烷基或具有 1～10 个烷基碳原子的任选取代的苯基烷基或萘基烷基，它们可以任选地被具有 1～10 个碳原子的烷基、卤素、$NO_2$、$OR^9$ 或 $SR^9$ 基团取代，其中 $R^9$ 代表氢、具有 1～10 个碳原子的烷基、为苯基或萘基的芳基或具有 1～10 个烷基碳原子的任选取代的苯基烷基或萘基烷基；

$R^3$ 代表氢、具有 1～10 个碳原子的烷基、具有 2～10 个碳原子的链烯基、具有 2～10 个碳原子的炔基、具有 1～10 个烷基碳原子的羟烷基、具有 1～10 个烷基碳原子和 1～10 个烷氧基碳原子的烷氧基烷基、具有 3～8 个环碳原子的环烷基、具有 1～10 个烷基碳原子和 3～8 个环碳原子的环烷基烷基、环上有 5 或 6 个环原子并具有一个或多个选自氮、氧、硅和硫的杂原子的杂环烷基、为在各环上有 5 或 6 个环原子并含有一个或多个选自氮、氧、硅和硫的杂原子作为环原子的芳族单环、双环或三环杂环的杂芳基、具有 1～10 个烷基碳原子和在环上有 5 或 6 个环原子并含有一个或多个选自氮、氧、硅和硫的杂原子的饱和杂环的杂环烷基烷基、为任选取代的苯基或萘基的芳基、具有 1～10 个烷基碳原子的任选取代的苯基烷基或萘基烷基、具有 1～10 个烷基碳原子和在各环上有 5 或 6 个环原子并含有一个或多个选自氮、氧、硅和硫的杂原子作为环原子的芳族单环、双环或三环杂环的杂芳烷基、具有 1～10 个烷基碳原子的氨基烷基或 N-单取代或者 N，N-双取代的氨基烷基基团，其中所述的取代基是具有 1～10 个碳原子的烷基、为任选取代的苯基或萘基的芳基、具有 1～10 个烷基碳原子的任选取代的苯基烷基或萘基烷基、具有 3～8 个环碳原子的环烷基、具有 1～10 个烷基碳原子和 3～8 个环碳原子的环烷基烷基、在各环上有 5 或 6 个环原子并含有一个或多个选自氮、氧、硅和硫的杂原子作为环原子的芳族单环、双环或三环杂环的杂芳基、具有 1～10 个烷基碳原子和在各环上有 5 或 6 个环原子并含有一个或多个选自氮、氧、硅和硫的杂原子作为环原子的芳族单环、双环或三环杂环的杂芳烷基、为环上有 5 或 6 个环原子并具有一个或多个选自氮、氧、硅和硫的杂原子的饱和杂环的杂环烷基或具有 1～10 个烷基碳原子和环上有 5 或 6 个环原子并具有一个或多个选自氮、氧、硅和硫的杂原子的饱和杂环的杂环烷基烷基基团，或者在双取代的氨基烷基基团的情形，取代基与它们所连接的氮原子一起形成环上有 5 或 6 个环原子并具有一个或多个选自氮、氧、硅和硫的杂原子的饱和杂环的杂环烷基或为在各环上有 5 或 6 个环原子并含有一个或多个选自氮、氧、硅和硫的杂原了作为环原子的芳族单环、双环或三环杂环的杂芳基基团；

$P^1$ 和 $P^2$ 各自独立地是氢、具有 1～10 个烷基碳原子的任选取代的苯基烷基或萘基烷基、为被一个或多个选自具有 1～10 个碳原子的烷基、为苯基或萘基的芳基或具有 1～10 个烷基碳原子的任选取代的苯基烷基或萘基烷基取代的硅原子的甲硅烷基、具有 1 ~ 10 个烷氧基碳原子的任选取代的苯基烷氧基羰基或萘基烷氧基羰基、具有 1 ~ 10 个烷氧基碳原子的烷氧羰基、具有 1 ~ 10 个烷基碳原子的烷基羰基、具有 1 ~ 10 个烷基碳原子的任选取代的苯基烷基羰基或萘基烷基羰基、任选取代的苯基羰基或萘基羰基、或具有 1 ~ 10 个烷基碳原子和 5 ~ 8 个环碳原子的环烯基烷基基团；或者 $P^1$ 和 $P^2$ 与它们所连接的氮原子一起形成一个杂环体系；和

（b）将所述的盐自有机溶液中沉淀或结晶。

2. 权利要求 1 的方法，其中 $R^1$ 代表具有 1 ~ 10 个碳原子的烷基、具有 1 ~ 10 个烷基碳原子和 3 ~ 8 个环碳原子的环烷基烷基或具有 1 ~ 10 个烷基碳原子的任选取代的苯基烷基或萘基烷基基团，它们可任选地被具有 1 ~ 10 个碳原子的烷基、卤素、$NO_2$、$OR^9$ 或 $SR^9$ 基团取代，其中 $R^9$ 代表氢、具有 1 ~ 10 个碳原子的烷基、为苯基或萘基的芳基或具有 1 ~ 10 个烷基碳原子的任选取代的苯基烷基或萘基烷基基团；

$R^3$ 代表氢、具有 1 ~ 10 个碳原子的烷基、具有 3 ~ 8 个环碳原子的环烷基、具有 1 ~ 10 个烷基碳原子和 3 ~ 8 个环碳原子的环烷基烷基或具有 1 ~ 10 个烷基碳原子的任选取代的苯基烷基或萘基烷基基团；

$P^1$ 代表具有 1 ~ 10 个烷基碳原子的任选取代的苯基烷基或萘基烷基、具有 1 ~ 10 个烷基碳原子的烷基羰基、具有 1 ~ 10 个烷基碳原子的任选取代的苯基烷基羰基或萘基烷基羰基、任选取代的苯基羰基或萘基羰基、具有 1 ~ 10 个烷氧基碳原子的烷氧羰基或具有 1 ~ 10 个烷氧基碳原子的任选取代的苯基烷氧羰基或萘基烷氧羰基基团；

$P^2$ 代表具有 1 ~ 10 个烷基碳原子的任选取代的苯基烷基或萘基烷基；或者当 $P^1$ 是烷氧基羰基、任选取代的苯基烷氧基羰基、任选取代的萘基烷氧基羰基、烷基羰基、任选取代的苯基烷基羰基、任选取代的萘基烷基羰基、任选取代的苯基羰基或任选取代的萘基羰基时，$P^2$ 代表氢或具有 1 ~ 10 个烷基碳原子的任选取代的苯基烷基或萘基烷基，或者 $P^1$ 和 $P^2$ 与它们所连接的氮原子一起形成 2-异二氢氮（杂）茚基、邻苯二甲酰亚胺基、丁二酰亚胺基或马来酰亚胺基基团。

3. 权利要求 2 的方法，其中 $R^1$ 是 2-（甲硫基）乙基、苯基硫甲基、苄基、（4-氟苯基）甲基、2-萘基甲基或环己基甲基基团；

$R^3$ 代表氢、丙基、丁基、异丁基、异戊基、环戊基、环己基、环庚基、环己基甲基、环戊基甲基、苯乙基或苄基基团；

$P^1$ 代表叔丁氧羰基、苯基甲氧羰基、（4-甲氧苯基）甲氧羰基或苄基基团；

$P^2$ 代表氢或苄基，条件是，当 $P^1$ 是苄基时，$P^2$ 是苄基。

4. 权利要求 1 的方法，其中的有机酸是乙酸、樟脑磺酸、甲苯磺酸、甲磺酸、苹果酸、酒石酸、扁桃酸、三氟乙酸或草酸；无机酸是盐酸、氢溴酸、磷酸、硫酸或亚硫酸。

5. 权利要求 4 的方法，其中有机酸是乙酸、草酸或酒石酸；无机酸是盐酸。

6. 权利要求 1 的方法、其中溶液里含有所述盐和至少一种溶剂的混合物，该溶剂选自甲醇、乙醇、甲苯、二甲苯、二氯甲烷、四氯化碳、己烷、庚烷、石油醚、二甲醚、乙酸乙酯、甲基叔丁基醚或四氢呋喃。

7. 权利要求 1 的方法，其中包括：

（a）制备下式氨基化合物的乙酸盐、草酸盐或盐酸盐

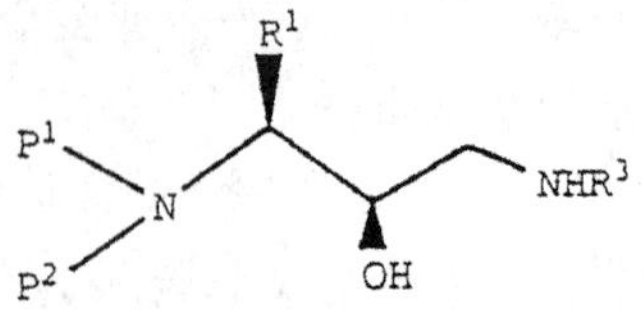

其中$R^1$代表具有1～10个碳原子的烷基、具有1～10个烷基碳原子和3～8个环碳原子的环烷基烷基或具有1～10个烷基碳原子的任选取代的苯基烷基或萘基烷基基团，它们可任选地被具有1～10个碳原子的烷基、卤素、$NO_2$、$OR^9$或$SR^9$基团取代，其中$R^9$代表氢、具有1～10个碳原子的烷基、为苯基或萘基的芳基或具有1～10个烷基碳原子的任选取代的苯基烷基或萘基烷基基团；

$R^3$代表氢、具有1～10个碳原子的烷基、具有3～8个环碳原子的环烷基、具有1～10个烷基碳原子和3～8个环碳原子的环烷基烷基或具有1～10个烷基碳原子的任选取代的苯基烷基或萘基烷基基团；

$P^1$代表苄基基团；

$P^2$代表苄基基团；或者$P^1$和$P^2$与它们所连接的氮原子一起形成2-异二氢氮（杂）茚基基团；和

（b）将所述盐自有机溶液中沉淀或结晶。

8. 权利要求7的方法，其中$R^1$是2-（甲硫基）乙基、苯基硫甲基、苄基、（4-氟苯基）甲基、2-萘甲基或环己基甲基基团；

$R^3$代表氢、丙基、丁基、异丁基、异戊基、环戊基、环己基、环庚基、环己基甲基、环戊基甲基、苯乙基或苄基基团；

所述的溶液含有所述盐与至少一种溶剂的混合物，该溶剂组成选自甲醇、乙醇、甲苯、二甲苯、二氯甲烷、四氯化碳、己烷、庚烷、石油醚、二甲基醚、乙酸乙酯、甲基叔丁基醚或四氢呋喃。

9. 下式化合物的有机或无机酸盐：

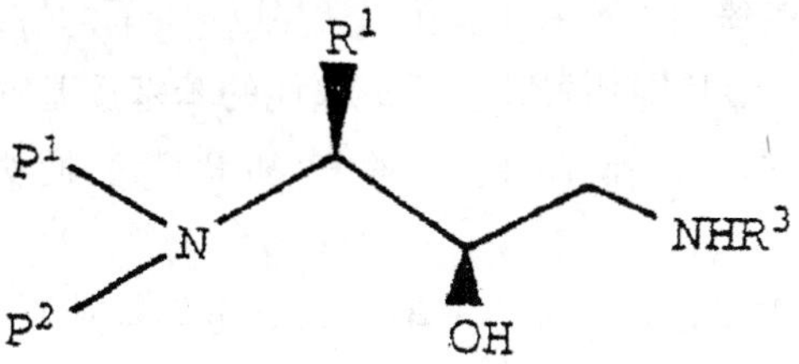

，
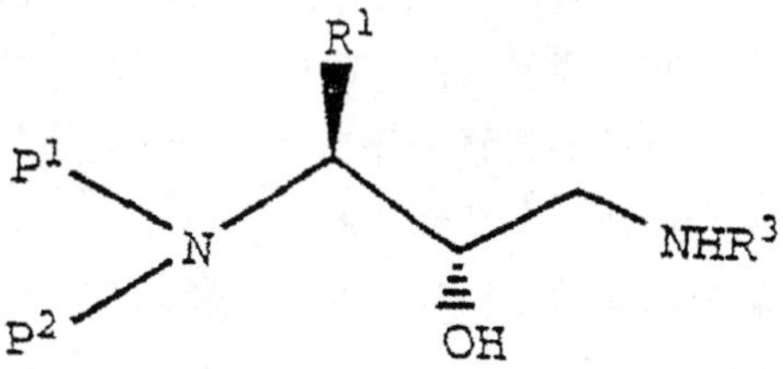

，
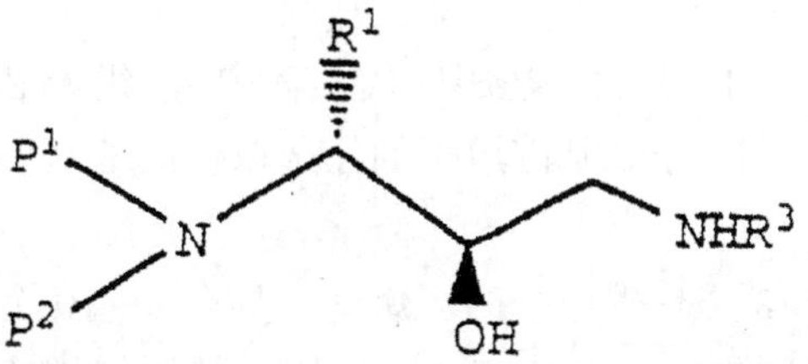

，或
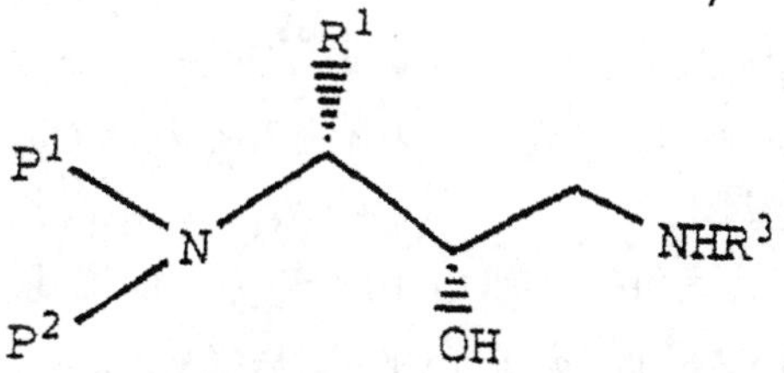


其中$R^1$代表具有1～10个碳原子的烷基、为苯基或萘基的芳基、具有3～8个环碳原子的环烷基、具有1～10个烷基碳原子和3～8个环碳原子的环烷基烷基或具有1～10个烷基碳原子的任选取代的苯基烷基或萘基烷基基团，它们可任选地被具有1～10个碳原子的烷基、卤素、$NO_2$、$OR^9$或$SR^9$基团取代，其中$R^9$代表氢、具有1～10个碳原子的烷基、为苯基或萘基的芳基或具有1～10个烷基碳原子的任选取代的苯基烷基或萘基烷基基团；

$R^3$代表氢、具有1～10个碳原子的烷基、具有2～10个碳原子的链烯基、具有2～10个碳原子的炔基、具有1～10个烷基碳原子的羟烷基、具有1～10个烷基碳原子和1～10个烷氧基碳原子的烷氧烷基、具有3～8个环碳原子的环烷基、具有1～10个烷基碳原子和3～8个环碳原子的环烷基烷基、环上有5或6个环原子并具有一个或多个选自氮、氧、硅和硫的杂原子的杂环烷基、为在各环上有5或6个环原子并含有一个或多个选自氮、氧、硅和硫的杂原子作为环原子的芳族单环、双环或三环杂环的杂芳基、具有1～10个烷基碳原子和环上有5或6个环原子并具有一个或多个选自氮、氧、硅和硫的杂原子的饱和杂环的杂环烷基烷基、为苯基或萘基的芳基、具有1~10个烷基碳原子的任选取代的苯基烷基或萘基烷基、具有1~10个烷基碳原子和在各环上有5或6个环原子并含有一个或多个选自氮、氧、硅和硫的杂原子作为环原子的芳族单环、双环或三环杂环的杂芳烷基、具有1~10个烷基碳原子的氨基烷基或者N-单取代或N，N-双取代的氨基烷基基团，其中所述的取代基是具有1~10个碳原子的烷基、为苯基或萘基的芳基、具有1~10个烷基碳原子的任选取代的苯基烷基或萘基烷基、具有3~8个环碳原子的环烷基、具有1~10个烷基碳原子和3~8个环碳原子的环烷基烷基、为在各环上有5或6个环原子并含有一个或多个选自氮、氧、硅和硫的杂原子作为环原子的芳族单环、双环或三环杂环的杂芳基、具有1~10个烷基碳原子和在各环上有5或6个环原子并含有一个或多个选自氮、氧、硅和硫的杂原子作为环原子的芳族单环、双环或三环杂环的杂芳烷基、为环上有5或6个环原子并具有一个或多个选自氮、氧、硅和硫的杂原子的饱和杂环的杂环烷基或具有1~10个烷基碳原子和环上有5或6个环原子并具有一个或多个选自氮、氧、硅和硫的杂原子的饱和杂环的杂环烷基烷基基团，或者在二取代的氨基烷基基团的情形，该取代基与它们所连接的氮原子一起形成代表环上有5或6个环原子并具有一个或多个选自氮、氧、硅和硫的杂原子的饱和杂环的杂环烷基或形成代表在各环上有5或6个环原子并含有一个或多个选自氮、氧、硅和硫的杂原子作为环原子的芳族单环、双环或三环杂环的杂芳基基团；

$P^1$ 和 $P^2$ 各自独立地是具有1~10个烷基碳原子的任选取代的苯基烷基或萘基烷基、为被一个或多个选自具有1~10个碳原子的烷基、为苯基或萘基的芳基或具有1~10个烷基碳原子的任选取代的苯基烷基或萘基烷基取代的硅原子的甲硅烷基、具有1~10个烷氧基碳原子的任选取代的苯基烷氧羰基或萘基烷氧羰基、具有1~10个烷氧基碳原子的烷氧羰基、具有1~10个烷基碳原子的烷基羰基、具有1~10个烷基碳原子的任选取代的苯基烷基羰基或萘基烷基羰基、任选取代的苯基羰基或萘基羰基或具有1~10个烷基碳原子和5~8个环碳原子的环烯基烷基基团；或者 $P^1$ 和 $P^2$ 与它们所连接的氮原子一起结合形成一个杂环体系。

10. 权利要求9的盐，其中 $R^1$ 代表具有1~10个碳原子的烷基、具有1~10个烷基碳原子和3~8个环碳原子的环烷基烷基或具有1~10个烷基碳原子的任选取代的苯基烷基或萘基烷基基团，它们可任选地被具有1~10个碳原子的烷基、卤素、$NO_2$、$OR^9$ 或 $SR^9$ 基团取代，其中 $R^9$ 代表氢、具有1~10个碳原子的烷基、为苯基或萘基的芳基或具有1~10个烷基碳原子的任选取代的苯基烷基或萘基烷基基团；

$R^3$ 代表氢、具有1~10个碳原子的烷基、具有3~8个环碳原子的环烷基、具有1~10个烷基碳原子和3~8个环碳原子的环烷基烷基或具有1~10个烷基碳原子的任选取代的苯基烷基或萘基烷基基团；

$P^1$ 代表具有1~10个烷基碳原子的任选取代的苯基烷基或萘基烷基、具有1~10个烷基碳原子的烷基羰基、具有1~10个烷基碳原子的任选取代的苯基烷基羰基或萘基烷基羰基、任选取代的苯基羰基或萘基羰基、具有1~10个烷氧基碳原子的烷氧羰基或具有1~10个烷氧基碳原子的任选取代的苯基烷氧羰基或萘基烷氧羰基基团；

$P^2$ 代表具有1~10个烷基碳原子的任选取代的苯基烷基或萘基烷基基团；或者 $P^1$ 和 $P^2$ 与它们所连接的氮原子一起结合形成2-异二氢氮（杂）茚基、邻苯二甲酰亚胺基、丁二酰亚胺基或马来酰亚胺基基团；

其中所述盐是乙酸、樟脑磺酸、甲苯磺酸、甲磺酸、苹果酸、酒石酸、扁桃酸、三氟乙酸、草酸、盐酸、氢溴酸、磷酸、硫酸或亚硫酸的盐。

11. 权利要求9的盐，其中 $R^1$ 是2-（甲硫基）乙基、苯基硫甲基、苄基、（4-氟苯基）甲基、

2-萘基甲基或环己基甲基基团；

$R^3$ 代表氢、丙基、丁基、异丁基、异戊基、环戊基、环己基、环庚基、环己基甲基、环戊基甲基、苯乙基或苄基基团；

$P^1$ 代表叔丁氧羰基、苯基甲氧羰基、（4-甲氧苯基）甲氧羰基或苄基基团；

$P^2$ 代表苄基；

其中所述盐是乙酸、草酸、酒石酸或盐酸的盐。

12. 权利要求9的盐，它是：

N-〔3（S）-〔N，N-二（苯甲基）氨基〕-2（R）-羟基-4-苯丁基〕-N-异丁胺·草酸盐；

N-〔3（S）-〔N，N-二（苯甲基）氨基〕-2（R）-羟基-4-苯丁基〕-N-异丁胺·L-酒石酸盐；

N-〔3（S）-〔N，N-二（苯甲基）氨基〕-2（R）-羟基-4-苯丁基〕-N-异丁胺·二盐酸盐；

N-〔3（S）-〔N，N-二（苯甲基）氨基〕-2（R）-羟基-4-苯丁基〕-N-异丁胺·甲苯磺酸盐；

N-〔3（S）-〔N，N-二（苯甲基）氨基〕-2（R）-羟基-4-苯丁基〕-N-异丁胺·乙酸盐；或

N-〔3（S）-〔N，N-二（苯甲基）氨基〕-2（R）-羟基-4-苯丁基〕-N-异丁胺·甲磺酸盐。"

据此，合议组认为本案事实清楚，可以作出复审决定。

**二、决定的理由**

1. 审查文本

本复审请求审查决定所依据的文本是复审请求人于2004年11月12日提交的权利要求第1～12项、2003年6月30日提交的说明书第5和8页、1997年9月9日进入国家阶段时提交的国际申请的说明书第1～4、6、7、9～50页和说明书摘要。

2. 审查依据

（1）专利法第33条规定：申请人可以对其专利申请文件进行修改，但是，对发明和实用新型申请文件的修改不得超出原说明书和权利要求书记载的范围。

专利法实施细则第60条第1款规定：复审请求人在提出复审请求或者在对专利复审委员会的复审通知书作出答复时，可以修改专利申请文件；但是，修改应当仅限于消除驳回决定或者复审通知书指出的缺陷。

在对专利申请文件进行修改时，如果通过增加、改变和/或删除其中的一部分致使所属技术领域的技术人员看到的信息与原申请记载的信息不同，而且不能从原申请记载的信息中直接地、毫无疑义地确定，则这种修改是不允许的。

复审请求人在提出复审请求时提交的权利要求1和9中引入技术特征"$P^1$ 和 $P^2$ 表示具有1～10个烷基碳原子的任选取代的苯基羰基烷基羰基和萘基羰基烷基羰基"，但原始说明书和权利要求书中没有直接明确认定该技术特征，也无法从原始申请文件中毫无疑义地导出，因此这样的修改超出了原始说明书和权利要求书记载的范围。并且，由于这样的修改并不是为了克服驳回决定指出的缺陷，也不符合专利法实施细则第60条第1款的规定。

复审请求人最后于2004年11月12日提交的权利要求书删除了特征"$P^1$ 和 $P^2$ 表示具有1～10个烷基碳原子的任选取代的苯基羰基烷基羰基和萘基羰基烷基羰基"，从而克服了复审通知书中指出的

不符合专利法第 33 条和专利法实施细则第 60 条第 1 款的规定的缺陷。

（2）专利法第 26 条第 4 款规定：权利要求书应当以说明书为依据，说明要求专利保护的范围。

权利要求的概括应当适当，使其保护范围正好适应说明书所公开的内容。如果权利要求的概括包含了申请人推测的内容，而其效果又难于预先确定和评价，应当认为这种概括超出了申请原始公开的内容。

驳回决定中指出，其所针对的权利要求 2、9～10 中基团 $P^1$ 和 $P^2$ 可以代表“芳基羰基”，但其中的芳基概括了非常宽泛的芳香性基团，本申请说明书第 10 页第 12～16 行中明确定义单独和组合使用的术语“芳基”为可任选取代的苯基或萘基，由此可见，本申请给出的信息只能使本领域技术人员确定和评价“任选取代的苯基或萘基”的芳基可以达到发明的预期效果。由于“芳基”涵盖了大量与“任选取代的苯基或萘基”化学性质不相近似且效果难以预先确定的芳香性基团，所以，包括“芳基羰基”特征的权利要求 2、9～10 得不到说明书支持，不符合专利法第 26 条第 4 款的规定。

复审请求人在 2004 年 11 月 12 日提交的权利要求书中，将权利要求 2、9～10 的“芳基羰基”修改为“任选取代的苯基或萘基”，修改后的内容得到说明书第 10 页第 12～16 行的支持并且概括了与说明书公开的内容相适应的保护范围，这些权利要求符合专利法第 26 条第 4 款的规定，已经克服驳回决定指出的缺陷。

基于上述理由，合议组特作出如下决定。

**三、决定**

撤销国家知识产权局于 2003 年 8 月 15 日对 96192444.6 号发明专利申请作出的驳回决定。由原审查部门根据 2004 年 11 月 12 日提交的权利要求第 1～12 项以及驳回决定针对的说明书和摘要继续审查程序。

复审请求人对本决定不服的，可以根据专利法第 41 条第 2 款的规定，自收到本决定之日起三个月内向北京市第一中级人民法院起诉。

104

# 杂交肽调制免疫反应

## 复审请求审查决定（第11629号）

决　定　号　第11629号
决　定　日　2007年9月6日
发明创造名称　杂交肽调制免疫反应
国际分类号　A61K 38/00，C07K 5/00，C12P 21/04，G01N 33/53
复审请求人　抗原表达公司
申　请　号　00812837.5
优先权日　1999年9月14日
申　请　日　2000年8月25日
公　开　日　2002年10月9日
合议组组长　郭　婷
主　审　员　许　磊
参　审　员　吴通义

法律依据　专利法第26条第4款
决定要点

如果权利要求所要求保护的技术方案是所属技术领域的技术人员能够从说明书充分公开的内容中得到或者概括得出的，并且没有超出说明书公开的范围，则认为该权利要求能够得到说明书的支持。

### 一、案由

本复审请求涉及2002年10月9日公开、名称为“杂交肽调制免疫反应”的00812837.5号发明专利申请（下称本申请），本申请的申请日为2000年8月25日，申请人为抗原表达公司。

国家知识产权局于2004年9月17日驳回了本申请，具体理由为：权利要求1的（a）中的“修饰”一词包含了非常广的含义；“类肽结构”定义模糊，定义了一个极大的范围；“氨基酸”可以是任意性质的氨基酸，而实施例中仅用了天然氨基酸；（a）中“基本由……及其修饰所构成”一词的使用可以使SEQ ID NO：1序列在LRMK不变的情况下任意变化，因为可以把一部分肽看做是柔性链，所以使“柔性链延伸到10个氨基酸的长度”失去意义，因此，权利要求1得不到说明书的支持，不符合专利法第26条第4款的规定。基于同样的理由，权利要求2～7、11～14、17～20、24～25也不符合专利法第26条第4款的规定。

驳回决定所针对的权利要求书为：

“1. 一种 MHC II 类抗原呈递增强杂交体多肽，包括：

（a）N-末端，基本由哺乳动物 Ii-Key 肽 LRMKLPKPPKPV SKMR（SEQ ID NO：1）及其修饰所构成，所述修饰中 LRMK 残基未改变并且所述修饰保持了抗原呈递增强活性；

（b）C-末端，包括结合 MHC II 类分子的抗原肽结合位点的多肽或类肽结构形式的抗原表位；以及

（c）间插化学结构，共价结合杂交体的 N-末端和 C-末端组成，化学结构是原子的共价结合基团，原子在以线性方式排列时形成柔性链，柔性链延伸到 10 个氨基酸的长度，同样地以线性方式排列。

2. 根据权利要求 1 所述的 MHC II 类抗原呈递增强杂交体多肽，其中间插化学结构不能以任何空间不同的方式氢键结合 MHC II 类分子。

3. 根据权利要求 1 所述的 MHC II 类抗原呈递增强杂交体多肽，其中间插化学结构是同样以线性方式排列的长度为 4 到 6 个氨基酸。

4. 根据权利要求 1 所述的 MHC II 类抗原呈递增强杂交体多肽，其中 Ii Key 肽通过 C-末端截短到 LRMK（SEQ ID NO：3）来修饰。

5. 根据权利要求 1 所述的 MHC II 类抗原呈递增强杂交体多肽，其中多肽选自由下列成员构成的组：Ac-LRMK（SEQ ID NO：3）-5-氨基 pentanoly-IAYLKQATAK（SEQ ID NO：8）$NH_2$，Ac-LRMK（SEQ ID NO：3）-5-氨基 pentanoly-5-氨基 pentanoly-IAYLKQATAK（SEQ ID NO：8）$NH_2$，Ac-LRMKLPKSIAYLKQATAK-$NH_2$（SEQ ID NO：9），Ac-LRMKLPKSAKPIAYLKQATAK-NH2（SEQ ID NO：10），和 Ac-LRMKLPKSAKPVSKIAYLKQATAK-$NH_2$（SEQ ID NO：11）。

6. 根据权利要求 1 所述的 MHC II 类抗原呈递增强杂交体多肽，其中对 Ii Key 肽 LRMKLPKPPK-PVSKMR（SEQ ID NO：1）的修饰选自由下列成员构成的组：

（a）从 C-末端缺失一个或多个氨基酸；

（b）保护 N-末端；

（c）氨基酸取代；

（d）产生环化衍生物。

7. 根据权利要求 1 所述的 MHC II 类抗原呈递增强杂交体多肽，其中对 Ii Key 肽 LRMKLPKPPK-PVSKMR（SEQ ID NO：1）的修饰是用选自由下列成员构成的组的分子取代一个或多个氨基酸：

（a）类肽结构；

（b）D-异构体氨基酸；

（c）N-甲基氨基酸；

（d）L-异构体氨基酸；

（e）修饰的 L-异构体氨基酸；以及

（f）环化衍生物。

8.（删除）

9.（删除）

10.（删除）

11. 下述物质在制备用于增强 MHC II 类限制性抗原表位向 T 细胞呈递的药物中的应用，所述物质为：MHC II 类限制性抗原表位掺入到 MHC II 类抗原呈递增强杂交体多肽中所形成的物质，杂交体多肽包括：

（i）N-末端，基本由哺乳动物 Ii-Key 肽 LRMKLPKPPKPV SKMR（SEQ ID NO：1）及其修饰所构

成，所述修饰中 LRMK 残基未改变并且所述修饰保持了抗原呈递增强活性；

（ii）C-末端，包括结合 MHC II 类分子的抗原肽结合位点的多肽或类肽结构形式的抗原表位；以及

（iii）间插化学结构，共价结合杂交体的 N-末端和 C-末端组成，化学结构是原子的共价结合基团，原子在以线性方式排列时形成柔性链，柔性链延伸到 10 个氨基酸的长度，同样地以线性方式排列；

所述物质用于在生理学条件下接触：

（i）MHC II 类表达抗原呈递细胞；以及

（ii）对抗原呈递细胞的 MHC II 类分子呈递的抗原表位应答的 T 细胞。

12. 根据权利要求 11 的应用，其中对抗原表位的 MHC II 类等位基因应答是增加的。

13. 根据权利要求 11 的应用，其中对 Ii Key 肽 LRMKLPKPPKPVSKMR（SEQ ID NO：1）的修饰选自由下列成员构成的组：

（a）从 C-末端缺失一个或多个氨基酸；

（b）保护 N-末端；

（c）氨基酸取代；以及

（d）产生环化衍生物。

14. 根据权利要求 11 的应用，其中对 Ii Key 肽 LRMKLPKPPKPVSKMR（SEQ ID NO：1）的修饰是用选自由下列成员构成的组的分子取代一个或多个氨基酸：

（a）类肽结构；

（b）D-异构体氨基酸；

（c）N-甲基氨基酸；

（d）L-异构体氨基酸；

（e）修饰的 L-异构体氨基酸；以及

（f）环化衍生物。

15.（删除）

16.（删除）

17. 下述物质在制备用于增强等位基因限制性抗原表位的 MHC II 类等位基因呈递范围的药物中的应用，所述物质为：将抗原表位掺入到抗原呈递增强杂交体多肽中所形成的物质，杂交体多肽包括：

（i）N-末端，基本由哺乳动物 Li-Key 肽 LRMKLPKPPKPV SKMR（SEQ ID NO：1）及其修饰所构成，所述修饰中 LRMK 残基未改变并且所述修饰保持了抗原呈递增强活性；

（ii）C-末端，包括抗原表位；以及

（iii）间插化学结构，共价结合杂交体的 N-末端和 C-末端组成，化学结构是原子的共价结合基团，原子在以线性方式排列时形成柔性链，柔性链延伸到 10 个氨基酸的长度，同样地以线性方式排列；

所述物质用于在生理学条件下与抗原呈递细胞和对抗原呈递细胞的 MHC II 类分子呈递的抗原表位应答的 T 淋巴细胞接触。

18. 下述物质在制备用于鉴别表现预定模式的 MHC II 类限制性 Th1 和 Th2 刺激作用的抗原表位的制剂中的应用，所述物质为：将候选抗原表位掺入到抗原呈递增强杂交体多肽中所形成的物质，杂交体多肽包括：

（i）N-末端，基本由哺乳动物Ii-Key肽LRMKLPKPPKPV SKMR（SEQ ID NO：1）及其修饰所构成，所述修饰中LRMK残基未改变并且所述修饰保持了抗原呈递增强活性；

（ii）C-末端，包括抗原表位；以及

（iii）间插化学结构，共价结合杂交体的N-末端和C-末端组成，化学结构是原子的共价结合基团，原子在以线性方式排列时形成柔性链，柔性链延伸到10个氨基酸的长度，同样地以线性方式排列；

所述物质用于在生理学条件下通过将杂交体多肽与下列物质接触，筛查表现具有预定模式的MHC II类限制性Th1和Th2刺激作用的呈递活性的杂交体分子：

（i）MHC II类表达抗原呈递细胞；以及

（ii）对抗原呈递细胞的MHC II类分子呈递抗原表位应答的Th1细胞或Th2细胞；以及

（iii）通过MHC II类呈递鉴别刺激预定模式的Th1和Th2细胞的杂交体多肽。

19. MHC II类抗原呈递增强杂交体多肽在制备药物中的应用，所述药物用于通过增强分子的抗原表位向个体的T淋巴细胞的MHC II类呈递作用，来调节个体对特异分子的免疫应答，所述MHC II类抗原呈递增强杂交体多肽包括：

（i）N-末端，基本由哺乳动物Ii-Key肽LRMKLPKPPKPV SKMR（SEQ ID NO：1）及其修饰所构成，所述修饰中LRMK残基未改变并且所述修饰保持了抗原呈递增强活性；

（ii）C-末端，包括结合MHC II类分子的抗原肽结合位点的多肽或类肽结构形式的抗原表位；以及

（iii）间插化学结构，共价结合杂交体的N-末端和C-末端组成，化学结构是原子的共价结合基团，原子在以线性方式排列时形成柔性链，柔性链延伸到10个氨基酸的长度，同样地以线性方式排列。

20. 通过下述方法获得的细胞在制备药物中的应用，所述药物用于通过增强分子的抗原表位向个体的T淋巴细胞的MHC II类呈递作用，来增强个体对特异分子的免疫应答，所述方法包括：

（a）从个体获得抗原呈递细胞群；

（b）在适于杂交体与抗原呈递细胞的MHC II类分子结合的条件下，用MHC II类抗原呈递增强杂交体体外治疗这些细胞；MHC II类抗原呈递增强杂交体包括：

（i）N-末端，基本由哺乳动物Ii-Key肽LRMKLPKPPKPVSKMR（SEQ ID NO：1）及其修饰所构成，所述修饰中LRMK残基未改变并且所述修饰保持了抗原呈递增强活性；

C-末端，包括结合MHCII类分子的抗原肽结合位点的多肽或类肽结构形式的抗原表位；以及

（ii）间插化学结构，共价结合杂交体的N-末端和C-末端组成，化学结构是原子的共价结合基团，原子在以线性方式排列时形成柔性链，柔性链延伸到10个氨基酸的长度，同样地以线性方式排列。

21.（删除）

22.（删除）

23.（删除）

24. 下述物质在制造药物中的应用，所述药物用于抑制MHC II类限制性抗原表位向T淋巴细胞呈递：

（a）MHC II类表达抗原呈递细胞，在其表面上展示T淋巴细胞呈递的抗原表位；以及

（b）抗原呈递抑制杂交体多肽，包括：

（i）N-末端，基本由哺乳动物Ii-Key肽LRMKLPKPPKPVSKMR（SEQ ID NO：1）及其修饰所构

成，所述修饰中 LRMK 残基未改变并且所述修饰保持了抗原呈递增强活性；

（ii）C-末端，包括结合在 MHC Ⅱ类分子的抗原肽结合位点中的抗原结合位点配体或类肽结构；以及

（iii）间插化学结构，共价结合杂交体的 N-末端和 C-末端组成，化学结构是原子的共价结合基团，原子在以线性方式排列时形成柔性链，柔性链延伸到 10 个氨基酸的长度，同样地以线性方式排列；以及

（c）淋巴细胞，其对抗原呈递细胞的 MHC Ⅱ类分子呈递（a）部分抗原表位应答。

25. MHC Ⅱ类抗原呈递抑制杂交体多肽在制造药物中的应用，所述药物用于通过抑制个体抗原呈递细胞的 MHC Ⅱ类抗原呈递来治疗个体的与产生不利免疫应答有关的疾病，所述 MHC Ⅱ类抗原呈递抑制杂交体多肽包括：

（i）N-末端，基本由哺乳动物 Ii-Key 肽 LRMKLPKPPKPV SKMR（SEQ ID NO：1）及其修饰所构成，所述修饰中 LRMK 残基未改变并且所述修饰保持了抗原呈递增强活性；

（ii）C-末端，包括结合在 MHC Ⅱ类分子的抗原肽结合位点中的抗原结合位点配体或类肽结构；以及

（iii）间插化学结构，共价结合杂交体的 N-末端和 C-末端组成，化学结构是原子的共价结合基团，原子在以线性方式排列时形成柔性链，柔性链延伸到 10 个氨基酸的长度，同样地以线性方式排列。”

申请人抗原表达公司（下称复审请求人）对上述驳回决定不服，于 2004 年 12 月 30 日向专利复审委员会提出复审请求，复审请求人在提出复审请求的同时提交了新修改的权利要求书全文替换页（共 25 项权利要求），其对权利要求 1 进行了进一步限定，将其中的“修饰”限定为“所述修饰是从下列组中选取的，包括：从 C-末端缺失一个或多个氨基酸，保护 N-末端，和天然氨基酸取代”；删除了“类肽结构”；将“氨基酸”限定为“天然氨基酸”；删除了权利要求 6~7、13 和 14 并同时对权利要求 11、17~20 以及权利要求 24~25 进行了与权利要求 1 相同的修改。复审请求人认为修改后的权利要求符合专利法第 26 条第 4 款的规定。

形式审查合格后，专利复审委员会受理了该复审请求，并于 2005 年 1 月 31 日向复审请求人发出《复审请求受理通知书》，并将本申请案卷移交原审查部门进行前置审查。

原审查部门对本复审请求进行了前置审查，认为“修饰”仍然概括了可以从 C 端缺失任意氨基酸，也可以用天然氨基酸中的一个或多个在任意位置上进行取代，包括多种可能性，需要本领域普通技术人员过多的筛选，此外，（c）中的“氨基酸”仍然没有限定到“天然氨基酸”，“基本由……构成”使得数量限定仍然不起作用，因此坚持原驳回决定。

专利复审委员会组成合议组，对本案的复审请求进行了审理。于 2006 年 5 月 16 日向复审请求人发出《复审通知书》。该《复审通知书》指出：（1）本申请是通过将所说的 Ii-Key 肽与所说的间插化学结构和抗原相连来增强抗原呈递活性的，说明书仅给出了用 Ac-修饰的 LRMK 通过所说间插化学结构与抗原相连来实现发明目的。权利要求 1 中目前要求保护的 Ii-Key 肽（SEQ ID NO：1）是一种短肽，对于该类短肽而言，其中氨基酸的变化或缺失对该肽的活性都会有较大影响，在本申请说明书中仅给出了四个氨基酸的短肽 LRMK（SEQ ID NO：3）可以实现本申请目的的情况下，本领域技术人员无法预见到从 SEQ ID NO：1 缺失一个或多个氨基酸或者任意用其他天然氨基酸取代除 LRMK 之外的氨基酸时，在短肽长度与 SEQ ID NO：3 相比有较大变化的情况下仍可以用于实现本申请的目的；此外，其中采用的“基本由……构成”的表述涵盖了除所说的 SEQ ID NO：1 外还可以含有其他的氨基酸，在说明书仅提供了 LRMK 可以实现本申请目的的情况下，本领域技术人员无法预见到这种范围

内其他方案可以实现本申请的目的，所以权利要求1的概括包含申请人推测的效果难于预先确定和评价的内容，得不到说明书的支持，不符合专利法第26条第4款的规定。（2）权利要求1中所要保护的杂交体多肽包含（a）N-末端和（b）C-末端，同时（a）中又提及了另一种肽，在没有明确指明哪种肽的情况下采用的“从C-末端缺失”和“保护N-末端”的表述中的“C-末端”和“N-末端”可以理解为所说的杂交体多肽也可以理解为所说的SEQ ID NO：1的肽，因此，所指不明，容易引起歧义，从而使得权利要求1的保护范围不清楚，不符合专利法实施细则第20条第1款的规定。

针对该《复审通知书》指出的问题，复审请求人于2006年8月28日提交了意见陈述书及经修改的权利要求书全文替换页（共13项权利要求），复审请求人将权利要求1中的（a）修改为“N-末端，由哺乳动物Ii-Key肽LRMKLPKPPKPV SKMR（SEQ ID NO：1）及其修饰所组成，所述的SEQ ID NO：1的修饰是从下列组中选取的，包括：从C-末端缺失一个或多个氨基酸，保护N-末端，和天然氨基酸取代；所述修饰中LRMK残基未改变并且所述修饰保持了抗原呈递增强活性”，同时对权利要求11、17~20、24~25进行了与权利要求1的修改相同的修改并调整了权利要求的编号，复审请求人认为修改后的权利要求书符合专利法第26条第4款和专利法实施细则第20条第1款的规定。

针对复审请求人提交的上述权利要求书，合议组于2007年2月6日第二次发出《复审通知书》，指出修改后的权利要求1中限定的杂交体多肽N-末端“由哺乳动物Ii-Key肽LRMKLPKPPKPV SKMR（SEQ ID NO：1）及其修饰所组成”，其含义表示权利要求1的杂交体多肽的N末端由“Ii-Key肽LRMKLPKPPKPV SKMR（SEQ ID NO：1）”和“其修饰”两部分组成，而说明书中仅给出了N-末端为Ii-key肽核心序列（SEQ ID NO：3）的杂交体多肽，由此无法推导出权利要求1中包含的N末端由Ii-Key肽及其修饰两部分组成的杂交体多肽也可用于实现本发明的目的；其次，在说明书中仅记载了由Ii-Key核心序列（SEQ ID NO：3）与抗原通过间插化学结构连接形成的杂交体（见实施例1），也无法推导出N末端为Ii-Key肽或为“从C-末端缺失一个或多个氨基酸、保护N-末端、和天然氨基酸取代”的各种Ii-Key肽修饰形式的杂交体多肽也可用于实现本发明目的；此外，就（c）中的间插化学结构而言，说明书中仅给出了ava-基团和Ii蛋白残基LPKSAKPVSK（即用SAK对Ii-Key中LRMKLPK后的三位氨基酸以固定模式进行取代后获得的间隔基）间隔基的实例，因为（c）中的间插化学结构可以为延伸到10个氨基酸长度的柔性链，所以其包含了任何氨基酸组成的柔性链，但是，根据本领域的现有技术和公知常识，显然在短肽LRMK后不是增加任何氨基酸都可以实现本发明的目的，即不是该间插化学结构中的柔性链由任何氨基酸组成时都可以实现本发明的目的，所以本领域技术人员根据说明书的描述无法预期到用任何氨基酸组成的间插化学结构都可以实现本发明的目的，目前权利要求1（c）中限定的间插化学结构也涵盖了许多不能实现本发明目的的范围，所以修改后的权利要求1仍然得不到说明书的支持。同样，存在相似表述的权利要求6、8~13也不符合专利法第26条第4款的规定。

针对该《复审通知书》，复审请求人于2007年3月21日提交了意见陈述书及经修改的权利要求书全文替换页，修改后的权利要求书如下：

“1. 一种MHC II类抗原呈递增强杂交体多肽，包括：

（a）N-末端，由哺乳动物Ii-Key肽LRMK（SEQ ID NO：3）所组成；

（b）C-末端，包括结合MHC II类分子的抗原肽结合位点的多肽的抗原表位；以及

（c）共价结合杂交体N-末端和C-末端的间插化学结构，所述化学结构是原子的共价结合基团，该基团选自：ava-、ava-ava-、LPKS-、LPKSAKP-、LPKSAKPVSK-。

2. 根据权利要求1所述的MHC II类抗原呈递增强杂交体多肽，其中间插化学结构不能以任何空间不同的方式氢键结合MHC II类分子。

3. 根据权利要求1所述的MHC II类抗原呈递增强杂交体多肽，其中间插化学结构是同样以线性方式排列的长度为4到6个氨基酸。

4. 根据权利要求1所述的MHC II类抗原呈递增强杂交体多肽，其中Ii Key肽通过C-末端截短到LRMK（SEQ ID NO：3）来修饰。

5. 根据权利要求1所述的MHC II类抗原呈递增强杂交体多肽，其中多肽选自由下列成员构成的组：Ac-LRMK（SEQ ID NO：3）-5-氨基pentanoly-IAYLKQATAK（SEQ ID NO：8）$NH_2$，Ac-LRMK（SEQ ID NO：3）-5-氨基pentanoly-5-氨基pentanoly-IAYLKQATAK（SEQ ID NO：8）$NH_2$，Ac-LRMKLPKSIAYLKQATAK-$NH_2$（SEQ ID NO：9），Ac-LRMKLPKSAKPIAYLKQATAK-$NH_2$（SEQ ID NO：10），和Ac-LRMKLPKSAKPVSKIAYLKQATAK-$NH_2$（SEQ ID NO：11）。

6. 下述物质在制备用于增强MHC II类限制性抗原表位向T细胞呈递的药物中的应用，所述物质为：MHC II类限制性抗原表位掺入到MHC II类抗原呈递增强杂交体多肽中所形成的物质，杂交体多肽包括：

（i）N-末端，由哺乳动物Ii-Key肽LRMK（SEQ ID NO：3）所组成；

（ii）C-末端，包括结合MHC II类分子的抗原肽结合位点的多肽的抗原表位；以及

（iii）共价结合杂交体N-末端和C-末端的间插化学结构，所述化学结构是原子的共价结合基团，该基团选自：ava-、ava-ava-、LPKS-、LPKSAKP-、LPKSAKPVSK-；

所述物质用于在生理学条件下接触：

（i）MHC II类表达抗原呈递细胞；以及

（ii）对抗原呈递细胞的MHC II类分子呈递的抗原表位应答的T细胞。

7. 根据权利要求6的应用，其中对抗原表位的MHC II类等位基因应答是增加的。

8. 下述物质在制备用于增强等位基因限制性抗原表位的MHC II类等位基因呈递范围的药物中的应用，所述物质为：将抗原表位掺入到抗原呈递增强杂交体多肽中所形成的物质，杂交体多肽包括：

（i）N-末端，由哺乳动物Ii-Key肽LRMK（SEQ ID NO：3）所组成；

（ii）C-末端，包括结合MHC II类分子的抗原肽结合位点的多肽的抗原表位；以及

（iii）共价结合杂交体N-末端和C-末端的间插化学结构，所述化学结构是原子的共价结合基团，该基团选自：ava-、ava-ava-、LPKS-、LPKSAKP-、LPKSAKPVSK-；

所述物质用于在生理学条件下与抗原呈递细胞和对抗原呈递细胞的MHC II类分子呈递的抗原表位应答的T淋巴细胞接触。

9. 下述物质在制备用于鉴别表现预定模式的MHC II类限制性Th1和Th2刺激作用的抗原表位的制剂中的应用，所述物质为：将候选抗原表位掺入到抗原呈递增强杂交体多肽中所形成的物质，杂交体多肽包括：

（i）N-末端，由哺乳动物Ii-Key肽LRMK（SEQ ID NO：3）所组成；

（ii）C-末端，包括结合MHC II类分子的抗原肽结合位点的多肽的抗原表位；以及

（iii）共价结合杂交体N-末端和C-末端的间插化学结构，所述化学结构是原子的共价结合基团，该基团选自：ava-、ava-ava-、LPKS-、LPKSAKP-、LPKSAKPVSK-；

所述物质用于在生理学条件下通过将杂交体多肽与下列物质接触，筛查表现具有预定模式的MHC II类限制性Th1和Th2刺激作用的呈递活性的杂交体分子：

（i）MHC II类表达抗原呈递细胞；以及

（ii）对抗原呈递细胞的MHC II类分子呈递抗原表位应答的Th1细胞或Th2细胞；以及

（iii）通过MHC II类呈递鉴别刺激预定模式的Th1和Th2细胞的杂交体多肽。

10. MHC Ⅱ类抗原呈递增强杂交体多肽在制备药物中的应用，所述药物用于通过增强分子的抗原表位向个体的T淋巴细胞的MHC Ⅱ类呈递作用，来调节个体对特异分子的免疫应答，所述MHC Ⅱ类抗原呈递增强杂交体多肽包括：

（i）N-末端，由哺乳动物Ii-Key肽LRMK（SEQ ID NO：3）所组成；

（ii）C-末端，包括结合MHC Ⅱ类分子的抗原肽结合位点的多肽的抗原表位；以及

（iii）共价结合杂交体N-末端和C-末端的间插化学结构，所述化学结构是原子的共价结合基团，该基团选自：ava-、ava-ava-、LPKS-、LPKSAKP-、LPKSAKPVSK-。

11. 通过下述方法获得的细胞在制备药物中的应用，所述药物用于通过增强分子的抗原表位向个体的T淋巴细胞的MHC Ⅱ类呈递作用，来增强个体对特异分子的免疫应答，所述方法包括：

（a）从个体获得抗原呈递细胞群；

（b）在适于杂交体与抗原呈递细胞的MHC Ⅱ类分子结合的条件下，用MHC Ⅱ类抗原呈递增强杂交体体外治疗这些细胞；MHC Ⅱ类抗原呈递增强杂交体包括：

（i）N-末端，由哺乳动物Ii-Key肽LRMK（SEQ ID NO：3）所组成；

（ii）C-末端，包括结合MHC Ⅱ类分子的抗原肽结合位点的多肽的抗原表位；以及

（iii）共价结合杂交体N-末端和C-末端的间插化学结构，所述化学结构是原子的共价结合基团，该基团选自：ava-、ava-ava-、LPKS-、LPKSAKP-、LPKSAKPVSK-。

12. 下述物质在制造药物中的应用，所述药物用于抑制MHC Ⅱ类限制性抗原表位向T淋巴细胞呈递：

（a）MHC Ⅱ类表达抗原呈递细胞，在其表面上展示T淋巴细胞呈递的抗原表位；以及

（b）抗原呈递抑制杂交体多肽，包括：

（i）N-末端，由哺乳动物Ii-Key肽LRMK（SEQ ID NO：3）所组成；

（ii）C-末端，包括结合MHC Ⅱ类分子的抗原肽结合位点的多肽的抗原表位；以及

（iii）共价结合杂交体N-末端和C-末端的间插化学结构，所述化学结构是原子的共价结合基团，该基团选自：ava-、ava-ava-、LPKS-、LPKSAKP-、LPKSAKPVSK-；以及

（c）淋巴细胞，其对抗原呈递细胞的MHC Ⅱ类分子呈递a）部分抗原表位应答。

13. MHC Ⅱ类抗原呈递抑制杂交体多肽在制造药物中的应用，所述药物用于通过抑制个体抗原呈递细胞的MHC Ⅱ类抗原呈递来治疗个体的与产生不利免疫应答有关的疾病，所述MHC Ⅱ类抗原呈递抑制杂交体多肽包括：

（i）N-末端，由哺乳动物Ii-Key肽LRMK（SEQ ID NO：3）所组成；

（ii）C-末端，包括结合MHC Ⅱ类分子的抗原肽结合位点的多肽的抗原表位；以及

（iii）共价结合杂交体N-末端和C-末端的间插化学结构，所述化学结构是原子的共价结合基团，该基团选自：ava-、ava-ava-、LPKS-、LPKSAKP-、LPKSAKPVSK-。”

复审请求人认为修改后的权利要求1得到了说明书第4页第1段第2～3行、第6页第1段第1～3行和第8～10行、第8页第2段至第9页第1段、实施例1～2的支持，符合专利法第26条第4款的规定，同样，修改后的权利要求6、8～13也符合专利法第26条第4款的规定。

至此，合议组认为本案事实清楚，可以作出审查决定。

## 二、决定的理由

1. 决定所依据的文本

复审请求人在于2007年3月21日提交的权利要求书中，将权利要求1（a）中的N-末端限定为Ii-Key肽LRMK（SEQ ID NO：3），将（c）中的间插化学结构限定为选自ava-、ava-ava-、LPKS-、

LPKSAKP-、LPKSAKPVSK-，同时对权利要求6、8～13进行了同样的修改，这种修改未超出原申请记载的范围（见本申请说明书第7页第9～10行、实施例1和实施例2），符合专利法第33条的规定。因此，本决定是在复审请求人于2007年3月21日提交的权利要求第1～13项、进入中国国家阶段时提交的说明书第1～39页以及说明书摘要的基础上作出的。

2. 关于专利法第26条第4款

专利法第26条第4款规定：权利要求书应当以说明书为依据，说明要求专利保护的范围。

根据该款规定，如果权利要求所要求保护的技术方案是所属技术领域的技术人员能够从说明书充分公开的内容中得到或者概括得出的，并且没有超出说明书公开的范围，则认为该权利要求能够得到说明书的支持。

本案中，驳回决定和两次《复审通知书》均指出由于说明书中仅给出了对Ii-Key肽LRMK（SEQ ID NO：3）进行特定修饰可以实现本发明目的的具体实施方式，而权利要求1、6、8～13中的“修饰”和“间插化学结构”使得这些权利要求涵盖了许多本领域技术人员根据说明书的描述无法预期是否能实现本发明目的的技术方案，因此权利要求1、6、8～13得不到说明书的支持。复审请求人在于2007年3月21日提交的修改的权利要求1、6、8～13中将所述杂交体多肽的N-末端限定为由Ii-Key肽LRMK所组成，将其间插化学结构限定为选自“ava-、ava-ava-、LPKS-、LPKSAKP-、LPKSAKPVSK-”，在本申请说明书的实施例1中，给出了N-末端为LRMK，间隔基为ava-、ava-ava-、LPKS-、LPKSAKP-、LPKSAKPVSK-的杂交体肽的实例（见本申请说明书第35页表1），并在实施例2中证明了这些杂交体肽的活性，因此，修改后的权利要求1、6、8～13得到了说明书的支持；同时，驳回决定所指出的“类肽结构”、“基本由……及其修饰所构成”以及“氨基酸”和“修饰”方面的缺陷也不再存在，因此，修改后的权利要求1、6、8～13克服了驳回决定和复审通知书所指出的缺陷。

根据以上事实和理由，本案合议组作出如下审查决定。

**三、决定**

撤销国家知识产权局于2004年9月17日对00812837.5号发明专利申请作出的驳回决定。由原审查部门在本决定所针对的文本的基础上继续进行审查。

复审请求人对本决定不服的，可以根据专利法第41条第2款的规定，自收到本决定之日起三个月内向北京市第一中级人民法院起诉。

105

# 猪饲料循环利用及其配方

## 复审请求审查决定（第11630号）

**决　定　号**　第11630号
**决　定　日**　2007年10月24日
**发明创造名称**　猪饲料循环利用及其配方
**国 际 分 类 号**　A23K 1/18，A23K 1/16
**复 审 请 求 人**　池胜碧
**申　请　号**　02135504.5
**申　请　日**　2002年9月3日
**公　开　日**　2003年3月5日
**合 议 组 组 长**　何　炜
**主　审　员**　张晓飞
**参　审　员**　郭　婷

**法 律 依 据**　专利法第33条
**决 定 要 点**
如果申请的内容通过增加、改变和/或删除其中的一部分，致使所属技术领域的技术人员看到的信息与原申请记载的信息不同，而且又不能从原申请记载的信息中直接地、毫无疑义地确定，那么这种修改就是不允许的。

### 一、案由

本复审请求涉及2002年9月3日申请，2003年3月5日公开，名称为“猪饲料循环利用及其配方”的02135504.5号发明专利申请（下称本申请），本申请的申请人为池胜碧。

国家知识产权局于2005年1月14日以说明书不符合专利法第26条第3款的规定为由驳回了本申请。

驳回决定所针对的权利要求书为：

“1. 猪饲料循环利用及其配方，涉及有循环专用预混料、生物菌种、微量元素和氨基酸组成，具体涉及有硫酸铜、硫酸亚铁、硫酸锌、硫酸锰、微量钾、微量钴、喹乙醇、赖氨酸、蛋氨酸、健曲、黄芪、苦参、贯仲、草药辅料、维生素、氨化物、钙粉和酒糟蛋白粉辅助料组成，涉及的发酵饲料有猪粪、玉米、麸皮和菜粕或棉粕类物质组成；涉及的浓缩饲料有豆粕、麸皮、血粉或鱼粉组成，其特征在于循环专用预混料的配比是：酒精酵母125～200克、假丝酵母125～200克、生物菌种200～300克、硫酸铜25～38克、硫酸亚铁40～50克、硫酸锌35～60克、硫酸锰6～9克、微量钾0.05～0.1

克、微量钴0.005～0.1克、喹乙醇2.5～3.5克、赖氨酸50～100克、蛋氨酸10～20克、健曲100～150克、黄芪40～60克、苦参30～60克、贯仲40～80克、草药辅料40～60克、多种维生素5克、氨化物5克、钙粉500克和酒糟蛋白粉类填充料组成。

2. 根据权利要求1所述的猪饲料循环利用及其配方，其特征在于制作所说的生物发酵饲料，首先要搅拌均匀，装入水泥砖石结构的发酵窖内，踩紧以排出空气，然后密封发酵10天以上。"

驳回决定认为：本申请的说明书未清楚说明浓缩饲料、发酵饲料之间的关系及发酵饲料中生物菌种的类别，不符合专利法第26条第3款的规定。虽然，申请人在答复审查意见通知书时陈述了循环专用预混料、发酵饲料和浓缩饲料之间的关系及发酵饲料中生物菌种的类别，但这在原始申请文件中并未记载，也不能直接地、毫无疑义地推导出，因此无法克服上述缺陷。

申请人池胜碧（下称复审请求人）对上述驳回决定不服，于2005年3月28日向专利复审委员会提出复审请求，复审请求人在提出复审请求时没有提交新修改的专利申请文本。复审请求人认为：（1）本申请饲料的核心在于循环专用预混料，生物菌种为"根霉"，其作为Know-how技术没有说出，但不直接影响技术方案的实施。另外，说明书第1页第16行的"循环专用预混料能有效地杀灭猪粪中细菌及寄生虫虫卵，确保猪粪循环饲料饲养的生猪鲜肉残留不超标。"是由近二十种药物、氨基酸、多种维生素、生物菌种的作用，而不是单方面靠生物菌种的作用，目前饲料行业中，酵母的作用最重要，因此采用两种酵母共生，未采用"生物菌种"也可以发酵，只是效果有差别。（2）按照现行的市场规定，包装上应注明饲料的使用方法、配比，普通养猪户都能理解三种饲料的使用方法，所以三者的相互关系和使用方法不必写入专利说明书中，也不存在本领域技术人员无法理解的问题。复审请求人于2005年4月13日、2005年4月18日又分别提交了两次意见陈述书，重复了以上意见。

形式审查合格后，专利复审委员会受理了该复审请求，并于2005年10月13日向复审请求人发出《复审请求受理通知书》，随后将本申请移交原实审部门进行前置审查。

原实审部门对本复审请求进行了前置审查，认为申请人未清楚说明发酵饲料中生物菌种的类别，而且根据原始申请文件不能看出参与发酵饲料发酵的生物菌种即是循环专用预混料中的"酒精酵母、假丝酵母、生物菌种"。根据说明书的记载，循环专用预混料添加到浓缩饲料中，即循环专用预混料直接通过浓缩饲料饲喂生猪，而未进行发酵，真正杀灭猪粪中细菌、寄生虫、转化重金属，使猪粪得以循环利用的是发酵饲料。同一篇申请中相同的词汇限定相同的内容，本领域技术人员无法推出发酵饲料中生物菌种为循环专用预混料中的酒精酵母或假丝酵母。因此，本申请的说明书不符合专利法第26条第3款的规定，坚持原驳回决定。

专利复审委员会组成合议组，对本案的复审请求进行了审理，于2007年6月14日发出《第一次复审通知书》，指出说明书不符合专利法第26条第3款的规定，具体理由是：（1）说明书中记载"可以杀灭猪粪便中的细菌、寄生虫等病原体，防止粪便中重金属等化学物质对生猪生长发育的影响，促进生猪生长"的应该是经过发酵的发酵饲料，但并未记载发酵饲料中的"生物菌种"为何种菌种，并且由于在同一篇专利申请文件中，同一个词汇应当指代相同的内容，即发酵饲料与循环专用预混料中的"生物菌种"含义应该相同，发酵饲料中的生物菌种就不应包括或不应就是循环专用预混料中的酒精酵母和/或假丝酵母，因此发酵饲料的组成不清楚，说明书中关于发酵饲料的技术方案没有充分公开。（2）说明书中没有公开循环专用预混料中生物菌种的种类，也未提供包含酒精酵母、假丝酵母和生物菌种的循环专用预混料具有何种技术效果的实验数据，因此，说明书中未清楚、完整地说明循环专用预混料的组成和技术效果，关于循环专用预混料的技术方案也没有充分公开。

复审请求人于2007年7月9日和7月23日两次提交了意见陈述书及经修改的权利要求书和说明书全文替换页。2007年7月23日提交的权利要求书为：

“1. 猪饲料循环利用及其配方，涉及有循环专用预混料：生物菌种、微量元素、中草药、氨基酸、复合维生素等组成。具体涉及有酒精酵母、假丝酵母、根霉、硫酸铜、硫酸亚铁、硫酸锌、硫酸猛、碘化钾、氯化钴、喹乙醇、赖氨酸、蛋氨酸、健曲、黄芪、苦参、贯仲、丹皮、复合维生素、钙粉和酒糟蛋白粉组成。涉及的发酵饲料有：猪粪、玉米、菜粕或棉粕、豆粕、循环专用预混料组成。其特征在于循环专用预混料的配比是：酒精酵母 125～200 克、假丝酵母 125～200 克、根霉 200～300 克、硫酸铜 25～38 克、硫酸亚铁 40～50 克、硫酸锌 35～60 克、硫酸猛 6～9 克、碘化钾 0.05～0.07 克、氯化钴 0.025～0.03 克、喹乙醇 2.5～3.5 克、赖氨酸 50～100 克、蛋氨酸 10～20 克、健曲 100～150 克、黄芪 40～60 克、苦参 30～60 克、贯仲 40～80 克、丹皮 40～60 克、复合维生素 5 克、钙粉 500 克和酒糟蛋白粉 180～600 克。

2. 根据权利要求 1 所述的猪饲料循环利用及其配方，其特征在于制作所说的生物发酵饲料，首先要搅拌均匀，装入水泥砖石结构发酵窖内，踩紧排出空气，然后密封发酵 10 天以上。”

本合议组于 2007 年 9 月 3 日发出《第二次复审通知书》，指出：2007 年 7 月 23 日提交的说明书和权利要求书中，多处将循环专用预混料的组成中原来的“草药辅料”改为“丹皮”，原来的“生物菌种”改为“根霉”；将发酵饲料的组成中原来的“麸皮”改为“豆粕”，“生物菌种”改为“循环专用预混料”，并改变了原来各组分之间的比例；循环专用预混料的配比中新添加了酒糟蛋白粉具体的用量以及预混料具体的总量；将节省饲料粮食的比例由原来的“20%～30%”改为“11%～12%”。这种涉及组分、数值的修改致使所属技术领域的技术人员看到的信息与原申请记载的信息不同，而且又不能从原申请记载的信息中通过重新组合原申请文件记载的内容或者简单推算而直接地、毫无疑义地确定。因此，说明书和权利要求书的修改超出了原说明书和权利要求书记载的范围，不符合专利法第 33 条的规定。

复审请求人于 2007 年 9 月 19 日和 9 月 27 日两次提交了意见陈述书及经修改的权利要求书和说明书全文替换页。2007 年 9 月 27 日提交的权利要求书为：

“1. 猪饲料循环利用及其配方，涉及有循环专用预混料：生物菌种、微量元素、中草药、氨基酸、复合维生素等组成，具体涉及有酒精酵母、假丝酵母、生物菌种、硫酸铜、硫酸亚铁、硫酸锌、硫酸猛、碘化钾、氯化钴、喹乙醇、赖氨酸、蛋氨酸、健曲、黄芪、苦参、贯仲、草药辅料、维生素、钙粉和酒糟蛋白粉组成，涉及的发酵饲料有：猪粪、玉米、菜粕或棉粕、麸皮、循环专用预混料组成，其特征在于循环专用预混料的配比是：酒精酵母 125～200 克、假丝酵母 125～200 克、生物菌种 200～300 克、硫酸铜 25～38 克、硫酸亚铁 40～50 克、硫酸锌 35～60 克、硫酸猛 6～9 克、碘化钾 0.05～0.07 克、氯化钴 0.025～0.03 克、赖氨酸 50～100 克、蛋氨酸 10～20 克、健曲 100～150 克、黄芪 40～60 克、苦参 30～60 克、贯仲 40～80 克、草药辅料 40～60 克、维生素 5 克、钙粉 500 克和酒糟蛋白粉类填充料组成。

2. 根据权利要求 1 所述的猪饲料循环利用及其配方，其特征在于制作所说的生物发酵饲料，首先要搅拌均匀，装入水泥砖石结构发酵窖内，踩紧排出空气，然后密封发酵 10 天以上。”

至此，合议组认为本案事实清楚，可以作出审查决定。

**二、决定的理由**

1. 审查依据的文本

本复审决定所针对的文本为复审请求人于 2007 年 9 月 27 日提交的说明书第 1～4 页、权利要求第 1～2 项以及 2002 年 9 月 3 日提交的说明书摘要。

2. 关于专利法第 33 条

专利法第 33 条规定：申请人可以对其专利申请文件进行修改，但是，对发明和实用新型专利申请文件的修改不得超出原说明书和权利要求书记载的范围。

根据该条规定，如果申请的内容通过增加、改变和/或删除其中的一部分，致使所属技术领域的技术人员看到的信息与原申请记载的信息不同，而且又不能从原申请记载的信息中直接地、毫无疑义地确定，那么这种修改就是不允许的。

复审请求人于2007年9月27日提交的经修改的权利要求书和说明书中，仍然将发酵饲料的组成中原来的“生物菌种”改为“循环专用预混料”（权利要求1、说明书的发明内容部分以及实施例一至实施例三），并改变了原来各组分之间的比例（例如将发明内容部分的“猪粪70％~73％、玉米18％~19％、棉粕或菜粕4％~6％、生物菌种0.5％~0.6％，其他是麸皮”改为“猪粪55％~60％、玉米32％~35％”、棉粕或菜粕6％~8％、麸皮2％~4％、循环专用预混料2.0％~2.5％）；说明书发明内容部分和实施例一和三中删除了循环专用预混料的组分“喹乙醇”及“喹乙醇”的具体含量；说明书实施例二和权利要求1中删除了循环专用预混料的组分“喹乙醇”的具体含量，这种涉及组分、数值的修改致使所属技术领域的技术人员看到的信息与原申请记载的信息不同，而且又不能从原申请记载的信息中通过重新组合原申请文件记载的内容或者推算而直接地、毫无疑义地确定。因此，说明书和权利要求书的修改超出了原说明书和权利要求书记载的范围，不符合专利法第33条的规定。

根据以上事实和理由，本案合议组作出如下审查决定。

**三、决定**

维持国家知识产权局于2005年1月14日对02135504.5号发明专利申请作出的驳回决定。

复审请求人对本决定不服的，可以根据专利法第41条第2款的规定，自收到本决定之日起三个月内向北京市第一中级人民法院起诉。

106

# 一种个体化抗肿瘤特异性抗体的制备方法及应用

## 复审请求审查决定（第11634号）

决　定　号　第11634号
决　定　日　2007年9月14日
发明创造名称　一种个体化抗肿瘤特异性抗体的制备方法及应用
国际分类号　C07K 16/18，A61K 39/395，A61P 35/00
复审请求人　刘文泰
申　请　号　01142037.5
申　请　日　2001年9月7日
公　开　日　2002年4月17日
合议组组长　许　磊
主　审　员　丁　海
参　审　员　卢　阳

法律依据　专利法第26条第3款
决定要点

如果所属技术领域的技术人员按照说明书记载的内容，能够实现发明的技术方案，解决其技术问题，并且产生预期的技术效果，则认为说明书已经对发明作出了清楚、完整的说明。

### 一、案由

本复审请求涉及申请日为2001年9月7日、公开日为2002年4月17日、发明名称为“一种个体化抗肿瘤特异性抗体的制备方法及应用”的01142037.5号发明专利申请（下称本申请），其申请人为刘文泰。

国家知识产权局于2004年4月23日以说明书不符合专利法第26条第3款的规定为由驳回了本申请。驳回决定所针对的权利要求书中的独立权利要求如下：

“1. 一种个体化抗肿瘤特异性抗体的制备方法，包括诱导动物免疫耐受、免疫动物、提取抗体三个步骤，其特征在于：使用肿瘤患者正常组织细胞诱导动物免疫耐受，动物免疫功能成熟后再用患者的肿瘤细胞免疫动物，制备抗该肿瘤的特异性抗体。”

“7. 个体化抗肿瘤特异性抗体作为临床上治疗肿瘤药物应用，其特征在于个体化抗肿瘤特异性抗体及其复合制剂可以作为治疗肿瘤的特异性导向药物制剂。”

“10. 个体化抗肿瘤特异性抗体及其复合制剂作为个体化定位诊断制剂，其特征在于制备抗肿瘤特异性抗体或Fab片段-核素复合诊断制剂；或抗肿瘤特异性抗体-抗抗体或其Fab片段-核素复合诊断制剂；或抗肿瘤特异性抗体或其Fab片段-生物素-亲和素-核素复合诊断制剂。”

驳回的具体理由为：(1) 本申请只是泛泛描述一种个体化抗肿瘤特异性抗体的制备方法，而没有提供具体针对某一疾病的具体实施例，而肿瘤抗原存在逃逸机体免疫攻击机制，其本身免疫原性很弱，因而本领域技术人员无法预见所有肿瘤抗原按照同一方法都可以实现本发明；(2) 没有给出环孢霉素 A 和肿瘤细胞的使用剂量、没有说明是使用单独还是混合多种肿瘤抗原注射免疫、实施例的试验结果表 2 和 3 没有表明所用血清和上清液是何种血清和上清液、具体实施方式 2、4～6 中没有制备抗体的具体步骤和方法如所用试剂和条件，说明书也没有公开针对个体化抗肿瘤特异性抗体制备的复合制剂的剂量、使用方法、功能及药理药效数据、实施方式中没有记载除了叙利亚仓鼠以外的其他动物，因此，本申请说明书未对说明书作出清楚、完整的说明，致使本领域技术人员不能实现本发明。

申请人刘文泰（下称复审请求人）对上述驳回决定不服，于 2004 年 7 月 6 日向专利复审委员会提出复审请求，复审请求人在提出复审请求的同时提交了新的权利要求书全文替换页，修改后的权利要求书如下：

“1. 一种个体化抗肿瘤特异性抗体的制备方法，包括诱导动物免疫耐受、免疫动物、提取抗体三个步骤，其特征在于：使用肿瘤患者正常组织细胞诱导动物免疫耐受，动物免疫功能成熟后再用患者的肿瘤细胞免疫动物，制备抗该肿瘤的特异性抗体。

2. 根据权利要求 1 所述的个体化抗肿瘤特异性抗体的制备方法，其特征在于所述诱导动物免疫耐受的肿瘤患者正常组织细胞包括患者肿瘤原发器官的正常细胞、患者白细胞、患者白细胞与正常人肿瘤原器官细胞混合物。

3. 根据权利要求 1 或 2 所述的个体化抗肿瘤特异性抗体的制备方法，其特征在于适用于免疫耐受的动物包括叙利亚仓鼠、大鼠、小鼠、家兔、狗、羊。

4. 根据权利要求 1 或 2 或 3 所述的个体化抗肿瘤特异性抗体的制备方法，其特征在于所述诱导动物免疫耐受的方法包括：

a：给新生 24 小时内叙利亚仓鼠腹腔注射 $1\sim8\times10^6$ 肿瘤患者白细胞，诱导动物对患者正常细胞的免疫耐受；

或 b：给新生 24 小时内叙利亚仓鼠腹腔注射 $1\sim8\times10^6$ 患者肿瘤原发器官正常细胞，诱导动物对患者肿瘤原发器官正常细胞的免疫耐受；

或 c：给新生 24 小时内叙利亚仓鼠腹腔注射 $1\sim4\times10^6$ 正常人肿瘤原发器官正常细胞和 $1\sim6\times10^6$ 肿瘤患者白细胞，诱导动物对患者肿瘤原发器官正常细胞的免疫耐受；

5. 根据权利要求 1 所述的个体化抗肿瘤特异性抗体的制备方法，其特征在于所述免疫动物的方法包括：给对患者正常组织细胞产生了免疫耐受的成熟动物多点-足掌、腘窝淋巴结周围、背部两侧、颌下、耳后 5～10 点-皮下注射肿瘤细胞进行免疫，间隔 4～7 天注射 1 次，共注射 2～5 次。

6. 根据权利要求 1 所述的个体化抗肿瘤特异性抗体的制备方法，其特征在于所述的特异性抗体的制备方法包括

a：免疫动物末次注射后 3～7 天，无菌采血制血清，分别用该患者 的肿瘤细胞和肿瘤原发器官正常细胞与该血清反应，取只与肿瘤细胞发生抗原抗体反应的血清，依次用 40％、35％、33％饱和硫酸铵盐析浓缩抗体，得到抗肿瘤特异性抗体；

或 b：取只与肿瘤细胞发生抗原抗体反应动物的脾脏，筛选特异性针对该肿瘤的脾细胞，进行体外培养或同种动物腹腔接种，从体外培养上清液或腹腔液中依次用 40％、35％、33％饱和硫酸铵盐析浓缩抗体，得到抗肿瘤特异性抗体；

或 c：取只与肿瘤细胞发生抗原抗体反应动物的脾细胞与骨髓瘤细胞进行杂交制备杂交瘤，通过体外培养或同种动物腹腔接种，从体外培养上清液或腹腔液中依次用 40％、35％、33％饱和硫酸铵

盐析浓缩抗体，得到抗肿瘤特异性单克隆抗体；

或 d：用来源于所述动物的抗体免疫另种动物，制备抗肿瘤特异性抗体的抗体，方法包括：取叙利亚仓鼠 IgG100 ~ 600μg 与石腊油+羊毛脂+卡介苗的完全福氏佐剂混合，给家兔或绵羊多点-足掌、国窝淋巴结周围、背部两侧、颌下、耳后等 5 ~ 10 点-皮下注射进行免疫，间隔 7 ~ 20 天注射 1 次，共注射 5 ~ 8 次；末次注射后 5 ~ 7 天，无菌采血制血清，依次用 40％、35％、33％饱和硫酸铵盐析浓缩抗体，即得抗叙利亚仓鼠 IgG 抗体。”

复审请求人认为：（1）本发明的目的是要解决由于肿瘤的免疫性很弱，从而无法用同一种方法来制备各肿瘤的特异性抗体的问题，采用的方案为先用患者的肿瘤原发器官正常组织细胞诱导动物免疫耐受，再用患者的肿瘤细胞免疫，可导致动物对正常组织细胞抗原产生免疫耐受，使得只有肿瘤细胞上的肿瘤特异性抗原或相关抗原才具有抗原性，因而即使肿瘤抗原性较弱也不易被肿瘤细胞上的其他抗原所掩盖而显现出较强免疫原性，实施例 4 已经证实制备了抗患者肝细胞癌、乳腺癌、胃腺癌的抗肿瘤特异性抗体。（2）使用环孢素 A 诱导动物免疫耐受是本发明的手段之一，与其他技术方案并列，可以通过从说明书中删除该技术方案而克服该缺陷，不足以驳回全部申请；对于用何种肿瘤抗原注射免疫的问题，本发明说明书明确指出“使用肿瘤患者正常组织细胞诱导动物免疫耐受，动物免疫功能成熟后再用患者的肿瘤细胞免疫动物，制备抗该肿瘤的特异性抗体”；说明书第 12 页表 2 和表 3 的结果清楚表明本发明采用的分别是抗肝细胞癌、乳腺癌、胃腺癌的抗肿瘤特异性抗体；实施方式 2 中实际给出了关键试剂和条件，而常规实验手段和步骤是本领域教科书可以查到的。（3）由于试验成本高，不可能针对每一种动物逐一提供实施例，理论上免疫耐受试验是可以利用说明书中提到的其他动物的，具体方法也是现有技术中已经应用的，本发明公开了至少一种具体实施方式和使用效果，至于能否达到同样或更好的效果不应作为公开不充分的驳回理由。本发明的关键是提供一种个体化抗肿瘤特异性抗体的制备方法，在说明书实施例表 2 ~ 3 中给出了说明本发明对肿瘤具有特异性功能和药理功效的实验数据。本发明提供的临床肝胆肿瘤、乳腺瘤、胃腺癌个体化肿瘤特异性抗体的制备及其体外实验说明本发明方法是可行的。复审请求人认为修改后的权利要求所要求保护的方案在说明书中充分公开，说明书符合专利法第 26 条第 3 款的规定。

形式审查合格后，专利复审委员会受理了该复审请求，并于 2004 年 9 月 21 日向复审请求人发出《复审请求受理通知书》，随后将本申请案卷移交原审查部门进行前置审查。

原审查部门对本复审请求进行了前置审查，坚持原驳回决定，具体理由为：（1）说明书没有提供一个以具体疾病的肿瘤细胞作为优选方案的实施例，没有清楚描述所用材料的来源和试剂用量；（2）说明书第 12 页表 2 和 3 没有写明抗肿瘤血清和抗肿瘤脾细胞上清液的来源，本领域技术人员不能从说明书记载的内容直接导出分别使用的是肝细胞癌、乳腺癌和胃腺癌进行免疫注射；（3）具体实施方式 2 中使用了常规试剂和常规技术手段，但所涉及的试剂、条件和步骤都是实现本发明必不可少的，说明书中未公开这些内容，本领域技术人员在不花费创造性劳动的情况下无法实施；（4）不同动物的免疫应答能力不同，故不能预测除叙利亚仓鼠外其他动物都能获得预期的实验效果。

专利复审委员会组成合议组，对本案的复审请求进行了审理。合议组认为本案事实清楚，可以作出审查决定。

## 二、决定的理由

### 1. 决定所依据的文本

复审请求人在于 2004 年 7 月 6 日提交的修改的权利要求书中，删除了权利要求 7 ~ 10，删除了驳回决定所针对的权利要求 4 中的 d ~ f 项，并对驳回决定所针对的权利要求 5 和 6 中的括号表述方式进行了修改，复审请求人的这种修改没有超出申请文件记载的范围，因此，本决定是在复审请求人于

2004 年 7 月 6 日提交的权利要求第 1～6 项、2001 年 9 月 7 日提交的说明书第 1～12 页及说明书摘要的基础上作出的。

2. 关于专利法第 26 条第 3 款

专利法第 26 条第 3 款规定，说明书应当对发明或者实用新型作出清楚、完整的说明，以所属技术领域的技术人员能够实现为准。

如果所属技术领域的技术人员按照说明书记载的内容，能够实现发明的技术方案，解决其技术问题，并且产生预期的技术效果，则认为说明书已经对发明作出了清楚、完整的说明。

本案中，本申请要求保护一种制备个体化抗肿瘤特异性抗体的方法，在说明书中记载了所要保护的技术方案，该方案包括诱导动物免疫耐受、免疫动物、提取抗体三个步骤，其中使用肿瘤患者正常组织细胞诱导动物免疫耐受，动物免疫功能成熟后再用患者的肿瘤细胞免疫动物，从而制备抗该肿瘤的特异性抗体。说明书中给出了实现该发明的具体实施方式、用该抗体作为药物的应用实施例和进行诊断的实施例，给出了特异杀伤患者肿瘤细胞的体外实验及实验结果，表 2 和表 3 给出了显著性检验的比较结果（参见本申请说明书第 5～12 页），即说明书中给出了所要保护方案的步骤所用原料，并对用该方法获得的产品的作用进行了试验，从而证明该方法足以实现本发明的目的。本领域技术人员按照说明书记载内容能够实现本发明的技术方案，解决其技术问题，并产生预期的技术效果。因此，说明书符合专利法第 26 条第 3 款的规定。

审查员认为本申请没有具体提供针对某一疾病的具体实施例，包括没有针对某一疾病的肿瘤细胞，因而本领域技术人员无法预见所有肿瘤抗原按照同一方法都可以实现本发明，然而，说明书中不仅详细描述了个体化抗肿瘤特异性抗体的制备过程，还在说明书的表 1～3 中具体说明了其所获得的针对肝细胞癌、乳腺癌、胃腺癌的抗肿瘤血清的溶细胞率，因此，没有理由质疑本发明的技术方案无法实现；驳回决定还认为说明书没有给出肿瘤细胞的使用剂量，没有说明是使用单独还是混合多种肿瘤抗原注射免疫，没有制备抗体的具体步骤和方法如所用试剂和条件，然而，尽管这些内容没有被明确记载，但是本领域技术人员可以根据本领域公知的常识以及说明书记载的内容得出，如根据本发明的发明目的以及实验数据结果可以得知本发明使用的应该是单独肿瘤抗原的注射免疫，而抗体的制备及肿瘤细胞的使用剂量是本领域技术人员可以根据本领域的公知常识设计和实验得出的；驳回决定还认为说明书没有给出环孢霉素 A 的使用剂量，没有公开针对个体化抗肿瘤特异性抗体的复合制剂的制备方法、药理药效数据，实施方式中没有记载除了叙利亚仓鼠以外的其他动物，然而在复审请求人于 2004 年 7 月 6 日提交的权利要求书中已经删除了涉及环孢霉素 A 的技术方案以及涉及所述复合制剂及相应的制药用途的权利要求，且说明书记载了除环孢霉素 A 以外的其他替代手段，说明书第 5～8 页记载了叙利亚仓鼠作为受试动物的具体实施方式，以及个体化抗肿瘤特异性抗体的制备方法，虽然审查员认为不能由仓鼠推及其他动物，但是在针对仓鼠进行的试验已经证明本发明的方案足以实现发明目的的情况下，无须用各种动物进行试验。因此，说明书公开了至少一种与权利要求保护范围相适应的具体实施方式，公开了对于理解和实现发明必不可少的效果试验数据，原审查部门关于本申请违反专利法第 26 条第 3 款规定的主张不成立。

根据以上事实和理由，本案合议组作出如下审查决定。

**三、决定**

撤销国家知识产权局于 2004 年 4 月 23 日对 01142037.5 号发明专利申请作出的驳回决定。由原审查部门在本决定所依据的文本的基础上继续进行审查。

复审请求人对本决定不服的，可以根据专利法第 41 条第 2 款的规定，自收到本决定之日起三个月内向北京市第一中级人民法院起诉。

107

# 佐剂组合物及其使用方法

## 复审请求审查决定（第11638号）

**决　定　号**　第11638号
**决　定　日**　2007年10月8日
**发明创造名称**　佐剂组合物及其使用方法
**国际分类号**　A61K 39/39，A61K 39/00
**复审请求人**　科里克萨有限公司
**申　请　号**　99807591.4
**申　请　日**　1999年5月7日
**优先权日**　1998年5月7日
**公　开　日**　2001年8月1日
**合议组组长**　李人久
**主　审　员**　刘　妍
**参　审　员**　唐　莉

**法律依据**　专利法第22条第3款
**决定要点**

如果一个技术方案是本领域技术人员在现有技术的基础上仅仅通过合乎逻辑的分析、推理或有限的试验就可以得到的，并且没有产生预料不到的技术效果，那么该技术方案不具有突出的实质性特点和显著的进步，也就不具备创造性。

### 一、案由

本复审请求涉及申请日为1999年5月7日，公开日为2001年8月1日，名称为“佐剂组合物及其使用方法”的99807591.4号发明专利申请（下称本申请），本申请的申请人为科里克萨有限公司，优先权日为1998年5月7日。

国家知识产权局于2004年11月12日以权利要求1～6不具备专利法第22条第3款规定的创造性为由驳回了本申请。

驳回的具体理由为：（1）权利要求1请求保护一种佐剂组合物。将其与对比文件1（CN 1138298A，公开日为1996年12月18日）所公开的技术内容相比，其区别在于权利要求1所述方案还包括等渗成分以及组合物的具体HLB值。对比文件1已经指出可进一步含有一种稳定剂，而等渗剂就是本领域公知的稳定乳液的试剂；对比文件2（CN 1152878A，公开日为1997年6月25日）公开的疫苗稳定剂就包括等渗剂蔗糖，它的作用与权利要求1中等渗成分的作用完全相同，即给出了在疫苗佐剂中使用蔗糖这样的乳剂等渗成分来稳定佐剂的启示；对比文件3（CN 1080176A，公开日为1994年1月5日）进一步公开了本领域用于稳定乳剂的等渗成分，其中记载了用于稳定乳剂的等渗剂为甘油、山梨醇、木糖醇、葡萄糖等；对于HLB值这一物理参数，依据申请人在答复第一次审查意见通知书时所提交的关于HLB值的附件记载的知识，水包油乳液的HLB值在8～18之间，可以预期对比文件1中记载的组合物HLB值也应在此范围内，申请人也没有证明本申请选择的7.5～13.0的HLB值相对于对比文件1的组合物具有预料不到的技术效果。因此，权利要求1不具备专利法第22条第3款规定的创造性。（2）依据申请人在答复第一次审查意见通知书时所提交的关于HLB值的附件记载的知识，水包油乳液的HLB值在8～18之间。因此，权利要求2不具备创造性。对比文件1公开的组合物中还含有3D MPL，即3-脱酰的单磷酰基脂质A，它属于减弱的脂质A衍生物，MPL与3D MPL都是公知的性质相似的减弱的脂质A衍生物，因此，权利要求3～5也不具备创造性。（3）对比文件1公开了一种疫苗组合物，其中包含抗原和/或抗原组合物以及水包油乳液，该水包油乳液具有一种可代谢油、α-生育酚和吐温80；对比文件1公开的这种乳液通常含有2%～10%的角鲨烯、0.1%的卵磷脂（即磷脂酰胆碱）、2%～10%的α-生育酚；对比文件2公开的嵌段共聚物Pluronic L121在佐剂贮液中的含量是10～40 mL/L，优选20mL/L，而在疫苗中含该佐剂约1%～25%，优选5%体积/体积；甘油是等渗成分，根据评述权利要求1同样的理由，本领域技术人员容易想到在其中添加适量的甘油。在对比文件1～3的启示下，本领域技术人员调节组合物中各成分的含量来优化其佐剂效果是不需要创造性劳动的，因此权利要求6不具备创造性。

驳回决定所针对的权利要求书为：

"1. 一种佐剂组合物，该组合物包括新陈代谢油、一种或多种表面活性剂、抗氧化剂以及选自葡萄糖、甘油、甘露醇、山梨醇、PEG 300、PEG 400以及聚乙二醇的等渗的成分，所说的组合物的亲水亲脂平衡值为7.5～13.0。

2. 权利要求1的佐剂组合物，其中所说的组合物的亲水亲脂平衡值为8.0。

3. 权利要求1的佐剂组合物包括减弱的脂质A衍生物。

4. 权利要求3的佐剂组合物，其中所说的减弱的脂质A衍生物是单磷酰基脂质A。

5. 权利要求3的佐剂组合物，其中所说的减弱的脂质A衍生物是3-脱酰的单磷酰基脂质A。

6. 一种疫苗组合物，它包括抗源和一种佐剂组合物，该组合物包括新陈代谢油、一种或多种表面活性剂、抗氧化剂以及使所述组合物等渗的成分，其中所说的组合物包括10%体积/体积的角鲨烯、0.09%重量/体积的poloxamer 188、1.9%重量/体积的蛋磷脂酰胆碱、1.75%体积/体积的甘油以及0.05%重量/体积的α-生育酚。"

申请人科里克萨有限公司（下称复审请求人）对上述驳回决定不服，于2005年2月7日向专利复审委员会提出复审请求，并在提出复审请求的同时提交了修改的权利要求全文替换页（共11项）。

修改后的权利要求书如下：

"1. 一种佐剂组合物，该组合物包括新陈代谢油、一种或多种表面活性剂、抗氧化剂以及选自葡萄糖、甘油、甘露醇、山梨醇、PEG 300、PEG 400以及聚乙二醇的等渗的成分，所说的组合物的亲水亲脂平衡值为7.5～13.0。

2. 权利要求1的佐剂组合物，其中所说的组合物的亲水亲脂平衡值为8.0。

3. 权利要求1的佐剂组合物包括减弱的脂质A衍生物。

4. 权利要求1的佐剂组合物，它具有130纳米至3微米的粒径。

5. 权利要求1的佐剂组合物，它具有小于3微米的粒径。

6. 权利要求3的佐剂组合物，其中脂质A衍生物是组合物的唯一佐剂组分。

7. 权利要求3的佐剂组合物，其中所说的减弱的脂质A衍生物是单磷酰基脂质A。

8. 权利要求3的佐剂组合物，其中所说的减弱的脂质A衍生物是3-脱酰的单磷酰基脂质A。

9. 一种疫苗组合物，它包括抗源和一种佐剂组合物，该组合物包括新陈代谢油、一种或多种表面活性剂、抗氧化剂以及使所述组合物等渗的成分，其中所说的组合物包括10%体积/体积的角鲨烯、0.09%重量/体积的poloxamer 188、1.9%重量/体积的蛋磷脂酰胆碱、1.75%体积/体积的甘油以及0.05%重量/体积的α-生育酚。

10. 权利要求9的疫苗组合物，它具有130纳米至3微米的粒径。

11. 权利要求9的疫苗组合物，它具有小于3微米的粒径。"

复审请求人的复审请求理由概括为：(1) 对比文件1、2和3的组合不能破坏本发明的创造性。对比文件1没有关于稳定剂何时使用"可能是有利的"的任何信息或指南，或者在什么情况下使用哪种稳定剂是有利的，或许不同的稳定剂在不同的情况下或对不同的疫苗是有利的，但是对比文件1在这方面没有提供有用的信息。对比文件2讨论了稳定剂，但提到的几乎所有情况都不是等渗的化合物，其与本发明唯一类似的稳定剂是蔗糖，但是没有公开或暗示本领域专业人员在佐剂组合物中使用等渗成分。对比文件3主要提到用作抗肿瘤的中性油，它公开的乳化剂含有等渗剂，与本发明并不搭界，因为本领域专业人员在配制稳定的疫苗组合物时不会考虑对比文件3。(2) 申请人认为权利要求2的组合物的HLB的数值8在申请人在答复第一次审查意见通知书时所提交的关于HLB值的文献中并不是显而易见的。(3) 本申请含有表明组合物出人意料的特性（即降低脂A衍生物的热原性）的数据，特别参见实施例4。

形式审查合格后，专利复审委员会受理了该复审请求，并于2005年3月17日向复审请求人发出《复审请求受理通知书》，随后将本申请案卷移交原审查部门进行前置审查。

原审查部门对本复审请求进行了前置审查，认为权利要求1~3、7~9未作出任何修改，并且未提出其具备专利法第22条第3款规定的创造性的理由，权利要求4~6、10~11为新增加的权利要求，不属于原驳回决定评述的内容，不符合专利法实施细则第60条第1款的规定，坚持原驳回决定。

专利复审委员会组成合议组，对本案的复审请求进行了审理。于2007年4月20日向复审请求人发出《复审通知书》。

《复审通知书》指出：(1) 复审请求人在提出复审请求时提交的新修改的权利要求4~6、10、11未出现在驳回决定所针对的权利要求书中，是新增加的权利要求，不符合专利法实施细则第60条第1款的规定。复审通知书针对的文本为驳回决定所依据的文本。(2) 本申请权利要求1请求保护一种佐剂组合物。对比文件1公开了一种疫苗组合物，包含一种水包油乳液，其中该水包油乳液含有角鲨烯、吐温80、α-生育酚，还可以存在Span 85，其中角鲨烯属于新陈代谢油，吐温80和Span 85属于表面活性剂，α-生育酚属于抗氧化剂。权利要求1所要求保护的技术方案与对比文件1所公开的技术内容相比，区别在于：权利要求1的技术方案还包括等渗成分，并且限定了组合物的具体HLB值。本申请的佐剂组合物用于注射剂中，本领域公知注射剂要有一定的渗透压，本领域技术人员通常会在注射剂中加入等渗剂来调节注射剂的渗透压。而且本领域技术人员熟知葡萄糖、甘油、甘露醇、山梨醇、聚乙二醇等均为本领域常用的注射剂等渗调节剂。对于HLB值的参数限定，对比文件1中所述的水包油乳液必然具有一定的HLB值，本领域技术人员并不能确认权利要求1所述的HLB值与对比文件1中水包油乳液的HLB值会存在区别，权利要求1的技术方案只是在可能的有限的HLB值的范围内限定了一个相对具体的范围，该具体的HLB值范围可以由本领域技术人员通过常规手段得到。复审请求人在复审请求中指出"本申请含有表明组合物出人意料的特性（即降低脂A衍生物的热原性）的数据，特别参见实施例4"。合议组认为，实施例4仅能证明在佐剂组合物中加入甘油相对于加入丙二醇、乙醇但不加入甘油的情形具有降低热原性的较好的效果，并不足以证明权利要求1的技术方案相对于对比文件1公开的技术方案具有出人意料的技术效果，不具备专利法第22条第3款规定的创造性。(3) 从属权利要求2进一步限定了所述组合物的HLB值为8.0，它是在可能的HLB值的范围内限定了一个具体的范围，这一选择能够由本领域技术人员通过常规手段得到。从属权利要求3和5的附加技术特征已在对比文件1中公开，并未给技术方案带来预料不到的效果。从属权利要求4进一步限定所说的减弱的脂质A衍生物是单磷酰基脂质A。对比文件1公开了脂质A衍生物是3D MPL，即3-脱酰的单磷酰基脂质A。MPL与3D MPL都是公知的性质相似的减弱的脂质A衍生物，根据对比文件1的教导，选用MPL是本领域普通技术人员容易想到的，而且选用MPL并未给该技术方案带来预料不到的效果。因此权利要求2~4也不具备专利法第22条第3款规定的创造性。(4) 权利要求6要求保护一种疫苗组合物。对比文件1公开了一种疫苗组合物，其中包含抗原和/或抗原组合物以及水包油乳液，该水包油乳液具有一种可代谢油、α-生育酚和吐温80（见对比文件1权利要求1)。对比文件1公开的这种乳液通常含有2%~10%的角鲨烯、0.1%的卵磷脂（即蛋磷脂酰胆碱）、2%~10%的α-生育酚（见对比文件1说明书第7页6~10行，第18页表1)。权利要求6请求保护的技术方案与对比文件1公开的技术方案相比，区别在于：对比文件1的疫苗组合物中不包括甘油，也未公开其含量，对比文件1中使用的表面活性剂是吐温80，而权利要求6中是poloxamer188，各组分的具体含量不同。但本领域技术人员容易想到在其疫苗组合物中添加适量的甘油，poloxamer188和吐温80都是本领域常用的表面活性剂，选用poloxamer188是本领域技术人员容易想到的，本领域技术人员也能够根据需要调节组合物中各成分的含量来优化其佐剂效果，不需要创造性劳动，而且本发明技术方案中选用poloxamer188作为表面活性剂，以及对各组分选用某个具体含量也没有带来预料不到的效果。因此权利要求6的技术方案不具备突出的实质性特点和显著的进步，不符合专利法第22条第3款规定的创造性。

针对《复审通知书》指出的问题，复审请求人于2007年6月5日提交了意见陈述书及经修改的权利要求书全文替换页（共6项)，复审请求人认为：(1) 修改后的权利要求1~6符合专利法第22条第3款规定的创造性。对比文件1中仅有25微克3D-MLA配方是含QS21的水包油乳液，补正后的权利要求采用了封闭式，虽然比文件1的确含有一些包含QS21和/或3D-MPL的油水配方，但这种公开太宽泛，并不破坏本发明的新颖性。(2) 本发明提供了一种使用免疫刺激剂的变通的佐剂，它不仅得出抗体应答等于或大于使用50微克3D-MLA水包油乳液的情况，而且还降低了组合物的反应性（尽管致热原性较低)，这种效果是本领域专业人员非显而易见的。(3) 由于权利要求1的佐剂组合物具有专利性，包含它的疫苗组合物必然具有专利性。因此，修改后的权利要求具有创造性。

修改后的权利要求书为：

“1. 一种佐剂组合物，由25微克3D-MLA和水包油乳液组成，所述乳液包括新陈代谢油、一种或多种表面活性剂、抗氧化剂和一种使乳液等渗的组分。

2. 权利要求1的佐剂组合物，其中所述新陈代谢油是角鲨烯。

3. 权利要求1的佐剂组合物，其中所述一种或多种表面活性剂选自聚氧乙烯山梨糖一油酸酯、聚乙二醇660 12-羟基硬脂酸酯、聚氧乙烯-聚氧丙烯嵌段共聚物、胆酸钠、甘油脱氧胆酸盐、神经磷脂、神经鞘氨醇、1，2-二肉豆蔻酰-顺-丙三氧基-3-磷酸乙醇胺、L-α-磷脂酰乙醇胺、1，2-二棕榈酰-顺-丙三氧基-3-磷酸胆碱和蛋白磷脂酰胆碱或它们的混合物。

4. 前述权利要求任一项的佐剂组合物，其中所述抗氧化剂选自α-生育酚和抗坏血酸。

5. 权利要求4的佐剂组合物，其中抗氧化剂是α-生育酚。

6. 一种疫苗组合物，包括一种蛋白质抗原和权利要求1~5中任一项的佐剂组合物。”

至此，合议组认为本案事实清楚，可以作出审查决定。

**二、决定的理由**

1. 审查文本

本复审决定所依据的文本为，复审请求人于2007年6月5日提交的权利要求第1~6项，于2004年1月19日提交的说明书第1~15页，于2000年12月19日提交的说明书摘要。

2. 关于专利法第22条第3款

专利法第22条第3款规定：创造性，是指同申请日以前已有的技术相比，该发明有突出的实质性特点和显著的进步，该实用新型有实质性特点和进步。

发明具有突出的实质性特点，是指发明相对于现有技术，对所属领域的技术人员来说，是非显而易见的；发明具有显著的进步，是指发明与最接近的现有技术相比能够产生有益的技术效果。本领域技术人员在现有技术的基础上仅仅通过合乎逻辑的分析、推理或有限的试验就可以得到，并且没有产生预料不到的技术效果的技术方案，不具有突出的实质性特点和显著的进步，也就不具备创造性。

（1）权利要求1不具备专利法第22条第3款规定的创造性。

本申请权利要求1请求保护一种佐剂组合物，并限定其“由25微克3D-MLA和水包油乳液组成，所述乳液包括新陈代谢油、一种或多种表面活性剂、抗氧化剂和一种使乳液等渗的组分”。对比文件1公开了一种疫苗组合物，其中包含抗原和/或抗原组合物，QS21，3脱氧酰基化单磷酰脂A（即3D-MPL，也称3D-MLA）和水包油乳液，该水包油乳液具有一种可代谢油，例如角鲨烯，α-生育酚和吐温80，对比文件1还公开了所采用的组合物中含有3D-MPL的量为25μg（见对比文件1权利要求1，实施例7）。根据对比文件1的内容可知，在所述疫苗组合物中除抗原成分以外的QS21，3D-MPL以及水包油乳液均起到佐剂的作用，三者一起可以视为是用于所述疫苗组合物中的佐剂组合物。

本申请权利要求1所要求保护的技术方案与对比文件1所公开的技术内容相比，区别在于：①权利要求1要求保护的佐剂组合物不含QS21组分，而对比文件1公开的佐剂组合物包含QS21，是开放式的权利要求；②权利要求1的技术方案还包括等渗成分。

对于区别特征①，合议组认为，根据说明书的记载，本申请的佐剂组合物采用3D-MPL和水包油乳液的目的是为了刺激体液和细胞的免疫反应并且安全无毒，同时增进疫苗的效果（参见本申请说明书第1页第26行至第2页第1行），对比文件1采用QS21、3D-MPL（即3D-MLA）与水包油乳液综合在一起能够克服基于重组蛋白质的疫苗的严重的局限性，并可诱导更宽范围的免疫应答，同时，对比文件1还公开了包含QS21、3D-MPL以及水包油乳液的具体作用，例如，佐剂QS21和3D-MPL以及水包油乳液与一种抗原结合后在脾脏中导致对CS蛋白质特异性的CTL的强力诱导作用，QS21本身也增强了CTL的诱导，而3D-MPL不能（参见对比文件1说明书第2页第12~14行、第21~22行）。

修改后的权利要求1采用了封闭式的表述方式排除了除3D-MPL和水包油乳液之外的其他组分，如对比文件1包含的QS21，但是本申请并未提供任何证据证明不含QS21的佐剂组合物与包含QS21的佐剂组合物相比能够保持原有的功能，或者给本发明带来其他预料不到的技术效果。正是由于对比文件1已经给出了包含QS21、3D-MPL和水包油乳液的佐剂组合物能够增强疫苗效果并且安全无毒的技术启示，本申请又未提供任何证据证明不含QS21的佐剂组合物与包含QS21的佐剂组合物相比能够给本发明带来预料不到的技术效果。因此，上述区别特征①不能为权利要求1的技术方案带来突出的实质性特点和显著的进步。

对于区别特征②，合议组认为，等渗成分在本申请的佐剂组合物中所起的作用是调节渗透压，而通过加入等渗成分来调节渗透压是本领域的公知常识，而且本领域技术人员熟知葡萄糖、甘油、甘露醇、山梨醇、聚乙二醇等均为本领域常用的等渗调节剂（可参见《药剂辅料大全》1995年出版，第66～70页）。根据说明书的记载，本申请的佐剂组合物是用于疫苗组合物，在制备疫苗组合物的过程中，本领域技术人员很容易根据需要结合本领域的技术常识加入适合的使乳液等渗的成分来调节渗透压，而且加入权利要求1中所限定的等渗成分没有带来预料不到的技术效果。

因此，本申请权利要求1相对于对比文件1不具有突出的实质性特点和显著的进步，不具备创造性。

（2）权利要求2～5不符合专利法第22条第3款规定的创造性。

从属权利要求2的附加技术特征进一步限定了所述组合物中的“新陈代谢油是角鲨烯”。如前所述，对比文件1公开的疫苗水包油乳液组合物中也“具有一种可代谢油，例如角鲨烯”。可见从属权利要求2限定的技术特征已经被对比文件1公开，包含上述技术特征的技术方案也不具有突出的实质性特点和显著进步，因此，权利要求2相对于对比文件1不符合专利法第22条第3款规定的创造性。

从属权利要求3的附加技术特征进一步限定所述佐剂组合物中的表面活性剂“选自聚氧乙烯山梨糖一油酸酯、聚乙二醇660 12-羟基硬脂酸酯、聚氧乙烯-聚氧丙烯嵌段共聚物、胆酸钠、甘油脱氧胆酸盐、神经磷脂、神经鞘氨醇、1，2-二肉豆蔻酰-顺-丙三氧基-3-磷酸乙醇胺、L-α-磷脂酰乙醇胺、1，2-二棕榈酰-顺-丙三氧基-3-磷酸胆碱和蛋白磷脂酰胆碱或它们的混合物”。如前所述，对比文件1公开的疫苗组合物中也包含吐温80、Span 85。可见，对比文件1已经给出了在佐剂组合物中加入表面活性剂的技术启示，而本申请权利要求3所限定的多种表面活性剂均为本领域通常使用的表面活性剂，属于本领域的公知常识，在对比文件1的启示下，本领域技术人员仅仅通过合乎逻辑的分析或有限的试验就可以得到本申请权利要求3的技术方案，不需要付出创造性的劳动，并且没有产生预料不到的技术效果，因此，本申请权利要求3相对于对比文件1不具有突出的实质性特点和显著的进步，不符合专利法第22条第3款规定的创造性。

从属权利要求4的附加技术特征进一步限定了“所述抗氧化剂选自α-生育酚和抗坏血酸”，从属权利要求5的附加技术特征进一步限定了“所述抗氧化剂是α-生育酚”。由于对比文件1公开的组合物中也包含α-生育酚（参见对比文件1权利要求1，说明书第5页第15～18行），而α-生育酚为本领域通常采用的抗氧化剂，可见，对比文件1已经给出了在所述组合物当中加入抗氧化剂的技术启示，α-生育酚和抗坏血酸均为本领域通常使用的抗氧化剂。在对比文件1的启示下，本领域技术人员仅仅通过通过合乎逻辑的分析或有限的试验就可以得到本申请权利要求4和5的技术方案，不需要付出创造性的劳动，并且没有产生预料不到的技术效果，因此，本申请权利要求4和5相对于对比文件1不具有突出的实质性特点和显著的进步，不符合专利法第22条第3款规定的创造性。

（3）权利要求6不符合专利法第22条第3款规定的创造性。

权利要求6要求保护一种疫苗组合物，其中“包括一种蛋白质抗原和权利要求1～5中任一项的佐剂组合物”。对比文件1公开了一种疫苗组合物，其中包含抗原和/或抗原组合物，QS21，3脱氧酰基化单磷酰脂A（3D-MPL）和水包油乳液，其中抗原可以是ICP27（参见对比文件1权利要求1，实施例7）。可见，对比文件1的疫苗组合物当中包含蛋白质抗原，由于本申请权利要求1～5的佐剂组合物相对于对比文件1均不具备创造性（参见评述1～2），权利要求6的技术方案也不具有突出的实质性特点和显著的进步，不符合专利法第22条第3款规定的创造性。

（4）对于复审请求人在2007年6月5日提交的意见陈述书中的主张，合议组认为，首先，本申请权利要求1～6提供了一种与对比文件1不同的疫苗组合物，证明本申请权利要求1～6具备专利法第22条第2款规定的新颖性，但并不能就此证明本申请权利要求1～6具备专利法第22条第3款规定的创造性；其次，本申请说明书的表1仅表明使用25微克3D-MPL水包油乳液使免疫应答等于或大于使用50微克3D-MLA水包油乳液的情况，表6B和表7仅表明本申请的3D-MLA和水包油乳液组成的佐剂组合物与在40％丙二醇和10％乙醇中配制的3D-MLA相比，或与在10％乙醇中配制的3D-MLA相比具有降低热原性的较好的效果，上述表1、表6B和表7并不足以证明权利要求1要求保护的技术方案相对于对比文件1公开的技术方案具有创造性。

根据以上事实和理由，本案合议组作出如下审查决定。

**三、决定**

维持国家知识产权局于2004年11月12日对99807591.4号发明专利申请作出的驳回决定。

复审请求人对本决定不服的，可以根据专利法第41条第2款的规定，自收到本决定之日起三个月内向北京市第一中级人民法院起诉。

108

# 含四氢异喹啉化合物的药物组合物

## 复审请求审查决定（第11645号）

**决　定　号**　第11645号
**决　定　日**　2007年10月10日
**发明创造名称**　含四氢异喹啉化合物的药物组合物
**国际分类号**　A61K 31/472
**复审请求人**　韩国科学技术研究院，尹-崔惠淑，张基哲，李德衡
**申　请　号**　99812380.3
**最早优先权日**　1998年10月21日
**申　请　日**　1999年10月21日
**公　开　日**　2002年1月16日
**合议组组长**　周英姿
**主　审　员**　张晓飞
**参　审　员**　王　冬

**法律依据**　专利法第33条
**决定要点**

复审请求人在复审程序中修改了专利申请文件，新提交的权利要求书已经克服了驳回决定所指出的修改超出原说明书和权利要求书记载范围的缺陷，因此撤销驳回决定。

### 一、案由

本复审请求涉及1999年10月21日申请、2002年1月16日公开、名称为“含四氢异喹啉化合物的药物组合物”的99812380.3号发明专利申请（下称本申请），本申请的最早优先权日为1998年10月21日，申请人为韩国科学技术研究院、尹-崔惠淑、张基哲和李德衡。

2005年6月10日，针对复审请求人于2005年3月15日提交的权利要求书，进入中国国家阶段时提交的国际申请文本的中文译文的说明书第1～23页、说明书附图第1～10页和说明书摘要，国家知识产权局以权利要求2～3、6～7的修改不符合专利法第33条的规定为由驳回了本申请。

驳回决定所针对的权利要求书为：

“1. 化学式1的1-α-萘基甲基-6，7-二羟基-1，2，3，4-四氢异喹啉在制备用于治疗败血病的药物中的应用。

化学式1

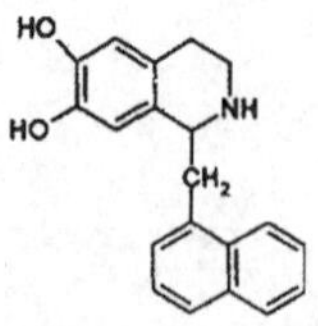


2. 权利要求1的应用，其中败血病是由播散性血管内血凝固和由复杂组织损伤引起的败血病。

3. 权利要求2的应用，其中播散性血管内血凝固是由血凝固激活引起，其包括血小板数快速减少、出血、休克、血栓形成、血管梗塞形成。

4. 权利要求3的应用，其中式1的化合物具有血小板凝结抑制活性。

5. 化学式2的1-β-萘基甲基-6，7-二羟基-1，2，3，4-四氢异喹啉在制备用于治疗败血病的药物中的应用。

化学式2

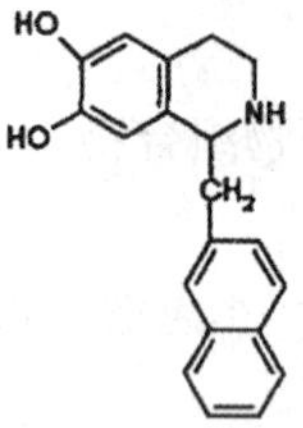


6. 权利要求5的应用，其中败血病是由播散性血管内血凝固和由复杂组织损伤引起的败血病。

7. 权利要求6的应用，其中播散性血管内血凝固是由血凝固激活引起，其包括血小板数快速减少、出血、休克、血栓形成、血管梗塞形成。

8. 权利要求7的应用，其中式2的化合物具有血小板凝结抑制活性。”

驳回决定认为：根据说明书中的描述“由化学式1和2……在治疗和/或预防……败血病和DIC中的新用途”（说明书第6页倒数第2段）、“败血病治愈剂用于治疗DIC和由复杂组织引起的败血病”（说明书第9页第1行）和“本发明的化合物可以用于治疗由快速复杂组织损伤引起的疾病，如败血病和DIC”（说明书第10页第8~9行）可知败血症治愈剂应指化合物1和2，败血病不是由DIC引起的，败血病和DIC是由快速复杂组织损伤引起的两种不同的疾病。因此，权利要求2和6中的“其中败血病是由散播性血管内血凝固和由复杂组织损伤引起的败血病”在原说明书和权利要求书中没有记载，并且也不能由本领域技术人员根据原说明书和权利要求书记载的内容直接地、毫无疑义地导出，因此权利要求2和6的修改超出了原说明书和权利要求书记载的范围，不符合专利法第33条的规定。分别引用权利要求2和6的从属权利要求3和7也不符合专利法第33条的规定。

申请人韩国科学技术研究院、尹-崔惠淑、张基哲和李德衡（下称复审请求人）对上述驳回决定不服，于2005年9月22日向专利复审委员会提出复审请求，复审请求人在提出复审请求时没有提交新修改的专利申请文本，复审请求人在意见陈述书中认为：权利要求2~3、6~7得到说明书第9页第3~4行和原权利要求10的支持，实施例VIII教导了播散性血管内血凝固以及多器官衰竭可通过口服所述化合物改善，说明书第21页第20~21行记载了在测试动物中通过口服化学式1和2的化合物可以改善DIC和MOF的指标，所述权利要求得到实施例VIII的实质性支持，因此权利要求书能够得到说明书的支持，并且未超出原始公开的范围。

形式审查合格后，专利复审委员会受理了该复审请求，并于2005年12月1日向复审请求人发出《复审请求受理通知书》，同时将本申请案卷移交原审查部门进行前置审查。

原审查部门对本复审请求进行了前置审查，认为复审请求人对申请文件未作任何修改，且没有解释清楚败血病和DIC之间的关系，坚持原驳回决定。

复审请求人于2007年6月18日进行了补正，并提交了经修改的权利要求书全文替换页（共2页

4 项），具体内容如下：

“1. 化学式 1 的 1-α-萘基甲基-6，7-二羟基-1，2，3，4-四氢异喹啉在制备用于治疗败血病的药物中的应用

化学式 1

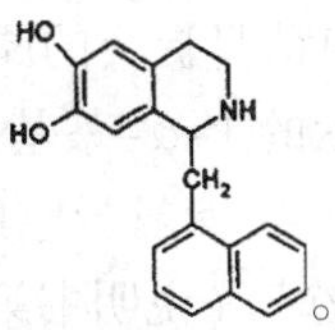
。

2. 化学式 1 的 1-α-萘基甲基-6，7-二羟基-1，2，3，4-四氢异喹啉在制备用于治疗播散性血管内血凝固的药物中的应用

化学式 1

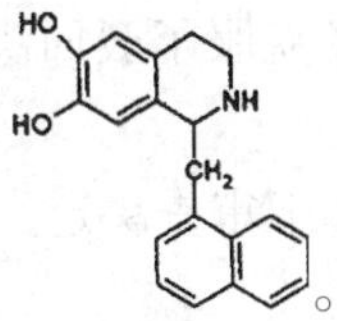
。

3. 化学式 2 的 1-β-萘基甲基-6，7-二羟基-1，2，3，4-四氢异喹啉在制备用于治疗败血病的药物中的应用

化学式 2

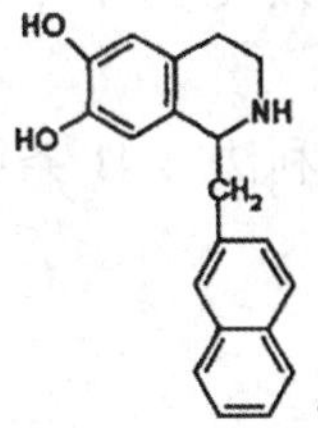
。

4. 化学式 2 的 1-β-萘基甲基-6，7-二羟基-1，2，3，4-四氢异喹啉在制备用于治疗播散性血管内血凝固的药物中的应用

化学式 2

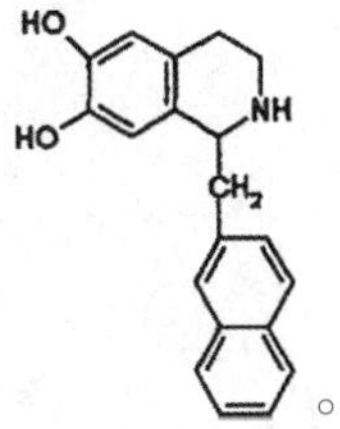
。”

至此，合议组认为本案事实已经清楚，可以作出审查决定。

**二、决定的理由**

1. 文本认定

本复审请求决定是以复审请求人于 2007 年 6 月 18 日提交的权利要求第 1～4 项，进入中国国家阶段时提交的国际申请文本的中文译文的说明书第 1～23 页、说明书附图第 1～10 页和说明书摘要为审查文本。

2. 专利法第 33 条

专利法第 33 条规定：申请人可以对其专利申请文件进行修改，但是，对发明和实用新型专利申请文件的修改不得超出原说明书和权利要求书记载的范围。

复审请求人在复审程序中修改了专利申请文件，新提交的权利要求书已经克服了驳回决定所指出的修改超出原说明书和权利要求书记载范围的缺陷，因此撤销驳回决定。

在复审程序中，复审请求人于2007年6月18日提交了经修改的权利要求书，修改后的权利要求1～4要求保护化学式1和2所示化合物分别在制备用于治疗败血症的药物和用于治疗播散性血管内血凝固的药物中的应用。将该权利要求书同申请日提交的原始申请文件的内容进行比较后，合议组认为，原说明书中记载了“由化学式1和2所示的1-α-萘基甲基-6，7-二羟基-1，2，3，4-四氢异喹啉和1-β-萘基甲基-6，7-二羟基-1，2，3，4-四氢异喹啉在治疗和/或预防心力衰竭、血栓形成、iNOS诱发组织损伤、败血病和DIC中的新用途”（说明书第6页第21～24行），并记载了“化学式1和2化合物中的一种可以作为有效成分包含在适用于抗血栓形成剂、组织损伤抑制剂、败血病治愈剂和/或DIC治疗剂的药物组合物中”（说明书第8页第18～20行），而DIC为散播性血管内血凝固的缩写（说明书第1页第8行），可见，经修改的权利要求1～4的技术方案可以从原说明书直接地、毫无疑义地确定，因此新提交的权利要求书已经克服了驳回决定所指出的缺陷，符合专利法第33条的规定。

根据以上事实和理由，本案合议组作出如下审查决定。

**三、决定**

撤销国家知识产权局于2005年6月10日对第99812380.3号发明专利申请作出的驳回决定。由原审查部门根据本申请在进入中国国家阶段时提交的国际申请文本的中文译文的说明书第1～23页、说明书附图第1～10页、说明书摘要及其附图以及2007年6月18日提交的权利要求第1～4项继续进行审查。

复审请求人对本决定不服的，可以根据专利法第41条第2款的规定，自收到本决定之日起三个月内向北京市第一中级人民法院起诉。

109

# 低温失活的工业用面包酵母

## 复审请求审查决定（第 11654 号）

**决　定　号**　第 11654 号
**决　定　日**　2007 年 10 月 23 日
**发明创造名称**　低温失活的工业用面包酵母
**国 际 分 类 号**　C12N 1/18，C12N 15/02，A21D 8/04 //（C12N 1/18，C12R 1：865）
**复 审 请 求 人**　雀巢制品公司
**申　请　号**　95102496.5
**申　请　日**　1995 年 3 月 16 日
**优 先 权 日**　1994 年 3 月 16 日
**公　开　日**　1996 年 3 月 6 日
**合 议 组 组 长**　叶　娟
**主　审　员**　周英姿
**参　审　员**　张晓飞

**法 律 依 据**　专利法第 26 条第 3 款
**决 定 要 点**

对于一项化学领域的方法发明，应当记载方法所使用的原料物质、工艺步骤和工艺条件，所用的原料物质应当说明其成分、性能、制备方法或者来源，使得本领域技术人员能够得到该原料物质。如果完成该方法发明必须使用的生物材料没有按专利法实施细则第 25 条的规定进行保藏并在规定期限内提交保藏证明和存活证明，使得公众无法得到该生物材料，从而不能在实施所述方法时解决该发明要解决的技术问题或达到预期的效果，则说明书未对发明作出充分的公开。

### 一、案由

本复审请求涉及申请日为 1995 年 3 月 16 日、公开日为 1996 年 3 月 6 日、名称为“低温失活的工业用面包酵母”的 95102496.5 号发明专利申请（下称本申请），其优先权日为 1994 年 3 月 16 日，申请人为雀巢制品公司。

国家知识产权局于 2003 年 2 月 14 日以说明书不符合专利法第 26 条第 3 款的规定驳回了本申请，驳回的理由是，本说明书提供的实现发明目的的菌株是产物菌株 NCIMB 40611 和 NCIMB 40612，而亲本菌株 NCIMB 40613 和 NCIMB 40614 杂交可得到 NCIMB 40611，亲本菌株 NCIMB 40613 和 NCIMB 40615 杂交可获得 NCIMB 40612。但本申请说明书未公开亲本菌株 NCIMB 40614 和 NCIMB 40615，由此无法制备产物菌株 NCIMB 40611 和 NCIMB 40612，致使本领域技术人员无法获得这些菌株，本申请说明书不符合专利法第26条第3款的规定。

驳回决定所针对的权利要求书为：

“1. 制备具有Lti特性的面包酵母菌株的方法，其特征在于，首先将具有Lti特性的单倍体酿酒酵母菌株与至少具有一个活化的但受分解代谢抑制的MAL等位基因的单倍体酿酒酵母菌株进行杂交，然后在第二阶段，将分离子代进行杂交，并且最后，选出具有Lti表现型、活化的但受分解代谢抑制的MAL表现型，和在分批补料方法中具生长能力的原养型二倍体菌株。

2. 根据权利要求1的方法，其特征在于，在第二阶段，将各自来自于不同的第一杂交组合的分离子代进行杂交。

3. 根据权利要求1的方法，其特征在于，在酵母中，活化的但受分解代谢抑制的MAL等位基因可以是组成型的或诱导型的。

4. 根据权利要求1所述的方法，其特征在于，为检测所要选择的所述二倍体菌株的Lti特性，将其在3~30℃之间的温度下检测几天内烤制用生面团中产生的$CO_2$量。

5. 根据权利要求1所述的方法，其特征在于，检测所要选择的所述二倍体菌株在分批补料方法中的生长能力，是在需要碳源呼吸代谢的一种培养基中进行的。

6. 工业用面包酵母菌株酿酒酵母，它在分批补料方法中的生长产率大于0.5克干生物量/每克糖，在最高达8℃时$CO_2$产生量低于7mL/h/kg生面团，在最高达12℃时$CO_2$产生量低于12mL/h/kg生面团，并且在含有麦芽糖的培养基中培养4天后，在最高达18℃温度时$CO_2$产生量还低于10mL/每克浓缩酵母。

7. 根据权利要求6所述的菌株，其特征在于，在最高达12℃时它具有低于3mL/h/kg生面团的$CO_2$生产量。

8. 选自权利要求6的酿酒酵母菌株NCIMB 40612以及权利要求7的NCIMB 40611的工业用面包酵母菌株。

9. 权利要求1~8中任何一项所述的工业用面包酵母菌株用于制备在冷藏保存后在炉子中烘烤的面包房产品的应用。

10. 制备经冷藏的并经包装好的烤制用生面团的方法，其中所述生面团制备如下，即通过将权利要求1~9中任何一项所述的酵母至少与水和面粉混合，然后将该生面团包装于有排气阀门的容器中。

11. 根据权利要求10所述的制备方法，其特征在于，将所述生面团在冷藏温度下混合并然后进行包装。

12. 根据权利要求10所述的制备方法，其特征在于，将生面团在包含氮气或二氧化碳或其两者的混合物的大气中包装。

13. 根据权利要求10所述的制备方法，其特征在于，将酵母以0.1%~1%干物质量的浓缩或再水合酵母的量与生面团混合。

14. 根据权利要求10所述的制备方法，其特征在于，所述酵母含有海藻糖。

15. 根据权利要求10所述的制备方法，其特征在于，向所述生面团中加入1.2%~2%的NaCl。

16. 根据权利要求10-15中任何一项所述的冷藏的并经包装好的烤制用生面团。

17. 根据权利要求16的烤制用生面团，其特征在于，将其于冷藏温度下保存至少1天。”

雀巢制品公司（下称复审请求人）对上述驳回决定不服，于2003年6月2日向专利复审委员会提出复审请求，并同时提交了一份新的保藏和存活证明复印件及相关书信文件、收费证明。复审请求人认为，申请人已经在本申请申请日之前的1995年3月6日在中国典型培养物保藏中心保藏了Saccharomyces cerevisiae LCG 22 Lts 500，即本发明的NCIMB 40612，保藏号为CCTCC-M95006，并且于

1995 年 6 月 7 日提交保藏存活证明，但 1995 年 6 月 7 日提交的保藏和存活证明有笔误，遗漏“22”，因而在提出复审请求的同时提交正确的保藏证明以及相关证据。鉴于此，复审请求人认为本说明书对发明作了清楚、完整的说明。

形式审查合格后，专利复审委员会受理了该复审请求，并于 2003 年 6 月 23 日向复审请求人发出《复审请求受理通知书》，随后将本申请案卷移交原审查部门进行前置审查。

原审查部门对本复审请求进行了前置审查，坚持原驳回决定。

专利复审委员会组成合议组，对本案的复审请求进行了审理。于 2004 年 5 月 12 日向复审请求人发出《复审通知书》。《复审通知书》指出，复审请求人在本案申请日之前或申请日时仅在中国境内保藏了一种培养物“M95006”，复审请求人认为该保藏物即为本申请中的“NCIMB 40612”。但是，本申请说明书中不但没有记载任何在中国保藏菌株的信息，更没有公开有关“M95006”保藏菌株是什么菌株的内容，从而无法反映该保藏菌株与“NCIMB 40612”之间存在必然关系，因此，所属技术领域的技术人员按照说明书记载的内容无法实现权利要求请求保护的技术方案，即无法获得所述的酵母产品；同时，由于复审请求人没有按规定将说明书中所述的起始菌株“NCIMB 40613”，“ NCIMB 40614”和“NCIMB 40615”在中国指定的保藏单位进行保藏，致使所属领域技术人员无法再现所述的酵母制备方法。据此，本申请说明书不符合专利法第 26 条第 3 款的规定。

针对《复审通知书》指出的问题，复审请求人于 2004 年 8 月 27 日提交了《意见陈述书》和说明书第 19 页替换页以及保藏及存活证明和有关书信（共 8 页），修改后的说明书中增加了 NCIMB 40612 于 1995 年 3 月 6 日保藏于中国典型培养物保藏中心，保藏编号为 CCTCC No：M95006。复审请求人在意见陈述中认为：NCIMB40613、40614 和 40615 在 CGMCC 或 CCTCC 进行保藏并不是实现本发明所必需的；NCIMB 40613、40614 和 40615 已经保藏于 NCIMB，附件信函可以对此进行证明；M95006 与 NCIMB40612 为同一菌株，复审请求人现将 CCTCC M95006 的保藏事项写入说明书，虽然这种修改超过 4 个月的规定期限，但申请日后将保藏和存活证明提交并将保藏事项载入说明书应当被接受。

至此，合议组认为本案事实清楚，可以作出审查决定。

**二、决定的理由**

1. 文本认定

本复审请求审查决定以复审请求人于 2004 年 8 月 27 日提交的说明书第 19 页、1995 年 3 月 16 日提交的权利要求书第 1 ~ 17 项、说明书第 1 ~ 18、20 ~ 22 页、说明书附图第 1 ~ 3 页和说明书摘要为审查文本。

2. 专利法第 26 条第 3 款

专利法第 26 条第 3 款规定：说明书应当对发明或者实用新型作出清楚、完整的说明，以所属技术领域的技术人员能够实现为准。

对于一项化学领域的方法发明，应当记载方法所使用的原料物质、工艺步骤和工艺条件，所用的原料物质应当说明其成分、性能、制备方法或者来源，使得本领域技术人员能够得到该原料物质。如果完成该方法发明必须使用的生物材料没有按专利法实施细则第 25 条的规定进行保藏并在规定期限内提交保藏证明和存活证明，使得公众无法得到该生物材料，从而不能在实施所述方法时解决该发明要解决的技术问题或达到预期的效果，则说明书未对发明作出充分的公开。

（1）在本复审请求案中，权利要求 1 ~ 5 请求保护“制备具有 Lti 特性的面包酵母菌株的方法”，权利要求 6 ~ 8 请求保护“工业用面包酵母菌株酿酒酵母”，权利要求 9 请求保护权利要求 1 ~ 8 的工业用面包酵母菌株的应用，权利要求 10 ~ 15 要求保护烤制用生面团的方法，权利要求 16 ~ 17 要求保护烤制用生面团。根据本说明书记载的内容可知，所述的面包酵母菌株需要通过将具有 Lti 特性的单倍酿酒酵母菌株与至少具有一个活化的但受分解代谢抑制的 MAL 等位基因的单倍体酿酒酵母菌株进行杂交，在将分离的子代杂交之后，得到一种具有 Lti 表现型、具有一种活化的但受分解代谢抑制的 MAL 表现型并且具有在分批补料发酵方法中生长潜力的原养型二倍体菌株（参见说明书的 3 页末段），那么，当所属技术领域的技术人员实施上述菌株制备方法时必须能够得到用作起始原料的单倍体菌株，即"NCIMB 40613"、"NCIMB 40614"和"NCIMB 40615"，而且，作为本申请得到并请求保护的新生物材料，所述"工业用面包酵母菌株酿酒酵母"应能够为公众获得，因此，根据专利法实施细则第 25 条有关生物材料保藏的相关规定，只有在国务院专利行政部门认可的保藏单位保藏提供所述起始原料菌株和产物菌株并在规定期限内出具其保藏和存活证明，所属领域技术人员才能够实现本申请所述的制备方法和产品。但是，本申请所述的起始菌株"NCIMB 40613"，" NCIMB 40614"和"NCIMB 40615"并未按照相关规定在指定的保藏单位得到保藏，使得本领域技术人员无法得到实施权利要求 1 ~ 5 所述制备方法的原料菌株，虽然复审请求人声明上述三种原料菌株已经保藏在 NCIMB，但是，这并不符合专利法实施细则第 25 条规定的在中国申请保护的生物材料应在国务院专利行政部门认可的保藏单位进行保藏的要求，致使所属领域技术人员无法再现所述酵母菌株制备方法的技术方案。

（2）虽然复审请求人反复指出并结合证据证实在中国境内 CCTCC 已经保藏了保藏编号为"M95006"的培养物，认为保藏编号为"M95006"的保藏材料就是本申请"NCIMB 40612"，并在修改后的说明书中补入该保藏事项。然而，本申请原说明书中未公开编号"M95006"的保藏菌株与本申请中的多种产物菌株或原料菌株之间存在必然的相关联系，更无法反映出与"NCIMB 40612"之间存在必然关系，因此，所属技术领域的技术人员按照说明书记载的内容无法实现权利要求请求保护的技术方案，即无法获得所述的酵母产品，因此，本申请说明书不符合专利法第 26 条第 3 款的规定。

根据以上事实和理由，本案合议组作出如下审查决定。

**三、决定**

维持国家知识产权局于 2003 年 2 月 14 日对 95102496. 5 号发明专利申请作出的驳回决定。

复审请求人对本决定不服的，可以根据专利法第 41 条第 2 款的规定，自收到本决定之日起三个月内向北京市第一中级人民法院起诉。

110

# 血液制品储存和维持的改善

## 复审请求审查决定（第11655号）

**决　定　号**　第11655号
**决　定　日**　2007年10月25日
**发明创造名称**　血液制品储存和维持的改善
**国际分类号**　A01N 1/02，A61L 2/00
**复审请求人**　希格马托制药工业公司
**申　请　号**　98804212.6
**申　请　日**　1998年4月15日
**优先权日**　1997年4月16日
**公　开　日**　2000年5月10日
**合议组组长**　李人久
**主　审　员**　周英姿
**参　审　员**　魏春宝

**法律依据**　专利法第26条第3款
**决定要点**

如果说明书中给出具体的技术方案，而该技术方案又必须依赖实验结果加以证实才能成立，则该说明书应当提供实验证据，使所属技术领域的技术人员根据说明书记载的内容就能够实现技术方案，解决其技术问题并产生预期技术效果，否则公开不充分。

### 一、案由

本复审请求涉及复审请求人希格马托制药工业公司于1998年4月15日申请、2000年5月10日公开、名称为“血液制品储存和维持的改善”的98804212.6号发明专利申请（下称本申请），优先权日为1997年4月16日。

针对申请人于2003年9月24日提交的权利要求第1~5项、1999年10月15日进入中国国家阶段提交的说明书第1~14页、附图第1~2页和说明书摘要，国家知识产权局于2003年11月28日以说明书不符合专利法第26条第3款的规定为由驳回了本申请，驳回的理由为：本申请说明书仅仅给出使用L-肉碱的支持溶液对于红细胞储存稳定性的具体试验证据，而L-肉碱的支持溶液用于血小板仅给出定性描述，由于血小板和红细胞二者在储存稳定性方面具有明显差异，因此，本领域技术人员无法预见到本申请所述方法能够有效稳定血小板的制剂，本申请说明书不符合专利法第26条第3款的规定。驳回决定所针对的权利要求书为：

“1. 一种改善血小板浓缩物经储存后的膜维持和抑制溶血的方法，包括将所述的血小板浓缩物悬浮于支持溶液，该支持溶液含有选自L-肉碱、链烷酰L-肉碱或其药学可接受的盐类及其混合物的一种肉碱制品，与缺少所述的L-肉碱、链烷酰L-肉碱或其药学可接受的盐类及其混合物的相同支持溶液相比，所含肉碱的量可有效提高所述的血小板浓缩物维持血小板膜的能力，并借此抑制溶血。

2. 权利要求1的方法，其中所述的L-肉碱、链烷酰L-肉碱及其混合物的浓度范围在0.25~50mM之间。

3. 权利要求2的方法，其中所述的L-肉碱、链烷酰L-肉碱及其混合物的量在1~20mM之间。

4. 一种改善在对出于破坏其中免疫细胞目的而辐照的血小板浓缩物在储存过程中的膜维持和抑制溶血的方法，包括将所述的血小板浓缩物悬浮于支持液，该支持液含有选自L-肉碱、链烷酰L-肉碱及其混合物的一种肉碱制品，与缺少所述L-肉碱、链烷酰L-肉碱及其混合物的相同支持溶液相比，所用肉碱的量可以有效提高所述血小板浓缩物维持血小板膜的能力，并借此抑制溶血。

5. 权利要求1或4所述的方法，其中的链烷酰L-肉碱选自乙酰基、丙酰基、丁酰基、异丁酰基、戊酰基和异戊酰基L-肉碱。”

希格马托制药工业公司（下称复审请求人）对上述驳回决定不服，于2004年3月12日向专利复审委员会提出复审请求，复审请求人认为：（1）权利要求1的方法是将血小板浓缩物悬浮于支持溶液来保存血小板浓缩物，其中血小板浓缩物是现有技术已知的，支持溶液一般是由常规支持溶液和适量的L-肉碱、链烷酰L-肉碱或其药学可接受的盐类或其混合物组成，支持溶液中肉碱的用量是可有效提高血小板浓缩物维持血小板膜能力的量，权利要求1的所有技术特征都已经清楚、完整地公开，因此，本说明书符合专利法第26条第3款的规定；（2）本申请的方法是否能实现预期的效果的问题不适用专利法第26条第3款的规定，是是否具有实用性或创造性的问题。关于发明的效果可参见跨说明书第2~3页的段落，复审请求人研究发现红细胞和血小板出现的膜破坏作用可以通过将血液制品悬浮在含有0.25~50mM的L-肉碱或其链烷酰衍生物的常规保藏液中而被大大延迟和抑制。（3）复审请求人在提出复审请求的同时提交了附件1-《实验数据（供参考）》（共13页），但未提交新的申请文本。该附件用来证明完全遵照说明书的教导不需要任何创造性劳动就能够重复本发明的技术方案。因此，复审请求人认为驳回的理由没有依据，国家知识产权局驳回的理由不成立。

复审请求人于2004年3月16日再次提交《意见陈述书》，补充意见中陈述：原始申请包含有关保存红细胞的实施例，现在的权利要求涉及血小板浓缩物，复审请求人已经于2004年3月12日提交了保存血小板浓缩物的《实验数据》（即附件1）。附件1中给出血小板pH值、平均血小板体积、血小板数、葡萄糖、乳酸和LDL的结果。这些数据与原始申请文件的实施例给出的数据的措词区别在于“平均血小板体积”和“平均细胞体积”、“血小板数”和“红细胞数”、“LDH”和“溶血”，但本领域技术人员容易理解，这些差别是由于细胞种类不同引起的，前两组数据实质上是相同的参数，LDH是细胞损伤的指标。总之，本领域技术人员能够根据说明书的教导不需要创造性劳动实施权利要求1的技术方案，达到说明书所述的效果。

形式审查合格后，专利复审委员会受理了该复审请求，并于2004年4月5日向复审请求人发出《复审请求受理通知书》，随后将本申请案卷移交原实审部门进行前置审查。

原实审部门对本复审请求进行了前置审查，坚持原驳回决定。

专利复审委员会组成合议组，对本案的复审请求进行了审理。于2005年1月10日向复审请求人发出《复审通知书》。《复审通知书》指出：本申请说明书没有对L-肉碱（LC）具有血小板浓缩物改善作用的技术方案加以证实。根据本申请说明书的记载，由于血小板代谢反应使血小板浓缩物与红细胞的储存稳定性存在差异，血小板浓缩物比红细胞制品更加不稳定，所以，用LC改善血小板浓缩物的储存稳定性的技术方案必须依赖于实验加以证实才能成立。本申请说明书只是泛泛给出 LC 类物质的加入可以抑制血小板经储存或接受辐射出现的膜破坏作用的断言，而没有公开研究 LC 类似物对血小板浓缩物具有稳定改善作用的实验证据，所属技术领域的技术人员根据说明书记载的内容实施时仍然需要花费创造性劳动才能够解决所述的技术问题。复审请求人在提出复审请求时提供了有关血小板与 LC 相互作用的《实验证据》（附件 1，共 13 页），但是，本申请说明书既没有公开有关这些实验资料的内容，而且这些实验资料是复审请求人自身掌握的技术内容而不是公众能够获知的技术信息，所以，这些资料的内容无法构成现有技术，不能用于证实本申请的技术方案。

针对《复审通知书》指出的问题，复审请求人于 2005 年 4 月 21 日提交了《意见陈述书》，复审请求人认为：（1）本申请的申请日是 1998 年 4 月 16 日，而新的审查指南是 2001 年 10 月 18 日开始实施，因此不应当以新的审查指南来审理本案。（2）说明书对权利要求中要求保护的技术方案的所有特征都一一进行了详细说明，血小板浓缩物、支持溶液、肉碱在支持溶液中的含量及有效含量均是已知的或被公开，测定本发明方法例如 pH 值、葡萄糖和乳酸水平等的测定是已知的，本领域技术人员可以再现权利要求 1 的技术方案。由于已经充分公开了 LC 类物质能够稳定血小板，而具体实施本发明并验证它的效果是本领域技术人员能力范围内的事情，因此不需花费创造性劳动。（3）本说明书第 3 ~ 4 页的跨页段落公开了本申请已经完成了这些实验，2004 年 3 月 12 日提交的实验数据进一步加以证明。

至此，合议组认为本案事实清楚，可以作出审查决定。

**二、决定的理由**

1. 文本认定

本复审请求审查决定是以复审请求人于 2003 年 9 月 24 日提交的权利要求第 1 ~ 5 项、1999 年 10 月 15 日进入中国国家阶段提交的说明书第 1 ~ 14 页、附图第 1 ~ 2 页和说明书摘要为审查文本作出如下决定。

2. 关于专利法第 26 条第 3 款

专利法第 26 条第 3 款规定：说明书应当对发明或者实用新型作出清楚、完整的说明，以所属技术领域的技术人员能够实现为准。

如果说明书中给出具体的技术方案，而该技术方案又必须依赖实验结果加以证实才能成立，则该说明书应当提供实验证据，使所属技术领域的技术人员根据说明书记载的内容就能够实现技术方案，解决其技术问题并产生预期技术效果，否则公开不充分。

就本案而言，根据本申请说明书的记载，血小板浓缩物（PC）和红细胞的储存稳定性存在差异，这种差异客观上反映为包装红细胞的保存期为 42 天，而血小板的储存期在 22℃下为 5 天（参见本申请说明书第 1 页第 2 段），由此本技术领域的普通技术人员可以确定血小板制品比红细胞制品更加不稳定，血小板制品更加容易被破坏和不易保存，能够改善红细胞制品稳定性的物质不一定对血小板的储存稳定性有效。由此可以得出这样的结论，用 L–肉碱（LC）类物质是否可以改善血小板浓缩物储存稳定性的技术方案必须依赖于实验加以证实才能成立。

本申请请求保护一种改善血小板浓缩物经储存后的膜维持和抑制溶血的方法，该方法包括将所述血小板浓缩物悬浮于含有选自 L–肉碱、链烷酰 L–肉碱或其药学可接受的盐类及其混合物的一种肉碱制品的支持溶液中，用于抑制溶血。但是，本申请说明书给出的全部研究实验仅记载了 L–肉碱（LC）对红细胞（RBC）体内和体外储存质量的评估结果（参见“研究设计 1”及其结果）、储存红细胞中肉碱摄取和脂再酰化的研究结果（参见“研究设计 2”及其结果）以及在储存过程中添加 LC 防止辐射破坏红细胞制品的实验结果（参见“辐照”研究及其结果），但没有记载 LC 或其链烷酰衍生物能够改善血小板浓缩物储存后的膜维持和抑制溶血的任何实验数据，因此，本申请说明书未对LC或其链烷酰衍生物具有血小板浓缩物改善作用的技术方案加以证实，也就是并未提供证明该LC类物质可以解决所要解决的技术问题或达到所述效果的实验数据。

复审请求人认为，本说明书第3~4页的跨页段落中记载了“向包括红细胞和血小板浓缩物的血液制品中加入LC时需要有效剂量的LC以实现膜维护、修复和抑制溶血”和有效剂量范围等内容，由此说明本发明已经在申请日之前完成。但是，合议组认为，根据本申请说明书记载试验设计以及实验结果只能得出LC类物质对同时含有红细胞和血小板浓缩物等的血液制品中的红细胞储存稳定性具有改善作用，说明书第3~4页仅描述了向含有红细胞和血小板浓缩物的血液制品加入LC的内容并无法证明LC类物质对更加不稳定的血小板浓缩物一定有效的技术效果，并不能说明权利要求1的技术方案在申请时已经完成，因此，本说明书不能证实该技术方案能够解决所要解决的血小板浓缩物储存稳定性的技术问题。

复审请求人在提出复审请求时提供了有关血小板与LC相互作用的实验证据（附件1，共13页），但是，本申请说明书没有公开有关这些实验资料的内容，这些实验资料是复审请求人自身掌握的技术内容而不是公众能够获知的技术信息，所以，这些资料的内容无法构成现有技术，不能用于证实本申请的发明效果。

另外，复审请求人在答复《复审通知书》时认为权利要求1的技术方案中所有技术特征都已经清楚、完整地公开，本领域技术人员完全能够实现权利要求1的技术方案。对此，合议组认为，说明书对发明作出清楚、完整的说明应该达到本领域技术人员能够实现发明的程度，由于权利要求1的具体技术方案依赖于实验结果加以证实才能成立，因此，说明书因没有记载这样的实验证据而导致发明缺乏解决技术问题的技术手段而被认为无法实现。

综上所述，本申请说明书没有对发明作出清楚、完整的说明，致使所属技术领域的技术人员不能实现，不符合专利法第26条第3款的规定。

根据2001年10月18日发布的局长令，1993年发布的审查指南已经废止，故合议组对复审请求人认为本案应以1993年发布的审查指南的规定进行审查的主张不予支持。

根据以上事实和理由，本案合议组作出如下审查决定。

**三、决定**

维持国家知识产权局于2003年11月28日对98804212.6号发明专利申请作出的驳回决定。

复审请求人对本决定不服的，可以根据专利法第41条第2款的规定，自收到本决定之日起三个月内向北京市第一中级人民法院起诉。

111

# 离子介导转基因 F-β-①功效食品

## 复审请求审查决定（第 11660 号）

**决 定 号** 第 11660 号
**决 定 日** 2007 年 10 月 8 日
**发明创造名称** 离子介导转基因 F-β-①功效食品
**国际分类号** A23L 1/29
**复审请求人** 范永海
**申 请 号** 99111605.4
**申 请 日** 1999 年 8 月 23 日
**公 开 日** 2000 年 3 月 8 日
**合议组组长** 李人久
**主 审 员** 王 冬
**参 审 员** 唐 莉

**法律依据** 专利法第 33 条
**决定要点**

申请人在对专利申请文件进行修改时，如果本领域技术人员从新修改的申请文件中获得的信息与原说明书和权利要求书的记载不同，而这些信息又不能直接地、毫无疑义地由原说明书和权利要求书记载的内容中确定，则申请人对专利申请文件的修改不符合专利法第 33 条的规定。

**一、案由**

本复审请求涉及于 1999 年 8 月 23 日申请、2000 年 3 月 8 日公开、名称为“离子介导转基因 F-β-①功效食品”的第 99111605.4 号发明专利申请（下称本申请），其申请人为范永海。

国家知识产权局于 2004 年 3 月 26 日针对申请人 2003 年 6 月 10 日提交的权利要求第 1～4 项、说明书第 1～3 页以及摘要，以本申请不符合专利法第 33 条的规定和专利法第 26 条第 3 款的规定为由作出驳回决定。驳回决定针对的权利要求如下：

“1. 涉及含有高分子蛋白质易化扩散载体载质离子导入等不同功效物质不同机制的一种离子介导转基因 F-β-①功效食品。

其特征是针对维护 β 细胞群细胞 DNA 正常的日常复制及时不断地修复 DNA 基因缺陷程度不同的基因缺陷恢复 DNA 日常正常复制修复功能的修复效果和结果。和保健食品相比，具有保健食品日常保健功能一般的及时修复 DNA 分子初步缺陷使 DNA 核苷酸链形成互补碱基对不断复制修复功能的修复效果：具有药物治疗治疗效果一般的修复基因缺陷修复功能的修复效果且能满足忌糖的患者对甜酥香口感的需要。

2．使用其特征是无保健食品特定保健功能、特定进食人群：无相关药物中所含不同类药物、激素、胰岛素类基因生物制剂含量、无不同类药物毒副作用、胰岛素类基因生物制剂抗原、过敏性反应危害且能很快或逐渐排除药毒害引起患者的不良症兆的排除药毒的明显的排毒效果。无特定疾病治疗治疗功能、无特定病态人使用是处于健康态、第三态、病态的人在日常生活中都能进食并在进食以后使健康态的人无异常反应；第三态的绝大部分人很快消除日常反酸水、烧心、月经不调和神经因素作用下导致的肠功能紊乱引起的便秘、逐渐消除月经不调、疼经、胸闷、憋气、喘气急促四肢无力、糖尿病前驱期症兆反应特征预防其诱发成糖尿病等基因缺陷（突变）病先期预防的修复功能的修复效果和修复结果。

处于病态的人：例如糖尿病病人特别是经过长期的药物治疗用药物已稳定不住糖含量、控制不住糖含量升高、缓降不下高糖含量继发性治疗失效的患者按照要求的进食条件进食该品配合药物治疗绝大部分患者能很快（按生化过程约需 18 ~40 个小时）控制住糖含量升高稳定住糖含量、缓解或缓降患者的高糖含量、同时又能很快消除药物毒副作用引起患者的低血糖头晕、便秘和逐渐改善人们睡眠或逐步消除患者的口干苦、金属味、恶心、呕吐、食欲减退、厌食、腹泻、皮肤红斑、荨麻疹、各类皮炎瘙痒等不同症兆的排除药毒明显的排毒效果。各类皮炎症肿处出现的不同色水珠即是被排到体外的不同毒液，这都是对 β 细胞群实施修复技术初步修复功能的修复效果和修复结果。

患者的日常饮食在定期指导的指导下用各类日常食物配合该食品进食修复基因缺陷修复初期是配合药物治疗、以提高药物治疗效果排除药毒害为主；经过逐步减少口服药、各类胰岛素注射量转为用部分药物配合该食品食疗为主并继续减少患者的用药量和排除组织中的药毒至完全用该食品食疗使患者的高糖含量逐步保持在平均月递减 1 ~3 毫摩尔/升至康复。

康复是指糖尿病病人减掉各种药物保健品、口服降糖药、各类胰岛素注射量由原注射量逐步减少到 20％的注射量后患者仅靠日常食物能把患者的糖含量、糖化血红蛋白等的含量长期稳定在健康态或近于健康态日常含量的含量水平。

本转基因技术是针对 β 细胞整个细胞群 DNA、细胞不同复制的复制过程不同复制功能的复制结果、从维护 DNA 核苷酸链形成互补碱基对链核苷酸碱基排列顺序片断日常不断的正常复制复制过程对质源性几个要素中的物质浓度；围绕及时修复 DNA 复制过程偶尔出现的核甘酸链碱基排列顺序排列差错预防 DNA 核苷酸链碱基排列顺序排列差错在得到修复之前即形成新的复制复制过程造成遗传错误即基因初步缺陷或称为突变保持 DNA 核苷酸形成互补碱基对链核苷酸碱基排列顺序片断日常不断复制正常复制过程对重组蛋白质重组修复功能、机制；宿主运动运动方向、速率受体功能；围绕 DNA 复制不断复制过程不断修复 DNA。

核苷酸碱基排列顺序排列差错基因缺陷使 DNA 核苷酸链所含碱基逐渐形成互补碱基对重组蛋白质重组功能、重组机制；缺陷程度不同的基因缺陷修复目标不同修复程度并通过 DNA 核苷酸链特定部位随机合成的信息蛋白质分子信息表达不同的信息表达过程改善丝蛋白分泌量分泌、多肽链氨基酸排列顺序排列、改善细胞有丝分裂受体功能产生效应并通过信息分子充分表达出来。

围绕增加内分泌相关蛋白质分泌量满足增加核酸等不同功效蛋白质合成量结合；改善高分子蛋白质的易化扩散载体载质机制维护或增加基质中的离子含量、线粒体离子结构；为维护细胞蛋白质分解、合成、释放、内分泌、代谢、受体、免疫日常功能和改善或提高日常功能低下的细胞细胞功能，恢复细胞正常功能提供细胞内效应而对 DNA 和细胞复制两个复制完成转换 DNA 复制过程的复制功能机制；转换细胞复制过程的复制提高恢复细胞正常功能对 β 细胞五个相关的组织功能同步实施的准确补充和调节。

3. 根据权利要求书1、离子介导转基因 F-β-①功效食品。

4. 其特征是无蔗糖及其他低聚糖双糖、单糖糖分子，无糖精、木糖醇等化学甜味剂分子分子含量，产品含总糖量1%~2%一咬即酥甜香味浓。

驳回决定中指出：

（1）申请人在2003年12月9日提交的意见陈述书中所作的陈述不是针对第二次审查意见通知书中所指出的申请文件的修改不符合专利法第33条的规定，以及克服该缺陷后，说明书也不符合专利法第26条第3款的规定的审查意见进行的，只是提交了连锁店的合同条款和康复保障追踪卡。而这些跟申请文件的修改超出了原始申请文件公开的范围，不符合专利法第33条的规定无关。因此申请人于2003年6月10日提交的摘要、权利要求书和说明书的三个技术方案的内容都超出了原始申请文件公开的内容，这些内容在原始申请文件中没有记载，并且也不能从原始申请文件中导出，因此它们的修改不符合专利法第33条的规定。

（2）如果申请人以申请日提交的申请文件为准，该说明书也不符合专利法第26条第3款的规定。理由是：说明书只给出了一种任务和设想，而未给出任何使所属技术领域的技术人员能够实施的技术手段。

申请人范永海（下称复审请求人）对上述驳回决定不服，于2004年6月30日向专利复审委员会提出复审请求，并提交了说明书、权利要求书和摘要的全文替换页，以及如下附件：

附件1：青岛市产品质量监督检验所出具的青质检（食品）字第01100033号检验报告，复印件共4页；

附件2：青岛市产品质量监督检验所出具的编号为QIQ-11101721的检验报告，复印件共4页；

附件3：第二次审查意见通知书表格及正文的复印件。

复审请求人认为：

（1）该申请不符合专利法第26条第3款规定的驳回理由在2003年11月18日回复的修改文件中已不存在，驳回理由并不是针对复审请求人于2003年11月18日提交的使用专利局各种统一表格并在法定期限内回复的第二次修改文件中还存在的缺陷，而是针对复审请求人于200年12月9日提交的未使用专利局的统一表格填写且又超过法定回复期限的两份商业试运作文件而作出的驳回决定。

（2）复审请求人在第二次修改的专利申请文件说明书和权利要求书中仍保留了在原说明书、权利要求书中没具体写明的具体效果，是因为这是在原说明书中已概括写明的修复基因预防突变病的修复技术实施过程渐渐产生的自然效果，若无这些效果，其修复基因缺陷预防糖尿病等突变病的预防和康复技术就成了空洞无物的空话，也使产品所针对的进食对象由健康的正常人变成了是针对日常有某种不良症兆和患者，因此这并未超出原说明书、权利要求书中所记载的内容。

（3）本发明的修复技术和食品效应是与治疗技术及药物功能是有本质区别的一个新的技术领域，二者有根本差别。本申请是在近十年临床试验并使患II型糖尿病3年内患者康复后申请的。

此次修改的权利要求书的内容如下：

“1. 一种离子介导转基因 F-β-①功效食品，其日常使形成互补差错的核苷酸排列顺序排列缺陷基因渐渐形成互补碱基对新链核苷酸排列顺序片断不断复制、分子遗传的转基因的不断修复过程的不断改善从信息（核糖核酸）分子3′-起始放到细胞基质中的，不断到达信息末端的核糖体、与新合成蛋白质羧基末端的释放而不断改善细胞多肽链氨基酸排列顺序、血红蛋白分子合成、离子含量及线粒体离子结构磷脂合成而分别对细胞产生的日常内效应中的任一效应均具有相关保健食品特定的某项生理调节保健功能般的修复效应；

其特征是：无保健食品特定的某项生理调节功能和适宜人群的针对性，是健康人和不同突变病患者在日常生活中都能使用，食用后能使健康人中的绝大部分人分别略有改善了睡眠、精力充沛和消除日常不良症状及糖尿病前驱期症兆的反应特征并使初患糖尿病前期患者的糖耐量异常、含量异常而恢复正常；及时或逐步控制住原发性、继发性治疗失效患者的日常高糖含量升高、稳定住患者日常稳定不住的高糖含量、逐步缓解、缓降或递减患者持高不降的日常高糖含量，抑制、延缓或缓解糖尿病并发症的发生；消除患者日常不良症状排除内毒、药毒的排毒功能而逐渐康复的修复效应，均是分别针对；①维护脱氧核糖核酸核苷酸链中所含碱基在双链内侧通过氢键互补成碱基对新链核苷酸排列顺序片段不断复制过程对质原性两要素正常的生理浓度的日常需要分别进行日常精确补充；②及时修复脱氧核糖核酸新链核苷酸排列顺序片段上分子顺序排列的不同差错不断错误复制过程渐渐形成日常互补碱基对核苷酸排列顺序片段不断复制过程，对焦磷酸正常释放日常对有机化合物分子、及其不同官能团日常合成不同需要分别进行日常精确补充；③维护基质中多肽链氨基酸正常排列、不同蛋白质合成的正常合成量、不同离子的正常含量对相关离子、蛋白分子日常运动机制需要，分别进行精确补充；④满足细胞正常的功能不断增加核酸、氨基酸、血红蛋白、磷脂功效蛋白质合成含量分别不同的日常合成和结合分别对内分泌蛋白质不同分泌量日常结合的不同需要分别进行精确补充；⑤改善宿主的运动方向、速率、干扰阻挠宿体易感性受体日常对不同离子、纤维糖、中间纤维不同结合需要分别进行精确补充而分别对保持细胞正常功能、恢复日常功能低下细胞的正常功，而预防突变、突变病和突变病患者渐渐康复产生修复程度不同的修复效应的发生；不断改善不同突变病患者的功能低下细胞正常的生理功能而逐步康复不断产生日常营养和修复程度不同的修复过程修复效应的修复结果。

根据权利要求 1 中所述离子介导转基因 F-β-①功效食品；

其特征是无蔗糖双糖中的另一类单糖及糖精、木糖醇等化学甜味剂；无非日常食用的各类物质分子的含有量，尤其是无具有抗原性物质的含量；其总糖含量 1% ~2%，也一咬即酥，甜香味浓。”

形式审查合格后，专利复审委员会受理了此复审请求，并于 2004 年 7 月 29 日向复审请求人发出《复审请求受理通知书》，同时将本申请案卷移交原审查部门进行前置审查。

原审查部门对本复审请求进行了前置审查，认为：复审请求人在请求复审时提交的申请文件均还是不符合专利法第 33 条的规定，其中添加的内容均不能从原始申请文件中导出。即使复审请求人退回到原文本，说明书仍不符合专利法第 26 条第 3 款的规定。

复审请求人在提出复审请求后分别于 2004 年 8 月 24 日、2004 年 9 月 22 日、2004 年 10 月 10 日、2004 年 10 月 14 日、2004 年 10 月 30 日、2005 年 4 月 5 日和 2006 年 3 月 14 日提交了意见陈述书，对复审请求理由进行补充陈述，同时提交了如下附件（编号续前）：

附件 4：《医学细胞生物学》第 35 页、144 页的复印件；

附件 5：《内科学》第 225 页、718 页、729 页的复印件；

附件 6：《糖尿病》第 6 页的复印件；

专利复审委员会组成合议组，对本案的复审请求进行了审理，并于 2007 年 6 月 20 日向复审请求人发出《复审通知书》。

《复审通知书》指出：

（1）复审请求人在提出复审请求时提交的经修改的说明书第 1 页倒数第 20 行至第 4 页最后一行记载的：“该项发明技术，是通过日常用铁、钙、钠、钾、硒……在申请说明书中所提供的各项新技术方案实施过程都是在产品已经历了近十年的临床试验的不同生产技术中选择的最简便易行的实施方式。”以及权利要求书第 1 行至最后 1 行记载的：“其日常使形成互补差错的核苷酸排列顺序……其总糖含量 1% ~2%，也即一咬即酥，甜香味浓。”在申请日提交的原始说明书和权利要求书中没有记载，并且这些信息也不能直接地、毫无疑义地由原始说明书和权利要求书记载的内容中确定。复审请求人在复审请求书以及后续提交的意见陈述书中指出在其于2003年11月18日提交的修改文本中描述的使用效果是原始说明书中所述的“修复基因预防突变病”的修复技术实施过程产生的自然效果，是使突变细胞功能渐渐恢复正常功能的过程中必定要产生的真实效应，也是验证产品真实性科学性的验证标准和书面依据，是充分展现该发明技术的发明意义和使用价值特征中的组成部分。但在本申请的原说明书和权利要求书中并没有任何关于复审请求人所述有益技术效果或使用效应特征的具体内容的记载，本领域技术人员根据原说明书和权利要求书的记载也无法确定所述有益技术效果或使用效应特征的具体内容是什么。另外，复审请求人在提出复审请求过程中所提交的其他意见陈述和附件，也只是对本发明原理以及效果的陈述，由这些意见陈述和附件无法得出原始说明书和权利要求书中记载了在说明书和权利要求书修改文本中记载的上述内容，也不能使本领域技术人员能够直接地、毫无疑义地由原始说明书和权利要求书记载的内容中确定在说明书和权利要求书修改文本中记载的上述内容。因此，复审请求人在提出复审请求时提交的说明书、权利要求书修改文本超出了申请日提交的原说明书和权利要求书记载的范围，因此不符合专利法第33条的规定。

（2）复审请求人在提出复审请求时提交的说明书、权利要求书的修改文本不符合专利法第33条的规定，如果以复审请求人申请日提交的原始申请文件为准，则该说明书不符合专利法第26条第3款的规定。这是因为在原说明书中记载的内容：“研究试验和发明这项应用技术产品的目的是为世界上至今即无预防措施不能预防；又无根治的医疗手段不能根治，患病率高速增长的糖尿病等基因突变病提供修复基因预防基因突变病预防技术和康复技术措施，有效抑制高速增长的基因病患病率。”“这是经长年研究试验，明确掌握了内源因子变化对分子影响规律，从人工诱变修复需要出发逐步研究成功，一种用活性物质分解生物体的中间纤维，纤维糖及生物碱衍生物及离子发生和浸入产品内的新技术。这些物质均是用卫生部新公布的食品新资源用新技术制成的功效物质。”只是对本发明效果的描述，仅仅提出了一种设想和/或结果，但是在原说明书中并没有清楚地记载本发明的技术方案，详细地描述实现本发明的具体实施方式，完整地公开对于实现本发明必不可少的技术内容。因此本发明的原始说明书没有对本发明作出清楚、完整的说明使得本领域技术人员无法实现本发明的技术方案，不符合专利法第26条第3款的规定。复审请求人在审查过程中所提交的意见陈述和附件，也只是对本发明原理以及效果的陈述，这些意见陈述和附件均不能证明本申请的原始说明书对发明作出清楚、完整的说明，使得本领域技术人员能够实现。

针对上述《复审通知书》，复审请求人于2007年8月3日提交了意见陈述书而没有提交任何修改文本，复审请求人认为：

（1）对于复审请求时提交的修改的说明书第1页倒数第20行至第4页最后1行记载的原始说明书和权利要求书没有记载的范围的意见，由于本创造发明技术是新技术领域的原创发明，对技术内容的表达具有以下特点：①概括归纳成的10几个字表达的技术内容与几百个字中的技术内容相同，②可分别用不同的表达形式表述相同的技术内容，③科研内容及术语与技术术语与由其翻译成的科普语言表达的技术结果和内容都完全相同，④对症状选写的多与少都不能把分子知识及分子知识使用技术的技术功能效果全部表达出来。原始说明书和修改后的说明书中内容的差别仅是将相同的技术内容分别采用了不同的表达形式和术语，在原始说明书中对技术内容与技术效果和结果进行了概括，而在新修改的说明书中没有进行概括。另外，“高分子蛋白质”、“纤维糖”、“中间纤维”、“金属离子”、“重组”在原始说明书中都有记载。

（2）对于新修改的权利要求书第1行在最后1行记载的原始说明书和权利要求书中没有记载的记载范围的意见，原始权利要求书和说明书中记载的修复基因的修复技术的技术范围和修复效果和新修改的权利要求书中记载的使用特征的范围都是相同的技术使用和效果范围，其只是把不同分子生化内容与术语和技术术语分别翻译成普通语言。复审请求人之所以未将维修食品的使用特征和技术指标分别写入原始权利要求书的原因是对专利法相关不同条款的法律规定掌握得不全面，对健康状态不同而能产生出使消费者分别感到满意的日常维护与修复不同维修效果的日进食效果特征的使用特征和技术指标（技术特征）能否写入原始说明书和权利要求书中的问题存在疑问，因此才把使用效果特征中的部分征兆和实施技术的的实施效果和实施结果分别选写成了原始说明书。在原始权利要求书中复审请求人未将技术特征写入权利要求书中，也没有对发明技术主要技术之一的技术指标的记载，因此在审查中提交了检验报告作为保护自己的知识产权而采用法律保护的保护手段而留的证据之一。因此，在新修改的说明书和权利要求书中所分别记载的范围都未超出原始申请文件中所记载的范围。

至此，合议组认为本案事实清楚，可以作出审查决定。

**二、决定的理由**

1．关于审查文本

复审请求人于2004年6月30日提出复审请求时提交了说明书、权利要求书和摘要的全文替换页，本复审决定是在上述文本基础上作出的。

2．关于专利法第33条

专利法第33条规定：申请人可以对其专利申请文件进行修改，但是，对发明和实用新型专利申请文件的修改不得超出原说明书和权利要求书记载的范围。

申请人在对专利申请文件进行修改时，如果使得本领域技术人员从新修改的申请文件中获得的信息与原说明书和权利要求书的记载不同，而这些信息又不能直接地、毫无疑义地由原说明书和权利要求书记载的内容中确定，则申请人对专利申请文件的修改不符合专利法第33条的规定。

对于本案而言，将新修改说明书与原始说明书以及权利要求书比较可知，在原始说明书中和权利要求书中并没有任何关于生产各类不同功效物质（高分子蛋白质、中间纤维、纤维糖、金属离子）的技术方案、修复日常形成互补差错核苷酸排列顺序片段核苷酸顺序排列的不同缺陷基因修复技术方案（①~⑤）、离子介导转基因F-β-①功效食品生产工艺技术方案（配料工艺、生产工艺技术流程）、使用本发明的有益技术效果（日常营养的生理调节功能、食品生产成本及其社会效益和经济效益、食品的食用安全性）以及实施方式的记载（参见新修改说明书的第1页倒数第20行至第4页最后一行），而且本领域技术人员也无法得出在原始说明书和权利要求书中使用了与新修改说明书不同的表达形式、语言、术语对上述技术内容例如生产各类不同功效物质的技术方案、离子介导转基因F-β-①功效食品的配料工艺、生产工艺技术流程进行了概括性的记载，也无法根据原说明书记载的效果“研究试验和发明这项应用技术产品的目的……基因病患病率。”“这是经长年研究试验，明确掌握……功效物质。”得出本发明在日常营养的生理调节功能、食品生产成本及其社会效益和经济效益、食品的食用安全性方面的有益效果。虽然个别术语如“高分子蛋白质”、“纤维糖”、“中间纤维”、“金属离子”、“重组”在原始说明书中有记载，但是如上所述，这并不能改变新修改的说明书的上述技术内容及技术效果整体在原始说明书和权利要求书中没有记载的事实。因此，新修改说明书和原始说明书及权利要求书在内容上的差别并不是如复审请求人所述仅在于技术内容相同而所使用的表达形式、语言、术语不同以及对技术效果和结果进行了概括和没有进行概括的差别，新修改说明书的上述技术内容及技术效果与本领域技术人员从原始说明书和权利要求书中获得的信息完全不同，而这些信息并不能直接地、毫无疑义地由原始说明书和权利要求书中得到。

将新修改权利要求书与原始说明书以及权利要求书比较可知，在原始说明书和权利要求书中并没有任何关于“其日常使形成互补差错的核苷酸排列顺序……其总糖含量1%~2%，也即一咬即酥，甜香味浓。”的记载（参见新修改权利要求书第1行至最后1行）。虽然复审请求人认为上述内容与原始权利要求书和说明书中记载的基因修复技术范围和修复效果是相同的技术使用和范围效果，但是事实上经过比较本领域技术人员可知，在原始说明书中和权利要求书中并没有任何关于健康状态不同的消费者进食本发明食品以后所产生的不同维护与修复不同的效果的记载，而且本领域技术人员根据原说明书和权利要求书的记载也无法确定健康状态不同的消费者进食本发明食品所产生的具体效果是什么。因此，新修改权利要求书的上述内容与本领域技术人员从原始说明书和权利要求书获得的信息完全不同，而这些信息并不能直接地、毫无疑义地由原始说明书和权利要求书中得到。

进一步地，复审请求人在针对《复审通知书》的意见陈述书中也承认未将新修改说明书中的技术内容写入原始说明书中，也未将维修功效食品的技术特征、使用特征、技术指标和效果特征写入原始权利要求书中。这也证明了新修改的说明书和权利要求书所记载的信息与原说明书和权利要求书记载的信息不同，并且这些信息不能由原说明书和权利要求书记载的内容直接地、毫无疑义地确定。

另外，复审请求人在提出复审请求过程中所提交的附件 1 ~6 以及意见陈述，也只是对本发明原理以及效果的陈述，由这些附件以及意见陈述无法得出原始说明书和权利要求书中记载了复审请求人提出复审请求时提交的说明书和权利要求书修改文本中记载的内容，也不能使本领域技术人员直接地、毫无疑义地由原始说明书和权利要求书记载的内容中确定在上述说明书和权利要求书修改文本中所记载的内容。

综上，复审请求人在提出复审请求时提交的说明书、权利要求书修改文本超出了申请日提交的原始说明书和权利要求书记载的范围，因此不符合专利法第 33 条的规定。

根据以上事实和理由，本案合议组作出如下审查决定。

**三、决定**

维持国家知识产权局于 2004 年 3 月 26 日对 99111605.4 号发明专利申请作出的驳回决定。

复审请求人对本决定不服的，可以根据专利法第 41 条第 2 款的规定，自收到本决定之日起三个月内向北京市第一中级人民法院起诉。

112

# 具有内葡聚糖酶活性的酶

## 复审请求审查决定（第11666号）

**决　定　号**　第11666号
**决　定　日**　2007年10月25日
**发明创造名称**　具有内葡聚糖酶活性的酶
**国际分类号**　C12N 15/56，C12N 9/42，C12N 15/63
**复审请求人**　诺沃奇梅兹有限公司
**申　请　号**　94109006. X
**申　请　日**　1994年6月22日
**公　开　日**　1996年1月3日
**合议组组长**　叶　娟
**主　审　员**　刘　静
**参　审　员**　李彦涛

**法律依据**　专利法第26条第4款
**决定要点**

权利要求书应当以说明书为依据是指权利要求书应当得到说明书的支持，即权利要求书中的每一项权利要求所要求保护的技术方案应当是所属技术领域的技术人员能够从说明书中公开的内容直接得到或者概括得出的技术方案，并且权利要求的范围不得超出说明书记载的内容。

**一、案由**

本复审请求涉及发明名称为“具有内葡聚糖酶活性的酶”的第94109006. X号发明专利申请（下称本申请），申请人为诺沃奇梅兹有限公司（由诺沃挪第克公司变更而来），申请日为1994年6月22日，公开日为1996年1月3日。

2004年9月3日，国家知识产权局针对申请人于2004年2月20日提交的权利要求第1~9项、说明书第5、26~27页，申请日提交的说明书第1~4、6~25、28~45页、附图第1~6页和说明书摘要，以权利要求1、6不符合专利法第26条第4款的规定为由驳回了本申请。驳回决定认为，权利要求1（3）和权利要求6（3）中使用了“与……具有至少75％、至少80％、至少85％、至少90％或至少95％同源性的DNA序列”、权利要求1（4）和权利要求6（4）中使用了“与……杂交的DNA序列”，导致权利要求1、6不符合专利法第26条第4款的规定。该驳回决定针对的权利要求书如下：

“1. 一种表达内葡聚糖酶活性的酶，该酶由下列 DNA 序列编码：

（1）含有下列部分序列的 DNA 序列：

ATTCATTTGTG GACAGTGGAC（SEQ ID NO：1），

GTTGATCGCA CATTGAACCA（SEQ ID NO：2），

ACCCCAGCCG ACCGATTGTC（SEQ ID NO：3），

CTTCCTTACC TCACCATCAT（SEQ ID NO：4），

TTAACATCTT TTCACCATGA（SEQ ID NO：5），

AGCTTTCCCT TCTCTCCCTT（SEQ ID NO：6），和

GCCACCCTGG CTTCCGCTGC CAGCCTCC（SEQ ID NO：7）；或

（2）含有下列部分序列的 DNA 序列：

AAAGATTCATTTGTGGACAGTGGACGTT-GATCGCACATTGAACCAACCCCAGCCGACCGATTGTCCTTCCTTACCTCACCATCATTTAACATCTTTTCACCATGAAGCTTTCCCTTCTCTCCCTTGCCACCCTGGCTTCCGCTGCCAGCCTCCAGCGCCGCACACTTCTGCGGTCAGTGGGATACCGCCACCGCCGGTGACTTCACCCTGTACAACGACCTTTGGGGCGAGACGGCCGGCACCGGCTCCCAGTGCACTGGAGTCGACTCCTACAGCGGCGACACCATCGCTTGTCACACCAGCAGGTCCTGGTCGGACTAGCAGCAGCGTCAAGAGCTATGCCAACG（SEQ ID NO：17），或

CAGCATCTCCATTGAGTAATCACGTTCCT-GTTCGGTGGCCCGCCGTGTTGCGTGGCGGAGGCTGCCGGGAGACGGGTGGGATGGTGGTGGGAGAGAATGTAGGGCGCCGTGTTTCAGTCCCTAGGCAGGATACCGGAAAACCGTGTGGTAGGAGGTTTATAGGTTTCCAGGAGACGCTGTATAGGGGATAAATGAGATTGAATGGTGGCCACACTCAAACCAACCAGGTCCTGTACATACAATGCATATACCAATTATACCTACCAAAAAAAAAAAAAAAAAAAAAAAAAAAAA（SEQ ID NO：18）；或

（3）（2）中所述的 DNA 序列，除了其中相应于 SEQ ID NO：17 或 SEQ ID NO：18 的部分不是 SEQ ID NO：17 或 SEQ ID NO：18，而是与 SEQ ID NO：17 或 SEQ ID NO：18 具有至少 75％、至少 80％、至少 85％、至少 90％或至少 95％同源性的 DNA 序列；或者

（4）（2）中所述的 DNA 序列，除了其中相应于 SEQ ID NO：17 或 SEQ ID NO：18 的部分不是 SEQ ID NO：17 或 SEQ ID NO：18，而是与 SEQ ID NO：17 或 SEQ ID NO：18 的探针在下列条件下杂交的 DNA 序列：在 5×SSC 中预浸并在 5×SSC、5×Denhardt´s 溶液及 50μg 声处理变性的牛犊胸腺 DNA 溶液中于-40℃预杂交 1 小时，接着补充了 50μCi32P-dCTP 标记探针的相同溶液中于-40℃杂交 18 小时，并用 2×SSC、0.2％SDS 于 40℃洗涤 3 次共 30 分钟。

2. 根据权利要求 1 所述的酶，按在酶与有关底物培养期间所释放的还原糖为基础确定的，所述酶对木葡聚糖的活性比对羧甲基纤维素、β-葡聚糖或 Avicell 的活性高至少 50 倍。

3. 根据权利要求 1 的酶，它基本上没有对 β-葡聚糖的活性和/或基本上没有转移酶活性。

4. 根据权利要求 1 的酶，它对羧甲基纤维素和/或 Avicell 的活性最多为 3％。

5. 一种编码权利要求 1～4 中任一项的酶的 DNA 构建体。

6. 一种编码具有内葡聚糖酶活性的酶 DNA 构建体，该 DNA 构建体包括：

（1）含有下列部分序列的 DNA 序列：

ATTCATTTGTG GACAGTGGAC（SEQ ID NO：1）

GTTGATCGCA CATTGAACCA（SEQ ID NO：2）

ACCCCAGCCG ACCGATTGTC（SEQ ID NO：3）

CTTCCTTACC TCACCATCAT（SEQ ID NO：4）

TTAACATCTT TTCACCATGA（SEQ ID NO：5）

AGCTTTCCCT TCTCTCCCTT（SEQ ID NO：6），和

GCCACCCTGG CTTCCGCTGC CAGCCTCC（SEQ ID NO：7）；

（2）含有下列部分序列的 DNA 序列：

AAAGATTCATTTGTGGACAGTGGACGTT-GATCGCACATTGAACCAACCCCAGCCGACCGATTGTCCTTCCTTACCTCACCATCATTTAACATCTTTTCACCATGAAGCTTTCCCTTCTCTCCCTTGCCACCCTGGCTTCCGCTGCCAGCCTCCAGCGCCGCACACTTCTGCGGTCAGTGGGATACCGCCACCGCCGGTGACTTCACCCTGTACAACGACCTTTGGGGCGAGACGGCCGGCACCGGCTCCCAGTGCACTGGAGTCGACTCCTACAGCGGCGACACCATCGCTTGTCACACCAGCAGGTCCTGGTCGGACTAGCAGCAGCGTCAAGAGCTATGCCAACG（SEQ ID NO：17），或

CAGCATCTCCATTGAGTAATCACGTTCCT-GTTCGGTGGCCCGCCGTGTTGCGTGGCGGAGGCTGCCGGGAGACGGGTGGGATGGTGGTGGGAGAGAATGTAGGGCGCCGTGTTTCAGTCCCTAGGCAGGATACCGGAAAACCGTGTGGTAGGAGGTTTATAGGTTTCCAGGAGACGCTGTATAGGGGATAAATGAGATTGAATGGTGGCCACACTCAAACCAACCAGGTCCTGTACATACAATGCATATACCAATTATACCTACCAAAAAAAAAAAAAAAAAAAAAAAAAAAAA（SEQ ID NO：18）；或

（3）（2）中所述的 DNA 序列，除了其中相应于 SEQ ID NO：17 或 SEQ ID NO：18 的部分不是 SEQ ID NO：17 或 SEQ ID NO：18，而是与 SEQ ID NO：17 或 SEQ ID NO：18 具有至少 75％、至少 80％、至少 85％、至少 90％或至少 95％同源性的 DNA 序列；或者

（4）（2）中所述的 DNA 序列，除了其中相应于 SEQ ID NO：17 或 SEQ ID NO：18 的部分不是 SEQ ID NO：17 或 SEQ ID NO：18，而是与 SEQ ID NO：17 或 SEQ ID NO：18 的探针在下列条件下杂交的 DNA 序列：在 5×SSC 中预浸并在 5×SSC、5×Denhardt′s 溶液及 50μg 声处理变性的牛犊胸腺 DNA 溶液中于-40℃预杂交 1 小时，接着补充了 50μCi32P-dCTP 标记探针的相同溶液中于-40℃杂交 18 小时，并用 2×SSC、0.2％SDS 于 40℃洗涤 3 次共 30 分钟。

7．包含权利要求 5 的 DNA 构建体的重组表达载体。

8．包含权利要求 7 的重组表达载体的细胞。

9．一种具有内葡聚糖酶活性的酶的生产方法，该方法包括在允许所述酶生产的条件下，培养权利要求 8 的细胞，并从培养物中回收酶。”

2004 年 12 月 17 日，复审请求人对上述驳回决定不服，向专利复审委员会提出复审请求，同时提交了经修改的权利要求书（共 3 页 9 项），所作修改为：将原权利要求 1（3）和权利要求 6（3）中的“至少 75％、至少 80％、至少 85％”以及原权利要求 1 和权利要求 6（4）项删除。

形式审查合格后，专利复审委员会于 2005 年 1 月 5 日受理了该复审请求，向复审请求人发出《复审请求受理通知书》，并将本申请案卷移交国家知识产权局原审查部门进行前置审查。

在《前置审查意见书》中，国家知识产权局原审查部门认为：修改后的权利要求 1（3）和权利要求 6（3）中仍使用了术语“与……具有 90％或至少 95％同源性的序列”，不符合专利法第 26 条第 4 款的规定，因此坚持原驳回决定。

专利复审委员会组成合议组，对本复审请求案进行了审理，并于 2007 年 6 月 15 日向复审请求人发出《复审通知书》。《复审通知书》指出：这种以同源性限定 DNA 序列的术语概括了一个过宽的保护范围，对于该范围中除本申请实施例所得到的 DNA 之外的其他具有所述同源性的 DNA 序列没有提供具体的制备方法和所得产品的序列结构信息和活性数据，这些 DNA 序列的结果是不可预料的，本领域技术人员也无法从现有技术中合理地推导出来。这是因为：本领域公知，蛋白质的一级结构是其

功能的基础，但蛋白质的功能最终取决于其空间构象，序列关键位置上发生的氨基酸增加、缺失或者替换都极有可能改变蛋白质的空间结构从而改变其活性或功能甚至使其丧失活性或功能，或者虽然两种蛋白具有相似的一级序列，但是由于某些氨基酸残基的不同，有可能导致氨基酸残基间的键合等关系发生改变，使得整个蛋白在三维水平上因此而重新构建出完全不同的结构域，从而使得两种蛋白质表现完全不同的功能，因此，即使不同蛋白质在一级序列上高度同源也并不必然导致这些蛋白质具有相同的功能，综上，序列同源性或同一性分析作为本领域的一种常用分析手段，其结果仅仅是得到一种有待证实的有可能的功能，它可以为进一步的功能研究指出方向，但并不意味着所述核酸或蛋白必定具有该推测的功能；而对于实验科学而言，包括基于同源性推测功能在内的各种推测只有经过实验验证后才能使得推测的命题能够成立，就一份专利而言，其所保护的必须是确信能够成立的技术方案，而非推测的存疑技术方案，对于多肽的功能说明书中应当给出实验数据加以验证；因此，基于上述分析，根据现有技术以及本领域技术人员的公知常识，本领域技术人员无法判断权利要求 1、6 的方案所涉及的“与……具有至少 90％或至少 95％同源性的 DNA 序列”是否具备本申请所述的功能，从而达到发明的目的，因此权利要求 1、6 得不到说明书的支持。

针对《复审通知书》指出的问题，复审请求人于 2007 年 9 月 28 日提交了意见陈述书及权利要求书的修改替换页（共 3 页 9 项），所作修改为：删除了权利要求 1、6 中的“与……具有至少 90％或至少 95％同源性的 DNA 序列”，修改后的权利要求书如下：

“1. 一种表达内葡聚糖酶活性的酶，该酶由下列 DNA 序列编码：

（1）含有下列部分序列的 DNA 序列：

ATTCATTTGTG GACAGTGGAC（SEQ ID NO：1），

GTTGATCGCA CATTGAACCA（SEQ ID NO：2），

ACCCCAGCCG ACCGATTGTC（SEQ ID NO：3），

CTTCCTTACC TCACCATCAT（SEQ ID NO：4），

TTAACATCTT TTCACCATGA（SEQ ID NO：5），

AGCTTTCCCT TCTCTCCCTT（SEQ ID NO：6），和

GCCACCCTGG CTTCCGCTGC CAGCCTCC（SEQ ID NO：7）；或

（2）含有下列部分序列的 DNA 序列：

AAAGATTCATTTGTGGACAGTGGACGTT-
GATCGCACATTGAACCAACCCCAGCCGACCGATTGTCCTTCCTTACCTCACCATCATTTAACATCTTTTCACC
ATGAAGCTTTCCCTTCTCTCCCTTGCCACCCTGGCTTCCGCTGCCAGCCTCCAGCGCCGCACACTTCTGCGGT
CAGTGGGATACCGCCACCGCCGGTGACTTCACCCTGTACAACGACCTTTGGGGCGAGACGGCCGGCACCGG
CTCCCAGTGCACTGGAGTCGACTCCTACAGCGGCGACACCATCGCTTGTCACACCAGCAGGTCCTGGTCGGA
CTAGCAGCAGCGTCAAGAGCTATGCCAACG（SEQ ID NO：17），或

CAGCATCTCCATTGAGTAATCACGTTCCT-
GTTCGGTGGCCCGCCGTGTTGCGTGGCGGAGGCTGCCGGGAGACGGGTGGGGATGGTGGTGGGAGAGAATG
TAGGGCGCCGTGTTTCAGTCCCTAGGCAGGATACCGGAAAACCGTGTGGTAGGAGGTTTATAGGTTTCCAGG
AGACGCTGTATAGGGGATAAATGAGATTGAATGGTGGCCACACTCAAACCAACCAGGTCCTGTACATACAA
TGCATATACCAATTATACCTACCAAAAAAAAAAAAAAAAAAAAAAAAAAA（SEQ ID NO：18）。

2. 根据权利要求 1 所述的酶，按在酶与有关底物培养期间所释放的还原糖为基础确定的，所述酶对木葡聚糖的活性比对羧甲基纤维素、β-葡聚糖或 Avicell 的活性高至少 50 倍。

3. 根据权利要求 1 的酶，它基本上没有对 β-葡聚糖的活性和/或基本上没有转移酶活性。

4. 根据权利要求 1 的酶，它对羧甲基纤维素和/或 Avicell 的活性最多为 3%。

5. 一种编码权利要求 1 ~ 4 中任一项的酶的 DNA 构建体。

6. 一种编码具有内葡聚糖酶活性的酶 DNA 构建体，该 DNA 构建体包括：

(1) 含有下列部分序列的 DNA 序列：

ATTCATTTGTG GACAGTGGAC（SEQ ID NO：1）

GTTGATCGCA CATTGAACCA（SEQ ID NO：2）

ACCCCAGCCG ACCGATTGTC（SEQ ID NO：3）

CTTCCTTACC TCACCATCAT（SEQ ID NO：4）

TTAACATCTT TTCACCATGA（SEQ ID NO：5）

AGCTTTCCCT TCTCTCCCTT（SEQ ID NO：6），和

GCCACCCTGG CTTCCGCTGC CAGCCTCC（SEQ ID NO：7）；

(2) 含有下列部分序列的 DNA 序列：

AAAGATTCATTTGTGGACAGTGGACGTT-
GATCGCACATTGAACCAACCCCAGCCGACCGATTGTCCTTCCTTACCTCACCATCATTTAACATCTTTTCACC
ATGAAGCTTTCCCTTCTCTCCCTTGCCACCCTGGCTTCCGCTGCCAGCCTCCAGCGCCGCACACTTCTGCGGT
CAGTGGGATACCGCCACCGCCGGTGACTTCACCCTGTACAACGACCTTTGGGGCGAGACGGCCGGCACCGG
CTCCCAGTGCACTGGAGTCGACTCCTACAGCGGCGACACCATCGCTTGTCACACCAGCAGGTCCTGGTCGGA
CTAGCAGCAGCGTCAAGAGCTATGCCAACG（SEQ ID NO：17），或

CAGCATCTCCATTGAGTAATCACGTTCCT-
GTTCGGTGGCCCGCCGTGTTGCGTGGCGGAGGCTGCCGGGAGACGGGTGGGATGGTGGTGGGAGAGAATG
TAGGGCGCCGTGTTTCAGTCCCTAGGCAGGATACCGGAAAACCGTGTGGTAGGAGGTTTATAGGTTTCCAGG
AGACGCTGTATAGGGGATAAATGAGATTGAATGGTGGCCACACTCAAACCAACCAGGTCCTGTACATACAA
TGCATATACCAATTATACCTACCAAAAAAAAAAAAAAAAAAAAAAAAAAAA（SEQ ID NO：18）。

7. 包含权利要求 5 的 DNA 构建体的重组表达载体。

8. 包含权利要求 7 的重组表达载体的细胞。

9. 一种具有内葡聚糖酶活性的酶的生产方法，该方法包括在允许所述酶生产的条件下，培养权利要求 8 的细胞，并从培养物中回收酶。”

至此，合议组认为本案事实清楚，可以作出审查决定。

**二、决定的理由**

1. 关于文本

本复审请求审查决定所针对的文本是：复审请求人于 2007 年 9 月 28 日提交的权利要求第 1 ~ 9 项，2004 年 2 月 20 日提交的说明书第 5、26 ~ 27 页，申请日提交的说明书第 1 ~ 4、6 ~ 25、28 ~ 45 页、附图第 1 ~ 6 页和说明书摘要。

2. 关于专利法第 26 条第 4 款

专利法第 26 条第 4 款规定：权利要求书应当以说明书为依据，说明要求专利保护的范围。

权利要求书应当以说明书为依据是指权利要求书应当得到说明书的支持，即权利要求书中的每一项权利要求所要求保护的技术方案应当是所属技术领域的技术人员能够从说明书中公开的内容直接得到或者概括得出的技术方案，并且权利要求的范围不得超出说明书记载的内容。

如果权利要求的概括包含申请人推测的内容，而其效果又难于预先确定和评价，应当认为这种概括超出了申请原始公开的范围。

国家知识产权局于2004年9月3日作出的驳回决定认为，2004年2月20日提交的权利要求书中，权利要求1（3）和权利要求6（3）中使用术语“与……具有至少70％同源性的DNA序列”、“与……杂交的DNA序列”，导致该权利要求不符合专利法第26条第4款的规定。

复审请求人在提出复审请求时，删除了“与……杂交的DNA序列”以及“与……具有至少75％、至少80％、至少85％”同源性的DNA序列，但仍保留了“与……具有至少90％或至少95％同源性的DNA序列”。基于此，合议组发出复审通知书，指出：根据现有技术以及本领域技术人员的公知常识，本领域技术人员无法判断权利要求1、6的方案所涉及的“与……具有至少90％或至少95％同源性的DNA序列”是否具备本申请所述的功能，从而达到发明的目的，因此权利要求1、6得不到说明书的支持。

针对合议组的上述意见，复审请求人于2007年9月28日删除了权利要求1、6中的“与……具有至少90％或至少95％同源性的DNA序列”，并提交了修改文本的替换页。至此，驳回决定和复审通知书所指出的缺陷都已经被克服。

基于以上事实和理由，本案合议组作出如下审查决定。

**三、决定**

撤销国家知识产权局于2004年9月3日针对94109006.X号发明专利申请作出的驳回决定。由原审查部门在本复审决定所针对文本的基础上继续进行审查。

复审请求人对本决定不服的，可以根据专利法第41条第2款的规定，自收到本决定之日起三个月内向北京市第一中级人民法院起诉。

113

# 含扑热息痛的吞咽片剂

## 复审请求审查决定（第11702号）

**决　定　号**　第11702号
**决　定　日**　2007年9月27日
**发明创造名称**　含扑热息痛的吞咽片剂
**国际分类号**　A61K9/20，31/165
**复审请求人**　史密丝克莱恩比彻姆有限公司
**申　请　号**　98804550.8
**优先权日**　1997年3月5日
**申　请　日**　1998年2月27日
**公　开　日**　2000年5月17日
**合议组组长**　李彦涛
**主　审　员**　侯　曜
**参　审　员**　李　娟

**法律依据**　专利法第22条第2款、第3款
**决定要点**
如果组合物权利要求中的组合物与对比文件公开的组合物组分不同，则该权利要求具备专利法第22条第2款规定的新颖性。

### 一、案由

本复审请求案涉及发明名称为“含扑热息痛的吞咽片剂”的第98804550.8号发明专利申请（下称本申请），申请人为史密丝克莱恩比彻姆有限公司（下称复审请求人），申请日为1998年2月27日，优先权日为1997年3月5日，公开日为2000年5月17日。

2003年7月11日，国家知识产权局以权利要求1～6不符合专利法第22条第2款的规定，权利要求7不符合专利法第22条第3款的规定为由驳回了本申请。驳回决定针对的权利要求如下：

“1. 一种吞咽片剂或胶囊制剂，其中含有300mg至600mg的扑热息痛和300mg至1200mg的碳酸氢钠及至少一种药用赋形剂，其中碳酸氢钠与扑热息痛的重量比至少为0.74：1。

2. 权利要求1所述的制剂，其中含有至少370mg的碳酸氢钠。

3. 权利要求1所述的制剂，其中含有不超过1000mg的碳酸氢钠。

4. 权利要求1所述的制剂，其中含有500mg的扑热息痛。

5. 权利要求1所述的制剂，其中含有325mg的扑热息痛。

6. 权利要求1所述的制剂，其中碳酸氢钠与扑热息痛的重量比至少为0.8∶1。

7. 制备权利要求1所述的吞咽片剂或胶囊制剂的方法，该方法包括将扑热息痛和碳酸氢钠与任何药用赋形剂、其他药用活性剂或辅剂一起混合。”

驳回决定认为：（1）对比文件1（EP0 377 906A2，公开日1990年7月18日）公开了一种泡腾片剂，其中含有10wt％（相当于325mg）扑热息痛，14.62wt％（相当于475.15mg）的碳酸氢钠，以及山梨醇、甜味剂等成分，碳酸氢钠与扑热息痛的重量比是14.62∶10＝1.462∶1，组合物的服用形式、各成分的加入目的并不对组合物本身的组成、含量等特征产生影响，因此权利要求1～6不具备专利法第22条第2款规定的新颖性；（2）权利要求7与对比文件1的区别在于权利要求7明确提出用混合各成分的方法来制备片剂，而通过混合组合物的各成分来制备一个组合物是本领域的公知常识，因此权利要求7不具备专利法第22条第3款规定的创造性。

2003年10月27日，复审请求人对上述驳回决定不服，向专利复审委员会提出复审请求，复审请求人在提出复审请求时对权利要求1进行了修改，加入了“不是泡腾片剂”的特征。

修改后的权利要求1如下：

“1. 一种不是泡腾片剂的吞咽片剂或胶囊制剂，其中含有300mg至600mg的扑热息痛和300mg至1200mg的碳酸氢钠及至少一种药用赋形剂，其中碳酸氢钠与扑热息痛的重量比至少为0.74∶1。”

复审请求人认为：（1）本发明涉及的是吞咽组合物，不需要服用前先溶解；（2）对比文件的组合物是泡腾组合，其中碳酸氢钠是作为抗酸剂加入的，而本发明中碳酸氢钠的作用不同；（3）修改后的权利要求1已经明确泡腾片剂是排除在本发明之外的，因此权利要求1～7具备新颖性；（4）本发明的优点是提高了吸收速率，扑热息痛的吸收率较之常规吞咽片剂升高了250％，扑热息痛制剂的血浆水平达到了与静脉给药相当的水平，并且可降低患者发生扑热息痛过量使用而产生毒副作用的可能性，并因此排除了在偏头痛治疗中需要的其他组分带来的副作用，因此权利要求1和7具备创造性。

2003年11月17日，经形式审查合格后，专利复审委员会受理了该请求，并向复审请求人发出了《复审请求受理通知书》，同时将本申请转送至国家知识产权局原审查部门进行前置审查。

在《前置审查意见书》中，国家知识产权局原审查部门认为修改后的权利要求仍未克服驳回决定指出的缺陷，因此坚持驳回决定。

专利复审委员会依法组成合议组，对本复审请求案进行了审理。

2005年2月23日，专利复审委员会本案合议组向复审请求人发出《复审通知书》，指出：（1）对比文件1公开了一种泡腾片剂，每片中含有10wt％（相当于325mg，以每片总重3250mg计）扑热息痛，14.62wt％（相当于475.15mg）的碳酸氢钠，以及柠檬酸、碳酸钙、碳酸氢钾、甜味剂等成分，碳酸氢钠与扑热息痛的重量比是14.62∶10＝1.462∶1（参见实施例1），对比文件1片剂的活性成分、含量及组成配比与权利要求1限定的产品相同或在权利要求1限定的范围内。二者的区别仅在于：权利要求1中限定组合物为“不是泡腾片剂的吞咽片剂或胶囊制剂”。但是，上述区别技术特征的加入并未对产品的保护范围，即产品的组成和含量产生实质影响，当两种产品的组成和含量相同的情况下，其使用方式的不同并不能使产品具备新颖性，复审请求人也没有提供证据证明服用前溶解与服用前不溶解的产品本身的区别；并且，无论碳酸氢钠是作为起何种作用的成分加入的，现有技术中同时包含扑热息痛和碳酸氢钠的片剂是客观存在的，因此，权利要求1不具备专利法第22条第2款规定的新颖性；（2）从属权利要求2～6的附加技术特征均已被对比文件1公开，因此，权利要求2～6也不具备新颖性；（3）权利要求7要求保护权利要求1的组合物的制备方法，本领域技术人员在对比文件1已经公开了权利要求1所述片剂的基础上，结合将活性成分与赋形剂一起混合制备片剂这一本领域的公知常识，得到权利要求7的技术方案是显而易见的，因此权利要求7不具备专利法第22条第3款规定的创造性。

2005年4月11日，复审请求人针对上述《复审通知书》提交了意见陈述书，并修改了权利要求，其中在权利要求1中增加了“所述片剂或胶囊制剂不含足以产生泡腾的食用酸”的特征。修改后的权利要求书如下：

“1. 一种不是泡腾片剂的吞咽片剂或胶囊制剂，其中含有300mg至600mg的扑热息痛和300mg至1200mg的碳酸氢钠及至少一种药用赋形剂，其中碳酸氢钠与扑热息痛的重量比至少为0.74：1，以及所述片剂或胶囊制剂不含足以产生泡腾的食用酸。

2. 权利要求1所述的制剂，其中含有至少370mg的碳酸氢钠。

3. 权利要求1所述的制剂，其中含有不超过1000mg的碳酸氢钠。

4. 权利要求1所述的制剂，其中含有500mg的扑热息痛。

5. 权利要求1所述的制剂，其中含有325mg的扑热息痛。

6. 权利要求1所述的制剂，其中碳酸氢钠与扑热息痛的重量比至少为0.8：1。

7. 制备权利要求1所述的吞咽片剂或胶囊制剂的方法，该方法包括将扑热息痛和碳酸氢钠与任何药用赋形剂、其他药用活性剂或辅剂一起混合。”

复审请求人认为：（1）对比文件1中所有组合物的制剂总量均超过3g，同时具有泡腾特性，因此会由于片剂过大或在吞咽时产生过量泡沫而不能吞服；（2）“吞咽”特征暗示了该制剂必须设计为适于口服后咽下，因而构成了对权利要求的结构性限定；（3）由于剂型差别，尽管活性成分相同，但其制剂辅料不同，对比文件1中的所有实施例均含有大量柠檬酸，而碳酸氢钠的存在就是为了在加水后与柠檬酸反应产生大量气泡，修改后的权利要求1进一步限定该制剂不含足以产生气泡的食用酸，以与对比文件1的内容更清楚地区分开。

经过上述审查程序，合议组认为本案事实已经清楚，可以依法作出复审决定。

**二、决定的理由**

1. 关于审查文本

本复审请求审查决定以复审请求人于2005年4月11日提交的权利要求第1~7项，1999年10月27日进入中国国家阶段时提交的说明书第1~11页和说明书摘要作为审查文本。

2. 关于新颖性

专利法第22条第2款规定：新颖性，是指在申请日以前没有同样的发明或者实用新型在国内外出版物上公开发表过、在国内公开使用过或者以其他方式为公众所知，也没有同样的发明或者实用新型由他人向国务院专利行政部门提出过申请并且记载在申请日以后公布的专利申请文件中。

如果组合物权利要求中的组合物与对比文件公开的组合物组分不同，则该权利要求具备专利法第22条第2款规定的新颖性。

就本申请而言，对比文件1公开的泡腾片剂中，作为必要成分的柠檬酸含量较高，如实施例1中含27.63重量%的柠檬酸，其作用在于加水后，与存在于泡腾片剂中的碳酸氢钠反应产生大量气泡，从而实现泡腾片剂这一剂型所具有的功能，即溶于水时产生大量气泡从而加速片剂崩解。

复审请求人在2005年4月11日提交的修改文本中，在权利要求1中加入了“所述片剂或胶囊制剂不含足以产生泡腾的食用酸”这一技术特征，从成分和含量两方面排除了柠檬酸等食用酸，使权利要求1的技术方案区别于对比文件1中公开的含有用于产生泡腾的柠檬酸的片剂。因此，权利要求1请求保护的技术方案是一种不同于泡腾片剂的吞咽片剂或胶囊，其中不含足以产生泡腾的食用酸，该技术方案的整体组成也不同。据此，合议组认为，权利要求1的技术方案已在实质上区别于对比文件 1 公开的技术方案，因此，修改后的权利要求 1 相对于对比文件 1 具有新颖性，符合专利法第 22 条第 2 款的规定。

由于独立权利要求 1 具备新颖性，其从属权利要求 2～6 相对于对比文件 1 同样具备新颖性，符合专利法第 22 条第 2 款的规定。

3. 关于创造性

专利法第 22 条第 3 款规定：创造性，是指同申请日以前已有的技术相比，该发明有突出的实质性特点和显著进步。

就本申请而言，权利要求 7 要求保护权利要求 1 所述片剂或胶囊的制备方法，驳回决定及《复审通知书》中指出权利要求 7 不具备创造性的理由是，在对比文件 1 已经公开了权利要求 1 所述片剂的基础上，本领域技术人员结合将活性成分与赋形剂一起混合制备片剂这一公知常识，得到权利要求 7 的技术方案是显而易见的，因此认为权利要求 7 不具备专利法第 22 条第 3 款规定的创造性，即权利要求 7 不具备创造性的依据之一是权利要求 1 的产品不具备新颖性。

如上所述，复审请求人于 2005 年 4 月 11 日提交的修改文本中，已经克服了独立权利要求 1 的技术方案相对于对比文件 1 不具备新颖性的缺陷。由此，权利要求 7 不具备创造性的上述依据已经不存在，在此基础上，合议组认为，在驳回决定涉及的权利要求 7 不具备创造性的依据已经不存在的前提下，应当认为权利要求 7 的驳回理由不再成立。

基于上述理由，合议组作出下述决定。

**三、决定**

撤销国家知识产权局于 2003 年 7 月 11 日针对 98804550.8 号发明专利申请作出的驳回决定，由国家知识产权局原审查部门以 2005 年 4 月 11 日提交的权利要求书以及驳回决定所针对的其他文本为基础继续审查。

复审请求人对本决定不服的，可以根据专利法第 41 条第 2 款的规定，自收到本决定之日起三个月内向北京市第一中级人民法院起诉。

114

# 改进的发酵方法

## 复审请求审查决定（第 11704 号）

**决　定　号**　第 11704 号
**决　定　日**　2007 年 10 月 20 日
**发明创造名称**　改进的发酵方法
**国际分类号**　C12N 1/00，C12N 1/26
**复审请求人**　科金斯公司
**申　请　号**　01803479.9
**优先权日**　2000 年 1 月 7 日，2000 年 9 月 19 日，2001 年 1 月 4 日
**申　请　日**　2001 年 1 月 5 日
**公　开　日**　2003 年 1 月 29 日
**合议组组长**　何　炜
**主　审　员**　王　冬
**参　审　员**　张晓飞

**法律依据**　专利法第 26 条第 3 款
**决定要点**

判断一项发明专利申请的说明书是否对发明作出了清楚、完整的说明，应当整体考虑说明书的全部内容，如果说明书清楚地记载了发明的技术方案，详细地描述了发明的具体实施方式，完整地公开了对于理解和实现发明必不可少的技术内容，所属技术领域的技术人员根据说明书记载的内容，能够再现该发明的技术方案，解决其技术问题，并产生预期的技术效果，则应当认为该申请的说明书对该发明作出了清楚、完整的说明，是能够被所属技术领域的技术人员实现的。

### 一、案由

本复审请求涉及 2001 年 1 月 5 日申请、2003 年 1 月 29 日公开、名称为“改进的发酵方法”的 01803479.9 号发明专利申请（下称本申请），其申请人为科金斯公司。

国家知识产权局于 2003 年 11 月 7 日以本申请进入国家阶段时提交的国际申请的说明书、说明书附图、权利要求书、摘要的中文译文为审查文本，发出了《第一次审查意见通知书》指出：实施例 5 没有设置空白对照实验，不能说明发酵肉汤中二羧酸的盘形形态结构和黏度改变是由于添加了脂肪酸衍生物而导致的，因此本申请的说明书公开不充分，不符合专利法第 26 条第 3 款的规定；说明书撰写不符合专利法实施细则第 18 条第 3 款的规定。并且还指出即使申请人能够证明本申请的说明书公开充分并且撰写清楚，权利要求 1～7、9、12、15～21、23、26 相对于对比文件 1（US4919836A，公

开日为1990年4月24日）也不具备专利法第22条第2款规定的新颖性；权利要求8、13、22、27～28不具备专利法第22条第3款规定的创造性；权利要求10～11、14、24～25和29不符合专利法实施细则第20条第1款的规定。

申请人于2004年3月22日提交了意见陈述书和权利要求书以及说明书第4、17、24页的替换页。在意见陈述书中，申请人认为在培养基中长链二羧酸含水混悬液由于滤过率和回收而涉及其黏度的问题对于本领域技术人员来说是共知的，没有必要以对比实施例的方式再度证实共知的事实。在意见陈述中申请人还对第一次通知书中指出的其他缺陷陈述了意见并对权利要求书的修改进行了说明。

国家知识产权局于2004年5月21发出《第二次审查意见通知书》指出：在实施例4～6中对颗粒形状的描述都是简单的外观描述而没有可信的量化依据，因此无法毫无疑义地得出添加脂肪物质可以显著地、必然地改变颗粒形态；发酵过程需要特定的条件、且在该过程中发生着各种反应，即使在常态下、在实验室里脂肪物质可以改变成品二羧酸的颗粒形态，这也不足以说明在实际生产中脂肪物质依旧能够改变其形态；说明书实施例1～3中没有给出其中使用的脂肪物质是什么，也没有给出未添加脂肪物质的对比试验，无法确认添加脂肪物质是否使得二羧酸得产量比没有添加脂肪物质时得产量增加了以及这种产量得增加是否由于添加脂肪物质而导致的。因此，本申请说明书不符合专利法第26条第3款的规定。

申请人于2004年8月2日提交了意见陈述书，没有提交修改文件。在意见陈述书中，申请人认为：（1）二羧酸在水溶液中呈针状晶体与呈盘形、球形所导致的其在水溶液中的物理特性的差异，例如沉降速度的差异以及沉降速度快而迅速澄清的溶液比沉降速度慢而持续浑浊的溶液更适合于通过使用过滤、沉淀或大小分级的方法分离均是普通技术人员的公知常识。根据离心技术中沉降速度公式可知，颗粒大小对沉降速度的影响最大，而加入脂肪物质相反会导致瞬间黏度和介质密度的上升，由所观察到的现象的唯一解释是二羧酸颗粒形成盘形或球形使平均粒度增大而使混悬液黏度减小，并进一步由于沉降致使水相澄清和黏度的进一步降低。实施例4～6的记载足以证明添加脂肪物质可以显著地、必然地改变二羧酸颗粒的形态，导致黏度的降低。而且实施例5给出的定量分析足以使本领域技术人员认为本发明的技术方案能够带来有益效果。并且无论本申请对所述形状的描述是否精确，根据实施例5和6所展示的在表6和7中的数据是不容置疑的。（2）实施例5和6说明至少在发酵反应结束后加入脂肪物质可以达到所述技术效果。实施例2和实施例3的对比例1表明在发酵过程中用脂肪物质代替长链烷烃可在发酵肉汤中获得高产量的二羧酸，而发酵反应结束后，发酵肉汤中的高含量脂肪物质必然会导致二羧酸在形态上和肉汤黏度的改变。实施例5已经验证了脂肪物质的加入对于二羧酸肉汤的黏度所产生的意想不到的显著作用，由此验证了本发明的发明方案。而实际发酵生产的过程中，对工艺参数的调整是本领域技术人员通过简单实践就可以获得的知识，不能因为等倍扩大可能会导致参数的调整而否认本发明在实验室中得到证实的发明方案，而且也没有任何可信的技术依据质疑在等倍扩大的实际发酵生产中，在实验室得以证实的所述效果会意想不到地消失。（3）说明书第19页6～10行、说明书第14页倒数第2段对实施例1和2中加入的脂肪物质以及二羧酸的产量进行了说明，实施例3的对比例1中加入的脂肪物质是Emersol ® 267，二羧酸总产量为上升至64g/kg，以上说明加入脂肪物质有利于二羧酸的总量的形成。实施例1～2和实施例3的对比例1都描述了所涉及的脂肪物质；实施例1起到现有技术对比实施例的作用，因为其中只添加了作为常规发酵助剂的量的脂肪物质。因此本申请说明书是公开充分的。

国家知识产权局于2005年1月7日以本申请进入国家阶段时提交的说明书中文译文的1～3、5～16、18～23、25～28页，2004年3月22日提交的说明书第4、17、24页，2004年3月22日提交的权利要求1～29项，进入国家阶段时提交的说明书附图中文译文的第1页和摘要的中文译文为基础作出驳回决定，驳回决定中指出本申请说明书不符合专利法第26条第3款的规定。

驳回决定所针对的独立权利要求1是：

“1. 一种含有至少一种二羧酸的含水混悬液，它包括水、至少一种二羧酸和有效导致基本上盘形、基本上部分球形或基本上球形二羧酸颗粒形成的用量的脂肪物质，所述二羧酸不包括过氧化物。”

驳回决定指出：（1）实施例5不能证实申请人所述的“加入脂肪物质会导致二羧酸混悬液颗粒形态和黏度的显著改变”这一结论；（2）实施例4和6未使用定性定量的科技术语，从而本领域普通技术人员无法毫无疑义地认为添加脂肪物质可以显著地、必然地改变二羧酸颗粒的形态；（3）实施例1～3所显示的数据不能证实二羧酸产量的差异是由于底物中脂肪物质的量造成的；（4）即使实验室证明本申请的技术方案可达到本申请所希望的技术效果，也不能证实脂肪物质是否真的可以在实际的发酵工艺中改变二羧酸的流变学特性。

申请人科金斯公司（下称复审请求人）对上述驳回决定不服，于2005年4月22日向专利复审委员会提出复审请求，复审请求人提交了如下附件1，但是没有提交修改的申请文件。

附件1：DE2909420，1979年9月20日公开，英文译文及德文文本复印件，共16页。

复审请求人认为：（1）本领域普通技术人员应当是涉及发酵生产二羧酸技术的普通技术人员，本申请的说明书是清楚和完整的，符合本领域中的技术文件的常规形式并提交了先有技术文件DE 2909420作为证明。本申请的技术方案对于pH值没有特殊要求且可在低于35℃的大多数生物酶的活性温度下进行而无须后序处理，避免了先有技术US 6004784使用玉米浆作为底物所带来的后序操作上的麻烦，克服了DE 2909420中不适用于许多发酵过程和酶促反应的pH值小于等于4、加热至50℃以上的制备条件。因此，本申请的实施例说明了在满足本发明内容的条件下可以实现本发明的发明目的，避免了先有技术的不利特征和缺陷，同时实施例1～3为本领域技术人员提供了实施本发明的技术方案的具体实施方式。（2）本发明目的在于使用大颗粒低黏度的二羧酸混悬液以有利于通过过滤、沉降或大小分级的方法分离二羧酸产物。实施例4中记载的“混浊”和“澄清”的观察结果显而易见地描述了不同样品之间所观察到的沉降速率的不同，公知颗粒越大沉降速率越快，上清液越澄清，不发生凝聚变化的细颗粒物质（对照7）不发生沉降以致样品不会分为两相而始终呈混浊状。本领域技术人员已知以1～10μm长的针状晶体存在的二羧酸类混悬液黏度高（请参见本申请说明书中译文第15页末段），实施例5证实了添加脂肪酸类和脂肪酸衍生物所产生的二羧酸含水混悬液的黏度和颗粒形态与以针状晶体存在的二羧酸含水混悬液的黏度和颗粒形态的差异。实施例6进一步提供数据证实了不同脂肪酸衍生物和浓度对二羧酸沉淀形成的影响，所列数据对于本领域技术人员而言显然是清楚的。实施例7进一步证明了本发明技术方案获得的二羧酸类含水混悬液黏度的剪切-稀化特性，该特性有利于操作和实际应用。因此本申请符合专利法第26条第3款的规定。

形式审查合格后，专利复审委员会受理了此复审请求，并于2005年5月30日向复审请求人发出《复审请求受理通知书》，同时将本申请案卷移交原审查部门进行前置审查。

原审查部门对本复审请求进行了前置审查，认为：（1）复审请求人在复审请求时提交的德文申请DE2909420及其对应英文文本，但未按规定提交中文译文，无法使用。（2）根据复审请求人的意见陈述，无法看出上述德国申请对于证明本发明符合专利法第26条第3款有何作用。因此，坚持原驳回决定。

至此，合议组认为本案事实清楚，可以作出审查决定。

## 二、决定的理由

1. 关于审查文本

复审请求人于2005年4月22日提出复审请求时没有提交任何修改文件，因此本决定是在驳回决定所针对的文本的基础上作出的。

2. 关于专利法第26条第3款

专利法第26条第3款规定：说明书应当对发明作出清楚、完整的说明，以所属技术领域的技术人员能够实现为准。

判断一项发明专利申请的说明书是否对发明作出了清楚、完整的说明，应当整体考虑说明书的全部内容，如果说明书清楚地记载了发明的技术方案，详细地描述了发明的具体实施方式，完整地公开了对于理解和实现发明必不可少的技术内容，所属技术领域的技术人员根据说明书记载的内容，能够再现该发明的技术方案，解决其技术问题，并产生预期的技术效果，则应当认为该申请的说明书对该发明作出了清楚、完整的说明，是能够被所属技术领域的技术人员实现的。

本发明的发明目的是：提供替代现有技术的含有玉米浆和酵母提取物的培养基来使产品二羧酸的产量至少与现有技术的常规方法获得的产量同样高而不含有玉米浆和酵母提取物气味及玉米浆和酵母提取物所含有的可产生颜色和颜色稳定性困难的成分；通过向含有二羧酸的含水混悬液中加入脂肪物质使之形成基本上盘形、基本上部分球形或基本上球形的二羧酸颗粒来改变含有二羧酸的含水混悬液的流变学特性以利于后续处理。

（1）实施例1～3和对比实施例1的实验结果表明与使用含有玉米浆的培养基的传统方法相比，使用本发明的培养基的制备方法也能够有效转化二羧酸类产物和使微生物生长，但不具有所述传统方法的气味、颜色等不利因素；并且可以采用如同传统技术的普遍适宜的偏中性环境（pH值为5.8左右）和低于35℃的培养温度。实施例1～2和3的实验结果说明了使用所述培养基能够制备二羧酸，其中加入脂肪物质的目的除了改变二羧酸颗粒的形态以及含有二羧酸的含水混悬液的黏度外，使用脂肪物质的有益之处在于也能够将其转化成二羧酸类，这简化了从肉汤中回收二羧酸类的步骤，不再需要进行其他加工处理（参见说明书第16页第10～13行）。因此，实施例1～3为本领域技术人员提供了实施本发明的技术方案的具体实施方式，并且可以得出本发明的培养基能够实现有效产生二羧酸而不具有玉米浆和酵母提取物的气味及含有玉米浆和酵母提取物所具有的可产生颜色和颜色稳定性困难的成分的技术效果。

（2）实施例4中比较了加入油酸、牛油酸甲酯、油酸甲酯的二羧酸含水混悬液与未添加任何辅助剂的对照品的沉降速率：加入脂肪物质的二羧酸含水混悬液要比未添加任何辅助剂的对照品的沉降速率快，并且前者剩余的水也比对照品澄清，对照品保持混浊。本领域技术人员公知颗粒沉降速率快，剩余的水澄清的混悬液（添加了脂肪物质）的滤过要比保持混浊的混悬液（未添加脂肪物质）快，并且易于处理。根据实施例4，通过“混浊“和“澄清”的观察结果可以得出向含二羧酸的含水混悬液中加入脂肪物质能够使二羧酸的颗粒沉降速率提高，有利于获得高的滤过率。

说明书中记载了在未添加脂肪物质的发酵肉汤中制备的二羧酸一般为1～10μm的针状晶体，此类发酵肉汤可以高度粘化成固体点，而当将脂肪物质加入发酵肉汤时能够在形成基本上盘形、基本上部分球形和/或基本上球形的二羧酸颗粒（参见说明书第15页倒数第3行至说明书第16页第9行）。由此可知，发酵肉汤中自然状态下二羧酸颗粒以针状晶体的形式存在。并且实施例5也记载了对添加脂肪物质的发酵肉汤进行热杀处理只是为了破坏添加脂肪物质后在发酵肉汤中形成的盘形结构以使二羧酸的颗粒形态恢复到其自然状态，这时测出的黏度应该是发酵肉汤中含有同样量的二羧酸时自然状态下的黏度，而未经热杀的发酵肉汤因为脂肪物质对二羧酸的作用的存在而使得黏度降低很多。由此可见，实施例5证实了添加脂肪物质的本发明技术方案产生了有益的技术效果，而并不是由于热杀处理而导致实施例5中对比双方的二羧酸颗粒的形态和黏度不同。

实施例6进一步比较了不同脂肪酸衍生物和浓度对二羧酸混悬液的颗粒形态的影响，并在说明书第27页的表7中列出了悬浮二羧酸颗粒的形态和直径，根据表7可以得出加入脂肪物质能够改变悬浮的二羧酸的颗粒的外观，尤其是当氧化成二羧酸的底物是烃类混合物时脂肪物质对于悬浮的二羧酸的颗粒外观的影响更为明显，加入脂肪物质能够使二羧酸的颗粒成为盘状颗粒。

根据实施例4～6的实验结果可以得出：向二羧酸的混悬液中加入脂肪物质能够改变悬浮二羧酸颗粒的外观，提高二羧酸混悬液的颗粒沉降速率，降低二羧酸混悬液的黏度。而实施例7的实验结果进一步说明了加入脂肪物质的二羧酸类含水混悬液的剪切稀化特性（参见附图1），该特性有利于操作和实际应用，进一步说明加入脂肪物质能够使二羧酸类含水混悬液具有易于进行过滤等进一步加工的黏度。因此根据实施例4～7的实验结果完全可以得出向二羧酸的混悬液中加入脂肪物质能够改变悬浮二羧酸颗粒的外观，提高二羧酸混悬液的颗粒沉降速率，使二羧酸悬浮液具有易于进行过滤等进一步加工的黏度，能够实现本发明加入脂肪物质改变含有二羧酸的含水混悬液的流变学特性以利于后续处理的目的。

由上述可知，本发明的培养基同样能够有效产生二羧酸，向二羧酸含水混悬液中加入脂肪物质能够改变二羧酸的流变学特性。虽然驳回决定中认为即使实验室证明本申请的技术方案可达到所述的技术效果，但也不能证实脂肪物质是否真的可以在实际的发酵工艺中改变二羧酸的流变学特性，但是在本申请说明书中实施例4～7已经证明向二羧酸含水混悬液中加入脂肪物质能够改变二羧酸的流变学特性的前提下，本发明已经给出了将说明书所述技术方案应用于生产实践的启示，而发酵工艺参数的调整对于本领域普通技术人员来说是常规技术手段，通过简单实践就可以获得，在现有技术中并无反证的情况下不能因为在等倍扩大的实际发酵生产中可能导致参数的调整而否认本发明的技术方案只能在实验室中而不能在实际的生产实践中实现所述技术效果。

综上所述，合议组认为，驳回决定认定本专利申请的说明书公开不充分，不符合专利法第26条第3款的理由不成立，应予撤销。

根据以上事实和理由，本案合议组作出如下审查决定。

**三、决定**

撤销国家知识产权局于2005年1月7日对01803479.9号发明专利申请作出的驳回决定。由原审查部门在本决定所依据的文本的基础上进行审查。

复审请求人对本决定不服的，可以根据专利法第41条第2款的规定，自收到本决定之日起三个月内向北京市第一中级人民法院起诉。

115

# 去酰基化头孢菌素的发酵生产的方法

## 复审请求审查决定（第11719号）

**决　定　号**　第11719号
**决　定　日**　2007年10月30日
**发明创造名称**　去酰基化头孢菌素的发酵生产的方法
**国际分类号**　C12P 35/00，37/04，C12N 15/52，15/54
**复审请求人**　吉斯特-布罗卡迪斯有限公司
**申　请　号**　98800523.9
**申　请　日**　1998年4月22日
**优先权日**　1999年4月22日
**公　开　日**　1999年7月28日
**合议组组长**　李金光
**主　审　员**　周英姿
**参　审　员**　叶　娟

**法律依据**　专利法第22条第3款
**决定要点**

如果一项发明是本领域技术人员在现有技术的基础上通过合乎逻辑的分析、推理或者有限的实验可以得到的，并且发明所要保护的技术方案也未取得预料不到的技术效果，则该发明不具备创造性。

### 一、案由

本复审请求涉及于1998年4月22日申请的、1999年7月28日公开的、名称为“去酰基化头孢菌素的发酵生产的方法”的98800523.9号发明专利申请（下称本申请），复审请求人为吉斯特-布罗卡迪斯有限公司，优先权日为1997年4月22日。

国家知识产权局于2004年3月12日驳回了本申请，驳回理由是：对比文件1（EP0532341A1，1993年3月17日公开）公开了一种制备N-去酰基化头孢菌素类化合物（7-ADCA）的方法，其中公开了发酵产生异青霉素N的产黄青霉菌菌株，该菌株是表达扩环酶活性的重组菌株，加入己二酸类原料，利用酰基转移酶形成己二酰基-6-APA，该产物在原位扩环形成己二酰基-7-ADCA，脱除己二酰侧链，得到终产物7-ADCA。对比文件2（CN1128045，1996年7月31日公开）公开了一种制备和回收7-ADCA的方法，其中包括回收和结晶的步骤。权利要求1与对比文件1的侧链前体相比区别仅在于侧链前体物的碳链增长，但是，本领域技术人员在对比文件1和2的基础上容易想到利用与己二酸结构上相似的辛二酸等作为反应前体物，并且本发明也未取得更好的技术效果，因此权利要求1不具备专利法第22条第3款规定的创造性。基于相似的理由，在对比文件1的基础上结合对比文件2或结合本领域的公知常识，权利要求2～11不具有突出的实质性特点和显著的进步，不符合专利法第22条第3款的规定。

驳回决定所针对的权利要求书为：

“1. 一种制备N-去酰基化头孢菌素类化合物的方法，其包括以下步骤：

发酵一种微生物菌株，该菌株能产生β-内酰胺、且表达酰基转移酶和扩环酶活性、并且选择性的表达乙酰基转移酶和/或羟化酶活性，在如分子式（1）所示的侧链前体物质存在下：

$HOOC-X-(CH_2)_n-COOH$ （1）

其中

n是至少为2的偶数，且

X是$(CH_2)_p-A-(CH_2)_q$，其中

p和q各自独立地是0、1、2、3或4，且A是CH=CH、C≡C、CHB、C=O、O、S、NH，N原子选择性地被取代或者S原子选择性地被氧化，并且B是H、卤素、$C_{1-3}$烷氧基、羟基或选择性地取代的甲基，前提是当A是CH=CH或C≡C时应满足p+q=2或3，而当A是CHB、C=O、O、S或NH时应满足p+q=3或4，

或者在该前体物质为一种盐、酯或酰胺的形式存在下，该侧链前体物质可产生一种酰基-6-APA衍生物，该酰基基团有如分子式（2）所示的结构

HOOC-X-CO- （2）

其中X如上所述，

该酰基-6-APA衍生物在原位扩环形成相应的酰基-7-ADCA衍生物，并且选择性地进一步反应生成酰基-7-ADAC或酰基-7-ACA衍生物，

从发酵培养基中回收酰基-7-头孢菌素衍生物，

对该酰基-7-头孢菌素衍生物进行去酰基化处理，且

回收7-头孢菌素化合物的结晶。

2. 权利要求1的方法，其中应用了如分子式（1）所示的侧链前体物质，该物质的n是至少为2的偶数，且X是$(CH_2)_p-A-(CH_2)_q$，其中p是1，q是2，且A是$CH_2$。

3. 权利要求2的方法，其中该侧链前体物质为辛二酸或葵二酸。

4. 权利要求1的方法，其中应用了如分子式（1）所示的侧链前体物质，该物质的n是至少为2的偶数，且X是$(CH_2)_p-A-(CH_2)_q$，其中p和q是2，且A是$CH_2$。

5. 权利要求4的方法，其中该侧链前体物质为壬二酸。

6. 权利要求1～5中任何一个的方法，其中微生物菌株是可提供表达扩环酶的表达盒的产青霉素菌株。

7. 权利要求6的方法，其中产青霉素菌株是产黄青霉。

8. 权利要求6或7的方法，其中结晶头孢菌素化合物是7-ADCA。

9. 权利要求1～5中任何一个的方法，其中微生物菌株是可提供表达酰基转移酶的表达盒的产头孢菌素菌株。

10. 权利要求9的方法，其中产头孢菌素菌株是Acremonium chrysogenum。

11. 权利要求9或10的方法，其中结晶头孢菌素化合物是7-ACA。”

吉斯特-布罗卡迪斯有限公司（下称复审请求人）对上述驳回决定不服，于2004年6月28日向专利复审委员会提出复审请求，复审请求人认为：本申请首次出人意料的发现利用碳链长度长于7个

碳原子的二羧酸原料可产生一种（-内酰胺衍生物，而所述衍生物整合的侧链长度分别仅为6或7个碳原子，对比文件1和2的结合得不出采用碳链长度长于所整合侧链的前体化合物制备所述衍生物的技术方案，也没有任何采用与己二酸结构类似的侧链前体获得类似效果的暗示。而且，本申请采用不同于现有技术的辛二酸、壬二酸和葵二酸作为侧链前体，从而提供了一种制备N-去酰基头孢菌素类化合物的有效替代方法，在多方面具有独到之处，国家知识产权局驳回的理由不成立。

复审请求人在提出复审请求的同时提交了新的权利要求书，修改后的权利要求书如下：

“1. 一种制备N-去酰基化头孢菌素类化合物的方法，其包括以下步骤：

发酵一种微生物菌株，该菌株能产生β-内酰胺、且表达酰基转移酶和扩环酶活性、并且选择性的表达乙酰基转移酶和/或羟化酶活性，

在如分子式（1）所示的侧链前体物质存在下：

$HOOC-X-(CH_2)_n-COOH$ （1）

其中

n是至少为2的偶数，且

X是$(CH_2)_p-A-(CH_2)_q$，其中

p是1或2，q是2，且A是$CH_2$，

或者在该前体物质为一种盐、酯或酰胺的形式存在下，该侧链前体物质产生一种酰基-6-APA衍生物，该酰基基团有如分子式（2）所示的结构

HOOC-X-CO- （2）

其中X如上所述，

该酰基-6-APA衍生物在原位扩环形成相应的酰基-7-ADCA衍生物，并且选择性地进一步反应生成酰基-7-ADAC或酰基-7-ACA衍生物，

从发酵培养基中回收酰基-7-头孢菌素衍生物，

对该酰基-7-头孢菌素衍生物进行去酰基化处理，且

回收7-头孢菌素化合物的结晶。

2. 权利要求1的方法，其中该侧链前体物质为辛二酸、葵二酸或壬二酸。

3. 权利要求1或2的方法，其中微生物菌株是可提供表达扩环酶的表达盒的产青霉素菌株。

4. 权利要求3的方法，其中产青霉素菌株是产黄青霉（*Penicillium chrysogenum*）。

5. 权利要求3或4的方法，其中结晶头孢菌素化合物是7-ADCA。

6. 权利要求1或2的方法，其中微生物菌株是可提供表达酰基转移酶的表达盒的产头孢菌素菌株。

7. 权利要求6的方法，其中产头孢菌素菌株是*Acremonium chrysogenum*。

8. 权利要求6或7的方法，其中结晶头孢菌素化合物是7-ACA。”

形式审查合格后，专利复审委员会受理了该复审请求，并于2004年7月13日向复审请求人发出《复审请求受理通知书》，随后将本申请移交原实审部门进行前置审查。

原实审部门对本复审请求进行了前置审查，并且坚持原驳回决定。

专利复审委员会组成合议组，对本案的复审请求进行了审理。于2005年3月25日向复审请求人发出《复审通知书》。《复审通知书》指出：本申请权利要求1与对比文件1相比区别在于本发明采用的侧链前体化合物是含有至少8个碳原子的直链脂族二羧酸化合物，现有技术中公开的侧链前体化合物为己二酸。但是，己二酸与式（1）侧链前体化合物同属于直链脂族二羧酸化合物，它们在化学结构和性质上相近似，而现有技术和本申请均没有反映出非六碳的脂族二羧酸在通过上述方法制备去

酰基头孢菌素中存在技术障碍的信息，采用辛二酸、壬二酸等式（1）化合物作为侧链前体化合物对头孢菌素的生产没有产生优于已二酸的意料外的技术效果，因此权利要求1的技术方案不具有突出的实质性特点和显著的进步，该权利要求不具备创造性，不符合专利法第22条第3款的规定。权利要求2对权利要求1作了进一步限定，但是基于与上述相同的理由该权利要求同样不具备创造性，权利要求3～5和8的附加技术特征已经在对比文件1中公开，权利要求6和7的附加技术特征是本领域公知的产头孢菌株，因此，权利要求3～8也不具有创造性。

针对《复审通知书》指出的问题，复审请求人于2005年6月30日提交了意见陈述书，未提交新修改的申请文本。复审请求人认为：本申请采用微生物发酵加工侧链前体物质的生物合成方法，因此合成反应的结果不仅取决于侧链前体物质的化学性质，还取决于侧链物质对微生物发酵过程的影响、是否能够被微生物利用等性质。对比文件没有给出使用碳链增加的侧链前体物质制备头孢菌素的教导，并且也没有实验证据加以证实。而且，现有技术没有意识到通过碳原子不同的侧链制备去酰基头孢菌素。本申请出人意料的效果在于提供合成头孢菌素的新选择。

至此，合议组认为本案事实清楚，可以作出审查决定。

二、决定的理由

专利法第22条第3款规定：创造性是指同申请日之前已有的技术相比，该发明有突出的实质性特点和显著的进步。

如果一项发明是本领域技术人员在现有技术的基础上通过合乎逻辑的分析、推理或者有限的实验可以得到的，并且所要保护的技术方案也未取得预料不到的技术效果，则该发明不具备创造性。

（1）复审请求人提出复审请求时修改的权利要求1请求保护制备N-去酰基化头孢菌素的制备方法，其步骤包括在式（1）的侧链前体物质或其盐、酯或酰胺的存在下发酵产生β-内酰胺且表达酰基转移酶和扩环酶活性的微生物菌株，所述菌株利用该侧链前体物质产生酰基-6-APA衍生物，该酰基-6-APA衍生物进而原位扩环形成相应的酰基-7-ADCA（即头孢菌素衍生物）或酰基-7-ACA衍生物，此后回收得到的酰基-7-头孢菌素衍生物，再进一步去酰化并回收7-头孢菌素化合物结晶。对比文件1公开了一种制备7-ADCA的方法，该方法包括将产黄青霉素菌株维持于培养基中，向该培养基内加入已二酸或其盐或酯，由此生成已二酰基-6-氨基青霉菌烷酸（即已二酰基-6-APA），该产物原位扩环形成已二酰基7-ADCA，进而反应除去已二酰侧链，生成7-ADCA产物，最后分离纯化并回收7-ADCA。本领域技术人员通过分析本申请和对比文件的内容可知，本申请和对比文件1均是保护一种制备7-头孢菌素衍生物的方法，并且这些方法都采用脂肪二酸类化合物作为侧链前体原料用于微生物发酵，将本申请权利要求1和对比文件1的技术方案进行对比可知，两者的区别仅在于：本发明采用的侧链前体化合物是含有至少8个碳原子的直链脂族二羧酸化合物，而对比文件1使用的侧链前体化合物为含6个碳原子的已二酸。

在本发明请求保护的7-去酰基化头孢菌素类化合物（7-ADCA）的制备过程中，式（1）的侧链前体化合物在原位扩环前后始终作为酰基侧链存在，并且最终在酰基转移酶作用下脱除，即该酰基侧链在头孢菌素合成过程中并不进入到终产物7-ADCA的母核结构。本领域技术人员熟知，已二酸与式（1）的侧链前体化合物同属于直链脂族二羧酸化合物，式（1）的脂肪二酸类化合物是在已二酸的骨架上依次增加碳原子数目，它们在化学结构上相近似。在现有技术和本申请均没有反映出非六碳的脂族二羧酸在通过上述方法制备去酰基头孢菌素中存在技术障碍的信息，并且复审请求人也没有提供这方面的证据的情况下，本领域技术人员可以通过合理的逻辑推理、分析和有限的试验在对比文件1所述方法中加入与已二酸类似物一样都带有2个羧基且骨架碳原子数目接近的式（1）化合物作为侧链前体，从而试验在产（-内酰胺的菌株发酵条件下制备所述头孢菌素。而且，从本申请说明书

(例如参见实施例3) 记载的内容可以看出，事实上用辛二酸、壬二酸等式 (1) 化合物作为侧链前体化合物对头孢菌素的生产没有产生优于己二酸的意料外的技术效果，而且辛二酸、壬二酸在发酵生成头孢菌素的过程中均是经过相同的中间体，即己二酰基-7-APA。故本领域技术人员在现有技术的基础上很容易得出权利要求1的技术方案而不需要花费创造性的劳动。因此，与对比文件1相比，权利要求1的技术方案不具有突出的实质性特点和显著的进步，权利要求1不具备创造性，不符合专利法第22条第3款的规定。

复审请求人在意见陈述书中认为，本申请采用的是碳链长度长于整合侧链的前体化合物，由于合成反应的结果不仅取决于侧链前体物质的化学性质，还取决于侧链物质对微生物发酵过程的影响、是否能够被微生物利用等性质，现有技术没有给出这样的启示，并且也无试验证据加以证实。但是，合议组认为，本申请和对比文件1解决的技术问题均是通过青霉素五元环扩环为头孢菌素六元环来制备7-ADCA，两者要达到的发明目的也同样是制备得到N-去酰基化头孢菌素类化合物 (7-ADCA)，根据本申请说明书记载的内容与对比文件1公开的技术内容可以看出，对比文件1和权利要求1采用相同的生物合成方式和本领域公知且常用的微生物进行发酵合成，即对比文件1给出了合成7-ADCA选择微生物合成方法、步骤以及微生物原料等条件的技术启示，虽然对比文件1采用加入己二酸作为侧链物质，而权利要求1的技术方案用碳链增加的脂肪二羧酸类化合物作为侧链前体化合物，但是由于己二酸本身属于脂肪羧酸类物质，而脂肪二羧酸类物质在化学结构和性质是相似的，本领域技术人员只需通过在生物合成过程中有限的实验就可以得出这些与己二酸类似的脂肪二羧酸是否可以在与己二酸基本相同的微生物发酵条件下实现生物合成的技术方案，这对于本领域技术人员来说是显而易见的。

复审请求人还认为权利要求1的技术方案出人意料之处在于发现了合成头孢菌素类化合物的新的替代方法，这是现有技术中没有教导和暗示的。合议组认为，权利要求1虽然用碳链增加的脂肪二羧酸类化合物替代对比文件1中的己二酸作为侧链前体物质，但是，根据对比文件1有关生物合成方法、侧链化合物、微生物原料的内容，本领域普通技术人员在面对从酰基-7-ADCA制备7-ADCA的技术问题时很容易利用有限的试验通过改变侧链前体原料的碳链长度，例如增加碳链数目来合成上述头孢菌素。另外，本申请的“替代”方法仅仅是现有技术生物合成方法的直接替代方法，它们在合成过程中产生的中间体均相同，而且本申请的方法也没有产生比现有技术更好的技术效果。大于7个碳原子的式 (1) 化合物在整合后得到的是酰基侧链碳原子数为6的己二酰基-7-ADCA，而并非与式 (1) 化合物具有相同碳链长度的酰基7-ADCA衍生物，例如加入辛二酸也得到己二酰基-7-ADCA。因此，本申请所述发明只是对所得中间体结构的发现，原料碳链与整合后碳链的长度差异并不能说明难以采用与己二酸类似的式 (1) 化合物制备去酰基化头孢菌素。

(2) 虽然从属权利要求2限定侧链前体物质为辛二酸、癸二酸或壬二酸，这三种羧酸在碳原子数和化学结构上与己二酸近似，且权利要求2限定的三种二羧酸在本申请中所起的作用与对比文件1中公开的己二酸的作用相同，基于与上述审查意见1相同的理由，采用上述二羧酸的技术方案对于本领域技术人员而言是显而易见的，也未产生意料不到的技术效果，不符合专利法第22条第3款的规定。

(3) 从属权利要求3和4限定的微生物菌株已经公开在对比文件1中 (例如参见对比文件1权利要求1)；从属权利要求5限定了头孢菌素产物，该附加技术特征已经公开在对比文件1中 (参见例如第2页)；基于权利要求1相对于对比文件1不具有创造性的理由，从属权利要求3～5也不具备创造性，不符合专利法第22条第3款的规定。

(4) 从属权利要求6和7限定微生物菌株 Aremonium chrysogenum，权利要求8进一步限定了头孢菌素产物 7-ACA，由于 Aremonium chrysogenum 菌株是本领域中公知的产头孢菌素菌株，采用它作为发酵菌株制备头孢菌素对于本领域技术人员而言并不需要创造性劳动；权利要求 8 的附加技术特征为对比文件 1 公开；因此，基于现有技术的教导，权利要求 6～8 同样不具备创造性，不符合专利法第 22 条第 3 款的规定。

根据以上事实和理由，本案合议组作出如下审查决定。

**三、决定**

维持国家知识产权局于 2004 年 3 月 12 日对 98800523.9 号发明专利申请作出的驳回决定。

复审请求人对本决定不服的，可以根据专利法第 41 条第 2 款的规定，自收到本决定之日起三个月内向北京市第一中级人民法院起诉。

116

# 虫荧光素酶

## 复审请求审查决定（第11720号）

**决　定　号**　第11720号
**决　定　日**　2007年10月30日
**发明创造名称**　虫荧光素酶
**国际分类号**　C12N 15/53，C12N 9/02，G01N 33/50，C12Q 1/68，C12N 1/19，C12N 1/21，C12N 5/10
**复审请求人**　大不列颠及北爱尔兰联合王国国防大臣
**申　请　号**　95193259.4
**优先权日**　1994年3月23日，1995年1月20日
**申　请　日**　1995年3月22日
**公　开　日**　1997年5月7日
**合议组组长**　李金光
**主　审　员**　葛永奇
**参　审　员**　王　冬

**法律依据**　专利法第26条第4款
**决定要点**

如果权利要求所要求保护的技术方案是所属技术领域的技术人员能够从说明书充分公开的内容中得到或概括得出的技术方案，并且没有超出说明书公开的范围，则该权利要求能够得到说明书的支持。

### 一、案由

本复审请求涉及申请日为1995年3月22日、公开日为1997年5月7日、发明名称为“虫荧光素酶”的发明专利申请（下称本申请），其申请号为95193259.4，申请人为大不列颠及北爱尔兰联合王国国防大臣，优先权日为1994年3月23日和1995年1月20日。

2003年3月7日，国家知识产权局针对申请人于本申请进入中国国家阶段时申请人提交的说明书第1～24页、附图第1～8页、说明书摘要以及于2002年9月9日提交的权利要求第1～24项构成的申请文本，以权利要求1～6、11～13、15～24不符合专利法第26条第4款的规定为由驳回了本申请。权利要求书为：

“1. 一种具有虫荧光素酶活性的蛋白，其与从螟萤火虫、明格列尔萤火虫、十字萤火虫或横纹萤火虫获得的虫荧光素酶有60%以上的氨基酸序列同源性，其特征为对应于螟萤火虫的虫荧光素酶第

354 位残基或明格列尔萤火虫、十字萤火虫和横纹萤火虫的虫荧光素酶第 356 位残基的氨基酸残基是非谷氨酸的氨基酸。

2. 权利要求 1 中的蛋白，其特征在于它包含一段氨基酸序列 XGDDKPGA，其中 X 是非谷氨酸的氨基酸。

3. 权利要求 2 中的蛋白，其特征在于它包含一段氨基酸序列 TPXGDDKPGA，其中 X 是非谷氨酸的氨基酸。

4. 权利要求 1 ~2 或 3 中的蛋白，其特征在于氨基酸 X 不是甘氨酸、脯氨酸或天门冬氨酸。

5. 权利要求 1 ~2 或 3 中的蛋白，其特征在于氨基酸 X 是色氨酸、缬氨酸、亮氨酸、异亮氨酸和天门冬酰胺中的一种。

6. 权利要求 1 ~2 或 3 中的蛋白，其特征在于氨基酸 X 是赖氨酸和精氨酸中的一种。

7. 一种包含第 2 号序列中所描述的氨基酸序列的蛋白，其中 Xaa 是权利要求 5 或 6 中所列的任何一种氨基酸。

8. 编码权利要求 1 ~7 任一权项中的蛋白的 DNA。

9. 权利要求 8 中的 DNA，它包含一个如第 1 号序列所描述的核苷酸序列，其中在 1063 至 1065 位的三个 N 碱基形成编码非谷氨酸的氨基酸的密码子。

10. 权利要求 9 中的 DNA，其中的密码子编码权利要求 5 或 6 中所列的氨基酸。

11. 一种包含编码权利要求 1 ~7 任一权项中的蛋白的 luc 基因的载体。

12. 权利要求 11 中的载体，它可以通过将包含野生型或重组型 luc 基因的载体进行定点基因突变得到，该突变将编码螟萤火虫的虫荧光素酶第 354 位的谷氨酸或明格列尔萤火虫、十字萤火虫和横纹萤火虫的虫荧光素酶第 356 位的谷氨酸的密码子改变成编码其他氨基酸的密码子。

13. 权利要求 12 中的载体，其中其他氨基酸是权利要求 5 或 6 中列出的任何一种氨基酸。

14. 权利要求 9 ~13 任一权项的载体，它选自连接了 luc 基因的 pKK223-3、pDR540 和 pT7-7。

15. 一种可以表达权利要求 1 ~7 任一权项中的蛋白的细胞，它含有权利要求 8 ~14 任一权项中的 DNA 或载体。

16. 权利要求 15 中的细胞，它是大肠杆菌、啤酒酵母或昆虫细胞。

17. 一种通过测量 ATP 来进行检测的测试试剂盒，其特征在于该试剂盒所含的荧光试剂中含有权利要求 1 ~7 任一权项中的蛋白。

18. 一种检测方法，其中 ATP 的测量是通过虫荧光素和虫荧光素酶产生光来进行的，其产生光的量与 ATP 的数量有关，该方法的特征在于虫荧光素酶是权利要求 1 ~7 任一权项中的蛋白。

19. 权利要求 18 中的检测方法，其中检测是在 30 ~70℃的温度下进行的。

20. 权利要求 18 中的检测方法，其中检测是在 37 ~60℃的温度下进行的。

21. 权利要求 18 中的检测方法，其中检测是在 40 ~50℃的温度下进行的。

22. 将权利要求 1 ~7 任一权项中的虫荧光素酶用作特异性结合试剂标记的应用。

23. 一种检测试剂盒，其特征在于它包含用权利要求 1 ~7 任一权项中的虫荧光素酶标记的特异性结合试剂。

24. 将权利要求 8 ~14 任一权项中编码虫荧光素酶的 DNA 或载体用于表明细胞或 DNA 特性的应用。”

驳回决定指出：权利要求 1 中术语“与……有 60%以上的氨基酸序列同源性”和“明格列尔萤火虫、十字萤火虫和横纹萤火虫的虫荧光素酶”限定出了一个过宽的保护范围，对于该范围中的除螟萤火虫的虫荧光素酶第 354 位残基突变的突变体之外的其他“与……有 60%以上的氨基酸序列同源性”的虫荧光素酶和“明格列尔萤火虫、十字萤火虫和横纹萤火虫的虫荧光素酶”的突变体，说明书没有提供具体的制备方法和所得产品的序列结构信息和活性数据，本领域的普通技术人员制备和筛选出具有所述效果的具体突变体需要花费过多的劳动，在实验中需要经历大量的错误，且其结果是不可预料的，即上述所概括的范围包含了本领域的普通技术人员不付出创造性劳动就无法预见的技术方案。同理，权利要求2~6、11~13、15~24也包含了无法预见的突变体或其编码序列的技术方案。因此，权利要求1~6、11~13、15~24在实质上得不到说明书的支持，不符合专利法第26条第4款的规定。

申请人大不列颠及北爱尔兰联合王国国防大臣（下称复审请求人）对该驳回决定不服，于2003年6月23日向专利复审委员会提出复审请求，同时提交了修改的权利要求书（共31项），复审请求人认为：如说明书第3页第7~8行所述，螟萤火虫、明格列尔萤火虫、十字萤火虫和横纹萤火虫的luc基因是众所周知的，并且可以通过标准的分子生物学技术分离。并且，已知的荧光素酶是高度保守的。在获得螟萤火虫的虫荧光素酶突变体的基础上对明格列尔萤火虫、十字萤火虫和横纹萤火虫的虫荧光素酶进行突变，对本领域技术人员来说是容易进行的，不需要创造性劳动。因此修改后的权利要求可以得到说明书的充分支持。修改后的权利要求书为：

“1. 一种具有虫荧光素酶活性的蛋白，其为可从萤火虫中获得的虫荧光素酶的突变形式，其特征为对应于螟萤火虫的虫荧光素酶第354位残基或明格列尔萤火虫、十字萤火虫和横纹萤火虫的虫荧光素酶第356位残基的氨基酸残基是非谷氨酸的氨基酸。

2. 权利要求1中的蛋白，其特征在于它包含一段氨基酸序列XGDDKPGA，其中X是非谷氨酸的氨基酸残基。

3. 权利要求2中的蛋白，其特征在于它包含一段氨基酸序列TPXGDDKPGA，其中X是非谷氨酸的氨基酸残基。

4. 权利要求1~2或3中的蛋白，其特征在于氨基酸X不是甘氨酸、脯氨酸或天门冬氨酸。

5. 权利要求1~2或3中的蛋白，其特征在于氨基酸X是色氨酸、缬氨酸、亮氨酸、异亮氨酸和天门冬酰胺中的一种。

6. 权利要求1~2或3中的蛋白，其特征在于氨基酸X是赖氨酸或精氨酸中的一种。

7. 一种包含第2号序列中所描述的氨基酸序列的蛋白，其中Xaa是权利要求5或6中所列的一种氨基酸。

8. 权利要求1~3、7任一权项中的蛋白，其特征为对应于螟萤火虫的虫荧光素酶第215位残基或明格列尔萤火虫、十字萤火虫和横纹萤火虫的虫荧光素酶第217位残基的氨基酸残基是疏水氨基酸。

9. 权利要求8中的蛋白，其中疏水氨基酸是异亮氨酸、亮氨酸或缬氨酸中的一种。

10. 一种蛋白，其含有第5号序列所示的氨基酸序列，其中Xaa是权利要求5或6中所列的一种氨基酸。

11. 编码权利要求1~10任一权项中的蛋白的DNA。

12. 权利要求11中的DNA，它包含一个如第1号序列所描述的核苷酸序列，其中在1063~1065位的三个N碱基形成编码非谷氨酸的氨基酸密码子。

13. 权利要求11中的DNA，其中的密码子编码权利要求5或6中所列的氨基酸。

14. 权利要求11中的DNA，其包含第1号序列所示的核苷酸序列，其中在1063~1065位的三个N碱基形成编码非谷氨酸的氨基酸的密码子，在646~648位的三个碱基形成编码疏水氨基酸的密码子。

15. 权利要求14中的DNA，其中第646和647位的碱基分别是C和T。

16. 一种包含编码权利要求1～9任一权项中的蛋白的luc基因的载体。

17. 权利要求16中的载体，它可以通过将包含野生型或重组型luc基因的载体进行定点基因突变得到，该突变将编码螟萤火虫的虫荧光素酶第354位的谷氨酸或明格列尔萤火虫、十字萤火虫和横纹萤火虫的虫荧光素酶第356位的谷氨酸的密码子改变成编码其他氨基酸的密码子。

18. 权利要求17中的载体，其中其他氨基酸是权利要求5或6中列出的一种氨基酸。

19. 权利要求16～18任一权项中的载体，它选自连接了luc基因的pKK223-3、pDR540和pT7-7。

20. 一种载体，其含有权利要求11～15任一权项中的DNA。

21. 一种可以表达权利要求1～10任一权项中的蛋白的细胞，它含有权利要求11～15任一权项中的DNA或权利要求16～20任一权项中的载体。

22. 权利要求21中的细胞，它是大肠杆菌、啤酒酵母或昆虫细胞。

23. 一种通过测量ATP来进行检测的测试试剂盒，其特征在于该试剂盒所含的荧光试剂中含有权利要求1～10任一权项中的蛋白。

24. 一种检测方法，其中ATP的测量是通过虫荧光素和虫荧光素酶产生光来进行的，其产生光的量与ATP的数量有关，该方法的特征在于虫荧光素酶是权利要求1～10任一权项中的蛋白。

25. 权利要求24中的检测方法，其中检测是在30～70℃的温度下进行的。

26. 权利要求25中的检测方法，其中检测是在37～60℃的温度下进行的。

27. 权利要求26中的检测方法，其中检测是在40～50℃的温度下进行的。

28. 将权利要求1～10任一权项中的具有虫荧光素酶活性的蛋白用作特异性结合试剂标记的应用。

29. 一种检测试剂盒，其特征在于它包含用权利要求1～10任一权项中的具有虫荧光素酶活性的蛋白标记的特异性结合试剂。

30. 将权利要求11～15任一权项中编码虫荧光素酶的DNA用于表明细胞或DNA特性的应用。

31. 将权利要求16～20任一权项中的载体用于表明细胞或DNA特性的应用。"

形式审查合格后，专利复审委员会受理了该复审请求，于2003年7月21日向复审请求人发出《复审请求受理通知书》，同时将本申请移交原审查部门进行前置审查。

原审查部门对本复审请求进行了前置审查，认为修改后的权利要求1中仍然要求保护"明格列尔萤火虫、十字萤火虫和横纹萤火虫的虫荧光素酶"的突变体，该突变体得不到说明书实质上的支持，因此，坚持原驳回决定。

专利复审委员会组成合议组，对本复审请求案进行了审理。2007年4月12日，专利复审委员会向复审请求人发出《复审通知书》。

《复审通知书》指出：（1）复审请求人在请求复审时提交的权利要求书中，权利要求8～10、14～15、20、30、31为新增加的权利要求，这些权利要求的修改并非为了克服驳回决定指出的缺陷，增加这些权利要求不符合专利法实施细则第60条第1款的规定。（2）对于本申请，问题的关键并不在于虫荧光素酶突变体的制备方法和序列结构信息，而在于所要求保护的明格列尔萤火虫、十字萤火虫和横纹萤火虫的虫荧光素酶突变体是否如预期的热稳定性得到提高。对此，本申请说明书没有提供有关明格列尔萤火虫、十字萤火虫和横纹萤火虫的虫荧光素酶突变体热稳定性的实验数据。相反，实施例3的结果表明，即便只是螟荧火虫虫荧光素酶在位点354的突变体的热稳定性也不必然提高。因此，权利要求1要求保护螟萤火虫的虫荧光素酶于位点354的所有突变体，以及明格列尔萤火虫、十字萤火虫和横纹萤火虫的虫荧光素酶于相应位点（即位点356）的突变体的技术方案无法得到说明书的支持，不符合专利法第26条第4款的规定。同样的道理，权利要求2~6、8~9、11~13、16~31也不符合专利法第26条第4款的规定。

针对《复审通知书》指出的问题，复审请求人于2007年7月27日提交了意见陈述书和经修改的说明书第12页和权利要求书全文替换页（共22项）。其中修改后的权利要求书中删去了不符合专利法实施细则第60条第1款规定的权利要求8~10、14~15、20、30、31，删去了权利要求1中涉及明格列尔萤火虫、十字萤火虫和横纹萤火虫的虫荧光素酶于相应位点的突变体的技术方案，并将权利要求4的内容加入权利要求1中。复审请求人认为修改后的权利要求可以得到说明书的充分支持。修改后的权利要求书为：

"1. 一种具有虫荧光素酶活性的蛋白，其为可从萤火虫中获得的虫荧光素酶的突变形式，其特征为对应于螟萤火虫的虫荧光素酶第354位残基的氨基酸残基是非谷氨酸、甘氨酸、脯氨酸或天门冬氨酸的氨基酸。

2. 权利要求1中的蛋白，其特征在于它包含一段氨基酸序列XGDDKPGA，其中X是非谷氨酸、甘氨酸、脯氨酸或天门冬氨酸的氨基酸残基。

3. 权利要求2中的蛋白，其特征在于它包含一段氨基酸序列TPXGDDKPGA，其中X是非谷氨酸、甘氨酸、脯氨酸或天门冬氨酸的氨基酸残基。

4. 权利要求1~2或3中的蛋白，其特征在于氨基酸X是色氨酸、缬氨酸、亮氨酸、异亮氨酸和天门冬酰胺中的一种。

5. 权利要求1~2或3中的蛋白，其特征在于氨基酸X是赖氨酸或精氨酸中的一种。

6. 一种包含第2号序列中所描述的氨基酸序列的蛋白，其中Xaa是权利要求4或5中所列的一种氨基酸。

7. 编码权利要求1~6任一权项中的蛋白的DNA。

8. 权利要求7中的DNA，它包含一个如第1号序列所描述的核苷酸序列，其中在1063~1065位的三个N碱基形成编码非谷氨酸、甘氨酸、脯氨酸或天门冬氨酸的氨基酸密码子。

9. 权利要求8中的DNA，其中的密码子编码权利要求4或5中所列的氨基酸。

10. 一种包含编码权利要求1~6任一权项中的蛋白的luc基因的载体。

11. 权利要求10中的载体，它可以通过将包含野生型或重组型luc基因的载体进行定点基因突变得到，该突变将编码螟萤火虫的虫荧光素酶第354位的谷氨酸的密码子改变成编码其他氨基酸的密码子。

12. 权利要求11中的载体，其中其他氨基酸是权利要求4或5中列出的一种氨基酸。

13. 权利要求10~12任一权项中的载体，它选自连接了luc基因的pKK223-3、pDR540和pT7-7。

14. 一种可以表达权利要求1~6任一权项中的蛋白的细胞，它含有权利要求7~9任一权项中的DNA或权利要求10~13任一权项中的载体。

15. 权利要求14中的细胞，它是大肠杆菌、啤酒酵母或昆虫细胞。

16. 一种通过测量ATP来进行检测的测试试剂盒，其特征在于该试剂盒所含的荧光试剂中含有权利要求1~6任一权项中的蛋白。

17. 一种检测方法，其中ATP的测量是通过虫荧光素和虫荧光素酶产生光来进行的，其产生光的量与ATP的数量有关，该方法的特征在丁虫荧光素酶是权利要求1~6任一权项中的蛋白。

18. 权利要求17中的检测方法，其中检测是在30~70℃的温度下进行的。

19. 权利要求18中的检测方法，其中检测是在37~60℃的温度下进行的。

20. 权利要求19中的检测方法，其中检测是在40~50℃的温度下进行的。

21. 将权利要求1～6任一权项中的具有虫荧光素酶活性的蛋白用作特异性结合试剂标记的应用。

22. 一种检测试剂盒，其特征在于它包含用权利要求1～6任一权项中的具有虫荧光素酶活性的蛋白标记的特异性结合试剂。”

至此，合议组认为本案事实清楚，可以作出审查决定。

**二、决定的理由**

1. 审查文本

本复审决定所依据的申请文本为复审请求人于本申请进入中国国家阶段时提交的说明书第1～11、13～24页、附图第1～8页、摘要、以及于2007年7月27日提交的说明书第12页、权利要求第1～22项。该文本符合专利法第33条的规定。

2. 理由

（1）关于专利法实施细则第60条第1款。

专利法实施细则第60条第1款规定，复审请求人在提出复审请求或者在对专利复审委员会的复审通知书作出答复时，可以修改专利申请文件；但是修改应当仅限于消除驳回决定或者复审通知书指出的缺陷。

根据该款规定，增加权利要求或针对驳回决定指出的缺陷未涉及的权利要求进行修改均是不允许的。

本案中，驳回决定指出驳回决定所针对文本中的权利要求1～6、11～13、15～24不符合专利法第26条第4款的规定，而复审请求人在请求复审时提交的权利要求书中，权利要求8～10、14～15、20、30、31为新增的权利要求。合议组在《复审通知书》中指出增加权利要求8～10、14～15、20、30、31不是针对驳回决定所指出的缺陷，因此，增加权利要求的这种修改不符合专利法实施细则第60条第1款的规定。针对该缺陷，复审请求人在答复《复审通知书》时提交的权利要求书中删除了这些新增加的权利要求，从而克服了修改不符合专利法实施细则第60条第1款规定的缺陷。

（2）关于专利法第26条第4款。

专利法第26条第4款规定，权利要求书应当以说明书为依据，说明要求专利保护的范围。

如果权利要求所要求保护的技术方案是所属技术领域的技术人员能够从说明书充分公开的内容中得到或概括得出的技术方案，并且没有超出说明书公开的范围，则该权利要求能够得到说明书的支持。

本案中，权利要求1请求保护一种具有虫荧光素酶活性的蛋白，其对应于螟萤火虫的虫荧光素酶第354位残基的氨基酸残基排除了谷氨酸、甘氨酸、脯氨酸或天门冬氨酸。说明书记载的实施例3的热稳定性试验结果表明：在二十种天然氨基酸中，在对应于螟萤火虫的虫荧光素酶第354位残基的氨基酸残基为除谷氨酸、甘氨酸、脯氨酸和天门冬氨酸外的其他氨基酸时，虫荧光素酶的活性$t^{1/2}$（半衰期）均大于1分钟，即这些突变体的热稳定性均大于野生型螟萤火虫的虫荧光素酶（其第354位氨基酸残基为谷氨酸）。因此，复审请求人于2007年7月27日提交的经修改的权利要求书中权利要求1克服了《驳回决定》和《复审通知书》指出的缺陷，得到了说明书尤其是实施例3的支持，基于同样的理由，修改后的权利要求2～22也能够得到说明书的支持，符合专利法第26条第4款的规定。

根据以上事实和理由，本案合议组作出如下审查决定。

**三、决定**

撤销国家知识产权局于2003年3月7日对95193259.4号发明专利申请作出的驳回决定。由原审查部门在本复审决定所针对的文本的基础上继续进行审查。

复审请求人对本决定不服的，可以根据专利法第41条第2款的规定，自收到本决定之日起三个月内向北京市第一中级人民法院起诉。

117

# 抑制胰高血糖素的方法

## 复审请求审查决定（第11724号）

决　　定　　号　第11724号
决　　定　　日　2007年10月29日
发明创造名称　抑制胰高血糖素的方法
国 际 分 类 号　A61K 38/22，A61K 47/48，A61P 5/48，A61P 17/00，A61P35/00，//（C07K 14/575）
复 审 请 求 人　安米林药品公司
申　　请　　号　00805017.1
优　先　权　日　1999年1月14日，1999年4月30日，2000年1月10日
申　　请　　日　2000年1月14日
公　　开　　日　2002年5月1日
合 议 组 组 长　吴通义
主　　审　　员　任　怡
参　　审　　员　张晓飞

法 律 依 据　专利法第26条第4款
决 定 要 点
权利要求书中的每一项权利要求所要求保护的技术方案应当是所属技术领域的技术人员能够从说明书充分公开的内容中得到或概括得出的技术方案，并且不得超出说明书公开的范围。

### 一、案由

本复审请求涉及2002年5月1日公开、名称为“抑制胰高血糖素的方法”的00805017.1号发明专利申请（下称本申请），本申请的申请日为2000年1月14日、优先权日为1999年1月14日、1999年4月30日和2000年1月10日，本申请的申请人为安米林药品公司。

国家知识产权局于2005年5月13日以权利要求1和9不符合专利法第26条第4款的规定为由驳回了本申请。驳回决定所针对的权利要求书为：

“1. 降低胰高血糖素治疗有效量的exendin-4或exendin-3在制备用于降低给药对象血浆胰高血糖素的药物中的应用。

2. 权利要求1的应用，其中该给药对象患有坏死性游走性红斑。

3. 权利要求1的应用，其中该给药对象有胰高血糖素瘤。

4. 权利要求1的应用，其中该给药对象有II型糖尿病。

5. 权利要求 1 的应用，其中所说的 exendin-4 与一个或多个聚乙二醇聚合物相连接。

6. 权利要求 5 的应用，其中所说的一个或多个聚乙二醇聚合物分子量都在 500 ~ 20000 之间。

7. 权利要求 1 ~ 6 中任一项的应用，其中给药对象是人。

8. 权利要求 1 ~ 6 中任一项的应用，其中 exendin-4 以 0.1μg/kg 至 0.4μg/kg 的剂量给药。

9. 权利要求 1 的应用，其中 exendin-4 或 exendin-3 具有选自 SEQ ID NO：47 和 SEQ ID NO：48 的氨基酸序列。"

驳回决定认为：说明书只公开了 exendin-4 有抑制胰高血糖素的治疗效果，没有给出其他结构的序列抑制胰高血糖素的药理试验，根据说明书的记载，所属领域技术人员预见不到 exendin-3、SEQ ID NO：47、SEQ ID NO：48 也具有治疗效果。

申请人安米林药品公司（下称复审请求人）对上述驳回决定不服，于 2005 年 8 月 16 日向专利复审委员会提出复审请求，复审请求人在提出复审请求时提交了新修改的权利要求书，复审请求人认为修改后的权利要求已经克服了驳回决定中所指出的问题。

复审请求人提交的新权利要求书为：

"1. 降低胰高血糖素治疗有效量的 exendin-4 在制备用于降低给药对象血浆胰高血糖素的药物中的应用。

2. 权利要求 1 的应用，其中该给药对象患有坏死性游走性红斑。

3. 权利要求 1 的应用，其中该给药对象有胰高血糖素瘤。

4. 权利要求 1 的应用，其中该给药对象有 II 型糖尿病。

5. 权利要求 1 的应用，其中所说的 exendin-4 与一个或多个聚乙二醇聚合物相连接。

6. 权利要求 5 的应用，其中所说的一个或多个聚乙二醇聚合物分子量都在 500 ~ 20000 之间。

7. 权利要求 1 ~ 6 中任一项的应用，其中给药对象是人。

8. 权利要求 1 ~ 6 中任一项的应用，其中 exendin-4 以 0.1μg/kg 至 0.4μg/kg 的剂量给药。

9. 权利要求 7 的应用，其中 exendin-4 以 0.1μg/kg 至 0.4μg/kg 的剂量给药。

10. 权利要求 1 的应用，其中 exendin-4 具有包括 SEQ ID NO：2 的氨基酸序列。"

形式审查合格后，专利复审委员会受理了该复审请求，并于 2005 年 9 月 13 日向复审请求人发出《复审请求受理通知书》，同时将本申请案卷移交原审查部门进行前置审查。

原审查部门对本复审请求进行了前置审查，认为本申请除天然 exendin-4，即 SEQ ID NO：2 能得到说明书的支持外，其他物质均得不到说明书的支持，修改后的权利要求没有具体涉及 SEQ ID NO：2 的 exendin-4 肽都不符合专利法第 26 条第 4 款的规定，权利要求 10 使用"包括"一词导致该肽是一种在 SEQ ID NO：2 序列的两端进行无限延伸的类似物，权利要求 10 也得不到说明书支持，因此坚持原驳回决定。

专利复审委员会组成合议组，对本案的复审请求进行了审理。于 2007 年 5 月 29 日向复审请求人发出《复审通知书》。《复审通知书》指出：(1) 修改后的权利要求 8 和 9 限定了 exendin-4 的用药剂量为"以 0.1μg/kg 至 0.4μg/kg 的剂量给药"，但 exendin-4 的这种用量并未记载在原申请文件中。对于 exendin-4 的用药剂量，仅说明书第 43 页第 19 ~ 21 行记载了相关内容，即"对于体重 70 公斤的病人，化合物的每天有效抗胰高血糖素剂量通常在 0.01 或 0.03 ~ 约 5mg/天的范围内，优选量约为 0.01 或 0.5 ~ 2mg/天，更优选约 0.01 或 0.1 ~ 1mg/天"。但所属领域的技术人员由所述"体重 70 公斤病人每天的给药剂量"也不能直接地、毫无疑义地确定"每公斤体重 0.1 ~ 0.4μg 的给药剂量"。因此，修改后的权利要求 8、9 超出原说明书和权利要求书记载的范围，不符合专利法第 33 条的规定。(2) 权利要求 10 限定了"exendin-4"为"具有包括 SEQ ID NO：2 的氨基酸序列"。根据通常中文表述的语法习惯，“包括”一词的含义是在“包括”的内容的基础上还含有其他物质，因此“exendin-4具有包括SEQ ID NO：2的氨基酸序列”的含义为：exendin-4具有除了SEQ ID NO：2外，在SEQ ID NO：2的氨基酸序列两端可无限延伸不定数量和种类的氨基酸。但在本申请说明书技术方案部分对exendin-4进行具体定义和描述，即exendin-4是天然的多肽，氨基酸序列为SEQ ID NO：2，人工合成的和天然的exendin-4没有区别（见说明书第12页第8行、第12页第30行至第13页第2行）。因此，权利要求10所限定的exendin-4与说明书定义和描述的exendin-4的结构不同，致使本领域技术人员无法清楚而确定地理解权利要求10所保护的技术方案，因此，权利要求10不符合专利法实施细则第20条第1款的规定。

针对该《复审通知书》指出的问题，复审请求人于2007年7月13日、10月8日和10月9日三次提交了意见陈述书及经修改的权利要求书。复审请求人于2007年10月9日提交的权利要求书如下：

“1. 降低胰高血糖素治疗有效量的exendin-4在制备用于降低给药对象血浆胰高血糖素的药物中的应用。

2. 权利要求1的应用，其中该给药对象患有坏死性游走性红斑。

3. 权利要求1的应用，其中该给药对象有胰高血糖素瘤。

4. 权利要求1的应用，其中该给药对象有II型糖尿病。

5. 权利要求1的应用，其中所说的exendin-4与一个或多个聚乙二醇聚合物相连接。

6. 权利要求5的应用，其中所说的一个或多个聚乙二醇聚合物分子量都在500~20000之间。

7. 权利要求1~6中任一项的应用，其中给药对象是人。

8. 权利要求1~6中任一项的应用，其中对于体重70公斤的病人，exendin-4每天有效抗胰高血糖素剂量在0.01~5mg/天的范围内。

9. 权利要求7的应用，其中对于体重70公斤的病人，exendin-4每天有效抗胰高血糖素剂量在0.01~5mg/天的范围内。”

至此，合议组认为本案事实清楚，可以作出审查决定。

**二、决定的理由**

1. 审查依据的文本

复审请求人于2007年10月9日提交了权利要求书修改替换页，其中包括两处修改：（1）权利要求8、9中的“exendin-4以0.1μg/kg至0.4μg/kg的剂量给药”被修改为“对于体重70公斤的病人，exendin-4每天有效抗胰高血糖素剂量在0.01~5mg/天的范围内”，该修改未超出原说明书和权利要求书记载的范围（参见说明书第43页第19~21行），并且克服了《复审通知书》指出的修改前的权利要求8、9不符合专利法第33条的缺陷。（2）删除了权利要求10，该修改符合专利法第33条的规定，并且克服《复审通知书》中指出的修改前的权利要求10的技术方案不清楚的缺陷。

复审请求人于2007年10月9日提交的经修改的权利要求书符合专利法第33条和专利法实施细则第60条第1款的规定，本复审决定所针对的文本为复审请求人进入中国国家阶段时提交的说明书第1~51页、说明书附图第1~26页和说明书摘要，于2002年9月16日提交的序列表1~147页以及于2007年10月9日提交的权利要求第1~9项。

2. 关于专利法第26条第4款

专利法第26条第4款规定：说明书应当对发明或者实用新型作出清楚、完整的说明，以所属技术领域的技术人员能够实现为准。

根据该款规定，权利要求书中的每一项权利要求所要求保护的技术方案应当是所属技术领域的技术人员能够从说明书充分公开的内容中得到或概括得出的技术方案，并且不得超出说明书公开的范围。

本案中，驳回决定指出说明书只公开了 exendin-4 有抑制胰高血糖素的治疗效果，没有给出其他结构的序列抑制胰高血糖素的药理试验，根据说明书的记载，所属领域技术人员不能预见 exendin-3、SEQ ID NO：47、SEQ ID NO：48 也具有治疗效果，驳回决定所针对的权利要求 1、9 得不到说明书支持，不符合专利法第 26 条第 4 款的规定。在复审请求人于 2007 年 10 月 9 日提交的权利要求书中，权利要求 1 ~ 9 要求保护 exendin-4 在制备用于降低给药对象血浆胰高血糖素的药物中的应用。根据本申请说明书的描述，exendin-4 是氨基酸序列为 SEQ ID NO：2 的多肽，实施例 1 ~ 6 验证了 exendin-4 抑制胰高血糖素的药理效果，因此驳回决定和前置审查意见所指因未具体涉及 SEQ ID NO：2 的 exendin-3、SEQ ID NO：47 和 SEQ ID NO：48 而导致权利要求不符合专利法第 26 条第 4 款的缺陷已被克服。

根据以上事实和理由，本案合议组作出如下审查决定。

**三、决定**

撤销国家知识产权局于 2005 年 5 月 13 日对 00805017.1 号发明专利申请作出的驳回决定。由原审查部门在本复审决定所针对的文本的基础上继续进行审查。

复审请求人对本决定不服的，可以根据专利法第 41 条第 2 款的规定，自收到本决定之日起三个月内向北京市第一中级人民法院起诉。

118

# 含有人甲状旁腺激素的药物成分及含有该成分的用于鼻内给药的药物组合物

## 复审请求审查决定（第11727号）

**决　定　号**　第11727号
**决　定　日**　2007年10月30日
**发明创造名称**　含有人甲状旁腺激素的药物成分及含有该成分的用于鼻内给药的药物组合物
**国际分类号**　A61K 38/29，A61K 9/16，A61K 47/12，A61P 3/14，A61P 19/10，C07K 14/59
**复审请求人**　阿斯比奥制药株式会社
**申　请　号**　01812063.6
**优先权日**　2000年6月30日
**申　请　日**　2001年6月29日
**公　开　日**　2003年9月3日
**合议组组长**　李金光
**主　审　员**　王　冬
**参　审　员**　许　磊

**法律依据**　专利法第22条第2款
**决定要点**

如果专利申请请求保护的技术方案与对比文件的技术方案实质上不同，则认为该专利申请请求保护的技术方案相对于该对比文件公开的技术方案具备新颖性。

### 一、案由

本复审请求涉及2001年6月29日申请、2003年9月3日公开、名称为“含有人甲状旁腺激素的药物成分及含有该成分的用于鼻内给药的药物组合物”01812063.6号发明专利申请（下称本申请），其申请人为阿斯比奥制药株式会社（原申请人为第一三得利制药株式会社，2005年12月16日变更为第一阿斯比奥制药株式会社，2007年8月17日变更为阿斯比奥制药株式会社）。

国家知识产权局于2004年6月11日以本申请不符合专利法第22条第2款为由驳回了本申请。驳回所针对的权利要求书为：

“1. 一种药物成分，含有人甲状旁腺激素肽或其衍生物，并且所含乙酸的量低于其相对于人甲状旁腺激素肽或其衍生物的化学当量。

2. 权利要求1所述的药物成分，含有人甲状旁腺激素肽或其衍生物与乙酸所成的盐，其中乙酸的含量低于其相对于人甲状旁腺激素肽或其衍生物的化学当量。

3. 权利要求1或2所述的药物成分，其中，如果人甲状旁腺激素肽或其衍生物是一种含有标记为氨基酸编号1~84的氨基酸残基的肽，则药物成分含有相对于肽的重量的3%或以下的乙酸以及肽，如果人甲状旁腺激素肽或其衍生物是一种含有标记为氨基酸编号1~34的氨基酸残基的肽，则药物成分含有相对于肽的重量的6%或以下的乙酸以及肽。

4. 权利要求1~3中任一项所述的药物成分，其中，如果人甲状旁腺激素肽或其衍生物是一种含有标记为氨基酸编号1~34的氨基酸残基的肽，则药物成分含有相对于肽的重量的4%或以下的乙酸以及肽。

5. 权利要求1~4中任一项所述的药物成分，其中的药物成分是冷冻干燥的组合物。

6. 权利要求1~5中任一项所述的药物成分，其中的药物成分是用于鼻内给药的。

7. 一种含有人甲状旁腺激素肽或其衍生物作为活性成分的用于鼻内给药的药物组合物，其特征在于药物组合物中含有权利要求1~6中任一项所述的药物成分。

8. 一种含有冷冻干燥的部分和所附带的溶解用溶液部分的可在使用前溶解的药物产品，其中，在冷冻干燥部分中含有权利要求1~6中任一项所述的药物成分。”

驳回的具体理由为：(1) 对比文件1（JP6416799A，公开日为1989年1月20日）公开了一种含有人甲状旁腺激素肽或其衍生物的药物成分，并具体公开了其中所含乙酸的量低于其相对于人甲状旁腺激素肽（hPTH）或其衍生物的化学当量，权利要求1与对比文件1所公开的内容相比，仅仅是文字表达方式上略有区别，技术方案实质上是相同的，因此权利要求1不符合专利法第22条第2款有关新颖性的规定。(2) 权利要求2~6的附加技术特征也已经被对比文件1公开，因此，在权利要求1相对于对比文件1不具备新颖性的前提下，权利要求2~6不符合专利法第22条第2款有关新颖性的规定。

申请人阿斯比奥制药株式会社（下称复审请求人）不服上述驳回决定，于2004年8月31日向专利复审委员会提出复审请求，复审请求人在提出复审请求时没有提交任何修改文件。

复审请求人认为：在对比文件1公开的hPTH产品中，存在着较高含量的乙酸，其中乙酸含量相当不稳定，而且高含量的乙酸不利于产品的活性和稳定性，因此，在对比文件1中采用酒石酸来代替乙酸。但是，酒石酸的酸性较强，这种产品不适合于鼻内给药。而本申请的产品中乙酸含量较低并且不含有酒石酸，因此，本申请权利要求1与对比文件1的技术方案是不同的，本申请权利要求1具备专利法第22条第2款规定的新颖性，而且hPTH产品具有较高活性和稳定性并且可以经鼻内给药，方便患者给药，因此权利要求1的技术方案也具有专利法第22条第3款规定的创造性。同理，权利要求2~6也具有新颖性和创造性。

经形式审查合格后，专利复审委员会受理了此复审请求，于2004年10月9日向复审请求人发出复审请求受理通知书，随后将本申请案卷移交原审查部门进行前置审查。

原审查部门对本复审请求进行了前置审查，坚持原驳回决定。

专利复审委员会组成合议组，对本案的复审请求进行了审理。2006年7月11日，专利复审委员会向复审请求人发出《复审通知书》。该《复审通知书》指出：(1) 对比文件1公开了一种含有人甲状旁腺激素肽组合物，即参考例中记载的由醋酸和hPTH成盐形成的hPTH醋酸盐药物成分冻干品，其中醋酸含量（以下百分含量均指重量含量）为2.97%，而且根据参考例，该冻干品经过离子交换树脂处理后醋酸含量进一步降低到低于0.39%，如对比文件1表3所示，上述hPTH冻干制备产物中醋酸含量为0.38%，且不含酒石酸。本申请权利要求1请求保护的药物中乙酸含量低于hPTH的化学当量，而该化学当量约为7.3%（参见说明书第6页倒数第2段）。因此，本申请权利要求1包含了对比文件1公开的技术方案，不具备专利法第22条第2款规定的新颖性。(2) 从属权利要求2~4的技术方案也被对比文件 1 公开，从属权利要求 2 ~ 4 不具备专利法第 22 条第 2 款规定的新颖性。(3) 从属权利要求 5 ~ 6 附加的技术特征是对药物成分的状态及给药方式的限定，对比文件 1 公开的 hPTH (1 ~ 34) 组合物也是冻干品；同时药物成分的给药方式对药物成分的组成和结构没有限定作用，没有给产品本身的结构和组成带来实质性特征。因此，权利要求 5 ~ 6 也不具备专利法第 22 条第 2 款规定的新颖性。

针对《复审通知书》指出的问题，复审请求人于 2006 年 10 月 17 日提交了意见陈述书以及权利要求书全文替换页（共 5 项）。修改后的权利要求书如下：

“1. 药物成分在制备用于经鼻给药的药物中的用途，其中所述药物成分含有人甲状旁腺激素肽或其衍生物，并且如果人甲状旁腺激素肽或其衍生物是一种含有标记为氨基酸编号 1 ~ 84 的氨基酸残基的肽，则药物成分含有相对于肽的重量的 0.1% ~ 4.5% 的乙酸以及肽，如果人甲状旁腺激素肽或其衍生物是一种含有标记为氨基酸编号 1 ~ 34 的氨基酸残基的肽，则药物成分含有相对于肽的重量的 0.5% ~ 7.3% 的乙酸以及肽。

2. 权利要求 1 的用途，其中，如果人甲状旁腺激素肽或其衍生物是一种含有标记为氨基酸编号 1 ~ 34 的氨基酸残基的肽，则药物成分含有相对于肽的重量的 4% 或以下的乙酸以及肽。

3. 权利要求 1 或 2 所述的用途，其中的药物成分是冷冻干燥的组合物。

4. 一种含有人甲状旁腺激素肽或其衍生物作为活性成分的用于鼻内给药的药物组合物，其特征在于药物组合物中含有权利要求 1 ~ 3 中任一项所述的药物成分。

5. 一种含有冷冻干燥的部分和所附带的溶解用溶液部分的可在使用前溶解的药物产品，其中，在冷冻干燥部分中含有权利要求 1 ~ 3 中任一项所述的药物成分。”

复审请求人认为：(1) 在对比文件 1 的参考例中给出的人甲状旁腺激素肽冻干品的乙酸含量为 297% 而非 2.97%，该含量并未在本发明的 0.5% ~ 7.3% 范围内，经过离子交换树脂进行处理冻干品中乙酸含量均小于 0.4%，但同样也未落入本发明的 0.5% ~ 7.3% 范围内。(2) 本申请的新权利要求 1 涉及药物成分在制备用于经鼻给药的药物中的用途，药物领域的技术人员已知，对于经鼻给药的药物具有较严格的要求，这是因为鼻粘膜对于药物或其添加剂的刺激非常敏感，因此，要提高疗效、改善患者的依从性，必须使该药物使用后不会产生不良的感觉；在本发明中，通过将乙酸含量控制在适当的范围内，可以使得人甲状旁腺激素肽的稳定性显著提高。因此修改后的权利要求 1 ~ 5 符合专利法有关新颖性的规定，也符合专利法有关创造性的规定。

专利复审委员会对上述修改文本进行了审理，于 2007 年 6 月 4 日发出《复审通知书》。该《复审通知书》指出：(1) 根据对比文件 1 参考例可知，表 2 记载的其他不同样品中乙酸重量百分含量均记载到小数点后两位，对原料样品中乙酸含量的记载也应当精确到小数点后两位，而复审请求人主张其为 297% 而未精确到小数点后两位，不符合常规，而本领域技术人员可以合理推知表 2 应为 2.97% 才符合常规，因此，对比文件 1 参考例公开的 hPTH (1 ~ 34) 中乙酸的含量落在本发明的范围内。虽然权利要求 1 用“经鼻给药”对所述药物进行限定，但是“经鼻给药”是仅仅体现在用药过程中的特征，对制药过程不具有限定作用，在所用产品相同的情况下，权利要求 1 要求保护的用途已经被对比文件 1 所公开的内容直接揭示，因此权利要求 1 不具备专利法第 22 条第 2 款规定的新颖性。(2) 从属权利要求 2、3 的技术方案也已经完全被对比文件 1 公开；权利要求 4 以“鼻内给药”对含有人甲状旁腺激素肽或其衍生物的药物组合物进行限定，并不能使所要求保护的组合物相对于对比文件 1 的产品在结构和/或组成上发生改变，因此，权利要求 2 ~ 4 不具备专利法第 22 条第 2 款规定的新颖性。

针对此次《复审通知书》，复审请求人于 2007 年 9 月 4 日提交了意见陈述书以及权利要求书全文替换页（共5项）。修改后的权利要求书如下：

“1. 药物成分在制备用于经鼻给药的药物中的用途，其中所述药物成分含有人甲状旁腺激素肽或其衍生物，并且如果人甲状旁腺激素肽或其衍生物是一种含有标记为氨基酸编号1～84的氨基酸残基的肽，则药物成分含有相对于肽的重量的0.1%～4.5%的乙酸以及肽，如果人甲状旁腺激素肽或其衍生物是一种含有标记为氨基酸编号1～34的氨基酸残基的肽，则药物成分含有相对于肽的重量的0.5%～2.9%的乙酸以及肽。

2. 权利要求1的用途，其中，如果人甲状旁腺激素肽或其衍生物是一种含有标记为氨基酸编号1～34的氨基酸残基的肽，则药物成分含有相对于肽的重量的2.5%或以下的乙酸以及肽。

3. 权利要求1或2所述的用途，其中的药物成分是冷冻干燥的组合物。

4. 一种含有人甲状旁腺激素肽或其衍生物作为活性成分的用于鼻内给药的药物组合物，其特征在于药物组合物中含有权利要求1～3中任一项所述的药物成分。

5. 一种含有冷冻干燥的部分和所附带的溶解用溶液部分的可在使用前溶解的药物产品，其中，在冷冻干燥部分中含有权利要求1～3中任一项所述的药物成分。”

复审请求人认为：将本申请权利要求中乙酸的含量进一步限定为“0.5%～2.9%”，使得对比文件1参考例中公开的乙酸的含量2.97%没有落入本发明的范围，本申请权利要求1～5的技术方案与对比文件1中公开的技术方案是不同的，具有新颖性，而且，hPTH产品活性和稳定性提高并且可以用于鼻内给药，也具有创造性。

至此，合议组认为本案事实清楚，可以作出审查决定。

**二、决定的理由**

1. 决定所依据的文本

复审请求人在2007年9月4日提交的修改后的权利要求书中，将权利要求1和2中hPTH（1～34）中乙酸的含量分别限定为“0.5%～2.9%”、“2.5%或以下”，对其余权利要求未作修改，上述修改中的数值分别可以由原说明书实施例1、实施例4和第7页第6段记载的内容得出，因此该修改未超出原始说明书和权利要求书记载的范围，符合专利法第33条的规定。

本决定是在复审请求人于2007年9月4日提交的权利要求第1～5项、驳回决定所针对的说明书第1～45页、说明书附图第1～6页、核苷酸和氨基酸序列表第1～2页和说明书摘要的基础上作出的。

2. 关于专利法第22条第2款

专利法第22条第2款规定：新颖性，是指在申请日以前没有同样的发明或者实用新型在国内外出版物上公开发表过、在国内公开使用过或者以其他方式为公众所知，也没有同样的发明或者实用新型由他人向国务院专利行政部门提出过申请并且记载在申请日以后公布的专利申请文件中。

如果专利申请请求保护的技术方案与对比文件的技术方案实质上不同，则认为该专利申请请求保护的技术方案相对于该对比文件公开的技术方案具备新颖性。

本案中，权利要求1请求保护药物成分在制备用于经鼻给药的药物中的用途，其中所述药物成分含有人甲状旁腺激素肽或其衍生物，并且如果人甲状旁腺激素肽或其衍生物是一种含有标记为氨基酸编号1～84的氨基酸残基的肽，则药物成分含有相对于肽的重量的0.1%～4.5%的乙酸以及肽，如果人甲状旁腺激素肽或其衍生物是一种含有标记为氨基酸编号1～34的氨基酸残基的肽，则药物成分含有相对于肽的重量的0.5%～2.9%的乙酸以及肽。

对比文件1公开了含有人甲状旁腺激素肽（hPTH）（1～34）组合物的技术方案，其中在参考例中公开了由醋酸和hPTH成盐形成的hPTH醋酸盐药物成分冻干品，其中醋酸含量为2.97%（参见对比文件 1 第 1127 页)，该冻干品经过离子交换树脂处理后醋酸含量进一步降低到低于 0.39％（参见对比文件 1 第 1128 页)。

将权利要求 1 请求保护的技术方案与对比文件 1 公开的技术相比可以发现，对比文件 1 参考例中公开的 hPTH（1 ~ 34）冻干品中乙酸的含量为 2.97％，该冻干品经离子交换树脂处理后乙酸含量降至低于 0.39％，对比文件 1 公开的组合物中乙酸含量不同于本申请权利要求 1 请求保护的制药用途中组合物所含乙酸含量范围“0.5％ ~ 2.9％”。由此可见，权利要求 1 的技术方案与对比文件 1 公开的技术方案是实质上不同的技术方案。因此，权利要求 1 请求保护的技术方案相对于对比文件 1 公开的技术方案具备新颖性，符合专利法第 22 条第 2 款的规定。基于此，从属于权利要求 1 的权利要求 2 和 3 也符合专利法第 22 条第 2 款的规定。

权利要求 4 请求保护含有人甲状旁腺激素肽或其衍生物作为活性成分的用于鼻内给药的药物组合物，如以上关于权利要求 1 的评述，权利要求 4 请求保护的药物组合物与对比文件 1 公开的组合物乙酸含量不同，所以二者实质上也是不同的，因此，权利要求 4 请求保护的技术方案相对于对比文件 1 公开的技术方案具备新颖性，符合专利法第 22 条第 2 款的规定。

根据以上事实和理由，本案合议组作出如下审查决定。

**三、决定**

撤销国家知识产权局于 2004 年 6 月 11 日对 01812063.6 号发明专利申请作出的驳回决定。由原审查部门在本决定所依据文本的基础上继续进行审查。

复审请求人对本决定不服的，可以根据专利法第 41 条第 2 款的规定，自收到本决定之日起三个月内向北京市第一中级人民法院起诉。

119

# 编码参与类异戊二烯合成的蛋白质的核酸序列

## 复审请求审查决定（第 11728 号）

**决　定　号**　第 11728 号
**决　定　日**　2007 年 11 月 7 日
**发明创造名称**　编码参与类异戊二烯合成的蛋白质的核酸序列
**国际分类号**　C12N 15/53，C12N 15/82，A01H 5/00，A01N 65/00
**复审请求人**　卡尔根尼有限公司
**申　请　号**　00808457.2
**优先权日**　1999 年 4 月 15 日，1999 年 7 月 30 日
**申　请　日**　2000 年 4 月 14 日
**公　开　日**　2002 年 6 月 12 日
**合议组组长**　何　炜
**主　审　员**　王　冬
**参　审　员**　张晓飞

**法律依据**　专利法第 26 条第 4 款、第 22 条第 2 款，专利法实施细则第 21 条第 2 款
**决定要点**

对一项专利申请而言，如果因权利要求请求保护的技术方案中使用了与具体核苷酸序列具有一定百分比的同源性等用语来限定保护范围，包含了所属技术领域的技术人员无法预期能达到该申请发明目的的技术方案，而导致该权利要求得不到说明书的支持，则当这些用语被删除，所要求保护的技术方案即可得到说明书的支持。

当与现有技术单独相对比时，如果专利申请请求保护的技术方案与对比文件的技术方案实质上不同，则认为该专利申请请求保护的技术方案相对于该对比文件公开的技术方案具备新颖性。

必要技术特征是指发明或者实用新型为解决其技术问题所不可缺少的技术特征，其总和构成发明或者实用新型的技术方案。

### 一、案由

本复审请求涉及 2000 年 4 月 14 日申请、2002 年 6 月 12 日公开、名称为“编码参与类异戊二烯合成的蛋白质的核酸序列”的 00808457.2 号发明专利申请（下称本申请），本申请优选权日为 1999 年 4 月 15 日和 1999 年 7 月 30 日，申请人为卡尔根尼有限公司。

国家知识产权局于 2004 年 10 月 29 日驳回了本申请，理由是：权利要求 1、3～4、6 不符合专利法第 21 条第 2 款的规定；权利要求 2、7、12、14～15 不符合专利法第 26 条第 4 款的规定；权利要

求2不符合专利法第22条第2款的规定。

驳回决定所针对的权利要求为：

"1. 一种编码源自真核细胞的1-脱氧-D-木酮糖5-磷酸还原异构酶的分离的核酸序列。

2. 一种分离的多核苷酸，选自：

（a）含有编码SEQ ID NO：2的多肽的核苷酸序列的分离的多核苷酸；

（b）含有SEQ ID NO：1的分离的多核苷酸；

（c）含有与SEQ ID NO：1的整个序列有至少95％相同性的核苷酸序列的分离的多核苷酸；和

（d）与（a）、（b）或（c）的多核苷酸序列互补的分离的多核苷酸。

3. 一种DNA构建体，包含在5'至3'方向的转录中作为有效结合组分的植物细胞中的功能性启动子、编码1-脱氧-D-木酮糖5-磷酸还原异构酶的核酸序列和转录终止序列。

4. 一种宿主细胞，包含一种DNA构建体，该DNA构建体包含在5'至3'方向的转录中作为有效结合组分的植物细胞中的功能性启动子、编码1-脱氧-D-木酮糖5-磷酸还原异构酶的核酸序列和转录终止序列。

6. 一种植物细胞，其含有DNA构建体，该DNA构建体包含在5'至3'方向的转录中作为有效结合组分的植物细胞中的功能性启动子、编码1-脱氧-D-木酮糖5-磷酸还原异构酶的核酸序列和转录终止序列。

7. 一种在植物中改变类异戊二烯含量的方法，包括用构建体转化所述宿主植物，该构建体含有作为有效连接组分的植物中的功能性转录起始区域、含有选自以下核酸序列的核酸序列以及转录终止区域：

（a）编码SEQ ID NO：2的多肽的核苷酸序列；

（b）含有SEQ ID NO：1的核苷酸序列；

（c）编码1-脱氧-D-木酮糖5-磷酸还原异构酶、并且与SEQ ID NO：1较全长SEQ ID NO：1有至少95％同源性的核苷酸序列；

（d）在严格条件下相对于全长SEQ ID NO：1与SEQ ID NO：1杂交的核苷酸；所述的严格条件包括：在含有50％甲酰胺、5×SSC（150mM NaCl，15mM柠檬酸三钠）、50mM磷酸钠（pH值7.6）、5×Denhardt's溶液、10％硫酸葡聚糖和20毫克/毫升变性剪切鲑精DNA的溶液中，在42℃温育过夜，随后在0.1×SSC中于大约65℃冲洗杂交载体；并且其编码1-脱氧-D-木酮糖-5-磷酸还原异构酶；以及

（e）与（a）、（b）、（c）或（d）序列互补的核酸序列。

12. 一种在植物细胞中生成目的类异戊二烯化合物的方法，所述方法包括获得转化的植物，所述植物在其基因组中具有并表达，该基因组包括：

一种含有选自以下序列的DNA序列的初级构建体：

（a）编码SEQ ID NO：2的多肽的核苷酸序列；

（b）含有SEQ ID NO：1的核苷酸序列；

（c）编码1-脱氧-D-木酮糖5-磷酸还原异构酶、并且与SEQ ID NO：1较全长SEQ ID NO：1有至少95％同源性的核苷酸序列；

（d）在严格条件下相对于全长SEQ ID NO：1与SEQ ID NO：1杂交的核苷酸；所述的严格条件包括：在含有50％甲酰胺、5×SSC（150mM NaCl，15mM柠檬酸三钠）、50mM磷酸钠（pH值7.6）、5×Denhardt's溶液、10％硫酸葡聚糖和20毫克/毫升变性剪切鲑精DNA的溶液中，在42℃温育过夜，随后在0.1×SSC中于大约65℃冲洗杂交载体；并且其编码1-脱氧-D-木酮糖-5-磷酸还原异构酶；

以及

(e) 与 (a)、(b)、(c) 或 (d) 序列互补的核酸序列，以及

至少一种含有编码参与生成某一特异性类异戊二烯的蛋白质的DNA序列的次级构建体，并且该次级构建体与植物细胞中的功能性转录起始区域有效地连接。

14. 一种在宿主植物细胞中提高非甲羟戊酸型类异戊二烯的生物合成流的方法，所述的方法包括用构建体转化所述的宿主植物，在所使用的构建体中含有作为有效连接组分的植物中的功能性转录起始区域、含有选自以下的DNA：

(a) 编码SEQ ID NO：2的多肽的核苷酸序列；

(b) 含有SEQ ID NO：1的核苷酸序列；

(c) 编码1-脱氧-D-木酮糖5-磷酸还原异构酶、并且与SEQ ID NO：1较全长SEQ ID NO：1有至少95%同源性的核苷酸序列；

(d) 在严格条件下相对于全长SEQ ID NO：1与SEQ ID NO：1杂交的核苷酸；所述的严格条件包括：在含有50%甲酰胺、5×SSC（150mM NaCl，15mM柠檬酸三钠）、50mM磷酸钠（pH值7.6）、5×Denhardt's溶液、10%硫酸葡聚糖和20毫克/毫升变性剪切鲑精DNA的溶液中，在42℃温育过夜，随后在0.1×SSC中于大约65℃冲洗杂交载体；并且其编码1-脱氧-D-木酮糖-5-磷酸还原异构酶；以及

(e) 与 (a)、(b)、(c) 或 (d) 序列互补的核酸序列，

以及转录终止区域。

15. 一种在植物中调制疾病抗性的方法，包括：

培育在其基因组中含有一种构建体的植物，该构建体提供含有选自以下核苷酸的核酸序列的表达：

(a) 编码SEQ ID NO：2的多肽的核苷酸序列；

(b) 含有SEQ ID NO：1的核苷酸序列；

(c) 编码1-脱氧-D-木酮糖5-磷酸还原异构酶、并且与SEQ ID NO：1较全长SEQ ID NO：1有至少95%同源性的核苷酸序列；

(d) 在严格条件下相对于全长SEQ ID NO：1与SEQ ID NO：1杂交的核苷酸；所述的严格条件包括：在含有50%甲酰胺、5×SSC（150mM NaCl，15mM柠檬酸三钠）、50mM磷酸钠（pH值7.6）、5×Denhardt's溶液、10%硫酸葡聚糖和20毫克/毫升变性剪切鲑精DNA的溶液中，在42℃温育过夜，随后在0.1×SSC中于大约65℃冲洗杂交载体；并且其编码1-脱氧-D-木酮糖-5-磷酸还原异构酶；以及

(e) 与 (a)、(b)、(c) 或 (d) 序列互补的核酸序列。"

驳回决定指出：

(1) 权利要求1、3~4、6对于涉及的核酸序列仅使用功能性描述"编码1-脱氧-D-木酮糖5-磷酸还原异构酶的"进行了限定，该功能正是本发明需要解决的技术问题，而没有反映为了解决该技术问题（即实现该功能）所述核酸序列必须具有的序列结构特征，即该核酸序列的具体序列结构特征是解决本发明技术问题的必要技术特征，而申请人未将该必要技术特征记载进权利要求1、3~4、6中，因此，上述权利要求不符合专利法实施细则第21条第2款的规定。

(2) 权利要求2、7、12、14~15中记载的术语"与……有至少95%相同性（即同源性）的核苷酸序列"或术语"在严格条件下与……杂交的核苷酸"概括了过宽的保护范围，而本申请说明书仅对具有SEQ ID NO：1所示核苷酸序列或编码SEQ ID NO：2的多肽的多核苷酸提供了相应的效果证

据，而对于其他与之具有所述相同性或同源性的多核苷酸或杂交序列属于申请人推测的内容，而其效果又难于根据提供的实施例和说明书中泛泛的一般性生物学方法的描述进行预先确定和评价，且该术语限定的范围还包含了不能编码所述酶，即不能达到本发明目的的多核苷酸。因此，上述权利要求不符合专利法第26条第4款的规定。

（3）权利要求2中使用的是开放式的描述“含有……多核苷酸”，即只要含有所述序列的多核苷酸均在其要求的保护范围内，而对比文件1（DNA Res. 5（1），41~54（1998），1998年2月28日公开）公开的一个具体多核苷酸（来自拟南芥的染色体5的MQB2克隆的整个序列）客观上也含有该基因的编码序列，因此权利要求2要求保护的范围中包含了对比文件1中公开的该具体多核苷酸，导致权利要求2不具备专利法第22条第2款的新颖性。

申请人卡尔根尼有限公司（下称复审请求人）不服上述驳回决定，于2005年2月7日向专利复审委员会提出复审请求，复审请求人提出复审请求时没有提交新修改的专利申请文件。

复审请求人提出：

（1）对于权利要求1、3~4缺少必要技术特征的审查意见，根据本发明实施例的工作，要求复审请求人将权利要求仅仅限定在序列号1中的序列对复审请求人来说是不公平的，因此，复审请求人没有对权利要求1、3~4进行修改。

（2）对于权利要求2中的术语95％的同源性概括了一个较宽的范围，根据说明书第7页第17~27行“本发明进一步涉及可与上述序列杂交的多核苷酸。更具体地，本发明涉及在严格条件下可与上述多核苷酸杂交的多核苷酸。本文所用的术语“严格条件”和“严格杂交条件”是指在序列间具有至少95％（优选至少97％）相同性的情况下，一般会发生杂交反应”，复审请求人认为该概括是有说明书的支持的。

（3）申请人在答复第一次审查意见通知书时提交的附件1-apr98. txt记载了来自Gene Bank网页（NCBI. Nlm. nih. gov.）的Gene Bank的历史数据，该数据显示位点AB009053出现在Gene Bank中是在1998年4月，是基于Nakamura（Sato集团）于1997年11月27日提交的提议。该1997年11月的提议仅仅引述来自拟南芥的染色体5的MQB2克隆的整个序列，但没有提供任何基因的编码序列。另外，附件2记载的来自网页上的信息显示在2000年8月Gene Bank修正了在AB009053位置的基因的编码序列，在该修正中，蛋白ID BABl084. 1被鉴定为dxr（1-脱氧-D-木酮糖5-磷酸还原异构酶）。本申请的优先权期限是1999年4月15日以及1999年7月30日。在提交该申请时，并没有任何关于AB009053Gene Bank提议的任何基因的编码序列，因此，复审请求人认为，对比文件1并不能破坏本发明的新颖性。

形式审查合格后，专利复审委员会受理了该复审请求，并于2005年3月7日向复审请求人发出《复审请求受理通知书》，同时将本申请案卷移交原审查部门进行前置审查。

原审查部门对本复审请求进行了前置审查，认为复审请求人提交的复审理由没有引入新证据，且没有修改相应的权利要求书，坚持原驳回决定。

专利复审委员会组成合议组，对本案的复审请求进行了审理，并于2006年4月7日向复审请求人发出《复审通知书》。《复审通知书》指出：

（1）独立权利要求1仅对其所要解决的技术问题本身做了描述，而没有记载为解决该技术问题不可缺少的技术特征，如所述核酸序列的结构特征，或者所述核酸序列的来源与制备方法，对于本领域技术人员而言，只有获得编码源自真核细胞的1-脱氧-D-木酮糖5-磷酸还原异构酶的分离的核酸序列才能真正解决所述的技术问题。因此独立权利要求1不符合专利法实施细则第21条第2款的规定。此外，由于独立权利要求3~4、6存在同样的缺陷，也不符合专利法专利法实施细则第21条第2

款的规定。

（2）权利要求2用术语“与SEQ ID NO：1的整个序列有至少95％相同性的核苷酸序列的分离的多核苷酸”，权利要求7、12、14～15中用术语“与SEQ ID NO：1较全长SEQ ID NO：1有至少95％同源性的核苷酸序列”以及“在严格条件下相对于全长SEQ ID NO：1与SEQ ID NO：1杂交的核苷酸”来概括这些权利要求所述技术方案中所用的多核苷酸，但是首先在具有所述序列相同性或同源性的分离的多核苷酸中包括了不能编码具有1-脱氧-D-木酮糖5-磷酸还原异构酶的活性的蛋白的核酸，其次由于本申请的说明书仅对具有SEQ ID NO：1所示的核苷酸序列或编码SEQ ID NO：2的多肽的多核苷酸提供了相应的效果实验数据，并未教导这些序列上哪些核苷酸残基是保证其编码1-脱氧-D-木酮糖5-磷酸还原异构酶所需的，酶活性结果的不确定性是导致获得具有预期效果的核苷酸序列需要付出创造性劳动性的原因之一。因此上述权利要求不符合专利法第26条第4款的规定。

（3）权利要求2所记载的多个并列技术方案中包括了含有SEQ ID NO：1的分离的多核苷酸，对比文件1公开了一种来自拟南芥的染色体5的MQB2克隆的整个序列，其客观上含有权利要求2所述的基因的编码序列SEQ ID NO：1，由于含有SEQ ID NO：1的多核苷酸都在权利要求2的保护范围之内，权利要求2所述多核苷酸客观上也包括对比文件1所述的多核苷酸，因而权利要求2不具备新颖性，不符合专利法第22条第2款的规定。复审请求人在意见陈述书和复审请求书中提及的有关Gene Bank修正AB009053位置，将蛋白ID BAB1084.1鉴定为dxr的日期在本申请优先权日后的理由，不能改变对比文件1的MQB2包含本发明的SEQ ID NO：1的事实。因此权利要求2相对于对比文件1公开的内容不具备专利法第22条第2款规定的新颖性。

针对《复审通知书》指出的问题，复审请求人于2006年7月19日提交了意见陈述书以及权利要求书全文替换页（共15项）。修改后的权利要求书如下：

“1. 一种编码源自真核细胞的具有序列SEQ ID NO：2的1-脱氧-D-木酮糖5-磷酸还原异构酶的分离的核酸序列。

2. 一种分离的多核苷酸，选自：

（a）含有编码SEQ ID NO：2的多肽的核苷酸序列的分离的多核苷酸；

（b）含有有效地连接至重组启动子的SEQ ID NO：1的分离的多核苷酸；和

（c）与（a）或（b）的多核苷酸序列互补的分离的多核苷酸。

3. 一种DNA构建体，包含在5’至3’方向的转录中作为有效结合组分的植物细胞中的功能性启动子、编码具有序列SEQ ID NO：2的1-脱氧-D-木酮糖5-磷酸还原异构酶的核酸序列和转录终止序列。

4. 一种宿主细胞，包含一种DNA构建体，该DNA构建体包含在5’至3’方向的转录中作为有效结合组分的植物细胞中的功能性启动子、编码具有序列SEQ ID NO：2的1-脱氧-D-木酮糖5-磷酸还原异构酶的核酸序列和转录终止序列。

5. 权利要求4所述的宿主细胞，其中该宿主细胞是植物细胞。

6. 一种植物细胞，其含有DNA构建体，该DNA构建体包含在5’至3’方向的转录中作为有效结合组分的植物细胞中的功能性启动子、编码具有序列SEQ ID NO：2的1-脱氧-D-木酮糖5-磷酸还原异构酶的核酸序列和转录终止序列。

7. 一种在植物中改变类异戊二烯含量的方法，包括用构建体转化所述宿主植物，该构建体中含有作为有效连接组分的植物中的功能性转录起始区域、含有选自以下核酸序列的核酸序列以及转录终止区域：

（a）编码SEQ ID NO：2的多肽的核苷酸序列；

（b）含有 SEQ ID NO：1 的核苷酸序列；以及

（c）与（a）或（b）序列互补的核酸序列。

8. 一种根据权利要求 7 所述的在植物中改变类异戊二烯化合物含量的方法，其中所述核酸序列处于有义方向。

9. 一种根据权利要求 8 所述的方法，其中的类异戊二烯化合物含量得到了提高。

10. 一种根据权利要求 7 所述的在植物中改变类异戊二烯含量的方法，其中所述核酸序列处于反义方向。

11. 一种根据权利要求 10 所述的方法，其中的类异戊二烯含量得到了减低。

12. 一种在植物细胞中生成目的类异戊二烯化合物的方法，所述方法包括获得转化的植物，所述植物在其基因组中具有并表达，该基因组包括：

一种含有选自以下序列的 DNA 序列的初级构建体：

（a）编码 SEQ ID NO：2 的多肽的核苷酸序列；

（b）含有 SEQ ID NO：1 的核苷酸序列；以及

（c）与（a）或（b）序列互补的核酸序列，以及

至少一种含有编码参与生成某一特异性类异戊二烯的蛋白质的 DNA 序列的次级构建体，并且该次级构建体与植物细胞中的功能性转录起始区域有效地连接。

13. 一种根据权利要求 12 所述的方法，其中所述蛋白质参与类异戊二烯类化合物的生成，该类异戊二烯化合物选自生育酚、类胡萝卜素、单萜、双萜和质体醌。

14. 一种在宿主植物细胞中提高非甲羟戊酸型类异戊二烯的生物合成流的方法，所述的方法包括用构建体转化所述的宿主植物，在所使用的构建体中含有作为有效连接组分的植物中的功能性转录起始区域、含有选自以下的 DNA：

（a）编码 SEQ ID NO：2 的多肽的核苷酸序列；

（b）含有 SEQ ID NO：1 的核苷酸序列；以及

（c）与（a）或（b）序列互补的核酸序列，

以及转录终止区域。

15. 一种在植物中调制疾病抗性的方法，包括：

培育在其基因组中含有一种构建体的植物，该构建体提供含有选自以下核苷酸的核酸序列的表达：

（a）编码 SEQ ID NO：2 的多肽的核苷酸序列；

（b）含有 SEQ ID NO：1 的核苷酸序列；以及

（c）与（a）或（b）序列互补的核酸序列。"

复审请求人提出：（1）在权利要求 1、3~4 和 6 中限定了所述还原异构酶具有 SEQ ID NO：2，修改后的上述权利要求不再缺少必要技术特征。（2）在权利要求 2、7、12、14 和 15 删除了关于具有至少 95%的相同性的序列的技术特征。（3）将权利要求 2 中所述的序列 1 限定为"有效地连接至重组启动子"，该特征在本发明说明书从第 12 页开始的"所使用的构建体和方法"部分进行了描述，所述"重组启动子"并不包括内源性启动子，Gene Bank 的 No. AB009053 并未公开任何连接至重组启动子的序列，而且由于本发明之前关于编码 dxr 的序列的定位和识别均是未知的，因而在经过所述的进一步限定后，本发明权利要求 2 的技术方案已经与对比文件 1 明显不同，具有新颖性。

专利复审委员会对上述修改文本进行了审理，于 2007 年 5 月 10 日发出第二次《复审通知书》。该《复审通知书》指出：权利要求 2 中的（a）是含有编码 SEQ ID NO：2 的多肽的核苷酸序列的分

离的多核苷酸。根据说明书的记载，SEQ ID NO：1 的核苷酸序列编码 SEQ ID NO：2 的多肽，因此（a）的序列也包括"含有 SEQ ID NO：1 的分离的多核苷酸"。对比文件 1 公开了一种来自拟南芥的染色体 5 的 MQB2 克隆的整个序列，其客观上含有序列 SEQ ID NO：1，因此，对比文件 1 中公开的序列也包括在权利要求 2 的（a）限定的范围内，即在权利要求 2 的保护范围内。复审请求人在先前的意见陈述书和复审请求书中提出的 Gene Bank 修正 AB009053 位置的基因的编码序列，并将蛋白 ID BAB1084.1 鉴定为 dxr 的日期在本申请优先权日后的理由并不能改变对比文件 1 的 MQB2 包含本发明编码 SEQ ID NO：2 多肽的核苷酸序列 SEQ ID NO：1 的事实。因此，权利要求 2 相对于对比文件 1 公开的内容不具备专利法第 22 条第 2 款规定的新颖性。

针对此次《复审通知书》，复审请求人于 2007 年 8 月 23 日提交了意见陈述书以及权利要求书全文替换页（共 15 项）。修改后的权利要求书如下：

"1. 一种编码源自真核细胞的具有序列 SEQ ID NO：2 的 1-脱氧-D-木酮糖 5-磷酸还原异构酶的分离的核酸序列。

2. 一种分离的多核苷酸，选自：

（a）含有有效地连接至重组启动子的编码 SEQ ID NO：2 的多肽的核苷酸序列的分离的多核苷酸；

（b）含有有效地连接至重组启动子的 SEQ ID NO：1 的分离的多核苷酸；和

（c）与（a）或（b）的多核苷酸序列互补的，有效地连接至重组启动子的分离的多核苷酸。

3. 一种 DNA 构建体，包含在 5'至 3'方向的转录中作为有效结合组分的植物细胞中的功能性启动子、编码具有序列 SEQ ID NO：2 的 1-脱氧-D-木酮糖 5-磷酸还原异构酶的核酸序列和转录终止序列。

4. 一种宿主细胞，包含一种 DNA 构建体，该 DNA 构建体包含在 5'至 3'方向的转录中作为有效结合组分的植物细胞中的功能性启动子、编码具有序列 SEQ ID NO：2 的 1-脱氧-D-木酮糖 5-磷酸还原异构酶的核酸序列和转录终止序列。

5. 权利要求 4 所述的宿主细胞，其中该宿主细胞是植物细胞。

6. 一种植物细胞，其含有 DNA 构建体，该 DNA 构建体包含在 5'至 3'方向的转录中作为有效结合组分的植物细胞中的功能性启动子、编码具有序列 SEQ ID NO：2 的 1-脱氧-D-木酮糖 5-磷酸还原异构酶的核酸序列和转录终止序列。

7. 一种在植物中改变类异戊二烯含量的方法，包括用构建体转化所述宿主植物，该构建体中含有作为有效连接组分的植物中的功能性转录起始区域、含有选自以下核酸序列的核酸序列以及转录终止区域：

（a）编码 SEQ ID NO：2 的多肽的核苷酸序列；

（b）含有 SEQ ID NO：1 的核苷酸序列；以及

（c）与（a）或（b）序列互补的核酸序列。

8. 一种根据权利要求 7 所述的在植物中改变类异戊二烯化合物含量的方法，其中所述核酸序列处于有义方向。

9. 一种根据权利要求 8 所述的方法，其中的类异戊二烯化合物含量得到了提高。

10. 一种根据权利要求 7 所述的在植物中改变类异戊二烯含量的方法，其中所述核酸序列处于反义方向。

11. 一种根据权利要求 10 所述的方法，其中的类异戊二烯含量得到了减低。

12. 一种在植物细胞中生成目的类异戊二烯化合物的方法，所述方法包括获得转化的植物，所述植物在其基因组中具有并表达，该基因组包括：

一种含有选自以下序列的 DNA 序列的初级构建体：

（a）编码 SEQ ID NO：2 的多肽的核苷酸序列；

（b）含有 SEQ ID NO：1 的核苷酸序列；以及

（c）与（a）或（b）序列互补的核酸序列，以及

至少一种含有编码参与生成某一特异性类异戊二烯的蛋白质的 DNA 序列的次级构建体，并且该次级构建体与植物细胞中的功能性转录起始区域有效地连接。

13. 一种根据权利要求 12 所述的方法，其中所述蛋白质参与类异戊二烯类化合物的生成，该类异戊二烯化合物选自生育酚、类胡萝卜素、单萜、双萜和质体醌。

14. 一种在宿主植物细胞中提高非甲羟戊酸型类异戊二烯的生物合成流的方法，所述的方法包括用构建体转化所述的宿主植物，在所使用的构建体中含有作为有效连接组分的植物中的功能性转录起始区域、含有选自以下的 DNA：

（a）编码 SEQ ID NO：2 的多肽的核苷酸序列；

（b）含有 SEQ ID NO：1 的核苷酸序列；以及

（c）与（a）或（b）序列互补的核酸序列，

以及转录终止区域。

15. 一种在植物中调制疾病抗性的方法，包括：

培育在其基因组中含有一种构建体的植物，该构建体提供含有选自以下核苷酸的核酸序列的表达：

（a）编码 SEQ ID NO：2 的多肽的核苷酸序列；

（b）含有 SEQ ID NO：1 的核苷酸序列；以及

（c）与（a）或（b）序列互补的核酸序列。”

复审请求人认为：权利要求 2 的修改得到说明书的支持，可参见原始说明书第 12 页第 2～5 段，其中对“有效连接”进行了定义和解释，对重组启动子进行了描述和举例，因此，所述修改符合专利法第 33 条的规定。另外术语“重组启动子”的含义并不包括所述的 dxr 基因的内源性启动子，Gene Bank 的 No. AB009053 并未公开任何连接至重组启动子的序列，而本申请权利要求 2 请求保护的多核苷酸均与外源的重组启动子相连接，因此，本发明权利要求 2 的技术方案已经与对比文件 1 明显不同，从而具有新颖性。同时由于本发明之前关于编码 dxr 的序列的定位和识别均是未知的，即使对比文件 1 公开的 MQB2 序列中包括 SEQ ID NO：1，对于一个序列庞大，而没有对其中可能含有的序列或遗传信息有任何公开或披露的情况下，本领域技术人员无法而且也不可能在本申请的优先权日之前得知或从中获得任何教导或暗示，从而想到将重组启动子有效连接至 AB009053 序列。因此，修改后的权利要求 2 同时具有创造性。

至此，合议组认为本案事实清楚，可以作出审查决定。

## 二、决定的理由

1. 关于决定文本

复审请求人在 2007 年 8 月 23 日提交了权利要求书替换页。经审查，权利要求书的修改符合专利法第 33 条的规定。因此，本决定是在复审请求人于 2007 年 8 月 23 日提交的权利要求第 1～15 项、驳回决定所针对的说明书、序列表、附图以及摘要的基础上作出的。

2. 关于专利法实施细则第 21 条第 2 款

专利法实施细则第 21 条第 2 款规定：独立权利要求应当从整体上反映发明或实用新型的技术方

案，记载解决技术问题的必要技术特征。

必要技术特征是指发明或者实用新型为解决其技术问题所不可缺少的技术特征，其总和构成发明或者实用新型的技术方案。

具体到本申请，独立权利要求1所要解决的技术问题是提供一种编码源自真核细胞的1-脱氧-木酮糖5-磷酸还原异构酶的分离的核酸序列。复审请求人为解决上述技术问题而提供了1-脱氧-D-木酮糖5-磷酸还原异构酶的氨基酸序列SEQ ID NO：2，本领域技术人员根据SEQID NO：2的氨基酸序列及其掌握的常规技术知识通过常规试验就可确定编码具有序列SEQ ID NO：2的1-脱氧-D-木酮糖5-磷酸还原异构酶的分离的核酸序列的结构特征。在于2007年8月23日提交的权利要求1中，复审请求人已经限定权利要求1所述还原异构酶具有序列SEQ ID NO：2，因此权利要求1的技术方案能够解决其所要解决的技术问题，权利要求1符合专利法实施细则第21条第2款的规定。基于同样的理由，权利要求3~4、6也符合专利法实施细则第21条第2款的规定。

3. 关于专利法第26条第4款

专利法第26条第4款规定：权利要求书应当以说明书为依据，说明要求专利保护的范围。

对一项专利申请而言，如果因权利要求请求保护的技术方案中使用了与具体核苷酸序列具有一定百分比的同源性等用语来限定保护范围，包含了所属技术领域的技术人员无法预期能达到该申请发明目的的技术方案，而导致该权利要求得不到说明书的支持，则当这些用语被删除，所要求保护的技术方案即可得到说明书的支持。

复审请求人于2007年8月23日提交了新修改的权利要求书，其中将驳回决定针对的权利要求2、7、12、14和15中的术语“与SEQ ID NO：1的整个序列有至少95%相同性的核苷酸序列的分离的多核苷酸”、“与SEQ ID NO：1较全长SEQ ID NO：1有至少95%同源性的核苷酸序列”以及“在严格条件下相对于全长SEQ ID NO：1与SEQ ID NO：1杂交的核苷酸”删除，这样，新的权利要求所请求保护的技术方案是本领域技术人员能够从说明书中得到或概括得出的技术方案，已经克服了《复审通知书》以及《驳回决定》中指出的由于上述权利要求使用所述术语限定保护范围，包含了本领域的技术人员无法预期能达到本申请发明目的的技术方案，而不符合专利法第26条第4款的规定的缺陷。

4. 关于专利法第22条第2款

专利法第22条第2款规定：新颖性，是指在申请日以前没有同样的发明或者实用新型在国内外出版物上公开发表过、在国内公开使用过或者以其他方式为公众所知，也没有同样的发明或者实用新型由他人向国务院专利行政部门提出过申请并且记载在申请日以后公布的专利申请文件中。

当与现有技术单独相对比时，如果专利申请请求保护的技术方案与对比文件的技术方案实质上不同，则认为该专利申请请求保护的技术方案相对于该对比文件公开的技术方案具备新颖性。

本案中，权利要求2请求保护一种分离的多核苷酸，选自：（a）含有有效地连接至重组启动子的编码SEQ ID NO：2的多肽的核苷酸序列的分离的多核苷酸；（b）含有有效地连接至重组启动子的SEQ ID NO：1的分离的多核苷酸；和（c）与（a）或（b）的多核苷酸序列互补的，有效地连接至重组启动子的分离的多核苷酸。对比文件1公开的来自拟南芥的染色体5的MQB2克隆的整个序列客观上含有序列SEQ ID NO：1，但并未公开该序列是连接至重组启动子的。根据本申请说明书从第12页开始的“所使用的构建体和方法”部分的记载，所述“重组启动子”并不包括dxr基因的内源性启动子，Gene Bank的No. AB009053也并未公开任何连接至重组启动子的SEQ ID NO：1或编码SEQ ID NO：2的多肽的核苷酸序列，因而经过所述“有效地连接至重组启动子”的进一步限定，本发明权利要求2的技术方案已经与对比文件1公开的内容实质上不同，因此，权利要求2相对于对比文件

1 具有专利法第 22 条第 2 款规定的新颖性。

根据以上事实和理由，本案合议组作出如下审查决定。

## 三、决定

撤销国家知识产权局于 2004 年 10 月 29 日对 00808457.2 号发明专利申请作出的驳回决定。由原审查部门在本决定所依据的文本的基础上继续进行审查。

复审请求人对本决定不服的，可以根据专利法第 41 条第 2 款的规定，自收到本决定之日起三个月内向北京市第一中级人民法院起诉。

120

# 维生素 B6 的同型酶法测定和 $H_2S$ 检测的改进

## 复审请求审查决定（第 11730 号）

**决 定 号** 第 11730 号
**决 定 日** 2007 年 11 月 7 日
**发明创造名称** 维生素 B6 的同型酶法测定和 $H_2S$ 检测的改进
**国际分类号** C12Q 1/527
**复审请求人** 抗癌公司
**申 请 号** 00803327.7
**优 先 权 日** 1999 年 2 月 1 日，1999 年 6 月 28 日
**申 请 日** 2000 年 2 月 1 日
**公 开 日** 2002 年 6 月 12 日
**合议组组长** 李金光
**主 审 员** 魏春宝
**参 审 员** 卢 阳

**法 律 依 据** 专利法第 31 条第 1 款和第 22 条第 3 款
**决 定 要 点**

如果权利要求之间没有相同或相应的特定技术特征，不属于一个总的发明构思，那么这些权利要求间不具有单一性，反之，则这些权利要求间具有单一性。

### 一、案由

本复审请求涉及发明名称为“维生素 B6 的同型酶法测定和 $H_2S$ 检测的改进”的第 00803327.7 号发明专利申请（下称本申请），其申请人为抗癌公司，申请日为 2000 年 2 月 1 日，优先权日为 1999 年 2 月 1 日和 1999 年 6 月 28 日，公开日为 2002 年 6 月 12 日。

2004 年 9 月 3 日，国家知识产权局以本申请权利要求 1～16、19～21 与权利要求 17～18 之间不符合专利法第 31 条第 1 款和权利要求 15～16 不符合专利法第 22 条第 3 款为由驳回了本申请，驳回所针对的权利要求书为：

“1. 在生物样品中确定吡哆醛-5’-磷酸盐（PLP）浓度的方法，该方法包括：

(a) 将所述生物样品或其片断与依赖 PLP 的同型半胱氨酸酶、蛋氨酸酶或半胱氨酸酶的脱辅基酶形式在有足够底物存在的条件下孵育，以有效的转变成分光光度法可观测到的产物，该产物与样品中 PLP 的浓度成正比；和

（b）用分光光度法检测产物。

2. 如权利要求1所述的方法，其中所述分光光度法检测是通过肉眼进行观测的。

3. 如权利要求1所述的方法，其中检测的产物是硫化氢。

4. 如权利要求3所述的方法，其中所述硫化氢是通过与N，N-二烷基对亚苯基二胺和一种氧化剂反应进行检测的。

5. 如权利要求4所述的方法，其中所述产物是通过荧光检测的。

6. 如权利要求3所述的方法，其中所述硫化氢是通过观察所述硫化氢与铅离子的沉淀进行检测的。

7. 如权利要求1所述的方法，其中脱辅基酶是同型半胱氨酸酶。

8. 在生物样品中确定吡哆醛-5'-磷酸盐（PLP）浓度的方法，该方法包括采用分光光度法测定产物，其中所述产物的获得是通过将所述生物样品或其片断与依赖PLP的同型半胱氨酸酶、蛋氨酸酶或半胱氨酸酶的脱辅基酶形式在有足够底物存在下孵育，以有效转变为分光光度法可观测到的产物，该产物与样品中PLP的浓度成正比。

9. 如权利要求8所述的方法，其中所述分光光度法检测是通过肉眼进行观察的。

10. 如权利要求8所述的方法，其中检测的产物是硫化氢。

11. 如权利要求10所述的方法，其中所述硫化氢是通过与N，N-二烷基对亚苯基二胺和一种氧化剂反应进行检测的。

12. 如权利要求11所述的方法，其中所述产物通过荧光进行检测的。

13. 如权利要求10所述的方法，其中所述硫化氢是通过观察所述硫化氢与铅离子的沉淀进行检测的。

14. 如权利要求8所述的方法，其中脱辅基酶是同型半胱氨酸酶。

15. 分离和纯化形式的蛋氨酸酶、同型半胱氨酸酶或半胱氨酸酶的脱辅基酶形式。

16. 如权利要求15所述的脱辅基酶，其中所述脱辅基酶与固体支持物偶联。

17. 提高通过硫化氢产生而检测的测定敏感性的方法，该方法包括检测所述硫化氢与N，N-二烷基对亚苯基二胺和氧化剂反应所获得的产物的荧光。

18. 如权利要求17所述的方法，其中所述测定是用于同型半胱氨酸的测定。

19. 在生物液体中用于PLP测定的试剂盒，其包含包装的试剂，所述被包装的试剂包含：

包装的脱辅基酶，其是重组体同型半胱氨酸酶、半胱氨酸酶或蛋氨酸酶；

包装的吡哆醛磷酸；

包装的显色试剂；和

包装的同型半胱氨酸、半胱氨酸或蛋氨酸。

20. 权利要求19的试剂盒，其中所述显色剂包含N，N-二烷基对亚苯基-二胺和一种氧化剂的溶液。

21. 权利要求19或20的试剂盒，进一步包含4.5～5.5范围的测定缓冲液。"

驳回决定认为：（1）对比文件1（WO9807872A1，公开日为1998年2月26日）公开了使用N，N-二烷基对亚苯基二胺和氧化剂检测硫化氢的方法，该方法检测650～670 nm处的光吸收度。本领域技术人员知晓荧光微量检测技术具有灵敏度高的优点。在此基础上，本领域技术人员完全可以想到通过检测硫化氢与N，N-二烷基对亚苯基二胺和氧化剂反应产物的荧光代替光学密度法，而具体波长的选择视情况而定，其效果是可以预见的，因此权利要求1～16、19～21与权利要求17～18之间不存在相同或相应的特定技术特征，不属于一个总的发明构思，不符合专利法第31条第1款的规定。

（2）对比文件 1 的实施例 8 公开了在重组表达脱辅基形式的同型半胱氨酸酶之后加入 PLP 产生同型半胱氨酸酶全酶的方案，根据对比文件 1 公开的内容和已知的氨基酸序列，本领域技术人员完全可通过克隆表达获得脱辅基形式的该酶；对于已知酶而言，将酶与固体支持物偶联是很容易办到的，故对比文件 1 的基础上结合上述公知常识得到权利要求 15 和 16 的技术方案，对于所属技术领域的技术人员来说是显而易见的，因此权利要求 15 和 16 相对于对比文件 1 而言不具备突出的实质性特点和显著的进步，不具备专利法第 22 条第 3 款规定的创造性。

申请人抗癌公司（下称复审请求人）对上述驳回决定不服，于 2004 年 12 月 20 日向专利复审委员会提出复审请求。复审请求人在提出复审请求的同时提交了如下附件：

附件 1："Crystal Structure of Escherichia coli PdxA，an Enzyme Involved in the Pyridoxal phosphate Biosynthesis Pathway"，J. Sivaraman 等人，THE JOURNAL OF BIOLOGICAL CHEMISTRY，第 278 卷，第 44 期，第 43682 ~ 43690 页，2003 年 10 月 31 日，复印件共 9 页。

复审请求人提出的复审理由为：（1）对比文件 1 涉及的方法是检测光吸收度，而本申请权利要求 17 ~ 18 涉及的方法是检测荧光，两者根本不同，对比文件 1 中并无对荧光检测方法的任何提示，不参考本申请，本领域技术人员想不到利用荧光代替传统的荧光度检测，因此，本领域技术人员根据对比文件 1 并不能预知权利要求 17 和 18 的技术方案。所以，在此基础上得出的权利要求 17 ~ 18 与其他权利要求不具有单一性的审查意见不成立。（2）对比文件 1 仅公开了同型半胱氨酸脱硫酶的全酶，没有公开该酶的脱辅基形式，根据对比文件 1 的方法无法得到分离的和纯化的脱辅基酶，不能因为在该酶的纯化过程中使用了 PLP 就认为产生了脱辅基酶，加入 PLP 完全可能是为了确保全酶的稳定。对比文件 1 中的宿主细胞是大肠杆菌，众所周知大肠杆菌能产生磷酸吡哆醛，研究在大肠杆菌中生产 PLP 所需酶的附件 1 可对此予以证明。在对比文件 1 没有公开脱辅基形式同型半胱氨酸脱硫酶且无制备提示的情况下，本领域技术人员不付出创造性劳动无法得到该脱辅基酶，因此权利要求 15 ~ 16 相对于对比文件 1 具有创造性。

形式审查合格后，专利复审委员会受理了该复审请求，并于 2005 年 1 月 4 日向复审请求人发出《复审请求受理通知书》，随后将本申请移交原审查部门进行前置审查。

原审查部门对本复审请求进行了前置审查，前置审查意见认为，对比文件 1 在具体使用大肠杆菌宿主细胞同时，还教导了可以用酵母、昆虫细胞或哺乳动物细胞作为表达宿主，附件 1（大肠杆菌能产生磷酸吡哆醛）说明对比文件 1 无法得到分离和纯化的脱辅基酶的观点不成立，根据对比文件 1 公开的同型半胱氨酸酶的序列及其基因克隆方法，本领域技术人员很容易通过其他宿主重组表达所需的脱辅基形式的同型半胱氨酸酶，故权利要求 15 和 16 不具有创造性。因此，本申请仍不符合专利法第 31 条第 1 款和第 22 条第 3 款的规定，坚持原驳回决定。

专利复审委员会组成合议组，对本案的复审请求进行了审理。2007 年 4 月 17 日，专利复审委员会向复审请求人发出《复审通知书》。《复审通知书》指出：（1）独立权利要求 1、8、15 和 19 与独立权利要求 17 之间没有相同或相应的技术特征，因而也就不存在相同或者相应的特定技术特征，不符合专利法第 31 条第 1 款的规定。（2）权利要求 15 请求保护分离和纯化形式的蛋氨酸酶、同型半胱氨酸酶或半胱氨酸酶的脱辅基酶形式。对比文件 1 中公开了同型半胱氨酸脱硫酶的氨基酸序列及其编码基因的核苷酸序列，并且公开了使用大肠杆菌作为宿主细胞表达得到的同型半胱氨酸脱硫酶的脱辅酶形式（参见对比文件 1 说明书附图 1、说明书第 22 ~ 26 页的实施例 7 ~ 8），二者之间的区别仅在于：权利要求 15 请求保护的同型半胱氨酸酶的脱辅酶形式是经过分离和纯化的。对重组表达得到的多肽产物进行分离和纯化是本领域技术人员的公知常识，多肽产物的分离和纯化是本领域的常规技术手段。因此，在对比文件 1 公开的技术方案的基础上结合上述公知常识得到权利要求 15 请求保护的分离和纯化形式的同型半胱氨酸酶的脱辅基酶形式是显而易见的。所以，权利要求15请求保护的技术方案相对于对比文件1来说不具有突出的实质性特点和显著的进步，不具有专利法第22条第3款规定的创造性。将酶蛋白与固体支持物偶联是本领域的常规技术，且这种偶联没有带来意想不到的效果，因此从属权利要求16也不具有创造性。对于复审请求人用附件1证明对比文件1没有公开脱辅基形式的同型半胱氨酸酶的观点，合议组认为，附件1记载的仅仅是大肠杆菌能够产生磷酸吡哆醛，并不能证明大肠杆菌产生了结合磷酸吡哆醛的全酶。其次，结合下述本领域公知常识判断可知，对比文件1制备得到了脱PLP的同型半胱氨酸酶。全酶中的辅助因子在大多数情况下都可以通过透析除去，而磷酸吡哆醛作为辅酶，其与酶蛋白之间是非共价键的松弛结合，易于透析除去（参见《生物化学》（上册），沈同 王镜岩主编，高等教育出版社，1990年12月第2版，第236~237页）。由于磷酸吡哆醛与酶蛋白之间是非共价结合，不可能共表达，所以对比文件1得到的重组表达产物应是没有结合磷酸吡哆醛的酶蛋白。即使真如复审请求人所言，表达产物是结合有磷酸吡哆醛的全酶，那也会因为随后进行的透析等一系列处理（FPLC纯化、SDS-PAGE电泳及透析）（见对比文件1实施例7）而得到了同型半胱氨酸酶的脱辅酶形式。因此，复审请求人的上述主张不成立。

针对《复审通知书》指出的问题，复审请求人于2007年6月4日提交了意见陈述书，同时提交了权利要求书的全文替换页（共9项）。

2007年9月7日，复审请求人再次提交了权利要求书全文替换页（共9项），其中保留了驳回决定所针对文本中的权利要求1~7，删除了该文本中的权利要求8~18和21，修改后的权利要求8~9如下：

“8. 权利要求1~7任一项的方法所使用的测定生物液体中PLP的试剂盒，其包含包装的试剂，所述被包装的试剂包含：

包装的脱辅基酶，其是重组体同型半胱氨酸酶、半胱氨酸酶或蛋氨酸酶；

包装的吡哆醛磷酸；

包装的显色试剂；和

包装的同型半胱氨酸、半胱氨酸或蛋氨酸。

9. 权利要求8的试剂盒，其中所述显色剂包含N，N-二烷基对亚苯基-二胺和一种氧化剂的溶液。”

至此，合议组认为本案事实清楚，可以作出审查决定。

**二、决定的理由**

1. 决定所针对的文本

本复审请求审查决定所依据的文本为复审请求人于2007年9月7日提交的权利要求第1~9项、2001年8月1日进入中国国家阶段时提交的说明书第1~3、3A和4~12页，附图第1~6页及说明书摘要，其中，说明书第3和3A页是国际初步审查报告附件的中文译文，附图第1~6页是依据专利合作条约第41条修改的替换页。

2. 关于专利法第31条第1款

专利法第31条第1款规定：一件发明或者实用新型专利申请应当限于一项发明或者实用新型。属于一个总的发明构思的两项以上的发明或者实用新型，可以作为一件申请提出。

如果权利要求之间没有相同或相应的特定技术特征，不属于一个总的发明构思，那么这些权利要求间不具有单一性，反之，则这些权利要求间具有单一性。

本案中，驳回决定所针对文本中的权利要求1~14、19~21请求保护使用依赖PLP的同型半胱氨酸酶、蛋氨酸酶或半胱氨酸酶的脱辅基酶产生分光光度法可观测到的产物从而测定生物样品中PLP浓度的方法和试剂盒，该文本中的权利要求15~16请求保护分离和纯化形式的蛋氨酸酶、同型半胱氨酸酶或半胱氨酸酶的脱辅基酶形式，权利要求17~18请求保护提高通过硫化氢产生而检测的测定敏感性的方法。权利要求17~18与其他权利要求之间不存在相同或相应的技术特征，因而也就不存在相同或相应的特定技术特征，不符合专利法第31条第1款的规定。

复审请求人于2007年9月7日提交的权利要求书中，保留了驳回决定所针对文本中的权利要求1~7，删去了该文本中的权利要求8~18和21，将该文本中的权利要求19修改为新的独立权利要求8，该权利要求8将请求保护的试剂盒限定为"权利要求1~7任一项的方法所使用的测定生物液体中PLP的试剂盒"，更加明确了所述试剂盒是为权利要求1所述方法而专门设计的试剂盒；修改后的权利要求9是权利要求8的从属权利要求，从而使该权利要求8~9与权利要求1~7属于一个总的发明构思。因此，复审请求人于2007年9月7日提交的权利要求书已经克服了驳回决定指出的本申请不符合专利法第31条第1款规定的缺陷。

3. 关于专利法第22条第3款

专利法第22条第3款规定：创造性是指同申请日以前已有的技术相比，该发明有突出的实质性特点和显著的进步。

根据该款规定，如果与申请日以前已有的技术相比，请求保护的发明不具有突出的实质性特点和显著的进步，那么该发明不具有创造性。

本案中，驳回决定所针对文本中的权利要求15与对比文件1所公开的技术方案之间的区别仅在于：该权利要求15请求保护的同型半胱氨酸酶的脱辅酶形式是经过分离和纯化的。对重组表达得到的多肽产物进行分离和纯化是本领域技术人员的公知常识。因此，在对比文件1公开的技术方案的基础上结合上述公知常识得到该权利要求15请求保护的分离和纯化形式的同型半胱氨酸酶的脱辅基酶形式是显而易见的。所以，该权利要求15不具有专利法第22条第3款规定的创造性。驳回决定所针对文本中的从属权利要求16的附加技术特征是"所述脱辅基酶与固体支持物偶联"，将酶蛋白与固体支持物偶联是本领域的常规技术，而且这种偶联没有带来意想不到的效果，因此该权利要求16也不具有专利法第22条第3款规定的创造性。

复审请求人于2007年9月7日提交的权利要求书中，删去了该权利要求15~16。因此，驳回决定指出的该权利要求15~16不符合专利法第22条第3款规定的缺陷已经克服。

根据以上事实和理由，本案合议组作出如下审查决定。

**三、决定**

撤销国家知识产权局于2004年9月3日对00803327.7号发明专利申请作出的驳回决定。由原审查部门在本复审请求审查决定所依据的文本的基础上继续进行审查。

复审请求人对本决定不服的，可以根据专利法第41条第2款的规定，自收到本决定之日起三个月内向北京市第一中级人民法院起诉。

121

# OX2 受体的同系物

## 复审请求审查决定（第 11731 号）

**决　定　号**　第 11731 号
**决　定　日**　2007 年 10 月 24 日
**发明创造名称**　OX2 受体的同系物
**国 际 分 类 号**　C12N 15/12，C07K 14/705，C07K 16/28，A61K 38/17，G01N 33/50
**复 审 请 求 人**　医疗研究局，先灵公司
**申　请　号**　00810289.9
**优 先 权 日**　1999 年 5 月 13 日，1999 年 11 月 3 日
**申　请　日**　2000 年 5 月 11 日
**公　开　日**　2002 年 10 月 2 日
**合 议 组 组 长**　叶　娟
**主　审　员**　魏春宝
**参　审　员**　卢　阳

**法 律 依 据**　专利法第 26 条第 3 款
**决 定 要 点**

要求保护的发明为化学产品本身的，说明书中应当记载化学产品的确认、化学产品的制备以及化学产品的用途。如果所属技术领域的技术人员无法根据现有技术预测发明能够实现所述用途和/或使用效果，则说明书中还应当记载对于本领域技术人员来说，足以证明发明的技术方案可以实现所述用途和/或达到预期效果的定性或定量实验数据。

### 一、案由

本复审请求涉及名称为“OX2 受体的同系物”的第 00810289.9 号发明专利申请（下称本申请），申请人为医疗研究局和先灵公司，申请日为 2000 年 5 月 11 日，优先权日为 1999 年 5 月 13 日、1999 年 11 月 3 日，公开日为 2002 年 10 月 2 日。

2004 年 7 月 2 日，国家知识产权局以本申请不符合专利法第 26 条第 3 款、第 31 条第 1 款和第 26 条第 4 款的规定为由驳回了本申请，驳回决定所针对的文本为申请人于 2004 年 5 月 13 日提交的权利要求第 1 ~ 34 项，原始国际申请文件译文的说明书第 1 ~ 78 页以及核苷酸和氨基酸序列表第 1 ~ 34 页，其中权利要求书为：

“1. 一种分离的或重组的聚核苷酸，其编码含 SEQ ID NO：2、4、6、8、10、12、20 或 23 所示的成熟多肽的多肽。

2. 权利要求1的分离的或重组的聚核苷酸，其编码含SEQ ID NO：4所示的成熟多肽的多肽。

3. 权利要求1的分离的或重组的聚核苷酸，其编码含SEQ ID NO：8所示的成熟多肽的多肽。

4. 权利要求1的分离的或重组的聚核苷酸，其编码含SEQ ID NO：20所示的成熟多肽的多肽。

5. 权利要求1的分离的或重组的聚核苷酸，其含有SEQ ID NO：1、3、5、7、9、11、19或22所示的成熟编码部分。

6. 一个表达载体，它含有权利要求1的分离的或重组的聚核苷酸。

7. 含有权利要求6的表达载体的分离的宿主细胞。

8. 制备多肽的方法，包括在合适条件下培养权利要求7的宿主细胞，以产生该多肽。

9. 权利要求1的聚核苷酸，它包含复制起点。

10. 权利要求1的聚核苷酸，它包含可检测的标记物。

11. 权利要求1的聚核苷酸，它来源于天然的源。

12. 权利要求1的聚核苷酸，它是通过重组生产的。

13. 权利要求1的聚核苷酸，它编码DAP12。

14. 权利要求1的聚核苷酸，它编码DAP10。

15. 一种纯或分离的多肽，它含有SEQ ID NO：2、4、6、8、10、12、20或23所示的成熟多肽。

16. 权利要求15的纯或分离的多肽，它含有SEQ ID NO：4所示的成熟多肽。

17. 权利要求15的纯或分离的多肽，它含有SEQ ID NO：8所示的成熟多肽。

18. 权利要求15的纯或分离的多肽，它含有SEQ ID NO：20所示的成熟多肽。

19. 一种结合化合物，它包含来源于抗体的抗原结合位点，它特异性地结合含有SEQ ID NO：2、4、6、8、10、12、20或23所示的成熟多肽的多肽。

20. 权利要求19的结合化合物，其与含有SEQ ID NO：4所示的成熟多肽的多肽特异地结合。

21. 权利要求19的结合化合物，其与含有SEQ ID NO：8所示的成熟多肽的多肽特异地结合。

22. 权利要求19的结合化合物，其与含有SEQ ID NO：20所示的成熟多肽的多肽特异地结合。

23. 权利要求19的结合化合物，其中所述结合化合物是多克隆抗体。

24. 权利要求19的结合化合物，其中所述结合化合物是单克隆抗体。

25. 权利要求19的结合化合物，其中所述结合化合物是Fv片断。

26. 权利要求19的结合化合物，其中所述结合化合物是Fab片断。

27. 权利要求19的结合化合物，其中所述结合化合物是Fab2片断。

28. 权利要求19的结合化合物，其中所述结合化合物是可检测标记的。

29. 权利要求19的结合化合物，其中所述结合化合物是荧光标记的。

30. 权利要求19的结合化合物，其中所述抗体是相对于SEQ ID NO：4、8或23所示的成熟多肽培养的。

31. 权利要求19的结合化合物，其中所述结合化合物对抗原显示至少30μM的Kd。

32. 权利要求19的结合化合物，其中所述结合化合物存在于无菌的组合物中。

33. 权利要求15的纯或分离的多肽或权利要求19的结合化合物在制备用于调节细胞或组织培养物细胞生理学或发育的药物中的用途。

34. 权利要求33的用途，其中所述药物：

（a）提高体外骨髓（myeloid）细胞的功能，或

（b）提高用所述药物系统治疗的动物的免疫性。”

驳回决定认为：（1）本申请的说明书不符合专利法第26条第3款的规定，请求保护的化学产品

的用途没有充分公开，具体理由为：①本申请说明书中没有任何的直接的实验证据证明筛选到的OX2RH具有OX2受体的活性，申请人认为可以通过制备相应的结合组合物来看其是否可特异与要求的多肽结合，或是否可以与大鼠OX2受体交叉反应，然而，前一种情况是循环论证，后一种情况即使发生也只能证明它们有相同的抗原表位，并不能证明OX2RH具有OX2受体的活性。申请人也同意没有现有技术能预见本申请的序列，当然更不能直接推导出本申请序列的功能和用途。OX2RH的相应的核酸、结合化合物等的实现是基于OX2RH的实现，由于OX2RH缺乏必要的具体功能和活性，相应的编码它的核酸、抑制它的结合化合物也缺乏具体功能。②权利要求1、5、15、19和30不符合专利法第31条第1款的规定，其中每个权利要求内都包括4组技术方案，这4组技术方案间没有相同或相应的特定技术特征，不具有单一性。③权利要求1不符合专利法第26条第4款的规定，该权利要求使用“含”限定多肽，概括了大量无法预见能够达到本发明目的的多肽。

申请人医疗研究局和先灵公司（下称复审请求人）对上述驳回决定不服，于2004年10月18日向专利复审委员会提出复审请求。复审请求人在提出复审请求的同时提交了如下修改后的权利要求书：

“1. 一种分离的或重组的聚核苷酸，其编码SEQ ID NO：20的成熟多肽。

2. 权利要求1的分离的或重组的聚核苷酸，其具有SEQ ID NO：19的成熟编码部分。

3. 一种表达载体，其具有权利要求1的分离的或重组的聚核苷酸。

4. 含有权利要求3的表达载体的分离的宿主细胞。

5. 制备多肽的方法，包括在合适条件下培养权利要求4的宿主细胞，以产生该多肽。

6. 权利要求1的聚核苷酸，其具有复制起点。

7. 权利要求1的聚核苷酸，其具有可检测的标记物。

8. 权利要求1的聚核苷酸，其是天然来源的。

9. 权利要求1的聚核苷酸，其是通过重组生产的。

10. 一种纯或分离的多肽，其为SEQ ID NO：20的成熟多肽。

11. 一种抗体或其结合片段，它与SEQ ID NO：20的成熟多肽特异性结合。

12. 权利要求11的抗体或其结合片段，其是多克隆抗体。

13. 权利要求11的抗体或其结合片段，其是单克隆抗体。

14. 权利要求11的抗体或其结合片段，其是Fv结合片断。

15. 权利要求11的抗体或其结合片段，其是Fab结合片断。

16. 权利要求11的抗体或其结合片段，其是Fab2结合片断。

17. 权利要求11的抗体或其结合片段，其是可检测标记的。

18. 权利要求11的抗体或其结合片段，其是荧光标记的。

19. 权利要求11的抗体或其结合片段，其是相对于SEQ ID NO：20的成熟多肽产生的。

20. 权利要求11的抗体或其结合片段，其对SEQ ID NO：20的成熟多肽显示至少1mM的Kd。

21. 权利要求11的抗体或其结合片段，其对SEQ ID NO：20的成熟多肽显示至少100μM的Kd。

22. 权利要求11的抗体或其结合片段，其对SEQ ID NO：20的成熟多肽显示至少30nM的Kd。

23. 权利要求11的抗体或其结合片段，其对SEQ ID NO：20的成熟多肽显示至少10nM的Kd。

24. 权利要求11的抗体或其结合片段，其对SEQ ID NO：20的成熟多肽显示至少3nM的Kd。

25. 权利要求11的抗体或其结合片段，其存在于无菌的组合物中。

26. 权利要求11的抗体或其结合片段，其增强SEQ ID NO：20的成熟多肽的细胞活性。

27. 权利要求11的抗体或其结合片段，其抑制SEQ ID NO：20的成熟多肽的细胞活性。

28. 权利要求10的纯或分离的多肽在制备用于调节细胞或组织培养物细胞生理学或发育的药物中的用途。

29. 权利要求28的用途，其中所述药物提高体外骨髓细胞的功能。

30. 权利要求28的用途，其中所述药物提高用所述药物系统治疗的动物的免疫性。

31. 权利要求11的抗体或其结合片段在制备用于调节细胞或组织培养物细胞生理学或发育的药物中的用途。

32. 权利要求31的用途，其中所述药物提高体外骨髓细胞的功能。

33. 权利要求31的用途，其中所述药物提高用所述药物系统治疗的动物的免疫性。"

复审请求人提出的复审理由为：修改后的权利要求涉及人OX2受体同系物1.2（SEQ ID NO：20的成熟多肽），包括成熟多肽、与成熟多肽特异性结合的抗体或其结合片段、多肽和抗体或其结合片段的用途、以及编码该多肽的聚核苷酸。(1) 基于说明书公开的序列（SEQ ID NO：19和20），本领域技术人员可以容易地分离成熟的人OX2受体同系物1.2，OX2配体的功能见例如说明书第2页第15~19行和第11页第28行至第12页第23行，OX2受体同系物的功能见说明书第3页第4~18行，本发明的治疗用途的进一步细节见说明书第58页第2行至第59页第16行，筛选与OX2受体同系物结合的化合物的方法见说明书第60页第31行至第61页第28行。类似地，本领域技术人员可以容易地制备抗人OX2受体同系物1.2的抗体，并筛选与人OX2受体同系物1.2特异性结合的抗体。这样的抗体具有调节上述功能的用途。(2) 审查员没有提供任何证据来证明本发明缺乏新颖性或创造性。(3) 基于说明书公开的序列，本领域技术人员可以容易地分离编码成熟人OX2受体同系物1.2的聚核苷酸，并可基于遗传密码进一步推知编码它的其他聚核苷酸。

形式审查合格后，专利复审委员会受理了该复审请求，并于2004年11月16日向复审请求人发出《复审请求受理通知书》，随后将本申请案卷移交原审查部门进行前置审查。

原审查部门对本复审请求进行了前置审查，认为驳回决定中的不符合专利法第31条第1款和第26条第4款规定的缺陷已经克服，但仍不符合专利法第26条第3款的规定，因而坚持原驳回决定。

专利复审委员会组成合议组，对本复审请求案进行了审理。专利复审委员会于2007年4月18日向复审请求人发出《复审通知书》。《复审通知书》指出，复审请求人提出复审请求时提交的新修改的权利要求请求保护具有SEQ ID NO：19所示核苷酸序列的聚核苷酸、具有SEQ ID NO：20所示氨基酸序列的多肽以及该多肽的制药用途。本申请说明书中只是在序列表中列出SEQ ID NO：19和SEQ ID NO：20的序列，简单说明它们分别是灵长类动物OX2R同系物的核苷酸序列和多肽序列。说明书中没有记载这些产品的制备方法，也没有提供足够的实验证据证明SEQ ID NO：20具有OX2R的活性，是OX2R同系物，更没有提供定性或定量实验证据证明该多肽可用作调节细胞或组织培养物生理学或发育的药物。因此，本申请说明书没有对发明作出清楚、完整的说明，不符合专利法第26条第3款的规定。复审请求人在复审请求书中辩称，基于说明书公开的序列（SEQ ID NO：19和20），本领域技术人员可以容易地分离成熟的人OX2受体同系物1.2。OX2受体同系物的功能见说明书第3页第4~18行。本发明的治疗用途的进一步细节见说明书第58页第2行至第59页第16行。合议组认为：复审请求人主张"本领域技术人员基于SEQ ID NO：19和20可以容易地分离成熟的人OX2受体同系物"这一点无论能否实现都不表明本申请说明书中记载了SEQ ID NO：19和20所示产品的制备方法。说明书第3页第4~18行和第58页第2行至第59页第16行未具体涉及SEQ ID NO：19或20，其中记载的OX2R同系物功能及治疗用途都是未经实验证明的泛泛性描述。更何况，在没有实验证据能证明SEQ ID NO：20所示多肽是OX2R同系物的情况下，即使能获知OX2R同系物的功能，也没有讨论OX2R同系物功能的必要和基础。因此，复审请求人的辩解理由不能成立。

针对《复审通知书》指出的问题，复审请求人于2007年8月3日提交了意见陈述书，认为：说明书第19页第1行表明SEQ ID NO：20是OX2R同系物OX2RH1.2的多肽序列。关于该多肽的功能，说明书第34页第20~21行指出“在功能上，大鼠和小鼠H1结合OX2。对于人的H1，这还未被证实，但是可以很容易的试验”。此外，说明书第37页第27行至第38页第1行指出“OX2RH1具有暗示通过受体酪氨酸激酶途径信号的受体的基序。见，例如，Ihle等，（1997）Stem Cells 15（suppl.1）：105~111；Silvennoinen等，（1997）APMIS 105：497~509；Levy（1997）Cytokine Growth Factor Review 8：81~90；Winston and Hunter（1996）Current Biol.6：668~671；Barrett（1996）Baillieres Clin. Gastroenterol. 10：1~15；和Briscoe等，（1996）philos. Trans. R. Soc. Lond. B. Biol. Sci. 351：167~171”。说明书第58页第2行至第60页第3行详细描述了受体同系物和抗体的治疗用途。如说明书第65页第6~8行所述，本领域技术人员根据说明书的教导，应用本领域的标准方法，可以容易地制备SEQ ID NO：20的多肽，并验证该多肽的功能和用途。类似地，本领域技术人员也可以容易地制备抗多肽的抗体并验证其用途。例如，说明书实施例部分第71页第11行至第72页第9行例示了哺乳动物OX2RH蛋白的生产，第72页第10行至第73页第4行例示了对OX2RH特异的抗体的制备。

至此，合议组认为本案事实清楚，可以作出审查决定。

**二、决定的理由**

1. 决定所针对的文本

本复审请求审查决定所依据的文本为复审请求人于2004年10月18日提交的权利要求第1~33项以及驳回决定所针对的说明书第1~78页、序列表第1~34页和说明书摘要。

2. 关于专利法第26条第3款

专利法第26条第3款规定：说明书应当对发明或者实用新型作出清楚、完整的说明，以所属技术领域的技术人员能够实现为准。

根据该款规定，要求保护的发明为化学产品本身的，说明书中应当记载化学产品的确认、化学产品的制备以及化学产品的用途。如果所属技术领域的技术人员无法根据现有技术预测发明能够实现所述用途和/或使用效果，则说明书中还应当记载对于本领域技术人员来说，足以证明发明的技术方案可以实现所述用途和/或达到预期效果的定性或定量实验数据。对于新的药物化合物或者药物组合物，应当记载其具体医药用途或者药理作用，同时还应当记载其有效量及使用方法。如果本领域技术人员无法根据现有技术预测发明能够实现所述医药用途、药理作用，则应当记载对于本领域技术人员来说，足以证明发明的技术方案可以解决预期要解决的技术问题或者达到预期的技术效果的实验室试验（包括动物试验）或者临床试验的定性或者定量数据。说明书对有效量和使用方法或者制剂方法等应当记载至所属技术领域的技术人员能够实施的程度。

本案中，权利要求请求保护SEQ ID NO：20所示多肽及其制药用途，以及编码SEQ ID NO：20的聚核苷酸（SEQ ID NO：19）。但是，本申请说明书中只是在序列表中列出SEQ ID NO：19和SEQ ID NO：20的序列，简单说明它们分别是灵长类动物OX2R同系物的核苷酸序列和多肽序列。说明书记载的内容不足以表明根据现有技术能够预测SEQ ID NO：20具有OX2R的活性，是OX2R同系物，而且也没有提供足够的实验证据证明该多肽具有所述活性，更没有提供定性或定量实验证据证明该多肽可用作调节细胞或组织培养物生理学或发育的药物。因此，本申请说明书没有对发明作出清楚、完整的说明，不符合专利法第26条第3款的规定。

对于复审请求人在答复《复审通知书》时所作的意见陈述，合议组认为，说明书第19页第1行的内容“灵长类动物，例如，人，OX2RH1.2（SEQ ID NO：19和SEQ ID NO：20）”只是复审请求人对 SEQ ID NO：20 的简单说明，并非证明 SEQ ID NO：20 所示多肽是 OX2R 同系物的实验证据，也不代表 SEQ ID NO：20 所示多肽已经过实验证实了其是 OX2R 同系物。说明书第 34 页第 20～21 行的内容也说明请求保护的多肽（即 SEQ ID NO：20）的功能未得到试验证实，对于复审请求人主张的"可以很容易的试验"和可以"应用本领域的标准方法"验证该多肽的功能和用途，合议组认为试验的容易程度和使用常规方法并不意味一定能得出预期的试验效果。复审请求人没有明确列举说明书第 37 页第 27 行至第 38 页第 1 行内容的目的，合议组也未能看出该内容与证明 SEQ ID NO：20 的功能和用途有何必然联系。说明书第 58 页第 2 行至第 60 页第 3 行的内容未具体涉及 SEQ ID NO：19 或 20，其中记载的 OX2R 同系物功能及治疗用途都是未经实验证明的泛泛性描述。更何况，在没有实验证据能证明 SEQ ID NO：20 所示多肽是 OX2R 同系物的情况下，即使能获知 OX2R 同系物的功能，也没有讨论 OX2R 同系物功能的必要和基础。因此，复审请求人的辩解理由不成立。

根据以上事实和理由，本案合议组作出如下审查决定。

**三、决定**

维持国家知识产权局于 2004 年 7 月 2 日对 00810289.9 号发明专利申请作出的驳回决定。

复审请求人对本决定不服的，可以根据专利法第 41 条第 2 款的规定，自收到本决定之日起三个月内向北京市第一中级人民法院起诉。

122

# 分离树突状细胞膜蛋白基因

## 复审请求审查决定（第11733号）

**决　定　号**　第11733号
**决　定　日**　2007年11月13日
**发明创造名称**　分离树突状细胞膜蛋白基因
**国际分类号**　C07K14/705，C12N 15/12
**复审请求人**　先灵公司
**申　请　号**　98806967.9
**优先权日**　1997年7月9日
**申　请　日**　1998年7月8日
**公　开　日**　2000年8月9日
**合议组组长**　何　炜
**主　审　员**　张晓飞
**参　审　员**　卢　阳

**法律依据**　专利法第26条第4款
**决定要点**

对一项专利申请而言，如果因权利要求请求保护的技术方案中使用了特定的用语来限定保护范围，包含了太多所属技术领域的技术人员无法预期能达到该申请发明目的的技术方案，而导致该权利要求得不到说明书支持的；则当这些用语被删除，所要求保护的技术方案即可得到说明书的支持。

**一、案由**

本复审请求涉及1998年7月8日申请，2000年8月9日公开，名称为“分离树突状细胞膜蛋白基因”的98806967.9号发明专利申请（下称本申请），本申请的优先权日为1997年7月9日，申请人为先灵公司。

针对进入中国国家阶段时提交的说明书第1～71页、说明书摘要和2003年8月21提交的权利要求第1～18项，国家知识产权局于2004年1月30日驳回了本申请，驳回决定所针对的权利要求书为：

“1. 一种重组多肽，该多肽包括至少10个连续的来自SEQ ID NO：2的残基1～104的氨基酸残基。

2. 一种重组多肽，该多肽包括氨基酸序列SEQ ID NO：2。

3. 一种由氨基酸序列 SEQ ID NO：2 组成的重组 DCMP1 多肽。

4. 一种包括权利要求 1～3 任一项的多肽的融合蛋白。

5. 一种结合化合物，该化合物特异性地与权利要求 1～3 任一项的多肽结合，其中所述化合物是抗体或抗体片段。

6. 一种编码权利要求 1～3 任一项的多肽的重组核酸。

7. 一种包括权利要求 6 的核酸的表达载体。

8. 一种包括权利要求 7 的载体的宿主细胞。

9. 一种通过重组生产多肽的方法，包括在所述多肽可以表达的条件下培养权利要求 8 的宿主细胞。

10. 一种重组多肽，该多肽包括至少 10 个连续的来自 SEQ ID NO：8 的残基 105～238 的氨基酸残基。

11. 一种重组多肽，该多肽包括氨基酸序列 SEQ ID NO：8。

12. 一种由氨基酸序列 SEQ ID NO：8 组成的重组 DCMP1 多肽。

13. 一种包括权利要求 10～12 任一项的多肽的融合蛋白。

14. 一种结合化合物，该化合物特异性地与权利要求 10～12 任一项的多肽结合，其中所述化合物是抗体或抗体片段。

15. 一种编码权利要求 10～12 任一项的多肽的重组核酸。

16. 一种包括权利要求 15 的核酸的表达载体。

17. 一种包括权利要求 16 的载体的宿主细胞。

18. 一种通过重组生产多肽的方法，包括在所述多肽可以表达的条件下培养权利要求 17 的宿主细胞。"

驳回决定认为：

(1) 权利要求 1 和 10 概括的保护范围太宽，根据说明书的描述，本领域技术人员无法很容易地确定在保证蛋白质生物活性的前提下，对重组多肽中包括至少 10 个连续残基的氨基酸进行选择的位置和数目，因此权利要求要求保护的多肽包括了太多的化合物；另外，SEQ ID NO：2 的残基 1～104 和 SEQ ID NO：8 的残基 105～238 在说明书中也没有证据表明具有该序列的多肽有生物学活性，因此，权利要求 1 和 10 得不到说明书的支持，不符合专利法第 26 条第 4 款的规定。

(2) 权利要求 2 和 11 中的“包括”使得请求保护的多肽概括了许多化合物，本领域技术人员无法预知除了由 SEQ ID NO：2 和 SEQ ID NO：8 所示的氨基酸序列组成的 DCMP1 多肽以外的所有化合物均能达到本发明的目的，因此，权利要求 2 和 11 得不到说明书的支持，不符合专利法第 26 条第 4 款的规定。

(3) 权利要求 4 和 13 要求保护的融合蛋白，包括了许多化合物，本领域技术人员无法预知“包括本发明多肽”的融合蛋白都能产生本发明 DCMP1 的效果，从而达到发明目的，因此，权利要求 4 和 13 得不到说明书的支持，不符合专利法第 26 条第 4 款的规定。

(4) 权利要求 5 和 14 要求保护是抗体或抗体片段的结合化合物，由于权利要求 1～2 和权利要求 10～11 的重组多肽本身得不到说明书的支持；另外，本领域技术人员无法预知并轻易获得能达到本发明目的的所述“抗体片段”，因此，权利要求 5 和 14 得不到说明书的支持，不符合专利法第 26 条第 4 款的规定。

(5) 由于权利要求 6～9、15～18 部分基于前述权利要求 1～2、10～11 请求保护的多肽，故也无法得到说明书的支持，不符合专利法第 26 条第 4 款的规定。

申请人先灵公司（下称复审请求人）对上述驳回决定不服，于2004年5月14日向专利复审委员会提出复审请求，并提交了权利要求书全文替换页（共1页20项），修改后的权利要求书如下：

“1. 一种抗原性多肽，该多肽包括至少10个连续的来自SEQ ID NO：2的残基1~104的氨基酸残基。

2. 一种抗原性多肽，该多肽包括氨基酸序列SEQ ID NO：2的残基1~104。

3. 一种抗原性多肽，该多肽包括氨基酸序列SEQ ID NO：2。

4. 一种氨基酸序列SEQ ID NO：2的重组DCMP1多肽。

5. 一种包括权利要求1~4任一项的多肽的融合蛋白。

6. 一种结合化合物，该化合物特异性地与权利要求1~4任一项的多肽结合，其中所述化合物是抗体或抗体片段。

7. 一种编码权利要求1~4任一项的多肽的重组核酸。

8. 一种包括权利要求7的核酸的表达载体。

9. 一种包括权利要求8的载体的宿主细胞。

10. 一种通过重组生产多肽的方法，包括在所述多肽可以表达的条件下培养权利要求9的宿主细胞。

11. 一种抗原性多肽，该多肽包括至少10个连续的来自SEQ ID NO：8的残基105~238的氨基酸残基。

12. 一种抗原性多肽，该多肽包括SEQ ID NO：8的残基105~238的氨基酸残基。

13. 一种抗原性多肽，该多肽包括氨基酸序列SEQ ID NO：8。

14. 一种SEQ ID NO：8的重组DCMP1多肽。

15. 一种包括权利要求11~14任一项的多肽的融合蛋白。

16. 一种结合化合物，该化合物特异性地与权利要求11~14任一项的多肽结合，其中所述化合物是抗体或抗体片段。

17. 一种编码权利要求11~14任一项的多肽的重组核酸。

18. 一种包括权利要求17的核酸的表达载体。

19. 一种包括权利要求18的载体的宿主细胞。

20. 一种通过重组生产多肽的方法，包括在所述多肽可以表达的条件下培养权利要求17的宿主细胞。”

复审请求人认为：说明书中通过序列比对的同源性分析结果推断SEQ ID NO：2和8的105~237残基为钙依赖性的C型凝集素胞外结构域，因此认为1~104残基为例如跨膜区和胞内结构域，即使不具备DCMP1的活性，仍可用于产生抗体，还充分描述了SEQ ID NO：2和8的抗原结构，本领域技术人员可很容易制备针对该抗原的抗体，说明书中详细描述了包括抗原性多肽的融合蛋白可用于诊断试剂盒和方法中，因此权利要求1~20能够得到说明书的支持。

形式审查合格后，专利复审委员会受理了该复审请求，并于2004年6月8日向复审请求人发出《复审请求受理通知书》，随后将本申请移交原审查部门进行前置审查。

原审查部门对本复审请求进行了前置审查，认为：（1）权利要求1和11的“至少10个连续的……”概括了许多化合物，本领域技术人员需要付出过多的劳动才能从中筛选出具有抗原性的多肽；（2）说明书中没有证据表明具有SEQ ID NO：2的残基1~104以及具有SEQ ID NO：8的残基105~238的多肽具有生物学功能。因此坚持原驳回决定。

专利复审委员会组成合议组，对本案的复审请求进行了审理，于2007年5月25日向复审请求人发出《复审通知书》，指出：

（1）第一，权利要求 1 要求保护一种抗原性多肽，而说明书中没有任何数据表明 SEQ ID NO：2 的残基 1～104 的氨基酸残基具有生物学功能，也没有任何数据表明获得了以 SEQ ID NO：2 的 1～104 残基为抗原制备得到的特异性结合 DCMP1 的抗体及其实际应用，因此，SEQ ID NO：2 的 1～104 残基能够产生特异性结合 DCMP1 的抗体仅是复审请求人推测的内容。第二，“包括至少 10 个连续的……”概括出了许多多肽，本领域技术人员不能确定所述多肽均具有所述功能。因此，权利要求 1 要求保护的抗原性多肽得不到说明书的支持，不符合专利法第 26 条第 4 款的规定。权利要求 11 也要求保护一种抗原性多肽，与上述评述类似，说明书中没有给出数据表明 SEQ ID NO：8 的残基 105～238 的氨基酸残基确实为 C 型凝集素胞外结构域，也没有任何数据表明获得了以 SEQ ID NO：8 的 105～238 残基为抗原制备得到的抗体及其实际应用，因此，SEQ ID NO：8 的 105～238 残基具有抗原性仅是复审请求人推测的内容。第三，“包括至少 10 个连续的……”概括出了许多多肽，本领域技术人员不能确定所述多肽均具有所述功能。因此，权利要求 11 要求保护的抗原性多肽同样得不到说明书的支持，不符合专利法第 26 条第 4 款的规定。

（2）权利要求 2～3、12～13 中的“包括”使得所要求保护的多肽除了组成明确的氨基酸残基外，在此两端还可以具有组成和数量不明确的残基，而多肽抗原性的体现也会受到多肽空间结构的影响，因此本领域技术人员无法预先确定和评价两端残基的加入是否会影响原多肽的空间结构，另外说明书中也没有给出具有上述结构且具有抗原性的多肽的实例，因此，权利要求 2～3、12～13 要求保护的抗原性多肽得不到说明书的支持，不符合专利法第 26 条第 4 款的规定。

（3）权利要求 5 和 15 要求保护融合蛋白，但没有限定与权利要求中的“多肽”组成融合蛋白的“其他多肽”的具体组成，因此，对于不同的“其他多肽”，与“多肽”结合后是否会影响其构型进而影响其功能，以及对于功能性的“其他多肽”，结合后形成的融合蛋白是否能够发挥各自的功能，本领域技术人员不能预先确定或评价，另外说明书中也没有给出任何具有生物学功能的融合蛋白的实例，因此，权利要求 5 和 15 要求保护的融合蛋白得不到说明书的支持，不符合专利法第 26 条第 4 款的规定。

（4）权利要求 6 和 16 要求保护一种结合化合物，对于其中的“抗体片段”，由于并不清楚抗原和抗体的结合结构域的结构，本领域技术人员并不能推断出与多肽结合的抗体中，何种结构的抗体片段也能与该多肽结合，另外说明书中也没有给出任何所述抗体片段的实例，因此，权利要求 6 和 16 要求保护的结合化合物得不到说明书的支持，不符合专利法第 26 条第 4 款的规定。

（5）权利要求 7～10、17～20 分别引用了上述得不到说明书支持的权利要求 1～3 和 11～13，其要求保护的技术方案同样得不到说明书的支持，不符合专利法第 26 条第 4 款的规定。

针对《复审通知书》指出的问题，复审请求人于 2007 年 7 月 9 日提交了意见陈述书及经修改的权利要求书，其内容如下：

“1. 一种抗原性多肽，该多肽由氨基酸序列 SEQ ID NO：2 组成。

2. 一种 SEQ ID NO：2 的重组 DCMP1 多肽。

3. 一种结合化合物，该化合物特异性地与权利要求 1～2 任一项的多肽结合，其中所述化合物是抗体。

4. 一种编码权利要求 1～2 任一项的多肽的重组核酸。

5. 一种包括权利要求 4 的核酸的表达载体。

6. 一种包括权利要求 5 的载体的宿主细胞。

7. 一种通过重组生产多肽的方法，包括在所述多肽可以表达的条件下培养权利要求 6 的宿主细胞。

8. 一种抗原性多肽，该多肽由氨基酸序列 SEQ ID NO：8 组成。

9. 一种 SEQ ID NO：8 的重组 DCMP1 多肽。

10. 一种结合化合物，该化合物特异性地与权利要求 8 ~ 9 任一项的多肽结合，其中所述化合物是抗体。

11. 一种编码权利要求 8 ~ 9 任一项的多肽的重组核酸。

12. 一种包括权利要求 11 的核酸的表达载体。

13. 一种包括权利要求 12 的载体的宿主细胞。

14. 一种通过重组生产多肽的方法，包括在所述多肽可以表达的条件下培养权利要求 13 的宿主细胞。”

至此，合议组认为本案事实清楚，可以作出审查决定。

**二、决定的理由**

1. 文本认定

复审请求人在答复《复审通知书》时提交的经修改的权利要求书符合专利法第 33 条和专利法实施细则第 60 条第 1 款的规定，因此本决定针对本申请进入中国国家阶段时提交的说明书第 1 ~ 71 页、说明书摘要和 2007 年 7 月 9 提交的权利要求第 1 ~ 14 项作出。

2. 专利法第 26 条第 4 款

专利法第 26 条第 4 款规定：权利要求书应当以说明书为依据，说明要求专利保护的范围。

对一项专利申请而言，如果因权利要求请求保护的技术方案中使用了特定的用语来限定保护范围，包含了太多所属技术领域的技术人员无法预期能达到该申请发明目的的技术方案，而导致该权利要求得不到说明书支持的；则当这些用语被删除，所要求保护的技术方案即可得到说明书的支持。

复审请求人于 2007 年 7 月 9 提交的权利要求书中，删除了《复审通知书》所针对的权利要求1 ~ 2、5、11 ~ 12、15（其中权利要求 1、5、11、15 对应于驳回决定针对的权利要求 1、4、10、13），还删除了权利要求 6 和 16 中的用语“抗体片段”（对应于驳回决定针对的权利要求 5 和 14），并将权利要求 3 和 13 中的用语“包括”改成“由……组成”的封闭式表述（对应于驳回决定针对的权利要求 2 和 11），对于修改后的权利要求 1 和 8，其要求保护的技术方案分别为氨基酸序列为 SEQ ID NO：2 和 8 的抗原性多肽，由于“抗原性多肽”的表述并未给权利要求要求保护的产品带来结构或组成的改变，其实际上要求保护的就是 SEQ ID NO：2 和 8 的多肽，其保护范围与驳回决定并未涉及的原权利要求 3 和 12 的保护范围相同，而其余要求保护的重组核酸、表达载体、宿主细胞和产生重组多肽的方法的权利要求均以 SEQ ID NO：2 和 8 的多肽为基础，因此，新修改的权利要求书已经克服了《复审通知书》和驳回决定中指出的由于权利要求请求保护的技术方案中使用了特定的用语来限定保护范围，包含了太多所属技术领域的技术人员无法预期能达到该申请发明目的的技术方案，而导致该权利要求得不到说明书支持的缺陷，使得新修改的权利要求 1 ~ 14 符合专利法第 26 条第 4 款的规定。

根据以上事实和理由，本案合议组作出如下审查决定。

**三、决定**

撤销国家知识产权局于 2004 年 1 月 30 日对 98806967.9 号发明专利申请作出的驳回决定。由原审查部门在本决定针对的文本基础上继续进行审查。

复审请求人对本决定不服的，可以根据专利法第 41 条第 2 款的规定，自收到本决定之日起三个月内向北京市第一中级人民法院起诉。

123

# 在酚的催化烷基化反应中抑制高度烷基化酚的生成

## 复审请求审查决定（第11734号）

**决　定　号**　第11734号
**决　定　日**　2007年11月13日
**发明创造名称**　在酚的催化烷基化反应中抑制高度烷基化酚的生成
**国际分类号**　C07C 37/50，C07C 39/02
**复审请求人**　通用电气公司
**申　请　号**　98119557.1
**申　请　日**　1998年9月23日
**优 先 权 日**　1997年9月24日
**公　开　日**　1999年3月31日
**合议组组长**　李人久
**主　审　员**　周英姿
**参　审　员**　王　冬

**法律依据**　专利法第22条第3款
**决定要点**

发明有突出的实质性特点，是指对所属技术领域的技术人员来说，发明相对于现有技术是非显而易见的。发明有显著的进步，是指发明与最接近的现有技术相比能够产生有益的技术效果。如果发明是其所属技术领域的技术人员在现有技术的基础上仅仅通过合乎逻辑的分析、推理或者有限的试验可以得到的，并且也未取得有益的技术效果，则该发明不具备突出的实质性特点和显著的进步。

**一、案由**

本复审请求涉及申请日为1998年9月23日、公开日为1999年3月31日、名称为“在酚的催化烷基化反应中抑制高度烷基化酚的生成”的98119557.1号发明专利申请（下称本申请），申请人为通用电气公司，其优先权日为1997年9月24日。

针对申请人于2002年5月17日提交的权利要求第1～8项和说明书第2页、1998年9月23日提交的说明书第1、3～9页和说明书摘要，国家知识产权局于2003年4月4日以权利要求1不符合专利法第26条第4款和第22条第3款规定为由驳回了本申请，具体的驳回理由是：（1）权利要求1得不到说明书的支持。申请人将原权利要求1中的反应温度400～675℃补入说明书，但修改后的技术方案实质上得不到说明书支持。权利要求1要求保护的范围过宽，例如催化剂含有Mg、Zn、Fe、V、Ce、Cs、Mn等多种金属，但说明书仅给出Mg、Mn的实施例，本领域技术人员难以预见权利要求1

概括的所有方式均能达到本发明的目的，权利要求1得不到说明书支持，不符合专利法第26条第4款的规定；（2）权利要求1相对于对比文件1不具有创造性。对比文件1（US 4071566A，公开日为1978年1月31日）公开了一种在催化剂条件下利用四甲基苯酚和五甲基苯酚与苯酚在液相中反应制备甲苯酚和二甲苯酚的方法，对比文件1与权利要求1的技术方案相比，对比文件1的原料“四甲基苯酚、五甲基苯酚”不同于权利要求1的原料“2，4-二甲基酚、2，4，6-三甲基酚”，并且权利要求1的进料流还含有甲醇和水，对比文件没有公开通过加入2，4-二甲基酚、2，4，6-三甲基酚抑制两者的生成。但是，权利要求1的方法和对比文件1的技术方案均采用催化烷基转移法，而且对比文件1的原料“四甲基苯酚、五甲基苯酚”与权利要求1的原料“2，4-二甲基酚、2，4，6-三甲基酚”均是烷基基团供体，受体均为苯酚，在对比文件1的基础上作出选择对于本领域技术人员来说无须付出创造性劳动。至于权利要求1进料流中还包括甲醇和水，但根据说明书的记载该技术特征并不导致与现有技术有实质性区别。此外，权利要求1的（b）和（c）步骤是本领域技术人员常用的无须创造性劳动就可以掌握的公知常识。因此，在对比文件1的基础上结合公知常识得到权利要求1的技术方案对于本领域普通技术人员来说不需要付出创造性劳动，权利要求1不符合专利法第22条第3款有关创造性的规定。

驳回决定所针对的权利要求1为：

“1. 一种在苯酚的甲基化反应中减少2，4-二甲苯酚和/或2，4，6-三甲苯酚的量的方法，该方法包括下述步骤：

（a）在400～675℃的温度下将进料流引入金属氧化物催化剂，其中所述金属氧化物催化剂中的金属选自Mg、Zn、Fe、V、Ce、Cs、Mn或其组合，所述进料流包括进料苯酚、甲醇和水；

（b）将2，4-二甲苯酚和/或2，4，6-三甲苯酚引入所述进料流；以及

（c）生产流出物流，其中2，4-二甲苯酚和/或2，4，6-三甲苯酚的量比2，6-二甲苯酚和甲苯酚当中的每一个的量低。”

申请人通用电气公司（下称复审请求人）对上述驳回决定不服，于2003年7月19日向专利复审委员会提出复审请求，同时提交附件1，即本申请的同族专利US 6291724（复印件，共3页）。复审请求人认为：（1）本领域的普通技术人员在阅读本说明书并结合本领域技术常识后，能够明白本申请权利要求所限定的催化剂以及温度的范围是合适的，能够实现本发明，达到发明目的。而且，权利要求的保护范围应当是对说明书给出方案的概括，而非将实施例点连为一保护范围；（2）本申请通过在酚和所述选择性催化剂中加入烷基化酚，特别是2，4-二甲基酚及2，4，6-三甲基酚可抑制不期望的烷基化酚，特别是2，4-二甲基酚及2，4，6-三甲基酚，同时提高了生成所期望的酚的速率和转换率。对比文件1没有教导含有酚、甲醇和水的进料流，没有公开加入2，4-二甲基酚及2，4，6-三甲基酚可以抑制2，4-二甲基酚及2，4，6-三甲基酚的生成，并且所述的方法令人意外地提高转化速率，所以具备创造性。本申请在美国已经授权并在审查过程中引用。

形式审查合格后，专利复审委员会受理了该复审请求，并于2003年8月14日向复审请求人发出《复审请求受理通知书》，随后将本申请案卷移交原审查部门进行前置审查。

原审查部门对本复审请求进行了前置审查。原审查部门在前置审查意见中指出，权利要求1要求保护的范围过宽，本领域技术人员难以预见所述范围公开的所有方式均能达到本发明的目的，权利要求1不符合专利法第26条第4款的规定；权利要求1的技术方案与对比文件1在技术领域、反应机理上都相同，所引入的区别技术特征是本领域技术人员无须付出创造性劳动就可容易得出的，而且并不导致与现有技术的实质性区别，步骤b和c是常用的公知常识，因此，权利要求1不符合专利法第22条第3款的规定，不具有创造性。故原审查部门坚持原驳回决定。

专利复审委员会组成合议组，对本案的复审请求进行了审理。于2004年7月14日向复审请求人发出《复审通知书》。《复审通知书》中指出，本申请权利要求1的方法为降低副产物在反应产物中的含量而将这些副产物引入进料流中抑制其生成，这是所属领域普通技术人员很容易根据化学领域的公知常识想到。尽管原料不同，但是二者的技术领域和催化烷基转移法的反应机理完全相同，驳回决定中也已阐明此点。虽然本申请方法的反应起始物不同且未具体限定反应的压力以及进料流中含有甲醇及水，但是复审请求人没有提供充分的证据表明这些区别技术特征的引入为解决所述技术问题作出贡献，也没有提供证据证明上述区别给权利要求1的技术方案带来任何意想不到的技术效果。另外，复审请求人主张"转换率高"等效果不能从原申请文件和现有技术中直接推知并确认。因此，与已有的现有技术相比，权利要求1不具有突出的实质性特点和显著的进步，因而不具备创造性，不符合专利法第22条第3款的规定。

针对上述《复审通知书》，复审请求人于2004年10月28日提交了意见陈述书。复审请求人认为：通过把2，4-二甲苯酚和/或2，4，6-三甲苯酚加入酚、甲醇、水以及金属氧化物催化剂，可以抑制烷基转移中产生的2，4-二甲苯酚和/或2，4，6-三甲苯酚，从而获得高转化率。由实施例3的表3和实施例4的表4分别可见进料#1的流出物含有减少量的2，4，6-三甲苯酚和2，4-二甲苯酚。另外，对比文件1公开的是从底部产物或反应进料制备甲酚及二甲酚的方法，它没有公开含酚、甲醇和水的进料流，也没有教导加进2，4-二甲苯酚和2，4，6-三甲苯酚以抑制烷基转移中2，4-二甲苯酚和2，4，6-三甲苯酚的生成。本申请说明书第2页倒数第3段记载了转化率有所提高，因此本申请具备创造性。

至此，合议组认为本案事实清楚，可以作出审查决定。

## 二、决定的理由

专利法第22条第3款规定的创造性：是指同申请日以前已有的技术相比，该发明有突出的实质性特点和显著的进步，该实用新型有实质性特点和进步。

发明有突出的实质性特点，是指对所属技术领域的技术人员来说，发明相对于现有技术是非显而易见的。发明有显著的进步，是指发明与最接近的现有技术相比能够产生有益的技术效果。如果发明是其所属技术领域的技术人员在现有技术的基础上仅仅通过合乎逻辑的分析、推理或者有限的试验可以得到的，并且也未取得有益的技术效果，则该发明不具备突出的实质性特点和显著的进步。

本申请权利要求1请求保护一种在苯酚的甲基化反应中减少副产物2，4-二甲苯酚和/或2，4，6-三甲苯酚的量的方法，其中包括（a）～（c）三个步骤。按照本申请说明书第1～3页中的描述，该权利要求技术方案实际解决的技术问题是抑制烷基化酚的催化烷基转移过程中2，4-二甲苯酚和/或2，4，6-三甲苯酚的生成，在本申请的催化烷基转移反应中2，4-二甲苯酚和2，4，6-三甲苯酚是不期望的反应副产物。为了解决上述技术问题，权利要求1所采用的技术手段是将2，4-二甲苯酚和/或2，4，6-三甲苯酚本身在反应过程中引入进料流内，使反应原料中已经包含了这些反应中可能产生的副产物。

对比文件1公开了一种制备甲酚和二甲酚的方法，该方法在液相中并在包括氧化镁在内的催化剂下使四甲基酚和五甲基酚与苯酚进行烷基转移化反应，从而得到甲基化产物，即甲酚和二甲酚如2，6-二甲酚。该现有技术的反应是在约375～500℃，优选约400～450℃下进行，反应压力均为30～125大气压。

本申请权利要求1的技术方案与对比文件1的方法相比，二者的区别在于：引入到该方法中的部分反应起始物不同，即对比文件1用四甲基苯酚或五甲基苯酚作为烷基基团供体，而本申请将2，4-二甲苯酚和/或2，4，6-三甲苯酚引入进料流，并且对比文件1未具体限定进料流中含有甲醇及水。

首先，虽然对比文件1未公开将2，4-二甲苯酚和/或2，4，6-三甲苯酚本身在反应过程中引入进料流内的技术手段，但是为降低上述副产物在反应产物中的含量而将这些副产物在制备过程开始时就引入进料流中以抑制其生成，这是所属领域普通技术人员很容易根据化学领域的公知常识想到的。正如前审意见通知书中所述的，对于一个可逆反应的平衡而言，改变反应物或生成物的浓度都会使该可逆反应的平衡向削弱这种变化的方向移动，即若增加某一物料的浓度，平衡向减少该物料浓度的方向移动，反之亦然。本领域技术人员在上述现有技术的基础上仅仅通过合乎逻辑的分析、推理或者有限的试验可以得出在进料流中先引入产物中所不期望的2，4-二甲苯酚和/或2，4，6-三甲苯酚就可抑制这两种副产物的生成，由此得到的权利要求1的技术方案，其所采用的技术手段是本领域技术人员惯用的。此外，本申请说明书记载的内容和复审请求人的意见陈述中并没有提供充分的证据表明这些区别技术特征的引入为解决所述技术问题作出贡献，也没有提供证据证明上述区别给权利要求1的技术方案带来任何意想不到的技术效果。因此，权利要求1是显而易见的。

其次，尽管对比文件1未具体限定进料流中含有甲醇和水，但根据本申请说明书的内容和对比文件1记载的技术方案可以看出，本申请权利要求1的技术方案与对比文件1的方法在技术领域以及采用催化烷基转移法的反应机理上完全相同。对比文件1的方法是采用甲基转移反应机理并且该反应在催化剂如氧化镁和约375～500℃的条件下进行。本申请权利要求1的方法同样采用烷基转移法并在金属氧化剂和400～675℃下进行。由于甲醇和水起到溶剂的作用，本领域技术人员在对比文件1记载在液相中进行反应的情况下，会选择合适的溶剂，并且本申请没有记载以甲醇和水作为溶剂会获得任何意想不到的技术效果。

最后，复审请求人在意见陈述书中指出本申请说明书第2页倒数第三段中已经公开了转化率高的内容。但是，这种对转化率的描述并不能说明本申请的方法与上述现有技术公开的技术方案比较具有更好的效果。因此，复审请求人认为本申请还能够“该方法转化至酚和其他期望的烷基化酚的速率，比在先技术的转换率高”的主张显然不能从原申请文件和现有技术中直接推知并确认，因此，复审请求人上述主张在本案创造性审查中尚不能予以接受。

综上所述，与对比文件1相比，权利要求1不具有突出的实质性特点和显著的进步，因而不具备创造性，不符合专利法第22条第3款的规定。

根据以上事实和理由，本案合议组作出如下审查决定。

**三、决定**

维持国家知识产权局于2003年4月4日对98119557.1号发明专利申请作出的驳回决定。

复审请求人对本决定不服的，可以根据专利法第41条第2款的规定，自收到本决定之日起三个月内向北京市第一中级人民法院起诉。

124

# 分子表达功能抑制剂

## 复审请求审查决定（第 11735 号）

决　定　号　第 11735 号
决　定　日　2007 年 10 月 6 日
发明创造名称　分子表达功能抑制剂
国际分类号　A61K 31/12，A01N 31/06，C08F 2/38，C08K 5/08，C09K 3/00，C09K 15/08，C11D 3/20
复审请求人　小山省三
申　请　号　95195887.9
优先权日　1994 年 9 月 9 日
申　请　日　1995 年 9 月 7 日
公　开　日　1997 年 10 月 22 日
合议组组长　叶　娟
主　审　员　任　怡
参　审　员　许　磊

法律依据　专利法第 31 条第 1 款，专利法第 25 条，专利法实施细则第 20 条第 1 款
决定要点

是否“属于一个总的发明构思”要判断权利要求之间是否具有对现有技术作出贡献的相同或者相应的特定技术特征。如果作为一件发明提出的技术方案之间不存在上述相同或者相应的特定技术特征，则所述技术方案不属于同一个发明构思，没有单一性。

### 一、案由

本复审请求涉及 1995 年 9 月 7 日申请、1997 年 10 月 22 日公开、名称为“分子表达功能抑制剂”的 95195887.9 号发明专利申请（下称本申请），本申请的优先权日为 1994 年 9 月 9 日。本申请的申请人为小山省三。

国家知识产权局于 2004 年 12 月 31 日以权利要求 1 不符合专利法实施细则第 20 条第 1 款的规定、权利要求 2～36 不符合专利法第 31 条第 1 款的规定为由驳回了本申请。

驳回决定所针对的权利要求书为：

“1. 4，4-二甲基-6-亚甲基-2-环已烯-1-酮作为分子表达功能抑制剂的应用。

2. 权利要求 1 的应用，其中分子表达功能抑制剂用于制备抗菌剂。

3. 权利要求 1 的应用，其中分子表达功能抑制剂用于制备抗真菌剂。

4. 权利要求 1 的应用，其中分子表达功能抑制剂用于制备抗病毒剂。

5. 权利要求 1 的应用，其中分子表达功能抑制剂用于制备杀菌消毒剂。

6. 权利要求 1 的应用，其中分子表达功能抑制剂用于制备抗癌剂。

7. 权利要求 1 的应用，其中分子表达功能抑制剂用于制备血液纤维蛋白溶解抑制剂或阻断剂。

8. 权利要求 1 的应用，其中分子表达功能抑制剂用于制备抗原抗体反应抑制剂或阻断剂。

9. 权利要求 1 的应用，其中分子表达功能抑制剂用作脏器组织保存剂。

10. 权利要求 1 的应用，其中分子表达功能抑制剂用作防腐剂。

11. 权利要求 1 的应用，其中分子表达功能抑制剂用作至少在一个取代基上具有指示分子表达功能目标位置的标记物质的标记试剂。

12. 权利要求 1 的应用，其中分子表达功能抑制剂用作还原剂。

13. 权利要求 1 的应用，其中分子表达功能抑制剂用作自由基清除剂。

14. 权利要求 1 的应用，其中分子表达功能抑制剂用作脱硫剂。

15. 权利要求 1 的应用，其中分子表达功能抑制剂用作解聚合剂。

16. 权利要求 1 的应用，其中分子表达功能抑制剂用作表面活性改良剂。

17. 权利要求 1 的应用，其中分子表达功能抑制剂用于制备杀精子剂或外用避孕剂。

18. 权利要求 1 的应用，其中分子表达功能抑制剂用于制备血栓溶解剂。

19. 权利要求 1 的应用，其中分子表达功能抑制剂用于制备糖链配位变化剂。

20. 权利要求 1 的应用，其中分子表达功能抑制剂用于制备动脉硬化防止剂。

21. 权利要求 1 的应用，其中分子表达功能抑制剂用于制备代谢改善剂。

22. 权利要求 1 的应用，其中分子表达功能抑制剂用于制备创伤治愈、上皮形成促进剂。

23. 权利要求 1 的应用，其中分子表达功能抑制剂用作相转换剂或相转换性改良剂。

24. 权利要求 1 的应用，其中分子表达功能抑制剂用作微相分离结构改良剂。

25. 权利要求 1 的应用，其中分子表达功能抑制剂用作增塑剂或可塑性改良剂。

26. 权利要求 1 的应用，其中分子表达功能抑制剂用作共聚合剂或共聚合改良剂。

27. 权利要求 1 的应用，其中分子表达功能抑制剂用作聚合调节剂或聚合调节改良剂。

28. 权利要求 1 的应用，其中分子表达功能抑制剂用作稳定剂或稳定化改良剂。

29. 权利要求 1 的应用，其中分子表达功能抑制剂用作防氧化剂或抗氧化剂。

30. 权利要求 1 的应用，其中分子表达功能抑制剂用作非晶剂或非晶性改良剂。

31. 权利要求 1 的应用，其中分子表达功能抑制剂用作流动特性改良剂。

32. 权利要求 1 的应用，其中分子表达功能抑制剂用作柔软化剂或柔软化改良剂。

33. 权利要求 1 的应用，其中分子表达功能抑制剂用作色素、涂料、颜料或着色剂的荧光波长的调节剂或改良剂。

34. 权利要求 1 的应用，其中分子表达功能抑制剂用作低分子物质的物性特性或功能改良剂。

35. 权利要求 1 的应用，其中分子表达功能抑制剂用作高分子物质的物性特性或功能改良剂。

36. 权利要求 1 的应用，其中分子表达功能抑制剂用作高分子复合材料和功能性高分子复合材料的物性特性改良剂。”

驳回决定认为：（1）权利要求 1 技术方案中“分子功能抑制剂”概念不清楚，不符合专利法实施细则第 20 条第 1 款的规定；（2）权利要求 2 ~ 36 分别涉及了已知化合物的多种应用，由于权利要求 1 中“分子功能抑制剂”概念不清楚，导致无法判断该技术特征是否使发明相对于现有技术具有新颖性和创造性，因此该技术特征不是权利要求中相同或相应的特定技术特征，权利要求 2 ~ 36 之间因此没有相同或相应的技术特征，不属于一个总的发明构思，不符合专利法第31条第1款有关单一性的规定。

申请人小山省三（下称复审请求人）对上述驳回决定不服，于2005年4月15日向专利复审委员会提出复审请求，复审请求人认为："分子表达功能抑制剂"是一个自定义的概念，任何具有某些活性的分子都具有一定的功能，说明书详细解释了这一概念，所属领域技术人员根据说明书的解释和说明可以清楚地理解术语"分子表达功能抑制剂"，在该术语"分子表达功能抑制剂"的含义可以被理解的情况下，权利要求2～36具有单一性，国家知识产权局驳回的理由不成立。

形式审查合格后，专利复审委员会受理了该复审请求，并于2005年5月19日向复审请求人发出《复审请求受理通知书》，同时将本申请案卷移交原审查部门进行前置审查。

原审查部门对本复审请求进行了前置审查，认为复审请求人的意见不能被接受，坚持原驳回决定。

专利复审委员会组成合议组，对本复审请求案进行了审理。于2007年4月26日向复审请求人发出《复审通知书》。该《复审通知书》指出：（1）权利要求1要求保护"4，4-二甲基-6-亚甲基-2-环已烯-1-酮作为分子表达功能抑制剂的应用"，其中"作为分子表达功能抑制剂的应用"包括了在各方面的应用，其中"作为药物的应用"、"用于治疗疾病的应用"等方面的应用包括以有生命的人体或动物体为对象、以治疗疾病为目的的应用，因此，权利要求1包括了属于"疾病的诊断和治疗方法"的技术方案，属于专利法第25条第（3）项规定的不授予专利权的对象。（2）权利要求1要求保护"4，4-二甲基-6-亚甲基-2-环已烯-1-酮作为分子表达功能抑制剂的应用"，由于"分子表达功能抑制剂"这一概念中的"分子"涵盖了世界上存在的所有分子，因此权利要求1实际上包括4，4-二甲基-6-亚甲基-2-环已烯-1-酮用于抑制各种不同分子表达功能的应用的多个并列技术方案，对于这些技术方案而言，由于"4，4-二甲基-6-亚甲基-2-环已烯-1-酮"是现有技术中的已知化合物（见说明书第58页第11～12行），被抑制功能的分子相互之间千差万别，不具有类似的性质，也不属于同一类化合物，因此它们都不能作为这些技术方案对现有技术作出贡献的相同或相应的特定技术特征；此外，由于自然界中的分子千差万别，并且这些分子的活性和所发挥的作用也各不相同，因此抑制这些分子的功能或活性的机理也各不相同，即所述已知物质在发挥表达功能抑制剂功能时没有相同的作用机理，该技术特征也不能构成各技术方案对现有技术作出贡献的相同或相应的特定技术特征，因此，权利要求1包括了多个并列的技术方案，所包含的并列技术方案之间没有相对于现有技术作出贡献的相同或相应的特定技术特征，因此权利要求1不符合专利法第31条第1款的规定。权利要求2～36分别是抑制不同分子表达功能的具体应用，基于与对权利要求1评述部分理由相同的理由，抗菌、抗真菌、抗病毒、抗癌、聚合物调节剂、还原剂等等应用所针对的分子也互不相同，所述物质在对不同分子发挥作用获得不同结果时显然也不是通过相同的作用机理起作用的。因此权利要求2～36之间以及它们与权利要求1之间也不具备相同或相应的特定技术特征，不符合专利法第31条第1款的规定。

针对《复审通知书》指出的问题，复审请求人于2007年8月13日提交了意见陈述书及经修改的权利要求书全文替换页（共1页）。

修改后的权利要求书如下：

"1．4，4-二甲基-6-亚甲基-2-环已烯-1-酮在制备抗菌剂中的应用。"

至此，合议组认为本案事实已经清楚，可以作出审查决定。

## 二、决定的理由

1. 审查依据的文本

复审请求人于2007年8月13日提交了修改文本，将权利要求1的应用具体限定为权利要求2的用途，并删除了权利要求3~36。经审查，上述修改符合专利法第33条和专利法实施细则第60条第1款的规定。因此，本复审决定是在复审请求人于2007年8月13日提交的权利要求第1项和本申请进入中国国家阶段时提交的原始国际申请中文译本说明书第1~94页、说明书附图第1~39页以及说明书摘要的基础上作出的。

2. 关于专利法第25条

专利法第25条规定：对下列各项，不授予专利权：

（1）科学发现；（2）智力活动的规则和方法；（3）疾病的诊断和治疗方法；（4）动物和植物品种；（5）用原子核变换方法获得的物质。

疾病的诊断和治疗方法是指以有生命的人体或者动物体为直接实施对象，进行识别、确定或消除病因或病灶的过程。

本案中，《复审通知书》指出：权利要求1“作为分子表达功能抑制剂的应用”包括了属于“疾病的诊断和治疗方法”的技术方案，属于专利法第25条第（3）项规定的不授予专利权的对象，复审请求人在2007年8月13日提交的权利要求书中仅保留了权利要求1，并且修改后的权利要求1为化合物制备抗菌剂的应用，因此修改后的权利要求1克服了《复审通知书》指出的权利要求1属于专利法第25条第（3）项规定的不授予专利权对象的缺陷。

3. 关于专利法实施细则第20条第1款

专利法实施细则第20条第1款规定：权利要求书应当说明发明或者实用新型的技术特征，清楚、简要地表述请求保护的范围。

驳回决定认为权利要求1技术方案中“分子功能抑制剂”概念不清楚，复审请求人在其于2007年8月13日提交的权利要求书中仅保留了一项权利要求，并且在该项权利要求中已经不涉及“分子功能抑制剂”的概念，因此该项驳回理由不再成立。

4. 关于专利法第31条第1款

专利法第31条第1款规定：一件发明或者实用新型专利申请应当限于一项发明或者实用新型。属于一个总的发明构思的两项以上的发明或者实用新型，可以作为一件申请提出。

是否“属于一个总的发明构思”要判断权利要求之间是否具有对现有技术作出贡献的相同或者相应的特定技术特征。如果作为一件发明提出的技术方案之间不存在上述相同或者相应的特定技术特征，则所述技术方案不属于同一个发明构思，没有单一性。

本案中，《驳回决定》和《复审通知书》指出由于“分子表达功能抑制剂”这一概念中的“分子”涵盖了世界上存在的所有分子，因此权利要求1中的多个并列技术方案之间、权利要求2~36之间以及权利要求2~36与权利要求1之间不具备相同或相应的特定技术特征，不符合专利法第31条第1款的规定。

在复审请求人于2007年8月13日提交的权利要求书中只包含化合物制备抗菌剂应用的一个技术方案，符合专利法第31条第1款关于单一性的规定，因此，《驳回决定》和《复审通知书》指出的不具备单一性的缺陷已被克服。

根据以上事实和理由，本案合议组作出如下审查决定。

### 三、决定

撤销国家知识产权局于2004年12月31日对95195887.9号发明专利申请作出的驳回决定。由原审查部门在本复审决定所针对的文本的基础上继续进行审查。

复审请求人对本决定不服的，可以根据专利法第41条第2款的规定，自收到本决定之日起三个月内向北京市第一中级人民法院起诉。

125

# 作为抗心律失常药的嘌呤核苷

## 复审请求审查决定（第11804号）

**决　定　号**　第11804号
**决　定　日**　2007年10月30日
**发明创造名称**　作为抗心律失常药的嘌呤核苷
**国际分类号**　A61K 31/70，A61P 9/06
**复审请求人**　CV治疗公司
**申　请　号**　01815342.9
**优先权日**　2000年9月8日，2001年7月13日
**申　请　日**　2001年9月7日
**公　开　日**　2004年3月17日
**合议组组长**　李人久
**主　审　员**　任　怡
**参　审　员**　刘玉玲

**法律依据**　专利法第33条
**决定要点**

如果申请的内容通过增加、改变和/或删除其中的一部分，致使所属技术领域的技术人员看到的信息与原申请记载的信息不同，而且又不能从原申请记载的信息中直接地、毫无疑义地确定，那么，这种修改就是不允许的。

### 一、案由

本复审请求涉及2001年9月7日申请、2004年3月17日公开、名称为“作为抗心律失常药的嘌呤核苷”的01815342.9号发明专利申请（下称本申请），本申请的优先权日为2000年9月8日和2001年7月13日。本申请的申请人为CV治疗公司。

国家知识产权局于2005年5月13日以权利要求1~4、7~11不符合专利法第22条第2款的规定、权利要求5~6不符合专利法第22条第3款的规定为由驳回了本申请。

驳回决定所针对的权利要求书为：

“1. 腺苷A1受体激动剂在制备治疗哺乳动物心律失常的药物中的应用，所述腺苷A1受体激动

剂具有式I的结构：

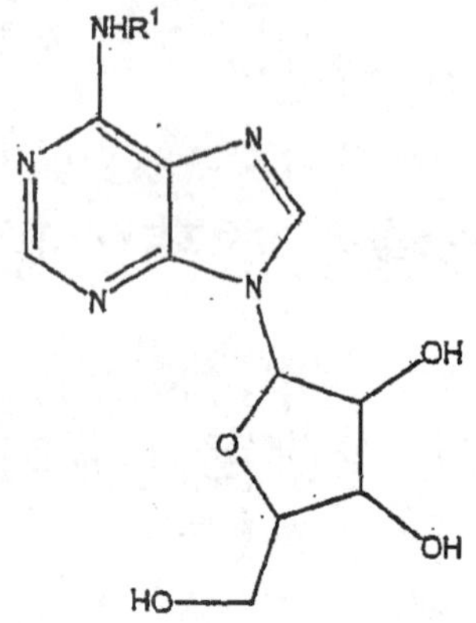

式I

其中：

$R^1$ 是可被任意取代的杂环基团，并且所述腺苷 $A_1$ 受体激动剂治疗有效的最低剂量为0.0003～0.009mg/kg。

2. 如权利要求1所述的应用，其中 $R^1$ 是3-四氢呋喃基、3-四氢噻吩基、4-吡喃基或4-噻喃基。

3. 如权利要求2所述的应用，其中 $R^1$ 是3-四氢呋喃基。

4. 如权利要求3所述的应用，其中 $R^1$ 是（R）-3-四氢呋喃基，即6-（3-（R）-氨基四氢呋喃基）嘌呤核苷。

5. 如权利要求4所述的应用，其中所述式I的腺苷 $A_1$ 受体激动剂制成可静脉注射的剂型。

6. 如权利要求4所述的应用，其中所述式I的腺苷 $A_1$ 受体激动剂制成可单次快速浓注的剂型。

7. 如权利要求1所述的应用，其中所述心律失常选自房性纤维性颤动、房性扑动或阵发性房性心动过速。

8. 如权利要求7所述的应用，其中 $R^1$ 是3-四氢呋喃基、3-四氢噻吩基、4-吡喃基或4-噻喃基。

9. 如权利要求8所述的应用，其中 $R^1$ 是3-四氢呋喃基。

10. 如权利要求9所述的应用，其中 $R^1$ 是（R）-3-四氢呋喃基，即6-（3-（R）-氨基四氢呋喃基）嘌呤核苷。

11. 如权利要求1所述的应用，其中所述哺乳动物是人。”

驳回决定认为：对比文件1公开了式I化合物，该化合物可用于心房纤维性颤动、心房扑动、室上性心搏过速和AV结再活动心搏过速，权利要求中对最低剂量的限定，体现的是医生的治病行为，既不是制备药物过程中体现的特征，也不属于用途种类中的特征，不作为区别特征来考虑，因此权利要求1不符合专利法第22条第2款的规定；对比文件1进一步公开了权利要求2～4、7～11的附加技术特征，因此权利要求2～4、7～11也不符合专利法第22条第2款的规定；权利要求5～6在权利要求4的基础上对剂型进行进一步限定，对比文件1同时公开了将药物制备成为非经肠胃吸收的给药溶液或冻干粉末的形式，本领域技术人员根据对比文件的提示将其做成静脉注射液或单次快速浓注的剂型是显而易见的，因此权利要求5～6不符合专利法第22条第3款的规定。

申请人CV治疗公司（下称复审请求人）对上述驳回决定不服，于2005年8月29日向专利复审委员会提出复审请求，复审请求人在提出复审请求时没有提交新修改的专利申请文本。

复审请求人认为：本申请的激动剂治疗有效的最低剂量与对比文件1不同，在医药领域，能使剂量减小却仍具有原剂量的疗效具有很多益处，本领域技术人员不经过大量试验，是不能推断出这一低剂量也能产生与对比文件 1 相同的效果，在低剂量使用药物可以为制药用途带来益处，例如减少赋形剂用量，对激动剂最低剂量的限定可以构成制药用途的技术特征。因此权利要求 1 ~ 11 具有新颖性和创造性，国家知识产权局驳回的理由不成立。

形式审查合格后，专利复审委员会受理了该复审请求，并于 2005 年 9 月 28 日向复审请求人发出《复审请求受理通知书》，同时将本申请案卷移交原审查部门进行前置审查。

原审查部门对本复审请求进行了前置审查，认为给药剂量体现的是医生的治病行为，不是制备药物过程中体现的特征，不能作为区别技术特征，从而使得要求保护的权利要求具有新颖性，坚持原驳回决定。

专利复审委员会组成合议组，对本复审请求案进行了审理，于 2007 年 4 月 4 日向复审请求人发出《复审通知书》。《复审通知书》指出：WO9808855A2（下称对比文件 1，公开日为 1998 年 3 月 5 日）公开了与权利要求 1 结构相同的化合物在制备药物组合物中的用途，该药物组合物用于治疗哺乳动物的房性纤维性颤动、房性扑动等疾病，虽然对比文件 1 没有公开药物的最低剂量为 0.0003 ~ 0.009mg/kg，但是该技术特征仅仅体现了用药过程，对制药过程没有限定作用，不能使权利要求 1 的制药用途与现有技术的制药用途产生区别，因此权利要求 1 不符合专利法第 22 条第 2 款的规定。从属权利要求 2 ~ 4、7 ~ 11 的附加技术特征也被对比文件 1 所披露，因此也不符合专利法第 22 条第 2 款的规定。权利要求 5 ~ 6 的附加技术特征是所属领域的公知常识。在其引用的权利要求不具备新颖性的基础上，权利要求 5 ~ 6 不符合专利法第 22 条第 3 款有关创造性的规定。

针对《复审通知书》指出的问题，复审请求人于 2007 年 5 月 21 日提交了意见陈述及经修改的权利要求书，具体修改之处为：（1）删除了权利要求 7 ~ 11；（2）删除了权利要求 1 中的通式化合物的治疗最低剂量范围，将其在从属权利要求 7 中进行限定；（3）权利要求 1 增加了“当施用治疗有效的最低剂量的该药物组合物时，其能快速终止房性纤维性颤动、房性扑动和阵发性房性心动过速，且不引起低血压、HV 延长或者抑制恢复窦性心律后的窦性传导或 AV 节传导”的限定。复审请求人认为：权利要求 1 添加的技术特征在说明书第 10 页第 8 ~ 9 行记载，能得到实施例 2 的支持，同时医生对于根据患者的体重通过静脉注射或快速浓注的方式施用药物很熟悉，因此最低剂量是清楚而明确的。

修改后的权利要求书如下：

“1. 式 I 化合物在制备药物组合物中的应用，

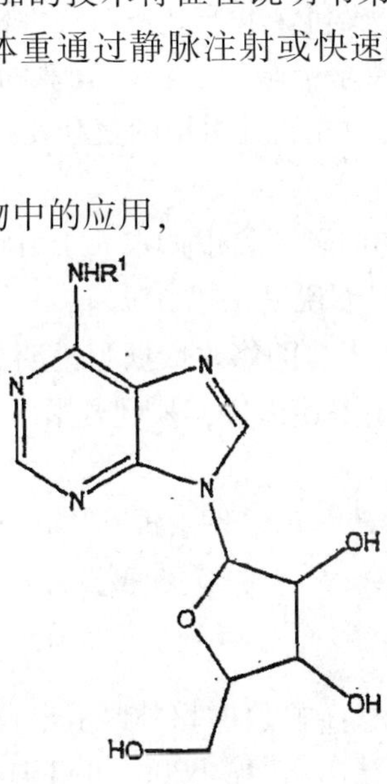


式 I

其中，$R^1$ 是可被任意取代的杂环基团，当施用治疗有效的最低剂量的该药物组合物时，其能快速终止房性纤维性颤动、房性扑动和阵发性房性心动过速，且不引起低血压、HV 延长或者抑制恢复窦性心律后的窦性传导或AV节传导。

2. 如权利要求1所述的应用，其中$R^1$是3－四氢呋喃基、3－四氢噻吩基、4－吡喃基或4－噻喃基。

3. 如权利要求2所述的应用，其中$R^1$是3－四氢呋喃基。

4. 如权利要求3所述的应用，其中$R^1$是（R）－3－四氢呋喃基，即6－（3－（R）－氨基四氢呋喃基）嘌呤核苷。

5. 如权利要求4所述的应用，其中所述的施用是通过静脉注射进行的。

6. 如权利要求4所述的应用，其中所述的施用是通过单次快速浓注进行的。

7. 如权利要求5或6所述的应用，其中所述的治疗有效的最低剂量的范围为0.0003～0.009mg/kg。”

合议组于2007年8月9日发出《第二次复审通知书》，指出：

（1）修改后的权利要求1增加了技术特征“且不引起低血压、HV延长或者抑制恢复窦性心律后的窦性传导或AV节传导”。权利要求1～3所示化合物在使用时具有上述效果在原说明书和权利要求书中没有记载。在原权利要求书和说明书中仅在说明书的实施例2中记载了化合物CVT－510在低浓度使用时具有不引起低血压、HV延长或者抑制恢复SR后的窦性传导或AV节传导的效果。因此从原申请记载的具体化合物CVT－510的使用效果，所属领域技术人员不能直接地、毫无疑义地确定修改后的权利要求1～3所有化合物都具有该效果。权利要求1～3不符合专利法第33条的规定。

（2）权利要求4为化合物6－（3－（R）－氨基四氢呋喃基）嘌呤核苷在制备药物组合物中的应用，对比文件1公开了化合物6－（3－（R）－氨基四氢呋喃基）嘌呤核苷在制备药物组合物中的用途，该药物组合物用于治疗哺乳动物的房性纤维性颤动、房性扑动等疾病，虽然对比文件1没有披露当施用治疗有效的最低剂量的该药物组合物时是否引起低血压等副作用，但是该技术特征仅仅体现了用药过程中的技术特征，而对制药过程没有限定作用，不能使权利要求4的制药用途与现有技术的制药用途产生区别，因此权利要求4不符合专利法第22条第2款的规定。权利要求5～6的附加技术特征是所属领域的公知常识，在其引用的权利要求不具备新颖性的基础上，权利要求5～6不符合专利法第22条第3款创造性的规定。权利要求7限定了治疗有效的最低剂量，该技术特征仅仅体现了用药过程，而对制药过程没有限定作用，因此当其引用的权利要求不具备创造性时，权利要求7也不具备创造性。

针对《第二次复审通知书》指出的问题，复审请求人于2007年9月24日提交了意见陈述书，意见陈述书认为：权利要求1的修改依据为说明书第5页第21行至第6页第14行、说明书第5页第26～28行和第10页第8～9行；权利要求2的修改依据为说明书第5页第1～2行；权利要求3的修改依据为说明书第3页第3～4行，基于上述内容，权利要求1～3不存在修改超范围的缺陷。复审请求人没有提交修改文本。

至此，合议组认为本案事实已经清楚，可以作出审查决定。

**二、决定的理由**

1. 文本的认定

复审请求人于2007年5月21日提交了修改的权利要求书替换页。因此，本复审决定所针对的文本为2007年5月21日提交的权利要求第1～7项、2003年3月7日提交的按照专利合作条约第41条修改的说明书第1～10页和摘要，进入中国国家阶段时提交的说明书附图第1页和摘要附图。

2. 专利法第33条

专利法第33条规定：申请人可以对其专利申请文件进行修改，但是，对发明和实用新型专利申请文件的修改不得超出原说明书和权利要求书记载的范围，对外观设计专利申请文件的修改不得超出原图片或者照片表示的范围。

如果申请的内容通过增加、改变和/或删除其中的一部分，致使所属技术领域的技术人员看到的信息与原申请记载的信息不同，而且又不能从原申请记载的信息中直接地、毫无疑义地确定，那么，这种修改就是不允许的。

本案中，复审请求人针对第一次《复审通知书》提交了权利要求书修改替换页，修改后的权利要求1增加了技术特征“且不引起低血压、HV延长或者抑制恢复窦性心律后的窦性传导或AV节传导”。然而权利要求1涉及的式I所示通式化合物在使用时具有上述效果在原说明书和权利要求书中没有记载。在原权利要求书和说明书中仅在说明书的实施例2中记载了化合物CVT-510在低浓度使用时具有不引起低血压、HV延长或者抑制恢复SR后的窦性传导或AV节传导的效果（说明书第10页第6~7行）。而化合物CVT-510仅是符合权利要求1通式I定义的一个具体化合物，该通式还包括了其他众多不同结构的化合物，原权利要求书和说明书中也未记载符合权利要求1通式I定义的其他众多不同结构的化合物也具有CVT-510的上述技术效果，因此从原申请记载的具体化合物CVT-510的使用效果，所属领域技术人员不能直接地、毫无疑义地确定修改后的权利要求1所列通式的所有化合物都具有该效果。权利要求1的修改超出原说明书和权利要求书记载的范围，不符合专利法第33条的规定。

权利要求2、3对权利要求1进行了限定，但限定后的化合物仍不是实施例2中涉及的具体化合物。与权利要求1不符合专利法第33条评述的理由相同，权利要求2、3的修改也不符合专利法第33条的规定。

复审请求人在意见陈述中指出：权利要求1中“在制备药物组合物中的应用”的修改依据为说明书第5页第21行至第6页第14行、“当施用治疗有效的最低剂量的该药物组合物时，其能快速终止房性纤维性颤动、房性扑动和阵发性房性心动过速，且不引起低血压、HV延长或者抑制恢复窦性心律后的窦性传导或AV节传导”的修改依据说明书第5页第26~28行和第10页第8~9行；权利要求2的修改依据为说明书第5页第1~2行；权利要求3的修改依据为说明书第3页第3~4行，基于上述内容，权利要求1~3不存在修改超范围的缺陷。对此，合议组认为：说明书第5页第26~28行仅记载了本发明的组合物A1受体激动剂可用于治疗冠状动脉的电活性紊乱性疾病，如心律失常，包括PSVT房性纤维性颤动、房性扑动和AV节折返性心动过速。并没有记载上述组合物“不引起低血压、HV延长或者抑制恢复窦性心律后的窦性传导或AV节传导”的副作用。说明书第10页第8~9行记载了具体的化合物CVT-50具有上述修改后的技术效果，可见复审请求人所引证的本申请说明书的内容都没有记载权利要求1~3所示化合物的药物组合物具有“当施用治疗有效的最低剂量的该药物组合物时，其能快速终止房性纤维性颤动、房性扑动和阵发性房性心动过速，且不引起低血压、HV延长或者抑制恢复窦性心律后的窦性传导或AV节传导”的效果，同前评述，所属领域技术人员也不能根据在原权利要求书和说明书的说明书第10页记载的化合物CVT-510在使用时具有不引起低血压、HV延长或者抑制恢复SR后的窦性传导或AV节传导的效果直接地、毫无疑义地确定权利要求1~3所示化合物都具有该效果。因此，合议组对复审请求人的观点不予支持。

根据以上事实和理由，本案合议组作出如下审查决定。

**三、决定**

维持国家知识产权局于2005年5月13日对01815342.9号发明专利申请作出的驳回决定。

复审请求人对本决定不服的，可以根据专利法第41条第2款的规定，自收到本决定之日起三个月内向北京市第一中级人民法院起诉。

126

# 三肽基氨肽酶

## 复审请求审查决定（第11818号）

**决　定　号**　第11818号
**决　定　日**　2007年10月30日
**发明创造名称**　三肽基氨肽酶
**国 际 分 类 号**　C12N 9/48，C12P 21/00//（C12N 9/48，C12R 1：645，C12N 15：67，C07K 5：08）
**复 审 请 求 人**　诺沃奇梅兹有限公司
**申　请　号**　95196120.9
**申　请　日**　1995年11月8日
**优 先 权 日**　1994年11月8日，1994年12月22日
**公　开　日**　1997年11月12日
**合 议 组 组 长**　叶　娟
**主　审　员**　刘　静
**参　审　员**　黄　强

**法 律 依 据**　专利法第26条第3款
**决 定 要 点**

所属技术领域的技术人员能够实现，是指所属技术领域的技术人员按照说明书记载的内容，就能够实现该发明或者实用新型的技术方案，解决其技术问题，并且产生预期的技术效果。

### 一、案由

本复审请求涉及申请人诺沃奇梅兹有限公司（由诺沃挪第克公司变更而来）于1995年11月8日申请、名称为“三肽基氨肽酶”的95196120.9号发明专利申请（下称本申请），公开日为1997年11月12日，最早优先权日为1994年11月8日。

2004年7月9日，针对申请人于本申请进入国家阶段时提交的国际申请文件中文译文中的说明书第1～36页和说明书附图，2003年11月10日提交的权利要求第1～21项，国家知识产权局以说明书不符合专利法第26条第3款为由驳回了本申请。驳回决定指出：本申请说明书仅记载了黑曲霉TPAP的N-末端的部分核酸序列，对于如何筛选出真菌细胞中与TPAP表达相关的DNA序列，在哪些位点进行修饰，能与TPAP mRNA杂交的核酸序列是怎样的，以及具体如何通过发酵制备无TPAP产物的方法的步骤，均无记载。而这些内容必须通过实验鉴定才能获得，很显然无法由现有技术直接获得。

驳回决定针对的权利要求书如下：

“1. 一种降低或消除真菌TPAP生产细胞的TPAP生产能力的方法，在该方法中，对存在于该细

胞中并为 TPAP 表达所必需的 DNA 序列进行修饰或使其失活，以便降低该细胞的 TPAP 产量，或不产生 TPAP。

2. 如权利要求 1 的方法，其中，所述 DNA 序列编码 TPAP 或其表达 TPAP 活性所必需的部分。

3. 如权利要求 1 的方法，其中，所述 DNA 序列是从 TPAP 编码 DNA 序列表达 TPAP 所需的调节序列。

4. 如权利要求 3 的方法，其中，所述 DNA 序列是启动子序列或其功能片段。

5. 如权利要求 1 ~ 4 中任一项的方法，其中，所述 DNA 序列的修饰或失活是这样实现的：对 TPAP 生产细胞进行诱变处理和筛选 TPAP 生产能力已降低或丧失的细胞。

6. 如权利要求 5 的方法，其中，所述诱变是通过随机或定点诱变实现的。

7. 一种降低或消除真菌 TPAP 生产细胞的 TPAP 生产能力的方法，在该方法中，将充分互补于 TPAP 编码序列并因此能够与该细胞中所产生的 TPAP mRNA 杂交的核苷酸导入所述细胞中，使该核苷酸序列可以在一定条件下在该细胞中转录，所述条件使该核苷酸序列与所述 TPAP mRNA 杂交并因此降低由所述 mRNA 翻译成的 TPAP 的量或消除所有此类翻译。

8. 一种按照权利要求 1 ~ 7 中任一项所述方法制备的宿主细胞。

9. 如权利要求 8 的宿主细胞，它是微生物细胞。

10. 如权利要求 9 的宿主细胞，它是真菌细胞。

11. 如权利要求 10 的宿主细胞，它是选自曲霉菌（Aspergillus sp.）、木霉菌（Trichoderma sp.）或镰孢菌（Fusarium sp.）的细胞。

12. 一种制备基本上无 TPAP 活性的产物的方法，该方法包括：用编码该产物的 DNA 序列转化权利要求 8 ~ 11 中任一项所述的宿主细胞，在适于所述产物表达的条件下培养转化的细胞，以及从培养物中回收所述产物。

13. 一种制备基本上无 TPAP 活性的产物的方法，所述产物是由存在于 TPAP 表达细胞中的 DNA 序列编码，该方法包括：按权利要求 1 ~ 7 中任一项所述方法修饰存在于所述细胞内并为表达 TPAP 所必需的 DNA 序列或使其失活，接着在适于该产物表达的条件下培养所述细胞，并从培养物中回收所述产物。

14. 一种通过发酵 TPAP 生产细胞制备基本上无 TPAP 的产物的方法，所述细胞也能产生所述产物，该方法包括：在发酵期间或在发酵完成之后将有效量的、能抑制 TPAP 活性的抑制剂加入发酵液中，从发酵液中回收目的产物，并任选地对所回收的产物作进一步纯化。

15. 一种通过发酵 TPAP 生产细胞制备基本上无 TPAP 的产物的方法，所述细胞也能产生所述产物，该方法包括：对发酵液或从该发酵液中提取的含有 TPAP 和目的产物的酶制剂进行综合 pH 值和温度处理，处理的时间足够长以便降低 TPAP 活性，并任选地从处理过的发酵液中回收所述产物。

16. 如权利要求 15 的方法，其中所述降低 TPAP 活性的处理是在 6.5 ~ 7 的 pH 值范围和 25 ~ 40℃的温度范围内进行的。

17. 如权利要求 12 ~ 16 中任一项的方法，其中所述产物是酶。

18. 如权利要求 17 的方法，其中所述产物选自淀粉分解酶、脂肪分解酶、蛋白水解酶、纤维素分解酶、氧化还原酶和植物细胞壁降解酶。

19. 如权利要求 18 的方法，其中所述制品是 AMG、脂肪酶、角质酶、纤维素酶、淀粉酶、蛋白酶、过氧化物酶、转谷氨酰胺酶、漆酶、过氧化氢酶、葡萄糖氧化酶或植酸酶。

20. 一种基本上无 TPAP 活性的蛋白产物，它是通过权利要求 12 ~ 19 中任一项的方法生产的。

21. 如权利要求 20 的产物，它是 AMG。”

申请人诺沃奇梅兹有限公司（下称复审请求人）对上述驳回决定不服，于2004年10月25日向专利复审委员会提出复审请求。复审请求人的意见如下：（1）说明书中给出了编码真菌TPAP（三肽基氨肽酶）的基因的部分序列（SEQID：1-3）及包含该基因部分片段的重组菌株DSM9570，利用这些信息，普通技术人员通过本领域技术，例如PCR扩增法、杂交筛选法等，可以很容易得到全长TPAP编码基因；现有技术中还教导了如何对内源基因进行失活的方法；（2）现有技术已知，短至约200bp的同源片段即足以与同源基因配对，实现DNA交换，在DNA重组失活中，完全无须了解感兴趣基因的全长核苷酸序列，而只需部分序列已知即可；（3）本申请说明书中的序列表部分给出了TPAP基因的一个较长的片段——908bp，借助该片段，普通技术人员根据现有技术能够设计出合适的载体，用来对内源TPAP基因进行定点破坏，从而获得TPAP生产能力被降低或消除了的真菌细胞，并利用这样的细胞作为表达宿主制备无TPAP活性的产物。这些都是常规技术，完全不需要创造性劳动。

形式审查合格后，专利复审委员会受理了该复审请求，并于2004年12月16日向复审请求人发出《复审请求受理通知书》，随后将本申请移交原审查部门进行前置审查。

原审查部门对本复审请求进行了前置审查，并坚持原驳回决定。

专利复审委员会组成合议组，对本复审请求案进行了审理，并于2007年6月14日向复审请求人发出《复审通知书》。《复审通知书》指出：（1）本申请在说明书中记载了黑曲霉TPAP的N-末端的部分核酸序列，但申请人并没有验证该片段就是黑曲霉TPAP片段，因此根据说明书现有记载，由已知的950bp片段并非必定能够得到黑曲霉的全长TPAP编码基因。（2）申请人所述的PCR扩增法、杂交筛选法虽然是公知方法，但通过上述方法对内源TPAP编码基因进行突变后的结果却不是公知的，即便上述950bp片段经过验证就是黑曲霉TPAP片段，使用已知的PCR扩增法、杂交筛选法也并不一定就能得到全长TPAP编码基因，而且上述方法的结果也必须使用检测方法去验证才能确定是否为全长TPAP编码基因。（3）说明书中仅仅记载对DNA序列进行修饰，但没有记载在哪些位点进行修饰以及如何对真菌细胞TPAP表达所必需的DNA进行修饰。

针对《复审通知书》指出的问题，复审请求人于2007年7月30日提交了意见陈述书及附件1（WO90/00192）和附件2（US5190931）。复审请求人认为：（1）从说明书的记载可以得出908bp片段就是黑曲霉TPAP片段；（2）全长TPAP编码基因并不是实现本发明权利要求的技术特征所必需的，如何修饰、位点的选择以及结果的验证都是本领域的常规技术；（3）附件1～2说明反义技术以及在真菌中进行内源基因突变而获得某种基因缺陷型菌株是本领域技术人员所熟知的技术手段。

至此，合议组认为本案事实清楚，可以作出审查决定。

**二、决定的理由**

1. 关于审查文本

本复审请求案针对的文本与驳回决定针对的文本相同：申请人于本申请进入国家阶段时提交的国际申请文件中文译文中的说明书第1～36页和说明书附图，2003年11月10日提交的权利要求第1～21项。

2. 关于专利法第26条第3款

专利法第26条第3款规定：说明书应当对发明或者实用新型作出清楚、完整的说明，以所属技术领域的技术人员能够实现为准。

所属技术领域的技术人员能够实现，是指所属技术领域的技术人员按照说明书记载的内容，就能够实现该发明或者实用新型的技术方案，解决其技术问题，并且产生预期的技术效果。

就本案而言，本申请权利要求1～6涉及一种降低或消除真菌TPAP生产细胞的TPAP生产能力的方法，该方法是对存在于该细胞中并为TPAP表达所必需的DNA序列进行修饰。权利要求7还涉及一种降低或消除真菌TPAP生产细胞的TPAP生产能力的方法，该方法是将充分互补于TPAP编码序列并因此能够与该细胞中所产生的TPAP mRNA杂交的核苷酸序列导入所述细胞中。权利要求8~11涉及由上述方法制备的宿主细胞。权利要求12涉及一种制备基本上无TPAP活性的产物的方法，该方法包括：用编码该产物的DNA序列转化上述宿主细胞，在适于所述产物表达的条件下培养转化的细胞，以及从培养物中回收所述产物。权利要求13涉及一种制备基本上无TPAP活性的产物的方法，所述产物是由存在于TPAP表达细胞中的DNA序列编码，该方法包括：按前述方法修饰存在于所述细胞内并为表达TPAP所必需的DNA序列或使其失活，接着在适于该产物表达的条件下培养所述细胞，并从培养物中回收所述产物。权利要求20涉及通过上述方法生产的基本无TPAP活性的蛋白产物。权利要求21涉及权利要求20的产物。本申请解决的技术问题和产生的效果是降低或消除该细胞的TPAP产量。

可见，本申请权利要求1~13，权利要求17中引用权利要求12、13的技术方案，权利要求20、21中直接和间接引用权利要求12、13的技术方案都涉及到DNA序列。然而本领域技术人员仅仅根据说明书的记载，无法实现本申请的上述技术方案，解决其技术问题，并且产生预期的技术效果，具体理由如下：

（1）虽然说明书实施例10中记载，发明人根据黑曲霉TPAP的N末端氨基酸序列设计引物从黑曲霉基因组DNA中扩增得到了一段908bp的核酸序列，并声称该核酸序列编码黑曲霉TPAP蛋白N末端氨基酸序列，但是，第一，说明书中并没有给出核酸序列（序列2）与氨基酸序列（序列4）转换的对照表，而仅仅是声称该核酸序列编码TPAP蛋白N末端氨基酸，本领域公知，核酸序列翻译成蛋白质均有一定的阅读框限制，而从序列2中并不能看到明显的阅读框，因此，本领域普通技术人员无法确信来自于908bp（即序列1）的序列2是否确实编码说明书中所述的TPAP蛋N末端氨基酸序列（序列4）；第二，即便复审请求人能够证明所述序列2确实编码序列4的N末端氨基酸序列，但是正如复审请求人所述，根据TPAP蛋白分子量估算，该蛋白大约有600个氨基酸长，而本申请说明书中仅仅给出了其N末端的30个氨基酸序列，本领域普通技术人员无法确信，仅以此二十分之一的序列即能毫无疑义地证明所述908bp片段即为TPAP蛋白的核酸序列片段；第三，对于生物化学这样一门实验科学来说，实验过程中存在着各种各样不可预知的干扰实验的因素，一个肯定结论的得出是需要经过反复验证的，因此，即使申请人能够得到预期编码TPAP蛋白的全长核酸序列也仍然需要将其重新导入生物体中得到重组蛋白，并确信所编码重组蛋白即为TPAP方能认定所得核酸序列即为TPAP核酸序列，而本申请中所述908bp的核酸序列不但仅为部分序列、从核酸序列本身无法预期其编码TPAP蛋白、且未经蛋白表达验证，因此本领域普通技术人员愈加无法确信其必定为TPAP核酸片段。

（2）本发明请求保护的方法是利用TPAP表达所必需的DNA序列或反义TPAP核酸序列来实现“降低该细胞中TPAP产量或不产生TPAP”的目的，所采用的关键步骤在于对这些DNA序列进行修饰或使其失活、或将TPAP反义核酸导入细胞。但是本申请说明书中既未指明TPAP表达所必需的DNA序列有哪些，也并未指出对这些序列能够作出什么样的具体修饰或采用什么样的方法能够使其失活，从而最终达到“降低该细胞中TPAP产量或不产生TPAP”的目的。虽然复审请求人认为说明书中给出了可以采用的DNA修饰方法，但是合议组认为，说明书中所给出的以及复审请求人在答复复审通知书时所提交的附件1、2仅表示这类方法的一般性操作过程是已知的，但是这并不意味着对于TPAP这一特定基因来说，本领域技术人员就能够知道其表达所必需的DNA序列有哪些、为实现发明目的该对这些DNA序列作出何种修饰以及如何使其失活、该选择哪一段反义核酸导入细胞，并且也无法预期所作修饰和失活的效果如何、所选择的反义核酸导入后的效果如何，最终是否能够成功筛选到所述细胞，这些具体的操作以及选择都是需要本领域普通技术人员需要付出创造性劳动才能获知和确定的，而本申请说明书中并没有公开这些内容，因此本领域普通技术人员根据说明书的记载无法实现本申请请求保护的技术方案，本申请说明书不符合专利法第26条第3款的规定。

综上所述，合议组认为，本领域技术人员仅仅根据说明书的记载，无法实现本申请的上述技术方案，解决其技术问题，并且产生预期的技术效果。本申请说明书不符合专利法第26条第3款的规定。

根据以上事实和理由，本案合议组作出如下审查决定。

**三、决定**

维持国家知识产权局于2004年7月9日对95196120.9号发明专利申请作出的驳回决定。

复审请求人对本决定不服的，可以根据专利法第41条第2款的规定，自收到本决定之日起三个月内向北京市第一中级人民法院起诉。

127

# 磺胺膏

## 复审请求审查决定（第11826号）

**决　　定　　号**　第11826号
**决　　定　　日**　2007年11月19日
**发明创造名称**　磺胺膏
**国 际 分 类 号**　A61K 31/63，A61K 9/02，A61P 17/02
**复 审 请 求 人**　张海荣
**申　　请　　号**　02110988.5
**申　　请　　日**　2002年3月7日
**公　　开　　日**　2002年12月25日
**合 议 组 组 长**　李金光
**主　　审　　员**　张晓飞
**参　　审　　员**　许　磊

**法 律 依 据**　专利法第22条第3款
**决 定 要 点**

如果一项发明是所属领域的技术人员在现有技术基础上通过合理的逻辑分析、推理或有限的试验可以得到的，要求保护的技术方案也没有取得预料不到的技术效果，则该发明不具备突出的实质性特点和显著的进步，不具有创造性。

### 一、案由

本复审请求涉及申请日为2002年3月7日、公开日为2002年12月25日、名称为“磺胺膏”的02110988.5号发明专利申请（下称本申请），本申请的申请人为张海荣。

国家知识产权局针对申请人于2002年6月12日提交的权利要求第1项、说明书第1页和说明书摘要于2004年3月5日发出《第一次审查意见通知书》，指出：本申请权利要求1要求保护一种磺胺膏，而对比文件1（CN1092315，公开日为1994年9月21日）公开了一种伤口外敷药膏，其中包含万花油、医用凡士林、磺胺结晶、白药晶。由此可见，将磺胺制成膏剂是现有技术中已知的，并且凡士林是常用膏药基质，同时本申请说明书中也没有记载这种磺胺膏具有突出的实质性特点和显著的进步，因此权利要求1所要求保护的磺胺膏相对于对比文件1不具备创造性，不符合专利法第22条第3款的规定。《第一次审查意见通知书》所针对的权利要求书为：

“成分：灭菌结晶磺胺与白凡士林的胶状物。磺胺是对氨基苯磺酰胺的简称，磺胺类药物中最简单的一种。凡士林是液体和固体石蜡烃类的混合物，在此作软膏基质。

剂量和应用：将浓度为25％的磺胺膏轻轻挤出直接涂敷疮面，视疮口破损面积的大小而决定是否盖上纱布等。一天1～2次。该磺胺膏的半衰期<8小时。

制剂规格：1.（设想）塑料软膏包装，每管30g。

2. 分装成500克一罐。"

针对《第一次审查意见通知书》指出的问题，申请人于2004年3月10日提交了修改的权利要求书第1页并于2004年4月18日提交了意见陈述书。申请人认为磺胺膏与对比文件1的药性质不同，将对比文件1的技术中加热的万花油融入医用凡士林破坏凡士林的功能，降低和破坏药效，本申请的磺胺膏有消炎润肤作用。

国家知识产权局于2004年9月3日发出《第二次审查意见通知书》，重申了《第一次审查意见通知书》的意见。

针对《第二次审查意见通知书》，申请人于2004年9月7日提交了意见陈述书，并提交了经修改的说明书第1页。申请人认为对比文件1中虽有"磺胺"成分，但加上"结晶"二字组成的药物名称是不受法律保护的。

国家知识产权局于2004年10月22日发出《第三次审查意见通知书》，指出本次修改的说明书以及申请人于答复《第一次审查意见通知书》时提交的权利要求书替换页不符合专利法第52条的规定；原始权利要求书没有一个完整的发明技术方案，不符合专利法实施细则第20条第1款的规定；即使申请人修改权利要求书，本申请仍然不具备创造性，意见同前几次审查意见。

针对《第三次审查意见通知书》指出的问题，申请人于2004年10月26日提交了意见陈述书，并提交了权利要求书（共5项权利要求）和说明书（共1页）的全文替换页。申请人认为对比文件1公开的药的功能是止血止痛，而本申请的磺胺膏是消炎润肤；灭菌结晶磺胺是一直有的，而作为单一成分制成膏是没有的。

针对申请人此次提交的权利要求第1～5项、说明书第1页和申请日提交的说明书摘要，国家知识产权局于2005年1月7日以权利要求1～5不符合专利法实施细则第20条第1款的规定和本申请不符合专利法第22条第3款的规定为由驳回了本申请。驳回决定所针对的权利要求书为：

"1. 一种外用消炎润肤药膏。由两部分组成：白凡士林和灭菌结晶磺胺经过碾磨后的药粉。其特征是填补了没有这种药膏的空白。

2. 根据权利要求1所述的磺胺膏，其特征是：改变了以往百分之一百地将"灭菌结晶磺胺"洒在伤口上的情况。

3. 经我碾磨后加工后的灭菌结晶磺胺粉末对伤口无刺痛感觉。

4. 该药膏是灭菌结晶磺胺（粉末）与白凡士林的胶状物。磺胺是对氨基苯磺酰胺的简称，磺胺类药物中最简单的一种。白凡士林是液体和固体石蜡烃类的混合物，在此作软膏基质。

5. 根据权利要求1所述的磺胺膏，可根据需要制成各种不同浓度、不同剂量、不同包装、不同用途……的该药膏。"

驳回决定认为：（1）权利要求1～5没有按照要求说明发明的技术特征，清楚地表述请求保护的范围，且存在形式问题如同一权利要求内存在多个句号，因此权利要求1～5不符合专利法实施细则第20条第1款的规定；（2）申请人仍然从所使用的磺胺结晶的名称出发陈述其创造性，这只是文字形式的改变，对于本申请实质内容的创造性没有影响，而使用磺胺膏+凡士林的简单方案是本领域技术人员易于想到的，并且这种组合没有给磺胺药膏带来任何意想不到的效果，因此本申请不符合专利法第22条第3款规定的创造性。

申请人张海荣（下称复审请求人）对上述驳回决定不服，于2005年1月10日向专利复审委员会提出复审请求，复审请求人在提出复审请求时没有提交新修改的专利申请文本。复审请求人认为：(1) 本申请的磺胺膏中采用的是“灭菌结晶磺胺”，对比文件1中的药采用的是“磺胺结晶”；(2) 本申请的磺胺膏杀菌消炎润肤，对比文件1中的药止血止痛；(3) 将加热的万花油倒入医用凡士林，凡士林会发生置换、氧化、热解等反应；(4) 本发明填补了结晶磺胺没有膏剂的空白；(5) 本发明的磺胺膏比灭菌结晶磺胺的效果好，使用方便。

形式审查合格后，专利复审委员会受理了该复审请求，并于2005年6月9日向复审请求人发出《复审请求受理通知书》，同时将本申请案卷移交原审查部门进行前置审查。

原审查部门对本复审请求进行了前置审查，认为申请人既没有在意见称述书中针对驳回决定的内容给出本申请具有创造性的理由，也没有对申请文本作任何修改，因此坚持原驳回决定。

专利复审委员会组成合议组，对本复审请求案进行了审理。于2006年4月24日针对驳回文本向复审请求人发出《复审通知书》。该《复审通知书》指出：(1) 权利要求1~3、5中分别记载的特征“填补了没有这种药膏的空白”、“改变了以往百分之一百地将‘灭菌结晶磺胺’洒在伤口上的情况”、“对伤口无刺痛感觉”和“根据需要制成各种不同浓度、不同剂量、不同包装、不同用途……”没有在原始公开的申请文件中记载过，本领域普通技术人员也无法从原始申请文件记载的内容直接推导出这些特征；说明书中将原始记载的“还可滋润皮肤，使疮口干燥、结痂和促进愈合”修改为“还可滋润皮肤，使疮口干燥、结痂和促进愈合……”，增加了省略号意味着除了原始申请文件中记载的用途外，还存在其他的用途，这种含义无法从原始申请文件中得出，因此，上述权利要求和说明书的修改超出了原申请文件记载的范围，不符合专利法第33条的规定。(2) 在权利要求4记载的内容中，“磺胺是对氨基苯磺酰胺的简称，磺胺类药物中最简单的一种。白凡士林是液体和固体石蜡烃类的混合物，在此作软膏基质”是所属技术领域的公知常识，药物灭菌又是制备药物中所必需的。对比文件1公开了一种伤口外敷药膏，其中包括万花油、医用凡士林、磺胺结晶、白药晶（参见对比文件1的说明书摘要），由此可见，将磺胺结晶制成外用含凡士林基质的药膏是已知的，本申请权利要求4与对比文件1的记载区别有：权利要求4不含有万花油和白药晶；制成药物的名称“胶状物”与对比文件1的名称软膏表述形式不同。万花油和白药晶都是对伤口愈合有益的物质，从组成中去除这两种物质对产品的制备来说不需要花费创造性劳动，同时产品也没有产生任何意料不到的效果，而根据本申请的说明书，“胶状物”的实质就是一种软膏，因此，在对比文件1的基础上结合本领域的公知技术得到权利要求4的技术方案不需要花费创造性劳动，权利要求4不符合专利法第22条第3款有关创造性的规定。(3) 药品制备过程中加热只是熔化各种物质的手段，并不必然意味着加热至分解的高温，复审请求人没有证据证明复审请求人所述的反应。(4) 专利法第2条对发明创造的概念有明确的规定；专利法第22条第3款对创造性有明确的规定。(5) 本案审查中是以专利法的规定确定这些概念的，并非复审请求人所解释的概念。磺胺膏比灭菌结晶磺胺使用方便是膏状剂本身的特性。因此，复审请求人陈述的理由也不能说明本申请的方案具备创造性。

针对《复审通知书》指出的问题，复审请求人于2006年5月9日提交了意见陈述书及本申请的公开文本，该公开文本与《第一次审查意见通知书》所针对文本相同。

复审请求人主张：(1) 以公开文本的说明书和权利要求进行审查；(2) 需要参照专利法实施细则第51条第4款的规定来审查对比文件CN1092315A中的药名“磺胺结晶”与本申请的磺胺膏中的“灭菌结晶磺胺”是否是同一个物质；(3) 对比文件中将加热后的万花油融入医用凡士林，这道工序（工艺）不先进，加热温度不明确控制会发生化学反应，且常温下万花油与医用凡士林同样能均匀、迅速调和；(4) 本申请的磺胺膏中的灭菌结晶磺胺是经碾磨工序（工艺）后成粉末状与白凡士林混合的。

至此，合议组认为本案事实已经清楚，可以作出审查决定。

**二、决定的理由**

1. 文本认定

在合议组发出通知书指出驳回决定所针对的申请文本存在修改超范围的问题后，复审请求人在2006年5月9日答复该《复审通知书》时提交了标题为“发明专利申请公开说明书 申请号02110988.5”的本申请的公开文本相对应部分，并在意见称述书中指明按照公开说明书为准来克服《复审通知书》中指出的修改超范围的问题，即复审请求人明确了将说明书、摘要和权利要求书替换为本申请的公开文本相对应部分，因此本决定是在复审请求人于2006年5月9日提交的原公开文本中（该文本与《第一次审查意见通知书》针对的文本完全相同）的说明书（共1页）、说明书摘要和权利要求书（共1页）的基础上作出的。

2. 专利法第22条第3款

专利法第22条第3款规定：创造性是指同申请日以前已有的技术相比，该发明有突出的实质性特点和显著的进步。

如果一项发明是所属领域的技术人员在现有技术基础上通过合理的逻辑分析、推理或有限的试验可以得到的，要求保护的技术方案也没有取得预料不到的技术效果，则该发明不具备突出的实质性特点和显著的进步，不具有创造性。

对比文件1公开了一种伤口外敷药膏，按重量比10：6：5～12：1用料，万花油、医用凡士林、磺胺结晶、白药晶，先文火加热万花油后融入医用凡士林，再加入上述其余用料搅拌冷凝成膏（参见对比文件1说明书摘要）。由此可见，将磺胺结晶制成外用含凡士林基质的药膏是已知的。本申请公开文本中的权利要求书中只记载了一项无序号的权利要求，现视为权利要求1，该权利要求与对比文件1公开内容在记载上的区别有：（1）权利要求1中记载的结晶磺胺是灭菌的，对比文件1未明确记载磺胺灭菌；（2）权利要求1的组分只有灭菌结晶磺胺和凡士林，不含有对比文件1记载的万花油和白药晶；（3）权利要求1中公开了25％的磺胺的具体浓度，对比文件1中公开的是磺胺的用量范围；（4）权利要求1中对膏剂具体使用和制剂规格进行了限定，对比文件1没有具体限定。根据说明书的描述，本申请实际要解决的技术问题是要提供一种能消炎润肤的结晶磺胺和凡士林的软膏。针对上述记载不同点而言：（1）药物灭菌是制备药物所必需的，这是本领域的公知常识；（2）对比文件1给出了磺胺和凡士林组合作药的教导，且本领域公知磺胺是杀菌消炎药品，凡士林具有润肤作用，是常用软膏基质，虽然对比文件1的药物中还含有万花油和白药晶，但从已知物质中排除促进伤口愈合的物质万花油和白药晶，只保留磺胺和凡士林，且其组合药剂保留各自组分的作用即产生消炎润肤的效果对所属领域技术人员来说是显而易见的，即对比文件1的药剂中有万花油和白药晶组分相应具有这两种组分的作用效果，本申请的方案中没有这两种组分相应没有这两种组分的作用效果，这是对本领域技术人员可以合理推知的；（3）从磺胺用量来看，对比文件1中磺胺在药膏中的重量浓度大约为23％～41％（参见说明书摘要中各组分的重量比例，计算而得该范围值），本申请中磺胺浓度为25％，虽然本申请中未明确25％是重量浓度还是体积浓度，但本领域技术人员公知在膏剂中一般使用重量浓度，本申请权利要求1中磺胺的浓度在对比文件1公开的磺胺浓度范围内，即对比文件1给出了磺胺用量25％的技术启示；（4）权利要求1记载的使用部分的技术特征“……轻轻挤出直接涂敷疮面，视疮口破损面积的大小而决定是否盖上纱布等。1天1～2次。该磺胺膏的半衰期<8小时。”仅仅体现在用药过程中，对胶状物的组成和性质没有实际的限定意义；制剂规格不是本申请权利要求的必要技术特征，且采用塑料软管包装或者罐装都是本领域中此类药物的常用包装形式，而包装中药物的含量如“每管30g”或者“500克一罐”也在本领域常见规格形式的范围内，采用此制剂规格也

没有产生意料不到的技术效果。因此，在对比文件 1 的基础上结合本领域的公知技术得到权利要求 1 的技术方案是显而易见的，不需要花费创造性劳动，权利要求 1 不符合专利法第 22 条第 3 款有关创造性的规定。

对于复审请求人在答复复审通知书时的意见陈述，合议组认为：(1) 专利法实施细则第 51 条第 4 款规定的是国务院专利行政部门可以自行修改专利申请文件中的文字和符号的明显错误，与“灭菌结晶磺胺”和“磺胺结晶”是否是同一个物质无关联；“结晶磺胺”和“磺胺结晶”只是文字表述形式不同，其实际上表示同一种物质；“灭菌结晶磺胺”是通过“磺胺结晶”灭菌后得到的，灭菌只是制药领域的常用手段，根据本领域的公知常识，对药品进行的灭菌是在不会影响药品组成的情况下进行的，因此其并不会改变该药物的性质和功能；(2) 加热只是熔化物质的手段，并不意味着加热至导致分解的高温，复审请求人没有证据证明加热的万花油融入医用凡士林会产生化学反应，甚至破坏凡士林的功能；而且药膏中是否存在万花油和白药晶并不排除对比文件 1 给出了磺胺和凡士林可以组配药膏的技术教导；(3) 对于灭菌结晶磺胺碾磨成粉状，其只是为了更好地与凡士林混合，这是本领域公知的，混合得到的产物其效果也是可以预料到的。因此，复审请求人的意见陈述不具有说服力。

根据以上事实和理由，本案合议组作出如下审查决定。

**三、决定**

维持国家知识产权局于 2005 年 1 月 7 日对 02110988.5 号发明专利申请作出的驳回决定。

复审请求人对本决定不服的，可以根据专利法第 41 条第 2 款的规定，自收到本决定之日起三个月内向北京市第一中级人民法院起诉。

128

# 冠状动脉疾病的预测

## 复审请求审查决定（第11831号）

**决 定 号** 第11831号
**决 定 日** 2007年11月12日
**发明创造名称** 冠状动脉疾病的预测
**国际分类号** C12Q 1/68，C07H 21/04，C12P 19/34，G01N 33/53
**复审请求人** 白介素遗传学公司
**申 请 号** 98804915.5
**申 请 日** 1998年3月9日
**优 先 权 日** 1997年3月10日
**公 开 日** 2000年6月7日
**合议组组长** 李金光
**主 审 员** 葛永奇
**参 审 员** 郭 婷

**法 律 依 据** 专利法第25条第1款第（3）项，专利法实施细则第20条第1款、第21条第2款

**决 定 要 点**

如果一项发明从表述形式上看是以离体样品为对象，但该发明以获得同一主体的疾病诊断结果或健康状况为直接目的的，如患病风险度评估方法、基因筛查诊断法，则该发明属于疾病的诊断方法，不能被授予专利权。

如果权利要求的类型及其中所用词语的含义都是清楚的，可以据此确定权利要求的保护范围，则该权利要求符合专利法实施细则第20条第1款的规定。如果独立权利要求中记载的技术特征的总和足以构成发明的技术方案，能够解决发明所要解决的技术问题，则该独立权利要求符合专利法实施细则第21条第2款的规定。

### 一、案由

本复审请求涉及申请日为1998年3月9日、公开日为2000年6月7日、申请号为98804915.5、名称为“冠状动脉疾病的预测”的发明专利申请（下称本申请），申请人为白介素遗传学公司（2000年10月19日由医疗科学系统有限公司变更为现名称），本申请的优先权日为1997年3月10日。

国家知识产权局于2005年4月8日以本申请进入中国国家阶段时申请人提交的说明书第1～4、7～13页、摘要、2004年7月27日提交的说明书第5～6页、2005年2月1日提交的权利要求1～10

为基础，以本申请不符合专利法第33条，专利法实施细则第20条第1款、第21条第2款的规定为由驳回了本申请。

驳回决定所针对的权利要求书为：

“1. 预测冠状动脉疾病的试剂盒，所述的试剂盒包括：

a. 与IL-1RN（VNTR）等位基因2或IL-1B（-511）等位基因2的DNA序列互补的寡核苷酸；和

b. 一个对照样品，其中所述的对照样品含有至少一个已知与冠状动脉疾病相关的等位基因。

2. 权利要求1所述的试剂盒，还包括DNA制样工具、DNA纯化工具和PCR反应缓冲液。

3. 权利要求1所述的试剂盒，其中所述寡核苷酸选自下列一组：

5’CTCAGCAACACTCCTAT 3’　　（SEQ ID NO.1）；

5’TCCTGGTCTGCAGGTAA 3’　　（SEQ ID NO.2）；

5’TGGCATTGATCTGGTTCATC 3’　　（SEQ ID NO.3）；和

5’GTTTAGGAATCTTCCCACTT 3’　　（SEQ ID NO.4）。

4. 权利要求3所述的试剂盒，其中所述寡核苷酸还包含一个可检测的标记。

5. 一种检测病人对冠状动脉疾病易感性的体外方法，所述的方法包括：

a. 对病人IL-1基因座的核酸进行分型以确定基因型；并

b. 将所述的基因型与包括一个IL-1RN（VNTR）等位基因2或IL-1B（-511）等位基因2的对照样品相比较，

其中所述基因型与所述对照样品的相似性表明对冠状动脉疾病增加的易感性。

6. 一种预测对冠状动脉疾病增加的易感性的体外方法，所述的方法包括：在取自个体的DNA样品中检测IL-1RN等位基因2或IL-1B等位基因2的至少一个拷贝的存在，其中检测到所述的等位基因表明该个体对冠状动脉疾病的易感性增加。

7. 权利要求6的方法，其中所述检测步骤包括对一种核酸进行RFLP分析。

8. 权利要求6的方法，其中所述检测步骤包括对一种核酸进行PCR扩增。

9. 权利要求6的方法，其中所述检测步骤包括确定一种蛋白质的表位。

10. 权利要求8的方法，其中用来进行所述PCR扩增的PCR引物选自下列一组：

5’CTCAGCAACACTCCTAT 3’　　（SEQ ID NO.1）；

5’TCCTGGTCTGCAGGTAA 3’　　（SEQ ID NO.2）；

5’TGGCATTGATCTGGTTCATC 3’　　（SEQ ID NO.3）；和

5’GTTTAGGAATCTTCCCACTT 3’　　（SEQ ID NO.4）。”

驳回决定认为：（1）说明书第5页增加的内容超出了原始申请文件记载的范围，不符合专利法第33条的规定。（2）权利要求1要求保护预测冠状动脉疾病的试剂盒，其中a限定了用于检测出预示着冠状动脉疾病易感性的IL-1RN（VNTR）等位基因2或IL-1B（-511）等位基因2的寡核苷酸，b给出一个对照样品，但是b中对这个对照样品的描述仅仅是“已知与冠状动脉疾病相关的等位基因”，现有技术中已知与冠状动脉疾病相关的等位基因不是唯一的，而且不仅仅是a中的两个等位基因，因此，如果该对照样品不是IL-1RN（VNTR）等位基因2或IL-1B（-511）等位基因2的话，那么该试剂盒将无法用于预测冠状动脉疾病。权利要求2～4是权利要求1的从属权利要求，但是即便加上其附加技术特征，这些权利要求也仍然缺少必要技术特征，是保护范围不清楚的技术方案。

申请人白介素遗传学公司（下称复审请求人）对上述驳回决定不服，于2005年7月22日向专利复审委员会提出复审请求，同时提交了权利要求书全文替换页和说明书第5页的替换页。其中修改后的权利要求书为：

“1. 预测冠状动脉疾病的试剂盒，所述的试剂盒包括：

a. 与IL-1RN（VNTR）等位基因2或IL-1B（-511）等位基因2的DNA序列互补的寡核苷酸；和

b. 一个对照样品，其中所述的对照样品含有IL-1RN（VNTR）等位基因2或IL-1B（-511）等位基因2。

2. 权利要求1所述的试剂盒，还包括DNA制样工具、DNA纯化工具和PCR反应缓冲液。

3. 权利要求1所述的试剂盒，其中所述寡核苷酸选自下列一组：

5’CTCAGCAACACTCCTAT 3’ （SEQ ID NO. 1）；

5’TCCTGGTCTGCAGGTAA 3’ （SEQ ID NO. 2）；

5’TGGCATTGATCTGGTTCATC 3’ （SEQ ID NO. 3）；和

5’GTTTAGGAATCTTCCCACTT 3’ （SEQ ID NO. 4）。

4. 权利要求3所述的试剂盒，其中所述寡核苷酸还包含一个可检测的标记。

5. 一种检测病人对冠状动脉疾病易感性的体外方法，所述的方法包括：

a. 对病人IL-1基因座的核酸进行分型以确定基因型；并

b. 将所述的基因型与包括一个IL-1RN（VNTR）等位基因2或IL-1B（-511）等位基因2的对照样品相比较，

其中所述基因型与所述对照样品的相似性表明对冠状动脉疾病增加的易感性。

6. 一种预测对冠状动脉疾病增加的易感性的体外方法，所述的方法包括：在取自个体的DNA样品中检测IL-1RN等位基因2或IL-1B等位基因2的至少一个拷贝的存在，其中检测到所述的等位基因表明该个体对冠状动脉疾病的易感性增加。

7. 权利要求6的方法，其中所述检测步骤包括对一种核酸进行RFLP分析。

8. 权利要求6的方法，其中所述检测步骤包括对一种核酸进行PCR扩增。

9. 权利要求6的方法，其中所述检测步骤包括确定一种蛋白质的表位。

10. 权利要求8的方法，其中用来进行所述PCR扩增的PCR引物选自下列一组：

5’CTCAGCAACACTCCTAT 3’ （SEQ ID NO. 1）；

5’TCCTGGTCTGCAGGTAA 3’ （SEQ ID NO. 2）；

5’TGGCATTGATCTGGTTCATC 3’ （SEQ ID NO. 3）；和

5’GTTTAGGAATCTTCCCACTT 3’ （SEQ ID NO. 4）。”

复审请求人认为：（1）修改后的权利要求1的试剂盒提供了含有IL-1RN（VNTR）等位基因2或IL-1B（-511）等位基因2的相应的对照样品，因此能够准确检测DNA样品中的IL-1RN等位基因2或IL-1B等位基因2的存在，因此修改后的权利要求1具备了实现发明目的的全部必要技术特征，其保护范围是清楚的，因此权利要求1及其从属权利要求2~4符合专利法实施细则第20条第1款的规定。（2）根据对权利要求1的修改，复审请求人相应地对说明书第5页作了适应性修改，同时，修改后的说明书第5页已经删除了审查员所指出的超出原始申请文件公开范围的内容，因此符合专利法第33条的规定。

形式审查合格后，专利复审委员会受理了该复审请求，并于2005年8月24日向复审请求人发出《复审请求受理通知书》，同时将本申请案卷移交原审查部门进行前置审查。

原审查部门对本复审请求进行了前置审查，认为修改后的申请文件克服了不符合专利法第33条的规定的缺陷，但修改后的权利要求1中b条件“一个对照样品，其中所述的对照样品含有……”中

“含有”一词使该对照样品不是仅仅针对a条件中的两个目的等位基因，还可能包含其他对照基因，既然名为“对照”就应该是参照a中的基因而与之相同才行。因此，权利要求1仍然不符合专利法实施细则第20条第1款的规定，坚持原驳回决定。

专利复审委员会组成合议组，对本复审请求案进行了审理。2007年4月9日，专利复审委员会向复审请求人发出《复审通知书》。《复审通知书》指出，本申请权利要求5~10请求保护的“检测病人对冠状动脉疾病易感性的体外方法”和“预测对冠状动脉疾病增加的易感性的体外方法”属于专利法第25条第1款第（3）项所规定的“疾病的诊断方法”的范畴，不能被授予专利权。

针对《复审通知书》指出的问题，复审请求人于2007年6月21日提交了意见陈述书和权利要求书替换页，其中删除了《复审通知书》所针对文本中的权利要求5~10，其余权利要求未修改。

至此，合议组认为本案事实清楚，可以作出审查决定。

**二、决定的理由**

1. 审查文本

本复审决定所依据的申请文本为本申请进入中国国家阶段时复审请求人提交的说明书第1~4、7~13页、摘要、2004年7月27日提交的说明书第6页、2005年7月22日提交的说明书第5页、2007年6月21日提交的权利要求1~4。其中在2005年7月22日提交的说明书第5页中删除了驳回决定中所指出的修改超出原申请文件记载范围的缺陷。上述文本符合专利法第33条和专利法实施细则第60条第1款的规定。

2. 关于专利法第25条第1款

专利法第25条第1款第（3）项规定：疾病的诊断和治疗方法不授予专利权。

根据该款规定，如果一项发明从表述形式上看是以离体样品为对象，但该发明是以获得同一主体的疾病诊断结果或健康状况为直接目的，如患病风险度评估方法、基因筛查诊断法，则该发明属于疾病的诊断方法，不能被授予专利权。

本案中，复审请求人在请求复审时提交的权利要求书中，权利要求5~10请求保护“检测病人对冠状动脉疾病易感性的体外方法”和“预测对冠状动脉疾病增加的易感性的体外方法”，这些是通过基因筛查而评估个体患病风险度的方法，虽然所述方法限定在“体外”进行，从表述形式上看是以离体样品而不是以有生命的人体或动物体为对象，然而这种对离体样品分析的直接目的和结果是获知同一主体患冠状动脉疾病的风险度，因此仍然属于专利法第25条第1款第（3）项所规定的“疾病的诊断方法”的范畴，不能被授予专利权。复审请求人在答复《复审通知书》时提交的权利要求书中删除了属于疾病的诊断方法的权利要求5~10，因此克服了上述缺陷。

3. 关于专利法实施细则第20条第1款和第21条第2款

专利法实施细则第20条第1款规定：权利要求书应当说明发明或者实用新型的技术特征，清楚、简要地表述请求保护的范围。专利法实施细则第21条第2款规定：独立权利要求应当从整体上反映发明或者实用新型的技术方案，记载解决技术问题的必要技术特征。

如果权利要求的类型及其中所用词语的含义都是清楚的，可以据此确定权利要求的保护范围，则该权利要求符合专利法实施细则第20条第1款的规定。如果独立权利要求中记载的技术特征的总和足以构成发明的技术方案，能够解决发明所要解决的技术问题，则该独立权利要求符合专利法实施细则第21条第2款的规定。

本案中，一方面，修改后的权利要求1主题是预测冠状动脉疾病的试剂盒，其类型清楚，属于产品权利要求，其中a和b分别限定了试剂盒中所包含的成分即互补寡核苷酸和对照样品，b中“所述的对照样品含有IL-1RN（VNTR）等位基因2或IL-1B（-511）等位基因2”表明在该对照样品中必然含有上述任一种等位基因。本领域技术人员根据这种记载可以明确，如果试剂盒中 a 的成分是与 IL-1RN（VNTR）等位基因 2 的 DNA 序列互补的寡核苷酸，b 中的对照样品只要含有 IL-1RN（VNTR）等位基因 2 即可；如果 a 的成分是与 IL-1B（-511）等位基因 2 的 DNA 序列互补的寡核苷酸，b 中的对照样品只要含有 IL-1B（-511）等位基因 2 即可。因此，权利要求 1 中不存在语句逻辑关系不清、混乱的情况，即权利要求 1 的表述可以清楚地确定其要求保护的范围，符合专利法实施细则第 20 条第 1 款的规定。权利要求 2 ~ 4 为权利要求 1 的从属权利要求，其附加技术特征的表述也是清楚明确的，因此，在权利要求 1 保护范围清楚的前提下，权利要求 2 ~ 4 的保护范围也是清楚的，符合专利法实施细则第 20 条第 1 款的规定。

另一方面，根据说明书的记载，本申请所要解决的技术问题在于提供用于检测发生冠状动脉疾病及相关血管病易感性的方法以及检测所述易感性的试剂盒。“一般地，预测冠状动脉疾病增加风险率的方法包括检测选自 IL-1RN 等位基因 2 和 IL-1B 等位基因 2 组成的组的等位基因的至少一个拷贝的存在。具有一或多个这些等位基因意味着冠状动脉疾病的风险率增加”（参见说明书第 5 页发明概述部分）。所以，检测对冠状动脉疾病易感性的方法包括对病人 IL-1 基因座的核酸进行基因分型；并将所述的基因型与包括一个 IL-1RN（VNTR）等位基因 2 或 IL-1B（-511）等位基因 2 的对照样品相比较，其中所述基因型与所述对照样品的相似性表明对冠状动脉疾病增加的易感性（参见说明书第 5 页第 15 ~ 22 行、实施例 1 和 2）。

在修改后的权利要求 1 中，（1）a 的寡核苷酸互补于 IL-1RN（VNTR）等位基因 2 或 IL-1B（-511）等位基因 2 的 DNA 序列，因此该寡核苷酸可用于确定待测样品的基因型（参见实施例 1 的基因分型方法）。（2）实施例 1 表明 IL-1RN 基因 VNTR 标记的等位基因 2 是冠状动脉粥样硬化易感性的标志，IL-1B 基因-511 标记等位基因 2 与单血管冠状动脉疾病有关（说明书倒数第 1、2 段），实施例 2 表明 IL-1B 基因-511 标记的 Bsu36I 等位基因（等位基因 2）与多血管冠状动脉疾病相关（说明书第 13 页第 2 段），因而存在 IL-1RN（VNTR）等位基因 2 或 IL-1B（-511）等位基因 2 即表明存在相应的冠状动脉疾病。这样，对于 b 的对照样品而言，无论其为 IL-1RN（VNTR）等位基因 2 或 IL-1B（-511）等位基因 2 本身还是其包含 IL-1RN（VNTR）等位基因 2 或 IL-1B（-511）等位基因 2 均可被视为阳性对照样品，如果基因分型后经比较发现待测样品中同样存在 IL-1RN（VNTR）等位基因 2 和/或 IL-1B（-511）等位基因 2，则表明待测患者（即由其取得待测样品的患者）存在相应的冠状动脉疾病。也就是说，b 的对照样品中只要“含有”IL-1RN（VNTR）等位基因 2 或 IL-1B（-511）等位基因 2，所述试剂盒就能够用于预测冠状动脉疾病，从而解决发明所要解决的技术问题，而无需就是所述等位基因本身。因此，权利要求 1 中所记载的技术特征的总和构成的技术方案能够解决发明所要解决的技术问题，权利要求 1 符合专利法实施细则第 21 条第 2 款的规定。基于此，驳回决定中有关权利要求 1 ~ 4 缺少必要技术特征的理由不成立。

根据以上事实和理由，本案合议组作出如下审查决定。

**三、决定**

撤销国家知识产权局于 2005 年 4 月 8 日对 98804915.5 号发明专利申请作出的驳回决定。由原审查部门在本复审决定所针对的审查文本的基础上继续进行审查。

复审请求人对本决定不服的，可以根据专利法第 41 条第 2 款的规定，自收到本决定之日起三个月内向北京市第一中级人民法院起诉。

129

# 编码奈瑟氏球菌属细菌分支酶的核酸分子以及α-1，6-分支α-1，4-葡聚糖的制备方法

## 复审请求审查决定（第11867号）

**决 定 号** 第11867号
**决 定 日** 2007年11月20日
**发明创造名称** 编码奈瑟氏球菌属细菌分支酶的核酸分子以及α-1，6-分支α-1，4-葡聚糖的制备方法
**国际分类号** C12N 15/54，C12N 15/63，C12N 5/10，C12N 9/10，C12P 21/02，C07K 16/12，A01H 5/00，C08B 30/00
**复审请求人** 拜尔生物科学有限公司，马普科技促进协会
**申 请 号** 99813141.5
**优 先 权 日** 1998年10月9日，1999年5月27日
**申 请 日** 1999年10月8日
**公 开 日** 2001年12月5日
**合议组组长** 何 炜
**主 审 员** 张晓飞
**参 审 员** 刘玉玲

**法 律 依 据** 专利法第26条第4款
**决 定 要 点**

如果权利要求的概括包含申请人推测的内容，而其效果又难以预先确定和评价，则认为这种概括超出了说明书公开的范围，权利要求得不到说明书的支持。

### 一、案由

本复审请求涉及1999年10月8日申请，2001年12月5日公开，名称为“编码奈瑟氏球菌属细菌分支酶的核酸分子以及α-1，6-分支α-1，4-葡聚糖的制备方法”的99813141.5号发明专利申请（下称本申请），本申请的优先权日为1998年10月9日和1999年5月27日，申请人为拜尔生物科学有限公司、马普科技促进协会。

2005年5月13日，针对申请人于2004年6月11日提交的权利要求第1～17项，进入中国国家阶段时提交的国际申请文件的中文译文的说明书第1～3、5～72页、说明书附图第1～21页和说明书摘要，2003年10月23日提交的说明书第4页，国家知识产权局以权利要求1～17不符合专利法第26条第4款的规定为由驳回了本申请。驳回决定所针对的权利要求书为：

“1. 选自下组的编码奈瑟氏球菌属细菌分支酶的核酸分子：

（a）含有 SEQ ID NO. 2 中所示氨基酸序列之蛋白的编码核酸分子；

（b）含有 SEQ ID NO. 1 中所示编码区的核酸分子；

（c）含有质粒 DSM 12425 中插入片段编码的氨基酸序列之蛋白质的编码核酸分子；

（d）含有包括在质粒 DSM12425 插入片段中的分支酶编码区的核酸分子；

（e）在头 100 个氨基酸处与 SEQ ID NO. 2 中所示氨基酸序列有至少 80%同源性之蛋白的编码核酸分子；和

（f）其序列由于遗传密码的简并性而不同于（a）～（e）核酸分子的序列的核酸分子。

2. 含有根据权利要求 1 的核酸分子的载体。

3. 根据权利要求 2 的载体，其中所述核酸分子按有义链方向与保证原核或真核细胞中转录的调节序列连接。

4. 经权利要求 1 的核酸分子，或权利要求 2 或 3 的载体遗传修饰的宿主细胞。

5. 制备奈瑟氏球菌属细菌分支酶的方法，其中权利要求 4 的宿主细胞在允许该蛋白表达的条件下培养，并从培养细胞和/或培养基分离该蛋白。

6. 制备奈瑟氏球菌属细菌分支酶的方法，其中使用权利要求 1 的核酸分子在体外转录和翻译系统中产生该蛋白。

7. 由权利要求 1 的核酸分子编码的、或通过权利要求 5 或 6 的方法可获得的蛋白质。

8. 特异识别权利要求 7 的蛋白质的抗体。

9. 权利要求 7 的蛋白质在体外系统中制备 α-1，6-分支 α-1，4-葡聚糖中的应用。

10. 含有权利要求 1 的核酸分子的转基因植物细胞，其中所述核酸分子与保证在植物细胞中转录的调节序列连接。

11. 含有权利要求 10 的转基因植物细胞，其中所述核酸分子与保证编码蛋白在细胞质体中定位的信号序列的编码序列连接。

12. 制备转基因植物的方法，其中：

（a）通过引入权利要求 1 的核酸分子或权利要求 2 或 3 的载体遗传修饰植物细胞；

（b）从根据步骤（a）产生的细胞再生植物；并且

（c）任选性地从根据步骤（b）产生的植物产生更多植物。

13. 可从权利要求 10 或 11 的转基因植物细胞或通过权利要求 12 的方法可获得的转基因植物获得的淀粉。

14. 根据权利要求 13 的淀粉，其中所述淀粉的组成被改变，以至与相应野生型植物的淀粉比较，其具有增加的胶体质地和/或降低的磷酸含量和/或降低的峰值黏度和/或降低的成浆温度和/或降低的淀粉颗粒大小和/或改变的侧链分布。

15. 在细菌细胞中天然控制权利要求 1 的核酸分子转录的调节区，其含有选自下组的核苷酸序列：

（a）含有 SEQ ID NO. 1 中所示核苷酸序列的第 1～169 位核苷酸的核苷酸序列；

（b）包含在质粒 DSM12425 的插入片段中的调节区的核苷酸序列或其部分。

16. 使用蔗糖底物和淀粉蔗糖酶与分支酶的酶组合制备 α-1，6-分支 α-1，4-葡聚糖的体外方法。

17. 根据权利要求 16 的方法，其中所述分支酶是由权利要求 1 的核酸分子编码的。”

驳回决定认为：（1）权利要求 1 要求保护编码奈瑟氏球菌属分支酶的核酸分子，其中（a）、（b）、（c）、（d）中的“含有……”是开放式的表述方式，这样的氨基酸之蛋白的编码核酸分子有很多，(e) 中要求保护其序列的头 100 个氨基酸与 SEQ ID NO.2 中所示氨基酸序列至少 80%同源性之蛋白的编码核酸分子，这样的核酸分子也有很多，说明书中只是证实了如 SEQ ID NO：1 所示以及编码 SEQ ID NO：2 所示的核酸分子所编码的奈瑟氏球菌属分支酶，能达到本发明的目的，上述(a) ~ (e) 所定义的序列的核酸分子是否都能达到发明目的，没有实验证实，同时，由于本发明没有鉴定出所述的奈瑟氏球菌属细菌分支酶的功能域是哪些具体位点，因而，本领域技术人员也无法推导出权利要求 1 所定义的核酸分子编码的蛋白质都具有分支酶的功能，而且要从这些核酸分子中筛选出具有本发明所述编码奈瑟氏球菌属细菌分支酶功能的核酸分子，对本领域的普通技术人员来说，不能直观的确定，而需要付出过多的劳动，因此，权利要求 1 的技术方案得不到说明书的支持，不符合专利法第 26 条第 4 款的规定，同样的理由，权利要求 2 ~ 15、17 的技术方案也得不到说明书的支持，不符合专利法第 26 条第 4 款的规定；(2) 权利要求 16 要求保护使用蔗糖底物和淀粉蔗糖酶与分支酶的酶组合制备 α-1，6-分支 α-1，4-葡聚糖的体外方法，其中的分支酶有很多种，说明书中只是证实了 SEQ ID NO：1 和 2 所示的分支酶能达到本发明的目的，其他的分支酶是否都能达到本发明的目的，没有实验证实，也无法推导出来，而且要从所有的分支酶中筛选出能达到本发明目的的分支酶，对于本领域普通人员来说，需要付出过多的劳动，因此，权利要求 16 的技术方案得不到说明书的支持，不符合专利法第 26 条第 4 款的规定。

申请人拜尔生物科学有限公司、马普科技促进协会（下称复审请求人）对上述驳回决定不服，于 2005 年 8 月 26 日向专利复审委员会提出复审请求，复审请求人在提出复审请求时没有提交新修改的专利申请文本，复审请求人在意见陈述书中认为：(1) 权利要求 1 中用结构和功能两方面对核酸分子进行了限定，而且，从权利要求 1 的 (a) ~ (d) 的开放式限定所定义的核酸分子中选出编码奈瑟氏球菌属分支酶的分子不需要创造性劳动，实施例 1 给出了测定分支酶活性的方法，用该方法可以确定某一核酸分子是否能编码具有分支酶活性的蛋白质；对于 (e)，也无须过多劳动就可从中筛选出编码分支酶的分子；(2) 说明书第 28 页第 5 段中给出了“分支酶”的命名，根据该命名可知权利要求 16 可实现本发明的目的。

形式审查合格后，专利复审委员会受理了该复审请求，并于 2005 年 9 月 21 日向复审请求人发出《复审请求受理通知书》，随后将本申请移交原实质审查部门进行前置审查。

原实质审查部门对本复审请求进行了前置审查，坚持原驳回决定。

专利复审委员会组成合议组，对本案的复审请求进行了审理，于 2007 年 6 月 25 日向复审请求人发出《复审通知书》，指出：权利要求 1 要求保护编码奈瑟氏球菌属细菌分支酶的核酸分子，其 (a)、(b)、(c)、(d) 中的“含有……”表示所述核酸分子在编码 SEQ ID NO：2 的核酸分子和 SEQ ID NO：1 编码区的两端还可以有长度和组成不确定的多个核苷酸，其限定出无数多个核酸分子；(e) 中的“……至少 80%同源性之蛋白……”限定出无数多个蛋白分子，从而使 (e) 限定出无数多个核酸分子，对于 (a) ~ (e) 中限定出的无数多个核酸分子，所属领域技术人员根据说明书的记载以及现有技术，不经过过多的劳动进行筛选验证，无法推断其都具有奈瑟氏球菌属分支酶的活性，权利要求 1 的概括包含申请人推测的内容，而其效果又难以预先确定和评价，权利要求 1 得不到说明书的支持。同理，以权利要求 1 的技术方案为基础的权利要求 2 ~ 15、17 也得不到说明书的支持，权利要求 1 ~ 15、17 不符合专利法第 26 条第 4 款的规定。

针对《复审通知书》指出的问题，复审请求人于 2007 年 8 月 10 日提交了意见陈述书及经修改的权利要求书，并提交了以下附件：

附件 1：第 97195004.0 号发明专利的授权公告文本，授权公告号为 CN 1257978C，授权公告日为 2006 年 5 月 31 日，扉页、权利要求书、说明书，复印件共 48 页；

附件2：第4099号复审请求审查决定，决定日为2004年1月2日，决定正文，复印件共4页；

附件3：第94194945.1号发明专利的授权公告文本，授权公告号为CN 1174095C，授权公告日为2004年11月3日，扉页、权利要求书、说明书，复印件共23页。

修改后的权利要求书为：

“1. 选自下组的编码奈瑟氏球菌属细菌分支酶的核酸分子：

(a) 含有SEQ ID NO.2中所示氨基酸序列之蛋白的编码核酸分子；

(b) 含有SEQ ID NO.1中所示编码区的核酸分子；

(c) 含有质粒DSM 12425中插入片段编码的氨基酸序列之蛋白质的编码核酸分子；

(d) 含有包括在质粒DSM12425插入片段中的分支酶编码区的核酸分子；

(e) 与SEQ ID NO：1具有90％以上一致性的核酸分子；和

(f) 其序列由于遗传密码的简并性而不同于（a）~（e）核酸分子的序列的核酸分子。

2. 含有根据权利要求1的核酸分子的载体。

3. 根据权利要求2的载体，其中所述核酸分子按有义链方向与保证原核或真核细胞中转录的调节序列连接。

4. 经权利要求1的核酸分子，或权利要求2或3的载体遗传修饰的宿主细胞。

5. 制备奈瑟氏球菌属细菌分支酶的方法，其中权利要求4的宿主细胞在允许该蛋白表达的条件下培养，并从培养细胞和/或培养基分离该蛋白。

6. 制备奈瑟氏球菌属细菌分支酶的方法，其中使用权利要求1的核酸分子在体外转录和翻译系统中产生该蛋白。

7. 由权利要求1的核酸分子编码的、或通过权利要求5或6的方法可获得的蛋白质。

8. 特异识别权利要求7的蛋白质的抗体。

9. 权利要求7的蛋白质在体外系统中制备α-1，6-分支α-1，4-葡聚糖中的应用。

10. 含有权利要求1的核酸分子的转基因植物细胞，其中所述核酸分子与保证在植物细胞中转录的调节序列连接。

11. 含有权利要求10的转基因植物细胞，其中所述核酸分子与保证编码蛋白在细胞质体中定位的信号序列的编码序列连接。

12. 制备转基因植物的方法，其中：

(a) 通过引入权利要求1的核酸分子或权利要求2或3的载体遗传修饰植物细胞；

(b) 从根据步骤（a）产生的细胞再生植物；并且

(c) 任选性地从根据步骤（b）产生的植物产生更多植物。

13. 可从权利要求10或11的转基因植物细胞或通过权利要求12的方法可获得的转基因植物获得的淀粉。

14. 根据权利要求13的淀粉，其中所述淀粉的组成被改变，以至与相应野生型植物的淀粉比较，其具有增加的胶体质地和/或降低的磷酸含量和/或降低的峰值黏度和/或降低的成浆温度和/或降低的淀粉颗粒大小和/或改变的侧链分布。

15. 在细菌细胞中天然控制权利要求1的核酸分子转录的调节区，其含有选自下组的核苷酸序列：

(a) 含有SEQ ID NO.1中所示核苷酸序列的第1~169位核苷酸的核苷酸序列；

(b) 包含在质粒DSM12425的插入片段中的调节区的核苷酸序列或其部分。

16. 使用蔗糖底物和淀粉蔗糖酶与分支酶的酶组合制备α-1，6-分支α-1，4-葡聚糖的体外方法。

17. 根据权利要求16的方法，其中所述分支酶是由权利要求1的核酸分子编码的。”

至此，合议组认为本案事实清楚，可以作出审查决定。

**二、决定的理由**

1. 审查依据的文本

本复审请求审查决定是以复审请求人于2007年8月10日提交的权利要求第1~17项，进入中国国家阶段时提交的国际申请文件的中文译文的说明书第1~3、5~72页、说明书附图第1~21页和说明书摘要，2003年10月23日提交的说明书第4页为审查文本。

2. 专利法第26条第4款

专利法第26条第4款规定：权利要求书应当以说明书为依据，说明要求专利保护的范围。

根据该款规定，如果权利要求的概括包含申请人推测的内容，而其效果又难以预先确定和评价，则认为这种概括超出了说明书公开的范围，权利要求得不到说明书的支持。

权利要求1要求保护编码奈瑟氏球菌属细菌分支酶的核酸分子，其（a）~（d）中的“含有……”表示所述核酸分子在编码SEQ ID NO：2的核酸分子和SEQ ID NO：1编码区的两端还可以有长度和组成不确定的多个核苷酸，甚至可以扩展至整个基因组，其限定出无数多个核酸分子；（e）中的“与SEQ ID NO：1具有90％以上一致性的核酸分子”也限定出无数多个核酸分子。说明书中只是在实施例2~4和8~10中给出了通过SEQ ID NO：1和编码SEQ ID NO：2的核酸分子获得奈瑟氏球菌属细菌分支酶的实施方式，并没有给出在SEQ ID NO：1和编码SEQ ID NO：2的核酸分子两端存在其他长度和组成未知的核苷酸，以及与SEQ ID NO：1具有90％以上一致性的核酸分子也编码具有活性的奈瑟氏球菌属细菌分支酶的实施方式，由于蛋白质的功能由其三级结构决定，而一级结构的组成是三级结构的基础，氨基酸之间的作用，如形成二硫键、盐键或者氢键等均可能影响蛋白质的三级结构，进而影响其功能，因此两端长度和组成不确定的多个核苷酸所编码的氨基酸对SEQ ID NO：2所示蛋白质的三级结构，进而其功能的影响无法预料；对于同源性较高的蛋白质是否具有相似的空间结构和相似的功能，主要取决于那些在维系其空间结构以及功能、活性中起关键作用的氨基酸残基的差异，以及这些差异是否足以改变其空间构象和相应的生物学功能及活性。蛋白质氨基酸序列中的一些甚至一个起关键作用的氨基酸改变，都可能导致蛋白质空间结构与生物学活性或功能的巨大变化，因此，根据说明书中给出的实施方式，所属技术领域的技术人员用常规的实验或者分析方法不足以把说明书记载的内容扩展到权利要求所述的保护范围，权利要求1的概括包含申请人推测的内容，而其效果又难以预先确定和评价，权利要求1得不到说明书的支持。

复审请求人在答复《复审通知书》时认为：（1）功能性语言“编码奈瑟氏球菌属细菌分支酶”限定了所述技术方案的效果，对于“含有……”限定出的核酸分子，本领域技术人员熟知其编码区的侧翼可以包含非翻译区域，例如各种调控序列；即使侧翼序列是编码氨基酸的序列，说明书中也给出了该氨基酸序列不影响分支酶功能的例子，例如带标签的蛋白等（说明书第9页第3段、倒数第2段、第14页、第31页2~4段），而这些也是本领域技术人员熟知的常规工具；（2）“编码奈瑟氏球菌属细菌分支酶”的功能特征可以根据说明书提供的实验方法直接和肯定地验证，不需要经过过度的实验进行筛选，对于核酸分子，应该给予适当宽的保护范围以防止他人对其进行微小的修饰就可以绕过保护范围；（3）附件1的授权的权利要求与本申请的十分类似，附件2的复审决定认为开放式表述和同源性的限定可以得到说明书的支持，附件3即为附件2中所涉及案件的授权文本，本案的审查应该与上述审查实践一致；（4）组合物的权利要求中允许用“含有化合物A的组合物”的开放式表述，本申请的权利要求可以与之类比，采用“含有……”的表述应该得到允许。

对此，合议组认为：（1）对于权利要求中所包含的功能性限定的技术特征，应当理解为覆盖了所有能够实现所述功能的实施方式，而对于功能性限定“编码奈瑟氏球菌属细菌分支酶”，根据说明书的记载，其是通过SEQ ID NO：1和编码SEQ ID NO：2的核酸分子实现的，没有给出在SEQ ID NO：1和编码SEQ ID NO：2的核酸分子两端存在其他长度和组成未知的所有核苷酸，以及与SEQ ID NO：1具有90％以上一致性的所有核酸分子的实施方式，所属技术领域的技术人员用常规的实验或者分析方法不足以把说明书记载的内容扩展到权利要求所述的保护范围。对于“含有……”的限定，其包含了所限定的编码核酸两端存在长度和组成均未知的无数种核酸分子，甚至可以包括整个基因组序列，其侧翼可以是该编码核酸两端天然存在的各种所属领域技术人员公知的调控序列，但还可以包含调控序列上下游的其他编码序列，也可以是人为加上的各种序列，由于蛋白质的功能由其三级结构决定，而一级结构的组成是三级结构的基础，氨基酸之间的作用，如形成二硫键、盐键或者氢键等均可能影响蛋白质的三级结构，进而影响其功能，即使是现有技术中公知在一般情况下不影响目的蛋白功能的用于融合的蛋白，其对于特定的目的蛋白的影响也是无法预料的，例如标签蛋白一般用于目的蛋白的分离，但该融合蛋白是否还具有目的蛋白的功能无法预料，因此有的标签蛋白需要最终切除，另外对于转运肽或信号肽，特定的目的蛋白与其是否会形成复杂的空间结构而影响各自的功能也无法预料，另外如GFP等标记蛋白，其本身分子结构较大，其可能影响目的蛋白的功能，由于上述不确定因素的存在，对于权利要求1中（a）～（d）限定出的还可包含调控序列上下游的其他编码序列以及包含人为加上的各种序列的核酸分子，在现有技术以及本申请的说明书中均没有证据表明其都能实现上述功能的基础上，这些核酸分子产生的技术效果是无法预料的；（2）本申请说明书中提供的测定分支酶活性的方法只是本领域中的常规技术，其测定结果才是用于证明蛋白质分子功能必不可少的，只提供方法不能证实所需测定的蛋白质的功能，权利要求书说明了复审请求人要求保护的范围，说明书公开的意义在于指导所属领域技术人员实施和再现权利要求要求保护的技术方案，而不是在缺少试验证据的情况下，由所属领域技术人员在无法预知的情况下进行验证和筛选，对于核酸分子合适的保护范围，首先要满足的是专利法和专利法实施细则的相关规定，而不是防止他人是否能轻易绕过该保护范围；（3）附件1～3中涉及的内容与本申请的技术方案并无实质关系，其审查结果对于本申请的审查并没有约束力，本申请的审查是根据专利法、专利法实施细则和《审查指南》的有关规定进行的；（4）组合物的权利要求中“含有化合物A的组合物”的限定与本申请权利要求1中“含有……”的限定含义不同，前者并不是对化合物A本身的限定，而是对组合物可能含有的物质的限定，但本申请中“含有……”的限定是直接针对该编码核酸本身作出的，如前所述，本领域技术人员无法预测其两端另外存在的长度和组成未知的核苷酸对该编码核酸的功能会产生何种影响，两种开放式限定不具有可比性。因此，复审请求人的意见陈述不具有说服力。

综上所述，权利要求1得不到说明书的支持，不符合专利法第26条第4款的规定。同理，以权利要求1的技术方案为基础的权利要求2～15、17也得不到说明书的支持，不符合专利法第26条第4款的规定。

根据以上事实和理由，本案合议组作出如下审查决定。

**三、决定**

维持国家知识产权局于2005年5月13日对99813141.5号发明专利申请作出的驳回决定。

复审请求人对本决定不服的，可以根据专利法第41条第2款的规定，自收到本决定之日起三个月内向北京市第一中级人民法院起诉。

# 北京市第一中级人民法院
# 行政判决书

（2009）一中行初字第451号

原告拜尔生物科学有限公司，住所地德意志联邦共和国D-14473波茨坦市赫曼斯维尔德14号。

法定代表人弗兰克·施密特，总经理。

原告马普科技促进协会，住所地德意志联邦共和国80539慕尼黑霍夫加滕街8号。

法定代表人克丽丝塔·赫尔左克，专利全权代表。

两原告共同委托代理人罗菊华，中国国际贸易促进委员会专利商标事务所专利代理人。

两原告共同委托代理人陈轶兰，中国国际贸易促进委员会专利商标事务所专利代理人。

被告中华人民共和国国家知识产权局专利复审委员会，住所地中华人民共和国北京市海淀区北四环西路9号银谷大厦10～12层。

法定代表人廖涛，副主任。

委托代理人张晓飞，男，中华人民共和国国家知识产权局专利复审委员会审查员。

委托代理人刘妍，女，中华人民共和国国家知识产权局专利复审委员会审查员。

原告拜尔生物科学有限公司和马普科技促进协会不服被告中华人民共和国国家知识产权局专利复审委员会作出的第11867号复审请求审查决定（以下简称复审决定），向本院提起行政诉讼。本院受理后，依法组成合议庭，并于2009年3月3日公开开庭审理了本案，原告的委托代理人罗菊华、被告的委托代理人张晓飞和刘妍到庭参加了诉讼。本案现已审理终结。

被告针对原告提出的复审请求于2007年11月20日作出复审决定，其主要内容如下：

本复审请求涉及申请号为第99813141.5号、名称为“编码奈瑟氏球菌属细菌分支酶的核酸分子以及α-1，6-分支α-1，4-葡聚糖的制备方法”的发明专利申请（以下简称本申请），申请日为1999年10月8日，优先权日为1998年10月9日和1999年5月27日，申请人为两原告。

针对本申请及中华人民共和国国家知识产权局（以下简称知识产权局）作出的驳回决定，两原告向被告申请复审。被告经审查后认为：

1. 审查依据的文本

本复审请求审查决定是以两原告于2007年8月10日提交的权利要求第1～17项，进入中国国家阶段时提交的国际申请文件的中文译文的说明书第1～3、5～72页、说明书附图第1～21页和说明书摘要，2003年10月23日提交的说明书第4页为审查文本。

2.《中华人民共和国专利法》（以下简称《专利法》）第二十六条第四款

根据《专利法》第二十六条第四款的规定，如果权利要求的概括包含申请人推测的内容，而其效果又难以预先确定和评价，则认为这种概括超出了说明书公开的范围，权利要求得不到说明书的支持。

权利要求1要求保护编码奈瑟氏球菌属细菌分支酶的核酸分子，其（a）～（d）中的“含有……”表示所述核酸分子在编码SEQ ID NO：2的核酸分子和SEQ ID NO：1编码区的两端还可以有长度和组成不确定的多个核苷酸，甚至可以扩展至整个基因组，其限定出无数多个核酸分子；（e）中的“与SEQ ID NO：1具有90％以上一致性的核酸分子”也限定出无数多个核酸分子。说明书中只是在实施例2～4和8～10中给出了通过SEQ ID NO：1和编码SEQ ID NO：2的核酸分子获得奈瑟氏球菌属细菌分支酶的实施方式，并没有给出在SEQID NO：1和编码SEQ ID NO：2的核酸分子两端存在其他长度和组成未知的核苷酸，以及与SEQ ID NO：1具有90％以上一致性的核酸分子也编码具有活性的奈瑟氏球菌属细菌分支酶的实施方式，由于蛋白质的功能由其三级结构决定，而一级结构的组成是三级结构的基础，氨基酸之间的作用，如形成二硫键、盐键或者氢键等均可能影响蛋白质的三级结构，进而影响其功能，因此两端长度和组成不确定的多个核苷酸所编码的氨基酸对SEQ ID NO：2所示蛋白质的三级结构，进而其功能的影响无法预料；对于同源性较高的蛋白质是否具有相似的空间结构和相似的功能，主要取决于那些在维系其空间结构以及功能、活性中起关键作用的氨基酸残基的差异，以及这些差异是否足以改变其空间构象和相应的生物学功能及活性。蛋白质氨基酸序列中的一些甚至一个起关键作用的氨基酸改变，都可能导致蛋白质空间结构与生物学活性或功能的巨大变化，因此，根据说明书中给出的实施方式，所属技术领域的技术人员用常规的实验或者分析方法不足以把说明书记载的内容扩展到权利要求所述的保护范围，权利要求1的概括包含申请人推测的内容，而其效果又难以预先确定和评价，权利要求1得不到说明书的支持。

两原告在答复《复审通知书》时认为：（1）功能性语言“编码奈瑟氏球菌属细菌分支酶”限定了所述技术方案的效果，对于“含有……”限定出的核酸分子，本领域技术人员熟知其编码区的侧翼可以包含非翻译区域，例如各种调控序列；即使侧翼序列是编码氨基酸的序列，说明书中也给出了该氨基酸序列不影响分支酶功能的例子，例如带标签的蛋白等（说明书第9页第3段、倒数第2段、第14页、第31页2~4段），而这些也是本领域技术人员熟知的常规工具；（2）“编码奈瑟氏球菌属细菌分支酶”的功能特征可以根据说明书提供的实验方法直接和肯定地验证，不需要经过过度的实验进行筛选，对于核酸分子，应该给予适当宽的保护范围以防止他人对其进行微小的修饰就可以绕过保护范围；（3）附件1的授权的权利要求与本申请的十分类似，附件2的复审决定认为开放式表述和同源性的限定可以得到说明书的支持，附件3即为附件2中所涉及案件的授权文本，本案的审查应该与上述审查实践一致；（4）组合物的权利要求中允许用“含有化合物A的组合物”的开放式表述，本申请的权利要求可以与之类比，采用“含有……”的表述应该得到允许。

对此，被告认为：（1）对于权利要求中所包含的功能性限定的技术特征，应当理解为覆盖了所有能够实现所述功能的实施方式，而对于功能性限定“编码奈瑟氏球菌属细菌分支酶”，根据说明书的记载，其是通过SEQ ID NO：1和编码SEQ ID NO：2的核酸分子实现的，没有给出在SEQ ID NO：1和编码SEQ IDNO：2的核酸分子两端存在其他长度和组成未知的所有核苷酸，以及与SEQ ID NO：1具有90％以上一致性的所有核酸分子的实施方式，所属技术领域的技术人员用常规的实验或者分析方法不足以把说明书记载的内容扩展到权利要求所述的保护范围。对于“含有……”的限定，其包含了所限定的编码核酸两端存在长度和组成均未知的无数种核酸分子，甚至可以包括整个基因组序列，其侧翼可以是该编码核酸两端天然存在的各种所属领域技术人员公知的调控序列，但还可以包含调控序列上下游的其他编码序列，也可以是人为加上的各种序列，由于蛋白质的功能由其三级结构决定，而一级结构的组成是三级结构的基础，氨基酸之间的作用，如形成二硫键、盐键或者氢键等均可能影响蛋白质的三级结构，进而影响其功能，即使是现有技术中公知在一般情况下不影响目的蛋白功能的用于融合的蛋白，其对于特定的目的蛋白的影响也是无法预料的，例如标签蛋白一般用于目的蛋白的分离，但该融合蛋白是否还具有目的蛋白的功能无法预料，因此有的标签蛋白需要最终切除，另外对于转运肽或信号肽，特定的目的蛋白与其是否会形成复杂的空间结构而影响各自的功能也无法预料，另外如GFP等标记蛋白，其本身分子结构较大，其可能影响目的蛋白的功能，由于上述不确定因素的存在，对于权利要求1中（a）~（d）限定出的还可包含调控序列上下游的其他编码序列以及包含人为加上的各种序列的核酸分子，在现有技术以及本申请的说明书中均没有证据表明其都能实现上述功能的基础上，这些核酸分子产生的技术效果是无法预料的；（2）本申请说明书中提供的测定分支酶活性的方法只是本领域中的常规技术，其测定结果才是用于证明蛋白质分子功能必不可少的，只提供方法不能证实所需测定的蛋白质的功能，权利要求书说明了两原告要求保护的范围，说明书公开的意义在于指导所属领域技术人员实施和再现权利要求要求保护的技术方案，而不是在缺少试验证据的情况下，由所属领域技术人员在无法预知的情况下进行验证和筛选，对于核酸分子合适的保护范围，首先要满足的是《专利法》和《中华人民共和国专利法实施细则》（以下简称《专利法实施细则》）的相关规定，而不是防止他人是否能轻易绕过该保护范围；（3）附件1～3中涉及的内容与本申请的技术方案并无实质关系，其审查结果对于本申请的审查并没有约束力，本申请的审查是根据《专利法》、《专利法实施细则》和《审查指南》的有关规定进行的；（4）组合物的权利要求中"含有化合物A的组合物"的限定与本申请权利要求1中"含有……"的限定含义不同，前者并不是对化合物A本身的限定，而是对组合物可能含有的物质的限定，但本申请中"含有……"的限定是直接针对该编码核酸本身作出的，如前所述，本领域技术人员无法预测其两端另外存在的长度和组成未知的核苷酸对该编码核酸的功能会产生何种影响，两种开放式限定不具有可比性。因此，两原告的意见陈述不具有说服力。

综上所述，权利要求1得不到说明书的支持，不符合《专利法》第二十六条第四款的规定。同理，以权利要求1的技术方案为基础的权利要求2～15、17也得不到说明书的支持，不符合《专利法》第二十六条第四款的规定。

被告根据《专利法》第二十六条第四款的规定，决定维持知识产权局于2005年5月13日针对本申请作出的驳回决定。

被告为证明复审决定的合法性，向本院提交了下列证据，用于证明复审决定认定事实清楚、适用法律正确、审查程序合法：（1）复审请求书，复审请求日为2005年8月26日；（2）复审通知书，发文日期为2007年6月25日；（3）复审意见陈述书，2007年8月10日。

原告诉称：（1）根据《审查指南》第二部分第二章第3.2.1节关于权利要求可以适当概括的规定，以及本领域技术人员能力水平，本申请符合《专利法》第二十六条第四款的规定；（2）被告认定本申请权利要求1的范围时，没有考虑生物来源的特征；（3）被告错误认定本申请的实质，混淆了发明实质和与现有技术共有的特征；（4）被告错误认定了现有技术的常识；（5）本领域技术人员容易获得本申请权利要求1的核酸分子；（6）允许合理概括是《专利法》立法目的的要求。原告请求法院判决撤销复审决定、判令被告重新作出复审决定。

原告向本院提交了下列证据：（1）本申请公开文本；（2）原告于2007年8月10日向被告提交的意见陈述书和权利要求书，证据1～2证明公开的内容并得到说明书的支持；（3）1996年《生物化学与生物物理进展》中的《基于知识的蛋白质结构预测》；（4）1991年《生物科学信息》中的《蛋白质工程的分子模建技术》，证明高一致性的蛋白质其结构功能相似。原告在本院庭审中明确，其在行政程序中没有向被告提交过证据3～4，但该证据属于公知常识证据。

被告辩称：复审决定认定的事实清楚、适用法律正确、程序合法，被告坚持复审决定的理由，请求法院判决维持复审决定。

经庭审质证，原告对于被告提交证据的关联性、合法性、真实性没有异议，对其证明作用均持有异议。被告对于原告提交的证据1～2的关联性、合法性、真实性没有异议，对其证明作用均持有异议，被告认为原告提交的证据3～4不属于公知常识性证据，与本案无关。本院根据中华人民共和国最高人民法院《关于行政诉讼证据若干问题的规定》，对当事人提交的证据认证如下：被告提交的证据以及原告提交的证据1～2符合证据关联性、合法性、真实性的要求，且可以证明本申请、原告在行政程序中陈述意见的情况以及被告审查程序等情况，均可以作为本案认定事实的依据；原告提交的证据3～4是学术领域的文章，并非教科书等公知常识性证据，因原告在行政程序中未向被告提交过证据3～4，且该证据与本案之间没有关联性，本院不予确认。

依据上述有效证据以及均无异议的当事人陈述，本院认定事实如下：

本复审请求涉及1999年10月8日申请，2001年12月5日公开，名称为“编码奈瑟氏球菌属细菌分支酶的核酸分子以及α-1，6-分支α-1，4-葡聚糖的制备方法”的第99813141.5号发明专利申请（即本申请），本申请的优先权日为1998年10月9日和1999年5月27日，申请人为两原告。

2005年5月13日，针对两原告于2004年6月11日提交的权利要求第1～17项，进入中国国家阶段时提交的国际申请文件的中文译文的说明书第1～3、5～72页、说明书附图第1～21页和说明书摘要、2003年10月23日提交的说明书第4页，知识产权局以权利要求1～17不符合《专利法》第二十六条第四款的规定为由驳回了本申请。

驳回决定认为：（1）权利要求1要求保护编码奈瑟氏球菌属分支酶的核酸分子，其中（a）～（d）中的“含有……”是开放式的表述方式，这样的氨基酸之蛋白的编码核酸分子有很多，（e）中要求保护其序列的头100个氨基酸与SEQ ID NO.2中所示氨基酸序列至少80%同源性之蛋白的编码核酸分子，这样的核酸分子也有很多，说明书中只是证实了如SEQ ID NO：1所示以及编码SEQ ID NO：2所示的核酸分子所编码的奈瑟氏球菌属分支酶，能达到本发明的目的，上述（a）～（e）所定义的序列的核酸分子是否都能达到发明目的，没有实验证实，同时，由于本发明没有鉴定出所述的奈瑟氏球菌属细菌分支酶的功能域是哪些具体位点，因而，本领域技术人员也无法推导出权利要求1所定义的核酸分子编码的蛋白质都具有分支酶的功能，而且要从这些核酸分子中筛选出具有本发明所述编码奈瑟氏球菌属细菌分支酶功能的核酸分子，对本领域的普通技术人员来说，不能直观的确定，而需要付出过多的劳动，因此，权利要求1的技术方案得不到说明书的支持，不符合《专利法》第二十六条第四款的规定，同样的理由，权利要求2～15、17的技术方案也得不到说明书的支持，不符合《专利法》第二十六条第四款的规定；（2）权利要求16要求保护使用蔗糖底物和淀粉蔗糖酶与分支酶的酶组合制备α-1，6-分支α-1，4-葡聚糖的体外方法，其中的分支酶有很多种，说明书中只是证实了SEQ ID NO：1和2所示的分支酶能达到本发明的目的，其他的分支酶是否都能达到本发明的目的，没有实验证实，也无法推导出来，而且要从所有的分支酶中筛选出能达到本发明目的的分支酶，对于本领域普通人员来说，需要付出过多的劳动，因此，权利要求16的技术方案得不到说明书的支持，不符合《专利法》第二十六条第四款。

两原告不服驳回决定，向被告提出复审请求，两原告在提出复审请求时没有提交新修改的专利申请文本。

形式审查合格后，被告受理了该复审请求，并向两原告发出《复审请求受理通知书》，随后将本申请移交原实质审查部门进行前置审查。

原实质审查部门对本复审请求进行了前置审查，坚持原驳回决定。

被告组成合议组，对本案的复审请求进行了审理。被告于2007年6月25日向两原告发出《复审通知书》，指出：权利要求1要求保护编码奈瑟氏球菌属细菌分支酶的核酸分子，其（a）～（d）中的“含有……”表示所述核酸分子在编码SEQ ID NO：2的核酸分子和SEQ ID NO：1编码区的两端还可以有长度和组成不确定的多个核苷酸，其限定出无数多个核酸分子；（e）中的“……至少80%同源性之蛋白……”限定出无数多个蛋白分子，从而使（e）限定出无数多个核酸分子，对于(a)～（e）中限定出的无数多个核酸分子，所属领域技术人员根据说明书的记载以及现有技术，不经过过多的劳动进行筛选验证，无法推断其都具有奈瑟氏球菌属分支酶的活性，权利要求1的概括包含原告推测的内容，而其效果又难以预先确定和评价，权利要求1得不到说明书的支持。同理，以权利要求1的技术方案为基础的权利要求2～15、17也得不到说明书的支持，权利要求1～15、17不符合《专利法》第二十六条第四款的规定。

针对《复审通知书》指出的问题，两原告于2007年8月10日提交了意见陈述书及经修改的权利要求书，并提交了以下附件：

附件1：第97195004.0号发明专利的授权公告文本，授权公告号为CN 1257978C，授权公告日2006年5月31日，扉页、权利要求书、说明书，复印件共48页；

附件2：第4099号复审请求审查决定书，决定日为2004年1月2日，决定正文，复印件共4页；

附件3：第94194945.1号发明专利的授权公告文本，授权公告号为CN 1174095C，授权公告日为2004年11月3日，扉页、权利要求书、说明书，复印件共23页。

修改后的权利要求书为：

1. 选自下组的编码奈瑟氏球菌属细菌分支酶的核酸分子：

含有SEQ ID NO.2中所示氨基酸序列之蛋白的编码核酸分子；

含有SEQ ID NO.1中所示编码区的核酸分子；

含有质粒DSM 12425中插入片段编码的氨基酸序列之蛋白质的编码核酸分子；

含有包括在质粒DSM12425插入片段中的分支酶编码区的核酸分子；

与SEQ ID NO：1具有90％以上一致性的核酸分子；和其序列由于遗传密码的简并性而不同于（a）～（e）核酸分子的序列的核酸分子。

2. 含有根据权利要求1的核酸分子的载体。

3. 根据权利要求2的载体，其中所述核酸分子按有义链方向与保证原核或真核细胞中转录的调节序列连接。

4. 经权利要求1的核酸分子，或权利要求2或3的载体遗传修饰的宿主细胞。

5. 制备奈瑟氏球菌属细菌分支酶的方法，其中权利要求4的宿主细胞在允许该蛋白表达的条件下培养，并从培养细胞和/或培养基分离该蛋白。

6. 制备奈瑟氏球菌属细菌分支酶的方法，其中使用权利要求1的核酸分子在体外转录和翻译系统中产生该蛋白。

7. 由权利要求1的核酸分子编码的、或通过权利要求5或6的方法可获得的蛋白质。

8. 特异识别权利要求7的蛋白质的抗体。

9. 权利要求7的蛋白质在体外系统中制备α-1，6-分支α-1，4-葡聚糖中的应用。

10. 含有权利要求1的核酸分子的转基因植物细胞，其中所述核酸分子与保证在植物细胞中转录的调节序列连接。

11. 含有权利要求10的转基因植物细胞，其中所述核酸分子与保证编码蛋白在细胞质体中定位的信号序列的编码序列连接。

12. 制备转基因植物的方法，其中：

通过引入权利要求1的核酸分子或权利要求2或3的载体遗传修饰植物细胞；

从根据步骤（a）产生的细胞再生植物；并且

任选性地从根据步骤（b）产生的植物产生更多植物。

13. 可从权利要求10或11的转基因植物细胞或通过权利要求12的方法可获得的转基因植物获得的淀粉。

14. 根据权利要求13的淀粉，其中所述淀粉的组成被改变，以至与相应野生型植物的淀粉比较，其具有增加的胶体质地和/或降低的磷酸含量和/或降低的峰值黏度和/或降低的成浆温度和/或降低的淀粉颗粒大小和/或改变的侧链分布。

15. 在细菌细胞中天然控制权利要求1的核酸分子转录的调节区，其含有选自下组的核苷酸序列：

含有SEQ ID NO.1中所示核苷酸序列的第1~169位核苷酸的核苷酸序列；

包含在质粒DSM12425的插入片段中的调节区的核苷酸序列或其部分。

16. 使用蔗糖底物和淀粉蔗糖酶与分支酶的酶组合制备α-1，6-分支α-1，4-葡聚糖的体外方法。

17. 根据权利要求16的方法，其中所述分支酶是由权利要求1的核酸分子编码的。

被告经审查后作出复审决定。原告不服复审决定，向本院提起行政诉讼。

另，原告在本院庭审中明确：对于复审决定书案由部分载明的事实、被告的审查程序以及复审决定所针对的审查文本均没有异议。

本院认为：根据《专利法》第四十一条第一款的规定，被告具有受理复审请求和作出复审决定的法定职权。对于当事人均无争议的事实以及被告的审查程序，本院经审查对其合法性予以确认。经各方当事人确认，本案的争议焦点是：本申请权利要求1是否符合《专利法》第二十六条第四款的规定。

根据《专利法》第二十六条第四款的规定，权利要求书应当以说明书为依据，说明要求专利保护的范围。

权利要求1要求保护编码奈瑟氏球菌属细菌分支酶的核酸分子，其（a）~（d）中的“含有……”表示所述核酸分子在编码SEQ ID NO：2的核酸分子和SEQ ID NO：1编码区的两端还可以有长度和组成不确定的多个核苷酸，甚至可以扩展至整个基因组，其限定出无数多个核酸分子；（e）中的“与SEQ ID NO：1具有90%以上一致性的核酸分子”也限定出无数多个核酸分子。说明书中只是在实施例2~4和8~10中给出了通过SEQ ID NO：1和编码SEQ ID NO：2的核酸分子获得奈瑟氏球菌属细菌分支酶的实施方式，并没有给出在SEQID NO：1和编码SEQ ID NO：2的核酸分子两端存在其他长度和组成未知的核苷酸，以及与SEQ ID NO：1具有90%以上一致性的核酸分子也编码具有活性的奈瑟氏球菌属细菌分支酶的实施方式，由于蛋白质的功能由其三级结构决定，而一级结构的组成是三级结构的基础，氨基酸之间的作用，如形成二硫键、盐键或者氢键等均可能影响蛋白质的三级结构，进而影响其功能，因此两端长度和组成不确定的多个核苷酸所编码的氨基酸对SEQ ID NO：2所示蛋白质的三级结构，进而其功能的影响无法预料；对于同源性较高的蛋白质是否具有相似的空间结构和相似的功能，主要取决于那些在维系其空间结构以及功能、活性中起关键作用的氨基酸残基的差异，以及这些差异是否足以改变其空间构象和相应的生物学功能及活性。蛋白质氨基酸序列中的一些甚至一个起关键作用的氨基酸改变，都可能导致蛋白质空间结构与生物学活性或功能的巨大变化，因此，根据说明书中给出的实施方式，所属技术领域的技术人员用常规的实验或者分析方法不足以把说明书记载的内容扩展到权利要求所述的保护范围，权利要求1的概括包含两原告推测的内容，而其效果又难以预先确定和评价，被告认定本申请权利要求1得不到说明书的支持，不符合《专利法》第二十六条第四款规定的结论正确，本院应予支持。以权利要求1的技术方案为基础的权利要求2~15、17也得不到说明书的支持，不符合《专利法》第二十六条第四款的规定。

综上所述，被告作出的复审决定认定的事实清楚，适用法律正确，程序合法。原告的诉讼请求缺乏事实和法律依据，本院不予支持。据此，本院依照《中华人民共和国行政诉讼法》第五十四条第（一）项的规定，判决如下：

维持被告中华人民共和国国家知识产权局专利复审委员会于二〇〇七年十一月二十日作出的第11867号复审请求审查决定。

案件受理费人民币100元，由原告拜尔生物科学有限公司和马普科技促进协会共同负担（已交纳）。

如不服本判决，原告拜尔生物科学有限公司和马普科技促进协会可在本判决书送达之日起30日内、被告中华人民共和国国家知识产权局专利复审委员会可在本判决书送达之日起15日内，向本院递交上诉状，并按对方当事人的人数提交副本，预交上诉费人民币100元，上诉于中华人民共和国北京市高级人民法院。

审 判 长 齐 莹

代理审判员 乔 军

人民陪审员 陈 辉

二〇〇九年三月二十日

书 记 员 曹 炜

# 重组角质层胰凝乳蛋白酶（SCCE）

## 复审请求审查决定（第11869号）

**决　定　号**　第11869号
**决　定　日**　2007年11月27日
**发明创造名称**　重组角质层胰凝乳蛋白酶（SCCE）
**国际分类号**　C12N 15/57，C12N 9/64，C12P 21/08，C07K 9/00，A61K 38/48，C12Q1/37 // C12N15/00，A61K7/48，C12N15/62
**复审请求人**　T. 艾格鲁，L. 汉森
**申　请　号**　94192960.4
**申　请　日**　1994年6月20日
**优　先　权　日**　1993年6月18日
**公　开　日**　1996年7月31日
**合议组组长**　周英姿
**主　审　员**　张家祥
**参　审　员**　黄　强

**法律依据**　专利法实施细则第20条第1款，专利法第22条第4款
**决定要点**

权利要求所要求保护的发明应当用其相应的技术特征进行清楚限定。对产品权利要求来说，应当尽量避免使用功能或者效果特征来限定发明。只有在某一技术特征无法用结构特征来限定，或者用结构特征限定不如用功能或效果特征来限定更为清楚，而且该功能或者效果能通过说明书中充分公开的、或所属领域技术人员通过惯用手段，不需要过度劳动即可直接和肯定地验证的情况下，使用功能或者效果特征来限定发明才是允许的。

### 一、案由

本复审请求案涉及发明名称为"重组角质层胰凝乳蛋白酶（SCCE）"的第94192960.4号发明专利申请（下称本申请），申请人为T. 艾格鲁、L. 汉森（由阿斯特拉公司变更为阿斯特拉曾尼卡有限公司，后变更为T. 艾格鲁、L. 汉森），其申请日为1994年6月20日，优先权日为1993年6月18日，公开日为1996年7月31日。

2003年6月27日，针对申请人于2002年10月29日提交的权利要求第1~23项、说明书第17、80页，1996年1月31日进入中国国家阶段时提交的国际申请文件中文译文的说明书第1~16、18~79、81~87页、说明书附图第1~23页以及说明书摘要，国家知识产权局以权利要求1、6、11不符合专利

法实施细则第20条第1款和权利要求13不符合专利法第22条第4款的规定为由驳回了本申请。

驳回决定针对的权利要求书如下：

“1. 一种编码具有SEQ ID NO：2所示氨基酸序列或其类似物或变异体的核苷酸序列，所述类似物或变异体与SEQ ID NO：2所示多肽具有至少80%的同源性，其活性形式能降解底物MeO-Suc-Arg-Pro-Ryr-pNA（S-2586），所述多肽的降解作用受抑肽酶、抑糜肮酶素和硫酸锌抑制。

2. 权利要求1的核苷酸序列，该序列含有一种与SEQ ID NO：1所示序列具有至少90%的同源性的序列。

3. 一种核苷酸序列，该序列的长度为至少15个核苷酸，并与SEQ ID NO：1所示的序列具有至少90%的同源性。

4. 权利要求1或2的核苷酸序列，该序列编码含有SEQ ID NO：2的氨基酸序列-7-224或1~224的多肽。

5. 权利要求1的核苷酸序列，该序列在严格杂交条件下，与双链核苷酸序列SEQ ID NO：1或其部分杂交。

6. 一种具有SEQ ID NO：1所示核苷酸序列或是其类似物或亚序列的核苷酸序列，所述类似物或亚序列含有至少75个核苷酸，并且

（1）与SEQ ID NO：1所示序列具有至少90%的同源性，和/或

（2）编码一种多肽，该多肽的氨基酸序列与SEQ ID NO：2所示的氨基酸序列具有至少80%的同源性，和/或

（3）编码一种多肽，该多肽由通过杂交瘤细胞系TE4b或杂交瘤细胞系TE9b生产的单克隆抗体结合，所述的细胞系均根据布达佩斯条约于1993年6月18日保藏于ECACC，保藏号分别为ECACC 93061817和ECACC 93061816，和/或

（4）编码一种多肽，该多肽由抗天然SCCE产生的多克隆抗血清结合，所述的天然SCCE已从分离的足底角质层细胞的提取物中纯化出。

7. 一种表达系统，该表达系统含有权利要求1~6中任一项的核苷酸序列，例如携带并能够介导权利要求1~6中任一项所限定的核苷酸序列表达的可复制表达载体。

8. 一种命名为pS507的可复制表达载体，该表达载体已根据布达佩斯条约于1993年5月11日保藏于the collection of Deutsche Sammlung von Mikroorganismen und Zellkuturen GmbH（DSM），保藏号为DSM 8282。

9. 一种命名为pS500的质粒，该质粒已根据布达佩斯条约于1993年5月11日保藏于the collection of Deutsche Sammlung von Mikroorganismen und Zellkuturen GmbH（DSM），保藏号为DSM 8281。

10. 一种携带权利要求7的表达系统的非人生物体，例如微生物，如细菌，如大肠杆菌、酵母、原生动物或得自多细胞生物例如真菌的细胞、昆虫细胞、植物细胞、哺乳动物细胞或细胞系。

11. 一种具有氨基酸序列SEQ ID NO：2或其类似物或变异体的纯多肽，所述类似物或变异体与SEQ ID NO：2具有至少80%的同源性，其活性形式能降解底物MeO-Suc-Arg-Pro-Ryr-pNA（S-2586），所述多肽的降解作用受抑肽酶、抑糜肮酶素和硫酸锌抑制，例如具有氨基酸序列SEQ ID NO：2的亚序列的重组多肽，所述亚序列含有至少70个氨基酸。

12. 一种多肽，该多肽具有SEQ ID NO：2中氨基酸序列-7-224或SEQ ID NO：2中氨基酸序列1~224。

13. 一种纯多肽，所述多肽的氨基酸序列中连续排列的20个氨基酸与选自SEQ ID NO：2所示氨

基酸序列的相同长度的氨基酸排列具有至少80%的同源性，所述氨基酸序列被保藏抗体TE4b和TE9b中的至少一个识别。

14. 一种生产如权利要求11～13中任一项所限定的多肽的方法，该方法包括下列步骤：

（a）将如权利要求1～6中任一项所限定的核苷酸序列插入表达载体，

（b）用步骤（a）中产生的载体转化适宜的宿主生物，

（c）在适宜表达多肽的条件下培养步骤（b）中产生的宿主生物，

（d）收集多肽，

（e）任选地使多肽进行翻译后修饰。

15. 权利要求14的方法，其中通过包括一个或多个亲和层析步骤和/或其他层析和电泳程序的方法分离所生产的多肽，所述的亲和层析使用固定的天然或重组SCCE多肽或与所述多肽有反应性的抗体。

16. 一种药物组合物，该组合物含有权利要求11～13中任一项的多肽。

17. 一种化妆品或皮肤护理组合物，该组合物含有权利要求11～13中任一项的多肽。

18. 权利要求16或17的组合物，该组合物是适于局部施用的形式，例如乳液、软膏、洗剂、擦剂、凝胶、溶液、悬浮液、糊剂、帖剂、喷雾剂、香波、皂、头发护理剂或粉末。

19. 权利要求11～13中任一项的多肽制备药物组合物的用途，所述的药物组合物用于治疗或预防各种鳞癣、痤疮、牛皮癣或其他炎性皮肤病例如湿疹。

20. 一种鉴别对天然SCCE酶活性有作用的化合物的方法，该方法包括使用权利要求11～13中任一项的多肽。

21. 权利要求20的方法，其中所述化合物对天然SCCE的酶活性有抑制作用。

22. 权利要求21的方法，其中所述化合物能够增强天然或重组SCCE的酶活性。

23. 一种鉴别能够将SCCE的酶原形式转化成活性SCCE的化合物的方法，该方法包括使用权利要求11～13中任一项的多肽。"

驳回决定认为：权利要求1、6、11中存在含义不确切的术语"类似物"、"变异体"，并且没有从正面直接描述所要求保护的核苷酸序列或多肽的结构特征，本领域的技术人员不清楚其所要求保护的具体物质是什么，而为了实施所述技术方案，必须通过反复的实验从众多物质中进行筛选，具有很大的盲目性、势必经历大量的错误、花费过多的劳动，且其结果是不可预料的，因此，上述权利要求保护范围不清楚，不符合专利法实施细则第20条第1款的规定；权利要求13不具备实用性，因为可被一定抗体识别的多肽仅仅是具有某特定的抗原表位而已，并不能表明所述多肽的任何具体功能，所以不具备产业价值，不符合专利法第22条第4款的规定。

2003年10月9日，申请人阿斯特拉公司（下称复审请求人）对上述驳回决定不服，向专利复审委员会提出复审请求，在提出复审请求时复审请求人对权利要求书作了修改。对于驳回决定中所提出的驳回理由，复审请求人坚持其在答复第一次审查意见通知书的意见陈述书中的观点。复审请求人认为，权利要求1对其中的"类似物"和"变异体"做了进一步限定，普通技术人员能够清楚该权利要求涉及的具体核酸的碱基结构；权利要求6限定了要求保护的核苷酸序列的长度，并将该权利要求第1行的"氨基酸序列"改为"核苷酸序列"；权利要求11也对其中"类似物"和"变异体"做了进一步限定，并限定了亚序列的长度。经过上述修改，权利要求1、6和11已经克服了不符合专利法实施细则第20条第1款规定的缺陷。权利要求13用氨基酸序列的保藏抗体识别功能做了进一步限定，更加明确了该权利要求所要求保护的多肽的功能，因此，该权利要求具有实用性。修改后的权利要求书为：

“1. 一种编码具有 SEQ ID NO：2 所示氨基酸序列或其类似物或变异体的核苷酸序列，所述类似物或变异体与 SEQ ID NO：2 所示多肽具有至少 80％的同源性，其活性形式能降解底物 MeO-Suc-Arg-Pro-Ryr-pNA（S-2586），所述多肽的降解作用受抑肽酶、抑糜朊酶素和硫酸锌抑制。

2. 权利要求 1 的核苷酸序列，该序列含有一种与 SEQ ID NO：1 所示序列具有至少 90％的同源性的序列。

3. 一种核苷酸序列，该序列的长度为至少 15 个核苷酸，并与 SEQ ID NO：1 所示的序列具有至少 90％的同源性。

4. 权利要求 1 或 2 的核苷酸序列，该序列编码含有 SEQ ID NO：2 的氨基酸序列-7-224 或 1～224 的多肽。

5. 权利要求 1 的核苷酸序列，该序列在严格杂交条件下，与双链核苷酸序列 SEQ ID NO：1 或其部分杂交。

6. 一种具有 SEQ ID NO：1 所示核苷酸序列或是其类似物或亚序列的核苷酸序列，所述类似物或亚序列含有至少 75 个核苷酸，并且

（1）与 SEQ ID NO：1 所示序列具有至少 90％的同源性，和/或

（2）编码一种多肽，该多肽的氨基酸序列与 SEQ ID NO：2 所示的氨基酸序列具有至少 80％的同源性，和/或

（3）编码一种多肽，该多肽由通过杂交瘤细胞系 TE4b 或杂交瘤细胞系 TE9b 生产的单克隆抗体结合，所述的细胞系均根据布达佩斯条约于 1993 年 6 月 18 日保藏于 ECACC，保藏号分别为 ECACC 93061817 和 ECACC93061816，和/或

（4）编码一种多肽，该多肽由抗天然 SCCE 产生的多克隆抗血清结合，所述的天然 SCCE 已从分离的足底角质层细胞的提取物中纯化出。

7. 一种表达系统，该表达系统含有权利要求 1～6 中任一项的核苷酸序列，例如携带并能够介导权利要求 1～6 中任一项所限定的核苷酸序列表达的可复制表达载体。

8. 一种命名为 pS507 的可复制表达载体，该表达载体已根据布达佩斯条约于 1993 年 5 月 11 日保藏于 the collection of Deutsche Sammlung von Mikroorganismen und Zellkuturen GmbH（DSM），保藏号为 DSM 8282。

9. 一种命名为 pS500 的质粒，该质粒已根据布达佩斯条约于 1993 年 5 月 11 日保藏于 the collection of Deutsche Sammlung von Mikroorganismen und Zellkuturen GmbH（DSM），保藏号为 DSM 8281。

10. 一种携带权利要求 7 的表达系统的非人生物体，例如微生物，如细菌，如大肠杆菌、酵母、原生动物或得自多细胞生物例如真菌的细胞、昆虫细胞、植物细胞、哺乳动物细胞或细胞系。

11. 一种具有氨基酸序列 SEQ ID NO：2 或其类似物或变异体的纯多肽，所述类似物或变异体与 SEQ ID NO：2 具有至少 805 的同源性，其活性形式能降解底物 MeO-Suc-Arg-Pro-Ryr-pNA（S-2586），所述多肽的降解作用受抑肽酶、抑糜朊酶素和硫酸锌抑制。

12. 权利要求 11 的多肽，其中该多肽具有氨基酸序列 SEQ ID NO：2 的亚序列的重组多肽，所述亚序列含有至少 70 个氨基酸。

13. 一种多肽，该多肽具有 SEQ ID NO：2 中氨基酸序列-7-224 或 SEQ ID NO：2 中氨基酸序列 1～224。

14. 一种纯多肽，所述多肽的氨基酸序列中连续排列的 20 个氨基酸与选自 SEQ ID NO：2 所示氨基酸序列的相同长度的氨基酸排列具有至少 80％的同源性，所述氨基酸序列被保藏抗体 TE4b 和

TE9b 中的至少一个识别。

15. 一种生产如权利要求 11～14 中任一项所限定的多肽的方法，该方法包括下列步骤：

（a）将如权利要求 1～6 中任一项所限定的核苷酸序列插入表达载体，

（b）用步骤（a）中产生的载体转化适宜的宿主生物，

（c）在适宜表达多肽的条件下培养步骤（b）中产生的宿主生物，

（d）收集多肽，

（e）任选地使多肽进行翻译后修饰。

16. 权利要求 15 的方法，其中通过包括一个或多个亲和层析步骤和/或其他层析和电泳程序的方法分离所生产的多肽，所述的亲和层析使用固定的天然或重组 SCCE 多肽或与所述多肽有反应性的抗体。

17. 一种药物组合物，该组合物含有权利要求 11～14 中任一项的多肽。

18. 一种化妆品或皮肤护理组合物，该组合物含有权利要求 11～14 中任一项的多肽。

19. 权利要求 17 或 18 的组合物，该组合物是适于局部施用的形式，例如乳液、软膏、洗剂、擦剂、凝胶、溶液、悬浮液、糊剂、帖剂、喷雾剂、香波、皂、头发护理剂或粉末。

20. 权利要求 11～14 中任一项的多肽制备药物组合物的用途，所述的药物组合物用于治疗或预防各种鳞癣、痤疮、牛皮癣或其他炎性皮肤病例如湿疹。

21. 一种鉴别对天然 SCCE 酶活性有作用的化合物的方法，该方法包括使用权利要求 11～14 中任一项的多肽。

22. 权利要求 21 的方法，其中所述化合物对天然 SCCE 的酶活性有抑制作用。

23. 权利要求 22 的方法，其中所述化合物能够增强天然或重组 SCCE 的酶活性。

24. 一种鉴别能够将 SCCE 的酶原形式转化成活性 SCCE 的化合物的方法，该方法包括使用权利要求 11～14 中任一项的多肽。”

2003 年 10 月 27 日，复审请求人再次提交了经修改的权利要求书，其中，删除了权利要求 1、6、11 中的类似物、变异体，将权利要求 13 修改为权利要求 11 的从属权利要求，修改后的权利要求书为：

“1. 一种编码一种多肽的核苷酸序列，所述多肽的活性形式能降解底物 MeO-Suc-Arg-Pro-Ryr-pNA（S-2586），所述多肽的降解作用受抑肽酶、抑糜朊酶素和硫酸锌抑制，其中所述多肽：

（a）具有与 SEQ ID NO：2 的 1～224 位氨基酸具有至少 80%的同源性的氨基酸序列；

（b）具有其中连续排列的 20 个氨基酸与选自 SEQ ID NO：2 的氨基酸序列的等长的氨基酸排列具有至少 95%同源性的氨基酸序列；或

（c）是（a）中的多肽的亚序列，包含 50 至 250 个氨基酸。

2. 权利要求 1 的核苷酸序列，该序列含有一种与 SEQ ID NO：1 所示序列具有至少 90%的同源性的序列。

3. 一种核苷酸序列，该序列的长度为至少 15 个核苷酸，并与 SEQ ID NO：1 所示的序列具有至少 90%的同源性。

4. 权利要求 1 或 2 的核苷酸序列，该序列编码含有 SEQ ID NO：2 的氨基酸序列-7～224 或 1～224 的多肽。

5. 权利要求 1 的核苷酸序列，该序列在严格杂交条件下，与双链核苷酸序列 SEQ ID NO：1 或其部分杂交。

6. 一种核苷酸序列，它具有 SEQ ID NO：1 所示核苷酸序列或者是含有至少 75 个核苷酸的核苷

酸序列，并且

（1）与 SEQ ID NO：1 所示序列具有至少 90％的同源性，和/或

（2）编码一种多肽，该多肽的氨基酸序列与 SEQ ID NO：2 所示的氨基酸序列具有至少 80％的同源性，和/或

（3）编码一种多肽，该多肽由通过杂交瘤细胞系 TE4b 或杂交瘤细胞系 TE9b 生产的单克隆抗体结合，所述的细胞系均根据布达佩斯条约于 1993 年 6 月 18 日保藏于 ECACC，保藏号分别为 ECACC 93061817 和 ECACC 93061816，和/或

（4）编码一种多肽，该多肽由抗天然 SCCE 产生的多克隆抗血清结合，所述的天然 SCCE 已从分离的足底角质层细胞的提取物中纯化出。

7. 一种表达系统，该表达系统含有权利要求 1 ~ 6 中任一项的核苷酸序列，例如携带并能够介导权利要求 1 ~ 6 中任一项所限定的核苷酸序列表达的可复制表达载体。

8. 一种命名为 pS507 的可复制表达载体，该表达载体已根据布达佩斯条约于 1993 年 5 月 11 日保藏于 the collection of Deutsche Sammlung von Mikroorganismen und Zellkuturen GmbH（DSM），保藏号为 DSM 8282。

9. 一种命名为 pS500 的质粒，该质粒已根据布达佩斯条约于 1993 年 5 月 11 日保藏于 the collection of Deutsche Sammlung von Mikroorganismen und Zellkuturen GmbH（DSM），保藏号为 DSM 8281。

10. 一种携带权利要求 7 的表达系统的非人生物体，例如微生物，如细菌，如大肠杆菌、酵母、原生动物或得自多细胞生物例如真菌的细胞、昆虫细胞、植物细胞、哺乳动物细胞或细胞系。

11. 一种与 SEQ ID NO：2 具有至少 80％的同源性的氨基酸序列的纯多肽，其活性形式能降解底物 MeO-Suc-Arg-Pro-Ryr-pNA（S-2586），所述多肽的降解作用受抑肽酶、抑糜朊酶素和硫酸锌抑制，例如具有氨基酸序列 SEQ ID NO：2 的亚序列的重组多肽，所述亚序列含有至少 70 个氨基酸。

12. 一种多肽，该多肽具有 SEQ ID NO：2 中氨基酸序列-7 ~ 224 或 SEQ ID NO：2 中氨基酸序列 1 ~ 224。

13. 一种根据权利要求 11 的纯多肽，所述多肽的氨基酸序列中连续排列的 20 个氨基酸与选自 SEQ ID NO：2 所示氨基酸序列的相同长度的氨基酸排列具有至少 80％的同源性，所述氨基酸序列被保藏抗体 TE4b 和 TE9b 中的至少一个识别。

14. 一种生产如权利要求 11 ~ 13 中任一项所限定的多肽的方法，该方法包括下列步骤：

（a）将如权利要求 1 ~ 6 中任一项所限定的核苷酸序列插入表达载体，

（b）用步骤（a）中产生的载体转化适宜的宿主生物，

（c）在适宜表达多肽的条件下培养步骤（b）中产生的宿主生物，

（d）收集多肽，

（e）任选地使多肽进行翻译后修饰。

15. 权利要求 14 的方法，其中通过包括一个或多个亲和层析步骤和/或其他层析和电泳程序的方法分离所生产的多肽，所述的亲和层析使用固定的天然或重组 SCCE 多肽或与所述多肽有反应性的抗体。

16. 一种药物组合物，该组合物含有权利要求 11 ~ 13 中任一项的多肽。

17. 一种化妆品或皮肤护理组合物，该组合物含有权利要求 11 ~ 13 中任一项的多肽。

18. 权利要求 16 或 17 的组合物，该组合物是适于局部施用的形式，例如乳液、软膏、洗剂、擦剂、凝胶、溶液、悬浮液、糊剂、帖剂、喷雾剂、香波、皂、头发护理剂或粉末。

19. 权利要求 11 ~ 13 中任一项的多肽制备药物组合物的用途，所述的药物组合物用于治疗或预

防各种鳞癣、痤疮、牛皮癣或其他炎性皮肤病例如湿疹。

20. 一种鉴别对天然 SCCE 酶活性有作用的化合物的方法，该方法包括使用权利要求 11 ~ 13 中任一项的多肽。

21. 权利要求 20 的方法，其中所述化合物对天然 SCCE 的酶活性有抑制作用。

22. 权利要求 21 的方法，其中所述化合物能够增强天然或重组 SCCE 的酶活性。

23. 一种鉴别能够将 SCCE 的酶原形式转化成活性 SCCE 的化合物的方法，该方法包括使用权利要求 11 ~ 13 中任一项的多肽。”

经形式审查合格后，专利复审委员会受理了该请求，并于 2003 年 11 月 10 日向复审请求人发出了《复审请求受理通知书》，同时将本申请转送至国家知识产权局原审查部门进行前置审查。

在《前置审查意见书》中，国家知识产权局原审查部门认为复审请求人的陈述没有克服驳回决定中所指出的缺陷，因此坚持驳回决定。

2004 年 2 月 20 日，本案申请人由阿斯特拉公司变更为阿斯特拉曾尼卡有限公司，并由阿斯特拉曾尼卡有限公司变更为 T. 艾格鲁、L. 汉森。

专利复审委员会组成合议组，对本复审请求案进行了审理。合议组于 2005 年 6 月 7 日向复审请求人发出《复审通知书》，指出：权利要求 1 对于其中的结构特征（a）、（b）或（c）采用了非常宽泛且不确定的上位概念描述，本领域技术人员无法预见该范围内的多肽大多数具备所述功能，本领域技术人员尚需花费过度劳动才能确定权利要求 1 的保护范围，该权利要求不符合专利法实施细则第 20 条第 1 款的规定。权利要求 6 同样存在保护范围不清楚的缺陷，例如“或者是含有至少 75 个核苷酸的核苷酸序列”，本领域技术人员无法预见在该涵盖庞大数量的 DNA 范围内，是否大多数都编码具有 SCCE 活性的多肽，“与 SEQ ID NO：1 所述序列具有至少 90％的同源性”中仍然存在无法编码所述功能多肽的核苷酸序列，具有与抗 SCCE 的单克隆抗体或多克隆抗体结合性质的多肽，并不能确定其一定具备 SCCE 活性，该权利要求不符合专利法实施细则第 20 条第 1 款的规定。权利要求 11 中除了存在上述缺陷外，还存在“例如……”的描述，同样导致保护范围不清楚。权利要求 13 是权利要求 11 的从属权利要求，同样存在权利要求 6 和权利要求 11 中的缺陷。

针对上述《复审通知书》，复审请求人于 2005 年 9 月 16 日提交了意见陈述书和新修改的权利要求书，其中，复审请求人删除了原权利要求 2 ~ 6 和 12 ~ 13，并将原权利要求 1 和 11 中的氨基酸序列限定为 SEQ ID NO：2、SEQ ID NO：2 的 1 ~ 224 位氨基酸和 SEQ ID NO：2 的-7-224 位氨基酸三种序列，SEQ ID NO：2 的 1 ~ 224 位是活性形式，同时将权利要求中的“例如……”写入新的从属权利要求中。修改后的权利要求书为：

“1. 一种编码一种多肽的核苷酸序列，所述多肽的活性形式能降解底物 MeO-Suc-Arg-Pro-Ryr-pNA（S-2586），所述多肽的降解作用受抑肽酶、抑糜朊酶素和硫酸锌抑制，其中所述多肽具有选自以下的氨基酸序列：

（a）SEQ ID NO：2；

（b）SEQ ID NO：2 的 1 ~ 224 位氨基酸；

（c）SEQ ID NO：2 的-7-224 位氨基酸。

2. 一种表达系统，该表达系统含有权利要求 1 的核苷酸序列，所述表达系统携带并能够介导权利要求 1 所限定的核苷酸序列表达。

3. 权利要求 2 的表达系统，该系统是可复制表达载体。

4. 一种命名为 pS507 的可复制表达载体，该表达载体已根据布达佩斯条约于 1993 年 5 月 11 日保藏于 the collection of Deutsche Sammlung von Mikroorganismen und Zellkuturen GmbH（DSM），保藏号

为 DSM 8282。

5. 一种命名为 pS500 的质粒，该质粒已根据布达佩斯条约于 1993 年 5 月 11 日保藏于 the collection of Deutsche Sammlung von Mikroorganismen und Zellkuturen GmbH（DSM），保藏号为 DSM 8281。

6. 一种携带权利要求 2 的表达系统的非人生物体。

7. 权利要求 6 的非人生物体，所述非人生物体是微生物。

8. 权利要求 7 的非人生物体，所述微生物是细菌、酵母、原生动物或得自多细胞生物的细胞、昆虫细胞、植物细胞、哺乳动物细胞或细胞系。

9. 权利要求 8 的非人生物体，其中所述细菌是大肠杆菌。

10. 权利要求 8 的非人生物体，其中所述多细胞生物是真菌。

11. 一种纯多肽，所述多肽具有选自以下的氨基酸序列：

（a）SEQ ID NO：2；

（b）SEQ ID NO：2 的 1～224 位氨基酸；

（c）SEQ ID NO：2 的-7-224 位氨基酸；

其活性形式能降解底物 MeO-Suc-Arg-Pro-Ryr-pNA（S-2586），所述多肽的降解作用受抑肽酶、抑糜肮酶素和硫酸锌抑制。

12. 一种生产如权利要求 11 所限定的多肽的方法，该方法包括下列步骤：

（a）将如权利要求 1 所限定的核苷酸序列插入表达载体，

（b）用步骤（a）中产生的载体转化适宜的宿主生物，

（c）在适宜表达多肽的条件下培养步骤（b）中产生的宿主生物，

（d）收集多肽，

（e）任选地使多肽进行翻译后修饰。

13. 权利要求 12 的方法，其中通过包括一个或多个亲和层析步骤和/或其他层析和电泳程序的方法分离所生产的多肽，所述的亲和层析使用固定的天然或重组 SCCE 多肽或与所述多肽有反应性的抗体。

14. 一种药物组合物，该组合物含有权利要求 11 的多肽。

15. 一种化妆品或皮肤护理组合物，该组合物含有权利要求 11 的多肽。

16. 权利要求 14 或 15 的组合物，该组合物是适于局部施用的形式。

17. 权利要求 16 的组合物，其为乳液、软膏、洗剂、擦剂、凝胶、溶液、悬浮液、糊剂、帖剂、喷雾剂、香波、皂、头发护理剂或粉末。

18. 权利要求 11 的多肽制备药物组合物的用途，所述的药物组合物用于治疗或预防各种鳞癣、痤疮、牛皮癣或其他炎性皮肤病。

19. 权利要求 18 的用途，其中所述炎性皮肤病是湿疹。

20. 一种鉴别对天然 SCCE 酶活性有作用的化合物的方法，该方法包括使用权利要求 11 的多肽。

21. 权利要求 20 的方法，其中所述化合物对天然 SCCE 的酶活性有抑制作用。

22. 权利要求 20 的方法，其中所述化合物能够增强天然或重组 SCCE 的酶活性。

23. 一种鉴别能够将 SCCE 的酶原形式转化成活性 SCCE 的化合物的方法，该方法包括使用权利要求 11 的多肽。”

至此，合议组认为本案事实清楚，可以作出审查决定。

## 二、决定的理由

1. 关于文本

本复审决定是以复审请求人于2005年9月16日提交的权利要求书，2002年10月29日提交的说明书第17、80页，1996年1月31日进入中国国家阶段时提交的国际申请文件中文译文的说明书第1~16、18~79、81~87页、说明书附图第1~23页以及说明书摘要为基础作出的。

2. 关于专利法实施细则第20条第1款

专利法实施细则第20条第1款规定：权利要求书应当说明发明或者实用新型的技术特征，清楚、简要地表述请求保护的范围。

权利要求所要求保护的发明应当用其相应的技术特征进行清楚限定。对产品权利要求来说，应当尽量避免使用功能或者效果特征来限定发明。只有在某一技术特征无法用结构特征来限定，或者用结构特征限定不如用功能或效果特征来限定更为清楚，而且该功能或者效果能通过说明书中充分公开的、或所属领域技术人员通过惯用手段，不需要过度劳动即可直接和肯定地验证的情况下，使用功能或者效果特征来限定发明才是允许的。

就本申请而言，在复审请求人于2003年10月27日提交的权利要求书中，权利要求1要求保护“一种编码一种多肽的核苷酸序列，所述多肽的活性形式降解底物MeO-Suc-Arg-Pro-Tyr-pNA（S-2586），所述多肽的降解作用受抑肽酶、抑糜胝酶素和硫酸锌抑制，其中所述多肽：（a）具有与SEQ ID NO：2的1~224位氨基酸具有至少80%的同源性的氨基酸序列；（b）具有其中连续排列的20个氨基酸与选自SEQ ID NO：2的氨基酸序列的等长的氨基酸排列具有至少95%同源性的氨基酸序列；或（c）是（a）中的多肽的亚序列，包含50至250个氨基酸。”

这种撰写方式限定的权利要求1要求保护的核苷酸序列采用结构特征加功能特征组合限定，虽然所述功能能够通过说明书描述的方法进行验证，但是，对于结构特征（a）、（b）或（c），采用了非常宽泛且不确定的上位概念描述，本领域技术人员无法预见采用上述结构特征限定的宽泛且不确定范围内的多肽是否均具备所述功能，鉴于此，本领域技术人员势必进行大量随机且试错率较高的功能验证实验，而且说明书也没有进一步提供、并且现有技术中也不存在本领域技术人员能够在上述范围内预见具有所述功能的特定多肽的教导，例如在说明书确定了所述多肽功能域的情况下，本领域技术人员能够有目的地选择上述范围内SEQ ID NO：2蛋白质的何种变异体或亚序列更可能保留所述功能，从而更有针对性地验证其功能和确定落入权利要求1保护范围的核苷酸序列，因此，本领域技术人员尚需花费过度劳动才能确定本申请权利要求1的保护范围，即权利要求1不清楚，不符合专利法实施细则第20条第1款的规定。

权利要求6要求保护一种核苷酸序列，其中同样存在保护范围不清楚的缺陷，例如“或者是含有至少75个核苷酸的核苷酸序列”，本领域技术人员无法预见在该涵盖庞大数量的DNA范围内，是否大多数都编码具有SCCE活性的多肽，特别是仅75个核苷酸的核苷酸序列，也就是说，本领域技术人员无法清楚地确定权利要求6的保护范围，故权利要求6不符合专利法实施细则第20条第1款的规定。

权利要求11要求保护一种纯多肽，其中除了存在上述缺陷外，还存在“例如……”的描述，同样导致保护范围不清楚，不符合专利法实施细则第20条第1款的规定。

权利要求13是权利要求11的从属权利要求，其中同样存在权利要求6和权利要求11中的缺陷，因此，权利要求13也不符合专利法实施细则第20条第1款的规定。

针对《复审通知书》所指出的问题，复审请求人于2005年9月16日提交了新修改的权利要求书，其中，复审请求人删除了原权利要求2~6和12~13，并将原权利要求1和11中的氨基酸序列限定为SEQ ID NO：2、SEQ ID NO：2的1～224位氨基酸和SEQ ID NO：2的-7-224位氨基酸三种序列，同时将权利要求中的“例如……”写入新的从属权利要求中。

合议组认为，根据说明书记载的“获得的序列的头六个位置为glu-glu-ala-gln-gly-asp，它相应于SEQ ID NO：2的-7～-2。从这一结果可以得出结论，信号肽含有22个氨基酸并基于天然活性SCCE的N末端氨基酸序列，前肽含七个氨基酸”（参见说明书第66页第14～23行以及第82～84页的SEQ ID NO：2序列）可知，权利要求1中的SEQ ID NO：2是信号肽-前肽-活性肽的序列，SEQ ID NO：2的1～224位氨基酸是SCCE的活性肽序列，SEQ ID NO：2的-7-224位氨基酸是前肽-活性肽的序列，本申请说明书已清楚记载了SEQ ID NO：2的序列特征，本领域技术人员可以从中清楚该序列、该序列的1～224位氨基酸及该序列的-7-224位氨基酸的技术内容，据此可以清楚地确定该权利要求的保护范围，权利要求1符合专利法实施细则第20条第1款的规定。

同理，修改后的权利要求11的保护范围也是清楚的。另外，由于复审请求人删除了原权利要求6和13，故修改后的权利要求书克服了复审通知书和驳回决定所指出的缺陷。

3. 关于专利法第22条第4款

专利法第22条第4款规定：实用性，是指该发明或者实用新型能够制造或者使用，并且能够产生积极效果。

驳回决定中指出：权利要求13不具备实用性，因为可被一定抗体识别的多肽仅仅是具有某特定的抗原表位而已，并不能表明所述多肽的任何具体功能，所以不具备产业价值，不符合专利法第22条第4款的规定。

在2005年9月16日提交的权利要求书中，复审请求人已经删除了权利要求13，因此，驳回决定中指出的上述缺陷已不存在。

根据上述事实和理由，合议组作出如下审查决定。

**三、决定**

撤销国家知识产权局于2003年6月27日针对94192960.4号发明专利申请作出的驳回决定，由国家知识产权局原审查部门以复审请求人于2005年9月16日提交的权利要求第1～23项，2002年10月29日提交的说明书第17、80页，1996年1月31日进入中国国家阶段时提交的国际申请文件中文译文的说明书第1～16、18～79、81～87页、说明书附图第1～23页以及说明书摘要为基础继续审批程序。

复审请求人对本决定不服的，可以根据专利法第41条第2款的规定，自收到本决定之日起三个月内向北京市第一中级人民法院起诉。

131

# 环状五胜肽及其制备方法

## 复审请求审查决定（第11877号）

**决　定　号**　第11877号
**决　定　日**　2007年10月23日
**发明创造名称**　环状五胜肽及其制备方法
**国际分类号**　C07K 7/64，A61K 38/12，A61P 7/02，A61P 9/08
**复审请求人**　瑞安大药厂股份有限公司
**申　请　号**　02123046.3
**申　请　日**　2002年6月11日
**公　开　日**　2004年1月7日
**合议组组长**　李金光
**主　审　员**　葛永奇
**参　审　员**　唐　莉

**法律依据**　专利法第26条第3款、第22条第3款
**决定要点**

如果所属技术领域的技术人员无法根据现有技术预测发明能够实现所述用途和/或使用效果，则说明书中还应当记载对于本领域技术人员来说，足以证明发明的技术方案可以实现所述用途和/或达到预期效果的定性或者定量实验数据。

如果发明提供了一种技术构思不同的技术方案，其技术效果能够基本上达到现有技术的水平，则通常应当认为发明具有有益的技术效果，具有显著的进步。

### 一、案由

本复审请求涉及申请日为2002年6月11日、公开日为2004年1月7日、发明名称为“环状五胜肽及其制备方法”的发明专利申请（下称本申请），其申请号为02123046.3，申请人为瑞安大药厂股份有限公司。

2004年10月1日，国家知识产权局针对申请人于2002年8月27日提交的说明书附图第1页、2004年8月5日提交的权利要求第1项、说明书第1～15页和摘要，以权利要求1不符合专利法第22条第3款的规定为由驳回了本申请。

驳回决定所针对的权利要求1为：

“1．一种如下式（I）的环肽：

cyclo（Xaa-Arg-Pro-Ala-Iys）　　（I）

其中 Xaa 为 Ala、Gly、Glu、Gln、Asp、Asn、Arg 或 Lys。”

驳回的具体理由是：对比文件 1（赵明等，纤维蛋白 β（链降解产物 P6A 的研究进展，中国药学杂志，1994，29（4）：198～200）公开了 P6A 及其类似物（参见该对比文件的第 199 页右栏第 8 行～第 200 页左栏第 2 行）。本申请权利要求 1 所要求保护的技术方案与对比文件 1 所公开的技术内容相比，区别仅在于本申请中将直链连成‘环状’。然而这一区别特征对本领域普通人员来说是显而易见的，参见对比文件 2（唐艳春等，环肽合成方法的研究进展，高等学校化学学报，21（7）：1056～1063）第 1057 页第 3～4 行。本申请权利要求 1 要求保护的环肽作用效果参差不齐，并没有在要求保护的范围都相对于直链肽取得了进步。此外，本申请中未提供任何证据证明本申请要求保护的环肽具有长效性功能。因此权利要求 1 不具备突出的实质性特点和/或显著的进步，因而不具备创造性。虽然申请人答复第一次审查意见通知书时挑出了一个 GP6A 有舒血管作用的例子进行说明，但这没有统计学上的显著性差异，而且例如 Xaa 为 Lys 或 Arg 时环肽没有舒血管作用（参见对比文件 1 第 199 页右栏第 29～32 行）。

瑞安大药厂股份有限公司（下称复审请求人）对该驳回决定不服，于 2005 年 1 月 4 日向国家知识产权局专利复审委员会提出复审请求。复审请求人认为权利要求 1 具备创造性，理由包括以下几点：

（1）由于本案申请日前并未有本发明所述五环肽出现，将直链肽环化为环肽并非是显而易见的，环肽比直链肽更具长效性于当时的技术背景下无法轻易推知；（2）环肽尤其是五环肽在尺寸为三环肽以上的环肽合成中的技术难度最大；（3）本案中将直线肽环化的直接目的是减少体内酶降解，延长药物作用时间，并非是五环肽对于溶解血栓的直接影响，由表 1 的实验数据可以看出本发明五环肽的长效性；（4）所要求保护的六种环肽中，有两种没有提供实施例，即 Xaa 为谷氨酸和精氨酸，但在多肽化学中谷氨酸与谷氨酰胺视为等同，赖氨酸和精氨酸视为等同，所以在实施例中可以不提供相应描述。

经形式审查合格后，专利复审委员会受理了该复审请求，并于 2005 年 1 月 31 日向复审请求人发出《复审请求受理通知书》，同时将本申请案卷移交原审查部门进行前置审查。

在前置审查意见中，原审查部门认为：本申请所保护的产品（环肽）的创造性与其合成方法无关，而且该合成方法也是公知的。对比文件 2 已提示环肽比直肽有更好的抗酶解能力、更好的稳定性。说明书所提供的试验数据说明没有统计学意义上的长效性。同时，原审查部门不认同复审请求人关于谷氨酸与谷氨酰胺等同，赖氨酸与精氨酸等同的意见。因此坚持原驳回决定。

2007 年 4 月 11 日，复审请求人提交了修改的权利要求书，具体内容如下：

“1. 一种如下式（I）的环肽：

cyclo（Xaa-Arg-Pro-Ala-Lys）　　（I）

其中 Xaa 为 Ala、Gly、Glu、Gln、Asp、Asn、Arg 或 Lys。”

专利复审委员会组成合议组，对复审请求案进行审理。

2007 年 6 月 18 日，合议组向复审请求人发出《复审通知书》。《复审通知书》指出，说明书中没有提供除 CycloP6A（Xaa 为 Ala）、CycloGP6A（Xaa 为 Gly）、CycloKP6A（Xaa 为 Lys）之外的其余五种环肽有关溶栓功效和/或血管扩张作用的实验数据，因此，对于这五种环肽的用途而言，本申请说明书没有充分公开，不符合专利法第 26 条第 3 款的规定。

2007 年 7 月 18 日，复审请求人针对《复审通知书》提交了意见陈述书和修改的权利要求书。复审请求人认为修改后的权利要求书没有超出原申请文件记载的范围。修改后的权利要求书如下：

“1. 一种如下式（I）的环肽：

cyclo（Xaa-Arg-Pro-Ala-Lys） （I）

其中Xaa为Ala、Gly或Lys。”

至此，合议组认为本案事实清楚，可以作出审查决定。

**二、决定的理由**

1. 审查文本

本复审决定所依据的申请文本为复审请求人于2007年7月18日提交的权利要求1、2002年8月27日提交的说明书附图第1页、2004年8月5日提交的说明书第1～15页和摘要。

2. 关于专利法第26条第3款

专利法第26条第3款规定：说明书应当对发明或者实用新型作出清楚、完整的说明，以所属技术领域的技术人员能够实现为准。

根据该款规定，如果所属技术领域的技术人员无法根据现有技术预测发明能够实现所述用途和/或使用效果，则说明书中还应当记载对于本领域技术人员来说，足以证明发明的技术方案可以实现所述用途和/或达到预期效果的定性或者定量实验数据。

本案中，复审请求人于2007年4月11日提交的权利要求1请求保护式Cyclo（Xaa-Arg-Pro-Ala-Lys）的环肽，其中Xaa为Ala、Gly、Glu、Gln、Asp、Asn、Arg或Lys，根据说明书的记载，这些环肽能提供长效性的溶血栓功能（说明书第2页第3～4行），该环肽及其医药上可接受的盐类可作为血管扩张药物使用（说明书第5页第11行）。合议组于2007年6月18日发出《复审通知书》，指出说明书中没有提供除CycloP6A（Xaa为Ala）、CycloGP6A（Xaa为Gly）、CycloKP6A（Xaa为Lys）之外的其余五种环肽有关溶栓功效和/或血管扩张作用的实验数据，而且所述领域的普通技术人员既无法由本申请说明书中提供的具体环肽的实验数据推知这五种环肽的作用效果，也不能由现有技术推知其作用效果。因此，本申请说明书没有充分公开这五种环肽，不符合专利法第26条第3款的规定。针对《复审通知书》中指出的问题，复审请求人于2007年7月18日提交了修改的权利要求1，其中只要求保护Xaa为Ala、Gly或Lys的三种环肽而删除了其余五种环肽，因此，《复审通知书》中指出的说明书公开不充分的缺陷已不存在。

3. 关于专利法第22条第3款

专利法第22条第3款规定：创造性，是指同申请日以前已有的技术相比，该发明有突出的实质性特点和显著的进步。

根据该款规定，如果发明提供了一种技术构思不同的技术方案，其技术效果能够基本上达到现有技术的水平，则通常应当认为发明具有有益的技术效果，具有显著的进步。

本案中，修改后的权利要求1要求保护三种环肽：CycloP6A（Ala-Arg-Pro-Ala-Lys）、CycloGP6A（Gly-Arg-Pro-Ala-Lys）、CycloKP6A（Lys-Arg-Pro-Ala-Lys）。与对比文件1和2进行比较可以看出，对比文件1公开的技术内容包括对应于本申请环肽CycloP6A和CycloKP6A的直线型肽的序列即Ala-Arg-Pro-Ala-Lys和Lys-Arg-Pro-Ala-Lys（参见对比文件1第199页左栏第1段，右栏倒数第1～2段），没有公开与CycloGP6A相对应的直线型肽的序列及其舒血管活性；对比文件2只教导了环肽比直肽有更好的抗酶解能力、更好的稳定性。一方面，环肽CycloGP6A与对比文件1所公开的内容相比，区别并不仅仅是环状与直线型的区别，且对比文件2也只是给出了环肽相对线型肽有一定的稳定性，其抗酶解能力比线型肽强的启示，也没有公开与环肽CycloGP6A相对应的直线型肽的序列。因此，环肽CycloGP6A相对于对比文件1和2具有突出的实质性特点，并且，这样一种对比文件1和2完全没有公开的环肽，其溶血栓功效能够基本上达到现有技术的水平（参见说明书表1的试验结果）。根据审查指南第二部分第四章第3.2.2节的规定，如果发明提供了一种技术构思不同的技术方案，其技术效果能够基本上达到现有技术的水平，则通常应当认为发明具有有益的技术效果，具有显著的进步。因此，环肽 CycloGP6A 相对于对比文件 1 和 2 公开的环肽具有创造性。另一方面，环肽 cycloP6A 和 CycloKP6A 除了与对比文件 1 公开的相应直线型肽存在环型与直线型的区别之外，本申请说明书表 2 还显示环肽 cycloP6A 和 CycloKP6A 的溶血栓功效达到或超过了其对应的直线型肽。虽然对比文件 2 教导了将直线型肽环化可以使之抗酶解，延长药物作用半衰期，但在相同条件下（例如作用时间相同时），由于溶栓功效的增强既有可能源于环肽半衰期长，作用时间长，也有可能源于环肽本身的溶栓能力就比直线型肽强，反过来，因为不清楚直线型肽和环肽在单位时间内的溶血栓速率，所以在相同时间内，药物半衰期延长并不必然导致血栓减重更多，所以，药物半衰期延长与溶血栓效果增强之间没有必然联系。也就是说，现有技术中没有给出将要求保护的技术方案与最接近的现有技术之间的区别特征应用到该最接近的现有技术以解决实际要解决的技术问题（即增强直线型肽的溶血栓功效）的技术启示。因此，cycloP6A 和 CycloKP6A 相对于对比文件 1 和 2 的结合具备突出的实质性特点和显著的进步。所以，本申请修改后的权利要求 1 相对于对比文件 1 和 2 符合专利法第 22 条第 3 款有关创造性的规定。

根据以上事实和理由，本案合议组作出如下审查决定。

**三、决定**

撤销国家知识产权局于 2004 年 10 月 1 日对申请号为 02123046.3 的发明专利申请作出的驳回决定。由原审查部门在本复审决定所针对的申请文本的基础上继续进行审查。

复审请求人对本决定不服的，可以根据专利法第 41 条第 2 款的规定，自收到本决定之日起三个月内向北京市第一中级人民法院起诉。

132

# 口腔用固体速崩、速溶药物组合物及其片剂的制备方法

## 复审请求审查决定（第11878号）

**决　定　号**　第11878号
**决　定　日**　2007年11月28日
**发明创造名称**　口腔用固体速崩、速溶药物组合物及其片剂的制备方法
**国际分类号**　A61K 9/20，A61P 1/02
**复审请求人**　天津市隆佰生物工程科技有限公司
**申　请　号**　02129460.7
**申　请　日**　2002年8月28日
**公　开　日**　2003年2月12日
**合议组组长**　程　强
**主　审　员**　王　冬
**参　审　员**　张晓飞

**法律依据**　专利法第22条第2款、第3款
**决定要点**

当与现有技术单独相比时，如果一项权利要求的技术方案与现有技术公开的技术方案实质上不同，则该权利要求相对于该现有技术具备新颖性。

如果发明的技术方案相对于本领域技术人员来说是非显而易见的，而且能够产生有益的技术效果，则该发明具有创造性。

**一、案由**

本复审请求涉及2002年8月28日申请、2003年2月12日公开、名称为“口腔用固体速崩、速溶药物组合物及其片剂的制备方法”的02129460.7号发明专利申请（下称本申请），其申请人为天津市隆佰生物工程科技有限公司。

国家知识产权局于2005年1月28日以权利要求1～4不符合专利法第22条第2款的规定、权利要求5～6不符合专利法第22条第3款的规定为由驳回了本申请。

驳回决定所针对的权利要求书为：

“1. 一种口腔用固体速崩、速溶药物组合物，包含：至少一种活性成分、至少一种崩解剂、至少一种粘结剂、至少一种矫味剂、至少一种甜味剂和至少一种润滑剂；其特征在于：还包含至少一种水溶性填充剂和至少一种水不溶性兼具崩解性能的填充剂；所述的活性成分选自非甾体消炎药、镇痛药、解热药、止疼药、抗关节炎药、抗生素及其他抗菌药、抗病毒药、抗组织胺药、止咳药、祛痰

药、复方感冒药、胃动力药、止吐药、心脑血管疾病预防及治疗药、抗高血压药、降血糖药、抗晕动药、解痉药和药学上可接受的其他药物。

2. 根据权利要求1或2所述的口腔用固体速崩、速溶药物组合物，其特征在于：所述的活性成分呈不包衣或经掩味处理后呈包衣的结晶颗粒或粉末状态。

3. 根据权利要求1的口腔用固体速崩、速溶药物组合物，其特征在于：所述的水溶性填充剂选自蔗糖、乳糖、葡萄糖一类水溶性糖类；水溶性氨基酸或其盐或其衍生物如甘氨酸、赖氨酸、脯氨酸等和牛磺酸或其盐。

4. 根据权利要求1所述的口腔用固体速崩、速溶药物组合物，其特征在于：所述的水不溶性兼具崩解性能的填充剂选自淀粉及其衍生物、纤维素类及其衍生物、藻酸及其衍生物和甲壳素。

5. 根据权利要求4或5所述的口腔用固体速崩、速溶药物组合物，其特征在于：所述的水溶性填充剂与水不溶性兼具崩解性能的填充剂的重量比为1∶9～9∶1，最佳重量比为3∶7～7∶3。

6. 权利要求1所述的口腔用固体速崩、速溶药物组合物片剂的制备方法，其特征在于包括：

步骤1：将上述活性成分以及各种辅料分别粉碎、研磨，然后过100目以上筛，分别保存备用；

步骤2：按处方量秤取活性成分和除润滑剂、粘结剂之外的其他组分，并将其充分混合均匀；

步骤3：在上述均匀混合的组分中加入适量粘结剂并搅拌均匀，采用湿法制粒，然后在60℃的温度下烘干颗粒，或采用干法制粒。

步骤4：在上述颗粒中加入适量的润滑剂，并再次加入占组分总重量1％～10％的粘结剂，充分混合均匀，然后过14～20目筛整粒并混合均匀；

步骤5：将上述经过整粒的颗粒送入常规药物压片机，进行压片。”

驳回决定认为：

（1）对比文件1（CN1224349A，1999年7月28日公开，说明书2～5页，说明书摘要）公开了一种口腔内快速崩解片剂，其含有至少一种糖类或糖醇和至少一种崩解剂，并可含有粘结剂、甜味剂、润滑剂等添加剂。所述糖类为乳糖、葡萄糖等，所述崩解剂可以为交联羧甲基纤维素钠、交联聚维酮等。本领域技术人员公知片剂处方中有不少辅料性能有交叉的地方，对比文件1公开的崩解剂也可用作水不溶性兼具崩解性能的填充剂，甜味剂也兼具矫味剂和甜味剂的性能。由此可知，权利要求1与对比文件1仅是文字表达方式略有差别，但技术方案实质相同，属于相同的技术领域，能产生相同的技术效果。因此权利要求1不具备新颖性，不符合专利法第22条第2款的规定。

（2）虽然申请人认为对比文件1中并没有公开水不溶性兼具崩解性能的填充剂，但是“水溶性填充剂”、“水不溶性兼具崩解性能的填充剂”都是对所用具体物质的性能描述，在判断权利要求是否具备新颖性时不应局限于对性能的文字表述，而应看整体的技术方案。对比文件1中所述的糖类如乳糖、葡萄糖等即为水溶性填充剂中水溶性糖类的下位概念，所述的崩解剂如交联羧甲基纤维素钠、交联聚维酮即为所述水不溶性兼具崩解性能的填充剂如纤维素类的下位概念。因此，申请人所述权利要求1具备新颖性的主张不能被认可。

（3）权利要求2～4的附加技术特征在对比文件1中均被公开。因此，权利要求2～4不具备新颖性，不符合专利法第22条第2款的规定。

（4）权利要求5的附加技术特征是水溶性填充剂与水不溶性兼具崩解性能的填充剂的重量比，但这种组分配比是本领域技术人员通过有限实验可以获取的，没有产生意料不到的效果。因此权利要求5不具备创造性，不符合专利法第22条第3款的规定。

（5）由于权利要求1所述组合物已经被对比文件1完全公开，而且对比文件1的口腔内快速崩解片剂是通过先制粒后压片的方法制得，虽然权利要求6对制备方法具体步骤进行了描述，但均为常规工艺方法，不需要付出创造性劳动。因此权利要求 6 不具备创造性，不符合专利法第 22 条第 3 款的规定。

申请人天津市隆佰生物工程科技有限公司（下称复审请求人）不服上述驳回决定，于 2005 年 5 月 8 日向专利复审委员会提出复审请求，复审请求人在提出复审请求时没有提交新修改的专利申请文本。

复审请求人认为：

（1）根据中国食品药品临督管理局对口崩片的定义，口腔崩解片需要满足崩解时限，崩解、溶解后的口感，溶出度，硬度的要求才能成为合格或者高质量的口腔崩解片，但是上述几个标准在口腔崩解片制剂工艺中相互矛盾，复审请求人经过大量反复的试验，找到了解决方法。

（2）本发明发现并确定同时使用水溶性填充剂和兼具崩解性能的水不溶性填充剂以及二者的最佳比例范围达到了既可快速崩解，同时口腔中又无异物感、沙砾感，产生了意想不到的效果，使得通过直接压片法生产高质量的口腔固体速崩、速溶药物组合物片剂成为可能，因此权利要求 1 ~ 4 具备新颖性，权利要求 5 具备创造性。

（3）在权利要求 6 中的步骤 4 中“并再次加入适量的粘结剂”，即制粒后，在整粒过程中外加一定量的粘结剂，混合均匀后再压片，保证了片剂硬度大小适中、外观平滑、光亮和耐磨，易从压片机取出，使得所制成的药片在具有迅速崩溶特性的同时，具有较好的机械强度以及耐磨性。因此权利要求 6 具有显著的实用性和创造性。

形式审查合格后，专利复审委员会受理了该复审请求，并于 2005 年 6 月 13 日向复审请求人发出《复审请求受理通知书》，同时将本申请案卷移交原审查部门进行前置审查。

原审查部门对本复审请求进行了前置审查，认为复审请求人没有提交新的修改文本，仅提交了意见陈述，复审请求人所陈述的理由如产品所能达到的优良性能以及制备过程中所作的改进并不能克服原产品权利要求的新颖性缺陷，因此基于先前的审查意见及驳回理由，坚持原驳回决定。

复审请求人于 2007 年 4 月 20 日提交了经修改的权利要求书和说明书第 3 页的替换页。说明书第 3 页所作的修改是：在第 2 自然段末尾增加“所述的水溶性填充剂为水溶性糖类和甘氨酸，所述的水不溶性兼具崩解性能的填充剂选自淀粉及其衍生物、纤维素类及其衍生物、藻酸及其衍生物和甲壳素，所述的水溶性填充剂与水不溶性兼具崩解性能的填充剂的重量比为 1∶9 ~ 9∶1。”，删除第 5 ~ 6 和 7 自然段。修改后的权利要求书为：

“1. 一种口腔用固体速崩、速溶药物组合物，包含：至少一种活性成分、至少一种崩解剂、至少一种粘结剂、至少一种矫味剂、至少一种甜味剂和至少一种润滑剂；其特征在于：还包含至少一种水溶性填充剂和至少一种水不溶性兼具崩解性能的填充剂，所述的水溶性填充剂为水溶性糖类和甘氨酸，所述的水不溶性兼具崩解性能的填充剂选自淀粉及其衍生物、纤维素类及其衍生物、藻酸及其衍生物和甲壳素，所述的水溶性填充剂与水不溶性兼具崩解性能的填充剂的重量比为 1∶9 ~ 9∶1；所述的活性成分选自非甾体消炎药、镇痛药、解热药、止疼药、抗关节炎药、抗生素及其他抗菌药、抗病毒药、抗组织胺药、止咳药、祛痰药、复方感冒药、胃动力药、止吐药、心脑血管疾病预防及治疗药、抗高血压药、降血糖药、抗晕动药、解痉药和药学上可接受的其他药物。

2. 根据权利要求 1 或 2 所述的口腔用固体速崩、速溶药物组合物，其特征在于：所述的活性成分呈不包衣或经掩味处理后呈包衣的结晶颗粒或粉末状态。

3. 权利要求 1 所述的口腔用固体速崩、速溶药物组合物片剂的制备方法，其特征在于包括：

步骤 1：将上述活性成分以及各种辅料分别粉碎、研磨，然后过 100 目以上筛，分别保存备用；

步骤 2：按处方量秤取活性成分和除润滑剂、粘结剂之外的其他组分，并将其充分混合均匀；

步骤3：在上述均匀混合的组分中加入适量粘结剂并搅拌均匀，采用湿法制粒，然后在60℃的温度下烘干颗粒，或采用干法制粒。

步骤4：在上述颗粒中加入适量的润滑剂，并再次加入占组分总重量1％～10％的粘结剂，充分混合均匀，然后过14～20目筛整粒并混合均匀；

步骤5：将上述经过整粒的颗粒送入常规药物压片机，进行压片。”

复审请求人于2007年9月14日和2007年10月9日两次提交了说明书第3页的替换页，其中2007年10月9日提交的替换页与原说明书第3页的内容相同。

复审请求人于2007年11月26日提交了经修改的权利要求书的替换页，其中将权利要求1中的“至少一种水溶性填充剂”中的“至少一种”删除，修改后的权利要求书为：

“1. 一种口腔用固体速崩、速溶药物组合物，包含：至少一种活性成分、至少一种崩解剂、至少一种粘结剂、至少一种矫味剂、至少一种甜味剂和至少一种润滑剂；其特征在于：还包含水溶性填充剂和至少一种水不溶性兼具崩解性能的填充剂，所述的水溶性填充剂为水溶性糖类和甘氨酸，所述的水不溶性兼具崩解性能的填充剂选自淀粉及其衍生物、纤维素类及其衍生物、藻酸及其衍生物和甲壳素，所述的水溶性填充剂与水不溶性兼具崩解性能的填充剂的重量比为1：9～9：1；所述的活性成分选白非甾体消炎药、镇痛药、解热药、止疼药、抗关节炎药、抗生素及其他抗菌药、抗病毒药、抗组织胺药、止咳药、祛痰药、复方感冒药、胃动力药、止吐药、心脑血管疾病预防及治疗药、抗高血压药、降血糖药、抗晕动药、解痉药和药学上可接受的其他药物。

2. 根据权利要求1或2所述的口腔用固体速崩、速溶药物组合物，其特征在于：所述的活性成分呈不包衣或经掩味处理后呈包衣的结晶颗粒或粉末状态。

3. 权利要求1所述的口腔用固体速崩、速溶药物组合物片剂的制备方法，其特征在于包括：

步骤1：将上述活性成分以及各种辅料分别粉碎、研磨，然后过100目以上筛，分别保存备用；

步骤2：按处方量秤取活性成分和除润滑剂、粘结剂之外的其他组分，并将其充分混合均匀；

步骤3：在上述均匀混合的组分中加入适量粘结剂并搅拌均匀，采用湿法制粒，然后在60℃的温度下烘干颗粒，或采用干法制粒。

步骤4：在上述颗粒中加入适量的润滑剂，并再次加入占组分总重量1％～10％的粘结剂，充分混合均匀，然后过14～20目筛整粒并混合均匀；

步骤5：将上述经过整粒的颗粒送入常规药物压片机，进行压片。”

至此，合议组认为本案事实清楚，可以作出审查决定。

**二、决定的理由**

1. 关于决定文本

复审请求人在2007年11月26日提交了权利要求书替换页，并在2007年10月9日提交了说明书第3页的替换页。经审查，权利要求书和说明书第3页的修改符合专利法第33条的规定。因此，本决定是在复审请求人于2007年11月26日提交的权利要求第1～3项、2007年10月9日提交的说明书第3页和驳回决定所针对的说明书第1～2、4～7页以及说明书摘要的基础上作出的。

2. 关于专利法第22条第2款

专利法第22条第2款规定：新颖性，是指在申请日以前没有同样的发明或者实用新型在国内外出版物上公开发表过、在国内公开使用过或者以其他方式为公众所知，也没有同样的发明或者实用新型由他人向国务院专利行政部门提出过申请并且记载在申请日以后公布的专利申请文件中。

当与现有技术单独相比时，如果一项权利要求的技术方案与现有技术公开的技术方案实质上不同，则该权利要求相对于该现有技术具备新颖性。

本案中，权利要求1请求保护口腔用固体速崩、速溶药物组合物，其包括活性成分、崩解剂、粘结剂、矫味剂和润滑剂、水溶性填充剂和水不溶性兼具崩解性能的填充剂，所述的水溶性填充剂为水溶性糖类和甘氨酸，所述水不溶性兼具崩解性能的填充剂选自淀粉及其衍生物、纤维素类及其衍生物、藻酸及其衍生物和甲壳素，所述的水溶性填充剂与水不溶性兼具崩解性能的填充剂的重量比为1∶9~9∶1；所述的活性成分选自非甾体消炎药、镇痛药、解热药、止疼药、抗关节炎药、抗生素及其抗菌药、抗病毒药、抗组织胺药、止咳药、祛痰药、复方感冒药、胃动力药、止吐药、心脑血管疾病预防及治疗药、抗高血压药、降血糖药、抗晕动药、解痉药和要学上可接受的其他药物。

对比文件1（CN1224349A，1999年7月28日公开）公开了一种口腔内快速崩解片剂，其含有至少一种糖类或糖醇和至少一种崩解剂，并可含有粘结剂、甜味剂、润滑剂等添加剂。所述糖类为乳糖、葡萄糖等，所述崩解剂可为交联羧甲基纤维素钠、交联聚维酮等。

将权利要求1请求保护的组合物与对比文件1公开的口腔内快速崩解片剂进行比较可知，权利要求1中记载的技术特征“水溶性填充剂为水溶性糖类和甘氨酸”是对比文件1不曾披露和暗示的，对比文件1仅仅公开了相当于本发明水溶性填充剂的糖醇或糖类如乳糖、葡萄糖，而没有任何关于向所述口腔内快速崩解片剂中加入甘氨酸以及甘氨酸在所述口腔内崩解片剂中起何种作用的记载，没有公开水溶性填充剂为水溶性糖类和甘氨酸，也没有具体公开崩解剂中用作水不溶性兼具崩解性能的填充剂的那部分崩解剂与相当于本发明水溶性填充剂的糖醇或者糖类的重量比。

由上述分析可知，对比文件1公开的技术内容与本申请权利要求1技术方案实质上不同，因此，修改后的权利要求1具备专利法第22条第2款规定的新颖性。

权利要求2进一步限定了口腔用固体速崩、速溶药物组合物中活性成分的存在状态，在其所引用的权利要求1具备新颖性的情况下，权利要求2也具备专利法第22条第2款规定的新颖性。

3. 关于专利法第22条第3款

专利法第22条第3款规定：创造性是指同申请日以前已有的技术相比，该发明有突出的实质性特点和显著的进步，该实用新型有实质性特点和进步。

如果发明的技术方案相对于本领域技术人员来说是非显而易见的，而且能够产生有益的技术效果，则该发明具有创造性。

本案中，权利要求3请求保护权利要求1所述组合物片剂的制备方法。对比文件1公开的口腔崩解片的制备方法为：将糖醇或糖类、活性成分和崩解剂的混合物制粒后进行压片。将二者进行比较，区别特征在于：

（1）权利要求3所述片剂中包括含有水溶性糖类和甘氨酸的水溶性填充剂，并限定了水溶性填充剂与水不溶性兼具崩解性能的填充剂的重量比，而对比文件1中公开的口腔内快速崩解片剂中仅含有选自乳糖、葡萄糖等的糖类或糖醇和选自交联羧甲基纤维素钠、交联聚维酮等的崩解剂以及其他添加剂。在本申请的技术方案中是将水溶性糖类和甘氨酸作为水溶性填充剂与水不溶性兼具崩解性能的填充剂以所述重量比用于制备口腔用固体速崩、速溶药物组合物片剂，但在对比文件1中并没有记载任何关于向所述口腔内快速崩解片剂中加入甘氨酸以及甘氨酸在所述口腔内崩解片剂中起何种作用的记载，也没有任何关于将水溶性糖类和甘氨酸作为水溶性填充剂用于制备权利要求1所述组合物片剂的技术启示，同时也没有具体公开崩解剂中用作水不溶性兼具崩解性能的填充剂的那部分崩解剂与相当于本发明水溶性填充剂的糖醇或者糖类的重量比，并且上述区别特征也不属于本领域的公知常识。

（2）权利要求3的制备方法在制粒后，在整粒过程中另外加入一定量的粘结剂，混合均匀后再压片，而对比文件1的制备方法为制粒后即进行压片。在本申请的技术方案中在整粒过程中另外加入一定量的粘结剂再压片，在保证片剂具有速崩速溶性能的同时，使片剂光滑平整、机械强度较高，耐磨性好，即其所要解决的技术问题是使用包括以上区别技术特征的方法制备具备速崩速溶性能同时光滑平整、机械强度较高、耐磨性好的口腔用固体速崩、速溶药物组合物片剂。但是“在制粒后，整粒过程中另外加入一定量的粘结剂，混合均匀后再压片”这一技术特征在对比文件1中并没有公开，在对比文件1中也没有任何关于制粒后另外加入一定量的粘结剂后再压片的技术启示，并且上述区别技术特征也并非本领域公知常识，同时采用权利要求3的方案制备的片剂在具有速崩速溶性能的同时，还具有表面光滑平整、机械强度高、耐磨性好的效果。

综上，权利要求3的技术方案相对于对比文件1公开的技术方案不是显而易见的，具有突出的实质性特点和显著的进步，因此权利要求3相对于对比文件1具备专利法第22条第3款规定的创造性。

根据以上事实和理由，本案合议组作出如下审查决定。

**三、决定**

撤销国家知识产权局于2005年1月28日对02129460.7号发明专利申请作出的驳回决定。由原审查部门在本决定所依据的文本的基础上继续进行审查。

复审请求人对本决定不服的，可以根据专利法第41条第2款的规定，自收到本决定之日起三个月内向北京市第一中级人民法院起诉。

133

# 提高生物利用度的固体药物分散体

## 复审请求审查决定（第11903号）

**决　　定　　号**　第11903号
**决　　定　　日**　2007年12月3日
**发明创造名称**　提高生物利用度的固体药物分散体
**国 际 分 类 号**　A61K 31/405，A61K 31/44，A61K 31/17，A61K 47/38，A61K 9/14，A61J 3/02
**复 审 请 求 人**　辉瑞产品公司
**申　　请　　号**　98116282.7
**优 先 权 日**　1997年8月11日
**申　　请　　日**　1998年8月10日
**公　　开　　日**　1999年2月17日
**合 议 组 组 长**　任晓兰
**主　　审　　员**　吴红权
**参　　审　　员**　汪送来

**法 律 依 据**　专利法第22条第3款
**决 定 要 点**

如果选择发明所取得的技术效果是所选用已知技术手段本身能够预期到的效果，并没有产生预料不到的技术效果，则该发明是显而易见的，不具备突出的实质性特点和显著的进步。

### 一、案由

本复审请求涉及发明名称为“提高生物利用度的固体药物分散体”的第98116282.7号发明专利申请（下称本申请），申请人为辉瑞产品公司，申请日为1998年8月10日，优先权日为1997年8月11日，公开日为1999年2月17日。

2004年3月26日，针对申请人于2004年1月19日提交的权利要求书、申请日提交的说明书、说明书附图及说明书摘要，国家知识产权局以权利要求1～18不符合专利法第22条第3款的规定为由驳回了本申请。

驳回决定认为：

（1）对比文件1（US4983593A，授权公开日1991年1月8日，参见说明书第3栏第55～60行，第4栏第6～8行以及摘要）公开了一种名为NZ-105的化合物在HPMCAS中的分散体，分散体中NZ-105与HPMCAS的比值为1：（1～7），其中NZ-105为1，4-二氢吡啶-5-膦酸的衍生物，同为1，4-二氢吡啶型的化合物尼卡地平和硝苯地平都几乎不溶于水，所以具有相同母体结构的NZ-105

的剂量与水溶解度之比大于100ml是肯定的。本申请权利要求1与对比文件1的区别仅在于干燥方式上，对比文件1说明书第3栏第58行公开了可以使用真空干燥、喷雾干燥、冷冻干燥或其他生产NZ-105和HPMCAS的粉末或颗粒的方式来除去溶剂，对比文件1给出了利用喷雾干燥来制备固体分散体的技术启示，而本申请只是从中选择了喷雾干燥方式。本申请的含有喷雾干燥固体分散体的组合物所具有的优点是喷雾干燥方式本身所带来的，其优点是本领域技术人员可以预见的，本申请说明书中并没有说明采用喷雾干燥方式所产生的意想不到的效果，即没有说明含有喷雾干燥固体分散体的组合物产生了超出喷雾干燥方法本身所具有特点的意想不到的效果。因此权利要求1相对于对比文件1和公知常识的结合而言不具备专利法第22条第3款规定的创造性。

(2) 在独立权利要求1不具有创造性的情况下，其从属权利要求2~3以及7~18的附加技术特征也没有给本申请带来任何意想不到的技术效果，因此从属权利要求2~3以及7~18也不具有创造性。

(3) 对比文件1公开了一种制备固体分散体的方法（参见对比文件1说明书第3栏第55~60行），即，将NZ-105和HPMCAS溶解在一种有机溶剂中，并提示可用真空干燥、喷雾干燥、冷冻干燥或其他生产NZ-105和HPMCAS的粉末或颗粒的方式来除去溶剂，权利要求4与对比文件1的区别仅在于具体选择了使用喷雾方式和喷雾干燥颗粒的平均直径小于100μm，在喷雾干燥方式没有给权利要求4的方法带来创造性，本申请说明书中也没有记载这种粒径的选择带来了意想不到的技术效果的情况下，权利要求4不具有创造性。

(4) 从属权利要求5的附加技术特征是在溶剂中药物的浓度小于20g/100g，这一附加技术特征已经在对比文件1中公开，可由对比文件1的实施例1计算得到，因此，在独立权利要求4不具有创造性的条件下，从属权利要求5也不具有创造性。从属权利要求6的附加技术特征是喷雾干燥在所述液滴在少于20秒内固化的条件下进行，但是本申请说明书没有记载这种条件的选择带来了哪些意想不到的技术效果，因此，在独立权利要求4不具有创造性的条件下，从属权利要求6也不具有创造性。

驳回决定所针对的权利要求1~18如下：

“1. 含有喷雾干燥固体分散体的组合物，该分散体是均匀的，含有水微溶的药物和HPMCAS，其中药物的剂量与水溶解度之比大于100mL，并且所述分散体中药物：聚合物重量比为1∶0.2~1∶100。

2. 如权利要求1所述的组合物，其中药物未分散时为结晶。

3. 如权利要求1所述的组合物，其中药物未分散时为非结晶。

4. 制备喷雾干燥固体分散体的方法，它包括：

A. 配制一种溶液，该溶液含有（i）HPMCAS，（ii）一种水微溶药物，和（iii）（i）和（ii）都溶解其中的溶剂；和

B. 把该溶液喷雾干燥，由此形成平均直径小于100μm的喷雾干燥颗粒。

5. 如权利要求4所述的方法，其中该溶剂中药物的浓度小于20g/100g的溶剂。

6. 如权利要求4所述的方法，其中喷雾干燥是在所述液滴在小于20秒内固化的条件下进行的。

7. 如权利要求1所述的组合物，其中该分散体是直径小于100μm的颗粒形式。

8. 如权利要求1所述的组合物，其中所述化合物是糖原磷酸化酶抑制剂。

9. 如权利要求1所述的组合物，其中所述化合物是下式化合物或其药用盐。

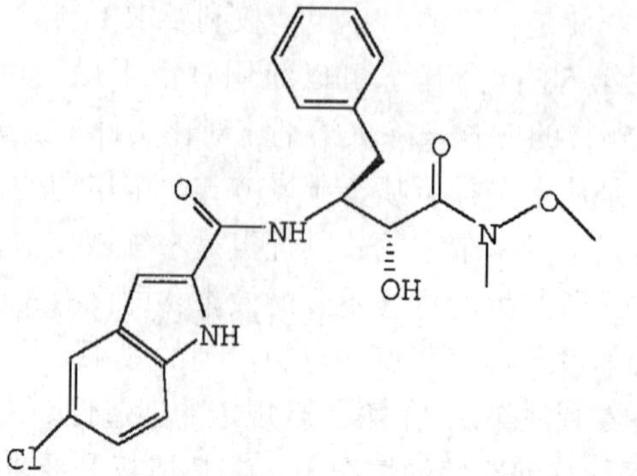

10．如权利要求 1 所述的组合物，其中所述化合物是下式化合物或其药用盐。

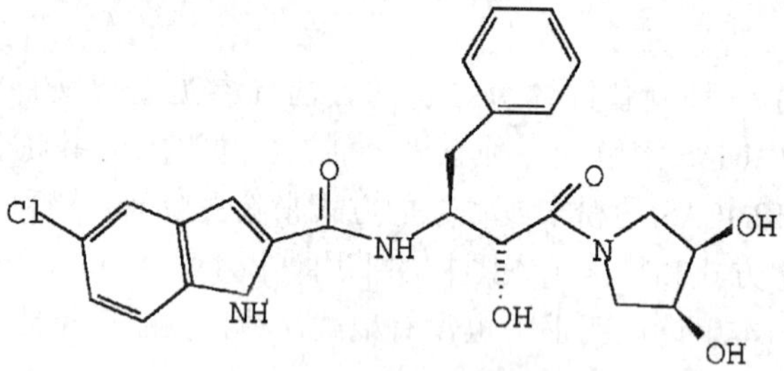

11．如权利要求 1 所述的组合物，其中该化合物是 5-脂肪氧合酶抑制剂。

12．如权利要求 1 所述的组合物，其中该化合物是下式化合物或其药学上可接受的盐。

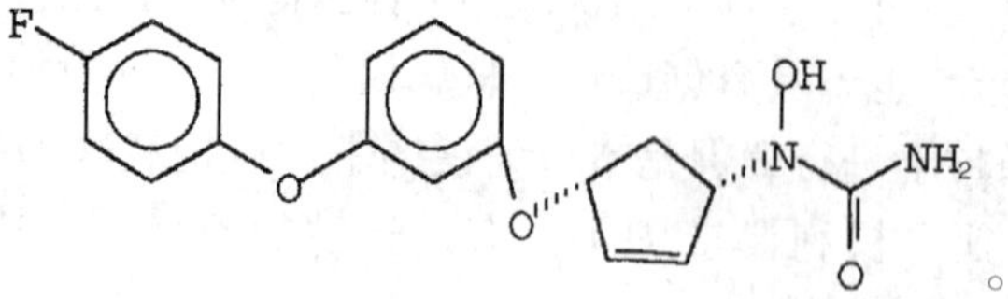

13．如权利要求 1 所述的组合物，其中该化合物是促肾上腺皮质素释放激素（CRH）抑制剂。

14．如权利要求 1 所述的组合物，其中该化合物是下式化合物或其药用盐。

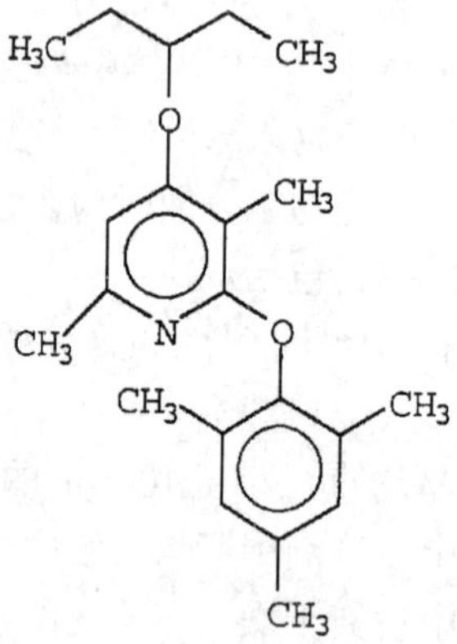

15．如权利要求 1 所述的组合物，其中该化合物是下式化合物或其药学上可接受的盐。

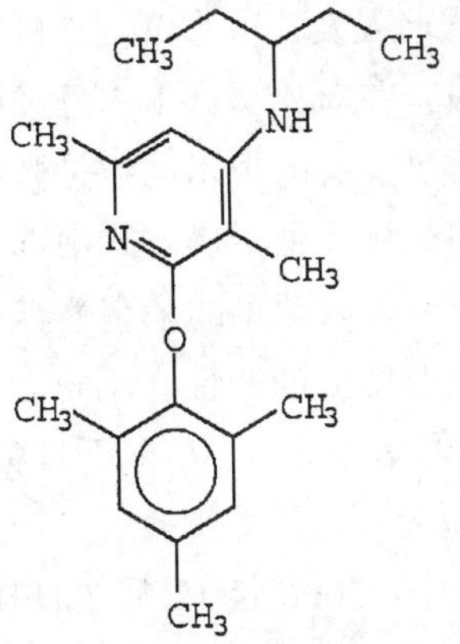

16. 如权利要求1所述的组合物，其中该化合物是精神抑制药。

17. 如权利要求1所述的组合物，其中该化合物是ziprasidone。

18. 如权利要求1所述的组合物，其中该化合物是选自于灰黄霉素、硝苯地平和苯妥英。”

2004年7月9日，申请人辉瑞产品公司（下称复审请求人）对上述驳回决定不服，向复审委员会提出复审请求，复审请求人在提出复审请求时没有对申请文件进行修改。

复审请求人认为：

（1）对比文件1没有制备出喷雾干燥的组合物，也没有提示或教导相对于任何其他方法优选喷雾干燥或指出其优点；

（2）喷雾干燥方法相对于其他干燥方法产生了意想不到的效果，在HPMCAS和微溶药物的喷雾干燥分散体的溶解度方面取得了改进；

（3）复审请求人在说明书给出了相应的实施例以及在答复第二次审查意见时额外提交了申明，显示喷雾干燥的分散体优于通过其他溶剂去除方法生成的分散体，在于喷雾干燥的分散体溶于使用环境中时可实现溶解药物浓度更高；

（4）针对喷雾干燥的10wt%的化合物3和90wt%的HPMCAS-HF（实施例24）和相应的通过使用旋转蒸发器缓慢蒸发的“溶剂方法”制备的组合物（比较实施例C9），喷雾干燥分散体在3分钟之内提供128μg/mL的药物浓度，而通过旋转蒸发制备的分散体即使在40分钟之后也仅产生3.9μg/mL的最大药物浓度；

（5）针对喷雾干燥的10wt%的化合物6（苯妥英）和90wt%的HPMCAS-MF（实施例29）和在比较实施例C13中通过溶剂方法制备的相应的组合物，喷雾干燥的分散体（实施例29）在3分钟之内产生的药物浓度为97μg/mL，最大药物浓度为99μg/mL（可能的最大值，因为理论Cmax仅为96μg/mL）。通过旋转蒸发制备的分散体（实施例C13）溶解较慢，在90分钟后达到最大值90μg/mL。

（6）对比文件1仅提到了喷雾干燥，在众多干燥方法中，选择特定的某一种干燥方法以实现优异的使用效果对本领域技术人员来说并非显而易见的常规选择，需要花费创造性的劳动。对比文件1中的实施例没有一个采用喷雾干燥方法，也表明其根本没有意识到喷雾干燥方法的重要性。

经形式审查合格后，专利复审委员会受理了该请求，并于2004年8月3日向复审请求人发出了《复审请求受理通知书》，同时将本申请转送至国家知识产权局原审查部门进行前置审查。

在《前置审查意见书》中，国家知识产权局原审查部门认为驳回理由依然成立，因此坚持驳回决定。

专利复审委员会组成合议组，对本复审请求案进行了审理。

合议组于2006年8月23日向复审请求人发出《复审通知书》，指出：权利要求1与对比文件1公开的技术方案相比，区别在于干燥方式，在对比文件1中已经明确提到可以采用真空干燥、喷雾干燥、冷冻干燥等干燥方式的情况下，当所要解决的技术问题是微溶药物的溶解度问题以及由此所带来的生物利用度问题时，本领域技术人员知道从几种干燥方式中选择喷雾干燥作为干燥方式，获得权利要求1的技术方案，并且，本领域技术人员可以预见的采用喷雾干燥方式本身所带来的技术效果不属于意想不到的技术效果，因此权利要求1不具备创造性，不符合专利法第22条第3款的规定。在此基础上，从属权利要求2～3、7～18以及权利要求4～6也不具备创造性，不符合专利法第22条第3款的规定。

针对上述《复审通知书》，复审请求人于2006年12月7日提交了意见陈述书，并且提交了新的权利要求第1～17项和说明书第10页的替换页，同时还提交了如下附件1和附件2：

附件1：Remington：The Science and Practice of pharmacy，第20版，Alfonso R Gennaro编，Lippincott William & Wilkins出版，封面、出版信息页和第681～682页，复印件共5页；

附件2：一份英文申明《DECLARATION UNDER 37 CFR 1.132》，复印件共7页。

修改后的权利要求1～17如下：

“1. 含有喷雾干燥固体分散体的组合物，该分散体是均匀的；

含有水微溶的药物和羟丙基甲基纤维素乙酸琥珀酸酯（HPMCAS），所述药物的剂量与水溶解度之比大于100mL，所述药物在所述分散体中呈分子形式分散且非晶形；

包含喷雾干燥的颗粒，所述颗粒在少于5秒内固化并且残余溶剂含量小于10wt%；

在使用环境中提供相对于包含等量未分散药物的对照组合物高至少1.5倍的所述药物最大浓度；

并且所述分散体中药物：聚合物重量比为1：0.4～1：20。

2. 如权利要求1所述的组合物，其中药物未分散时为结晶。

3. 如权利要求1所述的组合物，其中药物未分散时为非晶形。

4. 制备如权利要求1中所述的喷雾干燥固体分散体的方法，它包括：

A. 配制一种溶液，该溶液含有（i）HPMCAS，（ii）一种水微溶药物，和（iii）（i）和（ii）都溶解其中的溶剂；和

B. 把该溶液喷雾干燥，由此形成平均直径小于100μm的喷雾干燥颗粒。

5. 如权利要求4所述的方法，其中该溶剂中药物的浓度小于20g/100g的溶剂。

6. 如权利要求1所述的组合物，其中该分散体是直径小于100μm的颗粒形式。

7. 如权利要求1所述的组合物，其中所述药物是糖原磷酸化酶抑制剂。

8. 如权利要求1所述的组合物，其中所述药物是下式化合物或其药用盐。

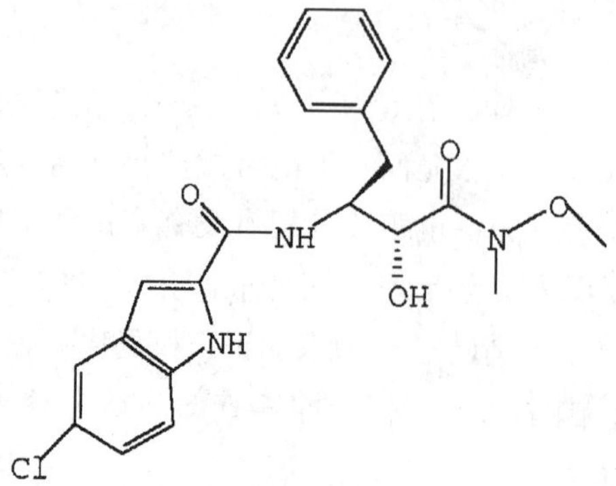


9. 如权利要求1所述的组合物，其中所述药物是下式化合物或其药用盐。

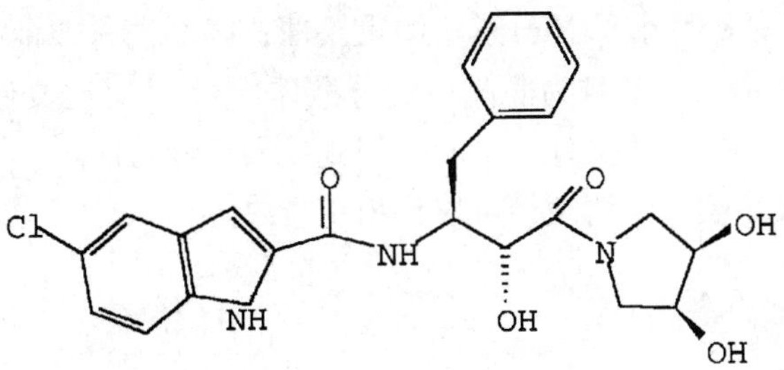

10. 如权利要求 1 所述的组合物，其中该药物物是 5-脂肪氧合酶抑制剂。

11. 如权利要求 1 所述的组合物，其中该药物是下式化合物或其药学上可接受的盐

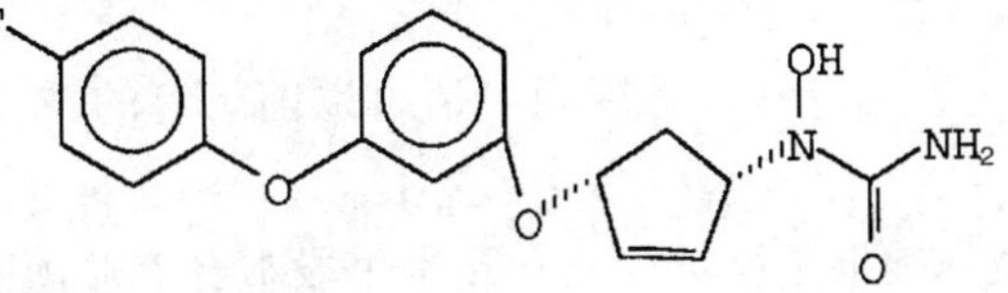

。

12. 如权利要求 1 所述的组合物，其中该药物是促肾上腺皮质素释放激素（CRH）抑制剂。

13. 如权利要求 1 所述的组合物，其中该药物是下式化合物或其药用盐。

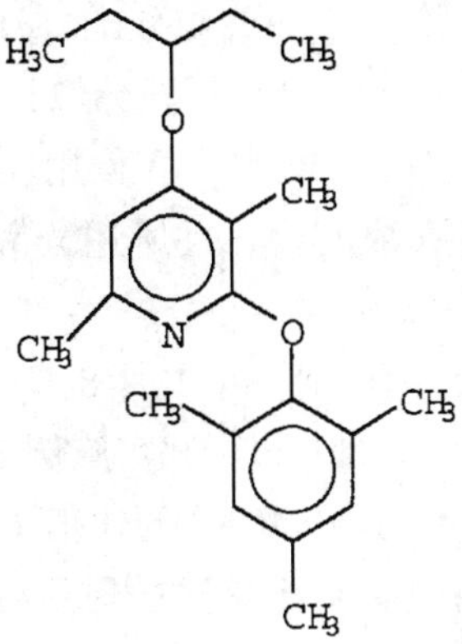

14. 如权利要求 1 所述的组合物，其中该药物是下式化合物或其药学上可接受的盐。

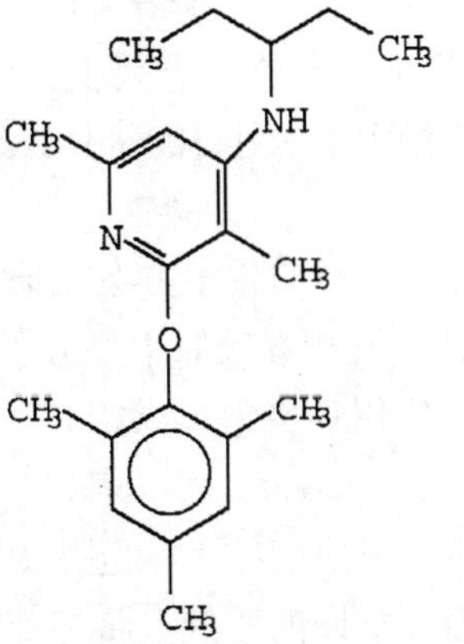

15. 如权利要求 1 所述的组合物，其中该药物是精神抑制药。

16. 如权利要求 1 所述的组合物，其中该药物是 ziprasidone。

17. 如权利要求 1 所述的组合物，其中该药物是选自于灰黄霉素、硝苯地平和苯妥英。”

复审请求人认为：(1) 修改的权利要求 1 限定了所述分散体中药物必须是以分子形式分散的并且是非晶形的，而对比文件 1 没有公开喷雾干燥的药物/聚合物组合物中的特定药物必定或固有地是非晶形的，附件 1 证实喷雾干燥不必然产生非晶形药物；(2) 对比文件 1 没有教导或提示低固化时间

（少于5秒）或低残余溶剂含量（小于10wt%）的重要性；（3）附件2证明了对比文件1中公开的方法未制备出其中药物以分子形式分散且为非晶形的分散体；（4）对比文件1采用真空蒸发方法而没有采用喷雾干燥方法间接证明了对比文件1没有认识到喷雾干燥的优点。

至此，合议组认为本案事实已经清楚，可以作出审查决定。

**二、决定的理由**

1. 关于审查文本

本复审决定是针对复审请求人于2006年12月7日提交的权利要求第1～17项、说明书第10页，申请日提交的说明书第1～9页和第11～36页、说明书附图第1页和说明书摘要作出的。

2. 关于专利法第22条第3款

专利法第22条第3款规定，创造性，是指同申请日以前已有的技术相比，该发明具有突出的实质性特点和显著的进步。

如果选择发明所取得的技术效果是所选用已知技术手段本身能够预期到的效果，并没有产生预料不到的技术效果，则该发明是显而易见的，不具备突出的实质性特点和显著的进步。

就本申请而言，权利要求1请求保护一种含有喷雾干燥固体分散体的组合物，该分散体是均匀的；含有水微溶的药物和羟丙基甲基纤维素乙酸琥珀酸酯（HPMCAS），所述药物的剂量与水溶解度之比大于100mL，所述药物在所述分散体中呈分子形式分散且非晶形；包含喷雾干燥的颗粒，所述颗粒在少于5秒内固化并且残余溶剂含量小于10wt%；在使用环境中提供相对于包含等量未分散药物的对照组合物高至少1.5倍的所述药物最大浓度；并且所述分散体中药物：聚合物重量比为1∶0.4～1∶20。

对比文件1（US4983593A，授权公开日1991年1月8日，参见说明书第2栏第3段，第3栏第55～60行，第4栏第6～8行以及测试实施例1和测试实施例2）公开了一种名为NZ-105的化合物在HPMCAS中的分散体，分散体中NZ-105与HPMCAS的比值为1∶（1～7），其具有显著提高的生物利用度和溶解度，并且还公开了可以通过真空干燥、喷雾干燥、冷冻干燥等方式来除去溶剂（参见对比文件1说明书第3栏第55～60行）。其中NZ-105为微溶性1，4-二氢吡啶-5-膦酸的衍生物，首先，NZ-105是难溶的，也没有证据表明其剂量与水溶解度不是大于100 mL，即使该比例略小于100 mL，在对比文件1给出了HPMCAS与难溶药物组合能使其增加溶解度和改善其生物利用度的启示下，本领域技术人员也会知道剂量与水溶解度大于100 mL的药物也可通过HPMCAS来增加溶解度和改善生物利用度。

将权利要求1的技术方案与对比文件1公开的技术方案相比，区别在于：（1）所选用的干燥方式不同；（2）权利要求1还限定了所述药物在所述分散体中呈分子形式且非晶形，所述颗粒在少于5秒内固化并且残余溶剂含量小于10wt%，在使用环境中提供相对于包含等量未分散药物的对照组合物高至少1.5倍的所述药物最大浓度。

根据本申请说明书的描述，本发明所要解决的技术问题是提高微溶药物的溶解度并由此改善药物的生物利用度。本领域技术人员知道，喷雾干燥的原理是将溶液喷成细雾并于热气流接触，热量通过液雾的表面传到液雾中把水分蒸发，得到粉状固体。喷雾干燥法适用于难溶性、疏水性药物。本领域技术人员还已知，经口给药的微溶药物的吸收性受颗粒大小的影响，这种经口给入的制剂，崩解后放出有效成分，有效成分的颗粒越细，服用后在消化道内就越易实现有效成分的迅速溶解、吸收。本领域技术人员还已知，相对于真空干燥、冷冻干燥等干燥方式，采用喷雾干燥方法可以获得更均匀、更细颗粒，这是由喷雾干燥方法本身所具有的特点所决定的。因此，为了增加微溶药物的溶解度和生物利用度，希望微溶药物的颗粒大小越小越好，而喷雾干燥方法相对于其他干燥方法的特点就是能够降低颗粒的粒径，对比文件1的实施例虽然没有使用喷雾干燥，但是说明书中已经明确教导了可以使用喷雾干燥的方式来除去溶剂，因此，当所要解决的技术问题是微溶药物的溶解度问题以及由此所带来的生物利用度问题时，本领域技术人员知道从这几种干燥方式中选择喷雾干燥作为干燥方式，效果会更好。同样也可以预见，在使用环境中，相对于包含等量未分散药物的对照组合物，所述药物的最大浓度会更高。至于“高至少1.5倍”也属于一般的水平，没有理由和证据表明这属于意料不到的技术效果。

权利要求1的技术方案中还包含了如下特征：所述药物在所述分散体中呈分子形式且非晶形，所述颗粒在少于5秒内固化并且残余溶剂含量小于10wt%。复审请求人认为：这是本申请分散体与对比文件1的区别之一，对比文件1中没有公开喷雾干燥的药物/聚合物组合物中的特定药物必定或固有地是非晶形的，而附件1则证实喷雾干燥不必然产生非晶形药物。对此，合议组认为，首先，本申请中药物在分散体中是否呈分子形式并没有通过分析实验证实，本领域技术人员并不能确定本申请所得到的喷雾干燥颗粒是呈分子形式的，其次，附件1第681页中指出：“取决于去除溶剂的速度和条件，产生的颗粒是由晶体和/或非晶体固体组成的原始颗粒的聚集体”。这句话的含义是，喷雾干燥产生的颗粒是否是晶体形式或非晶体形式取决于去除溶剂的速度和条件，即，通过改变喷雾干燥过程中去除溶剂的速度和条件，可以选择性地将喷雾干燥获得的药物颗粒转变为晶体形式或非晶体形式。因此，基于改善微溶药物的生物利用度这样的目的，在附件1上述内容的启示下，本领域技术人员可以通过常规试验来确定喷雾干燥后获得的颗粒以晶体形式还是以非晶形药物形式给药更适合改善微溶药物的生物利用度，这种常规试验的技术手段可以是改变喷雾干燥的去除溶剂的速度和条件。而且，在本申请中也并未明确说明在哪种具体条件下进行操作使所述药物颗粒呈非晶形，这进一步佐证了选择喷雾干燥的具体操作条件对本领域技术人员来说并不需要花费创造性劳动。而所述颗粒在少于5秒内固化以及残余物溶剂含量小于10wt%属于喷雾干燥过程中具体操作参数的优化，基于改善微溶药物的生物利用度的目的，这样的优化属于本领域技术人员通过有限次试验就能够确定的，并不需要过度的和创造性的劳动。

综上所述，本领域技术人员在对比文件1的基础上结合本领域公知常识获得权利要求1的技术方案是显而易见的，权利要求1不具有创造性，不符合专利法第22条第3款的规定。

从属权利要求2的附加技术特征是药物未分散时为结晶，该附加技术特征已经在对比文件1中公开（参见对比文件1说明书第5栏第22行），因此在权利要求1不具有创造性的基础上，从属权利要求2也不具有创造性。

从属权利要求3的附加技术特征是药物未分散时为非晶形，本领域技术人员将未分散时为非晶形的药物做成固体分散体以提高药物的溶解度是显而易见的，因此在权利要求1不具有创造性的基础上，从属权利要求3也不具有创造性。

从属权利要求6的附加技术特征是“分散体是直径小于100μm的颗粒形式”。由于本领域技术人员完全能够确定合适的分散体直径，而且，本申请说明书没有记载这种粒径的选择带来了哪些意想不到的技术效果，因此在权利要求1不具有创造性的基础上，从属权利要求6也不具有创造性。

从属权利要求7～17的附加技术特征是对组合物中化合物的选择，基于上述同样的理由，在对比文件1的基础上，本领域技术人员选择权利要求7～17中的这些微溶化合物与HPMCAS一起制备固体分散体来提高这些微溶药物的溶解度和生物利用度是显而易见的，在权利要求1不具有创造性的基础上，从属权利要求7～17也不具有创造性。

权利要求4请求保护一种制备喷雾干燥固体分散体的方法，对比文件1公开了一种制备固体分散体的方法（参见对比文件1说明书第3栏第55～60行），即将NZ-105和HPMCAS溶解在一种有机溶剂中，并提示可用真空干燥、喷雾干燥、冷冻干燥或其他生产 NZ-105 和 HPMCAS 的粉末或颗粒的方式来除去溶剂。权利要求 4 与对比文件 1 的区别在于使用喷雾干燥以及喷雾干燥颗粒的平均直径小于 100μm。基于选择喷雾干燥方式已经在权利要求 1 中进行了详细的论述，而喷雾干燥产生的粒径是本领域技术人员根据实际情况可以调节的，不需要花费创造性的劳动，同时这种粒径的选择所带来的效果改善也是本领域技术人员可以预见的，因此权利要求 4 不具有创造性。

从属权利要求 5 的附加技术特征是溶剂中药物的浓度小于 20g/100g，这一附加技术特征已经在对比文件 1 中公开（由对比文件 1 实施例 1 可以计算得到），同时也没有证据表明溶剂中药物浓度小于 20g/100g 带来任何预料不到的技术效果，因此在独立权利要求 4 不具有创造性的情况下，从属权利要求 5 也不具有创造性。

复审请求人在答复《复审通知书》时还提交了由 Scott B. McCray 所作的一份英文申明（附件 2），以期证明对比文件 1 中公开的方法未制备出其中药物以分子形式分散且为非晶形的分散体。对此，合议组认为，合议组的上述理由中并没有认定“对比文件 1 中公开的方法制得了其中药物以分子形式分散且为非晶形的分散体”这样的事实，即，上述理由并不是以这一事实为基础的，复审请求人这一主张并不能反驳上述理由，从而不能证明本申请的权利要求具备创造性。

复审请求人在答复《复审通知书》时还认为，对比文件 1 的实施例采用真空蒸发的方法而没有采用喷雾干燥方法间接证明了对比文件 1 没有认识到喷雾干燥的优点。对此，合议组认为，喷雾干燥的优点是该方法本身所具有的，并且该方法所具有的优点为本领域技术人员所已知，实施例仅仅是对发明的优选实施方式进行举例说明，这种举例说明不是优选实施方案的穷举，对比文件 1 在技术方案部分已经明确提及了可以采用真空干燥、喷雾干燥、冷冻干燥等方式来除去溶剂，对比文件 1 没有具体实施采用喷雾干燥方法并不能说明现有技术没有给出这种教导，因此复审请求人的上述理由不能成立。

根据上述事实和理由，合议组作出如下审查决定。

**三、决定**

维持国家知识产权局于 2004 年 3 月 26 日针对 98116282.7 号发明专利申请作出的驳回决定。

复审请求人对本决定不服的，可以根据专利法第 41 条第 2 款的规定，自收到本决定之日起三个月内向北京市第一中级人民法院起诉。

# 北京市第一中级人民法院
# 行政判决书

（2008）一中行初字第913号

原告辉瑞产品公司，住所地美利坚共和国康涅狄格州，格罗顿，东角大街。

法定代表人小格罗弗·F. 福勒，副总裁。

委托代理人陈轶兰，中国国际贸易促进委员会专利商标事务所专利代理人。

委托代理人罗菊华，中国国际贸易促进委员会专利商标事务所专利代理人。

被告中华人民共和国国家知识产权局专利复审委员会，住所地中华人民共和国北京市海淀区北四环西路9号银谷大厦10~12层。

法定代表人廖涛，中华人民共和国国家知识产权局专利复审委员会副主任。

委托代理人吴红权，中华人民共和国国家知识产权局专利复审委员会医药申诉处审查员。

委托代理人刘妍，中华人民共和国国家知识产权局专利复审委员会行政诉讼处审查员。

原告辉瑞产品公司不服被告中华人民共和国国家知识产权局专利复审委员会作出的第11903号专利复审请求审查决定（以下简称第11903号决定），于2008年3月11日向本院提起行政诉讼。本院受理后，依法组成合议庭，向被告送达了起诉状副本及应诉通知书。本院于2008年9月12日对本案公开开庭进行了审理。原告的委托代理人陈轶兰、罗菊华，被告的委托代理人吴红权、刘妍到庭参加了诉讼。本案现已审理终结。

2007年12月3日，被告作出第11903号决定，维持中华人民共和国国家知识产权局（以下简称国知局）于2004年3月26日针对原告发明名称为“提高生物利用度的固体药物分散体”的第98116282.7号发明专利申请（以下简称本发明）作出的驳回决定。

在法定举证期限内，被告向本院提交并经当庭质证了如下证据：（1）美国专利US4983593，复印件共6页（同第11903号决定中的对比文件1，以下统称对比文件1）；（2）原告于2004年7月9日提交的《复审请求书》；（3）发文日为2006年8月23日的《复审通知书》复印件共4页；（4）原告于2006年12月7日提交的意见陈述书及附件1（Remington：The Science and Practice of pharmacy，第20版，Alfonso R. Gennaro编，Lippincott Williams& Wilkins出版，以下简称附件1）；（5）发文日为2007年10月18日的《合议组成员告知通知书》复印件共1页。

原告诉称：对比文件1公开了一种命名为NZ-105的化合物在HPMCAS中的分散体。尽管对比文件1在多种溶剂处理方式中列举了使用喷雾干燥这种可能性，但对于喷雾干燥只是顺便一带而过地提及（全文只有一处提及），而没有指明喷雾干燥的重要性。在对比文件1中并未给出通过对微溶药物和HPMCAS的溶液进行喷雾干燥而制备的组合物（分散体）的示例，即对比文件1没有实际制备或表征喷雾干燥分散体，甚至连喷雾干燥会产生优异分散体的细微暗示也没有。因而相对于任何其他制备分散体的方法，对比文件1并未特别具体公开或例示喷雾干燥的NZ-105分散体。因而由对比文件1完全不会认识到喷雾干燥分散体的优异性能（即就分散体溶解时的药物浓度而言），在对比文件1中没有提供任何教导会引导本领域技术人员选择喷雾干燥优于其所公开的任何其他方法。而且，对比文件1并未公开或提示喷雾干燥通常可适用于微溶药物，而只是关注单一的一种化合物，至于HPMCAS可否用于其他微溶化合物，则未作任何判断或提示。原告则公开并显示了HPMCAS通常可适用于提高大多数或所有微溶药物的溶解度及生物可利用率，本发明的实施例显示了微溶药物的喷雾干燥分散体表现出比其他聚合物的喷雾干燥分散体高得多的溶解度。而基于对比文件1是预期不到这些优异效果的，因为对比文件1只集中在单一的药物化合物上。仅仅因为对比文件1简单提及了喷雾干燥作为一种可能性，并不能否定本发明特别采用喷雾干燥制备分散体并发现其较其他溶剂去除方法出人意料的优异效果的创造性，在众多干燥方法中，选择特定的某一种以实现优异的使用效果对于本领域技术人员而言并非显而易见的常规选择，而是需要花费创造性劳动的。对比文件1的实施例中无一采用喷雾干燥法，也表明其根本没有意识到喷雾干燥法的重要性，或甚至认为其他方法要优于喷雾干燥法。另外，对比文件1没有教导或提示低固化时间（少于5秒）或低残余溶剂含量（小于10wt%）的重要性，原告在权利要求1中已限定了“所述药物在所述分散体中呈分子形式分散且非晶形”以及“所述颗粒在少于5秒内固化并且残余溶剂含量小于10wt%”，这其中无疑需要花费创造性劳动。在这方面，值得注意的是，药物不会简单地通过喷雾干燥而自动地变成非晶形的（即非结晶）——由原告提供的附件1可证明这一点。Remington书中证实了喷雾干燥的材料中可含有结晶固体，即喷雾干燥不必然产生非晶形药物，也就是说，喷雾干燥的技术效果并非内在固有的和可以预见的。可见，对比文件1从未公开过如何制备得到喷雾干燥的，在其中药物为非晶形（与结晶相对）的聚合物/药物分散体，其制备中的重要因素，以及非晶形分散体的重要性，对比文件1也没有教导或提示任何对于制备均匀分散体而言重要的因素。对比文件1中简单提及喷雾干燥并不能显而易见地教导或促使本领域技术人员去制备根据本发明的均匀的固体非晶形分散体。相反，本领域技术人员会同样容易地制备出含有晶体的喷雾干燥材料。而只有本发明首次提供了详细描述这些要求并使得本领域技术人员能够制备出非晶形分散体的公开教导（例如见本发明说明书第12页倒数第10行至第13页第8行），并且，现有技术并没有说非晶形的形式会取得更好的技术效果，本发明发现了这样的技术效果，并朝着这样的方向努力。特别是鉴于经修改权利要求中所限定的快固化时间和低残余溶剂水平，通过喷雾干燥制备的均匀（并非指颗粒的大小，而是指在微观状况下，颗粒的分散状态）分散体比通过真空蒸发方法制备的相对非均匀分散体能实现更好的浓度提高。在第11903号决定中，被告连续使用“本领域技术人员知道”、“本领域技术人员还已知”这样的语言，认定喷雾干燥适用于难溶性、疏水性药物以及其增加微溶药物的溶解度和生物利用度的技术效果都是现有技术中的公知常识，但并未给出任何证据，例如文献或教科书，来支持其论述。原告认为，凭空作出这样的断言是缺乏科学依据的。本发明相对于对比文件1以及现有技术公知常识具备突出的实质性特点并代表显著的技术进步，符合《专利法》有关创造性的规定。

因此，原告认为第11903号决定认定事实不清，适用法律错误，并请求法院依法撤销第11903号决定，责令被告重新作出复审决定。

被告辩称，喷雾干燥是本领域技术人员常用的干燥方法之一，对比文件1没有指明喷雾干燥的重要性并不表明本领域专业人员就不知道喷雾干燥的特点（优点和缺点），喷雾干燥的特点是本领域专业人员所已知的，不需要在对比文件1中进一步详细阐述。创造性是同申请日之前已有的技术相比较的，而非一定要与实施例公开的技术方案相比。对比文件1没有给出微溶药物和HPMCAS的溶液进行喷雾干燥而制备组合物（分散体）的示例，不能说明对比文件1就不能用于评价本发明权利要求技术方案的创造性，也不能说明本领域技术人员就不能将对比文件1技术方案中部分公开的其他技术特征和手段应用于实施例。本领域技术人员能够将在技术方案部分公开的技术手段应用于实施例中，替换与具有相同作用或功能的技术手段。喷雾干燥产生优异分散体是本领域技术人员公知的，不需要在对比文件中公开或暗示。对比文件1中的NZ-105是一种微溶药物，对比文件1所要解决的技术问题是克服微溶药物的溶解度问题，因此对比文件已经给出了微溶药物与HPMCAS的组合可以改善微溶药物溶解度的技术启示，在对比文件1公开内容的基础上，本领域技术人员容易想到，其他微溶药物与 HPMCAS 组合后也应可以改善其溶解度。喷雾干燥与真空干燥等都是本领域常见的干燥方式，其中喷雾干燥的方式已经存在多年的历史，其原理和优缺点已经被人们认识，在实践中，从常见的干燥方式中选择其中一种，并且干燥所带来的效果就是所述干燥方式本身所具有的效果，没有带来意想不到的技术效果，那么这种选择对于本领域技术人员来说是显而易见的，不具备创造性。喷雾干燥的优点是该方法本身所具有的，并且该方法所具有的优点为本领域技术人员所已知，对比文件的实施例仅仅是对发明的优选实施方式进行举例说明，这种举例说明不是优选实施方案的穷举，对比文件 1 在技术方案部分已经明确提及了可以采用真空干燥、喷雾干燥、冷冻干燥等方式来除去溶剂，对比文件 1 没有具体实施采用喷雾干燥方法并不能说明现有技术没有给出这种教导。喷雾干燥过程涉及若干参数如压缩空气的压力、喷嘴的大小等的优化，固化时间和残余溶剂水平也是其中的参数之一，对于选择什么样的固化时间和多大的残余溶剂水平对最终干燥产品是合适的，本领域技术人员只要通过常规有限次实验就能确定，例如在固定其他操作参数不变的情况下，单独改变固化时间，并对不同固化时间所获得的产物进行溶解度性能测试，就能确定什么样的固化时间是合适的，原告所述本发明颗粒在少于 5 秒内固化以及残余物溶剂含量小于 10wt%即属于喷雾干燥过程中具体操作参数的优化，这样的实验对本领域技术人员来说都是常规实验，不需要花费创造性劳动。原告所称颗粒微观状态上的均匀，需要经由试验证实，并附带照片，而原告没有提交，没有实验数据支持，只是一种推论。

综上，被告认为第 11903 号决定认定事实清楚，适用法律正确，审理程序合法，复审请求人民法院依法判决驳回原告的诉讼请求，维持被诉的第 11903 号决定。

本院经审查认为，被告证据 1 ~ 5 与第 11903 号决定的合法性审查有关且合法，各方当事人对其真实性亦无异议，均为有效证据。根据这些证据及各方当事人在庭审中无争议的陈述，本院对本案事实作出如下认定：

2004 年 1 月 19 日，原告辉瑞产品公司向国知局提交权利要求书、申请日提交的说明书、说明书附图及说明书摘要，申请授予其名称为“提高生物利用度的固体药物分散体”的发明专利。该发明的申请日为 1998 年 8 月 10 日，优先权日为 1997 年 8 月 11 日，公开日为 1999 年 2 月 17 日。其中，权利要求书包括以下 18 项：

“1. 含有喷雾干燥固体分散体的组合物，该分散体是均匀的，含有水微溶的药物和 HPMCAS，其中药物的剂量与水溶解度之比大于 100mL，并且所述分散体中药物：聚合物重量比为 1∶0.2 ~ 1∶100。

2. 如权利要求 1 所述的组合物，其中药物未分散时为结晶。

3. 如权利要求 1 所述的组合物，其中药物未分散时为非结晶。

4. 制备喷雾干燥固体分散体的方法，它包括：A. 配制一种溶液，该溶液含有（i）HPMCAS，（ii）一种水微溶药物，和（iii）（i）和（ii）都溶解其中的溶剂；和 B. 把该溶液喷雾干燥，由此形成平均直径小于 100μm 的喷雾干燥颗粒。

5. 如权利要求 4 所述的方法，其中该溶剂中药物的浓度小于 20g/100g 的溶剂。

6. 如权利要求 4 所述的方法，其中喷雾干燥是在所述液滴在小于 20 秒内固化的条件下进行的。

7. 如权利要求 1 所述的组合物，其中该分散体是直径小于 100μm 的颗粒形式。

8. 如权利要求 1 所述的组合物，其中所述化合物是糖原磷酸化酶抑制剂。

9. 如权利要求 1 所述的组合物，其中所述化合物是下式化合物或其药用盐。

10. 如权利要求 1 所述的组合物，其中所述化合物是下式化合物或其药用盐。

11. 如权利要求 1 所述的组合物，其中该化合物是 5-脂肪氧合酶抑制剂。

12. 如权利要求 1 所述的组合物，其中该化合物是下式化合物或其药学上可接受的盐。

13. 如权利要求 1 所述的组合物，其中该化合物是促肾上腺皮质素释放激素（CRH）抑制剂。

14. 如权利要求1所述的组合物，其中该化合物是下式化合物或其药用盐。

15. 如权利要求1所述的组合物，其中该化合物是下式化合物或其药学上可接受的盐。

16. 如权利要求1所述的组合物，其中该化合物是精神抑制药。

17. 如权利要求1所述的组合物，其中该化合物是ziprasidone。

18. 如权利要求1所述的组合物，其中该化合物是选自于灰黄霉素、硝苯地平和苯妥英。”

2004年3月26日，国知局以本发明的权利要求1~18不符合《专利法》第二十二条第三款的规定为由驳回了原告的上述申请。驳回决定认为：

（1）对比文件1公开了一种名为NZ-105的化合物在HPMCAS中的分散体，分散体中NZ-105与HPMCAS的比值为1：（1~7），其中NZ-105为1，4-二氢吡啶-5-膦酸的衍生物，同为1，4-二氢吡啶型的化合物尼卡地平和硝苯地平都几乎不溶于水，所以具有相同母体结构的NZ-105的剂量与水溶解度之比大于100ml是肯定的。本发明权利要求1与对比文件1的区别仅在于干燥方式上，对比文件1说明书第3栏第58行公开了可以使用真空干燥、喷雾干燥、冷冻干燥或其他生产NZ-105和HPMCAS的粉末或颗粒的方式来除去溶剂，对比文件1给出了利用喷雾干燥来制备固体分散体的技术启示，而本发明只是从中选择了喷雾干燥方式。本发明的含有喷雾干燥周体分散体的组合物所具有的优点是喷雾干燥方式本身所带来的，其优点是本领域技术人员可以预见的，本发明说明书中并没有说明采用喷雾干燥方式所产生的意想不到的效果，即没有说明含有喷雾干燥固体分散体的组合物产生了超出喷雾干燥方法本身所具有特点的意想不到的效果。因此权利要求1相对于对比文件1和公知常识的结合而言不具备《专利法》第二十二条第三款规定的创造性。

（2）在独立权利要求1不具有创造性的情况下，其从属权利要求2~3以及7~18的附加技术特征也没有给本发明带来任何意想不到的技术效果，因此从属权利要求2~3以及7~18也不具有创造性。

（3）对比文件1公开了一种制备固体分散体的方法，即，将NZ-105和HPMCAS溶解在一种有机溶剂中，并提示可用真空干燥、喷雾干燥、冷冻干燥或其他生产NZ-105和HPMCAS的粉末或颗粒的方式来除去溶剂，权利要求4与对比文件1的区别仅在于具体选择了使用喷雾方式和喷雾干燥颗粒的平均直径小于100μm，在喷雾干燥方式没有给权利要求4的方法带来创造性，本发明说明书中也没有记载这种粒径的选择带来了意想不到的技术效果的情况下，权利要求4不具有创造性。

（4）从属权利要求5的附加技术特征是在溶剂中药物的浓度小于20g/100g，这一附加技术特征已经在对比文件1中公开，可由对比文件1的实施例1计算得到，因此，在独立权利要求4不具有创造性的条件下，从属权利要求5也不具有创造性。从属权利要求6的附加技术特征是喷雾干燥在所述液滴在少于20秒内固化的条件下进行，但是本发明说明书没有记载这种条件的选择带来了哪些意想不到的技术效果，因此，在独立权利要求4不具有创造性的条件下，从属权利要求6也不具有创造性。

原告不服，于2004年7月9日向被告提出复审请求，其理由为：（1）对比文件1没有制备出喷雾干燥的组合物，也没有提示或教导相对于任何其他方法优选喷雾干燥或指出其优点；（2）喷雾干燥方法相对于其他干燥方法产生了意想不到的效果，在HPMCAS和微溶药物的喷雾干燥分散体的溶解度方面取得了改进；（3）其在说明书给出了相应的实施例以及在答复国知局第二次审查意见时额外提交了申明，显示喷雾干燥的分散体优于通过其他溶剂去除方法生成的分散体，在于喷雾干燥的分散体溶于使用环境中时可实现溶解药物浓度更高；（4）针对喷雾干燥的10wt%的化合物3和90wt%的HPMCAS-HF（实施例24）和相应的通过使用旋转蒸发器缓慢蒸发的“溶剂方法”制备的组合物（比较实施例C9），喷雾干燥分散体在3分钟之内提供128μg/mL的药物浓度，而通过旋转蒸发制备的分散体即使在40分钟之后也仅产生3.9μg/mL的最大药物浓度；（5）针对喷雾干燥的10wt%的化合物6（苯妥英）和90wt%的HPMCAS-MF（实施例29）和在比较实施例C13中通过溶剂方法制备的相应的组合物，喷雾干燥的分散体（实施例29）在3分钟之内产生的药物浓度为97μg/mL，最大药物浓度为99μg/mL（可能的最大值，因为理论Cmax仅为96μg/mL）。通过旋转蒸发制备的分散体（实施例C13）溶解较慢，在90分钟后达到最大值90μg/mL；（6）对比文件1仅提到了喷雾干燥，在众多干燥方法中，选择特定的某一种干燥方法以实现优异的使用效果对本领域技术人员来说并非显而易见的常规选择，需要花费创造性的劳动。对比文件1中的实施例没有一个采用喷雾干燥方法，也表明其根本没有意识到喷雾干燥方法的重要性。原告在提出复审请求时没有对申请文件进行修改。

经形式审查合格后，被告受理了该请求，并于2004年8月3日向原告发出了《复审请求受理通知书》，同时将本发明转送至国知局原审查部门进行前置审查。在《前置审查意见书》中，国知局原审查部门认为驳回理由依然成立，坚持驳回决定。

2006年8月23日，被告向原告发出《复审通知书》，指出：权利要求1与对比文件1公开的技术方案相比，区别在于干燥方式，在对比文件1中已经明确提到可以采用真空干燥、喷雾干燥、冷冻干燥等干燥方式的情况下，当所要解决的技术问题是微溶药物的溶解度问题以及由此所带来的生物利用度问题时，本领域技术人员知道从几种干燥方式中选择喷雾干燥作为干燥方式，获得权利要求1的技术方案，并且，本领域技术人员可以预见的采用喷雾干燥方式本身所带来的技术效果不属于意想不到的技术效果，因此权利要求1不具备创造性，不符合《专利法》第二十二条第三款的规定。在此基础上，从属权利要求2~3、7~18以及权利要求4~6也不具备创造性，不符合《专利法》第二十二条第三款的规定。

原告对申请文件进行修改，于2006年12月7日向被告提交了新的权利要求书和说明书第10页的替换页。修改后的权利要求包括以下17项内容：

“1. 含有喷雾干燥固体分散体的组合物，该分散体是均匀的；含有水微溶的药物和羟丙基甲基纤维素乙酸琥珀酸酯（HPMCAS），所述药物的剂量与水溶解度之比大于100mL，所述药物在所述分散体中呈分子形式分散且非晶形；包含喷雾干燥的颗粒，所述颗粒在少于5秒内固化并且残余溶剂含量小于10wt%；在使用环境中提供相对于包含等量未分散药物的对照组合物高至少1.5倍的所述药物最大浓度；并且所述分散体中药物：聚合物重量比为1：0.4~1：20。

2. 如权利要求1所述的组合物，其中药物未分散时为结晶。

3. 如权利要求1所述的组合物，其中药物未分散时为非晶形。

4. 制备如权利要求1中所述的喷雾干燥固体分散体的方法，它包括：A. 配制一种溶液，该溶液含有（i）HPMCAS，（ii）一种水微溶药物，和（iii）（i）和（ii）都溶解其中的溶剂；和B. 把该溶液喷雾干燥，由此形成平均直径小于100μm的喷雾干燥颗粒。

5. 如权利要求4所述的方法，其中该溶剂中药物的浓度小于20g/100g的溶剂。

6. 如权利要求1所述的组合物，其中该分散体是直径小于100μm的颗粒形式。

7. 如权利要求1所述的组合物，其中所述药物是糖原磷酸化酶抑制剂。

8. 如权利要求1所述的组合物，其中所述药物是下式化合物或其药用盐。

9. 如权利要求1所述的组合物，其中所述药物是下式化合物或其药用盐。

10. 如权利要求1所述的组合物，其中该药物物是5~脂肪氧合酶抑制剂。

11. 如权利要求1所述的组合物，其中该药物是下式化合物或其药学上可接受的盐。

12. 如权利要求1所述的组合物，其中该药物是促肾上腺皮质素释放激素（CRH）抑制剂。

13. 如权利要求1所述的组合物，其中该药物是下式化合物或其药用盐。

14. 如权利要求1所述的组合物，其中该药物是下式化合物或其药学上可接受的盐。

15. 如权利要求1所述的组合物，其中该药物是精神抑制药。

16. 如权利要求1所述的组合物，其中该药物是ziprasidone。

17. 如权利要求1所述的组合物，其中该药物是选自于灰黄霉素、硝苯地平和苯妥英。”

同时，原告还提交了如下附件1和附件2：

附件1：Remington：The Science and Practice of Pharmacy，第20版，Alfonso R Gennaro编，LippincottWilliam & Wilkins出版，封面、出版信息页和第681~682页，复印件共5页；

附件2：一份英文申明《DECLARATION UNDER 37 CFR1.132》，复印件共7页。

在一并提交的意见陈述书中，原告认为：（1）修改的权利要求1限定了所述分散体中药物必须是以分子形式分散的并且是非晶形的，而对比文件1没有公开喷雾干燥的药物/聚合物组合物中的特定药物必定或固有地是非晶形的，附件1证实喷雾干燥不必然产生非晶形药物；（2）对比文件1没有教导或提示低固化时间（少于5秒）或低残余溶剂含量（小于10wt%）的重要性；（3）附件2证明了对比文件1中公开的方法未制备出其中药物以分子形式分散且为非晶形的分散体；（4）对比文件1采用真空蒸发方法而没有采用喷雾干燥方法间接证明了对比文件1没有认识到喷雾干燥的优点。

被告经审理认为：就本发明而言，权利要求1请求保护一种含有喷雾干燥固体分散体的组合物，分散体是均匀的；含有水微溶的药物和羟丙基甲基纤维素乙酸琥珀酸酯（HPMCAS），所述药物的剂量与水溶解度之比大于100mL，所述药物在所述分散体中呈分子形式分散且非晶形；包含喷雾干燥的颗粒，所述颗粒在少于5秒内固化并且残余溶剂含量小于10wt%；在使用环境中提供相对于包含等量未分散药物的对照组合物高至少1.5倍的所述药物最大浓度；并且所述分散体中药物：聚合物重量比为1：0.4~1：20。

对比文件1公开了一种名为NZ-105的化合物在HPMCAS中的分散体，分散体中NZ-105与HPMCAS的比值为1：（1~7），其具有显著提高的生物利用度和溶解度，并且还公开了可以通过真空干燥、喷雾干燥、冷冻干燥等方式来除去溶剂。其中NZ-105为微溶性1，4-二氢吡啶-5-膦酸的衍生物，首先，NZ-105是难溶的，也没有证据表明其剂量与水溶解度不是大于100mL，即使该比例略小于100mL，在对比文件1给出了HPMCAS与难溶药物组合能使其增加溶解度和改善其生物利用度的启示下，本领域技术人员也会知道剂量与水溶解度大于100mL的药物也可通过HPMCAS来增加溶解度和改善生物利用度。

将权利要求1的技术方案与对比文件1公开的技术方案相比，区别在于：（1）所选用的干燥方式不同；（2）权利要求1还限定了所述药物在所述分散体中呈分子形式且非晶形，所述颗粒在少于5秒内固化并且残余溶剂含量小于10wt%，在使用环境中提供相对于包含等量未分散药物的对照组合物高至少1.5倍的所述药物最大浓度。

根据本发明说明书的描述，本发明所要解决的技术问题是提高微溶药物的溶解度并由此改善药物的生物利用度。本领域技术人员知道，喷雾干燥的原理是将溶液喷成细雾并于热气流接触，热量通过液雾的表面传到液雾中把水分蒸发，得到粉状固体。喷雾干燥法适用于难溶性、疏水性药物。本领域技术人员还已知，经口给药的微溶药物的吸收性受颗粒大小的影响，这种经口给入的制剂，崩解后放出有效成分，有效成分的颗粒越细，服用后在消化道内就越易实现有效成分的迅速溶解、吸收。本领域技术人员还已知，相对于真空干燥、冷冻干燥等干燥方式，采用喷雾干燥方法可以获得更均匀、更细颗粒，这是由喷雾干燥方法本身所具有的特点所决定的。因此，为了增加微溶药物的溶解度和生物利用度，希望微溶药物的颗粒大小越小越好，而喷雾干燥方法相对于其他干燥方法的特点就是能够降低颗粒的粒径，对比文件1的实施例虽然没有使用喷雾干燥，但是说明书中已经明确教导了可以使用喷雾干燥的方式来除去溶剂，因此，当所要解决的技术问题是微溶药物的溶解度问题以及由此所带来的生物利用度问题时，本领域技术人员知道从这几种干燥方式中选择喷雾干燥作为干燥方式，效果会更好。同样也可以预见，在使用环境中，相对于包含等量未分散药物的对照组合物，所述药物的最大浓度会更高。至于“高至少1.5倍”也属于一般的水平，没有理由和证据表明这属于意料不到的技术效果。

权利要求1的技术方案中还包含了如下特征：所述药物在所述分散体中呈分子形式且非晶形，所述颗粒在少于5秒内固化并且残余溶剂含量小于10wt%。原告认为这是本发明分散体与对比文件1的区别之一，对比文件1中没有公开喷雾干燥的药物/聚合物组合物中的特定药物必定或固有地是非晶形的，而附件1则证实喷雾干燥不必然产生非晶形药物。首先，本发明中药物在分散体中是否呈分子形式并没有通过分析实验证实，本领域技术人员并不能确定本发明所得到的喷雾干燥颗粒是呈分子形式的，其次，附件1第681页中指出：“取决于去除溶剂的速度和条件，产生的颗粒是由晶体和/或非晶体固体组成的原始颗粒的聚集体”。这句话的含义是，喷雾干燥产生的颗粒是否是晶体形式或非晶体形式取决于去除溶剂的速度和条件，即，通过改变喷雾干燥过程中去除溶剂的速度和条件，可以选择性地将喷雾干燥获得的药物颗粒转变为晶体形式或非晶体形式。因此，基于改善微溶药物的生物利用度这样的目的，在附件1上述内容的启示下，本领域技术人员可以通过常规试验来确定喷雾干燥后获得的颗粒以晶体形式还是以非晶形药物形式给药更适合改善微溶药物的生物利用度，这种常规试验的技术手段可以是改变喷雾干燥的去除溶剂的速度和条件。而且，在本发明中也并未明确说明在哪种具体条件下进行操作使所述药物颗粒呈非晶形，这进一步佐证了选择喷雾干燥的具体操作条件对本领域技术人员来说并不需要花费创造性劳动。而所述颗粒在少于5秒内固化以及残余物溶剂含量小于10wt%属于喷雾干燥过程中具体操作参数的优化，基于改善微溶药物的生物利用度的目的，这样的优化属于本领域技术人员通过有限次试验就能够确定的，并不需要过度的和创造性的劳动。

综上，本领域技术人员在对比文件1的基础上结合本领域公知常识获得权利要求1的技术方案是显而易见的，权利要求1不具有创造性，不符合《专利法》第二十二条第三款的规定。

从属权利要求2的附加技术特征是药物未分散时为结晶，该附加技术特征已经在对比文件1中公开，因此在权利要求1不具有创造性的基础上，从属权利要求2也不具有创造性。

从属权利要求3的附加技术特征是药物未分散时为非晶形，本领域技术人员将未分散时为非晶形的药物做成固体分散体以提高药物的溶解度是显而易见的，因此在权利要求1不具有创造性的基础上，从属权利要求3也不具有创造性。

从属权利要求6的附加技术特征是“分散体是直径小于100μm的颗粒形式”。由于本领域技术人员完全能够确定合适的分散体直径，而且，本发明说明书没有记载这种粒径的选择带来了哪些意想不到的技术效果，因此在权利要求1不具有创造性的基础上，从属权利要求6也不具有创造性。

从属权利要求7～17的附加技术特征是对组合物中化合物的选择，基于上述同样的理由，在对比文件1的基础上，本领域技术人员选择权利要求7～17中的这些微溶化合物与HPMCAS一起制备固体分散体来提高这些微溶药物的溶解度和生物利用度是显而易见的，在权利要求1不具有创造性的基础上，从属权利要求7～17也不具有创造性。

权利要求4请求保护一种制备喷雾干燥固体分散体的方法，对比文件1公开了一种制备固体分散体的方法（参见对比文件1说明书第3栏第55～60行），即将NZ-105和HPMCAS溶解在一种有机溶剂中，并提示可用真空干燥、喷雾干燥、冷冻干燥或其他生产NZ-105和HPMCAS的粉末或颗粒的方式来除去溶剂。权利要求4与对比文件1的区别在于使用喷雾干燥以及喷雾干燥颗粒的平均直径小于100μm。基于选择喷雾干燥方式已经在权利要求1中进行了详细的论述，而喷雾干燥产生的粒径是本领域技术人员根据实际情况可以调节的，不需要花费创造性的劳动，同时这种粒径的选择所带来的效果改善也是本领域技术人员可以预见的，因此权利要求4不具有创造性。

从属权利要求5的附加技术特征是溶剂中药物的浓度小于20g/100g，这一附加技术特征已经在对比文件1中公开（由对比文件1实施例1可以计算得到），同时也没有证据表明溶剂中药物浓度小于20g/100g带来任何预料不到的技术效果，因此在独立权利要求4不具有创造性的情况下，从属权利要求5也不具有创造性。

原告提交了附件2，用以证明对比文件1中公开的方法未制备出其中药物以分子形式分散且为非晶形的分散体。但被告的上述理由中并没有认定“对比文件1中公开的方法制得了其中药物以分子形式分散且为非晶形的分散体”这样的事实，即，上述理由并不是以这一事实为基础的，原告的这一主张并不能反驳上述理由，从而不能证明本发明的权利要求具备创造性。

原告称对比文件1的实施例采用真空蒸发的方法而没有采用喷雾干燥方法间接证明了对比文件1没有认识到喷雾干燥的优点。其实，喷雾干燥的优点是该方法本身所具有的，并且该方法所具有的优点为本领域技术人员所已知，实施例仅仅是对发明的优选实施方式进行举例说明，这种举例说明不是优选实施方案的穷举，对比文件1在技术方案部分已经明确提及了可以采用真空干燥、喷雾干燥、冷冻干燥等方式来除去溶剂，对比文件1没有具体实施采用喷雾干燥方法并不能说明现有技术没有给出这种教导，因此原告的理由不能成立。

据此，被告作出了维持国知局于2004年3月26日针对本发明作出的驳回决定的第11903号决定。

诉讼中，原告对第11903号决定作出的程序，以及该决定关于本案处理经过的表述均无异议。

本院认为，根据《专利法》第二十二条第三款的规定，创造性，是指同申请日以前已有的技术相比，该发明具有突出的实质性特点和显著的进步。

本发明17项权利要求中有两项独立权利要求：权利要求1和权利要求4。其中，权利要求1有从属权利要求2~3、6~17，权利要求4有从属权利要求5。

对比文件1公开了一种名为NZ-105的化合物在HPMCAS中的分散体，分散体中NZ-105与HPMCAS的比值为1：（1~7），其具有显著提高的生物利用度和溶解度，并且还公开了可以通过真空干燥、喷雾干燥、冷冻干燥等方式来除去溶剂。该文件的公开日1991年1月8日，早于本案发明的第一次申请日，可以作为判断本发明是否具有创造性的已有技术。

权利要求1的技术方案与对比文件1所记载的技术方案的区别在于：所选用的干燥方式不同；权利要求1还限定了所述药物在所述分散体中呈分子形式且非晶形，所述颗粒在少于5秒内固化并且残余溶剂含量小于10wt%，在使用环境中提供相对于包含等量未分散药物的对照组合物高至少1.5倍的所述药物最大浓度。

权利要求4的技术方案与对比文件1所记载的技术方案的区别在于：本发明使用喷雾干燥以及喷雾干燥颗粒的平均直径小于100μm。

本发明要解决的技术问题是微溶药物的溶解度问题以及由此所带来的生物利用度问题，所采用的是喷雾干燥的技术手段，其原理是将溶液喷成细雾并于热气流接触，热量通过液雾的表面传到液雾中把水分蒸发，得到粉状固体。喷雾干燥法适用于难溶性、疏水性药物。这是本领域技术人员已知事项，同时，本领域技术人员还知道，经口给药的微溶药物的吸收性受颗粒大小的影响，这种经口给入的制剂，崩解后放出有效成分，有效成分的颗粒越细，服用后在消化道内就越易实现有效成分的迅速溶解、吸收。相对于真空干燥、冷冻干燥等干燥方式，采用喷雾干燥方法可以获得更均匀、更细颗粒，这是由喷雾干燥方法本身所具有的特点所决定的。在使用环境中提供相对于包含等量未分散药物的对照组合物高至少1.5倍的所述药物最大浓度并不属于意料不到的技术效果。

对比文件1的实施例虽然没有使用喷雾干燥，但是说明书中已经明确教导了可以使用喷雾干燥的方式来除去溶剂，本领域技术人员也知道从所列举的几种干燥方式中选择喷雾干燥作为干燥方式，效果会更好。

原告并未提交相关的实验数据证明权利要求1所限定的所述药物在所述分散体中呈分子形式且非晶形这一技术效果。

根据附件1的描述，权利要求1、4所限定的所述颗粒在少于5秒内固化并且残余溶剂含量小于10wt%，颗粒的平均直径小于100μm的技术效果属于喷雾干燥过程中具体操作参数的优化，本领域技术人员通过有限次试验就能够确定的，并不需要过度的和创造性的劳动。

综上，本发明所取得的技术效果是其所选用已知的喷雾干燥的技术手段本身能够预期到的效果，并没有产生预料不到的技术效果，本发明是显而易见的，不具备突出的实质性特点和显著的进步。因此，本发明不符合《专利法》第二十二条第三款的规定。

第11903号决定认定事实清楚，适用法律正确，审查程序合法，本院应予维持。由于原告的诉讼理由不成立，其请求本院不予支持。据此，依照《中华人民共和国行政诉讼法》第五十四条第（一）项之规定，判决如下：

维持被告中华人民共和国国家知识产权局专利复审委员会作出的第11903号复审请求审查决定。

案件受理费人民币100元，由原告辉瑞产品公司负担（已交纳）。

如不服本判决，辉瑞产品公司可在本判决书送达之日起30日内，中华人民共和国国家知识产权局专利复审委员会可在本判决书送达之日起15日内，向本院递交上诉状，并按照对方当事人的人数提出副本，预交上诉案件受理费人民币100元，上诉于中华人民共和国北京市高级人民法院。

审 判 长 吴 月
代理审判员 毛天鹏
代理审判员 司品华
二○○九年六月五日
书 记 员 汪 明

134

# 用于在真菌细胞中表达基因的启动子

## 复审请求审查决定（第11919号）

**决　定　号** 第11919号
**决　定　日** 2007年10月25日
**发明创造名称** 用于在真菌细胞中表达基因的启动子
**国际分类号** C12N 15/63，C12N 15/11，C12N 15/80
**复审请求人** 诺沃奇梅兹有限公司
**申　请　号** 00805332.4
**申　请　日** 2000年3月22日
**优先权日** 1999年3月22日
**公　开　日** 2002年9月4日
**合议组组长** 刘　静
**主　审　员** 李新芝
**参　审　员** 张晓飞

**法律依据** 专利法第38条
**决定要点**

如果申请人在答复《第一次审查意见通知书》时对申请文件进行了修改，只要驳回所针对的事实、理由或证据发生改变，就应当给申请人再一次陈述意见和/或修改申请文件的机会，以满足听证原则的要求。

### 一、案由

本复审请求案涉及发明名称为“用于在真菌细胞中表达基因的启动子”的00805332.4号发明专利申请（下称本申请），申请人为诺沃奇梅兹生物技术有限公司，后于2006年6月26日变更为诺沃奇梅兹有限公司，申请日为2000年3月22日，优先权日为1999年3月22日，公开日为2002年9月4日。

国家知识产权局原审查部门对本申请进行实质审查，于2003年11月14日发出《第一次审查意见通知书》，指出：权利要求1～2、11、33～34、43、45、50～56得不到说明书支持，不符合专利法第26条第4款的规定，同时还指出了其他一些缺陷。

《第一次审查意见通知书》所针对的权利要求1～2、11、33～34、43、45、50～56如下：

“1. 制备多肽的方法，包括：

（a）在有利于该多肽产生的培养基中培养真菌宿主细胞，其中该真菌宿主细胞含有编码该多肽的第一核酸序列和与该第一核酸序列可操作地连接的、含有与第一核酸序列异源的启动子的第二核酸序列，其中该启动子含有选自下组的核酸序列：SEQ ID NO. 1 的第 1～3949 位核苷酸、SEQ ID NO. 2 的第 1～938 位核苷酸和 SEQ ID NO. 3 的第 1～3060 位核苷酸，及其子序列；和它们的突变、杂合及串联启动子；和

（b）从该培养基分离该多肽。

2. 权利要求 1 的方法，其中该启动子含有 SEQ ID NO. 1 的第 1～3949 位核苷酸或其突变、杂合或串联启动子的核酸序列。

11. 权利要求 1～2、5 和 8 之任意一项的方法，其中该突变启动子由含有一或多个核苷酸替代、缺失和/或插入的选自下组的启动子组成：SEQ ID NO. 1 的第 1～3949 位核苷酸、SEQ ID NO. 2 的第 1～938 位核苷酸和 SEQ ID NO. 3 的第 1～3060 位核苷酸，其中该突变启动子比相应的启动子具有较强或较弱的启动子活性。

33. 分离的启动子序列，其含有选自下组的核酸序列：SEQ ID NO. 1 第 1～3949 位核苷酸、SEQ ID NO. 2 第 1～938 位核苷酸和 SEQ ID NO. 3 第 1～3060 位核苷酸，及其子序列；和它们的突变、杂合及串联启动子。

34. 权利要求 33 的启动子序列，其含有 SEQ ID NO. 1 的第 1～3949 位核苷酸或其子序列；或其突变、杂合或串联启动子的核酸序列。

43. 权利要求 33～42 之任意一项的分离启动子序列，其具有 SEQ ID NO. 1 第 1～3949 位核苷酸、SEQ ID NO. 2 第 1～938 位核苷酸或 SEQ ID NO. 3 第 1～3060 位核苷酸之序列的至少 20％的启动子活性。

45. 分离的启动子序列，其含有在 SEQ ID NO. 1 第 1～3949 位核苷酸、SEQ ID NO. 2 第 1～938 位核苷酸或 SEQ ID NO. 3 第 1～3060 位核苷酸的序列中具有至少一个突变的核酸序列或其子序列；其中该突变启动子具有启动子活性。

50. 获得突变启动子的方法，包括：

（a）在低严紧条件下使 DNA 与含有如下序列的核酸序列杂交：（i）SEQ ID NO. 1、SEQ ID NO. 2 或 SEQ ID NO. 3，（ii）SEQ ID NO. 1、SEQ ID NO. 2 或 SEQ ID NO. 3 中所包含的 cDNA 序列，或（iii）（i）或（ii）的子序列，或（iv）（i）、（ii）或（iii）的互补链；和

（b）从该 DNA 中分离该突变启动子。

51. 获得突变启动子的方法，包括（a）将至少一个突变引入 SEQ ID NO. 1 第 1～3949 位核苷酸、SEQ ID NO. 2 第 1～938 位核苷酸和 SEQ ID NO. 3 第 1～3060 位核苷酸的启动子中，其中该突变启动子具有启动子活性；和（b）分离该突变启动子。

52. 分离的核酸序列，其选自：

（a）编码具有如下氨基酸序列的多肽的核酸序列，该氨基酸序列与 SEQ ID NO. 4 第 22～581 位氨基酸、SEQ ID NO. 5 第 19～200 位氨基酸或 SEQ ID NO. 6 第 1～187 位氨基酸有至少 65％的一致性；

（b）与 SEQ ID NO. 1 第 4013～5743 位核苷酸、SEQ ID NO. 2 第 993～1593 位核苷酸或 SEQ ID NO. 3 第 3061～3678 位核苷酸有至少 65％的同源性的核酸序列；

（c）在极低、低、中等、中高、高或极高严紧条件下与以下序列杂交的核酸序列：（i）SEQ ID NO. 1 第 4013～5743 位核苷酸、SEQ ID NO. 2 第 993～1593 位核苷酸或 SEQ ID NO. 3 第 3061～3678 位核苷酸；（ii）在 SEQ ID NO. 1 第 4013～5743 位核苷酸、SEQ ID NO. 2 第 993～1593 位核苷酸或 SEQ ID NO. 3 第 3061～3678 位核苷酸中包含的 cDNA 序列；或（iii）（i）或（ii）的互补链；

（d）（a）、（b）或（c）的等位变体；和

(e)(a)、(b)、(c) 或 (d) 的子序列，其编码保持活性的多肽。

53. 核酸结构，其含有与一或多个在适合表达宿主中指导所述多肽产生的控制序列可操作地连接的权利要求 52 的核酸序列。

54. 含有权利要求 53 的核酸结构、启动子和转录及翻译终止信号的重组表达载体。

55. 含有权利要求 53 的核酸结构的重组宿主细胞。

56. 由权利要求 52 的核酸序列编码的多肽。”

国家知识产权局原审查部门在《第一次审查意见通知书》中指出：(1) 由于说明书中只是证实了具有 SEQ ID NO：1 的第 1 ~ 3949 位核苷酸的启动子能达到本发明的目的，而其子序列、突变、杂合和串联启动子，该启动子的一个或多个核苷酸替代、缺失和/或插入的突变启动子以及具有至少 20％该启动子活性的启动子能否达到本发明的目的，无实验证实，也无法推导出来，因此权利要求 1 ~ 2、11、33 ~ 34、43、45、50 ~ 51 得不到说明书支持；(2) 对于权利要求 52 中所述的杂交序列、等位突变体和子序列是否具有酶活性，无实验证实，也无法推导出来，因此权利要求 52 ~ 56 得不到说明书支持。

针对《第一次审查意见通知书》，申请人于 2004 年 3 月 29 日提交了意见陈述书和权利要求书的替换页。申请人在意见陈述书中认为：在新的权利要求 1 中保护了“SEQ ID NO：1 的第 1 ~ 3949 位核苷酸”及其子序列和与之在中等严紧条件下杂交的序列。所述子序列和杂交序列都限定了其“保持 SEQ ID NO：1 第 1 ~ 3949 位核苷酸的启动子活性”，因此权利要求 1 得到了说明书的支持；并且本发明提供了全新的启动子序列，在此基础上进行进一步的改造相对于全新序列的提供而言是不足道的，因此新的权利要求 1 的概括相对于本发明的贡献而言是恰当的。

2004 年 4 月 14 日，申请人提交了四份保藏及存活证明，并对说明书进行了主动补正，将说明书第 49 页倒数第 2 行的保藏号“NRRL B-30076”改为“NRRL B-30075”，并将同一页倒数第 3 行的“大肠杆菌 TOP10”改为“大肠杆菌 DH10B”。

2004 年 9 月 3 日，针对申请人于 2004 年 3 月 29 日提交的权利要求第 1 ~ 29 项，2004 年 4 月 14 日提交的说明书第 49 页，进入中国国家阶段时提交的说明书第 1 ~ 48、50 ~ 62 页和说明书附图第 1 ~ 24 页及说明书摘要，国家知识产权局以权利要求 1 ~ 11、21 ~ 29 不符合专利法第 26 条第 4 款的规定为由驳回了本申请。

驳回决定所针对的权利要求 1 ~ 11、21 ~ 29 如下：

“1. 制备多肽的方法，包括：

(a) 在适于该多肽产生的培养基中培养真菌宿主细胞，其中该真菌宿主细胞含有编码该多肽的第一核酸序列和与该第一核酸序列可操作地连接的、含有与第一核酸序列异源的启动子的第二核酸序列，其中该启动子含有选自下组的核酸序列：(i) SEQ ID NO. 1 的第 1 ~ 3949 位核苷酸、(ii) 保持 SEQ ID NO. 1 第 1 ~ 3949 位核苷酸的启动子活性的 (i) 的子序列、和 (iii) 在中等严紧条件下与 SEQ ID NO. 1 第 1 ~ 3949 位核苷酸杂交并保持 SEQ ID NO. 1 第 1 ~ 3949 位核苷酸的启动子活性的核酸序列；和

(b) 从该培养基分离该多肽。

2. 权利要求 1 的方法，其中该启动子含有 SEQ ID NO. 1 第 1 ~ 3949 位核苷酸或其保持 SEQ ID NO. 1 第 1 ~ 3949 位核苷酸的启动子活性的子序列。

3. 权利要求 2 的方法，其中该启动子含有 SEQ ID NO. 1 第 1 ~ 3949 位核苷酸。

4. 权利要求 3 的方法，其中该启动子含有大肠杆菌 NRRL B-30071 中的质粒 pFAMG 所包含的核酸序列。

5. 权利要求1的方法，其中该启动子包含在中等严紧条件下与SEQ ID NO.1第1～3949位核苷酸杂交并保持SEQ ID NO.1第1～3949位核苷酸的启动子活性的核酸序列。

6. 权利要求5的方法，其中该启动子包含在中高严紧条件下与SEQ ID NO.1第1～3949位核苷酸杂交并保持SEQ ID NO.1第1～3949位核苷酸的启动子活性的核酸序列。

7. 权利要求6的方法，其中该启动子包含在高严紧条件下与SEQ ID NO.1第1～3949位核苷酸杂交并保持SEQ ID NO.1第1～3949位核苷酸的启动子活性的核酸序列。

8. 权利要求1的方法，其中该启动子是两个或更多个启动子的片段的杂合启动子，其中一个或多个片段是SEQ ID NO.1第1～3949位核苷酸的片段，其中每个片段对该杂合启动子的活性都有贡献。

9. 权利要求8的方法，其中该杂合启动子还含有不同启动子的一个或多个片段。

10. 权利要求1的方法，其中所述启动子是串联启动子，该串联启动子含有一个或多个选自下组的核酸序列的一个或多个拷贝：(i) SEQ ID NO.1的第1～3949位核苷酸、(ii) 保持SEQ ID NO.1第1～3949位核苷酸的启动子活性的(i)的子序列、和(iii)在中等严紧条件下与SEQ ID NO.1第1～3949位核苷酸杂交并保持SEQ ID NO.1第1～3949位核苷酸的启动子活性的核酸序列。

11. 权利要求10的方法，其中该串联启动子还含有一个或多个不同启动子。

21. 分离的启动子序列，其含有选自下组的核酸序列：(i) SEQ ID NO.1的第1～3949位核苷酸、(ii) 保持SEQ ID NO.1第1～3949位核苷酸的启动子活性的(i)的子序列、和(iii)在中等严紧条件下与SEQ ID NO.1第1～3949位核苷酸杂交并保持SEQ ID NO.1第1～3949位核苷酸的启动子活性的核酸序列。

22. 权利要求21的启动子序列，其含有SEQ ID NO.1第1～3949位核苷酸或其保持SEQ ID NO.1第1～3949位核苷酸的启动子活性的子序列。

23. 权利要求22的分离启动子序列，其含有SEQ ID NO.1第1～3949位核苷酸。

24. 权利要求23的分离启动子序列，其含有大肠杆菌NRRL B-30071中的质粒pFAMG所包含的核酸序列。

25. 核酸结构，其含有与权利要求21的启动子可操作地连接的编码多肽的核酸序列。

26. 含有权利要求25的核酸结构的重组表达载体。

27. 含有权利要求25的核酸结构的重组宿主细胞。

28. 获得突变启动子的方法，包括：

(a) 在低严紧条件下使DNA与含有如下序列的核酸序列杂交：(i) SEQ ID NO.1，(ii) SEQ ID NO.1中所包含的cDNA序列，或(iii)(i)或(ii)的互补链；和

(b) 从该DNA中分离该突变启动子。

29. 获得突变启动子的方法，包括(a)将至少一个突变引入SEQ ID NO.1第1～3949位核苷酸的启动子中，其中该突变启动子具有启动子活性；和(b)分离该突变启动子。”

驳回决定认为：(1)权利要求1要求保护制备多肽的方法，其启动子含有选自下组的核苷酸序列：(ii)保持SEQ ID NO：1第1～3949位核苷酸的启动子活性的(i)的子序列和(iii)在中等严紧条件下与SEQ ID NO：1第1～3949位核苷酸杂交并保持SEQ ID NO：1第1～3949位核苷酸的启动子活性的核酸序列，以及其中的“含有”概括了一个过大的范围，由于说明书只证实了SEQ ID NO：1第1～3949位核苷酸编码的启动子能达到本发明的目的，含有其子序列或在中等严紧条件下杂交的序列是否能达到本发明的目的，没有实验证实，也无法推导出来，因此权利要求1得不到说明书的支持；同理，权利要求2～7、10、21～27也得不到说明书支持。(2)由于对权利要求8～11中所述的

杂合启动子或串联启动子是否能达到本发明的目的，在说明书中无实验证实，也无法推导出来，因此权利要求 8～11 的技术方案得不到说明书的支持。（3）权利要求 28 要求保护获得突变启动子的方法，该方法没有说明其是与 SEQ ID NO：1 第 1～3949 位启动子部分杂交或是与其他部分杂交，如果与其他部分杂交，则该启动子不具备本发明启动子活性，而即使是与 SEQ ID NO：1 第 1～3949 位启动子部分杂交，则由于上述同样的理由，也得不到说明书的支持。（4）权利要求 29 要求保护获得突变启动子的方法，如一通所指出的，说明书中只是证实了 SEQ ID NO：1 第 1～3949 位核苷酸编码的启动子能达到本发明的目的，而得到的突变启动子能否达到本发明的目的，没有实验证实，也无法推导出来，而且说明书中也没有获得具体的突变启动子，因此得不到说明书的支持。

2004 年 12 月 17 日，申请人诺沃奇梅兹生物技术有限公司（下称复审请求人）对上述驳回决定不服，向专利复审委员会提出复审请求，复审请求人在提出复审请求时没有对申请文件进行修改。

复审请求人认为，（1）以下驳回事实和理由在驳回前的审查意见通知书中并没有告知过申请人，不符合听证原则：在驳回理由（1）中，权利要求 1 中的"含有"概括了一个过大的范围、权利要求 1 中在严紧条件下能与 SEQ ID NO. 1 第 1～3949 位核苷酸杂交的核酸序列得不到说明书支持，这些在《第一次审查意见通知书》中没有提过；在驳回理由（2）中，认为权利要求 8～11 得不到说明书支持，现权利要求 8～11 对应于作为《第一次审查意见通知书》审查基础的原权利要求 12～17，而《第一次审查意见通知书》并没有对权利要求 12～17 提出异议；在驳回理由（3）中，认为权利要求 28 没有说明所述杂交是与 SEQ ID NO. 1 第 1～3949 位启动子部分杂交，还是与其他部分杂交，这一点在《第一次审查意见通知书》中没有提到过；在驳回理由（3）中，认为权利要求 28 即使所述杂交是与 SEQ ID NO. 1 第 1～3949 位启动子部分杂交，这种杂交仍然得不到说明书的支持，这一点在《第一次审查意见通知书》中没有提到过；复审请求人答复《第一次审查意见通知书》时修改了权利要求 1，将权利要求 1 中"子序列"修改为"保持 SEQ ID NO. 1 第 1～3949 位核苷酸的启动子活性的（i）的子序列"，审查员认为如此修改权利要求 1 仍得不到说明书支持，但是没有给予申请人对修改后的权利要求 1 得不到说明书支持的意见进行陈述和/或修改申请文件的机会；针对申请人将"子序列"修改为"保持 SEQ ID NO. 1 第 1～3949 位核苷酸的启动子活性的（i）的子序列"，审查员在驳回理由中指出了另外的理由，即"其概括了一个过大的范围，对于本领域技术人员来说，不能直观地确定其子序列或与其杂交的核酸序列中哪些具有本发明启动子的功能，而要一个个地进行筛选，需要付出过大的劳动"。（2）复审请求人在答复《第一次审查意见通知书》时对权利要求书进行了修改，修改后的权利要求书得到了说明书的支持。

经形式审查合格后，专利复审委员会受理了该请求，并于 2005 年 1 月 5 日向复审请求人发出了《复审请求受理通知书》，同时将本申请转送至国家知识产权局原审查部门进行前置审查。

在《前置审查意见书》中，国家知识产权局原审查部门认为原驳回决定中的缺陷依然存在，因此坚持驳回决定。

专利复审委员会组成合议组，对本复审请求案进行了审理。

经合议，合议组认为本案事实清楚，可以作出审查决定。

**二、决定的理由**

专利法第 38 条规定：发明专利申请经申请人陈述意见或者进行修改后，国务院专利行政部门仍然认为不符合本法规定的，应当予以驳回。

如果申请人在答复《第一次审查意见通知书》时对申请文件进行了修改，只要驳回所针对的事实、理由或证据发生改变，就应当给申请人再一次陈述意见和/或修改申请文件的机会，以满足听证原则的要求。

就本案而言，合议组认为，原审查部门驳回决定的作出不符合听证原则之处主要表现在以下两个方面：（1）驳回决定所针对的事实发生了实质性的改变。国家知识产权局原审查部门在第一次审查意见通知书中指出权利要求1～2、11、33～34、43、45、50～56得不到说明书支持，不符合专利法第26条第4款的规定，其驳回所依据的事实是：上述权利要求中记载的“子序列、突变、杂合及串联启动子”、“一个或多个核苷酸替代、缺失和/或插入的突变启动子”以及“具有至少20%启动子活性的启动子”能否达到本发明的目的，无实验证实，也无法推导出来。复审请求人针对该审查意见进行了答复时并修改了权利要求书，例如，在原独立权利要求1所述制备多肽的方法和原独立权利要求33所述分离的启动子序列中，将“子序列”修改限定为“保持SEQ ID NO.1第1～3949位核苷酸的启动子活性的（i）的子序列”，同时删除了“突变、杂合及串联启动子”，并增加了新的技术特征“在中等严紧条件下与SEQ ID NO：1第1～3949位核苷酸杂交并保持SEQ ID NO：1第1～3949位核苷酸的启动子活性的核酸序列”。可见，驳回决定针对的权利要求书和《第一次审查意见通知书》所针对的权利要求书有本质区别，技术方案完全不同。（2）增加了新的具体驳回理由。该驳回决定中的许多驳回理由在《第一次审查意见通知书》中并没有体现，例如，驳回理由（1）中认为，权利要求1中的“含有”概括了一个过大的范围，虽然权利要求1中用保持SEQ ID NO.1第1～3949位核苷酸的启动子活性对子序列进行了限定，但其概括了过大的范围，对于本领域技术人员来说，不能直观地确定其子序列或与其杂交的核酸序列中哪些具有本发明启动子的功能，而要一个个地进行筛选，需要付出过大的劳动；驳回理由（1）还认为，权利要求1中在严紧条件下能与SEQ ID NO.1第1～3949位核苷酸杂交的核酸序列得不到说明书支持；驳回理由（3）认为，权利要求28中没有说明所述杂交是与SEQ ID NO.1第1～3949位启动子部分杂交，还是与其他部分杂交，即使所述杂交是与SEQ ID NO.1第1～3949位启动子部分杂交，这种杂交仍然得不到说明书的支持。上述驳回理由在《第一次审查意见通知书》中均没有提及。

综上所述，申请人在答复《第一次审查意见通知书》时对申请文件进行了修改，驳回决定所针对的事实和理由也均发生了改变，由于国家知识产权局原审查部门未给予申请人针对其修改后的申请文件进一步陈述意见和/或修改申请文件的机会而直接作出了驳回决定，因此不符合听证原则，从而不符合专利法第38条的规定。

根据上述事实和理由，合议组作出如下审查决定。

**三、决定**

撤销国家知识产权局于2004年9月3日针对00805332.4号发明专利申请作出的驳回决定，由国家知识产权局原审查部门以驳回决定所针对的文本为基础继续审批程序。

复审请求人对本决定不服的，可以根据专利法第41条第2款的规定，自收到本决定之日起三个月内向北京市第一中级人民法院起诉。

# 设计具有预定特性的α-淀粉酶突变体的方法

## 复审请求审查决定（第11920号）

**决　定　号**　第11920号
**决　定　日**　2007年9月15日
**发明创造名称**　设计具有预定特性的α-淀粉酶突变体的方法
**国际分类号**　C12N 9/28，C12N 15/56
**复审请求人**　诺沃奇梅兹有限公司
**申　请　号**　96191745.8
**申　请　日**　1996年2月5日
**最早优先权日**　1995年2月3日
**公　开　日**　1998年2月4日
**合议组组长**　马文霞
**主　审　员**　李新芝
**参　审　员**　侯　曜

**法律依据**　专利法第26条第4款
**决定要点**

如果一项权利要求所要求保护的技术方案是所属技术领域的技术人员能够从说明书中公开的内容直接得到或者概括得出的，那么该权利要求就能够得到说明书的支持，符合专利法第26条第4款的规定。

**一、案由**

本复审请求案涉及发明名称为“设计具有预定特性的α-淀粉酶突变体的方法”的96191745.8号发明专利申请（下称本申请），申请人为诺沃挪第克公司，后变更为诺沃奇梅兹有限公司，申请日为1996年2月5日，最早的优先权日为1995年2月3日，公开日为1998年2月4日。

2004年3月12日，针对申请人于2003年12月26日提交的权利要求第1～18项，说明书第24、29页，进入中国国家阶段时提交的说明书第1～23、25～28、30～112页和说明书附图第1～11页以及说明书摘要，国家知识产权局以权利要求1～18不符合专利法第26条第4款的规定为由驳回了本申请。

驳回决定针对的权利要求1～18如下：

“1. 一种构建一种亲代类Termamyl α-淀粉酶的变体的方法，该变体具有α-淀粉酶活性，而且，与所述亲代α-淀粉酶相比具有至少一种改变了的特性，所述方法包括：

（i）分析亲代类 Termamyl α-淀粉酶的结构，以确定该类 Termamyl α-淀粉酶结构的至少一个氨基酸残基或至少一个结构部分，据信该氨基酸残基或结构部分与改变所述亲代类 Termamyl α-淀粉酶的所述特性相关（根据结构或功能因素进行评价），

（ii）构建一种类 Termamyl α-淀粉酶变体，与亲代类 Termamyl α-淀粉酶相比，该变体上在 i）中所确定的氨基酸残基或结构部分已被修饰过，以改变所述特性，和

（iii）检验所得到的类 Termamyl α-淀粉酶变体的所述特性。

2. 如权利要求 1 的方法，其中，所述待改变的特性选自底物特异性、底物结合力、底物裂解方式、温度稳定性、依赖于 pH 值的活性、依赖于 pH 值的稳定性（特别是在低（例如 pH 值<6）或高（例如 pH 值>9）pH 值下的较高的稳定性）、对氧化作用的稳定性、$Ca^{2+}$依赖性和比活性。

3. 如权利要求 1 或 2 的方法，其中，所述待改变的特性为钙离子依赖性，而待修饰的结构部分选自 C 结构域、A 结构域和 B 结构域之间的界面、A 结构域和 C 结构域之间的界面、或与所述类 Termamyl α-淀粉酶的钙结合位点之间的相互作用。

4. 如权利要求 1 或 2 的方法，其中，所述待改变的特性为底物裂解方式，而待修饰的结构部分位于距离底物结合位点的一个氨基酸残基 10Å 以内处。

5. 一种构建一种亲代类 Termamyl α-淀粉酶的变体的方法，该变体具有 α-淀粉酶活性，而且，与所述亲代 α-淀粉酶相比具有一种或几种改变了的特性，所述方法包括：

（i）比较所述类 Termamyl α-淀粉酶与一种非类 Termamyl α-淀粉酶的三维结构，

（ii）确定所述类 Termamyl α-淀粉酶结构上的一个不同于所述非类 Termamyl α-淀粉酶结构的部分，而且，从结构或功能角度考虑，该部分被认为能决定所述类 Termamyl α-淀粉酶与非类 Termamyl α-淀粉酶之间一种或几种特性的差异，和

（iii）修饰在（ii）中确定的所述类 Termamyl α-淀粉酶的部分，以得到一种类 Termamyl α-淀粉酶变体，该变体的一种或几种特性与其亲代类 Termamyl α-淀粉酶的不同。

6. 如权利要求 6 的方法，其中，在步骤（iii）中对所述类 Termamyl α-淀粉酶的部分进行修饰，以使其类似于所述非类 Termamyl α-淀粉酶的相应部分。

7. 如权利要求 5 或 6 的方法，其中，在步骤（iii）中的修饰是这样实现的：使所述待修饰的类 Termamyl α-淀粉酶的部分缺失一个或几个氨基酸残基；用占据所述非类 Termamyl α-淀粉酶的相应位置的氨基酸残基取代所述待修饰的类 Termamyl α-淀粉酶的部分的一个或几个氨基酸残基；或将存在于所述非类 Termamyl α-淀粉酶上的一个或几个氨基酸残基插入所述类 Termamyl α-淀粉酶上的相应位置。

8. 如权利要求 5 ~ 7 中任一项的方法，其中，所述非类 Termamyl α-淀粉酶结构是一种真菌 α-淀粉酶或哺乳动物 α-淀粉酶的结构。

9. 如权利要求 8 的方法，其中，所述非类 Termamyl α-淀粉酶是米曲霉 TAKAα-淀粉酶，黑曲霉酸性 α-淀粉酶、枯草杆菌 α-淀粉酶或猪胰 α-淀粉酶。

10. 如权利要求 1 ~ 9 中任一项的方法，其中，所述亲代类 Termamyl α-淀粉酶源于一种芽胞杆菌属菌株。

11. 如权利要求 10 的方法，其中，所述亲代 α-淀粉酶源于一种地衣型芽胞杆菌、解淀粉芽胞杆菌、嗜热脂肪芽胞杆菌菌株，或源于一种嗜碱性芽胞杆菌菌株，如 NCIB 12289、NCIB 12512 或 NCIB 12513。

12. 如权利要求 1 ~ 11 中任一项的方法，其中，所述亲代 α-淀粉酶是一种杂合的 α-淀粉酶，其包括源于至少两种 α-淀粉酶的部分氨基酸序列的一种组合，其中，有一种为类 Termamyl α -淀粉酶，

另外的为源于诸如微生物和/或哺乳动物的α-淀粉酶。

13. 如权利要求5~12中任一项的方法，其中，所述待修饰的、而且是步骤ii）中所确定的亲代类Termamyl α-淀粉酶部分为所述亲代α-淀粉酶的环1、环2、环3和/或环8。

14. 一种构建一种亲代类Termamyl α-淀粉酶的变体的方法，与所述亲体相比，该变体具有降低了的钙离子依赖性，所述方法包括：

（i）确定一种类Termamyl α-淀粉酶的模拟三维结构上距离该α-淀粉酶的$Ca^{2+}$结合位点10Å以内的一个氨基酸残基，从结构或功能角度考虑，该氨基酸残基被认为能够决定一种非最佳的钙离子相互作用，

（ii）构建一种变体，其中，所述氨基酸残基被另一种氨基酸残基所取代，从结构或功能角度考虑，取代用的氨基酸残基被认为对于确立较高的$Ca^{2+}$结合亲和力很重要，和

（iii）检验所得到的类Termamyl α-淀粉酶变体的$Ca^{2+}$依赖性。

15. 一种构建一种亲代类Termamyl α-淀粉酶的变体的方法，该变体具有α-淀粉酶活性和一个改变了的依赖于pH值的活性，所述方法包括

（i）在所述类Termamyl α-淀粉酶的三维结构上确定距离一个活性位点残基15A以内、特别是距离一个活性位点残基10A以内的一个氨基酸残基，该氨基酸残基被认为参与了和一个活性位点残基的静电或疏水相互作用，

（ii）用一个氨基酸残基取代上述结构中的所述氨基酸残基，取代用的氨基酸残基能改变一个活性位点残基的静电和/或疏水环境，并评价该残基对所述结构的适合性，

（iii）选择性地重复步骤（i）和/或（ii），直至确定一个适合于所述结构的氨基酸取代，

（iv）通过步骤（i）、（ii）及选择性地步骤（iii）构建一种类Termamyl α-淀粉酶变体，并检验该变体依赖于pH值的活性。

16. 一种提高一种亲代类Termamyl α-淀粉酶的热稳定性和/或改变其最佳温度的方法，该方法包括

（i）在所述亲代类Termamyl α-淀粉酶的三维结构中确定该α-淀粉酶的一个内孔或裂隙，

（ii）用另一种氨基酸残基取代在（i）中所确定的所述结构中的孔或裂隙周围的一个或几个氨基酸残基，从结构或功能角度考虑，取代用的氨基酸残基被认为能提高所述孔或裂隙的疏水相互作用并能增加或减少其尺寸，

（iii）通过步骤（ii）构建一个类Termamyl α-淀粉酶变体，并检验该变体的热稳定性和/或最佳温度。

17. 一种构建一种具有降低了的在靠近其分支点处裂解底物的能力的类Termamyl α-淀粉酶变体的方法，该方法包括：

（i）在所述亲代类Termamyl α-淀粉酶的模拟三维结构中确定该α-淀粉酶的底物结合部位，

（ii）用另一种氨基酸残基取代在（i）中所确定的裂隙的底物结合部位的一个或几个氨基酸残基，被取代的残基被认为能决定所述亲代α-淀粉酶的裂解方式，而从结构角度考虑，取代用的残基被认为能产生一种改变了的底物裂解方式；或使所述底物结合部位缺失一个或几个氨基酸残基，以便引入有利的与该底物的相互作用，或向所述底物结合位点增加一个或几个氨基酸残基，以便引入有利的与该底物的相互作用，和

（iii）通过步骤（ii）构建一种类Termamyl α-淀粉酶变体，并检验该变体的底物裂解方式。

18. 如上述权利要求中任一项的方法，其中，所述α-淀粉酶变体是这样得到的：在能诱导所述变体产生的条件下培养含有编码该变体的DNA序列的微生物，以及可选择地，随后从所得培养液中

回收所述变体。”

驳回决定认为：（1）虽然在说明书第11页第2段记载了“‘类Termamyl α-淀粉酶的结构’的说法是指由附录1中所列坐标确定的解析结构或是根据该解析结构所建立的一种特定类Termamyl α-淀粉酶（如地衣型芽孢杆菌α-淀粉酶）的模拟结构”，但由于这一具体的技术特征在权利要求1～4中并没有体现，因而根据说明书中对“类Termamyl α-淀粉酶”的定义，本领域普通技术人员有理由将“类Termamyl α-淀粉酶的结构”理解为类α-淀粉酶的任何一级结构，而说明书仅公开了根据亲代类Termamyl α-淀粉酶的三级结构来确定与某种特性相关的部位或氨基酸残基的方法。（2）说明书对“类Termamyl α-淀粉酶的结构”的定义实际上包含了基于附录1所示蛋白质解析结构的无穷多种α-淀粉酶的解析结构，但说明书第11页只是简单的说明根据用于解析其结构的类Termamyl α-淀粉酶的氨基酸序列与相关的亲代类Termamyl α-淀粉酶的氨基酸序列进行比较从而进行解析结构的翻译，同时说明书中也只给出了构建TERM（地衣型芽孢杆菌α淀粉酶）和BAN（解淀粉芽孢杆菌α淀粉酶）的模拟结构的实例，因此根据说明书现有的记载，本领域普通技术人员无法毫无疑义地预见根据附录1的解析结构可以获得所有类Termamyl α-淀粉酶的模拟结构。（3）审查员不同意申请人的“类Termamyl α-淀粉酶的同源性非常高，因此适合于某一特定类Termamyl α-淀粉酶的技术方案应该也比较能适合其他类Termamyl α-淀粉酶”的观点：①高同源性是一个不明确的概念；②即使“高同源性”的概念是明确的，由于说明书不仅从氨基酸序列的同源性方面对类Termamyl α-淀粉酶进行定义，还从免疫交叉反应性和核酸杂交等方面进行了定义，因此，类Termamyl α-淀粉酶所指的范围实际上是非常广泛的，它们之间并一定具有高同源性；③即使类Termamyl α-淀粉酶之间具有所谓的高同源性，说明书中也不能提供足够的证据证明适合于某一种特定类Termamyl α-淀粉酶的技术方案也能适合其他类Termamyl α-淀粉酶，实际上，在说明书中仅仅给出了构建TERM和BAN这两种α-淀粉酶解析结构的实例，它们相对于本申请所定义的广泛的类Termamyl α-淀粉酶种类是远远不够的；④即使通过翻译过程可以获得所有这些类Termamyl α-淀粉酶的解析结构，但是本领域公知这种翻译并不是仅仅依赖仪器和程序就可以独立完成的，对于本领域普通技术人员来说对任何一种特定的类Termamyl α-淀粉酶解析结构的翻译都是需要付出创造性劳动的。（4）即使申请人除对通过依据权利要求1～4的方法构建的突变“V54W”和“V54W+A52W”进行了检测之外还在实施例6中对本发明的另一种变体和其亲体进行了钙结合亲和力的比较以证明其具有所述改进的特性，对本领域普通技术人员来说，仅根据这些内容要毫无疑义地预见通过实施权利要求1～4的方法获得的所有变体都能够具有所要求的改变了的特性也是不够的，也就是说，通过这些方法获得的变体可能有、也可能不会有所希望改进的特性。虽然申请人答复认为，在权利要求1的（iii）步骤中还要检验所得变体的所述特性，但是其中这只是一个验证的步骤，并不是一个保证通过这个方法获得的变体一定会具有所述改变特性的步骤，也就是说这一步骤仅仅是对已经获得的变体进行验证，这个验证的结果有可能证明获得的变体具有所述改变的特性，也仍然有可能表明获得的变体不具备所述改变的特性；因此，这一步骤其实并没有将“所述修饰不能带来所需特性”的技术方案排除在外，也就是说权利要求1～4的技术方案中包含了不可实现的发明目的的内容。因此，基于上述理由，权利要求1～4要求了过大的保护范围，得不到说明书的支持，不符合专利法第26条第4款的规定。基于相同理由，权利要求5～18也得不到说明书支持。

2004年6月28日，申请人诺沃奇梅兹有限公司（下称复审请求人）对上述驳回决定不服，向专利复审委员会提出复审请求，复审请求人在提出复审请求时对权利要求书进行了修改，并改正了说明书第22页中的译文错误。修改后的权利要求1如下：

“1. 一种生产亲本α-淀粉酶的变体的方法，该变体相对于亲本具有改变了的特性，其中所述亲本α-淀粉酶具有序列SEQ ID NO：2、4或6，或者当用GAP程序（Genetic Computer Group，Version 7.3）并用GAP罚分的缺省值确定同源性时，所述亲本α-淀粉酶的序列与上述序列具有至少60%的同源性，所述方法包括：

（a）根据附录中所描述的三维结构对所述亲本α-淀粉酶进行建模，以生成所述亲本α-淀粉酶的三维结构；

（b）在步骤（a）中获得的三维结构中确定所述亲本的至少一个结构部分，其中在所述结构部分中的改变预期会产生前述改变了的特性；

（c）修饰编码所述亲本α-淀粉酶的核酸序列，以产生一种核酸，该核酸在相应于所述结构部分的位置编码一个或多个氨基酸的删除、插入或取代；和

（d）在宿主细胞中表达所述修饰的核酸，以产生变体α-淀粉酶，

其中所述变体具有α-淀粉酶活性，并且相对于亲本具有至少一种改变了的特性。"

复审请求人认为，（1）在修改后的权利要求1中，由于已将"亲代类Termamyl α-淀粉酶"限定为"SEQ ID NO：2、4或6或与其具有至少60%同源性的序列"，因此克服了"亲代类Termamyl α-淀粉酶"概括范围太宽的问题；（2）由于在修改后的权利要求1中将"分析亲代类Termamyl α-淀粉酶的结构"限定为"根据附录中所描述的三维结构对所述亲本α-淀粉酶进行建模，以生成所述亲本α-淀粉酶的三维结构"，因而实际上是分析三维结构，排除了对蛋白质的一级、二级或四级结构进行分析的情况，因此得到了说明书的支持；（3）申请人认为实施例中的两种突变方式只是作为例子来说明本发明的技术方案，本领域技术人员在阅读本发明后，不需要创造性劳动即可用本发明的方法确定权利要求中的哪些突变能获得所需效果，因此要求申请人对每一种突变都提供试验数据支持是不合理的，因而新权利要求中的突变方式和突变位点均能得到说明书的支持。

经形式审查合格后，专利复审委员会受理了该请求，并于2004年8月3日向复审请求人发出了《复审请求受理通知书》，同时将本申请转送至国家知识产权局原审查部门进行前置审查。

在《前置审查意见书》中，国家知识产权局原审查部门坚持了原驳回决定，理由如下：

（1）说明书第11页只是简单地说明根据用于解析其结构的类Termamyl α-淀粉酶的氨基酸序列与相关的亲代类Termamyl α-淀粉酶的氨基酸序列进行比较进行解析结构的翻译，同时说明书中也只给出了构建TERM（地衣型芽孢杆菌α淀粉酶）和BAN（解淀粉芽孢杆菌α淀粉酶）的模拟结构的实例，因此，根据说明书现有的记载本领域普通技术人员仍然无法毫无疑义的预见根据附录1的解析结构可以获得所有这些"具有SEQ ID NO：2、4、6或与其至少有60%同源性的序列的亲本α-淀粉酶"的模拟结构。（2）本领域公知，每个蛋白质都有各种各样不同的理化特性，这些特性与蛋白质结构中的哪些部位相关、如何相关都是需要本领域普通技术人员付出大量创造性劳动才能确定的，而申请说明书中并没有给出所有α-淀粉酶的所有可能具有的特性、与其特性相关的氨基酸位点等等，因此，根据说明书现有的记载对于已经构建好的"确定所述亲本的至少一个结构部分，其中在所述结构部分中改变预期会产生前述改变了的特性"这样一个步骤如果不结合本领域普通技术人员的创造性劳动的话实际上是根本无法实现的，实际上这一步骤的内容描述的仅仅是申请人对该步骤预期达到的一个愿望而已并无切实可行的技术特征。

专利复审委员会组成合议组，对本复审请求案进行了审理。

2007年6月4日，合议组向复审请求人发出《复审通知书》，指出，基于以下两点，权利要求1～14、16、19～21得不到说明书支持，不符合专利法第26条第4款的规定：

（1）本申请说明书仅简单地说明了根据由具有序列4所示氨基酸序列的解淀粉芽孢杆菌α-淀粉酶的300个N-末端氨基酸和具有序列2所示氨基酸序列的地衣型芽孢杆菌α-淀粉酶的301～483个

C-末端氨基酸组成的，已解析其三维结构（附录1所示）的类 Termamyl α-淀粉酶的氨基酸序列与相关的亲代类 Termamyl α-淀粉酶的氨基酸序列进行比较，从而建立其他类 Termamyl α-淀粉酶的模拟结构，也就是说在本申请的说明书中仅简单地说明了由于各种类 Termamyl α-淀粉酶之间的高度同源性，可通过序列比较进行建模，而对于如何通过序列比较进行建模没有给出具体说明，也没有给出序列同源性与模可建性之间的理论说明，同时说明书例1也仅仅给出了根据附录1的三维结构建立具有序列2的地衣型芽孢杆菌 α-淀粉酶（TERM）以及具有序列4的解淀粉芽孢杆菌 α-淀粉酶（BAN）的模拟结构的实例，因此根据说明书现有的记载，本领域普通技术人员无法预见根据附录1的解析结构可以获得所有“与 SEQ ID NO：2、4、6 具有至少有60%同源性的亲本 α-淀粉酶”的模拟结构；

（2）对于该权利要求1中所述的“确定所述亲本的至少一个结构部分，其中在所述结构部分中的改变预期会产生前述改变了的特性”这样一个步骤，实际上该步骤是以所要达到的效果或功能对功能域的位置作了限定，或者说这实际上仅仅是复审请求人对该步骤预期达到的一个愿望而已，而在本申请的说明书中仅仅给出了具有序列2的地衣型芽孢杆菌 α-淀粉酶与某些预期的特性改变如 $Ca^{2+}$ 依赖性、酶促活性、底物裂解能力相关的氨基酸位点，并据此得到特性改变的变体 V54W 和 A52W+V54W，而没有给出所有 α-淀粉酶与所有预期特性改变相关的氨基酸位点，本领域技术人员知道，每种 α-淀粉酶具有各自不同的一级、二级和三级结构，预期改变了的特性与 α-淀粉酶中哪些氨基酸位点有关是需要本领域普通技术人员付出创造性劳动才能确定的，因此根据说明书现有的记载，本领域技术人员无法明了除说明书已给出的序列2的各种氨基酸位点外如何确定 α-淀粉酶与所有预期特性改变相关的氨基酸位点或结构部分。

2007年7月17日，针对上述《复审通知书》，复审请求人提交了意见陈述书，并对权利要求书进行了修改，删除了权利要求1~14、16和19~21，在原独立权利要求14、16和20的基础上加入权利要求15、17和22的特征，使其变成独立权利要求1~2和4。复审请求人认为：审查员没有对权利要求15、17~18以及22~23作出评述，因此修改后的权利要求书符合专利法第26条第4款的规定。

修改后的权利要求书如下：

“1．一种构建亲本 α-淀粉酶的变体的方法，所述变体相对于亲本其酶活性或稳定性具有降低的 Ca 依赖性，其中所述亲本 α-淀粉酶具有序列 SEQ ID NO：2，所述方法包括：

（a）根据附录中所描述的三维结构对所述亲本 α-淀粉酶进行建模，以产生所述亲本 α-淀粉酶的三维结构；

（b）确定步骤（a）中获得的结构中距 $Ca^{2+}$ 结合位点10Å内的一个或多个靶氨基酸残基，其中所述的氨基酸残基相应于选自下列的位置：V102、I103、N104、H105、K106、R125、W155、W157、Y158、H159、F160、D161、G162、T163、Y175、K176、F177、G178、K180、A181、W182、D183、W184、E185、V186、S187、N192、Y193、D194、Y195、L196、M197、Y198、A199、D200、I201、D202、Y203、D204、H205、P206、V208、A209、D231、A232、V233、K234、H235、I236、K237、F238、F240、L241、A294、A295、S296、T297、Q298、G299、G300、G301、Y302、D303、M304、R305、K306、L307、W342、F343、L346、Q393、Y394、Y396、H405、H406、D407、I408、V409、R413、E414、G415、D416、S417、V419、A420、N421、S422、G423、L424、I428、T429、D430、G431、P432、V440、G441、R442、Q443、N444、A445、G446、E447、T448、W449、I462、G475、Y480、V481、Q482和R483；

（c）修饰编码所述亲本 α-淀粉酶的核酸序列以产生一种核酸，该核酸在相应于所述一个或多个靶残基的位置上编码一个或多个氨基酸的删除、插入或取代；和

（d）在宿主细胞中表达所述修饰的核酸，以产生变体 α-淀粉酶，

其中所述变体相对于亲本α-淀粉酶其酶活性或稳定性具有降低的钙离子依赖性。

2. 一种构建亲本α-淀粉酶的变体的方法，所述变体相对于亲本其酶活性具有改变了的pH值依赖性，其中所述亲本α-淀粉酶具有序列SEQ ID NO：2，所述方法包括：

(a) 根据附录所描述的三维结构对所述亲本α-淀粉酶进行建模，以生成所述亲本α-淀粉酶的三维结构；

(b) 在步骤(a)中获得的三维结构中确定距亲本活性位点残基15Å内的靶氨基酸残基，其中所述靶残基预期参与与所述活性位点残基的静电或疏水相互作用，并且所述的氨基酸残基相应于选自下列的位置：E336、Q333、P331、I236、V102、A232、I103、L196、N326、H281和Y273；

(c) 修饰编码所述亲本α-淀粉酶的核酸序列以产生一种核酸，该核酸编码氨基酸对所述靶残基的取代，其中所述取代改变了所述活性位点残基的静电和/或疏水环境；和

(d) 在宿主细胞中表达所述修饰的核酸以生成变体α-淀粉酶，

其中所述变体具有α-淀粉酶活性，并且相对于亲本其酶活性具有改变了的pH值依赖性。

3. 权利要求2的方法，其中的步骤(c)中的取代选自E336R、E336K、Q333R、Q333K、P331R、P331K、V102R、V102K、V102A、V102T、V102S、V102G、I236K、I236R、I236N、I103K、I103R、L196K、L196R、A232T、A232T、A232S、A232G、N326I、N326Y、N326F、N326L、N326V、H281F、H281I、H281L、Y273F、Y273W及其组合。

4. 一种构建亲本α-淀粉酶的变体的方法，所述变体相对于亲本具有改变的底物裂解方式，其中所述亲本α-淀粉酶具有序列SEQ ID NO：2，所述方法包括：

(a) 根据附录中所描述的三维结构对所述亲本α-淀粉酶进行建模，以生成所述亲本α-淀粉酶的三维结构；

(b) 在步骤(a)获得的结构中确定所述亲本α-淀粉酶的底物结合区域；

(c) 修饰编码所述亲本α-淀粉酶的核酸序列以生成一种核酸，该核酸在相应于所确定的底物结合区域的位置编码一个或多个氨基酸的删除、插入或取代；并且所述的位置相应于选自下列的位置：A52、V54、D53、Y56、Q333和G57，和

(d) 在宿主细胞中表达所述修饰的核酸以产生所述变体α-淀粉酶，

其中所述变体在靠近分支点处裂解底物的能力降低。

5. 权利要求4的方法，其中，所述步骤(d)是这样完成的：在能诱导所述变体产生的条件下培养含有编码该变体的DNA序列的微生物，以及可选择地，随后从所述培养液中回收所述变体。

6. 权利要求4的方法，其中步骤(c)中的取代选自：V54L、V54I、V54F、V54Y、V54W、V54R、V54K、V54H、V54E、V54Q、D53L、D53I、D53F、D53Y、D53W、Y56W、Q333W、A52W、A52Y、A52L、A52F、A52I以及G57被任何其他氨基酸取代。"

至此，合议组认为本案事实清楚，可以作出审查决定。

## 二、决定的理由

1. 关于审查文本

本复审决定是以复审请求人于2007年7月17日提交的权利要求书，2004年6月28日提交的说明书第22页，2003年12月26日提交的说明书第24、29页，进入中国国家阶段时提交的说明书第1~21、23、25~28、30~112页和说明书附图第1~11页以及说明书摘要为基础作出的。

2. 关于专利法第26条第4款

专利法第26条第4款规定：权利要求书应当以说明书为依据，说明要求专利保护的范围。

如果一项权利要求所要求保护的技术方案是所属技术领域的技术人员能够从说明书充分公开的内

容中得到或者概括得出的，并且不超出说明书公开的范围，则该权利要求就能够得到说明书的支持，符合专利法第 26 条第 4 款的规定。

就本申请而言，修改后的权利要求 1 要求保护一种构建具有序列 SEQ ID NO：2 的亲本 α-淀粉酶的变体的方法，该变体相对于亲本 α-淀粉酶其酶活性或稳定性具有降低的钙离子依赖性，其包括的步骤有：（a）根据附录中所描述的三维结构对所述亲本 α-淀粉酶进行建模，以产生所述亲本 α-淀粉酶的三维结构；（b）确定步骤（a）中获得的结构中距 $Ca^{2+}$ 结合位点 10Å 内的一个或多个靶氨基酸残基，其中所述的氨基酸残基相应于选自下列的位置：V102、I103、N104、H105、K106、R125、W155、W157、Y158、H159、F160、D161、G162、T163、Y175、K176、F177、G178、K180、A181、W182、D183、W184、E185、V186、S187、N192、Y193、D194、Y195、L196、M197、Y198、A199、D200、I201、D202、Y203、D204、H205、P206、V208、A209、D231、A232、V233、K234、H235、I236、K237、F238、F240、L241、A294、A295、S296、T297、Q298、G299、G300、G301、Y302、D303、M304、R305、K306、L307、W342、F343、L346、Q393、Y394、Y396、H405、H406、D407、I408、V409、R413、E414、G415、D416、S417、V419、A420、N421、S422、G423、L424、I428、T429、D430、G431、P432、V440、G441、R442、Q443、N444、A445、G446、E447、T448、W449、I462、G475、Y480、V481、Q482 和 R483；（c）修饰编码所述亲本 α-淀粉酶的核酸序列以产生一种核酸，该核酸在相应于所述一个或多个靶残基的位置上编码一个或多个氨基酸的删除、插入或取代；和（d）在宿主细胞中表达所述修饰的核酸，以产生变体 α-淀粉酶。

国家知识产权局原审查部门认为权利要求书仍得不到说明书支持的原因主要在于以下三点：（1）“亲代类 Termamyl α-淀粉酶”概括了一个很大的范围，因此根据说明书的记载，本领域普通技术人员无法毫无疑义地预见根据附录 1 的解析结构可以获得所有“亲代类 Termamyl α-淀粉酶”的三维结构；（2）权利要求 1 中所述的“分析亲代类 Termamyl α-淀粉酶的结构”包括分析亲代类 Termamyl α-淀粉酶的一级结构、二级结构或三级结构，而本领域技术人员根据说明书的描述无法预见根据亲代类 Termamyl α-淀粉酶的一级结构或二级结构也可以构建 α-淀粉酶变体；（3）说明书中仅提供了突变“V54W”和“V54W+A52W”的实施例，而对于其他的结构修饰方式没有提供试验数据。

对此，合议组认为，（1）在修改后的权利要求 1 中，复审请求人已将“亲代类 Termamyl α-淀粉酶”限定为“具有序列 SEQ ID NO：2 的亲本 α-淀粉酶”，而且在本申请的说明书中已经具体给出了根据附录 1 的解析结构构建具有序列 SEQ ID NO：2 的亲本 α-淀粉酶（地衣型芽孢杆菌 α-淀粉酶）的模拟结构的方法（参见说明书第 54 ~ 56 页，实施例 1），因此，本领域技术人员根据说明书的教导即可直接获得具有序列 SEQ ID NO：2 的亲本 α-淀粉酶的模拟结构，也就是说，上述权利要求书得不到说明书支持的第 1 点理由已被克服；（2）由于复审请求人在修改后的权利要求书中已将“分析亲代类 Termamyl α-淀粉酶的结构”改为“根据附录中所描述的三维结构对所述亲本 α-淀粉酶进行建模”，也就是说修改后的权利要求 1 排除了通过分析亲代类 Termamyl α-淀粉酶的一级和二级结构建模的情况，因此上述权利要求书得不到说明书支持的第 2 点理由已被克服；（3）对于活性位点或突变位点的选择，虽然复审请求人在其说明书中仅提供了两个突变位点的实施例，但复审请求人在修改后的权利要求 1 中，已将权利要求 14 的步骤（b）中确定一个或多个与改变了的 $Ca^{2+}$ 依赖性相关的氨基酸残基限定为距 $Ca^{2+}$ 结合位点 10Å 内的具体氨基酸残基，而所述与改变了的 $Ca^{2+}$ 依赖性相关的氨基酸残基位点已明确地记载于本申请的说明书中（参见说明书第 21 ~ 22 页），在此基础上，本领域技术人员在上述氨基酸残基位点范围内仅通过有限的试验即可完成验证过程，因此要求复审请求人将权利要求的范围限制至具体的实施例是不合理的。在此基础上，合议组认为，上述权利要求书得不到说明书支持的第3点理由也已被克服。

由此可知，修改后的权利要求1已经克服了原审查部门所指出的得不到说明书支持的缺陷，也就是说修改后的权利要求1所要求保护的技术方案是所属技术领域的技术人员能够从说明书充分公开的内容直接得到或者概括得出的，并且不超出说明书公开的范围，符合专利法第26条第4款的规定。

基于与上述同样的分析，权利要求2~6也得到了说明书的支持，符合专利法第26条第4款的规定。

根据上述事实和理由，合议组作出如下审查决定。

**三、决定**

撤销国家知识产权局于2004年3月12日针对96191745.8号发明专利申请作出的驳回决定，由国家知识产权局原审查部门以复审请求人于2007年7月17日提交的权利要求书，2004年6月28日提交的说明书第22页，2003年12月26日提交的说明书第24、29页，进入中国国家阶段时提交的说明书第1~21、23、25~28、30~112页和说明书附图第1~11页以及说明书摘要为基础继续审批程序。

复审请求人对本决定不服的，可以根据专利法第41条第2款的规定，自收到本决定之日起三个月内向北京市第一中级人民法院起诉。